DCC-STELLPLATZFÜHRER EUROPA 2023/24

Offizieller Stellplatzführer

Deutscher Camping-Club e.V.

3. Auflage

Herausgeber: Deutscher Camping-Club e.V., Caravan-, Motorcaravan- und Zeltsportverband, Mandlstraße 28, 80802 München, Tel. 089/38 01 42-0, Telefax 089/38 01 42-50, Internet: http://camping-club.de, www.3in1campen.de, Email: info@camping-club.de, Mitglied der „Féderation Internationale de Camping et de Caravanning", Brüssel. Verantwortlich. Redaktion: Dieter Albert / Susanne Berko, Verlag und Anzeigenverwaltung: DCC-Wirtschaftsdienst und Verlag GmbH, Mandlstraße 28, 80802 München, Tel. 089/38 01 42-31, Telefax 38 01 42-40. Anzeigenleitung: Dieter Albert / Tanja Friedrich. Bankverbindung: Münchner Bank, IBAN: DE 07 7019 0000 0002 1044 40, BIC: GENODEF1M01. Alleiniger Gesellschafter der DCC-Wirtschaftsdienst und Verlag GmbH ist der Deutsche Camping-Club e.V. (DCC). Druck: Fr. Ant. Niedermayr, Grafische Kunstanstalt, Leibnitzstr. 3, 93055 Regensburg. Für Richtigkeit und Vollständigkeit der Angaben wird keine Gewähr übernommen, jegliche Haftung für fehlerhaften oder unvollständigen Abdruck wird ausgeschlossen.

Vertrieb: GeoCenter Touristik & Medien GmbH, vertrieb@geocenter.de, Tel. 0711/78 19 46 10, Telefax 0711/78 24 375. Auslieferung Deutschland: Geo Center via KNO-VA, Ferdinand-Jühlke-Straße 7, 99095 Erfurt. Auslieferung Schweiz: Schweizer Buchzentrum, Postfach, CH-4601 Olten, Tel. 0041/62/20 92 525, Telefax 0041/62/20 62 627.
Bildnachweis Umschlag:© Andrey Armyagov/ istock

ISBN 978 3 87141 048 2

ClimatePartner

Urkunde

Partner im Klimaschutz

NIEDERMAYR

Deutscher Camping-Club e.V.

DCC-Stellplatzführer EUROPA 2023

Diese Urkunde bestätigt die Kompensation von Treibhausgasemissionen durch zusätzliche Klimaschutzprojekte.

CO_2-Äquivalente

17.084 kg

Unterstütztes Klimaschutzprojekt

Carbon offset
+ Regionale Baumpflanzung
International + Deutschland

ClimatePartner-ID

13651-2209-1002

Ausgestellt am

14.10.2022

Über folgende URL erhalten Sie weitere Informationen über die Kompensation und das unterstützte Klimaschutzprojekt:

climatepartner.com/13651-2209-1002

Klimaneutral
Druckprodukt
ClimatePartner.com/13651-2209-1002

Wir wünschen viel Spaß beim Verreisen!

Verehrte Leser,

Sie halten heute die dritte Auflage unseres DCC-Stellplatzführers in den Händen. Sie behält für die Jahre 2023/2024 Gültigkeit.

Ich hoffe sehr, dass sie Ihnen genauso gefällt wie mir. Wir hier im DCC sind nämlich sehr stolz darauf, was wir da für Sie „gezaubert" haben. Sie finden relevante Stellplätze aus ganz Europa in diesem Band und – für uns ist das ganz wichtig – auch einen **Vermerk, wenn auf den Stellplätzen Gespanne willkommen sind.**
Das ist dann ein kleines Piktogramm, das ein Caravan-Gespann darstellt. Aber, und das ist für uns ebenfalls sehr relevant: es lohnt sich, in jedem Fall zuvor bei den jeweiligen Stellplätzen anzurufen und anzufragen, ob noch Kapazitäten frei sind. In Zeiten ständig steigender, oder auf hohem Niveau stehender Zulassungszahlen, kann man sich einfach nicht mehr guten Gewissens darauf verlassen, dass man auch zweifelsfrei unterkommt.

Diejenigen unter Ihnen, die weiter entfernte Reiseziele und das Überwintern im Süden bevorzugen, darf ich auf unsere **Stellplatzangaben zu Marokko** hinweisen. Hier haben wir kräftig aufgestockt und hoffen doch sehr, dass einige angenehme Reiseziele dabei sind, an denen Sie sich besonders wohl fühlen. Ich freue mich, dass Ihr DCC dabei mit Ihnen im Urlaub ist und für die nötige Entspannung sorgt.

Aber natürlich kennen wir auch in vielen anderen europäischen Ländern, ebenso, wie in Deutschland, schätzenswerte Stellplätze. Schauen Sie sich gleich auf den nächsten Seiten um. Es sind jede Menge besonderer Juwelen dabei, an denen Sie Ihren Urlaub verbringen können.

Und wenn Sie noch mehr Ziele benötigen? Dann ergänzen Sie unseren DCC-Stellplatzführer doch mit dem einen oder anderen Blick auf unsere Internetplattform **www.3in1campen.de**. Hier finden Sie noch mehr Stellplätze, aber, wenn es mal mehr Komfort sein darf, auch Campingplätze und Bauernhofcampingplätze. Und hier kann man sich als Wohnmobilist ja schließlich auch so richtig wohl fühlen.

Haben Sie erholsame Tage mit Ihrem DCC!

Ihr

Dieter Albert
Präsident
Deutscher Camping-Club e.V.

ZUM GEBRAUCH DIESES

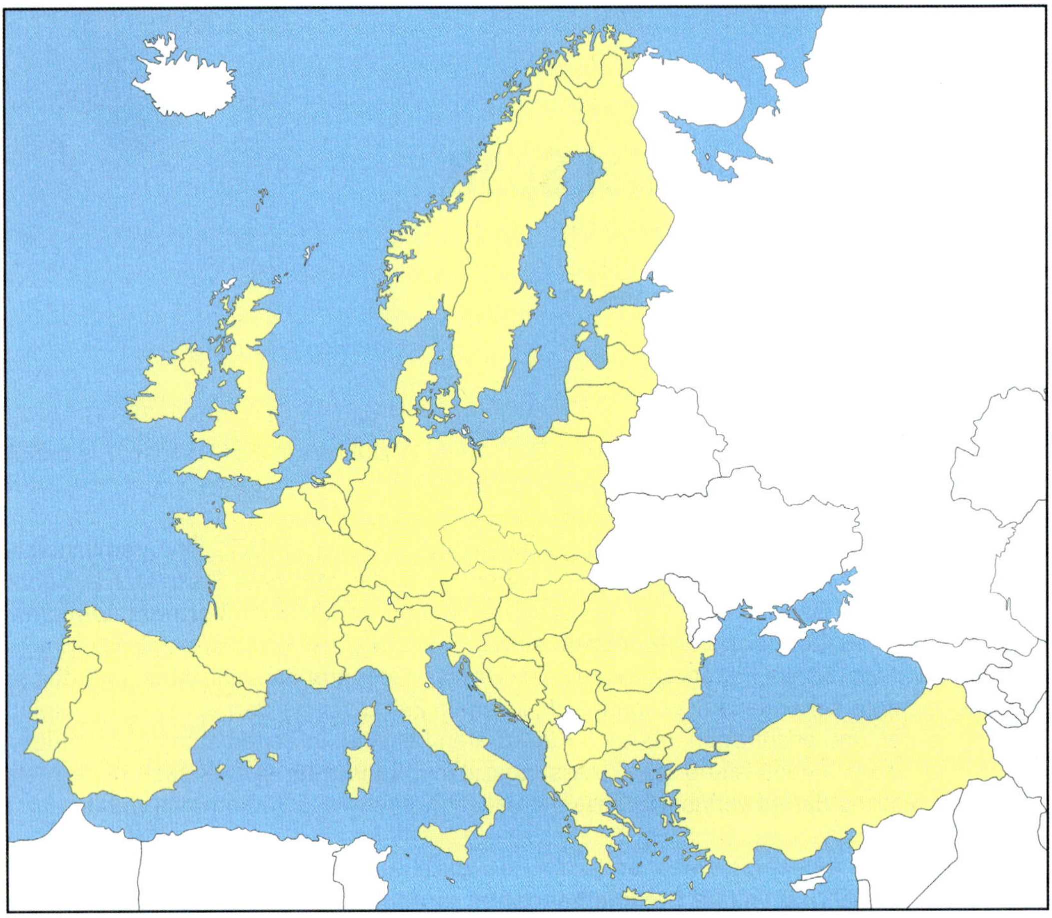

Aufgepasst!

Über **3.000 Stellplätze in 36 europäischen Ländern** – inklusive Deutschland – bietet Ihnen dieser Stellplatzführer zur Auswahl.

Die Sortierung der Länder erfolgt entsprechend Ihrer internationalen Länderkennzeichen.

Am Ende dieses Bandes finden Sie ein Ortsregister, nach Ländern sortiert. (Deutschland blau unterlegt und Ausland orange)

Die blauen Griffmarken möchten Sie beim schnellen Auffinden eines deutschen Bundeslandes unterstützen; die orangefarbenen gliedern die anderen europäischen Länder.

Preise

Die **Preisklassifikation** für die Jahre 2023/2024 steht links vor dem Platznamen in einem quadratischen Kästchen. (z.B. 20). Dies ist ein Richtwert und bedeutet, dass die Gebühr für die Übernachtung von 2 Personen inkl. Stellplatz nicht mehr als € 20,- beträgt.
Sind keine Gebühren angegeben, wurden uns in den letzten beiden Jahren keine Preise gemeldet. In diesem Fall ist es durchaus möglich, dass sich auch die angegebenen Öffnungszeiten, Telefonnummern, Faxnummern oder E-Mail-Adressen verändert haben.

STELLPLATZFÜHRERS

Bewertung

Die Stellplätze sind hinsichtlich der landschaftlichen Lage (●) und der Geräuschkulisse (◆) in fünf Stufen bewertet.

Unsere Bewertung der Geräuschkulisse bezieht sich nicht auf den Stellplatz selbst, sondern auf die Geräuschsituation im Umfeld des Stellplatzes, wie z. B. Flug-, Autobahn- oder Eisenbahngeräusche.

Platzbeschreibung

Dieses Piktogramm zeigt Ihnen, dass auch Gespanne auf dem Stellplatz willkommen sind.
Weitere Piktogramme geben Auskunft über vorhandene Waschgelegenheiten und Toiletten.

Vorhandenes Trinkwasser, Fäkalienausguss und eine eventuell vorhandene Wohnmobil-Service-Station werden ebenfalls durch ein eigenes Piktogramm klar kenntlich gemacht.

Stellplätze in Wintersportgebieten sind links vom Beschreibungstext mit internationalen Ski- und Eissportzeichen gekennzeichnet.

Für die weitere detaillierte Beschreibung der Stellplätze wurden Piktogramme verwendet. Eine Erklärung zu diesen finden Sie auf der Umschlagklappe und den Seiten 7-9.

Das Piktogramm Haltestelle steht für den gesamten öffentlichen Nahverkehr. Die rote Trennlinie innerhalb der Piktogramm-Reihe kennzeichnet die Einrichtungen außerhalb des Stellplatzes.

Zu jedem gelisteten Stellplatz bieten wir Ihnen eine Anfahrtsbeschreibung, die GPS-Daten sowie E-Mail-Adresse und Telefonnummer.

Als digitale Alternative zu diesem Stellplatzführer möchten wir Sie auf unseren Online-Stellplatz- und Campingführer (www.3in1campen.de) hinweisen, sowie auf unsere APP Camping 3in1.

Wir wünschen Ihnen viel Vorfreude auf Ihre nächsten Fahrten und viel Spaß beim Blättern in unserem neuen Stellplatzführer!

Ihre
DCC-Stellplatzführer-Redaktion

Legende / Legend / Légende

	Autobahn Motorway Autoroute
	Hauptstraßen Main Road Route principale
	autobahnähnliche Straße carriage with motorway characteristics Chaussée de type autoriutier
	Bundesstraße Highway Grand itinéraire
□ **Berlin**	Hauptstadt Capital Capitale
○○○ Bamberg	Stadt/Ort Town/Village Ville/Localité
◎ 1845	Stellplatz parking bays emplacements

Inhaltsverzeichnis

Stellplätze in Deutschland

Stellplätze in Europa

DCC-Campingzeichen
DCC-Symbols DCC-Signes conventionnels

Bewertung - landschaftliche Lage
classification - environment
classification - environs

- ● sehr schön – very beautiful très joli
- ◕ schön – beautiful joli
- ◑ ansprechend – nice bien
- ◔ wenig ansprechend – average moyen
- ○ ungünstig – inconvenient pas bien

Platzbeschaffenheit
characteristic conditions of the site
caractéristique du terrain

- sandiger Grund – sandy ground sol sableux
- kiesig, harter Grund – gravelly, hard ground sol graveleux, dur
- Grasgelände, Wiese – grass, meadow pelouse, pré
- Büsche und Hecken – brushwood buisson
- teilweise Schatten – partially shady partiellement ombragé
- überwiegend Schatten – predominantly shady majoritatirement ombragé

Stellplätze pitches emplacements

- Stromanschluss with electric hook-up avec branchement électrique
- Schattendächer – protective shade auvent
- Frisch- und Abwasseranschluss – connection for fresh and waste water connection pour l'eau propre et usé
- befestigte Stellplätze – emplacements stables hardstanding pitches
- Gespanne werden aufgenommen – attelages acceptés cars with caravans permitted
- WC Toilette toilet toilette
- Frischwasser arrivée d'eau fresh water
- (c5) Planquadrat der Deutschlandkarte – plan-square on Germany-map – carré du plan de la carte d'Allmagne
- E Eigentümer – owner propriétaire
- P Pächter – tenant gérant
- V Verwalter – manager administrator

Bewertung - Geräuschkulisse
classification - noise level
échelle graduée du bruit

- ◆ sehr ruhig – very quiet très calme
- überwiegend ruhig – prevailling quiet calme
- erträgliche Lärmbelästigung – supportable noise bruit supportable
- laut – noisy bruyant
- ◇ sehr laut – very noisy très bruyant

Sonstige Informationen
other informations autres informations

- Adresse address adresse
- Telefon telephone téléphone
- Anfahrtsbeschreibung description of approach decription d'accès au terrain
- Öffnungszeiten – opening hours heures d'ouverture
- Sehenswürdigkeiten – places of interest curiosités à proximité
- 25 000 qm – Gesamte Platzgröße area superficie
- 1 200 m – Höhenangabe altitude altitude
- Hunde und Katzen verboten – no dogs allowed chiens interdits
- RES Reservierung nicht möglich – reservation not possible pas de réservation
- nur Barzahlung cash only paiement uniquement en espèces
- (D) es wird deutsch gesprochen – German spoken on parle allemand
- Stellplatz am Wasser – site near water camp au bord de l'eau
- HS Hauptsaison – high season haute saison
- (H) Haltestelle – public transport arrêt de transport en commun
- Abfahrt – AB-Abfahrt max. 10 km entfernt – site near motorway-exit (max. 10 km) – sortie d'autoroute à 10 km au maximum
- NATUR PLATZ – naturbelassener Platz – naturalistic site – terrain laissé au naturel
- NEU – Neuveröffentlichung – new publication – nouveau publication
- **DCC-Europapreis** – eine Auszeichnung für überdurchschnittlich gute Platzeinrichtung und Service

Wintersport max. 10 km entfernt
winter sports site closest to winter sport (max 10 km)
sports d'hiver bien situé près de sports d'hiver (max 10 km)

Abfahrtslauf
glissade ski-alpine

Langlauf
longrun ski-dufond

Rodelbahn
toboggan-slide piste de luge

Eisbahn
skating-rink patinoire

Eisstockschießen
ice-stick curling

Kabinenbahn
cable-railway teleferique

Sessellift
chair-lift telesiege

Schlepplift
skitow tele-ski

Freizeitangebote
leisure offers offres de loisirs

Aufenthaltsraum day room salle de séjour

TV Fernsehraum
day room with TV salle de séjouravec TV

Grillplatz barbecue area barbecue

Animation
animation, formation of leisure time
animation, vacances organisés

Animation für Kinder
animation for children
programme d'animation pour enfants

Diskothek discothek discothèque

Kinderspielplatz
children's playground with apparatus
aire de jeux avec appareils pour enfants

Kinderplanschbecken; **W** mit temperiertem Wasser
swimming-pool for children; add. **W**, if warm water
piscine pour enfants; ad. **W**, si eau chaude

Freibad; **W** mit temperiertem Wasser
swimming-pool, additional **W** if warm water
piscine; ad. **W**, si eau chaude

Hallenbad
indoor swimming-pool piscine couverte

Sauna sauna sauna

Solarium solarium soleil artificiel

Sport- und Spielfeld
sport and playing ground terrain de sport

Minigolfanlage minigolf golf miniature

Beach-Volleyball beach-volleyball beach-volley

Tischtennis table tennis tennis de table

Tennisanlage; **S** mit Unterricht
tennis; additional **S**, if lessons possible
tennis; ad. **S**, s'il y a des leçons

Reitmöglichkeit; **S** mit Unterricht
horseback riding; additional **S**, if lessons possible
Pratique de l'équitation; ad. **S**, s'il y a des leçons

Badegelegenheit im offenen Gewässer
swimming and bathing in open water
baignade dans eaux libres

Wassersport aquatic sports sport nautique

Angeln
fishing pêche à la ligne

Tauchsport; **S mit** Tauchschule
diving; additional **S**, if instructions available
plongée; ad. **S**, s'il y a une école

Kanu- und Paddelsport
canoeing and paddling canotage

Motorbootsport
motorboats bateaux à moteur

Wasserski; **S** mit Wasserskischule
waterskiing; additional **S**, if instructions available
ski nautique; ad. **S**, s'il y a une école

Surfen; **S** mit Surfschule
surfing; additional **S**, if instructions available
surfing; ad. **S**, s'il y a une école

Segeln; **S** mit Segelschule
sailing possible; add. S, if instructions available
voile possible; ad. **S**, s'il y a une école

Bootsliegeplätze an Land
docking facilities (land)
emplacement pour canots sur terre

Slipanlage
boat-slip slip pour canots

Bootsliegeplätze im Wasser, Hafen
mooring berths in the water, harbour
places de mouillage dans l'eau, port

Strandbeschaffenheit
characteristic conditions of the beach
le caractéristique de la plage

Sandstrand
sandy beach plage sableuse

kiesig, steiniger Strand
gravelly beach plage graveleuse

felsiger Strand
rocky beach plage rocheuse

Vermietungen hire louer

Vermietung von Zelten
tents for rent location de tentes

Vermietung von Standcaravans
static caravans for rent cabines à louer

Bungalowvermietung
bungalows, chalets, cabines for rent
bungalows, chalets, cabines à louer

Mobilheimvermietung
mobile homes for rent location de mobil-homes

mietbare Sanitär-Komplettzellen
individual hygienic cabins to rent
cabines sanitairs complètes à louer

Fahrradverleih
bicycle rentals location de bicyclettes

Bootsverleih
boat rental location de bateaux

WLAN, WiFi kostenpflichtig
WiFi access WiFi payante

FW Ferienwohnungen, Appartements
holiday-appartements maison de vacance

Sanitäreinrichtung
sanitary installations
installations sanitaires

Waschrinnen; **W** mit Warmwasser
long basins; additional **W**, if warm water
grands lavabos; ad. **W**, avec eau chaude

Waschbecken; **W** mit Warmwasser
washing-basin; additional **W**, if warm water
lavabos; ad. **W**, avec eau chaude

Einzelwaschkabinen; **W** mit Warmwasser
wash cabins; additional **W**, if warm water
cabines de toilette; ad. **W**, avec eau chaude

Duschen; **W** mit Warmwasser
showers; additional **W**, if warm water
douches; ad. **W**, avec eau chaude

Duschkabinen; Zusatz **W** mit Warmwasser
shower cabins; additional **W**, if warm water
cabines de douches; ad. **W**, avec eau chaude

kostenlose Sanitär-Komplettzellen
individual hygienic cabins (free of charge)
cabines sanitaires complètes gratuites

Komplette Sanitäreinrichtung für Körperbehinderte
facilities for the disabled
équipements pour handicapés

WC **nur WC** für Körperbehinderte
only WC for the disabled
seulement WC pour handicapés

Babyraum babyroom espace bébé

Ch Fäkalienausguss chemical toilet disposal
Vidoirs pour toilettes chimiques

Service service service

Kochgelegenheit
cooking range possibilité de faire la cuisine

Geschirrspülbecken; **W** mit Warmwasser
sinks for dishes; additional **W** if warm water
lave-vaiselles; ad. **W**, avec eau chaude

Wäschewaschbecken; **W** mit Warmwasser
washbasins for soiled linen; add. **W** if warm water
bacs à linge; ad. W, avec eau chaude

Waschmaschine
washing machine machine à laver

Wäschetrockner
laundry dryer sèche-linge

Wohnmobil-Servicestation
motor caravan service station
station de service des camping-cars

Gasverkauf
liquid gas on sale gaz à vendre

Lebensmittelverkauf
food shop alimentation

Restaurant
restaurant restaurant

Computer mit Internetzugang für Gäste
Internet-facility for guests - free of charge
Accès Internet pour les campeur - gratuite

WLAN, WiFi - kostenlos
WiFi access - free of charge
point d'accès à l'internet - gratuite

Haltestelle
public transport arrêt de transport en commun

Gebührenangaben fees taxes

P/N	pro Person und Nacht per person and night par Personne et par nuit
K/N	pro Kind und Nacht per child and night par enfant et par nuit
J/N	pro Jugendlicher und Nacht per youth and night par jeunes gens par nuit
St/N	pro Stellplatz und Nacht (PKW incl.) per pitch and night (vehicle incl.) par émplacement et par nuit (voiture incl.)
A/N	pro PKW und Nacht per car and night par voiture et par nuit et par nuit
C/N	pro Caravan und Nacht per trailer and night par caravane et par nuit
MC/N	pro Wohnmobil und Nacht per motor caravan and night par camping-car et par nuit
T/N	pro Zelt und Nacht per tent and night par tente et par nuit
M/N	pro Motorrad und Nacht per motor-cycle and night par moto et par nuit
B/N	pro Boot und Nacht per boat and night par bâteau et par nuit
H/N	pro Hund und Nacht per dog and night par chien et par nuit
KT	Kur- bzw. Ortstaxe visitors tax taxe de séjour
WD	Warmdusche hot shower douche chaude
NS	Nebensaison off season basse saison
HS	Hauptsaison high saison plein saison
0	kostenlos

Preisklassifikation: 2 Erwachs. + Stellplatz/Nacht
Price range: 2 adults + St/N
Catégorie de prix: 2 adultes + St/N

15 bis € 15,-
up to € 15,- jusqu'à € 15,- usw.

Für die Gesundheit
for one's health pour la santé

Kuranwendungen
cure applications possible
possibilité de suivre des traitements

Tempolimits in Europa - für Wohnmobile bis 3.5 t

Für Richtigkeit und Vollständigkeit der Angaben wird keine Gewähr übernommen!

Land	im Ort km/h	Landstraße km/h	Schnellstr. km/h	Autobahn km/h	Warn-weste	Licht-pflicht	Anmerkungen
A	50	100	100	130	**A C**	-	
AL	35	80	90	100	-		
AND	50	90	-	-	-	-	
B	50	70 / 90	120	120	**A C**	-	
BG	50	90	-	140*	**B**	**1**	* nur auf neuen AB-Abschnitten
BIH	50	80	100	130	-	**1**	
CH	50	80	100	120	-	**1**	
CZ	50	90	130	130	**B**	**1**	
D	50	100	130	130	**A**	-	
DK	50	80	110	130	-	**1**	
E	50	80	90	100	**A**	-	
EST	50	90	100/110*	-	-	**1**	* nur nach Ausschilderung, 1)
F	50	80* / 90	100* / 110	110* / 130	**A C**	-	* bei Nässe u. für Fahranfänger
FIN	50	80 / 100[2]	-	80 / 100[2]	**B**	**1**	
GB	48 (30)	96 (60)	112 (70)	112 (70)	-	-	(70) = mph (miles per hour)
GR	50	90 /110*	90 / 110*	130	-	-	* nur nach Ausschilderung
H	50	90	110	130	**B**	**2**	
HR	50	80* / 90	100* / 110	110* / 130	**A C**	**3**	* für Fahrer unter 25 Jahren
I	50	90	90* / 110	100* / 130	**B**	**2**	* bei Nässe u. für Fahranfänger
IRL	50	80	60-100*	120	-	-	* je nach Ausschilderung
L	50	90	-	110* / 130	**C**	-	* bei Nässe
LT	50	70* / 90	90* / 100	90* / 110	**A**	**1**	* für Fahranfänger
LV	50	90	100 / 110*	-	-	**1**	* nur nach Ausschilderung
MA	40-60*	100[1]	-	120[1]	-	-	* je nach Ausschilderung
MK	50 / 60*	60** / 80	80	80	**A C**	**1**	* nach Ausschilderung ** Anfänger
MNE	50	80	100	-	**C**	**1**	
N	50	80-90*	90-100*	90-100*	**A C**	**1**	* je nach Ausschilderung
NL	50	80	100	120-130*	-	-	* je nach Ausschilderung
P	50	90-100*	100	120	**A C**	-	
PL	50	90	100	140	**C**	**1**	
RO	50	90	100	130	**A C**	**2**	
RUS	60	90	-	110		**2**	
S	30-50*	70-90*	70-90*	110*	-	**1**	* je nach Ausschilderung
SK	50	90	-	130	**A C**	**1**	
SLO	50	90	100	130	**B**	**1**	
SRB	50	80	80	80	**A C**	**1**	
TR	50	80	-	90	-	-	

Warnweste:

A eine Warnweste pro Kfz **B** eine Warnweste pro Mitfahrer **C** jeder, der das Kfz verlässt, benötigt eine Warnweste

Lichtpflicht tagsüber/ganzjährig:

1 auf allen Straßen **2** außerorts und auf Autobahnen **3** nur im Winter

1) für Fahranfänger gilt eine Höchstgeschwindigkeit von 90 km/h.

2) gültig für Wohnmobile mit einer Erstzulassungen nach 1.1.1995 und einem Leergewicht < 1875 kg (ABS-Bremsen vorhanden).

Tempolimits in Europa - für Wohnmobile bis 7.5 t

Für Richtigkeit und Vollständigkeit der Angaben wird keine Gewähr übernommen!

Land	im Ort km/h	Landstraße km/h	Schnellstr. km/h	Autobahn km/h	Warn-weste	Licht-pflicht	Anmerkungen
A	50	70	70	80	**A C**	-	
AL	35	70	70	80	-		
AND	50	90	-	-	-	-	
B	50	60*-90*	90	90	**A C**	-	* je nach Ausschilderung
BG	50	70	-	100	**B C**	**1**	
BIH	50	80	80	80	-	**1**	
CH	50	80	100	100	-	**1**	
CZ	50	80	80	80	**B C**	**1**	
D	50	80	80	100	**A**	-	es gilt das LKW-Überholverbot
DK	50	70	80	80	-	**1**	
E	50	80	80/90	90/100	**A**	-	
EST	50	70	90	-	-	**1**	
F	50	80	100	110	**A C**	-	
FIN	50	80	-	80	**B**	**1**	
GB	48 30	80 50	96 60	112 70	-	-	70 = mph (miles per hour)
GR	40/50	80	80	80	-	-	
H	50	70	70	80	**C**	**2**	
HR	50	80* / 90	80* / 90	90	**A C**	**3**	* für Fahrer unter 25 Jahren
I	50	80	80	100	**C**	**2**	
IRL	50	80	60-80*	80	-	-	* je nach Ausschilderung
L	50	75	-	90	**C**	-	
LT	50	70* / 80	80	90	**A**	**1**	* für Fahranfänger
LV	50	90	90	-	-	**1**	
MA	40	80	-	80	-	-	es gilt das LKW-Überholverbot
MK	50 / 60*	60** / 80	80	80	**A C**	**1**	* nach Ausschilderung ** Anfänger
MNE	50	80	80	-	**A C**	**1**	
N	50	80	80	80	**A C***	**1**	* nur für norwegische Kfz
NL	50	80	80	80	-	-	
P	50	70-80*	90	110	**A C**	-	* je nach Ausschilderung
PL	50	70	80	80	**C**	**1**	
RO	50	80	70* / 90	100	**A C**	**2**	* für Fahranfänger (2 Jahre)
RUS	60	70	-	90		**2**	
S	30-50*	80	80*	90*	-	**1**	* je nach Ausschilderung
SK	50	80	-	80	**A C**	**1**	
SLO	50	80	80	80	**C**	**1**	
SRB	50	70	7 0	80	**A C**	**1**	
TR	50	80	-	90	-	-	

Warnweste:
A eine Warnweste pro Kfz **B** eine Warnweste pro Mitfahrer **C** jeder, der das Kfz verlässt, benötigt eine Warnweste

Lichtpflicht tagsüber/ganzjährig:
1 auf allen Straßen **2** außerorts und auf Autobahnen **3** nur im Winter

Tempolimits in Europa - für Pkw mit Wohnwagen

Für Richtigkeit und Vollständigkeit der Angaben wird keine Gewähr übernommen!

Land	im Ort km/h	Landstraße km/h	Schnellstr. km/h	Autobahn km/h	Warn-weste	Licht-pflicht	Anmerkungen
A	50	70-100*	70-100*	70-100*	**A C**	-	* je nach Gewichtsklasse **1)**
AL	35	60 / 70	60 / 70	80	-	-	
AND	50	90	-	-	-	-	
B	50	70 / 90	90* / 120	90* / 120	**A C**	-	* Gespanne mit zGG > 3.5 t
BG	50	70	-	100	**B**	**1**	
BIH	50	80	80	80	-	**1**	
CH	50	80	80	80	-	**1**	
CZ	50	80	80	80	**B**	**1**	
D	50	80	80	80 / 100*	**A**	-	* mit gesonderter Genehmigung
DK	50	70	70	80	-	**1**	
E	50	70	80	80* / 90	**A**	-	* Gespanne mit Anhänger >750 kg
EST	50	70	90	-	-	**1**	
F	50	80* / 90	100* / 110	110* / 130	**A C**	-	* bei Nässe u. für Fahranfänger
FIN	50	80	-	80	**B**	**1**	
GB	48 (30)	80 (50)	96 (60)	96 (60)	-	-	(30) = mph (miles per hour)
GR	50	80	80	80	-	-	
H	50	70	70	80	**B**	**2**	
HR	50	80	80	90	**A C**	**3**	
I	50	70	70	80	**B**	**2**	
IRL	50	80	60-80*	80	-	-	* je nach Ausschilderung
L	50	75	-	75* / 90	**C**	-	* bei Nässe
LT	50	80-90	90	90	**A**	**1**	
LV	50	80	90	-	-	**1**	
MA	40-60*		-		-	-	* je nach Ausschilderung
MK	50	80	60* / 80	80	**A C**	**1**	* für Fahranfänger
MNE	50	80	80	-	**C**	**1**	
N	50	60[2] / 80	60[2] / 80	60[2] / 80	**A C**	**1**	
NL	50	80	80* / 90	80* / 90	-	-	* Gespanne mit zGG > 3.5 t
P	50	70 / 80*	80	100	**A C**	-	* je nach Ausschilderung
PL	50	70	80	80	**C**	**1**	
RO	50	70	80	90	**A C**	**2**	
RUS	60	70	-	90		**2**	
S	30-50*	80	80*	80*	-	**1**	* je nach Ausschilderung **3)**
SK	50	90	-	90	**A C**	**1**	
SLO	50	80	80	80	**B**	**1**	
SRB	50	80	80	80	**A C**	**1**	
TR	40	70* / 80	-	80* / 110	-	-	* wenn Zugfahrzeug kein Pkw ist

Warnweste:
A eine Warnweste pro Kfz **B** eine Warnweste pro Mitfahrer **C** jeder, der das Kfz verlässt, benötigt eine Warnweste

Lichtpflicht tagsüber/ganzjährig:
1 auf allen Straßen **2** außerorts und auf Autobahnen **3** nur im Winter

1) siehe Näheres auf *https://www.oesterreich.gv.at/themen/freizeit_und_strassenverkehr/kfz/10/Seite.063300.html*
2) gültig für Gespanne mit einem ungebremsten Anhänger mit einem Gesamtgewicht >300 kg.
3) **40 km/h** für Kfz mit ungebremsten Anhänger (leer/beladen), dessen zGG die Hälfte des Leergewichts des Zugfahrzeuges übersteigt.

Camping ohne Stress und Strafen beginnt beim Wissen über Umweltzonen, Dieselfahrverbote, Registrierungen in Europa

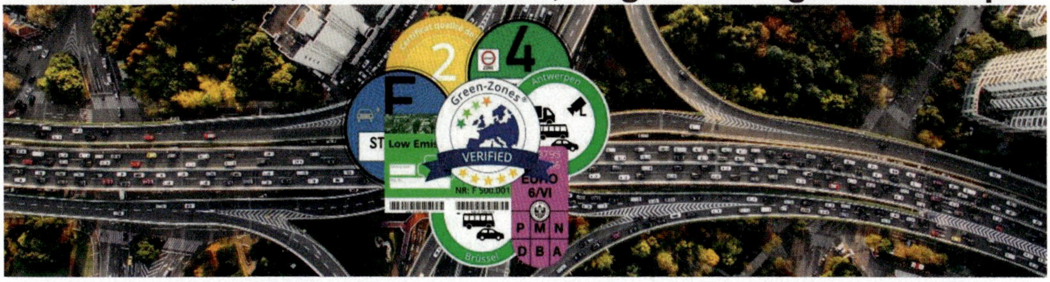

Der europäische Straßenverkehr wird aufgrund immer höherer Feinstaub- und Stickoxidbelastungen in den Städten und Kommunen zunehmend von nationalen und regionalen Ein- und Durchfahrverboten, von Dieselfahrverboten und Umweltzonen – teilweise auch kameraüberwacht - geprägt. Zudem müssen sich in immer mehr Städten die Fahrzeuge vor einer Einfahrt registrieren lassen.

Die sich aus Umweltzonen und Registrierungs-Regionen ergebenden Vorschriften und Regelungen werden im entsprechenden Land oftmals gar nicht oder nur in der Landessprache kommuniziert. Ein einheitliches Informationssystem auf nationaler oder gar EU-Ebene fehlt völlig – mit der Konsequenz, dass die große Anzahl der Touristen und Geschäftsreisenden meist aus Unwissenheit erhebliche Zeitverzögerungen und Strafen riskieren.

Unterschiedliche nationale, lokale und kommunale Regelungen je Fahrzeugtyp

Im Bereich der Fahrzeugtypen Transporter, Mini-LKW, Campingmobil, PKW mit Anhänger, aber auch Oldtimer und Sonderfahrzeuge unter und über 7,5 t sowie der Camping-Trucks mit LKW-Zulassung existieren in Europa auf nationaler, kommunaler und lokaler Ebene so gut wie keine einheitlichen Regelungen. Zeitverlust, Ärger und Bußgelder sind somit vorprogrammiert. Da die Geldstrafen je nach Land im Einzelfall bis über 1.000 Euro betragen können, sollte der Camper sicher sein, dass er keine Umweltzone oder Einfahrregistrierung übersehen hat und sein Fahrzeug zudem auch die jeweils gültige Umweltplakette besitzt.

Jedes Land und jede Kommune macht was sie will - einheitliche Regelungen für Zonen gibt es nur in Deutschland.

Für den deutschen Touristen ergibt sich im Ausland die meist völlig neue Erkenntnis, dass die ihm bekannte Art einer deutschen, grünen Umweltzone mit ihrer simplen Logik, dass er mit seiner grünen Plakette an 24 Stunden und an 7 Tagen einfahren darf, dann dort vor Ort Makulatur ist.

Umweltzone Grand Paris ZFE mit 71 Kommunen rund um die Stadt Paris zusätzlich zur ZFE und ZPA Zone Paris

Dort spielen Zulassungsjahr, Emissionsklasse, Fahrzeugtyp, Antriebsart, Treibstoff, vorherige Registrierungen und weitere bis zu 20 „Eigenschaften“ eines Fahrzeuges die entscheidende Rolle. Weiterhin sind in einigen Ländern großflächige, teils riesige Umweltzonen eingerichtet, und dies ganz ohne Beschilderung. Solcherlei Flächen haben mit Innenstadtzonen - wie in Deutschland bekannt – nichts zu tun.

Zu den Eigenschaften einer Umweltzone außerhalb Deutschlands zählt übrigens auch, ob und wann diese am Wochenende oder Feiertagen gilt, zu welchen Uhrzeiten Ausnahmen möglich sind und ob und wann diese sich auf welche Arten von Straßen und Autobahnen beziehen.

Das Green-Zones EU-Internetportal und der Deutsche Camping Club in Kooperation

Durch einen neu im Jahre 2019 geschlossenen Kooperationsvertrag zwischen Green-Zones und dem DCC kann in diesem Stellplatzführer auf den folgenden Seiten eine Übersicht über die wichtigsten Umweltzonen Europas gegeben werden. Aus Platzgründen konnten in den Übersichtstabellen nur minimale Informationen berücksichtigt werden. Alle weiteren Details finden sich in der neuen DCC-App und der Green-Zones-App sowie auf den Webseiten von Green-Zones unter www.Green-Zones.eu.

Im Anschluss an die folgenden Übersichtsseiten wird den Mitgliedern des DCC die Möglichkeit gegeben, bei Bedarf alle Umweltplaketten und Registrierungen bei Green-Zones zu kaufen und sich zusätzlich auch noch die kostenlose Green-Zones-App mit allen Karten der Umweltzonen Europas runterzuladen.

Kontakt: : Green-Zones EES European Eco Data GmbH , 10587 Berlin, Helmholtzstraße 2-9 Tel.: www.green-zones.eu service@green-zones.eu

Umweltzonen in Europa - Plakettenpflicht/Registrierungspflicht

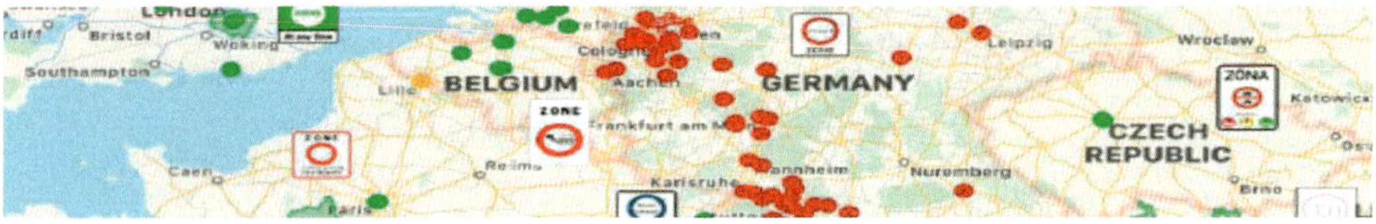

Art der Zone: FZ: Feste Zone • WZ: Wetterbedingte Zone • DF: Dieselfahrverbotszone • ZE: Zero-Emissions-Zone • IS: Innenstadt ST: Stadt RE: Region • DP: Departement • SR: Straße • FS: Fahrspur • SO: Sonstige Zone *Leichtfahrzeuge (z. B. Mofa, Quad, Motorrad)
**Bei ZPA/ZPAd-Zonen entsteht die Plakettenpflicht erst bei Aktivierung der Zone durch die lokalen Behörden Tabelle © Green-Zones

EU-Land	Zonen Karte	Höhe der Zone in km	Breite der Zone in km	Stadt Region	Gültigkeit der Zone ab Datum	Geld-Buße €	Art der Zone	Pflicht** Plakette / Registrierung	PKW, LKW, Wohnmobil, Bus, LFZ*
AT		143.125	86.388	Burgenland	21.06.2006	90-2180	FZ-DP		Teilweise
AT		125.408	165.098	Nieder-Österreich	01.07.2014	90-2180	FZ-RE		Teilweise
AT	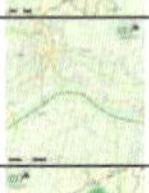	20.133	0.022	Ober-Österreich	01.07.2016	90-2180	FZ-SR		Teilweise
AT		107.16	99.825	Steiermark	01.06.2012	90-2180	FZ-RE		Teilweise
AT		83.650	0.022	Tirol	01.08.2016	90-2180	FZ-SR		Teilweise
AT		22.753	29.232	Wien	01.07.2014	90-2180	FZ-ST		Teilweise
AT	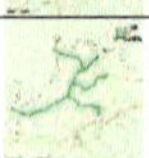	31.588	45.064	Außerfern	10.06.2020	220	FZ-SR	Keine	Teilweise
BE		5.85	6.203	Antwerpen	01.02.2017	150-350	FZ-IS		Teilweise
BE		10.365	16.726	Brüssel	01.01.2018	150-350	FZ-RE		Teilweise
BE	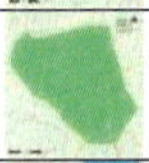	3.265	3.671	Gent	01.01.2020	150-350	FZ-IS		Teilweise
CH		5.851	5.465	Genf	15.01.2020	455	WZ-IS		Alle
CZ		2.257	3.583	Prag 1	01.04.1999	60-100	FZ-IS		Teilweise
CZ		8.947	8.419	Prag 2	01.05.2006	60-100	FZ-IS		Teilweise
DE		5.978	6.827	Aachen	01.02.2016	80	FZ-ST		Teilweise
DE		3.727	2.492	Augsburg	01.07.2009	80	FZ-IS		Teilweise
DE		9.432	13.069	Berlin	01.01.2008	80	FZ-IS		Teilweise
DE	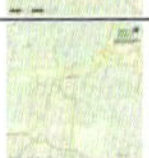	keine Angabe	keine Angabe	Berlin NOx	01.09.2019	20-75	DF-SR	Keine	Teilweise
DE		33.52	62.176	Bochum Ruhrregion	01.01.2012	80	FZ-RE		Teilweise
DE		5.678	4.812	Bonn	01.01.2010	80	FZ-IS		Teilweise
DE		33.52	62.176	Bottrop Ruhrregion	01.01.2012	80	FZ-RE		Teilweise
DE		3.547	3.812	Bremen	01.01.2009	80	FZ-IS		Teilweise

DE	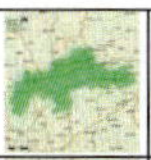	33.52	62.176	Castrop-Rauxel Ruhrregion	01.01.2012	80	FZ-RE		Teilweise
DE		16.968	10.748	Darmstadt	01.11.2015	80	FZ-ST		Teilweise
DE		0.640	0.006	Darmstadt Heinrichstr	01.06.2019	80	DF-SR	Keine	Teilweise
DE	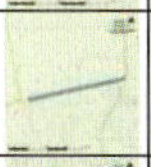	0.330	0.010	Darmstadt Hügelstr.	01.06.2019	80	DF-SR	Keine	Teilweise
DE		3.458	2.214	Dinslaken	01.07.2011	80	FZ-IS		Teilweise
DE	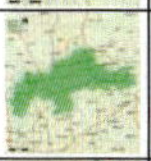	33.52	62.176	Dortmund Ruhrregion	01.01.2012	80	FZ-RE		Teilweise
DE	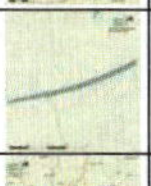	0.293	0.004	Dortmund EL-Spuren	02.03.2020	15	DF-FS	Keine	Teilweise
DE	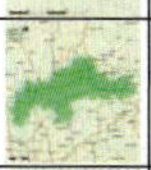	33.52	62.176	Duisburg Ruhrregion	01.01.2012	80	FZ-RE		Teilweise
DE	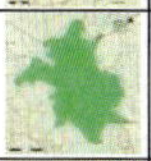	13.63	13.723	Düsseldorf	15.02.2009	80	FZ-IS		Teilweise
DE	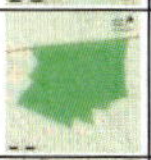	1.62	2.113	Eschweiler	01.06.2016	80	FZ-IS		Teilweise
DE		33.52	62.176	Essen Ruhrregion	01.01.2012	80	FZ-RE		Teilweise
DE		1.000	0.004	Essen EL-Spuren	27.10.2020	15	DF-FS	Keine	Teilweise
DE	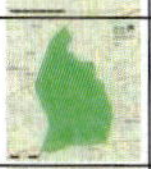	16.489	10.691	Frankfurt/M	01.10.2008	80	FZ-ST		Teilweise
DE		6.597	9.094	Freiburg/Br.	01.10.2010	80	DF-ST		Teilweise
DE		33.52	62.176	Gelsen-kirchen Ruhrregion	01.01.2012	80	FZ-RE		Teilweise
DE		33.52	62.176	Gladbeck Ruhrregion	01.01.2012	80	FZ-RE		Teilweise
DE		4.807	4.097	Hagen	01.01.2012	80	FZ-ST		Teilweise
DE		3.716	3.184	Halle/Saale	01.09.2011	80	FZ-IS		Teilweise
DE	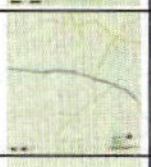	3.000	0.010	Hamburg Stresemann	31.05.2018	25-75	DF-SR	Keine	Teilweise
DE	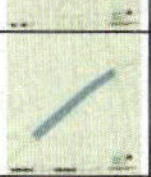	0.550	0.015	Hamburg Max-Brauer	31.05.2018	25-75	DF-SR	Keine	Teilweise
DE		8.663	7.187	Hannover	01.01.2008	80	FZ-IS		Teilweise
DE		7.499	3.69	Heidelberg	01.01.2010	80	FZ-IS		Teilweise
DE		7.181	5.038	Heidenheim	01.01.2012	80	FZ-ST		Teilweise
DE		7.659	10.407	Heilbronn	01.01.2009	80	FZ-ST		Teilweise
DE		33.52	62.176	Herne Ruhrregion	01.01.2012	80	FZ-RE		Teilweise
DE		2.223	3.174	Herrenberg	01.01.2009	80	FZ-IS		Teilweise
DE		33.52	62.176	Herten Ruhrregion	01.01.2012	80	FZ-RE		Teilweise

DE	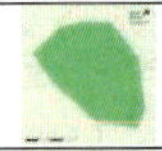	1.374	1.53	Ilsfeld	01.03.2008	80	FZ-ST		Teilweise
DE		3.325	5.18	Karlsruhe	01.01.2009	80	FZ-IS		Teilweise
DE	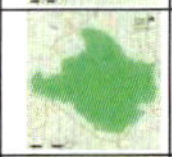	11.888	15.049	Köln	01.01.2008	80	FZ-ST		Teilweise
DE		4.871	3.937	Krefeld	01.01.2011	80	FZ-ST		Teilweise
DE		1.28	1.51	Langenfeld	01.01.2013	80	FZ-IS		Teilweise
DE	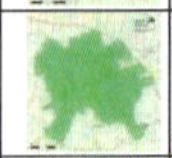	18.239	18.799	Leipzig	01.03.2011	80	FZ-ST		Teilweise
DE	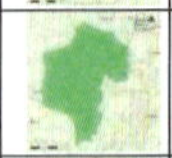	17.744	13.362	Leonberg/ Hemmingen	02.12.2013	80	FZ-RE		Teilweise
DE	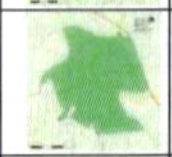	3.169	3.222	Limburg	01.02.2018	80	FZ-IS		Teilweise
DE	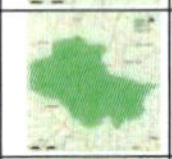	14.696	20.864	Ludwigsbg. Region	01.01.2013	80	FZ-RE		Teilweise
DE	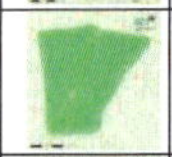	3.154	3.309	Magdeburg	01.09.2011	80	FZ-IS		Teilweise
DE	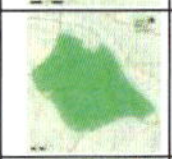	6.806	9.124	Mainz	01.02.2013	80	DF-ST		Teilweise
DE		3.300	0.010	Mainz EL-Spuren	12.10.2020	15	DF-FS	Keine	Alle
DE		3.587	3.737	Mannheim	01.03.2008	80	FZ-IS		Teilweise
DE	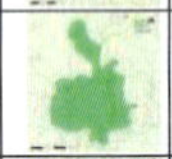	6.61	4.839	Marburg	01.04.2016	80	FZ-IS		Teilweise
DE	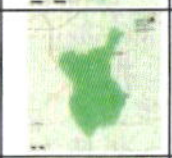	7.88	5.426	Mönchen-gladbach	01.01.2013	80	FZ-IS		Teilweise
DE	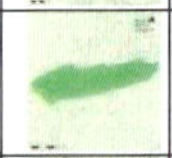	0.958	2.728	Mühlacker	01.01.2009	80	FZ-IS		Teilweise
DE	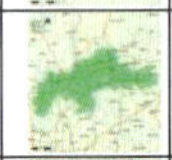	33.52	62.176	Mülheim Ruhrregion	01.01.2012	80	FZ-RE		Teilweise
DE		8.125	7.668	München	01.10.2008	80	FZ-IS		Teilweise
DE	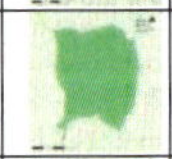	1.647	1.279	Münster	01.01.2010	80	FZ-IS		Teilweise
DE	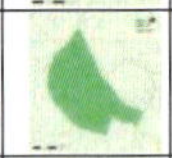	2.071	1.967	Neuss	15.02.2010	80	FZ-IS		Teilweise
DE	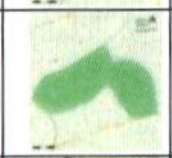	1.639	2.948	Neu Ulm	01.11.2009	80	FZ-IS		Teilweise
DE	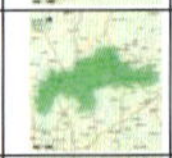	33.52	62.176	Oberhausen Ruhrregion	01.01.2012	80	FZ-RE		Teilweise
DE	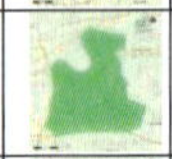	7.998	7.906	Offenbach	01.01.2015	80	FZ-ST		Teilweise
DE	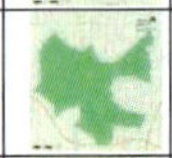	5.581	6.028	Osnabrück	04.01.2010	80	FZ-ST		Teilweise
DE	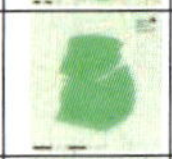	0.821	0.708	Overath	01.10.2017	80	FZ-IS		Teilweise
DE	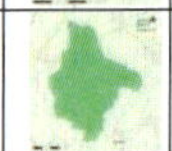	8.823	7.247	Pfinztal	01.01.2010	80	FZ-ST		Teilweise
DE	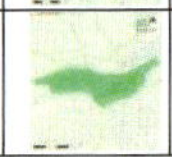	1.384	3.534	Pforzheim	01.01.2009	80	FZ-IS		Teilweise

DE		33.52	62.176	Recklinghs. Ruhrregion	01.01.2012	80	FZ-RE		Teilweise
DE		1.326	2.119	Regensburg	15.01.2018	80	FZ-IS		Teilweise
DE		1.322	2.285	Remscheid	01.07.2012	80	DF-IS		Teilweise
DE		18.439	15.627	Reutlingen	01.03.2008	80	FZ-ST		Teilweise
DE	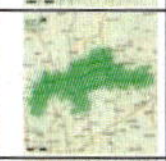	33.52	62.176	Ruhrgebiet Ruhrregion	01.01.2012	80	FZ-RE		Teilweise
DE	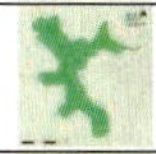	3.52	3.31	Schramberg	01.07.2013	80	FZ-IS		Teilweise
DE	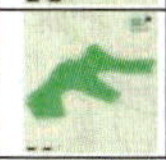	2.97	5.249	Schwäbisch Gmünd	01.03.2008	80	FZ-IS		Teilweise
DE	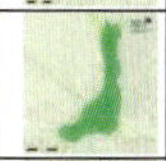	3.774	2.012	Siegen	01.01.2015	80	FZ-IS		Teilweise
DE	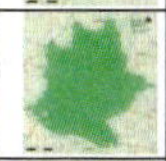	19.19	20.264	Stuttgart	01.03.2008	80	FZ-ST		Teilweise
DE		19.19	20.264	Stuttgart E4 NOx	01.01.2019	80	DF-ST	Keine	Teilweise
DE	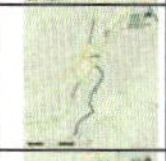	keine Angabe	keine Angabe	Stuttgart E5 NOx	01.07.2020	80	DF-SR	Keine	Teilweise
DE		15.904	12.237	Tübingen	01.03.2008	80	FZ-ST		Teilweise
DE		7.051	7.952	Ulm	01.01.2009	80	FZ-IS		Teilweise
DE	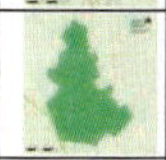	2.366	1.777	Urbach	01.01.2012	80	FZ-ST		Teilweise
DE	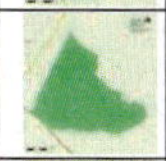	2.482	3.055	Wendlingen	02.04.2013	80	FZ-ST		Teilweise
DE	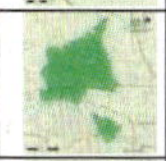	14.857	10.516	Wiesbaden	01.02.2013	80	FZ-ST		Teilweise
DE		3.200	0.004	Wiesbaden NOx	01.10.2020	15	DF-SR	Keine	Teilweise
DE		6.997	12.539	Wuppertal	15.02.2009	80	FZ-ST		Teilweise
DK		2.186	2.711	Aalborg	01.02.2009	1700	FZ-IS		Teilweise
DK	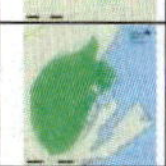	4.183	3.072	Aarhus	01.09.2010	1700	FZ-IS		Teilweise
DK	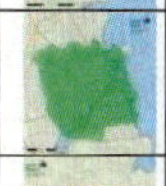	11.598	12.711	Kopenhagen	01.09.2008	1700	FZ-IS		Teilweise
DK	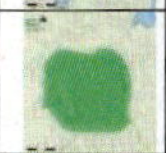	4.853	5.553	Odense	01.09.2010	1700	FZ-IS		Teilweise
ES		14.281	12.461	Barcelona	01.12.2017	100	WZ-IS		Alle
ES		2.773	2.316	Madrid Centro	01.11.2018	90	FZ-IS		Alle
ES	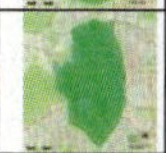	11.594	6.942	Madrid Eliptica	08.10.2018	90	WZ-IS		Alle
ES		36.864	31.283	Madrid Stadt	08.10.2018	90	WZ-ST		Alle
ES	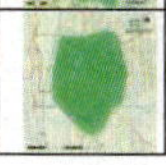	8.544	6.438	Sevilla	21.09.2018	90	WZ-IS		Alle

ES		40.319	30.669	Valencia	01.01.2008	90	WZ-IS	ECO	Alle
ES		1.286	1.223	Valladolid	01.02.2017	90	WZ-IS	ECO	Alle
ES		Keine Angabe	Keine Angabe	Mallorca EL-Spuren	05.09.2022	90	DF-FS	Keine	Teilweise
FI		4.735	5.149	Helsinki	01.05.2010	100	FZ-IS	Keine	Teilweise
FR		102.510	122.912	Alpes-Maritimes ZPA	03.09.2021	68-375	WZ-IS	1	Alle
FR	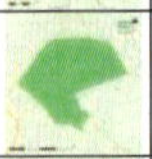	1.966	2.397	Annecy ZPA	01.01.2018	68-375	WZ-IS	1	Alle
FR		47.641	63.612	Arvetal ZPA	01.09.2017	68-375	WZ-RE	1	Alle
FR		28.526	35.953	Avignon ZPA	20.12.2021	68-375	WZ-RE	1	Alle
FR		12.451	13.866	Bordeaux ZPA	30.03.2021	68-375	WZ-RE	1	Alle
FR	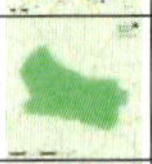	0.897	1.212	Chambery ZPA	16.05.2018	68-375	WZ-IS	1	Alle
FR		125.712	108.003	Côte d'Or Dijon ZPAd	04.08.2017	68-375	WZ-DP	1	Alle
FR		88.003	94.826	Creuse Gueret ZPAd	26.06.2017	68-375	WZ-DP	1	Alle
FR		126.542	85.00	Deux-Sevres ZPAd	07.04.2017	68-375	WZ-DP	1	Alle
FR		136.544	92.432	Drome Valence ZPAd	27.11.2017	68-375	WZ-DP	1	Alle
FR		109.676	90.422	Eure-et-Loir ZPAd	24.11.2017	68-375	WZ-DP	1	Alle
FR	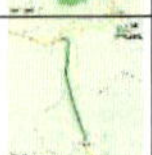	12.392	3.118	Fréjus-Tunnel	01.10.2020	750	FZ-SR	Keine	Teilweise
FR		85.47	118.596	Gers Auch ZPAd	18.09.2017	68-375	WZ-DP	1	Alle
FR		155.784	122.525	Gironde Bordeaux ZPAd	28.07.2017	68-375	WZ-DP	1	Alle
FR		8.403	4.337	Grenoble EL-Spuren	28.09.2020	68-375	DF-FS	E	Alle
FR	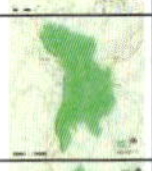	16.193	9.941	Grenoble ZFE	02.05.2019	68-375	FZ-RE	1	Alle
FR		40.71	24.371	Grenoble ZPA	01.01.2017	68-375	WZ-DP	1	Alle
FR		80.754	94.95	Haute Savoie ZPAd	27.10.2017	68-375	WZ-DP	1	Alle
FR	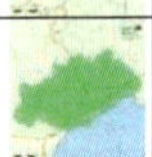	84.733	132.344	Herault Montpellier ZPAd	04.08.2017	68-375	WZ-DP	1	Alle
FR		131.97	125.041	Isere Grenoble ZPAd	04.01.2018	68-375	WZ-DP	1	Alle
FR	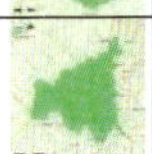	13.565	12.288	Lille ZPA	18.07.2017	68-375	WZ-ST	1	Alle
FR		116.123	82.392	Loire ZPAd	25.01.2020	68-375	WZ-DP	1	Alle
FR		95.774	119.379	Loiret Orleans ZPAd	16.11.2017	68-375	WZ-DP	1	Alle

FR		5.275	1.874	Lyon Nord EL-Spuren	21.12.2020	135	DF-FS	E	Alle
FR		3.777	1.598	Lyon Süd EL-Spuren	21.12.2020	135	DF-FS	E	Alle
FR		10.996	10.614	Lyon ZFE	01.01.2020	68-375	WZ-ST	1	Teilweise
FR		10.996	10.614	Lyon ZPA	12.12.2016	68-375	WZ-ST	1	Alle
FR		93.428	118.558	Maine-et-Loire ZPAd	08.11.2017	68-375	WZ-DP	1	Alle
FR		7.672	4.832	Marseille ZFE	01.09.2022	68-375	FZ-IS	1	Alle
FR		6.72	4.842	Marseille ZPA	07.06.2019	68-375	WZ-ST	1	Alle
FR		9.364	7.153	Mont-Blanc-Tunnel	01.10.2020	750	FZ-SR	Keine	Teilweise
FR		24.551	18.681	Montpellier ZFE	01.07.2022	68-375	FZ-IS	1	Alle
FR		15.231	16.055	Nancy ZPA	01.04.2020	68-375	WZ-RE	1	Alle
FR		4.393	5.048	Nizza ZFE	31.01.2022	68-375	FZ-IS	1	Teilweise
FR		9.429	11.901	Paris Großraum ZFE	01.09.2015	68-375	FZ-IS	1	Alle
FR		20.451	25.353	Paris Großraum ZPA	02.01.2017	68-375	WZ-RE	1	Alle
FR		107.702	122.748	Puy-de-Dome ZPAd	22.11.2017	68-375	WZ-DP	1	Alle
FR	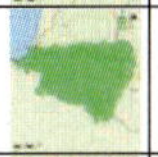	91.036	146.568	Pyrenes-Atlantiques ZPAd	05.04.2017	68-375	WZ-DP	1	Alle
FR		4.361	4.166	Reims ZFE	01.09.2021	68-375	FZ-IS	1	Alle
FR		7.842	10.911	Rennes ZPA	01.10.2018	68-375	WZ-ST	1	Alle
FR		2.464	2.61	Rouen ZFE	01.07.2021	68-375	FZ-IS	1	Teilweise
FR	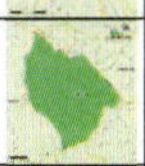	8.174	7.486	Saint-Étienne ZFE	31.01.2022	68-375	FZ-IS	1	Teilweise
FR		8.174	7.486	Saint-Étienne ZPA	01.01.2020	68-375	WZ-ST	1	Alle
FR	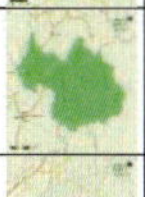	98.552	120.838	Savoie Chambery ZPAd	21.11.2017	68-375	WZ-DP	1	Alle
FR	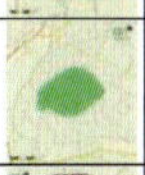	0.952	1.397	Straßburg ZFE	01.09.2018	68-375	WZ-IS	1	Alle
FR		29.82	26.249	Straßburg ZPA	31.10.2017	68-375	WZ-RE	1	Alle
FR		10.728	10.98	Toulouse ZFE	01.09.2021	68-375	FZ-IS	1	Teilweise
FR	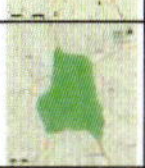	10.545	8.084	Toulouse ZPA	01.12.2017	68-375	WZ-ST	1	Alle
FR		90.944	140.861	Vendee La Roche ZPAd	03.10.2017	68-375	WZ-DP	1	Alle
FR		125.298	99.566	Vienne Poitiers ZPAd	15.09.2017	68-375	WZ-DP	1	Alle

GB		1.166	1.518	Aberdeen	30.05.2022	70-1160	FZ-IS	Keine	Teilweise
GB		2.114	2.593	Bath	04.11.2020	70-140	FZ-IS	Keine	Teilweise
GB		3.344	3.460	Birmingham	14.09.2020	70	FZ-IS	Keine	Teilweise
GB		8.16	6.579	Bradford	30.05.2022	70-1160	FZ-IS	Keine	Teilweise
GB		1.450	0.010	Brighton	01.01.2015	100-1000	FZ-SR	Keine	Teilweise
GB		2.569	3.595	Bristol	30.05.2022	70-1160	FZ-IS	Keine	Teilweise
GB		0.799	1.000	Dundee	30.05.2022	70-1160	FZ-IS	Keine	Teilweise
GB		2.082	2.856	Edingburgh	30.05.2022	70-1160	FZ-IS	Keine	Teilweise
GB		1.883	2.13	Glasgow	31.12.2018	100-1000	FZ-IS	Keine	Teilweise
GB		8.337	16.797	Leeds	04.01.2021	150	FZ-IS	Keine	Teilweise
GB		44.415	54.48	London LEZ	04.02.2008	290-1160	FZ-RE		Teilweise
GB		5.062	6.716	London ULEZ	08.04.2019	290-1160	FZ-IS		Teilweise
GB		Keine Angabe	Keine Angabe	London ZEZ	01.07.2018	150	FZ-SR		Alle
GB		0.322	0.010	Norwich	01.07.2008	100-1000	FZ-SR	Keine	Teilweise
GB		1.522	1.42	Nottingham	02.05.2010	100-1000	FZ-IS	Keine	Teilweise
GB		1.29	3.074	Oxford	01.01.2014	100-1000	FZ-SR	Keine	Teilweise
GB		2.473	2.277	Portsmouth	01.11.2021	150	FZ-IS	Keine	Teilweise
GB		1.339	1.449	York	31.01.2020	70-1160	FZ-IS	Keine	Teilweise
GR		9.288	9.171	Athen Großer Ring	01.01.1982	200	WZ-ST	Keine	Teilweise
GR	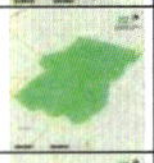	3.689	5.657	Athen Kleoner Ring	01.01.1982	200	FZ-ST	Keine	Teilweise
HU		4.356	4.359	Budapest Pesterzsébet	01.01.2008	97	FZ-IS	Keine	Teilweise
HU		14.003	9.31	Budapest Dél–Pest 1	01.01.2008	97	FZ-IS	Keine	Teilweise
HU		10.761	9.211	Budapest Dél–Pest 2	01.01.2008	97	FZ-IS	Keine	Teilweise
HU		8.547	9.988	Budapest Csepel	01.01.2008	97	FZ-IS	Keine	Teilweise
HU		12.357	8.719	Budapest Dél–Buda	01.01.2008	97	FZ-IS	Keine	Teilweise
HU		1.336	1.176	Budapest Csepel–Csillagtelep	01.01.2008	97	FZ-IS	Keine	Teilweise
HU	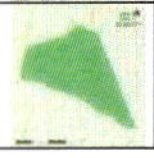	1.979	2.368	Budapest Kelenvölgy	01.01.2008	97	FZ-IS	Keine	Teilweise

HU		4.635	3.035	Budapest Buda	01.01.2008	97	FZ-IS	Keine	Teilweise
HU		7.159	5.379	Budapest Hegyvidék	01.01.2008	97	FZ-IS	Keine	Teilweise
HU		10.325	11.048	Budapest Észak–Buda 1	01.01.2008	97	FZ-IS	Keine	Teilweise
HU		2.678	3.734	Budapest Észak–Buda 2	01.01.2008	97	FZ-IS	Keine	Teilweise
HU	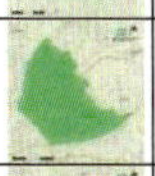	12.518	14.152	Budapest Észak–Pest	01.01.2008	97	FZ-IS	Keine	Teilweise
HU	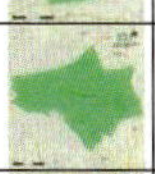	13.017	17.321	Budapest Kelet–Pest	01.01.2008	97	FZ-IS	Keine	Teilweise
HU		4.939	2.212	Budapest Pest	01.01.2008	97	FZ-IS	Keine	Teilweise
HU		7.587	4.799	Budapest Közép–Pest	01.01.2008	97	FZ-IS	Keine	Teilweise
HU		29.255	30.699	Budapest Stadt (Winter)	01.01.2008	97	FZ-ST	Keine	Teilweise
HU	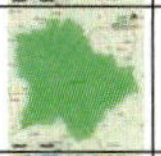	29.255	30.699	Budapest Stadt (Anti-Smog)	01.10.2019	475	WZ-ST	Keine	Teilweise
NL		7.657	8.379	Amsterdam A10	09.10.2008	95	FZ-IS	Keine	Teilweise
NL	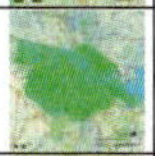	12.15	19.798	Amsterdam Stadt	01.01.2018	65	FZ-ST	Keine	Teilweise
NL		0.931	0.957	Arnheim	01.07.2014	95	FZ-IS	Keine	Teilweise
NL	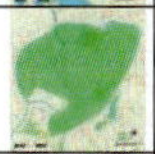	1.614	1.788	Breda	04.10.2007	95	FZ-IS	Keine	Teilweise
NL		1.52	1.713	Delft	01.01.2010	95	FZ-IS	Keine	Teilweise
NL		12.563	15.433	Den Haag Stadt	01.12.2020	65	FZ-IS	Keine	Teilweise
NL		4.106	3.8	Den Haag Zentrum	16.04.2008	95	FZ-IS	Keine	Teilweise
NL		1.677	1.808	Den Bosch	01.11.2010	240	FZ-IS	Keine	Teilweise
NL	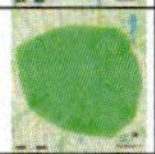	3.235	3.876	Eindhoven	01.07.2007	236	FZ-IS	Keine	Teilweise
NL		0.856	1.245	Groningen	01.01.2017	200	FZ-IS	Keine	Teilweise
NL		3.34	3.421	Haarlem	01.01.2022	240	FZ-IS	Keine	Teilweise
NL		1.357	1.925	Leiden	01.01.2010	230	FZ-IS	Keine	Teilweise
NL		0.474	0.419	Maastricht	01.03.2010	95	FZ-SR	Keine	Teilweise
NL	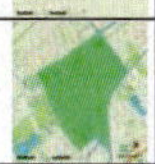	1.933	1.532	Rijswijk	01.11.2010	230	FZ-ST	Keine	Teilweise
NL		8.104	10.056	Rotterdam Maasvlakte	01.10.2014	340-2250	FZ-SO		Teilweise
NL		5.421	7.19	Rotterdam Stadt	16.09.2007	95	FZ-IS	Keine	Teilweise
NL		3.707	3.83	Tilburg	01.09.2007	236	FZ-IS	Keine	Teilweise

NL		2.329	2.656	Utrecht	01.07.2007	95	FZ-IS	Keine	Teilweise
NO		8.83	4.959	Bergen	30.01.2012	95	WZ-IS	Keine	Teilweise
NO		36.176	25.505	Oslo	01.05.2016	155	WZ-IS	Keine	Teilweise
SE		5.371	6.663	Göteborg	01.01.1996	100	FZ-ST	Keine	Teilweise
SE	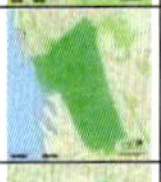	2.353	1.723	Helsinborg	01.01.1996	100	FZ-IS	Keine	Teilweise
SE		2.28	2.168	Lund	01.01.1996	100	FZ-IS	Keine	Teilweise
SE		5.054	8.161	Malmö	01.01.1996	100	FZ-ST	Keine	Teilweise
SE		4.637	6.245	Mölndahl	01.07.2010	100	FZ-ST	Keine	Teilweise
SE		5.422	9.51	Stockholm	18.06.1995	100	FZ-IS	Keine	Teilweise
SE		0.497	1.896	Stockholm Hornsgatan	15.01.2020	100	FZ-ST	Keine	Teilweise
SE	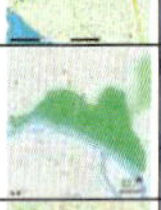	2.386	4.034	Umea	01.04.2014	100	FZ-IS	Keine	Teilweise
SE		1.585	2.049	Uppsala	01.01.2018	100	FZ-IS	Keine	Teilweise

Tabelle © Green-Zones • Kontakt: Green-Zones EES European Eco Data GmbH • Helmholtzstraße 2-9 • 10587 Berlin
Tel: (030) 233 267 180 • Web: www.green-zones.eu • Mail: service@green-zones.eu • App: www.Green-Zones-App.eu

Die Green-Zones-App für PKW, Motorrad und Camper führt Urlauber und Touristen durch die Umweltzonen Europas

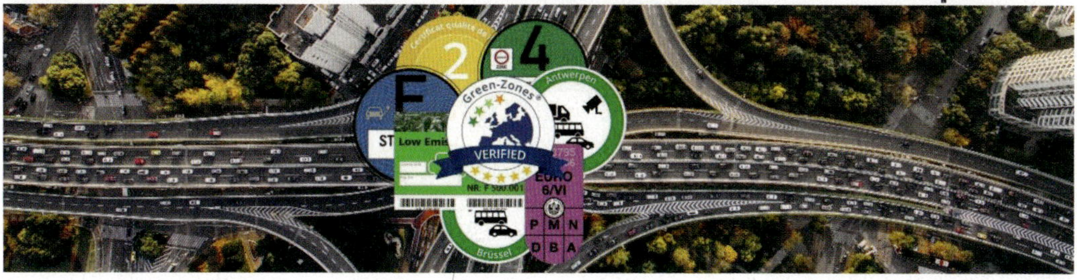

Um durch die Umwelt- und Dieselfahrverbotszonen in Europa ohne Unterbrechungen und Strafen zum Ziel zu kommen, werden nicht nur Plaketten und Registrierungen für das Fahrzeug benötigt, sondern weitere Informationen. Entscheidend ist in vielen Fällen die Kenntnis, welche Klasse der jeweiligen Plakette oder Vignette in welche Art von Umweltzone aktuell einfahren darf. Diese Problematik resultiert aus den immer mehr zunehmenden wetterbedingten Umweltzonen, deren Regel sich bei hohen Feinstaub, NOx oder Ozonwerten ändern.
Aus diesem Grunde benötigt der Tourist im PKW und Camper eine Echtzeit-Information, in welche Umweltzone er wann einfahren darf und wie die Höhe der Schadstoffwerte sind. Zudem ist ein genaues Navigieren notwendig, wo genau die (meist nicht ausgeschilderte) Zone beginnt.

Die Green-Zones-App

Die Funktion der Green-Zones-App beruht auf drei verschiedenen Datenarten. Dies sind die Flächen und Grenzen einer Umweltzone, zoombar bis auf Ebene einer Straßenkreuzung, die lokalen Regeln einer Umweltzonen für heute und morgen, bezogen auf aktuelle Wetterlage und die Eigenschaften des eigenen, jeweiligen Fahrzeuges.
Aus diesen Daten und auf Basis einer Europakarte aller Umweltzonen Europas kann sich der User in Echtzeit den Einfahrtstatus auf einer farblich differenzierten Karte mit ihren erlaubten (grün), verbotenen (rot) und auch demnächst verbotenen (orange) Einfahrten anzeigen lassen.
Die App enthält viele weitere nützliche Informationen, wie z. B. die Anzeige von wetterbedingten Meldungen, eine Adress-Suche und GPS-Tracking in den Umweltzonenkarten eine GPS-Ortung des eigenen Standortes in und außerhalb der Umwelt-zone sowie eine Listenansicht der Zonen nach Ländern und Gebieten/Städten.
Ebenfalls verfügbar die zukünftigen Fahrverbote und Feiertagsregelungen und natürlich alle Geldbußen.

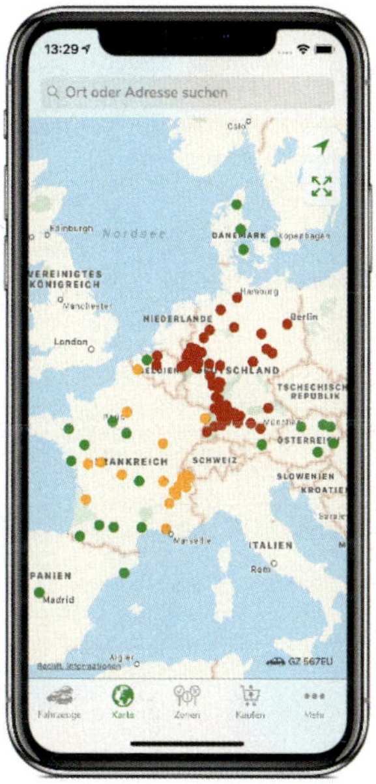

Status der Einfahrt für die jeweiligen Fahrzeugtypen in Echtzeit

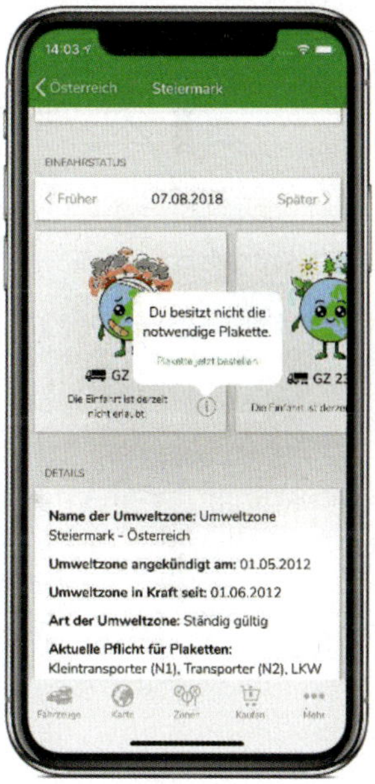

Detaillierte Infos und Beschreibung zu allen Umweltzonen inkl. Luftqualität

Der DCC empfiehlt die Green-Zones-App

Der DCC empfiehlt die Green-Zones-App und übernimmt Inhalte in seine eigene DCC-App. Die Green-Zones-App stellt in Echtzeit alle relevanten Informationen zur Verfügung und wird in ihrer Basis-Version den verschiedenen Nutzergruppen kostenlos zur Verfügung gestellt, wie z. B. auch den Campern und Wohnmobil-Freunden.
Auch aus diesem Grunde haben der DCC und Green-Zones Mitte 2019 eine umfangreiche Kooperation abgeschlossen.

In diesem Zusammenhang werden auch viele relevante Daten zu Umweltzonen und deren Regeln in der neuen DCC-App verfügbar sein.
Zur vollen Nutzung der Daten für Reisemobile muss sich allerdings der User die Green-Zones-App im Play-Store oder Apple-Store herunterladen und in der App ein Mini-Abo (7,99/Monat oder 29,99/Jahr) bestellen

Laden im App Store   JETZT BEI Google Play

Kontakt: : Green-Zones EES European Eco Data GmbH , 10587 Berlin, Helmholtzstraße 2-9 Tel.: www.green-zones.eu service@green-zones.eu

Zur Information:

Der **Zirler Berg** ist für Wohnwagen nur in Nordrichtung gesperrt. In Richtung Süden darf er befahren werden; es ist dabei jedoch ein Gefälle von 16% zu beachten!

Der **Achenpass** ist für Wohnwagen in nördlicher Richtung nicht geeignet!

Die **Autoverladung Tauernschleuse** befördert keine Motorcaravans und Wohnwagen.

Tipps für Wohnwagenfahrer beim Befahren von Bergstrecken:

Bedenken Sie immer, dass der Wohnwagen einen engeren Kurvenradius beschreibt und meistens eine größere Spurweite hat als der Zugwagen.

Vergessen Sie bei Felsüberhängen und Tunnels nie, dass Ihr Wohnwagen höher ist als der Zugwagen.

Möglichst frühzeitig in den niedrigeren Gang schalten. Auch bei der Talfahrt! Bei automatischen Getrieben die kleinste Stufe wählen.

Passfahrten möglichst am frühen Morgen unternehmen. Erstens ist dann weniger Verkehr, zweitens die Luft kühler.

Ausweichstellen und Parkrampen benützen, um eine evtl. aufgestaute Wagenkolonne vorbeifahren zu lassen. Auch bei der Talfahrt!

Wenn sich der Motor stark erhitzt, zur zusätzlichen Kühlung die Heizung einschalten, evtl. auch das Gebläse.

Auf 2000m Höhe gibt der Motor nur noch ca. 70% seiner normalen Leistung ab.

Bei vorübergehendem Anhalten den Motor nicht abstellen, sondern mit leicht erhöhter Drehzahl weiterlaufen lassen.

Auf vielen Passstraßen stehen SOS-Telefone zur Verfügung. Im Notfall kann damit der Straßen-Hilfsdienst gerufen werden.

Auf Bergstraßen muss erforderlichenfalls das abwärtsfahrende Auto anhalten.

Passstraßen mit mehr als 11% Steigung oder langanhaltenden Steigungen (auch unter 11%) sind für Wohnwagen nicht geeignet.

Halten Sie einen ausreichenden Abstand zu Ihrem Vordermann, damit schnellere Fahrzeuge nach dem Überholen wieder sicher einscheren können.

Alpenübergänge und Pässe

Wintersperren:

Die folgende Auflistung enthält Pässe die im Zeitraum November bis Mai gesperrt sein können. Eine aktuelle Abfrage ist möglich unter: **www.adac.de**/verkehr/alpenstraßenbericht

Pass	Höhe in m	Steigung	von - bis
Schweiz:			
Albula	2312	12	Tiefencastel - La Punt
Col de la Croix	1780	13	Villars-s-Ollon - Les Diablerets
Flüela	2383	11	Davos - Susch
Forclaz	1526	12	Martigny - Chamonix
Furka	2431	11	Gletsch - Andermatt
Grimsel	2165	11	Meiringen - Gletsch
Glaubenbüelen	1611	12	Giswil - Schüpfheim
Lukmanier	1914	10	Disentis - Biasca
Nufenen	2478	12	Ulrichen - Airolo
Oberalp	2044	10	Andermatt - Desentis
Splügen	2113	13	Thusis - Chiavenna
Susten	2224	10	Innertkirchen - Wassen
Umbrail	2501	14	Santa Maria - Bormio
Frankreich:			
Allos	2250	10	Barcelonnette - Allos
Aravis	1498	8	Flumet - Annecy
La Bonette	2802	12	Barcelonnette - Isola
Cayolle	2326	10	Barcelonnette - Vizille
Croix-de-Fer	2067	10	Vizille - St. Jean de M.
Galibier	2556	12	St. Michel de M. - Brianco
Glandon	1908	12	Aiguebelle - Vizille
Iseran	2769	10	Bourg - Lanslebourg
Izoard	2360	12	Briancon - Guillestre
Kl. St. Bernhard	2188	12	Mouttiers - Aosta
Lautaret	2058	10	Grenoble - Briancon
Maddalena	1996	8	Vinadio - Larche
Mont Cenis	2084	12	Lanslebourg - Susa
Montets	1461	7	Chamonix - Martigny
Restefond	2678	10	Barcelonnette - Isola
Vars	2115	15	Guillestre - Barcelonnette
Österreich:			
Bieler Höhe	2036	14	Partenen - Galtür
Breitlahner	1784	12	Ginzling - Mayrhofen
Bürgeralmstraße	1510	11	Aflenz
Furkajoch	1760	14	Laterns - Damüls
Großglockner Hochalpenstr.	2505	12	Ferleiten - Heiligenblut
Hahntennjoch	1894	15	Boden - Imst
Hochwechselstraße	1743		Breitenbrunn
Koschutastraße	1200	12	Zell Pfarre
Maltatal-Hochalmstraße	1920	14	Fallerhütte - Kölnbreinsperre
Nockalmstraße	2042	10	Innerkrems - Ebene Reichenau
Pass Thurn	1274	8	Mitersill - Kitzbühel
Silvretta-Hochalpenstraße	2036	10	Galtür - Partenen
Sölden-Rettenbachstraße	2800	13	Ötztaler Gletscher
Sölk Pass	1790	14	Gröbming - Murau
Stoderzinken-Alpenstraße	1850	9	Gröbming
Timmelsjoch	2474	13	Obergurgl - St. Leonhard, Italien
Italien:			
Forcola di Livigno	2315	12	Livigno - La Rosa
Jaufenpass	2094	13	S. Leonardo - Sterzing
Passo di Gavia	2621	16	Bormio - Ponte di Legno
Penser Joch	2215	12	Dosso - Pens
Staller Sattel	2052	12	Antholz - Erlsbach
Timmelsjoch	2474	13	S. Leonardo - Hochgurgl
Slowenien:			
Vrsic	1611	17	Kranjska Gora - Trenta

CAMPING

Für alle DCC-Mitglieder **kostenlos** erhältlich!

Die Desktop-Version bekommen Sie hier:
www.epaper.camping-club.de

So geht's in wenigen Schritten zur APP CAMPING als E-Paper:

Zuerst Download der APP „CAMPING-E-PAPER"

CAMPING

Gleich den QR Code einscannen!

Apple Store

Google Play

für DCC-Mitglieder

1. In der APP: mit persönlicher Email und beliebigem Passwort registrieren
2. Kategorie „DCC-Mitglied"
3. Freischaltcode = DCC-Mitgliedsnummer
4. Los geht's!

für Nichtmitglieder

1. In der APP: Gewünschtes Exemplar aussuchen
2. Auswählen und In-App Kauf tätigen
3. Los geht's!

Stand: Oktober 2022

Deutscher Camping-Club e.V. • Mandlstr. 28 • 80802 München • Tel. 089/380142-0
www.camping-club.de • info@camping-club.de

DÄNEMARK
SCHWEDEN
Nordsee
Ostsee
KØBENHAVN
2 b/c 1-4
3 d/e 1-4
4 e/f 1-4
5 g/h 1-4
6 a/b 4-7
7 c/d 4-7
8 d/e 4-7
9 f/g 4-7
10 h/i 4-7
11 a/b 7-10
12 b/c 7-10
13 d/e 7-10
14 f/g 7-10
15 g/h/i 7-10
16 b/c 10-13
17 d/e 10-13
18 e/f 10-13
19 g/h 10-13
HAMBURG
BREMEN
HANNOVER
BERLIN
DORTMUND
ESSEN
DÜSSELDORF
KÖLN
LEIPZIG
DRESDEN
FRANKFURT/Main
NÜRNBERG
STUTTGART
MÜNCHEN
ZÜRICH
BERN
PRAHA
NIEDER-LANDE
POLEN
BELGIEN
LUX.
TSCHECHISCHE REPUBLIK
FRANK-REICH
SCHWEIZ
ÖSTERREICH
ITALIEN
LIECHTEN-STEIN

b
c
1
2
3
4
Legende/Legend/Légende
Autobahn
Motorway
Autoroute
autobahnähnlich Straße
carriageway with motorway characteristics
Chaussée de type autoroutier
Bundesstraße
Highway
Grand itinéraire
Hauptstraßen
Main Road
Route principale
HAMBURG Großstadt City métropole
Otterndorf Stadt/Ort Town/village Ville/localité
3586 Stellplatz parking bays emplacements
NORDSEE
Nordfriesische Inseln
Havneby
Hjerpsted
List
Emmerlev
Kampen
Westerland Sylt-Ost
1203
Morsum
Sylt
1210
Hörnum
Föhr
Oldsum
1215
Wyk a. Föhr
Norddorf
Amrum
Wittdün
Japsand
Hooge
Norderoog-sand
1222
Hallig Süderoog
Süderoog-sand
Westerhever
St. Peter-Ording
1245
Helgoland
Düne
Helgoländer Bucht
Deutsche Bucht
Trischen
Scharhörn
Neuwerk
Duhnen
Großer Knechtsand
Nordholz
2249
Dorum
Ostfriesische Inseln
Wangerooge
Nordseebad Wangerooge
Spiekeroog
Minsener Oog
Langeoog
Baltrum
Norderney
Juist
Memmert
Lütje Hörn
Borkum
Mellum
2221
2222
Harle
2219
Werdum
2220
Esens
Neßmersiel
Junkersrott
2225
Tettens
2227
Ochtersum
Hage
2216
2215
Norden
Großheide
Leybucht
Neuwesteel
Upgant-Schott
2210
2209
Blomberg
Wittmund
Jever
2228
Schortens
Waddewarden
2236
Langen
Bremerhaven
2242
2211
Greetsiel
Südbrookmerland
Aurich
Brockzetel
Sande
2224
2226
Wilhelmshaven
2234
Nordenham
Seefeld
Roodeschool
Usquert
Pewsum
Hinte
Großes Meer
Ems-Jade-K.
2339
Friedeburg
Wiesmoor
Zetel
Dangast
Jadebusen
Schwei
2267
Rysum
Emden
Riepe
Ihlow
Holtrop
2332
2301
Oltmannsfehn
2333-34
Bockhorn
Varel
2239
Schweiburg
Jade
Sandstedt
Delfzijl
2206
Appingedam
Oldersum
Firrel
Ovelgönne
Pogum
Dollart
2207
2246
Hesel
Remels
2319
Spohle
2251
Brake
Uthlede
Groningen
Jemgum
2205
2311
Leer
Brinkum
2309
Westerstede
2329
Wiefelstede
Rastede
Oldenbrok
Schwanewede
2208
2304
2314
2321
2326
Apen
2320
2325/27
Elsfleth
Sappemeer
Winschoten
Wymeer
Ostrhauderfehn
2317
2318
Barßel
2358
Oldenburg
Edewecht
Berne
Wüsting
Weser
Zuidlaren
Veendam
Oude Pekela
Papenburg
Rhede
2315
Scharrel
Kampe
Suddorf
Wardenburg
Hude
2345
Lemwerder
Delmenhorst
Bourtange
NL
2384
Friesoythe
Hatten
2353
Ganderkesee
Stadskanaal
Esterwegen
6
7

d
e
1
2
3
4
DK
Aabenraa
Sønderborg
Tønder
Flensburg
Flensburger Förde
Kiel
Kieler Bucht
Schleswig
Husum
Rendsburg
Neumünster
Heide
Itzehoe
Cuxhaven
Elmshorn
Pinneberg
HAMBURG
Stade
Buxtehude
Bremervörde
Buchholz
Seevetal
Lüneburg
Winsen
Geesthacht
BREMEN
Osterholz-Scharmbeck
Rotenburg
Zeven
Niebüll
Kappeln
Eckernförde
Plön
Eutin
Bad Segeberg
Norderstedt
Ahrensburg
Bad Oldesloe
Brunsbüttel
Glückstadt
Wedel
Jork
Tornesch
Uetersen
Quickborn
Kaltenkirchen
Bad Bramstedt
Kellinghusen
Meldorf
Büsum
Tönning
Friedrichskoog
Marne
Otterndorf
Hemmoor
Drochtersen
Schiffdorf
Loxstedt
Lilienthal
Ritterhude
Stuhr
Achim
Sittensen
Tostedt
Schneverdingen
Bispingen
Jesteburg
Reppenstedt
Adendorf
Lauenburg
Reinbek
Wentorf
Glinde
Trittau
Großhansdorf
Bargteheide
Ammersbek
Reinfeld (Holst.)
Stockelsdorf
Bad Schwartau
Preetz
Flintbek
Bordesholm
Nortorf
Büdelsdorf
Fockbek
Gettorf
Kronshagen
Heikendorf
Schönberg
Lütjenburg
Wahlstedt
Henstedt-Ulzburg
Barmstedt
Halstenbek
Horneburg
Harsefeld
Neu Wulmstorf
Marstal
Rudkøbing
Svendborg
Faaborg
Augustenborg
Nord-Ostsee-K.
Elbe
Eider
Lille Bælt
Meldorfer Bucht
Eckernförder Bucht
Selenter See
E45
E234
E22
E26
7
3

e
f
1
2
3
4
DK
Smålandsfarvandet
Langelands Bælt
Fehmarnbelt
Lolland
Falster
Sjælland
Stege Bugt
Møn
Oure
Lohals
Svendborg
Ballen
Thurø
Bøstrup
Lundby
Tåsinge
Bjerreby
Simmerbølle
Rudkøbing
Spodsbjerg
Marstal
Lindelse
Nordenbro
Bagenkop
Vindeby
Tårs
Nakskov
Langø
Næsby
Græshave
Ryde
Birket
Kragenæs
Fejø
Vesterby
Femø
Nørreby
Askø By
Vigsnæs
Bandholm
Saskøbing
Maribo
Fjelde
Hjelm
Toreby
Rødby
Rødbyhavn
Nysted
Kastelev
Mern
Nyord
Hegnede
Elmelunde
Vordingborg
Stege
Magleby
Orehoved
Øster Kipping
Sprove
Nyby
Damsholte
Hjelm
Hårbøllebro
Gundslev
Eskilstrup
Næs
Horreby
Hesnæs
Nykøbing
Idestrup
Marrebæk
Gedser
E47
E55
Bucht
Fehmarn
Puttgarden
Hohwachter Bucht
Heiligenhafen
Todendorf
Lütjenburg
Oldenburg i. Holst.
Riepsdorf
Lensahn
Kirchnüchel
Grebin
Grömitz
Eutin
Neustadt
Süsel
Barkau
Ahrensbök
Scharbeutz
Timmendorfer Strand
Travemünde
Lübecker Bucht
Pronstorf
Ratekau
Bad Schwartau
Stockelsdorf
Lübeck
Lüdersdorf
Gr. Grönau
Oldesloe
Westerau
Krummesse
Berkenthin
Labenz
Harmsdorf
Ratzeburg
Ratzeburger See
Mölln
Talkau
Möhnsen
Schwarzenbek
Büchen
Gudow
Mecklenburger Bucht
Seeheilbad Graal-Müritz
Ostseebad Ahrenshoop
Fischland
Ostseebad Wustrow
Darß
Saal
Damgarten
Ribnitz-
Warnemünde
Rövershagen
Gresenhorst
Rostock
Bentwisch
Broderstorf
Sanitz
Kessin
Tessin
Bad Doberan
Kröpelin
Kritzmow
Altenhagen
Neubukow
Dummerstorf
Cammin
Wustrow
Poel
Blowatz
Radegast
Ziesendorf
Prisannewitz
Kobrow
Jürgenshagen
Schwaan
Laage
Ostseebad Boltenhagen
Klütz
Wismar-bucht
Neuburg-Steinhausen
Wismar
Züsow
Gnemern
Klein Sien
Selow
Mistorf
Weitendorf
Neu Heinde
Dassow
Roggenstorf
Gägelow
Schönberg
Grevesmühlen
Bernstorf
Metelsdorf
Qualitz
Warin
Bützow
Glasewitz
Plaaz
Thürkow
Güstrow
Roggow
Vietgest
Niendorf
Rehna
Bobitz
Bad Kleinen
Bibow
Blankenberg
Warnow
Gülzow
Bülow
Hoppenrade
Rieps
Carlow
Mühlen Eichsen
Schweriner See
Kuhlen
Brüel
Sternberg
Prüzen
Lohmen
Charlottenthal
Malchiner
Holdorf
Gadebusch
Brüsewitz
Cambs
Jülchendorf
Dabel
Krakow am See
Krakower See
Kneese
Lützow
Schwerin
Demen
Dobbin
Seedorf
Schaalsee
Lassahn
Pinnow
Goldberg
Boddin
Pampow
Crivitz
Zölkow
Mestlin
Drewitzer See
Jabel
Parum
Zarrentin
Ruthenbeck
Banzkow
Herzberg
Karow
Wittenburg
Domsühl
Gallin
Lehsen
Darze
Malchow
Sietow
Rastow
Goldenstädt
Damm
Lübz
Plau
Camin
Hagenow
Kirch Jesar
Parchim
Gresse
Toddin
Siggelkow
Vietlübbe
Kogel
Dersenow
Strohkirchen
Ganzlin
Leizen
Boizenburg
Brahlstorf
Pritzier
Neustadt-Glewe
Tessenow
Altenhof
Redefin
Stolpe
Jännersdorf
Bleckede
Neuhaus/ Elbe
Lübtheen
Ludwigslust
Karrenzin
Marnitz
Freyenstein
Wredenhagen
Adendorf
Neetze
Jessenitz
Glaisin
Grabow
Zierzow
Frehne
Barendorf
Stapel
Tewswoos
Berge
Putlitz
Wulfersdorf
Neu Darchau
Kaarßen
Tripkau
Neu Kaliß
Gorlosen
Garlin
Reetz
Gülitz
Steffenshagen
Maulbeerwalde
Dahlenburg
Hitzacker
Mellen
Karstädt
Pritzwalk
Bienenbüttel
Göhrde
Dömitz
Eldenburg
Retzin
Kemnitz
Heiligengrabe
Himbergen
Karwitz
Laaslich
Qutizow
Groß Pankow
Mesendorf
Bad Bevensen
Stoetze
Dannenberg
Wootz
Lenzen
Perleberg
Schönebeck
Herzsprung
Zernien
Jameln
Gorleben
Gartow
Schnackenburg
Groß Werzin
Oetzen
Wittenberge
Vehlow

8
9

g
h
1
2
3
4
Magleby
Møn
OSTSEE
Wittow
Kap Arkona
Putgarten
Tromper Wiek
Kreideküste
Jasmund
Kloster
Vitte
Hiddensee
Neuendorf
Neuenkirchen
Glowe
Sagard
Saßnitz
Rappin
Lietzow
Kluis
Freesenort
Dreschvitz
Bergen
Ostseebad Binz
Ostseebad Sellin
Ostseebad Göhren
Kubitzer Bodden
Samtens
Putbus
Garz
Rügen
Gager
Thiessow
Poseritz
Zudar
Greifswalder Bodden
Greifswalder Oie
Ruden
Zingst
Darß
Pramort
Klausdorf
Prohn
Günz
Altenpleen
Barth
Fuhlendorf
Saal
Lüdershagen
Löbnitz
Niepars
Kummerow
Stralsund
Damgarten
Velgast
Schlemmin
Ravenhorst
Steinhagen
Richtenberg
Elmenhorst
Reinberg
Miltzow
Semlow
Franzburg
Marlow
Papenhagen
Grimmen
Horst
Mesekenhagen
Bad Sülze
Tribsees
Griebenow
Greifswald
Freest
Karlshagen
Usedom
Pommersche Bucht
Zinnowitz
Wolgast
Hanshagen
Dersekow
Dargelin
Grammow
Grammendorf
Wendisch Baggendf.
Poggendorf
Tessin
Behren-Lübchin
Trebel
Düvier
Görmin
Basse
Nehringen
Gnoien
Nossendorf
Loitz
Züssow
Lühmannsdorf
Karlsburg
Pudagla
Seebad Heringsdorf
Mellenthin
Świnoujście (Swinemünde)
Walkendorf
Finkenthal
Demmin
Jarmen
Gützkow
Kl.Bünzow
Murchin
Tutow
Peene
Stolpe
Neu Heinde
Dargun
Kummerower See
Verchen
Utzedel
Neetzow
Anklam
Zecherin
Stettiner Haff
Zalew Szczeciński
Thürkow
Roggow
Teterow
Kummerow
Sarow
Linden-berg
Burow
Bartow
Postlow
Pelsin
Bugewitz
Breest
Spantekow
Ducherow
Ueckermünde
Nowe Warpno
Remplin
Hohen Demzin
Malchin
Malchiner See
Ivenack
Tützpatz
Schwanbeck
Boldekow
Altwigshagen
Meiersberg
Ahlbeck
Reuterstadt Stavenhagen
Wolde
Altentreptow
Salow
Brunn
Friedland
Ferdinandshof
Eggesin
Faulenrost
Wildberg
Neverin
Wilhelmsburg
Hintersee
Torgelow
Vollrathsruhe
Kittendorf
Sadelkow
Rothemühl
Glashütte
Alt Schönau
Möllin
Neubrandenburg
Schönbeck
Uecker
Viereck
Pampow
Grabowhöfe
Groß Gievitz
Wulkenzin
Groß Miltzow
Belling
Pasewalk
Jabel
Klein Plasten
Cölpin
Alt Käbelich
Strasburg
Zerrenthin
Waren
Penzlin
Tollensesee
Burg Stargard
Wilsickow
Rollwitz
Löcknitz
Bismark
Woldegk
Schlepkow
Werbelow
Fahrenwalde
Malchow
Hohenzieritz
Sietow
Kratzeburg
Blankensee
Göhren
Grambow
Müritz
Dauer
Carmzow-Wallmow
Boek
Stolpe
Fürstenwerder
Nadrensee
Leizen
Röbel
Dolgen
Nordwest-uckermark
Dedelow
Prenzlau
Carpin
Neustrelitz
Vipperow
Feldberg
Naugarten
Gustow
Storkow
Fürstensee
Schmölln
Penkun
Tantow
Wredenhagen
Lärz
Wesenberg
Triepkendorf
Röpersdorf
Unteruckersee
Bietikow
Wartin
Mirow
Boitzenburg
Gartz
Sewekow
Warthe
Haßleben
Dranse
Diemitz
Lychen
Mittenwalde
Meichow
Casekow
Biesen
Wittstock/Dosse
Zechlinerhütte
Fürstenberg
Petznick
Flieth-Stegelitz
Passow
Dorf Zechlin
Densow
Biesenbrow
Kunow
Dossow
Havel
Templin
Milmersdorf
Greiffenberg
Menz
Temmen-Ringenwalde
Schwedt/Oder
Rheinsberg
Dannenwalde
Hammelspring
Felchow
Herzsprung
Fretzdorf
Gühlen Glienicke
Zühlen
Köpernitz
Altlüdersdorf
Gollin
Schönermark
Vogelsang
Angermünde
Dierberg
Rägelin
Zehdenick
Stolpe
Trzebież
Dobieszczyn
9
10
10515
10525
10533
10536
10085
10540
10580
10545
10073
10506
10621
10460
10462
10630
10110
10420
10605
10410
10140
10610
10130
10673
10679
10371
10360
10300
10397
10308
10396
10311
10392
10372
10376
10390
10380
10386
11130
11060
11215
11345
11258
96
196
105
194
E22
E251
20
109
111
110
108
104
199
197
192
193
198
11
E28
113
2
166
19
E55

2
a
b
4
5
6
7
NL
Drachten
Leek
Roden
Eelde
Sappemeer
Winschoten
Zuidlaren
Veendam
Oude Pekela
Jirnsum
Nij Beets
Sneek
Joure
Heerenveen
Tjeukemeer
Echtenerbrug
Oldeberkoop
Veenhuizen
Assen
Smilde
Stadskanaal
Bourtange
Grolloo
Ter Apel
Dieverbrug
Beilen
Emmen
Creil
Kuinre
Steenwijk
Havelte
Emmeloord
Meppel
Hoogeveen
Vollenhove
Ens
Genemuiden
Hasselt
Staphorst
Coevorden
Beulaker Wijde
Kampen
Slagharen
Hardenberg
Ommen
Zwolle
Dalfsen
Hattem
Elburg
Nunspeet
Heerde
Raalte
Vriezenveen
Hellendoorn
Epe
Heeten
Wierden
Almelo
Diepenveen
Rijssen
Holten
Deventer
Twello
Apeldoorn
Goor
Voorst
Laren
Lochem
Zutphen
Warnsveld
Neede
Brummen
Vorden
Eibergen
Dieren
IJssel
Groenlo
Rheden
Renkum
Oosterbeek
Velp
Doesburg
Zelhem
Arnhem
Doetinchem
Didam
Zevenaar
Waal
Rhein
Terborg
Aalten
Winterswijk
Lichtenvoorde
Vreden
Gendringen
Dinxperlo
NIJMEGEN
Emmerich
Anholt
Bocholt
Rhede
Isselburg
Bienen
Rees
Kranenburg
Kleve
Bedburg-Hau
Kalkar
Gennep
Grunewald
Goch
Uedem
Xanten
Wesel
Hamminkeln
Brünen
Dingden
Bergen
Weeze
Kervenheim
Sonsbeck
Büderich
Rips
Vierlingsbeek
Venray
Kevelaer
Alpen
Voerde
Dinslaken
Issum
Geldern
Walbeck
Kamp-Lintfort
Rheinberg
Deurne
Kerken
Rheurdt
Straelen
Neukirchen-Vluyn
Moers
Wachtendonk
DUISBURG
Oberhsn.
Mülheim
Meijel
Venlo
Tegelen
Kempen
Nettetal
Grefrath
Krefeld
Tönisvorst
Ratingen
Swalmen
Brüggen
Schwalmtal
Viersen
Willich
Meerb.
Roermond
Niederkrüchten
Mönchengladbach
Kaarst
DÜSSELDORF
Neuss
Korschenbroich
Wegberg
Wassenberg
Jüchen
Waldfeucht
Heinsberg
Erkelenz
Hückelhoven
Grevenbroich
Dormagen
Monheim
Sittard
Baal
Rommerskirchen
11
Emlichheim
Twist
Hoogstede
Georgsdorf
Wielen
Wietmarschen
Itterbeck
Uelsen
Neuenhaus
Nordhorn
Denekamp
Oldenzaal
Hengelo
ENSCHEDE
Bad Bentheim
Gronau
Haaksbergen
Epe
Alstätte
Ahaus
Zwillbrock
Ottenstein
Stadtlohn
Gescher
Oeding
Südlohn
Borkenwirthe
Hemden
Velen
Borken
Heiden
Reken
Raesfeld
Rhade
Lembeck
Schermbeck
Wulfen
Lippe
Gahlen
Hünxe
Dorsten
Marl
Gladbeck
Bottrop
Gelsenkirchen
ESSEN
Recklinghsn.
Castrop-Rauxel
Herne
Bochum
Witten
Sprockhövel
Wetter
Velbert
Heiligenhs.
Mettmann
Wuppertal
Hilden
Haan
Remscheid
Solingen
Langenfd.
Burscheid
Leverkusen
Odenthal
Kürten
Wermelskirchen
Hückeswagen
Wipperfürth
Marienheide
Radevormwald
Halver
Kierspe
Meinerzhagen
Lüdenscheid
Schalksmühle
Breckerfeld
Ennepetal
Schwelm
Gevelsberg
Hagen
Herdecke
Dortmund
Holzwickede
Schwerte
Datteln
Haltern am See
Olfen
Selm
Werne
Lünen
Bergkamen
Dülmen
Seppenrade
Lüdinghausen
Nordkirchen
Ascheberg
Senden
Merfeld
Lette
Coesfeld
Nottuln
Bösensell
Münster
Billerbeck
Havixbeck
Holtwick
Legden
Rosendahl
Altenberge
Laer
Horstmar
Schöppingen
Heek
Metelen
Borghorst
Steinfurt
Nordwalde
Greven
Emsdetten
Saerbeck
Ochtrup
Wettringen
Mesum
Neuenkirchen
Rheine
Salzbergen
Ibbenbüren
Hörstel
Emsbüren
Isterberg
Spelle
Hopsten
Lünne
Messingen
Freren
Lingen
Ramsel
Lengerich
Bawinkel
Geeste
Gr.-Hesepe
Dohren
Haselünne
Meppen
Lähden
Hüven
Wesuwe
Haren
Stavern
Sögel
Börger
Surwold
Dörpen
Neulehe
Rhede
Papenburg
Ostrhauderfehn
Ems
Heeder
Jiellicheim
3100
3101
3105
3102
3099
3104
3122
3128
3071
3070
3606
3607
3289
3287
3506
3505
3508
3140
3150/51
3153
3155
3210
3207
3218
3215
3551
3485
3480
3470
3407
3603
3768
3228
3341
3229
3274
3249
2394
2397
2395
2312
2310
2389
2376
2381
2384
2304
2314
2208
A7
A32
E22
E232
A6
A37
E233
A28
A50
A1
E30
A35
A12
E35
A325
A18
A77
A73
E31
E34
A67
A73
E25
E37
A31
A1
A2
A3
A40
A42
A43
A44
A45
A46
A52
A57
A59
A61

2
3
c
d
4
5
6
7
Oldenburg
Edewecht
Barßel
Apen
Elsfleth
Berne
Ritterhude
Lilienthal
Worpswede
Grasberg
Ottersberg
Scheeßel
Rotenburg
BREMEN
Delmenhorst
Stuhr
Ganderkesee
Hude
Lemwerder
Weyhe
Achim
Langwedel
Kirchlinteln
Verden
Walsrode
Friesoythe
Bösel
Wardenburg
Hatten
Esterwegen
Surwold
Garrel
Großenknenten
Dötlingen
Ahlhorn
Wildeshausen
Harpstedt
Syke
Bassum
Twistringen
Thedinghausen
Dörverden
Bruchhausen-Vilsen
Hoya
Sögel
Werlte
Molbergen
Cloppenburg
Emstek
Visbek
Cappeln
Lastrup
Löningen
Essen
Bakum
Vechta
Lutten
Goldenstedt
Colnrade
Asendorf
Eystrup
Herzlake
Quakenbrück
Dinklage
Lohne
Barnstorf
Sulingen
Nienburg
Badbergen
Berge
Fürstenau
Ankum
Bersenbrück
Holdorf
Steinfeld
Damme
Diepholz
Wagenfeld
Rehden
Steyerberg
Stolzenau
Neustadt am Rübenberge
Dümmer
Vörden
Bramsche
Rehburg-Loccum
Steinhuder Meer
Wunstorf
Recke
Mettingen
Wallenhorst
Westerkappeln
Ostercappeln
Bohmte
Rahden
Espelkamp
Petershagen
Lübbecke
Minden
Stadthagen
Seelze
Barsinghausen
Rodenberg
Hörstel
Ibbenbüren
Osnabrück
Bad Essen
Preuß.-Oldendorf
Hüllhorst
Bückeburg
Porta Westf.
Bad Oeynhausen
Mittellandk.
Tecklenburg
Hagen a.T.W.
Georgsmarienhütte
Melle
Bissendorf
Bünde
Löhne
Vlotho
Rinteln
Bad Münder a. Deister
Springe
Hess. Oldendorf
Wennigsen
Saerbeck
Ladbergen
Lienen
Bad Iburg
Dissen
Bad Laer
Spenge
Enger
Herford
Kalletal
Hameln
Bad Rothenfelde
Borgholzhausen
Werther
Bad Salzuflen
Extertal
Aerzen
Ostbevern
Versmold
Halle
Bielefeld
Lemgo
Leopoldshöhe
Lage
Bad Pyrmont
Telgte
Sassenberg
Warendorf
Harsewinkel
Steinhagen
Oerlinghausen
Detmold
Blomberg
Lügde
Bodenwerder
Everswinkel
Gütersloh
Schloß Holte-Stukenbrock
Augustdorf
Bad Meinberg
Schieder-Schwalenberg
Sendenhorst
Drensteinfurt
Ennigerloh
Oelde
Rheda-Wiedenbrück
Verl
Hövelhof
Horn
Steinheim
Holzminden
Ahlen
Beckum
Wadersloh
Rietberg
Delbrück
Schlangen
Bad Lippspringe
Altenbeken
Nieheim
Höxter
Hamm
Lippstadt
Paderborn
Bad Driburg
Brakel
Kamen
Bönen
Welver
Erwitte
Geseke
Salzkotten
Lichtenau
Willebadessen
Borgentreich
Trendelburg
Unna
Werl
Soest
Anröchte
Büren
Bad Wünnenberg
Warburg
Hofgeismar
Fröndenberg
Wickede
Neheim-Hüsten
Möhnesee
Rüthen
Marsberg
Diemelstadt
Schwerte
Menden
Warstein
Brilon
Volkmarsen
Grebenstein
Calden
Witten
Hemer
Iserlohn
Arnsberg
Meschede
Olsberg
Bestwig
Bad Arolsen
Zierenberg
Habichtswald
Vellmar
Kassel
Balve
Sundern
Diemelsee
Wolfhagen
Neuenrade
Werdohl
Altena
Plettenberg
Eslohe
Willingen
Korbach
Naumburg
Baunatal
Edermünde
Fuldabrück
Guxhagen
Finnentrop
Schmallenberg
Winterberg
Medebach
Vöhl
Edertal
Gudensberg
Attendorn
Lennestadt
Kirchhundem
Hallenberg
Bad Wildungen
Fritzlar
Felsberg
Wabern
12

d
e
4
5
6
7
3
4
13
Stemmen
Lüneburg
Salzhausen
Darchau
Scheeßel
Egestorf
Oerzen
Raven
Dahlenburg
Kaarßen
Tripkau
Neu Kaliß
Hitzacker
Dömitz
Melbeck
Bienenbüttel
Göhrde
Haverbeck
Schneverdingen
Barnstedt
Amelinghausen
Jelmstorf
Bad Bevensen
Himbergen
Karwitz
Dannenberg
Rotenburg
Hemslingen
Bispingen
Velgen
Seedorf
Stoetze
Zernien
Gorleben
Sprengel
Jameln
Dünsche
Neuenkirchen
Soltau
Hötzingen
Wriedel
Ebstorf
Molzen
Oetzen
Zarenthien
Waddeweitz
Visselhövede
Bommelsen
Suroide
Munster
Eimke
Gerdau
Rätzlingen
Rosche
Küsten
Lüchow
Woltersdorf
Kroge
Brambostel
Uelzen
Clenze
Suhlendorf
Bomlitz
Faßberg
Suderburg
Bergen
Seebenau
Lübbow
Walsrode
Bad Fallingbostel
Soltendieck
Salzwedel
Kirchboitzen
Hermannsburg
Unterlüß
Breitenhees
Bad Bodenteich
Schmölau
Wieblitz-Eversdorf
Pretzier
Bergen
Lutterloh
Dähre
Rethem
Westenholz
Sülze
Starkshorn
Weyhausen
Kuhfelde
Ahlden
Meißendorf
Diesdorf
Eickeloh
Eschede
Hankensbüttel
Wittingen
Winterfeld
Gilten
Thören
Eldingen
Dedelstorf
Ohrdorf
Beetzendorf
Kahrstedt
Neuendorf
Kakerbeck
Steimbke
Schwarmstedt
Knesebeck
Zasenbeck
Gr.-Oesingen
Mellin
Wietze
Lachendorf
Schönewörde
Klötze
Mandelsloh
Hambühren
Celle
Wienhausen
Hohne
Wesendorf
-Lessien
Brome
Kunrau
Schwiesau
Hagen
Fuhrberg
Nienhagen
Aller
Wagenhoff
Ehra-
Wenze
Berge
Negenborn
Wathlingen
Müden (Aller)
Parsau
Jeggau
Neustadt am Rübenberge
Burgwedel
Hänigsen
Jembke
Rühen
Buchhorst
Mieste
Resse
Langenhagen
Isernhagen
Meinersen
Gifhorn
Grafhorst
Oebisfelde
Wunstorf
Burgdorf
Uetze
Mannhausen
Garbsen
Immensen
Leiferde
Calberlah
Velpke
Wolfsburg
Rätzlingen
Seelze
HANNOVER
Lehrte
Edemissen
Schwülper
Meine
Bad Nenndorf
Barsinghausen
Ronnenberg
Laatzen
Sehnde
Peine
Lehre
Querenhorst
Flechtingen
Gehrden
Algermissen
Mehrum
Wendeburg
Braunschweig
Süplingen
Wennigsen
Pattensen
Ilsede
Vechelde
Königslutter
Hörsingen
Springe
Sarstedt
Hohenhameln
Lengede
Cremlingen
Helmstedt
Erxleben
Bad Münder a. Deister
Gestorf
Giesen
Harsum
Sickte
Marienborn
Eldagsen
Nordstemmen
Schellerten
Söhlde
Evessen
Wolfenbüttel
Schöningen
Ummendorf
Hakenstedt
Coppenbrügge
Elze
Hildesheim
Salzgitter
Remlingen
Schöppenstedt
Völpke
Ovelgünne
Hameln
Eime
Gronau
Diekholzen
Holle
Dorstadt
Semmenstedt
Söllingen
Seehausen
Salzhemmendorf
Weenzen
Bad Salzdetfurth
Sehlde
Liebenburg
Roklum
Hornburg
Dedeleben
Hamersleben
Wanzleben
Oschersleben
Pyrmont
Duingen
Alfeld
Bockenem
Lutter a. Barenbge.
Schladen
Osterwieck
Badersleben
Etgersleben
Bodenwerder
Lamspringe
Langelsheim
Vienenburg
Schwanebeck
Westeregeln
Ottenstein
Delligsen
Freden
Goslar
Athenstedt
Gröningen
Eschershausen
Stadtoldendorf
Bad Gandersheim
Seesen
Langeln
Halberstadt
Wegeleben
Wenzen
Kreiensen
Ilsenburg
Silstedt
Harsleben
Schadeleben
Bevern
Holzminden
Einbeck
Wernigerode
Gatersleben
Höxter
Silberborn
Dassel
Kalefeld
Clausthal-Zellerfeld
Blankenburg
Quedlinburg
Lauenberg
Echte
Bad Grund
Schierke
Elbingerode
Thale
Aschersleben
Hollenstedt
Braunlage
Gernrode
Rappbode-Stausee
Ballenstedt
Ermsleben
Derental
Schönhagen
Moringen
Northeim
Osterode a. Harz
Allrode
Harkerode
Bodenfelde
Uslar
Katlenburg-Lindau
Herzberg
Tanne
Hasselfelde
Harzgerode
Hardegsen
Nörten-Hardenberg
Güntersberge
Abberode
Offensen
Netzkater
Straßberg
Trendelburg
Adelebsen
Bovenden
Ellrich
Stolberg
Klostermansfeld
Gottsbüren
Obernfeld
Zwinge
Niedersachswerfen
Horla
Göttingen
Buchholz
Rottleberode
Hofgeismar
Dransfeld
Rosdorf
Duderstadt
Nordhausen
Sangerhausen
Reinhardshagen
Gleichen
Teistungen
Haynrode
Bleicherode
Grebenstein
Hann. Münden
Bremke
Worbis
Heringen
Kelbra
Calden
Friedland
Leinefeld
Gebra
Kleinfurra
Sondershausen
Edersleben
Espenau
Fulda
Neu-Eichenberg
Heilbad Heiligenstadt
Holzthaleben
Bad Frankenhausen
Esperstedt
Allstedt
Artern
Vellmar
Witzenhausen
Dingelstädt
Keula
Kassel
Mackenrode
Toba
Oldisleben
Heldrungen
Kaufungen
Helsa
Bad Sooden-Allendorf
Martinfeld
Eigenrode
Ebeleben
Gundersleben
Kirchengel
Kindelbrück
Lohfelden
Pfaffschwende
Schlotheim
Greußen
Beichlingen
Fuldabrück
Großalmerode
Struth
Grabe
Allmenhausen
Guxhagen
Meinhard
Mühlhausen
Bruchstedt
Weißensee
Leubingen
Kölleda
Gudensberg
Hessisch Lichtenau
Meißner
Eigenrieden
Langula
Großengottern
Bad Tennstedt
Sömmerda
Straußfurt
Frohndorf
Melsungen
Waldkappel
Wehretal
Treffurt
Schnellmannshausen
Herbsleben
Schloss-vippach
Spangenberg
Tonna
Morschen
Sontra
Netra
Ringgau
Ifta
Bad Langensalza
Döllstädt
Großrudestedt
Steinhuder Meer
Leine
Oker
Weser
Elbe-Seiten-K.
Mittellandk.
Wittorf
Westervesede
Wintermoor

4
5
f
g
4
5
6
7
Gorlosen
Garlin
Mellen
Karstädt
Steffenshagen
Pritzwalk
Maulbeerwalde
Biesen
Wittstock/Dosse
Dossow
Dorf Zechlin
Diemitz
Zechlinerhütte
Fürstenberg
Dömitz
Eldenburg
Laaslich
Quitzow
Retzin
Kemnitz
Heiligengrabe
Rheinsberg
Menz
Dannenwalde
Wootz
Gartow
Schnackenburg
Perleberg
Groß Pankow
Mesendorf
Herzsprung
Fretzdorf
Gühlen Glienicke
Zühlen
Köpernitz
Altlüdersdorf
Trebel
Wahrenberg
Wittenberge
Groß Werzin
Schönebeck
Vehlow
Rägelin
Dierberg
Schönermark
Gransee
Gollensdorf
Geestgottbg.
Neu Schrepkow
Schönberg
Lindow
Strubensee
Klein Lüben
Bad Wilsnack
Demerthin
Kyritz
Stolpe
Neuruppin
Alt Ruppin
Seebeck
Arendsee
Krüden
Glöwen
Wusterhausen
Herzberg
Falkenthal
Drüsedau
Seehausen
Nitzow
Breddin
Neustadt
Wildberg
Ruppiner See
Löwenberg
Ritzleben
Heiligenfelde
Werben
Segeletz
Wustrau
Altfriesack
Krevese
Havelberg
Fehrbellin
Sommerfeld
Zehlendorf
Fleetmark
Osterburg
Sandau
Havel
Groß Derschau
Kremmen
Oranienburg
Lüge
Brunau
Flessau
Hindenburg
Wulkau
Kleßen-Görne
Dechtow
Staffelde
Erxleben
Rhinow
Friesack
Leegebruch
Winterfeld
Meßdorf
Bertkow
Gülpe
Briesen
Börnicke
Eichstädt
Velten
Kahrstedt
Kakerbeck
Jarchau
Arneburg
Hohennauen
Havelländ. Gr.
Kalbe
Bismark
Schernikau
Hohengöhren
Grütz
Semlin
Pessin
Hennigsdorf
Wiepke
Lindstedt
Kläden
Stendal
Großwudicke
Rathenow
Kotzen
Nennhausen
Berge
Nauen
Brieselang
Schwiesau
Nahrstedt
Schönhausen
Bamme
Mützlitz
Barnewitz
Falkensee
Berge
Jävenitz
Dahlen
Tangermünde
Vieritz
Premnitz
Wustermark
Dallgow-Döberitz
Gardelegen
Staats
Bellingen
Lüderitz
Jerichow
Marzahne
Päwesin
Groß Glienicke
Jerchel
Buch
Redekin
Pritzerbe
Roskow
Letzlingen
Schernebeck
Tangerhütte
Grieben
Nitzahn
Brandenburg
Havel
Potsdam
Kleinmachnow
Dolle
Burgstall
Parey
Genthin
Plaue
Jeserig
Groß Kreuz
Werder
Glindow
Teltow
Stahnsdorf
Mittellandk.
Born
Angern
Elbe-Havel-K.
Parchen
Wusterwitz
Kehnert
Gladau
Rogäsen
Kloster Lehnin
Colbitz
Loitsche
Elbe
Wenzlow
Wollin
Ludwigsfelde
Haldensleben
Hohenseeden
Tucheim
Ziesar
Golzow
Fichtenwalde
Wolmirstedt
Burg
Theeßen
Buckautal
Gräben
Cammer
Beelitz
Trebbin
Erxleben
Groß Ammersleben
Barleben
Drewitz
Lütte
Brück
Zauchwitz
Möser
Stegelitz
Altengrabow
Henickendorf
Hakenstedt
Gerwisch
Görzke
Benken
Bad Belzig
Linthe
Kemnitz
Frankenfelde
Ovelgünne
Magdeburg
Heyrothsberge
Möckern
Loburg
Reppinichen
Wiesenburg
Dahnsdorf
Treuenbrietzen
Sperenberg
Gommern
Nedlitz
Grubo
Niemegk
Klausdorf
Luckenwalde
Wanzleben
Hobeck
Reuden
Jeserig
Langenweddingen
Lindau
Dobritz
Kl. Marzehns
Altes Lager
Jüterbog
Etgersleben
Altenweddingen
Schönebeck
Marzahna
Charlottenfelde
Gnadau
Barby
Gütergluck
Zerbst
Garitz
Hundeluft
Kropstädt
Werbig
Egeln
Atzendorf
Leps
Bias
Streetz
Düben
Zahna
Seehsn.
Förderstedt
Calbe
Lödderitz
Steutz
Coswig
Reinsdorf
Zellendorf
Schadeleben
Hecklingen
Zuchau
Elbe
Roßlau
Lutherstadt Wittenberg
Seyda
Knippels
Gatersleben
Neundorf
Staßfurt
Nienburg
Aken
Dessau
Vockerode
Pratau
Elster
Mügeln
Bernburg
Osternienburg
Selbitz
Schweinitz
Brandis
Aschersleben
Güsten
Oranienbaum
Eutzsch
Jessen
Mehringen
Peißen
Köthen
Merzien
Quellendorf
Sollnitz
Zschornewitz
Radis
Globig
Rotta
Bleddin
Ermsleben
Alsleben
Gerlebogk
Prosigk
Jeßnitz
Raguhn
Gräfenhainichen
Axien
Gehmen
Annaburg
Harkerode
Görbzig
Wolfen
Bad Schmiedeberg
Herzberg
Hettstedt
Könnern
Radegast
Schwemsal
Dommitzsch
Löhsten
Gerbstedt
Löbejün
Bitterfeld
Trossin
Mansfeld
Zörbig
Sandersdorf
Bad Düben
Zwethau
Falkenberg
Klostermansfeld
Polleben
Wettin
Holzweißig
Wellaune
Weidenhain
Torgau
Helbra
Teicha
Oppin
Brehna
Lutherstadt Eisleben
Brachwitz
Delitzsch
Hohenprießnitz
Mockrehna
Kosdorf
Riestedt
Höhnst.
Landsberg
Lindenhayn
Mehderitzsch
Röblingen am See
Halle
Zschortau
Eilenburg
Rocknitz
Belgern
Mühlberg
Teutschenthal
Queis
Jesewitz
Thallwitz
Sitzenroda
Allstedt
Querfurt
Schkopau
Radefeld
Wiederitzsch
Mulde
Falkenhain
Laas
Artern
Lodersleben
Bad Lauchstädt
Schkeuditz
Taucha
Machern
Wurzen
Dahlen
Strehla
Langeneichstädt
Merseburg
Böhlitz-Ehrenberg
Engelsdf.
Brandis
Kühren
Burkartshain
Oschatz
Roßleben
Mücheln
Leuna
Markranstädt
Leipzig
Holzhsn.
Trebsen
Wermsdorf
Riesa
Eldrungen
Wiehe
Nebra
Bad Dürrenberg
Braunsbedra
Liebertwolkwitz
Naunhof
Nerchau
Beichlgn.
Altenroda
Freyburg
Laucha
Lützen
Markkleeberg
Grimma
Mügeln
Ostrau
Bachra
Weißenfels
Kitzen
Zwenkau
Pomßen
Zschoppach
Gallschütz
Lommatzsch
Kölleda
Rastenberg
Bad Bibra
Saale
Rötha
Böhlen
Kitzscher
Großbothen
Leisnig
Olbersleben
Bad Kösen
Naumburg
Granschütz
Pegau
Hohenmölsen
Groitzsch
Neukieritzsch
Bad Lausick
Colditz
Döbeln
Meila
Buttstädt
Buttelstedt
Bad Sulza
Teuchern
Theißen
Lucka
Borna
Regis-Breitingen
Frohburg
Geithain
Hartha
Waldheim
Roßwein
Camburg
Osterfeld
Bornitz
Rochlitz
14

g
h
i
4
5
6
7
Lychen
Fürstenberg
Templin
Milmersdorf
Mittenwalde
Petznick
Flieth-Stegelitz
Melchow
Casekow
Biesenbrow
Kunow
Pyrzyce (Pyritz)
Greiffenberg
Schwedt/Oder
Felchow
Dannenwalde
Hammelspring
Temmen-Ringenwalde
Gollin
Vogelsang
Zehdenick
Gransee
Joachimsthal
Angermünde
Stolpe
Chojna (Königsberg)
Myślibórz (Soldin)
PL
Gr. Ziethen
Parsteinsee
Groß Schönebeck
Falkenthal
Liebenwalde
Golzow
Britz
Oderberg
Cedynia
Stara Rudnica
Finowfurt
Eberswalde
Bad Freienwalde
Gozdowice
Dębno
Oder-Havel-K.
Klosterfelde
Zehlendorf
Sommerfeld
Oranienburg
Melchow
Lanke
Biesenthal
Grüntal
Falkenberg
Wölsickendorf-Wollenberg
Harnekop
Wriezen
Neulewin
Witnica
Basdorf
Birkenwerder
Leegebruch
Velten
Hohen Neuendorf
Schönow
Bernau b. Berlin
Zepernick
Tiefensee
Sternebeck
Reichenberg
Schulzendorf
Letschin
Zechin
Kostrzyn
Hennigsdorf
Werneuchen
Altfriedland
Neuhardenberg
Blumberg
Strausberg
Manschnow
Seelow
Falkensee
Fredersdorf
Eggersdorf
Dolgelin
Ośno Lubuskie
Dallgow-Döberitz
Neuenhagen
Vogelsdorf
Petershagen
Müncheberg
BERLIN
Rüdersdorf
Groß Glienicke
Schöneiche
Woltersdorf
Schönfelde
Heinersdorf
Lebus
Erkner
Arensdorf
Petershagen
Kleinmachnow
Teltow
Schulzendorf
Fürstenwalde
Frankfurt/Oder
Słubice
Rzepin
Małuszów
Stahnsdorf
Mahlow
Schönefeld
Zeuthen
Spreenhagen
Briesen
Blankenfelde
Rangsdorf
Friedersdorf
Königs Wusterhausen
Storkow
Bad Saarow-Pieskow
Scharmützelsee
Biegen
Brieskow-Finkenheerd
Müllrose
Ludwigsfelde
Trebbin
Bestensee
Heidesee
Groß Rietz
Wiesenau
Urad Grn.
Nunsdorf
Zossen
Töpchin
Selchower See
Kehrigk
Limsdorf
Beeskow
Grunow-Dammendorf
Rießen
Eisenhüttenstadt
Henickendorf
Groß Köris
Märkisch Buchholz
Alt Schadow
Sperenberg
Teupitz
Kummersdorf Gut
Trebatsch
Neuzelle
Trepplen
Neu Lübbenau
Frankenfelde
Luckenwalde
Baruth
Staakow
Groß Leuthen
Goyatz
Schwielochsee
Göhlen
Steinsdorf
Merzdorf
Jüterbog
Golßen
Biebersdorf
Lieberose
Staakow
Guben
Gubin
Charlottenfelde
Damsdorf
Kasel-Golzig
Lübben
Groß Liebitz
Bärenklau
Werbig
Drahnsdorf
Straupitz
Tauer
Illmersdorf
Duben
Lübbenau
Drachhausen
Peitz
Zellendorf
Dahme
Uckro
Horno
Neiße
Lubsko
Knippelsdorf
Kemlitz
Luckau
Burg Borkowy
Brandis
Lebusa
Langengrassau
Vetschau
Mulknitz
Wildenau
Groß Jehser
Kolkwitz
Cottbus
Forst
Zasieki
Holzdorf
Hohenbucko
Bornsdorf
Crinitz
Calau
Ogrosen
Annaburg
Borken
Schlieben
Casel
Gallinchen
Gablenz
Tuplice
Herzberg
Oelsig
Trebbus
Sonnewalde
Schöllnitz
Drebkau
Bagenz
Jerischke
Kirchhain
Finsterwalde
Altdöbern
Jehserig
Löhsten
Langennaundorf
Wormlage
Großräschen
Welzow
Graustein
Bad Muskau
Niwica
Doberlug-
Tröbitz
Spremberg
Zwethau
Falkenberg
Wahrenbrück
Oppelhain
Annahütte
Sedlitz
Trebendorf
Krauschwitz
Torgau
Bad Liebenwerda
Schipkau
Senftenberg
Bluno
Weißwasser
Weißkeisel
Bönitz
Lauchhammer
Koßdorf
Haida
Schwarzheide
Lauta
Hoyerswerda
Klein Priebus
Belgern
Elsterwerda
Ruhland
Torno
Boxberg
Hamor
Sitzenroda
Mühlberg
Merzdorf
Tettau
Leippe
Kulow
Rietschen
Gröditz
Lichtensee
Ortrand
Bernsdorf
Groß Särchen
Uhyst
Lodenau
Elbe
Großthiemig
Klitten
Kreba
Rothenburg
Dahlen
Laas
Schwepnitz
Königswartha
Förstgen
Strehla
Glaubitz
Ponickau
Commerau
Niesky
Horka
Oschatz
Riesa
Nünchritz
Großenhain
Schönfeld
Thiendorf
Königsbrück
Kamenz
Radibor
Deschka
Stauchitz
Reichenau
Gebelzig
Nieder Seifersdorf
Mügeln
Seußlitz
Radeburg
Reichenbach
Elstra
Malschwitz
Ostrau
Diesbar-
Ottendorf-Okrilla
Pulsnitz
Prischwitz
Bautzen
Kotitz
Melaune
Görlitz
Gallschütz
Lommatzsch
Berbisdorf
Weixdorf
Bischofswerda
Cunewalde
Reichenbach
Meila
Meißen
Coswig
Großröhrsdorf
Neukirch
Wilthen
Löbau
Bernstadt
Döbeln
Krögis
Radeberg
Miltitz
Radebeul
Cossebaude
Arnsdorf
Weißig
Oppach
Ostritz
Dresden
Schönfeld
Stolpen
Neustadt
Steinigtwolmsdorf
Ebersbach
Nossen
Wilsdruff

DÜSSELDORF
Neuss
Mönchen-gladbach
Roermond
Viersen
Kaarst
Korschen-broich
Wupper-tal
Remscheid
Solingen
Hilden
Haan
Mettmann
Schwelm
Lüden-scheid
Plettenberg
Heinsberg
Erkelenz
Hückelhoven
Grevenbroich
Dormagen
Monheim
Langenfeld
Leverkusen
Burscheid
Wermels-kirchen
Wipperfürth
Sittard
Gangelt
Geilen-kirchen
Brunssum
Jülich
Bedburg
Pulheim
Bergheim
Bergisch Gladbach
Gummersbach
Landgraaf
Heerlen
Kerkrade
Herzogen-rath
Würselen
Alsdorf
Baesweiler
Frechen
Kerpen
Hürth
KÖLN
Wesseling
Troisdorf
Rösrath
Overath
Lohmar
Siegburg
Hennef
Aachen
Vaals
Eschweiler
Stolberg
Düren
Erftstadt
Brühl
Bornheim
Niederkassel
St. Augustin
Bonn
Eupen
Verviers
Monschau
Simmerath
Roetgen
Nideggen
Zülpich
Euskirchen
Rheinbach
Meckenheim
Königswinter
Bad Honnef
Neustadt
Schleiden
Hellenthal
Bad Münstereifel
Remagen
Sinzig
Bad Neuenahr-Ahrweiler
Bad Breisig
Linz
Dierdorf
Malmédy
Waimes
Büllingen
Blankenheim
Dahlem
Andernach
Neuwied
Mayen
Mendig
Koblenz
Bad Ems
Lahnstein
Nassau
St. Vith
Prüm
Gerolstein
Daun
Boppard
Cochem
Bad Salzig
St. Goar
Bitburg
Wittlich
Bernkastel-Kues
Traben-Trarbach
Simmern
Kastellaun
Diekirch
Ettelbruck
Bad Kreuznach
Trier
Konz
Schweich
Morbach
Idar-Oberstein
Kirn
Bad Sobernheim
Birkenfeld
Hermeskeil
LUXEMBOURG
Saarburg
Hespérange
Bettembourg
Dudelange
Perl
Mettlach
Merzig
Wadern
St. Wendel
Kusel
Otterberg
Kaiserslautern
Ramstein-Miesenbach
Thionville
Saarlouis
Völklingen
Neunkirchen
Homburg
St. Ingbert
Saarbrücken
Zweibrücken
Pirmasens
Forbach
Blieskastel
Metz
St.-Avold
Sarreguemines

7
b
c
8
9
10
16
17
Altena
Werdohl
Neuenrade
Allendorf
Eslohe
Western-bödefeld
Willingen
Usseln
Korbach
Rhena
Freienhagen
Baunatal
Edermünde
Schalksmühle
Lüdenscheid
Plettenberg
Herscheid
Finnentrop
Elspe
Schmallenberg
Fredeburg
Silbach
Winterberg
Medebach
Eppe
Vöhl
Naumburg
Edertal
Gudensberg
Felsberg
Fritzlar
Kierspe
Attendorn
Lennestadt
Kirchhundem
Oberkirchen
Lenne
Hallenberg
Sachsenberg
Ederbringhausen
Bad Wildungen
Frankenau
Meinerzhagen
Biggesee
Wabern
Borken
Homberg
Frankenberg
Bad Berleburg
Drolshagen
Olpe
Rahrbach
Bergneustadt
Krombach
Hilchenbach
Erndtebrück
Battenberg
Bottendorf
Haina
Jesberg
Wiehl
Kreuztal
Lützel
Hatzfeld
Rosenthal
Gemünden
Frielendorf
Nümbrecht
Freudenberg
Wenden
Münchhausen
Gilserberg
Schwalmstadt
Waldbröl
Geisweid
Netphen
Bad Laasphe
Biedenkopf
Wetter
Halsdorf
Neukirchen
Morsbach
Niederfischbach
Mudersbach
Siegen
Breidenbach
Rauschenberg
Willingshausen
Oberaula
Windeck
Kirchen
Wilnsdorf
Dietzhölztal
Dautphetal
Marburg
Bürgeln
Kirchhain
Neustadt
Stadtallendorf
Schrecksbach
Wissen
Betzdorf
Neunkirchen
Eschenburg
Gladenbach
Weimar
Amöneburg
Kirtorf
Alsfeld
Hamm
Herdorf
Eichelhardt
Daaden
Burbach
Dillenburg
Bad Endbach
Lohra
Ebsdorfergrund
Romrod
Hachenburg
Haiger
Bischoffen
Homberg
Altenkirchen
Breitscheid
Fronhausen
Willofs
Schlitz
Bad Marienberg
Herborn
Rabenau
Ermenrod
Udenhausen
Driedorf
Sinn
Staufenberg
Feldatal
Lauterbach
Puderbach
Ehringshausen
Mengerskirchen
Leun
Aßlar
Gießen
Buseck
Mücke
Grünberg
Rixfeld
Dierdorf
Westerburg
Herbstein
Pohlheim
Ulrichstein
Wetzlar
Linden
Laubach
Ransbach-Baumbach
Waldbrunn
Weilburg
Braunfels
Lich
Schotten
Grebenhain
Hosenfeld
Wirges
Langgöns
Hungen
Hadamar
Weinbach
Waldsolms
Bendorf
Höhr-Grenzhausen
Montabaur
Elz
Weilmünster
Butzbach
Münzenberg
Nidda
Gedern
Freiensteinau
Flieden
Vallendar
Runkel
Villmar
Grävenwiesbach
Wölfersheim
Isselbach
Koblenz
Bad Ems
Limburg
Ober-Mörlen
Bad Nauheim
Ranstadt
Ortenberg
Weilrod
Usingen
Friedberg
Birstein
Selters
Hünfelden
Glauburg
Lahnstein
Nassau
Bremberg
Kirberg
Bad Camberg
Wehrheim
Wöllstadt
Altenstadt
Bad Soden-Salmünster
Steinau
Dachsenhausen
Aarbergen
Schmitten
Friedrichsdorf
Bad Homburg
Nidderau
Büdingen
Wächtersbach
Marjoß
Nastätten
Idstein
Oberursel
Karben
Bruchköbel
Langenselbold
Gelnhausen
Bad Orb
Salzig
Hohenstein
Königstein
Kronberg
Bad Vilbel
Linsengericht
Jossgrund
St. Goar
Bornich
Bad Schwalbach
Taunusstein
Bad Soden
FRANKFURT a. Main
Hanau
Rodenbach
Freigericht
Lohrhaupten
Kaub
Schlangenbad
Kelkheim
Sulzbach
Hofheim
Offenbach am Main
Wiesen
Bacharach
Lorch
Stephanshausen
Wiesbaden
Kelsterbach
Kahl a. M.
Alzenau
Mömbris
Frammersbach
Rheinböllen
Oestrich
Eltville
Walluf
Hochheim
Walldorf
Neu-Isenburg
Dreieich
Rodgau
Klein-ostheim
Hösbach
Laufach
Lohr a. Main
Ellern
Winkel
Mainz
Rüsselsheim
Langen
Dietzenbach
Stockstadt a. Main
Aschaffenburg
Waldaschaff
Stromberg
Bingen
Gau-Algesheim
Nieder-Olm
Nauheim
Mörfelden
Rödermark
Münster
Weibersbrunn
Bodenheim
Gr.-Gerau
Weiterstadt
Dieburg
Schaafheim
Großostheim
Sulzbach a. Main
Bad Kreuznach
Saulheim
Wörrstadt
Nierstein
Oppenheim
Büttelborn
Darmstadt
Gr.-Zimmern
Groß-Umstadt
Obernburg
Kleinwallstadt
Bischbrunn
Riedstadt
Roßdorf
Reinheim
Elsenfeld
Dammbach
Marktheidenfeld
Bad Münster-Ebernburg
Oberhausen
Hallgarten
Guntersblum
Biebesheim
Stockstadt
Pfungstadt
Gr.-Bieberau
Höchst
Lützelbach
Erlenbach a. Main
Klingenberg a. Main
Hasloch
Mörsfeld
Alzey
Gernsheim
Seeheim-Jugenheim
Brensbach
Bad König
Freudenberg
Bürgstadt
Alsenz
Kriegsfeld
Osthofen
Biblis
Hähnlein
Alsbach
Bensheim
Reichelsheim i. Odenw.
Großheubach
Miltenberg
Hundheim
Lauterecken
Rockenhausen
Kirchheimbolanden
Flomborn
Einhausen
Heppenheim
Erbach
Boxbrunn
Amorbach
Einöllen
Monsheim
Worms
Bürstadt
Külsheim
Winnweiler
Göllheim
Bobenheim-Roxheim
Lampertheim
Lautenbach
Rimbach
Mörlenbach
Beerfelden
Marbach
Hardheim
Eisenberg
Grünstadt
Walldürn
Otterberg
Alsenborn
Lambsheim
Frankenthal
Weinheim
Viernheim
Mudau
Buchen
Kailbach
Enkenbach
Ludwigshafen
Mannheim
Ladenburg
Rothenberg
Miesenbach
Hochspeyer
Bad Dürkheim
Schriesheim
Dossenheim
Eberbach
Bödigheim
Kaiserslautern
Altrip
Limbach
Seckach
Osterburken
Deidesheim
Böhl
Neuhofen
Brühl
Eppelheim
Heidelberg
Elztal
Schefflenz
Adelsheim
Neustadt a. d. Weinstraße
Schifferstadt
Neckargemünd
Bammental
Neckargerach
Obrigheim
Mosbach
Billigheim
Schöntal
Erlenbach
Iggelheim
Speyer
Sandhausen
Meckesheim
Waldfischbach-Burgalben
Dudenhofen
Altlußheim
Walldorf
Möckmühl
Widdern
Rodalben
Schwegenheim
Wiesloch
Waibstadt
Gundelsheim
Neudenau
Forchtenberg
Oberhausen-Rheinhausen
St. Leon-Rot
Mühlhausen
Sinsheim
Oedheim
Neuenstadt
Pirmasens
Philippsburg
Östringen
Bad Rappenau
Bad Friedrichshall
Bellheim
Germersheim
Landau
Annweiler
Hauenstein
Herxheim b. Landau
Neudorf
Forst
Weiher
Ubstadt
Kirchardt
Neckarsulm
Öhringen
Dahn
Dettenheim
Graben
Eppingen
Leingarten
Bretzfeld
Weinsberg
12

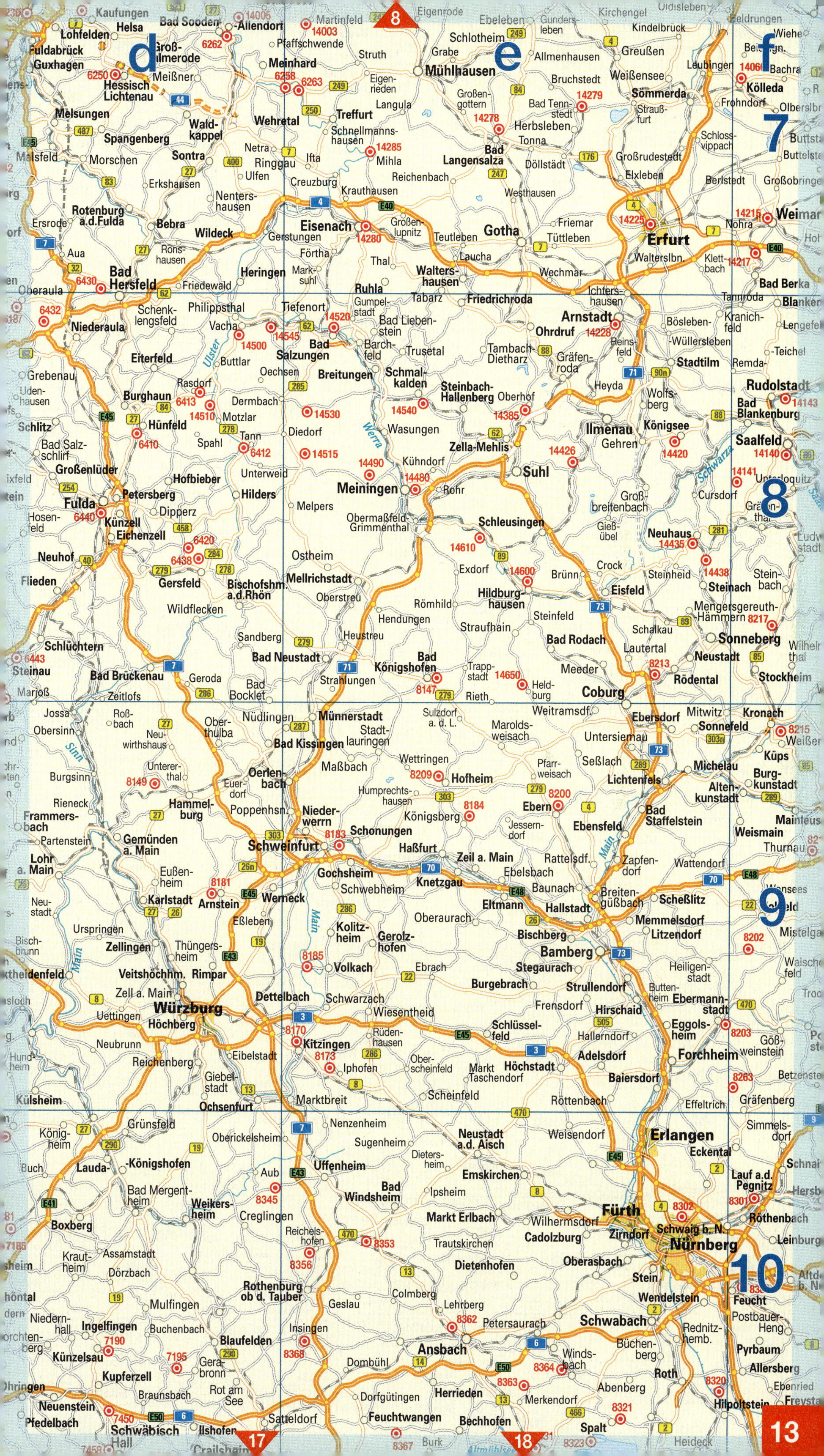
8
17
18
d
e
f
7
8
9
10
Kaufungen
Helsa
Bad Sooden-Allendorf
Lohfelden
Fuldabrück
Guxhagen
Groß-almerode
Hessisch Lichtenau
Meißner
Meinhard
Pfaffschwende
Martinfeld
Eigenrode
Struth
Schlotheim
Grabe
Mühlhausen
Ebeleben
Gundersleben
Kirchengel
Kindelbrück
Greußen
Allmenhausen
Weißensee
Sömmerda
Bruchstedt
Bad Tennstedt
Herbsleben
Tonna
Großengottern
Eigenrieden
Langula
Treffurt
Schnellmannshausen
Mihla
Melsungen
Spangenberg
Waldkappel
Wehretal
Netra
Ringgau
Ifta
Ulfen
Sontra
Morschen
Malsfeld
Erkshausen
Nentershausen
Creuzburg
Krauthausen
Reichenbach
Bad Langensalza
Döllstädt
Westhausen
Großrudestedt
Elxleben
Berlstedt
Großobringen
Kölleda
Frohndorf
Olbersleben
Buttstädt
Buttelstedt
Schlossvippach
Straußfurt
Laubingen
Heldrungen
Weimar
Nohra
Erfurt
Friemar
Tüttleben
Gotha
Teutleben
Großenlupnitz
Eisenach
Gerstungen
Förtha
Thal
Ruhla
Laucha
Waltershausen
Wechmar
Waltersl.
Klettbach
Bad Berka
Ichtershausen
Rotenburg a.d.Fulda
Bebra
Ersrode
Aua
Ronshausen
Wildeck
Heringen
Marksuhl
Friedewald
Bad Hersfeld
Oberaula
Niederaula
Schenklengsfeld
Philippsthal
Vacha
Tiefenort
Gumpelstadt
Bad Liebenstein
Tabarz
Friedrichroda
Arnstadt
Ohrdruf
Tannroda
Blankenhain
Kranichfeld
Lengefeld
Bösleben-Wüllersleben
Teichel
Remda
Stadtilm
Reinsfeld
Gräfenroda
Tambach-Dietharz
Trusetal
Barchfeld
Bad Salzungen
Buttlar
Oechsen
Breitungen
Schmalkalden
Steinbach-Hallenberg
Oberhof
Heyda
Wolfsberg
Königsee
Rudolstadt
Bad Blankenburg
Saalfeld
Eiterfeld
Grebenau
Udenhausen
Burghaun
Rasdorf
Dermbach
Motzlar
Hünfeld
Tann
Diedorf
Wasungen
Zella-Mehlis
Ilmenau
Gehren
Schlitz
Bad Salzschlirf
Spahl
Unterweid
Kühndorf
Suhl
Großenlüder
Hofbieber
Hilders
Meiningen
Rohr
Großbreitenbach
Cursdorf
Unterloquitz
Gräfenthal
Fulda
Petersberg
Dipperz
Melpers
Obermaßfeld-Grimmenthal
Schleusingen
Gießübel
Neuhaus
Hosenfeld
Künzell
Eichenzell
Ostheim
Mellrichstadt
Neuhof
Flieden
Gersfeld
Bischofsheim a.d.Rhön
Oberstreu
Exdorf
Hildburghausen
Brünn
Crock
Eisfeld
Steinheid
Steinach
Steinbach
Wildflecken
Hendungen
Römhild
Straufhain
Steinfeld
Mengersgereuth-Hämmern
Schalkau
Sonneberg
Wilhelmsthal
Schlüchtern
Sandberg
Heustreu
Bad Neustadt
Bad Königshofen
Trappstadt
Heldburg
Bad Rodach
Lautertal
Neustadt
Meeder
Rödental
Stockheim
Steinau
Bad Brückenau
Geroda
Bad Bocklet
Strahlungen
Rieth
Coburg
Marjoß
Zeitlofs
Jossa
Obersinn
Roßbach
Neuwirthshaus
Oberthulba
Nüdlingen
Münnerstadt
Bad Kissingen
Stadtlauringen
Sulzdorf a. d. L.
Maroldsweisach
Weitramsdf.
Untersiemau
Ebersdorf
Mitwitz
Sonnefeld
Kronach
Weißenbrunn
Küps
Burgsinn
Untererthal
Euerdorf
Oerlenbach
Maßbach
Wettringen
Hofheim
Pfarrweisach
Seßlach
Lichtenfels
Michelau
Altenkunstadt
Burgkunstadt
Rieneck
Frammersbach
Hammelburg
Poppenhsn.
Niederwerrn
Humprechtshausen
Königsberg
Jesserndorf
Ebern
Ebensfeld
Bad Staffelstein
Weismain
Mainleus
Thurnau
Partenstein
Gemünden a. Main
Schweinfurt
Schonungen
Haßfurt
Zeil a. Main
Ebelsbach
Rattelsdf.
Zapfendorf
Wattendorf
Lohr a. Main
Eußenheim
Arnstein
Werneck
Gochsheim
Schwebheim
Knetzgau
Eltmann
Baunach
Breitengüßbach
Scheßlitz
Wonsees
Neustadt
Karlstadt
Eßleben
Kolitzheim
Gerolzhofen
Oberaurach
Hallstadt
Memmelsdorf
Litzendorf
Mistelgau
Bischbrunn
Urspringen
Zellingen
Thüngersheim
Rimpar
Volkach
Ebrach
Bischberg
Bamberg
Stegaurach
Burgebrach
Strullendorf
Heiligenstadt
Waischenfeld
Marktheidenfeld
Veitshöchheim
Zell a. Main
Dettelbach
Schwarzach
Wiesentheid
Frensdorf
Hirschaid
Buttenheim
Ebermannstadt
Uettingen
Würzburg
Höchberg
Schlüsselfeld
Hallerndorf
Eggolsheim
Gößweinstein
Neubrunn
Reichenberg
Eibelstadt
Kitzingen
Rüdenhausen
Oberscheinfeld
Markt Taschendorf
Höchstadt
Adelsdorf
Forchheim
Giebelstadt
Iphofen
Baiersdorf
Betzenstein
Külsheim
Ochsenfurt
Marktbreit
Scheinfeld
Röttenbach
Gräfenberg
Effeltrich
Grünsfeld
Königheim
Oberickelsheim
Nenzenheim
Sugenheim
Neustadt a.d. Aisch
Weisendorf
Erlangen
Simmelsdorf
Eckental
Lauda-Königshofen
Aub
Uffenheim
Dietersheim
Emskirchen
Lauf a.d. Pegnitz
Schnaittach
Hersbruck
Bad Mergentheim
Weikersheim
Creglingen
Bad Windsheim
Ipsheim
Markt Erlbach
Wilhermsdorf
Fürth
Zirndorf
Cadolzburg
Schwaig b. N.
Nürnberg
Röthenbach
Leinburg
Boxberg
Reichelshofen
Trautskirchen
Oberasbach
Assamstadt
Krautheim
Dörzbach
Rothenburg ob d. Tauber
Dietenhofen
Stein
Wendelstein
Feucht
Altdorf b. Nürnberg
Mulfingen
Geslau
Colmberg
Lehrberg
Petersaurach
Schwabach
Rednitzhembach
Postbauer-Heng
Niedernhall
Ingelfingen
Buchenbach
Blaufelden
Insingen
Ansbach
Windsbach
Büchenberg
Pyrbaum
Künzelsau
Gerabronn
Dombühl
Roth
Allersberg
Kupferzell
Braunsbach
Rot am See
Dorfgütingen
Herrieden
Merkendorf
Abenberg
Hilpoltstein
Ebenried
Freystadt
Neuenstein
Pfedelbach
Schwäbisch Hall
Ilshofen
Crailsheim
Satteldorf
Feuchtwangen
Bechhofen
Burk
Spalt
Heideck
Ulster
Werra
Schwarza
Sinn
Main
Altmühlsee

Weißenfels
Naumburg
Zeitz
Apolda
Weimar
Jena
Gera
Altenburg
Grimma
Döbeln
Chemnitz
Crimmitschau
Glauchau
Zwickau
Hohenstein-Ernstthal
Rudolstadt
Bad Blankenburg
Saalfeld
Schleiz
Greiz
Plauen
Reichenbach
Aue
Annaberg-Buchholz
Hof
Selb
Marktredwitz
Cheb
Karlovy Vary
Sokolov
Kulmbach
Bayreuth
Weiden i. d. Opf.
Amberg
Schwandorf
Neumarkt i.d. Opf.
Lauf a.d. Pegnitz
Altdorf b. Nürnberg
Mariánské Lázně
Tachov
Domažlice
Cham
Roding
Bad Kötzing
Furth i. Wald
Rozvadov
Kronach
Sonneberg
Lobenstein
Naila
Münchberg
Wunsiedel
Pegnitz
Auerbach
Sulzbach-Rosenberg
Nabburg
Burglengenfeld
Teublitz
Maxhütte-Haidhof
Nittenau
Regenstauf
Parsberg
Freystadt
Allersberg
Feucht
Mitterteich
Tirschenreuth
Kemnath
Eschenbach i.d. Opf.
Grafenwöhr
Vohenstrauß
Pfreimd
Oberviechtach
Neunburg v. Wald
Waldmünchen
Neustadt a.d. Waldnaab
Erbendorf
Falkenstein
Oelsnitz
Adorf
Bad Elster
Markneukirchen
Klingenthal
Kraslice
Nejdek
Ostrov
Chodov
Horní Slavkov
Františkovy Lázně
Meerane
Werdau
Lichtenstein
Schneeberg
Schwarzenberg
Eibenstock
Johanngeorgenstadt
Oberwiesenthal
Stollberg
Zwönitz
Burgstädt
Mittweida
Hainichen
Rochlitz
Geithain
Borna
Bad Lausick
Colditz
Meuselwitz
Schmölln
Hermsdorf
Stadtroda
Eisenberg
Neustadt a.d. Orla
Pößneck
Triptis
Weida
Auma
Zeulenroda
Tanna
Hirschberg
Kahla
Bad Berka
Kölleda
Buttstädt
Bad Sulza
Bad Kösen
Lützen
Markkleeberg
Zwenkau
Böhlen
Rötha
Kitzscher
Pegau
Groitzsch
Hohenmölsen
Teuchern
Lucka
Regis-Breitingen
Frohburg
Penig
Lunzenau
Limbach-Oberfrohna
Oberlungwitz
Gersdorf
Lugau
Oelsnitz
Thalheim
Ehrenfriedersdorf
Gelenau
Zschopau
Flöha
Frankenberg
Hartha
Waldheim
Roßwein
Leisnig
Mügeln
Ostrau
Thum
Wilkau-Haßlau
Kirchberg
Lengenfeld
Rodewisch
Treuen
Auerbach
Schöneck
Elsterberg
Mylau
Netzschkau
Pausa
Gefell
Töpen
Feilitzsch
Rehau
Oberkotzau
Schwarzenbach a. d. Saale
Schwarzenbach am Wald
Selbitz
Bad Steben
Helmbrechts
Marktleugast
Stadtsteinach
Kupferberg
Ludwigsstadt
Steinbach
Tettau
Küps
Burgkunstadt
Altenkunstadt
Mainleus
Thurnau
Weismain
Hollfeld
Bad Berneck
Bindlach
Goldkronach
Weidenberg
Speichersdorf
Creußen
Pottenstein
Gößweinstein
Betzenstein
Gräfenberg
Schnaittach
Hersbruck
Röthenbach
Leinburg
Pommelsbrunn
Happurg
Auerbach
Vilseck
Hirschau
Schnaittenbach
Freihung
Kohlberg
Wernberg-Köblitz
Kümmersbruck
Ebermannsdorf
Schwarzenfeld
Wackersdorf
Bodenwöhr
Bruck i.d. Opf.
Teunz
Winklarn
Rötz
Stamsried
Chamerau
Traitsching
Michelsneukirchen
Zell
Kallmünz
Velburg
Berg
Postbauer-Heng
Pyrbaum
Hilpoltstein
Mühlhausen
Deining
Seubersdorf i.d.Opf.
Lauterhofen
Kastl
Hahnbach
Freudenberg
Waldsassen
Neualbenreuth
Bärnau
Plößberg
Windischeschenbach
Pressath
Kirchenthumbach
Waldershof
Neusorg
Fuchsmühl
Wiesau
Falkenberg
Thiersheim
Arzberg
Weißenstadt
Kirchenlamitz
Gefrees
Himmelkron
Creußen
Eckersdorf
Mistelgau
Waischenfeld
Plech
Schönberg
Aš
Leuchtenberg
Tännesberg
Eslarn
Waidhaus
Altglashütte
Schwarza
Saale
Pegnitz
Lauterach
Naab
Regen
Talsp. Pöhl
Bleilochtalsperre
Höllenst. Stausee
14
18
19
9
f
g
7
8
9
10

10
h
i
7
8
9
10
19
Stauchitz
Seußlitz
Radeburg
Reichenbach-
Ottendorf-Okrilla
Prischwitz
Malschwitz
Niedér Seifersdorf
Diesbar-
Lommatzsch
Meißen
Berbisdorf
Weixdorf
Groß-röhrsdorf
Bischofswerda
Bautzen
Kotitz
Melaune
Görlitz
Zgorzelec
Meila
Krögis
Coswig
Radebeul
Radeberg
Neukirch
Wilthen
Cunewalde
Löbau
Reichenbach
Bernstadt
Miltitz
Cossebaude
Arnsdorf
Stolpen
Oppach
Ostritz
Roßwein
Nossen
Wilsdruff
Dresden
-Weißig
Schönfeld-
Neustadt
Steinigtwolmsdorf
Ebersbach
Neugersdorf
Großhennersdf.
Siebenlehn
Freital
Heidenau
Lohmen
Sebnitz
Rumburk
Seifhennersdf.
Oderwitz
Bogatynia
Hainichen
Großschirma
Hetzdorf
Bannewitz
Rabenau
Dohna
Pirna
Weesenstein
Varnsdorf
Zittau
Freiberg
Hirschbach
Großschönau
Hradek nad Nisou
Oberschöna
Brand-Erbisdorf
Dippoldiswalde
Liebstadt
Berggießhübel
Hensko
Olbersdorf
Flöha
Oederan
Sadisdorf
Schmiedeberg
Bad Gottleuba
Česká Kamenice
Langenau
Mulda
Frauenstein
Chrastava
Eppendorf
Petrovice
Děčín
Großhartmannsdorf
Altenberg
Nov Bor
Liberec
Waldkirchen
Nassau
Lauenstein
Zschopau
Clausnitz
Mulde
Telnice
Žandov
Lengefeld
Krupka
Česká Lípa
Mimoň
Pockau
Olbernhau
Cämmerswalde
Osek
Teplice
Ústí nad Labem
Marienberg
Ansprung
Litvínov
Duchcov
Ku ívody
Mnichovo Hradiště
Rübenau
Litomě ice
Doksy
Reitzenhain
Bílina
Dubá
Lovosice
Jöhstadt
Jirkov
Most
Chomutov
Roudnice nad Labem
Mladá Boleslav
Koštice
Klášterec nad Oh í
Kadaň
Louny
Mělník
Bezno
Žatec
Ohře
Neratovice
Kralupy nad Vltavou
Slan
Stará Boleslav
Libušín
Kladno
Brand s nad Labem
Čelákovice
Rakovník
PRAHA
Říčany
Beroun
CZ
Benešov
PLZEŇ
Rokycany
Vlašim
P íbram
Úhlava
Domažlice
Klatovy
Tábor
Vltava
Písek
Strakonice
Neukirchen
Sušice
Lam
Lohberg
Bayer. Eisenstein
12011
12055
12075
12106
12108
12107
12093
12037
12039
12130
12132
12183
12186
12184/85
12188
12198
E40
E55
E65
E67
E442
E48
E49
E50
E53
E59
D1
D3
D5
D8
D11

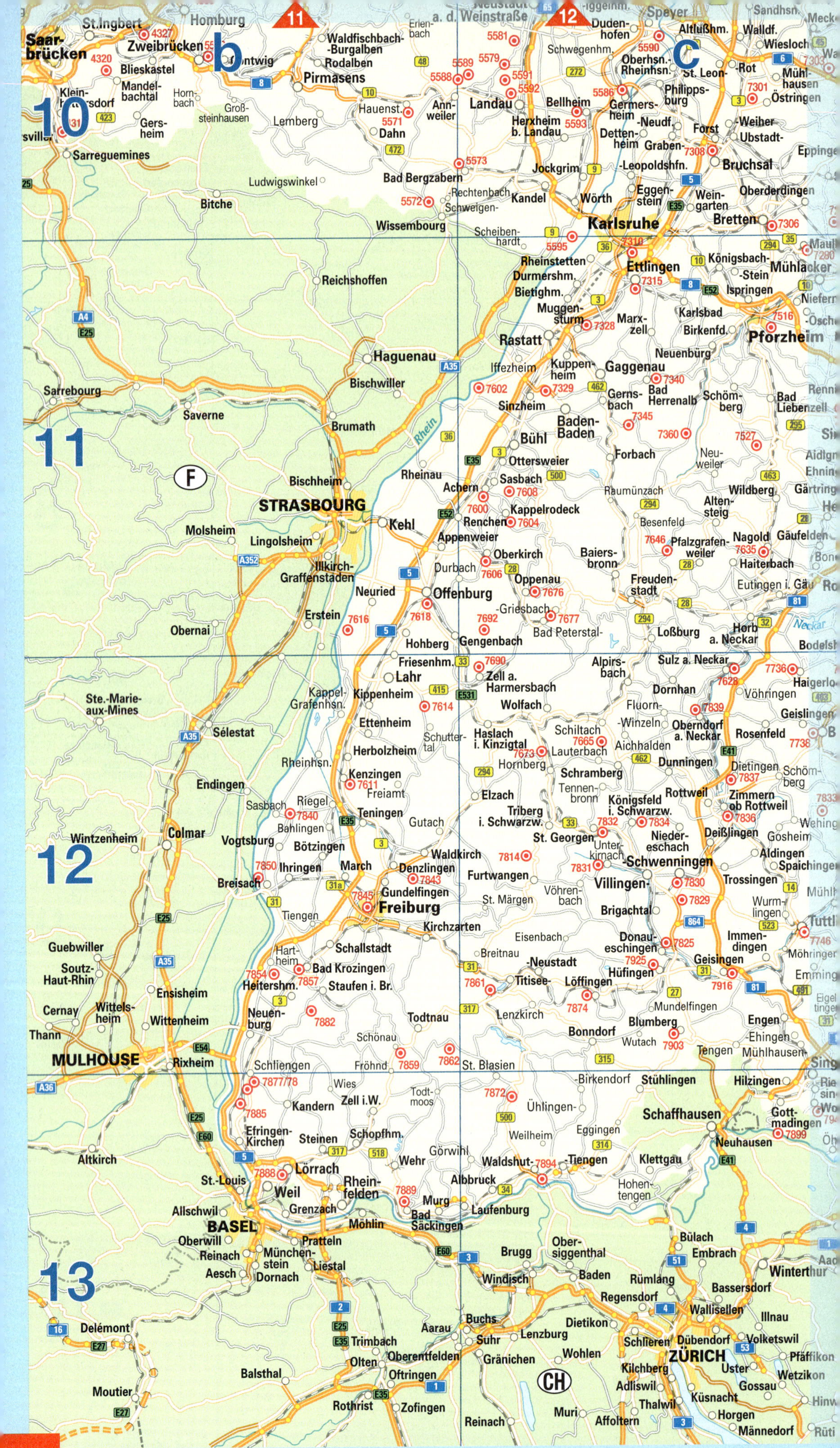

Saarbrücken
St.Ingbert
Homburg
Zweibrücken
Blieskastel
Pirmasens
Waldfischbach-Burgalben
Rodalben
Lemberg
Hauenst.
Dahn
Annweiler
Landau
Herxheim b. Landau
Bellheim
Germersheim
Speyer
Altlußhm.
Walldf.
Wiesloch
Oberhsn.-Rheinhsn.
St. Leon-Rot
Mühlhausen
Östringen
Philippsburg
Forst
Bruchsal
Ubstadt-Weiher
Sarreguemines
Bitche
Ludwigswinkel
Bad Bergzabern
Kandel
Wörth
Jockgrim
Leopoldshfn.
Eggenstein
Weingarten
Bretten
Oberderdingen
Wissembourg
Karlsruhe
Ettlingen
Rheinstetten
Durmershm.
Bietighm.
Muggensturm
Königsbach-Stein
Mühlacker
Ispringen
Karlsbad
Birkenfd.
Pforzheim
Marxzell
Reichshoffen
Rastatt
Neuenbürg
Haguenau
Bischwiller
Iffezheim
Kuppenheim
Gaggenau
Sinzheim
Baden-Baden
Gernsbach
Bad Herrenalb
Schömberg
Bad Liebenzell
Sarrebourg
Saverne
Brumath
Rhein
Bühl
Ottersweier
Forbach
Rheinau
Achern
Sasbach
Kappelrodeck
Raumünzach
Wildberg
Altensteig
Besenfeld
Bischheim
STRASBOURG
Kehl
Renchen
Appenweier
Oberkirch
Baiersbronn
Pfalzgrafenweiler
Nagold
Haiterbach
Molsheim
Lingolsheim
Illkirch-Graffenstaden
Durbach
Oppenau
Neuried
Offenburg
Freudenstadt
Eutingen i. Gäu
Griesbach
Bad Peterstal-
Erstein
Obernai
Hohberg
Gengenbach
Loßburg
Horb a. Neckar
Friesenhm.
Lahr
Zell a. Harmersbach
Alpirsbach
Sulz a. Neckar
Dornhan
Haigerloch
Vöhringen
Ste.-Marie-aux-Mines
Kappel-Grafenhsn.
Kippenheim
Wolfach
Fluorn-Winzeln
Geislingen
Sélestat
Ettenheim
Haslach i. Kinzigtal
Schiltach
Oberndorf a. Neckar
Rosenfeld
Lauterbach
Aichhalden
Herbolzheim
Schuttertal
Hornberg
Dunningen
Dietingen
Rheinhsn.
Kenzingen
Freiamt
Schramberg
Tennenbronn
Rottweil
Endingen
Elzach
Königsfeld i. Schwarzw.
Zimmern ob Rottweil
Sasbach
Riegel
Bahlingen
Teningen
Gutach
Triberg i. Schwarzw.
Deißlingen
Gosheim
Wintzenheim
Colmar
Vogtsburg
Bötzingen
St. Georgen
Niedereschach
Aldingen
Spaichingen
Waldkirch
Unterkirnach
Schwenningen
Ihringen
March
Denzlingen
Furtwangen
Villingen-
Trossingen
Breisach
Gundelfingen
Freiburg
St. Märgen
Vöhrenbach
Brigachtal
Tiengen
Kirchzarten
Guebwiller
Schallstadt
Eisenbach
Donaueschingen
Immendingen
Tuttlingen
Soultz-Haut-Rhin
Hartheim
Bad Krozingen
Breitnau
Neustadt
Hüfingen
Geisingen
Möhringen
Heitershm.
Staufen i. Br.
Titisee-
Löffingen
Emmingen
Cernay
Wittelsheim
Ensisheim
Mundelfingen
Thann
Wittenheim
Neuenburg
Todtnau
Lenzkirch
Blumberg
Engen
Bonndorf
Wutach
Ehingen
MULHOUSE
Rixheim
Schönau
Tengen
Mühlhausen
Schliengen
Fröhnd
St. Blasien
Birkendorf
Stühlingen
Hilzingen
Wies
Todtmoos
Kandern
Zell i.W.
Ühlingen-
Schaffhausen
Gottmadingen
Efringen-Kirchen
Steinen
Schopfhm.
Weilheim
Eggingen
Neuhausen
Altkirch
Wehr
Görwihl
Waldshut-
Tiengen
Klettgau
Lörrach
St.-Louis
Weil
Rheinfelden
Albbruck
Hohentengen
Allschwil
Grenzach
Murg
Bad Säckingen
Laufenburg
BASEL
Möhlin
Oberwil
Pratteln
Reinach
Münchenstein
Aesch
Dornach
Liestal
Brugg
Obersiggenthal
Bülach
Embrach
Windisch
Baden
Rümlang
Winterthur
Regensdorf
Bassersdorf
Delémont
Buchs
Aarau
Dietikon
Wallisellen
Illnau
Trimbach
Suhr
Lenzburg
Schlieren
Dübendorf
Volketswil
Olten
Oberentfelden
Wohlen
ZÜRICH
Pfäffikon
Balsthal
Oftringen
Gränichen
Kilchberg
Uster
Wetzikon
Moutier
Adliswil
Gossau
Rothrist
Zofingen
Muri
Thalwil
Küsnacht
Reinach
Affoltern
Horgen
Männedorf
F
CH
10
11
12
13
b
c

d
e
10
11
12
13
CH
A
Meckesheim
Mosbach
Schöntal
Mulfingen
Colmberg
Lehrberg
Waibstadt
Gundelsheim
Möckmühl
Neudenau
Widdern
Niedern
Forchtenberg
Ingelfingen
Buchenbach
Blaufelden
Insingen
Ansbach
Sinsheim
Oedheim
Neuenstadt
Künzelsau
Gerabronn
Dombühl
Bad Rappenau
Neckarsulm
Bad Friedrichshall
Öhringen
Kupferzell
Rot am See
Braunsbach
Dorfgütingen
Feuchtwangen
Kirchhardt
Leingarten
Bretzfeld
Neuenstein
Pfedelbach
Satteldorf
Eppingen
Schwaigern
Heilbronn
Weinsberg
Schwäbisch Hall
Ilshofen
Crailsheim
Burk
Sulzfeld
Untergruppenbach
Mainhardt
Vellberg
Brackenheim
Lauffen
Flein
Ilsfeld
Wüstenrot
Michelbach a. d. Bilz
Obersontheim
Stimpfach
Dinkelsbühl
Gunzenhausen
Bönnigheim
Besigheim
Oberstenfeld
Sulzbach a.d. Murr
Oberrot
Wört
Weiltingen
Maulbronn
Großbottwar
Gaildorf
Bühlerzell
Bietigheim-Bissingen
Aspach
Murrhardt
Murr
Freiberg
Backnang
Gschwend
Adelmannsfelden
Ellwangen
Fremdingen
Auhausen
Vaihingen
Niefern-Öschelbronn
Möglingen
Ludwigsburg
Rudersberg
Althütte
Hüttlingen
Röhlingen
Unterschneidheim
Oettingen
Hemmingen
Münchingen
Winnenden
Welzheim
Abtsgmünd
Westhausen
Bopfingen
Nördlingen
Ditzingen
Kornwestheim
Alfdorf
Aalen
Lauchheim
Waiblingen
Urbach
Mutlangen
Leonberg
Korntal
Fellbach
Schorndorf
Lorch
Schwäbisch Gmünd
Unterkochen
Oberkochen
Ederheim
Renningen
STUTTGART
Rechberghausen
Neresheim
Magstadt
Ostfildern
Esslingen
Ebersbach
Waldstetten
Königsbronn
Mönchsdeggingen
Sindelfingen
Göppingen
Böhmenkirch
Steinheim
Nattheim
Dischingen
Aidlingen
Denkendorf
Reichenbach
Süßen
Donzdorf
Ehningen
Böblingen
Filderstadt
Wernau
Kirchheim unt. Teck
Hattenhofen
Kuchen
Heidenheim
Gärtringen
Neuhausen
Waldenbuch
Nürtingen
Bad Boll
Geislingen
Herbrechtingen
Giengen
Lutzingen
Herrenberg
Weil
Neckartenzlingen
Weilheim a. d. Teck
Gerstetten
Dillingen a.d.Donau
Höchstädt
Gäufelden
Pliezhausen
Metzingen
Neuffen
Deggingen
Amstetten
Ballendorf
Sontheim
Bondorf
Tübingen
Wannweil
Eningen unt. Achalm
Lenningen
Lonsee
Bernstadt
Gundelfingen
Lauingen
Wertingen
Rottenburg
Reutlingen
St.Johann
Laichingen
Dornstadt
Langenau
Offingen
Holzheim
Günzburg
Gomaringen
Lichtenstein
Magolsheim
Blaustein
Elchingen
Burgau
Altenmünster
Mössingen
Münsingen
Blaubeuren
Nersingen
Bodelshausen
Sonnenbühl
Engstingen
Schelklingen
Ulm
Bibertal
Ichenhausen
Scheppach
Jettingen-Scheppach
Zusmarshausen
Hechingen
Buttenhausen
Neu-Ulm
Haigerloch
Erbach
Pfaffenhofen a.d. Roth
Bisingen
Trochtelfingen
Hohenstein
Allmendingen
Senden
Burtenbach
Dinkelscherben
Geislingen
Indelhausen
Ehingen
Weißenhorn
Balingen
Burladingen
Hayingen
Vöhringen
Roggenburg
Edelstetten
Thannhausen
Gammertingen
Lauterach
Achstetten
Ursberg
Bitz
Munderkingen
Laupheim
Illertissen
Krumbach
Albstadt
Winterlingen
Zwiefalten
Dietenheim
Buch
Mittelneufnach
Meßstetten
Inneringen
Schemmerhofen
Mietingen
Schwendi
Altenstadt
Aletshausen
Riedlingen
Unlingen
Wehingen
Storzingen
Babenhausen
Stetten a. kalten Markt
Langenenslingen
Dürmentingen
Warthausen
Maselheim
Pfaffenhausen
Spaichingen
Hausen
Biberach
Sigmaringen
Ertingen
Ummendorf
Ochsenhausen
Erolzheim
Pleß
Egg a.d. Günz
Mühlheim
Donau
Beuron
Mengen
Herbertingen
Bad Buchau
Boos
Mindelheim
Heimertingen
Erkheim
Tuttlingen
Neuhausen ob Eck
Meßkirch
Hohentengen
Bad Saulgau
Hochdorf
Eberhardzell
Rot a. d. Rot
Memmingen
Dirlewang
Bad Wörishofen
Möhringen
Liptingen
Wald
Ostrach
Bad Schussenried
Unterschwarzach
Aitrach
Markt Rettenbach
Emmingen-Liptingen
Mühlingen
Pfullendorf
Aulendorf
Bad Waldsee
Bad Wurzach
Lautrach
Ottobeuren
Pforzen
Eigeltingen
Denkingen
Altshausen
Wolpertswende
Immenried
Grönenbach
Bad Grönenbach
Kaufbeuren
Stockach
Aach-Linz
Wilhelmsdorf
Baindt
Leutkirch
Obergünzburg
Heiligenberg
Horgenzell
Berg
Baienfurt
Weingarten
Wolfegg
Dietmannsried
Singen
Radolfzell
Überlingen
Ravensburg
Kißlegg
Altusried
Haldenwang
Rielasingen-Worblingen
Mühlhofen
Markdorf
Schlier
Vogt
Unterthingau
Uhldingen-Mühlhofen
Meersburg
Meckenbeuren
Ratzenried
Kempten
Durach
Wald
Öhningen
Tettnang
Wangen
Isny i.A.
Buchenberg
Konstanz
Immenstaad
Kreuzlingen
Friedrichshafen
Heimenkirch
Weitnau
Waltenhofen
Rückholz
Weinfelden
Romanshorn
Bodensee
Lindenberg
Iller
Simmerberg
Frauenfeld
Weiler
Oberstaufen
Pfronten
Amriswil
Lindau
Blaichach
Burgberg
Aadorf
Arbon
Bregenz
Sonthofen
Bad Hindelang
Winterthur
Wil
Goldach
Rorschach
Hard
Höchst
Wolfurt
Fischen
Sirnach
Uzwil
Gossau
St. Gallen
Au
Widnau
Dornbirn
Bolsterlang
Flawil
Herisau
Altstätten
Rhein
Oberstdorf
Pfäffikon
Hohenems
Riezlern
Wetzikon
Götzis
Wattwil
Baad
Hinwil
Wald
Rankweil
Rüti
Feldkirch

Schwabach
Ansbach
Petersaurach
Lehrberg
Wendelstein
Feucht
Postbauer-Heng
Pyrbaum
Allersberg
Berg
Neumarkt i.d. Opf.
Engelsberg
Lauterhofen
Schwandorf
Wackersdorf
Bodenwöhr
Steinberg
Schmidmühlen
Teublitz
Burglengenfeld
Maxhütte-Haidhof
Nittenau
Velburg
Deining
Seubersdorf i.d.Opf.
Parsberg
Kallmünz
Regenstauf
Zeitlarn
Lappersdorf
Wenzenbach
Regensburg
Obertraubling
Neutraubling
Bad Abbach
Rednitzhembach
Büchenberg
Roth
Abenberg
Merkendorf
Bechhofen
Spalt
Heideck
Hilpoltstein
Freystadt
Ebenried
Mühlhausen
Holnstein
Berching
Breitenbrunn
Greding
Thalmässing
Pleinfeld
Ellingen
Weißenburg i. Bayern
Dittenheim
Pfofeld
Gunzenhausen
Burk
Altmühlsee
Main-Donau-K.
Dietfurt
Hemau
Laaber
Kinding
Meihern
Riedenburg
Ihrlerstein
Kelheim
Saal a.d. Donau
Altdorf
Rothenstein
Treuchtlingen
Pappenheim
Oettingen
Wemding
Nördlingen
Harburg
Monheim
Solnhofen
Dollnstein
Eichstätt
Walting
Kipfenberg
Denkendorf
Pondorf
Altmannstein
Kösching
Gaimersheim
Lenting
Ingolstadt
Pförring
Vohburg a.d. Donau
Neustadt a.d. D.
Abensberg
Schierling
Mallersdorf-Pfaffenberg
Rottenburg
Rohr i. NB
Donauwörth
Kaisheim
Rennertshofen
Neuburg a.d.Donau
Manching
Geisenfeld
Mainburg
Pfeffenhausen
Ergoldsbach
Essenbach
Landshut
Ergolding
Altdorf
Furth
Wolnzach
Rohrbach
Pfaffenhofen
Schrobenhausen
Scheyern
Reichertshofen
Karlshuld
Rain
Burgheim
Höchstädt
Dillingen a.d.Donau
Lauingen
Wertingen
Buttenwiesen
Meitingen
Thierhaupten
Pöttmes
Hohenwart
Aichach
Kühbach
Aindling
Affing
Langweid
Gersthofen
Altomünster
Petershausen
Allershausen
Moosburg a.d. Isar
Nandlstadt
Zolling
Freising
Neufahrn b. Freising
Erding
Dorfen
Taufkirchen
Augsburg
Friedberg
Stadtbergen
Neusäß
Zusmarshausen
Diedorf
Dinkelscherben
Thannhausen
Ursberg
Gessertshausen
Bobingen
Königsbrunn
Schwabmünchen
Kissing
Mering
Dasing
Markt Indersdorf
Erdweg
Schwabhausen
Dachau
Eching
Unterschleißheim
Oberschleißheim
Garching
Ismaning
Unterföhring
Karlsfeld
Hallbergmoos
Moosinning
Markt Schwaben
Poing
Anzing
Haag
Maisach
Fürstenfeldbruck
Gröbenzell
Germering
Gilching
Gräfelfing
Planegg
Gauting
Pullach i. Isartal
Unterhaching
Haar
Vaterstetten
Zorneding
Ebersberg
Grafing b. München
Kirchseeon
München
Moorenweis
Geltendorf
Kaufering
Landsberg a. Lech
Buchloe
Penzing
Schondorf
Utting
Ammersee
Weßling
Seefeld
Herrsching
Starnberg
Grünwald
Schäftlarn
Oberhaching
Höhenkirchen-Siegertsbrunn
Aying
Glonn
Bad Aibling
Rosenheim
Kolbermoor
Stephanskirchen
Raubling
Berg
Feldafing
Tutzing
Münsing
Icking
Wolfratshausen
Geretsried
Holzkirchen
Otterfing
Sauerlach
Miesbach
Warngau
Weyarn
Westerham
Feldkirchen-Westerham
Dießen
Raisting
Weilheim
Starnberger See
Mindelheim
Bad Wörishofen
Kaufbeuren
Obergünzburg
Marktoberdorf
Biessenhofen
Schongau
Peiting
Peißenberg
Penzberg
Bad Tölz
Lenggries
Gmund
Tegernsee
Hausham
Fischbachau
Rottach-Egern
Kreuth
Brannenburg
Oberaudorf
Kiefersfelden
Kufstein
Murnau
Staffelsee
Bad Kohlgrub
Kochel
Kochelsee
Jachenau
Walchensee
Wallgau
Oberammergau
Linderhof
Füssen
Pfronten
Reutte
Garmisch-Partenkirchen
Grainau
Farchant
Scharnitz
Biberwier
Telfs
Innsbruck
Hall
Wattens
Schwaz
Jenbach
Achensee
Pertisau
Wörgl
Inn
Donau
Lech
Isar
Paar
Ilm
Naab
Lauterach
A

14
15
g
h
10
11
12
13
Písek
Strakonice
Sušice
Prachatice
Rötz
Furth i. Wald
Eschlkam
Bodenwöhr
Stamsried
Neukirchen
Bruck i.d. Opf.
Cham
Bad Kötzing
Lam
Roding
Chamerau
Lohberg
Bayer. Eisenstein
Zell
Traitsching
Höllenst. Stausee
Michelsneukirchen
Drachselsried
Bodenmais
Altenthann
Viechtach
Zinzenzell
Rettenbach
Ludwigsthal
Kollnburg
Zwiesel
Patersdorf
Wörth a.d. Donau
Haselbach
St. Englmar
Regen
Neukirchen
Steinach
Gotteszell
Rinchnach
Habischried
Riedlhütte
Finsterau
Riekofen
Bogen
Bernried
Bischofsmais
St. Oswald-
Philippsreut
Rain
Grafling
Kirchberg
Sünching
Straubing
Deggendorf
Schönberg
Hohenau
Grafenau
Freyung
Geiselhöring
Straßkirchen
Donau
Schöfweg
Perlesreut
Grainet
Laberweinting
Hengersberg
Leiblfing
Oberschneiding
Schöllnach
Saldenburg
Waldkirchen
Neureichenau
Pfaffenberg
Plattling
Winzer
Fürstenstein
Wallersdorf
Osterhofen
Mengkofen
Pilsting
Hutthurm
Sonnen
Hauzenberg
Ergoldsbach
Moosthenning
Isar
Wallerfing
Landau a.d. Isar
Künzing
Ruderting
Postau
Mamming
Dingolfing
Eichendorf
Aldersbach
Vilshofen
Salzweg
Wegscheid
Untergriesbach
Passau
Vils
Simbach
Marklkofen
Mariakirchen
Ortenburg
Oberkappel
Reisbach
Arnstorf
Egglham
Fürstenzell
Neuburg
Landshut
Geisenhausen
Frontenhausen
Malgersdorf
Habersdorf
Dietersburg
Falkenberg
Bad Griesbach
Neuhaus
Schärding
Vilsbiburg
Rimbach
Bad Birnbach
Pfarrkirchen
Ruhstorf
Gangkofen
Eggenfelden
Triftern
Asbach
Pocking
Bodenkirchen
Massing
Velden
Neumarkt-St. Veit
Wurmannsquick
Rotthalmünster
Bad Füssing
Schönbg.
Geratskirchen
Tann
Stubenberg
Eferding
Lohkirchen
Inn
Schwindegg
Winhöring
Simbach a. Inn
Ampfing
Grieskirchen
Waldkraiburg
Mühldorf am Inn
Neuötting
Haiming
Kirchdf.
Braunau am Inn
Ried
Aschau a. Inn
Altötting
Emmerting
Kraiburg a. Inn
Burgkirchen
Burghausen
Gars a. Inn
Taufkirchen
Garching
Wels
Wasserburg
Schnaitsee
Tacherting
Tittmoning
Trostberg
Vöcklabruck
Obing
Fridolfing
Mattsee
Vorchdorf
Amerang
Seeon-Seebruck
Traunreut
Laakirchen
Oberndorf
Neumarkt
Gmunden
Irrsee
Bad Endorf
Laufen
Altmünster
Wallersee
Chiemsee
Traunstein
Attersee
Traunsee
Prien
Grabenstätt
Teisendorf
Freilassing
Ainring
Mondsee
Steinbach
Bernau
Bergen
Siegsdorf
Anger
SALZBURG
Ebensee
Grassau
Ruhpolding
Piding
St. Gilgen
St. Wolfgang
Unterwössen
Seehaus
Bad Reichenhall
Wolfgang See
Bad Ischl
Hintersee
Sachrang
Reit im Winkl
Bischofswiesen
Hallein
Bad Goisern
Berchtesgaden
Gößl
Schönau
Königssee
Kufstein
Hallstätter See
St. Johann in Tirol
A
Kitzbühel
Saalfelden
Bischofshofen
St. Johann im Pongau
Zell
Zeller See
St. Veit

DEUTSCHLAND

Zur Ein- und Durchreise sind von In- und Ausländern einige wichtige Punkte zu beachten. Informationen dazu finden Sie auch unter www.deutschland-tourismus.de.

Gültiger Reisepass oder Personalausweis:
Deutschland wendet zusammen mit Belgien, Dänemark, Estland, Finnland, Frankreich, Griechenland, Island, Italien, Lettland, Litauen, Luxemburg, Malta, Niederlande, Norwegen, Österreich, Polen, Portugal, Schweden, Slowakische Republik, Slowenien, Spanien, Tschechische Republik und Ungarn das »Schengen-Abkommen« an. Das heißt, der Reiseverkehr innerhalb dieser Staaten gilt als »grenzenloses« Gebiet und verschärfte Kontrollen finden nur an den Außengrenzen statt.4
Für Reisende aus den EU-Staaten und einigen Drittländern genügt der Personalausweis. Für Reisende aus allen anderen Ländern ist ein bei der Einreise noch 4 Monate gültiger Reisepass oder ein Visum erforderlich. Die Aufenthaltsdauer beträgt 3 Monate. Auskünfte erteilen die diplomatischen und konsularischen Vertretungen.

Kinder: Kinder unter 12 Jahren benötigen einen Kinderreisepass. Diese werden mit einer Gültigkeitsdauer von sechs Jahren ausgestellt, und zwar längstens bis zur Vollendung des zwölften Lebensjahres. Ab dem zwölften Lebensjahr kann ein Reisepass oder Personalausweis beantragt werden. Detaillierte Informationen erhalten Sie vom Auswärtigen Amt, www.auswaertiges-amt.de.

Impfbestimmungen: Für die Einreise nach Deutschland werden keine Impfungen verlangt. Grundsätzlich sollte aber der Impfschutz gegen Tetanus, Diphtherie und Polio überprüft und wenn notwendig aufgefrischt werden. Campingurlaubern im süddeutschen Raum wird zwischen Frühjahr und Herbst dringend zur FSME-Impfung geraten.

Dokumente für Haustiere: Für Hunde und Katzen, die innerhalb der EU auf die Reise mitgenommen werden, muss ein Heimtierpass mitgeführt werden. Der Pass muss dem Tier eindeutig zugeordnet werden können, indem das Tier durch Tätowierung oder Mikrochip identifizierbar ist und die Kennzeichnungs-Nummer im Pass eingetragen ist. Neben den Angaben zu Tier und Besitzer muss der Pass einen tierärztlichen Nachweis über einen gültigen Impfschutz gegen Tollwut enthalten.
Detaillierte Informationen erhalten Sie vom Auswärtigen Amt, www.auswaertiges-amt.de.

Devisen: Euro und ausländische Währungen, sowie sonstige Zahlungsmittel können in unbegrenzter Höhe ein- und ausgeführt werden.

Kfz-Papiere: Für Campingurlauber aus EU-Ländern ist der nationale Führerschein und die nationale Zulassung ausreichend. Das Länder-Kennzeichen muss am Kraftfahrzeug und am Anhänger angebracht oder im EU-Nummernschild enthalten sein.
Campingurlauber aus den Nicht-EU-Ländern benötigen den internationalen Führerschein und den internationalen Fahrzeugschein.
Die Kraftfahrzeuge und Anhänger müssen an der Rückseite das Nationalitäts-Kennzeichen des Heimatstaates führen.
Ausländische Fahrzeuge, die nicht mit dem Euro-Nummernschild und dem integrierten Landeskennzeichen ausgestattet sind, müssen mit einem Aufkleber mit Landeskennzeichen am Heck versehen werden.

Boote und Anhänger: In privater Verwendung sind keine Zolldokumente erforderlich.

Haftpflichtversicherung: Es besteht Haftpflichtversicherungszwang. Die »Internationale Grüne Versicherungskarte« ist gültig. Für Kraftfahrzeuge ist das Kennzeichen eines Mitgliedstaates der EU sowie einiger weiterer Länder ausreichend als Nachweis des EU-weiten Versicherungsschutzes.

Straßen und Verkehr: Rechtsverkehr. Das Deutsche Straßennetz befindet sich allgemein in gutem Zustand. Höchstgeschwindigkeit in geschlossenen Ortschaften 50 km/h. Außerhalb geschlossener Ortschaften Gespanne 80 km/h, Wohnmobile bis 3,5 t 100 km/h. Empfohlene Richtgeschwindigkeit auf Autobahnen für Pkw und Motorräder 130 km/h, Gespanne 80 km/h, Mindestgeschwindigkeit auf den Autobahnen 60 km/h. Für Wohnmobile über 3,5 t gelten folgende Verkehrszeichen: Lkw-Überholverbot, Lkw-Durchfahrtsverbot und Fahren mit Mindestabstand. Es besteht Anschnallpflicht auf den Vorder- und Rücksitzen, sowie ein Promille-Grenzwert von 0,5 Promille Blutalkohol, bzw. 0,25 mg/l Atemalkohol. Bleihaltiges Benzin ist in Deutschland nicht mehr erhältlich. Neben normalem Dieselkraftstoff wird auch Biodiesel angeboten.
Beachten Sie bitte, dass auf vielen Campingplätzen ein Eingangs-Torbogen besteht, der nur 2.50 m Durchfahrtshöhe hat!

Umweltzonen: In Deutschland sind derzeit in 61 Städten und Regionen Feinstau-Umweltzonen eingerichtet. Darin enthalten ist die Ruhrregion, die alleine 10 Großstädte und Kommunen umfasst. Für die Einfahrt in diese Zonen ist eine grüne Umweltplakette erforderlich, die Fahrzeugen ab der Diesel Emissionsklasse/EURO-Klasse 4 zugeteilt werden kann. Die Pflicht für eine Umweltplakette gilt für alle Fahrzeugtypen außer Leichtfahrzeuge (Mofas, Motorrad, Quad etc.)

Eine Umwelt-Plakette muss – im Gegensatz zu einer Mautvignette – nur einmal angeschafft werden. Diese ist so lange gültig, wie das Kennzeichen des Fahrzeuges nicht wechselt.

Unabhängig vom Feinstaub sind in vielen Städten Deutschlands auch die NOx-Werte zu hoch. Aus diesem Grunde sind bereits jetzt in 9 Städten 13 Dieselfahrverbotszonen eingerichtet worden (Stand Juli 2020) mit völlig unterschiedlichen Regelungen. Da die Kennzeichnung NOx-armer Fahrzeuge durch eine dafür neu vorgesehene Blaue Plakette politisch noch nicht umgesetzt ist, erfolgt die Kontrolle der nicht einfahrberechtigten Dieselfahrzeugen der EURO-Klassen 6 und tiefer durch die Polizei in Form von speziellen und allgemeinen Verkehrskontrollen.

Das Dieselfahrverbot gilt meist für alle Dieselfahrzeuge aller Fahrzeugtypen außer Leichtfahrzeuge (Mofas, Motorrad, Quad etc.), wenn diese die jeweilige EURO-Norm nicht erfüllen. In einzelnen Dieselfahrverbotszonen können auch Fahrzeuge mit Benzinantrieb betroffen sein. Damit sind dann nur noch Elektro-Fahrzeuge zugelassen.

Die Umweltzonen in Deutschland werden durch Polizei und kommunale Ordnungsämter überwacht. Bei einem Verstoß ist ein Bußgeld von 80 Euro plus Bearbeitungsgebühren festgesetzt. In Dieselfahrverbotszonen kann es im Einzelfall auch etwas weniger sein. Bei der nachgewiesenen unberechtigten Ausstellung oder Manipulation einer Umwelt-Plakette sind auch strafrechtliche Konsequenzen vorgesehen.

Zoombare Karten aller Umweltzonen mit ihren Grenzen sowie detailliertere Informationen zu den einzelnen Fahrzeugtypen, EURO-Klassen, Wochentagen, Uhrzeiten, Sonderregelungen und Ausnahmen sind verfügbar unter **www.umwelt-plakette.de** oder **www.Green-Zones-App.eu.**

Unfallnotruf: Polizei: 110, Feuerwehr, Unfallrettung 112.

Angaben der Campingplätze:
Jährliche Öffnungszeiten der Campingplätze sowie die Angaben über Mittagsruhe und Platzgebühren werden uns von den Platzhaltern gemeldet. Die Einhaltung dieser Zeiten und Gebühren liegt bei den Platzverwaltungen. DCC Vorteilsplätze haben sich zur Gewährung von 10% Ermäßigung auf die Personengebühr ab der 1. Nacht für DCC-Mitglieder verpflichtet.

Gebühren:
Ist bei der Gebühr eines Campingplatzes die Vorjahreszahl angegeben, können sich die Öffnungszeiten verändert haben und es besteht die Möglichkeit, dass angegebene Ermäßigungen nicht mehr gewährt werden.

Schleswig-Holstein u. Hamburg

In der Nähe von Militär-Flugplätzen und Übungsgeländen ist mit zeitweiligen Ruhestörungen zu rechnen. Dieses trifft auch auf den Großflughafen Hamburg-Fuhlsbüttel in einem Umkreis von ca. 25 km zu.

Einige Campingplätze im Küstenbereich der Nord- und Ostsee verlangen eine Gebührenvorauszahlung für die Dauer des geplanten Aufenthalts. Bei vorzeitiger Abreise wird der Restbetrag oftmals nicht erstattet.
Bitte achten Sie deshalb genau auf die Mietbedingungen.

25923 Süderlügum, Nordsee (c1) ST-D 1002/1

»STELLPLATZ FUCHSWIESEN« 1.1. bis 31.12.
E.: Hans-Friedrich Pest 6 m
☎ 0049 4663 834, Mobil 0049 151 12861429, **hans-friedrich@t-online.de**

➔ A 7 Flensburg-Hamburg, Abf. (2) Flensburg/Harrislee, weiter auf der B 199 Richtung Niebüll, Fortsetzung auf der B 5 Richtung Süderlügum. Vor dem Ortseingang links auf die L 2 und wiederum links in den Gotteskoog zum Ziel. Beschildert. ✉ Revtoffweg 1 (GPS: 54°52'38"N / 8°50'41" E).
Marienkirche. Nolde Museum in Seebüll. Mögeltondern mit Schloss Schnackenborg (DK).

3 km 4 km

Stellplatz am Bauernhof in Einzellage. Stellflächen auf Asphalt und Wiese. Stellplatz-Länge bis 12 m. Auf Wunsch Brötchen, Milch, Zeitungen. Gastpferdebox. Kutschfahrten. Segelflugplatz. Ort 4 km entfernt. 10 Touristenplätze.

25923 Süderlügum, Nordsee (c1) ST-D 1002/2

»STELLPLATZ MEHRZWECKHALLE« 1.1. bis 31.12.
E.: Gemeinde Süderlügum ☎ 0049 4663 7297 6 m
info@suederluegum.de, www.suederluegum.de

➔ A 7 Flensburg-Hamburg, Abf. (2) Flensburg/Harrislee, weiter auf der B 199 Richtung Niebüll, Fortsetzung auf der B 5 Richtung DK nach Süderlügum. Vor dem Supermarkt "Sky" links zum Ziel abbiegen. Beschildert. ✉ Jahnstraße (GPS: 54°52'29"N / 8°54'12" E).
Marienkirche. Nolde Museum in Seebüll. Mögeltondern mit Schloss Schnackenborg (DK).

HS 50 m 300 m

Beleuchteter Stellplatz auf reserviertem Teil eines Pkw-Parkplatzes. Fast ebene Stellflächen auf Pflaster. Stellplatz-Länge bis 8 m. Idealer Zwischenstopp auf dem Weg nach Dänemark. Müllcontainer vorhanden. Duschen im Sommer im Freibad 50 m entfernt. Rad-/Wanderwegenetz. 5 Touristenplätze.

25926 Ladelund (d1) ST-D 1004

»STELLPLATZ AM LADELUNDER NATURBAD« 1.1. bis 31.12.
E.: Gemeinde Ladelund ☎ 0049 4666 745
info@ladelund.de, www.ladelund.de

➔ B 199 Flensburg-Niebüll, in Leck nach Ladelund abbiegen. Beschildert. ✉ Stato (GPS: 54°50'57"N / 9°2'11" E).
KZ-Gedenkstätte. Dorfmuseum.

WC

800 m 1 km 1.5 km

Stellplatz am Rande des Naturbadesees. Stellflächen leicht schräg auf Rasen. Stellplatz-Länge bis 10 m. Kiosk mit Imbiss vorhanden. Idealer Zwischenstopp auf dem Weg nach Dänemark. Reservierung bei Gruppen empfohlen. Höchstbelastung des Geländes 7,5 t. Ort 1.3 km entfernt. 5 Touristenplätze.

25917 Achtrup (d1) ST-D 1005

»LANDGASTHOF ACHTRUPER STUBEN« 4.1.bis 29.12.
E.: Familie Windheuser ☏ 0049 4662 775224
info@achtruper-stuben.de, www.achtruper-stuben.de

➔ A 7 Abf. Flensburg, B 199 Richtung Leck, in Schafflund rechts abbiegen in Richtung Sprakebüll. ✉ Ladelunder Str. 24 (GPS: 54°47'36"N / 9°1'35" E).

W 500 m 3 km

Stellplatz im Ortszentrum bei einem Landgasthof. Fahrzeuge bis 9 m Länge zugelassen. Bei Nutzung an Ruhetagen (Mo. u. Di.) bitte anmelden (Tel. 04662/3345). Hunde sind im Restaurant nach Absprache erlaubt. Müllentsorgung nur nach Absprache. 3 Touristenplätze.

25923 Ellhöft (d1) ST-D 1006

10 **»RESTHOF HINRICHSEN«** 1.1. bis 31.12.
V.: Michaela Knecht ☏ 0049 4663 187440
info@fussballgolf-nf.de, www.nordfrieslandtourismus.de

➔ Von Flensburg Richtung Niebüll an der Grenze zu Dänemark. ✉ Dorfstraße 27 (GPS: 54°53'22"N / 8°56'51" E).

3 km

Stellplatz mit Resthof im Grünen mit Fußballgolfanlage. Ca. 3 Minuten Fahrzeit bis zur dänischen Grenze (Tønder). Stellfläche auf Wiese und Schotter. Keine Ver- u. Entsorgungsstation. Reservierung wird empfohlen. Sanitäre Anlagen vorhanden. Ort 4.5 km entfernt. 5 Touristenplätze.
2022: St/N inkl. P/N 5.–, Strom zuzügl., Wasser ~1.–.

24994 Medelby (d1) ST-D 1010

25 **»STELLPLATZ BEI CAMPING MITTE«** 1.1. bis 31.12.
E.: Caravanpark Spann... an Tourismus GmbH
☏ 0049 4605 189391, Mobil 0049 1742091483, **info@camping-mitte.de**
www.camping-mitte.de

➔ A 7 Hamburg–Flensburg Abf. (2) Harrislee/Handewitt auf die B 199 Richtung Niebüll. Bei Wallsbüll Richtung Norden nach Medelby. Beschildert. ✉ Sonnenhügel 1 (GPS: 54°48'51"N / 9°9'48" E).
∴ Windmühle Medelby.

WC W W Ch W W 300 m 500 m

Stellplatz neben dem Campingplatz in ländlicher Umgebung, nicht weit von der Deutsch-Dänischen Grenze entfernt. Ebene Stellplätze auf Rasen, teilweise befestigt. Max. 5 Nächte Aufenthalt. Beleuchteter Platz. Campingzubehör. Müllentsorgung. Satellitenempfang. Imbiss. Im Sommer Brötchenservice. Ort 800 m entfernt. 10 Touristenplätze.
2023: MC-St/N inkl. 6 P/N 23.–, H/N 3.–, Müllgeb. St/N 2.50, Strom/kWh –.85. P/N, WD und Wasser inklusive.

24980 Schafflund (d1) ST-D 1020

»HOTEL-RESTAURANT UTSPANN« 1.1. bis 31.12.
E.: Weinreich ☏ 0049 4639 95050, Fax 0049 4639 950521
service@utspann-schafflund.de, www.utspann-schafflund.de

➔ A 7 Hamburg-Flensburg, Abf. (2) Flensburg/Harrislee, B 199 nach Schafflund. ✉ Hauptstr. 47 (GPS: 54°45'32"N / 9°10'48" E).
∴ Schifffahrtsmuseum Flensburg.

100 m HS800 m

Stellplatz am Ortsrand beim Hotel neben dem Garten. Stellfläche auf Schotter. 4 Touristenplätze.

24969 Großenwiehe (d1) ST-D 1030

Abfahrt

»STELLPLATZ GASTHOF WIEHEKRUG« 8.1. bis 31.12.
E.: Stefan Lau ☏ 0049 4604 733
landgasthofwiehekrug@gmx.de
wiehekrug.de/flensburg-essen-pension.../wohnmobilstellplatz/

➔ A 7 Flensburg-Hamburg, Abf. (3) Flensburg, weiter auf der B 200 in Richtung Wanderup. Ca. 1 km vor dem Ort rechts nach Großenwiehe zum Ziel. Beschildert. ✉ Hauptstr. 1 (GPS: 54°42'20"N / 9°14'59" E).

RES WC W WC

100 m HS3 km

Beleuchteter Stellplatz beim renovierten Landgasthof. Stellflächen auf Schotter. Stellplatz-Länge bis 12 m. 6 Touristenplätze.

25917 Enge-Sande (d1) ST-D 1040

»STELLPLATZ BERGERS HOTEL« 1.1. bis 31.12.
E.: Uwe und Frau Susanne Berger ☏ 0049 4662 3190
Fax 0049 4662 3195, **info@bergers-landgasthof.de**
www.doerpskrog-enge.de

➔ A 23 Heide-Hamburg, Übergang auf die B 5 Richtung Dänemark. Vor Enge-Sande rechts abbiegen in die Straße "Hörn" zum Ziel. ✉ Dorfstr. 28 (GPS: 54°43'36"N / 8°58'56" E).

RES WC WC 100 m 200 m

Stellplatz auf dem Parkplatz eines nordfriesischen Landgasthofs. Stellflächen auf Schotter. Stellplatz-Länge bis 10 m. Ausgangspunkt zur Nordsee mit Halligfahrten. Diverse Golfplätze in näherer Umgebung. 5 Touristenplätze.

24983 Handewitt (d1) ST-D 1070

»STELLPLATZ AM AUTOHOF« 1.1. bis 31.12.
☏ 0049 4608 9716560
info@scandinavian-park.de, www.scandinavian-park.com

➔ A 7 Flensburg-Hamburg, Abf. (2) Flensburg/Harrislee, weiter auf der B 199 Richtung Schafflund. Nach ca. 1,5 km rechts zum Autohof. ✉ Scandinavian Park 13 (GPS: 54°46'40"N / 9°20'6" E).
∴ Dorfmuseum. Ehrenmal.

RES WC W W Ch

300 m

Stellplatz auf einem Parkplatz an Deutschlands nördlichstem Autohof. Parzellierte Stellflächen auf Asphalt. Stellplatz-Länge bis 12 m. Für Fahrzeuge über 5 t geeignet. Idealer Zwischenstopp auf dem Weg nach Skandinavien. Stellplatzgebühren einlösbar in den diversen Geschäften und Restaurants! Ort 3 km entfernt. 20 Touristenplätze.

24966 Sörup (d1) ST-D 1090

»BADEANLAGE AM SÜDENSEE« 1.4. bis 31.10.
E.: Gemeinde Sörup ☏ 0049 4635 29600
info@amt-mittelangeln.de, www.soerup.de

➔ A 7 Richtung Flensburg bis zur Abf. (4) Tarp, die L 292 Richtung Sörup, auf der Höhe des Ortes Sörup rechts abbiegen in die Schulstraße und den Hinweisschildern auf die Wohnmobilstellplätze folgen. ✉ Seeblick (GPS: 54°42'39"N / 9°39'55" E).
∴ St. Marienkirche mit Ehrenfriedhof. Schwensbyer Mühle. Obstmuseum.

WC W Ch

500 m

Stellplatz direkt bei der Badeanstalt am Südensee. Stellflächen auf Kies und Schotterwiese. Stellplatz-Länge bis 12 m. Imbiss und Kiosk vorhanden. Frisch- und Abwasser befindet sich im Bereich des Kiosk-Gebäudes. Dort befinden sich auch öffentliche Toiletten, die nicht immer den ganzen Tag geöffnet sind. Hunde auf dem Stellplatz erlaubt, am Badesee verboten. Ort 500 m entfernt. 5 Touristenplätze.

24991 Mühlenbrück (d1) ST-D 1093

Abfahrt

»STELLPLATZ FÜR NÖRDLICHE ZIELE« 1.4. bis 31.10.
E.: Jens-Peter und Sabine Witt ☏ 0049 4633 8575
Fax 0049 4633 8343, **info@urlaub-witt.de, www.urlaub-witt.de**

➔ A 7 Flensburg-Hamburg, Abf. (4) Tarp, L 193 in Richtung Sörup, am Kreisverkehr nach Mühlenbrück abbiegen in die Flensburger Str. Beschildert. ✉ Flensburger Str. 20 (GPS: 54°42'30"N / 9°31'21" E).

WC W W WC

200 m

Beleuchteter Stellplatz neben einer Halle. Ebene Stellflächen auf einer Wiese. Idealer Zwischenstopp auf dem Weg nach Dänemark. Gebühr wird vom Kassierer eingesammelt. Reservierung empfohlen. Die Sanitäreinrichtungen können mittels eines Cods benutzt werden. Im Sanitärbereich stehen zwei Familienbäder zur Verfügung. 13 Touristenplätze.

24988 Oeversee (d1) ST-D 1095

Abfahrt

»STELLPLATZ OEVERSEE« 1.1. bis 31.12.
E.: Familie Schnell ☏ 0049 4638 7262
info@]amt-oeversee.de-mail.de, www.oeversee.de

➔ A 7 Flensburg-Hamburg, Abf. (4) Tarp, weiter über die L 193 Richtung Osten. Am nächsten Kreisverkehr 3. Ausfahrt auf die L 317 Richtung Oeversee. Nach ca. 3 km bei Frörup rechts in die Zielstraße. Beschildert. ✉ Frörupsand 2 (GPS: 54°41'37"N / 9°25'57" E).
∴ Felsturmkirche (1 km). Oesterreichdenkmal (2 km). Arnkielpark (3 km). Naturdenkmal Froeruper Berge (2 km).

Ch

500 m 1 km HS3 km

Beleuchteter Stellplatz in Einzellage am Wald. Leicht schräge Stellflächen auf befestigter Wiese. Stellplatz-Länge bis 10 m. Idealer Zwischenstopp auf dem Weg nach Skandinavien. Barzahlung beim Betreiber. Reservierung empfohlen. Imbiss. Brötchenservice. Radwanderweg Schleswig. Ort 1 km entfernt. 18 Touristenplätze.

24937 Flensburg, Ostsee (d1) ST-D 1100

»REISEMOBILPLATZ FLENSBURG« 1.1. bis 31.12.
E.: Stadt Flensburg ☏ 0049 461 9090920

➔ A 7 Hamburg - Flensburg Abf. (2) Flensburg/Harrislee, B 199 Richtung Stadtmitte, dann östlich am Hafenbecken entlang, weiter an den Yachthafen vorbei bis zum Industriehafen. Beschildert. ✉ Am Industriehafen (GPS: 54°48'17"N / 9°26'37" E).
∴ Norder Tor. Stadtmuseum. Altstadt Flensburg.

200 m 500 m 1 km 1,5 km

Einfacher Stellplatz im Industriehafen mit Blick auf die Hafeneinfahrt. Stellflächen auf Sand oder Splitt. Stellplatz-Länge bis 12 m. Ver-/Entsorgung an der Kläranlage: Kielseng 17, direkt neben dem Platz. Maximal 1 Nacht Aufenthalt möglich! Ort 500 m entfernt. 10 Touristenplätze.

24960 Bockholmwik, Ostsee (d1) ST-D 1107

»STELLPLATZ FÖRDE CAMPING« 1.4. bis 31.10.
E.: Sven und Nadine Braukmann OHG 0049 4631 2088
Fax 0049 4631 985, **info@foerde-camping.de**, **www.foerde-camping.de**

➔ A 7 Dänische Grenze-Hamburg, Abf. (3) Flensburg, weiter auf der B 200 nach Flensburg. Dort weiter auf der B 199 nach Ringsberg. Hier links abbiegen nach Rüde. Beschildert. Bockholmwik 19 (GPS: 54°49'40"N / 9°36'34" E).
Schloss Glücksburg (6 km). Historische Altstadt Flensburg mit Hafen (12 km).

Stellplatz auf einem ehemaligen Bauernhof vor einem Campingplatz. Ebene Stellflächen auf Schotter und Wiese. Stellplatz-Länge bis 8 m. Idealer Zwischenstopp auf dem Weg nach Skandinavien. Geöffnet 8-13 Uhr und 15-22 Uhr. Liegewiese. Die Sanitäreinrichtungen des Campingplatzes sind zugänglich. Wasserrutsche. Golfplatz. Ort 6 km entfernt. 10 Touristenplätze.

24977 Langballigau, Ostsee (d1) ST-D 1108

15 **»STELLPLATZ BEIM CAMPING LANGBALLIGAU«**
E.: Günter Arnold 0049 4636 308 1.4. bis 31.10.
Fax 0049 4636 653, **service@campingplatz-langballigau.de**
www.campingplatz-langballigau.de

➔ B 199 Flensburg–Kappeln, über Langballig abbiegen. Strandweg 3 (GPS: 54°49'9"N / 9°39'10" E).
Wasserschloss Glücksburg.

CAMPING LANGBALLIGAU verfügt über 3 separate WOMO-Stellplätze. Platz 1 mit Blick auf das Meer, Platz 2 in Hafennähe, Platz 3 direkt auf dem Campingplatz. Stellflächen auf hartem Boden/Rasen. Reservierung wird empfohlen. Ort (Langballig) 3 km entfernt. 50 Touristenplätze.
2022: MC-St/N 12.– bis 13.–, P/N 2.–, H/N 1.–, WD/3 min. –.50, Waschmaschine 4.–, Trockner 1.–, Strom/N 2.50 (6 A). Entsorgung, Müll und Wasser inklusive.

24977 Westerholz, Ostsee (d1) ST-D 1110

15 **»STELLPLATZ BEIM CAMPING FÖRDEBLICK«** 1.4. bis 30.9.
V.: H. Kruppa 0049 4636 8385, Fax 0049 4636 977545
info@campingplatz-westerholz.de, **www.campingplatz-westerholz.de**

➔ B 199 Flensburg - Kappeln, abbiegen bei Langballig oder Streichmühle nach Westerholz. Kummle 1 (GPS: 54°49'10"N / 9°40'0" E).
Wasserschloss Glücksburg.

Stellplatz neben dem Campingplatz CAMPING FÖRDEBLICK. Ebene Stellflächen auf Rasen mit geschotterten Wegen. Durch Büsche gegliedert. Die Entsorgungsstation befindet sich im Einfahrtsbereich des Campingplatzes. Die Benutzung der Ver- und Entsorgungsstation sowie die Benutzung der Sanitäreinrichtungen ist für angemeldete Wohnmobilstellplatznutzer inklusive. Barzahlung oder EC-Karte. Ort (Langballig) 3,5 km entfernt. 45 Touristenplätze.
2023: St/N 12.–, WD 1.–, Waschmaschine 1.–, Trockner 1.–, Wasser/40 l 1.–, Strom/N 4.50 (6 A). P/N, H/N, Entsorgung, Müll und Sanitärbenutzung inklusive.

24972 Norgaardholz, Ostsee (d1) ST-D 1117

20 **»STELLPLATZ BEIM CAMPING NORDSTERN«** 1.4. bis 30.9.
E.: Stefan Brieskom 0049 4632 7406, Fax 0049 4632 871324
info@campingplatz-nordstern.de, **www.campingplatz-nordstern.de**

➔ B 199 Flensburg–Kappeln, bei Steinbergkirche abbiegen nach Norgaardholz. Hier am Ortsanfang scharf links. Nordstern 1 (GPS: 54°46'42"N / 9°47'56" E).

Stellplätze vor dem Campingplatz CAMPING NORDSTERN. Stellflächen auf hartem Boden/Rasen. Wohnmobilisten steht es frei, nur den Stellplatz, oder auch die sanitären Einrichtungen gegen Gebühr zu nutzen. Bezahlung am Terminal nur per EC-Karte möglich. Ort (Steinbergkirche) 4.5 km entfernt. 10 Touristenplätze.
2022: MC-St/N inkl. 2 P/N 15.– bis 18.–, extra MC/N 15.–, WD/1 min. –.20, Waschmaschine 4.–, Trockner 4.–, Wasser/100 l 1.–, Sanitärbenutzung/N 5.–, Strom/N 3.– (6 A). KT, Entsorgung und Müll inklusive. Selbstanmeldung am Camp Card Automaten in der Rezeption von 8 bis 21 Uhr. Nur EC- Kartenzahlung möglich.

24404 Maasholm, Ostsee (d1) ST-D 1135

»WOHNMOBILSTELLPLATZ MAASHOLM« 1.1. bis 31.12.
E.: Gemeinde Maasholm 0049 4642 965068
info@ferienlandostsee.de, **www.maasholm.de**

➔ A 7 Flensburg-Schleswig, Abf. (5) Schleswig/Schuby, weiter auf der B 201 in Richtung Kappeln und auf die B 199 in Richtung Norden. Bei Schwackendorf abbiegen auf die L 277 und über Wormshöft nach Maasholm, dort der Beschilderung zum Yachthafen folgen. Uleweg 30 (GPS: 54°40'58"N / 9°59'39" E).
Seenotrettungskreuzer. Fischerkirche. Naturerlebniszentrum. Kappeln. Arnis.

Großer Stellplatz neben dem Yachthafen. Mit Blick auf die Schleimündung und den Leuchtturm direkt an der Schlei gelegen. Ort 100 m entfernt. 60 Touristenplätze.

24376 Kappeln, Ostsee (d1) ST-D 1138/1

»STELLPLATZ ANCKER YACHTING« 1.1. bis 31.12.
E.: Ancker Yachting GmbH
0049 4642 1563, Mobil 0049 170 4517172, Fax 0049 4642 5568
info@ancker-yachting.de, **www.ancker-yachting.de**

➔ A 7 Flensburg-Kiel, Abf. (5) Schleswig/Schuby, auf der B 201 nach Kappeln. Im Ort auf die B 203, vor der Schlei-Brücke abbiegen auf die Str. Am Hafen. Anfahrt über Ancker Yachting YachtzentrumKappeln/Nordhafen. Am Hafen 23 A (GPS: 54°39'56"N / 9°56'13" E).
Mühle mit historischem Sägewerk. St. Nikolai Kirche. Heringszaun. Museumshaven. Angelnder Dampfeisenbahn.

Stellplatz direkt an der Schlei hinter einem Grillplatz. Stellflächen auf Sand, Splitt, Schotter. Liegewiese. Ort 400 m entfernt. 50 Touristenplätze.

24376 Kappeln, Ostsee (d1) ST-D 1138/2

»STELLPLATZ ARAL-AUTOHOF« 1.1. bis 31.12.
0049 4642 81008
ehmke.19.86@web.de, **www.kappeln.de**

➔ A 7 Flensburg-Neumünster, Abf. (5) Schleswig/Schuby, weiter auf der B 201 nach Kappeln. Fortsetzung auf der B 203 über die Schleibrücke, 2. Ausfahrt rechts abbiegen zum Ziel. Eckernförder Straße 9 B (GPS: 54°39'25"N / 9°56'41" E).
Museumshafen. Schleimuseum. Spätbarocke St. Nicolaikirche. Heringszaun in der Schlei aus dem 15. Jahrhundert.

Stellplatz am Betriebsgelände auf einem Parkplatz zwischen Tankstelle und MC Donalds. Ebene Stellflächen auf Pflaster. Stellplatz-Länge bis 12 m. Geeigneter Zwischenstopp auf dem Weg nach Skandinavien. Öffnungszeit Mo.-Do. 6-22 Uhr, Fr.-Sa. 7-24 Uhr, So. 7-22 Uhr. Ort 1 km entfernt. 25 Touristenplätze.

24376 Grödersby, Ostsee (d1) ST-D 1140

»STELLPLATZ WSG ARNIS/GRÖDERSBY« 1.5. bis 30.9.
0049 4642 4421, Mobil 0049 173 2001800
hafenmeister@wsg-arnis.de, **www.wsg-arnis.de**

➔ A 7 Flensburg-Hamburg, Abf. (5) Schleswig/Schuby, weiter auf der B 201 Richtung Kappeln. In Rabenkirchen-Faulück abbiegen auf die L 25 Richtung Arnis. Vor Arnis zum Wassersportzentrum links abbiegen. Beschildert. Friedenshöher Str. 21 (GPS: 54°38'0"N / 9°55'44" E).
Arnis, kleinste Stadt Deutschlands, mit Schifferkirche.

Bewachter, beleuchteter Stellplatz am Yachthafengelände zwischen Arnis und Grödersby am Ufer der Schlei. Stellflächen auf Kies. Stellplatz-Länge bis 10 m. Für Fahrzeuge über 5 t geeignet. Barzahlung beim Hafenmeister. Reservierung empfohlen. Hundeleinenzwang. Freiluftschachspiel. Fahrrad-/E-Bike-Verleih. Rad-/Wanderwegenetz. Maximal 5 Nächte Aufenthalt möglich! Golfplatz 1 km entfernt. Ort 600 m entfernt. 20 Touristenplätze.

24392 Boren-Lindau ST-D 1150

20 **»SCHLEI-MARIA-LINDAUHOF«** 15.4. bis 15.10.
V.: Uwe Oehmann 0049 4641 3141
hafenmeister@schlei-marina-lindauhof.de, **www.schlei-marina-lindauhof.de**

➔ A 7 Kiel-Flensburg, Abf. (6) Schleswig/Jagel weiter Richtung Damp nach Boren-Lindau. Lindauhof 5 (GPS: 54°35'12"N / 9°48'11" E).

Stellplatz in ruhiger Lage direkt am Wasser. Stellfläche auf Wiese und Sand. Reservierung wird empfohlen. Ort 8 km entfernt. 5 Touristenplätze.
2022: MC-St/N inkl. 2 P/N 18.–, extra B/N 5.–, WD 1.–, Waschmaschine 4.–, Strom/N 2.–. P/N, H/N, Müll und Wasser inklusive. Kartenzahlung ist nicht möglich.

25980 Westerland, Sylt (c1) ST-D 1203

»STELLPLATZ BEIM DÜNEN-CAMPING SYLT« 27.3. bis 31.10.
P.: Dünen Camping Sylt GmbH 0049 4651 836160 2 m
Fax 0049 4651 8361625, **info@duenencamping-westerland.de**
www.campingplatz-westerland.de

➔ B 5 Tondern (DK)-Heide, nach Niebüll zum Verladebahnhof der DB. Mit dem Sylt-Shuttle nach Westerland. Weiter auf der L 24 Lorens-de-Hahn-Str., Trift, Süderstr., Rantumer Str. zum Platz. Weitere Zufahrt nach Sylt über die Insel Romo mit der Fähre nach List. Rantumer Str. (GPS: 54°53'37"N / 8°17'53" E).
Rotes Kliff.

Stellplatz auf dem Parkplatz vor dem Campingplatz DÜNEN-CAMPING SYLT. Ebene Standplätze auf Gras, durch Standspuren auf Rasengitter parzelliert. Stellplatz-Länge bis 7.50 m. Barzahlung an der Rezeption. Reservierung empfohlen. Die Sanitäreinrichtungen des Campingplatzes sind benutzbar. An Feiertagen im Winter geöffnet. Kanu- u. Paddelsport 200 m, Ort 500 m entfernt. 20 Touristenplätze.

25997 Hörnum, Sylt (c1) ST-D 1210

25 **»STELLPLATZ AM CAMPINGPLATZ HÖRNUM«**
E.: Campingplatz Hörnum 5 m 1.1. bis 31.12.
0049 4651 8358431, **campingplatz@hoernum.de**, **www.hoernum.de**

➔ B 5 Tondern (DK)-Heide, nach Niebüll zum Verladebahnhof der DB. Mit dem Sylt-Shuttle nach Westerland. Weiter Richtung Süden nach Hörnum, dann im Ortsbereich zur Westküste. Weitere Zufahrt nach Sylt über die Insel Romo (DK) mit der Fähre nach List. ✉ Rantumer Str. 31 (GPS: 54°45'49"N / 8°17'2" E).
Hügelgräber. Rotes Kliff. Morsum Kliff. Schleswig-Holsteinisches Wattenmeer.

WC W W WC Ch W

100 m 250 m

Beleuchteter und bewachter Stellplatz, durch Dünen parzelliert, vor einem Campingplatz. Stellflächen auf Wiese und Schotter. Stellplatz-Länge bis 12 m. Wasser- und Abwasserentsorgungseinheit. Wohnmobile dürfen nur auf dem Wohnmobilplatz - nicht auf dem Campingplatz! Ein Hund erlaubt, ein zweiter nur auf Anfrage. Bezahlung an der Rezeption. Reservierung empfohlen. Ort 1 km entfernt. 32 Touristenplätze.
2022: P/N 5.–, K/N bis 13 J. 3.–, MC-St/N 12.–, MC-St/N >6 m 14.–, H/N 3.50, Strom/kWh –.70, Müllentsorgung einmalig 2.50.

25938 Utersum/Föhr (c1) ST-D 1215

»WOHNMOBILSTELLPLATZ FÖHR« 15.3. bis 10.11.
0049 4683 214
foehr@jan-soerensen.de, **www.wohnmobile-foehr.de**

➔ Auf der Insel Föhr nach Utersum. ✉ Strunwai 14 (GPS: 54°42'56"N / 8°24'6" E).

WC W W Ch W TV

250 m 300 m 500 m

Stellplatz an der Westküste der Insel Föhr. Am Ortsrand gelegen und von Wiesen und Feldern umgeben. Teils von Erdwällen mit Baumbewuchs umrahmt. Ebene und schattenlose Stellflächen (80-120 qm) auf Schotterrasen und Wiese. Reservierung ist erwünscht. Ver- und Entsorgungsmöglichkeit. Eis- und Getränkeautomat. Camp-Card-System. Hundedusche. Ortszentrum 300 m entfernt. 50 Touristenplätze.

25849 Klostermitteldeich, Nord. (c2) ST-D 1222

»WATTENMEERHAUS PELLWORM« 1.1. bis 9.1. / 28.3. bis 6.11.
0049 4844 9904288 0 m 26.12. bis 31.12.
info@wattenmeerhaus-pellworm.de, **www.wattenmeerhaus-pellworm.de**

➔ B 5 Tondern (DK)-Heide, in Richtung Husum. In Hattstedt/Wobbenbüll nach Nordstrand (Halbinsel) abbiegen zum Fähranleger Strucklahnungshörn auf Nordstrand. Von dort mit der Fähre "Pellworm I" in ca. 35 Min. nach Pellworm übersetzen. Am Fähranleger auf Nordstrand gibt es einen bewachten Parkplatz. Auf Pellworm von Ostersiel über Südmitteldeich (L 97) Richtung Klostermitteldeich abbiegen. ✉ Haus 14 (GPS: 54°31'2"N / 8°35'41" E).
Leuchtturm. Alte/Neue Kirche. Nordermühle. Rungholt-Museum. Vogelkoje. Warften. Inselmuseum.

WC W W

Beleuchteter, bewachter Stellplatz am Fuß einer Warft gelegen. Gekieste Stellflächen mit Rasenvorplatz. Barzahlung an der Rezeption. Reservierung empfohlen. Maximal 7,5 t Gewicht. Ort 8 km entfernt. 12 Touristenplätze.

25917 Leck (d1) ST-D 1223

10 **»REISEMOBILHAFEN AM ERLEBNISBAD«** 1.1. bis 31.12.
E.: Gemeinde Leck 0049 4662 8183
info@reisemobilhafen-leck.de, **www.reisemobilhafen-leck.de**

➔ B 199 Flensburg - Leck, weiter zum Erlebnisbad "Am Augarten". Beschildert. ✉ Am Süderholz (GPS: 54°46'9"N / 8°58'47" E).
Hist. Fischerhäuser. Hist. Ochsenweg. Kirche St. Willehad.

RES WC W

200 m 300 m 500 m

Beleuchteter Stellplatz auf einem Parkplatz am Schwimmbad. Stellflächen auf Schotterrasen und Pflaster. Stellplatz-Länge bis 8 m. Sanitäre Anlagen (Dusche, WC) befinden sich im Erlebnisbad und sind kostenpflichtig. Maximal 2 Nächte Aufenthalt möglich! Bezahlung an den Kassenautomaten (Strom und Wasser per Münze). Ort 1 km entfernt. 20 Touristenplätze.
2022: St/N inkl. 2 P/N 7.50, extra MC/N 7.50, Wasser/80 l 1.–, Strom/2 kWh 1.–. P/N, H/N und Entsorgung inklusive. Sanitäre Anlagen (Dusche, WC - kostenpflichtig) befinden sich im Erlebnisbad. Bezahlung am Automaten und an der Münzsäule (Strom u. Wasser)

25899 Niebüll, Nordsee (c1) ST-D 1225

»WOHNMOBILSTELLPLATZ NIEBÜLL« 1.1. bis 31.12.
E.: Stadt Niebüll 0049 4661 6010 2 m
info@stadt-niebuell.de, **www.niebuell.de**

➔ A 7 Flensburg-Hamburg, Abf. (2) Flensburg/Harrislee, weiter auf der B 199 oder der B 5 Tonder (DK)-Husum nach Niebüll. Beschildert. ✉ Marktstr. (GPS: 54°47'20"N / 8°49'27" E).
Haizmann-Museum. Friesen-/Naturkundemuseum. Nolde-Museum in Seebüll.

RES WC W Ch

100 m 200 m HS 1.5 km

Beleuchteter Sellplatz im hinteren Bereich eines Großparkplatzes neben dem Hallenbad. Ebene Stellflächen, z.T. unter Bäumen auf Gras. Stellplatz-Länge bis 12 m. Idealer Zwischenstopp für Tagesbesuche nach Sylt, Amrum, Föhr, Dänemark. Barzahlung am Kassenautomaten. Hundeleinenzwang am Stellplatz. Der Stellplatz ist eine Woche vor und eine Woche nach dem ersten Juni-Wochenende bezüglich eines Jahrmarkts gesperrt. Ausweichmöglichkeiten vorhanden. Weitere Sperrungen sind dem Portal www.niebuell.de zu entnehmen. 25 Touristenplätze.

25821 Reußenköge, Nordsee (c1) ST-D 1230

»AMSINCK-HAUS« 1.4. bis 31.10.
E.: Amsinck-Haus 0049 4671 927154
amsinck@amsinck-haus.de, **www.amsinck-haus.de**

➔ A 23 Hamburg-Heide, weiter B 5 Heide-dänische Grenze. Nach Bordelum abbiegen in Richtung Sönke-Nissen-Koog, weiter Richtung Hamburger Hallig bis zum Seedeich. ✉ Sönke-Nissen-Koog 36 A (GPS: 54°36'57"N / 8°52'13" E).

WC

Stellplatz in grüner Umgebung direkt am Deich zur Hamburger Hallig. Die Stellflächen sind mit Rasenschotter befestigt. Toilettenentsorgung jeglicher Art ist nicht gestattet! Ort 8 km entfernt. 11 Touristenplätze.

25821 Bredstedt, Nordsee (d1) ST-D 1231

0 **»STELLPLATZ SÜDERSTRASSE«** 1.1. bis 31.12.
E.: Stadt Bredstedt 0049 4671 5857
info@nordseeurlaub.sh, **www.bredstedt.de**

➔ B 5 Husum–Niebüll, am Ortseingang von Bredstedt zum Freibad. Beschildert. ✉ Süderstr. 75 (GPS: 54°36'44"N / 8°58'19" E).
Kirche. Rathaus.

100 m 1 km

Stellplatz am Ortsrand auf dem Parkplatz zwischen Sportplatz und Freibad. Die Stellflächen sind markiert und asphaltiert. Keine Reservierung erforderlich. Ver- u. Entsorgung nicht möglich. Hunde sind erlaubt. Ortszentrum 500 m entfernt. 5 Touristenplätze.
2022: Stellplatz ist kostenlos.

25821 Struckum, Nordsee (d1) ST-D 1232

»WOMO-PLATZ MARSCHBLICK« 1.1. bis 31.12.
E.: Barluschke Vermietungs GbR 0049 4671 9334400
abarluschke@rotor-control.de

➔ B 5 (Tondern-Heide) nördlich von Husum in den Ort Struckum. Beschildert. ✉ Kennedy Weg 3 (GPS: 54°35'9"N / 8°59'26" E).
Nationalpark Schleswig-Holsteinisches Wattenmeer.

RES WC W W

Durch Bäume vom Parkplatz abgeteilter Stellplatz auf dem Betriebsgelände am Ortsrand. Beleuchtete in Zweierparzellen durch Pflanzkübel unterteilte Stellflächen auf ebenem, asphaltiertem Grund. Für Fahrzeuge über 5 t geeignet. Barzahlung im Büro, am Wochenende nach Absprache. Ort 400 m entfernt. 32 Touristenplätze.

25845 Nordstrand, Nordsee (c2) ST-D 1233

25 **»WOMOLAND NORDSTRAND«** 15.3. bis 31.10.
E.: Axel Bertram 0049 4842 473 15.12. bis 15.1.
Fax 0049 4842 473, **info@womoland-nordstrand.com** 10 000 qm
www.womoland.com

➔ B 5 Heide - Niebüll, in Hattstedt der Beschilderung »Nordstrand« folgen. Auf der Insel bei der Informationstafel rechts abbiegen. ✉ Norderquerweg 2 (GPS: 54°31'3"N / 8°55'57" E).

WC W W Ch W

6 km

Stellplatz neben einem Bauernhof. Ebenes, durch Bepflanzungen parzelliertes Wiesengelände mit gekiesten Stellflächen. Fäkalienausguss darf nur ohne Chemiezusätze benutzt werden. Vermietung von E-Mobile. Brötchenservice. FW. Ort 6 km entfernt. 44 Touristenplätze.
2022: C-St/N inkl. 2 P/N 30.–, MC-St/N 11.–, P/N 4.50, KT P/N ab 18 J. zuzügl., Strom/kWh –.80 (16 A), WD inkl. Ab 10 Übernachtungen Ermäßigung.

25813 Simonsberg, Nordsee (d2) ST-D 1239

»STELLPLATZ BEIM NORDSEECAMPING ZUM SEEHUND«
E.: Familie Leve 0049 4841 3999 3.4. bis 3.11.
info@nordseecamping.de, **www.nordseecamping.de**

➔ B 5 Tondern (DK)-Heide Richtung Husum. Vor Husum nach Simonsberg (L 31) abbiegen. Abbiegen in den Königsweg, Querweg und Deichweg zum Ziel. ✉ Lundenbergweg 4 (GPS: 54°27'19"N / 8°58'20" E).
Nationalpark Wattenmeer. Roter Haubarg. Schiffsmuseum, Theodor-Storm-Haus, Schloss in Husum.

RES WC W W Ch

3 km

Beleuchteter Stellplatz direkt am Außendeich gelegen vor dem Campingplatz: Ebene, parzellierte Stellflächen auf Schotter. Stellplatz-Länge bis 12 m. Bezahlung an der Rezeption. Kostenlose Nutzung vom Fitness- und Wellnessbereich (Sauna und Dampfbad). Ort 6 km entfernt. 15 Touristenplätze.

25889 Witzwort, Nordsee (c/d2) ST-D 1240/1

»STELLPLATZ ROTER HAUBARG« 1.1. bis 31.12.
P.: Karina und Herr Jürgen Reck ☏ 0049 4864 845
Fax 0049 4864 2719 41, **k.reck@roterhaubarg.de**, **www.roterhaubarg.de**

➔ A 23 Heide-Hamburg, ab Heide Übergang auf die B 5 Richtung Husum. In Reimersbude nordwestlich auf die L 32 nach Witzwort zum Ziel. Beschildert. ✉ Sand 5 (GPS: 54°25'30"N / 8°58'2" E).
∴ Museum Roter Haubarg. Historische Altstadt Friedrichstadt (6 km). Westerhever Leuchtturm (12 km).

1 km, 4 km

Stellplatz am historischen Gutshof aus dem 17. Jh. Stellflächen auf Sand, Splitt, Schotter. Stellplatz-Länge bis 12 m. Maximal 2 Nächte Aufenthalt möglich! Der Eintritt in das Museum ist frei. Landwirtschaftliche Maschinen und Geräte aus den letzten Jahrhunderten. Ort 3 km entfernt. 6 Touristenplätze.

25889 Witzwort, Nordsee (c/d2) ST-D 1240/2

»REISEMOBILPLATZ WITZWORT« 1.1. bis 31.12.
☏ 0049 4864 292
sievers.witzwort@freenet.de, **www.witzwort.de**

➔ A 23 Hamburg-Tönning, weiter auf B 202 nach Witzwort. ✉ Dorfstraße 3 (GPS: 54°23'59"N / 8°59'9" E).

500 m

Stellplatz an der Festwiese. Stellfläche auf Asphalt. Sanitärnutzung des Gemeindehauses auf Anfrage. Ortszentrum 200 m entfernt. 4 Touristenplätze.

25873 Rantrum, Nordsee (d2) ST-D 1241

»REISEMOBILHAFEN RANTRUM« 1.1. bis 31.12.
☏ 0049 176 51133163, Mobil 0049 160 8434809 7 m
reisemobilhafen.rantrum@googlemail.com, **www.rantrum.de**

➔ A 23 Hamburg - Heide, weiter auf der B 5 Richtung Husum, Abf. Mildstedt nach Rantrum. Im Ort beschildert. ✉ Am Sportplatz 19 (GPS: 54°26'1"N / 9°7'37" E).
∴ Multimar-Wattforum in Tönning.

W W W W, 300 m, 500 m

Beleuchteter Stellplatz bei einem Sport- und Freizeitgelände. Ebene Stellflächen auf Schotter. Stellplatz-Länge bis 10 m. Für Fahrzeuge über 5 t geeignet. Leinenzwang für Hunde. Brötchenservice. Barzahlung am Kiosk im Freibad. Kein Wasser in Frostperioden. Gruppenreservierung erforderlich. Maximal 14 Nächte Aufenthalt möglich! Ort 1 km entfernt. 13 Touristenplätze.

25826 St. Peter-Ording, Nord. (c2) ST-D 1245/1

25 **»REISEMOBILHAFEN ST. PETER-ORDING«** 25.12. bis 1.11.
E.: Familie Sass ☏ 0049 4863 478369
reisemobilhafen@t-online.de, **www.reisemobilhafen-spo.de**

➔ A 23 Hamburg - Heide, weiter auf der B 5 bis Abf. Tönning, dann B 202 in Richtung St. Peter-Ording. Ca. 400 m nach Ortsausgang Tating links auf den Methfeldweg und weiter auf dem Bövergeest zum Ziel. Beschildert. ✉ Ketelskoog 10 (GPS: 54°18'32"N / 8°38'7" E).
∴ Westküstenpark mit Robbarium. Westerhever Leuchtturm. Multimar Wattforum mit Walhaus in Tönning. Nationalpark Schleswig-Holsteinisches Wattenmeer.

RES, W, W, Ch, 800 m, 1.5 km

Beleuchteter Wohnmobil-Stellplatz am Ortsrand bei einem Biotop. Von einem begrünten Erdwall, sowie Büschen und Bäumen umrahmt. Ebene, schattenlose und durch Baumstämme parzellierte Stellflächen (5x10 m) auf Schotter und Wiese. Stellplatz-Länge bis 12 m. Für Fahrzeuge über 5 t geeignet. Beschrankte Zufahrt von 7 bis 21 Uhr. Erhalt einer Camp-Card am Kassenautomat. Nutzung der Sanitärräume, Schrankenanlage und Stromsäulen mit der Camp-Card. Ortszentrum 300 m entfernt. 75 Touristenplätze.
2022: MC-St/N inkl. 2 P/N 25.–, KT P/N ab 18 J. 1.–, WD/1 min. –.50, Wasser/50 l 1.–, Sanitärbenutzung –.20, Strom/1 kWh –.80 (16 A). P/N, H/N, Entsorgung und Müll inklusive.

25826 St. Peter-Ording, Nordsee ST-D 1245/2

»CAMPING SPO« 1.1. bis 31.12.
E.: Udo Jensen ☏ 0049 4863 8171
info@camping-spo.de, **www.camping-spo.de**

➔ A 23 Hamburg-Tönning, Abf. (4) Tönning, weiter auf B-202 nach Sankt Peter-Ording. ✉ Grudeweg 1 (GPS: 54°19'56"N / 8°37'9" E).
∴ Weltkulturerbe Wattenmeer. Westerhever Leuchtturm. Westküstenpark Robbarium. Dünen-Therme. Pfahlbauten. Seebrücke.

W W Ch W, 300 m, 800 m

Stellplatz beim gleichnamigen Campinggelände nahe dem Strand. Stellfläche auf Grünflächen oder auf Schotter, teilweise parzelliert. Spät Check-In bis 22 Uhr. Kiosk/Bar. Ort 1,5 km entfernt. 130 Touristenplätze.

Die Bewertung der Geräuschkulisse bezieht sich nicht auf den Stellplatz selbst, sondern auf die Geräuschsituation im Umfeld des Campingplatzes, wie z.B. Flug-, Autobahn oder Eisenbahngeräusche.

25881 Tating, Nordsee ST-D 1247

»MEER GRÜN WESTKÜSTENLODGE« 19.2. bis 22.2.
V.: Ibs-Korupp 19.3. bis 3.11. / 17.12. bis 9.1.22
☏ 0049 4862 2019851, **info@meergruen-lodge.de**
www.meergruen-lodge.de

➔ A 23 Hamburg-Tönning, Abf. (4) Tönning, weiter auf B 202 nach Tating. ✉ Martendorf 4 (GPS: 54°19'36"N / 8°41'47" E).

W W Ch, 500 m

Stellplatz beim gleichnamigen Campingplatz bei der Halbinsel Eiderstedt. Stellflächen auf Schotterrasen. Ortszentrum 500 m, Meer 7 km entfernt. 15 Touristenplätze.

25832 Tönning, Nordsee (c/d2) ST-D 1251/1

»WOHNMOBILHAFEN "EIDERBLICK"« 1.1. bis 31.12.
E.: Silke Birgit Simon ☏ 0049 4861 617148 2 m
Fax 0049 4861 61749, **info@campingplatz-toenning.de**
www.campingplatz-toenning.de

➔ A 23 Hamburg - Heide, in Heide weiter auf der B 5 nach Tönning. Im Ort auf die B 202 Richtung St. Peter-Ording und nach ca. 2 km links in die Gardinger Chaussee einbiegen. Im Kreisverkehr 1. Abfahrt in die Selckstraße/Badallee und links in die Zielstraße einfahren. Beschildert. ✉ Am Freizeitpark 1 A (GPS: 54°18'32"N / 8°56'15" E).
∴ Historische Innenstadt. Multimar Wattforum. Eidersperrwerk. Tönninger Hafen.

W W Ch, 20 m, 200 m

Beleuchteter, eingezäunter Stellplatz mit Blick auf die Flusslandschaft der Eider. Neben einem Fabrikgebäude schräg gegenüber dem Meerwasserfreibad gelegen. Ebene Stellflächen auf befestigtem Rasen. Stellplatz-Länge bis 7 m. Rad-/Wanderwegenetz. Anmeldung an der Rezeption des COMFORT-CAMP EIDER. Ort 500 m entfernt. 30 Touristenplätze.

25832 Tönning, Nordsee (c/d2) ST-D 1251/2

10 **»NATUR CAMPINGPLATZ LILIENHOF«** 1.1. bis 31.12.
V.: Jürgen Pabst ☏ 0049 4861 439, Mobil 0049 1522 9208737
info@camping-lilienhof.de, **www.camping-lilienhof.de**

➔ A 23 Hamburg-Heide, weiter auf B 5 nach Tönning. ✉ Katinger Landstraße 5 (GPS: 54°18'42"N / 8°54'11" E).

W W Ch

Stellplatz auf offenem Naturcampinggelände im Süden der Halbinsel Eiderstedt. Stellfläche auf Naturboden und Wiese. Reservierung wird empfohlen. Ortszentrum 2.5 km entfernt. 15 Touristenplätze.
2022: St/N 10.–, P/N 6.–, K/N bis 17 J. 3.–, H/N 3.–, KT P/N ab 18 J. 2.–, WD/5 min. 1.–, Waschmaschine 3.50, Trockner 4.–, Strom/1 kWh –.65 (16 A). Entsorgung, Müll und Wasser inklusive. Nur Barzahlung möglich.

25832 Tönning, Nordsee (c/d2) ST-D 1251/3

»WOHNMOBILHAFEN "KAPITÄNSHAUS"« 1.1. bis 31.12.
☏ 0049 4861 617148
info@campingplatz-toenning.de, **www.campingplatz-toenning.de**

➔ A 23 Hamburg - Heide, in Heide weiter auf der B 5 nach Tönning. Im Ort auf die B 202 Richtung St. Peter-Ording und nach ca. 2 km links in die Gardinger Chaussee einbiegen. Im Kreisverkehr 1. Abfahrt in die Selckstraße/Badallee und links in die Zielstraße einfahren. Beschildert. ✉ Am Freizeitpark 1a (GPS: 54°18'40"N / 8°56'26" E).
∴ Historische Innenstadt. Multimar Wattforum. Eidersperrwerk. Tönninger Hafen

W W, 200 m, 300 m, 700 m

Stellplatz beim COMFORT-CAMP EIDER direkt an der Eider mit Blick auf die Eiderlandschaft. Geschotterte Fahrwege und schattenlose Stellflächen (6x10 m) auf befestigtem Rasen. Durch vereinzelte Büsche und Bäume aufgelockert. Anmeldung an der Rezeption des COMFORT-CAMP EIDER. Meerwasserfreibad in der Nähe. Ortszentrum 800 m entfernt. 50 Touristenplätze.

24803 Erfde-Bargen, Dithmar. (d2) ST-D 1268

»STELLPLATZ BARGENER FÄHRE« 1.1. bis 31.12.
E.: Klaus-Jürgen Hinrichs ☏ 0049 4333 206, Fax 0049 4333 206

➔ A 23 Heide-Hamburg, Abf. (2) Heide-West, weiter auf der B 203 durch Heide nach Tellingstedt. Dort abbiegen auf die L 172 über Pahlen nach Erfde. Im Ort links abbiegen Richtung Bargener Fähre. Beschildert. ✉ Eiderstr. 23 (GPS: 54°17'54"N / 9°16'22" E).
∴ St. Marien-Magdalenen Kirche. Kultur- und Kommunikationszentrum.

W Ch, 3 km

Stellplatz an einem Bauernhof-Campingplatz an der Eider. Stellflächen auf Sand, Splitt, Wiese. Stellplatz-Länge bis 8 m. Reservierung bei Gruppen empfohlen. Anreise bis 21 Uhr. Liegewiese. Ponyreiten. Die Sanitäreinrichtungen des Campingplatzes sind zugänglich. Ort 3 km entfernt. 5 Touristenplätze.

25840 Friedrichstadt, Nordsee ST-D 1282

»FRIEDRICHSSTÄDTER WOHNMOBILSTELLPLATZ AM HALBMOND«
☎ 0049 4881 937048 — 1.1. bis 31.12.
info@wohnmobilstellplatz-friedrichstadt.de
www.wohnmobilstellplatz-friedrichstadt.de

➔ A 23 Hamburg-Husum, weiter nach Friedrichstadt abzweigen. ✉ Halbmond 5 (GPS: 54°22'19"N / 9°5'15" E).
∴ Historischen Altstadt von Friedrichstadt:

W W Ch | 300 m 600 m

Stellplatz am Rand der Altstadt direkt zwischen dem Alten Hafen und dem Eiderdeich gelegen. Der Stellplatz hat zwei Übernachtungsbereiche die unterschiedlich gestaltet sind. Zum einen gibt es für 45 Fahrzeuge Parzellen (6x12 m) die zur Hälfte geschottert sind, zum anderen einen unparzellierten Bereich für ca. 20-30 Wohnmobile auf einem fester Wiesenboden. Bei beiden Bereichen sind die Stellflächen eben und schattenlos. Der Platz ist auch für große Wohnmobile geeignet. Picknickplatz. Automatisches Kassensystem. Beschrankte Ein- und Ausfahrt. Überdachte Ver- und Entsorgung. Infopoint. Eingezäunter Hundesandplatz. Ortszentrum 300 m entfernt. 70 Touristenplätze.

24806 Hohn (d2) ST-D 1300/1

»ROSENHOF HOHN« — 1.4. bis 31.10.
E.: Sven Miethke Mobil 0049 152 52488654 4 m
miethke@m-sales.de, www.rosenhof-hohn.de

➔ B 202 Rendsburg - Friedrichstadt, in Hohn nach der Tankstelle rechts auf Wöhrden abbiegen und dem Straßenverlauf ca. 500 m folgen. Der Stellplatz befindet sich auf der rechten Seite. ✉ Marsch 2 (GPS: 54°17'59"N / 9°29'41" E).
∴ Nord-Ostsee-Kanal.

Ch | 600 m 1 km

Stellplatz neben einem Café in einem ehemaligen Bauernhof am Ortsrand. Leicht abfallende, unparzellierte Stellflächen auf Rasen. Stellplatz-Länge bis 8 m. Ortszentrum 600 m entfernt. 5 Touristenplätze.

24806 Hohn (d2) ST-D 1300/2

»HOTEL ZUR DOPPELEICHE« — 1.1. bis 31.12.
E.: Uwe Mehrens ☎ 0049 4335 515
uwe.mehrens@doppeleiche.de, www.doppeleiche.de

➔ B 202 Rendsburg-Friedrichstadt. In Hohn links in die Hohe Straße abbiegen. ✉ Hohe Str. 11 (GPS: 54°17'43"N / 9°30'6" E).
∴ Eider. Nord-Ostsee-Kanal.

| HS 1 km 1.5 km

Stellplatz auf dem Hotelparkplatz. Von Bäumen umgebene Stellflächen auf Rasengittersteinen. Stellplatz-Länge bis 10 m. Toilettenbenutzung während der Öffnungszeiten des Hotels möglich. Ort 1 km entfernt. 6 Touristenplätze.

24817 Tetenhusen (d2) ST-D 1301

»STELLPLATZ HEUHERBERGE« — April bis Nov.
E.: Familie Schütte ☎ 0049 4624 514
hh.tetenhusen.stadelmann@gmail.com

➔ A 7 Flensburg-Hamburg, Abf. (8) Rendsburg/Büdelsdorf, weiter auf der B 203 nach Rendsburg, dann die B 202 nach Hohn befahren. Im Ort rechts auf die L 39 nach Tetenhusen, dort die 1.Straße links zum Ziel. ✉ Sein 10 (GPS: 54°20'52"N / 9°30'7" E).
∴ Hochbrücke und Schwebefähre in Rendsburg (10 km). Schloss Gottorf und Dom in Schleswig (18 km).

W | 500 m

Stellplatz auf einem ehemaligen Bauernhof am Ortsrand am Flussufer der Sorge. Ebene Stellflächen auf Pflaster und Wiese. Stellplatz-Länge über 12 m. Für Fahrzeuge über 5 t geeignet. Idealer Zwischenstopp auf dem Weg nach Skandinavien. Reservierung empfohlen. Imbiss. Liegewiese. Planwagenfahrten mit historischen Treckern. Rad-/Wasser-/Wanderwegenetz Tetenhusener Moor, historischer Ochsenweg. 6 Touristenplätze.

24358 Ahlefeld-Bistensee (d2) ST-D 1305

Abfahrt

»WOHNMOBILSTELLPLATZ MATZ« — 1.1. bis 31.12.
E.: Familie Matz ☎ 0049 4356 1067
noma48@aol.com, wwww.ferienplatz-matz.de

➔ A 7 Schleswig–Neumünster, Abf. (7) Owschlag, weiter auf der L 265 bis Ahlefeld, dann auf der K 2 weiterfahren Richtung Klein Wittensee. Zum Stellplatz Matz links abbiegen. ✉ Mühlenweg 1 (GPS: 54°23'48"N / 9°42'44" E).
∴ Museum.

W Ch TV |

500 m 1 km

Stellplatz an einer kleinen, familiären Freizeit-/Ferienhausanlage zwischen zwei Seen. Stellfläche auf einer Obstwiese. Stellplatz-Länge bis 10 m. Reservierung erwünscht. Liegewiese. Außenkamin. Trampolin. Ort 1 km entfernt. 3 Touristenplätze.

24848 Kropp (d2) ST-D 1307/1

Abfahrt

»VW-AUTOHAUS THOMSEN« — 1.1. bis 31.12.
E.: Carsten Saß ☎ 0049 4624 80450 17 m
carsten.sass@thomsen-info.de, www.thomsen-kropp.de

➔ A 7 Flensburg-Hamburg, Abf. (7) Owschlag, weiter in Richtung Owschlag, dann auf die B 77 Richtung Schleswig. Auf der Höhe Kropp in das Industriegebiet abbiegen zur Werkstraße. Beschildert. ✉ Werkstr. 2 (GPS: 54°24'45"N / 9°31'44" E).
∴ Wikingermuseum Haithabu. Schloss Gottorf mit Landesmuseum in Schleswig.

WC | 700 m

HS 1 km 2 km

Stellplatz am Ortsrand auf dem Firmengelände des Autohauses. Ebene Stellflächen auf Pflaster. Stellplatz-Länge bis 10 m. Abreise ab 7.30 Uhr. 4 Touristenplätze.

24848 Kropp (d2) ST-D 1307/2

10 **»HOTEL WIKINGERHOF«** — 1.1. bis 31.12.
V.: Jörn Groth ☎ 0049 4624 700
info@wikingerhof.de, www.wikingerhof.de

➔ A 7 Hamburg-Flensburg, Abf. (6) Schleswig/Jagel, weiter nach Kropp. ✉ Tetenhusener Chaussee 1 (GPS: 54°24'32"N / 9°30'34" E).

W W Ch | 500 m

Stellplatz beim Hotel Wikingerhof auf dem Parkplatz. Stellfläche auf Pflaster. Reservierung nicht erforderlich. Ortszentrum 500 m entfernt. 3 Touristenplätze.
2022: A/N 10.–, C/N 10.–, MC/N 10.–, Strom/N 5.–. P/N und KT inklusive. Bei einem Restaurantverzehr entfällt die Stellplatzgebühr von € 10.–.

24848 Kropp (d2) ST-D 1307/3

»STELLPLATZ KROPPERBUSCH« — 1.1. bis 31.12.
V.: Familie Bandholz ☎ 0049 4624 802929
info@kropperbusch.de, www.kropperbusch.de

➔ A 7 Hamburg-Flensburg, Abf. (6) Schleswig/Jagel weiter nach Kropperbusch. ✉ Kropperbusch 1 (GPS: 54°24'20"N / 9°32'3" E).

| 500 m

Stellplatz beim Restaurant an der B 77. Stellfläche auf Schotter. Ort 2 km entfernt. 5 Touristenplätze.

24837 Schleswig, Ostsee (d2) ST-D 1311/1

»STELLPLATZ WIKING-YACHTHAFEN« — Mai bis Sept.
☎ 0049 4621 35666, Fax 0049 4621 301804
info@wiking-yachthafen.de, www.wiking-yachthafen.de

➔ A 7 Flensburg-Hamburg, Abf. (6) Schleswig/Jagel, weiter auf der B 77/76 nach Schleswig. Im Ort Richtung Zentrum abbiegen und der Beschilderung zum "Wiking-Turm" folgen. ✉ Wikingeck 11 (GPS: 54°30'25"N / 9°32'52" E).
∴ St. Petri-Dom. Holm-Museum. Schloss Gottorf. Wikingdorf Haitabu mit Museum.

RES W W Ch

S

Stellplatz innerhalb der Hafenanlage bei den Bootsstegen. Ebene Stellflächen auf Pflaster. Stellplatz-Länge bis 8 m. Barzahlung beim Hafenmeister. Rad-/Wanderwegenetz. Yachtcharter. Ort 2 km entfernt. 8 Touristenplätze.

24837 Schleswig, Ostsee (d2) ST-D 1311/2

Abfahrt

20 **»STELLPLATZ AM STADTHAFEN«** — 1.1. bis 31.12.
V.: Hafenmeister H. Eschen
☎ 0049 4621 801450, Mobil 0049 172 4387335
hafen@schleswiger-stadtwerke.de, www.womoplatz-schleswig.de

➔ A 7/E 45 Hamburg-Flensburg, Abf. (6) Schleswig/Schuby B 201/B 76 in Richtung Schleswig, im Ort über die Schleistr. zum Stadthafen. ✉ Am Hafen 5 (GPS: 54°30'42"N / 9°34'7" E).
∴ St. Petri Dom. Schloss Gottorf. Wikingermuseum. Historische Altstadt. Holmmuseum.

RES W WC Ch

| 100 m 200 m

Unterschiedlich groß parzellierte Stellflächen am Hafen neben der Slipanlage. Blick auf die Schlei. Reservierung nicht möglich. Anmeldung erbeten. Kiosk. Die zusätzliche Sanitäranlage neben dem Hafenbüro kann nur mit Schlüssel benutzt werden. In der Nebensaison eingeschränkte Infrastruktur, keine Ver- und Entsorgung, Stromversorgung möglich. . Ort 500 m entfernt. 45 Touristenplätze.
2022: St/N inkl. 3 P/N 20.–, extra MC/N 18.–, Waschmaschine 2.50, Trockner 2.50. P/N, KT, H/N, WD, Entsorgung, Müll, Wasser, Sanitärbenutzung und Strom inklusive.

24351 Damp, Ostsee (d2) ST-D 1325

»WOHNMOBILPARK DAMP« — 1.1. bis 31.12.
☎ 0049 4352 9117198
info@wohnmobilpark-damp.de, www.wohnmobilpark-damp.de

➔ A 7 Hamburg-.Flensburg, Abf. (6) Schleswig/Jagel weiter nach Damp. ✉ Parkstr. 2 (GPS: 54°34'39"N / 10°1'0" E).

RES W W Ch

| 50 m 200 m 500 m 1 km

Beleuchteter Wohnmobilpark neben der Wasserskiseilbahn Damp. Durch Büsche und Bäume umrahmt. Befestigte und überwiegend schattenlose, parzelliert Stellflächen (7x10 m) auf einer großen Rasenfläche. Teils junge Anpflanzungen. Entsorgungsstation vorhanden. Bezahlung am Kassenautomat oder Barzahlung im Büro. 24-Stunden-Checkin. Brötchenservice (an Ostern, 1.Mai und von Pfingsten bis 1.10.). Hundedusche. Hundestrand (500 m entfernt). Gastronomiezelt. In HS jeden Samstag Grill-Abende. Kostenloser Shuttle zum Hafen und durch Damp. Vitalzentrum mit Spa, Sauna-Landschaft und Schwimmbad in der Nähe. Ortszentrum 1 km entfernt. 70 Touristenplätze.

24369 Waabs, Ostsee (d2) ST-D 1327

30 **»WOHNMOBIL-STELLPLATZ OSTSEECAMP FAMILIE HEIDE«**
E.: Familie Heide GbR ☎ 0049 4352 2530 1.4. bis 21.10.
Fax 0049 4352 1398, **info@waabs.de**, **www.waabs.de**

➔ B 203 Eckernförde–Kappeln, über Loose abbiegen Richtung Waabs. In Klein-Waabs beschildert, 1. Platz. ✉ Strandweg 31 (GPS: 54°31'57"N / 9°59'57" E).
∴ Herrenhäuser und Schlösser. Damp 2000.

200 m 1 km

Stellplatz direkt vor dem Campingplatz OSTSEECAMP FAMILIE HEIDE. Ebene, parzellierte Stellflächen auf Rasengittersteinen. Die Einrichtungen des Campingplatzes können mitbenutzt werden. Sanitäranlage beheizbar. Kindersanitär. Hundebad. Fitnessraum. Wellnessangebote. Whirlpool. Kinderspiel- u. Bastelraum. Hüpfburg. Jugenddisco. Bogenschießen. Hallenbad öffentlich gebührenpflichtig. Ort 200 m entfernt. 12 Touristenplätze.
2023: St/N 10.–, P/N 10.–, K/N 3 bis 12 J. 7.50, J/N 13 bis 17 J. 9.–, H/N 9.50, Waschmaschine 3.–, Trockner 3.–, Strom/N 5.– (16 A). WD, Entsorgung, Müll und Wasser inklusive.

24369 Waabs GT Ludwigsburg, Ost. (d1) ST-D 1340

»STELLPLATZ BEIM OSTSEE-CAMPING GUT LUDWIGSBURG«
E.: P.-Werner Carl ☎ 0049 4358 370 26.3. bis 16.10.
Fax 0049 4358 460, **info@ostseecamping-ludwigsburg.de**
www.ostseecamping-ludwigsburg.de

➔ B 203 Eckernförde - Kappeln. In Eckernförde Richtung Waabs zur L 23. Um den Hafen herumfahren. Noch ca. 8 km nach Gut Ludwigsburg. Hier rechts abbiegen. Noch ca. 2 km zum Platz. ✉ Ludwigsburg 4 (GPS: 54°30'13"N / 9°57'25" E).

S 2 km

Stellplatz vor der Schranke des Campingplatzes OSTSEE-CAMPING GUT LUDWIGSBURG. Ebene Stellflächen auf Rasen. Die Einrichtungen des Campingplatzes können mitbenutzt werden. Max. 2 Nächte Aufenthalt möglich. Ort (Eckernförde) 7 km entfernt. 18 Touristenplätze.

24369 Waabs GT Karlsminde, Ost. (d2) ST-D 1342

25 **»STELLPLATZ BEIM OSTSEECAMPING GUT KARLSMINDE«**
E.: Peter Hoff V.: K. Wilke 25.3. bis 9.10.
☎ 0049 4358 344, Mobil 0049 4358 1014, Fax 0049 4358 683
info@karlsminde.de, **www.karlsminde.de**

➔ B 203 Eckernförde–Kappeln, abbiegen über Loose Richtung Waabs. Bei Karlsminde beschildert. ✉ Karlsminde 10 (GPS: 54°30'1"N / 9°55'51" E).

S 2 km

Stellplatz auf dem Parkplatz vor der Schranke beim Campingplatz OSTSEECAMPING GUT KARLSMINDE. Schattenlose, ebene befestigte Stellflächen auf sandig-kiesigen Untergrund. Max. 1 Nacht Aufenthalt. Ort (Eckernförde) 8 km entfernt. 4 Touristenplätze.
2022: St/N 10.– bis 13.–, P/N 6.–, K/N 2 bis 14 J. 4.–, H/N 3.50, Waschmaschine 5.–, Trockner 5.–, Strom/N 4.– (16 A). WD, Entsorgung, Müll und Wasser inklusive.

24340 Eckernförde, Ostsee (d2) ST-D 1345

»WOHNMOBILSTELLPLATZ AM NOOR« 1.1. bis 31.12.
E.: Stadtwerke Eckernförde ☎ 0049 4351 9050
info@stadtwerke-eckernfoerde.de, **www.stadtwerke-eckernfoerde.de**

➔ B 76 Flensburg-Kiel, in Eckernförde 100 m nördlich des Lornsenplatzes in die Zielstraße einbiegen. ✉ Kakabellenweg (GPS: 54°27'51"N / 9°50'3" E).
∴ Bonbonkocherei. Heimatmuseum. Borbyer Kirche. St. Nicolai Kirche. Hafen. Kurpark.

700 m 900 m

Ringförmig angeordneter Stellplatz barrierefrei am Windebyer Noor. Stellflächen auf Rasengittersteinen. Reservierungen sind nicht möglich. Stellplatz-Länge bis 12 m. Ort 1 km entfernt. 49 Touristenplätze.

24340 Eckernförde-Altenhof, Ost. (d2) ST-D 1346

»WOHNMOBILPARK OSTSEE "GRÜNER JÄGER"«
E.: Familie Schentek ☎ 0049 4351 41404 1.3. bis 31.12.
Fax 0049 4351 470372, **restaurant_gruener_jaeger@gmx.net**
www.gruenerjaeger-altenhof.de

➔ B 76 Eckernförde-Kiel, 3 km südlich von Eckernförde. ✉ An der B 76 (GPS: 54°26'37"N / 9°54'19" E).
∴ Herrenhaus Gut Altenhof mit SH-Musikfestival. Borbyer Kirche, St. Nicolai Kirche, Museum, Hafen, Kurpark in Eckerförde.

200 m 800 m 1 km 5 km

Beleuchtet Stellplatz hinter dem historischen Gasthaus "Grüner Jäger" in Strandnähe. Fast ebene Stellflächen auf Gras, umgeben von Büschen und Bäumen. Stellplatz-Länge bis 12 m. Die Zahlung erfolgt im Restaurant bevor sie auf den Platz fahren. Brötchenservice. Golfplatz 1 km, Ort 2 km und Hochseilgarten ca. 3 km entfernt. 80 Touristenplätze.

24783 Osterrönfeld (d2) ST-D 1352

»WOHNMOBILHAFEN AM KANAL-CAFÉ NOK« 1.1. bis 31.12.
☎ 0049 4331 708850, Mobil 0049 171 4147046
info@spann-an.com, **wohnmobilhafen-nok.de/am-kanal-cafe-nok/**

➔ A 7 Neumünster - Flensburg, am AB-Kreuz Rendsburg auf die 210/202 nach Richtung Rendsburg abfahren und nach ca. 5.5 km nach Osterrönfeld abfahren. Dem Straßenverlauf "zum Hafen" folgen, beschildert. ✉ Am Kamp-Kanal 1 (GPS: 54°17'26"N / 9°40'14" E).

Beschrankter Stellplatz direkt am Nord-Ostsee-Kanal mit Blick auf die Eisenbahnhochbrücke und den Schiffsverkehr. In drei Terrassen angelegte, ebene, gepflasterte und markierte Stellflächen ohne Beschattung. Ver- und Entsorgungsmöglichkeit sind vorhanden. Bezahlung am Ticketautomaten. Abfallentsorgung. Brötchenservice und Frühstücksmöglichkeit. 33 Touristenplätze.

24768 Rendsburg (d2) ST-D 1354/1

»WOHNMOBILHAFEN RENDSBURG« 1.1. bis 31.12.
☎ 0049 4331 4349491
www.marienhof-rd.de/de/wohnmobil-hafen

➔ A 7 Flensburg-Hamburg, Abf. (8) Rendsburg/Büdelsdorf, weiter auf der B 203 nach Rendsburg zum Zentrum. Nach einer Eisenbahnunterführung 2. Straße links "An der Bleiche", danach 1. Straße rechts. In der Stadt dem Parkleitsystem folgen. Beschildert. ✉ An der Untereider 9 (GPS: 54°18'14"N / 9°39'21" E).
∴ Historische Innenstadt. Marienkirche. Christkirche. Museen. Eisenbahnhochbrücke. Schwebefähre. Aquacity Rendsburg. Schiffsbegrüßungsanlage (2 km).

HS 200 m 300 m 800 m

Bewachter und beleuchteter Stellplatz zwischen Schwimmzentrum, Stadtsee und Innenstadt. Ebene, parzellierte Stellflächen (5-7x10 m) auf Schotter. Durch Hecken gegliedert und von Büschen und Bäumen umrahmt. Für Fahrzeuge über 5 t geeignet. Rezeption mit Imbiss, Campingshop und Brötchenservice. Von Nov.-Febr. ist das Sanitärhaus geschlossen - die Stellplatzgebühr entfällt in dieser Zeit! 40 Touristenplätze.

24768 Rendsburg (D2) ST-D 1354/2

»WOHNMOBILHAFEN AM KREISHAFEN NOK« 1.1. bis 31.12.
☎ 0049 4331 708850, Mobil 0049 171 4147046
info@spann-an.com, **www.wohnmobilhafen-nok.de/am-kreishafen-nok/**

➔ A 7 Neumünster - Flensburg, am AB-Kreuz Rendsburg auf die 210/202 nach Richtung Rendsburg abfahren und nach ca. 6.6 km wieder in Richtung Rendsburg abfahren. Den Fluss überqueren und bei der ersten Möglichkeit abfahren in die Berliner Straße, hier weiter Richtung Kreishafen, beschildert. ✉ Am Kreishafen 30-32 (GPS: 54°17'40"N / 9°40'54" E).

20 m

Stellplatz am Rande eines eines Gewerbegebietes direkt am Nord-Ostsee-Kanal mit Blick auf die Eisenbahnhochbrücke. Ebene, gepflasterte und markierte Stellflächen ohne Beschattung. Ein hochwertiger Sanitärcontainer sowie eine Ver- und Entsorgungsmöglichkeit sind vorhanden. Brückenterrassen Rendsburg mit Schiffsbegrüßungsanlage 20 m entfernt. 35 Touristenplätze.

24797 Hörsten (d2) ST-D 1355

»WOHNMOBILHAFEN AM FLUGPLATZ SCHACHTHOLM NOK«
V.: Peter Braag 2 m 1.1. bis 31.12.
☎ 0049 4331 70885 0, Mobil 0049 171 4147046, **info@spann-an.com**
www.wohnmobilhafen-nok.de/am-flugplatz-schachtholm-nok/

➔ A 7 Flensburg - Neumünster, Abf. (9) Kreuz Rendsburg, auf die A 210 Kiel-Rendsburg, bei Schacht-Audorf weiter auf der B 202 nach Westerrönfeld/Schülp. Dann entlang des Kanals bis zum Stellplatz vor dem Flugplatz. ✉ Schachtholm 1 (GPS: 54°13'30"N / 9°36'8" E).
∴ Nord-Ostsee-Kanal (ehemals Kaiser-Wilhelm-Kanal). Flugplatz. Rundflüge.

800 m

Stellplatz am Nord-Ostsee-Kanal mit freiem Blick auf Schiffe. Ebene parzellierte Stellflächen (7x12 m) auf gewalzter Wiese. Die Zahlung erfolgt über den Kassenautomaten/Schrankensystem. Direkt nebenan befindet sich der Flugplatz Schachtholm sowie eine Gastwirtschaft. Ort 7 km entfernt. 52 Touristenplätze.

24589 Borgdorf-Seedorf (d2) ST-D 1356

Abfahrt

20 **»STELLPLATZ BEIM SEE-CAMPING BUM«** 1.10. bis 31.9.
E.: Kurt Ulrich ☎ 0049 4392 84840, Fax 0049 4392 848484
info@seecampingbum.de, **www.campingplatzbum.de**

➔ A 7 Hamburg–Flensburg Abf. (11) Bordesholm Richtung Nortorf über Dätgen, beschildert. ✉ Hauptstraße (GPS: 54°10'56"N / 9°53'2" E).
∴ Tierpark Neumünster. Streichelzoo Warder (5 km). Große Badelandschaft (1.5 km).

S 2 km S 3 km

Stellplatz beim Campingplatz SEE-CAMPING BUM. Ort (Nortorf) 3 km entfernt.
2022: MC-St/N inkl. 2 P/N 17.50, weitere P/N 4.–, K/N bis 14 J. 2.50, H/N 2.–, WD/1 min. –.25, Waschmaschine 3.50, Trockner 3.50, Wasser/100 l 1.–, Strom/1 kWh –.50 (16 A). Entsorgung und Müll inklusive.

24631 Langwedel (d2) ST-D 1358

Abfahrt

»STELLPLATZ BEIM CARAVANPARK AM BRAHMSEE«
0049 4329 1567, Fax 0049 4329 2353332 — 1.1. bis 31.12.
info@caravanpark-am-brahmsee.de, www.caravanpark-am-brahmsee.de

➔ A 7 Flensburg-Hamburg, Abf. (10) Warder, auf die Hauptstraße Richtung Süden, 1. Kreuzung links nach Warder, Langwedel abbiegen. Am Ortsausgang Warder rechtwinklig abfahren nach Langwedel zum Ziel. A 215 Kiel-Bordesholm, Abf. (4) Blumenthal, dem Schild "Tierpark Warder" folgen. In Langwedel rechts in die Mühlenstraße einbiegen. Der Caravanpark liegt auf der rechten Seite. Beschildert. ✉ Mühlenstr. 30 und 30 A (GPS: 54°12'53"N / 9°55'0" E).
Tierpark "Arche Warder" (800 m). Wildtierpark (1 km). Gestüt Pohlsee (3 km). Freilichtmuseum Kiel-Molfsee (10 km).

W W Ch | 200 m 500 m 1 km

Bewachter, beleuchteter Stellplatz angrenzend an einen Campingplatz am nahegelegenen Brahmsee im Naturpark Westensee. Parzelliert, ebene Stellflächen auf Rasen. Von Büschen und Bäumen umgeben. Geöffnet von 7-22 Uhr. Finnische Grillkota. Daneben bietet ein Pavillon für ca. 30 Personen Platz. Brötchenservice. Stellplatz-Länge bis 15 m. Für Fahrzeuge über 5 t geeignet. Bezahlung beim Platzwart oder an der Rezeption. Ort 700 m entfernt. 16 Touristenplätze.

24637 Schillsdorf (d/e2) ST-D 1361

»BRAUEREI KIRSCHENHOLZ« — 1.3. bis 1.11.
V.: Overath 0049 4394 309
info@kirschenholz.de, www.kirschenholz.de

➔ A 21 Hamburg-Kiel, in Wankendorf nach Schillersdorf abzweigen. ✉ Hauptstr. 4 (GPS: 54°6'49"N / 10°7'32" E).

| 500 m

Stellplatz an einem Ferienhaus bzw. Landgasthof und einer Brauerei. Stellfläche auf Wiese. Restaurant Kirschenholz liefert dass Essen bis ans Wohnmobil. Im Bauernladen bieten wir unsere selbstgebrauten Biere der Beer-Brauerei, Hausgemachte Leberwurst, Sauerfleisch, Marmelade u.v.m. an. Ort 5 km entfernt. 15 Touristenplätze.

24582 Bordesholm (d2) ST-D 1362

»WOHNMOBILSTELLPLATZ BORDESHOLM« — 1.1. bis 31.12.
E.: Amt Bordesholm 0049 4322 6950
amt@bordesholm.de, www.bordesholm.de

➔ A 7 Flensburg–Hamburg, Abf. (11) Bordesholm, weiter der L 49 nach Bordesholm folgen und die 2. Ortseinfahrt auf die Kieler Straße nehmen. Zwischen Gewerbegebiet und Ortseingang links zum Stellplatz. ✉ Kieler Straße (GPS: 54°11'2"N / 10°1'36" E).
Alt Bordesholm mit Klosterkirche. Bordesholmer Linde.

Ausgewiesener Stellplatz auf einem Parkplatz am nördlichen Ortsrand. Stellflächen auf Sand zwischen Baumreihen. Stellplatz-Länge bis 10 m. Maximal 18 Std. Aufenthalt möglich! Ort 1.5 km entfernt. 6 Touristenplätze.

24537 Neumünster (d2) ST-D 1363

»BAD AM STADTWALD« — 1.1. bis 31.12.
E.: Stadtwerke Neumünster 0049 4321 202580
swn@swn.net, www.bad-am-stadtwald.de

➔ A 7 Hamburg-Neumünster, Abf. (14) Neumünster-Mitte, B 430 in Richtung Zentrum, links auf den Stadtring abbiegen zum Bad. Beschildert. ✉ Hansaring 177 (GPS: 54°4'53"N / 9°57'40" E).
Museum Tuch und Technik. Altstadtzentrum. Hist. Dampfeisenbahnen und Museum Lockschuppen.

W Ch HS | 100 m 300 m

Videoüberwachter, beleuchteter Stellplatz beim Freizeitbad. Ebene Stellflächen auf Sand-, Wiesen- und Kiesuntergrund. Stellplatz-Länge bis 12 m. Bezahlung an der Rezeption des Freibades. Reservierung empfohlen. Bistro vorhanden. Wellnessangebot. 22 Touristenplätze.

24634 Padenstedt (d2) ST-D 1366

Abfahrt

»WOHNMOBILSTELLPLATZ QUICK CAMP« — 1.1. bis 31.12.
E.: Manfred Bruch 0049 4321 82697, Fax 0049 4321 84341
info@familien-campingplatz.de, www.familien-campingplatz.de

➔ A 7 Flensburg-Hamburg, Abf. (15) Neumünster-Süd, nach Padenstedt. Beschildert. ✉ Humboldredder 5 (GPS: 54°2'47"N / 9°55'24" E).
Naturschutzpark Aukrug.

W W W Ch W | 500 m S800 m 3 km

Beleuchteter Stellplatz (Einfahrt ca. 200 m hinter der Campingplatz-Einfahrt - Familien Campingplatz Forellensee). Durchgehend geöffnet. Ebene Stellflächen auf befestigter Wiese. Stellplatz-Länge bis 12 m. Für Fahrzeuge über 5 t geeignet. Kiosk/Imbiss. Brötchenservice. Maximal 1 Nacht Aufenthalt möglich! Ort 1 km entfernt. 9 Touristenplätze.

24623 Großenaspe (d2/3) ST-D 1368

»STELLPLATZ WILDPARK EEKHOLT« — 1.1. bis 31.12.
E.: Wildpark Eekholt Dr. h.c. Hatlapa GmbH & Co. KG
0049 4327 99230, Fax 0049 4327 1232, **info@wildpark-eekholt.de**
www.wildpark-eekholt.de

➔ A 7 Flensburg – Hamburg, Abf. (17) Bad Bramstedt, weiter auf der B 206 Richtung Bad Segeberg. Am Flugplatz Hartenholm links nach Weide abbiegen, dort rechts zum Wildpark. Beschildert. ✉ Eekholt 1 (GPS: 53°56'54"N / 10°1'48" E).
Katharinenkirche.

WC WC | 7 km

Stellplatz auf dem Besucherparkplatz am Eingang des Wildparks. Stellflächen auf Sand, Splitt, teils auf Wiese. Nachts einsame Lage. Stellplatz-Länge bis 12 m. Idealer Zwischenstopp auf dem Weg zur Ostsee oder Skandinavien. Am Stellplatz und im Wildpark Hundeleinenzwang. Kiosk/Imbiss. Ort 7 km entfernt. 10 Touristenplätze.

25548 Kellinghusen (d2/3) ST-D 1377

»WOHNMOBILPLATZ AM FREIBAD« — 1.1. bis 31.12.
E.: Stadtmarketing 0049 4822 37107 — 22 m
info@kellinghusen.de, www.kellinghusen.de

➔ B 206 Itzehoe-Bad Bramstedt, mittlere Abfahrt nach Kellinghusen. Beschildert. ✉ Jakob-Fleischer-Str. (GPS: 53°56'49"N / 9°42'33" E).
Kirche St. Cyriacus. Luisenberger Turm. Rathaus. Fayence-Keramik-Museum. Fayence-Keramik-Werkstätten.

WC HS | 100 m 200 m 300 m

Beleuchteter Stellplatz am Freibad. Ebene Stellflächen auf sandigem Kiesboden von Sträuchern und Rosenhecke umgeben. Bei weiterem Bedarf steht der Parkplatz am Freibad zur Verfügung. Wasserwandern auf Stör und Bramau. Rad-/Wanderwegenetz. Ort 500 m entfernt. 5 Touristenplätze.

25524 Itzehoe (d3) ST-D 1380

Abfahrt

»STELLPLATZ MALZMÜLLERWIESEN« — 1.1. bis 31.12.
E.: Stadtmanagement Itzehoe GmbH 0049 4821 9490120 — 17 m
Fax 0049 4821 603 321, **info@mein-itzehoe.de, www.mein-itzehoe.de**

➔ A 23 Heide-Hamburg, Abf. (9) Itzehoe/Heiligenstedten, weiter auf der B 206 nach Itzehoe. Im Ort auf die B 77 und links in die Zielstraße einbiegen. Beschildert. ✉ Schumacher-Allee (GPS: 53°55'9"N / 9°31'8" E).
Historisches Rathaus. Kreismuseum. Prinzesshof mit Prinzesshofpark. St. Laurentii-Kirche mit Klosterhof. St.-Jürgen-Kapelle. Altes Pastorat.

W | 300 m 350 m HS 400 m 450 m

Stellplatz, abgetrennt von einem Großparkplatz, an der Stör. Ebene Stellflächen auf Schotter. Stellplatz-Länge bis 12 m. Entsorgung (San-Station) auf einem Parkplatz (ca. 350 m entfernt) möglich. Maximal 5 Nächte Aufenthalt möglich! Stellplätze für Kanuten und Wasserwanderer. Rad-/Wanderwegenetz. Ort 100 m entfernt. 10 Touristenplätze.

25355 Barmstedt (d3) ST-D 1390/1

»STELLPLATZ AM RANTZAUER SEE« — 1.1. bis 31.12.
E.: Stadtwerke Barmstedt 0049 4123 68170
info@stadt-barmstedt.de, www.vg-barmstedt-hoernerkirchen.de

➔ A 23 Heide-Hamburg, Abf. (13) Horst/Elmshorn, weiter auf der L 288/L 213 nach Groß Offenseth-Aspern. Westlich vom Ort rechts abbiegen auf die L 112 nach Barmstedt und weiter der L 112 folgen bis zum Kreisverkehr, 2. Ausfahrt, dann bis zum Parkplatz fahren. ✉ Seestr. 12 (GPS: 53°47'9"N / 9°45'54" E).
Schlossinsel mit Museum der Grafschaft Rantzau und Schlossgefängnis. Die Heiligen-Geist-Kirche in der Innenstadt, ein barocker Saalbau von 1717.

WC HS | 300 m

Beleuchteter Stellplatz auf reserviertem Teil am Rande eines Parkplatzes neben dem Hallen-/Strandbad "Barmstedter Badewonnen" am Rantzauer See. Ebene Stellflächen auf Schotterwiese. Stellplatz-Länge bis 12 m. Bezahlung beim Bademeister. Imbiss. Öffentliches WC an der Einfahrt zum Parkplatz, geöffnet von 7-20 Uhr. Ort 500 m entfernt. 6 Touristenplätze.

25355 Barmstedt (d3) ST-D 1390/2

»PARKPLATZ AM RONDEEL« — 1.1. bis 31.12.
0049 4123 68170
info@stadt-barmstedt.de

➔ B 76 Lübeck-Kiel, weiter nach Barmsedt. ✉ Platz Roissy-en-Brie (GPS: 53°47'9"N / 9°45'54" E).

WC Ch | 300 m 500 m

Stellplatz am Randeel bei See. Stellfläche auf Schotterwiese. Bodeneinlass für Toiletten. Ortszentrum 500 m entfernt. 6 Touristenplätze.

Plätze ohne Preisangaben:
Diese Plätze haben seit mindestens 2 Jahren keine Gebührenmeldung mehr abgegeben. Daher kann für die Öffnungszeiten nicht garantiert werden.
Auch können sich die angegebenen Telefon- und Faxnummern sowie Emailadressen geändert haben.

24106 Kiel-Wik, Ostsee (d/e2) ST-D 1400

20 **»WOHNMOBILSTELLPLATZ FÖRDE- UND KANALBLICK«**
☏ 0049 431 3890850 1.1. bis 31.12.
info@bella-vista-kiel.de, www.wohnmobil-stellplatz-kiel.de

➔ A 215 Kiel-Neumünster, Abf. (2) Kiel-Mitte, weiter auf der B 76/503 in Richtung Eckernförde. Auf der B 503 bleiben bis zur Abf. Kiel-Wik. Weiter entlang der Prinz-Heinrich-Straße bis zur 1. Ampel und in die Schleusenstraße einbiegen. Am Ende in die Uferstraße einfahren, diese bis zum Ende passieren, dann zum Ziel links in der Mecklenburger Straße. Beschildert. ✉ Mecklenburger Str. 58 (GPS: 54°21'49"N / 10°8'51" E).
Marineehrenmal Laboe. Leuchtturm Holtenau. Schleusenanlagen Kiel-Holtanu. Museen in Kiel (8 km). Botanischer Garten. Rathaus.

600 m 1 km 1.5 km HS3 km

Stellplatz am Nord-Ostsee-Kanal mit Blick auf die Schleuse, Förde und Schiffe. Ebene Stellflächen auf Pflaster (15 zusätzliche Flächen nur im Sommer). Der Platz ist 24 Stunden befahrbar. Rezeption geöffnet von 8-11 Uhr und 14-18 Uhr. Anmeldung beim Imbiss während der Öffnungszeiten. Brötchenservice. Toiletten und Duschen sind nur in der Zeit vom 8-17 Uhr (Winter) oder 18 Uhr zugänglich. Eine Dixie-Toilette ist vorhanden. Innenstadt von Kiel per Fahrrad oder Bus gut erreichbar. 32 Touristenplätze.
2022: St/N 15.– bis 19.– (4-6 A). P/N, H/N, Entsorgung, Müll und Wasser inklusive. Nur Barzahlung. Wegen der aktuellen Pandemielage bleiben die Sanitäranlagen geschlossen. Toiletten stehen nur zur Öffnungszeiten des Imbisses zur Verfügung.

24257 Hohenfelde, Ostsee (e2) ST-D 1417/1

20 **»WOHNMOBILPLATZ RADELAND«** 1.4. bis 16.10.
E.: OS-Strand GmbH ☏ 0049 4385 5388, Fax 0049 4385 5387
info@strandcamping-radeland.de, www.hohenfelde-strand.de

➔ A 1 Heiligenhafen - Lübeck, Abf. (11) Oldenburg i.H.-Süd, weiter auf der B 202 nach Lütjenburg. Im Ort rechts auf die L 165 abbiegen Richtung Schönberg. Von der Umgehungstraße bei Hohenfelde rechts abbiegen Richtung Ostsee. Beschildert. ✉ Strandstr. 18 (GPS: 54°22'57"N / 10°29'38" E).
Straußenfarm (4 km). Hessenstein (5 km). Gut Panker (7 km). Sealife Aquarium.

300 m 600 m 1.3 km 2 km

Beleuchteter Wohnmobil-Stellplatz in einem separater Bereich des STRANDCAMPING RADELAND. Ebene, parzellierte Stellflächen auf Asphalt und Schotterrasen. Von Bäumen (auch Obstbäumen) umrahmt. Stellplatz-Länge bis 12 m. Imbiss und Brötchen am Strand. Liegewiese. Ostsee 600 m, Ort 1 km entfernt. 20 Touristenplätze.
2022: C-St/N 6.90, MC-St/N 6.50, P/N 6.–, K/N 2 bis 14 J. 2.–, extra A/N 3.–, extra C/N 6.90, extra MC/N 6.50, extra M/N 3.–, H/N 2.50, WD/1 min. -.20, Müllgeb. St/N 4.–, Strom/N 3.50.

24257 Hohenfelde, Ostsee (e2) ST-D 1417/2

»STELLPLATZ KRUMBECK CAMPING« 1.4. bis 31.10.
☏ 0049 4385 229
info@ostsee-hohenfelde.de

➔ Von Kiel nach Osten an die Ostsee. Einfahrt direkt über dem Hof (Haus mit der Luftschutzsirene). ✉ Strandstr. 16 (GPS: 54°22'23"N / 10°29'45" E).
Naturerlebniszentrum Hohenfelde. Aussichtsplattform - Biotop Schmoel.

500 m 600 m

Kleiner Stellplatz im Grünen neben einem Campingplatz. Stellfläche auf Wiesengelände und von Bäumen umgeben. Reisemobillänge max. 8 m. Ortszentrum und Strand 500 m entfernt. 6 Touristenplätze.

24321 Hohwacht, Ostsee (e2) ST-D 1419

»STELLPLATZ ALT-HOWACHT« 1.1. bis 31.12.
E.: Touristik GmbH ☏ 0049 4381 9890
info@hohwachterbucht.de, www.hohwacht.de

➔ B 202 Kiel-Oldenburg, hinter Lütjendorf im Weiler Schmiedendorf links Richtung Hohwachter Bucht abbiegen und der Straße bis zum Meer folgen. ✉ Hohwachter Bucht (GPS: 54°19'29"N / 10°39'44" E).
Leuchtturm Neuland. Bismarckturm. Hohwachter Flunder am Kurstrand.

100 m 500 m 3 km

Stellplatz auf einem großen öffentlichen Parkplatz am Strand. Bei Hochwasser eventuell gesperrt. Ort 500 m entfernt. 19 Touristenplätze.

24211 Lehmkuhlen-Dammdorf, H. Sch. (e2) ST-D 1424

»STELLPLATZ FLAIR-HOTEL NEETH« 1.1. bis 31.12.
E.: Familie Neeth ☏ 0049 4342 82374
info@neeth.de, www.neeth.de

➔ B 76 Kiel-Eutin, Abf. Preetz-Wakendorf, links Richtung Preetz in die Wakendorfer Straße und wieder links in den Rethwischer Weg zum Ziel. ✉ Preetzer Str. 1-3 (GPS: 54°14'57"N / 10°18'41" E).
Adliges Kloster Preetz. Stadtkirche Preetz. Historische Häuser in der Schusterstadt Preetz. Holzschuhmacherei. Zirkus-Museum.

100 m 2.5 km HS3 km

Stellplatz neben einer Pferdekoppel am Hotel. Ebene Stellflächen auf Schotterrasen. Stellplatz-Länge über 12 m. Bogenschießplatz (1 km). Ort 2 km entfernt. 3 Touristenplätze.

24211 Preetz, Holstein. Schweiz (e2) ST-D 1427

35 **»WOHNMOBILPARK PREETZ«** 1.1. bis 31.12.
E.: Rüdiger Laas ☏ 0049 4342 309549, Fax 0049 4342 798376
kanucenter-ploen@t-online.de, www.kanucenter-ploen.de

➔ B 76 Kiel - Plön, Abf. Preetz. In Preetz-Zentrum auf die alte B 76 Schellhorner Straße/Plöner Landstraße Richtung Plön. An der Tankstelle rechts abbiegen zum Platz; beschildert. ✉ Kahlbrook 25 a (GPS: 54°13'41"N / 10°17'14" E).
Ehrenmal Laboe. Freilichtmuseum Molfsee. Schönberger Eisenbahnmuseum. Karl-May-Festspiele. Eselpark Nessendorf. Hansapark.

500 m 1 km

Wohnmobilpark angrenzend am Campingplatz NATURCAMPING KIRCHSEE. Ebene Stellflächen auf Rasen. Von Büschen und Bäumen umsäumt. Es können die sanitären Einrichtungen des Campingplatzes benutzt werden. Satellitenempfang (je nach Jahreszeit eingeschränkt). Brötchenservice. Ort 500 m entfernt. 10 Touristenplätze.
2023: C-St/N inkl. 2 P/N 27.– bis 34.–, MC-St/N inkl. 2 P/N 25.–, weitere P/N 7.–, K/N 2 bis 14 J. 4.–, extra A/N 3.–, extra M/N 3.–, extra B/N 3.–, H/N 2.–, Waschmaschine 4.–, Trockner 2.–, Strom/N 4.– (16 A). WD, Entsorgung, Müll, Wasser und Sanitärbenutzung inklusive.

24306 Plön, Holstein. Schweiz (e2) ST-D 1435/1

»STELLPLATZ BEI CAMPINGPARK GUT RUHLEBEN«
☏ 0049 4522 8347, Fax 0049 4522 800200 1.4. bis 1.10.
campingplatz@camp-ruhleben.de, www.camp-ruhleben.de

➔ A 1 Lübeck-Oldenburg i.H., Abf. (15) Eutin, weiter auf der B 76 über Eutin nach Plön. Kurz vor dem Ortseingangsschild an der Gaststätte "Zum Leuchtturm" links abbiegen. Beschildert. ✉ Missionsweg 2 (GPS: 54°8'38"N / 10°26'58" E).
Schloss Plön. Prinzeninsel. Altstadt. Museum.

HS 1 km 3 km

Bewachter, beleuchteter Stellplatz neben einem Campingplatz. Stellflächen auf Kies und Gras. Öffnung: 0-24 Uhr. Stellplatz-Länge bis 8 m. Bezahlung an der Rezeption bar oder EC-Karte. Kiosk vorhanden. Brötchenservice. Die Sanitäreinrichtungen des Campingplatzes sind nutzbar. Maximal 3 Nächte Aufenthalt möglich! Reservierung empfohlen. Ort 3 km entfernt. 10 Touristenplätze.

24306 Plön, Holstein. Schweiz ST-D 1435/2

»WOHNMOBILSTELLPLATZ SPITZENORT« 27.3. bis 31.10.
E.: Achim Kuhnt ☏ 0049 4522 2769
info@spitzenort.de, www.spitzenort.de

➔ A 21 Kiel-Bargteheide, Abf. (8) Bornhöved, weiter auf der B 430 in Richtung Plön. Bei der Feuerwehrzentrale in einer Linkskurve recht zum Stellplatz abbiegen. Beschildert. ✉ Ascheberger Str. 76 (GPS: 54°8'49"N / 10°23'54" E).
Schloss Plön. Prinzeninsel (2 km). Nikolaikirche. Naturpark Holsteinische Schweiz.

HS S S

Bewachter im Rondell angelegter Stellplatz vor dem Campingplatz. Alle Einrichtungen des Campingplatzes sind benutzbar. Stellflächen auf Kies mit Grasanteil. Stellplatz-Länge bis 8 m. Bezahlung an der Rezeption. Hunde sind nur zu bestimmten Zeiten oder mit Ausnahme erlaubt. Reservierung empfohlen. Entleerung von mobilen und fest eingebauten Abwassertanks möglich. Der Platz ist 24 Std. anfahrbar. Maximal 4 Nächte Aufenthalt möglich! Pool mit Warmwasser. Golfplatz (4 km). Ort 1.5 km entfernt. 14 Touristenplätze.

24306 Plön, Holstein. Schweiz ST-D 1435/3

»WOMO-STOP PLÖN« 1.1. bis 31.12.
E.: Tourist Info Großer Plöner See ☏ 0049 4522 50950
info@spitzenort.de, www.touristinfo-ploen.de

➔ A 21 Kiel-Bargteheide, Abf. (8) Bornhöved, weiter auf der B 430 nach Plön. Am Ortsanfang von Plön nach der Beschilderung "Campingplatz Spitzenort" liegt links der Stellplatz. Beschildert. ✉ Ascheberger Str. 2 (GPS: 54°9'10"N / 10°24'16" E).
Plöner Schloss und Schlossgebiet. Prinzeninsel. Nikolaikirche.

200 m 300 m 400 m 700 m 1 km 2 km 5 km

Beleuchteter kommunaler Stellplatz auf einem Parkplatz zwischen B 430 und Kleinem Plöner See. Stellflächen auf Asphalt. Stellplatz-Länge bis 10 m. Barzahlung per Briefkasen. Aufenthaltsdauer: Maximal 1 Nacht Aufenthalt möglich! Kiosk und Imbiss vorhanden. Sanitärstation für mobile Tanks (1.4. bis 30.11.) benutzbar. Ort 300 m entfernt. 10 Touristenplätze.

24306 Bösdorf OT Kleinmeinsdorf, H. Sch. (e2) ST-D 1436

10 **»LANDHAUS ZUR TENNE«** 1.1. bis 31.12.
E.: Familie Albers ☏ 0049 4522 6103
info@zurtenne.de, www.zurtenne.de

➔ B 76 Plön - Eutin, nach Kleinmeinsdorf abbiegen. Im Ort den Schildern zum Landhaus Zur Tenne oder den Hinweisen mit dem Wohnmobil folgen.

✉ Hörn 6 (GPS: 54°7'41"N / 10°30'8" E).
∴ Plöner Schloss.

WC WC Ch

Stellplatz befindet sich am Ortsrand neben einem Sportplatz. Ebene Stellflächen auf Schotter und Rasen. Bezahlung in der Gaststätte bar oder mit EC-Karte. Reservierung empfohlen. Entsorgung von Grauwasser möglich. Bioland Hof in 200 m Entfernung. Segeln, Radeln, Paddeln, Wandern, Reiten, Golfen etc. sind in der Nähe erreichbar. Ort 100 m entfernt. 15 Touristenplätze.
2023: St/N 9.–, Entsorgung inkl., Strom/N 3.– (6 A).

24306 Pfingstberg, Holst. Schw. (e2) ST-D 1437

»HOF SCHLOSSBLICK« 1.1. bis 31.12.
E.: Familie Rothfos ☎ 0049 4522 9738, Fax 0049 4522 6588
info@hof-schlossblick.de, www.hof-schlossblick.de

➔ B 76 Lübeck-Kiel, weiter nach Pfingstberg. ✉ Alte Salzstr. 8 (GPS: 54°7'28"N / 10°28'22" E).

WC W W Ch

Stellplatz beim Bauernhof Seeblick mit großer Hofanlage und schönem Blick auf Felder und Wiesen. Ferienwohnungen zu vermieten. Die Freizeitmöglichkeiten können mitbenutzt werden. Streichelzoo. Therapeutisches Reiten. Ackergliding. Stellfläche auf Schotter. Ort 3 km entfernt. 3 Touristenplätze.

23795 Bad Segeberg, H. Sch. (e2) ST-D 1450

»WOHNMOBILSTELLPLATZ KALKBERGBLICK« 1.1. bis 31.12.
E.: Brigitte Cords ☎ 0049 4551 1655, Mobil 0049 177 5511656
brigittecords@web.de, www.womostellplatz-badsegeberg.de

➔ A 21 Wankendorf-Bargteheide Abf. (12) Bad Segeberg Nord. Der Beschilderung zur Jugendherberge folgen. ✉ Kastanienweg 1 (GPS: 53°56'18"N / 10°18'55" E).
∴ Noctalis-Fledermauszentrum. Kalkberghöhlen. Kalkberg mit Station.

Ch GAS 200 m 250 m
300 m 1 km 1.5 km

Ebener Stellplatz gegenüber der Jugendherberge in der Nähe des Großen Segeberger Sees. Von Wiesen, Büschen, Gartenflächen und lockerem Baumbewuchs umgeben. Fußgängerzone in 5 Gehminuten erreichbar. Überwiegend ebener und geschotterter Untergrund mit Rasen. Beleuchtet. Stellplatz-Länge bis 12 m. 25 Touristenplätze.

23843 Bad Oldesloe (e3) ST-D 1454

»STELLPLATZ AUF DEM EXER« 1.1. bis 31.12.
E.: Stadtverwaltung Bad_Oldesloe ☎ 0049 4531 5040
info@badoldesloe.de, www.badoldesloe.de

➔ A 1 Lübek-Hamburg, Abf. (26) Bad Oldesloe, weiter auf der B 208 nach Bad Oldesloe. Im Ort der Beschilderung zum Hallenbad folgen. ✉ Am Bürgerpark (GPS: 53°48'36"N / 10°22'4" E).
∴ Altstadt Bad Oldesloe. Heimatmuseum. Mennokate, 16. Jahrhundert. Brenner Moor, Binnensalzmoor (3 km). Kloster Nütschau (8 km).

RES WC W W WC Ch
100 m 400 m

Beleuchteter, markierter Stellplatz auf einem Großparkplatz am Bürgerpark beim Hallenbad nahe der Stormarnhalle. Stellflächen auf Schotter. Stellplatz-Länge bis 8 m. Idealer Zwischenstopp auf dem Weg nach Skandinavien. Bäckerwagen wochentags zwischen 8-8.30 Uhr. Maximal 3 Nächte Aufenthalt möglich! Bei Sonderveranstaltungen ist der Platz gesperrt, Ausweichmöglichkeit Nebenparkplatz. Ort 200 m entfernt. 8 Touristenplätze.

23858 Reinfeld (e3) ST-D 1456

Abfahrt
»STELLPLATZ KARPFENPLATZ« 1.1. bis 31.12.
E.: Stadt Reinfeld ☎ 0049 4533 200134
info@stadt-reinfeld.de, www.stadt-reinfeld.de

➔ A 1 Hamburg-Puttgarden, Abf. (25) Reinfeld, in Richtung Zentrum zum Südufer des Herrenteichs. ✉ Klosterstr./Matthias-Claudius-Str. (GPS: 53°49'51"N / 10°29'0" E).
∴ Heimatmuseum. Mühlenmuseum. Backsteinkirche. Hünengrab.

RES WC WC 200 m 400 m
700 m 800 m

Stellplatz auf öffentlichem Parkplatz in unmittelbarer Nähe zum Herrenteich (gesperrt Ende Aug./Anfang Sept. und Sa./So. Ende Okt. - Ausweichflächen auf dem Marktplatz oder am Bahnhof). Ebene Stellflächen auf Pflaster. Stellplatz-Länge bis 8 m. Gebührenzahlung am Münzautomaten. Maximal 5 Nächte Aufenthalt möglich! Bei Veranstaltungen am Karpfenplatz steht der Wohnmobilstellplatz nicht zur Verfügung. (siehe www.reinfeldkultur.de). Ort 500 m entfernt. 5 Touristenplätze.

25761 Büsum, Nordsee (c2) ST-D 1500/1

20 **»REISEMOBILHAFEN BEIM CAMPING NORDSEE«**
E.: Jürgen Kahlke ☎ 0049 4834 2515 1.4. bis 23.10.
Fax 0049 4834 9281, **info@camping-nordsee.de, www.camping-nordsee.de**

➔ B203 Heide–Büsum, vor Büsum der Beschilderung folgen, 2. Platz. ✉ Dithmarscher Str. 41 (GPS: 54°8'19"N / 8°50'36" E).
∴ Weltkulturerbe Wattenmeer. Muschelsaal. Aquarium. Blanker Hans (Sturmflutmuseum). Museums-Hafen.

W W Ch W W
GAS HS 50 m
100 m 200 m S 250 m 300 m
500 m S 1.5 km 2 km

Stellplatz am Ortsrand vor der Einfahrtsschranke des Campingplatzes CAMPING NORDSEE. Ebene Stellfläche auf Rasen. Brötchenservice. Ort 1 km entfernt. 20 Touristenplätze.
2022: MC-St/N inkl. 2 P/N 15.50 bis 17.50, KT P/N ab 18 J. 3.–, Waschmaschine 3.–, Trockner 2.–, Strom/N 2.90 (10 A). H/N, WD, Entsorgung, Müll, Wasser und Sanitärbenutzung inklusive. Vorkasse bei Anreise.

25797 Wöhrden, Dithmarschen (d2) ST-D 1501

»STELLPLATZ GASTHOF OLDENWÖHRDEN« 1.1. bis 31.12.
E.: Esbe Paulsen ☎ 0049 4839 95310
gasthof@oldenwoehrden.de, www.oldenwoehrden.de

➔ A 23 Heide-Hamburg, Abf. (2) Heide-West, weiter auf der B 203 Richtung Büsum. Nach ca. 4 km im Kreisverkehr 3. Ausfahrt, L 153, nach Wöhrden zum Ziel nehmen. ✉ Große Str. 17 (GPS: 54°9'50"N / 8°59'55" E).
∴ Eidersperrwerk. Nord-Ostsee-Kanal (4 km). Nordsee (8 km).

WC
300 m

Stellplatz am Hotel. Ebene Stellflächen auf Sand und Splitt. Stellplatz-Länge bis 8 m. Reservierung empfohlen. Golfplätze in der Nähe. 2 Touristenplätze.

25746 Heide, Dithmarschen (d2) ST-D 1503

Abfahrt
15 **»WOHNMOBILPLATZ HEIDE«** 1.1. bis 31.12.
E.: Tourist-Info ☎ 0049 481 2122160
stadtmarketing@heide.de, http://www.heide.de/

➔ A 23 Heide-Itzehoe, Abf. (3) Heide-Süd, weiter auf die B 5 Richtung Stadtzentrum, nach 1 km halb rechts auf die Umgehungsstraße "Fritz-Thiedemann-Ring" abbiegen. Nach ca. 4 km vom Ring links in die Landvogt-Johannsen-Straße einbiegen. Noch 500 m bis zum Stellplatz. Beschildert. ✉ Landvogt-Johannsen-Straße 61 (GPS: 54°12'8"N / 9°6'45" E).
∴ Wasserturm. St. Jürgens-Kirche. Altes Pastorat. Museumsinsel Lüttenheid mit Klaus-Grotz-Museum. Heimatmuseum. Brahmshaus (1,5 km).

RES Ch HS
50 m 300 m 500 m

Beleuchteter Stellplatz in direkter Nachbarschaft zur Dithmarschen Wasserwelt (Erlebnisbad) und dem Stadtpark. Kreisförmig angeordnete Stellflächen auf Rasengittersteinen zuzüglich großzügig bemessene eigene Erholungsgrünfläche. Stellplatz-Länge bis 10 m. Imbiss. Abreise bis 14 Uhr am Folgetag. Maximal 4 Nächte Aufenthalt möglich! Nachtruhe ab 22 Uhr erwünscht. Leinenpflicht für Hunde. Ort 1 km entfernt. 16 Touristenplätze.
2022: MC/N 12.–, Entsorgung 1.–, Wasser/5 min. 1.–. P/N, KT, H/N, Müll und Strom inklusive. Bezahlung am Automaten mit ec- oder Kreditkarte. Bargeld wird nicht akzeptiert.

25704 Meldorf, Dithmarschen (c/d2) ST-D 1508

»STELLPLATZ ACTION-SURF-MELDORF« 1.4. bis 30.10.
E.: Bärbel Wengatz ☎ 0049 4832 9519516, Mobil 0049 179 4520016
asm@action-surf-meldorf.de, www.action-surf-meldorf.de

➔ A 23 Heide-Itzehoe, Abf. (4) Albersdorf, weiter auf der B 431 nach Meldorf, dann der Beschilderung zum Neuen Hafen folgen. Navi: Neuer Hafen. ✉ Deichstr. 2 (GPS: 54°5'37"N / 8°57'1" E).
∴ Dithmarscher Landesmuseum. Landwirtschaftsmuseum. Meldorfer Dom.

WC W W WC Ch
GAS 100 m

Der Stellplatz liegt zwischen der Nordsee und dem Speicherkoog. Leicht geneigte Stellflächen auf Wiese. Zufahrtswege geschottert und asphaltiert. Stellplatz-Länge bis 12 m. Für Fahrzeuge über 5 t geeignet. Bezahlung beim Kassierer. Reservierung empfohlen. Imbiss. Kiosk. Brötchenservice. Kurse der Kite-/Surfschule sowie Stand Up Paddling. Gebühr zählt bis zum Folgetag 10 Uhr. Ort 9 km entfernt. 80 Touristenplätze.

25541 Brunsbüttel, Nordsee ST-D 1510

»WOHNMOBILSTELLPLATZ AM LUV« April bis Okt.
E.: Tourist-Information ☎ 0049 4852 836624, Fax 0049 4852 836830
touristinformation@stadt-brunsbuettel.de, www.brunsbuettel.de

➔ A 23 Heide-Hamburg, Abf. (10) Itzehoe-Süd, weiter auf der B 5 Richtung Marne/Meldorf bis Brunsbüttel, zum Zentrum abfahren, über die Olaf-Palme-Allee den Hinweisen zum Elbeforum-Freizeitbereich folgen. ✉ Am Freizeitbad 1 (GPS: 53°53'56"N / 9°7'55" E).
∴ Historischer Ortskern. Schleusenanlage Nord-Ostsee-Kanal.

RES W Ch 500 m
600 m 700 m HS 2 km

Stellplatz am Bürgerpark zwischen Miniaturgolfplatz und Freizeitbad. Zu erreichen über das Freizeitbad täglich von 15-19 Uhr (Tel.: 04852 / 940450). Stellflächen auf Schotterrasen und Asphalt. Stellplatz-Länge bis 12 m. Nutzung der Sanitäranlagen im LUV. Barzahlung zwischen 15-19 Uhr im Freizeitbad. Ort 300 m entfernt. 15 Touristenplätze.

25724 Neufeld, Dithmarschen (d3) ST-D 1511

»SPORTBOOTHAFEN NEUFELD E.V.« 1.4. bis 31.10.
Mobil 0049 152 24813871
info@sbc-neufeld.de, www.neufeld-sbc.de

➔ B 5 Marne-Bunsbüttel, in Kattrepel Richtung Neufeld abbiegen. Beschildert. ✉ An't Hoven (GPS: 53°54'22"N / 9°1'9" E).
∴ Maria-Magdalenen-Kirche. Skatclubmuseum.

WC 300 m 6 km

Stellplatz am Ortsrand direkt am Hafen mit Blick auf die Elbe. Stellflächen auf Rasen. Stellplatz-Länge bis 10 m. Gebühr wird vom Hafenmeister kassiert. Hundeleinenzwang am Stellplatz. Ort (Brunsbüttel) 6 km entfernt. 8 Touristenplätze.

25718 Friedrichskoog, Nordsee (c2) ST-D 1515

»PARKPLATZ P2« 1.1. bis 31.12.
E.: Gemeinde Friedrichskoog ☎ 0049 4854 219010
info@friedrichskoog.de, www.friedrichskoog.de

➔ B 5 Itzehoe-Marne-Meldorf, in Helse abbiegen nach Friedrichskoog-Spitze. ✉ Nordseestraße (GPS: 54°1'57"N / 8°50'53" E).
Kutterhafen. Seehundsstation.

400 m 500 m 2 km

Stellplatz markiert auf einem Parkplatz ca 400 m hinter der Düne. Stellflächen auf Wiese und Asphalt. Stellplatz-Länge 12 m. Die Ent- u. Versorgungsmöglichkeiten auf dem Stellplatz sind außerhalb der Saison von Nov. bis März geschlossen. In dieser Zeit gebührenfrei. Bezahlung am Parkscheinautomaten. Maximal 1 Nacht Aufenthalt möglich! Ort 4 km entfernt. 40 Touristenplätze.

25712 Quickborn, Dithmarsch. (d2) ST-D 1518

»STELLPLATZ AM HELMSCHEN BACH« April bis Okt.
E.: Brigitte Kaiser ☎ 0049 4825 7134
kaiser.brigitte123@yahoo.de

➔ A 23 Heide-Hamburg, Abf. (5) Schafstedt, weiter in Richtung Eggstedt, Süderhastedt und Frestedt. Von dort nach Quickborn/Brickeln. ✉ Hauptstr. 2 (GPS: 54°0'41"N / 9°13'0" E).
Aussichtsturm mit Waldmuseum. Nord-Ostsee-Kanal mit Eisenbahnhochbrücke Hochdonn.

2 km HS 3 km

Parkähnlicher Stellplatz auf Privatgelände. Stellflächen auf Rasen. Bezahlung bei der Betreiberin. Reservierung empfohlen. Anreise bis 22 Uhr. Ort 3 km entfernt. 5 Touristenplätze.

25767 Albersdorf, Dithmarsch. (d2) ST-D 1519

Abfahrt

»STELLPLATZ FREIZEITBAD ALBERSDORF« Mai bis Sept.
E.: Gemeinde Albersdorf ☎ 0049 4835 972502
freizeitbad.albersdorf@web.de, www.freizeitbad-albersdorf.de

➔ A 23 Heide-Hamburg, Abf. (4) Albersdorf, weiter auf der B 431 und auf die Süderstraße nach Albersdorf abbiegen. Ab Ortsmitte den Hinweisen zum Freizeitbad folgen. ✉ Weg zur Badeanstalt (GPS: 54°9'4"N / 9°16'49" E).
Wassermühle. St. Remigius-Kirche. Museum für Archäologie und Ökologie Dithmarschen. Steinzeitpark Dithmarschen.

WC W W WC Ch HS 300 m 1 km

Beleuchteter Stellplatz unterhalb des Freibades. Nicht ganz ebene, markierte Stellflächen auf Sand, Kies und Schotter. Anreise zu den Öffnungszeiten des Bades, Mo.-Fr. 9.30-20 Uhr, Sa.-So. 10.30-20 Uhr. Stellplatz-Länge bis 8 m. Bezahlung an der Badkasse, ebenfalls Schlüssel für Ver-/Entsorgung. Imbiss. Ort 500 m entfernt. 6 Touristenplätze.

25557 Hanerau-Hademarschen (d2) ST-D 1520

»FERIENHOF SIEVERS« 1.1. bis 31.12.
E.: Ingrid Sievers ☎ 0049 4872 3729, Fax 0049 4872 614 41 m
info@ferienhof-sievers.de, www.ferienhof-sievers.de

➔ A 23 Itzehoe-Heide, Abf. (4) Hanerau-Hademarschen und weiter Richtung Ort. Ca. 1.2 km vor dem Ort kurz vor dem Bahnübergang rechts. ✉ Wilhelmsburg 1 (GPS: 54°7'23"N / 9°23'12" E).

WC W W

Stellplätze auf ebenem befestigtem Wiesengelände (Rasengittersteine) bei einem Ferienhof in der Nähe des Nord-Ostsee-Kanals. Von einer Baumreihe begrenzt. Frühstücksservice. FW. Ort 1.2 km entfernt. 5 Touristenplätze.

25554 Wilster (d3) ST-D 1525

Abfahrt

»COLOSSEUMPLATZ« 1.1. bis 31.7. / 16.8. bis 31.12.
E.: Stadt Wilster ☎ 0049 4823 9215950
info@wilstermarsch-service.de, www.wilster.de

➔ A 23 Heide-Hamburg, Abf. (9) Itzehoe-Nord-B 5, weiter auf der B 5 nach Wilster. Beschildert. ✉ Etatsrätin-Doos-Str. (GPS: 53°55'27"N / 9°22'24" E).
Naturkundemuseum. Rathaus von 1585. St. Bartholomäus-Kirche.

WC W WC 100 m 500 m

Stellplatz (bei Großveranstaltungen geschlossen) liegt direkt im Zentrum, angrenzend von Häusern, Marktplatz und einer Bahnlinie. Ebene Stellflächen auf Gras und Schotterwiese. Stellplatz-Länge bis 12 m. Maximal 5 Nächte Aufenthalt möglich! Ort 200 m entfernt. 15 Touristenplätze.

25576 Brokdorf (d3) ST-D 1528

»WOHNMOBILSTELLPLATZ ELBBLICK« 1.1. bis 31.12.
E.: Wilstermarsch Service GmbH ☎ 0049 4823 948235
evers@wilstermarsch.de, www.brokdorf-elbe.de

➔ A 23 Heide-Hamburg, Abf. (12) Hohenfelde, weiter auf der L 112 über Krempe Richtung Glückstadt, dann auf der B 431 nach Brokdorf. Beschildert. ✉ Dorfstraße (GPS: 53°51'51"N / 9°19'2" E).
Historisches Rathaus, Kirchen und Museen in Wilster (10 km). Ortskern Glückstadt (10 km). Schleusen in Brunsbüttel (12 km).

WC W W Ch 100 m 200 m W300 m

Beleuchteter Stellplatz am Elbdeich. Ebene Stellflächen auf Pflaster. Stellplatz-Länge bis 12 m. Für Fahrzeuge über 5 t geeignet. Idealer Zwischenstopp auf dem Weg zur Nordsee. Bezahlung beim Kassierer. Maximal 3 Nächte Aufenthalt möglich! Tennis ohne Gebühr nach Absprache. Eissport Mitte Oktober bis Mitte März. Das Sanitärgebäude ist vom 1.11. bis 28./29.2. geschlossen. Elbradwanderweg. Ort 300 m entfernt. 30 Touristenplätze.

25569 Hodorf (d3) ST-D 1530

»STELLPLATZ BEIM ALTEN FÄHRHAUS« April bis Okt.
E.: Astrid Schäpe 17 m
☎ 0049 4821 9578743, Mobil 0049 152 09403445
info@faehrhaus-hodorf.de, www.faehrhaus-hodorf.de

➔ A 23 Heide-Hamburg, Abf. (10) Itzehoe-Süd, weiter auf der B 77 nach Breitenburg. Dort in den Birkenweg links einbiegen, weiter die Neue Reihe, dann auf die L 120 links abbiegen nach Kremperheide. Im Ort rechts der L 120 weiter folgen in Richtung Beidenfleth und vor der Stör rechts nach Hodorf zum Ziel abbiegen. ✉ Dorfstr. 14 (GPS: 53°53'46"N / 9°26'1" E).
Museen (10 km). Tiefste Landstelle Deutschlands (15 km). Schleusen Brunsbüttel (20 km).

WC W W 3 km 4 km 5 km

Idyllischer Stellplatz am Stördeich an einem Ferien(bauern)hof in Einzellage am hauseigenen Schwimmteich. Stellflächen auf Wiese. Stellplatz-Länge bis 12 m. Lagerfeuerplatz. Frühstück. Ort 4 km entfernt. 5 Touristenplätze.

25348 Glückstadt (d3) ST-D 1540

»WOHNMOBILSTELLPLATZ NORDERMOLE« 1.1. bis 31.12.
E.: Tourist-Information Glückstadt ☎ 0049 4124 937585
info@glueckstadt-dm.de, www.glueckstadt-tourismus.de

➔ A 23 Heide-Hamburg, Abf. (12) Hohenfelde, weiter auf der L 112 über Krempe nach Glückstadt. Der Beschilderung zum Hafen folgen. Entlang der nördlichen Mole bis zum Stellplatz fahren. Beschildert. ✉ Am Hafen (GPS: 53°47'8"N / 9°24'36" E).
Historische Altstadt. Detlefsen Museum. Museum Stellwerk Glückstadt. Marktplatz mit radialer Straßenanordnung.

HS 600 m 800 m 1 km 1.5 km

Parkplatz an der Nordermole vor dem Fluttor am Außenhafen mit Blick auf die Elbe. Keine Ver- und Entsorgung möglich. Der Platz wird bei drohendem Hochwasser geräumt. Stellflächen auf Asphalt. Stellplatz-Länge bis 10 m. Gebühr gilt bis 11 Uhr am Folgetag. Kassenautomat, kein Wechselgeld. Matjeswochen ab jedem zweiten Do. im Juni für vier Tage. Ausflüge ins Alte Land. Ort 1 km entfernt. 16 Touristenplätze.

25436 Uetersen (d3) ST-D 1580

»STELLPLATZ UETERSENER STICHHAFEN« 1.1. bis 31.12.
E.: Stadt Uetersen ☎ 0049 4122 714372
info@stadt-uetersen.de, www.uetersen.de

➔ A 23 Heide-Hamburg, Abf. (15) Tornesch, weiter auf der L 110 nach Uetersen. Im Ort mit der Kreuzung B 431 Richtung Hafen Uetersen abbiegen. Beschildert. ✉ Ziegelei (GPS: 53°40'47"N / 9°40'5" E).
Rosarium. Adeliges Kloster. Spätbarocke Klosterkirche. Museum Langes Tannen. Stadtgeschichtliches Heimatmuseum Uetersen.

200 m 300 m 1 km

Parzellierter Stellplatz in rustikaler Hafenanlage. Ebene Stellflächen auf Schotter und Wiese. Stellplatz-Länge bis 8 m. Maximal 1 Nacht Aufenthalt möglich! Stadtführungen. Ort 200 m entfernt. 4 Touristenplätze.

22880 Wedel (d3) ST-D 1590

»STELLPLATZ KOMBIBAD BADEBUCHT« 1.1. bis 31.12.
E.: Stadt Wedel ☎ 0049 4103 7070, Fax 0049 4103 707 300
info@stadt.wedel.de, www.wedel.de

➔ A 7 Flensburg-Hamburg, Abf. (28) HH-Bahrenfeld, weiter auf der B 431 nach Wedel. Im Ort am Roland Denkmal in die Schulauer Straße einbiegen und der Beschilderung zum Kombibad folgen. ✉ Am Freibad/Ecke Schulauer Straße (GPS: 53°34'43"N / 9°41'39" E).
Stadtmuseum. Schiffsbegrüßungsanlage "Willkommenhöft". Rolanddenkmal. Museumshafen Oevelgönne (8 km). Theaterschiff Batavia. Ernst-Barlach-Museum.

WC WC Ch HS 100 m 1 km 1.5 km

Beleuchteter Stellplatz auf dem Festplatz Wedel. Ebene Stellflächen auf Schotterrasen. Bei Veranstaltungen ist der Stellplatz nach Ankündigung geschlossen. Stellplatz-Länge bis 12 m. Für Fahrzeuge über 5 t geeignet. Maximal 3 Nächte Aufenthalt möglich! Öffentliches WC von 9-18 Uhr geöffnet. Ort 1 km entfernt. 20 Touristenplätze.

23714 Bad Malente OT Gremsmühl., H. Sch. (e2) ST-D 1601

10 **»PARKPLATZ KRÜTZEN«** 1.1. bis 31.12.
E.: Tourismus-Service Malente ☎ 0049 4523 9842730
info@tourismus-malente.de, www.bad-malente.de

➔ A 1 Abf. Eutin. B 76 Lübeck-Kiel in Eutin abbiegen in Richtung Malente. Am Ortseingang links über die Bahnlinie, rechts in die Hindenburgallee und nach 500 m links in die Sebastian-Kneipp-Str. ✉ Sebastian-Kneipp-Straße (GPS: 54°10'18"N / 10°32'56" E).
Heimatmuseum Tewskate. WunderWeltWasser. Glasgalerie. Denkmalgeschützer Kurpark. Wildpark.

1 km

Gekennzeichnete Stellplätze auf einem öffentlichen Parkplatz am Ortsrand nahe dem Wildpark. Teils von Wald umgeben. Max. 1 Nacht Aufenthalt möglich! 10 Touristenplätze.
2022: St/N 6.–, KT P/N ab 18 J. 1.–/2.–.

23701 Eutin-Fissau, Holst. Sch. (e2) ST-D 1605

»WOHNMOBILSTELLPLATZ PRINZENHOLZ« 1.4. bis 31.10.
☎ 0049 4521 5281 33 m
info@nc-prinzenholz.de, www.naturpark-camping-prinzenholz.de

➔ A 1 Lübeck-Oldenburg i.H., Abf. (15) Eutin, B 76 über Eutin in Richtung Bad Malente-Gremsmühlen. Beim OT Fissau rechts in die Leonhard-Boldt-

Straße einbiegen und anschließend in den Prinzenholzweg links passieren. Beschildert. ✉ Prinzenholzweg 20 (GPS: 54°9'36"N / 10°36'7" E).
Schloss. Schlosspark. Wasserturm. Eutiner Festspiele. Carl-Maria-von-Weber-Haus. Altstadt Eutin.

W W W Ch W W TV | 200 m 300 m S500 m 600 m HS 2 km

Stellplatz vor einem Campingplatz am Kellersee. Stellflächen auf Schotter. Stellplatz-Länge bis 12 m. Die Sanitäreinrichtungen des Campingplatzes sind zugänglich. Im Shop/Café werden künftig regionale Produkte zum Verzehr oder Mitnahme angeboten. Zahlung in bar, mit Karte oder per PayPal möglich. Ort 2 km entfernt. 2 Touristenplätze.

23701 Eutin, Holstein. Schw. (e2) ST-D 1606/1

0 »PARKPLATZ INNENSTADT« 1.1. bis 31.12.
E.: Stadt Eutin ☎ 0049 4521 709720, Fax 0049 4521 793 100 35 m
info@eutin-tourismus.de, **www.eutin.de**

➔ A 1 Lübeck-Oldenburg i.H., Abf. (15) Eutin, auf der B 76 nach Eutin. Beschildert. ✉ Elisabethstraße am Bahnhof (GPS: 54°8'6"N / 10°36'33" E).
Schloss Eutin. Kirchen. Wasser-/Aussichtsturm. Windmühle. Historische Innenstadt. Ostholstein-Museum. Bräutigamseiche. Eutiner Festspiele.

| 500 m 1 km 1.3 km 2 km

Beleuchtete, gekennzeichnete, geplasterte Stellplätze auf einem Park & Ride-Platz in der Stadt direkt am Bahnhof. 6 Touristenplätze.
2022: Stellplatz ist kostenlos.

23701 Eutin, Holstein. Schw. (e2) ST-D 1606/2

20 »REISEMOBILPARK EUTINER SEE« 1.1. bis 31.12.
E.: Stadtwerke Eutin ☎ 0049 4521 70970 2 900 qm
Fax 0049 4521 709720, **info@eutin-tourismus.de**
www.reisemobilpark-eutin.de

➔ A 1 Lübeck-Oldenburg i.H., Abf. (15) Eutin, auf der B 76 nach Eutin. Im Ort dem Hinweis Richtung Schönwalde/Lensahn folgen, der Platz liegt am Ortsausgang links. ✉ Oldenburger Landstr. 21 (GPS: 54°8'2"N / 10°37'46" E).

Ch W | 1 km 1.5 km

Wohnmobil-Stellplatz im Süduferpark am Großen Eutiner See in Ufernähe. Ebene, markierte und befestigte Stellflächen. Max. Wohnmobillänge 11,50 m. Satelliten TV-Empfang. E-Tankstelle für Pkw. Picknickplätze. Der Platz hat einen direkten Anschluss zum See und einen Steg. Maximal 14 Nächte Aufenthalt möglich. Ort 1 km entfernt. 24 Touristenplätze.
2022: MC/N 16.–, WD/5 min. 1.–, Waschmaschine 2.–, Trockner 2.–, Wasser/100 l 1.–, Strom/1 kWh –.50. P/N, H/N, Entsorgung und Müll inklusive. Bezahlung nur mit EC- oder Kreditkarte möglich.

23738 Lensahn, Holst. Schw. (e2) ST-D 1607/1

Abfahrt

»WOHNMOBILSTELLPLATZ LENSAHN« 1.1. bis 31.12.
E.: Tourist-Information Lensahn ☎ 0049 4363 50840 18 m
Fax 0049 4363 50847, **info@lensahn.de**, **www.lensahn.de**

➔ A 1 Heiligenhafen-Lübeck, Abf. (12) Lensahn, weiter auf der L 58 nach Lensahn. Im Ort links in die Friedrich-August-Straße, wieder links in die Lübecker Straße und dann rechts in die Dr.-Julius-Stinde-Straße einbiegen. Beschildert. ✉ Dr.-Julius-Stinde-Str. 13 (GPS: 54°12'53"N / 10°52'36" E).
Museumshof. Wildschweingehege. St. Katharinen-Kirche 1.5 km. Klosterhof Cismar 8 km.

W W Ch HS S | 200 m 2.5 km

Beleuchteter Stellplatz vor dem Waldschwimmbad mit Kurpark und Mühlenteich. Ebene Stellflächen auf Rasengittersteinen, von Büschen und Bäumen umsäumt. Stellplatz Länge bis 8 m. Sanitäreinrichtungen im Waldschwimmbad von Mai-Sept., 10-20 Uhr, von Okt.-Apr. mit Schlüssel. In der NS keine Ver-/Entsorgung. Reservierung empfohlen. Imbiss. Rad-/Wanderwegenetz. Schinkenräucherei 1.5 km. Kutschfahrten 1.5 km. Ort 1 km entfernt. 15 Touristenplätze.

23738 Lensahn, Holst. Schw. (e2) ST-D 1607/2

»STELLPLATZ OSTSEE CAMPINGPARTNER« 1.1. bis 31.12.
E.: Dirk Ruhe ☎ 0049 4363 903090, Fax 0049 4363 903091 18 m
anfrage@ostseecampingpartner.de, **www.ostseecampingpartner.de**

➔ A 1 Heiligenhafen-Lübeck, Abf. (12) Lensahn, weiter auf der L 58 nach Lensahn, rechts in die Dieselstraße/Zum Windpark einbiegen. Beschildert. ✉ Zum Windpark 10 (GPS: 54°13'12"N / 10°54'0" E).
Museumshof. Wildschweingehege. St. Katharinen-Kirche 1.5 km. Klosterhof Cismar 8 km.

Ch |

100 m 200 m 500 m HS 1 km

Stellplatz am Firmengelände im Industriegebiet. Ebene Stellflächen auf Schotter. Stellplatz-Länge bis 10 m. Idealer Zwischenstopp auf dem Weg an die Ostsee oder Skandinavien. WC-Öffnungszeiten: Mo.-Fr. 9-18 Uhr, Sa. 9-16 Uhr, So. 11-16 Uhr. Rad-/Wanderwegenetz. Ort 800 m entfernt. 3 Touristenplätze.

23769 Fehmarn OT Strukkamp, Feh. (e2) ST-D 1611

Abfahrt

35 »WOHNMOBILSTELLPLATZ BEIM CAMPING STRUKKAMPHUK«
E.: Bernd Muhl ☎ 0049 4371 2194 31.3. bis 29.10.
Fax 0049 4371 87178, **camping@strukkamphuk.de**, **www.strukkamphuk.de**

➔ E 47 nach der Fehmarnsundbrücke, 1. Abf. rechts abbiegen, dann links und nach ca. 200 m noch einmal links Richtung Albertsdorf, Gold, Strukkamp. An der nächsten Kreuzung wieder links und der Beschilderung zum Platz folgen. ✉ Strukkamp 83 (GPS: 54°24'48"N / 11°6'4" E).

W W W Ch W W S S S

Beleuchteter Wohnmobilstellplatz vor der Schranke des CAMPING STRUKKAMPHUK. In ländlicher Umgebung am Meer gelegen. Ebene Stellflächen auf sandigem Untergrund bzw. Rasen. Stellplatz-Länge 7.50 bis 11.50 m. Durch lockeren Baumbestand leicht beschattet. Satellitenempfang. Abfallentsorgung. Brötchenservice. Imbiss. 26 Touristenplätze.
2023: St/N 11.50, P/N 10.50, K/N 3 bis 17 J. 6.50, H/N 6.–, KT P/N ab 18 J. 2.–, Waschmaschine 3.–, Trockner 3.–. WD, Entsorgung, Müll, Wasser und Strom inklusive.

23769 Fehmarn OT Altenteil, Feh. (e2) ST-D 1614

35 »BELT-CAMPING-FEHMARN« 1.4. bis 3.10.
V.: Familie Averhoff ☎ 0049 4372 391
info@belt-camping-fehmarn.de, **www.belt-camping-fehmarn.de**

➔ A 1 Hamburg-Fehmarn, auf der Insel an die Nordwestküste. ✉ Altenteil 24 (GPS: 54°31'44"N / 11°5'34" E).

Ch | 1 km

Wohnmobilplatz zwischen Deich und Campingplatz (vor der Schranke). Stellfläche auf Sand und Schotter. Anfahrt dauerhaft möglich. Bezahlung in der Anmeldung. Ort 5 km entfernt. 8 Touristenplätze.
2022: St/N 35.–, KT P/N ab 18 J. 2.–, Waschmaschine 5.–, Trockner 5.–, Entsorgung 3.–, Strom/N 4.50. P/N inklusive.

23769 Klausdorf, Fehmarn (e2) ST-D 1618

»STELLPLATZ KLAUSDORFER STRAND« 26.3. bis 17.10.
☎ 0049 4371 2549, Fax 0049 4371 2481
info@camping-klausdorferstrand.de, **www.camping-klausdorferstrand.de**

➔ E 47 (B 207) über die Fehmarnsundbrücke, 2. Abf. über Burg und Niendorf nach Klausdorf, beschildert. ✉ Klausdorfer Strandweg 100 (GPS: 54°27'27"N / 11°16'22" E).

W W Ch W W | 2 km

Stellplatz vor dem Campingplatz direkt an der Ostsee. Von Hecken umgebenes Wiesengelände mit überwiegend ebenen Stellplätzen auf Rasengitter und Wiese. Ortszentrum 7 km entfernt. 15 Touristenplätze.

23769 Meeschendorf, Fehm. (e2) ST-D 1620/1

20 »STELLPLATZ BEIM CAMPING SÜDSTRAND« 1.4. bis 7.10.
P.: Jens-Peter Bumann ☎ 0049 4371 2189, Fax 0049 4371 4990
info@camping-suedstrand.de, **www.camping-suedstrand.de**

➔ E 47 (B 207) über die Fehmarnsundbrücke, 2. Abf. über Burg nach Meeschendorf, dort rechts abbiegen, beschildert. ✉ (GPS: 54°24'50"N / 11°15'0" E).

W W Ch W W HS HS S S | 4 km

Stellplätze vor der Schranke des Campingplatzes CAMPING SÜDSTRAND. Befestigte Stellflächen auf einem Wiesengelände abseits des Parkplatzes. Ver- und Entsorgung innerhalb des Campingplatzes. Maximal 3 Nächte Aufenthalt möglich! Ort (Burg) 5 km entfernt. 15 Touristenplätze.
2022: MC-St/N inkl. 5 P/N 16.– bis 20.–, KT P/N 2.–, Waschmaschine 2.50, Trockner 2.50. P/N, H/N, WD, Entsorgung, Müll, Wasser, Sanitärbenutzung und Strom inklusive.

23769 Wulfen, Fehmarn (e2) ST-D 1621

45 **»WOHNMOBILPARK WULFENER HALS«** 1.1. bis 31.12.
E.: Riechey Freizeitanlagen GmbH & Co. KG ☎ 0049 4371 86280
Fax 0049 4371 3723, **camping@wulfenerhals.de**, **www.wulfenerhals.de**

➔ E 47 (B 207) über die Fehmarnsundbrücke, 1. Abf. über Avendorf nach Wulfen, beschildert. ✉ Wulfener Hals Weg (GPS: 54°24'25"N / 11°10'30" E).
Fehmarnsundbrücke. Meereszentrum Fehmarn in Burg.

Wohnmobilpark angrenzend an den CAMPING WULFENER HALS mit verschiedenen Stellplatzbereichen von einfachen parzellierten Wohnmobil-Stellplätzen bis zu komfortablen Stellplätzen mit Strom-, TV, Wasser- und Abwasseranschluss. Ebene, parzellierte und überwiegend schattenlose Stellflächen auf Rasen. Durch Hecken und Büsche gegliedert und auch für große Wohnmobile geeignet. 19 separate Quickstop-Plätze auf Rasengittersteinen. Reinigungsstation von "Camperclean". Die Transponder-Karte für den Zugang und die Duschen erhalten Sie nach der Anmeldung in der Rezeption des Campingplatzes. Brötchenservice. Pkw- und E-Bike-Verleih. Ort (Burg) 5 km entfernt. 91 Touristenplätze.
2023: MC-St/N inkl. 2 P/N 35.11 bis 58.99, weitere P/N 12.90, K/N 2 bis 12 J. 5.40, extra A/N 9.–, extra M/N 9.–, H/N 9.–, KT P/N ab 18 J. 2.–, Waschmaschine 4.–, Trockner 3.–. WD, Entsorgung, Müll, Wasser, Sanitärbenutzung und Strom inklusive. CamperClean 2.– pro Nutzung.

23769 Fehmarn, Fehmarn (e2) ST-D 1622/1

40 **»STELLPLATZ BEIM CAMPING MIRAMAR«** 1.4. bis 31.10.
E.: Camping Miramar GmbH & Co. KG
☎ 0049 4371 3220, Mobil 0049 4371 868044, **www.camping-miramar.de**
campingmiramar@t-online.de

➔ B 207/E 47 Puttgarden-Heiligenhafen, Richtung Avendorf, ab Avendorf der Campingbeschilderung folgen. ✉ Fehmarnsund 70 (GPS: 54°24'17"N / 11°8'26" E).
Fehmarn-Sund-Brücke. Meereszentrum Burg. Fischereihafen Burgstaaken. Altstadt Burg.

3 km

Bewachter, beleuchteter, mit eigener Zufahrt und Schranke versehener Stellplatz vor dem Campingplatz. Ebene Stellflächen auf Gras und Rasengitter, von Büschen umgeben. Stellplatz-Länge bis 12 m. Für Fahrzeuge über 5 t geeignet. Bezahlung an der Rezeption. Reservierung wird in der HS empfohlen. Die Sanitäranlagen auf dem Campingplatz sind jederzeit nutzbar. Außerhalb der Saison wird für den Sanitärbereich ein Schlüssel benötigt. Golfplatz 2 km entfernt. Ort 1 km entfernt. 25 Touristenplätze.
2023: C-St/N 16.50 bis 24.–, MC-St/N 12.–, P/N 9.50, K/N 3 bis 16 J. 5.50, H/N 5.50, KT P/N ab 18 J. 2.–, Waschmaschine 5.–, Trockner 4.–, Strom/N 3.50 (16 A). WD, Entsorgung, Müll, Wasser und Sanitärbenutzung inklusive.

23769 Fehmarn, Fehmarn (e2) ST-D 1622/2

»MINI-CAMPING KLEINGARN« 1.1. bis 31.12.
V.: Niko Kleingarn ☎ 0049 4372 707
n.kleingarn@t-online.de, **www.bauernhof-kleingarn.de**

➔ A 1 Hamburg-Fehmarn, weiter in den Ort Sulsdorf, Bauernhof am Ortsrand. ✉ Gollendorfer Weg 11 (GPS: 54°27'25"N / 11°2'49" E).

400 m

Stellplatz beim Bauernhof neben einer Feldscheune. Stellfläche auf Wiese. Reservierung nicht erforderlich. Ortszentrum 300 m entfernt. 20 Touristenplätze.

23769 Fehmarn, Fehmarn (e2) ST-D 1622/3

20 **»FERIENHOF HÖPER«** 1.4. bis 30.10.
☎ 0049 4372 291
info@mittelhof-hoeper.de, **www.mittelhof-hoeper.de**

➔ A 1 Hamburg-Fehmarn, weiter auf dem Ferienhof Höper. ✉ Mittelhof (GPS: 54°27'42"N / 11°5'38" E).

100 m

Stellplatz auf einem Bauernhof zwischen Lemkendorf Richtung Hafen. Stellfläche auf Wiese. Keine Chemietoilettenentsorgung vorhanden. Brötchen- und Frühstücksservice nach Absprache. Keine Kartenzahlung möglich. Ortszentrum 1 km entfernt. 5 Touristenplätze.
2023: C MC-St/N 10.–, P/N 5.–, K/N bis 12 J. 4.–, J/N 13 bis 18 J. 5.–, extra A/N 10.–, extra M/N 8.–, extra B/N 10.–, H/N 3.–, KT P/N ab 18 J. 2.–, WD/6 min. –.50, Waschmaschine 3.–, Trockner 2.50, Strom/N 3.–. Müll, Wasser und Sanitärbenutzung inklusiv. Keine Kartenzahlung möglich.

23775 Großenbrode, Ostsee (e2) ST-D 1623/1

Abfahrt

20 **»WOHNMOBILHAFEN FAMILIE REISE«** 1.1. bis 31.12.
E.: Familie Reise ☎ 0049 4367 347, Mobil 0049 171 5050305
info@hohenweide.de, **www.hohenweide.de**

➔ B 207 Puttgarden-Heiligenhafen, letzte Abfahrt vor der Fehmarn-Sund-Brücke nach Großenbrode. Im Ort zum Südstrand fahren. Beschildert. ✉ Südstrand 1 (GPS: 54°21'39"N / 11°5'8" E).
St. Katharinen-Kirche. Kurpark. Hafen. Graswarder in Heiligenhafen. Fehmarnsund-Brücke.

200 m 250 m 300 m 500 m 800 m

Beleuchteter, ruhiger Stellplatz neben einem Fitnesscenter und Campingplatz. Direkt gegenüber einem großen Abenteuer-Spielplatz gelegen. Ebene, parzellierte Stellflächen auf Schotter und Wiese, eingerahmt von Büschen und Bäumen. Stellplatz-Länge bis 10 m. Für Fahrzeuge über 5 t geeignet. Bezahlung beim Platzwart oder am Parkscheinautomaten. Reservierung nur ab einer Woche Aufenthalt möglich mit Vorauskasse. 45 Touristenplätze.
2022: St/N 14.– bis 18.–, weiteres A/N 3.–, WD/5 min. 1.–, Waschmaschine 3.–, Trockner 2.–, Wasser/60 l –.50 (6-10 A).

23769 Fehmarn OT Burg, Feh. (e2) ST-D 1625/1

»WOHNMOBILSTELLPLATZ PARKPLATZ OST« 1.1. bis 31.12.
E.: Tourismus-Service Fehmarn ☎ 0049 4371 506300
info@fehmarn.de, **www.fehmarn.de**

➔ A 1 Oldenburg i.H.–Lübeck, bis zum Autobahnende, weiter auf der B 207 Richtung Puttgarden. Nach Überqueren der Fehmarnsundbrücke 2. Abfahrt rechts Richtung Burg. Zwei Kreisverkehre geradeaus passieren, dann rechts Richtung Sahrensdorf, zweimal links zum Ziel. Beschildert (Achtung: Einbahnstraßenregelung beachten). ✉ Osterstraße (GPS: 54°26'16"N / 11°12'3" E).
Nikolaikirche. Marktplatz. Hafen Burgstaaken (2 km). Meereszentrum Fehmarn (2 km).

100 m 500 m 3 km

Stellplatz auf einem Parkplatz. Sehr schmale Stellflächen auf Pflaster und Asphalt. Stellplatz-Länge bis 10 m. Münzautomat. Maximal 1 Nacht Aufenthalt möglich! 30 Touristenplätze.

23769 Fehmarn OT Burg, Feh. (e2) ST-D 1625/2

25 **»STELLPLATZ HINTZ«** 1.1. bis 31.12.
E.: Hans-Wilfried Hintz ☎ 0049 4371 86160
hwhburg@t-online.de

➔ A 1 Oldenburg i.H.-Lübeck, weiter auf der B 207 nach Burg a.F., am Kreisverkehr geradeaus und gegenüber vom Sky-Markt zum Ziel. Beschildert. ✉ Am Steinkamp 2 B (GPS: 54°26'30"N / 11°11'18" E).
Nikolaikirche. Rathaus Burg. Heimatmuseum. Inseltöpferei. Meereszentrum. Modelleisenbahn-Museum. Niobe-Denkmal.

100 m 1 km 3 km

Beleuchteter Stellplatz auf reserviertem Gelände hinter dem Sanitärbetrieb in einem ruhigen Gewerbegebiet. Stellflächen auf Schotter, zur Straße abgegrenzt durch Büsche und Laubbäume. Stellplatz-Länge bis 12 m. Idealer Zwischenstopp auf dem Weg nach Skandinavien. Kiosk. Brötchenservice. Kurtaxe wird separat durch Mitarbeiter des Tourismusservice kassiert. Ort 500 m entfernt. 16 Touristenplätze.
2022: St/N 22.–, WD/5 min. 1.–, Entsorgung 1.–, Wasser/5 min. 1.–. P/N, H/N, Müll und Strom inklusive.

23769 Fehmarn OT Burg, Feh. (e2) ST-D 1625/3

»FERINEHOF WACHTELBERG« 1.1. bis 31.12.
V.: Familie Bruhm ☎ 0049 4371 1450
corade.bruhm@t-online.de, **www.bruhm.de**

➔ A 1 Lübeck-Fehmarn, weiter auf der Insel nach Gahlendorf. ✉ Gahlendorf 25 (GPS: 54°26'42"N / 11°15'37" E).

500 m 1 km

Stellplatz am Ostufer von Fehmarn. Stellfläche auf Schotter. Ort 4 km entfernt. 3 Touristenplätze.

23769 Fehmarn OT Johannisberg, Feh. (e2) ST-D 1627

»WOHNMOBILPLATZ JOHANNISBERG« 1.1. bis 31.12.
E.: Julius Immobilien- u. Verwaltungs GmbH
☎ 0049 157 31103890, **info@campingplatz-johannisberg.de**
www.womoplatz-fehmarn.de

➔ A 1/E 47 Heiligenhafen-Lübeck, Autobahnende. Weiter auf der B 207/E 47 auf die Insel Fehmarn nach Puttgarden. Südlich von Puttgarden Richtung Gammendorf abbiegen, nach ca. 2.5 km ist der Platz erreicht. ✉ Johannisberg 1 (GPS: 54°30'3"N / 11°10'40" E).
Niobe Denkmal. Aquarium mit Haifischtunnel. Mühlenmuseum. Fährbahnhof.

2 km 2.5 km

Stellplatz im Landschaftsschutzgebiet "Grüner Brink". Ebene Stellflächen auf Schotter, Kies und Wiese. Windkraftrad in Sicht-/Hörweite. Stellplatz-Länge bis 12 m. Ideal für Surfer und Kiter. Idealer Zwischenstopp auf dem Weg nach Dänemark. Der Platz ist 24 h geöffnet. Barzahlung bei der Information. Ort 2 km entfernt. 50 Touristenplätze.

23774 Heiligenhafen, Ostsee (e2) ST-D 1631

Abfahrt

»REISEMOBIL-STELLPLATZ HEILIGENHAFEN« 1.1. bis 31.12.
E.: Heiligenhafener Verkehrsbetrieben GmbH & Co. KG
☎ 0049 4362 503420, **info@hvbkg.de**
www.reisemobilstellplatz-heiligenhafen.de

➔ A 1 Heiligenhafen-Lübeck, Abf. (6) Heiligenhafen-Mitte, weiter nach Heiligenhafen über die Bergstr. zum Binnensee. Beschildert. ✉ Eichholzweg 26 (GPS: 54°22'40"N / 10°57'16" E).
Erlebnis-Seebrücke. Fehmarnsundbrücke. Graswarder. Heimatmuseum. Marina. St.-Johannis-Kirche.

Ⓗ 200 m · 500 m · 1 km

Beleuchteter Wohnmobil-Stellplatz im Bereich des Heiligenhafener Binnensees. 99 parzellierte Standplätze in verschiedenen Qualitäten. Teils Stellflächen auf Asphalt und Schotter, teils befestigte Stellflächen auf einer Wiese (durch Büsche und Bäume aufgelockert). Bei Ihrer Ankunft melden Sie sich bitte am Kassenautomaten an. Dort bekommen Sie eine Chipkarte, die Sie für die Stromsäulen und Serviceeinrichtungen benötigen. Grillplatz im zentralen Bereich der Anlage. Die Bezahlung erfolgt per Kreditkarte am Kassenautomaten! Ort 2 km entfernt. 99 Touristenplätze.

23743 Grömitz OT Cismar, Ost. (e2) ST-D 1640

Abfahrt

»STELLPLATZ HOF KATTENBERG« 15.3. bis 31.10.
E.: Matthias Dammer ☎ 0049 4366 1241 6 m
kreativ@cismar.de, www.kreativ.cismar.de

➔ A 1 Heiligenhafen-Lübeck, Abf. (12) Lensahn, weiter auf der L 58 über Kabelhorst nach Cismar. Im Ort auf die B 501 Richtung Grömitz. In Cismar, am Ortsausgang, rechts Richtung Goldberg/Kattenberg, erster Hof rechts zum Ziel. Beschildert. ✉ Kattenberg 8 (GPS: 54°11'11"N / 10°57'54" E).
∴ Ehemaliges Benediktiner Kloster Cismar mit ältestem geschnitztem Altar-Schrein (2 km). Klostersee mit Sturmflutsein (3 km). Hühnengrab (3 km).

WC W W Ch | Ⓗ 1.5 km 3 km 6 km

Stellplatz auf einem Hofgelände am Waldrand. Stellflächen auf Schotterrasen. Stellplatz-Länge bis 8 m. Zwischenstopp auf dem Weg nach Skandinavien. Rad-/Wanderwegenetz. Ort 2 km entfernt. 5 Touristenplätze.

23743 Grömitz, Ostsee (e2) ST-D 1641/1

»GROSSPARKPLATZ GILDESTRASSE« 1.1. bis 31.12.
E.: Tourismus-Service Grömitz ☎ 0049 4562 256256
info@groemitz.de, www.groemitz.de

➔ A 1 Puttgarden-Lübeck, Abf. (13) Neustadt-Pelzerhaken, weiter über die B 501 nach Grömitz. Ab der 2. Ampel beschildert. ✉ Gildestr. (GPS: 54°8'41"N / 10°57'13" E).
∴ Museumshof Lensahn.

RES WC WC Ch | 100 m 300 m 400 m Ⓗ 500 m

Markierter Stellplatz auf einem Großparkplatz. Stellflächen z.T. geneigt auf Asphalt. Stellplatz-Länge bis 12 m. Gebühr am Kassenautomaten entrichten. Strom/Wasser per Münze. Maximal 1 Nacht Aufenthalt möglich! Bei mehrtägigem Aufenthalt bitte die Campingplätze anfahren. Ort 300 m entfernt. 60 Touristenplätze.

23743 Grömitz, Ostsee (e2) ST-D 1641/2

»STRANDPARKPLATZ LENSTER STRAND« 15.3. bis 31.10.
E.: Tourist-Information Grömitz ☎ 0049 4562 256237
info@groemitz.de

➔ A 1 Puttgard-Lübeck, Abf. (13) Neustadt-Pelzerhaken, auf die B 501 Richtung Heiligenhafen. In Grömitz in die Straße Brookgang abbiegen, weiter über den Mittelweg in Richtung Camping Mare. Beschildert. ✉ Blankwasserweg 104 (GPS: 54°9'21"N / 10°59'25" E).
∴ Kloster Cismar. Haus der Natur.

RES WC Ⓗ | 1 km

Stellplatz abgegrenzt auf dem Strandparkplatz. Ebene Stellflächen auf Schotter, Sand, Splitt. Stellplatz-Länge bis 12 m. Direkt neben dem Parkplatz befindet sich eine öffentliche WC-Anlage. Bezahlung am Münzautomaten. Maximal 1 Nacht Aufenthalt möglich! Kurtaxe bitte bei der Tourist-Info entrichten. In der Zeit vom 1.11.-14.3. wird keine Kurtaxe erhoben. Ort 1 km entfernt. 30 Touristenplätze.

23743 Grömitz, Ostsee (e2) ST-D 1641/3

»HERRENHAUS HENRIETTENHOF« 1.1. bis 31.12.
V.: M. & B. Börner ☎ 0049 4366 884488, Mobil 0049 170 7060678
henriettenhof@gmx.de, www.henriettenhof-herrenhaus.de

➔ A 1 Puttgarden-Lübeck, Abf. (12) Lensahn, über die L 58 in Richtung Cismar, links abbiegen auf die B 501 Bäderstr. in Richtung Heiligenhafen. Nach dem Ortsausgang Cismar nach 200 m ist das Ziel erreicht. ✉ Henriettenhof (GPS: 54°11'41"N / 10°59'34" E).
∴ Naturkundemuseum. Kloster Cismar.

RES | Ⓗ 100 m 300 m 2 km

Stellplatz liegt im Park des Herrenhauses. Stellflächen auf einer Wiese. Stellplatz-Länge bis 6 m. Klosterstrand 2 km entfernt. Ort 300 m entfernt. 5 Touristenplätze.

23730 Pelzerhaken, Ostsee (e2) ST-D 1642

Abfahrt

»WOHNMOBILSTELLPLATZ OSTSEE« 1.1. bis 31.12.
E.: Hinrich Behrens ☎ 0049 4561 7428, Mobil 0049 170 7734602
info@wohnmobilstellplatz-ostsee.de, www.wohnmobilstellplatz-ostsee.de

➔ A 1/E 47 Lübeck-Oldenburg i.H., Abf. (13) Neustadt i.H./Pelzerhaken, weiter die B 501 in Richtung Grömitz. Die nächste Abfahrt abbiegen in Richtung Merkendorf/Neustadt i.H. und weiter nach Pelzerhaken. Im Ort beschildert. ✉ Auf der Pelzerwiese 45 (GPS: 54°5'20"N / 10°52'20" E).
∴ Hafen Neustadt (3 km). Ostholstein Museum Neustadt (4 km).

RES WC W W WC Ch W S | Ⓗ 100 m

200 m 400 m HS 2 km

Bewachter und beleuchteter Stellplatz in Ortsrandlage. Teils von Wald begrenzt und durch Hecken gegliedert. Zufahrt beschrankt. Ebene, parzellierte und überwiegend schattenlose Stellflächen (6.50/7 x 10/12 m) auf Schotterrasen und Pflaster. Für Fahrzeuge über 5 t geeignet. Bezahlung am Kassenautomaten bar oder EC-Karte. Sauna nach Absprache. Imbiss/Kiosk. Brötchenservice. Hundedusche. Entleerung von mobilen und fest eingebauten Abwassertanks möglich. Segway-Verleih. Direkt neben dem Platz befindet sich eine Surf- und Kiteschule. Ortszentrum 400 m, Golfplatz 6 km entfernt. 100 Touristenplätze.

23730 Bliesdorf-Strand, Osts. (e2) ST-D 1643/1

Abfahrt

15 **»STELLPL. BEIM OSTSEE-CPL. KAGELBUSCH«**
E.: Ostsee-Campingpl. Kagelbusch L.Gosch GmbH & Co. KG 25.3. bis 9.10.
☎ 0049 4562 7122, **info@ostseecamping.de, www.ostseecamping.de**

➔ A 1 Lübeck-Oldenburg i.H., Abf. (13) Neustadt i.H./Pelzerhaken, auf der B 501 in Richtung Grömitz. In der Ortsmitte von Bliesdorf an der Ampel abbiegen nach Bliesdorf-Strand zum Campingplatz Kagelbusch. ✉ Scharberg (GPS: 54°7'34"N / 10°55'43" E).
∴ Kloster Cismar (8 km). Nikolai-Kirche.

WC W W W Ch

Bewachter Stellplatz beim OSTSEE-CAMPINGPLATZ KAGELBUSCH. Von einer Hecke umgeben. Stellflächen auf Rasengitter und Gras. Die Sanitäreinrichtungen des Campingplatzes können genutzt werden. Bezahlung an der Rezeption bar oder EC-Karte. Outdoor-Fitness-Anlage. Boulebahn. Sauna nach Absprache. Reservierung empfohlen. Brötchenservice. Ort 1 km entfernt. 8 Touristenplätze.
2022: St/N 13.–, H/N 8.–, WD/4 min. –.90, Waschmaschine 2.40, Trockner 2.40, Strom/1 kWh 1.– P/N, Entsorgung, Müll, Wasser und Sanitärbenutzung inklusive.

23730 Bliesdorf-Strand, Osts. (e2) ST-D 1643/2

Abfahrt

30 **»WOHNMOBIL-STELLPLATZ BEIM CAMPING WALKYRIEN«**
☎ 0049 4562 6787 1.1. bis 31.12.
info@camping-walkyrien.de, www.camping-walkyrien.de

➔ A 1/E 47 Lübeck-Olstenburg i.H., Abf. (13) Neustadt i.H./Pelzerhaken, weiter auf der B 501 nach Bliesdorf. In Bliesdorf an der Ampel in Richtung Bliesdorf-Strand zum Camping- und Ostseeferienpark fahren. Beschildert. ✉ Strandweg (GPS: 54°7'9"N / 10°55'16" E).
∴ Nikolai-Kirche. Kloster Cismar (11 km).

RES WC W W Ch | 250 m Ⓗ 1.5 km

Bewachter, beleuchteter, terrassierter Stellplatz vor der Schranke des CAMPING WALKYRIEN mit Blick auf die Ostsee. Ebene Stellflächen auf Rasengitter. Durch Grünstreifen parzelliert und von Feldern umgeben. Stellplatz-Länge bis 10 m. Für Fahrzeuge über 5 t geeignet. Bezahlung im Sommer bar oder EC-Karte an der Rezeption, im Winter am Automaten (nur mit EC-Karte möglich). Während der Sommersaison stehen die Einrichtungen des 5*-Campings zur Verfügung. Im Winter teilweise nur 1 Münzdusche, je nach Saisonzeit. Sauna und Massage nach Absprache. Imbiss. Brötchenservice. Ort und Golfplatz 5 km entfernt. 60 Touristenplätze.
2023: MC-St/N inkl. 2 P/N 23.– bis 29.–, weitere P/N 8.–, K/N 2 bis 14 J. 5.50, H/N 4.–, Waschmaschine 3.50, Trockner 3.50, Wasser/80 l 1.–, Strom/1 kWh –.60 (16 A). KT, WD, Entsorgung, Müll und Sanitärbenutzung inklusive. EC-Kartenzahlung am Automaten.

23730 Neustadt, Ostsee (e2) ST-D 1650/1

Abfahrt

25 **»FERIENPARK AM WALDRAND«** April bis Okt.
E.: Karl-H. Schulenburg ☎ 0049 4561 5350 20 000 qm
Fax 0049 4561 535153, **info@ferienpark-ostsee.de**
www.ferienpark-ostsee.de

➔ A 1 Lübeck-Puttgarden Abf. (13) Neustadt/Nord Richtung Neustadt und Pelzerhaken, hier beschildert. ✉ Wiesenstr. 23 (GPS: 54°5'25"N / 10°51'29" E).

WC W W Ch W | Ⓗ 20 m 200 m 300 m 500 m

Ebene parzellierte Stellplätze auf einer Wiese in einer Ferienhaus- bzw. Mobilheimsiedlung. Im Ort am Marktplatz jeden Dienstag und Freitag am Vormittag ein Wochenmarkt. Ort 200 m entfernt. Mittagsruhe 13-15 Uhr. 4 Touristenplätze.
2022: St/N inkl. 4 P/N 20.– bis 25.–, weitere P/N 2.–, H/N 4.–, KT P/N ab 18 J. 2.50, WD/8 min. –.90, Waschmaschine 3.20, Trockner 2.40, Strom/N 1.75. Entsorgung, Müll und Wasser inklusive.

> Gasflaschen müssen während der Fahrt zugedreht sein. Es sei denn, es ist ein Crash-Sensor vorhanden, der bei Unfällen verhindert, dass unkontrolliert Gas ausströmt.

23683 Scharbeutz, Ostsee (e2) ST-D 1660/1

Abfahrt

»REISEMOBILSTELLPLATZ HAMBURGER RING« 1.1. bis 31.12.
E.: Tourismus-Service
☎ 0049 4503 7794160, Mobil 0049 172 4120101, **www.scharbeutz.de**
scharbeutz@luebecker-bucht-ostsee.de

➔ A 1 Lübeck–Oldenburg i.H., Abf. (16) Scharbeutz, auf die B 432 Richtung Scharbeutz und Strand. An der Ampelanlage rechts abbiegen auf die B 76 zum Ort Scharbeutz. Am Ende der Straße rechts in den Hamburger Ring einbiegen. Der Stellplatz liegt auf der rechten Seite. Beschildert. ✉ Hamburger Ring (GPS: 54°1'52"N / 10°45'9" E).
Seebrücke. Sea-Life Aquarium (5 km).

RES WC WC Ch | 100 m 200 m 400 m 1 km HS2.5 km 3 km

Beleuchteter Stellplatz auf einem öffentlichen Parkplatz. Ebene Stellflächen auf Sand, Splitt, Schotter und Asphalt. Durch Bäume beschattet. Stellplatz-Länge bis 10 m. Für Fahrzeuge über 5 t geeignet. Barzahlung am Automaten. Kiosk. Maximal 1 Nacht Aufenthalt möglich! Ort 500 m, Hundestrand 1 km entfernt. 58 Touristenplätze.

23683 Scharbeutz, Ostsee (e2) ST-D 1660/2

Abfahrt

»STELLPLATZ OSTSEESTRAND FERIENPARK SCHARBEUTZ«
☎ 0049 4503 7794755 1.1. bis 31.12.
rezeption@ferienpark-scharbeutz.de, www.wohnmobilpark-scharbeutz.de

➔ A 1 Lübeck-Oldenburg i.H., Abf. (16) Scharbeutz, weiter der B 432 Richtung Scharbeutz folgen. An der Ampelanlage an der Ostsee links abbiegen. Nach ca. 50 m zwischen Yachtclub und Jugendherberge links zum Platz fahren. Beschildert. ✉ Strandallee 98 B (GPS: 54°2'7"N / 10°44'51" E).
Alte Wassermühle. Seebrücke.

WC Ch W TV | 100 m 150 m 1 km

Separater Stellplatz beim Campingplatz. Durch Strandallee und Düne von der Ostsee getrennt. Ebene Stellflächen auf Schotter und Wiese. Stellplatz-Länge bis 10 m. Bezahlung an der Rezeption. Reservierung empfohlen. Ort 2 km entfernt. 80 Touristenplätze.

23570 Lübeck-Travemünde, Ost. (e2) ST-D 1664/1

Abfahrt

»PARKPLATZ AM KOWITZBERG« 1.1. bis 31.12.
E.: Kurverwaltung Travemünde ☎ 0049 4502 804130
info@luebeck-tourismus.de, www.luebeck-tourismus.de

➔ A 1 Hamburg-Oldenburg i.H., am Dreieck Bad Schwartau auf die A 226, weiter der B 75 Richtung Travemünde folgen. Vor Travemünde links abbiegen in die Straße "Howingsbrook". Beschildert. ✉ Am Kowitzberg (GPS: 53°58'28"N / 10°52'27" E).
Viermastbark (Segelschulschiff) Passat. Brodtener Steilufer. Alter Leuchtturm. St.-Lorenz-Kirche. Vogteigebäude.

RES WC WC S | 400 m 1 km 1.5 km

Beleuchteter Stellplatz in einer parkähnlichen Landschaft angrenzend an einen Golfplatz. Ebene Stellflächen auf Schotterwiese und Gras, von Hecken umgeben. Stellplatz-Länge bis 12 m. Für Fahrzeuge über 5 t geeignet. Idealer Zwischenstopp auf dem Weg per Fähre oder über Land nach Skandinavien. Barzahlung am Kassenautomaten. Der Platz ist 24 Std. anfahrbar. Maximal 1 Nacht Aufenthalt möglich! Ort 2 km entfernt. 50 Touristenplätze.

23570 Lübeck-Travemünde, Ost. (e2) ST-D 1664/2

»FERIENENHOF EVERSHOF« 01.04. bis 01.10.
V.: Jörn Halske ☎ 0049 4502 77345
info@evershof.de, www.evershof.de

➔ Von Lübeck nach Travemünde. ✉ Kowitzberg 3 (GPS: 53°58'26"N / 10°52'9" E).

WC W | 100 m 500 m 900 m

Stellplatz an der Pferdeweide des Hofs. Stellfläche auf Schotterrasen. Reservierung nicht erforderlich. Ort 3 km entfernt. 3 Touristenplätze.

23611 Bad Schwartau, Osts. (e2/3) ST-D 1668

»PARKPLATZ AM RIESEBUSCH« 1.1. bis 31.12.
E.: Stadt Bad Schwartau ☎ 0049 451 2000 2334
stadtverwaltung@bad-schwartau.de, www.bad-schwartau.de

➔ A 1 Abf. (20) Bad Schwartau in Richtung Ratekau. Kurz nach dem Zentrum (Eutiner Straße) die Schwartau-Brücke passieren, gegenüber der Seniorenresidenz Geerts. Beschildert. ✉ Riesebusch (GPS: 53°56'26"N / 10°41'53" E).
Amtsgericht. Aussichtsturm Pariner Berg.

100 m 200 m 400 m 500 m

Parzellierte Stellplätze am Stadtwald Riesebusch. Zufahrt Tag und Nacht. Zentrum 500 m. 15 Touristenplätze.

23568 Lübeck, Ostsee (e3) ST-D 1670

»WOHNMOBILTREFF LÜBECK« 1.1. bis 31.12.
☎ 0049 451 32111
info@erlebniswelt-huelshorst.de, www.sportpark-huelshorst.com/stellplatz

➔ A 1 Puttgarden-Lübeck, Abf. (2) A 226 Lübeck-Travemünde, Abf. (3) Lübeck-Siems, auf die B 104. Travetunnel mautpflichtig. Weiter B 75 in Richtung Lübeck. Auf die K 16 "Neue Hafenstr." abbiegen. Weiter zur Luisenstr., Torneiweg in die Zielstr. ✉ An der Hülshorst 11 (GPS: 53°53'44"N / 10°42'37" E).
Historisches Stadtzentrum. Holstentor. Rathaus. Günter-Grass-Haus. Buddenbrook-Haus.

RES WC W W WC | 100 m 500 m

Stellplatz, abgetrennt von einem Parkplatz, nördlich der historischen Altstadt. Leicht geneigte Stellflächen auf Sand und Splitt. Stellplatz-Länge bis 8 m. Idealer Zwischenstopp auf dem Weg nach Skandinavien. Bezahlung an der Rezeption der Erlebniswelt (07.30-21.30 Uhr Sanitärnutzung). Maximal 1 Nacht Aufenthalt möglich. Anmeldung ab 15.30 Uhr in der Erlebniswelt. Abreise bis 13.00 Uhr. Von Nov.-März keine Wasserver-/Entsorgung möglich. Ort 2.5 km entfernt. 40 Touristenplätze.

23911 Buchholz, Hzgt. Lauenb. (e3) ST-D 1680

20 **»STELLPLATZ BEIM NATURCAMPING BUCHHOLZ«**
E.: André Schwake ☎ 0049 4541 4255 11.4. bis 30.9.
Fax 0049 4541 858550, **office@naturcampingbuchholz.de**
www.naturcampingbuchholz.de

➔ A 20 Wismar-Lübeck, Abf. (2b) Lübeck-Süd, weiter auf der B 207 Richtung Ratzeburg. Nach Buchholz abbiegen. Beschildert. ✉ Am Campingplatz 1 (GPS: 53°44'19"N / 10°44'25" E).
Ratzeburger Dom. Mölln »Eulenspiegel«.

RES W W Ch W S | 500 m 6 km

Wohnmobilstellplatz neben dem Campingplatz NATURCAMPING BUCHHOLZ am Ratzeburger See. Meist ebene Stellflächen auf Rasen mit Seeblick. Reservierung nicht möglich. Ort (Ratzeburg) 6 km entfernt. 9 Touristenplätze.
2022: MC-St/N inkl. 2 P/N 16.– bis 17.–, weitere P/N 6.50, K/N 3 bis 14 J. 3.50, H/N 1.50, Müllgeb. St/N 1.–, Waschmaschine 4.–, Trockner 4.–. WD, Entsorgung, Wasser, Sanitärbenutzung und Strom inklusive.

23909 Ratzeburg, Hzgt. Lau. (e3) ST-D 1700/1

15 **»WOHNMOBILSTELLPLATZ AQUA SIWA«** 1.1. bis 31.12.
E.: Tourist-Information Ratzeburg ☎ 0049 4541 8000886
veranstaltungen@ratzeburg.de, www.ratzeburg.de

➔ A 20 Lübeck-Wismar, Abf. (2 b) Groß Sarau, weiter auf der B 207 nach Ratzeburg. Weiter auf der B 208 in Richtung Zentrum. Im Ort dem Parkleitsystem P5 "Hallenbad" folgen. Beschildert. ✉ Fischerstr. (GPS: 53°41'45"N / 10°46'35" E).
Ernst-Barlach-Museum. Kreismuseum. A.-Paul-Weber-Museum. Ratzeburger Dom. Hist. Altstadt.

RES WC Ch | 100 m 300 m 500 m

Beleuchteter Stellplatz direkt an der Schwimmhalle und Badestelle am Großen Küchensee im hinteren Bereich des Parkplatzes. Ebene Stellflächen auf Schotter. Stellplatz-Länge bis 12 m. Bezahlung am Parkscheinautomaten bar oder EC-Karte. Ort 700 m entfernt. 12 Touristenplätze.
2022: MC-St/N 12.–. Zahlung am Parkautomaten.

23909 Ratzeburg, Hzgt. Lauenbg. ST-D 1700/2

»CAMPINGPLATZ SCHWALKENBERG« 1.4. bis 31.10.
V.: Bernd Bednorz ☎ 0049 4541 805867
schwalkenbergcamping@gmx.de, www.campingplatz-schwalkenberg.de

➔ A 20 Lübeck-Rostock, Abf. (2b) Lübeck-Süd, weiter auf B 207 nach Römnitz. ✉ Dorfstr. 32a (GPS: 53°42'24"N / 10°46'5" E).

WC W Ch

Stellplatz auf dem Campinggelände auf der Halbinsel im Ratzeburger See. Stellfläche auf Pflaster und Wiese. Ort 5 km entfernt. 8 Touristenplätze.

23879 Mölln, Hzgt. Lauenburg (e3) ST-D 1713

»WOHNMOBILPLATZ AM ZIEGELSEE« 1.1. bis 31.12.
E.: Kurverwaltung ☎ 0049 8568890, Mobil 0049 4542 7090
ferien@moelln.de, www.moelln-tourismus.de

➔ A 24 Hamburg-Wittstock/Dosse, Abf. (7) Talkau, weiter auf der B 207 bis Abf. Alt Mölln in Richtung Mölln abbiegen, den Elbe-Lübeck-Kanal queren und dann links in die Alt-Möllner-Straße Richtung Hafen/Bahnhof abbiegen. 100 m vor dem Bahnübergang links zum Stellplatz. Beschildert. ✉ Alt-Möllner-Straße (GPS: 53°37'31"N / 10°40'58" E).
Historische Altstadt. Möllner Museum im alten Rathaus. Eulenspiegel-Museum. Historischer Wasserturm. Backsteingotischen Kirche Sankt Nicolai.

RES | 50 m 500 m 1 km HS2 km

Separater, beleuchteter Stellplatz in Seenähe. Ebene Stellflächen auf Schotterrasen. Stellplatz-Länge bis 12 m. Automat, kein Wechselgeld! Eine Entsorgungsstation befindet sich an der 1 km entfernten Tankstelle. Ort 300 m entfernt. 24 Touristenplätze.

21483 Krüzen, Hzgt. Lauenburg (e3) ST-D 1740

»TIERPARK KRÜZEN« 1.1. bis 31.12.
E.: R. Holger Drewke ☎ 0049 4153 3334
info@tierparkkruezen.de, www.tierparkkruezen.de

➔ B 209 Lauenburg-Grabau, zwischen Schwarzenbek und Lauenburg/Elbe zum Tierpark Krüzen abbiegen. ✉ Ziegelei 9 (GPS: 53°24'56"N / 10°31'58" E).
Elbschifffahrtsmuseum Lauenburg. Altstadt Lauenburg.

WC WC | 1 km

Separate, markierte Stellplätze auf dem Parkplatz des Tierparks. Stellflächen auf Wiese und Schotter. Stellplatz-Länge bis 12 m. Ort 1 km entfernt. 10 Touristenplätze.

21481 Lauenburg a.d. Elbe, Hzgt. Lau. (e3) ST-D 1750/1

»MARINA LAUENBURG/YACHTHAFEN SKIPPERTREFF«
☎ 0049 4153 5983888, Mobil 0049 171 8112185 1.1. bis 31.12.
marinalauenburg@yahoo.de, www.lauenburg.de

➔ B 5 Hamburg-Berlin nach Lauenburg, von der Berliner Str. über Maxgrund auf die Hafenstr. ✉ Hafenstr. 14 B (GPS: 53°22'18"N / 10°33'55" E).
Palmschleuse. Raddampfer Kaiser-Wilhelm. Elbschifffahrtsmuseum. Historische Altstadt.

WC W WC

1 km HS 2 km

Stellplatz liegt an der Hafenanlage, Gabelung Elbe-Lübeck-Kanal. Gekennzeichnete Stellflächen auf Pflaster. 10 Stromanschlüsse. Bezahlung beim Hafenmeister. Ort 2 km entfernt. 10 Touristenplätze.

21481 Lauenburg a.d. Elbe, Hzgt. Lau. (e3) ST-D 1750/2

»HOTEL BELLEVUE« 1.1. bis 31.12.
V.: Thomas Timm ☎ 0049 4153 2318
info@hotel-bellevue.de, www.hotel-bellevue.de

➔ A 39 Lüneburg-Hamburg, Abf. (4) Goseburg-Zeltberg, weiter nach Lauenburg. ✉ Blumenstraße 29 (GPS: 53°22'19"N / 10°32'47" E).

500 m

Stellplatz auf dem Restaurant-Parkplatz mit Elbblick und Freibadnähe. Stellfläche auf Asphalt. Montag Ruhetag. Für Restaurantgäste Kostenlos. Ortszentrum 500 m entfernt. 1 Touristenplätze.

21502 Geesthacht, Hzgt. Lauen. (e3) ST-D 1760

Abfahrt

»ALTER SCHIFFSANLEGER 777« 1.1. bis 31.12.
E.: Tourist-Information ☎ 0049 4152 836258
touristinfo@geesthacht.de, www.tourismus.geesthacht.de

➔ A 25 Hamburg-Geesthacht, Abf. (7) Geesthacht, auf die B 404 in Richtung Geesthacht-Zentrum fahren. Im Ort der Beschilderung zum Freibad folgen, dann weiter in Richtung Wohnmobilstellplatz. ✉ Elbuferstr. (GPS: 53°25'33"N / 10°22'45" E).
St.-Salvatoris-Kirche. Museum Geesthacht. Schleuse. Pumpspeicherkraftwerk.

RES Ch 200 m 400 m

500 m 1.5 km

Stellplatz gelegen zwischen Elbufer und Straße. Stellflächen auf Schotter und Sand. Stellplatz-Länge bis 10 m. Für Fahrzeuge über 5 t geeignet. Bezahlung am Automaten mit Münzen oder EC-Karte. Maximal 3 Nächte Aufenthalt möglich! Ort 1.5 km entfernt. 15 Touristenplätze.

21109 Hamburg-Wilhelmsburg, Ham. (d3) ST-D 1850

Abfahrt

»STELLPLATZ ELBEPARK BUNTHAUS« 15.3. bis 30.9.
V.: Marc Jans ☎ 0049 40 18047215, Mobil 0049 172 2690880 6 m
info@elbepark-bunthaus.de, www.elbepark-bunthaus.de

➔ A 1 Hamburg-Hannover, Abf. (37) HH-Stillhorn, weiter Richtung Osten zum "Stillhorner Weg/Stillhorner Hauptdeich/Moorwerder Hauptdeich" zum Ziel. ✉ Moorwerder Hauptdeich 33 (GPS: 53°27'44"N / 10°3'44" E).
Hamburger Innenstadt (11 km). Rathaus. Hamburger Michel. Alsteranleger. Hafen. Speicherstadt. Fischmarkt. Reeperbahn.

WC W W Ch

HS 100 m 2 km 8 km

Bewachter, beleuchteter Stellplatz in einem Park auf einer Landzunge zwischen Norder-/Süderelbe. Stellflächen auf Asphalt, Pflaster, Wiese. Stellplatz-Länge über 12 m. Für Fahrzeuge über 5 t geeignet. Barzahlung beim Kassierer. Öffnungszeiten der Rezeption mit Kiosk und Brötchenservice von 10–13 Uhr und 15–18 Uhr. Mit Bus/S-Bahn 45 Min. bis zum Hafen. Maximal 7 Nächte Aufenthalt möglich! Rad-/Wanderwegenetz. Ab 18 Uhr Funktelefon benutzen. Reservierungen sind über www.elbepark-bunthaus.de möglich. Ort 5 km entfernt. 62 Touristenplätze.

20097 Hamburg-Hammerbrook, Ham. (d3) ST-D 1900

Abfahrt

»WOHNMOBILHAFEN HAMBURG« 1.1. bis 31.12.
E.: Hamburger Stadtrundfahrt - Die roten Doppeldecker GmbH
☎ 0049 40 30091890, **www.wohnmobilhafen-hamburg.de**
wohnmobilhafen-hamburg@die-roten-doppeldecker.de

➔ A 1 Lübeck-Hamburg, Abf. (36) Dreieck Hamburg-Süd, weiter auf der A 255/B 4 nach HH-Hammberbrook (Amsinckstraße), rechts in die "Süderstraße" zum Ziel. Beschildert. ✉ Grüner Deich 8 (GPS: 53°32'37"N / 10°1'33" E).
Freihafen. Speicherstadt. Reeperbahn. Fischmarkt. Miniatur Wunderland. Spicys Gewürzmuseum. Planten un Blomen. Tierpark Hagenbeck. Römischer Garten.

RES WC W W Ch

100 m 200 m 800 m HS 3 km

Beleuchteter, bewachter Stellplatz am Betriebshof der "Roten Doppeldecker" in der Innenstadt von Hammerbrook. Stellflächen auf Schotter. S-Bahn-Geräusche. Stellplatz-Länge bis 8 m. Barzahlung Rezeption oder Kassierer. Imbiss. Kiosk. Brötchenservice. 20 Minuten zu Fuß zur historischen Altstadt oder 3 Minuten zur S-Bahn. Hafenrundfahrt. Ort 2 km entfernt. 60 Touristenplätze.

22527 Hamburg-Eimsbüttel, Ham. (d3) ST-D 1920

30 **»STELLPLATZ HAMBURG-CITY«** 1.1. bis 31.12.
E.: Gaby Ter-Minassian ☎ 0049 40 40170775
kontakt@ter-minassian.de, www.ter-minassian.de

➔ A 7 Neumünster-Hamburg, Abf. (26) HH-Stellingen, weiter auf der B 4/5 "Kieler Straße" Richtung Zentrum. Nach ca. 500 m links in die "Koppelstraße" abbiegen, nach ca. 600 m rechts in die Hagenbeckstraße und nach ca. 1 km links in die "Brehmstraße" und sofort wieder links in die "Leopardenstraße" zum Ziel. Beschildert. Einfahrt in die Leopardenstrasse bitte nur mit gültiger Reservierung - nur ein einziger Stellplatz vorhanden! ✉ Leopardenstr. 14 (GPS: 53°35'13"N / 9°56'43" E).
Historische Innenstadt. Rathaus. Alsteranleger. Hafen. Hafenrundfahrt. Speicherstadt. Fischmarkt. Hamburger Michel. Miniatur Museum. Gewürzmuseum.

Ch 400 m 700 m

1 km HS 2 km

Stellplatz in einer Wohngegend in einer Sackgasse auf einem Privatgelände. Ebene Stellfläche auf Pflaster für ein Wohnmobil bis 3,5 t oder für einen Caravan. Stellplatz-Länge bis 8 m. Reservierung unbedingt erforderlich. Picknicktisch mit Bänken vorhanden. 400 m bis zur U-Bahn, 15 Min. Fahrzeit ins Zentrum. Ort 5 km entfernt. 1 Touristenplätze.
2022: St/N 30.–. P/N, H/N, Entsorgung, Müll, Wasser und Strom inklusive. Zahlung vor Ort in Bar oder Paypal oder vorab Überweisung.

25474 Hasloh (d3) ST-D 1950

Abfahrt

»STELLPLATZ TANTE HENNI« 1.1. bis 31.12.
E.: Norbert Schadendorf
☎ 0049 4106 798966, Mobil 0049 177 3605261, **kontakt@tante-henni.de**
www.tante-henni.de

➔ A 7 Neumünster-Hamburg, Abf. (23) Schnelsen-Nord, weiter auf der "Oldesloer Straße" Richtung Süden zur B 4 bis Hasloh. Am Ortseingang 1. Straße rechts in den "Garstedter Weg" zum Ziel einbiegen. Von Norden kommend A 7 Neumünster-Hamburg, Abf. (21) Quickborn, weiter auf der "Friedrichsgaber Straße/Bahnhofstraße/Ellerauer Straße" zur B 4 nach Hasloh. Am Ortsende links in die Zielstraße einbiegen. ✉ Garstedter Weg 36 A (GPS: 53°41'33"N / 9°55'34" E).
Ev.-Luth. Kirche. Hamburg.

WC W W W Ch

600 m

Beleuchteter Stellplatz am südlichen Ortsrand. Ebene Stellflächen auf Schotter und Sand. Stellplatz-Länge bis 12 m. Idealer Zwischenstopp auf dem Weg nach Skandinavien. Reservierung empfohlen. Bistro. An-/Abreise zwischen 7-22 Uhr. Liegewiese. Hamburg-Besuch mit Fahrrad oder öffentlichem Nahverkehr. Ort 700 m entfernt. 20 Touristenplätze.

Niedersachsen und Bremen

In der Nähe von Militär-Flugplätzen und Übungsgeländen ist mit zeitweiligen Ruhestörungen zu rechnen. Besonders trifft dies auf den Raum Soltau bis Munster-Kreutzen zu.

Einige Campingplätze im Küstenbereich der Nordsee verlangen eine Gebührenvorauszahlung für die Dauer des geplanten Aufenthalts. Bei vorzeitiger Abreise wird der Restbetrag oftmals nicht erstattet. Bitte achten Sie deshalb genau auf die Mietbedingungen.

26831 Bunde-Ditzumverlaat, Ostf. (b4) ST-D 2205

Abfahrt

»STELLPLATZ FREIZEITGELÄNDE« 1.1. bis 31.12.
E.: Touristikinformation Gemeinde Bunde ☎ 0049 4953 80947 8 m
touristik@gemeinde-bunde.de, www.gemeinde-bunde.de

➔ A 31 Emden-Leer, Abf. (12) Jemgum, weiter Richtung Jemgum. Nach ca. 1 km links in die Holtgaster Str. und nach ca. 7 km rechts in die Deichstr. zum Ziel. Beschildert. ✉ Denkmalstraße (GPS: 53°15'38"N / 7°16'4" E).
Ev. Kirche. Baptistenkapelle Ditzumerverlaat. Wasserschöpfmühle.

Ch

200 m 500 m 8 km

Beleuchteter Stellplatz auf einem Parkplatz am Freizeitgelände. Ebene Stellflächen auf Pflaster und Rasengittersteinen. Stellplatz-Länge bis 8 m. Reservierung bei Gruppen erbeten. Maximal 3 Nächte Aufenthalt möglich. Rad-/Wanderwegenetz. Störtebekerdiplom. Diplomboßeln. Ort 200 m entfernt. 10 Touristenplätze.

26725 Emden, Ostfriesland (b3) ST-D 2206/1

Abfahrt

»STELLPLATZ ALTER BINNENHAFEN« 1.1. bis 31.12.
E.: Tourist-Info Emden 2 m
☎ 0049 18057180182, Mobil 0049 160 3624744, Fax 0049 4921 8907405
info@ag-ems.de, www.ag-ems.de

➔ A 31 Emden-Leer, Abf. (5) Emden-Ost, Richtung Zentrum, Petkumer Str. Vor der Drehbrücke scharf links zum Eisenbahndock abbiegen. Beschildert. ✉ Am Eisenbahndock (GPS: 53°21'48"N / 7°12'29" E).
Rathaus. Kunsthalle. Dat Otto Huus. Bunkermuseum. Ostfriesisches Landesmuseum Emden. Feuerschiff. Emder Wallanlage.

RES WC W W Ch

500 m HS 1 km 2.5 km

Stellplatz auf reservierten Parkstreifen zwischen Marina und Straße am alten Binnenhafen. Ebene Stellflächen auf Pflaster. Sanitäranlage der Marina nutzbar. Stellplatz-Länge bis 8 m. Anmeldung HS: 8-12.30, 13.30-18 Uhr. NS: S. Aushang. Hafen-/Grachtenrundfahrten. Fahrradwegenetz Dollart-/Fehnroute. Tagesausflüge nach Borkum. Ort 800 m entfernt. 55 Touristenplätze.

26723 Emden, Ostfriesland (b3) ST-D 2206/2

»EMDER YACHT CLUB E.V.« 1.1. bis 31.12.
E.: Emder Yacht Club e.V. 2 m
0049 4921 923668, Mobil 0049 175 7528918, Fax 0049 4921 923669
evakerber@web.de, www.emderyachtclub.de

➔ A 31 Emden-Leer, Abf. (5) Emden-Ost, weiter auf der B 210, Petkumer Str., Richtung Süden. Rechts in die Str. Am Tonnenhof, das Emder Fahrwasser überqueren und links in die Nesserlander Str. Am Ende in die Str. Am Außenhafen abbiegen, die Nesserlander Schleuse queren und rechts durch das Fluttor. Beschildert. ✉ An der Nesserlander Schleuse (GPS: 53°20'16"N / 7°11'2" E).
Rathaus. Kunsthalle. Dat Otto Huus. Bunkermuseum. Ostfriesisches Landesmuseum Emden. Feuerschiff. Emder Wallanlage.

800 m

Stellplatz mit schöner Aussicht auf einem Parkstreifen des Yachtclubs am Außenhafen. Leicht abschüssige Stellflächen auf Pflaster. Stellplatz-Länge bis 8 m. Ort 4 km entfernt. 10 Touristenplätze.

26802 Moormerland-Rorichum, Ostf. (b3/4) ST-D 2207

Abfahrt

»STELLPLATZ BEI CASSI« 1.1. bis 31.12.
E.: Familie Duprée 0 m
0049 4924 2006, Mobil 0049 170 4845025, Fax 0049 4924 912051
info@bei-cassi.de, www.bei-cassi.de

➔ A 31 Emden–Nordhorn, Abf. (6) Riepe, weiter auf der Landstraße nach Oldersum. Im Ort links in die Emder Str./Deichlandstr zum Ziel. Beschildert. ✉ Deichlandstr. 10 (GPS: 53°19'12"N / 7°21'17" E).
Mühle Warsingsfehn. Emssperrwerk a.d. Unterems. Galerie Navalis im Gulfhaus. Museum Alte Seilerei. Skulpturengarten de Wolff. Saalkirche in Veenhusen.

WC W W Ch 5 m 500 m 1 km

Beleuchteter Stellplatz auf dem Parkplatz der Gaststätte, 300 m entfernt von der Ems. Ebene Stellflächen auf Pflaster. Stellplatz-Länge bis 10 m. Brötchenservice. Biergarten. 17 Touristenplätze.

26831 Bunde, Ostfriesland (b4) ST-D 2208/1

»STELLPLATZ AM MÖLENLANDBAD« 1.1. bis 31.12.
E.: Touristikinformation Gemeinde Bunde 0049 4953 80947 8 m
touristik@gemeinde-bunde.de, www.gemeinde-bunde.de

➔ A 31 Leer-Bad Bentheim, Abf. (13) Weener, weiter auf der B 436 nach Bunde. Im Ort rechts in die Zielstr. einfahren. Beschildert. ✉ Kellingwold 25 (GPS: 53°11'13"N / 7°16'27" E).
Romanische Kirche. Holländer-Galerie-Windmühle. Natur-/Kulturpark/Dollartmuseum. Steinhaus in Bunderhee. Atelier Inez van Schooneveld.

100 m 200 m 500 m 1.5 km 3 km

Beleuchteter Stellplatz auf dem Großparkplatz bei der Sportanlage Mölenland. Ebene Stellflächen auf Asphalt und Pflaster. Stellplatz-Länge bis 8 m. Brötchenservice. Toiletten/Duschen sind während der Öffnungszeiten des Bades nutzbar. Reservierung bei Gruppen erbeten. Rad-/Wanderwegenetz. Skater-/Sportanlage. Ort 400 m entfernt. 20 Touristenplätze.

26831 Bunde, Ostfriesland (b4) ST-D 2208/2

Abfahrt

»STELLPLATZ FRIEDHOFSWEG« 1.1. bis 31.12.
E.: Touristikinformation Gemeinde Bunde 0049 4953 80947 8 m
touristik@gemeinde-bunde.de, www.gemeinde-bunde.de

➔ A 31 Leer-Rhede, Abf. (14) Dreieck Bunde, A 280 Richtung Groningen, Abf. (3) Bunde-West, nach Bunde. Von der Neuschanzer Str., gegenüber der Gemeindeverwaltung, links in den Kirchring und nochmals links in die Zielstr. Beschildert. ✉ Friedhofsweg (GPS: 53°11'6"N / 7°16'1" E).
Romanische Kirche. Holländer-Galerie-Windmühle. Natur-/Kulturpark/Dollartmuseum. Steinhaus in Bunderhee. Atelier Inez van Schooneveld.

Ch 100 m 200 m 1 km 1.5 km 3 km

Beleuchteter Stellplatz auf öffentlichem Kirchparkplatz. Ebene Stellflächen auf Rasengittersteinen. Stellplatz-Länge bis 6 m. Reservierung bei Gruppen erbeten. Maximal 3 Nächte Aufenthalt möglich. Rad-/Wanderwegenetz. Ausweichplatz Sportanlage Mölenland. Ort 100 m entfernt. 10 Touristenplätze.

26607 Ogenbargen, Ostfriesl. (b3) ST-D 2209

»LANDGASTHOF ALTE POST« 1.1. bis 31.12.
E.: Olga Janssen 0049 4947 509790
info@landgasthof-alte-post.de, www.landgasthof-alte-post.de

➔ A 29 Wilhelmshaven-Oldenburg, Abf. (5) Wilhelmshavener Kreuz, auf die B 210 Richtung Aurich nach Ogenbargen, A 31 Emden-Leer, Abf. (3) Emden-Mitte, auf die B 210 in Richtung Wittmund nach Ogenbargen. Beschildert. ✉ Esenser Str. 299 (GPS: 53°32'43"N / 7°36'30" E).
Moormuseum in Moordorf. Blumenhalle in Wiesmoor. Granitquaderkirche in Middels.

WC WC 100 m 1 km

Stellplatz bei einem Reetdachanwesen. Stellflächen auf Asphalt. Idealer Zwischenstopp auf dem Weg zu den Ostfriesischen Inseln. Ankunft bis 22 Uhr. Aufenthaltsdauer unbegrenzt. 6 Touristenplätze.

26529 Rechtsupweg, Ostfriesl. (b3) ST-D 2210

»STELLPLATZ RECHTSUPWEG-POSTSTRASSE« 1.1. bis 31.12.
E.: Samtgemeinde Brookmerland 0049 4934 81224
Fax 0049 4934 81259, **touristinfo@marienhafe.de, www.marienhafe.de**

➔ Von der B 210 in Georgsheil auf die B 72, in Marienhafe rechts abbiegen auf die K 118 Richtung Rechtsupweg. Hier im Ort rechts in die Poststraße abbiegen. ✉ Poststr. (GPS: 53°31'35"N / 7°19'30" E).
Störtebekerturm und St. Marienkirche in Marienhafe. Mühlen.

300 m 500 m

Parkplatz am Ortsrand hinter dem Fußballplatz. Ebene befestigte Stellflächen. Stellplatz-Länge bis 9 m. Boulebahn. Ort 500 m entfernt. 4 Touristenplätze.

26736 Greetsiel, Ostfriesland (b3) ST-D 2211

15 **»STELLPLATZ ZWILLINGSMÜHLEN«** 1.4. bis 31.12.
E.: Greetsiel Touristik 0049 4926 91880, Fax 0049 4926 2029 2 m
info@greetsiel.de, www.greetsiel.de

➔ A 28 Leer-Oldenburg, Abf. (9) Dreieck Leer, weiter auf der A 31 Emden-Leer, Abf. (3) Emden-Mitte, dann auf die B 210 in Richtung Norden. Nach 1.5 km links nach Hinte abbiegen. Über Pewsum nach Greetsiel, über die Greetsieler Str./An den Darren zur Zielstraße. Beschildert. ✉ Mühlenstraße (GPS: 53°29'53"N / 7°6'14" E).
Historischer Ortskern. Zwillingsmühlen. Nationalparkhaus (1.5 km).

RES Ch 400 m 500 m 700 m 1.2 km 1.5 km 2 km

Beleuchteter Stellplatz, abgegrenzt von einem Großparkplatz, am südöstlichen Ortsrand. Ebene parzellierte Stellflächen (5x10 m) auf befestigtem Schotterrasen - von begrüntem Erdwall umgeben. Stellplatz-Länge bis 12 m. Für Fahrzeuge über 5 t geeignet. Kassenautomat. ST-SAN-Station. Imbiss. Infohäuschen. Ort 700 m entfernt. 55 Touristenplätze.
2022: MC-St/N 12.–, KT P/N ab 16 J. 2.30, KT K/N 5 bis 15 J. –.50, Wasser/90 l 2.–, Strom/8 Std. 1.–.

26532 Großheide, Ostfriesl. (b3) ST-D 2215/1

»REISEMOBILSTELLPLATZ AM BERUMERFEHNER WALD«
E.: Gemeinde Großheide 0049 4936 918920 1.1. bis 31.12.
Fax 0049 4936 918918, **urlaub@grossheide.de**
www.ostfriesland-reise.de/suche/s/Großheide

➔ A 31 Emden-Leer, Abf. (3) Emden-Mitte, weiter auf der B 210/B 72 in Richtung Norden. In Süderneuland II rechts in Richtung Großheide abbiegen. In Berumerfehn der Beschilderung "Kompaniehaus" folgen. ✉ Kirchweg 1 (GPS: 53°33'37"N / 7°20'50" E).
Wald- u. Moormuseum. Berumerfehner Wald.

RES 100 m

Kostenloser Stellplatz auf einem Parkplatz für Pkw und Reisemobile neben dem Hotel "Kompaniehaus" am Ortsrand bei beim Wald- und Moormuseum (Eintritt frei). Am Waldrand und an einem Kanal gelegen. Ebene Stellflächen auf Pflaster. Stellplatz-Länge bis 10 m. Maximal 2 Nächte Aufenthalt möglich! Rad-/Wandertouren. In der Nähe Tretbootverleih und historischer Torfkahn. Ver- und Entsorgung 2 km entfernt. 4 Touristenplätze.

26532 Großheide, Ostfriesl. (b3) ST-D 2215/2

»REISEMOBILSTELLPLATZ AN DER KIESELBUCHT«
E.: Gemeinde Großheide 0049 4936 918920 1.1. bis 31.12.
Fax 0049 4936 918918, **urlaub@grossheide.de**
www.ostfriesland-reise.de/suche/s/Großheide

➔ A 31 Emden-Leer, Abf. (3) Emden-Mitte, weiter auf der B 210/B 72 in Richtung Norden. In Süderneuland II rechts in Richtung Großheide abbiegen. In Großheide links in die K 207 Coldinner Straße abbiegen danach rechts in den Kruisweg. ✉ Kruisweg (GPS: 53°35'13"N / 7°21'56" E).

1 km HS 2 km

Kostenloser Stellplatz am Ortsrand an der Feizeitanlage Doornkaatsweg direkt am Badesee mit Palmenstrand. Ebener, geschotterter Stellplatz auf einem öffentlichen Parkplatz. Dixi-WC von Frühjahr bis Herbst. Liegewiese. Rundweg. Ort 1 km entfernt. 4 Touristenplätze.

26506 Norden-Norddeich, Nord. (b3) ST-D 2216/2

»WOHNMOBILHAFEN NORDDEICH« 1.1. bis 31.12.
0049 4931 986200, Mobil 0049 4931 986300 -1 m
info@norddeich.de, www.wohnmobilhafen-norddeich.de

➔ B 72 Aurich - Norden, am Ende der B 72 weiter Richtung Stadtteil Norddeich und der Beschilderung "Erlebnisbad Ocean Wave" folgen. ✉ Dörper Weg 22 (GPS: 53°36'35"N / 7°9'24" E).
"Erlebnisbad Ocean Wave". Seehundstation. Tee-Museum (im Rathaus).

WC Ch 100 m 800 m

Beschrankter Stellplatz am Ortsrand, auf einem separaten Teil eines Großparkplatzes, beim "Erlebnisbad Ocean Wave". Ebene Stellflächen auf Asphalt, Pflaster oder Schotterrasen. 10 Stellplätze für Großwohnmobile (über 3.5 t). Anmeldung bei der gegenüber gelegenen Tourist-Information oder im Erlebnisbad Ocean Wave. Hier können Sie auch Ihr Parkticket gegen eine Wohnmobil-Service-Card tauschen. Diese beinhaltet 30% Ermäßigung für das Erlebnisbad und kostenlosen Eintritt ins Strandbad. Campinggäste können in der Zeit von 10-19 Uhr im Erlebnisbad Ocean Wave 1x täglich duschen (max. 2min./1.- €). Ein öffentliches WC befindet sich in Stellplatznähe. Holdiday-Clean-Station. Mittagsruhe eine Uhr. 100 Touristenplätze.

26553 Dornum, Nordsee (b/c3) ST-D 2219/1

»STELLPLATZ SCHÜTZENPLATZ« 1.1. bis 31.12.
E.: Gemeinde Dornum 0049 4933 91890
info@gemeinde-dornum.de, www.dornum.de

➔ A 28 Oldenburg–Leer, Abf. (3) Filsum, weiter auf der B 72 bis Aurich und dann weiter auf der B 210 Richtung Jever bis Sandhorst fahren. Hier

links abbiegen nach Westerholt/Dornum zum Schützenplatz. Beschildert. ✉ Hamwehr (GPS: 53°38'54"N / 7°25'26" E).
∴ Kirche mit Glockenhaus. Wasserschloss. Bockwindmühle. Benninga-Burg. Heimatmuseum "Oma-Freese-Huus". Sielmuseum.

WC WC Ch

100 m 300 m 400 m
Stellplatz auf ausgewiesenem Bereich neben einem öffentlichen Parkplatz. Ebene Stellflächen auf Wiese und Pflaster. Kein Campingleben erwünscht. Stellplatz-Länge bis 12 m. Wasser nur im Sommer, Entsorgung auch im Winter. Am 3. Wochenende im Juli geschlossen wegen Schützenfest. Münzautomat auch für Kurtaxe. Ort 300 m entfernt. 30 Touristenplätze.

26553 Dornum, Nordsee (b/c3) ST-D 2219/2

20 **»WOHNMOBILSTELLPLATZ NORDSEEBLICK«**
V.: Marlene Heyken ☎ 0049 4933 351 — 1.1. bis 31.12.
campingplatz@dornum.de, www.dornumerland.de

➔ Von Aurich nach Norden an der Nordküste von Dornum. ✉ Hafenstraße 5 (GPS: 53°40'44"N / 7°28'45" E).

WC W Ch

500 m
Stellplatz am Nationalpark am Wattenmeer. Stellfläche auf Rasengitter. Reservierung nicht erforderlich. Anreise jederzeit möglich. Hunde sind erlaubt, jedoch nicht am Strand oder Campingplatz. Ortszentrum 500 m entfernt. 38 Touristenplätze.
2022: St/N inkl. 2 P/N 20.–, Wasser/100 l 2.–, Strom/1 kWh 1.– (16 A). KT, H/N und Entsorgung inklusive. Strandeintritt Hund 1.–.

26553 Dornum, Nordsee (b/c3) ST-D 2219/3

30 **»STELLPLATZ AM ALTEN HAFEN«** — 1.1. bis 31.12.
E.: Tourismus GmbH Gemeinde Dornum ☎ 0049 4933 351
campingplatz@dornum.de, www.gemeinde-dornum.de

➔ B72 Cloppenburg-Emden bis nach Aurich. Hier abbiegen auf die B210 Richtung Wilhelmshaven. Nach 2,5 km links abbiegen Richtung Westerholt und Dornum. Hier dann weiter nach Dornumersiel. Beschildert. ✉ Schöpfwerkstraße 5 (GPS: 53°40'22"N / 7°28'42" E).
∴ Synagoge Dornum. Wasserschloss.

100 m 500 m 1 km
Ebenes, durch Bäume parzelliertes Gelände am Ortsrand. Von Wiesen und Feldern umgeben. Strand und Hafen in ca. 500 m. Beleuchtet, gepflastert. Entsorgung von Grauwasser und Müllentsorgung möglich. Die Bezahlung des Stellplatzes ist nur online mit dem Smartphone oder Tablet möglich und geht nur mit Kreditkarte, per Sofort-Überweisung oder PayPal. Ort 5 km entfernt. 30 Touristenplätze.
2022: St/N inkl. 2 P/N 22.– bis 27.–, Strom/1 kWh 1.–. KT, H/N, Entsorgung, Müll und Wasser inklusive. Bei Selbst Check-in per QR-Code vor Ort € 22.–. WLAN inkl.

26427 Esens-Bensersiel, Nord. (b3) ST-D 2220/1

10 **»SCHÜTZENPLATZ ESENS«** — 1.1. bis 31.12.
☎ 0049 4971 9170
camping@bensersiel.de, www.bensersiel.de

➔ B 210 Wilhemshaven, bei Wittmund nach Esens abfahren. ✉ Bahnhofstraße/Am Schützenplatz (GPS: 53°38'21"N / 7°36'35" E).

Ch 400 m 500 m
Stellplatz im Bereich des großen Parkplatzes am Schützenhaus. Ebene Stellflächen auf Pflaster und Schotter, teilweise mit Gras bewachsen. Für 16 Stellflächen gibt es Stromanschluss. In seiner Funktion als Veranstaltungsgelände kann die Nutzung durch Wohnmobile während Großveranstaltungen eingeschränkt und ausgeschlossen sein. Maximal 3 Nächte Aufenthalt möglich. Ortszentrum 500 m entfernt. 20 Touristenplätze.
2023: MC/N 4.40, KT P/N ab 18 J. 3.20, KT K/N 6 bis 17 J. 1.–, Müllgeb. St/N 2.–, Strom/kWh 1.–. H/N und Entsorgung inklusive.

26427 Neuharlingersiel, Nords. (b3) ST-D 2221

20 **»REISEMOBILSTELLPLATZ AM ORTSANLEGER«**
☎ 0049 4974 188900 — 1.1. bis 31.12.
camping@neuharlingersiel.de, www.neuharlingersiel.de

➔ Über B 210 und B 461 von Wilhelmshaven nach Neuharlingersiel. ✉ Am Hafen Ost (GPS: 53°42'6"N / 7°42'26" E).

Ch 100 m 500 m
Stellplatz im Hafen des Nordseeheilbads mit Blick auf die Nordsee. Stellfläche auf Schotter. Maximal 3 Nächte Aufenthalt möglich. Ver- und Entsorgungsstelle. Öffentliche Toiletten: West-Anleger und Tourist-Information. Vorabreservierung nicht möglich. Witterungsbedingt kann der Platz geschlossen sein. Ortszentrum 500 m entfernt. 23 Touristenplätze.
2023: MC-St/N 20.–, KT P/N ab 16 J. 3.–, KT K/N 6 bis 15 J. 1.60, Strom/N 3.–. H/N und Müll inklusive.

26409 Carolinensiel-Harlesiel, Nord. (b/c3) ST-D 2222/1

»WOHNMOBILSTELLPLATZ AN DER MOLE«
E.: Campingplatz Harlesiel — Mitte März bis 3.11.
☎ 0049 4464 949398, **info@campingplatz-harlesiel.de**
www.campingplatz-harlesiel.de

➔ A 29 Wilhelmshaven-Oldenburg, Abf. (5) Wilhelmshavener Kreuz in Richtung B 210 nach Wittmund, weiter auf die B 461 nach Carolinensiel. Beschildert (Reisemobil-Stellplatz). ✉ Am Harlesiel 20 (GPS: 53°42'35"N / 7°48'33" E).
∴ Museumshafen Carolinensiel. Wangerooge.

WC W W

W 10 m S50 m 200 m 1 km

1.5 km
Stellplatz direkt am Fährhafen an der Mole neben dem Meerwasserfreibad. Anmeldung an der Strandkasse. Ebene, gepflasterte Stellflächen. Stellplatz-Länge bis 10 m. Je nach Gezeiten Beladungsgeräusche vom Fährhafen. Brötchenservice. Kiosk (Strandbar). Stellplätze für Hundefreunde. Separater Hundestrand. Ort 1.5 km entfernt. 56 Touristenplätze.

26409 Carolinensiel-Harlesiel, Nord. (b/c3) ST-D 2222/2

»WOHNMOBILSTELLPLATZ AM CAMPINGPLATZ HARLESIEL«
V.: Rudolf Habben ☎ 0049 4464 949398 — Mitte März bis 3.11.
info@campingplatz-harlesiel.de, www.campingplatz-harlesiel.de

➔ A 29 Wilhelmshaven-Oldenburg, Abf. (5) Wilhelmshavener Kreuz in Richtung B 210 nach Wittmund, weiter auf die B 461 nach Carolinensiel. Beschildert. ✉ Schwerinsgroden 1 (GPS: 53°42'29"N / 7°48'29" E).

WC W W Ch W

W 30 m

S50 m 300 m 1 km
Wohnmobil-Stellplatz beim CAMPINGPLATZ HARLESIEL. Anmeldung an der Campingplatz-Rezeption. Ebene, schattenlose und parzellierte Stellflächen auf Pflaster. Beheiztes Meerwasser-Freibad. Brötchenservice. Separater Hundestrand. Kiosk (Strandbar). Ort 1.5 km entfernt. 50 Touristenplätze.

26409 Carolinensiel-Harlesiel, Nord. (b/c3) ST-D 2222/3

»CAMPINGPLATZ BOYUNGS« — 15.3. bis 15.11.
V.: Ralf Boyungs ☎ 0049 1515 8487536
campingplatz.caro@gmx.de, www.nordseecamping-boyungs.de

➔ Von Wilhelmshaven über B 210 und B 461 nach Carolinensiel. ✉ Friedrichsgroden 2A (GPS: 53°41'55"N / 7°48'20" E).

WC W W Ch

300 m 1 km
Stellplatz in ruhiger Lage am Deich beim Kurzentrum. Stellfläche auf Pflaster und Rasengitter. Reservierung wird empfohlen. Nur Barzahlung möglich. Ort 1 km entfernt. 15 Touristenplätze.

26382 Wilhelmshaven, Nords. (c3) ST-D 2224/1

»STELLPLATZ SCHLEUSENINSEL« — Jan. bis Dez.
E.: Hanneken & Lang GmbH
info@wohnmobilstellplatz-wilhelmshaven.de
www.wohnmobilstellplatz-wilhelmshaven.de

➔ A 29 Wilhelmshaven-Bremen, Abf. (5) Wilhelmshavener Kreuz, weiter auf der B 210 Richtung Zentrum. Am Ortseingang rechts in die "Peterstraße", rechts in die "Virchowstraße", rechts um den Bahnhof und links in die "Jadeallee" jeweils einbiegen. Dann über den "Südstrand" zur "Schleuseninsel". Beschildert. ✉ Schleusenstr. 37 (GPS: 53°30'55"N / 8°9'9" E).
∴ Rathaus. Robert-Koch-Haus. Christus- und Garnisonskirche. Deutsches Marinemuseum. Feuerschiff Weser. Kaiser-Wilhelm-Brücke. Piratenamüseum.

WC W W Ch

25 m 100 m 500 m HS2 km 3 km
Beleuchteter, ausgewiesener Stellplatz in unmittelbarer Nähe zum Nassauhafen. Ebene Stellflächen auf Schotter. Stellplatz-Länge bis 12 m. Geöffnet von 8-22 Uhr. Barzahlung auf dem Platz oder im Restaurant Seglerheim im Nassauhafen. Reservierung für Gruppen empfohlen. Apr.-Okt. Brötchenservice. Liegewiese. Eigene Zuwegung zum Badestrand am Jadebusen. Maximal 10 Nächte Aufenthalt möglich! Stadtbus von Mai-Okt. Stadtrund-, Hafenrund-, Helgolandfahrten. Ort 3 km entfernt. 30 Touristenplätze.

26382 Wilhelmshaven, Nords. (c3) ST-D 2224/2

Abfahrt
»STELLPLATZ FLIEGERDEICH« — 1.1. bis 31.12.
E.: Tourist-Information ☎ 0049 4421 913000
info@wilhelmshaven-touristik.de, www.wilhelmshaven-touristik.de

➔ A 29 Wilhelmshaven-Bremen, Abf. (5) Wilhelmshavener Kreuz, weiter auf der B 210 Richtung Zentrum. Am Ortseingang rechts in die "Peterstraße", rechts in die "Virchowstraße", rechts um den Bahnhof und links in die "Jadeallee"/"Südstrand". Beschildert. ✉ Fliegerdeich (GPS: 53°30'36"N / 8°7'41" E).
∴ Rathaus. Robert-Koch-Haus. Christus- und Garnisonskirche. Deutsches Marinemuseum. Feuerschiff Weser. Kaiser-Wilhelm-Brücke. Piratenamüseum.

WC W W WC Ch

100 m 200 m 1.5 km HS3 km
Stellplatz auf der Deichkrone am Jadebusen. Ebene Stellflächen in zwei Reihen auf Pflaster. Geöffnet von 6-22 Uhr. Markisen-/Campingmöbelverbot. Stellplatz-Länge bis 12 m. Für Fahrzeuge über 5 t geeignet. Kiosk. Maximal 24 Std. Aufenthalt möglich! Das Befahren der Kaiser-Wilhelm-Brücke von Wohnmobilen/Gespannen ist verboten! Ver-/Entsorgung von mobilen Tanks am Kiosk von 8-11 Uhr. Die Sanitäreinrichtungen des Kiosks können mittels eines Schlüssels vom 1.4. bis 31.10. von 8-18 Uhr benutzt werden. Bei Veranstaltungen ist der Platz gesperrt. Stadtrund-, Hafenrund-, Helgolandfahrten. Ort 3 km entfernt. 58 Touristenplätze.

26389 Wilhelmshaven, Nords. (c3) ST-D 2224/3

»STELLPLATZ SÜDSTADT« 1.1. bis 31.12.
E.: Clean-Park ☎ 0049 4423 2816
wolfgang.oetjegerdes@ewetel.net
www.reisemobilstellplatz-wilhelmshaven.de

➔ A 29 Wilhelmshaven-Bremen, Abf. (5) Wilhelmshavener Kreuz, weiter auf der B 210 Richtung Zentrum. Am Ortseingang rechts in die "Peterstraße" und wieder rechts in den "Banter Weg" zum Ziel. Beschildert. ✉ Banter Weg 12 A (GPS: 53°30'55"N / 8°5'29" E).
Rathaus. Robert-Koch-Haus. Christus- und Garnisonskirche. Deutsches Marinemuseum. Wattenmeerhaus. Kaiser-Wilhelm-Brücke. Piratenamüseum.

RES Ch

400 m 500 m 1 km HS 3 km
Beleuchteter Stellplatz hinter dem Clean-Park. Ebene Stellflächen auf Schotter. Stellplatz-Länge bis 12 m. Für Fahrzeuge über 5 t geeignet. Wasserentnahme auch im Winter während der Öffnungszeiten des Clean-Parks. Barzahlung beim Kassierer. Rad-/Wanderwegentz am Ems-Jade-Kanal. Banter See 700 m. Südstrandpromenade 2 km. Helgolandfahrten. Ort 1 km entfernt. 20 Touristenplätze.

26389 Wilhelmshaven, Nords. (c3) ST-D 2224/4

Abfahrt

»WONMOBILSTELLPLATZ JADE« 1.1. bis 31.12.
E.: SVG Security Center ☎ 0049 4421 933000
info@eurosecurity.de, **www.eurosecurity-svg.de**

➔ A 29 Wilhelmshaven-Bremen, Abf. (5) Wilhelmshavener Kreuz, weiter auf der B 210 nach Wilhelmshaven, rechts abbiegen in die "Peterstraße", wiederum rechts in die K 313, "Banter Weg", dann "Bunsenstraße" zum Ziel. Beschildert. ✉ Bunsenstr. 10 (GPS: 53°30'40"N / 8°4'55" E).
Rathaus. Robert-Koch-Haus. Christus- und Garnisonskirche. Deutsches Marinemuseum. Wattenmeerhaus. Kaiser-Wilhelm-Brücke. Piratenamüseum.

Ch

Beleuchteter, eingezäunter Stellplatz auf dem Gelände einer Sicherheitsfirma am südlichen Stadtrand direkt am Jade-Ems-Kanal. Ebene Stellflächen auf Schotter. Stellplatz-Länge bis 12 m. Barzahlung beim Kassierer. Reservierung empfohlen. Wasserentnahme von Apr.-Okt. CamperClean-Vollautomat beim SVG Waschpark nebenan. Ort 5 km, Wattenmeer 1 km entfernt. 10 Touristenplätze.

26427 Werdum, Nordsee (b3) ST-D 2225

10 **»WOHNMOBILSTELLPLATZ WERDUM«** 1.1. bis 31.12.
☎ 0049 4974 990099, Fax 0049 4974 990039
info@werdum.de, **www.werdum.de/unterkuenfte/wohnmobilstellplatz**

➔ B 210 Wilhelmshaven-Wittmund, weiter über B 461 nach Werdum. ✉ Raiffeisenplatz 1 (GPS: 53°39'29"N / 7°42'55" E).

RES Ch 200 m

500 m 800 m
Luftkurort Werdum in Ostfriesland liegt nur wenige Kilometer von der Nordsee entfernt. Stellplatz neben der Tourist-Information mitten im Dorf. Stellflächen auf Schotter. Stellplatzlänge 6 bis 8 m. In der Nähe befindet sich der Haustierpark. Bezahlung in der Tourist-Information. Ortszentrum 100 m entfernt. 6 Touristenplätze.
2022: MC-St/N inkl. 2 P/N 10.–, KT P/N ab 16 J. 3.–, KT K/N 6 bis 15 J. 2.–, WD/3 min. –.50, Wasser/40 l 1.–, Strom/1 kWh 1.–. H/N und Entsorgung inklusive.

26452 Sande, Nordsee (c3) ST-D 2226/1

Abfahrt

»WOHNMOBILSTELLPLATZ MARKT SANDE« 1.1. bis 31.12.
E.: Gemeinde Sande ☎ 0049 4422 95880
gemeinde@sande.de, **www.sande.de**

➔ A 29 Wilhelmshaven-Varel, Abf. (6) Sande, weiter auf der K 99 nach Sande. Am 2. Kreisverkehr links abbiegen in die Hauptstraße. Beschildert. ✉ Hauptstr. 79 (GPS: 53°30'10"N / 8°0'47" E).
Schmiedemuseum. St. Magnus-Kirche. Brunnenanlage eines ehemaligen Sommerschlosses von Frl. Maria von Jever. Küstenschutzausstellung.

RES WC WC 100 m 200 m

HS 500 m
Beleuchteter Stellplatz hinter dem Marktplatz ohne Ausstattung. Stellflächen auf Pflaster. Stellplatz-Länge bis 8 m. Ver-/Entsorgung bei der Firma Freizeitmobile von der Kammer, Hundestr. 1. 4 Touristenplätze.

26452 Sande, Nordsee (c3) ST-D 2226/2

Abfahrt

»STELLPLATZ AM HANGAR« 1.1. bis 31.12.
E.: Gemeinde Sande ☎ 0049 4422 95880
gemeinde@sande.de, **www.sande.de**

➔ A 29 Wilhelmshaven-Bremen, Abf. (6) Sande, weiter auf der K 99 in Richtung Sande. An der Kreuzung nach dem 2. Kreisverkehr rechts in die K 312 zum Jade-Weser-Airport abbiegen. Beschildert. ✉ Mariensieler Straße (GPS: 53°30'28"N / 8°3'9" E).
Ehemalige Sielanlage von 1877. Maritime Meile Wilhelmshaven (10 km).

RES WC WC 100 m 500 m

HS 3 km 3.5 km
Beleuchteter Stellplatz auf dem Parkplatz am Tower. Ebene Stellflächen auf Schotter. Stellplatz-Länge bis 12 m. Kostenlose Ver-/Entsorgung bei der Firma Freizeitmobile von der Kammer, Hundestr. 1, 26452 Sande. Rundflüge über die Region oder zu den Inseln. Ort 1.5 km entfernt. 4 Touristenplätze.

26452 Sande, Nordsee (c3) ST-D 2226/4

»DORFGEMEINSCHAFTSHAUS« 1.1. bis 31.12.
☎ 0049 4422 95880
gemeinde@sande.de, **www.sande.de**

➔ A 29 Oldenburg-Wilhelmshaven, Abf. (6) Sande, weiter nach Cäciliengroden. ✉ Karl-Legien-Straße (GPS: 53°29'11"N / 8°3'6" E).

500 m
Stellplatz hinter dem Dorfgemeinschaftshof beim Deich. Stellfläche auf Pflaster. Kostenlose Entsorgungsmöglichkeit. Ort 4 km entfernt. 2 Touristenplätze.

26452 Sande, Nordsee (c3) ST-D 2226/5

»KIRCHPLATZ« 1.1. bis 31.12.
☎ 0049 4422 95880
gemeinde@sande.de, **www.sande.de**

➔ A 29 Oldenburg-Wilhelmshaven, Abf. (6) Sande, weiter nach Neustadtgödens. ✉ Kirchstraße 30 (GPS: 53°28'41"N / 7°59'21" E).

300 m 500 m
Stellplatz auf dem Parkplatz hinter der evangelischen Kirche. Stellfläche auf Pflaster. Reservierung nicht erforderlich. Ort 3 km entfernt. 2 Touristenplätze.

26452 Sande, Nordsee ST-D 2226/6

»WOHNMOBILSTELLPLATZ ALTMARIENHAUSEN«
☎ 0049 4422 95880 1.1. bis 31.12.
gemeinde@sande.de, **www.sande.de**

➔ A 29 Oldenburg-Wilhelmshaven, Abf. (6) Sande, weiter zum Ems-Jade-Kanal. ✉ Altmarienhausen (GPS: 53°30'43"N / 8°0'40" E).
Historischer Schmiede.

WC W W Ch 500 m
Stellplatz neben der Paddel und Pedalstation. Ebenen, durch Holzbalken parzellierte Stellflächen auf Schotter. Toiletten und Duschen an der benachbarten Paddel- und Pedalstation kostenpflichtig nutzbar. Anschluss an das Fahrradwegenetz. Ortszentrum 1.5 km entfernt. 10 Touristenplätze.

26434 Wangerland, Nordsee (c3) ST-D 2227/1

30 **»STELLPLATZ BEIM NORDSEECAMPING SCHILLIG«**
E.: Wangerland Touristik GmbH V.: Reiners 30.3. bis 15.10.
☎ 0049 4426 987170, Fax 0049 4426 987171
camp-schillig@wangerland.de, **www.campingplatz-schillig.de**

➔ A 29 Osnabrück–Wilhelmshaven Abf. (4) Fedderwarden über Hooksiel. ✉ Jadestraße (GPS: 53°41'55"N / 8°1'28" E).
Wattenmeer.

W W Ch W W

100 m W W 1.5 km
WOMO-Stellplatz beim Campingplatz CAMPINGPLATZ SCHILLIG. Stellflächen auf Gras und Schotter. Ort 500 m entfernt. 60 Touristenplätze.
2023: St/N 12.–, P/N 7.50, K/N 4 bis 17 J. 4.50, H/N 4.–, KT P/N ab 18 J. 3.–, KT K/N 13 bis 17 J. 2.30, Waschmaschine 3.–, Trockner 3.–. WD, Entsorgung, Müll, Wasser, Sanitärbenutzung und Strom inklusive.

26434 Wangerland, Nordsee (c3) ST-D 2227/2

Abfahrt

30 **»WOHNMOBILSTELLPLATZ HOOKSIEL "OSTDÜNE"«**
E.: Wangerland Touristik GmbH 30.3. bis 29.10.
☎ 0049 4426 9870, Mobil 0049 4425 958080, Fax 0049 4425 991475
camp-hooksiel@wangerland.de, **www.campingplatz-hooksiel.de**

➔ A 29 Oldenburg-Bremen, Abf. Horumersiel/Schilling, über L 810 nach Hooksiel. ✉ Straat över't Diek (GPS: 53°38'28"N / 8°3'9" E).
Weltnaturerbe Wattenmeer. Künstlerhaus. Muschelmuseum. Alter Hafen. Kirche (Pakens).

WC W W WC Ch W

200 m 1 km
Wohnmobilstellplatz am Meer auf ebenen, geschotterten Stellflächen (50-70 qm). Stellplatz-Länge von 8 m bis 10 m. Camper-Clean-Station. Anmeldung, Gasverkauf, Bäcker, Waschmaschine und Trockner auf dem benachbarten Campingplatz (200 m). Maximal 3 Nächte Aufenthalt möglich! Für längere Aufenthalte bitte den Campingplatz nutzen. Ort 1.3 km entfernt. 75 Touristenplätze.
2023: St/N 12.–, P/N 7.50, K/N 4 bis 17 J. 4.50, H/N 4.–, KT P/N ab 18 J. 3.–, KT K/N 13 bis 17 J. 2.30, Waschmaschine 3.–, Trockner 3.–. WD, Entsorgung, Müll, Wasser und Strom inklusive.

26434 Wangerland OT Hooksiel, Nord. ST-D 2227/3

30 **»REISEMOBIL-STELLPLATZ "AM HALLENWELLENBAD"«**
E.: Wangerland Touristik GmbH 1.1. bis 31.12.
☎ 0049 4425 958030, **kassehwb@wangerland.de**
www.campingplatz-hooksiel.de

➔ Von Wilhemshaven nach Norden zum Hallenwellenbad. ✉ Zum Hallenbad 2 (GPS: 53°38'4"N / 8°2'4" E).

WC Ch 500 m
Wohnmobilstellplatz in der Ortsmitte direkt am Meerwasser-Hallenwellenbad. Ebene Stellflächen auf Pflaster. Durch vereinzelte Bäume leicht beschattet. Ver- und Entsorgungsmöglichkeit vorhanden. Sanitäranlagen in den Öffnungszeiten des Hallenbads nutzbar. Ortszentrum 500 m entfernt. 18 Touristenplätze.
2023: St/N 12.–, P/N 7.50, J/N 4 bis 17 J. 4.50, H/N 4.–, KT P/N ab 18 J. 3.–, KT K/N 13 bis 17 J. 2.30, Wasser/100 l 1.–, Strom/N –.50. Entsorgung und Müll inklusive.

26434 Wangerland, Nordsee (c3) ST-D 2227/4

30 »**REISEMOBIL-STELLPLATZ "AM YACHTHAFEN"**«
E.: Wangerland Touristik GmbH 30.3. bis 29.10.
☎ 0049 4426 9870, **info@wangerland.de**, **www.wangerland.de**

➔ Von Wilhelmshaven nach Norden an die Nordsee an Wangerland. ✉ Zum Hafen 3 (GPS: 53°40'59"N / 8°1'23" E).

W W Ch 200 m 800 m

Wohnmobil-Stellplatz am Yachthafen mit Blick auf das Meer und in unmittelbarer Nähe zum Strand. Ebene schattenlose Stellflächen auf Pflaster. Reservierung nicht erforderlich. Ortszentrum 500 m entfernt. 22 Touristenplätze.
2023: St/N 12.–, P/N 7.50, K/N 4 bis 17 J. 4.50, H/N 4.–, KT P/N ab 18 J. 3.–, KT K/N 13 bis 17 J. 2.30, Wasser/1 l 1.–. Entsorgung, Müll und Strom inklusive.

26419 Schortens, Nordsee (c3) ST-D 2228/2

»**MERCADO MUNDIAL**« 1.1. bis 31.12.
V.: Jutta Hartwig ☎ 0049 4423 98049
fairhandelshaus@fair-nuenftig.de, **www.fair-nuenftig.de**

➔ B 210 Wilhelmshaven nach Schortens. ✉ Accumer Straße 5 (GPS: 53°33'9"N / 7°58'33" E).

Stellplatz auf einem privaten Anwesen beim Bio- & Fair-Kaufhaus MERCADO MUNDIAL abseits der Straße. Stellflächen auf Schotterrasen. Montag und Samstag Ruhetag. Anreise bis 17 Uhr. Ort 3 km entfernt. 3 Touristenplätze.

26349 Jade-Jaderberg, Weserm. (c3) ST-D 2232

Abfahrt

»**STELLPLATZ FREIZEITPARK JADERBERG**« 2.1. bis 23.12.
E.: Jaderpark ☎ 0049 4454 91130 4 m 27.12. bis 30.12.
Fax 0049 4454 9113 10, **info@jaderpark.de**, **www.jaderpark.de**

➔ A 29 Wilhelmshaven–Oldenburg i.O., Abf. (10) Jaderberg, weiter Richtung Jade über die Spohler Str., Jadeberger Str., Raiffeisenstr. und im Ort rechts in die Zielstr. einbiegen. Beschildert. ✉ Tiergartenstr. 69 (GPS: 53°19'38"N / 8°11'12" E).
Tier-/Freizeitpark Jaderpark. Schwimmendes Moor von Sehestedt. Oelsen-Haus. Trinitatis-Kirche (5 km).

RES 500 m

Stellplatz auf öffentlichem Parkplatz vor dem Freizeitpark. Ebene, parzellierte Stellflächen auf Schotter. Stellplatz-Länge bis 8 m. Maximal 1 Nacht Aufenthalt möglich! Imbiss. 12 Touristenplätze.

26969 Tossens, Nordsee (c3) ST-D 2236

»**FAMILIEN UND APARTMENTHOTEL STRANDHOF**«
V.: Brunhilde Wedelstaedt ☎ 0049 4736 9250 1.1. bis 31.12.
hotel@strandhof.de, **www.strandhof.de**

➔ Von Bremerhaven Richtung Wilhelmshaven nach Tossens fahren. ✉ Nordseeallee 35 (GPS: 53°34'40"N / 8°14'47" E).

WC W W 100 m 200 m

Stellplatz auf dem PKW-Parkplatz des Hotels. Stellfläche auf Pflaster und Rasengitter. Sanitärnutzung des Restaurants nutzbar. Ortszentrum 100 m etfernt. 4 Touristenplätze.

26349 Jade-Schweiburg, Weserm. (c3) ST-D 2239

»**STELLPLATZ QUITTENWEG**« 1.1. bis 31.12.
E.: Jade Touristik ☎ 0049 4455 1458 4 m
info@ruhigundgemuetlich.de, **www.ruhigundgemuetlich.de**

➔ A 29 Wilhelmshaven–Oldenburg i.O., Abf. (8) Varel-Bockhorn, weiter auf der B 437 nach Schweiburg. Im Ort links in die Kirchenstr. und am Ortsende links in den Zielweg einbiegen. Beschildert. ✉ Quittenweg (GPS: 53°23'29"N / 8°15'57" E).
Galerie Schönhof. Tier-/Freizeitpark Jaderpark. Schwimmendes Moor Sehestedt. Oelsen-Haus. Trinitatis-Kirche (5 km).

RES Ch 500 m 800 m 1 km 2 km 2.5 km

Stellplatz zwischen Ortsrand und Jadebusen-Deich. Ebene Stellflächen auf Schotter. Stellplatz-Länge bis 10 m. 500 m zu den Salzwiesen am Jadebusen. Salzwiesenerlebnispfad. Watt wandern. Rad-/Wanderwegenetz. Abstimmung mit der Kirchengemeinde bezüglich Grillplatznutzung. Jadebusen 400 m, Ort (Varel) 11 km entfernt. 6 Touristenplätze.

27628 Hagen im Bremischen / Sandstedt ST-D 2241

»**WOHNMOBILSTELLPLATZ SANDSTEDT**« 1.4. bis 30.9.
P.: Maximilian Herget ☎ 0049 4746 8729, Mobil 0049 4746 870
www.hagen-cux.de

➔ A 27 Bremen - Cuxhaven, Abf. (12) Hagen, weiter nach Sandstedt. ✉ Am Radarturm 5 (GPS: 53°21'41"N / 8°30'48" E).

RES Ch 500 m

Stellplatz unweit vom Weserufer direkt vor dem Weserdeich - nur wenige Meter zum Naturstrand und Sportboothafen.. Stellfläche auf Pflaster. Oktober bis März keine Ver- und Entsorgung wegen Hochwassergefahr. Barzahlung vor Ort bei einem Gemeindemitarbeiter. Max. Aufenthaltsdauer 3 Tage. Ortszentrum 600 m entfernt. 10 Touristenplätze.

27570 Bremerhaven, Nordsee (c3) ST-D 2242/2

»**REISEMOBIL-STELLPLATZ DOPPELSCHLEUSE**«
V.: Grotheer ☎ 0049 172 4103687 1.1. bis 31.12.
reisemobil@erlebnis-bremerhaven.de 2 500 qm
www.bremerhaven-tourism.de

➔ A 27 Bremen-Cuxhaven, Abf. (7) Bremerhaven-Mitte, weiter zum Fischereihafen. ✉ An der Neuen Schleuse 15 (GPS: 53°31'55"N / 8°34'34" E).
Deutsches Schifffahrtsmuseum. Klimahaus. Zoo.

WC W W Ch

Stellplatz in einer Senke bei der Doppelschleuse und dem Fischereihafen. Durch Hecken gegliederte Stellflächen auf Pflaster, Schotter und Asphalt, davon 51 Stellplätze (5x8 m) und 12 Stellplätze (6x9 m). Täglicher Brötchenservice durch den Platzservice. Ortszentrum 3.2 km entfernt. 63 Touristenplätze.

27568 Bremerhaven, Nordsee (c3) ST-D 2242/3

»**STELLPLATZ HAVENCAMP BREMERHAVEN**« 1.1. bis 31.12.
☎ 0049 471 3096690, Fax 0049 471 30966999
bremerhaven@havenhostel.de, **www.havencamp.de**

➔ A 27 Brmen-Cuxhaven, Abf. (7) Bremerhaven-Mitte, weiter zum Havencamp. ✉ Bürgermeister-Smidt-Straße 209 (GPS: 53°33'35"N / 8°34'5" E).
Schifffahrtsmuseum. Auswandererhaus. Klimahaus.

WC W W Ch 100 m 200 m

Stellplatz in zentraler Lage bei dem Havenhostel. Stellfläche auf Wiese und Asphalt. Reservierung nicht erforderlich. Im Havenhostel wird Frühstück, Mittag- u. Abendessen angeboten. Brötchen können vorbestellt werden. Ortszentrum 2 km entfernt. 20 Touristenplätze.

26835 Hesel, Ostfriesland (b3/4) ST-D 2246

0 »**REISEMOBILPLATZ AM MARKTPLATZ**« 1.1. bis 31.12.
☎ 0049 4950 937080
info@urlaubsregion-hesel.de, **www.urlaubsregion-hesel.de**

➔ A 28 Oldenburg-Leer, Abf. (3) Filsum, weiter auf B 72 nach Hesel. ✉ Kirchstraße 5-13 (GPS: 53°18'17"N / 7°35'29" E).
Archäologische Ausstellung. Gut Stikelkamp. Holtlander Mühle.

Ch 300 m 400 m 600 m

Stellplatz auf einem Parkplatz zentral im Ortskern auf dem Dorfplatz. Ebene Stellfläche auf Pflaster. Duschmöglichkeit im Schwimmbad (Rüschenweg 1). In der Regel bis 3 Nächte Aufenthalt möglich. Reservierung nicht erforderlich. Bei Veranstaltungen, die auf dem Dorfplatz stattfinden, wird der Platz gesperrt. Wasser wird in den Wintermonaten witterungsbedingt abgestellt. Ortszentrum 100 m entfernt. 12 Touristenplätze.
2022: Stellplatz ist kostenlos. Strom/6 Std. 2.–. KT und H/N inklusive.

27639 Wurster Nordseeküste, Cuxl. (c3) ST-D 2249/1

20 »**KNAUS REISEMOBILHAFEN SPIEKA**« 1.4. bis 30.9.
☎ 0049 4741 5020 1 m 6 000 qm
spieka@knauscamp.de, **www.knauscamp.de/spieka-wattenmeer.html**

➔ A 27 Bremen–Cuxhaven Abf. (3) Nordholz, über Nordholz Richtung Strände zum Kutterhafen. ✉ Am Kutterhafen/ Deichstr. (GPS: 53°47'23"N / 8°32'54" E).
Kurioses Muschelmuseum. Leuchtturm Obereversand. Niedersächsisches Deichmuseum.

Ch 50 m 200 m 4 km

Stellplatz mit Blick auf den Kutterhafen. Ebene, geschotterte Stellflächen mit unparzelliertem ebenen Wiesenstreifen direkt am Wattenmeer. Stellplatz-Länge bis 10 m. Öffentliche Toiletten. Ort (Neufeld) 700 m entfernt. 30 Touristenplätze.
2022: MC-St/N 15.– bis 20.–, Waschmaschine 5.–, Wasser/80 l 1.–, Sanitärbenutzung/N 3.50, Strom/1 kWh –.80 (16 A). P/N, H/N, WD, Entsorgung und Müll inklusive.

27639 Wurster Nordseeküste, Cuxl. (c3) ST-D 2249/2

»**WOHNMOBILHAFEN GRUBE**« 1.1. bis 31.12.
V.: Cathrin Petrat ☎ 0049 4741 96970, Mobil 0049 4741 969730
mail@deichhotel-grube.de, **www.wohnmobilhafen-grube.de**

➔ A 27 Bremen-Cuxhaven, Abf. (4) Neuenwalde, weiter zum Deich nach Neufeld. ✉ Am Neuen Deich 2 (GPS: 53°44'17"N / 8°31'10" E).

Ch 300 m

Stellplatz am Deich. Stellfläche auf Schotter, beleuchtet. Hunde sind an der Leine zu führen. Freier Eintritt ins Wellenbad "Watt n' Bad". Ortszentrum 1 km entfernt. 20 Touristenplätze.

26919 Brake, Nordsee (c3/4) ST-D 2251/1

»**CITY PARKPLATZ IN DER INNENSTADT**« 1.1. bis 31.12.
☎ 0049 4401 19433
info@brake-touristinfo.de, **www.brake-touristinfo.de**

➔ A 270 Bremen-Blumenthal, weiter nach Brake an der Wesel. ✉ Willy-Brandt-Straße (GPS: 53°19'31"N / 8°28'46" E).

100 m 300 m 1 km

Stellplatz auf einem zentralen Parkplatz bei der Bahnlinie. Stellfläche auf Pflaster und Asphalt. Entsorgung am Binnenhafen. Ortszentrum 50 m entfernt. 2 Touristenplätze.

26919 Brake, Nordsee (c3/4) ST-D 2251/2

»BINNENHAFEN« 1.1. bis 31.12.
0049 4401 19433
info@brake-touristinfo.de, www.brake-touristinfo.de

➔ A 270 von Bremen nach Blumenthal, weiter nach Brake. ✉ Hafenstraße (GPS: 53°19'40"N / 8°28'57" E).

200 m 300 m

Stellplatz am Binnenhafen im Zentrum. Stellfläche auf Pflaster. Reservierung nicht erforderlich. Ortszentrum 100 m entfernt. 4 Touristenplätze.

27476 Cuxhaven-Döse, Cuxl. (c3) ST-D 2257

Abfahrt

15 **»STELLPLATZ MESSEPLATZ DÖSE«** 1.1. bis 31.12.
E.: Nordseeheilbad Cuxhaven GmbH 0049 4721 404444 2 m
ticketverkauf@tourismus.cuxhaven.de, www.cuxhaven.de

➔ A 27 Cuxhaven-Bremerhaven, Abf. (2) Altenwalde, weiter auf der B 73 nach Cuxhaven. An der Kreuzung links in die Poststraße abbiegen, Verlängerung Döser Feldweg. An der Schule rechts in den Stückenbütteler Weg einbiegen. Weiter durch die Straße Bei der Kirche in die Kurparkallee. Am Ende rechts in die Nordfeldstraße zum Ziel. Beschildert. ✉ Strandstr. 80 (GPS: 53°53'27"N / 8°40'40" E).

Kugelbake. Leuchtturm "Alte Liebe". Häfen (3 km). Museen (3 km). Schloss Ritzebüttel (4 km). Auswanderungsanlagen Steubenhöft (5 km).

W W Ch 100 m 200 m

500 m HS 800 m 2 km

Beleuchteter, markierter Stellplatz auf einem Großparkplatz in Strandnähe. Ebene Stellflächen auf Pflaster, von Büschen und Bäumen umsäumt. Stellplatz-Länge bis 10 m. Für Fahrzeuge über 5 t geeignet. Imbiss. Brötchenservice. HS Kurkonzerte. Wattwandern. Rad-/Wanderwegenetz. Ort 500 m entfernt. 75 Touristenplätze.

2022: C MC-St/N 11.–, KT P/N ab 16 J. 3.20, WD/6 min. 1.–, Wasser/60 l 1.–, Strom/1 kWh 1.–. P/N, H/N, Entsorgung und Müll inklusive.

27612 Loxstedt, Nordsee (c3) ST-D 2267/1

10 **»STELLPLATZ AM SPORTBOOTHAFEN«** 1.4. bis 15.10.
E.: Gemeinde Loxstedt 0049 4744 480, Fax 0049 4744 4855
gemeinde@loxstedt.de, www.loxstedt.de

➔ A 27 Bremerhaven-Bremen, Abf. (11) Stotel, weiter auf der B 437 Richtung Wesertunnel. Letzte Abfahrt vor dem Wesetunnel Richtung Wiemsdorf/Dedesdorf abbiegen. Im Ort den Hinweisen zum Sportboothafen im Außendeich folgen. Beschildert. ✉ Fährstraße (GPS: 53°26'38"N / 8°29'58" E).

St. Marien-Kirche mit Matthias-Schreiber-Orgel (15 km). St. Laurentius Kirche mit Arp-Schnitger-Orgel in Dedesdorf.

500 m 8 km

Stellplatz auf dem Außendeichgelände am Ortsrand, vom Weserufer durch Grünstreifen getrennt. Stellflächen auf Pflaster. Stellplatz-Länge bis 8 m. Rad-/Wanderwege. Maximal 3 Nächte Aufenthalt möglich! Ort 500 m entfernt. 5 Touristenplätze.

2023: MC-St/N 5.–, Strom/1 kWh –.50.

27612 Loxstedt, Nordsee (c3) ST-D 2267/2

0 **»REISEMOBILPLATZ STOTEL«** 1.1. bis 31.12.
0049 4744 480
gemeinde@loxstedt.de, www.loxstedt.de

➔ A 27 Bremen-Cuxhaven, Abf. (11) Stotel, weiter zum "Haus am See". ✉ Alte Schulstraße 75 (GPS: 53°26'31"N / 8°35'40" E).

1 km

Stellplatz auf dem Parkplatz neben dem Hotel Haus am See in ruhiger Ortsrandlage. Vom See durch einen Grünstreifen getrennt. Stellfläche auf Schotter. Reservierung nicht erforderlich. Ortszentrum 100 m entfernt. 4 Touristenplätze.

2023: Stellplatz ist kostenlos.

27432 Bremervörde ST-D 2269/1

15 **»WOHNMOBILSTELLPLATZ BREMERVÖRDE«**
0049 1525 6757181 1.1. bis 31.12.
touristik@bremervoerde.de, www.bremervoerde.de

➔ A 1 Bremen-Hambur, Abf. (49) Bockel, weiter auf B 71 nach Bremervörde. ✉ Kiebitzweg 1 (GPS: 53°29'42"N / 9°9'1" E).

Natur- und Erlebnispark Bremervörde.

W W Ch

Stellplatz am Vörder See beim Naturerlebnispark. Ebene Stellflächen auf Rasengittersteinen. Stellplatz-Länge bis 12 m. Ver- und Entsorgungsstation (Bodeneinlass, Trink- und Frischwasseranschluss) vorhanden. Neben dem Stellplatz befindet sich ein Service- und Infopoint mit modernen sanitären Anlagen, zum Teil behindertengerecht eingerichtet. Ortszentrum 2 km entfernt. 40 Touristenplätze.

2022: MC/N 14.–, WD 2.–, Strom/N 4.– (10 A). P/N, H/N, Entsorgung, Müll und Wasser inklusive.

27432 Bremervörde (d3) ST-D 2269/2

»SCHOMAKERS LANDGASTHOF« 1.1. bis 31.12.
0049 4761 99520
kathrin@schomakers.info, www.schomakers.info

➔ A 1 Bremen-Hamburg, Abf. (1) 49 Böckle, weiter auf B 71 nach Bremervörde. ✉ Elmer Landstraße 26 (GPS: 53°31'4"N / 9°12'21" E).

100 m

Stellplatz beim Strakhouse Schomakers Landgasthof. Stellfläche auf Wiese und Schotter. Reservierung nicht erforderlich. Restaurantbesuch obligatorisch. Ortszentrum 100 m entfernt. 15 Touristenplätze.

27446 Selsingen (d3) ST-D 2275

»WOHNMOBILSTATION SELSINGEN« 1.1. bis 31.12.
E.: Landtouristik SG Selsingen 0049 4284 9307111
landtouristik.sg@selsingen.de, www.selsingen.de

➔ A 1/E 22 Hamburg-Bremen, Abf. (49) Bockel, zur B 71 Richtung Bremervörde. In Selsingen Richtung Ober-Ochtenhausen abzweigen und der Beschilderung "Sportzentrum" folgen. ✉ Im Sick (GPS: 53°22'30"N / 9°12'28" E).

Kirche von 1725. Restauriertes Bauernhaus. Holländerwindmühle. Wassermühle. Hügelgrab.

WC

500 m HS 1 km

Stellplatz liegt im hinteren Bereich des Parkplatzes der Grundschule und des Sportzentrums am Ortsrand am Selsinger Bach. Von Bäumen umrahmt. Bahnlinie in der Nähe. Stellflächen leicht geneigt, gepflastert und beleuchtet. Während der Wintermonate ist die Frischwasserversorgung abgestellt! Ort 500 m entfernt. 10 Touristenplätze.

21614 Buxtehude (d3) ST-D 2284/1

»PFINGSTMARKTPLATZ« 1.1. bis 31.12.
E.: Stadt Buxtehude 0049 4161 5012345
stadtinfo@stadt.buxtehude.de, www.buxtehude.de

➔ B 73 Hamburg-Stade, in Neukloster zum Stellplatz abbiegen. ✉ Cuxhavener Str. (GPS: 53°28'48"N / 9°38'7" E).

Abthaus. Marschtorzwinger. Hist. Altstadt. St.-Petri-Kirche.

W WC Ch

300 m 500 m

Beleuchteter Stellplatz auf dem Marktplatz in unmittelbarer Nähe des Alten Landes. Stellflächen auf Asphalt. Stellplatz-Länge bis 12 m. Ankunftszeiten Mo.-Fr. 5-20 Uhr, Sa. 8-19 Uhr, So. 9-19 Uhr. Eine Woche vor und nach Pfingsten Fremdnutzung des Parkplatzes. S-Bahn-Anschluss nach Hamburg. Maximal 1 Nacht Aufenthalt möglich! 40 Touristenplätze.

21614 Buxtehude (d3) ST-D 2284/2

»SCHÜTZENPLATZ« 1.1. bis 31.12.
E.: Stadt Buxtehude 0049 4161 5012345
stadtinfo@stadt.buxtehude.de, www.buxtehude.de

➔ B 73 Hamburg-Stade, bis Buxtehude, dann abbiegen in die Lüneburger Schanze/Moisburger Str. zur Ortsmitte. Beschildert. ✉ Genslerweg (GPS: 53°28'17"N / 9°41'43" E).

St.-Petri-Kirche. Abthaus. Marschtorzwinger. Museum. Hist. Altstadt. Fleth.

Ch

100 m 500 m HS 1.5 km

Beleuchteter Stellplatz an der Este, 5 Gehminuten von der Alstadt entfernt und von Bäumen umgeben. Stellflächen auf Sand, Splitt, Schotter. Stellplatz-Länge bis 12 m. Für Fahrzeuge über 5 t geeignet. Teilweise Sperrungen bei Messen und Veranstaltungen. Bekanntgabe im Internet oder auf Anfrage. Zwei Golfplätze 1 km entfernt. 30 Touristenplätze.

21635 Jork (d3) ST-D 2286/1

»FESTPLATZ JORK« 1.1. bis 31.12.
E.: Gemeinde Jork 0049 4162 914755
info@mein-altes-land.de, www.mein-altes-land.de

➔ B 73 Hamburg - Stade, bei Neukloster Richtung York abbiegen. ✉ Am Fleet (GPS: 53°31'48"N / 9°40'49" E).

St.-Matthias-Kirche. Nikolai-Kirche. Rathaus. Museum. Hist. Ortskern.

W W WC Ch

100 m 300 m 500 m

Beleuchteter Stellplatz auf dem Festplatz neben einem Sportplatz. Stellflächen auf Asphalt. Stellplatz-Länge bis 12 m. Für Fahrzeuge über 5 t geeignet. Bei Veranstaltungen wird der Platz gesperrt (zu erfragen in der Touristik-Zentrale). Gebühr am Parkautomaten, Münzen oder EC-Karte. Ort 100 m entfernt. 50 Touristenplätze.

21635 Jork (d3) ST-D 2286/2

»STUBBES GASTHAUS« 1.1. bis 31.12.
E.: Maren Stubbe 0049 4142 2535, Fax 0049 4142 812354
info@stubbes-gasthaus.de, www.stubbes-gasthaus.de

➔ B 73 Hamburg-Stade, in Neukloster abbiegen nach York und weiter nach Borstel. Abbiegen in die Straße Neuenschleuse (K 39). Beschildert. ✉ Lühe 46 (GPS: 53°34'9"N / 9°38'0" E).

Kirchen und Museen im Alten Land.

W W WC

1 km 3 km

Ruhiger Stellplatz hinter dem Restaurant am Deichwanderweg. Stellflächen auf Wiese und Schotter. Stellplatz-Länge bis 8 m. Reservierung empfohlen. Liegewiese und Feuerstelle. Brötchenservice. Frühstücksangebote. Bezahlung in der Gaststätte. Nächste Ver-/Entsorgungsstation Wetterndorf (3 km Entfernung). Ort 3 km entfernt. 14 Touristenplätze.

21635 Jork (d3) ST-D 2286/3

»STELLPLATZ AM YACHTHAFEN« 1.1. bis 31.12.
E.: Gemeinde Jork ☏ 0049 4162 914755
info@mein-altes-land.de, www.mein-altes-land.de

➔ B 73 Buxtehude - Stade, in Neukloster nach Jork abbiegen. In Jork weiter nach Borstel, dort abbiegen nach Wisch/Lühe. Beschildert. ✉ Yachthafenstr. (GPS: 53°33'11"N / 9°40'7" E).
Hogendiekbrücke. Borsteler Kirche. Kirche Jork. Museum Altes Land. Schiffsbegrüßungsanlage Wedel.

RES WC W W

500 m 1 km 2.5 km

Stellplatz direkt am Deich beim Yachthafen Neuenschleuse, von Obstbaumplantagen umgeben. Ebene Stellflächen auf Schotter und Wiese. Stellplatz-Länge bis 10 m. Für Fahrzeuge über 5 t geeignet. Café auf dem Deich. Die Sanitäreinrichten können während der Öffnungszeiten des Cafés benutzt werden. Im Café ist auch der Schlüssel für die Duschen hinterlegt. Bezahlung erfolgt am Parkscheinautomaten. Bei Veranstaltungen wird der Platz gesperrt! Ort 3 km entfernt. 20 Touristenplätze.

21723 Hollern-Twielenfleth (d3) ST-D 2288

»STELLPLATZ HOLLERN-TWIELENFLETH« 1.1. bis 31.12.
E.: Samtgemeinde Lühe ☏ 0049 4142 8990
info@luehe-online.de, www.luehe-online.de

➔ A 1 Hamburg–Bremen, Abf. (44) Rade, weiter auf der B 3 Richtung Stade. Ab Ovelgönne auf der B 73 bis Agathenburg und vor Stade rechts ab auf die L 111, dann rechts ab auf die L 140 nach Hollern. Im Ort links in die Twielenflether Chaussee und weiter über die Mühlenstraße bis zum Deich fahren. ✉ Am Deich 43 (GPS: 53°36'15"N / 9°33'33" E).
Kirche Twielenfleth. Ausstellung Schiffsmodelle im Twielenflether Leuchtturm. St. Martini et Nicolai Kirche. Fachwerkschifferkirche in Grünendeich.

RES 100 m HS 200 m 300 m

Separater Stellplatz auf einem Parkplatz neben dem Fährhaus Twielenfleth im Deichvorland. Der Bereich liegt im Außendeich und ist Überschwemmungsgebiet. Stellflächen auf Pflaster. Stellplatz-Länge bis 12 m. Imbiss. Fremdenverkehrsführungen in historischer Tracht. 15 Touristenplätze.

21682 Stade (d3) ST-D 2290/1

Abfahrt

»WOHNMOBIL-STELLPLATZ "AM SCHIFFERTOR"«
E.: STADE Marketing und Tourismus GmbH 1.1. bis 31.12.
☏ 0049 4141 409170, Mobil 0049 4141 7769840
info@stade-tourismus.de, www.stade-tourismus.de

➔ A 1 Hamburg–Bremen, Abf. (44) Rade, auf die B 3 nach Neu Wulmstorf, auf die B 73 nach Stade. Beschildert. ✉ Schiffertorstr. 21 (GPS: 53°36'10"N / 9°28'0" E).
Holzkran. Senatorenhaus. Hökerhus. Schwedenspeicher. Fachwerkhäuser. Kirchen. Rathaus.

RES WC W W Ch W

100 m 600 m 800 m 1.3 km

HS 2.5 km

Beleuchteter, elypsenförmig angelegter Stellplatz am Rande der Schwingewiesen nahe der historischen Altstadt. Ebene, parzellierte und durch Hecken getrennte Stellflächen auf Schotter. Stellplatz-Länge bis 12 m. Für Fahrzeuge über 5 t geeignet. Brötchenservice. Obst, Gemüse und regionale Spezialitäten in der Saison von Mittwoch bis Freitag. Bezahlung am Kassenautomaten (auch bargeldlos). S-Bahn-Anbindung nach Hamburg. 79 Touristenplätze.

21683 Stade GT Abbenfleth (d3) ST-D 2290/2

»WOHNMOBILSTELLPLATZ AN DER FESTUNG GRAUERORT«
E.: STADE Marketing & Tourismus GmbH 1.1. bis 31.12.
☏ 0049 4141 7769840, **wohnmobilstellplatz@stade-tourismus.de**
www.stade-tourismus.de

➔ Aus Richtung Stade dem Obstmarschenweg (L111) Richtung Drochtersen/Wischhafen folgen. Beim Abzweig Abbenfleth weiter geradeaus und nach ca. 200 m rechts in die Zufahrtsstraße zur Festung abbiegen, beschildert. ✉ Schanzenstr. 52 (GPS: 53°40'39"N / 9°29'24" E).
Festung Grauerort. Historische Hansestadt Stade (ca. 10 km).

WC W W 2 km 4 km

Beleuchteter Stellplatz nördlich von Stade direkt bei der Festung Grauerort. Die Elbe ist nur 20 m entfernt. Der Stellplatz befindet sich in einem Seitenhof mit offenem Zugang zur Festung, einige Plätze befinden sich im angrenzenden Innenhof. Von Bäumen umrahmt. Ebene, geschotterte Stellflächen bis 10 m Länge. Brötchenservice. Ort 4 km entfernt. 25 Touristenplätze.

21737 Wischhafen (d3) ST-D 2292/1

»STELLPL. A. KÜSTENSCHIFFFAHRTS-MUSEUM«
E.: Gemeinde Wischhafen ☏ 0049 4770 831129 1.1. bis 31.12.
info@tourismus-kehdingen.de, www.tourismus-kehdingen.de

➔ A 1 Hamburg-Bremen, Abf. (49) Bockel, weiter der B 71 folgen bis Bremervörde, dann auf die B 495 nach Wischhafen. Im Ort der Stader Straße folgen, in die Hafenstraße einbiegen zum Ziel. Beschildert. ✉ Unterm Deich 7 (GPS: 53°46'30"N / 9°19'15" E).
Kehdinger Küstenschifffahrtsmuseum.

RES WC WC 500 m

Separater Stellplatz beim Museum hinter dem Deich. Stellflächen auf Schotter und Gras. Stellplatz-Länge bis 12 m. Nächste Ver-/Entsorgung im Gewerbegebiet "Zieglestraße". Ort 200 m entfernt. 6 Touristenplätze.

21737 Wischhafen (d3) ST-D 2292/2

»WOHNMOBILSTELLPLATZ AN DER ELBFÄHRE« 1.1. bis 31.12.
E.: Gemeinde Wischhafen ☏ 0049 4770 831129
info@tourismus-kehdingen.de, www.tourismus-kehdingen.de

➔ A 1 Hamburg-Bremen, Abf. (49) Bockel, weiter der B 71 folgen bis Bremervörde, dann auf die B 495 nach Wischhafen. Durch den Ort in Richtung Elbfähre. Beschildert. ✉ Glückstädter Str. 2 (GPS: 53°47'10"N / 9°20'25" E).
Kehdinger Küstenschifffahrtsmuseum (3 km).

RES 1 km 3 km

Stellplatz auf dem Parkplatz der Elbfähre. Stellflächen auf Schotterrasen und Gras. Stellplatz-Länge bis 12 m. Nächste Ver-/Entsorgung im Gewerbegebiet "Zieglestraße". Ort 3 km entfernt. 15 Touristenplätze.

21737 Wischhafen (d3) ST-D 2292/3

»WOHNMOBILSTELLPLATZ OEDERQUART« 1.1. bis 31.12.
☏ 0049 4770 831129
info@tourismus-kehdingen.de, www.tourismus-kehdingen.de

➔ Von Hamburg nach Cuxhaven weiter zum Sportplatz. ✉ Am Sportplatz (GPS: 53°48'14"N / 9°14'40" E).

700 m

Stellplatz im grünen am Sportplatz. Stellfläche auf Pflaster. Ortszentrum 600 m entfernt. 6 Touristenplätze.

21737 Wischhafen (d3) ST-D 2292/4

»AM HAFEN« 1.1. bis 31.12.
☏ 0049 4770 831129
info@tourismus-kehdingen.de, www.tourismus-kehdingen.de

➔ Von Hamburg nach Cruxhaven an der Elbe entlang nach Wischhafen. ✉ Hafenstraße 10 (GPS: 53°46'22"N / 9°19'20" E).

500 m 800 m

Stellplatz mit Blick auf den Hafen. Stellfläche auf Schotterrasen. Spendenstein vorhanden. Ortszentrum 600 m entfernt. 12 Touristenplätze.

21787 Oberndorf OT Bentwisch (d3) ST-D 2293

»WOHNMOBILSTELLPLATZ OBERNDORF (OSTE)«
E.: Touristenzentrale Wingst ☏ 0049 4778 81200 1.1. bis 31.12.
urlaub@wingst.de, www.wingst.de

➔ B 73 Stade-Otterndorf, in Höden nach Oberndorf abbiegen. Im Ort über die Ostebrücke bis zur Feuerwehr. Beschildert. ✉ Bentwisch (GPS: 53°45'15"N / 9°9'1" E).
Heimatstube. St. Georgs-Kirche mit historischer Orgel.

WC W WC

500 m

Der Wohnmobilstellplatz liegt nur wenige hundert Meter von der Oste entfernt im Ortsteil Bentwisch in der Nähe zur Ostebrücke. Stellflächen auf Schotter, teilweise von Büschen umgeben, zur Straße hin abgezäunt. Stellplatz-Länge bis 10 m. Im Ortskern auf der andere Seite der Brücke befinden sich der Heimatanleger des Fahrgaschiffes MS Mocambo. Ort 200 m entfernt. 6 Touristenplätze.

21789 Wingst (d3) ST-D 2295

15 **»KNAUS REISEMOBILSTELLPLATZ WINGST«** 1.3. bis 26.11.
☏ 0049 4778 7604
wingst@knauscamp.de

➔ B 73 Hamburg-Cuxhaven über Stade, hinter Hemmoor die 3. Abfahrt nach Wingst. ✉ Schwimmbadallee 13 (GPS: 53°45'9"N / 9°5'0" E).
Balksee. Zoo in der Wingst. Hünengräber. Deutscher Olymp.

W W Ch W W

TV 200 m

W W 500 m 1.5 km

Stellplatz beim Campingplatz KNAUS CAMPINGPARK WINGST. Ort 2 km entfernt.
2022: MC-St/N 12.–, Waschmaschine 5.–, Trockner 5.–, Sanitärbenutzung/N 3.50, Strom/N 4.– (16 A). P/N, H/N, Entsorgung, Müll und Wasser inklusive. Sanitärbenutzung/N ab 16 J. 5.– / Kinder (4 bis 15 J.) 3.–.

Gasflaschen müssen während der Fahrt zugedreht sein. Es sei denn, es ist ein Crash-Sensor vorhanden, der bei Unfällen verhindert, dass unkontrolliert Gas ausströmt.

21762 Otterndorf, Nordsee ST-D 2297

15 »STELLPLATZ AM SEGLERTREFF« März bis Okt.
P.: Thomas Karbach Mobil 0049 177 2556656
thomas.karbach@t-online.de, www.seglertreff-otterndorf.de

➔ A 27 Bremerhaven-Bremen bis zum Autobahnende Cuxhaven, weiter auf der B 73 nach Otterndorf. Hinter dem Zentrum links in den "Liebesweg" abbiegen. Am Ende der Straße am Kreisverkehr links in die "Schillerstraße" und weiter die "Schleusenstraße" zur "Schleuse" befahren zum Ziel. Beschildert. ✉ Schleuse 5 (GPS: 53°49'23"N / 8°53'41" E).
Historische Altstadt. St. Severi Kirche. Johann-Heinrich-Voss-Museum. Kranichhaus-Museum. Museum gegenstandsfreier Kunst. Schöpfwerk. Schleuse.

WC W W WC Ch S H 100 m 200 m HS300 m 500 m 800 m 2 km

Beleuchteter Stellplatz auf dem Parkplatz unmittelbar am Seglertreff gegenüber dem Seglerhafen. Parzellierte, ebene Stellflächen auf Schotter. Stellplatz-Länge über 12 m. Für Fahrzeuge über 5 t geeignet. Barzahlung beim Kassierer. Reservierung bei Gruppen empfohlen. Imbiss. Kiosk. Die Sanitäranlage der Segler kann benutzt werden. Maximal 3 Nächte Aufenthalt möglich! Kite-Surf-Kurse. Skateranlage. Rad-/Wanderwegenetz. Ort 500 m entfernt. 22 Touristenplätze.
2022: St/N 12.– zzgl. Gästebeitrag. Strom/kWh –.60 (8 A). Bezahlung am Kiosk.

26624 Südbrookmerld.-Bedekaspel, Ostf. ST-D 2300

20 »WOHNMOBILHAFEN GROSSES MEER« 1.1. bis 31.12.
V.: Sutorius ☎ 0049 4942 20472000, Fax 0049 4942 20472001
info@grossesmeer.de, www.grossesmeer.de

➔ A 31 Leer-Emden, Abf. (6) Riepe weiter nach Südbrookmerland. ✉ Am Gästehafen 1 / Langer Weg (GPS: 53°26'41"N / 7°18'28" E).

WC W W Ch W 100 m 200 m

Stellplatz direkt neben dem Campingplatz. Stellflächen auf Pflaster. Reservierung nicht erforderlich. Bäckerwagen in der Saison. Kiosk. Außerhalb des Wohnmobilstellplatzes in Höhe der Ausfahrtsschranke besteht die Möglichkeit der Versorgung mit Trinkwasser, sowie der Entsorgung von Grauwasser und Fäkalabwasser. Ortszentrum 3 km entfernt. 30 Touristenplätze.
2022: St/N bis 16.–, H/N 3.–, WD 1.50, Müllgeb. St/N 2.–, Waschmaschine 3.–, Trockner 3.–, Entsorgung –.50, Wasser/70 l –.50, Strom/1 kWh 1.–.

26629 Großefehn-Timmel, Ostf. (b3) ST-D 2301/1

20 »STELLPLATZ BEIM CAMPING TIMMELER MEER«
E.: Gemeinde Großefehn V.: Leister 1.1. bis 31.12.
☎ 0049 4945 91970, Fax 0049 4945 919722
info@campingplatz-timmel.de, www.grossefehn-touristik.de/camping.html

➔ A 31 Meppen-Emden, Abf. (7) Richtung Timmel. ✉ Zur Mühle 13 (GPS: 53°21'46"N / 7°30'48" E).

W W Ch W W HS 50 m 200 m 500 m S800 m

Wohnmobilstellplätze auf dem Ferien und Außenplatz des Campingplatzes CAMPING TIMMELER MEER. 6 schattigen Stellplätze vor dem Campingplatz. Weitere Wohnmobil-Stellplätze befinden sich am Hafen. Ort 400 m entfernt. 12 Touristenplätze.
2022: St/N bis 16.50, WD 2.–, Waschmaschine 2.–, Trockner 2.–, Wasser/100 l 1.–, Strom/1 kWh 1.– (16 A). P/N, H/N, Entsorgung und Müll inklusive.

26629 Großefehn-Timmel, Ostf. (b3) ST-D 2301/3

10 »FERIENHOF WELSCH REITERHOF« 1.1. bis 31.12.
V.: Bernd Welsch ☎ 0049 4945 912900
bernd.welsch@t-online.de, www.fewo-welsch.de

➔ A 28 Oldenburg-Leer, Abf. (2) Leer-Ost, weiter auf B 438 nach Timmel. ✉ Ulbargerstraße 17 (GPS: 53°21'53"N / 7°31'44" E).

Ch 1 km

Stellplatz auf dem Ferien und Reiterhof. Stellfläche auf Schotterrasen. Reservierung erforderlich. Ortszentrum 1 km entfernt. 8 Touristenplätze.
2022: MC-St/N inkl. 2 P/N 8.– bis 10.–, Waschmaschine 4.–, Trockner 4.–, Wasser/100 l 1.–, Strom/1 kWh –.50. H/N, Entsorgung und Müll inklusive. Pool 2.–, Fahrradverleih 5.–, Sauna pro Pers. 5.–, Sonnenbank 5.–.

26810 Westoverledingen, Ostf. (b4) ST-D 2304/1

»STELLPLATZ SCHÜTZENPLATZ« 1.1. bis 31.12.
E.: Folkert Reepmeyer ☎ 0049 4955 8298 1 m
gaststaette-reepmeyer@gmx.de, www.gaststaette-reepmeyer.de

➔ A 31 Leer–Meppen, Abf. (15) Papenburg, weiter auf der K 27 nach Papenburg. Dann B 70 Richtung Leer bis zur Abf. Flachsmeer. Im Ort rechts in die Königstr. und dann links in Zielstr. Beschildert. ✉ Papenburger Str. 74 (GPS: 53°7'38"N / 7°27'48" E).
Schulmuseum (5 km). Schifffahrtsmuseum (5 km). Meyer-Werft Papenburg (7 km).

RES WC WC Ch 100 m 200 m HS1 km 1.5 km

Beleuchteter Stellplatz hinter dem Gasthof. Ebene, teils parzellierte Stellflächen auf Wiese. Stellplatz-Länge bis 12 m. Im Sportlerheim sind auf Nachfrage die Sanitäreinrichtungen nutzbar. Starke Beanspruchung durch Pkw während Fußballspielen. Rad-/Wanderwegenetz. Stellplatz am zweiten Juni-Wochenende bezüglich Schützenfest gesperrt. Ort 500 m entfernt. 10 Touristenplätze.

26810 Westoverledingen, Ostf. (b4) ST-D 2304/2

»STELLPLATZ ZUR MÜHLE« 1.1. bis 31.12.
E.: Maria Cramer ☎ 0049 4955 7760, Fax 0049 4955 997681 1 m
info@gasthaus-zurmuehle.de

➔ A 31 Leer–Meppen, Abf. (15) Papenburg, weiter auf der K 27 nach Papenburg. Dann B 70 Richtung Leer bis zur Abf. Flachsmeer. Im Ort rechts in die Königstr. und wiederum nach 1 km rechts in Zielstr. Beschildert. ✉ Mühlenstr. 214 (GPS: 53°7'45"N / 7°26'26" E).
Schifffahrtsmuseum. Schulmuseum (7 km). Meyer-Werft (9 km).

WC WC Ch HS500 m 800 m 1.5 km 2.5 km

Beleuchteter Stellplatz hinter dem Gasthaus. Ebene, teils durch Büsche parzellierte Stellflächen auf Schotterrasen. Reservierung bei Gruppen erbeten. Boule-Bahn. Imbiss. Brötchenservice. Rad-/Wanderwegenetz. 30 Touristenplätze.

26670 Uplengen-Remels, Ostf. (b4) ST-D 2309/2

10 »REISEMOBILPLATZ SCHÜTZENPLATZ« 1.1. bis 31.5.
☎ 0049 4956 912177 21.6. bis 31.12.
touristinfo@uplengen.de, www.uplengen.de

➔ A 28 Oldenburg-Leer, Abf. (4) Apen/Remels, weiter zum Schützenplatz. ✉ Schützenstraße (GPS: 53°18'26"N / 7°44'51" E).

Ch 500 m

Stellplatz in idyllischer Lage direkt am Höstpark. Stellfläche auf Rasengittersteinen. Reservierung nicht erforderlich. Ortszentrum 100 m entfernt. 10 Touristenplätze.
2023: MC/N 7.–, Strom/N 2.–. H/N, Entsorgung, Müll und Wasser inklusive.

26670 Uplengen-Remels, Ostf. (b4) ST-D 2309/3

10 »STELLPLATZ UPLENGEN« 1.1. bis 31.12.
☎ 0049 4956 912177
touristinfo@uplengen.de, www.uplengen.de

➔ A 28 Oldenburg-Leer, Abf. (4) Apen/Remels, weiter nach Remels. ✉ Uferstraße (GPS: 53°18'4"N / 7°45'5" E).

Ch 200 m 500 m

Stellplatz auf einem Parkplatz am Nordgeorgsfehnkanal direkt an der Paddel&Pedal-Station in Remels. Stellfläche auf Schotter. Reservierung nicht erforderlich. Maximal 3 Nächte Aufenthalt möglich. Ortszentrum 100 m entfernt. 5 Touristenplätze.
2023: MC/N 7.–, Strom/N 2.–. H/N, Entsorgung, Müll und Wasser inklusive.

49762 Lathen, Emsland (b4) ST-D 2310

Abfahrt

»STELLPLATZ BEIM CAMPING LATHENER MARSCH«
P.: Monika Theisling ☎ 0049 5933 934510 1.1. bis 31.12.
Fax 0049 5933 9345130, **hotel-lathen@t-online.de, www.camping-lathen.de**

➔ B 70 Meppen-Papenburg, in Lathen beschildert. ✉ Marschstr. 4 (GPS: 52°51'30"N / 7°18'15" E).

WC W W Ch W500 m 8 km

Stellplatz auf dem Parkplatz des Hotel-/Restaurants LATHENER MARSCH und dem dazugehörigen Campingplatz. Stellflächen auf Rasengittersteinen direkt an einem kleinen See. Von Bäumen teilweise beschattet. Mit einem kleinen beheizten Sanitärhaus mit Toilette und Dusche. Kiosk mit Imbiss und Brötchen. Ort 1 km entfernt. 40 Touristenplätze.

26789 Leer-Logabirum, Ostfr. (b4) ST-D 2311

Abfahrt

»STELLPLATZ MÜHLENHOF LOGABIRUM« 1.1. bis 31.12.
E.: Anita und Herr Jan Eiklenborg ☎ 0049 491 99239955 6 m
muehle@eiklenborg.de, www.eiklenborg.de

➔ A 28 Leer-Oldenburg, Abf. (2) Leer-Ost, weiter auf der B 436 nach Logabirum. Am Ortseingang am Einrichtungszentrum rechts auf die Logabirumer Str. einbiegen. Beschildert. ✉ Logabirumer Str. 55 (GPS: 53°14'49"N / 7°30'58" E).
Historische Altstadt Leer. Heimatmuseum. Schloss Evenburg (2 km). Wasserwerk Hasselt (8 km).

WC W W Ch 100 m 500 m 1.5 km

Beleuchteter Stellplatz auf einem Parkplatz bei der Windmühle. Ebene Stellflächen auf Asphalt und Wiese. Sitzmöglichkeit unter einem Dach. Stellplatz-Länge bis 12 m. Reservierung bei Gruppen erbeten. Maximal 3 Nächte Aufenthalt möglich! Frisches Brot an der Mühle. Rad-/Wanderwegenetz. Ort 500 m entfernt. 20 Touristenplätze.

26683 Saterland-Scharrel, Ostf. (b4) ST-D 2315

»STELLPLATZ MAIGLÖCKCHENSEE« 1.1. bis 31.12.
E.: Bürgerverein Scharrel ☎ 0049 4492 1867 9 m
w.poerschke@rat.saterland.de, www.saterland.de

➔ A 28 Leer-Oldenburg, Abf. (3) Filsum, weiter auf der B 72 Richtung Süden nach Scharrel. Im Ort der Hauptstraße bis zum Stellplatz folgen. Beschildert. ✉ Am Sportplatz 20 (GPS: 53°4'14"N / 7°41'52" E).
Kirche St. Peter und Paul. Galerie-Holländer-Windmühle. Saterfriesisches Kulturhaus. Moorbahn Seelter Foonkieker (7 km).

RES WC W W

500 m 600 m HS 1 km

Beleuchteter Stellplatz am See. Ebene, durch Hecken parzellierte Stellflächen auf Schotterwiese. Stellplatz-Länge bis 12 m. Für Fahrzeuge über 5 t geeignet. Rad-/Wanderwegenetz. Ort 500 m entfernt. 25 Touristenplätze.

26683 Strücklingen (b4) ST-D 2316/1

Abfahrt

»STELLPLATZ STRÜCKLINGER HOF« 1.1. bis 31.12.
E.: Bernd Helmke ☏ 0049 4498 2121 3 m
helmke-kallage@t-online.de, www.struecklinger-hof.de

➔ A 28 Leer–Oldenburg, Abf. (3) Filsum, weiter auf der B 72 in Richtung Saterland. Bei der Abf. Strücklingen zum gleichnamigen Ort. Der Landgasthof steht direkt an der Hauptstraße. Beschildert. ✉ Hauptstr. 640 (GPS: 53°7'41"N / 7°40'6" E).
Moorfeldbahn. Moor-/Fehnmuseum (3 km). Schiffsmuseum (6 km).

RES W W 200 m

Beleuchteter Stellplatz auf ausgewiesenem Gelände, von Bäumen umgeben, hinter dem Gasthof an der Sagter-Ems direkt an der Deutschen Fehnroute. Ebene Stellflächen auf Schotterwiese und Gras. Stellplatz-Länge bis 12 m. Für Fahrzeuge über 5 t geeignet. Barzahlung in der Gaststätte. Kiosk. Imbiss. Jährliche Veranstaltungen: Irische Nacht am Gründonnerstag und Silvesterball. Grillhütte. Mietbarer Aufenthaltsraum. Ort 200 m entfernt. 15 Touristenplätze.

26683 Strücklingen (b4) ST-D 2316/2

Abfahrt

»STELLPLATZ SAGTER-EMS« 1.1. bis 31.12.
E.: Gemeinde Saterland Mobil 0049 172 5761005 3 m
info@reisemobilpark-sagter-ems.de

➔ A 28 Leer–Oldenburg, Abf. (3) Filsum, weiter auf der B 72 in Richtung Saterland. Bei der Abf. Strücklingen zum gleichnamigen Ort. Am 1. Kreisverkehr rechts in die Zielstr. Beschildert. ✉ Hauptstr. 608 (GPS: 53°7'16"N / 7°40'5" E).
Moorfeldbahn. Moor-/Fehnmuseum (3 km). Schiffsmuseum (6 km).

W W Ch 500 m 1 km HS 1.5 km

Beleuchteter Stellplatz am Ufer der Sagter Ems. Ebene, parzellierte Stellflächen auf geschotterter Wiese. Stellplatz-Länge bis 12 m. Für Fahrzeuge über 5 t geeignet. Reservierung bei Gruppen wird erbeten. Liegewiese. Rad-/Wander-/Paddelwegenetz. Nachtbootsfahrten bei Vollmond. Ort 500 m entfernt. 55 Touristenplätze.

26842 Ostrhauderfehn-Idafehn, Ostf. (b4) ST-D 2317/1

15 **»STELLPLATZ AM CPL. U. FREIZEITANL. IDASEE«**
E.: Ralf Kraft ☏ 0049 4952 994297 3 m 1.1. bis 31.12.
Fax 0049 4952 808628, **info@campingidasee.de, www.camping-idasee.de**

➔ B 72 Cloppenburg-Aurich Abf. Strücklingen auf die B 438 Richtung Rhauderfehn. In Idafehn rechts abbiegen. ✉ Idafehn-Nord 77 b (GPS: 53°9'14"N / 7°38'33" E).

W W Ch W W HS 50 m S 100 m 300 m

Stellplatz beim Campingplatz CAMPING UND FREIZEITANLAGE IDASEE. Ort 2 km entfernt. 10 Touristenplätze.
2022: MC-St/N 12.– bis 14.–, WD –.50, Waschmaschine 3.–, Trockner 3.–, Strom/N 2.–. P/N, H/N, Entsorgung, Müll und Wasser inklusive.

26842 Ostrhauderfehn, Ostfr. (b4) ST-D 2317/2

»WOHNMOBILSTELLPLATZ OSTRHAUDERFEHN«
E.: Tourist-Information ☏ 0049 4952 80544 3 m 1.1. bis 31.12.
info@ostrhauderfehn.de, www.ostrhauderfehn.de

➔ A 28 Oldenburg–Leer, Abf. (3) Filsum, weiter auf der B 72 bis zur Abfahrt Strücklingen. Weiter auf der B 438 nach Ostrhauderfehn und in die "Kirchstraße" links abbiegen, abermals links in die Zielstraße. ✉ Liebigstraße (GPS: 53°8'17"N / 7°37'24" E).
Mühle Idafehn (1 km). Fehn-/Schifffahrtsmuseum Rhauderfehn (5 km). Meyer-Werft Papenburg (15 km).

RES W W WC Ch TV 100 m 200 m 500 m 1.5 km HS 3 km

Beleuchteter und parzellierter Stellplatz hinter dem Rathaus. Abgegrenzt durch Büsche und Bäume von einer entfernt liegenden Hauptstraße. Ebene Stellflächen (6x15 m) auf Pflaster und Schotter. Stellplatz-Länge bis 12 m. Für Fahrzeuge über 5 t geeignet. Betreuung durch Platzwart oder Tourist-Information. Zugang zum Sanitär mit einem Code. Brötchenservice von April bis Nov.. Ort 200 m entfernt. 32 Touristenplätze.

26817 Rhauderfehn, Ostfr. (b3/4) ST-D 2317/3

15 **»STELLPLATZ "PADDEL UND PEDAL"«** 1.1. bis 31.12.
E.: Dieter Anneken 3 m
☏ 0049 4952 921441, Mobil 0049 174 9937338
dieter.anneken@ewetel.net, www.cafe-rhauderfehn.de

➔ A 28 Oldenburg–Leer, Abf. (3) Filsum, weiter auf der B 72 Richtung Saterland. Bei der Abf. Strücklingen auf die B 438 nach Rhauderfehn und dort vor der Klappbrücke in die Zielstraße abbiegen. Beschildert. ✉ Am Siel 6a (GPS: 53°8'19"N / 7°35'13" E).
Mühle Rhande. Fehn-/Schifffahrtsmuseum. Mühle Hahnentange (2 km). Mühle Rhaude (3 km). Kirche.

W W WC Ch

200 m 300 m 700 m 1 km 2 km

Bewachter und beleuchteter Stellplatz direkt am Fehnkanal im Landschaftsschutzgebiet. Befestigte Stellflächen auf Schotterrasen, durch junge Hecken parzelliert. Stellplatz-Länge bis 12 m. Für Fahrzeuge über 5 t geeignet. Entsorgungsanlage und Frischwassersäule. Reservierung bei Gruppen empfohlen. Erwerb von selbstgebackenem Brot und Kuchen (Holzbackofen) als auch Zeitungen im daneben gelegenen Cafe erhältlich. Fahrrad- und Kanutouren ab dem Stellplatz möglich. Ort 1 km entfernt. 16 Touristenplätze.
2022: St/N 12.–, extra MC/N 7.–, WD 2.50, Müllgeb./Sack 1.–, Wasser/100 l 1.–, Sanitärbenutzung/N 1.50, Strom/8 Std. 1.–. P/N, H/N und Entsorgung inklusive. Nur Barzahlung am Parkscheinautomat. Täglich ein Parkschein. Der Parkschein muss deutlich sichtbar im Fahrzeug angebracht werden.

26676 Barßel, Ostfriesland (b4) ST-D 2318

»REISEMOBILHAFEN BARSSEL« 1.1. bis 31.12.
P.: Monika Weerts ☏ 0049 174 5459734
pp-weerts@t-online.de, www.womo-stellplatz-barssel.de

➔ A 28 Oldenburg-Leer, Abf. (4) Apen/Remels, weiter zum Bootshafen. ✉ Deichstraße (GPS: 53°10'6"N / 7°44'0" E).

W W 200 m 500 m

Stellplatz direkt am Barßeler Hafen neben der Paddelstation. Direkter Blick auf den Hafen und die Boote. Ebene Stellflächen auf Schotterrasen. Anbindung an die Ferienroute/Fahrradwege. Ortszentrum 500 m entfernt. 18 Touristenplätze.

26655 Westerstede-Linswege, Ostf. (c4) ST-D 2319

Abfahrt

»STELLPLATZ RHODODENDRONPARK« 1.1. bis 31.12.
E.: Volker Hobbie ☏ 0049 4488 2294 8 m
buero@hobbie-rhodo.de, www.hobbie-rhodo.de

➔ A 28 Leer-Oldenburg i.O., Abf. (6) Westerstede, weiter auf der Ammerlandalle/Neuenburger Str. Richtung Norden. Nach ca. 1.6 km rechts abbiegen in die Str. Zum Hullen/Alpenrosenstr. Beschildert. ✉ Alpenrosenstr. 7 (GPS: 53°17'15"N / 8°0'27" E).
Alte Pastorei. Bethaus in Felde. Bürgerhäuser. Howieker Wassermühle. Kath. Herz-Jesu-Kirche. Krömerei. Mansinger Burgplatz. Moorgut Karlshof.

7 km 8 km

Stellplatz auf öffentlichem Parkplatz gegenüber des Rhodo-Parks. Ebene Stellflächen auf Schotterrasen, Sand, Splitt, Schotter, Wiese. Stellplatz-Länge über 12 m. Für Fahrzeuge über 5 t geeignet. Café und WC geöffnet während der Blütezeit von Ende April bis Mitte Juni. Reservierung von Gruppen wird erbeten. Rad-/Wanderwegenetz. Ort 8 km entfernt. 15 Touristenplätze.

26655 Westerstede (c3) ST-D 2320/1

Abfahrt

25 **»CAMPING- U. STELLPLATZ WESTERSTEDE«**
P.: Familie Nixdorf ☏ 0049 4488 78234 1.1. bis 31.12.
Fax 0049 4488 78234, **info@camping-westerstede.de**
www.camping-westerstede.de

➔ A28/E22 Oldenburg-Leer Abf. (6) Westerstede Richtung Bad Zwischenahn. ✉ Süderstr. 2 (GPS: 53°15'1"N / 7°56'3" E).
Rhododendronstadt. Vogelschutzgebiet

W W Ch W 200 m 300 m 800 m W 1 km

Stellplatz beim Campingplatz CAMPING WESTERSTEDE. Separater Platzteil vor dem Platz für Wohnmobile auf Schotterrasen.
2022: MC-St/N 14.50, P/N 4.–, K/N 3 bis 14 J. 2.–, H/N 2.–, WD/N 2.–, Waschmaschine 5.–, Trockner 3.–, Wasser/100 l 1.–, Strom/1 kWh –.70 (16 A). KT, Entsorgung und Müll inklusive.

26847 Detern-Stickhausen, Ostf. (b4) ST-D 2321

Abfahrt

15 **»STELLPLATZ DETERN«** 1.1. bis 31.12.
E.: Freizeit und Erholungs-GmbH ☏ 0049 4957 711 3 m
info@detern.de, www.detern.de

➔ A 28 Leer-Oldenburg, Abf. (3) Filsum, weiter auf der B 72 Richtung Ostrhauderfehn und Friesoythe nach Detern-Stickhausen. Dort der Von-Glan-Str. folgen und rechts in die Zielstr. abbiegen. Beschildert. ✉ Alte Heerstr. 6 (GPS: 53°12'57"N / 7°38'47" E).
Burg Stickhausen.

W W Ch W 500 m 1 km

Beleuchteter Stellplatz am Fluss Jümme. Ebene parzellierte Stellflächen von Büschen und Bäumen umsäumt. Ein Platzteil mit gepflasterten Stellflächen (5x10 m) und angrenzender Wiese, ein anderer Platzteil mit geschotterten Stellflächen (6x8.50 m) und kleinem Rasenstreifen direkt an der Jümme. Stellplatz Länge bis 12 m. Für Fahrzeuge über 5 t geeignet. Kiosk. Anmeldung, Brötchenservice, Zeitungen und Informationen erhalten Sie nebenan in der Tourist-Information. Sanitärnutzung 8-22 Uhr. Reservierung bei Gruppen erbeten. Für Clubtreffen Saalanmietung möglich. Küche, Waschmaschine, Trockner von Mo.-Fr.. Rad-/Wander-/Wasserwanderwege. Ort 1 km entfernt. 40 Touristenplätze.
2022: MC-St/N inkl. 2 P/N 12.–, Waschmaschine 2.–, Trockner 2.–, Wasser/1 l –.10, Strom/N 2.–. P/N, H/N, WD, Entsorgung und Müll inklusive.

26160 Rostrup, Wesermarsch (c4) ST-D 2325

Abfahrt

0 »STELLPLATZ "PARK DER GÄRTEN"« April bis Okt.
E.: Park der Gärten GmbH ☎ 0049 4403 8196 11 m
Fax 0049 4403 81 66, **info@park-der-gaerten.de, www.park-der-gaerten.de**

➔ A 28 Leer-Oldenburg i.O., Abf. (8) Zwischenahner Meer, weiter Richtung Bad Zwischenahn. Nach ca. 1.5 km rechts in die Dreiberger Str., nach ca. 2.5 km links in den Hösjekamp und weiter in die Zielstr. Beschildert. ✉ Elmendorfer Str. 40 (P1) (GPS: 53°12'0"N / 7°59'39" E).
Freilichtmuseum (1 km). Bad Zwischenahner Meer (1 km).

RES H100 m 2 km HS 3 km

Beleuchteter, separater Stellplatz am Rande des "normalen" Parkplatzes 1 des "Park der Gärten". Ebene reservierte Stellflächen auf Schotterrasen. Stellplatz-Länge bis 12 m. Maximal 2 Nächte Aufenthalt möglich! Rad-/Wanderwegenetz. Im Park sind Hunde verboten. Ort 3 km entfernt. 12 Touristenplätze.
2022: Stellplatz ist kostenlos. KT P/N ab 18 J. 2.30, Wasser/100 l –.50, Strom/2 kWh 1.–.

26689 Apen, Ostfriesland (b4) ST-D 2326

Abfahrt

»STELLPLATZ VIEHMARKT« 1.1. bis 31.12.
E.: Verkehrsverein Apen ☎ 0049 4489 7373 2 m
info@apen-touristik.de, www.apen-touristik.de

➔ A 28 Leer-Oldenburg, Abf. (4) Apen/Remels, weiter auf der Augustfehner Str. nach Apen. Im Ort Westerende/Streichenstr befahren zum Ziel. Beschildert. ✉ Am Viehmarkt 2 (GPS: 53°13'5"N / 7°48'7" E).
St. Nikolai-Kirche. Schinkenmuseum. Windmühle.

RES H100 m 500 m HS1 km 3 km

Beleuchteter Stellplatz auf öffentlichem Parkplatz im Zentrum neben einer Bahnlinie. Ebene Stellflächen auf Pflaster. Stellplatz-Länge bis 8 m. Maximal 2 Nächte Aufenthalt möglich. Rad-/Wanderwegenetz. 10 Touristenplätze.

26160 Bad Zwischenahn, Emsl. (c4) ST-D 2327

Abfahrt

»WOHNMOBILSTELLPLATZ "AM BADEPARK"« 1.1. bis 31.12.
E.: Kurverwaltung Bad Zwischenahn ☎ 0049 4403 619 159 8 m
Fax 0049 4403 619 158, **wohnmobil@bad-zwischenahn-touristik.de**
www.bad-zwischenahn-touristik.de

➔ A 28 Leer - Oldenburg i.O., Abf. (8) Zwischenahner Meer, weiter auf der Wiefelstedter Str./Oldenburger Str. nach Bad Zwischenahn. Im Ort Richtung Zentrum, dann rechts in die Mühlenstr./Lange Str. einfahren. Nach ca. 300 m links in die Zielstr. Beschildert. ✉ Am Badepark 1 (GPS: 53°11'11"N / 8°0'0" E).
St. Johanneskirche. Heimatmuseum. Moorabbau. Fährkroog Dreibergen. Naturreservat Engelsmeer 4 km.

RES WC Ch HS 100 m H200 m 500 m 1 km

Beleuchteter Stellplatz im Zentrum des Kurorts direkt beim Freibad „Am Badepark". Parzellierte Stellflächen (21-50 qm) auf Asphalt, leicht abschüssig und auf zwei Seiten von Hecken und Sträuchern umsäumt. Stellplatz-Länge bis 10 m. Moderne Schranken- und Kassenanlage, Strom- und Wasseranschluss, Ver- und Entsorgung. Sitzecke am Platz. Info-Point. Rad-/Wanderwegenetz. Zwischenahner Meer 200 m, Ort 400 m entfernt. 50 Touristenplätze.

26215 Wiefelstede, Wesermar. (c4) ST-D 2329/1

Abfahrt

»STELLPLATZ AM SWEMMBAD« 1.1. bis 31.12.
E.: Touristik Wiefelstede ☎ 0049 4402 965150 15 m
touristik@wiefelstede.de, www.wiefelstede-touristik.de

➔ A 29 Wilhelmshaven-Oldenburg i.O., Abf. (11) Hahn-Lehmden, weiter nach Wiefelstede. Im Ort über die Kortebrügger Str./Am Breeden, dann rechts in die Hollener Str. und nach ca. 150 m rechts in die Zielstr. einbiegen. Beschildert. ✉ Alter Damm 11 (GPS: 53°15'40"N / 8°6'22" E).
St.-Johannes-Kirche. Rhododrendonpark (4 km). Schaupark im Gristeder Wald.

RES HS 1 km

Beleuchteter Stellplatz auf öffentlichem Parkplatz. Ebene Stellflächen auf Schotter. Stellplatz-Länge bis 8 m. Maximal 2 Nächte Aufenthalt möglich. Ort 1 km entfernt. 10 Touristenplätze.

26215 Wiefelstede, Wesermar. (c4) ST-D 2329/2

Abfahrt

»STELLPLATZ SCHÜTZENHAUS« 1.1. bis 26.7. / 20.8. bis 31.12.
E.: Touristik Wiefelstede ☎ 0049 4402 965150 15 m
touristik@wiefelstede.de, www.wiefelstede-touristik.de

➔ A 29 Wilhelmshaven-Oldenburg i.O., Abf. (11) Hahn-Lehmden, weiter nach Wiefelstede. Im Ort über die Kortebrügger Str. und links in die Hauptstr. abbiegen. Nach ca. 400 m rechts in die Zielstr. einfahren. Beschildert. ✉ Gristedter Str. 9 (GPS: 53°15'9"N / 8°6'35" E).
St.-Johannes-Kirche. Rhododrendonpark (4 km). Schaupark im Gristeder Wald.

RES 50 m 900 m HS1.3 km

Beleuchteter Stellplatz auf öffentlichem Parkplatz. Ebene Stellflächen auf Rasen. Stellplatz-Länge bis 10 m. Maximal 3 Nächte Aufenthalt möglich. Ort 700 m entfernt. 5 Touristenplätze.

26639 Wiesmoor, Ostfriesland (b3) ST-D 2332/2

»WOHNMOBILSTELLPLATZ MARKTPLATZ« 1.1. bis 31.12.
E.: Stadt Wiesmoor ☎ 0049 4944 305113
tourist-info@wiesmoor.de

➔ A 29 Wilhelmshaven-Oldenburg, Abf. (6) Sande, auf die B 436 zum Ortszentrum von Wiesmoor und dann zum Marktplatz abbiegen. ✉ Am Markt (GPS: 53°24'48"N / 7°44'9" E).
Torf-/Siedlungsmuseum. Moornixe auf dem Kanal. Landwirtschaftsmuseum im Ol-Reef-Huus.

RES WC W H100 m 200 m

Stellplatz auf dem Markt umgeben von Häusern. Stellflächen befestigt. Barzahlung am Kiosk. Maximal 3 Nächte Aufenthalt möglich! Entsorgung am Ottermeer 52 (ca. 1 km Entfernung). Ort 200 m entfernt. 5 Touristenplätze.

26340 Zetel (c3) ST-D 2333/1

35 »REISEMOBIL-STELLPLATZ MARKTHAMM« 1.1. bis 31.12.
E.: Gemeinde Zetel ☎ 0049 4453 3567
info@zetel.de, www.zetel.de

➔ A 29 Wilhelmshaven - Oldenburg, Abf. (7) Zetel, weiter auf der L 815 nach Zetel, Neuenburger Str. und in den Markthamm abbiegen. Beschildert. ✉ Neuenburger Str. 11 (GPS: 53°25'0"N / 7°58'13" E).
Schloss Neuenburg. Rutteler Mühle.

RES WC W WC Ch H100 m HS2 km

Wohnmobil-Stellplatz an einem öffentlichen Parkplatz in der Ortsmitte hinter dem Busbahnhof. Ebene Stellflächen auf Pflaster, Rasengittersteinen und Gras. Während des Volksfestes im Nov. gesperrt. Stellplatz-Länge bis 12 m. Imbiss am Platz. WC-Benutzung mit Schlüssel vom Imbiss. Kostenlose Ver- u. Entsorgung bei der Kläranlage. 6 Stromsäulen. Maximal 2 Nächte Aufenthalt möglich. 25 Touristenplätze.
2022: Stellplatz ist kostenlos. Strom/kWh 1.–.

26340 Zetel OT Bohlenberger Feld (c3) ST-D 2333/2

0 »REISEMOBILPLATZ SCHULMUSEUM BOHLENBERGER FELD«
E.: Gemeinde Zetel ☎ 0049 4453 935216 1.1. bis 31.12.
info@zetel.de, www.zetel.de

➔ A 29 Wilhelmshaven - Oldenburg, Abf. (7) Zetel, in Zetel in die Bohlenberger Str. (K 102) abbiegen, weiter Wehdestr. bis zum Bohlenberger Feld. ✉ Wehdestr. 97 (GPS: 53°24'48"N / 7°55'17" E).
Nordwestdeutsches Schulmuseum. Windmühle in Ruttel. Schloss Neuenburg.

RES WC W WC H100 m 1 km 3 km

Der Wohnmobil-Stellplatz befindet sich auf dem Parkplatz des Nordwestdeutschen Schulmuseums. Stellflächen auf Wiese und Schotter. Stellplatz-Länge bis 12 m. Mietbarer überdachter Grillplatz. Kostenlose Ver- u. Entsorgung bei der Kläranlage in Zetel. Chemietoilette darf beim Schulmuseum nicht entleert werden. Ort 1 km entfernt. 3 Touristenplätze.
2022: Stellplatz ist kostenlos.

26340 Zetel OT Driefel (c3) ST-D 2334/1

»FREIZEITANLAGE DRIEFELDER ESCH« 1.1. bis 31.12.
E.: Gemeinde Zetel ☎ 0049 4453 935216
gemeinde@zetel.de, www.zetel.de

➔ A 29 Wilhelmshaven-Oldenburg, Abf. (7) Zetel, weiter zum Östlichen Ortsrand von Zetel. Beschildert. ✉ Südenburg (GPS: 53°25'6"N / 7°59'6" E).
Schloss Neuenburg. Nordwestdeutsches Schulmuseum. Bienenlehrpfad. Rutteler Mühle. Naturschutzgebiet Neuburger Urwald.

RES WC W WC HS 500 m H800 m 1 km

Stellplatz am Natur-Freibad in der Freizeitanlage Driefeler Esch. Ebene Stellflächen auf Wiese und Schotter. Stellplatz-Länge bis 8 m. Maximal 2 Nächte Aufenthalt möglich! Dusche/WC benutzbar während der Öffnungszeiten des Bades. Ver-/Entsorgung an der Kläranlage in Zetel oder am Markthamm. 10 Touristenplätze.

26340 Zetel OT Driefel (c3) ST-D 2334/2

0 »FREIBAD« 1.1. bis 31.12.
☎ 0049 4453 935216
info@zetel.de, www.naturerlebnis-suedliches-friesland.de

➔ A 29 Oldenburg - Wilhemshaven, Abf. (8) Varel-Bockhorn, weiter zum Naturfreibad. ✉ Südenburg (GPS: 53°25'6"N / 7°59'6" E).

WC Ch 500 m H800 m

Wohnmobil-Stellplatz am östlichen Ortsrand von Zetel. Stellflächen auf Schotter. Bitte am linken Parkplatz-Bereich parken, nicht direkt vor dem Ausguck/Seiteneingang des Freibades. Dusche/WC zu Öffnungszeiten des Bades. Kostenfreie VE an der Kläranlage Zetel. Maximal 2 Nächte Aufenthalt möglich! Ortszentrum 100 m entfernt. 5 Touristenplätze.
2022: Stellplatz ist kostenlos.

26446 Friedeburg, Ostfriesland (c3) ST-D 2339

»STELLPLATZ SCHÜTZENPLATZ« 1.1. bis 31.12.
E.: Gemeinde Friedeburg ☎ 0049 4465 1415
gemeinde@friedeburg.de, www.friedeburg.de

➔ A 29 Wilhelmshafen-Oldenburg, Abf. (6) Sande, weiter auf der B 436 nach Friedeburg. Im Ort in die Friedeburger Hauptstr. (L 11) und dann in den Schützenweg einbiegen. ✉ Schützenweg (GPS: 53°27'17"N / 7°50'1" E).
Holländerwindmühle. Museum. Mittelalterliche Kirchen.

RES WC WC HS100 m H200 m 300 m 3 km

Beleuchteter Stellplatz auf einem Parkplatz in der Ortsmitte neben den Sportanlagen und dem Waldfreibad. Dusche/WC kann dort genutzt werden, der Eintritt ist frei. Ebene Stellflächen auf Gras. Stellplatz-Länge bis 12 m. Ver-/Entsorgung in Friedeburg bei der Kläranlage, Am Tief 1 (700 m Entfernung). Maximal 3 Nächte Aufenthalt möglich! Ort 300 m entfernt. 10 Touristenplätze.

27809 Lemwerder, Wesermar. (c4) ST-D 2345/1

»REISEMOBILHAFEN AM PETER-BAXMANN-PLATZ«
☎ 0049 421 67390, Fax 0049 421 673954 — 1.1. bis 31.12.
tourismus@lemwerder.de, www.lemwerder.de

➔ Von Bremen an das Westufer nach Norden Richtung Berne, abzweigen nach Lemwerder. ✉ Schlesische Str. 7 (GPS: 53°9'27"N / 8°37'2" E).

Ch | 50 m 100 m
500 m

Stellplatz neben der Zufahrt zur Tennishalle direkt an der Spiel- u. Sporthalle. Stellflächen auf Schotterrasen. Reservierung nicht erforderlich. Ver-und Entsorgung (Bodeneinlass) sowie Strom stehen zur Verfügung. Hunde an der Leine sind Willkommen. Keine Möglichkeit der Müllentsorgung außer Glas. Müll kann kostenpflichtig beim Recyclinghof (außer Sonntags u. Montags) entsorgt werden. Von Lemwerder aus, erreicht man Bremen in nur ein paar Minuten mit der Fähre. Ortszentrum 500 m, Weser 300 m entfernt. 50 Touristenplätze.

27809 Lemwerder, Wesermar. (c4) ST-D 2345/2

»VULKANPARKPLATZ AN DER WESER« — 1.1. bis 31.12.
☎ 0049 421 673911
tourismus@lemwerder.de, www.lemwerder.de

➔ Von Bremen nach Norden an das Westufer der Weser nahe der Werft. An der Weser links auf die Industriestraße, hinter Lürssen rechts, der Ausschilderung folgen. ✉ Industriestraße (GPS: 53°10'12"N / 8°36'1" E).

Stellplatz am Deich neben einer Werft auf dem ehemaligen Vulkanparkplatz an der Weser. Stelllfläche auf Pflaster. Reservierung nicht erforderlich. Keine Ver- und Entsorgungseinrichtung. Ortszentrum 2 km entfernt. 5 Touristenplätze.

27751 Delmenhorst (c4) ST-D 2349/1

Abfahrt

»STELLPLATZ HOTEL THOMSEN« — 2.1. bis 22.12.
E.: Hotel-Restaurant Thomsen GmbH ☎ 0049 4221 9700
Fax 0049 4221 70001, **info@hotel-thomsen.de, www.hotel-thomsen.de**

➔ A 1 Bremen–Osnabrück, Abf. (58 b) Delmenhorst-Ost, weiter A 28 Richtung Oldenburg i.O., Abf. (23) Delmenhorst-Hasport, Richtung Zentrum auf den Hasporter Damm. Nach ca. 1 km rechts in die Berliner Straße abbiegen, die Syker Straße kreuzen, weiter dem Lübecker Weg folgen und am Ende rechts in die Bremer Straße zum Ziel einbiegen. ✉ Bremer Str. 186 (GPS: 53°3'13"N / 8°39'45" E).
∴ Museum für IndustrieKultur. Industriedenkmal. Burginsel. Rathausanlage mit 44 m hohen Wasserturm mit Aussichtsplattform. Museumsmühle OT Hasbergen.

RES WC W |
100 m 1 km HS 3 km

Beleuchteter Stellplatz hinter dem Hotel. Stellflächen auf Asphalt. Stellplatz-Länge bis 12 m. Fitnessraum. Kegelbahn. Zentrum Bremen 10 km. Ort 2 km entfernt. 10 Touristenplätze.

27753 Delmenhorst (c4) ST-D 2349/2

Abfahrt

»REISEMOBILHAFEN DELMENHORST« — 1.1. bis 31.12.
E.: Stadtmarketing Delmenhorst GmbH ☎ 0049 4221 992299
info@dwfg.de, www.stadtmarketing-delmenhorst.de

➔ A 1 Bremen–Osnabrück, Abf. (58 b) Delmenhorst-Ost, weiter A 28 Richtung Oldenburg i.O., Abf. (23) Delmenhorst-Hasport, Richtung Zentrum und den Hinweisen Parkplatz "Graftwiesen" folgen. ✉ An den Graften (GPS: 53°2'49"N / 8°37'23" E).
∴ Museum für IndustrieKultur. Industriedenkmal. Burginsel. Rathausanlage mit 44 m hohen Wasserturm mit Aussichtsplattform. Museumsmühle OT Hasbergen.

RES WC WC Ch
| HS 200 m 500 m

Beleuchteter Stellplatz an der Parkanlage "Graft" neben der Burginsel. Großzügige Stellflächen auf Pflaster. Stellplatz-Länge bis 12 m. Für Fahrzeuge über 5 t geeignet. Spende erwünscht. Ganzjährig nutzbar, außer bei Großveranstaltungen. Ausweichplatz am Hotel Thomsen, Bremer Str. 186. 1 Woche parken mit Parkschein, erhältlich Stadtmarketing Delmenhorst GmbH im Rathaus. Kiosk mit Toilette. Duschen bei der Graft-Therme. Ort 200 m entfernt. 8 Touristenplätze.

27777 Ganderkesee (c4) ST-D 2353

0 **»STELLPLATZ AM FREIBAD/SAUNAHUUS«** — 1.1. bis 31.12.
☎ 0049 4222 440
tourismus@ganderkesee.de, www.gemeindeganderkesee.de

➔ A 28 Bremen-Oldenburg, Abf. (21) Delmerhorst-Deichhorst, weiter nach Ganderkesee. ✉ Heideweg 2 (GPS: 53°1'42"N / 8°33'33" E).

| 500 m

Stellplatz am Freibad in grüner Umgebung. Stellfläche auf Rasengittersteinen. Reservierung nicht erforderlich. Entsorgung auf dem Festplatz Raiffeisenstraße. Ortszentrum 1 km entfernt. 4 Touristenplätze.
2022: Wasser/100 l 1.–, Strom/8 Std. 1.–.

26197 Großenkneten-Huntlosen (c4) ST-D 2355/1

»WOHNMOBILSTELLPLATZ AM DORFPLATZ« — 1.1. bis 31.12.
E.: Tourist-Information ☎ 0049 4435 600117
touristinfo@grossenkneten.de, www.grossenkneten.de

➔ A 28 Oldenburg i.Old.-Delmenhorst, Abf. (17) Hatten, weiter auf der L 871 über Kirchhatten nach Huntlosen und dort in die Bahnhofstraße zum Ziel. ✉ Bahnhofstraße (GPS: 52°59'28"N / 8°17'6" E).
∴ St. Briccius-Kirche. Mühlen.

RES WC WC | 200 m 400 m
500 m 700 m 1 km

Stellplatz neben dem zentralen Parkplatz im Dorfzentrum. Stellflächen auf Asphalt. Stellplatz-Länge bis 6 m. Bistro. Ver-/Entsorgung Kläranlage in Huntlosen, Alter Mühlenweg 4, Tel. 04487/750722. Ort 700 m entfernt. 6 Touristenplätze.

26197 Großenkneten-Huntlosen (c4) ST-D 2355/2

»RESTAURANT HAASTER KRUG« — 1.1. bis 31.12.
V.: Dirk und Elisabeth Otte ☎ 0049 4435 96160
info@haaster-krug.de, www.haaster-krug.de

➔ A 29 Osnabrück-Oldenburg, Abf. (19) Großenkneten, weiter nach Haast. ✉ Garreler Straße 16 (GPS: 52°56'56"N / 8°11'30" E).

Stellplatz an einem Landgasthof beim Wildeshauser Geest. Stellfläche auf Asphalt. Montag Ruhetag. Ortszentrum 100 m entfernt. 4 Touristenplätze.

26197 Großenkneten-Huntlosen (c4) ST-D 2355/3

»WILHELM-WELLMANN -PLATZ« — 1.1. bis 31.12.
☎ 0049 4435 600117
touristinfo@grossenkneten.de, www.grossenkneten.de

➔ A 1 Osnabrück-Bremen, Abf. (61) Wildeshausen-West, weiter nach Großenkneten. ✉ Ahlhorner Straße (GPS: 52°56'33"N / 8°15'26" E).

| 200 m

Stellplatz auf dem öffentlichen Parkplatz. Stellfläche auf Aspahlt. Reservierung nicht erforderlich. Ortszentrum 200 m entfernt. 6 Touristenplätze.

26188 Edewecht (c4) ST-D 2358

Abfahrt

»REISEMOBILSTELLPLATZ EDEWECHT« — 1.1. bis 31.12.
E.: Fremdenverkehrsverein Edewecht e.V. 7 m
☎ 0049 4405 916 222, Fax 0049 4405 939039, **gemeinde@edewecht.de www.edewecht.de**

➔ A 28 Leer-Oldenburg i.O., Abf. (13) OL-Eversten, weiter auf der Edewechter Landstraße/Friedrichsfehner Straße/Jeddeloher Damm/Oldenburger Straße/Rathausstraße zum Ziel. Beschildert. ✉ Rathausstr. 7 (GPS: 53°7'42"N / 7°58'56" E).
∴ St. Nikolai-Kirche. Bergfried. Koker-, Wallholländer- und Galerieholländerwindmühle. Renaturierte Moore. Heimatmuseum.

RES Ch | 100 m
200 m 1 km HS 1.5 km

Beleuchteter Stellplatz auf einem abgetrennten Bereich des Marktplatzes gegenüber des Rathauses. Ebene Stellflächen auf Rasengittersteinen. Stellplatz-Länge bis 12 m. Einschränkungen im Mai und Sept. durch Jahrmärkte. Auskunft erteilt der Fremdenverkehrsverein Edewecht e.V. Rad-/Wanderwegenetz. 8 Touristenplätze.

26169 Friesoythe-Thülsfelde, Wesern. (c4) ST-D 2363

15 **»STELLPLATZ HOTEL SEEBLICK«** — 1.1. bis 31.12.
E.: Heinrich Göken ☎ 0049 4495 92750 9 m
Fax 0049 4495 927514, **hotelseeblick.goeken@t-online.de**

➔ A 29 Oldenburg i.O.-Bramsche, Abf. (19) Großenkneten, weiter Richtung Westen nach Garrel. Im Ort links in die Petersfelderstr. Richtung Thülsfelder Talsperre, rechts in die B 72 Richtung Mittelsten Thüle, nach ca. 3 km links in die Thülsfelder Str. und nach ca. 600 m in die Zielstr. einbiegen. Beschildert. ✉ Seeblickstr. 3 (GPS: 52°56'0"N / 7°55'45" E).
∴ Thülsfelder Talsperre. Tierpark Thüle. Vehnemoor (8 km).

RES WC W W
| 1.8 km 3 km

Stellplatz auf Hotelparkplatz am Nordufer der Thülsfelder Talsperre. Ebene Stellflächen auf Rasen. Stellplatz-Länge bis 8 m. Für Fahrzeuge über 5 t geeignet. An- und Abmeldung an der Hotelrezeption Täglich frische Brötchen - bitte vorbestellen. Kletterwald Nord. Golfplatz (4 km). Ort 3 km entfernt. 5 Touristenplätze.
2022: St/N inkl. 1 P/N 4.– bis 8.–, weitere P/N 8.–, K/N bis 15 J. 4.–, Waschmaschine 5.–, Strom/N 4.–. KT, H/N, WD, Entsorgung, Müll und Wasser inklusive.

27793 Wildeshausen (c4) ST-D 2370

Abfahrt

10 **»STELLPLATZ AM KRANDELBAD«** — 1.1. bis 31.12.
E.: Stadt Wildeshausen ☎ 0049 4431 6564
info@verkehrsverein-wildeshausen.de, www.wildeshausen.de

➔ A 1 Bremen - Osnabrück, Abf. (60) Wildeshausen-Nord, weiter auf der B 213 bis zur Kreuzung Ahlhorner Straße links abbiegen, wiederum links abbiegen Glaner Straße/Am Krandel zum Ziel. ✉ Am Krandel (GPS: 52°54'1"N / 8°25'39" E).
∴ Historisches Rathaus. Basilika. Dampfkornbranntweinbrennereimuseum. 25 Großsteingräber (3 km).

RES WC Ch
| HS 200 m 500 m 800 m 1 km 1.3 km 3 km

Beleuchteter und beschrankter Stellplatz beim Frei-/Hallenbad. Ebene gepflasterte oder mit Naturstein eingefasste und feingeschotterte Stellflächen. Stellplatz-Länge bis 10 m. Mehrere Sitzgruppen und Bänke. Lagerfeuerstelle. Golfen. Go-Kart. Bowling. Bargeldlose Zahlung per Guthabenkarte gegen Kaution (€ 5.-) am Kassenautomaten (Bezahlsystem Camp-Card). Maximal 7 Nächte Aufenthalt möglich! Ort 1.3 km entfernt. 30 Touristenplätze.
2023: St/N inkl. 2 P/N 10.–, extra MC/N 10.–, Wasser/100 l 1.–, Strom/1 kWh –.50 (16 A). P/N, H/N, Entsorgung und Müll inklusive. Bargeldlose Zahlung per Guthabenkarte (Kaution € 5.–) am Automaten.

49661 Cloppenburg (c4) ST-D 2373

»MUSEUMSDORF CLOPPENBURG« 1.1. bis 31.12.
E.: Museumsleitung ☎ 0049 4471 94840
info@museumsdorf.de, www.museumsdorf.de

➔ A 1 Bremen-Osnabrück Abf. (63) B 72 nach Cloppenburg. Vom Umgehungsring Abf. Bethen in Richtung Stadtmitte. ✉ Bether Str. 6 (GPS: 52°51'6"N / 8°3'11" E).
Freilichtmuseum mit ca. 60 historischen Gebäuden. St. Andreas Kirche.

WC | 200 m 500 m 1 km
Ebene Stellplätze auf dem öffentl. Parkplatz des Freilichtmuseums. Parkähnliche Umgebung. Reisemobile über 8 m benutzen die Busparkplätze. Keine Entsorgungsmöglichkeiten. Öffnungszeit: 9-18 Uhr März-Okt., 9-16.30 Uhr Nov.-Febr.. Maximal 24 Std. Aufenthalt möglich! 20 Touristenplätze.

49740 Haselünne, Emsland (b4) ST-D 2376/1

»STELLPLATZ FREIBAD/SPORTZENTRUM« 1.1. bis 31.12.
E.: Touristinformation Haselünne ☎ 0049 5961 509320 21 m
touristinfo@haseluenne.de, www.haseluenne.de

➔ A 31 Leer-Bad Bentheim, Abf. (21) Meppen-Nord, weiter auf der B 402 nach Haselünne. Von der Umgehungsstr. die 1. Abf. Meppener Str. Richtung Zentrum. Am Markt rechts in die Hasestr. Richtung Zielstr. (B 213) abbiegen. Beschildert. ✉ Lingener Straße (GPS: 52°40'2"N / 7°28'55" E).
Heimatmuseum. Gotische Hallenkirche. Westerholtscher Burgmannshof. Ev.-Luth. Dreifaltigkeitskirche.

RES | 200 m HS 500 m
600 m 800 m
Stellplatz auf dem Freibadparkplatz in der Nähe der Hase am südlichen Ortsrand. Ebene Stellflächen auf Pflaster. Stellplatz-Länge bis 10 m. Rad-/Wanderwegenetz. 4 Touristenplätze.

49740 Haselünne, Emsland (b4) ST-D 2376/2

»STELLPLATZ "AM SEE"« 1.1. bis 31.12.
E.: Touristinformation ☎ 0049 5961 509320 21 m
touristinfo@haseluenne.de, www.haseluenne.de

➔ A 31 Leer-Bad Bentheim, Abf. (21) Meppen-Nord, weiter auf der B 402 nach Haselünne. Von der Umgehungsstr. re. auf die B 213 Richtung Lingen. An der nächsten Abf. nach ca. 300 m in die Dammstr., wiederum nach ca. 500 m links die Andruper Str. und nach ca. 600 m in die Zielstr. einbiegen. Beschildert. ✉ Am See (GPS: 52°40'13"N / 7°29'56" E).
Heimatmuseum. Gotische Hallenkirche. Westerholtscher Burgmannshof. Ev.-Luth. Dreifaltigkeitskirche. Hüvener Mühle. Naturschutzgebiet Wacholderhain.

Ch |
500 m 1 km HS 2 km
Stellplatz auf dem Parkplatz im Erholungsgebiet am Haselünner See. Ebene Stellflächen auf Pflaster, von Büschen und Bäumen umsäumt. Stellplatz-Länge bis 8 m. Rad-/Wanderwegenetz. Ort 1 km entfernt. 10 Touristenplätze.

49740 Haselünne-Polle, Emsl. (b4) ST-D 2376/3

»STELLPLATZ DRÖGE-POLLE« 1.1. bis 31.12.
E.: Andre Dröge ☎ 0049 5961 5375, Fax 0049 5961 919065 21 m
info@droege-polle.de, www.droege-polle.de

➔ A 31 Leer-Bad Bentheim, Abf. (21) Meppen-Nord, weiter auf der B 402 nach Haselünne. Von der Umgehungsstr. rechts auf die B 213 Richtung Lingen, die Hase queren und nach ca. 150 m links in die Zielstr. einbiegen. Beschildert. ✉ Poller Str. 19 (GPS: 52°39'6"N / 7°29'51" E).
Heimatmuseum. Gotische Hallenkirche. Westerholtscher Burgmannshof. Ev.-Luth. Dreifaltigkeitskirche. Hüvener Mühle. Naturschutzgebiet Wacholderhain.

WC W W
| 500 m HS 2 km 2.5 km
3 km
Stellplatz am Hotel/Ferienhof in Einzellage am Waldrand im Hasetal. Ebene Stellflächen auf Wiese. Stellplatz-Länge bis 12 m. Brötchenservice. Rad-/Wanderwegenetz. Ort 2 km entfernt. 3 Touristenplätze.

26892 Dörpen, Emsland (b4) ST-D 2381/1

Abfahrt

»STELLPLATZ AM FESTPLATZ« 1.1. bis 31.12.
E.: Touristikverein Dörpen ☎ 0049 4963 909614 7 m
samtgemeinde@doerpen.de, www.doerpen.de

➔ A 31 Emden-Bottrop, Abf. (17) Dörpen, weiter auf der B 401 Richtung Dörpen. Ca. 500 m hinter der Emsbrücke rechts in die Heeder Str./Hauptstr. einbiegen. Nach ca. 100 m hinter dem Kreisverkehr links in die Str. "Auf dem Sand"/Waldstr. und wiederum links in die Zielstr. einfahren. Beschildert. ✉ Veeneweg (GPS: 52°58'15"N / 7°19'59" E).
Heimathaus. Papier-Erlebnis-Welt. Transrapid-Versuchsanlage (4 km). Festung Bourtange (10 km NL).

RES | 100 m HS
500 m 1 km
Stellplatz auf einem öffentlichen Parkplatz neben der Emsland-Route. Ebene Stellflächen auf Pflaster und Wiese. Stellplatz-Länge bis 10 m. Maximal 3 Nächte Aufenthalt möglich. Rad-/Wanderwegenetz. Boßeln. Ort 700 m entfernt. 3 Touristenplätze.

26892 Dörpen, Emsland (b4) ST-D 2381/2

»CAMPINGPLATZ HOPSTER« 1.1. bis 31.12.
V.: Johann Hopster ☎ 0049 4963 687
johann.hopster@ewetel.net, www.ferien-hopster.de

➔ A 31 Nordhorn-Leer, Abf. (17) Dörpen, weiter auf B 401 nach Dörpen. ✉ Josefstraße 54 (GPS: 52°58'3"N / 7°19'1" E).

Stellplatz vor dem familienfreundlichen Campingplatz. Stellfläche auf Pflaster und Wiese. Reservierung wird empfohlen. Entsorgung bei der Kläranlage in Dörpen. Ortszentrum 1 km entfernt. 4 Touristenplätze.

26897 Esterwegen, Ostfriesland (b4) ST-D 2383

0 **»STELLPLATZ ERIKASEE«** 1.1. bis 31.12.
E.: Info-Zentrum ☎ 0049 5955 902378 17 m
info@nordhuemmling.de, www.nordhuemmling.de

➔ A 31 Leer-Meppen, Abf. (17) Dörpen, weiter auf der B 401 Dörpen–Friesoythe, die östliche Abfahrt nach Esterwegen nehmen. Am Ortseingang links zur Zielstraße. Beschildert. ✉ Zum Erikasee (GPS: 52°59'35"N / 7°40'12" E).
St. Johannes-Kirche. Kloster Esterwegen. Altes Herrenhaus. Gedenkstätte Emslandlager.

RES WC W WC Ch
| 100 m 2 km 3 km
Beleuchteter Stellplatz mit langer Zufahrt, durch bepflanzten Wall vom See getrennt. Ebene Stellflächen auf Schotterrasen, Pflaster, Rasengittersteinen, von Büschen und Bäumen umsäumt. Stellplatz-Länge bis 8 m. Nachts einsam gelegen. Imbiss. Skateranlage. Ort 2 km entfernt. 6 Touristenplätze.
2022: Stellplatz ist kostenlos. Wasser/100 l 1.–, Strom/2 kWh 1.–. Entsorgung und Müll inklusive.

26899 Rhede, Emsland (b4) ST-D 2384/1

Abfahrt

»STELLPLATZ CAFÉ PRANGEN« 1.1. bis 31.12.
E.: Familie Prangen ☎ 0049 4964 215, Fax 0049 4964 914149 4 m
info@gasthof-prangen.de, www.gasthof-prangen.de

➔ A 31 Leer-Meppen, Abf. (16) Rhede/Ems, weiter auf der L 52 nach Rhede. Von der Umgehung rechts in die Kolpingstr. und nach ca. 500 m links in die Zielstr. einbiegen. Beschildert. ✉ Kirchstr. 25-27 (GPS: 53°3'34"N / 7°16'6" E).
St. Nikolaus Kirche von 1470. Fehnkolonie/-museum. Info-Zentrum Transrapid (10 km). Meyer-Werft Papenburg (11 km).

W WC | 200 m
Beleuchteter Stellplatz am Gasthof/Café. Ebene Stellflächen auf Pflaster und Wiese. Stellplatz-Länge bis 8 m. Planwagenfahrten. Verleih von Boßelgarnituren. Rad-/Wanderwegenetz. Stellplatz bei Verzehr im Café kostenlos. Ort 100 m entfernt. 20 Touristenplätze.

26899 Rhede, Emsland (b4) ST-D 2384/2

Abfahrt

»STELLPLATZ SPORTZENTRUM EMSPARK« 1.1. bis 31.12.
E.: Gemeinde Rhede/Ems ☎ 0049 4964 918220 7 m
gemeinde@rhede-ems.de, www.rhede-ems.de

➔ A 31 Leer-Meppen, Abf. (16) Rhede/Ems, weiter auf der L 52 nach Rhede. Von der Umgehung rechts in die Kolpingstr., links in die Kirchstr., dieser bis zum Ende folgen und rechts abbiegen in das Sudende. Nach ca. 200 m links in die Zielstr. Beschildert. ✉ Kold'n Hauk (GPS: 53°3'31"N / 7°16'32" E).
St. Nikolaus Kirche von 1470. Fehnkolonie/-museum. Info-Zentrum Transrapid (10 km). Meyer-Werft Papenburg (11 km).

RES | 100 m 500 m 2 km
Beleuchteter Stellplatz auf öffentlichem Perkplatz. Ebene Stellflächen auf Asphalt und Pflaster. Stellplatz-Länge über 12 m. Für Fahrzeuge über 5 t geeignet. Maximal 10 Nächte Aufenthalt möglich. Rad-/Wanderwegenetz. Ort 500 m entfernt. 20 Touristenplätze.

26899 Rhede, Emsland (b4) ST-D 2384/4

»CAMPINGPLATZ NEUENGLAND« 1.1. bis 31.12.
V.: Klaus Neuenstein ☎ 0049 4964 383
info@campingplatz-neuengland.de, www.campingplatz-neuengland.de

➔ A 31 Rheine-Leer, Abf. (16) Rhede/Ems, weiter zum Familiencampinghof. ✉ Neurheder Straße 31 (GPS: 53°2'42"N / 7°13'40" E).

WC W Ch
| 500 m
Stellplatz in ruhiger Lage am Badesee. Stellfläche auf Schotterrasen. Reservierung wird empfohlen. Ort 4 km entfernt. 20 Touristenplätze.

49610 Quakenbrück, Osna. Ld. (c4) ST-D 2386

»WOHNMOBILSTELLPLATZ AM STADTPARK« 1.1. bis 31.12.
E.: Tourist-Information Quakenbrück ☎ 0049 5431 907590
tourismus.information@artland.de, www.artland.de

➔ A 1 Bremen-Osnabrück, Abf. (65) Lohne/Dinklage, auf die L 845 durch Dinklage nach Quakenbrück. Am Kreisverkehr der Beschilderung Hallenbad folgen. ✉ Jahnstr. 20 (GPS: 52°40'37"N / 7°57'47" E).
Evangelische Sylvesterkirche. Katholische Marienkirche. Hohe Pforte (Stadttor). Historische Altstadt (100 Fachwerkhäuser).

RES Ch HS
Stellplatz neben dem Hallen-/Freibad am Fluss Hase und der Ferienstraße Artland-Route. Ebene Stellflächen auf Pflaster. Stellplatz-Länge bis 10 m. Münzen im Hallenbad erhältlich. Draisinefahrten. Ort 600 m entfernt. 3 Touristenplätze.

49624 Löningen, Emsland (b4) ST-D 2387/1

»STELLPLATZ LÖNINGEN« 1.1. bis 31.12.
E.: Tourist-Info ☎ 0049 5432 80370 26 m
touristinformation@loeningen.de, www.touristinformation-loeningen.de

➔ A 1 Bremen-Osnabrück, Abf. (63) Cloppenburg, weiter auf der B 72 nach Cloppenburg. Im Ort auf die B 213, über Lastrup nach Löningen. Auf der Linderner Str. zum Zentrum fahren. Vom Kreisverkehr in die Tabbenstr./Angelbecker Str. zum Ziel einbiegen. Beschildert. ✉ Tabbenstraße/Südtangente (GPS: 52°43'54"N / 7°45'27" E).
Innenstadt mit Adventsbrunnen. Pfarrkirche St. Vitus. Plastik „Mann mit Schaf". Löninger Kunstmeile. Schutenmühle in Huckelrieden.

RES WC WC Ch 80 m HS150 m 200 m 300 m 400 m 500 m 2 km 3 km

Beleuchteter Stellplatz, Ortsrandlage am Ufer der Großen Hase. Ebene Stellflächen auf Pflaster, von Büschen und Bäumen umsäumt. Stellplatz-Länge bis 10 m. Für Fahrzeuge über 5 t geeignet. Der Platz ist am 2. Oktoberwochenende gesperrt! Imbiss. Schlüssel für die Versorgung im Tourist-Büro. Dusche/WC im Freibad während der Saison (2.- €). Stadtführungen. Rad-/Wanderwegenetz. Draisine fahren (5 km). Ort 200 m entfernt. 20 Touristenplätze.

49624 Löningen-Angelbeck, Emsld. (b4) ST-D 2387/2

»STELLPLATZ "HOF AM KOLK"« 1.1. bis 31.12.
E.: Familie Meyer ☎ 0049 5432 4740, Fax 0049 5432 58545 26 m
hofamkolk@web.de, www.hof-am-kolk.de

➔ A 1 Bremen-Osnabrück, Abf. (61) Wildeshausen-West, weiter auf der B 213 nach Löningen. Von der Umgehungsstr. auf der Linderner Str. zum Zentrum, Angelbecker Str., die Große Hase queren und nach ca. 2.5 km links in die Zielstr. abbiegen. Beschildert. ✉ Gänhauk 22 (GPS: 52°43'9"N / 7°46'13" E).
Innenstadt mit Adventsbrunnen. Pfarrkirche St. Vitus. Plastik „Mann mit Schaf". Löninger Kunstmeile. Schutenmühle in Huckelrieden.

HS WC W W Ch HS 2 km

Beleuchteter Stellplatz an einem Gesundheitshof mit parkähnlichem Baumbestad im Hasetal. Ebene Stellflächen auf Pflaster und Wiese. Stellplatz-Länge bis 10 m. Frühstücks-/Brötchenservice. Rad-/Wanderwegenetz. Ort 2 km entfernt. 5 Touristenplätze.

49597 Rieste, Osnabr. Land (c5) ST-D 2388

30 **»REISEMOBILHAFEN AM ALFSEE-CAMPINGPARK«**
E.: Alfsee GmbH ☎ 0049 5464 9212 0 1.1. bis 31.12.
Fax 0049 5464 5837, **info@alfsee.com, www.alfsee.de**

Abfahrt ➔ A 1 Bremen–Osnabrück Abf. (67) Neuenkirchen/Vörden in Richtung Neuenkirchen/Alfhausen. ✉ Am Campingpark 10 (GPS: 52°29'8"N / 7°59'25" E).

Ch HS 100 m 300 m

Stellplatz vor dem Campingplatz ALFSEE-CAMPINGPARK. Ebene, asphaltierte und gekennzeichnete Stellflächen auf einem Parkplatz. Durch Baumreihen teilweise beschattet. Maximal 2 Nächte Aufenthalt möglich. Ort 2 km entfernt.
2022: C-St/N inkl. 2 P/N 20.80 bis 40.20, MC-St/N inkl. 2 P/N 15.– bis 19.–, weitere P/N 6.–, K/N 2 bis 8 J. 4.–, J/N 9 bis 15 J. 4.70, extra MC/N 18.–, H/N 5.–, Waschmaschine 3.–, Trockner 3.–, Entsorgung 2.–, Strom/1 kWh –.50 (16 A). WD, Müll, Wasser und Sanitärbenutzung inklusive.

49751 Sögel, Emsland (b4) ST-D 2389

»STELLPLATZ AN DER TURNHALLE« 1.1. bis 31.12.
E.: Tourist-Information ☎ 0049 5952 9697000 171 m
tourist-info@soegel.de, www.soegel.de

➔ A 31 Leer-Lingen, Abf. (18) Lathen, weiter auf der K 156 nach Lathen und der L 53 nach Sögel. Im Ort auf der Wahner Str./Clemens-August-Str. Richtung Zentrum, dann links abbiegen in die Sigiltrastr. und dem Straßenverlauf halb links folgen. Beschildert. ✉ Sigiltrastraße (GPS: 52°50'48"N / 7°31'23" E).
Ludmillenhof. Jagdschloss Clemenswerth (1 km). Hünen-/Steingräber (1 km). Batakhaus (3 km). Wind-/Wassermühle (9 km).

RES HS100 m 300 m 600 m

Stellplatz neben der Turnhalle, den Sport-/Tennisanlagen und in unmittelbarer Nähe zum Freibad. In den Sommermonaten sind im Waldbad Sögel Sanitäranlagen verfügbar. Unebene Stellflächen auf Wiese und Schotter. Stellplatz-Länge bis 8 m. Maximal 3 Nächte Aufenthalt möglich! Rad-/Wanderwegenetz. Es gibt keinen Wasseranschluss, keine Entsorgung etc. Ort 800 m entfernt. 3 Touristenplätze.

49434 Neuenkirchen-Vörden (c5) ST-D 2390

»LAND-GUT-HOTEL CAFÉ PENSION WAHLDE« 1.1. bis 31.12.
E.: Daniel Jans-Wenstrup ☎ 0049 5493 733
info@wahlde.de, www.wahlde.de

➔ A 1 Lohne-Osnabrück, Abf. 67 Neuenkirchen-Vörden, weiter auf der K 276 Richtung Stadtmitte Neuenkirchen, weiter Richtung Clemens-August-Klinik. Autobahnbrücke überqueren, dann 2. Straße rechts. Beschildert. ✉ Wahlde 4 (GPS: 52°30'34"N / 8°6'16" E).
Ausgrabungsstätte Kalkriese. Burg Dinklage.

WC WC 300 m 4 km

Stellplatz am Waldrand im Naturpark Dümmer bei einem Landhotel. Stellplatz-Länge bis 12 m. Bezahlung im Restaurant. Späteste Ankunft 22 Uhr. Ort 3 km entfernt. 2 Touristenplätze.

49451 Holdorf (c5) ST-D 2391

»ZELT- UND WOHNMOBILPLATZ HEIDESEE« 28.3. bis 15.10.
E.: Martin Bahlmann ☎ 0049 5494 980321, Mobil 0049 171 4375480
zeltplatz-heidesee@web.de, www.zeltplatz-heidesee.de

➔ A 1/E 37 Lohne-Neuenkirchen-Vörden, Abf. (66) Holdorf, B 214 Richtung Zentrum (Große Str.) in die Neuenkirchener Str. (Fladderlohausen) abbiegen. Beschildert. ✉ Zum Heidesee 53 (GPS: 52°34'45"N / 8°6'47" E).
Kirche St. Peter und Paul. Gut Ihorst.

WC W 200 m 1 km 1.2 km 1.5 km 1.8 km

Stellplatz grenzt an den Heidesee. Ebene, größtenteils parzellierte Stellflächen auf Rasengitter, Schotter, Gras. Bezahlung in der Rezeption. Imbiss und Kiosk am Platz (15.3. bis 15.10. geöffnet). Ort 1 km entfernt. 60 Touristenplätze.

49770 Herzlake, Emsland (b5) ST-D 2393

0 **»STELLPLATZ HASETALSTADION«** 15.3. bis 15.11.
E.: Tourist-Information ☎ 0049 5962 880, Fax 0049 5962 2130 20 m
samtgemeinde@herzlake.de, www.herzlake.de

➔ A 31 Leer-Bad Bentheim, Abf. (21) Meppen-Nord, weiter auf der B 402 nach Haselünne. Von der Umgehungsstr. links auf die B 213 nach Herzlake abbiegen Richtung Dohren. Durch die Holter Str./Zuckerstr., dann links in die Zielstr. Beschildert. ✉ Im Mersch (GPS: 52°40'53"N / 7°36'17" E).
St. Nikolaus-Kirche. Hahnenmoor. Erdholländer-Kappenwindmühle Aselage (2 km). Torfwerk mit Café (3 km).

RES WC WC Ch 100 m 200 m 300 m 500 m

Beleuchteter Stellplatz auf reserviertem Bereich unmittelbar am Bootssteg an der Hase und in der Nähe des Hasetalstadions. Ebene Stellflächen auf Schotterrasen, Pflaster. Stellplatz-Länge bis 10 m. Maximal 3 Nächte Aufenthalt möglich! Imbiss. Rad-/Wanderwegenetz. Flusswandern. Ort 200 m entfernt. 30 Touristenplätze.
2022: Stellplatz ist kostenlos.

49824 Emlichheim, Emsland (b5) ST-D 2394/1

»STELLPLATZ "HAUS RINGERBRÜGGEN"« 1.1. bis 31.12.
E.: VVV ☎ 0049 5943 9992915 16 m
info@vvv-emlichheim.de, www.vvv-emlichheim.de

➔ A 31 Leer–Lingen, Abf. (22) Twist, weiter nach Twist über Ringe nach Emlichheim. Auf der Ringer Str. zum Zentrum, Dorfstr. und links in die Zielstr. Beschildert. ✉ Rathausstr. 6 (GPS: 52°36'23"N / 6°50'58" E).
Moormuseum. Kurbelfähre über die Vechte. Windmühle bei Laar.

RES WC Ch 100 m 250 m 300 m 2 km

Beleuchteter Stellplatz auf einem Parkplatz in der Ortsmitte in Nähe der Vechte. Parzellierte, sich leicht neigende Stellflächen auf Pflaster, von Wohnhäusern und Grünanlagen umgeben. Stellplatz-Länge bis 12 m. Imbiss. Boule-Bahn. Rad-/Wanderwegenetz. Ort 100 m entfernt. 5 Touristenplätze.

49824 Emlichheim, Emsland (b5) ST-D 2394/2

10 **»WOHNMOBILSTELLPLATZ DE SLAAPHOEVE«**
☎ 0049 5943 4248 16 m 1.4. bis 1.10.
info@slaaphoeve.nl, www.slaaphoeve.nl

➔ A 31 Leer – Lingen, Abf. (22) Twist, weiter nach Twist Richtung Ringe. Ca. 2 km vor Ringe rechts in die Kanalstr. nach Emlichheim abbiegen zum Ziel. ✉ Kanalstr. 7 (GPS: 52°37'25"N / 6°52'43" E).
Moormuseum. Kurbelfähre über die Vechte. Windmühle bei Laar.

WC W W Ch HS 2 km

Beleuchteter Stellplatz hinter einem Bauernhof in der Nähe des Coevorden-Piccardie-Kanals. Ebene Stellflächen auf Schotter, von Feldern und Wiesen umgeben. Stellplatz-Länge bis 10 m. Reservierung empfohlen. Rad-/Wanderwegenetz. Ort 3 km entfernt. 6 Touristenplätze.
2022: St/N inkl. 2 P/N 12.–, Waschmaschine 5.–, Trockner 3.–, Entsorgung 2.50, Strom/N 2.50. H/N, WD, Müll und Wasser inklusive.

49828 Neuenhaus (b5) ST-D 2395

»NEUMARKT« 1.1. bis 31.12.
E.: Stadt Neuenhaus ☎ 0049 5941 9110
rathaus@neuenhaus.de, www.neuenhaus.de

➔ B 403 Nordhorn-Uelsen, 10 km nordwestlich von Nordhorn nach Neuenhaus-Stadtmitte. Beschildert. ✉ Schulstr. 10 (GPS: 52°29'46"N / 6°58'4" E).
Mühlenzentrum Veldhausen. Historisches Rathaus.

WC WC HS 100 m 500 m 1 km

Stellplatz im Stadtzentrum auf einem öffentlichen Parkplatz. 5 Touristenplätze.

49843 Uelsen, Emsland (b5) ST-D 2397

»WOHNMOBILSTELLPLATZ "AM WALDBAD"« 1.1. bis 31.12.
E.: Uelsen Touristik ☎ 0049 5942 1037, Mobil 0049 5942 442 60 m
Fax 0049 5942 922872, **touristik@uelsen.de**, **www.uelsen.de**

➔ A 30 Osnabrück–Hengelo (NL), Abf. (3) Nordhorn/Bad Bentheim, weiter auf der B 403 über Nordhorn und Neuenhaus nach Uelsen. Im Ort zum Waldbad abbiegen. ✉ Am Waldbad 6 (GPS: 52°29'10"N / 6°53'7" E).
Kirche. Bronzezeithof. Wind-/Wassermühle.

Ch 100 m 1 km

Stellplatz beim Frei- und Hallenbad "Am Waldbad". Von Wald- und Feldern umgeben. Stellflächen auf geschotterten Rasengittersteinen. Stellplatz-Länge bis 12 m. Jeder Platz hat einen separaten Stromanschluss der entsprechend an einer zentralen Eingangssäule gegen Entgeld (Barzahlung, EC-Karte) und Tagesticket freizuschalten ist. Im direkten Umfeld stehen eine Trinkwasserstation sowie eine Fäkalannehmestelle zur Verfügung. Maximal 5 Nächte Aufenthalt möglich! Rad- und Wanderrouten. Ort 1 km entfernt. 13 Touristenplätze.

31582 Nienburg/Weser (d5) ST-D 2400

10 **»REISMOBILSTELLPLATZ NIENBURG«** 1.1. bis 31.12.
☎ 0049 5021 917630, Fax 0049 5021 917640
info@mittelweser-tourismus.de, **www.mittelweser-tourismus.de**

➔ B 6 Hannover-Bremen, Abf. Nienburg weiter Richtung Weser. ✉ Oyler Straße 9 (GPS: 52°38'31"N / 9°12'4" E).

Ch 300 m

Stellplatz direkt am Weserufer und neben dem Baumarkt in der Nähe der Altstadt. Stellfläche auf Schotter. Aufgrund großer Nachfrage manchmal beengte Stellflächen. Schöne Radwege. Mittwoch u. Samstags Wochenmarkt. Ortszentrum 800 m entfernt. 25 Touristenplätze.
2022: St/N bis 5.–, Strom/8 Std. 1.–. H/N inklusive.

49090 Osnabrück, Osna. Ld. (c4) ST-D 2401/1

»WOHNMOBILSTELLPLATZ AM NETTEBAD« 1.1. bis 31.12.
E.: Stadtwerke Osnabrück AG ☎ 0049 541 2002 2270
baeder@swo.de, **www.nettebad.de**

➔ A 1 Münster- Bremen Abf. Osnabrück Nord, Richtung Osnabrück. 3. Ampel links abbiegen. Beschildert. ✉ Im Haseesch 6 (GPS: 52°18'10"N / 8°3'6" E).

2 km

Asphaltierte und ebene Stellflächen auf dem Parkplatz des Sport- und Freizeitbades am Nettebad. Max. Reisemobillänge 12 m. Max. Aufenthaltsdauer 24 Stunden. An- u. Abreise zwischen 6:30 Uhr und 22 Uhr. 5 Touristenplätze.

49170 Hagen a.T.W., Osna. Ld. (c5) ST-D 2403

0 **»WOHNMOBILSTELLPLATZ AM SCHULTEN HOLZ«**
E.: Friedhelm Ossege ☎ 0049 5401 977 20 1.1. bis 31.12.
info@hagen-atw.de, **www.hagen-atw.de**

➔ A 1 Lotte-Münster, Abf. (73) Lengerich, auf die L 591 nach Lengerich, dort auf die L 555 Ladberger Straße in Richtung Hasbergen. In Natrup-Hagen auf die L 95 abbiegen Natruper Straße nach Hagen. Im Kreisverkehr in die Straße Zum Jägerberg einbiegen. ✉ Zum Jägerberg 20 (GPS: 52°12'1"N / 7°58'41" E).
Töpfereimuseum. Kirschlehrpfad. Gellenbecker Mühle.

Ch 300 m 600 m 700 m 1.4 km

Beleuchteter Stellplatz mitten im Wald am Kirschlehrpfad. Leicht abfallende Stellflächen teilweise auf Wiese oder befestigter Fläche. Stellplatz-Länge bis 10 m. Palmsonntag und Karsamstag geschlossen. Aufenthaltsdauer max. 14 Nächte möglich. Ort 700 m entfernt. 15 Touristenplätze.
2023: Stellplatz ist kostenlos. KT, H/N, Entsorgung, Wasser und Strom inklusive.

27305 Bruchhausen-Vilsen, Bremen (d4) ST-D 2413

10 **»MUSEUMSEISENBAHN«** 1.1. bis 31.12.
☎ 0049 4252 930050
tourismus@bruchhausen-vilsen.de, **www.bruchhausen-vilsen.de**

➔ B 6 Bremen-Nienburg, bei Vilsen abfahren. Im Ort den Wohnmobil-Symbolen folgen. „Am Kreisverkehr" in Richtung „Am Gaswerk" und dem Wasserspielplatz rechts abbiegen. ✉ Bollenstr. 41 (GPS: 52°49'34"N / 8°59'42" E).

WC W W Ch 200 m 500 m

Stellplatz in unmittelbarer Nähe zur historischen Museumseisenbahn und zum Wassererlebnisspielplatz. Stellfläche auf Wiese und Schotter. Vordere Bereich befestigter Platz. Von Ostern bis Okt. Toiletten- und Duschcontainer zur Verfügung. Hunde sind an der Leine zu führen. Max. 7 Nächte Aufenthalt. Gebühren sind beim Kassenwart oder beim TourismusService zu entrichten. Ortszentrum 100 m entfernt, 40 Touristenplätze.
2023: MC-St/N 8.–, WD/5 min. 1.–, Wasser/100 l 1.–, Strom/1 kWh –.50. KT inklusive.

27318 Hoya a. d. Weser (d4) ST-D 2414

»REISEMOBILPLATZ HOYA WESERBLICK« 1.1. bis 31.12.
☎ 0049 4251 81547
tourismus@hoya-weser.de, **www.grafschaft-hoya.de**

➔ B 6 Bremen-Nienburg, bei Hoya nach Weser über die Stettiner Straße. ✉ Stettiner Straße (GPS: 52°48'0"N / 9°8'47" E).
Kulturzentrum. Heimatmuseum.

500 m 1 km

Stellfläche am Ortsrand mit Blick auf den Fluss. Stellfläche auf Schotterrasen. 2 Stromsäulen. Reservierung nicht erforderlich. Spende wird erwartet. Ortszentrum 500 m entfernt. 12 Touristenplätze.

27232 Sulingen (c5) ST-D 2415

»STELLPLATZ AM STADTSEE« 1.1. bis 31.12.
E.: Stadt Sulingen ☎ 0049 4271 88 0, Fax 0049 4271 88 33
stadt@sulingen.de, **www.sulingen.de**

➔ A 1 Bremen-Osnabrück, Abf. (66) Holdorf, weiter auf der B 214 nach Sulingen. Über die Abfahrtsschleife Richtung Zentrum. Auf der L 202, "Barenburger Straße", links in den "Haferkamp" einbiegen und 2. Straße rechts zum Ziel. Beschildert. ✉ Kornstraße (GPS: 52°40'35"N / 8°48'4" E).
Historische Altstadt. Heimatmuseum. Holländerwindmühle.

WC WC Ch HS 300 m 600 m 1 km

Beleuchteter Stellplatz auf öffentlichem Parkplatz am Stadtsee im Naherholungsgebiet. Ebene Stellflächen auf Pflaster. Stellplatz-Länge bis 10 m. Liegewiese. Betriebsbesichtigung und Werkverkauf von "Lloyd-Schuhen". Rad-/Wanderwegenetz. Sporteinrichtungen (2 km). Ort 600 m entfernt. 15 Touristenplätze.

27333 Bücken (d4) ST-D 2416/3

»REISEMOBILPLATZ BÜCKEN« 1.1. bis 31.12.
☎ 0049 4251 81547
tourismus@hoya-weser.de, **www.grafschaft-hoya.de**

➔ B 215 Bremen-Nienburg, bei Eystrup nach Bücken abfahren. ✉ Bruchstraße (GPS: 52°46'46"N / 9°7'39" E).

500 m

Stellplatz an der Zufahrt zum Sportplatz. Stellfläche auf Gras. Einfache Übernachtungsplätze ohne Infrastruktur. Reservierung nicht erforderlich. Weitere Informationen erhalten Sie bei der Tourist-Information. Ortszentrum 500 m entfernt. 3 Touristenplätze.

28207 Bremen-Hastedt, Bremen (c/d4) ST-D 2423

»WOHNMOBILSTELLPLATZ BREMEN« 1.1. bis 31.12.
V.: Hagen Kelber ☎ 0049 421 7903052
info@wohnmobilstellplatz-bremen.de, **www.wohnmobilstellplatz-bremen.de**

➔ In Bremen im Hof des Hanse Komfort-Hotels. ✉ Schosterboorn 9 (GPS: 53°4'4"N / 8°51'48" E).

WC W W Ch 100 m

Stellplatz auf dem Hof des artHotel Bremen. Stellfläche teils auf festem Steinuntergrund, teils auf ungepflastertem Untergrund. Reservierung wird empfohlen. Frühstücksbuffet (€ 10.-) im Hotel. Angebote vom Hotel können mitbenutzt werden. Sitzmöglichkeiten und Grünflächen stehen zur Verfügung. Ortszentrum 3 km entfernt. 10 Touristenplätze.

27321 Thedinghausen (d4) ST-D 2426

»WOHNMOBILSTELLPLATZ SCHLOSS ERBHOF« 1.1. bis 31.12.
☎ 0049 4204 8822, Fax 0049 4204 8844
touristik@thedinghausen.de, **www.schloss-erbhof.de**

➔ A 27 Bremen-Verden, Abf. (24) Achim-Ost, weiter nach Thedinghausen. ✉ Braunschweiger Straße 1 (GPS: 52°57'42"N / 9°1'50" E).

WC W Ch 200 m 500 m

Stellplatz am Schloss Erbhof neben einem Baumpark. Stellfläche auf Schotterrasen. Reservierung nicht erforderlich. Maximal 1 Woche Aufenthalt möglich. Im Winter ist die Frischwassersäule ganz und die Entsorgungsstation eingeschränkt nutzbar. Ortszentrum 500 m entfernt. 8 Touristenplätze.

28879 Grasberg (c/d4) ST-D 2430

»STELLPLATZ AM P&R-PARKPLATZ« 1.1. bis 31.12.
☎ 0049 4208 91750
info@grasberg.de, **www.grasberg.de**

➔ Von Bremen nach Nord-Osten, in den Ort Grasberg. ✉ Wörpedorfer Str. 18 (GPS: 53°11'2"N / 8°59'3" E).

Ch

Stellplatz am Ortszentrum. Stellfläche auf Schotterrasen. Reservierung nur bei Gruppen. Ortszentrum 500 m entfernt. 10 Touristenplätze.

29643 Neuenkirchen, L. Hd. (d4) ST-D 2456

»WOHNMOBILSTELLPLATZ AM HAHNENBACHTAL«
☎ 0049 5195 94026 1.1. bis 31.12.
info@heideurlaub24.de, **www.heideurlaub24.de**

➔ A 7 Hannover-Hamburg, Abf. (45) Soltau-Süd, weiter nach Neuenkirchen. ✉ Am Freibad 2 (GPS: 53°2'15"N / 9°42'33" E).

Ch 300 m 350 m

Stellplatz gegenüber des Naturbads und nur wenige Gehminuten vom Ortskern entfernt. Stellfläche auf Schotter. Reservierung nicht erforderlich. Maximal 1 Nacht Aufenthalt möglich. Ver- und Entsorgung vorhanden. Draisinenbahn in der Nähe. Ortszentrum 2 km entfernt. 4 Touristenplätze.

21279 Hollenstedt (d3) ST-D 2481

Abfahrt

»STELLPLATZ AUTOHAUS HOLLENSTEDT« 1.1. bis 31.12.
E.: Autohaus Hollenstedt GmbH 0049 4165 2192 0
Fax 0049 4165 2192 21, **info@autohaus-hollenstedt.de**
www.autohaus-hollenstedt.de

➔ A 1 Hamburg-Bremen, Abf. (45) Hollenstedt, weiter auf der Tosted-ter Straße. An der folgenden Kreuzung links in die Gewerbestraße und wieder links zum Ziel. Beschildert. ✉ Molkenstäh 7 (GPS: 53°21'40"N / 9°42'36" E).
Ruinen der Karlsburg von Kaiser Karl dem Großen. Hamburg (25 km).

HS 100 m H 200 m
300 m 400 m

Stellplatz auf dem Gelände des Autohauses. Stellflächen auf Pflaster. Stellplatz-Länge bis 10 m. Reservierung empfohlen. Maximal 1 Nacht Aufenthalt möglich! Auf der Este kann mit einem Kanu Buxtehude, 8 km, erreicht werden. Rad-/Wanderwegenetz. Ort 600 m entfernt. 3 Touristenplätze.

21224 Rosengarten, Lünebg. H. (d3) ST-D 2484

Abfahrt

»WILDPARK-CAMPING« April bis Okt.
E.: KG Hochwild Schutzpark Schwarze Berge GmbH & Co.
0049 40 8197747 0, **info@wildpark-schwarze-berge.de**
www.wildpark-camping.de

➔ A 7 Hamburg-Hannover, Abf. (34) Hamburg-Marmstorf bzw. A 261 Hamburg-Querverbindung A 1/A 7, Abf. (3) Tötensen, den Wegweisern "Wildpark Schwarze Berge" folgen. ✉ Am Wildpark 1 (GPS: 53°26'32"N / 9°53'8" E).
Freilichtmuseum am Kiekeberg. Wildpark Schwarze Berge.

RES WC WC Ch H
200 m 1.7 km

Stellplatz am Rande eines Wildparks. Leicht abfallende, parzellierte Stellflächen auf Gras. Stellplatz-Länge bis 10 m. Problemlos befahrbar auch für große Wohnmobile. Gebühr beim Platzwart entrichten. Hundeleinenzwang am Stellplatz und im Wildpark. Öffnungszeiten: April bis Okt. Mo.-Sa., So./Feiertage nur in den Sommerferien. Maximal 6 Nächte Aufenthalt möglich. Ort 1.7 km entfernt. 72 Touristenplätze.

29553 Bienenbüttel-Findorfsmühl., L. Hd. (e4) ST-D 2514

»STELLPLATZ ILMENAUHALLE« 1.1. bis 31.12.
E.: Gemeinde Bienenbüttel 0049 5823 9800 0 25 m
Fax 0049 5823 9800 98, **rathaus@bienenbuettel.de**, **www.bienenbuettel.de**

➔ A 7 Hamburg-Hannover, Abf. (44) Soltau Ost, weiter auf der B 71/B 209 Richtung Lüneburg. Bei Deutsch Evern rechts abbiegen auf die B 4 nach Bienenbüttel. Im Ort links abbiegen auf die K 1, Schützenallee, die Bahnlinie unterqueren und am 3. Kreisverkehr links in die K 10, Zielstraße, einbiegen. Beschildert. ✉ Niendorfer Str. 11 (GPS: 53°8'42"N / 10°29'23" E).
Hundertwasser-Bahnhof. Kirche Wichmannsburg (2 km). Skulpturenpfad (2 km). Rosengarten Niendorf (5 km).

RES WC W W Ch
400 m H 500 m HS 1.8 km

Beleuchteter Stellplatz, kreisförmig angelegt am Ortsrand, in der Ilmenau-Niederung an der Ilmenauhalle. Ebene, parzellierte Stellflächen, durch Büsche und Bäume unterteilt, auf Pflaster und Schotter. Stellplatz-Länge bis 10 m. Sanitäranlagen in der Mehrzweckhalle. Zugang Sanitäreinrichtungen nur mit EC-Karte. Für Mobilitätseingeschränkte geeignet. Ort 500 m entfernt. 12 Touristenplätze.

21365 Adendorf, Lünebg. Heide (e4) ST-D 2516

»SPORT- UND FREIZEITZENTRUM ADENDORF« 1.1. bis 31.12.
E.: Gemeinde Adendorf 0049 4131 980931
info@adendorf.de, **www.adendorf.de**

➔ B 209 Lauenburg-Lüneburg, in Adendorf Bardowicker Weg-Steinbergkoppel-An der Waage abbiegen und der Beschilderung "Sportzentrum" folgen. ✉ Scharnebecker Weg 12 A (GPS: 53°17'21"N / 10°27'13" E).
Johanneskapelle. Doppel-Senkrecht-Schiffshebewerk in Scharnebeck. Altstadt Lüneburg.

100 m
H 200 m 1.8 km

Stellplatz beim beim Sportzentrum. Separate Stellplätze auf dem dazugehörenden Parkplatz. Stellplatz-Länge bis 10 m. Bei Rückfragen die Angestellten des Freibades oder der Eissporthalle kontaktieren. Maximal 3 Tage Aufenthalt möglich! Ortszentrum 500 m entfernt. 31 Touristenplätze.

21354 Bleckede-Alt Garge, L. Hd. (e4) ST-D 2519

15 **»KNAUS REISEMOBILSTELLPLATZ ELBTALAUE/BLECKEDE«**
0049 5854 311 1.3. bis 26.11.
elbtalaue@knauscamp.de, **www.knauscamp.de/elbtalaue-bleckede**

➔ Elbuferstraße zwischen Bleckede und Hitzacker, am Ortsausgang von Alt Garge links. ✉ Am Waldbad 23 (GPS: 53°15'34"N / 10°48'20" E).

W W Ch W W
H 50 m WHS WHS
200 m 600 m 1 km 9 km

Stellplatz beim Campingplatz KNAUS CAMPINGPARK ELBTALAUE/BLECKEDE. Ort 600 m entfernt.
2022: MC-St/N 12.–, Waschmaschine 5.–, Trockner 5.–, Sanitärbenutzung/N 3.50, Strom/1 kWh –.80 (16 A). P/N, H/N, Entsorgung, Müll und Wasser inklusive. Sanitärbenutzung/N ab 16 J. 5.– / Kinder (4 bis 15 J.) 3.–.

29456 Hitzacker a. d. Elbe, L. Hd. (e4) ST-D 2524/1

»IM REICH DER GÖTTER« 1.1. bis 31.12.
E.: Holger Lahmann 0049 5862 246943, Mobil 0049 15209560413
buchung@im-reich-der-goetter.de, **www.im-reich-der-goetter.de**

➔ A 39 Hamburg - Lüneburg, weiter auf B 216 nach Hitzacker. ✉ Am Elbufer 12 (GPS: 53°10'55"N / 10°59'6" E).

W W W W

Stellplatz in Ortsrandlage nahe der Elbe bei einer kleinen Pension In ländlicher Umgebung. Unparzelliertes, ebenes und überwiegend schattenloses Wiesengelände. Für Kinder unter 14 Jahren nicht geeignet. Stellplatz 8m x 6m groß. Abwasser darf nicht auf dem Stellplatz direkt entsorgt werden. Zimmervermietung. Serviceeinrichtungen der Pension können genutzt werden (Whirlpool. Freibad. Sauna. Solarium. Brötchenservice). Zwei E-Bikes zum Verleih. Ortszentrum 6 km 10 Touristenplätze.

29328 Faßberg-Müden, L. Hd. (e4) ST-D 2528/1

»STELLPLATZ AM HEIDESEE« 1.4. bis 31.10.
0049 5055 5970
rathaus@fassberg.de, **www.fassberg.de**

➔ A 7 Hamburg-Hannover, Abf. (45) Soltau-Süd weiter nach Faßberg-Müden. ✉ Unterlüßer Straße (GPS: 52°52'42"N / 10°7'28" E).
Müdener Kirche.

Ch 1 km

Stellplatz auf einem Parkplatz mit lichtem Baumbestand am Ortsrand. Stellfläche auf Schotter. Reisemobillänge max. 8 m. Reservierung nicht erforderlich. Entsorgungsstation bei Frost nicht nutzbar. Guter Ausgangspunkt für Wanderungen und Radtouren in die Südheide. Max. 3 Nächte Aufenthalt. Ortszentrum 500 m, Heidesee 250 m entfernt. 20 Touristenplätze.

29328 Faßberg-Müden, L. Hd. (e4) ST-D 2528/2

»STELLPLATZ AM WILDPARK« 1.4. bis 31.10.
0049 5055 5970
rathaus@fassberg.de, **www.fassberg.de**

➔ A 7 Hannover-Hamburg, Abf. (45) Soltau-Süd, weiter Richtung Faßberg-Müden. ✉ Willighausen/Heuweg (GPS: 52°52'21"N / 10°6'33" E).
Müdener Kirche.

H 500 m 1 km 5 km

Reisemobilplatz auf einem Parkplatz am Waldrand in direkter Nähe zum Wildpark. Stellfläche unbefestigt und auf Wiese. Reisemobillänge max. 8 m. Guter Ausgangspunkt für Wanderungen und Radtouren in die Südheide. Reservierung nicht erforderlich. Ver- und Entsorgung am Stellplatz Unterlüßer Straße (ca. 1,5 km entfernt). Ortszentrum 200 m entfernt. 20 Touristenplätze.

29328 Faßberg, Lünebg. Heide (e4) ST-D 2529

»STELLPLATZ SCHÜTZENPLATZ« 1.4. bis 31.10.
0049 5055 5970
rathaus@fassberg.de, **www.fassberg.de**

➔ A 7 Hannover-Hamburg, Abf. (44) Soltau-Ost, weiter nach Faßberg. ✉ Forstweg (GPS: 52°54'18"N / 10°10'11" E).
Müdener Kirche.

Ch 350 m 1.5 km

Stellplatz auf dem Festplatz am Wald- und Ortsrand. Stellfläche auf Schotterrasen. Reservierung nicht erforderlich. Wasserversorgung im Winter nur eingeschränkt nutzbar. Reisemobillänge max. 8 m. Max. 3 Nächte Aufenthalt. Gute Ausgangslage für Wanderungen und Radtouren. Ortszentrum 500 m entfernt. 20 Touristenplätze.

29303 Bergen, Lünebg. Heide (d4) ST-D 2533/1

10 **»REISEMOBILPLATZ BERGEN«** 1.1. bis 31.12.
0049 5051 4790
info@bergen-online.de, **www.bergen-urlaub.de**

➔ B 3 Hannover-Celle bis Bergen. Beschilderung Seminarhotel Schulz folgen. ✉ Ziegeleiweg 7 (GPS: 52°48'45"N / 9°57'50" E).

Ch H 500 m 1 km

Wohnmobilstellplatz am Berger Bach gegenüber einem Seminar Hotel. Stellflächen auf Wiese und Schotter. Reservierung nicht erforderlich. Schlüssel für Strom und Wasser gegen 20 Euro Pfand. Kann zu den Öffnungszeiten des Rathauses im Bürger-Kontakt Büro abgeholt werden. Die Stellplatzgebühr ist zahlbar bei der Tourist-Info (im Standesamtgebäude) oder bei der Stadtkasse (im Rathaus). Ortszentrum 500 m entfernt. 6 Touristenplätze.
2022: MC-St/N 8.–, Wasser/6 min. 1.–, Strom/1 kWh 1.– (16 A). P/N, H/N, Entsorgung und Müll inklusive. Bezahlung bei der Stadtkasse (im Rathaus) oder der Tourist-Info (im Standesamtgebäude).

29646 Bispingen OT Volkwardingen, L. Hd. (d4) ST-D 2534

25 **»REITER UND FERIENHOF COHRS«** 1.1. bis 31.12.
V.: Familie Cohrs 0049 5194 7237, Mobil 0049 171 9306977
info@hof-cohrs.de, **www.hof-cohrs.de**

➔ A 7 Hannover-Hamburg, Abf. (42) Evendorf, weiter nach Volkwardingen. ✉ Volkwardingen 4 (GPS: 53°8'1"N / 10°0'4" E).

WC W Ch
H 500 m

Stellplatz an einem Bauernhof am Naturschutzgebiet Lüneburger Heide. Stellfläche auf Wiese. Wander- und Radweganbindung. Reservierung nicht erforderlich. Brötchenservice und Teilnahme am Frühstücksbuffet möglich. Kleiner Hofladen. Reitanlage mit Reitunterricht. Kutschfahrten. Streichelzoo. FW. Ortszentrum 3 km entfernt. 10 Touristenplätze.
2022: St/N inkl. 4 P/N 25.–, Waschmaschine 5.–. H/N, WD, Entsorgung, Müll, Wasser und Strom inklusive. EC, Kreditkarte, Barzahlung möglich.

29640 Schneverdingen, L. Hd. (d4) ST-D 2537/1

0 **»PARKPLATZ AM QUELLENBAD«** 1.1. bis 31.12.
E.: Schneverdingen Touristik ☏ 0049 5193 93810
www.schneverdingen-touristik.de

➔ A 7 Hamburg-Hannover, Abf. (43) Bispingen, nach Schneverdingen. Im Zentrum auf die Inselstr. in Richtung Insel. Beschildert. ✉ Inseler Str. (GPS: 53°7'54"N / 9°46'20" E).
Heimatmuseum Meeshof. Pietzmoor. Schulmuseum Insel. Heidegarten.

2 km 2.2 km 2.6 km 3 km

Stellplatz am Naturbad Quellenbad. Ebene Stellflächen auf Wiesengelände, umgeben von Bäumen. Während der Öffnungszeiten des Quellenbads sind die Sanitäreinrichtungen nutzbar. Maximal 2 Nächte Aufenthalt möglich! Ort 2 km entfernt. 20 Touristenplätze.
2022: Stellplatz ist kostenlos. KT P/N ab 18 J. –.60, Entsorgung 2.–.

29640 Schneverdingen, L. Hd. (d4) ST-D 2537/2

10 **»MARIECHENS HOFF«** 1.1. bis 31.12.
V.: Familie Weseloh ☏ 0049 5198 454
info@bauernhofferien-weseloh.de, www.urlaub-kdw.de

➔ A 7 Hamburg-Hannover, Abf. (43) Bispringen, weiter nach Reinsehlen. ✉ Voßbarg 15 (GPS: 53°10'6"N / 9°49'32" E).

1 km

Stellplatz bei dem Bauernhof. Stellfläche auf Wiese. Reservierung nicht erforderlich. Ortszentrum 2 km entfernt. 10 Touristenplätze.
2023: St/N 10.–. H/N, Entsorgung, Müll, Wasser und Strom inklusive.

29640 Schneverdingen, L. Hd. (d4) ST-D 2537/3

0 **»STELLPLATZ VERDENERSTR./POLIZEI«** 1.1. bis 31.12.
☏ 0049 5193 93810
www.schneverdingen-touristik.de

➔ A 7 Hannover-Hamburg, Abf. (43a) Bispingen, weiter nach Schneverdingen. ✉ Verdener Straße 32 (GPS: 53°6'47"N / 9°47'17" E).

500 m 1 km

Stellplatz neben der Polizei. Stellfläche auf Pflaster. Nächste Entsorgungsstation am Quellenbad. Maximal 2 Nächte Aufenthalt möglich! Ortszentrum 1 km entfernt. 2 Touristenplätze.
2022: Stellplatz ist kostenlos. KT P/N ab 18 J. –.60.

29640 Schneverdingen, L. Hd. (d4) ST-D 2537/4

0 **»PARKPLATZ OSTERWALDWEG«** 1.1. bis 31.12.
☏ 0049 5193 93800
www.schneverdingen-touristik.de

➔ A 7 Hannover-Hamburg, Abf. (43a) Bispingen, weiter nach Schneverdingen. ✉ Osterwaldweg (GPS: 53°7'4"N / 9°48'25" E).

1 km

Stellplatz an der Festhalle. Stellfläche auf Asphalt. Reservierung nicht erforderlich. Maximal 2 Nächte Aufenthalt möglich. Ortszentrum 1.5 km entfernt. 10 Touristenplätze.
2022: Stellplatz ist kostenlos. KT P/N ab 18 J. –.60.

29640 Heber, Lüneburger Heide (d4) ST-D 2538

Abfahrt

»WOMO-HAFEN CAMPING-PARK LÜNEBURGER HEIDE«
E.: Manuela Vollmer ☏ 0049 5199 275 27.3. bis 1.11.
Fax 0049 5199 514, **info@camping-LH.de, www.camping-LH.de**

➔ A 7 Hannover–Hamburg Abf. (43) Bispingen über Behringen auf die B 3 Hamburg–Soltau, am Ortsende von Heber links. ✉ Badeweg 3 (GPS: 53°4'14"N / 9°51'52" E).
Naturpark Lüneburger Heide. Naturpark Wilseder Berg. Pietzmoor. Schneverdinger Höpen mit Heidegarten. Heide-Park-Soltau.

100 m 300 m 1 km 7 km

Beleuchteter Wohnmobilhafen beim Campingplatz CAMPING-PARK LÜNEBURGER HEIDE. Ebene, überwiegend schattenlose und parzellierte Stellflächen auf Rasen. Für die übergroßen Mobile stehen auch XXL-Stellplätze mit 16 Ampere (kostenpflichtig) zur Verfügung. Die Sanitäranlagen des Campingplatzes können mitbenutzt werden. Barzahlung am Ticket-Automaten. Ort 1 km entfernt. 40 Touristenplätze.

29614 Soltau-Wolterdingen, L. Hd. (d4) ST-D 2539

Abfahrt

20 **»STELLPLATZ BEIM CAMPINGPLATZ "AUF DEM SIMPEL"«**
E.: Mark Charitonenkow ☏ 0049 5191 3651 1.1. bis 31.12.
Fax 0049 5191 16095, **info@auf-dem-simpel.de, www.auf-dem-simpel.de**

➔ A7 Hannover - Hamburg, Abf. (44) Soltau-Ost, Beschilderung "Heide Park" folgen. ✉ Auf dem Simpel (GPS: 53°1'31"N / 9°51'34" E).
NSG Wilseder Berg. Vogelpark Walsrode. Heide-Park-Soltau.

500 m 5 km

Stellplatz beim Campingplatz CAMPINGPLATZ "AUF DEM SIMPEL". Ebene, parzellierte Stellflächen auf befestigtem Kies. Bei den Stellplätzen vor der Schranke können die Toiletten der Zeltwiese mit genutzt werden. Für die Duschen erfolgt eine sekundengenaue Abrechnung mit Hilfe eines Chipkartensystems. Die Chipkarten sind an der Rezeption erhältlich. Ort 5 km entfernt.
2023: St/N inkl. 6 P/N 19.–, WD/1 min. –.20, Waschmaschine 4.–, Trockner 4.–. P/N, H/N, Entsorgung, Müll, Wasser, Sanitärbenutzung und Strom inklusive.

29614 Soltau, Lünebg. Heide (d4) ST-D 2540/1

Abfahrt

»STELLPL. "RÖDERS' PARK"-PREMIUM CAMP. LÜNEBG. HEIDE«
E.: Malte Röders ☏ 0049 5191 2141 1.1. bis 31.12.
Fax 0049 5191 17952, **info@roeders-park.de, www.roeders-park.de**

➔ A 7 Hannover–Hamburg, Abfahrten (44) Soltau-Ost oder (45) Soltau-Süd, Richtung Soltau, auf die B 3 Richtung Hamburg, hinter dem Ortsschild erste Straße links. ✉ Ebsmoor 8 (GPS: 53°0'2"N / 9°50'13" E).
Naturschutzgebiet „Lüneburger Heide" und „Südheide". Freizeitparks (u.a. Heide-Park Soltau/Vogelpark Walsrode).

1.5 km 2 km

Vier Übernachtungsstellplätze vor der Schranke des Campingplatz "RÖDERS' PARK"-PREMIUM CAMPING LÜNEBURGER HEIDE. Ort 1.5 km entfernt. 4 Touristenplätze.

21388 Soderstorf OT Schwindebeck, L. Hd. (d4) ST-D 2541

10 **»SCHWINDEBECKER HEIDE«** 1.1. bis 31.12.
E.: Samtgemeinde Amelinghausen ☏ 0049 4132 920943
Fax 0049 4132 920951, **tourist-info@urlaubsregion-amelinghausen.de**
www.urlaubsregion-amelinghausen.de

➔ A 7 Hamburg-Hannover, Abf. (43) Bispingen weiter nach Schwindebeck. ✉ Steinbecker Straße (GPS: 53°7'21"N / 10°5'54" E).

500 m 6 km

Stellplatz an der Heidefläche "Schwindebecker Heide". Unebene Stellflächen auf Schotter. Ver- und Entsorgungsstation: Kläranlage Schwindebeck, Steinbecker Straße. Max. Aufenthaltsdauer 2 Nächte. Großer Rundweg für Radwanderer und Fußgänger. Ort 4 km entfernt. 15 Touristenplätze.
2023: MC-St/N 6.–.

29649 Wietzendorf, Lünebg. H. (d4) ST-D 2544

Abfahrt

20 **»STELLPLATZ BEIM SÜDSEE-CAMP«** 1.1. bis 31.12.
E.: Südsee-Camp G. & P. Thiele OHG ☏ 0049 5196 980116
Fax 0049 5196 980299, **info@suedsee-camp.de, www.suedsee-camp.de**

➔ A 7 Hannover-Hamburg Abf. (45) Soltau-Süd auf die B 3 Richtung Bergen ca. 3 km, dann abbiegen nach Wietzendorf. ✉ Südsee-Camp 1 (GPS: 52°55'58"N / 9°58'25" E).
Lüneburger Heide.

2 km

Übernachtungsplätze vor dem Campingplatz SÜDSEE-CAMP. Beleuchtete, ebene Stellflächen (teils gepflastert, teils gekiest) mit kleinen Rasenflächen. Für den Wasseranschluss wird ein eigener Schlauch benötigt. Auch für große Wohnmobile geeignet. Auf dem Stellplatz steht ein WC-Häuschen zur Verfügung. Das nächste Waschhaus mit Duschen ist Waschhaus III des Campingplatzes. Alle Einrichtungen des Campingplatzes können mitbenutzt werden. Bezahlung erfolgt über einen Automaten direkt am Übernachtungsplatz. Pfand Servicekarte = 3.- €. Indoor-Spielanlage. Max. 3 Nächte Aufenthalt möglich! Ort 2 km entfernt. 40 Touristenplätze.
2023: St/N inkl. 6 P/N 20.–, Waschmaschine 2.–, Trockner 2.–, Wasser/100 l 1.–, Strom/1 kWh –.50. P/N, H/N, WD, Entsorgung, Müll und Sanitärbenutzung inklusive.

27313 Dörverden (d4) ST-D 2556/1

0 **»STELLPLATZ AM WOLFCENTER«** 1.1. bis 31.12.
E.: Frank und Frau Christina Faß ☏ 0049 4234 934402
info@wolfcenter.de, www.wolfcenter.de

➔ A 27 Bremen-Walsrode, Abf. (25) Verden/Aller-Nord, weiter auf der B 215, "Hamburger Straße", später "Nienburger Straße", nach Barne. Vor dem Ort auf der Abfahrtsschleife in die "Kasernenstraße" einbiegen, nach ca. 300 m rechts abbiegen. Beschildert. ✉ Kasernenstr. 2 (GPS: 52°49'35"N / 9°12'51" E).
Alter Dorfkern. Restaurierten Windmühlen. Ehmken Hoff mit historischen Gebäuden. Schafstallviertel in Hülsen. Wasserkraftwerk von 1914 an der Weser.

5 km

Beleuchteter Stellplatz im OT Barne. Ebene Stellflächen auf Asphalt. Stellplatz-Länge bis 12 m. Für Fahrzeuge über 5 t geeignet. Hundeleinenzwang am Stellplatz und im Gelände des Wolfcenters. Imbiss/Kiosk. Brötchenservice. Maximal 5 Nächte Aufenthalt möglich! Öffnungszeiten von Mi.-So. von 10-18 Uhr und in den Sommerferien (Bremen/Nieders.) täglich im Wolfcenter! Ort 5 km entfernt. 30 Touristenplätze.
2023: Stellplatz ist kostenlos.

27313 Dörverden (d4) ST-D 2556/2

»WOHNMOBILSTELLPLATZ DÖRVERDEN« 1.1. bis 31.12.
E.: Gemeinde Dörverden ☏ 0049 4234 39912, Fax 0049 4234 39945
info@doerverden.de, www.doerverden.de

➔ A 27 Bremen-Walsrode, Abf. (25) Verden/Aller-Nord, weiter auf der B 215 nach Dörverden. Im Ort links in die "Bahnhofstraße" einbiegen und die 1. Straße rechts zum Ziel. Beschildert. ✉ In der Worth (GPS: 52°50'43"N / 9°13'37" E).
Alter Dorfkern. Restaurierten Windmühlen. Ehmken Hoff mit historischen Gebäuden. Schafstallviertel in Hülsen. Wasserkraftwerk von 1914 an der Weser.

200 m

Beleuchteter Stellplatz hinter dem Rathaus in Ortsrandlage. Ebene Stellflächen auf Schotter. Stellplatz-Länge bis 10 m. Maximal 4 Nächte Aufenthalt möglich! Weserufer 500 m entfernt. Rad-/Wanderwegenetz. Ort 200 m entfernt. 5 Touristenplätze.

27283 Verden/Aller (d4) ST-D 2557

Abfahrt

»WOHNMOBILSTELLPLATZ VERDEN« 1.1. bis 31.12.
E.: Tourist-Information ☎ 0049 4231 12345, Fax 0049 4231 12320
touristik@verden.de, www.verden.de

➔ A 27 Bremen–Dreieck Walsrode, Abf. (25) Verden-Nord, weiter auf der B 215, Hamburger-/Bremer Straße, gegenüber vom Finanzamt in die Conrad-Wode-Straße einbiegen. Beschildert. ✉ Conrad-Wode-Straße (GPS: 52°55'32"N / 9°13'42" E).
St. Johanniskirche. Rathaus. Verdener Dom. Deutsches Pferdemuseum. Historisches Museum. Verdener Dünen. Sachsenhain mit Storchenpflegestation.

RES Ch | 100 m
300 m 500 m 1 km HS 3 km

Beleuchteter Stellplatz mit Sitzgarnitur in zentraler Lage, 200 m von der Aller entfernt. Ebene, schräg zulaufende Stellflächen auf Schotterrasen. Stellplatz-Länge bis 12 m. Für Fahrzeuge über 5 t geeignet. Ganzjährig nutzbar, außer bei Veranstaltungen auf dem Platz (26.5. bis 6.6.). Kutsch-/Planwagenfahrten. Stadtführungen. Schifffahrten. Golf. Ort 500 m entfernt. 14 Touristenplätze.

29525 Uelzen OT Gross Liedern, L. Hd. (e4) ST-D 2570

15 **»STELLPLATZ YACHTCLUB UELZEN«** 1.1. bis 31.12.
☎ 0049 5814 3211
info@yachtclub-uelzen.de
www.yachtclub-uelzen.de/Der-Hafen/Womo-Stellplatz/

➔ A 39 Hamburg - Uelzen, weiter auf B 4 nach Uelzen. ✉ Riedweg 7 (GPS: 52°57'25"N / 10°35'37" E).

RES WC W WC Ch
| 100 m 1.9 km

Stellplatz am Elbe-Seitenkanal Lüneburger Heide, direkt am Sportboothafen. Ebene, markierte Stellflächen auf Pflaster. Stellplatz-Länge bis 8 m. Ver- und Entsorgungsstation ST-SAN. Maximal 3 Nächte Aufenthalt möglich. Ortszentrum 2.5 km entfernt. 15 Touristenplätze.
2023: St/N inkl. 2 P/N 15.–, WD/N 1.50, Waschmaschine 3.–, Trockner 3.–, Wasser/90 l 1.–, Strom/6 Std. 1.– (10 A). H/N, Entsorgung und Müll inklusive.

29559 Wrestedt, Lünebg. Heide (e4) ST-D 2573

»STELLPLATZ WRESTSTEDT« 1.1. bis 31.12.
V.: Torsten Nowotny ☎ 0049 5824 3543
tourismus@sg-aue.de, www.samtgemeinde-aue.de

➔ B 3 Hannover-Celle, weiter auf B 191 nach Uelzen. ✉ Schleuse-Esterholz 1 (GPS: 52°54'49"N / 10°36'34" E).

Stellplatz in unmittelbarer Nähe zum Elbe-Seitenkanal neben dem Café Restaurant "Zur Esterholzer Schleuse". Stellfläche auf Sand und Schotter. Maximal 2 Nächte Aufenthalt möglich. Ortszentrum 1.2 km entfernt. 3 Touristenplätze.

29556 Suderburg-Hösseringen, L. Hd. (e4) ST-D 2574

0 **»MUSEUMSDORF HÖSSERINGEN«** 1.1. bis 31.12.
☎ 0049 5826 1774
info@museumsdorf-hoesseringen.de, www.museumsdorf-hoesseringen.de

➔ B 3 Hannover-Celle, weiter über B 191 nach Hösserlingen. ✉ Landtagsplatz 2 (GPS: 52°50'35"N / 10°24'24" E).

Stellplatz auf dem Parkplatz eines ländlichen Regionalmuseums (Freilichtmuseum) umgeben von großen Waldungen. Stellflächen auf Schotter. Reservierung nicht erforderlich. Maximal 1 Nacht Aufenthalt möglich. Hunde müssen an der Leine geführt werden. Dauer- u. Sonderausstellungen. Kinder- und Mitmachaktionen. Ponyreiten. Ort 1 km entfernt. 5 Touristenplätze.
2022: Stellplatz ist kostenlos.

21385 Amelinghausen, L. Hd. (e4) ST-D 2575/1

10 **»STELLPLATZ AN DER KRONSBERGHEIDE«** 1.1. bis 31.12.
E.: Tourist-Info Amelinghausen ☎ 0049 4132 920943 71 m
Fax 0049 4132 930551, **tourist-info@urlaubsregion-amelinghausen.de**
www.amelinghausen.de

➔ A 39 Seevetal - Lüneburg, Abf. (6) Lüneburg-Nord, geradeaus weiter auf der B 4. Bei der nächsten Abfahrtsschleife auf die B 209 Richtung Amelinghausen. Vor dem Ort und der Lopauseebrücke und Wald rechts zum Parkplatz abbiegen. Beschildert. ✉ Lüneburger Straße/B 209 (GPS: 53°8'6"N / 10°14'4" E).
Heimatmuseum. Oldendorfer Totenstatt (1.6 km). Markthus mit Zinnfigurenausstellung und Heideköniginnengalerie (3 km).

RES | 200 m
1 km HS 1.5 km 2 km 3 km

Stellplatz auf einem Waldparkplatz, durch Büsche und Bäume von der B 209 getrennt. Ebene Stellflächen auf Asphalt, Sand, Splitt, Wiese. Stellplatz-Länge bis 12 m. Imbiss. Hochseilgarten. Heideblütenfest im August. Heidschnuckenherde und Schäfertag von Mai-Sept. Kutschfahrten. Rad-/Wanderwegenetz. Berechtigungskarten erhalten Sie an den Shell-Tankstellen, an der Waldbad-Kasse und in der Tourist-Information. Nachträglich ist der Erwerb auch bei der abendlichen Kontrolle auf dem Stellplatz möglich. Sie haben die Möglichkeit während der Öffnungszeiten im Waldbad für -.50 € zu duschen. Ort 1.5 km entfernt. 40 Touristenplätze.
2023: MC-St/N 6.–.

21385 Amelinghausen, L. Hd. (e4) ST-D 2575/2

10 **»STELLPLATZ AM LOPAUSEE«** 1.1. bis 31.12.
E.: Tourist-Info Amelinghausen ☎ 0049 4132 920943 71 m
Fax 0049 4132 930551, **tourist-info@urlaubsregion-amelinghausen.de**
www.amelinghausen.de

➔ A 39 Seevetal - Lüneburg, Abf. (6) Lüneburg-Nord, geradeaus weiter auf der B 4. Bei der nächsten Abfahrtsschleife auf die B 209 Richtung Amelinghausen. Ca. 2 km vor dem Ort links in die Zielstraße einbiegen. Beschildert. ✉ Auf der kalten Hude (GPS: 53°7'59"N / 10°14'3" E).
Heimatmuseum. Oldendorfer Totenstatt (1.6 km). Markthus mit Zinnfigurenausstellung und Heideköniginnengalerie (3 km).

RES W | 100 m 200 m
1.5 km HS 2 km

Beleuchteter Stellplatz auf ausgewiesenem Gelände am See. Ebene Stellflächen auf befestigter Wiese, umgeben von Feldern und Bäumen. Stellplatz-Länge bis 12 m. Ver-/Entsorgung bei der Kläranlage des Ortes in 2.5 km Entfernung. Imbiss. HS: Brötchenservice. Heideblütenfest im August. Heidschnuckenherde und Schäfertag von Mai-Sept. Kutschfahrten. Berechtigungskarten erhalten Sie an den Shell-Tankstellen, an der Waldbad-Kasse und in der Tourist-Information. Nachträglich ist der Erwerb auch bei der abendlichen Kontrolle auf dem Stellplatz möglich. Sie haben die Möglichkeit während der Öffnungszeiten im Waldbad für -.50 € zu duschen. Ort 1 km entfernt. 50 Touristenplätze.
2023: MC-St/N 6.–.

21385 Amelinghausen, L. Hd. (e4) ST-D 2575/3

15 **»STELLPLATZ AM WALDBAD«** 1.1. bis 31.12.
E.: Tourist-Info Amelinghausen ☎ 0049 4132 920943 71 m
tourist-info@urlaubsregion-amelinghausen.de, www.amelinghausen.de

➔ A 39 Seevetal - Lüneburg, Abf. (6) Lüneburg-Nord, geradeaus weiter auf der B 4. Bei der nächsten Abfahrtsschleife auf die B 209 nach Amelinghausen. Im Ort über die Lüneburger Straße Richtung Zentrum und links zum Ziel abbiegen. Beschildert. ✉ Zum Lopautal (GPS: 53°7'27"N / 10°13'51" E).
Heimatmuseum. Oldendorfer Totenstatt (1.6 km). Markthus mit Zinnfigurenausstellung und Heideköniginnengalerie (3 km).

RES WC W W Ch
HS | 100 m 1.5 km 2 km

Beleuchteter und beschrankter Stellplatz am Waldbad. Das Gelände ist zweigeteilt. Ebene Stellflächen auf Sand, Splitt, Asphalt. Stellplatz-Länge bis 12 m. Für Fahrzeuge über 5 t geeignet. Sanitärnutzung nur während der Freibadsaison. Kiosk Mai-Sept mit Brötchenservice. Heideblütenfest im August. Heidschnuckenherde. Es besteht die Möglichkeit während der Öffnungszeiten im Waldbad (Mai-September) für 1,00 € pro Person zu duschen. Berechtigungskarten erhalten Sie in Form einer Transponderkarte am Bezahlterminal. Ort 1.5 km entfernt. 40 Touristenplätze.
2022: MC-St/N 12.–, Entsorgung 1.–, Wasser/100 l 2.–, Strom/1 kWh –.60. H/N und Müll inklusive.

29389 Bad Bodenteich, L. Hd. (e4) ST-D 2576

»WOCHENMARKTPLATZ« 1.1. bis 31.12.
☎ 0049 5824 3543
tourismus@sg-aue.de, www.samtgemeinde-aue.de

➔ B 3 Hanover-Celle, weiter auf B 191 nach Bad Bodenteich. ✉ Burgstraße (GPS: 52°49'59"N / 10°40'59" E).

| 200 m 300 m 500 m

Stellplatz im Ortszentrum auf einem Parkplatz. Stellfläche auf Schotter. Reservierung nicht erforderlich. Maximal 2 Nächte Aufenthalt möglich. Ortszentrum 100 m entfernt. 3 Touristenplätze.

29378 Wittingen, Lünebg. H. (e4) ST-D 2577/1

»STELLPLATZ AM WITTINGER SPORTHAFEN« 1.4. bis 15.10.
☎ 0049 5831 251608
cornelia.pengel@yahoo.de, www.wittinger-sporthafen.de

➔ B 244 Dedelstorf/B 4 nach Wolfsburg. Zwischen Hankensbüttel und Wittingen am Elbe-Seiten-Kanal zum Ziel abbiegen. Beschildert. ✉ An der B 244/ESK (GPS: 52°43'40"N / 10°39'50" E).
Otter-Zentrum und Kloster Isenhagen in Hankensbüttel (3 km). Jagdmuseum Wulff in Oerrel (9 km).

RES WC W W WC Ch
| 100 m 500 m 4 km

Der Stellplatz befindet sich direkt am Sportboothafen und der "Hafenklause". Ebene Stellflächen auf Gras. Stellplatz-Länge bis 12 m. Grauwasserentsorgung möglich. Entleerung der Chemie-Toiletten an der Kläranlage Wittingen (5 km) möglich. Ort 4 km entfernt. 10 Touristenplätze.

29478 Höhbeck-Vietze, L. Hd. (f4) ST-D 2584

25 **»HÜTTEN HOTEL ELBHÖHE«** April bis Okt.
☎ 0049 5846 1707
info@huetten-hotel.de, www.huetten-hotel.de

➔ A 39 Hamburg-Lüneburg, weiter auf B 195 nach Vietze. ✉ Am Elbufer 9 (GPS: 53°4'17"N / 11°24'47" E).

WC Ch
| 500 m

Stellplatz hinter dem Restaurant und dem Hütten-Hotel Elbhöhe nahe der Elbe. Stellfläche auf Schotterrasen. Reservierung wird empfohlen. WLAN im Gastrobereich. Ortszentrum 7 km entfernt. 2 Touristenplätze.
2022: St/N 10.–, P/N 6.–, J/N 4 bis 12 J. 1.–, Waschmaschine 3.–, Trockner 5.–. KT, H/N, WD, Müll, Wasser und Strom inklusive.

29362 Hohne, Lüneburger Heide (e5) ST-D 2590

»PARKPLATZ AM WALDSCHWIMMBAD« 1.1. bis 31.12.
E.: Förderverein Waldbad Hohne/Spechtshorn e.V. ☎ 0049 5083 311
waldschwimmbad@gmx.de, www.waldbad-hohne-spechtshorn.de

➔ A 7 Hamburg-Langenhagen, Abf. (52) Mellendorf, nach Celle. Auf die B 214/B 191 weiter nach Lachendorf und Hohne. In Hohne über die Dorfstraße zum Schwimmbad. Beschildert. ✉ Am Schwimmbad 23 (GPS: 52°35'33"N / 10°22'33" E).
Energiemuseum Spechtsheim.

WC W HS100 m 500 m

Stellplatz am Waldrand. Stellflächen auf Schotter. Stellplatz-Länge bis 7 m. Dusche, WC und Frischwasser während der Öffnungszeiten des Schwimmbads möglich. Der Schlüssel für die Energiesäule ist gegen Kaution in Höhe von 50.- im Waldbad, beim EDEKA-Markt oder bei der SB-Tankstelle erhältlich. Maximal 7 Nächte Aufenthalt möglich! Ort 600 m entfernt. 4 Touristenplätze.

31547 Rehburg-Loccum OT Rehburg, Wes. (d5) ST-D 2607

»WOHNMOBILSTELLPLATZ REHBURG« 1.1. bis 31.12.
V.: Weber ☎ 0049 5037 300060
touristinfo@rehburg-loccum.de, www.rehburg-loccum-tourismus.de

➔ A 2 Hannover-Bochum, Abf. (40) Wunstorf-Luthe, B 441 nach Loccum. ✉ Auf der Bleiche 14 (GPS: 52°28'24"N / 9°13'58" E).
Dino-Park Münchehagen. Kloster Loccum.

100 m 300 m

Stellplatz in zentraler ruhiger Lage neben dem Hallenbad und in der Nähe des Steinhuders Meers. Stellfläche parzelliert und auf Schotter. Reisemobillänge bis 10 m. Reservierung nicht erforderlich. Schöner Ausgangspunk für Wanderungen und Fahrradtouren. Bei Vorlage des Parktickets ermäßigter Eintritt (1.- pro Person) im Freizeitbad Münchehagen und im Hallenbad Rehburg. Ortszentrum 300 m entfernt. 8 Touristenplätze.

31702 Lüdersfeld, Weserberg. (d5) ST-D 2608/1

»HEINRICH'S REISEMOBILSTELLPLATZ« 1.3. bis 30.11.
E.: Rolf Parno ☎ 0049 5725 94190
info@zum-dicken-heinrich.de, www.zum-dicken-heinrich.de

➔ A 2 Hannover-Bielefeld, Abf. (38) Bad Nenndorf zur B 65 Richtung Stadthagen in Vornhagen rechts nach Lüdersfeld abbiegen. ✉ Am Hülsebrink 10 (GPS: 52°21'35"N / 9°15'22" E).
Wilhelm-Busch-Museum in Wiedensahl. Schloss Bückeburg. Hubschraubermuseum.

WC WC

300 m

Stellplatz an der Hauptstraße neben dem Hotel/Restaurant "Zum dicken Heinrich". Stellflächen teils asphaltiert, teils geschottert und auch für große Wohnmobile geeignet. Reservierungen bei Gruppen erforderlich. 35 Touristenplätze.

31603 Diepenau OT Steinbrink (c5) ST-D 2609/1

»STELLPLATZ AM TOR ZUM MOOR« 1.1. bis 31.12.
V.: Jürgen Rösener ☎ 0049 5777 290
laroe@t-online.de, www.stellplatz-am-tor-zum-moor.de

➔ Von Hanover nach Osnabrück in den Ort Steinbrink. ✉ Steinbrinker Straße 8 (GPS: 52°28'36"N / 8°44'26" E).

WC Ch

100 m 1 km

Stellplatz auf der Parkfläche eines Gasthofes. Stellfläche auf Pflaster und Wiese. Reservierung nicht erforderlich. Ortszentrum 500 m entfernt. 15 Touristenplätze.

31606 Diepenau (c5) ST-D 2609/2

»STELLPLATZ LAVESLOH« 1.1. bis 31.12.
V.: Gehrke ☎ 0049 5763 18338
s.gehrke@sg-uchte.de, www.uchte.de

➔ Von Hanover Richtung Osnabrück, weiter Richtung Diepenau. In Diepenau der Beschilderung zum Bahnhof folgen. ✉ Am Bahnhof (GPS: 52°25'28"N / 8°44'13" E).

Ch 200 m 400 m

Stellplatz am Bahnhof bei der Museumsinsel. Ebene Stellflächen auf Pflaster. Ortszentrum 300 m entfernt. 5 Touristenplätze.

31515 Steinhude-Wunstorf (d5) ST-D 2615

»WOHNMOBILSTELLPLATZ STEINHUDE« 1.1. bis 31.12.
V.: Anja Prause ☎ 0049 5033 390810
steinhude@steinhuder-meer.de, www.steinhuder-meer.de/wohnmobilstellplatz

➔ A 2 Hannover-Bielefeld, Abf. (40) Wunstorf-Luthe, weiter auf B 441 nach Wunstorf. ✉ Bruchdamm (GPS: 52°26'56"N / 9°21'16" E).
Insektarium. Fischer-, Weber- und Spielzeugmuseum.

WC W W Ch

500 m 800 m

Beschrankter Stellplatz direkt am Ortseingang. Mitten in einer Wiesenlandschaft in der Nähe des Steinhuder Meeres gelegen. Ebene, schattenlose Stellflächen (6x6 m, 6x7 m, 6x8 m, 6x12 m) auf Schotterrasen. Informationsmaterial an der Rezeption. Die Bezahlung erfolgt am Kassenautomaten in Bar oder per EC-Karte. Brötchenservice (Mai-Sept.). Ortszentrum 500 m entfernt. 164 Touristenplätze.

31535 Neustadt (d5) ST-D 2620/2

»REISEMOBILPLATZ AN DER LEINE« 1.1. bis 31.12.
☎ 0049 5032 840
stadtverwaltung@neustadt-a-rbge.de, www.neustadt-a-rbge.de

➔ B 6 Hannover-Nienburg/Weser, weiter nach Neustadt. ✉ Suttorfer Straße (GPS: 52°30'27"N / 9°27'59" E).

950 m 2 km

Stellplatz auf dem Parkstreifen am Leineufer. Stellfläche auf Schotter. Maximal 1 Nacht Aufenthalt möglich. Ortszentrum 500 m entfernt. 5 Touristenplätze.

31535 Neustadt OT Nöpke (d5) ST-D 2620/3

15 **»CAMPINGPLATZ NÖPKE«** 1.1. bis 31.12.
V.: Littau ☎ 0049 0503 14142
noepkecamping@aol.com

➔ B 6 Hannover-Nienburg/Weser, weiter nach Nöpke. ✉ Am Heisterholz 7 (GPS: 52°35'58"N / 9°22'50" E).

WC W Ch

700 m

Stellplatz in ruhiger Lage im Waldrandgebiet. Stellfläche auf Schotterrasen. Ortszentrum 500 m entfernt. 50 Touristenplätze.
2022: St/N 10.–, P/N 2.–, H/N 1.50, WD/5 min. 1.–, Waschmaschine 3.–, Trockner 3.–, Strom/1 kWh –.80 (6 A). KT, Müll und Wasser inklusive. Keine Kartenzahlung möglich.

31535 Neustadt OT Mardorf (d5) ST-D 2620/4

»STELLPLATZ STEINHUDER MEER« 1.1. bis 31.12.
V.: Hartmut Niemeyer ☎ 0049 5036 864
mailbox@wohnmobilstellplatz-steinhuder-meer.de
www.wohnmobilstellplatz-steinhuder-meer.de

➔ B 6 Hannover-Neustadt,weiter zum Steinhuder Meer. ✉ Rote-Kreuz-Straße (GPS: 52°29'10"N / 9°18'0" E).

Ch 300 m 800 m

Stellplatz am Waldrand beim Steinhuder Meer. Ebene Stellflächen auf befestigtem Rasen. Reservierung nur bei Gruppen. Steinhuder Meer 300 m, Ortszentrum 800 m entfernt. 60 Touristenplätze.

31595 Steyerberg (d5) ST-D 2625

0 **»WOHNMOBILSTELLPLATZ STEYERBERG«** 1.1. bis 31.12.
☎ 0049 5764 96060
rathaus@steyerberg.de, www.steyerberg.de

➔ Von Hanover Richtung Steyerberg nach Westen an der Grenze zu Nordrein Westfahlen. ✉ Kleine Straße 7 (GPS: 52°34'0"N / 9°1'32" E).

WC Ch 200 m 800 m

Zentral gelegener Stellplatz auf der Marktwiese. Stellfläche parzelliert und auf Schotter. Beleuchtet. Reservierung nicht erforderlich. Versorgung mit Brauchwasser (kein Trinkwasser). Ortszentrum 100 m entfernt. 4 Touristenplätze.
2023: St/N ist kostenlos. Entsorgung 1.–, Strom/8 Std. 1.– (10-16 A).

31860 Emmerthal OT Grohnde, Wes. (d6) ST-D 2631/1

»WOHNMOBILSTELLPLATZ GROHNDER FÄHRHAUS«
E.: Grohnder Fährhaus GmbH 70 m 1.3. bis 31.12.
☎ 0049 5155 347983, Fax 0049 5155 34798931
camping@grohnder-faehrhaus.de, www.grohnder-faehrhaus.de

➔ B 83 Richtung Hameln, Abf. Emmerthal. Über Weserbrücke nach Hagenohsen. An der Kreuzung nach der Brücke rechts Richtung Latferde. In Latferde geradeaus. Nach 1 km führt eine Straße zum Hotel Campingplatz Wohnmobilstellplatz Grohnder Fährhaus. Beschildert. ✉ Grohnder Fähre 1 (GPS: 52°1'7"N / 9°25'33" E).
Rattenfänger von Hameln. Baron Münchhausen.

WC W W W Ch

W W TV

500 m 2 km S

4 km HS 5 km

Wohnmobilstellplatz direkt an der Weser neben dem Campingplatz. 24-Stunden anfahrbar. Zwei verschiedene Bereiche. Zum Einen durch Hecken parzellierte Stellflächen auf Schotterrasen mit Blick auf die Weser, zum Anderen ebene, parzellierte Stellflächen auf Schotter neben dem Parkplatz vor dem Campingplatz. Generelle Stellplatzlänge bis 8,5 m. 3 Stellflächen für längere Wohnmobile. Entsorgungsstation vorhanden. Kassenautomat. Brötchenservice und touristische Informationen sind an der Rezeption des Campingplatzes erhältlich. E-Ladesäule für Autos. E-Bike-Verleih. Ort 2 km entfernt. 58 Touristenplätze.

31860 Emmerthal OT Grohnde, Wes. (d6) ST-D 2631/2

»GASTHAUS ZUR POST« 1.1. bis 31.12.
V.: Familie Leinemann ☎ 0049 5155 5330
leinemann-grohnde@t-online.de, www.gasthauszurpost-grohnde.de

➔ Von Hannover nach Paderborn, weiter nach Grohnde. ✉ Grohnder Straße 25 (GPS: 52°1'18"N / 9°25'7" E).

500 m

Stellplatz auf dem Restaurant Parkplatz. Stellfläche auf Schotter. Reservierung erforderlich. Donnerstag Ruhetag. Ortszentrum 100 m entfernt. 2 Touristenplätze.

31848 Bad Münder am Deister, Wes. (d5) ST-D 2637

»STELLPLATZ AM ROHMELBAD« 1.1. bis 31.12.
E.: Tourist-Information ☎ 0049 5042 929804
info@bad-muender.de, www.bad-muender.de

➔ A 2 Hannover–Bielefeld, Abf. (37) Lauenau, weiter auf der B 442 nach Bad Münder. Von der Umgehungsstraße in die Hannoversche Straße Richtung Zentrum abbiegen, links einfahren in die Lange Straße und dann rechts zum Ziel. Beschildert. ✉ Friedrich-Ludwig-Jahn-Straße (GPS: 52°11'36"N / 9°28'15" E).
Historische Altstadt. Gradierwerk.

RES Ch HS100 m 200 m 400 m 500 m 1 km

Markierter, beleuchteter Stellplatz auf dem Großparkplatz des Mineralwasser-Freibads (Stadt der Heilquellen). Leicht geneigte Stellflächen auf Asphalt. Stellplatz-Länge bis 10 m. Maximal 3 Nächte Aufenthalt möglich! Vier Heilquellen. Wassertretstelle (500 m). Golfplatz 1 km entfernt. Ort 600 m entfernt. 5 Touristenplätze.

31020 Salzhemmendorf, Wes. (d6) ST-D 2638/1

»STELLPLATZ RASTI-LAND« März bis Okt.
E.: Rasti-Land GmbH ☎ 0049 5153 6874
sckade@rasti-land.de, www.rasti-land.de

➔ A 7 Hannover–Kassel, Abf. (62) Hildesheim, auf die B 1 Richtung Elze. Vor Oldendorf zum Rasti-Land abbiegen. Beschildert. ✉ Quanthofer Str. 9 (GPS: 52°5'48"N / 9°39'54" E).
Schloss Hämelschenburg. Münchhausenmuseum. Rastiland.

RES

Stellplatz auf einem Bus-/Reisemobilparkplatz vor dem Freizeitgelände mit Kids-Dinoworld. Ebene Stellflächen auf naturbelassenem Untergrund. Stellplatz-Länge bis 12 m. Der Freizeitpark ist von Mai bis August und in den Oster-/Herbstferien von Niedersachsen fast täglich geöffnet, dazwischen nur am Wochenende. Ort 1 km entfernt. 4 Touristenplätze.

31020 Salzhemmendorf, Wes. (d6) ST-D 2638/2

»STELLPLATZ ITH-SOLE-THERME« 1.1. bis 31.12.
E.: Ith-Sole-Therme ☎ 0049 5153 803050
info@ith-sole-therme.de, www.oestliches-weserbergland.de

➔ A 7 Hannover–Kassel, Abf. (62) Hildesheim, auf die B 1 Richtung Elze. In Hemmendorf abbiegen nach Salzhemmendorf. Auf der L 462 zum Ziel. Beschildert. ✉ In der Saale-Aue (GPS: 52°4'15"N / 9°35'8" E).
Schloss Hämelschenburg. Münchhausenmuseum. Rastiland.

Ch HS 100 m 400 m

Beleuchteter Stellplatz auf separatem Teil eines Parkplatzes. Parzellierte, ebene Stellflächen auf Schotter oder -rasen. Stellplatz-Länge über 12 m. Für Fahrzeuge über 5 t geeignet. Bezahlung Rezeption Ith-Therme bar oder EC-Karte. Therme mit Saunalandschaft, Kosmetikstudio, Erlebnisbad. Überdachte Sitzecke. An-/Abfahrt 8-21 Uhr. Reservierung empfohlen. Ort 500 m entfernt. 20 Touristenplätze.

31832 Springe am Deister, Wes. (d5) ST-D 2639

»STELLPLATZ ALTER MUSEUMSHOF« 1.1. bis 31.12.
E.: Tourist-Information ☎ 0049 5041 73273
touristinformation@springe.de, www.stadtmarketing-springe.de

➔ A 2 Hannover-Bielefeld, Abf. (37) Lauenau, weiter auf der B 442 nach Bad Münder am Deister. Von der Umgehungsstraße auf die L 421, Hannoversche Straße, nach Springe-Zentrum und dann zum Ziel abbiegen. Beschildert. ✉ Auf dem Burghof 1 (GPS: 52°12'27"N / 9°33'25" E).
Historische Altstadt. Fußballmuseum. Jagdschloss (2 km). Wiesentgehege (4 km).

RES WC WC 100 m 400 m 1 km

Markierter Stellplatz im hinteren Bereich des alten Museumshofs. Ebene Stellflächen (3x13 m) auf Schotter. Nur wenige Meter von der historischen Altstadt entfernt. Ort 200 m entfernt. 5 Touristenplätze.
2022: Keine Angabe.

31812 Bad Pyrmont, Weser. (d6) ST-D 2640/1

»REISEMOBILHAFEN IN DEN EMMERAUEN« 1.1. bis 31.12.
☎ 0049 5281 940511, Fax 0049 5281 940555
info@badpyrmont.de, www.rmh-emmerauen.de

➔ in Bad Pyrmont der Beschilderung zum "Pyrmonter Welle Erlebnisbad" sowie "Tierpark Bad Pyrmont" folgen. ✉ Hauptmann Boelke Weg 1 (GPS: 51°58'46"N / 9°15'12" E).
Hufeland Therme. Pyrmonter Welle Erlebnisbad.Tierpark.

WC W WC Ch 20 m

Stellplatz am Stadtrand hinter dem Tierpark. Der Stellplatz ist eingebettet in einer ruhigen, naturnahen Lage am Rande eines Naturschutzgebietes. Ebene Stellflächen (8x5 m bis 12x6 m) auf Schotter und Rasen. Ver- und Entsorgungsstation vom Beckmann "EMS Water" & "EMS Clean" vor dem Platz mit Bodeneinlass. Täglich kostenloser Eintritt ins Erlebnisbad "Pyrmonter Welle" zum schwimmen und/oder duschen. E-Bike-Verleih in der Touristinformation neben dem Platz. Gas-/Getränke Lieferservice bis zu Ihrem Stellplatz (nur werktags). Pyrmont-Plus-Card mit tägl. großem, wechselnden und kostenlosem Freizeitangebot. Stadtzentrum 400 m entfernt.

31868 Ottenstein, Weserbergld. (d6) ST-D 2642

10 **»STELLPLATZ ALTE OBERFÖRSTEREI«** März bis Okt.
V.: Manfred Weiner 300 m
☎ 0049 5286 229, Mobil 0049 1751 609007
info@ottensteiner-hochebene.de, www.ottensteiner-hochebene.de

➔ B 83 Hameln-Bodenwerder. In Grohnde rechts abbiegen auf die L 429 bis Lüntorf. Hier auf die L 428 bis Ottenstein. Kurvenreiche Anfahrt von der Weser auf die Hochebene. ✉ Bruchstraße 3 (GPS: 51°56'48"N / 9°24'11" E).
Liebfrauenkirche.

Ch 200 m

Stellplatz in ruhiger Lage am westlichen Ortsrand mit schönen Blick in das Weserbergland. Ebene Stellflächen auf Schotterrasen, umfriedet von einer Hainbuchenhecke. Auch für große Mobile geeignet. Das Dorf Ottenstein wurde mit einem Preis ausgezeichnet. Für die Ver- und Entsorgung ist eine Fläche mit mittigem Bodeneinlass gepflastert. Im Winter keine Entsorgung möglich. Reservierung nur bei Gruppen. Grillhütte. Ortszentrum 500 m entfernt. 19 Touristenplätze.
2022: St/N inkl. 2 P/N 10.–, Entsorgung –.50, Wasser/100 l 1.–, Strom/2 kWh 1.–. P/N, KT, H/N und Müll inklusive.

31061 Alfeld/Leine (d6) ST-D 2657

»WOHNMOBILPLATZ BORNSTRASSE« 1.1. bis 31.12.
E.: Tourist-Information
☎ 0049 5181 703111, Mobil 0049 5181 703210, **www.alfeld.de**
buergeramt@stadt-alfeld.de

➔ A 7 Hannover–Kassel, Abf. (62) Hildesheim, weiter auf der B 1 bis Elze, dort auf die B 3 nach Alfeld/Leine. Im Ort den Hinweisen zum "Seminarparkplatz" folgen. Beschildert. ✉ Bornstraße (GPS: 51°59'11"N / 9°49'39" E).
Historische Altstadt. St.-Nikolai-Kirche. Mittelalterlicher Wehrturm der Stadtbefestigung. Stadtmuseum. Industriegebäude mit Museum.

RES WC WC Ch 200 m 300 m HS 2 km

Beleuchteter Stellplatz auf einem reservierten Parkstreifen am Rand eines Großparkplatzes hinter einer Kirche. Ebene Stellflächen auf Asphalt. Stellplatz-Länge bis 6 m. Schlüssel für Stromsäule gegen Kaution beim Bürgeramt, Marktplatz. 4 Touristenplätze.

30890 Barsinghausen (d5) ST-D 2658

Abfahrt

»STELLPLATZ KLOSTERSTOLLEN« 1.1. bis 31.12.
E.: Stadt Barsinghausen ☎ 0049 5105 514187

➔ A 2 Hannover–Bielefeld, Abf. (38) Bad Nenndorf, weiter auf der B 65 Richtung Ricklingen. Nach ca. 5 km rechts auf die L 392 nach Barsinghausen. Im Ort Richtung Zentrum fahren, dann den Hinweisen Zechensaal/Besucherbergwerk folgen. ✉ Hinterkampstr. 6 (GPS: 52°17'56"N / 9°28'9" E).
Kloster Barsinghausen. Besucherbergwerk. Bergwerksmuseum. Nordmannsturm im Deister (2 km). Wasserschloss Wichtringhausen.

RES Ch 300 m HS 1.5 km

Beleuchteter, parzellierter, etwas schattiger Stellplatz im Bereich eines Großparkplatzes. Stellflächen leicht schräg auf Schotter. Stellplatz-Länge bis 8 m. Schlüssel für Strom und Wasser erhältlich im 500 m entfernten Max-Biergarten (Deisterstr. 6 , Öffnungszeit: Mo-Do 10-13 Uhr und 16-23 Uhr, Fr, Sa und So 10-23 Uhr). Maximal 3 Nächte Aufenthalt möglich! Ort 800 m entfernt. 5 Touristenplätze.

31134 Hildesheim (d5) ST-D 2663

0 **»STELLPLATZ AM HOHNSENSEE«** 1.1. bis 31.12.
☎ 0049 5121 17980
tourist-info@hildesheim-marketing.de, www.hildesheim.de/tourismus

➔ A 7 Hannover - Hildesheim, Abf. (62) Hildesheim, weiter zum See. ✉ Hohnsen (GPS: 52°8'20"N / 9°57'14" E).

RES WC 400 m 500 m

Stellplatz mit Blick auf den See. Stellfläche auf Schotter. Reservierung nicht möglich. Maximal 2 Nächte Aufenthalt möglich. Entsorgung in der Kläranlage möglich. Ortszentrum 2.4 km entfernt. 4 Touristenplätze.
2022: Stellplatz ist kostenlos. P/N inklusive.

31028 Gronau/Leine (d6) ST-D 2664

»STELLPLATZ KUHMASCH« 1.1. bis 31.12.
E.: Tourist-Information ☎ 0049 5182 9020
info@gronau-leine.de, www.gronau-leine.de

➔ A 7 Hannover–Göttingen, Abf. (62) Hildesheim, weiter auf der B 1 nach Elze und dann auf der B 3 bis zur Kreuzung B 240, dort links abbiegen nach Gronau. Beschildert. ✉ Kuhmasch 2 (GPS: 52°4'56"N / 9°46'14" E).
St. Josephs-Kirche. Dominikanerkloster. St. Matthäi-Kirche. Bockhof II mit Stadtarchiv. Rathaus. Bantelner Allee.

RES WC WC HS 300 m

Reservierter Stellplatz auf einem Pkw-Parkplatz in der ehemaligen Hansestadt. Fast ebene Stellflächen auf Schotter. Stellplatz-Länge bis 6 m. Anmeldung während der Freibadsaison 15.5. bis 15.9. im Freibad, sonst in der Mini-Golf-Anlage oder bei der Raiffeisen-Tankstelle, Ladestr. 6. Rundflüge (3 km). 18-Loch Golfplatz in Rheden (3 km). 4 Touristenplätze.

31655 Stadthagen, Weserberg. (d5) ST-D 2675

»FREIZEITBAD TROPICANA« 1.6. bis 31.12.
☎ 0049 5721 97380
reisemobilplatz@stadthagen.de, www.tropicana-stadthagen.de

➔ A 3 Hanover-Osnabrück, Abf. (38) Bad Nenndorf, weiter nach Stadthagen. ✉ Jahnstraße 2 (GPS: 52°19'20"N / 9°11'18" E).

Ch 10 m 500 m

Stellplatz auf dem Parkplatz am Freizeitbad. Reservierung nicht erforderlich. Sanitäreinrichtung im Schwimmbad. Ortszentrum 1 km entfernt. 10 Touristenplätze.

31542 Bad Nenndorf (d5) ST-D 2678

»STELLPLATZ AM SPORTZENTRUM« 1.1. bis 31.12.
☎ 0049 5723 748560
tourist-info@badnenndorf.de, www.badnenndorf.de

➔ A 2 Hannover-Bielefeld, Abf. (38) Bad Nenndorf, weiter zum Sportzentrum. ✉ Bahnhofstraße 77 (GPS: 52°20'36"N / 9°22'36" E).

WC Ch | 100 m 900 m

Stellplatz beim Hallenbad am Ortsrand. Neben dem Skatepark und den Tennisplätzen. Stellfläche auf Schotter. Reservierung nicht erforderlich. Duschen im benachbarten Hallenbad möglich. (€ 3.50). Gut ausgeschilderte Rad- und Wanderrouten. Ortszentrum 800 m, Landgrafen-Therme 1 km entfernt. 12 Touristenplätze.

31552 Rodenberg, Weserberg. (d5) ST-D 2679

10 **»WOHNMOBILSTELLPLATZ AM DEISTER«** 1.1. bis 31.12.
V.: Friederike Hartmann ☎ 0049 1633 090192
info@wohnmobilstellplatz-deister.de, www.wohnmobilstellplatz-deister.de

➔ A 2 Hannover-Osnabrück, Abf. (37) Lauenau, weiter nach Rodenberg. ✉ Gottlieb Daimler Straße 11 (GPS: 52°18'25"N / 9°22'3" E).

| 300 m 400 m 1 km

Stellplatz auf einem Parkplatz im Gewerbegebiet. Stellfläche auf Schotter. Reservierung nicht erforderlich. Durchgängig anfahrbar. Gasflaschentausch. Brötchenservice. Hundeauslaufwiese. Gastronomie fußläufig erreichbar. Gespanne maximal 48 Stunden Aufenthalt. Ortszentrum 500 m entfernt. 8 Touristenplätze.
2022: St/N inkl. 2 P/N 8.–, Wasser/80 l 1.–, Strom/kWh –.70 (16 A). P/N, H/N, Entsorgung und Müll inklusive.

38114 Braunschweig (e5) ST-D 2700

Abfahrt

15 **»REISEMOBILSTELLPLATZ AN DER WASSERWELT«**
E.: Stadtbad Braunschweig GmbH 1.1. bis 31.12.
☎ 0049 531 48210500, **info@stadtbad-bs.de, www.wasserwelt-bs.de**

➔ A 7 Kassel-Hannover, Abf. Berlin/Wolfsburg/Braunschweig/Salzgitter und weiter auf die A 39 bis zur Abf. Hannover/Lüneburg/Bs-Gartenstadt/Zentrum - hier der A 391 Richtung Hannover/Lüneburg folgen. Am Kreuz BS-Ölper auf die A 392 Richtung Zentrum/Hamburger Straße und unmittelbar die erste Abf. Richtung Hamburger Straße. An der ersten Ampel links und der Hamburger Straße folgen bis Sie die Wasserwelt auf der linken Seite sehen. ✉ Am Schützenplatz 1 (GPS: 52°17'9"N / 10°31'8" E).
Braunschweiger Residenzschloss.

RES WC W W WC Ch | 100 m 200 m

Beleuchteter Stellplatz bei einem Freizeitbad ("Wasserwelten") am nördlichen Stadtrand von Braunschweig. Ebene bis leicht abfallende, parzellierte und gepflasterte Stellflächen. Stellplatz-Länge bis 10m. Bei dem Freizeitbad "Wasserwelt" mit 5*-Premiumsauna, Wellnessbereich und der großzügigen Badelandschaft gelegen. Gastronomie und Toilettenanlage im Eingangsbereich der Wasserwelt nutzbar. Kostenloses W-LAN "BS|Hotspot" von von BS|Energy. Imbiss. 5 Nächte maximale Aufenthaltsdauer. 17 Touristenplätze.
2022: St/N inkl. 2 P/N 13.–, weitere P/N 2.–. H/N, Entsorgung, Müll, Wasser und Strom inklusive.

38518 Gifhorn, Lüneburg. Heide (e5) ST-D 2724

»WOHNMOBILSTELLPLATZ GIFHORN« 1.1. bis 31.12.
E.: Südheide Gifhorn GmbH ☎ 0049 5371 937880 56 m
info@suedheide-gifhorn.de, www.allerwelle.de

➔ A 39 Wolfsburg-Braunschweig, Abf. (1) Weyhausen, weiter auf der B 188 nach Gifhorn. Im Ort die Lüneburger-/Konrad-Adenauer-Straße passieren und links in die Zielstraße. Beschildert. ✉ Zur Allerwelle 1 (GPS: 52°29'1"N / 10°33'12" E).
Historische Altstadt. Welfenschloss. Mühlen-Freilichtmuseum.

RES WC W HS | 300 m 500 m 1 km 2 km 3 km

Beleuchteter Stellplatz am Freizeitbad "Allerwelle" an der Aller. Ebene Stellflächen auf Rasengittersteinen, von Bäumen umsäumt. Stellplatz-Länge bis 10 m. Für Fahrzeuge über 5 t geeignet. Maximal 3 Nächte Aufenthalt möglich. Toilettennutzung und Duschen während der Öffnungszeiten der "Allerwelle". Rad-/Wanderwegenetz. Ort 500 m entfernt. 12 Touristenplätze.

38350 Helmstedt (e5) ST-D 2730/1

»SCHÜTZENPLATZ MASCHWEG« 1.1. bis 31.12.
E.: Stadt Helmstedt ☎ 0049 5351 399095
tourismus@stadt-helmstedt.de, www.stadt-helmstedt.de

➔ A 2 Hannover-Magdeburg, Abf. (62) Helmstedt Zentrum, in Helmstedt über Walbecker Str. in den Maschweg einbiegen. Beschildert. ✉ Maschweg (GPS: 52°14'7"N / 11°0'42" E).
Zonengrenzmuseum. Rathaus. Kloster St. Ludgerus. Kirche. Historischer Stadtkern.

RES WC WC | HS 200 m 300 m 400 m

Stellplatz gelegen nahe des Freibads "Waldbad Birkenteich". Ebene Stellflächen auf Schotter und Rasen. 25 Touristenplätze.

38350 Helmstedt (e5) ST-D 2730/2

Abfahrt

»STELLPLATZ BRUNNENTHEATER BAD HELMSTEDT«
E.: Stadt Helmstedt ☎ 0049 5351 171717 1.1. bis 31.12.
Fax 0049 5351 171718, **tourismus@stadt-helmstedt.de**
www.stadt-helmstedt.de

➔ A 2 Hannover-Magdeburg, Abf. (62) Helmstedt Zentrum Richtung Bad Helmstedt. ✉ Brunnenweg 7 (GPS: 52°14'13"N / 11°3'44" E).
Park Bad Helmstedt, Brunnentheater, Juleum, Kloster St. Ludgerus, Kirche St. Stephani, Hausmannsturm.

Stellplatz auf dem Parkplatz des Brunnentheaters am Ortsrand gelegen in naturnaher Umgebung. Asphaltierte Stellflächen von Bäumen umsäumt. Stellplatz-Länge bis 20 m. Keine Ver- u. Entsorgungsmöglichkeit. Ort 3.5 km entfernt. 5 Touristenplätze.

38364 Schöningen (e5) ST-D 2732

»STELLPLATZ AM BADEZENTRUM NEGENBORN«
E.: Stadt Schöningen ☎ 0049 5352 512196 1.1. bis 31.12.
Fax 0049 5352 512199, **anke.grundmann@schoeningen.de**
www.schoeningen.de

➔ B 244 Richtung Schöningen bis Negenborntrift folgen. ✉ Negenborntrift 25 (GPS: 52°8'3"N / 10°57'34" E).
Schloss Schöningen. Heimatmuseum.

Ch

Stellplatz an einem Schwimmbad. Ebene, geschotterte Stellflächen mit lockerem Baumbestand. Direkt im Ortszentrum gelegen. 8 Touristenplätze.

38300 Wolfenbüttel (e5) ST-D 2738/1

Abfahrt

»WOHNMOBILSTELLPLATZ ALTE SPINNEREI« 1.1. bis 31.12.
E.: Tourist-Information Wolfenbüttel ☎ 0049 5331 86280
touristinfo@wolfenbuettel.de, www.wolfenbuettel-tourismus.de

➔ A 395 Braunschweig–Bad Harzburg, Abf. (4) Wolfenbüttel-Nord, weiter auf der B 79 nach Wolfenbüttel Zentrum. Ab hier der Beschilderung zum Parkplatz "Alte Spinnerei" (Zufahrt über Jägerstraße) folgen. ✉ Am Seeligerpark (GPS: 52°9'44"N / 10°31'35" E).
Historische Altstadt. Herzog-August-Bibliothek mit Lessinghaus. Lessingtheater. Wolfenschloss mit Museum. Hauptkirche.

RES WC WC Ch | 400 m 800 m 1 km HS 2 km

Beleuchteter Stellplatz auf einem Großparkplatz für PKW und Reisemobile im Seeliegerpark. Ebene, gepflasterte Stellflächen. Stellplatz-Länge bis 8 m. Maximal 3 Nächte Aufenthalt möglich! Ort 500 m entfernt. 10 Touristenplätze.

38304 Wolfenbüttel (e5) ST-D 2738/2

Abfahrt

»WOHNMOBILPARK OKERAUE« 2.1. bis 30.12.
E.: Stadtbetriebe Wolfenbüttel GmbH ☎ 0049 5331 408690
info@stadtbad-okeraue.de, www.stadtbad-okeraue.de

➔ A 395 Braunschweig–Bad Harzburg, Abf. (4) Wolfenbüttel-Nord, weiter auf der B 79 nach Wolfenbüttel Zentrum. Ab hier der Beschilderung zum "Stadtbad" folgen. ✉ Lange Straße 21/Harztorwall (GPS: 52°9'24"N / 10°32'24" E).
Historische Altstadt. Herzog-August-Bibliothek mit Lessinghaus. Lessingtheater. Wolfenschloss mit Museum. Hauptkirche.

RES WC W W Ch HS | 500 m

Beleuchteter Stellplatz (geschlossen von 22-8 Uhr) südlich des Stadtbadgeländes Okeraue, direkt am Ufer der Oker. Großzügig parzellierte Stellflächen auf Schotterrasen. Stellplatz-Länge bis 8 m. Bezahlung an der Rezeption des Stadtbads. Maximal 5 Nächte Aufenthalt möglich! Adventure-Golfplatz. Ort 500 m entfernt. 45 Touristenplätze.

38259 Salzgitter-Bad (e6) ST-D 2745

»STELLPLATZ AM THERMALSOLBAD« 1.1. bis 31.12.
E.: Stadt Salzgitter ☎ 0049 5341 9009940
tourismus@wis-salzgitter.de, www.tourismus-salzgitter.de

➔ A 395 Braunschweig-Vienenburg, Abf. (8) Flöthe, weiter der L 512/B 248 nach Salzgitter-Bad folgen. Der Beschilderung zum "Thermalbad" folgen. ✉ Parkallee 1 (GPS: 52°2'16"N / 10°22'58" E).
Rosengarten mit Traditionsinsel und Gradierpavillon. Skulpturenweg. Bismarckturm (4 km). Museum Schloss Salder (12 km).

RES WC W W WC HS | 100 m 1.5 km

Beleuchteter, separater Stellplatz im Kurgebiet am Waldrand und Thermalsolbad. Parzellierte Stellflächen auf Asphalt. Stellplatz-Länge bis 8 m. Maximal 4 Nächte Aufenthalt möglich! Ort 1 km, Golfplatz 2 km entfernt. 6 Touristenplätze.

29221 Celle, Lüneburger Heide (d5) ST-D 2747

15 **»WOHNMOBILSTELLPLATZ AM BADELAND«** 1.1. bis 31.12.
E.: Celler Stadtwerke / Parkbetriebe GmbH ☎ 0049 5141 9519388
info@womo-celle.de, www.womo-celle.de

➔ B 3 Hanover-Celle. Beschilderung Badeland folgen. Zufahrt frei - keine Umweltplakette erforderlich! ✉ 77er-Straße 36 (GPS: 52°37'4"N / 10°4'58" E).
Celler Schloss. Parkanlage Französischer Garten.

WC W W Ch W

W 300 m 500 m

Beleuchteter Stellplatz neben einem Freizeit- u. Erlebnisbad (Celler Badeland - Schwimmen, Sauna, Wellness und Solebecken.) Ebene, schattenlose Stellflächen auf Rasengittersteinen. 8 Stellplätze sind auch für große Fahrzeuge bis 14 m Länge geeignet. 10 Stellplätze sind ohne Stromanschluss. Platzbetreuung von 8-11 Uhr und 15-18 Uhr. Satellitenempfang. Reservierung möglich. Brötchenservice. Ortszentrum 300 m entfernt. 55 Touristenplätze.
2022: MC/N inkl. P/N 12.–, WD/4 min. 1.–, Waschmaschine 3.–, Trockner 3.–, Wasser/100 l 1.–, Strom/1 kWh –.50. P/N, H/N, Entsorgung und Müll inklusive. Nur Kartenzahlung möglich.

29336 Nienhagen (d/e5) ST-D 2749/1

»HERZOGIN-AGNES-STELLPLATZ« 1.1. bis 31.12.
☎ 0049 5144 49191
makel-nienhagen@jdmn.de, www.gemeinde-nienhagen.de

➔ B 3 Hannover - Celle, weiter nach Nienhagen. ✉ Herzogin-Agnes-Platz (GPS: 52°33'23"N / 10°6'25" E).

50 m

Separater Wohnmobil-Stellplatz liegt direkt in der Ortsmitte neben dem Europabad. In der Nachbarschaft Sinnes- und Bewegungsgarten. Ebene markierte Stellflächen auf Pflaster mit kleinen Grünstreifen. Picknickplätze. Reservierung nur bei Gruppen. Stromsäulen (Münzen). Mietung von Elektrofahrzeugen möglich. Ein behindertengerechter Stellplatz auf Anfrage reservierbar. Maximal 3 Nächte Aufenthalt möglich! Ortszentrum 100 m entfernt. 7 Touristenplätze.

29308 Winsen a. d. Aller, L. Hd. (d5) ST-D 2760/2

»STELLPLATZ BEIM CAMPINGPARK SÜDHEIDE«
E.: Campingpark Südheide GmbH & Co. KG Ostern bis 5.11.
☎ 0049 5143 6661803, Fax 0049 5143 6661805
info@campingpark-suedheide.de, www.campingpark-suedheide.de

➔ A 7 Hannover–Hamburg Abf. (Raststätte Allertal) in Richtung Celle, in Winsen und am Ortsausgang beschildert. ✉ Im Stillen Winkel 20 (GPS: 52°40'26"N / 9°55'51" E).
Celler Altstadt.

W W Ch W W

800 m 2 km

WOMO-Stellplatz beim Campingplatz CAMPINGPARK SÜDHEIDE vor der Schranke. Ort 1 km entfernt.

29308 Winsen a. d. Aller, L. Hd. (d5) ST-D 2760/3

»FREI- UND HALLENBAD« 1.1. bis 31.12.
☎ 0049 5143 912212
info@winsen-tourismus.de, www.winsen-tourismus.de

➔ A 7 Hanover-Hamburg, Abf. (50) Schwarnstedt, weiter nach Winsen. ✉ Bannetzer Straße 34 (GPS: 52°40'49"N / 9°53'44" E).

WC 300 m

Stellplatz vor dem Fei/Hallenbad. Stellfläche auf Asphalt. Dusche und Sanitär-Einrichtung im Schwimmbad nutzbar. Ortszentrum 1 km entfernt. 3 Touristenplätze.

30926 Seelze (d5) ST-D 2783

Abfahrt

»STELLPLATZ MARINA RASCHE« 1.4. bis 31.10.
☎ 0049 5137 93068, Mobil 0049 163 8455475
info@marinaraschewerft.de, www.marinaraschewerft.de

➔ A 2 Hannover–Bad Oeynhausen, Abf. (40) Wunstorf-Luthe, weiter auf der B 441 in Richtung Seelze. Nach 100 m links abbiegen nach Gümmer und Seelze auf der K 356. Nach Kreuzung des Mittellandkanals rechts in die Werftstraße zum Ziel abbiegen. Beschildert. ✉ Werftstr. 10 (GPS: 52°23'45"N / 9°33'51" E).
Historische Stadtführungen. Heimatmuseum Seelze. Obentraut-Denkmal. Ev.-Luth. Kirche St. Martin. Kath. Kirche Heilige Dreifaltigkeit.

WC W W WC Ch 100 m 500 m

HS 1 km 2 km

Bewachter Stellplatz im Yachthafen Lohnde zwischen Bahnlinie und Stichkanal Linden zum Mittellandkanal gelegen. Stellflächen auf Schotter und Wiese. Stellplatz-Länge bis 10 m. Barzahlung beim Betreiber. Reservierung empfohlen. Brötchenservice. Ausflugsfahrten mit dem Schiff. Bogenschießen. Ort 1.5 km entfernt. 13 Touristenplätze.

37127 Bühren (Göttingen) (d6/7) ST-D 2812

10 **»STELLPLATZ BÜHREN/ALTER FESTPLATZ IM TEICH«**
E.: Enno Fischer 1.1. bis 31.12.
☎ 0049 5502 2758, Mobil 0049 151 56320310, **efischer66@web.de**
www.buehren.de

➔ A 7 Göttingen - Kassel, Abf. (75) Hann.-Münden-Hedemünden, nördlich in Richtung Scheden über Dankelshaus nach Bühren. ✉ Alter Steinbruch (GPS: 51°29'0"N / 9°40'27" E).
Dorfkirche. Gaußturm.

300 m 5 km 6 km

Ruhiger Stellplatz am Ortsrand. Stellplatz-Länge bis 20 m. Stellflächen auf ebenem, teils leicht ansteigendem Wiesengelände und größtenteils von Bäumen umgeben. Lagerfeuerplatz. Ver-/Entsorgung ca. 500 m vom Stellplatz entfernt (Grund 11). Gebühren werden wenn möglich persönlich kassiert, sonst bitte in die Spendenbox am Wohnwagen einwerfen. Ort 300 m, TRUMA-Service 500 m entfernt. 30 Touristenplätze.
2023: C/N 5.–, MC/N 5.–. P/N, H/N, Entsorgung und Wasser inklusive.

37603 Holzminden, Weserberg. (d6) ST-D 2819

»MOBILCAMPING HOLZMINDEN« 1.1. bis 31.12.
E.: Wilfried Wagner ☎ 0049 5531 990965, Mobil 0049 175 5603075
info@mobilcamping.de, www.mobilcamping.de

➔ B 64 Lenne-Höxter, B 83 Bodenwerder-Höxter, nach Holzminden-Zentrum. Beschildert. ✉ Stahler Ufer 16 (GPS: 51°49'30"N / 9°26'20" E).
Wildpark mit Waldmuseum. Holzminden, Stadt der Düfte. Schloss Bevern. Kloster Corvey.

WC W WHS

100 m 200 m 300 m 500 m 1 km

Stellplatz auf einem ehemaligen Campinggelände direkt an der Weser bei einem Frei-/Hallenbad. Stellflächen auf unparzelliertem Wiesengelände und Schotter. Stellplatz-Länge bis 15 m. Reservierung empfohlen. Geöffnet von 8-22 Uhr. Aufenthalt unbegrenzt! 150 Touristenplätze.

37603 Holzminden-Neuhaus, Wes. (d6) ST-D 2820

»HAUS DES GASTES« 1.1. bis 31.12.
☎ 0049 5536 1011
info@hochsolling.de, www.hochsolling.de

➔ A 7 Hildesheim-Göttingen, Abf. (71) Nörten-Hardenberg, auf die B 446 Hardegsen, weiter auf der B 241 über Uslar nach Schönhagen. Dann B 497 nach Neuhaus. ✉ Lindenstr. 8 (GPS: 51°45'6"N / 9°31'21" E).
Hochsolling-Turm. Wildpark Neuhaus.

1 km

Stellplatz zentral gelegen. Stellflächen auf Pflaster. Reservierung empfohlen. Maximal 3 Nächte Aufenthalt möglich! Ort 1 km entfernt. 3 Touristenplätze.

37586 Dassel, Weserbergland (d6) ST-D 2821/1

»STELLPLATZ AM FREIBAD« 1.1. bis 31.12.
E.: Stadt Dassel ☎ 0049 5564 2020
buergermeister@stadt-dassel.de, www.stadt-dassel.de

➔ A 7 Hannover-Kassel, Abf. (69) Northeim-Nord, weiter auf der B 3 in Richtung Einbeck, L 580 und K 531 nach Dassel abbiegen und dann in den Ziegenanger zum Ziel einfahren. Beschildert. ✉ An der Badeanstalt (GPS: 51°48'24"N / 9°41'24" E).
Historische Altstadt. Technikmuseum Blankenschmiede. St. Laurentius-Kirche. Naturpark Solling-Vogler (5 km).

RES WC W WC HS

500 m 1 km

Markierter Stellplatz neben dem Pkw-Parkplatz. Ebene Stellflächen auf Asphalt. Stellplatz-Länge bis 10 m. Liegewiese. Dusche/WC während der Saison im beheizten Freibad von Mai bis Sept. gegen eine Gebühr nutzbar. Ort 300 m entfernt. 8 Touristenplätze.

37586 Dassel, Weserbergland (d6) ST-D 2821/2

»STELLPLATZ AM BADESEE« 1.1. bis 31.12.
E.: Stadt Dassel ☎ 0049 5564 2020
buergermeister@stadt-dassel.de, www.stadt-dassel.de

➔ A 7 Hannover-Kassel, Abf. (69) Northeim-Nord, weiter auf der B 3 in Richtung Einbeck, L 580 bis Markoldendorf über Hoppensen zum Ziel. Beschildert. ✉ Sollingstr. 83 (GPS: 51°45'27"N / 9°45'50" E).
Historische Altstadt. Technikmuseum Blankenschmiede. St. Laurentius-Kirche. Naturpark Solling-Vogler (5 km).

RES WC Ch

300 m 500 m

Stellplatz am Badesee. Ebene, markierte Stellflächen auf Schotter. Stellplatz-Länge bis 8 m. Wasserversorgung von Mai bis Mitte September. Nutzung des Badesees und der dort vorhandenen Sanitäreinrichtungen von Mai bis Mitte September. Liegewiese. Bistro während der Saison. Mountainbiking. Wichtelpfad Sievershausen. Waldseilgarten. Ort 500 m entfernt. 8 Touristenplätze.

37170 Uslar, Weserbergland (d6) ST-D 2827/1

»STELLPLATZ LINDENHOF« 1.1. bis 31.12.
E.: Bernd Niedermeyer ☎ 0049 5571 6359
niedermeyer.bernd@gmx.de

➔ A 7 Hannover-Kassel, Abf. (71) Nörten-Hardenberg, weiter auf der B 446 und B 241 bis Uslar. Im Kreisverkehr abbiegen Zur Schwarzen Erde. Immer weiter geradeaus, am Hallenbad, Schmetterlingspark und den Reiterhöfen vorbei. Beschildert. ✉ Lindenhof 1 (GPS: 51°40'18"N / 9°37'46" E).
Historische Altstadt Uslar. Kirche. Museum. Schmetterlingspark. Bauerngarten. Erlebniswald. Hochmoor. Wildpark.

WC W W WC Ch 300 m S 500 m 800 m

1 km

Stellplatz auf ehemaligem Bauernhofgelände am Ortsrand. Stellflächen auf Schotter und Wiese. Stellplatz-Länge bis 8 m. Bezhlung beim Besitzer. Reservierung empfohlen. Brötchenservice. Liegewiese. Segelfluggelände in der Nähe. Ort 1 km entfernt. 5 Touristenplätze.

Die Bewertung der Geräuschkulisse bezieht sich nicht auf den Stellplatz selbst, sondern auf die Geräuschsituation im Umfeld des Campingplatzes, wie z.B. Flug-, Autobahn oder Eisenbahngeräusche.

37170 Uslar, Weserbergland (d6) ST-D 2827/2

»REISEMOBILPARK AM BADELAND« 1.1. bis 31.12.
E.: Tourist-Information Uslar ☏ 0049 5571 307170
touristik@uslar.de, stadt@uslar.de

➔ A 7 Hannover - Kassel, Abf. (71) Nörten-Hardenberg, weiter auf der B 446 und B 241 bis Uslar. Im Kreisverkehr Zur Schwarzen Erde abbiegen und weiter zum Uslarer Badeland. Beschildert. ✉ Zur Schwarzen Erde (GPS: 51°40'1"N / 9°37'41" E).
Historische Altstadt Uslar. Kirche. Museum. Schmetterlingspark. Bauerngarten. Erlebniswald. Hochmoor. Wildpark.

RES WC W W Ch

Ⓗ200 m 500 m 1 km
Beleuchteter Stellplatz beim Schmetterlingspark und Uslarer Badeland an einem kleinen Bach. Parzellierte Stellflächen (6/8 x 6 m) auf Rasengittersteinen. Stellplatz-Länge bis 10 m. Duschen gegen Gebühr im Badeland. Liegewiese. Ort 1 km entfernt. 20 Touristenplätze.

31195 Lamspringe (d6) ST-D 2828

»REISEMOBILPLATZ LAMSPRINGE« 1.1. bis 31.12.
E.: Gemeinde Lamspringe ☏ 0049 5183 50017
info@lamspringe.de, www.lamspringe.de

➔ A 7 Hildesheim-Seesen, Abf. (66) Rüden/Harz, weiter Richtung Westen und über Groß Rhüden nach Lamspringe. Hier im Kreisverkehr auf die L 488 in Richtung Freden, dann 2. Straße links. ✉ Am Bahnhof (GPS: 51°57'13"N / 10°0'22" E).
Heimatmuseum. Klosterkiche und Klosterpark.

300 m 500 m Ⓗ500 m 1 km
Stellplatz direkt am "Radweg zur Kunst". Maximal 3 Nächte Aufenthalt möglich! Ort 1 km entfernt. 3 Touristenplätze.

37574 Einbeck (d6) ST-D 2829

10 **»STELLPLATZ AM SCHWIMMBAD«** 1.1. bis 31.12.
E.: Stadtwerke Einbeck GmbH ☏ 0049 5561 3131910
info@stadtwerke-einbeck.de, www.einbeck-marketing.de

➔ A 7 Kassel–Hannover, Abf. (69) Northeim-Nord, weiter auf der B 3 nach Einbeck. Im Ort dem Verkehrsleitsystem zum Frei-/Hallenbad folgen. Der Stellplatz liegt unmittelbar neben den Pkw-Flächen. ✉ Ochsenhofweg 11 (GPS: 51°49'29"N / 9°51'49" E).
Historische Altstadt. PS-Speicher. Senfmühle. Brauereibesichtigung. Heldenburg (3 km). Museums-Eisenbahn (5 km).

RES WC Ch HS

200 m 1 km
Beleuchteter Stellplatz auf ausgewiesenem Gelände neben den Pkw-Parkplätzen, durch einen Zaun und Grünstreifen getrennt. Ebene Stellflächen auf Schotter. Stellplatz-Länge bis 12 m. Für Fahrzeuge über 5 t geeignet. Das Parkticket für den Wohnmobilparkplatz erhalten Sie am Kassenautomat im Hallen- und Freibad. Sanitäranlagen befinden sich im Eingangsbereich des Hallen- und Freibades und können kostenlos genutzt werden. Imbiss. Golfplatz. Achtung: Bitte, die Feuerwehrzufahrt über den Stellplatz zum Bad freihalten. Golfplatz 1 km entfernt. Ort 700 m entfernt. 30 Touristenplätze.
2023: MC-St/N 8.50, Entsorgung 1.–, Strom/1 kWh –.50. KT, H/N und Müll inklusive. Hallen- und Freibad inkl.

37520 Osterode am Harz, Harz (e6) ST-D 2860

Abfahrt

20 **»STELLPLATZ BEIM CAMPING EULENBURG«**
E.: I. Grönig V.: R. Grönig 1.1. bis 31.12.
☏ 0049 5522 6611, Mobil 0049 160 90832099, Fax 0049 5522 4654
ferien@eulenburg-camping.de, www.eulenburg-camping.de

➔ B 243 Seesen–Herzberg Abf. Osterode-Süd, B 241 Richtung Sösetalsperre, nach 1 km rechts auf die B 498/Scheerenbergstraße und nach 1.4 km rechts zum Campingplatz. ✉ Scheerenberger Str. 100 (GPS: 51°43'40"N / 10°16'57" E).
Sösetalsperre. Heimatmuseum. Tropfsteinhöhlen. Altes Stadtbild. Vogelstation. Hanskühnenburg.

W W Ch W

TV Ⓗ50 m

S800 m 2 km S 3 km
Stellplatz beim Campingplatz CAMPING EULENBURG. Zwischen der B 498, einem Bach und Wald gelegen. Ebene Stellflächen auf Schotter. Versorgungs- und Entsorgungsanlagen vorhanden. Die Einrichtungen des danebenliegenden Campingplatzes können mitbenutzt werden. Bowlingcenter mit Restaurant 200 m, Ort 2 km entfernt. 13 Touristenplätze.
2022: St/N inkl. 1 P/N 15.–, weitere P/N 3.–, extra A/N 2.50, extra C/N 9.–, extra MC/N 9.–, extra M/N 2.–, Waschmaschine 5.–, Trockner 5.–, Entsorgung 1.–, Wasser/100 l 1.–, Strom/1 kWh 1.– (16 A). KT, WD und Müll inklusive. 1 Hund frei, jeder weitere € 2.–. Schwimmbadnutzung im Sommer inkl. Nur Barzahlung!

37445 Walkenried, Harz (e6) ST-D 2865

20 **»KNAUS REISEMOBILSTELLPLATZ WALKENRIED«**
☏ 0049 5525 778 1.1. bis 5.11. / 21.12. bis 31.12.
walkenried@knauscamp.de, www.knauscamp.de

➔ A 7 Kassel–Hannover Abf. (67) Seesen oder Göttingen-Nord, über Herzberg auf die B 243 Richtung Bad Sachsa. Oder die A 38 Leipzig-Kassel Abf. (10) Nordhausen und weiter Richtung Bad Sachsa/Walkenried. ✉ Ellricher Str. 7 (GPS: 51°35'23"N / 10°37'30" E).
Welkulturerbe Kloster Walkenried. Falkenhof. Brocken mit Dampfeisenbahn. Tropfsteinhöhlen.

W W Ch W W

Ⓗ800 m

1.5 km 2 km 5 km 7 km 20 km
Stellplatz beim Campingplatz KNAUS CAMPINGPARK WALKENRIED. Ort 1 km entfernt.
2022: MC-St/N 14.–, Waschmaschine 5.–, Trockner 5.–, Strom/N 4.– (16 A). P/N, H/N, Entsorgung, Müll und Wasser inklusive. Sanitärbenutzung/Nacht ab 16 J. 5.– / Kinder 4 bis 15 J. 3.–. Eintritt Hallenbad P/N ab 16 J. 7-, K/N 4 bis 15 J. 5.–.

37431 Bad Lauterberg, Harz (e6) ST-D 2869

»STELLPLATZ BEIM CAMPING WIESENBEKER TEICH«
E.: Maik Dombrowsky ☏ 0049 5524 2510 400 m 1.1. bis 31.12.
Fax 0049 5524 932089, **info@campingwiesenbek.de**
www.campingwiesenbek.de

➔ B 27 Bad Lauterbg.–Braunlage, abbiegen Richtung Wiesenbeker Teich. ✉ Wiesenbek 77 (GPS: 51°37'0"N / 10°29'25" E).

W W Ch W

TV HS HS

S S Ⓗ1 km S2.5 km
Übernachtungsplatz beim Campingplatz CAMPING WIESENBEKER TEICH. Stellflächen auf Kies. Maximal 1 Nacht Aufenthalt möglich! Ort 1.5 km entfernt. 4 Touristenplätze.

37115 Duderstadt, Harz (e6) ST-D 2890

10 **»PARKPLATZ ADENAUERRING«** April bis Okt.
E.: Stadt Duderstadt ☏ 0049 5527 841200
info@duderstadt.de, www.duderstadt.de

➔ Im Ort der Beschilderung P+R Parkplatz Adenauerring folgen. 200 m vor dem Platz dem Wohnmobil-Symbol folgen. ✉ Adenauerring (GPS: 51°30'36"N / 10°16'22" E).
Historische Altstadt. Stadtmauer. Wall. Museum. Westerturm. Rathaus.

WC WC 100 m

Ⓗ200 m 500 m HS 1 km
Stellplatz auf einem begrünten Parkplatz am Rande der Altstadt gegenüber der Sport- und Freizeitanlage. Stellflächen auf Wiese und Schotter. Stellplatz-Länge bis 12 m. Wertmünzen (für Ver- u. Entsorgung sowie Strom) sind in der Gästeinformation im historischen Rathaus (500m) und bei der Star-Tankstelle (500m) erhältlich. Ort 1 km entfernt. 40 Touristenplätze.
2023: St/N 3.–, Entsorgung 1.–, Wasser/120 l 1.–, Strom/kWh 1.–.

37073 Göttingen ST-D 2900

»REISEMOBILHAFEN GÖTTINGEN EISWIESE« 1.1. bis 31.12.
☏ 0049 551 507090
info@goesf.de, www.badeparadies.de

➔ A 7 Kassel - Northeim, Abf. (73) Göttingen und weiter auf der B 3 Richtung Göttingen-Zentrum. Hier rechts abbiegen auf die Bürgerstraße/Rheinhäuser Landstraße und der Beschilderung "Badeparadies Eiswiese" folgen. ✉ Windausweg 60 (GPS: 51°31'18"N / 9°55'50" E).
Badeparadies Eiswiese. Historische Innenstadt mit dem Alten Rathaus und der Universität.

WC

Umzäunter und beleuchteter Reisemobilhafen direkt innerhalb eines Grüngürtels in der Nähe des Kiessees. In ruhiger Lage unmittelbar an die Leine gelegen. Ebene, parzellierte und befestigte (Splitt) Stellflächen (5.50 x 10/12 m). Umweltgerechte Ver- und Entsorgungseinrichtungen (Strom, Wasser, Schmutz- und Abwasser, Müllentsorgung). Sollte der Platz komplett belegt sein, stehen 12 weitere Stellplätze mit Stromanschluss auf dem Parkplatz unterhalb des Reisemobilhafens am Badeparadies zur Verfügung. Auch diese Plätze sind kostenpflichtig. Bade- und Saunaangebot. Bäckerei. Maximal 3 Nächte Aufenthalt möglich! Die Bezahlung am Automaten ist in Bar- oder auch als Kartenzahlung (EC-/Kredit-) möglich. Für Reisemobilisten liegen Info-Materialien (Stadtpläne, Veranstaltungskalender etc.) an der Kasse des Badeparadieses bereit. Stadtzentrum 1 km entfernt. 28 Touristenplätze.

Nordrhein-Westfalen

In der Nähe von Militärflugplätzen und Übungsgeländen ist mit zeitweiligen Ruhestörungen zu rechnen. Dieses trifft auch auf die Großflughäfen Köln und Düsseldorf in einem Umkreis von ca. 25 km zu.

47608 Geldern OT Walbeck (a6) ST-D 3070

»REISEMOBILSTELLPLATZ AM FREIBAD« 1.1. bis 31.12.
E.: Bäderverein Waldfreibad Geldern e.V. 4 400 qm
☎ 0049 2831 398555, **tourismus@geldern.de**, **www.geldern.de**

➔ A 57 Duisburg-Goch, Abf. (6) Aplen, weiter nach Walbeck bei Geldern. ✉ Am Freibad 16 (GPS: 51°29'41"N / 6°13'36" E).

Ch

Stellplatz am Ortsrand beim Waldfreibad-Walbeck. Ebene Stellflächen auf Schotterrasen, teils durch Laubbäume beschattet. Info-Hütte. Holiday-Clean-Station. Bezahlung am Parkscheinautomaten. Campinggäste erhalten eine Ermäßigung für das Freibad. Ortszentrum (Walbeck) 1 km entfernt. 50 Touristenplätze.

47608 Geldern ST-D 3071/1

»FREIZEITANLAGE HOLLÄNDER SEE« 1.1. bis 31.12.
☎ 0049 2831 398555
tourismus@geldern.de, **www.geldern.de**

➔ A 57 Duisburg-Goch, Abf. (6) Alpen, weiter nach Geldern zum Holländer See. ✉ Am Holländer See 19 (GPS: 51°30'40"N / 6°19'42" E).

Ch | 250 m 800 m

Stellplatz in Innenstadtnähe bei der Freizeitanlage Holländer See. Von Büschen und Bäumen umrahmt. Ebene, unparzellierte und überwiegend schattenlose Stellflächen (10x5.5 m) auf Rasenschotter. Auch für große Fahrzeuge gut geeignet. Zu bestimmten Zeiten Gästebetreuung. Prospektservice. Nordic-Walking-Route und Fahrradrouten ab Stellplatz. Lagerfeuerplatz. Ortszentrum 600 m entfernt. 50 Touristenplätze.

47574 Goch (a6) ST-D 3099

»STELLPLATZ FRIEDENSPLATZ« 1.1. bis 31.12.
☎ 0049 2823 320148
tourist-info@goch.de, **www.goch.de**

➔ A 3 Duisburg-Arnheim, Abf. (4)Rees, weiter auf B 67 nach Goch. ✉ Thielenstraße (GPS: 51°40'34"N / 6°10'8" E).

Ch | 100 m 500 m 600 m

Großer Stellplatz am Friedensplatz direkt am Flussufer. Durch Büsche und Bäume umrahmt. Ebene, unparzellierte und schattenlose Stellflächen auf Schotterrasen. Auch für Fahrzeuge über 11 m Länge geeignet. Kassentoilettenentleerung möglich. Info-Point. E-Bike-Ladestation. Betreuung der Gäste am Wochenende von den Gocher Reisemobilfreunden RMC Rhein/Maas Goch. Ortszentrum 900 m entfernt. 70 Touristenplätze.

47533 Kleve (a6) ST-D 3100/1

15 **»REISEMOBILPARK KLEVE«** 1.1. bis 31.12.
E.: Jürgen Cronauer ☎ 0049 2821 20110, Fax 0049 2821 895504
j.cronauer@t-online.de, **www.campingpark-Kleve.de**

➔ A 3 Oberhausen-Arnheim, Abf. Emmerich und weiter in Richtung Kleve (B 220). Nach der Rheinbrücke rechts Richtung Griethausen, dieser Straße ca. 8 km gerade aus bis Kleve folgen, an der ersten Ampelkreuzung rechts und nach 100 m wieder rechts. ✉ Landwehr 4 (GPS: 51°48'3"N / 6°7'56" E).
∴ Kurpark mit Museum (100 m). Klever Tierpark (300 m).

WC W W Ch |

100 m 400 m

Am ehemaligen Kurpark gelegener, eingezäunter Reisemobilpark am Stadtrand. Ebenes, rechtwinkliges Wiesengelände (befestigt) mit parzellierten Stellflächen (90 qm). Stellplatz-Länge max. 8.80 m. Von Bäumen umrahmt. Wohnwagen auf Anfrage. Ver- und Entsorgung: Bodengrube zur Entsorgung. Ortszentrum 1.2 km entfernt. 75 Touristenplätze.
2023: St/N inkl. 2 P/N 10.50 bis 14.–, WD/6 min. 1.–, Wasser/10 l –.10, Strom/N 2.50. P/N, KT, H/N, Entsorgung und Müll inklusive. 4 Nächte bleiben und nur 3 bezahlen. 10ner-Karte € 95.–.

47533 Kleve (a6) ST-D 3100/2

0 **»STELLPLATZ RINDERN«** 1.1. bis 31.12.
☎ 0049 2821 84806
stadtmarketing@kleve.de

➔ A 3 Duisburg-Arnhofen, Abf. (3) Emmerich, weiter nach Kleve. ✉ Drususdeich (GPS: 51°48'45"N / 6°7'46" E).

Stellplatz am Ortsrand Kleve. Stellfläche auf Schotter. Ortszentrum 500 m entfernt. 5 Touristenplätze.
2023: Stellplatz ist kostenlos.

47533 Kleve (a6) ST-D 3100/3

0 **»PARKPLATZ ANGELSPORTHEIM«** 1.1. bis 31.12.
☎ 0049 2821 84806
stadtmarketing@kleve.de

➔ A 3 Duisburg-Arnhofen, Abf. (3) Emmerich, weiter nach Griethausen. ✉ Wehrpöhl (GPS: 51°49'29"N / 6°9'51" E).

Stellplatz beim Angelsportheim. Stellfläche auf Schotter. Maximal 3 Nächte Aufenthalt möglich. Ortszentrum 300 m entfernt. 5 Touristenplätze.
2023: Stellplatz ist kostenlos.

47533 Kleve (a6) ST-D 3100/4

0 **»REISEMOBILSTELLPLATZ KELLEN«** 1.1. bis 31.12.
☎ 0049 2821 84806, Fax 0049 2821 84899
stadtmarketing@kleve.de, **www.kleve-tourismus.de**

➔ A 3 Duisburg-Arnheim, Abf. (3) Emmerich, weiter nach Kleve. ✉ Postdeich (GPS: 51°48'17"N / 6°9'49" E).
∴ Alte Pfarrkirche St. Willibrord. Rokokoschlösschen Schmithausen.

| 1.5 km

Stellplatz im Ortsteil Kellen auf dem Parkplatz der Sporthalle am Postdeich. Stellfläche auf Pflastersteine. Maximal 3 Nächte Aufenthalt möglich. Keine Ent-/Versorgungsmöglichkeit. Ortszentrum 2.5 km entfernt. 5 Touristenplätze.
2023: Stellplatz ist kostenlos.

47533 Kleve (a6) ST-D 3100/5

0 **»STELLPLATZ SCHENKENSCHANZ«** 1.1. bis 31.12.
☎ 0049 2821 84806
stadtmarketing@kleve.de

➔ A 3 Duisborg-Arnheim, Abf. (3) Emmerich, weiter nach Kleve. ✉ Schenkenschanz (GPS: 51°50'10"N / 6°6'38" E).

Stellplatz in Kleve bei der Schenkenschatz. Stellfläche auf Schotter. Ortszentrum 9 km entfernt. 6 Touristenplätze.
2023: Stellplatz ist kostenlos.

47533 Kleve (a6) ST-D 3100/6

10 **»STELLPLATZ VAN DEN BERGH STRASSE«** 1.1. bis 31.12.
☎ 0049 2821 84806
stadtmarketing@kleve.de, **www.kleve-tourismus.de**

➔ A 3 Duisburg-Arnheim, Abf. (3) Emmerich, weiter nach Kleve. ✉ Van-den-Bergh-Straße (GPS: 51°47'25"N / 6°8'46" E).
∴ Schwanenburg. Stiftskirche.

Ch | 300 m

500 m 1.5 km

Stellplatz hinter dem Bahnhof gelegen. Stellfläche auf Schotterwiese. In wenigen Gehminuten ist die Fußgängerzone zu erreichen. Zur Klever Kirmes (Anfang bis Mitte Juli) und bei großen Veranstaltungen ist der Platz geschlossen. In der Nähe Startplatz für Draisinenfahrten. Max. 3 Nächte Aufenthalt. Ortszentrum 1,5 km entfernt. 60 Touristenplätze.
2023: MC-St/N 5.–. Entsorgung und Wasser inklusive.

47533 Kleve (a6) ST-D 3100/7

0 **»PARKPLATZ SPORTPLATZ«** 1.1. bis 31.12.
☎ 0049 2821 84806
stadtmarketing@kleve.de

➔ A 3 Duisburg-Arnheim, Abf. (3) Emmerich, weiter zum Sportplatz nach Reichswalde. ✉ Dorfanger (GPS: 51°45'38"N / 6°6'2" E).

Stellplatz beim Sportplatz. Stellfläche auf Schotter. Maximal 3 Nächte Aufenthalt möglich. Ortszentrum 3 km entfernt. 5 Touristenplätze.
2023: Stellplatz ist kostenlos.

47551 Bedburg-Hau (a6) ST-D 3101/1

»WOMOPARK MOYLAND« 1.1. bis 31.12.
P.: Jürgen Cronauer ☎ 0049 2821 20110
info@womopark-moyland.de, **www.womopark-moyland.com**

➔ A 3 Duisburg-Arnheim, Abf. Rees, dann der Beschilderung "Schloss Moyland" folgen. ✉ Moyländer Allee 3a (GPS: 51°45'19"N / 6°14'31" E).
∴ Schloß Moyland.

Ch | 100 m 500 m

900 m 4 km

Stellplatz am Waldrand neben einem Golfplatz und am Schloss Moyland gelegen. Ebene Stellflächen auf Schotterrasen. Beleuchtet. Stellplatzlänge 10 bis 15 m. 9 Stromsäulen mit insg. 40 Anschlüssen. Müllentsorgung möglich. 150 zusätzliche Stellplätze für Gruppentreffen. Während des Weihnachtsmarktes am Schloss Moyland ist der Stellplatz nur für Aussteller und PKWs zugänglich. Ort 4 km entfernt. 45 Touristenplätze.

47589 Uedem (a6) ST-D 3102/1

»WOHNMOBILPARK UEDEM« 1.4. bis 31.10.
E.: Gemeindeverwaltung Uedem
☎ 0049 2825 880, Mobil 0049 2821 20110, **j.cronauer@t-online.de**
www.campingpark-kleve.de

➔ A 57 Duisburg-Goch Abf. (4) Uedem, ab Kreuzung L 77 beschildert. ✉ Bergstr. 99 (GPS: 51°39'49"N / 6°17'15" E).
∴ Seemannbrunnen. Hist. Ortskern mit Rundweg.

WC | 500 m 700 m 1.3 km

Parzellierte Stellplätze auf Rasenschotter in ruhiger Lage vor dem Ort. Stellplatz-Länge 10 m. Bei Gruppen Reservierung erforderlich. Ort 900 m entfernt. 28 Touristenplätze.

46509 Xanten, Ruhrgebiet (a6) ST-D 3104

»WOHNMOBILPARK XANTEN« 1.1. bis 31.12.
E.: Herbert Becker ☎ 0049 2804 219588, Mobil 0049 176 10058370
post@womopark-xanten.de, www.womopark-xanten.de

➔ A 57 Goch-Krefeld, Abf. (5) Sonsbeck oder Abf. (6) Alpen, der Ausschilderung nach Xanten folgen. Beschildert. ✉ Fürstenberg 6 (GPS: 51°39'20"N / 6°27'48" E).
Archäologischer Park. Römer Museum. Dom Sankt Viktor. Stiftsmuseum. Ev. Kirche von 1648. Wallfahrtskirche. Jüdischer Friedhof.

WC W W Ch
300 m 500 m 1 km

Beleuchteter und befestigter Stellplatz am Stadtrand. Altstadt fußläufig erreichbar. Leicht geneigte, parzellierte von Büschen umgebene Stellflächen (60 bis 70 qm) auf Gras, Zufahrt auf Schotter. Stellplatz-Länge bis 12 m. Für Fahrzeuge über 5 t geeignet. 8 Komfort-Stellplätze mit eigenem Pavillion, Tisch und Stühlen sowie eigenem Grill. Sanitärbereich mittels eines Codes jederzeit zugänglich. SAT-Empfang. Wellness-Oase mit Sauna, Salzgrotte, Massage. Kiosk. Holzblockhaus. WohnWagenHotel. Brötchenservice am Wochenende während der Saison. Ort 700 m entfernt. 80 Touristenplätze.

47546 Kalkar-Wissel (a6) ST-D 3105

10 **»REISEMOBILSTELLPLATZ KALKAR«** 1.1. bis 31.12.
P.: Jürgen Cronauer ☎ 0049 2821 20110, Fax 0049 2821 895504
j.cronauer@t-online.de, www.reisemobilpark-kalkar.de

➔ A 3 Duisburg - Arnheim, Abf. (4) Rees, weiter nach Kalkar. ✉ Waysche Straße (GPS: 51°44'24"N / 6°18'2" E).
Gotisches Rathaus. St. Nicolai Kirche. Freizeitpark Wunderland. Freizeitpark Wisseler See (Naturfreibad mit Großwasserrutsche). Wasserschloss Moyland.

Ch 500 m 1 km

Beleuchteter Stellplatz nahe dem Stadtkern, neben einem Sport- und Fußballplatz. Von Büschen und Bäumen umrahmt. Ebene unparzellierte Stellflächen, entweder auf befestigtem Rasengrund oder auf Schotter. Stellplatzlänge 10-15 m. Reservierungen ab 6 Wohnmobil-Einheiten möglich. Bezahlung am Münzautomaten. Infotafel. Ortszentrum 500 m entfernt. 35 Touristenplätze.
2023: MC-St/N 8.50, Strom/2 kWh 1.–. H/N, Entsorgung und Müll inklusive.

46487 Wesel-Flüren, Ruhrgebiet (a6) ST-D 3122

»REISEMOBILPLATZ-RÖMERWARDT« 1.1. bis 31.12.
☎ 0049 157 85681754
sbw@stadtwerke-wesel.de, baeder-wesel.de/reisemobilstellplatz

➔ A 3 Duisburg-Arnhem, Abf. Wesel, Richtung Wesel. Danach Beschilderung Auesee / Auestadion folgen. ✉ Rheinpromenade (Höhe Haus Nr. 9) (GPS: 51°39'39"N / 6°35'31" E).
Preußen-Museum. Willibrordi-Dom. Zitadelle.

RES WC WC Ch
100 m 150 m 200 m

Stellplatz zwischen dem Rheinbad und dem Flugplatz im Naherholungsgebiet des nördlichen Ruhrgebietes. Stellfläche auf Schotterrasen. Wohnmobillänge bis 10 m. Duschen im angrenzenden „Welcome Hotel" für € 3.- im Wellnessbereich ohne Zeitlimit möglich. In den Sommermonaten auch im Rheinbad für € 1.- möglich. Viele Freizeitangebote in der Nähe (Rundflüge, Rheinschifffahrt mit der Riverlady, Tauchen, Surfen, Angeln, Schwimmen, Nordic-Walking uvm.). Brötchenservice von April bis Okt. Ortszentrum 1.5 km, Rheinpromenade 150 m entfernt. 45 Touristenplätze.

46519 Alpen, Ruhrgebiet (a6) ST-D 3128

»REISEMOBILSTELLPLATZ AN DER MOTTE« 1.1. bis 31.12.
☎ 0049 2802 912250, Mobil 0049 157 58178005
Fax 0049 2802 912912, **info@alpen.de, www.alpen.de**

➔ A 57 Krefeld-Weeze, Abf. (6) Alpen, weiter zum Sportzentrum. ✉ Burgstr. 66 (GPS: 51°34'47"N / 6°31'7" E).

Ch 300 m

Stellplatz direkt am Sportzentrum und in unmittelbarer Nähe der sogenannten Motte, einem Überrest der ehemaligen Burg und des Herrschaftssitzes "von Alpen". Ebene und parzellierte Stellflächen (6,50 m x 7,50 m) auf Schotter. Maximal 7 Nächte Aufenthalt möglich. Aktuelle/Veränderte Öffnungszeiten bitte unter www.alpen.de ansehen. Ortszentrum 900 m entfernt. 11 Touristenplätze.

46397 Bocholt, Münsterland (a6) ST-D 3140/1

10 **»WOMOPARK BOCHOLT AM AASEE«** 1.1. bis 31.12.
☎ 0049 2871 2359199
info@womopark-bocholt.de, www.womopark-bocholt.de

➔ A 31 Emden-Bottrop, Abf. (34) Borken, weiter auf der B 67 über Borken nach Bocholt. An der Abf. Zentrum auf die Franzstraße abbiegen. Im Kreisverkehr geradeaus, dann nach 600 m rechts auf die Straße An der Königsmühle, nach 500 m rechts zum Wohnmobilpark einbiegen. Beschildert. ✉ Uhlandstr. 39 (GPS: 51°50'6"N / 6°37'53" E).
Textilmuseum. Handwerksmuseum. St. Georg-Kirche. Historisches Rathaus. Stadtmuseum und Herrenhaus Woord. Kunsthaus.

WC W W Ch
60 m 100 m
200 m 300 m 500 m

Beleuchteter Stellplatz an einem kleinen Park am Nordufer des Aasees. Markierte Stellflächen auf Pflaster und Asphalt. Stellplatz-Länge bis 12 m. Für Fahrzeuge über 5 t geeignet. Der Wohnmobilstellplatz verfügt über Stromsäulen und eine Wasserzapfstelle mit Einwurf ab 10 Cent (alle Geräte sind mit geeichten Zählern ausgestattet). Bezahlung an der Rezeption. Reservierung für Clubtreffen empfohlen. Hierfür besteht die Möglichkeit der Erweiterung um 25 Stellplätze. Imbiss. Wohnwagengespanne auf Anfrage. Ort 1 km entfernt. 50 Touristenplätze.
2022: MC/N 10.–, WD pro Nutzung 1.–, Toilette pro Nutzung –.50, Waschmaschine 3.50, Trockner 2.50, Wasser/10 l –.10, Sanitärbenutzung –.50, Strom/kWh –.70 (16 A). P/N, H/N, Entsorgung und Müll inklusive.

46397 Bocholt, Münsterland (a6) ST-D 3140/2

»STELLPLATZ EUREGIO-GYMNASIUM« 1.1. bis 31.12.
E.: Tourist-Info Bocholt ☎ 0049 2871 5044
info@tourist-info-bocholt.de, www.bocholt.de

Abfahrt

➔ A 31 Emden-Bottrop, Abf. (34) Borken, weiter auf der B 67 über Borken nach Bocholt. An der Abf. Zentrum auf die Franzstraße abbiegen. Im Kreisverkehr geradeaus, dann nach 600 m rechts auf die Straße An der Königsmühle/Uhlandstraße, links L 572 Münsterstraße und nach ca. 400 m rechts in die Blücherstraße. Am Kreisverkehr 2. Ausfahrt zum Euregio-Gymnasium und zum Stellplatz. Beschildert. ✉ Unter den Eichen (GPS: 51°50'55"N / 6°38'13" E).
Textilmuseum. Handwerksmuseum. St. Georg-Kirche. Historisches Rathaus. Stadtmuseum und Herrenhaus Woord. Kunsthaus.

RES 300 m 500 m
2 km HS 3 km

Beleuchteter Stellplatz auf dem Parkplatz am Rande des Stadtwaldes, einem Naherholungsgebiet. Ebene Stellflächen auf Pflaster, durch Baumreihen unterteilt. Stellplatz-Länge bis 10 m. Maximal 3 Nächte Aufenthalt möglich! Wassersport am Aasee. Ort 2 km entfernt. 8 Touristenplätze.

46325 Borken-Gemen, Münst. (b6) ST-D 3150/1

0 **»STELLPLATZ WASSERBURG/JUGENDBURG GEMEN«**
E.: Stadt Borken ☎ 0049 2861 939252 1.1. bis 31.12.
tourist-info@borken.de, www.borken.de

➔ A 31 Lingen-Dorsten, Abf. (34) Reken, weiter auf der B 67 Richtung Borken. Vor Borken abbiegen auf die K 57, Landwehr, bis zur Coesfelder Str. Beschildert. ✉ Coesfelder Str. (GPS: 51°51'43"N / 6°52'10" E).
Wasserburg Gemen. Innenstadt Borken mit fünf mittelalterlichen Stadttürmen. Herrenhaus Pröbsting.

300 m 500 m 1.3 km 1.9 km

Stellplatz auf öffentlichem Parkplatz beim Sportplatz an der Wasserburg. Markierte Stellflächen auf Pflaster. Schmutz-/Brauchwasserentsorgung an der Kläranlage Borken, Klockenhövel 23. Maximal 3 Nächte Aufenthalt möglich! Ort 400 m entfernt. 5 Touristenplätze.
2022: Stellplatz ist kostenlos.

46325 Borken-Gemen, Münst. (b6) ST-D 3150/2

0 **»PARKPLATZ AM FESTPLATZ WESEKE«** 1.1. bis 31.12.
☎ 0049 2861 939252
tourist-info@borken.de

➔ A 31 Duisburg-Lingen, Abf. (24) Borken, weiter nach Weseke zum Festplatz. ✉ Borkenwirther Straße (GPS: 51°54'21"N / 6°51'10" E).

Stellplatz am Festplatz Weseke. Stellfläche auf Schotter. Maximal 3-Nächte Aufenthalt möglich. Ortszentrum 600 m entfernt. 10 Touristenplätze.
2022: Stellplatz ist kostenlos.

46325 Borken-Gemen, Münst. (b6) ST-D 3150/3

10 **»STELLPLATZ AM FREIZEITBAD AQUARIUS-BAD«**
☎ 0049 2861 939166 1.1. bis 31.12.
tourist-info@borken.de

➔ A 31 Duisburg-Lingen, Abf. (34) Borken, weiter zum Freizeitbad. ✉ Parkstraße (GPS: 51°50'12"N / 6°51'53" E).

Stellplatz am Freizeitbad. Stellfläche auf Asphalt und Schotter. Maximal 3 Nächte Aufenthalt möglich. Ortszentrum 800 m entfernt. 15 Touristenplätze.
2022: St/N 5.–, Strom/N 1.–.

46325 Borken-Gemen, Münst. (b6) ST-D 3150/4

»GESTÜT UND FORELLENANLAGE« 1.1. bis 31.12.
☎ 0049 2861 2448
kontakt@rv-gestüt-forellenhof.de, rv-gestuet-forellenhof.de

➔ A 31 Duisburg-Lingen, Abf. (34) Borken, weiter nach Gemen. ✉ Zum Hornborn 9 (GPS: 51°51'45"N / 6°53'52" E).

WC Ch

Stellplatz an der Gaststätte Forellenhof mit Gestüt. Stellfläche auf Schotter. Entleerung mobiler Tanks möglich. Ortszentrum 1.6 km enfernt. 9 Touristenplätze.

46325 Borken OT Hoxfeld, Mün. (b6) ST-D 3151

0 **»STELLPLATZ PRÖBSTINGER ALLEE«** 1.1. bis 31.12.
☎ 0049 2861 939252
tourist-info@borken.de, www.borken.de

➔ A 31 Emden - Bottrop, Abf. 34 Borken auf die B 67 Richtung Borken. Nach Borken im Ortsteil Hoxfeld. ✉ Pröbstinger Allee (GPS: 51°50'19"N / 6°48'20" E).

Ch 100 m

Stellplatz im Erholungsgebiet am Pröbstingsee zwischen der Schlossklinik Pröbsting und einer Kapelle. Allgemein zugänglicher Parkplatz ohne markierten Reisemobil-Bereich. Stellfläche auf Schotter. Maximal 3 Nächte Aufenthalt möglich. Ortszentrum 4.5 km entfernt. 10 Touristenplätze.
2022: Stellplatz ist kostenlos. Entsorgung von Schmutz- und Brauchwasser gegen Gebühr.

46342 Velen, Münsterland (b6) ST-D 3153/1

»CARAVANSTELLPLATZ FREIBAD RAMSDORF« 1.1. bis 31.12.
☎ 0049 2863 926219
tourist-info@velen.de, www.velen.de

→ A 31 Duisburg-Lingen, Abf. (34) Borken, weiter nach Ramsdorf. ✉ Velener Str. 47 (GPS: 51°53'22"N / 6°55'33" E).
Burg Ramsdorf.

300 m 400 m 500 m

Stellplatz am Ortsrand neben einem Freibad und einer Tennisanlage. Am Fluss Bocholter Aa gelegen. Ebene Stellfläche auf Pflaster. Maximal 1 Nacht Aufenthalt möglich. Ortszentrum 400 m entfernt. 5 Touristenplätze.

46342 Velen, Münsterland (b6) ST-D 3153/3

»CARAVANSTELLPLATZ FREIBAD VELEN« 1.1. bis 31.12.
☎ 0049 2863 926219
tourist-info@velen.de, www.velen.de

→ A 31 Duisburg-Lingen, Abf. (34) Borken, weiter nach Velen zum Freibad. ✉ Geeste/Mühlenallee (GPS: 51°53'30"N / 6°58'36" E).

Ch 400 m

Stellplatz neben dem Freibad Velen und einem Tennisclub. Stellfläche auf Pflaster. maximal 4 Nächte Aufenthalt möglich. Ortszentrum 1.1 km entfernt. 6 Touristenplätze.

46359 Heiden, Münsterland (b6) ST-D 3155

»HOTEL-RESTAURANT BECKMANN« 1.1. bis 31.12.
E.: Familie Beckmann ☎ 0049 2867 97470
info@landhotel-beckmann.de, www.landhotel-beckmann.de

→ A 31 Lingen-Dorsten, Abf. (34) Borken über die B 67 nach Heiden zur Ortsmitte. ✉ Borkener Str. 7 A (GPS: 51°49'33"N / 6°55'50" E).
Teufelsteine. Artesischer Brunnen.

500 m HS 1 km

Stellplätze auf dem Hotelgelände. Stellplatz-Länge bis 12 m. Kegelbahn. Planwagenfahrten. 7 Touristenplätze.

48308 Senden, Münsterland (b6) ST-D 3207

0 **»WOHNMOBILSTELLPLATZ SPORTPARK SENDEN«**
☎ 0049 2597 699799 1.1. bis 31.12.
touristinfo@senden-westfalen.de, www.senden-westfalen.de

→ A 43 Münster-Essen, Abf. (3) Senden, weiter zum Sportpark. ✉ Bulderner Str. 15 (GPS: 51°51'17"N / 7°28'34" E).

Stellplatz nahe des Bürger- und Schlossparks beim Sportpark. Stellfläche auf Rasengittersteinen. Maximal 7 Nächte Aufenthalt möglich. Nur für Wohnmobile zugelassen. Frischwasser bei der Westfalen-Tankstelle an der Münsterstr. 52 und am Autohof Senden-Bösensell (Am Dorn 5), Entsorgung an der Kläranlage. Ortszentrum 1 km entfernt. 7 Touristenplätze.
2022: Stellplatz ist kostenlos.

48249 Dülmen OT Mitte, Mün. (b6) ST-D 3210/1

»PARKPLATZ AM SPORTZENTRUM SÜD« 1.1. bis 31.12.
☎ 0049 2594 12345
duelmen-marketing@duelmen.de, www.duelmen-marketing.de

→ A 43 Münster-Essen, Abf. (5) Dülmen-Süd, weiter zum Sportzentrum. ✉ Kapellenweg (GPS: 51°49'22"N / 7°16'49" E).

Ch 600 m

Stellplatz an einer großen Sportanlage. Stellfläche auf Schotter. Maximal 3 Nächte Aufenthalt möglich. Frischwasser kann gegen Bezahlung in der Gaststätte "DJK Clubheim" bezogen werden. Grauwasser und Chemietoilette können durch den gelb gekennzeichneten Kanaleinlauf im Kapellenweg entsorgt werden. Ortszentrum 1.5 km entfernt. 7 Touristenplätze.

48249 Dülmen OT Hausdülmen, Mün. (b6) ST-D 3210/2

»STELLPLATZ HAUSDÜLMEN« 1.1. bis 31.12.
☎ 0049 2594 12345
duelmen-marketing@duelmen.de, www.duelmen-marketing.de

→ A 43 Münster-Essen, Abf. (5) Dülmen-Süd, weiter zum Stellplatz Hausdülmen. ✉ Sandstraße (GPS: 51°48'26"N / 7°14'50" E).

400 m

Stellplatz am Heubach direkt beim Sportplatz. Am angrenzenden Naturschutzgebiet gelegen. Stellfläche auf Wiese und Schotter. Maximal 3 Nächte Aufenthalt möglich. Guter Ausgangspunkt für Spaziergänge und Radtouren. Ortszentrum 3 km entfernt. 7 Touristenplätze.

48249 Dülmen OT Mitte, Mün. (b6) ST-D 3210/3

»STELLPLATZ HÜTTENDYK« 1.1. bis 31.12.
☎ 0049 2594 12345
duelmen-marketing@duelmen.de, www.duelmen-marketing.de

→ A 43 Essen-Münster, Abf. (5) Dülmen-Nord, weiter in den Ort. ✉ Hüttendyk (GPS: 51°49'33"N / 7°16'19" E).

Ch 200 m

Stellplatz am Ortsrand und in unmittelbarer Nähe zum Wildpark. Stellfläche auf Rasengitter. Maximal 3 Nächte Aufenthalt möglich. Zentrale Ver- und Entsorgungsstation. Ortszentrum 500 m entfernt. 7 Touristenplätze.

48249 Dülmen OT Mitte, Mün. (b6) ST-D 3210/4

»PARKPLATZ AM DÜB« 1.1. bis 31.12.
☎ 0049 2594 12345
duelmen-marketing@duelmen.de, www.duelmen-marketing.de

→ A 43 Münster-Essen, Abf. (5) Dülmen-Nord, weiter zum Parkplatz DÜB. ✉ Nordlandwehr 99 (GPS: 51°50'40"N / 7°16'19" E).

Stellplatz am Freizeitanlage und Freizeitbad DÜB in Ortsrandlage. Stellfläche auf Schotter. Maximal 3-Nächte Aufenthalt möglich. Gutes Radwandernetz. Ortzentrum 1.8 km entfernt. 7 Touristenplätze.

45711 Datteln, Ruhrgebiet (b6) ST-D 3215/1

10 **»STELLPLATZ BEIM ERHOLUNGSPARK WEHLINGSHEIDE«**
E.: Friedrich Schnieder ☎ 0049 2363 33404 50 m 1.1. bis 31.12.
Fax 0049 2363 3587351, **info@wehlingsheide.de, www.wehlingsheide.de**

→ A 2 Gelsenkirchen–Bielefeld Abf. (11) Henrichenburg auf die B 235 nach Datteln. Hinter Datteln links der Beschilderung folgen. ✉ Schorfheide 3 (GPS: 51°40'56"N / 7°18'21" E).
Halterner Stausee. Schiffshebewerk Henrichenburg. Naturpark "Haard".

W W Ch W W

S 1.5 km 2 km

Stellplatz beim Campingplatz ERHOLUNGSPARK WEHLINGSHEIDE inmitten von Wiesen und Feldern. Ebene Stellflächen auf Rasengittersteinen, sowie gepflasterte Stellplätze vor der Schranke. Golfplatz 2 km, Ort 4 km entfernt.
2023: St/N inkl. 2 P/N 10.–, H/N 3.–, WD/4 min. –.50, Waschmaschine 3.–, Trockner 2.–, Wasser/150 l 1.–, Sanitärbenutzung 3.–, Strom/1 kWh 1.–. Entsorgung und Müll inklusive.

45711 Datteln, Ruhrgebiet (b6) ST-D 3215/2

»JAMMERTAL GOLF & SPA-RESORT« 1.1. bis 31.12.
☎ 0049 2363 3770
info@jammertal.de, www.wellness-camping.nrw

→ A 2 Bielefeld-Essen, Abf. (11) Datteln, weiter zum Spa Resort. ✉ Redder str. 421 (GPS: 51°41'13"N / 7°16'2" E).

WC W Ch

Stellplatz beim Golf und Spa Resort. Stellfläche auf Pflaster umgeben von Büschen. Ortszentrum 6 km entfernt. 20 Touristenplätze.

46282 Dorsten, Ruhrgebiet (b6) ST-D 3216

10 **»REISEMOBILHAFEN AN DER LIPPE«** 1.1. bis 31.12.
☎ 0049 2362 95172270
info@womodo.de, www.womodo.de

→ A 31 Bottrop - Leer, Abf. (38) Dorsten-West, weiter nach Dorsten zum Freizeitbad. ✉ Zur Lippe (GPS: 51°39'56"N / 6°58'2" E).
Freizeitbad Atlantis.

Ch 300 m

500 m

Stellplatz zwischen der Lippe und dem Wesel- Datteln-Kanal. In zwei Bereiche aufgeteilt - der ältere, von Bäumen umgebene Teil des Stellplatzes liegt neben einem Biotop und der neuere Teil verfügt über parzellierte Stellflächen (5x10 m) Teil. Ebene Stellflächen auf Schotter. Stellplatz-Länge bis 12 m. ST-SAN Ver- und Entsorgungsstation. Kostenlos Duschen ist im benachbarten Spassbad Atlantis Dorsten gegen Vorlage des Parktickets möglich. Die Bezahlung erfolgt sofort nach Ankunft am Parkscheinautomaten oder per Parkgebührenumschlag an der Infohütte. Im Sommer Brötchenservice. Picknickplätze. Eislaufhalle angrenzend und Ortszentrum 300 m entfernt. 38 Touristenplätze.
2022: St/N 10.–, Frischwasser/10L –.10, Strom/kWh –.70. KT, H/N, WD, Entsorgung, Müll inklusive. Entsorgung für Übernachtungsgäste kostenlos / Entsorgung für Fremdgäste 1.–.

59387 Ascheberg, Münsterld. (b6) ST-D 3218/1

0 **»WOHNMOBILSTELLPLATZ ASCHEBERG«** 1.1. bis 31.12.
E.: Ascheberg Marketing e.V. ☎ 0049 2593 6324
info@ascheberg-marketing.de, www.ascheberg-touristinfo.de

→ A 1 Münster-Kamen, Abf. (79) Ascheberg, weiter Ascheberg-Zentrum. ✉ Appelhofstr. (GPS: 51°47'26"N / 7°37'11" E).
Schloss Westerwinkel. Schloss Nordkirchen.

100 m 200 m

Der Stellplatz ist im Zentrum, in einer kleinen ruhigen Seitenstraße, gelegen. Die Stellflächen sind asphaltiert und von Rasenflächen, Büschen und kleinen Bäumen umrahmt. 4 Touristenplätze.
2022: Stellplatz ist kostenlos.

59387 Ascheberg, Münsterld. (b6) ST-D 3218/2

»GASTHAUS EICKHOLT« 1.1. bis 31.12.
☎ 0049 2593 7565
info@gasthaus-eickholt.de

→ A-1 Münster-Dortmund, Abf. (79) Ascheberg, weiter nach Davensberg. ✉ Frieport 22 (GPS: 51°49'33"N / 7°35'38" E).

Stellplatz beim Gasthaus Eickholt. Stellfläche auf Schotter. Ortszentrum 800 m entfernt. 6 Touristenplätze.

59229 Ahlen OT Dolberg, Mün. (c6) ST-D 3220

»GASTHOF ZUR POST« 1.1. bis 31.12.
E.: Berthold Sudhues ☎ 0049 2388 2363, Fax 0049 2388 302354
mail@zur-post-dolberg.de, www.zur-post-dolberg.de

➔ A 2 Bielefeld-Bottrop, Abf. (19) Hamm-Uentrop, weiter der L 822 über die Dolberger Straße, Uentroper Straße nach Dolberg, die B 61 kreuzen und über die Bummelke zur Zielstraße. ✉ Twieluchtstr. 1 (GPS: 51°42'37"N / 7°55'8" E).
Ahlen.

300 m 500 m
Gasthofparkplatz im Ortszentrum in idyllischer Lage. 2 Touristenplätze.

48324 Sendenhorst, Münst. (b/c6) ST-D 3221/1

10 **»PARKPLATZ HALLENBAD«** 1.1. bis 31.12.
☎ 0049 2526 303116
tourismus@sendenhorst.de, www.sendenhorst.de

➔ A 1 Münster-Düsseldorf, Abf. (79) Ascheberg, weiter nach Sendenhorst. ✉ Westtor 31 (GPS: 51°50'35"N / 7°49'5" E).

Ch 100 m
Stellplatz beim Hallenbad. Stellfläche auf Asphalt von Büschen umgeben. Fahrzeuglänge bis 6 m. Ver- und Entsorgungsanlage. Max. Aufenthaltsdauer 10 Nächte. Ortszentrum 600 m entfernt. 3 Touristenplätze.
2022: St/N –.50, Wasser/50 l 1.–, Strom/kWh 1.–. Abwasser inklusive.

48324 Sendenhorst, Münst. (b/c6) ST-D 3221/2

»HOTEL-GASTHAUS WALDMUTTER« 1.1. bis 31.12.
☎ 0049 2526 93270, Fax 0049 2526 932727
info@waldmutter.de, www.waldmutter.de

➔ A 1 Münster-Düsseldorf, Abf. (79) Ascheberg, weiter nach Sendenhorst. ✉ Hardt 6 (GPS: 51°50'8"N / 7°51'27" E).

2 km
Stellplatz auf Rasengittersteinen beim Gasthaus Waldmutter neben einem See. Zwischen Wald und Feldern umgeben. Reisemobillänge max. 8 m. Guter Ausgangspunkt für sehenswerte Ausflüge nach Münster (ca. 25 km entfernt). Ortszentrum 2 km entfernt. 8 Touristenplätze.

48157 Münster, Münsterland (b6) ST-D 3224

Abfahrt

20 **»STELLPLATZ BEIM CAMPING MÜNSTER«** 1.1. bis 31.12.
E.: Familie Kampert ☎ 0049 251 311982, Fax 0049 251 3833985
mail@campingplatz-muenster.de, www.campingplatz-muenster.de

➔ A 1 Dortmund–Bremen Abf. (78) Münster-Süd auf die B 51 in Richtung Münster. Nach ca. 2 km Richtung Bielefeld und nach weiteren 6 km Richtung Wolbeck abbiegen. Noch ca. 2 km, dann auf der linken Seite. ✉ Laerer Werseufer 7 (GPS: 51°56'47"N / 7°41'28" E).
Historische Altstadt. Münsterland-Halle. Allwetter Zoo.

W W Ch W W
HS
HS 100 m 400 m 1 km 2 km
Stellplatz beim Campingplatz CAMPING MÜNSTER. Unparzellierte Stellflächen auf Gras, von Bäumen beschattet. Zentrum 5 km entfernt.
2022: MC-St/N inkl. 2 P/N 18.–, weitere P/N 8.–, K/N 4 bis 11 J. 5.50, J/N 12 bis 17 J. 6.50, H/N 3.50, WD/3 min. –.50, Waschmaschine 3.–, Trockner 1.50, Entsorgung 1.–, Wasser/2 min. –.50. KT, Müll, Sanitärbenutzung und Strom inklusive.

48268 Greven, Münsterland (b6) ST-D 3226

Abfahrt

»WOHNMOBILSTELLPLATZ CAMP MARINA« 1.1. bis 31.12.
☎ 0049 2571 3896, Mobil 0049 170 2383896
fuestrup@t-online.de, www.yachthafen-fuestrup.de

➔ A 1 Bremen-Münster, Abf. (76) Greven, links auf die L 587 (Schifffahrter Damm) und weiter Richtung Münster. Nach rund 3,5 km bei der Abf. Telgte/Westbevern rechts in die Fuestruper Straße (K 55) und Richtung Gelmer. Der Straße geradeaus folgen, dann links zum Yachthafen. ✉ Fuestruper Str. 37 (GPS: 52°2'42"N / 7°41'9" E).
Mühlenhof Freilichtmuseum. Botanischer Garten Münster (10 km). Historischer Ortskern.

RES WC W W Ch
400 m 3 km
Großzügig bemessener, beleuchteter Stellplatz mit Gaststätte am Dortmund-Ems-Kanal. Ebene Stellflächen mit unterschotterten Rasenstreifen. Keine Reservierungen möglich! Stellplatz-Länge bis 12 m. Für Fahrzeuge über 5 t geeignet. Brötchenservice. Verkauf von Angelkarten. Kostenlose E-Bike-Ladestation. Fahrradroute Dortmund-Ems-Kanal. Mo.-Fr. um 9 Uhr Lebensmittelwagen. Barzahlung im Bürogebäude. Gaststätte-Telefon: 02571/800130. Ort 10 km entfernt. 90 Touristenplätze.

48599 Gronau, Münsterland (b5) ST-D 3228

»WOHNMOBIL-STELLPLATZ CAMPING DREILÄNDERSEE«
☎ 0049 02562 21098 1.1. bis 31.12.
wilhelmhewing@hotmail.com, www.campingplatz-gronau.com

➔ A 31 Ruhrgebiet–Emden Abf. (54) Gronau/Ochtrup Richtung Enschede, dann Richtung Dreiländersee. ✉ Brechter Weg (GPS: 52°14'14"N / 7°4'49" E).

Ch 200 m 400 m
Stellplatz beim CAMPING DREILÄNDERSEE im Erholungsgebiet Dreiländersee. Ebene Stellflächen auf Gras und Schotter, umrahmt von großen Laubbäumen. Der Wohnmobilstellplatz ist ca. 100 m von den Sanitäranlagen entfernt. Maximal 2 Nächte Aufenthalt möglich. Ortszentrum 3.5 km entfernt. 90 Touristenplätze.

48683 Ahaus, Münsterland (b5/6) ST-D 3229/1

»KIRMESPLATZ IN DER SCHLOSSSTRASSE« 1.1. bis 31.12.
E.: Ahaus Marketing ☎ 0049 2561 444444
marketing@ahaus.de, www.ahaus.de

➔ A 31 Dorsten-Lingen Abf. (32) Ledgen-Ahaus. B 474/B 70 in Richtung Zentrum. Abbiegen zur Stadthalle (Schlossstr.). Beschildert. ✉ Schlossstr. 16 A (GPS: 52°4'29"N / 7°0'9" E).
Torhausmuseum. Barockwasserschloss. Holzschuhherstellung.

200 m 300 m 3 km
Wohnmobilstellplatz im Stadtzentrum. Ebene Stellflächen auf einem öffentlichen Parkplatz. Maximal 3 Tage Aufenthalt möglich! 8 Touristenplätze.

48683 Ahaus, Münsterland (b5/6) ST-D 3229/2

»STELLPLATZ AM AQUAHAUS« 1.1. bis 31.12.
☎ 0049 561 82299
info@aquahaus.eu

➔ A 31 Bottrop-leer, Abf. (32) Legden/Ahaus, weiter nach Ahaus zum Schwimmbad. ✉ Unterortwick 32 (GPS: 52°4'39"N / 6°59'9" E).

Stellplatz beim Schwimmbad AquAhaus. Stellfläche auf Pflaster. Holiday Clean am Platz. Maximal 3 Nächte Aufenthalt möglich. Ortszentrum 2.5 km entfernt. 8 Touristenplätze.

48336 Sassenberg, Münster. (c6) ST-D 3235/2

0 **»QUICKSTOP BEIM CAMPINGPARK MÜNSTERLAND EICHENHOF«**
E.: Familie Schulze Westhoff ☎ 0049 2583 1585 1.4. bis 1.11.
info@campmuensterland.de, www.campeichenhof.de

➔ B 475 Warendorf - Sassenberg, ab Sassenberg auf die B 476 Richtung Versmold ca. 2 km, dann links abbiegen zum Straßenende. ✉ Feldmark 3 (GPS: 52°0'14"N / 8°3'53" E).
Historische Altstadt von Münster. Warendorf. Feldmarksee. Landmaschinenmuseum. LMC-Werk mit evtl. Werksbesichtigung.

RES HS S S S 300 m
S 600 m W 1.5 km S 2.5 km 7 km 12 km
Quickstop vor dem Campingplatz CAMPINGPARK MÜNSTERLAND EICHENHOF. Ver- und Entsorgung vorhanden (gegen Gebühr). Nur eine Übernachtung ab 17 Uhr bis zum nächsten Tag um 10 Uhr möglich! Ort (Sassenberg) 1 km entfernt.
2022: Stellplatz ist kostenlos. P/N und KT inklusive.

49536 Lienen GT Holperdorp, Mün. (c5) ST-D 3244

0 **»WOHNMOBILPLATZ AM HALLENFREIBAD«** 1.1. bis 31.12.
☎ 0049 5483 74298
touristik@lienen.de, www.lienen.de

➔ A 1 Münster-Osnabrück, Abf. (74) Ladbergen, weiter nach Lienen. ✉ Holperdorper Straße 37 - 39 (GPS: 52°9'18"N / 7°58'18" E).

RES Ch 1.5 km
Stellplatz auf einem Parkplatz neben dem Hallenfreibad zwischen Feldern und Wald gelegen. Stellfläche auf Schotter. Maximal 3 Nächte Aufenthalt möglich. Entsorgung zu den Öffnungszeiten des Hallenbades möglich. Ortszentrum 1,5 km entfernt. 3 Touristenplätze.
2022: Stellplatz ist kostenlos. Entsorgung 5.–, Wasser/24 Std. 5.–.

48496 Hopsten, Münsterland (b5) ST-D 3249

»PARKPLATZ AN DER SPORTHALLE« 1.1. bis 31.12.
E.: Gemeinde Hopsten
☎ 0049 5458 9325 0, Mobil 0049 170 9125014, **info@hopsten.de**
www.hopsten.de

➔ A 30 Osnabrück-Hengelo, Abf. (10) Hörstel, nach Hörstel. Dann auf die L 833 nach Hopsten/Westerkappeln zum Ortskern. ✉ Rüschendorfer Str. 4 (GPS: 52°23'7"N / 7°36'16" E).
Mutter Anna Kapelle. 1000-jährige Eiche. St. Georg Pfarrkirche. Tödlenskulptur.

WC 300 m 500 m
Stellplatz befindet sich neben der Dreifachturnhalle. Stellflächen auf Pflaster. Strom, Wasser, WC und Ver-/Entsorgung nach Vereinbarung. Maximal 1 bis 3 Nächte Aufenthalt möglich! 6 Touristenplätze.

49509 Recke OT Steinbeck, Mün. (b5) ST-D 3250/1

»MARINA-RECKE« 1.1. bis 31.12.
V.: Helmut Robbes ☎ 0049 5453 981022
info@marina-recke.com, www.marina-recke.com

➔ A 30 Bad Bentheim-Osnabrück Abf. (11 b) Ibbenbühren in Richtung Recke. In Espel nach Steinbeck abbiegen. ✉ Auf der Haar 23 (GPS: 52°21'10"N / 7°42'41" E).
Heimat- und Korbmuseum Alte Ruthemühle.

WC W WC
1 km 2 km
Ebene Wohnmobil-Stellplätze am Yachthafen neben dem Waldfreibad. Von Büschen umgeben. Liegewiese. Im Winter teilweise Lagerplatz für Boote. Öffnungszeit im Winter ab 14.30 Uhr. Das Cafe hat in der Nebensaison (Nov. bis Ostern) Montags und Dienstags Ruhetag, in der Hauptsaison Mo-Sa ab 14 Uhr und So und Feiertags ab 11 Uhr geöffnet. Februar ist Betriebsurlaub im Café. Ort 1 km entfernt. 40 Touristenplätze.

49509 Recke OT Espel, Mün. (b5) ST-D 3250/2

»LANDGASTHAUS FORSTMANN« 1.1. bis 31.12.
E.: Familie Forstmann ☎ 0049 5453 8589
info@landgasthaus-forstmann.de, www.landgasthaus-forstmann.de

➔ A 30 Bad Bentheim-Osnabrück Abf. (11 b) Ibbenbühren in Richtung Recke. Nördlich von Espel in die Schulstr. abbiegen. ✉ Schulstr. 49 (GPS: 52°20'52"N / 7°44'15" E).
Korbmuseum in der Alten Ruthemühle.

WC | 1 km 2 km 3 km

Ebene Stellplätze auf dem Parkplatz des Landgasthofes. Reservierung wird empfohlen. Ort 2 km entfernt. 10 Touristenplätze.

49504 Lotte, Osnabrücker Land (c5) ST-D 3260

»WOHNMOBILSTELLPLATZ LOTTE« 1.1. bis 31.12.
E.: Gemeinde Lotte ☎ 0049 5404 88929, Mobil 0049 176 57590768
info@lotte.de, www.gemeinde-lotte.de

➔ A 30 Abf. (13) Lotte Richtung Lotte, am Kreisverkehr 1. Ausf. auf die L 501 durch den Ort Lotte, 400 m nach dem Ortsausgangsschild rechts in den Kornweg abbiegen und der Beschilderung folgen. ✉ Kornweg 3 (GPS: 52°16'18"N / 7°55'19" E).
Altes Zollamt. Kloster Osterberg.

WC WC | 100 m 600 m

Der ebene Stellplatz liegt vor der Tennishalle neben dem Restaurant und Fußballplatz. Frischwasser und Duschmöglichkeit nach Rücksprache im Restaurant der "Tennishalle Lotte" (Tel. 05404/4662) möglich. Maximal 3 Tage Aufenthalt! Ort 1 km entfernt. 10 Touristenplätze.

48727 Billerbeck (b6) ST-D 3274

10 **»STELLPLATZ AM FREIBAD«** 1.1. bis 31.12.
☎ 0049 2543 7373
touristik@billerbeck.de, www.billerbeck-muensterland.de

➔ A 54 Münster-Eschede, bei Altenberge nach Billerbeck abfahren. ✉ Osterwicker Str. 31 (GPS: 51°58'46"N / 7°16'54" E).

RES WC W Ch

Stellplatz beim Freibad Billerbeck. Ebene und asphaltierte Stellflächen. Maximal 5 Nächte Aufenthalt möglich. Die Nutzung der sanitären Anlagen des Freibades ist zu den Öffnungszeiten inkludiert. Entsorgung von Grau- und Schwarzwasser als auch Versorgung mit Frischwasser ist am Platz vorhanden. In der Nebensaison (Okt.-April) stehen keine sanitären Anlagen zur Verfügung. Ortszentrum 700 m entfernt. 11 Touristenplätze.
2022: St/N bis 8.–, Wasser/10 l –.10, Strom/kWh –.50 (16 A). Außerhalb der Öffnungszeiten ist der Stellplatz kostenlos.

47475 Kamp-Lintfort, Ruhrg. (a6) ST-D 3287/1

»REISEMOBILSTELLPLATZ AM WANDELWEG« 1.1. bis 31.12.
E.: Wellings Parkhotel GmbH ☎ 0049 2842 21040 5 400 qm
info@wellings-parkhotel.de, www.womo-kali.de

➔ A57 Weeze - Krefeld, Abf. (7) Rheinberg und weiter auf der B510 nach Kamp-Lintfort. Nach dem Golfplatz in die Moerserstraße Richtung Stadtzentrum abbiegen, beschildert. ✉ Gohrstr. 60 (GPS: 51°30'9"N / 6°31'55" E).
Kloster Kamp mit barocken Gärten und Museum mit Schatzkammer.

WC W Ch | 300 m

Beschrankter Stellplatz im Westen der Stadt an einem kleinen Bach neben dem Tennis-Club. Überwiegend schattenlose, ebene Stellflächen (6x10/12 m) auf Schotterrasen. Servicehaus verfügt über sanitäre Einrichtungen mit WCs und Duschen. Ver- und Entsorgungsstation. Anreise von 6-22 Uhr möglich. Der Stellplatz und kostenpflichtige Dienstleistungen werden bargeldlos mittels SmartCard, die mit EC-Karte oder Kreditkarte aufgeladen wird, am Serviceautomaten beglichen. Guthaben werden bei Abreise erstattet. Maximale Aufenthaltsdauer 7 Nächte. Bäckerei 200 m, Ortszentrum 900 m entfernt. 39 Touristenplätze.

47509 Rheurdt ST-D 3289

»WOHNMOBILPARK AN DER WINDMÜHLE« 1.4. bis 31.10.
Mobil 0049 177 6310990
info@wohnmobilpark-lotz.de, www.wohnmobilpark-lotz.de

➔ A 40 Duisburg-Venlo, Abf. (6) Kerken, weiter nach Rheurdt. (Steile Auffahrt) ✉ St. Nikolausweg 15 (GPS: 51°27'48"N / 6°28'3" E).

W | 50 m 300 m 400 m

Wohnmobilpark im Ökodorf Rheurdt. Ebene Stellflächen auf Schotter von Bäumen umgeben. Bodeneinlass für Abwasser. Ortszentrum 500 m entfernt. 21 Touristenplätze.

32361 Preußisch Oldendorf (c5) ST-D 3304/1

15 **»MÖWENNEST«** 1.1. bis 31.12.
☎ 0049 1714 492792 1 300 qm
dlonly@t-online.de, www.möwennest.net

➔ A 1 Osnabrück - Hannover, Abf. (29) Kirchengern, weiter nach Getmold bei Oldendorf. ✉ Hafenstraße (GPS: 52°20'25"N / 8°28'53" E).

| 2 km

Beleuchteter Stellplatz am Ortsrand, neben einem Gewerbegebiet, direkt am Mittellandkanal. Ebene unparzellierte Stellflächen auf Rasen, Zufahrt geschottert. Picknickplätze auf der Böschung mit Blick auf das Fahrwasser. Es gibt kein Ver- und Entsorgung und keine Müllentsorgung! Ortszentrum 4 km entfernt. 9 Touristenplätze.
2023: MC/N 15.–, Wasser/100 l 1.–, Strom/kWh 1.- (6 A). P/N, H/N und Entsorgung inklusive. Ermäßigungen auf SUP- und Motorbootverleih.

32361 Preußisch Oldendorf (c5) ST-D 3304/2

10 **»STELLPLATZ BAHNHOF BAD HOLZHAUSEN«**
V.: Christian Streich 1.1. bis 31.12.
touristikbuero@preussischoldendorf.de, www.preussischoldendorf.de

➔ A 30 Bielefeld-Osnabrück, Abf. (26) Bruckmühlen, weiter nach Preußisch Oldendorf. ✉ Bahnhofstr. 47 (GPS: 52°17'23"N / 8°32'46" E).

Ch | 500 m 1 km

Stellplatz in zentraler Lage am Bahnhof beim Heilbad. Stellfläche auf Schotter. Reservierung wird empfohlen. Ver- und Entsorgungsanlage. Bitte nach Ankunft unter Telefon 0175 / 56 55 284 oder 05742 / 93 11 200 anmelden. Ortszentrum 500 m entfernt. 5 Touristenplätze.
2022: MC-St/N inkl. 2 P/N 8.–, Wasser/6 min. 1.–, Strom/8 Std. 1.–. P/N, KT, H/N, Entsorgung und Müll inklusive.

32361 Preußisch Oldendorf (c5) ST-D 3304/3

0 **»PARKPLATZ AUSSICHTSTURM BÖRNINGHAUSEN«**
V.: Christian Streich ☎ 0049 5742 703794 1.1. bis 31.12.
touristikbuero@preussischoldendorf.de, www.preussischoldendorf.de

➔ A 30 Osnabrück-Bielefeld, Abf. (26) Bruchmühlen, weiter nach Preußisch Oldendorf. ✉ Bergstraße 48 (GPS: 52°17'19"N / 8°27'38" E).

| 500 m

Stellplatz in ruhiger Lage im Wiehengebirge. Stellfläche auf Asphalt. Reservierung nicht erforderlich. Ort 3 km entfernt. 4 Touristenplätze.
2022: Stellplatz ist kostenlos. P/N, KT, H/N und Müll inklusive.

32351 Stemwede-Oppenwehe (c5) ST-D 3313/3

»REISEMOBIL-STELLPLATZ HOLLENMÜHLE« 1.1. bis 31.12.
☎ 0049 5745 945222
touristinfo@rila.de, www.stellplatz-stemwede.de

➔ A 30 Bielefeld-Osnabrück, Abf. (26) Bruchmühlen, weiter nach Norden in den Ort Levern. ✉ Hollenmühle/Hinterm Teich 3 (GPS: 52°22'3"N / 8°26'17" E).

WC W W Ch

Beleuchteter Stellplatz in ländlicher ruhiger Lage. In unmittelbarer Nähe zur Erlebnisgastronomie "Rila erleben" mit Panorama-Restaurant, Tapas-Bar, griechischer Taverne und italienischem Weinpavillon, sowie internationalen Themengärten gelegen. Parzellierte, ebene und geschotterte Stellflächen (6x12 m) mit kleinen Rasenanteilen. Ver- und Entsorgungsstation mit Bodeneinlass. Reservierung ab 3 Nächten möglich. Rezeption mit touristischer Beratung. Im Sommer Brötchenservice. Boulebahn. Ortszentrum 1.5 km entfernt. 52 Touristenplätze.

32469 Petershagen OT Lahde (c/d5) ST-D 3317/2

»REISEMOBILPLATZ PETERSHAGEN« 1.1. bis 31.12.
☎ 0049 5707 822238
tourismus@petershagen.de, www.petershagen.de

➔ B 482 von Minden-Nienburg, weiter zum Weserufer. ✉ Hohoffstraße/Am Sportplatz (GPS: 52°22'32"N / 8°58'6" E).

Ch | 100 m 300 m

Stellplatz am Sportplatz im Ortszentrum nahe der Weser. Stellfläche auf Schotter. Reservierung nicht erforderlich. Maximal 3 Nächte Aufenthalt möglich. 200 m bis zum Weser-Radweg. Ortszentrum 400 m entfernt. 10 Touristenplätze.

32602 Vlotho, Teutoburger W. (c5) ST-D 3326/1

15 **»STELLPLATZ BEIM CAMPING SONNENWIESE«**
E.: Friedrich Schulte ☎ 0049 5733 8217 1.1. bis 31.12.
Fax 0049 5733 80289, **info@sonnenwiese.com**

➔ A 2 Hannover–Köln Abf. (32) Bad Oeynhausen in Richtung Vlotho, linker Platz. ✉ Borlefzen 1 (GPS: 52°10'26"N / 8°54'24" E).
Kaiser-Wilhelm-Denkmal, Westfälische Pforte, Westf. Mühlenstraße.

W W Ch W TV HS | 200 m 500 m HS 3 km 5 km

Stellplatz beim Restaurant vor dem Campingplatz CAMPING SONNENWIESE. Ort 3 km entfernt.
2023: St/N inkl. 4 P/N 15.–, WD/5 min. 1.–, Waschmaschine 6.–, Trockner 6.–, Strom/1 kWh –.80 (16 A), Anschlussgeb. 2.–. P/N, H/N, Entsorgung, Müll, Wasser und Sanitärbenutzung inklusive. Nur Barzahlung möglich..

32602 Vlotho, Teutoburger W. (c5) ST-D 3326/2

»STELLPLATZ AM WESERUFER« 1.1. bis 31.12.
☎ 0049 5733 881188
info@vlotho.de, www.vlotho.de

➔ A 2 Hannover-Bad Oeynhausen, Abf. (30) Bad Oeynhausen, weiter nach Vlotho. ✉ Hafenstraße (GPS: 52°10'4"N / 8°52'8" E).

WC

Stellplatz an der Kaimauer zwischen Bahnlinie und Weser. Stellfläche auf Rasengittersteinen. Maximal 3 Nächte Aufenthalt möglich. Ortszentrum 500 m entfernt. 5 Touristenplätze.

34431 Marsberg (c7) ST-D 3331

»REISEMOBILHAFEN MARSBERG« 1.1. bis 31.12.
0049 2992 3078
info@stadtmarketing-marsberg.de, www.tourismus-marsberg.de

➔ A 44 Dortmund-Kassel, Abf. (63) Marsberg, weiter zum Hallenbad. Trift/Am Sportplatz 2 (GPS: 51°27'35"N / 8°50'53" E).

400 m 800 m

Stellplatz nicht weit vom Ortskern beim Hallenbad. Anmeldung im Hallenbad Diemeltal. Stellfläche auf Asphalt. Maximal 5 Nächte Aufenthalt möglich. Reservierung nicht erforderlich. Das Hallenbad ist am 1.1., Osterferien NRW und am 1.5., 3.10., 1.11., 24.-26.12., 31.12. geschlossen. Parkschein und Schlüssel für die Ver-und Entsorgungseinrichtungen an der Kasse des Hallenbades Diemeltal erhältlich. Schlüsselpfandgeld: 20 €. Ortszentrum 800 m entfernt. 4 Touristenplätze.

32699 Extertal-Meierberg, Teut. W. (d5) ST-D 3334

15 **»STELLPLATZ BEIM FERIENPARK BUSCHHOF«**
E.: Rohloff Ferienpark GmbH V.: Fricke 1.1. bis 31.12.
0049 5262 2575, Fax 0049 5262 995442, **buschhof@ferienpark.de**
www.ferienpark.de

➔ Extertalstraße Rinteln–Barntrup, in Höhe von Almena links abbiegen Richtung Meierberg, beschildert. Meierberger Str. 15 (GPS: 52°6'16"N / 9°7'11" E).
Hermannsdenkmal. Externsteine. Lemgo. Rinteln. Hameln.

W W Ch W S 500 m 3 km 5 km

Stellplatz beim Campingplatz FERIENPARK BUSCHHOF.
2022: MC/N 10.–, WD/N 2.50, Waschmaschine 3.–, Trockner 3.–, Entsorgung 1.–, Wasser/100 l 1.–, Nutzung Sanitärhaus P/N 4.50, K/N 1 bis 14 J. 2.50. H/N, Müll und Strom inklusive.

32825 Blomberg, Teutobg. Wald (d6) ST-D 3339

»REISEMOBILSPLATZ BLOMBERG« 1.1. bis 31.12.
0049 5235 5040, Mobil 0049 5235 504233
info@blomberg-marketing.de, www.blomberg-lippe.de

➔ B 1 Paderborn - Bad Pyrmont, weiter nach Lippe Schießhalle Blomberg, Alter Dreschplatz (GPS: 51°56'36"N / 9°5'51" E).

200 m 300 m 500 m

Stellplatz zentral an die historische Altstadt angrenzend. Stellfläche auf Schotter. Reservierung nicht erforderlich. Ladestation für Elektroautos. Jeden Freitag Wochenmarkt. Ortszentrum 500 m entfernt. 8 Touristenplätze.

48565 Steinfurt (b5) ST-D 3341

0 **»WOHNMOBILSTELLPLATZ STEINFURT«** 1.1. bis 31.12.
0049 2551 1383
info@steinfurt-touristik.de
www.steinfurt-touristik.de/de/gastgeber/uebernachten/

➔ A 30 Rheine-Osnabrück, Abf. (7) Rheine-Nord, weiter auf B 70 nach Steinfurt. Liedekerker Str. 70a (GPS: 52°8'53"N / 7°20'53" E).
Steinfurter Bagno. Burg Naturpark Bagno.

Ch 200 m 500 m

Stellplatz hinter der Polizeistation am Stadtring. Von Wald umgeben nahe dem Bagnosee. Stellfläche auf Schotter. Maximal 3 Nächte Aufenthalt möglich. 100 Schlösserroute - schöne Fahrradtouren. Ortszentrum 500 m entfernt. 25 Touristenplätze.
2022: Stellplatz ist kostenlos. Wasser 1.–, Strom/kWh –.50, Entsorgung inklusive.

32257 Bünde (c5) ST-D 3346

»STELLPLATZ AM STADTGARTEN« 1.1. bis 31.12.
E.: Stadt Bünde-Stadtmarketing V.: Weßling 0049 5223 161389
Fax 0049 5223 1616389, **info@buende.de, www.buende.de**

➔ A 30 Bad Oeynhausen-Melle, Abf. (28) Hiddenhausen, weiter in Richtung Bünde. Im Zentrum am Kreisverkehr in die Marktstr./Hindenburgstr. und danach die 3. Straße links in die Steinmeisterstr. abbiegen. Sedanstraße (GPS: 52°11'55"N / 8°35'22" E).
Deutsches Tabak- und Zigarrenmuseum. Dobergmuseum. Dammhaus (Heimatmuseum). Naturdenkmal Doberg.

100 m 200 m HS 1 km 1.6 km

Gepflasterter Stellplatz direkt im Ort. Maximal 3 Nächte Aufenthalt möglich! Ort 500 m entfernt. 5 Touristenplätze.

32584 Löhne (c5) ST-D 3349

»WOHNMOBILSTELLPLATZ LÖHNE« 1.1. bis 31.12.
V.: Thomas Hoffmann 0049 5732 73807, Mobil 0049 171 1607158
info@loehne.de, www.wohnmobilstellplatz-loehne.de

➔ A 2 Hannover - Bielefeld, Abf. (30) Bad Oeynhausen, weiter Richtung Osnabrück nach Löhne. Die Einfahrt befindet sich auf der rechten Seite direkt hinter dem Minigolfplatz. Albert-Schweitzer-Str. 7 (GPS: 52°12'14"N / 8°43'4" E).
Kaiser-Wilhelm-Denkmal. Landschafts- und Kulturpark Aqua Magica. Wasserschloss Ulenburg.

Ch 100 m 150 m

Stellplatz zwischen Frei- und Hallenbad. Ebene, parzellierte Stellflächen auf Schotter. 2 Stellflächen auch für "Dickschiffe" geeignet. Frischwasser im Winter nicht möglich. Ankunft bis 22 Uhr. Kontakt bitte zuerst über die Handynummer versuchen. Ortszentrum 500 m entfernt. 17 Touristenplätze.

32105 Bad Salzuflen (c5/6) ST-D 3350

10 **»WOHNMOBILPARK FLACHSHEIDE«** 1.1. bis 31.12.
0049 5222 183183
info@staatsbad-salzuflen.de, www.staatsbad-salzuflen.de

➔ A 2 Hannover-Bielefeld, Abf. (29) Herford/Bad Salzuflen, weiter zur Therme. Forsthausweg 1 (GPS: 52°5'52"N / 8°45'6" E).

WC W Ch 100 m 1 km

Wohnmobilpark im ehemaligen Dressurreitstadion Flachsheide in direkter Nähe zur VitSol Therme. Von hohen Bäumen und Büschen umrahmt. Ebene und überwiegend schattenlose Stellflächen (ca. 6x10 m) auf Schotterrasen. ST-SAN und Bodeneinlass. Info-Pavillon mit Anmeldung. Mit Bezahlung des Kurbeitrages erhalten Sie Ihre persönliche Gästekarte, die viele Vergünstigungen gewährt. Check-in und bargeldlose Bezahlung (Übernachtung, Kurbeitrag und Frischwasser) über CamperClean Automaten. Ortszentrum 1 km entfernt. 66 Touristenplätze.
2022: St/N 10.–, KT P/N ab 15 J. 3.50, KT K/N bis 14 J. 1.60, Wasser/100 l 1.–, Strom/1 kWh –.50. Sanitäre Anlagen in der nahegelegenen VitaSol-Therme 3.–/30 Min.

32052 Herford (c5) ST-D 3357/2

10 **»SPORT UND FREIZEITBAD H2O«** 1.1. bis 31.12.
0049 5221 9260026
info@h2o-herford.de, www.h2o-herford.de

➔ A 2 Hannover-Bielefeld, Abf. (29) Herford/Bad Salzuflen, weiter zum Freizeitbad. Wiesestraße 90 (GPS: 52°6'24"N / 8°41'10" E).

WC Ch 500 m

Stellplatz in direkter Nähe des Freizeitbad H2O und der Werre. Großzügig gestaltet mit moderner Ver- und Entsorgungsstation. Stellfläche auf Asphalt. Beleuchtet. Die Wohnmobile dürfen nur auf der schwarz umrandeten Fläche abgestellt werden. Reservierung nicht erforderlich. Sanitäranlagen im Freizeitbad vorhanden. Ortszentrum 2 km entfernt. 22 Touristenplätze.
2022: MC-St/N 7.–, WD 1.–, Wasser/100 l 1.–, Strom/8 Std. 1.–.

33729 Bielefeld-Brake (c6) ST-D 3358

»FREIZEIT KG« 1.1. bis 31.12.
E.: Freizeit KG 0049 521 977323, Fax 0049 521 771393
bielefeld@freizeit-kg.de, www.freizeit-kg.de

➔ A 2 Hannover-Wiedenbrück, Abf. (29) Herford/Bad Salzuflen, auf die B 239 in Richtung Bad Salzuflen, 1. Abf. rechts abbiegen in Richtung Ahmsen, Elverdissen nach Brake. Beschildert. Herforder Str. 630-634 (GPS: 52°4'17"N / 8°36'58" E).
Leinenweberstadt Bielefeld. Ehemalige Hansestadt Herford.

Ch 500 m 2 km

Beleuchteter Stellplatz auf dem Betriebsgelände der Freizeit AG. Stellflächen auf Pflaster. Stellplatz-Länge bis 12 m. Stromanschluss und Brötchenbestellung bis 18 Uhr. Reservierung bei Gruppen empfohlen. Entleerung von mobilen und fest eingebauten Abwassertanks möglich. Maximal 7 Nächte Aufenthalt erlaubt! Ort 4 km entfernt. 10 Touristenplätze.

33615 Bielefeld (c6) ST-D 3359

Abfahrt

»WOHNMOBILSTELLPLATZ AM JOHANNISBERG«
E.: Tourist-Information 0049 521 516999 1.1. bis 31.12.
touristinfo@bielefeld-marketing.de, www.bielefeld.de

➔ A 2 Herford-Wiedenbrück, Abf. (27) Bielefeld-Ost, weiter auf der B 66 nach Bielefeld. Die B 61 kreuzen und von der Stapenhorststraße der Beschilderung folgen. Dornberger Str. 53 (GPS: 52°1'10"N / 8°31'3" E).
Historische Altstadt. Kunsthalle. Neustädter Marienkirche. Sparrenburg. Ravensberger Spinnerei. Bauernhausmuseum.

RES Ch 300 m 1.4 km 2 km 2.3 km

Beleuchteter Stellplatz mitten im Naturpark Teutoburger Wald. Stellflächen auf Beton, umgeben von Bäumen und Büschen, unterhalb der Hermannshöhen. Stellplatz-Länge bis 10 m. Bezahlung am Kassenautomaten mit Münzen oder EC-Karte. Frischwasserver- und Schmutzwasserentsorgung vom 1.11. bis 28.2. und je nach Wetterlage darüber hinaus außer Betrieb. Maximal 5 Nächte Aufenthalt möglich! Ort 1.4 km entfernt. 10 Touristenplätze.

33689 Bielefeld-Sennestadt, Teut. W. (c6) ST-D 3361

Abfahrt

»HUPPERTZ FREIZEIT & MEHR« 1.1. bis 31.12.
E.: Angelika Huppertz 0049 5205 950988
info@huppertz-freizeit.de, www.huppertz-freizeit.de

➔ A 2 Hannover-Wiedenbrück, Abf. (26) Bielefeld Süd, weiter nach Sennestadt. In Sennestadt an der 1. Kreuzung in die Verler Straße fahren. Dann rechts in die Krackser Straße abbiegen und links in die Zielstraße einfahren. Firmenbeschilderung folgen. Dunlopstr. 44 (GPS: 51°56'22"N / 8°33'51" E).
Bauernhausmuseum. Sparrenburg.

WC Ch GAS 500 m 1 km 2 km

Stellplatz auf dem Parkplatz vor dem Verkaufsgebäude der Firma. Unebene Stellflächen auf Asphalt, Keile erforderlich. Stellplatz-Länge bis 12 m. Strom auf Anfrage. Reservierung empfohlen. Entleerung von mobilen und fest eingebauten Abwassertanks möglich. Ort 1 km entfernt. 3 Touristenplätze.

33161 Hövelhof, Teutoburger Wald ST-D 3363

»WOHNMOBIL-STELLPLATZ AM BAHNHOF HÖVELHOF«
0049 5257 5009 860 1.1. bis 31.12.
tourismus@hoevelhof.de
www.hoevelhof.de/de/tourismus/gastgeber-und-gastronomie.php

➔ A 2 Dortmund - Bielefeld, Abf. (23) Rheda-Wiedebrück, weiter nach Hövelhof und hier Richtung Bahnhof. Bahnhofstraße (GPS: 51°49'29"N

/ 8°39'38" E).

50 m 700 m

Stellplatz am Bahnhof, parallel zu den Gleisen. Ebene, durch Hecken parzellierte Stellflächen auf Schotter. Ortszentrum 100 m entfernt. 20 Touristenplätze.

59510 Lippetal (c6) ST-D 3371

»GASTHOF MÖLLENHOFF-KLUPPE« 1.4. bis 31.10.
☎ 0049 2923 336
willkommen@kluppe.eu

➔ A 2 Bielefeld - Düsseldorf, Abf. (19) Hamm/Uentrop, weiter nach Herzfeld. ✉ Heienkamp 5 (GPS: 51°41'45"N / 8°10'0" E).

Stellplatz beim Hotel und Gasthof Kluppe in ländlicher Umgebung. Ebene Stellflächen auf Schotter. Voranmeldung. Ortszentrum 5 km entfernt. 15 Touristenplätze.

59597 Bad Westernkotten (c6) ST-D 3374/2

10 **»AN DEN SOLE THERMEN«** 1.1. bis 31.12.
☎ 0049 2943 8990
info@wohnmobilplatz-bad-westernkotten.de
www.wohnmobilplatz-bad-westernkotten.de

➔ A 44 Dortmund-Kassel, Abf. (58) Erwitte/Anröchte, weiter zum Sole Bad bei Erwitte. ✉ Mühlenweg 1 (GPS: 51°37'53"N / 8°21'7" E).
∴ "Hellweg-Sole-Thermen"

200 m 500 m

Stellplatz am westlichen Ortsrand hinter dem großen Parkplatz der "Hellweg-Sole-Thermen" (100 m). Durch Hecken gegliedert und teils von Feldern, teils von einem Wälchen begrenzt. Ebene, überwiegend schattenlose Stellflächen auf Schotterrasen und drei Stellflächen auf Asphalt (für Behinderte reserviert). Auch für große Wohnmobile geeignet. Getrennte Ver- und Entsorgungsstation. Holiday Clean am Platz. Rezeption mit touristischen Informationen und Brötchenservice. Barzahlung am Kassenautomaten. Kurpark 100 m, Kurpromenade 150 m, Ortszentrum 500 m entfernt. 46 Touristenplätze.
2022: MC/N 9.–, KT P/N 2.–, Wasser/10 l –.10, Strom/1 kWh –.50. P/N, H/N, Entsorgung und Müll inklusive.

59555 Lippstadt (c6) ST-D 3376

»WOHNMOBILSTELLPLATZ BÜCKEBURGER STRASSE«
☎ 0049 2941 58515 1.1. bis 31.12.
stadtinfo@kwl-lippstadt.de, www.lippstadt.de

➔ A 44 Dortmund-Kassel, Abf. (58) Erwitte/Anröchte, weiter auf B 55 nach Lippstadt. ✉ Bückenburger Str. 9 (GPS: 51°40'25"N / 8°20'1" E).

200 m 500 m

Stellplatz an der Bückenburger Straße. Ebene Stellflächen auf Asphalt am Ufer der Lippe. Ortszentrum 1 km entfernt. 11 Touristenplätze.

33098 Paderborn, Teut. W. (c6) ST-D 3380/1

10 **»WOHNMOBILSTELLPLATZ AM ROLANDSBAD«**
☎ 0049 5251 8812980 1.1. bis 31.12.
tourist-info@paderborn.de, www.paderborn.de

➔ In Paderborn der Beschilderung zum Rolandsbad folgen. ✉ Wilhelm-Kaufmann-Allee (GPS: 51°43'42"N / 8°44'44" E).

Ch 100 m 800 m

Wohnmobilstellplatz am Rolandsbad. Ebene Stellflächen auf Asphalt. Maximal 3 Nächte Aufenthalt möglich. Ortszentrum 600 m entfernt. 16 Touristenplätze.
2023: St/N 8.–, Wasser/60 l –.50, Strom/kWh –.50. H/N, Entsorgung und Müll inklusive. Grau- und Schwarzwasserentsorgung ist inklusive.

33098 Paderborn, Teut. W. (c6) ST-D 3380/2

10 **»PARKPLATZ MASPERNPLATZ«** 1.1. bis 31.12.
☎ 0049 5251 8812980
tourist-info@paderborn.de, www.paderborn.de/tourismus

➔ In Paderborn an der ehemaligen Stadtmauer. ✉ Hathumarstraße/Ecke Heiersmauer (GPS: 51°43'21"N / 8°45'19" E).

100 m 200 m 500 m

Stellplatz an der ehemaligen Stadtmauer. Stellflächen auf Pflaster. Reservierung nicht erforderlich. Kostenfreies Parken: werktags 22 bis 8 Uhr, samstags 22 Uhr bis montags 8 Uhr. Ortszentrum 500 m entfernt. 7 Touristenplätze.
2023: St/N 7.–, Strom/1 Std. 1.20.

59519 Möhnesee-Delecke, Sau. (c6/7) ST-D 3384/1

»WOHNMOBILSTELLPLATZ DELECKE-NORD« 28.2. bis 15.11.
☎ 0049 2924 981391, Mobil 0049 2924 981392
info@moehnesee.de, www.moehnesee.de/touristikstart/gastgeber/

➔ B 516 von Dortmund nach Warstein, bei Delecke weiter zum Strandbad. ✉ Linkstr. 20a (GPS: 51°29'30"N / 8°4'59" E).

W W Ch 1 km

Terrassenförmiger Stellplatz mit direktem Blick auf den Möhnesee. Neben dem öffentlichen Strandbad gelegen. Stellflächen auf Schotter. Bodeneinlass für Abwasser vorhanden. Brötchenservice (April bis Sept.), benachbarte Liegewiese mit kleinem Spielplatz. Kein Winterdienst! Bei Schnee und Eis wird der Platz geschlossen. Bezahlung mit Bargeld, EC-Karte oder der Park-App Mobilet. Ortszentrum 1 km entfernt. 55 Touristenplätze.

59519 Möhnesee-Delecke, Sau. (c6/7) ST-D 3384/2

»KOLTER-CARAVAN-SERVICE« 1.1. bis 31.12.
☎ 0049 2924 7959
info@kolter-caravan-service.de

➔ A 44 Dortmund-Kassel, Abf. (56) Soest weiter auf B 229 und B 516 nach Echtrop. ✉ Zeissweg 2-4 (GPS: 51°30'14"N / 8°9'22" E).

Ch 500 m

Stellplatz am Gewerbegebiet. Stellfläche auf Schotter. Entsorgung zu den Geschäftszeiten möglich. Ortszentrum 1.5 km entfernt. 8 Touristenplätze.

37671 Höxter, Teutoburger W. (d6) ST-D 3385/1

15 **»STELLPLATZ WESERCAMPING HÖXTER FLOSSPLATZ«**
P.: Thomas Hachmann ☎ 0049 5271 2589 90 m 1.1. bis 31.12.
Fax 0049 5271 496335, **info@wesercamping-hoexter.de**
www.wesercamping-hoexter.de

➔ A 44 Kassel–Dortmund, Abf. (65) Warburg B oder A 7 Hannover-Kassel Abf. (67) Seesen. In Höxter Richtung Fürstenberg/Boffzen. Hinter der Weserbrücke die 1. Straße rechts. Der Beschilderung Brückfeld/Sportzentrum folgen. ✉ Milchweg (GPS: 51°45'59"N / 9°22'58" E).
∴ Historische Altstadt Höxter. Schloss Corvey. Schloss Fürstenberg.

W W Ch W WHS

WHS 50 m 200 m S 300 m 1 km 3 km

Stellplatz auf Schotterrasen direkt an der Weser. Brötchen und Gasservice. Zahlung am Parkscheinautomaten. Ort 1 km entfernt. 60 Touristenplätze.
2023: MC/N 11.–, WD/3 min. –.50, Wasser/100 l 1.–, Sanitärbenutzung –.50, Strom/2 kWh 1.–. P/N, H/N, Entsorgung und Müll inklusive. Bezahlung am Automaten.

37671 Höxter, Teutoburger Wald ST-D 3385/2

10 **»FREIZEITANLAGE HÖXTER-GODELHEIM«** 1.1. bis 31.12.
☎ 0049 5271 2589, Fax 0049 5271 496335
info@wesercamping-hoexter.de, www.wesercamping-hoexter.de

➔ B-83 Kassel-Hameln, weiter nach Höxter. Bitte folgen Sie der Ausschilderung "Freizeitanlage". Weserbrücke in Höxter für alle Fahrzeuge über 3,5 t und 2,1 m Breite gesperrt! ✉ Godelheimer Str. (GPS: 51°45'29"N / 9°22'26" E).
∴ UNESCO-Weltkulturerbe Schloss Corvey

W W W Ch

100 m 2 km

Stellplatz bei der Freizeitanlage an einem Badesee. Ebene Stellfläche auf Schotterwiese. Entleerung für Kassentoiletten vorhanden. Brötchenservice von Ostern bis zu den Herbstferien. Gasflaschenlieferung bis an das Wohnmobil. Sanitäreinrichtungen sowie eine Ver- und Entsorgungsstation stehen von nur Frühjahr bis Herbst zur Verfügung. Ort 1 km entfernt. 50 Touristenplätze.
2023: MC/N 9.–. P/N, H/N, WD, Entsorgung, Müll und Wasser inklusive.

41472 Neuss-Grefrath (a7) ST-D 3407

»STELLPLATZ AN DER JEVER SKIHALLE« 1.1. bis 31.12.
☎ 0049 2131 12440
info@alpenpark-neuss.de, www.alpenpark-neuss.de

➔ A 46 Neuss – Mönchengladbach, Abf. (15) Neuss-Holzheim, dann den Hinweisen zur Allrounder-Winter-World folgen und auf die beiden obersten Terrassen des Großparkplatzes fahren. ✉ An der Skihalle 1 (GPS: 51°10'22"N / 6°39'3" E).
∴ Nachbau des Londoner Shakespeare-Festival. Hafen. Zentrum der Stadt mit Vorzeigebauten. Quirinus-Münster 13. Jahrhundert. Zeughaus. Patrizierhäuser.

RES WC WC

100 m 300 m 500 m

Stellplatz auf terrassiertem Parkplatz für Pkw und Reisemobile, obere Parkreihen für Mobile am Besten geeignet im Grünen. Stellflächen auf Schotter. Stellplatz-Länge bis 12 m. Sanitärnutzung in der Skihalle von 9-22 Uhr. WLAN nur in der Skihalle. Snowboarden. Kletterwand Ort 4 km entfernt. 30 Touristenplätze.

42287 Wuppertal-Ronsdorf (b7) ST-D 3470

»DELGADO FREIZEIT GMBH« 1.1. bis 31.12.
☎ 0049 202 460280
www.delgado-freizeit.de

➔ A 1 Hagen-Leverkusen, Abf. (94) Wuppertal-Ronsdorf, nach Ronsdorf. ✉ Linde 62 (GPS: 51°13'57"N / 7°14'8" E).
∴ Schloss Lüntenbeck. Skulpturenpark Johannisberg. Wuppertaler Schwebebahn. Mahnmal KZ Kemna.

100 m 1.5 km

Stellplatz neben dem Ausstellungsgelände der Delgado Freizeit GmbH an der A 1/B 51. Stellflächen auf Pflaster. Stellplatz-Länge bis 10 m. Ort 8 km entfernt. 4 Touristenplätze.

42279 Wuppertal (b7) ST-D 3480/1

»RESTAURANT CAFÉ JAGDHAUS MOLLENKOTTEN«
E.: Familie Brenne ☏ 0049 202 522643 1.1. bis 31.12.
jagdhaus-mollenkotten@t-online.de, www.jagdhaus-mollenkotten.de

➔ A 46 Wuppertal-Elberfeld, Abf. (37) Wuppertal-Oberbarmen, auf die L 58 Schmiedestr. Richtung Haßlinghausen. Am 1. Kreisel links abbiegen in die Zielstr. ✉ Mollenkotten 144 (GPS: 51°18'26"N / 7°13'58" E).
Von der Heydt Museum. Schwebebahn. Zoo.

1 km HS2 km 3 km

Stellplatz neben dem Restaurant. Stellflächen auf Sand, Splitt, Schotter. Stellplatz-Länge bis 10 m. Ort 3 km entfernt. 4 Touristenplätze.

42279 Wuppertal (b7) ST-D 3480/2

»WOHNMOBILOASE« 1.1. bis 31.12.
☏ 0049 202 769630
mobil@sellplatz-wuppertal.de

➔ A 46 nach Wuppertal, Abf. (37) Wuppertal, weiter zur Wohnmobiloase. Stellfläche auf Schotter. ✉ Linderhauser Str. 70 (GPS: 51°17'39"N / 7°14'43" E).

100 m

Stellplatz bei der Wohnmobiloase. Stellfläche auf Schotter, von Bäumen umgeben. Ortszentrum 5 km entfernt. 10 Touristenplätze.

58091 Hagen OT Eilpe, Sauerl. (b7) ST-D 3485

»LWL-FREILICHTMUSEUM HAGEN« 1.1. bis 31.12.
E.: Uta Wenning-Kuschel ☏ 0049 2331 78070
lwl@lwl.org, www.lwl-freilichtmuseum-hagen.de

➔ A 45 Abf. (12) Hagen-Süd. Wegweisung Freilichtmuseum folgen. ✉ Selbecker Straße (GPS: 51°20'6"N / 7°28'36" E).
Freilichtmuseum Hagen. Schuhmachermuseum. Schloss Hohenlimburg.

100 m 300 m 2 km

Stellplätze auf dem Parkplatz des Freilichtmuseums. Museumsgaststätte nur während der Öffnungszeiten des Museums geöffnet. Ortszentrum 3 km entfernt. 5 Touristenplätze.

46049 Oberhausen, Ruhrg. (b6/7) ST-D 3505/1

10 **»STELLPLATZ AN DER INDUSTRIEVILLA«** 1.1. bis 31.12.
☏ 0049 208 860072
info@niebuhrg.de, www.niebuhrg.de

➔ In den Norden von Duisburg nach Oberhausen, weiter zur Industrievilla. Den braunen Schildern zur Niebuhrg folgen. ✉ Niebuhrstr. 61-71 (GPS: 51°28'14"N / 6°49'11" E).

Stellplatz beim Theater an der Niebuhrg. direkt auf der Stadtgrenze Duisburg/Oberhausen. Ein Parkplatz am Rande eines Industriegebiets Zug und Autobahn in Hörweite. Stellfläche auf Asphalt. Ortszentrum 2 km entfernt. 6 Touristenplätze.
2022: St/N 5.–, Strom/N 2.–.

47119 Duisburg OT Ruhrort, Ruhrg. (a/b 6/7) ST-D 3506

»WOHNMOBILSTELLPLATZ RUHRORTER YACHTCLUB«
☏ 0049 203 82409 1.1. bis 31.12.
ryc@gmx.de, www.ruhrorter-yachtclub.de

➔ Von Duisburg nach Norden nach Ruhrort. Navigation: Deichstraße/Ecke Apostelstraße. ✉ Am Eisenbahnbassin 42 (GPS: 51°27'28"N / 6°43'52" E).

W W 200 m 300 m 400 m

Stellplatz direkt am Ruhrorter Yachtclub. Ebene schattenlose Stellflächen auf Gras und Pflaster. Ortszentrum 1 km entfernt. 12 Touristenplätze.

45481 Saarn, Ruhrgebiet (b7) ST-D 3508

»STELLPLATZ IN DEN RUHRAUEN« 1.1. bis 31.12.
☏ 0049 208 960960
touristik@mst-mh.de, www.muelheim-tourismus.de

➔ In Mühlheim an der Ruhr nach Saarn abfahren in den Ruhrauen. ✉ Mintarder Straße (GPS: 51°24'33"N / 6°52'28" E).

Stellplatz an der Ruhr. Stellfläche auf Schotter. Maximal 3 Nächte Aufenthalt möglich. Die Stellplätze liegen in der Umweltzone! Ortszentrum 1.5 km entfernt. 5 Touristenplätze.

59192 Bergkamen, Ruhrgeb. (b6) ST-D 3551/1

»WOHNMOBILHAFEN MARINA RÜNTHE« 1.1. bis 31.12.
Mobil 0049 172 9722575, Fax 0049 2389 7796217
info@wohnmobilhafen-bergkamen.de, www.wohnmobilhafen-bergkamen.de

➔ A1 Düsseldorf-Münster, Abf. (81) Hamm/Bergkamen weiter auf der L736 Richtung Lünen. An der 3. Ampel links Richung Kamen/Bergkamen (B233 Werner Str.). Nach der Kanalbrücke ca. 300 m. Danach rechts abbiegen. ✉ Hafenweg 10a (GPS: 51°38'29"N / 7°38'35" E).
Stadtmuseum.

200 m

Wohnmobilhafen direkt am Westfälischen Sportbootzentrum. Benachbart zum Naturschutzgebiet Beversee. Ebene und halbkreisförmig angeordnete Stellflächen auf Schotterrasen. Auch für große Wohnmobile geeignet. Maximal 3 Nächte Aufenthalt möglich. Ortszentrum 500 m entfernt. 18 Touristenplätze.

59581 Warstein, Sauerland (c7) ST-D 3572/1

»STELLPLATZ WARSTEINER BRAUEREI« 1.1. bis 23.12. / 27.12. bis 30.12.
E.: Warsteiner Besucherzentrum
☏ 0049 2902 885001, **info@warsteiner-camperpark.de**
www.warsteiner-camperpark.de

➔ A 46 Arnsberg-Meschede, Abf. (70) Meschede, auf die B 55 nach Warstein. Vor der Stadt zum Ziel abbiegen. Beschildert. ✉ Enkerbruch 12a (GPS: 51°25'18"N / 8°20'42" E).
Wildpark mit Warsteiner Bilsteinhöhlen. Tropfsteinhöhle. Lörmecke Aussichtsturm. Schatzkammer Belecke. Haus Kupferhammer.

W W 100 m 300 m 1.5 km 2 km

Beleuchteter Stellplatz beim Besucherzentrum am Waldrand. Parzellierte Stellflächen auf Schotter und Gras, aufgelockert durch Hecken und Büsche. Stellplatz-Länge bis 12 m. Für Fahrzeuge über 5 t geeignet. Bezahlung an der Rezeption des Besucherzentrums. Reservierung empfohlen. Imbiss. Brauereibesichtigung mit Multimediatheater "Rotarium", Planwagenfahrten, Ballonfahrten. Ort 2 km entfernt. 60 Touristenplätze.

59581 Warstein, Sauerland (c7) ST-D 3572/2

»WARSTEINER CAMPERPARK ENKERBRUCH« 1.1. bis 31.12.
☏ 0049 2902 9119116
info@warsteiner-camperpark.de, www.warsteiner-camperpark.de

➔ A 44 Dortmund-Warburg, Abf. (70) Meschede, weiter nach Warstein. ✉ Enkerbruch 12a (GPS: 51°25'56"N / 8°22'26" E).

Stellplatz am Camperpark Enkerbruch. Beleuchtet. Ebene Stellflächen auf Schotter. Montag und Di Ruhetag. Ortszentrum 1.6 km entfernt. 30 Touristenplätze.

33181 Bad Wünnenberg, Teut. W. (c6) ST-D 3575/2

10 **»WOHNMOBILHAFEN IM AATAL«** 1.1. bis 31.12.
☏ 0049 2953 99880, Fax 0049 2953 7430
info@bad-wuennenberg-touristik.de, www.bad-wuennenberg-touristik.de

➔ A 44 Kassel-Dortmund, Abf. (61) Kreuz Wünnenberg-Haarem, weiter auf B 480 nach Bad Wünnenberg. ✉ In der Erlen 2 (GPS: 51°31'13"N / 8°42'4" E).

300 m 500 m

Stellplatz am Eingang zum Natur-Erlebnispark. Stellfläche auf Schotter. Reservierung nicht erforderlich. Wassernutzung von April bis Oktober. Schöner Startpunkt für Wanderungen oder Radtouren. Ortszentrum 100 m entfernt. 12 Touristenplätze.
2022: St/N 8.–, Wasser/100 l 1.–, Strom/N 1.–. P/N, KT, H/N, Entsorgung und Müll inklusive.

52066 Aachen, Eifel (a8) ST-D 3600

Abfahrt

25 **»STELLPLATZ BAD AACHEN«** 1.1. bis 31.12.
E.: Kur- und Badegesellschaft mbH V.: Roland Goblirsch 185 m
☏ 0049 241 99000991, Mobil 0049 176 45651438, Fax 0049 241 6088058
mail@aachen-camping.de, www.aachen-camping.de

➔ A 44 Autobahnkreuz Aachen Richtung Belgien, Abf. (2) Lichtenbusch/Monschau, stadteinwärts bis zum Außenring in die Adenaueralle. Von dort aus beschildert. ✉ Branderhofer Weg 11 (GPS: 50°45'40"N / 6°6'11" E).
Aachener Dom. Domschatzkammer.

RES W W W W 400 m 900 m

Stellplatz im Kurgebiet im Gillesbachtal. Ebene Stellflächen (80-100 qm) auf Rasengittersteine und Schotter. Durch Büsche und Bäume umrahmt. Stellplatz-Länge bis 12 m. Kleine Wiese mit Grillkamin und Holzpavillon. Morgens Brötchen- und Backwaren-Service mit aktuellen Zeitungen und Zeitschriften. Für Gruppen Anmeldung erforderlich. Maximal 2 Nächte Aufenhalt möglich! Ort 800 m entfernt. 46 Touristenplätze.
2022: St/N 23.–, Waschmaschine 2.–, Trockner 2.–, Entsorgung 2.–. P/N, H/N, WD, Müll, Wasser, Sanitärbenutzung und Strom inklusive.

52525 Heinsberg (a7) ST-D 3603

15 **»STELLPLATZ HEINSBERG AM LAGO«** 1.1. bis 31.12.
☏ 0049 2433 9390968
info@3h-reisemobilstellplatz.de, www.3h-reisemobilstellplatz.de

➔ A 46 Düsseldorf - Sittard, Abf. (64) Heinsberg. Rechts auf die B 221. Folgen Sie der Beschilderung "Lago Laprello". ✉ Fritz-Bauer Str. 3 (GPS: 51°4'24"N / 6°5'34" E).

300 m 800 m

Stellplatz am Lago Laprello direkt am Seeufer. Ca. 2,5 km vom 3H Camping-Center entfernt. Auf dem Hauptstellplatz für ca. 31 (9m x 5m groß) und in unmittelbarer Nähe weitere 13 Stellplätze vorhanden. Stellfläche auf Schotterrasen. Bodeneinlass für Toiletten vorhanden. Abgetrennter Müllentsorgungsplatz. Ortszentrum 4.2 km entfernt. 44 Touristenplätze.
2022: MC-St/N 12.–, Wasser/~90 l 1.–, Strom/kWh –.50. P/N, KT, H/N und Entsorgung inklusive.

52538 Gangelt ST-D 3604/1

»REISEMOBILHAFEN AM RODEBACHTAL« 1.1. bis 31.12.
☏ 0049 2454 936341
infocenter@gangelt.de, gangelt.de/tourismus

➔ A 46 Düsseldorf-Sittard, bei Selfkant nach Gangelt abzweigen. Im Ort der Beschilderung zum Freibad folgen. ✉ Am Freibad 13 (GPS: 50°59'9"N / 5°59'53" E).

W W W

100 m 400 m

Stellplatz gegenüber dem Freibad. Im Rodebachtal gelegen und von kleinen Waldflächen und Feldern umgeben. Ebene Stellflächen auf Schotter. Teils durch Hecken parzelliert. Wickel- und Bügelraum. Café. Ortszentrum 1 km entfernt. 40 Touristenplätze.

47638 Straelen (a6/7) ST-D 3606/1

»STELLPLATZ AM FITNESSBAD WASSERSTRAELEN«
0049 2834 942460 — 1.1. bis 31.12.
info@wasserstraelen.de, www.wasserstraelen.de

➔ A 40 Duisburg-Venlo, Abf. (2) Straelen, weiter zum Fitnessbad. ✉ Lingsforter Str. 100 (GPS: 51°27'8"N / 6°15'26" E).

WC Ch 20 m 700 m

Stellplatz am nördlichen Ortsrand beim Fitnessbad. Durch Hecken gegliederte Stellflächen auf Pflaster oder Schotterrasen. Holiday-Clean-Anlage. Es besteht die Möglichkeit am Empfang des Schwimmbades für den nächsten Morgen ofenfrische Brötchen zu bestellen. Campinggäste erhalten ermäßigten Eintritt ins Schwimmbad. Maximal 3 Nächte Aufenthalt möglich. Ortszentrum 1 km entfernt. 27 Touristenplätze.

47647 Kerken-Aldekerk (a7) ST-D 3607

»REISEMOBILPARK ALDEKERKER PLATTE« — 1.3. bis 31.10.
E.: Michael Mertgen
mike@reisemobilpark-aldekerker-platte.de
www.reisemobilpark-aldekerker-platte.de

➔ A 40/E 34 Duisburg-Venlo (NL), Abf. (6) Kerken, weiter auf der B 9 bis Aldekerk. Beschildert. Die Anliegerstr. ist befahrbar. ✉ Kempener Str. 9 (GPS: 51°26'7"N / 6°25'8" E).
∴ Kevelar Wallfahrtsort.

WC WC

500 m 600 m HS 3 km

Stellplatz am Ortsrand. Durch einen 3 m hohen Wall zu einem Schulgelände abgegrenzt. Stellflächen parzelliert auf Schotterrasen. Stellplatz-Länge bis 10 m. Reservierung empfohlen. Bezahlung abends beim Kassierer (sonst per Briefumschlag). Ort 600 m entfernt. 30 Touristenplätze.

52428 Jülich (a7) ST-D 3609

»WOHNMOBILSTELLPLATZ BRÜCKENKOPFPARK«
0049 2461 97950 — 1.1. bis 31.12.
info@bueckenkopf-park.de, www.brueckenkopf-park.de

➔ A 4 Köln-Aachen, Abf. (6) Düren, weite rauf B 56 nach Jülich. ✉ Rurauenstr. 11 (GPS: 50°55'25"N / 6°20'32" E).
∴ Brückenkopfpark mit Zoo.

WC W W Ch W

100 m 500 m

Stellplatz beim Brückenkopfpark. Gepflasterte und beleuchtete Hauptwege. Ebene schattenlose Stellflächen auf befestigtem Schotterrasen. Teilweise durch Hecken parzelliert. Ortszentrum 1 km entfernt. 22 Touristenplätze.

52385 Nideggen OT Brück, Eifel (a8) ST-D 3610

»STELLPLATZ CAMPING ABENDEN« — 1.3. bis 31.10.
0049 2427 6684, Fax 0049 2427 8119
urlaub@camping-abenden.de, www.camping-abenden.de

➔ A 1 Köln-Euskirchen, Abf. (110b) Euskirchen, weiter nach Abenden. ✉ Rurweg 1 (GPS: 50°40'16"N / 6°28'38" E).
∴ Burg Nideggen. Burg Heimbach. Historisches Wasserkraftwerk.

WC Ch

Stellplatz beim Campingplatz und Hotel/Restaurant Haus Friedenstal. Direkt an der Rur und neben einem wenig befahrenen Bahngleis gelegen. Stellflächen auf Wiese von Büschen umgeben. Abreise bis 13 Uhr. Ortszentrum 200 m entfernt. 10 Touristenplätze.

52396 Heimbach, Eifel (a8) ST-D 3613

10 **»WOHNMOBILHAFEN HEIMBACH«** — 1.1. bis 31.12.
0049 2446 1497
info@wohnmobilhafen-heimbach.de, www.wohnmobilhafen-heimbach.de

➔ A 1 Köln - Euskirchen, Abf. (111) Wißkirchen, weiter auf B 266 nach Heimbach. Hier weiter Richtung Bahnhof. ✉ An der Laag 4 (GPS: 50°38'12"N / 6°28'24" E).

Ch 100 m 500 m

Stellplatz in Heimbach am Bahnhof. Stellflächen auf Schotter entlang der Bahnlinie und von Bäumen begrenzt. EVA Ent- und Versorgungsanlage. Duschmöglichkeiten im ca. 500 m entfernten Freibad (1.- €). Stellplatzgebühr kann per App oder mit Münzen am Parkscheinautomat bezahlt werden. Ortszentrum 800 m entfernt. 19 Touristenplätze.
2022: MC-St/N 10.–, Wasser/100 l 1.–, Strom/1 kWh –.50 (16 A). KT, H/N, Entsorgung und Müll inklusive.

53909 Zülpich, Eifel (a8) ST-D 3620

10 **»WOHNMOBILHAFEN SEEPARK ZÜLPICH«** — 1.1. bis 31.12.
0049 2252 52203
info@seepark-zuelpich.de, www.seepark-zuelpich.de/wohnmobilhafen/

➔ A 1 Köln-Euskirchen, Abf. (110b) Euskirchen, weiter nach Zülpich. ✉ Am Wassersportsee (GPS: 50°40'35"N / 6°39'34" E).

Ch 300 m

Stellplatz am Zülpicher See direkt am Seepark. Stellfläche auf Schotterwiese und von Bäumen und Büschen umgeben. Das Parken auf dem Wohnmobilhafen ist ausschließlich mit gültigem Parkticket für Wohnmobile inkl. WC gestattet. Rundwanderweg. Zahlreiche Freizeitattraktionen am angrenzenden Seepark Zülpich. Ortszentrum 2 km entfernt. 25 Touristenplätze.
2023: MC-St/N 10.–. Strom inklusive. Bezahlung am Münzautomat oder an der Kasse zum Seepark Zülpich zu den Öffnungszeiten.

52152 Simmerath-Rurberg, Eif. (a8) ST-D 3626

»WOHNMOBILSTELLPLATZ SEEUFER AM EISERBACHSEE«
0049 2473 93770 — 1.1. bis 31.12.
info@rursee.de, www.eifel.info/a-wohnmobilstellplatz-rurberg

➔ A 4 Köln-Aachen, Abf. (6) Düren, weiter auf B 399 nach Rurberg. ✉ Rurseezentrum, Seeufer (GPS: 50°36'22"N / 6°22'54" E).

Ch 200 m 300 m

Stellplatz am Eiserbachsee. Ebene Stellflächen auf Rasengittersteinen. Von Hecken und Bäumen umgeben. Während der Badessaison steht ein WC (300 m) zur Verfügung. Ver- und Entsorgungsstation. Bezahlung am Parkscheinautomat. Ortszentrum 1 km entfernt. 21 Touristenplätze.

53949 Dahlem, Eifel (a8) ST-D 3654

»STELLPLATZ AM FLUGPLATZ« — 1.1. bis 31.12.
E.: Gemeinde Dahlem 0049 2447 95550
buergermeister@dahlem.de, www.dahlem.de

➔ A 1 Köln-Trier, Abf. (114) Dahlem/Blankenheim, weiter auf der B 51/E29 Richtung Prüm bis zur Abzweigung der L 110 nach Hellenthal-Udenbreth und dann zum Flugplatz. ✉ Dahlemer Binz (GPS: 50°24'25"N / 6°32'14" E).
∴ Trappistenabtei Maria Frieden. Besucherbergwerk Grube Wohlfahrt (5 km). Krippen-/Eisenbahnmuseum (7 km). Historischer Ortskern Kronenburg (8 km).

RES Ch

HS 3 km

Beleuchteter Stellplatz auf zwei lang gestreckten Parkstreifen neben einem Campingplatz vor dem Flughafenrestaurant außerhalb der Ortschaft. Ebene Stellflächen auf Asphalt. Stellplatz-Länge bis 12 m. Fallschirm-, Motor-/Segelfliegen. Rad-/Wanderwegenetz. Ort 2 km entfernt. 6 Touristenplätze.

53902 Bad Münstereifel (a8) ST-D 3670

»WOHNMOBILPARK EIFEL« — 1.1. bis 31.12.
0049 2253 5425265
info@bad-muenstereifel.de

➔ A 1 Köln-Euskirchen, Abf. (112) Mechernich, weiter nach Bad Münstereifel. ✉ Dr.-Greve-Str. 16 (GPS: 50°32'53"N / 6°45'45" E).

WC W Ch 200 m

500 m 600 m

Stellplatz beim Eifelbad in Bad Münstereifel. Stellfläche auf Gras und Schotter teilweise unter Bäumen. Maximal 4 Nächte Aufenthalt möglich. Sanitäre Anlagen nur zugänglich, wenn Schwimmbad geöffnet hat. Ortszentrum 800 m entfernt. 26 Touristenplätze.

53797 Lohmar ST-D 3700

Abfahrt

»MOBILHAFEN LOHMAR NORD« — 1.1. bis 31.12.
E.: Familie Hackmann
0049 2246 913408, Mobil 0049 177 1689 642
meiger-camping@web.de, www.camping-meigermuehle.de

➔ A 3 Bonn-Leverkusen, Abf. (30b) Lohmar-Nord, weiter den Campingplatz-Symbolen folgen. ✉ Meigermühle 1 (GPS: 50°51'47"N / 7°12'47" E).

WC W W Ch

Stellplatz beim Campingplatz Lohmar direkt an der Sülz. Ebene befestigte und beschattete Stellflächen auf Splitt, Wiese und Rasengitter. Ortszentrum 5 km entfernt. 10 Touristenplätze.

50735 Köln OT Riehl (b7) ST-D 3706

15 **»REISEMOBILHAFEN KÖLN«** — 1.1. bis 31.12.
0049 1784 674591
info@reisemobilhafen-koeln.de, www.reisemobilhafen-koeln.de

➔ Von Köln Zentrum nach Norden an das Rheinufer fahren. ✉ An der Schanz (GPS: 50°57'47"N / 6°58'59" E).

Ch 100 m 300 m

Stellplatz am Rheinufer im Norden von Köln. Durch Büsche und Bäume umrahmt. Ebene markierte Stellflächen auf Asphalt und Pflaster. Der Reisemobilhafen liegt innerhalb der erweiterten Umweltzone der Stadt Köln - weitere Informationen dazu auf der Webseite des Platzes. Ortszentrum 3 km entfernt. 64 Touristenplätze.
2022: St/N inkl. 6 P/N 14.–, Wasser/70 l 1.–, Strom/1 kWh –.50 (16 A). H/N, Entsorgung und Müll inklusive. Gebühr gilt bis 15 Uhr des Folgetages.

50126 Bergheim OT Paffendorf (a7) ST-D 3712

0 **»WOHNMOBILSTELLPLATZ BERGHEIM«** — 1.1. bis 31.12.
0049 2271 89539, Fax 0049 2271 8971539
tourismus@bergheim.de, www.bergheim.de

➔ A 61 Kerpen-Mönchengladbach, Abf. (18) Bergheim, weiter nach Paffendorf. ✉ Antoniusstraße/Kastanienallee (GPS: 50°57'50"N / 6°36'44" E).

2 km 3 km

Stellplatz am Minigolfplatz in mittelbarer Nähe zur Erft und dem Wasserschloss Paffendorf. Stellfläche auf Asphalt und Schotter. Maximal 2 Nächte Aufenthalt möglich. Zur Zeit noch keine Ver- und Entsorgung möglich. Schöne Rad- und Wanderstrecken. In der Nähe verschiedene Freizeitmöglichkeiten. Nützliche Hinweise in der Informationsvitrine. Ortszentrum 2 km entfernt. 8 Touristenplätze.
2022: Stellplatz ist kostenlos.

57462 Olpe OT Stade, Sauerl. (b/c7) ST-D 3743

Abfahrt

25 »KURZZEITSTELLPLATZ STADE« 1.1. bis 31.12.
E.: Benedikt Huckestein ☎ 0171 4320427
benedikt.huckestein@web.de

➔ A 45 Dortmund - Siegen Abf. (18) Olpe auf die B54 und gleich wieder auf die L 512 Richtung Eichhagen. Danach links in die Eichhagener Str. und sofort wieder auf die Stader Straße. Hier über die Bigge. Nach ca. 100 m auf der linken Seite. ✉ Kessenhammerweg 2 (GPS: 51°3'28"N / 7°50'34" E).
Biggesee. Attahöhle.

Ch 1 km 2 km 5 km

Ebenes Wiesengelände mit lockerem Baumbestand bei einem Bauernhof mit schönem Blick auf den Biggesee. Beleuchteter Stellplatz (10 x 7,5 qm) auf befestigtem Untergrund. Stellplatzlänge bis 10 m. Satellitenempfang. Müllentsorgung. Ver- und Entsorgungsmöglichkeit. Anreise zwischen 9 Uhr und 21 Uhr. Maximaler Aufenthalt 3 Nächte. Ort 5 km entfernt. 3 Touristenplätze.
2022: St/N inkl. 2 P/N 25.–, K/N 5.–, H/N 3.–, Strom (16 A).

58840 Plettenberg, Sauerland (b7) ST-D 3750

Abfahrt

»WOHNMOBILSTELLPLATZ PREMIUM« 1.1. bis 31.12.
E.: AquaMagis Plettenberg GmbH 232 m 900 qm
☎ 0049 2391 959525, **urlaubswelt@aquamagis.de**
www.aquamagis.de/wohnmobile

➔ A 45 Frankfurt–Dortmund, Abf. (14) Lüdenscheid, weiter auf der B 229/B 236 nach Plettenberg. Innerorts der Beschilderung "AquaMagis" folgen. ✉ Böddinghauser Feld 1 (GPS: 51°13'56"N / 7°51'4" E).
Bommecketal, Märcheneis-Softeiscafe, Burg Altena, Phanomenta, Atta Höhle, Oestertalsperre.

WC W W Ch

100 m 1 km 1.5 km

Beleuchteter und beschrankter Stellplatz neben der Sauna- und Erlebniswelt "AquaMagis". Am Ortsrand in Flussnähe gelegen. Ebene Stellflächen (ca.40 qm) auf Asphalt, Pflaster oder Rasengittersteinen. Durch einzelne Bäume aufgelockert. Stellplatz-Länge bis 9 m. Für Fahrzeuge bis 7.5 t geeignet. Boulebahn. Slackline. Calisthenics-Geräte. Mietbare Grillkotas. E-Autos, E-Roller und E-Bikes mietbar. Ortszentrum 1.5 km entfernt. 16 Touristenplätze.

58849 Herscheid, Sauerland (b7) ST-D 3752/1

»HOTEL-JAGDHAUS WEBER« 1.5. bis 30.9.
☎ 0049 2357 90900, Fax 0049 2357 909090 480 m
info@jagdhaus-weber.de, www.jagdhaus-weber.de

➔ A 45 Gießen-Dortmund, Abf. (14) Lüdenscheid, weiter auf B 229 nach Herscheid. ✉ Reblin 11 (GPS: 51°9'31"N / 7°44'40" E).

Stellplatz beim Hotel-Jagdhaus Weber neben der L696 mit schöner Aussicht über das Tal. Im Naturpark Sauerland Rothaargebirge gelegen. Stellfläche auf Schotter. Viele Wander- und Spazierwege. Ortszentrum 3 km entfernt. 5 Touristenplätze.

51519 Odenthal OT Blecher (b7) ST-D 3768

»EIFGEN-SAUNA« 1.1. bis 31.12.
☎ 0049 2174 40135
natursauna@t-online.de, www.eifgen-sauna.de

➔ A 1 Leverkusen-Wuppertal, Abf. (97) Burscheid, weiter nach Blecher. ✉ Eifgenstr. 38 (GPS: 51°3'47"N / 7°7'41" E).

WC W 300 m 500 m 4 km

Stellplatz bei der Eifgen Sauna (Naturheil-SAUNAtorium) am westlichen Ortsrand von Bäumen umrandet. Stellfläche auf Schotterwiese und Gras. Reservierung ist empfehlenswert. Panorama-Restaurant. Verschiedene Saunen und Massageangebote. Ortszentrum 500 m entfernt. 4 Touristenplätze.

57482 Wenden, Sauerland (b7) ST-D 3779

»SPORTHOTEL LANDHAUS WACKER« 1.4. bis 20.12.
☎ 0049 2762 6990
info@hotel-wacker.de, www.sporthotelwacker.de

➔ A 4 Köln-Siegen, Abf. (29) Wenden, weiter zum Sporthotel. ✉ Mindener Str. 1 (GPS: 50°57'44"N / 7°49'36" E).

WC W Ch

Stellplatz beim Sporthotel Landhaus Wacker. Stellfläche auf Schotter. Maximal 10 Nächte Aufenthalt möglich. Ortszentrum 300 m entfernt. 5 Touristenplätze.

57339 Erndtebrück OT Zinse, Sau. (c7) ST-D 3785/1

15 »LANDHAUS ZUM ROTHAARSTEIG« 1.1. bis 31.12.
☎ 0049 2753 3354
info@landhaus-zum-rothaarsteig.de, www.landhaus-zum-rothaarsteig.de

➔ A 45 Gießen-Dortmund, Abf. (21) Siegen, weiter auf B 62 nach Zinse. ✉ Im Zaun 2 (GPS: 51°0'56"N / 8°12'10" E).

WC W Ch

Stellplatz beim Landhaus zum Rothaarsteig. Idyllisch von Wiesen und Wäldern umgeben in Einzellage. Stellflächen leicht abfallend auf Schotter und Wiese. Premium Wanderweg „Rothaarsteig" 1 km entfernt. Ortszentrum 1.5 km entfernt. 5 Touristenplätze.
2023: St/N 6.50, H/N 2.–, Wasser 1.–, Strom/N 2.50, Sanitärgebühren 17.–. Barzahlung.

59955 Winterberg, Sauerland (c7) ST-D 3800/1

»SPORTHOTEL KIRCHMEIER« 1.1. bis 31.12.
☎ 0049 2981 8050
info@kirchheimer.nl

➔ B 480 von Meschede nach Winterberg. ✉ Renauweg 54 (GPS: 51°11'38"N / 8°28'6" E).

WC W

Stellplatz beim Sporthotel. Stellfläche auf Schotter. Ortszentrum 800 m entfernt. 10 Touristenplätze.

59955 Winterberg, Sauerland (c7) ST-D 3800/2

»WOHNMOBILPARK WINTERBERG« 1.1. bis 31.12.
E.: Ulrich Spindler ☎ 0049 1520 2060823 740 m
info@wohnmobilpark-winterberg.de, www.wohnmobilpark-winterberg.de

➔ B 480 von Meschede nach Süden nach Winterberg, im Ort der Beschilderung nach Neuastenberg folgen. ✉ Neuastenberger Str. 4a (GPS: 51°9'34"N / 8°29'0" E).

WC W W Ch W

TV 600 m 800 m

Stellplatz am südlichen Ortsrand von Neuastenberg. Von Büschen und Bäumen umrahmt. Ebene Stellflächen auf Schotterrasen. Holiday Clean am Platz. Empfangsgebäude mit Bistrobereich und touristischen Informationen. Fitness- und Freizeitraum. Fasssaunen. Boulebahn. Brötchenservice. Shuttlebus. Leihwagen. FW. Ortszentrum 600 m entfernt. 100 Touristenplätze.

59955 Winterberg, Sauerland (c7) ST-D 3800/3

»PARKPLATZ KRANKENHAUS« 1.1. bis 31.12.
☎ 0049 2981 92500
info@winterberg.de

➔ A 480 von Meschede nach Winterberg, weiter zum Krankenhaus. ✉ Schulstraße/Am Rad (GPS: 51°11'30"N / 8°32'14" E).

Ch 100 m 200 m 400 m

Stellplatz am Krankenhaus. Stellfläche auf Schotter hinter dem Krankenhaus. Während der Kirmes nicht nutzbar. Ortszentrum 200 m entfernt. 20 Touristenplätze.

59909 Bestwig, Sauerland (c7) ST-D 3810

0 »PARKPLATZ SAUERLÄNDER BESUCHERBERGWERK«
☎ 0049 2904 712810 1.1. bis 31.12.
bestwig@hennesee-tourismus.de

➔ A 46 Richtung Meschede, weiter auf B 7 nach Ramsbeck. ✉ Ziegelwiese (GPS: 51°19'7"N / 8°24'11" E).

Stellplatz bei Bestwick in Ramsbeck. Stellfläche auf Schotter. Maximal 3 Nächte Aufenthalt möglich. Ortszentrum 500 m entfernt. 10 Touristenplätze.
2022: Stellplatz ist kostenlos.

59872 Meschede, Sauerland (c7) ST-D 3820/1

15 »KNAUS REISEMOBILSTELLPLATZ HENNESEE«
☎ 0049 291 952720 410 m 1.1. bis 5.11. / 21.12. bis 31.12.
hennesee@knauscamp.de, www.knauscamp.de/hennesee-meschede

➔ A 44 Dortmund–Kassel, beim AB-Kreuz Werl auf die A 445 Abf. Meschede, hier auf die B 55 zur »Hennesee-Talsperre«. ✉ Mielinghausen 7 (GPS: 51°17'53"N / 8°15'52" E).

W W Ch W W

TV HS

200 m 250 m 450 m 500 m

1 km 3 km 7 km 8 km

Stellplatz beim Campingplatz KNAUS CAMPINGPARK HENNESEE. Ort 8 km entfernt.
2022: MC-St/N 12.–, Waschmaschine 5.–, Trockner 5.–, Sanitärbenutzung/N 3.50, Strom/1 kWh –.80 (16 A). P/N, H/N, Entsorgung, Müll und Wasser inklusive. Sanitärbenutzung/N ab 16 J. 5.– / Kinder (4 bis 15 J.) 3.–.

59872 Meschede, Sauerland (c7) ST-D 3820/2

0 »PLATZ HALLEN- UND FREIBAD MESCHEDE«
☎ 0049 291 9022443 1.1. bis 31.12.
meschede@hennesee-tourismus.de

➔ A 445 nach Meschede, weiter zum Freibad. ✉ Arnsberger Straße (GPS: 51°20'56"N / 8°16'23" E).

Stellplatz am Hallen und Freibad Meschede. Stellfläche auf Schotter. Maximal 1 Nächte Aufenthalt möglich. Ortszentrum 500 m entfernt. 10 Touristenplätze.
2022: Stellplatz ist kostenlos. Strom/1 kWh –.50.

34414 Warburg, Teutoburger W. (d6) ST-D 3850

10 »SCHÜTZENPLATZ« 1.1. bis 15.9. / 15.10. bis 31.12.
☎ 0049 5641 922800, Mobil 0049 5641 922802
info@warburg-touristik.de, www.warburg-touristik.de

➔ A 44 Kassel-Dortmund, Abf. (65) Warburg, weiter in den Ort. ✉ Schützenplatz/Paderborner Tor (GPS: 51°29'22"N / 9°8'17" E).

WC Ch 100 m 300 m

Stellplatz auf einem Parkplatz in der historischen Altstadt. Stellfläche auf Pflaster. Reservierung nicht erforderlich. Maximal 3 Nächte Aufent-

halt möglich. In der "Warburger Oktoberwoche" ist der Platz geschlossen. Ortszentrum 100 m entfernt. 5 Touristenplätze.
2022: St/N inkl. 5 P/N 5.–. P/N, H/N, Entsorgung, Wasser und Strom inklusive. Benutzung der Ver-und Entsorgungsstation gegen Kaution (€ 50.– / Schlüssel). Bezahlung an der Shell-Tankstelle gegenüber des Stellplatzes.

Saarland

In der Nähe von Militär-Flugplätzen und Übungsgeländen ist mit zeitweiligen Ruhestörungen zu rechnen.

66693 Mettlach-Orscholz (a10) ST-D 4107

»STELLPLATZ CLOEF-ATRIUM ORSCHOLZ« 1.1. bis 31.12.
E.: Saarschleife Touristik GmbH & Co. KG ☎ 0049 6865 9115 112
Fax 0049 6865 9115 120, **info@cloef-atrium.de**, **www.cloef-atrium.de**

➔ A 8 Perl-Saarbrücken, Abf. (4) Merzig-Wehingen, auf der L 170 über Tünsdorf nach Orscholz. ✉ Alfred-Becker-Str. (GPS: 49°30'14"N / 6°31'55" E).
∴ Burg Montclair. Abtei Mettlach. Rönische Villa Borg.

RES WC W WC 200 m 500 m 600 m

Beleuchteter Stellplatz auf öffentlichem Parkplatz beim Cloef-Atrium ohne Ausstattung. Ebene, parzellierte Stellflächen auf Asphalt. Stellplatz-Länge bis 8 m. INFO Cloef-Atrium: Apr.-Okt. 10-17 Uhr, Nov.-März 11-16 Uhr geöffnet. Auch hier erfolgt die Bezahlung oder am Münzautomaten. Entleerung von mobilen Abwassertanks (auch WC chemiefrei) im Cloef-Atrium von 10-17 Uhr möglich. 6 Touristenplätze.

66693 Mettlach, Hunsrück (a10) ST-D 4109

Abfahrt

10 **»PARKPLATZ METTLACHER ABTEI BRÄU«** 1.4. bis 31.10.
E.: Saarschleife Touristik GmbH & Co. KG ☎ 0049 6865 9115 0
Fax 0049 6865 9115120, **tourist@mettlach.de**, **www.mettlach.de**

➔ A 8 Perl-Saarbrücken, Abf. (5) Merzig-Schwemlingen, weiter auf der B 51 nach Mettlach. Im Kreisverkehr die 1. Abf. nehmen und weiter auf der B 51 in Richtung Trier. Dann in der Bahnhofstr. zur Brauerei abbiegen. Beschildert. ✉ Bahnhofstr. 32 (GPS: 49°29'51"N / 6°35'49" E).
∴ Keramikmuseum von Villeroy & Boch. Saarschleife. Abtei-Park. Burg Montclair. Wolfsgehege.

RES WC Ch 100 m 200 m HS 1 km

Beleuchteter Stellplatz auf öffentlichem Parkplatz am Restaurant der Erlebnis-Brauerei am Ortsrand. Stellflächen auf Schotter. Stellplatz-Länge bis 12 m. Auch für Fahrzeuge über 5 t geeignet. Entleerung von mobilen Abwassertanks möglich (1.4.-31.10.). Toilettenbenutzung im Restaurant von 11 - 24 Uhr. Schiffsanlegestelle in 400 m Entfernung. Maximal 5 Nächte Aufenthalt möglich! Ort 800 m, Golfplatz 1 km entfernt. 10 Touristenplätze.
2022: MC-St/N inkl. 4 P/N 5.–. Entsorgung und Wasser inklusive. Bezahlung per SMS möglich oder Barzahlung in der Tourist-Information (Freiherr-vom-Stein-Straße).

66706 Perl (a10) ST-D 4110

Abfahrt

10 **»REISEMOBILSTELLPLATZ AM PERLBAD«** 1.1. bis 31.12.
☎ 0049 6867 660
tourist@perl-mosel.de, **www.perl-mosel.de**

➔ A 8 Remerschen-Merzig, Abf. (3) Perl-Borg, weiter auf der B 407 nach Perl, in die Straße Im Niederborn abbiegen und weiter zum Ziel. Beschildert. ✉ Auf dem Sabel 4 (GPS: 49°28'41"N / 6°23'7" E).
∴ Europa Museum Schengen. Saarländisches Brennereimuseum. Römische Villa Borg. Barockgarten.

RES WC WC Ch 100 m 200 m 1.5 km

Beleuchteter Stellplatz neben dem Hallenbad und den Sportanlagen von Natur und Kultur umgeben. Ebene Stellflächen auf Schotter, teilweise parzelliert. Stellplatz-Länge bis 10 m. Für Fahrzeuge über 5 t geeignet. Nur für Reisemobile mit WC freigegeben. Bei Frost kann es zur Abschaltung der Wasserversorgung und der Wasserentsorgung kommen. Ort 500 m entfernt. 6 Touristenplätze.
2022: MC-St/N 5.–, Wasser/6 min. 1.–, Strom/6 Std. 1.–. Bezahlung im PerlBad, in der Touristinformation Perl (Trierer Straße 32) oder im Rathaus (Trierer Straße 28). Alternativ über den Anbieter easyPark per SMS bzw. APP.

66663 Merzig, Hunsrück (a10) ST-D 4115

10 **»PARKPLATZ "DAS BAD"«** 1.1. bis 31.12.
E.: Merziger Bäder GmbH ☎ 0049 6861 770730
info@das-bad-merzig.de, **www.das-bad-merzig.de**

➔ A 8 Perl-Saarlouis, Abf. (6) Merzig, auf die Merziger Str. in Richtung Saar zum "Sport-/Freizeitpark". Beschildert. ✉ Saarwiesenring 3 (GPS: 49°26'34"N / 6°37'33" E).
∴ Burg Montclair. Pfarrkiche St. Peter. Schloss Fellenberg. Feinmechanisches Museum Fellenbergmühle. Bietzener Heilquelle. Wolfsparkgehege.

RES WC W Ch 100 m 1 km 2 km

Beleuchteter, durch eine Schranke gesicherter Stellplatz auf einem Großparkplatz. Ebene Stellflächen auf Schotter/-rasen, abgegrenzt durch einen Erdwall vom Zeltpalast. Für Fahrzeuge über 5 t geeignet. Bezahlung an der Kasse im Bad (Erlebnisbad, Wellnessangebot), auch hier die Münzen erhältlich für Ver-/Entsorgung. Geöffnet von 10-22 Uhr. Ort 2 km entfernt. 12 Touristenplätze.
2022: C MC-St/N 2.50 bis 7.50, WD/30 min. 3.35, Entsorgung 2.– (16 A). P/N und H/N inklusive. Es müssen € 50.– Schlüsselpfand hinterlegt werden.

66740 Saarlouis ST-D 4140

0 **»STELLPLATZ SAARLOUIS«** 1.1. bis 31.12.
E.: Kreisstadt Saarlouis ☎ 0049 6831 443263
tourismus@saarlouis.de, **www.rendezvous-saarlouis.de**

➔ A 8 Merzig - Zweibrücken, Abf. (10) Dillingen-Süd, auf die B 51 in Richtung Sarlouis, weiter Bahnhofstr. über die Saarbrücke zur St.-Nazairer-Allee abbiegen. Beschildert. ✉ Saint-Nazairer Allee (GPS: 49°19'16"N / 6°44'35" E).
∴ Historische Innenstadt. Festungsanlagen am Saaraltarm.

RES 200 m 300 m 1 km

Beleuchteter Stellplatz in Zentrumsnähe. Ebene Stellflächen auf Rasengittersteinen. Stellplatz-Länge bis 10 m. Maximal 4 Nächte Aufenthalt möglich! Ver-/Entsorgung beim naheliegenden Campingplatz (400 m). Ort 300 m entfernt. 20 Touristenplätze.
2022: Stellplatz ist kostenlos.

66701 Beckingen-Düppenweiler (a10) ST-D 4215/1

»LANDGASTHOF WILSCHEIDER HOF« 1.1. bis 31.12.
☎ 0049 6832 441
info@wilscheiderhof.de, **www.wilscheiderhof.de**

➔ B 269 Dillingen/Saar-St- Wendel, bei Nalbach nach Norden Richtung Düppenweiler fahren. ✉ Zum Wilscheider Hof (GPS: 49°25'9"N / 6°45'47" E).

WC W W Ch

Stellplatz am Ortsrand beim Landgasthof Wilschreiter Hof. Stellflächen auf Schotterwiese. Montag und Dienstag Ruhetag! 20 Touristenplätze.

66701 Beckingen-Düppenweiler (a10) ST-D 4215/2

»DÜPPENWEILER« 1.1. bis 31.12.
☎ 0049 6835 55105
rathaus@beckingen.de, **www.beckingen.de**

➔ B 269 Dillingen/Saar-St- Wendel, bei Nalbach nach Norden Richtung Düppenweiler fahren. ✉ Brunnenstraße 13 (GPS: 49°24'52"N / 6°46'6" E).

200 m

Stellplatz am Ortsrand beim Park. Stellfläche auf Rasengitter. Maximal 3 Nächte Aufenthalt möglich! 6 Touristenplätze.

66625 Nohfelden OT Bosen, Huns. (b10) ST-D 4223

Abfahrt

»STELLPLATZ BEIM CAMPING BOSTALSEE« 1.1. bis 31.12.
E.: Kreis St. Wendel V.: U. Fell ☎ 0049 6851 8018050 405 m
Fax 0049 6852 92393, **campingplatz@bostalsee.de**, **www.bostalsee.de**

➔ A 62/1 Landstuhl–Trier Abf. (3) Nohfelden/Türkismühle zum Bostalsee über Bosen. Beschildert ✉ Am Campingplatz 1 (GPS: 49°33'5"N / 7°3'40" E).

W W Ch W W HS TV HS 50 m 200 m 500 m 1 km 2 km 3 km

Stellplatz vor der Schranke des Campingplatzes CAMPING BOSTALSEE. Anreise auch außerhalb der Öffnungszeiten ohne Probleme möglich. (Einfahrt Parkplatz P6). Ver- und Entsorgungsstation vorhanden. Ebene Stellflächen auf Asphalt. Die sanitären Einrichtungen vom Campingplatz können mitbenutzt werden. Freizeit-Trampolinanlage in der Nähe. Abenteuerspielplatz 300 m, Ort 1 km entfernt. 10 Touristenplätze.

66333 Völklingen (a10) ST-D 4290

»WELTKULTURERBE VÖLKLINGER HÜTTE« 1.1. bis 31.12.
☎ 0049 6898 9100100
mail@voelklinger-huette.org, **www.voelklinger-huette.org**

➔ A-620 Saarlouis-Saarbrücken, Abf. (8) Völklingen-Geislautern, weiter Richtung Völklingen zur Völklinger Hütte. ✉ Rathausstraße 75 (GPS: 49°14'49"N / 6°50'44" E).

Stellplatz am Weltkulturerbe Völklinger Hütte. Stellfläche auf Asphalt. 16 Touristenplätze.

66115 Saarbrücken (b10) ST-D 4300

»KANU-WANDERER SAARBRÜCKEN E.V.« 1.1. bis 31.12.
☎ 0049 681 792921
info@kanuwanderer.de, **www.kanuwanderer.de**

➔ A 620 Dillingen-Saarbrücken, Abf. (12) SB-Gersweiler, weiter über die Saar und dann abbiegen in die Mettlacher Str. ✉ Mettlacher Str. 13 (GPS: 49°14'24"N / 6°56'21" E).
∴ Altstadt Saarbrücken. Historisches Museum. Schloss. Ludwigskirche. Basilika. Deutsch-Französischer Garten.

Ch 300 m 1.5 km

Stellplatz am Clubheim des Kanuclubs. Ebene Stellflächen auf Wiese. Stellplatz-Länge bis 10 m. Bezahlung in der Clubgaststätte. Geöffnet von 10-14 Uhr und 16-22 Uhr. An-/Abreise nach Absprache auch außerhalb der Öffnungszeiten möglich. Reservierung wird empfohlen. Entsorgen in ca. 4 km Entfernung möglich. Ort 500 m entfernt. 22 Touristenplätze.

3 Nordrhein-Westfalen
4 Saarland

66271 Kleinblittersdorf (b10) ST-D 4318

»WOHNMOBILPARK THERMEN RESORT« 1.1. bis 31.12.
0049 6805 9418500, Mobil 0049 163 7955363 230 m
info@womopark-saar.de, www.womopark-saar.de

➔ B 51 Saarbrücken-Kleinbittersdorf, bei der Saarland Therme abzweigen. ✉ Zum Bergwald 8 (GPS: 49°7'46"N / 7°3'9" E).
Erlebnispark Bliesgau.

50 m
Beleuchteter, videoüberwachter Stellplatz am Ortsrand hinter dem Parkplatz der Saarland Therme, angrenzend an Wald und Wiesen. Ebene, schattenlose und geschotterte Stellflächen mit kleinen Rasenanteilen. Stromsäulen münzbetrieben. CamperClean-Station. Anmeldung und touristische Informationen an der Rezeption. Brötchenservice. Direkter Anschluss an das Rad- und Wandernetz. 61 Touristenplätze.

66399 Mandelbachtal-Ommersheim (b10) ST-D 4320/1

»OMMERSHEIMER WEIHER« 1.1. bis 31.12.
0049 6893 809126
gemeinde@mandelbachtal.de, www.mandelbachtal.de

➔ B 423 Homburg-Sarreguemines, bei Aßweiler auf die L 107 abzweigen. ✉ Saarbrücker Straße (GPS: 49°13'8"N / 7°10'2" E).

H 500 m
Stellplatz an der Naherholungsanlage. Stellplätze mit Verbundsteinen. 3 Touristenplätze.

66399 Mandelbachtal-Ommersheim (b10) ST-D 4320/2

»STELLPLATZ KLOSTER GRÄFINTHAL« 1.1. bis 31.12.
0049 6893 809126
gemeinde@mandelbachtal.de, www.mandelbachtal.de

➔ B 423 Homburg-Sarreguemines, vor der Grenze nach Norden abzweigen zum Gräfinthal. ✉ Gräfinthaler Straße (GPS: 49°9'35"N / 7°7'10" E).

200 m H 500 m
Stellplatz auf dem Parkplatz der ehemaligen Klosteranlage. Stellfläche auf Schotter. 2 Touristenplätze.

66459 Kirkel (b10) ST-D 4327

»CARAVANPLATZ MÜHLENWEIHER« 1.1. bis 31.12.
0049 6849 1810555, Fax 0049 6849 1810556
info@caravanplatz-kirkel.de, www.caravanplatz-kirkel.de

➔ A 8 Pirmasens–Dillingen Abf. (28) Limbach auf die B 40 in Richtung Kirkel-Neuhäusel. In Kirkel beschildert. ✉ Unnerweg 5c (GPS: 49°16'55"N / 7°13'43" E).

500 m
Stellplatz neben dem gleichnamigen Campingplatz am Naturfreibad am westlichen Ortsrand. Stellfläche auf Naturboden. Entleerung mobiler Tanks möglich. Ortszentrum 500 m entfernt. 5 Touristenplätze.

66424 Homburg-Eichelscheid, Pfalz (b10) ST-D 4330

»STELLPLATZ-CAMPING KÖNIGSBRUCH« 1.1. bis 31.12.
0049 68413625
info@camping-koenigsbruch.de

➔ A 6 Saarbrücken-Kaiserslautern, Abf. (10) Wahlmohr, weiter zum Wirtshaus am Königsmohr. ✉ Zum Königsbruch 1 (GPS: 49°21'52"N / 7°22'36" E).

Stellplatz beim Wirtshaus Königsbruch. Stellfläche auf Wiese. 15 Touristenplätze.

66450 Bexbach (b10) ST-D 4335

Abfahrt **»REISEMOBILHAFEN BEXBACH«** 1.1. bis 31.12.
E.: Stadt Bexbach 0049 6826 529143
messe@bexbach.de, www.bexbach.de

➔ A 6 Kaiserslautern–Saarbrücken, Abf. (9) Homburg/Saar, weiter auf dem Zubringer L 115 nach Bexbach. Im Ort den Wohnmobil-Schildern zum Platz "Im Blumengarten" folgen. ✉ Im Blumengarten (GPS: 49°20'27"N / 7°15'25" E).
Bergwerkmuseum mit unterirdischer Bergwerksanlage. Schlossberg-Höhlen. Völklinger-Hütte UNESCO-Weltkulturerbe.

H 200 m 500 m HS 1.5 km
Beleuchteter Stellplatz in naturnaher Lage am Waldrand. Der Platz wurde in die gepflegte Parkanlage Blumengarten, mit einem Aussichtsturm, dem 40 Meter hohen Hindenburgturm integriert. Ebene Stellflächen auf Gras und Schotter. Für Clubs auf 200 Plätze erweiterbar. Reservierung empfohlen. Stellplatz-Länge bis 12 m. Für Fahrzeuge über 5 t geeignet. Brötchenservice. Barzahlung beim Kassierer. Öffentliche Toilettenanlage in 200 m Entfernung. Segelflugbetrieb mit Rundflügen. Golfen möglich. Ort 600 m entfernt. 35 Touristenplätze.

66564 Ottweiler (b10) ST-D 4350

»STELLPLATZ AM WINGERTSWEIHER« 1.1. bis 31.12.
E.: Stadt Ottweiler 0049 6824 3511
tourist@ottweiler.de, www.ottweiler.de

➔ A 1 Trier–Saarbrücken bis zum Dreieck Nonnweiler fahren, weiter auf der A 62 in Richtung Landstuhl, Abf. (4) Birkenfeld, B 269 bis Nohfelden. Die B 41 nach Ottweiler benutzen. Im Ort auf die B 420 und der Beschilderung zum Stellplatz folgen. ✉ Am Wingertsbach (GPS: 49°24'41"N / 7°10'50" E).
Historische Altstadt. Insektenmuseum. Ottweiler-Buchdruckwerkstatt.
Saarländisches Schulmuseum.

H 500 m 1.5 km HS 2 km
Beleuchteter Stellplatz auf reserviertem Areal am Naherholungsgebiet. Ebene Stellflächen auf Gras und Schotter. Stellplatz-Länge bis 10 m. Gebühr per Einwurf in eine Geldbox. Maximal 7 Nächte Aufenthalt möglich! Ort 1.5 km entfernt. 10 Touristenplätze.

66571 Eppelborn-Dirmingen (b10) ST-D 4360

Abfahrt 10 **»UMWELT-/FREIZEITZENTRUM FINKENRECH«**
0049 6827 3050262 1.1. bis 31.12.
info@finkenrech.de, www.finkenrech.de

➔ A 1 Trier–Saarbrücken, Abf. (141) Eppelborn, weiter über die L 112 nach Dirmingen. Im Ort auf die L 303 nach Finkenrech abbiegen. Beschildert. ✉ Tholeyer Straße 50 (GPS: 49°26'0"N / 6°59'50" E).
Jean-Lurcat-Museum (7 km). Abtei Kloster Tholey (8 km).

H 100 m 2.7 km
Beleuchteter Stellplatz, markierter Bereich auf einem Parkplatz, an einer Garten-, Park- und Erholungsanlage. Stellflächen auf Sand/Splitt und Schotter. Stellplatz-Länge bis 10 m. Toiletten im Landhotel sind von 9 bis 22 Uhr geöffnet. Streichelgehege, Saarland-Labyrinth, Grillhütte und Lehrpfade im Park. Der Stellplatz ist bei Großveranstaltungen im Freizeitzentrum Finkenrech geschlossen. Maximal 5 Nächte Aufenthalt möglich! Ort 3 km entfernt. 3 Touristenplätze.
2022: MC/N 5.–, Strom/5 kWh –.50. P/N und H/N inklusive.

66620 Nonnweiler, Hunsrück (b9) ST-D 4400/1

»STELLPLATZ AM HALLENBAD« 1.1. bis 31.12.
0049 6873 6600
rathaus@nonnweiler.de, www.nonnweiler.de

➔ A 1 Saarbrücken-Schalkenmehren, Abf. (134) Nonnenweiler-Bierfeld, weiter duch Nonnenweiler zum Hallenbad. ✉ Trierer Str. 2 (GPS: 49°36'24"N / 6°58'20" E).

Stellplatz beim Hallenbad am Ortsrand nahe der Autobahnausfahrt. Stellfläche auf Rasengitter. Maximal 3 Nächte Aufenthalt möglich. 5 Touristenplätze.

66620 Nonnweiler, Hunsrück (b9) ST-D 4400/2

»LANDGASTHOF PAULUS« 1.1. bis 31.12.
0049 6873 91011
info@landgasthof-paulus.de, www.landgasthof-paulus.de

➔ A 1 Saarbrücken-Daun, Abf. (134) Nonnweiler-Bierfeld, weiter nach Sitzerath. ✉ Prälat-Faber-Straße 2-4 (GPS: 49°36'13"N / 6°54'58" E).

Stellplatz beim Landgasthof Paulus. Stellfläche gepflastert. Montag bis Mittwoch Ruhetag! 2 Touristenplätze.

Rheinland-Pfalz

In der Nähe von Militär-Flugplätzen und Übungsgeländen ist mit zeitweiligen Ruhestörungen zu rechnen.

54675 Gentingen, Eifel (a9) ST-D 5030

»STELLPLATZ BEIM CAMPING OURTAL-IDYLL« 3.4. bis 25.10.
P.: Franz-Josef Wenzel 0049 6566 352, Fax 0049 6566 1487
info@eifelidyll.de, www.eifelidyll.de

➔ B 50 Bitburg–Vianden (Luxemburg), über Roth abbiegen nach Gentingen. Beschildert. Dorfstr. 21 (GPS: 49°53'58"N / 6°14'21" E).
Schnapsbrennerei.

W W Ch W W TV HS

200 m 4 km

Wohnmobil-Stellplatz auf dem Parkplatz vor dem Campingplatz CAMPING OURTAL-IDYLL. Ebene asphaltierte Stellflächen. Ort (Vianden) 4 km entfernt.

54649 Waxweiler, Eifel ST-D 5050/2

10 **»AM ALTEN BAHNHOF«** 1.1. bis 31.12.
0049 6554 811
gemeinde.waxweiler@t-online.de, www.waxweiler.com/wohnmobilplatz.html

➔ A 60 Bitburg - Belgien, Abf. (5) Waxweiler, weiter in den Ort. Bahnhofstraße (GPS: 50°5'43"N / 6°21'19" E).

Ch 200 m 500 m

Stellplatz am Alten Bahnhof am Ortsrand. Ebene Stellflächen auf Schotter. Bezahlung im "Haus des Gastes" (Hauptstr. 28). Falls außerhalb der Öffnungszeiten abgereist wird, bitte die Gebühren in einem Umschlag in den Briefkasten vom "Haus des Gastes" einwerfen. V+E am Automaten möglich. Ortszentrum 500 m entfernt. 15 Touristenplätze.
2023: St/N 5.–, KT P/N 1.–, V+E 1.–, Strom/N 2.–, Entsorgung inklusive.

54516 Wittlich, Eifel (a/b9) ST-D 5093

Abfahrt

»WOHNMOBILSTELLPLATZ WITTLICH« 1.1. bis 31.12.
E.: Stadt Wittlich 0049 6571 170
info@stadt.wittlich.de, www.wittlich.de

➔ A 1 Euskirchen-Saarbrücken, Abf. (125) Wittlich-Mitte, weiter auf der B 50 durch das Stadtzentrum, am Ortsende rechts zum Sportzentrum. Hasenmühlenweg (GPS: 49°59'40"N / 6°52'32" E).
Historischer Stadtkern. Altes Rathaus. Römische Villa. Georg-Meistermann-Museum.

RES WC WC Ch HS

200 m 500 m 1 km

Der Stellplatz liegt idyllisch unterhalb der Wittlicher Weinberge. Stellflächen auf Schotter. Stellplatz-Länge bis 12 m. Gebühr entrichten im Bürgerservice im Stadthaus, im Vitelliusbad sowie bei dem Kontrollpersonal der Stadtwerke. Maximal 3 Nächte Aufenthalt möglich! Ort 1.5 km entfernt. 50 Touristenplätze.

53474 Bad Neuenahr-Ahrweiler, Eif. (b8) ST-D 5140/1

Abfahrt

»WEINGUT SONNENBERG« 1.1. bis 31.12.
E.: Marc Linden 0049 2641 6713, Fax 0049 2641 201037
info@weingut-sonnenberg.de, www.weingut-sonnenberg.de

➔ A 61 Koblenz-Kerpen, Abf. (30) Dreieck Bad Neuenahr-Ahrweiler und weiter nach Bad Neuenahr-Ahrweiler. Hier im Ort links an der Hauptstraße. Heerstr. 98 (GPS: 50°32'55"N / 7°8'18" E).
Altstadt. Dokumentationsstätte Regierungsbunker. Kurpark. Spielbank.

WC W Ch

300 m 400 m

Stellplatz in Ortsrandlage bei einem Weingut direkt am Rotweinwanderweg. Ebene Stellflächen auf Rasen/Schotter. Stellplatz-Länge bis 12 m. Der Waschraum wird im Winter aber nicht beheizt. Eine verbindliche Reservierung von Stellplätzen ist gegen Vorkasse möglich. Strausswirtschaft vom dritten Septemberwochenende bis Ende Oktober am Do., Fr. und Sa. Abend geöffnet. Verkauf von Wein und Sekt. Am Apollinarisstadion gibt es eine Entsorgungsmöglichkeit. FW. 9 Touristenplätze.

53474 Bad Neuenahr-Ahrweiler, Eif. (b8) ST-D 5140/2

»PARKPLATZ APOLLINIARIS-STADION« 1.1. bis 31.12.
0049 2641 87190
stadt@bad-neuenahr-ahrweiler.de

➔ A 61 Köln-Koblenz, Abf. (31) weiter auf B 266 nach Bad Neuenahr-Ahrweiler. Kreuzstraße (GPS: 50°32'40"N / 7°9'5" E).

Ch 400 m 1 km

Stellplatz auf dem Großparkplatz des Stadions. Stellflächen auf Asphalt. Ort 1 km entfernt. 70 Touristenplätze.

53474 Bad Neuenahr-Ahrweiler, Eif. (b8) ST-D 5140/3

»WOHNMOBILHAFEN AM AHRTOR« 1.3. bis 1.1.
0049 2641 26539
info@camping-ahrweiler.de

➔ A 61 Köln-Koblenz, Abf. (31) weiter auf B 266 nach Bad Neuenahr-Ahrweiler. Kavarienbergstr. 1 (GPS: 50°32'21"N / 7°5'45" E).

W Ch 100 m

300 m 500 m

Stellplatz an der Ahr unter Kastanien. Stellflächen auf Schotterrasen. Bodeneinlass für mobile Tanks. Ankunft zwischen 12 und 18 Uhr. Ortszentrum 100 m entfernt. 26 Touristenplätze.

54439 Saarburg, Hunsrück (a9) ST-D 5220

15 **»REISEMOBILPARK SAARBURG«** 1.1. bis 31.12.
E.: Rudolf Eilenz Mobil 0049 176 63854446
info@reisemobilpark-saarburg.de, www.reisemobilpark-saarburg.de

➔ B 51 Trier-Merzig, bei Saarburg zum Gewerbegebiet. Am Saarufer 18 (GPS: 49°36'6"N / 6°33'16" E).

WC W W Ch W

300 m 400 m 600 m 800 m

Stellplatz am Saarufer hinter einem Gewerbegebiet zwischen der Bahnlinie (Bahndamm) und der Saar. Ebene, schattenlose Stellflächen (65-75 qm) auf Schotterrasen. Bodeneinlass und Spülmöglichkeit für mobile Tanks vorhanden. Von Mo.-Sa. (April - Oktober) kommt gegen 8.25 Uhr ein Backmobil auf den Platz. Täglich Kaffee & Kuchen ab 14 Uhr. Weinverkauf. "Bücher-Zelle" zum Tausch von Büchern vorhanden. Ortszentrum 700 m entfernt. 100 Touristenplätze.
2023: MC-St/N inkl. 2 P/N 13.50, extra MC/N 12.50, KT P/N ab 10 J. –.25, KT K/N 2.–, WD/4 min. 1.50, Wasser/80 l 1.–, Strom/1 kWh –.70 (10 A). Entsorgung und Müll inklusive.

54294 Trier, Mosel ST-D 5235

»REISMOBILPARK TREVIRIS« 1.1. bis 31.12.
V.: Hr. Haag 0049 651 8200911
info@camping-treviris.de, www.camping-treviris.de

➔ A 1/48 Koblenz–Trier Abf. Trier über die Moselbrücke auf die B 49 Richtung Wasserbilligerbrück. In den Moselauen (GPS: 49°44'25"N / 6°37'30" E).

WC Ch 500 m

Stellplatz am Ufer der Mosel in der Nähe der Bundesstraße. Durch Baumreihen umrahmt. Ebene Stellflächen auf Rasengittersteinen. Bodeneinlass für mobile Tanks. Zugang und Bezahlung über eine elektronische Camping-Card. Brötchenservice. Biergarten. Imbiss. Ort 4 km entfernt. 140 Touristenplätze.

54340 Riol, Mosel (a9) ST-D 5253

»WOHNMOBILHAFEN CAMPINGPARK TRIOLAGO«
0049 6502 6421 122 m 1.1. bis 31.12.
campingpark@triolago.eu
campingpark.triolago.eu/camping/wohnmobilhafen.html

➔ A 1 Dreieck Moseltal, Abf. (130) nach Kirsch und hier weiter am Fluss entlang nach Riol, ab hier beschildert. Am Campingplatz 1 (GPS: 49°47'34"N / 6°48'19" E).

WC W Ch 50 m

Beschrankter und beleuchteter Wohnmobilstellplatz an der Mosel (100 m) bei einem Campigplatz. Der Platz ist in 4 Reihen gegliedert und liegt an einem kleinen Badesee (50 m). Ebene, schattenlose Stellflächen (6x11 m) auf Schotterrasen. Frischwasserhahn und Bodeneinlass am Stellplatz vorhanden. Stromsäulen münzbetrieben. Bezahlung am Kassenautomaten. Liegewiese. 66 Touristenplätze.

54349 Trittenheim, Mosel (b9) ST-D 5265

»REISEMOBILPLATZ TRITTENHEIM« 1.4. bis 31.10.
0049 151 1262 5300
info@trittenheim.de, www.trittenheim.de

➔ A 1 Koblenz-Trier, Abf. (127) Salmtal, weiter nach Trittenheim. Am Moselufer (GPS: 49°49'27"N / 6°54'11" E).

Ch 200 m 300 m 400 m

Stellplatz am Moselufer mit Blick auf die Weinberge. Stellfläche auf Schotterwiese und Gras. Bodeneinlass für mobile Tanks. Ortszentrum 300 m entfernt. 30 Touristenplätze.

54347 Neumagen-Dhron, Mosel (a/b9) ST-D 5270

10 **»STELLPLATZ WEINHAUS BEIM KETSCH«** 1.1. bis 31.12.
E.: Michael Kettern 0049 6507 2020
michaelkettern@aol.com

➔ A 1 Koblenz-Trier, Abf. 127) Salmtal, weiter nach Neumagen-Dhron. In der Zeil/Brückenstr. 12 (GPS: 49°51'51"N / 6°54'12" E).

WC W W Ch

100 m

Stellplatz am Weingut vereinzelt unter Bäumen. Stellfläche auf Kies. Bodeneinlass für mobile Tanks. Weinprobe möglich. Ortszentrum 200 m entfernt. 100 Touristenplätze.
2022: St/N 7.–, WD/N 2.–, Waschmaschine 2.50, Trockner 2.50, Strom/N 2.– (6 oder 16 A). P/N, KT, H/N, Entsorgung, Müll und Wasser inklusive.

54498 Piesport, Mosel (b9) ST-D 5274/3

15 **»WOHNMOBILSTELLPLATZ PIESPORTER GOLDTRÖPFCHEN«**
0049 6507 2028, Mobil 0049 175 5248528 1.1. bis 31.12.
gemeinde@piesport.de, www.piesport.de

➔ A 1 Koblenz-Trier, Abf. (127) Selmtal, weiter nach Piesport. Moselstraße 18 (GPS: 49°52'22"N / 6°55'39" E).

RES Ch 200 m 300 m

Stellplatz direkt an der Mosel bei der Moselloreley. Am Ortsrand und von Weinbergen umgeben. Stellfläche auf Schotter. Abreise bis 12 Uhr. Brötchenservice. Ortszentrum 500 m entfernt. 30 Touristenplätze.
2022: MC-St/N 12.–. P/N, H/N, Entsorgung, Müll, Wasser und Strom inklusive.

4 Saarland

5 Rheinland-Pfalz

54472 Veldenz, Mosel (b9) ST-D 5277

»WOHNMOBILPLATZ VELDENZ« 1.3. bis 31.10.
0049 6534 1203
verkehrsamt-veldenz@t-online.de, www.veldenz-mosel.de

➔ A 1 Koblenz-Trier, Abf. (127) Salmen, weiter nach Veldenz, direkt am Ortseingang. Hauptstraße (GPS: 49°53'32"N / 7°1'10" E).

200 m 300 m

Ebener Stellplatz am Ortsrand, direkt am Veldenzer Bach gelegen. Weinberge in der Nähe. Stellfläche auf Wiese. Sanitäreinrichtungen von der angrenzenden Sportstätte kann mitgenutzt werden. Wander- und Radwanderwege. Ortszentrum 300 m entfernt. 40 Touristenplätze.

54472 Brauneberg, Mosel (b9) ST-D 5280

10 **»WOHNMOBILSTELLPLATZ BRAUNEBERG JUFFER«**
0049 6534 933333 1.1. bis 31.12.
info@brauneberg.de, www.brauneberg.de

➔ A 1 Konstanz-Trier, Abf. (127) Salmtal, weiter Richtung Burgen. Moselweinstraße (GPS: 49°54'21"N / 6°58'36" E).

100 m

Stellplatz beim Gasthaus Jufferblick mit Blick auf die Mosel. Ebene bis leicht abfallende Stellflächen auf Schotterrasen. Durch Büsche parzelliert. Befestigte Stellplätze auch für Wohnmobile über 8 m. Abgesenkter Gully für mobile Tanks vorhanden. Direkt am Mosel-Radweg gelegen. Fahrradverleih im Touristikbüro Brauneberg. Ortszentrum 500 m entfernt. 25 Touristenplätze.
2022: St/N inkl. 2 P/N 10.–, extra MC/N 10.–. Entsorgung, Müll, Wasser und Strom inklusive.

54518 Kesten, Mosel ST-D 5291

»WOHNMOBILSTELLPLATZ KESTEN« 1.4. bis 4.11.
Mobil 0049 160 99196368
info@wohnmobilpark-kesten.de, www.wohnmobilpark-kesten.de

➔ A 1 Konstanz-Trier, Abf. (127) Salmtal, weiter nach Kesten. Urmetzgasse (GPS: 49°54'12"N / 6°57'44" E).

300 m 400 m

Stellplatz direkt an der Mosel umgeben von Weinbergen. Stellfläche auf Schotter und Wiese. Bodeneinlass am Platzende. Reservierung ab 2 Nächte buchbar zwischen 17 und 21 Uhr (€ 3.-). Keine Beschränkung der Aufenthaltsdauer. Ver- und Entsorgungsmöglichkeit. Brötchenservice. Ortszentrum 300 m entfernt. 100 Touristenplätze.

56850 Enkirch, Mosel (9b) ST-D 5303

10 **»STELLPLATZ MOSELVORGELÄNDE«** 26.3. bis 5.11.
0049 6541 4140
info@enkirch.de, www.enkirch.de

➔ A 49 Koblenz-Trier, bei Alf B 53 nach Enkrich bei der Mosel. (GPS: 49°59'1"N / 7°7'17" E).

100 m 300 m

Stellplatz direkt an der Mosel. Stellfläche auf naturbelassener Wiese und bis 12 m Länge. Stromnutzung nach Anmeldung beim Platzwart. CAMPING BUTLER - vollautomatische Reinigung aller Campingtoiletten. Stromladestationen und -anschlüsse. Brötchenservice. Ortszentrum 300 m entfernt. 200 Touristenplätze.
2022: MC-St/N 10.–, WD/6 min. 1.–, Waschmaschine 3.–, Trockner 3.–, Wasser/80 l 1.–, Strom/2 kWh 1.–. P/N, KT, H/N, Entsorgung, Müll und Sanitärbenutzung inklusive. EC-Karte.

56841 Traben-Trarbach, Mosel (b9) ST-D 5307

15 **»MOSEL STELLPLATZ TRABEN-TRARBACH«**
E.: Edwin van Dongen 0049 6541 3111 27.3. bis 31.12.
info@moselcampingplatz.de, www.moselstellplatz.de

➔ A 1 Dreieck Vulkaneifel - Trier, Abf. (125) Wittlich-Mitte, weiter auf der B 50 nach Zeltingen. Vor der Moselbrücke links auf die B 53 nach Traben-Trarbach. Der Stellplatz liegt zwischen Campingplatz und Ortseingang. Beschildert. Rissbacher Straße 155 (GPS: 49°57'26"N / 7°6'18" E).
∴ Historischer Ort. Burgruine Grevenburg. Festung Mont Royal. Kellerbesichtigung "Unterwelt". Lorettahaus. Moselbrücke/-turm.

200 m 1 km 3 km 3.5 km

Mit Schranke versehener, beleuchteter Stellplatz zwischen Campingplatz und Zentrum, direkt am Moselradweg. Ebene, durch Holzbalken parzellierte Stellflächen auf Schotter und Wiese. Stellplatz-Länge bis 12 m. Für Fahrzeuge über 5 t geeignet. Brötchenservice. An-/Abreise 8-22 Uhr. Liegewiese. Weinprobe. Kellerführungen. Grillabende. Geführte Wanderungen. Rad-/Wanderwegenetz. Ort 1 km entfernt. 45 Touristenplätze.
2023: St/N inkl. 4 P/N 12.– bis 15.–, Umweltbeitrag P/N 1.50, Waschmaschine 4.–, Trockner 2.–. H/N, WD, Entsorgung, Müll, Wasser, Sanitärbenutzung und Strom inklusive.

56862 Pünderich, Mosel (b9) ST-D 5320

15 **»MOSEL STELLPLATZ PÜNDERICH«** 1.4. bis 31.12.
E.: van Dongen Gbr 0049 6541 3111
info@moselcampingplatz.de, www.mosel-camping-platz.de

➔ Bundesstraße Zell - Traben-Trarbach, bei Pünderich abbiegen und Beschilderung folgen (Marienburg). Am Moselufer (GPS: 50°2'37"N / 7°7'31" E).
∴ Längstes Hangviadukt Europas. Marienburg, Prinzenkopf Aussichtsturm, Fachwerkhäuser, Straußwirtschaften.

500 m 5 km

Beleuchteter Wohnmobilstellplatz am Ortsrand direkt am Moselufer. Von Weinbergen umgeben und mit schönem Blick auf die Mosel. Durch Holzplanken parzellierte, ebene bis leicht abfallende Stellflächen auf Rasen und Schotter. Mittels lockeren Baumreihen leicht beschattet. Stellplatz-Länge bis 9 bis 12 m. Müllentsorgung. 100 Touristenplätze.
2023: St/N 10.– bis 13.–, Umweltbeitrag P/N 1.50.

56814 Ediger-Eller, Mosel (b9) ST-D 5330/1

»WOHNMOBILSTELLPLATZ ELLER« 1.1. bis 31.12.
E.: Tourist Information Calmont Region 0049 2675 1344
info@ediger-eller.de, www.ediger-eller.de

➔ A 48 Koblenz-Trier, Abf. (2) Ulmen, weiter auf der B 259 nach Cochem und auf der B 49 nach Ediger-Eller zum Ziel. Beschildert. Moselweinstraße (GPS: 50°5'56"N / 7°8'38" E).
∴ Historischer Ort. Pfarrkirche St. Martin. Stadtmauer. Weinmuseum (3 km). Ofen-/Puppenmuseum (5 km).

500 m 1 km

Beleuchteter Stellplatz auf einem Parkplatz an der Mosel. Leicht geneigte Stellflächen auf Pflaster und Asphalt. Stellplatz-Länge bis 10 m. Barzahlung beim Kassierer. Brötchenservice. An-/Abreise 7-22 Uhr. Liegewiese. Stadt-/Weinbergführungen. Steiler Klettersteig im Calmont. Paragliding. Golf. Neben dem Platz befindet sich eine Kanustation. Ort 200 m entfernt. 15 Touristenplätze.

56814 Ediger-Eller, Mosel (b9) ST-D 5330/2

»WOHNMOBILSTELLPLATZ EDIGER« 1.1. bis 31.12.
E.: Tourist Information Calmont Region 0049 2675 1344
info@ediger-eller.de, www.ediger-eller.de

➔ A 48 Koblenz-Trier, Abf. (2) Ulmen, weiter auf der B 259 nach Cochem und auf der B 49 nach Ediger-Eller zum Ziel. Beschildert. Moselweinstraße (GPS: 50°5'36"N / 7°9'34" E).
∴ Historischer Ort. Pfarrkirche St. Martin. Stadtmauer. Weinmuseum (3 km). Ofen-/Puppenmuseum (5 km).

200 m 500 m

Beleuchteter Stellplatz unterhalb der Bundesstraße, durch Büsche und Bäume zur Straße abgeschirmt. Fast ebene Stellflächen auf Schotter und Asphalt. Stellplatz-Länge bis 10 m. An-/Abreise 7-22 Uhr. Barzahlung beim Kassierer. Brötchenservice. Führungen durch den Ort und die Weinberge. Steiler Klettersteig im Calmont. Kulturweg. Golf. Ort 200 m entfernt. 25 Touristenplätze.

56814 Bremm, Hunsrück (b9) ST-D 5333

20 **»WEINGUT OSTER-FRANZEN«** 3.3. bis 31.10.
0049 2675 9119918
info@oster-franzen.de, oster-franzen.de

➔ A 49 von Koblenz Richtung Trier, bei Cochem nach Süden in den Ort Bremm und hier der Beschilderung zum Sportplatz folgen. Calmonstr. 96 (GPS: 50°5'44"N / 7°7'24" E).

300 m 400 m 600 m

Beschrankter Stellplatz bei einem Weingut an der Ortszufahrt. Durch Hecken umrahmt und gegliedert und mit einzelstehenden Bäumen aufgelockert. Ebene und geschotterte Stellflächen (ca. 6x10 m). Bodeneinlass für mobile Tanks. Holiday Cleany-Station. Münzbetriebene Stromsäulen. Anmeldung an der Vinothek. Täglich Weinproben. Stellplatzrabatt bei Weineinkauf. Maximal 3 Nächte Aufenthalt möglich. Guter Ausgangspunkt für Rad- oder Wandertouren. Ortszentrum 400 m entfernt. 16 Touristenplätze.
2023: St/N inkl. 2 P/N 17.– bis 17.50, weitere P/N 3.–, K/N 4 bis 8 J. 1.50, H/N 1.–, WD/5 min. 1.–, Wasser/55 l –.50, Strom/1 kWh –.70. Entsorgung und Müll inklusive. Barzahlung.

56820 Briedern, Hunsrück ST-D 5335

10 **»WOHNMOBILSTELLPLATZ BRIEDERN«** 15.4. bis 31.10.
0049 2673 1442
www.briedern.de

➔ A 49 Koblenz Richtung Trier, von Cochem nach Südosten an der Mosel. Keltenweg 1 / Moselstr. (GPS: 50°6'43"N / 7°12'29" E).

300 m

Stellplatz zwischen Cochem und Bremm am südlichen Moselufer. Stellfläche auf Schotterrasen. Entsorgungsstation am Platz. Ortszentrum 300 m entfernt. 25 Touristenplätze.
2022: St/N 8.–, Wasser/9 l –.10. P/N, KT, H/N, Entsorgung und Müll inklusive.

56254 Müden, Mosel (b8/9) ST-D 5372

»STELLPLATZ HOTEL SEWENIG« 3.3. bis 31.12.
0049 2672 1334, Fax 0049 2672 1730
info@hotel-sewenig.de, www.hotel-sewenig.de

➔ A61 bis Abf. 36 Plaidt. Weiter auf der L117 bis nach Kobern Gondorf (Mosel). Danach auf die B416 Richtung Cochem bis nach Müden. Moselstr. 5 (GPS: 50°11'4"N / 7°20'24" E).

50 m

Stellplatz beim Hotel Sewenig. Durch eine Straße getrennt an die Mosel. Stellfläche auf Schotter. Indirekte Bezahlung beim Verzehr im Restaurant. Ortszentrum 100 m entfernt. 4 Touristenplätze.

56332 Burgen, Mosel (b8/9) ST-D 5380

20 **»KNAUS REISEMOBILHAFEN BURGEN/MOSEL«**
☎ 0049 2605 952176 79 m 31.3. bis 15.10.
burgen@knauscamp.de, www.knauscamp.de/mosel-burgen

➔ A 61/E 31 Abf. (41) Boppard, weiter auf der B 327 Richtung Boppard. Nach 3.7 km links auf die L 207, an der T-Kreuzung links auf die B 49 Richtung Cochem. Noch ca. 7.5 km, rechts. ✉ Am Bootshafen (An der B 49) (GPS: 50°12'16"N / 7°22'52" E).
Burg Eltz. Vulkanpark Mayen.

WC W W WC Ch | Ⓗ 50 m

Stellplatz am Ortsrand, zwischen B 49 und Mosel vor dem angeschlossenen Campingplatz, mit schönem Blick auf Burg Eltz. Ebene Stellflächen auf Schotter und Rasen. Stellplatz-Länge bis 10 m. Bistro mit Biergarten. Brötchenservice. Ortszentrum 600 m entfernt. 12 Touristenplätze.
2022: MC-St/N 15.50, WD/1 min. –.40, Waschmaschine 5.–, Trockner 5.–, Strom/1 kWh 1.– (16 A). P/N, H/N, Entsorgung, Müll und Wasser inklusive. Sanitärbenutzung/N ab 16 J. 5.– / Kinder (4 bis 15 J.) 3.–.

55442 Stromberg, Hunsrück (b9) ST-D 5396

10 **»WOHNMOBILPLATZ MICHELS LAND«** 1.1. bis 31.12.
V.: Anja Beckhaus ☎ 0049 1766 8786724, Mobil 0049 171 925 3028
bauhof@stadt-stromberg.de, www.stadt-stromberg.de

➔ A 61 Koblenz - Mannheim, Abf. (46) Stromberg, weiter zur Halle "Deutscher Michel". ✉ Königsberger Str. 4 (GPS: 49°56'50"N / 7°47'17" E).

Ch Ⓗ | 100 m

Langgestreckter Stellplatz an der Mehrzweckhalle "Deutscher Michel". An der Längsseite durch einen begrünten Wall begrenzt. Ebene Stellflächen auf Gras und Schotterrasen. Zur Bezahlung ein Ticket am Parkscheinautomat zu lösen. Ort 2 km entfernt. 12 Touristenplätze.
2022: St/N 6.–, Strom/kWh –.50. H/N, Entsorgung, Müll und Wasser inklusive.

55411 Gaulsheim (b/c9) ST-D 5402

»WOHNMOBILPARK BINGEN« 1.1. bis 31.12.
☎ 0049 6721 153421
info@wohnmobilpark-bingen.de, www.wohnmobilpark-bingen.de

➔ A 61 Koblenz-Mainz, Abf. (13) Bingen-Ost, beschildert. ✉ Ausserhalb 11 (GPS: 49°58'8"N / 7°56'39" E).

Ch Ⓗ | 300 m

Stellplatz am Rheinufer. Parzellierte Stellflächen auf Rasengitter, durch Büschen und Bäumen unterteilt. Brötchenservice. Bodeneinlass für mobile Tanks. Der Platz hat keine Toiletten und keine Duschen, es besteht jedoch die Möglichkeit gegen eine Gebühr die Duschen im benachbarten Campingplatz zu benutzen. Maximal 10 Nächte Aufenthalt möglich. Ortszentrum 2.5 km entfernt. 40 Touristenplätze.

55218 Ingelheim, Pfalz (c9) ST-D 5403

»STELLPLATZ WEINGUT MENK« 1.1. bis 31.12.
☎ 0049 6132 75164, Fax 0049 6132 1687 230 m
Weingut-Werner-Menk@t-online.de, www.weingut-menk.de

➔ von Mainz die L419 Richtung Ingelheim. Ca. 1 km nach dem Ortsausgang von Wackernheim links abbiegen, beschildert. (für Navi: Mainzer Str. 255) ✉ Außenliegend 143 (GPS: 49°58'21"N / 8°5'34" E).

WC Ch | 2 km

Stellplatz bei einem Weingut auf einem Aussiedlerhof. Von Feldern und Obstplantagen umgeben. Ebene Stellflächen auf geschottertem Rasen. Stellplatz-Länge bis 8 m. Fahrzeuge mit Überlänge nur nach Rücksprache. Rad- und Wanderwege in der Umgebung. Öffnungszeit Weingut 10 bis 19 Uhr. Ort 2 km entfernt. 6 Touristenplätze.

55585 Norheim, Hunsrück (b9) ST-D 5421

»WEINGUT BRUNNENHOF« 1.4. bis 30.10.
V.: Ronald Gebhard ☎ 0049 671 31151, Fax 0049 671 47497
weingut-brunnenhof@t-online.de, www.weingut-brunnenhof-nahe.de

➔ A 61 Mannheim-Koblenz, Abf. (48) Bad-Koblenz, weiter auf B 41 in Norheim den Wohnmobil-Symbolen folgen. ✉ Brunnenhof 1 (GPS: 49°48'46"N / 7°48'42" E).

| Ⓗ 300 m

Stellplatz am Ortsrand an den Weinbergen gelegen im Hof eines Weingutes. Stellflächen auf Pflaster. Sanitäre Anlagen sind nicht vorhanden. Telefonische Voranmeldung erwünscht. Ortszentrum 700 m entfernt. 3 Touristenplätze.

55566 Bad Soberheim, Hunsr. (b9) ST-D 5426

»REISEMOBILSTELLPLATZ AM NOHFELS« 1.1. bis 31.12.
☎ 0049 6751 854611
info@amnohfels.de, www.amnohfels.de

➔ A 61 Mannheim-Koblenz, Abf. (48) Bad Kreuzingen, weiter auf B 41 nach Bad Sobernheim. ✉ Hömigweg 1 (GPS: 49°46'45"N / 7°39'30" E).

Ch | 200 m 500 m Ⓗ 900 m

Reisemobil-Stellplatz am Stadtrand beim Freilichtmuseum. Von Bäumen umgeben und größtenteils von Hecken umrahmt. Ebene Stellflächen auf Rasengittersteinen oder Schotter (5x10 m) mit kleinen Rasenanteilen oder direkt auf Rasen. Brötchenservice. Infotafeln. Original schwedischen Filzbahn-Minigolf-Anlage. Bezahlung bei Anmeldung im Sommercafé. (14 - 19 Uhr). Im Herbst und und Winter kommt jemand gegen Abend vorbei. Ortszentrum 1.3 km entfernt. 50 Touristenplätze.

55743 Fischbach, Hunsrück (b9) ST-D 5433/1

10 **»WOHNMOBILPARK FISCHBACH NAHE«** März bis Nov.
Mobil 0049 173 3101988 3 000 qm
daemgengl@t-online.de, www.wohnmobilparkfischbach-nahe.de

➔ B 41 Mainz - Idar-Oberstein, weiter nach Fischbach. ✉ Markstraße (GPS: 49°44'27"N / 7°24'18" E).

Ch | Ⓗ 200 m 300 m 500 m

Stellplatz am Ortsrand direkt an der Nahe. Bahnlinie in Hörweite. Ebene unparzellierte Stellflächen auf Rasen. Stellplatz-Länge bis 14 m. Ver- und Entsorgungsstation mit Bodeneinlass. Überdachter Grillplatz. Brötchenservice. Infotafel und Flyerwand. Ortszentrum 500 m entfernt. 40 Touristenplätze.
2022: MC/N 7.50, Strom/N 3.–. P/N, KT, H/N, Entsorgung, Müll und Wasser inklusive. Nur Barzahlung.

55481 Kirchberg, Hunsrück (b9) ST-D 5434

10 **»AMB REISEMOBILE GMBH«** März bis Okt.
☎ 0049 6763 544
info@amb-reisemobile.de, www.amb-reisemobile.com

➔ A 61 Mainz-Koblenz, Abf. (45) Rheinböllen, weiter auf B 50 nach Kirchberg. ✉ Herbert-Kühn-Str. 10 (GPS: 49°57'13"N / 7°24'28" E).

Ch | 700 m 800 m Ⓗ 1 km

Stellplatz auf dem Firmengelände eines Reisemobil-Händlers. Mit einem kleinem Teich und Blick auf die Felder gelegen. Ebene gekieste Stellflächen auf einem gepflegten Rasen. Maximal 3 Nächte Aufenthalt möglich. Ort 2 km entfernt. 8 Touristenplätze.
2023: MC-St/N 8.–. P/N, Entsorgung, Wasser und Strom inklusive.

67823 Schiersfeld, Pfalz (b9) ST-D 5437

0 **»WOHNMOBILSTELLPLATZ SULZBACHTAL«** 1.1. bis 31.12.
☎ 0049 6362 3030
bgm@schiersfeld.de, www.schiersfeld.de

➔ A 61 Mannheim-Koblenz, Abf. (48) Bad Kreuznach, weiter auf B 41 nach Schiersfeld. ✉ Bismarckstraße (GPS: 49°41'34"N / 7°46'8" E).

Ch | Ⓗ 500 m 2 km 4 km

Stellplatz am östlichen Ortsausgang von Schiersfeld. Von Wald und Wiesen umgeben. An Radwegenetz und Pfälzer-Premium-Höhenweg direkt angebunden. Stellfläche auf Schotterwiese und Nachts beleuchtet. Grillhütte in Platznähe. Abwassergully für mobile Tanks vorhanden. Kleinstadt Obermoschel mit Bäcker, Metzger, Bankautomaten, Ärzten, Werkstatt, Tankstelle in 4 km Entfernung. Ortszentrum 500 m entfernt. 8 Touristenplätze.
2023: Stellplatz ist kostenlos. Wasser/100 l 1.–, Strom/2 kWh 1.–. H/N und Entsorgung inklusive. Zahlung Strom und Frischwasser nur mit 1.– Euro Münzen möglich.

55743 Idar-Oberstein ST-D 5439

10 **»STELLPLATZ AN DER WEIHERSCHLEIFE«** 1.1. bis 31.12.
E.: Stadt V.: Edelsteinminen GmbH ☎ 0049 6781 9335033
Fax 0049 6781 901919, **info@edelsteinland.de, www.edelsteinland.de**

➔ B422 Idar - Oberstein - Allenbach, Abf. "Historische Weiherschleife", beschildert. ✉ Tiefensteiner Str. 87 (GPS: 49°43'49"N / 7°17'8" E).
Historische Weiherschleife, Edelsteinminen, Deutsches Edelsteinmuseum, Schloss Oberstein, Edelstein Erlebniswelt, Besucherbergwerke, Burg Bosselstein.

Ch | Ⓗ 100 m 500 m

Stellplatz am Ortsrand, an einem kleinen Teich, neben der Bundesstraße. Von bewaldeten Hügeln umgeben. Er dient ausschließlich Besuchern der Stadt Idar-Oberstein. Stellflächen auf Rasengittersteinen bis 10 m Länge. Fahrzeuge ohne WC und Schmutzwassertank sind nicht zugelassen. Stromsäulen und Frischwasserstation mit Münzeinwurf. Bezahlung am Kassenautomaten. Max. Aufenthaltsdauer 3 Nächte. Edelsteinschürfstelle direkt vor Ort. 13 Touristenplätze.
2022: MC-St/N 7.50, Entsorgung 2.50, Wasser/10 l –.10, Strom/1 kWh –.50 (16 A). P/N und H/N inklusive.

55758 Mörschied, Hunsrück (b9) ST-D 5440

»STELLPLATZ HUNSRÜCK« 26.3. bis 1.11. / 3.12. bis 2.1.
E.: Marco Koch ☎ 0049 6786 1304
mail@harfenmuehle.de, www.stellplatz-hunsrueck.de

➔ A61 Worms - Koblenz, Abf. (51) Bad Kreuznach, weiter auf der B41 nach Fischbach. Hier abbiegen Richtung Herrstein/Kempfeld, nach Mörschied (Asbacherhütte) noch 500 m. ✉ Harfenmühle 2 (GPS: 49°48'16"N / 7°16'11" E).
Historische Edelsteinschleiferei Biehl (100 m). Kupferbergwerk. Wildfreigehege Wildenburg.

WC W W W Ch W W HS HS

Stellplatz neben dem CAMPING HARFENMÜHLE, unmittelbar am Nationalpark Hunsrück. Von Büschen und Bäumen umrahmt. Ebene nummerierte Stellflächen (60 bis 70m² groß) mit Stromanschluss. Die Einrichtungen des Campingplatzes dürfen mitbenutzt werden. Am Stellplatz führt der Premiumwanderweg Traumschleife-Stumm-Eisenhüttenweg vorbei. Ort (Kempfeld) 3 km entfernt. 11 Touristenplätze.

55546 Hackenheim, Hunsrück (b9) ST-D 5443

»BONNHEIMER HOF« 1.1. bis 31.12.
☏ 0049 671 7961527 0, Fax 0049 671 7961527 8
info@bonnheimerhof.com, **www.bonnheimerhof.de**

➔ A 61 Mannheim-Koblenz, Abf. (48) Bad Kreuznach, weiter nach Hackenheim. ✉ Binger Weg/Alte Straße (GPS: 49°49'46"N / 7°54'31" E).

Stellplätze beim außerhalb gelegenen Landrestaurant und Event-Location Bonnheimer Hof am Ortsrand am Hackenheimer Bach. Gepflasterte Stellfläche. Reservierung nicht möglich. Schöne Wander- u. Fahrradtouren in den angrenzenden Weinbergen. Vinothek. Planwagenfahrt. Streichelzoo. FW. Ortszentrum 500 m entfernt. 20 Touristenplätze.

55576 Sprendlingen (b9) ST-D 5446/1

»STELLPLATZ EURA MOBIL« 1.1. bis 31.12.
☏ 0049 6701 2030
info@euramobil.de, **www.reisemobilforum.de**

➔ A 61 Mannheim-Koblenz, Abf. (51) Bad Kreuznach, weiter nach Sprendlingen. ✉ Graf-von-Sponheim-Straße (GPS: 49°51'47"N / 7°58'30" E).

Stellplatz am Ortsrand neben der Bahnlinie. Stellfläche auf Schotter. Bodeneinlass für mobile Tanks. Maximal 1 Nacht Aufenthalt möglich. Das Team von REISEMOBIL FORUM (Kreuznacher Str. 78) berät Sie kompetent und völlig unverbindlich zu allen Fragen rund um's Reisemobil. Dienstleistungen und Veranstaltungen stehen jedem Reisemobilinteressierten offen. Ortszentrum 500 m entfernt. 25 Touristenplätze.

55758 Kempfeld, Hunsrück (b9) ST-D 5452/1

»WILDENBURG KEMPFELD« 1.1. bis 31.12.
E.: Tourist Information Herrstein ☏ 0049 6785 79104
Fax 0049 6785 79120, **info@edelsteinstrasse.de**
www.deutsche-edelsteinstrasse.de

➔ B 422 Allenbach-Idar-Oberstein, in Katzenloch Richtung Kempfeld abbiegen und dann zur Wildenburg. Beschildert. ✉ Wildenburger Str. (GPS: 49°46'32"N / 7°15'16" E).
∴ Edelsteingarten Kempfeld. Wildenburg mit Aussichtsturm.

Stellplatz am Wildfreigehege Wildenburg. Gepflasterte Stellflächen. Stellplatz-Länge bis 10 m. Kiosk am Wildfreigehege. Ort 2 km entfernt. 3 Touristenplätze.

55758 Kempfeld, Hunsrück (b9) ST-D 5452/2

»AN DER WILDENBURG« 1.1. bis 31.12.
☏ 0049 6785 79104
info@edelsteinstrasse.de

➔ A 1 Trier-Saarbrücken, Abf. (132) Reinsfeld, weiter auf B 407 nach Morbach, weiter nach Kempfeld. ✉ (GPS: 49°46'32"N / 7°15'16" E).

Stellplatz an der Wildenburg. Stellfläche auf Schotter. Ort 2 km entfernt. 3 Touristenplätze.

55767 Oberbrombach, Hunsr. (b9) ST-D 5456

»WOHNMOBILSTELLPLATZ HÖHENBLICK« 1.1. bis 31.12.
☏ 0049 6787 735
walter.gruen@t-online.de, **wohnmobilstellplatz-höhenblick.de**

➔ A 62 Pirmasens - Nohenfelden, Abf. 4 Birkenfelden, weiter nach Oberbrombach. ✉ Sonnenberger Straße (GPS: 49°41'41"N / 7°15'35" E).

Wohnmobil-Stellplatz südlich von Oberbrombach auf einer Anhöhe. Von Feldern und Wiesen umgeben. Schöner Blick über den Hundsrück. 25 geschotterte und großzügig angelegte Stellflächen mit Rasenvorplatz und 50 weitere unparzellierte und schattenlose Plätze auf befestigtem Untergrund. Schutzhütte mit überdachter Außenterrasse. Holzbackofen für Brot und Pizza - Brotbacken für Gäste. Ortszentrum 500 m entfernt. 75 Touristenplätze.

67742 Lauterecken, Pfalz (b9) ST-D 5457

10 **»WOHNMOBILSTELLPLATZ VILLA TOSKANA«**
☏ 0049 6382 92170 1.1. bis 31.12.
info@schellerhaus.de, **www.schellerhaus.de**

➔ A 61 Koblenz-Mannheim, Abf. (48) Bad Kreuznach, weiter auf B 41 nach Lauterecken. ✉ Friedhofweg 3a (GPS: 49°39'2"N / 7°35'17" E).

Stellplatz direkt an der Draisinenstrecke und einer Gaststätte am Ortsrand. Im Toskanerstil angelegt. Stellfläche auf Schotter. Reservierung ab 3 Nächten Aufenthalt möglich. Entsorgungsstation vorhanden. Zusätzliche Stellplätze vorhanden mit Strom 1.-/2 kWh. Stellplatzgröße zwischen 40 und 60 qm. Überdachter Grillplatz. Liegewiese. Boule-Bahn. Komfortables Sanitärgebäude mit barrierefreier Dusche. Schöne Wander- u. Fahrradrouten. Ortszentrum 300 m entfernt. 30 Touristenplätze.
2022: MC-St/N inkl. 2 P/N 10.–, WD/5 min. 1.–, Wasser/80 l 1.–, Strom/8 Std. 1.– oder Strom/2 kWh 1.–. H/N, Entsorgung und Müll inklusive.

67098 Bad Dürkheim, Pfalz (c10) ST-D 5500/1

Abfahrt

20 **»KNAUS REISEMOBILSTELLPLATZ BAD DÜRKHEIM«**
☏ 0049 6322 61356 1.1. bis 31.12.
badduerkheim@knauscamp.de

➔ A 61 Worms-Speyer Abf. AB-Kreuz Ludwigshafen auf die A 650 nach Bad Dürkheim, auslaufend bis zur 2. Verkehrsampel. Hier rechts abbiegen. ✉ In den Almen 1 (GPS: 49°28'27"N / 8°11'36" E).
∴ Größtes Fass der Welt. Keltischer Ringwall. Klosterruine Limburg. Keltisches Grabhügelfeld. Kurpark-Gradierbau.

Stellplatz beim Campingplatz KNAUS CAMPINGPARK BAD DÜRKHEIM. Ort 2 km entfernt.
2022: MC-St/N 14.–, Waschmaschine 5.–, Trockner 5.–, Wasser/60 l 2.–, Strom/1 kWh –.80. P/N, H/N, Entsorgung u. Müll inkl. Sanitärbenutzung/Nacht ab 16 J. 6.– / Kinder 4 bis 15 J. 4.–.

67098 Bad Dürkheim, Pfalz (c10) ST-D 5500/2

»WEINGUT HAUER & HAUER'S GUTSAUSSCHANK«
☏ 0049 6322 63375 Ende Feb. bis Ende Nov.
info@katharinenhof-hauer.de, **katharinenhof-hauer.de**

➔ A 6 Kaiserslautern-Mannheim, Abf. (19) Grünstadt, weiter auf B 271 nach Bad Dürkheim. ✉ In den Kornwiesen 1 (GPS: 49°27'59"N / 8°12'5" E).

Stellplatz am Gewerbegebiet der Beschilderung Katharinenhof. Stellflächen in einem Garten auf Schotterrasen. Der Empfang von Satellitenfernsehen ist durch Bäume nur bedingt möglich. Ent- und Versorgung möglich. Maximal 8 Nächte Aufenthalt möglich. Ortszentrum 1.5 km entfernt. 8 Touristenplätze.

67098 Bad Dürkheim, Pfalz ST-D 5500/3

10 **»WOHNMOBIL-STELLPLATZ "IN DER SILZ"«** 1.1. bis 31.12.
☏ 0049 6322 935140 10 000 qm
info@bad-duerkheim.de
www.bad-duerkheim.com/camping/wohnmobilstellplatz.html

➔ A 6 Kaiserslautern-Mannheim, Abf. (19) Grünstadt, weiter nach B 271 nach Bad Dürkheim. ✉ In der Silz (GPS: 49°28'10"N / 8°10'3" E).

Beleuchteter Wohnmobil-Stellplatz am Stadtrand mit Blick auf die Schäferwarte und das Dürkheimer Riesenfass. Von Weinbergen umgeben. Ebene Stellflächen auf Wiese, durch lockere Baumreihen leicht beschattet. Überfahrbarer Gully vorhanden. Da die Stromsäulen zentral platziert sind, wird ein Verlängerungskabel empfohlen. Guter Ausgangspunkt für Wanderungen und Radtouren. Bezahlung erfolgt über den Automaten. Während des Dürkheimer Wurstmarktes (11.-21.9.20) wird der Stellplatz als reiner Parkplatz bewirtschaftet. Maximal 3 Nächte Aufenthalt möglich. Ortszentrum 300 m entfernt. 90 Touristenplätze.
2022: MC-St/N 8.–, Wasser/80 l 1.–, Strom/1 kWh 1.– (16 A). KT, Entsorgung und Müll inklusive.

67146 Deidesheim, Pfalz (c10) ST-D 5506

10 **»WEINGUT HERBERT GIESSEN ERBEN«** 1.1. bis 31.12.
E.: Herbert Gießen ☏ 0049 6326 391
weingut-giessen@t-online.de, **www.deidesheim.de**

➔ A 5 Abf. (45) Karlsruhe-Mitte in Richtung B 10 Landau, weiter A 65 Abf. (11) auf die B 271 Richtung Bad Dürkheim, nach Deidesheim abbiegen. ✉ Weinstraße 3 (GPS: 49°24'44"N / 8°11'28" E).
∴ Burgen und Schlösser entlang der Deutschen Weinstraße.

Stellplätze auf Wiese und Schotter neben einem Weingut am Ortsrand. Stellplatz-Länge 10 m. Reservierung erwünscht. Liegewiese. 2 Touristenplätze.
2023: St/N 9.50. P/N, KT, H/N, Müll, Wasser und Strom inklusive. WC ist inklusive.

67466 Lambrecht, Pfalz (c10) ST-D 5507

0 **»WOHNMOBILSTELLPLATZ LAMBRECHT«** 1.1. bis 31.12.
☏ 0049 6325 181110, Mobil 0049 6325 181191
touristinfo@vg-lambrecht.de

➔ A 65 Karlsruhe - Mannheim, Abf. (13) Neustadt/Weinstr.-Süd, weiter auf B 39 nach Lambert. ✉ Blainviller Str. 1 (GPS: 49°22'13"N / 8°4'28" E).

Stellplatz beim Sportplatz in Lambert. Stellflächen auf Schotter, umgeben von Bäumen. Stellplatz-Länge bis 7 m. Nicht für große Reisemobile geeignet. Wasser- und Stromversorgung per Münzautomat. Die zentrale Lage bietet Einkaufs- und Einkehrmöglichkeiten in unmittelbarer Nähe. Außerdem liegen Wander- und Mountainbike-Routen direkt vor der Tür. Ortszentrum 300 m entfernt. 7 Touristenplätze.
2022: Stellplatz ist kostenlos. Wasser- und Stromversorgungsstation (Münzautomat) zuzüglich. H/N und Entsorgung inklusive.

67433 Neustadt a. d. W., Pfalz (b10) ST-D 5508

Abfahrt

»STELLPLATZ MARTIN-LUTHER-KIRCHE« 1.1. bis 31.12.
E.: Tourist-Information ☏ 0049 6321 926892
touristinfo@neustadt.eu, **www.neustadt.eu**

➔ A 65 Ludwigshafen-Karlsruhe, Abf. (12) Neustadt/Weinstraße-Nord, weiter auf der B 38 nach Neustadt. Am 2. Kreisverkehr, 3. Ausfahrt, weiter auf der B 38. Nach ca. 300 m links in die Zielstraße einbiegen. Beschildert. ✉ Martin-Luther-Straße (GPS: 49°21'17"N / 8°9'9" E).
∴ Historische Altstadt. Gotische Stiftskirche. Diverse Museen. Hambacher Schloss. Wolfsburg. Burg Winzingen. Haardter Schloss. Hist. Kuckucksbähnel.

100 m 200 m 1 km HS 2 km
Eingezäunter, beleuchteter Stellplatz mit Grünfläche zwischen Hauptschule und Supermarkt. Ebene Stellflächen auf Asphalt. Stellplatz-Länge bis 12 m. Für Fahrzeuge über 5 t geeignet. Imbiss. Am letzten Sonntag im August Weinproben. Deutsches Weinlesefest mit Wein-/Sekttreff. Rad-/Wanderwegenetz. Ort 1 km entfernt. 40 Touristenplätze.

67593 Westhofen, Pfalz (c9) ST-D 5519/1

Abfahrt

10 **»WEINGUT DREIHORNMÜHLE«** 1.1. bis 31.12.
E.: Familie Orb ☎ 0049 6244 4409, Fax 0049 6244 909829 121 m
FredOrb@gmx.de, www.dreihornmuehle.de

➔ A 61 Speyer-Koblenz, Abf. (56) Gundersheim, im Ort durch den Kreisverkehr Richtung Osthofen. Nach ca. 800 m beim Supermarkt links in die Str. An der Brennerei einbiegen. ✉ An der Brennerei 35 (GPS: 49°42'13"N / 8°15'12" E).
Evangelische Kirche. Katholische Pfarrkirche St. Peter und Paul. Alte Fachwerkhäuser am Marktplatz. Quelle des Seebachs.

200 m 500 m
Stellplatz direkt vor dem Weingut an einer Apfelplantage. Ebene Stellflächen auf Wiese. Stellplatz-Länge bis 8 m. Reservierung erbeten. Bei Einkauf von 6 Flaschen Wein/Tag entfällt die Stellplatzgebühr. Ver-/Entsorgung Raiffeisen-Tankstelle beim Kreisverkehr. Weinprobe. Weinlehrpfad. Jakobs-Pilgerweg. Traubenblütenfest 2 Wochen nach Pfingsten. Ort 200 m entfernt. 3 Touristenplätze.
2023: St/N 10.–, Strom/N 2.–.

66849 Landstuhl, Pfalz (b10) ST-D 5521

Abfahrt

»WOHNMOBILSTELLPLATZ VON RICHTHOFEN« 1.1. bis 31.12.
E.: Verbandsgemeinde Landstuhl ☎ 0049 6371 83249
tourismus@landstuhl.de, www.landstuhl.de

➔ A 6 Kaiserslautern–Saarbrücken, Abf. (13) Ramstein-Miesenbach, weiter Richtung Zentrum. Beschildert. ✉ Von Richthofen-/Ecke Bahnstraße (GPS: 49°24'57"N / 7°34'12" E).
Historische Altstadt. Alte Kapelle. Burg Nanstein. Bismarckturm.

RES Ch 100 m
300 m HS 1 km
Beleuchteter, markierter Stellplatz auf stark frequentiertem Großparkplatz zwischen Bahn und Innenstadt. Ebene, parzellierte Stellflächen auf Pflaster. Stellplatz-Länge bis 12 m. Maximal 3 Nächte Aufenthalt möglich! Im Winter ohne Wasser! Ort 200 m entfernt. 4 Touristenplätze.

66877 Ramstein-Miesenbach, Pfalz (b10) ST-D 5522/1

»WOHNMOBILSTELLPLATZ FREIZEITBAD AZUR«
E.: Stadt Ramstein ☎ 0049 6371 5920 1.1. bis 31.12.
info@ramstein.de, www.ramstein-miesenbach.de

➔ A 6 Mannheim–Saarbrücken, Abf. (13) Ramstein-Miesenbach, weiter auf der L 363 bis zum 1. Kreisverkehr Ortsrand Ramstein-Miesenbach, dort auf die Umgehungsstraße L 356 fahren und dieser zum Freizeitbad "Azur" folgen. Beschildert. ✉ Schernauer Straße 50/Reichswaldstraße (GPS: 49°26'45"N / 7°34'15" E).
Museum. Burg Nanstein (5 km).

RES HS 200 m 300 m 500 m
1 km 2 km
Reservierter Stellplatz auf dem PKW-Waldparkplatz am Freizeitbad Azur. Stellflächen auf Schotter. Stellplatz-Länge bis 12 m. Schießsport in unmittelbarer Nähe. Ort 2 km entfernt. 30 Touristenplätze.

66877 Ramstein-Miesenbach, Pfalz (b10) ST-D 5522/2

»WOHNMOBILSTELLPLATZ CITY-PARKPLATZ« 1.1. bis 31.12.
E.: Stadt Ramstein ☎ 0049 6371 592108
info@ramstein.de, www.ramstein-miesenbach.de

➔ A 6 Mannheim–Saarbrücken, Abf. (13) Ramstein-Miesenbach, weiter auf der L 363 zum Zentrum. Beschildert. ✉ Talstraße (GPS: 49°27'2"N / 7°33'21" E).
Museum. Burg Nanstein.

RES 100 m 200 m
HS 2 km
Stellplatz zwischen Bahnlinie und Anliegerstraße. Leicht schräge Stellflächen auf Pflaster. Stellplatz-Länge bis 6 m. Ver-/Entsorgung und Wasser in 200 m Entfernung bis 16 Uhr bei der Kläranlage. Ort 600 m entfernt. 5 Touristenplätze.

55278 Selzen, Pfalz (c9) ST-D 5524

10 **»WEINGUT KAPELLENHOF«** 1.1. bis 31.12.
☎ 0049 6737 204, Fax 0049 6737 8670
kapellenhof@t-online.de, www.weingut-kapellenhof.de

➔ A 63 Mainz-Kaiserslautern, Abf. (6) Wörrstadt, weiter auf B 420 nach Selzen. (Für das Navi: Zufahrt über die Kirschgartenstr. 11) ✉ Kapellenstr. 18 (GPS: 49°51'53"N / 8°15'19" E).

Stellplatz am Weingut Kapellenhof mit Blick über die freie Gemarkung und Anschluss an den Radweg. Stellflächen auf Schotter. Keine Entsorgung möglich. Maximal 6 Nächte Aufenthalt. Weineinkauf auf dem Weingut möglich. Verschiedene gastronomische Angebote sind in der direkten Umgebung vorhanden. Rad- und Wanderwege. Ortszentrum 200 m entfernt. 3 Touristenplätze.
2022: St/N inkl. 2 P/N 10.–, extra MC/N 10.–. P/N, KT, H/N, Wasser und Strom inklusive.

55294 Bodenheim, Pfalz (c9) ST-D 5526

Abfahrt

»WEINGUT UND GUTSSCHÄNKE HAUB« 1.1. bis 31.12.
E.: Hörg Haub ☎ 0049 6135 2874, Fax 0049 6135 950560
info@haub-weingut.de, www.haub-weingut.de

➔ A 9 Mainz-Worms Abf. (9) Bodenheim und weiter auf der L 413 nach Bodenheim. Im Ort links nach Nieder-Olm und kurz vor Ortsausgang rechts in den Schreiberweg abbiegen. Nach 350 m liegt das Weingut auf der rechten Seite. ✉ Schreiberweg 11 (GPS: 49°55'34"N / 8°17'48" E).

WC W 1.5 km 2 km
Stellplatz in Ortsrandlage bei einem traditionellen Weingut (seit 1790 in Familienbesitz) inmitten der Weingärten. Stellflächen auf leicht unebener und abfallender Rasenfläche mit Blick auf die Weinberge. WC und Waschbecken nur auf Anfrage nutzbar. Gutsschänke mit rhein-hessischen Spezialitäten. Verkauf von Wein, Sekt und Produkten aus örtlicher Produktion. Maximal 2 Nächte Aufenthalt! Bitte vorher telefonisch anmelden. 2 Touristenplätze.

55237 Flonheim, Pfalz (c9) ST-D 5527

Abfahrt

»WEINGUT & WEINPARADIES MEYERHOF« 1.1. bis 31.12.
E.: Familie Hammer ☎ 0049 6734 8714, Fax 0049 6734 6857
info@weingut-meyerhof.de, www.weingut-meyerhof.de

➔ A 61 Alzey-Bingen, Abf. (53) Bornheim und weiter auf der L 408 Richtung Flonheim. Am Ortseingang weiter rechts fahren Richtung Armsheim und kurz vor dem Kreisverkehr rechts zum Weingut abbiegen. ✉ Meyerhof (GPS: 49°47'18"N / 8°2'44" E).
Ortsmuseum (Flonheim).

WC W WC 100 m 300 m
Stellplatz bei einem Weingut am Ortsrand. Teils von Feldern umgeben. Ebene Stellflächen auf Pflaster und Rasengittersteinen. Infothek. Immer Freitags (ab 17.30 Uhr) Betriebsbesichtigung und Weinprobe (Anmeldung erforderlich). Samstags Gutsausschank und kleine Speisen. Verkauf von Wein, Sekt, Pesto etc.. Frühstück möglich. Rad- und Wanderwege. Bitte telefonisch anmelden! FW. 4 Touristenplätze.

55278 Dolgesheim, Pfalz (c9) ST-D 5528

15 **»WEINGUT SECK«** 1.1. bis 31.12.
E.: Familie Seck ☎ 0049 6733 324, Fax 0049 6733 8616
info@weingut-seck.de, www.weingut-seck.de

➔ A 61 Worms-Bingen Abf. (55) Alzey und weiter Richtung Gau-Odernheim. Von hier weiter Richtung Dorn-Dürkheim nach Dolgesheim. Am Ortsende links zum Weingut abbiegen, beschildert. ✉ Weinolsheimer Str. 12 (GPS: 49°47'50"N / 8°15'41" E).

WC W W Ch
400 m
Stellplatz bei einem ökologisch arbeitenden Weingut am Ortsrand. Gästezimmer. Weinproben und Seminare. Stellflächen auf Pflaster und Rasen. Stellplatzlänge bis 20 m. Bitte vorher Anmelden. Ort 200 m entfernt. 20 Touristenplätze.
2022: St/N inkl. 2 P/N 15.–. P/N, KT, H/N, WD, Entsorgung, Wasser, Sanitärbenutzung und Strom inklusive.

67547 Worms, Pfalz (c9/10) ST-D 5531

10 **»WOHNMOBILSTELLPLATZ WORMS«** 1.1. bis 31.12.
E.: Tourist Information Worms ☎ 0049 6241 8537306
touristinfo@worms.de
www.worms-erleben.de/erleben/planen-und-buchen/reisemobil-camping

➔ A 61 Bingen-Speyer, Abf. (58) Worms, auf der B 47 nach Worms. Im Ort vor der Rheinbrücke abbiegen und der Beschilderung zum Festplatz folgen. ✉ Kastanienallee (GPS: 49°38'4"N / 8°22'30" E).
Kaiserdom St. Peter. Pauluskirche und Dominikanerkloster. Nibelungenmuseum. Ludwigsdenkmal. Nibelungenbrücke mit Nibelungenturm. Wasserturm.

RES WC WC 300 m
500 m 1 km HS 2 km
Separater, beleuchteter und parzellierter Stellplatz nahe am Rheinufer. Stellflächen auf Schotter. Stellplatz-Länge bis 12 m. Bezahlung am Münzautomaten. Auf dem Parkplatz des Gasthauses "Hagenbräu" (*), etwa 300 Meter vom Stellplatz entfernt an der Rheinpromenade, befindet sich einen Bodeneinlass und eine Frischwasserzapfstelle mit Chipbetrieb. Wertmünzen zu € 1.- sind in der Gaststätte erhältlich. Ort 2 km entfernt. 25 Touristenplätze.
2022: MC-St/N 6.–, Strom/8 Std. 1.– (6 A). P/N inklusive.

67574 Osthofen, Pfalz (c9) ST-D 5532/1

Abfahrt

»REISEMOBILSTELLPLATZ WONNEGAUHALLE« 1.1. bis 31.12.
E.: Stadtverwaltung Ostholfen V.: Volker Dehn, 06242/4601 98 m
☎ 0049 6242 5030109, **b.witt@vg-wonnegau.de, www.osthofen.de**

➔ A 61 Koblenz–Speyer, Abf. (56) Gundersheim, weiter auf der L 386 über Westhofen nach Osthofen. Im Ort von der Friedrich-Ebert-Straße/L 386 in die Carlo-Mierendorff-Straße einbiegen. Beschildert. ✉ Herrnsheimer Straße (GPS: 49°41'56"N / 8°19'34" E).
Bergkirche. Altes Rathaus. Miniaturburg Leckzapfen. Gedenkstätte KZ Osthofen. Schill-Turm.

RES Ch 200 m
500 m
Stellplatz auf dem Festplatz, Großparkplatz, an der Wonnegauhalle. Ebene Stellflächen auf Schotter und Asphalt. Stellplatz-Länge bis 10 m. Für Fahrzeuge über 5 t geeignet. Ver- und Entsorgungsmöglichkeit vorhanden. Maximal 48 Stunden Aufenthalt möglich! Mai-Okt. Winzerfeste. Geschlossen am Frühlingsfest. Ort 500 m entfernt. 50 Touristenplätze.

5 Rheinland-Pfalz

67574 Osthofen, Pfalz (c9) ST-D 5532/2

10 **»WEINGUT BORNTALER HOF«** 1.1. bis 31.12.
E.: Benno Lang ☎ 0049 6242 1354, Mobil 0049 152 03483356 98 m
weingut@borntaler-hof.de, **www.borntaler-hof.de**

➔ B 9 Mainz-Worms, auf die L 386 nach Osthofen abbiegen. Im Ort links in die Rhönstraße und nach ca. 300 m rechts in die Zielstraße einfahren. Beschildert. ✉ Verlängerung Höhenstraße (GPS: 49°41'59"N / 8°17'54" E).
Bergkirche. Altes Rathaus. Miniaturburg Leckzapfen. Gedenkstätte KZ Osthofen. Schill-Turm.

1 km

Teils beleuchteter Stellplatz im Hof und auf angrenzender Wiese, auch bei schlechtem Wetter befahrbar, bei einem Aussiedlerhof. Ebene Stellflächen auf Asphalt und Wiese, teilweise von Bäumen beschattet. Stellplatz-Länge bis 10 m. Weinprobe. Betriebsführungen. Clubtreffen bis zu 40 Fahrzeuge möglich. Reservierung erwünscht. Rad-/Wanderwegenetz. Ort 1 km entfernt. 50 Touristenplätze.
2023: St/N 10.–. H/N, Müll, Wasser, Sanitärbenutzung und Strom inklusive. EC-Kartenzahlung möglich.

67574 Osthofen, Pfalz (c9) ST-D 5532/3

»STELLPLATZ SOMMERRIED-SPORTANLAGEN« 1.1. bis 31.12.
E.: Stadt Osthofen ☎ 0049 6242 5030109 98 m
b.witt@vg-wonnegau.de, **www.osthofen.de**

➔ B 9 Mainz-Worms, auf die L 386 nach Osthofen abbiegen. Im Ort links in die L 439, Carlo-Mierendorff-Straße/Herrnsheimer Straße, einfahren zum Ziel. Beschildert. ✉ Herrnsheimer Straße (GPS: 49°41'32"N / 8°19'37" E).
Bergkirche. Altes Rathaus. Miniaturburg Leckzapfen. Gedenkstätte KZ Osthofen. Schill-Turm.

1 km 1.5 km

Stellplatz am Sommerried-Stadion außerhalb des Ortes. Ebene Stellflächen auf Schotter, von Büschen und wenigen Bäumen umsäumt. Stellplatz-Länge bis 10 m. Maximal 48 Stunden Aufenthalt möglich! Rad-/Wanderwegenetz. Ort 1.5 km entfernt. 10 Touristenplätze.

67582 Mettenheim, Pfalz (c9) ST-D 5533

20 **»STELLPLATZ WEINGUT SEILHEIMERHOF«** 1.3. bis 1.11.
E.: Bernd Seilheimer ☎ 0049 6242 2378 414 m
Fax 0049 6242 6885, **info@seilheimerhof.de**, **www.seilheimerhof.de**

➔ B 9 Worms - Oppenheim, nach Meppenheim abbiegen. Im Ort von der Bahnhofstraße in die Hauptstraße/Am Michelsberg (L 439) Richtung Osthofen einbiegen. Am Ortsende links zum Ziel. ✉ In den Weingärten 10 (GPS: 49°44'5"N / 8°19'35" E).
Barockkirche. Modellflugplatz 1 km. Hohlwanderweg 2 km.

800 m 3 km 4 km

Stellplatz direkt beim Weingut in ruhiger Lage am Weinberg am südlichen Ortsrand. Ebene Stellflächen auf Wiese. Stellplatz-Länge bis 8 m. Für Fahrzeuge über 5 t geeignet. Öffnungszeiten: 8-20 Uhr. Maximal 10 Nächte Aufenthalt möglich! Mitarbeit im Weinberg. Führungen durch den Weinkeller. Weinprobe. Planwagenfahrten. Ort 500 m entfernt. 6 Touristenplätze.
2023: C-St/N inkl. 2 P/N 16.–, MC-St/N inkl. 2 P/N 13.–, weitere P/N ab 10 J. 2.–, extra A/N 3.–, extra M/N 2.–, extra B/N 3.–, Strom/N 3.–. KT, H/N, Entsorgung, Müll, Wasser und Sanitärbenutzung inklusive. Bei Ankunft ein Flasche Wein gratis. Klimaanlagen Betrieb 6.– € zusätzlich.

55777 Eckersweiler, Pfalz (b10) ST-D 5538/1

»STELLPLATZ AM SPORTPLATZ« 1.1. bis 31.12.
E.: Tourist-Information Kusel
☎ 0049 6381 424270, Mobil 0049 170 2048667, **www.eckersweiler.de**

➔ A 62 Hoppstädten-Weiersbach-Landsstuhl, Abf. (6) Reichweiler, Richtung Eckersweiler vor dem Ort zum Sportplatz abbiegen. Beschildert. ✉ Sportplatz (GPS: 49°33'23"N / 7°18'19" E).
Burgruine Frauenberg. Heimatmuseum Baumholder.

Stellplatz beim Fußballplatz zwischen Wiesen und Feldern. Stellflächen auf Wiese und Schotter. Stromanschluss (16 A) und Wasserentnahmestelle sind auf Anfrage vorhanden. Ort 2 km entfernt. 4 Touristenplätze.

67806 Rockenhausen, Pfalz (b9) ST-D 5539

»REISEMOBILHAFEN AM NATURERLEBNISBAD« 1.1. bis 31.12.
☎ 0049 6361 451121
touristinfo@rockenhausen.de, **www.rockenhausen.de**

➔ A 63 Kaiserslautern - Mainz, Abf. (13) Winnweiler, weiter nach Rockenhausen. ✉ Obermühle (GPS: 49°37'21"N / 7°49'18" E).

100 m 300 m

Wohnmobilstellplatz im Freizeitzentrum gegenüber dem Naturerlebnisbad. Stellflächen auf Schotter zum Teil uneben. Nach der Anmeldung an der Schwimmbadkasse erhalten Besucher die Pfalzcard und somit kostenfreien Eintritt zu zahlreichen Erlebnissen in der Pfalz und freie ÖPNV Nutzung inklusive. Ortszentrum 800 m entfernt. 6 Touristenplätze.

66901 Schönenberg-Kübelberg, Pfalz (b10) ST-D 5540

»STELLPLATZ BEIM HOTEL-RESTAURANT "LANDGUT JUNGFLEISCH"«
E.: Fritz Jungfleisch 1.1. bis 31.12.
☎ 0049 6373 4001, Mobil 0049 6373 6233, Fax 0049 6373 4002
mail@campingpark-ohmbachsee.de, **campingpark-ohmbachsee.de**

Abfahrt

➔ A6 Kaiserslautern-Saarbrücken Abf. Bruchmühlbach/Miesau. Über Miesau Richtung Schönenberg ca. 5 km. Oder Abf. (10) Waldmohr über Schönenberg-Kübelberg. ✉ Miesauer Str. (GPS: 49°24'42"N / 7°24'15" E).

200 m 300 m 400 m

Stellplatz beim Hotel-Restaurant "Landgut Jungfleisch" vor dem CAMPINGPARK OHMBACHSEE. Von einer Hecke umrahmt. Ebene, überwiegend schattenlose und befestigte Stellflächen (6x10 m). Durch junge, einzelstehende Bäume parzelliert. Stromsäulen münzbetrieben. Brötchenservice. Anmeldung und touristische Informationen bei der Rezeption des Campingplatzes. Benutzung der Sanitäranlage des Campingplatzes gegen Gebühr möglich. Ort 1 km entfernt. 16 Touristenplätze.

55599 Siefersheim ST-D 5546

10 **»WEINGUT SOMMER«** 30.3. bis 30.10.
☎ 0049 6703 3977 Sonntags geschlossen!
info@weingut-sommer.com, **www.weingut-sommer.com/wohnmobilstellplatz/**

➔ A 61 Koblenz-Mannheim, Abf. (52) Gau-Bickelheim, weiter zum Weingut Sommer. ✉ Mühlweg 18 (GPS: 49°47'54"N / 7°57'9" E).

300 m 800 m

Stellplatz beim Weingut Sommer zwischen Felder und Weinberge. Stellfläche auf einem leicht geneigten Wiesengelände hinter dem Weingut. Anreise nur nach Absprache möglich. Sonntags ist das Büro geschlossen. Holiday Clean ca. 7 km (Sprendlingen), Eura-Mobil-Forum, entfernt. Weinproben sind möglich. Ortszentrum 800 m entfernt. Mittagsruhe 11:30 bis 13:30 Uhr. 6 Touristenplätze.
2022: MC-St/N inkl. 2 P/N 10.–. P/N, H/N, Entsorgung, Müll, Wasser und Strom inklusive. Bei Weinkauf ab € 50.– ist eine Nacht inklusive.

66482 Zweibrücken, Pfalz (b10) ST-D 5548

»WOHNMOBILSTELLPLATZ FREIZEITPARK AN DER SCHLIESS«
☎ 0049 6332 9770 229 m 1.1. bis 31.12.
info@rosengarten-am-park.de, **www.valentins-biergarten.com/wohnmobil**

➔ A8 Abf. (32) Zweibrücken und weiter Richtung Zentrum. Der Beschilderung "Westpfalzstadion", "Badeparadies Zweibrücken" oder "Rosengarten" folgen. ✉ Geschwister-Scholl-Allee 11 (GPS: 49°13'15"N / 7°22'35" E).

Beschrankter und beleuchteter Stellplatz im nördlichen Stadtbereich zwischen Westpfalzstadion, "Valentins Wirtshaus" und der Reitanlage des Landesgestüts (Rennwiese). Teilweise von Bäumen umrahmt und durch Hecken gegliedert. Ebene, überwiegend schattenlose und durch feinen Split befestigte Stellflächen (6.4x3.5 m, 10x5 m). Durch Baumstämme parzelliert. Stromsäulen münzbetrieben. Zuerst bitte an der Rezeption des Hotel Rosengarten am Park anmelden, dann zur Schranke fahren. Brötchenservice im Hotel. Biergarten. 23 Touristenplätze.

76846 Hauenstein, Pfalz (b10) ST-D 5571

»STELLPLATZ DEUTSCHES SCHUHMUSEUM« 1.3. bis 31.10.
☎ 0049 6392 915165
tourismus@hauenstein.rlp.de, **www.hauenstein.de**

➔ A 65 Karlsruhe-Landau in der Pfalz, Abf. (15) Landau-Nord, Weiter auf B 10 nach Hauenstein. ✉ Turnstraße 5 (GPS: 49°11'21"N / 7°51'19" E).

200 m 300 m

Stellplatz in Ortsnähe auf einem Reisemobilstellplatz mit Blick über Hauenstein. Stellfläche auf Schotter. Deutsches Schuhmuseum angrenzend. Ortszentrum 100 m entfernt. 12 Touristenplätze.

76891 Bobenthal OT St. Germanshof (b10) ST-D 5572/2

0 **»WALDRESTAURANT HOTEL ST. GERMANSHOF«**
☎ 0049 6394 1455 1.1. bis 31.12.
info@st-germanshof.de, **www.st-germanshof.de**

➔ B 38 Landau in der Pfalz-Frankreich, bei der französischen Grenze nach Bobenthal / St. Germanshof abzweigen. ✉ St. Germanshof 10 (GPS: 49°2'52"N / 7°53'56" E).

100 m

Stellplatz an der L 478 beim Hotel - u. Landgasthof Germanshof an der französischen Grenze gelegen. Von Wiesen und Wald umgeben. Stellfläche auf Schotter. Restaurant von Mittwoch bis Samstag ab 17 Uhr und Sonn- und Feiertag bis 18 Uhr geöffnet. Ortszentrum 5 km entfernt. 12 Touristenplätze.
2022: Stellplatz ist kostenlos. H/N inklusive.

76887 Bad Bergzabern, Pfalz (b/c10) ST-D 5573/1

»WEINGUT HITZIGER« 15.3. bis 15.11.
E.: Stefan Hitziger ☎ 0049 6343 1710
info@weingut-hitziger.de, **www.weingut-hitziger.de**

➔ A 65 Neustadt/Weinstr.-Karlsruhe, Abf. (19) Rohrbach, auf die L 493 in Richtung Heuchelheim. Bei Billigheim auf die B 38 in Richtung Bad Bergzabern abbiegen. Stellplatz oberhalb des LD-SÜW-Klinikums. Beschildert. ✉ Liebfrauenbergweg 3 (GPS: 49°6'25"N / 7°59'47" E).
Schloss. Westwall- und Stadtmuseum. Deutsches Weintor.

2 km 4 km 5 km

Beleuchteter Stellplatz mitten in den Weinbergen. Stellflächen auf Wiese. Stellplatz-Länge bis 10 m. Für Fahrzeuge bis 7.5 t geeignet. Barzahlung im Weingut. Brötchenservice. Weingutbesichtigung mit Weinprobe möglich. Ortszentrum 2 km entfernt. 5 Touristenplätze.

76887 Bad Bergzabern, Pfalz (b/c10) ST-D 5573/2

»SCHLOSSGARTEN« 1.1. bis 31.12.
☏ 0049 6343 7010
info@bad-bergzaberner-land.de, www.bad-bergzabern.de

➔ A 65 Karlsruhe-Landau in der Pfalz, Abf. (21) Kandel-Mitte, weiter auf B 427 nach Bad Bergzabern. ✉ (GPS: 49°6'11"N / 7°59'50" E).

200 m 600 m

Stellplatz auf einem öffentlichen Parkplatz in Innenstadt-Nähe. Stellfläche auf Pflaster. Ortszentrum 200 m entfernt. 10 Touristenplätze.

67483 Edesheim, Pfalz (c10) ST-D 5579/1

Abfahrt

»STELLPLATZ WEINGUT BOOS« März bis Nov.
E.: Rainer Boos ☏ 0049 6323 2288, Fax 0049 6323 988068
info@weingut-boos.com, www.weingut-gaestezimmer-boos.de

➔ A 65 Ludwigshafen-Karlsruhe, Abf. (14) Edenkoben, weiter auf der K 6 nach Edenkoben. Am 2. Kreisverkehr rechts abbiegen in die Staatsstraße L 516 nach Edesheim. Im Ort rechts auf die L 507 Richtung Hainfeld zum Ziel. Beschildert. ✉ Ludwigstr. 150 (GPS: 49°15'27"N / 8°7'6" E).
∴ Schloss Edesheim. Schloß Villa Ludwigshöhe. Sesselbahn Schloss Rietburg. Kloster Heilsbruck.

Ch 300 m HS 500 m 1 km 1.5 km

Stellplatz auf einer Wiese am Weingut inmitten von Weinstöcken außerhalb des Ortes mit Blick auf den Pfälzer Wald. Ebene Stellflächen auf Wiese. Stellplatz-Länge bis 12 m. Für Fahrzeuge über 5 t geeignet. Reservierung empfohlen. Anreise zwischen 14 und 18 Uhr. Abreise bis 12 Uhr. Liegewiese. Weinprobe. Kellerführung. Wein-/Waldlehrpfad. Rad-/Wanderwegenetz. Ort 1 km entfernt. 6 Touristenplätze.

67483 Edesheim, Pfalz (c10) ST-D 5579/3

Abfahrt

10 **»STELLPLATZ WEINGUT ERICH BRAUN & SÖHNE«**
E.: Familie Erich Braun & Söhne 1.1. bis 31.12.
☏ 0049 6323 4083, Fax 0049 6323 981355, **info@weingutbraun.com**
www.weingutbraun.com

➔ A 65 Ludwigshafen-Karlsruhe, Abf. (14) Edenkoben, weiter auf der K 6 nach Edenkoben. Am 2. Kreisverkehr rechts abbiegen in die Staatsstraße L 516 nach Edesheim. Im Ort rechts auf die L 507 Richtung Hainfeld zum Ziel. Beschildert. ✉ Ludwigstr. 151 (GPS: 49°15'23"N / 8°6'58" E).
∴ Schloss Edesheim. Schloß Villa Ludwigshöhe. Sesselbahn Schloss Rietburg. Kloster Heilsbruck.

Ch 100 m HS 300 m 500 m 1 km

Beleuchteter Stellplatz am westlichen Ortsrand von Edesheim, umgeben vom Rebenmeer. Direkt am Weingut und Obstbrennerei. Ebene Stellflächen auf Wiese. Stellplatz-Länge bis 12 m. Gebühr bar/EC-Karte. Um Reservierung wird gebeten. Liegewiese. Brötchenservice. Weingutführung mit Weinprobe. Rad-/Wanderwegenetz. Ort 1 km entfernt. 3 Touristenplätze.
2022: C/N 10.–, MC/N 10.–. P/N, H/N, Entsorgung, Wasser und Strom inklusive.

67480 Edenkoben, Pfalz (c10) ST-D 5581/7

»WEINGUT HEINRICHSHOF FITZ-SCHNEIDER« 1.1. bis 31.12.
E.: Sieglinde & Heinrich Fitz ☏ 0049 6323 5285 191 m
info@weingut-fitz-schneider.de, www.weingut-fitz-schneider.de

➔ A 65 Karlsruhe-Mannheim, Abf. (14) Edenkoben und weiter ins Ortszentrum. Hier in die Klosterstraße und weiter zum Weingut (Klosterstraße 68). Im Weingut nach dem Weg zum Gästehaus/Stellplatz nachfragen. ✉ Klosterstraße 158b (GPS: 49°17'2"N / 8°7'2" E).
∴ Weinbaumuseum.

WC W W Ch 800 m 1.5 km

Stellplatz bei einem Weingut am Ortsrand des Luftkurortes Edenkoben. Auf der Rückseite des Gästehauses befinden sich geschotterte Stellflächen. Weinproben und Führungen. Mitarbeit zur Erntezeit möglich. Verkauf von Weinen aus eigener Produktion. Brötchenservice. Ortszentrum 800 m entfernt. 10 Touristenplätze.

76726 Germersheim, Pfalz (c10) ST-D 5586

»WOHNMOBILPLATZ CARNOT'SCHE MAUER« 1.1. bis 31.12.
☏ 0049 7274 960 301, Mobil 0049 7274 960 302
Fax 0049 7274 960 303, **tourist-info@germersheim.eu**
www.germersheim.eu

➔ B 9 Karlsruhe-Mannheim, bei Germersheim Abf. Germersheim Mitte, Richtung Bahnhof, weiter auf Zeughaus-Straße, Rudolf-von Habsburg-Straße. ✉ Rudolf-von-Habsburg-Straße (GPS: 49°13'11"N / 8°22'37" E).

Ch 200 m 500 m

Stellplatz auf der Festungsanlage in unmittelbarer Nähe zur Innenstadt und zum neuen Einkaufszentrum. Ebene gepflasterte Stellflächen. Stellplatzlänge bis 12 m. Bei Bedarf kann ein TV-Antennenkabel gegen 10.- € Pfand im Tourismus- Kultur und Besucherzentrum Weißenburger Tor ausgeliehen werden. Ortszentrum 500 m entfernt. 15 Touristenplätze.

76857 Eusserthal, Pfalz (b/c10) ST-D 5588/2

»WOHNMOBILSTELLPLATZ EUSSERTHAL« 1.4. bis 30.10.
☏ 0049 6345 919040, Mobil 0049 176 99202233
schueler-eusserthal@t-online.de, www.wohnmobilstellplatz-eusserthal.de

➔ B 10 Landau in der Pfalz-Pirmasens, bei Albersweiler nach Eußerthal. Zufahrt erfolgt über den asphaltierten Radweg. ✉ Schulstr./Radweg (GPS: 49°14'20"N / 7°58'33" E).

RES Ch 500 m

Stellplatz am Ortsrand neben dem Eußerbach. Ebene Stellflächen auf Schotterrasen. Viele Rad- u. Wanderwege. Keine Reservierungen. Ortszentrum 500 m entfernt. 8 Touristenplätze.

76835 Gleisweiler, Pfalz (c10) ST-D 5589/2

»WINZERHOF AM TEUFELSBERG« 1.1. bis 31.12.
☏ 0049 6345 2118
info@winzerhof-am-teufelsberg.de, www.winzerhof-am-teufelsberg.de

➔ A 65 Karlsruhe-Landau in der Pfalz, Abf. (15) Landau, weiter auf B 10 nach Gleisweiler. Beschildert. ✉ Hainbachtalstraße 23 (GPS: 49°14'15"N / 8°3'51" E).
∴ Burgruine Altscharfeneck.

300 m 500 m

Stellplatz am Ortsrand unter Obstbäumen beim Weingut am Teufelsberg. Zwischen Feldern und Weinreben umgeben. Stellfläche auf Wiese und Schotter. Frischwasserver- und Abwasserentsorgung möglich. Unbedingt vor Anreise anmelden. Weinprobe und Besichtigung möglich. Gut ausgeschilderte Wander- und Radwanderwege. Ortszentrum 2 km entfernt. 5 Touristenplätze.

67346 Speyer, Pfalz (c10) ST-D 5590

Abfahrt

»CARAVANPARK AM TECHNIK MUSEUM« 1.1. bis 31.12.
E.: SVM GmbH ☏ 0049 6232 67100
info@hotel-speyer.de, www.hotel-speyer.de

➔ A 61 Koblenz-Hockenheim, Abf. (64) Hockenheim, weiter auf der L 722/B 39 über die Rheinbrücke, nächste Abfahrt zum Technik Museum folgen. Beschildert. ✉ Am Technik Museum 1 (GPS: 49°18'43"N / 8°27'0" E).
∴ Historische Altstadt. Kaiserdom. Wilhelmsbau. Technik Museum.

RES WC W W Ch HS 500 m 1.5 km

Bewachter Stellplatz zwischen Dom und Flugplatz. Ebene, gepflegte Stellflächen auf Wiese und Schotter. Stellplatz-Länge bis 12 m. Für Fahrzeuge über 5 t geeignet. Anmeldung und Bezahlung in der Hotelrezeption. Brötchenservice. Maximal 3 Nächte Aufenthalt möglich! Vergünstigter Eintritt ins Museum. Ort 500 m entfernt. 90 Touristenplätze.

76835 Flemlingen, Pfalz (c10) ST-D 5591

10 **»WEINGUT EICHHORN«** 1.4. bis 30.10.
☏ 0049 6323 1811
weingut-eichhorn@t-online.de, www.weingut-eichhorn.de

➔ A 65 Karlsruhe-Landau in der Pfalz, Abf. (14) Edenkoben, weiter über Edenkoben nach Flemingen. ✉ Maxstraße 21 (GPS: 49°14'30"N / 8°5'39" E).

WC W W Ch 400 m 4 km

Stellplatz bei einem Weingut zwischen Feldern und Weinbergen mit Blick auf den Pfälzer Wald. Stellfläche auf Wiese. Weinprobe und Weinkellerführung möglich. Schöne Wander- und Fahrradwege. Um telefonische Anmeldung wird gebeten. Ortszentrum 100 m entfernt. 8 Touristenplätze.
2022: St/N inkl. 2 P/N 5.–, WD 3.–, Strom/N 4.–. H/N, Müll und Wasser inklusive.

76829 Landau OT Nußdorf, Pfalz (c10) ST-D 5592/1

25 **»WEINGUT VILLA HOCHDÖRFFER«** 1.3. bis 18.12.
☏ 0049 6341 649630, Mobil 0049 172 7399121
Fax 0049 6341 6496329, **info@weingut-villa.de, www.weingut-villa.de**

➔ A 65 Karlsruhe-Landau in der Pfalz, Abf. (15) Landau-Nord, weiter auf B 10. ✉ Lindenbergstraße 79 (GPS: 49°13'20"N / 8°6'10" E).

WC W W Ch 500 m

Stellplatz auf dem Familienweingut Hochdörffer an den Weinbergen nah von Landau in der Pfalz. Stellfläche auf Schotterrasen. Videoüberwacht. Frühstück zubuchbar für € 6.- pro Person - mit Voranmeldung. Die Anmeldung des Wohnmobils / Fahrzeugs muss VOR der Einfahrt auf den Wohnmobil-Stellplatz erfolgen - ohne Platzzuweisung keine Einfahrt. Keine Müllentsorgung, nur Brauchwasser-Entsorgung möglich! Ortszentrum 500 m entfernt. 5 Touristenplätze.
2022: St/N 25.–, Müllgeb./Sack 15.–. H/N, WD, Entsorgung, Wasser und Strom inklusive. Gäste erhalten vor Ort einen Verzehr-Gutschein von € 5.– pro Stellplatz.

76829 Landau OT Nußdorf, Pfalz (c10) ST-D 5592/2

15 **»STELLPLATZ WEINGUT LORENTZ«** 1.1. bis 31.12.
☏ 0049 6341 63224, Fax 0049 6341 64302
weingut.lorentz@t-online.de, www.urlaub-mit-wein.de

➔ A 65 Karlsruhe-Landau in der Pfalz, Abf. (15) Landau-Süd, weiter auf B 10 Richtung Böchingen abzweigen. ✉ Lindenbergstraße 76 (GPS: 49°13'22"N / 8°6'10" E).

Ch 500 m 600 m

Stellplatz auf dem Weingut in Ortsrandlage im Grünen. Stellfläche auf einem Wiesenstreifen am Weingut. Montag Ruhetag. Keine Müllentsorgung möglich. Voranmeldung empfehlenswert. Ortszentrum 500 m entfernt. 3 Touristenplätze.
2023: MC-St/N 15.–. P/N, Entsorgung, Wasser und Strom inklusive.

5 Rheinland-Pfalz

76756 Bellheim, Pfalz (c10) ST-D 5593

10 **»STELLPLATZ AM TENNISCLUB«** 1.5. bis 31.10.
Mobil 0049 172 7277063
franz-josef.werner@superkabel.de, www.suedpfalz-tourismus-vg-bellheim.de

➔ B 9 Karlsruhe-Mannheim, bei Bellheim zum Tennisplatz abzweigen. Den Schildern „Schwimmpark" folgen. Für's Navi Postgrabenstraße eingeben. ✉ Auchtweide (GPS: 49°11'43"N / 8°16'29" E).

WC W W Ch

200 m 500 m 1 km
Stellplatz am Ortsrand auf dem Parkplatz des Tennisclubs hinter dem Schwimmpark. Stellfläche auf Schotter und Asphalt. Dusch- und Toiletten-Anlagen mit Schlüssel erreichbar. Bei Abreise Schlüssel unbedingt in den vorgesehenen Briefkasten einwerfen. Clubhaus. Reservierung ist erwünscht. Ortszentrum 500 m entfernt. 8 Touristenplätze.
2023: MC-St/N inkl. 2 P/N 5.–, WD 2.–. P/N, Wasser und Strom inklusive.

76767 Hagenbach, Pfalz (c10/11) ST-D 5595

»STADTBRAUHAUS HAGENBACH« 1.1. bis 31.12.
☎ 0049 7273800765
flick-hagenbach@web.de, www.stadtbrauhaus.de

➔ Von Karlsruhe Richtung Wörth am Rhein, weiter nach Hagenbach. ✉ Stixwörthstraße 1 (GPS: 49°0'31"N / 8°15'33" E).

WC W

400 m 500 m
Stellplatz beim Stadtbrauhaus. Stellfläche auf Pflaster. Brauereibesichtigung möglich. Ortszentrum 800 m entfernt. 30 Touristenplätze.

53424 Remagen, Eifel (b8) ST-D 5601

Abfahrt

15 **»WOHNMOBILHAFEN BEIM CAMPING GOLDENE MEILE«**
E.: H. A. Werner/V. Werner V.: Czeslik 15.3. bis 1.11.
☎ 0049 2642 22222, Fax 0049 2642 1555
info@camping-goldene-meile.de, www.camping-goldene-meile.de

➔ A 61 Koblenz–Köln Abf. (31) Sinzig auf die A 571 und B 266 Richtung Rheinfähre Linz, in Kripp links abbiegen. ✉ Simrockweg 9-13 (Am Allwetterbad) (GPS: 50°34'33"N / 7°15'7" E).
∴ Brücke von Remagen. Rolandsbogen. Erpeler Ley. Römische Ausgrabungen. Apollinariskirche.

RES WC W W Ch W W

HS 50 m W

100 m S400 m 1 km
Wohnmobilhafen neben dem Campingplatz CAMPING GOLDENE MEILE direkt am Rhein. Ebene Stellflächen auf Rasen. Reservierung nicht möglich. 14 Stellplätze mit Stromanschluss. Ort 1 km entfernt. 30 Touristenplätze.
2022: St/N 12.–, WD/4 min. –.50, Waschmaschine 4.–, Trockner 4.–, Wasser/90 l 1.–, Strom/6 Std. 1.–. H/N, Entsorgung und Müll inklusive.

53489 Sinzig, Eifel (b8) ST-D 5603

0 **»TAGESPLATZ SINZIGER SCHLOSS«** 1.1. bis 31.12.
☎ 0049 2642 980500
tourist-info@sinzig.de, www.sinzig.de

➔ A 61 Bonn - Koblenz, bei Dreieck Sinzig nach Sinzig abfahren. ✉ Jahnstraße (GPS: 50°32'49"N / 7°14'55" E).

Gebührenfreier Stellplatz auf dem Festplatz neben dem Schloss Sinzig (Tagesplatz). Ebene Stellflächen auf Schotter und Asphalt. Ortszentrum 200 m entfernt. 10 Touristenplätze.
2023: Stellplatz ist kostenlos.

56589 Niederbreitbach, Wester. (b8) ST-D 5620

25 **»WOHNMOBIL-STELLPLATZ BEIM CAMPING NEUERBURG«**
☎ 0049 2638 4254 1.1. bis 31.12.
verkehrsverein.niederbreitbach@t-online.de, www.wiedtal-camping.de

➔ Wiedtalstraße Neuwied - Niederbreitbach. In Niederbreitbach beschildert. ✉ Im Freizeitpark 1 (GPS: 50°31'45"N / 7°24'50" E).

WC W Ch 500 m 1 km
Stellplatz beim CAMPING NEUERBURG. Auf einer Wiese geschotterte und ebene Stellflächen. Bodeneinlass für Tanks vorhanden. Ortszentrum 500 m entfernt. 9 Touristenplätze.
2023: C-St/N inkl. 2 P/N 19.- bis 22.–, MC-St/N inkl. 2 P/N 8.–, H/N 1.–, KT P/N ab 15 J. –.60, KT K/N 6 bis 14 J. –.30, WD 1.–, Waschmaschine 4.–, Trockner 3.–, Wasser/70 l 1.–, Strom/N 3.– (6 A). Entsorgung und Müll inklusive. Barzahlung.

56626 Andernach (b8) ST-D 5622/1

»SAUNA-SPA-SPORTS« 1.1. bis 31.12.
☎ 0049 2632 9872210
andernach@monte-mare.de

➔ A 61 Bonn-Koblenz, Abf. (36) Plaidt weiter nach Andernach. ✉ Klingelswiese 1 (GPS: 50°25'34"N / 7°23'7" E).

W Ch
Stellplatz auf einem Parkplatz am monte mare. Stellfläche auf Asphalt. Bodeneinlass für mobile Tanks. Ort 2 km entfernt. 14 Touristenplätze.

56626 Andernach (b8) ST-D 5622/2

»WOHNMOBILSTELLPLATZ ANDERNACH« 1.1. bis 31.12.
☎ 0049 2632 25360
kontakt@perspektive-andernach.de, www.perspektive-andernach.de

➔ A 61 Bonn-Koblenz, Abf. (36) Plaidt weiter nach Andernach. ✉ Uferstraße/Scheidsgasse (GPS: 50°26'30"N / 7°24'32" E).

Ch 300 m 500 m
Stellplatz direkt am Rheinufer auf einer Anhöhe. Ebene markierte Stellflächen auf Schotter und Rasengitter. Entleerung mobiler Tanks. Auch für Wohnmobile über 8 m geeignet. Bitte die Stellplatzgebühr am Platzwart-Häuschen an der Zufahrtsstraße zu den Öffnungszeiten entrichten. Ortszentrum 500 m entfernt. 100 Touristenplätze.

56727 Mayen (b8) ST-D 5634

»WOMO-PARKPLATZ AM VIEHMARKT« 1.1. bis 31.12.
☎ 0049 2651 903004
touristinfo@mayenzeit.de

➔ A 48 Trier-Koblenz, Abf. (6) Mayen, weiter nach Mayen, den Wohnmobil-Symbolen folgen. ✉ Polcher Straße (GPS: 50°19'20"N / 7°13'42" E).

Ch 100 m 300 m 1 km
Stellplatz am Viehmarkt. Stellfläche auf Schotter, parzelliert. Maximal 3 Nächte Aufenthalt möglich. Ortszentrum 300 m entfernt. 6 Touristenplätze.

56070 Koblenz, Mosel (b8) ST-D 5640

Abfahrt

25 **»KNAUS REISEMOBILHAFEN KOBLENZ«** 1.1. bis 31.12.
☎ 0049 261 82719 65 m
koblenz@knauscamp.de, www.knauscamp.de/rhein-mosel-koblenz

➔ A 48 Dernbacher Dreieck–Trier Abf. (15) Koblenz auf die B 9 nach Koblenz. Zum Ortsteil Lützel abbiegen. ✉ Schartwiesenweg 6 (GPS: 50°21'57"N / 7°36'15" E).
∴ »Deutsches Eck«. Festung Ehrenbreitstein.

WC W W Ch

200 m 600 m
Zentraler Stellplatz direkt am Zusammenfluss von Mosel und Rhein, gegenüber des "Deutschen Eck"s, bei einem Campingplatz. Ebene Stellflächen auf Rassengittersteinen. Stellplatz-Länge bis 12 m. Maximal 3 Nächte Aufenthalt möglich! Ortszentrum 2 km entfernt. 10 Touristenplätze.
2022: MC-St/N 19.50, Waschmaschine 5.–, Trockner 5.–, P/N, H/N, Entsorgung, Müll, Wasser und Strom inklusive. Sanitärbenutzung/Nacht ab 16 J. 5.– / Kinder 4 bis 15 J. 3.–.

56338 Braubach, Taunus (b8) ST-D 5670

15 **»WOHNMOBILSTELLPLATZ BRAUBACH«** 1.1. bis 31.12.
☎ 0049 6771 4389929
info@wohnmobilstellplatz-braubach.de
www.wohnmobilstellplatz-braubach.de

➔ Von Koblenz auf A 42 Richtung Süden, am Ortsende Einfahrt an der Hauptstraße. ✉ Rheinuferstraße / An der B42 (GPS: 50°16'11"N / 7°38'50" E).
∴ Marksburg. Schloss Philippsburg. Historische Altstadt.

WC W WC Ch

500 m
Stellplatz direkt am Rheinufer neben einer Bahnlinie. Stellfläche auf Asphalt. An- oder Abreise ist rund um die Uhr möglich. Reservierungen werden nicht vorgenommen. Sanitäre Anlage ist per PIN-Code jederzeit zugänglich. Abfallcontainer und Altglascontainer vorhanden. Ortszentrum 500 m entfernt. 34 Touristenplätze.
2022: MC/N 14.–, WD 1.–. P/N, H/N, Entsorgung, Müll, Wasser und Strom (16 A) inklusive. Bezahlung über Kassenautomat (mit Geldwechselfunktion). PIN für Sanitäranlagen auf Kassenbon.

56341 Kamp-Bornhofen, Taunus (b8/9) ST-D 5676

»WOHNMOBILSTELLPLATZ KAMP BORNHOFEN«
E.: Torben Eriksen ☎ 0049 6773 215 1.4. bis 30.10.
info@dasfasshotel.de, www.das-fasshotel.de

➔ Von Koblenz auf B 42 nach Süden am Rhein entlang, weiter in den Ortskern von Kamp-Bornhofen. ✉ Rheinuferstr. 66a (GPS: 50°13'23"N / 7°37'10" E).

100 m 600 m
Stellplätze direkt am Rhein gelegen und am Welterbe-Freibad Kamp-Bornhofen. Stellfläche auf Schotterrasen und Asphalt. Wohnmobillänge bis max 8 m. 5 Schlaffässer zur Vermietung. Frühstücksservice. Ortszentrum 100 m entfernt. 6 Touristenplätze.

55430 Oberwesel, Hunsrück (b9) ST-D 5682/1

»STELLPLATZ AM GASTHAUS RHEINGOLDSCHENKE«
E.: Familie Schneider ☎ 0049 6744 508 1.1. bis 31.12.
hotel@rheingeldschenke.de, www.rheingoldschenke.de

➔ A 61 Koblenz-Worms, Abf. (44) Laudert, weiter in Richtung Oberwesel über Damscheid zum Ziel. Beschildert. ✉ Damscheider Weg 1 (GPS: 50°6'0"N / 7°42'4" E).
∴ Historische Altstadt. Stadtmauer. Martinskirche. Liebfrauenkirche. Mutter-Rosa-Kapelle. Schönburg. Loreley (5 km).

RES 2 km
Stellplatz bei einem Gasthaus mit Weingut. Stellflächen auf Schotter. Stellplatz-Länge bis 8 m. Führung durch den Weinkeller. Weinprobe/-verkauf. Dienstag Ruhetag. Ort 2 km entfernt. 4 Touristenplätze.

55430 Oberwesel, Hunsrück (b9) ST-D 5682/2

»WOHNMOBILSTELLPLATZ OBERWESEL« 1.1. bis 31.12.
E.: Tourist-Information ☎ 0049 6744 710624
info@oberwesel.de, www.oberwesel.de

➔ A 61 Koblenz-Worms, Abf. (44) Laudert, auf die L 217 nach Wiebelsheim, weiter auf der L 220 nach Oberwesel. Beschildert. ✉ Rheinanlagen/B 9 (GPS: 50°6'29"N / 7°43'39" E).
∴ Historische Altstadt. Stadtmauer. Martinskirche. Liebfrauenkirche. Mutter-Rosa-Kapelle. Schönburg.

WC WC 300 m 800 m

Stellplatz (bei Hochwasser nicht befahrbar) auf öffentlichem Parkplatz neben dem Rhein. Stellflächen auf Pflaster. Parkscheinautomat gegenüber der B 9. Stellplatz-Länge bis 8 m. Schiffstouren. Ort 500 m entfernt. 8 Touristenplätze.

55430 Oberwesel, Hunsrück (b9) ST-D 5682/3

»CAMPINGPLATZ SCHÖNBURGBLICK« 18.3. bis 1.11.
☎ 0049 6744 714501
camping-oberwesel@t-online.de

➔ A 9 Koblenz-Bad Kreuznach, bei Oberwesel zum Rhein abzweigen. ✉ Am Hafendamm 1 (GPS: 50°6'9"N / 7°44'11" E).

WC W Ch

200 m 400 m

Stellplatz am Rheinufer Stellfläche auf Asphalt. Bodeneinlass für mobile Tanks vorhanden. Reservierung ab 3 Nächte Aufenthalt erforderlich. Ortszentrum 800 m entfernt. 22 Touristenplätze.

56368 Katzenelnbogen, Taunus (c8) ST-D 5732

»STELLPLATZ AM MARKTPLATZ« 1.1. bis 31.12.
E.: Stadtverwaltung ☎ 0049 6486 91790
petra.popp@stadt-katzenelnbogen.de, www.stadt-katzenelnbogen.de

➔ A 3 Limburg a.d. Lahn-Rüsselsheim, Abf. (45) Idstein, weiter auf der L 3274 nach Görsroth, dort auf die B 417 über Hünstetten nach Kirberg. Im Ort links auf die L 320 nach Hahnstätten. Wiederum im Ort links auf die B 54 nach Burgschwalbach, rechts auf die B 274 nach Katzenelnbogen zum Ziel. ✉ Marktstraße (GPS: 50°15'54"N / 7°58'19" E).
∴ Historische Altstadt. Museum.

Ch HS 500 m

Stellplatz im Ortsmittelpunkt, umgeben von Wohnbebauung. Gekennzeichnete, ebene Stellflächen auf Asphalt. Stellplatz-Länge bis 10 m. 10 Touristenplätze.

65624 Altendiez, Taunus (c8) ST-D 5738

Abfahrt

»STELLPLATZ LAHNBLICKHALLE« 1.1. bis 31.12.
E.: Gemeinde Altendiez ☎ 0049 6432 81446
kontakt@altendiez.de, www.altendiez.de

➔ A 3 Königswinter–Wiesbaden, Abf. (42) Limburg a.d. Lahn-Nord, weiter auf der B 8/B 49 nach Limburg. Dort auf die B 54 und am südlichen Ortsausgang weiter auf der B 417 nach Altendiez. Im Ort, bei der Volksbank, links in die Karlstraße abbiegen zum Sportplatz. Beschildert. ✉ Lahnblick 4 (GPS: 50°21'59"N / 7°58'53" E).
∴ Historische Altstadt Diez 3 km. Schloss Oranienstein. Historische Altstadt Limburg mit Dom (5 km).

WC W W

100 m 300 m 500 m 1 km 3 km

Stellplatz im hinteren Bereich des Parkplatzes an der Lahnblickhalle und dem Sportplatz. Während Veranstaltungen steht ein Ausweichplatz an der Tennisanlage (ca. 300 m entfernt) zur Verfügung. Unparzellierte Stellflächen auf Sand, Splitt, Schotter. Stellplatz-Länge bis 12 m. Für Fahrzeuge über 5 t geeignet. Bezahlung beim Hausmeister der Lahnblickhalle. Imbiss. Maximal 5 Nächte Aufenthalt möglich! Anrechnung von 5.- bei Verzehr in der Altendiezer Gastronomie. Ort 500 m entfernt. 10 Touristenplätze.

65326 Aarbergen, Taunus (c9) ST-D 5740

»STELLPLATZ IM BRÜHL« 1.1. bis 31.12.
E.: Gemeinde Aarbergen ☎ 0049 6120 2736
manuela.schrader@aarbergen.de
www.aarbergen.de/tourismus/wohnmobilstellplatz

➔ B 54 Limburg–Wiesbaden bis zur Abfahrt nach Michelbach. Im Ort von der Hauptstraße links zum Festplatz "Im Brühl" einbiegen. ✉ Hauptstraße/Abfahrt "Zum Brühl" (GPS: 50°13'50"N / 8°3'35" E).
∴ Wehrkirche. Schölerorgel in Kettenbach.

Ch 100 m

200 m 300 m

Beleuchteter Stellplatz im Ort. Ebene Stellflächen auf Pflaster. Stellplatz-Länge bis 12 m. Telefonische Anmeldung erforderlich! Barzahlung beim Kassierer oder vorab an die Gemeinde überweisen - Kontodaten und Infos unter: www.aarbergen.de/tourismus/wohnmobilstellplatz. Draisinetouren mit Programm. Maximal 5 Nächte Aufenthalt möglich! Der Wohnmobilstellplatz steht wegen einer Großveranstaltung am zweiten Wochenende im Juli nicht zur Verfügung. Ort 100 m entfernt. 10 Touristenplätze.

56479 Seck, Westerwald (c8) ST-D 5825

»STELLPL. B. CAMPING PARK WEIHERHOF AM SEE«
E.: Sören Neuberger ☎ 0049 2664 8555 März bis Okt.
Fax 0049 2664 6388, **info@camping-park-weiherhof.de**
www.camping-park-weiherhof.de

➔ A 3 Köln–Frankfurt Abf. (40) Montabaur, B 255 bis Hellenhahn, dort rechts abbiegen oder Abf. (42) Limburg-Nord B 54 bis Irmtraut, dort links abbiegen. ✉ Weiherhof (GPS: 50°35'11"N / 8°2'6" E).
∴ Schloss Westerburg.

W W Ch W W GAS

TV

1 km 2 km

Stellplatz beim Campingplatz CAMPING PARK WEIHERHOF AM SEE. Bezahlung in der Rezeption während der Öffnungszeiten 9-13 und 15-18 Uhr. Bei Spätanreise bitte am nächsten Morgen. Ort 1 km entfernt.

56470 Bad Marienberg, Wester. (c8) ST-D 5841

»WOHNMOBILPARK AM MARIENBAD« 1.1. bis 23.12. 26.12. bis 30.12.
☎ 0049 2661 1300, Fax 0049 2661 3090
mail@marienbad-info.de, www.marienbad-info.de

➔ A 3 Köln-Koblenz, Abf. (37) Dierdorf, weiter auf B 413 nach Bad Marienberg. Hier der Beschilderung zum "Erlebnisbad Marienbad" (Bismarckstraße 65) folgen. ✉ Zinhainer Weg 38 (GPS: 50°38'35"N / 7°56'8" E).
∴ Wildpark. Basaltpark. Kletterwald.

WC W Ch GAS 500 m

Beleuchteter Stellplatz am Ortsrand beim Erlebnisbad MarienBad. Kreisförmig angelegt und von Wald umgeben. Ebene, überwiegend schattenlose Stellflächen auf Wiese und Schotter. Holiday Clean-Station mit Bodeneinlass an der Zufahrt. 7 Ladesäulen mit je 6 Steckdosen (16 A) (münzbetrieben). Anmeldung an der Kasse des MarienBads. Stundenweise Duschmöglichkeit am Morgen im MarienBad. Bistro mit Brötchenservice. Liegewiese. Kostenlose Nutzung der Strandkörbe, Sonnenliegen, Sonnen- und Regenschirme. Als Gast im Wohnmobilpark erhalten Sie ermäßigten Eintritt für Schwimmbad und Saunadorf. Ort 1 km entfernt. 41 Touristenplätze.

57627 Hachenburg, Westerwald (b8) ST-D 5843

0 **»WOHNMOBILSTELLPLATZ HACHENBURG«** 1.1. bis 31.12.
☎ 0049 2662 958339
info@hachenburger-westerwald.de, www.hachenburger-westerwald.de

➔ A 3 Köln-Koblenz, Abf. (37) Dierdorf, weiter auf B 413 nach Hachenburg. ✉ Alexanderring (GPS: 50°39'46"N / 7°49'38" E).

WC Ch 50 m 300 m

500 m 800 m

Stellplatz auf einem öffentlichen Parkplatz am Burggarten und in der Nähe eines Hotels gelegen. Stellfläche auf Rasengittersteine. Sanitäreinrichtungen in 50 m Entfernung. Altstadt fußläufig erreichbar. Stellplatz nach Verfügbarkeit, keine Reservierung möglich. Ortszentrum 500 m entfernt. 8 Touristenplätze.
2022: Stellplatz ist kostenlos. Wasser/100 l 1.–, Strom/1 kWh –.25.

57610 Altenkirchen, Wester. (b8) ST-D 5844/1

»AUTOHAUS HOTTGENROTH-FARRENBERG« 1.1. bis 31.12.
E.: Hottgenroth ☎ 0049 2681 87990
info@hfauto.de, www.hfauto.de

➔ A 3 Siegburg-Montabaur, Abf. (36) Neuwied, weiter auf der B 256 nach Altenkirchen. An der Kreuzung mit der B 8 Richtung Westen abbiegen zum Ziel. ✉ Kölner Str. 100 (GPS: 50°41'24"N / 7°37'26" E).
∴ Christuskirche. Bismarckturm. Ehrenmal. Hermann-Löns-Denkmal.

Ch

Beleuchteter Stellplatz auf einem Autohausgelände in einem Industriegebiet. Ebene Stellflächen auf Asphalt. Stellplatz-Länge bis 10 m. Ort 2 km entfernt. 3 Touristenplätze.

57610 Altenkirchen, Wester. (b8) ST-D 5844/2

»STELLPLATZ AM BAHNHOF« 1.1. bis 31.12.
E.: Tourist-Information ☎ 0049 2681 850, Fax 0049 2681 7122
rathaus@vg-altenkirchen.de, www.vg-altenkirchen.de

➔ A 3 Siegburg-Montabaur, Abf. (36) Neuwied, weiter auf der B 256 nach Altenkirchen. An der Kreuzung mit der B 8 abbiegen Richtung Zentrum, Kölner Straße, an der Kreuzung Leuzbacher Weg und Friedrich-Emmerich-Straße rechts abbiegen zum Konrad-Adenauer-Platz. ✉ Konrad-Adenauer-Platz (GPS: 50°41'2"N / 7°38'12" E).
∴ Christuskirche. Bismarckturm. Ehrenmal. Hermann-Löns-Denkmal.

Ch 150 m 600 m

Markierter Stellplatz am Bahnhof. Ebene Stellflächen auf Rasengittersteinen. Stellplatz-Länge bis 10 m. Verkehrs-/Zuggeräusche am Tag, nachts kein Zugverkehr. Ort 600 m entfernt. 2 Touristenplätze.

5 Rheinland-Pfalz

Hessen

34508 Willingen (Upland), Sau. (c7) ST-D 6001

20 »WOHNMOBILPARK WILLINGEN (UPLAND)« 1.1. bis 31.12.
E.: Mirjana Stremme 0049 5632 960719 550 m
Fax 0049 5632 960719, **info@wohnmobilpark-willingen.de**
www.wohnmobilpark-willingen.de

➔ A 44 Dortmund-Kassel, Abf. (63) Marsberg, auf die B 7 Richtung Brilon, dort auf die B 251 Richtung Willingen, in Willingen Richtung Eissporthalle und Lagunen Erlebnisbad. ✉ Am Hagen 12 (GPS: 51°17'22"N / 8°36'46" E).
Besucherbergwerk 'Schiefergrube Christine', 'Upländer Milchmuhseum', Curioseum, Brauhaus, Glaserei.

Ch 100 m 500 m 800 m

Beleuchteter Stellplatz für Wohnmobile am Ortsrand hinter der Eissporthalle Willingen, dem Kino und der Touristinfomation. Der Stellplatz ist in drei Bereiche gegliedert. Ein Teil davon mit freiem Blick auf die umliegende Landschaft. Ebene, schattenlose Stellflächen (5x10 m) auf Schotter. "St-San"- Ver- und Entsorgungsanlage. Duschen im Lagunen-Erlebnisbad gegen Gebühr (80 m). Gruppenreservierungen ab mind. 8 Fahrzeugen (zwischen 9 - 11 Uhr) möglich. Wohnwagen-Aufnahme ist begrenzt, bitte vor Anreise Belegung abfragen. Hundeleinenzwang. Anmeldung und Brötchenservice im Rezeptionshäuschen. Infotafel. Liegewiese. Mountainbike-Parcours. 54 Touristenplätze.
2023: St/N inkl. 2 P/N und alle K/N bis 14 J. 18.–, weitere P/N 4.–, WD 1.50, Wasser/10 min. 1.–, Strom/kWh –.66 (16 A). KT, H/N, Entsorgung, Müll und Sanitärbenutzung inklusive. Ab dem 2. Hund gilt H/N 1.50.

34497 Korbach-Meineringhausen (c7) ST-D 6053/1

15 »STELLPLATZ HOBBYWIESE« 1.1. bis 31.12.
E.: Hermann Müller 384 m
0049 5631 4584, Mobil 0049 171 5384468, **www.womo-korbach.de**
hobbywiese@womo-korbach.de

➔ A 44 Dortmund-Kassel, Abf. (64) Diemelstadt, auf die B 252 Richtung Bad Arolsen und Korbach, bei Korbach auf die B 251 Richtung Meineringhausen abbiegen. ✉ Walmestraße 25 (GPS: 51°15'33"N / 8°56'17" E).
Korbacher Spalte, Wolfgang-Bonhage-Museum, Kümpe (mittelalterlicher Brunnen), Burgruine Eisenberg, Besucherbergwerk Eisenberg.

Ch

Stellplatz auf einem privaten Gelände am Ederseebahn-Radweg. Parzellierte Stellflächen auf Schotter, bis 12 m Länge. Anreise jederzeit möglich. Rustikaler Aufenthaltsraum mit Kaminofen für Gruppen bis 45 Personen. Ver- und Entsorgungsanlage. Beleuchteter und überdachter Weg zu den Sanitäranlagen. E-Bike-Verleih kann vermittelt werden. Brötchenservice und Catering auf Anfrage möglich. Stadtzentrum 5 km entfernt. 17 Touristenplätze.
2022: St/N 12.–, WD/5 min. 1.–, Wasser/100 l 1.–, Strom/1 kWh –.50. Entsorgung und Müll inklusive.

34497 Korbach (c7) ST-D 6053/2

0 »STELLPLATZ AM EDERSEE-RADWEG« 1.1. bis 31.12.
E.: Stadt Korbach 0049 5631 530, Fax 0049 5631 53320 384 m
tourismus@korbach.de, **www.korbach.de**

➔ A 44 Dortmund-Kassel, Abf. (64) Diemelstadt, auf die B 252 Richtung Bad Arolsen und Korbach, dort am südlichen Ortsrand gelegen, vom Südring in die Wildunger Landstraße einbiegen. ✉ Wildunger Landstraße (GPS: 51°15'53"N / 8°53'2" E).
Korbacher Spalte, Wolfgang-Bonhage-Museum, Kümpe (mittelalterlicher Brunnen), Burgruine Eisenberg, Besucherbergwerk Eisenberg.

Stellplatz auf einem gemischten Parkplatz am Edersee-Radweg. Stellflächen auf Schotter, bis 8 m Länge. Ver- und Entsorgungsmöglichkeit bei Wohnmobilstellplatz "Hobbywiese" (Walmestr. 25, Korbach-Meineringhausen, Mobil 0171 / 5384468). Stadtzentrum 1.5 km entfernt. 8 Touristenplätze.
2023: Stellplatz ist kostenlos.

34497 Korbach (c7) ST-D 6053/3

0 »WOHNMOBILSTELLPLATZ AM TENNISCENTER«
E.: Stadt Korbach 0049 5631 530 384 m 1.1. bis 31.12.
Fax 0049 5631 53320, **tourismus@korbach.de**, **www.korbach.de**

➔ A 44 Dortmund-Kassel, Abf. (64) Diemelstadt, auf die B 252 Richtung Bad Arolsen und Korbach, dort am westlichen Ortsrand am Westring gelegen. ✉ Westring 44 (GPS: 51°16'21"N / 8°51'21" E).
Korbacher Spalte, Wolfgang-Bonhage-Museum, Kümpe (mittelalterlicher Brunnen), Burgruine Eisenberg, Besucherbergwerk Eisenberg.

100 m 200 m

Stellplatz an einem Tenniscenter in ruhiger Lage am Ortsrand. Stellflächen auf Asphalt und Rasengittersteinen, bis 8 m Länge. Ver- und Entsorgungsmöglichkeit bei Wohnmobilstellplatz "Hobbywiese" (Walmestr. 25, Korbach-Meineringhausen, Mobil 0171 / 5384468). Stadtzentrum 1 km entfernt. 5 Touristenplätze.
2023: Stellplatz ist kostenlos.

34513 Waldeck-Scheid (c/d7) ST-D 6100

»WOHNMOBILPARK EDERSEE-ALM« 1.1. bis 31.12.
E.: Familie Häfele 255 m
0049 5634 5249957, Mobil 0049 171 7319378, Fax 0049 5634 993379
info@wohnmobilpark-edersee-alm.de, **www.wohnmobilpark-edersee-alm.de**

➔ A 44 Dortmund-Kassel, Abf. (67) Zierenberg, auf die B 251 Richtung Korbach, in Sachsenhausen links auf die B 485 Richtung Waldeck abbiegen, dort am Edersee auf der Ederseelandstraße zur Halbinsel Scheid. ✉ Am Bettenhagen 2 (GPS: 51°11'19"N / 9°0'33" E).
Freizeitpark "Sommerrodelbahn", Schloss Waldeck, Wildpark Edersee, Schiffsrundfahrten.

Ch

Auf vier Terrassen angelegter Stellplatz mit Blick auf den Edersee/Schloss Waldeck. Am Hang zwischen dem See und einem Wald gelegen. Anmeldung in der Gaststätte Edersee-Alm. Ebene, schattenlose und gekieste Stellflächen (5x5.40 m, 6.50x13 m). Befahrbarer Entsorgungsbereich mit Bodeneinlauf. Cleanstar-Säule für Kassettenentleerung. Bayrischer Biergarten. Brötchenservice. Ladestationen für E-Fahrzeuge. Anschluss an das Radnetz rund um den Edersee. Ort 5 km entfernt. 100 Touristenplätze.

34513 Waldeck (d7) ST-D 6103

»WOHNMOBILSTELLPLATZ SEEBLICK« 1.1. bis 31.12.
E.: Frank Harbusch 0049 5623 973894 255 m
frankharbusch@t-online.de, **www.erlebnis-seeblick.de**

➔ A 44 Dortmund-Kassel, Abf. (67) Zierenberg, auf die B 251 Richtung Korbach, in Sachsenhausen links auf die B 485 Richtung Waldeck abbiegen, dort am Edersee unterhalb der Bergbahntalstation gelegen. ✉ Güldener Ort 12 (GPS: 51°12'11"N / 9°2'58" E).
Freizeitpark "Sommerrodelbahn", Schloss Waldeck, Wildpark Edersee, Schiffsfahrten.

20 m 1 km

Stellplatz auf dem Gelände neben einem Hotel direkt am Edersee. Stellflächen auf Wiese und Schotter, bis 12 m Länge. In den Wintermonaten sind die Sanitäranlage außer Betrieb. Reservierungen erst ab 3 Nächten und nur mit Vorkasse möglich. Brötchen oder Frühstücksservice. Ortszentrum 1 km entfernt. 7 Touristenplätze.

34549 Edertal GT Hemfurth-Edersee (d7) ST-D 6111

»STELLPLATZ HEMFURTH EDERSEE« 1.1. bis 31.12.
E.: Gemeinde Edertal 0049 5623 930572 226 m
Fax 0049 5623 999830, **gemeinde@edertal.de**, **www.edersee.com**

➔ A 49 Braunatal - Neuental, Abf. (15) Wabern, auf die B 253 / B 485 Richtung Bad Wildungen und Edertal, dort auf die L3086 und Richtung Gemeindeteil Hemfurth über die Eder. Der Stellplatz ist direkt am Pumpenspeicherkraftwerk an der Eder. ✉ Kraftwerkstraße (GPS: 51°10'13"N / 9°3'4" E).
Schiffsrundfahrten (1 km), Edertalsperre (1 km), Schloss Waldeck (7 km).

Ch 50 m 500 m

Stellplatz auf einem gemischten Parkplatz direkt an der Eder. Ausgewiesene Stellflächen auf Wiese und Schotter mit lockerem Baumbestand. Stellplatz-Länge bis 12 m. Ortszentrum 300 m entfernt. 25 Touristenplätze.

34479 Breuna (d7) ST-D 6126

»STELLPLATZ MÄRCHENLANDTHERME« 1.1. bis 31.12.
E.: Gemeinde Breuna 0049 5693 989814 292 m
Fax 0049 5693 989830, **gemeinde@breuna.de**, **www.breuna.de**

Abfahrt

➔ A 44 Dortmund-Kassel, Abf. (66) Breuna, auf die L3312 Richtung Breuna, dort der Hauptstraße folgen und am nördlichen Ortsrand in die Schulstraße einbiegen, Ausschilderung zur Märchenlandtherme folgen. ✉ Schulstraße 5 (GPS: 51°25'8"N / 9°11'14" E).

HS 300 m 500 m

Stellplatz direkt neben der Märchenlandtherme. Stellflächen auf Schotter und Asphalt, bis 12 m Länge. Anmeldung an der Kasse der Märchenlandtherme.Versorgungsmöglichkeit am SVG Autohof A44. Ortszentrum 300 m entfernt. 3 Touristenplätze.

34454 Bad Arolsen-Wetterburg (d7) ST-D 6128

»REISEMOBILHAFEN TWISTESEE« 1.1. bis 31.12.
E.: Sigrid & Ludwig Stümpel 0049 5691 8069383 280 m
Fax 0049 5691 8069383, **info@reisemobilhafen-twistesee.de**
www.reisemobilhafen-twistesee.de

➔ A 44 Dortmund-Kassel, Abf. (44) Warburg, Richtung Volkmarsen. Dort im Kreisverkehr Richtung Bad Arolsen - Wetterburg auf die L3080 abbiegen. Nach ca. 4 km links in den „Bericher Seeweg" abbiegen Richtung Twistetalsperre, Café im See, Reisemobilhafen Twistesee. ✉ Bericher Seeweg 1 (GPS: 51°23'2"N / 9°3'55" E).
Historische Altstadt Bad Arolsen, Residenzschloss.

Ch 100 m 500 m 800 m 1 km

Stellplatz mit Blick auf den Twistesee. Stellflächen geschottert und parzelliert, für Längen bis 12 m. Von April bis Oktober Brötchenservice, am Tag vorher bis 16 Uhr 30 bestellen und am nächsten Morgen hängen die Brötchen bis 8 Uhr am Wohnmobil! Shuttle-Service nach Bad Arolsen. Öffentlich zugänglicher Golfplatz und Wasserskianlage in unmittelbarer Nähe. Mietwagen für € 29.- pro Tag. Kostenloser Abstellplatz für PKW und Anhänger. Ortszentrum 1 km entfernt 100 Touristenplätze.

34466 Wolfhagen (d7) ST-D 6130/1

»STELLPLATZ WOLFHAGEN« 1.1. bis 31.12.
V.: Stadt- und Tourist-Info Wolfhagen 0049 5692 6020
Fax 0049 5692 602190, **tourist-info@wolfhagen.de**, **www.wolfhagen.de**

➔ A 44 Kassel-Dortmund, Abf.Zierenberg, auf der B251 und B450 über Oelshausen und Istha nach Wolfhagen. Weiter auf der B450 Abf. Wolfhagen-Mitte, rechts abbiegen über Schützeberger Straße, links Bunsenstraße, links Siemensstraße und dann links in den Bruchweg, beschildert ✉ Bruchweg

(GPS: 51°19'46"N / 9°10'15" E).
Altstadt (1 km).

200 m
Stellplätze direkt unterhalb der Altstadt. Ebener, geschotterter Untergrund in begrüntem Gelände. Ortszentrum 1 km entfernt. 35 Touristenplätze.

34466 Wolfhagen (d7) ST-D 6130/2

»FREIZEITANLAGE IN DEN BRUCHWIESEN« 1.1. bis 31.12.
0049 5692 602102
tourist-info@wolfhagen.de, www.wolfhagen.de

A 44 Kassel-Dortmund, Abf. (67) Zierenberg, weiter nach Wolfhagen. Siemensstraße (GPS: 51°19'45"N / 9°10'13" E).

Ch 500 m
Stellplatz in einer Parkanlage am Rande der Altstadt. Stellflächen auf Schotter. Reservierung nicht erforderlich. Unbegrenzter Aufenthalt möglich. Ortezentrum 1 km entfernt. 35 Touristenplätze.

34596 Bad Zwesten (d7) ST-D 6135

Abfahrt
»WOHNMOBILHAFEN BAD ZWESTEN« 1.1. bis 31.12.
E.: Kurverwaltung Bad Zwesten 0049 5626 773 210 m
Fax 0049 5626 999326, **tourismus@badzwesten.de, www.badzwesten.de**

A 49 Baunatal-Neuental, Abf. (16) Borken, auf die B 3 Richtung Bad Zwesten, dort der Ausschilderung zum Kurpark / Kurhaus folgen. Hardtstraße 7 / Kurhaus (GPS: 51°3'29"N / 9°10'31" E).
Schloss Zwesten, Burgruine Löwenstein, Berg Altenburg, Schloss Oberurff.

RES WC W Ch 100 m
300 m
Stellplatz direkt am Kurpark am Kurhaus und Hallen-Bewegungsbad gelegen. Von Bäumen umrandet. Stellflächen auf Schotter, bis 10 m Länge. Aufenthalt max. 3 Tage. Nutzung der Duschen im Hallenbad möglich. Bezahlung am Automaten (nur Münzen). Kur- und Gästekarte an der Windschutzscheibe anbringen. 10 Touristenplätze.

34560 Fritzlar (d7) ST-D 6136/1

»STELLPLATZ EDERAUE« 1.3. bis 31.10.
E.: Gemeinde Fritzlar 0049 5622 988643, Fax 0049 5622 988626
stellplatz-ederaue@gmx.de, www.fritzlar.de

A 49 Baunatal-Neuental, Abf. (15) Wabern, Richtung Fitzlar, dort der Ausschilderung zum Eder-Auen-Erlebnisbad und Festplatz Ederaue folgen. Pipprichsweg (GPS: 51°7'27"N / 9°15'57" E).
Altstadt Fitzlar.

Ch GAS HS HS
100 m 800 m 1 km
Stellplatz auf einem Festplatz an der Eder. Stellflächen auf Schotterrasen, ohne Längenbeschränkung. Brötchenservice. Platz ist bei Veranstaltungen geschlossen (2 Wochen Anfang Juli) Ortszentrum 1 km entfernt. 18 Touristenplätze.

34560 Fritzlar (d7) ST-D 6136/2

»STELLPLATZ FRITZLAR AM GRAUEN TURM« 1.1. bis 31.12.
0049 5622 988643, Fax 0049 5622 988626
touristinfo@fritzlar.de, www.fritzlar.de

A 49 Neuntal-Gudensberg, Abf. (14) Fritzlar Richtung Fritzlar/Edersee, auf der L3150 Richtung Fritzlar, weiter auf der L3214, nach 1.5 km links abbiegen auf Geismarschstr., nach 750 m rechts abbiegen in die Straße "Am Grauen Turm". Am Grauen Turm (GPS: 51°7'52"N / 9°16'9" E).
Altstadt (500 m).

WC 600 m
Stellplatz direkt and der historischen Stadtmauer. Asphaltierte Stellplätze. Ortszentrum 500 m entfernt. 10 Touristenplätze.

34582 Borken (d7) ST-D 6137/1

0 **»STELLPLATZ AM BORKENER SEE«** 1.1. bis 31.12.
E.: Stadt Borken 0049 5682 808 271
touristinfo@borken-hessen.de, www.borken-hessen.de

A 49 Baunatal-Neuental, Abf. (16) Borken. Beschildert. Westrandstr. 40 (GPS: 51°2'41"N / 9°16'29" E).
Hessisches Braunkohle-Bergbaumuseum. Fritzlarer Dom.

500 m 800 m 3 km
Stellplatz auf einem Parkplatz am Naturschutzgebiet Borkener See. Ausgewiesene Stellflächen auf Asphalt. Keine Ver-/Entsorgung. Ort 1 km entfernt. 3 Touristenplätze.
2022: Stellplatz ist kostenlos.

34582 Borken (d7) ST-D 6137/2

»STELLPLATZ AM NATURBADESEE STOCKELACHE«
0049 5682 808271 1.1. bis 31.12.
touristinfo@borken-hessen.de, www.borken-hessen.de

A 40 Kassel-Bad Wildungen, weiter nach Borken. L3223/Kleinengliser Straße (GPS: 51°4'0"N / 9°14'43" E).

100 m 1 km
Stellplatz auf dem Parkplatz des Naturbadsees Stockelache. Stellfläche auf Schotter. Reservierung nicht erforderlich. Jederzeit anfahrbar. Ortszentrum 3.5 km entfernt. 3 Touristenplätze.

34582 Borken (d7) ST-D 6137/3

»STELLPLATZ AM SINGLISER SEE« 1.1. bis 31.12.
0049 5682 808271
touristinfo@borken-hessen.de, www.borken-hessen.de

A 40 Kassel-Bad Wildungen, weiter nach Borken. L3149/Main-Weser-Straße (GPS: 51°3'24"N / 9°18'50" E).

600 m 800 m
Stellplatz auf dem Parkplatz des Singliser Sees. Stellflächen auf Schotter. Reservierung nicht erforderlich. Maximal 1 Nacht Aufenthalt möglich. Ortszentrum 3 km entfernt. 5 Touristenplätze.

34576 Homberg (Efze) (d7) ST-D 6142/1

Abfahrt
»STELLPLATZ HANS-STADEN-ALLEE« 1.1. bis 31.12.
E.: Tourist Information Homberg (Efze) 222 m
0049 5681 9382190, **info@homberg-efze.de, www.homberg-efze.de**

A 7 Kassel-Fulda, Abf. (84) Homburg (Efze), auf der B 323 Richtung Homberg Zentrum in die Wallstraße einbiegen, in der Nähe der Hohenburg in der Altstadt gelegen. Hans-Staden-Allee 16 (GPS: 51°2'9"N / 9°24'35" E).
Homberg (Efze) mit dem mittelalterlichen Stadtkern und zahlreichen historischen Bauten, Hohenburg.

300 m 400 m
Stellplatz auf einem gemischten Parkplatz in einer schönen alten Allee in der Nähe der Altstadt. Stellflächen auf Asphalt. 2 Touristenplätze.

34576 Homberg (Efze) (d7) ST-D 6142/2

Abfahrt
»STELLPLATZ WASSMUTHSHÄUSER STRASSE« 1.1. bis 31.12.
E.: Tourist Information Homberg (Efze) 222 m
0049 5681 9382190, **stadtmarketing@homberg-efze.eu**
www.homberg-efze.eu

A 7 Kassel-Fulda, Abf. (84) Homburg (Efze), auf der B 323 Richtung Homburg Zentrum, am Fuß des Burgbergs direkt neben der Bundesstraße, beschildert. Waßmuthshäuser Str. / Dresdner Allee. (GPS: 51°1'39"N / 9°24'52" E).
Homberg (Efze) mit dem mittelalterlichen Stadtkern und zahlreichen historischen Bauten.

Ch 500 m
Stellplatz auf einem reservierten Gelände. Ausgewiesene und beleuchtete Stellflächen auf Schotter, bis 9 m Länge. Stadtzentrum 2 km entfernt. 8 Touristenplätze.

34621 Frielendorf (d7) ST-D 6146

NATUR PLATZ
»WOHNMOBILPARK SILBERSEE« April bis Okt.
E.: Wohnmobilpark Silbersee GbR Mobil 0049 172 7230666 229 m
info@wohnmobilpark-silbersee.de, www.wohnmobilpark-silbersee.de

A 7 Kassel-Fulda, Abf. (84) Homberg (Efze), Richtung Homberg. Von dort weiter auf die B 254 Richtung Schwalmstadt. In Frielendorf am Möbelhaus HÄMEL links abbiegen, nach 200 m wieder links Richtung Silbersee, der Beschilderung zur Rodelbahn / WOMO-Stellplatz folgen. Zum Silbersee (GPS: 50°59'0"N / 9°20'39" E).
Kirche St. Johannes, Spießturm.

RES WC W W WC Ch
300 m 1 km
Beleuchteter Stellplatz auf einem ruhigen Wiesengelände am Waldrand in der Nähe zum Silbersee sowie der Erlebniswelt Frielendorf. Durch vereinzelte Büsche und halbhohe Bäume aufgelockert. Ebene und schattenlose Stellflächen (6/7 x 10 m) auf befestigter Wiese. Überwiegend parzelliert. Rustikales Blockhaus als Anmeldung und touristische Informationen an der Einfahrt zum Platz. Unisex Toilette/Waschraum und Dusche direkt am Platz. Während der Hauptsaison Brötchenservice und rollender Supermarkt. Diverse Freizeitaktivitäten möglich, u.a. Sommerrodelbahn. Ort 2 km entfernt. 40 Touristenplätze.

34225 Baunatal (d7) ST-D 6160

Abfahrt
10 **»WOHNMOBILSTELLPLATZ AM PARKSTADION«**
E.: Stadtmarketing 0049 561 95379580 1.1. bis 31.12.
info@stadtmarketing-baunatal.de, www.stadtmarketing-baunatal.de

A 44 Dortmund–Kassel, Abf. (68) Kassel-Bad Wilhelmshöhe, weiter auf der L 3215 Richtung Breitenbach, nach ca. 2 km nach Baunatal abbiegen. Am 1. Kreisverkehr rechts abbiegen und bei der nächsten Kreuzung links in die Zielstraße zum Stellplatz fahren. Beschildert. Friedrich-Ebert-Allee (GPS: 51°15'27"N / 9°23'56" E).
Stadtmuseum. Hessenstube.

RES Ch
HS 100 m 200 m 500 m
Beleuchteter Stellplatz im hinteren Bereich eines Großparkplatzes am Fußballstadion, zur Straße hin Baumbewuchs. Stellflächen auf Schotterrasen. Stellplatz-Länge bis 8 m. Die Gebühren sind bei Benutzung des Wohnmobilstellplatzes zur Zahlung fällig. Münzautomat, kein Wechselgeld! Maximal 3 Nächte Aufenthalt möglich! Ort 200 m entfernt. 16 Touristenplätze.
2022: St/N 7.–, Entsorgung –.10, Wasser/100 l 1.–, Strom/kWh –.50. P/N inklusive.

35287 Amöneburg (c7) ST-D 6165

»STELLPLATZ BEIM SPORTPLATZ« 1.1. bis 31.12.
E.: Stadt Amöneburg 365 m
0049 6422 92950, Mobil 0049 162 4414227, **www.amoeneburg.de**
stadtverwaltung@amoeneburg.de

A 5 Hattenbacher Dreieck-Frankfurt/Main, Abf. (2) Alsfeld-Ost, auf die B 62 Richtung Kirchhain. Von der Ortsumgehung Kirchhain links Richtung Amöneburg abbiegen. Dort im Zentrum der Ausschilderung SPortanlagen/Tennisanlage folgen. In den Lückeäckern (GPS: 50°57'44"N / 8°55'51" E).
Historischen Altstadt, Schlossruine und Stiftskirche.

300 m
Stellplatz bei den Sportanlagen. Stellflächen auf Schotter, bis 8 m Länge, extra ausgewiesen. Duschen und Fitnessmöglichkeiten sind in der Tennishalle nach Absprache, ebenso wie Entsorgung gegen Gebühr möglich. Ortszentrum 200 m entfernt. 4 Touristenplätze.

36326 Antrifttal (d8) ST-D 6166

40 **»SEEHOTEL MICHAELA«** 1.1. bis 31.12.
V.: Michaela Eckstein
0049 6631 70770, Mobil 0049 162 563 73 66
info@seehotel-michaela.de, www.seehotel-michaela.de

A 5 Bad-Hersfeld-Gießen, Abf. (2) Alsfeld-Ost, weiter nach Antrifttal. Am Stausee 1 (GPS: 50°46'23"N / 9°12'8" E).

W W
Stellplatz beim 4 Sterne Seehotel Michaela direkt neben der Landessstraße 3070 und der Antrifttalsperre. Stellfläche auf Asphalt. Gastronomisches Angebot im Hotel. Terrasse mit Sonnenschirm. Hotel von 7 bis 22 Uhr geöffnet. Ort 6 km entfernt. 8 Touristenplätze.
2022: MC/N 39.–. P/N, WD und Strom inklusive.

34613 Schwalmstadt OT Ziegenhain (d7) ST-D 6170/1

»STELLPLATZ FÜNFTENWEG ZIEGENHAIN« 1.1. bis 31.12.
E.: Stadt Schwalmstadt 0049 6691 207400 234 m
info@schwalmtouristik.de, www.schwalm-touristik.de

A 7 Kassel-Fulda, Abf. (84) Homberg (Efze), Richtung Homberg. Von dort weiter auf die B 254 Richtung Schwalmstadt. In Schwalmstadt Richtung Schul- und Sportzentrum abbiegen (ca. 300 m nach der Abzweigung Richtung Neustadt-Hessen). Fünftenweg 30 (GPS: 50°55'4"N / 9°14'41" E).
Historische Altstadt, Lokschuppen im alten Bahnbetriebswerk, Deutsches Schreibmaschinenmuseum.

HS 100 m 1 km
Stellplatz auf einem öffentlichen Parkplatz an einem Schul- und Sportzentrum. Stellflächen auf Schotter und Asphalt, ausgewiesen und bis 10 m Länge. Nächste VE: Städtischer Bauhof/An d. Feuerwache im Stadtteil Ziegenhain. Ortszentrum 500 m entfernt. 5 Touristenplätze.

34613 Schwalmstadt OT Treysa (d7) ST-D 6170/2

»STELLPLATZ AM SCHWALM-STADION TREYSA«
E.: Stadt Schwalmstadt 237 m 1.1. bis 31.12.
0049 6691 207400, **info@schwalmtouristik.de, www.schwalmstadt.de**

A 7 Kassel-Fulda, Abf. (84) Homberg (Efze), Richtung Homberg. Von dort weiter auf die B 254 Richtung Schwalmstadt. In Schwalmstadt links auf die B 454 Richtung Neustadt-Hessen abbiegen. Im Ortsteil Treysa sofort nach der Bahnunterführung links abbiegen, der Ausschilderung zu Stadion folgen. Zwalmstraße (GPS: 50°54'52"N / 9°11'31" E).
Historische Altstadt, Hexenturm, Muesumsbahnverein Treysa.

300 m 500 m 1 km
Stellplatz an der Schwalm und am Stadion. Stellflächen auf Rasengittersteinen, ausgwiesen und bis 10 m Länge. Nächste VE: Städtischer Bauhof/An d. Feuerwache im Stadtteil Ziegenhain. Ortszentrum 500 m entfernt. 10 Touristenplätze.

34626 Neukirchen (d7/8) ST-D 6180

»REISEMOBILPARK URBACHTAL« 1.1. bis 31.12.
E.: Reisemobilpark Urbachtal 305 m
0049 6694 5155933, Mobil 0049 151 21429338, Fax 0049 6694 9114015
info@reisemobilpark-urbachtal.de, www.reisemobilpark-urbachtal.de

A 7 Kassel-Fulda, Abf. (87) Kirchheim, auf die B 454 Richtung Schwalmstadt. In Neukirchen rechts Richtung Schwarzenborn abbiegen, Platz liegt nach. ca. 600 m auf der rechten Seite. Urbachweg 1 (GPS: 50°52'20"N / 9°21'0" E).
Historische Altstadt.

W W WC Ch W
400 m
Wohnmobil-Stellplatz am östlichen Ortsrand von Neukirchen. Ebene parzellierte Stellflächen auf Schotterrasen. Stellplatzlänge bis 12 m. Gepflegtes Campinggelände mit Komfort-Sanitärgebäude. Reservierung empfohlen. Brötchenservice. Jausenstation "Schwälmer Stubb" (geöffnet Mi. bis So. 18-22 Uhr) unmittelbar am Bachlauf des Urbachs. In regelmäßigen Zeitabständen gibt es frisch geräucherte Forellen, Spanferkelessen, Grillabende, Lagerfeuer, Wein- und Schnapsproben uvm.. E-Bike-Verleih. Ortszentrum 400 m entfernt. 49 Touristenplätze.

36280 Oberaula (d7/8) ST-D 6187/1

»STELLPLATZ AM GOLFPLATZ« 1.1. bis 31.12.
0049 6628 92080
touristikbuero@oberaula.de, www.oberaula.de

A 7 Fulda - Kassel Abf. Kirchheim. Hier auf die B 454 nach Oberaula. Hier links abbiegen Richtung Hausen. Beschilderung Golfplatz folgen. Am Einfahrtstor vorbei über geschotterten Weg zum Waldrand. Am Golfplatz (GPS: 50°50'8"N / 9°27'43" E).

1 km
Stellplatz in ruhiger Lage am Waldrand. Parkplatz direkt am 18-Loch Golfplatz. Ebene Stellfläche auf Schotter. Reservierung nicht erforderlich. Maximal 4 Nächte Aufenthalt möglich. Ver- und Entsorgungsstation am Sportplatz in Oberaula. Ortszentrum 1 km entfernt. 3 Touristenplätze.

36280 Oberaula (d7/8) ST-D 6187/2

»STELLPLATZ AM SPORTPLATZ« 1.1. bis 31.12.
0049 6628 92080
touristikbuero@oberaula.de, www.oberaula.de

A 7 Fulda - Kassel Abf. Kirchheim. Hier auf die B 454 nach Oberaula. Ca. 500 m nach dem Ortsanfang dem Wohnmobil-Symbol folgen. Noch 100 m bis zu den Parkplätzen rechts und links. Schwimmbadstraße (GPS: 50°51'15"N / 9°27'32" E).

10 m 500 m
Stellplatz unter hohen Bäumen beim Waldschwimmbad. Ebene Stellfläche auf Schotter. Maximal 4 Nächte Aufenthalt möglich. Reservierung nicht erforderlich. Ver- und Entsorgung am Parkplatz (Sani Station). Ortszentrum 100 m entfernt. 5 Touristenplätze.

36280 Oberaula (d7/8) ST-D 6187/3

»STELLPLATZ TENNISHALLE« 1.1. bis 31.12.
0049 6628 92080
touristikbuero@oberaula.de, www.oberaula.de

A 7 Fulda - Kassel Abf. Kirchheim. Hier auf die B 454 nach Oberaula. Nach ca. 500 m halb rechts dem Wohnmobil-Symbol folgen. Noch 300 m bis zum Parkplatz. Teichstraße (GPS: 50°51'39"N / 9°28'25" E).

Ch 300 m 500 m 1 km
Stellplatz oberhalb der Tennishalle. Ebene Stellfläche auf Schotter. Reservierung nicht erforderlich. Ver- und Entsorgungsstation am Sportplatz. Maximal 4 Nächte Aufenthalt möglich. Ortszentrum 100 m entfernt. 10 Touristenplätze.

34388 Trendelburg (d6) ST-D 6200/1

»WOHNMOBILSTELLPLATZ TRENDULAS PARADIES«
E.: Stadt März bis Ende Okt. / und auf Anfrage
0049 5675 725905, **info@kanu-schumacher.de**
www.stellplatz-trendelburg.de

B 83 Kassel–Bad Karlshafen, in Trendelburg rechts abbiegen über die Diemelbrücke. Beschildert. Domäne 2e (GPS: 51°34'36"N / 9°25'38" E).
Burg Trendelburg. Schloss Stammen. Wasserschloss Wülmersen.

WC W Ch 100 m 750 m 1 km
Stellplatz, auch genannt "DAS TOR ZUM REINHARDSWALD" liegt zentral und in direkter Ufernähe der Diemel. An der Nachbarschaft zu Kanu Schumacher (Kanubetrieb) und dem Diemelradweg gelegen. Beleuchtet. 6 m Stellplatzbreite. Sanitärhäuschen mit Toiletten und Duschen. Anreise ab 12 Uhr, Abreise bis 11 Uhr. Brötchenservice. Hunde sind willkommen. Kanutouren, Bogenschießen und weitere Aktivitäten werden vom Kanubetrieb angeboten. Freibad hat von Juni bis August geöffnet. 12 Touristenplätze.

34369 Hofgeismar (d6) ST-D 6201

»WOHNMOBILSTELLPLATZ SÄLBER TOR« Jan. bis Okt.
E.: Gemeinde Hofgeismar 0049 5671 999222 161 m
Fax 0049 5671 500839, **info@reinhardswald.de, www.reinhardswald.de**

A 7 Hannover-Kassel, Abf. (78) Kassel-Ost, auf die B 7 Richtung Kassel. Am Kreisverkehr rechts auf die B 83 Richtung Bad Karlshafen. In Hofgeismar Richtung Liebenau, der Platz liegt am westlichen Rande der Altstadt (Ausschilderung Viehmarkt Hofgeismar). Am Sälber Tor (GPS: 51°29'44"N / 9°22'30" E).
Hist. Altstadt, Stadt- und Apothekenmuseum, Burgruine Schöneberg.

350 m
Stellplatz auf einem öffentlichen Parkplatz in einer parkähnlichen Anlage (Naturpark Reinhardswald) am Rande der historischen Innenstadt neben dem Stadtfriedhof. Stellflächen auf Schotter und Rasengittersteinen. Bis 12 m Länge. Aufenthalt max. 3 Tage. Öffentl. Toiletten auch behindertengerecht in ca. fünf Gehminuten erreichbar (Stadthallenpassage). Ver- und Entsorgungsstation der Marke „Holiday Clean". Ortszentrum 300 m entfernt. 58 Touristenplätze.

34393 Grebenstein (d7) ST-D 6204

»STELLPLATZ GREBENSTEIN« 1.1. bis 31.12.
E.: Stadtverwaltung Grebenstein 0049 5674 70510
Fax 0049 5674 70530, **rathaus@stadt-grebenstein.de**
www.stadt-grebenstein.de

Sauertal (GPS: 51°26'56"N / 9°24'32" E).

Ch 900 m
Stadtzentrum 1,5 km entfernt. 6 Touristenplätze.

34385 Bad Karlshafen, Weser. (d6) ST-D 6208

20 **»WOHNMOBILSTELLPLATZ AM RECHTEN WESERUFER«**
P.: Mietzner GmbH 0049 5672 710 1.1. bis 31.12.
Fax 0049 5672 1350, **info@camper-karli-event.de**
www.camper-karli-event.de

B 83 Höxter–Hofgeismar, vor Bad Karlshafen links abbiegen auf die B 80 Richtung Hann.-Münden. Im Ort beschildert. (Für ältere Navis: An der Saline) Am rechten Weserufer 2 (GPS: 51°38'39"N / 9°26'54" E).
Weserbarocke Stadtanlage mit Rathaus. Hugenottenturm.

W W Ch W
HS 50 m 100 m 200 m

500 m S800 m 2 km

Wohnmobilstellplatz beim CAMPINGPLATZ RECHTES WESERUFER. Ein Teil der Stellplätze auf Asphalt, der andere Teil auf befestigter Wiese. Ver- und Entsorgung sowie sanitäre Einrichtungen auf dem angrenzenden Campingplatz. Ort 500 m entfernt. 27 Touristenplätze.
2022: MC-St/N inkl. 2 P/N 15.– bis 17.–, Waschmaschine 4.–, Trockner 2.–, Wasser/50 l 1.–, Strom/1 kWh –.70. KT, H/N, WD, Entsorgung und Müll inklusive.

34399 Wesertal OT Lippoldsberg, Wes. (d6) ST-D 6211

»WOHNMOBILSTELLPLATZ WESERBERGLAND« 1.3. bis 31.12.
E.: Familie Best ☎ 0049 5572 1873, Mobil 0049 171 6551873
info@landhotel-zum-anker.de, womo-weser.de

➔ A 7 Hannover–Kassel, Abf. (71) Nörten-Hardenberg, weiter auf der B 446/B 241 nach Uslar. Hier abbiegen Richtung Wahlsburg-Lippoldsberg. Im Ort zur Weserfähre/Gewissensruh/Landhot "Zum Anker" folgen. Beschildert. ✉ Weserstr. 14 (GPS: 51°37'28"N / 9°33'9" E).
Klosterkirche St. Georg und Maria. Museum im Schäferhaus.

WC W W WC 100 m 300 m 500 m HS2 km

Stellplatz neben dem Landhotel "Zum Anker" direkt an der Weser. Ebene, schattenlose und teilweise parzellierte Stellflächen auf Schotter und Wiese. Stellplatz-Länge bis 12 m. Für Fahrzeuge über 5 t geeignet. Öffentliche Toiletten und 2 Unisex-Duschen direkt am Stellplatz. Bezahlung an der Rezeption im Hotel. Reservierung für Gruppen wird empfohlen. Brötchenservice. Liegewiese. Maximal 3 Nächte Aufenthalt möglich! Ballonfahrten ab Lippoldsberg. Ort 300 m entfernt. 55 Touristenplätze.

34317 Habichtswald OT Dörnberg (d7) ST-D 6220/1

Abfahrt

»STELLPLATZ KRESSENBORN DÖRNBERG«
E.: Gemeinde Habichtswald April bis Ende Sept.
☎ 0049 5606 59960, Fax 0049 5606 599640, **info@habichtswald.de**
www.habichtswald.de

➔ A 44 Dortmund-Kassel, Abf. (67) Zierenberg, auf die B 251 Richtung Kassel, im Ortsteil Dörnberg der Ausschilderung zum Wohnmobilstellplatz folgen. ✉ Bergweg 3 (GPS: 51°20'38"N / 9°20'38" E).

WC W 600 m 800 m

Stellplatz an einem Festplatz am Ortsrand. Stellflächen auf Schotterrasen, bis 8 m Länge. Gegen Pfand von 20,- € sind die benötigenden Schlüssel bei der bft-Tankstelle, Wolfhager Str. 2 erhältlich. In den Wintermonaten kann der Platz als reiner Stellplatz benutzt werden. Ortszentrum 500 m entfernt. 4 Touristenplätze.

34317 Habichtswald OT Ehlen (d7) ST-D 6220/2

»WOHNMOBILSTELLPLATZ ERLEBNISBAD EHLEN«
☎ 0049 5606 5996 0 1.4. bis 30.9.
info@habichtswald.de, www.habichtswald.de

➔ A 44 Warburg-Kassel, Abf. (67) Zierenberg, weiter B 251 in Richtung Kassel nach Habichtswald zum Erlebnisbad. ✉ Hasenbreite (GPS: 51°19'22"N / 9°19'10" E).
Bergpark Wilhelmshöhe. Documenta-Kunstausstellung in Kassel.

WC 900 m

Stellplatz am Ortsrand am Schwimmbad neben Tennisplatz. Stellflächen auf Schotterrasen. Keine Ver- u. Entsorgung. Stellplatz-Länge bis 8 m. Schlüssel für Strom und Sanitärgebäude an der Schwimmbadkasse in Ehlen (Hasenbreite), Pfand 20.-. Hundeleinenzwang am Stellplatz. Imbiss vorhanden. Ort 800 m entfernt. 6 Touristenplätze.

34121 Kassel (d7) ST-D 6223

Abfahrt

»WOHNMOBILSTELLPLATZ KASSEL« 1.1. bis 31.12.
E.: Gunnar Fehling ☎ 0049 561 72989346 167 m
info@campingplatz-kassel.de, www.campingplatz-kassel.de

➔ A 7 Göttingen-Fulda, am Kreuz Kassel-Mitte auf die A 49, Abf. (5) Kassel-Auestadion, auf die B 3 und am Sportzentrum rechts zur Fulda fahren. ✉ Giesenallee 9 (GPS: 51°17'28"N / 9°29'13" E).
Bergpark Wilhelmshöhe, Kassel- und Fuldaaue, Stadtmuseum Kassel, Technik-Museum Kassel.

Ch 200 m 500 m 1 km

Stellplatz im Erholungsgebiet Fuldaaue direkt an der Fulda. Stellflächen auf Schotter, bis 12 m Länge. Aufenthalt max. 3 Tage. Stadtzentrum 2 km entfernt. 20 Touristenplätze.

34260 Kaufungen (d7) ST-D 6245

Abfahrt

»PARKPLATZ AM FESTPLATZ« 1.1. bis 31.12.
E.: Gemeinde Kaufungen ☎ 0049 5605 8020 198 m
Fax 0049 5605 802269, **info@kaufungen.de, www.kaufungen.de**

➔ A 7 Göttingen-Fulda, Abf. (78) Kassel-Ost, auf die B 7 Richtung Kaufungen, dort am Kreisverkehr links in die Straße am Stechkopf einbiegen. ✉ Am Stechkopf (GPS: 51°17'8"N / 9°37'8" E).
Stiftskirche Oberkaufungen, Bergwerksmuseum Rossgang, Regionalmuseum 'Alte Schule', Hessisches Ziegeleimuseum Oberkaufungen.

300 m 500 m

Stellplatz auf einem gemischten Parkplatz im Stadtzentrum. Stellflächen auf Pflaster, bis 12 m Länge. Aufenthalt max. 3 Tage. 2 Touristenplätze.

37235 Hess. Lichtenau (d7) ST-D 6250/3

0 **»STELLPLATZ HOPFELDER STRASSE«** 1.1. bis 31.12.
☎ 0049 5602 807147
kultur-tourismus@hessisch-lichtenau.de, www.hessisch-lichtenau.de

➔ A7 Göttingen - Guxhagen bei Kassel auf die B 7 nach Hessisch Lichtenau. Auf der Leipziger Str. rechts auf die B 487 abbiegen. Nach ca. 300 m rechts abbiegen. Beschildert. ✉ Hopfelder Straße (GPS: 51°11'39"N / 9°43'24" E).

300 m

Stellplatz bei einem Fußballplatz. Stellfläche auf Schotter. Ladesäule vorhanden. Ortszentrum 300 m entfernt. 14 Touristenplätze.
2022: Stellplatz ist kostenlos. Strom/kWh –.50. KT inklusive.

37235 Hess. Lichtenau OT Walburg (d7) ST-D 6250/4

»ALTER BAHNHOF« 1.1. bis 31.12.
☎ 0049 1773 351613
gleiswolf@arcor.de, www.hessisch-lichtenau.de

➔ A7 Göttingen - Guxhagen bei Kassel auf die B 7 Richtung Walburg. Beschildert. ✉ Bahnhofsstr. 5 (GPS: 51°12'2"N / 9°46'40" E).
Frau-Holle-Park.

WC W 300 m 700 m

Stellplatz bei Walburg beim alten Bahnhof / Western Rail Station in Ortsrandlage. Stellfläche auf Asphalt. Stellplatzlänge bis 8 m. Telefonische Anmeldung erwünscht. Ortszentrum 600 m entfernt. 10 Touristenplätze.

37269 Eschwege (d/e7) ST-D 6258

15 **»KNAUS REISEMOBILSTELLPLATZ ESCHWEGE«**
☎ 0049 5651 33888 3 158 m 1.3. bis 26.11.
eschwege@knauscamp.de

➔ A 7 Frankfurt–Kassel Abf. Friedland, Bad Sooden-Allendorf nach Eschwege. (Für Navigation: Postweg) ✉ Am Werratalsee 2 (GPS: 51°11'30"N / 10°4'7" E).

W W Ch W W TV 20 m 50 m 500 m 1 km 11 km

Stellplatz beim Campingplatz KNAUS CAMPINGPARK ESCHWEGE. Bistro.
2022: MC-St/N 12.–, Waschmaschine 5.–, Trockner 5.–, Wasser/80 l 1.–, Strom/1 kWh –.80 (16 A). P/N, H/N, Entsorgung und Müll inklusive. Sanitärbenutzung/N ab 16 J. 5.– / Kinder (4 bis 15 J.) 3.–.

37242 Bad Sooden OT Allendorf (d7) ST-D 6262

»REISEMOBILHAFEN "FRANZRASEN"« 1.1. bis 31.12.
V.: Stadt Bad Sooden-Allendorf ☎ 0049 5652 95870
Fax 0049 5652 9587109, **touristinfo@bad-sooden-allendorf.de**
www.bad-sooden-allendorf.de

➔ B 27 Wehretal - Wahlhausen, Abf. Richtung Trubenhausen/Bad Sooden-Allendorf, abbiegen Richtung Bad Sooden-Allendorf, nach 500 m links abbiegen auf Franzrasen. ✉ Am Franzrasen (GPS: 51°16'17"N / 9°58'20" E).
"WerratalTherme".

500 m

Wohnmobilstellplatz auf einer Werrainsel direkt in der Stadt. Teilweise parzellierte, ebene und geschotterte Stellflächen. Auch für große Wohnmobile geeignet. Von Rasenflächen und altem Baumbestand umgeben. Kurzaufenthalt (30 min) in der WerratalTherme als Duschmöglichkeit für 3.- €. Brötchenservice. Bei dem jährlich stattfindenden Erntedank- und Heimatfest (3. Wochenende im August) gibt es einen großen Ausweichplatz (inkl. Entsorgung und Strom). Ortszentrum 500 m entfernt. 100 Touristenplätze.

37281 Wanfried (d/e7) ST-D 6263

»STELLPLATZ WANFRIED« 1.1. bis 31.12.
E.: Kultur- und Verkehrsverein Wanfried 190 m
☎ 0049 5651 331985, **tourist-info@werratal-tourismus.de, www.kvvw.de**

➔ A 4 Bad Hersfeld-Eisenach, Abf. (39) Eisenach-West, auf die B 7 Richtung Creuzburg und B 250 Richtung Wanfried, dort Stadtmitte und weiter Richtung "In der Werraaue" am nördlichen Ortsausgang gelegen. ✉ In der Werraaue (GPS: 51°11'12"N / 10°10'3" E).
Keudellsches Schloss Stadtmuseum-Wanfried, Landgrafenschloss, historische Altstadt.

Ch 100 m 500 m

Stellplatz im Grünen am Werratalradweg und in Werranähe. Stellflächen auf Schotterrasen, bis 12 m Länge. Ver- und Entsorgung kostenfrei an der Kläranlage (200 m) möglich. Ortszentrum 500 m entfernt. 12 Touristenplätze.

37213 Witzenhausen (d7) ST-D 6270/3

20 **»STELLPLATZ BEIM CAMPINGPLATZ WERRATAL«**
E.: Familie Rudolph ☎ 0049 5542 1465 1.1. bis 31.12.
info@campingplatz-werratal.de, www.campingplatz-werratal.de

➔ A 7 Hannover - Kassel, Abf. (75) Hann. Münden-Hedemünden, weiter B 27/B 80 nach Witzenhausen. Am Kreisverkehr in die Stadt abbiegen. Beschildert. ✉ Am Sande 11 (GPS: 51°20'49"N / 9°52'8" E).
Tropengewächshaus. Kautabakmanufaktur. Burg Ludwigstein. Burg Hanstein. Fachwerkstadt Witzenhausen.

WC W W WC Ch HS200 m 300 m 500 m

Stellplatz vor dem Campingplatz an der Werra. Stellflächen auf Schotterrasen. Stellplatz-Länge bis 12 m. Bezahlung in der Rezeption. Reservierung empfohlen. Organisation von Fahrrad- und Kanutouren möglich. Wohnmobilentsorgungsstation bei Minusgraden nicht geöffnet. Ort 1 km entfernt. 8 Touristenplätze.
2023: MC-St/N 7.20 bis 10.20, P/N 5.20, K/N 1 bis 13 J. 4.20, H/N 2.60, WD/5 min. –.80, Waschmaschine 4.–, Trockner 4.–, Strom/N 3.30 (6-16 A). Entsorgung, Müll und Wasser inklusive.

6 Hessen

35088 Battenberg/Eder (c7) ST-D 6300/1

»STELLPLATZ AN DER FESTHALLE« 1.1. bis 31.12.
E.: Gemeinde Battenberg/Eder ☎ 0049 6452 93440
Fax 0049 6452 934419, **info@battenberg-eder.de**, **www.battenberg-eder.de**

➔ A 45 Wetzlar-Hagen, Abf. (25) Dillenburg, auf die B 277 Richtung Dillenburg und nach 1 km abbiegen auf die B 253 Richtung Frankenberg (Eder). Am Ortseingang von Battenberg links abbiegen und gleich wieder links, Ausschilderung zur Festhalle. ✉ Festplatzweg (GPS: 51°0'34"N / 8°38'11" E).
Aussichtsturm Bergfried, Besucherbergwerk Burgbergstollen.

300 m 800 m

Stellplatz an einer Festhalle am Waldrand gelegen. Stellflächen auf Schotter, bis 12 m Länge. Ortszentrum 600 m entfernt.

35088 Battenberg/Eder (c7) ST-D 6300/2

»STELLPLATZ AM HALLEN- UND FREIBAD« 1.1. bis 31.12.
E.: Gemeinde Battenberg/Eder ☎ 0049 6452 93440 340 m
Fax 0049 6452 934419, **info@battenberg-eder.de**, **www.battenberg-eder.de**

➔ A 45 Wetzlar-Hagen, Abf. (25) Dillenburg, auf die B 277 Richtung Dillenburg und nach 1 km abbiegen auf die B 253 Richtung Frankenberg (Eder). Stellplatz liegt in Battenberg am westlichen Ortsrand, Ausschilderung Hallen- und Freibad Battenberg. ✉ Senonches Straße 2 (GPS: 51°0'43"N / 8°38'6" E).
Aussichtsturm Bergfried, Besucherbergwerk Burgbergstollen.

HS 100 m 800 m

Stellplatz in ruhiger Lage beim Hallen- und Freibad. Stellflächen auf Asphalt bis 8 m Länge, beleuchtet. Ortszentrum 800 m entfernt. 3 Touristenplätze.

35649 Bischoffen (c8) ST-D 6302

10 **»WOHNMOBILSTELLPLATZ AM AARTALSEE«**
☎ 0049 6444 923111 1.1. bis 31.12.
rathaus@bischoffen.de, **www.bischoffen.de**

➔ An der B 255 gelegen bis zum Aartalsee. ✉ Am See (GPS: 50°42'6"N / 8°28'4" E).
Alte Kirche.

Ch 700 m 800 m

Stellplatz am nördlichen Seeufer des Aartalsees und neben der Bundesstraße. Oberhalb des Vereinsgeländes des Segel- und Ruderclub. Stellfläche auf Pflaster. Anfahrt zwischen 8 und 22 Uhr. Aartalsee-Panoramaweg (12 km). Tagesgebühr von € 9.- für die Zeit von 10 Uhr bis zum Folgetag 10 Uhr. Ortszentrum 1.1 km entfernt. 10 Touristenplätze.
2022: MC-St/N 9.–, Wasser/80 l 1.–, Strom/2 kWh 1.–. P/N, H/N, Entsorgung und Müll inklusive. Keine Kartenzahlung möglich. Parkscheinautomat wechselt nicht. Münzgeld erforderlich.

35080 Bad Endbach (c8) ST-D 6304

»STELLPLATZ AN DER THERME« 1.1. bis 31.12.
E.: Gemeinde Bad Endbach ☎ 0049 2776 801 870 297 m
Fax 0049 2776 801 864, **info@bad-endbach.de**, **www.bad-endbach.de**

➔ A 45 Wetzlar-Hagen, Abf. (27) Herborn-Süd, auf die B 277 Richtung Herborn, nördlich von Herborn rechts auf die B 255 Richtung Gladenbach und Bad Endbach. Dort der Ausschilderung zum Kurpark und der Lahn-Dill-Bergland-Therme folgen. ✉ Am Bewegungsbad 4 (GPS: 50°45'21"N / 8°28'49" E).
Rheumatikum, Kneipp-Kurpark, Viadukte und Tunnel der ehemaligen Aar-Salzböde-Bahn.

WC W W Ch 100 m HS 200 m

Stellplatz am Kurzentrum, unweit des Kurparks. Stellflächen auf Rasengittersteinen, bis 8 m Länge. Anmeldung und Sanitäranlagen ca. 200 m entfernt in der Therme. Ortszentrum 1 km entfernt. 18 Touristenplätze.

35083 Wetter (c7) ST-D 6307

»WOHNMOBILSTELLPLATZ HALLENBAD« 1.1. bis 31.12.
E.: Stadt Wetter ☎ 0049 6423 820, Fax 0049 6423 8221
info@wetter-hessen.de, **www.wetter-hessen.de**

➔ B 3 Gießener Nordkreuz - Marburg Abf. Cölbe in nördl. Richtung auf die B 62. Danach rechts auf die B 252 Richtung Wetter. Beschildert. (Rathaus u. Hallenbad). ✉ Schulstraße 25 (GPS: 50°54'3"N / 8°43'39" E).
Historische Altstadt, Mellnauer Burg, Rapunzelhäuschen Amönau.

Ch 300 m

Ebenes und geschottertes Gelände neben dem Hallenbad im Ortszentrum. Platz ist beleuchtet. Nachtruhe von 22 bis 6 Uhr. Es kann für max. 240 Std. Strom aufgeladen werden. Ort 200 m entfernt. 6 Touristenplätze.

35075 Gladenbach (c8) ST-D 6315

»STELLPLATZ ROSENGARTEN« 1.1. bis 31.12.
E.: Hotel Rosengarten ☎ 0049 6462 407404 262 m
rezeption@rosengarten-gladenbach.de, **www.rosengarten-gladenbach.de**

➔ A 45 Dortmund-Würzburg, ABf. (26) Herborn, auf die B 255 Richtung Marburg bis Gladenbach. Dort in der Stadtmitte auf die Straße am Markt abbiegen, nach ca. 200 m rechts in die Ringstraße und nach weiteren ca. 200 m links in die Hoherainstraße abbiegen. ✉ Hoherainstraße 45 (GPS: 50°46'29"N / 8°34'45" E).
Heimatmuseum, Pfarrkirche, Burgruine Blankenstein.

Ch HS 600 m 1 km

Stellplatz hinter einem Hotel und Restaurant. Zufahrt über ein Rasenstück. Stellflächen eben und auf Rasengittersteinen, bis 8 m Länge. Donnerstags Ruhetag. Ortszentrum 600 m entfernt. 8 Touristenplätze.

35119 Rosenthal (c8) ST-D 6318

»WOHNMOBILSTELLPLATZ FISCHEWOSSE« 20.7. bis 30.6.
E.: Stadt Rosenthal ☎ 0049 6458 50950 294 m
Fax 0049 6458 509520, **info@stadt-rosenthal.de**, **www.rosenthaler.de**

➔ A 5 Kirchheim-Frankfurt/Main, Abf. (8) Reiskirchener Dreieck, auf die B 480 Richtung Gießen. Am Gießener Nordkreuz auf die B 3 Richtung Marburg und Borken. Ca. 9 km hinter Cölbe links Richtung Rosenthal abbiegen. Dort der Ausschilderung Freibad/Kultur- und Sporthalle folgen. ✉ Willershäuser Straße 2 (GPS: 50°38'32"N / 8°52'9" E).

Ch HS

Stellplatz beim Freibad und der Kultur- und Sporthalle. Stellflächen auf Pflaster, bis 8 m Länge. Max. Aufenthalt 2 Tage, Verlängerung auf Anfrage. Duschen während der Saison im Freibad möglich. Platz steht in den ersten beiden Juli Wochen nicht zur Verfügung. Ortszentrum 200 m entfernt. 5 Touristenplätze.

35315 Homberg, Vogelsberg (c8) ST-D 6320

0 **»STELLPLATZ AN DER STADTHALLE«** 1.1. bis 31.12.
E.: Stadt Homberg ☎ 0049 6633 1840, Fax 0049 6633 18450 259 m
stadt@homberg.de, **www.homberg.de**

➔ A 5 Alsfeld–Gießen, Abf. (6) Homberg/Ohm Richtung Homberg. Dort dem Straßenverlauf der Frankfurter Straße folgen bis zum Abzweig links in die Bahnhofstraße. Danach sofort wieder links in den Stadthallenweg. ✉ Stadthallenweg 12 (GPS: 50°43'34"N / 8°59'39" E).
Historische Altstadt, Burg Homberg.

Ch 200 m 1 km

Stellplatz auf einem Parkplatz an der Stadthalle mit wunderbarer Aussicht ins Ohmtal. Stellflächen asphaltiert, auch für Längen über 8 m, extra ausgewiesen. In der zweiten Oktoberhälfte für eine Woche gesperrt. Als Ausweichplatz kann der Parkplatz am Schwimmbad genutzt werden. Ortszentrum 500 m entfernt. 5 Touristenplätze.
2022: Stellplatz ist kostenlos. Wasser/10 min. 1.–, Strom/1 kWh –.50. H/N und Entsorgung inklusive.

36304 Alsfeld (d8) ST-D 6326/1

Abfahrt

10 **»WOHNMOBILSTELLPLATZ ALSFELD«** 1.1. bis 31.12.
E.: Tourist Center Alsfeld ☎ 0049 6631 182165 1 000 qm
Fax 0049 6631 182265, **info@stadt.alsfeld.de**
www.alsfeld.de/tourismus/wohnmobilstellplatz/

➔ A 5 Gießen-Eisenach, Abf. (2) Alsfeld-Ost, weiter Richtung Alsfeld dann am Ortseingang halblinks in die Hersfelder Str. und die Nächste wieder links in die Kolpingstr., beschildert. ✉ Fuldaer Tor (GPS: 50°44'55"N / 9°16'42" E).
Historischer Stadtkern (500 m).

Ch 100 m 300 m

Stellplatz am Stadtrand neben dem Erlenstadion. Ebene Stellflächen auf Rasengittersteinen. Die Kosten sind an einem Automaten zu bezahlen. Sanitär-Station „Holiday Clean". 45 Touristenplätze.
2022: St/N 5.–, Entsorgung 1.–, Wasser 1.–, Strom/kWh –.50 (16 A).

36304 Alsfeld (d8) ST-D 6326/2

»HOTEL-LANDGASTHOF ZUM SCHÄFERHOF« 1.1. bis 31.12.
☎ 0049 6631 96600
info@hotel-zum-schaeferhof.de

➔ A 5 Gießen-Bad Hersfeld, Abf. (2) Alsfeld-Ost, weiter zum Schäferhof. ✉ Ziegenhainer Str. 30 (GPS: 50°46'7"N / 9°17'22" E).

Stellplatz beim Landgasthof Schäferhof. Stellfläche auf Asphalt. maximal 2 Nächte Aufenthalt möglich. Ortszentrum 3 km entfernt. 20 Touristenplätze.

35327 Ulrichstein, Vogelsberg (d8) ST-D 6329

»STELLPLATZ ULRICHSTEIN 'PANORAMABLICK'«
E.: Stadt Ulrichstein ☎ 0049 6645 961020 614 m 1.1. bis 31.12.
Fax 0049 6645 961022, **info@ulrichstein.de**, **www.ulrichstein.de**

➔ A 5 Gießen–Hattenbacher-Dreieck, Abf. (3) Alsfeld-West, auf die B 49 Richtung Grünberg. Nach ca. 10 km links nach Ulrichstein abbiegen. Im Ort links in den Erlenweg einbiegen, Ausschilderung Naturbadebiotop und Stellplatz Panoramablick. ✉ Arlenweg (GPS: 50°34'32"N / 9°12'22" E).
Schlossberg Ulrichstein mit Burgruine, Vogelsberggarten.

Ch 100 m 800 m

Stellplatz in ruhiger Ortsrandlage mit Ausblick in die Vogelbergslandschaft, ausgewiesen. Stellflächen auf Asphalt, auch für Längen über 8 m, beleuchtet. Info-Tafel und Sitzgarnitur vorhanden. Dusche und WC im Badebiotop nutzbar (Sommerbetrieb). Ortszentrum 900 m entfernt. 12 Touristenplätze.

35576 Wetzlar (c8) ST-D 6352/2

NEU

Abfahrt

10 **»WOHNMOBILSTELLPLATZ BACHWEIDE«** 1.1. bis 31.12.
P.: Rauszeit GmbH ☎ 0049 6441 2086086
info@goethe-camping.com, **goethe-camping.com**

➔ Am AB-Kreuz 29 – Kreuz Wetzlar Richtung Wetzlar Nord/Aßlar abfahren. Weiter auf der Auf A480 und der Beschilderung Richtung U46/Limburg folgen - weiter auf der B277 (Kreisverkehr, 1. Abf.). An der 2. Ampel rechts abbiegen (Wetzlar Dalheim), im Kreisverkehr die 2. Abf. (Hohe Straße) nehmen. Über Bahnlinie und der Wohnmobil-Beschilderung folgen.

✉ Uferstraße (GPS: 50°33'11"N / 8°29'27" E).

900 m 1 km 2 km

Beleuchteter Stellplatz am Ortsrand. Auf einer natürlichen Landspitze zwischen Lahn und Dill direkt beim Festplatz gelegen. Ebene asphaltierte und markierte Stellflächen (10 x 6,50 m und 4 x 6,50 m). Durch Baumreihen teils beschattet. Müllentsorgung. Brötchenservice. 60 Touristenplätze.
2022: St/N inkl. 2 P/N 8.–, weitere P/N 2.–.

35578 Wetzlar (c8) ST-D 6352/3

15 **»WOHNMOBILSTELLPLATZ FALKENSTRASSE«**
E.: Max Klein ☎ 0049 6441 2086086 1.1. bis 31.12.
info@goethe-camping.com, www.goethe-camping.com

➔ B 49 Gießen - Wetzlar, weiter zum Fluss Lahn. ✉ Falkenstraße (GPS: 50°33'24"N / 8°29'26" E).

Stellplatz am Dillufer bei der Lahnmündung. Stellfläche geschottert neben einer Tennisanlage. Reservierung nicht erforderlich. Möglichkeit der Ver- und Entsorgung. In der Wintersaison steht kein Wasseranschluss zur Verfügung. Brötchenservice Ortszentrum 1.5 km entfernt. 20 Touristenplätze.
2023: MC-St/N inkl. 2 P/N 11.–, extra A/N 2.–, extra B/N 2.–, Wasser/100 l 1.–, Strom/N 4.–. KT, H/N, Entsorgung und Müll inklusive.

35794 Mengerskirchen, Wester. (c8) ST-D 6360

EU

20 **»WÄLLER CAMP WOHNMOBILHAFEN«** 1.1. bis 31.12.
E.: Wäller Camp GmbH ☎ 0049 6476 4190160
info@waeller-camp.de, www.waeller-camp.de/camping/wohnmobilhafen

➔ A3 Frankfurt–Köln Abf. (42) Limburg/Nord auf die B49 Richtung Weilburg-Westerburg. In Höhe Waldbrunn rechts abbiegen. Vor Mengerskirchen beschildert. ✉ Am Seeweiher 1 (GPS: 50°32'49"N / 8°8'50" E).
∴ Holzbachschlucht. Hofgut Dapprich. Historische Altstadt. Schloss und -garten Weilburg. Stöffelpark. Turmmuseum. Landschaftsmuseum. Kristallhöhle.

WC W W Ch
100 m 1 km

Beleuchteter Stellplatz neben dem Campingplatz Wäller Camp. Ebenes und geschottertes Wiesengelände mit dichtem Baumbestand und einem separaten Zugang zum See für Hunde. Stellplätze befestigt. Stellplatzlänge bis 12 m. Max. 3 Nächte Aufenthaltsdauer. An- und Abreise rund um die Uhr möglich. Müllentsorgung. „Camper Clean"-Entsorgungsstation. Satellitenempfang. Imbiss. Brötchenservice. Ort 1 km entfernt. 25 Touristenplätze.
2022: St/N inkl. P/N 17.–.

35781 Weilburg-Odersbach (c8) ST-D 6365

»WOHNMOBILSTATION WEILBURG« 1.1. bis 31.12.
☎ 0049 6471 31467
tourist-info@weilburg.de, www.weilburg.de

➔ B 49 Gießen - Limburg, bei Merenberg auf die B 456 Richtung Weilburg. Die Lahn überqueren danach beschildert. ✉ Im Bangert, Hainallee (GPS: 50°29'0"N / 8°15'29" E).
∴ Schlossgarten Weilburg.

WC Ch 100 m 300 m
500 m 1 km

Stellplatz an der Hainallee gegenüber dem Feuerwehrstützpunkt an der Lahnschleife unterhalb der Altstadt gelegen. Stellflächen auf Schotter und Asphalt. Reservierung nicht erforderlich. Anmeldung in der Tourist-Info oder beim Platzwart. Für den Schlüssel muss eine Kaution von 15.- € hinterlegt werden. Brötchenservice (April bis Okt.) von Mittwoch bis Samstag. Ortszentrum 100 m entfernt. 80 Touristenplätze.

36088 Hünfeld, Rhön (d8) ST-D 6410/1

Abfahrt

15 **»KNAUS REISEMOBILSTELLPLATZ HÜNFELD-PRAFORST«**
☎ 0049 6652 749090 1.1. bis 31.12.
huenfeld@knauscamp.de, www.knauscamp.de

➔ A 7 Kassel–Fulda Abf. (90) Hünfeld/Schlitz Richtung Hünfeld ca. 3 km, dann rechts abbiegen. ✉ Dr.-Detlev-Rudelsdorff-Allee 6 (GPS: 50°39'12"N / 9°43'26" E).

W W Ch W W
HS 500 m
4 km

Stellplatz beim Campingplatz KNAUS CAMPINGPARK HÜNFELD-PRAFORST. Flexible An- und Abreise. Ort 3.5 km entfernt. 5 Touristenplätze.
2022: MC-St/N 14.–, Waschmaschine 5.–, Trockner 5.–, Strom/N 4.–. P/N, H/N, Entsorgung, Müll und Wasser inklusive. Sanitärbenutzung/N ab 16 J. 5.– / Kinder (4 bis 15 J.) 3.–.

36142 Tann, Rhön (d8) ST-D 6412

10 **»WOHNMOBILSTELLPLATZ "AM UNSBACH"«**
E.: Magistrat der Stadt Tann (Rhön) 1.1. bis 31.12.
☎ 0049 6682 961111, Mobil 0049 6682 961112, **www.tann-rhoen.de**
tourist-info@tann-rhön.de

➔ B 278 über B 458 von Fulda nach Tann. ✉ Am Unsbach (GPS: 50°38'30"N / 10°1'5" E).
∴ Schlossanlage, Altstadt, Freilichtmuseum Rhöner Museumsdorf & Naturmuseum, Stadtkirche.

Ch 300 m 500 m

Der Wohnmobilstellplatz liegt in unmittelbarer Stadtnähe, in ruhiger Tallage, an der Ulster. Weitläufiges und von Bäumen umrahmtes Gelände im Grünen. Ebene, überwiegend schattenlose Stellflächen auf Schotterrasen mit Blick auf die Tanner Schlosskulisse. Reservierung nicht erforderlich. Ver- und Entsorgung sowie Müllentsorgung möglich. Maximal 3 Nächte Aufenthalt möglich. Ortszentrum 500 m entfernt. 8 Touristenplätze.
2022: St/N 7.–, Frischwasser/120 l 1.–, Strom/6 Std. 1.–. Abwasserentsorgung inlusive.

36169 Rasdorf, Rhön (d8) ST-D 6413

10 **»FREIZEITGELÄNDE RASDORF«** 1.1. bis 31.12.
☎ 0049 6651 96010, Fax 0049 6651 960120
info@rasdorf.de, www.rasdorf.de

➔ A 7 Fulda - Bad Hersfeld, Abf. (90) Hünfeld Schlitz, weiter auf B 84 nach Rasdorf. ✉ Setzelbacher Straße 2 (GPS: 50°42'51"N / 9°54'11" E).

Ch
300 m 500 m

Stellplatz auf dem öffentlichen Parkplatz neben einem Sportgelände (Tennis und Fußball) am Ortsrand. Stellflächen auf Pflaster und Rasengitter. Reservierung nicht erforderlich. Parktickets bei der örtlichen Gastronomie und Gemeindeverwaltung erhältlich. Maximal 3 Nächte Aufenthalt möglich! Spiel- u. Bewegungspark nebenan. Ortszentrum 500 m entfernt. 4 Touristenplätze.
2022: St/N 4.–, Wasser/120 l 1.–, Strom/10 Std. 1.–. H/N und Entsorgung inklusive.

36163 Poppenhausen/Wasserkuppe, Rh. (d8) ST-D 6420

10 **»FREIZEITANLAGE LÜTTERGRUND«** 1.1. bis 31.12.
☎ 0049 6658 960013, Fax 0049 6658 960022
tourismus@poppenhausen-wasserkuppe.de
www.poppenhausen-wasserkuppe.de

➔ A 7 Bad Hersfeld-Fulda, Abf. (92) Fulda-Mitte, weiter auf B 458 nach Wasserkuppe. ✉ Sebastian-Kneipp-Weg (GPS: 50°29'23"N / 9°52'35" E).

Ch 200 m 400 m 700 m

Stellplatz beim Sportgelände in ruhiger Ortslage. Stellfläche auf Pflaster. Reservierung nicht möglich. Maximal 3 Nächte Aufenthalt möglich. Direkter Einstieg in das Wander- und Radwegnetz sowie in den Nordic-Walking-Park. Ortszentrum 600 m entfernt. 12 Touristenplätze.
2022: MC-St/N 6.–, KT P/N ab 16 J. 1.–, Wasser/100 l 1.–, Strom/12 Std. 2.–. Entsorgung inklusive. Nur Barzahlung möglich.

36251 Bad Hersfeld, Rhön (d7) ST-D 6430/1

10 **»STELLPLATZ BAD HERSFELD - AM FREIBAD«**
E.: Tourist-Information ☎ 0049 6621 201274 1.1. bis 31.12.
Fax 0049 6621 201244, **touristinfo@bad-hersfeld.de, www.bad-hersfeld.de**

➔ A 4 Kirchheim - Friedewald, Abf.(32) Bad Hersfeld, auf der B27/324 durch Hersfeld Richtung Aua. Links zum Freibad Geistal abbiegen. ✉ Am Schwimmbad (GPS: 50°52'31"N / 9°42'1" E).

Ch 500 m

Stellplatz direkt am Freibad Geistal (Mai bis Sept. geöffnet) und dem Freizeit- und Sportpark Jahnpark. Befestigte, ebene Stellflächen. Durch Bäume umrahmt. Öffentliche Toiletten (tagsüber im Jahnpark), Duschen gegen Gebühr im Freibad Geistal. Stadtzentrum 2 km entfernt. 8 Touristenplätze.
2022: St/N 6.25, KT P/N ab 16 J. 2.20, Wasser/80 l 1.–, Strom/1 kWh –.50. H/N, Entsorgung und Müll inklusive. Bezahlung per App oder am Servicehaus des Jahnparks. (Öffnungszeiten Sommer: 8 - 19 Uhr, Öffnungszeiten Winter: 8 - 16 Uhr).

36251 Bad Hersfeld, Rhön (d7) ST-D 6430/2

0 **»STELLPLATZ AUF DER UNTERAUE«** 1.1. bis 31.12.
☎ 0049 6621 201274
touristinfo@bad-hersfeld.de, www.bad-hersfeld.de

➔ A 4 Bad Hersfeld, weiter im Ort zur Tennisanlage. ✉ Auf der Unteraue (GPS: 50°51'33"N / 9°41'51" E).

200 m

Stellplatz auf dem Parkplatz der Tennisanlage. Stellflächen auf Schotter und Asphalt. Reservierung nicht erforderlich. Ortszentrum 100 m entfernt. 3 Touristenplätze.
2022: Stellplatz ist kostenlos. KT P/N ab 16 J. 2.20.

36251 Bad Hersfeld, Rhön (d7) ST-D 6430/3

»WALDHOTEL GLIMMESMÜHLEN« 1.1. bis 31.12.
V.: Familie Wolff ☎ 0049 6621 3081
hotel@glimmesmuehle.de

➔ Von Bad Hersfeld nach Norden zum Waldhotel in Einzellage. ✉ Homberger Straße (GPS: 50°53'3"N / 9°40'10" E).

Stellplatz beim Hotel in Einzellage. Stellfläche auf Schotterrasen. Aufenthalt nach Absprache. Ortszentrum 1 km entfernt. 20 Touristenplätze.

36251 Bad Hersfeld, Rhön (d7) ST-D 6430/4

»SPASSBAD AQUA FIT« 1.1. bis 31.12.
☎ 0049 6621 46630
info@bad-hersfeld.de, www.bad-hersfeld.de

➔ A 4 Bad Hersfeld, Abf. (32) Bad Hersfeld, weiter zum Aqua Fit. ✉ Kolpingstraße (GPS: 50°52'5"N / 9°43'46" E).

Stellplatz am Spaßbad Aqua Fit. Ebene Stellflächen auf Asphalt. Ortszentrum 3 km entfernt. 2 Touristenplätze.

36251 Bad Hersfeld, Rhön (d7) ST-D 6430/5

0 »PARKPLATZ SEILERWEG« 1.1. bis 31.12.
☎ 0049 6621 201274
touristinfo@bad-hersfeld.de, www.bad-hersfeld.de

➔ A 4 nach bad-Hersfeld, Abf. (32) Bad Hersfeld, weiter zum Schildepark. ✉ Seilerweg 3 (GPS: 50°52'15"N / 9°42'42" E).

Ⓗ200 m 300 m 500 m

Stellplatz für Busse und reisemobile am Schilde-Park. Stellfläche auf Asphalt. Reservierung nicht erforderlich. Ortszentrum 500 m entfernt. 4 Touristenplätze.
2022: Stellplatz ist kostenlos. KT P/N ab 16 J. 2.20.

36275 Kirchheim (d8) ST-D 6432

Abfahrt

25 »STELLPLATZ SEEPARK KIRCHHEIM« 1.1. bis 31.12.
E.: Heinrich Hartung ☎ 0049 6628 1525, Mobil 0049 171 2646899
Fax 0049 6628 8664, **info@campseepark.de, www.campseepark.de**

➔ A7 Kassel–Fulda Abf. (87) Kirchheim, Richtung Gershausen Kemmerode, Seepark. ✉ Brunnenstr. 20 (GPS: 50°48'52"N / 9°31'5" E).

WC W W Ch Ⓗ1 km 5 km

Geschotterte Stellflächen neben dem Campingplatz "CAMPING SEEPARK". Ebenes bis leicht abfallendes Wiesengelände am Waldrand mit lockerem Baumbestand am Ibra-See. Satellitenempfang. Imbiss. Brötchenservice. Die Einrichtungen vom Campingplatz können mitbenutzt werden. Ort 5 km entfernt. 50 Touristenplätze.
2023: St/N inkl. 2 P/N 20.80, weitere P/N 2.–, H/N 3.–, KT 1.–, Waschmaschine 5.–, Trockner 2.–, Strom/N 4.– (16 A). Entsorgung, Müll und Wasser inklusive.

36129 Gersfeld-Schachen, Rh. (d8) ST-D 6438

15 »WOHNMOBILSTELLPLATZ HOCHRHÖN« April bis Dez.
E.: Cornelia Richter ☎ 0049 6654 7836, Fax 0049 6654 7836 600 m
campinghochrhoen@aol.com, www.rhoenline.de/camping-hochrhoen/

➔ A 7 Kassel–Fulda Abf. (93) Fulda-Süd auf die B 27 Richtung Gersfeld. ✉ Schachen 13 (GPS: 50°27'44"N / 9°55'9" E).
∴ Wasserkuppe. Moorlandschaft. Hochwildschutzpark.

W W Ch W W W Ⓗ2 km

Separater terrassierter Wohnmobil-Stellplatz beim CAMPING UND WOHNMOBILSTELLPLATZ HOCHRHÖN. Ebene Stellflächen auf Rasen. Ort 2 km entfernt.
2022: MC-St/N 13.–, KT P/N ab 11 J. 1.10, Strom/2 kWh 1.– (16 A). P/N, H/N, Entsorgung, Müll, Wasser und Sanitärbenutzung inklusive.

36039 Fulda (d8) ST-D 6440/1

»STELLPLATZ WEIMARER STRASSE« 1.1. bis 31.12.
☎ 0049 661 1023250
parken@fulda.de, www.fulda.de/buergerservice/parken-verkehr/

➔ A 7 Fulda-Bad Hersfeld, Abf. (92) Fulda-Mitte, weiter zum Innenstadtrand. Die Zu- und Ausfahrt erfolgt über die "Weimarer Straße". ✉ (GPS: 50°33'23"N / 9°39'59" E).

WC Ch Ⓗ 200 m

Stellplatz auf dem Großraumparkplatz. Durch Rasenstreifen und lockeren Baumbewuchs aufgelockert. Stellflächen auf Pflaster. Reservierung nicht erforderlich. Wertstoffhof nebenan. Ortszentrum 1.5 km entfernt. 17 Touristenplätze.

Schränke und Kühlschrank müssen während der Fahrt fest verriegelt sein.

36041 Fulda (d8) ST-D 6440/2

»WOHNMOBILSTELLPLATZ JOHANNISAU« 1.1. bis 31.12.
☎ 0049 661 1021814
parken@fulda.de, www.fulda.de/buergerservice/parken-verkehr/

➔ A 7 Bad Hersfeld-Bad Kissingen, Abf. (92) Fulda-Mitte, weiter nach Fulda. ✉ Johannisstraße (GPS: 50°32'27"N / 9°39'50" E).

Ch

Stellplatz direkt neben dem Stadion Johannisau (Fulda-Auen). Ebene Stellflächen auf Schotter. Entleerung für mobile Tanks. Ortszentrum 1.8 km entfernt. 10 Touristenplätze.

36396 Steinau a. d. Straße, Rh. (d8) ST-D 6443

0 »STELLPLATZ AM STEINES« 1.1. bis 31.12.
☎ 0049 666396310 175 m
verkehrsbuero@steinau.de, www.steinau.de

➔ A 66 Gelnhausen-Fulda, Abf. (47) Steinau, weiter auf der Bahnhofstraße Richtung Ortskern. An der Tanktelle links abbiegen auf die Leipziger Straße. Der Stellplatz befindet sich am Sportplatz auf der linken Seite. ✉ Am Steines (GPS: 50°18'56"N / 9°27'37" E).
∴ Brüder-Grimm-Haus, mittelalterliche Altstadt.

100 m 350 m 500 m

Stellplatz neben Sportanlage und Freibad. Unparzellierte Stellflächen auf Asphalt mit Blick auf die Altstadt. Ortszentrum 350 m entfernt. 5 Touristenplätze.
2022: Stellplatz ist kostenlos. Entsorgung 1.–, Wasser/5 min. 1.–, Strom/2 kWh 1.–.

36358 Herbstein, Vogelsberg (d8) ST-D 6451/1

»WOHNMOBILSTELLPLATZ HERBSTEIN« 1.1. bis 31.12.
E.: Stadt Herbstein ☎ 0049 6643 960019 405 m
Fax 0049 6643 960020, **kurverwaltung@herbstein.de**
www.herbstein.de/kur-und-tourismus/

➔ A 5 Frankfurt-Gießen, Abf. (16) Friedberg, weiter auf der B 455 über Schotten nach Herbstein. Vor dem Ortseingang rechts zur Vulkan-Therme abbiegen. Beschildert. ✉ Zum Thermalbad 1 (GPS: 50°34'8"N / 9°20'46" E).

WC W 30 m S200 m 400 m

Stellplatz auf dem Parkplatz eines Thermalbads. Ebene, asphaltierte Stellflächen. Idealer Ausgangspunkt für Radtouren auf dem Vulkanradweg. Anmeldung an der Badekasse in der VulkanTherme. Ortszentrum 1.5 km entfernt. 11 Touristenplätze.

36358 Herbstein, Vogelsberg (d8) ST-D 6451/2

»STELLPLATZ VULKAN THERME« 1.1. bis 31.12.
☎ 0049 6643 799709
tourist-info@herbstein.de, www.herbstein.de

➔ A 5 Bad Hersfeld-Geißen, Abf, (2) Alsfeld, weite rauf B 275 nach Herbstein. ✉ Zum Thermalbad 1 (GPS: 50°34'7"N / 9°20'51" E).

WC Ch Ⓗ200 m

Stellplatz an der Vulkantherme. Stellfläche auf Asphalt. Reservierung nicht erforderlich. Anmeldung an der Therme erforderlich. Ortszentrum 1 km entfernt. 11 Touristenplätze.

36341 Lauterbach, Vogelsbg. (d8) ST-D 6453/1

10 »FREIZEITZENTRUM LAUTERBACH« 1.1. bis 31.12.
☎ 0049 6641 184112
info@lauterbach-hessen.de, www.lauterbach-hessen.de

➔ A 5 Bad Hersfeld - Gießen, Abf. (2) Alsfeld, weiter auf B 254 nach Lauterbach zum Freizeitzentrum. ✉ Am Sportfeld 9 (GPS: 50°37'38"N / 9°23'32" E).

Ch 100 m Ⓗ200 m

Stellplatz am Erlebnisbad "Die Welle" und dem Freizeitzentrum (Hallenbad, Sauna, Freibad, Minigolf, Tennis, Kneipp-Anlage und Eissport-Arena). Stellflächen auf Pflaster. Dusche und Sanitär im Erlebnisbad stehen zu den Öffnungszeiten gegen Gebühr zur Verfügung. Bezahlung am Automaten im Freizeitzentrum. Der Vulkanradweg und der Premiumwanderweg "BachTour" führen am Stellplatz vorbei. 15 Minuten Fußweg in die historische Altstadt. Maximal 3 Nächte Aufenthalt möglich! Ortszentrum 500 m entfernt. 8 Touristenplätze.
2023: St/N 5.–, Entsorgung 1.–, Wasser/5 min. 1.–, Strom/kWh 1.–. Bezahlung am Automaten im Freizeitzentrum.

36341 Lauterbach, Vogelsbg. (d8) ST-D 6453/2

0 »PARKPLATZ AUF DER BLEICHE« 1.1. bis 31.12.
☎ 0049 6641 184112
info@lauterbach-hessen.de, www.lauterbach-hessen.de

➔ A 5 Bad-Hersfeld-Hießen, Abf. (2) Alsfeld, weiter auf B 254 nach Lauterbach. ✉ Bleichstraße (GPS: 50°38'18"N / 9°24'10" E).

Ch Ⓗ200 m 1 km

Stellplatz auf einem öffentlichen Parkplatz direkt am Ufer der Lauter. Stellflächen auf Schotter. Reservierung nicht erforderlich. E-Ladestation vorhanden. Ver- und Entsorgungsstation: Freizeitzentrum Steinigsgrund, Am Sportfeld 9 oder David-Eifert-Straße. Ortszentrum 500 m entfernt. 5 Touristenplätze.
2023: Stellplatz ist kostenlos. Entsorgung 1.–.

63654 Büdingen, Vogelsberg (d8) ST-D 6460

»WOHNMOBILSTELLPLATZ "AN DER JÄGERWIESE"«
E.: Büdinger Tourismus und Marketing GmbH 1.1. bis 31.12.
0049 6042 96370, **info@buedingen-touristik.de**
www.buedingen-touristik.de

→ A 66 Hanau - Bad Orb, Abf. (42) Grundau-Lieblos, auf die B 457 Richtung Norden nach Büdingen. Im Ort der L 3010 zum Freibad in Richtung Rinderbügen folgen. Jägerwiese 3 (GPS: 50°17'28"N / 9°7'37" E).
Historische Altstadt. Schloss Büdingen. Jerusalemer Tor.

RES WC W 1 km 1.7 km

Markierte Stellplätze auf dem Parkplatz des Freibads. Stellflächen auf Asphalt. Stellplatz-Länge bis 10 m. Kiosk und Imbiss vorhanden. Öffnungszeit Freibad: 7.30-19.30 Uhr. Ort 1 km entfernt. 8 Touristenplätze.

63628 Bad Soden-Salmünster OT Mernes, Sp. (d8/9) ST-D 6471

»WOHNMOILSTELLPLATZ MERNES« 1.1. bis 31.12.
0049 6660 1376, Fax 0049 6660 919018
info@zum-jossatal.de, www.zum-jossatal.de

→ A 66 Fulda-Hanau, Abf. (46) Bad Soden-Salmünster, weiter nach Mernes. Jossastraße (GPS: 50°14'28"N / 9°28'37" E).

Ch 200 m 250 m 300 m

Stellplatz am Ortsrand gelegen am Fluss Jossa. Stellfläche auf Rasengitter. Entsorgungsstation vorhanden. Von Mai bis Sept. Quellschwimmbad in der Nähe mit Kneippanlage und Barfußweg. Ortszentrum 300 m entfernt. 6 Touristenplätze.

63619 Bad Orb, Spessart (d9) ST-D 6481/1

»WOHNMOBILSTELLPLATZ AM KURPARK« 1.1. bis 31.12.
0049 6052 830
info@bad-orb.info, www.bad-orb.info/gastgeber-finden

→ A 66 Fulda - Frankfurt, Abf. (66) Bad Orb, weiter zum Kurpark. Spessartstraße (GPS: 50°13'1"N / 9°21'17" E).
Kurpark mit Gradierwerk. Toskana Therme.

Ch 100 m 400 m

Stellplatz am südlichen Stadtrand in nächster Nähe zum Naturerlebnis-Freibad, Kurpark mit Gradierwerk und der Toskana Therme. Von einer niedrigen Hecke umrahmt. Ebene, gekieste und markierte Stellflächen. Parkscheinautomat (Münzen erforderlich). Info-Tafel. Ortszentrum 1.3 km entfernt. 9 Touristenplätze.

63619 Bad Orb, Spessart (d9) ST-D 6481/2

»WOHNMOBILSTELLPLATZ AM BUSBAHNHOF« 1.1. bis 31.12.
0049 6052 830
info@bad-orb.info, www.stadt-bad-orb.de

→ A 66 Hanau - Fulda, Abf. (45) Bad Orb, weiter zum Bahnhof. Austraße (GPS: 50°13'48"N / 9°20'48" E).
Hessens schmalstes Fachwerkhaus. Kurpark mit Gradierwerk.

200 m

Stellplatz auf einem öffentlichen Parkplatz am Busbahnhof in unmittelbarer Umgebung der historischen Altstadt. Ebene Stellflächen auf Schotter. Reisemobillänge max. 10 m. Ortszentrum 200 m entfernt. 4 Touristenplätze.

65510 Idstein, Taunus (c9) ST-D 6540

»WOHNMOBILHAFEN HIMMELSBORNWEG« 1.1. bis 31.12.
E.: Tourist-Info Idstein 0049 6126 78620
tourist-info@idstein.de, www.idstein.de

→ A 3 Köln-Frankfurt, Abf. (45) Idstein, nach der Abfahrt rechts abbiegen, dann links am Industriegebiet vorbei und nach ca. 700 m links. Im Kreisverkehr links abbiegen und auf der südlichen Umgehungsstraße weitere zwei Kreisverkehre durchfahren. Im nächsten Kreisverkehr rechts halten und im nächsten links abbiegen. Nach gut 1 km rechts in den Himmelsbornweg einbiegen. Beschildert. Himmelsbornweg (GPS: 50°13'3"N / 8°16'45" E).
Historische Altstadt. Unionskirche. Schloss. Schlossgarten. Hexenturm. Römerturm.

RES Ch 100 m 400 m 1.5 km HS 2 km

Beleuchteter Stellplatz, abgetrennt von einem Parkplatz, am Rande eines Naherholungsgebietes. Ebene Stellflächen auf Schotter. Stellplatz-Länge bis 12 m. Für Fahrzeuge über 5 t geeignet. Bezahlung in der Tourist-Info Idstein (Öffnungszeiten: Di u. Mi 8-12 / 14-17 Uhr, Do u. Fr 8-12 / 14-18 Uhr, Sa 11-16 Uhr, Sonn- u. Feiertage 14-17 Uhr, Montag geschlossen). Maximal 3 Nächte Aufenthalt möglich! Ort 1.5 km entfernt. 12 Touristenplätze.

65520 Bad Camberg, Taunus (c8) ST-D 6545/1

»STELLPLATZ HOTEL WALDSCHLOSS« 1.1. bis 31.12.
E.: Familie Hofmann 0049 6434 930740
info@hotel-waldschloss.de, www.hotel-waldschloss.de

Abfahrt

→ A 3 Limburg-Wiesbaden, Abf. (44) Bad Camberg, im Ort rechts auf die B 8 in Richtung Würges, am Ortsende links auf die Hochtaunusstraße L 3031 Richtung Steinfischbach bis zum Hotel-Restaurant Waldschloss. An der Hochtaunusstraße (GPS: 50°17'59"N / 8°17'49" E).
Historische Altstadt. Kurpark. Kreuzkapelle.

WC W WC 1.5 km

Beleuchteter Stellplatz auf dem Restaurant-Parkplatz in Einzellage am Waldrand. Ebene Stellflächen auf Pflaster, von hohen Bäumen eingerahmt. Stellplatz-Länge bis 8 m. Reservierung empfohlen. Ort 1.5 km entfernt. 5 Touristenplätze.

65520 Bad Camberg, Taunus (c8) ST-D 6545/2

»STELLPLATZ JAHNSTRASSE« 1.1. bis 31.12.
0049 6434 202411, Mobil 0049 6434 202412
kurverwaltung@bad-camberg.de

→ A 3 Limburg-Frankfurt, Abf. (44) Bad Camberg, weiter zum Ortszentrum. Jahnstraße (GPS: 50°17'48"N / 8°15'59" E).

Ch 300 m

Stellplatz bei der Jahnstraße. Stellfläche auf Schotter. Bodeneinlass vorhanden. Ortszentrum 200 m entfernt. 8 Touristenplätze.

61276 Altweilnau, Taunus (c8) ST-D 6549

»TAUNUS MOBILCAMP« 1.1. bis 31.12.
E.: ovento one gmbh 0049 6081 14555
info@taunus-mobilcamp.de, www.taunus-mobilcamp.de

→ B 275 Bad Camburg-Butzach in den Ort Altweilnau. Egertshammer (GPS: 50°18'39"N / 8°25'35" E).

WC W W Ch W

Stellplatz an der B 275. Stellflächen auf einer länglichen Schotterwiese bzw. Pflaster zwischen der Straße und dem Waldrand. Teilweise parzelliert. Stromautomat (50 Cent-Münzen). Ortszentrum 500 m entfernt. 50 Touristenplätze.

65343 Eltville am Rhein, Taunus (c9) ST-D 6565/2

»PARKPLATZ WEINHOHLE P2« 1.1. bis 31.12.
0049 6123 90980, Fax 0049 6123 909890
touristik@eltville.de, www.eltville.de

→ Westlich von Wiesbaden nach Eltville am Rhein zum Parkplatz Weinlohe. (gegenüber LIDL-Parkplatz) Weinhohle (GPS: 50°1'41"N / 8°7'25" E).

Ch 200 m

Stellplatz an der Bahnlinie bei einem Supermarkt. Stellfläche auf Pflaster. Maximal 3 Nächte Aufenthalt möglich. Ortszentrum 300 m entfernt. 20 Touristenplätze.

65346 Eltville am Rhein, Taunus (c9) ST-D 6565/3

»KLOSTER EBERBACH« 1.1. bis 31.12.
E.: Stiftung Kloster Eberbach 0049 6723 9178240
hotel@kloster-eberbach.de, www.kloster-eberbach.de

→ Westlich von Wiesbaden auf der AB 66 und danach weiter auf die B 42 bis Abf. Kiedrich. Ab hier auf die Beschilderung Kloster Eberbach folgen. Zufahrt Ost. (GPS: 50°2'32"N / 8°2'53" E).

WC 1 km 4 km

Geschotterte Stellplätze im großen Klosterhof der alten Zisterzienserabtei am Waldrand gelegen. Gastronomie und Hotel. Öffentliche Klosterund Weinführungen. Klosterladen und Vinothek. Abteimuseum. Standesamtliche Trauungen möglich. Ausgangspunkt für Rheingauer Klostersteig (29,5 km). Ort 3 km entfernt. 3 Touristenplätze.

63179 Obertshausen (c9) ST-D 6630

0 **»MONTE MARE FREIZEITBAD«** 1.1. bis 31.12.
0049 6104 80190
obertshausen@monte-mare.de, www.monte-mare.de/obertshausen

→ A 3 Frankfurt-Würzburg, Abf. (54) Hanau, weiter nach Obertshausen zum Schwimmbad. Badstr. 19 (GPS: 50°4'8"N / 8°52'1" E).

WC 500 m

Stellplatz am Freizeitbad Monte Mare. Stellfläche auf Schotter. Maximal 2 Nächte Aufenthalt möglich. Achtung! Parkplatz hat eine Höhenbeschränkung von 2,85 m. Sauna und Wellness. Ortszentrum 500 m entfernt. 5 Touristenplätze.
2022: Stellplatz ist kostenlos.

64747 Neustadt (c/d9) ST-D 6721

»WOHNMOBILSTELLPLATZ BREUBERG-AUE« 1.1. bis 31.12.
0049 6163 7090
info@breuberg.de

→ B 469 Aschaffenburg-Obernburg, weiter nach Neustadt. Bahnhofstr. 4 (GPS: 49°48'58"N / 9°2'31" E).

Ch 300 m

Stellplatz auf einem Parkplatz an der Breuberg-Aue. Stellfläche auf Schotter. Maximal 3 Nächte Aufenthalt möglich. Ortszentrum 300 m entfernt. 4 Touristenplätze.

64385 Reichelsheim, Odenwald (c9) ST-D 6734

0 **»WOHNMOBILSTELLPLATZ REICHENBERGSCHULE«**
0049 6164 50826 1.1. bis 31.12.
touristinfo@reichelsheim.de, www.reichelsheim.de

→ B 45 Heidelberg - Aschaffenburg, bei Reichelsheim zur Schule fahren. Beerfurther Straße 29 (GPS: 49°42'53"N / 8°50'34" E).
Schloss Reichenberg.

Ch 200 m 400 m

Stellplatz am Ortsrand bei der Reichenbergschule auf einem Parkplatz. Stellfläche auf Asphalt. Öffentliche Toiletten sind in der Nähe. Touristische Informationen im Rathaus erhältlich. (Bismarckstraße 43) Ortszentrum 400 m entfernt. 15 Touristenplätze.
2023: Stellplatz ist kostenlos. Wasser/100 l 1.–, Strom/1 kWh –.50.

64678 Lindenfels, Odenwald (c9) ST-D 6737

10 »PARKPLATZ IN DER KAPPSTRASSE« 1.1. bis 31.12.
☏ 0049 6255 30644
touristik@lindenfels.de
www.lindenfels.de/tourismus/touristische-angebote/wohnmobilstellplatz

➔ A 5 Heidelberg - Darmstadt, Abf. (5) Bensheim, weiter auf der B 47 (Nibelungenstraße) nach Lindenfels. Beschilderung "Parkplatz Kappstraße" folgen. ✉ Kappstraße (GPS: 49°40'51"N / 8°46'58" E).
Lindenfelser Heimatmuseum. Deutsche Drachenmuseum. Burgruine Lindenfels.

500 m

Stellplatz am Ortsrand. Stellfläche auf Sand und Gras. Entsorgungsstation vorhanden. Als Ladestation für Elektrofahrzeuge geeignet. Maximal 2 Nächte Aufenthalt möglich. Über die Wintermonate kann die Wasserversorgung nicht garantiert werden! Bei großen Veranstaltungen stark frequentiert. Selbstbedienungsautomat mit frischen regionalen Produkten wie Käse, Marmeladen, Honig, Eiern, Knack- und Dosenwurst, Grillpaketen sowie Wildbratwurst und Getränken. Ortszentrum 500 m entfernt. 10 Touristenplätze.
2022: St/N inkl. 2 P/N 10.–, Wasser/100 l 1.–, Strom/24 Std. 1.50 (1,5 kWh). KT und Entsorgung inklusive. Bezahlung vor Ort.

64720 Michelstadt (c9) ST-D 6739

0 »GROSSPARKPLATZ WIESENWEG« 1.1. bis 22.5. 13.6. bis 31.12.
☏ 0049 6061 74610
touristik@michelstadt.de, **www.michelstadt.de**

➔ B 45 Höchst im Odenwald - Oberzent nach Michelstadt. Direkt an der B45 in den Hammerweg und danach links in den Wiesenweg. Auf Beschilderung „PStadtmitte“ achten. ✉ Marktstraße/Wiesenweg (GPS: 49°40'47"N / 9°0'5" E).
Kellerei Michelstadt.

140 m 1 km

Stellplatz in der Stadtmitte an der Bundesstraße. Stellfläche auf Schotter. Rund um Pfingsten am Michelstädter Bienenmarkt; sind die Stellplätze eine Woche vor und danach nicht zugänglich. 4 Nächte max. Aufenthaltsdauer. Altstadt ca. 350 m entfernt. 12 Touristenplätze.
2022: Stellplatz ist kostenlos. Wasser/1 l 1.–. Bezahlung für Frischwasser und Strom (16 A), sowie die Entsorgung von Abwasser am Münzautomaten.

64711 Erbach, Odenwald (c9) ST-D 6740

0 »WOHNMOBILSTELLPLATZ ALEXANDERBAD«
☏ 0049 6062 64880 1.1. bis 31.12.
tourismus@erbach.de

➔ B 45 Aschaffenburg-Stuttgart, bei Erbach zum Freibad abfahren. ✉ Wiesenweg (GPS: 49°39'48"N / 8°59'20" E).

100 m 300 m 500 m

Zentral gelegener und gebührenfreier Stellplatz am Freibad. Stellplatz auf Pflaster. Auch für Wohnmobile für über 8 Meter geeignet. Entsorgungsstation vorhanden. Sanitäre Einrichtungen im nahe gelegenen Freibad. Maximal 3 Nächte Aufenthalt möglich. Stellplatz auch außerhalb der Freibadsaison nutzbar. Ortszentrum 500 m entfernt. 10 Touristenplätze.
2022: Stellplatz ist kostenlos. H/N, Entsorgung, Wasser und Strom inklusive. Um eine freiwillige Spende wird gebeten.

Baden-Württemberg

68723 Schwetzingen (c10) ST-D 7120

»WOHNMOBILSTELLPLATZ SCHWETZINGEN« 1.1. bis 31.12.
☏ 0049 6202 870
stadtinfo@schwetzingen.de, **www.schwetzingen.de**

➔ A 6 Heilbronn-Mannheim, Abf. (29) Schwetzingen/Hockenheim, weiter auf B 291 zum Fußballstadion. ✉ Ketscher Landstraße (GPS: 49°22'39"N / 8°33'24" E).

200 m

Stellplatz vor dem SV Fußballstadion. Stellfläche auf Rasengitter. Ortszentrum 2 km entfernt. 12 Touristenplätze.

68526 Ladenburg, Odenwald (c10) ST-D 7133

15 »WOHNMOBILPARK LANDENBURG« 1.1. bis 31.12.
☏ 0049 6203 961 9655, Mobil 0049 173 275 8710
info@wohnmobilstellplatz-ladenburg.de
www.wohnmobilstellplatz-ladenburg.de

➔ A 5 Karlsruhe-Darmstadt, Abf. (35) Ladenburg, weiter zum Ortsrand von Ladenburg. ✉ Heidelberger Str. 56 (GPS: 49°27'54"N / 8°36'51" E).

500 m 600 m

Stellplatz am Ortsrand mit Blick auf den Odenwald. Stellfläche auf Schotterrasen. Touristinfo am Platz. Ortszentrum 500 m entfernt. 52 Touristenplätze.
2023: St/N inkl. 4 P/N 14.–, extra A/N 2.–, extra B/N 2.–, Wasser/80 l 1.–, Strom/kWh 1.– (16 A). P/N, KT, H/N, Entsorgung und Müll inklusive. Kartenzahlung möglich.

69412 Eberbach, Odenwald (c10) ST-D 7143/1

10 »WOHNMOBILSTELLPLATZ IN DER AU« 1.1. bis 20.8. 3.9. bis 31.12.
☏ 0049 06271 87242
tourismus@eberbach.de, **www.eberbach.de**

➔ B 37 Heilbronn - Frankfurt am Main, in Eberbach zum Sportzentrum abzweigen. ✉ In der Au (GPS: 49°27'41"N / 8°58'40" E).

100 m

Stellplatz am Sportzentrum am Ortsrand. Stellflächen auf Schotter. Zahlung nur mit EC Karte oder Kreditkarte. Maximal 2 Nächte Aufenthalt möglich! Ortszentrum 1.2 km entfernt. 6 Touristenplätze.
2022: MC-St/N 8.–, Wasser/60 l 1.–, Strom/1 kWh –.50. Zahlung nur mit EC- oder Kreditkarte möglich.

69412 Eberbach, Odenwald (c10) ST-D 7143/2

0 »WOHNMOBILSTELLPLATZ NECKERLAUER«
☏ 0049 6271 87242 15.2. bis 15.11.
tourismus@eberbach.de, **www.eberbach.de**

➔ B 27 Heilbronn Richtung Eberbach, weiter zum Parkplatz P 5. ✉ Uferstraße (GPS: 49°27'36"N / 8°59'11" E).

200 m 500 m

Wohnmobil-Stellplatz auf einem öffentlichen Parkplatz direkt am Neckar. Ebene, schattenlose und markierte Stellflächen auf Asphalt. In den Wintermonaten wegen Hochwassergefahr gesperrt. Maximal 1 Nacht Aufenthalt möglich. Ortszentrum 300 m entfernt. 4 Touristenplätze.
2022: Stellplatz ist kostenlos.

69439 Zwingenberg, Odenw. (c/d10) ST-D 7145

»STELLPLATZ ZWINGENBERG« 1.4. bis 31.10.
☏ 0049 6251 984950
info@gemeinde-zwingenberg.de, **www.zwingenberg-neckar.de**

➔ B 37 von Heidelberg nach Osten über Neckagemünd und Eberbach nach Zwingenberg. ✉ Alte Dorfstraße 63 (GPS: 49°24'57"N / 9°2'28" E).
Schloss Zwingenberg.

300 m

Stellplatz auf einem Parkplatz an der Neckarbrücke, direkt am Neckarufer unterhalb der Bundesstraße. In der Nähe befindet sich die S-Bahn Station. Ohne Ausstattung. Stellfläche auf Asphalt. Nur für kleine Wohnmobile bis ca. 5 m Länge. Ortszentrum 300 m entfernt. 4 Touristenplätze.

74847 Obrigheim, Odenwald (d10) ST-D 7147

0 »REISEMOBILPLATZ AM NECKAR« 1.1. bis 31.12.
☏ 0049 6261 6460
info@obrigheim.de, **www.obrigheim.de**

➔ B 27 Heilbronn-Mosbach, in Mosbach Richtung Obrigheim an den Neckar. ✉ Auweg (GPS: 49°21'1"N / 9°5'58" E).

200 m 300 m

Zentrumsnaher Stellplatz auf einem Parkplatz in ruhiger Lage direkt am Neckar. Stellfläche auf Asphalt mit wenig Schatten. Entsorgung im Klärwerk (nur wochentags tagsüber möglich, ca. 1 km entfernt). Bei Hochwasser gesperrt. Ortszentrum 500 m entfernt. 6 Touristenplätze.
2023: Stellplatz ist kostenlos.

69427 Mudau, Odenwald (d10) ST-D 7170

»STELLPLATZ AM WEISSEN STEIN« 1.1. bis 31.12.
☏ 0049 6284780
rathaus@mudau.de, **www.mudau.de**

➔ B 37 von Heilbronn nach Norden nach Mudau. ✉ Am weißen Stein (GPS: 49°32'13"N / 9°12'11" E).

Stellplatz direkt an der Durchgangsstraße. Stellfläche auf Schotter. Ortszentrum 100 m entfernt. 2 Touristenplätze.

74731 Walldürn, Odenwald (d10) ST-D 7173/2

»STELLPLATZ BEIM BASILIKA-PARKPLATZ« 1.1. bis 31.12.
0049 6282 92200
info@sw-wallduern.de, www.sw-wallduern.de

➔ A 81 Würzburg - Heilbronn, Abf. (3) Tauberschofsheim, weiter auf B 27 nach Walldürn. ✉ Miltenberger Straße (GPS: 49°35'11"N / 9°22'2" E).
Walldürner Wallfahrtsbasilika.

Ⓗ 100 m 1 km

Stellplatz auf einem öffentlichen Parkplatz an der Basilika. Ebene Stellflächen auf Schotter. Ortszentrum 200 m entfernt. 4 Touristenplätze.

74736 Hardheim, Odenwald (d10) ST-D 7175/1

»STELLPLATZ AM ALTEN BAHNHOF« 1.1. bis 31.12.
0049 6283580
rathaus@hardheim.de, www.hardheim.de

➔ A 81 Würzburg-Heilbronn, Abf. (3) Tauberbischofsheim, weiter auf B 27 nach Hardheim. ✉ Bretzinger Straße 14 (GPS: 49°36'7"N / 9°28'14" E).

Ⓗ 200 m 400 m

Stellplatz in landwirtschaftlicher Lage. Stellfläche auf Schotterrasen. Maximal 8 Nächte Aufenthalt möglich. Ortszentrum 800 m entfernt. 12 Touristenplätze.

74736 Hardheim, Odenwald (c10) ST-D 7175/2

»WALDHOTEL WOHLFAHRTSMÜHLE« 1.1. bis 31.12.
0049 6283 22220
email@wohlfahrtsmuehle.com, www.wohlfahrtsmuehle.com

➔ A 81 Würzburg-Heilbronn, Abf. (3 Tauberbischofsheim, weiter auf B 27 nach Hardheim. ✉ Wohlfahrtsmühle 1 (GPS: 49°36'59"N / 9°26'56" E).

Stellplatz bei einer ehemaligen Mühle mit Fischteich, von Wald umgeben. Stellfläche auf Schotter. Montag und Dienstag Ruhetag. Ortszentrum 2 km entfernen. 5 Touristenplätze.

74749 Rosenberg (d10) ST-D 7181

»STELLPLATZ ROSENBERG« 1.1. bis 31.12.
0049 6295 92010
gemeinde@rosenberg-baden.de, www.rosenberg-baden.de

➔ A 81 Würzburg-Heilbronn, Abf. (7) Osterburken, weiter über Osterburken nach Rosenberg. ✉ Dörrhöfer Weg (GPS: 49°27'28"N / 9°28'17" E).

Stellplatz auf einem P+R Parkplatz direkt am Bahnhof. Stellfläche auf Asphalt. Maximal 1 Nacht Aufenthalt möglich. Ortszentrum 300 m entfernt. 2 Touristenplätze.

74706 Osterburken (d10) ST-D 7185

»HOTEL MÄRCHENWALD« 1.1. bis 31.12.
0049 6291 64200
info@hotelmaerchenwald.de, www.hotelmaerchenwald.de

➔ A 81 Heilbronn-Würzburg, Abf. (6) Osterburken, weiter in den Ort zum Hotel Märchenwald. ✉ Boschstraße 14 (GPS: 49°25'51"N / 9°26'34" E).

WC W

Stellplatz am Hotel-Restaurant Märchenwald. Stellfläche auf Schotter und Asphalt. Parken kostenfrei bei Verzehr im Restaurant. Ortszentrum 2 km entfernt. 5 Touristenplätze.

74653 Künzelsau, Hohenlohe (d10) ST-D 7190

»STELLPLATZ AM KOCHER IN KÜNZELSAU« Mai bis Sept. 2019 geschlossen!
Mobil 0049 1703118099
info@kuenzelsau.de, www.kuenzelsau.de/campingplatz

➔ A 6 Nürnberg-Heilbronn, Abf. (42) Kupferzell, weiter auf B 19 nach Künzelsau. ✉ Badplatz 1 (GPS: 49°16'45"N / 9°41'35" E).

WC W W 300 m

Wegen Baumaßnahme in 2019 keine Campingsaison!!! Stellplatz auf einem kleinen Campingplatz direkt am Kocher-Jagst-Radweg auf dem Freibadgelände. Ebenes unparzelliertes Wiesengelände mit Zeltwiese. Kiosk und Biergarten. Die Campingplatzgebühren sind im Voraus an der Freibadkasse bar zu bezahlen. 7 Nächte max. Aufenthaltsdauer! Ortszentrum 300 m entfernt. 8 Touristenplätze.

74595 Langenburg, Hohenlohe (d10) ST-D 7195

»IN DER STRUT AM FREIBAD« 1.4. bis 30.9.
0049 7905 785
post@langenburg.de, www.langenburg.de

➔ A 6 Nürnberg - Heilbronn, Abf. (44) Ilsenhofen/Wolpertshausen, weiter in die Hohenlohe nach Langenburg. ✉ In der Strut 5 (GPS: 49°14'57"N / 9°52'0" E).

WC W W Ⓗ 100 m 1 km

Stellplatz am Ortsrand beim Parkplatz des Freibads. Teils von Wiesen und Feldern umgeben. Ebene Stellflächen auf Schotter. Durch lockere Baumreihen leicht beschattet. Strom und Wasser per Münzautomat. Die sanitären Anlagen des Freibads können zu den Öffnungszeiten genutzt werden. Ortszentrum 700 m entfernt. 10 Touristenplätze.

74389 Cleebronn (c/d10/11) ST-D 7270

20 **»ERLEBNISPARK TRIPSDRILL«** 2.4. bis 6.11.
0049 7135 9999
info@tripsdrill.de, www.tripsdrill.de

➔ B 27 Stuttgart-Heilbronn, weiter nach Cleebronn. ✉ Treffentrill (GPS: 49°2'8"N / 9°3'14" E).

RES WC W W Ⓗ

Stellplatz am Erlebnispark Tripsdrill mit angeschlossenem Wildpark. Stellfläche auf Wiese. Unbeleuchtet. Maximal 2 Nächte Aufenthalt möglich. Bei Anreise Anmeldung an der Rezeption. Der Stellplatz ist ohne Strom und Wasser und darf nur in Verbindung mit einem gültigen Tages-Pass für den Erlebnispark oder das Wildparadies genutzt werden. Eine vorherige Platzreservierung ist nicht möglich. Ortszentrum 2 km entfernt. 30 Touristenplätze.
2022: P/N 10.–, J/N 5.–, Sanitärbenutzung 5.–. WD inklusive. Die Nutzung des Badehauses P/N 10.–. Kaution für Schlüsselkarte 5.–.

74348 Lauffen a. N. (d10) ST-D 7275

»STELLPLATZ AM FREIBAD« 1.1. bis 31.12.
0049 7133 20770
info@lauffen-a-n.de, www.lauffen.de

➔ B 27 Heilbronn-Stuttgart, bei Lauffen abfahren zum Neckarufer. ✉ Neckaruferweg (GPS: 49°4'9"N / 9°9'47" E).

Ⓗ 1 km

Stellplatz am Neckarufer direkt neben dem Freibad und Neckartalradweg. Stellfläche auf Schotterrasen. Maximal 3 Nächte Aufenthalt. Ver- und Entsorgungsmöglichkeiten. Kostenlose Abwasserentsorgung (Clean Star). Keine Wasserversorgung in den Wintermonaten. Ortszentrum 3 km entfernt. 4 Touristenplätze.

74382 Neckarwestheim (d10) ST-D 7276

0 **»SPORT UND FREIZEITGELÄNDE BÜHL«** 1.1. bis 31.12.
E.: Gemeinde 0049 7133 18410
info@neckarwestheim.de, www.neckarwestheim.de

➔ A 81 Stuttgart-Heilbronn, Abf. (12) Ilsfeld, weiter nach Neckarwestheim. ✉ Liebensteinerstraße (GPS: 49°2'31"N / 9°11'17" E).

Ⓗ 1 km

Stellplatz unterhalb der Weinberge mit Blick auf Schloss Liebenstein. Tennisplätze und Tennishalle angrenzend. Stellfläche auf Pflaster. Ver- und Entsorgungsstation vorhanden. Maximal 3 Nächte Aufenthalt kostenlos möglich, ab dem 4. Tag € 25.-. Ortszentrum 1 km entfernt. 2 Touristenplätze.
2022: Stellplatz ist die ersten 3 Nächte kostenlos. Wasser/32 min. 2.–, Strom/8 Std. 2.–. Ab der 4. Nacht € 25.–.

74394 Hessigheim (d10/11) ST-D 7278/1

»FELSENGARTENKELLEREI BESIGHEIM E.G.« 1.1. bis 31.12.
0049 7143 81600
info@felsengartenkellerei.de, www.felsengartenkellerei.de

➔ A 81 Stuttgart-Würzburg, Abf. (14) Pleidelsheim, weiter nach Hessigheim. ✉ Am Felsengarten 1 (GPS: 48°59'44"N / 9°10'48" E).

Ⓗ 100 m 500 m

Stellplatz am Ortsrand an der Großkellerei bei den Felsengärten. Stellflächen auf teils geschottert und auf Asphalt. Das WC darf während den Öffnungszeiten mitbenutzt werden. Weinprobe. Ortszentrum 500 m entfernt. 10 Touristenplätze.

75433 Maulbronn, Kraichgau (c11) ST-D 7280

0 **»WOHNMOBIL-STELLPLATZ MAULBRONN«** 1.1. bis 31.12.
info@maulbronn.de, www.maulbronn.de

➔ A 8 Stuttgart - Karlsruhe, Abf. (45a) Pforzheim-Süd, weiter auf B 10 und B 25 nach Maulbronn. Navigation (Hilsenbeuerstraße). ✉ Hilsenbeuerstraße/Talaue (GPS: 48°59'56"N / 8°48'19" E).
Kloster Maulbronn.

WC W Ch

Stellplatz bei den Besucherparkplätzen - in der Nähe zum Kloster (500 m) und mit Blick auf den Klosterberg. Ebene bis leicht geneigte Stellflächen (6.50 x 3.50 m) auf Schotter. Die Entsorgung befindet sich unter der Stahlplatte in der Einfahrt, diese kann geöffnet und mit dem Wohnmobil angefahren werden. Ver- und Entsorgung steht im Winter zeitweise nicht zur Verfügung! Strom und Wasser per Münzautomat (1 € - Münzen). Maximal 2 Nächte (48 Std.) Aufenthalt möglich. Ortszentrum 400 m entfernt. 8 Touristenplätze.
2022: Stellplatz ist kostenlos. Wasser/100 l 1.–, Strom/1 kWh 1.–. H/N, Entsorgung und Müll inklusive. Es werden 1 Euromünzen benötigt.

75447 Sternenfels-Diefenbach, Kr. (c10) ST-D 7288/1

»WEINGUT HÄUSSERMANN« 1.1. bis 31.12.
0049 7043 8449
info@weingut-haeussermann.de, www.weingut-haeussermann.de

➔ A 81 Stuttgart-Heilbronn, Abf. (17) Stuttgart-Zuffenhausen, weiter über B 10 nach Sternenfels-Diefenbach. ✉ Burrainstraße 55 (GPS: 49°1'27"N / 8°51'21" E).

Ⓗ 100 m 1 km

Stellplatz auf dem Weingut am Ortsrand. Stellfläche auf Schotter. Ortszentrum 1 km entfernt. 4 Touristenplätze.

75447 Sternenfels-Diefenbach, Kr. (c10) ST-D 7288/2

»STELLPLATZ DIEFENBACH« 1.1. bis 31.12.

info@sternenfels.org, www.sternenfels.org

➔ A 81 Stuttgart-Heilbronn, Abf. (17) Stuttgart-Zuffenhausen, weiter über B 10 nach Sternenfels-Diefenbach. ✉ Burrainstr. 16 (GPS: 49°1'27"N / 8°51'18" E).

200 m

Stellplatz auf dem Parkplatz der Gießbachhalle am südlichen Ortrand. Stellflächen auf Asphalt. Ortszentrum 100 m entfernt. 3 Touristenplätze.

76669 Bad Schönborn OT Bad Mingolsheim, Kr. (c10) ST-D 7301

»WELLMOBILPARK« 1.1. bis 31.12.
☎ 0049 7253 968459, Mobil 0049 176 21994771
info@wellmobilpark.de, www.wellmobilpark.de

➔ A 5 Freiburg - Heidelberg, Abf. (41) Kronau, der L555 / B292 folgen Richtung Kronau – Östringen – Sinsheim, ab Bad Schönborn den Wohnmobilsymbolen folgen. ✉ Kraichgaustraße 16 (GPS: 49°13'6"N / 8°40'17" E).

WC W Ch 200 m

Stellplatz direkt am Rand des Bad Schönborner Ortsteils Bad Mingolsheim neben dem Thermarium. Ebene, schattenlose Stellflächen auf Schotter. Während der Öffnungszeiten des Thermariums ist gegen eine geringe Gebühr die Benutzung der Duschen möglich (WC kostenlos). Angebote und Pauschalen für Wellness und Gesundheit. Brötchenservice. E-Bike-Verleih. Müllentsorgung möglich. Ortszentrum 800 m entfernt. 85 Touristenplätze.

74889 Sinsheim, Kraichgau (c10) ST-D 7303

15 **»WOHNMOBILPARK SINSHEIM«** 1.1. bis 31.12.
☎ 0049 7261 404302
stadtwerke@sinsheim.de, www.womopark-sinsheim.de

➔ A 6 Heilbronn - Nürnberg, Abf. (33) Sinsheim, weiter zum Freibad. ✉ Kreuzung Schwimmbadweg/Am Ilvesbad (GPS: 49°15'1"N / 8°52'48" E).

WC W W Ch 300 m 700 m

Stellplatz im Zentrum direkt neben dem Freibad. Ebene markierte Stellflächen auf Rasengitter. Stellplatz beleuchtet. Die Gebühren sind mit der Womopark-Sinsheim-Karte am Kassenautomaten zu entrichten (Zahlung mit Münzen & EC-/Kreditkarten möglich). Maximale Aufenthaltsdauer 7 Nächte. Ortszentrum 300 m entfernt. 32 Touristenplätze.
2023: MC-St/N inkl. 2 P/N 12.–, weitere P/N ab 12 J. 2.–, WD/1 min. –.50, Wasser/100 l 1.–, Strom/1 kWh 1.– (16 A). H/N, Entsorgung und Müll inklusive.

75031 Eppingen, Kraichgau (c10) ST-D 7304

Abfahrt

10 **»WOHNMOBILSTELLPLATZ "AN DER HILSBACH"«**
☎ 0049 7262 9201155 1.1. bis 31.12.
s.wickenhaeuser@eppingen.de, www.eppingen.de/kultur-und-freizeit.html

➔ A 6 Heidelberg - Heilbronn, Abf. (34) Sinsheim-Steinsfurt, weiter Richtung Süden nach Eppingen. ✉ Talstraße 23 (GPS: 49°8'26"N / 8°54'24" E).
Historischen Altstadt mit Fachwerkhäuser. Pfeifferturm.

Ch 20 m 800 m 900 m

Wohnmobilstellplatz in Altstadtnähe direkt an der Hilsbach. Ebene asphaltierte Stellflächen, teils durch Bäume leicht beschattet. Ver- und Entsorgungsanlage. Müllentsorgung möglich. Anfahrt zu jeder Zeit möglich (24-Std.). Bezahlung über Automat mit Bargeld, Kredit- oder EC-Karte. Ortszentrum 200 m entfernt. 22 Touristenplätze.
2023: MC-St/N 7.–, Wasser/100 l 1.–, Strom/kWh –.50 (16 A). P/N, H/N, Entsorgung und Müll inklusive. Bezahlung über Automat.

75015 Bretten, Kraichgau (c10/11) ST-D 7306/1

0 **»IM RUITER TAL«** 1.1. bis 31.12.

touristinfo@bretten.de, www.bretten.de

➔ A 8 Karlsruhe-Stuttgart, Abf. (44) Pforzheim-Nord, weiter auf B 294 nach Ruit vor Bretten. ✉ Im Ruiter Tal (GPS: 49°0'42"N / 8°43'21" E).

500 m

Stellplatz auf einem Parkplatz in der Nähe der Festhalle. Stellfläche auf Asphalt. Ortszentrum 600 m entfernt. 3 Touristenplätze.
2022: Stellplatz ist kostenlos.

75015 Bretten, Kraichgau (c10/11) ST-D 7306/2

0 **»HALLENSPORTZENTRUM BRETTEN«** 1.1. bis 31.12.
☎ 0049 7252 583710
touristinfo@bretten.de, www.bretten.de

➔ A 8 Stuttgart-Karlsruhe, Abf. (44) Pforzheim-Nord, weiter auf B 294 nach Bretten zum Hallensportzentrum. ✉ Willi-Hesselbacher-Weg (GPS: 49°1'48"N / 8°43'6" E).

500 m 700 m

Stellplatz auf dem Parkplatz des Hallensportzentrums. Stellfläche auf Asphalt. Ortszentrum 1 km entfernt. 4 Touristenplätze.
2022: Stellplatz ist kostenlos.

75015 Bretten, Kraichgau (c10/11) ST-D 7306/3

0 **»BEHÖRDENZENTRUM BRETTEN«** 1.1. bis 31.12.
E.: Stadt Bretten ☎ 0049 7252 583710
touristinfo@bretten.de, www.erlebebretten.de

➔ A 8 Stuttgart - Karlsruhe, Abf. (44) Pforzheim-Nord, weiter auf B 294 nach Bretten zum Behördenzentrum. ✉ Hermann-Beuttenmüller Str. 6 (GPS: 49°2'3"N / 8°42'8" E).
Altstadt Bretten.

100 m 500 m

Offizieller Stellplatz auf einem öffentlichen Parkplatz am Ortsrand, zwischen der S-Bahn und der Eisenbahnlinie. Beleuchtet. Ebene, schattenlose Stellflächen auf Asphalt. Ortszentrum 500 m entfernt. 2 Touristenplätze.
2022: Stellplatz ist kostenlos.

75015 Bretten, Kraichgau (c10/11) ST-D 7306/4

0 **»AM SEEDAMM«** 1.1. bis 31.12.
E.: Stadt Bretten ☎ 0049 7252 583710
touristinfo@bretten.de, www.erlebebretten.de

➔ A 8 Stuttgart - Karlsruhe, Abf. (44) Pforzheim-Nord, weiter auf B 294 nach Bretten-Zentrum und der Ausschilderung zum Parkplatz Seedamm folgen. ✉ Am Seedamm 1 (GPS: 49°2'7"N / 8°42'19" E).
Altstadt Bretten.

200 m 300 m 400 m

Offizieller Stellplatz auf einem öffentlichen Parkplatz im Ortszentrum. Beleuchtet. Ebene, markierte Stellflächen auf Pflaster. Teils durch Baumreihen beschattet. 2 Touristenplätze.
2022: Stellplatz ist kostenlos.

75015 Bretten, Kraichgau (c10/11) ST-D 7306/5

0 **»KLETTERWALD«** 1.1. bis 31.12.
E.: Stadt Bretten ☎ 0049 7252 583710
touristinfo@bretten.de, www.erlebebretten.de

➔ A 8 Stuttgart - Karlsruhe, Abf. (44) Pforzheim-Nord, weiter auf B 294 nach Bretten. Am Ortseingang von Bretten links der Ausschilderung zum Tierpark folgen. ✉ Salzhofen 10 (GPS: 49°1'2"N / 8°41'57" E).
Kletterwald (100 m). Tierpark (100 m). Altstadt Bretten (1 km).

1 km

Offizieller Stellplatz auf einem öffentlichen Parkplatz beim Tierpark. In ländlicher Umgebung am Waldrand gelegen. Stellflächen auf Schotter. Wanderwege in der Umgebung. Samstags und sonntags von 8 bis 18 Uhr nicht nutzbar. Ort 1 km entfernt. 2 Touristenplätze.
2022: Stellplatz ist kostenlos.

76646 Bruchsal, Kraichgau (c10) ST-D 7308

»REISEMOBILPLATZ SPORTZENTRUM« 1.1. bis 31.12.
☎ 0049 7251 5059460
touristinformation@btmv.de, www.bruchsal-erleben.de

➔ A 5 Freiburg-Heidelberg, Abf. (42) Bruchsal, weiter Richtung Schloss. ✉ Giesgrabenweg (GPS: 49°7'56"N / 8°35'22" E).

100 m 500 m

Stellplatz beim Sportzentrum nahe der Bahnlinie. Stellfläche auf Asphalt. Maximal 2 Nächte Aufenthalt möglich. Ortszentrum 500 m entfernt. 2 Touristenplätze.

76199 Karlsruhe (c11) ST-D 7310

»ETTLINGER ALLEE« 1.1. bis 31.12.
☎ 0049 721 37205376
www.karlsruhe.de

➔ Im Süden von Karlsruhe zur Ettinger Allee an der B 10. ✉ Ettlinger Allee (GPS: 48°59'14"N / 8°24'15" E).

200 m 500 m

Stellplatz den der B 10 parallel zur Ettinger Allee. Stellfläche auf Asphalt. Maximal 1 Nacht Aufenthalt möglich. Montag Ruhetag. Ortszentrum 500 m entfernt. 2 Touristenplätze.

76275 Ettlingen, Kraichgau (c11) ST-D 7315

»STELLPLATZ AM ETTINGER FREIBAD« 1.1. bis 31.12.
☎ 0049 7243 10101
info@ettlingen.de, www.ettlingen.de

➔ Von Karlsruhe nach Ettlingen Richtung Südrand zum Freibad. ✉ Schöllbronner Straße 69 (GPS: 48°56'11"N / 8°25'1" E).

Ch 200 m 300 m 700 m

Stellplatz am Ettlinger Albgau-Freibad. Stellfläche auf Asphalt. Maximal 2 Nächte Aufenthalt möglich. Gesamter Parkplatz nutzbar. Ortszentrum 2 km entfernt. 4 Touristenplätze.

76461 Muggensturm, Kraichg. (c11) ST-D 7328

»WOHNMOBILSTELLPLATZ AM BADESEE« 1.1. bis 31.12.
☎ 0049 7222 90930
gemeinde@muggensturm.de, www.muggensturm.de

➔ A 5 Freiburg-Karlsruhe, Abf. (49) Rastatt, weiter über B 3 nach Muggensturm. ✉ Vogesenstraße (GPS: 48°52'45"N / 8°17'12" E).

500 m

Stellplatz im hinteren Platz des Badesees nahe der Bahnlinie. Stellfläche auf Schotter und Asphalt. Ortszentrum 1 km entfernt. 3 Touristenplätze.

76532 Baden-Baden, Kraichg. (c11) ST-D 7329

»REISEMOBILSTELLPLATZ BADEN-BADEN« 1.1. bis 31.12.
0049 7221275200
info@baden-baden.com, www.baden-baden.de

➔ A 5 Freiburg-Karlsruhe, Abf. (48) Rastatt, weiter auf B 500 nach Baden-Baden. Hubertusstr. 2 (GPS: 48°46'55"N / 8°12'14" E).

Ch 300 m 500 m

Stellplatz zwischen Innensadt und Autobahn. Stellfläche auf Schotter. Maximal 4 Nächte Aufenthalt möglich. Ortszentrum 3 km entfernt. 28 Touristenplätze.

76332 Bad Herrenalb, Schw. (c11) ST-D 7340

10 **»SIEBENTÄLER THERME BAD HERRENALB«** 1.1. bis 31.12.
V.: Andrea Romoser 0049 7083 92590
siebentaelertherme@stw-badherrenalb.de, www.siebentaelertherme.de

➔ B 294 Pforzheim-Bad Wildbad, bei Höfen an der Elz nach Bad Herrenalb abzweigen, weiter zur Therme. Schweizer Wiese 9 (GPS: 48°48'11"N / 8°26'26" E).
Klosterruine Bad Herrenalb.

Ch 200 m 500 m

Separater Wohnmobil-Stellplatz auf einem öffentlichen Parkplatz neben einem Bach. Leicht abschüssige, schmale und markierte Stellflächen auf Pflaster neben der S-Bahn-Station. Überwiegend schattenlos. Für 2.- kann in der Siebentäler Therme geduscht werden. Geöffnet Montags bis Donnerstags von 9 bis 19 Uhr, Freitags bis Sonntags von 9 bis 22 Uhr. Anmeldeunterlagen für die Stellplätze in der Therme erhältlich. Ortszentrum 500 m entfernt. 9 Touristenplätze.
2022: MC-St/N 9.–, KT P/N 3.70. Strom inklusive.

76593 Gernsbach, Kraichgau (c11) ST-D 7345/1

50 **»PARKPLATZ MURGINSEL«** 1.1. bis 31.12.
0049 7224 64444
touristinfo@gernsbach.de, www.gernsbach.de

➔ A 5 Freiburg-Karlsruhe, Abf. (49) Rastatt, weiter auf B 462 nach Gernsbach. Schlosss-/Klingelstraße (GPS: 48°45'33"N / 8°20'19" E).

WC W 800 m

Stellplatz am Stadtrand nahe der Murginsel. Ebene Stellflächen auf Asphalt. Ortszentrum 300 m entfernt. 8 Touristenplätze.
2022: St/N 10.– bis 70.–, Wasser/100 l 1.–, Strom/12 Std. 1.–. KT und Entsorgung inklusive.

76593 Gernsbach, Kraichgau (c11) ST-D 7345/2

»BADISCHER LANDGASTHOF LAUTENFELSEN« 1.1. bis 31.12.
0049 7224 2784
info@lautenfelsen.de, www.lautenfelsen.de

➔ A 5 Freiburg-Karlsruhe, Abf. (49) Rastatt, weiter auf B 462 nach Gernsbach. Lautenfelsenstraße 1 (GPS: 48°45'20"N / 8°22'2" E).

200 m

Stellplatz auf dem Landgasthof Lautenfelsen. Stellflächen auf Schotter und Asphalt. VE 3 km entfernt. Ortszentrum 3 km entfernt. 3 Touristenplätze.

76593 Gernsbach, Kraichgau (c11) ST-D 7345/3

0 **»PARKPLATZ AM SCHWIMMBAD«** 1.1. bis 31.12.
0049 7224 64444
touristinfo@gernsbach.de, www.gernsbach.de

➔ A 5 Freibad-Karlsruhe, Abf. (49) Rastatt, weiter auf B 462 nach Weisenbach. Am Schwimmbad 3 (GPS: 48°44'31"N / 8°20'30" E).

700 m 1 km

Stellplatz am Rand des Stadtteils Obertsrot. Stellflächen auf Wiese und Schotter. Ortszentrum 500 m entfernt. 5 Touristenplätze.
2022: Stellplatz ist kostenlos. Strom/N 1.–.

76593 Gernsbach, Kraichgau (c11) ST-D 7345/4

0 **»WOHNMOBILSTELLPLATZ REICHENTAL«** 1.1. bis 31.12.
0049 72242925
touristinfo@gernsbach.de, www.gernsbach.de

➔ A 5 freiburg-Karlsruhe, Abf. (49) Rastatt, weiter auf B 462 nach Weisenbach. Auwiesenstraße/Festplatz (GPS: 48°43'53"N / 8°23'45" E).

500 m 700 m

Stellplatz am Rande des Festplatzes beim Sportplatz. Stellfläche auf Schotter. Ortszentrum 500 m entfernt. 2 Touristenplätze.
2022: Stellplatz ist kostenlos. Strom/N 1.–. Entsorgung und Wasser inklusive.

75323 Bad Wildbad, Schw. (c11) ST-D 7360

»WOHNMOBILSTELLPLATZ BAD WILDBAD« 1.1. bis 31.12.
0049 7081 10280
touristik@bad-wildbad.de, www.bad-wildbad.de

➔ A 8 Stuttgart - Karlsruhe, Abf. (44) Pforzheim-Nord, weiter auf B 294 über Pforzheim nach Bad Wildbad zum Kurbad, beschildert. Kernerstraße 128 (GPS: 48°44'28"N / 8°32'51" E).

GAS 200 m 400 m 500 m 1 km

Wohnmobilstellplätze entlang der Straße beim Kurpark. Von Bäumen flankiert. Ebene, markierte Stellfläche auf Asphalt. 2 Stellflächen für Reisemobile mit Überlänge. Picknickplätze. Bezahlung am Ticketautomaten. Maximal 3 Nächte Aufenthalt möglich. Ortszentrum 800 m entfernt. 11 Touristenplätze.

74219 Möckmühl (d10) ST-D 7410

»WOHNMOBILSTELLPLATZ MÖCKMÜHL« 1.1. bis 31.12.
0049 6298 2020
info@moeckmuehl.de, www.moeckmuehl.de

➔ B 81 Stuttgart-Würzburg, Abf. (8) Neunsadt a. K., weiter Richtung Norden nach Möckmühl. Johann-Sebastian-Bach-Straße (GPS: 49°19'22"N / 9°22'2" E).

WC 100 m 200 m 500 m

Stellplatz beim Schulzentrum beim Hallenbad. Stellfläche auf Rasengitter. Ortszentrum 1 km entfernt. 15 Touristenplätze.

74906 Bad Rappenau, Kraich. (d10) ST-D 7422

10 **»STELLPLATZ WEINBRENNERSTRASSE«** 1.1. bis 31.12.
0049 7264 922 391
gaesteinfo@badrappenau.de
www.badrappenau-tourismus.de/gut-essen-schlafen/wohnmobile.html

➔ A 6 Nürnberg-Heilbronn, Abf. (35) Bad Rappenau, weiter in den Ort zum Parkplatz P1. Weinbrennerstraße/P1 Südseite (GPS: 49°14'7"N / 9°6'52" E).

500 m 700 m 1 km

Stellplatz auf dem öffentlichen Parkplatz P1. Stellflächen auf Pflaster. Gäste-Information und Hallenbad befinden sich ca. 5 min. Fußweg vom Stellplatz entfernt. Anmeldung und Bezahlung bei der Gäste-Information Bad Rappenau, Salinenstraße 37 in Bad Rappenau. Außerhalb der Öffnungszeiten Bezahlung an der Kasse des Hallenbades "RappSoDie". Ortszentrum 500 m entfernt. 24 Touristenplätze.
2023: P/N 5.–, K/N 6 bis 14 J. 2.50, KT P/N ab 18 J. 2.50, Wasser/5 min. 1.–, Strom/kWh 1.–. H/N, Entsorgung und Müll inklusive.

74193 Schwaigern, Kraichg. (c/d10) ST-D 7423

»WOHNMOBILSTELLPLATZ FREIBAD SCHWAIGERN«
E.: Sarah Hafendörfer 0049 7138 2121 1.1. bis 31.12.
Fax 0049 7138 2114, **info@schwaigern.de**
www.wohnmobil-bw.de/schwaigern

➔ A 6 Heilbronn-Sinsheim Abf. (35) Bad Rappenau in Richtung Schwaigern auf die B 293 in Richtung Eppingen, am Ortsausgang Schwaigern in den Lohgraben abbiegen und der Beschilderung Freibad folgen. Gemminger Str. 91 (GPS: 49°8'44"N / 9°2'43" E).
Hist. Gebäude in der Innenstadt.

Ch 1 km 1.3 km

Ebene Stellplätze am Ortsrand zwischen dem Freibad und dem Leintalstadion in der Nähe der Bundesstraße gelegen. Tenniscenter und Reiterverein in 100 m Entfernung. Stellplatzlänge bis 10 m. 24 Stunden anfahrbar. Dusche und WC im Freibad (Eintritt) während der Sommermonate möglich. Ort 1 km entfernt. 2 Touristenplätze.

74076 Heilbronn, Kraichgau (d10) ST-D 7424

Abfahrt

»WOHNMOBILSTELLPLATZ AM WEINSCHATZKELLER«
E.: Genossenschaftskellerei Heilbronn 1.1. bis 31.12.
0049 7131 1579 0, Fax 0049 7131 1579 39, **info@wg-heilbronn.de**
www.wg-heilbronn.de

➔ A6 Heilbronn, Abf. (37) Heilbronn/Neckarsulm, weiter auf der B27 in Richtung Heilbronn. An der 2. Ampel links in die Binswanger Straße abbiegen. Beschildert. Binswanger Str. 150 (GPS: 49°10'4"N / 9°14'35" E).
Kilianskirche Heilbronn, Burgruine Weinsberg.

WC 100 m 1 km

Stellplatz bei einer Genossenschaftskellerei in der Nähe von Heilbronn. Von Weinbergen umgeben. Ebene Stellflächen auf Rasengittersteinen. Kaution für den Schlüssel 30.- (am Wochenende erhält man den Schlüssel im Weingarten). Bei einem Weineinkauf über 50.- € entfällt die Stellplatzgebühr. Max. Aufenthaltsdauer 5 Nächte! 5 Touristenplätze.

74074 Heilbronn, Kraichgau (d10) ST-D 7425

0 **»REISEMOBILPLATZ AM WERTWIESENPARK«**
0049 7131 562270 1.1. bis 31.12.
info@heilbronn-marketing.de, www.heilbronn-tourist.de

➔ A 81 Stuttgart-Würzburg, Abf. (10) Weinsberg/Ellhofen, weiter nach Heilbronn. Neckarhalde (GPS: 49°7'50"N / 9°12'18" E).

WC W WC Ch 500 m 1 km

Stellplatz am Freizeitpark Wertwiesen. Stellfläche auf Schotter. Kiosk. Maximal 3 Nächte Aufenthalt möglich! Ortszentrum 50 m entfernt. 20 Touristenplätze.
2022: Wasser/100 l 1.–, Strom/1 kWh –.50.

74245 Löwenstein (d10) ST-D 7428

»FLAIRHOTEL LANDGASTHOF ROGER« 7.1. bis 21.12.
0049 7130 230, Fax 0049 7130 6033
info@landgasthof-roger.de, www.landgasthof-roger.de

➔ A 6 Heidelberg-Nürnberg, Abf. (10) Weinsberg/Ellhofen, weiter auf B 39 nach Löwenstein Ortsteil Hößlinsülz. Heiligenfeld 56 (GPS: 49°6'45"N / 9°22'11" E).

WC W W 200 m 1.5 km

Stellplatz am Parkplatz des Landgasthofes am Rande des Naturparks. Umgeben von Weinbergen, Wiesen und Wäldern. Stellflächen auf Asphalt. Die Duschen des Hotels können mitbenutzt werden und sind in den Stromgebühren eingerechnet! Keine Entsorgungsmöglichkeit. Ortszentrum 3 km, Breitenauer See 1 km entfernt. 2 Touristenplätze.

74547 Untermünkheim GT Übrigshausen, Hoh. (d10) ST-D 7450

Abfahrt

»OSTERTAG-WOHNMOBILPARK« 1.1. bis 31.12.
☏ 0049 7944 8534, Mobil 0049 170 215 74 96
ostertag-garten@t-online.de, www.ostertag-wohnmobilpark.de

➔ A 6 Nürnberg-Heilbronn, Abf. (43) Schwäbisch Hall, weiter Richtung Schwäbisch Hall. ✉ Kupferstraße 20 (GPS: 49°10'33"N / 9°42'47" E).

WC W W Ch | H 300 m

Stellplatz bei einem Garten und Landschaftsbaubetrieb. Ebene Stellflächen auf Schotterrasen. Geschlossene Unterstellmöglichkeit zum längerfristigen Abstellen von Reisemobilen. Infomaterial. Eine Werkstatt und ein Waschpark liegen in unmittelbarer Nähe des Wohnmobilparks. Ortszentrum 300 m entfernt. 10 Touristenplätze.

74535 Mainhardt (d10) ST-D 7457

»HOTEL-PENSION WALDBLICK« 1.1. bis 31.12.
☏ 0049 7903 2397
claudi.benzinger@freenet.de, www.hotel-vesperstube-waldblick.de

➔ B 39 Stuttgart-Schwäbisch Hall, bei Mainhardt zum Hotel abzweigen. ✉ Heilbronner Str. 51 (GPS: 49°4'30"N / 9°33'15" E).

| H 100 m 500 m 1 km

Stellplatz direkt am Ortseingang auf dem Hotel-Parkplatz. Stellfläche auf Schotterrasen und Asphalt. Entsorgungsstation an der B 14 3 km entfernt. Ortszentrum 500 m entfernt.

74523 Schwäbisch Hall, Hoh. (d10) ST-D 7458

»PARKPLATZ AUWIESE« 1.1. bis 31.12.
☏ 0049 791 751600, Fax 0049 791 751397
ebtouristik.service@schwaebischhall.de, www.schwaebischhall.de

➔ A 6 Nürnberg-Heidelberg, Abf. (43) Schwäbisch Hall, weiter auf B 19 zum Fluss Kocher. Zufahrt über die Heilbronnerstr., Salinenstr., Spitalmühlenstraße. ✉ Spitalmühlenstraße (GPS: 49°7'19"N / 9°44'5" E).
∴ Historische Altstadt. Kirche St. Michael.

Ch | 100 m

Stellplatz auf einem öffentlichen Parkplatz am Ortsrand zwischen dem Fluss Kocher und dem Sportpark. Am Kocher-Jagst-Radweg. Stellfläche (9 x 3,5m) auf Schotter. Maximal 2 Nächte Aufenthalt möglich. Ver- und Entsorgungsstation. Ortszentrum 1.5 km entfernt. 9 Touristenplätze.

74405 Gaildorf (d10/11) ST-D 7460

0 **»REISEMOBILSTELLPLATZ GAILDORF«** 1.1. bis 31.12.
☏ 0049 7971 253513
tourist@gaildorf.de, www.gaildorf.de

➔ A6 Heilbronn - Nürnberg (Abf. Kupferzell) und weiter über die B 19 nach Gaildorf. Zufahrt über Parkplatz P1 an der Schloss-Straße und den Kocherdamm. ✉ Bleichgärten (GPS: 49°0'8"N / 9°45'57" E).

| H 500 m

Stellplatz am Parkplatz hinter der Sporthalle. Stellflächen auf Schotter. Reisemobilstellplatz nur für autarke Mobile, auch geeignet für sehr lange Wohnmobile. Im Winter sind Strom (Nov.-Feb.) und Wasser (Nov.-Apr.) abgestellt. Maximal 3 Nächte Aufenthalt möglich. Ortszentrum 200 m entfernt. 7 Touristenplätze.
2022: Stellplatz ist kostenlos.

74541 Vellberg, Hohenlohe (d10) ST-D 7465

»PARKPLATZ BURGGRABEN« 1.1. bis 31.12.
☏ 0049 7907 87720, Fax 0049 7907 87723
stadt@vellberg.de, www.vellberg.de

➔ A 6 Nürnberg-Heilbronn, Abf. (44) Ilshofen/Wolpertshausen, weiter nach Vellberg. ✉ Am Zwinger (GPS: 49°5'13"N / 9°52'50" E).

WC W Ch | H 200 m

Stellplatz an der Burganlage Vellberg am Ortsrand. Stellfläche auf Pflaster. Ankunft bis 24 Uhr möglich. Abwasserentsorgung in der Kläranlage 800 m entfernt. Weitere zwei kostenlose WOHNMOBIL-Stellplätze befinden sich am Mineralfreibad, Mühlweg 15. Maximale Aufenthaltsdauer 3 Nächte. Ver- u. Entsorgung nur während der Freibadöffnungszeiten von Mitte Mai bis Mitte Sept. Ortszentrum 100 m entfernt. 2 Touristenplätze.

75175 Pforzheim, Kraichgau (c11) ST-D 7516/1

»WILDPARK PFORZHEIM« 1.1. bis 31.12.
☏ 0049 7231 393328
wildpark@stadt-pforzheim.de, www.pforzheim.de

➔ A 8 Stuttgart-Karlsruhe, Abf. (45b) Pforzheim-Süd, weiter nach Pforzheim zum Wildpark. ✉ Tiefenbronner Str. 100 (GPS: 48°52'32"N / 8°43'5" E).

Ch H | 1 km

Stellplatz beim Wildpark außerhalb von Pforzheim. Stellfläche auf Schotter. Anreise jederzeit möglich. Entsorgung im Hohenwiesenweg möglich. Ortszentrum 2 km entfernt. 20 Touristenplätze.

75175 Pforzheim, Kraichgau (c11) ST-D 7516/2

»REISEMOBILPLATZ OSTSTADT« 1.1. bis 31.12.
☏ 0049 7231 393700
tourist-info@ws-pforzheim.de, www.pforzheim.de

➔ A 8 Stuttgart-Karlsruhe, Abf. (45a) Pforzheim-Ost, weiter auf B 10 Richtung Pforzheim. ✉ Wildersinnstraße (GPS: 48°53'50"N / 8°43'22" E).

Ch | H 100 m

Stellplatz in der Nähe des Freizeit und Erlebnisparks Enzauenpark. Stellflächen auf Asphalt und Rasengitter. Maximal 4 Nächte Aufenthalt möglich. Schräger Platz, Auffahrkeile benötigt. Ortszentrum 2.5 km entfernt. 15 Touristenplätze.

74226 Nordheim, Kraichgau (d10) ST-D 7523

»WOHNMOBILSTELLPLATZ NORDHEIM« 1.1. bis 31.12.
☏ 0049 7133 1820
info@nordheim.de, www.nordheim.de

➔ A 6 Heidelberg - Heilbronn, Abf. (37) Heilbronn/Neckarsulm, weiter auf B 27 am Neckar entlang nach Nordheim. ✉ Lauffener Straße (GPS: 49°6'15"N / 9°8'8" E).

Ch | 100 m H 400 m 500 m

Stellplatz auf einem öffentlichem Parkplatz gegenüber dem Freibad. Ebene markierte Stellflächen auf Asphalt. Ver- und Entsorgungseinrichtung - Nutzung nur nach vorheriger Anmeldung beim Hausmeister unter Tel. 07133 9882-44. Maximal 5 Nächte Aufenthalt möglich! Stellplätze 500 m entfernt. 2 Touristenplätze.

74336 Brackenheim (c10/11) ST-D 7526/1

10 **»WEINGUT WINKLER«** 1.1. bis 31.12.
☏ 0049 7135 13023
info@winklerwein.de, www.winklerwein.de

➔ A 81 Stuttgart-Würzburg, Abf. (12) Ilsfeld, weiter nach Westen nach Brackenheim. ✉ Stockheimer Straße 13 (GPS: 49°4'47"N / 9°3'46" E).

Ch | H 500 m 1 km

Stellplatz auf dem Weingut Winkler auf der Hauswiese. Stellfläche auf Schotterrasen und Asphalt. Ortszentrum 100 m entfernt. 3 Touristenplätze.
2022: St/N 10.–, WD 4.–, Müllgeb./Sack 5.–. P/N, KT, H/N, Wasser und Strom inklusive.

75385 Bad Teinach-Zavelstein, Schw. (c11) ST-D 7527

»WANDERHEIM« 1.1. bis 31.12.
☏ 0049 7053 92940
info@berlins-hotel.de, www.berlins-hotel.de

➔ A 8 Stuttgart-Karlsruhe, Abf. (48) Leonberg-West, weiter über B 295 nach Calw, dann nach Zavelstein. ✉ Fronwaldstr. 1 (GPS: 48°41'56"N / 8°41'41" E).

WC W | H 1 km

Öffentlichen Wanderparkplatz im Naturschutzgebiet mit Panoramablick und großem Garten. Stellfläche auf Schotter. Ortszentrum 1 km entfernt. 4 Touristenplätze.

71263 Weil der Stadt, Schw. (c11) ST-D 7529

»FESTPLATZ WEIL DER STADT« 1.1. bis 31.12.
☏ 0049 7033 521140
touristinfo@weil-der-stadt.de, www.weil-der-stadt.de

➔ Von Stuttgart über Leonberg nach Weil der Stadt, weiter zum Festplatz. ✉ Jahnstraße (GPS: 48°45'8"N / 8°52'29" E).

Ch | H 200 m

Stellplatz am Festplatz am Rand der Altstadt. Stellfläche auf Asphalt. Maximal 3 Nächte Aufenthalt möglich! Ortszentrum 50 m entfernt. 4 Touristenplätze.

71229 Leonberg (c11) ST-D 7530

10 **»FESTPLATZ LEONBERG«** 1.1. bis 31.12.
☏ 0049 7152 9901408
stadtmarketing@leonberg.de, www.leonberg.de

➔ Von Stuttgart nach Leonberg fahren, weiter Richtung Hallenbad. ✉ Steinstraße 18 (GPS: 48°47'49"N / 9°1'1" E).

| H 300 m 600 m

Stellfläche auf einem öffentlichen Parkplatz im Stadtzentrum beim Hallenbad. Stellfläche in der Umweltzone auf Asphalt. Maximal 24 Std. Aufenthalt möglich! Ver- u. Entsorgung nicht möglich. Duschmöglichkeit und WC während der Öffnungszeiten des Hallenbads. (kostenpflichtig). Parkticket bitte am Parkscheinautomat lösen. Ortszentrum 100 m entfernt. 5 Touristenplätze.
2023: St/N inkl. 4 P/N bis 2.50, extra A/N 2.50, extra MC/N 2.50, Strom/kWh –.70 (16 A). P/N und H/N inklusive. Das Parkticket ist immer am Parkscheinautomat zu lösen.

71706 Markgröningen (d11) ST-D 7531

»STELLPLATZ FESTWIESE« 1.1. bis 31.12.
☏ 0049 7145130
info@markgroeningen.de, www.markgroeningen.de

➔ A 81 Stuttgart-Heilbronn, Abf. (16) Ludwigsburg-Süd, weiter nach Markgröningen zum Festplatz. ✉ Im Tuchgraben (GPS: 48°54'24"N / 9°4'44" E).

| 300 m

Stellplatz auf der Festwiese am Rande der Altstadt. Stellfläche auf Schotterrasen und Asphalt. Maximal 1 Nacht Aufenthalt möglich, Außer bei Festveranstaltungen. Ortszentrum 400 m entfernt. 7 Touristenplätze.

74321 Bietigheim-Bissingen (d11) ST-D 7532

Abfahrt

»WOHNMOBILSTELLPLATZ IM METTERBOGEN« 1.1. bis 31.12.
E.: Stadt Bietigheim-Bissingen V.: Tourist Information
☏ 0049 7142 74227, Fax 0049 7142/74867
tourismus@bietigheim-bissingen.de, www.bietigheim-bissingen.de

➔ BAB 81, Abf. (15) Ludwigsburg-Nord und weiter auf B 27 in Richtung Heilbronn, über die Auwiesenbrücke weiter Richtung Metterzimmern, beschildert. ✉ Farbstraße (Parkplatz) (GPS: 48°57'30"N / 9°7'28" E).
∴ Historische Altstadt, Bürgergarten mit Enzviadukt, Bad am Viadukt (500 m).

Ch | 200 m H 500 m 1 km

Stellplatz im Stadtteil Bietigheim auf einem öffentlichen Parkplatz an der Metter. Ebene, markierte Stellflächen auf Asphalt. Stellplatz-Länge bis

8 m. Mit Ver-und Entsorgungsmöglichkeit. Müllentsorgung und Satellitenempfang möglich. Rad- und Wanderwege führen direkt vom Stellplatz aus ins Metter- und Enztal sowie in die nahen Weinberge. Maximal 4 Nächte Aufenthalt möglich! Ortszentrum 100 m entfernt. 7 Touristenplätze.

71032 Böblingen (c11) ST-D 7533

Abfahrt

»WOHNMOBILSTELLPLATZ AM ZIMMERSCHLAG«
E.: Stadtmarketing ☎ 0049 7031 6691432 April bis Okt.
k.zechmann@boeblingen.de, www.stadtmarketing-boeblingen.de

➔ A 81 Stuttgart–Villingen-Schwenningen, Abf. (23) Böblingen / Sindelfingen, weiter Richtung Zentrum. Die gesamte Innenstadt auf der L 1185 durchfahren, dabei Richtung Schöneich halten. Am Ortsausgang rechts ins Gebiet "Zimmerschlag" abbiegen. ✉ Im Zimmerschlag 9 (GPS: 48°40'12"N / 9°2'2" E).
Städtische Galerie Böblingen. Bauernkriegsmuseum. Heimatmuseum des Nordböhmischen Niederlandes.

RES WC WC

Stellplatz auf einem Parkplatz an der Ausflugsgaststätte Eisenbahnerheim und in der Nähe von Sportanlagen direkt an einer Bahnlinie. Gekennzeichnete Stellflächen auf Rasengittersteinen. Stellplatz-Länge bis 8 m. Ca. 300 m Fußweg zur Schönbuchbahn mit Anschluss zur Innenstadt (4 km) und nach Stuttgart. Ort 2.5 km entfernt. 4 Touristenplätze.

70629 Stuttgart, Schwäb. Alb. (d11) ST-D 7535

»STELLPLATZ AM MESSEGELÄNDE TOR1« 1.1. bis 31.12.
☎ 0049 711 185600
info@messe-stuttgart.de, www.messe-stuttgart.de

➔ A 8 Ulm-Stuttgart, Abf. (53a) Stuttgart-Flughafen/Messe, der Beschilderung zum Nordzugang des Messegeländes folgen. ✉ an der L1192 (GPS: 48°41'47"N / 9°11'0" E).

WC Ch

Stellplatz am Messegelände Stuttgart. Stellfläche auf Pflaster außerhalb der Umweltzone. Duschcontainer. Maximal 3 Nächte Aufenthalt möglich! Ortsmitte 8 km entfernt. 39 Touristenplätze.

73431 Aalen, Schwäb. Alb. (d/e11) ST-D 7541

0 **»WOHNMOBILSTELLPLATZ BEI DEN LIMES-THERMEN«**
E.: Stadtverwaltung Aalen ☎ 0049 7361 521111 1.1. bis 31.12.
Fax 0049 7361 521931, **kulturamt@aalen.de**
www.aalen.de/wohnmobilstellplatz

➔ Südwestlich von Aalen auf der B19 die Abfahrt zu den "Limes Thermen" nehmen und der Beschilderung folgen. ✉ Osterbucher Steige (GPS: 48°49'13"N / 10°4'39" E).
Limesmuseum, Urweltmuseum, Besucherbergwerk Tiefer Stollen, explorhino Science Center.

Ch

H 100 m 3 km

Ausgewiesener Stellplatz auf dem Parkplatz im hinteren Teil der Limes-Thermen mit schönem Blick auf Aalen. Von Wiesen und Feldern umgeben. Der Platz steht ausschließlich autarken Wohnmobilen zur Verfügung. Ebene Stellflächen teils auf Asphalt, teils auf Rasengitter. Ver- und Entsorgung möglich. Grauwasserentsorgung über Bodenablass. Separate Säule zur Toilettenentsorgung. Maximal 3 Nächte Aufenthalt möglich! Idealer Ausgangspunkt für ausgedehnte Rad-, Wander- oder auch Nordic-Walking-Touren. Rad-Verleih-Station. Ort 3 km entfernt. 8 Touristenplätze.
2022: Stellplatz kostenlos. Strom/kWh –.50, Frischwasser/100 l 1.–, Ver- und Entsorgung zuzügl.

73450 Neresheim, Schw. Alb (e11) ST-D 7546

»STELLPLATZ ALTER BAHNHOF« 1.1. bis 31.12.
☎ 0049 7326 8149
tourist@neresheim.de, www.neresheim.de

➔ B 7 Ulm-Würzburg, Abf. (116a) Heidenheim, weiter auf B 466 nach Neresheim. ✉ Dischinger Straße (GPS: 48°45'6"N / 10°20'19" E).

H 100 m 500 m

Stellfläche auf dem Bahnhofsgelände mit Blick aufs Kloster. Stellfläche auf Pflaster. Ortszentrum 200 m entfernt. 5 Touristenplätze.

73441 Bopfingen, Schw. Alb (e11) ST-D 7547

»STELLPLATZ AM HOTEL ZUM BÄREN« 1.1. bis 31.12.
E.: Familie Stelzenmüller ☎ 0049 7362 7267
info@gasthof-baeren-bopfingen.de, www.gasthof-baeren-bopfingen.de

➔ A 7 Wörnitz-Heidenheim, Abf. (114) Aalen-Westhausen, weiter auf der B 29 nach Bopfingen. Im Ort rechts einbiegen "Am Stadtgraben" zum Ziel. Beschildert. ✉ Nördlinger Str. 3 (GPS: 48°51'25"N / 10°21'16" E).
Historischer Ortskern. Burg Flochberg. Schloss Baldern (7 km).

WC WC Ch

100 m H 200 m HS 300 m 500 m

Beleuchteter Stellplatz im Hof der Gaststätte. Stellflächen auf Pflaster. Stellplatz-Länge bis 8 m. Reservierung empfohlen. An-/Abfahrt zwischen 7-22 Uhr erwünscht. Rad-/Wanderwegenetz. Ort 100 m entfernt. 6 Touristenplätze.

71384 Weinstadt OT Strümpfelbach, Sch. A. (d11) ST-D 7555

»WEINGUT KNAUSS« 1.1. bis 31.12.
☎ 0049 7151606345
info@weingut-knauss.com, www.weingut-knauss.com

➔ Von Stuttgart auf B 14 nach Weinstadt, weiter zum Weingut. ✉ Nolten 2 (GPS: 48°47'34"N / 9°21'46" E).

HS H 200 m

Stellplatz beim Weingut außerhalb des Ortes. Stellfläche auf Schotter. Weinkauf obligatorisch. Ortszentrum 1 km entfernt.

73037 Göppingen OT Hohenstaufen, Sch. A. (d11) ST-D 7556

NEU

0 **»WOHNMOBIL NATURSTELLPLATZ AASRÜCKEN«**
E.: Stadtverwaltung Göppingen 1.1. bis 31.12.
☎ 0049 7161 6504444, **ipunkt@goeppingen.de**
www.goeppingen.de/start/Freizeit/Caravanstellplatz.html

➔ Aus Hohenstaufen kommend auf der L1075 in Richtung Maitis, an der Jugendherberge vorbei. Nach 500 m befindet sich der Stellplatz auf der rechten Seite. ✉ Parkplatz Aasrücken (GPS: 48°44'59"N / 9°43'33" E).
Burgruine Hohenstaufen.

H 500 m 1.5 km 8 km

Stellplatz in der grünen Umweltzone und am Ortsrand gelegen mit sehr schönem Blick auf Hohenstaufen. Geschotterter Untergrund. Stellplatzlänge 8 m. 3 Nächte max. Aufenthaltsdauer. Keine Ver- und Entsorgungsstation und kein Strom vorhanden. (Kann beim Wohnmobil-Stellplatz Schockensee, Mozartstraße in Göppingen genutzt werden). Schöner Ausgangspunkt für Wanderungen. Ort 1 km entfernt. 1 Touristenplätze.
2022: Stellplatz ist kostenlos.

73033 Göppingen, Schw. Alb (d11) ST-D 7557

NEU

0 **»WOHNMOBIL STELLPLATZ SCHOCKENSEE«**
E.: Stadtverwaltung Göppingen 1.1. bis 31.12.
☎ 0049 7161 6504444, **ipunkt@goeppingen.de**
www.goeppingen.de/start/Freizeit/Caravanstellplatz.html

➔ B 297 Kirchheim unter Teck - Lorch. Bei Göppingen abbiegen zur EWS-Arena. Beschilderung zur EWS-Arena (Mozartstraße) folgen. ✉ Mozartstraße (GPS: 48°42'40"N / 9°38'45" E).
Märklineum.

H 100 m 500 m 1.3 km

Beleuchteter und ebener Wohnmobilstellplatz hinter dem Schockenseegelände und der EWS Arena auf einem öffentlichem Parkplatz. In unmittelbarer Nachbarschaft zu den Barbarossa Thermen. Stellflächen asphaltiert. Ver- und Entsorgungsstation vorhanden. Nur 5 Minuten fußläufig von der Innenstadt entfernt. Maximal 3 Nächte Aufenthalt. 8 Touristenplätze.
2022: Stellplatz ist kostenlos. Strom/kWh –.50, Wasser/60l 1.–.

71638 Ludwigsburg (d11) ST-D 7559

»PARKPLATZ FORUM« 1.1. bis 31.12.
☎ 0049 7141 9102252
touristinfo@ludwigsburg.de, www.ludwigsburg.de

➔ A 81, Abf. Ludwigsburg Süd bzw. Nord und weiter in Richtung Innenstadt. Ab der Stadtmitte dem Parkleitsystem folgen - Ausschilderung Parkplatz Forum / Blühendes Barock. ✉ Friedrich-Ebert-Straße (GPS: 48°53'38"N / 9°11'49" E).

H 200 m 1 km

Stellplatz beim Forum Ludwigsburg/Blühendes Barock nahe des Schlossparks. Ebene markierte Stellflächen (5.50 x 9 m) auf Asphalt. Der Stellplatz liegt in einer Umweltzone - eine grüne Plakette ist erforderlich! Maximal 3 Nächte Aufenthalt möglich! Ortszentrum 500 m entfernt. 7 Touristenplätze.

71546 Aspach (d11) ST-D 7560/1

»STELLPLATZ AN DER GEMEINDEHALLE« 1.1. bis 31.12.
E.: Gemeinde Aspach ☎ 0049 7191 212 24
info@aspach.de, www.aspach.de

➔ A 81 Würzburg-Stuttgart, Abf. (13) Mundelsheim, weiter auf der L 1115 nach Aspach, dort links abbiegen in die Schöntaler Straße/Backnanger Straße. Am Rathaus links abbiegen Im Brühle und dann rechts in die Zielstraße. ✉ Rübengasse (GPS: 48°57'52"N / 9°23'49" E).
Pfarrkirche St. Juliana (Großaspach). Pfarrkirche St. Nicolaus. Altes Rathaus. 1522 historische Torkelterei (Kleinaspach). Altes Backhaus von 1844.

RES WC WC 300 m H 400 m

Stellplatz auf dem Parkplatz hinter der Gemeindehalle. Stellflächen auf Pflaster. Stellplatz-Länge bis 6 m. Ort 400 m entfernt. 5 Touristenplätze.

71546 Aspach (d11) ST-D 7560/2

»WANDERPARKPLATZ HEILIGENTAL« 1.1. bis 31.12.
☎ 0049 7191 2120
info@aspach.de, www.aspach.de

➔ B 14 Stuttgart-Backnang, bei Backnang nach Aspach abfahren Richtung Rietenau. ✉ Heiligentalstraße (GPS: 48°59'30"N / 9°24'18" E).

H 300 m 500 m

Stellplatz am Rande von Rietanau. Stellflächen auf Schotter. Weinstube in der Umgebung. Ortszentrum 500 m entfernt. 3 Touristenplätze.

71546 Aspach (d11) ST-D 7560/3

»WANDERPARKPLATZ FAUTENHAU« 1.1. bis 31.12.
☎ 0049 7191 2120
info@aspach.de, www.aspach.de

➔ B-14 Stuttgart-Backnang, bei Backnang nach Aspach abfahren. ✉ Im Fautenhau (GPS: 48°58'43"N / 9°23'38" E).

H 500 m 1 km

Stellplatz auf einem Parkplatz zwischen Großaspach und Allmersbach. Stellflächen auf Schotter. Weinproben in der Umgebung. Ortszentrum 1 km entfernt. 5 Touristenplätze.

71546 Aspach (d11) ST-D 7560/5

»BESENWIRTSCHAFT ZUM RÖHRACHKELLER« 1.1. bis 31.12.
0049 171 1215805, Mobil 0049 171 1215805
walter.Seeger@zur-gruenflaeche.de

➔ B 14 Stuttgart-Backnang, bei Backnang nach Aspach zum Winzerhof abzweigen. Röhrach 16 (GPS: 48°58'59"N / 9°22'35" E).

Stellplätze bei der Besenwirtschaft im Winzerhof. Stellflächen auf Schotter. Stellplatz auch nutzbar bei geschlossener Wirtschaft. Ortszentrum 100 m entfernt. 5 Touristenplätze.

71711 Steinheim a.d. Murr (d11) ST-D 7561

»PARKPLATZ MURRINSEL« 1.1. bis 31.12.
E.: Stadt Steinheim 0049 71442630
info@stadt-steinheim.de, **www.stadt-steinheim.de**

➔ A 81 Stuttgart-Heilbronn, Abf. (14) Pledelsheim, weiter nach Steinheim a.d. Murr und der Ausschilderung zum Parkplatz Murrinsel folgen. Badtorstraße (GPS: 48°57'50"N / 9°16'44" E).

500 m 600 m

Stellplatz am Parkplatz Murrinsel an der Murr. Stellfläche auf Sand und Schotter. Entsorgungsstation beim Gruppenklärwerk Häldenmühle an der L1100 zwischen Marbach und Murr. Ortszentrum 300 m entfernt. 4 Touristenplätze.

71720 Oberstenfeld (d10) ST-D 7562

»PARKPLATZ AM MINERALFREIBAD« 1.1. bis 31.12.
E.: Gemeinde Oberstenfeld 0049 7062 2610
info@oberstenfeld.de, **www.oberstenfeld.de**

➔ A 81 Stuttgart-Heilbronn, Abf. (12) Ilsfeld, weiter nach Oberstenfeld zum Mineralfreibad. Beilsteiner Straße 100 (GPS: 49°1'55"N / 9°19'8" E).

Ch 2 km

Stellplatz außerhalb des Ortes am Parkplatz des Freibads. Stellfläche auf Asphalt. Imbiss. Ortszentrum 1 km entfernt. 5 Touristenplätze.

73525 Schwäbisch Gmünd, Sch. A. (d11) ST-D 7563

»SCHIESSTALPLATZ« 1.1. bis 31.12.
0049 7171 6034250
tourist-info@schwaebisch-gmuend.de, **www.schwaebisch-gmuend.de**

➔ B 29 Stuttgart-Schwäbisch Gmünd, weiter zum Festplatz. Schießtalstraße (GPS: 48°48'17"N / 9°48'46" E).

300 m

Stellplatz auf dem Festplatz am östlichen Stadtrand. Stellfläche auf Sand und Splitter. Maximal 5 Nächte Aufenthalt möglich! Ortszentrum 1 km entfernt. 8 Touristenplätze.

73642 Welzheim, Schw. Alb (d11) ST-D 7566/1

»STAUSEE AICHSTRUT« 1.1. bis 31.12.
0049 7182 800815
tourist@info-welzheim.de, **www.welzheim.de**

➔ B 29 Stuttgart-Schwäbisch Gmünd, weiter nach Welzheim abzweigen zum Stausee. (GPS: 48°54'2"N / 9°38'18" E).

1 km

Stellplatz am Rand des Stausees nördlich von Welzheim. Stellflächen auf Schotter. Ortszentrum 4.5 km entfernt. 12 Touristenplätze.

73642 Welzheim, Schw. Alb (d11) ST-D 7566/3

»STELLPLATZ AM STADTPARK« 1.1. bis 31.12.

tourist@info-welzheim.de, **www.welzheim.de**

➔ B 29 Stuttgart-Schwäbisch Gmünd, weiter nach Welzheim zum Stadtpark. Am Stadtpark (GPS: 48°51'59"N / 9°37'58" E).

100 m 500 m

Stellplatz am Stadtpark im Zentrum. Stellfläche auf Sand und Split. Maximal 3 Nächte Aufenthalt möglich! Ortszentrum 1 km entfernt. 2 Touristenplätze.

71573 Allmersbach im Tal (d11) ST-D 7568

»WOHNMOBILHAFEN IM SPORTERLEBNISPARK«
0049 7191 35300 1.1. bis 31.12.
womo@allmersbach.de, **www.allmersbach.de**

➔ B14 Stuttgart - Backnang, Abfahrt nach Waldrems und weiter Richtung Unterweissach. Beim großen Kreisverkehr erste Abfahrt nach Allmersbach im Tal und der Beschilderung zum "Sport- und Erlebnispark" folgen. Schorndorfer Str. 70 (GPS: 48°54'6"N / 9°28'33" E).

WC W W WC Ch 20 m

Beschrankter und barrierefreie Wohnmobilstellplatz am Ortsrand beim "SportErlebnisPark". Großzügige, ebene und befestigte Stellflächen, durch Hecken parzelliert. Münzbetriebene Stromsäulen. Die Bezahlung erfolgt vor Ort direkt am Kassenautomat im Einfahrtsbereich mit Kredit- oder EC-Karte. E-Bike-Mietstation nebenan bei der Gaststätte "Wandertreff Waldeck". Glampinghütten. Kletterwand. Picknickplätze. Multisportfeld. Boulebahnen. 10 Touristenplätze.

73340 Amstetten, Schw. Alb (d11) ST-D 7571

»STELLPLATZ IN AMSTETTEN« 1.1. bis 31.12.
E.: Gemeinde Amstetten 0049 7331 30060
Fax 0049 7331 300663, **info@amstetten.de**, **www.amstetten.de**

➔ A 8 Augsburg-Stuttgart Abf. (62) Ulm West, weiter auf B 10 Richtung Geislingen/Dornstadt bis nach Amstetten. Bei der Gemeindeverwaltung. Bei Lonetalstr. 25 (GPS: 48°34'42"N / 9°52'19" E).
Erlebnisregion Albtrauf.

1 km

Stellplatz liegt im Ortszentrum auf einem öffentlichem asphaltierten Parkplatz. Stellplatzlänge bis 8 m. Geöffnet von Di., Mi. u. Freitag von 8:30 bis 12 Uhr, Mo. von 14:30 bis 18 Uhr und Do. 14 bis 16 Uhr. Mittagsruhe 12-14:30 Uhr. 3 Touristenplätze.

89129 Öllingen, Schwäb. Alb. (e11) ST-D 7573

10 **»STELLPLATZ BEIM RATHAUS«** 1.1. bis 31.12.
0049 7345 7502
info@oellingen-albdonau.de, **www.oellingen.de**

➔ A 7 Memmingen - Würzburg, Abf. (119) Langenau, weiter Richtung Öllingen. Hauptstraße 42 (GPS: 48°31'43"N / 10°8'52" E).
UNESCO-Weltkulturerbes von Ach- und Lonetal "Höhlen und Eiszeitkunst der Schwäbischen Alb". Bocksteinhöhle.

Ch 100 m 200 m

Stellplatz auf dem Parkplatz des Rathauses. Stellflächen auf Rasengitter. Stellplatzgebühr und Stromkosten bitte in Briefkasten auf Parkplatz oder von Rathaus werfen. Maximal 5 Nächte Aufenthalt möglich! 3 Touristenplätze.
2023: St/N 5.–, Strom/N 2.– (16 A). P/N, H/N, Entsorgung und Wasser inklusive.

77855 Achern, Schwarzwald (c11) ST-D 7600

10 **»WOHNMOBILSTELLPLATZ ACHERN«** 1.1. bis 31.12.
E.: Stadtwerke Achern 0049 7841 6421448
petra.kegel@achern.de, **www.achern.de**

➔ A 5 Abf. Achern Richtung Stadtmitte. Auf die Beschilderung Wohnmobilstellplatz achten. SÜWAG-Gebäude passieren. Kapellenstr./Badstr. (GPS: 48°37'28"N / 8°4'25" E).
Klauskirchl.

100 m 300 m

Reisemobilplatz auf einem Parkplatz gegenüber dem Schwimmbad in der Stadtmitte. Geschotterte Stellflächen. Höchstdauer Aufenthalt 7 Tage. Ortszentrum 100 m entfernt. 12 Touristenplätze.
2022: MC-St/N inkl. 2 P/N 8.–, Wasser/100 l 1.–, Strom/6 Std. 1.–. Entsorgung und Müll inklusive. Nur Barzahlung möglich.

77836 Rheinmünster, Schw. (c11) ST-D 7602

Abfahrt

»STELLPLATZ BEIM FREIZEITCENTER OBERRHEIN«
E.: Inge Schnettler 0049 7227 2500 120 m 1.1. bis 31.12.
Fax 0049 7227 2400, **info@freizeitcenter-oberrhein.de**
www.freizeitcenter-oberrhein.de

➔ A 5 Karlsruhe–Basel Abf. (51) Baden-Baden/Iffezheim bis Kreuzung B 36, dort links ab. Am Ortseingang von Stollhofen rechts abbiegen zum Platz. Am Campingpark 1 (GPS: 48°46'24"N / 8°2'25" E).
Baden-Baden, Schwarzwald–Hochstraße, Europapark Rust.

W W Ch W W HS HS S S S 50 m
1 km 2 km 7 km 8 km

Stellplatz beim Campingplatz FREIZEITCENTER OBERRHEIN. Meist ebene Stellflächen auf Schotter. Reisemobillänge max. 12 m. Ver- u. Entsorgung vorhanden. Max. Übernachtungsdauer 5 Nächte. Mit einer Tageskarte (8 - 22 Uhr) in Höhe von € 4.-/Erwachsener und € 3.-/Kinder können verschiedene Annehmlichkeiten z.B. die sanitären Anlagen mitbenutzt werden. Ort 1 km entfernt. 40 Touristenplätze.

77876 Kappelrodeck, Schw. (c11) ST-D 7604

10 **»WOHNMOBILSTELLPLATZ AM HEIDENHOF«**
0049 7842 80210 1.1. bis 31.12.
tourist-info@kappelrodeck.de, **www.kappelrodeck-tourismus.de**

➔ A 5 Freiburg-Karlsruhe, Abf. (54) Appenweier, weiter nach Kappelrodeck. Heidenhof 4 (GPS: 48°35'1"N / 8°7'35" E).
Schloss Rodeck.

100 m 500 m 1 km

Stellplatz zwischen dem Sportplatz und Freibad im "Rotweindorf" an der „Badischen Weinstraße“ gelegen. Parallel verläuft die Acher. (Nebenfluss des Rheins). Stellfläche auf Schotter und beleuchtet. Ver - und Entsorgungsstation vorhanden. Ortszentrum 800 m entfernt. 17 Touristenplätze.
2022: MC-St/N 8.–, Wasser/100 l 1.–, Strom/2 kWh 1.–. KT, Entsorgung und Müll inklusive. Bar oder EC-Kartenzahlung möglich.

Feucht eingepackte Kleidung / Zelte am nächsten Campingplatz so schnell wie möglich aufhängen/aufbauen.

Unser Platz

Geöffnet: 15.03. - 31.10.

Anfahrt

Von der A5 kommend Ausfahrt 54 Appenweier, B28 Richtung Kehl/Strasbourg. Auf der B28 die dritte Ausfahrt Kork/ Neumühl, folgen Sie nun der Beschilderung.

Fläche: 23.000 m²
140 Touristenstellplätze

Direkt an der Rheinpromenade gelegen, zentral und doch ruhig, in einer grünen Parklandschaft. Wir bieten einen idealen Ausgangspunkt für Kulturfahrten ins deutsch-französische Grenzgebiet z.B. nach Straßburg, in das Elsass, in die Vogesen, den Schwarzwald und Abendausflüge zur Spielbank nach Baden-Baden.

Der Platz ist nur 35 km vom Europa-Park in Rust entfernt. Folgenden Aktivitäten können Sie außerdem am Platz und in der Umgebung nachgehen: Tennis, Angeln, Bootfahren auf dem Alt-Rhein, Minigolf, Trimm-Dich-Pfad, Reithalle, Segel- und Motorflughafen und eine direkte Straßenbahnverbindung in die Altstadt von Straßburg.

Das parkähnliche Wiesengelände ist unparzelliert und leicht wellig. Das Zentrum von Kehl ist 1 km entfernt. Unser Verkaufskiosk versorgt Sie mit allem Notwendigen. WLAN ist am gesamten Platz verfügbar.
In unserer neuen, großzügigen Sanitäranlage stehen Ihnen Mietbäder, ein Behindertenbad und ein eigener Kinderbereich zur Verfügung!

Rheindammstr. 1 • 77694 Kehl • Tel 07851/2603 • Fax -73076
www.campingplatz-kehl.de • info@campingplatz-kehl.de

77704 Oberkirch, Schwarzw. (c11) ST-D 7606/1

10 **»WOHNMOBILSTELLPLATZ OBERKIRCH«** 1.1. bis 31.12.
E.: Stadt Oberkirch ☎ 0049 7802 82600
info@renchtal-tourismus.de, www.renchtal-tourismus.de

➔ A 5 Baden-Baden - Freiburg, Abf. (54) Appenweier, B 28 Richtung Freudenstadt nach Oberkirch. In Oberkirch auf Renchtalstadion achten. Beschildert. ✉ Renchallee (GPS: 48°31'43"N / 8°4'24" E).
∴ Historische Altstadt. Heimat- und Grimmelshausenmuseum. Ruine Schauenburg. Wallfahrtskirche Mariä-Krönung. Wasserfälle Allerheiligen.

H 400 m · 500 m · HS 1 km

Stellplatz im Ort beim Renchtalstadion direkt an der Rench. Stellflächen auf Schotter. Bitte beachten Sie, dass der Stellplatz zur Weinfest-Zeit (erstes September-Wochenende) nur eingeschränkt nutzbar ist. Die KONUS-Gästekarte für die Nutzung des öffentlichen Nahverkehrs sowie für weitere Ermäßigungen, z.B. freien Eintritt in das Schwimmbad, erhalten Sie bei der Tourist-Information Oberkirch. Maximal 7 Nächte Aufenthalt möglich! Ortszentrum 500 m entfernt. 21 Touristenplätze.
2022: St/N inkl. 2 P/N bis 5.–, KT P/N 2.–, Wasser/80 l 1.–, Strom/1 kWh –.50. H/N, Entsorgung und Müll inklusive.

77704 Oberkirch, Schwarzw. (c11) ST-D 7606/2

»WALDPARKPLATZ SCHAUENBURG« 1.1. bis 31.12.
☎ 0049 7802 2253
info@schauenburg.de, www.schauenburg.de

➔ A 5 Freiburg-Karlsruhe, Abf. (54) Appenweiler weiter nach Oberkirch. ✉ Burgstraße 29 (GPS: 48°32'19"N / 8°5'44" E).

Ch · H 1 km

Stellplatz außerhalb der Ruine Schauenburg auf einem ruhigen Waldparkplatz. Stellfläche auf Schotter. Maximal 3 Nächte Aufenthalt möglich. Entsorgung in Oberkirch möglich. Ortszentrum 1 km entfernt. 6 Touristenplätze.

77887 Sasbachwalden, Schw. (c11) ST-D 7608

15 **»WOHNMOBILSTELLPLATZ SASBACHWALDEN«**
☎ 0049 7841 6407980 1.1. bis 31.12.
info@sasbachwalden.de, www.sasbachwalden.de

➔ A 5 Freiburg-Karlsruhe, Abf. (53) Achern, weiter über Achern nach Sasbachwalden. ✉ Talstraße 2 (GPS: 48°37'10"N / 8°7'16" E).

RES · WC · Ch · H 100 m · 400 m · 500 m

Stellplatz in ruhiger Lage auf dem Bereich eines öffentlichen Parkplatzes (Festplatz) neben einer Weinkellerei. Stellfläche auf Schotter. Bei Erntedank und Weinfest Ausweichparkplatz beschildert. Ver- und Entsorgungsstation. Reservierung nicht möglich. Ortszentrum 200 m entfernt. 33 Touristenplätze.
2022: St/N inkl. 2 P/N 12.–, Wasser/80 l 1.–, Strom zzgl..

79341 Kenzingen, Schwarzw. (b12) ST-D 7611

»WEINGUT UND WEINSTUBE RITTERHOF« 1.1. bis 31.12.
☎ 0049 7644 931784
info@ritters-weinstube.de, www.ritters-weinstube.de

➔ A 5 Karlsruhe-Basel, Abf. (58) Herbolzheim, weiter nach Kenzingen. ✉ Roßleiteweg 1 (GPS: 48°11'16"N / 7°47'1" E).

WC · W

Stellplatz in idyllischer und ländlicher Lage an den Weinbergen außerhalb der Stadt. Neben einem Dammwildgehege. Stellfläche auf Schotter. Teilweise schräges Gelände. Ortszentrum 1 km entfernt. 10 Touristenplätze.

77960 Seelbach, Schwarzwald (b12) ST-D 7614

»REISEMOBIL-STELLPL. BEIM FERIENPARADIES SCHWARZWÄLDER HOF«
E.: Robert Schwörer ☎ 0049 7823 960950 230 m 1.1. bis 31.12.
Fax 0049 7823 9609522, **info@spacamping.de, www.spacamping.de**

➔ A 5 Karlsruhe–Basel Abf. (56) Lahr auf die B 415 über Lahr nach Seelbach, beschildert. ✉ Tretenhofstr. 76 (GPS: 48°17'59"N / 7°56'38" E).

W · W · Ch · W · W · HS · HS · HS · 50 m · H 200 m · 1 km · 1.5 km

Beleuchteter Stellplatz am Ortsrand gelegen, angrenzend an das Gelände des Campingplatzes FERIENPARADIES SCHWARZWÄLDER HOF. Ebene parzelliertes Stellflächen (5x10 m) mit einem zentralen Picknickplatz. Die Infrastruktur des Campingplatzes darf mitbenutzt werden. Holiday-Clean-Station. Die Tagesgebühr ist am Parkscheinautomat zu entrichten. Infotafel. Kindersanitär. Tagungsraum. Großzügiger Spa- und Wellnessbereich. Wäsche-Trockenraum. Abenteuerspielplatz. Überdachter Spielplatz mit Kletterwand. Bastelraum. Billiard. Brötchenservice. 16 Touristenplätze.

77974 Meißenheim, Schw. (b11) ST-D 7616

»WOHNMOBILPLATZ ORTENAU« 1.1. bis 31.12.
☎ 0049 7824 6649670
info@junglas-design.de, junglas-design.de

➔ A 5 Freiburg-Karlsruhe, Abf. (56) Lahr, weiter auf B 36 nach Meißenheim. ✉ Winkelstraße 36 (GPS: 48°24'57"N / 7°46'38" E).

Ch · 500 m · H 800 m

Stellplatz auf dem Parkplatz am Ortsrand nahe am Altrhein. Stellfläche auf Schotterrasen. Dauerhaft geöffnet. Ortszentrum 300 m entfernt. 24 Touristenplätze.

77656 Offenburg, Schwarzw. (b11) ST-D 7618/2

»STRANDBAD GIFIZSEE« 1.1. bis 31.12.
☎ 0049 781 2037187
strandbad@t-online.de, www.gifizsee.de

➔ A 5 Freiburg-Karlsruhe, Abf. (55) Offenburg, weiter zum Gifizsee. ✉ Platanenallee 15 (GPS: 48°27'27"N / 7°56'15" E).

WC · W · W · Ch · H 500 m

Stellplatz in Seelage am Gifiz Strandbad. Stellfläche auf Rasengitter. Zufahrt neben der Kasse durch ein verschlossenes Tor. Schlüssel gegen 20.- Kaution. Ortszentrum 3 km entfernt. 10 Touristenplätze.

72172 Sulz am Neckar, Sch. A. (c12) ST-D 7628

»PARKPLATZ WÖHRD« 1.1. bis 31.12.
☎ 0049 7454 96500
verkehrsamt@sulz.de, www.sulz.de

➔ A 81 Stuttgart-Konstanz, Abf. (32) Sulz a. N., weiter in den Ort zum Neckar. ✉ Ludwigstraße (GPS: 48°21'50"N / 8°38'12" E).

WC · Ch · H 200 m · 500 m

Stellplatz am westlichen Ufer des Neckar auf einem Parkplatz. Stellfläche auf Pflaster. Öffentliche Toiletten 150 m entfernt. Ortszentrum 200 m entfernt. 6 Touristenplätze.

71083 Herrenberg, Schwäb. Alb. ST-D 7632

Abfahrt

»WOHNMOBILHAFEN HERRENBERG« 1.1. bis 31.12.
E.: Stadt Herrenberg ☎ 0049 7032 924320
ktm@herrenberg.de, www.herrenberg.de

➔ A 81 Stuttgart - Villingen-Schwenningen, Abf. (28) Rottweil und weiter Richtung Herrenberg. Dort Richtung "Freibad" ausgeschildert. ✉ (GPS: 48°35'25"N / 8°52'39" E).
∴ Altstadt, Stiftskirche, Glockenmuseum, Fachwerkpfad.

Ch · 50 m · H 200 m · HS · 1 km

Beleuchteter Stellplatz am Ortsrand in der Nähe des Hallen- und Naturfreibades. Ebene geschotterte und markierte Stellflächen. Stellplatzlänge bis 11 m. 5 Nächte max. Aufenthaltsdauer. Bezahlung am Ticketautomaten. WC und Dusche des Hallen- und Naturfreibades können während der Öffnungszeiten genutzt werden (kostenpflichtig). 10 Touristenplätze.

72202 Nagold, Schwarzwald (c11) ST-D 7635/1

10 **»STELLPLATZ AN DER NAGOLD«** 1.1. bis 31.12.
☎ 0049 7452 6810
tourismus@nagold.de, www.nagold.de

➔ A 81 Stuttgart - Konstanz, Abf. (28) Herrenberg, weiter über Herrenberg nach Nagold. ✉ Am Glockenrain 67 (GPS: 48°33'52"N / 8°43'18" E).

Ch · 600 m

Stellplatz am nördlichen Stadtrand am Ufer der Nagold. Ebene geschotterte Stellfläche entlang einer kleinen Straße. Infotafel. Maximal 4 Nächte Aufenthalt möglich! Ortszentrum 1.7 km entfernt. 16 Touristenplätze.
2022: MC/N 5.–, Entsorgung 1.–, Wasser/100 l 1.–, Strom/1 kWh 1.–.

72297 Seewald, Schwarzwald (c11) ST-D 7646

0 **»PARKPLATZ P4 AN DER NAGOLDTALSPERRE«**
☎ 0049 7447946011 1.1. bis 31.12.
gemeinde@seewald.eu, www.seewald.eu

➔ B 81 Stuttgart-Konstanz, Abf. 29 Rottenburg, weiter über Nagold und Altensteig zur Nagoldtalsperre. ✉ Seestraße L362 (GPS: 48°33'3"N / 8°29'40" E).

WC

Stellmöglichkeit auf einem öffentlichen Parkplatz. Stellflächen auf Asphalt. Maximal 2 Nächte Aufenthalt möglich! Ortszentrum 2.5 km entfernt. 15 Touristenplätze.
2022: Stellplatz kostenlos

77761 Schiltach, Schwarzw. (c12) ST-D 7665/2

10 **»STELLPLATZ HINTERHOLZSTUBE«** 1.1. bis 31.12.
☎ 0049 7836 7138
info@hinterholzstube.com, www.hinterholzstube.com

➔ A 81 Singen-Stuttgart, Abf. (34) Rottweil, weiter auf B 462 nach Schiltach. ✉ Hinterholz 161 (GPS: 48°14'50"N / 8°21'13" E).

WC · W · Ch

Stellplatz neben dem Restaurant Hinterholz-Stube mit idyllischem Ausblick. Stellfläche auf Wiese, Schotter und Asphalt. Montag bis Donnerstag Ruhetag. Für Gruppen nach Absprache geöffnet. Freitag und Samstag ab 14 Uhr bis 21 Uhr geöffnet. Sonn- und Feiertags ab 12 Uhr bis 20 Uhr geöffnet. Keine Kartenzahlung im Restaurant möglich. Ortszentrum 6 km entfernt. 6 Touristenplätze.
2022: St/N 5.–, Strom/N 2.–, Entsorgung, Sanitär-Nutzung und Wasser inklusive.

77793 Gutach, Schwarzwald (c12) ST-D 7673

»GUTACHTAL CAMPING LANDGASTHOF ENGEL«
E.: Samuel Reichert ☎ 0049 7833 9555630 1.1. bis 31.12.
info@engel-gutach.com, www.engel-gutach.com

➔ A 5 Karlsruhe–Basel Abf. (55) Offenburg auf die B 33 Richtung Villingen nach Gutach bis zum Landgasthof. ✉ Steingrün 16 (GPS: 48°14'4"N /

8°12'54" E).
∴ Triberger Wasserfälle. Bergwerk.

500 m 1.5 km

Ebene Stellplätze beim Landgasthof Engel an der B 33. Stellflächen auf Rasen. Stellplätze bis 9 m länge. Brötchenservice. Ort 2 km entfernt. 13 Touristenplätze.

77728 Oppenau, Schwarzwald (c11) ST-D 7676

0 »WAGNER-MEIER-PLATZ« 1.1. bis 31.12.
☎ 0049 7804 910830
info@renchtal-tourismus.de, www.renchtal-tourismus.de

➔ A 5 Freiburg-Karlsruhe, Abf. (54) Appenweier, weiter auf B 28 nach Oppenau. ✉ Hauptstraße (GPS: 48°28'37"N / 8°10'11" E).

300 m 800 m

Stellplatz auf einem ruhigen teil eines Parkplatzes. Stellfläche auf Schotter. Kurtaxe ist im Touristenbüro zu bezahlen. Die KONUS-Gästekarte erhalten Sie bei der Tourist-Information in Oppenau. Mit dieser können Sie den öffentlichen Nahverkehr im ganzen Schwarzwald kostenlos nutzen. Weitere verschiedene Ermäßigungen, wie z.B. freier Eintritt ins Schwimmbad. Ortszentrum 50 m entfernt. 6 Touristenplätze.
2022: Stellplatz ist kostenlos. KT P/N 1.50, Wasser/70 l 1.50, Strom/kWh –.13. H/N, Entsorgung und Müll inklusive. l

77740 Bad Peterstal-Griesbach, Schw. (c11) ST-D 7677

15 »WOHNMOBILSTELLPLATZ AN DEN HEILQUELLEN«
☎ 0049 7806 986 600 01.01. bis 31.12.
rezeption@an-den-heilquellen.de, www.an-den-heilquellen.de

➔ B 28 Offenburg - Freudenstadt, der Stellplatz befindet sich ca. 800 m nach dem Abzweig nach Hinterfreiersbach auf der rechten Seite. ✉ Schwarzwaldstr. 40 (GPS: 48°26'2"N / 8°12'50" E).

20 m

Kleiner Stellplatz am Ortsrand neben einem Hotel mit Restaurant, Spa & Physiotherapie. In hügeliger Landschaft in einem sanften Tal gelegen. Ebene, schattenlose Stellflächen auf Schotterrasen. Als Stellplatzkreisel mit jeweils kleinen Rasenflächen (40 qm) angelegt. Stellplatzlänge bis 9 m. Ver- und Entsorgung möglich. Natürliche Kohlensäurebäder aus eigener Quelle im direkt neben den Stellplatz befindlichen "GesundheitsHotel "Bad Peterstal" möglich. Hier befindet sich auch die Anmeldung. Kneipp-Becken. Heilanwendungen. Brötchenservice. Ideale Ausgangspunkt für Wanderungen. KONUS-Karte zur kostenlosen Nutzung von Bus und Bahn sowie des Freibades. 10 Touristenplätze.
2023: MC-St/N inkl. 2 P/N 11.–, weitere P/N 1.–, H/N –.50, KT P/N ab 18 J. 1.90, WD 1.50, Wasser/80 l 1.–, Strom/8 Std. 1.–. Entsorgung und Müll inklusive.

77736 Zell am Harmersbach, Schw. (c12) ST-D 7690

»STELLPLATZ AM SPORTPARK« 1.1. bis 31.12.
☎ 0049 7835 636947
tourist-info@zell.de, www.zell.de

➔ B 294 Freiburg-Offenburg, bei Biberach nach Zell am Harmersbach zum Freibad abzweigen. ✉ Gasselhalde 4 (GPS: 48°21'8"N / 8°3'35" E).

1 km

Stellplatz beim Schwimmbad am Waldrand. Stellfläche auf Schotter. Ortszentrum 1 km entfernt. 11 Touristenplätze.

77787 Nordrach, Schwarzwald (c11) ST-D 7692

»STELLPLATZ AN DER HANSJAKOB-HALLE« 1.1. bis 31.12.
☎ 0049 7838 929921
touristen-info@nordrach.de, www.nordrach.de

➔ A 5 Freiburg-Karlsruhe, Abf. (55) Offenburg, weiter auf B 33 nach Nordrach. ✉ Im Dorf 29 (GPS: 48°23'54"N / 8°4'44" E).

100 m 300 m 500 m

Stellplatz in ruhiger Lage neben der Hansjakob-Halle. Stellfläche auf Rasengittersteinen. Ortszentrum 50 m entfernt. 8 Touristenplätze.

72108 Rottenburg, Sch. A. (c11) ST-D 7710/1

10 »WOHNMOBILHAFEN AM NECKAR« 1.1. bis 31.12.
☎ 0049 7472 916236
info@wtg-rottenburg.de, www.wtg-rottenburg.de

➔ A 81 Stuttgart-Heilbronn, Abf. (29) Rottenburg, weiter Richtung Rottenburg zum Neckar. ✉ Ulmenweg/Siebenlindenstraße (GPS: 48°28'20"N / 8°57'2" E).
∴ Diözesanmuseum. Römermuseum.

100 m 500 m

Stellplatz am Neckarufer in Zentrumsnähe. Stellfläche auf Asphalt. Ver- und Entsorgungsstation (Münzbetrieb Sani-Station). Maximal 4 Nächte Aufenthalt möglich! 24 Stunden geöffnet. Ortszentrum ca. 1 km entfernt. 12 Touristenplätze.
2022: St/N inkl. P/N 5.–. Strom –.50/1.–/2.–, Wasser 1.–. Bezahlung am Parkscheinautomat.

72108 Rottenburg, Sch. A. (c11) ST-D 7710/2

0 »REISEMOBILSTELLPLATZ BLAUE BRÜCKE«
☎ 0049 7472 916236 1.1. bis 31.12.
info@wtg-rottenburg.de, www.wtg-rottenburg.de

➔ A 81 Stuttgart-Heilbronn, Abf. (29) nach Niederau, südlich von Rottenburg. ✉ Bahnallee-Blaue Brücke (GPS: 48°27'32"N / 8°53'59" E).
∴ Naturbad Neckar.

1 km

Stellplatz am Neckar im Stadtteil Bad Niederau. Naturnah und direkt nach der blauen Brücke gelegen. Befestigte Stellflächen auf Schotter. Entsorgung über Kläranlage Bad Niedernau. Kurzer Fußweg in die Ortsmitte Bad Niedernau. Ortszentrum 500 m entfernt. 5 Touristenplätze.
2022: Stellplatz ist kostenlos.

73342 Bad Ditzenbach, Sch. A. (d11) ST-D 7711

»WOHNMOBILSTELLPLATZ AN DER VINZENZ THERME«
☎ 0049 7334 76105 1.1. bis 31.12.
kontakt@vinzenz.de, www.vinzenzklinik.de

➔ A 8 Stuttgart-Ulm, Abf. (59) Mühlhausen, weiter auf B 466 nach Bad Ditzenbach. ✉ Badstr. 20 (GPS: 48°35'22"N / 9°42'18" E).

350 m 450 m 500 m

Stellplatz auf dem Parkplatz neben der Vinzenz Klinik und der Vinzenz Therme nahe der A 8. Stellfläche auf Schotter. Für Dickschiffe geeignet. Reservierung ab 1 Nacht. Ver- und Entsorgungsmöglichkeit. Touristeninformation in 650 m Entfernung. Ortszentrum 550 m, Therme 450 m entfernt. 12 Touristenplätze.

73337 Bad Überkingen, Sch. A. (d11) ST-D 7713

»THERMALBAD BAD ÜBERKINGEN« 1.1. bis 31.12.
☎ 0049 7331 961919
touristik@bad-ueberkingen.de, www.bad-ueberkingen.de

➔ A 8 Stuttgart-Ulm, Abf. (59) Mühlhausen, weiter auf B 466 nach Bad Überkingen. ✉ Otto-Neidhart-Platz 15 (GPS: 48°36'7"N / 9°47'51" E).

100 m 300 m

Stellplatz auf dem Parkplatz des Thermalbades. Stellfläche auf Asphalt. Ortszentrum 100 m entfernt. 4 Touristenplätze.

72589 Westerheim, Schw. Alb (d11) ST-D 7720

»HOTEL GASTHOF RÖSSLE« 1.1. bis 31.12.
☎ 0049 7333 6794
roessle-westerheim@t-online.de, www.roessle-westerheim.de

➔ A 8 Stuttgart-Ulm, Abf. (60) Lämmerbuckel, weiter nach Westerheim. ✉ Donnstetter Straße 10 (GPS: 48°30'55"N / 9°37'22" E).

100 m 500 m

Stellplatz in Ortsmitte auf dem Parkplatz des Hotels und Gasthauses. Stellfläche auf Pflaster. In den Wintermonaten Sonntagabend geschlossen. Imbiss-Hütte ab sofort immer Sa. & So. von 11 – 16 Uhr. 10 Touristenplätze.

72622 Nürtingen, Schw. Alb (d11) ST-D 7721

10 »STELLPLATZ PLÄTSCHWIESE« 1.1. bis 31.12.
☎ 0049 7022 35747
TouristInfo@nuertingen.de, www.nuertingen.de

➔ A 8 Stuttgart - Ulm, Abf. (55) Wendlingen, weiter nach Nürtingen. ✉ Plätschwiesen (GPS: 48°38'11"N / 9°19'50" E).

500 m 600 m 1 km

Stellplatz neben dem Festplatzgelände an der Sportanlage. Stellflächen auf Schotterrasen und Asphalt. Während des Nürtinger Heimatfestes "Maientag" ist der Stellplatz immer zwei Wochen Mitte Mai gesperrt. Maximal 7 Nächte Aufenthalt möglich! Ortszentrum 1 km entfernt. 12 Touristenplätze.
2022: St/N 7.–, Wasser/100 l 1.–, Strom/1 kWh –.50. P/N, Entsorgung und Müll inklusive. Parkscheinautomat, keine Kartenzahlung möglich.

72555 Metzingen, Schw. Alb (d11) ST-D 7722

»REISEMOBILPLATZ IN DER OUTLETCITY« 1.1. bis 31.12.
☎ 0049 7123 961190
info@reisemobilplatz-metzingen.de, www.reisemobilplatz-metzingen.de

➔ B 312 Stuttgart-Reutlingen, weiter zum Outlet Metzingen. ✉ Stettertstraße 4 (GPS: 48°31'55"N / 9°16'33" E).

100 m

Stellplatz in Zentrumsnähe bei Outletcenter. Stellfläche auf Schotterrasen. Ortszentrum 1 km entfernt. 19 Touristenplätze.

72660 Beuren, Schwäb. Alb. (d11) ST-D 7724

»WONMOBIL-STELLPLATZ AN DER THERME BEUREN«
☎ 0049 7025 910400 1.1. bis 30.12.
beuren@beuren.de, www.panorama-therme.de

➔ A 8 Ulm-Stuttgart, Abf. (57) Kirchheim unter Teck-Ost, weiter über Owen nach Beuren. ✉ Goethestraße (GPS: 48°33'58"N / 9°23'58" E).

300 m 800 m

Stellplatz an der Panorama Therme Beuren. Von einer Hecke umrahmt. Ebene Stellflächen auf Schotter. Bezahlung an der Kasse der Panorama Therme Beuren (täglich geöffnet, außer am 24., 25. und 31.12. und vom 17.4. bis einschließlich 25.4.21). Ortszentrum 800 m entfernt. 4 Touristenplätze.

72574 Bad Urach, Schwäbische Alb ST-D 7725

10 **»REISEMOBILPLATZ BAD URACH«** 1.1. bis 31.12.
☎ 0049 7125 94320
info@badurach.de, www.badurach-tourismus.de

➔ B 28 Reutlingen-Bad-Urlach, in Bad Urlach zum Kurzentrum fahren. ✉ Bäderstraße (GPS: 48°30'2"N / 9°22'37" E).
Burgruine Hohenurach. Landschaftsschutzgebiet Maisental. Uracher Wasserfall.

Ch W Ⓗ100 m 800 m

Beleuchteter Stellplatz am Stadtrand direkt am kleinen Flüsschen (Erms) und mit Blick auf die Burgruine Hohenurach. In unmittelbarer Nähe des Kurzentrums mit dem Thermal-Mineralbad AlbThermen, Kurpark, Restaurant und Rehakliniken gelegen. Von Büschen und Bäumen umrahmt. Überwiegend schattenlose, markierte und ebene Stellflächen auf Pflaster. Schlüssel für den Stromkasten und ein Informationspaket zu Bad Urach erhalten Sie während den Öffnungszeiten bei der Kurverwaltung oder außerhalb der Öffnungszeiten bei den AlbThermen. Ortszentrum 2.5 km entfernt. 26 Touristenplätze.
2022: MC-St/N 10.–, extra MC/N 10.–, Wasser/1 l 1.–. P/N, KT, Entsorgung und Strom inklusive. Zahlung am Parkscheinautomaten mit Münzen oder EC-Karte.

72525 Münsingen, Sch. A. (d11) ST-D 7728/1

»DER FLADENHOF« 1.1. bis 31.12.
☎ 0049 7383 1474
info@fladhof1.de, www.fladhof1.de

➔ B 465 Stuttgart-Ehingen, bei Münsingen Richtung Hayingen zum Fladhof abzweigen. ✉ Fladhof 1 (GPS: 48°21'15"N / 9°27'25" E).

WC W Ch

Stellplatz auf einem Bauernhof auf der Albhochfläche. Stellfläche auf Wiese und Schotter. Ortszentrum 7 km entfernt. 4 Touristenplätze.

72525 Münsingen, Sch. A. (d11) ST-D 7728/2

»WOHNMOBILSTELLPLATZ IM WIESENTAL« 1.1. bis 31.12.
☎ 0049 7381 182145
touristinfo@muensingen.de, www.muensingen.de

➔ B 465 Tübingen-Ehingen, bei Münsingen zu den Sportanlagen. ✉ Grafenecker Straße (GPS: 48°24'33"N / 9°29'8" E).

Ⓗ200 m 300 m 500 m 1 km

Stellplatz an der Wiesentalstation in Stadtzentrumsnähe. Stellfläche auf Schotter. Ortszentrum 700 m entfernt. 18 Touristenplätze.

72531 Ödenwaldstetten, Sch. A. (d12) ST-D 7729

»STELLPLATZ AM BAUERNHOFMUSEUM« 1.4. bis 31.10.
☎ 0049 7387 98700
rathaus@gemeinde-hohenstein.de, www.gemeinde-hohenstein.de

➔ B 312 Tübingen-Memmingen, bei Oberstetten nach Ödenwaldstetten abzweigen. ✉ Jahnstraße 3 (GPS: 48°20'51"N / 9°22'35" E).

Ch Ⓗ300 m

Stellplatz auf dem Museumsparkplatz in ruhiger Ortsrandlage. Stellfläche auf Schotter. Maximal 3 Nächte Aufenthalt möglich! Längerer Aufenthalt mit Ratshausgenehmigung möglich! Ortszentrum 300 m entfernt. 4 Touristenplätze.

72116 Mössingen, Schw. Alb (c/d11) ST-D 7732

10 **»STELLPLATZ FIRSTWALDSTRASSE«** 1.1. bis 31.12.
☎ 0049 7473 370121
tourismus@moessingen.de, www.moessingen.de

➔ B 27 Stuttgart-Tübingen, bei Ofterdingen nach Mössingen abfahren. ✉ Firstwaldstraße (GPS: 48°24'47"N / 9°4'9" E).

Ch Ⓗ100 m 500 m

Stellplatz in ruhiger Lage in Zentrumsnähe mit Blick zum Albtrauf. Stellfläche auf Schotterrasen. Maximal 3 Nächte Aufenthalt möglich! Auf Anfrage Verlängerung möglich. Ortszentrum 1 km entfernt. 10 Touristenplätze.
2022: St/N 5.–, Entsorgung 1.–, Wasser/100 l 1.–, Strom/1 kWh –.50. Barzahlung am Automat.

72762 Reutlingen, Schw. Alb (d11) ST-D 7733

»WOHNMOBILSTELLPLATZ AM FREIBAD MARKWASEN«
V.: StaRT Stadtmarketing u. Tour. Reutlingen GmbH 402 m 1.1. bis 31.12.
☎ 0049 7121 93935353, **info@tourismus-reutlingen.de**
www.tourismus-reutlingen.de

➔ B 28, Abf. Reutlingen-Zentrum/Hobuch, in die Konrad-Adenauerstraße und gleich rechts in die Gustav-Schwab-Straße und dann der Beschilderung "Freibad" folgen. ✉ Hermann-Hesse-Straße (GPS: 48°28'28"N / 9°11'38" E).
Achalm, Marienkirche, Tübinger Tor, "engste Straße der Welt".

Ch Ⓗ50 m 1 km

Stellplatz am Ortsrand neben dem Freibad. Ebene Stellflächen auf Schotter. Von Bäumen umsäumt. Stellplatz-Länge bis 10 m. Ver- und Entsorgung an der Holiday Clean-Station. Maximale Aufenthaltsdauer 13 Nächte. Ortszentrum 2 km entfernt. 10 Touristenplätze.

72379 Hechingen, Schw. Alb (c12) ST-D 7735/2

»STELLPLATZ BEIM ZOLLERNALBCAMPING« 1.1. bis 31.12.
☎ 0049 7471 9897980
info@zollernalbcamping.de, www.zollernalbcamping.de

➔ B 27 Stuttgart - Balingen, bei Hechingen abfahren. ✉ Niederhechinger Str. 41 (GPS: 48°21'35"N / 8°57'30" E).

WC W Ch 100 m 200 m
300 m Ⓗ400 m

Stellplatz am nordwestlichen Stadtrand gegenüber dem Autokino und vor dem ZOLLERNALBCAMPING. Ebene unparzellierte Stellflächen auf Schotter. Ortszentrum 1 km entfernt. 20 Touristenplätze.

72401 Haigerloch, Schw. Alb (c12) ST-D 7736

0 **»WOHNMOBILSTELLPLATZ HAIGERLOCH«** 1.1. bis 31.12.
☎ 0049 7474 69726
tourist-info@haigerloch.de, www.haigerloch.de

➔ A 81 Stuttgart-Konstanz, Abf. (31) Empfingen, weiter auf B 463 nach Haigerloch. ✉ Weildorfer Kreuz 1 (GPS: 48°22'7"N / 8°47'39" E).

Ⓗ100 m 300 m

Stellplatz am Freibad am Stadtrand. Stellfläche auf Asphalt. Maximal 3 Nächte Aufenthalt möglich! Das Wasser ist von Nov. bis März abgestellt. Ortszentrum 1 km entfernt. 10 Touristenplätze.
2022: Stellplatz ist kostenlos. Wasser/100 l 1.–, Strom/4 Std. 1.–. Entsorgung inklusive.

72336 Balingen, Schwäb. Alb. (c12) ST-D 7738

»WOHNMOBILSTELLPLATZ IM STADTKERN« 1.1. bis 31.12.
☎ 0049 7433 170119
touristinfo@balingen.de, www.balingen.de

➔ B 27 Stuttgart-Balingen, weiter zum Zollernschloss. ✉ Heinzlenstraße/Im Roßnägele (GPS: 48°16'13"N / 8°51'9" E).

200 m Ⓗ300 m

Stellplatz an den Eyachufern mit Blick auf das Zollernschloss. Stellfläche auf Asphalt. Ortszentrum 100 m entfernt. 8 Touristenplätze.

72458 Albstadt, Schwäb. Alb. (c12) ST-D 7740

20 **»REISEMOBIL-STELLPLATZ SONNENCAMPING ALBSTADT«**
P.: HLS GmbH 770 m 1.1. bis 31.12.
☎ 0049 7431 9370348, Mobil 0049 152 56895577, Fax 0049 7431 95532718
info@sonnencamping.de, www.sonnencamping.de

➔ A 81 Stuttgart - Singen, Abf. (31) Empfingen, weiter auf der B 463 Richtung Balingen/Albstadt. Am Ortsende von Lautlingen links abbiegen in die Lautlinger Straße Richtung Albstadt-Ebingen. Danach zweimal links abbiegen Richtung Badkap. Beschildert. ✉ Beibruck 54 (GPS: 48°12'51"N / 8°58'42" E).
Burg Hohenzollern. Bike Park. Traufgänge.

W W Ch W W
W W Ⓗ50 m 2 km

Stellplatz unterhalb des Campingplatzes SONNENCAMPING ALBSTADT. Ebene Stellflächen (65-75 qm) auf einem befestigtem Rasenstreifen. Stromsäulen münzbetrieben. Der Platz kann rund um die Uhr angefahren werden. Tickets am Parkscheinautomaten auf dem Platz (Zahlung bar mittels Münzeinwurf / Banknoten). Brötchenservice. Gegen einen Aufpreis stehen auch Einrichtungen des Campingplatzes zur Verfügung. 4 Nächte max. Aufenthaltsdauer. Ort 1 km entfernt. 16 Touristenplätze.
2023: St/N 16.–, WD/N 4.–, Wasser/8 l –.10, Sanitärbenutzung 2.50, Strom/1 kWh –.84 (16 A). P/N, KT, Entsorgung und Müll inklusive. Barzahlung.

72501 Gammertingen, Sch. A. (d12) ST-D 7742

»FREIZEITANLAGE AN DER LAUCHERT« 1.1. bis 31.12.
☎ 0049 7574 406100
info@gammertingen.de, www.gammertingen.de

➔ B 313 Reutlingen-Sigmaringen, bei Gammertingen zur Freizeitanlage. ✉ Reutlinger Straße (GPS: 48°15'21"N / 9°12'38" E).

Ch

Stellplatz am Parkplatzareal der Freizeitanlage. Stellfläche auf Asphalt. Ortszentrum 700 m entfernt. 8 Touristenplätze.

78532 Tuttlingen, Schwäb. Alb. (c12) ST-D 7746

»WOHNMOBILSTELLPLATZ DONAUPARK« 1.1. bis 31.12.
E.: Tourist-Info Tuttlingen ☎ 0049 7461 99340
touristik@tuttlingen.de, www.tuttlingen.de

➔ A 81 Stuttgart–Singen, Abf. (36) Tuningen, weiter auf der B 523 nach Tuttlingen. Im Ort die DB und die B 14 kreuzen. Weiter die "Stuttgarter Straße" befahren. Nach ca. 1,2 km rechts zum Ziel einbiegen. ✉ Stuttgarter Straße (GPS: 47°59'6"N / 8°48'47" E).
Historische Innenstadt. Rathaus. Stadtkirche. Pyramidenbrunnen. Museen. Galerie. Burgruine auf dem Honberg. Freilichtmuseum Neuhausen ob Eck (10 km).

RES WC WC Ch
200 m HS Ⓗ 500 m

Stellplatz im Donaupark im nördlichen Donauufer direkt am Donauradweg zwischen Bahnlinie (abgeschirmt durch einen Erdwall mit Bewuchs) und Fluss, reservierter Teil auf einem Großparkplatz. Bei Veranstaltungen steht der Stellplatz nicht zur Verfügung. Ebene Stellflächen auf Schotter. Stellplatz-Länge bis 8 m. Maximal 3 Nächte Aufenthalt möglich! Erlebnisbad. Skaterbahn. Rad-/Wanderwegenetz. Ort 500 m entfernt. 12 Touristenplätze.

73230 Kirchheim unter Teck, Sch. A. (d11) ST-D 7751

»PARKPLATZ ZIEGELWASEN« 1.1. bis 31.12.
☎ 0049 7021 3027
Tourist@kirchheim-teck.de, www.kirchheim-teck.de

➔ A 8 Stuttgart-Ulm, Abf. (57) Kirchheim unter Teck-Ost, weiter zum Rand der historischen Altstadt. ✉ Schlierbacher Straße (GPS: 48°39'1"N / 9°27'28" E).

300 m 1 km

Stellplatz am Rand der historischen Altstadt. Stellfläche auf Schotter. Maximal 3 Nächte Aufenthalt möglich! Entsorgung im Klärwerk Wendlingen möglich. Ortszentrum 200 m entfernt. 3 Touristenplätze.

72505 Krauchenwies, Sch. A. (d12) ST-D 7755

20 **»REISEMOBIL-STELLPLATZ SEENCAMPING KRAUCHENWIES«**
E.: Werner Schäffer 1.4. bis 1.11.
☎ 0049 7576 9615706, Mobil 0049 174 1013478, **info@seencamping.de**
www.seencamping.de

➔ B 311 Ulm-Meßkirch, am Ortsende von Krauchenwies nach dem Bahnhof rechts abbiegen. Beschildert. ✉ Ablacher Str. 4 (GPS: 48°1'6"N / 9°13'57" E).
∴ Schloss Sigmaringen. Kloster Beuron. Burg Hohenzollern.

WC Ch 500 m

Stellplatz direkt neben dem Campingplatz "Seencamping Krauchenwies" am Ablacher See. Ebene Stellflächen (80-95 qm) auf Schotterrasen. Stellplatzlänge bis 13 m. Stromsäulen münzbetrieben. Bezahlung am Parkscheinautomaten. Touristische Informationen und Brötchenservice an der Rezeption des Campingplatzes. Die Einrichtungen des Campingplatzes können gegen eine Gebühr mitbenutzt werden. E-Bike-Station. Maximale Aufenthaltsdauer 4 Nächte. Ort 1 km entfernt. 24 Touristenplätze.
2023: St/N 18.–, WD/N 4.–, Wasser/8 l –.10, Sanitärbenutzung 2.50. P/N, KT, H/N, Entsorgung, Müll und Strom inklusive. Zahlung per Münzeinwurf.

88512 Mengen, Schwäbische Alb ST-D 7758

20 **»WOHNMOBILSTELLPLATZ ZIELFINGER SEEN«**
E.: HLS CS GmbH 1.4. bis 1.11.
☎ 0049 7032 955327 0, Mobil 0049 173 6602483
info@zielfinger-angelseen.de, www.wohnmobilplatz-zielfingerseen.de

➔ B 311 Ulm - Tuttlingen bis nach Mengen/Rulfingen fahren. Hier der Ausschilderung zur Freizeitanlage Südsee oder den Reisemobil-Symbolen folgen. ✉ Uferweg 18 (GPS: 48°1'51"N / 9°17'0" E).

WC W W 200 m

Stellplatz in ländlicher Umgebung direkt an einem Badesee. Ebene, parzellierte und geschotterte Stellflächen. Stellplatz-Länge bis 10 m. Badesee verfügt über einen 900 m langen Strand, Liegewiese, Nichtschwimmerbereich, Biergarten und Sanitäranlagen. Anmeldung zu den Servicezeiten am Empfangshäuschen. Ver- und Entsorgungsanlage Holiday-Clean im Einfahrtsbereich. Bodenablauf für „Grauwasser". „Hundetreff" mit Hundetoilette. Brötchenservice. Münzbetriebene Stromsäulen an den meisten Parzellen. Zahlung am Parkscheinautomat (Münzen oder EC). Ort 4 km entfernt. 50 Touristenplätze.
2023: St/N 18.–, Wasser/8 l –.10, Strom/1 kWh –.84 (16 A). P/N, KT, H/N, Entsorgung, Müll und Sanitärbenutzung inklusive.

88422 Bad Buchau, Sch. A. (d12) ST-D 7761/1

15 **»WOHNMOBILSTELLPLATZ AM KURPARK«** 1.1. bis 31.12.
E.: Tourist-Information ☎ 0049 7582 93360
gast@stadt-badbuchau.de, www.badbuchau.de

➔ A 7 Würzburg–Füssen, Abf. (127) Bad Berkheim, weiter auf der B 312 nach Biberach a.d. Riß, weiter über Mittelbiberach und die L 280 nach Bad Buchau. Im Ort rechts in die Seegasse einbiegen und nach ca. 500 m an der Kreuzung Auf der Staig/Badgasse weiter rechts der Seegasse folgen. Beschildert. ✉ Am Kurpark (GPS: 48°4'7"N / 9°36'23" E).
∴ Stiftskirche mit Museum. Rathaus. Mittelalterliche Bachritterburg. Archäologisches Federseemuseum mit Steinzeitdorf.

Ch HS
100 m 500 m 600 m

Großzügig angelegter, beleuchteter Stellplatz am Ende eines Pkw-Parkplatzes nahe der Adelindis Therme. Ebene Stellflächen auf Pflaster, Fahrspuren asphaltiert. Stellplatz-Länge bis 12 m. Für Fahrzeuge über 5 t geeignet. Grauwasserrinne mit Aussparung für Fäkalienschlauch. Entsorgung an Säule kostenfrei. Schneeräumdienst. Sitzgruppen. Bezahlung am Parkautomaten oder in der Tourist-Information bar oder EC-Karte. (Mo-Fr 9 - 12.30 Uhr und 14 - 17 Uhr. Sa, So, Feiertags geschlossen.) Reservierung ab 7 Tage möglich. Wellnessangebot. Adelindis Therme 350 m, Ort 450 m entfernt. 21 Touristenplätze.
2022: MC-St/N inkl. 2 P/N 11.50 bis 13.–, Wasser/200 l 2.–, Strom/1 kWh –.50. P/N, KT, H/N, Entsorgung und Müll inklusive. Bezahlung Parkscheinautomat mit Münzeinwurf/Kartenzahlung oder in der Tourist-Information möglich. (Mo - Fr: 9 - 12:30 Uhr und 14 - 17 Uhr, Sa, So, Feiertags geschlossen).

88422 Bad Buchau, Schwäb. Alb. ST-D 7761/2

15 **»WOHNMOBILSTELLPLATZ SEEGASSE«** 1.1. bis 31.12.
E.: Tourist-Information ☎ 0049 7582 93360
gast@stadt-badbuchau.de, www.badbuchau.de

➔ A 7 Würzburg–Füssen, Abf. (127) Bad Berkheim, weiter auf der B 312 nach Biberach a.d. Riß, weiter über Mittelbiberach und die L 280 nach Bad Buchau. Im Ort rechts in die Seegasse einbiegen. Nach ca. 400 m hinter der Pension Hecht rechts zum Stellplatz abbiegen. Beschildert. ✉ Seegasse (GPS: 48°4'5"N / 9°36'33" E).
∴ Stiftskirche mit Museum. Mittelalterliche Bachritterburg. Archäologisches Federseemuseum mit Steinzeitdorf.

Ch 200 m
300 m 500 m HS 1 km

Beleuchteter Stellplatz auf kreisförmig angelegtem Gelände in zentraler Lage zum Ort und der Adelindis Therme. Ebene Stellflächen auf Asphalt. Stellplatz-Länge bis 10 m. Grauwasserrinne mit Aussparung für Fäkalienschlauch. Schneeräumdienst. Bezahlung am Parkautomaten oder bei der Tourist-Information bar oder EC-Karte. (Mo-Fr 9 - 12.30 Uhr und 14 - 17 Uhr. Sa, So, Feiertags geschlossen.) Platzreservierung ab 7 Übernachtungen. Unterhaltungsprogramm. Wellnessangebot. Moorbäder. Ambulante Kuren. Adelindis Therme 250 m, Ort 290 m entfernt. 17 Touristenplätze.
2022: MC-St/N inkl. 2 P/N bis 11.50, Wasser/200 l 2.–, Strom/1 kWh –.50. P/N, KT, H/N, Entsorgung und Müll inklusive. Bezahlung Parkscheinautomat mit Münzeinwurf/Kartenzahlung oder in der Tourist-Information möglich. (Mo - Fr: 9 - 12:30 Uhr und 14 - 17 Uhr, Sa, So, Feiertags geschlossen).

88422 Bad Buchau, Sch. A. (d12) ST-D 7761/3

10 **»STELLPLATZ FEDERSEEMUSEUM«** 1.1. bis 31.12.
E.: Tourist-Information ☎ 0049 7582 93360
gast@stadt-badbuchau.de, www.badbuchau.de

➔ A 7 Würzburg–Füssen, Abf. (127) Bad Berkheim, weiter auf der B 312 nach Biberach a.d. Riß, weiter über Mittelbiberach und die L 280 nach Bad Buchau. Im Ort den Hinweisen zur "Adelindis Therme" und zum Stellplatz am Kurpark folgen. Beschildert. ✉ Federseeweg (GPS: 48°4'13"N / 9°36'37" E).
∴ Stiftskirche mit Museum. Mittelalterliche Bachritterburg. Archäologisches Federseemuseum mit Steinzeitdorf.

WC W WC 300 m
500 m 600 m HS 1 km

Stellplatz auf dem Parkplatz am Museum, direkt am Naturschutzgebiet und Federseesteg. Ebene, parzellierte Stellflächen auf Asphalt. Keine Ver- und Entsorgung möglich! Stellplatz-Länge bis 10 m. Wohnwagengespanne sind nur außerhalb der Freibad-Badesaison gestattet. Bezahlung am Münzautomaten oder in der Tourist-Information mit EC-Karte. (Mo - Fr: 9-12.30 und 14-17 Uhr. Sa, So, Feiertags geschlossen.) Reservierung ab 7 Tage Aufenthalt möglich. Sanitäreinrichtung vorhanden (8-20 Uhr). Unterhaltungsprogramm. Wellnessangebot. Moorbäder. Ambulante Kuren. Adelindis Therme und Ort 550 m entfernt. 12 Touristenplätze.
2022: C-St/N inkl. 2 P/N bis 10.–, MC-St/N inkl. 2 P/N bis 10.–, Strom/1 kWh –.50. KT, H/N und Müll inklusive. Bezahlung Parkscheinautomat mit Münzeinwurf/Kartenzahlung oder in der Tourist-Information möglich. (Mo - Fr: 9 - 12:30 Uhr und 14 - 17 Uhr, Sa, So, Feiertags geschlossen).

88348 Bad Saulgau (d12) ST-D 7763

15 **»WOHNMOBIL-STELLPLATZ AN DER SONNENHOF-THERME«**
☎ 0049 7581 4839 0 1.1. bis 31.12.
info@sonnenhof-therme.de, www.sonnenhof-therme.de

➔ B 32 Ravensburg - Herbertingen, beim Kreisverkehr am Ortseingang von Bad Saulburg Richtung Zentrum fahren und anschließend der Beschilderung zur Sonnehof-Therme folgen. ✉ Am Schönen Moos 1 (GPS: 48°1'1"N / 9°29'10" E).

Ch W W 50 m

Beschrankter Stellplatz am Ortsrand direkt bei der Sonnenhof-Therme. Ebene, markierte und gepflasterte Stellflächen (7 bis 11 m Länge). Durch schmale Grünstreifen mit Büschen und Bäumen gegliedert. Stromsäulen münzbetrieben. Holiday-Clean-Station. Anmeldung täglich von 10-18.30 Uhr an der Kasse der Sonnenhof-Therme. Bei der Anmeldung wird eine Kaution von € 30 fällig. Brötchenservice (Informationen direkt an der Thermenkasse). Aushang mit touristischen Informationen und aktuellen Veranstaltungen. 53 Touristenplätze.
2022: St/N 11.–/12.–, KT P/N 1.50, Strom/kWh –.50, Frischwasser/50 l –.50. Ab 6 Übernachtungen Ermäßigung.

88427 Bad Schussenried (d12) ST-D 7765/1

10 **»STELLPLATZ AM ZELLERSEE«** 1.1. bis 31.12.
E.: Tourist-Information
☎ 0049 7583 9401 170, Mobil 0049 7583 9401 71, Fax 0049 7583 4747
info@touristinfo-bs.de, www.bad-schussenried.de

➔ A 7 Ulm-Kempten, Abf. (127) Berkheim, weiter auf der B 312 Richtung Biberach a.d.Riß. In Ummendorf der B 30/B 465 folgen. An der Abf. Schweinhausen die B 30 verlassen. Über die K 7563/L 284 über Ingoldingen zum Zielort. Die "Biberacher Straße/Wilhelm-Schussen-Straße", dort links die "Löwenstraße" und gleich rechts die "Schulstraße" passieren und weiter zum Zielweg. Beschildert. ✉ Zellerseeweg (GPS: 48°0'6"N / 9°38'50" E).
∴ Bibliothekssaal. Bierkrugmuseum. Pfarrkirche St. Magnus mit Klostermuseum. Mühlenmuseum. (3 km). Freilichtmuseum Kürnbach (4 km).

RES Ch
1 km 1.8 km

Beleuchteter Stellplatz im hinteren Bereich des Strandbad-Parkplatzes in Kurparknähe. Ebene Stellflächen auf Asphalt. Stellplatz-Länge bis 12 m. Für Fahrzeuge über 5 t geeignet. Barzahlung im Tourist-Büro oder im Zellersee-Café. Konzerte im Bibliothekssaal. Ort 800 m entfernt. 10 Touristenplätze.
2023: St/N inkl. 4 P/N 5.–. Entsorgung, Wasser und Strom inklusive.

88326 Aulendorf (d12) ST-D 7767

»SCHWABEN THERME« 1.1. bis 31.12.
☎ 0049 7525 913190
info@schwaben-therme.de, schwaben-therme.de

➔ B 30 Biberach-Bad Waldsee, weiter Richtung Aulendorf. Beschilderung zur Therme beachten. ✉ Ebisweilerstraße 5 (GPS: 47°57'29"N / 9°38'14" E).

WC 50 m 500 m

Stellplatz auf dem Parkplatz der Schwaben-Therme. Stellfläche befestigt. Maximal 2 Nächte Aufenthalt möglich! 20 Touristenplätze.

88339 Bad Waldsee (d12) ST-D 7775/1

25 »STELLPLATZ BAD WALDSEE« 1.1. bis 31.12.
E.: Johannes Fürst zu Waldburg-Wolfegg und Waldsee V.: Sascha Binoth
0049 7524 40170, **info@waldsee-golf.de**, **www.stellplatz-badwaldsee.de**

➔ Bad Waldsee liegt direkt an der B30. Abfahrt Bad Waldsee-Nord und weiter Richtung Erwin Hymer Museum. Folgen Sie anschließend der Beschilderung zum Golfplatz. ✉ Hopfenweiler 9 (GPS: 47°55'57"N / 9°46'22" E).
Erwin Hymer Museum. Erwin Hymer Center. Waldsee-Therme.

W W Ch 2.5 km
Wohnmobilstellplatz im Fürstlichen Golf- und Natur-Resort Bad Waldsee (45-Loch Golfanlage). Ebene, großzügig parzellierte Stellplätze (5 bis 16 m Länge, 5 bis 7,5 m Breite) auf Kies/Schotter und Wiese. Überwiegend schattenlos. Brötchenservice, Frühstücksbuffet und Halbpension buchbar. Café-Restaurant. Wanderwege. Mountainbike-Parcours. Bogensportanlage. Massage. Fitnessraum. Personal Coach, uvm. Altstadt mit Stadtsee und Freibad, sowie Therme 2.5 km entfernt. Ort (Tannenbühl) 1.5 km entfernt. 35 Touristenplätze.
2023: St/N 25.–, KT P/N ab 16 J. 2.–, Strom/N 2.–. P/N, H/N, WD, Entsorgung, Müll und Wasser inklusive.

88339 Bad Waldsee (d12) ST-D 7775/2

10 »REISEMOBIL-STELLPLATZ BEI DER WALDSEE-THERME«
0049 7524 941436, Mobil 0049 7524 941221 1.1. bis 31.12.
touristinfo@bad-waldsee.de, **www.bad-waldsee.de/info/reisemobil-stellplatz/**

➔ B30 Ravensburg - Biberach, im Ort der Beschilderung zur Waldsee-Therme folgen. ✉ Unterurbacher Weg (GPS: 47°54'52"N / 9°45'38" E).
Spätzlemuseum. Erwin-Hymer-Museum. Hymer Service-Center.

W W 100 m
Stellplatz am Ortsrand bei der Waldsee-Therme, nähe Innenstadt und Stadtsee. Ebene, markierte Stellflächen (7x6 m / 8x6 m / 12.5x6 m)) auf Pflaster. Die Gästekarte wird gleichzeitig mit der Anmeldung an der Rezeption der Waldsee-Therme ausgestellt. Brötchenservice im Sommer. 39 Touristenplätze.
2022: MC-St/N 9.–, KT P/N ab 16 J. 2.–, Wasser/80 l 1.–, Strom/2 kWh 1.– (16 A). H/N, Entsorgung und Müll inklusive. Zahlbar am Parkscheinautomat mit Münzen und Scheinen (bis 20,- Euro-Scheine), Wertmarkenverkauf für die Stromsäulen auch durch den Parkscheinautomat. EC-Zahlung nicht möglich.

89195 Staig, Schwäbische Alb (d12) ST-D 7780

»STELLPLATZ RÖMERSTUBEN« 1.1. bis 31.12.
0049 7346 921047
info@roemerstuben-staig.de, **www.roemerstuben-staig.de**

➔ B 28 Richtung Ulm, Abbiegen Richtung Staig. ✉ Saunweg 4 (GPS: 48°17'59"N / 9°59'33" E).

50 m
Stellplatz auf dem Parkplatz des Restaurants Römerstuben. Stellfläche befestigt. 10 Touristenplätze.

78141 Schönwald, Schwarzw. (c12) ST-D 7814

30 »LYNX CAMP & CAMPING RESORT« 1.1. bis 31.12.
E.: Lynx Camp & Camping UG 0049 7722 8686786
nehardt@lynx.camp, **www.lynx.camp**

➔ A 81 Singen - Stuttgart, Abf. (37) Bad Dürrheim, weiter über Villingen-Schwenningen nach Schönwald. ✉ Friedhofstr. 18 (GPS: 48°6'35"N / 8°12'3" E).
Triberger Wasserfällen (3.5 km).

W Ch
300 m 600 m
Stellplatz am nordwestlichen Ortsrand direkt oberhalb des Fußballplatzes. Stellflächen auf Schotter, auch "Übergrößen" erlaubt. Brötchen-Service (auf Vorbestellung) sowie einen kleinen Shop mit Artikeln des täglichen Bedarfs. Ortszentrum 500 m entfernt. 18 Touristenplätze.
2022: P/N 10.–, K/N 4 bis 15 J. 5.–, C/N 10.–, MC/N 10.–, H/N 1.–, KT P/N ab 16 J. 2.50, KT K/N 4 bis 15 J. 1.–, Strom/1 kWh 1.– (16 A). WD, Waschmaschine, Entsorgung, Müll und Wasser inklusive. Bezahlung vorab per PayPal oder Überweisung. Aufenthalt nur mit Vorabreservierung (mind. 7 Tage Buchungsvorlauf).

78166 Donaueschingen, Schw. (c12) ST-D 7825

0 »STELLPLATZ IM SCHLOSSPARK« 1.1. bis 31.12.
0049 771 857221
tourist.info@donaueschingen.de, **www.donaueschingen.de/camping**

➔ A 81 Singen-Stuttgart, Abf. (38) Geisingen, weiter auf B 31 nach Donaueschingen. ✉ Stadionstraße/Prinz-Fritzi-Allee (GPS: 47°56'51"N / 8°30'42" E).
Start der Donau. Donauquelle.

300 m 400 m 700 m
Stellplatz am Schlosspark mit Blick auf den Fluss Breg. Direkt am Donauradweg gelegen. Teilweise befestigte Stellflächen auf Naturboden. Entsorgungsstation mit Frischwasser ist ca. 1 km entfernt bei der Kläranlage. Max.2 Nächte Aufenthaltsdauer. Anmeldung nicht erforderlich. In wenigen Minuten zum Donauzusammenfluss, Parkschwimmbad und in die Innenstadt. Ortszentrum 1 km entfernt. 20 Touristenplätze.
2022: Stellplatz ist kostenlos. KT P/N ab 18 J. 1.50, KT K/N 6 bis 18 J. –.50, Wasser/50 l 1.–, Strom/1 kWh –.50. Entsorgung inklusive.

78073 Bad Dürrheim, Schwarzw. ST-D 7829/1

»WALDECK SPA KUR- & WELLNESS RESORT« 1.1. bis 31.12.
0049 7726 663610
info@hotel-waldeck.com, **www.hotel-waldeck.com**

➔ A 81 Singen - Stuttgart, Abf. (37) Dreieck Bad Dürrheim, weiter nach bad Dürrheim zum Wellnessresort. ✉ Waldstraße 18 (GPS: 48°1'5"N / 8°32'26" E).

W W Ch
300 m 500 m 1 km
Stellplatz bei einem Wellness-Hotel. Ebene, markierte und schattenlose Stellflächen auf Pflaster. Stellplatz-Länge bis 7.50 m. Medizinischen Betreuung in der "Waldeck GesundheitsWelt" möglich. Kostenlose Inklusivleistung: Nutzung des Sole-Schwimmbads (3% Sole, 30°C), der Waldeck Wellness- & SaunaWelt (Finnische Sauna, Bio-Sauna, Kräuter-Dampfbad, Erlebnisduschen, Kneipp-Fußbäder, Relax- und Ruheoasen), des Fitness-Centers und 1 Frühstücksbrötchen pro Person und Tag (morgens an der Wohnmobiltür) plus eine Bildzeitung. Ortszentrum 500 m entfernt. 6 Touristenplätze.

78073 Bad Dürrheim, Schw. (c12) ST-D 7829/2

»REISEMOBILHAFEN BAD DÜRRHEIM« 1.1. bis 31.12.
0049 771 12739
info@womo-badduerrheim.de, **www.womo-badduerrheim.de**

➔ A 81 Stuttgart - Konstanz, Abf. (37) Dreieck Bad Dürrheim und weiter auf der A 864 Richtung Bad Dürrheim. Am AB-Ende rechts auf die B 27 Richtung Bad Dürrheim und die nächste Abf. zum Kurpark abfahren, beschildert. ✉ Huberstraße 34/2 (GPS: 48°0'45"N / 8°32'7" E).
Fastnachts- und Heimatmuseum. Kurpark. Gradierwerk. Adventure-Golf Anlage.

W W
W W 350 m
Großzügig angelegter und in fünf separate Bereiche unterteilter Stellplatz am südlichen Ortsrand beim "Wellness- und Gesundheitszentrum Solemar". Ebene geschotterte und parzellierte Stellflächen mit kleinen Rasenanteilen, von Wiesen und Feldern umgeben. P1 Solemar (56 Stellplätze): dem Bad am nächsten gelegen mit Schräg- und Längsaufstellung, von Bäumen umrahmt. P2 Park-Oase (124 Stellplätze): Längsaufstellung auf befestigtem Rasen mit lockerem Baumbestand. P3 Arena (100 Stellplätze): große kreisförmige unparzellierte Stellfläche - ist nur für Clubtreffen vorgesehen. P4 Park-Natur (20 Stellplätze à 80-90 qm): ist ein schattenloser hundefreier Bereich. P5 Park-Weitblick (16 Stellplätze): Stellplätze in einer Reihe mit schönem Blick auf die Wiesen. Für Dickschiffe geeignet! Brötchenservice. 24-Std.-Anreise möglich. Sie haben die Möglichkeit im Solemar von 9-22 Uhr zu duschen (auch WC). Anmeldung im Service-Center (touristische Informationen). Fritz-Berger-Shop. 316 Touristenplätze.

78056 Villingen-Schwenningen, Schw. (c12) ST-D 7830

»MESSEGELÄNDE VILLINGEN« 1.1. bis 31.12.
0049 7720 97420
info@messe-vs.de, **www.messe-vs.de**

➔ A 81 Singen-Stuttgart, Abf. (36) Tuningen, weiter nach Villingen-Schwenningen. ✉ Messe 1 (GPS: 48°2'52"N / 8°32'18" E).

1 km
Stellplatz an einer schwach befahrenen Straße am Messegelände in Schwenningen. Stellfläche auf Asphalt. Ortszentrum 1 km entfernt. 5 Touristenplätze.

78089 Unterkirnach, Schw. (c12) ST-D 7831/1

20 »REISEMOBILPLATZ UNTERKIRNACH« 1.1. bis 31.12.
0049 7721 800837 3 000 qm
info@unterkirnach.de, **www.unterkirnach.de**

➔ A 81 Singen - Stuttgart, Abf. (36) Tuningen, weiter über Villingen-Schwenningen nach Unterkirnach. Der Platz ist über eine einspurige Zufahrtstraße zu erreichen. ✉ Rathausplatz 11 (GPS: 48°4'38"N / 8°22'0" E).

Ch 100 m 200 m 400 m
Kreisförmig angelegter Stellplatz direkt im Ort. Am Ende einer Sackgasse in ruhiger, zentraler Lage gelegen. Von Bäumen umrahmte ebene und parzellierte Stellflächen (60 qm) auf Schotter mit kleinen Rasenanteilen. Maximale Stellplatzlänge 10 m. Zwei Stellplätze sind asphaltiert und barrierefrei angelegt. Holiday-Clean-Station. Check-In in der Tourist-Information Unterkirnach (am Mühlenplatz 8)) zu den Öffnungszeiten. Mo-Fr: 9-12 Uhr / 14-17 Uhr, Sa. 10-12 Uhr. Sollten man nicht zu Öffnungszeiten An- und Abreisen, kann man alternativ die Bezahlung direkt am Stellplatz in ein Kästchen werfen. Maximal 5 Nächte Aufenthalt möglich! Ortszentrum 50 m entfernt. 19 Touristenplätze.
2023: MC-St/N inkl. 2 P/N 16.– bis 19.–, Anschlussgeb. 2.–/3.–. KT, H/N, Entsorgung, Müll, Wasser und Strom (16 A) inklusive.

78089 Unterkirnach, Schw. (c12) ST-D 7831/2

»ACKERLOCH GRILLSCHOPF« 1.1. bis 5.11. / 24.11. bis 31.12.
0049 7721 58188
grillschopf@ackerloch.de, **www.ackerloch.de**

➔ A 81 Singen-Stuttgart, Abf. (35) Villingen-Schwenningen, weiter über Villingen-Schwenningen nach Unterkirnach. ✉ Unteres Ackerloch 2/1 (GPS: 48°5'4"N / 8°21'56" E).

W W Ch
Stellplatz im Schwarzwaldtal an einer rustikalen Gaststätte. Stellflächen auf Pflaster und Split. Restaurant Dienstags Ruhetag. Ortszentrum 1.5 km entfernt. 19 Touristenplätze.

78112 Sankt Georgen-Brigach, Schw. (c12) ST-D 7832/1

»NATURFREIBAD KLOSTERWEIHER« 1.1. bis 31.12.
☎ 0049 7724 87194
info@st-georgen.de, www.st-georgen.de

➔ A 81 Singen-Stuttgart, Abf. (37) Dreieck Bad Dürrheim, weiter über Villingen-Schwenningen nach Sankt Georgen. ✉ Brigachstraße (GPS: 48°7'17"N / 8°20'0" E).

WC W | 300 m 600 m

Stellplatz gegenüber dem Naturbad und der Inline-Sakting Anlage. Stellfläche auf Rasengittersteinen. WC nur im Badebetrieb zugänglich. Ortszentrum 500 m entfernt. 5 Touristenplätze.

78112 Sankt Georgen-Brigach, Schw. (c12) ST-D 7832/2

»GASTHAUS ZUR STADT FRANKFURT« 1.1. bis 31.12.
☎ 0049 7724 6207
stadt-frankfurt@t-online.de, www.zur-stadt-frankfurt.de

➔ A 81 Singen-Stuttgart, Abf. (37) Bad Dürrheim, weiter über Villingen-Schwenningen nach Sankt Georgen. ✉ Rupertsbergweg 2 (GPS: 48°7'53"N / 8°20'3" E).

| 500 m 1 km

Stellplatz auf dem Parkplatz des Gashofs Zur Stadt Frankfurt. Stellfläche auf Schotter. Mittwoch Ruhetag. Einkehr im Restaurant erwünscht. ortszentrum 50 m entfernt. 2 Touristenplätze.

72364 Obernheim, Schw. Alb (c12) ST-D 7833/1

»WOHNMOBILSTELLPLATZ ALPENBLICK« 1.1. bis 31.12.
E.: Gemeinde Obernheim ☎ 0049 7436 92840
info@obernheim.de, www.obernheim.de

➔ B 463 Balingen-Albstadt, in Laufen a.d. Eyach über Tieringen nach Obernheim. Beschildert zu den Sportanlagen. ✉ Bühlstr. (GPS: 48°9'35"N / 8°51'14" E).
∴ St. Peter und Paul-Kirche.

WC | 1 km 1.5 km

Stellplatz bei den Sportanlagen außerhalb des Ortes. Ebene Stellflächen auf Asphalt und Schotter. Stellplatz-Länge bis 8 m. Maximal 2 Nächte Aufenthalt möglich! Ort 1 km entfernt. 8 Touristenplätze.

78126 Königsfeld, Schwarzw. (c12) ST-D 7834

»REISEMOBILPARK BREGNITZHOF« 1.1. bis 31.12.
V.: Michael Weisser ☎ 0049 7725 9164811
weisser.bregnitzhof@gmx.de, www.reisemobilpark-bregnitzhof.de

➔ A 81 Singen-Stuttgart, Abf. (37) Bad Dürrheim, weiter über Villingen-Schwenningen nach Königsfeld. ✉ Buchenberger Straße 34 (GPS: 48°8'24"N / 8°24'21" E).

| 400 m S800 m 1 km

Stellplatz am Ortsrand bei der Sauna-Landschaft Bregnitzhof mit Blick auf die Schwäbische Alb. Ebene, parzellierte Stellflächen (5x10 m) auf Schotter und Asphalt. Anmeldung an der Rezeption der Bregnitzhof-Sauna (Gäste des Reisemobil-Parks erhalten ab einem Aufenthalt von 3 Übernachtungen ermäßigten Eintritt), hier auch touristische Informationen und Gasflaschen-service (Gasversorgung) möglich. Informationstafel. Direkter Anschluss an Rad- und Wanderwege. Ortszentrum 800 m entfernt. 21 Touristenplätze.

78628 Rottweil, Schwarzwald (c12) ST-D 7836

Abfahrt

10 **»WOHNMOBILSTELLPLATZ AM STADION«** 1.1. bis 31.12.
E.: Tourist-Information ☎ 0049 741 494280
tourist-information@rottweil.de, www.rottweil.de

➔ A 81 Stuttgart–Singen, Abf. (34) Rottweil, weiter auf der B 462 nach Rottweil. Weiter auf die Umgehungsstraße, B 14/B 27, Richtung Spaichingen. An der 2. Abfahrtsschleife "Stadionstraße" zum Ziel abbiegen. Beschildert. ✉ Stadionstraße (GPS: 48°9'19"N / 8°37'46" E).
∴ Historische Altstadt. Heilig-Kreuz-Münster. Kapellenkirche. Stadt-/Salinen-/Dominikaner-/Spielzeugmuseum.

RES Ch | HS 100 m
200 m 500 m 1.5 km

Beleuchteter Stellplatz auf reserviertem Teilbereich eines Parkplatzes am Sole-/Erlebnisbad am Ortsrand. Ebene Stellflächen auf Schotter und Asphalt. Stellplatz-Länge bis 8 m. Bezahlung am Parkscheinautomaten möglich. Maximal 10 Nächte Aufenthalt möglich! Stadtführungen. Kletterwand "K 5". Hallen-Kartbahn (3 km). Rad-/Wanderwegenetz. Ort 1.5 km entfernt. 20 Touristenplätze.
2022: MC-St/N 10.–, Wasser/70 l 1.–, Strom/8 Std. 1.–. P/N, H/N und Entsorgung inklusive.

78661 Dietingen, Schwarzwald (c12) ST-D 7837

Abfahrt

»REISEMOBILPARK TURM UND KRISTALLE« 1.1. bis 31.12.
E.: Carsten Erler ☎ 0049 157 80797811 573 m
info@rmp-tuk.de, www.reisemobilpark-turm-und-kristalle.de

➔ A 81 Villingen-Schwenningen - Stuttgart, Abf. (24) Rottweil, und weiter auf der Ortsumfahrung von Rottweil in Richtung Tübingen/Balingen B462/B27. Beim Industriegebiet "Berner Feld" auf die Dietinger Straße Richtung Dietingen abbiegen. Am Ortseingang von Dietingen rechts in die Fronstraße abbiegen. ✉ Fronstraße 7 (GPS: 48°12'0"N / 8°38'46" E).
∴ Mineralienmuseum "Welt der Kristalle". ThyssenKrupp-Testturm (Höhe 246 m).

Ch | 100 m 800 m

Wohnmobilstellplatz in unmittelbarer Nähe zum Mineralien- und Fossilienmuseum "Welt der Kristalle". Am Rad- und Wanderweg nach Rottweil in ländlicher Umgebung direkt am Ortsrand gelegen. Ebene bis leicht abfallend und parzellierte Stellflächen auf befestigtem Schotterrasen. Von Büschen und Bäumen eingerahmt. Stellplatz-Länge bis 12 m. Infotafel. Max. 7 Nächte Aufenthalt möglich! 48 Touristenplätze.

78727 Oberndorf am Neckar, Schw. (c12) ST-D 7839

0 **»PARKPLATZ NECKARHALLE«** 1.1. bis 31.12.
☎ 0049 7423 771192
Ordnungsamt@Oberndorf.de, www.oberndorf.de

➔ A 81 Stuttgart-Konstanz, Abf. (33) Oberndorf am Neckar, weiter zur Sporthalle. ✉ Austraße 12 (GPS: 48°16'57"N / 8°35'5" E).
∴ Ehemalige Augustiner-Klosterkirche. Heimat- und Waffenmuseum.

Ch | 100 m 200 m 250 m

Stellplatz auf dem Parkplatz der Festhalle neben der freiwilligen Feuerwehr und der B 14 am südlichen Stadtrand. Stellfläche auf Asphalt. Max. Aufenthaltsdauer 3 Nächte. Holiday Clean. Ortszentrum 1 km, Freibad 200 m entfernt. 14 Touristenplätze.
2022: Stellplatz ist kostenlos. Wasser/70 l 1.–, Strom/8 Std. 1.–. H/N und Entsorgung inklusive.

79346 Endingen, Schwarzwald (b12) ST-D 7840

15 **»WOHNMOBILGARTEN KIRSCHENHOF«** 1.1. bis 31.12.
E.: Familie Schmidt ☎ 0049 7642 9282845, Fax 0049 7642 9282846
info@kirschenhof-schmidt.de, www.kirschenhof-schmidt.de

➔ A 5 Offenburg-Freiburg, Abf. (59) Riegel und weiter Richtung Riegel/Endingen/Königschaffhausen. Ab hier beschildert ("Hofcafe Kirschenhof Schmidt). ✉ Königsweg 1 (GPS: 48°8'33"N / 7°39'43" E).

WC W Ch | 1 km

Stellplatz am Kaiserstühler Radrundweg beim "Kirschencafé". Von Wiesen, Feldern und Obstgärten umgeben. Parzellierte Stellflächen auf Schotter mit jeweils einem kleinen Rasenstück. Ver- und Entsorgung vorhanden. Die Nutzung der Toiletten sowie der Brötchenservice ist nur von März – Nov. möglich während des Cafébetriebes. Verkauf von eigenen Fruchtaufstrichen, Likören und Schnäpsen. Ort 1 km entfernt. 38 Touristenplätze.
2022: St/N inkl. 2 P/N 15.– bis 16.–, weitere P/N 1.–, H/N –.50, KT P/N ab 15 J. 1.50, KT K/N 6 bis 14 J. –.75. Entsorgung, Müll, Wasser und Strom inklusive.

79286 Glottertal, Schwarzw. (b12) ST-D 7843/1

»LANDIDYLL HOTEL ZUM KREUZ« 1.1. bis 31.12.
☎ 0049 7684 206, Fax 0049 7684 800839
mail@zum-kreuz.com, www.zum-kreuz.com

➔ A 5 Karlsruhe-Basel, Abf. (61) Freiburg-Nord, weiter auf B 294 nach Glottertal. ✉ Landstraße 14 (GPS: 48°3'8"N / 7°55'40" E).

WC

Stellplatz beim Hotel am Beginn des Glottertales. Stellfläche auf Asphalt. Ankunft nur bis 22 Uhr möglich. Die Nutzung des Stellplatzes ist nur in Kombination mit einem Frühstück, Mittag- oder Abendessen im Hotel verbunden. Der Stellplatz ist nicht gekennzeichnet und wird nicht freigehalten. Ortszentrum 1.5 km entfernt. 1 Touristenplätze.

79108 Freiburg-Hochdorf, Schw. (b12) ST-D 7845/1

»WVD SÜDCARAVAN« 1.1. bis 31.12.
☎ 0049 761 152400
info@suedcaravan.de, www.suedcaravan.de

➔ A 5 Freiburg-Karlsruhe, Abf. (61) Freiburg-Nord, weiter ins Gewerbegebiet. ✉ Hanferstraße 24+30 (GPS: 48°2'26"N / 7°49'0" E).

WC W | 100 m

Stellplatz auf dem Gelände des Handelsbetriebs außerhalb der Umweltzone. Stellflächen auf Schotter. Geöffnet während der Geschäftszeiten. Maximal 1 Nacht Aufenthalt möglich. Ortszentrum 2 km entfernt. 50 Touristenplätze.

79114 Freiburg im Breisgau, Schw. (b12) ST-D 7845/2

»STELLPLATZ AM ESCHHOLZPARK« 1.1. bis 31.12.
☎ 0049 761 2025139
info@stellplatz-freiburg.de, www.stellplatz-freiburg.de

➔ A 5 Karlsruhe-Freiburg, Abf. (31a) Freiburg im Breisgau, weiter zum Uniklinikum. ✉ Bissierstraße (GPS: 47°59'58"N / 7°49'32" E).

Ch | 300 m 1 km

Stellplatz nahe des Uniklinikums in Zentrumsnähe. Güterbahnlinie in der Nähe. Durch Büsche und Bäume gegliedert. Für Wohnmobile bis 9 m geeignet. Stellflächen auf Schotter/Rasen und Asphalt. Ortszentrum 1.8 km entfernt. 50 Touristenplätze.

79117 Freiburg, Schwarzw. (b12) ST-D 7845/3

»STELLPLATZ AM MÖSLEPARK« 31.3. bis 31.10.
P.: Claus Busse ☎ 0049 761 7679333
information@camping-freiburg.com, www.camping-freiburg.com

➔ A 5 Karlsruhe–Basel Abf. (62) Freiburg-Mitte auf der B 31 nach Freiburg. Hier vor dem Tunnel links und dann hinter dem Einkaufszentrum ZO rechts abbiegen. ✉ Waldseestr. 77 (GPS: 47°58'51"N / 7°52'55" E).

WC W W Ch
| 1 km

Stellplatz beim Campingplatz. Stellfläche auf Schotter und Asphalt. Entsorgungsstation auf dem Campingplatz. In der Mittagspause ist die Zufahrt nicht möglich. Ortszentrum 1 km entfernt. 5 Touristenplätze.

79206 Breisach am Rhein, Schw. (b12) ST-D 7850/1

15 »WOHNMOBILSTELLPLATZ BREISACH« 1.1. bis 31.12.
☎ 0049 7667 940155
breisach-touristik@breisach.de, www.breisach-urlaub.de

➔ A 5 Karlsruhe-Freiburg, Abf. (64a) Bad Krozingen, weiter auf B 31 nach Breisach. ✉ Josef-Bueb-Straße (GPS: 48°1'47"N / 7°34'30" E).

Ch | Ⓗ500 m 1 km

Stellplatz auf einem großen Parkplatz direkt am Rheinufer. Stellflächen auf Asphalt und durch Baumreihen leicht beschattet. Hunde müssen angeleint werden. Parkscheinautomat. Sani-Station. 3 Nächte maximaler Aufenthalt! Ortszentrum 100 m entfernt. 80 Touristenplätze.
2022: MC-St/N 9.66 bis 14.–, Wasser/100 l 1.–. P/N, KT, H/N, Entsorgung und Müll inklusive. Die Kurtaxe (4.– €/Tag für 2 Erwachsene Personen) ist im Preis enthalten und berechtigt Sie zum Erhalt einer KONUS-Gästekarte.

79206 Breisach am Rhein, Schw. (b12) ST-D 7850/2

»SPORTGASTSTÄTTE SANDGRÜBLE« 1.1. bis 31.12.
☎ 0049 7668 366
carolinespinedi@yahoo.de, www.sv-guendlingen.de/

➔ A 5 Karlsruhe-Basel, Abf. (64a) Bad Krozingen, weiter auf B 31 nach Breisach am Rhein. ✉ Sandgrüble 6 (GPS: 48°0'18"N / 7°38'13" E).

| Ⓗ1 km

Stellplatz an der Sportgaststätte des SV Gündlingen. Stellflächen auf Sand und Wiese. Spende für die Jugendkasse erwünscht. Restaurant Montags geschlossen. Ortszentrum 1.5 km entfernt. 12 Touristenplätze.

79427 Eschbach, Schwarzwld. (b12) ST-D 7854

»BREISGAU-WOHNMOBILE« 1.1. bis 31.12.
V.: Franz Pretsch ☎ 0049 7634 5948444
info@breisgau-wohnmobile.de, www.breisgau-wohnmobile.de

➔ B 3 Lörrach-Freiburg, bei Eschbach zum Waldrand abzweigen. ✉ Eschbacherstr. 4a (GPS: 47°54'4"N / 7°37'56" E).

WC W W Ch Ⓗ

Stellplatz im Gewerbepark Breisgau in Waldrandlage. Abgeschlossen, jedoch jederzeit zugänglich. Videoüberwachter Parkplatz. Zugang Tag und Nacht über Automat möglich. Stellfläche auf Schotterrasen. Die sanitären Anlagen befinden sich in unmittelbarer Nähe. Entsorgungsstation vor dem Rolltor. Waschmaschinen- u. Trocknernutzung nur während der Geschäftszeiten Mo. - Fr. 8 - 17 Uhr. Während Geschäftszeiten mit Fahrzeug-Registrierung für Kennzeichenerkennung, Ortszentrum 2 km entfernt. 8 Touristenplätze.

79189 Bad Krozingen, Schw. (b12) ST-D 7857/1

»WOHNMOBILSTELLPLATZ VITA CLASSICA« 1.1. bis 31.12.
☎ 0049 1520 9563170
womostellplatz@bad-krozingen.info, www.bad-krozingen.info

➔ A 5 Karlsruhe-Basel, Abf. (64a) Bad Krozingen, weiter zur Therme. ✉ Wohnmobilplatz am Rebberg (GPS: 47°55'0"N / 7°41'16" E).

WC W W Ch | Ⓗ100 m 500 m 700 m

Stellplatz gegenüber der Vita Classica-Therme. Ebene, schattenlose Stellflächen auf Sand, Schotter und Asphalt mit jeweils einem kleinen Rasenstreifen. Kleine Liegewiese. WC und Duschmöglichkeit in der Vita Classica Therme von 9-22 Uhr. Ab der 3. Nacht Eintrittsgutschein für die Vita Classica Therme für max. 2 Personen. Kinder erhalten ab der 4. Nacht einen freien Eintritt für das Freizeitbad "aquarado" und ab 6 Nächten können Sie 1 x 3 Stunden ein kostenloses E-Bike fahren. Öffnungszeit Rezeption-Stellplatz täglich von 15-18 Uhr (April - Okt.), bzw. von 15-17 Uhr (Nov.- März). Ortszentrum 700 m entfernt. 75 Touristenplätze.

79189 Bad Krozingen, Schw. (b12) ST-D 7857/2

»RESTAURANT FALLERHOF« 1.1. bis 31.12.
☎ 0049 7633 4400
info@fallerhof.de, www.fallerhof.de

➔ A 5 Karlsruhe-Basel, Abf. (64a) Bad Krozingen, weiter im Ort zum Restaurant Fallerhof. ✉ Tunibergstr. 2 (GPS: 47°57'10"N / 7°40'12" E).

WC | Ⓗ500 m

Stellplatz des Hotel Restaurants nahe der A 5. Stellflächen auf Pflaster. Ortszentrum 5 km entfernt. 5 Touristenplätze.

79677 Schönau, Schwarzwald (b12) ST-D 7859

10 »WOHNMOBIL-STELLPLATZ SCHÖNAU« 1.1. bis 31.12.
E.: M+P Keller ☎ 0049 7671 962446 530 m
mp@wohnmobil-stellplatz-schönau.de, www.wohnmobil-stellplatz-schönau.de

➔ von Feldberg und Freiburg kommend am Ortsende Schönau links abbiegen. Anfahrt von Lörrach von Schönau rechts abbiegen. ✉ Wiesenstr. 7 (GPS: 47°47'0"N / 7°53'45" E).

| Ⓗ300 m 500 m

Wohnmobil-Stellplatz am Ortsrand von Schönau. Hinter dem Fußballplatz und direkt am Fluss gelegen. Ebene, geschotterte Stellflächen. Der Stellplatz kann tagsüber bis 22 Uhr angefahren werden. In der Kurtaxe ist die KONUS Gästekarte der Schwarzwaldregion Belchen enthalten. 3 Touristenplätze.
2022: MC-St/N 10.–, Wasser/80 l 1.–, Strom/N 3.–. P/N, H/N und Entsorgung inklusive.

79856 Hinterzarten, Schw. (b12) ST-D 7861

20 »WOHNMOBIL-STELLPLATZ BEIM CAMPING BANKENHOF«
E.: Alois Schubnell ☎ 0049 7652 1351 850 m 1.1. bis 31.12.
Fax 0049 7652 5907, **info@camping-bankenhof.de**
www.camping-bankenhof.de

➔ B 31 von Freiburg oder Donaueschingen, in Titisee rechts abbiegen, beschildert. 3. Platz. (Navigation: Bruderhalde 31) ✉ Bruderhalde 31a (GPS: 47°53'7"N / 8°7'50" E).
∴ Höllental. Hochschwarzwald.

W W Ch W W | Ⓗ300 m 400 m W W 2.5 km

Separater Wohnmobil-Stellplatz vor der Schranke des CAMPING BANKENHOF. In ländlicher Umgebung an einem Bach gelegen. Ebene Stellflächen auf festem Schotter. Ort 2.5 km entfernt.
2022: St/N inkl. 2 P/N 16.–, weitere P/N 4.50, Waschmaschine 3.–, Trockner 3.–. H/N, WD, Entsorgung, Müll, Wasser und Sanitärbenutzung inklusive.

79872 Bernau im Schwarzwald, Schw. (b/c12) ST-D 7862

10 »WOHNMOBILSTELLPLATZ AM SPITZENBERG«
☎ 0049 7675 160030 1.4. bis 30.9.
tourist-information@bernau-schwarzwald.de, www.bernau-schwarzwald.de

➔ B 317 Lörrach-Singen, bei Geschwend nach Bernau abbiegen. ✉ Sportplatzstraße (GPS: 47°48'22"N / 8°1'41" E).
∴ Hans-Thoma-Museum.

RES | Ⓗ500 m 1 km

Stellplatz in leicht geneigter ruhiger Lage zwischen den Ortsteilen Innerlehen und Dorf bei dem Wanderparkplatz "Spitzenberg". Stellfläche auf Wiese und Asphalt. 18 Stellplätze mit Stromanschluss. Reservierungen sind nicht möglich. Guter Ausgangspunkt zahlreicher Wanderwege. Ortszentrum 500 m entfernt. 32 Touristenplätze.
2022: MC-St/N 10.–, Wasser/100 l 1.–, Strom/8 Std. 1.–. P/N, KT, H/N, Entsorgung und Müll inklusive.

79862 Höchenschwand, Schw. (c13) ST-D 7872

»NATURSPORTZENTRUM HÖCHENSCHWAND« 1.1. bis 31.12.
☎ 0049 7672 48180
info@hoechenschwand.de, www.hoechenschwand.de

➔ B 500 Waldhut-Titisee, bei Höchenschwand zum nördlichen Ortsrand abzweigen. ✉ Natursportzentrum (GPS: 47°44'11"N / 8°9'36" E).

WC W W Ch | 100 m Ⓗ500 m

Stellplatz am nördlichen Ortsrand mit vielen Freizeiteinrichtungen. Stellflächen auf Schotterrasen. Anmeldung und Strommarken (á 6 Std.) bei der Tourist-Information Höchenschwand, in der Hacho Stube, in der Sauna & Fitness SPA und im Loipenhaus (Natursportzentrum). Warmduschen ist gegen Gebühr im Sauna & Fitness SPA im Natursportzentrum möglich. Die Entsorgungsstation liegt außerhalb (ca. 500 m), am Busparkplatz beim Haus des Gastes in Höchenschwand. Ortszentrum 400 m entfernt. 12 Touristenplätze.

79843 Löffingen, Schwarzw. (c12) ST-D 7874/1

»WALDBAD LÖFFINGEN« 1.1. bis 31.12.
☎ 0049 7654 80272 800 m
info@loeffingen.de, www.hochschwarzwald.de

➔ B 31 Schwenningen-Titisee, bei Löffingen zum Waldbad abzweigen. ✉ Am Waldbad/Welschland (GPS: 47°53'57"N / 8°20'0" E).

WC W Ch W | Ⓗ200 m

Stellplatz am Waldrand auf einem ruhigen Parkplatz beim beheizten Freibad. Sanitäre Anlagen im Waldbad zu ermäßigten Preisen. Stellfläche auf Asphalt. Ver- und Entsorgungsstation. Während der Saison frische Brötchen. Ab ca. 10.9. bis 20.5. kein Strom und Wasser vorhanden. Ortszentrum 2 km entfernt. 7 Touristenplätze.

79418 Schliengen, Schw. (b12/13) ST-D 7877

»WEINGUT ZIMMERMANN« März bis Nov.
V.: Zimmermann ☎ 0049 7635 665
info@zimmermann-wein.de, www.zimmermann-wein.de

➔ B 3 Lörrach-Freiburg, bei Schliengen zum Weingut abzweigen. ✉ Bürgelnblick 1, Auf dem Schliengener Berg (GPS: 47°44'12"N / 7°34'26" E).

| 2 km

Stellplatz am Weingut mit Blick auf das Rheintal und dem Schwarzwald sowie die schneebedeckten Schweizer Alpen. Stellfläche auf Wiese und Schotter. Einkehr im Weingut erwünscht. Reservierung nicht erforderlich. Weinproben und Verkauf am Platz. Ortszentrum 3 km entfernt. 8 Touristenplätze.

79415 Bad Bellingen, Schw. (b13) ST-D 7878

15 »BALINEA THERMEN« 1.1. bis 31.12.
☎ 0049 7635 808222
info@bad-bellingen.de, www.bad-bellingen.de

➔ A5 Freiburg - Basel Abf. Müllheim/Neuenburg. Hier auf die B 378 Richtung Müllheim. Dort auf die B3 Richtung Schliengen und Bad Bellingen. Ab hier Beschilderung "Balinea Thermen" folgen. ✉ Badstraße 14 (GPS: 47°43'47"N / 7°33'7" E).
∴ Bädermuseum (2 km).

WC W W Ch

Ⓗ100 m
Beleuchteter Stellplatz auf einem separaten Bereich des Kurhaus-Parkplatzes zwischen dem Kurpark und der A 5. Anmeldung an der Tourist-Info im Foyer der Balinea Therme. Balinea Therme in 100 m Entfernung. Stellfläche auf Asphalt. Wasser Ver- und Entsorgung. WC in den Balinea Thermen oder im Kurhaus. Max. Wohnmobil-Länge 10 m. E-Bike-Verleih. Abreise bis 12 Uhr. Ortszentrum 500 m entfernt. 27 Touristenplätze.
2022: St/N 14.–, KT P/N ab 18 J. € 1.45 (Nov.–Febr.), € 2.25 (März-Okt.), WD 3.50. H/N, Entsorgung, Müll, Wasser, Sanitärbenutzung und Strom inklusive.

79295 Sulzburg, Schwarzwald (b12) ST-D 7882

Abfahrt

15 **»STELLPLATZ BEIM CAMPING SULZBACHTAL«**
E.: R. u. B. Grommek ☎ 0049 7634 592568 1.1. bis 31.12.
Fax 0049 7634 592569, **a-z@camping-sulzbachtal.de**
www.camping-sulzbachtal.de

➔ A 5 Karlsruhe–Basel, Abf. (64b) nach Heitersheim. Hier abbiegen nach Sulzburg. Der Platz liegt am Ortseingang und ist beschildert. ✉ Sonnmatt 4 (GPS: 47°50'52"N / 7°41'54" E).

W W Ch W W TV HS HS
Ⓗ200 m S500 m 1 km 10 km
Separater Wohnmobilstellplatz am Ortsrand auf dem Campingplatz CAMPING SULZBACHTAL. Schattenlose Stellflächen auf ebenem Schotterrasen. Ort 1 km, Therme Bad Krotzingen 10 km entfernt. 10 Touristenplätze.
2022: St/N 10.50 bis 12.50, P/N 8.40, K/N 3 bis 15 J. 6.–, H/N 2.90, KT P/N ab 16 J. 1.60, Waschmaschine 3.50, Trockner 3.50, Strom/1 kWh –.80 (16 A). WD, Entsorgung, Müll, Wasser und Sanitärbenutzung inklusive.

79588 Efringen-Kirchen, Schwarzw. ST-D 7885

»WEINGUT STRAUB« April bis Mitte Dez.
V.: Claudia Straub ☎ 0049 7628 1300
gutedel@weingut-straub.de, **www.weingut-straub.de**

➔ B 3 Lörrach-Freiburg, bei Efringen abzweigen, weiter nach Blansingen. ✉ Alemannenstraße 12 (GPS: 47°41'30"N / 7°32'30" E).

WC W W Ch
Stellplatz hinter dem Weingut im Ortsteil Blansingen. Stellfläche auf Wiese. Max. Fahrzeughöhe 3,20 m! Weinprobe am Platz. Um telefonische Anmeldung wird gebeten. Ortszentrum 100 m entfernt. 3 Touristenplätze.

79539 Lörrach, Schwarzwald (b13) ST-D 7888

Abfahrt

15 **»WOHNMOBIL-STELLPLATZ BEIM CPL. DREI-LÄNDER-CAMP«**
E.: Klaus Bahner ☎ 0049 7621 82588 1.1. bis 31.12.
Fax 0049 7621 165034, **info@dreilaendercamp.de**
www.dreilaendercamp.de

➔ A 5 Karlsruhe – Basel, beim AB-Dreieck Weil auf die A 98 Abf. (5) Lörrach. ✉ Grüttweg 8 (GPS: 47°37'29"N / 7°39'41" E).
∴ Burgruine Rötteln, Tüllinger Höhe (Dreiländerblick).

Ch Ⓗ50 m
300 m W W500 m
Umzäunter Wohnmobil-Stellplatz beim Campingplatz DREI-LÄNDER-CAMP neben den Tennisplätzen. Von Hecken und Bäumen umrahmt. Ebene unparzellierte und gekieste Stellflächen. 24-Stunden geöffnet. Holiday-Clean-Station. Bezahlung am Automaten in Bar oder EC-Karte Maestro (keine Kreditkarten). Maximal 3 Nächte Aufenthalt möglich! Ort 500 m entfernt.
2022: MC-St/N inkl. 6 P/N 13.–, Wasser/80 l 1.–, Strom/1 kWh –.70 (16 A). P/N, KT, H/N, Entsorgung und Müll inklusive. Bezahlung am Automaten mit EUR oder EC-Karte Maestro. Keine Kreditkarten.

79713 Bad Säckingen, Schwarzwald ST-D 7889

»REISEMOBILPLATZ AM RHEINUFER« 1.1. bis 31.12.
☎ 0049 7761 56830
tourismus@badsaeckingen.de, **www.badsaeckingen.de**

➔ B 34 Basel-Waldshut, bei Bad Säckingen, beschildert. ✉ Austraße (GPS: 47°32'57"N / 7°56'49" E).

WC WC Ch 500 m Ⓗ800 m
Stellplatz in der Nähe von Rhein und Altstadt. Ebene, schattenlose Stellflächen auf Schotter. Der Stellplatz ist zwei Mal im Jahr wegen des Frühjahrs- und Herbstmarktes geschlossen. Ausweichmöglichkeit am Waldbad. Bei Frost kein Frischwasser verfügbar. Ortszentrum 400 m entfernt. 28 Touristenplätze.

79761 Waldshut, Schwarzwald (c13) ST-D 7894

15 **»WOHNMOBILPARK WALDSHUT«** 1.1. bis 31.12.
V.: Oliver Bier
info@rheincamping.de, **www.wohnmobil-park-waldshut.de**

➔ B 34 Waldshut-Lörrach, bei Waldshut zum Schiffsanleger. ✉ Jahnweg 22 (GPS: 47°36'39"N / 8°13'30" E).

WC W Ch
200 m Ⓗ500 m 1 km
Beleuchteter Stellplatz vor dem Rhein-Camping mit Zugang zum Rheinufer und Schiffsanleger. Ebene, parzellierte Stellflächen (6 x 8.6/9 bzw. 6 x 11 m) auf Pflaster. Durch Hecken gegliedert. Stromsäulen münzbetrieben. Das Sanitärgebäude des Campingplatzes kann mitbenutzt werden. E-Bike-Station direkt beim Stellplatz. Brötchenservice. Bezahlung am Parkscheinautomat (Scheine und Münzen). Touristische Informationen an der Rezeption des Campingplatzes. Ortszentrum 1.3 km entfernt. 44 Touristenplätze.
2023: MC-St/N 15.–, WD/4 min. 1.–, Wasser/100 l 1.–, Strom/1 kWh 1.– (16 A). H/N, Entsorgung und Müll inklusive. Barzahlung direkt am Automat.

78262 Gailingen, Bodensee (c13) ST-D 7899

»PARKPLATZ RHEINUFERPARK« 1.4. bis 31.10.

info@gailingen.de, **www.gailingen.de**

➔ A 81 Stuttgart - Schaffhausen, weiter auf B 34 nach Süden Richtung Gailingen (Grenze). ✉ Strandweg (GPS: 47°41'26"N / 8°45'24" E).

WC W 100 m 300 m Ⓗ400 m
Wohnmobil-Stellplatz auf einem Wiesenstreifen bei einem Parkplatz direkt am Rheinuferpark. Ebene bis leicht abfallende Stellflächen auf Wiese. WC und Dusche am Rheinuferpark. Bezahlung am Parkscheinautomaten. Ortszentrum 1.5 km entfernt. 20 Touristenplätze.

78176 Blumberg, Schwarzw. (c12) ST-D 7903/1

10 **»WOHNMOBILBAHNHOF BLUMBERG«** 1.1. bis 31.12.
☎ 0049 7702 51203
touristinfo@stadt-blumberg.de
www.stadt-blumberg.de/tourismus/wohnmobilstellplaetze.html

➔ B 27 Villingen-Schwenningen Richtung Schweiz, bei Blumberg abfahren. ✉ Oberes Ried (GPS: 47°50'20"N / 8°32'32" E).

WC W W Ch
Ⓗ300 m 500 m
Stellplatz am Ortsrand bei den Sportanlagen und Tennisplätzen. Durch Hecken parzellierte, ebene Stellflächen auf Schotter. Duschen können im Sportrestaurant zu den Öffnungszeiten genutzt werden (1.50 €). Der Platzwart ist von 17 Uhr - 18 Uhr vor Ort und kassiert die Gebühren. Ortszentrum 1 km entfernt. 25 Touristenplätze.
2022: St/N 7.–, KT P/N ab 6 J. 1.50, Wasser/80 l 1.–, Strom/N 2.–. P/N, H/N, Entsorgung und Müll inklusive.

78176 Blumberg, Schwarzw. (c12) ST-D 7903/2

10 **»WOHNMOBILSTELLPLATZ ACHDORFER TAL«**
☎ 0049 7702 51203 1.1. bis 31.12.
touristinfo@stadt-blumberg.de, **www.stadt-blumberg.de**

➔ B 27 Villingen-Schwenningen nach Schweiz, bei Blumberg nach Achdorf abzweigen. ✉ Uferweg (GPS: 47°50'8"N / 8°30'2" E).

Ch Ⓗ200 m
Stellplatz an der Wutach in ruhiger Lage beim Festplatz. Stellflächen auf Wiese. Ver- u. Entsorgungsmöglichkeit beim Klärwerk in 800 m Entfernung. Der Platzwart ist von 18.30 Uhr - 19.30 Uhr vor Ort und kassiert die Gebühren. Ortszentrum 100 m entfernt. 10 Touristenplätze.
2022: St/N 7.–, KT P/N ab 6 J. 1.50, Wasser/80 l 1.–, Strom/N 2.–. H/N, Entsorgung und Müll inklusive.

78176 Blumberg, Schwarzw. (c12) ST-D 7903/3

0 **»BAHNHOF BLUMBERG-ZOLLHAUS«** 1.1. bis 31.12.
☎ 0049 7702 51203
touristinfo@stadt-blumberg.de, **www.stadt-blumberg.de**

➔ B 27 Villingen-Schwenningen Richtung Schweiz, bei Blumberg abfahren zum Bahnhof. ✉ Bahnhofstraße (GPS: 47°50'13"N / 8°33'29" E).

WC Ⓗ100 m
Stellplatz am Bahnhof der Museumseisenbahn im Stadtteil Zollhaus. Stellfläche auf Schotter. Segwaytouren vorhanden. Aufenthalt unbegrenzt. Ortszentrum 100 m entfernt. 5 Touristenplätze.
2022: Stellplatz ist kostenlos. MC/N 6.–, KT P/N ab 6 J. 1.50.

78187 Geisingen, Schw. Alb (c12) ST-D 7916

Abfahrt

15 **»WOHNMOBILSTELLPLATZ GEISINGEN«** 1.1. bis 31.12.
E.: Stadt Geisingen ☎ 0049 7704 80733
info@geisingen.de, **www.geisingen.de**

➔ A 81 Stuttgart–Singen, Abf. (38) Geisingen, weiter auf der B 31 nach Geisingen. Wegen einer Brückensperrung die in die Tuttlinger Straße abbiegen, dieser bis zum Kreisverkehr folgen und bei der zweiten Ausfahrt abbiegen. Über den Bahnübergang fahren und nach ca. 600 m rechts in das Freizeitgelände Danuterra einfahren. Sie befinden sich auf der Straße "Am Espen". Nach ca. 300 m befindet sich der Stellplatz auf der rechten Seite. ✉ Am Espen 8 (GPS: 47°55'8"N / 8°39'12" E).
∴ Historische Altstadt. Aussichtspunkt Wartenberg. Naturschutzgebiet Unterhölzer Wald (1,5 km). Donauversickerung Immendingen (5 km).

RES WC WC Ch
Ⓗ400 m 500 m 600 m
Beleuchteter Stellplatz am südlichen Ortsrand. An einem Altarm der Donau im Freizeitgebiet "Danuterra" gelegen. Ebene, parzellierte Stellflächen auf Schotter mit kleinen Rasenanteilen. Stellplatz-Länge bis 12 m. Für Fahrzeuge über 5 t geeignet. Barzahlung am Parkscheinautomaten. An-/Abreise 6.30-22.30 Uhr. Duschmöglichkeit in der Arena Geisingen während der Öffnungszeiten Di-So. Angelkarten im Rathaus. Inlinebahn. Rad-/Wanderwegenetz. Ort 500 m entfernt. 37 Touristenplätze.
2023: MC-St/N 11.–, Wasser/80 l 1.–, Strom/4 kWh 2.– (16 A). P/N, H/N, Entsorgung und Müll inklusive. Bezahlung am Automaten ohne Wechselfunktion.

78183 Hüfingen, Schwarzwald (c12) ST-D 7920

»WOHNMOBILSTELLPLATZ AN DER BREG« 1.1. bis 31.12.
E.: Kultur- und Informationsamt ☎ 0049 771 600924
info@huefingen.de, www.huefingen.de

➔ A 864/B 27 Bad Dürrheim-Hüfingen. An der Kreuzung mit der B 31 Richtung Hüfingen abbiegen. Nach ca. 1,4 km rechts in die "Dögginger Straße" einfahren. Am Ende der Straße links in die "Schaffhauser Straße", die "Breg" kreuzen und die nächste Straße links zum Ziel. Beschildert. ✉ Bräunlinger Straße (GPS: 47°55'24"N / 8°29'13" E).
Historische Altstadt. Kirchen und Kapellen. Schloss zu Fürstenberg. Museum für Kunst und Geschichte. Schulmuseum. Römerbadmuseum.

Ausgewiesener, beleuchteter Stellplatz im hinteren Bereich eines Pkw-Parkplatzes beim Festplatz. Ebene, parzellierte Stellflächen auf Schotterrasen. Stellplatz-Länge bis 12 m. Für Fahrzeuge über 5 t geeignet. Barzahlung beim Kassierer. Imbiss. Rad-/Wanderwegenetz. Ort 300 m entfernt. 22 Touristenplätze.

78315 Radolfzell, Bodensee (c13) ST-D 7926/1

15 **»WOHNMOBILSTELLPLATZ METTNAU«** 1.1. bis 31.12.
☎ 0049 7732 81500
info@radolfzell-tourismus.de, www.radolfzell-tourismus.de

➔ A 81 Stuttgart-Singen, Abf. (33) Randolfzell, weiter zum Sportplatz. Stellplatz liegt gegenüber dem Hartplatz des FC Radolfzell. ✉ Strandbadstraße (GPS: 47°44'15"N / 8°58'48" E).

Stellplatz beim Sportplatz auf der Halbinsel Mettnau (Naturschutzgebiet). Ebene parzellierte und schattenlose Stellflächen auf Schotter. Für die Nutzung von Sanitärgebäude, Strom und Frischwasser benötigen Sie eine Servicekarte, die Sie am Ticketautomat gegen Zahlung einer Pfandgebühr in Höhe von 10.- € erhalten. Bezahlung am Automaten (bargeldlos mit EC- oder Kreditkarte). Ebenfalls am Automaten erhalten Sie die Gästekarte BODENSEECARD WEST. Diese ermöglicht die freie Fahrt mit Bus und Bahn im Landkreis Konstanz und darüber hinaus sowie zahlreiche Rabatte. Maximal 3 Nächte (72 Std.) Aufenthalt möglich. Ortszentrum 600 m entfernt. 31 Touristenplätze.
2022: St/N 15.–, KT P/N ab 15 J. 2.80, WD/5 min. 1.–, Wasser/100 l 1.–, Strom/1 kWh –.60. H/N, Entsorgung und Müll inklusive. Die Zahlung erfolgt ausschließlich mit EC- oder Kreditkarte.

78315 Radolfzell, Bodensee (c13) ST-D 7926/2

15 **»WOHNMOBILSTELLPLATZ IN DEN HERZEN«**
☎ 0049 7732 81500 1.1. bis 31.12.
info@radolfzell-tourismus.de, www.radolfzell-tourismus.de

➔ A 81 Stuttgart-Singen, Abf.(33) Randolfzell, weiter zum Randolfzell zur Saunalandschaft. ✉ Zeppelinstraße (GPS: 47°44'16"N / 8°57'12" E).

Stellplatz am Bodensee-Radweg bei der BORA Saunalandschaft. Stellfläche auf Pflaster und Schotter. Maximal 3 Nächte (72 Std.) Aufenthalt möglich. Schwerbehinderte können kostenlos parken. Bei Vorlage des Parkschein-Abschnitts erhalten Gäste in der Tourist-Information eine Gästekarte, mit der sie den ÖPNV im Landkreis Konstanz kostenlos nutzen können, sowie Rabatte bei zahlreichen Ausflugszielen erhalten. Ortszentrum 1.5 km entfernt. 15 Touristenplätze.
2022: St/N inkl. 1 P/N 8.– bis 11.–, KT P/N 2.80, Wasser/80 l 1.–, Strom/kWh –.50. H/N, Entsorgung und Müll inklusive.

78239 Rielasingen-Worblingen, Bod. (c13) ST-D 7940

»WOHNMOBILSTELLPLATZ NATURBAD AACHTAL«
☎ 0049 7731 932154 1.5. bis 31.12.
regitz@rielasingen-worblingen.de, www.rielasingen-worblingen.de

➔ A 81 Stuttgart-Konstanz, Abf. (33) Singen, weiter Richtung Schweiz nach Rielasingen-Worblingen. ✉ Herdweg 20 (GPS: 47°43'14"N / 8°51'47" E).

Parzellierter am Ortsrand liegender Stellplatz auf Schotter am Naturbad Aachtal neben dem Fluss. Höchstparkdauer 3 Tage. 18 Stellplätze mit Stromanschluss. Weitere markierte 6 Stellplätze (ohne Strom) befinden sich seitlich des Naturbades (hintere Reihe). Kiosk und Ver- und Entsorgungsstation an der Gaststätte/Außenterasse am Naturbad (geöffnet während der Badesaison). Duschen während der Badesaison gegen Gebühr. Ortszentrum 600 m entfernt. 24 Touristenplätze.

78351 Bodman-Ludwigshafen, Bod. ST-D 7951

»WOHNMOBILHAFEN AM SEE« 1.1. bis 31.12.

info@berietech.de, www.der-erste-wohnmobilhafen-am-see.de

➔ A 81 Stuttgart-Singen, Abf. (339 Randolfzell, weiter auf B 34 nach Bodman-Ludwigshafen. ✉ Am Sportplatz 3 (GPS: 47°49'26"N / 9°3'7" E).

Stellplatz an der B 31 am Ortsrand. Ebene, schattenlose Stellflächen auf Schotterrasen, belastbar bis 7.5t . Entsorgungsstation am Platz. Ab einer Übernachtung steht Ihnen die Gästekarte der Gemeinde Bodman-Ludwigshafen zur Verfügung. Diese ist in der Tourist Info (Rathaus) nach Hinterlegung eines Pfandes von 5€ erhältlich. Ortszentrum 500 m entfernt. 20 Touristenplätze.

88662 Überlingen, Bodens. (d12/13) ST-D 7953

20 **»REISEMOBILHAFEN ÜBERLINGEN«** 1.1. bis 31.12.
E.: Kur und Touristik Überlingen GmbH ☎ 0049 75519471522
info@ueberlingen-bodensee.de, www.ueberlingen-bodensee.de

➔ B 31 Uhldingen - Mühlhofen - Bodman-Ludwigshafen, Abf. Überlingen Richtung Aufkirch/Überlingen. Danach Richtung Krankenhaus Helius Spital bzw. Park und Ride Parkplatz. Beschildert. ✉ Kurt-Hahn-Strasse 1 (GPS: 47°46'33"N / 9°9'1" E).
Städtisches Museum - St.-Nikolaus Münster. Franziskanerkirche.

Reisemobilhafen zwischen der Bundesstraße und der Stadt. Ebene Stellflächen für alle Fahrzeuglängen. Befestigter und geschotterter Untergrund. Parkschein am Automat lösen und gut sichtbar im Fahrzeug anbringen (24 Stunden gültig ab Lösen des Tickets). Ver- und Entsorgungsanlage direkt auf dem Platz (Münzautomat) sowie Stromversorgung an jedem Stellplatz (Münzautomaten). Kostenloser Bustransfer in die historische Altstadt. Anmeldung hierzu am Kiosk am P+R-Parkplatz. Auf dem Reisemobilhafen ist das Campen und Feuermachen verboten. Gute Wanderwege und Radfahrmöglichkeiten direkt ab Stellplatz. Max. Aufenthaltsdauer 3 Nächte! Ort 1 km entfernt. 42 Touristenplätze.
2023: St/N 18.–, Wasser/10 l –.10, Strom/kWh –.50. KT und Entsorgung inklusive.

88074 Meckenbeuren-Reute, Bod. (d13) ST-D 7982

»STELLPLATZ BESENWIRTSCHAFT REUTE« 1.1. bis 31.12.
E.: Elsbeth Lehle ☎ 0049 7542 1654, Mobil 0049 170 2364887
Fax 0049 7542 1803, **www.bodensee-besenwirtschaft.de/wohnmobil.htm**

➔ B 30 Friedrichshafen - Ravensburg, am Ortseingang von Reute rechts in die Pfingstweider Straße abbiegen. ✉ Pfingstweider Str. 12 (GPS: 47°40'48"N / 9°33'13" E).

Stellplatz am Ortsrand bei der Besenwirtschaft Reute. Ebene bis leicht abfallende Stellflächen auf Asphalt und gekiestem Rasen. Bodensee ca. 5 km entfernt. 20 Touristenplätze.

88279 Amtzell OT Büchel, All. (d13) ST-D 7986

»BÜCHELWIESEN - LANDGASTHOF ADLER« 1.1. bis 31.12.
E.: Familie Feiner ☎ 0049 7520 9248383, Mobil 0049 171 6536182
info@buechelwiesen.de, www.buechelwiesen.de

➔ A 96 München-Lindau, Abf. (5) Wangen-West, 3 km bis Amtzell, weiter nach Büchel. Beschildert. ✉ Büchel 3 (GPS: 47°42'31"N / 9°45'57" E).
Historische Hammerschmiede. Historische Altstadt Wangen.

Terrassiert angelegter Stellplatz in sanfter Hügellandschaft bei einem Landgasthof mit kleinem Badeteich. Am Hang gelegen und von Wiesen und Feldern umgeben. Ebene, markierte Stellflächen (6x12 m) auf Rasengittersteinen mit Rasenanteil. Stellplatz-Länge bis 12 m. Stromsäulen münzbetrieben. Holiday-Clean-Station. Brötchenservice. Informationskiosk. Ort 1 km entfernt. 36 Touristenplätze.

88079 Kressbronn OT Gohren, Bod. (d13) ST-D 7987

»WOHNMOBILSTELLPLATZ CAMPING PARK GOHREN«
E.: Sieglinde und Werner Frey 26.3. bis 15.10.
☎ 0049 7543 60590, Fax 0049 7543 605929
info@campingplatz-gohren.de, www.campingplatz-gohren.de

➔ B 31 Friedrichshafen - Lindau, nach Gohren abbiegen, beschildert. ✉ Zum Seglerhafen (GPS: 47°35'13"N / 9°33'43" E).
Zeppelin-Museum.

Beleuchteter Wohnmobilstellplatz vor der Schranke des sehr großen CAMPING PARK GOHREN am Bodensee. Ebene, geschotterte und überwiegend schattenlose Stellflächen in Seenähe. Von einer Hecke umrahmt und am Yachthafen gelegen. Tauchakademie und SUP. 3 Nächte max. Aufenthaltsdauer. Outdoor-Kletterpark 1.5 km, Ort 1.8 km entfernt. 15 Touristenplätze.

88239 Wangen GT Neuravensburg, All. (d13) ST-D 7988

Abfahrt

»WOHNMOBILSTELLPLATZ HUNDRISSHOF« März bis Okt.
E.: Josef & Gitta Berle Mobil 0049 173 1886474 550 m
josef.berle48@gmail.com

➔ A 96 Memmingen - Lindau, Abf. (4) Weißensberg und weiter auf der B 12 Richtung Wangen. Nach 4 km links Richtung Rupolz/Dabetsweiler abbiegen, noch 1.1 km, dann liegt der Hof auf der linken Seite. ✉ Dabetsweiler 21 (GPS: 47°37'15"N / 9°45'47" E).

Beleuchteter Stellplatz bei einem Bauernhof in Einzellage. In hügeliger Landschaft und von Feldern und Wiesen umgeben. Ebene, teils befestigt, geschottert oder gepflasterte Stellflächen - größtenteils schattenlos. Kleines Blockhaus mit Aufenthaltsraum. Idealer Ausgangspunkt für Wander- oder Radtouren. 10 Touristenplätze.

88069 Laimnau, Bodensee (d13) ST-D 7990

30 **»WOHNMOBIL-STELLPLATZ BEIM GUTSHOF CAMPING BADHÜTTEN«**
E.: Martha Köhn-Späth ☎ 0049 7543 96330 11.4. bis 6.11.
Fax 0049 7543 963315, **info@gutshof-camping.de**
www.gutshof-camping.de

➔ B 467 Ravensburg–Lindau, ca. 2 km südlich der letzten Tettnang-Abfahrt nach Laimnau abbiegen, beschildert. ✉ Bad Hütten 1 (GPS: 47°38'0"N /

9°38'48" E).

W W Ch W W

800 m 2 km

Wohnmobil-Stellplatz vor dem Campingplatz GUTSHOF CAMPING BAD-HÜTTEN. Ebene, parzellierte Stellflächen auf Rasen. Durch Bäume und Büsche aufgelockert und gegliedert. Ausschließlich autarke Wohnmobile bis 4.5 t und 7.5 m. Ort 1.5 km entfernt. 50 Touristenplätze.
2022: St/24 Std. inkl. 2 P/N 30.–, H/N 3.80, WD/6 min. –.50, Waschmaschine 3.–, Trockner 3.–, Strom/1 kWh –.50. Entsorgung, Müll, Wasser und Sanitärbenutzung inklusive.

88316 Isny, Allgäu — ST-D 7995

10 **»STELLPLATZ UNTERE MÜHLE«** — 1.1. bis 31.12.
0049 7562 97563 0, Fax 0049 7562 97563 14
info@isny-tourismus.de, www.isny.de

➔ A 96 München - Lindau, Abf. (8) Leutkirch-Süd und weiter auf der L 318 nach Isny. Im Ort an der ersten Kreuzung rechts abbiegen, dann sofort link Richtung Stadtmitte. Beim Kreisverkehr die 1. Ausfahrt rechts, dann geradeaus bis zum Mühlrad. Hier links in die Seidenstraße abbiegen. ✉ Seidenstraße (GPS: 47°41'40"N / 10°2'17" E).
Histor. Altstadt, Museum im Mühlturm, Wassertor-Museum, Kunsthalle im Schloss, Burgruine (2 km), Ausssichtspunkt Felderhalde (2 km).

WC W WC Ch 100 m

200 m 300 m

Stellplatz in Zentrumsnähe direkt am Ach-Bach gegenüber dem Kurpark. Stellflächen auf Kies, von Bäumen umgeben. Zahlung online über QR-Code oder Checkin-Link oder in der Isny-Info. Maximal 2 Nächte Aufenthalt möglich! Ortszentrum 2 km entfernt! 16 Touristenplätze.
2022: MC-St/N 8.– bis 10.–, KT P/N ab 16 J. 1.50, Wasser/10 l –.10, Strom/1 kWh –.50.

88299 Leutkirch, Allgäu (d12) — ST-D 7996

10 **»STELLPLATZ LEUTKIRCH«** — 1.1. bis 31.12.
0049 7561 87154
touristinfo@leutkirch.de, www.leutkirch.de/wohnmobilstellplatz

➔ E 53 Memmingen - Wangen, Abf. (9) Leutkirch-West, im Ort den Wohnmobil-Symbolen folgen. ✉ Kemptener Str. 62 (GPS: 47°49'23"N / 10°2'23" E).

Ch 20 m 30 m 50 m

Stellplatz am Ortsrand von Leutkirch hinter dem Tennisclub. Durch Büsche und Bäume umrahmt. Ebene und parzellierte Stellflächen (6x12 m) auf Rasengittersteinen. Münzbetriebene Stromsäulen. Das Freibad mit Sanitäranlagen ist gleich gegenüber. Brötchenservice (Mo.-Sa.). Holiday-Clean-Anlage. Ver- und Entsorgung vorhanden. Informationstafel. Hundetoilette. Ortszentrum 2.5 km entfernt! 14 Touristenplätze.
2022: St/N 8.–, Wasser/100 l 1.–, Strom/1 kWh –.50 (16 A). H/N, Entsorgung und Müll inklusive.

Bayern

In der Nähe von Militär-Flugplätzen und Truppenübungsplätzen ist mit zeitweiligen Ruhestörungen zu rechnen. Dies gilt auch für den Großflughafen München-Erding in einem Umkreis von ca. 25 km.

88410 Bad Wurzach, Allgäu (d12) — ST-D 7781

10 **»WOHNMOBIL-STELLPLATZ BAD WURZACH«**
0049 7564 304250, Fax 0049 7564 304254 — 1.1. bis 31.12.
info@stellplatz-bad-wurzach.de
www.vitalium-therme.de/unser-wohnmobilstellplatz

➔ A 96 Memmingen - Lindau, Abf. (9) Leutkirch-West und weiter auf der B 465 Richtung Bad Wurzach. Hier in der Ortsmitte der Beschilderung zur "Vitalium-Therme" folgen. Anfahrt über die Riedhalde, folgen Sie bitte der Beschilderung (Symbol Wohnmobil). ✉ An der Thermalquelle 1 (GPS: 47°54'53"N / 9°54'14" E).
Vitalium-Therme.

W

Stellplatz in Ortsrandlage am Rande des Naturschutzgebiets Wurzacher Ried und nahe der Vitalium-Therme. Von Bäumen und Büschen umrahmt und von Feldern und Wiesen umgeben. Ebene, asphaltierte und markierte Stellflächen. Anmeldung und Abrechnung: Therme feelMOOR Gesundresort, Tel. 07564 / 304 - 2301. Duschmöglichkeit gegen Gebühr vorhanden. Rad- und Wanderwege, sowie eine Nordic-Walkingstrecke führen unterhalb des Stellplatzes vorbei. 300 m zur Tourist-Info und zur multimedialen Erlebnisausstellung "MoorExtrem" im Anbau des ehem. Klosters Maria Rosengarten. 17 Touristenplätze.
2022: MC-St/N 5.50, KT P/N 2.–, Entsorgung –.50, Wasser/3 l –.50. Müll und Strom inklusive.

63743 Aschaffenburg, Spess. (c/d9) — ST-D 8105

»STELLPLATZ AN DER WILLIGISBRÜCKE« — 1.1. bis 31.12.
E.: Tourist-Information 0049 6021 395800
tourist@info-aschaffenburg.de, www.info-aschaffenburg.de

➔ A 3 Oberhausen-Würzburg, Abf. (59) Aschaffenburg-Ost, auf die B 26 nach Aschaffenburg. Über den Westring, Darmstädter Str. und Großostheimer Str. den Stellplatz anfahren. ✉ Großostheimer Str. (GPS: 49°58'13"N / 9°8'18" E).
Schloss. Pompejanum. Park Schönbusch. Altstadt.

400 m 4 km

Stellplatz am Mainufer. Stellflächen auf Sand, Splitt, Schotter und Wiese. Stellplatz-Länge bis 7 m. Bezahlung am Parkscheinautomaten. Maximal 8 Nächte Aufenthalt möglich! Ver-/Entsorgung ca. 1 km entfernt. Bei bestimmten Wetterverhältnissen kann dieser Platz überflutet werden. 30 Touristenplätze.

97631 Bad Königshofen i. Grabfeld, Rh. (e8) ST-D 8147

15 **»WOHNMOBILSTELLPLATZ AN DER FRANKENTHERME«**
276 m — 1.1. bis 31.12.
0049 9761 91200, Mobil 0049 9761 912040, **info@frankentherme.de**
www.frankentherme.de/wohnmobilisten

➔ B279 Bamberg - Bad Neustadt a. d. Saale, bei Bad Königshofen zum Stadtzentrum/Kurpark abbiegen und der Beschilderung zur Frankentherme folgen. ✉ Am Kurzentrum 1 (GPS: 50°18'11"N / 10°28'58" E).
FrankenTherme.

WC W W Ch W

W 50 m

Parzellierter Reisemobil-Stellplatz am östlichen Ortsrand direkt an der FrankenTherme. Überwiegend schattenlose, ebene und gepflasterte Stellflächen (5.50 x 10 m). 31 separate Komfort-Stellplätze (6.50 x 10 m) mit kleinen Rasenanteilen. Stromsäulen münzbetrieben. Ver- und Entsorgungseinrichtungen. Camper-Clean Station. Anmeldung und touristische Informationen an der Kasse der FrankenTherme. Bäckerservice täglich um 8 Uhr, außer dienstags, ohne Vorbestellung. Gasservice Mo.-Sa. nach tel. Bestellung am Müllplatz durch den Edinger-Fachmarkt. 96 Touristenplätze.
2023: St/N 15.–, WD/3 min. –.50, Waschmaschine 3.–, Trockner 3.–, Wasser/7 l –.10, Strom/kWh –.50. P/N, KT, H/N, Entsorgung und Müll inklusive.

97762 Hammelburg OT Diebach, Rh. (d/9) ST-D 8149

15 **»WOHNMOBILSTELLPLATZ FORELLENHOF REUSS«**
E.: Fam. Reuss — 1.1. bis 31.12.
0049 9732 3053065, Mobil 0049 171 7521731
forellenhof-reuss@gmx.de, www.ausblick-forellenhof.de

➔ A 7 Würzburg-Fuld, Abf. (97) Hammelburg und weiter nach Hammelburg. Im Ort im Kreisverkehr abbiegen nach Diebach. Hier der Hauptstraße (Zur Neumühle) folgen und am Ortsende rechts unter den Bahngleisen durch in die "Am Erlich". ✉ Am Erlich 30 (GPS: 50°7'59"N / 9°49'8" E).
Schloss Saaleck. Historische Altstadt von Hammelburg.

WC W W Ch

1.7 km

Terrassenförmig angelegter Stellplatz mit schönem Blick über das Saaletal. Von Feldern umgeben. Sonnige Stellplätze auf befestigtem Schotterrasen. Anmeldung nicht erforderlich. Bezahlung am Tag der Abreise in der Rezeption von 8 bis 9:30 Uhr geöffnet. 3 Ver- u- Entsorgungsmöglichkeiten. Mülltrennung. Gasflaschentausch. Gaststätte mit Biergarten (Sonntag u. Montag Ruhetag). Pizza aus dem Steinbackofen. Western-Grill-Buffet. Grillhütte. Lagerfeuerplatz. Kleiner Hofladen. Ponyreiten. Streicheltiere (Lamas, Hühner, Ziegen, Schweine und Esel). Hunde müssen an der Leine geführt werden. Nachtruhe von 22 bis 7 Uhr. Brötchenservice. Außerhalb der Saison eingeschränkter Service. Ort (Diebach) 1,7 km und (Hammelburg) 7 km entfernt. 78 Touristenplätze.
2022: St/N inkl. P/N 13.–, Wasser/10L –.10, WD 2.–, Strom/kWh –.50.

97318 Kitzingen (e9) — ST-D 8170

»WOHNMOBILSTELLPLATZ AM MAIN« — 1.1. bis 31.12.
0049 9321 208888, Fax 0049 9321 2098888 — 184 m
tourismus@stadt-kitzingen.de, kitzingen.info

➔ A7 Ulm - Würzburg, Abf. (103) Kitzingen und weiter auf der B 8 Richtung Kitzingen. Kurz vor der Bahnunterführung links auf die Umgehungsstraße Richtung Norden fahren. Nach der Überquerung des Mains die erste Möglichkeit rechts abbiegen, beschildert. ✉ Bleichwasen (GPS: 49°44'35"N / 10°9'48" E).

WC Ch

Stellplatz in der Stadt unterhalb der Nordbrücke zwischen dem Fußballplatz und dem Main. Stellplätze in einer Reihe entlang des Mainufers, durch einen breiten Wiesenstreifen vom Main getrennt. Ebene und mit Schotterrasen befestigte Stellflächen. Holiday-Clean Anlage mit Parkscheinautomat. Stromsäulen münzbetrieben. Entsorgung via Bodeneinlass bei der Zufahrt. SAT-Empfang. Backwarenverkauf von April bis Oktober täglich von 8-10 Uhr. Info-Pavillon mit Broschüren und Bücherschrank. Bezahlung am Parkscheinautomat (Bargeld). In der Winterzeit sind die Versorgungseinrichtungen abgestellt (WC, Wasser). Max. 3 Übernachtungen möglich! 70 Touristenplätze.

97350 Mainbernheim (e9) — ST-D 8173

»PARKPLATZ MEHRZWECKHALLE« — 1.1. bis 31.12.
E.: Stadt Mainbernheim 0049 9323 804230
stadt@mainbernheim.de, www.mainbernheim.de

➔ B 8 Kitzingen-Markteinersheim, Abf. Mainbernheim, in Richtung Mehrzweckhalle, ausgeschildert. ✉ Goldgrubenweg 14 (GPS: 49°42'43"N / 10°13'12" E).
Johanniskirche. Historischer Stadtkern. Rathaus. Stadtmauer. Denkmalgeschützter Friedhof.

300 m 500 m 3 km

Stellplätze auf einem öffentlichen Parkplatz. Ein Fußweg führt zur Altstadt. Stellplatzlänge bis 12 m. 1 Stromsäule mit 4 Entnahmestellen. Ver- und Entsorgung von Okt. bis Ende März nicht möglich (Holiday-Cleany mit Bodeneinlass und Elektrostar). Strom und Wasser - Barzahlung an der Versorgungssäule. Stellplatzgebühr ab dem 4. Tag im Rathaus zu bezahlen. 15 Touristenplätze.

97450 Arnstein (d9) ST-D 8181

»AM ALTEN SCHWIMMBAD« 1.4. bis 31.10.
E.: Stadt Arnstein ☏ 0049 9363 8010
poststelle@arnstein.bayern.de, www.arnstein.de

➔ A 7 Fulda-Würzburg, Abf. (99) Schweinfurter Kreuz und auf der B 26a nach Arnstein. Beschilderung zum "alten Schwimmbad" folgen. ✉ Weyersmühlweg (GPS: 49°58'36"N / 9°57'33" E).
Wallfahrtskirche. Schlossanlage. Historische Altstadt.

300 m 500 m 1 km

Stellplätze auf einem öffentlichen Parkplatz beim Naturbadesee. Maximal 3 Nächte Aufenthalt möglich! Reiner Wohnmobilstellplatz , max Länge der Wohnmobile 7,50 meter. Das Abstellen ist nur in den ausgewiesenen Flächen erlaubt. Ortszentrum 500 m entfernt. 9 Touristenplätze.

97424 Schweinfurt (e9) ST-D 8183

»WOHNMOBILPARK SAUMAIN« 1.1. bis 31.12.
E.: Wolfgang Thein ☏ 0049 9721 4998060, Mobil 0049 9721 87153
Fax 0049 9721 4998065, **info@wohnmobilpark-saumain.de**
www.wohnmobilpark-saumain.de

➔ A 70 Bamberg-Werneck, Abf. (8) Gochsheim, weiter in Richtung und durch Sennfeld Richtung Schweinfurt. Nach ca. 1 km an der Ampelkreuzung am Sennfelder Bahnhof links Richtung Hafen abbiegen, dann nach ca. 50 m rechts Richtung Hutrasen. Nach weiteren ca. 100 m ist das Ziel erreicht. Beschildert. ✉ Hutrasen (GPS: 50°2'19"N / 10°14'3" E).
Schäfer Museum. Naturkundemuseum. Historische Altstadt.

Ch 300 m 800 m 2 km

Stellplatz neben einer Kleingartenanlage. Ebene, geschotterte Stellflächen mit Holzbalken parzelliert und durch Rasenflächen aufgelockert. Gepflasterte Fahrspur über den ganzen Platz. Stellplatz-Länge bis 12 m. Für Fahrzeuge über 5 t geeignet. Reservierung bei Gruppen empfohlen. Bezahlung beim Parkscheinautomaten. Ort 800 m entfernt. 20 Touristenplätze.

97486 Königsberg (e9) ST-D 8184

»WOHNMOBILSTELLPLATZ AM SPORTGELÄNDE«
E.: Stadt Königsberg ☏ 0049 9525 92220 1.1. bis 31.12.
info@koenigsberg.de, www.koenigsberg.de

➔ A 70 Werneck-Hallstadt, Abf. (12) Eltmann, auf die B 26 Richtung Haßfurt. In Zeil auf die St 2427 Richtung Königsberg. Beschildert. ✉ Unfinder Str. 2 (GPS: 50°5'4"N / 10°34'12" E).
Altstadt Königsberg. Staufferburg am Schlossberg. Naturpark Haßberge.

200 m 1 km 1.5 km

Stellplatz am Stadtrand umgeben von Grünflächen. Stellflächen leicht geneigt auf Pflaster. Bezahlung durch Einwurf im Briefkasten des Rathauses. Ort 1 km entfernt. 8 Touristenplätze.

97332 Volkach (e9) ST-D 8185

»REISEMOBILPLATZ CAMPING ESCHERNDORF AM MAIN«
E.: Familie Sauer-Maier ☏ 0049 9381 2889 3.4. bis 25.10.
Fax 0049 9381 710945, **info@campingplatz-mainschleife.de**
www.campingplatz-mainschleife.de

➔ A 7 Fulda–Würzburg Abf. (101) Würzburg/Estenfeld Richtung Volkach. In Escherndorf rechts zur Mainfähre abbiegen. ✉ An der Güss 9 a (GPS: 49°51'38"N / 10°10'33" E).

W W Ch W W GAS

HS 500 m HS HS

3 km 5 km

Stellplatz beim Campingplatz CAMPING ESCHERNDORF AM MAIN. Ebene Stellflächen auf befestigtem Rasen. Durch vereinzelte Laub-/Obstbäume aufgelockert. Ort 500 m entfernt.

96106 Ebern (e9) ST-D 8200/2

»WOHNMOBILSTELLPLATZ EBERN« 1.1. bis 31.12.
E.: Tourismus- und Werbegemeinschaft Ebern V.: Helen Zwinkmann, Frank Schilling 265 m
☏ 0049 9531 62914, Mobil 0049 9531 941194, **touristinfo@ebern.de**
www.wohnmobilstellplatz-ebern.de

➔ B 279 Bamberg - Bad Neustadt, bei Ebern zum Stadtzentrum abbiegen, hier ausgeschildert (Bahnhof). ✉ Walk-Strasser-Anlage (GPS: 50°5'43"N / 10°47'44" E).
Altstadt mit alter Stadtbefestigung, Fachwerk- und Patrizierhäusern. Historisches Schumacherhaus.

W W Ch 30 m

100 m 150 m

Parzellierter Wohnmobilstellplatz in der Stadtmitte, zentral zur historischen Innenstadt gelegen, mit Blick auf die Stadtmauer und die Altstadt. Ruhige, vor dem Durchgangsverkehr geschützte parkähnliche Lage. Ebene, schattenlose Stellflächen (5.50x10 m) auf Schotterrasen. Stromsäulen münzbetrieben. Info-Tafel, Hot-Spot, Bodeneinlass und Frischwasseranschluss vor dem Platzwarthäuschen. Duschen und Toiletten befinden sich im Untergeschoss des öffentlichen WC-Hauses. Gästebetreuer vor Ort, Mai - Okt. '21: 10 bis 11 Uhr und 17 bis 18 Uhr. Nov. - April '21 10:30 bis 11 Uhr und 16 bis 16:30 Uhr. 20 Touristenplätze.

91347 Aufseß, Fränk. Schweiz (f9) ST-D 8202/1

»BRAUEREIENWEG-STELLPLATZ HOCHSTAHL« 1.1. bis 31.12.
E.: Jörg Reichold ☏ 0049 9204 919277
gasthof@reichold.de, www.reichold.de

➔ A 70 Bindlach-Bamberg, Abf. (20) Stadelhofen, weiter Richtung Hollfeld nach Aufseß. Oder A 9 Bayreuth-Nürnberg, Abf. (43) Trockau, weiter über Waischenfeld nach Aufseß. Es wird empfohlen, die Anreise über Streitberg (18% Steigung) zu meiden! ✉ Hochstahl 24 (GPS: 49°53'1"N / 11°16'3" E).
Naturpark Fränkische Schweiz. Burg Unteraufseß.

W W 100 m

Stellplatz liegt im Weiler Hochstahl, am Brauereinweg, hinter dem Parkplatz der Brauerei Gasthof Reichold. Die Stellflächen auf Schotterrasen und Rasenpflaster. Stellplatz-Länge bis 10 m. Reservierung empfohlen. Melden Sie sich bei Ankunft bitte in der Gaststätte an. Ort 3.5 km entfernt. 38 Touristenplätze.

91347 Aufseß, Fränk. Schweiz (f9) ST-D 8202/2

»BRAUEREIGASTHOF ROTHENBACH« 1.1. bis 31.12.
☏ 0049 9198 92920
wirt@brauereigasthof-rothenbach.de, www.brauereigasthof-rothenbach.de/

➔ B 20 Bamberg-Bayreuth, in Hollfeld auf die St 2189 Nach Aufseß fahren. ✉ Im Tal 70 (GPS: 49°53'3"N / 11°13'41" E).

50 m

Stellplatz auf dem Parkplatz des Brauereigasthofes "Rothenbach" auf dem Land. Stellfläche geschottert. Maximal 7 Nächte Aufenthalt möglich! 3 Touristenplätze.

91320 Ebermannstadt, Fr. Schw. (e/f9) ST-D 8203

»STELLPLATZ EBERMANNSTADT« 1.1. bis 31.12.
☏ 0049 9194 5060
info@ebermannstadt.de, www.ebermannstadt.de

➔ A 73 Nürnberg-Bamberg, Abf. (28) Forchheim-Süd, weiter auf der B 470 Richtung Pegnitz, im Ort auf die Ramstertalstraße abbiegen und direkt in die Straße Oberes Tor abbiegen. ✉ Oberes Tor (GPS: 49°46'58"N / 11°11'24" E).

500 m 600 m

Stellplatz im Ort nahe der Wiesent. Stellfläche auf Asphalt. Maximal 1 Nacht Aufenthalt möglich! 10 Touristenplätze.

95478 Kemnath, Oberpfälz. W. (f9) ST-D 8204

»STELLPLATZ AM EISWEIHER« 1.1. bis 31.12.
☏ 0049 9642 7070
poststelle@kemnath.de, www.kemnath.de

➔ B 22 Bayreuth-Erbedorf, im Ort den Wohnmobil-Symbolen folgen. ✉ Am Eisweiher 8 (GPS: 49°52'19"N / 11°53'16" E).

50 m 200 m

Stellplatz am Ortsweiher. Stellfläche befestigt und parzelliert. 5 Touristenplätze.

95448 Bayreuth, Fichtelgeb. (f9) ST-D 8207/1

»LOHENGRIN THERME« 1.1. bis 31.12.
☏ 0049 921 792400
info@lohengrin-therme.de, www.bayreuth.de

➔ E 51 Bayreuth-Hof, Abf. (42) Bayreuth-Süd, der Beschilderung zur Lohengrin-Therme folgen. ✉ Kurpromenade 5 (GPS: 49°56'30"N / 11°38'4" E).
Stadtpfarrkirche (6 km),Opernhaus (5 km), Richard-Wagner-Museum (4.5 km).

RES W Ch 100 m

Stellplatz auf dem Parkplatz der Therme Lohengrin am Ortsrand. Stellfläche asphaltiert. Ortszentrum 6 km entfernt! 16 Touristenplätze.

95448 Bayreuth, Fichtelgeb. (f9) ST-D 8207/2

»PARKPLATZ GRÜNEWALDSTRASSE« 1.1. bis 31.12.
☏ 0049 921 88588
info@bayreuth-tourismus.de, www.bayreuth.de/

➔ E 51 Nürnberg-Bayreuth, Abf. (41) Bayreuth-Nord, weiter auf B 2 Richtung Ortszentrum. Zeilstraße liegt links. ✉ Grünewaldstraße 11 (GPS: 49°56'43"N / 11°35'36" E).

Stellplätze auf einem Parkplatz in Zentrumsnähe. Stellfläche asphaltiert. 10 Touristenplätze.

95448 Bayreuth, Fichtelgeb. (f9) ST-D 8207/3

»P6 AN DER STADTHALLE« 1.1. bis 31.12.
☏ 0049 921 88588
info@bayreuth-tourismus.de, www.bayreuth.de/

➔ In Bayreuth Richtung Zentrum fahren und der Beschilderung zur Stadthalle/P6 Parkplatz folgen. ✉ Jean-Paul-Straße/Am Geißmarkt (GPS: 49°56'25"N / 11°34'35" E).

Stellplatz im Zentrum von Bayreuth. Stellflächen auf Asphalt neben einem Parkplatz. Maximal 1 Nacht Aufenthalt möglich! 3 Touristenplätze.

95473 Creußen, Fränk. Schw. (f9) ST-D 8208/2

»IM GÄRTLEIN« 1.1. bis 31.12.
☏ 0049 9270 650
Info@Im-Gaertlein.de, space.im-gaertlein.de/

➔ E 51 Nürnberg-Bayreuth, Abf. (44) Pegnitz, weiter auf B 2/B 85 Richtung Bayreuth, in Creußen Richtung Sportgelänge fahren. ✉ Im Gärtlein 1

(GPS: 49°50'50"N / 11°37'6" E).
Bayreuth (8 km), Roter-Main-Ursprung (6 km), Krüge-Museum (700 m).

WC W Ch | 50 m 100 m

Stellplatz bei der Gaststätte "Im Gärtlein". Stellplatz auf Schotter. 10 Touristenplätze.

97461 Hofheim (e9) ST-D 8209

»REISEMOBILHAFEN AM FREIBAD« 1.1. bis 31.12.
V.: Frau Geisler 263 m
0049 9523 5033710, Mobil 0049 160 1283151
info@hassberge-tourismus.de
stadt-hofheim.de/tourismus-freizeitgestaltung/wohnmobilstellplatz.html

➔ B 303 abfahren Richtung Hofheim Zentrum und dann der Beschilderung zum Frei- und Hallenbad folgen. ✉ Johannisstraße (GPS: 50°8'31"N / 10°31'5" E).

WC W W Ch

Stellplatz am Ortsrand direkt beim Frei- und Hallenbad. Auf einem separaten Gelände neben den Liegewiesen des Freibads gelegen und von Büschen und Bäumen umrahmt. Ebene, schattenlose Stellflächen (6x10 m) auf Schotterrasen. Stromsäulen münzbetrieben. Servicebereich mit HolidayClean und Müllcontainer vor der Übernachtungsfläche. Sanitärhaus mit Info-Tafeln. Brötchenservice. Die Stellplatzgebühr wird beim Einkauf (ab 10.- €) in den Geschäften des Hofheimer Werberings teilweise erstattet. Ortszentrum 500 m entfernt. 30 Touristenplätze.

96472 Rödental (e8) ST-D 8213/2

»STELLPLATZ SCHWEIZEREI RÖDENTAL« 1.1. bis 31.12.
0049 9563 7294303, Mobil 0049 170 5237537
info@schweizerei.de, **www.schweizerei.de**

➔ A 73 Bamberg-Coburg, Abf. (9) Rödental, an der zweiten Ampel Richtung Schloss Rosenau, beschildert. ✉ Schweizerei 1 (GPS: 50°17'18"N / 11°1'19" E).
Schloss Ehrenburg und Schloss Callenberg (6 km), Schloss Rosenau (500 m).

WC W W Ch |
H 100 m 300 m

Stellplatz am Ortsrand auf einer Streuobstwiese. Stellfläche auf Wiese. 8 Touristenplätze.

96472 Rödental-Weißenbrunn (e8) ST-D 8213/3

»FESTPLATZ RÖDENTAL« 1.1. bis 31.12.
0049 9563 96720
info@roedental.de, **www.roedental.de/**

➔ A 73 Lichtenfels-Suhl, Abf. (9) Rödental, weiter Richtung Rödental. Das Ziel liegt auf der Hauptstraße. ✉ Öslauer Straße (GPS: 50°17'18"N / 11°1'43" E).

| 600 m

Stellplatz im Ortszentrum nahe der Autobahn. Stellfläche auf Schotter. 3 Touristenplätze.

95349 Thurnau, Fränk. Schweiz (f9) ST-D 8214

»WOHNMOBILSTELLPLATZ JÄGERSTRASSE« 1.1. bis 31.12.
0049 9228 9510
info@thurnau.de, **www.thurnau.de**

➔ E 48 Bamberg-Bayreuth, Abf. (23) Thurnau-Ost, im Ort den Wohnmobil-Symbolen folgen. ✉ Jägerstraße (GPS: 50°1'40"N / 11°23'48" E).
Tanzlinde Limmersdorf (2 km), Töpfermuseum (400 m), Laurentiuskirche (400 m), Schloss Thurnau (300 m).

| 200 m

Stellplatz am Ortsrand auf dem ruhig gelegenen Wanderparkplatz neben einem Bach. Stellfläche auf Asphalt und Schotter mit Entsorgungsstation. 8 Touristenplätze.

96317 Kronach OT Mostrach, Frankenw. (f9) ST-D 8215

10 **»LUCKY STABLE RANCH«** 1.1. bis 31.12.
E.: Michaela Menzel 0049 9261 2366 430 m
info@lucky-stable-ranch.de, **www.lucky-stable-ranch.de**

➔ A 73 Bamberg-Suhl, Abf. (10) Erbersdorf, weiter auf der B 303/B 173 Richtung Ebersdorf nach Kronach. In Kronach rechts abbiegen in die Industriestraße - wieder rechts in den Hammermühlenweg und links in "Am Sand", weiter nach Mostrach, hier beschildert. ✉ Mostrach 1 (GPS: 50°13'7"N / 11°20'21" E).

WC W Ch | 50 m

Der Lern- und Erlebnisbauernhof „Lucky-Stable-Ranch" liegt auf dem „Sternberg", umgeben von Wäldern, Wiesen und Feldern. Für Wohnmobile Stellflächen auf Asphalt, für Zelte auf Rasen. Freizeitprogramme. Reitbetrieb über den Förderverein für Reiten, Tiere und Therapie e.V. Trakehnerzucht. Lagerfeuerplatz. Pilzwanderungen. Kleiner Biergarten und "Saloon". Imbiss. Tipi zu mieten. Mitarbeit am Hof ist erwünscht. FW. Ortszentrum Kronach 3 km entfernt. 5 Touristenplätze.
2022: St/N inkl. 2 P/N 10.–, weitere P/N 4.–, extra C/N 10.–, extra MC/N 10.–, H/N 4.–, WD 3.50, Waschmaschine 3.–, Trockner 3.–. Energiezuschlag/Nach 1.50. Wasser, Sanitärbenutzung und Strom inklusive. Nur Barzahlung.

96332 Pressig OT Rothenkirchen, Frankenw. (f8) ST-D 8217

15 **»WOHNMOBILSTELLPLATZ BEIM NATURBAD«**
E.: Markt Pressig V.: Fam. Ringlstetter 416 m 1.4. bis 31.10.
0049 9265 9900, **info@pressig.de**, **www.pressig.de**

➔ B 85 Kronach-Saalfeld, in Rothenkirchen auf Badstraße abbiegen. Hinweisschilder führen zum Stellplatz in der Nähe des vorwiegend im Sommer belegten Jugendzeltplatzes und des Naturbades im Landleitenbachtal. ✉ Badstr. 34 (GPS: 50°22'26"N / 11°18'57" E).
Gedenkstätte ehemalige deutsch/deutsche Grenze (6 km). Mittelalterliche Burgruine in Rothenkirche. Festung Rosenberg.

WC W W Ch | 10 m
20 m 100 m 200 m

Beleuchteter Stellplatz am Ortsrand bei einem Naturfreibad. Geschotterte Stellflächen. Aufgrund der aktuellen Situation stehen in der Saison 2020 keine öffentlichen Sanitäreinrichtungen zur Verfügung.Bezahlung über Platzwart (Fam. Ringlstetter, Tel. 09265/5284) vor Ort. 50 Touristenplätze.
2022: St/N inkl. 9 P/N 12.–. H/N, WD, Entsorgung, Müll, Wasser, Sanitärbenutzung und Strom inklusive. Bezahlung über Platzwart (Fam. Ringlstetter, Tel. 09265/5284) vor Ort.

95326 Kulmbach, Frankenwald (f9) ST-D 8218

»KULMBACH FESTPLATZ« 1.1. bis 31.12.
0049 9221 95880
touristinfo@stadt-kulmbach.de, **www.kulmbach.de/**

➔ E 48 Bamberg-Harsdorf, Abf. (24) Kulmbach, Richtung Kulmbach Stadtmitte. Beschilderung "Festplatz am Schwedensteg" folgen. ✉ Schwedensteg (GPS: 50°6'41"N / 11°27'39" E).
Zinnfigurenmuseum (1.2 km), Bayrisches Brauerei- und Bäckereimuseum (0.8 km).

WC Ch | 300 m

Stellplatz im Ortszentrum auf einem Parkplatz. Stellfläche geschottert und gepflastert. Maximal 3 Nächte Aufenthalt möglich! 25 Touristenplätze.

95213 Münchberg, Fichtelgeb. (f9) ST-D 8219

»WOHNMOBILSTELLPLATZ AM HALLENBAD« 1.1. bis 31.12.
E.: Stadt Münchberg 0049 9251 8740 außer während Festbetrieb
stadtverwaltung@muenchberg.de, **www.muenchberg.de**

Abfahrt

➔ A 9 Bayreuth - Berg, Abf. (35) Münchberg-Nord, weiter auf St 2194 (Helmbrechtser Str.) Richtung Münchberg. Am Kreisverkehr 3. Ausfahrt auf die Hofer Straße, danach links abbiegen auf Schützenstraße. ✉ Schützenstr. 26b (GPS: 50°12'2"N / 11°47'39" E).
Großer Waldstein. Bauernhofmuseum Kleinlosnitz.

| 50 m W
100 m 800 m

Ebene Stellflächen auf Asphalt am Ortsrand. Entsorgung von Grauwasser und Kasettentoiletten. Stadtpark mit GeoPark und Kegelbahn in der Nähe. Idealer Ausgangspunkt für Radtouren und Wanderungen. 9 Touristenplätze.

95131 Schwarzenbach am Wald, Frankenw. (f8) ST-D 8220

»STELLPLATZ DÖRABERG« 1.1. bis 31.12.
0049 9289 5043
tourismus@schwarzenbach-wald.de, **www.schwarzenbach-wald.de**

➔ B 173 Kronach-Hof, nach Schwarzenbach abzweigen und der Beschilderung "Mountainbike Zentrum Döbraberg" folgen. ✉ Schützenstraße 30 (GPS: 50°16'56"N / 11°37'32" E).
900-jährige Eibe in Breitengrund (7 km), Kohlmeier (7 km), Rotwildgehege (3 km).

Ch | 50 m 150 m 400 m

Stellplatz am Ortsrand mit Blick auf den Frankenwald. Stellfläche auf Schotterwiese. 6 Touristenplätze.

95138 Bad Steben, Frankenwald (f8) ST-D 8221

10 **»THERME BAD STEBEN«** 1.1. bis 31.12.
0049 9288 9600 580 m
info@therme-bad-steben.de, **www.therme-bad-steben.de**

➔ E 51 Nürnberg-Berlin, Abf. (31) Berg/Bad Steben, im Ort der Beschilderung zur Therme folgen. ✉ Badstraße 31 (GPS: 50°21'46"N / 11°37'56" E).
Höllental (5 km), Burgruine Lichtenberg (3 km).

W W Ch |
H 100 m 200 m

Parzellierter Stellplatz am Ortsrand beim Parkplatz der Therme Bad Steben an der Steinbacher Straße (oberhalb der Therme). Ebene, überwiegend schattenlose Stellflächen (6x10 m), umgeben von viel Grün in direkter Nähe zum Kurpark. Stromsäulen münzbetrieben. Info-Tafel. Kostenloses W-LAN, Sat, Radio und TV - die entsprechenden Kabel sowie Zugangsdaten erhalten Sie am Service-Center der Therme Bad Steben oder an der Thermenkasse - hier befindet sich auch die Anmeldung. Günstige Genuss-Arrangements für Wohnmobilisten. 44 Touristenplätze.
2022: MC-St/N 9.–, KT P/N ab 18 J. 3.–, WD/30 min. 3.–, Wasser/10 l –.10, Strom/1 kWh –.60. P/N, H/N, Entsorgung und Müll inklusive.

95032 Hof, Fichtelgebirge (f8) ST-D 8222/1

10 **»STELLPLATZ UNTREUSEE«** 1.1. bis 31.12.
0049 9281 8157777, Fax 0049 9281 8157779
touristinfo@stadt-hof.de, **www.hof.de**

➔ Südlich von Hof Richtung Gewerbegebiet und Kletterpark Untreusee. ✉ Schaumberggrund (GPS: 50°17'8"N / 11°54'48" E).
Untreusee mit Biotop. Brauereimuseum (3.5 km). Museum Bayrisches Vogtland (2.5 km). Altstadt Hof.

H | 200 m 400 m

Stellplatz am Ortsrand von Hof. Auf einem öffentlichem Parkplatz in der Nähe des Untreusees. Stellfläche befestigt (sandig). See 200 m, Ortszentrum 4 km entfernt! 4 Touristenplätze.
2022: St/N 7.50.

95030 Hof, Fichtelgebirge (f8) ST-D 8222/2

»CLEAN PARK« 1.1. bis 31.12.
0049 9281 66267
kontakt@seat-weidner.de, www.seat-weidner.de

➔ A 72 Richtung Plauern, Abf. (2) Hof-Nord, weiter auf B 173 Richtung Hof Zentrum, beschildert. Hofdecker str. 2 (GPS: 50°19'37"N / 11°53'35" E).
Naherholungsgebiet Untreusee (5 km), Brauereimuseum (3.5 km), Stadtpark Theresienstein mit Zoologichem garten (2.5 km).

Ch 150 m
Stellplatz bei der Seat Filiale in Hof. Stellfläche Schotter und Gras. 5 Touristenplätze.

95028 Hof, Fichtelgebirge (f8) ST-D 8222/3

0 **»STELLPLATZ AM BÜRGERPARK THERESIENSTEIN«**
E.: Tourist-Information Hof 505 m 1.1. bis 31.12.
0049 9281 815 7777, Fax 0049 9281 815 7779, **www.hof.de**
touristinfo@stadt-hof.de

➔ In Hof die Hauptstraße (Marienstraße - Lessingstraße) Richtung Norden und am Stadtrand rechts in die Plauenstraße abbiegen. Plauener Str. 4 (GPS: 50°19'46"N / 11°55'8" E).
Altstadt Hof. Saaleauen. Bürgerpark Theresienstein.

100 m 400 m
Stellplatz auf einem öffentlichem Parkplatz beim Landschaftspark am Stadtrand von Hof. Ebene Stellflächen auf Asphalt. 4 Touristenplätze.
2022: Stellplatz ist kostenlos.

95028 Hof, Fichtelgebirge (f8) ST-D 8222/4

»STELLPLATZ AM HOFBAD« 1.1. bis 31.12.
E.: Tourist-Information Hof 0049 9281 815 7777 478 m
Fax 0049 9281 815 7779, **touristinfo@stadt-hof.de, www.hof.de**

➔ In Hof nördlich vom Bahnhof die "Pfarr" - "Oberer Anger" Richtung Osten fahren (Beschilderung "HofBad"-Hallenbad). Der Stellplatz liegt links direkt vor Brücke über die Sächsische Saale. Oberer Anger 5 (GPS: 50°18'53"N / 11°55'9" E).
Altstadt Hof. Saaleauen. Bürgerpark Theresienstein.

100 m 200 m
Beleuchteter Stellplatz im Stadtzentrum von Hof. Auf einem öffentlichem Parkplatz in Flussnähe (Sächsische Saale) gegenüber dem "HofBad" (Hallenbad) gelegen. Ebene Stellflächen auf Asphalt. 4 Touristenplätze.

95680 Bad Alexandersbad, Ficht. (f9) ST-D 8228

Abfahrt

10 **»WOHNMOBILSTELLPLATZ AM ALEXBAD«** 1.1. bis 31.12.
0049 9232 99250
info@badalexandersbad.de, badalexandersbad.de/tourismus-freizeit/

➔ A93 Weiden - Marktredwitz, Abf. (13) Marktredwitz-Nord auf die E48/B303 Richtung Tröstau. Nach ca. 7.3 km nach Bad Alexandersbad abbiegen und der Beschilderung "Alexbad" folgen. Birkleinweg (GPS: 50°1'0"N / 12°0'53" E).
Markgräfliches Schloss. Luisenquelle. Freilichtbühne Luisenburg. Felsenlabyrinth. Archedorf.

Ch 150 m 200 m
Beleuchteter Stellplatz im Ort direkt hinter dem Alexbad. Ebene, gepflasterte Stellflächen. Für Strom und Wasser werden Chips benötigt, welche beim Gästeservice des Alexbades erhältlich sind. V+E möglich. 10 Touristenplätze.
2022: St/N 7.–, zuzügl KT, Frischwasser/100 l 1.–, Strom/2 kWh 1.– (4 A).

95666 Mitterteich, Oberpfälz. W. (f9) ST-D 8232

Abfahrt

20 **»WOHNMOBIL-STELLPLATZ CPL. GROSSBÜCHLBERG«**
E.: Lang u. Dolles 0049 9633 400673 600 m 1.1. bis 31.12.
Fax 0049 400677, **camping@freizeithugl.de, www.freizeithugl.de**

➔ A 93 Regensburg–Hof Abf. (17) Mitterteich-Süd. Am Kreisverkehr in Richtung Mitterteich. Ca. 100 m hinter der Ampel links in Richtung Großbüchlberg. Großbüchlberg 32 (GPS: 49°58'22"N / 12°13'29" E).
Basilika Waldsassen. Lourdes-Grotte. Dreifaltigkeitskirche Kappl. Konnersreuther Resl.

WC W W Ch W W
200 m 250 m 8 km
Wohnmobil-Stellplatz beim Campingplatz PANORAMA&WELLNESS CAMPINGPLATZ GROSSBÜCHLBERG. Ebene, schattenlose Stellflächen (40-60 qm, 5 x 8-12 m) auf Rasengittersteinen. Anmeldung an der Rezeption des Campingplatzes. Die Sanitäranlagen des Campingplatzes können mitbenutzt werden. Wellness-Oase gegen Aufpreis nutzbar. Pit-Pat Anlage (Minigolf auf Tischen mit Billardstöcken), Bungee-Trampolins, Sommerrodelbahn und Skilift 200 m, Ort 300 m, Eislaufhalle und Volleyball 3 km entfernt. 24 Touristenplätze.
2023: C-St/N 10.–, MC-St/N inkl. 2 P/N 17.–, weitere P/N 10.–, K/N 3 bis 15 J. 5.–, weiteres MC/N 16.–, H/N 2.50, Waschmaschine 3.–, Trockner 3.–, Strom/1 kWh –.75 (16 A). WD, Entsorgung, Müll und Wasser inklusive. Wellness-Oase gegen Aufpreis nutzbar.

91275 Auerbach, Fränk. Schweiz (f9) ST-D 8234

»STELLPLATZ AM FESTPLATZ« 1.1. bis 31.12.
E.: Stadt Auerbach 0049 9643 2017
www.auerbach.de

➔ A 9 Bayreuth-Nürnberg, Abf. (44) Pegnitz, weiter auf der B 85 Richtung Amberg. In Auerbach an der Ampel auf der B 85 in die Stadt fahren. Beschildert. Franz-Josef-Strauß-Platz (GPS: 49°41'39"N / 11°37'50" E).
Friedhofskirche St. Helena. Bergbaumuseum Maffeischächte. Kloster Michelfeld mit Asamkirche.

500 m HS2 km
Stellplatz am ehemaligen Festplatz der Stad. Stellflächen auf Schotterrasen und Wiese. Ausweichplätze zusätzlich vorhanden. Stellplatz-Länge bis 12 m. Ortszentrum 500 m entfernt. 6 Touristenplätze.

95615 Marktredwitz, Fichtelgeb. (f9) ST-D 8236

»STELLPLATZ AM AUENPARK« 1.1. bis 31.12.
0049 9231 501128
touristinfo@marktredwitz.de, www.tourismus-marktredwitz.de

➔ A 93 Weiden i. d. Oberpfalz-Marktredwitz, Abf. (14) Marktredwitz-Süd, weiter Richtung Ortsmitte. Zufahrt über Rößlermühlstraße. (ehem. Tennisanlage) Von-Cramm-Weg 7 (GPS: 49°59'47"N / 12°4'55" E).
Luisenburg (6 km), Egerland-Museum(1 km).

WC Ch 200 m 800 m
Stellplatz vor dem Auenpark in Zentrumsnähe. Stellplätze auf Schotter. Maximal 3 Nächte Aufenthalt möglich! 12 Touristenplätze.

95691 Hohenberg, Fichtelgeb. (f9) ST-D 8238

»STELLPLATZ AM WIESENFESTPLATZ« 1.1. bis 31.12.
0049 923377110
info@hohenberg.de, www.vg-schirnding.de

➔ E 48 Bayreuth-tschechische Grenze, vor der Grenze nach Hohenberg abbiegen. Im Ort der Schirndinger Straße folgen, Einfahrt beschildert. Selber Straße (GPS: 50°5'51"N / 12°13'15" E).
Grenzmuseum Schirnding (3.8 km), Deutsches Porzellanmuseum (1 km), Burg Hohenberg (600 m).

WC Ch 200 m
Stellplatz im Ortszentrum an der tschechischen Grenze. Stellfläche gepflastert. 15 Touristenplätze.

95460 Bad Berneck, Fichtelgeb. (f9) ST-D 8239

»STELLPLATZ AM KLANG« 1.1. bis 31.12.
0049 9273 574374
touristinfo@badberneck.de, www.bad-berneck.de

➔ B 303 Kronach-Bad Berneck. Im Ort den Wohnmobil-Symbolen folgen. Für Navigationsgeräte geben Sie bitte die Adresse "Klang 16" ein! Am Klang 15 (GPS: 50°2'31"N / 11°39'53" E).
Burgruinen (2 km).

250 m
Stellplatz im Ortsrand im Fichtelgebirge, neben einem Kindergarten und einer Schule. In der Nähe des Flusses "Weißer Main" gelegen. Markierte asphaltierte Stellflächen. Ver- und Entsorgung durch Münzautomaten. Nur Sanitärflüssigkeiten „Blauer Engel" verwenden. Die Zufahrts- und Wendeflächen sowie die Entsorgungszone sind freizuhalten. Wohnwagen als auch Wohnmobile ohne WC sind nicht zugelassen. Campingähnliches Verhalten ist auf dem Platz nicht erlaubt. Maximal 3 Nächte Aufenthalt möglich! 5 Touristenplätze.

91322 Haidhof, Fränk. Schw. (e7f9) ST-D 8263

»HOTEL SCHLOSSBERG« 1.4. bis 31.10. / 1.11. bis 31.3.
0049 9197 62840
info@hotel-schlossberg.com, www.hotel-schlossberg.com

➔ A 73 Forchheim-Nürnberg, Abf. (28) Forchheim-Süd, weiter Richtung Wiesenthau und Leutenbach nach Haidhof. Der Beschilderung zum Hotel Schoßberg folgen. Haidhof 5 (GPS: 49°41'19"N / 11°13'17" E).
Motoradmuseum Hilpoldstein (5 km), Synagoge und jüdisches Museum Ermreuth (3 km).

WC 50 m
Stellplatz auf dem Hotelparkplatz Schloßberg. Stellfläche auf Rasengitter. 25 Touristenplätze.

91207 Lauf a. d. Pegnitz, Fr. Schw. (f10) ST-D 8301

»STELLPLATZ PEGNITZWIESE« 1.1. bis 31.12.
0049 9123 18410
info@stadt.lauf.de, www.pegnitz.de/

➔ E 51 Nürnberg-Bayreuth, Abf. (50) Lauf, im Ort dem Parkleitsystem und den Wohnmobil-Symbolen folgen. Karlstraße (GPS: 49°30'33"N / 11°17'2" E).

WC Ch
Stellplatz in Ortnsnähe. Stellfläche gepflastert auf dem Großparkplatz. 4 Touristenplätze.

90425 Nürnberg (e10) ST-D 8302

»STELLPLATZ AM VOLKSPARK MARIENBERG« 1.1. bis 31.12.
0049 911 23360
tourismus@nuernberg.de, tourismus.nuernberg.de

➔ Am Nordring in Richtung Volkspark Marienburg abzweigen. Kilianstraße 183 (GPS: 49°28'29"N / 11°5'38" E).

WC
Stellplatz am Nordring von Nürnberg beim Volkspark Marienburg. Stellfläche geschottert. Maximal 3 Nächte Aufenthalt möglich! 8 Touristenplätze.

90537 Feucht, Frankenalb (f10) ST-D 8306

10 **»STELLPLATZ FEUCHTASIA«** 1.1. bis 31.12.
E.: Gemeindewerke GmbH 0049 9128 99140
fgw@feucht-gw.de, www.feucht-gw.de/freibad-sauna/wohnmobilstellplatz

➔ E 45 Ingolstadt - Nürnberg, Abf. (54) Dreieck Nürnberg/Feucht, weiter nach feucht und den Wohnmobil-Symbolen folgen. Chromantelweg

(GPS: 49°22'43"N / 11°13'31" E).

Ch 100 m 400 m 900 m

Stellplatz am Ortsrand beim Schwimmbad Feuchtasia. Stellflächen auf Schotterrasen. Das Parkticket erhalten Sie in der Gastwirtschaft der Tennishalle oder während der Sommermonate an der Kasse des Freibads. Im Freibad Feuchtasia befinden sich im Sommer die Sanitäranlagen (gegen Gebühr). Im Winter in der benachbarten Tennishalle (gegen Gebühr). Maximal 3 Nächte Aufenthalt möglich! 9 Touristenplätze.
2023: MC-St/N 7.–, Wasser/80 l 1.–, Strom/kWh –.50. P/N, H/N, Entsorgung und Müll inklusive.

92334 Berching, Frankenalb (f10) — ST-D 8314

»STELLPLATZ AM SCHIFFSANLEGER« — Jan. bis Dez.
0049 8462 2050
info@berching.de, www.berching.de

→ E 45 München-Nürnberg, Abf. (57) Greding, weiter auf der St 2336 nach Berching, im Ort zur Uferpromenade fahren. ✉ Uferpromenade (GPS: 49°6'35"N / 11°26'22" E).

Ch 50 m

Stellplatz am Ufer des Main-Donau-Kanals. Stellfläche befestigt und parzelliert. Kiosk und Biergarten. Ver- und Entsorgungsstation von April bis Okt. geöffnet. 15 Touristenplätze.

91161 Heuberg, Frankenalb (e10) — ST-D 8320

10 **»SEEZENTRUM HEUBERG«** — 1.4. bis 31.10.
0049 9171 814310
info@rothsee.de, www.rothsee.de

→ E 45 Ingolstadt-Nürnberg, Abf. (55) Allersberg, weiter Richtung Hilpoltstein, Stellplatzeinfahrt am See beschildert. ✉ Am Rothsee 3 (GPS: 49°12'33"N / 11°11'14" E).
Altstadt Hilpoltstein (3 km), historischer Eisenhammer (2 km).

Ch 100 m 200 m

Wohnmobil-Stellplatz am Rothsee. Ebene Stellflächen auf Gras und Schotter. Durch Busch- und Baumreihen gegliedert und parzelliert. Ort (Hilpoltstein) 3 km entfernt. 46 Touristenplätze.
2023: MC-St/N 4.–, Strom/N –.50.

91174 Spalt, Frankenalb (e10) — ST-D 8321

»WOHNMOBILPARK REZATTAL« — 1.1. bis 31.12.
V.: Hildegard Müller 0049 9175 225
mueller-spalt@t-online.de, www.spalt.de

→ E 50 Feuchtwangen-Nürnberg, Abf. (54) Neuendattelsau, weiter Richtung Windsbach, von dort Richtung Rottenbach fahren. ✉ Obeltshauserstr. 3 (GPS: 49°10'31"N / 10°55'46" E).
Drechsler- und Diebesturm (300 m), Hopfen- und Biermuseum (300 m), Freilichtmuseum (200 m).

W Ch 200 m

Stellplatz mit Blick auf das Rezattal. Stellfläche auf Schotter. Stellplatz-Länge bis 12 m. Bezahlung im Haus bei der "Anmeldung". 23 Touristenplätze.

91720 Absberg, Frankenalb (e10) — ST-D 8323

15 **»REISEMOBILHAFEN ABSBERG«** — 1.4. bis 15.11.
E.: Zweckverband Brombachsee 0049 9144 571
Fax 0049 9144 6701, **mail@zv-brombachsee.de, www.zv-brombachsee.de**

→ A 6 Amberg-Heilsbronn, Abf. (55) Schwabach-West, weiter auf der B 466 Richtung Süden, in Höhe Gräfensteinberg links abbiegen nach Absberg zum Ziel. Beschildert. ✉ Badehalbinsel 6 (GPS: 49°8'17"N / 10°52'8" E).
Historische Altstadt Gunzenhausen (10 km). Wasserschloss. Gotische Stadtkirche.

W W WC Ch S S 100 m 500 m 1 km

Großer Wohnmobil-Stellplatz am Kleinen Brombachsee. Ebene, schattenlose und zum See leicht abfallende Stellflächen auf Rasen. Stellplatz-Länge bis 12 m. Für Fahrzeuge über 5 t geeignet. An langen Wochenenden und im Sommer stark frequentiert. Barzahlung am Automaten oder beim Kassierer. Liegewiese. Die Sanitäreinrichtungen sind von 6-23 Uhr geöffnet. Kiosk. Imbiss/Biergarten. Frühstücks-/Brötchenservice. Rad-/Wanderwegenetz. Bogenschießen. Ort 1 km entfernt. 260 Touristenplätze.
2022: MC-St/N 13.50, WD 1.–, Wasser/20 l –.20, KT St/N 1.50, Strom/kWh –.50. P/N, H/N, Entsorgung, Müll und Sanitärbenutzung inklusive. Nur Übernachtung 10.–.

91781 Weißenburg i. Bay., Fr. (e10) — ST-D 8326

0 **»WOHNMOBILSTELLPLATZ WEISSENBURG«** — 1.1. bis 1.8. 31.8. bis 31.12.
0049 9141 907124
tourist@weissenburg.de, www.weissenburg.de

→ B 2 Roth-Donauwörth, im Ort der Beschilderung zur Schule folgen. ✉ Badstraße 5 (GPS: 49°1'35"N / 10°58'30" E).
Altstadt Weißenburg.

Ch 100 m 500 m 700 m

Der Stellplatz liegt direkt am beheizten Freibad, am Kirchweihplatz und ist nur wenige Gehminuten von der historischen Altstadt entfernt. Stellfläche asphaltiert und befestigt. Wasserver- und Entsorgungsstation sowie eine Stromversorgungssäule vorhanden. Während der Frostperiode ist die Wasserver- und entsorgungsstation geschlossen. Während der Weißenburger Kirchweih geschlossen. 6 Touristenplätze.
2022: Stellplatz ist kostenlos. Wasser/80 l 1.–, Strom/1 kWh –.50. P/N und H/N inklusive.

97215 Simmershofen (d/e10) — ST-D 8345

20 **»STELLPLATZ BEIM CAMPING PARADIES FRANKEN«**
E.: R. Scherer 0049 9848 969633 334 m — 1.1. bis 31.12.
Fax 0049 9848 969634, **camping-paradies-franken@web.de**
www.camping-paradies-franken.de

→ A 7 Würzburg-Rothenburg o. d. Tauber. Von Norden kommend Abf. (105) in Richtung Aub. Von Süden kommend Abf. (106) in Richtung Bad Mergentheim. Jeweils der Campingplatz-Beschilderung folgen. ✉ Walkershofen 40 (GPS: 49°31'21"N / 10°7'27" E).
Historische Altstadt von Aub. Fränkisches Spitalmuseum. Reichelsburg.

W W Ch W W 800 m

Stellplatz beim Campingplatz CAMPING PARADIES FRANKEN. Günstig an der A 7 gelegen. Von Feldern umrahmt. Untergrund geschottert. Brötchenservice. Ort 200 m entfernt. 15 Touristenplätze.
2022: C-St/N 9.–, MC-St/N inkl. 2 P/N 16.50, weitere P/N 7.50, J/N 5 bis 14 J. 5.80, H/N 3.–, Müllgeb. P/N 1.50, Waschmaschine 3.–, Trockner 3.–, Strom/1 kWh –.70 (16 A), Anschlussgeb. 1.50. KT, WD, Entsorgung, Wasser und Sanitärbenutzung inklusive.

91593 Burgbernheim (e10) — ST-D 8353

»WOHNMOBILSTELLPLATZ AM FREIBAD« — 1.1. bis 31.12.
0049 9843 30934
tourist@burgbernheim.de, www.burgbernheim.de

→ E 43 Ulm-Würzburg, Abf. (107) Bad Windsheim, weiter über B 470 nach Burgbernheim. Den Wohnmobil-Symbolen und der Beschilderung zum Freibad folgen. ✉ Im Gründlein (GPS: 49°26'47"N / 10°19'11" E).
Fränkisches Freilandmuseum (10 km), Aussichtsturm Teufelshäusel (2 km).

Ch 100 m 200 m

Stellplatz am Ortsrand neben dem Freibad. Stellfläche auf Rasengitter. 14 Touristenplätze.

91628 Steinsfeld OT Reichelshofen (e10) ST-D 8356

Abfahrt

0 **»BRAUEREIGASTHOF LANDWEHR BRÄU«** — 1.2. bis 31.12.
0049 9865 9890
hotel@landwehr-braeu.de, www.landwehr-braeu.com

→ E 43 Würzburg-Ulm, Abf. (107) Bad Windsheim, weiter auf ST 2416 Richtung Endsee und weiter nach Reichelshofen. Beschildert. ✉ Reichelshofen 31 (GPS: 49°26'23"N / 10°12'44" E).

WC 50 m

Stellplatz auf dem Parkplatz der Privatbrauerei "Landwehr-Bräu" neben dem Hotel und Gasthof. Direkt an der Kreuzung der Staatsstraßen 2416 und 2419. Von Feldern und Wiesen umgeben. Nach Anreise Anmeldung im Hotel. Auf Anfrage kann Strom gestellt werden. Reservierung wird empfohlen. Besuch im Gasthof ist obligatorisch. 5 Touristenplätze.
2022: Stellplatz ist kostenlos. Strom/N 3.50. H/N inklusive.

91522 Ansbach (e10) — ST-D 8362/1

»FREIZEITBAD ANSBACH« — 1.1. bis 31.12.
0049 981 51243
akut@ansbach.de, www.ansbach.de

→ B 14 Richtung Ansbach. Im Ort den Wohnmobil-Symbolen folgen. ✉ Am Stadion 2 (GPS: 49°18'14"N / 10°33'29" E).
Hofgarten mit Orangerie (2 km), Markgrafen-Museum (1.3 km), Sankt Gumbertus (1.3) km.

Ch 50 m 200 m

Stellplatz am Freizeitbad am Ortsrand. Stellfläche auf Schotter. 3 Nächte Aufenthalt möglich! Danach kann bis zu 7 Tagen eine Ausnahmegenehmigung im Amt für Kultur und Tourismus erwirkt werden. Ortszentrum 1.5 km entfernt! 12 Touristenplätze.

91639 Wolframs-Eschenbach (e10) — ST-D 8363

»STELLPLATZ WOLFRAMS-ESCHENBACH« — 1.1. bis 31.12.
0049 9875 975532
kulturamt@wolframs-eschenbach.de, www.wolframs-eschenbach.de

→ Im Ort den Wohnmobil-Symbolen folgen. ✉ Waizendorfer Str. 15 (GPS: 49°13'31"N / 10°43'10" E).
Alte Stadtmauer (600 m).

Ch 200 m

Stellplatz am Ortsrand. Stellfläche auf Schotterwiese, parzelliert. Maximal 7 Nächte Aufenthalt möglich! Ortszentrum 500 m entfernt! 24 Touristenplätze.

91575 Windsbach OT Sauernheim (e10) ST-D 8364

»GASTHAUS ZUR EICHE« — 1.4. bis 30.10.
0049 9871 289
wirtsleut@zur-eiche.net, www.zur-eiche.net

→ E 50 Heidelberg-Nürnberg, Abf. (53) Lichtenau, weiter über St 2223 Richtung Sauernheim. ✉ Sauernheim 18 (GPS: 49°14'55"N / 10°45'38" E).

50 m

Stellplatz neben dem Gasthof "Zur Eiche" im kleinen Ort Sauernheim. Biergarten und Gästezimmer. Montag u. Dienstag Ruhetag. Stellfläche befestigt. 10 Touristenplätze.

91555 Thürnhofen (e10) ST-D 8367

»GASTSTÄTTE ZUM GRÜNEN WALD« 1.1. bis 31.12.
☎ 0049 9855 97970
info@braeutigam-pension.de, www.braeutigam-pension.de

➔ E 50 Heilbronn-Nürnberg, Abf. (49) Feuchtwangen Nord, weiter über Feuchtwangen und St 2222 Richtung Kaierberg. ✉ Thürnhofen 28 (GPS: 49°9'49"N / 10°23'55" E).

WC Ch | 50 m 200 m

Stellplatz beim Gasthof "Zum Grünen Wald". Stellfläche auf Asphalt, Schotter und Wiesengelände. Ortszentrum Feuchtwangen 7 km entfernt! 5 Touristenplätze.

91583 Diebach (e10) ST-D 8368

»FERIENHOF AM MÜHLBUCK« 1.1. bis 31.12.
☎ 0049 9868 5617
seemuehle_diebach@web.de, www.seemuehle-diebach.de

➔ E 43 Heidenheim-Würzburg, Abf. (109) Wörnitz, weiter auf St 2419 nach Unterostheim und Diebach. ✉ Seemühle 1 (GPS: 49°17'43"N / 10°11'35" E).

| 50 m

Stellfläche in Autobahnnähe auf einem Ferienhof. Stellfläche auf Wiese. 15 Touristenplätze.

92421 Schwandorf, Oberpf. W. (f10) ST-D 8401

Abfahrt

»FESTPLATZ« 1.1. bis 31.12.
☎ 0049 9431 8150 1 Woche vor u. nach Pfingsten geschlossen!
tourismus@schwandorf.de, www.schwandorf.de

➔ A 94 Regensburg-Weiden i. d. Oberpfalz, Abf. (33) Schwandorf-Mitte, weiter auf B 15 Richtung Amberg, nach Naabüberquerung links abbiegen. ✉ Angerring (GPS: 49°19'56"N / 12°6'7" E).

Ch | 300 m 500 m

Stellplatz auf dem festplatz in Schwandorf. Stellfläche auf Schotterwiese und Asphalt. Nicht befahrbar eine Woche vor und nach Pfingsten. (Volksfest). Maximal 7 Nächte Aufenthalt möglich! 30 Touristenplätze.

92648 Vohenstrauss, Oberpf. W. (g9/10) ST-D 8403

»STELLPLATZ VOHENSTRAUSS« 1.1. bis 31.12.
☎ 0049 9651 922230
info@tourismus.vohenstrauss.de, www.vohenstrauss.de

➔ E 50 Nürnberg-Prag, Abf. (74) Vohenstrauss-Ost, weiter Richtung Zentrum, im Kreisverkehr den Wohnmobil-Symbolen folgen. ✉ Neuwirtshauser Weg 11 (GPS: 49°37'5"N / 12°20'41" E).
∴ Mineralienmuseum (1.5 km), Schloss Friedrichsburg (500 m).

WC Ch

Stellplatz in Autobahnnähe beim Festplatz. Stellfläche auf Schotter. Maximal 3 Nächte Aufenthalt möglich! 8 Touristenplätze.

92539 Schönsee, Oberpflz. W. (g10) ST-D 8404

»FREIZEITANLAGE MOORBAD« 1.1. bis 31.12.
☎ 0049 9674 317
touristinfo@schoenseer-land.de, www.schoenseer-land.de/

➔ E 50 Nürnberg-Plzen, Abf. (76) Waidhaus, weiter Richtung Süden, im Ort Richtung Moorbad fahren. ✉ Böhmerwaldstraße (GPS: 49°30'40"N / 12°33'14" E).

WC | 50 m

Stellplatz vor der tschechischen grenze bei einem Moorbad. Stellfläche geschottert. Maximal 3 Nächte Aufenthalt möglich! 5 Touristenplätze.

92526 Oberviechtach, Oberpf. W. (g10) ST-D 8405

»WOHNMOBILSTELLPLATZ AM FREIBAD« 1.3. bis 31.10.
E.: Stadt Oberviechtach ☎ 0049 9671 30716
tourismus@oberviechtach.de, www.oberviechtach.de

➔ A 93 Weiden-Regensburg, Abf. (30) Nabburg, weiter der St 2156 bis Teunz, dann auf die B 22 nach Oberviechtach. Im Ort der Beschilderung zum Freibad folgen. ✉ Im Wiesengrund 20 (GPS: 49°27'11"N / 12°25'28" E).
∴ 9-11 WTC Memorial (Überreste der zerstörten Zwillingstürme von New York). Pfarrkirche St. Johannes der Täufer. Ägidiuskirche (12. Jh.).

Ch | 400 m

Beleuchteter Stellplatz auf einem öffentlichen Parkplatz am Freibad. Stellflächen auf Asphalt. Nutzung im Winter eingeschränkt. Im Sommer Duschen und Toiletten im benachbarten Freibad gegen Eintritt möglich (Erwachsene 2.- €, Kinder 1.50 €). Kostenlose Ver- und Entsorgungsstation (Typ St-San). Maximal 3 Nächte Aufenthalt möglich! Ort 1 km entfernt. 6 Touristenplätze.

92439 Bodenwöhr OT Neuenschwand, Oberpf. W. (f/g10) ST-D 8409

10 **»GASTHOF PENSION ZUM TROIDLWIRT«** 1.3. bis 31.10.
☎ 0049 9434 1234, Fax 0049 9434 729
info@troidlwirt.de, www.troidlwirt.de

➔ A 93 Regensburg - Weiden i. d. Oberpfalz, Abf. (33) Schwandorf-Mitte, weiter auf B 85 nach Bruck. ✉ Bodenwöhrer Str. 6 (GPS: 49°17'5"N / 12°15'32" E).
∴ Aussichtsturm Hischberg (5 km), Oberpfälzer Seenlandschft (3 km).

WC W W Ch | 100 m

Stellplatz im Bayrischen Wald beim Gasthof zum Troidlwirt nahe der B 85. Stellflächen auf Rasen und Rasengittersteine. Weitere Stellplätze auf Schotter oder Wiese. Gasthof von Montag bis Freitag von 17 bis 21 Uhr geöffnet. Samstag, Sonntag u. Feiertag ist Ruhetag. Anreise täglich möglich. Bei Anmeldung Frühstück täglich möglich von 7 bis 9 Uhr (auch am Ruhetag). Duschen sind zu den Öffnungszeiten des Gasthofs geöffnet, WC durchgehend offen. Maximal 3 Nächte Aufenthalt möglich. 20 Touristenplätze.
2023: MC-St/N inkl. 2 P/N 10.–, WD 2.–, Müllgeb./Sack 1.–. P/N, KT, H/N, Entsorgung, Wasser, Sanitärbenutzung und Strom inklusive.

92224 Amberg, Frankenalb (f10) ST-D 8410

0 **»WOHNMOBILSTELLPLATZ AMBERG«** 1.1. bis 31.12.
E.: Tourist-Info ☎ 0049 9621 10239
tourismus@amberg.de
http://tourismus.amberg.de/index.php/wohnmobilstellplatz.html

➔ A 6 Nürnberg-Pilsen, Abf. (65) Amberg-West, B 299 Richtung Amberg, Kreuzung B 299/B 85 nach Amberg. Beschildert. ✉ Schießstättenweg (GPS: 49°26'26"N / 11°51'42" E).
∴ Historische Altstadt. Gotisches Rathaus. Basilika St. Martin. Stadtmuseum. Klosterkirche auf dem Mariahilfberg.

RES | 500 m

Stellplatz gegenüber dem Feuerwehrgerätehaus. Stellplatz-Länge bis 8 m. WC nur im Kurfürstenbad. Maximal 3 Tage Aufenthalt. Reservierung nicht möglich. Ort 500 m entfernt. 16 Touristenplätze.
2023: Stellplatz ist kostenlos. Strom/12 Std. 1.– oder Strom/12 kWh 1.–. Frischwasser 1.–. Entsorgung und Müll inklusive.

92277 Hohenburg, Frankenalb (f10) ST-D 8411

»SPORTPLATZ HOHENBURG« 1.1. bis 31.12.
☎ 0049 9626 605
kontakt@tus-hohenburg.de, www.tus-hohenburg.de

➔ A 3 Nürnberg-Regensburg, Abf. (93) Neumarkt-Ost,weiter über ST 2240 Richtung Unterwiesenacker, St 2235 bis zum Zielort. ✉ Sportplatzweg 1 (GPS: 49°17'31"N / 11°48'33" E).

| 400 m

Stellplatz auf dem Sportgelände des TuS Hohenburg. Stellfläche auf Schotter. Maximal 5 Nächte Aufenthalt möglich! 6 Touristenplätze.

95698 Neualbenreuth, Oberpf. W. (g9) ST-D 8426

»REISEMOBILHAFEN SIBYLLENBAD« 1.1. bis 31.12.
V.: Familie Waidhas ☎ 0049 9638 9330, Mobil 0049 9638 912200
info@sibyllenbad.de, www.sibyllenbad.de/reisemobilhafen-sibyllenbad/

➔ A 93 München-Hof, Abf. (17) Mitterteich-Süd, weiter über Waldsassau nach Neualbenreuth. Im Ort der Beschilderung zum Sybillenbad und den Wohnmobil-Symbolen folgen. ✉ Kurallee 1 (GPS: 49°58'52"N / 12°25'27" E).
∴ Basilika Waldsessau (8 km), Mittelpunkt Europas (3 km), Grenzlandturm (1 km).

WC W Ch GAS |
10 m 100 m 200 m

Stellplatz direkt vor der tschechischen Grenze beim Sibyllenbad neben dem Kurpark. Der Stellplatz ist durch Baumreihen gegliedert und mit Rasenflächen aufgelockert. Ebene und parzellierte Stellflächen auf Rasengittersteinen. Stromsäulen münzbetrieben. Auch für Mobile über acht Meter geeignet. Frischwasser, Entleerung und überfahrbare Entsorgung. Brötchen- und Getränkeservice. Es gibt Pauschalangebote für Übernachtung im Reisemobilhafen, Eintritt und Anwendungen direkt im Sibyllenbad. Im Sibyllenbad an der Badekasse sind Duschtransponder erhältlich. Hiermit kann das Bad zum Duschen für eine halbe Stunde genutzt werden. Barzahlung beim Platzwart. 36 Touristenplätze.

95688 Friedenfels, Oberpf. W. (f9) ST-D 8427/1

»STELLPLATZ ZENTRAL« 1.1. bis 31.12.
☎ 0049 9683 92310
info@friedenfels.de, www.friedenfels.de

➔ A 93 München-Hof, Abf. (18) Wiesau, weiter über Wiesau nach Friedenfels. Stellplatz im Ortszentrum an der Steinwaldhalle. ✉ Am Hammerweiher 3 (GPS: 49°52'51"N / 12°6'11" E).
∴ Schloss Friedenfels.

WC Ch | 100 m 200 m

Stellplatz auf einem Parkplatz im Ortszentrum. Stellfläche befestigt. Die Versorgung mit Fischwasser bzw. die Entsorgung von Grauwasser ist täglich an der Kläranlage Friedenfels, Unterneumühle, von 9-10 Uhr möglich. (Ca. 1,2 km entfernt). Die Gebühr ist bei Ankunft zu zahlen in der Tourist-Information, Rathaus, Gemmingenstraße 23, oder im Gasthof "Goldener Engel", Gemmingenstraße 16 in Friedenfels. 15 Touristenplätze.

95688 Friedenfels, Oberpf. W. (f9) ST-D 8427/2

»STELLPLATZ AM WEISSENSTEINER WEG« 1.1. bis 31.12.
☎ 0049 9683 92310
info@friedenfels.de, www.friedenfels.de

➔ A 93 München-Hof, Abf. (18) Wiesau, weiter über Wiesau nach Friedenfels, weiter Richtung Norden beim See. ✉ Weißensteiner Weg (GPS: 49°53'33"N / 12°5'8" E).

Ch | 50 m

Stellplatz am Ortsrand in der Nähe des "Frauenreuther Weiher". Angelkarten bei Erwin Höcht, Weißensteiner Weg 2 in Friedenfels erhältlich. Stellfläche auf Asphalt. Die Versorgung mit Fischwasser bzw. die Entsorgung von Grauwasser ist täglich an der Kläranlage Friedenfels, Unterneumühle, von 9-10 Uhr möglich. (Ca. 3 km entfernt). Die Gebühr ist bei Ankunft zu zahlen in der Tourist-Information, Rathaus, Gemmingenstraße 23, oder im Gasthof "Goldener Engel", Gemmingenstraße 16 in Friedenfels. 8 Touristenplätze.

★★★

DCC-CAMPINGPARK SEECAMP DINKELSBÜHL

DCC Deutscher Camping-Club e.V.

Unser Platz

Geöffnet: ganzjährig

Öffnungszeiten: 09.00 -13.00 Uhr und 15.00 - 20.00 Uhr
Mittagsruhe: 13.00 Uhr bis 15.00 Uhr

Unser Gelände ist ein vom Seeufer ansteigender Terrassenplatz mit Uferliegewiese, Sandstrand und 2 Zeltwiesen. Es gibt ein Restaurant, einen Hundestrand und einen Streichelzoo. Der Badesee und die wunderschöne Natur laden zum Verweilen ein.

Alles Nötige für den täglichen Bedarf finden Sie in unserem Camp Markt. Nutzen Sie unseren Brötchenservice und genießen Sie regionale Spezialitäten in einem der fränkischen Gasthäuser in der Nähe.

Ganz gleich, ob Sie den Aktivurlaub suchen oder nur einfach etwas ausspannen möchten, unser Platz hat das passende Fleckchen.

Wir bieten einen idealen Ausgangspunkt zu beliebten Ausflugszielen in Franken, wie z.B. in das fränkische Wein- und Seenland mit Städtchen wie Feuchtwangen, Rothenburg, Nördlingen, Ansbach oder Nürnberg.

Dinkelsbühl zeigt sich liebevoll mit Türmen und Toren, mit kleinen Gassen und breiten Plätzen. Begeben Sie sich auf Erkundungstour und entdecken Sie romantische Ecken, buntes Treiben in der Altstadt.

Am Platz und in der Umgebung können Sie Radfahren, Golfen, Inline-Skaten, Wandern, Angeln, Kanufahren, Reiten und Kutschfahrten unternehmen.

Dinkelsbühl ist zu jeder Jahreszeit ein Erlebnis für sich. Wir, das Team vom Seecamp Dinkelsbühl, bieten Ihnen die passende Unterkunft im Herzen der Natur. Wir sehen uns. Bis bald im Seecamp.

Anfahrt

A7 Würzburg-Ulm Abf. (112) Dinkelsbühl/ Fichtenau, in Dinkelsbühl beschildert. GPS: 49°4'52" N / 10°19'58" E.

Kobeltsmühle 6, 91550 Dinkelsbühl Tel.+49 (0) 9851 7817 www.see-camp.de, info@see-camp.de

91177 Thalmässing, Franken. (f10) ST-D 8428

»WOHNMOBILSTELLPLATZ THALMÄSSING« 1.1. bis 31.12.
E.: Markt Thalmässing ☎ 0049 9173 909 0
info@thalmaessing.de, www.thalmaessing.de

➔ A 9 Berlin–München, Abf. (57) Greding und weiter Richtung Thalmässing. Hier liegt der Stellplatz kurz nach der Ortseinfahrt auf der rechten Seite. ✉ Münchener Str. 27 (GPS: 49°5'14"N / 11°13'35" E).
Archäologisches Museum. Naturpark Altmühltal.

Ch 100 m 300 m

Stellplatz in Ortsrandlage an der Thalach gelegen. Ebene Stellflächen auf festem Untergrund und von Rasenflächen umgeben. Das Benutzungsentgelt ist bei der Metzgerei Eberle (Mo.-Fr. 6-18 Uhr, Sa. 6-17 Uhr, So. 7-17 Uhr geöffnet) gegenüber dem Wohnmobilstellplatz zu entrichten. Ortszentrum 500 m entfernt. 6 Touristenplätze.

92709 Moosbach OT Tröbes, Oberpf. W. (g10) ST-D 8429/1

10 **»BADESTELLE TRÖBES«** 1.3. bis 31.10.
☎ 0049 9656 91111, Mobil 0049 160 93800662
gaeste-info@moosbach.de, www.moosbach.de

➔ E 50 Nürnberg-Plzen, Abf. (75) Pleystein, Weiter Richtung Moosbach und Tröbes. Der Beschilderung zum Natur-Waldbad folgen. ✉ Tröbes (GPS: 49°33'31"N / 12°26'27" E).

WC W 500 m 600 m

Stellplatz beim Natur-Waldbad Tröbes mit einer weitläufigen Liegewiese. Von Wald und Wiesen umgeben. Stellfläche befestigt. Entsorgungsmöglichkeit. Duschmöglichkeit im Freien. Kleinkinderspielplatz. Torwand. Auf Wunsch Frühstück. Voranmeldung erforderlich. Ort (Moosbach) 4.5 km entfernt. 9 Touristenplätze.
2022: St/N 10.–, extra C/N 10.–, extra MC/N 10.–, KT P/N ab 16 J. –.90, KT K/N 6 bis 15 J. –.70. H/N, Entsorgung, Müll, Wasser und Sanitärbenutzung inklusive. Strom nach Verbrauch. € 50.– Kaution.

92709 Moosbach, Oberpf. W. (g10) ST-D 8429/2

10 **»STELLPLATZ WIESKIRCHE«** 1.3. bis 31.10.
☎ 0049 9656 920217
gaeste-info@moosbach.de, www.moosbach.de

➔ E 50 Nürnberg-Prag, Abf. (75) Pleystein, in Moosbach den Wohnmobil-Symbolen folgen. ✉ Friedhofgasse (GPS: 49°35'30"N / 12°24'47" E).
Schlossanlage Burgtreswitz (2 km), Wieskirche (50 m).

WC Ch 100 m 200 m

Stellplatz am Ortsrand neben dem Friedhof bei der Wieskirche. Stellfläche auf Schotterwiese. Platz ist sichtgeschützt. Gasflaschentausch in 100 m Entfernung. Meldeschein gilt als Anmeldung und ist im Büro der Gäste-Information auszufüllen. Schöne Wander- und Radwanderwege. Ortszentrum 300 m entfernt. 6 Touristenplätze.
2022: St/N 5.–, extra C/N 5.–, extra MC/N 5.–. KT, H/N, Entsorgung, Müll, Wasser und Strom inklusive.

91710 Gunzenhausen, Frank. (e10) ST-D 8431

15 **»WOHNMOBILSTELLPLATZ SURFZENTRUM ALTMÜHLSEE«**
☎ 0049 9831 508190 1.1. bis 31.12.
info@altmuehlsee.de, www.gunzenhausen.info 5 000 qm

➔ B 466 Nürnberg - Nördlingen, in Gunzenhausen auf B 13 nach Ansbach abbiegen und der Beschilderung folgen. ✉ Ansbacher Str. 99 (GPS: 49°7'55"N / 10°44'8" E).
Gotische Stadtkirche (2 km).

WC W Ch 100 m
S 150 m 200 m

Stellplatz am Surfzentrum Schlungenhof am Altmühlsee. Von Büschen und Bäumen umrahmt. Parzellierte und überwiegend schattenlose Stellflächen auf Schotterwiese. Gebühren sind am Automaten zu bezahlen. Kartenzahlung ist möglich. Vom 6.11. bis 31.3. nur eingeschränkter Service (ohne Dusche und WC). Direkt an Rad- und Wanderwegen gelegen. 85 Touristenplätze.
2023: MC-St/N 11.– bis 14.–, KT P/N ab 18 J. 2.–, WD –.50, Wasser/20 l –.20. P/N, H/N, Entsorgung, Müll, Sanitärbenutzung und Strom inklusive.

91785 Pleinfeld OT Ramsberg, Fr. (e10) ST-D 8433

15 **»STELLPLATZ RAMSBERG«** 1.4. bis 15.11.
☎ 0049 9144 571
mail@zv-brombachsee.de, www.brombachsee.com

➔ B 2 Donauwörth - Roth, weiter über Pleinfeld nach Ramsberg. ✉ Am Segelhafen 2 (GPS: 49°7'19"N / 10°55'38" E).

150 m 200 m

Stellplatz am Strand beim Seglerhafen und an der Freizeitanlage am Südufer des Großen Brombachsees. Stellfläche befestigt und auf Rasen. Mobillänge bis 8 m. Kein Sanitärgebäude am Platz. Sanitäranlagen mit Warmduschen (gebührenpflichtig), Toiletten und Behinderten-WC in 100 m Entfernung. Reservierung nicht möglich. Ortszentrum 800 m entfernt. 28 Touristenplätze.
2022: MC-St/N 13.50, WD –.50, KT St/N 1.50, Strom/kWh –.50. P/N, H/N und Entsorgung inklusive. Nur Übernachtung 10.–.

85135 Bürg, Frankenalb (e11) ST-D 8434

»FERIENHOF PFISTERER« 1.4. bis 30.10.
☎ 0049 8423 297
urlaub@ferienhof-pfisterer.de, www.ferienhof-pfisterer.de

➔ E 45 Ingolstadt-Nürnberg, Abf. (58) Altmühltal, weiter auf St 2228 nach Bürg. Beschilderung zum Ferienhof Pfisterer folgen. ✉ Bürg 2 (GPS: 49°0'21"N / 11°11'34" E).
Eichstätter Dom (10 km).

WC W Ch

Stellplatz beim Ferienhof Pfisterer. Stellfläche auf Gras. 3 Touristenplätze.

86553 Monheim (e11) ST-D 8439

0 **»STELLPLATZ AN DER STADTHALLE«** 1.1. bis 31.12.
☎ 0049 9091 9091 51
info@monheimer-alb.de, www.monheimer-alb.de

➔ B 2 Roth-Donauwörth, Im Ort der Beschilderung zur Stadthalle und den Wohnmobil-Symbolen folgen. ✉ (GPS: 48°50'40"N / 10°51'16" E).
Klostergarten (0.5 km), Barock Rathaus (0.5 km).

Ch 100 m 200 m

Stellplatz im Ortszentrum neben einer Schule. Stellfläche auf Kies zwischen Schule und Stadthalle. 6 Touristenplätze.
2023: Stellplatz ist kostenlos. Wasser/100 l 1.–, Strom/10 Std. 1.–. P/N, KT, H/N und Entsorgung inklusive.

95072 Eichstätt, Frankenalb (f11) ST-D 8441

»STELLPLATZ SCHOTTENWIESE« 1.1. bis 31.12.
☎ 0049 8421 908147
platzbetreuung-eichstätt@gmx.de, www.eichstaett.de

➔ E 45 München-Nürnberg, Abf. (59) Denkendorf, weiter Richtung Eichstätt, Beschilderung zu P+R/Volksfestplatz folgen. ✉ Schottenwiese/Pirkheimer Straße (GPS: 48°53'4"N / 11°11'51" E).
Römerkastell (6 km), Kapuzinerkloster (2 km), Abtei St. Walburg (2 km).

WC W Ch 50 m
200 m 500 m

Stellplatz am Ortsrand neben der Altmühl. Stellfläche auf Schotterrasen. 70 Touristenplätze.

93333 Neustadt a.d.Donau OT Bad Gögging (f11) ST-D 8442

15 **»WOHNMOBIL-STELLPLATZ LIMES-THERME«**
☎ 0049 9445 200940 1.1. bis 31.12.
info@limes-therme.de, limes-therme.de/footer/spalte-5/wohnmobil/

➔ A 7 Regensburg-München, Abf. (50) Siegenburg, B 299 bis Bad Gögging folgen, im Ort Beschilderung zur Limes-therme folgen. ✉ Am Brunnenforum 1 (GPS: 48°49'3"N / 11°47'19" E).
St. Andreas Kirche (1 km).

WC W W Ch
200 m 300 m 400 m

Stellplatz im Ortsrand bei der Limes-Therme. Teils durch Büsche und Bäume eingerahmt. Es gibt 3 Stellplatz-Bereiche. Ein Bereich bis 6 m Länge mit gepflasterten Stellflächen, ein Bereich mit großen Stellflächen auf Schotterrasen und ein Bereich für größere Wohnmobile mit ebenen, gepflastereten Stellflächen (7x10 m) mit kleinem Rasenanteil. Camper-Clean-Station. Es gibt einen direkten Zugang zur Therme. Die Bezahlung erfolgt an der Erholungsbad-Kasse, an der Sie auch ein entsprechendes Dauerparkticket erhalten. Ortszentrum 800 m entfernt 42 Touristenplätze.
2023: MC-St/N 12.–, KT P/N 2.10, KT K/N 7 bis 16 J. 1.40, Wasser/50 l –.50, Strom/1 kWh –.60 (16 A). H/N, Entsorgung und Müll inklusive.

85077 Manching (f11) ST-D 8443

»STELLPLATZ AM BRAUNWEIHER« 1.1. bis 31.12.

info@manching.de, www.manching.de

➔ E 45 München-Ingolstadt, Abf. (63) Manching, weiter auf B 16 Richtung Manching, im Ort der Beschilderung Parkplatz Dauerparker folgen. ✉ Am Braunweiher (GPS: 48°42'39"N / 11°29'45" E).
Keltisch-Römisches Museum (700 m).

Ch 50 m 800 m

Stellplatz auf einem öffentlichen Parkplatz am Ortsrand in Autobahnnähe. Daneben befindet sich ein LKW Parkplatz und eine Tankstelle. Stellfläche befestigt. Wohnmobillänge bis 10 m. Maximal 72 Std. Aufenthalt möglich! Ver- und Entsorgungsstation. Ortszentrum 1 km entfernt. 30 Touristenplätze.

92345 Dietfurt, Frankenalb (f10/11) ST-D 8444

»PAVILLON AN DER SCHIFFSANLEGESTELLE« 1.1. bis 31.12.
☎ 0049 8464 640019
tourismus@dietfurt.de, www.dietfurt.de

➔ A 45 München-Nürnberg, Abf. (59) Denkendorf, weiter auf der Landstraße nach Dietfurt. ✉ Griesstetter Straße (GPS: 49°1'40"N / 11°34'58" E).
Wallfahrtskirche.

50 m 500 m

Stellplatz direkt an der Altmühl bzw. am Main-Donau-Kanal am Pavillon bei der Schiffsanlegestelle. Straßenverkehr in Hörweite. Stellfläche geschottert. Frischwasser. Ver- und Entsorgungsstation in 1 km Entfernung an der Kläranlage (Industriestraße). Maximal 1 Nacht Aufenthalt möglich! 7 Touristenplätze.

93309 Kelheim, Frankenalb (f11) ST-D 8445

»WOHNMOBILSTELLPLATZ "AM PFLEGERSPITZ"«
E.: Stadt Kelheim - Abteilung Tourismus 1.1. bis 31.12.
☎ 0049 9441 701234, Fax 0049 9441 701207, **tourismus@kelheim.de**
www.kelheim.de

➔ A 93 Regensburg-München, Abf. (46) Regensburg-Süd, weiter auf B 16 über Bad Abbach nach Kelheim, im Ort beschildert. ✉ Am Pflegerspitz 1 (GPS: 48°54'54"N / 11°52'35" E).
Kloster Weltenburg (6 km), Tropfsteinhöhle Schulerloch (3 km), Befrei-

ungshalle(2 km).

WC Ch 50 m 100 m

300 m 500 m

Stellplatz am Flussarm "Kleine Donau". Leicht abfallende, geschotterte Stellflächen von jungen Buchenhecken eingesäumt. Stellplatz-Länge bis 10 m. Keine Platzreservierung möglich! Bei Überfüllung des Stellplatzes gibt es einen Ausweichstellplatz (40 Plätze) in unmittelbarer Nähe am Volksfestplatz/Parkplatz P3. Ort 700 m entfernt. 45 Touristenplätze.

93077 Bad Abbach (f11) ST-D 8446/2

Abfahrt

»STELLPLATZ AN DER KAISER-THERME« 1.1. bis 31.12.
E.: Zweckverband Kurmittelhaus ☎ 0049 9405 95170
info@kaiser-therme.de, www.kaiser-therme.de

➔ A 93 Regensburg-München, Abf. (46) Bad Abbach, im Ort abbiegen in den Hebbergring und sofort wieder rechts abbiegen Hinter der Vest, in die Stinkelbrunnstraße einbiegen. Im Kreisverkehr in die Zielstraße einfahren. Beschildert. ✉ Kurallee 4 (GPS: 48°55'38"N / 12°2'28" E).
Heinrichturm. Museum Bad Abbach. Sühnekreuz. Regensburg (15 km). Kaisertherme.

RES WC W W WC Ch 100 m

HS 1 km 2 km

Beleuchteter Stellplatz bei der Kaiser-Therme mit schönem Blick auf den Ort. Geöffnet von 0-24 Uhr. Gegensprechanlage zur Öffnung der Schranke. Ebene Stellflächen auf Pflaster. Stellplatz-Länge bis 10 m. Für Fahrzeuge über 5 t geeignet. Anmeldung und Bezahlung an der Kasse des Bads bar oder EC-Karte. Die Sanitäreinrichtungen der Therme sind während der Öffnungszeiten nutzbar. Ort 1.5 km entfernt. 34 Touristenplätze.

93176 Rechberg, Frankenalb (f10) ST-D 8447

»RECHBERGER HOF« 1.1. bis 31.12.
☎ 0049 9493 1553
info@rechberger-hof.de, www.rechberger-hof.de

➔ E 56 Nürnberg-Würzburg, Abf. (95) Beratzhausen, weiter nach Rechberg. ✉ Leonhard-Nübler-Strasse 5 (GPS: 49°8'16"N / 11°52'1" E).

50 m

Stellfläche in Autobahnnähe beim Gasthof Rechberger Hof. Stellfläche befestigt. Maximal 2 Nächte Aufenthalt möglich! Dienstag Ruhetag! 5 Touristenplätze.

93093 Donaustauf (f10) ST-D 8451/1

»STELLPLATZ DONAUSTAUF« 1.1. bis 31.12.
☎ 0049 9403 95020
poststelle@vg-donaustauf.de, www.donaustauf.de

➔ A 3 Regensburg-Passau, Abf. (102) Neuraubling, weiter nach Donaustauf, Stellplatz beschildert. ✉ Eichendorfstraße (GPS: 49°1'42"N / 12°12'22" E).
Burg Donaustauf (500 m).

100 m 450 m

Stellplatz in Donaunähe am Ortsrand. Stellfläche geschottert. 6 Touristenplätze.

84082 Laberweinting (f10) ST-D 8451/2

»WALDGASTHOF HART« 1.1. bis 31.12.
☎ 0049 9423 623
waldgasthof-hart@t-online.de, www.waldgasthof-hart.de

➔ B 15 Landshut-Regensburg, bei Mallersdorf-Pfaffenberg nach Laberweinting abbiegen, weiter Richtung Haader. ✉ Hart 1 (GPS: 48°46'22"N / 12°20'45" E).

W

Stellplatz am Waldgasthof Hart. Stellfläche befestigt. Dienstag Ruhetag! Ort (Laberweinting) 5 km entfernt. 25 Touristenplätze.

84130 Dingolfing (g11) ST-D 8457

0 **»STELLPLATZ DINGOLFING«** Nov. bis Sept.
☎ 0049 8731 327100
tourismus@dingolfing.de, www.dingolfing.de/

➔ E 53 München-Deggendorf, Abf. (17a) Dingolfing-West, weiter Richtung Zentrum, den Wohnmobil-Symbolen folgen. ✉ Wollanger (GPS: 48°37'42"N / 12°30'7" E).
Stadtmauer (2 km), Herzogsburg (1 km), St. Johannes (500 m).

Ch 100 m 200 m

Wohnmobil-Stellplatz am Ortsrand von Dingolfing. Die Zufahrt ist auf 4 t beschränkt! Stellflächen auf Schotter. Die Bezahlung erfolgt mit Chips. Diese können im Freizeitbad Caprima, www.caprima.de, erworben werden. Nicht befahrbar von 1.10. bis 31.10. 12 Touristenplätze.
2022: Stellplatz ist kostenlos. Wasser/80 l 1.–, Strom/12 Std. 1.– (16 A). KT, H/N, Entsorgung und Müll inklusive.

94327 Bogen, Bayer. Wald (g11) ST-D 8462

»STELLPLATZ AM FREIBAD« 1.1. bis 6.7. / 17.7. bis 31.12.
☎ 0049 9422 5050
freibad@bogen.de, www.bogen.de/

➔ A 3 Nürnberg-Passau, Abf. (107) Bogen, weiter nach Bogen zum Freibad, Wohnmobil-Symbolen folgen. ✉ Kotaustr. 12 (GPS: 48°54'29"N / 12°41'14" E).
Gäubodenmuseum Straubing (6 km), Kulturforum Oberalteich (2 km), Klosterkirche (2 km), Wallfahrtskirche Bogenberg (2 km).

WC W Ch 50 m

100 m

Stellplatz am Ortsrand neben dem Freibad. Stellfläche geschottert. Nicht befahrbar von 8.7. bis 18.7.! Freier Zutritt zum Freibad im Preis inbegriffen 5 Touristenplätze.

94239 Ruhmannsfelden, Bay. W. (g11) ST-D 8463

»STELLPLATZ RUHMANNSFELDEN« 1.1. bis 31.12.
☎ 0049 9929 94010, Mobil 0049 1525 3859180
tourist-info@ruhmannsfelden.de, www.ruhmannsfelden.de

➔ E 53 Deggendorf-Plzen, bei Ruhmannsfelden abfahren, im Ort zum Sportplatz fahren. ✉ Jahnstraße 25 (GPS: 48°58'54"N / 12°59'21" E).

Ch 200 m

Stellplatz am Ortsrand auf dem Weg zur tschechischen Grenze. Stellfläche auf Schotter. Nicht befahrbar von 1.7. bis 31.7.! 16 Touristenplätze.

94513 Schönberg, Bay. Wald (g/h11) ST-D 8464

0 **»GASTHAUS ZEHRERMÜHLE«** 18.4. bis 30.10.
☎ 0049 8554 9434090
info@zehrermuehle.de, www.zehrermuehle.de

➔ A 3 Nürnberg-Passau, Abf. (111) Hengersberg, weiter nach Schönberg. ✉ Zehrermühle 2 (GPS: 48°50'56"N / 13°18'35" E).

WC W W

Stellplatz beim Gasthaus Zehrermühle. Stellflächen befestigt. Maximal 4 Nächte Aufenthalt möglich! Dienstag Ruhetag! 5 Touristenplätze.
2022: Stellplatz ist kostenlos. WD 3.–, Strom/N 5.–. P/N inklusive. Bei Einkehr im Gasthaus kostenfrei!.

94259 Kirchberg, Bayer. Wald (g11) ST-D 8465

»STELLPLATZ ARBERBLICK« 1.1. bis 31.12.
☎ 0049 9927 225
info@augustin-bau.de, www.augustin-bau.de

➔ A 3 Nürnberg-Passau, abf. (111) Hengersberg, weiter Richtung Schönberg, bei Hunding nach Kirchberg abbiegen, im Ort beschildert. Steile Zufahrt! ✉ Reichertsried 34 (GPS: 48°53'30"N / 13°9'53" E).
Burgruine Weißenberg (7 km), Reptilien-Zoo (1.5 km).

WC W W Ch

Stellplatz im Bayrischen Wald außerhalb des Ortes. Stellflächen am Hang auf Rasen. 7 Touristenplätze.

94032 Passau, Bayer. Wald (h11) ST-D 8466/1

»WOHNMOBILSTELLPLATZ ILZBRÜCKE« 1.1. bis 31.12.
☎ 0049 851 9559814
tourist-info@passau.de, www.passau.de

➔ A 3 Deggendorf-Passau, auf B 12 Richtung nördliches Ilzufer fahren, den Wohnmobil-Symbolen folgen. ✉ Halser Str. 2 (GPS: 48°34'41"N / 13°28'25" E).

Ch 100 m

Stellplatz am Ufer der Ilz. Stellfläche gepflastert. Maximal 1 Nacht Aufenthalt möglich! 13 Touristenplätze.

94032 Passau, Bayer. Wald (h11) ST-D 8466/2

15 **»BUSPARKPLATZ BAHNHOFSSTRASSE«** 1.1. bis 31.12.
☎ 0049 851 9559814 302 m
parkhaus@stadtwerke-passau.de, www.passau.de

➔ A 3 Deggendorf - Passau, auf B 12 Richtung Zentrum abbiegen, auf der Regensburger Straße den Wohnmobil-Symbolen folgen. ✉ Regensburger Straße/Bahnhofsstraße (GPS: 48°34'27"N / 13°26'42" E).

WC Ch

Stellplatz am Bahnhof. Stellflächen gepflastert. Ver- und Entsorgungsstation mit Frischwasserentnahme und Spülwasserabgang. Bezahlung im Parkhaus am Kassenautomat Ebene 1. 15 Touristenplätze.
2022: Kostenpflichtig von 9-19 Uhr - Stellplatz/Std. 3.– bis max. 15.–, Wasser/90 l 1.– Entsorgung und Müll inklusive.

94032 Passau, Bayer. Wald (h11) ST-D 8466/3

»WINTERHAFEN RACKLAU« 1.1. bis 31.12.
☎ 0049 851 9559814
tourist-info@passau.de, www.passau.de/

➔ A 3 Deggendorf-Passau, auf B 12 Richtung Zentrum abbiegen, den Wohnmobil-Symbolen folgen. ✉ Racklau (GPS: 48°34'27"N / 13°25'36" E).

Stellplatz im Industriegebiet. Stellfläche geschottert. Maximal 1 Nacht Aufenthalt möglich! 30 Touristenplätze.

94110 Thalberg, Bayer. Wald (h11) ST-D 8473

»ZUM THALERHOF« 1.4. bis 30.11.
☎ 0049 8592 558
info@pension-thalerhof.de, www.thalerhof-wegscheid.de

➔ B 388 Richtung Wegscheid, vor der Grenze weiter Richtung Norden, vor Thalberg links abbiegen. ✉ Pumperhäuser 7 (GPS: 48°38'47"N / 13°46'29" E).

Stellplatz beim Thalerhof. Stellfläche auf Rasen. Ort (Thalberg) 7 km entfernt. 3 Touristenplätze.

94089 Neureichenau-Lackenhs., Bay. W. (h11) ST-D 8474

15 **»KNAUS REISEMOBILSTELLPLATZ LACKENHÄUSER«**
☎ 0049 8583 311 850 m 1.1. bis 5.11. / 21.12. bis 31.12.
Fax 0049 8583 91079, **lackenhaeuser@knauscamp.de**
www.knauscamp.de/lackenhaeuser

➔ A 3 Regensburg–Passau Abf. Aicha in Richtung Waldkirchen. Weiter über Jandelsbrunn, Klafferstraß nach Lackenhäuser. ✉ Lackenhäuser 127 (GPS: 48°44'56"N / 13°49'2" E).
Dreisessel. Rosenberger Gut. Adalbert Stifter Museum.

W W Ch W W TV HS WHS WHS 500 m 1 km

Stellplatz beim Campingplatz KNAUS CAMPINGPARK LACKENHÄUSER. Am Dreiländereck, am Bach Gegenbach und am Waldrand gelegen. Schöne Rad- u. Wanderwege. Ort 500 m entfernt. 3 Touristenplätze.
2022: MC-St/N 10.–, Waschmaschine 5.–, Trockner 5.–, Strom/N 4.– (16 A). P/N, H/N, Entsorgung, Müll und Wasser inklusive. Sanitärbenutzung/N ab 16 J. 5.– / Kinder (4 bis 15 J.) 3.–.

94065 Waldkirchen, Bay. W. (h11) ST-D 8475/1

15 **»KAROLI PARKPLATZ«** 1.1. bis 31.12.
☎ 0049 8581 19433
tourismus@waldkirchen.de, www.waldkirchen.de/

➔ B 12 Richtung Freyung, vor Röhrnbach nach Waldkirchen abbiegen. Im Ort zum Parkplatz P3 und zum Karoli-Badepark fahren. Anfahrt unbedingt über Ringmauerstraße – Hauzenberger Straße – VdK-Heim-Straße (Anfahrt über Graben wie vom Navi vorgegeben ist ungeeignet.) ✉ Vdk-Heim-Straße (GPS: 48°43'21"N / 13°36'12" E).
Museum Goldener Steig (1 km), Karoli-Kapelle (500 m).

WC Ch 100 m

Beleuchteter Stellplatz auf einem Parkplatz am Ortsrand neben einer Eissporthalle. Stellfläche geschottert und befestigt. Die Parkgebühr kann vor Ort am Automaten bar, per EC-Karte, mit Kreditkarte oder über die APP "Parkster" bezahlt werden. Maximal 5 Nächte Aufenthalt möglich! Duschmöglichkeit im Karoli Badepark (gegen Gebühr – während der Öffnungszeiten des Bads). Frühstück oder Brötchenservice im Hallenbadrestaurant (am Vortag bestellen). 10 Touristenplätze.
2022: MC-St/N inkl. 2 P/N 14.–, Wasser/100 l 1.–, Strom/kWh –.50. P/N, KT und Entsorgung inklusive.

93413 Cham, Bayer. Wald (g10) ST-D 8484

»GASTHOF KÄSBAUER« 1.1. bis 31.12.
☎ 0049 9971 7586
info@die-bayerische-pension.de, www.pension-kaesbauer.de

➔ B 16 Regensburg-Cham, in Cham zum Bahnhof fahren. ✉ Forstamtstraße 7 (GPS: 49°13'18"N / 12°39'33" E).

WC W W 500 m

Stellplatz beim Gasthaus Käsbauer in Cham. Stellfläche befestigt. Maximal 1 Nacht Aufenthalt möglich! Sonntag Ruhetag! 8 Touristenplätze.

94547 Iggensbach, Bay. W. (g11) ST-D 8487/1

10 **»RESTAURANT PENSION WEIHERMÜHLE«** 1.1. bis 31.12.
☎ 0049 9903 326, Fax 0049 9903 941263
info@hotel-weihermuehle.com, www.hotel-weihermuehle.com

➔ A 3 Nürnberg-Passau, Abf. (112) Iggensbach, weiter auf Kopfsbergerstraße. ✉ Kopfsberg 1 (GPS: 48°43'16"N / 13°9'51" E).

WC W 300 m

Stellplatz bei der Pension und Restaurant Weihermühle. Inmitten von Wiesen und Wäldern am Scherbach gelegen mit hauseigenen Teich, Wildgehege und Pferdekoppel. Mittwoch ist Ruhetag - Anreise nach Absprache möglich. Stellfläche auf Schotter und befestigt. Keine Ver- u. Entsorgungsmöglichkeit. In der Nähe (11 km) Freizeitpark "Pullman City" - Westernstadt. Ort (Iggensbach) 3 km entfernt. 20 Touristenplätze.
2022: St/N inkl. 2 P/N 5.–, Strom/N 2.–. KT, H/N und WD inklusive.

94234 Viechtach, Bay. Wald (g10) ST-D 8490/1

»PARKPLATZ P6 AM REGEN« 1.1. bis 31.12.
☎ 0049 9942 1661
tourist-info@viechtach.de, www.viechtach-tourismus.com

➔ B 85 Cham-Regen, im Ort der Beschilderung zum Bahnhof/P6 folgen. ✉ Bahnhofstraße (GPS: 49°4'48"N / 12°53'18" E).

400 m

Wohnmobilstellplatz auf dem Parkplatz nahe dem Bahnhof. Ausgewiesene, ebene und asphaltierte Stellflächen. Möglichkeit zur Ver- und Entsorgung: Städt. Kläranlage, Am Regenufer: Sani-Service-Station (Tag und Nacht in Betrieb). Maximal 3 Nächte Aufenthalt möglich! 5 Touristenplätze.

94234 Viechtach, Bay. Wald (g10) ST-D 8490/2

»PARKPLATZ P2 BEI DER STADTHALLE« 1.1. bis 31.12.
☎ 0049 9942 1661
tourist-info@viechtach.de, www.viechtach-tourismus.com

➔ B 85 Cham-Regen, im Ort der Beschilderung zum Friedhof/P2 folgen. ✉ Friedhofstr. 11 (GPS: 49°4'39"N / 12°53'7" E).

300 m 500 m

Stellplatz an der Stadthalle. Stellfläche auf Asphalt. Möglichkeit zur Ver- und Entsorgung: Städt. Kläranlage, Am Regenufer: Sani-Service-Station (Tag und Nacht in Betrieb). Maximal 3 Nächte Aufenthalt möglich! 3 Touristenplätze.

94234 Viechtach, Bay. Wald (g10) ST-D 8490/3

»STELLPLATZ P1 ZENTRUM« 1.1. bis 31.12.
☎ 0049 9942 1661
tourist-info@viechtach.de, www.viechtach-tourismus.com

➔ B 85 Cham-Regen, im Ort der Beschilderung zum Zentrum/P1 folgen. ✉ Bierfeldstraße (GPS: 49°4'41"N / 12°52'59" E).

200 m 500 m

Wohnmobilstellplatz im Zentrum von Viechbach. Stellfläche asphaltiert. Möglichkeit zur Ver- und Entsorgung: Städt. Kläranlage, Am Regenufer: Sani-Service-Station (Tag und Nacht in Betrieb). Maximal 3 Nächte Aufenthalt möglich! 5 Touristenplätze.

94234 Viechtach, Bay. Wald (g10) ST-D 8490/4

»PARKPLATZ P5 TÜV« 1.1. bis 31.12.
☎ 0049 9942 1661
tourist-info@viechtach.de, www.viechtach-tourismus.com

➔ B 85 Cham - Regen, weiter auf der Hauptstraße, im Norden Richtung TÜV abbiegen. ✉ Karl-Gareis-Str. 1 (GPS: 49°4'56"N / 12°53'0" E).
Museum Viechtach.

100 m 400 m

Stellplatz im Norden von Viechtach an der Staatsstraße. Stellflächen asphaltiert. Möglichkeit zur Ver- und Entsorgung: Städt. Kläranlage, Am Regenufer - Sani-Service-Station (Tag und Nacht in Betrieb). Maximal 3 Nächte Aufenthalt möglich! 3 Touristenplätze.

86551 Aichach (e11) ST-D 8501

»STELLPLATZ AM FREIBAD« 1.1. bis 31.12.
☎ 0049 8251 90275
rathaus@aichach.de, www.aichach.de/tourismus/

➔ B 300 Augsburg-Ingolstadt, auf Augsburger Straße abbiegen, im Ort der Beschilderung zum Freibad folgen. ✉ Franz-Beck-Straße 3 (GPS: 48°27'32"N / 11°7'30" E).
Burgkirche mit Burgplatz Oberwittelsbach (2.5 km), Sissi-Schloss Unterwittelsbach (1.6 km)

100 m 150 m 200 m

Stellplatz in Altstadtnähe. Geschotterte Standfläche am Freibad. Bezahlung am Kassenautomaten. 4 Touristenplätze.

86633 Neuburg (e/f11) ST-D 8509

»WOHNMOBILSTELLPLATZ SCHLÖSSELWIESE« 1.1. bis 31.12.
☎ 0049 8431 55241
tourismus@neuburg-donau.de, www.neuburg-donau.de

➔ B 16 Donauwörth - Ingolstadt, weiter Richtung Zentrum Neuburg, nördlich der Elisenbrücke beschildert. ✉ Zur Ringmeierbucht (GPS: 48°44'25"N / 11°11'3" E).
Schloss Grünau (6 km), Schloss Neuburg (1 km).

WC Ch 100 m

Wohnmobilstellplatz an der Donau in Zentrumsnähe. Zum Teil von Bäumen umrahmt. Unparzellierte, ebene Stellflächen auf Sand und Splitt. Neben dem Stellplatz führt ein Radweg und Fußweg vorbei. 40 Touristenplätze.

86720 Nördlingen, Schw. Alb (e11) ST-D 8514

10 **»WOHNMOBILSTELLPLATZ KAISERWIESE«** 1.1. bis 31.12.
E.: Stadt Nördlingen ☎ 0049 9081 84116
tourist-information@noerdlingen.de, www.noerdlingen.de

➔ A 7 Rothenburg o.d.T.-Ulm, Abf. (114) Aalen/Westhausen, weiter auf der B 29 nach Nördlingen. Über den Inneren Ring zum Ziel. Beschildert. ✉ Innerer Ring (GPS: 48°51'19"N / 10°29'3" E).
Museen. Rathaus. Historische Altstadt. Überdachte Stadtmauer. St. Georg mit Kirchturm.

RES WC WC Ch
300 m 500 m HS 2 km

Beleuchteter Stellplatz auf dem Parkplatz Kaiserwiese vor der Stadtmauer in der Nähe der historischen Innenstadt. Stellflächen auf Asphalt. Stellplatz-Länge bis 12 m. Bezahlung am Automaten. Maximal 2 Nächte Aufenthalt möglich! Stadtführungen. Fahrradtouren durchs Ries. Ort 500 m entfernt. 30 Touristenplätze.
2022: MC/N 7.50, Strom/1 kWh 1.50. Entsorgung und Wasser inklusive.

89365 Röfingen (e11) ST-D 8516

0 **»GASTHOF ZAHLER«** 5.1. bis 23.12.
E.: Familie Zahler ☎ 0049 8222 96990
info@gasthof-zahler.de, www.gasthof-zahler.de

➔ A 8 Zusmarshausen-Dornstadt, Abf. (69) Burgau, St 2025 nach Höfingen. ✉ Augsburger Str. 69 (GPS: 48°25'32"N / 10°26'53" E).
Burg Haldenwang. Kloster Wettenhausen.

200 m 500 m HS 2 km

Stellplatz auf einem Parkplatz neben einem Landgasthof am Ortsrand. Stellflächen auf Pflaster und Asphalt (begrenzt bei Veranstaltungen). Stellplatz-Länge bis 10 m. Essen im Gasthof erwünscht. 10 Touristenplätze.
2022: Stellplatz ist kostenlos.

86732 Oettingen i. B., Franken. (e11) ST-D 8517

»STELLPLATZ AM SCHIESSWASEN« 1.1. bis 18.7. 9.8. bis 31.12.
☎ 0049 9082 70952
tourist-information@oettingen.de, www.oettingen.de

➔ B 446 Nördlingen-Gunzenhausen, im Ort den Wohnmobil-Symbolen folgen. ✉ Schießwasen 16 (GPS: 48°57'25"N / 10°36'32" E).
Altstadt mit Fachwerk- und Barockfassaden (800 m), Hofgarten (700 m), Residenzschloss (700 m).

Ch 50 m 700 m

Stellplatz in der Nähe zum Wörnitz-Ufer hinter dem Schützenhaus am Ende der Festwiese. Nahe der B 466 und der Staatsstraße nach Dinkelsbühl gelegen. Stellfläche befestigt und gepflastert. Für drei Mobile ist die Flächengröße 8,80 x 5,50 Metern und eine Fläche verfügt über 11 x 5,50 Metern. Ver- und Entsorgungsstation. Während der Jacobi-Kirchweih nicht befahrbar. (Mitte Juli bis Anfang August). 4 Touristenplätze.

91757 Treuchtlingen, Franken. (e11) ST-D 8519

15 **»REISEMOBILSTELLPLATZ AM KURPARK«** 1.3. bis 31.12.
☎ 0049 9142 960060 12 000 qm
tourismus@treuchtlingen.de, www.treuchtlingen.de

➔ B 2 Donauwörth-Roth, am nördlichen Ortsende nach Treuchtlingen abbiegen und den Wohnmobil-Symbolen folgen. ✉ Kästleinsmühlenstraße 20 (GPS: 48°57'37"N / 10°55'4" E).
Karlsgraben (3 km), Burgruine (1 km), jüdischer Friedhof (1 km), Volkskundemuseum(500 m), Stadtschloss (500 m).

WC W W Ch W
200 m 250 m
350 m

Wohnmobil-Stellplatz direkt am Kurpark in unmittelbarer Nähe der Altmühltherme mit Kur- u- Wellnessabteilung. Von Büschen und Laubbäumen umrahmt und mit Blick auf die umliegenden bewaldeten Hügel. Direkt am Rad- und Wanderweg. Ebene parzellierte und gepflasterte Stellflächen (7x11 m, 6x12 m) mit dazugehörigen kleinen Rasenflächen. Stromsäulen münzbetrieben. Angelkartenverkauf. E-Bike Vermietung. Biergarten. Brötchenservice. Anmeldung bei Shell-Tankstelle, Industriestraße 1 von Mo. bis Sa. 6:30 - 20 Uhr, Sonn- und Feiertag 7 bis 20 Uhr. Kneipp-Anlage 200 m und Altmühltherme 350 m entfernt. 91 Touristenplätze.
2022: St/N 13.–, KT P/N ab 16 J. 1.–, KT K/N 6 bis 15 J. –.50, Waschmaschine 2.–, Trockner 2.–, Wasser/100 l 1.–, Strom/8 Std. 1.–. H/N, WD und Müll inklusive. Zehnerkarte € 110.–

91804 Mörnsheim / Altendorf, Fr. (e11) ST-D 8520

20 **»WOHNMOBILSTELLPLATZ HAMMERMÜHLE«**
☎ 0049 9145 8364515 15.4. bis 10.10.
buchung@zeltplatz-hammermuehle.de, www.zeltplatz-hammermühle.de

➔ B 13 Ingolstadt-Würzburg, nach Eichstätt Richtung Schernfeld abbiegen, weiter über Dollnstein nach Mörnsheim. Die Einfahrt ist an der St 2230 ausgeschildert. ✉ Hammermühle 5 (GPS: 48°52'27"N / 11°1'50" E).

WC W Ch 50 m

Stellplatz an der Altmühl mit schönem Blick auf die Landschaft des Naturparks Altmühltal in der Freizeitanlage "Hammermühle". Stellfläche geschottert. 6 Schäferwägen. Große Zeltwiese mit Feuerstellen. Entsorgungsstation. Biergarten. Ladestation für E-Bikes. Guter Ausgangspunkt für Kanu-, Rad- und Wandertouren. Anreise von 12 bis 18 Uhr, Abreise von 8 bis 12 Uhr. Max.14 Nächte Aufenthalt. 21 Touristenplätze.
2022: C-St/N 12.– bis 13.–, MC-St/N inkl. 2 P/N 13.– bis 16.–, weitere P/N 5.50, K/N 2 bis 14 J. 4.–, extra A/N 2.–, extra C/N 10.–, extra MC/N 10.–, extra M/N 2.–, extra B/N 2.–, H/N 2.–, WD/4 min. 2.–, Wasser/60 l –.50, Strom/1 kWh –.70. Vorauszahlung.

87700 Memmingen, Allgäu (e12) ST-D 8546

»STELLPLATZ NEUE WELT« 1.1. bis 31.12.
☎ 0049 8331 850172
info@memmingen.de, www.memmingen.de/309.html

➔ A 96 München-Memmingen, Abf. (16) Memmingen-Ost, weiter auf St 2009 und St 2013, links auf Schlachthofstraße abbiegen, rechts auf Hemmerlestraße abbiegen. ✉ Colmarer Straße 46 (GPS: 47°59'43"N / 10°10'57" E).
St. Martinskirche (1.8 km), Fuggerbau (1.8 km), Grimmelhaus (1 km).

150 m 500 m

Stellplatz am Ortsrand auf einem Parkplatz. Stellfläche gepflastert. Maximal 2 Nächte Aufenthalt möglich! Ortszentrum 1.7 km entfernt 10 Touristenplätze.

87648 Aitrang, Allgäu (e12) ST-D 8570

20 **»WOHNMOBILSTELLPLATZ BEIM CAMPING ELBSEE«**
E.: Familie Martin ☎ 0049 8343 248 750 m 1.1. bis 31.12.
Fax 0049 8343 1406, **info@elbsee.de, www.elbsee.eu**

➔ A 7 Ulm - Kempten, Abf. (134) Kempten und weiter auf der A 96/B 12 Richtung Kaufbeuren, Abf. Unterthingau, vor Aitrang rechts abbiegen. Oder B 12 München - Lindau Ausfahrt Biessenhofen, über Ruderatshofen nach Aitrang. Vor Aitrang links abbiegen. Aus beiden Richtungen beschildert. ✉ Am Elbsee 3 (GPS: 47°48'11"N / 10°33'15" E).

Ch 100 m 500 m

Stellplatz beim Campingplatz CAMPING ELBSEE vor der Schranke. Die Sanitäranlagen des Campingplatzes können nicht genutzt werden. Ort 2 km entfernt.
2022: St/N inkl. 2 P/N 20.–, WD 3.–, Waschmaschine 4.30, Trockner 3.80, Wasser/100 l 4.–, Strom/kWh –.75 (16 A), Anschlussgeb. 2.20. KT und H/N inklusive.

87640 Biessenhofen, Allgäu (e12) ST-D 8571

»GASTHOF STEGMÜHLE« 1.1. bis 31.12.
E.: Höfle ☎ 0049 8341 90200 700 m
info@gasthof-stegmuehle.de, www.gasthof-stegmuehle.de

➔ B 16 Kaufbeuren-Marktoberdorf, abbiegen auf Bernbacher Straße.
✉ An der Stegmühle 2 (GPS: 47°49'28"N / 10°38'39" E).
Altstadt Kaufbeuren (6 km).

WC 50 m 600 m

Stellplatz neben dem Gasthof Stegmühle am Ortsrand an der B 16. Überwiegend ebene Stellflächen auf Schotter und Kies. 4 Touristenplätze.

87600 Kaufbeuren, Allgäu (e12) ST-D 8572

»STELLPLATZ KAUFBEUREN« 1.1. bis 31.12.
☎ 0049 8341 437850
tourist-info@ kaufbeuren.de, www.kaufbeuren-tourismus.de

➔ A 96 Memmingen-München, Abf. (19) Mindelheim, auf B 16 Richtung Kaufbeuren, im Kreisverkehr vor Kaufbeuren auf Buronstraße abbiegen.
✉ Buronstraße 99 (GPS: 47°53'56"N / 10°36'59" E).
Isergebirgsmuseum (3.5 km), Kunsthaus Kaufbeuren (2.5 km), Fünfknopfturm (2.4 km).

Ch 50 m 800 m

Stellplatz am Ortsrand. Stellfläche geschottert und parzelliert. Nur 6 der 8 Stellplätze haben einen Stromanschluss! Maximal 3 Nächte Aufenthalt möglich! Ortszentrum 2.5 km entfernt 8 Touristenplätze.

80939 München (f12) ST-D 8603

15 **»STELLPLATZ ALLIANZ ARENA«** 1.1. bis 31.12.
☎ 0049 89 20051002
redaktion.internet@allianz-arena.de
www.allianz-arena.de/de/service/wohnmobile/

➔ A 9 oder A 99 Autobahnkreuz München-Nord, Beschilderung zum Besucherparkplatz folgen. ✉ Werner-Heisenberg-Allee 25 (GPS: 48°13'19"N / 11°37'28" E).

WC W Ch 300 m

Stellplatz auf dem Parkplatz der Allianz Arena. Stellflächen auf Schotter oder Schotterwiese. Nicht Geöffnet an Spieltagen und während des Oktoberfestes! Ortszentrum 12 km entfernt 110 Touristenplätze.
2023: A/N 5.–, C/N 15.–, MC/N 15.–, Wasser/100 l 1.–. Entsorgung und Strom inklusive.

82296 Schöngeising (f12) ST-D 8630

»STELLPLATZ SEDLMEIER« 1.1. bis 31.12.
E.: Sedelmeier ☎ 0049 8141 21576

➔ B 471 in Fürstenfeldbruck nach Grafrath, Brucker Str. bis Enterbruck 3 folgen. Einfahrt bei Fa. Gauck. ✉ Enterbruck 3 (GPS: 48°8'6"N / 11°12'32" E).
Bauernhofmuseum Jexhof (2.5 km), Klosterkirche Fürstenfeld(6 km).

WC Ch 50 m
400 m 800 m

Stellplatz im Ort, im Hof eines Wohnhauses, in Sichtweite zum Fluss Amper. Standplatz auf Gras und Schotterwiese. Standplatz-Länge bis 8 m. Bezahlung beim Eigentümer. Standplatz für Caravan auf Anfrage! Saison: Ostern bis Oktober. Maximaler Aufenthalt 4 Nächte. Ankunft möglich bis 21 Uhr. 5 Touristenplätze.

86529 Schrobenhausen (f11) ST-D 8633

»PARKPLATZ AM KLOSTERGARTEN« 1.1. bis 31.12.
E.: Stadt Schrobenhausen ☎ 0049 8252 90214
information@schrobenhausen.de, www.schrobenhausen.de

➔ B 300 Ingolstadt-Augsburg, Abf. Schrobenhausen in Richtung Schrobenhausen, der Aichacher Straße folgen und am Kreisverkehr in den Bgm.-Stocker-Ring abbiegen, nach 50 m links in die Rot-Kreuz-Str. abbiegen. ✉ Rot-Kreuz-Str. (GPS: 48°33'32"N / 11°15'45" E).
Stadtpfarrkirche St. Jakob. Stadtwall. Europäisches Spargelmuseum. Museum im Pflegschloss. Schützenmuseum. Stadtwall mit Stadtmauer.

500 m 600 m 1 km
HS 1.5 km

Stellplätze auf einem öffentlichen Parkplatz direkt im Ort. Stellplatzlänge nur bis 5 m. 4 Touristenplätze.

85254 Sulzemoos (f12) ST-D 8635

Abfahrt
»DER FREISTAAT CARAVANING & MORE« 1.1. bis 31.12.
☎ 0049 8135 937100
pa@derfreistaat.de, derfreistaat.org/home/der-freistaat

➔ A 8 Augsburg-München, Abf. (77) Sulzemoos den Wohnmobil-Symbolen folgen. ✉ Ohmstr. 16 (GPS: 48°16'54"N / 11°15'42" E).
Gut Schloss Sulzemoos (800 m)

WC Ch 200 m

Stellplatz beim Reisemobil und Wohnwagen Handelszentrum Der Freistaat Caravaning & More Sulzemoos direkt an der Autobahnausfahrt. Standfläche auf Rasengittersteinen. Versorgungsstationen mit Wasser, Strom und Entsorgung vorhanden. Ortszentrum 800 m entfernt 40 Touristenplätze.

85435 Erding (f12) ST-D 8636

»WOHNMOBILPARK ERDING« 1.1. bis 31.12.
E.: Atlantis GmbH ☎ 0049 8122 9598705
info@wohnmobilpark-erding.de, www.wohnmobilpark-erding.de

➔ A 93 Deggendorf-München, Abf. (8) Freising Ost, Beschilderung zur Therme Erding folgen. ✉ Thermenallee 2 (GPS: 48°17'31"N / 11°53'10" E).
Brauerei Erding (2 km).

WC W W Ch | 100 m
200 m W W 300 m

Stellplatz am Ortsrand bei der Therme Erding. Von Wiesen, Büschen und Bäumen umgeben. Ebene, parzellierte und geschotterte Stellflächen (6x10 m). Stromsäulen münzbetrieben. Für große Fahrzeuge bis 7,5 t geeignet. Es gibt eine automatische Schrankenanlage mit Kassenautomat. Rezeptionshäuschen mit Infomaterial. Der Park ist Teil des Bauernhofs „Gersthof" mit einer authentische Bio-Landwirtschaft. Direkter Zugang zur Therme. Im Eingangsbereich der Therme gibt es eine Bäckerei mit Café. In Juli, August und Sept. Maximal 3 Nächte Aufenthalt möglich! Ortszentrum 5 km entfernt 55 Touristenplätze.

85354 Freising (f12) ST-D 8637

»STELLPLATZ FREISING« 1.1. bis 31.12.
☎ 0049 8161 5444111
touristinfo@freising.de, www.freising.de

➔ E 53 München-Deggendorf, Abf. (8) Freising Ost, Weiter auf B 11a und Isarstraße Richtung Freising, direkt nach der Isar links auf Luipoldstraße abbiegen. ✉ Luipoldstraße (GPS: 48°23'52"N / 11°45'2" E).

| 50 m 600 m

Stellplatz direkt an der Isar. Stellfläche geschottert. Maximal eine Übernachtung möglich! Ortszentrum 1.3 km entfernt 4 Touristenplätze.

85368 Moosburg (f11) ST-D 8638

»STELLPLATZ AM VIEHMARKTPLATZ« 1.1. bis 31.12.

info@moosburg.de, www.moosburg.de/index.php?id=3895,252

➔ A 92 München-Landshut, Abf. (11) Moosburg-Nord. Weiter auf der B 11 nach Moosburg. Im Ort den Wohnmobil-Hinweisschildern folgen. ✉ Landshuter Str. 23 (GPS: 48°27'55"N / 11°56'28" E).

Ch | 250 m 500 m

Zentrumsnaher Stellplatz am Viehmarktplatz hinter der Veranstaltungshalle. Gekieste, unparzellierte Stellflächen. Stellplatz-Länge bis 8 m. Maximal 3 Tage Aufenthalt möglich! Ortszentrum 1 km entfernt. 4 Touristenplätze.

85276 Pfaffenhofen (f11) ST-D 8639

»STELLPLATZ PFAFFENHOFEN« 1.1. bis 31.12.
☎ 0049 8441 782251
tourismus@stadt-pfaffenhofen.de, www.pfaffenhofen.de

➔ In Pfaffenhofen der Beschilderung zum Freibad und den Wohnmobil-Symbolen folgen. ✉ Ingolstädter Str. 61 (GPS: 48°32'12"N / 11°30'33" E).
Kloster Scheyern (9 km), Wachsziehermuseum (0.7 km),

| 100 m 200 m 700 m
800 m 900 m

Stellplatz am Ortsrand in Freibadnähe. Standfläche auf geschottertem Untergrund. Der Stellplatz ist während der Volksfestzeit geöffnet, wenn er der Fläche begrenzt! Bezahlung am Automaten mit Münzen oder EC-Karte. Ortszentrum 1.7 km entfernt 12 Touristenplätze.

82362 Weilheim (e12) ST-D 8660

10 **»STELLPLATZ GRUNDSCHULE AN DER AMMER«**
☎ 0049 881 682532 1.1. bis 31.12.
weilheiminfo@weilheim.de
www.weilheim.de/index.asp?tid=3&nid=189&cid=11617

➔ B 2 Stanberg-Murnau, in Weilheim abfahren und den Wohnmobil-Symbolen folgen. ✉ Lohgasse 17 (GPS: 47°50'25"N / 11°8'10" E).
Altstadt (600 m), Pfarrkirche St. Mariae Himmelfahrt (600 m).

Ch | 200 m 800 m

Stellplatz in Zentrumsnähe auf dem Parkplatz der Grundschule. Stellfläche auf Asphalt. Maximal 5 Nächte Aufenthalt möglich! 12 Touristenplätze.
2022: St/N 10.–, Wasser/4 min. –.50, Strom/N –.50.

86956 Schongau (e12) ST-D 8663

»STELLPLATZ AM FESTPLATZ« 1.1. bis 31.12.
☎ 0049 8861 214181
touristinfo@schongau.de, www.schongau.de/Wohnmobilplatz.98.0.html

➔ B 17 Landsberg-Füssen bei Schongau-Nord verlassen. Weiter über Sonnenstraße und Bahnhofsstraße, vor der Lechbrücke in die Zielstraße abbiegen. ✉ Lechuferstraße (GPS: 47°48'33"N / 10°53'58" E).
Alte Stadtmauer (1.6 km), Stadtmuseum (1.5 km), Stadtpfarrkirche Maria Himmelfahrt (1.3 km).

WC W Ch | 100 m

Stellplatz in Zentrumsnähe am Lech auf einem Großparkplatz. Stellfläche auf Kies. 70 Touristenplätze.

88131 Lindau GT Gitzenweiler, Bod. (d13) ST-D 8712

Abfahrt

20 **»QUICKSTOP - CAMPINGPARK GITZENWEILER HOF«**
E.: Heidrun Müller ☎ 0049 8382 94940 500 m 1.1. bis 31.12.
Fax 0049 8382 949415, **info@gitzenweiler-hof.de, www.gitzenweiler-hof.de**

➔ A 96 Memmingen – Lindau Abf. (4) Weißensberg auf die B 12. Hinter Weißensberg nach Rehlings abbiegen, beschildert. ✉ Gitzenweiler 88 (GPS: 47°35'8"N / 9°42'23" E).

W W Ch W W
TV
S | S 50 m

Übernachtungsplatz vor der Schranke des CAMPINGPARK GITZENWEILER HOF. Ebene Stellflächen auf Rasengittersteinen. Abreise bis 11 Uhr. Maximal 1 Nacht Aufenthalt möglich! Golfplatz (18 Loch) 500 m und Ort 3 km entfernt. 16 Touristenplätze.
2022: St/N 20.–, H/N 5.–, KT P/N ab 16 J. 3.30, KT K/N 6 bis 15 J. 2.20, Waschmaschine 2.50, Trockner 2.50. WD, Entsorgung, Müll, Sanitärbenutzung und Strom inklusive.

87448 Niedersonthofen, Allgäu (e13) ST-D 8725

Abfahrt

20 **»QUICKSTOP BEIM CAMPING ZEH AM SEE«** 1.1. bis 8.1.
E.: Hedy Anders-Zeh 725 m 30.3. bis 27.10. / 26.12. bis 31.12.
☎ 0049 8379 7077, Fax 0049 8379 728381
info@camping-zeh-am-see.de, www.camping-zeh-am-see.de

➔ A 980 AB-Dreieck Allgäu - Lindau/Oberstorf, Abf. Waltenhofen und weiter auf die B 19 Richtung Immenstadt Abf. Niedersonthofen. In Memhölz der Beschilderung »Zeh am See« folgen. ✉ Burgstr. 27 (GPS: 47°37'48"N / 10°14'43" E).
Allgäuer Kräuterdorf Niedersonthofen.

WC W WC Ch W
|
50 m 100 m

Übernachtungsstellplatz auf dem Campingstüble-Parkplatz des CAMPING ZEH AM SEE. Ebene Stellflächen auf Schotter. Maximal 1 Nacht Aufenthalt möglich! Ort 500 m entfernt. 3 Touristenplätze.
2023: St/N 16.–, P/N 1.–, H/N 3.50, KT P/N ab 16 J. 1.20, Waschmaschine 3.50, Trockner 3.–, Entsorgung 3.–, Strom/1 kWh –.70 (16 A), Anschlussgeb. 2.–. WD, Müll, Wasser und Sanitärbenutzung inklusive.

87616 Wald, Allgäu (e13) ST-D 8741

»STELLPLATZ AM WEIHER« 1.1. bis 31.12.
☎ 0049 8302 473
info@wald-allgaeu.de, www.wald-allgaeu.de/index.php?id=449

➔ A 7 Ulm-Füssen, Abf. (138) Nesselwang, über Rückholz Richtung Marktoberdorf. Ab Ortsmitte Wald den Wohnmobil-Symbolen folgen. ✉ Nesselwanger Straße 4 (GPS: 47°43'23"N / 10°33'48" E).

Ch | 100 m 800 m

Stellplatz auf dem Land am Badeweiher. Stellfläche gekiest. Maximal 3 Nächte Aufenthalt möglich! 10 Touristenplätze.

87484 Nesselwang, Allgäu (e13) ST-D 8744

Abfahrt

»STELLPLATZ AM HAUSBERG ALPSPITZE« 1.1. bis 31.12.
E.: Gemeinde Nesselwang Tourist-Information 890 m
☎ 0049 8361 923040, **info@nesselwang.de, www.nesselwang.de**

➔ A 7 Kempten - Füssen, Abf. (138) Nesselwang, im Ort der Beschilderung "Alpspitzbahn" folgen. ✉ An der Riese (GPS: 47°37'12"N / 10°29'52" E).
Pfarrkirche St. Andreas. Heimathaus. Brauereimuseum. Ruine Nesselburg. Barocke Wallfahrtskirche Maria-Trost.

RES | 100 m 300 m
800 m 1 km

Stellplatz unterhalb der Alpspitz-Bergbahn. Parzellierte und geteerte Ringstraße mit gekieste Stellflächen, teils leicht abfallend. Münzbetriebene Stromsäulen. Kostenlose Frisch- und Abwasserstation ist ca. 30 Meter entfernt. Direkter Zugang zur Skischule Nesselwang. Ski- und Rodelverleih. Sommerrodelbahn. Nordic Walkingpark Allgäu. Alpspitz-Bade-Center fußläufig erreichbar. Abstellen von Wohnwagen, PKW und Anhängern sowie das Campieren und Zelten auf dem Platz ist nicht gestattet. Ortszentrum 400 m entfernt. 58 Touristenplätze.

87541 Bad Hindelang, Allgäu (e17) ST-D 8746

»WOHNMOBILPARK WIESENGRUND« 1.1. bis 31.12.
E.: Familie Kullmann ☎ 0049 8324 2219 800 m
info@wiesengrund.com, www.wiesengrund.com

➔ B 308 Sonthofen - österr. Grenze, am Ortseingang am Kreisverkehr Richtung Hinterstein (Sportanlagen) – nach ca. 1 km auf der linken Seite (hinter dem Schwimmbad). ✉ Ostrachstr. 23 (GPS: 47°29'38"N / 10°22'20" E).

WC W W | W W 150 m

Stellplatz am Ortsrand neben dem Naturbad Hindelang. Von Bäumen umrahmt und von einem Bach begrenzt. Ebene Stellflächen auf Schotterrasen. Überdachte Entsorgung. TV-Anschlüsse. Trockenraum. Anmeldung beim Hotel "Wiesengrund". Brötchenservice. Wanderwege direkt vom Stellplatz - geführte Wanderungen möglich. Winter (bis Anfang April) Skibus auf das Oberjoch. 30 Touristenplätze.

86983 Lechbruck, Allgäu (e13) ST-D 8750

25 **»WOHNMOBILSTELLPLATZ VIA CLAUDIA«** 8.4. bis 31.12.
E.: Dr._Weber ☎ 0049 8862 8426
anfrage@via-claudia-camping.de, www.via-claudia-camping.de

➔ A 7 Ulm-Lindau, Abf. (134) Kempten, auf die B 12 nach Marktoberdorf, weiter auf die B 16 in Richtung Füssen, abbiegen nach Lechbruck und Steingaden. In Lechbruck beschildert. ✉ Via Claudia 6 (GPS: 47°42'57"N / 10°49'18" E).
Pfarrkirche Mariä Heimsuchung. Wieskirche (8 km). Schloss Neuschwanstein (20 km). Flößermuseum. Klostergarten Steingaden (5 km).

WC W W Ch

500 m 1.5 km
Beleuchteter Stellplatz hinter dem Campingplatz am Lechsee mit Blick auf die Alpen. Ebene Stellflächen auf Schotter mit Begrünung. Stellplatz-Länge bis 12 m. Für Fahrzeuge über 5 t geeignet. Imbiss. Durchgehend geöffnet. Die Sanitäreinrichtungen des Campingplatzes können benutzt werden. Ort 1.5 km, Golfplatz 2 km entfernt. 52 Touristenplätze.
2022: St/N inkl. 2 P/N 20.– bis 24.–, weitere P/N 3.–, K/N 5 bis 15 J. 2.–, H/N 5.–, KT P/N 1.60, KT K/N 5 bis 15 J. –.80, Waschmaschine 3.50, Trockner 3.50. WD, Entsorgung, Müll, Wasser und Strom inklusive.

87629 Füssen im Allgäu, All. (e13) ST-D 8755/1

Abfahrt

»FÜSSEN MOBIL« 1.1. bis 31.12.
0049 8362 921290 790 m
info@sportstudio-fuessen.de, www.wohnmobilstellplatz-fuessen.de

➔ A7 Memmingen - Füssen, Abf. (139) und weiter auf der B 310 nach Füssen. In Füssen zum Gewerbegebiet Nord weiterfahren und den Wohnmobil-Symbolen folgen. ✉ Abt-Hafner-Str. 2 (GPS: 47°34'57"N / 10°42'12" E).
Schloss (2.4 km), Museum (2.4 km), Schloss Neuschwanstein (6 km).

W Ch 10 m 100 m 150 m 300 m 500 m
Stellplatz am Ortsrand beim Gewerbegebiet auf einem kleinen Wohnmobilpark. Parzellierte ebene Stellflächen auf Rasengitter, Schotter und Pflaster. Gegenüberliegendes Sportstudio Füssen (Anmeldung an der Rezeption) mit Saunabereich kann mit Sonderkonditionen genutzt werden. Ortszentrum 1 km entfernt! 35 Touristenplätze.

87629 Füssen im Allgäu, All. (e13) ST-D 8755/2

»WOHNMOBILSTELLPLATZ FÜSSEN CAMPER'S STOP«
P.: Hendrik Reichel 0049 8362 940104 790 m 1.1. bis 31.12.
info@wohnmobilplatz.de, www.wohnmobilplatz-fuessen.de

➔ A7 Memmingen - Füssen, Abf. (139) und weiter auf der B 310 nach Füssen. In Füssen zum Gewerbegebiet Nord weiterfahren und den Wohnmobil-Symbolen folgen. ✉ Abt-Hafner-Str. 9 (GPS: 47°34'56"N / 10°42'3" E).

W W Ch W 50 m 500 m
Stellplatz am Ortsrand beim Gewerbegebiet Nord. Von Büschen und Bäumen umrahmt. Ebene, parzellierte und geschotterte Stellflächen (5x10 m). Cafe & Restaurant "Am Platzerl" mit Biergarten. Hundedusche. 90 Touristenplätze.

87629 Füssen im Allgäu, All. (e13) ST-D 8755/3

»WOHNMOBILPLATZ SUSHI & NEM« 1.1. bis 31.12.
0049 8362 9261433 790 m
info@sushiundnem.de
www.gantja-marktplatz.de/l/wohnmobilplatz-sushi-nem-fuessen/

➔ A7 Memmingen - Füssen, Abf. (139) und weiter auf der B 310 nach Füssen. In Füssen zum Gewerbegebiet Nord weiterfahren und den Wohnmobil-Symbolen folgen. ✉ Abt-Hafner Straße 7b (GPS: 47°35'56"N / 10°42'7" E).

W Ch 20 m 500 m
Länglicher Stellplatz am Ortsrand beim Gewerbegebiet angrenzend an eine kleine Waldfläche. Markierte und gekieste Stellflächen. Holiday-Clean-Station. Hundedusche. Anmeldung und Bezahlung im Restaurant "Sushi & Nem". 41 Touristenplätze.

87645 Schwangau, Allgäu (e13) ST-D 8760

30 **»WOHNMOBILPARK SCHWANGAU«** 1.1. bis 31.12.
0049 8362 93000
info@camping-bannwaldsee.de, camping-bannwaldsee.com

➔ B 17 Peiting - Füssen, 4 km vor Schwangau abfahren und den Wohnmobil-Symbolen folgen. ✉ Münchner Str. 151 (GPS: 47°35'30"N / 10°46'23" E).
Füssen (5 km), Schloss Neuschwanstein (2 km).

W W W Ch W W 50 m
Beleuchteter separater Stellplatz am Campingplatz Bannwaldsee. Ebene Stellflächen (6 x 8/10 m) auf Schotterrasen. CAMPERCLEAN im Wohnmobilpark kostenfrei. Freier Zugang zum Campingplatz, Badestrand und See. Kostenlose Benutzung der sanitären Einrichtungen (Dusche/WC). Internetzugang im Hauptgebäude (LAN) oder Hotspot (WLAN). Ortszentrum 3 km entfernt! 24 Touristenplätze.
2022: St/N inkl. 2 P/N 18.– bis 26.–, weitere P/N 7.–, J/N 5.–, H/N 2.50, KT P/N ab 16 J. 1.90, KT K/N 5 bis 15 J. –.95, Waschmaschine 3.–, Trockner 3.–, Strom/N 4.– (16 A). WD, Entsorgung, Müll und Wasser inklusive.

82491 Grainau, Bayer. Alpen (e13) ST-D 8810

30 **»WOHNMOBILHAFEN ZUGSPITZBLICK«** 1.1. bis 31.12.
P.: Dr. Wilhelm Lieser 0049 8821 9439111 720 m
Office@pure-camping.de, www.perfect-camping.de/stellplatz/

➔ A 95 München–Garmisch-Partenk. Ab AB-Ende weiter auf der B 2 bis hinter Farchant. Dort über Garmisch in Richtung Reutte. Von A 7 kommend durch Reutte in Richtung Garmisch. ✉ Griesener Str. 2 (GPS: 47°28'49"N / 11°3'20" E).

W W Ch W 50 m
Wohnmobilhafen beim Campingplatz CAMPING ERLEBNIS ZUGSPITZE (hier befindet sich auch die Anmeldung für den Wohnmobilhafen). Direkt an der Loisach mit eigenem Bootsausstieg gelegen. Sicht- und Lärmschutzwand zur Straße hin. Ebene Stellflächen (6x10 m) auf Schotterrasen. Stromsäulen münzbetrieben. Camping-Shop u.a. mit Bestellservice Fritz Berger. Skitrockenraum. Ort 3 km entfernt. 80 Touristenplätze.
2022: St/N inkl. 2 P/N 28.–, weitere P/N 12.50, weitere K/N 5 bis 15 J. 8.–, H/N 3.–, KT P/N ab 16 J. 3.50, KT K/N 6 bis 15 J. 1.50, Waschmaschine 3.–, Trockner 2.–, Wasser/10 l –.10, Strom/1 kWh –.80 (16 A). WD, Entsorgung, Müll und Sanitärbenutzung inklusive. Bei zusätzl. Gästen Energie- und Umweltgebühr pro P/N ab 5 J. 1.90.

82467 Garmisch-Partenkirchen, Bay. A. (e13) ST-D 8812

»ALPENCAMP AM WANK« 1.1. bis 31.12.
0049 8821 9677805
camp@zugspitze.de, zugspitze.de/camp

➔ B 2 Partenkirchen, Beschilderung zur Wankbahn und den Wohnmobil-Symbolen folgen. ✉ Wankbahnstr. 2 (GPS: 47°30'20"N / 11°6'27" E).
Zugspitze (7 km), Höllentalklamm und Partnachklamm (5 km).

W Ch 200 m 400 m
Stellplatz am Ortsrand direkt an der Talstation der Wankbahn. Stellflächen leicht geneigt auf Asphalt. Anmeldung im "Hütterl". Ver- und Entsorgungsmöglichkeit. Ortszentrum 3 km entfernt! 110 Touristenplätze.

82494 Krün, Bayerische Alpen (f13) ST-D 8816

30 **»REISEMOBILHAFEN ALPEN-CARAVANPARK TENNSEE«**
E.: Armin und Andreas Zick OHG 950 m 1.1. bis 1.11. / 15.12. bis 31.12.
0049 8825 170, Fax 0049 8825 17236, **info@camping-tennsee.de**
www.camping-tennsee.de

➔ A 95 München–Garmisch, beim AB–Ende weiter auf der B 2 über Garmisch Richtung Mittenwald. Hinter Klais noch ca. 1 km. ✉ Am Tennsee 1 (GPS: 47°29'26"N / 11°15'17" E).
Karwendelgebirge, Wettersteingebirge, Mittenwald, Garmisch.

W W Ch W W TV HS 400 m 500 m 2 km 4 km 6 km 8 km
Reisemobilhafen im CARAVANPARK TENNSEE direkt am See. Ebene, parzellierte und gepflastertet Stellflächen. Jeder Stellplatz mit eigener kleiner Grünfläche. Durch Hecken gegliedert. TV-Anschluss (SAT und Kabel). 7 Stellplätze mit Gasanschluss. 5 m breite Straßen für leichte Anfahrt und Rangiermöglichkeit. Ort 2 km entfernt. 37 Touristenplätze.
2022: MC-St/N inkl. 2 P/N 28.–, weitere P/N 10.50, K/N 6 bis 15 J. 5.90, H/N 5.–, KT P/N ab 16 J. 2.–, KT K/N 6 bis 15 J. 1.05, Müllgeb. P/N –.75, Waschmaschine 4.–, Strom/1 kWh –.75 (16 A). WD, Trockner, Entsorgung, Wasser und Sanitärbenutzung inklusive.

82418 Murnau a. Staffelsee, Bay. A. (f13) ST-D 8820

Abfahrt

10 »PARK & RIDE BAHNHOF« 1.1. bis 31.12.
E.: Gemeindewerke Murnau ☎ 0049 8841 489290 676 m
info@gw-murnau.de, www.gw-murnau.de

➔ A 95 München - Garmisch-Partenkirchen, Abf. Murnau/Kochel und weiter nach Murnau. Hier im Zentrum zum Bahnhof abbiegen, beschildert. ✉ Seehauser Str. 11 (GPS: 47°40'57"N / 11°11'35" E).
Schlossmuseum Murnau. Münter-Haus.

Ch | 100 m 500 m 1 km

Beleuchteter Stellplatz direkt am Bahnhof. Ebene gepflasterte Stellflächen (ca. 5 x 9,7 m) auf einem öffentlichen Parkplatz. Stellplatzlänge bis 9.70 m. Imbiss. Maximal 72 Stunden Aufenthalt möglich! Wander- und Radwege. In unmittelbarer Nähe ist eine Ver- und Entsorgungsstation eingerichtet und der Staffelsee ist nur ca. 10 Gehminuten vom Stellplatz entfernt. 4 Touristenplätze.
2022: St/N 5.–, Wasser/100 l 1.–. KT und H/N inklusive. Strom/2 kWh 1.–.

82435 Bad Bayersoien, Bay. A. (e13) ST-D 8821

»STELLPLATZ BAYERSOIEN« 1.1. bis 31.12.
☎ 0049 8867 1500
christof.echtler@t-online.de, www.camping-rottenbuch.de

➔ B 23 Schongau-Garmisch-Patenkirchen nach Bayersoien abfahren. Den Wohnmobil-Symbolen folgen. ✉ Am Bauhof 2 (GPS: 47°41'15"N / 10°59'52" E).
Wiesenkirchen (10 km).

Ch | 50 m 100 m 600 m

Stellplatz Rand des Bayersoien Moores. Stellfläche auf Kies, von Bäumen umgeben. 8 Touristenplätze.

82447 Spatzenhausen OT Hofheim, Bay. A. (f13) ST-D 8826

»WOHNMOBIL-STELLPLATZ BEIM CAMPING BRUGGER«
E.: Karl Brugger & Sohn GbR 650 m 26.3. bis 17.10.
☎ 0049 8847 728, Fax 0049 8847 228, **office@camping-brugger.de**
www.camping-brugger.de

➔ A 95 München - Garmisch-Partenkirchen Abf. (9) Sindelsdorf Richtung Murnau, bei Hofheim abbiegen, beschildert. ✉ Seestr. 2 (GPS: 47°42'24"N / 11°13'5" E).

WC W W Ch W W
HS HS HS
| 800 m

Wohnmobilstellplatz innerhalb des Campingplatzes CAMPING BRUGGER. Schattenlose Stellflächen auf einer Wiese. Ort 1 km entfernt.

83661 Lenggries, Bayer. Alpen (f13) ST-D 8830

»STELLPLATZ SYLVENSTEIN« 1.1. bis 31.12.
☎ 0049 8042 5008800
info@camping-lenggries.de, www.lenggries.de

➔ B 13 Bad Tölz-Lenggries, am Sylvenstein Speicher auf die B 307. ✉ Dürrachstraße (GPS: 47°34'14"N / 11°32'2" E).

WC Ch | 50 m

Stellplatz am Speichersee Sylvenstein. Stellfläche auf Kies. 20 Touristenplätze.

83671 Benediktbeuern, Bay. A. (f13) ST-D 8831

10 »STELLPLATZ AM SPORTZENTRUM« 1.4. bis 31.10.
☎ 0049 8857 248
tourismus@benediktbeuern.de, www.benediktbeuern.de

➔ B 11 Bichl - Kochel am See, im Süden von Benediktbeuern in Benediktusstraße den Wohnmobil-Symbolen folgen. ✉ Schwimmbadstraße 32 (GPS: 47°41'54"N / 11°24'55" E).
Franz Marc Museum (7 km), Kloster Benediktbeuern (1.2 km), Fraunhofer Glashütte (1.2 km).

WC Ch | 50 m 100 m 200 m

Stellplatz am Ortsrand neben dem Sportzentrum. Stellfläche auf Tartangrund. Bezahlung der Stellplatzgebühr bitte passend in Münzen oder per EC-/Kreditkarte / HandyApp "Parkster" am Parkautomaten. Strom kann gegen Münzeinwurf an zwei Säulen direkt auf dem Stellplatz bezogen werden. Maximal 3 Nächte Aufenthalt möglich! Ortszentrum 2 km entfernt! 16 Touristenplätze.
2023: MC-St/N 8.–, Strom/kWh 1.25. P/N, Entsorgung, Müll und Wasser inklusive.

83727 Schliersee GT Spitzingsee, Bay. A. (f13) ST-D 8836

»STELLPLATZ SPITZINGSEE« Ostern bis Ende Okt.
☎ 0049 8026 9229791
tourismus@schliersee.de, www.schliersee.de

➔ B 307 Bayrischzell-Rottach-Egern, zum Spitzingsee abbiegen und zur Taubenstein-Kabinenbahn-Station folgen. ✉ Kretzer Leite 16 (GPS: 47°39'56"N / 11°53'16" E).

| 400 m

Stellplatz direkt am See unterhalb der Taubenstein-Kabinenbahn-Station. Ebene Stellflächen auf Schotter. Stellplatz-Länge bis 12 m. Reservierung für Gruppen empfohlen. Ort 400 m entfernt. 30 Touristenplätze.

83735 Bayrischzell, Bay. Alpen (f13) ST-D 8838

»STELLPLATZ BAYRISCHZELL« 1.1. bis 31.12.
☎ 0049 8023 648
tourist-info@bayrischzell.de, www.bayrischzell.de/camping

➔ B 307 Schliersee-Oberaudorf, Richtung Bayrischzell abbiegen, Wohnmobil-Symbolen folgen. ✉ Seebergstraße 15 (GPS: 47°40'19"N / 12°0'36" E).
Wendelstein Seilbahn (3.5 km), Kirche St. Margareth (0.5 km).

WC W Ch | 150 m 220 m
400 m

Stellplatz am Alpenrand direkt am Seeberg. Loipen-Einstieg vor Ort. Mit dem Skibus ist das Skiparadies Sudelfeld in nur 5 min. vom Stellplatz entfernt. Schöner Ausgangspunkt für Wanderungen und Radtouren. Stellfläche auf Schotter und von Bäumen umgeben. Ver- und Entsorgung und Stromanschluss für 12 Fahrzeuge. Die maximale Standdauer beträgt 10 Tage. Ortszentrum 500 m entfernt! 20 Touristenplätze.

83088 Kiefersfelden, Bay. Alp. (f13) ST-D 8842

Abfahrt

10 »STELLPLATZ AM HÖDENAUER SEE« April bis Okt.
☎ 0049 8033 6648
info@wetsports.de, www.wetsports.de

➔ A 8 München-Salzburg, Abf. (101) Dreieck Inntal. A 93 Inntalautobahn, Richtung Insbruck, Abf. (60) Kiefersfelden über die Rosenheimer Straße zum Hödenauer See. ✉ Guggenauer Weg 1a (GPS: 47°37'41"N / 12°11'22" E).
Museum im Blaahaus. Gießenbachklamm.

WC W | 200 m
1 km HS 2 km 3 km

Ebener, schön gelegener Stellplatz neben einer Wasserski- und Wakeboardanlage am Hödenauer See. Am Fuße des Zahmen Kaisers und einer Bahnstrecke gelegen. Stellflächen auf Schotter. Stellplatz-Länge bis 12 m. Kein Strom. Café oder Cocktailbar. Idealer Zwischenstopp für Fahrten nach Südtirol und weiter in Richtung Italien. Ort 3 km entfernt. 15 Touristenplätze.
2022: St/N 10.–, KT P/N 1.50. H/N inklusive.

83043 Bad Aibling (f12) ST-D 8845

15 »STELLPLATZ AN DER THERME« 1.1. bis 31.12.
☎ 0049 806190 66200
info@therme-bad-aibling.de, www.therme-bad-aibling.de

➔ E 52 München - Salzburg, Abf. (100) Bad Aibling, weiter auf St 2089 bis Bad Aibling, Beschilderung zur Therme Bad Aibling folgen, vor der Therme links in die Heubergstraße einbiegen. ✉ Heubergstr. 1 (GPS: 47°51'22"N / 12°0'22" E).

WC Ch | 100 m 200 m 400 m

Stellplatz am Ortsrand nahe der Therme Bad Aibling auf parzellierten, geschotterten Stellflächen. Stellplatz-Länge bis 8 m. Kartenzahlung am Verkaufsautomaten (direkt am Platz). Ohne Anmeldung 2 Nächte Aufenthalt möglich! 31 Touristenplätze.
2023: MC-St/N 15.–, Wasser/80 l 1.–. P/N, KT, H/N, Entsorgung, Müll und Strom inklusive.

83512 Wasserburg a. Inn (f/g12) ST-D 8850

»WOHNMOBIL-STELLPLATZ AM "BADRIA"« 1.1. bis 31.12.
☎ 0049 80718133
info@badria.de, www.badria.de

➔ B 305 Ebersberg - Altenmarkt, nach Wasserburg Richtung Weikertsham auf die Salzburger Straße abfahren. Dem Straßenverlauf bis zu Innbrücke folgen. Hier links in die Rosenheimer Straße abbiegen und der Beschilderung zum "Badria" folgen. ✉ Alkorstr. 14 (GPS: 48°3'3"N / 12°13'35" E).

| W W 20 m

Wohnmobil-Stellplatz am Ortsrand von Wasserburg auf dem Parkplatz des Freizeitbades "Badria". Ebene, markierte und gekieste Stellflächen. Maximal 3 Nächte Aufenthalt möglich! 3 Touristenplätze.

83236 Übersee, Chiemgau (g12) ST-D 8869/1

»WOHNMOBIL-STELLPLATZ BAUERNHOF STEINER«
E.: Steiner ☎ 0049 8642 1383 1.3. bis 30.11.
franz.steiner75@gmx.de, www.chiemsee-wohnmobile-steiner.de

➔ E 52 Rosenheim - Salzburg, Abf. (109) Grabenstätt, weiter auf St 2096 Richtung Übersee, nach ca. 4 km links abbiegen. ✉ Almfischer 11 (GPS: 47°48'35"N / 12°29'33" E).
Märchenpark Marquartstein (8 km), Moor- und Torfmuseum Rottau (7 km), Herrenchiemsee (4 km).

WC W W Ch

Wohnmobil-Stellplatz beim Bauernhof Steiner. Ebene, schattenlose und markierte Stellflächen auf Schotter. Von einer Rasenfläche umgeben. Müllentsorgung möglich. Brötchenservice. Getränkeautomat. Liegewiese. Rezeption für An- und Abreise. Ortszentrum 3 km entfernt 40 Touristenplätze.

83236 Übersee, Chiemgau (g12) ST-D 8869/2

»STELLPLATZ BAUERNHOF SCHMID« 1.1. bis 6.1.
1.3. bis 31.12.
☎ 0049 8642 226
walburga.schmid@t-online.de
www.uebersee.com/caravan-stellplatz-schmid1

➔ E 52 Rosenheim-Salzburg, Abf. (109) Grabenstätt, weiter auf St 2096 Richtung Übersee, nach ca. 3.5 km rechts abbiegen. ✉ Stegen 4 (GPS: 47°48'46"N / 12°29'19" E).
Märchenpark Marquartstein (8 km), Moor- und Torfmuseum Rottau

(7 km),Herrenchiemsee (4 km).

Stellplatz auf dem Bauernhof Schmid. Parzellierte Stellfläche auf Kies. Anfahrt nur von 8 bis 11 Uhr und von 13 bis 21 Uhr möglich! Ortszentrum 1.3 km entfernt 28 Touristenplätze.

83278 Rettenbach (g12) ST-D 8884

»GASTHAUS JOBST« 1.1. bis 31.12.
E.: Jobst ☎ 0049 861 2538
benno.jobst@gmx.de

➔ E 60 München-Salzburg, Abf. (112) Traunstein und auf B 306. Nach Traunstein der TS1 Richtung Rettenbach folgen. ✉ Balthasar-Permoser-Str. 64 (GPS: 47°54'47"N / 12°39'1" E).

10 m

Stellplatz neben dem Gasthaus Jobst, auf dem Parkplatz direkt im Dorf. Idealer Zwischenstopp auf dem Weg nach Salzburg. Di und Mi Ruhetag! Keine Anfahrt von 14.2. bis 11.3. möglich! 5 Touristenplätze.

83334 Inzell, Bayerische Alpen (g13) ST-D 8890

»STELLPLATZ HAUSERNHOF« 1.1. bis 31.12.
E.: Scheurl ☎ 0049 8665 547
info@hausernhof.de, www.hausernhof.de

➔ B 305 Siegsdorf-Berchtesgaden, in Inzell über Adlgasser Straße auf Bichlstraße abbiegen. ✉ Bichlstr. 24 (GPS: 47°45'34"N / 12°45'9" E).
∴ Weißbachschlucht (7 km).

300 m 500 m 700 m

Stellplatz auf dem Bauernhof. Stellfläche auf Rasengitter und Gras. Wohnmobile bis max. 7m Länge. Anhänger und separates Auto nur auf Anssfrage. 4 Touristenplätze.

83471 Berchtesgaden GT Salzberg, Berch. (g13) ST-D 8899

Abfahrt

30 **»REISEMOBILHAFEN MOBILER ALPENGENUSS«**
E.: Thomas Fendt ☎ 0049 8652 2396 600 m 1.1. bis 31.12.
urlaub@allweglehen.de, www.allweglehen.de

➔ A 8 München – Salzburg Abf. (115) Bad Reichenhall auf die B 20 nach Berchtesgaden. Hier auf die B 305 ca. 3 km in Richtung Salzburg bis Unterau, beschildert. Oder Abf. Salzburg auf die B 305 in Richtung Berchtesgaden bis Unterau, beschildert. Teils steilerer Anstieg. ✉ Allweggasse 4 (GPS: 47°38'51"N / 13°2'23" E).
∴ Königsee, Berchtesgaden, Salzbergwerk.

500 m 1 km 2 km 3 km 3.5 km

Ebener Stellplatz von Wald umgeben am Rande des Nationalpark Berchtesgaden mit schönem Blick auf den Watzmann (Berggipfel). Befestigte Stellplätze auf Schotter ca. 100 m unterhalb des Campingareals "CAMPING-RESORT ALLWEGLEHEN". Für Fahrzeuge 6 bis 10 m geeignet. Ver- u. Entsorgungsmöglichkeit. W-LAN nur am Campingplatz vollumfänglich vorhanden. Die Einrichtungen des Campingplatzes können mit genutzt werden. 24h-Stunden-Check-In. Brötchenservice. Golfplatz 2 km, Ort 5 km entfernt. 28 Touristenplätze.
2023: C/N 28.–, MC/N 28.–, KT P/N ab 17 J. 2.60, KT K/N 6 bis 16 J. 1.30, Müllgeb. St/N 2.50. WD, Entsorgung, Wasser und Strom inklusive.

94072 Bad Füssing (g/h12) ST-D 8918/1

30 **»WOHNMOBILSTELLPLATZ BEIM KUR-CAMPING MAX I«**
E.: D. u. M. Fuchs ☎ 0049 8537 96170 340 m 1.1. bis 31.12.
Fax 0049 8537 961710, **info@campingmax.de, www.campingmax.de**

➔ A3 Regensburg–Linz Abf. (118) Pocking auf die B 12 nach Bad Füssing. Oder B 12 Simbach–Passau, hinter Tutting rechts abbiegen Richtung Bad Füssing, beschildert. ✉ Falkenstr. 12 (GPS: 48°19'57"N / 13°18'52" E).
∴ Thermalbad. Rottaler Kulturlandschaft. Passau

100 m

Wohnmobilstellplätze vor der Schranke des Campingplatzes KUR-CAMPING MAX I. Ebene Stellflächen auf hartem sandigen Boden. Maximal 3 Nächte Aufenthalt möglich! Von Feldern und Wiesen umgeben. Die Plätze sind Tag und Nacht uneingeschränkt anfahrbar. Ort (Egglfing) 300 m, Thermalbad 2.5 km entfernt. 12 Touristenplätze.
2022: St/N inkl. 2 P/N 27.90, KT P/N ab 16 J. 1.85. H/N und WD inklusive.

94501 Aldersbach (g11) ST-D 8928

»PARKPLATZ AM RATHAUS« 1.1. bis 31.12.
☎ 0049 8543 96100
info@aldersbach.de, www.aldersbach.de

➔ B 8 Nürnberg-Passau, bei Vilshofen an der Donau nach Aldersbach abbiegen. ✉ Klosterplatz 2 (GPS: 48°35'21"N / 13°5'10" E).
∴ Brauereimuseum (200 m), Marienkirche (200 m).

100 m

Stellplatz im Zentrum des Ortes beim Rathaus. Stellfläche auf Pflastersteinen. 3 Touristenplätze.

84364 Bad Birnbach (g11) ST-D 8930/1

25 **»WOHNMOBIL-STELLPLATZ KUR-GUTSHOF-CAMPING ARTERHOF«**
E.: Familie Sigl ☎ 0049 8563 96130 1.1. bis 31.12.
Fax 0049 8563 961343, **info@arterhof.de, www.arterhof.de**

➔ A 3 Regensburg–Linz Abf. (106) Straubing, auf B 20 bis Eggenfelden, auf B 388 Richtung Passau bis Abf. Bad Birnbach-Lengham. ✉ Hauptstr. 3 (GPS: 48°26'7"N / 13°6'32" E).
∴ Thermalbad Birnbach, Bruder Konrad Hof, Kloster Aldersbach.

10 m 1 km

Übernachtungsplatz für Wohnmobile vor der Schranke des Campingplatzes KUR-GUTSHOF-CAMPING ARTERHOF. Ebene Stellflächen auf Kies. Der Innaturapark kann kostenlos genutzt werden, genauso der Badesee, der angrenzt. Maximal 1 Nacht Aufenthalt möglich! Ort 1.5 km entfernt. 20 Touristenplätze.
2023: St/N inkl. 2 P/N 21.50, H/N 4.90, KT P/N ab 14 J. 2.50, Waschmaschine 3.–, Trockner 3.–, Wasser/10 l –.10, Strom/1 kWh –.80 (16 A). P/N, WD, Arterhof-Thermenwelt, Entsorgung und Müll inklusive.

94137 Bayerbach (g11) ST-D 8931

20 **»WOHNMOBILHAFEN BEIM VITAL CAMP BAYERBACH«**
E.: Familie Weber 360 m 7.1. bis 1.4. / 7.11. bis 17.12.
☎ 0049 8532 9278070, Fax 0049 8532 92780720
info@vitalcamping-bayerbach.de, www.vitalcamping-bayerbach.de

➔ A3/E56 Passau-Grenze österreich Abf. (118) Pocking auf die B12 bis Königswiese. Ab hier weiter auf der B388 bis Kindlbach. Dann noch ca. 3 km in südl. Richtung bis Bayerbach, beschildert. ✉ Huckenham 11 (GPS: 48°24'55"N / 13°7'48" E).
∴ Bad Birnbach. Bad Griesbach. Bad Füssing.

50 m 400 m 1.5 km 3 km

Stellplatz vor dem Campingplatz VITAL CAMPING BAYERBACH. Ebene, gepflasterte, markierte und schattenlose Stellflächen. Von Büschen und Bäumen umrahmt. Brötchenservice. Maximaler Aufenthalt 3 Nächte. Ort 1 km entfernt. 14 Touristenplätze.
2022: St/N inkl. 2 P/N 20.–, weitere J/N 7.50, H/N 3.–, KT P/N ab 14 J. 1.–, Müllgeb. St/N 2.–, Waschmaschine 3.–, Trockner 3.–, Strom/1 kWh –.60 (16 A), Anschlussgeb. 1.–. WD, Entsorgung, Wasser und Sanitärbenutzung inklusive.

84533 Marktl (g12) ST-D 8937

»STELLPLATZ AM MARKTLER BADESEE« 1.4. bis 30.11.
E.: Harlander ☎ 0049 8678 1786
campingplatz-queng@freenet.de, www.campingplatz-marktl.de

➔ E 552 Ampfing-Kirchdorf, Abf. (20) Burghausen, Richtung Marktl und Perach den Camping-Symbolen folgen. ✉ Queng 3 (GPS: 48°16'2"N / 12°49'54" E).

Stellplatz vor dem Campingplatz in der Nähe des Badesee. Stellfläche auf Schotterwiese oder Gras. Aufenthalt nur von 16 Uhr bis 10 Uhr möglich! Ortszentrum 2 km entfernt 5 Touristenplätze.

84503 Altötting (g12) ST-D 8938

0 **»STELLPLATZ GRIESSSTRASSE«** 1.1. bis 31.12.
☎ 0049 8671 506219
touristinfo@altoetting.de, www.altoetting.de

➔ E 552 München - Passau, Abf. (22) Altötting, Beschilderung bis Altötting folgen, im Ort den Wohnmobil-Symbolen folgen. ✉ (GPS: 48°13'46"N / 12°40'30" E).
∴ St.Anna (3 km), Jerusalem Panorama Kreuzigung Christi (1 km), Marienwerk (600 m), Kapuzinerkloster St.Magdalena (500 m).

150 m

Stellplatz im Ortszentrum. Stellfläche auf Rasengitter und Kies. Der Wohnmobilstellplatz hat schattenspendende Bäume und befindet sich unweit eines Waldes mit einem Bach. Ver- und Entsorgung sind vorhanden (Frischwasser, Grauwasser). Maximal 3 Nächte Aufenthalt möglich! 8 Touristenplätze.
2023: Stellplatz ist kostenlos. Strom/4 Std. 1.–. P/N inklusive.

84489 Burghausen (g12) ST-D 8939

»WOHNMOBILSTELLPLATZ AM GRILLPLATZ« 1.1. bis 31.12.
E.: Stadt Burghausen ☎ 0049 8677887140
info@visit-burghausen.com, www.tourismus.burghausen.de

➔ B 20 durch Burghausen, im Ort den Wohnmobilsymbolen folgen zum südlichen Ortsrand. ✉ Berghamer Str. 1 (GPS: 48°9'16"N / 12°48'32" E).
∴ Weltlängste Burg. Denkmalgeschützte Altstadt. Kloster Raitenhaslach.

800 m 1 km 1.5 km 2.5 km

Wohnmobilstellplatz am Waldpark. Von einer Hecke umrahmt. Unparzellierte, ebene Stellflächen auf befestigtem Rasen. Stellplatz-Länge bis 12 m. Anmeldung am Parkautomaten oder im Bürgerhaus in Burghausen, Marktler Str. 15a (Tel. 08677/97400). Der Schlüssel für die sanitären Anlagen kann nur im Bürgerhaus gegen eine Kaution in Höhe von 50 € abgeholt werden. Diese sind von April bis Oktober geöffnet. Wohnwagen nur mit vorheriger Genehmigung vom Bürgerhaus erlaubt. Außerhalb der Öffnungszeiten Anmeldung im Bürgerhaus-Café. Maximal 7 Nächte Aufenthalt möglich! Ort 2 km entfernt. 18 Touristenplätze.

Berlin

In der Nähe von Flugplätzen ist mit zeitweiligen Ruhestörungen zu rechnen.

13357 Berlin (g5) ST-D 9016

»WOHNMOBIL-OASE-BERLIN« 1.1. bis 31.12.
☎ 0049 175 2466247
camping@wohnmobil-oase-berlin.com, www.wohnmobil-oase-berlin.com

➔ In Berlin-Zentrum zum großflächigen Übernachtungsplatz. ✉ Hochstraße 4 (GPS: 52°32'55"N / 13°23'1" E).

Ch | 300 m

Stellplatz auf einem Übernachtungsplatz in Berlin-Mitte. Stellfläche auf Asphalt. Abreise bis 11 Uhr des Folgetages. Ortszentrum 1 km entfernt 80 Touristenplätze.

13595 Berlin OT Spandau (g5) ST-D 9023

40 **»MARINA LANKE-BERLIN«** 9.5. bis 4.10.
E.: Marina Lanke-Berlin AG ☎ 0049 30 36200912
wohnmobilstellplatz@marina-lanke.de
www.marina-lanke.de/yachthafen-berlin/wohnmobilstellplatz

➔ A 10 Berliner Ring, Abf. (26) Berlin-Spandau, weiter der B 5 in Richtung Stadtmitte, ca. 15 km, folgen. An der Kreuzung Gatower Straße/Wilhelmstraße rechts in die Gatower Straße abbiegen. Dann links in den Weinmeisterhornweg einbiegen. Vor der Havel in die Scharfe Lanke rechts zum Ziel. ✉ Scharfe Lanke 109-131 (GPS: 52°30'10"N / 13°11'14" E).
∴ Flugmuseum am Flugfeld Gatow. Altstadt und Zitadelle Spandau. Funkturm.

W W Ch
S | 600 m 1 km HS 2.5 km

Beleuchteter Stellplatz auf dem Gelände einer Marina am Westufer der Unterhavel. Ebene Stellflächen auf Asphalt. Stellplatz-Länge bis 8 m. Bezahlung im Hafenbüro bar oder mit EC-Karte. Der Platz ist in der Zeit von 22-8 Uhr verschlossen. Entleerung von mobilen Tanks möglich. Sanitäreinrichtungen der Marina sind während der Öffnungszeiten benutzbar. Keine Zelte erlaubt! Plätze müssen vorher online gebucht werden! 15 Touristenplätze.
2022: C MC-St/N 28.– bis 34.–, P/N 4.–, K/N 4 bis 16 J. 2.50, extra A/N 5.–, extra B/N 5.–, H/N 2.–, Waschmaschine 3.–, Trockner 2.–. WD, Entsorgung, Müll, Wasser, Sanitärbenutzung und Strom inklusive. Onlinebuchung bevorzugt - Vorabzahlung bei Onlinebuchung mit Paypal.

12557 Berlin-Köpenick (h5) ST-D 9070/2

Abfahrt

30 **»YACHTHAVEN HIST. FÄHRHAUS WENDENSCHLOSS«**
E.: Rainer Löber 1.1. bis 31.12.
☎ 0049 30 65474425, Mobil 0049 172 8769803, Fax 0049 30 6555779
info@reisemobilstellplatz-berlin.de, www.reisemobilstellplatz-berlin.de

➔ A 10 Berliner Ring, Abf. (6) Erkner, Richtung Erkner. Am Kreisverkehr hinter dem Flakenfließ in die Berliner Straße Richtung Köpenick und an der Kreuzung Salvador-Allende-Straße abbiegen. Von dort rechts in die Wendenschlossstraße und dann wieder rechts in die Müggelbergallee zum Ziel fahren. Das Fährhaus befindet sich im alten Villenviertel von Wendenschloss. ✉ Müggelbergallee 1 (GPS: 52°25'7"N / 13°35'16" E).
∴ Rathaus Köpenick. Schloss Köpenick. Schlossinsel. Brauereimuseum. Müggelturm. Berlin Zentrum mit Regierungsbezirk. Museumsinsel. Tierpark.

W W Ch
| 100 m 200 m
500 m HS 2 km

Beleuchteter Stellplatz am Ufer des Flusses Dahme und des Yachthafens. Ebene Stellflächen auf Wiese und Schotter. Stellplatz-Länge bis 10 m. Die Sanitäreinrichtungen des Fährhauses im Untergeschoss können benutzt werden. Sauna nach Absprache. Bistro vorhanden. Bezahlung im Büro der Firma Zaunkönig. Anreise bis 22 Uhr. Danach mit Anmeldung. Reservierung ab 5 Tage möglich. Bei kürzeren Aufenthalt erst am Tag der Anreise ab 10 Uhr anrufen. Bei Anreise nach 20 Uhr telefonische Anmeldung erforderlich. 14 Touristenplätze.
2022: C MC-St/N inkl. 2 P/N 29.– bis 34.–, weitere P/N 4.–, K/N 4 bis 18 J. 4.–, H/N 3.–, WD 1.–, Strom/24 Std. 6.–. Entsorgung, Müll und Wasser inklusive. Nur Barzahlung möglich. Kein Kartenautomat.

Mecklenburg-Vorpommern

In der Nähe von Militär-Flugplätzen und Übungsgeländen ist mit zeitweiligen Ruhestörungen zu rechnen.
Campingplätze auf den Inseln Rügen, Usedom und an der Mecklenburger Seenplatte sind in HS stark frequentiert, und daher oft überfüllt

23942 Dassow-Wilmstorf, Ost. (e3) ST-D 10000

»RESTAURANT IMBISS IM GRÜNEN« 1.1. bis 31.12.

➔ A 20 Lübeck-Rostock, Abf. (5) Schönberg, weiter über B 104 und B 105 nach Dassow. ✉ Dorfstraße 2 (GPS: 53°55'56"N / 10°59'19" E).

W W Ch | 100 m

Stellplatz am Restaurant in ruhiger Lage. Stellfläche auf Wiese. Ortszentrum 2.5 km entfernt. 5 Touristenplätze.

23936 Grevesmühlen, Ostsee (e3) ST-D 10001

»RINGHOTEL AM SEE« 1.1. bis 31.12.
☎ 0049 3881 7270
ringhotel-am-see@bibendi.de, www.bibendi.de

➔ A 20 Rostock-Lübeck, Abf. (6) grevesmühlen, weiter zum Ortsrand von Grevesmühlen. ✉ Klützer Straße 17a (GPS: 53°52'6"N / 11°10'53" E).

| 100 m 200 m 1 km

Stellplatz am Ortsausgang beim Hotel. Stellfläche auf Asphalt. Stellplätze könnten von Bussen belegt sein, Reservierung erforderlich. Ortszentrum 500 m entfernt. 2 Touristenplätze.

23946 Boltenhagen, Ostsee (e2) ST-D 10006/1

»KRÄMERS WOHNMOBILHAFEN« 1.1. bis 31.12.
Nov. bis Feb. nur auf Anfrage
☎ 0049 38825 232 88, Mobil 0049 177 2928198
info@kraemerswohnmobilhafen.de, www.kraemerswohnmobilhafen.de

➔ A 20 Wismar - Lübeck, Abf. (7) Bobitz, weiter an die Ostküste nach Boltenhagen. ✉ Ostseeallee 58b (GPS: 53°58'52"N / 11°13'9" E).

W W Ch
| 100 m 300 m

Stellplatz in Meernähe neben einem Campingplatz. Teils von Wiese und Waldflächen umgeben sowie von einer Hecke umrahmt. Ebene unparzellierte Stellflächen auf Schotterrasen. Ver- und Entsorgungsmöglichkeit. Ortszentrum 1 km entfernt. 45 Touristenplätze.

23946 Boltenhagen, Ostsee (e2) ST-D 10006/3

25 **»SWINGOLF BOLTENHAGEN«** 1.1. bis 31.12.
E.: Johann Hoff ☎ 0049 38825 979797, Fax 0049 3212 1071808
info@swingolf-boltenhagen.de, www.swingolf-boltenhagen.de

➔ A 20 Lübeck-Rostock, Abf. (6) Grevesmühlen, Richtung Grevesmühlen und Boltenhagen. In Boltenhagen links Richtung Redewisch abbiegen, dann weiter Richtung Steilküste Boltenhagen, ausgeschildert. ✉ Ausbau 16 (GPS: 54°0'31"N / 11°10'14" E).
∴ Steilküste, Kurhaus und Seebrücke, Hafen mit Erlebnisfischerei.

W HS | 600 m

Stellplatz an einer 18 Loch SwinGolf-Anlage und einem Kaffeehaus beim Ostseebad Boltenhagen. Steilküste in der Nähe. Stellflächen auf Wiese, bis 8 m Länge. Ort 3 km entfernt. 15 Touristenplätze.
2022: St/N inkl. P/N 23.–. Entsorgung, Müll, Wasser und Sanitärbenutzung inklusive.

23966 Wismar, Ostsee (f3) ST-D 10033

Abfahrt

»WOHNMOBILPARK WESTHAFEN WISMAR« 1.1. bis 31.12.
☎ 0049 172 3884003, Mobil 0049 172 3905368
info@wohnmobilpark-wismar.de, www.wohnmobilpark-wismar.de

➔ A 20 Lübeck-Rostock, Abf. (8) Wismar-Mitte, Richtung Wismar zum Zentrum. Beschildert. ✉ Schiffbauerdamm 12 (GPS: 53°53'38"N / 11°27'6" E).
∴ Alter Hafen. Hist. Stadtzentrum. Fischerturm. Kirchen v. Wismar. Krämerstraße. Marktplatz. Rathaus. Wassertor. Zeughaus.

W W Ch
| 100 m 200 m 800 m 1 km HS 1.5 km

Beleuchteter Stellplatz zentrumsnah neben einem Hafengebäude. Ebene, parzellierte, durch Bäume und Büsche aufgelockerte Stellflächen auf Schotter und Wiese. Stellplatz-Länge bis 12 m. Für Fahrzeuge über 5 t geeignet. Idealer Zwischenstopp auf dem Weg nach Rügen. Bezahlung am Münzautomaten oder an der Rezeption. Reservierung empfohlen. Sanitärgebäude nutzbar mittels eines Schlüssels. Caravan-Gespanne nur nach vorheriger Absprache. UNESCO-Weltkulturerbe. Ort 800 m entfernt. 70 Touristenplätze.

23992 Krassow (f3) ST-D 10035

»STELLPLATZ KRASSOW« 1.1. bis 31.12.
☎ 0049 3841 269596
info@urlaub-am-schloss.de

➔ A 20 Lübeck-Rostock, Abf. (10) Zurow, auf die B 192 nach Zurow. In Zurow abbiegen nach Krassow. Beschildert. ✉ Kastanienallee 56 (GPS: 53°52'28"N / 11°33'56" E).

Ch

500 m

Stellplatz bei einer Gutsanlage mit 10 ha Wald-/Parkgelände. Stellflächen auf Schotterrasen. Stellplatz-Länge 10 m. Gruppenreservierung erforderlich. Öffnungszeiten: Mo.-Fr. 7-18 h. Ort 8 km entfernt. 10 Touristenplätze.

23996 Bad Kleinen, Meckl. S. (f3) ST-D 10037

»STELLPLATZ BAD KLEINEN« 1.1. bis 31.12.
E.: Mieke de Bruijn
☎ 0049 38423 629929, Mobil 0049 157 88294607
m.debruijn38@hotmail.com

➔ A 20 Lübeck-Rostock, Abf. (8) Wismar-Mitte, auf die B 208 Richtung Wismar. Am ersten Kreisverkehr rechts auf die B 106 Richtung Schwerin. Nach ca. 10 km links Richtung Bad Kleinen abbiegen. Ca. 600 m nach Ortseingang rechts in die Feldstraße abbiegen. ✉ Feldstraße 1 (GPS: 53°46'10"N / 11°27'54" E).
Schwedenschanze.

RES WC W W Ch 250 m

Stellplatz auf einem Privatgelände. Stellflächen auf Wiese, beleuchtet. Ca. 500 m vom Schweriner See entfernt. Ortszentrum 300 m entfernt. 3 Touristenplätze.

18233 Pepelow, Ostsee ST-D 10045

»WOHNMOBILPARK PEPELOW "AM SALZHAFF"«
V.: Christa Neumann ☎ 0049 38294 78686 1.1. bis 31.12.
Fax 0049 38294 78687, **info-pepelow@wohnmobiltour-mv.de**
www.wohnmobiltour-mv.de

➔ A 20 Lübeck-Rostock, Abf. (9) Kreuz Wismar, A 14 bis Kritzow, weiter auf der B 105 in Richtung Bad Doberan bis Neubukow und weiter nach Pepelow. In Pepelow Anfahrt über den Seeweg wählen. Beschildert. ✉ Seeweg 1 (GPS: 54°2'16"N / 11°35'5" E).
Dorfmuseum Stover Mühle.

RES WC W W WC Ch S

Überwachter, beleuchteter Stellplatz vor dem Campingplatz. Von Hecken und Bäumen umgeben. Stellplätze teils durch Bäume beschattet, teils mit Blick auf das Haff. Ebene Stellflächen (8x10 m, 10x10 m) auf befestigtem Rasen. Stellplatz-Länge bis 12 m. Für Fahrzeuge über 5 t geeignet. Camper-Clean-Station. Die Einrichtungen des Campingplatzes können mitbenutzt werden. Anmeldung und Gebühr sind der Rezeption des Campingplatzes zu entrichten. Maximal 5 Nächte Aufenthalt möglich! Idealer Platz für Kite-Surfer! Ort 1 km entfernt. 34 Touristenplätze.

18230 Rerik, Ostsee (f2) ST-D 10047

25 **»STELLPLATZ CAMPINGPARK OSTSEEBAD RERIK«**
E.: Jörg Bläsing ☎ 0049 38296 75720 1.1. bis 31.12.
Fax 0049 38296 75722, **info@campingpark-rerik.de**

➔ B 105 Lübeck–Rostock, in Neubukow abbiegen nach Rerik. ✉ Straße am Zeltplatz 8 (GPS: 54°6'44"N / 11°37'53" E).

W W Ch W W 300 m 500 m 800 m S S 1 km 1.5 km 2 km

Stellplatz beim Campingplatz CAMPINGPARK OSTSEEBAD RERIK Ort 500 m entfernt.
2023: MC-St/N inkl. 2 P/N 25.–, weitere P/N 8.–, K/N 3 bis 14 J. 5.–, H/N 5.–, KT P/N ab 18 J. 2.–, WD/4 min. 1.–, Waschmaschine 3.–, Trockner 3.–, Strom/1 kWh –.50 (16 A). Entsorgung, Müll, Wasser und Sanitärbenutzung inklusive.

18055 Rostock, Ostsee (f2) ST-D 10062/1

Abfahrt

»STELLPLATZ PARKPLATZ ROSTOCK« 1.1. bis 31.12.
E.: Touristinformation Rostock ☎ 0049 38173812222
marketing@rostock.de

➔ A 20 Wismar-Greifswald, Abf. (16) Kreuz Rostock auf die A 19, Abf. (7) Rostock-Süd auf die B 110 Richtung Zentrum, auf dieser Straße bleiben und bei den Wallanlagen in Rostock rechts zur Warnow und zum Stadthafen abbiegen. ✉ Warnowufer (GPS: 54°5'34"N / 12°7'43" E).
Zoo Rostock, Kunsthalle, kulturhistorisches Museen im Kloster zum Heiligen Kreuz, Heimatmuseum Warnemünde.

50 m 100 m 200 m

Stellplatz auf einem gemischten Parkplatz an der Warnow und in der Altstadt. Beleuchtete Stellflächen auf Asphalt, ohne Längen- und Gewichtsbeschränkung. 25 Touristenplätze.

18055 Rostock, Ostsee (f2) ST-D 10062/2

»GASTHOF & PENSION WALDBLICK« 1.1. bis 31.12.
E.: Michael Sadowsky ☎ 0049 381 669942
Fax 0049 381 03212 1187757, **m.sad@web.de**, **www.gasthof-stuthof.de**

➔ A 19 Kreuz Rostock-Rostock, Abf. (5) Rostock-Nord auf die L22 Richtung Graal-Müritz, nach ca. 4.8 km Richtung Stuthof abbiegen, der Gasthof liegt nach ca. 650 m an einem Wendeplatz. ✉ Stuthof 5 (GPS: 54°10'1"N / 12°10'19" E).
Zoo Rostock, Kunsthalle, kulturhistorisches Museen im Kloster zum Heiligen Kreuz, Heimatmuseum Warnemünde.

WC W W

Stellplatz an einem Gasthof in ruhiger Lage in Waldnähe. Stellflächen auf Schotter, bis 7 m Länge. Stadtzentrum 10 km entfernt 2 Touristenplätze.

18069 Rostock, Ostsee ST-D 10062/3

Abfahrt

25 **»PARKEN UND MEER WOHNMOBILSTELLPLATZ«**
P.: Projekt 1218 ☎ 0049 038125271200 10 m 1.3. bis 30.11.
womo@parkenundmeer.de, **www.parken-und-meer.de**

➔ A20 Hamburg - Rostock in die Bundesstraße 103 abbiegen und der Straße ca. 18 km folgen. Dann rechts in die Straße "Schmarler Damm" abbiegen und der Straße weiter ca. 1 km folgen und danach links in die Handelsstraße abbiegen, beschildert. ✉ Handelsstraße 4 (GPS: 54°7'23"N / 12°4'41" E).

WC Ch 200 m 300 m 500 m

Beleuchteter Stellplatz am Rande eines Gewerbegebietes, zentral in Rostock gelegen, nahe der Warnow. Umzäunt und kameraüberwacht. Ebene Stellflächen auf Schotter und Sand. Imbiss. 30 Touristenplätze.
2022: C MC-St/N inkl. 3 P/N 25.–, weitere P/N 7.50, K/N bis 12 J. 5.–. H/N, Entsorgung, Müll, Wasser und Strom inklusive. Auch Kartenzahlung und Paypal-Zahlung möglich.

18311 Ribnitz-Damgarten, Ost. (f2) ST-D 10072

»GÄNSEWIESE« 1.1. bis 31.12.
E.: Stadt V.: Clauser ☎ 0049 3821 89340, Mobil 0049 3821 711271
stadt@ribnitz-damgarten.de, **www.ribnitz-damgarten.de**

➔ A 19 Rostock-Berlin, Abf. (6) Rostock-Ost, auf die B 105 nach Ribnitz-Damgarten. Dort dem Parkleit-System Parkplatz "Gänsewiese" folgen. ✉ Am See 50 (GPS: 54°14'41"N / 12°25'28" E).
Deutsches Bernsteinmuseum. Kloster. Technikmuseum. Freilichtmuseum Klockenhagen.

RES WC WC 200 m 600 m 1 km 2 km 3 km

Ausgewiesener, beleuchteter Stellplatz auf einem öffentlichen Parkplatz am See. Stellflächen auf Pflaster. Stellplatz-Länge bis 12 m. Barzahlung beim Hafenmeister. Imbiss vorhanden. Maximal 3 Nächte Aufenthalt möglich! Ort 400 m entfernt. 50 Touristenplätze.

18317 Saal, Ostsee (g2) ST-D 10073

»HAFEN NEUENDORF« 1.4. bis 31.10.
☎ 0049 38223245
gemeinde-saal@online.de, **www.amt-barth.de**

➔ B 105 Stralsund-Rostock, bei Saal abfahren. ✉ Hafenstraße (GPS: 54°20'4"N / 12°31'45" E).

WC W W Ch 100 m

Stellplatz am Hafen in Neuendorf. Stellplatz auf Wiese. Ortszentrum 200 m entfernt. 20 Touristenplätze.

18374 Zingst, Ostsee (g2) ST-D 10085/2

45 »REISEMOBILHAFEN CAMPINGPLATZ AM FREESENBRUCH«
E.: Rainer Frank ☎ 0049 38232 15786 1.1. bis 31.12.
Fax 0049 38232 15710, **info@camping-zingst.de**, **www.camping-zingst.de**

➔ B 105 Rostock-Stralsund, in Löbnitz Richtung Zingst abbiegen, dort der Ausschilderung zum CAMPINGPLATZ AM FREESENBRUCH folgen. ✉ Am Bahndamm 1 (GPS: 54°26'22"N / 12°39'36" E).
Heimatmuseum mit Pommernstube, Experimentarium, neugotische Peter-Pauls-Kirche.

W W Ch W HS HS HS 300 m

In drei Reihen gegliederter Reisemobilhafen direkt neben dem CAMPINGPLATZ AM FREESENBRUCH. In der Nähe der Ostsee gelegen und von Wiesen und Wald umgeben. Ebene, parzellierte und schattenlose Stellflächen (50-60 qm) auf Schotterrasen. TV-Anschluss. Unbeschrankte Zufahrtsmöglichkeit. Camper-Clean-Station. Anmeldung an der Rezeption des Campingplatzes. Die Einrichtungen des Campingplatzes können von den Stellplatzgästen mitbenutzt werden. Wellness- und Fitnessbereich. Hundedusche. Ort 2.5 km entfernt. 40 Touristenplätze.
2022: C MC-St/N inkl. 2 P/N 37.– bis 45.–, H/N 5.–, KT P/N ab 18 J. 2.30, KT K/N 7 bis 17 J. 1.15, Waschmaschine 4.–, Trockner 4.–, Strom/N 3.50/4.50 (1.11.–31.3.) (16 A). WD, Entsorgung, Müll, Wasser und Sanitärbenutzung inklusive.

18195 Tessin, Vorpommern (f/g2) ST-D 10110

»FREIZEIT UND WELLNESSZENTRUM« 1.4. bis 30.11.
☎ 0049 38205 66366
tfz@tessin.de

➔ B 20 Rostock-Polen, Abf. (18) Sanitz weiter auf B 110 nach Tessin. ✉ St.-Jürgen-Straße (GPS: 54°1'28"N / 12°27'43" E).

WC W W Ch 500 m 800 m

Stellplatz beim Freiteitpark Stellfläche auf Wiese und Schotter. Geöffnet von 9-22 Uhr. Montag Ruhetag! Ortszentrum 500 m entfernt. 16 Touristenplätze.

18273 Güstrow, Meckl. Schw. (f3) ST-D 10120/2

25 »STELLPLATZ AM TIERPARK« 1.1. bis 31.12.
☎ 0049 3843 7800
hotel-am-tierpark@email.de, **www.reisen-mecklenburg.de**

➔ A 19 Rostock-Wittstock, Abf.(13) Güstrow, weiter nach Güstrow. ✉ Verbindungschaussee 7 (GPS: 53°47'29"N / 12°12'55" E).

WC W Ch 100 m

Stellplatz am Hotel am Tierpark. Stellfläche auf Schotterrasen. Anmeldung zwischen 6-22 Uhr. Ortszentrum 4 km entfernt. 30 Touristenplätze.
2023: St/N inkl. 2 P/N 25.–, weitere P/N 2.50. H/N, WD, Entsorgung, Müll, Wasser und Strom inklusive.

17168 Levitzow, Meckl. Schw. (g3) ST-D 10130

»LANDHAUS LEVITZOW« 1.1. bis 31.12.
☎ 0049 39975 70257
info@landhaus-levitzow.de, **www.landhaus-levitzow.de**

➔ B 108 Dummersdorf-Tererow, on Thürkow abzweigen Richtung Sukow-Levitzow. ✉ An der Landstraße 13 (GPS: 53°50'30"N / 12°35'19" E).

WC W 1 km

Stellplatz beim Landhaus Levitzow. Stellfläche auf Asphalt. Montag Ruhetag! Ortsmitte 800 m entfernt. 5 Touristenplätze.

17159 Dargun, Meckl. Schweiz (g3) ST-D 10140

»STELLPLATZ AM IRRGARTEN IN DARGUN« 1.1. bis 31.12.
E.: Stadt Dargun ☎ 0049 39959 22381
stadtinfo@dargun.de, **www.dargun.de**

➔ A 20 Rostock-Greifswald, Abf. (19) Tessin, auf die B 110 Richtung Demmin. Im Ortszentrum von Dargun rechts auf den Klosterdamm und nach ca. 250 m wieder rechts abbiegen, der Ausschilderung Irrgarten folgen. ✉ Am Waldeck (GPS: 53°53'31"N / 12°51'5" E).
Schloss, Pfarrkirche und Klostersee.

RES 300 m 600 m

Stellplatz am Ortsrand in grüner Umgebung neben einem Irrgarten. Stellflächen auf Wiese und Rasengittersteinen, ausgewiesen für Reisemobile. Ortszentrum 1.2 km entfernt.

17214 Alt-Schwerin, Meckl. S. (f3) ST-D 10202

NEU

Abfahrt

20 »REISEMOBILHAFEN INSEL CAMPING WERDER«
E.: Herbert Worch ☎ 0049 39932 42074 1.1. bis 31.12.
Fax 0049 39932 48445, **info@inselcamping-werder.de**
www.inselcamping-werder.de

➔ A 19 / E 22 Berlin - Rostock, Abf. (16) Malchow, weiter Richtung Goldberg. In Alt Schwerin Richtung Werder, beschildert. ✉ Insel Werder 8 (GPS: 53°29'7"N / 12°19'18" E).

RES WC W W Ch 2 km

Umgeben vom Plauer See, auf einer Halbinsel gelegener Stellplatz direkt vor einem Campingplatz. Von einer Hecke umrahmt und nur durch einen Schilfstreifen vom See getrennt. Ebene, parzelliert überwiegend schattenlose Stellflächen auf Schotterrasen oder Rasengittersteinen. Durch Baumstämme parzelliert. Picknickplätze. Müllentsorgung. 24-Std. geöffnet. Infotafel. Satelitenempfang. Brötchenservice und Imbiss (April-Okt.). Rezeption von April bis Oktober besetzt. Im Winter ist der Service (und der Preis) eingeschränkt. Ort 4 km entfernt. 15 Touristenplätze.
2022: MC-St/N inkl. 2 P/N 19.80, weitere P/N 5.–, K/N bis 14 J. frei, H/N 2.–, Waschmaschine 3.–, Trockner 3.–, Wasser/90 l –.50, Strom/N 2.– (10 A). WD, Entsorgung und Müll inklusive. Bar oder EC.

19303 Rüterberg (e4) ST-D 10224

10 »STELLPLATZ DORFREPUBLIK RÜTERBERG«
☎ 0049 38758 20813, Mobil 0049 179 2663611 1.1. bis 31.12.
wohnmobil-rueterberg@web.de, **www.wohnmobil-rueterberg.de**

➔ A 14 Wismar-Ludwigslust, weiter auf B 191 Richtung Dömitz. Hier auf die B 195 in Richtung Boizenburg. Nach ca. 4 km Richtung Rüterberg. Beschildert. ✉ Ringstr. 2 (GPS: 53°9'7"N / 11°11'7" E).

WC W W Ch 100 m

Kleiner Stellplatz in naturbelassener Umgebung in Dorfnähe und der Elbe. Stellfläche auf Wiese. Vom 1.11. bis 28.2. auf Anfrage geöffnet. Bei Frost stehen die Sanitäranlagen und Frischwasser nicht zur Verfügung. Anreise jederzeit möglich. Elberadweg 60 m, Ortszentrum 100 m entfernt. 10 Touristenplätze.
2022: P/N 1.–, K/N 14 bis 18 J. 1.–, C/N 8.–, MC/N 8.–, WD 1.–, Entsorgung 1.–, Wasser/50 l 1.–, Strom/3 kWh 2.–. H/N und Müll inklusive.

19230 Hagenow (e3) ST-D 10228

»STELLPLATZ PARKPLATZ HAGENOW« 1.1. bis 31.12.
E.: Stadtverwaltung Hagenow ☎ 0049 3883 6230
info@hagenow.de

➔ A 24 Hamburg-Berlin, Abf. (11) Hagenow, auf die B 321 auf dieser Straße bleiben und am westlichen Stadtrand rechts in die Hamburger Straße abbiegen, nach dem Kreisel links in die Wittenburger Str. abbiegen, die nächste rechts ist die Teichstraße am Ende befindet sich der Parkplatz. ✉ Teichstraße (GPS: 53°26'16"N / 11°11'17" E).

WC W 500 m

Stellplatz auf einem öffentlichen Parkplatz in ruhiger Lage. Beleuchtete Stellflächen auf Pflaster, ohne Längenbeschränkung. Ortszentrum 500 m entfernt. 4 Touristenplätze.

19258 Boizenburg (e3) ST-D 10229

»STELLPLATZ AM BOIZENBURGER HAFEN« 1.1. bis 31.12.
E.: Stadtinformation ☎ 0049 38847 62666
stadtinfo@boizenburg-elbe.de, **www.boizenburg.de**

➔ A 24 Hamburg–Schwerin, Abf. (9) Zarrentin, weiter auf der B 195 nach Boizenburg. Auf die B 5 Richtung Lauenburg und links in die Schwanheider Straße zum Hafen abbiegen. Beschildert. ✉ Hafenplatz (GPS: 53°22'34"N / 10°42'56" E).
Historische Altstadt. Museumsschiff "Minna". Historische Wallanlage. Heimatmuseum. Elbbergmuseum. Erstes Deutsches Fliesenmuseum. Aussichtsturm.

RES WC W WC 100 m 400 m 500 m 600 m HS 3.5 km

Markierter, beleuchteter Stellplatz entlang des Hafenbeckens direkt am Elbe-Radweg. Stellflächen auf Asphalt. Stellplatz-Länge bis 12 m. Stromsäule mit 4 CEE-Steckdosen. Ausflugsschifffahrt. Keine Nutzung im Juni bezüglich Hafenfest. Ca. 3 Minuten Fußweg in die historische Altstadt. Ort 500 m entfernt. 4 Touristenplätze.

19055 Schwerin, Meckl. S. (f3) ST-D 10231/1

Abfahrt

»MARINA NORD« 1.1. bis 31.12.
E.: Marina Nord Schwerin GmbH ☎ 0049 385 512654
info@marina-nord.de, **www.marina-nord.de**

➔ A 14 Wismar-Ludwigslust, Abf. (4) Schwerin-Nord, auf die B 104, Güstrower Straße, vor Schwerin links zur Marina am Heidesee abbiegen. Beschildert. ✉ Buchenweg 19 (GPS: 53°38'46"N / 11°26'0" E).
Schweriner Schloss. Schweriner Dom. Historische Altstadt. Altes Palais. Rathaus. Archäologisches Landesmuseum. Dat oll' Hus.

WC W W Ch GAS 200 m 500 m

Bewachter Stellplatz erhöht liegend über dem Hafen vor den Bootsstegen. Stellflächen auf fester Wiese direkt am Seeufer. Stellplatz-Länge bis 10 m. Bezahlung beim Hafenmeister bar oder EC-Karte. Reservierung empfohlen. Entleerung von mobilen Abwassertanks möglich. Ort 2.5 km entfernt. 20 Touristenplätze.

19055 Schwerin, Meckl. Seenpl. ST-D 10231/2

»SPORTBOOTZENTRUM ZIEGELSEE« 1.4. bis 30.10.
E.: Fischer & Fischer GbR
☎ 0049 385 715452, Mobil 0049 172 3818685, Fax 0049 385 715453
info@sportbootzentrum.de, **www.sportbootzentrum.de**

➔ A 14 Schwerin-Ludwigslust, A 24, Abf. Schwerin-Ost, auf die B 321 in Richtung Schwerin-Zentrum. Weiter auf der Ludwigsluster Chaussee, vorbei am Schloss, der B 104 Werderstraße, dann über den Kreisverkehr in die Zielstraße einfahren. Beschildert. ✉ Güstrower Str. 88 (GPS: 53°38'54"N / 11°25'48" E).
Altstadt. Museum. Schloss. Schlossgarten. Dom.

WC W W Ch 100 m 500 m 3 km

Beleuchteter Stellplatz neben einer Industriehalle und reetgedeckten Bootshäusern. Stellflächen auf Schotterwiese. Stellplatz-Länge bis 12 m. Barzahlung beim Hafenmeister. Reservierung bei Gruppen empfohlen. Die Rezeption ist von Mo.-Fr. von 9-18 Uhr geöffnet. Außerhalb dieser Zeit bitte anmelden unter 0172/3818685 oder 0173/6159719. Die Sanitäreinrichtungen befinden sich im Hauptgebäude und sind mittels eines Schlüssels zugänglich. Brötchenservice. Ort 2 km entfernt. 10 Touristenplätze.

19055 Schwerin, Meckl. S. (f3) ST-D 10231/3

»STELLPLATZ JÄGERWEG« 1.1. bis 31.12.
E.: Nahverkehr Schwerin GmbH ☎ 0049 385 39900 0
info@nahverkehr-schwerin.de, www.parkeninschwerin.de

➔ A 14 Ludwigslust–Schwerin, Abf. Schwerin-Ost, auf die B 321 zum Zubringer Richtung Zentrum und dem Verkehrsleitsystem zum Parkplatz folgen. Beschildert. ✉ Jägerweg/Am Schlossgarten (GPS: 53°37'11"N / 11°24'42" E).
Schloss. Schlossgarten. Staatstheater. Museum. Altstadt.

RES WC 200 m 500 m

Stellplatz auf einem Großparkplatz mit Schranke in geringer Entfernung zum Schlossgarten und zum Schloss. Ebene Stellflächen auf Asphalt. Stellplatz-Länge bis 8 m. Öffentliches WC in 100 m Entfernung. Schrankenöffnung bis 22 Uhr. Ort 500 m entfernt. 25 Touristenplätze.

19055 Schwerin, Meckl. S. (f3) ST-D 10231/4

»PARKPLATZ "AM STADTHAFEN"« 1.1. bis 31.12.
☎ 0049 385 39900
info@nahverkehr-schwerin.de, www.nahverkehr-schwerin.de

➔ A 14 Ludwigslust-Wismar, Abf. Schwein-Ost, weiter auf B 321 Richtung Altstadt. ✉ Schliemannstraße (GPS: 53°37'47"N / 11°25'14" E).

WC 200 m

Stellplatz auf einem Großparkplatz mit Schranke. Stellfläche auf Asphalt. Beschilderung P Altstadt. Ortszentrum 300 m entfernt. 10 Touristenplätze.

19055 Schwerin, Meckl. S. (f3) ST-D 10231/5

»PARKPLATZ AM HAUPTBAHNHOF« 1.1. bis 31.12.

info@nahverkehr-schwerin.de, www.nahverkehr-schwerin.de

➔ A 14 Ludwigslust-Wismar, Abf. Schwein-Ost, weiter auf B 321 zum Hauptbahnhof. ✉ Wismarsche Str. 188 (GPS: 53°38'12"N / 11°24'32" E).

200 m 500 m

Stellplatz auf einem Großparkplatz mit separater Schranke für Reisemobile. Stellflächen auf Asphalt. Ortszentrum 800 m entfernt. 4 Touristenplätze.

19246 Zarrentin am Schaalsee (e3) ST-D 10234

»STELLPLATZ WOLFSSCHLUCHT« 1.1. bis 31.12.
☎ 0049 38851 3020 40 m

➔ A 24 Hamburg-Berlin, Abf. (9b) Zarrentin, auf die B 195 Richtung Zarrentin, dort der Ausschilderung zum Biosphärenreservatsamt Schaalsee folgen. ✉ Wolfsschlucht (GPS: 53°32'45"N / 10°55'37" E).
Biosphärenreservatsamt Schaalsee-Elbe PAHLHUUS.

RES 100 m 400 m 1 km

Stellplatz auf einem gemischten Parkplatz im Grünen. Stellflächen auf Schotter und Wiese. Bezahlung am Ticket-Automaten. Aufenthalt max. 2 Tage. Stellplatz steht bei Veranstaltungen nicht zur Verfügung. Ortszentrum 1 km entfernt. 10 Touristenplätze.

19067 Langen, Meckl. Seenpl. (f3) ST-D 10235

»LANDHAUS BONDZIO« 1.1. bis 31.12.
☎ 0049 3866 46050
service@landhaus-bondzio.de, www.Landhaus-Bondzio.m-vp.de

➔ A 14 Ludwigslust-Wismar, Abf. Schwein-Nord, weiter nach Langen. ✉ Hauptstraße 21a (GPS: 53°39'28"N / 11°33'20" E).

WC W W Ch 300 m

Stellplatz am Ortsrand in der Nähe des Cambser Sees beim Landhaus Bondzio. Stellfläche auf Wiese und Asphalt. Montag Ruhetag! Ortszentrum 500 m entfernt. 5 Touristenplätze.

19258 Gallin (e3) ST-D 10237

Abfahrt

»STELLPLATZ GASTHAUS GALLIN« 1.1. bis 31.12.
E.: Gasthaus Gallin ☎ 0049 38842 22500, Mobil 0049 162 6252752
Fax 0049 38842 227353, **gasthaus-gallin@web.de, www.gasthaus-gallin.de**

➔ A 24 Hamburg - Berlin, Abf. (9b) Zarrentin,auf die B 195 Richtung Gallin. Der Stellplatz liegt am südlichen Ortsende, ca. 200 m von der Bundesstraße entfernt. ✉ Dorfstraße 43 (GPS: 53°29'26"N / 10°50'5" E).

WC W

Stellplatz auf einem großen Parkplatz bei einem Gasthaus. Stellflächen auf Schotter, ohne Größenbeschränkung. Montags geschlossen. Frühstücksservice möglich. Ortszentrum 300 m entfernt. 8 Touristenplätze.

19306 Brenz (f3) ST-D 10242

10 **»LANDHAUS BÖTTCHER«** 1.3. bis 31.10.
☎ 0049 38757 37220, Mobil 0049 172 3935933
landhaus.boettcher@online.de, www.landhaus-boettcher.de

➔ A 14 Hamburg - Berlin, Abf. (14) Neustadt-Glewe, weiter auf B 191 nach Brenz. ✉ Parchimer Straße 11 (GPS: 53°23'10"N / 11°40'16" E).

WC W Ch 200 m

Stellplatz am Landhaus Böttcher am Ortsrand. Stellflächen auf Wiese und Schotter. Die Sanitäreinrichtung kann zu den Öffnungszeiten des Restaurant (Mo-So 11-14.30 Uhr / 17.30-21 Uhr) genutzt werden. Bei Nichtanwesenheit des Betreibers bitte die Stellplatzgebühr (plus eventuell anfallender Nebenkosten) im Briefkasten am Restaurant-Eingang einwerfen. Müllentsorgung auf Anfrage. Ortszentrum 100 m entfernt. 6 Touristenplätze.
2023: St/N inkl. 5 P/N 10.–, Müllgeb. St/N 2.–, Wasser/100 l 2.–, Strom/N 2.– (16 A). H/N inklusive. Restaurantbesuch zum Frühstück , Mittag - oder Abendessen ist momentan nicht möglich.

19303 Dömitz (e/f4) ST-D 10243/1

»STELLPLATZ MARINA-DÖMITZ« 1.4. bis 31.10.
☎ 0049 3875 822744, Mobil 0049 174 4736757
info@marina-doemitz.de, www.wasserwanderzentrum-doemitz.de

➔ A 24 Hamburg-Berlin, Abf. (14) Neustadt-Glewe, weiter auf der B 191 nach Dömitz. ✉ An der Schleuse 1 (GPS: 53°8'27"N / 11°15'29" E).

WC W Ch 100 m

Stellplatz am Bootsanleger beim Campingplatz. Stellfläche auf Rasengitter. Ortszentrum 500 m entfernt. 30 Touristenplätze.

19303 Dömitz (e/f4) ST-D 10243/2

»HAFEN DÖMITZ« 1.1. bis 31.12.
☎ 0049 38758 364290
info@doemitzer-hafen.de, www.doemitzer-hafen.de

➔ A 14 Wismar-Ludwigslust, weiter auf B 191 nach Dömitz. ✉ Hafenplatz 3 (GPS: 53°8'12"N / 11°15'23" E).

WC W W Ch 100 m 400 m

Stellplatz am Hafen der Elbe. Stellfläche auf Schotterwiese. Die ersten 3 Nächte kostenlos. Ortszentrum 100 m entfernt. 22 Touristenplätze.

19303 Dömitz (e/f4) ST-D 10243/3

»STELLPLATZ AM HAFENHOTEL« 1.1. bis 31.12.
☎ 0049 38758 364290, Mobil 0049 172 1015005
info@doemitzer-hafen.de, www.doemitzer-hafen.de

➔ A 14 Wismar-Ludwigslust, weiter auf B 191 nach Dömitz. ✉ Roggenfelder Deich (GPS: 53°8'17"N / 11°15'43" E).

W Ch 300 m

Stellplatz oberhalb der Elbe-Schleise auf leicht geneigtem Untergrund. Stellfläche auf Schotterrasen und Sand. Enge Einfahrt! Dusche im Hotel von 8-22 Uhr geöffnet. Ortszentrum 1 km entfernt. 16 Touristenplätze.

19303 Dömitz (e/f4) ST-D 10243/4

»STELLPLATZ FESTUNG DÖMITZ« 1.1. bis 31.12.
E.: Museum Festung Dömitz ☎ 0049 38758 22401
Fax 0049 38758 36086, **museum-doemitz@t-online.de**
www.festung-doemitz.com

➔ A 14 Wismar-Ludwigslust, weiter auf der B 191 nach Dömitz, dort der Ausschilderung zur Festung Dömitz folgen. ✉ An der Festung (GPS: 53°8'27"N / 11°14'45" E).
Altstadt und Festung Dömitz.

WC W 300 m

Stellplatz auf einem gemischten Parkplatz bei der Festung Dömitz an der Elbe. Stellflächen auf Schotter, bis 7 m Länge. Aufenthalt max. 24 Stunden. Ortszentrum 100 m entfernt. 10 Touristenplätze.

19300 Grabow (f4) ST-D 10245

»PARKPLATZ AM HAFEN« 1.1. bis 31.12.
☎ 0049 38756 50342
info@grabow.de, www.grabow.de

➔ A 14 Wismar-Ludwigslust, weiter auf B 5 nach Grabow. ✉ Canalstraße (GPS: 53°16'41"N / 11°33'38" E).

WC W WC 800 m 1 km

Stellplatz auf einem Parkplatz am Stadtzentrum. Stellfläche auf Pflaster. Behindertengerechtes WC vorhanden. Ortszentrum 400 m entfernt. 18 Touristenplätze.

23992 Neukloster (f3) ST-D 10246

Abfahrt

20 **»WOHNMOBILPARK AM SEE NEUKLOSTER«** 1.1. bis 31.12.
E.: Andreas Fenner u. Kerstin Gerber GbR 30 m 12 000 qm
☎ 0049 38422 58492, Fax 0049 38422 58542
kontakt@wohnmobilpark-am-see.de, www.wohnmobilpark-am-see.de

➔ A 20 Wismar-Rostock, Abf. (10) Zurow, auf die B 192 in Reinstorf nach Neukloster abbiegen, dort der Beschilderung folgen. ✉ Alte Gärtnerei 3 (GPS: 53°51'38"N / 11°41'46" E).
Kloster Sonnenkamp.

WC W Ch 250 m 750 m

Wohnmobilpark liegt nur durch den Rad- und Wanderweg getrennt, direkt am Neuklostersee. Befestigte Stellflächen auf Schotter, befestigt und Wiese. Ohne Längenbeschränkung, bis max. 7.5 t. Für Anhänger und PKW gibt es einen separaten Abstellplatz. Toiletten- und Grauwasser-Entsorgung. Müllentsorgung. Reservierung ab 3 Nächte. Kostenloses WLAN im Rezeptionsbereich. Brötchenservice u. Pizzaservice. Platz ist ganzjährig anfahrbar jedoch mit beschränkten Service und ohne Rezeption von Oktober bis Ostern. Ortszentrum 500 m entfernt. 69 Touristenplätze.
2022: St/N inkl. 2 P/N 18.–, WD 2.–, Waschmaschine 4.–, Trockner 4.–, Strom/2 kWh 1.–. H/N, Entsorgung, Müll, Wasser und Sanitärbenutzung inklusive. EC Kartenzahlung möglich.

19294 Neu Kalíß (f4) ST-D 10247

»WASSERWANDERRASTPLATZ FIND'S HIER« 1.1. bis 31.12.
E.: Rico Stein Mobil 0049 173 2188276
findshier@gmx.de, **www.findshier.com**

→ B 191 Dannenberg-Ludwigslust, in Neu Kalíß rechts zum Kanal abbiegen.
✉ An der Elde 2 (GPS: 53°10'40"N / 11°17'46" E).
Forstmuseum. Festung in Dömitz.

Ⓗ500 m

Stellplatz in Ortsrandlage direkt an der Elde-Müritz-Wasserstraße. Ebenes Wiesengelände, von Bäumen und Sträuchern umrahmt. Reservierung wird empfohlen. Ort 200 m entfernt. 13 Touristenplätze.

19288 Ludwigslust (f3/4) ST-D 10248

»PARKPLATZ FRIEDRICH NAUMANN ALLEE« 1.1. bis 31.12.
☎ 0049 3874 526251
stadt@ludwigslust.de, **www.ludwigslust.de**

→ A 14 Wismar-Ludwigslust, weiter auf B 191 bis Ludwigslust Zentrum.
✉ Friedrich-Naumann-Allee 29 (GPS: 53°19'38"N / 11°29'27" E).

Ⓗ50 m

Stellplatz am Schloss bei der Parkanlage. Gepflasterte Stellflächen und 3 Stromsäulen mit 4*223 V CEE. VE-Chips für Strom bei der Gärtnerei, Thai-Pizza und Touristinfo erhältlich. Ver- und Entsorgungssäule an Parkplatzeinfahrt. Ortszentrum 500 m entfernt. 16 Touristenplätze.

19406 Sternberg, Meckl. S. (f3) ST-D 10249/1

30 **»WOHNMOBILHAFEN BEIM CAMPING STERNBERGER SEENLAND«**
E.: Heiko Thomä ☎ 0049 3847 2534 1.4. bis 31.10.
Fax 0049 3847 5376, **info@camping-sternberg.de**
www.camping-sternberg.de

→ B 192 Malchow–Schwerin Abf. Sternberg, beschildert. ✉ Maikamp 11 (GPS: 53°42'48"N / 11°48'46" E).

W W Ch W TV HS HS Ⓗ500 m 800 m 1 km S2 km 3 km 10 km

Stellplatz beim Campingplatz CAMPING STERNBERGER SEENLAND. Ebene, durch Büsche teilweise parzellierte, Rasenflächen mit Blick auf den See. Ausgelegt für Wohnmobile bis 6,5 t. 24 Stunden geöffnet. Die Rezeption mit Frühstücksangebot, Shop und Brötchenservice befindet sich in ca. 100 m Entfernung. Ort 1 km entfernt. 10 Touristenplätze.
2022: St/N inkl. 2 P/N 20.– bis 28.–, weitere K/N 3 bis 14 J. 7.50, H/N 6.50, Waschmaschine 3.50, Trockner 3.50, Strom/N 4.50. KT, WD, Entsorgung, Müll, Wasser und Sanitärbenutzung inklusive.

19386 Daschow (f3) ST-D 10261

NATUR PLATZ

10 **»STELLPLATZ SCHWEDENHOF ALTER STALL«**
E.: Andreas Struck Mobil 0049 172 4029012 1.1. bis 31.12.
meckschwedenranch@web.de

→ A 19 Rostock-Wittstock/Dosse, Abf. (16) Malchow, auf die B 192 Richtung Alt-Schwerin. Kurz vor Karow links auf die B 103 Richtung Plau am See abbiegen. Nach ca. 4.5 km rechts Richtung Barkhagen abbiegen und dem Verlauf der Straße bis Daschow folgen. Dort im Zentrum links auf die Seestraße abbiegen. ✉ Seestraße 37 (GPS: 53°29'58"N / 12°10'6" E).

600 m

Stellplatz am Dorfrand im Grünen. Teilweise parzellierte Stellflächen auf Rasen, teils durch lockeren Baumbewuchs beschattet. Stellplatz-Länge bis 8 m. Telefonische Anmeldung ist erwünscht. Verkauf von eigenem Honig. Ortszentrum 150 m entfernt. 10 Touristenplätze.
2022: A/N 1.–, C/N 8.–, MC/N 8.–, Müllgeb./Sack 1.–, Waschmaschine 2.50, Entsorgung 1.–, Wasser/250 l 1.50, Strom/1 kWh –.50. P/N und H/N inklusive.

19386 Kuppentin, Meckl. Seen. (f3) ST-D 10262

»RASTPLATZ BERMUDADREIECK« 1.4. bis 31.11.
☎ 0049 38732 20023, Mobil 0049 173 6478113
hans-j.oeck@t-online.de, **www.familie-oeck.de**

→ A24 Hamburg-Berlin, Abf. (18) Meyenburg, weiter auf B 103 nach Kuppentin, nach der Elbbrücke Richtung Wald abbiegen. ✉ K27 an der Eldebrücke (GPS: 53°29'26"N / 12°8'17" E).

Stellplatz an der Wasserstraße von Wald umgeben. Stellfläche auf Wiese. Ortszentrum 1 km entfernt. 12 Touristenplätze.

19370 Parchim ST-D 10265/1

»WASSERWANDERRASTPLATZ AM FISCHERDAMM«
☎ 0049 3871 288455, Mobil 0049 174 1912724 1.4. bis 31.10.
kontakt@kimbas.de, **www.parchim.de**

→ A 24 Berlin-Hamburg, Abf. (16) Suckow, weiter auf B 321 nach Parchim.
✉ Am Fischerdamm (GPS: 53°25'32"N / 11°50'34" E).

300 m 600 m

Stellplatz auf einem öffentlichen Parkplatz am Zentrumsrand. Stellfläche auf Pflaster. Ortszentrum 100 m entfernt. 10 Touristenplätze.

19370 Parchim (f3) ST-D 10265/2

20 **»CAFE UND PENSION AM BRUNNEN«** 1.1. bis 31.12.
☎ 0049 3871 4689776 50 m
pensionambrunnen@gmx.de, **pensionambrunnen.de**

→ A 24 Hamburg-Berlin, Abf. (16) Suckow, weiter auf B 321 nach Parchim.
✉ Am Brunnen 1 (GPS: 53°24'23"N / 11°50'11" E).

Stellplatz am Parchimer Sonnenberg an einer Wasserstraße. Befestigte Stellflächen auf Wiese. Reservierung möglich. Brötchenservice. Maximal 30 Nächte Aufenthalt. Ankunft zwischen 7-20 Uhr. Ortszentrum 3 km entfernt. 5 Touristenplätze.
2022: St/N inkl. 2 P/N 15.– bis 20.–, weitere P/N 2.50, Waschmaschine 5.–, Trockner 5.–. H/N, WD, Entsorgung, Müll, Wasser, Sanitärbenutzung und Strom inklusive.

19372 Matzlow-Garwitz, Meckl. S. (f3) ST-D 10267

»MARINA MATZLOW-GARWITZ« 1.3. bis 31.10.
☎ 0049 162 8653020
www.marina-matzlow-garwitz.com

→ A 24 Berlin-Hamburg, Abf. (14) Neustadt-Glewe, weiter auf B 191 Richtung Parchim ✉ Parchimer Straße (GPS: 53°27'2"N / 11°42'30" E).

200 m 400 m Ⓗ500 m

Stellplatz am Hafengelände an der Wasserstraße umgeben von Wäldern und Wiesen. Stellfläche auf Schotterrasen. Ortszentrum 500 m entfernt. 10 Touristenplätze.

17033 Neubrandenburg OT Lindenbg., Meckl. S. (g3) ST-D 10300

15 **»NEUBRANDENBURGER WASSERSPORTZENTRUM«**
Mobil 0049 171 4013488 1.4. bis 31.10.
rent-the-bike@online.de, **www.yachthafen-nb.de**

→ B 96 Neubrandenburg-Neustrelitz, Abf. Lindenstraße und weiter zum Wassersportzentrum. Beschildert. ✉ Augustastr. 7 (GPS: 53°32'20"N / 13°15'23" E).
Aussichtsturm. Historische Ringmauer. Miniaturpark Mecklenburgische Seenplatte.

HS400 m Ⓗ500 m 1 km

Stellplatz am Yachthafen am Tollensesee. Am Wassersportzentrum mit Segel-, Ruder- und Kanusportvereinen gelegen. Markierte Stellflächen auf Schotterrasen. Stellplatz-Länge bis 12 m. Ver- und Entsorgungsmöglichkeit. Hofladen. Schöner Ausgangspunkt für Rad- u. Wandertouren. Bowlingcenter in der Nähe. Ort 2 km entfernt. 30 Touristenplätze.
2023: St/N 15.–, WD/5 min. 1.–, Entsorgung 1.–, Wasser/100 l 1.–, Strom/1 kWh –.50. P/N und H/N inklusive.

17094 Burg Stargard, Meckl. S. (g3) ST-D 10308

»STELLPLATZ AN DER HEM-TANKSTELLE« 1.1. bis 31.12.
☎ 0049 39603 20478
0035@tamoil.net

→ A 20 Prenzlau - Rostock, Abf. (32) Neubrandenburg-Ost, auf die B 96 Richtung Neubrandenburg. Dort weiter auf der B 96 Richtung Neustrelitz. Nach ca. 5 km links abbiegen Richtung Burg Stargard. Nach dem passieren des Bahnhofs und der Gleise links abbiegen und weiter bis zur HEM-Tankstelle fahren. ✉ Bahnhofstraße (GPS: 53°29'52"N / 13°18'20" E).
Burg Stargard, historische Innenstadt, Sommerrodelbahn.

400 m

Stellplatz bei einer Tankstelle. Stellflächen auf Rasengittersteinen, auch über 8 m Länge möglich. Ortszentrum 450 m entfernt. 1 Touristenplätze.

17237 Blankensee, Meckl. S. (g3) ST-D 10311

10 **»STELLPLATZ DER FISCHEREI REIMER«** 1.5. bis 1.10.
E.: Fischerei Reimer ☎ 0049 39826 12223
sabine-reimer-meissner@gmx.de

→ A 20 Rostock-Prenzlau, Abf. (32) Neubrandenburg-Ost, auf die B 96 Richtung Neubrandenburg. Weiter auf der B 96 Richtung Neustrelitz. Nach ca. 20 km links Richtung Blankensee abbiegen, von dort weiter Richtung Rödlin, am Ortseingang von Rödlin links in den Fischerweg abbiegen.
✉ Fischerweg 16 (GPS: 53°23'37"N / 13°14'2" E).
Diverse Kirchen in der Umgebung, Wanzkaer Mühle mit Rundumblick auf die Seenlandschaft.

50 m

Stellplatz auf einem etwas abschüssigen Wiesengelände, direkt am Rödliner See gelegen. Stellflächen ausgewiesen, auf Wiese, bis 8 m Länge. Toiletten im Fahrzeug ist Grundvoraussetzung. Keine Entsorgungsmöglichkeit für Abwasser! Geringe Wasserentnahme. Frischer Fisch am Imbiss erhältlich. Bademöglichkeit. Ortszentrum 400 m entfernt. 3 Touristenplätze.
2022: St/N 8.–, Müllgeb./Sack 6.–, Strom/N 2.–. P/N und H/N inklusive.

17379 Wietstock, Vorpommern (h3) ST-D 10360

10 **»WIETSTOCKER WEITBLICK«** 1.5. bis 30.9.
E.: Tom Rosenow ☎ 0049 174 6900914
17379wietstock@gmail.com, **wietstocker-weitblick.business.site**

→ B 109 Greifswald - Prenzlau, Abf. Wietstock. Nach ca. 2 km beschildert.
✉ Dorfstr. 32 (GPS: 53°42'46"N / 13°46'54" E).
Dorfkern.

Ⓗ500 m

4 km 6 km

Ebener, großräumig angelegter Stellplatz auf Rasen am Stadtrand in ländlicher Umgebung. Schöne Badeseen in der Nähe. Beleuchteter Platz. Max. 14 Nächte Aufenthalt. Stellplatzlänge unbegrenzt. Ver- und Entsorgung möglich. Satellitenempfang. Ort 2 km entfernt. 3 Touristenplätze.
2022: St/N inkl. 2 P/N 9.–, Strom/N 2.– (16 A). KT, H/N, Entsorgung, Müll und Wasser inklusive. WD nach Absprache möglich. (€ 2.–). Bezahlung in bar vor Ort.

17139 Malchin, Meckl. Seenpl. (g3) ST-D 10371

»STELLPLATZ MALCHINER KANU-CLUB« 1.4. bis 1.10.
E.: Malchiner Kanu Club e.V. V.: Manfred Werbel 5 m
☎ 0049 3994 239468, Mobil 0049 1520 3645453
info@malchiner-kanu-club.de, www.malchiner-kanu-club.de

➔ A 19 Rostock-Wittstock, Abf. (13) Güstrow, auf die B 104 nach Malchin. Im Ort links in die Straße Am Kanal einbiegen zum Ziel. ✉ Am Kanal 4 (GPS: 53°44'37"N / 12°46'0" E).
∴ Historischer Stadtkern mit Stadtmauer. Museum. Naturpark Mecklenburgische Schweiz und Kummerower See.

W W Ch 200 m 500 m HS 2 km

Nachts verschlossener Stellplatz direkt am Dahmer Kanal und an der Peene auf Koesters Eck. Ebene Stellflächen auf Wiese. Stellplatz-Länge bis 12 m. Öffnungszeit 10-18 Uhr. Liegewiese. Drachenbootvermietung. Rad-/Wanderwegenetz. Ort 500 m entfernt. 8 Touristenplätze.

17235 Neustrelitz, Meckl. S. (g3) ST-D 10372

20 **»REISEMOBILPLATZ AM STADTHAFEN«** April bis Okt.
☎ 0049 3981 4534540
touristinformation@neustrelitz.de, www.neustrelitz.de

➔ B 193 Penzlin-Neustreltz, bei Neustrelitz abfahren. ✉ Am Stadthafen 11 (GPS: 53°21'56"N / 13°3'20" E).

W W Ch 200 m

Stellplatz am Stadthafen. Stellfläche auf Pflaster. Ortsmitte 200 m entfernt. 25 Touristenplätze.
2022: St/N 17.–, P/N 3.50, WD/3 min. 1.50, Waschmaschine 6.–, Trockner 6.–, Wasser/60 l 1.50, Strom/N 2.–.

17237 Userin-Gr. Quassow, Meckl. S. (g3/4) ST-D 10376

30 **»WOHNMOBILPARK CAMPING- & FERIENPARK HAVELBERGE«**
E.: Haveltourist GmbH & Co. KG. 1.1. bis 31.12.
☎ 0049 3981 24790, Fax 0049 3981 247999, **info@haveltourist.de**
www.haveltourist.de/camping_ferienpark_havelberge.html

➔ B 96 Fürstenberg–Neubrandenburg, in Neustrelitz-Nord westwärts abbiegen über Lindenberg nach Groß Quassow. Hier beschildert (C 34). ✉ An den Havelbergen 1 (GPS: 53°18'31"N / 13°0'8" E).

W W Ch W W

Stellplatz beim Campingplatz CAMPING- & FERIENPARK HAVELBERGE kurz hinter der Schranke auf einem bewaldeten Hügel. Ein Teil mit ebenen Stellflächen (6x10 m) auf Rasengittersteinen mit eigenem Rasenbereich. Ein anderer Teil mit Blick auf die Havel auf terrassierten Stellflächen mit festem Waldboden. Strom-, Frisch- und Abwasser- sowie Satellitenanschluss. Biergarten. In der Sommerzeit freitags Shows und samstags Live-Musik auf der Open-Air-Bühne. Alle Einrichtungen des Camping- und Ferienparks können auch von den Gästen des Wohnmobilparks genutzt werden. Anmeldung an der Rezeption des Campingplatzes. Ort 2.5 km entfernt. 35 Touristenplätze.
2022: MC-St/N inkl. 2 P/N 27.80 bis 29.10, weitere P/N 10.90, K/N 2 bis 14 J. 7.–, extra A/N 5.–, extra M/N 5.–, H/N 7.–, WD/3 min. 1.–, Waschmaschine 3.50, Trockner 3.50. Müll, Wasser und Strom inklusive.

17255 Wesenberg, Meckl. S. (g4) ST-D 10380

25 **»WOHNMOBILSTELLPLATZ WESENBERG«** April bis Okt.
☎ 0049 39832 26023, Fax 0049 39832 26018
info@wohnmobilstellplaetze-mecklenburg.de
www.wohnmobilstellplaetze-mecklenburg.de

➔ B 96 Neubrandenburg-Oranien, weiter auf B 198 nach Wesenberg. ✉ Ahrensberger Weg 11 (GPS: 53°16'36"N / 12°59'12" E).
∴ Burg Wesenberg.

W Ch 1.5 km

Stellplatz am Ortsrand von Wesenberg oberhalb einer kleinen Hafenanlage. Stellplätze auf Rasen. Aufenthalt 4 Nächte. Bei längerem Aufenthalt Standort auf einer extra eingerichteten Wiese mit E-Anschluss möglich. Vorabbuchungen erwünscht. Sanitärcontainer. Abreise bis 13 Uhr. Brötchen u. Frühstücksservice auf Vorbestellung. Ort 1 km entfernt. 34 Touristenplätze.
2022: C-St/N inkl. 2 P/N 24.50, MC-St/N inkl. 2 P/N 21.50, weitere P/N 3.25, K/N 3 bis 14 J. 2.25, extra B/N 2.50, H/N 2.–, KT P/N ab 18 J. 1.20, WD, Entsorgung, Müll, Wasser und Strom inklusive. Kreditkartenzahlung nicht möglich.

17255 Priepert, Meckl. Seen. (g4) ST-D 10386/1

10 **»WOHNMOBILPARK AM GROSSEN PRIEPERTSEE«**
E.: Siegrid Schade 1.4. bis 31.10.
☎ 0049 3981 204267, Mobil 0049 172 4803651
wohnmobilpark@web.de, www.wohnmobilpark-priepert.de

➔ B 96 Neubrandenburg-Oranienburg, nach Priepert abbiegen. ✉ An der Freiheit 8 (GPS: 53°13'13"N / 13°2'31" E).

W W Ch 300 m

Stellplatz auf einer Anhöhe beim Großen Priepertsee. Nachts beleuchtet und von Bäumen und Sträuchern umzäunt. Stellfläche auf Wiese. Müllcontainer vorhanden. Das Be-u. Entsorgen von Wasser, Abwasser und Müll ist für Durchreisende untersagt. Ortszentrum 100 m entfernt. 22 Touristenplätze.
2022: St/N inkl. 4 P/N 10.–, KT P/N ab 19 J. 1.20, WD/N 3.–, Strom/N 3.– P/N, H/N, Entsorgung, Müll und Wasser inklusive.

17209 Buchholz, Meckl. S. (g4) ST-D 10390/1

»BUCHHOLZ-CAMP« 1.1. bis 31.12.
☎ 0049 39923 2457
info@buchholz-camp.de, www.buchholz-camp.de

➔ A 19 Rostock-Wittstock, Abf. (18) Röbel/Müritz weiter nach Buchholz. ✉ Dorfstr. 21 a (GPS: 53°16'37"N / 12°39'6" E).

W Ch 400 m

Stellplatz am Ufer des Müritzsees. Stellfläche auf Wiese. Ort 11 km entfernt. 50 Touristenplätze.

17209 Buchholz, Meckl. S. (g4) ST-D 10390/2

»STELLPLATZ GÄSTEHAUS MÜRITZSEE« 1.1. bis 31.12.
E.: Gästehaus Müritzsee ☎ 0049 39923 71688
Fax 0049 39923 71689, **info@gaestehaus-mueritzsee.de**
www.gaestehaus-mueritzsee.de

➔ A 19 Dreieck Wittstock/Dosse-Rostock, Abf. (18) Röbel/Müritz auf die B 198 Richtung Rechlin. Nach ca. 12 km rechts Richtung Buchholz auf die L241 abbiegen. Der Platz befindet sich am Ortsanfang auf der linken Straßenseite, bei der Gaststätte 'Zum Storchennest'. ✉ Dorfstraße 7 (GPS: 53°16'42"N / 12°38'26" E).
∴ Dorfkirche, Müritzsee.

W W Ch 700 m

Stellplatz bei der Ferienanlage 'Gästehaus Müritzsee'. Stellflächen auf Wiese und Schotter, extra ausgewiesen. Nur ca. 700 m vom Müritzsee entfernt. Ver-/Entsorgungsstelle im Hafen. Ortszentrum 500 m entfernt. 15 Touristenplätze.

17207 Gotthun, Meckl. Seenpl. (g3) ST-D 10392

»PENSION MÜRITZWIESE« 1.1. bis 31.12.

mueritzwiese@web.de, www.pension-mueritzwiese.m-vp.de

➔ A 19 Rostock - Wittstock, Abf. (18) Röbel/Müritz weiter nach Gotthun. ✉ Müritzweg 11 (GPS: 53°25'15"N / 12°35'30" E).

W W Ch 500 m 1 km

Stellplatz bei der Pension "Müritzwiese" in ländlicher Umgebung. Überwiegend schattenlose, ebene Stellflächen auf Rasen oder Pflaster. Teils durch Hecken parzelliert. Ort 4 km entfernt. 13 Touristenplätze.

17192 Waren, Meckl. Seenpl. (g3) ST-D 10396/1

»WOHNMOBILHAFEN BEIM CAMPING- UND WOHNMOBILPARK KAMERUN«
E.: W. Neumann ☎ 0049 3991 122406 1.1. bis 31.12.
Fax 0049 3991 122512, **waren@campingtour-mv.de**
www.campingtour-mv.de/waren

➔ A 19/E 55 Berlin–Rostock Abf. (17) Waren auf die B 192 Richtung Waren, ca. 2 km vor Waren rechts abbiegen, beschildert. ✉ Zur Stillen Bucht 3 (GPS: 53°30'43"N / 12°39'2" E).

Ch S S 500 m 1 km 2 km 6 km

Wohnmobilhafen vor der Schranke des CAMPING- UND WOHNMOBILPARK KAMERUN ohne Nutzung der Campingplatzeinrichtungen. Ebene Stellflächen (8x10 m, 10x12 m) auf befestigtem Rasen. Ver- und Entsorgungsmöglichkeiten sind vorhanden. Es gibt auch Komfortstellplätze. Diese verfügen über einen eigenen TV-Anschluss, sowie über einen direkten Wasser- und Abwasseranschluss und können bei Bedarf dazugebucht werden. Genauso kann eine Sanitärnutzung auf dem Campingplatz hinzugebucht werden. Maximal 5 Nächte Aufenthalt möglich! Ort 3 km entfernt. 65 Touristenplätze.

17192 Waren, Meckl. Seenpl. (g3) ST-D 10396/2

40 **»WOHNMOBIL-STELLPLATZ CAMPINGPLATZ ECKTANNEN«**
E.: Waren (Müritz) Kur- und Tourismus GmbH V.: Dörge 1.1. bis 31.12.
☎ 0049 3991 668513, Fax 0049 3991 664675
info@camping-ecktannen.de, www.camping-ecktannen.de

➔ A 19/E 55 Berlin–Rostock Abf. (17) Waren zur B 192 nach Waren. Hier zum Stadtteil Ecktannen, beschildert. ✉ Fontanestr. 66 (GPS: 53°29'58"N / 12°39'49" E).

W W Ch W W HS S S 50 m 500 m 7 km

Wohnmobil-Stellplatz vor der Schranke beim Campingplatz CAMPINGPLATZ ECKTANNEN. Ebene Stellflächen auf Rasengittersteinen. TV-Kabelanschluss. Alle Einrichtungen des Campingplatzes können mitgenutzt werden. Ort 3.5 km entfernt. 17 Touristenplätze.
2023: C MC-St/N inkl. 1 P/N 28.–, weitere P/N 12.–, K/N 3 bis 13 J. 7.–, J/N 14 bis 17 J. 11.–, H/N 5.–, KT P/N ab 16 J. 2.–, Waschmaschine 3.–, Trockner 3.–. WD, Entsorgung, Müll, Wasser, Sanitärbenutzung und Strom inklusive.

17192 Waren, Meckl. Seenpl. (g3) ST-D 10396/3

»BLUMEN UND PARKEN STEINDORF-SABATH« 1.1. bis 31.12.
☎ 0049 173 2070738
blupa@alice.de, www.blumen-und-parken.de

➔ B 192 in Waren abzweigen nach Papenberg-Ecktannen. ✉ Mecklenburger Straße (GPS: 53°30'48"N / 12°41'39" E).

300 m 500 m 1 km

Stellplatz beim Blumenhaus in zentraler Lage. Ebene Stellflächen auf Sand und Split. Die Anmeldung und Bezahlung der Stellplatzgebühr erfolgt zu den Öffnungszeiten im Blumenhaus in bar oder per EC-Karte. 40 Touristenplätze.

17194 Jabel, Meckl. Seenpl. (g3) ST-D 10397

»WIRTSHAUS ZUR EIBE« April bis Dez.
Mobil 0049 160 7063456
info@wirtshauszureibe.de, www.wirtshauszureibe.de

➔ A 19 Rostock-Dosse, Abf. (16) Malchow, weiter nach Jabel. ✉ Hoher Damm 7 (GPS: 53°32'19"N / 12°32'40" E).
∴ Hafen Waren (Müritz).

1 km

Stellplatz am Wirtshaus und Landhotel "Zur Eibe" in der Nähe des Jabelschen See. Stellfläche geschottert und auf Rasengitter. Schöner Ausgangspunkt zum Rad fahren und Wandern. Ortszentrum 200 m, Jabelscher See 350 m entfernt. 20 Touristenplätze.

17506 Gützkow OT Pentin, Vor. (g2) ST-D 10410

Abfahrt

»STELLPLATZ RITTERGUT PENTIN« 1.1. bis 31.12.
E.: Familie Jacobshagen-Seitz ☎ 0049 38353 669969 13 m
Fax 0049 38353 669968, **fjacobshagen@aol.com**
www.rittergut-schloss-pentin.de

➔ A 20 Greifswald-Prenzlau, Abf. (27) Gützkow, weiter auf der B 111 Richtung Wolgast. Nach ca. 6 km rechts in die L 263 einbiegen und nach ca. 3 km wieder rechts zum Ziel. Beschildert. ✉ Zum Bollwerk 11 (GPS: 53°55'4"N / 13°28'2" E).
∴ Straußenfarm. Schloss Lüssow. Naturschutzgebiet Peenetal.

300 m HS 500 m 1 km

Bewachter, beleuchteter Stellplatz hinter der Schlossanlage mit Park im Naturschutzgebiet Peenetal. Ebene Stellflächen auf Schotterrasen, Wiese, Asphalt. Stellplatz-Länge bis 12 m. Für Fahrzeuge über 5 t geeignet. Clubtreffen bis zu 40 Einheiten möglich. Kutschfahrten. Rad-/Wanderwegenetz. Ort 600 m entfernt. 10 Touristenplätze.

17121 Loitz, Vorpommern (g2) ST-D 10420

»HAFEN UND SPORTBOOTMARINA LOITZ« 1.1. bis 31.12.
☎ 0049 39998 15312
stadtloitz@loitz.de, www.loitz.de

➔ A 20 Penzlau-Hamburg, Abf. (23) Grimmen-Ost, weiter auf B 194 nach Loitz. ✉ Mühlentorvorstadt 9 (GPS: 53°58'15"N / 13°8'13" E).

500 m 800 m

Stellplatz am Sporthafen Loitz. Stellfläche auf Pflaster. Ortszentrum 500 m entfernt. 4 Touristenplätze.

17489 Greifswald, Vorpomm. (g2) ST-D 10460/1

»STELLPLATZ AM MUSEUMSHAFEN« März bis Nov.
☎ 0049 3834 512101, Mobil 0049 176 62785485
bootefasten@web.de, www.ferien-fasten.de

➔ A 20 Rostock–Neubrandenburg, Abf. (25) Greifswald, weiter auf der B 109 nach Greifswald ins Zentrum. Im Ort der Beschilderung nach Wolgast folgen, dann zum Museumshafen. Beschildert. ✉ Marienstr. 10-12 (GPS: 54°5'56"N / 13°23'22" E).
∴ Historische Altstadt. Max-Plank-Institut. Theater. Fischerdorf. Klosterruine Eldena (4 km).

S 300 m 600 m 2 km HS 4 km

Stellplatz auf dem Gelände einer Bootswerkstatt am Greifswalder Bodden an der Ryck. Ebene Stellflächen auf Betonplatten, Schotterrasen. Stellplatz-Länge bis 10 m. Zwischenstation für Touren zu den Inseln Usedom und Rügen, nach Polen und Skandinavien. Barzahlung beim Kassierer. Reservierung bei Gruppen empfohlen. Geöffnet von 9-19 Uhr. Servicetelefon bei späterer Anreise. Liegewiese. Ort 700 m entfernt. 20 Touristenplätze.

17489 Greifswald, Vorpomm. (g2) ST-D 10460/2

»STELLPLATZ SALINENSTRASSE« 1.1. bis 31.12.
E.: Stadt Greifswald ☎ 0049 3834 5210
stadtverwaltung@greifswald.de

➔ A 20 Rostock-Neubrandenburg, Abf. (25) Greifswald, Richtung Greifswald auf die B 109. Vor Grifswald links auf die B 105 Richtung Mesekenhagen abbiegen. In Neuenkrichen rechts Richtung Greifswald abbiegen und kurz vor Greifswald gegenüber der Esso-Tankstelle links in die Ladebower Chaussee abbiegen. Nach ca. 400 m rechts auf den Großparkplatz abbiegen. ✉ Salinenstraße (GPS: 54°6'5"N / 13°22'56" E).
∴ Altstadt, div. Museen und Parks.

500 m

Stellplatz auf einem öffentlichen Parkplatz. Stellflächen auf Asphalt, beleuchtet. Ortszentrum 600 m entfernt. 15 Touristenplätze.

17498 Hinrichshagen, Vorpomm. ST-D 10462

»WOHNMOBIL- UND CARAVANSTELLPLATZ WÖLLER«
E.: Kay und Frau Margrit Wöller 1.4. bis 30.10.
☎ 0049 3834 500448, Fax 0049 3834 503044, **www.caravan-woeller.de**
caravan.service.woeller@t-online.de

➔ A 20 Rostock - Neubrandenburg, Abf. (25) Greifswald, weiter auf der B 109 Umgehungsstraße Greifswald, Abfahrt Loitz/Hinrichshagen, 300 m auf der Chausseestraße Richtung Greifswald. Beschildert. ✉ Chausseestr. 12 (GPS: 54°4'28"N / 13°21'8" E).
∴ Historische Altstadt Greifswald. Max-Plank-Institut. Theater. Fischerdorf. Klosterruine Eldena (4 km).

100 m 1 km 2 km HS 3 km

Beleuchteter, umzäunter Stellplatz bei einem Caravanhändler mit Werkstatt. Ebene, teils parzellierte, teils freie Stellflächen auf Schotter und Wiese. Rustikale Sitzgruppen, Vogelvoliere vorhanden. Stellplatz-Länge bis 12 m. Für Fahrzeuge über 5 t geeignet. Brötchen-/Zeitungsservice. Sanitäranlagen von November–März begrenzt nutzbar. Idealer Zwischenstopp für Touren zu den Inseln Usedom und Rügen, nach Polen und Skandinavien. Barzahlung beim Kassierer. Reservierung empfohlen. An-/Abreise zwischen 8-21 Uhr. Schiffsausflugsfahrten. Ort 3 km entfernt. 50 Touristenplätze.

18439 Stralsund, Ostsee (g2) ST-D 10500/1

20 **»CARAVANSTELLPLATZ AN DER RÜGENBRÜCKE«**
☎ 0049 3831 6679777 1.1. bis 31.12.
info@caravanstellplatz-ruegenbruecke.de
www.caravanstellplatz-ruegenbruecke.de

➔ E 251 nach Stralsund, auf Umgehung bis Ausfahrt Fanken Vorstadt Altstadt. ✉ Werftstraße 9 (GPS: 54°18'7"N / 13°5'53" E).
∴ Ozeaneum und das Meeresmuseum.

100 m 500 m

Parzellierter Stellplatz in der Nähe der Rügenbrücke. Ebene, schattenlose Stellflächen (mind. 9.5 x 4.5 m) auf Schotterrasen. Brötchenservice (April bis Sept.). Touristische Informationen und Tickets sind an der Rezeption erhältlich. Sie haben die Möglichkeit, Reparaturen, Einbauten oder die Innen- und Außenreinigung direkt im Caravan-Center Dahnke gegenüber des Stellplatzes vornehmen zu lassen. 300qm-großer Camping- und Freizeitshop direkt gegenüber des Stellplatzes. Ortszentrum 200 m entfernt. 100 Touristenplätze.
2022: St/N inkl. 2 P/N 20.–, weitere P/N 2.–, WD/4 min. 1.–, Waschmaschine 3.–, Trockner 3.–, Wasser/10 l –.10, Strom/1 kWh –.50. P/N, H/N, Entsorgung und Müll inklusive.

18439 Stralsund, Ostsee (g2) ST-D 10500/2

»WOHNMOBILSTELLPLATZ-STRALSUND« 1.1. bis 31.12.
E.: Wohnmobilstellplatz-Stralsund ☎ 0049 3831 3092023
Fax 0049 3831 3092025, **info@wohnmobilstellplatz-stralsund.de**
www.wohnmobilstellplatz-stralsund.de

➔ A 20 Rostock-Greifswald, Abf. (24) Stralsund auf die E 251, Abf. Andershof, nach ca. 2.7 km liegt der Stellplatz auf der rechten Seite, ausgeschildert. ✉ Boddenweg 3 (GPS: 54°16'34"N / 13°6'31" E).
∴ Katharinenkloster mit dem Deutschen Meeresmuseum und das Kulturhistorische Museum, Altstadt Stralsund, Marinemuseum.

200 m 950 m

Stellplatz speziell für Reisemobile. Stellflächen auf Schotter und Schotterrasen, bis 11 m Länge. Brötchenservice möglich. An- und Abfahrt 24 Stunden möglich. Stadtzentrum 4.5 km entfernt. 35 Touristenplätze.

18556 Dranske, Rügen (g1) ST-D 10515

20 **»WOHNMOBILHAFEN KÜSTENCAMP«** 1.1. bis 31.12.
☎ 0049 38391 939070, Mobil 0049 172 3204887
info@kuestencamp-ruegen.de, www.kuestencamp.de

➔ A 20 Rostock-Neubrandenburg, Abf. (24) Stralsund, weiter auf der B 196/E 251 über Stralsund nach Rügen. Vor Bergen auf die B 96 abbiegen in Richtung Sassnitz. In Sagard auf die L 30 nach Altenkirchen. Dort abbiegen in Richtung Krepitz/Bakenberg. Navi: Straße Kreptitz. Beschildert. ✉ Nonnevitz 23 (GPS: 54°39'45"N / 13°16'9" E).
∴ Kap Arkona. Hiddensee (5 km).

300 m 400 m 1 km 2.5 km 6 km

Beleuchteter Stellplatz auf separatem Areal vor dem Campingplatz. Ebene, parzellierte Stellflächen auf Schotterwiese. Stellplatz-Länge bis 12 m. Für Fahrzeuge über 5 t geeignet. Benutzung der Sanitäreinrichtungen auf dem Campingplatz ist möglich. Bezahlung in der Rezeption. Reservierung empfohlen. Kiosk. Maximal 2 Nächte Aufenthalt in der HS möglich! Ort 6 km entfernt. 15 Touristenplätze.
2022: St/N 16.50, KT P/N ab 17 J. 1.50, KT K/N 6 bis 17 J. 1.–, WD/1 min. –.40, Müllgeb. St/N 1.–, Waschmaschine 3.–, Trockner 3.–, Strom/kWh –.60 (16 A). H/N, Entsorgung und Wasser inklusive.

18556 Altenkirchen, Rügen (g1) ST-D 10525

15 »**KNAUS REISEMOBILSTELLPLATZ RÜGEN**« 1.1. bis 8.1. 1.3. bis 31.12.
☎ 0049 38391 434648 11 m
ruegen@knauscamp.de, www.knauscamp.de

➔ B 96/E 22 Bergen-Sassnitz Abf. in Richtung Sagard. Dann an Sagard vorbei und über Bobbin und Glowe nach Juliusruh. Hier am Ortsausgang, vor der Bushaltestelle, rechts ab in den Zittkower Weg. Noch ca. 1.4 km, beschildert. ✉ Zittkower Weg 30 (GPS: 54°38'18"N / 13°22'35" E).
∴ Kap Arkona. Königsstuhl. Kreidefelsen. Störtebecker-Festspiele.

W W Ch W W | S500 m 1 km H1.4 km 5 km

Stellplatz beim Campingplatz KNAUS CAMPING- U. FERIENHAUSPARK RÜGEN direkt an der Ostsee. Untergrund mit Rasengitter. Befestigt und beleuchtet. Maximaler Aufenthalt 2 Nächte. Imbiss von Mai bis Okt. Ort 2.2 km entfernt. 30 Touristenplätze.
2022: MC-St/N 14.–, Waschmaschine 5.–, Trockner 5.–, Wasser/70 l 1.–, Strom/1 kWh –.80 (16 A). P/N, H/N, Entsorgung und Müll inklusive. Sanitärbenutzung/N ab 16 J. 5.– / Kinder (4 bis 15 J.) 3.–.

18551 Lohme, Rügen (g1) ST-D 10533/1

»**PARKPLATZ ZUM KÖNIGSSTUHL**« 1.1. bis 31.12.

info@lohme.de, www.lohme.de

➔ E 251 nach Ostrügen, weiter in den Nationalpark Jasmund. ✉ Stubbenkammerstraße Nr. 57 (GPS: 54°33'43"N / 13°37'29" E).

WC W W Ch | H100 m 400 m

Stellplatz auf einem öffentlichen Parkplatz. Stellfläche auf Wiese und Schotter. Ort (Lohme) 10 km entfernt. 60 Touristenplätze.

18551 Lohme, Rügen (g1) ST-D 10533/2

»**WOHNMOBILSTELLPLATZ LOHME**« 1.1. bis 31.12.
☎ 0049 38302 886585
dorfladen.lohme@gmx.de, www.lohme.de

➔ E 251 nach Ostrügen, weiter nach Lohme. ✉ Arkonastraße 4 (GPS: 54°34'57"N / 13°36'53" E).

WC W W Ch | 500 m

Stellplatz beim Dorfladen. Stellfläche auf Schotterrasen. Ortszentrum 500 m entfernt. 34 Touristenplätze.

18609 Binz, Rügen (g2) ST-D 10536/1

»**WOHNMOBIL-OASE RÜGEN**« 1.3. bis 5.11. / 25.12. bis 5.1.21
E.: Frank & Tina Mantey ☎ 0049 38393 699777
reservierung@wohnmobiloase-ruegen.de, www.wohnmobiloase-ruegen.de

➔ E 251 nach Rügen, weiter auf B 196 nach Blinz abzweigen. ✉ Proraer Chaussee 60 (GPS: 54°26'53"N / 13°33'42" E).

WC W W Ch | H100 m 800 m 2.5 km

Beschrankter Stellplatz im Naturschutzgebiet in ruhiger Lage, von Wald umgeben. Ebene, schattenlose Stellflächen (80-100 qm) auf Schotterrasen, Wiese und Asphalt. Restaurant und Biergarten. Kleiner Hofladen mit Brötchenservice. Kassenautomat. Camping-Card betriebene Strom- und Wasserabrechnung. Anschluss an das Radwegenetz. Ortszentrum 6 km entfernt. 145 Touristenplätze.

18528 Bergen, Rügen (g2) ST-D 10540

»**WOHNMOBILHAFEN BERGEN AUF RÜGEN**« 1.1. bis 31.12.
☎ 0049 3838 404255
info@wohnmobil-stellplatz-ruegen.de, www.wohnmobil-stellplatz-ruegen.de

➔ Von Stralsund weiter nach Rügen weiter nach Bergen. ✉ Tilzower Weg 32a (GPS: 54°24'10"N / 13°25'40" E).

WC W W Ch | 300 m H400 m

Stellplatz in ruhiger Ortslage hinter einem Autohandel. Stellfläche auf Schotterrasen und Asphalt. Ortszentrum 1.2 km entfernt. 16 Touristenplätze.

18586 Sellin, Rügen (h2) ST-D 10545

»**REISEMOBILHAFEN SELLIN**« 15.3. bis 1.11.
☎ 0049 38303 92770, Mobil 0049 151 19007077
info@reisemobilhafen-ruegen.de, www.reisemobilhafen-ruegen.de

➔ E 251 nach Rüchen, weiter Richtung Sellin an der Ostseeküste. ✉ Kiefernweg 4 B (GPS: 54°22'19"N / 13°42'9" E).

WC W W Ch W | H300 m

Stellplatz am Ortsrand auf einer Anhöhe. Von Wald umgeben. Ebenen und unbeschattete Stellflächen auf Rasensplitt in unterschiedlichen Größen (9 x 5 m, 11 x 6 m, 8/12 x 5 m). Brötchenservice. Info-Punkt. Holiday-Clean-Station. Der Stellplatz wird um 19 Uhr geschlossen! Ortszentrum 200 m entfernt. 50 Touristenplätze.

18581 Putbus OT Lauterbach, Rüg. (g2) ST-D 10580/1

»**WASSERFERIENWELT IM-JAICH**« 1.1. bis 31.12.
☎ 0049 38301 8090
info@im-jaich.de, www.im-jaich.de

➔ E 251 nach Rügen, weiter nach Putbus, von Lauterbach Richtung Badehaus, danach beschildert. ✉ Am Yachthafen (GPS: 54°20'34"N / 13°30'16" E).

RES WC W W | H100 m 500 m

Stellplatz in der Marina Lauterbach. Stellfläche auf Schotterrasen. Bei 7 Nächten Aufenthalt eine Nacht gratis. Brötchenbestellung im Sommer. Ortszentrum 2 km entfernt. 14 Touristenplätze.

18581 Putbus OT Lauterbach, Rüg. (g2) ST-D 10580/2

20 »**STELLPLATZ LAUTERBACH**« 1.5. bis 20.9.
☎ 0049 38301 888329, Mobil 0049 152 32736829
info@wohnmobilstellplatz-insel-ruegen.de
www.wohnmobilstellplatz-insel-ruegen.de

➔ E 251 nach Rügen, weiter Richtung Putbus nach Lauterbach zum Hafen. ✉ Chausseestr. 14B (GPS: 54°20'48"N / 13°29'53" E).

WC W W Ch S | H100 m 600 m

Stellplatz am Ortsrand in der Nähe der Bahnlinie. Teils von Feldern umgeben und durch Büsche und Bäume umrahmt. Ebene, schattenlose Stellflächen auf Schotterrasen. Bitte vor Anreise auf der Webseite über die Anreisebedingungen informieren oder per Mail nachfragen. Für die Benutzung des Sanitärgebäudes gibt es mit Guthaben aufgeladene Transponder (Pfand 20.- €). Mit diesen wird auch der Strom freigeschalten. Nur Barzahlung am Tag der Anreise, grundsätzlich keine Kartenzahlung möglich. Hafen 350 m, Ortszentrum 500 m entfernt. 42 Touristenplätze.
2023: MC-St/N inkl. 2 P/N 19.–, weitere P/N 4.–, KT P/N 2.–, Waschmaschine 5.–, Trockner 5.–, Wasser/100 l 1.20, Sanitärbenutzung –.30, Strom/1 kWh –.90 (16 A). Entsorgung und Müll inklusive.

17440 Lassan, Vorpommern (h2) ST-D 10605

35 »**WOHNMOBILHAFEN NATURCAMPING LASSAN**«
E.: Sabine Weidle, Jürgen Alt April bis Okt.
☎ 0049 38374 559951, Mobil 0049 151 59421266, Fax 0049 38374 559952
info@campingplatz-lassan.de, www.campingplatz-lassan.de

➔ B 110 Anklam - Swinemünde, bei Murchin geradeaus nach Lassan, beschildert. ✉ Garthof 5-6 (GPS: 53°56'51"N / 13°51'21" E).

W W Ch W | 150 m 300 m H500 m

Wohnmobilhafen vor der Schranke beim Campingplatz NATURCAMPING LASSAN. Direkt am Stichkanal zum Peenestrom gegenüber von Usedom gelegen. Maximal 1 Nacht Aufenthalt möglich (17-10 Uhr)! Ort 500 m entfernt.
2022: St/N inkl. 2 P/N 35.–, H/N 2.50, Waschmaschine 3.–, Trockner 3.–. WD, Entsorgung, Müll, Wasser, Sanitärbenutzung und Strom inklusive.
• Kartenzahlung möglich.

17389 Anklam, Vorpommern (h3) ST-D 10610

»**REISEMOBILPLATZ ANKLAM**« 1.1. bis 31.12.
E.: Hansestadt Anklam ☎ 0049 3971 835154
info@anklam.de, www.anklam.de

➔ A 20 Rostock-Prenzlau Abf. (29) B 199/B 110/B 109 in Richtung Anklam-Wolgast. In Anklam "Entensteig" abbiegen zur Peene. ✉ Demminer Str. (GPS: 53°51'21"N / 13°40'39" E).
∴ Marien-/Nikolaikirche. Museum im Steintor. Otto-Lilienthal-Museum.

| H500 m 600 m 800 m 2 km

Reisemobilplatz vor dem Wasserwanderrastplatz gegenüber vom Landratsamt. Asphaltierte Stellfächen auf dem Parkplatz direkt an der Peene. Stellplatz-Länge bis 6 m. Maximal 1 Nacht Aufenthalt möglich! Ortszentrum 500 m entfernt. 12 Touristenplätze.

17449 Peenemünde, Usedom (h2) ST-D 10621

20 »**STELLPLATZ HALBINSEL PEENEMÜNDE**« 1.1. bis 31.12.
E.: Halbinsel Betriebsgesellschaft mbH
☎ 0049 38371 556623, Mobil 0049 174 6484045
info@halbinsel-peenemuende.de, www.halbinsel-peenemuende.de

➔ A 20 Rostock-Neubrandenburg, Abf. (27) Gützkow, weiter der B 111 folgen über Wolgast. Vor Zinnowitz links abbiegen auf die L 264 über Karlshagen nach Peenemünde. Beschildert. ✉ Fährstr. 9 (GPS: 54°8'10"N / 13°45'44" E).
∴ Historisch-Technisches Museum Peenemünde. Hafen Peenemünde mit U-Boot Juliett U-461.

RES W W Ch | 1 km

Beleuchteter Stellplatz in einer Freizeitanlage auf der Halbinsel Peenemünde zwischen Hafen und Peenestrom. Stellflächen auf Wiese. Stellplatz-Länge bis 12 m. Brötchenservice. Ort 1 km entfernt. 80 Touristenplätze.
2023: C-St/N 18.–, MC-St/N 16.–, P/N 2.–, K/N 4 bis 12 J. 1.50, WD/5 min. 2.–, Entsorgung 1.–, Wasser/1 Std. 1.–, Strom/N 3.–. H/N und Müll inklusive. Wohnmobile ab 3,5 t gelten als Wohnwagen.

17440 Lütow, Usedom (h2) ST-D 10630/1

15 »WOHNMOBILSTELLPLATZ BEIM NATURCAMPING USEDOM«
E.: Familie Freitag ☎ 0049 38377 40581 Ostern bis 31.10.
Fax 0049 38377 41553, **info@natur-camping-usedom.de**
www.natur-camping-usedom.com

➔ B 111 Wolgast - Ahlbeck. Am Ortsanfang Zinnowitz abbiegen und über Neuendorf nach Lütow, beschildert. ✉ Zeltplatzstr. 20 (GPS: 54°0'47"N / 13°52'24" E).

W WC Ch W HS HS HS HS S S | 1.5 km 2 km S 8 km

Stellplatz beim Campingplatz NATURCAMPING USEDOM vor der Schranke. Kein Strom- oder Wasseranschluss möglich. Ort (Zinnowitz) 8 km entfernt.
2022: St/N inkl. 2 P/N 15.–, Waschmaschine 4.–, Trockner 4.–. H/N, WD, Entsorgung, Müll und Wasser inklusive.

17373 Ueckermünde, Vorpom. (h3) ST-D 10673

»CARAVAN-STELLPLATZ AN DER UECKER« 1.1. bis 31.12.
☎ 0049 151 54790474
andre.klinger@rohrbau-mv.com, **www.caravanstellplatzueckermuende.de**

➔ B 109 Pasewalk - Greifswald, bei Ferdinandshof nach Ueckermünde abfahren. ✉ Ueckerstr. 125 (GPS: 53°44'3"N / 14°2'58" E).

WC W Ch | 500 m 1 km

Umzäunter Stellplatz in Altstadtnähe direkt an der Uecker. Ebene, überwiegend schattenlose Stellflächen auf Schotterrasen. Ortszentrum 200 m entfernt. 15 Touristenplätze.

17375 Altwarp, Vorpommern (h3) ST-D 10679

15 »STELLPLATZ AM HAFEN« 1.1. bis 31.12.
Mobil 0049 151 19338339
awa@altwarp-online.de, **www.altwarp.info**

➔ Ins Nordöstlichste Eck von Deutschland fahren nach Altwarp. ✉ Hafen (GPS: 53°44'20"N / 14°16'15" E).

WC W W Ch | 300 m 400 m

Stellplatz am Haff mit Blick auf Polen. Stellfläche unter Bäumen oder direkt an der Mole gelegen auf Schotterrasen und Naturboden. Öffentliche Duschen und Toiletten befinden sich im Hafengebäude. Für die Nutzer des Wohnmobilstellplatzes stehen zusätzlich Dusch- und Waschcontainer (nur in der Hauptsaison) zur Verfügung (ca. 100 m entfernt). Ladestation E-Bikes und E-Autos. Ortsmitte 500 m entfernt. 46 Touristenplätze.
2022: St/N inkl. 2 P/N 15.–, H/N 2.–, WD 1.–, Waschmaschine 2.–, Trockner 2.–, Wasser/100 l 1.–. Entsorgung, Müll, Sanitärbenutzung und Strom inklusive. EC-Kartenzahlung.

Brandenburg

In der Nähe von Militär-Flugplätzen und Übungsgeländen ist mit zeitweiligen Ruhestörungen zu rechnen.

16945 Meyenburg (f3) ST-D 11042

»STELLPLATZ HAGENPLATZ MEYENBURG« 1.1. bis 31.12.
E.: Ordnungsamt ☎ 0049 33968 8250
mail@amtmeyenburg.de, **www.amtmeyenburg.de**

➔ A 24 Hamburg-Berlin, Abf. (18) Meyenburg, auf die B 103 Richtung Meyenburg, dort beim Schloss in die Hagenstraße abbiegen. ✉ Hagenplatz (GPS: 53°18'50"N / 12°14'15" E).
∴ Schloss Meyenburg (Modemuseum, Bibliothek, Schlossmuseum) mit Schlosspark.

| 300 m 500 m

Stellplatz in ruhiger, aber dennoch zentraler Lage am Hagenplatz. Stellflächen auf Pflaster, bis 8 m Länge. 3 Touristenplätze.

16928 Pritzwalk (f4) ST-D 11048/1

Abfahrt

»STELLPLATZ HAINHOLZ« 1.1. bis 31.12.
E.: Stadtinformation Pritzwalk ☎ 0049 3395 700703
stadtinfo@pritzwalk.de, **www.pritzwalk.de**

➔ A 24 Hamburg-Berlin, Abf. (18) Meyenburg, auf die B 103 Richtung Pritzwalk, dort vor dem Ort Richtung Hainholz abbiegen. ✉ Hainholz (GPS: 53°10'7"N / 12°11'34" E).
∴ Stadt- und Brauereimuseum, Mühlenmuseum Kathfelder Mühle, Rathaus (Baujahr 1840).

| HS 200 m

Stellplatz im Naherholungsgebiet Hainholz. Ausgewiesene, beleuchtete Stellflächen auf Betonsteinplaster, bis 10 m Länge. Stadtzentrum 2 km entfernt.

16928 Pritzwalk (f4) ST-D 11048/2

Abfahrt

»STELLPLATZ 'DÖMNITZINSEL'« 1.1. bis 31.12.
E.: Stadtinformation Pritzwalk ☎ 0049 3395 700703
stadtinfo@pritzwalk.de, **www.pritzwalk.de**

➔ A 24 Hamburg-Berlin, Abf. (18) Meyenburg, auf die B 103 Richtung Pritzwalk, dort Richtung Stadtzentrum fahren. ✉ Ecke Gartenstraße/Meyenburger Tor (GPS: 53°9'7"N / 12°10'36" E).
∴ Stadt- und Brauereimuseum, Mühlenmuseum Kathfelder Mühle, Rathaus (Baujahr 1840).

Ch | 100 m 500 m 800 m

Stellplatz in der Altstadt am Fluß Dömnitz. Ausgewiesene Stellflächen auf Plaster, bis 10 m Länge. 6 Touristenplätze.

16949 Putlitz (f4) ST-D 11052

Abfahrt

»STELLPLATZ 'JUNGFERNSTEG'« 1.1. bis 31.12.
E.: Gemeinde Putlitz ☎ 0049 3398 80202
bibliothek-putlitz@arcor.de, **www.putlitz.de**

➔ A 24 Hamburg-Berlin, Abf. (16) Suckow, auf die L111 Richtung Putlitz, dort im Ortszentrum bei der evangelischen Kirche. ✉ Jungfernsteg (GPS: 53°15'2"N / 12°2'23" E).
∴ Burgruine mit Bergfried und Wallanlage, Rathausplatz mit Rathaus.

Stellplatz im Ortszentrum. Stellflächen auf Rasengittersteinen. 2 Stromanschlüsse vorhanden. Gebührenfrei bis 3 Tage und ab dem 4. Tag Eur 10. 2 Touristenplätze.

16909 Wittstock (g4) ST-D 11060/2

»STELLPLATZ AM DABERTURM« 1.1. bis 31.12.
☎ 0049 3394 44037759
touristinfo@wittstock.de, **www.wittstock.de**

➔ A 19 Berlin-Rostock, Abf. (20) Wittstock, weiter zum Dabertrum. ✉ Alt Daber 11 (GPS: 53°12'23"N / 12°30'7" E).

| 200 m

Stellplatz auf dem Parkplatz des Daberturms. Stellfläche auf Pflaster und Wiese. Ortszentrum 5 km entfernt. 4 Touristenplätze.

16866 Kyritz (f/g4) ST-D 11063

»STELLPLATZ WÄSSERING« 1.1. bis 31.12.
E.: Stadt Kyritz ☎ 0049 33971 52331
info@dosse-seen-land.de, **www.kyritz.de**

➔ A 24 Wittstock/Dosse - Berlin, Abf. (22) Neuruppin. B 167 Richtung Neustadt bis Bückwitz, dort rechts auf die B 5 nach Kyritz abbiegen. Im Ort an der 1. Kreuzung links in die Graf-von-der-Schulenburg-Straße einbiegen und nach ca. 200 m rechts auf den Stellplatz fahren. Beschildert. ✉ Graf-von-der-Schulenburg-Straße (GPS: 52°56'27"N / 12°24'4" E).
∴ Historischer Stadtkern. St. Marien Kirche. Heimatstube. Franziskanerkloter mit Klostergarten. Rosengarten.

RES WC W W WC Ch | 100 m 200 m HS 3 km

Beleuchteter Stellplatz auf einem Parkplatz bei einem Supermarkt. Separate, markierte und ebene Stellflächen auf Rasengitter. Stellplatz-Länge bis 12 m. Für Fahrzeuge über 5 t geeignet. Imbiss. Brötchenservice. Ort 200 m entfernt. 7 Touristenplätze.

19322 Wittenberge (f4) ST-D 11067/1

»STELLPLATZ NEDWIGANGER« Mai bis Okt.
E.: Freizeit Park Wittenberge GmbH Mobil 0049 152 09080856 25 m
info@freizeit-park-wittenberge.de, **www.freizeit-park-wittenberge.de**

➔ A 24 Hamburg-Berlin, Kreuz Schwerin auf die A 14 Richtung Ludwigslust, auf die B 5 Richtung Perleberg, dort auf die B 189 Richtung Wittenberge. Von der B 198 in die Wahrenberger Straße abbiegen, Reisemobilsymbolen bis zum Sportboothafen Nedwiganger folgen. ✉ Elbstrasse 65 (GPS: 52°59'24"N / 11°44'52" E).
∴ Stadtmuseum in der Alten Burg, Eisenbahnmuseum Historischer Lokschuppen Wittenberge, Alte Burg Wittenberge (Stadtmuseum Wittenberge).

WC W W Ch | 100 m 500 m

Stellplatz an einem Freizeithafen an der Elbe. Ausgewiesene und beleuchtete Stellflächen auf Wiese, ohne Längenbeschränkung. Brötchen- und Zeitungservice. Hafenmeiserzeiten(8-10 Uhr,13.30-14.30 Uhr, 18-20 Uhr). Stadtzentrum 500 m entfernt. 30 Touristenplätze.

19322 Wittenberge (f4) ST-D 11067/2

»WSV WITTENBERGE E.V.« März bis Okt.
E.: WSV Wittenberge e.V. Mobil 0049 1523 6397283
info@wsv - wittenberge.de

➔ A 24 Hamburg-Berlin, Kreuz Schwerin auf die A 14 Richtung Ludwigslust, auf die B 5 Richtung Perleberg, dort auf die B 189 Richtung Wittenberge, dort Richtung Zentrum und der Auschilderung zum Ortsteil Garsedow bzw zum Wassersportverein Wittenberge folgen. ✉ Dorfstraße 12 (GPS: 52°58'56"N / 11°46'24" E).
∴ Stadtmuseum in der Alten Burg, Eisenbahnmuseum Historischer Lokschuppen Wittenberge, Alte Burg Wittenberge (Stadtmuseum Wittenberge).

WC W W

Stellplatz an einem Yachthafen an einem See gelegen. Stellflächen auf Wiese, bis 7 m Länge. Stadtzentrum 5 km entfernt. 7 Touristenplätze.

19348 Perleberg (f4) ST-D 11068/1

»STELLPLATZ SOPHIENSTRASSE« 1.1. bis 31.12.
E.: Stadt Perleberg 0049 3876 781 408
verkehr@stadt-perleberg.de, www.stadt-perleberg.de

➔ A 24 Wittenburg-Neuruppin, Abf. (18) Meyenburg, weiter auf der B 103 Pritzwalk, dann auf die B 189 nach Perleberg. An der Abfahrt B 189/B 5 in die Hamburger Chaussee einbiegen zum Zentrum. Im Kreisverkehr in die Putlitzer Straße einfahren, 1. Straße rechts zum Ziel. Beschildert. ✉ Sophienstraße (GPS: 53°4'49"N / 11°51'44" E).
Historische Altstadt. Roland. Stadt-/Regionalmuseum. Museumsgalerie Moderne Grafik des 20. Jh.

200 m 300 m 400 m HS 1.9 km 2.2 km

Beleuchteter, eingegrünter Stellplatz an der Stepenitz. Stellflächen auf Pflaster. Stellplatz-Länge bis 8 m. Fahrten mit dem Spreewaldkahn. Nur 3 min Fußweg bis zur Innenstadt. Ort 200 m entfernt. 2 Touristenplätze.

19348 Perleberg (f4) ST-D 11068/2

»STELLPLATZ NEUE MÜHLE« 1.1. bis 31.12.
E.: Restaurant und Caravanhafen Neue Mühle 0049 3876 301010
neue.muehle.perleberg@web.de, www.caravanhafen.de

➔ A 24 Wittenburg-Neuruppin, Abf. (18) Meyenburg, weiter auf der B 103 Pritzwalk, dann auf die B 189 nach Perleberg. An der Abfahrt B 189/B 5 in die Hamburger Chaussee einbiegen in Richtung Zentrum. Am Kreisverkehr in die Reetzer Straße einfahren und hier in die Zielstraße einbiegen. Beschildert. ✉ Neue Mühle 3 (GPS: 53°5'29"N / 11°52'16" E).
Historischer Stadtkern. Königsgrab Seddin (10 km).

WC W W WC Ch 500 m 600 m 1.5 km HS 3 km

Beleuchteter Stellplatz am Ufer der Stepenitz. Ebene, teilweise durch Hecken parzellierte Stellflächen auf Schotterrasen. Stellplatz-Länge bis 12 m. Für Fahrzeuge über 5 t geeignet. Bezahlung im Gasthaus bar oder EC-Karte. Reservierung bei Gruppen empfohlen. Brötchenservice. Fahrten mit Stepenitz-Kahn. Ort 2 km entfernt. 25 Touristenplätze.

16798 Fürstenberg, Meckl. S. (g4) ST-D 11130

»WOHNMOBILSTELLPLATZ MARINA FÜRSTENBERG«
0049 33093 39203, Mobil 0049 151 15711275 1.4. bis 31.10.
info@marina-fuerstenberg.de, www.marina-fürstenberg.de

➔ A 10 Berliner Ring, Abf. (31) Dreieck Oranienburg, weiter auf der B 96 a/B 96 über Oranienburg und Gransee nach Fürstenberg/Havel. Am Ortsausgang rechts in die Ravensbrücker Dorfstraße abbiegen, dann den Hinweisen zum Stellplatz bei der Marina folgen. ✉ Ravensbrücker Dorfstr. 26 b (GPS: 53°11'41"N / 13°9'1" E).
Historische Altstadt. Frauenkonzentrationslager Ravensbrück. Forstmuseum. Kloster Himmelpfort (7 km).

WC W W Ch W HS 1 km 1.5 km

Beleuchteter Stellplatz am Nordufer des Schwedtsees neben einer Bootshalle. Ebene Stellflächen auf Rasen. Stellplatz-Länge bis 12 m. Für Fahrzeuge über 5 t geeignet. 5 Plätze für Dickschiffe. 16 hundefreie Stellplätze direkt am See. Ca. 100 m zu den Bootsstegen. Sanitäranlagen in der Bootshalle. Anmeldung und Barzahlung beim Hafenmeister. Brötchenservice. Hundedusche. Draisine-Fahrt. Radwegenetz. FW. Ort 1.5 km entfernt. 65 Touristenplätze.

16833 Fehrbellin (g4) ST-D 11171

»FF FREIZEITMOBILE« 1.1. bis 31.12.
E.: FF Freizeitmobile 0049 33932760812, Fax 0049 33932 60812
info@ff-freizeitmobile.de, www.ff-freizeitmobile.de

Abfahrt

➔ A 24 Hamburg-Berlin, Abf. (24) Fehrbellin, Richtung Gewerbegebiet Tarmow auf die Straße An der Plantage. ✉ Gewerbepark 29 (GPS: 52°47'52"N / 12°47'9" E).

WC W W Ch

Stellplatz auf einem separaten Teil eines Camping-Handelsbetries in einem Gewerbegebiet am Waldrand. Stellflächen auf Wiese, bis 12 m Länge. Sanitäre Einrichtungen während der Geschäftszeiten nutzbar. Ort 2 km entfernt. 20 Touristenplätze.

16816 Neuruppin (g4) ST-D 11172

»STELLPLATZ AM SPORTCENTER NEURUPPIN« 1.1. bis 31.12.
E.: SPORTHOTEL & SPORTCENTER Neuruppin
0049 3391 822030, Fax 0049 3391 822035
info@sportcenter-neuruppin.de, www.sportcenter-neuruppin.de

➔ A 24 Hamburg-Berlin, Abf. (22) Neuruppin, auf die B 167 Richtung Neuruppin, dort der Hotelroute folgen. ✉ Trenckmannstraße 14 (GPS: 52°54'54"N / 12°48'19" E).
Museum Neuruppin, Tempelgarten mit Apollo-Tempel, diverse Kirchen.

WC W WC 500 m

Stellplatz an einem Sportcenter in der Nähe Ruppiner Sees. Stellflächen auf Schotterrasen, bis 7.50 m Länge. Stadtzentrum 2 km entfernt. 10 Touristenplätze.

16835 Lindow (Mark) (g4) ST-D 11176

»STELLPLATZ LINDOW« 1.1. bis 31.12.
E.: Tourist-Information der Stadt Lindow (Mark) 0049 33933 70297
Fax 0049 33933 70297, **tourist-info.lindow@t-online.de**
www.lindow-mark.de

➔ A 24 Hamburg-Berlin, Abf. (22) Neuruppin, auf die B 167 Richtung Neuruppin und Herzberg (Mark), dort auf die L19 Richtung Lindow, in Lindow zwischen Marktplatz und Wutzsee gelegen. ✉ Am Wutzsee (GPS: 52°58'19"N / 12°59'22" E).
Kloster, Kirche, Vogelpark.

200 m 400 m

Stellplatz auf einem Parkplatz am Wutzsee im Ortszentrum. Stellflächen auf Pflaster. Kurbeitragspflicht (0,50 Euro pro Nacht/Person) - zu zahlen in der Tourist-Info auf dem Marktplatz. 3 Touristenplätze.

16845 Neustadt (Dosse) (g4) ST-D 11192

»STELLPLATZ AM AMT NEUSTADT(DOSSE)« 1.1. bis 31.12.
E.: Stadt Neustadt (Dosse) 0049 33970 95212
info@dosse-seen-land.de, www.neustadt-dosse.de

➔ A 24 Hamburg-Berlin, Abf. (22) Neuruppin, auf die B 167/B 102 Richtung Neustadt (Dosse),im Ort links in die Bahnhofstraße einbiegen. ✉ Bahnhofstraße 6 (GPS: 52°51'7"N / 12°26'59" E).
Brandenburgisches Haupt- und Landgestüt, Kutschenmuseum, Technik-Denkmal Gaswerk.

100 m 200 m

Stellplatz auf dem Parkplatz des Gemeindeamtes in zentraler Lage. Stellflächen auf Pflaster, bis 10 m Länge. 4 Touristenplätze.

17268 Templin, Uckermark (g4) ST-D 11215/1

»STELLPLATZ TEMPLIN« 1.1. bis 31.12.
E.: Stadt Templin 0049 39889 3987 2631
Fax 0049 39889 3987 53833, **tmt@templin.de, www.templin.de**

➔ A 11 Prenzlau-Berlin, Abf. (8) Joachimsthal, Richtung Joachimsthal, Friedrichswalde, Milmersdorf nach Templin, dort auf die Mühlenstraße Richtung Zentrum abbiegen am Templiner See rechts in die Knehdenerstraße einbiegen. ✉ Knehdenerstraße (GPS: 53°7'23"N / 13°29'44" E).
Altstadt mit barockem Rathaus und Fachwerkhäusern, diverse Kirchen.

WC W 100 m HS 600 m

Stellplatz im Zentrum direkt am Kanal. Stellflächen auf Asphalt und Rasengittersteinen, bis 7.50 m Länge. Aufenthalt max. 1 Nacht. 47 Touristenplätze.

17268 Templin, Uckermark (g4) ST-D 11215/2

20 **»WOHNMOBILSTELLPLATZ AN DER NATURTHERME TEMPLIN«**
E.: NaturThermeTemplin GmbH 60 m 1.1. bis 31.12.
0049 39889 3987 201100, **marketing@naturthermetemplin.de**
www.naturthermetemplin.de

➔ A-11 Berlin-Stetting (PL), Abf. (9) Joachimsthal auf die L220 Richtung Joachimsthal, Friedrichswalde, Templin. In Templin der Ausschilderung zur Naturtherme folgen. ✉ Dargersdorfer Str. 121 (GPS: 53°6'9"N / 13°31'39" E).
Historische Altstadt, diverse Kirchen, Naturtherme Templin, Biosphärenreservat Schorfheide/Chorin.

WC W W Ch HS 50 m

Beleuchteter und parzellierter Wohnmobilstellplatz bei der Naturtherme. Die Stellplätze sind in Stellkreisen angelegt und von Rasenflächen und Büschen umgeben. Ebene und schattenlose Stellflächen auf Pflaster mit jeweils einem kleinen Rasenanteil. Anmeldung in der Therme. Getrennte Ver- und Entsorgungsanlagen (automatische und manuelle Entsorgung) - Camper-Clean-Station. Barrierefreie Duschen und WC sowie Sanitäranlagen in der Therme. Brötchenservice am Morgen auf Bestellung (Bestellung am Vortag) - nicht an Feiertagen! Reservierung nur bei Buchung eines Pauschalangebots möglich. Ortszentrum 3 km entfernt. 50 Touristenplätze.
2022: MC-St/N inkl. 2 P/N 18.–, H/N 4.–, KT P/N 1.50, WD 2.–, Waschmaschine 2.–, Trockner 2.–, Entsorgung 2.–, Wasser/100 l 1.–, Strom/1 kWh –.50. Müll inklusive. Vergünstigte Zeittarife für das Solebad und Sauna.

16515 Oranienburg (g4) ST-D 11250/1

»MOTEL & GASTSTÄTTE HAVELIDYLL« 1.1. bis 31.12.
E.: Ronny Müller 0049 3301 530077, Mobil 0049 171 3563393
Fax 0049 3301 576574, **motelhavelidyll@aol.com, www.havelidyll.de**

➔ A 10 Berliner-Ring, Abf. (33) Birkenwerder, zur L 20 Richtung Oranienburg (NAVI-Eingabe 16556 Borgsdorf, Havelhausener Brücke 1). Beschildert. ✉ Havelhausener Brücke 1 (GPS: 52°43'18"N / 13°15'4" E).
Schloss Oranienburg. Schlosspark. KZ-Sachsenhausen.

WC Ch 500 m 2 km

Stellplatz neben einem/einer Motel/Gaststätte. Stellflächen auf der Wiese. Stellplatz-Länge bis 12 m. Bezahlung in der Gaststätte. Ort 1 km entfernt. 15 Touristenplätze.

16515 Oranienburg (g4) ST-D 11250/2

Abfahrt

»SCHLOSSHAFEN ORANIENBURG« 1.1. bis 31.12.
0049 3301 203135, Mobil 0049 171 5552013
hafenmeister@oranienburg.de, www.oranienburg-erleben.de

➔ A 10 Berliner Ring, Abf. (31) Kreuz Oranienburg, weiter B 96 Richtung Oranienburg. An der Kreuzung mit der B 273 zum Zentrum Oranienburg abbiegen. An der Kreuzung Lehnitzstraße/Sachsenhausener Straße in die Sachsenhausener Straße einbiegen. Nach ca. 300 m links in die Rungestraße fahren. Beschildert. Rungestr. 47 (GPS: 52°45'30"N / 13°14'17" E).
Schlosspark Oranienburg. Schloss-/Kreismuseum im Schloss Oranienburg. Museum und Gedenkstätte Sachsenhausen.

WC W W WC Ch 300 m 800 m 2 km

Bewachter und beleuchteter (abgetrennter Marina-Parkplatz) Stellplatz am Schlosshafen und Schlosspark am Ufer der Havel. Leicht geneigte und großzügig parzellierte Stellflächen auf Pflaster und Rasen. Stellplatz-Länge bis 12 m. Auch für Fahrzeuge über 5 t geeignet. Anmeldung beim Hafenmeister. Barzahlung - auch am Tally-Card-Automat. Mit der Tally-Card freier Eintritt im Schlosspark Oranienburg. Hundeleinenzwang. Reservierung empfohlen. Imbiss. Ort 600 m entfernt. 26 Touristenplätze.

16727 Oberkrämer OT Schwante (g4) ST-D 11252/1

10 **»WOHNMOBIL-STELLPLATZ BEI BÄCKEREI PLENTZ«**
E.: Bäckerei & Konditorei Plentz GmbH & Co. KG 1.1. bis 31.12.
0049 33055 790140, **info@plentz.de, www.plentz.de**

➔ A 10 Berlin - Oranienburg, Abf. (30) Oberkrämer und weiter Richtung Kremmen auf der B 237 bis Schwante, hier ausgeschildert. Dorfstr. 43 (GPS: 52°44'11"N / 13°5'7" E).

WC

Wohnmobilstellplatz am Ortsrand gegenüber der Bäckerei Plentz. Ebene Stellflächen auf Pflastersteinen. Frühstück und Imbiss im Bäcker-Café, Mo-Fr 6-18 Uhr, Sa 6-17 Uhr. Freitags bildet sich ein kleiner Regionalmarkt am Holzbackofen mit Fischräucherei, Obst/Gemüse-Stand und Landfleischerei. Freitags und Samstags gibt es knuspriges Holzofenbrot aus dem Holzbackofen. Maximal 2 Nächte Aufenthalt möglich! 4 Touristenplätze.
2022: St/N 10.–. Strom, Wasser, Bodenentsorgung für Abwasser und Kassettentoiletten pro Nacht 5.–.

16727 Velten (g4) ST-D 11252/2

10 **»WOHNMOBIL-STELLPLATZ BEIM HAUS DES BROTES«**
V.: Karl-Dietmar Plentz 0049 33055 790152 1.1. bis 31.12.
info@plentz.de, www.plentz.de

➔ A 111 Oranienburg - Berlin, Abf. (2a) Henningsdorf und weiter Richtung Velten. Hier der Beschilderung zum Bahnhof folgen. Bahnstr. 7 (GPS: 52°41'8"N / 13°10'19" E).
Gedenkstätte und Museum Sachsenhausen. Tier-, Freizeit- und Saurierpark Germendorf. TURM ErlebnisCity Oranienburg.

WC W WC 50 m 500 m

Beleuchteter Wohnmobil-Stellplatz direkt am restaurierten Bahnhof auf dem Parkplatz hinter dem "Haus des Brotes". Gepflasterte, ebene Stellflächen. Stellplatz-Länge bis 8 m. Info-Tafel. Frühstück und Imbiss im Bäcker-Café, Mo-Fr 5.30-18.30 Uhr, Sa 6-17 Uhr möglich. Müllentsorgung. Maximal 2 Nächte Aufenthalt möglich! 2 Touristenplätze.
2022: St/N 10.–. Strom, Wasser, Bodenentsorgung für Abwasser und Kassettentoiletten pro Nacht 5.–.

16792 Zehdenick (g4) ST-D 11258/1

»STELLPLATZ MARINA IM ZIEGELPARK« April bis Okt.
E.: Tourist-Information 0049 3307 420504
info@ziegeleipark.de, www.marina-im-ziegelpark.de

➔ A 10 Berliner Ring, Abf. (31) Kreuz Oranienburg, weiter auf der B 96 in Richtung Neustrelitz, in Gransee auf die L 22 Richtung Zehdenick, dann links nach Mildenberg und der Beschilderung zum Ziegeleipark folgen. Ziegelei 11 (GPS: 53°1'55"N / 13°18'38" E).
Havelschloss Zehdenick. Kamelbrücken. Schleuse. Schiffermuseum "Carola". Elisabethmühle. Mühlenkolk.

WC W W Ch

Stellplatz vor der Marina an der Havel im Ziegeleipark. Stellflächen auf Wiese. Stellplatz-Länge bis 12 m. Reservierung empfohlen. Brötchenservice im Marina-Shop. 15 Touristenplätze.

16792 Zehdenick (g4) ST-D 11258/2

NATUR PLATZ

25 **»MARINA ALTER HAFEN«** 1.4. bis 31.10.
0049 3307 420504
welcome@marina-alter-hafen.de, www.marina-alter-hafen.de

➔ B 96 Berlin - Neubrandenburg, bei Zehdenick abfahren und zum Ufer der Havel fahren. Ziegelei 11 (GPS: 53°1'55"N / 13°18'41" E).

WC W W W 800 m

Wohnmobil-Stellplatz bei der Marina am Ufer der Havel. Direkt am Radfernwanderweg Berlin-Kopenhagen, dem Europäischen Fernwanderweg E10 gelegen. Stellflächen auf Rasen, teils durch Bäume beschattet. Überdachter Grillplatz am Havelufer. Auflagemöglichkeit für Akkus (E-Bike). Shop. Marina-Boutique. Barrierefrei. Campingfässer und Wasserkugel/Tiny House zu mieten. Verleih von Kajaks, Kanadiern und führerscheinfreien Motorbooten. Angelkarten und Angelzubehör erhältlich. Ortszentrum 5 km entfernt. 30 Touristenplätze.
2022: St/N inkl. 2 P/N 22.– bis 26.–, weitere P/N 4.–, K/N 4 bis 15 J. 2.–, extra A/N 3.–, extra M/N 3.–, extra B/N 3.–, WD 2.–, Müllgeb./Sack 3.–, Waschmaschine 5.–, Trockner 5.–, Wasser/100 l 1.–, Strom/N 5.–. KT, H/N und Entsorgung inklusive. Bar / EC (ab 20,00 EUR) / Kreditkarte (ab 50,00 EUR).

16348 Wandlitz (g/h4) ST-D 11314

Abfahrt

»STELLPLATZ AM SPORT- UND SPIELPLATZ« 1.1. bis 31.12.
E.: Gemeinde Wandlitz 0049 33397 660
gemeinde@wandlitz.de, www.wandlitz.de

➔ A 11 Prenzlau - Berlin, Abf. (13) Lanke, auf die Lankener Allee Richtung Prenden, dort am westlichen Ortsrand in die Ützdorfer Straße abbiegen. Am krummen Pfuhl (GPS: 52°47'29"N / 13°32'44" E).
Barnim Panorama (Naturparkzentrum und Agrarmuseum Wandlitz), Heidekrautbahnmuseum.

Stellplatz am Ortsrand am Rand einer großen Rasenfläche. Durch Hecken parzellierte, schattenlose Stellflächen auf Sand/Splitt/Rasen, bis 12 m Länge. Unbedingt Stellplatzmarkierungen beachten, kein Aufstellen außerhalb der 7 Markierungen möglich. Wasser und Strom gegen Gebühr am Automaten (1 € Münzen) von April-Oktober. An bestimmten Tagen finden auf dem Platz Veranstaltungen statt. Outdoor-Fitnessgeräte. Infotafel. Aufenthalt max. 3 Tage! Ortszentrum 1 km entfernt. 7 Touristenplätze.

16278 Angermünde OT Kerkow, Uck. (h4) ST-D 11345

»NABU-ERLEBNISZENTRUM BLUMBERGER MÜHLE«
E.: NABU-Naturerlebniszentrum Blumberger Mühle 1.1. bis 31.12.
0049 3331 26040, **blumberger.muehle@nabu.de**
www.blumberger-muehle.de

➔ A 11 Berlin-Stettin, Abf. (9) Joachimstal, weiter B 198/B 2 nach Angermünde. Nördlich von Angermünde abbiegen in die Görlsdorfer Str. Blumberger Mühle 2 (GPS: 53°2'8"N / 13°57'57" E).
Historischer Stadtkern Angermünde. Ehm-Welk-Literaturmuseum.

WC WC HS 3 km

Stellplatz am Besucherzentrum des Erlebniszentrums im Biosphärenreservat Schorfheide-Corin. Stellflächen auf Pflaster und Schotter. Ort (Angermünde) 4 km entfernt. 5 Touristenplätze.

16303 Schwedt, Uckermark (h4) ST-D 11350

25 **»WASSERSPORTZENTRUM SCHWEDT«** 1.1. bis 31.12.
P.: Technische Werke Schwedt 0049 3332 23962
info@stroamcamp-schwedt.de, stroamcamp-schwedt.de

➔ A 11 Berlin - Stettin, Abf. (6) Gramzow, auf die B 198/B 166 nach Schwedt. Im Zentrum von Schwedt links in die Berliner Str. abbiegen und dann rechts halten in den Wasserplatz zur Regattastr. Regattastr. 3 (GPS: 53°3'28"N / 14°17'56" E).
Berlischky-Pavillon. Stadtmuseum. Tabakmuseum.

WC 400 m 1 km WHS 2 km

Stellplatz beidseitig vom Sportboothafenbecken gelegen. Stellflächen auf einer Wiese. Stellplatz-Länge bis 15 m. Reservierung bei Gruppen empfohlen. Waschmaschine und Trockner nutzbar. Ort 1 km entfernt. 20 Touristenplätze.
2023: St/N inkl. 2 P/N 28.– bis 30.–, weitere P/N 7.–, K/N 3 bis 12 J. 4.–, H/N 3.–, Waschmaschine 3.–, Trockner 3.–, Strom/N 3.–. WD, Entsorgung, Müll, Wasser und Sanitärbenutzung inklusive.

16225 Eberswalde (h4) ST-D 11360/2

Abfahrt

»WALD-SOLAR-HEIM EBERSWALDE« 1.1. bis 31.12.
E.: Förderkreis Waldschule Eberswalde (FWE) e.V.
0049 3334 289245, Fax 0049 3334 380238, **info@waldsolarheim.de**
www.waldsolarheim.de

➔ A 11 Prenzlau-Berlin, Abf. (12) Finowfurt, auf die B 167 Richtung Eberswalde, hinter dem Hauptbahnhof rechts abbiegen in die Grabowstraße dann Raumerstraße und wieder rechts in die Brunnenstraße. Brunnenstraße 25 (GPS: 52°49'33"N / 13°48'21" E).
Museum für Regionalgeschichte, Zoologischer Garten, Teufelsbrücke am Finowkanal, Kloster Chorin, Schiffshebewerk Niederfinow..

1 km

Stellplatz auf dem Parkplatz eines Natur-Erlebnis-Bildungszentrums. Stellflächen auf Rasengittersteinen, bis 12 m Länge. Stadtzentrum 1 km entfernt. 2 Touristenplätze.

16225 Eberswalde (h4) ST-D 11360/3

Abfahrt

»PARKPLATZ BOLLWERKSTRASSE« 1.1. bis 31.12.
E.: Stadt Eberswalde 0049 3334 64300
stadtverwaltung@eberswalde.de, www.eberswalde.de

➔ A 11 Prenzlau-Berlin, Abf. (12) Finowfurt, auf die B 167 Richtung Eberswalde, an der Kreuzung mit dem Abzweig links nach Angermünde geradeaus weiterfahren, am Finowkanal entlang zum Stellplatz. Bollwerkstraße (GPS: 52°50'11"N / 13°49'30" E).
Museum für Regionalgeschichte, Zoologischer Garten, Teufelsbrücke am Finowkanal, Kloster Chorin.

300 m

Stellplatz auf einem gemischten Parkplatz direkt am Finowkanal. Asphaltierte Stellflächen, ohne Längenbeschränkung. Stadtzentrum 1 km entfernt. 2 Touristenplätze.

16225 Eberswalde (h4) ST-D 11360/4

Abfahrt

»STELLPLATZ AUTOHAUS MEISSNER« 1.1. bis 31.12.
E.: Autohaus Meißner ☎ 0049 3334 22110
info@ah-meissner.de, www.ah-meissner.de

➔ A 11 Prenzlau-Berlin, Abf. (12) Finowfurt, auf die B 167 Richtung Eberswalde, nach der Eisenbahnüberführung links in die Bergerstraße einbiegen, dann erste gleich wieder links in den Schneidemühlenweg. ✉ Schneidenmühlenweg 7 (GPS: 52°50'13"N / 13°48'15" E).
Museum für Regionalgeschichte, Zoologischer Garten, Teufelsbrücke am Finowkanal, Kloster Chorin.

Stellplatz in einem Gewerbegebiet bei einem Autohaus mit Caravanservice in der Nähe des Finnowkanals. Stellflächen auf Asphalt. Stadtzentrum 1 km entfernt. 3 Touristenplätze.

15324 Letschin, Oderbruch (h4) ST-D 11435/1

10 **»CAMPINGSTELLPLATZ UND FERIENHAUS MARTH«**
E.: Hannelore Marth 1.4. bis 30.9.
☎ 0049 33478 4596, Mobil 0049 173 4478592, Fax 0049 33478 4596
marth40@gmx.de

➔ B 167 Bad Freienwalde(Oder) - Frankfurt(Oder), in Gusow-Platkow auf die L334 Richtung Letschin und weiter nach Kienitz, der Stellplatz liegt am Ortseingang auf der rechten Seite. Einfahrt zum Platz über Gartenweg. ✉ Kienitzer Oderstraße 20 (GPS: 52°40'35"N / 14°23'54" E).
Alte Schmiede Groß Neuendorf, Letschiner Heimatstuben Haus Birkenweg, Eisenbahnmuseum Letschin.

50 m

Stellplatz bei einer Pension in ruhiger Lage. Stellflächen auf Wiese, bis 12 m Länge. Ort 3 km entfernt. 15 Touristenplätze.
2023: St/N 6.–, P/N 1.–, H/N –.50, WD/N 3.–, nur WC 1.–, Waschmaschine 3.50, Strom/3 kWh 2.– (16 A). Ab 3 kWh zusätzlich –.70. Entsorgung, Müll und Wasser inklusive.

15324 Letschin, Oderbruch (h4) ST-D 11435/2

»NATURCAMPINGPLATZ ZUR BIRKENQUELLE« März bis Sept.
E.: Familie Steinberger ☎ 0049 33478 4513, Fax 0049 3346 855682

➔ B 167 Bad Freienwalde(Oder)-Frankfurt(Oder), in Gusow-Platkow auf die L334 Richtung Letschin und von dort weiter nach Groß Neuendorf, dort am Ortseingang rechts in den Birkenring abbiegen. ✉ Birkenring 24 (GPS: 52°41'50"N / 14°24'36" E).
Alte Schmiede Groß Neuendorf, Letschiner Heimatstuben Haus Birkenweg, Eisenbahnmuseum Letschin.

300 m, 800 m

Stellplatz am Ortsrand mit Bade- und Angelteich in der Nähe der Oder. Stellflächen auf Wiese, bis 10 m Länge. Ort 3 km entfernt. 8 Touristenplätze.

15234 Frankfurt a. d. Oder (h5) ST-D 11455

20 **»MARINA WINTERHAFEN«** 1.1. bis 31.12.
☎ 0049 152 22586094
zentrale@marina-winterhafen.com, www.marina-winterhafen.com

➔ A 12 nach Frankfurt an der Oder, weiter zur Marina Winterhafen. ✉ Hafenstraße 2 (GPS: 52°21'19"N / 14°33'0" E).

500 m

Stellplatz in einem ruhigen Seitenarm der Oder bei einem Sportboothafen. Ebene Stellflächen auf Schotterrasen, teils durch Bäume beschattet. Ortszentrum 1 km entfernt. 7 Touristenplätze.
2022: P/N 3.–, A/N 4.–, C MC/N 12.–, B/N 3.–, Strom/1 kWh –.50 (16 A). H/N, WD, Entsorgung, Müll und Wasser inklusive. Barzahlung.

15306 Falkenhagen/Mark (h5) ST-D 11460/1

»STELLPLATZ GABELSEE« 1.1. bis 31.12.
E.: Gemeinde Falkenhagen
☎ 0049 33603 41512, Mobil 0049 162 6701160
info@falkenhagen-mark.de, www.falkenhagen-mark.de

➔ A 10 Berliner Ring, Abf. (4) Berlin-Hellersdorf, weiter auf der B 5 Richtung Frankfurt/O. Am Ortsausgang von Georgenthal links in die L 384 in Richtung Falkenhagen zum Ziel. Beschildert. ✉ Am Gabelsee 7 (GPS: 52°25'6"N / 14°18'48" E).
Schweizer Haus. Feldsteinkirche (1 km). Bunkeranlage (3 km). Rittergut Komturei Lietzen (7 km). Gedenkstätte Seelower Höhen (14 km).

1 km

Stellplatz auf öffentlichem Parkplatz am Gabelsee in der Nähe des Hotels Luisenhof. Leicht unebene Stellflächen auf Pflaster und Rasengittersteinen. Stellplatz-Länge bis 12 m. Liegewiese. Abenteuerspielplatz in 500 m Entfernung. Rad-/Wanderwegenetz. Ort 1 km entfernt. 2 Touristenplätze.

15306 Falkenhagen/Mark (h5) ST-D 11460/2

»STELLPLATZ SCHWARZER SEE« 1.1. bis 31.12.
E.: Gemeinde Falkenhagen
☎ 0049 33603 41512, Mobil 0049 162 6701160
info@falkenhagen-mark.de, www.falkenhagen-mark.de

➔ A 10 Berliner Ring, Abf. (4) Berlin-Hellersdorf, weiter auf der B 5 Richtung Frankfurt/O. Am Ortsausgang von Georgenthal links in die L 384 nach Falkenhagen abbiegen, von der August-Bebel-Straße rechts zum Ziel. Beschildert. ✉ Ernst-Friedrich-Schumann-Str. 1 (GPS: 52°25'36"N / 14°19'23" E).
Schweizer Haus. Feldsteinkirche (1 km). Bunkeranlage (3 km). Rittergut Komturei Lietzen (7 km). Gedenkstätte Seelower Höhen (14 km).

100 m, 300 m, 500 m

Stellplatz an der Freizeitanlage westlich vom See. Ebene Stellflächen auf Pflaster und Rasengittersteinen. Stellplatz-Länge bis 12 m. Liegewiese. Reservierung für Gruppen empfohlen. Angelschein erforderlich. Abenteuerspielplatz. Rad-Wanderwegenetz. Ort 300 m entfernt. 4 Touristenplätze.

15345 Werder-Rehfelde (h5) ST-D 11466

»CAMPERSHOF« 1.1. bis 31.12.
E.: Familie Lamm ☎ 0049 33435 789808, Mobil 0049 170 2907030
info@campershof.de, www.campershof.de

➔ A 10/E 55 Berliner Ring, Abf. (4) Berlin-Hellersdorf, auf die B 1/5 bis Lichtenow. Ab Lichtenow in Richtung Strausberg. Vor Rehfelde in die Werdersche Dorfstr. abbiegen. Beschildert. ✉ Alt Werder 8 (GPS: 52°31'16"N / 13°56'27" E).
Pyramide in Gerzau. Rehfelder Heimatstube. Naturpark Märkische Schweiz. Berlin.

500 m, 1.5 km

Stellplatz neben einem ehemaligen Bauernhof begrenzt von Büschen. Ebene Stellflächen auf einer Wiese mit Obstbaumbepflanzung. Stellplatz-Länge bis 12 m. Für Fahrzeuge bis 7.5 t geeignet. Gebühr beim Kassierer entrichten. Reservierung empfohlen. Entleerung von mobilen Abwassertanks möglich. Öffnungszeiten: 7-21 Uhr, außerhalb dieser Zeit ist der Platz verschlossen, bei späterer Ankunft bitte anrufen. Sanitärcontainer benutzbar mit Schlüssel. Streichelzoo. Ort 1.5 km entfernt. 10 Touristenplätze.

15344 Strausberg (h5) ST-D 11468

Abfahrt

»KULTURPARK STRAUSBERG« 1.5. bis 30.9.
E.: 1A-Tauchcenter Mobil 0049 160 90259418
strausseetaucher@yahoo.de, www.straussee.de

➔ A 10 Panketal-Rüdersdorf, Abf. (4) Hellersdorf, dann auf die B 1 in Richtung Müncheberg, in Tosdorf nach Strausberg abbiegen. Beschildert. ✉ Wriezener Str. (GPS: 52°34'57"N / 13°52'50" E).
Wasserturm. Amphitheater im Burghotel. Stadtmauer. Heimatmuseum. Stadtpfarrkirche St. Marien. Altstadt.

100 m, 300 m, 500 m, HS 1 km, 2 km

Stellplatz grenzt an die Altstadt (geschlossen von 18-9 Uhr). Stellflächen auf Pflaster. Stellplatz-Länge bis 10 m. Bezahlung beim Kassierer. Reservierung empfohlen. Maximal 5 Nächte Aufenthalt möglich! Ort 200 m entfernt. 5 Touristenplätze.

15890 Eisenhüttenstadt (h5) ST-D 11523

NEU

10 **»WOHNMOBILSTELLPLATZ AUF DER INSEL«** 1.1. bis 31.12.
E.: Eisenhüttenstädter Freizeit- und Erholungs GmbH
☎ 0049 3364 2932601, **info@freizeit-ehst.de, www.freizeit-ehst.de**

➔ A 12 Berlin–Frankfurt/O. Abf. (6) Müllrose Richtung Eisenhüttenstadt. ✉ Insel 4a (GPS: 52°8'20"N / 14°38'31" E).

1 km, 3 km

Ebener und beleuchteter Stellplatz zwischen Wald, Feldern und einem Fluss. Gepflasterte und geschotterte Stellflächen mit lockerem Baumbestand am Ortsrand gelegen. Max. Aufenthaltsdauer 3 Nächte. Entsorgungsstation. Öffnungszeiten Inselbad: täglich von 9 - 21 Uhr, Di und Do ab 7 Uhr. Ort 5 km, Inselbad 300 m entfernt. 12 Touristenplätze.
2022: St/N inkl. P/N 10.–, Trinkwasser/100L 1.–, Entsorgung 1.–, Strom/2 kWh 1.–. Bezahlung im Inselbad. Das Ticket muss gut sichtbar im Fahrzeug platziert werden. Ermäßigter Eintritt (max. 2 Pers. pro WoMo) im Inselbad im Schwimm- oder Saunabereich.

15898 Neuzelle (i5) ST-D 11524

»STELLPLATZ 'ZUM ZICKENZELLER'« 1.1. bis 31.12.
E.: Peschke ☎ 0049 33652 7079, Fax 0049 33652 89812
tourismus@neuzelle.de, www.tourismus.neuzelle.de

➔ A 12 Königs Wusterhausen-Frankfurt(Oder), Abf. (9) Frankfurt(Oder)-Mitte, auf die B 112 Richtung Eisenhüttenstadt, südlich von Eisenhüttenstadt Richtung Neuzelle. ✉ Bahnhofstraße 27 (GPS: 52°5'35"N / 14°38'57" E).
Kloster Neuzelle mit Brauerei, Bauernmuseum.

300 m, 1 km

Stellplatz auf dem Hof einer Gaststätte. Stellflächen auf Pflaster, bis 7.50 m Länge. Ortszentrum 100 m entfernt. 7 Touristenplätze.

15848 Beeskow (h5) ST-D 11525/1

»MARINA BEESKOW« 1.5. bis 30.9.
P.: André Rädel ☎ 0049 3366 1520930, Fax 0049 3366 5207690
spreeinsel@marina-beeskow.de, www.marina-beeskow.de

➔ A 12 Berlin-Frankfurt(Oder), Abf. (5) Fürstenwalde-Ost, auf die B 168 Richtung Beeskow, dort der Ausschilderung zur Marina Beeskow folgen. ✉ Spreeinsel 5 (GPS: 52°10'23"N / 14°15'19" E).
Musik-Museum für mechanische bzw. selbstspielende Musikinstrumente, St.-Marien-Kirche.

1 km, 2 km

Stellplatz an einem Yachthafen in ruhiger Lage auf der Spreeinsel. Stellflächen auf Wiese, Pflaster und Schotterrasen, bis 12 m Länge. Reservierung wird empfohlen. Ortszentrum 800 m entfernt. 30 Touristenplätze.

14542 Werder, Havelland (g5) ST-D 11920

Abfahrt

20 »WOHNMOBIL-STELLPLATZ WERDER HAVEL«
E.: hogab GmbH Mobil 0049 171 4010206 1.1. bis 31.12.
info@hogab.de, **www.hogab.de**

➔ A 10 Berlinger Ring, Abf. (22) Groß Kreutz, auf die B 1 Richtung Potsdam. In Werder auf die Brandenburger Straße abbiegen und vor der Havelbrücke in die Zielstraße einfahren. Beschildert. ✉ Unter den Linden 1 (GPS: 52°22'39"N / 12°56'16" E).
Schloss/-park Petzow. Altstadt Werder. Potsdam. Berlin.

200 m

300 m 500 m

Stellplatz auf einem separaten Teil eines Großparkplatzes direkt vor der Inselbrücke an der Havel. Stellflächen auf Schotter und Rasengittersteinen. Stellplatz-Länge bis 12 m. Gebühr beim Hafenmeister entrichten, bis zu 2 Std. kostenlos. Reservierung bei Gruppen empfohlen. Öffentliche Toiletten vor dem Stellplatz, nicht geeignet für Chemietoilettenentsorgung. Maximal 5 Nächte Aufenthalt möglich! 27 Touristenplätze.
2023: MC-St/N inkl. 2 P/N 19.–, Strom/kWh –.50 (16 A). P/N, KT, H/N und Müll inklusive.

14770 Brandenburg a. d. Havel, Hav. (g5) ST-D 11937

»STADTMARINA BRANDENBURG« 1.1. bis 31.12.
E.: Charterpoint-Werder ☎ 0049 3381 8908100
info@stadtmarina-brandenburg.de

➔ A 2 Berlin-Magdeburg, Abf. (78) Brandenburg, auf die B 102 nach Brandenburg. In Brandenburg geradeaus in die Willi-Sänger-Straße und dann links in die Brielower Straße abbiegen. Südlich der Havelbrücke in die Prignitzstraße einbiegen und zur Marina fahren. ✉ Am Hafen 7 (GPS: 52°25'26"N / 12°33'19" E).
Dom. Gotthardtkirche. St. Pauli Kloster. Rathaus mit Roland. Archäol. Landesmuseum. Historische Altstadt. Burghof.

W W W W

200 m 700 m

Bewachter, beleuchteter Stellplatz bei einem Sportbootgelände direkt am Wasser. Stellflächen auf einer Wiese. Bezahlung in der Rezeption bar oder EC-Karte. Reservierung empfohlen. Der Platz ist von 22-7 Uhr verschlossen. Die Serviceeinrichtungen des Hafens sind allen zugänglich. Ort 1.5 km entfernt. 30 Touristenplätze.

14778 Brielow, Havelland (g5) ST-D 11938/1

20 »WASSERWANDERRASTPLATZ BRIELOW AM BEETZSEE«
E.: WWR Brielow ☎ 0049 33837 40205 1.1. bis 31.12.
Fax 0049 33837 40243, **info@wwr-brielow.de**
www.marina-am-beetzsee.de

➔ A 2 Magdeburg-Potsdam, Abf. (78) Brandenburg, auf die B 102 Richtung Brandenburg an der Havel, dort Richtung Brielow/Beetzsee. In Brielow der Ausschilderung zur Marina folgen. ✉ Seestrasse 2 (GPS: 52°28'7"N / 12°33'48" E).

W W

Stellplatz an einem Yachthafen direkt am Beetzsee. Ausgewiesene Stellflächen auf Wiese, ohne Längenbeschränkung. Ort 2 km entfernt. 8 Touristenplätze.
2022: St/N inkl. 4 P/N 20.– bis 25.–, WD/2 min. 1.–. P/N, H/N, Entsorgung, Müll, Wasser und Strom inklusive.

14778 Brielow, Havelland (g5) ST-D 11938/2

»PENSION AM BEETZSEE« 1.1. bis 31.12.
E.: Ralf Kutz ☎ 0049 33837 20930, Mobil 0049 173 4394186
Fax 0049 33837 20930, **Pension-am-Beetzsee@arcor.de**
www.Pension-am-Beetzsee.de.vu

➔ A 2 Magdeburg-Potsdam, Abf. (78) Brandenburg, auf die B 102 Richtung Brandenburg an der Havel, dort Richtung Brielow/Beetzsee. In Brielow der Ausschilderung zum Yachthafen folgen, die Pension liegt gleich neben der Marina. ✉ Seestraße 1 (GPS: 52°28'11"N / 12°35'55" E).

W Ch

Stellplatz auf einem Wiesengrundstück am Beetzsee. Stellflächen auf Wiese, bis 10 m Länge. Frühstück / Brötchenservice möglich. Ortszentrum 1.5 km entfernt. 5 Touristenplätze.

14669 Ketzin, Havelland (g5) ST-D 11950/2

NATUR PLATZ

»FERIENHOF HAVELBLICK« 1.1. bis 31.12.
E.: Ferienhof Havelblick
☎ 0049 33233 279056, Mobil 0049 162 1531783, Fax 0049 33233 20257
ferienhof-havelblick@t-online.de, **www.ferienhof-havelblick.de**

➔ A 10 Wustermark - Werder (Havel) Abf. (25) Potsdam-Nord auf die L92 Richtung Ketzin, dort im Ortszentrum links in die Friedrichstraße abbiegen bis zum Ende fahren dann wieder links. ✉ Fischerstraße 8 (GPS: 52°28'24"N / 12°50'28" E).
Bahnhof Ketzin mit historischem Fahrzeugpark, Schloss Paretz mit Gotischem Haus.

W W Ch

200 m 500 m

Stellplatz auf einem ehemaligen alten Bauernhof direkt an der Havel. Stellflächen auf Wiese und Schotter. Durch einzelstehende Bäume teils beschattet. Keine Grauwasser-Entsorgung möglich. Ortszentrum 500 m entfernt. 20 Touristenplätze.

14712 Rathenow, Havelland (f5) ST-D 11960

»WOHNMOBILSTELLPLATZ AM RATHENOWER STADTKANAL«
E.: Stadt Rathenow ☎ 0049 3385 5960 1.1. bis 31.12.
wirtschaft@stadt-rathenow.de
www.rathenow.de/de/tourismus/freizeitangebote/a-f/camping-wohnmobil/

➔ A 2 Magdeburg - Potsdam, Abf. (78) Brandenburg, auf die B 102 Richtung Brandenburg a.d.Havel und Rathenow, dort im Zentrum links auf die auf die Berliner Straße abbiegen nach Überquerung des Stadtkanals gleich rechts auf den Parkplatz. ✉ Baustraße 3 (GPS: 52°36'28"N / 12°20'10" E).
Brachymedial-Fernrohr im Optikpark (Rolfsches Fernrohr), Bismarckturm.

100 m 300 m 500 m

Offizielle Wohnmobilstellplatz im hinteren Teil des Parkplatzes Steinstraße / Baustraße an der Sportbootschleuse (kleine Brücke) - abgetrennt durch einen Springbrunnen und eine Baumreihe. Ausgewiesene Stellflächen auf Pflaster, bis 8 m Länge. Versorgungssäule (ST-SAN) für Trinkwasser, Elektro (4 Anschlüsse) und Grauwasser/Abwasser. Tourist-Infosäule. In ca. 300 m Entfernung (oberhalb der Stadtschleuse) gibt es an der Schwimmsteganlage "Am Alten Hafen" eine Absauganlage (auch für Chemietoilette). Stadtzentrum 500 m entfernt. 8 Touristenplätze.

Sachsen

01662 Meißen (g/h7) ST-D 12011/1

»STELLPLATZ LANDHAUS NASSAU« 1.1. bis 31.12.
E.: Familie Langner ☎ 0049 3521 738160
info@landhotels-meissen.de, **www.landhotels-meissen.de**

➔ A 13 Lübbenau - Dresden, Abf. (21) Radeburg, weiter auf der S 177 nach Meißen. Im Ort auf die B 101, von dieser links in die Großenhainer Straße abbiegen in Richtung Zentrum. Am "Pitstopp" in die Niederauer Straße zum Ziel abbiegen. Beschildert. ✉ Nassauweg 1 (GPS: 51°10'18"N / 13°31'3" E).
Historische Altestadt. Albrechtsburg (2 km). Porzellanmanufaktur Meißen (4 km). Weingut Schloss Proschwitz (6 km).

W W Ch

800 m 1.5 km 2.5 km

Beleuchteter Stellplatz neben dem Hotel/Restaurant am Stadtrand. Eingerahmt von Bepflanzung und inmitten des Landschaftsschutzgebietes "Nassau" gelegen. Ebene Stellflächen auf Schotterrasen (15) und Asphalt (5). Stellplatz-Länge bis 8 m. Für Fahrzeuge bis 6 t geeignet. Einweisung durch Hotelpersonal. Gespanne reservieren oder nach telefonischer Anfrage. Schlüsselkaution(10.- €) für den Sanitärcontainer. Barzahlung an der Hotelrezeption. Reservierung empfohlen. Wäschedienstleistungen nach Absprache möglich (gegen Gebühr). Brötchenservice oder Frühstücksservice möglich. Keine Annahme von unsortiertem Müll! Ortszentrum 3.5 km entfernt. 20 Touristenplätze.

01662 Meißen (g/h7) ST-D 12011/2

»STELLPLATZ WELLENSPIEL« 01.4. bis 31.10.
E.: Städtische Dienste Meißen ☎ 0049 3521 701130
info@wellenspiel.de, **www.wellenspiel.de**

➔ A 13 Lübbenau-Dresden, Abf. (21) Radeburg, weiter auf der S 177 nach Meißen. Von der Radeburger Straße links in die Berghausstraße abbiegen zum Ziel. Beschildert. ✉ Berghausstr. 2 (GPS: 51°10'29"N / 13°29'55" E).
Historische Altestadt. Albrechtsburg (2 km). Porzellanmanufaktur Meißen (4 km). Weingut Schloss Proschwitz (6 km).

W W HS

200 m 600 m

Beleuchteter Stellplatz neben dem Erlebnisbad mit Natursolebecken in parkähnlicher Landschaft. Fast ebene Stellflächen auf Wiese. Das Gelände ist umzäunt und abgeschlossen, den Schlüssel gibt es gegen 20.- € Pfand an der Badkasse von 10-22 Uhr. Stellplatz-Länge bis 10 m. Bezahlung an der Badkasse bar oder EC-Karte. Liegewiese. 10 % Ermäßigung auf Badbesuch. Ort 4 km entfernt. 19 Touristenplätze.

01662 Meißen (g/h7) ST-D 12011/3

»STELLPLATZ AN DER ELBE« 1.1. bis 31.12.
☎ 0049 3521 41940
tourismus@stadt-meissen.de, **www.touristinfo-meissen.de**

➔ A 4 Dresden-Bautzen, Abf. (78) Dresden-Altstadt, weiter auf der B 6 in Richtung Meißen. In Meißen vor der Elbbrücke der B 101 rechts zum Elbufer abbiegen zum Ziel. ✉ Hochuferstraße (GPS: 51°10'5"N / 13°28'25" E).
Historische Altestadt. Albrechtsburg (2 km). Porzellanmanufaktur Meißen (4 km). Weingut Schloss Proschwitz (6 km).

RES

Stellplatz am nördlichen Stadtrand am Westufer der Elbe. Unparzellierte Stellflächen auf naturbelassener Parkfläche. Stellplatz-Länge bis 12 m. Einmall pro Jahr Weinfest. Ort 800 m entfernt. 10 Touristenplätze.

01558 Großenhain (h7) ST-D 12012

»STELLPLATZ KULTURSCHLOSS GROSSENHAIN«
E.: Stadt Großenhain ☎ 0049 3522 304123 115 m 1.1. bis 31.12.
Fax 0049 3522 304133, **info@stadt.grossenhain.de**, **www.grossenhain.de**

➔ A 13 Berlin-Dresden, Abf. (20) Thiendorf, auf die B 98 Richtung Großenhain, dort der Ausschilderung zum Kulturschloss folgen. ✉ Carl-Maria-von-Weber-Allee (GPS: 51°17'22"N / 13°32'0" E).
Kulturschloss Großenhain, Museum Alte Lateinschule, Rathaus, historische Altstadt mit Marienkirche.

WC W Ch 100 m HS HS300 m 500 m

Stellplatz auf dem Parkplatz beim Kulturschloss im Stadtzentrum. Stellflächen auf Rasengittersteinen, bis 8 m Länge. Stellplatzgebühren am Parkautomaten (Münzzahlung) entrichten - Sani-Station nur mit EC-Kartenzahlung. 4 Touristenplätze.

01561 Thiendorf (h7) ST-D 12014

Abfahrt

»GASTHOF THIENDORF« 1.1. bis 31.12.
E.: Familie Tanner ☎ 0049 35248 81316 153 m
Fax 0049 35248 81316, **bestellung@gasthof-tanner.de**
www.pension-thiendorf.de

➔ A 13 Berlin-Dresden, Abf. (20) Theindorf, auf die B 98 Richtung Thiendorf, dort im Ortszentrum auf der rechten Seite gelegen. ✉ Kamenzer Straße 10 (GPS: 51°17'40"N / 13°44'22" E).

WC W 200 m

Stellplatz im Hof des Gasthauses im Ortszentrum. Stellflächen auf Pflaster, bis 8 m Länge. Einkehr obligatorisch. 5 Touristenplätze.

01589 Riesa (g7) ST-D 12016/2

Abfahrt

»RIESAER WASSERSPORTVEREIN« April bis Okt.
E.: Riesaer Wassersportverein e.V ☎ 0049 3525 734738 109 m
bootshaus.riesa@gmail.com, **www.riesaer-wassersportverein.de**

➔ A 14 Leipzig-Dresden, Abf. (24) Döbeln-Nord, auf die B 169 Richtung Riesa, dort vor der Elbbrücke abbiegen und Richtung Zentrum/Stadtpark fahren, der Ausschilderung zum Wassersportverein folgen. ✉ Elbstraße 14a (GPS: 51°18'20"N / 13°18'37" E).
Stadtmuseum und Stadtbibliothek im Haus am Poppitzer Platz, Kloster und Tiergarten, Elbquelle.

WC W W 100 m

Stellplatz auf dem Vereinsgelände an der Elbe. Stellflächen auf Wiese. Stadtzentrum 200 m entfernt. 6 Touristenplätze.

01589 Riesa (g7) ST-D 12016/3

Abfahrt

10 **»WOHNMOBILSTELLPLATZ AM ELBEPARKPLATZ«**
E.: Stadt Riesa ☎ 0049 3525 529420 109 m 1.1. bis 31.12.
Fax 0049 3525 529425, **info@tourismus-riesa.de**, **www.tourismus-riesa.de**

➔ A 14 Leipzig - Dresden, Abf. (24) Döbeln-Nord, auf die B 169 Richtung Riesa, dort vor der Elbbrücke abbiegen und Richtung Zentrum/Stadtpark und Elbparkplatz fahren. ✉ Elbstraße (GPS: 51°18'22"N / 13°18'28" E).
Stadtmuseum und Stadtbibliothek im Haus am Poppitzer Platz, Kloster und Tiergarten, Elbquelle.

WC 100 m 200 m

Stellplatz auf einem separaten Areal auf dem Elbeparkplatz. Direkt am Elbufer, in der Nähe der Fährstelle "Riese" gelegen. Ausgewiesene Stellflächen auf Pflaster, bis 7 m Länge. Abwasserentsorgung beim Zweckverband "Abwasserbeseitigung Oberes Elbtal", Kirchstraße 29 in 01591 Riesa möglich. 5 Touristenplätze.
2022: MC/N 5.–. P/N inklusive.

04758 Oschatz (g7) ST-D 12017

0 **»WOHNMOBIL-STELLPLATZ AM O-SCHATZ-PARK«**
E.: Oschatzer Freizeitstätten GmbH 120 m 1.1. bis 31.12.
☎ 0049 3435 976240, Fax 0049 3435 970199, **info@oschatz-erleben.de**
www.oschatz-erleben.de

➔ A 14 Leipzig-Dresden, Abf. (34) Döbeln-Nord, auf die B 169 und B 6 Richtung Oschatz, dort der Ausschilderung zum Campingplatz folgen. ✉ Berufsschulstraße 20 (GPS: 51°17'27"N / 13°6'22" E).
Historische Altstadt, Waagenmuseum, Wachturm und Zwingergarten, Tierpark Oschatz.

WC W W Ch HS HS 100 m 200 m 500 m

Stellflächen auf Schotterrasen bis 10 m Länge. Die Anreise ist täglich von 12-18 Uhr möglich. Gemeinschaftsküche. Schulungsraum. Großer Aufenthaltsraum mit Billard, Darts, Kicker und Gesellschaftsspielen. Die Nutzung der Entsorgungsstation am angrenzenden Campingplatz ist für € 3.- pro 30 min möglich. Hierfür ist eine Anmeldung an der Kasse im Saunadorf Platsch, Berufsschulstraße 20, nötig. (Der Wohnmobilstellplatz befindet sich auf dem öffentlichen Parkplatz in der Grenzstraße Oschatz. Dieser ist separat ausgewiesen und beschildert.) Stadtzentrum 1.5 km entfernt. 8 Touristenplätze.
2023: Stellplatz ist kostenlos. Entsorgung 3.–. Sanitärbenutzung inklusive.

01744 Malter, Erzgebirge (h7) ST-D 12037

»PENSION ANNETTE« 1.1. bis 31.12.
E.: Annette Walther ☎ 0049 3504 618483, Fax 0049 3504 618483
info@pension-annette.de, **http://www.pension-annette.de/buchung.html**

➔ A 17 Dresden-Prag, Abf. (3) Dresden-Südvorstadt, auf die B 170 Richtung Dippoldiswalde, in Oberhäslich auf die K9012 Richtung Malter abbiegen, die Pension liegt am Ortseingang. ✉ Dippoldiswalder Straße 75 (GPS: 50°54'57"N / 13°39'49" E).
Talsperre Malter.

WC W W Ch 100 m 900 m

Stellplatz bei einer Pension im Grünen. Stellflächen auf Schotterrasen und Wiese, bis 8 m Länge. Frühstücksserive möglich. Ortszentrum 900 m entfernt. 8 Touristenplätze.

01773 Altenberg-Rehefeld, Erz. (h8) ST-D 12039

»STELLPLATZ HOTEL WALDESLUST« 1.1. bis 31.12.
E.: Berghotel am Lift Altenberg-Rehefeld GmbH
☎ 0049 35057 54540, Mobil 0049 162 4744017
carla.suschowk@googlemail.com, **www.hotel-waldeslust.de**

➔ A 17/E 55 Dresden-CZ-Grenze, Abf. (8) Bad Gottleuba, weiter auf der S 174 nach Altenberg. Im Ort auf der Rehefelder Straße, S 182, nach Rehefeld-Zaunhaus abbiegen. Beschildert. ✉ Am Donnerberg 12 (GPS: 50°43'44"N / 13°41'41" E).
Jagdschloss Rehefeld. Sommerrodelbahn. Botanischer Garten Schellerhau. Louisenturm auf dem Geisingberg.

WC W W Ch 200 m 8 km

Beleuchteter, terrassierter Stellplatz am Hotel direkt am Waldrand. 13 % Steigung 600 m vor dem Stellplatz. Teilweise parzellierte Stellflächen auf Schotter. Stellplatz-Länge bis 10 m. Bezahlung im Hotel bar oder EC-Karte. Mo./Di. Ruhetag. Fit- und Wellnessbereich. Liegewiese. Die Sanitäreinrichtungen im Hotel sind zugänglich. Whirlpool. Brötchenservice. Mobile mit längerem Überstand können mit dem Heck aufsetzen. Ausweichplätze/-zufahrt vorhanden. Ort 6 km entfernt. 10 Touristenplätze.

01445 Radebeul (h7) ST-D 12055/2

10 **»STELLPLATZ SCHLOSS WACKERBARTH«** April bis Okt.
☎ 0049 351 8955 0, Fax 0049 351 8955 150
kontakt@schloss-wackerbarth.de, **www.schloss-wackerbarth.de**

➔ A4 Chemnitz-Bautzen bei Dresden-Altstadt auf die B 6 Richtung Meißen. In Niederwartha auf die S 84. Nach der Brücke rechts abbiegen und weiter auf der S 84 bis Meißner Straße. Hier rechts abbiegen. Beschildert. Einfahrt direkt gegenüber der Wackerbarthstraße 1. ✉ Meißner Straße 353 (GPS: 51°6'46"N / 13°37'7" E).
Schloss Wackerbarth. "Die Welt der DDR" - Museum.

700 m

Stellplatz auf einem Parkplatz zu Füßen der Radebeuler Weinberge, umgeben von historischen Steillagen und Terassenweinbergen und in fußläufiger Nähe zum Erlebnisweingut Schloss Wackerbarth. Max. 10 Nächte Aufenthalt möglich. Stellplatz ohne technische Infrastruktur. Keine Ver- und Entsorgungsmöglichkeit. Führungen und Verkostungen (s. Homepage). Ortszentrum 2 km, S-Bahn-Station 700 m entfernt. 20 Touristenplätze.
2022: St/N 10.–.

01067 Dresden (h7) ST-D 12075/1

Abfahrt

»STELLPLATZ SACHSENPLATZ« 1.1. bis 31.12.
E.: Nobis GmbH & Co. KG Mobil 0049 162 9843662
info@wohnmobilstellplatz-dresden.de, **www.wohnmobilstellplatz-dresden.de**

➔ A 4 Chemnitz-Bautzen, Abf. (78) Dresden-Altstadt, weiter Richtung Zentrum. Vor der Elbe rechts abbiegen auf die B 6 Richtung Dresden-Friedrichstadt. Die B 173 unterqueren, weiter auf der Ostra-Allee über den Postplatz in die Sophienstraße Richtung Elbe und über den Theaterplatz zum Terrassenufer abbiegen. Weiter elbaufwärts und den Sachsenplatz queren zum Ziel. ✉ Käthe-Kollwitz-Ufer 4 (GPS: 51°3'25"N / 13°45'35" E).
Historische Altstadt. Frauenkirche. Neumarkt. Semperoper. Gemäldegalerie. Schloss. Grünes Gewölbe. Zwinger. Schlösser Moritzburg und Pillnitz.

RES 100 m 300 m HS 1.5 km

Stellplatz auf ausgewiesenem Großparkplatz, umgeben von hohen Bäumen, mit Blick auf den Rosengarten des gegenüberliegenden Elbufers. Ebene, parzellierte Stellflächen auf Schotter, Sand, Splitt und Rasen. Stellplatz-Länge bis 12 m. Für Fahrzeuge über 5 t geeignet. Bezahlung beim Kassierer. Brötchenservice in der Saison. Anlegestelle Elbdampfer am Terrassenufer. Elberadweg. Ort 2 km entfernt. 150 Touristenplätze.

01139 Dresden (h7) ST-D 12075/4

Abfahrt

»CARAVANINGPARK SCHAFFER-MOBIL« 1.1. bis 31.12.
E.: Jürgen Schaffer ☎ 0049 351 8374826
schaffer@schaffer-mobil.de, **www.schaffer-mobil.de**

➔ A 4 Chemnitz-Bautzen, Abf. (79) Dresden-Neustadt, Richtung Radebeul zum Ziel. Einfahrt ins Firmengelände auf der linken Seite direkt hinter der Eisenbahnbrücke. Beschildert. ✉ Kötzschenbroder Str. 125 (GPS: 51°5'9"N / 13°40'59" E).
Historische Altstadt. Frauenkirche. Neumarkt. Semperoper. Gemäldegalerie. Schloss. Grünes Gewölbe. Zwinger. Schlösser Moritzburg und Pillnitz.

RES WC W W Ch 100 m 200 m HS 2 km

Bewachter Stellplatz auf dem Betriebsgelände. Ebene, parzellierte Stellflächen auf Schotterwiese. Stellplatz-Länge bis 12 m. Für Fahrzeuge über 5 t geeignet. Bezahlung im Geschäft. An-/Abfahrt zwischen 7-19 Uhr erwünscht. Reparaturwerkstatt für alle Fahrzeugtypen. Zeitungs-/Brötchenservice. Pkw-/E-Bike-Vermietung. Elberadweg. Ort 5 km entfernt. 100 Touristenplätze.

01307 Dresden (h7) ST-D 12075/6

»WIHNMOBILSTELLPLATZ SACHSENPLATZ« 1.1. bis 31.12.
V.: Frank Nobis ☏ 0049 162 9843662
info@wohnmobilstellplatz-dresden.de, www.wohnmobilstellplatz-dresden.de

➔ Abfahrt DD-Altstadt Richtung Zentrum und immer an der Elbe entlang, vorbei an der Semperoper und dem Terrassenufer bis zur Albertbrücke (Ausschilderung Bergbahnen!). ✉ Käthe-Kollwitz-Ufer (GPS: 51°3'25"N / 13°45'35" E).

Ch 100 m 300 m

Stellplatz in zentraler Lage an der Albertbrücke, nur durch die Uferstrasse von den Elbwiesen getrennt. Stellflächen auf Schotter, Wiese und Sand, teils unter Bäumen. Bezahlung am Parkschein-Automaten. Ortszentrum 100 m entfernt. 30 Touristenplätze.

01796 Struppen, Sächs. Schw. (h7) ST-D 12093

Abfahrt

»STELLPLATZ STRUPPEN-ALBERTHÖHE« 1.1. bis 31.12.
E.: Markus Guhr Mobil 0049 172 3520641
info@camping-stellplatz-struppen.de, www.camping-stellplatz-struppen.de

➔ A 17 Dresden-Börnersdorf, Abf. (6) Pirna, weiter auf der B 172 a und B 172 über Pirna nach Krietzschwitz, links abbiegen nach Struppen. Beschildert. ✉ Kirchberg 20 (GPS: 50°56'17"N / 14°0'49" E).
∴ Schloss Struppen. Rauenstein (2 km). Festung Königstein (3 km). Bastei (6 km).

WC W W Ch 300 m 500 m 2 km HS3 km

Beleuchteter Stellplatz in Ortsrandlage, Wiesen und Felder angrenzend mit Blick auf die Festung Königstein. Parzellierte Stellflächen auf Schotterrasen. Stellplatz-Länge bis 10 m. Reservierung ab 3 Tage empfohlen. Brötchenservice. Ort 600 m entfernt. 30 Touristenplätze.

01833 Stolpen, Sächs. Schw. (h7) ST-D 12106

25 **»STELLPLATZ BURG STOLPEN«** 1.1. bis 31.12.
E.: Familie Autenrieth ☏ 0049 35973 29900 274 m
Fax 0049 35973 2990110, **info@burghotel-stolpen.de**
www.burghotel-stolpen.de

➔ A 4 Dresden - Bautzen, Abf. (87) Burkau, auf die B 98 Richtung Bischofswerda, dort auf die B 6 Richtung Dresden, nach ca. 10 km links nach Stolpen abbiegen, der Ausschilderung zur Burg folgen. ✉ Schloßstraße 12 (GPS: 51°2'57"N / 14°5'10" E).
∴ Burgruine Stolpen, Stolpner Markt.

WC W W Ch 300 m 500 m

Stellplatz an der Burg Stolpen beim Burghotel. Ebene, schattenlose Stellflächen auf Schotter, bis 7.50 m Länge. Sanitärhäuschen mit Duschen und WC vorhanden. WLAN im Hotel. Ortszentrum 300 m entfernt. 6 Touristenplätze.
2022: St/N inkl. 6 P/N 30.–. H/N, WD, Entsorgung, Müll, Wasser und Strom inklusive.

01855 Sebnitz, Sächs. Schw. (h7) ST-D 12107/1

»TOURISTIKZENTRUM SEBNITZ« 1.1. bis 31.12.
E.: Touristikzentrum Sebnitz Mobil 0049 174 3043782 379 m
info@touristikzentrum-sebnitz.de, www.touristikzentrum-sebnitz.de

➔ A 17 Dresden-Prag, Abf. (6) Pirna, auf die B 172 Richtung Pirna, Königstein und Bad Schandau, dort kurz nach Elbquerung auf die S154 Richtung Altendorf, Mittelndorf und Sebnitz abbiegen, dort am südlichen Ortsrand im Ortsteil Hertigswalde gelegen. ✉ Albert-Kunze-Weg 36 (GPS: 50°57'50"N / 14°16'29" E).
∴ Modelleisenbahnmuseum (1.5 km), Seidenblumenmanufaktur (1.5 km).

WC W W Ch W HS HS 100 m 500 m

Stellplatz an einer Ferienanlage in Waldnähe. Stellflächen auf Wiese und Schotter, bis 9 m Länge. Ortszentrum 800 m entfernt. 25 Touristenplätze.

01844 Neustadt in Sachsen, S. Sch. (h7) ST-D 12108

»STELLPLATZ MARIBA FREIZEITWELT« 1.1. bis 31.12.
E.: Mariba Freizeitwelt Neustadt GmbH ☏ 0049 3596 502070 340 m
Fax 0049 3596 502080, **info@mariba.eu, www.mariba.eu**

➔ A 4 Dresden-Bautzen, Abf. (87) Burkau, auf die B 98 Richtung Bischofswerda, dort am südlichen Ortsausgang auf die S156 Richtung Neustadt abbiegen, in Neustadt der Ausschilderung zur Freizeitwelt Mariba foglen. ✉ Götzingerstraße 12 (GPS: 51°1'26"N / 14°12'33" E).

WC W W HS HS 500 m

Stellplatz an einem Erlebnisbad im Ortszentrum. Stellflächen auf Asphalt, bis 9 m Länge. 3 Touristenplätze.

01877 Bischofswerda, Oberl. (h7) ST-D 12130

Abfahrt

»BERGGASTHOF BUTTERBERG« 1.1. bis 31.12.
E.: Butterberg GmbH ☏ 0049 3594 703034 304 m
Fax 0049 3594 715414, **info@butterberg.com, www.butterberg.com**

➔ A 4 Dresden-Bautzen, Abf. (87) Burkau, auf die B 98 Richtung Bischofswerda, nach ca. 3 km links Richtung Geissmansdorf abbiegen und sofort wieder links einbiegen in die Bischoflinie Richtung Butterberg. ✉ Butterberg 1 (GPS: 51°9'21"N / 14°11'3" E).
∴ Bischofssitz, Tierpark, diverse Kirchen.

WC W WC Ch

Stellplatz an einem Berggasthof. Stellflächen auf Sand/Splitt, bis 6 m Länge. Frühstücksservice möglich. Ort 3 km entfernt. 3 Touristenplätze.

01920 Haselbachtal, Oberlaus. (h7) ST-D 12132

»STELLPLATZ AM FREIBAD BISCHHEIM« Mai bis Aug.
E.: Gemeinde Haselbachtal ☏ 0049 3578 71263 234 m
office@haselbachtal.de, www.haselbachtal.de

➔ A 4 Dresden-Bautzen, Abf. (86) Ohorn, Richtung Pulsnitz und Haselbachtal, dort der Ausschilderung zur Kulturmühle und zum Freibad folgen. ✉ Jahnstraße 15 (GPS: 51°14'0"N / 14°1'18" E).
∴ Park in Bischheim.

WC W HS HS HS 500 m

Stellplatz beim Freibad oder bei den Sportanlagen. Stellfläche auf Schotterrasen, bis 8 m Länge. Ortszentrum 500 m entfernt. 6 Touristenplätze.

01917 Kamenz OT Bernbruch, Ob. (h7) ST-D 12133

»CARAVAN-REISEMOBILE-EYKE« 1.1. bis 31.12.
E.: Caravan-Reisemobile_Eyke ☏ 0049 3578 302448 173 m
Fax 0049 3578 307618, **kontakt@caravan-reisemobile-eyke.de**
www.caravan-reisemobile-eyke.de

➔ A 4 Dresden-Bautzen, Abf. (87) Burkau, auf die S94 Richtung Kamenz, dort am nördlichen Ortsausgang im Ortsteil Bernbruch, im Gewerbegebiet 'Am Ochsenberg' gelegen. ✉ Gewerbegebiet 'Am Ochsenberg' (GPS: 51°17'52"N / 14°5'37" E).
∴ Lessing-Museum, Museum der Westlausitz, Rathaus und historische Altstadt.

WC W WC Ch

Stellplatz bei einem Caravanhändler. Stellflächen auf Rasengittersteinen, bis 8 m Länge. Stadtzentrum 1 km entfernt. 5 Touristenplätze.

02979 Spreetal, Oberlausitz (h6) ST-D 12156

»WSZ-CAMP-SPREETAL« Apr. bis Okt.
E.: Wolfgang Hartmann 113 m
☏ 0049 3564 22292, Mobil 0049 171 2063843
wsz.hartmann@t-online.de

➔ A 15 Cottbus-Forst, Abf. (5) Cottbus-Süd, auf die B 87 Richtung Spremberg und Spreetal, dort am südlichen Ortsrand am Spreetaler See, links zum Stellplatz abbiegen. ✉ Werkstraße 10 (GPS: 51°29'57"N / 14°20'39" E).

WC W W Ch 300 m

Stellplatz auf kleinem Campinggelände in ruhiger Lage am Spreetaler See. Stellflächen auf Wiese, bis 12 m Länge. Brötchenservice möglich. Ort 1.5 km entfernt. 12 Touristenplätze.

02953 Bad Muskau, Oberlausitz (i6) ST-D 12159

15 **»WOHNMOBILSTELLPLATZ BAD MUSKAU«** 1.4. bis 31.10.
E.: ENOmbH 110 m 2 000 qm
☏ 0049 35771 50492, Mobil 0049 151 40762843, **info@badmuskau.info**
www.badmuskau.de

➔ A 15 Cottbus - Forst, Abf. (7) Forst, auf die B 115 Richtung Döbern und Bad Muskau, dort im Ortsteil Neustadt an dr B 115 gelegen. ✉ Bautzener Straße 39 (GPS: 51°32'2"N / 14°43'6" E).
∴ UNESCO Welterbe Muskauer Park, 'Neues Schloss' mit Orangerie.

WC W W Ch 50 m 1 km

Stellplatz am südöstlichen Rand des Muskauer Parks. Von Waldflächen umrahmt. Ebene Stellflächen auf Rasengittersteinen und Asphalt, bis 12 m Länge. Reservierung ab 2 Nächte möglich. Touristische Informationen. Bücherecke. Brötchenservice. Ortszentrum 1 km entfernt. 20 Touristenplätze.
2022: St/N 10.– bis 12.–, KT P/N ab 18 J. 1.25, KT K/N 6 bis 18 J. –.63, WD 1.–, Wasser/10 l –.10, Strom/N 2.–. H/N, Entsorgung und Müll inklusive.

02906 Hohendubrau, Oberlaus. (i7) ST-D 12170

Abfahrt

30 **»WOHNMOBILHAFEN BEIM FREIZEIT- & CAMPINGPARK THRÄNA«**
E.: Joachim Mitschke 14.4. bis 3.10.
☏ 0049 35876 41238, Mobil 0049 174 9152380, Fax 0049 35876 42838
info@freizeitcamp-thraena.de, www.freizeitcamp-thraena.de

➔ A 4 Abf. (91) Weißenberg, weiter nach Gebelzig, 1 km nach Gebelzig rechts Richtung Diehsa bis Groß-Radisch, rechts nach Jerchwitz abbiegen. Beschilderung "Zum Wildgehege". ✉ Buchholzer Str. 15 (GPS: 51°14'6"N / 14°41'58" E).
∴ Wildgehege mit Rot-, Dam- und Muffelwild (Eintritt für Camper gratis).

WC Ch 1 km 2 km

Wohnmobilhafen vor dem Campingplatz FREIZEIT- & CAMPINGPARK THRÄNA. Ebene, geschotterte Wiesenstellflächen. April und Oktober bitte nach vorheriger Absprache (Tel. oder Mail), wetterabhängig sind Einschränkungen möglich. Für 1 - 2 Nächte Aufenthalt möglich. Ort 2.5 km entfernt. 10 Touristenplätze.
2022: St/N 10.–, P/N 8.–, K/N 3 bis 14 J. 5.–, H/N 3.–, Waschmaschine 3.–, Trockner 3.–, Strom/N 3.20 (10 A). WD, Entsorgung, Müll, Wasser und Sanitärbenutzung inklusive.

02708 Rosenbach OT Bischdorf, Ob. (i7) ST-D 12183

»STELLPLATZ HOTEL MITTEL-MÜHLE« 1.1. bis 31.12.
E.: Claudia Noack ☏ 0049 3585 47260 283 m
Fax 0049 3585 472630, **info@mittel-muehle.de, www.mittel-muehle.de**

➔ A 4 Dresden–Görlitz, Abf. (89) Bautzen-West, Richtung B 6 Löbau, in Löbau auf die S129 Richtung Bernstadt/Bischdorf abbiegen, dort der Ausschilderung zur Mittel-Mühle folgen. ✉ Untere Dorfstraße 33 (GPS: 51°5'56"N / 14°44'25" E).

WC W W Ch

500 m

Stellplatz am Hotel Mittel-Mühle. Ebene Stellflächen auf Wiese gegenüber vom Hotel, bis 10 m Länge. Frühstücksservice möglich. Ortszentrum 500 m entfernt. 50 Touristenplätze.

02730 Ebersbach-Neugersdorf, Ob. (h/i7) ST-D 12184

10 **»WOHNMOBILSTELLPLATZ AM FREIBAD EBERSBACH«**
E.: Gemeinde Ebersbach-Neugersdorf — Mai bis Sept.
0049 3586 763183, **info@ebersbach-neugersdorf.de**
www.ebersbach-neugersdorf.de

➔ A 4 Dresden - Görlitz, Abf. (89) Bautzen-West, auf die B 96 Richtung Großpostwitz, Neusalza-Spremberg und Ebersbach-Neugersdorf, dort am östlichen Ortsrand der Ausschilderung zum Freibad folgen. ✉ Kottmarsdorfer Straße 1 (GPS: 51°0'35"N / 14°35'53" E).

RES WC W W Ch HS HS 500 m 1 km

Stellplatz beim Freibad. Ausgewiesene und markierte Stellflächen auf Pflaster, bis 10 m Länge. Belegung nur nach Verfügbarkeit. Die Strom- und Ver-/Entsorgungsgebühr inkludiert den Freibadeintritt und Nutzung der Sanitäranlagen (Mai bis Sept.). Keine Reservierungen möglich. Ortszentrum 1.5 km entfernt. 7 Touristenplätze.
2022: St/N 5.– bis 10.–, Waschmaschine 1.50, Trockner 1.50, Entsorgung 2.–. P/N und H/N inklusive. Barzahlung während der Saison im Freibad, außerhalb dieser Zeiten über das SG Liegenschaften der Stadtverwaltung, Tel. 03586-763240.

02708 Kottmarsdorf, Oberlaus. (i7) ST-D 12185

»BÄCKEREI JARMER« — 1.1. bis 31.12.
E.: Ulf Jarmer 0049 35875 67479 — 420 m
jarmerbaecker@aol.com

➔ A 4 Butzen-Görlitz, Abf. (91) Weißenberg, Richtung Weißenberg und Löbau, in Großschweidnitz Richtung Kottmarsdort abbiegen, dort im Ortszentum auf der rechten Seite. ✉ Löbauer Straße 14 (GPS: 51°1'47"N / 14°37'13" E).

Ch 50 m 200 m

Stellplatz auf einem eingezäunten Gelände im Ortszentrum. Stellflächen auf Asphalt und Rasengittersteinen, bis 7 m Länge. Frühstückssserive möglich. 5 Touristenplätze.

02826 Görlitz, Oberlausitz (i7) ST-D 12186/2

Abfahrt

»REISEMOBIL & CARAVANS HOKE« — 1.1. bis 31.12.
E.: Mario Hoke 0049 3581 8787664 — 201 m
email@womomario.de, www.womomario.de

➔ A 4 Bautzen-Görlitz, Abf. (94) Görlitz, auf die B 99 Richtung Zentrum, dort an der Bundesstraße ca. 300 m hinter dem Tierpark. ✉ Zittauer Straße 62 (GPS: 51°8'22"N / 14°58'46" E).
Historische Altstadt, Oldtimer-Parkeisenbahn, Kulturhistorisches Museum Görlitz, Senckenberg-Museum für Naturkunde.

Ch GAS 100 m

Stellplatz auf dem Gelände eines Caravanhändlers. Stellflächen auf Schotter, bis 10 m Länge. Stadtzentrum 2 km entfernt. 4 Touristenplätze.

02827 Görlitz, Oberlausitz (i7) ST-D 12186/3

Abfahrt

»SPORT- UND FREIZEITPARADIES ROSENHOF« — 1.1. bis 31.12.
E.: Daume und Dorn Reit- und Sportanlagen Rosenhof e.K. — 201 m
0049 3581 74820, Fax 0049 3581 748233, **www.rosenhof-goerlitz.eu**
service@rosenhof-goerlitz.de

➔ A 4 Dresden-Görlitz, Abf. (94) Görlitz, auf die B 6 Richtung Zentrum, dann auf die B 99 und in Görlitz der Ausschilderung Landeskrone folgen. ✉ Geschwister-Scholl-Straße 15 (GPS: 51°8'8"N / 14°57'38" E).
Historische Altstadt, Oldtimer-Parkeisenbahn, Kulturhistorisches Museum Görlitz, Senckenberg-Museum für Naturkunde.

WC W Ch 100 m 300 m

Stellplatz an einer großen Sport- und Reitanlage. Stellflächen auf Wiese und Rasengittersteinen, bis 12 m Länge. Diverse Freizeitaktivitäten möglich z.B. Fitness Center, Kegeln, Tennis, Sauna, Reiten uvm. Ortszentrum 500 m entfernt. 80 Touristenplätze.

02899 Ostritz, Oberlausitz (i7) ST-D 12188

»STELLPLATZ AM KLOSTER ST. MARIENTHAL« — 1.1. bis 31.12.
E.: Internationales Begegnungszentrum St. Marientha — 207 m
0049 35823 770, **info@ibz-marienthal.de, www.ibz-marienthal.de**

➔ A 4 Bautzen-Görlitz, Abf. (94) Görlitz, auf die B 99 Richtung Görlitz und Ostritz, dort der Ausschilderung zum Kloster St. Marienthal folgen. ✉ Zittauer Straße (GPS: 51°0'4"N / 14°55'30" E).
Kloster St. Marienthal.

100 m 200 m 1 km

Stellplatz auf dem Besucherparkplatz des Klosters. Ausgewiesene Stellflächen auf Rasengittersteinen, bis 8 m Länge. Spende für die Erhaltung des Klosters erbeten. Ortszentrum 1 km entfernt. 6 Touristenplätze.

02763 Zittau, Oberlausitz (i7) ST-D 12198

»WOHNMOBILSTELLPLATZ ZITTAU« — 1.1. bis 31.12.
E.: Gottfried Schönborn — 242 m
0049 35842 25475, Mobil 0049 172 5410723, Fax 0049 35842 20799
info@caravan-zittau.de oder, www.caravan-zittau.de

➔ A 4 Dresen-Görlitz, Abf. (89) Bautzen-West, auf die B 96 Richtung Großpostwitz und Zittau, auf der B 96 bleiben und in die Brückenstraße abbiegen Richtung Zittau-Ost, beschildert. ✉ Brückenstraße 23 (GPS: 50°53'39"N / 14°49'17" E).
Historische Altstadt, diverse Kirchen, Tierpark Zittau, Städtische Museen Zittau, Museum Kirche zum Heiligen Kreuz.

WC W Ch 50 m 200 m

Stellplatz auf einem großen eingezäunten Gelände in ruhiger und zentraler Lage. Stellflächen auf Schotterrasen und Wiese, bis 12 m Länge. Zahlung am Parkautomaten. Stadtzenturm 1.5 km entfernt. 100 Touristenplätze.

04509 Delitzsch OT Döbernitz (f/g6) ST-D 12233

»LANDGASTHOF 'ARMER RITTER'« — 1.1. bis 31.12.
E.: Brigitta Lowag 0049 34202 30704 — 94 m
Fax 0049 34202 30705, **armerritter@gmx.net**
www.armerritterdoebernitz.de

➔ A 9 Potsdam-Leipzig, Abf. (13) Halle, auf die B 100 Richtung Sandersdorf-Brehna und die B 183a Richtung Delitzsch, dort auf die B 184 zum südlichen Ortsteil Döbernitz, beim Gewerbegebiet geradeaus auf die K7442, erste links in die Straße Zum Kartoffelhof und weiter geradeaus Am Park. ✉ Am Park 6 (GPS: 51°30'47"N / 12°20'59" E).

WC W 500 m HS800 m

Stellplatz auf dem Geländes eines Landgasthofes. Stellflächen auf Wiese, bis 7 m Länge und maximal 3.50 m Höhe. Entsorgung nicht möglich (Landschaftsschutz). Barzahlung im Gasthof, beim Platzwart bzw. Einwurf im Kasten. Ortszentrum 1.5 km entfernt. 2 Touristenplätze.

04849 Bad Düben (g6) ST-D 12235

»STELLPLATZ 'KURGEBIET' BAD DÜBEN« — 1.1. bis 31.12.
E.: Stadt Bad Düben 0049 34243 52886 — 98 m
Fax 0049 34243 52886, **touristinformation@t-online.de**
www.bad-dueben.de

➔ A 9 Potsdam-Leipzig, Abf. (12) Bitterfeld-Wolfen, auf die B 183 Richtung Bitterfeld und Bad Düben, dort der Beschilderung zum Parkplatz "Kurgebiet" folgen. ✉ Parkstraße 1 (GPS: 51°36'6"N / 12°34'57" E).
Burg Düben mit Heimatmuseum, historische Schiffsmühle an der Mulde.

Ch 100 m 500 m

Stellplatz auf dem Parkplatz "Kurgebiet" an der Obermühle im Museumsdorf Bad Düben. Ausgewiesene Stellflächen auf Asphalt, bis 6 m Länge. Ortszentrum 1 km entfernt. 4 Touristenplätze.

09328 Lunzenau (g7) ST-D 12303

»GASTSTÄTTE ZUM PRELLBOCK« — 1.1. bis 31.12.
E.: Maritta und Matthias Lehmann 0049 37383 6410
info@prellbock-bahnart.de, www.prellbock-bahnart.de

➔ A 72 Chemnitz-Leipzig Abf. Dittmannsdorf in Richtung Lunzenau. ✉ Burgstädter Str. 1 (GPS: 50°57'47"N / 12°45'28" E).
Rochsburg. Wechselburg. Schloss Rochlitz.

WC 100 m 500 m

Ebener Stellplatz auf dem Parkplatz des Gasthauses direkt am Fluss (Zwickauer Mulde). Stellplatz-Länge bis 6 m. Anfahrt 11.30-19 Uhr. Reservierung wird empfohlen. Ort 100 m entfernt. 1 Touristenplätze.

09120 Chemnitz, Erzgebirge (g8) ST-D 12311

Abfahrt

»STELLPLATZ AN DER ATR-REHAKLINIK« — 1.1. bis 31.12.
E.: atr - Ambulantes Therapiezentrum für Rehabilitation Am Stadtpark GmbH — 298 m
0049 371 382740, Fax 0049 371 3827447, **atr@rehaklinik-online.de**
www.rehaklinik-online.de

➔ A 4 Erfurt-Dresden, Abf. (69) Chemnitz-Mitte, auf die B 95 Richtung Zentrum, vor der Annaberger Straße und der Überquerung der Chemnitz rechts abbiegen in die Beckerstraße. ✉ Beckerstr. 16 (GPS: 50°49'26"N / 12°55'3" E).
Altstadt, div. Museen.

WC W WC Ch 100 m 200 m

Stellplatz auf dem Gelände der Rehaklinik. Stellflächen auf Wiese und Rasengittersteinen, bis 8 m Länge. An-/Abreise zu jeder Tages-/Nachtzeit möglich. Die Entsorgung Abwasser/Fäkalien ist nur nach vorheriger Absprache möglich und wird zeitlich eingegrenzt. Physiotherapie, Sauna, Teilnahme an Kursen, Rehabilitation ambulant in der Rehaklinik möglich. Reservierung erbeten. Stadtzentrum 500 m entfernt. 3 Touristenplätze.

04720 Döbeln (g7) ST-D 12335

Abfahrt

»STELLPLATZ AM SPORTZENTRUM WELWEL« — 1.1. bis 31.12.
E.: Sport- und Freizeitzentrum Döbeln 0049 3431 625625 — 168 m
Fax 0049 3431 625622, **info@welwel.de, www.welwel.de**

➔ A 14 Leipzig-Dresden, Abf.(35) Döbeln-Ost, auf die B 175 Richtung Döbeln, Richtung Döbeln Zentrum und der Ausschilderung "WelWel" folgen. ✉ Fichtestraße 10 (GPS: 51°6'50"N / 13°7'50" E).
Stadtmuseum, Deutsches Pferdebahnmuseum.

500 m

Stellplatz an einem Sport- und Freizeitzentrum. Stellflächen auf Wiese und Schotter, bis 8 m Länge. Ortszentrum 500 m entfernt. 8 Touristenplätze.

08297 Zwönitz, Erzgebirge (g8) ST-D 12352

»STELLPLATZ AM HOTEL STADT ZWÖNITZ« 1.1. bis 31.12.
E.: Sabine und Hartmut Josiger GbR ☎ 0049 37754 720 550 m
Fax 0049 37754 2971, **info@hotel-stadt-zwoenitz.de**
www.hotel-stadt-zwoenitz.de

➔ A 72 Chemnitz-Hof, Abf. (13) Stollberg-West, auf die S258 Richtung Zwönitz, Abfahrt Niederzwönitz, an der Ampelkreuzung links abbiegen nach 100 m wieder links abbiegen, das Hotel liegt auf der linken Seite. ✉ Am Mühlgraben 10 (GPS: 50°37'54"N / 12°48'40" E).
Papiermühle Niederzwönitz, Knochenstampfe, Villa Austel und Austelpark.

W W 1 km 9.02 km

Stellplatz auf einem Hotelparkplatz im Ortszentrum. Ebene und beleuchtete Stellflächen auf Pflaster, bis 10 m Länge. Einkehr obligatorisch. 3 Touristenplätze.

09484 Oberwiesenthal (g8) ST-D 12357/1

»WOHNMOBILSTELLPLATZ AN DER TENNISHALLE«
E.: Sportcenter am Fichtelberg 1.1. bis 31.12.
☎ 0049 37348 1200, **info@oberwiesenthal-freizeitcenter.de**, **www.o-t-g.net**

➔ A 72 Frohburg-Chemnitz, Abf. (15) Chemnitz-Süd, über die B 173/B 169 zur B 95 Chemnitz-czechische Republik, nach Oberwiesenthal zur Tennishalle. Beschildert. ✉ Vierenstr. 11 A (GPS: 50°25'38"N / 12°58'9" E).
Älteste Seilschwebebahn von Deutschland. Schmalspur-Dampfeisenbahn. Räuchermannmuseum. Martin-Luther-Kirche. Panoramaaussichtsturm mit Museum.

WC W W Ch

200 m 300 m 800 m

Beleuchteter Stellplatz (geöffnet 0-24 Uhr) am Tennis-/Freizeitcenter mit Blick auf das Sprungschanzenareal. 24.12. geschlossen! Ebene Stellflächen auf Aspahlt/Schotter. Stellplatz-Länge bis 12 m. Für Fahrzeuge über 5 t geeignet. Bezahlung in der Tennishalle bar oder EC-Karte. Dezember und Februar Reservierung empfohlen. Bei Anreise nach 20 Uhr bis 10 Uhr am Folgetag anmelden. Brötchenservice. Hochseilgarten. Sommerrodelbahn. Bowling-/Kegelbahn. Ort 1.5 km entfernt. 30 Touristenplätze.

08340 Schwarzenberg, Erzg. (g8) ST-D 12363

»STELLPLATZ UFERSTRASSE« 1.1. bis 31.12.
E.: Tourist-Info Schwarzenberg ☎ 0049 3774 22540 468 m
Fax 0049 3774 22540, **touristinformation@schwarzenberg.de**
www.schwarzenberg.de

➔ A 72 Chemnitz-Hof, Abf. (12) Hartenstein, Richtung Schwarzenberg, dort über das Gewerbegebiet Schneeberger Straße, Erlaer Straße in die Uferstraße einbiegen. ✉ Uferstraße (Zufahrt über Erlaer Straße) (GPS: 50°32'5"N / 12°46'58" E).
Schloss Schwarzenberg, Eisenbahnmuseum Schwarzenberg, St.-Georgen-Kirche, Altstadt.

100 m 400 m 500 m

Stellplatz für Wohnmobile mit moderner technischer Ausstattung im Stadtzentrum. Ausgewiesene Stellflächen bis 7.50 m Länge auf gepflastertem Untergrund. Aufenthalt max. 3 Tage. Sechs der neun Stellplätze können bei Bedarf über die Schwarzenberg-Information (Tel. 03774 22540) vor reserviert werden. Bei Vorlage des Abreiseabschnittes Ihres Parktickets erhalten Sie im Museum Schloss Schwarzenberg ermäßigten Eintritt. 9 Touristenplätze.

08115 Lichtentanne-Schönfels, Vogt. (g8) ST-D 12373

»CARAVANCENTRUM SPITZNER GMBH« 1.4. bis 31.10.
E.: Caravancentrum Spitzner GmbH ☎ 0049 37600 2584 329 m
Fax 0049 037600 3422, **info@caravanzentrum-spitzner.de**
www.caravanzentrum-spitzner.de

Abfahrt

➔ A 72 Chemnitz-Hof, Abf. (10) Zwickau-West, auf die S282A Richtung Werdau, in Schönfels auf die B 173 Richtung Lichtentanne abbiegen, der Caravanhändler liegt an der Bundesstraße auf der rechten Seite. ✉ Neumarker Straße 2 (GPS: 50°40'33"N / 12°24'29" E).
Gutshaus des Rittergutes Lichtentanne, Burg Schönfels.

Ch 100 m 500 m

Stellplatz auf dem Gelände eines Caravanhänlers. Stellflächen auf Wiese, bis 12 m Länge. Ankunft während der Geschäftszeiten, Sonntag geschlossen. Ortszentrum 500 m entfernt. 10 Touristenplätze.

07985 Elsterberg, Vogtland (f8) ST-D 12378

»STELLPLATZ AM STADION ELSTERBERG« 1.1. bis 31.12.
E.: Gemeinde Elsterberg ☎ 0049 36621 8810 290 m
Fax 0049 36621 88111, **stadtverwaltung@elsterberg.de**, **www.elsterberg.de**

➔ A 72 Chemnitz-Hof, Abf. (6) Plauen-Süd, auf die B 92 Richtung Plauen und Greiz, in Elsterberg an der Bundesstraße am Sportplatz gelegen. ✉ An der Elsteraue 7 (GPS: 50°36'35"N / 12°10'31" E).
Burgruine Elsterberg (1 km), Göltzschtalbrücke (5 km), Oberes Schloß Greiz (5 km).

500 m 1 km

Stellplatz auf dem Parkplatz am Stadion. Ausgewiesene Stellflächen auf Schotter, bis 12 m Länge. Ortszentrum 500 m entfernt. 5 Touristenplätze.

08527 Plauen GT Thiergarten, Vogt. (f8) ST-D 12381

10 **»STELLPLATZ THIERGARTEN«** 1.1. bis 31.12.
E.: Kai Sprunk 412 m
☎ 0049 3741 229163, Mobil 0049 160 90669143, **kai.sprunk@gmx.net**

Abfahrt

➔ A 72 Chemnitz-Hof, Abf. (5) Pirk, auf die B 173 Richtung Plauen, dort am Ortseingang zum Ortsteil Thiergarten abbiegen, der Stellplatz liegt auf der linken Seite. ✉ Zum Burgteich 57 (GPS: 50°28'9"N / 12°6'29" E).
Vogtlandmuseum Plauen, Schaustickerei, Alaunbergwerkes, Atlstadt.

Ch 100 m 300 m

Stellplatz auf einem eingezäunten Gelände. Ebene Stellflächen auf Wiese, bis 12 m Länge. Brötchenservice möglich. Stadtzentrum 4 km entfernt. 10 Touristenplätze.
2023: St/N 8.–, Entsorgung 3.–, Wasser/120 l 2.–, Strom/N 3.–. H/N inklusive.

08261 Schöneck, Vogtland (f/g 8) ST-D 12387

»STELLPLATZ BEIM IFA FERIENPARK« 1.1. bis 31.12.
E.: Tourist-Info Schöneck ☎ 0049 37464 330011 707 m
info@schoeneck.eu, **www.schoeneck.eu**

➔ A 72 Hof - Chemnitz, Abf. (6) Plauen-Süd, auf die B 92 Richtung Oelsnitz/Vogtland, kurz hinter der Oelsnitz links auf die S-302 Richtung Schöneck abbiegen, dort der Ausschilderung Parkhaus/Skiwelt/Bikewelt folgen. ✉ Hohe Reuth 9 (GPS: 50°23'21"N / 12°20'57" E).
Heimatmuseum.

WC W W Ch 100 m

Beschrankter Wohnmobil-Stellplatz neben einem Parkhaus im Ski- und Wandergebiet. Stellflächen auf Schotter bis 7.50 m Länge. Duschen und WC können im Wander- und Loipenhaus genutzt werden. Strom, Ver- und Entsorgung per Münzeinwurf, Zahlung der Stellplatzgebühr erfolgt über Parkautomaten - abgerechnet wird im 24-Stunden-Takt. Die Kurtaxe ist in der Tourist-Information zu entrichten (befindet sich in unmittelbarer Nähe zum Stellplatz). Ladesäule für Elektro-Autos. Ortszentrum 2 km entfernt. 12 Touristenplätze.

08626 Adorf, Vogtland (f8) ST-D 12389

0 **»STELLPLATZ AM WALDBAD«** 1.4. bis 31.10.
E.: Fremdenverkehrsbüro Adorf ☎ 0049 37423 2247
Fax 0049 37423 2247, **museum@adorf-vogtland.de**, **www.adorf-vogtland.de**

➔ A 72 Chemnitz-Selbitz, Abf. (6) Plauen-Süd, weiter auf der B 92 nach Adorf/Vogtland. Vor dem Ortsausgang beim ALDI-Markt rechts zum Ziel abbiegen. ✉ Waldbadstr. 5 (GPS: 50°18'27"N / 12°14'58" E).
Historisches Stadtzentrum. Botanischer Garten mit Miniaturschauanlage "Klein-Vogtland". Perlmuttmuseum. Aussichtsturm Remtengrün (3 km).

RES HS 200 m

1.5 km 2 km

Beleuchteter Stellplatz auf dem Pkw-Parkplatz vor dem Freibad. Ebene Stellflächen auf Rasengittersteinen. Stellplatz-Länge bis 12 m. Lehr-/Wanderwege. Ort 1.5 km entfernt. 3 Touristenplätze.
2023: Stellplatz ist kostenlos.

Sachsen-Anhalt

In der Nähe von Militär-Flugplätzen und Übungsgeländen ist mit zeitweiligen Ruhestörungen zu rechnen.

39615 Wahrenberg, Altmark (f4) ST-D 13010

»STELLPLATZ STORCHENWIESE« 1.1. bis 31.12.
E.: Ulf Gieske ☎ 0049 39397 41171, Fax 0049 39397 41173 23 m
u.gieske@t-online.de

➔ A 24 Hamburg-Berlin, Abf. (18) Meyenburg, Richtung Pritzwalk, dort auf die B 189 Richtung Wittenberge, über die Elbe, in Geestgottberg rechts ab Richtung Wahrenberg, in Wahrenberg der Hauptstraße folgen, links in den Ewald-Friedrich-Ring und halb rechts in den Lindenweg einbiegen. ✉ Lindenweg/Eichenwinkel (GPS: 52°59'8"N / 11°40'18" E).
Wahrenberger Kirche.

400 m

Stellplatz in ruhiger Lage auf einem Bauernhof. Stellflächen auf Schotterrasen bis 10 m Länge. Reservierung empfohlen. Verkauf von Eiern und Honig. Diverse Storchennester in der Umgebung. Ortszentrum 200 m entfernt. 8 Touristenplätze.

39615 Seehausen, Altmark (f4) ST-D 13014/1

0 **»STELLPLATZ AN DER TOURIST-INFORMATION«**
E.: Stadt Seehausen ☎ 0049 39386 54783 23 m 1.1. bis 31.12.
Fax 0049 39386 796655, **info@stadt-seehausen.de**
www.stadt-seehausen.de

➔ A 24 Hamburg-Berlin, Abf. (18) Meyenburg, Richtung Pritzwalk, dort auf die B 189 Richtung Wittenberge, weiter Richtung Seehausen, in Seehausen Richtung Zentrum / Stadtinformation, ausgeschildert. ✉ Arendseerstraße 6 (GPS: 52°53'25"N / 11°45'3" E).
Turmuhrenmuseum, Petrikirche, Salzkirche, Beustertor.

Ch 200 m

500 m 1 km

Stellplätze auf einer Wiese in ruhiger Lage am Stadtgraben in Ortsmitte gelegen. Stellflächen auf Wiese bis 9 m Länge. Anmeldung zur Geschäftszeit bei der Stadtinfo, Aufenthalt unbegrenzt. 11 Touristenplätze.
2022: Entsorgung 2.–, Strom/1 kWh –.60. Wasser inklusive.

39615 Seehausen, Altmark (f4) ST-D 13014/2

0 »STELLPLATZ SEEHAUSEN« 1.1. bis 31.12.
☎ 0049 3938 654783
info@stadt-seehausen.de

➔ A 14 Wismar-Karstadt, weiter auf B 5 nach Seehausen. ✉ Schulstr. 6 (GPS: 52°53'27"N / 11°45'5" E).

WC Ch | 100 m 500 m 700 m

Stellplatz in Seehausen in der Ortsmitte. Ebene Stellflächen auf Schotter. Ortszentrum 150 m entfernt. 20 Touristenplätze.
2022: Stellplatz ist kostenlos. Entsorgung 2.–, Strom/1 kWh –.60. P/N, KT und Wasser inklusive.

38489 Ahlum, Altmark (e5) ST-D 13018

»FISCHERHÜTTE AHLUMER SEE« 1.1. bis 31.12.
E.: Familie Schneider ☎ 0049 39007 688
info@ahlumersee.com

➔ B 248 Salzwedel-Gifhorn, in Ahlum in die Hauptstraße abbiegen, dann links in die Straße Am Mühlenberg einbiegen, weiter zum Ahlumer See. ✉ Am Mühlenberg 63 (GPS: 52°41'44"N / 11°0'20" E).
Hünengräber. Burg.

WC W Ch | 3 km

Beleuchteter Stellplatz auf einem Campinggelände direkt am See. Der Platz ist 24 Std. anfahrbar. Stellflächen befestigt auf Gras. Stellplatz-Länge bis 12 m. Entleerung von mobilen und fest eingebauten Abwassertanks möglich. Barzahlung in der Fischerhütte. Reservierung empfohlen. Brötchenservice. Ort 500 m entfernt. 80 Touristenplätze.

38486 Klötze, Altmark (e5) ST-D 13020

»STELLPLATZ AM WALDBAD KLÖTZE« 1.1. bis 31.12.
E.: Stadt Klötze ☎ 0049 3909 4030 60 m
info@stadt-kloetze.de, **www.stadt-kloetze.de**

➔ A 2 Hannover-Berlin, Abf. (61) Helmstedt-West, auf die B 244 Richtung Wittingen, nach ca. 35 km in Zicherie rechts auf die L23 Richtung Klötze abbiegen, dort der Ausschilderung zum Waldbad folgen. ✉ Schützenstraße 48 (GPS: 52°37'44"N / 11°11'3" E).
Bürgerhäuser aus der Gründerzeit, Rathaus, Fachwerkhäuser, Tierpark Arche Noah.

RES Ch HS HS | 50 m 500 m

Stellplatz auf dem Parkplatz am Waldbad. Markierte und ausgewiesene Stellflächen auf Pflaster, bis max. 8 m Länge. Ortszentrum 1.5 km entfernt. 3 Touristenplätze.

39629 Bismark, Altmark (f5) ST-D 13022

»STELLPLATZ FREIBAD KOLK« 1.1. bis 31.12.
E.: Stadt Bismark ☎ 0049 39089 97610 55 m
kontakt@stadt-bismark.de, **www.stadt-bismark.de**

➔ A 2 Hannover-Berlin, am Kreuz Magdeburg auf die A 14 Richtung Haldensleben, dann auf die B 71 Richtung Gardelegen, dort rechts auf die L27 bis Kremkau, dort auf die L21 Richtung Bismark (Altmark). In Bismark der Ausschilderung zum Freibad Kolk folgen. ✉ Am Kolk (GPS: 52°39'48"N / 11°32'46" E).
'Goldene Laus' eine alte, romanische Turmruine - das Wahrzeichen von Bismark.

WC W WC HS | 500 m

Stellplatz am Freibad Kolk am Ortsrand von Bismark. Stellflächen auf Schotter. Bezahlung am Münzautomaten. Rufnummer außerhalb der Öffnungszeiten: 039089 - 976 49. Ortszentrum 500 m entfernt. 5 Touristenplätze.

39638 Gardelegen, Altmark (f5) ST-D 13025

»STELLPLATZ LEBENSHILFE GARDELEGEN« März bis Okt.
E.: Lebenhilfe Altmark-West ☎ 0049 3907 80770 24 m
Fax 0049 3907 807755, **info@lebenshilfe-altmark-west.de**
www.lebenshilfe-altmark-west.de

➔ A 2 Hannover-Berlin Abf. (2) Kreuz Magdeburg, Richtung Haldensleben, auf der B 71 weiter Richtung Gardelegen, Umgehung Gardelegen, Ausfahrt Bismark, der Beschilderung folgen. ✉ Bismarker Straße 45 (GPS: 52°31'50"N / 11°24'6" E).
Historische Innenstadt und Wallanlagen.

Ch | 500 m

Stellplatz auf dem Gelände der Lebenshilfe in verkehrsberuhigter Zone. Ebene, asphaltierte Stellflächen, keine Größen-/Gewichtsbeschränkungen. Ortszentrum 1 km entfernt. 16 Touristenplätze.

39638 Letzlingen, Altmark (f5) ST-D 13028

»GASTHAUS LÜDERS« 1.1. bis 31.12.
E.: Familie Lüders ☎ 0049 39088 6464 26 m
gasthaus-lueders@t-online.de, **www.gasthaus-lueders.de**

➔ A 2 Hannover-Berlin Abf. (2) Kreuz Magdeburg, Richtung Haldensleben, auf der B 71 weiter Richtung Norden, im Zentrum von Letzlingen auf der rechten Seite der Bundesstraße gelegen. ✉ Jävenitzer Straße 2a (GPS: 52°26'53"N / 11°29'16" E).
Jagdschloss Letzlingen.

RES | 300 m 500 m

Stellplatz an einem Gasthaus in Ortsmitte. Ebene Stellflächen auf Asphalt bis 12 m Länge. Mittwoch Ruhetag. 3 Touristenplätze.

39606 Iden, Altmark (f4) ST-D 13030

25 »GUTSHAUS BÜTTNERSHOF« April bis Okt.
E.: Bernd Prüfert ☎ 0049 39390 81046 22 m
Fax 0049 39390 81846, **info@gutshaus-buettnershof.de**
www.gutshaus-buettnershof.de

➔ A 24 Hamburg-Berlin, Abf. (18) Meyenburg, auf die B 103 Richtung Pritzwalk, nach Pritzwalk auf die B 107 Richtung Süden, in Sandau (Elbe) rechts über die Elbe (Fähre), nach ca. 1 km in Sandauerholz liegt das Gutshaus. ✉ Büttnershof 38 (GPS: 52°47'0"N / 12°0'35" E).
Dom in Havelberg (6 km).

WC W

Stellplatz an einem Gutshaus mit großem Parkgelände an der Straße der Romanik, im Naturschutzgebiet Elbaue. Stellflächen auf Wiese bis 9 m Länge. Keine Entsorgungsmöglichkeit. An Samstagen (immer 1. Sonntag im Monat im Zeitraum April bis Oktober) können keine Stellplätze angeboten werden! Ort 3 km entfernt. 10 Touristenplätze.
2022: St/N inkl. 2 P/N 25.–. H/N, WD und Strom inklusive.

39576 Stendal, Altmark (f5) ST-D 13045

»SCHÜTZENPLATZ« 1.1. bis 31.12.
E.: Hansestadt Stendal ☎ 0049 3931 651190 32 m
Fax 0049 3931 651195, **touristinfo@stendal.de**, **www.stendal-tourist.de**

➔ A 2 Hannover-Berlin, Abf. (76) Ziesar, Richtung Ziesar / Genthin, in Ziesar links auf die B 107 abbiegen Richtung Genthin / Stendal, in Fischbeck (Elbe) links Richtung Stendal abbiegen, in Stendal Richtung Zentrum via Südwall und Ostwall zum Schützenplatz. ✉ Bismarckstraße/Arneburger Straße (GPS: 52°36'39"N / 11°51'43" E).
Historische Innenstadt/Marktplatz, diverse Kirchen, Landesfeuerwehrmuseum.

Ch | 100 m 300 m

Stellplatz auf dem Schützenplatz am Rande der historischen Altstadt. Stellflächen auf Wiese und Asphalt bis 12 m Länge. 20 Touristenplätze.

39590 Tangermünde, Altmark (f5) ST-D 13047/1

»REISMOBILSTELLPLATZ TANGERPLATZ« 1.1. bis 31.12.
E.: Tourismus-Büro ☎ 0049 39322 22393
stadt@tangermuende.de, **www.tourismus-tangermuende.de**

➔ A 2 Hannover–Berlin, Abf. (70) Magdeburg-Zentrum, auf die B 189 Richtung Stendal, bis bei Lüderitz die Landstraße nach Tangermünde abknickt. Im Ort beschildert. ✉ Tangerparkplatz/Klosterberg (GPS: 52°32'16"N / 11°58'5" E).
Historische Altstadt. Stadtmauer. St. Stephanskirche. Rathaus. Burganlage.

RES WC Ch | 100 m
200 m 500 m HS 1 km 1.5 km

Beleuchteter Stellplatz auf einem reservierten Teil eines Parkplatzes, durch eine Hecke unterteilt, am Ende einer Sackgasse. Ebene Stellflächen auf Asphalt. Stellplatz-Länge bis 10 m. Entleerung von mobilen und fest eingebauten Abwassertanks durchführbar. Anlegestelle für Wassersportler. Fahrgastschifffahrt. Maximal 2 Nächte Aufenthalt möglich! Bezahlung am Münzautomaten. Ort 300 m entfernt. 30 Touristenplätze.

39590 Tangermünde, Altmark (f5) ST-D 13047/2

»PRIVATER WOHNMOBIL-UND WOHNWAGENPLATZ«
E.: Bernd Vogler 43 m 1.1. bis 31.12.
☎ 0049 39322 42329, Mobil 0049 171 7394865, **bernd-vogler@gmx.de**
www.tourismus-tangermuende.de

➔ A 2 Hannover–Berlin, Abf. (70) Magdeburg-Zentrum, auf die B 189 Richtung Stendal, südöstlich von Stendal rechts auf die B 188 Richtung Tangermünde abbiegen, am südlichen Ortsrand Richtung Grobleben gelegen, ausgeschildert. ✉ Storchenweg 7 (GPS: 52°32'11"N / 11°57'14" E).
Historische Altstadt, Stadtmauer, St. Stephanskirche, Rathaus, Burganlage.

WC W | 900 m

Stellplatz am Stadtrand gelegen. Stellflächen auf Wiese bis 10 m Länge. Nutzung von Sauna, Swimmingpool und Grillplatz möglich. Ortszentrum 2 km entfernt. 4 Touristenplätze.

39319 Jerichow (f5) ST-D 13055

»WOHNMOBILSTELLPLATZ AM KLOSTER JERICHOW«
☎ 0049 39343 285 1.1. bis 31.12.
info@stiftung-kloster-jerichow.de, **www.kloster-jerichow.de**

➔ A 2 Hannover-Berlin, Abf. (73) Burg-Zentrum, auf die B 1 über Burg nach Genthin, dort auf die B 107 nach Jerichow. Beschildert. ✉ Am Kloster 1 (GPS: 52°30'9"N / 12°0'58" E).
Klosteranlage. Holländerwindmühle.

RES WC | 200 m 400 m

Beleuchteter Stellplatz auf dem Parkplatz der Klosteranlage. Stellflächen auf Asphalt. Stellplatz-Länge bis 12 m. Für Fahrzeuge über 5 t geeignet. WC nur während der Öffnungszeiten des Klosters. Maximal 7 Nächte Aufenthalt möglich! Ort 500 m entfernt. 3 Touristenplätze.

Schränke und Kühlschrank müssen während der Fahrt fest verriegelt sein.

39307 Genthin (f5) ST-D 13083

»STELLPLATZ AM STADTKULTURHAUS« 1.1. bis 31.12.
E.: Stadt Genthin ☎ 0049 3933 82400 35 m
Fax 0049 3933 8240242, **info@qsg-genthin.de**, **www.qsg-genthin.de**

→ A 2 Magdeburg–Brandenburg, Abf. (76) Ziesar, auf die B 107 nach Genthin, im Ort Richtung Jerichow, direkt hinter der Kanalbrücke rechts auf der Ziegeleistraße zum Stellplatz. ✉ Ziegeleistraße 56 (GPS: 52°24'44"N / 12°9'47" E).
Heimatkundemuseum Genthin, evangelische Stadtkirche St. Trinitatis.

Ch 500 m

Beleuchteter Stellplatz am Elbe-Havel-Kanal auf dem Parkplatz des Stadtkulturhauses. Stellflächen auf Betonplatten, auch für Mobile über 8 m Länge geeignet. Ortszentrum 500 m entfernt. 10 Touristenplätze.

39291 Möckern (f5) ST-D 13085

Abfahrt

»STELLPLATZ AM WALDBAD THEESSEN« 15.5. bis 15.9.
E.: Stadt Möckern ☎ 0049 39223 238 62 m
info@stadt-moeckern.de, **www.moeckern-flaeming.de**

→ A 2 Magdeburg–Berlin, Abf. (75) Theeßen. Im Ort Richtung Krüssau, beschildert. ✉ Krüssauer Weg 4 (GPS: 52°15'15"N / 12°2'42" E).
Schloss Möckern, Magdeburgerforth mit denkmalgeschütztem Museumsbahnhof.

W HS

Stellplatz auf dem Gelände des Naturbadesees. Stellflächen auf Wiese und Schotter bis 8 m Länge. Ort 2 km entfernt. 3 Touristenplätze.

39291 Schopsdorf (f5) ST-D 13090

Abfahrt

30 **»STELLPLATZ ÖKOHOF FLÄMING«** 1.1. bis 31.12.
E.: Familie Rosenthal 64 m
☎ 0049 39225 35666, Mobil 0049 152 53484987, Fax 0049 39225 35667
oekohofflaeming@gmail.com, **www.oekohof-flaeming.de**

→ A 2 Hannover-Berlin, Abf. (76) Ziesar, auf die L52 Richtung Schopsdorf, im Ort auf der linken Seite. ✉ Schopsdorfer Dorfstr. 2 (GPS: 52°14'3"N / 12°13'28" E).
Historische Altstadt Ziesar (5 km).

WC W W

Stellplatz auf einem Ökobauernhof im Ortszentrum. Unbefestigte Stellflächen auf Wiese und Schotter. Imkerei. Keine Größenbeschränkung. Der Standplatz auf dem Ökohof Fläming ist ein LANDVERGNÜGEN-Stellplatz. Der Stellplatz ist für LANDVERGNÜGEN-Gäste kostenlos. Weitere Informationen unter www.oekohof-flaeming.de/landvergnuegen/. 3 Touristenplätze.
2022: St/N 20.–, P/N 5.–, WD/N 2.50, Müllgeb. St/N 1.50, Strom/N 5.–. H/N, Wasser und Sanitärbenutzung inklusive.

39340 Haldensleben (f5) ST-D 13107/2

Abfahrt

»SPORTBOOTHAFEN« 1.1. bis 31.12.
E.: Wassersportfreunde Haldensleben e.V. 54 m
☎ 0049 3904 724763, Mobil 0049 170 8088181
sportboothafen-haldensleben@t-online.de
www.sportboothafen-haldensleben.de

→ A 2 Hannover-Berlin, Abf. (65) Eilsleben, Richtung Haldensleben, am Ortseingang vor der Überquerung des Mittellandkanales, rechts Richtung Hafen abbiegen. ✉ Kronesruhe 26 (GPS: 52°16'45"N / 11°24'7" E).
Historischer Stadtkern (400 m), Schloss Hundisburg mit Barockgarten (2.5 km).

WC W Ch

H 200 m

Stellplatz auf einer leicht abschüssigen Wiese an einem Sportboothafen. Stellflächen bis 12 m Länge auf Wiese. Ortszentrum 500 m entfernt. 20 Touristenplätze.

39359 Calvörde (f5) ST-D 13109

»STELLPLATZ AM MITTELLANDKANAL« Apr. bis Okt.
E.: Wassersportler Flecken Calvörde e.V. 52 m
Mobil 0049 170 1646193, **www.sportboothafen-calvoerde.de**
wohnmobile.stellplatz@sportboothafen-calvoerde.de

→ A 2 Hannover-Berlin, Abf. (65) Eilsleben, auf die B 245 Richtung Haldensleben, hinter der Mittellandkanalbrücke links auf die Süplinger Straße abbiegen, zurück über den Kanal rechts auf die L24 Richtung Calvörde. Am Ortseingang auf der rechten Seite der Ausschilderung zum Sportboothafen folgen. ✉ Am Griebs (GPS: 52°23'2"N / 11°18'5" E).
Barocke St.-Georgs-Kirche in Calvörde (1.5 km), Schloss Dorst (9 km).

WC W Ch

Stellplatz an einem Sportboothafen direkt am Mittellandkanal. Stellflächen auf Wiese und Schotter bis 12 m Länge Ort 1.5 km entfernt. 12 Touristenplätze.

39345 Flechtingen (f5) ST-D 13110

»ANGELPARADIES ZUM HOFF« 1.4. bis 31.10. / u. nach Anfrage
E.: Werner Jugl ☎ 0049 39054 98235, Mobil 0049 174 7351576
werner.jugl59@gmail.com

→ A2/E 30 Braunschweig–Magdeburg Abf. Uhrsleben. Über Erxleben nach Flechtingen. ✉ Im Grund 21 (GPS: 52°20'33"N / 11°13'47" E).
Schloss Flechtingen.

J WC W W

Ch H 2 km

Ebenes und unparzelliertes Wiesengelände im Wald bei einem Steinbruch auf dem Flechtinger Höhenzug. Zwei naturbelassene Steinbruchseen zum Baden und Angeln. Fischverkauf. FW. Ortszentrum und Kutschfahrten 2 km entfernt. Mittagsruhe 13-15 Uhr. Separater Jugendplatz. Touristen-/Dauerstellplätze 60/40.

39326 Hohenwarsleben (f5) ST-D 13127

Abfahrt

»STELLPLATZ AM EURO RASTPARK« 1.1. bis 31.12.
P.: Familie Rötzel ☎ 0049 39204 5950 133 m
Fax 0049 39204 595300, **hotel@autohof-hohenwarsleben.de**
www.zumraukler.de

→ A 2 Berlin-Hannover, Abf. (67) Irxleben, Richtung Hohenwarsleben, nach ca. 400 m auf der rechten Seite. ✉ Zum Raukler (GPS: 52°10'31"N / 11°29'42" E).
St. Benedikt-Kirche.

WC W W Ch

TV

Stellplatz auf einem Parkplatzgelände an einem Autohof. Ebene Stellflächen auf Rasengittersteinen. Für Fahrzeuge über 5 t geeignet. Fitnessraum vorhanden. Ideal als Übernachtungsplatz. Ortszentrum 500 m entfernt. 10 Touristenplätze.

39104 Magdeburg (f5) ST-D 13150

Abfahrt

»STELLPLATZ 'PETRIFÖRDER'« 1.1. bis 31.12.
E.: Magdeburger Weiße Flotte GmbH ☎ 0049 391 5328890 55 m
Fax 0049 391 5328899, **info@weisseflotte-magdeburg.de**
www.weisseflotte-magdeburg.de

→ A 2 Hannover - Berlin, Abf. (70) Magdeburg-Zentrum, Richtung Zentrum, dort auf die B 1 Richtung Elbe, kurz vor der Elbbrücke rechts abbiegen (Schleinufer), der Ausschilderung Weiße Flotte folgen. ✉ Petriförder 1 (GPS: 52°7'58"N / 11°38'52" E).
Dom und Kloster im historischen Stadtzentrum (300 m), Elbpromenade (500 m), Schiffshebewerk Rothensee (9 km).

Ch H 500 m

Stellplatz auf dem Gelände der 'Weißen Flotte' an der Elbe am Rande der Altstadt. Ebene Stellflächen auf Asphalt bis 7.50 m Länge. Bei Marktveranstaltungen nur eingeschränkte Parkmöglichkeiten. Aufenthalt max. 3 Tage. Ortszentrum 500 m entfernt. 15 Touristenplätze.

38820 Halberstadt, Harz (e6) ST-D 13190/1

0 **»WOHNMOBILSTELLPLATZ DÜSTERNGRABEN«**
E.: Stadt Halberstadt ☎ 0049 3941 551815 123 m 1.1. bis 31.12.
Fax 0049 3941 551089, **halberstadt-info@halberstadt.de**
www.halberstadt.de

→ A 14 Magdeburg - Halle, Abf. (10) Bernburg auf die B 6 Richtung Blankenburg (Harz), nach ca. 33 km rechts auf die B 79 Richtung Halberstadt abbiegen. In Halberstadt der Ausschilderung Innenstadt/Dom folgen. ✉ Düsterngraben (GPS: 51°53'47"N / 11°2'47" E).
Heineanum-Museum Halberstadt (200 m), Dom und Domschatz (300 m), Tiergarten (4 km).

500 m 800 m

Wohnmobil-Stellplatz auf einem öffentlichen Parkplatz im Stadtzentrum. Ebene Stellflächen auf feinem Split. Keine Be- und Entsorgungsmöglichkeiten. 5 Touristenplätze.
2022: Stellplatz ist kostenlos. KT P/N ab 18 J. 2.50, KT K/N 6 bis 17 J. 1.30, Strom/kWh –.30. Bezahlbar am Automaten.

38820 Halberstadt, Harz (e6) ST-D 13190/2

0 **»STELLPLATZ WALTER KRIENITZ PLATZ«** 1.1. bis 31.12.
E.: Stadt Halberstadt ☎ 0049 3941 551815 109 m
Fax 0049 3941 551089, **halberstadt-info@halberstadt.de**
www.halberstadt.de

→ A 14 Magdeburg-Halle, Abf. (10) Bernburg, auf die B 6 Richtung Blankenburg (Harz), nach ca. 33 km rechts auf die B 79 Richtung Halberstadt abbiegen. In Halberstadt rechts auf die B 81 abbiegen, nach 300 m links in die Schützenstraße, nach 400 m rechts in die Wehrstedter Straße abbiegen. ✉ Wehrstedter Straße 48 (GPS: 51°54'3"N / 11°3'33" E).
Heineanum-Museum Halberstadt (800 m), Dom und Domschatz (900 m), Tiergarten (4 km).

500 m

Stellplatz auf einem beleuchteten Parkplatz mit Schranke, in der Nähe des Ameos-Klinikums. Ebene gepflasterte Stellfläche bis 10 m Länge. Stadtzentrum 800 m entfernt. 5 Touristenplätze.
2022: Stellplatz ist kostenlos. KT P/N ab 18 J. 2.50, KT K/N 6 bis 17 J. 1.30.

38899 Hasselfelde, Harz (e6) ST-D 13213

»STELLPLATZ AN DER PULLMAN CITY« 26.3. bis 31.10.
E.: Westernstadt Pullman City Harz HaWo Management GmbH 455 m
☎ 0049 39459 7310, Fax 0049 39459 73110, **info@pullmancityharz.de**
www.westernstadt-im-harz.de

→ A 38 Dreieck Drammetal–Sangerhausen, Abf. (10) Werther, über Nordhausen auf der B 4/B 81 nach Hasselfelde. Im Ort zur Westernstadt ausgeschildert. ✉ Im Rosentale (GPS: 51°42'7"N / 10°51'58" E).
Rübeländer Tropfsteinhöhlen, mehrere Schaubergwerke, Harzer Schmalspurbahn.

Stellplatz auf dem Parkplatz der Westernstadt. Stellflächen auf Schotter ohne Längenbeschränkung. Die Stellplatzgebühr ist an der Hauptkasse am Eingang zu entrichten. Sollte diese schon geschlossen sein, ist es möglich bei dem Kontrollgang des Sicherheitsdienstes die Gebühr zu begleichen. An den Adventswochenenden, sowie zu Silvester und am ersten Januar Wochenende (Schlittenhunderennen) ist geöffnet.. Ort 1.5 km entfernt. 60 Touristenplätze.

38835 Berßel, Harz (e6) ST-D 13240

»GASTHOF ZUM SCHLOSS« 1.1. bis 31.12.
E.: Familie Kucharzeck ☎ 0049 39421 2556 133 m
schloss-berssel@web.de

➔ A 2 Hannover-Berlin, Abf. (61) Helmstedt-West, auf die B 244 Richtung Süden (via Schöningen), nach ca. 35 km in Zilly rechts abbiegen Richtung Berßel/Osterwick. Im Ortszentrum links Richtung Schloss abbiegen. ✉ Schloss 1 (GPS: 51°57'9"N / 10°45'38" E).
Wasserschloss Zilly (4 km).

WC | 200 m

Stellplatz im Schlosshof. Stellflächen auf Schotter bis 15 m Länge. Duschen auf Anfrage. Ortszentrum 300 m entfernt. 12 Touristenplätze.

38871 Wernigerode OT Darlingerode, Harz (e6) ST-D 13243

»WOHNMOBILPARK HARZBLICK« 1.1. bis 31.12.
E.: Wohnmobilpark Harzblick 273 m 3 000 qm
☎ 0049 3943 607133, Mobil 0049 163 3275222
info@wohnmobil-harz.de, www.wohnmobil-harz.de

➔ A 395 Wolfenbüttel - Vienenburg, am Ende der Autobahn links auf die B 6 Richtung Wernigerode, nach ca. 7 km rechts Richtung Ilsenburg (Harz) abbiegen, in Ilsenburg links abbiegen auf die L85 Richtung Wernigerode. Im Ortszentrum von Darlingerode links abbiegen, ausgeschildert. ✉ Hinter den Gärten 11 (GPS: 51°51'8"N / 10°44'12" E).
Kloster Drübeck (1 km), historische Innenstadt Wernigerode (4 km), Brauerei Besichtigung Hasseröder (5 km).

Ch | 300 m 500 m

Umzäunter Stellplatz in ruhiger Lage am Ortsrand von Darlingerode. Die Zufahrt befindet sich an der Straße "Hinter den Gärten" (ehemals Altenröder Str.). Stellflächen auf Schotterrasen bis 12 m Länge. Ankunft/Abfahrt von 9-11 Uhr und 15.30-17 Uhr (oder nach telef. Absprache). Ort 3 km entfernt. 25 Touristenplätze.

38871 Ilsenburg, Harz (e6) ST-D 13244

»STELLPLATZ ILSENBURG ILSETAL« 1.1. bis 31.12.
E.: Anke am Ende Mobil 0049 152 53210757 250 m
kontakt@wanderlust-ilsetal.de, www.wanderlust-ilsetal.de

➔ A 395 Braunschweig-Bad Harzburg, bis zum Ende, links auf die B 6 Richtung Blankenburg/Harz. Nach ca. 11 km Richtung Ilsenburg/Harz abfahren. Am südlichen Ortsausgang den örtlichen Wegweisern in Richtung Ilsetal folgen. ✉ Ilsetal 16a (GPS: 51°51'16"N / 10°40'15" E).
Kloster und Schloss Ilsenburg.

WC W W Ch | 300 m

Naturbelassener Stellplatz in Waldnähe, beleuchtet. Stellflächen auf Schotter, ohne Längenbeschränkung. Ortszentrum 1.4 km entfernt. 24 Touristenplätze.

38889 Blankenburg, Harz (e6) ST-D 13246/1

»CARAVANSTELLPLATZ SCHNAPPELBERG« 1.1. bis 31.12.
E.: Parkplatzkiosk "Winter's Baude" ☎ 0049 3944 90420 288 m
Fax 0049 3944 980766, **Karstenwinter@aol.com**
www.parkplatz-am-schnappelberg.de

➔ A 395 Wolfenbüttel-Vienenburg, am Ende der Autobahn links abbiegen auf die B 6 Richtung Blankenburg, dort auf die B 81 abfahren Richtung Hasselfelde, am südlichen Ortsausgang von Blankenburg am Kreisel rechts Richtung Schlossgärten abbiegen, nach ca. 100 m auf der rechten Seite. ✉ Schnappelberg (GPS: 51°47'20"N / 10°57'34" E).
Blankenburger Schloss, barocke Parks und Gärten, Teufelsmauer, Festung Regenstein.

WC | 50 m 100 m

Separat gelegener Stellplatz hinter einem Kiosk im Zentrum. Stellflächen auf Asphalt, leicht abschüssig, bis 7 m Länge. 5 Touristenplätze.

38889 Blankenburg, Harz (e6) ST-D 13246/2

»STELLPLATZ AM BUSPARKPLATZ« 1.1. bis 31.12.
E.: Stadt Blankenburg ☎ 0049 3944 2898 288 m
touristinfo@blankenburg.de, www.blankenburg.de

➔ A 395 Wolfenbüttel-Vienenburg, am Ende der Autobahn links abbiegen auf die B 6 Richtung Blankenburg, dort auf die B 81 abfahren Richtung Hasselfelde, am südlichen Ortsausgang von Blankenburg am Kreisel rechts Richtung Schlossgärten abbiegen, dort an einem Busparkplatz neu angelegt und ausgewiesen. ✉ Schnappelberg (GPS: 51°47'20"N / 10°57'37" E).
Blankenburger Schloss, barocke Parks und Gärten, Teufelsmauer, Festung Regenstein.

RES | 300 m

Stellplatz an einem Busparkplatz, neu angelegt und ausgewiesen. Markierte Stellflächen auf Pflaster, über 8 m Länge möglich. Von Bäumen umgeben. Stadtzentrum 500 m entfernt. 6 Touristenplätze.

38889 Blankenburg, Harz (e6) ST-D 13246/3

»STELLPLATZ BLANKENBURG« 1.1. bis 31.12.
☎ 0049 3944 2898
touristinfo@blankenburg.de, www.blankenburg-tourismus.de

➔ B 81 Magdeburg-Göttingen, im Harz nach Blankenburg. ✉ Schnappelberg (GPS: 51°47'19"N / 10°57'39" E).

| 100 m 1 km

Stellplatz beim öffentlichen Busparkplatz. Stellflächen auf Pflaster. Ortszentrum 100 m entfernt. 6 Touristenplätze.

06493 Ballenstedt OT Asmusstedt (e6) ST-D 13262

20 **»VERKEHRSLANDEPLATZ BALLENSTEDT/QUEDLINBURG«**
E.: Flugplatz Ballenstedt-Harz GmbH 236 m 1.1. bis 26.6. / 14.7. bis 31.12.
☎ 0049 39483 215, Fax 0049 39483 273, **info@flugplatz-ballenstedt.de**
www.flugplatz-ballenstedt.de

➔ A 14, Magdeburg-Halle, Abf. (10) Bernburg, auf die B 6 Richtung Quedlinburg / Blankenburg (Harz). Hinter Aschersleben auf die B 185 Richtung Falkenstein / Ballenstedt abbiegen, in Ballenstedt der Ausschilderung zum Flugplatz folgen. ✉ Asmusstedt 13 (GPS: 51°44'31"N / 11°14'2" E).
Schloss Ballenstedt (2 km), Burg Falkenstein (8 km).

WC W Ch |
200 m 2 km

Stellplatz auf einem großen Parkplatz am Sport-Flughafen. Ebene Stellflächen auf Schotter und Rasengittersteinen bis 12 m Länge. Rundflüge möglich. Ort 2 km entfernt. 15 Touristenplätze.
2022: P/N 8.–, KT P/N ab 18 J. 2.–, KT K/N 14 bis 17 J. 1.–. H/N, WD, Entsorgung, Müll, Wasser und Strom inklusive. Kartenzahlung möglich.

06484 Quedlinburg (e6) ST-D 13265/1

20 **»STELLPLATZ SCHLOSSPARKPLATZ«** 1.1. bis 31.12.
E.: Stadt Quedlinburg ☎ 0049 3946 91080
info@bowling-quedlinburg.de, www.quedlinburg.de

➔ B 6 Blankenburg-Aschersleben, Abf. Quedlinburg Zentrum, weiter auf der K 1360/Halberstädter Straße nach Quedlinburg. Im Ort rechts abbiegen in die Schillerstraße, Weststraße zum Ziel. Beschildert. ✉ Wipertistr. 2 (GPS: 51°47'14"N / 11°8'5" E).
Stiftskirche am Schlossberg mit Mueseum. Altstadt Quedlinburg. Klopstock-Museum. Glasmalerei-Museum. Fachwerkmuseum.

RES WC WC Ch
| 500 m 800 m 1 km

Beleuchteter Stellplatz auf einem öffentlichen Parkplatz am Schlossberg. Stellflächen auf Pflaster. Stellplatz-Länge bis 8 m. Bezahlung am Münzautomaten. Ort 500 m entfernt. 6 Touristenplätze.
2022: A/N 8.–, MC/N 16.–, KT P/N ab 18 J. 3.–, KT K/N 6 bis 17 J. 1.–.

06484 Quedlinburg (e6) ST-D 13265/2

20 **»WOHNMOBILSTELLPLATZ FISCHTEICHE«** 1.1. bis 31.12.
E.: Stadt Quedlinburg
qtm@quedlinburg.de, www.quedlinburg.de

➔ B 6 Blankenburg-Aschersleben, Abf. Quedlinburg Zentrum, weiter auf der K 1360/Halberstädter Straße nach Quedlinburg. Im Ort der Beschilderung "Klinikum" folgen. Über die Goethe- und Donndorfstraße in "An den Fischteichen" einfahren. Beschildert. ✉ An den Fischteichen (GPS: 51°47'35"N / 11°8'54" E).
Stiftskirche am Schlossberg mit Museum. Altstadt Quedlinburg. Klopstock-Museum. Glasmalerei-Museum. Fachwerkmuseum.

RES WC W WC | 200 m
300 m 1 km

Beleuchteter Stellplatz auf einem öffentlichen Parkplatz in der Nähe der Stadtmauer an der "Ferienstraße der Romantik". Ebene Stellflächen auf Pflaster, durch Büsche abgegrenzt vom Parkplatz. Stellplatz-Länge bis 6 m. Bezahlung am Kassenautomaten. Imbiss. Toilette im Imbiss von 8-17 Uhr nutzbar. Keine Ver- und Entsorgung. Ort 500 m entfernt. 6 Touristenplätze.
2022: St/N inkl. 2 P/N 18.–, extra A/N 3.–, KT inklusive.

06502 Thale, Harz (e6) ST-D 13270/3

NEU

15 **»STELLPLATZ KLEINE MÜHLE«** 7.1. bis 22.12.
E.: Burghardt Wilsdorf ☎ 0049 3947 63185
info@klostercamping-thale.de

Abfahrt

➔ B 6 Goslar - Halle Abf. Thale. Im Ort beschildert. ✉ Wendhusenstr. 3 (GPS: 51°45'21"N / 11°2'59" E).
Kloster Wendhusen. Bodetal. Hexentanzplatz. Teufelsmauer.

RES WC W Ch |
500 m 600 m

Beleuchteter Stellplatz in der Altstadt am Orts- bzw. Stadtrand gelegen mit schönem Blick auf das Kloster Wendhusen. Ebenes, parzelliertes Gelände mit geschotterten Stellplätzen bis 10 m Länge. Maximale Aufenthaltsdauer 4 Nächte. Grauwasserentsorgung. Müllentsorgung. Offene Feuer sind verboten. Grillen ist erlaubt. Reservierung nicht möglich. 50 Touristenplätze.
2022: St/N 12.–, zzgl. KT und Strom (16 A).

06449 Aschersleben (f6) ST-D 13275

»STELLPLATZ AM FREIZEITZENTRUM« 1.1. bis 31.12.
E.: OptimAL GmbH ☎ 0049 3473 226100 114 m
Fax 0049 3473 226226, **info@aschersleben-ballhaus.de**
www.aschersleben-ballhaus.de

➔ A 14 Magdeburg–Halle, Abf. (10) Bernburg, B 185 Richtung Quedlinburg, zum Zentrum Aschersleben abzweigen. In Aschersleben auf der Magdeburger Straße, rechts abbiegen auf Wallstraße, weiterfahren zum Seegraben, ausgeschildert. ✉ Seegraben 7-8 (GPS: 51°45'39"N / 11°27'24" E).
Kriminalpanoptikum, Städtisches Museum, historische Altstadt.

Ch | 500 m

Beleuchteter Stellplatz am Freizeitzentrum Ballhaus. Ebene, asphaltierte Stellflächen bis 8 m Länge. Ortszentrum 1 km entfernt. 8 Touristenplätze.

13 Sachsen-Anhalt

06536 Breitenstein, Harz (e6) ST-D 13282

»TRATTORIA-PIZZERIA 'ZUM HEXENTEUFEL'« 1.1. bis 31.12.
E.: A. Monego
harzer-hexenteufel@freenet.de, **www.harzer-hexenteufel.de**

➔ A 38 Nordhausen-Sangerhausen, Abf. (11) Nordhausen, auf die B 4 Richtung Norden. Nach ca. 15 km rechts auf die B 81 Richtung Blankenburg(Harz), in Hasselfelde rechts auf die B 242 Richtung Stiege, ca. 5 km hinter Stiege rechts auf die L236 Richtung Breitenstein abbiegen, Platz liegt am südlichen Ortsende. ✉ Am Schützenplatz 110 e (GPS: 51°37'4"N / 10°56'52" E).
∴ Auerberg mit Josephskreuz in Stolberg (5 km).

WC Ch | Ⓗ 100 m

Stellplatz bei der Gaststätte in ruhiger Lage in Waldnähe. Stellflächen auf Sand/Splitt bis 7 m Länge. Ortszentrum 200 m entfernt. 12 Touristenplätze.

06536 Südharz OT Stolberg, Harz (e6) ST-D 13283/1

»STELLPLATZ AM FREIZEITBAD 'THYRAGROTTE'«
E.: Gemeinde Stolberg (Harz) 300 m 1.1. bis 31.12.
☎ 0049 34654 454, Fax 0049 34654 729, **ti@rossla.de**
www.tourismus-suedharz.de

➔ A 38 Nordhausen - Sangerhausen, Abf. (13) Berga, Richtung Berga, in Berga rechts auf die L236 Richtung Stolberg (Harz), der Stellplatz liegt am Ortseingang auf der rechten Seite, der Ausschilderung 'Thyragrotte' folgen. ✉ Thyratal 5a (GPS: 51°33'51"N / 10°57'28" E).
∴ Stadtkirche "St. Martini" (1 km), Stolberger Schloss (1.5 km), Josephskreuz "Aussichtsturm" (5 km).

| 300 m Ⓗ 500 m 900 m

Stellplatz auf dem Parkplatz des Freizeitbades Thyragrotte. Bitte nur die hinteren Plätze auf dem Parkplatz benutzen. Ebene Stellflächen auf Asphalt bis 5 m Länge. Keine Ver- und Entsorgungseinrichtung. Sanitärbereich gegen Gebühr im Freizeitbad nutzbar. Maximal 2 Nächte (48 Std.) Aufenthalt möglich! Ortszentrum 900 m entfernt. 3 Touristenplätze.

06536 Südharz OT Stolberg, Harz (e6) ST-D 13283/2

»PARKPLATZ AM BAHNHOF« 1.1. bis 31.12.
E.: Gemeinde Stolberg (Harz) ☎ 0049 34654 454 300 m
Fax 0049 34654 729, **ti@rossla.de**, **www.tourismus-suedharz.de**

➔ A 38 Nordhausen-Sangerhausen, Abf. (13) Berga, Richtung Berga, in Berga rechts auf die L236 Richtung Stolberg (Harz). Der Stellplatz liegt im Ortszentrum am Bahnhof. ✉ Am Bahnhof (GPS: 51°34'1"N / 10°57'25" E).
∴ Stadtkirche "St. Martini" (500 m), Stolberger Schloss (1 km), Josephskreuz "Aussichtsturm" (5 km).

WC | Ⓗ 100 m 300 m 800 m

Stellplatz auf dem Parkplatz am Bahnhof. Eben Stellflächen bis 5 m Länge auf Asphalt. Keine Ver- und Entsorgungseinrichtung. Gegen Eintrittsgebühr Duschen, Toiletten, Schwimmbad und Sauna nutzbar im nahe gelegenen Freizeitbad Thyragrotte. Maximal 2 Nächte (48 Std.) Aufenthalt möglich! Ortszentrum 700 m entfernt. 5 Touristenplätze.

06536 Südharz OT Stolberg, Harz (e6) ST-D 13283/3

»PARKPLATZ AM RITTERTOR« 1.1. bis 31.12.
E.: Gemeinde Stolberg (Harz) ☎ 0049 34654 454 300 m
Fax 0049 34654 729, **ti@rossla.de**, **www.tourismus-suedharz.de**

➔ A 38 Nordhausen - Sangerhausen, Abf. (13) Berga, Richtung Berga, in Berga rechts auf die L236 Richtung Stolberg (Harz), der Stellplatz liegt am nördlichen Ortsausgang, vor dem Rittertor links abbiegen. ✉ Rittergasse (GPS: 51°34'40"N / 10°56'38" E).
∴ Stolberger Schloss (500 m), Stadtkirche "St. Martini" (1 km), Josephskreuz "Aussichtsturm" (5 km).

| 800 m

Stellplatz auf einem Parkplatz beim Rittertor in ruhiger Lage. Asphaltierte Stellflächen bis 5 m Länge. Keine Ver- und Entsorgungseinrichtungen. Maximal 2 Nächte (48 Std.) Aufenthalt möglich! Ortszentrum 500 m entfernt. 5 Touristenplätze.

06526 Sangerhausen, Harz (f6/7) ST-D 13287/1

Abfahrt

»STELLPLATZ AN DER PROBSTMÜHLE« 1.1. bis 31.12.
E.: Tourist-Information Sangerhausen ☎ 0049 3464 19433
info@sangerhausen-tourist.de, **www.sangerhausen-tourist.de**

➔ A 38 Göttingen–Halle/Saale, Abf. (16) Sangerhausen-Süd, weiter auf der "Erfurter Straße" zum Zentrum, dann im Kreisverkehr rechts auf die "Alte Promenade/Riestedter Straße", L 151 (Einbahnstraße), Richtung Rosarium abbiegen, ca. 1,5 km der Straße folgen, dann links zum Parkplatz an der Probstmühle. Beschildert. ✉ An der Probstmühle (GPS: 51°28'39"N / 11°18'29" E).
∴ Historische Altstadt. Basilika St. Ulrici. St. Jakobi Kirche. Rosarium. Spengler-Museum. Schaubergwerk mit Bergbaulehrpfad (7 km).

RES Ⓗ | 200 m
HS 500 m 1 km

Stellplatz auf einem Parkplatz in der Nähe vom Rosarium. Ebene Stellflächen auf Schotter und Wiese. Stellplatz-Länge bis 10 m. Liegewiese. Ver-/Entsorgung in 1,5 km, Eingang Rosarium, Am Rosengarten 2 A. Im Gartenträumeladen Schlüssel gegen Kaution erhältlich. Maximal 3 Nächte Aufenthalt möglich! Ort 1 km entfernt. 40 Touristenplätze.

06526 Sangerhausen, Harz (f6/7) ST-D 13287/3

»STELLPLATZ AM WEINBERG« Apr. bis Okt.
E.: Thomas Klaube Mobil 0049 163 7246764
info@klaube.org, **www.rosenstaedter.de**

➔ A 38 Nordhausen-Leipzig, Abf. (16) Sangerhausen-Süd, auf die B 86 Richtung Sangerhausen, nach ca. 3.8 km links in die Riestedter Straße abbiegen, nach ca. 1.4 km rechts Am Brandrain einbiegen, nach ca. 700 m links in die Franz-Heymann-Straße, nach ca. 300 m rechts in die Schachtstraße abbiegen, weiter geradeaus, dann am Brühltal links einbiegen. ✉ Brühltal (GPS: 51°29'12"N / 11°17'29" E).
∴ Historischer Stadtkern mit Kirchen.

| Ⓗ 800 m 1 km

Stellplatz an einem neu angelegten Weinberg. Stellflächen auf Rasengittersteinen, bis max. 8 m Länge. Stadtzentrum 1 km entfernt. 3 Touristenplätze.

06198 Brachwitz ST-D 13300

Abfahrt

»FÄHRE BRACHWITZ« April bis Okt.
E.: Wohnmobil & Wassersport Zentrum GmbH 88 m
☎ 0049 34606 29160, Fax 0049 34606 29170, **info@wwz-halle.de**
www.wwz-halle.de

➔ A 14, Abf. (15) Halle-Trotha, Richtung Halle, nach ca. 1.5 km rechts abbiegen Richtung Brachwitz. Der Stellplatz liegt am südlichen Ortsende an der Fähre über die Saale. ✉ Thomas-Müntzer-Straße (GPS: 51°32'3"N / 11°52'14" E).
∴ Theater, Oper und div. Museen in Halle (6 km).

RES WC |
Ⓗ 200 m 400 m

Stellplatz am Ortsausgang von Brachwitz, direkt an der Salle, neben dem Fähranleger. Parzellierte Stellflächen auf Wiese und Schotter bis 10 m Länge. Ortszentrum 300 m entfernt. 10 Touristenplätze.

06108 Halle (Saale) (f6/7) ST-D 13310/1

»WOHNMOBILSTELLPLATZ FÄHRSTRASSE« 1.1. bis 31.12.
E.: Touristinformation Halle (Saale) ☎ 0049 345 1229984
Fax 0049 345 1229985, **info@stadtmarketing-halle.de**
www.stadtmarketing-halle.de

➔ A 14 Halle-Bernburg, Abf. (16) Halle/Tornau, weiter auf der L 141 Richtung Halle. Nach der Überführung über die Bahntrasse rechts abbiegen und die nächste Ausfahrt wieder rechts in die Wolfsteinstraße/Große Brunnenstraße. Am Ende rechts in die Burgstraße und links in die Fährstraße abbiegen. ✉ Fährstr. 1 (GPS: 51°30'5"N / 11°57'13" E).
∴ Burg Giebichenstein (150 m), Landesmuseum für Vorgeschichte (600 m), historische Altstadt (2.5 km).

WC Ch | Ⓗ 50 m
350 m 1 km

Stellplatz am Ortsrand in der Nähe der Saale auf einem öffentlichen Parkplatz. Parzellierte, ebene und gepflasterte Stellflächen. Stellplatz-Länge bis 5 m. Maximal 5 Nächte Aufenthalt möglich! Ortszentrum 2.5 km entfernt. 3 Touristenplätze.

06108 Halle (Saale) (f6/7) ST-D 13310/2

Abfahrt

»STELLPLATZ AN DER STADTSCHLEUSE« 1.1. bis 31.12.
E.: Stadtmaketing Halle ☎ 0049 345 122790
info@stadtmarketing-halle.de, **www.stadtmarketing-halle.de**

➔ A 14 Halle-Bernburg, Abf. (17) Halle-Peißen, auf die B 100 Richtung Halle, an der Dessauer Brücke links Richtung Bahnhof, am Hauptbahnhof rechts Richtung Mitte/Altstadt abbiegen, am Glauchaer Platz wieder rechts, der Auschilderung zur Stadtschleuse folgen. ✉ An der Stadtschleuse (GPS: 51°28'50"N / 11°57'43" E).
∴ historische Altstadt (500 m), Landesmuseum für Vorgeschichte (2 km), Burg Giebichenstein (3 km).

| Ⓗ 300 m 500 m

Stellplatz auf einem öffentlichen Parkplatz für Reisemobile, Busse und LKW in Altstadtnähe. Stellflächen auf Asphalt ohne Längenbeschränkung und Fahrzeuge über 5 t geeignet. Stadtzentrum 500 m entfernt. 10 Touristenplätze.

06217 Merseburg (f7) ST-D 13322/1

Abfahrt

»STELLPLATZ AIRPARK« 1.1. bis 31.12.
E.: Luftfahrt- und Technik-Museumspark Merseburg 88 m
☎ 0049 3461 525776, Fax 0049 3461 525778
info@luftfahrt-technik-museum.de, **www.luftfahrt-technik-museum.de**

➔ A 38 Nordhausen-Leipzig, Abf. (24) Merseburg-Nord, Richtung Merseburg, der Ausschilderung Airpark Merseburg folgen. ✉ Kastanienpromenade 50 (GPS: 51°21'37"N / 11°58'11" E).
∴ Merseburger Domschatz (1.5 km), Schloss Merseburg mit Rabenkäfig (1.5 km), Chemiemuseum (3 km).

WC WC | 400 m Ⓗ 500 m

Stellplatz auf dem Parkplatz vor dem Luftfahrt- und Technik-Museumspark. Stellflächen auf Sand/Splitt und Schotter bis 12 m Länge. Montag geschlossen. Reservierung empfohlen. Ortszentrum 1 km entfernt. 10 Touristenplätze.

06217 Merseburg (f7) ST-D 13322/2

Abfahrt

»WOHNMOBILSTELLPLATZ AM BRÜHL« 1.1. bis 31.12.
E.: Touristinformation Merseburg ☎ 0049 3461 214170 88 m
info@merseburg-tourist.de, **www.merseburg.de**

➔ A 38 Nordhausen-Leipzig, Abf. (25) Merseburg-Süd, Richtung Merseburg. In Merseburg auf die B 181 Richtung Leipzig, nach ca. 1.2 km Richtung 'Brühl' abbiegen. Der Stellplatz befindet sich am Saaleufer unter-

halb der Saalebrücke. ✉ Am Saaleufer 1 (GPS: 51°21'11"N / 12°0'8" E).
Merseburger Domschatz (600 m), Schloss Merseburg mit Rabenkäfig (600 m), Chemiemuseum (3 km), Luft- und Technikmuseum (3 km).

200 m 300 m 500 m

Der Stellplatz befindet sich in ruhiger Lage direkt am Saaleufer unterhalb der Saalebrücke und am Saale-Rad-Wanderweg. Ebene, gepflasterte Stellflächen bis 8 m Länge. Ortszentrum 500 m entfernt. 3 Touristenplätze.

06242 Braunsbedra OT Krumpa (f7) ST-D 13330

Abfahrt

20 »MOBILPARK AM GEISELTALSEE« 1.1. bis 31.12.
E.: Pension am Geiseltalsee - "El Retiro" 104 m
☎ 0049 34632 90309, Fax 0049 34632 91089
info@pension-am-geiseltalsee.com, www.pension-am-geiseltalsee.com

➔ A 38 Sangerhausen-Leipzig, Abf. (25) Merseburg-Süd, Richtung Braunsbedra. Am Ende der Ortschaft Braunsbedra im OT Krumpa rechts abbiegen. Der Ausschilderung Pension 'El Retiro' folgen. ✉ Neumarker Straße 3 (GPS: 51°17'39"N / 11°51'11" E).
Geiseltalsee und Altstadt Merseburg.

W Ch 300 m 600 m

Stellplatz bei der Pension El Retiro in einem Feriengebiet am Geiseltalsee. Ebene Stellflächen auf festem Wiesengrund z.T. unter Platanen. Grillhütte und Gaststätte mit Biergarten angrenzend. Warme Küche von April - Anfang Oktober täglich von 11 bis 21 Uhr. Brötchen- und Frühstücksservice auf Voranmeldung. 700 m bis zum Seeufer und Hafen. (Genauen Saisonbeginn und Ende siehe Homepage.) Ortszentrum 1.5 km entfernt. 25 Touristenplätze.
2023: C-St/N 18.–, MC-St/N 16.–, WD 2.–, Strom/kWh 1.–. P/N, H/N, Entsorgung, Wasser und Sanitärbenutzung inklusive. Nur Barzahlung möglich.

06636 Laucha OT Kirchscheidungen (f7) ST-D 13341

NATUR PLATZ

15 »OUTTOUR STELLPLATZ A.D. UNSTRUT« April bis Okt.
E.: OUTTOUR Aktivreisen ☎ 0049 34462 601951 128 m
info@outtour.de, www.outtour.de

➔ A 38 Sangerhausen - Leipzig, Abf. (19) Eisleben auf die B 180 Richtung Querfurt, in Karsdorf rechts abbiegen auf die L212 Richtung Laucha, in Kirchscheiungen links halten, der Ausschilderung folgen. ✉ An der Unstrut (GPS: 51°14'44"N / 11°39'19" E).
Rittergut Kirchscheidungen und Heimatmuseum.

W W Ch

Naturbelassener Stellplatz direkt an der Unstrut. Stellflächen auf Wiese, nicht parzelliert. Ideal für Kanuwanderer. Frühstückservice möglich. Ortszentrum 200 m entfernt. 15 Touristenplätze.
2022: P/N 11.–, K/N 3 bis 12 J. 6.–, H/N 1.–, Waschmaschine 3.–, Trockner 3.–, Strom/N 4.–. KT, Entsorgung, Müll und Wasser inklusive.

06667 Weißenfels OT Borau (f7) ST-D 13352

Abfahrt

»CARAVAN- UND FREIZEITMARK GERTH« 1.1. bis 31.12.
E.: Gerth-Mobile e.Kfm. ☎ 0049 3443 3419130 100 m
Fax 0049 3443 3333493, **info@gerth-mobile.de, www.Gerth-Mobile.de**

➔ A 9 Leipzig-Eisenberg, Abf. (20) Weißenfels, Richtung Weißenfels, auf die Umgehungsstraße B 91, erste Abfahrt rechts in das Gewerbegebiet, ausgeschildert. Zufahrt rechts hinter dem Betriebsgelände. ✉ Selauer Straße 91b (GPS: 51°11'50"N / 11°59'48" E).
Schlosskapelle Weißenfels (2 km) und historische Altstadt.

Ch 100 m

Stellplatz in einem Gewerbegebiet. Stellflächen bis 14 m Länge auf Asphalt. 2 Ladepunkte für Elektrofahrzeuge Typ 2 mit 22KW. Stellplatzkosten bitte im Büro zahlen. Ortszentrum 1 km entfernt. 6 Touristenplätze.

06712 Zeitz (f7) ST-D 13355/2

»STELLPLATZ PARKPLATZ SCHÜTZENPLATZ« 1.1. bis 31.12.
E.: Tourist-Information Zeitz ☎ 0049 3441 83291 160 m
Fax 0049 3441 83331, **tourismus@stadt-zeitz.de, www.zeitz.de**

➔ A 9 Leipzig-Eisenberg, Abf. (21a) Naumburg, Richtung Zeitz auf die B 180, auf der B 180 durch Zeitz, hinter der Brücke über die Weiße Elster am Göthepark abbiegen am Kreisel rechts und gleich wieder links auf den Parkplatz. ✉ Schützenplatz 21 (GPS: 51°3'1"N / 12°8'41" E).
Zeitzer Dom, Schloss Moritzburg, ehemaliges Franziskanerkloster, in der Altstadt zugängliche Bierlagerkatakomben.

200 m 800 m

Stellplatz auf einem öffentlichen PKW-Parkplatz in der Nähe des Zentrums. Ebene, gepflasterte Stellflächen. Ortszentrum 200 m entfernt. 5 Touristenplätze.

06618 Naumburg (f7) ST-D 13360/1

Abfahrt

»ALTSTADTPARKPLATZ VOGELWIESE« 1.1. bis 31.12.
E.: Stadt Naumburg ☎ 0049 3445 273125 130 m
Fax 0049 3445 273128, **tourismus@naumburg.de**
www.naumburg-tourismus.de

➔ A 9 Eisenberg - Leipzig, Abf. (21a) Naumburg und weiter Richtung Naumburg, in Naumburg dem Parkleitsystem "Altstadtparkplatz Vogelwiese" folgen. ✉ Luisenstraße (GPS: 51°8'54"N / 11°48'48" E).
historische Altstadt, Naumburger Dom, Nietzsche-Haus.

50 m 500 m

Separater Stellplatzbereich im hinteren Bereich des öffentlichen Altstadtparkplatzes im Ortszentrum. Ebene Stellflächen bis 7.50 m Länge auf Asphalt und Schotter. Teils durch Baumreihen beschattet. Bezahlung für Stellplatz und Kurtaxe am Parkautomaten - Strom an der Säule. Jeweils nur Münzeinwurf möglich. 15 Touristenplätze.

06905 Bad Schmiedeberg (g6) ST-D 13420

20 »WOHNMOBILHAFEN BEIM CAMPINGPARK "AM GROßEN LAUSIGER TEICH"«
E.: S. Plato/A. Otto ☎ 0049 34926 57475 100 m 1.1. bis 31.12.
Fax 0049 34926 57574, **camping@lausiger-teiche.de**
www.lausiger-teiche.de/wohnmobile.html

➔ B 2 Leipzig - Lutherstadt, in Bad Düben rechts abbiegen und über Söllichau nach Bad Schmiedeberg. Hier rechts und über die Bahngleise, noch ca. 3 km in Richtung Torgau. Beschildert. ✉ Lausiger-Teich-Str. 1 (GPS: 51°41'10"N / 12°48'3" E).
Lutherstadt Wittenberg. Dessau. Torgau. Ferropolis.

W W W Ch W W HS

HS 50 m

S 3 km 4 km

Stellplatz beim CAMPINGPARK "AM GROßEN LAUSIGER TEICH" mit Blick auf den See. Die vorgelagerten Wohnmobilstellplätze sind durch eine separate Zufahrt von der Straße aus direkt (ohne Schranke) anfahrbar. Anmeldung bei der Rezeption des Campingplatzes. Leicht abfallende Stellflächen auf Rasen. Von Bäumen größtenteils beschattet. Die Sanitäranlagen des Campingplatzes können mitbenutzt werden. Ort 4 km entfernt.
2023: St/N 5.50, P/N 5.50, K/N 3 bis 5 J. 3.50, J/N 6 bis 12 J. 4.50, H/N 3.–, KT P/N ab 18 J. 1.50, KT K/N 13 bis 18 J. –.75, WD/2 min. –.50, Waschmaschine 5.–, Trockner 5.–, Strom/1 kWh 1.– (16 A). Müll und Sanitärbenutzung inklusive.

39261 Zerbst/Anhalt (f6) ST-D 13432

»VOLKSSCHWIMMHALLE« 1.1. bis 31.12.
E.: Stadtwerke Zerbst GmbH 67 m
☎ 0049 3923 73720, Mobil 0049 174 7634166, Fax 0049 3923 737232
y.lambrecht@swzerbst.de, www.swzerbst.de

➔ A 9 Berlin-Leipzig, Abf. (8) Coswig, Richtung Roßlau/Zerbst, im Zentrum vom Zerbst der Ausschilderung zur Schwimmhalle folgen. ✉ Wolfsbrücke 3 (GPS: 51°57'56"N / 12°5'20" E).
Ruine der ev. Nikolaikirche, Schlossfreiheit, barocke Kavaliershäuser.

Ch 200 m 700 m

Stellplatz auf einem öffentlichen Parkplatz im Stadtzentrum. Stellfläche bis 10 m auf Pflaster. 3 Touristenplätze.

06385 Aken (f6) ST-D 13433

»STELLPLATZ BOOT- UND CAMPINGCENTER AKEN«
E.: Elbe Bootscenter GmbH 60 m Apr. bis Okt.
Mobil 0049 177 3472566, **info@elbe-boot.de, www.elbe-camping.de**

➔ A 14 Magdeburg-Halle(Saale), Abf. (10) Bernburg, auf die B 185 Richtung Köthen (Anhalt), dort auf die B 187a Richtung Zerbst (Anhalt), in Aken Richtung Stadtzentrum, in die Elbstraße einbiegen und den Schildern "Sportbootanleger" folgen. ✉ Ratswerder (GPS: 51°51'33"N / 12°2'16" E).
Historischer Stadtkern und Fahrgastschifffahrt auf der Elbe.

W W Ch

500 m

Stellplatz an einem Sportboothafen direkt an der Elbe. Stellflächen auf Wiese. Ankunft bis 20 Uhr möglich. Ortszentrum 500 m entfernt. 30 Touristenplätze.

06366 Köthen (f6) ST-D 13435

»STELLPLATZ KÖTHENER BADEWELT« 1.1. bis 31.12.
E.: Köthener Badewelt ☎ 0049 3496 508880 80 m
info@koethener-badewelt.de, www.koethener-badewelt.de

➔ A 14 Magdeburg-Halle, Abf. (10) Bernburg, auf die B 185 Richtung Dessau-Roßlau, im Zentrum von Köthen links halten, der Ausschilderung zur Köthener Badewelt folgen. ✉ Ratswall 9 (GPS: 51°45'32"N / 11°58'32" E).
Naumann-Museum, Schloss Köthen.

W W HS 300 m

800 m

Stellplatz an einem Erlebnisbad am Ortsrand. Ebene, gepflasterte und ausgewiesene Stellflächen. Ortszentrum 800 m entfernt. 2 Touristenplätze.

06749 Bitterfeld-Wolfen (f/g6) ST-D 13445

35 »CAMPING UND FERIENPARK GOITZSCHE« 1.1. bis 31.12.
E.: Maria Grütze 100 m
☎ 0049 3493 9293636, Mobil 0049 152 09205436
info@ferienpark-goitzsche.de, www.ferienpark-goitzsche.de

➔ A 9 Leipzig–Berlin Abf. (13) auf die B 100 bis Bitterfeld. In der Niemegker Straße bis zum Kreisverkehr. Hier die Ausfahrt zum Naturschutzgebiet, noch ca. 300 m. ✉ Niemegker Str. 24 (GPS: 51°36'57"N / 12°20'29" E).
Goitzsche See. Kulturlandschaft Bitterfeld (weltweit größtes Landschaftsschutzprojekt). Bitterfelder Bogen (begehbares Kunstwerk). Marinas.

W W Ch

Stellplatz bei einem Campingplatz (derzeit im Umbau) auf einem teilweise geschotterten Wiesengelände. Von einer künstlich erschaffenen Seenlandschaft (ehemaliges Tagebaugebiet) umgeben. Stellplatz-Länge bis 10 m. Brötchenservice. Geöffnet von 10-12 und 14-17 Uhr. Ort 700 m entfernt. 50 Touristenplätze.
2022: St/N 13.– bis 21.–, P/N 8.–, K/N 3 bis 15 J. 5.–, H/N 5.–, Waschmaschine 2.50, Trockner 2.50. WD, Entsorgung, Müll und Strom inklusive.

06774 Muldestausee OT Gröbern (g6) ST-D 13451

»WOHNMOBILCAMP "WALDRESORT GRÖBERN"«
E.: Waldresort Gröbern GmbH 98 m 1.1. bis 31.12.
☎ 0049 34955 40378, Fax 0049 34955 40343
info@seeresort-groebern.de, www.seeresort-groebern.de/wohnmobil-camp/

➔ A 9 Schkeuditz - Dessau, Abf. (13) Halle auf die B 100. In Gröbern auf die Chausseestraße zum See abbiegen. ✉ Alte Chausseestr. 1 (GPS: 51°41'39"N / 12°26'55" E).
Lutherstadt Wittenberg. Wörlitzer Park und Gartenreich. Dessau Bauhaus. Ferropolis.

WC W W Ch 200 m 400 m 5 km

Stellplatz an einem kleinen See bei einem Resort. Ebene, geschotterte und parzellierte Stellflächen. Tiergehege mit Streuobstwiese. Fitnessraum. Imbiss. Brötchenservice. Stellplatz-Länge von bis 13 m. Max. 21 Nächte Aufenthalt möglich! Ort 500 m entfernt. 24 Touristenplätze.

06869 Coswig (g6) ST-D 13475

30 **»STELLPLATZ MARINA COSWIG«** 1.1. bis 31.12.
E.: Marina Coswig-Anhalt 118 m
☎ 0049 3490 496224, Mobil 0049 163 2754466, Fax 0049 34903 68491
info@marina-coswig.de, www.marina-coswig.de

➔ A 9 Potsdam-Dessau, Abf. (8) Coswig, Richtung Coswig, am Ortseingang am Supermarkt vorbei, rechts in die Hafenstraße, nach 100 m rechts, Richtung Elbe. ✉ Elbstraße 22 (GPS: 51°52'53"N / 12°26'13" E).
Naturpark, Biosphärenreservat, Lutherstadt Wittenberg.

WC W W Ch 50 m

Stellplatz direkt an der Elbe bei einer Marina. Stellflächen auf Schotter und Wiese auf einem Naturgrundstück. Hundeleinenzwang. Reservierung für Januar und Februar erbeten, ebenfalls über Feiertage. Frühstücksservice möglich. Ortszentrum 1.5 km entfernt. 40 Touristenplätze.
2022: C-St/N 27.–, MC-St/N 22.–, P/N 4.–, H/N 2.–, WD/4 min. 1.–, Strom/kWh –.80. Entsorgung, Müll und Wasser inklusive.

06869 Coswig OT Buro (g6) ST-D 13476

Abfahrt

»STELLPLATZ FICHTENBREITE« 1.1. bis 31.12.
E.: Hotel Zur Fichtenbreite ☎ 0049 34903 474290 118 m
info@hotel-fichtenbreite.de,, www.hotel-fichtenbreite-hubertusberg.de

➔ A 9 Berlin-Leipzig, Abf. (8) Coswig, Richtung Coswig, nach ca. 400 m auf der rechten Seite. ✉ Fichtenbreite 5 (GPS: 51°53'13"N / 12°24'27" E).
Naturpark, Biosphärenreservat, Lutherstadt Wittenberg.

WC W 200 m

Stellplatz am Hotel. Stellflächen auf Schotterrasen und Wiese bis 10 m Länge. Brötchenservice. Ort 2.5 km entfernt. 15 Touristenplätze.

06922 Prettin (g6) ST-D 13490

»STELLPLATZ AM TOURISMUSZENTRUM« Apr. bis Okt.
E.: Stadt Prettin ☎ 0049 35386 22249 77 m
stadt@prettin.de, www.prettin.de

➔ A 9 Berlin-Leipzig, Abf. (8) Coswig, auf die B 187 Richtung Wittenberg, ca. 25 km östlich von Wittenberg in Jessen rechts Richtujg Lebien / Prettin abbiegen. Im Ortszentrum rechts auf die Hinterfährstraße Richtung Elbtal-Prettin / Tourismuszentrum. ✉ Hinterfährstraße (GPS: 51°39'54"N / 12°54'22" E).
Schloß Lichtenburg.

WC Ch

Stellplatz auf einer Wiese am Bade- und Angelsee in einer Bungalowanlage. Stellfläche auf Wiese, auch über 8 m Länge möglich. Ort 1 km entfernt. 5 Touristenplätze.

Thüringen

37308 Schimberg OT Martinfeld (e7) ST-D 14003

»STELLPLATZ LANDHAUS 'AM WESTERWALD'« 1.1. bis 31.12.
E.: Familie Ibold ☎ 0049 36082 89213 473 m
Fax 0049 36082 89186, **information@landhaus-westerwald-martinfeld.de**
www.landhaus-westerwald-martinfeld.de

➔ A 38 Friedland-Leinefelde, Abf. (5) Heilbad/Heiligenstadt, Richtung Heiligenstadt, weiter durch Heiligenstadt auf die L2022 Richtung Bernterode. Ca. 2 km nach Bernterode in Martinfeld, ausgeschildert. ✉ Ershäuser Straße 10 (GPS: 51°17'6"N / 10°10'49" E).
Burg Gleichenstein mit Falknerei (9.5 km).

WC 200 m 500 m

Stellplatz in der Ortsmitte beim Hotel und Restaurant Landhaus "Am Westerwald" (Wildspezialitäten). Ebene Stellplätze auf Schotter. Stellplatzlänge bis 10 m. Reservierung wird empfohlen. 3 Touristenplätze.

37318 Asbach-Sickenberg (d7) ST-D 14005

10 **»GRENZMUSEUM SCHIFFLERSGRUND«** 1.3. bis 31.10.
E.: Arbeitskreis Grenzinformation e.V. ☎ 0049 36087 98409
info@grenzmuseum.de, www.grenzmuseum.de

➔ A 7/E 45 , Abf. (74) , auf die B 27 bis Bad Sooden/Allendorf. Weiter über die Werrabrücke östlich auf der Landesstraße Richtung Sickenberg. Beschildert. ✉ Platz der Wiedervereinigung 1 (GPS: 51°17'12"N / 10°0'30" E).
Grenzmuseum Schifflersgrund. Salzmuseum. Historische Altstadt Bad Sooden-Allendorf.

RES WC WC Ch

2 km HS 3 km

Stellplatz auf einem Parkplatz beim Grenzmuseum im Naturpark Eichsfeld-Hainisch-Werratal mit schönem Ausblick auf die Höhen des Eichsfeldes. Stellflächen auf Schotter. Stellplatz-Länge bis 12 m. Für Fahrzeuge über 5 t geeignet. Bezahlung an der Museumskasse. Grenzmuseumsöffnung täglich von 10-17 Uhr. Entsorgung von 10-17 Uhr möglich. Ort 2 km entfernt. 5 Touristenplätze.
2022: St/N inkl. 4 P/N 10.–, Wasser/50 l 1.–, Strom/50 kWh 1.–. Entsorgung inklusive.

37345 Holungen (e6/7) ST-D 14010

»STELLPLATZ KUTSCHERGASTHOF SONNENSTEIN«
E.: Kutschergasthof "Am Sonnenstein" 344 m 1.1. bis 31.12.
☎ 0049 36071 87270, Fax 0049 36071 91725, **info@redemann.com**
www.kutschergasthof-sonnenstein.de

➔ A 38 Friedland-Nordhausen, Abf. (6) Leinefelde-Worbis, auf die B 247 Richtung Duderstadt, in Worbis rechts abbiegen auf die L1012 Richtung Holungen, an der Abfahrt Holungen nicht rechts abbiegen, sondern weiter geradeaus, nach ca. 1 km liegt der Gasthof direkt an der Straße. ✉ Sonnenstein 6 (GPS: 51°29'59"N / 10°22'48" E).
Hermann-Isecke-Denkmal unterhalb des Sonnenstein.

Stellplatz am Gasthaus. Stellflächen auf Schotter. Einkehr obligatorisch. Ort 1 km entfernt. 3 Touristenplätze.

99734 Nordhausen, Harz (e6/7) ST-D 14027/1

Abfahrt

»WOHNMOBILSTELLPLATZ AM BADEHAUS NORDHAUSEN«
E.: Badehaus Nordhausen GmbH 185 m 1.1. bis 31.12.
☎ 0049 3631 47990, Fax 0049 3631 479917
team@badehaus-nordhausen.de, www.badehaus-nordhausen.de

➔ A 38 Friedland - Sangerhausen, Abf. (10) Werther, Richtung Nordhausen, dort der Ausschilderung zum Badehaus Nordhausen folgen. ✉ Grimmelallee 40 (GPS: 51°30'23"N / 10°47'3" E).
Historische Altstadt, Dom "Zum Heiligen Kreuz", diverse Kirchen und Museen, Traditionsbrennerei.

WC W Ch

200 m 500 m

Gekennzeichneter Wohnmobil-Stellplatz auf dem nördlichen Parkplatz des Nordhäuser Badehauses. Gepflasterte Stellflächen bis 7 m Länge. Bei der Zahlung der Gesamtgebühren erhalten Sie einen Gutschein für das angrenzende Familien- und Erlebnisbad - Badehaus Nordhausen. Ortszentrum 200 m entfernt. 5 Touristenplätze.

06567 Bad Frankenhausen/Kyffhäuser (e7) ST-D 14045/1

Abfahrt

»WALDGASTSTÄTTE SENNHÜTTE« 1.1. bis 31.12.
E.: Familie Iliger ☎ 0049 34671 6620, Fax 0049 34671 66225 132 m
sennhuette@t-online.de, www.sennhütte-frankenhausen.de

➔ A 38 Nordhausen-Sangerhausen, Abf. (13) Berga, auf die B 85 Richtung Bad Frankenhausen/Kyffhäuser. Kurz vor der Ortseinfahrt Bad Frankenhausen links abbiegen. Beschildert. ✉ Napptal 2 (GPS: 51°21'58"N / 11°5'45" E).
Barbarossahöhle (4 km), Kyffhäuserdenkmal und Ruine Rothenburg (10 km).

WC

Stellplatz an der Waldgaststätte am Rande des Naturparks Kyffhäuser. Stellflächen teils Wiese teils Schotter. Waldgaststätte Montags Ruhetag. Ortszentrum 1.5 km entfernt. 3 Touristenplätze.

06567 Bad Frankenhausen/Kyffhäuser (e7) ST-D 14045/2

Abfahrt

»KFZ-BETRIEB SCHULZE« 1.1. bis 31.12.
E.: Harald Schulze ☎ 0049 34671 63082 132 m
Fax 0049 34671 62022, **1a-Autoservice-Schulze@gmx.de**

➔ A 38 Nordhausen-Sangerhausen, Abf. (13) Berga, auf die B 85 Richtung Bad Frankenhausen/Kyffhäuser. In der Ortsmitte kurz bevor die B 85 eine Linkskurve macht, rechts in den Bachmühlenweg abbiegen. ✉ Bachmühlenweg 2 (GPS: 51°21'18"N / 11°5'29" E).
Barbarossahöhle (6 km), Kyffhäuserdenkmal und Ruine Rothenburg (10 km).

Ch 300 m 500 m 800 m

Abgezäuntes Wiesengelände am westlichen Ortsrand. Ebene Stellflächen auf Wiese. Stellflächenlänge bis 15 m. Montag Ruhetag. Brötchenservice. Ortszentrum 800 m entfernt. 40 Touristenplätze.

06567 Bad Frankenhausen/Kyffhäuser (e7) ST-D 14045/3

Abfahrt

»WOHNMOBIL-STELLPLATZ "AN DER KYFFHÄUSER-THERME"«
E.: Kur & Tourismus GmbH Bad Frankenhausen 132 m 1.1. bis 31.12.
☎ 0049 34671 5123, Fax 0049 34671 51259, **kur@bad-frankenhausen.de**
www.kyffhaeuser-therme.de

➔ A 38 Nordhausen-Sangerhausen, Abf. (13) Berga, auf die B 85 Richtung Bad Frankenhausen/Kyffhäuser. In der Ortsmitte der Beschilderung 'Kyffhäuser-Therme' folgen. ✉ August-Bebel-Platz 9 (GPS: 51°21'20"N / 11°6'10" E).
Barbarossahöhle (6 km), Kyffhäuserdenkmal und Ruine Rothenburg (10 km).

W 20 m 200 m 500 m

Der Wohnmobil-Stellplatz befindet sich in bester Stadtlage direkt gegenüber der alten Stadtmauer, der Kyffhäuser-Therme und dem Kneippbecken. Ebene Stellflächen auf Rasengittersteinen. Anmeldung an der Rezeption der Kyffhäuser-Therme. Ermäßigter Eintritt in die Kyffhäuser-Therme, Saunenwelt sowie Wellness- und Beautyoase. Ortszentrum 200 m entfernt. 15 Touristenplätze.

99625 Kölleda (e/f7) ST-D 14060

Abfahrt

»STELLPLATZ ALTE MOLKEREI« 1.1. bis 31.12.
E.: Jens Hauptmann ☎ 0049 3635 46040 145 m
info@altemolkerei-online.de, www.altemolkerei-online.de

➔ A 71 Erfurt-Sangerhausen, Abf. (5) Sommerda-Ost, Richtung Kölleda, am Ortsende direkt an der B 176 auf der linken Seite. ✉ Battgendorfer Straße 1 (GPS: 51°11'25"N / 11°15'4" E).
Heimatmuseum und Funkwerkmuseum in Kölleda, Schloss Beichlingen (4 km).

200 m 800 m

Stellplatz am Hotel. Stellflächen auf Rasengittersteinen bis 10 m Länge. Verzehr obligatorisch. Biergarten mit Grillhütte. Unstrut- und Finneradwanderweg in unmittelbarer Nähe. Reservierung wird empfohlen. Ortszentrum 500 m entfernt. 3 Touristenplätze.

99518 Bad Sulza (f7) ST-D 14080/1

20 **»WOHNMOBILSTELLPLATZ 'GRADIERWERK'«**
E.: Kurgesellschaft Heilbad Bad Sulza mbH 140 m 1.1. bis 31.12.
☎ 0049 36461 2410, Fax 0049 036461 24112, **www.bad-sulza.de**

➔ A 9 Leipzig-Eisenberg, Abf. (21a) Naumburg, Richtung Naumburg, in Naumburg auf die B 87 Richtung Bad Kösen, von dort auf die L203 Richtung Bad Sulza, am Ortseingang rechts der Ausschilderung Gradierwerk/Freibad folgen. ✉ Am Gradierwerk (GPS: 51°5'51"N / 11°37'52" E).
Gradierwerk Louise (100 m), Saline (700 m), Kurpark und Trinkhalle (700 m).

W Ch HS 100 m 200 m 300 m 500 m

Stellplatz liegt idyllisch am Ortsrand am Fuße der Sonnenburg, in unmittelbarer Nähe zum Gradierwerk und Freibad. Stellflächen bis 12 m auf Schotter und Rasengittersteinen. Ortszentrum 500 m entfernt. 8 Touristenplätze.
2022: St/N inkl. 5 P/N 15.50 bis 18.50, Waschmaschine 2.–, Wasser/60 l 1.–, Strom/8 Std. 1.–. P/N, KT, H/N, WD, Entsorgung und Müll inklusive. Bezahlung am Automaten (nur EC-Kartenzahlung). Bezahlung Strom und Wasser mit Münzen.

99518 Bad Sulza (f7) ST-D 14080/2

»STELLPLATZ AN DER TOSKANA-THERME« 1.1. bis 31.12.
E.: Hotel an der Therme Bad Sulza ☎ 0049 36461 92000 140 m
Fax 0049 36461 92002, **info@toskanaworld.net, www.toskanaworld.net**

➔ A 9 Leipzig-Eisenberg, Abf. (21a) Naumburg, Richtung Naumburg, in Naumburg auf die B 87 Richtung Bad Kösen, von dort auf die L203 Richtung Bad Sulza, dort der Ausschilderung zur Toskana-Therme folgen. ✉ Rudolf-Gröschner-Straße 11 (GPS: 51°5'25"N / 11°37'49" E).
Kurpark und Trinkhalle (100 m), Gradierwerk Louise (700 m).

HS 100 m

Stellplatz an einem Hotel an der Toskana-Therme im Ortszentrum. Stellflächen auf Pflaster. 5 Touristenplätze.

99518 Bad Sulza (f7) ST-D 14080/3

»STELLPLATZ RESORT SCHLOSS AUERSTEDT« 1.1. bis 31.12.
E.: Toskanaworld GmbH ☎ 0049 36461 87762 140 m
info@toskanaworld.net, www.toskanaworld.net

➔ A 9 Leipzig-Eisenberg, Abf. (21a) Naumburg, Richtung Naumburg, in Naumburg auf die B 87 Richtung Bad Kösen, von dort auf die L203 Richtung Bad Sulza, am südlichen Ortsausgang von Bad Sulza auf die L2158 Richtung Auerstedt, das Hotel Schloss Auerstedt liegt im Ortszentrum. ✉ Schloßhof (GPS: 51°5'54"N / 11°32'22" E).
Schloss Auerstedt, Turm der Kirche St. Veit.

W 300 m

Stellplatz an einem Hotel im Ortszentrum. Stellflächen auf Schotter. Bei Voranmeldung Strom gegen Gebühr möglich, kostenfreie Nutzung des Naturwasserpools. 5 Touristenplätze.

99518 Eberstedt (f7) ST-D 14090

20 **»STELLPLATZ AN DER HISTORISCHEN MÜHLE«**
E.: HME GmbH & CoKg 134 m 1.4. bis 31.10.
☎ 0049 36461 877744, Fax 0049 36461 86935
info@oelmuehle-eberstedt.com, www.oelmuehle-eberstedt.com

➔ A 4 Erfurt-Jena, Abf. (50) Apolda, auf der B 87 Richtung Apolda, in Apolda auf die L1060 Richtung Bad Sulza, in Niedertrebra links abbiegen, ausgeschildert. ✉ Dorfstraße 28-29 (GPS: 51°4'31"N / 11°35'1" E).
Ölmühle. Begehbare Sonnenuhr (500 m).

Ch 500 m 1 km

Stellplatz beim Landhotel an der historischen Ölmühle direkt am Ilmtal-Radweg und Saale-Unstrut-Weinanbaugebiet. Schwimmendes Hüttendorf. Stellflächen auf Schotterrasen bis 12 m Länge. TV Anschluss. Vom 31.10. bis 30.3. kein Strom/Wasser verfügbar. FW. Ortszentrum 500 m entfernt. 10 Touristenplätze.
2022: St/N inkl. 2 P/N 10.– bis 19.80, Waschmaschine 4.–, Trockner 4.–, Sanitärbenutzung/N 3.50. P/N, H/N, WD, Entsorgung, Müll und Wasser inklusive.

07607 Eisenberg (f7) ST-D 14108/1

Abfahrt

»STELLPLATZ AMTSSCHREIBERSMÜHLE« 1.1. bis 31.12.
E.: Paul Herold ☎ 0049 36691 57590, Fax 0049 36691 575913
info@amtsschreibersmuehle.de, www.amtsschreibersmuehle.de

➔ A 9 Leipzig-Hermsdorfer Kreuz, Abf. (22) Eisenberg, weiter auf der B 7 Richtung Gera nach Eisenberg. Im Ortsteil Kursdorf Richtung Mühltal abbiegen. Beschildert. ✉ Mühltal 2 (GPS: 50°57'3"N / 11°54'2" E).
Schlosskirche mit Kräutergarten. Stadtkirche. Stadtmuseum. Meuschkensmühle, Wirkungsstätte von Milo Barus (5 km).

4,5 km

Stellplatz auf dem Hof der Amtsschreibersmühle. Stellflächen auf Schotter. Stellplatz-Länge bis 10 m. Restaurant ab 11 Uhr geöffnet, Do. Ruhetag. Streicheltiere, wie z.B. Esel, Pferde. Ort 4,5 km entfernt. 12 Touristenplätze.

07607 Eisenberg (f7) ST-D 14108/2

Abfahrt

10 **»WOHNMOBILSTELLPLATZ EISENBERG«** 1.1. bis 31.12.
E.: Eisenberg-Information ☎ 0049 36691 73454
info@stadt-eisenberg.de, www.stadt-eisenberg.de

➔ A 9 Leipzig-Hermsdorfer Kreuz, Abf. (22) Eisenberg, weiter auf der B 7 durch Eisenberg zum östlichen Ortsrand und Tierpark. Beschildert. ✉ Geraer Straße 88 (GPS: 50°57'58"N / 11°54'42" E).
Schlosskirche mit Kräutergarten. Stadtkirche. Stadtmuseum. Eisenberger Mühltal.

WC Ch 100 m 600 m 1 km 1.3 km HS 2 km

Markierter, beleuchteter Stellplatz am östlichen Stadtrand, unmittelbar an der B 7 gelegen. Parzellierte Stellflächen auf Pflaster mit kleinem Rasenanteil. Stellplatz-Länge bis 10 m. Für Fahrzeuge über 5 t geeignet. Zahlung für Strom und Frischwasser erfolgt per Münzautomat (kein Geldwechsel möglich). Standgebühren werden am Parkscheinautomat oder per App (mobilet.net) gezahlt. Maximal 3 Nächte Aufenthalt möglich! Im Winter Eislaufläche. Ort 1 km entfernt. 7 Touristenplätze.
2023: MC/N 5.–, Wasser/120 l 1.50, Strom/kWh 1.50 (16 A). P/N, H/N, Entsorgung und Müll inklusive.

07629 Reichenbach (f7/8) ST-D 14112

»STELLPLATZ HOLZLAND-FREIZEITCENTER« 1.1. bis 31.12.
E.: Ludwig Eberhardt
☎ 0049 36601 40777, Mobil 0049 162 2827401
info@holzland-freizeitcenter.de

➔ A 9 Leipzig-Nürnberg, Abf. (25 a) Hermsdorf-Süd, weiter auf der L 1076 Richtung St. Gangloff, an der Abfahrt links nach Reichenbach vorbeifahren. Nach ca. 700 m weiter der Beschilderung zum Waldgasthof nach links folgen. ✉ Eichenweg 1 (GPS: 50°51'40"N / 11°52'34" E).
Porzellanmanufakturen. Mutzmuseum (3 km). Brehmhaus mit Brehmgedenkstätte (15 km).

W W 1 km 1.5 km

Stellplatz neben dem Waldgasthaus am Waldrand. Stellflächen auf Schotterrasen, Wiese, Asphalt. Stellplatz-Länge bis 8 m. Barzahlung im Gasthaus bei Ankunft! Bei Verzehr im Restaurant keine Stellplatzgebühr. Im Winter telefonisch anmelden. Reservierung empfohlen. Gaststätten-/Sanitäröffnungszeiten eingeschränkt. Mo. und Di. Ruhetag im Restaurant. Liegewiese. Kickerstreet-Anlage. Ort 1 km entfernt. 8 Touristenplätze.

Die Bewertung der Geräuschkulisse bezieht sich nicht auf den Stellplatz selbst, sondern auf die Geräuschsituation im Umfeld des Campingplatzes, wie z.B. Flug-, Autobahn oder Eisenbahngeräusche.

07580 Ronneburg (f7/8) ST-D 14116

Abfahrt

»REISEMOBILSTELLPLATZ 'KÜHLER GRUND'« 1.5. bis 30.10.
E.: Stadt Ronneburg ☎ 0049 36602 53615 278 m
stadt@ronneburg.de, www.ronneburg.de

➔ A 4 Gera - Chemnitz, Abf. (59) Gera/Leumnitz und weiter auf der B 92 Richtung Gera, nach ca. 500 m beim Kreisverkehr links abbiegen Richtung Ronneburg. Beim Ortseingang Ronneburg am Kreisverkehr rechts abbiegen, nach 50 m rechts, beschildert. ✉ Am Kühlen Grund 4 (GPS: 50°51'56"N / 12°10'35" E).
Historische Altstadt (300 m), diverse Museen (500 m).

RES 20 m 100 m 300 m

Stellplatz in Altstadtnähe. Ebene sandgeschlämmte Stellflächen auf Rasen, teils unter Bäumen. Stellplatzlänge bis 10 m. Picknickplatz. Nächste Versorgungsmöglichkeit in ca. 1.5 km. Ortszentrum 300 m entfernt. 20 Touristenplätze.

04600 Altenburg (g7) ST-D 14117

»REISEMOBILSTELLPLATZ AM GROSSEN TEICH«
E.: Stadt Altenburg V.: Altenburg Tourismus GmbH 1.1. bis 31.12.
☎ 0049 3447 896689, **info@altenburg.travel, www.altenburg-tourismus.de**

➔ A 4 Gera-Chemnitz, Abf. (62) Meerane, auf die B 93 Richtung Altenburg. In Altenburg links um den 'Großen Teich' auf die August-Bebel-Str. (Zufahrt Freibad). ✉ August-Bebel-Straße (GPS: 50°58'45"N / 12°25'48" E).
Spielkartenladen u. Museum (1 km), Bartholomäikirche (1.3 km), Residenzschloss (1.5 km),Liqueurfabrik u. Museum (2.5 km), Brauerei u. Museum (4 km).

RES WC W Ch HS 150 m 300 m 350 m 500 m

Stellplatz direkt gegenüber vom Steg zum Inselzoo. Leicht abschüssige asphaltierte Stellflächen. Altstadt 500 m entfernt. 13 Touristenplätze.

07551 Gera (f7/8) ST-D 14118

Abfahrt

»WOHNMOBILHAFEN IM GESSENPARK« 1.1. bis 31.12.
E.: Rossmann-Bau GmbH Grobsdorf
☎ 0049 365 73206 0, Mobil 0049 176 22613495, Fax 0049 365 73206 49
mail@gessenpark.de, www.gessenpark.de

➔ A 4 Abf. (58 b) Gera, weiter auf der L 1079/B 92 Richtung Stadtzentrum. In der Braustr. rechts Richtung Pforten, links in die Reichsstr.. In der Gessentalstr. links abbiegen und der Beschilderung folgen. ✉ Gessentalstr. 7 (GPS: 50°51'28"N / 12°5'25" E).
Theater Gera. Haus Schulenburg. Schloß Osterstein. Otto-Dix-Haus (Museum). Hofwiesenpark (BUGA 2007). 230 Höhlen unter der Stadt mit Höhlenmuseum.

WC W W Ch 200 m 1 km 1.5 km

Stellplatz am Stadtrand, an einem Bach (Gessenbach) gelegen, umgeben vom Naturschutzgebiet der Lasur mit schönem Blick ins Gessental. Anschluss an den Fernradwanderweg der Thüringer Städtekette. Ebene Stellflächen auf Schotter bzw. gepflastert. Stellplatz-Länge bis 10 m. 19 Touristenplätze.

04626 Posterstein (f7/8) ST-D 14119/2

Abfahrt

»STELLPLATZ BURG POSTERSTEIN« 1.1. bis 31.12.
E.: Museum Burg Posterstein ☎ 0049 34496 22595 207 m
info@burg-posterstein.de, www.burg-posterstein.de

➔ A 4 Gera-Chemnitz, Abf. (60) Ronneburg, Richtung Ronneburg am Kreisel links abbiegen und nach ca. 200 m nochmals links abbiegen Richtung Posterstein. In Posterstein der Ausschilderung zur Burg folgen. ✉ Burgberg 1 (GPS: 50°51'44"N / 12°15'12" E).
Burg Posterstein.

RES WC 200 m

Stellplatz direkt an der Burg. Gepflasterte Stellflächen. Ortszentrum 300 m entfernt. 10 Touristenplätze.

07937 Zeulenroda-Triebes (f8) ST-D 14128

»BADEWELT 'WAIKIKI'« 1.1. bis 31.12.
E.: Waikiki Thermen- & Erlebnisresort am Zeulenrodaer Meer 415 m
☎ 0049 36628 7370, Fax 0049 36628 73737, **info@badewelt-waikiki.de**
www.badewelt-waikiki.de

➔ A 9 Hof-Leipzig, Abf. (28) Schleiz, Richtung Schleiz. In Schleiz rechts auf die B 94 Richtung Zeulenroda abbiegen. Am nördlichen Ende von Zeulenroda links halten. Beschildert. ✉ Am Birkenwege 1 (GPS: 50°39'55"N / 11°59'35" E).
Kreuzkirche im Stadtzentrum (1.5 km), Talsperre Zeulenroda (2 km).

RES WC W HS 300 m

Stellfläche auf dem Parkplatz der Badewelt. Ebene Stellflächen auf Rasengittersteinen. Frühstück ab 9 Uhr. Ab 3 Tagen Aufenthalt ein Tagesaufenthalt Tropen- und Sportbad gratis. Ortszentrum 1.5 km entfernt. 6 Touristenplätze.

07318 Saalfeld/Saale (f8) ST-D 14140/1

»PARKPLATZ FREIBAD« 1.1. bis 31.12.
E.: Stadt Saalfeld ☎ 0049 3671 33917 235 m
info@saalfeld-tourismus.de, www.saalfeld.de

➔ A 9 Hermsdorf-Bad Lobenstein, Abf. (26) Triptis, auf die B 281 Richtung Saalfeld. Am Ortseingang Saalfeld auf die B 85 Richtung Zentrum abbiegen. Nach ca. 2 km rechts auf die K 153 über die Saale. Beschildert. ✉ Reschwitzer Straße (GPS: 50°38'14"N / 11°22'3" E).
Thüringer Heimatmuseum (1 km), hist. Altstadt mit Johanneskirche (1 km), Schaubergwerk Feengrotten (2 km).

RES HS 20 m 1 km

Stellplatz neben dem Freibad. Ebene Stellflächen auf Sand und Schotter. Stellplatzlänge bis 12 m. Öffnungszeiten des Freibades Mai bis Sept. Ortszentrum 1 km entfernt. 11 Touristenplätze.

07318 Saalfeld/Saale (f8) ST-D 14140/2

»STELLPLATZ FEENGROTTEN« 1.1. bis 31.12.
E.: Saalfelder Feengrotten ☎ 0049 3671 55040 235 m
kundenservice@feengrotten.de, www.feengrotten

➔ A 9 Hermsdorf-Bad Lobenstein, Abf. (26) Triptis, auf die B 281 Richtung Saalfeld, auf dieser bleiben, kurz hinter Saalfeld in Garnsdorf der Ausschilderung 'Feengrotten' folgen. ✉ Feengrottenweg 2 (GPS: 50°38'6"N / 11°20'30" E).
Schaubergwerk Feengrotten, Thüringer Heimatmuseum (2 km), hist. Altstadt mit Johanneskirche (2 km).

RES WC Ch 100 m 500 m

Stellplatz bei den Feengrotten im Grünen direkt am Wald. Stellflächen auf Rasengittersteinen und gepflasterten Untergrund. Fahrzeuge bis 6 m Länge. Beleuchtet. Kurzreise-Stellplatz. Stadtzentrum 1.5 km entfernt. 10 Touristenplätze.

07318 Saalfeld/Saale (f8) ST-D 14140/3

»STELLPLATZ AM WEIDIG« 1.4. bis 30.10.
E.: Strand 24 ☎ 0049 3671 5239930 235 m
Fax 0049 3671 5239940, **info@strand-24.de, www.strand-24.de**

➔ A 9 Hermsdorf-Bad Lobenstein, Abf. (26) Triptis, auf die B 281 Richtung Saalfeld, in Saalfeld biegt die B 281 links ab, nach ca. 1.5 km am Rechtsknick links abbiegen in die 'Alte Freiheit'. Am Schlossbrunnen links abbiegen und die erste wieder rechts, nach ca. 500 m rechts, ausgeschildert. ✉ Am Weidig 3 (GPS: 50°39'26"N / 11°21'40" E).
Thüringer Heimatmuseum (1 km), hist. Altstadt mit Johanneskirche (1 km), Schaubergwerk Feengrotten (2 km).

WC W W Ch 500 m 700 m

Stellplatz direkt an der Saale. Stellflächen auf Rasen. Mindestaufenthalt 3 Nächte. Stadtzentrum 1 km entfernt. 8 Touristenplätze.

07318 Wittgendorf, Thür. W. (e/f8) ST-D 14141

25 **»WOHNMOBILSTELLPLATZ AM "AUEBAD"«** 1.1. bis 31.12.
P.: Hans Grey Mobil 0049 172 3568213 560 m
freizeitzentrum-auebad@web.de

➔ A 73 Suhl-Coburg, Abf. (5) Eisfeld-Nord, Richtung Saalfeld/Saale (B 281). Der B 281 folgen. Ca. 5 km hinter Reichmannsdorf links Richtung Rohrbach-Wittgendorf abbiegen. Nach ca. 4 km erreichen Sie das 'Aue Bad'. ✉ Verbindungsstraße K 136 (GPS: 50°35'37"N / 11°13'45" E).
Leibis Talsperre (2 km), Porzellanmanufaktur Sitzendorf (8 km).

RES WC W HS

Stellplatz neben dem Freibad "Auebad Wittgendorf". Von Wald umgeben. Stellflächen auf Wiese und Schotter. Stellplatzlänge bis 9 m. Anmeldung im Freizeitzentrum "Auebad". Imbiss. Ortszentrum 1.5 km entfernt. 20 Touristenplätze.
2022: St/N inkl. Strom u. WD 25.–, St/N exkl. Strom u. WD 20.–, Entsorgung mit / ohne Übernachtung 5.– / 8.–, T-St/N bis 3 / 4-8 Pers. 15.–/25.–, WD 2.50. Eintritt ins "Auebad" frei.

07407 Rudolstadt (f8) ST-D 14143/1

»WOHNMOBILSTELLPLATZ 'AM SAALEMAXX'« 1.1. bis 31.12.
E.: SAALEMAXX Freizeit- und Erlebnisbad Rudolstadt GmbH 195 m
☎ 0049 3672 31450, Fax 0049 3672 314520, **info@saalemaxx.de**
www.saalemaxx.de

➔ A 4 Eisenach-Gera, Abf. (49) Weimar, auf die B 85 Richtung Rudolstadt, in Rudolstadt rechts auf die B 88 abbiegen, nach ca. 2,5 km rechts abbiegen, der Beschilderung zum Saalemaxx folgen. ✉ Hugo-Trinckler-Str. 6 (GPS: 50°42'23"N / 11°19'1" E).
Porzellanmanufaktur Volkstedt (1 km), Schloss Heidecksburg (3 km), Schiller Haus (3 km).

WC W HS 100 m 1 km

Stellplatz auf dem hinteren Bereich des Parkplatzes vom Freizeitbad. Parzellierte Stellflächen auf Rasengittersteinen. Stellplatzlänge bis 8 m. Reservierung gegen Vorkasse möglich. Ortszentrum 2.5 km entfernt. 9 Touristenplätze.

07407 Rudolstadt (f8) ST-D 14143/2

»STELLPLATZ SAALESTRAND« 1.1. bis 31.12.
E.: Stellplatz SaaleStrand 195 m
☎ 0049 3672 414755, Mobil 0049 151 40529932, Fax 0049 3672 93672 431248
info@saalestrand-rudolstadt.de, www.saalestrand-rudolstadt.de

➔ A 4 Weimar-Gera, Abf. (53) Jena-Göschwitz auf die B 88 Richtung Rudolstad. In Rudolstadt Richtung Ortsteil Cumbach. Unmittelbar nach der Brücke über die Bahn und die Saale links abbiegen Richtung Catharinau. Von dort ca. 800 m dann links abbiegen in die Straße „An den Katzenlöchern". Nach ca. 100 m, unmittelbar hinter der Rechtskurve liegt der Stellplatz auf der rechten Seite. ✉ An den Katzenlöchern 4 (GPS: 50°43'8"N / 11°21'54" E).
Schloss Heidecksburg, Stadtschloss Ludwigsburg, Freilichtmuseum

Thüringer Bauernhäuser.

1 km

Stellplatz in ruhiger Lage in der Nähe der Saale. Stellflächen auf Rasengittersteinen, keine Längen- Gewichtsbeschränkungen. Stadtzentrum 2 km entfernt. 3 Touristenplätze.

07768 Orlamünde (f8) ST-D 14145

Abfahrt

20 **»STELLPLATZ AM BOOTSHAUS«** 1.5. bis 30.10.
E.: Michael Oechsner Mobil 0049 172 3448188 207 m
info@abenteuer-in-thueringen.de, **www.abenteuer-in-thueringen.de**

➔ A 4 Eisenach-Erfurt, Abf. (53) Jena-Göschwitz auf die B 88 Richtung Rudolstad, ca. 500 m hinter dem Bahnhof Orlamünde links über die Brücke über die Saale, der Platz befindet sich auf der linken Seite zwischen dem Sportplatz und der Saale. ✉ Sportplatz 1 (GPS: 50°46'24"N / 11°31'59" E).
Historische Altstadt mit Stadtkirche St. Marien und dem ehemaligen Wilhemitenkloster (800 m).

300 m 800 m

Stellplatz zwischen einem Sportplatz und der Saale. Stellflächen auf Schotter und Rasen. Stellplatzlänge bis 10 m. Wasserwanderrastplatz. Ortszentrum 800 m entfernt. 5 Touristenplätze.
2022: St/N inkl. 1 P/N 10.–, weitere P/N 10.–, K/N 3 bis 17 J. 5.–, WD 1.–, Strom/N 5.–. H/N und Müll inklusive.

07381 Oppurg (f8) ST-D 14146

»STELLPLATZ AM RITTERGUT POSITZ« 1.1. bis 31.12.
E.: Rittergut Positz GmbH ☎ 0049 3647 504535 230 m
Fax 0049 3647 504536, **info@rittergut-positz.de**, **www.rittergut-positz.de**

➔ A 9 Halle-Hof, Abf. (26) Tirpitz, auf die B 281 Richtung Saalfeld/Saale, in Kolba rechts in die Ortsstraße abbiegen, nach einer kleinen Brücke in der Dorfmitte gabelt sich die Straße, rechts halten und immer der Straße nach Positz berauf folgen. ✉ Rittergut Positz 1 (GPS: 50°43'50"N / 11°40'24" E).
Rittergut Positz.

Stellplatz an einem Rittergut in Alleinlage am Waldrand. Stellflächen auf Schotter ohne Gewichts- und Längenbeschränkung. Frühstücksservice möglich. Ortszentrum 1.5 km entfernt. 10 Touristenplätze.

07819 Dreitzsch (f8) ST-D 14148

Abfahrt

»BÜCHERSMÜHLE DREITZSCH« 1.1. bis 31.12.
E.: Silvia Frantzen-Woltemas ☎ 0049 36481 50638 280 m
Fax 0049 36481 50638, **frawo07819@aol.com**

➔ A 9 Leipzig-Hof, Abf. (26) Triptis, auf die B 281 Richtung Neustadt a.d. Orla, nach ca. 3 km rechts Richtung Dreitzsch abbiegen, nach weiteren ca. 800 m rechts auf die Ortsstraße abbiegen, nach ca. 250 m macht die Straße einen Rechtsknick, an diesem liegt der Stellplatz. ✉ Ortsstraße 55 (GPS: 50°44'25"N / 11°47'26" E).
Cranach Altar in der Kirche Neustadt (2.4 km), Historische Altstadt von Neustadt a.d. Orla (2.5 km).

100 m 500 m

Stellplatz an einer denkmalgeschützten Mühle. Ebene Stellflächen auf Asphalt. Stellplatlänge bis 12 m. Aktivitäten: Mitarbeit auf dem Hof, Stöbern auf dem Antik- und Trödelboden. Hunde nur nach Absprache. Frühstück auf dem Hof. Ortszentrum 500 m entfernt. 4 Touristenplätze.

07907 Schleiz (f8) ST-D 14183

Abfahrt

15 **»STELLPLATZ HOTEL LUGINSLAND«** 1.1. bis 31.12.
E.: Hotel Luginsland ☎ 0049 3663 48050 432 m
hotel.luginsland@t-online.de, **www.hotel-luginsland.de**

➔ A 9 Nürnberg-Berlin, Abf. (28) Schleiz, Richtung Schleiz ca. 800 m bis zum Hotel. ✉ Heinrichsruh 8 (GPS: 50°33'6"N / 11°48'35" E).
Motorsport-Rennstrecke Schleizer Dreieck, Bergkirche.

Stellplatz am Hotel in Autobahnnähe. Stellflächen auf Schotter und Asphalt, auch für Längen über 8 m geeignet. Frühstücksservie möglich. Bei Einkehr kostenlos. Ort 2 km entfernt. 5 Touristenplätze.
2022: St/N inkl. 2 P/N 5.– bis 15.–, extra A/N 2.–, extra C/N 8.–, extra MC/N 10.–, extra B/N 15.–, Strom/N 5.–.

07927 Hirschberg (f8) ST-D 14186

Abfahrt

»STELLPLATZ RASTSTÄTTE HIRSCHBERG« 1.1. bis 31.12.
E.: Marche Hirschberg ☎ 0049 36644 26007 454 m
hirschberg@marche-restaurants.com

➔ A 9 Leipzig-Bayreuth, zwischen den Ausfahrten 29 und 30 / Richtung Leipzig. ✉ An der A 9 (GPS: 50°25'36"N / 11°47'41" E).

Stellplatz an der BAB 9. Stellflächen auf Asphalt, ohne Längen- und Gechtsbeschränkung. Übernachtungsplatz. 10 Touristenplätze.

07343 Wurzbach, Tühringer W. (f8) ST-D 14190

»STELLPLATZ GRUMBACHER BAUERNSTUBE« 1.1. bis 31.12.
E.: Grumbacher Bauernstube ☎ 0049 36652 22278 701 m
kontakt@rennsteig-gasthof.de

➔ A 9 Hof-Gera, Abf. (29) Bad Lobenstein, auf die B 90 Richtung Bad Lobenstein und Wurzbach. Im Zentrum von Wurzbach links auf die Lehestener Straße abbiegen, nach ca. 800 m links und gleich wieder rechts abbiegen auf die K105 Richtung Grumbach. Im Zentrum von Grumbach links abbiegen, nach ca. 100 m auf der lineken Seite. ✉ Grumbach 27 (GPS: 50°25'42"N / 11°30'5" E).

Stellplatz an einem Gästehaus. Stellflächen auf Schotter. Einkehr obligatorisch. Wandermöglichkeiten sowie Skilanglauf. Ort 5.5 km entfernt. 5 Touristenplätze.

07356 Bad Lobenstein (f8) ST-D 14195

»STELLPLATZ ARDESIA THERME« 1.1. bis 31.12.
☎ 0049 36651 3939200
info@ardesia-therme.de, **www.ardesia-therme.de**

➔ E 51 Nürnberg-Berlin, Abf. (29) Bad Lobenstein, im Ort der Beschilderung zur Ardesia-Therme folgen. ✉ Parkstr. 8 (GPS: 50°26'57"N / 11°38'31" E).
Destillerie Reising (650 m).

50 m 100 m 200 m

Stellplatz auf dem Thermenparkplatz Ardesia-Therme. Stellfläche auf Pflaster und Gras. 18 Touristenplätze.

99423 Weimar (f7) ST-D 14215

Abfahrt

»STELLPLATZ HERMANN-BRILL-PLATZ« 1.1. bis 31.12.
E.: Stadt Weimar ☎ 0049 3643 7450 208 m
buergerbuero@stadtweimar.de
www.weimar.de/tourismus/service/anreise/parken/

➔ A 4 Erfurt-Jena, Abf. (49) Weimar, B 85 Richtung Weimar, in Weimar Richtung Stadtmitte, der Ausschilderung zum Schwanenseebad folgen. ✉ Hermann-Brill-Platz (GPS: 50°59'6"N / 11°18'59" E).
Goethe- und Schillerhaus (1 km), Stadtschloss (1.4 km), diverse Museen.

HS 100 m 200 m 300 m 400 m 500 m

Beleuchteter Pkw- und Reisemobilstellplatz am westlichen Stadtzentrum. Ebene gepflasterte Stellflächen bis 12 m Länge. Stadtzentrum 800 m entfernt. 20 Touristenplätze.

99428 Weimar OT Legefeld (f7) ST-D 14217

Abfahrt

10 **»SAUNABAD WEIMAR GMBH«** 1.1. bis 31.12.
E.: Saunabad Weimar GmbH ☎ 0049 3643 953003 208 m
Fax 0049 3643 953004, **info@saunabad-weimar.de**
www.saunabad-weimar.de

➔ A 4 Erfurt-Jena, Abf. (49) Weimar, B 85 Richtung Bad Berka, nach ca. 400 m in Legefeld rechts der Ausschilderung zum Saunabad Weimar folgen. ✉ In der Buttergrube 11 (GPS: 50°56'11"N / 11°17'12" E).
Goethe- und Schillerhaus (5 km), Stadtschloss (5.5 km), diverse Museen.

200 m

Stellplatz an einer Saunaanlage mit herrlichem Panoramablick bei Weimar. Fast ebener Untergrund gepflastert, ohne Wasser und ohne Chemie/WC Entleerung. Bis 8 m Länge. Sauna und Gaststättenbesuch optional möglich. Öffnungszeiten: Mo. u. Di. geschlossen. Mi. bis Fr. 14 bis 22:30 Uhr. Sa. u. So. 12 bis 22:30 Uhr, April bis Sept. bis 20 Uhr. An Feiertagen gesonderte Öffnungszeiten. Stadtzentrum 5 km entfernt. 10 Touristenplätze.
2022: St/N 5.–, Strom/N 5.–. Sanitärbenutzung inklusive.

99094 Erfurt (e7) ST-D 14225/1

Abfahrt

»EGAPARK PARKPLATZ« 1.1. bis 31.12.
E.: Erfurt Tourismus und Marketing GmbH 194 m
☎ 0049 361 6640200, Fax 0049 361 6640290, **www.erfurt-tourismus.de**
service@erfurt-tourismus.de

➔ A 71 Arnstadt-Sömmerda Abf. (7) Erfurt-Bindersleben/Flughafen. Richtung Messe, ca. 2 km der Ausschilderung folgen. ✉ Gothaer Straße (GPS: 50°57'29"N / 10°59'1" E).
Hist. Stadtkern mit Dom (3 km), Augustinerkloster und Krämerbrücke (3 km).

100 m 1 km

Stellplätze auf dem Egapark Parkplatz beim Messegelände. Ebene, asphaltierte Stellplätze bis 5 m Länge. Stadtzentrum 3 km entfernt. 5 Touristenplätze.

99097 Erfurt (e7) ST-D 14225/2

Abfahrt

20 **»WOHNMOBILPARK TRAUTMANN ERFURT«** 1.1. bis 31.12.
E.: Wohnmobilpark Trautmann Erfurt 194 m
☎ 0049 361 413980, Mobil 0049 171 4803577, Fax 0049 361 4171885
info@sauna-trautmann.de, **www.caravan-erfurt.de**

➔ A 4 Eisenach-Jena, Abf. (47a) Erfurt-Ost, Richtung Zentrum, nach ca. 3 km am Urbicher Kreuz Richtung Zentrum abfahren. Nach ca. 500 m rechts abbiegen auf die Haarbergstraße, bis zum Ende, geht in die Kranichfelder Straße über, nach ca. 500 m links in den Muldenweg abbiegen, nach 200 m links in den Paulinzeller Weg abbiegen, am Ende der Straße befindet sich der Platz. ✉ Rottenbacherweg 11 (GPS: 50°57'14"N / 11°4'0" E).
Hist. Altstadt mit Dom (8 km).

100 m 200 m 1 km

Stellplatz in Stadtrandlage. Ebende Stellfächen auf Schotter, bis 10 m Länge. Stellplatz liegt außerhalb der Umweltzone. Brötchenservice. Ermäßigte Saunaeintrittspreise und Wellnessangebote. Reservierung wird dringend empfohlen! Stadtzentrum 8 km entfernt. 15 Touristenplätze.
2022: St/N inkl. 2 P/N 16.50, KT P/N ab 18 J. 1.–, WD 2.50, Waschmaschine 3.50, Trockner 3.–, Wasser/50 l –.50, Strom/5 kWh 2.– (16 A). H/N, Entsorgung, Müll und Sanitärbenutzung inklusive. Zahlung in bar oder Girocard / keine Geldkarten!.

99310 Arnstadt (e8) ST-D 14228

»ARNSTÄDTER SPORT- UND FREIZEITPARK AM WOLLMARKT«
E.: Weise ☏ 0049 3628 603379 1.1. bis 31.12.
info@bad-arnstadt.de, www.bad-arnstadt.de

➔ A 4 Bad Hersfeld-Dresden Abf. (45) Kreuz Erfurt auf die A 71 Abf. (13) Arnstadt-Nord. ✉ Wollmarkt 19 (GPS: 50°50'5"N / 10°57'16" E).
∴ Historische Innenstadt.

500 m 1 km

Stellplatz beim Sport- und Freizeitbad. Stellflächen auf Rasen. Stellplatz-Länge bis 10 m. Die Anmeldung erfolgt im Eingangsbereich des Freizeitbades. Der von Grün geprägten Schlossgarten mit der Neideckruine sowie der historischen Altstadtkern Arnstadts sind in wenigen Gehminuten erreichbar. Ortszentrum 500 m entfernt. 4 Touristenplätze.

99947 Bad Langensalza (e7) ST-D 14278

»STELLPLATZ AN DER FRIEDERIKEN THERME« 1.1. bis 31.12.
E.: Kur- und Immobilienverwaltungsgesellschaft Bad Langensalza mbH 185 m
☏ 0049 3603 397610, Fax 0049 3603 397641, **info@friederikentherme.de**
www.friederikentherme.de

➔ A 4 Eisenach-Erfurt, Abf. (40a) Eisenach-Ost, auf die B 84 Richtung Bad Langensalza, dort der Ausschilderung zur 'Friederiken Therme' folgen. ✉ Böhmenstraße (GPS: 51°6'53"N / 10°38'45" E).
∴ Diverse Gartenanlagen, historische Altstadt.

RES HS

100 m 200 m

Stellplatz am Thermalbad im Stadtzentrum. Stellflächen auf Rasengittersteinen bis 12 m Länge. Bezahlung in der Friederikentherme. 40 Touristenplätze.

99955 Bad Tennstedt (e7) ST-D 14279

»STELLPLATZ ZWEIFELDERSPORTHALLE« 1.1. bis 31.12.
E.: Gemeinde Bad Tennstedt ☏ 0049 36041 32931 172 m
webmaster@badtennstedt.de, www.badtennstedt.de

➔ A 71 Erfurt-Sangerhausen, Abf. (5) Sommerda-Ost, auf die B 176 Richtung Straußfurt/Bad Tennstedt, am nördlichen Ortsende, der Ausschilderung zum Schwimmbad / Sporthalle folgen. ✉ Am Schwimmbad/Kutzleber Landstraße (GPS: 51°9'33"N / 10°50'20" E).
∴ historischer Ortskern.

RES 400 m 500 m 900 m

Stellplatz im Innenhof der Zweifeldersporthalle. Asphaltierte ebene Stellflächen bis 8 m Länge. Ortszentrum 500 m entfernt. 5 Touristenplätze.

99817 Eisenach, Thüring. W. (e7) ST-D 14280/5

Abfahrt

»STELLPLATZ FESTPLATZ SPICKE« 1.1. bis 31.12.
E.: Stadt Eisenach ☏ 0049 3691 79230 215 m
info@eisenach.info, www.eisenach.info

➔ A 4 Bad Hersfeld-Erfurt, Abf. (39) Eisenach-West, auf die B 19 Richtung Eisenach, Abf. (39a) Eisenach-West auf die B 84 Richtung Eisnach-Mitte, der Auschilderung zu den Opel Werken folgen. Der Festplatz befindet sich hinter dem Parzellengebiet auf der rechten Seite. ✉ Adam-Opel-Straße (GPS: 50°58'49"N / 10°17'16" E).
∴ Bachhaus, Lutherhaus, Automobilmuseum, Wartburg.

RES

Stellplatz im Industriegebiet. Stellflächen auf Schotter. Auch für Mobile über 8 m geeignet. Stadtzentrum 2 km entfernt. 3 Touristenplätze.

99817 Eisenach, Thüring. W. (e7) ST-D 14280/6

Abfahrt

»STELLPLATZ AM AUTOMOBILMUSEUM« 1.1. bis 31.12.
E.: Stadt Eisenach ☏ 0049 3691 79230 215 m
info@eisenach.info, www.eisenach.info

➔ A 4 Bad Hersfeld-Erfurt, Abf. (39) Eisenach-West, Richtung Zentrum auf die B 19, Abf. (39b) Eisenach-Mitte abfahren, weiter Richtung Zentrum, ca. 200 m hinter dem Klinikum links abbiegen auf die Tiefenbacher Allee, über die 2. Brücke rechts abbiegen, auzsgeschildert. ✉ Friedrich-Naumann-Straße 10 (GPS: 50°58'53"N / 10°19'25" E).
∴ Automobilmuseum, Bachhaus, Lutherhaus, Wartburg.

RES 50 m

Gebührenfreier Stellplatz am Museum. Stellflächen gepflastert, unmittelbaar am Fluß Hörsel. Auch für Längen über 8 m geeignet. Stadtzentrum 1.5 km entfernt. 3 Touristenplätze.

99817 Eisenach, Thüring. W. (e7) ST-D 14280/7

Abfahrt

»STELLPLATZ AN DER WARTBURG« 1.1. bis 31.12.
E.: Wartburg Stiftung ☏ 0049 3691 2500 411 m
Fax 0049 3691 203342, **info@wartburg.de, www.wartburg.de**

➔ A 4 Bad Hersfeld-Erfurt, Abf. (40a) Eisenach-Ost, Richtung Eisenach auf der B 84, auf dieser Straße blieben, die nach Querung der Stadtautobahn zur B 19 wird. In Eisenach der Ausschilderung zur Wartburg folgen. ✉ Auf der Wartburg 1 (GPS: 50°58'4"N / 10°18'14" E).
∴ Burg Wartburg.

RES WC

Stellplätze unterhalb der Wartburg. Stellflächen auf Asphalt, beleuchtet. Max. 1 Übernachtung möglich. Stadtzentrum 3.5 km entfernt. 5 Touristenplätze.

99826 Mihla (e7) ST-D 14285

Abfahrt

»HOTEL-RESTAURANT 'GRAUES SCHLOSS'« 1.1. bis 31.12.
E.: Hotel-Restaurant 'Graues Schloß' ☏ 0049 36924 42272 200 m
Fax 0049 36924 42272, **mail@graues-schloss.de, www.graues-schloss.de**

➔ A 4 Bad Hersfeld-Erfurt, Abf. (39) Eisenach-West, auf die B 19 bis Eisenach-Mitte, dort auf die L1016 Richtung Mihla. Im Ortszentrum ausgeschildert. ✉ Thomas-Müntzer-Straße 4 (GPS: 51°4'40"N / 10°19'55" E).
∴ Graues und rotes Schloß Mihla.

100 m 400 m

Stellplatz an einer alten Wasserburg, an einem Hotel. Stellflächen auf Schotter bis 12 m Länge, an der Werra. Bei Verzehr im Restaurant keine Platzgebühr. Reservierung empfohlen. Ortszentrum 100 m entfernt. 10 Touristenplätze.

98559 Oberhof, Thüringer Wld. (e8) ST-D 14385

»WOHNMOBILSTELLPLATZ OBERHOF GBR« 1.1. bis 31.12.
E.: Familie von Nordheim ☏ 0049 36842 575012 800 m
Fax 0049 36842 575016, **info@wohnmobilstellplatz-oberhof.de**
www.wohnmobilstellplatz-oberhof.de

➔ A 71 Suhl-Kreuz Erfurt, Abf. (18) Oberhof, L 3247 folgen nach Oberhof, im Zentrum im Kreisverkehr in die Poststraße abbiegen, nach ca. 150 m links in die Jahnstraße einbiegen. Beschildert. ✉ Jahnstr. 7 (GPS: 50°42'10"N / 10°43'40" E).
∴ Thüringer Wintersportausstellung (500 m), Rennsteiggarten (1 km), Tobiashammer Ohrdruf (10 km), Meeresaquarium Zella-Mehlis (10 km).

WC W Ch TV

10 m 100 m HS 300 m 500 m 600 m

Beleuchteter Stellplatz am südlichen Ortsrand. Fast ebene Stellflächen auf Asphalt. Stellplatz-Länge bis 10 m. Für Fahrzeuge über 5 t geeignet. V/E Holiday Clean mit Bodeneinlass. Brötchenservice. Buch- und CD-Verleih/Tausch. Kinderspielecke. Rodelwiese mit Snowtubing. Schneeschuh-/Fackelwanderungen. Kutschfahrten im Sommer/Winter. Segwayverleih. Wellnessbad. Ort 700 m entfernt. 60 Touristenplätze.

07426 Königsee, Thüring. W. (e8) ST-D 14420/2

»STELLPLATZ 'ALTDEUTSCHE BAUERNSTUBE'« 1.1. bis 31.12.
E.: Altdeutsche Bauernstube ☏ 0049 36738 42353
Fax 0049 36738 42291, **altdeutsch@aol.com**
www.altdeutsche-bauernstube.de

➔ A 71 Suhl-Erfurt, Anf. (15) Ilmenau-Ost auf die B 88 Richtung Rudolstadt. Stellplatz liegt im Stadtzentrum von Königsee. ✉ Wilhelm-Pieck-Strasse 5-7 (GPS: 50°39'38"N / 11°5'47" E).
∴ Klosterrunine Paulinzella.

RES 300 m

Stellplatz im Ortszentrum auf einem kleinen Parkplatz hinter einem Gasthof. Stellfläche auf Asphalt. Einkehr obligatorisch. 3 Touristenplätze.

98694 Ilmenau OT Frauenwald, Thür. W. (e8) ST-D 14426

15 **»WALDHOTEL RENNSTEIGHÖHE«** 1.1. bis 31.12.
E.: Anka Hoffmann ☏ 0049 36782 62200 750 m
Fax 0049 36782 62201, **waldhotel.rennsteighoehe@t-online.de**
www.waldhotel-rennsteighoehe.de

➔ A 73 Suhl - Eisfeld, Abf. (4) Schleusingen, Richtung Hinternah/Schmiedefeld am Rennsteig. Ca. 1 km hinter Schmiedefeld am Rennsteig rechts Richtung Frauenwald abbiegen. Nach ca. 1 km links abbiegen, ausgeschildert. ✉ Am Rothenberg 1 (GPS: 50°36'27"N / 10°50'47" E).
∴ Stasi-Bunkermuseum.

RES WC W

500 m HS 1 km

Stellplatz am Waldhotel in ruhiger Lage. Stellflächen auf Schotter, teils von Wald umgeben. Stellplatzlänge bis 12 m. Ort 3 km entfernt. 10 Touristenplätze.
2022: St/N inkl. 2 P/N 10.– bis 20.–, extra Fahrzeug 10.–, KT P/N ab 17 J. 1.80, KT K/N 6 bis 17 J. –.90, WD 2.–, Strom/N 3.– (16 A). H/N, Müll und Wasser inklusive.

98724 Neuhaus am Rennweg, Thür. W. (e8) ST-D 14435

»RENNSTEIGHOTEL HERRNBERGER HOF« 1.1. bis 31.12.
E.: Rennsteighotel Herrnberger Hof ☏ 0049 3679 79200 830 m
Fax 0049 3679 792099, **info@rennsteighotel.de, www.rennsteighotel.de**

➔ A 73 Suhl-Coburg, Abf. (5) Eisfeld-Nord, auf die B 281 Richtung Neuhaus am Rennweg, am Ortseingang liegt das Rennsteighotel auf der linken Seite. ✉ Eisfelder Straße 44 (GPS: 50°30'22"N / 11°7'48" E).
∴ Heimatmuseum (700 m), Holzkirche (1.2 km).

200 m 300 m

500 m HS 1 km

Stellplatz auf Hotelparkplatz. Stellflächen bis 15 m auf Pflaster. Für Restaurantgäste kostenlos. Ortszentrum 700 m entfernt. 2 Touristenplätze.

98724 Lauscha, Tühringer W. (e8) ST-D 14438/2

»WANDERPARADIES IM STEINACHTAL« 1.4. bis 30.10.
E.: Birgit Zinck ☏ 0049 36702 20590, Fax 0049 36702 20590 625 m
wanderparadies@t-online.de, www.steinachgrund.de

➔ A 73 Suhl-Coburg, Abf. (5) Eisfeld-Nord, auf die B 281 Richtung Neuhaus am Rennweg, am Ortseingang Neuhaus am Rennweg rechts nach Lauscha abbiegen. Am südlichen Ortsende von Lauscha rechts abbiegen, der Ausschilderung zum Erlebnisbad folgen und danach noch ca. 500 m weiter. ✉ Steinachtal 1 (GPS: 50°28'38"N / 11°8'4" E).
∴ Museum für Glaskunst (3 km), hist. Stadtbild mit Schieferhäusern und Schiefermuseum in Steinach (4.5 km).

WC W Ch W

HS 500 m

Stellplatz in einer kleinen Ferienhaussiedlung. Stellflächen auf Schotter. Stellplatzlänge bis 8 m. Wintersportmöglichkeiten. Brötchenservice. Ort 3 m entfernt. 4 Touristenplätze.

98724 Lauscha, Tühringer W. (e8) ST-D 14438/3

»STELLPLATZ ERLEBNISBAD« 1.1. bis 31.12.
E.: Stadt Lauscha Touristinformation ☎ 0049 36702 22944 625 m
touristinfo@lauscha.de, **www.lauscha.de**

➔ A 73 Suhl-Coburg, Abf. (5) Eisfeld-Nord, auf die B 281 Richtung Neuhaus am Rennweg, am Ortseingang Neuhaus am Rennweg rechts nach Lauscha abbiegen. Am südlichen Ortsende von Lauscha rechts abbiegen, der Ausschilderung zum Erlebnisbad folgen. ✉ Steinachgrund (GPS: 50°28'30"N / 11°8'35" E).
Museum für Glaskunst (3 km), hist. Stadtbild mit Schieferhäusern und Schiefermuseum in Steinach (4.5 km).

500 m

Stellplatz an einem Erlebnisbad sehr ruhig gelegen. Ebene Stellflächen auf Asphalt bis 9 m Länge. Wintersportmöglichkeiten. Ort 2.5 km entfernt. 10 Touristenplätze.

98617 Meiningen, Rhön (e8) ST-D 14480/1

Abfahrt

0 **»STELLPLATZ BEIM CAMPING ROHRER STIRN«**
E.: Stadtwerke Meiningen GmbH 450 m April bis Okt.
☎ 0049 3693 484421, Fax 0049 3693 484422
camping@stadtwerke-meiningen.de, **www.stadtwerke-meiningen.de**

➔ A 71 Schweinfurt - Erfurt Abf. Meiningen-Nord, noch ca. 3 km. ✉ (GPS: 50°34'10"N / 10°26'12" E).

WC W W Ch W W W W W H 50 m 2 km

Stellplatz beim Campingplatz CAMPING ROHRER STIRN. Langegezogener und von Bäumen und Büschen umgebener Bereich. Ebene, unparzellierte gekieste Stellflächen. Münzbetriebene Stromsäulen. Infotafel. Ort 2 km entfernt.
2023: Stellplatz ist kostenlos. Strom/1 kWh –.70 (16,0 A). Sanitärgebäude pro P/N 6.50 (Dusche, Müllentsorgung, Trinkwasser, Abwasser, Küchennutzung).

98617 Rhönblick OT Seeba, Rh. (e8) ST-D 14490

»WOHNMOBIL-STELLPLATZ AM SEEBAER SEE« 1.1. bis 31.12.
E.: Gemeinde Rhönblick ☎ 0049 036943 24725 370 m
Fax 0049 36943 60405, **stellplatz-seeba@gmx.de**
www.gemeinde-rhoenblick.de

➔ A 71 Suhl - Schweinfurt, Abf. (21) Meiningen-Nord, Richtung Meiningen auf die B 19, ca. 2 km hinter Meiningen in Walldorf links abbiegen Richtung Herpf, im Zentrum von Herpf Richtung Seeba abbiegen. ✉ Herpfer Straße 50 (GPS: 50°34'14"N / 10°18'16" E).
Schlösser und Burgen in der Umgebung.

RES 20 m

Stellplatz direkt an einem Angel-See. Leicht unebene und unparzellierte Stellflächen auf Schotter. Ortszentrum 300 m entfernt. 4 Touristenplätze.

36404 Vacha, Rhön (d8) ST-D 14500/1

Abfahrt

»PARKPLATZ AM SCHWIMMBAD« 1.1. bis 31.12.
E.: Stadt Vacha ☎ 0049 6962 2610
kathleen.dorsch@vacha.de, **www.vacha.de**

➔ A 4 Bad Hersfeld-Eisenach, Abf. (33)Friedewald, Richtung B 62, links auf B 62 Richtung Vacha, in Vacha rechts auf B 84 Richtung Fulda abbiegen. Am Ortsende der Ausschilderung Schwimmbad folgen. ✉ Frankfurter Straße (GPS: 50°49'6"N / 10°0'47" E).
Historische Innenstadt (1 km), Burg Wendelstein (1.2 km), Werrabrücke (1.3 km).

HS 300 m H 500 m 950 m

Stellplatz am Schwimmbad. Ebene Stellfläche auf Schotter. Stellplatzlänge bis 7.50 m. Keine Ver- und Entsorgung möglich. Ortszentrum 1 km entfernt. 5 Touristenplätze.

36404 Vacha, Rhön (d8) ST-D 14500/2

Abfahrt

»PARKPLATZ AM "VACHWERK"« 1.1. bis 31.12.
E.: Stadt Vacha ☎ 0049 36962 2610
kathleen.dorsch@vacha.de, **www.vacha.de**

➔ A 4 Bad Hersfeld-Eisenach, Abf. (33)Friedewald, Richtung B 62, links auf B 62 Richtung Vacha, direkt am Ortseingang Vacha rechts Parkplatz beim 'Vachwerk'. ✉ Werrastraße (GPS: 50°49'46"N / 10°1'20" E).
Burg Wendelstein (50 m), Werrabrücke (50 m), Historische Innenstadt (100 m), Keltendorf Sünna (5 km).

RES 200 m 500 m HS H 1 km

Stellplatz gegenüber der historischen Werrabrücke. Ebene Stellfläche auf Rasengittersteinen. Stellplatzlänge bis 7.50 m. Altstadt 50 m entfernt. 5 Touristenplätze.

36419 Geisa, Rhön (d8) ST-D 14510

»FREIZEIT- UND SPORTANLAGE AN DER ULSTER«
E.: Stadt Geisa ☎ 0049 36967 690 318 m 1.1. bis 31.12.
Fax 0049 36967 69119, **info@geisa.de**, **www.geisa.de**

➔ A 7 Kassel-Fulda, Abf. (90) Hünfeld/Schlitz, Richtung Hünfeld, in Hünfeld rechts auf die B 84 abbiegen Richtung Geisa. In Rasdorf rechts Richtung Geisa abbiegen. Stellplatz liegt am südlichen Ende von Geisa, bei der staatl. Regelschule Ulstertal. ✉ Schleider Straße (GPS: 50°42'29"N / 9°56'48" E).
Historisches Stadtzentrum mit Stadtmuseum (400 m), Gedenkstätte Point-Alpha (2 km).

HS 1 km

Stellplatz auf dem Parkplatz der Sportanlage. Ortszentrum 1 km entfernt. 8 Touristenplätze.

36452 Kaltennordheim, Rh. (e8) ST-D 14515/2

»STELLPLATZ 'IN DER AUE'« 1.1. bis 31.12.
E.: Stadt Kaltennordheim ☎ 0049 36966 7780 440 m
Fax 0049 36966 77899, **info@kaltennordheim.de**, **www.kaltennordheim.de**

➔ A 71 Suhl-Schweinfurt, Abf. (24) Melrichstadt auf die B 285 Richtung Bad Salzungen, im Ortszentrum vo Kaltennordheim bei der Feuerwehr. ✉ In der Aue (GPS: 50°37'45"N / 10°9'36" E).
Kaltenheimer Schoss, Kilianskirche, Kulturlandschaft Rhön.

RES 100 m HS 250 m

Stellplatz in der Nähe der Feuerwehr. Stellflächen auf Schotter. Ortszentrum 300 m entfernt. 4 Touristenplätze.

36433 Bad Salzungen, Rhön (e8) ST-D 14520

15 **»SOLE REISEMOBILHAFEN "ERLEBNISINSEL FLÖSSRASEN'«**
E.: Sole - Heilbad Kurverwaltungsgesellschaft mbH 241 m 1.1. bis 31.12.
☎ 0049 3695 69340, Fax 0049 3695 693422
info@sole-reisemobilhafen.de, **www.sole-reisemobilhafen.de**

➔ A 4 Bad Hersfeld-Eisenach, Abf. (39) Eisenach-West, weiter auf der Stadtautobahn 19 bis Abf. (40a) Eisenach-Ost, weiter auf der B 19 Richtung Bad Salzungen, in Witzelroda rechts auf die L1121 Richtung Bad Salzungen abbiegen, hinter der Werrabrücke rechts auf die Straße Am Floßrasen abbiegen, ausgeschildert. ✉ Am Floßrasen 6 (GPS: 50°48'55"N / 10°14'19" E).
Museum am Gradierwerk (200 m), historische Innenstadt mit diversen Kirchen und Museen (600 m), Planetarium (1.5 km).

WC W Ch 20 m 200 m 600 m

Stellplatz direkt in der Werra-Aue an einer Eisenbahnlinie in unmittelbarer Nähe zur SOLEWELT und zum Gradierwerk. Ebene, durch Hecken parzellierte und leicht abfallende Stellflächen (6x10 m, 8x12 m) auf Schotterrasen und Pflaster. Münzbetriebenen Stromsäulen. Ver- und Entsorgungsstation „Holiday Cleany". Brötchenservice. Kanu-Anlegestelle. Info-Gebäude. Für Reisemobilisten gibt es spezielle Angebote im Solebad. Außerdem befindet sich auf der vorgelagerten Insel eine 18-Loch-Spielgolf-Anlage. Eine Hunde-Freilaufzone befindet sich auf der gegenüberliegenden Werra-Seite. Ortszentrum 600 m entfernt. 80 Touristenplätze.
2023: MC-St/N 14.–, KT P/N ab 16 J. 1.50, WD/30 min. 2.–, Wasser/10 l –.10, Strom/1 kWh –.50 (16 A). H/N, Entsorgung und Müll inklusive.

36466 Wiesenthal, Rhön (e8) ST-D 14530

»STELLPLATZ AM FREIBAD« 15.3. bis 15.10.
E.: Gemeinde Wiesenthal ☎ 0049 36964 95037 380 m
info@wiesenthal.info, **www.wiesenthal.info**

➔ A 71 Suhl-Schweinfurt, Abf. (21) Meiningen-Nord auf die B 19 Richtung Bad Salzungen, in Wernshausen links Richtung Dermbach abbiegen. Am Ortseingang von Wiesenthal links halten, Richtung Freibad. ✉ Kirchgraben (GPS: 50°42'1"N / 10°10'15" E).
Kirche St. Jacobus von 1722, Heimatmuseum 'Schranshaus'.

RES HS 300 m

Stellplatz am Freibad, enge Platzverhältnisse, nur für kleinere Wohnmobile geeignet. Stellflächen auf Schotterrasen. Ortszentrum 300 m entfernt. 4 Touristenplätze.

98574 Schmalkalden, Thür. W. (e8) ST-D 14540/1

»PARKPLATZ AM SCHWIMMBAD« 1.1. bis 31.12.
E.: Stadtverwaltung Schmalkalden ☎ 0049 3683 6097580 295 m
Fax 0049 3683 604014, **info@schmalkalden.de**, **www.schmalkalden.com**

➔ A 71 Suhl-Ilmenau, Abf. (19) Suhl/Zella-Mehlis, B 62 Richtung Zella-Mehlis, weiter Richtung Viernau und Schmalkalden. Kurz hinter dem Orteingang der Auschilderung 'Schwimmbad' folgen (auf der linken Seite). ✉ Suhler Straße (GPS: 50°42'53"N / 10°28'4" E).
Museum Schloß Wilhelmsburg (1.7 km), HISTORICUM - Zinnfigurenmuseum (2 km), historische Innenstadt (2 km).

RES HS H 200 m 500 m

Stellplatz auf einem öffentlichen Parkplatz am Schwimmbad. Leicht geneigte, asphaltiere Stellflächen. Stellplatzlänge bis 6.50 m. Ortszentrum 2 km entfernt. 4 Touristenplätze.

98574 Schmalkalden, Thür. W. (e8) ST-D 14540/2

»REISEMOBILSTELLPLATZ WESTENDPARK« 1.1. bis 31.12.
☎ 0049 3683 6097580
info@schmalkalden.de, **www.schmalkalden.com**

➔ A 73 nach Suhl, weiter auf B 19 nach Schmalkalden. ✉ Westendstr. 4 (GPS: 50°43'14"N / 10°26'26" E).

Ch H 100 m 300 m

Stellplatz im Westpark von Wiesenflächen umgeben. Stellflächen auf Asphalt. Ortszentrum 800 m entfernt. 8 Touristenplätze.

36460 Dorndorf, Rhön (d/e8) ST-D 14545

10 **»STELLPLATZ AM KULTUR- UND FREIZEITZENTRUM«**
E.: Gemeinde Dorndorf 250 m 1.1. bis 31.12.
Mobil 0049 173 4877379, Fax 0049 36965 818955, **www.rhoenforum.de**
gunnarebert2@web.de

➔ A 4 Bad-Hersfeld-Eisenach, Abf. (33) Friedewald, auf die B 62 Richtung Bad Salzungen. Am Ortseingang von Dorndorf rechts in die Lengsfelder Straße abbiegen, nach ca. 200 m links in die Lange Straße, nach ca. 300 m rechts in die Hardtstraße abbiegen, Platz liegt auf der rechten Seite. ✉ Hardtstraße 3a (GPS: 50°50'8"N / 10°5'26" E).
Kirche mit romantischem Portal, Heimatmuseum, Erlebnisbergwerk Merkers (4 km).

Ch 300 m 500 m

Stellplatz in der Krayenberggemeinde neben einer Fahrrad- u. Wanderherberge und am Dorndorfer Kultur- und Freizeitgelände. Stellflächen auf Schotter. Idealer Ausgangspunkt für Radtouren am Werraradweg. Angrenzend Sportanlagen, Spielplätze, eine Freilichtbühne u.v.m. Sporthalle und Hallenbad und eine Bahnstrecke. Ortszentrum 300 m entfernt. 8 Touristenplätze.
2022: St/N 4.–, Entsorgung 1.–, Wasser/90 l 1.–, Strom/kWh –.50.

98646 Hildburghausen, Thür. W. (e8) ST-D 14600

Abfahrt

»PARKPLATZ FRIEDRICH-RÜCKERT-STRASSE« 1.1. bis 31.12.
E.: Stadt Hildburghausen ☏ 0049 3685 40583 381 m
Fax 0049 3685 405840, **tourist-info@hildburghausen.de**
www.hildburghausen.de

➔ A 73 Suhl-Coburg, Abf. (4) Schleusingen, Richtung Schleusingen/Hildburghausen. Der Stellplatz liegt am Schlosspark und der Werra im Stadtzentrum. ✉ Friedrich-Rückert-Straße (GPS: 50°25'30"N / 10°43'23" E).
Historische Innenstadt (500 m), Stadtmuseum Alte Post (500 m).

500 m HS 1 km

Stellplatz auf einem öffentlichen Parkplatz in der Nähe des Schlossparks und der Werra. Ebene gepflasterte Stellflächen. Stellplatzlänge bis 12 m. Tel.Nr. Touristinformation: 03685/774 184. Ortszentrum 200 m entfernt. 3 Touristenplätze.

98660 Themar, Thüringer Wald (e8) ST-D 14610

Abfahrt

»STELLPLATZ 'AM HEXENTURM'« April bis Okt.
E.: Stadt Themar ☏ 0049 36873 6880 330 m
Fax 0049 36873 68829, **touristinfo@themar.de**, **www.themar.de**

➔ A 71 Würzburg-Suhl, Abf. (22) Meiningen-Süd, auf die B 89 Richtung Themar/Hildburghausen. Der Stellplatz liegt am westlichen Ortsrand an der Werra. ✉ Mauerstraße (GPS: 50°30'17"N / 10°36'40" E).
Historischer Stadtkern (200 m), Museum Kloster Vessra (3 km), Agrarhistorisches Museum (3 km).

WC Ch

400 m 500 m

Stellplatz liegt idyllisch am Hexenturm direkt am Fluss Werra und der noch gut erhaltenen Stadtmauer. Stellfläche auf Rasengittersteinen. Stellplatzlänge bis 8 m. Ortszentrum 200 m entfernt. 5 Touristenplätze.

98663 Bad Colberg-Heldburg (e8) ST-D 14650/1

»WOHNMOBILSTELLPLATZ 'AM RAINBRÜNNLEIN'«
E.: Stadt Bad Colberg-Heldburg 299 m 1.1. bis 31.12.
☏ 0049 36871 21485, Fax 0049 36871 21486
info@bad-colberg-heldburg.de, **www.bad-colberg-heldburg.de**

➔ A 73 Coburg-Bamberg, Abf. (10) Ebersdorf bei Coburg, auf die B 303 Richtung Coburg, nach ca. 5 km rechts und nach weitern 1.5 km der B 303 folgen. Nach ca. 10 km rechts Richtung Bad Colberg-Heldburg abbiegen. Der Stellplatz liegt am östlichen Ortsrand an der L1134. ✉ Am Rainbrünnlein 284 (GPS: 50°16'43"N / 10°43'50" E).
Historische Altstadt mit Museen (200 m).

Ch 300 m 400 m

Der Stellplatz liegt am Ortsrand bei einem Sportplatz. Stellfläche auf Rasengittersteinen. Stellplatzlänge bis 7 m. Der Platz ist von 19.8.-21.8.2016 gesperrt. Ortszentrum 200 m entfernt. 5 Touristenplätze.

98667 Bad Colberg-Heldburg (e8) ST-D 14650/2

»STELLPLATZ 'COUNTRY-SCHEUNE-EINÖD'« 1.1. bis 31.12.
E.: Heidrun Otto 299 m
☏ 0049 36871 30490, Mobil 0049 152 29189933, Fax 0049 36871 30491
info@countryscheune.de, **www.countryscheune.de**

➔ A 73 Coburg-Bamberg, Abf. (10) Ebersdorf bei Coburg, auf die B 303 Richtung Coburg, nach ca. 5 km rechts und nach weitern 1.5 km der B 303 folgen. Nach ca. 10 km rechts Richtung Bad Colberg-Heldburg abbiegen. Der Stellplatz liegt kurz vor Bad Colberg-Heldburg auf der rechten Seite. Ausgeschildert. ✉ Einöd 385 (GPS: 50°15'48"N / 10°44'19" E).
Historische Altstadt Bad Colberg-Heldburg (2 km).

W S 100 m 200 m

Stellplatz auf einem Reiterhof. Stellfläche auf Schotter. Stellplatzlänge bis 12 m. Ortszentrum 2 km entfernt. 3 Touristenplätze.

ÖSTERREICH

Besondere Vorschriften und Regelungen

Personaldokumente: Gültiger Reisepass oder Personalausweis. Kinder unter 12 Jahren benötigen einen Kinderreisepass. Diese werden mit einer Gültigkeitsdauer von sechs Jahren ausgestellt, und zwar längstens bis zur Vollendung des zwölften Lebensjahres. Ab dem zwölften Lebensjahr kann ein Reisepass oder Personalausweis beantragt werden. Detaillierte Informationen erhalten Sie vom Auswärtigen Amt, www.auswaertiges-amt.de.

Impfbescheinigungen: Werden nicht verlangt. Empfohlene Impfung: saisonal FSME.

Dokumente für Haustiere: Für Hunde und Katzen ist der »EU-Heimtierausweis« mitzuführen, der von behördlich ermächtigten Tierärzten ausgestellt wird. Der Ausweis muss Angaben zum Besitzer enthalten und dem Tier eindeutig zugeordnet werden können, d.h., das Tier muss durch Mikrochip identifizierbar und die Kennzeichnungs-Nr. im Ausweis eingetragen sein. Ein gültiger Tollwutschutz muss ebenfalls im Heimtierausweis nachgewiesen werden. Die Erstimpfung muss mindestens 21 Tage zurückliegen. Wiederholungsimpfungen müssen in den Zeiträumen, die der Hersteller des Impfstoffes vorsieht, durchgeführt worden sein. Für Papageien und Papageienarten bestehen Sondervorschriften.

Spezielle Auskünfte erteilt das Bundesministerium für Ernährung, Landwirtschaft u. Verbraucherschutz **www.bmelv.de** und die Tierärzte.

Kfz: Nationaler Führerschein und Zulassungsschein. Das Länderkennzeichen »D« im EU-Kennzeichen ist ausreichend. Die Mitnahme der »Internationalen Grünen Versicherungskarte« wird empfohlen. Ist der Fahrer nicht der Eigentümer des Fahrzeuges, muss eine Benutzungsvollmacht des Fahrzeughalters mitgeführt werden.

Verkehrsvorschriften: Auf engen Passstraßen muss derjenige ausweichen, dem es auf Grund der Fahrzeugbeschaffenheit und der örtlichen Gegebenheit leichter fällt. Zwischen dem 1. Nov. und 15. April gilt die Winterausrüstungspflicht. (Winterreifen oder Schneeketten an den Antriebsrädern; letzteres ist nur erlaubt, wenn Fahrbahnoberfläche dadurch nicht beschädigt wird). Es wird empfohlen, das Abblendlicht tagsüber einzuschalten. Kinder unter 12 Jahren oder kleiner als 1.50 m dürfen im Pkw nicht auf den Vordersitzen befördert werden, außer es ist ein entsprechender Kindersitz eingebaut. Das Anlegen von Sicherheitsgurten ist vorgeschrieben. Beim Abschleppen eines Fahrzeuges darf die Warnblinkanlage nicht eingeschaltet sein. Wohnanhänger dürfen auf öffentlichen Parkplätzen nicht ohne das Zugfahrzeug abgestellt werden. Bleibt ein Auto wegen einer Panne/Unfall liegen, muss der Fahrer beim Verlassen des Fahrzeuges eine reflektierende Warnweste tragen. Promillegrenze 0,5.

Umweltzonen: In Österreich sind derzeit in 6 Regionen und Bundesländern teilweise sehr großflächige Umweltzonen eingerichtet. Insbesondere umfasst dies die Bundesländer/Regionen Steiermark, Burgenland, Niederösterreich und Wien. Im Bundesland Oberösterreich sind Nahe Linz die Autobahn A1 auf einer Länge von 20 km und im Bundesland Tirol die Autobahn A12 (Brennerautobahn) auf einer Länge von fast 85 km betroffen.

Da die im Sommer 2019 neu eingeführten Fahrverbote auf österreichischen Landstraßen immer mehr Fahrzeuge auf die Autobahnen zwingen, ist auf diesen großen Verkehrsadern umso mehr die Pflicht für ein Umwelt-Pickerl (die österreichische Umweltplakette) zu beachten. Urlauber sollten beachten, dass ein Umwelt-Pickerl nichts mit einer Mautvignette zu tun hat.

Derzeit zum Stand Oktober 2020 ist die Pflicht für ein Umwelt-Pickerl auf den Fahrzeugtyp Nutzfahrzeug (in der Regel LKW) beschränkt. Das bedeutet auch, dass Camper, die eine Zulassung als LKW haben, betroffen sind. Ebenfalls betroffen sind Fahrzeugtypen, die normalerweise als PKW von der Pflicht freigestellt sind, jedoch als „Fiskal-PKW" einer steuerlichen Einstufung als LKW unterliegen.

Das Österreichische Umwelt-Pickerl gibt es in 6 verschiedenen Farben, je nach der jeweiligen EURO-Klasse des Fahrzeuges (EURO 1-6).

Die Umweltzonen in Österreich werden durch Polizei und kommunale Angestellte überwacht. Bei einem Verstoß ist ein Bußgeld von 90 bis über 2.000 Euro vorgesehen, je nach Art des Verstoßes (EURO-Klasse, Fahrzeugtyp etc.). Bei der nachgewiesenen unberechtigten Ausstellung oder Manipulation eines Umwelt-Pickerl sind auch deutlich höhere Geldstrafen vorgesehen.

Da in Österreich ständig über die weitere Einrichtung von Umweltzonen und über die Pflicht zur Einbeziehung von Bussen und PKW diskutiert wird, macht es durchaus Sinn, dass der häufige Besucher wie auch der Urlauber und Camper sich das Umwelt-Pickerl freiwillig beschafft. Dies vor allem deswegen, weil es im Gegensatz zur österreichischen Mautvignette nur einmalig angeschafft werden muss. Er ist so lange gültig, wie das Kennzeichen des Fahrzeuges nicht wechselt.

Zoombare Karten aller Umweltzonen mit ihren Grenzen sowie detaillierte Informationen zu den einzelnen Fahrzeugtypen, EURO-Klassen, Wochentagen, Uhrzeiten, Sonderregelungen und Ausnahmen sind verfügbar unter **www.umwelt-pickerl.at** oder **www.Green-Zones-App.eu.**

Für Wohnanhänger gesperrt sind folgende Streckenabschnitte: Vorarlberg/Tirol: Arlbergpass, Silvretta-Hochalpenstraße bzw. Bielerhöhe (Partenen-Galtür). Zirler Berg (Zirl-Scharnitz) nur in Nordrichtung, Breitlahner Schlegeis-Stausee (Ginzling-Mayrhofen), Timmelsjoch (Sölden-St. Leonhard/Italien) nur ital. Seite, Gerlosstraße (Zell a. Ziller-Gerlos). Furkajoch (Laterns-Damüls), Hahntennjoch (Boden-Imst). Osttirol: Staller Sattel (Erlsbach-Antholz/Italien). Kärnten: Lesachtal (Kötschach-Mauthen-Luggau), Plöckenpass (ital. Seite), Villacher Alpenstr. (Villach), Wurzenpass (Villach-Kranjska Gora/Slowenien), Loiblpass (Unterloibl-Kranj, nicht empfohlen), Nassfeldpass (Tröpolach-Pontebba/Italien). Steiermark: Seeberg (Mariezell-Aflenz, nicht empfohlen), Lahnsattel (Mariazell-Mürzsteg, nicht empfohlen), Sölkpass (Gröbming-Murau). Weitere Informationen: **www.asfinag.at**

Straßengebühren: Neben den bestehenden Mautgebühren auf einigen Passstraßen hat Österreich eine Autobahn-Vignette eingeführt.
Der Vignettenpreis beträgt für Pkw und Wohnmobile bis 3.5 (Stand 2020): 10 Tage Euro 9.40, 2 Monate Euro 27.40, 1 Kalenderjahr Euro 91.-.
Bei Gespannen wird eine extra Autobahnvignette für den Wohnwagen nicht benötig, es gilt die Vignette des Zugfahrzeuges. Neben der aufklebbaren Vignette gibt es auch eine digitale Vignette, welche Sie jedoch mindestens 18 Tage vor Benutzung im Internetshop der ASFINAG bestellen müssen - **https://shop.asfinag.at/**. Die digitale Vignette ist an das Kfz-Kennzeichen gebunden. Bei Kraftfahrzeugen über 3,5 t informieren Sie sich bitte unter: **www.go-maut.at**

Telefon: Deutschland – Österreich: 0043, dann Durchwahl ohne die erste Null der Ortsnetzkennzahl. Österreich – Deutschland: 0049, dann die deutsche Ortsnetzkennzahl ohne die erste Null.

Unfallnotruf: Polizei: 133, Rettung: 144 oder 112 (über Mobilfunk 112). Pannenpatrouillen des ÖAMTC auf allen wichtigen Straßen: Tel. 120. ADAC-Notrufstation Wien: 01/251 20 60.

Devisen: Für die Ein- und Ausfuhr von Landes- und Fremdwährung bestehen keine Beschränkungen.

Camping: Österreich verfügt über zahlreiche gut ausgestattete Campingplätze und Zeltmöglichkeiten. Campen außerhalb der offiziellen Plätze ist nur mit Einwilligung des betreffenden Grundstückeigentümers gestattet. Die Gasversorgung ist unproblematisch, die Anschlüsse der dort erhältlichen Gasflaschen sind mit den in Deutschland üblichen identisch. Bereits auf vielen Campingplätzen sind sogenannte Gasstraßen installiert. Dadurch werden die Standplätze direkt mit Gas versorgt. Das Stromnetz ist generell auf 220 Volt (50 Hz) ausgelegt. Die Stromstärke kann auf den Plätzen zwischen 4-16 Ampere variieren. Bei Reservierung ist es ratsam, die Mietbedingungen zu beachten. Auf einigen Plätzen wird volle Vorauszahlung verlangt, die bei Stornierung nicht oder nur teilweise erstattet wird.

Wassersport: Die Bestimmungen für die Benutzung von Motorbooten sind in den einzelnen Bundesländern verschieden. Allgemein sind nur wenige Gewässerabschnitte für den privaten Motorbootverkehr zugelassen. Motorboote mit einer Länge von mehr als 6 m und Boote mit Motoren von mehr als 14,7 kW (20 PS) Leistung müssen registriert sein. Die Schiffspapiere sind mitzuführen. Führerscheinpflicht besteht bei Booten, deren Motorleistung 4,4 kW (5 PS) übersteigt. Vor Antritt der Reise sollte man mit der für den Zielort zuständigen Gemeindeverwaltung Kontakt aufnehmen. In den Sommermonaten sind alle Seen für den privaten Motorbootverkehr gesperrt.

Allgemeine Informationen:
D-10179 **Berlin,** Österreich Werbung Deutschland
Klosterstr. 64
Tel. 00800 400 200 00 (gebührenfrei), 030/219 14 80, Fax 030/219 14 850
www.austriatourism.com, urlaub@austria.info

Vertretung der Bundesrepublik Deutschland:
A-1030 **Wien,** Deutsche Botschaft
Gauermanngasse 2-4
A-1037 **Wien,** Post: Postfach 60
Tel. 0043 1/711 540, Fax 0043 1/713 83 66
www.wien.diplo.de, info@wien.diplo.de

Campingplätze:

Gebühren-Angaben in EURO.
Bei Gebühren-Angaben mit der Vorjahreszahl muss eventuell mit einer Anhebung der Gebühren für das laufende Jahr gerechnet werden. Außerdem können sich die angegebenen Öffnungszeiten verändert haben und es ist möglich, dass angegebene Ermäßigungen nicht mehr gewährt werden.

Außerdem besteht die Möglichkeit, dass manche Campingplätze nur die Sommer-Hauptsaisonpreise angeben. Die Winter-Hauptsaisonpreise sind erfahrungsgemäß höher.

6850 Dornbirn, Vorarlberg — ST-A 1040

Abfahrt

25 **»STELLPLATZ FERIENWOHNUNGEN MATHIS«** 1.4. bis 1.11.
☎ 0043 660 5559505, Mobil 0043 5572 31148
eugen.mathis@inode.at, wohnmobilstellplatz-dornbirn.at

➔ A 14 Bregenz-Feldkirch Abf. Dornbirn-Süd/Messepark. Weiter auf der B 204 nach Dornbirn/Stadtmitte. Nach der Bahnunterführung sofort rechts ("Härte") und nächste Möglichkeit wieder rechts, noch ca. 150 m. Beschildert. ✉ Obere Härte 27 (GPS: 47°24'21"N / 9°43'28" E).
Stadtmuseum. Rotes Haus. Rolls Royce Museum. Alploch- und Rappenlochschlucht. Bergdorf Ebenit. Bregenzer Festspiele.

800 m 900 m 2 km 3 km

Stellplatz in einem Wohngebiet mit Bergblick. Ebene Stellflächen auf Rasengittersteinen. Stellplatz-Länge bis 10 m. Liegewiese. Kleines Biotop. Reservierungen nur bedingt möglich. Do-it-yourself-Anmeldeterminal in der Hausgarage. Anreise ab 12 Uhr möglich. Ankünfte bis 22 Uhr möglich. Reservierungen über E-Mail oder Telefon erwünscht. . Ort 2 km entfernt. 3 Touristenplätze.
2023: MC-St/N inkl. 2 P/N 22.– bis 25.–, KT P/N ab 14 J. 1.40. H/N, Entsorgung, Müll, Wasser und Strom inklusive. Nur Barzahlung vor Ort.

Detailkarte VORARLBERG
Lindau
Immenstadt
Bregenz
DEUTSCHLAND
Lustenau
Dornbirn
Egg
Ober-
dorf
Hohenems
Schoppernau
Damüls
Warth
Feldkirch
LIECHTEN-
Vaduz
STEIN
Nenzing
Bludenz
Pettneu
2090
Klösterle
Stuben
Dalaas
Schruns
Gaschurn
Ischgl
SCHWEIZ
Gargellen
Galtür
Chur
Detailkarte SALZBURGER LAND
Unken
Berchtes-
gaden
3210
Lofer
Königssee
Weißbach
Salzburger Kalkalpen
2750
Leogang
Saalfelden
Bischofshofen
Saalbach
3418
Dienten
St. Johann
Hinter-
glemm
Zell am
See
Schwarzach
Utten-
dorf
3355
3360
Bruck
Salzach
Kaprun
Dorf-
gastein
Rauris
Fusch
Wörth
Bad Hof-
gastein
Enzinger-
boden
Bad Gastein
München
Braunau
5005
Inn
DEUTSCHLAND
Rosen-
heim
Chiemsee
3015
Starnberger
See
Salzburg
Bad Tölz
Inn
Friedrichs-
hafen
Kempten
SALZBURGER LAND
Lindau
Garmisch-
Partenkirchen
Achen-
kirch
Kufstein
2520
St. Johann
Bregenz
Reutte
Wörgl
Kitzbühel
Lustenau
Mittenwald
Saalfelden
Dornbirn
Zell am
See
Hohenems
Warth
Telfs
Innsbruck
Schwaz
Feldkirch
Imst
2970
3486
3487
Mitter-
sill
LIECHTEN-
VADUZ
STEIN
Bludenz
Klösterle
Landeck
Mayrhofen
Steinach
Bad Gastein
Heiligen-
blut
Matrei
4135
Pfunds
Sölden
TIROL
Chur
VORARLBERG
Bruneck
Lienz
2986
4380
SCHWEIZ
Vils
Garmisch-
Partenkirchen
Achen-
kirch
Reutte
Tann-
heim
Achensee
2540
2020
Mittenwald
Ratten-
berg
Weißen-
bach
Stanzach
Lermoos
Ehrwald
Scharnitz
Karwendelgebirge
ITALIEN
Schwaz
Telfs
Seefeld
Inns-
bruck
Hall
Häselgehr
Nassereith
Lechtaler Alpen
Volders
2330
Stams
Inn
Imst
Zell am Ziller
Igls
Gries
Mils
Mayrhofen
Um-
hausen
Stubaier Alpen
2660
Fliersch
Jerzens
Lüsens
Matrai
Landeck
2305
Hintertux
2100
Neustift
Steinach
Prutz
Längenfeld
2670
Zillertaler Alpen
ADRIA
Feichten
Pfunds
Sölden
Brennero
Detailkarte TIROL

Detailkarte SALZKAMMERGUT SEEN
Frankenmarkt
St. Georgen
5430 Attersee
Zell a. M.
Nußdorf
5420
Mondsee
Mondsee
Unterach
Attersee
Schörfling
Weyregg
Altmünster
Gmunden
Traunsee
Neukirchen
Steinbach
Ebensee
5530
Weißenbach
Fuschl
St. Gilgen
St. Wolfgangsee
St. Wolfgang
Strobl
5360
Bad Ischl
Traun
TSCHECHISCHE REPUBLIK
Ceské Budejovice
SLOWAKISCHE REPUBLIK
6205
Gmünd
6258
6280
Horn
6237
6265
Hollabrunn
Mistelbach
6290
Zwettl
5820
5816
Passau
Rohrbach
5824
5830
Schärding
5851
Freistadt
5853
5890
6210
6224
Krems
6325
6315
6335
Stockerau
6299
Gänserndorf
March
Tulln
Klosterneuburg
Wien
Bratislava
5835
Linz
5880
Melk
St. Pölten
5863
5660
Traun
6020
Ybbs
6060
6065
6130
Mödling
Schwechat
8300
Ried
Wels
6480
Amstetten
6050
6620
Baden
8200
8240
5610
Vöcklabruck
5600
Steyr
Waidhofen
Scheibbs
Eisenstadt
Schlierbach
Wiener Neustadt
Gmunden
Enns
6470
Mariazell
6710
Neunkirchen
6450
6700
Neusiedler See
Bad Ischl
8190
Sopron
SALZKAMMERGUT SEEN
5940
Mürzzuschlag
7330
7510
Bad Aussee
Liezen
Admont
Eisenerz
Kapfenberg
7017
7060
7340
Bernstein
7550
7120
Leoben
Bruck
Birkfeld
Radstadt
Schladming
Oberwart
3320
Szombathely
3335
Fohnsdorf
Knittelfeld
Weiz
7625
3515
7319
7318
7370
Judenburg
Graz
Tamsweg
Murau
Voitsberg
Fürstenfeld
8060
St. Michael
Köflach
7380
UNGARN
Riegersburg
Neumarkt
4620
7275
Bad Gleichenberg
Friesach
4618
Deutschlandsberg
7160
4505
7230
Keszthely
Leibnitz
Wolfsberg
7220
St. Veit
7200
Bad Radkersburg
Spittal
Feldkirchen
Völkermarkt
4870
Klagenfurt
Maribor
KÄRNTNER SEEN
SLOWENIEN
Seeboden
Sachsenburg
Radenthein
Bad Kleinkirchheim
St. Veit a. d. Glan
4040
Spittal
Döbriach
Gnesau
Millstätter See
Feldkirchen
Greifenburg
Techendorf
Stockenboi
Nikelsdorf
Kavallar
Kellerberg
Sattendorf
St. Peter
Weißbriach
Weißensee
Ossiacher See
Kreuzen
4590
Wörther See
Kirchbach
4350
Velden
Hermagor
Villach
4690
4750
Maria Wörth
Klagenfurt
St. Stefan a. d. Gail
Nötsch
Faaker See
Keutschacher See
Drau
Maglern
4310
Riegersdorf
Feistritz
4820
Ferlach
ITALIEN
SLOWENIEN
Detailkarte KÄRNTNER SEEN

6611 Heiterwang, Tirol — ST-A 2020

»FERIENHOF SUNNAWIRT« 1.1. bis 31.12.
0043 676 4535061
sunnawirt@aon.at, www.sunnawirt.at

➔ B 179 Reutte-Lermoos, Abf. Heiterwang. In Heiterwang bei der Tankstelle links ("Unterdorf") abbiegen, der Beschilderung »Sunnawirt« folgen. ✉ Mühle 4 (GPS: 47°26'58"N / 10°44'53" E).
Burg und Museum Ehrenberg Reutte. Schloss Linderhof. Zugspitze.

WC W W WC
200 m 300 m 1.5 km 3 km
Ebener, geschotterter Rasen-Stellplatz in Seenähe, von Wiesen umgeben. Panorama-Blick auf die umgebenden Berge. Stellplatz-Länge bis 14 m. Liegewiese. Ankunft jederzeit möglich. Frühstücks- und Brötchenservice. Volleyball. Trampolin-Park. Geführte Bergtouren. Rundflüge mit dem Wirt. Gemeinsames Musizieren erwünscht! Die Toiletten im Haus können von 7 bis 24 Uhr mitbenutzt werden. Ort 500 m entfernt. 26 Touristenplätze.

6574 Pettneu, Tirol — ST-A 2090

»MOBILSTELLPLÄTZE AM EUROPARCS ARLBERG«
0043 5448 22266 19.5. bis 15.10. / 1.12. bis 25.4.22
info@camping-arlberg.at, www.camping-arlberg.at

➔ A 12 Innsbruck-Lichtenstein, Abf. Pians/Paznaun/Ischgl, weiter nach Pettneu. ✉ Strohsack 235c (GPS: 47°8'42"N / 10°20'16" E).

Ch
500 m
Stellplatz beim Camping Arlberg. Stellflächen im vorderen Teil des Campingplatzes nach der Durchfahrt bei 1. Schranke rechts für Gäste mit Wohnmobil oder Spätanreisende. Stellflächen (6x12 m) auf Schotterrasen. Reservierung wird empfohlen. Durchgehend anfahrbar. Ortszentrum 500 m entfernt. 54 Touristenplätze.

6500 Landeck, Tirol — ST-A 2100

Abfahrt

20 **»OVERNIGHT-STELLPLATZ BEIM CAMPING RIFFLER«**
0043 660 6500880 1.5. bis 30.9. / 1.11. bis 30.4.
info@camping-riffler.at, www.camping-riffler.at

➔ A 12 Innsbruck - Landeck Abf. Landeck auf die B 171 in Richtung Arlberg. 1. Platz. ✉ Bruggfeldstr. 2 (GPS: 47°8'33"N / 10°33'41" E).

WC W W Ch 50 m
500 m 1 km
Kurzzeit-Übernachtungsplatz vor einem Campingplatz. Stellflächen auf Schotterrasen. Stellplatz-Länge bis 8 m. Maximal 3 Nächte Aufenthalt möglich! Ort 500 m entfernt. 4 Touristenplätze.
2022: MC-St/N inkl. 2 P/N 15.– bis 25.–, Waschmaschine 3.–, Trockner 3.–. KT, H/N, WD, Entsorgung, Müll, Wasser und Strom inklusive.

6473 Wenns, Tirol — ST-A 2305

»GASTHOF SONNE« 1.1. bis 31.12.
0043 5414 87288
info@sonne-piller.com, www.sonne-piller.com

➔ A 12 Innsbruck-Landeck (Inntal-Autobahn) bis zur Ausfahrt Imst und weiter nach Wenns. Im Ort nach Piller abbiegen und der Straße weiter folgen. ✉ Piller 41 (GPS: 47°8'10"N / 10°41'40" E).

WC
Stellplatz im Ortszentrum vor der Gaststätte Sonne. Geschotterte, ebener Untergrund. Kein Schatten. Donnerstag Ruhetag! 5 Touristenplätze.

6422 Stams, Tirol — ST-A 2330

Abfahrt

30 **»STELLPLATZ BEIM CAMPING EICHENWALD«**
0043 5263 6159 715 m 1.1. bis 14.10. / 20.12. bis 31.12.
Fax 0043 5263 6159, **info@camping-eichenwald.at**
www.camping-eichenwald.at

➔ A 12 Landeck-Innsbruck Abf. (113) Mötz auf die B 171 Richtung Innsbruck. Bei Stams beschildert. ✉ Schießstandweg 10 (GPS: 47°16'29"N / 10°59'11" E).
Stift Stams, Skigymnasium, Wallfahrtskirche Locherboden, Besinnungsweg.

W W Ch W W
HS TV HS HS WHS WHS
300 m 800 m S1 km 4 km 5 km
HS S8 km 9.5 km
Stellplatz beim Campingplatz CAMPING EICHENWALD. Ort 500 m entfernt.
2022: St/N 10.50, P/N 8.50, J/N 4 bis 14 J. 4.–, H/N 2.50, KT P/N ab 14 J. 2.–, Müllgeb. P/N 1.–, Waschmaschine 4.–, Trockner 4.–, Strom/N 3.–. WD, Entsorgung und Wasser inklusive. Nur Barzahlung möglich.

6330 Kufstein, Tirol — ST-A 2520

»PARKPLATZ KUFSTEN ARENA« 1.1. bis 31.12.
0043 5372 602921
office@immobilien.kufstein.at, www.stadt.kufstein.at/Wohnmobilstellplatz

➔ In Kufstein der Beschilderung zum städtischen Sportplatz folgen. ✉ Fischergries 22 (GPS: 47°35'13"N / 12°10'5" E).
Festung.

RES WC 400 m
Stellplatz direkt bei den städtischen Sport- und Freizeitanlagen am Inn. Stellflächen auf Asphalt. Grauwasserentsorgung mit befahrbarem Ablauf. 24 Std. max. Aufenthaltsdauer. Ortszentrum 300 m entfernt. 6 Touristenplätze.

6215 Achenkirch, Tirol — ST-A 2540

»LANDGASTHOF MARIE« 1.1. bis 31.12.
0043 5246 20216
gasthof.marie@speed.at, www.gasthofmarie.at

➔ E 60 Innsbruck-Kufstein, Abf. (39) Wiesing, weiter nach Norden nach Achenkirch. ✉ Achenkirch 600 (GPS: 47°33'44"N / 11°40'28" E).

100 m
Stellplatz auf dem Parkplatz des Landgasthofs. Stellfläche auf Asphalt. Ortszentrum 5 km entfernt. 5 Touristenplätze.

6142 Mieders, Tirol — ST-A 2660

»GASTHOF KIRCHBRÜCKE« 1.1. bis 31.12.
0043 5225 62489
kirchbruecke@aon.at, www.kirchbruecke.com

➔ Südlich von Innsbruck Richtung Neustift, bei Mieders abfahren. ✉ Kirchbrücke 3 (GPS: 47°9'44"N / 11°21'56" E).

1 km
Stellplatz am Gasthof in Mieders. Stellfläche auf Wiese und Asphalt. Reservierung wird empfohlen. Ortszentrum 3 km entfernt. 4 Touristenplätze.

6156 Gries am Brenner, Tirol — ST-A 2670

»GASTHOF HUMLER-HOF« 1.1. bis 31.12.
0043 5274 87500, Fax 0043 5274 8750022
info@humlerhof.com, www.humlerhof.com

➔ A 13 Innsbruck–Brenner, Abf. (27) Nößlach, und an der nächsten Kreuzung nach rechts in Richtung Steinach abbiegen. Nach etwa 500 m ist der Gasthof Humler das erste Haus rechts. ✉ Nößlach 483 (GPS: 47°4'1"N / 11°28'19" E).

WC
Stellplatz am Gasthof Humler Hof. Asphaltierter Stellplatz. Stellplatz-Länge über 8 m. Warme Küche bis 20 Uhr. 50 Touristenplätze.

6395 Hochfilzen, Tirol — ST-A 2750

»KULTURHAUS HOCHFILZEN« 1.1. bis 31.12.
0043 676 4209444
gemeinde@hochfilzen.tirol.gv.at, www.hochfilzen.tirol.gv.at

➔ Östlich von Kitzbühel nach Hochfilzen. ✉ Schulgasse 1 (GPS: 47°28'14"N / 12°37'17" E).

Ch 100 m 300 m
Stellplatz auf der Rückseite des Kulturhauses. Stellfläche auf Schotter. Maximal 3 Nächte Aufenthalt möglich. Ortszentrum 300 m entfernt. 5 Touristenplätze.

6281 Gerlos, Tirol — ST-A 2970

»SCHÖNACHHOF« 1.1. bis 31.12.
0043 5284 5273
info@schoenachhof-tirol.com, www.schoenachhof-tirol.com

➔ Von der Gerlosstraße ins Schöntal abzweigen. Die Straße bis zum Hof folgen. ✉ Schönachtal 242 (GPS: 47°13'36"N / 12°3'18" E).

WC
Stellplatz gegenüber der Zillertal Arena. Ebene, befestigter Wiesengrund. Brötchenservice. 24 Touristenplätze.

9942 Obertilliach, Osttirol — ST-A 2986

NEU

15 **»OBERTILLIACH BIATHLONZENTRUM«** 1.1. bis 31.12.
0043 4847 20060
info@biathlon-obertilliach.com, www.biathlon-obertilliach.com

➔ B 111, Strassen/Silian - Kötschach-Mauthen, bei Obertilliach der Ausschilderung zum Biathlonzentrum folgen. ✉ Gailtal Strasse (GPS: 46°42'32"N / 12°35'31" E).

WC W
Stellplatz auf dem Parkplatz beim Biathlonzentrum, mit schönem Blick auf die umliegenden bewaldeten Berge. Stellflächen auf Schotterrasen. Ort 2 km entfernt. 16 Touristenplätze.
2022: P/N 6.–, KT P/N 2.–.

5101 Salzburg, Salzburger Land — ST-A 3015

Abfahrt

»REISEMOBIL-STELLPLATZ SALZBURG« 1.1. bis 31.12.
0043 676 9114244 440 m
office@reisemobilstellplatz-salzburg.at, www.reisemobilstellplatz-salzburg.at

➔ A1 Westautobahn Richtung Salzburg und am Autobahnknoten Abf. Salzburg Nord, danach links halten und bei der 1. Ampel links abbiegen, noch ca. 900 m, beschildert. ✉ Carl-Zuckmayer-Straße 26 (GPS: 47°50'9"N / 13°3'38" E).

WC W W Ch
10 m 20 m 250 m
Großer Wohnmobil-Stellplatz am nördlichen Ortsrand Salzburgs. Teils von Wiese und kleinen Waldflächen umgeben. Ebene befestigte Stellflächen bis max. 20 m Länge. Zentrale Ver- und Entsorgungsanlage. Hundegarten. Getränkeautomaten. Brötchenservice. Ort 200 m entfernt. 106 Touristenplätze.

5440 Golling, Salzburger Land — ST-A 3210

Abfahrt

»STELLPLATZ AQUA SALZA« 1.1. bis 31.12.
0043 6244 20040 10
info@aqua-salza.at, www.aqua-salza.at

➔ A 10 Tauernautobahn Salzburg-Villach, Abf. (28), dann links nach Golling abbiegen. Nächste Straße rechts, nach ca. 150 m auf der rechten Seite. Beschildert (Aqua Salza). ✉ Möslstr. 199 (GPS: 47°35'44"N /

13°10'20" E).
∴ Bluntautal Golling.

WC W WC Ch 100 m 200 m
Stellplatz auf dem Parkplatz eines Erlebnisbades im hinteren Bereich. Stellplatz-Länge bis 9 m. Anmeldung und Münzen an der Kasse des Erlebnisbades: Mo-Do 10-22 Uhr, Fr+Sa 10-23 Uhr, So+Feiertag 10-21 Uhr. Die WCs im Foyer des Erlebnisbades können während der Öffnungszeiten mitgenutzt werden. Reservierung empfohlen. Maximal 5 Nächte Aufenthalt möglich! Zentrum 1 km entfernt. 15 Touristenplätze.

5541 Altenmarkt, Salzburger Land ST-A 3320

20 **»STELLPLATZ KELLERBAUER«** 1.1. bis 31.12.
☎ 0043 6452 7121
klaus.mooshammer@sbg.at, www.kellerbauer.co.at

➔ A 10 bis zur Abf.(63) Enstal und auf der Ortsverbindungsstraße 163 bis zur Abf. Altenmarkt-Ost. Im Ort am Marktplatz in Richtung Zauchensee fahren, von der Zauchenseestraße bei der Gärtnerei in die Zefferergasse abbiegen und dann der Beschilderung folgen. ✉ Kellerdörfl 18 (GPS: 47°22'15"N / 13°25'45" E).

WC Ch 1,5 km 2 km 3 km
Stellplatz am Bauernhof. Ebene Stellfläche auf Schotterrasen. Brötchenservice in HS. Kostenfreier Skibus im Winter. Skibushaltestelle direkt am Stellplatz. Langlaufpiste nur 50 m vom Stellplatz entfernt. Hunde gratis. An- und Abreise rund um die Uhr möglich. Maximale Aufenthaltsdauer 6 Tage. Von Dienstags 12 Uhr bis Mittwochs 12 Uhr kein Aufenthalt möglich. Ort 1 km entfernt. 10 Touristenplätze.
2023: St/N inkl. 2 P/N 18.–, Waschmaschine 2.–, Trockner 2.–. KT, H/N, Entsorgung, Müll, Wasser, Sanitärbenutzung und Strom inklusive.

5542 Flachau, Salzburger Land ST-A 3335/1

Abfahrt **»JAUSENSTATION SCHAUPHOF«** 15.5. bis 15.10.
☎ 0043 6457 2270
info@schauphof.at, www.schauphof.at

➔ A 10 Tauern-Autobahn Salzburg-Villach Abf. (74) Flachau/Winkl, unter der Autobahn durch, rechts auf die Flachauwinkelstr. Nach knapp 2 km links (Flachau). 2. Abzweigung links. Beschildert. ✉ Flachauwinkelstr. 46 (GPS: 47°17'10"N / 13°24'28" E).

WC W 100 m 5 km
Stellplatz auf dem Parkplatz eines Bauernhofes/Gasthofes. Max. 1 Nacht Aufenthalt möglich. Geschotterter und asphaltierter Transitplatz. Liegewiese. Streichelzoo. Brötchenservice. Ortszentrum 8 km entfernt. 5 Touristenplätze.

5651 Lend, Salzburger Land ST-A 3355

»BIOBAUERNHOF LAINER« 1.1. bis 31.12.
☎ 0043 664 5581229, Mobil 0043 664 5581229
camping.lainer@gmx.at, www.unteregg.at

➔ A 10 Salzburg–Spittal, Abf.(46) Knoten Pongau. Danach B 311 Richtung Bruck, 2 km hinter Lend links Richtung Embach abbiegen. Der Beschilderung "Biohof Lainer" 1,6 km bis zum Hof folgen. ✉ Heuberg 6 (GPS: 47°17'50"N / 13°1'37" E).

Ch 2 km
Stellplatz beim Bauernhof Lainer. Befestigte Stellfläche. Brötchenservice. Ort 2 km entfernt. 6 Touristenplätze.

5611 Großarl, Salzburger Land ST-A 3360

»STELLPLATZ VIEHHAUSER GROßARL« 1.1. bis 31.12.
☎ 0043 6414 8862
office@viehhauser-kfz.at, www.viehhauser-kfz.at

➔ A 10 Salzburg-Villach Abf. Bischofshofen, auf die B 311 Richtung Zell am See bis St. Johann/Pongau. Nach dem Ort abbiegen auf die Alpendorfstraße Richtung Großarl. Noch ca. 14 km. Im Ort Richtung Ortsmitte/Tourist-Info. Beschildert (Tankstelle). ✉ Markt 171a (GPS: 47°14'24"N / 13°12'1" E).

WC 100 m 400 m 500 m 800 m
Umzäunter Stellplatz im Ortszentrum auf dem Betriebsgelände eines KfZ-Betriebes (Verkauf/Werkstatt/Tankstelle) auf befestigten Stellflächen. Stellplatz-Länge bis 8 m. Telefonische Reservierung erwünscht. Zentrum 500 m entfernt. 10 Touristenplätze.

5761 Maria Alm, Salzburger Land ST-A 3418

»WOHNMOBILSTELLPLATZ STEGERBAUER« 1.1. bis 31.12.
☎ 0043 6584 7765
stegerbauer@sbg.at, www.stegerbauer.at

➔ B 164 Hochkönigstrasse nach Maria Alm. Weiter Richtung Hintertal, beim Ortsteil Stegen abbiegen und der Beschilderung folgen zum Bauernhof folgen. ✉ Stegen 16 (GPS: 47°23'52"N / 12°54'14" E).
∴ Historische Altstadt (15 km).

Ch 1 km 1,5 km 5 km
Stellplatz beim Bauernhof. Ebene, geschotterte Stellfläche. Brötchenservice. Fernsicht auf die Berge. Ort 1 km entfernt. 10 Touristenplätze.

5741 Neukirchen, Salzburger Land ST-A 3486/1

»PANORAMASTELLPLATZ FRIEDBURG« 1.1. bis 31.12.
☎ 0043 6565 64860
info@panoramastellplatz.at, www.gasthof-friedburg.at

➔ A 12 Innsbruck-Kufstein Abf. (17) bei Wörgl auf die E 641/B 178 nach St. Johann in Tirol. Weiter auf der B 161 nach Mittersill. In Mittersill rechts auf die B 165 Richtung Wald im Pinzgau abbiegen. Neukirchen am Großvenediger durchfahren. In Rosental links nach Scheffau abbiegen. Noch ca. 2 km. Beschildert. Auf den letzten 800 m ca. 9% Steigung! ✉ Scheffau 96 (GPS: 47°14'20"N / 12°14'29" E).
∴ Europas längste Rodelbahn (14 km). Nationalparkzentrum Hohe Tauern. Mineralienmuseum. Knappenbergwerk Untersulzbachtal. Speicherkraftwerke Kaprun.

Ch 1,4 km 3 km
Stellplatz an einem Gasthof mit Blick über das Salzachtal. Stellplatz-Länge bis 12 m. Überwiegend geschottert. Anfahrt jederzeit möglich. Liegewiese. Modellflug. Streichelzoo. Musikabende. Brötchenservice. Ort 4 km entfernt. 9 Touristenplätze.

5743 Krimml, Salzburger Land ST-A 3487/1

»HOTEL KRIMMLERFÄLLE« 16.5. bis 20.10.
☎ 0043 6564 7203 1075 m
info@krimmlerfaelle.at, www.krimmlerfaelle.at

➔ A 12 Innsbruck-Kufstein Abf. (17) bei Wörgl auf die E 641/B 178 nach St. Johann in Tirol. Weiter auf der B 161 nach Mittersill. Im Ort rechts auf die B 165 Richtung Gerlos abbiegen. In Wald im Pinzgau auf der Gerlos-Straße bleiben, wenn die B 165 nach rechts abknickt. Richtung Gerlos weiter, noch ca. 7 km. Beschildert. ✉ Wasserfallstr. 42 (GPS: 47°13'6"N / 12°10'29" E).
∴ Krimmler Wasserfälle.

WC W W 100 m
Stellplatz im Ortszentrum Krimml bei einem großen Ferienhotel mit Blick auf die umliegenden Berge. Wellnessangebote. Brötchenservice. Dusche/WC im Hotel gegen Gebühr. Eine Wanderkarte, Eintritt zu den Krimmlerwasserfällen und Krimmlerwassefestspielen sowie Urlaubsinformationen sind inklusive. Anmeldung an der Rezeption. Ort 100 m entfernt. 20 Touristenplätze.

5563 Tweng, Salzburger Land ST-A 3515/1

»LANDHOTEL POSTGUT« Juni bis Sept. / Nov. bis April
☎ 0043 6471 20206, Fax 0043 6471 20213
info@postgut.at, www.postgut.at

➔ B 99 Radstadt–Staig (östliche Parallelstraße zur Tauernautobahn A 10). Das Hotel in Tweng liegt direkt an der Bundesstraße. ✉ Tauernstraße 13 (GPS: 47°11'23"N / 13°36'6" E).
∴ Keltenmuseum Hallein, Salzwelten Hallein-Bad Dürrnberg, Eisriesenwelt Werfen.

WC
Stellplatz beim Landhotel Postgut. Ebene, betonierte Stellflächen. Wellnessbereich im Hotel. Frühstücksservice.Reservierung erforderlich. 10 Touristenplätze.

9751 Sachsenburg, Kärnten ST-A 4040

»RESTAURANT AUSZEIT« 1.1. bis 31.12.
☎ 0043 4769 33110
restaurant-auszeit@aon.at, www.restaurant-auszeit.at

➔ A 10 Villach-Salzburg, beim Knoten Spittal nach Sachsenburg abzweigen. ✉ Obergottesfeld 79 (GPS: 46°47'57"N / 13°21'4" E).

Stellplatz auf dem Restaurantparkplatz. Stellfläche auf Schotter. Einkehr obligatorisch. Ortszentrum 3 km entfernt. 10 Touristenplätze.

9842 Mörtschach, Kärnten ST-A 4135

»GASTHAUS SCHWAIGER« 1.1. bis 31.12.
☎ 0043 4826 205
andreas-schwaiger@aon.at, www.schwaigers-landgasthof.at

➔ A 10 Salzburg-Villach, Abf. Knoten Spittal, E 66 nach Lurnfeld, rechts auf die B 106 bis Winklern. Im Ort rechts auf die B 107. Nach Mörtschach noch ca. 1.5 km Richtung Heiligenblut, auf der linken Seite. ✉ Mörtschach 35 (GPS: 46°55'59"N / 12°54'18" E).
∴ Nationalpark Hohe Tauern (Radweg mit Radbrücke).

WC 100 m 1 km
Stellplatz auf einem Parkplatz am Gasthaus. Reservierung empfohlen. Ortszentrum 1 km entfernt. 5 Touristenplätze.

9601 Arnoldstein, Kärnten ST-A 4310

15 **»RAST-STELLPLATZ ARNOLDSTEIN«** 1.1. bis 31.12.
☎ 0043 650 3047343
info@rast-stellplatz.at, www.rast-stellplatz.at

➔ A 2 Villach - Stossau (Südautobahn) Abf. Arnoldstein. Hier auf die B 83 (Kärntner Straße) Richtung Zentrum Arnoldstein. Nach dem Kreisverkehr ca. 300 m rechta abbiegen. Beschildert. ✉ Seltschacher Straße 3 (GPS: 46°32'57"N / 13°41'58" E).
∴ Klosterruine Arnoldstein. Schrotturm Gailitz.

100 m
Ebener und geschotterter Stellplatz im Zentrum von Arnoldstein am Fuße der Bergbahnen Dreiländereck. Max. 24 Stunden Aufenthalt. Infotafel. Gail-Radweg. Kultur-Wanderweg. Klosterruine 1 km, Bergbahnen Dreiländereck 2,5 km, Tourismusinfo/Gemeindeamt 1,6 km entfernt. 2 Relaxliegen. 20 Touristenplätze.
2022: St/N 14.–, Stellplatz bis zu 4 Stunden 5.–, Strom/kWh –.50 (16 A). Nur Kartenzahlung möglich.

9620 Hermagor, Kärnten ST-A 4350

20 **»STELLPLATZ BEIM EUROPARCS HERMAGOR-NASSFELD«**
☎ 0043 4282 2051 — 1.1. bis 31.12.
camping@schluga.com, www.schluga.com

➔ B 111 Villach nach Westen zum Ort Hermagor. ✉ Vellach 15 (GPS: 46°37'52"N / 13°23'44" E).

W W Ch | H 100 m

Stellplatz bei einem Campingplatz in der Nähe der italienischen Grenze. Stellflächen auf Schotter. Reservierung nur bei Gruppen. Maximal 3/5 Nächte Aufenthalt in HS/NS möglich. Ortszentrum 1,7 km entfernt. 6 Touristenplätze.
2022: St/N inkl. 2 P/N 20.–, weitere P/N ab 3 J. 6.–, H/N 5.20, KT P/N ab 17 J. 1.80, Waschmaschine 4.–, Trockner 4.–, Strom/N 3.70. P/N, WD, Entsorgung, Müll und Wasser inklusive.

9640 Kötschach-Mauthen, Kärnten ST-A 4380

»HOTEL RESTAURANT CARAVANPARK GAILBERGHÖHE«
— 1.1. bis 15.4. / 1.5. bis 19.11. / 15.12. bis 31.12
☎ 0043 4715 368, Fax 0043 4715 368 50, **info@gailberg.at**
www.gailberg.at

➔ B 100/E 66 Lienz-Spittal an der Drau, in Oberdrauburg rechts auf die B 110 (Plöckenpass Str.) Richtung Kötschach-Mauthen. Nach ca.4.5 km auf der linken Seite. Achtung: serpentinenreicher Anstieg. ✉ Gailberg 3 (GPS: 46°42'54"N / 12°58'3" E).
∴ Kräuterdorf Irschen.

WC W Ch H

Terassenförmig angelegter Stellplatz in Einzellage oberhalb des Hotels, direkt an der Straße. Stellplatz-Länge bis 13 m. Sanitärgebäude direkt am Platz. Überwacht. Abgeschlossen von 23-6 Uhr. Bezahlung beim Kassierer. Wasser- und Erlebnisspielplatz. Serviceangebot des Hotels nutzbar: Kegelbahn. Kneippbecken. Sauna- und Erholungslandschaft. Wasch- und Trockenraum für Motorrad und -bekleidung. Werkstatt mit Hebebühne. Schneeschuh- und Rodelverleih. Brötchenservice. Canyoning. Rafting. Drachenfliegen. Paragliden. Ort (Kötschach-Mauthen) 7 km entfernt. 36 Touristenplätze.

9346 Glödnitz, Kärnten ST-A 4505

»LANDGASTHOF PENSION HOCHSTEINER« — 1.1. bis 31.12.
☎ 0043 4265 8132, Mobil 0043 650 6632569, Fax 0043 4265 81324
pension.hochsteiner@aon.at, www.pension-hochsteiner.at

➔ B 95 Klagenfurt-Feldkirchen in Kärnten, ab Feldkirchen weiter auf der B 93 Richtung Gurk. In Kleinglödnitz links nach Glödnitz. Im Ort links in die Laas-Straße. Am Straßenende links. ✉ Laas-Str. 9 (GPS: 46°52'21"N / 14°6'59" E).

WC W W S | H 100 m 200 m S 500 m

Stellplatz an einem Landgasthof im Naturpark Gurktal auf gepflasterten oder asphaltierten Stellflächen. Stellplatz-Länge bis 5 m. Bezahlung im Gasthaus (bar/ec). Gutbürgerlicher Landgasthof Mitglied der Gurktaler Speckwirte. Brötchenservice. Naturbad. Therapie- und Wellnesszentrum. Ortszentrum 200 m entfernt. 6 Touristenplätze.

9241 Wernberg, Kärnten ST-A 4590

Abfahrt

»LANDGASTHOF FRUHMANN« — 1.3. bis 1.11.
☎ 0043 4252 2221 0, Fax 0043 4252 2221 4
office@fruhmann.at, www.fruhmann.at

➔ A 2/E 66 Klagenfurt-Villach, Abf. Wernberg. Rechts auf die B 83 Richtung Wernberg. Rechts auf den Gartenweg abbiegen, links unter der Bundesstraße durch und wieder links zum Landgasthof. Beschildert. ✉ Triester Str. 1 (GPS: 46°37'30"N / 13°55'46" E).
∴ Missionskloster Wernberg.

GAS | H 100 m

Stellplatz auf dem großen Parkplatz des Landgasthofes mit Fleischerei und Schau-Selcherei (Räucherei) Fruhmann, verkehrsgünstig zwischen Bundesstrasse und Autobahn. Öffnungzeiten: 6-22 Uhr. Maximal 5 Nächte Aufenthalt möglich! Indoor-Fun-Park. 2-stöckige Rutsche. Kinderautobahn. Brötchenservice. Ortszentrum 1 km entfernt. 10 Touristenplätze.

9335 Lölling, Kärnten ST-A 4618

»LANDGASTHOF NEUGEBAUER« — 1.1. bis 31.12.
☎ 0043 4263 407, Fax 0043 4263 407 4
neugebauer@loelling.at, www.landgasthof-neugebauer.at

➔ E 66/A 2 Villach-Graz Abf. (305) hinter Klagenfurt auf die B 92 Richtung Brückl. Weiter bis Raffelsdorf, anschließend die 2. Str. rechts Richtung Lölling abbiegen. Nach ca. 6 km auf der rechten Seite. ✉ Graben 6 (GPS: 46°55'4"N / 14°34'48" E).
∴ Schmiede- und Schlossereimuseum. Schaubergwerk. Heinrich Harrer Museum.

WC W H | 500 m

Stellplatz neben dem Landgasthof an einem Bach. Landgasthof Mitglied der Kärntner Spargelwirte. Eigenes Wasserkraftwerk und kleines Museum im Gewölbe. Brötchenservice. Ortszentrum 200 m entfernt. 10 Touristenplätze.

9462 Bad St. Leonhard, Kärnten ST-A 4620

»PARKPLATZ BACHWEG-BRÜCKE« — 1.1. bis 31.12.
☎ 0043 4350 2218 26, Fax 0043 4350 2218 16
bad-st-leonhard@ktn.gde.at, www.bad-st-leonhard-i-lav.at

➔ E 66/A 2 Klagenfurt-Graz Abf. (241) Klagenfurt auf die B 78 nach Bad St. Leonhard. Im Kreisverkehr die 1. Abf. in die Obdacher Street. Nach ca. 1 km links in den Bachweg. Nach 200 m vor der Brücke links. Beschildert (Hinweistafel auf der Bundesstraße B 78). ✉ Bachweg (GPS: 46°57'38"N / 14°47'37" E).
∴ Schlossberg mit Burgruine. Leonhardikirche. Pestsäule. Preblauer Heilwasserquellen.

Ch | 100 m
200 m H 500 m

Stadtnaher, beleuchteter Wohnmobilstellplatz am Sportplatz. Befestigte Stellflächen. Die Wasserentnahme ist von April bis Nov. möglich. Die Nutzungskarte von € 4.- Stellplatzgebühr pro Nacht ist bei der OMV Tankstelle in Bad St. Leonhard zu kaufen, womit man auch einen Ortsplan erhält. Ortszentrum 500 m entfernt. 5 Touristenplätze.

9232 Rosegg, Kärnten ST-A 4690

Abfahrt

»GASTHOF PENSION ROSEGGERHOF« — 1.4. bis 31.10.
☎ 0043 4274 2722, Fax 0043 4274 2722 13
info@roseggerhof.com, www.roseggerhof.com

➔ A 11/E 61 Villach-Ljubljana (Karawanken Autobahn) Abf. (11) St. Jakob i.R., auf die B 85 Richtung St. Jakob im Rosental. In St. Peter rechts ab, unter der Bundesstr. durch und links nach Rosegg abbiegen. Im Ort kurz vor Ortsende rechts in den Schlossweg. Rechts in den Schulweg. Gleich auf der linken Seite, gegenüber vom Gasthof. Beschildert ("Gasthof", "Camping"). ✉ Schulweg 4 (GPS: 46°35'24"N / 14°1'14" E).
∴ Schloss Rosegg mit Gartenlabyrinth und Wachsfigurenkabinett.

WC W W Ch
| H 100 m 1 km

Ebener Stellplatz am nord-östlichen Ortsrand, zwischen Schloss und Gasthof. Von Feldern umgeben und mit schönem Blick auf die Karawanken. Stellplatz-Länge bis 9 m. Sanitäreinrichtungen des Gasthofes können mitgenutzt werden (7-22 Uhr). Ankunft bis 22 Uhr. Bezahlung im Gasthof. Brötchenservice. Maximal 2 Nächte Aufenthalt möglich! (Winterstellplatz (Wintersportgebiet)) Ortszentrum 100 m entfernt. 30 Touristenplätze.

9220 Velden am Wörthersee, Kär. ST-A 4750/1

Abfahrt

»LINDENHOF« — 1.1. bis 31.12.
☎ 0043 650 7675565 — 550 m
tomiwalchhofer@gmail.com, www.urlaubamlindenhof.at

➔ A2 Villach - Klagenfurt Abf. Velden West am Kreisverkehr B83 (Kärntner Str.) 2. Ausfahrt nehmen. Nach ca. 500 m links abbiegen auf Köstenberger Str. und danach links abbiegen auf Lindenhofweg. ✉ Lindenhofweg 37 (GPS: 46°36'58"N / 14°1'9" E).

Ch |
H 500 m 1.5 km

Stellplatz oberhalb des Wörthersees bei einem Bauernhof mit schöner Aussicht auf den See und auf die Karawanken. Stellfläche auf Schotter und Wiese. Anfahrt bis 22 Uhr möglich. Bauernhofprodukte erhältlich. Streicheltiere. Brötchenservice. Ortszentrum 1,5 km entfernt. 10 Touristenplätze.

9220 Velden am Wörthersee, Kär. ST-A 4750/2

Abfahrt

»RAST-STELLPLATZ VELDEN« — 1.1. bis 31.12.
☎ 0043 650 3047343, Mobil 0043 677 62016621
info@rast-stellplatz.at, www.rast-stellplatz.at

➔ A2 Villach - Klagenfurt Abf. Velden West am Kreisverkehr B83 Richtung Lind ob Velden, dort auf Selpritscher Straße danach auf Roseggerstraße bis Süduferstraße. Mit Navi die Strecke "Lind ob Velden und Selpritsch" nutzen. ✉ Augsdorferstraße 17 (GPS: 46°36'27"N / 14°2'59" E).
∴ Pyramidenkogel.

RES Ch | 200 m
1.5 km

Ebene Stellplätze auf Schotter am Rande des Ortszentrums. Zahlreiche Sport- u. Freizeitangebote in unmittelbarer Nähe. Max. 24 Std. Aufenthalt möglich. Ver- und Entsorgung. Ort und See fußläufig in 7 Minuten erreichbar. Öffentliche WC Anlagen ca. 500 m entfernt. Tourismusinformation u. Casino 1,5 km entfernt. Müllentsorgung. Hunde sind an der Leine zu führen. Anmeldung am Kassenterminal. Ortszentrum 500 m entfernt. 24 Touristenplätze.

9170 Ferlach, Kärnten ST-A 4820

»MESSEPARKPLATZ SCHLOSS FERLACH« — 1.1. bis 31.12.
☎ 0043 4227 2600, Fax 0043 4227 2311
ferlach@ktn.gde.at, www.ferlach.at

➔ E 61/A 11 St. Magdalen-Kranj, Abf. (11) St. Jakob i.R., auf die B 85 über St. Jakob nach Ferlach. Im Ort direkt nach der Brücke rechts auf den Messeparkplatz. Beschildert. ✉ Messeplatz 5 (GPS: 46°31'30"N / 14°17'50" E).
∴ Büchsenmacher- und Jagdmuseum. Bienenmuseum. Historama-Museum für Technik & Verkehr. Tscheppaschlucht.

Ch | H 200 m
300 m 2 km

Zentral gelegener Wohnmobil-Stellplatz auf einem Teil des Messeplatzes. Mit Stellflächen auf staubfreiem Asphalt-Fräsgut und von Büschen und Bäumen umgeben. Lauf- und Walking Park. Günstig gelegen fürs Durchwandern der Tscheppaschlucht (Bus-Rückholservice). Achtung: Alle 2 Jahre im Mai (nächster Termin: 2016) ist der Stellplatz für 14 Tage wegen Messeveranstaltung nicht verfügbar. Ausweichen möglich auf den Parkplatz am Strandbad (gebührenpflichtig). Maximal 1 Nacht Aufenthalt möglich! 30 Touristenplätze.

9433 Sankt Andrä, Kärnten ST-A 4870

»FZA SANKT ANDRÄER SEE« 1.1. bis 31.12.
☎ 0043 4358 271077
erwin.klade@st-andrae.at, www.st-andrae.at

➔ A 2 Klagenfurt-Graz, Abf. (264) St. Andrä, weiter zum See. ✉ St. Jakob 35 (GPS: 46°44'34"N / 14°50'25" E).

Ⓗ 1 km

Stellplatz am Andräer See an der Freizeitanlage. Stellfläche auf Asphalt und Rasengitter. Reservierung nur bei Gruppen. Ortszentrum 5 km entfernt. 2 Touristenplätze.

5282 Braunau, Oberösterreich ST-A 5005

»GASTHAUS PUTSCHER« 1.1. bis 31.12.
☎ 0043 7722 22154, Mobil 0043 664 5234762
gasthaus-putscher@gmx.at, www.gasthaus-putscher.at

➔ A 8 Linz-Passau, Abf. (65) Ort im Innkreis, weiter nach Braunau. ✉ Scheuhub Nr. 2 (GPS: 48°13'56"N / 12°59'53" E).

WC W Ch Ⓗ 500 m

Stellplatz beim Gasthof in Einzellage. Stellfläche auf Wiese und Schotter. Reservierung nur bei Gruppen. Ortszentrum 2 km entfernt. 15 Touristenplätze.

4820 Bad Ischl, Oberösterreich ST-A 5360

»PARKPLATZ KAISERWINKEL« 1.1. bis 31.12.
☎ 0043 6132 27757
office@badischl.at, www.badischl.com

➔ B 158 Salzburg–Bad Ischl Abf. (2) zum Stadtzentrum, danach im Kreisverkehr die 1. Ausfahrt nehmen und nach rechts zum Parkplatz fahren. ✉ Götzstraße (GPS: 47°42'53"N / 13°37'27" E).

Stellplatz auf einen öffentlichen Parkplatz. Ebene, asphaltierte Stellfläche. Keine Parkgebühren zwischen 19 und 7 Uhr. 7 Touristenplätze.

4865 Nußdorf, Oberösterreich ST-A 5420

»STELLPLATZ BRUCKBACHER« 1.4. bis 15.10.
☎ 0043 6505 220808
camping.bruckbacher@aon.at, www.camping-bruckbacher.at

➔ A 8 München-Salzburg, auf der A 1 bis zur Abf. (242) St. Georgen, dann über Attersee auf der B 151 nach Nußdorf fahren. Der Stellplatz liegt im Ortsteil Dexelbach 3 km südlich von Nußdorf. ✉ Dexelbach 1 (GPS: 47°51'32"N / 13°31'31" E).

WC Ch 3 km 5 km

Stellplatz beim Bauernhof Bruckbacher. Ebene Stellfläche auf Wiesengelände. Ort 3 km entfernt.

4881 Straß im Attergau, Oberösterr. ST-A 5430

Abfahrt

»STELLPLATZ ROSSLWIRT« 1.1. bis 31.12.
☎ 0043 7667 7108, Fax 0043 7667 71085
office@gattinger.at, www.gattinger.at

➔ A 8 Richtung Wien, Abf. Oberwang, danach den Verkehrsschildern folgen. ✉ Halt 4 (GPS: 47°54'17"N / 13°26'49" E).
∴ Reitsportzentrum Mondseeland.

WC 1 km 3 km 5 km 6 km

Stellplatz beim Rosslwirt - Gasthof-Pension Gattinger an der A1 gelegen. Stellfläche auf Schotter. Gratis E-Tankstelle. Brötchenservice. Freizeitmöglichkeiten kostenlos. Montags Ruhetag! Ort 6 km entfernt. 10 Touristenplätze.

4802 Ebensee, Oberösterreich ST-A 5530/1

25 **»STELLPLATZ TRAUNECK«** 1.1. bis 31.12.
☎ 0043 6133 8016
info@ebensee.com, www.ebensee.com

➔ A-1/E 60 Salzburg-Linz, Abf. (264) Mondsee auf die B 158 nach Bad Ischl. Dort auf die B 145 nach Ebensee. In Ebensee nach der Brücke über die Traun die 1. Abf. rechts (Trauneck). Noch ca. 200 m. ✉ Trauneck (GPS: 47°48'46"N / 13°46'39" E).
∴ Museum Ebensee. Zeitgeschichte-Museum Ebensee. Naturmuseum. KZ-Gedenkstollen. Gassel-Tropfsteinhöhle.

RES WC W WC Ch 100 m Ⓗ 200 m 500 m 1 km

Stellplatz in der Nähe einer Schiffsanlegestelle sowie eines Segelclubs. Geschotterte und asphaltierte Stellplätze, abgegrenzt durch einen schmalen Grünstreifen. Stellplatz-Länge bis max. 8 m. Bei Großveranstaltungen (siehe www) nicht zugänglich! Das Aufstellen von Vorzelt oder Zelt ist nicht gestattet. Öffentliches WC ganzjährig rund um die Uhr neben dem Stellplatz vorhanden (€ 0,50 pro Person). Hunde müssen an der Leine geführt werden. Im Winter kein Räumdienst! Bei Schnee geschlossen! Schifffahrt. Kartbahn. Feuerkogel-Seilbahn. Max. 3 Nächte Aufenthalt möglich. Beachten Sie die Stellplatzordnung. Zentrum 500 m entfernt. 26 Touristenplätze.
2023: A/N 20.–, C/N 26.–, MC/N 20.–, KT P/N ab 16 J. 2.–, Wasser/25 l –.50, Strom/1 Std. –.50 (16 A). H/N, Entsorgung und Müll inklusive.

4802 Ebensee, Oberösterreich ST-A 5530/2

25 **»FREIZEITANLAGE RINDBACH«** 1.1. bis 31.12.
☎ 0043 6133 8016
info@ebensee.com, www.ebensee.com

➔ A-1/E 60 Salzburg - Linz, Abf. (264) Mondsee auf die B 158 nach Bad Ischl. Dort auf die B 145 nach Ebensee. In Ebensee Abf. Rindbachstraße. Der Beschilderung "Freizeitanlage Rindbach" folgen. ✉ Strandbadstr. (GPS: 47°48'33"N / 13°47'25" E).
∴ Zeitgeschichtenmuseum Ebensee. Feuerkogel Seilbahn. KZ-Gedenkstollen.

RES WC Ch Ⓗ 200 m 1 km

Separater Stellplatz vor dem Parkplatz einer Freizeitanlage am Traunsee. Benutzung nur bei schneefreien Bedingungen. Die Infrastruktur wie öffentliches WC oder Kiosk ist von Mai bis Oktober geöffnet. Stellplatz-Länge bis 8 m auf ebener Wiese. Zugfahrzeuge von Wohnwagen müssen separat abgestellt werden. Frischwasser kann mit entsprechendem Behälter getankt und umgefüllt werden. Vorzelte oder das Aufstellen eines Zeltes sind nicht gestattet. Traunsee-Schifffahrt. Imbiss. Maximal 3 Nächte Aufenthalt möglich. Beachten Sie die Stellplatzordnung. Zentrum 1 km entfernt. 30 Touristenplätze.
2023: St/N 20.– bis 26.–, KT P/N ab 16 J. 2.–, Wasser/25 l –.50. P/N, Entsorgung und Müll inklusive.

4840 Vöcklabruck, Oberösterreich ST-A 5600

»FREIZEITGELÄNDE BEIM HALLENBAD« April bis Okt.
☎ 0043 7672 26644
stadtamt@voecklabruck.at, www.voecklabruck.info

➔ A 1/E 60 Westautobahn Salzburg-Wien, Abf. (234) Seewalchen, links auf die B 151 nach Vöcklabruck. Am Kreisverkehr geradeaus weiter auf der B 1. Links ab auf die B 143. Am Kreisverkehr die 2. Abf., nach ca. 500 m links. Beschildert. ✉ Hausruckstr. 25 (GPS: 48°0'41"N / 13°39'10" E).
∴ Historischer Stadtkern. Friedenskirche. Museum "Alte Stadtmauer".

Ch 200 m 500 m Ⓗ 1 km

Stellplatz auf dem Parkplatz beim Hallenbad. Stellplatz-Länge bis 8 m. Maximal 2 Nächte Aufenthalt möglich! Zentrum 1 km entfernt. 6 Touristenplätze.

4690 Rutzenham, Oberösterreich ST-A 5610

0 **»GASTHAUSBRAUEREI ZUM ALFONS«** 1.1. bis 31.12.
☎ 0043 7673 2442
office@zum-alfons.at, www.zum-alfons.at

➔ A 1/E 60 Salzburg - Wels, Abf. (224) Regau, auf die B 145 und rechts auf die B 1 nach Attnang. Im Ort links ab nach Wolfshütte und weiter nach Rutzenham. In Bergern erste Straße links abbiegen. ✉ Bergern 2 (GPS: 48°3'20"N / 13°42'22" E).
∴ Brauereimuseum.

WC W

Stellplatz auf dem Parkplatz der Gasthausbrauerei im Ortszentrum. Öffnungszeiten sind Mi. bis So. ab 16 Uhr (Mo./Di. ist Ruhetag). WC-Benutzung nur zu den Öffnungszeiten. Hunde nur eingeschränkt erlaubt. 10 Touristenplätze.
2022: Stellplatz ist kostenlos, es wird jedoch um Konsumation in Gasthaus gebeten.

4701 Bad Schallerbach, Oberösterr. ST-A 5660

»WOHNMOBILSTELLPLATZ BAD SCHALLERBACH«
☎ 0043 6601 911490 1.1. bis 31.12.
nickmann@telering.at, www.camping-badschallerbach.com

➔ A 8, Abf. Pichl/Wels, weiter Richtung Bad Schallerbach, 4 km bis Ortseinfahrt, Kreisverkehr Abf. (1) rechts abbiegen, 150 m folgen bis zum Ziel. ✉ Birkenstraße 9 (GPS: 48°13'38"N / 13°55'43" E).

WC Ch 700 m GAS 7 km

Stellplatz auf dem Sportplatz des Vereins. Parzellierte Stellflächen ca. 50 – 60 m² auf Schotterrasen. Beleuchtet. Voranmeldung bzw. Platzreservierung erwünscht. Mülltrennung. Zugfahrzeug von WoWa ist außerhalb zu parken. Therme Bad Schallerbach ca. 600 m entfernt. Ort 1 km entfernt. 7 Touristenplätze.

4153 Peilstein, Oberösterreich ST-A 5816

»GASTHOF POST - CAMPING« 1.4. bis 31.10.
☎ 0043 7287 7216
office@gasthofpost-peilstein.at, www.gasthofpost-peilstein.at

➔ A 7 Linz, Abf. Linz/Dornach auf die B 127 bis Rohbach. Weiter gerade aus auf der B 38 nach Peilstein. Im Ort rechts abbiegen in die Stifterstraße. Beschildert. ✉ Stifterstr. 6 (GPS: 48°37'7"N / 13°53'37" E).
∴ Chorherrenstift Schlägl mit Bibliothek.

WC W W Ch

Stellplatz auf dem Campinggelände des Gasthofes. Stellflächen auf Rasen und von 3 Seiten mit Bäumen umsäumt. Tiergehege angrenzend. Golfplatz. 10 Touristenplätze.

4161 Ulrichsberg, Oberösterreich ST-A 5820/2

»GOLF- UND FREIZEITPARK BÖHMERWALD« 1.4. bis 31.10.
☎ 0043 72888200
office@boehmerwaldgolf.at, www.boehmerwaldgolf.at/camping,13502

➔ Von Ulrichsberg in die Seitelschlager Bezirksstraße nach Seitelschlag abbiegen. Dort links in die Julbacher Häuser Straße abbiegen und ca. 500 m weiterfahren. ✉ Seitelschlag 50 (GPS: 48°40'41"N / 13°51'48" E).

WC W 300 m

Stellplatz direkt am Golfplatz mit einem Golfclub außerhalb der Ortschaft. Sanitär im Clubheim. (Geöffnet von 7 bis 21:30 Uhr.) Ebene, asphaltierte Stellflächen in ländlicher Umgebung. Anmeldung im Clubsekretariat. Golfunterricht möglich. Ort 300 m entfernt. 5 Touristenplätze.

4122 Arnreit, Oberösterreich ST-A 5824

»CAMPING MÜHLVIERTEL« 1.4. bis 31.10.
0043 6504 170003
office@camping-muehlviertel.at, **www.camping-muehlviertel.at**

➔ A 3 Passau–Linz Abf. (116) Passau-Mitte, auf der B 12/B 388 über Wegscheid Richtung Rohrbach fahren. Der B 127 bis Arnreit folgen und dann in Richtung Hengstschlag abzweigen. Die Zufahrt zum Bauernhof ist beschildert mit "Camping Lindorf". Hengstschlag 3 (GPS: 48°31'31"N / 14°1'1" E).
Wildpark Altenfelden.

1 km 3 km

Stellplatz bei einem Bauernhof. Leicht geneigte Stellfläche auf Wiesengelände. Kinderschwimmbad. FW. Ort 3 km entfernt. 10 Touristenplätze.

4116 St. Ulrich, Oberösterreich ST-A 5830/1

»LANG'S WIRTSHAUS« 1.1. bis 31.12.
0043 7282 8077, Mobil 0043 664 3301262
Fax 0043 7282 8077 20, **office@gasthaus-lang.at**, **www.gasthaus-lang.at**

➔ A 7 Mühlkreis-Autobahn/Linz, Abf. (13) auf die B 127 Richtung Rohrbach. Im Kreisverkehr rechts Richtung St. Ulrich am Wimberg. Von der Landstraße links zum Gasthof abbiegen (Hötzeneck). Beschildert. Pehersdorf 16 (GPS: 48°29'20"N / 14°3'20" E).
Hopfenmuseum St. Ulrich.

W W Ch

1 km 2 km 3 km

Stellplatz auf dem Parkplatz des Wirtshauses. Gepflasterten Stellflächen. Die sanitären Einrichtungen im Gasthaus können auf Anfrage genutzt werden. Barfußweg mit 22 Stationen. Heubaden. Labyrinth. Mini-Streichelzoo. Schneeschuhwandern. Ort 2 km entfernt. 10 Touristenplätze.

4100 Ottensheim, Oberösterreich ST-A 5835

»CAMPING HOFMÜHLE« 1.1. bis 31.12.
0043 7234 82418, Mobil 0043 6991 1444906
Fax 0043 7234 824184, **camping.hofmuehle@aon.at**, **www.hofmuehle.at**

➔ A 7 Linz, Abf. (1) nördlich der Donaubrücke. Auf der B 127 an der Donau entlang bis Ottensheim. Im Ort links auf die B 131 abbiegen und bis zum Wirtshaus fahren. Höflein 20 (GPS: 48°20'8"N / 14°9'40" E).

Stellplatz am Fluss Rodl. Überwiegend unparzellierte, ebene Stellflächen auf Wiese. Ort 1 km entfernt. 60 Touristenplätze.

4264 Grünbach, Oberösterreich ST-A 5851

»STELLPLATZ FORELLENWIRT« 1.1. bis 31.12.
0043 7942 72804, Fax 0043 7942 72804 4
info@forellenwirt.com, **www.forellenwirt.com**

➔ A 1 bis Linz,A 7 bis Unterweitersdorf, B 310 Freistadt Kreisverkehr Abf. (2) Richtung Sandl, B 38 bis Schlag ca. 3 km, danach links nach Grünbach abbiegen. Mitterbach 6 (GPS: 48°32'26"N / 14°35'21" E).

5 km

Stellplatz beim Gasthaus Forellenwirt. Stellfläche auf einem Parkplatz. Einkehr obligatorisch. Montags und dienstags Ruhetag! Ort 4 km entfernt. 6 Touristenplätze.

4292 Kefermarkt, Oberösterreich ST-A 5853

»SCHLOSSBRAUEREI WEINBERG« 1.1. bis 31.12.
0043 7947 7111
schlossbrauerei@wentzel.at, **www.schlossbrauerei.at**

➔ A 7 Stadtautobahn Linz, weiter auf der B 310 (Mühlvierteler Bundesstr.). Bei Lest rechts ab nach Kefermarkt. Links hoch zum Weinberg. Weinberg 2 (GPS: 48°26'56"N / 14°32'28" E).
Schloss Weinberg. Weltberühmter Kefermarkter Flügelaltar.

W 1 km

Geneigter, durch eine Straße geteilter Stellplatz beim Renaissanceschloss mit Park, Maierhof, Bierbrauerei und Restaurant. Größtenteils befestigte Stellflächen. Montags Ruhetag, sowie Jan.-März auch dienstags. Platz wird auch von PKW, LKW und Bussen genutzt. Ortszentrum 500 m entfernt. 10 Touristenplätze.

4331 Naarn im Machlande, Ober. ST-A 5863/1

»GASTHOF ZUR POST« 1.1. bis 31.12.
0043 7262 58250, Fax 0043 7262 582505
info@gasthoflettner.at, **www.gasthoflettner.at**

➔ A 1 Linz–Wien, Abf. (155) Enns/Steyr. B 123 Richtung Mauthausen. Nach der Donaubrücke links abbiegen auf die B 3 Richtung Perg. Nach ca. 1 km rechts nach Naarn abbiegen und bis zur Ortsmitte zum Stellplatz fahren. Marktplatz 1 (GPS: 48°13'33"N / 14°36'25" E).

Ch

Stellplatz beim Gasthof zur Post. Ebene Stellfläche auf Asphalt. Mittwochs und donnerstags Ruhetag! Ort 300 m entfernt. 5 Touristenplätze.

4391 Waldhausen, Oberösterreich ST-A 5880

10 **»WOHNMOBILSTELLPLATZ AM BADESEE«** 1.4. bis 31.10.
0043 7260 4505 470 m
gemeinde@waldhausen.ooe.gv.at, **www.waldhausen.at**

➔ A 1/E 60 Westautobahn Salzburg-Wien, Abf. (123), am Kreisverkehr auf die B 119 nach Grein. Dort weiter auf der B 3. In Sarmingstein links nach Waldhausen abbiegen. Noch ca. 8 km. Beschildert (Badesee). Ortsteil Schloßberg (GPS: 48°17'4"N / 14°57'31" E).
Frühbarocke Stiftskirche. Gotische Pfarrkirche. Aussichtswarte.

W Ch 100 m 2 km

Stellplatz am Nordufer des Badesees Waldhausen. Markierte geschotterte Stellflächen. Die Toiletten beim Badesee können von 7-22 Uhr benutzt werden. Imbiss. Zentrum 1.5 km entfernt. 6 Touristenplätze.
2023: MC/N 5.–, KT P/N ab 15 J. 2.20, Wasser/10 min. 1.–, Strom/8 Std. 1.–. H/N, Entsorgung und Müll inklusive.

4280 Königswiesen, Oberösterreich ST-A 5890

»FREIBADGELÄNDE« 1.4. bis 31.10.
0043 7955 62550
marktgemeinde@koenigswiesen.at, **www.koenigswiesen.at**

➔ A 7 Mühlkreisautobahn, auf die B 124 bis Königswiesen. Im Ort rechts ab auf die B 119a und sofort links zum Freibad abbiegen. Badgasse 4 (GPS: 48°24'17"N / 14°50'24" E).
Pranger. Spätgotische Pfarrkirche. Heimatmuseum mit Zündapp-Ausstellung. Klammleitenschlucht mit Mühle und Holzschwemme. Jagdmärchenpark Hirschalm.

Ch

200 m 300 m

Stellplatz auf dem öffentlichen Parkplatz am Freibad. Imbiss und Gaststätte am Platz bei Badebetrieb geöffnet. Barzahlung beim Marktgemeindeamt Königswiesen. Ortszentrum 500 m entfernt. 3 Touristenplätze.

4582 Spital am Pyhrn, Oberösterr. ST-A 5940/1

»GASTHOF FAMILIE GRUBER« 1.1. bis 31.12.
0043 66488926417
gruber-spital@pptv.at, **www.gruber-spital.at**

➔ A 9 Linz-Liezen, Abf. (57) Spital am Pyhrn, weiter zum Gasthof. Linzerstr. 45 (GPS: 47°40'10"N / 14°20'48" E).

Stellplatz beim Gasthof Familie Gruber. Stellfläche auf Schotter. Maximal 3 Nächte Aufenthalt möglich. Ortszentrum 700 m entfernt. 20 Touristenplätze.

3321 Ardagger Markt, Niederösterr. ST-A 6020

Abfahrt

»DONAUWELLENPARK« 1.1. bis 31.12.
0043 7479 7312
gemeinde@ardagger.gv.at, **ardagger.gv.at/wohnmobilabstellplatz**

➔ A 1/E 60 Abf. (123) Amstetten-West, am Kreisverkehr auf die B 119, noch ca. 7 km bis Ardagger Markt. Direkt rechter Hand aN der B 119. Markt 49 (GPS: 48°10'46"N / 14°49'34" E).
Stift Ardagger. Wallfahrtskirche zur Heiligen Ottilie. Pestkapelle.

Ch

100 m 200 m

Stellplatz am Ortsrand nahe der Bundesstraße. Stellflächen geschottert. Stellplatz-Länge bis 10 m. Direkt am Donauradweg. Wasser und WC-Benützung nur von April bis Oktober möglich. Ortszentrum 100 m entfernt. 20 Touristenplätze.

3204 Kirchberg/Pielach, Nied.öst. ST-A 6050/3

»STELLPLATZ KRIPPL« 1.1. bis 31.12.
0043 2722 21119, Mobil 0043 676 7126254
maria.krippl@aon.at

➔ Südwestlich von Wien nach Kirchberg. Soisgegend 106 (GPS: 48°1'2"N / 15°26'22" E).

Ch 1 km

Stellplatz mit Gartenbenutzung. Stellfläche auf Wiese und Asphalt. Ortszentrum 1 km entfernt. 3 Touristenplätze.

3383 Hürm, Niederösterreich ST-A 6060

»SCHNITZLWIRT LANDHAUS SUMMER« 1.1. bis 31.12.
0043 2754 56545
summer@schnitzel-wirt.at, **www.schnitzel-wirt.at**

➔ A 1 Linz-Wien, Abf. (74) Loosdorf, weiter nach Süden zum Schnitzelwirt. Betriebsgebiet 1 (GPS: 48°10'58"N / 15°25'2" E).

1 km

Stellplatz auf dem Areal der Gaststätte. Stellfläche auf Schotter und Asphalt. Reservierung nur bei Gruppen. Einkehr obligatorisch. Orstezentrum 500 m entfernt. 15 Touristenplätze.

3072 Kasten bei Böheimkirchen, Nied. ST-A 6065

»PARKPLATZ BEIM GWOERTHWIRT« 1.1. bis 31.12.
0043 2744 5224
gwoerthwirt@aon.at, **gwoerthwirt.jimdo.com**

➔ A 1 Wien-Linz, Abf. (48) Böheimkirchen, weiter nach Kasten. Gwoerth 3 (GPS: 48°8'53"N / 15°47'52" E).

100 m

Stellplatz neben dem Gasthof. Stellfläche auf Wiese und Asphalt. Einkehr obligatorisch. Nachts beleuchtet. Ortszentrum 1.5 km entfernt. 2 Touristenplätze.

1230 Wien, Niederösterreich ST-A 6130

Abfahrt

»REISEMOBILSTELLPLATZ WIEN« 1.1. bis 31.12.
☎ 0043 664 4337271, Fax 0043 664 01 8631112
office@reisemobilstellplatz-wien.at, www.reisemobilstellplatz-wien.at

➔ A 1 (Westautobahn) Linz-Wien, abbiegen auf die A21/E60 (Wiener Außenringautobahn), dort Abf. 36 (Brunn am Gebirge). Links auf die B 12a. Ca. 2 km auf der B 12a/B 12/Brunnerstraße. Rechts in die Perfektastraße. Nach 1.4 km auf der rechten Seite. ✉ Perfektastr. 49-53 (GPS: 48°8'13"N / 16°18'57" E).
Schlösser Schönbrunn, Belvedere, Laxenburg und Mayerling. Stephansdom. Hofburg. Karlskirche. Prater. Hermesvilla. Größtes Einkaufszentrum Europas.

W W Ch | 30 m 150 m 500 m 1 km 2.5 km

Großer und umzäunter Stellplatz im Süd-Westen Wiens am Rande eines Siedlungsgebietes. Begrünte, parzellierte und nummerierte Stellflächen. Stellplatz-Länge bis 20 m. Bewacht. Sanitäranlagen jederzeit nutzbar. Eingezäunter "Hundegarten". Brötchenservice. Imbiss. Skatepark. Golfplatz. Wohnwagen nicht gestattet. Bezahlung an der Rezeption. Zentrum 12 km entfernt. 188 Touristenplätze.

3943 Schrems, Niederösterreich ST-A 6205/1

»PARKPLATZ STADTHALLE« 1.1. bis 31.12.
☎ 0043 2853 77454 0, Fax 0043 2853 77454 44 528 m
gemeinde@schrems.at, www.schrems.at

➔ A 7/B 310 Linz-Ceské Budejovice (Budweis), in Freistadt auf die B 38/B 41 nach Schrems und gerade durch bis ins Stadtzentrum. Nach der Schulgasse die 2. Straße rechts in die Dr.-Karl-Renner-Straße abbiegen. ✉ Dr.-Karl-Renner-Str. (GPS: 48°47'30"N / 15°4'16" E).
Kunstmuseum Waldviertel. Schloss. Stadtpfarrkirche. Naturpark Hochmoor mit Aussichtsplattform.

| 400 m 1 km 1.5 km

Stellplatz im Stadtzentrum auf dem Parkplatz der Stadthalle. Stellplatz-Länge bis 7 m. I.D.E.A. Designcenter und Kunstforum. "Unter-Wasser-Reich". 5 Touristenplätze.

3943 Schrems, Niederösterreich ST-A 6205/2

»PARKPLATZ KULTURHAUS« 1.1. bis 31.12.
☎ 0043 2853 77454 0, Fax 0043 2853 77454 44
gemeinde@schrems.at, www.schrems.at

➔ A 7/B 310 Lin-Ceské Budejovice (Budweis), in Freistadt auf die B 38/B 41 nach Schrems und gerade durch bis ins Stadtzentrum. Nach der Schulgasse rechts in die Josef-Widy-Straße abbiegen. ✉ Josef-Widy-Str. (GPS: 48°47'32"N / 15°4'8" E).
Schloss. Stadtpfarrkirche. Kriegerdenkmal. Naturpark Hochmoor mit Aussichtsplattform "Himmelsleiter".

| 400 m 700 m 1 km 1.5 km

Stellplatz im Stadtzentrum auf dem Parkplatz beim Kulturhaus. Stellplatz-Länge bis 7 m. I.D.E.A. Designcenter und Kunstforum. "Unter-Wasser-Reich". 5 Touristenplätze.

3925 Arbesbach, Niederösterreich ST-A 6210/1

»REISEMOBILPLATZ BEIM BEACHVOLLEYBALLPLATZ«
☎ 0043 2813 7000 1.4. bis 1.6. / 15.6. bis 31.10.
gemeinde@arbesbach.at, www.arbesbach.at

➔ A 1/E 60 Linz-St. Pölten, Abf. (123) Amstetten, weiter auf der B 119. Über St. Georgen am Walde und Altmelon nach Arbesbach. Im Ort rechts (Am Gamser) abbiegen, noch 200 m. Beschildert. ✉ Am Ganser (GPS: 48°29'27"N / 14°57'25" E).
Hammerschmiede. Burgruine. Galgen. Höllfall-Wasserfälle. Bärenschutzzentrum.

W W Ch | 100 m 500 m 600 m

Ebener Stellplatz am südlichen Ortsrand, auf einem Parkplatz zwischen Wiesen, Badeteich und Beachvolleyplatz. Die Sanitäreinrichtungen im Stockschützengebäude (150 m) können mitbenutzt werden. Bezahlung zusammen mit dem Meldezettel in einem bereitgestellten Kuvert in die dafür vorgesehene Box werfen oder im Gemeindeamt (Marktbeisl, Arbesbach 119) bezahlen. Hunde nur bedingt zugelassen. Ortszentrum 900 m entfernt. 10 Touristenplätze.

3525 Sallingberg OT Armschlag, Nied. ST-A 6222

»REISEMOBILPLATZ MOHNDORF ARMSCHLAG« 3.4. bis 30.10.
☎ 0043 2872 6460, Mobil 0043 2872 7421 742 m
info@mohnwirt.at, www.mohnwirt.at

➔ A 1/E 60 Linz - Wien, Abf. (80) Melk, auf die B 3a/B 3 Richtung Krems. Bei Spitz links ab auf die B 217/B 36 und über Otterschlag nach Armschlag. Im Ort links, ca. 200 m nach dem Mohnwirt. Beschildert. ✉ Armschlag 9 (GPS: 48°27'8"N / 15°13'5" E).
Mohndorf Armschlag.

W Ch | 200 m 2 km 4 km

Separat ausgewiesener Stellplatz auf dem großen Parkplatz im Ort ("Mohndorf"). Stellplatz-Länge bis 12 m. WC-Container mit Schlüssel (20.- € Kaution) zugänglich. Brötchenservice. 5 Touristenplätze.

3631 Ottenschlag, Niederösterreich ST-A 6224

»FREIZEITGELÄNDE OBERER ORTSTEICH« 1.4. bis 30.10.
☎ 0043 2872 7330
gemeinde@ottenschlag.eu, www.ottenschlag.com

➔ A 1/E 60 Linz-Wien, Abf. (80) Melk, auf die B 3a/B 3 Richtung Krems. Bei Spitz links auf die B 217 nach Otterschlag. Im Ort scharf rechts Richtung Kottes und nach ca. 200 m links in die Florianigasse. ✉ Florianigasse (GPS: 48°25'25"N / 15°13'39" E).
Mohnmuseum Haiden. Mohndorf Armschlag.

Ch | 200 m 500 m

Ebener Stellplatz am Freizeitgelände (nordöstlicher Ortsrand). Geschotterter Stellflächen von Grünstreifen umgeben. Stellplatz-Länge 8 bis 10 m. Bistro am Teich. Warmduschen ist im nahegelegenen Teichstüberl möglich. Zahlung ist in bar vor Ort mittels Einwurf in den Briefkasten oder bar am Gemeindeamt möglich. Ortszentrum 500 m entfernt. 8 Touristenplätze.

3571 Gars am Kamp, Niederösterr. ST-A 6237

»STELLPLATZ GARS« 1.1. bis 31.12.
☎ 0043 6804 4037 26, Mobil 0043 6645 3639 32
info@gars.at, www.caravan-gars.at

➔ B 218 Krems a.d. Donau Richtung Horn. In Gars links über die Brücke und rechts in die Gföhlerstraße. Beschildert. ✉ Gföhlerstr. 99, Ecke Hirschbachgasse (GPS: 48°35'35"N / 15°39'26" E).
Kurpark. Rosarium. Babenberger Burgruine. Renaissanceschloss und Kletterpark in Rosenburg.

W W Ch | 100 m

Zentrumsnaher, leicht abfallender Stellplatz. Stellflächen auf geschotterter Wiese. Stellplatz-Länge bis 12 m. Sanitäranlagen mit Schlüssel nutzbar. Anmeldung, Bezahlung und Sanitärschlüssel im Gasthaus Falk (Dreifaltigkeitsplatz 17, Tel. 02985/2279). Ortszentrum 400 m entfernt. 15 Touristenplätze.

2074 Unterretzbach, Niederösterr. ST-A 6258

»BUSCHENSCHANK WINTER« 1.3. bis 2.11. / nicht 16.6. bis 1.8.
☎ 0043 2942 2772, Mobil 0043 676 7713021
winter-heuriger@aon.at, www.weinbauheuriger-winter.at

➔ S 5 Krems a.d. Donau-Wien, Abf. Stockerau auf die S 3/B 303 nach Hollabrunn. Weiter zur tschechischen Grenze. Ca. 1.5 km vor der Grenze links nach Unterretzbach. Am Ortsende, auf der linken Seite. ✉ Hauptstr. 75 (GPS: 48°46'15"N / 15°59'38" E).
Größter Weinkeller Österreichs. Fahrradmuseum. Altstadt Retz.

W | 200 m 300 m

Stellplatz am Ortsende beim Weinheurigen. Stellflächen auf Schotter und Rasen. Weinprobe. Maximal 3 Nächte Aufenthalt möglich! Ortszentrum 500 m entfernt. 10 Touristenplätze.

2070 Retz, Niederösterreich ST-A 6260

»PARKPLATZ "ZNAIMERSTRASSE"« 1.4. bis 31.10.
☎ 0043 2942 2700
tourismus@retz.at, www.weinstadt-retz.at

➔ B 303 Stockerau - Hollabrunn - tschech. Grenze, bei Güntersdorf auf die B 30 nach Retz abbiegen. Im Ort links abbiegen (An der Mauth) und rechts in die Jahnstraße. Auf der rechten Seite. ✉ Znaimerstr. 53 (GPS: 48°45'50"N / 15°57'22" E).
Retzer Erlebnis[Wein]keller. Sgraffitohaus. Retzer Windmühle. Historischer Stadtkern.

W Ch | 100 m 300 m 500 m

Stellplatz am Ortsrand auf einem öffentlichen Parkplatz. Markierte, ebene Stellflächen auf Asphalt. Bezahlung in der Gästeinfo Retzer Land, Hauptplatz 30. Ortszentrum 300 m entfernt. 6 Touristenplätze.

3730 Eggenburg, Niederösterreich ST-A 6265

10 **»STELLPLATZ EGGENBURG«** 1.4. bis 1.11.
☎ 0043 2984 3400
tourismusinfo@eggenburg.at, www.eggenburg.at

➔ A 22 Wien-Stockerau, ab Stockerau weiter auf der S 3/B 303 über Hollabrunn nach Grabern. Links auf die B 2 nach Eggenburg abbiegen. Am Kreisverkehr die 1. Ausfahrt und sofort links (Kanzler-Plank-Ring), noch ca. 300 m, dann rechts. Beschildert. ✉ Erzherzog-Karl-Ring 19 (GPS: 48°38'43"N / 15°49'2" E).
Gemaltes Haus. Österr. Motorradmuseum. Nachtwächter- und Kellergassenführungen. Turm des Friedens.

Ch | 200 m 500 m 1 km

Ebener, zentrumsnaher Stellplatz auf geschotterten Stellflächen mit Zufahrt über einen asphaltierten Parkplatz. Stellplatz-Länge bis 8 m. Bezahlung per Kuvert in den Briefkasten des Vereinshauses. Auf Anfrage, gegen Voranmeldung - Winterbetrieb möglich! Ortszentrum 300 m entfernt. 10 Touristenplätze.
2022: St/N 6.–, Wasser/10 min. 1.–, Strom/6 Std. 1.–. H/N inklusive.

2165 Stützenhofen, Niederösterreich ST-A 6280

»PENSION BERG-HAHN« 1.1. bis 31.12.
☎ 0043 2554 8150, Mobil 0043 664 2307436, Fax 0043 2554 88672
berghahn@aon.at, www.berghahn.at

➔ B 7 Wien-tschechische Grenze, ca. 5 km vor der Grenze links nach Stützenhofen abbiegen. In der Ortsmitte. ✉ Am Berg 13 (GPS: 48°44'29"N / 16°36'39" E).
Weinkellerbesichtigung. Rundfahrt durch die Weinberge mit Nostalgie-Traktor. Südmährer Kreuz.

| 100 m 3 km

Stellplatz im Zentrum neben der Kirche, auf dem Hof neben der Heurigenwirtschaft mit Blick auf die Weinberge. Ankunft bis 20 Uhr. 10 Touristenplätze.

2193 Wilfersdorf, Niederösterreich ST-A 6290

»PARKPLATZ BEIM LIECHTENSTEIN SCHLOSS WILFERSDORF«
☎ 0043 2573 3356, Mobil 0043 664 3770806 — 1.1. bis 31.12.
office@liechtenstein-schloss-wilfersdorf.at, www.wilfersdorf.gv.at

➔ B 7/A 5/B 7 Wien-Wilfersdorf, an der Kreuzung B 7/B 47 links nach Wilfersdorf abbiegen. Beschildert (Liechtenstein Schloss Wilfersdorf). ✉ Hauptstr. 1 (GPS: 48°35'10"N / 16°38'46" E).
∴ Liechtenstein Schloss mit Führungen. Heiliger Berg.

WC W Ch | 100 m 150 m 250 m 2 km

Stellplatz am östlichen Ortsrand in zentrumsnähe, auf dem öffentlichen Parkplatz vom Liechtenstein Schloss Wilfersdorf. Gesonderte Stellflächen für Wohnmobile zwischen Bäumen. Bezahlung an der Museumskasse (Schlosseingangshalle) oder per Kuvert (Briefkasten). Ortszentrum 200 m entfernt. 3 Touristenplätze.

2211 Pillichsdorf, Niederösterreich ST-A 6299

»STELLPLATZ AM TENNISCLUB« — 1.1. bis 31.12.
☎ 0043 660 4941790
thomasschlagbauer3@gmail.com, www.pillichsdorf.at

➔ Von Wien nach Norden in den Ort Pillichsdorf am Tennisclub. ✉ Sportplatzweg 2 (GPS: 48°21'42"N / 16°32'15" E).

WC Ch | 100 m 400 m

Stellplatz beim Tennisclub. Stellfläche auf Schotter. Ortszentrum 300 m entfernt. 5 Touristenplätze.

3602 Rossatzbach, Niederösterreich ST-A 6320

»WOHNMOBILPLATZ ARTNER« — 1.1. bis 31.12.
☎ 0043 664 73596376, Mobil 0043 664 1007956 201 m
info@wachau-touristik.com, www.wachau-touristik.com

➔ A 1/E 60 Linz-St. Pölten, Abf. (80) Melk. Über die B 3a auf die B 1 und weiter auf der B 33 Richtung Krems bis Rossatzbach. Der Platz liegt linker Hand am Ortsende. Einfahrt mit scharfer Kurve! Beschildert. ✉ Rossatzbach 86 (GPS: 48°23'15"N / 15°31'2" E).
∴ Burgruine Dürnstein.

WC W W Ch | 400 m 1 km 2 km

Privater Stellplatz am Ortseingang zwischen Bundesstraße und Donau. Leicht geneigte, geschotterte Stellflächen. Stellplatz-Länge bis 16 m. Liegewiese. Die Sanitäreinrichtungen können nur mit einem Schlüssel benutzt werden. Im Sommer Solardusche im Freien. Bezahlung beim Kassierer oder durch Einwurf in den Briefkasten. Telefonische Anmeldung erforderlich! Ortszentrum 400 m entfernt. 15 Touristenplätze.

3550 Langenlois, Niederösterreich ST-A 6325/1

»REISEMOBILSTELLPLATZ LANGENLOIS« — 7.1. bis 20.12.
☎ 0043 2734 2693, Mobil 0043 2734 2000
office@haindorf.at, www.haindorf.at

➔ B 218 Krems a.d. Donau-Langenlois, in Langenlois rechts zum Schloss Haindorf abbiegen. Nach ca. 600 m rechts in die Brunnengasse abbiegen. Noch 100 m. Beschildert. ✉ Krumpöckallee 21 (GPS: 48°28'17"N / 15°41'55" E).
∴ Naturpark Kamptal. Schlossfestspiele Langenlois. Vinothek im Ursin Haus. Loisium Wein-Erlebniswelt.

Ch | 500 m 1.5 km

Stellplatz am Stadtrand, beim Hotel Schloss Haindorf umgeben von Weinbergen und Obstgärten. Gepflasterte Stellflächen. Stellplatz-Länge bis 10 m. Autarke Caravans erlaubt. Öffnungszeiten Rezeption: 8-18 Uhr (an Sonn- & Feiertagen je nach Hotelbelegung). Dampfbad. Pub "Castello" von April bis Ende Oktober geöffnet 16.30-24 Uhr (Sonntag & Montag ist Ruhetag). Bezahlung an der Hotelrezeption. Ortszentrum 1.5 km entfernt. 7 Touristenplätze.

3131 Wetzmannsthal, Niederösterr. ST-A 6335

Abfahrt

»WETZMANNSTHALERHOF« — 1.1. bis 31.12.
☎ 0043 2782 84975, Mobil 0043 676 5067788
info@wwwieser.at, www.wwwieser.at

➔ A 1/E 60 Linz-St. Pölten, Abf. St. Pölten/Knoten auf die S 33 Richtung Krems und SS 33 Abf. (13) Herzogenburg-Nord. An der Kreuzung rechts, nach ca. 600 m links. An der nächsten Kreuzung wieder rechts Richtung Inzersdorf o.d. Traisen. Beschildert ("Fremdenzimmer", später "Pension Wetzmannsthalerhof"). ✉ Traubenweg 1 (GPS: 48°18'55"N / 15°39'40" E).
∴ Schloss Walpersdorf. Stift Herzogenburg. Schloss Traismauer.

WC W Ch | 200 m 1.5 km 2 km

Stellplatz im Ort neben dem Weingarten bei der Pension. Gepflasterten Stellflächen. Stellplatz-Länge bis 6 m. Späteste Ankunft 20 Uhr. Weingartenführung. Weinlese und -probe. 5 Touristenplätze.

3343 Hollenstein, Niederösterreich ST-A 6450/1

»CAMPINGSTELLPLATZ – STAUDACH« — Mai bis Sept.
☎ 0043 7445 262, Mobil 0043 6643942793
gasthof-staudach@aon.at

➔ A 1 Linz-St. Pölten, Abf. (123) Amstetten-West, weiter auf der B 31 nach Waidhofen/Weyer Markt. Über Point nach Hollenstein. ✉ Walcherbauer 5 (GPS: 47°48'24"N / 14°46'3" E).
∴ Webereimuseum.

WC W W Ch | 100 m 300 m 500 m 2.5 km

Stellplatz auf dem großen Parkplatz vor dem Gasthof. Markierte Stellflächen auf Rasen, Schotter und Asphalt. Stellplatz-Länge bis 10 m. Öffnungszeiten 8-20 Uhr. Bezahlung bei der Kassiererin. Späte Ankunft nach Voranmeldung möglich. Reservierung empfohlen. Brötchenservice. Solebad (15 min.). Ortszentrum 100 m entfernt. 10 Touristenplätze.

3224 Mitterbach am Erlaufsee, Nied. ST-A 6470

»BIOBAUERNHOF SEPPLBAUER« — Mai bis Sept.
☎ 0043 6602 670100, Mobil 0043 38823308
tourismus@mitterbach.at

➔ A 1 Linz-Wien, Abf. (100) Ybbs, weiter über B 25, B 28 und B 20 nach Mitterbach am Erlaufsee. ✉ Bergstr. 11 (GPS: 47°49'56"N / 15°18'25" E).

Stellplatz am Biobauernhof. Überwiegend ebene Stellfläche auf Schotter und Wiese. Es besteht auch die Möglichkeit frische Bioeier zu kaufen. Ortszentrum 3 km entfernt. 12 Touristenplätze.

3353 Seitenstetten, Niederösterreich ST-A 6480

»MOSTHEURIGER NEUDAUMÜHLE« — 1.1. bis 31.12.
☎ 0043 7477 44251, Mobil 0043 680 3011865
mh.schwingenschloegl@aon.at, www.neudaumuehle.at

➔ A 1 Wien-Linz, Abf. (142) Haag, weiter nach Süden nach Seitenstetten. ✉ Weidersdorfstraße 65 (GPS: 48°2'58"N / 14°38'52" E).

| 500 m 1 km

Stellplatz bei einem Bauernhof mit Milchwirtschaft. Stellfläche auf Wiese und Schotter. Ortszentrum 1.5 km entfernt. 10 Touristenplätze.

2571 Altenmarkt a. d. Triesting, Nied. ST-A 6620

»ZAGLERS GASTHAUS« — 1.1. bis 31.12.
☎ 0043 2673 20112
klein.semmering@gmx.at, www.kleiner-semmering.at

➔ A 21 von Wien nach Alland, Abf. (17) Mayerling, weiter nach Altenmarkt. ✉ Hafnerberg 15 (GPS: 48°1'4"N / 16°0'49" E).

WC

Stellplatz beim "Gasthaus zum kleinen Semmering". Stellfläche auf Schotter. Ortszentrum 1 km entfernt. 5 Touristenplätze.

2651 Reichenau, Niederösterreich ST-A 6700/1

»GASTHOF FLACKL-WIRT« — 1.1. bis 31.12.
☎ 0043 2666 52291
gasthof@flackl.at, www.flackl.at

➔ S 6 Mürzzuschlag-Neunkirchen, Abf. (17) Gloggnitz und auf der B 27 nach Reichenau. Im Ort links abbiegen Richtung Grünsting. Beschildert. ✉ Hinterleiten 12 (GPS: 47°41'30"N / 15°49'44" E).
∴ Heilklimatischer Kurort Reichenau an der Rax. Schloss Reichenau. Festspiele Reichenau.

WC W W Ch | 1 km 1.5 km

Ebener Stellplatz auf einer Anhöhe beim Gasthof mit schönem Blick auf die umliegenden Berge und Schloss Rothschild. Neben Pferdestall und Streichelzoo, Obstgarten angrenzend. Reservierung empfohlen. Öffnungszeiten 7-22 Uhr. Ponyreiten. Streichelzoo. Brötchenservice. Die Sanitäreinrichtungen im Hotel können jederzeit mitgenutzt werden. Bezahlung an der Hotelrezeption. Ortszentrum 1 km entfernt. 3 Touristenplätze.

2734 Puchberg am Schneeberg, Nied. ST-A 6710/3

»STELLPLATZ SCHNEEBERGBLICK« — 1.4. bis 3.11.
☎ 0043 2636 2266
rosemarie.alber@dialog-gruppe.at
krumboeckhof-schneebergblick.weebly.com

➔ A 2 Wien-Wiener Neustadt, Abf. (44) Wr. Neustadt-West, weiter nach Bruck am Schneeberg. ✉ Wiener Neustädterstr. 42 (GPS: 47°47'45"N / 15°55'25" E).

WC W Ch | 300 m 800 m

Stellplatz auf dem Wohnmobilpark mit Bergblick. Stellfläche auf Schotterrasen. Ortszentrum 1 km entfernt. 10 Touristenplätze.

8940 Liezen, Steiermark ST-A 7017/2

»SPORTZENTRUM FRIEDAU« — 1.1. bis 31.12.
☎ 0043 3612 25658
stadtmarketing@liezen.at, www.liezen.at

➔ A 9 Linz-Liezen, Abf. (69) Liezen, weiter zum Bowlingzentrum. ✉ Friedau 25 (GPS: 47°33'54"N / 14°14'6" E).

W | 500 m 1 km

Stellplatz am Tennis- und Sportzentrum am Stadtrand. Stellfläche auf Asphalt. Reservierung nicht erforderlich. Ortszentrum 100 m entfernt. 5 Touristenplätze.

8783 Gaishorn am See, Steiermark ST-A 7060

Abfahrt

15 **»PARKPLATZ FREIZEITGELÄNDE GAISHORNER SEE«**
Mobil 0043 660 6567940 — ~ 1.5. bis ~ 9.10.
hertast@drei.at, www.gaishorn-am-see.at

➔ A 9 Wels - Graz, Abf. (86) nach Trieben, im Kreisverkehr die 2. Ausfahrt auf die B 113 (Schoberpass-Bundesstraße) Richtung Graz. Nach ca. 4 km an der Ortseinfahrt nach Gaishorn (unmittelbar nach Tankstelle) rechts

zum Freizeitgelände abbiegen. Nach ca. 150 m rechts. ✉ Sieberer Weg (GPS: 47°29'11"N / 14°32'47" E).
Biotopweg (ab Aussichtsplattform Seekiosk). Geologischer Lehrpfad Flitzenschlucht. Mödlinger Hütte.

100 m 150 m 200 m 300 m 500 m

Ebener Stellplatz auf dem Parkplatz des Freizeitgeländes in Badeseenähe, teils von Bäumen gesäumt. Stellflächen auf begrüntem Schotter. Stellplatz-Länge bis 8 m. Sanitäreinrichtungen in den Umkleiden der Freizeit-Anlage (50 m). Nur Barzahlung möglich - Kassierer kommt abends (ca. 20 Uhr) oder am Morgen vorbei. Skaterplatz. Kneippanlage. Volleyball. Imbiss in HS. Ortszentrum 500 m entfernt. 10 Touristenplätze.
2022: St/N 15.–, KT P/N ab 16 J. 1.20, Strom/N 1.– (16 A). H/N, WD, Entsorgung, Müll, Wasser und Sanitärbenutzung inklusive. Nur Barzahlung möglich - Kassierer kommt abends oder am Morgen vorbei.

8785 Hohentauern, Steiermark — ST-A 7120

»GASTHOF DRAXLERHAUS« — 1.1. bis 31.12.
☎ 0043 3618 215, Mobil 0043 676 9570424
draxlerhaus@a1.net, www.draxlerhaus.at

➔ B 113 Liezen-Graz, bei Trieben auf B 114 nach Hohentauern. ✉ Tauernstraße 43 (GPS: 47°25'1"N / 14°27'40" E).

100 m

Stellplatz mit Ausblick auf die umliegenden Berge. Stellfläche auf Rasen. Reservierung wird empfohlen. Brötchenservice. Ortszentrum 3 km entfernt. 6 Touristenplätze.

8510 Stainz, Steiermark — ST-A 7160

»PARKPLATZ ETTENDORFER STRASSE« — 1.1. bis 31.12.
☎ 0043 3463 2203 0
gde@stainz.gv.at, www.stainz.at

➔ E 66 Klagenfurt-Graz, Abf. (194) auf die B 76 nach Stainz. Im Ort rechts ab auf die Ettendorfter Straße Richtung Ortsmitte, nach ca. 100 m auf der rechten Seite. ✉ Ettendorfer Str. (GPS: 46°53'38"N / 15°16'6" E).
Schloss Stainz. Flascherlzug. Keltischer Baumkreis Gunderdorf. Hundertwasser-Kirche St. Anna in Bärnbach.

100 m 500 m 800 m

Nicht separat gekennzeichneter Stellplatz auf dem Ostteil des öffentlichen Parkplatzes am östlichen Zentrumsrand auf befestigten Stellflächen. Maximal 3 Nächte Aufenthalt möglich! Ortszentrum 200 m entfernt. 5 Touristenplätze.

8462 Gamlitz, Steiermark — ST-A 7200/1

»BUSCHENSCHANK LOARMOAR« — 1.5. bis 31.10.
☎ 0043 664 3447793, Mobil 0043 664 5023104
loarmoar@gmx.at, www.campingstellplatz.at

➔ A 9 Graz-Maribor, Abf. (222) Vogau/Strass, über Ehrenhausen auf der B 69 nach Gamlitz. 150 m nach der Ortstafel rechts zum Buschenschank und den seperaten Stellplätzen. Beschildert. ✉ Untere Hauptstrasse 21 (GPS: 46°43'21"N / 15°33'54" E).
Museum Schloss Gamlitz. Europas grösster Motorikpark. Südsteirische Weinstrasse. Weinmuseum. Mausoleum Ehrenhausen. Römermuseum.

500 m 4 km

Leicht abfallender Stellplatz zwischen Obstbäumen und Weinreben in Hanglage, bei einem Buschenschank am östlichen Ortsrand. Öffnungszeiten: Mo., Do., Fr. ab 17 Uhr, Sa., So., Feiertag ab 14 Uhr. Di.+Mi. Ruhetag. Bezahlung im Buschenschank. Abgeschlossener Platz (eingezäunter Hof). Vespa zum Ausleihen. Sonnenliegen. Walkingstöcke. Hängematte. E-Bike Verleih (500 m). Ortszentrum 700 m entfernt. 8 Touristenplätze.

8480 Mureck, Steiermark — ST-A 7220/1

Abfahrt

»REISEMOBIL UND WOHNWAGENSTELLPLATZ MURECK«
☎ 0043 676 911 4011, Fax 0043 1863 1112 — 1.4. bis 31.10.
office@reisemobilstellplatz-mureck.at — 15 000 qm
www.reisemobilstellplatz-mureck.at

➔ A 9/E 59 Graz–Maribor Abf. Gersdorf auf die B69 Richtung Bad Radkersburg. In Mureck beschildert. ✉ Austr. 9 (GPS: 46°42'17"N / 15°46'20" E).
Murecker Schiffmühle.

50 m 300 m 400 m

Ebenes, parzelliertes Wiesengelände an der slowenischen Grenze. Von Wald umgeben und neben einem gebührenpflichtigen Freibad (für Camper frei) und einem Speedway Center. Hundedusche. Terrassencafe. Ort 200 m entfernt. 80 Touristenplätze.

8483 Deutsch Goritz, Steiermark — ST-A 7230

»MOSTSCHENKE IM GEWÖLBE« — März bis Okt.
☎ 0043 3474 7350, Mobil 0043 664 3914483
Fax 0043 3474 7350 4, **office@pechmanns-alte-oelmuehle.at**
www.pechmanns-alte-oelmuehle.at

➔ A 9 Graz-Maribor, Abf. Gersdorf auf die B 69 Richtung Bad Radkersburg. In Gosdorf links abbiegen Richtung Straden. Noch 2 km bis Ratschendorf. Beschildert. ✉ Ratschendorf 188 (GPS: 46°45'4"N / 15°48'46" E).
Römermuseum in Ratschendorf.

1 km 1.5 km

Ebener Stellplatz am nördlichen Ortsrand neben einem Burschenschank, der sich in dem Gewölbe von Pechmann's alter Ölmühle befindet. Öffnungszeiten: März bis Juni Fr.-So. ab 9 Uhr und Juli bis Okt. Mi.-So. ab 9 Uhr. Alte Kürbiskernölmühle jeden Montag (Wintermonate) in Betrieb. Hauseigenes (Oltimer)Museum. Größte Kamelherde Österreichs. Viele weitere Tiere. Teichterasse mit Segelkutter. Biker-Schmiede. 10 Touristenplätze.

8091 Jagerberg, Steiermark — ST-A 7275

0 **»STELLPLATZ AM NATURSCHWIMMBAD«** — März bis Nov.
☎ 0043 3184 8231, Mobil 0043 664 1849175
Fax 0043 3184 8231 4, **gde@jagerberg.info, www.jagerberg.info**

➔ E 59 Graz - Maribor, Abf. (214) Leibnitz, auf die B 73 Richtung Ragnitz. Weiter nach Wolfsberg im Schwarzautal und nach Jagerberg. Beim Naturschwimmbad rechts. ✉ Jagerberg 141 (GPS: 46°51'6"N / 15°44'50" E).
Pfarrkirche mit alter Wehrmauer und sakralem Kunstschatz in St. Stefan im Rosental.

100 m 500 m

Stellplatz am östlichen Ortsrand, auf dem großen Parkplatz beim Naturschwimmbad. Stellplatz-Länge bis 15 m. Bei Frost kein Wasser. Sportschießanlage (unterirdisch). Hunde nur bedingt zugelassen. "Holiday Cleany" vorhanden. Ortszentrum 500 m entfernt. 15 Touristenplätze.
2023: Stellplatz ist kostenlos. Strom und Frischwasser je –.50. P/N, KT und Müll inklusive.

8734 Großlobming, Steiermark — ST-A 7318

35 **»WOHNMOBILSTELLPLATZ BEIM CAMPING MURINSEL«**
☎ 0043 3512 60088, Mobil 0043 664 3045045 — 1.4. bis 31.10.
office@camping-murinsel.at, www.camping-murinsel.at

➔ S 6 Wien-Spiegelberg, Abf. Knittelfeld-West, weiter nach Großlobming. ✉ Teichweg 1 (GPS: 47°11'37"N / 14°48'24" E).

800 m

Stellplatz am Rand des Campingplatzes am Mur-Fluss. Stellflächen auf Wiese. Reservierung erforderlich. Nur 1 Übernachtung möglich! Ortszentrum 800 m entfernt. 15 Touristenplätze.
2023: St/N inkl. 2 P/N 28.– bis 34.–, weitere P/N 8.–, K/N 2 bis 15 J. 6.–, H/N 3.–, KT P/N ab 15 J. 1.20, Waschmaschine 3.–, Trockner 2.50, Strom/1 kWh –.45 (16 A).

8750 Judenburg, Steiermark — ST-A 7319

»STELLPLATZ AM ERLEBNISBAD« — 1.1. bis 31.12.
☎ 0043 3572 85492
post@judenburg.gv.at, www.judenburg.at

➔ S 36 St. Michael i.d. Obersteiermark-Judenburg, Abf. Judenburg-West. Auf der B 77 in die Ortsmitte (großer Kreisverkehr) und rechts in die Friedhofgasse. Am Straßenende links und die 2. rechts in die Fichtenhainstr. Beschildert. ✉ Fichtenhainstr. 3 (GPS: 47°9'49"N / 14°39'10" E).
Stadtturm mit (Klein)Planetarium. Stadtmuseum. Hallstattzeitliche Fürstengrab in Strettweg. Grubhof.

100 m 1 km 2 km

Durch Sträucher abgegrenzter Stellplatz auf dem Parkplatz des Erlebnisbads am südwestlichen Ortsrand. Sommersaison: Juni bis Anfang Sept./Wintersaison: Anfang Okt. bis Ende Mai. Anreise von 7-21 Uhr möglich. Bei Ankunft nach 21 Uhr Parkplatz hinter dem Erlebnisbad nutzen. Die Nachtruhe auf dem Parkplatz von 22-7 Uhr ist unbedingt einzuhalten. Bezahlung bei Ankunft an der Badkasse. Entsorung i.d. Kläranlage. Klettergarten in Strettweg. Ortszentrum 1 km entfernt. 6 Touristenplätze.

8920 Hieflau, Steiermark — ST-A 7330

»GASTHOF HARMONIKA WALDI« — 1.1. bis 31.12.
☎ 0043 3634 247, Mobil 0043 676 5419233, Fax 0043 3634 2474
wirt@xeiswaldi.at, www.xeiswaldi.at

➔ A 9 Wels-Graz, Abf. (67) Ardning auf die B 146 nach Admont und weiter nach Hieflau. Links auf die B 115 nach Wandau, noch ca. 1 km. Achtung: 12% Steigung. ✉ Wandau 9 (GPS: 47°37'18"N / 14°45'12" E).
Nationalpark Gesäuse. Kraushöhle.

1.5 km

Stellplatz am Gasthof mit ausgezeichneter Küche in Einzellage an der Bundesstraße mit imposantem Blick auf die Felswand des Hausberges (Wandaukogel). Wirt mit Familie bekannt fürs Singen und Musizieren. Stellplatz-Länge bis 20 m. Ort (Hieflau) 2 km entfernt. 5 Touristenplätze.

8794 Vordernberg, Steiermark — ST-A 7340

»STELLPLATZ VORDERNBERG« — 15.04. bis 31.10.
☎ 0043 3849 206
gde@vordernberg.steiermark.at, www.vordernberg.steiermark.at

➔ A 9 Wels-Graz, Abf. (129) Trabloch auf die B 115 Richtung Eisenerz. Am Ortseingang von Vordernberg rechts, neben Haus-Nr. 109. ✉ Hauptstr. (GPS: 47°29'5"N / 14°59'29" E).
Hochofenmuseum. Erzbergbahn-Museum.

500 m

Ausgewiesener Stellplatz am südlichen Ortsrand mit geschotterten Stellflächen. Stellplatz-Länge bis 6 m. Ortszentrum 500 m entfernt. 3 Touristenplätze.

8121 Deutschfeistritz, Steiermark — ST-A 7370

Abfahrt

»STELLPLATZ BEIM SPORTKLUB UNION« — 1.4. bis 31.10.
☎ 0043 3127 41100
office@rc-deutschfeistritz.at, www.reitclub.istsuper.com

➔ A 9 Wels-Graz, Abf. (165) Peggau-Deutschfeistritz. In Deutschfeistritz von der Übelbacherstraße links in den Reitclubweg und über die Eisenbahnschienen und das Sägewerk zur Reitanlage. Beschildert (Union Sportklub). ✉ Am Quellengrund 11 (GPS: 47°12'2"N / 15°19'33" E).
∴ Industriedenkmal Sensenwerk. Freilichtmuseum. Größte Tropfsteinhöhle Europas-Lurgrotte. Burg Waldstein.

WC W W Ch S 500 m 1 km

Stellplatz am Waldrand auf dem Campinggelände des Reitclubs nahe der A 9. Abgeschlossen: 21-6 h. Anmeldung im Reitstüberl (Imbiss)(tägl. ab 16.30 Uhr). Die Sanitäreinrichtungen an der Rückseite des Reitstüberls können jederzeit mit genutzt werden. Brötchenservice. Kabelanschlussn (TV). Fitnesscentrum im Ort. Kräuterwanderungen. Ortszentrum 1 km entfernt. 20 Touristenplätze.

8054 Graz OT Straßgang, Steiermk. — ST-A 7380

Abfahrt

»REISEMOBIL-STELLPLATZ GRAZ« — 1.1. bis 31.12.
☎ 0043 676 3785102, Fax 0043 1863 1112
office@reisemobilstellplatz-graz.at, www.reisemobilstellplatz-graz.at

➔ A 2 Knoten Graz-West, Abf. (188) Seiersberg. In Seiersberg rechts (Kärntner Str.), nach ca. 1.8 km links in die Hans-Hegenbarth-Allee und wieder links in die Martinhofstraße. ✉ Martinhofstr. 3 (GPS: 47°1'29"N / 15°23'49" E).

WC W W Ch W 20 m 150 m 200 m

Großer Wohnmobilstellplatz am Ortsrand neben einem Freibad. Parzellierte Stellflächen auf Gras und Schotterrasen. Von Büschen und Bäumen umrahmt. Rezeption. Getränkeautomat. Hundegarten. Barzahlung oder Kartenzahlung möglich. Überwachung durch Videoanlage. Brötchenservice. 160 Touristenplätze.

8663 Veitsch, Steiermark — ST-A 7510

»STELLPLATZ AM GEMEINDEAMT« — 1.1. bis 31.12.
☎ 0043 3858 2203
gde@st-barbara.gv.at, www.st-barbara.gv.at

➔ S 6 Wien-Leoben, Abf. Mitterdorf und weiter nach Veitsch. ✉ Obere Hauptstr. 18 (GPS: 47°34'45"N / 15°29'23" E).
∴ Größtes begehbares Pilgerkreuz (Holz) der Welt.

100 m

Stellplatz im Ortszentrum, auf dem Parkplatz des Gemeindeamtes. Stellflächen nicht separat ausgewiesen. Stellplatz-Länge bis 6 m. Öffentliche Toiletten am Hauptplatz (ca. 300m). Maximal 3 Nächte Aufenthalt möglich! Ortszentrum 300 m entfernt. 3 Touristenplätze.

8233 Lafnitz, Steiermark — ST-A 7550

»STELLPLATZ KFZ-VERMIETUNG HERMANN« — 1.1. bis 31.12.
☎ 0043 664 5180401
hermann255@aon.at, www.kfzvermietung-hermann.at

➔ E 49 Wien-Graz, Abf. (95) Pinggau, weiter nach Lafnitz. ✉ Lafnitz 226a (GPS: 47°21'54"N / 16°0'59" E).

400 m 500 m 1 km

Stellplatz bei der KFZ-Vermietung. Stellfläche auf Wiese. Ortszentrum 500 m entfernt. 8 Touristenplätze.

8271 Bad Waltersdorf, Steiermark — ST-A 7625

»GASTHOF PENSION ERHARDT« — 1.1. bis 31.12.
☎ 0043 3333 2275
info@gasthof-erhardt.at, www.gasthof-erhardt.at

➔ E 59 Graz-Wien, Abf. (126) Bad Waltersdorf, weiter in den Ort zur Pension Erhardt. ✉ Waltersdorfberg 99 (GPS: 47°10'1"N / 15°59'18" E).

Stellplatz am Gasthof. Stellfläche auf Rasengitter. Abrechnung bei Verzehr. Ankunft bis 21 Uhr möglich. Ortszentrum 2 km entfernt. 4 Touristenplätze.

7540 Moschendorf, Burgenland — ST-A 8060

»PARKPLATZ BEIM WEINMUSEUM« — 1.1. bis 31.12.
☎ 0043 332476317
post@moschendorf.bgld.gv.at, www.weinbaumuseum.at

➔ B 65 Östlich von Graz an die Grenze zu Ungarn in den Ort Moschendorf fahren. ✉ Weinmuseum 1 (GPS: 47°3'45"N / 16°28'34" E).

WC

Stellplatz beim Weinmuseum. Stellfläche auf Schotter und Asphalt. Ortszentrum 1 km entfernt. 5 Touristenplätze.

7312 Horitschon, Burgenland — ST-A 8190

»WEINGUT DUSCHANEK« — 1.1. bis 31.12.
☎ 0043 2610 42206
webinfo@weingut-duschanek.at, www.weingut-duschanek.at

➔ S 31 Wien-Sopron, Abf. Weppersdorf/ St. Martin, weiter nach Horitschon. ✉ Hauptstraße 104 (GPS: 47°35'30"N / 16°32'5" E).

WC Ch 800 m 1 km

Stellplatz beim Weingut am Ortsrand an der ungarischen grenze. Stellfläche auf Wiese und Asphalt. Bei Weinkauf kostenlos. Oretszentrum 800 m entfernt. 10 Touristenplätze.

7093 Jois, Burgenland — ST-A 8200/1

»BIOWEINGUT EDELHOF« — April bis Okt.
☎ 0043 2160 8291, Mobil 0043 664 2548391
wetschka@bioweingut-edelhof.at, www.bioweingut-edelhof.at

➔ A 4 Wien-ungarische Grenze (Nähe Nickelsdorf), Abf. (43) auf die B 50 Richtung Eisenstadt. Im Kreisverkehr vor Jois die 3. Ausfahrt, in die Obere/Untere Hauptstraße. Kurz vor Ortsende rechts in die Straße "Hauptplatz". Links halten. Beschildert. ✉ Hauptplatz 6 (GPS: 47°57'33"N / 16°47'24" E).
∴ Märchenpark. Windpark.

WC Ch 100 m 250 m 500 m 1 km 3 km

Abgeschlossener Stellplatz im Innenhof des Bioweingutes mit Stellflächen auf Gras. Stellplatz-Länge bis 12 m. Weingarten- und Kellerführung. Weinprobe. Öffnungszeiten 8-18 Uhr. Bezahlung beim Weingut. Ortszentrum 100 m entfernt. 5 Touristenplätze.

7141 Podersdorf, Burgenland — ST-A 8240/1

»WEINGUT SCHALLER« — April bis Nov.
☎ 0043 650 2177225
info@weingutschaller.com, www.weingutschaller.com

➔ A 4 Wien-ungarische Grenze, Abf. (51) Gols/Weiden, weiter nach Podersdorf. Im Ort bis zur T-Kreuzung, dann links weiter auf die Hauptstraße. Hinter der Kurve nach ca. 150 m links abbiegen. Nach ca. 150 m auf der rechten Seite. ✉ Frauenkirchner Str. 20 (GPS: 47°51'0"N / 16°50'22" E).
∴ Nationalpark Neusiedler See. Podersdorfer Windmühle. Schloss Halbturn. Dorfmuseum Mönch.

300 m 1 km

Ebener, von der Straße leicht zurückgesetzter Stellplatz in den Weingärten. Stellplatz-Länge bis 10 m. Maximal 3 Nächte Aufenthalt möglich! Ortszentrum 600 m entfernt. 5 Touristenplätze.

7141 Podersdorf, Burgenland — ST-A 8240/2

»WEINGUT FABIAN SLOBODA« — 1.1. bis 31.12.
☎ 0043 2177 2428, Mobil 0043 699 11950313
weingut@sloboda.at, www.sloboda.at

➔ A 4 Wien-ungarische Grenze, Abf. (51) auf die A 462, nach Podersdorf. Im Ort bis zur T-Kreuzung, dann rechts weiter und sofort wieder links. Nach ca. 600 m auf der rechten Seite. ✉ Alter Satz 1 (GPS: 47°51'1"N / 16°49'50" E).
∴ Nationalpark Neusiedler See. Podersdorfer Windmühle. Leuchtturm. Schloss Halbturn. Dorfmuseum Mönch.

Ch 500 m 1 km

Ebener Stellplatz am südlichen Ortsrand beim Weingut in unmittelbarer Nähe zum Heurigen. Aufnahme von Reisemobilen nur mit eigener WC-Anlage möglich. Stellplatz-Länge bis 10 m. Reservierungen 1 Tag vor Anreise möglich. Max. 3 Nächte Aufenthalt. Weinkellerführung. Ortszentrum 500 m entfernt. 11 Touristenplätze.

2423 Deutsch Jahrndorf, Burgenld. — ST-A 8300

»STELLPLATZ DEUTSCH JAHRNDORF« — 1.1. bis 31.12.
Mobil 0043 676 9314692

➔ A 4 Wien-ungarische Grenze (Nähe Nickelsdorf), Abf. (56) Richtung Zurndorf. Im Ort rechts ab nach Deutsch Jahrndorf. Vorm Ortsende rechts (Straße "Deutsch Jahrndorf"), weiter in die Söldnergasse. Beschildert. ✉ Söldnergasse 19 (GPS: 48°0'28"N / 17°6'40" E).
∴ Östlichste Gemeinde Österreichs. Dreiländereck D-SK-H.

Ch 300 m 600 m 800 m

Privater Stellplatz am östlichen Ortsrand. Parzellierte Stellflächen auf leicht abfallendem Wiesengelände. Stellplatz-Länge bis 12 m. Wasser nur von April bis Okt. Bezahlung (Spende) an der Infotafel. Maximal 3 Nächte Aufenthalt möglich! Ortszentrum 400 m entfernt. 16 Touristenplätze.

ALBANIEN

Besondere Vorschriften und Regelungen

Personaldokumente: Gültiger Reisepass oder Personalausweis bis zu einem Aufenthalt von 3 Monaten. Kinder unter 12 Jahren benötigen einen Kinderreisepass. Detaillierte Informationen erhalten Sie vom Auswärtigen Amt, www.auswaertiges-amt.de.

Impfbescheinigungen: Werden nicht verlangt.

Dokumente für Haustiere: Für Hunde und Katzen ist der »EU-Heimtierausweis« mitzuführen, der von behördlich ermächtigten Tierärzten ausgestellt wird. Der Ausweis muss Angaben zum Besitzer enthalten und dem Tier eindeutig zugeordnet werden können, d.h., das Tier muss durch Mikrochip identifizierbar und die Kennzeichnungs-Nr. im Ausweis eingetragen sein.
Ein gültiger Tollwutschutz muss ebenfalls im Heimtierausweis nachgewiesen werden. Die Erstimpfung muss mindestens 21 Tage zurückliegen. Wiederholungsimpfungen müssen in den Zeiträumen, die der Hersteller des Impfstoffes vorsieht, durchgeführt worden sein.

Kfz: Der nationale Führerschein und der Fahrzeugschein bzw. die Zulassungsbescheinigung Teil I sind erforderlich. Die Mitnahme eines internationalen Führerscheins wird empfohlen. Inhabern alter deutscher Führerscheine wird empfohlen, diesen gegen einen neuen EU-Führerschein eintauschen zu lassen. Das Nationalitätskennzeichen ("D") muss am Fahrzeug angebracht sein. Es besteht Haftpflichtversicherungszwang. Die Internationale Grüne Versicherungskarte wird anerkannt und sollte mitgeführt werden. Dringend angeraten wird der Abschluss einer Kurzhaftpflicht- und Insassen-Unfall-Versicherung im Heimatland. Unfälle müssen sofort der Polizei gemeldet werden.

Straßennetz: Das Straßennetz Albaniens umfasst rund 18.000 km. Die Hauptstraßen sind asphaltiert und meist gut ausgebaut. Die Nebenstraßen können teilweise nur mit Allradfahrzeugen befahren werden. Im Winter und nach Regenfällen sind manche Verbindungen im Gebirge oft über längere Zeit nicht passierbar. Es besteht ein hohes Unfallrisiko aufgrund der schlechten Straßen und der oft riskanten Fahrweise der Einheimischen. Bei Nachtfahrten ist wegen unbeleuchteter Fahrzeuge und unbefestigter Randstreifen erhöhte Vorsicht geboten.

Verkehrsvorschriften: Motorradfahrer müssen einen Schutzhelm tragen. Kfz- und Motorradfahrer müssen auch tagsüber mit Abblendlicht fahren. Kinder bis zum vollendeten 12. Lebensjahr dürfen auf Vorder- und Rücksitzen nur in geeigneten Kindersitzen mitfahren, Kinder bis zum vollendeten 3. Lebensjahr dürfen in geeigneten Kindersitzen nur auf dem Rücksitz reisen. Es ist Pflicht Verbandszeug, Warndreieck, Ersatz-Lampenset, Abschleppseil und Reservereifen mitzuführen. Telefonieren während der Fahrt ist nur unter Verwendung einer Freisprecheinrichtung erlaubt. Promillegrenze: 0,1.

Telefon: Deutschland-Albanien: 00355, dann die regionale Kennziffer, gefolgt von der 8-stelligen Rufnummer. Albanien-Deutschland: 0049.

Unfallnotruf: Polizei 19 und 129, Unfallrettung: 17 und 126/127, Feuerwehr 18 und 128.

Devisen: Für die Einfuhr von Fremdwährung bestehen keine Beschränkungen; Deklarationspflicht. Mitnahme von Euro in kleinen Stückelungen empfohlen. Für die Ausfuhr hingegen besteht eine Deklarationspflicht. Begrenzt ist die Ausfuhr auf umgerechnet 5.000 US$ bzw. dem Betrag, der bei der Einreise deklariert wurde.

Das Abheben mit der EC-Karte (Maestro) ist in größeren Städten an Geldautomaten mit Maestro-Zeichen möglich. In jedem Fall sollten Sie sich vor Reiseantritt von Ihrer Bank beraten lassen, inwieweit Ihre EC-Karte bzw. Kreditkarte in Albanien benutzt werden kann.

Camping: Die meisten Campingplätze befinden sich an der Küste und sind hauptsächlich in der Hauptsaison (April bis Oktober) geöffnet. Es gibt jedoch zunehmend neue Campingplätze. Die Ausstattung dieser entspricht in den Bereichen Sanitär- und Platzeinrichtung sowie Service nahezu westlichem Niveau. In den Bergen gibt es oft kleine Campingplätze bei dazugehörigen Restaurants oder Herbergen. Deutsche Gasflaschen können mit einem EU-Adaptersatz in Albanien befüllt werden.

Allgemeine Informationen:
D-10969 **Berlin,** Botschaft der Republik Albanien
Friedrichstraße 231
Tel.: (030) 25 93 04 00, Fax: (030) 25 93 18 90
www.ambasadat.gov.al/germany/,
embassy.berlin@mfa.gov.al

Vertretung der Bundesrepublik Deutschland:
Tirana Embassy of the Federal Republic of Germany
Rruga Skenderbej 8
Tel: (00355 42) 27 45 05
www.tirana.diplo.de, info@tirana.diplo.de

Campingplätze:

Gebühren in Landeswährung und Euro.

Währungseinheit:	1 Albanische Lek (LEK) = 100 Qindarka
Devisenkurs:	100 LEK= ca. 0,85 Euro
	1 Euro = ca. 115,91 LEK (Stand: Okt. 2022)

Bei Gebühren mit der Vorjahreszahl muss eventuell mit einer Anhebung der Gebühren für das aktuelle Jahr gerechnet werden. Außerdem können sich die angegebenen Öffnungszeiten verändert haben und es besteht die Möglichkeit, dass angegebene Ermäßigungen nicht mehr gewährt werden.

4099 Theth, Shkodra — ST-AL 1080

★ **»CAMPING & GUEST HOUSE RUPA«**
☎ 00355 682 003393 — 850 m — Mai bis Nov. — 10 000 qm
rorupaog@yahoo.com

➔ E 762, Koplik-Shkodra, in Koplik auf die SH 21 nach Boga und weiter bis Theth. Dort links über die Brücke dann rechts, noch ca. 600 m. Achtung die letzten Kilometer auf Schotterpiste. ✉ (GPS: 42°23'31"N / 19°46'43" E).

Ebenes Wiesengelände in den Albanischen Alpen. Schöner Blick auf die umliegenden Berge. Zimmervermietung. Wanderwege in der Umgebung. Ortszentrum 500 m entfernt. 20 Touristenplätze.

4022 Bushat-Barbullush, Shkodra — ST-AL 1290

★★ **»CAMPING VILLAGE GARDENLAND«**
☎ 00355 692060524 — 1.1. bis 31.12. — 5 000 qm
info@campingalbania.com, www.campingalbania.com

➔ E 762, Shkodra-Lezha, ca. 10 km südlich von Shkodra rechts auf die SH 29 nach Bushat abbiegen. Zwischen Bushat und Barbullush an der SH 29 gelegen, ausgeschildert. ✉ Barbullush (GPS: 41°56'18"N / 19°32'41" E).

W W Ch W

Ebenes Wiesengelände bei einem großen Hotel-Resort. Durch Hecken und junge Anpflanzungen gegliedert. Poollandschaft mit Liegeterrasse. Ort 2 km entfernt. 25 Touristenplätze.

Baks-Rrjollë, Shkodra — ST-AL 1295

NEU

20 »CAMPING CLANDESTINO« Apr. bis Sept.
Mobil 00355 69 2239911
camping.clandestino@gmail.com
www.campingclandestino.wixsite.com/campingclandestino

➔ E 762, Shkodra - Lezha, südlich von Skodra auf die SH 27 Richtung Velipoja. In Baks I Ri links nach Baks-Rrjollë abbiegen. Zuletzt schmale Straße, nur für kleinere Fahrzeuge geeignet. ✉ (GPS: 41°51'34"N / 19°28'4" E).

Stellplatz am Ufer der Lagune Këneta e Vilunit. Stellflächen auf naturbelassener Wiese mit vereinzelten Bäumen. Stellplatz-Länge max. 7 m. Keine Entsorgungsmöglichkeit. Snackbar. Lagerfeuerplatz. 20 Touristenplätze.
2022: P/N 1000.–.

4503 Shëngjin, Lezha — ST-AL 2100

»CAMPING RIVIERA 2 SEASIDE« 1.1. bis 31.12.
☎ 00355 68 8404111 5 000 qm
reservation@rivierashengjin.com, **www.rivierashengjin.com**

➔ E 762, Shkodra-Lezha, südlich von Lezha rechts auf die SH 32 Richtung Shengjin und die Straße bis zum Ende durchfahren, ausgeschildert. ✉ Rana e Hedhur, Rruga Riviera (GPS: 41°48'53"N / 19°34'11" E).

50 m

Ebenes Schottergelände direkt am Meer. Teilweise überdacht. Etappenplatz. Ort 1.5 km entfernt. 10 Touristenplätze.

8301 Peshkopi, Dibra — ST-AL 2620/1

»CAMPING KAPXHIU« April bis Okt.
☎ 00355 218 24528, Mobil 00355 69 2258182 650 m 8 000 qm
campingpeshkopi@gmail.com, **www.campingpeshkopi.com**

➔ SH 6, Burrel-Maqellara, am nordöstlichen Ortsrand von Peshkopi vor der Brücke über den Fluss Lixhave links in die Straße Rruga Llixha einbiegen, nach ca. 350 m auf der rechten Seite gelegen. ✉ Rruga Llixha (GPS: 41°41'9"N / 20°26'18" E).
∴ Schwefel-Heilbad Llixhat.

500 m

Ebenes Wiesengelände von Mauern umgeben und durch Obstbäume aufgelockert direkt am Fluss Lixhave. Zimmervermietung. Brötchenservice. Kinderspielzimmer. Hundeauslaufgelände. Ortszentrum 500 m entfernt. 3 Touristenplätze.

1506 Thumane, Durrës — ST-AL 3010

»EUROPA PARK HOTEL« 1.1. bis 31.12.
☎ 00355 684040071
info@europapark.al, **www.europapark.al**

➔ A 1, E 762, Tirana-Lezha, zwischen Thumane und Bushmesh direkt an der Autobahn gelegen, ausgeschildert. ✉ E 762 Thumane Kruye - Bushmesh (GPS: 41°33'29"N / 19°40'23" E).

Stellplatz auf einem videoüberwachten Parkplatz an der Autobahn. Stellflächen auf Pflaster, ohne Längenbeschränkung. Aufenthalt max. 24 Stunden. Ort 2 km entfernt. 50 Touristenplätze.

2001 Durrës, Durrës — ST-AL 3200

20 »CAMPER PARK DURAZZO« 1.1. bis 31.12.
Mobil 00355 69 4869814
info@camperparkdurazzo.com, **www.camperparkdurazzo.altervista.org**

➔ SH49, Maliq Muço - Rinia, am nördlichen Ende der SH49. ✉ SH49, Fllake (GPS: 41°24'55"N / 19°27'40" E).

800 m

Stellplatz auf einer großen Wiese in ländlicher Umgebung. Parzellierte ebene Stellflächen auf Schotterrasen. Überwiegend schattenlos. Durch junge Anpflanzungen aufgelockert. Kostenloser Shuttle zum Strand. Ort 14 km entfernt. 50 Touristenplätze.
2022: St/N 1.900.–. WD, Entsorgung, Wasser und Strom inklusive.

1003 Tirana, Tirana — ST-AL 3595

20 »HOTEL BARON« 1.1. bis 31.12.
☎ 00355 42467649
info@hotelbaron.al, **www.hotelbaron.al**

➔ A 3, Tirana-Elbasan, Abf. Farkë, in Richtung Farkë, nach Überquerung der Autobahn links, dann nach ca. 700 m auf der linken Seite, ausgeschildert. ✉ Rruga Elbasanit 274 (GPS: 41°17'58"N / 19°51'1" E).
∴ Innenstadt mit Skanderberg-Platz, historisches und archäologisches Nationalmuseum.

Stellplatz vor einem Hotel/Restaurant direkt an der Hauptstraße Richtung Elbasan. Stellfläche auf Asphalt und Schotter. Badezimmern/WC/Duschen befinden sich im Hotel. Guter Ausgangspunkt für Besuche in Tirana. Ortszentrum 5 km entfernt. 10 Touristenplätze.
2023: St/N inkl. 2 P/N 17.– bis 20.–, weitere P/N 3.–, Waschmaschine 3.–, Trockner 3.–. KT, H/N, WD, Entsorgung, Müll, Wasser und Strom inklusive.

1051 Tirana, Tirana — ST-AL 3600/1

»CAMPING TIRANA« 1.4. bis 31.10.
☎ 00355 682242342 20 000 qm
bashkim.alb@gmail.com, **www.campingtirana.al**

➔ SH 2, Tirana-Durrës, Abf. Kashha, ab hier der Ausschilderung 'Camping Tirana' folgen. ✉ Rruga Purrezit (GPS: 41°20'17"N / 19°42'28" E).

1.5 km

Terrassiertes Gelände oberhalb eines Sees. Stellplätze teils auf hartem Untergrund, teils auf ebenem Wiesengelände. Hundeauslaufgelände. Streichelzoo. Volleyball. Ort (Kashar) 1.5 km, Tirana 15 km entfernt. 24 Touristenplätze.

2504 Kavajë, Tirana — ST-AL 3645

»CAMPING MALI I ROBIT« 1.1. bis 31.12.
☎ 00355 57862313 1 000 qm
luan-isufi@hotmail.com, **www.hotelcampingmr.webs.com**

➔ SH 4, Durrës-Kavaja, vor Kavaja Ausfahrt Mali i Robit nehmen, am 2. Kreisverkehr schräg rechts dann noch ca. 200 m, ausgeschildert. ✉ Mali i Robit (GPS: 41°13'58"N / 19°31'2" E).

100 m

Ebenes Schottergelände unter hohen Bäumen vor einem Hotel. Ortszentrum 200 m entfernt. 10 Touristenplätze.

5003 Berat, Berat — ST-AL 5060/1

»GREEN HOUSE HOTEL« 1.1. bis 31.12.
☎ 00355 693758350
hotelgreenhouse@hotmail.com
http://hotel-green-house.berat.hotels-al.com/en/

➔ SH 72, Lushnja-Berat, südlich von Berat an der Straße nach Uznova gelegen, ausgeschildert. ✉ Rruga Antipatrea 124 (GPS: 40°41'55"N / 19°58'24" E).
∴ Berat: Stadt der tausend Fenster (Museumsstadt und UNESCO-Welterbe).

Stellplatz hinter einem Hotel und Restaurant. Stellfläche auf Schotter und Wiese. Schöner Blick auf die umliegenden Hügel. Ort 1 km entfernt. 7 Touristenplätze.

7301 Pogradec, Korça — ST-AL 5520/2

»CAMPING PESHKU« 1.4. bis 30.11.
☎ 00355 683647956 5 000 qm
albertdilaveri@yahoo.it

➔ SH 3, Rrajcë-Pogradec, nördlich von Hudënisht an der SH 3 gelegen, ausgeschildert. ✉ Rruga Nacionale Udenisht (GPS: 40°58'0"N / 20°38'32" E).

500 m

Ebenes Wiesengelände bei einem Restaurant unterhalb der Straße direkt am Ufer des Ohridsees. Durch Hecken und Bäume gegliedert. Brötchenservice. Ort (Hudënisht) 500 m entfernt. 30 Touristenplätze.

7301 Pogradec, Korça — ST-AL 5520/3

»CAMPING ARBI« 1.4. bis 31.10.
☎ 00355 692061121 3 000 qm
campingarbi@gmail.com

➔ SH 64, Pogradec-Drilon, in der Ortschaft Drilon an der SH 64 gelegen, ausgeschildert. ✉ SH 64 (GPS: 40°54'5"N / 20°42'36" E).

500 m

Längliches, ebenes Wiesengelände hinter einem Restaurant. Durch die Straße vom See getrennt. Von hohen Hecken umgeben und durch junge Anpflanzungen aufgelockert. Separate Pkw-Abstellung. Für größere Einheiten ungeeignet. Ort (Drilon) 500 m entfernt. 25 Touristenplätze.

7301 Pogradec, Korça — ST-AL 5520/4

»CAMPING VICTORIA« 1.1. bis 31.12.
☎ 00355 69 2481278 5 000 qm
valent_beta@yahoo.com, **hotelvictoria.weebly.com**

➔ SH 3, Rrajcë-Pogradec, ca. 3 km nördlich von Pogradec an der SH 3 gelegen, ausgeschildert. ✉ Victoria Road (GPS: 40°55'58"N / 20°38'27" E).

Ebenes Wiesengelände neben einem Hotel, direkt am Ohridsee. Überwiegend schattenlos. Imbiss. Brötchenservice. Streichelzoo. Ort 3 km entfernt. 10 Touristenplätze.

9405 Radhime, Vlora — ST-AL 6650

»REZIDENCA CEKODHIMA« 1.4. bis 15.10.
Mobil 00355 683108888 5 000 qm
info@rezidencacekodhima.com, www.rezidencacekodhima.com

➔ Küstenstraße SH 8, Vlora-Orikum, bei Radhime rechts zum Strand abbiegen, ausgeschildert. ✉ (GPS: 40°22'39"N / 19°28'45" E).

100 m

Ebenes Sand- und Schottergelände bei einem Appartmenthaus, direkt am Meer. Überwiegend schattenlos. Brötchenservice. FW. Ort 2.5 km entfernt. 20 Touristenplätze.

9701 Saranda, Vlora — ST-AL 6795/1

»HOTEL MEDITERRANE« 1.1. bis 31.12.
☎ 00355 85222839
mediterranehotel@hotmail.com

➔ SH 8, Vlora-Saranda, am nördlichen Ortsrand von Saranda auf die SH 81 Richtung Küste abbiegen, an der SH 81 am nördlichen Ortsrand von Saranda gelegen, ausgeschildert. ✉ Saranda (SH8) (GPS: 39°52'12"N / 20°1'5" E).

WC W Ch

Stellplatz auf einem gemischten Parkplatz vor einem Hotel. Stellfläche auf Schotter und Sand, Länge max. 12 m. Ortszentrum 1 km entfernt. 5 Touristenplätze.

9706 Ksamil, Vlora — ST-AL 6800

»PARADISE BEACH« 1.6. bis 15.9.
☎ 00355 692397545

➔ SH 81, Saranda - Ksamil, am südlichen Ortsrand von Ksamil rechts zum Strand einbiegen. ✉ Rruga Riviera (GPS: 39°45'56"N / 19°59'45" E).

500 m

Stellplatz auf einem gegenüber einem Hotel und Restaurant. Stellflächen auf Schotterrasen direkt am Paradise Beach. Ortszentrum 500 m entfernt. 10 Touristenplätze.

ANDORRA

Einreisebestimmungen etc. sind gleichlautend mit denen von Frankreich und Spanien.

Telefon: Vorwahl: Deutschland-Andorra: 00376, dann die Teilnehmer-Rufnummer. Vorwahl: Andorra-Deutschland: 0049.

Camping: Bei der nachfolgenden Auswahl der andorranischen Campingplätze haben wir uns nicht nur auf die Plätze beschränkt, die einen vergleichsweise guten Komfort bieten, es sind auch die Anlagen aufgeführt, die sich wegen ihrer verkehrgünstigen Lage für einen Zwischenstopp eignen. Hier kann allerdings nur mit einfachen Sanitäranlagen und eingeschränktem Service gerechnet werden.

Campingplätze:

Gebühren-Angaben in EURO.
Bei Gebühren-Angaben mit der Vorjahreszahl muss eventuell mit einer Anhebung der Gebühren für das laufende Jahr gerechnet werden. Außerdem können sich die angegebenen Öffnungszeiten verändert haben und es ist möglich, dass angegebene Ermäßigungen nicht mehr gewährt werden.

Pas del la Casa — ST-AND 1020

»PARKPLATZ AN DER GRENZE« 1.1. bis 31.12.

➔ An der Grenze zu Frankreich der Beschilderung folgen. ✉ Pas del la Casa (GPS: 42°32'41"N / 1°44'6" E).

Ch

Stellplatz an der Landesgrenze. Stellfläche auf Asphalt. Ortszentrum 100 m entfernt. 80 Touristenplätze.

Encamp — ST-AND 1050/2

»APARCAMENT DE TERRES PRIMERES ALT« 1.1. bis 31.12.
Mobil 00376 350935

➔ Die Hauptstraße CG-9 von Spanien nach Frankreich fahren und vor Encamp am Kreisverkehr nach dem Tunnel geradeaus in die Avinguda de Joan Martí, noch ca. 500 m. ✉ Avinguda de Joan Martí 66 (GPS: 42°31'59"N / 16°34'39" E).

Ch

Stellplatz auf einem großen Parkplatz. Ebene Stellflächen auf Asphalt. Ortszentrum 400 m entfernt. 10 Touristenplätze.

Sant Julia de Loria — ST-AND 1300/2

»PARKING RIVER CENTRE COMERCIAL« 1.1. bis 31.12.

clients@river.ad, river.ad/es/acriver/

➔ Von Andorra la Vella nach Spanien fahren, im Ort zum Parkplatz abfahren. ✉ Avinguada de Rocafort/CG-1 (GPS: 42°27'11"N / 1°29'12" E).

WC W

Stellplatz auf einem Parkplatz eines großen Supermarktes am Ortsrand. Stellfläche auf Asphalt. Maximal 1 Nacht Aufenthalt möglich. Ortszentrum 100 m entfernt. 20 Touristenplätze.

BELGIEN

Besondere Vorschriften und Regelungen

Personaldokumente: Gültiger Reisepass oder Personalausweis bis zu einem Aufenthalt von 3 Monaten. Kinder unter 12 Jahren benötigen einen Kinderreisepass. Diese werden mit einer Gültigkeitsdauer von sechs Jahren ausgestellt, und zwar längstens bis zur Vollendung des zwölften Lebensjahres. Ab dem zwölften Lebensjahr kann ein Reisepass oder Personalausweis beantragt werden. Detaillierte Informationen erhalten Sie vom Auswärtigen Amt, www.auswaertiges-amt.de.

Impfbescheinigungen: Werden nicht verlangt.

Dokumente für Haustiere: Für Hunde und Katzen ist der »EU-Heimtierausweis« mitzuführen, der von behördlich ermächtigten Tierärzten ausgestellt wird.Der Ausweis muss Angaben zum Besitzer enthalten und dem Tier eindeutig zugeordnet werden können, d.h., das Tier muss durch Mikrochip identifizierbar und die Kennzeichnungs-Nr. im Ausweis eingetragen sein. Ein gültiger Tollwutschutz muss ebenfalls im Heimtierausweis nachgewiesen werden. Die Erstimpfung muss mindestens 21 Tage zurückliegen. Wiederholungsimpfungen müssen in den Zeiträumen, die der Hersteller des Impfstoffes vorsieht, durchgeführt worden sein. Hunde sind anzuleinen, für gefährliche Hunde besteht in bestimmten Orten Maulkorbzwang. Für Papageienvögel und Wellensittiche ist ein Gesundheitszertifikat (nicht älter als zwei Monate) des deutschen Veterinäramts notwendig.

Weitere Informationen erteilen das Bundesministerium für Ernährung und Landwirtschaft **www.bmel.de** und die belgische Botschaft: Jägerstr. 52-53, 10117 Berlin, Tel. 030/20 64 20, Fax 030/20 64 22 00.

Kfz: Nationaler Führerschein und nationale Zulassung sind ausreichend. Das Länder-Kennzeichen »D« oder EU-Kennzeichen muss an Fahrzeugen und an Anhängern angebracht bzw. im Nummerschild enthalten sein. Die »Internationale Grüne Versicherungkarte« ist zwar nicht vorgeschrieben, jedoch wird die Mitnahme dringend empfohlen. Ein Warndreieck ist Pflicht. Ist der Fahrer nicht Eigentümer des Fahrzeuges, muss eine Benutzungsvollmacht des Fahrzeughalters vorliegen.

Verkehrsvorschriften: Straßenbahnen haben grundsätzlich Vorfahrt. An Kreuzungen ohne besondere Regelung gilt »rechts vor links« und darf nicht überholt werden. An Bordsteinen, die mit einer gelben Linie gekennzeichnet sind, darf nicht geparkt werden. In den »Blauen Zonen« darf man mit Parkscheinen für eine bestimmte Zeit parken. Kinder unter 12 Jahren dürfen im Pkw nicht auf den Vordersitzen befördert werden (ausgenommen 2-Sitzer). Es besteht auf allen Sitzen Anschnallpflicht. Promillegrenze 0,5.

Umweltzonen: In Belgien sind derzeit in den drei Regionen Brüssel, Antwerpen und Gent große Umweltzonen eingerichtet worden. In den Umweltzonen herrscht aber im Gegensatz zu anderen Ländern keine Plakettenpflicht, sondern eine Pflicht zur Registrierung, bevor die Einfahrt in eine jeweilige Zone erfolgt. Die Registrierungspflicht gilt jedoch nicht für in Belgien und den Niederlanden zugelassene Fahrzeuge.

Durch die spürbare Dreiteilung des Landes in Flandern, Wallonien und die Region Brüssel ergeben sich zudem auch deutliche Unterschiede in den Regeln der jeweiligen Umweltzonen. In Flandern sind derzeit alle Fahrzeugtypen registrierungspflichtig, außer Leichtfahrzeuge, wie z. B. Mofa, Motorrad, Quad etc. Dieser Umfang zur Registrierungspflicht gilt derzeit für Antwerpen und Gent. In der Region Brüssel sind derzeit ebenfalls viele Fahrzeugtypen registrierungspflichtig, jedoch betrifft dies nicht Leichtfahrzeuge, schwere LKW über 3,5 t und forstwirtschaftliche Fahrzeuge.

Die Umweltzonen in Belgien werden nicht durch die Polizei, sondern mit automatischen Kameras überwacht. Bei einem Verstoß ist ein Bußgeld von 150-350 Euro vorgesehen.

Da in verschiedenen Städten unterschiedliche Regelungen zur Registrierung zu beachten sind und zudem eine Registrierung für ein Fahrzeug auch nur für einen bestimmten Zeitraum gilt, ist die Dienstleistung einer Registrierung durch Green-Zones sehr sinnvoll, da alle notwendigen Daten einer durch Green-Zones erfolgten Registrierung dem Fahrzeug in übersichtlich zur Verfügung gestellt werden.

Zoombare Karten aller Umweltzonen mit ihren Grenzen sowie detailliertere Informationen zu den einzelnen Fahrzeugtypen, EURO-Klassen, Wochentagen, Uhrzeiten, Sonderregelungen und Ausnahmen sind verfügbar unter **www.lez-belgium.be** oder **www.Green-Zones-App.eu.**

Telefon: Deutschland–Belgien: 0032, dann Durchwahl ohne die erste Null der Ortskennzahl. Belgien–Deutschland: 0049.

Unfallnotruf: Polizei: 101, Unfallrettung: 100. Bei Unfällen empfiehlt es sich in jedem Fall, die Polizei zu rufen. An den Autobahnen sind in kurzen Abständen Notrufsäulen installiert.

Devisen: Es bestehen keinerlei Beschränkungen für Zahlungsmittel.

Camping: Belgien verfügt über ca. 500 offizielle Campingplätze. Sie sind nach einem Sterne-System in fünf Kategorien eingeteilt. Vor allem in den touristisch interessanten Gebieten findet man zahlreiche gut ausgestattete Campingplätze, allerdings mit einem großen Anteil Dauercampern. Hier sollte man seinen Ferienplatz rechtzeitig reservieren. Das Stromnetz ist auf eine Spannung von 220 Volt Wechselstrom (50 Hz) ausgelegt. Es stehen nicht auf allen Campinplätzen Stromanschlüsse an den Stellplätzen zur Verfügung. Campen außerhalb der offiziellen Plätze bedarf der Einwilligung des betreffenden Grundstückeigentümers.

Wassersport: Sportboote bis 5,5 m Länge und Surfbretter können zollfrei mitgenommen werden. Für alle anderen Fahrzeuge ist ein Triptik oder Carnet de Passage erforderlich.

Allgemeine Informationen:

D-50667 Köln, Tourismus Flandern- Brüssel
Cäcilienstr. 46
Tel. 0221/270 97 70, Fax 0221/270 97 77
www.flandern.com, info@flandern.com

D-50667 Köln, Belgien-Tourismus für Wallonie-Brüssel
Cäcilienstr. 46
Tel. 0221/27 75 90, Fax 0221/27 75 91 00
www.belgien-tourismus.de, info@belgien-tourismus.de

Vertretung der Bundesrepublik Deutschland:

B-01150 Brüssel, Deutsche Botschaft
Rue Jacques de Lalaingstraat 8-14
Tel. 0032 2/787 18 00, Fax 0032 2/787 28 00
www.bruessel.diplo.de, info@bruessel.diplo.de

Campingplätze:

Gebühren-Angaben in EURO.
Bei Gebühren-Angaben mit der Vorjahreszahl muss eventuell mit einer Anhebung der Gebühren für das laufende Jahr gerechnet werden. Außerdem können sich die angegebenen Öffnungszeiten verändert haben und es ist möglich, dass angegebene Ermäßigungen nicht mehr gewährt werden.

Vor der Weiterfahrt:
Geschirr spülen und verstauen.

4670 Blegny, Lüttich — ST-B 1070

Abfahrt

[0] **»BLEGNY-MINE«** — 1.2. bis 31.12.
☏ 0032 4387 4333, Fax 0032 4387 5850 — 173 m
domaine@blegnymine.be, **www.blegnymine.be**

➔ A 3/E 40 Brüssel-Aachen(D), Abf. (36) Blegny nach Blegny, im Ort auf die Rue de la Station, weiter auf der Rue Lampert Marlet zur Mine. Ca. 1.5 km nach dem Ortszentrum auf der linken Seite. ✉ Rue Lampert Marlet 23 (GPS: 50°41'10"N / 5°43'26" E).
∴ Bergwerksmuseum. Besuch der Kohlenmine (Weltkulturerbe der UNESCO).

Stellplatz auf dem großen Parkplatz eines ehemaligen Kohlebergwerkes mit Blick auf die Zeche, zum Teil von Hecken und einzelnen Bäumen umgeben. Geschotterte Standflächen auf einer ausgewiesen Fläche im hinteren Bereich, durch niedrige Hecken parzelliert. Für Dickschiffe geeignet. Toiletten im Info-Center sowie der Cafeteria können während der Öffnungszeiten mitbenutzt werden. Maximal 1 Nacht (24 Std.) Aufenthalt möglich! Ortszentrum 1 km entfernt. 3 Touristenplätze.
2022: Stellplatz ist kostenlos. Strom/12 Std. 2.– (6 A). P/N, KT, H/N, Entsorgung und Müll inklusive. Strommarken am Automaten auf dem Parkplatz oder tagsüber an der Rezeption erhältlich.

4500 Huy, Lüttich — ST-B 1215/1

»PARKING PARC PUBLIC« — 1.1. bis 31.12.
☏ 0032 85 212915
michel.borlee@huy.be

➔ A 15, E 42, Namur-Lüttich, Abf. (7) Hannut, auf die N64 Richtung Huy, nach Überquerung der Maas am Kreisel die 4. Ausfahrt nehmen Richtung Liège, rechts halten auf die Avenue Delchambre und geradeaus weiter auf die Avenue Godin-Parnajon. ✉ Avenue Godin-Parnajon (GPS: 50°31'25"N / 5°14'34" E).
∴ Zitadelle von Huy (Museum des Widerstands und der Konzentrationslager), Collégiale Notre-Dame, Li Bassinia (Brunnen aus dem 15. Jh).

100 m HS 200 m 500 m
Stellplatz auf einem gemischten Parkplatz an einem kleinen Park gegenüber vom Schwimmbad. Ausgewiesene Stellflächen auf Asphalt, bis 7 m Länge. Ortszentrum 500 m entfernt. 2 Touristenplätze.

4500 Huy, Lüttich — ST-B 1215/2

»PARKING PORT NEUVE VOIE« — 1.1. bis 31.12.
☏ 0032 80 679569
michel.borlee@huy.be, **www.huy.be**

➔ A 15, E 42, Namur-Lüttich, Abf. (7) Hannut, auf die N64 Richtung Huy, nach Überquerung der Maas am Kreisel rechts abbiegen, nach ca. 400 m rechts direkt an der Maas gelegen. ✉ Rue du Ponton/Chaussée Napoléon (GPS: 50°31'0"N / 5°14'4" E).
∴ Zitadelle von Huy (Museum des Widerstands und der Konzentrationslager), Collégiale Notre-Dame, Li Bassinia (Brunnen aus dem 15. Jh).

600 m
Stellplatz speziell für Reisemobile direkt an der Maas. Ausgewiesene Stellflächen auf Asphalt, bis 8 m Länge. Ortszentrum 500 m entfernt. 2 Touristenplätze.

4920 Aywaille, Lüttich — ST-B 1310

»PISCINE D'AYWAILLE« — 1.1. bis 31.12.
☏ 0032 4 3845234, Fax 0032 4 3844504
info@agisca.be, **www.agisca.be/infra-campingcar.html**

➔ A 26, E 25, Lüttich-Bastogne, Abf. (46) Spa, auf die N633d, dann weiter auf der N633 nach Aywaille, dort nach Überquerung der Amel rechts in die Straße Rue de la Heid, der Ausschilderung zum Schwimmbad folgen. ✉ Esplanade du Fair-Play 1 (GPS: 50°28'33"N / 5°40'41" E).

Ch HS 500 m
Stellplatz speziell für Reisemobile beim Schwimmbad in der Nähe des Flusses Amel. Ausgewiesene Stellflächen auf Asphalt, bis 7 m Länge. Aufenthalt max. 48 Stunden. Boccia. Mehrzwecksportfeld. Ortszentrum 500 m entfernt. 8 Touristenplätze.

4960 Malmedy, Lüttich — ST-B 1410

Abfahrt

»STELLPLATZ AM ALTEN BAHNHOF« — 1.1. bis 31.12.
☏ 0032 80 398232
tourisme@malmedy.be
www.malmedy.be/de/Tourisme/hebergement/wohnmobil-parkplatz.html

➔ A 27, E 42, Lüttich-Malmedy, Abf. (11) Malmedy, auf die N62 Richtung Malmedy, dort am Kreisverkehr südöstlich des Zentrums ausgeschildert. ✉ Avenue de la Gare (GPS: 50°25'23"N / 6°1'50" E).
∴ Altstadt, Kathedrale Saints-Pierre, Paul et Quirin, Kloster, Naturpark Hohes Venn.

Ch 500 m
Stellplatz speziell für Reisemobile am alten Bahnhof. Ausgewiesene, beleuchtete und videoüberwachte Stellflächen auf Asphalt, ohne Längenbeschränkung. Ortszentrum 500 m entfernt. 40 Touristenplätze.

4950 Waimes, Lüttich — ST-B 1420/2

»LA FAITAFONDUE« — 1.1. bis 31.12.
☏ 0032 80 770777
f.fondue@gmail.com, **www.lafaitafondue.com/en**

➔ A 27, E 42, Malmedy-St. Vith, Abf. (11) Malmedy, auf die N62 nach Malmedy und weiter nach Baugnez, ca. 900 m südlich von Baugnez direkt an der N62 gelegen, ausgeschildert. ✉ Merkem 4 (GPS: 50°23'43"N /

6°4'12" E).

Stellplatz auf einem Parkplatz bei einem Restaurant. Beleuchtete Stellflächen auf Schotter, bis 12 m Länge. Aufenthalt max. 24 Stunden. Stellplatzgebühr wird bei Einkehr verrechnet. Parken ist kostenlos bei einer Reservierung im Restaurant. Ort (Baugnez) 1 km entfernt. 20 Touristenplätze.

4780 St. Vith, Lüttich ST-B 1445

Abfahrt

»PARKPLATZ AM SPORTZENTRUM« 1.1. bis 31.12.
☎ 0032 80 280130 464 m
touristinfo@st.vith.be, www.st.vith.be

➔ E 42/A 27 Herve-(Deutschland), Abf. (15) St. Vith nach St. Vith-Süd. Am 1. Kreisverkehr die 3. Ausfahrt, beim 2. Kreisverkehr die 3. Ausfahrt und beim 3. Kreisverkehr die 1. Ausfahrt nehmen. ✉ Rodter Straße (GPS: 50°16'52"N / 6°7'23" E).
Vitus Basilika. Bücheltur m.

200 m 500 m

Zentrumsnaher Stellplatz auf dem öffentlichen Parkplatz gegenüber des Sportzentrums auf markierten, asphaltierten Stellflächen. Ortszentrum 0.5 km entfernt. 20 Touristenplätze.
2022: Stellplatz ist kostenlos.

6941 Villers-Saint-Gertrude, Luxem. ST-B 1795

»QUICK-STOP CAMPING GRAND BRU« 1.4. bis 1.11.
☎ 0032 86 499151 260 m
info@grandbru.be, www.grandbru.be

➔ A 26, E 25, Lüttich-Bastnach, Abf. (48) Huy, auf die N66 Richtung Grand-Trixhe, dort links einbiegen nach Burnontige, Vieux-Fourneau und Grand Bru, dort ausgeschildert. ✉ Grand Bru 2 (GPS: 50°21'47"N / 5°35'53" E).

Quick-Stop/Stellplatz bei einem Campingplatz am Waldrand. Ebene Stellflächen auf Wiese, ohne Längenbeschränkung. Mit schönem Blick auf bewaldete Höhenrücken. Quick-Stop über Nacht von 16-10 Uhr. Autenthalt max. 1 Nacht. Sanitäranlage beheizbar. Täglich frisches Brot. Imbiss. Pizzeria. Trampolin. Boccia. Billard. Ort 4 km entfernt. 5 Touristenplätze.

6990 Hotton, Luxemburg ST-B 1845/1

»PARKING HAIE NOTRE DAME« 1.1. bis 31.12.
☎ 0032 84 466122
info@hotton-tourisme.be, www.hotton-tourisme.be/en/camping

➔ A 26, E 25, Lüttich-Bastogne (dt. Bastnach), Abf. 48) Huy, auf die N66 Richtung Huy, nach ca. 7 km bei der Ortschaft Ville auf die N86 Richtung Durbuy und weiter nach Hotton dort am nordöstlichen Ortsrand am Kreisverkehr in die Straße Haie Notre Dame einbiegen. ✉ Haie Notre Dame (GPS: 50°16'10"N / 5°27'33" E).

800 m 1 km

Stellplatz speziell für Reisemobile am Ortsrand am Ende einer asphaltierten Straße. Beleuchtete Stellflächen auf Asphalt, bis 8 m Länge. Aufenthalt max. 24 Stunden. Ortszentrum 1 km entfernt. 6 Touristenplätze.

6982 Mâboge, Luxemburg ST-B 1860

»STELLPLATZ MÂBOGE« 1.1. bis 31.12.
☎ 0032 84 367736
info@la-roche-tourisme.com

➔ A 26, E 25, Lüttich-Bastogne (dt. Bastnach), Abf. (50) La Roche, auf die N89 Richtung La Roche-en-Ardenne, dort vor der Brücke über den Fluss Ourthe links auf die N860 abbiegen, in der Ortschaft Mâboge am westlichen Ortsrand rechts zum Fluss abbiegen. ✉ Mâboge 15 (GPS: 50°10'3"N / 5°37'33" E).

Stellflächen für Reisemobile auf einer naturbelassenen Wiese direkt am Fluss Ourthe. Leicht wellige Stellflächen auf Wiese, bis 10 m Länge. Aufenthalt max. 24 Stunden. Ortszentrum 200 m entfernt. 50 Touristenplätze.

6890 Libin, Luxemburg ST-B 1891

»PARKING/CAMPERPLAATS REDU« 1.1. bis 31.12.
☎ 0032 61 656699
info@foretdesainthubert-tourisme.be
walloniebelgietoerisme.be/nl/content/camperplaats-redu

➔ A 4, E 411, Namur - Neufchâteau, Abf. (24) Saint-Hubert, auf die N40 Richtung Transinne und weiter auf der N40 Richtung Wellin, nach ca. 1.5 km links nach Redu abbiegen, nach ca. 1.3 km auf der linken Seite gelegen. ✉ Rue de Saint Hubert 12 (GPS: 50°0'32"N / 5°9'47" E).

200 m

Stellplatz auf einem gemischten Parkplatz am Ortsrand. Parzellierte Stellflächen auf Schotter. Infotafel. Ortszentrum 200 m entfernt. 6 Touristenplätze.
2022: Stellplatz ist kostenlos. Strom/N 4.–.

Plätze ohne Preisangaben:
Diese Plätze haben seit mindestens 2 Jahren keine Gebührenmeldung mehr abgegeben. Daher kann für die Öffnungszeiten nicht garantiert werden.
Auch können sich die angegebenen Telefon- und Faxnummern sowie Emailadressen geändert haben.

6600 Bastogne, Luxemburg ST-B 1900

Abfahrt

»PARKING BASTOGNE« 1.1. bis 31.12.
0032 61 212711, Fax 0032 61 212725
info@bastogne-tourisme.be, www.bastogne-tourisme.be

➔ A 26,E 25, Lüttich-Bastogne (dt. Bastnach), Abf. (54) Bastogne, auf die N84 Richtung Bastogne, nach ca. 2.1 km gegenüber des Parc Elisabeth rechts zum Parkplatz abbiegen. ✉ Avenue Albert Ier (GPS: 49°59'56"N / 5°42'55" E).
Bastogne War Museum.

200 m 500 m

Stellplatz auf einem großen gemischten Parkplatz beim General George S. Patton Memorial. Stellflächen auf Asphalt, ohne Längenbeschränkung. Abwasserentsorgung möglich. Ortszentrum 500 m entfernt. 10 Touristenplätze.

6830 Bouillon, Luxemburg ST-B 1930

»PARKING MOTORHOME DE BOUILLON« 1.1. bis 31.12.
0032 61 465211
info@bouillon-tourisme.be, www.bouillon-tourisme.be

➔ E 411, Namur-Neufchâteau, Abf. (25) Reims, auf die N89 Richtung Bouillon, dort am westlichen Ortsrand über den Fluss Semois auf die Rue de la Poulie. ✉ Pont de la Poulie (GPS: 49°47'27"N / 5°3'27" E).

Ch

Stellplatz speziell für Reisemobile am Fluss Semois. Stellflächen auf Schotter, bis 9 m Länge. Aufenthalt max. 24 Stunden. Ver- und Entsorgungsmöglichkeit vorhanden. Schöner Blick auf die Semois und die bewaldeten Hügel. Ortszentrum 1.5 km entfernt. 15 Touristenplätze.

6700 Arlon, Luxemburg ST-B 1990

Abfahrt

»AIRE DE CAMPINGCARS ARLON« 1.1. bis 31.12.
0032 63 216360
info@ot-arlon.be, www.ot-arlon.be

➔ A 4, E 25, Neufchâteau-Arlon, Abf. (31) Arlon, auf die N82 Richtung Arlon, nach ca. 3.6 km rechts auf die N4 abbiegen und nach 1.2 km am Kreisel die 3 Ausfahrt nehem, am nächsten Kreisel ebenefalls die 3. Ausfahrt zum Stellplatz nehmen. ✉ Rue de Rédange 55 (GPS: 49°41'25"N / 5°49'11" E).
Altstadt (Areler Knippchen), St.-Donatus-Kirche, Luxemburgische Museum.

Stellplatz auf einem gemischten Parkplatz. Ausgewiesene Stellflächen auf Asphalt, bis 9 m Länge. Aufenthalt max. 48 Stunden möglich. Ortszentrum 1.5 km entfernt. 5 Touristenplätze.

5670 Treignes, Namur ST-B 2005

»STELLPLATZ TREIGNES« 1.1. bis 31.12.
0032 60 311635
tourisme.viroinval@skynet.be

➔ N 5, Charleroi-Couvin, südlich von Couvin auf die N99 Richtung Viroinval und weiter nach Treignes, dort im Ortszentrum rechts nach Najauge abbiegen, der Ausschilderung zum Eisenbahnmuseum folgen. ✉ Rue de la Gare (GPS: 50°5'29"N / 4°40'55" E).
Eisenbahnmuseum (200 m).

RES Ch 500 m

Stellplatz speziell für Reisemobile am Ortsrand in der Nähe des Bahnhofes. Stellflächen auf Asphalt, ohne Längenbeschränkung. Aufenthalt max. 2 Nächte. Ortszentrum 500 m entfernt. 10 Touristenplätze.

5670 Viroinval GT Nismes, Namur ST-B 2060

»AIRE DE STATIONNEMENT DE LA PLACE DE CHÂTILLON LONGUE«
0032 60 311635, Fax 0032 60 311053 157 m 1.1. bis 31.12.
tourisme.viroinval@skynet.be, www.viroinval.be

➔ E 420/N 5 Philippeville-Couvin, Abf. kurz vor Ende der Ausbaustrecke nach Nismes. Im Zentrum von der Rue Grande rechts über die Brücke und rechts auf die Rue Longue und den Großparkplatz. ✉ Rue Longue - Place de Châtillon (GPS: 50°4'26"N / 4°32'54" E).
Grottes de Neptune (5 km).

Ch H 100 m

Zentral gelegener Stellplatz auf einem Großparkplatz direkt am Fluss, mit asphaltierten, unmarkierten Standflächen. An 2 Seiten von Bäumen umgeben. Bei Stadtfesten nicht nutzbar. Maximal 1 Nacht Aufenthalt möglich! Ortszentrum 100 m entfernt. 20 Touristenplätze.

5377 Hogne, Namur ST-B 2235

»AIRE DEL FOY« 1.3. bis 3.1.
Mobil 0032 475 423049 220 m
matthieucrohin31@hotmail.com

➔ E 411, Namur-Neufchâteau, Abf. (18) Marche, auf die N4 Richtung Marche-en-Famenne, ca..4 km vor Marche-enFamenne Richtung Hogne rechts in die Rue de Serinchamps einbiegen, ausgeschildert. ✉ Rue de Serinchamps 16 (GPS: 50°14'59"N / 5°16'45" E).

WC W Ch 1 km

Stellplatz speziell für Reisemobile. Teilweise durch Büsche parzelliertes Stellflächen auf Wiese, bis 12 m Länge. Aufenthalt max. 7 Nächte. N4 in Hörweite. Ortszentru (Hogne) 1 km entfernt. 25 Touristenplätze.

5537 Annevoie, Namur ST-B 2350

»LES JARDINS D'ANNEVOIE« 1.4. bis 1.11.
0032 82 679797, Fax 0032 82 614747
info@annevoie.be, www.annevoie.be

➔ E 411, Namur-Arlon, Abf. (14) Namur-Centre, auf die N80 Richtung Namur, dort am südlichen Ortsrand auf die N92 Richtung Dinant, in der Ortschaft Annevoie rechts einbiegen, ausgeschildert. ✉ Rue des jardins 37a (GPS: 50°20'47"N / 4°50'41" E).

300 m

Stellplatz auf einem Parkplatz bei den Gärten von Annevoie. Stellflächen auf Schotter. Maximal eine Übernachtung möglich! Ortszentrum 300 m entfernt. 10 Touristenplätze.

5000 Namur, Namur ST-B 2385

»TABORA TENNIS ACADEMY« 1.1. bis 31.12.
0032 473 607207
tabora.ta@gmail.com, www.tabora-tennis.com

➔ A 4, E 411, Brüssel-Namur, Abf. (14) Namur-Centre, auf die N80 Richtung Namur, dort weiter auf der N90 Richtung Centrum, nach Überquerung des Flusses Sambre am Kreisverkehr 'Place Gustave Falmagne' die 1. Ausf. in die Avenue de Tabora nehmen, nach ca. 250 m links einbiegen. ✉ Place André Ryckmans (GPS: 50°28'4"N / 4°51'1" E).
Zitadelle, Porte de Gravière, Tour Marie Spilar, Bahnhof Namur, Alte Kommerzkammer.

Ch 400 m 800 m

Stellplatz bei einer Tennishalle. Ausgewiesene Stellflächen auf Asphalt, bis 8 m Länge. Aufenthalt max. 24 Stunden. Ortszentrum 800 m entfernt. 8 Touristenplätze.

3840 Hoepertingen, Limburg ST-B 3050

»DE VERBORGEN PAREL« 1.1. bis 31.12.
Mobil 0032 477 059480
infodeverborgenparel@gmail.com, www.deverborgenparel.be/campers/

➔ A 13, E 313, Hasselt-Lüttich, abf: (32) Tongern, auf die N79 Richtung Sint-Truiden, am südöstlichen Ortsrand von Hoepertingen links in die Helshovenstraat und erste wieder links in die Hoenshovenstraat einbiegen, ausgeschildert. ✉ Hoenshovenstraat 5 (GPS: 50°48'7"N / 5°17'24" E).

Ch 400 m HS 700 m

Stellplatz speziell für Reisemobile bei einer B&B Pension am Ortsrand. Stellflächen auf Wiese, ohne Längenbeschränkung. Frühstücksservice möglich. Ortszentrum 1.5 km entfernt. 11 Touristenplätze.

3700 Tongeren, Limburg ST-B 3100

Abfahrt

»PLINUISPARK« 1.1. bis 31.12.
0032 12 800070
info@toerismetongeren.be, www.toerismetongeren.be/de/Wohrmobilplatz

➔ A 13, E 313, Hasselt-Lüttich, Abf. (32) Tongern, auf die N79 Richtung Tongern, dort am nordwestlichen Ortsrand auf die N20 Richtung Hasselt, nach ca. 700 m auf der linken Seite, ausgeschildert. ✉ Fonteindreef (GPS: 50°47'11"N / 5°27'8" E).
Gallo-Römisches Museum Tongeren, Römische Mauer, ehemaliges Gefängnis (Leben hinter Mauern zwischen 1880 und 2005).

Ch H 500 m

Stellplatz an einem Sport- und Freizeitpark am nordwestlichen Stadtrand. Stellflächen auf Wiese, ohne Längenbeschränkung. Aufenthalt max. 24 Stunden. Ortszentrum 2 km entfernt. 24 Touristenplätze.

3621 Rekem, Limburg ST-B 3335

Abfahrt

»STELLPLATZ AM KANAL« 1.1. bis 31.12.
0032 89 722467
visit@lanaken.be

➔ E 314, Genk-Maasmechelen, Abf. (33) Maasmechelen, auf die N78 Richtung Lanaken, in Rekem links in Richtung Zentrum und Uikhoven und vor der Kanalüberquerung links zum Stellplatz abbiegen. ✉ Kanaal (GPS: 50°55'18"N / 5°42'18" E).

500 m 700 m

Stetllplatz speziell für Reisemobile direkt am Kanal Zuid-Willemsvaart. Stellflächen auf Schotter, bis 7 m Länge. Aufenthalt max. 48 Stunden. Ortszentrum 500 m entfernt. 8 Touristenplätze.

3590 Diepenbeek, Limburg ST-B 3350

Abfahrt

»STELLPLATZ DEMERSTRAND« 1.1. bis 31.12.
0032 11 491890
info@diepenbeek.be

➔ A 13, E 313, Hasselt-Lüttich, Abf. (30) Diepenbeek, auf die N76 Richtung Diepenbeek, nach ca. 3 km am Kreisverkehr die 3. Ausfahrt nehmen und der Ausschilderung 'Sportcentrum Demerstrand' folgen. ✉ Stationstraat (GPS: 50°54'50"N / 5°25'20" E).

Ch 700 m 800 m

Stellplatz speziell für Reisemobile in der Nähe von Sportanlagen am Ortsrand. Ausgewiesene, beleuchtete und videoüberwachte Stellflächen auf Pflaster und Asphalt, bis 7 m Länge. Ortszentrum 2 km entfernt. 4 Touristenplätze.

3540 Herk-de-Stad, Limburg ST-B 3360/2

Abfahrt

»PARK OLMENHOF« 1.1. bis 31.12.
☏ 0032 13 553811
toerisme.herkdestad@scarlet.be, www.herk-de-stad.be/vrije-tijd/toerisme

➔ A 2, E 314, BrüsselGenk, Abf. (25) Halen, auf die N2 Richtung Herk-de-Stad, dort im Ortszentrum auf die N716 Richtung Sint-Truiden, am ersten Kreisel die 1. Ausfahrt nehmen und der Ausschilderung "Domein Olmenhof' folgen. ✉ Pikkeleerstraat 14 (GPS: 50°56'3"N / 5°9'58" E).

WC Ch | 100 m 500 m

Stellplatz auf einem gemischten Parkplatz beim Park Olmenhof. Ausgewiesene Stellflächen auf Asphalt, bis 7 m Länge. Aufenthalt max. 48 Stunden. Ortszentrum 400 m entfernt. 6 Touristenplätze.

3600 Genk, Limburg ST-B 3361

Abfahrt

»KATTEVENNEN MOBILHOMEPARKING« 1.1. bis 31.12.
☏ 0032 89 655555, Fax 0032 89 655574 81 m
kattevennen@genk.be, www.toegangspoortkattevennen.be

➔ A 2/E 314 Leuven - deutsche Grenze (Aachen), Abf. (32), auf die N 75 Richtung Genk. Am Kreisverkehr auf die N 750. Nach ca. 900 m abfahren und links in die Schabartstraat, links halten, dann 2. Straße rechts (Kattevennen), noch ca. 800 m Richtung Europlanetarium. ✉ Kattevennen (GPS: 50°57'26"N / 5°31'57" E).
Europlanetarium. Nationaal Park Hoge Kempen.

Ch H | 200 m 500 m

Im Wald gelegener, gekennzeichneter Stellplatz auf dem hinteren Teil des öffentlichen Parkplatzes bei einem der Besucherzentren des Nationalparks Hoge Kempen. Bezahlung an der Rezeption (Cosmodrome) oder in der Taverne. Maximal 1 Nacht Aufenthalt möglich! Ortszentrum 4 km entfernt. 7 Touristenplätze.

3670 Meeuwen Gruitrode, Limbg. ST-B 3410/2

»NATUUR MOBILHOME PARKING« 1.1. bis 31.12.
☏ 0032 89 856227, Mobil 0032 489 473038
marc.verwaest@skynet.be

➔ A 2, E 314, Brüssel - Genk, Abf. (31) Genk-Centrum, auf die N76 Richtung Bree, südlich der Ortschaft Plokrooi rechts in Richtung Gruitrode, nach ca. 2.3 km rechts einbiegen. ausgeschildert. ✉ Ophovenstraat 209 (GPS: 51°3'53"N / 5°33'50" E).

Ch

Stellplatz speziell für Reisemobile in ruhiger Einzellage am Waldrand. Ebene Stellflächen auf Beton, bis 12 m Länge. Boulebahn. Guter Ausgangspunkt für Radtouren und Wanderungen. Ort 6 km entfernt. 20 Touristenplätze.

3970 Leopoldsburg, Limburg ST-B 3440/1

»YACHTHAFEN LEOPOLDSBURG« 1.1. bis 31.12.
☏ 0032 11 401269
info@jkl.be, www.jkl.be

➔ A 13, E 313, Antwerpen-Hasselt, Abf. (28) Berlingen, auf die N29 Richtung Berlingen, dort auf die N72 nach Leopoldsburg, dort am östlichen Ortsrand auf die N18 Richtung Schoor, nach ca. 1.5 km auf der rechten Seite, ausgeschildert. ✉ Antwerpsesteenweg 129 (GPS: 51°7'44"N / 5°15'1" E).

WC W W Ch | 400 m 800 m

Stellplatz bei einem Yachthafen am Ortsrand. Ausgewiesene Stellflächen auf Schotter und Asphalt, ohne Längenbeschränkung. Ortszentrum 2 km entfernt. 20 Touristenplätze.

3640 Kinrooi, Limburg ST-B 3475

»CAMPERPLAATS BOMERHOF« 1.1. bis 31.12.

camperplaats.bomerhof@gmail.com

➔ A 2/E 314 Leuven-Genk, Abf. (31) Genk-Centrum, auf die N 76 Richtung Bree, dort rechts auf die N 73 nach Kinrooi, am Kreisverkehr im Ortszentrum die 3. Ausfahrt auf die N762 nehmen, nach ca. 500 m links in die Bomerstraat einbiegen. ✉ Bomerstraat 13 (GPS: 51°9'8"N / 5°44'25" E).

WC W Ch | 1 km

Privat betriebener Stellplatz für Reisemobile auf einem eingezäunten Gelände am Ortsrand. Ebene Stellflächen auf Wiese, ohne Längenbeschränkung. Ortszentrum 1 km entfernt. 25 Touristenplätze.

3910 Sint-Huibrechts-Lille, Limburg ST-B 3480

»DE BOSUIL« 1.1. bis 31.12.
☏ 0032 11 642985
info@opdebosuil.be, www.opdebosuil.be/

➔ E 314, Leuven-Genk, Abf. (29) Houthalen-Helchteren, auf die N74 Richtung Houthalen-Helchteren und Neerpelt, dort auf die N71 in Richtung Hamont, nach ca. 4 km rechts auf die N748 nach St. Huibrechts Lille abbiegen, dort am östlichen Ortsrand gelegen, der Ausschilderung zu den Sportanlagen folgen. ✉ Bosuilstraat 4 (GPS: 51°13'27"N / 5°29'41" E).

Ch | 900 m

Stellplatz auf einer Wiese am Erholungsgebiet. Stellflächen auf Wiese, ohne Längenbeschränkung. Ortszentrum 2 km entfernt. 20 Touristenplätze.

2440 Geel, Antwerpen ST-B 3590

»PARKING PAS« 1.1. bis 31.12.
☏ 0032 14 566380
toerisme@geel.be, www.geel.be

➔ A 13, E 313, Antwerpen-Hasselt, Abf. (23) Geel-West, auf die N19 Richtung Geel, dort im Ortszentrum (am Marktplatz) rechts in den Diestseweg und nach ca. 180 m wieder rechts zum Parkplatz einbiegen. ✉ Fehrenbachstraat (GPS: 51°9'30"N / 4°59'28" E).

RES Ch | 100 m 200 m

Stellplatz auf einem gemischten Parkplatz im Ortszentrum. Ausgewiesene Stellflächen auf Schotter, bis 8 m Länge. 3 Touristenplätze.

2200 Herentals, Antwerpen ST-B 3635/2

Abfahrt

»JACHTHAVEN« 1.1. bis 31.12.
Mobil 0032 471 419200
haveke@telenet.be, www.herentals.be/jachthaven

➔ A 13, E 313, Antwerpen-Hasselt, Abf. (22) Herentals-Oost, in Richtung Herentals, dort am Kreisverkehr am östlichen Ortsrand der Ausschilderung zum Jachthaven folgen. ✉ Noordervaart (GPS: 51°10'39"N / 4°51'28" E).
Rathaus wurde als Lakenhalle (Gewandhaus) um 1400 erbaut, Beginenhof mit spätgotischer Kirche.

WC W W | 600 m

Stellplatz bei einem Jachthafen am Ortsrand, Stellflächen auf Wiese, bis 8 m Länge. Ortszentrum 2.5 km entfernt. 2 Touristenplätze.

B

2980 Zoersel, Antwerpen ST-B 3640

»NO NAME WESTERN SHOP« 1.1. bis 31.12.
Mobil 0032 475 737214
paul.busschodts@skynet.be

➔ N 12, Antwerpen-Turnhout, am südwestlichen Ortsrand von der Ortschaft St. Antonius rechts in die Straße Kwikaard einbiegen, nach ca. 900 m auf der linken Seite bei einem kleinen Industriegebiet gelegen. ✉ Kwikaard 98 / St. Antonius (GPS: 51°16'9"N / 4°37'27" E).

| 1 km

Stellplatz auf dem eingezäunten Gelände in einem kleinen Industriegebiet am Ortsrand. Stellflächen auf Asphalt, bis 8 m Länge und max. 3.5 t Gewicht. Voranmeldung unbedingt erforderlich. Ortszentrum 1 km entfernt. 5 Touristenplätze.

2830 Willebroek, Antwerpen ST-B 3700

»PARKING SCHALK« 1.1. bis 31.12.
☏ 0032 3 8669000
info@willebroek.be

➔ A 12, Abf. (7) Breendonk, auf die N183 Richtung Willebroek, gleich nach der Autobahnabfahrt links in die Scheldelaan einbiegen, nach ca. 100 m auf der linken Seite. ✉ Scheldelaan/Dijlelaan (GPS: 51°8'37"N / 4°20'41" E).

RES Ch | 100 m HS 200 m

Stellplatz auf einem gemischten Parkplatz bei Sportanlagen. Stellflächen auf Pflaster, bis 8 m Länge und max. 3.5 t Gewicht. Ortszentrum 1.5 km entfernt. 10 Touristenplätze.

2500 Lier, Antwerpen ST-B 3750

»CULTUURCENTRUM DE MOL« 1.1. bis 31.12.
☏ 0032 3 4880679, Fax 0032 3 4800636
info@lierscultuurcentrum.be, www.lierscultuurcentrum.be

➔ E 313, Antwrpen-Hasselt, Abf. (19) Massenhoven, auf die N14 Richtung Lier, dort auf die Ortsumgehung R 16, südlich von Lier (Abf. Mecheln) auf die N10 Richtung Lier Centrum abbiegen und nach ca. 400 m rechts zum Parkplatz einbiegen. ✉ Aarschotsesteenweg 3 (GPS: 51°7'31"N / 4°34'25" E).

RES | 300 m 1 km

Stellplatz auf einem gemischten Parkplatz am Stadtrand. Ausgewiesene Stellflächen auf Asphalt, bis 7 m Länge. Ortszentrum 1 km entfernt. 10 Touristenplätze.

2580 Putte, Antwerpen ST-B 3800

»PARKING HEUVEL« 1.1. bis 31.12.
☏ 0032 15 767887
toerisme@putte.be, www.putte.be

➔ A 1, E 19, Antwerpen-Brüssel, Abf. (9) Mechelen-Noord, auf die N16 Richtung Mechelen und östlich von Mechelen auf die N15 in Richtung Heist-op-den-Berg, am südöstlichen Ortsrand von Putte rechts in die Straße Heuvel einbiegen. ✉ Heuvel 41 (GPS: 51°2'48"N / 4°37'32" E).

RES Ch

Stellplatz auf einem gemischten Parkplatz am Ortsrand bei Sportanlagen. Ausgewiesene Stellflächen auf Asphalt, bis 9 m Länge. Aufenthalt max. 2 Nächte. Ver- und Entsorgungsmöglichkeit. Ortszentrum 1.5 km entfernt. 2 Touristenplätze.

2230 Herselt, Antwerpen ST-B 3850

»TAVERNE-HERBERG MIE MAAN« 1.1. bis 31.12.
☏ 0032 14 544028
info@miemaan.be, www.miemaan.be

➔ A 13, E 313, Antwerpen-Hasselt, Abf-(23) Geel-West, auf die N19 Richtung Westerlo, südlich von Westerlo auf die N19c nach Bergom, nach ca. 2.4 km auf der rechten Seite, ausgeschildert. ✉ Diestsebaan 28 (GPS: 51°3'28"N / 4°55'48" E).

WC WC

Stellplatz am Waldrand auf dem Parkplatz bei einem Restaurant. Stellflächen auf Schotter, ohne Längenbeschränkung. Aufenthalt max. 24 Stunden möglich. Ort 6 km entfernt. 8 Touristenplätze.

1785 Merchtem, Flämisch-Brabant ST-B 4050

»PARKING MERCHTEM« 1.1. bis 31.12.
0032 52 381181
cultuur@merchtem.be

➔ A 12, Antwerpen-Brüssel, Abf. (3) Meise, auf die N211 Richtung Wolvertem und weiter nach Merchtem, dort am Rathaus geradeaus Richtung Brüssel und nach ca. 100 m links abbiegen, nach ca. 500 m auf der linken Seite. ✉ Brusselsesteenweg (GPS: 50°57'20"N / 4°14'24" E).

500 m

Stellplatz auf einem gemischten Parkplatz am Ortsrand. Ausgewiesene Stellflächen auf Asphalt, bis 8 m Länge. Aufenthalt max. 2 Nächte. Ortszentrum 500 m entfernt. 3 Touristenplätze.

3060 Bertem, Flämisch-Brabant ST-B 4100

»PARKING GEMEENTEPLEIN« 1.1. bis 31.12.
0032 16 499771, Mobil 0032 16 490725
vrijetijd@bertem.be

➔ E 40, Brüssel-Leuven (dt. Löwen), Abf. (22) Tervuren, auf die N3 Richtung Bertem, nach ca. 1 km rechts in die Fr. Dottermansstraat einbiegen, der Parkplatz liegt am Ende der Straße auf der linken Seite. ✉ Gemeenteplein (GPS: 50°51'49"N / 4°37'46" E).

50 m 300 m

Stellplatz auf einem gemischten Parkplatz im Ortszentrum. Ausgewiesene Stellflächen am Rand des Parkplatzes auf Sand und Schotter, bis 8 m Länge. Aufenthalt max. 2 Nächte. 2 Touristenplätze.

3390 Houwaart, Flämisch-Brabant ST-B 4200

»WIJNGAARD DANOUISE« 1.4. bis 11.11.
0032 495 187737
danouise@gmail.com

➔ E 314, Leuven (dt.Löwen)-Genk, Abf. (22) Aarschot, auf die N223 Richtung Tielt-Winge, nach ca. 2.3 km links Richtung Houwaart abbiegen, dort links in die Haldertstraat einbiegen. ✉ Haldertstraat 217 (GPS: 50°56'42"N / 4°53'5" E).

Stellplatz auf dem Gelände eines Weingutes. Stellflächen auf Wiese, bis 8 m Länge. Aufenthalt max. 7 Nächte. Telefonische Voranmeldung erbeten. Ort 2 km entfernt. 2 Touristenplätze.

9506 Geraardsbergen, Ostflandern ST-B 4520

»JEUGDHERBERG 'T SCHIPKEN« 1.1. bis 31.12.
0032 54 416189
geraardsbergen@vjh.be, **www.jeugdherbergen.be/en**

➔ A 10, E 40, Gent-Brüssel, Abf. Wetteren, auf die N42 Richtung Zottegem auf weiter auf der N42 nach Geraardsbergen, nördlich von Geraadsbergen links auf die N460 abbiegen und der Ausschilderung 'De Gavers' folgen. ✉ Kampstraat 59 (GPS: 50°47'41"N / 3°54'16" E).
Großer Markt mit neogotischer St.-Bartholomäus-Kirche, De Permanensje (audiovisuelles Regionsbesucherzentrum).

WC 200 m

Stellplatz auf dem Parkplatz einer Jungendherberge am Fluss Dender am Erholungsgebiet 'De Gavers'. Stellflächen auf Asphalt, bis 6 m Länge und max. 5 t Gewicht. Ortszentrum 2 km entfernt. 5 Touristenplätze.

9300 Aalst, Ostflandern ST-B 4600

Abfahrt

»PARKING ZWEMBAD« 1.1. bis 31.12.
0032 53 732275
zwembad@aalst.be

➔ A 10, E 40, Gent-Brüssel, Abf. (19) Aalst, Richtung Aalst, dort am südöstlichen Ortsrand von der N9 links auf die R41 abbiegen, nach ca. 450 m rechts in die Zwembadlaan abbiegen. ✉ Zwembadlaan 2 (GPS: 50°56'17"N / 4°3'30" E).
Aalster Beginenhof, Rathaus, Alt-Hospital (Museum), der „Tettentoeren".

Ch 200 m HS600 m

Stellplatz auf einem gemischten Parkplatz beim Schwimmbad. Ausgewiesene Stellflächen auf Rasengittersteinen. Ortszentrum 2.5 km entfernt. 2 Touristenplätze.

9140 Temse, Ostflandern ST-B 4700

»DE ZAAT« 1.1. bis 31.12.
0032 37 715131
toerisme@temse.be

➔ E 17, Gent-Antwerpen, Abf. (15) Temse, auf die N16 Richtung Temse, nach ca. 1.4 km rechts in die Hoogkamerstraat und der Ausschilderung 'AC De Zaat' folgen. ✉ Frans Boelplein (GPS: 51°7'30"N / 4°12'34" E).

300 m 500 m

Stellplatz auf einem gemischten Parkplatz beim Verwaltungszentrum. Ausgewiesene Stellflächen auf Asphalt und Wiese. Ortszentrum 300 m entfernt. 10 Touristenplätze.

9960 Assenede, Ostflandern ST-B 4780

»PARKING KAPELLEDREEF« 1.1. bis 31.12.
0032 9 3419080
toerisme@assenede.be

➔ N49, Maldegem-Zelzate, ca. 7.5 km westlich von Zelzate in Richtung Assenede abbiegen, dort im Ortszentrum auf die N436, am nördlichen Ortsrand an der Sporthalle. ✉ Kappelledreef 4 (GPS: 51°13'51"N / 3°44'56" E).

Ch 500 m

Videoüberwachter Stellplatz speziell für Reisemobile bei der Sporthalle am Ortsrand. Ausgewiesene, beleuchtete und parzellierte Stellflächen auf Wiese. Aufenthalt max. 3 Nächte. Ortszentrum 500 m entfernt. 6 Touristenplätze.

9870 Zulte-Machelen, Ostflandern ST-B 4850

Abfahrt

»KAMPEERAUTOTERREIN MACHELEN« 1.1. bis 31.12.
0032 9 2431424, Fax 0032 92431401
toerisme@zulte.be, **www.zulte.be/website/73-www/86-www/759-www.html**

➔ A 14, E 17, Kortrijk-Gent, Abf. (6) Kruishoutem, auf die N459 Richtung Zulte, dort rechts auf die N43 Richtung Machelen, dort der Ausschilderung 'Raveelmuseum' folgen, beim Museum weiter geradeaus auf die Leihoekstraat. ✉ Leihoekstraat 6 (GPS: 50°57'41"N / 3°29'10" E).

Ch 200 m 1 km

Stellplatz speziell für Reisemobile am Ortsrand. Parzellierte Stellflächen auf Wiese, bis 8 m Länge. Aufenthalt max. 3 Nächte. Ortszentrum 1 km entfernt. 8 Touristenplätze.

9050 Gent, Ostflandern ST-B 4900

Abfahrt

15 **»SPORTZAAL DRIEBEEK«** 1.1. bis 31.12.
0032 9210 1010, Mobil 0032 9266 5660 4 m
visit@gent.be, **www.gent.be**

➔ E 17/A 14 Gent - Antwerpen, Abf. (10) Gentbrugge, rechts auf den Brusselsesteenweg (N 9), nach ca. 350 m links in die Braemstraat. Kurz vor der Autobahnbrücke rechts in die Driebeekstraat. Beschildert ("Driebeek"-kleine braune Schilder). ✉ Driebeekstraat 22 (GPS: 51°2'17"N / 3°46'4" E).
Mittelalterlicher Stadtkern.

RES 500 m 1 km

Stellplatz auf dem Parkplatz einer Sporthalle im Osten von Gent. Asphaltierte Standplätze. Keine Barzahlung möglich. Kein Personal vor Ort. Nicht für große Wohnmobile geeignet. Maximal 72 Std. Aufenthalt möglich! Zum Betreten und Verlassen des Geländes immer die selbe Karte verwenden. Ortszentrum 5 km entfernt. 8 Touristenplätze.
2022: MC/N 12.–. P/N, KT, Entsorgung, Müll, Wasser und Strom inklusive. Nur Kartenzahlung möglich.

8500 Kortrijk, Westflandern ST-B 5000

Abfahrt

»KAMPEERAUTOTERREIN BROELTORENS« 1.1. bis 31.12.
0032 56 277840
toerisme@kortrijk.be, **www.toerismekortrijk.be**

➔ A 14, E 17, Kortrijk-Gent, Abf. (2) Kortrijk-Zuid, auf die N50 Richtung Zentrum, dann weiter auf der R36, nach 1.5 km am Kreisverkehr die 3. Ausfahrt nehmen und der Ausschilderung 'P Broeltorens' folgen. ✉ Damkaai (GPS: 50°49'52"N / 3°16'5" E).
Historische Altstadt, Beginenhof, Broeltürme (Broeltorens), Geschichtsmuseum Kortrijk.

RES Ch 100 m 500 m

Stellplatz speziell für Reisemobile auf der Buda-Insel im Stadtzentrum an einen Parkplatz angegliedert. Ebene und parzellierte Stellflächen auf Pflaster, bis 8 m Länge. Historische Altstadt 500 m entfernt. 8 Touristenplätze.

8790 Waregem, Westflandern ST-B 5050

»KAMPEERAUTOTERREIN LEIEKAMPER« 1.1. bis 31.12.
0032 56 621211
toerisme@waregem.be
www.waregem.be/vrije-tijd/toerisme/overnachten/kampeerautoterrein

➔ A 14, E 17, Kortrijk-Gent, Abf. (5) Waregem, in Waregem auf die N 357 Richtung Sint-Eloois-Vijve und der Straße bis zum Fluss Leie folgen, kurz vor der Brücke über die Leie links in die Straße Barrage einbiegen und unter der Brücke am Fluss auf der rechten Seite, ausgeschildert. ✉ Leiesas 15 (GPS: 50°54'32"N / 3°24'17" E).

RES Ch 200 m 1 km

Stellplatz speziell für Reisemobile am Fluss Leie. Beleuchtete Stellflächen auf Wiese, ohne Längenbeschränkung. Aufenthalt max. 3 Tage. Ortszentrum 800 m entfernt. 8 Touristenplätze.

8750 Wingene, Westflandern ST-B 5100

»SMART-IJS« 1.1. bis 31.12.
Mobil 0032 477 269606
info@smart-ijs.be, **www.smart-ijs.blogspot.de/p/camperlogie.html**

➔ E 40, Gent-Brügge, Abf. (9) Oostkamp, dort auf die N 50 Richtung Kortrijk, in Hille links Richtung Wingene abbiegen, dort im Ortszentrum links nach Wulfhoek dort am südlichen Ortsrand rechts in die Straße Noordakkerstraat einbiegen„ nach ca. 450 m auf der linken Seite, ausgeschildert. ✉ Noordakkerstraat 1A (GPS: 51°4'26"N / 3°15'55" E).

Ch

Stellplatz speziell für Reisemobile auf einem Firmengelände am Ortsrand. Ebene und parzellierte Stellflächen auf Kies, bis 12 m Länge, max. 7.5 t Gewicht. Blick auf die umliegenden Felder und Wiesen. Brötchenservice. Rezeptiong Do. und Fr. geöffnet - Anmeldung per SMS möglich. Bei Einkehr Ermäßigung bei der Stellplatzgebühr. Ort 2 km entfernt. 6 Touristenplätze.

8434 Westende, Westflandern ST-B 5686/2

»CAMPERPARK WESTENDE« 1.1. bis 31.12.
0032 58 233254
info@camperparkwestende.be, **www.camperparkwestende.be**

➔ A 18/E 40, Brügge-Nieuwpoort, Abf.(3) Nieuwpoort, auf die N39 Richtung Nieuwpoort, dort auf den Lombardsijdelaan (N318) Richtung Westende, dort im Ortszentrum in die Heidestraat einbiegen. ✉ Heidestraat 18 (GPS:

51°9'21"N / 2°45'59" E).

W W

500 m 1 km

Stellplatz speziell für Reisemobile in einem Wohngebiet angrenzend an einen Campingplatz. Ebene und parzellierte Stellflächen Wiese mit asphalierter Fahrspur, ohne Längenbeschränkung. Die Einrichtungen des Campingplatzes inklusive Schwimmbad können mitbenutzt werden. Kiosk. Imbiss. Spiel- und Bouleplatz. Ortszentrum 200 m entfernt. 30 Touristenplätze.

8434 Westende, Westflandern ST-B 5686/3

»STELLPLATZ BEIM CAMPING POLDERVALLEI« 1.3. bis 30.11.
0032 59 301771
info@campingpoldervallei.be, www.campingpoldervallei.be

➔ N 318 Nieuwpoort-Middelkerke, der Campingplatz liegt ungefähr auf halber Strecke an der N318 von Middelkerke und Westende-Mitte. ✉ Westendelaan 178 (GPS: 51°9'59"N / 2°46'57" E).

W W W Ch W W

HS HS TV

Stellplatz speziell für Reisemobile auf einem abgetrennten Gelände bei einem Campingplatz. Stellflächen auf Asphalt, bis 9 m Länge. Durch Dauercamper geprägt. Stranduschen. Imbiss. Bar. Täglich frisches Brot und Brötchen. Springkissen für Kinder. Tierwiese. Mehrzwecksportfeld. Boccia. Ortszentrum 500 m entfernt. 21 Touristenplätze.

8600 Diksmuide, Westflandern ST-B 5700

»'T NESTHOF« 1.4. bis 1.10.
Mobil 0032 475 762612
degruyter@hotmail.com

➔ E 40, Oostende-Veurne, Abf. (2) Oostduinkerke, auf die N330/N35 Richtung Diksmuide, dort im Ortszentrum links auf die N369 Richtung Oostende abbiegen, am südlichen Ortsrand von Beerst links in die Zijdelingstraat einbiegen und nach ca. 2 km auf der rechten Seite gelegen. ✉ Zijdelingstraat 2a (GPS: 51°4'35"N / 2°51'50" E).

Ch

Stellplatz bei einem ehemaligen Bauernhof in ruhiger Einzellage. Leicht unebene und unparzellierte Stellflächen auf Wiese, Ort 6 km entfernt. 15 Touristenplätze.

8691 Stavele, Westflandern ST-B 5875

»HOF VAN COMMERCE« 1.1. bis 31.12.
0032 58 288620, Mobil 0032 475 703001
info@hofvancommercestavele.be, www.hofvancommercestavele.be

➔ N8, Ypern-Veurne, bei der Ortschaft Elzendamme in Richtung Stavele abbiegen, dort am nördlichen Ortsrand am Fluss Yser gelegen. ✉ IJzerstraat 16 (GPS: 50°56'35"N / 2°40'20" E).

WC

Stellplatz auf dem gemischten Parkplatz bei einem Restaurant am Fluss Yser. Stellflächen auf Schotter, bis 9 m Länge. Aufenthalt max. 24 Stunden. Einkehr obligatorisch. Ortszentrum 500 m entfernt. 3 Touristenplätze.

8900 Ypern, Westflandern ST-B 5900/1

Abfahrt

»STELLPLATZ BEIM CAMPING JEUGDSTADION« 1.3. bis 1.11.
0032 57 217282
info@jeugdstadion.be, www.jeugdstadion.be

➔ E 403, Brügge-Kortrijk, Autobahnkreuz Kortrijk auf die A 19 Richtung Ieper (dt. Ypern) Abf. (4) Ieper-Centrum, auf die N37, dann am Kreisverkehr die 2. Ausfahrt auf die N8 nehmen, nach ca. 1 km links in die Steverlyncklaan einbiegen, nach ca. 400 m rechts in die Bolwerkstraat abbiegen, ausgeschildert. ✉ Bolwerkstraat 1 (GPS: 50°50'49"N / 2°53'54" E).
Marktplatz (umgeben von Bürgerhäusern), Kriegerdenkmal Menenpoort, Lakenhal (Tuchhallen, Gewandhaus), Schützengräben aus dem Ersten Weltkrieg.

WC W Ch

300 m 400 m

Stellplatz speziell für Wohnmobile bei einem Campingplatz. Stellflächen auf Pflaster, bis 9 m Länge. Bezahlung am Automaten. Ortszentrum 2 km entfernt. 18 Touristenplätze.

8940 Wervik, Westflandern ST-B 5950

»KAMPEERAUTOTERREIN DE BALOKKEN« 1.1. bis 31.12.
0032 569 52425
toerisme@wervik.be, www.wervik.be/kampeerautoterrein-de-balokken-0

➔ A 19, Kortrijk-Ypern, Abf. (2a) Wervik, auf die N58 und N311 Richtung Wervik, dort auf die N515 der Ausschilderung 'De Balokken' folgen. ✉ De Balokken (GPS: 50°46'28"N / 3°2'13" E).
Belgisches Tabakmuseum, Windmühlen: die hölzerne Kruisekemolen (Baujahr 1735) und die gemauerte Briekenmolen am Tabakmuseum (Baujahr 1783).

RES 500 m 1 km

Stellplatz speziell für Reisemobile am Fluss Leie. Stellflächen auf Rasengitter, bis 8 m Länge. Aufenthalt max. 3 Tage. Ortszentrum 500 m entfernt. 8 Touristenplätze.

8800 Roeselare, Westflandern ST-B 5990

»PARKING TRAKELWEG« 1.1. bis 31.12.
0032 51 269600
toerisme@roeselare.be

➔ E 403, Brügge-Kortrijk, Abf. (6) Roeselare-Rumbeke, auf die N36, nach ca. 4 km rechts auf die Meensesteenweg abbiegen, dann weiter auf der N37 Richtung Zentrum, am Kreisverkehr am Ende der N37 rechts halten und nach dem Bahntunnel wieder rechts der Kaaistraat bis zur Brücke folgen und auf der anderen Seite wieder zurück. ✉ Trakelweg (GPS: 50°56'40"N / 3°8'0" E).

1 km

Stellplatz auf einem gemischten Parkplatz im Hafen. Ausgewiesene Stellflächen auf Pflaster, bis 12 m Länge. Aufenthalt max. 24 Stunden. Ortszentrum 1.5 km entfernt. 2 Touristenplätze.

7500 Tournai, Hennegau ST-B 6030

Abfahrt

»ESPLANADE DU CONSEIL DE L'EUROPE« 1.1. bis 31.12.
0032 69 222045
info@visittournai.be
www.visittournai.be/sejourner/motorhomes/article/motorhomes?lang=en

➔ A 8, E 42, bei Tournai, Abf. (34) Tournai, auf die N50 Richtung Zentrum, der Parkplatz liegt nach ca. 3 km auf der rechten Seite, ausgeschildert. ✉ Avenue des Frères Rimbaut (GPS: 50°36'16"N / 3°22'54" E).
Altstadt, Kathedrale Notre-Dame, Belfried, Tuchhalle, Pont de Trous.

Ch 500 m

Stellplatz auf einem gemischten Parkplatz. Ausgewiesene und beleuchtete Stellflächen auf Pflaster, ohne Längenbeschränkung. Ver- und Entsorgungsmöglichkeit vorhanden. Ortszentrum 500 m entfernt. 20 Touristenplätze.

B

7940 Brugelette, Hennegau ST-B 6095

»PAIRI DAIZA« 1.4. bis 1.11.
0032 68 250850, Fax 0032 68 455405
info@pairidaiza.eu, www.pairidaiza.eu

➔ E 429, Tournai-Brüssel, Abf. (30) Ath, auf die N56 Richtung Ath und Mons, ca. 7 km südlich von Ath links einbiegen, ausgeschildert. ✉ Domaine de Cambron (GPS: 50°35'21"N / 3°53'13" E).

200 m

Stellplatz auf einem gemischten Parkplatz bei einem Tierpark. Stellflächen auf Asphalt und Schotter, ohne Längenbeschränkung. Aufenthalt max. 24 Stunden. Ort 3.5 km entfernt. 50 Touristenplätze.

7600 Péruwelz, Hennegau ST-B 6400

»YACHTHAFEN PÉRUWELZ« 1.1. bis 31.12.
0032 491 088758
portdeplaisanceperuwelz@gmail.com
www.peruwelz.be/page/contenu/257/l-aire-du-port-de-plaisance

➔ A 16, E 42, Tournai-Mons, Abf. (29) Leuze, auf die N60 Richtung Péruwelz, dort am Kreisverkehr die 3. Ausfahrt nehmen und der Ausschilderung zum 'Port de plaisance' folgen. ✉ Rue de la Boiterie 4 (GPS: 50°31'8"N / 3°36'27" E).

WC W Ch 1 km

Stellplatz bei einem Yachthafen am Ortsrand. Stellflächen auf Schotter, ohne Längenbeschränkung. Ortszentrum 1.5 km entfernt. 10 Touristenplätze.

6441 Froidchapelle, Hennegau ST-B 6800

»STELLPLATZ ROUTE DE LA PLATE TAILLE« 1.1. bis 31.12.
0032 71 509292 240 m
info@lleh.be

➔ N 5, Charleroi-Couvin, bei Philippeville auf die N40 Richtung Beaumont abbiegen, ca. 2.4 km westlich der Ortschaft Silenrieux links auf die N589 Richtung Cerfontaine einbiegen, der Ausschilderung 'Les Lacs de l'Eau d'Heure' folgen. ✉ Route des Barrage (GPS: 50°11'32"N / 4°22'43" E).

WC Ch

Stellplatz auf einem gemischten Parkplatz oberhalb des Lac de la Plate Taille. Stellflächen auf Asphalt, ohne Längenbeschränkung. Anmeldung am Info-Zentrum. Ort 7 km entfernt. 15 Touristenplätze.

BULGARIEN

Besondere Vorschriften und Regelungen

Personaldokumente: Bis zu einem Aufenthalt von 90 Tagen ist ein, mindestens für die Aufenthaltsdauer gültiger Reisepass oder Personalausweis. Kinder unter 12 Jahren benötigen einen Kinderreisepass. Diese werden mit einer Gültigkeitsdauer von sechs Jahren ausgestellt, und zwar längstens bis zur Vollendung des zwölften Lebensjahres. Ab dem zwölften Lebensjahr kann ein Reisepass oder Personalausweis beantragt werden. Detaillierte Informationen erhalten Sie vom Auswärtigen Amt, www.auswaertiges-amt.de.

Impfbescheinigungen: Werden nicht verlangt. Empfohlene Impfung: Hepatitis A.

Dokumente für Haustiere: Für Hunde und Katzen ist der »EU-Heimtierausweis« mitzuführen, der von behördlich ermächtigten Tierärzten ausgestellt wird. Der Ausweis muss Angaben zum Besitzer enthalten und dem Tier eindeutig zugeordnet werden können, d.h., das Tier muss durch Mikrochip identifizierbar und die Kennzeichnungs-Nr. im Ausweis eingetragen sein. Ein gültiger Tollwutschutz muss ebenfalls im Heimtierausweis nachgewiesen werden. Die Erstimpfung muss mindestens 21 Tage zurückliegen. Wiederholungsimpfungen müssen in den Zeiträumen, die der Hersteller des Impfstoffes vorsieht, durchgeführt worden sein.

Weitere Informationen erteilen das Bundesministerium für Ernährung und Landwirtschaft **www.bmel.de** und die bulgarische Botschaft: Mauerstr. 11, 10117 Berlin, Tel. 030/201 09 22, Fax 030/208 68 38.

Kfz: Nationaler Führerschein und nationale Zulassung sind ausreichend. Das Länderkennzeichen »D« muß an der Rückseite des Fahrzeugs und am Anhänger angebracht oder im EU-Nummernschild enthalten sein. Es besteht Haftpflichtversicherungszwang. Für Kfz aller Art ist das Kennzeichen eines Mitgliedstaates der EU ausreichend als Nachweis des EU-weiten Versicherungsschutzes. Wir empfehlen jedoch zusätzlich die Mitnahme der Internationalen Grünen Versicherungskarte. Sie erleichtert im Schadensfall die Abwicklung. Wir raten dringend beim Heimatversicherer für die Dauer des Aufenthalts eine Kurzkasko- und Insassen-Unfallversicherung abzuschliessen. Ist der Fahrer nicht Eigentümer des Fahrzeugs, muss er im Besitz einer amtlich beglaubigten Benutzungsvollmacht sein. Es ist nicht zulässig das Kfz einer in Bulgarien ansässigen Person zur Benutzung zu überlassen. Bei Campingfahrzeugen ist ein Inventarverzeichnis in doppelter Ausführung mitzuführen.

Verkehrsvorschriften: Rechtsverkehr. Ausländische Autofahrer sollten sehr umsichtig fahren, dies gilt besonders bei Fahrten in der Dunkelheit, da öfters unbeleuchtete Fuhrwerke unterwegs sind. Das Betätigen der Hupe ist in größeren Städten verboten. Überholen von Kolonnen ist nicht zulässig. Auch am Tag muss mit Abblendlicht gefahren werden. Mobiltelefone dürfen nur mit Freisprecheinrichtung verwendet werden. Unfälle sollten immer der Polizei gemeldet werden. Es besteht Anschnallpflicht. Promillegrenze: 0,5.

Vignettenpflicht: Bulgariens Autobahnen und Fernstraßen sind vignetten--pflichtig. Die Vignetten sind an den Grenzübergängen erhältlich. Detaillierte Angaben dazu sind bei **https://bg-vignette.com/de/** erhältlich.

Notruf: Polizei: 166, Unfallrettung: 150. Feuerwehr: 160.

Pannenhilfe: leistet landesweit der Bulgarische Automobilclub UAB. Er ist erreichbar unter 02/91146 oder 02/9803308. Aus Mobilfunknetzen 146.

Telefon: Deutschland–Bulgarien: 00359. Bulgarien–Deutschland 0049.

Devisen: Für die Ein- und Ausfuhr ausländischer Zahlungsmittel bestehen keine Beschränkungen. Ab einer Summe von 10000.– Euro schriftliche Deklaration bei der Ein- und Ausreise. Wir raten zum Geldumtausch in Geschäftsbanken.

Camping: Die Campingplätze befinden sich in der Nähe von Urlaubsorten. Leider wurden in den letzten Jahren zahlreiche Plätze aufgelöst. Die vorhandenen Campingplätze sind einfach. Ihre Sanitäranlagen entsprechen nicht dem mitteleuropäischen Niveau. So haben die Plätze überwiegend veraltete Einrichtungen, die bei Vollbelegung oftmals nicht ausreichen. Freies Campen ist verboten. Das Stromnetz ist generell auf eine Spannung von 220V Wechselstrom (50Hz) ausgelegt. Bei Reisen außerhalb der Touristenzentren wird die Mitnahme eines Adapters empfohlen.

Wichtiger Hinweis: Das Auswärtige Amt weist auf Folgendes hin: Häufig kommem Kfz-Diebstähle vor. Von Fahrten bei Dunkelheit oder dem Übernachten im Auto wird deshalb dringend abgeraten. Im Falle eines Diebstahls ist sowohl der Einfuhrzoll, als auch die Mehrtwertsteuer für das betreffende Fahrzeug an die zuständigen bulgarischen Behörden zu entrichten. Die Beträge liegen zwischen 1000.– und 10000.– Euro. Deshalb empfehlen wir den Abschluss einer Versicherung, die die Nachzahlung von Einfuhrzoll und Mehrwertsteuer bei Diebstahl abdeckt.
Außerdem rät das Auswärtige Amt zu besonderer Wachsamkeit beimGeldumtausch in Wechselstuben. Wenn Polizisten überhöhte Geldforderungen bei Geschwindigkeitskontrollen erheben und wenn Grenzbeamte überhöhte Vignettenpreise verlangen. Man wird zum Beispiel zum Kauf einer Jahresvignette genötigt, weil die 7-Tage-Vignette angeblich vergriffen ist. www.auswaertiges-amt.de.

Die Bewertung der Geräuschkulisse bezieht sich nicht auf den Stellplatz selbst, sondern auf die Geräuschsituation im Umfeld des Campingplatzes, wie z.B. Flug-, Autobahn oder Eisenbahngeräusche.

Allgemeine Informationen:

D-60318 **Frankfurt/Main,** Bulg. Fremdenverkehrsamt
Eckenheimer Landstr. 101
Tel. 069/29 52 84, Fax 069/29 52 86
www.bulgariatravel.org, bgtouristik@gmx.de

Vertretung der Bundesrepublik Deutschland:

BG-1113 **Sofia,** Deutsche Botschaft
Ulitsa Frederic-Joliot-Curie 25

BG-1000 **Sofia,** Post: Postfach 869
Tel. 00359 2/91 83 80, Fax 00359 2/963 16 58
Dringende Notfälle: 00359 887/217511
www.sofia.diplo.de, info@sofia.diplo.de

Campingplätze:

Gebühren-Angaben in Landeswährung, sofern nicht anders angegeben

Währungseinheit:	1 Bulgarischer Lew (BGN) = 100 Stotinki.
Devisenkurs:	1 BGN = ca. 0.51 Euro
	1 Euro = ca. 1.96 BGN (Stand: Okt. 2022)

Bei Gebühren-Angaben mit der Vorjahreszahl muss eventuell mit einer Anhebung der Gebühren für das laufende Jahr gerechnet werden. Außerdem können sich die angegebenen Öffnungszeiten verändert haben und es ist möglich, dass angegebene Ermäßigungen nicht mehr gewährt werden.

3949 Falkovets, Nordwest-Bulgar. ST-BG 1150

»MADONA INN FALKOVETS« 1.4. bis 15.11.
00359 8947 74746, Fax 00359 93655646 7 000 qm
info@hanmadona.com, www.hanmadona.com

→ Von Serbien Richtung Sofia, weiter auf N 114 bis zum Restaurant. N 114 (GPS: 43°36'1"N / 22°46'57" E).

WC W Ch

Stellplatz bei einem Restaurant. Teils von Wald umgeben. Schattenlose Stellfläche auf überwiegend ebenem Rasen. Von Bäumen umrahmt. Ort 15 km entfernt. 20 Touristenplätze.

5048 Pchelishte, Nordost-Bulgari. ST-BG 2120

»BRABONS BED & BREAKFAST« 1.1. bis 31.12.
00359 88 8504880
info@brabons.com, www.brabons.com

→ E 85, Weliko Tarnowo-Stara Zagora, südlich von Weliko Tarnowo auf die 5302 in Richtung Kapinovo, ca. 5 km östlich von Prisovo, am westlichen Ortsrand von Pchelishte rechts einbiegen und nach ca. 300 m erneut rechts abbiegen. 17-th Street, House 8 (GPS: 43°2'5"N / 25°42'53" E).

WC W Ch

Stellplatz bei einer Pension am Ortsrand. Beleuchtete und überwachte Stellfläche auf Asphalt, bis max. 6 m Länge. Ortszentrum 300 m entfernt. 1 Touristenplätze.

9274 Barzitsa, Schwarzmeerküste ST-BG 3230

»WILOLA CAMPING« 1.4. bis 30.9.
00359 895 215369, Mobil 00359 897 631832
wilola@bulgariacampsite.com

→ A 2, Schumen-Warna, in Richtung Prowadija auf die 208 abfahren, dort weiter auf der 904 Richtung Bozveliysko und Barzitsa, dort im Ortszentrum. (GPS: 43°4'35"N / 27°31'36" E).

WC W

Stellplatz bei einer Pension in einem kleinen Dorf. Stellflächen auf Wiese, bis 8 m Länge. Ortszentrum 300 m entfernt.

8277 Lozenets, Schwarzmeerk. ST-BG 3845/1

»CAMPING OAZIS« 1.6. bis 15.9.

iffavorit@abv.bg

→ Von Burgas nach Süden an der Küste entlang bis Lozenets. (GPS: 42°12'54"N / 27°47'28" E).

WC W Ch

Stellplatz beim Camping Lozentes. Ebene Stellflächen auf Schotter. Ort 1 km entfernt. 20 Touristenplätze.

8277 Lozenets, Schwarzmeerk. ST-BG 3845/2

»CAMPING YUG« 1.1. bis 31.12.
00359 550 32329, Mobil 00359 884617496
iffavorit@abv.bg, iffavorit.com/camping-yug/

→ Von Burgas nach Süden an der Küste entlang bis Lozenets. (GPS: 42°13'13"N / 27°47'7" E).

WC W

Stellplatz auf der Wiese entlang des Strandes. Ebene bis leicht wellige und sandige Stellflächen. Ort 7 km entfernt. 60 Touristenplätze.

6364 Nikolovo, Südost-Bulgarien ST-BG 4860

»TREE PIGS FARM GUESTHOUSE« Mai bis Sept.
00359 3707326
oink@treepigs.com

→ E 80, Plowdiw-Chaskowo, in Chaskowo auf die Straße 5 in Richtung Kardschali, in der Ortschaft Nikolovo, dort am nordöstlichen Ortsrand

gelegen. ✉ (GPS: 41°49'43"N / 25°24'47" E).

Stellplatz bei einem alten Bauernhof mit Zimmervermietung in einem kleinen Dorf im Rhodopen-Gebirge. Stellflächen auf Wiese, bis 8 m Länge. Zahlreiche Freizeitaktivitäten werden angeboten: Angeln, Wandern, Backkurse und Weinproben. Ortszentrum 300 m entfernt. 3 Touristenplätze.

6480 Madzharovo, Südost-Bulgar. ST-BG 4980

»NCC EASTERN RHODOPES« Mai bis Sept.
☎ 00359 87 8252720, Mobil 00359 885 516633
vulturecenter@bspb.org, bspb.org

➔ A 4, Dimitrowgrad-Charmanli, in Charmanli auf die 8 Richtung Centrum abfahren, am nördlichen Ortsrand von Charmanli auf die 808 in Richtung Ivanovo und weiter auf der Straße bis Gorni Glavanak, dort geradeaus auf die 8081 Richtung Madzharovo, nach Überquerung der Brücke gleich links zum Naturzentrum (VULTUR CENTER) abbiegen. ✉ (GPS: 41°38'37"N / 25°52'20" E).

Stellplatz bei einem Naturzentrum zum Schutz der Vögel in ruhiger Einzellage. Stellflächen auf Rasengittersteinen, bis 8 km Länge. Ort 4 km entfernt.

2820 Roschen, Südwest-Bulgarien ST-BG 5530

»MOTEL ROHZEN« 1.1. bis 31.12.
☎ 00359 885 356058
xandjiata@abv.bg

➔ E 79, Blagoewgrad-Sandanski, südlich von Sandanski bei der Ortschaft Novo Delchevo links auf die 109 Richtung Melnik abbiegen und der Straße weiter bis zur Ortschaft Rojen/Roschen weiterfahren. ✉ Rojen (GPS: 41°32'3"N / 23°26'2" E).
∴ Kloster Roschen (1 km)

Stellplatz auf einem gemischten Parkplatz bei einem Motel im Ortszentrum. Stellflächen auf Asphalt, bis 7 m Länge. 4 Touristenplätze.

2760 Bansko, Südwest-Bulgarien ST-BG 5570

»STELLPLATZ BANDERITSA« 1.1. bis 31.12.
☎ 00359 744 32683, Mobil 00359 899 963081

➔ E 79, Blagoewgrad-Sandanski, in Simitli auf die 19 Richtung Bankso abbiegen, in Bankso beim großen Skilift Richtung 'Berghotel Banderitsa' abbiegen, 12 km asphaltierte Straße mit einigen steilen Abschnitten. Nicht für Gespanne geeignet. ✉ (GPS: 41°45'59"N / 23°25'28" E).

Stellplatz auf einem terrassierten Gelände bei einem Berghotel. Leicht wellige Stellflächen auf Wiese. Schöner Blick auf die umliegenden bewaldeten Berge. Gute Wandermöglichkeiten. Klares Bergquellwasser oberhalb des Platzes. Ort 12 km entfernt. 60 Touristenplätze.

2228 Sofia, Südwest-Bulgarien ST-BG 5790

»STELLPLATZ AM MOTEL ROUTE_80« 1.1. bis 31.12.
Mobil 00359 884 060185
motel_camping@route80.bg

➔ E 80, Dragoman-Sofia, ca. 9 km nordwestlich von Sofia direkt an der Europastraße 80 gelegen. ✉ bul. "European Road" 80 (GPS: 42°47'1"N / 23°10'0" E).

Stellplatz an einem Motel direkt an der E 80. Stellflächen auf Rasengittersteinen, ohne Längenbeschränkung. Ort 9 km entfernt. 15 Touristenplätze.

1137 Pancharevo, Südwest-Bulg. ST-BG 5805

»ISTRUM PARK« Mai bis Sept.
☎ 00359 89 9024740
istrumpark@abv.bg, https://vila.bg/villas-istrum-park-1185.html

➔ A 1, Sofia-Plowdiw, südlich der Ortschaft Kostadinkino rechts auf die 8 Richtung Ichtiman abbiegen, dort rechts auf die 822 Richtung Samokow, nach ca. 16 km auf der rechten Seite am südöstlichen Ufer des Iskar Reservoir ✉ Straße 822 (GPS: 42°26'21"N / 23°37'55" E).

Stellplatz bei einem Feriendort am südöstlichen Ufer des Iskar Reservoirs. Stellflächen auf Schotter, ohne Längenbeschränkung. Ort 17 km entfernt. 10 Touristenplätze.

1421 Sofia, Südwest-Bulgarien ST-BG 5850/1

»PARKING ARSENALSKI« 1.1. bis 31.12.
☎ 00359 2865 7285
ib@cerescee.com, www.parkcenter.bg/contact

➔ A 3, Sofia-Blagoewgrad, westlich von Sofia, auf die 18 fahren, nach ca. 11 km links in Richtung Centrum auf die Straße bulevard Cherni vrah abfahren und nach ca. 4 km links zum Parkplatz einbiegen. ✉ Arsenalski blvd (GPS: 42°40'39"N / 23°19'6" E).
∴ Nationales Archäologisches Museum, mineralogische Museum, Nationaltheater Iwan Wasow.

Stellplatz auf einem eingezäuntem und bewachten Parkplatz. Stellflächen auf Asphalt, bis 7 m Länge. Ortszentrum 3 km entfernt. Metrostation 300 m entfernt. 10 Touristenplätze.

1231 Sofia, Südwest-Bulgarien ST-BG 5850/2

Abfahrt

»STELLPLATZ SOFIA BUL. LOMSKO« 1.4. bis 15.10.
☎ 00359 898 664640
iv_jujata@abv.bg

➔ E 80, A 3,, Sofia-Blagoewgrad, nördlich von Sofia auf die Straße Bul. "Lomsko Shose" in Richtung Centrum. nach ca. 1.5 km auf der linken Seite, in eine kleine Straße bei der Tankstelle einbiegen. ✉ Bul. "Lomsko Shose" 220 (GPS: 42°44'34"N / 23°17'7" E).
∴ Nationales Archäologisches Museum, mineralogische Museum, Nationaltheater Iwan Wasow.

Stellplatz bei einem Hinterhof mit vielen Werkzeugen und alten Fahrzeugteilen, Renovierungen geplant. Stellflächen auf Schotterrasen unter Bäumen, bis 8 m Länge. Freundlicher, hilfsbereiter Besitzer, gibt viele Tipps zur Erkundung von Sofia. Ortszentrum 7 km entfernt. Metrostation 350 m entfernt. 4 Touristenplätze.

1632 Sofia, Südwest-Bulgarien ST-BG 5850/3

Abfahrt

»STELLPLATZ HIDROLIFT« 1.1. bis 31.12.
Mobil 00359 896 603880, Fax 00359 2 9579021
office@hidroliftbg.com, www.camperbg.com/contacts

➔ A 3, Pernik-Sofia, am nordwestlichen Stadtrand von Sofia am Kreisverkehr rechts auf die 18 abbiegen, nach ca. 2.7 km auf der linken Seite bei einem Caravanhändler. ✉ ul. "Boycho Boychev" 93A (GPS: 42°41'18"N / 23°14'0" E).
Nationales Archäologisches Museum, mineralogische Museum, Nationaltheater Iwan Wasow.

WC W Ch 200 m

Stellplatz bei einem Caravanhändler am Stadtrand. Eingezäunte Stellflächen auf Schotter, ohne Längenbeschränkung. Am Sicherheitsdienst bei der Einfahrt auf das Gelände einchecken. Kleiner Reparaturen möglich. Günstige Taxiverbindung zum Stadtzentrum. Ortszentrum 10 km entfernt. 12 Touristenplätze.

BOSNIEN UND HERZEGOWINA

Besondere Vorschriften und Regelungen

Personaldokumente: Visumfrei für 90 Tage. Benötigt wird ein mindestens 3 Monate über den Aufenthalt hinaus gültiger Reisepass oder Personalausweis. Für deutsche Kinder wird außerdem der Kinderreisepass mit Lichtbild akzeptiert. **ACHTUNG:** Der deutsche "vorläufige Personalausweis" wird nicht anerkannt! Jugendliche unter 18 Jahren, die nicht in Begleitung ihrer Eltern/Erziehungsberechtigten reisen, benötigen zusätzlich von beiden Eltern/Erziehungsberechtigten unterschriebene und notariell beglaubigte Einverständniserklärung. Wird der oder die Minderjährige von nur einem Elternteil begleitet, dann muss vom anderen Elternteil/Erziehungsberechtigten eine notariell beglaubigte Einverständniserklärung vorliegen. Die Erlaubnis sollte auch in die bosnische, kroatische oder serbische Sprache übersetzt und die Unterschrift der Eltern/des Erziehungsberechtigten von einer amtlichen Stelle beglaubigt sein. Es wird empfohlen, sich von allen Reisedokumenten Kopien anzufertigen und diese separat mitzuführen.

Die Mitnahme bzw. Ausstellung eines Auslandskrankenscheines von der Krankenkasse wird empfohlen. Auch eine zusätzliche private Auslandskrankenversicherung für weitere evtl. Leistungsabdeckung wird empfohlen. Die Europäische Krankenversicherungskarte gilt nicht.

Impfbescheinigungen: Werden nicht verlangt. Empfohlene Impfung: Hepatitis A. Grundsätzlich sollte auch der Impfschutz gegen Tetanus, Diphtherie und Polio überprüft und ggf. aufgefrischt werden. Bei Kindern sollte Impfschutz gemäß Impfkalender vorliegen.

Dokumente für Haustiere: Für Hunde und Katzen ist ein tierärztliches Gesundheitszeugnis und ein Tollwutimpfzeugnis erforderlich.

Kfz: Nationaler Führerschein und nationale Zulassung sind erforderlich. Das Länder-Kennzeichen »D« muss angebracht sein auch wenn das Fahrzeug bereits eine EU-Plakette hat. Die »Internationale Grüne Versicherungskarte« ist mitzuführen und hat nur Gültigkeit, wenn das Kürzel BIH eingetragen ist.

Verkehrsvorschriften: Im Straßenverkehr ist besondere Vorsicht geboten. Wird im Falle eines Verkehrsunfalls mit Personenschaden die Schuld des Fahrers festgestellt, droht oft eine Haftstrafe. Die Hauptstraßen sollten aufgrund der Minengefahr nicht verlassen werden. Von Nachtfahrten wird abgeraten. Ist der Fahrer nicht Eigentümer des Fahrzeuges, muss eine Benutzungsvollmacht des Fahrzeughalters vorliegen. Reisedokumente und Wertsachen sollte man nicht im geparkten Fahrzeug zurücklassen, auch nicht im Kofferraum. Abblendlicht ist auch tagsüber einzuschalten. Eine Mitführpflicht eines Abschleppseiles und eines Ersatzlampensets ist vorgeschrieben. Vom 15. November bis 15. April besteht Winterreifenpflicht. Warnweste ist erforderlich und muss beim Verlassen des Fahrzeugs getragen werden. Die Promillegrenze ist bei 0,3.

Höchstgeschwindigkeiten: innerorts 50 km/h, außerhalb geschlossener Ortschaften 80 km/h, auf Schnellstraßen 100 km/h. Für Gespanne/Wohnmobile 80 km/h auf Schnellstraßen und 130 km/h auf den Autobahnen. Es wird empfohlen, keine unbekannten Anhalter mitzunehmen. Die Mitnahme von Migranten kann als Schleusung ausgelegt werden.

Straßengebühren: Generell sind Autobahnen in Bosnien und Herzegowina mautpflichtig.

Telefon: Deutschland – Bosnien Herzegowina: 00387

Unfallnotruf: Polizei 92 oder 122, Unfallrettung 94 oder 124, Feuerwehr 123. Pannenhilfe ist unter (033) 1282 erreichbar. Girocards, Kreditkarten, Handys und einige andere elektronische Berechtigungen können über die Sperr-Notruf-Nummer 0049 116 116 (aus dem Ausland 0049 30 4050 4050) rund um die Uhr gesperrt werden lassen.

Devisen: Die Ein- und Ausfuhr von Fremdwährung ist unbeschränkt. Deklaration bei Ein- oder Ausfuhr ab 10.000 BAM oder dem Gegenwert in anderen Währungen erforderlich.

Allgemeine Hinweise: Reisende nach Bosnien Herzegowina sind seit Januar 2017 verpflichtet bei der Einreise über Mittel von mindestens € 75.- pro Aufenthaltstag zu verfügen. Der Nachweis für die Dauer des Aufenthalts kann in bar (in der Landeswährung oder in Euro) oder unbar (Kreditkarten und andere vom bosnisch-herzegowinischen Bankensystem anerkannte Zahlungsmittel) mitgeführt werden. Der Geldumtausch wird im Reiseland empfohlen. Der Euro kann überall problemlos umgetauscht werden. Er wird häufig auch als Zahlungsmittel akzeptiert. Internationale Kreditkarten werden zunehmend (vor allem in Sarajevo) akzeptiert. Bargeldabhebungen sind in den größeren Städten mit Kreditkarten zum Teil auch mit der Girocard (mit Maestro- oder V-Pay-Logo) möglich. Netzspannung: 220 Volt Wechselstrom, 50 Hertz. In Bosnien-Herzegowina gilt ebenfalls die europäische Sommerzeit, daher besteht auch im Sommer kein Zeitunterschied.

Allgemeine Informationen:
D-10439 **Berlin,** Botschaft von Bosnien und Herzegowina
Ibsenstraße 14
Tel. (0 30) 81 47 12 10/15
www.botschaftbh.de, mail@botschaftbh.de

Vertretung der Bundesrepublik Deutschland:
BIH-71000 **Bosnien-Herzegowina,** Botschaft der Bundesrepublik Deutschland, Sarajevo
Skenderija 3
Tel. (00387 33) 56 53 00, Fax (00387 33) 20 64 00
www.sarajewo.diplo.de, info@sarajewo.diplo.de

Campingplätze:

Gebühren-Angaben in Landeswährung oder in Euro.

Währungseinheit:	1 Konvertible Mark (BAM) = 100 Fening
Devisenkurs:	1 Euro = ca. 1.96 BAM
	1 BAM = ca. 0.51 Euro (Stand: Okt. 2022)

Bei Gebühren-Angaben mit der Vorjahreszahl muss eventuell mit einer Anhebung der Gebühren für das aktuelle Jahr gerechnet werden. Außerdem können sich die angegebenen Öffnungszeiten verändert haben und es besteht die Möglichkeit, dass angegebene Ermäßigungen nicht mehr gewährt werden.

70101 Jajce, Föd. Bosnien-Herz. ST-BIH 2050

»AUTOCAMP JAJCE - YOUTH HOSTEL« 1.1. bis 31.12.
380 m

➔ M16/E661 Bugojno - Banja Luka, nach Kamenice links nach Jajce abbiegen. Beschildert. ✉ Kralja Stjepana Tomaševića (GPS: 44°20'28"N / 17°15'44" E).

W W

Stellplatz am Ortsrand auf dem Geländer einer Jugendherberge und gegenüber einem großen Supermarkt (Bingo Hypermarket). Ebene Stellflächen auf Asphalt oder Rasen. Maximal 3 Nächte Aufenthalt möglich! 10 Touristenplätze.

88000 Mostar, Föd. Bosnien-Herz. ST-BIH 3040

15 **»AUTO CAMPING OLD BRIDGE«** Februar bis Okt.
00387 36 578477
info@motel-mostar.com

➔ E 73, Sarajevo-Mostar, in Mostar der Ausschilderung zur Brücke 'Stari most' folgen, dann auf der westlichen Flussseite der Neretva, in der Nähe der 'Stari most'. ✉ Gojka Vukovića 3 (GPS: 43°20'9"N / 17°48'51" E).
Altstadt, Stari most (dt. Alte Brücke), Karađozbeg-Moschee, christliche Basilika.

WC W Ch 100 m

Stellplatz bei einem Hotel in der Altstadt in der Nähe der historischen Brücke über den Fluss Neretva. Stellflächen auf Schotter, bis 8 m Länge. 3 Touristenplätze.
2022: A/N 20.–, C/N 80.–, MC/N 80.–, M/N 15.–, B/N 20.–. KT, H/N, WD, Entsorgung, Müll, Wasser und Strom inklusive.

88440 Šćit, Föd. Bosnien-Herz. ST-BIH 3900

»TAVERN "GAJ"« 1.1. bis 31.12.
00387 63 848333, Mobil 00387 36 780585
sekelja.ivan007@gmail.com
www.herzegovina-lakes.com/en/listing-item/tavern-gaj/

➔ E 73, Sarajevo-Mostar, bei der Ortschaft Jablanica auf die M 16.2 Richtung Prozor-Rama, dort auf die R 418 abbiegen, in Ripci links zur Halbinsel Šćit einbiegen, Ausschilderung zum Kloster 'Franjevački samostan Rama'. ✉ Prozor (GPS: 43°48'8"N / 17°31'32" E).

WC W Ch 100 m

Stellplatz bei einem Hotel auf der Halbinsel Šćit. Schöner Blick auf den Stausee Ramsko jezero. Stellflächen auf Schotter, bis 9 m Länge. Aufenthalt max. 24 Stunden. Ort (Prozor-Rama) 10 km entfernt. 6 Touristenplätze.

71300 Mulici, Föd. Bosnien-Herz. ST-BIH 4250

»AUTOCAMP VISOKO« 1.1. bis 31.12.
☏ 00387 32 739440, Mobil 00387 61 189333 415 m
nihadhostel@gmail.com, hostelnihad.com

➔ A1/M17 Sarajevo - Zenica, Abf. Visoko und am Kreisverkehr weiter Richtung Mulici. ✉ Auto Camp "Visoko" (GPS: 44°0'39"N / 18°9'56" E).

Stellplatz bei Hostel Nihad auf einem schmalen Wiesenstreifen zwischen Fluss und Straße. Unparzellierte Stellflächen auf Rasen. Brötchenservice. Café. Ort 200 m entfernt.

72250 Vitez, Föd. Bosnien-Herz. ST-BIH 4500

»MOTEL CAROUSEL« 1.1. bis 31.12.
☏ 00387 30 717555, Mobil 00387 61 169500 415 m
Fax 00387 30 717558, **motelcarousel@yahoo.com**
www.motel-carousel.com

➔ E 661, M 5, Banja Luka-Sarajevo, nördlich der Ortschaft Vitez im Ortsteil Bila direkt an der E 661 gelegen, ausgeschildert. ✉ Bila b.b (GPS: 44°10'44"N / 17°45'17" E).

200 m

Stellplatz hinter einem Motel. Ebene Stellflächen auf Wiese, ohne Längenbeschränkung. Ortszentrum 5 km entfernt. 20 Touristenplätze.

78000 Banja Luka, Rep. Srpska ST-BIH 6400/1

»KAMP OLIMP« 1.1. bis 31.12.
☏ 00387 65 820270 180 m
kamp.olimp@gmail.com, kampolimp.com

➔ vom Stadtzentrum in Banja Luka die M16 in Richtung Süden fahren, nach ca. 7 km befindet sich das Kamp auf der linken Seite. ✉ Vojvode Uroša Drenovića 192 (GPS: 44°42'39"N / 17°9'59" E).

Zweigeteiltes Campinggelände mit Stellplatz zwischen der Straße und dem Fluss. Teils terrassiertes teils zum Fluss abfallendes Wiesengelände. Stellflächen auf Rasen. Zeltwiese. Imbiss. Ort 7 km entfernt.

78000 Banja Luka, Rep. Srpska ST-BIH 6400/2

30 **»CAMP SAN«** 1.1. bis 31.12.
Mobil 00387 66 240 259
djordje.koprena@gmail.com, camp-san.business.site

➔ vom Stadtzentrum in Banja Luka die M16 in Richtung Süden fahren, nach ca. 10 km befindet sich das Kamp auf der linken Seite. ✉ E661, Karanovac (GPS: 44°41'31"N / 17°12'10" E).

100 m

Stellplatz zwischen Straße und Fluss neben einem Rafting-Center. Ebene bis leicht wellige und zum Fluss leicht abfallende Stellflächen auf Rasen, teilweise befestigt. 20 Touristenplätze.
2022: C MC-St/N 42.–, P/N 6.–, K/N 6 bis 12 J. 3.–, extra A/N 26.–, extra C/N 42.–, extra MC/N 42.–, extra M/N 26.–, extra B/N 42.–, KT P/N ab 12 J. 6.–, KT K/N 6 bis 6 J. 3.–, Waschmaschine 5.–.

71000 Sarajevo, Föd. Bos.-H. ST-BIH 8500/2

»OLYWOOD - CAMPING ZONE SARAJEVO« 1.1. bis 31.12.
☏ 00387 61 069 292 810 m

➔ im Süden von Sarajevo im Ortsteil Vraca von der M5 auf die Derviša Numića stadtauswärts abbiegen und weiter auf der R446 zum Sunnyland Freizeitpark. Der Straße noch ca. 500 m folgen. ✉ Hambina Carina 65 (GPS: 43°50'38"N / 18°25'6" E).

Stellplatz am Stadtrand von Sarajevo. Teils schöner Ausblick auf die Stadt. Gekieste Stellflächen am Hang. 12 Touristenplätze.

Wegen der oft wechselnden Größenangaben für die einzelnen Stellparzellen durch die Platzhalter veröffentlicht der DCC nur die Campingplatzgesamtfläche in m² und den Hinweis „parzelliert“ oder „unparzelliert“.

73249 Donje Vardište, Rep. Srpsk. ST-BIH 8720

NATUR PLATZ

»RIVER AUTO CAMP« 15.4. bis 15.10.
430 m

river.autocamp@gmail.com, **www.riverautocamp.com**

➔ M5 Visegrad - serb. Grenze, kurz nach dem Weiler Oplave rechts zum Platz abbiegen, beschildert. ✉ (GPS: 43°45'9"N / 19°26'47" E).

WC W W Ch W W

Stell- und Campingplatz direkt am Fluss, von Wiesen und Feldern umgeben. Unparzellierte ebene Stellflächen auf Rasen. Teilweise durch Bäume beschattet. Zeltwiese. Der Platz hat eine serbische Telefonnummer (00381 669287493). Ort 1.5 km entfernt. 22 Touristenplätze.

73311 Tjentište, Republika Srpska ST-BIH 9020

»KAMP SUTJESKA« 1.5. bis 30.9.
Mobil 00387 65 309079 530 m
campsutjeska@gmail.com, **campsutjeska.com**

➔ M20 Gacko - Foča. Der Zugang zum Kamp befindet sich ca. 2.5 km hinter Tjentište direkt an der Straße. ✉ (GPS: 43°22'13"N / 18°42'2" E).
Nationalpark Sutjeska.

W W Ch

Stellplatz bei einem Urlaubscamp im Nationalpark Sutjeska. Von bewaldeten Hügeln umgeben. Ebene Stellflächen auf Rasen bzw. Asphalt/Schotter. Separate Zeltwiese. Rafting-Touren möglich. Ort 2.5 km entfernt. 16 Touristenplätze.

SCHWEIZ

Besondere Vorschriften und Regelungen

Personaldokumente: Gültiger Reisepass oder Personalausweis. Kinder unter 12 Jahren benötigen einen Kinderreisepass. Diese werden mit einer Gültigkeitsdauer von sechs Jahren ausgestellt, und zwar längstens bis zur Vollendung des zwölften Lebensjahres. Ab dem zwölften Lebensjahr kann ein Reisepass oder Personalausweis beantragt werden. Detaillierte Informationen erhalten Sie vom Auswärtigen Amt, www.auswaertiges-amt.de.

Impfbescheinigungen: Werden nicht verlangt.

Dokumente für Haustiere: Der »EU-Heimtierausweis« mit eingetragener Kennzeichnung des Tieres (durch Mikrochip) und Tollwutimpfung wird anerkannt. Die Tollwutimpfung muss mindestens 30 Tage und darf höchstens 12 Monate alt sein. Für nachweislich nachgeimpfte Tiere ist die Wartefrist von 30 Tagen nicht erforderlich. Hunde unter 5 Monaten mit coupierten Ohren und/oder coupierter Rute dürfen nicht eingeführt werden. Bei Kurzaufenthalten werden Ausnahmen gemacht. Der Zoll entscheidet, ob die Kriterien für eine Ausnahme erfüllt sind. In städtischen Parkanlagen besteht häufig Leinenpflicht. Für alle Vogelarten außer Kanarienvögeln besteht Einfuhrverbot oder ist eine Bewilligung des Eidgenössischen Bundesamtes für Veterinärwesen erforderlich.

Weitere Informationen erteilt die Schweizer Botschaft, Otto-von-Bismarck-Allee 4a, 10557 Berlin, Tel. 030/390 40 00, Fax 030/391 10 30.

Kfz: Nationaler Führerschein und die nationale Zulassung sind ausreichend. Das Länderkennzeichen »D« muss am Fahrzeug angebracht, bzw. im EU-Nummernschild enthalten sein. Die Mitnahme der »Internationalen Grünen Versicherungskarte« wird empfohlen.

Caravans: Bezüglich der Abmessungen von Caravans gelten in der Schweiz besondere Bestimmungen. Alle aufgeführten Maße verstehen sich inkl. Zuggabel (Caravan-Gesamtlänge).

max. Breite/Länge	Geltungsbereich
2,55/12 m	Caravans und Sportgeräteanhänger sind innerhalb der aufgeführten Abmessungen nicht bewilligungspflichtig. Bei Überschreiten dieser Maße wird die Einreise verweigert.
18,75 m (vorbehaltlich)	max. Gespannlänge

Achtung: Auf einigen Berg- und Nebenstraßen besteht ein generelles Fahrverbot für Gespanne. Auf einigen Strecken ist nur eine Caravanbreite bis 2.30 m erlaubt. Achten Sie bitte auf die Straßenbeschilderung.

Verkehrsvorschriften: Bergauffahrende Fahrzeuge haben immer Vorrang. Schienenfahrzeuge haben innerorts auf gleichberechtigten Straßen Vorfahrt. Der Gebrauch von Nebelschlussleuchten ist nicht gestattet. Wir empfehlen das Abblendlicht grundsätzlich einzuschalten. Bei Tunnelfahrten muss das Abblendlicht eingeschaltet werden. Außerhalb von Ortschaften darf an Hauptstraßen nicht geparkt werden. In Kurzparkzonen, den »blauen Zonen«, darf nur mit Parkscheibe geparkt werden. Gelbe Linien am Fahrbahnrand bedeuten Halteverbot. Gelbe Kreuze am Fahrbahnrand, die mit einer gelben Linie verbunden sind, bedeuten Parkverbot. Es besteht Anschnallpflicht und für Motorradfahrer Helmpflicht. Promillegrenze 0,5.

Straßengebühren: Die Autobahnen und teilweise die Fernstraßen (weißgrüne Beschilderung) sind gebührenpflichtig. Für Pkw und Anhänger wird jeweils eine Vignette benötigt. Diese kostet 39 EUR oder 40 CHF (Stand Okt. 2020). Sie ist gültig ab 1. Dezember bis einschließlich 31. Januar des nächsten Jahres (14 Monate). Für Wohnmobile über 3,5 t gelten Staffelpreise. Die Vignette ist an Grenzübergängen, Postämtern und Tankstellen erhältlich. Im Vorverkauf kann sie bei den deutschen Automobilclubs erworben werden. Das Fahren ohne gültige Vignette ist strafbar. Weitere Informationen erhalten sie unter **www.ch.ch/de/autobahnvignette/**.

Umweltzonen: In der Schweiz ist derzeit nur eine einzige Umweltzone in dem Kanton Genf aktiv. Seit dem 15.Januar 2020 ist dort ein Notfallschutzplan für Luftverschmutzungsspitzen erstellt worden. Dieser sieht bei zu schlechter Luft wie Feinstaub, Ozon oder Stickoxiden, Fahrverbote vor. Das Gebiet der Umweltzone umfasst die Stadt Genf und einen Teil der umliegenden Gemeinden Carouge, Cologny, Lancy und Vernier.

Bei Aktivierung dürfen nur noch Fahrzeuge mit gültiger Plakette fahren. Dies gilt für Leichtfahrzeuge wie Motorräder, PKW, Wohnmobile, Busse, Kleintransporter und LKW. Die sogenannte Stick'Air Plakette gibt es in 6 Farben und steht für die verschiedenen Plakettenklassen. Die Besonderheit hier ist die Nähe zu Frankreich. Beide Länder haben sich auf ein Abkommen geeinigt, dass auch in Genf die Crit-Air Vignette anerkannt wird.

Wer bei einer Luftverschmutzungsspitze ohne Plakette erwischt wird, muss mit einem Bußgeld in Höhe von 455 Euro rechnen.

Zoombare Karten aller Umweltzonen mit ihren Grenzen sowie detailliertere Informationen zu den einzelnen Fahrzeugtypen, EURO-Klassen, Wochentagen, Uhrzeiten, Sonderregelungen und Ausnahmen sind verfügbar unter **www.green-zones.eu/de/umweltzonen** oder **www.Green-Zones-App.eu**.

Telefon: Deutschland–Schweiz 0041. Schweiz–Deutschland 0049, dann jeweils die Durchwahl ohne die erste Null der Ortsnetzkennzahl.

Unfallnotruf: Polizei: 117, Unfallrettung: 144, Mobil: 112. Pannenhilfe: 140 (TCS) , Mobil 03 18 50 53 11. Auf den Autobahnen befindet sich alle 1,6 km ein Notruftelefon. Auf den Pass-Straßen gibt es auf abgelegenen Strecken ACS- und TCS-Notruftelefone.

Devisen: Für die Ein- und Ausfuhr von Landes- und Fremdwährung aller Art bestehen keinerlei Beschränkungen.

Camping: Von den ca. 500 gut organisierten Campingplätzen in der Schweiz sind ca. 90 auch im Winter geöffnet. Bei diesen Campingplätzen gelten meistens im Winter die Hochsaison-Preise und im Sommer die Nebensaison-Preise. Das Abstellen von Caravans oder Mocas außerhalb von Campingplätzen ist kantonal unterschiedlich erlaubt, geduldet oder verboten. Mit Einwilligung des Grundstückbesitzers ist freies Campen erlaubt. Es ist ratsam, sich vorher bei der Polizei oder Gemeinde zu informieren. Auf fast allen Campingplätzen wird eine ortsgebundene Kurtaxe erhoben. In verschiedenen Regionen muss eine zusätzliche Staats- bzw. Kantonaltaxe bezahlt werden.
Einige Plätze erheben bei der Reservierung eine Bearbeitungsgebühr, die bei eventueller Stornierung weder angerechnet noch rückvergütet wird. Deshalb die Reservierungsbedingungen beachten.
Das Stromnetz ist generell auf eine Spannung von 220 Volt Wechselstrom (50 Hz) ausgelegt. Schukostecker passen normalerweise nicht. Es empfiehlt sich deshalb, einen Adapter mitzunehmen.

Wassersport: Grenzdokumente für Boote sind bei einem Aufenthalt bis zu einem Monat nicht erforderlich.

Allgemeine Informationen:
D-60070 **Frankfurt/Main,** Schweiz Tourismus
Postfach 16 07 54
Tel. 00800/100 200 29 (gebührenfrei), Fax 00800/100 200 31
www.myswitzerland.com, info@myswitzerland.com

Ebenfalls Auskunftsstelle für das Fürstentum Liechtenstein.

Vertretung der Bundesrepublik Deutschland:
CH-3006 **Bern,** Deutsche Botschaft
Willadingweg 83
CH-3000 **Bern 15,** Post: Postfach 250
Tel. 0041 31/359 41 11, Fax 0041 31/359 44 44
www.bern.diplo.de, info@bern.diplo.de

Campingplätze:

Gebühren-Angaben in Landeswährung, sofern nicht anders angegeben.

Währungseinheit:	1 Schweizer Franken (CHF) = 100 Rappen
Devisenkurs:	1 CHF = ca. 0.95 Euro
	1 Euro = ca. 1.05 CHF (Stand: Okt. 2022)

Bei Gebühren-Angaben mit der Vorjahreszahl muss eventuell mit einer Anhebung der Gebühren für das laufende Jahr gerechnet werden. Außerdem können sich die angegebenen Öffnungszeiten verändert haben und es ist möglich, dass angegebene Ermäßigungen nicht mehr gewährt werden.

Vor der Weiterfahrt:
Geschirr spülen und verstauen.

FRANKREICH
DEUTSCHLAND
ÖSTERREICH
ITALIEN
VADUZ
LIECHTEN-
STEIN
BERN
Mulhouse
Belfort
Vesoul
Besançon
Pontalier
Champagnole
Basel
Bad Säckingen
Schaffhausen
2500
Überlingen
Konstanz
Friedrichs-
hafen
Kempten
Oberstdorf
Lindau
Bregenz
Bludenz
Bodensee
Rhein
Doubs
Porrentruy
5005
5010
5001
Delemont
5018
Liestal
1100
Olten
Aarau
1730
Baden
1806
Dietikon
Lenz-
burg
Zürich
Zollikon
Dübendorf
Bülach
2000
Kloten
Winterthur
Frauenfeld
2547
Kreuz-
lingen
2570
Arbon
2690
St. Gallen
Gossau
Herisau
2760
Appenzell
2765
2700
Stäfa
Rapperswil
Adliswil
Zofingen
Solothurn
4100
St. Urban
Grenchen
St. Imier
La Chaux-
de-Fonds
Le Locle
Biel
4000
5230
Neuchâtel
5450
5250
5300
5400
Lac de Neuchâtel
5500
5580
5700
Murten
6568
Yverdon-
les-Bains
6598
Payerne
Romainmôtier
5600
6360
Fribourg
Köniz
4200
Burgdorf
4300
4280
3207
Wiggen
Cham
Zug
Emmen
3190
Luzern
3100
Kriens
Schwyz
3112
Vierwald-
stätter See
Altdorf
Sarnen
3310
3330
Steffis-
burg
Thun
Brienz
Brünig
Glarus
2840
2850
Bad Ragaz
2960
2940
8040
8060
Chur
8065
8122
Ilanz
Breil
Disentis
Susten
Interlaken
Grindlwald
Furka
Andermatt
St. Gotthard
Grimsel
7299
Prilly
6340
Bulle
Jaun
Reidenbach
4840
Frutigen
Mürren
Kandersteg
Gstaad
6670
6450
Lausanne
Lac Léman
Montreux
6023
Nyon
6695
Thonon-
les-Bains
Meyrin
Geneve
Lancy
Anner-
masse
Annecy
Chamonix-M.-B.
Monthey
7035
6150
Pillon
7135
Sierre
7170
Sion
7080
Rhône
Martigny
Orsieres
Ferret
Les Hauderes
7725
7245
7750
7712
Saas Fee
Zermatt
Fiesch
Nufenen
Brig
Simplon
Domodóssola
9250
Locarno
9170
9140
Lago Maggiore
Verbania
Lugano
Varese
Como
Lecco
Lago di Como
Bellinzona
8900
Biasca
Olivone
San Bernardino
8095
Mesocco
Splügen
8088
8070
Arosa
8350
Davos
Flüela
Filisur
Albula
8337
Julier
8473
Maloja
St. Moritz
Bernina
La Rosa
Sóglio
Zernez
Ofenpass
8500
Schuls
8430
8400

4716 Welschenrohr, Region Basel ST-CH 1100

»STELLPLATZ WELSCHENROHR« 1.1. bis 31.12.
0041 77 4349737
anderhalden.f@hotmail.com

➔ Straße Nr. 30, Eschert-Balsthal, im Ortszentrum von Welschenrohr in dei Fabrikstraße einbiegen. ✉ Fabrikstraße 125 (GPS: 47°16'50"N / 7°31'28" E).

200 m 300 m 500 m

Stellplatz auf einem Privatgelände im Ortszentrum. Stellflächen auf Schotter, bis 10 m Länge. 2 Touristenplätze.

5330 Bad Zurzach, Region Aargau ST-CH 1730

»STELLPLATZ THERMALBAD BAD ZURACH« 1.1. bis 31.12.
0041 56 2652828 340 m
info@thermalbad.ch, www.thermalbad.ch

➔ Straße Nr. 7 Koblenz-Glattfelden, in Bad Zurach Richtung Zentrum der Ausschilderung zum Thermalbad folgen. ✉ Dr. Martin Erb-Straße 11 (GPS: 47°35'16"N / 8°17'24" E).
Verenamünster, Schloss Zurzach mit Park.

50 m 500 m

Stellplatz auf einem gemischten Parkplatz beim Thermalbad. Ausgewiesene Stellflächen auf Asphalt, bis 8 m Länge. Kostenlos für Gäste, Anmeldung an der Rezeption des Thermalbades. Ortszentrum 400 m entfernt. 3 Touristenplätze.

5244 Birrhard, Region Aargau ST-CH 1806

»VIERBRUNNENHOF« 1.1. bis 31.12.
004156 5346538
hu.pa@bluewin.ch

➔ A 3 Basel-Zürich, Abf. (53) Birrfeld, weiter Richtung Reuss. ✉ Vierbrunnenstr. 3 (GPS: 47°26'34"N / 8°15'6" E).

400 m 1 km

Stellplatz auf einem stillgelegtem Bauernhof. Stellfläche auf Wiese, Schotter und Pflaster. 5 Touristenplätze.

8479 Altikon, Region Zürich ST-CH 2000

»STELLPLATZ HUBMANNFARM« 1.1. bis 31.12.
0041 52 3361856 393 m
hubmannfarm@bluewin.ch, www.holidayfarm.ch

Abfahrt

➔ A 1 Zürich–St. Gallen, Abf. (72) Oberwinterthur, über Sulz und Rickenbach nach Altikon. Dort im Zentrum auf die Thurtalstrasse abbiegen und gleich wieder links in die Feldistrasse. ✉ Feldistrasse 18 (GPS: 47°34'24"N / 8°47'3" E).

200 m

Stellplatz vor einem bewirtschafteten Bauernhof. Stellflächen auf Asphalt, bis 8 m Länge. Aufenthalt bis 48 Std. möglich. Einkaufsmöglichkeit im Hofladen. Ortszentrum 300 m entfernt. 3 Touristenplätze.

8212 Neuhausen, Ostschweiz ST-CH 2500

»PARKPLATZ P4 AM RHEINFALL« Ostern bis 31.10.
0041 52 6326330
info@rheinfall.ch, www.rheinfall.ch

➔ A 1 Winterthur - Schaffhausen, Abf. (7) Laufen-Uhwiese, der Beschilderung Rheinfall P4 folgen. ✉ Nohlstraße (GPS: 47°40'23"N / 8°36'30" E).

500 m

Stellplatz am Ortsrand nahe dem Rheinfall. Stellflächen auf Wiese, Schotter und Asphalt. Maximal 1 Nacht Aufenthalt möglich! 20 Touristenplätze.

8272 Ermatingen, Ostschweiz ST-CH 2547

»STELLPLATZ AM ZEGLIHOF« 1.1. bis 31.12.
0041 71 6642563, Mobil 0041 79 3247725 400 m
Fax 0041 71 6642563, **info@zelglihof.com, www.zelglihof.com**

➔ Straße Nr. 13 Kreuzlingen-Stein am Rhein, in Ermatingen links in die Klinglerstraße abbiegen, dann zweite Straße rechts zum Zelglihof. ✉ Zelglihof 1 (GPS: 47°39'44"N / 9°5'25" E).
Schloss Wolfsberg, Villa Lilienberg, Rellingsches Schlösschen.

1 km

Stellplatz bei einem Bauern- und Ferienhof mit Blick über dene Untersee. Stellflächen auf Wiese, bis 8 m Länge. Ort 1 km entfernt. 10 Touristenplätze.

9320 Arbon, Ostschweiz ST-CH 2570

»RESTAURANT BÜHLHOF« 1.1. bis 31.12.
0041 71 4461088 402 m
info@bühlhof.ch, www.bühlhof.ch

Abfahrt

➔ A 1.1 Mörschwill-Arbon, Abf. (1) Arbon-West, Richtung Arbon, dritte Straße rechts in die Bühlhofstraße einbiegen (vor dem Kreisverkehr am Ortseingang), der Gasthof liegt auf der linken Seite. ✉ Bühlhof 1 (GPS: 47°31'2"N / 9°24'34" E).
Historische Altstadt, Bohlenständerhaus, Schloss Arbon.

700 m 1 km

Stellplatz bei einem Gasthof. Stellflächen auf Asphalt. Einkehr obligatorisch. Stadtzentrum 1 km entfernt. 4 Touristenplätze.

9001 Sankt Gallen, Ostschweiz ST-CH 2690

»STELLPLATZ SPORTANLAGEN« 1.1. bis 31.12.
004171 2246000
info@stadt.sg.ch, http://www.stadt.sg.ch

➔ A 1 Winterthur-St.Gallen, Abf. (83) St. Gallen-Neudorf, der Beschilderung folgen. ✉ Grütlistraße/Paul-Grüninger-Stadion (GPS: 47°26'0"N / 9°24'16" E).

300 m 500 m

Stellplatz an den Sportanlagen. Stellfläche auf Schotter. 2 Touristenplätze.

8638 Goldingen, Ostschweiz ST-CH 2700

»STELLPLATZ ATZMÄNNIG« 1.1. bis 31.12.
0041 55 2846434, Fax 0041 55 2846435 705 m
info@atzmaennig.ch, www.atzmaennig.ch

➔ A 53 Reichenburg-Bubikon, Abf. (12) Rapperswil, auf die Str. 15 Richtung Rüti-Fischentahl-Winterthur. In Wald rechts Richtung Goldingen abbiegen, dort Richtung Atzmännig. ✉ Atzmännigstraße (GPS: 47°17'6"N / 8°59'44" E).
Sommerrodelbahn, Seilpark.

100 m

Stellplatz auf einem großen öffentlichen Parkplatz bei einem Campingplatz. Stellflächen auf Asphalt. Ort 6 km entfernt. 10 Touristenplätze.

9050 Appenzell - Kau, Ostschweiz ST-CH 2760

»STELLPLATZ BEIM CAMPING EISCHEN« 1.1. bis 31.12.
0041 717875030
info@eischen.ch

➔ Von St. Gallen in Südöstlicher Richtung nach Appenzell. ✉ Kaustr. 124 (GPS: 47°19'23"N / 9°23'14" E).

Stellplatz beim Landgasthof Eischen Kau. Stellflächen auf Wiese und Schotter. 15 Touristenplätze.

9050 Appenzell, Ostschweiz ST-CH 2765/1

»RESTAURANT EGGLI« Mai bis Mrz.
0041 717871610
restaurant@eggli-appenzell.ch, www.eggli-appenzell.ch

➔ Straße Nr. 8, Herisau-Lichtensteig, südlich von Herisau Richtung Hundwill und Appenzell abbiegen, dort im Ortsteil Rüte in die Egglistraße einbiegen. ✉ Egglistrasse 36 (GPS: 47°19'15"N / 9°27'56" E).

Stellplatz bei einem Restaurant in ruhiger Lage. Stellflächen auf Asphalt. Steiler Anfahrtsweg. Einkehr obligatorisch. Stadtzentrum 5 km entfernt. 5 Touristenplätze.

9657 Unterwasser, Ostschweiz ST-CH 2840

»RESTAURANT POST« 1.1. bis 31.12.
0041 71 9992155
info@hotel-post-unterwasser.ch, www.hotel-post-unterwasser.ch

➔ B 16 Vaduz-Wattwil, bei Unterwasser abfahren. ✉ Postplatz (GPS: 47°11'47"N / 9°18'34" E).

Stellplatz vor dem Gasthof Post. Stellfläche auf Asphalt. Barzahlang in SFR oder ERO. Ortszentrum 100 m entfernt. 4 Touristenplätze.

9656 Alt St. Johann, Ostschweiz ST-CH 2850/1

»THUR CAMPING« 1.1. bis 31.12.

thurcamping@bluewin.ch, www.sellamatt.ch

➔ B 13 Vaduz - Wattwil, nach Wildhaus abbiegen, nahe beim Skigebiet. ✉ Dorf/Ochsenwies (GPS: 47°11'37"N / 9°17'15" E).

Stellplatz am Ortsrand an der Talstation Sellamattbahn. Ebene Stellflächen auf Schotter und Wiese. Ortszentrum 100 m entfernt. 30 Touristenplätze.

8767 Elm, Ostschweiz ST-CH 2940

»TALSTATION SPORTBAHNEN ELM« 1.3 bis 1.11.
0041 55 6426161
info@sportbahnenelm.ch l, http://www.sportbahnenelm.ch

➔ A 3 Zürich-Mels, Abf. (44) Niederbrunnen, Richtung Oberurnen auf die Straße Nr. 17, Richtung Netstal, Glarus und Glarus Süd, dort Richtung Elm abbiegen. ✉ Obermoos (GPS: 46°54'48"N / 9°9'44" E).

1 km

Stellplatz auf dem Parkplatz an einer Talstation. Beleuchtete Stellflächen auf Schotter. Ort 1 km entfernt. 50 Touristenplätze.

8783 Linthal, Ostschweiz ST-CH 2960

»STELLPLATZ LINTHAL-BRAUNWALDBAHN« 1.1. bis 31.12.
0041 55 6535030, Fax 0041 55 6535031 662 m
info@braunwaldbahn.ch, www.braunwald.ch/de

➔ Sraße Nr. 17 Altdorf-Glarus, in Linthal der Ausschilderung zur Linthal-Braunwaldbahn folgen. ✉ Strachelbergerstraße (GPS: 46°55'40"N /

9°0'1" E).
∴ Ausgangspunkt für Wanderungen im Gebiet der Glarner Alpen.

100 m 800 m

Stellplatz auf dem Parkplatz der Braunwald-Standseilbahn. Stellflächen auf Schotter. Zufahrt durch Schranke (keine Höhenbeschränkung), Bezahlung am Kassenautomaten. Ortszentrum 800 m entfernt. 10 Touristenplätze.

6353 Weggis-Gerbeweid, Luz./Vier. ST-CH 3100

»HOF GERBEWEID« 1.4. bis 15.10.
☏ 004141 3901574
felberweggis@gmx.ch

➔ B 2 Luzern-Küssnacht, weiter auf der B 2b nach Weggis. ✉ Eichistraße (GPS: 47°2'20"N / 8°24'51" E).

W Ch 1 km

Stellplatz beim Bauernhof Gerbeweid nahe des Vierwaldstättersee. Stellfläche auf Wiese. 12 Touristenplätze.

6443 Morschach, Luzern/Vierwald. ST-CH 3112

30 **»FERIENHOF RÜTI«** 28.4. bis 1.10.
☏ 004141 8205309
info@ferienhof-rueti.ch, www.ferienhof-rueti.ch

➔ A 4 Cham - Ingenbohl, Abf. (41) Brunnen, weiter über Morschach nach Nordosten. Vorsicht bei Anreise via Schwyz - Ibach - Oberschönenbuch, dies ist eine schmale Bergstrasse mit Gegenverkehr. ✉ Rüti 4 (GPS: 46°59'25"N / 8°38'2" E).

WC W W Ch

Stellplatz auf dem Bauernhof Rüti. Stellfläche auf Schotter und Wiese. Max. Länge der Wohnmobile / Caravans 8 m, Höhe 3,20 m, Gewicht 4,5 t. .Anreise von 13.30 bis 19 Uhr / Abreise bis 11:30 Uhr. Keine Parkmöglichkeiten vor der Schranke. Bezahlung in Franken, Euro oder mit EC-Karten möglich. Maximale Aufenthaltsdauer 2 Nächte! 20 Touristenplätze.
2023: P/N 7.–, K/N 4 bis 16 J. 3.50, A/N 2.–, C/N 15.–, MC/N 15.–, M/N 2.–, B/N 2.–, KT P/N ab 17 J. 1.50, KT K/N 7 bis 16 J. –.75, Waschmaschine 6.–, Strom/N 3.– (6 A). WD, Entsorgung, Müll, Wasser und Sanitärbenutzung inklusive.

6130 Willisau, Luzern/Vierwaldst. ST-CH 3207

»FEUERWEHRMAGAZIN« 1.1. bis 31.12.
☏ 0041 41 9702666
info@willisau-tourismus.ch, www.willisau-tourismus.ch

➔ A 2 Basel-Luzern, Abf. (19) Dagmersellen, weiter auf B 2a nach Willisau. ✉ Bisangmatt 2 (GPS: 47°7'9"N / 7°59'53" E).

500 m

Stellplatz neben dem Feuerwehrmagazin. Stellflächen auf Schotter. Maximal 3 Nächte (72 Std.) Aufenthalt möglich! 4 Touristenplätze.

6060 Sarnen, Luzern/Vierwaldstätt. ST-CH 3310

Abfahrt

»QUICK-STOP SEEFELD PARK SARNEN« 1.1. bis 31.12.
☏ 0041 41 6665788 471 m
welcome@seefeldpark.ch, www.seefeldpark.ch

➔ A 8 Luzern–Interlaken, Abf. (35) Sarnen-Süd, der Ausschilderung zum Camping Seefeld Park folgen. ✉ Seestrasse 20 (GPS: 46°53'2"N / 8°14'39" E).
∴ Landenberg, Dorfplatz, Grundacherhaus, historisches Museum Obwalden, Hexenturm.

HS RES WC W W W Ch W W HS HS HS 100 m

Quick-Stop beim Campingplatz Seefeld Park Nordufer des Sarnersees. Parzellierte Stellflächen auf Asphalt, bis 10 m Länge. Quick-Stop über Nacht von 18:30 bis 09:00 Uhr. In der Hauptsaison sind keine Hunde erlaubt. Ortszentrum 1 km entfernt. 8 Touristenplätze.

6074 Giswil, Luzern/Vierwaldstätt. ST-CH 3330

»STELLPLATZ GISWIL« 1.1. bis 31.12.
☏ 004141 6751760
info@giswil-tourismus.ch, www.giswil-tourismus.ch

➔ A 8 Luzern-Interlaken, Abf. (33) Giswil, weiter Richtung Giswil zur Kirche. ✉ Panoramastraße 32 (GPS: 46°49'57"N / 8°10'44" E).

100 m

Stellplatz im Ortszentrum bei der Kirche. Stellfläche auf Asphalt. 3 Touristenplätze.

2520 La Neuveville, Region Bern ST-CH 4000

Abfahrt

»STELLPLATZ LA PLAGE« April bis Okt.
☏ 0041 32 7516762 434 m
laplage@net2000.ch, www.restaurant-laplage.ch/

➔ A 5 Neuchâtel–Biel, Abf. (20) La Neuveville, Richtung La Neuveville-Zentrum. Vor dem Zentrum rechts zum Camping La Plage abbiegen. ✉ Chemin de la Plage 10 (GPS: 47°3'39"N / 7°5'18" E).
∴ Historische Stadtanlage, Historisches Museum.

WC W W Ch 300 m

Stellplatz bei einem Campingplatz. Stellflächen auf Asphalt, zwischen der Autobahn und dem Nordufer des Bieler Sees. Ortszentrum 1 km entfernt. 4 Touristenplätze.

4900 Langenthal, Region Bern ST-CH 4100

»LEXA WOHNMOBILE« 1.1. bis 31.12.
☏ 004162 9234664
info@lexa.ch, www.lexa.ch

➔ B 1 Bern-Oftringen, bei Langenthal abfahren, direkt an der Hauptstraße. ✉ Bern-Zürichstraße 49B (GPS: 47°13'29"N / 7°46'49" E).

200 m 1 km

Stellplatz am Ortsrand neben einer Hauptstraße. Stellfläche auf Asphalt. 5 Touristenplätze.

3472 Wynigen, Region Bern ST-CH 4200

»STELLPLATZ PFERDEHOF LEIMERN« Mai bis Sept.
☏ 0041 786669090 530 m
andalusier.pferde@gmail.com, www.andalusierpferde.ch

➔ A 1 Bern - Aarau, Abf. (39) Kirchberg, auf die Straße Nr. 1 Richtung Herzogenbuchsee. Nach ca. 7 km rechts Richtung Wynigen abbiegen, dort im Ortszentrum rechts abbiegen und nach ca. 1.5 km wieder rechts und nach ca. 350 m links auf die Hintere Breitsloon abbiegen und der Ausschilderung folgen. ✉ Leimern 160 (GPS: 47°5'51"N / 7°42'19" E).

RES Ch

Stellplatz auf einem kleinen Bauernhof mit Pferdezucht in Einzellage. Stellflächen auf Kies, bis 8 m Länge. Ort 2.5 km entfernt. 6 Touristenplätze.

3465 Dürrenroth, Region Bern ST-CH 4280

»STELLPLATZ BLUEBERRY HILL« 1.1. bis 31.12.
☏ 0041 62 9641176
info@bracher-spezialitaeten.ch, www.bracher-spezialitaeten.ch

➔ B 23 Kirchberg-Sursee, bei Dürrenroth Richtung Süden fahren. ✉ Brunnen 54 (GPS: 47°3'56"N / 7°45'58" E).
∴ Emmentaler Schaukäserei (3 km).

Ch

Stellplatz beim Hof Bluberry Hill mit einer Heidelbeerplantage. Von Wiesen und Feldern umgeben. Stellfläche auf Schotter. Schöner Blick auf die Berge. Hofladen. 5 Touristenplätze.

CH

3414 Oberburg, Region Bern ST-CH 4300

»KÜRBISHOF OPPLINGER« 1.1. bis 31.12.
☏ 0041 794344364
oppliger.tipi@bluewin.ch, www.kürbishof-oppliger.ch

➔ B 23 Kirchberg-Sursee, in Oberburg auf Zielstraße abbiegen. ✉ Krauchthalstr. 40 (GPS: 47°2'17"N / 7°37'14" E).

WC W WC Ch

500 m 1 km

Stellplatz beim Kürbishof. Stellfläche auf Schotter und Asphalt. 5 Touristenplätze.

3770 Zweisimmen, Berner Oberland ST-CH 4840

35 **»STELLPLATZ BEIM CAMPING VERMEILLE«** 1.1. bis 31.12.
☏ 0041 33 7221930
info@camping-vermeille.ch, www.camping-vermeille.ch

➔ A 6 Bern–Spiez Abf. (2) Wimmis und weiter auf der Str. 11 bis kurz vor Zweisimmen. Hier bei der Tankstelle links abbiegen. 2. Platz hinter dem Bahnübergang. ✉ Eygässli 2 (GPS: 46°33'45"N / 7°22'41" E).

WC W W Ch 300 m

Stellplatz beim Camping Vermeille. Stellfläche auf Wiese und Schotter. Maximal 1 Nacht Aufenthalt möglich! Der Quickstopp-Platztarif ist nur bei einer Ankunft nach 18 Uhr bis 9 Uhr gültig. 5 Touristenplätze.
2022: C-St/N 14.50 bis 15.50, MC-St/N 15.– bis 19.–, P/N 7.90, K/N 6 bis 15 J. 4.–, J/N 1 bis 5 J. 3.–, H/N 3.–, KT P/N ab 16 J. 2.20, KT K/N 12 bis 15 J. 1.10, Müllgeb./Sack 1.–, Waschmaschine 5.–, Trockner 4.–, Strom/N 3.50. WD, Entsorgung, Wasser und Sanitärbenutzung inklusive.

2882 Saint-Ursanne-Tariche, J./Drei-S. ST-CH 5001

»RESTAURANT DE TARICHE« 1.1. bis 31.12.
☏ 004132 4334619
info@tariche.ch, www.tariche.ch

➔ B 18 Bassecourt-La Chaux-de-Fonds, bei Glovelier weiter Richtung Saint-Ursanne ins Naturschutzgebiet. ✉ Tariche (GPS: 47°20'2"N / 7°8'25" E).

WC W Ch

Stellplatz beim Restaurant im Naturschutzgebiet. Stellfläche auf Rasengitter. 6 Touristenplätze.

2900 Pruntrut, Jura/Drei-Seen-L. ST-CH 5005/2

Abfahrt

»STELLPLATZ PORRENTRUY« 1.1. bis 31.12.
☏ 0041 32 4324180, Fax 0041 32 4324181 423 m
info@juratourisme.ch, www.porrentruy.ch

➔ A 16 Boncourt-Courgenay, Abf. (4) Porrentruy-Quest, Richtung Zentrum. Stellplatz liegt gleich neben der Abfahrt. ✉ Chemin de l'Oiselier (GPS: 47°24'17"N / 7°3'42" E).
∴ Altstadt, Pfarrkirche Saint-Pierre und Château de Porrentruy.

RES WC WC Ch

Stellplatz auf einem öffentlichen Parkplatz. Stellflächen auf Asphalt, beleuchtet und extra ausgewiesen. Ortszentrum 2 km entfernt. 10 Touristenplätze.

2912 Réclère, Jura/Drei-Seen-Ld. ST-CH 5010

»STELLPLATZ PRÉHISTO-PARK« April bis Okt.
☎ 0041 32 4766155 590 m
info@prehisto.ch, www.prehisto.ch

➔ A 16 Boncourt-Porrentruy, Abf. (4) Porrentruy-Quest, Richtung Porrentruy/Puntrut. Nach ca. 1 km links Richtung Chevenez-Réclère-Besançon abbiegen. Der Ausschilderung "Grottes de Réclère/Préhisto-Parc" folgen. ✉ Route des Grottes 78C (GPS: 47°21'31"N / 6°54'55" E).
Dinosaurierwald, Grotte, Reiterhof.

W W WC Ch W

Stellplatz auf dem Campinggelände eines Freizeitparks. Stellflächen auf Wiese, bis 10 m Länge. Ort 2.5 km entfernt. 30 Touristenplätze.

2350 Saignelégier, Jura/Drei-Seen. ST-CH 5018

»PARKING VIS-A-VIS DU MANEGE« 1.1. bis 31.12.
☎ 0041 32 4204770
info@juratourisme.ch, www.juratourisme.ch

➔ B 18 Bassecourt-La Chaux-de-Fonds, im Ort im Kreisverkehr Richtung Tramelan fahren. ✉ Angle rue de la Gruère (GPS: 47°15'9"N / 7°0'13" E).

Stellplatz am Ortsrand auf einem Parkplatz. Stellfläche auf Asphalt. 10 Touristenplätze.

2316 Les Ponts-de-Martel, J./Drei-S. ST-CH 5230

»SALLE POLYVALENTE DU BUGNON« Frühling bis Herbst
☎ 004132 9371524
commune.ponts-martel@ne.ch, http://www.lesponts-de-martel.ch/

➔ K 10 französische Grenze-Neuchatel, bei Rochefort nach Norden abzweigen. ✉ Rue de la Prairie (GPS: 46°59'45"N / 6°43'48" E).

300 m

Stellplatz am Ortsrand auf einem Parkplatz. Stellfläche auf Asphalt. 6 Touristenplätze.

2406 La Brévine, Jura/Drei-Seen. ST-CH 5250

»PARKPLATZ AM LAC DE TAILLÈRES« 1.1. bis 31.12.
☎ 0041 32 9351115 1043 m
commune.brevine@ne.ch, www.labrevine.ch

➔ Straße Nr. 10 Neuenburg-Les Verrières, in Boveresse Richtung La Brévine abbiegen, dort Richtung Taillères in die Straße Le Bout-du-Lac abbiegen. ✉ Le Bout-du-Lac (GPS: 46°58'19"N / 6°35'16" E).
Wanderungen zu den Jurahöhen.

WC W Ch 200 m HS1 km

Stellplatz auf einem gemischten Parkplatz im Grünen in der Nähe des Lac de Taillères. Stellflächen auf Schotter, ohne Längenbeschränkung. Ort 1.5 km entfernt. 5 Touristenplätze.

2108 Couvet NE, Jura/Drei-Seen. ST-CH 5300

»CENTRE SPORTIF DU VAL-DE-TRAVERS« 1.1. bis 31.12.
☎ 0041 32 8896919
centresportif.vdt@ne.ch, www.centresportif-vdt.ch

➔ K 10 Paseux-französische Grenze, im Ort der Beschilderung folgen. ✉ Clos-Pury 15 (GPS: 46°55'40"N / 6°38'24" E).

800 m

Stellplatz am Sportgelände des Ortes. Stellfläche am Fluss Areuse. Jetons für Strom im Hallenbad oder im Tourismusbüro. 3 Touristenplätze.

2024 Saint-Aubin-Sauges, J./Drei-S. ST-CH 5400

Abfahrt

»PORT DU SAINT AUBIN SAUGES« 1.1. bis 31.12.
☎ 0041 32 8864660
commune.saint-aubin-sauges@ne.ch, www.saint-aubin-sauges.ne.ch

➔ A 5, Neuenburg-Yverdon–Les-Bains, Abf. (5) Saint-Aubin, im Ort am westlichen Ortsausgang, Hinweis mit dem Euro-Relais-Symbol beachten und zum Hafen abbiegen. ✉ Rue du Débarcadère (GPS: 46°53'31"N / 6°46'26" E).
Dorfkirche Saint-Aubin.

WC W W Ch

50 m 400 m

Stellplatz auf einem gemischten Parkplatz direkt am See. Beleuchtete Stellflächen auf Asphalt. Aufenthalt max. 24 Stunden. Ortszentrum 400 m entfernt. 5 Touristenplätze.

2000 Neuchâtel, Jura/Drei-Seen-L. ST-CH 5450

»STELLPLATZ NEUCHATEL« 1.1. bis 31.12.

info@ne.ch, www.neuchateltourisme.ch

➔ A 5 Yverdon-les-Bains-La Neuveville, Abf. (13) Neuchâtel-Nord. ✉ Route des Falaises (GPS: 47°0'5"N / 6°57'25" E).

Stellplatz an der Autobahnausfahrt beim Lac de Neuchâtel. Stellfläche auf Rasengitter. Maximal 2 Nächte Aufenthalt möglich! 4 Touristenplätze.

1470 Estavayer-le-Lac, Reg. Freib. ST-CH 5500

Abfahrt

»FERME DE LA CORBIÈRE« April bis Okt.
☎ 0041 26 6633619, Mobil 0041 795075420, Fax 0041 26 6631638
info@corbiere.ch, www.corbiere.ch

➔ A 1 Bern-Yverdon-les-Bains, Abf. (20) Estavayer-le-Lac, Richtung Zentrum Estavayer-le-Lac, vor dem Zentrum rechts abbiegen Richtung Montbrelloz/Rueyres und dann den Hinweisen zur Ferme folgen. ✉ Chemin de la Corbiere 2 (GPS: 46°51'35"N / 6°51'47" E).

WC W W Ch W

Stellplatz an einer Ferienanlage ausserhalb des Ortes. Stellflächen auf Wiese, ohne Längenbeschränkung. Ort 2 km entfernt. 50 Touristenplätze.

1568 Delley-Portalban, Reg. Freib. ST-CH 5580

Abfahrt

»STELLPLATZ DELLEY-PORTALBAN« 1.1. bis 31.12.
☎ 0041 26 6771831, Mobil 0041 79 6537763 497 m
camping@delley-portalban.ch, www.delley-portalban.ch

➔ A 1 Lausanne-Bern, Abf. (28) Avenches, Richtung Chabrey, dort am Ortseingang links Richtung Delley-Portalban. Im Ort Richtung Campingplatz und Yachtahfen, ausgeschildert. Der Stellplatz liegt gegenüber vom Campingplatz. ✉ Route du Port (GPS: 46°55'20"N / 6°57'18" E).
Pfarrkirche, Schloss Delley.

RES Ch 200 m 300 m

350 m 500 m

Steplatz gegenüber von einem Campingplatz auf. Extra ausgewiesener Bereich für Reisemobile. Stellflächen auf Schotter und Wiese, für Längen bis 10 m. Anmeldung und Bezahlung am Campingplatz, die Serviceeinrichtungen sind gegen Gebühr möglich. Ortszentrum 500 m entfernt. 25 Touristenplätze.

1680 Romont, Region Freiburg ST-CH 5600

»PARKING SALLE DE GYMNASTIQUE« 1.1. bis 31.12.
☎ 004126 6519055
info@romontregion.ch, www.romontregion.ch

➔ B 1 Lousanne-Bern, bei Lucens nach Romont abfahren. ✉ Promenade des Avoines (GPS: 46°41'51"N / 6°55'5" E).

500 m

Stellplatz im Stadtzentrum nahe der Stadtmauer. Stellfläche auf Schotter. 2 Touristenplätze.

3280 Murten, Region Freiburg ST-CH 5700

Abfahrt

»STELLPLATZ AM LAC DE MORAT« 1.1. bis 31.12.
☎ 0041 26 6705112 453 m
www.murtentourismus.ch

➔ A 1 Bern-Lausanne, Abf. (29) Murten, Richtung Zentrum. Dort Richtung Yachthafen, der Stellplatz liegt gleich nördlich davon. ✉ Ryf (GPS: 46°55'58"N / 7°7'13" E).
Altstadt, historisches Museum.

RES 300 m

Stellplatz auf einem großen öffentlichen Parkplatz am See. Stellflächen auf Asphalt. Ortszentrum 500 m entfernt. 30 Touristenplätze.

1815 Montreux-Clarens, Genfer. ST-CH 6023

»AIRE MUNICIPALE« 1.1. bis 31.12.
☎ 004121 9898720
info@mvtourism.ch, www.montreuxriviera.com

➔ A 9 Lausanne-Marigny, Abf. (15) Montreux, weiter zum Seeufer bei Clarens. ✉ Chemin du Pierrier (GPS: 46°26'31"N / 6°53'23" E).

WC 200 m 1 km

Stellplatz am Seeufer des Genfer Sees. Stellfläche auf Asphalt neben der Mehrzweckhalle. Nur als Tagesparkplatz gedacht. 6 Touristenplätze.

1882 Gryon, Genferseengebiet ST-CH 6150

»STELLPLATZ GRYON« 1.1. bis 31.12.
☎ 0041 24 4980000 1114 m
information@gryon.ch, www.villarsgryon.ch

➔ A 9 Montreux-Martigny, Abf. (18) St-Triphon, via Ollon und Villars-sur-Ollon nach Gryon. ✉ Place de Barboleuse (GPS: 46°16'59"N / 7°4'15" E).
Alter Ortskern, Kirche Saint-Jean.

RES Ch 100 m

Stellplatz auf einem öffentlich Parkplatz im Ortszentrum. Stellflächen auf Asphalt, auch für Längen bis 10 m. 15 Touristenplätze.

1610 Oron-la-Ville, Genferseeng. ST-CH 6340

»STELLPLATZ AN DEN SPORTANLAGEN« 1.1. bis 31.12.
☎ 0041 21 9076332 631 m
admin@oron.ch, www.region-oron.ch

➔ A 12/E 27 Bern–Vevey, Abf. (2) Châtel St. Denis, Richtung Châtel St. Denis, Palézieux und Oron-la-Ville, dort der Hauptstraße folgen, mit Euro-Relais-Schildern beschildert. ✉ Route de Lausanne (GPS: 46°34'18"N / 6°49'19" E).

Ch 300 m 800 m

Stellplatz auf einem gemischten Parkplatz an den Sportanlagen an einem Gewerbegebiet am Ortsrnad. Stellflächen auf Asphalt und Schotter, ohne Längenbeschränkung. Ortszentrum 800 m entfernt. 3 Touristenplätze.

1040 Echallens, Genferseegebiet ST-CH 6360

»PLACE DU PONT« 1.1. bis 31.12.

greffe@echallens.ch, www.echallens-tourisme.ch

➔ Str. 5 Lausanne - Yverdon-les-Bains. Im Zentrum von Echallens den Schildern zur Sportanlage folgen. ✉ Chemin des Grands Bois (GPS: 46°38'22"N / 6°38'28" E).

700 m

Stellplatz auf einem öffentlichen Parkplatz am Ortsrand. Stellflächen auf Asphalt. 5 Touristenplätze.

1007 Lausanne, Genferseegebiet ST-CH 6450

Abfahrt

»QUICK-STOP CAMPING DE VIDY« 1.1. bis 31.12.
☎ 0041 21 6225000 495 m
info@clv.ch, www.campinglausannevidy.ch

➔ A 1 Genf-Bern, Abf. (17) Ecublens, auf die E 23 Richtung Lausanne Ouchy. An der Abf. (2) St-Sulpice abfahren auf die Str. 1 Richtung Nyon bis zum Kreisel (ca. 300 m), dann in Gegenrichtung bis zur Ampel, ab dort beschildert. ✉ Chemin du Camping 3 (GPS: 46°31'3"N / 6°35'52" E).
∴ Altstadt, Kathedrale Notre-Dame.

W W W Ch W W HS HS TV HS HS 300 m 1 km

Quick-Stop am Campingplatz. Stellflächen auf Asphalt, bis 8 m Länge. Stadtzentrum 3 km entfernt. 5 Touristenplätze.

1454 L' Auberson, Genferseegeb. ST-CH 6568

»PARKPLATZ AM MUSÉE BAUD« 1.1. bis 31.12.
☎ 0041 244554141, Fax 0041 244554115
sainte-croix@adnv.ch, www.sainte-croix-les-rasses-tourisme.ch/

➔ Straße Nr. 10 Neuenburg-Les Verrières, in Fleurier Richtung L' Auberson abbiegen, dort am östlichen Ortseingang gelgen beim Museum Baud. ✉ Grand Rue (GPS: 46°49'13"N / 6°28'21" E).
∴ Kirche von Sainte-Croix, mittelalterliches Straßensystem der Schweiz mit eingetieften Radspuren, Musée Baud.

Ch 500 m

Stellplatz auf einem gemischten Parkplatz. Ausgewiesene Stellflächen auf Asphalt. Aufenthalt max. 1 Nacht. Ortszentrum 750 m entfernt. 4 Touristenplätze.

1530 Payerne, Genferseegebiet ST-CH 6598

Abfahrt

»STELLPLATZ PAYERNE« 1.1. bis 31.12.
☎ 0041 26 6626670, Fax 0041 26 6626681 456 m
tourisme@estavayer-payerne.ch, www.estavayer-payerne.ch

➔ A 1 Lausanne-Bern, Abf. (27) Payerne, Richtung Payerne-Zentrum. Dort am Kreisverkehr geradeaus auf die Rue de Guillermaux und nach ca. 300 m am nächsten Kreisverkehr links abbiegen. Nach ca. 300 m links in die Rue du Temple, danach die 2. Möglichkeit links in die Rue de la Concorde, der Parkplatz liegt am Ende der Straße. ✉ Place de la Concorde (GPS: 46°49'12"N / 6°56'16" E).
∴ Historische Altstadt und Abteikirche Notre-Dame.

RES Ch 50 m 150 m 200 m

Stellplatz auf einem öffentlichen Parkplatz im Zentrum, extra für Reisemobile ausgewiesen. Stellflächen auf Asphalt, bis max. 8 m Länge. Max. Aufenthaltsdauer 24 Stunden. 2 Touristenplätze.

1180 Rolle, Genferseegebiet ST-CH 6670

Abfahrt

»STELLPLATZ CAMPING AUX VERNES« 1.1. bis 31.12.
☎ 0041 21 8251239, Fax 0041 21 8251239
camping@rolle.ch, www.campingrolle.ch

➔ A 1 Genf-Lausanne, Abf. (13) Rolle, Richtung Zentrum/See. Im Zentrum links auf die Str. 1 Richtung Lausanne abbiegen, nach ca. 400 m rechts abbiegen, ausgeschildert. ✉ Chemin de la Plage (GPS: 46°27'42"N / 6°20'46" E).

D W Ch

Stellplatz vor dem kommunalen Campingplatz, direkt am Genfersee. Stellflächen auf Asphalt, bis 8 m Länge. Ortszentrum 800 m entfernt. 5 Touristenplätze.

1260 Nyon, Genferseegebiet ST-CH 6695

Abfahrt

»STELLPLATZ AM FREIBAD« 1.1. bis 31.12.
☎ 0041 22 3656600, Fax 0041 22 3656606 403 m
info@nrt.ch, www.nyon-tourisme.ch

➔ A 1 Genf-Lausanne, Abf. (11) Nyon, Richtung Zentrum. Gleich nach Unterquerung der Eisenbahn rechts abbiegen und nach ca. 350 m links Richtung See abbiegen. Am Kreisverkehr am See rechts auf die B 1 abbiegen und dieser folgen, bis am Ortsausgang Richtung Genf rechts das Centre Sportif Colovray zu sehen ist. Hier links Richtung Schwimmbad abbiegen. ✉ Chemin de la Piscine (GPS: 46°22'12"N / 6°13'42" E).
∴ Altstadt und Schloss von Nyon, Genfersee.

WC Ch HS 100 m

Stellplatz auf einem öffentlichen Parkplatz zwischen der Schnellstraße und dem Genfer See. Sehr enge Zufahrt. Stellflächen auf Asphalt, bis 10 Länge. Aufenthalt nur bis 15 Std. Stadtzentrum 2 km entfernt. 5 Touristenplätze.

1874 Champéry, Wallis ST-CH 7035

»STELLPLATZ EXHENRY ET FILS« 1.1. bis 31.12.
☎ 0041 24 4791131, Fax 0041 24 4793586 1055 m
exhenry@netplus.ch, www.exhenry.ch

➔ A 9 Monteux-Martigny, Abf. (19) Bex, auf die 21 Richtung Monthey, dort Richtung Troistorrents und Champéry abbiegen, in Champéry im Ortszentrum an der Route de la Fin gelegen. ✉ Place du Telepherique (GPS: 46°10'29"N / 6°52'12" E).

Ch 100 m 200 m

Stellplatz auf einem gemischten Parkplatz im Ortszentrum an einer Talstation. Ausgewiesene Stellflächen auf Asphalt. Anmeldung bei Exherny et Fils. 6 Touristenplätze.

1913 Saillon, Wallis ST-CH 7080

Abfahrt

»STELLPLATZ BAINS DE SAILLON« 1.1. bis 31.12.
☎ 0041 27 6021111
info@bainsdesaillon.ch, www.bainsdesaillon.ch

➔ A 9 Sitten-Martigny, Abf. (23) Saxon, dann über die Brücke fahren und an der Kreuzung rechts abbiegen, Richtung Saillon, das Thermalbad liegt am nördlichen Ortsausgang, ausgeschildert. ✉ Route du Centre Thermal (GPS: 46°10'26"N / 7°11'38" E).

HS HS

Stellplatz auf dem Parkplatz des Thermalbades. Stellflächen auf Rasengittersteinen, ohne Längenbeschränkung. Aufenthalt max. 48 Stunden. Ortszentrum 1 km entfernt. 12 Touristenplätze.

1958 Saint-Léonard, Wallis ST-CH 7135

CH

Abfahrt

»PARKPLATZ AM LAC SOUTERRAIN« 1.1. bis 31.12.
☎ 0041 27 2057600 498 m
admin.stleo@st-leonard.ch, www.st-leonard.ch

➔ A 9 Siders-Martigny, Abf. (27) Sion-est, auf die S 9 Richtung Sierre bis Saint-Léonard fahren, dort der Hauptstraße folgen bis zum ausgeschilderten Abzweig zum Lac Souterrain auf den Stellplatz neben dem Pkw-Bereich fahren. ✉ Rue du Rocailles (GPS: 46°15'20"N / 7°25'31" E).
∴ Größter unterirdischer See Europas und auf dem Crête-des-Barmes sind die ältesten Petroglyphen der Schweiz.

WC W Ch 200 m 500 m

Stellplatz auf einem Parkplatz im Ortszentrum. Schattenlose markierte Stellflächen auf Asphalt, bis 6.50 m Länge. Gebühr zahlbar im Café Domino. Picknick-Platz. Guter Ausgangspunkt für eine Höhlenbesichtigung, Wanderungen durch die Weinberge oder Radtouren. 5 Touristenplätze.

3952 Susten, Wallis ST-CH 7170

»STELLPLATZ HEXENPLATZ« 1.1. bis 31.12.

info@leuk.ch, www.leuk.ch

➔ A 9 Montreux-Milano, in Susten abfahren. ✉ Hexenplatzstraße 3 (GPS: 46°18'38"N / 7°38'3" E).

200 m 500 m

Stellplatz nahe der Hauptstraße im Ortszentrum. Stellfläche auf Asphalt. 3 Touristenplätze.

3935 Bürchen, Wallis ST-CH 7245/2

»STELLPLATZ BÜRCHEN« 1.4. bis 30.10.
☎ 0041 279 341716
fthomi@datacomm.ch

➔ A 9 Montreux-Milano, bei Visp abfahren, weiter nach Bürchen zur Kirche. ✉ Hasel (GPS: 46°16'39"N / 7°48'55" E).

Ch 100 m 200 m

Stellplatz am Ortsrand. Stellflächen auf Asphalt. Ortszentrum 200 m entfernt. 5 Touristenplätze.

3999 Grimselpass, Wallis ST-CH 7299

»HOTEL GRIMSELBLICK« 1.1. bis 31.12.
☎ 0041 27 9731177 1377 m
grimselblick@rhone.ch, www.gastrowellig.ch/

➔ Straße Nr. 6 Innertkirchen-Obergoms, direkt an der Straße Nr. 6 am Totensee gelegen. ✉ Grimselpasshohe (GPS: 46°33'42"N / 8°20'42" E).
∴ Rhonegletscher.

WC

Stellplatz an einem Berghotel am Totensee. Ausgewiesene Stellflächen auf Asphalt. 10 Touristenplätze.

3929 Täsch, Wallis ST-CH 7712

»STELLPLATZ TAXI CHRISTOPHE IN TÄSCH« 1.5. bis 1.11.
☎ 0041 27 9673535 1449 m
info@taxichristophe.ch, www.taxichristophe.ch

➔ A 9/K 9 Martigny–Brig, Abf. Visp, ins Vispertal Richtung Zermatt. Der Stellplatz liegt an der Ortsdurchfahrt von Täsch auf der linken Seite. ✉ Neue Kantonsstrasse (GPS: 46°4'8"N / 7°46'37" E).

Ch 200 m

Stellplatz bei einem Taxiunternehmen im Ortszentrum. Stellflächen auf Asphalt, beleuchtet und extra ausgewiesen. 10 Touristenplätze.

3961 Grimentz, Wallis — ST-CH 7725

»CLOS DES FRES« 1.11. bis 31.10.

grimentz@anniviers.ch, www.valdanniviers.ch

➔ Von Sierre nach Süden über Saint-Luc nach Grimentz fahren. ✉ Route de Moiry (GPS: 46°10'28"N / 7°34'22" E).

Stellplatz auf einem großen Parkplatz am Ortsrand. Stellflächen auf Schotterrasen. Von Juni bis Oktober erhalten Sie gegen Vorlage des Tickets im Tourismusbüro den "Pass Anniviers Liberté". 10 Touristenplätze.

3906 Saas Fee, Wallis — ST-CH 7750

»STELLPLATZ P4 SAAS FEE« 1.1. bis 31.12.
☎ 0041 27 9581570 1798 m
parkverwaltung@3906.ch, www.saas-fee.ch

➔ A 9/S 9 Lausanne-Visp, in Visp nach Saas-Fee abbiegen, im Ort links hinter das Parkhaus P 1 fahren. ✉ Dorfplatz (GPS: 46°6'39"N / 7°56'2" E).

WC W Ch 400 m

Stellplatz für Reisemobile neben einem Parkhaus. Ausgewiesene und beleuchtete Stellflächen auf Schotter, ohne Längenbeschränkung. Nach Bezahlung der Kurtaxe und Erhalt der Gästekarte kostet der Stellplatz 17 SFR. Ortszentrum 400 m entfernt. 12 Touristenplätze.

7203 Zizers, Graubünden — ST-CH 8040

»CARROSSERIE UND WOHNWAGEN LUETHI« 1.1. bis 31.12.
☎ 0041 81 3225115
info@caravanluethi.ch, www.caravanluethi.ch

➔ E 43 Milano-Chur, Ab. (15) Zizers, direkt an der Autobahn. ✉ Rappagugg 4 (GPS: 46°55'9"N / 9°33'44" E).

Stellplatz an der Autobahnausfahrt im Industriegebiet. Stellfläche auf Asphalt. Aufenthalt nur nach telefonischer Absprache! Ortszentrum 500 m entfernt. 6 Touristenplätze.

7000 Chur, Graubünden — ST-CH 8060

Abfahrt

»STELLPLATZ AM CAMP AU CHUR« 1.1. bis 31.12.
☎ 0041 81 2842283 593 m
info@camping-chur.ch, www.camping-chur.ch

➔ A 13/E 43 Lustenau-Lugano, Abf. (17) Chur-Süd, ausgeschildert. ✉ Felsenaustrasse 61 (GPS: 46°51'42"N / 9°30'27" E).
Altstadt, das Bischöfliche Schloss, diverse Kirchen.

D WC W W Ch W 50 m HS HS 250 m 252 m 1 km

Stellplatz vor dem Campingplatz unmittelbar am Alpenrhein. Stellflächen parzelliert und asphaltiert auf Parkstreifen, bis 8 m Länge. Aufenthalt max. 1 Nacht. Stadtzentrum 2.5 km entfernt. 5 Touristenplätze.

7402 Bonaduz, Graubünden — ST-CH 8065

»STELLPLATZ BONADUZ« 1.1. bis 31.12.

info@bonaduz.ch, www.bonaduz.ch

➔ A 13 Milano-Chur, Abf. (18) Reichenau, weiter Richtung Bonaduz/Versam. ✉ Versamerstraße (GPS: 46°48'46"N / 9°22'45" E).

Stellplatz außerhalb des Ortes im Wald. Stellfläche auf Schotter. Maximal 1 Nacht Aufenthalt möglich. Ortszentrum 1.5 km entfernt. 10 Touristenplätze.

7430 Thusis, Graubünden — ST-CH 8070

35 »STELLPLATZ BEIM CAMPING VIAMALA« 2.4. bis 23.10.
☎ 0041 81 6512472
camping.thusis@tcs.ch, www.tcs.ch

➔ A 13 Milano-Chur, Abf. (22) Thusis-Sud, weiter Richtung Schwimmbad. ✉ Pantunweg (GPS: 46°41'58"N / 9°26'43" E).

WC W W Ch 300 m

Stellplatz beim Camping Viamala. Stellfläche auf Schotter. Maximal 1 Nacht Aufenthalt möglich! Ortszentrum 500 m entfernt. 10 Touristenplätze.
2022: St/N 26.– bis 36.–, H/N 6.–, KT P/N 2.50. WD, Entsorgung, Müll, Wasser und Strom inklusive.

7132 Vals, Graubünden — ST-CH 8088

»BERGBAHNEN VALS« 1.1. bis 31.12.
☎ 004181 9351550
info@vals.ch, www.vals3000.ch

➔ E 43 Milano-Chur, Abf. (32) Hinterheim, weiter ins Valsertal. ✉ Sommerplatz an der Talstation (GPS: 46°36'31"N / 9°10'23" E).

WC W 500 m

Stellplatz an der Talstation der Bergbahn. Stellfläche auf Schotter. Im Winter nicht an Wochenenden befahrbar. Ortszentrum 2 km entfernt. 10 Touristenplätze.

6565 San Bernardino, Graubünden — ST-CH 8095

Abfahrt

»STELLPLATZ SAN BERNARDINO« 1.1. bis 31.12.
☎ 0041 91 8321214, Fax 0041 91 8321155
info@visit-moesano.ch, www.visit-moesano.ch

➔ A 13 Chur-Bellinzona, Abf. (33) San Bernardino. Stellplatz liegt direkt an der Abfahrt. ✉ San Bernardino 954A (GPS: 46°27'47"N / 9°11'1" E).
Kirche San Bernardino, Kapelle San Bernardino oberhalb des Dorfes.

RES WC

Stellplatz auf einem großen Parkplatz. Stellflächen auf Schotter und Wiese, ohne Längenbeschränkung. Max. Aufenthalt 48 Stunden. Ortszentrum 700 m entfernt. 20 Touristenplätze.

7165 Breil/Brigels, Graubünden — ST-CH 8122

»TALSTATION CREST FALLA BAHN« Mai bis Okt.
☎ 0041 81 9201400
alexandra.schnell@pradasresort.ch, www.pradasresort.ch

➔ B 19 Brig-Chur, in Breil-Brigels zu den Bergbahnen fahren. ✉ Via Plaun Rueun 44 (GPS: 46°46'12"N / 9°4'1" E).

WC W W Ch 500 m

Stellplatz an der Talstation der Bergbahn in Breil/Brigels. Stellfläche auf Schotter. Zur Aufnahme im Pradas Resort in Brigels (direkt neben dem Stellplatz) melden. Ortszentrum 400 m entfernt. 16 Touristenplätze.

7454 Tinizong-Rona, Graubünden — ST-CH 8337

»RESTAURANT DELLA PUNT« 1.1. bis 31.12.
☎ 004181 2572339
info@mobilchaletpark-rona.ch, www.rona-tinizong.ch

➔ A 13 Milano-Chur, Abf. (22) Thusis-Sud, weiter Richtung Tinizong-Rona. ✉ Julierstraße (GPS: 46°33'41"N / 9°37'25" E).

WC W W Ch

Stellplatz beim Restaurant della Punt. Stellfläche auf Schotter. Stellplatz auch im Winter geöffnet. Ortszentrum 100 m entfernt. 15 Touristenplätze.

7277 Davos OT Glaris, Graubünd. — ST-CH 8350

»RINERLODGE« 1.1. bis 31.12.
☎ 0041 81 4170033
rinerlodge.hotel@davosklosters.ch, www.davosklostersmountains.ch

➔ A 13 Milano-Chur, Abf. (22) Thusis-Sud, weiter über Lenz und Wiesen. ✉ Landwasserstraße 64 (GPS: 46°44'45"N / 9°46'49" E).

WC W W Ch 100 m

Der Stellplatz liegt gegenüber der Talstation der Rinerhornbahn direkt am Fluss «Landwasser» mitten in den Bündner Bergen. Stellflächen auf Schotterterrassen. Die Rezeption ist in der Zwischensaison nicht immer besetzt - in der Hauptsaison jedoch von 8-11 und 15-19 Uhr geöffnet. Sie erhalten schon ab einer Übernachtung eine Ermäßigung auf die Bergbahnen Davos Klosters. Ortszentrum 200 m entfernt. 84 Touristenplätze.

7563 Samnaun-Ravaisch, Graub. — ST-CH 8400

»STELLPLATZ SAMNAUN« 1.1. bis 31.12.
☎ 0041 81 8602370
alpinecamping@gmx.ch, www.camping-sport-samnaun.ch/?page_id=52

➔ B 27 St. Moritz-Landeck, in Österreich bei Hoch Richtung Samnaun fahren. ✉ Sportplatzweg 13 (GPS: 46°56'56"N / 10°22'3" E).

WC W W Ch 200 m 500 m

Stellplatz an der Talstation der Bergbahn. Stellfläche auf Schotter und Asphalt. Brötchenservice. Ortszentrum 500 m entfernt. 30 Touristenplätze.

7550 Schuls/Scuol, Graubünden — ST-CH 8430

»STELLPLATZ GURLAINA« 24.5. bis 13.10. / 22.12. bis 13.4.
☎ 0041 81 8618800
camping.scuol@tcs.ch, www.scuol.ch

➔ B 27 St. Moritz-Schleins, bei Scuol abfahren, auf die andere Seite des Inns. ✉ Gurlaina (GPS: 46°47'30"N / 10°17'55" E).

Ch 200 m 500 m

Stellplatz bei den Sportanlagen. Stellfläche auf Asphalt. Stellplatz liegt ganz am Anfang des Campingplatzes. Ortszentrum 500 m entfernt. 13 Touristenplätze.

7457 Bivio, Graubünden — ST-CH 8473

»STELLPLATZ TUA« 1.1. bis 31.12.
☎ 004181 6841838
tua.bivio@gmail.com, www.bivio-stellplatz.ch

➔ B 3 St. Moritz-Chur, bei Bivio abfahren. ✉ Julierstrasse (GPS: 46°28'5"N / 9°38'51" E).

WC W Ch 500 m

Stellplatz beim Skilift. Stellfläche auf Rasengitter. Ortszentrum 500 m entfernt. 20 Touristenplätze.

7532 Tschierv, Graubünden — ST-CH 8500

»HOTEL SÜSOM-GIVÈ« — 1.5. bis 1.11. — 1986 m
☎ 0041 81858 5182
ofenpass@gmx.ch, www.ofenpass.ch

➔ Straße Nr. 28 Zernez-Santa Maria im Münstertal, Hotel direkt an der Hauptstraße gelegen. ✉ Ofenpass (GPS: 46°38'22"N / 10°17'34" E).
Wandergebiet Buffalora.

Stellplatz auf dem Parkplatz eines Berghotels. Stellflächen auf Schotter, bis 12 m Länge. Aufenthalt max. 24 Stunden. 5 Touristenplätze.

6534 San Vittore, Graubünden — ST-CH 8900

Abfahrt 25 **»CAMPER STOP MOESA«** — 1.1. bis 31.12.
☎ 0041 765361294
camperstoparea@gmail.com, www.camperstop.ch

➔ A 13 San Bernardino, Abf.San Vittore, weiter Richtung San Vittore, zwischen der Agip-Tankstelle und der Moesa gelegen. ✉ Via Campagnola (GPS: 46°13'52"N / 9°5'58" E).
Castelli Misox e Bellinzona.

WC 100 m 500 m
Beleuchteter Stellplatz an einer Autobahn-Ausfahrt. Ebene, geschotterte Stellflächen am Waldrand mit Blick auf die umliegenden Berge. Stellplatz-Länge bis 20 m. Maximale Aufenthaltsdauer 10 Nächte. Imbiss 100 m und Ort 500 m entfernt. 10 Touristenplätze.
2023: St/N inkl. aller P/N bis 20.–, extra Fahrzeug 9.–. P/N, KT, H/N, Müll und Strom inklusive.

6802 Monteceneri-Rivera, Tessin — ST-CH 9140

»CAMPER AREA TAMARO« — 1.1. bis 31.12.
☎ 0041 91 9462303
info@montetamaro.ch, www.montetamaro.ch

➔ A 2 Luzern-Milano, Abf. (48) Rivera, weiter zum Monte Ceneri. ✉ Via Monte Ceneri (GPS: 46°8'20"N / 8°54'24" E).

Stellplatz außerhalb des Ortes. Stellfläche auf Wiese und Asphalt. Maximal 5 Nächte Aufenthalt möglich! 60 Touristenplätze.

6600 Locarno, Tessin — ST-CH 9170

»REISEMOBILPLATZ LOCARNO« — 1.1. bis 31.12. — 200 m
☎ 0041 91 7910091
citta@locarno.ch, www.ascona-locarno.com

➔ A 2 Gotthardautobahn, Abf. (47) Bellinzona-Süd, Richtung Locarno, durch den Stadttunnel bis zur Ausfahrt Locarno, dort der Beschilderung zum Campingplatz folgen. ✉ Via alla Lanca degli Stornazzi (GPS: 46°9'37"N / 8°48'3" E).
Madonna del Sasso, Cardada und Cimetta, Castello Visconteo mit Schlossmuseum, diverse Kirchen.

WC 200 m 400 m
Stellplatz auf einem gemischten Parkplatz in der Nähe des Sees. Ausgewiesene Stellflächen auf Wiese, Asphalt und Schotter. Bezahlung am Automat, auch Euro möglich. Stadtzentrum 1 km entfernt. 50 Touristenplätze.

6637 Sonogno, Tessin — ST-CH 9250

»STELLPLATZ CAMPER AREA SONOGNO« — 1.1. bis 31.12. — 919 m
☎ 0041 917461072
info@fondazioneverzasca.ch, www.sonogno.ch/listings/area-camper/

➔ A 2 Bellinzona-Locarno, Abf. (47) Bellinzona-Süd, Richtung Locarno. Vor Locarno rechts (gen Norden) abbiegen Richtung Vogorno, Brione und Sonogno. Platz liegt am Ortseingang auf der rechten Seite. ✉ Cioss (GPS: 46°21'3"N / 8°47'18" E).
Kirche Santa Maria Lauretana und das Museum über das Verzascatal.

RES WC 100 m 200 m
Stellplatz am Ortsrand. Markierte Stellflächen auf Asphalt und Schotter, extra ausgewiesen, bis 8 m Länge. Durch Baumreihen leicht beschattet. Maximal 1 Nacht Aufenthalt. Ortszentrum 200 m entfernt 15 Touristenplätze.

TSCHECHISCHE REPUBLIK

Besondere Vorschriften und Regelungen

Personaldokumente: Deutsche Staatsbürger benötigen für einen Aufenthalt bis zu 90 Tagen einen für die Aufenthaltsdauer gültigen Reisepass oder Personalausweis. Kinder unter 12 Jahren benötigen einen Kinderreisepass. Diese werden mit einer Gültigkeitsdauer von sechs Jahren ausgestellt, und zwar längstens bis zur Vollendung des zwölften Lebensjahres. Ab dem zwölften Lebensjahr kann ein Reisepass oder Personalausweis beantragt werden.

Detaillierte Informationen erhalten Sie vom Auswärtigen Amt, www.auswaertiges-amt.de. Alle Reisende müssen bei Ankunft auf Anfrage den Besitz ausreichender Finanzmittel für die Zeit des geplanten Aufenthaltes und für die Rückreise (ca. € 50.- pro Person u. Tag) nachweisen können.

Impfbescheinigungen: Werden nicht verlangt.

Dokumente für Haustiere: Für Hunde und Katzen ist der »EU-Heimtierausweis« mitzuführen, der von behördlich ermächtigten Tierärzten ausgestellt wird. Der Ausweis muss Angaben zum Besitzer enthalten und dem Tier eindeutig zugeordnet werden können, d.h., das Tier muss durch Mikrochip identifizierbar und die Kennzeichnungs-Nr. im Ausweis eingetragen sein. Ein gültiger Tollwutschutz muss ebenfalls im Heimtierausweis nachgewiesen werden. Die Erstimpfung muss mindestens 21 Tage zurückliegen. Wiederholungsimpfungen müssen in den Zeiträumen, die der Hersteller des Impfstoffes vorsieht, durchgeführt worden sein. Leinen- und Maulkorbpflicht werden von den Gemeinden geregelt.

Weitere Informationen erteilt die Botschaft der Tschechischen Republik, Wilhelmstraße 44, 10117 Berlin, Tel. 030/22 63 80, Fax 030/22 63 81 21.

Kfz: Nationaler Führer- und Zulassungsschein sind ausreichend. Das Länderkennzeichen (D-Schild) muss am Fahrzeug angebracht oder im EU-Nummernschild enthalten sein. Ist der Fahrer nicht der Eigentümer des Fahrzeuges, muss eine Benutzungsvollmacht des Eigentümers vorliegen. Der Fahrer darf keinen Wohnsitz in der Tschechischen Republik haben. Es besteht Haftpflichtversicherungszwang. Die Mitnahme der »Internationalen Grünen Versicherungskarte" wird empfohlen, da sie als Versicherungsnachweis gilt und im Schadensfall die Abwicklung erleichtert. Da die Mindestdeckungssummen in der Tschechischen Republik deutlich unter deutschen Standards liegen, wird der Abschluss einer Kurzkasko- und Insassenunfallversicherung im Heimatland für die Aufenthaltsdauer in der Tschechischen Republik dringend geraten. Kraftfahrzeuge mit erkennbarem Karosserieschaden dürfen nur mit einer polizeilichen Schadensbestätigung das Land verlassen, daher diese bei der Einreise an der Grenze, bzw. an der tschechischen Unfallstelle von der Grenzpolizei/Polizei ausstellen lassen. Im letzten Fall muss im Schadensprotokoll auch vermerkt sein, das keine Einwände gegen die Ausreise bestehen. Die in Deutschland erlaubten Zusatzbremsleuchten müssen abgedeckt oder außer Betrieb gesetzt werden. Ein Set mit Ersatzglühbirnen ist vorgeschrieben. Spikesreifen sind ganzjährig verboten. Es empfiehlt sich für Caravans-und Mocas ein Inventarverzeichnis mitzuführen.

Verkehrsvorschriften: Das im Kreisverkehr befindliche Fahrzeug hat Vorfahrt, solange dies nicht durch Verkehrsschilder aufgehoben wird. An allen Fußgängerüberwegen haben die Fußgänger stets Vorrang. Parkverbot ist erkennbar an gelben durchgehenden oder unterbrochenen Streifen am Fahrbahnrand. Gegen Parksünder wird streng vorgegangen. Alle Kfz müssen das ganze Jahr über mit Abblendlicht fahren. Unfälle müssen immer der Polizei gemeldet werden. Man sollte sich ein Schadensprotokoll erstellen lassen. Kindersitze (bis 12 Jahre und kleiner als 1.50 m) sind Pflicht. Es besteht Anschnallpflicht und absolutes Alkoholverbot!

Umweltzonen: In Tschechien sind derzeit in der Hauptstadt Prag zwei Umweltzonen eingerichtet. Die in der Innenstadt befindlichen Zonen werden als Prag 1 und Prag 2 bezeichnet bzw. auch als die blaue und die rote Zone. Weitere Zonen sind geplant, werden aber nicht vor 2021 erwartet.

Derzeit zum Stand August 2020 gilt in Prag je nach Zone ein generelles Fahrverbot für alle Fahrzeuge der EURO-Klasse 0-3 und der Fahrzeugtypen Bus und LKW ab 3,5 t, bzw. 6 t. Dies gilt auch für Campingfahrzeuge, die als LKW zugelassen sind.

Alle höheren EURO-Klassen haben ebenfalls ein Fahrverbot, können jedoch eine Ausnahme in Form einer Registrierung beantragen. Dies muss mindestens einem Monat vor Einfahrt bei den lokalen Behörden in Landessprache gestellt werden.

Da eine Registrierung lange vor Einfahrt nur in Prag und nur in tschechischer Sprache erfolgen kann, ist die Dienstleistung einer Registrierung durch Green-Zones sehr sinnvoll, da die notwendige Erlaubnis in Form einer behördlichen Erlaubniskarte übersichtlich dem Fahrzeug durch Green-Zones vor Einfahrt zur Verfügung gestellt werden.

Die Umweltzonen in Tschechien werden durch Polizei und kommunale Angestellte überwacht. Bei einem Verstoß ist ein Bußgeld von 60 bis 100 Euro, im Wiederholungsfalle auch deutlich höher vorgesehen.

Zoombare Karten aller Umweltzonen mit ihren Grenzen sowie detailliertere Informationen zu den einzelnen Fahrzeugtypen, EURO-Klassen, Wochentagen, Uhrzeiten, Sonderregelungen und Ausnahmen sind verfügbar unter **www.LEZ-Czechia.cz** oder **www.Green-Zones-App.eu.**

Straßengebühren: Auf Autobahnen und Schnellstraßen benötigt man eine Autobahn-Vignette, die an den Grenzübergängen, U AM K-Zweigstellen, auf Postämtern, sowie an einigen Tankstellen erhältlich ist.

Telefon: Deutschland-CZ: 00420. CZ-Deutschland: 0049. Bei Telefonaten im Land wird vor der Nummer keine Null gewählt.

Unfallnotruf: Polizei: 158 oder 112, Rettungsdienst: 155, Feuerwehr: 150.

Pannenhilfe: leistet der Automobilclub UAMK CR rund-um-die-Uhr unter Tel. 1230. Auf Autobahnen kann die Pannenhilfe über orangefarbene Notrufsäulen (alle 2 km) gerufen werden. ADAC-Notrufstation Tel. 26110 4351 (ganzjährig). Die Pannenhilfe ist kostenpflichtig.

Devisen: Die Ein- und Ausfuhr von Fremd- und Landeswährung ist unbeschränkt möglich. Eine Deklaration ist erforderlich, wenn Fremd- und Landeswährung den Gesamtwert von 15000 Euro übersteigt.

Camping: Die Campingplätze unterliegen einer staatlichen Klassifizierung und sind in drei Kategorien eingeteilt. Die sanitären Anlagen sind meist einfach, aber durchaus annehmbar. Nicht auf allen Campingplätzen gibt es Stromanschlüsse. Außerhalb der offiziellen Plätze ist freies Campen verboten. Mit Genehmigung des Eigentümers darf auf Privatgrundstücken nur dann übernachtet werden, wenn eine Toilette vorhanden ist. Das Stromnetz ist auf 220 Volt (50 Hz) ausgelegt (in Prag teilweise 110 V). Vereinzelt gibt es auch noch 120 Volt. Schukostecker sind kaum verwendbar; es wird empfohlen, ein Adapterkabel mit Flachstecker oder Schukostecker nach französischer Norm mitzuführen.

Wassersport: Für die Einfuhr von Booten und deren Anhänger sind keine Grenzdokumente erforderlich. Sie werden beim Grenzübergang in den Pass eingetragen.

Allgemeine Informationen:

D-10117	**Berlin,** Tschechische Zentrale für Tourismus Wilhelmstraße 44 Tel. 030/204 47 70, Fax 030/204 47 70 *www.czechtourism.com, berlin@czechtourism.com*

Vertretung der Bundesrepublik Deutschland:

CZ-11801	**Prag 1,** Deutsche Botschaft Vlasská 19, Malá Strana
CZ-11800	**Prag 1,** Post: P.O.Box 88 Tel. 00420 2/57 53 14 81, Fax 00420 2/57 11 33 18 *www.prag.diplo.de, info@prag.diplo.de*

Campingplätze:

Gebühren-Angaben in Landeswährung, sofern nicht anders angegeben.

Währungseinheit:	1 Tschechische Krone (CZK) = 100 Haleru
Devisenkurs:	100 CZK = ca. 4.06 Euro 1 Euro = ca. 24.58 CZK (Stand: Okt. 2022)

Bei Gebühren-Angaben mit der Vorjahreszahl muss eventuell mit einer Anhebung der Gebühren für das laufende Jahr gerechnet werden. Außerdem können sich die angegebenen Öffnungszeiten verändert haben und es ist möglich, dass angegebene Ermäßigungen nicht mehr gewährt werden.

34021 Strázov, Pilsen — ST-CZ 1025

25 **»STELLPLATZ BEIM U DVOU ORECHU«** 30.4. bis 18.9.
00420 376 382421 412 m
info@camping-tsjechie.nl, camping-tsjechie.nl

➔ E 53, Klatovy-Čachrov, in Březí auf die Straße 171 Richtung Janovice abbiegen, dann in Strážov Richtung Splž abbiegen, der Ausschilderung zum Stellplatz/Campingplatz folgen. Splž 13 (GPS: 49°16'52"N / 13°14'24" E).
Frühgotische Kirche des Johannes des Täufers (7 km), Schloss Vesel, Burgruine und Schloss Klenová (9 km).

500 m 600 m

Stellplatz bei einem Campingplatz in Einzellage am Waldrand. Terrassierte Stellflächen auf Wiese und Schotterrasen, bis 6 m Länge und 4 t Gewicht. Unter holländischer Leitung. Ort (Janovice n U) 7 km entfernt. 10 Touristenplätze.
2022: St/N inkl. 2 P/N 555.– bis 615.–, H/N 40.–, KT P/N ab 15 J. 35.–, Waschmaschine 100.–. WD, Entsorgung, Müll, Wasser und Strom inklusive.

33901 Klatovy, Pilsen — ST-CZ 1040

»AUTOCAMPING KLATOVY« Juni bis Sept.
00420 376 313200 405 m
zak@tsklatovy.cz, www.klatovynet.cz

➔ E 53, Klatovy-Pilsen, nördlich des Zentrum von Klatovy im Stadtteil Klatovy II auf die 185 Richtung Staňkov abbiegen, nach der Unterquerung der Bahnlinie links in die Dr. Sedláka einbiegen, beim Kreisverkehr links zum Schwimmbad abbiegen. Dr. Sedláka 829 (GPS: 49°24'10"N / 13°15'59" E).
Grünanlagen und Reste der Stadtbefestigung, Rathaus, Dr.Karel Hostaš-Volkskundemuseum.

100 m

Stellplatz bei einem Schwimmbad am Stadtrand, jedoch in unmittelbarer der Nähe des Rangierbahnhofes. Stellflächen auf Schotterrasen, ohne Längen- und Gewichtsbeschränkung. Stadtzentrum 3 km entfernt. 28 Touristenplätze.

34034 Plánice, Pilsen — ST-CZ 1042

»AUTOCAMP HNACOV« 1.1. bis 31.12.
00420 777 300053
ou@hnacov.jz.cz, www.hnacov.cz

➔ E 53, Pilsen-Železná Ruda, im Stadtzentrum von Klatovy auf die Straße Nr. 186 Richtung Plánice abbiegen, dort am östlichen Ortsausgang rechts auf die 187 abbiegen, nach ca. 800 m ist der Stellplatz ausgeschildert. Hnacov 46 (GPS: 49°21'37"N / 13°29'12" E).
Barockschloss Plánice, František-Křižík-Museum, diverse Kirchen.

Stellplatz an einem See am Rand eines kleinen Dorfes. Stellflächen auf Wiese, ohne Längenbeschränkung. Ort (Plánice) 3.5 km entfernt. 50 Touristenplätze.

35301 Mariánské Lázně, Karlsbad — ST-CZ 1730

»ZENTRALPARKPLATZ« 1.1. bis 31.12.
00420 602 417202 578 m
infocentrum@marianskelazne.cz
www.marianskelazne.cz/old/de/verkehr-und-karten/parken-in-der-stadt

➔ E 49, Eger-Karlsbad, östlich von Eger auf die Straße 21 Richtung Marienbad abbiegen, in Velká Hleďsebe (dt.Groß Sichdichfür) auf die 215 abzweigen, und der Straße 215 bis zum Zentralparkplatz folgen. Kollárova (GPS: 49°57'29"N / 12°42'6" E).
Stadtmuseum, Singende Fontäne an der Kurkolonnade, Miniaturenpark, Heilquellen.

100 m 400 m

Stellplatz auf einem gemischten Parkplatz mit Schranke. Bewachte Stellflächen auf Asphalt, ohne Längen- und Gewichtsbeschränkung. Ohne Ver- und Entsorgungsmöglichkeit. Maximal 24 Stunden Aufenthalt möglich. Stadtzentrum 600 m entfnert. 20 Touristenplätze.

35002 Cheb, Karlsbad — ST-CZ 1750

Abfahrt

»AUTOKEMP RYBÁŘSKÁ BAŠTA« 1.1. bis 31.12.
00420 354 431951 459 m
info@rbcheb.cz, www.rbcheb.cz

➔ E 49, Eger-Karlsbad, Abf. 162 auf die Straße Nr. 21,ca. 800 m nach der Abfahrt liegt der Stellplatz direkt am See. Na hrázi 5 (GPS: 50°5'2"N / 12°27'44" E).
Historisches Stadtzentrum, Kaiserburg Eger, Museum Cheb, gedeckte Brücke über die Eger, Bismarckturm.

200 m

Stellplatz direkt am See bei einem Restaurant mit Hotel und Bungalowvermietung. Stellflächen auf Wiese und Schotterrasen, bis 10 m Länge. Stadt (Cheb dt.Eger) 6 km entfernt. 40 Touristenplätze.

35201 Aš, Karlsbad — ST-CZ 1780

»AM HAINBERG« 1.1. bis 31.12.
Mobil 00420 725 962058 666 m
vrchhaj@lesy-as.cz

➔ E 49/Straße Nr. 64, Eger-Asch, in Neuenbrand auf die 217 Richtung Aš einbiegen, im Ortszentrum am Kreisverkehr die 1. Ausfahrt in die Straße Moravská nehmen und dann gleich links in die Straße Hedvábnická (wird im Weiteren Verlauf zur Jungmannova und zur U Rozhledny) einbiegen. U Rozhledny 932 (GPS: 50°13'50"N / 12°12'12" E).
Stadtmuseum Aš (mit Textilmuseum), Kirche St. Nikolaus, Háj (Hainberg) mit Bismarckturm.

Stellplatz bei einem neuen Sportzentrum in Waldrandlage. Stellflächen auf Asphalt und Wiese, ohne Längenbeschränkung. Ort 1.5 km entfernt. 10 Touristenplätze.

35601 Sokolov, Karlsbad — ST-CZ 1830

Abfahrt

»PENSION STARÁ HOSPODA« 1.1. bis 31.12.
00420 731 464971
stara.hospoda@seznam.cz>, www.stara.hospoda.sweb.cz

➔ A 6/E 49, Karlsbad-Franzensbad, Abf. (149) , auf die Straße 2124 Richtung Šabina, dort am östlichen Ortseingang auf der linken Seite gelegen. Šabina 77 (GPS: 50°8'10"N / 12°35'5" E).
Schloss Falkenau mit Bezirksmuseum Sokolov, Historisches Rathaus, Falkenbrunnen, St.-Jakobs-Kirche, Hügel „Na Hardu" mit Aussichtsturm.

300 m 500 m

Stellplatz auf dem Parkplatz einer Pension mit Restaurant. Stellflächen auf Pflaster, bis 8 m Länge. Einkehr obligatorisch. Ortszentrum 200 m entfernt. 4 Touristenplätze.

36005 Karlovy Vary, Karlsbad — ST-CZ 1940/1

Abfahrt

»AUTOCAMPING KARLOVY VARY« 1.1. bis 31.12.
00420 604 872622 447 m
korab.v@seznam.cz, www.camping.wbs.cz/

➔ A 6/E 48, Prag-Karlovy Vary(Karlsbad), Abf. Centrum, ca. 300 m nach der Autobahnabfahrt rechts in die Nákladní einbiegen, vor der Brücke rechts zum Stellplatz einbiegen. U Spořitelny 10 (GPS: 50°14'4"N / 12°52'5" E).
Historische Kureinrichtungen, Kirche der Maria Magdalena, schlossähnliche Anlage, „Klein Versailles" (Malé Versailles).

200 m 300 m 1 km

Stellplatz auf einem von Bäumen umgebenen Areal in der Nähe des Bahnhofes und der Autobahn. Stellflächen auf Wiese und Schotter, bis 8 m Länge. Bitte klingeln, falls das Tor geschlossen ist. Stadtzentrum 500 m entfernt. 15 Touristenplätze.

43191 Vejprty, Aussig — ST-CZ 2005

»PARKING KLINOVEC INFOCENTRUM« 1.1. bis 31.12.
00420 731 150456 725 m
info@klinovec.cz, www.klinovec.cz/karavanem-na-klinovec

➔ E 442, Karlsbad-Komotau, Abf. Dolní Žďár, auf die Straße Nr. 25 Richtung Jáchymov, kurz vor der deutschen Grenze rechts auf die Straße

219 einbiegen und der Ausschilderung zum Skigebiet Klínovec folgen. ✉ Loučná pod Klínovcem 322 (GPS: 50°23'45"N / 12°58'4" E).

Stellplatz speziell für Reisemobile auf dem Parkplatz bei einem Skigebiet. Ausgewiesene Stellflächen auf Asphalt, bis 8 m Länge. CZK 100.- Kaution für den Schlüssel zu den Sanitäranlagen. Ort (Vejprty) 11 km entfernt. 8 Touristenplätze.

43151 Klášterec nad Ohří, Aussig ST-CZ 2020

»PENSION U JEZU« 1.1. bis 31.12.
☎ 00420 602 415872 320 m
pensionujezu@seznam.cz, www.pensionujezu.wz.cz/

➔ Straße Nr. 13/E442, Komotau-Karlsbad, in Klášterec nad Ohří am Kreisverkehr die 3. Ausfahrt nehmen und nach Überquerung der Eger links abbiegen, ausgeschildert. ✉ Rašovice 75 (GPS: 50°22'59"N / 13°10'38" E).
Schloss Klösterle mit Schlosspark und Porzellanmuseum, Dreifaltigkeitskirche, Marktplatz, Barocke Friedhofskirche.

Stellplatz auf dem Gelände einer Pension in ruhiger Einzellage direkt am Ufer der Eger gegenüber der Stadt. Stellflächen auf Wiese, bis 8 m Länge. Stadtzentrum 1.2 km entfernt. 14 Touristenplätze.

41131 Velemín, Aussig ST-CZ 2505

»STELLPLATZ DER FIRMA FINASO« 1.1. bis 31.12.
☎ 00420 416 533078 287 m
info@karavany-lovosice.cz, www.karavany-lovosice.cz

➔ A 8/E55, Teplitz-Schönau-Prag, in Velemín am südlichen Ortsende, gegenüber einer Kirche rechts auf die 25819 einbiegen. ✉ Velemin 198 (GPS: 50°32'11"N / 13°58'24" E).

Stellplatz auf dem Gelände eines Caravan-Händlers am Ortsrand. Stellflächen auf Asphalt und Schotter, ohne Längenbeschränkung. Ver- und Entsorgungsmöglichkeit vorhanden. Ortszentrum 600 m entfernt. 6 Touristenplätze.

40725 Verneřice, Aussig ST-CZ 2630

»RESTAURANT JIDELNA-LUKA« 1.1. bis 31.12.
☎ 00420 412 559056 493 m
ludvakadlecek@seznam.cz, www.jidelna-luka.webnode.cz/kontakt/

➔ E 442, Aussig-Reichenberg, in Aussig die Elbe überqueren und auf der 261 entlang der Elbe nach Těchlovice nad Labem, dort auf die 260 Richtung Babětín, nach ca. 10 km rechts auf die 240 Richtung Verneřice, dort im Ortszentrum etwas hinter dem Busparkplatz gelegen, ausgeschildert. ✉ Příbramská (GPS: 50°39'42"N / 14°18'4" E).
Pfarrkirche St. Anna, Bobří soutěska (Bieberklamm - ein enges Durchbruchstal des Bobří potok (Bieberbach) durch einen Höhenzug).

Ⓗ 100 m

Stellplatz auf dem Parkplatz bei einem Restaurant im Ortszentrum. Stellflächen auf Asphalt, bis 8 m Länge. Maximal 24 Stunden Aufenthalt möglich. Einkehr obligatorisch. 6 Touristenplätze.

40701 Sněžnik, Aussig ST-CZ 2645

»STELLPLATZ SNĚŽNÍK« 1.1. bis 31.12.
☎ 00420 602129648 570 m
info@stpl-sneznik.cz, www.stpl-sneznik.cz

➔ A8 Pirna-Ústí nad Labem Abf. (80) und weiter Richtung Děčin. Bei Jílové links nach Sněžnik. Hier beschildert. ✉ (GPS: 50°47'47"N / 14°5'3" E).

Stellplatz direkt im kleinen Weiler Sněžnik. Ebene, gekieste Stellflächen. Durch Büsche parzelliert. Einfahrt mit Parkkarte bei der Schranke. 20 Touristenplätze.

CZ

47002 Česká Lípa, Reichenberg ST-CZ 2750

»NORD RANČ« 1.1. bis 31.12.
Mobil 00420 777 331616 258 m
nordranc@nordranc.cz, www.nordranc.cz/

➔ E 442, Aussig-Reichenberg, bei Nový Bor auf die Straße Nr. 9 Richtug Česká Lípa (dt. Böhmisch Leipa), dort auf die 262 nach Zákupy, weiter auf der 268 Richtung Bohatice und Zákup, dort am Ortsausgang rechts zur Farm abbiegen, ausgeschildert. ✉ Bohatice 7 (GPS: 50°40'2"N / 14°40'23" E).
Augustinerkloster, Städtischer Park, bewegliches Klappenwehr am Polzen-Fluss, Kirche der Kreuzerhöhung, Maria-Magdalenen-Kirche.

Stellplatz auf dem Gelände einer Pferdefarm in ruhiger Einzellage. Stellflächen auf Wiese, bis 8 m Länge. Ort (Mimoň) 5 km entfernt. 2 Touristenplätze.

47125 Jablonné v Podještědí, Reich. ST-CZ 2800

»CARAVAN PARK MALEVIL« 1.1. bis 31.12.
☎ 00420 736 489142 315 m
hotel@malevil.cz, www.malevil.cz/de/unterkunft/karavanpark

➔ E 442, Cvikov-Chrastava, westlich von Jablonné v Podještědí auf die 27014 Richtung Mařenice abbiegen, nach ca. 4.5 km liegt der Stellplatz auf der rechten Seite bei einem Hotel und Golfclub, ausgeschildert. ✉ Heřmanice v Podještědí 280 (GPS: 50°47'58"N / 14°42'45" E).
Pachta-Jagdschlösschen, Klosterkirche St. Laurentius, Pestsäule.

Stellplatz speziell für Reisemobile bei einem Hotel und Golfclub in ländlicher, ruhiger Umgebung. Stellflächen auf Pflaster, bis 10 m Länge ohne Gewichtsbeschränkung. Keine Entsorgungsmöglichkeit vorhanden. Viele Sportaktivitäten möglich. Ort 7 km entfernt. 12 Touristenplätze.

46365 Nové Město pod Smrkem, Reich. ST-CZ 2870

»LUDVIKOV HORSES« 1.4. bis 30.10.
☎ 00420 482 325610 465 m
info@ludvikovcz.com, www.ludvikovcz.com

➔ Straße Nr. 13, dt.Grenze-Frriedland in Böhmen-Reichenberg,in der Ortschaft Friedland in Böhmen auf die Straße 290 einbiegen, östlich von Raspenava links auf die 29011 Richtung Ludvíkov pod Smrkem abbiegen, ausgeschildert. ✉ Ludvikov 9 (GPS: 50°54'57"N / 15°12'17" E).

Ⓗ 500 m

Stellplatz bei einem Reiterhof mit Hüttenvermietung in der Natur des nordböhmischen Eisengebirges. Stellflächen durch Büsche und Bäume begrenzt auf Wiese, bis 8 m Länge und 2.5 t Gewicht. Hundeleinenzwang. Frühstücksservice möglich. Ort 2 km entfernt. 15 Touristenplätze.

46811 Janov nad Nisou, Reichen. ST-CZ 2980

»PENZION SEMERINK« 1.1. bis 31.12.
00420 608 447987 560 m
info@penzion-semerink.cz, www.penzion-semerink.cz/kontakty-3

➔ E 442, Prag-Reichenberg, Abf. Jablonec, auf die Straße Nr. 14 dieser Straße folgen bis zum Kreisverkehr dort geradeaus auf die Lučanská, nördlich der Ortschaft Jablonec links halten und der Ausschilderung nach Janov nad Nisou folgen. dort weiter zum Ortsteil/Skigebiet Hrabětice und auf die Straße Horní Maxov, dieser bis zur Pension folgen. ✉ Janov nad Nisou 1151 (GPS: 50°46'29"N / 15°10'53" E).
Ausflugsziele: Die 858 m hohe Královka (Königshöhe), Aussichtsturm Slovanka, Talsperre Josefův Důl.

Ch

Stellplatz auf dem Parkplatz bei einer Pension im Isergebirge. Stellflächen auf Schotterrasen, bis 8 m. Reservierung erforderlich. Ort 2.5 km entfernt. 5 Touristenplätze.

54362 Dolni Branná, Königgrätz ST-CZ 3130

»STELLPLATZ BEIM HOLIDAY PARK LIŠCI FARMA«
460 m ganzjährig außer April und November
00420 499421473, Fax 00420 499421656, **info@liscifarma.cz**
www.liscifarma.cz

➔ Straße 16 Mladá Boleslav–Trutnov, hinter Nová Paka abbiegen auf die Straße 293/295 in Richtung Vrchlabi. Ca. 1 km vor Vrchlabi erreicht man Dolni Branná, beschildert. ✉ Dolni Branná 350 (GPS: 50°36'37"N / 15°36'9" E).

D W W Ch W W TV HS HS 400 m 1 km 4 km

Stellplatz beim Campingplatz HOLIDAY PARK LIŠCI FARMA Ort (Vrchlabi) 1 km entfernt.

54101 Trutnov, Königgrätz ST-CZ 3160

»STELLPLATZ BEIM CAMPING DOLCE« 1.1. bis 31.12.
00420 774 233342 400 m
recepce@camp-dolce.cz, www.kemp-dolce.cz

➔ Str. 16 Jicín-Trutnov, in Pilnikov rechts zum Campingplatz (beschildert) abbiegen. ✉ Oblanov 37 (GPS: 50°32'44"N / 15°52'10" E).

D W W Ch W TV

Stellplatz beim Campingplatz CAMPING DOLCE Ort 4 km entfernt.

55203 Česká Skalice, Königgrätz ST-CZ 3260

»STELLPLATZ ROZKOŠ« 1.1. bis 31.12.
00420 777 302483 411 m
pavelfranc@seznam.cz, www.stellplatz.cz/de/

Abfahrt ➔ E 67/33, Jaroměř-Náchod, in Česká Skalice links Richtung Nahořany abbiegen, nach ca. 2.5 km liegt der Stellplatz auf der linken Seite direkt am See. ✉ Prehrada Rozkos (GPS: 50°21'52"N / 16°3'31" E).
Kapelle am Dorfplatz, Kulturdenkmal.

Ch

Stellplatz auf einer Wiese direkt am See Vodní Nádrž Rozkoš. Stellflächen auf Wiese, bis 12 m Länge. Ort 3 km entfernt. 24 Touristenplätze.

17100 Praha 7, Prag ST-CZ 3616/1

»CAMP - PENZION DANA TROJA« 1.1. bis 31.12.
00420 283 850482, Fax 00420 222 742688 399 m
campdana@volny.cz, www.campdana.cz/prague-camp-pension-germany.html

Abfahrt ➔ D 8/E 55, Abf. Praha-Troja, von der Straße Nr. 8 am Nordufer der Moldau in die Straße Povltavská und Pod lisem einbiegen dann links in die Trojská. ✉ Trojská 129 (GPS: 50°7'2"N / 14°25'55" E).
Botanischer Garten, Zoo, Wildwasser-Trainingsstrecke, Schloss Troja.

WC W Ch

100 m 300 m 400 m

Stellplatz hinter einer Pension auf Rasenstreifen unter hohen Bäumen. Beleuchtete Stellflächen auf Wiese, bis 7.5 m Länge. Anmeldung von 8 bis 22 Uhr. Stadtzentrum 6 km entfernt. 15 Touristenplätze.

17100 Praha 7, Prag ST-CZ 3616/2

20 **»AUTOCAMP HÁJEK«** 1.7. bis 31.8.
00420 233 541352 399 m
info@camphajek.cz, www.camphajek.cz/de

Abfahrt ➔ D 8/E 55, Abf. Praha-Troja, von der Straße Nr. 8 am Nordufer der Moldau in die Straße Povltavská und Pod lisem einbiegen dann links in die Trojská, ausgeschildert. ✉ Trojská 377/149 (GPS: 50°7'2"N / 14°25'44" E).
Botanischer Garten, Zoo, Wildwasser-Trainingsstrecke, Schloss Troja.

WC W Ch

0 m 300 m 400 m

Stellplatz hinter einem Wohnhaus auf einer Wiese mit Bäumen und Büschen. Stellflächen auf Wiese, bis 8 m Länge. Anmeldung 8 bis 22 Uhr. Stadtzentrum 6 km entfernt. 30 Touristenplätze.
2022: P/N 125.–, K/N bis 15 J. 80.–, J/N 15 bis 26 J. 105.–, A/N 108.–, C/N 185.–, MC/N 185.–, M/N 55.–, B/N 48.–, H/N 70.–, KT P/N ab 18 J. 50.–, Waschmaschine 70.–, Trockner 70.–, Strom/N 105.- (6 A). WD, Entsorgung, Müll und Wasser inklusive. Nur Barzahlung.

17100 Praha 7, Prag ST-CZ 3616/3

»CAMP HERZOG« 1.4. bis 30.10. / 26.12. bis 5.1.
00420 283 850472, Mobil 00420 607 126568 399 m
info@campherzog.cz, www.campherzog.cz/#9

Abfahrt ➔ D 8/E 55, Abf. Praha-Troja, von der Straße Nr. 8 am Nordufer der Moldau in die Straße Povltavská und Pod lisem einbiegen dann links in die Trojská, ausgeschildert. ✉ Trojská 602/161 (GPS: 50°7'2"N / 14°25'37" E).
Botanischer Garten, Zoo, Wildwasser-Trainingsstrecke, Schloss Troja.

WC W W Ch

100 m 300 m 400 m

Stellplatz hinter einem privaten Wohnhaus mit Zimmervermietung auf einer Wiese mit Bäumen und Büschen. Stellflächen auf Wiese, bis 8 m Länge. Anmeldung 7 bis 22 Uhr. Hundeleinenzwang. Stadtzentrum 6 km entfernt. 16 Touristenplätze.

17100 Praha 7, Prag ST-CZ 3616/4

»CAMP FREMUNT« 1.4. bis 31.12.
00420 734 215205 399 m
campfremunt@email.cz, http://www.campfremunt.cz/willkommen/

Abfahrt ➔ D 8/E 55, Abf. Praha-Troja, von der Straße Nr. 8 am Nordufer der Moldau in die Straße Povltavská und Pod lisem einbiegen dann links in die Trojská, ausgeschildert. ✉ Trojská 374 (GPS: 50°7'2"N / 14°25'39" E).
Botanischer Garten, Zoo, Wildwasser-Trainingsstrecke, Schloss Troja.

WC W Ch 100 m

300 m 400 m

Stellplatz hinter einem privaten Wohnhaus mit Zimmer- und Bungalowvermietung auf einer Wiese mit Bäumen und Büschen. Stellflächen auf Wiese, bis 8 m Länge. Brötchenservice möglich. Anmeldung 8 bis 22 Uhr. Stadtzentrum 6 km entfernt. 6 Touristenplätze.

17100 Praha 7, Prag ST-CZ 3616/5

20 **»CARAVAN PARK PRAGUE«** 1.1. bis 31.12.
00420 257 318 387 399 m
caravanpark.cl@gmail.com, kemp-praha.cz

Abfahrt ➔ E 50, Abf. Smichov, weiter geradeaus, nach ca. 300 m rechts in die Straße Císařská louka einbiegen und auf die Moldauinsel fahren. ✉ Císařská louka 599 (GPS: 50°3'44"N / 14°24'49" E).
Botanischer Garten, Zoo, Wildwasser-Trainingsstrecke, Schloss Troja.

WC W Ch W

500 m

Stellplatz in der Nähe der Fähre auf einer Insel in der Moldau im südlichen Stadtgebiet von Prag. Lang gestrecktes Gelände mit vereinzelten Büschen und Bäumen. Stellflächen auf Schotterrasen, ohne Längen- und Gewichtsbeschränkung. Hundeleinenzwang. Stadtzentrum 4 km entfernt. 60 Touristenplätze.
2022: P/N 115.–, K/N 5 bis 15 J. 69.–, C/N 249.–, MC/N 189.–, A/N 119.–, H/N 70.–, KT P/N 50.–, Strom/N (10 A) 114.–. WD, Entsorgung, Wasser, Sanitärbenutzung und WLAN inklusive.

17100 Praha 7, Prag ST-CZ 3616/6

»AUTOCAMP TROJSKÁ« 1.1. bis 31.12.
00420 283 850487 399 m
reception@autocamp-trojska.cz, www.autocamp-trojska.cz/index_de.htm

Abfahrt ➔ D 8/E 55, Abf. Praha-Troja, von der Straße Nr. 8 am Nordufer der Moldau in die Straße Povltavská und Pod lisem einbiegen dann links in die Trojská, ausgeschildert. ✉ Trojská 375/157 (GPS: 50°7'2"N / 14°25'40" E).
Botanischer Garten, Zoo, Wildwasser-Trainingsstrecke, Schloss Troja.

WC W Ch

TV 100 m 300 m 400 m

Stellplatz hinter einem privaten Wohnhaus mit Zimmervermietung auf einer Wiese mit Bäumen und Büschen. Stellflächen auf Wiese und Rasengittersteinen, bis 8 m Länge. Anmeldung 8 bis 21.30 Uhr. Stadtzentrum 6 km entfernt. 10 Touristenplätze.

25264 Velké Přílepy, Mittelb. Reg. ST-CZ 3710

»THE DRAGON VALLEY« 1.1. bis 31.12.
00420 605 559959 275 m
akaers@pendragon-enterprises.com, www.dragonvalley-nl.webnode.cz

➔ A 7, Komotau-Prag, Abf. (9) Libochovičky, dort weiter auf der Straße Nr. 00721 Richtung Malé Číčovice nach ca 1 km links nach Okoř abbiegen. ✉ Okoř 3 (GPS: 50°9'41"N / 14°15'33" E).
Barocker Speicher auf dem ehemaligen Kamýker Hof (heute Gaststätte), Kapelle der Jungfrau Maria in Velké Přílepy.

WC W Ch

Stellplatz speziell für Reisemobile bei einem Gutshof unter holländischer Leitung. Stellflächen auf Wiese, bis 10 m Länge. Frühstücksservice möglich. Ortszentrum 300 m entfernt. 8 Touristenplätze.

28401 Kutná Hora, Mittelb. Reg. ST-CZ 3980

»B&B ART KUTNA HORA« 1.4. bis 1.11.
254 m
info@kutnahora.nl, www.kutnahora.nl

➔ E 67, Prag-Hradec Králové, Abf. 39 auf die Straße Nr. 38 Richtung Kolín und Nové Dvory, dort auf die Straße Nr. 2 nach Kutná Hora abbiegen, westlich des Stadtzentrums zum Ortsteil Vrchlice abbiegen, das B&B liegt nach ca. 1 km auf der linken Seite. ✉ Táborská 94/11 (GPS: 49°56'21"N

/ 15°15'46" E).
Historisches Stadtzentrum, Dom der heiligen Barbara.

500 m 1 km

Stellplatz bei einem B&B unter holländischer Leitung auf dem Parkplatz hinter dem Haus. Beleuchtete Stellflächen auf Pflaster, bis 8 m Länge. Mindestaufenthalt 2 Nächte, Anmeldung erforderlich. Unter niederländischer Leitung (Tel. 0031/610/945871). Stadtzentrum 1 km entfnert. 1 Touristenplätze.

27751 Nelahozeves, Mittelb. Reg. ST-CZ 4348

Abfahrt

»MARINA VLTAVA« 1.1. bis 31.12.

info@marinavltava.cz

Autobahn D 8, Teplitz-Schönau-Prag, Abf. (18) Slaný, am Kreisverkehr bei der Autobahnabfahrt die 2. Ausfahrt auf die Straße 608 nehmen, vor der Überquerung der Moldau Richtung Nelahozeves abbiegen, dort der Ausschilderung zum Yachthafen folgen. Dvořákova Stezka 27 (GPS: 50°15'32"N / 14°18'8" E).
Schloss Nelahozeves, Geburtshaus des Komponisten Antonín Dvořák, Kirche des Hl. Andreas aus dem 14. Jahrhundert.

300 m

Stellplatz bei einer kleinen Marina am Ufer der Moldau. Stellflächen auf Schotterrasen, bis 15 m Länge. Reservierung wird empfohlen. Ort (Kralupy nad Vltavou) 3.5 km entfernt. 15 Touristenplätze.

26716 Kozolupy, Mittelböhm. Reg. ST-CZ 4633

Abfahrt

»STELLPLATZ ČESKÝ KRAS« 1.1. bis 31.12.
00420 604 233232
info@minikemp.cz, www.minikemp.cz/

A 5, Prag-Pilsen, Abf. (10) Loděnice. weiter Richtung Bubovice, dort links auf die 11610 Richtung Kozolupy. Na Vršku, Vysoký Újezd (GPS: 49°58'23"N / 14°11'44" E).

200 m

Stellplatz auf einem eingezäunten Privatgelände im Ortszentrum. Stellflächen auf Schotter, bis 8 m Länge. 12 Touristenplätze.

25601 Benešov, Mittelböhm. Reg. ST-CZ 4940

»HOTEL KONOPIŠTĚ« 1.1. bis 31.12.
00420 317 722732 360 m
info@pension-konopiste.cz, www.amberhotels.cz

E 50, Prag-Brünn, Abf. (21) auf die Straße 3 Richtung Mirošovice und weiter bis Benešov, dort am Park rechts auf die 11457 abbiegen. Benešov 20 (GPS: 49°46'27"N / 14°40'18" E).
Schloss Konopiště, St.-Anna-Kirche.

1 km

Stellplatz auf dem Gelände eines Hotels gegenüber des Zámecký park Konopiště südlich der Stadt. Stellflächen auf Asphalt und Rasengittersteinen, ohne Längenbeschränkung. Stadtzentrum 1.5 km entfernt. 10 Touristenplätze.

38226 Horni Planá, Budweis ST-CZ 5410

»JEZERNI PENZION LIPNO« 15.6. bis 15.9.
Mobil 00420 602 159506 776 m
jezernipenzion@seznam.cz, www.penzion-lipno.cz

Straße Nr. 39 Krumau an der Moldau-Vimperk, nach der Überquerung des Stausees Lipno bei Černá v Pošumaví liegt die Pension auf der linken Seite direkt zwischen See und Straße. Hůrka 52 (GPS: 48°44'33"N / 14°5'13" E).
Stifterhaus, St. Margaretha, Gutwasserkapelle, Adalbert-Stifter-Park, Nationalpark Šumava.

Stellplatz hinter einer Pension und Restaurant am Ufer des Stausees Lipno. Bewachte Stellflächen auf Wiese, bis 9 m Länge. Brötchenservice möglich. Ort (Horní Planá) 4.5 km entfernt. 20 Touristenplätze.

38101 Český Krumlov, Budweis ST-CZ 5450

»BUS STOP ČESKÝ KRUMLOV« 1.1. bis 31.12.
00420 380 704621 492 m
info@ckrumlov.info, www.ckrumlov.info

Straße Nr. 39, Budweis-Horní Planá, in Český Krumlov am westlichen Stadtrand direkt an der Straße 39 gelgen, ausgeschildert. Chvalsinska (GPS: 48°48'56"N / 14°18'31" E).
Historisches Stadtzentrum, Schloss Český Krumlov, Wachsfigurenmuseum, Foltermuseum, Graphit-Schaubergwerk.

200 m

Stellplatz auf einem Parkplatz für Busse und Reisemobile. Stellflächen auf Schotter, ohne Längen- und Gewichtsbeschränkung. Ohne Ver- und Entsorgungsmöglichkeit. Stadtzentrum 1 km entfernt. 10 Touristenplätze.

37833 Nová Bystřice, Budweis ST-CZ 5640

»FARMA ALPAKA« 1.1. bis 31.12.
00420 602 115120 588 m
farmaalpaka@seznam.cz, www.farmaaalpaka.eu

E 49, Pilsen-Budweis-Třeboň, in Třeboň auf die E551 Richtung Jindřichův Hradec, in Lásenice rechts auf die 149 Richtung Číměř, dort weiter geradeaus auf die 12855 Richtung Dobrá Voda, dort links in die Ortschaft einbiegen und bis zum nördlichen Ortsende durchfahren. Dobrá Voda čp 20 (GPS: 49°3'48"N / 15°6'12" E).
Burg Landštejn, Museum der tschechoslowakischen Befestigung, Neuhauser Lokalbahn (Schmalspurbahn), historische Altstadt.

Stellplatz auf einer familiären Pferde- und Alpakafarm inmitten der Natur. Stellflächen auf Schotter, ohne Längenbeschränkung. Frühstücksservice möglich. Ort (Jindřichův Hradec) 13 km entfernt. 10 Touristenplätze.

67507 Červená Lhota, Iglau ST-CZ 5770

»STELLPLATZ BEIM CAMPING KRATOCHVIL« 1.1. bis 31.12.
00420 568 870236, Mobil 00420 604 393728 500 m
info@kratochvil.nl, www.kratochvil.nl/de

E 59, Jihlava (dt. Iglau)-Moravské Budějovice (dt. Budwitz), in Stonařov auf die 402 Richtung Brtnice, dort weiter auf der 403 in Kouty wird die Straße zur 351 weiter Richtung Čechtín dort nach Červená Lhota, südlich der Ortschaft beim Industriegebiet rechts einbiegen, nach ca. 2 km liegt der Campingplatz auf der rechten Seite bei einem Hotel. Červená Lhota 37 (GPS: 49°16'26"N / 15°46'46" E).

Stellplatz speziell für Reisemobile bei einem Campingplatz mit Hotel direkt am Fluß Jihlava. An der Nordseite des Platzes ist im Fluß eine Klippe, so daß dort ein kleiner Wasserfall ist. Ausgewiesene und beleuchtete Stellflächen auf Schotter mit Rasenflächen unterteilt, auch für große Mobile geeignet.. Frühstücksservice möglich. Unter holländischer Leitung. Ort (Červená Lhota) 2 km entfernt. 10 Touristenplätze.

58856 Telč, Iglau ST-CZ 5840

»CAMP VELKOPAŘEZITÝ« 1.1. bis 31.12.
00420 567 379449, Mobil 00420 777 013952 514 m
campvelkoparezity@tiscali.cz, www.camp-rasna.cz/de/

E 50, Prag-Brünn, Abf. (112) auf die E 59 Richtung Iglau, dann weiter auf der Straße Nr. 23 Richtung Telč, dort auf die Straße 112 Richtung Řásná, dort der Ausschilderung zum 'Camp Velkopařezitý' folgen. Řásná 10 (GPS: 49°13'40"N / 15°23'3" E).
Historisches Stadtzentrum und Marktplatz, Schloss Telč, Heilig-Geist-Kirche, Pfarrkirche St. Jakob, Jesuitenkirche, Muttergottes-Kirche.

300 m 1 km

Stellplatz auf einem kleinen Gelände in ruhiger Lage von Wald umgeben. Stellflächen auf Schotter und Wiese, bis 8 m Länge. Ort 1 km entfernt. 36 Touristenplätze.

CZ

56802 Svitavy, Pardubitz ST-CZ 6250

»STELLPLATZ SVITAVY« 1.1. bis 31.12.
00420 731 412013 435 m
hnat@svitavy.cz, www.m.de.svitavy.cz/3_25157_zwittauer-stadion-svitavy

E 461, Svitavy-Blansko, am Kreisverkehr im Zentrum von Svitavy die 2. Ausfahrt in die Straße Purkyňova nehmen, die nächste Möglichkeit links und dann rechts in die U Stadionu abbiegen, der Ausschilderung zum Stadion folgen. U Stadionu 17 (GPS: 49°45'5"N / 16°27'52" E).
Historischer Stadtkern, Stadtmuseum und Galerie in der Villa Budig, Ottendorferův dům (Ottendorfer-Haus).

500 m

Stellplatz speziell für Reisemobile bei Sportanlagen am südlichen Stadtrand. Stellflächen auf Pflaster und Schotter, bis 9 Länge. Ver- und Entsorgungsmöglichkeit vorhanden. Stadtzentrum 700 m entfernt. 6 Touristenplätze.

78325 Bouzov, Olmütz ST-CZ 6805

»BURG BOUZOV« 1.1. bis 31.12.
00420 585 346201 445 m
bouzov@npu.cz

E 442, Hradec Králové-Olmütz, Abf. 240 Loštice, dort auf die Straße Markrabka Richtung Bouzov einbiegen, der Ausschilderung zur Burg Bouzov folgen. Bouzov 147 (GPS: 49°42'1"N / 16°53'25" E).
Burg Bouzov mit Parkanlage.

500 m

Stellplatz auf einem gemischten Parkplatz 250 m von der Burg Bouzov entfernt. Beleuchtete Stellflächen auf Asphalt, ohne Längenbeschränkung. Ohne Ver- und Entsorgungsmöglichkeit. Ortszentrum 500 m entfernt. 20 Touristenplätze.

78401 Litovel, Olmütz ST-CZ 6810

»CAMP IN-LIFE« Mai bis Sept.
00420 774 445599 233 m
petr@in-life.cz, www.in-life.cz/en

E 442, Svitavy-Olmütz, Abf. 248, auf die 635 Richtung Litovel, dort am Kreisverkehr die 3. Ausfahrt auf die 449 nehmen, nach ca. 1 km links in die Koupaliste einbiegen, ausgeschildert. Koupaliste 651 (GPS: 49°42'13"N / 17°4'8" E).
Rathausplatz, Kirche des Hl. Marcus, Stadtmauern aus dem 14. Jahrhundert, Landschaftsschutzgebietes Litovelské Pomoraví.

HS

Stellplatz am Rande der Ortschaft am Fluss Morava. Stellflächen auf Wiese, bis 10 m Länge. Ortszentrum 600 m entfernt. 6 Touristenplätze.

75111 Radslavice, Olmütz ST-CZ 7040

»RESORT RADSLAVICE« 1.1. bis 31.12.
Mobil 00420 775 380361
info@resort-radslavice.cz, **www.resort-radslavice.cz**

➔ Str. 47, Přerov-Lipník nad Bečvou, in Prosenički nach Radslavice u Přerova abbiegen, am Ortseingang von Radslavice links einbiegen, dann noch ca. 700 m, beschildert. ✉ Sportovní ulice 360 (GPS: 49°28'48"N / 17°31'4" E).

WC W Ch 500 m

Stellplatz speziell für Reisemobile bei einer kleinen Ferienanlage mit Bungalows. Stellflächen auf Sand und Rasen. Obst- und Kräutergarten. Reservierung wird empfohlen. Ortszentrum 500 m entfernt. 10 Touristenplätze.

68801 Uherský Brod, Zlin ST-CZ 8050

»AQUAPARK DELFIN« 1.1. bis 31.12.
☎ 00420 572 619541, Mobil 00420 739 510624 251 m
Fax 00420 572 619522, **info@delfinub.cz**
www.delfinub.cz/index.php/kontakty

➔ E 50, Uherské Hradiště-Uherský Brod, in Uherský Brod auf die 495 abbiegen, nach ca.1 km auf der rechten Seite, ausgeschildert. ✉ Slovácké nám. 2377 (GPS: 49°1'13"N / 17°38'53" E).

HS 100 m

Stellplatz auf einem Parkplatz bei einem Aqua Park. Ausgewiesene Stellflächen auf Asphalt, bis 8 m Länge. Stadtzentrum 1 km entfernt. 2 Touristenplätze.

69164 Nosislav, Brünn ST-CZ 8690

»VINAŘSTVI VÁLKA« 1.1. bis 31.12.
☎ 00420 547 231628, Mobil 00420 776 070644 186 m
info@vinarstvivalka.cz, **www.vinarstvivalka.cz/kontakty/**

➔ E 65, Brünn-Ludenburg, Abf. (11), auf die 416 Richtung Židlochovice, dort auf die 425 nach Nosislav, das Weingut liegt an der Straße 425 am Fluß Svratka, ausgeschildert. ✉ Kroužek 428 (GPS: 49°0'50"N / 16°39'9" E).

H 300 m 700 m

Stellplatz an einem Weingut am Fluß Svratka und am Ortsrand von Nosislav. Stellflächen auf Rasengittersteinen, bis 8 m Länge. Aufenthalt ist nur über Nacht möglich, da die Parkflächen für Kunden tagsüber benötigt werden. Ortszentrum 300 m entfernt. 2 Touristenplätze.

DÄNEMARK

Besondere Vorschriften und Regelungen

Personaldokumente: Gültiger Reisepass oder Personalausweis bis zu einem Aufenthalt von 3 Monaten. Kinder unter 12 Jahren benötigen einen Kinderreisepass. Diese werden mit einer Gültigkeitsdauer von sechs Jahren ausgestellt, und zwar längstens bis zur Vollendung des zwölften Lebensjahres. Ab dem zwölften Lebensjahr kann ein Reisepass oder Personalausweis beantragt werden. Detaillierte Informationen erhalten Sie vom Auswärtigen Amt, www.auswaertiges-amt.de.

Impfbescheinigungen: Werden nicht verlangt. Dies gilt auch für die Faröer-Inseln und Grönland.

Dokumente für Haustiere: Für Hunde und Katzen ist der »EU-Heimtierausweis« mitzuführen, der von behördlich ermächtigten Tierärzten ausgestellt wird. Der Ausweis muss Angaben zum Besitzer enthalten und dem Tier eindeutig zugeordnet werden können, d.h., das Tier muss durch Mikrochip identifizierbar und die Kennzeichnungs-Nr. im Ausweis eingetragen sein. Ein gültiger Tollwutschutz muss ebenfalls im Heimtierausweis nachgewiesen werden. Die Erstimpfung muss mindestens 21 Tage zurückliegen. Wiederholungsimpfungen müssen in den Zeiträumen, die der Hersteller des Impfstoffes vorsieht, durchgeführt worden sein. Pitbull-Terrier, Tosa, sowie Kreuzungen mit diesen Rassen dürfen grundsätzlich nicht eingeführt werden, bei anderen Rassen gelten Sonderregelungen. In Wäldern sind Hunde anzuleinen. An Stränden gilt Leinenzwang vom 1.April bis 30.September. Ein generelles Einfuhrverbot von Haustieren gilt für die Färöer-Inseln.

Weitere Informationen und Einfuhrgenehmigungen beim dänischen Veterinär- und Lebensmitteldirektorat: Mørkøj Bygade 19, 2860 Søborg, **www.foedevarestyrelsen.dk** Email **fvst@fvst.dk**.

Kfz: Deutscher Führerschein und Zulassung sind ausreichend. Das Länder-Kennzeichen »D« oder EU-Kennzeichen muss am Fahrzeug und am Anhänger, bzw. im Nummernschild enthalten sein. Wird das Fahrzeug nicht vom Eigentümer selbst benutzt, muss der Fahrer im Besitz einer Benutzungsvollmacht des Eigentümers sein. Es besteht Haftpflichtversicherungszwang. Die Mitnahme der »Internationalen Grünen Versicherungskarte« wird empfohlen.

Verkehrsvorschriften: Kreisverkehr hat Vorfahrt. Eine quer über die Fahrbahn verlaufende Reihe aus weißen Dreiecken bedeutet »Vorfahrt gewähren«. Sicherheitsgurte müssen auch auf den Rücksitzen angelegt werden. Das Abblendlicht muss auch tagsüber eingeschaltet sein. Promillegrenze 0,5.

Umweltzonen: In Dänemark sind derzeit 4 Umweltzonen in allen großen Städten des Landes eingerichtet.

Derzeit zum Stand Juli 2020 gilt in den dänischen Umweltzonen ein Fahrverbot für alle Diesel Busse und LKW der EURO-Klassen 0-4 (bis 30.06.2020 galt zuvor nur ein Verbot der EURO-Klassen 0-3). Dies gilt nun auch für Campingfahrzeuge, die als LKW zugelassen sind. Kleintransporter müssen mindestens der Euronorm 4 entsprechen. Leichtfahrzeuge (Mofas, Motorrad, Quad etc.) sind nicht von den Verboten betroffen. Busse und LKW ab Erstzulassung 01.Oktober 2009 (Euro 5) und Kleintransporter ab 01.Januar 2007 (Euro 4) sind automatisch registriert für die Umweltzonen in Dänemark. Sind die Fahrzeuge früher erstmalig zugelassen worden und im Besitz eines Partikelfilters, so muss die Registrierung manuell durchgeführt werden. Ändert sich das Kennzeichen oder die Emissionsklasse des Fahrzeuges, muss eine Registrierung erneut ausgeführt werden.

Die Umweltzonen in Dänemark werden durch die Polizei und automatisierte Kameras streng kontrolliert. Bei einem Verstoß ist ein Bußgeld von zunächst 12.500 DKK fällig, umgerechnet 1.700 Euro. Im Falle der Wiederholung wird das Fahrzeug beschlagnahmt und es droht zudem eine Gefängnisstrafe.

Zoombare Karten aller Umweltzonen mit ihren Grenzen sowie detaillierte Informationen zu den einzelnen Fahrzeugtypen, EURO-Klassen, Wochentagen, Uhrzeiten, Sonderregelungen und Ausnahmen sind verfügbar unter **www.EcoSticker.dk** oder **www.Green-Zones-App.eu.**

Telefon: Deutschland – Dänemark: 0045, (Faröer-Inseln: 00298, Grönland 00299). Dänemark – Deutschland 0049, dann die Ortsvorwahl ohne Null und die Teilnehmernummer.

Unfallnotruf: Polizei und Unfallhilfe: 112. ADAC Auslandsnotruf, c/o Falck Euro-Service (deutschsprachig): Tel. 0045/79 42 42 85, Fax 0045/75 72 78 79 täglich von 8.30-18 Uhr.

Devisen: Die Ein- und Ausfuhr von Landes- und Fremdwährung ist in unbeschränkter Höhe möglich.

Camping: Die Plätze in Dänemark sind überwiegend sehr gut eingerichtet und äußerst sauber. Campen außerhalb der offiziellen Campingplätze ist nur mit Einwilligung des betreffenden Grundstückeigentümers gestattet. Verboten ist der Campingaufenthalt am Strand, in den Dünen und auf Park- und Rastplätzen. Das Stromnetz ist generell auf eine Spannung von 220 Volt Wechselstrom (50 Hz) ausgelegt. Adapter sind nicht erforderlich. Fast alle Steckdosen sind mit einem Kippschalter versehen, damit man den Strom ein-/ausschalten kann. Da dänische Gasflaschen andere Anschluss-Systeme haben, wird die Mitnahme von Gasadaptern empfohlen.

Wassersport: Für die vorübergehende Einfuhr von Booten und deren Anhänger sind keine Grenzdokumente erforderlich.

Allgemeine Informationen:

D-20095 Hamburg, VisitDenmark
Glockengießerwall 2
Tel. 01805/32 64 63, Fax 040/32 02 11 11
www.visitdenmark.com, daninfo@visitdenmark.com

Vertretung der Bundesrepublik Deutschland:

DK-2100 Kopenhagen, Deutsche Botschaft
Stockholmsgade 57
Tel. 0045 35/45 99 00, Fax 0045 35/26 71 05
www.kopenhagen.diplo.de, info@kopenhagen.diplo.de

Campingplätze:

Gebühren-Angaben in Landeswährung oder in Euro.

Währungseinheit:	1 Dänische Krone (DKK) = 100 Öre
Devisenkurs:	1 Euro = ca. 7.44 DKK
	1 DKK = ca. 0.13 Euro (Stand: Okt. 2022)

Bei Gebühren-Angaben mit der Vorjahreszahl muss eventuell mit einer Anhebung der Gebühren für das aktuelle Jahr gerechnet werden. Außerdem können sich die angegebenen Öffnungszeiten verändert haben und es besteht die Möglichkeit, dass angegebene Ermäßigungen nicht mehr gewährt werden.

9900 Frederikshavn, Nordjütland ST-DK 1050/1

15 **»STELLPLATZ HANSEN«** 1.1. bis 31.12.
Mobil 0045 22444319
mejlingudlejning@mail.dk, **www.mejlinglandhandel.dk**

➔ Straße Nr. 35 Hjørring - Frederikshavn, ca. 8 km westlich von Frederikshavn Richtung Kvissel abbiegen in den Mejlingvej. nach ca. 1.7 km liegt der Stellplatz auf der rechten Seite. ✉ Mejlingvej 65 (GPS: 57°28'3"N / 10°23'43" E).
Bangsbo-Museum – mit Ausstellung über die Geschichte Frederikshavns,

Das Piktogramm „Haltestelle" steht für den gesamten öffentlichen Nahverkehr.

diverse Kirchen (10 km).

Stellplatz bei einem Landhandel. Stellflächen auf Wiese, bis 12 m Länge. Hundeleinenzwang. Ort 800 m entfernt. 6 Touristenplätze.
2023: St/N inkl. 5 P/N 100.–, Waschmaschine 35.–, Trockner 35.–, Strom/N 30.– (13 A). P/N, H/N, WD, Entsorgung, Müll, Wasser und Sanitärbenutzung inklusive. Keine Kartenzahlung möglich.

9830 Tårs, Nordjütland — ST-DK 1060

»VENDELBO VANS« — 1.1. bis 31.12.
☎ 0045 98962188
info@vendelbo-vans.dk, www.vendelbo-vans.dk

➔ E 39 Aalborg-Hirtshals, Abf. (4) Hjørring S, auf die 533 Richtung Tårs, dort am Ortseingang am ersten Kreisel links auf den Damhusvej, ausgeschildert. ✉ Damhusvej 23 (GPS: 57°23'22"N / 10°6'52" E).

300 m

Stellplatz auf dem Gelände eines Reisemobilhändlers. Angelegte Stellflächen auf Pflaster und Rasengittersteinen, bis 10 m Länge. Toilette und Dusche 24 Stunden offen. Zahlung im Zubehör Shop. Ortszentrum 500 m entfernt. 8 Touristenplätze.

9700 Brønderslev, Nordjütland — ST-DK 1170

»AUTOCAMPERPLADS I BRØDERSLEV« — 1.1. bis 31.12.
☎ 0045 9945 5199, Mobil 0045 41 778466

➔ E 39 Aalborg-Hirtshals, Abf. (6) Brønderslev C, auf die 585 Richtung Brønderslev, am Kreisel rechts auf die 190, erste Straße links und nach ca. 1 km wieder links abbiegen in die Stenberggade. ✉ Stenberggade 2 (GPS: 57°16'29"N / 9°57'8" E).

100 m, 500 m

Stellplatz auf einem gemischten Parkplatz in der Nähe des Rhododendronparks. Stellflächen auf Asphalt und Schotter, bis 10 m Länge. Maximal Aufenthalt 3 Nächte möglich. Ver-und Entsorgungsmöglichkeiten vorhanden. Stadtzentrum 500 m entfernt. 30 Touristenplätze.

9480 Grønhøj, Nordjütland — ST-DK 1180

Abfahrt 20 **»QUICK-STOP GRØNHØJ STRAND CAMPING«** — 8.4. bis 18.9.
☎ 0045 98884433, Fax 0045 98883644
info@gronhoj-strand-camping.dk, www.gronhoj-strand-camping.dk

➔ Straße Nr. 55 Aalborg-Hirtshals, in Ingstrup links Richtung Grønhøj-Strand abbiegen, der Ausschilderung zum Campingplatz folgen. ✉ Kettrupvej 125 (GPS: 57°19'14"N / 9°40'39" E).
∴ Küstenfischereimuseum Løkken (7 km).

100 m, 700 m

Quick-Stop vor einem Campingplatz nahe dem Grønhøj-Strand. Stellflächen auf Schotter, bis 12 m Länge. Quick-Stop von 18 bis 10 Uhr möglich! Ort 2 km entfernt. 10 Touristenplätze.
2022: C MC-St/N inkl. 4 P/N 110.– bis 130.–, weitere P/N 89.–, K/N 2 bis 12 J. 46.–, WD/4 min. 5.–, Waschmaschine 25.–, Trockner 25.–, Strom/N 35.– (13 A). KT, H/N, Entsorgung, Müll, Wasser und Sanitärbenutzung inklusive.

9320 Hjallerup, Nordjütland ST-DK 1240

»STELLPLATZ BASTHOLM« 1.1. bis 31.12.

joanbastholm@dlgmail.dk

➔ E 45 Aalborg-Frederikshavn, Abf. (16) Hjallerup, auf die 539 Richtung Hjallerup, dort auf die 180 Richtung Norden nach ca. 1 km liegt der Hof auf der rechten Seite. ✉ Aalborgvej 715 (GPS: 57°10'43"N / 10°9'41" E).
Schloss Dronninglund (8 km).

Stellplatz auf einem Bauernhof. Stellflächen auf Wiese, bis 12 m Länge. Ort 1.5 km entfernt. 5 Touristenplätze.

9300 Sæby, Nordjütland ST-DK 1257/1

»VOERSÅ FISKERLEJE« 1.1. bis 31.12.
☎ 0045 98851179
info@voersaafiskerleje.dk, **www.voersaafiskerleje.dk**

➔ E 45 Aalborg-Frederikshavn, Abf. (14) Flauenskjold, auf die Str. 589 Richtung Voerså. Dort der Ausschilderung zum Fischerei- und Freizeithafen folgen. ✉ Havstokken 11 (GPS: 57°12'13"N / 10°29'37" E).
Schloss Voergård (liegt direkt an der Autobahnabfahrt Richtung Voerså).

RES WC W W WC Ch 500 m 550 m

Stellplatz am Fischerei- und Freizeithafen, direkt am Meer. Stellflächen auf Schotter und Gras, bis zu einer Länge von 10 m. Ort 500 m entfernt. 15 Touristenplätze.

7730 Hanstholm, Nordjütland ST-DK 1395/2

»STELLPLATZ THY MINI-CAMPING« 1.1. bis 31.12.
Mobil 0045 40216090
leifandreasen@privat.dk, **www.thy-minicamping.dk**

➔ Straße-Nr. 26 Thisted-Hanstholm, nach Zusammenführung der Str. 29 und 26 in Ræhr links abbiegen, ausgeschildert. ✉ Bybakken 1a (GPS: 57°5'25"N / 8°40'27" E).
Museumscenter Hanstholm mit alten Festungsanlagen vom Atlantikwall, Schiffsfahrten.

RES WC W W Ch 50 m

Stellplatz an einem Angelpark. Stellflächen auf Wiese, bis 10 m Länge. Ort 5 km entfernt. 16 Touristenplätze.

7760 Hurup Thy, Nordjütland ST-DK 1470/2

10 **»HURUP AUTOCAMPER-PLADS«** 1.1. bis 31.12.
☎ 0045 97952282
info@amtoft.biz, **www.amtoft.biz/auto-camperplads**

➔ Straße Nr. 11 Holstebro-Thisted, in Hurup Thy der Ausschilderung zum Zentrum folgen, dort in die Straße Kløvermarken, ausgeschildert. ✉ Kløvermarken 15 (GPS: 56°45'2"N / 8°25'45" E).

RES 500 m

Stellplatz im Ortszentrum in einem Wohngebiet. Ausgewiesene ebene Stellflächen auf Schotter, bis 12 m Länge. Ortszentrum 500 m entfernt. 4 Touristenplätze.
2022: MC/N 50.–. P/N und H/N inklusive.

9670 Løgstør, Nordjütland ST-DK 1610/1

»LØGSTØR MARINA« 1.1. bis 31.12.
Mobil 0045 23423810
info@visitvesthimmerland.dk, **www.visitvesthimmerland.dk**

➔ Straße Nr. 29 Nørager-Hanstholm, südlich der Aggersundbroen auf die 533 Richtung Løgstør, dort der Ausschilderung zum Yachthafen folgen. ✉ Kanalvejen 19 (GPS: 56°58'0"N / 9°14'39" E).
Limfjordmuseum (200 m).

WC W W 100 m 500 m

Stellplatz an einem Yachthafen direkt am Limfjord. Stellflächen auf Wiese, bis 10 m Länge. Bezahlung beim Hafenmeister von 8-9 Uhr und nach 17 Uhr im kleinen gelben Haus hinter dem Eishaus. Ortszentrum 500 m entfernt. 12 Touristenplätze.

9240 Nibe, Nordjütland ST-DK 1730/1

»NIBE LYSTBÅDEHAVN« 1.3. bis 31.10.
☎ 0045 601 50517
havnekontoret@nibe-havn.dk, **www.nibe-havn.dk/index.php?G%E4ste_Info**

➔ E 45 Aarhus-Aalborg, bei Aalborg auf die 187 Richtung Nibe, dort an der 187 gelegen zum Freizeithafen abbiegen. ✉ Bryggen 52 (GPS: 56°59'16"N / 9°38'11" E).
Altstadt von Nibe, Nibe Museum.

WC W W Ch 100 m 400 m

Stellplatz bei einem Freizeithafen. Stellflächen auf Schotter und Schotterrasen, ohne Längenbeschränkung. Maximal 3 Nächte Aufenthalt möglich. Bezahlung am Automat bei der Hafenmeisterei. Ortszentrum 900 m entfernt. 14 Touristenplätze.

9574 Bælum, Nordjütland ST-DK 1825

»STELLPLATZ HENRIKSEN« 1.1. bis 31.12.
☎ 0045 983 37067
aa_kjeldsen_@hotmail.com

➔ E 45 Aarhus-Aalborg, Abf. (33) Haverslev, auf die 535 Richtung Arden, ca. 5.5 km hinter der Ortschaft Astrup am Kreisel weiter geradeaus Richtung Terndrup und Bælum, dort ca. 400 m hinter der Kirche links in den Haelskovvej abbiegen. ✉ Haelskovvej 2 (GPS: 56°50'17"N / 10°7'12" E).

Ch 1 km

Stellplatz bei einem Bauernhof. Stellflächen auf Wiese, bis 8 m Länge, Maximal 2 Nächte Aufenthalt möglich. Ort (Bælum) 1 km entfernt. 3 Touristenplätze.

9560 Hadsund, Nordjütland ST-DK 1837/1

»STELLPLATZ SØRENSEN« 1.1. bis 31.12.
☎ 0045 98581944
hvirvelkaergaard@sol.dk, **www.hvirvelkaergaard.dk**

➔ E 45 Randers-Aalborg, Abf. (34) Hobro N, auf die 541 Richtung Hadsund, auf dieser Straße bleiben bis Als, ca. 600 m hinter Als liegt der Stellplatz auf der linken Seite. ✉ Kystvejen 202 (GPS: 56°45'55"N / 10°17'6" E).

WC W 50 m 300 m 900 m

Stellplatz bei einem ehemaligen Bauernhof in unmittelbarer Nähe zum Meer. Stellflächen auf Wiese, bis 12 m Länge. Ort 900 m entfernt. 15 Touristenplätze.

9610 Nørager, Nordjütland ST-DK 1930

»STELLPLATZ HANSEN« 1.1. bis 31.12.
☎ 0045 217 89223
gh@24online.dk

➔ E 45 Aarhus-Aalborg, ABf. (33) Haverslev, auf die 535 Richtung Arden, erste Möglichkeit rechts in den Fyrkildevej einbiegen, der Bauernhof liegt nach ca. 850 m auf der rechten Seite. ✉ Fyrkildevej 39 (GPS: 56°46'30"N / 9°42'36" E).

Stellplatz bei einem Bauernhof. Stellflächen auf Wiese, ohne Längenbeschränkung. Ortszentrum (Haverslev) 3 km entfernt. 3 Touristenplätze.

9500 Hobro, Nordjütland ST-DK 1980/2

Abfahrt

10 **»STELLPLATZ OLESEN«** 1.1. bis 31.12.
☎ 0045 98557128
jensnolesen@gmail.com

➔ E 45 Randers - Aalborg, Abf. (34) Hobro N, auf die 541 Richtung Hobro, erste Straße links abbiegen und bis zum Ende durchfahren. ✉ Ormhøjen 10 (GPS: 56°40'8"N / 9°44'9" E).
Fyrkat (kreisförmige Wikingerburg mit Ringwall) in Hobro.

RES

Stellplatz bei einem Bauernhof. Stellflächen auf Wiese, bis 15 m Länge. Ort 5.5 km entfernt. 3 Touristenplätze.
2022: St/N 7.–, Strom/N 3.–. KT, H/N und Wasser inklusive.

7600 Struer, Mittel-Jütland ST-DK 2008

»STELLPLATZ MARINA STRUER« Apr. bis Nov.
☎ 0045 97850228
havn@struer.dk, **www.struerhavn.dk**

➔ Straße Nr. 11 Holstebro-Thisted in Struer der Auschilderung zum Yachthafen folgen. ✉ Ved fjorden (GPS: 56°29'37"N / 8°35'30" E).
Museum Torngaard (u.a. die Geschichte der Firma Bang & Olufsen).

WC W W WC Ch 100 m 1 km

Stellplatz an einem Yachthafen am Limfjord. Stellflächen auf Schotterrasen und Schotter, bis 10 m Länge. Zugang zu Toilette und Segelclub. Ortszentrum 500 m entfernt. 6 Touristenplätze.

8930 Mellerup, Mittel-Jütland ST-DK 2330

»MARINA MELLERUP BÅDELAUG« 1.4. bis 30.10.
☎ 0045 40541650
sekretaer.mellerupbaadelaug@gmail.com, **www.mellerupbaadelaug.dk**

➔ E 45 Aarhus-Aalborg, Abf. (40) Randers C, Richtung Randers, auf dieser Straße bleiben Richtung Lindbjerg, dort rechts Richtung Mellerup, der Ausschilderung zur Marina folgen. ✉ Amtsvejen 153 (GPS: 56°31'26"N / 10°13'19" E).
Schloss Clausholm, diverse Museen in Randers.

RES WC W W Ch 400 m

Stellplatz an einem Yachthafen am Randersfjord. Stellflächen auf Schotter, bis 8 m Länge. Ortszentrum 1 km entfernt. 3 Touristenplätze.

8963 Auning, Mittel-Jütland ST-DK 2420

»QUICK-STOP AUNING CAMPING« 29.4. bis 12.9.
☎ 0045 864 83397
mail@auningcamping.dk, **www.auningcamping.dk/information/priser/**

➔ E 45 Aarhus-Aalborg, Abf. (43) Sdr Borup, auf die 16 Richtung Grenå, in Auning auf die 563 abbiegen, nach ca. 600 m rechts abbiegen, ausgeschildert. ✉ Reimersvej 13 (GPS: 56°26'6"N / 10°23'4" E).

Quick-Stop über Nacht von 22-8 Uhr bei einem Campingplatz. Stellflächen vor der Schranke auf Schotter, ohne Längenbeschränkung. Maximal 12 Stunden Aufenthalt möglich. Benutzung der Serviceeinrichtungen gegen Gebühr möglich. Bei Ankunft außerhalb der INFO-Öffnungszeiten - überprüfen Sie die Informationen an Tür / Fenster. Ortszentrum 500 m entfernt. 9 Touristenplätze.

8830 Tjele, Mittel-Jütland ST-DK 2510/1

»STELLPLATZ NY LUNDGÅRD« 1.1. bis 31.12.
☎ 0045 29473417
mail@kirstenkjaergaard.dk, www.nylundgård.dk

➔ E 45 Aarhus-Aalborg, Abf. (40) Randers C, Richtung Viborg, bei Læsten links in den Randersvej abbiegen. ✉ Randersvej 58 (GPS: 56°29'44"N / 9°46'57" E).
Dom zu Viborg.

Stellplatz auf einem Bauernhof mit Eiscremefabrik. Stellflächen auf Wiese und Schotter, bis 12 m Länge. Eiscremeverkauf. Frühstück auf Anfrage möglich. Ort 1 km entfernt. 3 Touristenplätze.

6950 Ringkøbing, Mittel-Jütland ST-DK 2620/2

»STELLPLATZ DET GAMLE HÜLOFT« 1.1. bis 31.12.
☎ 0045 97337259
www.detgamlehoeloft.dk

➔ Straße Nr. 15 Herning - Ringkøbing-Søndervig, ca. 6 km westlich von Ringkøbing links in den Baggersvej abbiegen, dann gleich wieder rechts in den Sønderbyvej abbiegen. Der Stellplatz liegt nach 250 m auf der rechten Seite. ✉ Sønderbyvej 8 (GPS: 56°6'49"N / 8°10'13" E).
Ringkøbing Museum.

Stellplatz an einem Bauernhof in sehr ruhiger Lage in der Nähe des Ringkøbing Fjords. Stellflächen auf Wiese. Stadtzentrum 2 km entfernt. 6 Touristenplätze.

6950 Søndervig, Mittel-Jütland ST-DK 2622

20 **»QUICK-STOP SØDERVIG CAMPING«** 1.1. bis 31.12.
☎ 0045 97 339034
post@soendervigcamping.dk, www.soendervigcamping.de

➔ Straße Nr. 15 Herning - Ringkøbing, dort weiter Richtung Søndervig und der Ausschilderung zum Campingplatz folgen. ✉ Solvej 2 (GPS: 56°6'43"N / 8°7'3" E).

500 m 700 m

Quick-Stop bei einem Campingplatz. Parzellierte, gekieste Stellflächen mit kleinen Wiesenanteilen. Übernachtung nur von 18 - 10 Uhr möglich. Die Sanitäranlage steht nur im Zeitraum 31.3 bis 1.10 zur Verfügung. Im Winter 2022/23 ist kein Stromanschluss möglich. Ortszentrum 500 m entfernt. 20 Touristenplätze.
2023: MC-St/N 125.–, Benutzung Sanitär P/N 40.–, Waschmaschine 35.–, Trockner 15.–, Strom/N 55.– (10 A). Entsorgung, Müll und Wasser inklusive.

6990 Ulfborg, Mittel-Jütland ST-DK 2630

»STELLPLATZ TVIND SCHOOL CENTER« 1.1. bis 31.12.
☎ 0045 97491849, Fax 0045 97492209
info@tvind.dk, www.tvind.dk

➔ Straße Nr. 20 Ringkøbing-Lemvig, in Ulfborg auf die 537 abbfahren, nach ca. 2 km links in den Skorkærvej abbiegen, der Ausschilderung folgen. ✉ Skorkærvej 8 (GPS: 56°12'27"N / 8°16'44" E).
Skulpturenpark, Windmühlenausstellung.

Stellplatz bei einem Lehrer- und Schülerausbildungszentrum. Stellflächen auf Schotter, bis 12 m Länge. Ort 5 km entfernt. 10 Touristenplätze.

7400 Herning, Mittel-Jütland ST-DK 2695/2

»STELLPLATZ LODAHL« 1.1. bis 31.12.
☎ 0045 208 36287
dklodahl@gmail.com

➔ Straße Nr. 18 Herning-Holstebro, ca. 10 km nördlich von Herning auf die 471 Richtung Vildbjerg abbiegen, am Kreisel rechts Richtung Sinding abbiegen, am nächsten Kreisel geradeaus und die nächste links und sofort wieder rechts in den Nybyvej einbiegen. ✉ Nybyvej 20, Sinding (GPS: 56°12'11"N / 8°52'12" E).

Stellplatz bei einem Bauernhof. Stellflächen auf Wiese, ohne Längenbeschränkung. Maximal 24 Stunden Aufenthalt möglich. Ort (Vildbjerg) 6 km entfernt. 3 Touristenplätze.

7362 Hampen, Mittel-Jütland ST-DK 2852

»STELLPLATZ CAFETERIA-KROEN« 1.1. bis 31.12.
☎ 0045 75775167
cafeteria-kroen@tdcadsl.dk, www.cafeteria-kroen.dk

➔ Straße Nr. 13 Ølholm-Viborg, ca. 1 km nördlich von Gammel Hampen auf der rechten Seite gelegen. ✉ Langbjergvej 1 (GPS: 56°1'49"N / 9°22'40" E).

Stellplatz neben der Straße bei einer Cafeteria (B&B) in Einzellage. Unparzellierte, ebene Stellflächen auf Schotter und Wiese, bis 12 m Länge. 24-Stunden geöffnet. Hüpfkissen. Ort 3 km entfernt. 30 Touristenplätze.

8700 Horsens, Mittel-Jütland ST-DK 2980/1

»HORSENS LYSTBÅDEHAVN« 1.1. bis 31.12.
☎ 0045 76 292929, Mobil 0045 20 801338
pjh@horsens.dk, www.horsenslystbaadehavn.dk

➔ E 45 Velje-Aarhus, Abf. (56) Horsens V, auf die 52 Richtung Horsens, dort auf die 452 Richtung Zentrum und Yachthafen. ✉ Jens Hjernøes Vej 32 A (GPS: 55°51'28"N / 9°52'23" E).
Dänisches Industriemuseum, Horsens Kunstmuseum, Horsens Statsfængsel (früher Horsens Straffeanstalt heute ein Museum).

500 m 600 m 1 km

Stellplatz an einem Yachthafen. Stellflächen auf Schotter. Bezahlung am Automaten. Stadtzentrum 1 km entfernt. 10 Touristenplätze.

6852 Billum, Süd-Dänemark ST-DK 3029

»STELLPLATZ BILLUM CAMPING« 1.1. bis 31.12.
☎ 0045 75258327
inger.billum@turbopost.dk

➔ Straße Nr. 11 Esbjerg-Holstebro, in Varde die nördliche Ortsumgehung benutzen, dann auf die 431, der Stellplatz liegt am westlichen Ortsausgang von Billum kurz vor dem Kreisel auf der linken Seite. ✉ Vesterhavsvej 34 (GPS: 55°37'3"N / 8°19'40" E).
Bernsteinmuseum in Oksbøl (2 km).

100 m

Stellplatz bei einem Bauernhof in ruhiger Umgebung. Stellflächen auf Wiese, bis 10 m Länge. Ortszentrum 300 m entfernt. 6 Touristenplätze.

6870 Ølgod, Süd-Dänemark ST-DK 3053

»STELLPLATZ PREBEN CHRISTENSEN« 1.1. bis 31.12.
☎ 0045 72243110

➔ Straße Nr. 12 Varde-Herning, in Ølgod rechts in den Bejsnapvej abbiegen, nach ca. 4.5 km bei der Kirche links in den Grindstedvej abbiegen, der Hof nach ca. 600 m auf der rechten Seite. ✉ Grindstedvej 4 (GPS: 55°47'38"N / 8°41'58" E).

600 m

Stellplatz bei einem Bauernhof. Stellflächen auf Wiese, bis 8 m Länge. Verkauf von Kartoffeln und Gemüse. Aufenthalt max. 2 Tage. Ort 5 km entfernt. 3 Touristenplätze.

DK

7250 Hejnsvig, Süd-Dänemark ST-DK 3068

»STELLPLATZ PILEGAARDEN« 1.4. bis 30.10.
☎ 0045 6134 8567
pilegaarden@bbsyd.dk

➔ Straße Nr. 30 Esbjerg-Give, in Stenderup Richtung Hejnsvig auf den Refhøjvej nach ca. 9 km links in Søgårdvej abbiegen, der Hof liegt nach ca. 200 m auf der linken Seite am Ende eines Stichweges. ✉ Søgårdvej 120 (GPS: 55°40'50"N / 8°58'37" E).

Stellplatz auf einem Bauernhof in Einzellage. Stellflächen auf Wiese, bis 8 m Länge. Prospekte über Attraktionen/ Erlebnisse in der Umgebung. Großer Aufenthaltsraum. Ort 1 km entfernt. 4 Touristenplätze.

6752 Glejbjerg, Süd-Dänemark ST-DK 3080

»STELLPLATZ BOLDINGGAARD« 1.1. bis 31.12.
☎ 0045 75198424, Mobil 0045 30324470

➔ E 20 Esbjerg - Kolding, Abf. (71) Gørding, Richtung Gleijbjerg, in Terpling links Richtung Bolding abbiegen, nach ca. 2.4 km liegt der Hof auf der linken Seite. ✉ Gammelgårdsvej 3, Bolding (GPS: 55°33'1"N / 8°47'16" E).

500 m

Stellplatz bei einem Bauernhof in ruhiger Einzellage. Stellflächen auf Wiese, ohne Längenbeschränkung. Ort 3 km entfernt. 3 Touristenplätze.

7323 Give, Süd-Dänemark ST-DK 3115

10 **»STELLPLATZ JENSEN«** 1.1. bis 31.12.

vibeke@hejnfelt.dk

➔ Straße Nr. 18 Vejle-Herning, ca. 2 km nördlich von Give rechts in den Oksenbjergevej, der Hof liegt nach ca. 1.7 km auf der rechten Seite. ✉ Oksenbjergevej 20 (GPS: 55°51'38"N / 9°17'29" E).

Stellplatz auf einem Bauernhof in Einzellage. Ebene Stellflächen auf Schotter, bis 10 m Länge. Ort 4 km entfernt. 10 Touristenplätze.
2023: (€) St/N 10.–. Wasser und Strom inklusive.

6720 Rindby, Süd-Dänemark ST-DK 3222

»QUICK-STOP FELDBERG FAMILIE CAMPING« 8.4. bis 23.10.
0045 75163680, Fax 0045 75163333
familie@feldbergcamping.dk, www.feldbergfamiliecamping.dk

→ Vom Fähranleger Fanø der Straße Richtung Rindby folgen, dort der Ausschilderung zum "Feldberg Familie Campingplatz" folgen. ✉ Kirkevejen 3-5 (GPS: 55°25'44"N / 8°23'31" E).
Sønderho Kirke mit 15 Schiffsmodellen, die im Kirchenschiff unter dem Dach aufgehängt sind.

WC W W Ch W HS HS HS

Quick-Stop bei einem Campingplatz vor der Schranke. Beleuchtete und asphaltierte Stellflächen, ohne Längenbeschränkung. Quick-Stop über Nacht von 20-10 Uhr. Die Kosten für QuickStop müssen im Voraus an der Information des Campingplatzes bezahlt werden. Ort und Fähranleger 2.5 km entfernt. 5 Touristenplätze.

6760 Ribe, Süd-Dänemark ST-DK 3230/3

»STELLPLATZ STORKESØEN RIBE« 15.3. bis 31.10.
0045 75410411, Fax 0045 75410857
info@storkesoen.dk, www.storkesoen.dk

→ Straße 11 Tønder-Ribe, Stellplatz liegt am südlichen Ortsrand von Ribe, direkt an der Abzweigung von der Straße 11 auf die Straße 24. ✉ Haulundvej 164 (GPS: 55°19'2"N / 8°45'34" E).
St. Katharina-Kirche, Kloster, Dom, Wikinger- und Kunstmuseum in Ribe.

RES D WC W W WC Ch 500 m 1 km

Großer Stellplatz kurz außerhalb von Ribe mit Bungalows direkt an einem kleinen Angelsee. Ebene, schattenlose Stellflächen auf einem langen Wiesenstreifen. Durch eine Hecke gegliedert. Stellplatz-Länge bis 12 m. Stadtzentrum 1 km entfernt. 70 Touristenplätze.

6760 Ribe, Süd-Dänemark ST-DK 3230/4

10 **»DEN GAMLE STALD«** 1.1. bis 31.12.
0045 75437096, Fax 0045 61517214
fubrammer@mail.dk, www.gamlestald.dk

→ Straße 32 Ribe - Kolding, ca. 5 km nord-östlich von Ribe links auf den Hjortlundvej abbiegen, das B&B liegt nach ca. 1 km auf der linken Seite. ✉ Hjortlundvej 126 (GPS: 55°23'49"N / 8°50'39" E).
St. Katharina-Kirche, Kloster, Dom, Wikinger- und Kunstmuseum in Ribe.

RES WC W W Ch

Stellplatz bei einem ehemaligen Bauernhof, heutigen B&B. Stellflächen auf Asphalt. Stadt 10 km entfernt. 3 Touristenplätze.
2023: St/N 10.–, WD 1.50, Strom/N 3.–. Entsorgung, Wasser, Sanitärbenutzung und W-LAN inklusive.

6760 Ribe, Süd-Dänemark ST-DK 3230/5

»VILLEBOL HOBBY & HAVECENTER« 1.1. bis 31.12.
0045 75437065
hobbyoghave.dk@mail.dk, www.hobbyoghave.dk

→ Straße 32 Ribe-Kolding, nach ca. 9 km links auf die 425 Richtung Tobøl abbiegen, der Stellplatz liegt nach ca. 1 km auf der linken Seite. ✉ Villebolvej 11 (GPS: 55°23'59"N / 8°52'53" E).
St. Katharina-Kirche, Kloster, Dom, Wikinger- und Kunstmuseum in Ribe.

RES WC 200 m

Stellplatz an einem Hofladen mit frischen Produkten und Bastelartikeln. Stellflächen auf Schotter, bis 12 m Länge. Stadt 11 km entfernt. 2 Touristenplätze.

6760 Ribe, Süd-Dänemark ST-DK 3230/7

»QUICK-STOP RIBE CAMPING« 1.1. bis 31.12.
0045 75410777
info@ribecamping.dk, www.ribecamping.dk

→ Straße Nr. 24 Ribe-Esbjerg, am nördlichen Stadtrand von Ribe, ca. 1 km nach Überquerung des Flusses Ribe Å, an der großen Kreuzung links abbiegen, ausgeschildert. ✉ Farupvej 2 (GPS: 55°20'31"N / 8°45'51" E).
St. Katharina-Kirche, Kloster, Dom, Wikinger- und Kunstmuseum in Ribe.

HS 100 m

Quick-Stop auf einem Parkplatz bei einem Campingplatz (vor und hinter der Schranke). Asphaltierte Stellflächen, bis 10 m Länge. Quick-Stop über Nacht von 20-10 Uhr, ohne Zugang zu den Serviceeinrichtungen, Benutzung gegen Aufpreis möglich. Stadtzentrum 1.5 km entfernt. 15 Touristenplätze.

6580 Vamdrup, Süd-Dänemark ST-DK 3270

»REISEMOBILSTELLPLATZ SCHMIDT« 1.1. bis 31.12.
Mobil 0045 40958100
hiogeva@gmail.com

→ E 45 Flensburg-Kolding, Abf. (65) Kolding S, auf die 25 Richtung Vamdrup, nach ca. 5 km Richtung Ødis abbiegen, dort am Ortseingang links auf den Vamdrupvej abbiegen, der Hof liegt nach ca. 500 m auf der linken Seite. ✉ Vamdrupvej 17 (GPS: 55°24'36"N / 9°22'9" E).

400 m 1 km

Stellplatz auf einem Bauernhof, in der Nähe von einem See (Möglichkeit zum Angeln und zur Vogelbeobachtung). Stellflächen auf Schotter. Ort 800 m entfernt. 2 Touristenplätze.

6792 Rømø, Süd-Dänemark ST-DK 3308/1

»AUTOCAMPER OASEN RØMØ« 1.1. bis 31.12.
0045 73755200
oasen-roemoe@bbsyd.dk, www.oasen-roemoe.dk

→ Straße Nr. 11 Tondern-Ribe, in Skærbæk auf die 175 Richtung Rømø abbfahren, dort auf dieser Straße Richtung Süden bleiben, in Sønderstrand in den Langdalsvej rechts abbiegen, erste Straße links und dann wieder rechts in den Rømersvej abbiegen. ✉ Rømersvej 9 (GPS: 55°5'38"N / 8°32'27" E).
Kommandørgården („Kommandeurshof"), Hafen mit Krabbenfischern.

WC W W Ch W TV 600 m

Großer, beleuchteter und dreigeteilter Stellplatz. Von Wiesen und Feldern umgeben. Bereich 1 (28 Stellpätze): parzellierte, ebene, geschotterte und schattenlose Stellflächen (6x10 m) in einer Reihe um einen Teich mit einem Rasenstreifen zwischen den einzelnen Plätze. Ein Pavillon mit Aufenthaltsraum und Platz für 18 Personen mit Tischen, Stühlen und TV steht zur Verfügung. Bereich 2: 75 Stellplätze in 2 Reihen um einen Teich angelegt. Parzellierte, ebene, geschotterte und schattenlose Stellflächen (5x12 m) mit einem 2 m breiten Rasenstreifen zwischen den Parzellen. Auch hier gibt es einen großen Aufenthaltsraum mit TV, Tischen und Stühle, sowie einer Geschirrspülmöglichkeit im Freien und einer Hundedusche. Bereich 3 (67 Stellplätze - nur vom 1.3.-1.11. geöffnet): parzellierte, ebene, geschotterte und schattenlose Stellflächen (5x13 m) mit einem Rasenstreifen zwischen den einzelnen Parzellen. Geschirrspülmöglichkeit im Freien. Boulebahn. Ort 5 km entfernt. 170 Touristenplätze.

6780 Skærbæk, Süd-Dänemark ST-DK 3326

»QUICK-STOP SKÆRBÆK FAMILIE CAMPING« 1.1. bis 31.12.
0045 74752222
skfamcamp@gmail.com, skaerbaekfamiliecamping.dk-camp.dk

→ Straße Nr. 11 Tondern-Esbjerg, nördlich von Skærbæk rechts auf die 175 abbiegen, nach ca. 2 km rechts und gleich wieder rechts in den Ullerupvej abbiegen, ausgeschildert. ✉ Ullerupvej 76 (GPS: 55°10'5"N / 8°47'3" E).

WC W W Ch W

Quick-Stop bei einem Campingplatz. Beleuchtete Stellflächen auf Wiese, ohne Längenbeschränkung. Quick-Stop über Nacht von 20-10 Uhr. Ort 1.5 km entfernt. 25 Touristenplätze.

6280 Højer, Süd-Dänemark ST-DK 3335/2

»WOHNMOBILSTELLPLATZ BEIM VADEHAVSCAMPING«
0045 92 444343 6 m 1.3. bis 31.12.
kontakt@vadehavscamping.dk, vadehavscamping.dk 29 260 qm

→ Straße Nr. 11 Tønder-Ribe, am nördlichen Ortsausgang von Tønder am Kreisverkehr links auf die 419 Richtung Højer abbiegen. Am Ortseingang von Højer rechts Richtung Sønder Sejerslev abbiegen (Str. 419) und nach 2 km links nach Emmerlev Sogn abbiegen, beschildert. ✉ Emmerlev Klev 1 (GPS: 54°59'13"N / 8°39'48" E).

D WC W W W 1 km

Beleuchteter Stellplatz bei einem Campingplatz. In landschaftlich Alleinlage unmittelbar hinter dem Deich (ca. 100 m bis zum Wattenmeer) gelegen. Von Büschen und Bäumen umgeben. Der Stellplatz-Bereich befindet sich von der beschrankten Zufahrt aus gesehen hinter dem Campingbereich (60 Plätze) - 24/7 geöffnet. Geschotterte Fahrwege. Stellflächen (6 x 12 m) zum Teil mit Schotter befestigt, zum Teil mit Rasen angelegt. Rezeption nicht ständig besetzt. Bezahlt werden kann am Terminal mit Kreditkarte oder beim Platzwart in bar. Ort 4 km entfernt. 61 Touristenplätze.

6280 Højer-Daler, Süd-Dänemark ST-DK 3336

»DALER CAMPING« 1.1. bis 31.12.
0045 74783026
6280dalercamping@gmail.com, www.dalercamping.eu

→ Straße Nr. 11 Tønder - Ribe, am nördlichen Ortsausgang von Tønder am Kreisverkehr links auf die 419 Richtung Højer abbiegen. Kurz vor Højer rechts Richtung Daler abbiegen, nach ca. 500 m auf der rechten Seite. ✉ Hvidstrengvej 4 (GPS: 54°58'4"N / 8°44'44" E).
Højer Schleuse und Mühle.

RES D WC W WC 500 m

Stellplatz auf einem kleinen Campinggelände neben einem Bauernhof. Stellflächen auf Wiese, bis 15 m Länge. Nachtruhe von 22.30-7 Uhr. Wenn Sie später ankommen oder früher abfahren möchten, dann bitte anrufen (+45 53263547). Ort 3 km entfernt. 10 Touristenplätze.

6270 Tønder, Süd-Dänemark ST-DK 3340

»AUTOCAMPERPLADS TØNDER« 1.1. bis 31.12.
0045 74 928001, Mobil 0045 40 278314 2 m
booking@danhostel-tonder.dk, https://tsfc.dk

→ B 11 deutsche Grenze - Tønder, am Ortseingang beim Kreisverkehr zum Zentrum abbiegen und kurz vor dem Fluss rechts zum TSFC (Tønder Sport & FritidsCenter - Camping - Danhostel - Autocamper) abbiegen, beschildert. ✉ Sønderlandevej 4-6 (GPS: 54°56'6"N / 8°52'37" E).

W W Ch HS 50 m

Beleuchteter Stellplatz am Ortsrand hinter einem Sport- und Freizeitcenter. Großzügig angelegter Platz mit ausreichend Rangierraum auch für große Wohnmobile. Parzellierte, ebene, schattenlose und fein geschotterte Stellflächen (6x12 m) mit kleinem Rasenanteil. SAT-Empfang möglich. Einmal freier Eintritt in die benachbarte Schwimmhalle/Wellnessbereich. Ortszentrum 400 m entfernt. 40 Touristenplätze.

6520 Toftlund, Süd-Dänemark ST-DK 3342

NATUR PLATZ

»STELLPLATZ DAHL« 1.1. bis 31.12.
☎ 0045 79237388, Mobil 0045 23733600
ncd@eurodan-huse.dk, www.eurodan-huse.dk

➔ E 45 Flensburg - Kolding, Abf. (68) Vojens, Richtung Gabøl, dort auf die Str. 25 Richtung Toftlund. Am südlichen Ortsausgang vor der Kirche links abbiegen, auf den Geestrupvej, nach ca. 600 m links in den Lebækvej abbiegen. Platz liegt nach ca. 350 m auf der rechten Seite. ✉ Lebækvej 2 (GPS: 55°10'42"N / 9°4'40" E).

WC W W Ch

Stellplatz am Ortsrand bei einem Park. In ländlicher Umgebung gelegen. Ebene bis leicht abfallende Stellflächen auf Wiese. Kleiner Teich. Ortszentrum 1.5 km entfernt. 30 Touristenplätze.

6500 Vojens, Süd-Dänemark ST-DK 3350

Abfahrt

»STELLPLATZ ELSE C. WEBER« 1.4. bis 1.10.
☎ 0045 74541072
ec@mail.dk

➔ E 45 Padborg-Kolding, Abf. (68) Vojens, auf die 47 Richtung Vojens, kurz vor dem Ortseingang rechts in den Volbrovej einbiegen, der Hof liegt nach ca. 300 m auf der rechten Seite. ✉ Volbrovej 4 (GPS: 55°15'29"N / 9°19'25" E).

WC W W Ch

Stellplatz bei einem Bauernhof. Stellflächen auf Wiese, ohne Längenbeschränkung. Ort 1.5 km entfernt. 3 Touristenplätze.

6270 Tønder, Süd-Dänemark ST-DK 3365

15 **»STELLPLATZ ROAGER«** 1.1. bis 31.12.
☎ 0045 74666545, Mobil 0045 22956645
mail@roager.eu, www.roager.eu

➔ Straße Nr. 11 Niebüll-Tønder, am Ortseingang von Tønder am Kreisverkehr auf die 8 Richtung Saksborg. Stellplatz liegt nach ca. 7 km auf der rechten Seite. ✉ Flensborglandevej 25 (GPS: 54°55'54"N / 8°59'50" E).
Altstadt von Tønder, Zeppelin- und Garnisonsmuseum Tønder.

RES WC W

50 m

Stellplatz auf einem Bauernhof mit Hundepension. Stellflächen auf Wiese. Ort 10 km entfernt. 3 Touristenplätze.
2022: St/N inkl. 2 P/N 100.–, WD 20.–, Waschmaschine 20.–, Trockner 20.–, Wasser/100 l 20.–, Anschlussgeb. 20.–. P/N, KT, H/N, Müll, Sanitärbenutzung und Strom inklusive. Strom für Wärme kostet 20.– D.Kr.

6100 Haderslev, Süd-Dänemark ST-DK 3404/3

Abfahrt

»HADERSLEV SEIJL CLUBS AUTOCAMPER P-PLADS«
☎ 0045 86560332 15.5. bis 30.9.
naestformand@haderslevsejlclub.dk, www.haderslevsejlclub.dk

➔ E 45 Flensburg-Kolding, Abf. (68) Vojens, auf die 47 Richtung Haderslev, dort auf die 170 Richtung Süden, nach Überquerung des Fjords gleich links in den Ny Erlevvej abbiegen, der Ausschilderung zum Yachthafen folgen. ✉ Sydhavnsvej 1F (GPS: 55°14'53"N / 9°30'1" E).
Dom und Altstadt Haderslev.

WC W W Ch

200 m 500 m

Stellplatz bei einem Yachthafen. Ausgewiesene Stellflächen auf Schotter, bis 10 m Länge. Stadtzentrum 500 m entfernt. 10 Touristenplätze.

6200 Åbenrå, Süd-Dänemark ST-DK 3445/4

Abfahrt

15 **»BAUERNHOF SØJBERG«** 1.4. bis 31.10.
☎ 0045 61544221
ole@soejberg.dk, www.soejberg.dk

➔ E 45 Flensburg-Kolding, Abf. (72) Åbenrå S auf die 42 Richtung Åbenrå, nach ca. 2.5 km auf die 41 Richtung Sonderborg, nach ca. 11 km Richtung Bovrup abbiegen, dort im Zentrum links auf die Straße Varnæsvej Richtung Varnæs abbiegen. Platz liegt ca. 600 m nördlich von Varnæs. ✉ Varnæsvigvej 41 (GPS: 55°1'10"N / 9°34'2" E).
Åbenrå Fjord (2 km).

WC Ch 1 km

Stellplatz auf einem Bauernhof im Grünen. Stellflächen auf Wiese und Schotter, bis zu einer Länge von 7 m. Stadt 10 km entfernt. 5 Touristenplätze.
2022: St/N inkl. 2 P/N 100.–, weitere P/N 15.–, extra MC/N 75.–, Waschmaschine 20.–. H/N, WD, Entsorgung, Müll, Wasser, Sanitärbenutzung und Strom inklusive.

6430 Nordborg, Süd-Dänemark ST-DK 3499/2

10 **»STELLPLATZ L. & S. KROG SØRENSEN«** 1.1. bis 31.12.
☎ 0045 74450730
lisaogsigurd@bbsyd.dk

➔ E 45 Padborg - Kolding, auf die Straße 8 Richtung Sonderborg, östlich von Augustenborg auf die 405 Richtung Nordborg Sogn, dort links Richtung Mjels abbiegen, der Hof liegt am westlichen Ortsrand von Mjels am Ende des Færgevejs. ✉ Færgevej 50, Mjels (GPS: 55°1'38"N / 9°42'44" E).
Nordborg Slot (4.5 km).

Ch 500 m

Stellplatz bei einem Bauernhof. Ebene Stellflächen auf Wiese zwischen einzelnen Obstbäumen, ohne Längenbeschränkung. Ort 4.5 km entfernt. 2 Touristenplätze.
2022: St/N 50.–. Müllgeb., Entsorgung, Wasser und Strom (6 A) inklusive.

6430 Nordborg, Süd-Dänemark ST-DK 3499/4

15 **»AUTOCAMPERPLADS ALS - WOHNMOBILPARK ALS«**
☎ 0045 74451870 1.4. bis 31.10.
info@koebingsmarkcamping.dk, www.koebingsmarkcamping.dk

➔ E 45 Padborg-Kolding, auf die Straße 8 Richtung Sonderborg, östlich von Augustenborg auf die 405 Richtung Nordborg Sogn, am nördlichen Ortsausgang von Nordborg den Købingsmarkvej bis zum Ende fahren und der Ausschilderung zum Campingplatz folgen. ✉ Købingsmarkvej 53 (GPS: 55°4'44"N / 9°43'45" E).
Nordborg Slot (3 km).

100 m HS 3 km

Wohnmobil-Stellplatz vor dem KØBINGSMARK STRAND CAMPING direkt am Meer. Stellflächen auf Rasengitter mit "Rasenfüllung". Ohne Längenbeschränkung. Brötchenservice. Ort 3 km entfernt. 25 Touristenplätze.
2023: MC-St/N inkl. 10 P/N 100.–, Strom/N 43.– (10 A). P/N, H/N, Entsorgung, Müll und Wasser inklusive. Nutzung des Sanitärbereichs des beiliegenden Campingplatzes gegen Gebühr möglich. Zahlung in Euro, DKK oder mit Karte möglich.

5471 Søndersø, Süd-Dänemark ST-DK 3712

»STELLPLATZ MOSEGAARDENS« 1.1. bis 31.12.
☎ 0045 64841012, Mobil 0045 42272012
mail@mosegaarden-nordfyn.dk, www.mosegaarden-nordfyn.dk

➔ E 20 Middelfart-Odense, Abf. (54) Vissenbjerg, auf die 335 Richtung Søndersø, dort links auf die 311 Richtung Særslev, dort Richtung Hemmerslve und Sønder Esterbølle, ausgeschildert. ✉ Mosegårdsvej 2, Esterbølle (GPS: 55°29'37"N / 10°9'7" E).

WC W W Ch

Stellplatz auf einem Bauernhof mit Ferienwohnungen und Angelseen. Stellflächen auf Wiese, ohne Längenbeschränkung. Ort 3 km entfernt. 5 Touristenplätze.

5800 Nyborg, Süd-Dänemark ST-DK 3790/2

»SULKENDRUP VANDMØLLE« 1.1. bis 31.12.
Mobil 0045 29927342
sulkendrupvandmoelle@gmail.com, www.sulkendrupmoelle.dk

➔ E 20 Odense - Kopenhagen, Abf. (46) Nyborg V, auf die 8 Richtung Faaborg, nach ca. 3 km links nach Sulkendrup abbiegen, nach ca 200 m auf der linken Seite, ausgeschildert. ✉ Sulkendrupvej 1 (GPS: 55°17'37"N / 10°42'47" E).
Mühlenführung, Brauerei Refsvindinge (500 m), Schloss Holkenhavn (4 km).

WC W W Ch 100 m

Stellplatz an einer ehemaligen Wassermühle mitten im Grünen. Leicht abfallende Stellflächen auf Wiese. Kleiner Teich. Lagerfeuerplatz. Ort 5 km entfernt. 3 Touristenplätze.

5492 Vissenbjerg, Süd-Dänemark ST-DK 3828

Abfahrt

»MAGTENBØLLE ENGGÅRD« 1.5. bis 15.9.
Mobil 0045 29615859
magtenboelle@gmail.com, www.magtenboelle.dk

➔ E 20 Fredericia-Nyborg, Abf. (53) Odense V, auf die 161 Richtung Vissenbjerg, nach ca. 2 km links in den Magtenbøllevej einbiegen, das B&B liegt nach ca. 1 km auf der rechten Seite. ✉ Magtenbøllevej 94 (GPS: 55°22'38"N / 10°10'22" E).

WC W W Ch

Stellplatz bei einem schönen, alten Vierseit-Bauernhof (ohne Tiere) mit Reetdach (B&B). Stellflächen auf Wiese, ohne Längenbeschränkung. Man kann mit EURO bezahlen. Ortszentrum 3.5 km entfernt. 2 Touristenplätze.

5672 Broby, Süd-Dänemark ST-DK 3860/2

»STELLPLATZ BOGH NATURHOV« 1.1. bis 31.12.
☎ 0045 62641692

➔ E 20 Fredericia - Odense, Abf. Kreuz Odense auf die 9 Richtung Årslev, dort Abf. (11) Årslev auf die 43 Richtung Fåborg, ca. 3 km südlich Sallinge rechts in den Sinaivej Richtung Lyndelse abbiegen, der Hof liegt nach ca. 1.5 km auf der rechten Seite. ✉ Sinaivej 1, Lyndelse (GPS: 55°12'19"N / 10°18'6" E).

50 m

Stellplatz bei einem ehemaligen Bauernhof (schönes Fachwerkgebäude). Stellflächen auf Schotter, bis 8 m Länge. Ort 3.5 km entfernt. 2 Touristenplätze.

4540 Fårevejle, Seeland ST-DK 4080

»STELLPLATZ ANNE-MARIE KYHL SØRENSEN« 1.1. bis 31.12.
☎ 0045 59650712
kyhl@fritid.tele.dk

➔ Straße Nr. 21 Roskilde-Sjællands Odde, bei Tuse auf die 155 abfahren, dann nach ca. 5 km auf die 263 Richtung Fårevejle, vor Fårevejle Stationsby rechts in den Følvangsvej einbiegen, dann links weiter auf dem Sandlyvej, der Hof ist der erste auf der linken Seite. ✉ Sandlyvej 38 (GPS: 55°47'24"N / 11°28'53" E).

RES Ch

Stellplatz auf einem Bauernhof in ruhiger Einzellage. Stellflächen auf Schotter und Wiese, ohne Längenbeschränkung. Ort 1.5 km entfernt. 2 Touristenplätze.

DK

4400 Kalundborg, Seeland — ST-DK 4210

»STELLPLATZ JETTE & PETER LARSEN« — 1.1. bis 31.12.
☎ 0045 2018 6404
peterolarsen@mail.tele.dk

➔ E 20 Kosør-Copenhagen, in Slagelse auf die 22 Richtung Kalundborg abbiegen, bei Ugerløse rechts auf die 219 (Dyssevej) einbiegen, der Stellplatz liegt gleich auf der rechten Seite. ✉ Dyssevej 13 (GPS: 55°37'43"N / 11°10'2" E).

WC W W

Stellplatz bei einem Bauernhof. Stellflächen auf Schotter und Wiese, ohne Längenbeschränkung. Ort (Kalundborg) 6 km entfernt. 3 Touristenplätze.

4320 Lejre, Seeland — ST-DK 4371

15 **»STELLPLATZ OSTEGAARDEN«** — Apr. bis Okt.

grete0306@gmail.com

➔ Straße 23 Kalundborg-Kopenhagen, bei Roskilde auf die 14 Richtung Osted abbiegen. Nach ca. 5 km kurz vor Osted rechts auf die 255 Richtung Hvalsø abbiegen. Der Bauernhof liegt nach ca. 800 m auf der rechten Seite. ✉ Tokkerupvej 9 (GPS: 55°34'26"N / 11°57'32" E).
∴ Altstadt von Lejre, Leijre Museum.

300 m

Stellplatz bei einem Bauernhof in schöner Einzellage. Stellflächen auf Schotter bis 12 m Länge. Ortszentrum 300 m entfernt. 4 Touristenplätze.
2022: St/N 100.–, Strom/N 100.–. Wasser inklusive.

4250 Fuglebjerg, Seeland — ST-DK 4450/1

»STELLPLATZ HØRHAVEGÅRD GITTE TORP OLSEN«
☎ 0045 29275089 — 1.1. bis 31.12.
info@hoerhaven.com, **www.hoerhaven.com**

➔ Straße Nr. 22, Næstved-Slagelse, ca. 3 km nördlich von Fuglebjerg rechts auf die 157 Richtung Tystrup See abbiegen, nach 7.5 km rechts in den Tystrupvej einbiegen, kurz hinter Vinstrup links zum See abbiegen, der Hof liegt auf der linken Seite. ✉ Hørhavevej 1 (GPS: 55°21'3"N / 11°35'16" E).

RES WC W W

Stellplatz auf einem Bauernhof mit B&B. Hørhaven ist ein ökologischer Besucherbauernhof, der klimafreundliche Permakultur und forstwirtschaftliche Landwirtschaft betreibt und sich auf Tierschutz und Biodiversität konzentriert. Stellflächen auf Wiese, bis 8 m Länge. Hofladen. Ort 7 km entfernt. 2 Touristenplätze.

4673 Rødvig Stevns, Seeland — ST-DK 4650/1

»RØDVIG FISKERIHAVN« — 1.1. bis 31.12.
☎ 0045 56506954
roedvighavnekontor@mail.dk, **www.roedvigfiskerihavn.dk**

➔ E 47 Rødby-Køpenhavn, Abf. (37) Rønnede, auf die 154 Richtung Rødvig Stevns, dort Richtung Zentrum abbiegen und der Auschilderung zum Fischerei- und Freizeithafen folgen. ✉ Fiskerihavnen 18 (GPS: 55°15'15"N / 12°22'30" E).

RES WC W W Ch

100 m 500 m

Stellplatz an einem Fischerei- und Freizeithafen. Beleuchtete und asphaltierte Stellflächen, bis 7 m Länge. Ortszentrum 500 m entfernt. 4 Touristenplätze.

4673 Rødvig Stevns, Seeland — ST-DK 4650/2

»QUICK-STOP RØDVIG CAMPING« — 1.4. bis 26.9.
☎ 0045 56506755
info@rodvigcamping.dk, **www.rodvigcamping.dk**

➔ E 47 Rødby - Køpenhavn, Abf. (37) Rønnede, auf die 154 Richtung Rødvig Stevns, dort Richtung Zentrum abbiegen und der Auschilderung zum Campingplatz folgen. ✉ Højstrupvej 2A (GPS: 55°15'4"N / 12°20'57" E).
∴ Stevns Steilküste mit dem Kreidefelsen (2 km).

WC W W Ch W

HS HS HS 1 km

Quick-Stop bei einem Campingplatz. Stellflächen auf Wiese, ohne Längenbeschränkung. Quick-Stop über Nacht von 20-10 Uhr. Um Anmeldung wird von Okt. bis März gebeten. Ortszentrum 2 km entfernt. 15 Touristenplätze.

4720 Præstø, Seeland — ST-DK 4680

Abfahrt

»PRÆSTØ SØSPORTCENTER« — 1.1. bis 31.12.
☎ 0045 40598072
www.vordingborg.dk

➔ E 47 Rødby-Køpenhavn, Abf. (39) Bårse, auf die 265 Richtung Præstø, dort der Ausschilderung zum Yachthafen folgen. ✉ Havnepladsen 14 (GPS: 55°7'28"N / 12°2'36" E).

WC W W Ch

400 m 800 m

Stellplatz an einem Yachthafen. Asphaltierte Stellflächen, bis 7 m Länge. Max. Aufenthalt 2 Tage. Ortszentrum 800 m entfernt. 9 Touristenplätze.

4780 Stege, Seeland — ST-DK 4720

»STEGE HAVN« — 1.1. bis 31.12.
☎ 0045 40180817, Mobil 0045 24764192
stege@vordingborg.dk, **vordingborg.dk/stege-havn**

➔ E 47 Rødby-Køpenhavn, Abf. (41) Vordingbor, auf die 9 Richtung Kalvehave/Møn, in Stege nach Überquerung der Brücke gleich links in den Hafen. ✉ Ved Havnen 6 (GPS: 54°58'59"N / 12°16'54" E).
∴ Møns Klint sowie das GeoCenter Møns Klint.

RES WC W W 100 m

H 150 m 500 m

Stellplatz auf einem gemischten Parkplatz am Hafen auf der Insel Møn. Beleuchtete und asphaltierte Stellflächen, bis 10 m Länge. Aufenthalt max. 4 Tage. Ortszentrum 500 m entfernt. 6 Touristenplätze.

4793 Bogø By, Seeland — ST-DK 4795/2

Abfahrt

»CAFÉ STALDEN« — 1.1. bis 31.12.
☎ 0045 24677705
wilkki@mail.dk, **www.staldenscafe.dk**

➔ E 47 Rødby - Køpenhavn, Abf. (42) Farø, auf die 287, dann erste Straße links in den Farøvej einbiegen, nächste Möglichkeit wieder links einbiegen. Das Café liegt gleich auf der rechten Seite. ✉ Hougårdsbanke 5 (GPS: 54°55'48"N / 12°1'41" E).

RES WC W W Ch

Stellplatz auf dem Parkplatz eines B&B in ruhiger Lage. Stellflächen auf Schotter, bis 10 m Länge. Einkehr obligatorisch. Ort 1.5 km entfernt. 3 Touristenplätze.

4840 Nørre Alslev, Seeland — ST-DK 4805

»STELLPLATZ INGA & PAUL JACOBSEN« — 1.1. bis 31.12.
☎ 0045 40307914
inpa49@gmail.com

➔ E 47 Rødby-Køpenhavn, Abf. (43) Nørre Alslev, hinter Nørre Alslev weiter auf der 293, dann weiter Richtung Alstrup, nördlich der Ortschaft links in den Godthåbsvej einbiegen, der Hof liegt nach ca. 1.8 km auf der linken Seite. ✉ Godthåbsvej 15 (GPS: 54°53'55"N / 11°44'54" E).

RES Ch 500 m

Stellplatz auf einem Bauernhof in ruhiger Einzellage in der Nähe des Meeres. Stellflächen auf Wiese, bis 10 m Länge. Hundeleinenzwang. Ort 5 km entfernt. 20 Touristenplätze.

4990 Sakskøbing, Seeland — ST-DK 4915

Abfahrt

»SAKSKØBING LYSTBÅDEHAVN« — 1.5. bis 1.10.

➔ E 47 Rødby-Køpenhavn, Abf. (46) Sakskøbing, auf die 9 Richtung Sakskøbing, gleich nach der Überquerung der Autobahn auf die 153 abbiegen, aud dieser Straße bleiben und am Hafen rechts der Ausschilderung zum Yachthafen folgen. ✉ Maltrup Vænge 38 (GPS: 54°48'12"N / 11°37'55" E).

WC W W

50 m H 300 m 900 m

Stellplatz an einem Yachthafen am Sakskøbing Fjord. Stellflächen auf Schotter und Wiese. Stadtzentrum 850 m entfernt. 10 Touristenplätze.

4941 Bandholm, Seeland — ST-DK 4958

»BANDHOLM STRAND WOHNMOBILSTELLPLATZ«
☎ 0045 54937056 — 2 m — 1.1. bis 31.12.
info@kragenaes.dk, **www.tallyweb.dk/bandholm/home**

➔ E 47 Rødbyhavn - Sakskøbing, Abf. (48) Maribor und weiter auf der Str. 9 nach Nørreballe. Hier rechts nach Bandholm abbiegen und dem Straßenverlauf zum Strand folgen. ✉ Strandparken 10 (GPS: 54°50'23"N / 11°28'46" E).

400 m 500 m

Parzellierter Stellplatz am Strand mit Blick auf das Smålandmeer und die vorgelagerten Inseln. Ebene bis leicht abschüssige und schattenlose Stellflächen mit einem befestigtem und einem Rasenanteil. Durch Hecken umrahmt und teilweise abgeschirmt. Automatisches Check-In-System. Strand 500 m, Ortszentrum 700 m entfernt. 50 Touristenplätze.

4953 Vesterborg, Seeland — ST-DK 4970

»STELLPLATZ MARGIT & PER HANSEN« — 1.1. bis 31.12.
☎ 0045 54711707, Mobil 0045 26837707
mhh2604@hotmail.com

➔ Straße Nr. 9, Tars-Maribo, ca. 3.5 km östlich von Halsted in Richtung Vesterborg abbiegen, dann nach ca. 1 km rechts in den Skovhusevej einbiegen, nach 2.5 km in den Bøllesmindevej rechts abbiegen, der Hof liegt nach ca. 900 m auf der linken Seite. ✉ Bøllesmindevej 16 (GPS: 54°51'18"N / 11°19'31" E).

RES

Stellplatz auf einem Bauernhof in ruhiger Einzellage. Stellflächen auf Wiese, bis 8 m Länge. Max. Aufenthalt 2 Tage. Ort 4 km entfernt. 3 Touristenplätze.

3720 Aakirkeby, Reg. Kopenhagen — ST-DK 5140

»VINGÅRDEN LILLE GADEGÅRD« — 1.1. bis 31.12.
☎ 0045 21628857
a7@a7.dk, **www.a7.dk**

➔ In Rønne auf den Søndre Ringvej in Richtung Flughafen abbiegen, kurz hinter Grødby liegt der Weinhof auf der linken Seite. ✉ Søndre Landevej

63 (GPS: 55°1'41"N / 14°58'3" E).
Bornholmer Kunstmuseum, Oldtimer-Museum in Aakirkeby, Arnager Kreideküste.

WC W | 500 m 1 km

Stellplatz bei einem Weinhof. Stellflächen auf Schotter, ohne Längenbeschränkung. Max. Aufenthalt 2 Tage. Wein- und Whisky-Verkauf. Ort 1 km entfernt. 10 Touristenplätze.

3250 Gilleleje, Reg. Kopenhagen ST-DK 5200

»SMIDSTRUP FARMEN« Apr. bis Okt.
0045 21266699
smidstrup-farmen@mail.dk, **www.smidstrup-farmen.dk**

➔ E 47 Kopenhagen-Helsingør, ca. 1 km vor Ende der Autobahn in Höhe Mørdrup auf die 213 Richtung Nygård abbiegen. Dort links auf die 205 Richtung Westen abbiegen. Nach ca. 4 km rechts auf die 235 abbiegen, Richtung Hornbæk. Dort links auf die 237 abbiegen und der Küstenstraße bis Smidstrup folgen. Im Zentrum von Smidstrup links auf den Helsingevej, nach ca. 1.5 km liegt der Platz auf der rechten Seite. ✉ Jydebjergvej 32 (GPS: 56°6'14"N / 12°13'33" E).
Fischerdorf Gillelej (5 km).

WC | 1 km

Stellplatz auf einem Erlebnisbauernhof in Einzellage. Stellflächen auf Schotter/Wiese, bis 12 m Länge. Meer ca. 1.2 km entfernt. Es werden zahlreiche Aktivitäten mit den Hoftieren angeboten. Ort 1 km entfernt. 2 Touristenplätze.

3480 Fredensborg, Reg. Kopenh. ST-DK 5420

Abfahrt

»STELLPLATZ HØJSAGER CAMPING« 24.3. bis 30.9.
0045 49194448, Fax 0045 49194448
info@hojsagercamping.dk, **www.hojsager.dk-camp.dk**

➔ E 47 Kopenhagen-Helsingør, Abf. Humlebæk Richtung Søholm, Platz liegt kurz hinter Søholm auf der rechten Seite. ✉ Humlebækvej 31 (GPS: 55°58'3"N / 12°27'20" E).
Schloss Fredensborg (3 km), Humlebæk Louisiana Museum (5 km).

RES WC W W Ch W

Stellplatz bei einem Campingplatz. Stellflächen auf Wiese mit altem Baumbestand, bis 12 m Länge. Ideal geeignet als Durchgangsplatz auf der Reise von und nach Norden. Ort 3 km entfernt. 30 Touristenplätze.

3400 Hillerød, Region Kopenhagen ST-DK 5450

»STELLPLATZ SKOVGARDEN« 1.1. bis 31.12.
0045 48250560
johs@johs.dk, **www.johs.dk**

➔ E 47 Kopenhagen-Helsingør, Abf. (9) Hørsholm C, auf die 19 Richtung Hillerød, Abf. Hillerød links auf die 6 abbiegen. Nach ca. 5 km links in den Hestehavevej abbiegen der Ausschilderung zum JOHS skinddesign og værksted folgen. ✉ Hestehavevej 24 (GPS: 55°54'7"N / 12°18'40" E).
Schloss Frederiksborg (2 km).

WC W Ch

Stellplatz an einem Bauernhof in ländlicher Umgebung. Stellflächen auf Wiese, bis 7.50 m Länge. Frühstückservice möglich. Schneiderei für Lederbekleidung am Hof. Stadtzentrum 2 km entfernt. 5 Touristenplätze.

3500 Værløse, Reg. Kopenhagen ST-DK 5470

»VÆRLØSE AUTOCAMPERPLADS« 1.1. bis 31.12.
0045 72354000
furesoe@furesoe.dk, **www.furesoe.dk**

➔ E 47 Kopenhagen-Helsingør, Abf. Gladsaxe auf die 16 Richtung Hillerød, Abf. (8) Værløse links Richtung Zentrum auf den Kollekollevej abfahren, an der 3. Ampel rechts und weiter Richtung Værløse Kirke. Nach 500 m rechts abbiegen auf Skovgårds Alle, Stellplatz nach 50 m auf der linken Seite. ✉ Skovgårds Alle 37 (GPS: 55°47'7"N / 12°22'37" E).

RES | 300 m 500 m

Stellplatz im Zentrum am Museum gelegen. Stellflächen auf Schotter bis 10 m Länge. Nächste Versorgungsmöglichkeit werktags an der Staunsholt-Kläranlage (Sommervej 20, 3520 Farum). 4 Touristenplätze.

SPANIEN

Besondere Vorschriften und Regelungen

Personaldokumente: Für die Dauer des Aufenthalts gültiger Reisepass - für einen Aufenthalt bis zu 3 Monaten auch der Personalausweis ausreichend - oder maschinenlesbarem Kinderreisepass mit Foto der Bundesrepublik Deutschland. Detaillierte Informationen erhalten Sie vom Auswärtigen Amt, www.auswaertiges-amt.de.

Impfbescheinigungen: Werden nicht verlangt.

Dokumente für Haustiere: Für Hunde und Katzen ist der »EU-Heimtierausweis« mitzuführen, der von behördlich ermächtigten Tierärzten ausgestellt wird. Der Ausweis muss Angaben zum Besitzer enthalten und dem Tier eindeutig zugeordnet werden können, d.h., das Tier muss durch Mikrochip identifizierbar und die Kennzeichnungs-Nr. im Ausweis eingetragen sein. Ein gültiger Tollwutschutz muss ebenfalls im Heimtierausweis nachgewiesen werden. Die Erstimpfung muss mindestens 21 Tage zurückliegen. Wiederholungsimpfungen müssen in den Zeiträumen, die der Hersteller des Impfstoffes vorsieht, durchgeführt werden. Es gelten regionale Regelungen zur Leinen- und Maulkorbpflicht. Bei Einfuhr gefährlicher Rassen sind Auskünfte bei den zuständigen Gemeinden und autonomen Regierungen einzuholen. Für die Einfuhr von Vögeln ist ein amtstierärztliches Gesundheitszeugnis in spanischer Übersetzung notwendig.

Ausführliche Informationen zur Einreise mit Tieren über die Abteilung für Landwirtschaft, Fischerei und Ernährung der Spanischen Botschaft, Berlin, Fax 0 30/25 79 95 57.

Kfz: Nationaler Führerschein und Zulassung sind ausreichend. Das Länder-Kennzeichen »D« muss am Fahrzeug und am Anhänger angebracht sein, bzw. im EU-Nummerschild enthalten sein. Haftpflichtversicherung besteht für Personenschäden. Die »Internationale Grüne Versicherungskarte« sollte mitgeführt werden. Ersatzglühbirnen und zwei genormte Warndreiecke sind Vorschrift. Ist der Fahrer nicht der Eigentümer des Fahrzeuges, muss eine notariell beglaubigte Benutzungsvollmacht des Fahrzeughalters vorliegen.

Verkehrsvorschriften: Rechtsverkehr. Überholverbot gilt 100 m vor und hinter einer Kuppe. Auf Bergstraßen ist Überholen mit Wohnanhängergespann verboten; im Zweifelsfall hat das bergauffahrende Fahrzeug Vorfahrt. Auf gut beleuchteten Straßen darf nur mit Standlicht gefahren werden. Bahnübergänge sind vielfach nicht gesichert, deshalb ist größte Vorsicht geboten. Parkscheine sind in größeren Städten erforderlich. Es besteht Anschnallpflicht. Bleibt ein Auto wegen einer Panne/Unfall liegen, muss der Fahrer beim Verlassen des Fahrzeuges eine reflektierende Warnweste tragen. Promillegrenze 0,5.

Umweltzonen: In Spanien sind derzeit 7 Umweltzonen eingerichtet worden. Dies betrifft hauptsächlich die Region Katalonien mit Barcelona und die Region Madrid, wo in und um die Hauptstadt Madrid ein komplexes Konstrukt fester und wetterabhängiger Zonen gilt. Für die Einfahrt in bestehende Umweltzonen ist die spanische Umweltplakette Distintivo-Ambiental erforderlich.

Da in Spanien im Gegensatz zu Deutschland aber nicht nur fest eingerichtete Umweltzonen existieren, sondern auch wetterbedingte Zonen (abhängig von NOx und Feinstaub-Werten), gelten bestimmte Einfahrverbote mit und ohne Distintivo-Ambiental nur bei Aktivierung der Zone durch die örtlichen Behörden.

In den fest eingerichteten Zonen sowie auch in den wetterabhängigen Zonen (Achtung: keine Verkehrsschilder) gelten die entsprechenden Fahrverbote für alle Fahrzeugtypen; auch für Leichtfahrzeuge wie Mofa, Motorrad, Quad etc.).

Die Distintivo-Ambiental Plakette ist in 4 verschiedenen Klassen erhältlich, wobei die Plaketten B und C eine EURO-Klasse 4 und höher für alle Fahrzeugtypen voraussetzen (Leichtfahrzeuge ab EURO-Klasse 2). Die Plaketten-Klassen 0 und ECO sind für Fahrzeuge mit Gas, Elektro- und Wasserstoff bzw. für Hybridfahrzeuge reserviert.

Eine spanische Umwelt-Plakette muss – im Gegensatz zu einer Mautvignette – nur einmal angeschafft werden. Diese ist so lange gültig, wie das Kennzeichen des Fahrzeuges nicht wechselt. Eine spanische Distintivo-Ambiental ist derzeit (Stand Juli 2020) bei Green-Zones nur für in Spanien registrierte Fahrzeuge erhältlich. Für ausländische Fahrzeuge gelten komplizierte Ausnahmegenehmigungen, die bei lokalen Behörden beschafft werden können. Für Barcelona Stadt ist eine Registrierung Pflicht. Ab Herbst 2020 wird eine Registrierung als Dienstleistung durch Green-Zones angeboten. Die sich daraus ergebende Bestätigung und Erlaubnis der Einfahrt wird dem Fahrzeug des Kunden durch Green-Zones übersichtlich vor Einfahrt zur Verfügung gestellt.

Die Umweltzonen in Spanien werden durch Polizei und kommunale Angestellte überwacht. Bei einem Verstoß gilt ein Bußgeld von 90 Euro plus Bearbeitungsgebühren. In Barcelona sind auch Strafen mit bis zu 1.800 Euro vorgesehen.

Zoombare Karten aller Umweltzonen mit ihren Grenzen sowie detailliertere Informationen zu den einzelnen Fahrzeugtypen, EURO-Klassen, Wochentagen, Uhrzeiten, Sonderregelungen und Ausnahmen sind verfügbar unter **www.Distintivo-Ambiental.es** oder **www.Green-Zones-App.eu**.

Straßengebühren: Auf Autobahnen werden in der Regel Gebühren erhoben. Die Bezahlung ist mit Euro/Mastercard möglich, jedoch sollte auch Bargeld griffbereit sein.

Autofähren: Im Word Wide Web (www) z.B. unter www.directferries.de finden Sie u.a. Fähren von Spanien, Italien und Frankreich zu den Kanarischen Inseln, Balearen und nach Marokko. Hier gibt es ca. 80 Fährverbindungen. Das Angebot ist sehr groß und somit nicht ganz einfach, dass beste zu finden. Die langsamen Fähren sind günstiger als die schnellen Schiffe. Die Fährverbindungen als auch der Fahrplan kann sich ständig ändern. Wir

ATLANTISCHER
OZEAN
Rías Altas
Ortigueira
A Coruña
Ferrol
Cabo Fisterra
Santiago
Melide
Lugo
Rías
Baixas
Pontevedra
Monforte de Lemos
Vigo
Ourense
Río Miño
Emb. de Bao
Ribadeo
Avilés
Gijón
Oviedo
Costa
Verde
Santander
Torrelavega
Riaño
Reinosa
Barakal
Ponferrada
León
Sahagún
Osorno
Burgos
Palencia
Puebla de Sanabria
Benavente
Viana do Castelo
Braga
Chaves
Porto
Río Douro
Zamora
Valladolid
Tordesillas
Aranda de Duero
Río Duero
Salamanca
Ciudad Rodrigo
Peñaranda de Bracamonte
Segovia
Ávila
Figueira da Foz
Coimbra
PORTUGAL
Leiria
Béjar
Madrid
Guadalajara
Alcalá de Henares
Arenas de San Pedro
Plasencia
Río Tajo
Talavera de la Reina
Santarem
Lisboa
Setubal
Valencia de Alcántara
Cáceres
Trujillo
La Nava
Toledo
Tarancón
Quintanar de la Orden
Badajoz
Mérida
Evora
Río Guadiana
Ciudad Real
Barcarrota
Almadén
Puertollano
La Roda
Beja
Fuente de Cantos
Valdepeñas
Fuente Ovejuna
Alcaraz
Valverde del Camino
Cordoba
Linares
Jaén
Cazorla
Faro
Huelva
Sevilla
Ecija
Río Gentil
R. Guadalquivir
Lucena
Osuna
Vélez Rubio
Golfo
de Cádiz
Jerez de la Frontera
Arcos de la Frontera
Antequera
Granada
Huercal-Overal
Cádiz
Ronda
Malaga
Motril
Adra
Almería
Costa
de la Luz
Estepona
Marbella
Algeciras
La Línea
Tarifa
Gibraltar
Tanger
Costa
del Sol
Costa de Almería
5290
5310
5312
5510
5531/32
5590
5260
5270
5320
5202
5190
5329
5650
5720
5163
5340
5840/41
6290
5360
4855
5910
5995
5095
4738
4746
5390
5070
5480
6380
4810
5010
5030
5420
4735
4731
4756
5440
4721
4815
4741
4790
4703
4690
4660
4830
4680
4861
4563
4590
4545
4850
4440
4530
8090
8055
4400
4390
8520
8300
8350
8530
4320
8500
8750
4268
8670
4070
4110
8665
8630
8660
4020
8720
4002
3900
8650
8730
3833
3862
3890
3980
3840
3930
3830
3865
3883
3860
3820
3460
3785
3570
3475
3780
3480
3345
3730
3538/40
3331
3591
3445
3365
3710
3702

Périgueux
Bordeaux
Dordogne
FRANKREICH
Golfo de Vizcaya
Costa Vasca
Bilbao
Barakaldo
Donostia-San Sebastián
Biarritz
Pau
Tarbes
Toulouse
Tarn
Beziers
Perpignan
Gasteiz-Vitoria
Miranda de Ebro
Pamplona
Logroño
Jaca
Huesca
Ainsa-Sobrare
Andorra la Vella
ANDORRA
Soria
Río Ebro
Río Duero
Zaragoza
Calatayud
Barbastro
Lleida
Cervera
Manresa
Vic
Ripoll
Figueres
Girona
Terrassa
Igualada
Sabadell
Mataro
Malgrat de Mar
Costa Brava
Barcelona
Vilanova
Reus
Tarragona
Caspe
Alcolea del Pinar
Montalbán
Tortosa
Costa Daurada
Vinaròs
Teruel
Cuenca
Torre Baja
Castellón de la Plana
Costa de Azahar
Sagunto
Requena
València
Golfo de València
La Roda
Albacete
Almansa
Cullera
Denía
Alcoi
Benidorm
Hellín
Cieza
Elx
Alicante
Costa Blanca
Murcia
Vélez Rubio
Lorca
Aguilas
Cartagena
Costa Cálida
IBIZA
Eivissa
FORMENTERA
MALLORCA
Palma
Artá
Manacor
Santanyi
MENORCA
MITTELMEER

empfehlen den direkten Kontakt zu den verschiedenen Reedereien. Der Verkehrsdienst ist das ganze Jahr und im Sommer auch zwischen den spanischen Inseln, gewährleistet. Die Kanarischen Inseln (u.a. **Teneriffa, Fuerteventura, La Palma, Gran Canaria und Lanzarote**), sind zwölf Vulkaninseln. Die meisten Fährüberfahrten sind zwischen den Inseln. Die Fähren vom spanischen Festland nach den Kanarischen Inseln fahren von Cadiz aber auch von Huelva aus. Die Überfahrten vom spanischen Festland auf die Kanaren sind sehr lang. Die Abfahrtszeit der Fähren zu den Kanarischen Inseln sind meist am Abend und in der Nacht geplant. Fähren auf die Balearen (z.B. **Mallorca, Ibiza, Formentera, Menorca**). Es gibt viele Fährrouten, welche das spanische Festland und auch die Inseln untereinander verbindet. Die wichtigsten Fährhäfen sind auf dem Festland Barcelona und Valencia. Hinzu kommen einige Fähren von Denia und Alicante (beide an der Costa Blanca). Fährverbindungen sind oft teuer, vor allem wenn es keine Konkurrenzsituation gibt. Die Überfahrt von Ibiza nach Formentera dauert mit der Fähre etwa 30 Minuten. Barcelona - Formentera ist eine der meistgebuchten Routen und ist für die Hauptfahrzeiten häufig ausgebucht. **Marokkos** Abfahrtshäfen in Spanien sind: Algeciras, Almeria, Gibraltar, Malaga und Tarifa. In Marokko sind die wichtigsten Häfen Tanger und Ceuta (zu Spanien gehörende Stadt), es gibt aber auch andere. Im Juli und August sind die Preise sehr hoch.

Telefon: Deutschland – Spanien: 0034, dann Durchwahl mit der ersten Ziffer 9. Spanien – Deutschland: 0049, dann Weiterwahl ohne die erste Ziffer der Ortsnetzkennzahl (0).

Unfallnotruf: Polizei: 112, Unfallrettung/Notarzt: 061. Die Pannenhilfe des Automobilclubs RACE kann landesweit immer unter 915 93 33 33 oder 900 11 22 erreicht werden. ADAC-Notrufstationen (deutschsprachig) Barcelona: 935 08 28 28, Madrid: 915 93 00 41. Der Abschleppdienst ist kostenpflichtig. Das Abschleppen durch Privatfahrzeuge ist verboten.

Hinweise für Autofahrer: In der Urlaubszeit werden verstärkt Überfälle auf Touristen entlang der spanischen Autobahnen gemeldet. Sicherheitshinweise für Autofahrer sind an den Mautstationen ausgelegt.

Devisen: Die Ein- und Ausfuhr von Landes- und Fremdwährung ist unbeschränkt gestattet. Eine Deklaration ist jedoch erforderlich, wenn bei Ein- und Ausfuhr von Fremd- und Landeswährung der Betrag von € 10.000.– überschritten wird.

Camping: Spanien verfügt über zahlreiche, gut ausgestattete Campingplätze, die im Einzugsgebiet von Großstädten oft stark von Dauercampern frequentiert sind. 70% der spanischen Campingplätze befinden sich in der autonomen Region Katalonien, wovon wiederum 80% an der Mittelmeerküste liegen. Gutes Trinkwasser, von Ausnahmen abgesehen, ist an der Mittelmeerküste meistens knapp. Daher besteht die Möglichkeit, dass die Sanitäranlagen auf Campingplätzen zum Teil mit Meerwasser versorgt werden.
Die Einrichtungen vieler spanischer Campingplätze entsprechen einem erfreulich hohen Standard, einige Anlagen können als mustergültig bezeichnet werden. Außerhalb der Saison ist der Service allerdings oftmals stark eingeschränkt. Bei den nachfolgend beschriebenen Plätzen handelt es sich um eine Auswahl, die in erster Linie nach touristischen Gesichtspunkten getroffen wurde. Campingplätze mit einem geringen Platzangebot für Touristen wurden nicht berücksichtigt. Das Stromnetz ist auf eine Spannung von 220 V Wechselstrom (50 Hz) ausgelegt. Auf vielen Campingplätzen ist Campinggas nur in blauer Flasche (Butan) erhältlich. Propangas in grauer Flasche der Anbieter Repsol und Cepsa sind bei verschiedenen Tankstellen erhältlich. Dazu ist jedoch ein Adapterset erforderlich
Freies Campen ist in Spanien verboten. Auf Privatgelände darf nur mit Genehmigung des Eigentümers übernachtet werden.
Bei Reservierungen unbedingt auf die Bedingungen achten, da in Spanien bei einigen Plätzen die Vorauszahlung bei Stornierung oder vorzeitiger Abreise nicht erstattet wird.
In Spanien wird keine Kurtaxe erhoben, jedoch auf den meisten Campingplätzen muss die Mehrwertsteuer (IVA in Höhe von 10 %) bezahlt werden.

Hinweise zu Katalonien: In der autonomen Region Katalonien wurden die Ortsnamen und Landschaftsbezeichnungen von der spanischen in die katalanische Sprache abgeändert. Die Straßenbeschilderung in diesem Landesteil ist katalanisch. In der folgenden Beschreibung der Campingplätze sind die Ortsnamen dieser neuen, offiziellen Schreibweise angepasst.

Wassersport: Für die vorübergehende Einfuhr von Booten und deren Anhänger sind Grenzdokumente nicht erforderlich. Führerscheinpflicht besteht bei Booten, deren Motorleistung vier Steuer-PS übersteigt. Der deutsche Bootsführerschein wird anerkannt.

DCC-Beratung: In besonders wichtigen Fällen ist die spanische DCC-Vertretung zur Hilfestellung bzw. Beratung bereit. Die Anschrift lautet: Siegfried Heinze Latzke, Servicios Turisticos, Calle Angli 31, 3°, E-08017 Barcelona,Tel.: 0034 93/2 80 40 44, Fax: 0034 93/205 63 90. Anspruch auf diese Hilfeleistung besteht allerdings nicht.
Deutsch sprechender Rechtsanwalt (Vertrauensanwalt des deutschen Generalkonsulates) für Rechtsschutzangelegenheiten bei Verkehrsdelikten usw.: Francisco Olivellas, Calle Rosellon 216, 14. Stock, Barcelona, Telefon 0034 93/215 65 55.

DCC-Europa-Preisträger – immer eine Reise wert!

Der Deutsche Camping-Club zeichnet jährlich fünf herausragende Campingplätze aus unterschiedlichen europäischen Ländern mit dem populären DCC Europapreis für Campingplätze aus. Gewürdigt werden Plätze, die sich durch besondere Leistungen auszeichnen und für Ihre Gäste ein Höchstmaß an Ferienvergnügen bieten. Sie liegen in den schönsten Gegenden Europas und punkten mit Ausstattung und ideenreichen Angeboten.

Allgemeine Informationen:

D-10707 **Berlin,** Spanisches Fremdenverkehrsamt
Lietzenburger Straße 99
Tel. 030/882 65 43, Fax 030/882 66 61
www.spain.info, berlin@tourspain.es

D-40237 **Düsseldorf,** Spanisches Fremdenverkehrsamt
Grafenberger Allee 100
Tel. 0211/680 39 80, Fax 0211/680 39 85
www.spain.info, duesseldorf@tourspain.es

D-60325 **Frankfurt/Main,** Katalanisches Fremdenverkehrsbüro CTP
Palmengartenstr. 6
Tel. 069/74 22 48 73
www.katalonien-tourismus.de, info@katalonien-tourismus.de

D-60323 **Frankfurt/Main,** Spanisches Fremdenverkehrsamt
Myliusstraße 14
Tel. 069/72 50 33, Fax 069/72 53 13
www.spain.info, frankfurt@tourspain.es

D-80051 **München,** Spanisches Fremdenverkehrsamt
Postfach 15 19 40
Tel. 089/530 74 60, Fax 089/53 07 46 20
www.spain.info, munich@tourspain.es

Vertretung der Bundesrepublik Deutschland:

E-28010 **Madrid,** Deutsche Botschaft
Calle de Fortuny 8
Tel. 0034 91/557 90 00, Fax 0034 91/310 21 04
www.madrid.diplo.de, info@madrid.diplo.de

Campingplätze:

Gebühren-Angaben in EURO.
Bei Gebühren-Angaben mit der Vorjahreszahl muss eventuell mit einer Anhebung der Gebühren für das laufende Jahr gerechnet werden. Außerdem können sich die angegebenen Öffnungszeiten verändert haben und es ist möglich, dass angegebene Ermäßigungen nicht mehr gewährt werden.

17708 Cantallops, Katalonien — ST-E 1005

Abfahrt

»STELLPLATZ BEIM RESTAURANT CAN PAU« 1.1. bis 31.12.
☏ 0034 972 554881
info@restaurantcanpau.com, www.area13.cat/en/canpau.html

➔ Von Le Perthus an der französischen Grenze weiter auf der N-II nach La Jonquera. Hier auf die GI-601 nach Cantallops. ✉ Carretera de Cantallops s/n (GPS: 42°25'7"N / 2°54'50" E).
Schloss Requesens.

WC Ch

Stellplatz am Ortsrand beim Restaurant Can Pau in der hügeligen und bewaldeten Landschaft von Albera. Ebene bis leicht abfallende und asphaltierte Stellflächen. Stellplatz-Länge bis 12 m. Snackbar. Maximal 2 Nächte Aufenthalt möglich! Ort 1 km entfernt 50 Touristenplätze.

17462 Bordils, Katalonien — ST-E 1115

»CARRERAS DEL MAS« 1.1. bis 31.12.
☏ 0034 972490276
cancarrerasmas@hotmail.com, www.cancarrerasdelmas.com

➔ C-66 Basalu-Palafugell, bei Bordils Richtung Norden abbiegen, weiter zum Hotel Can Carreras Del Mas. ✉ Carrer de a Creu 34 (GPS: 42°2'44"N / 2°54'47" E).

Ch

Stellfläche beim Hotel Can Carreras Del Mas am Ortsrand. Stellfläche auf Schotter. 7 Touristenplätze.

17230 Palamós, Katalonien — ST-E 1180/1

»EMPORD AREA« 1.1. bis 31.12.
☏ 0034 608352244
empordarea@empordarea.com
www.empordarea.com/de/Service-Bereich.html

➔ C-31 Palafugell-Sant-feliu de Guixols, Abf. (324) beim Kreisverkehr die 1. Abfahrt nehmen zur EmordArea. ✉ Carrer de la Font dels Canyers (GPS: 41°51'28"N / 3°6'52" E).

WC Ch 350 m 500 m 700 m

Stellplatz in Autobahnnähe im Norden von Palamos. Stellfläche auf Schotter. Strand 1 km entfernt. 40 Touristenplätze.

08397 Pineda de Mar, Katalonien — ST-E 1300

»PINEDA DE MAR« 1.1. bis 31.12.
☏ 0034 608413605
info@areapinedademar.net, www.areapinedademar.net/

➔ C 32 Mataro-Mas-Carbo, Abf. (122) weiter nach Pineda de Mar. ✉ Tarragona 24 (GPS: 41°37'19"N / 2°41'22" E).

Ch 100 m

Stellplatz im Ortszentrum. Stellfläche auf Wiese. Ankunft zwischen 9 Uhr und 21 Uhr. Maximal 4 Nächte Aufenthalt möglich. Max. Reisemobillänge 9 m. Strand 50 m entfernt. 30 Touristenplätze.

08185 Llicà de Vall, Katalonien — ST-E 1319

»CARAVANING PARK VALLES« 1.1. bis 31.12.
☏ 0034 938 445080, Mobil 0034 680 451681
info@caravaningparkvalles.com, www.caravaningparkvalles.com

➔ C-17 Ripoll-Barcelona, bei Llicà de Vall abfahren weiter zum Industriegebiet. (Can Coll-Perdellot) ✉ Carrer Can Coll, 16 (GPS: 41°34'54"N /

2°14'23" E).

Stellplatz auf dem Weg nach Barcelona im Industriegebiet in einem Vorort von Barcelona. Stellfläche bewacht und auf Asphalt. Auch Indoor-Stellplätze. Maximal 2 Nächte Aufenthalt möglich. Werkstatt-Service. Professioneller Reinigungsservice gegen Gebühr. 10 Touristenplätze.

43840 Salou, Katalonien ST-E 1490

»PORTAVENTURA« 1.1. bis 31.12.
☎ 0034 902202220
portaventura@portaventura.es, www.portaventura.es

➔ AP-7 Amposta-Tarragona, Abf. (1152) weiter zum PortAventura. ✉ Avinguda de l'Alcalde Pere Molas (GPS: 41°5'39"N / 1°9'14" E).

Stellplatz beim Freizeitpark PortAventura. Stellfläche auf Asphalt. 48 Std. Vorausbuchung. 100 Touristenplätze.

43785 Bot, Katalonien ST-E 1525

»QUICK-STOP CAMPING TERRA ALTA« 5.3. bis 12.10.
☎ 0034 673 450651
info@campingterraalta.com, campingterraalta.com

➔ N-420 Mora d'Ebre-Alcaniz, bei Gandesa nach Bot abbiegen. ✉ Ctra. T-334 Bot-Prat del Comte km 1 (GPS: 41°0'25"N / 0°22'44" E).

Stellplatz außerhalb des Ortes vor dem Campingplatz Terra Alta. Stellflächen auf Schotter vor dem Campingplatz. Übernachten im Winter von 18-10 Uhr, Sommer von 20-10 Uhr. 5 Touristenplätze.

43870 Amposta, Katalonien ST-E 1540/1

»COSTA DE FUSTA« 1.1. bis 31.12.
☎ 0034 659 194034, Mobil 0034 977 261026
info@lomasdelacuixota.com, www.lomasdelacuixota.com

➔ N-340 Vinaros-Amposta, vor Amposta auf TV-3406 abbiegen. ✉ L' Encanyissada (GPS: 40°39'29"N / 0°40'28" E).

Stellplatz beim Restaurant La Casa de Frusta im Parc Naturel del Delta de L'Ebre. Stellfläche auf Schotter in einer Lagune. Max. Reisemobillänge 10 m. Max 6 Tage Aufenthalt. 30 Touristenplätze.

25537 Pont d'Arròs, Katalonien ST-E 1605

»SLEEP&GO VERNEDA CAMPING« 2.4. bis 14.10.
☎ 0034 973 641024, Mobil 0034 606 756393
info@campingverneda.com, www.vernedacampingmountainresort.com

➔ N230 von Vielha zur franz. Grenze. In Pont d'Arròs beschildert. ✉ Ctra. N-230 Km. 171 (GPS: 42°44'12"N / 0°44'46" E).

Quick-Stop über Nacht von 20-10 Uhr bei einem Campingplatz. Stellflächen auf Wiese, ohne Längenbeschränkung. Bar/Imbiss. Pizzeria. Kiosk. Brötchenservice. Frühstücksservice. Ort 1 km entfernt. 10 Touristenplätze.

25594 Rialp, Katalonien ST-E 1635

»ÁREA AUTOCARAVANAS DE RIALP« 1.1. bis 31.12.
☎ 0034 973 620365
ajuntament@rialp.cat, rialp.ddl.net

➔ C-13 Sort - Viella, im Ort der Beschilderung "Zona esportiva" oder "Hotel Marvel Condes del Pallars" folgen. ✉ Plaça del Tornall, 1 (GPS: 42°26'21"N / 1°8'3" E).

Öffentlicher Wohnmobil-Stellplatz im Ort neben dem Fußballplatz direkt am Fluss. Ebene, unparzellierte und schattenlose Stellflächen auf Schotter. Picknick-Bereich. Infotafel. Strom kann mittels einer Prepaid-Karte bezahlt werden, welche man in den Geschäften in Rialp kaufen kann (Kosten 15 €). 20 Touristenplätze.

25700 La Seu d'Urgell, Katalonien ST-E 1647

»ÀREA D'AUTOCARAVANESES LA SEU D'URGELL«
☎ 0034 973 351511 1.1. bis 31.12.
info@turismeseu.com, turismeseu.com

➔ N-260 Puigcera-La Seu d'Urgell, im Ort zum Ajuntament fahren. ✉ avada Cami del Ral de Cerdanya 8 (GPS: 42°21'31"N / 1°27'50" E).

Stellplatz am östlichen Ortsrand auf einem Parkplatz. Ebene, befestigte und parzellierte Stellflächen. Maximal 2 Nächte Aufenthalt möglich! 9 Touristenplätze.

17500 Ripoll, Katalonien ST-E 1700

»AREA DE CAN GUESTES« 1.1. bis 31.12.
☎ 0034 972 702351
turismeripoll@ajripoll.cat

➔ Nördlich von Barcelona auf der C 26 nach Ripoll. Der Stell-/Parkplatz befindet sich direkt am Ortseingang. ✉ Carretera C 26 km 126 (GPS: 42°12'10"N / 2°11'38" E).

Öffentlicher Wohnmobil-Stellplatz auf dem Parkplatz beim Restaurant "Can Guetes". Ebene und markierte Stellflächen auf Asphalt. Das Aufstellen von Stühle, Tischen etc. (Campingbetrieb) ist nicht gestattet. Infotafel. Maximal 1 Nacht (24 Std.) Aufenthalt möglich! Ortszentrum 700 m entfernt. 6 Touristenplätze.

25200 Cervera, Katalonien ST-E 1810

»ÀREA AUTOCARAVANAS CERVERA« 1.1. bis 31.12.

turisme@cerverapaeria.cat, www.turismecervera.cat/en/area-dautocaravanes

➔ A-2 Lleida-Barcelona, Abf. (520) direkt nach dem Kreisverkehr gegenüber des Polizeireviers. ✉ Av. Francesc Macià 78 (GPS: 41°40'41"N / 1°17'1" E).

Stellplatz am nordöstlichen Ortsrand in der Nähe der Autobahnausfahrt. 10 markierte Stellflächen und weitere unmarkierte 40 Parkplätze auf hartem Untergrund (Sand/Schotter) gegenüber der Polizeistation. 10 Touristenplätze.

25730 Artesa de Segre, Katalonien ST-E 1840

»ÁREA D'AUTOCARAVANAS PER PERNOCTAR« 1.1. bis 31.12.

➔ C-13 Lleida - La Rápita und weiter auf der C-26 / C-14 nach Artesa de Segre, hier der Beschilderung zum Schul- und Sportbereich (Pavelló d'Esports / Escola Pública Els Planells) folgen. ✉ Carretera de Montsonís (GPS: 41°53'33"N / 1°2'35" E).

Öffentlicher, videoüberwachter Wohnmobil-Stellplatz am Ortsrand. Auf einer großen Parkfläche (Schotter/Erde) neben einer Schule gelegen. Ebene, markierte Stellflächen auf Kies. Durch junge Bäume leicht beschattet. Picknickplatz und Infotafel. Das Aufstellen von Stühle, Tischen etc. (Campingbetrieb) ist nicht gestattet. Maximal 2 Nächte (48 Std.) Aufenthalt möglich! Ortszentrum 400 m entfernt. 6 Touristenplätze.

25194 Lleida, Katalonien ST-E 1900

»CARAVANAS MIGUEL« 1.1. bis 31.12.
☎ 0034 973 136384
info@caravanasmiguel.com, caravanasmiguel.com

➔ N-11 Lleida Richtung Südwesten, direkt an der Straße. ✉ N-11a km 456 (GPS: 41°35'22"N / 0°34'33" E).

Stellplatz außerhalb von Lleida Richtung Zaragoza bei einem Wohnmobilhändler. Stellfläche auf Asphalt. 50 Touristenplätze.

12320 Sant Jordi, Valencia ST-E 2008

15 **»PLANES DEL REINE SPAETZLE FRITZ«** 1.1. bis 31.12.
☎ 0034 946 765220
info@spaetzlefritz.com, www.spaetzlefritz.com

➔ AP-7 Castellón de la Plana - Tarragola, Abf. (42) weiter auf CV-11 nach Norden. ✉ Calle 1 (GPS: 40°34'30"N / 0°23'37" E).

Umzäunter und beleuchteter Stellplatz beim Restaurant Spaetzle Fritz. Durch eine Hecke umrahmt. Ebene, unparzellierte Stellflächen auf befestigtem Split. Bei Verzehr (ab 30.- €) im Restaurant ist der Stellplatz kostenlos. 50 Touristenplätze.
2022: St/N inkl. 2 P/N 12.- (für Restaurantgäste 5.-), Strom/N zuzüglich.

12598 Peñiscola, Valencia ST-E 2030/2

»STOP AND GO LA VOLTA« 1.1. bis 31.12.
☎ 0034 964470101
info@campinglavolta.com, www.stopandgolavolta.com

➔ AP-7 Castellón de la Plana-Tarragola, Abf. (43) weiter Richtung Benicarló. ✉ Camino de la Volta km 3,6 (GPS: 40°23'51"N / 0°24'8" E).

Stellplatz Außerhalb des Ortes auf einem Camperpark. Stellfläche auf Schotter. 60 Touristenplätze.

12100 Castellón de la Plana, Valenc. ST-E 2130

»ÁREA DE AUTOCARAVANAS DE PLAYA DEL PINAR«
☎ 0034 964 283 621 1.1. bis 31.12.
castellon@touristinfo.net
www.castellonturismo.com/tu-viaje/parking-autocaravanas/

➔ AP-7 Tarragona - Valencia, Abf. (47) und weiter auf der N-340. Nach ein paar Kilometern wechseln auf die CS-22 in Richtung El Grao / Puerto. Der Beschilderung "Planetari de Castelló" folgen. ✉ (GPS: 39°58'47"N / 0°1'22" E).

Offizieller Wohnmobil-Stellplatz in der Stadt zwischen dem Planetarium und dem Fußballplatz. Direkt am Meer beim Playa del Pinar gelegen. Ebene, markierte und schattenlose Stellflächen auf Rasengittersteinen. Stellplatz-Länge bis 8 m. Das Aufstellen von Stühle, Tischen etc. (Campingbetrieb) ist nicht gestattet. Parkbänke und Picknickplätze vorhanden. Mülltrennung. Parkanlage in der Nähe. Maximal 2 Nächte (48 Std.) Aufenthalt möglich! 47 Touristenplätze.

12300 Morella, Valencia ST-E 2209

»AUTOCARAVANES MORELLA« 1.1. bis 31.12.
☎ 0034 96 4160034
morella@touristinfo.net, www.morellaturistica.com

➔ N 232a Vinaros-Alcaniz, bei Morella abfahren. ✉ an der N-232 (GPS: 40°37'30"N / 0°5'26" W).
∴ Castell de Morella.

Stellplatz außerhalb des Ortes nahe der Nationalstraße. Schattenlose, ebene und unparzellierte Stellflächen auf Schotter. Ver- und Entsorgungsmöglichkeit. Maximal 3 Nächte Aufenthalt möglich! Ort 1.5 km entfernt. 20 Touristenplätze.

46300 Utiel, Valencia — ST-E 2213

»AREA DE UTIEL« — 1.1. bis 31.12.

turismo@utiel.es

➔ E 901 Valencia-Madrid, Abf. 278, weiter nach Utiel. ✉ Calle el Milagro 50 (GPS: 39°34'0"N / 1°12'50" W).

Ch 500 m

Stellplatz am Ortsrand. Ebene Stellflächen auf Schotter und Asphalt. Maximal 2 Nächte Aufenthalt möglich. Ortszentrum 1 km entfernt. 20 Touristenplätze.

46117 Bétera, Valencia — ST-E 2220

»VALENCIA CAMPER PARK« — 1.1. bis 31.12.
☎ 0034 960718095
valcampark@gmail.com, www.valenciacamperpark.com

➔ AP-7 Valencia-Tarragona, Abf. (321) weiter Richtung Betera. ✉ Calle Universo (GPS: 39°34'46"N / 0°26'44" W).

WC W Ch

Stellplatz auf dem Valencia Camper Park außerhalb des Ortes. Anfahrt von 8 - 22:30 Uhr. Reservierung empfehlenswert. Stellfläche befestigt. 78 Touristenplätze.

46012 El Saler, Valencia — ST-E 2280

»LA MARINA« — 1.1. bis 31.12.
☎ 0034 696510897
campingcarlamarina2011@hotmail.com, www.areaparkingcarlamarina.es.tl/

➔ CV-500 von Valencia nach Süden an der Küste entlang, weiter nach El Saler direkt am ersten Kreisverkehr. ✉ Carrera del Riu 548 (GPS: 39°23'18"N / 0°19'54" W).

Ch

Stellplatz am Ortsrand auf dem Camperpark El Saler. Stellfläche auf Asphalt. Nur zwischen 9 und 21 Uhr befahrbar. 70 Touristenplätze.

46740 Carcaixent, Valencia — ST-E 2310/2

»ÁREA AUTOCARAVANAS DE HORT DE SORIANO«
☎ 0034 96 245 76 67 — 1.1. bis 31.12.
info@turismecarcaixent.es, www.carcaixent.es

➔ Von Alzira nach Süden Richtung Hort de Soriano ins Naturschutzgebiet. Beschildert. ✉ Camino de la Fuente de Carcaixent (GPS: 39°4'11"N / 0°24'34" W).

WC W Ch

Stellplatz im Naturschutzgebiet in sehr ruhiger Lage. Terrassierte befestigte Stellflächen. Durch Baumreihen leicht beschattet. Grauwasser-Entleerung. Picknick-Bereiche. Maximal 2 Nächte Aufenthalt möglich! Ort (Alzira) 10 km entfernt. 20 Touristenplätze.

46624 Jalance, Valencia — ST-E 2340

»AREA DE AUTOCARAVANS DE JALANCE« — 1.1. bis 31.12.
☎ 0034 962 196011
jalance@touristinfo.net

➔ Westlich von Valencia nach Jalance. ✉ Ctra. Nacional 330 (GPS: 39°11'15"N / 1°4'34" W).

Ch 500 m

Offizieller Stellplatz am Ortsrand bei einem Fußballplatz. Ebene Stellflächen auf Asphalt, teils von einzelstehenden Bäumen beschattet. Maximal 2 Nächte Aufenthalt möglich. Ortszentrum 500 m entfernt. 10 Touristenplätze.

46710 Daimús, Valencia — ST-E 2440

»DUNES AREA CAMPER« — 1.1. bis 31.12.
☎ 0034 962819300
info@dunesareacamper.com, www.dunesareacamper.com

➔ N-332 Valencia-Gandia, weiter nach Daimús zum Sportgelände. ✉ Carrer Garbi 2 (GPS: 38°58'11"N / 0°8'45" W).

WC W Ch

Stellplatz nahe des Sportplatzes auf einem Camperplatz. Stellfläche auf Asphalt. 60 Touristenplätze.

03590 Altea, Valencia — ST-E 2630

»CAMPER PARK SAN ANTONIO« — Ende Sept. bis Ende Mai
☎ 0034 966883650
info@sanantonioaltea.com, www.sanantonioaltea.com

➔ AP 7 Alacant-Calp, Abf. (65) weiter Richtung Altea. 200 m nach dem Hafen. ✉ Ctra. del Albir 6 (GPS: 38°35'9"N / 0°3'35" W).

WC W W Ch 200 m

Stellplatz am Strand. Stellfläche auf Schotter. Ortszentrum 200 m entfernt. 50 Touristenplätze.

03580 Alfaz del Pi, Valencia — ST-E 2660/2

15 **»ORANGE GROVE«** — 1.1. bis 31.12.

info@orangegrovecamperpark.com, orangegrovecamperpark.com

➔ N-332 Sant Joan d'Alacant - Calp, bei Limoneros nach Norden fahren. ✉ Campi d'Alguers 65 (GPS: 38°35'8"N / 0°5'1" W).

WC W W Ch 1.5 km

Umzäunter Stellplatz auf einem familiengeführter Campingplatz hinter der Küstenstadt Albir. Teils umgeben von Orangenhainen. Ebene, schattenlose Stellflächen auf Kies. Kleiner zentralen Pool mit Barbereich. Hundedusche. 35 Touristenplätze.
2023: St/N inkl. 2 P/N 13.–, weitere P/N 3.–, K/N 3.–, Waschmaschine 4.–, Trockner 3.–, ein H/N inkl. jeder weiterer 1.–, Strom/N 3.– (10 A). WD, Entsorgung, Müll und Wasser inklusive. Ab 15/30 Nächte St/N 12.–/10.–.

03560 El Campello, Valencia — ST-E 2720/2

»CAMPER AREA 7« — 1.1. bis 31.12.
☎ 0034 965 168 142, Mobil 0034 666 106 389
info@camperarea7.com, www.camperarea7.com

➔ E 15 Valencia - Murcia, Abf. 1 weiter nach El Campello. ✉ Av. del Fabraquer 14 (GPS: 38°24'18"N / 0°24'37" W).

WC W Ch 200 m 600 m

Umzäunter Stellplatz beim Stadtzentrum. Ebene, parzellierte Stellflächen auf Schotter. Durch junge Bäume leicht beschattet. Kleiner Aufstellpool. Boulebahn. Ortszentrum 2.6 km entfernt. 32 Touristenplätze.

03177 San Fulgencio, Valencia — ST-E 2830/1

»SAN FULGENCIO« — 1.1. bis 31.12.
☎ 0034 620111341
sanfulpark@gmail.com, www.camperparksanfulgencio.com

➔ N-332a Torrevieja-Alacant, bei San Fulgencio im Kreisverkehr zum LIDL fahren. ✉ Mar Cantabrico 7 (GPS: 38°7'15"N / 0°39'36" W).

WC W W Ch 150 m 300 m

Ebener Stellplatz am Ortsrand neben dem Industriegebiet. Stellfläche befestigt. Fahrzeugzugang von 8 bis 21 Uhr. 40 Touristenplätze.

30510 Yecla, Murcia — ST-E 3030

NATUR PLATZ

10 **»FINCA CARAVANA«** — 1.1. bis 31.12.

franze@finca-caravana.de, www.finca-caravana.de

➔ A 31 Alicante - Albacete, weiter auf N 244 Richtung Caudete/Yecla und bei Km 112 dem Schild Richtung CM 3220 folgend auf die AB-3004. ✉ A-14/CM-3220 (GPS: 38°42'51"N / 1°7'8" W).

Ch

Stellplatz inmitten der Natur mit Blick auf die entfernten Berge. Angrenzend an ein Vogelschutzgebiet und den Naturpark Sierra Oliva/Santa Barbara. Teils umgeben von Mandelplantagen und Olivenhainen. Parzellierte, ebene und schattenlose Stellflächen (200 qm) auf Schotter und Wiese. Grauwasser-Entsorgung vorhanden. Überdachte Außenküche mit Feuer-/Grillstelle, Sitzmöglichkeit und kleiner Bar. Ort 16 km entfernt. 10 Touristenplätze.
2022: St/N 8.–, P/N, KT, H/N, Entsorgung, Müll und Wasser inklusive. Nur Barzahlung möglich.

30589 Los Ramos, Murcia — ST-E 3040

15 **»HUERTA DE MURCIA«** — 1.1. bis 31.12.
☎ 0034 686985585
camperparkhuertademurcia@gmail.com
www.camperparkhuertademurcia.com

➔ RM-300 Murcia-Los Ramos, weiter nach Alquerias. ✉ Carril Los Canovas (GPS: 38°0'26"N / 1°2'37" W).

WC W Ch

Stellplatz außerhalb des Ortes mitten in einem Zitronenhain. Stellfläche auf einem Camperparkplatz. 32 Touristenplätze.
2022: St/N 15.–. Strom und Wasser inklusive.

30876 Los Curas, Murcia — ST-E 3070/1

10 **»WOHNMOBILHAFEN DE VILLA BRISA«** — 1.10. bis 1.5.
☎ 0034 968158048
gittl1946@hotmail.com

➔ AP 7 Almeria-Cartagena, Abf. (857) weiter nach Los Curas. ✉ Ctra. Puntas de Calnegre (GPS: 37°31'34"N / 1°26'1" W).

W 600 m

Stellplatz am Ortsrand, teils von Gewächshäusern umgeben. Ebene Stellflächen auf Sand und Schotter. Deutsche Leitung. Ort 1 km entfernt. 40 Touristenplätze.
2023: St/N 7.–, WD 2.–, Waschmaschine 4.–, Trockner 4.–, Wasser/10 l –.10, Strom/1 kWh –.50 (6-10 A). P/N, KT, H/N, Entsorgung und Müll inklusive.

30850 Totana, Murcia — ST-E 3141

Abfahrt

»CAMPERSTOP SIERRA ESPUNA« — 1.1. bis 30.4., 1.10. bis 31.12.
☎ 0034 630 131375
camperstopsierraespuna@gmail.com, camperstopsierraespuna.blogspot.com

➔ E 15 Murcia - Granada, Abf. 611, weiter nach Totana. ✉ (GPS: 37°47'34"N / 1°30'37" W).
∴ Naturpark Sierra de Espuña. Kirche de Santiago (16. Jhdt.)

WC W W Ch 400 m 450 m

Umzäunter Stellplatz außerhalb des Ortes mit Blick auf die entfernten Berge. Ebene unparzellierte Stellflächen auf Schotter. Mit vereinzelten Bäumen, überwiegend schattenlos. Picknickbereiche. Ortszentrum 2 km entfernt. 30 Touristenplätze.

04620 Vera, Andalusien ST-E 3220/1

15 **»CAMPERPARC OASIS AL MAR«** 1.11. bis 30.3.
☏ 0034 629 456407
oasisalmar@web.de, www.oasis-al-mar.com

➔ E 15 Murcia-Almeria, Abf. (911) weiter nach Playas de Vera. Beschildert. ✉ Avenida del Salar (GPS: 37°13'39"N / 1°49'40" W).

D WC W W Ch | 500 m 700 m

Umzäunter Stellplatz bei einer privaten Finca. Durch Bäume und Büsche umrahmt. Leicht terrassierte und parzellierte Stellflächen auf Schotter. Grill- und Picknickplatz. Radweg zum Meer (2 km). Ortszentrum 3 km entfernt. 50 Touristenplätze.
2023: St/N inkl. 2 P/N 11.– bis 15.–, extra A/N 1.–, extra B/N 1.–, WD/4 min. 1.–, Waschmaschine 4.–, Trockner 4.–, Strom/N 4.– (5 A). P/N, KT, H/N, Entsorgung, Müll und Wasser inklusive. Barzahlung.

04160 El Alquián, Andalusien ST-E 3331

»PITA SERVICE STATION« 1.1. bis 31.12.

Abfahrt

➔ A7 Cartagena - Motril, Abf. (KM 460) zur Tankstelle und Servicestation abbiegen. ✉ Autovia A7 salida KM 460 (GPS: 36°52'31"N / 2°20'15" W).

Ch

Stellplatz bei einer Autobahnabfahrt an der Rastanlage. Separate, ebene und markierte Stellflächen auf Asphalt.

04200 Tabernas, Andalusien ST-E 3345

»LITTLE TEXAS« 1.1. bis 31.12.
☏ 0034 711004664
thomaswzimmer@gmail.com

➔ N-340a Almeria - Vera, 9 km nach Tabernas links Richtung Uleila (A-1100) abbiegen, nach 750 m rechts zum Platz abbiegen, beschildert. ✉ BD Los Yesos DS Los Pedregales (GPS: 37°5'44"N / 2°17'17" W).

D Ch

Stellplatz in ländlicher Umgebung mit schönem Blick auf die umliegenden Hügel. Ebene und überwiegend schattenlose Stellflächen auf Schotter. Durch Oleanderbüsche großzügig parzelliert. Kleine Bar. Unter deutsch-englischer Leitung. Ort 10 km entfernt. 20 Touristenplätze.

04711 Almerima, Andalusien ST-E 3365/1

»PEDROS PARKING ALMERIMAR« 1.1. bis 31.12.
☏ 0034 676527655
li.garrido@yahoo.es, www.parkingalmerimar.com

➔ E 15 Motrill-Almeria, Abf. (409) El Ejido, weiter auf A 389 Richtung Süden zur Strandpromenade. ✉ Avenida del Mar (GPS: 36°42'29"N / 2°48'32" W).

Ch

Stellplatz durch eine Straße zur Strandpromenade getrennt. Ort 1,5 km entfernt. 90 Touristenplätze.

18690 Almuñécar, Andalusien ST-E 3445/2

»ALMUÑECAR« 1.1. bis 31.12.

➔ N-340 Motril - Almuñécar, Abf. (314) und weiter Richtung Meer (Almuñécar). Der Beschilderung "Parque Acuático Aquatropic" folgen. ✉ Paseo Reina Sofía (GPS: 36°43'53"N / 3°40'32" W).

Ch | 10 m 100 m 250 m

Privater Stellplatz am Stadtrand, gegenüber dem "Parque Acuático Aquatropic", zwischen der Straße und einem Felshang. Markierte Stellflächen auf Schotter. 50 Touristenplätze.

18850 Cúllar, Andalusien ST-E 3460

»VENTA DEL PEREAL - ÁREA DE SERVICIO« 1.1. bis 31.12.
☏ 0034 958 730288
ventadelperal@ventadelperal.es, ventadelperal.es

➔ A-92N Granada-Murcia, Abf. (58) und weiter zur Raststätte. ✉ Autoviá A-92 Granada-Murcia km 354 (GPS: 37°33'14"N / 2°36'36" W).

WC Ch

Stellplatz in Autobahnnähe bei einem Rasthof und neben einer Tankstelle. Ebene befestigte Stellflächen. Kiosk. Maximal 2 Nächte Aufenthalt möglich! 20 Touristenplätze.

18500 Guadix, Andalusien ST-E 3475

»CENTRO ECUESTRE GUADIX« 1.1. bis 31.12.
☏ 0034 619 974819, Mobil 0034 622 226672
centroecuestrecabacci@gmail.com, www.centroecuestrecabacci.com

➔ A-92 Granada - Almeria, Abf. (294) Richtung Guadix, hier der Beschilderung "Centro Deportivo CABACCI" folgen. ✉ Calle Venus de Paulenca, 25 (GPS: 37°17'50"N / 3°8'52" W).

Ch

Stellplatz bei einer Reitschule am westlichen Ortsrand. Stellflächen auf Schotterrasen. 5 Touristenplätze.

18196 Sierra Nevada, Andalusien ST-E 3480

»LOS PENONES« 1.1. bis 31.12.
☏ 0034902 708090
www.sierranevada.es/invierto

➔ A 92 Almeria-Granada, Abf. (312) weiter Richtung Sierra Nevada. Beschilderung folgen. ✉ Calle de los Peñones (GPS: 37°5'41"N / 3°23'26" W).

Ch

Stellplatz in den Bergen direkt an der Skistation ohne Ver- und Entsorgung und Strom. Stellplätze auf Asphalt. Keine Größen-Begrenzung.

29387 Torre de Benagalbon, Andalu. ST-E 3538

»CAMPER AREA M&H EL RINCON« 1.1. bis 31.12.

camperarearincon@hotmail.com, www.camperarearincon.blogspot.com.es

➔ N 340 (Küstenstraße) bei Torre de Benagalbón am Kreisverkehr (kleiner runder Springbrunnen) in die Calle Mistral abbiegen und der Beschilderung (Autocaravanas) folgen. ✉ Calle Cortijo Casilla de los Rubios n°7 (GPS: 36°42'59"N / 4°14'17" W).

| 500 m 550 m

Wohnmobil-Stellplatz am Ortsrand. Beleuchtet und umzäunt. Ebene, schattenlose und parzellierte Stellflächen auf Schotter. Brötchenservice. Ortszentrum 500 m entfernt. 35 Touristenplätze.

29017 Málaga, Andalusien ST-E 3540

»ÁREA MÁLAGA BEACH« 1.1. bis 31.12.
☏ 0034 951904391
info@areamalagabeach.de, www.areamalagabeach.com

➔ An der MA 24 am Kreisverkehr. Aus Malaga Ausfahrt 2 La Cala del Moral. ✉ Playa de los Perros (GPS: 36°42'49"N / 4°18'59" W).

WC W

Stellplatz auf Asphalt direkt am Strand und auch an der Hauptverkehrsstraße. Für sehr große Wohnmobile geeignet. Unbegrenzte Aufenthaltsdauer. Einkaufszentrum in der Nähe. Ort 1 km entfernt. 100 Touristenplätze.

29200 Antequera, Andalusien ST-E 3570

»ÁREA AUTOCARAVANAS DE ANTEQUERA« 1.1. bis 31.12.
☏ 0034 952 702505
office.turismo@antequera.es, turismo.antequera.es

➔ A 45 Malaga - Cordoba, Abf. 102, weiter nach Antequera. Hier der Beschilderung "Estadio El Maulí" folgen. ✉ Calle Escultor Diego Márquez, 43 (GPS: 37°1'17"N / 4°34'20" W).

Ch | 500 m

Öffentlicher Stellplatz am nordwestlichen Stadtrand direkt am Fußballstadion. Ebene markierte Stellfläche auf Asphalt. Maximal 3 Nächte Aufenthalt möglich. Ortszentrum 200 m entfernt. 16 Touristenplätze.

29651 Las Lagunas de Mijas, Andal. ST-E 3591

»EL RENGO« 1.1. bis 31.12.

➔ A-7/N-340 Malaga - Marbella, in Fuengirola direkt nach der Überquerung des Río de Fuengirola rechts abfahren und weiter auf der Av. Mare Nostrum. Beim Kreisverkehr weiter in die Camino de Acevedo. Nach ca.600 m rechts abbiegen, beschildert. ✉ Calle Tramo de Unión (GPS: 36°31'56"N / 4°38'19" W).

Privater Stellplatz am Stadtrand in Flussnähe beim Restaurant "El Rengo". Unparzellierte und schattenlose Stellflächen auf Erde und Schotter. 20 Touristenplätze.

11300 La Línea de la Concepción, And. ST-E 3702

»ÁREA AUTOCARAVAN ALCAIDESA MARINA« 1.1. bis 31.12.
☏ 0034 677 570325
alcaidesa@copark.es

➔ A-383 La Línea de la Concepción - Gribaltar, auf der Av. Príncipe de Asturias oder den Paseo del Mediterráneo Richtung Süden fahren und der Beschilderung zum Yachthafen (Puerto deportivo) folgen. ✉ Av. Principe de Asturias 6 (GPS: 36°9'25"N / 5°21'19" W).

Ch | 400 m

Öffentlicher, beleuchteter Stellplatz direkt am Jachthafen. Schöner Blick auf die Boote und den Felsen von Gibraltar. Umzäunt und überwiegend schattenlos. Ebene, markierte und gepflasterte Stellflächen an der Mole. Ortszentrum 200 m entfernt. 60 Touristenplätze.

11380 Tarifa, Andalusien ST-E 3710/2

»AREA AUTOCARAVANAS TARIFA« 1.1. bis 31.12.
☏ 0034 619 261325, Mobil 0034 956 680 993
turismo@aytotarifa.com, tarifaturismo.com

➔ Am Südlichsten Ort bei Gibraltar nach Tarifa fahren. ✉ Calle Mar del Norte (GPS: 36°1'5"N / 5°36'38" W).

Ch | 20 m 50 m 100 m 300 m

Öffentlicher, umzäunter und beschrankter Stellplatz. Beleuchtet. Gegenüber eines Skatepark gelegen. Unparzellierte und schattenlose Stellflächen auf Schotter/Sand. Das Aufstellen von Stühle, Tischen etc. (Campingbetrieb) ist nicht gestattet. Maximal 2 Nächte (48 Std.) Aufenthalt möglich. Ortszentrum 100 m entfernt. 35 Touristenplätze.

E

11670 El Bosque, Andalusien ST-E 3730

»AREA DE EL BOSQUE« 1.1. bis 31.12.

➔ A 382 Jarez de la Frontera-Arcos de la Frontera, von dort weter Richtung El Bosque. ✉ Calle de Juan Ramón Jiménez s/n (GPS: 36°45'26"N / 5°30'37" W).

Stellplatz im Ortszentrum in einer Nebenstraße. Leicht abschüssige asphaltierte Stellflächen am Straßenrand mit einer Entsorgungsstelle. 10 Touristenplätze.

11500 El Puerto de Santa Maria, And. ST-E 3780

»STELLPLATZ EL PUERTO DE SANTA MARIA« 1.1. bis 31.12.
☎ 0034 619261325
info@areasautocaravanas.com, www.areasautocaravanas.com

➔ E 5 Sevilla-El Puerto de Santa Maria, Abf. (648) weiter zum Hafen. ✉ Avenida Europa S/N (GPS: 36°35'54"N / 6°13'16" W).

100 m 200 m

Stellplatz am Fluss Guadalete. Guter Ausgangspunkt für den Besuch Cadiz. Stellfläche auf Schotter. Maximal 4 Nächte Aufenthalt möglich! Ortszentrum 100 m entfernt. 40 Touristenplätze.

11540 Sanlúcar de Barrameda, And. ST-E 3785

»SANLÚCAR AC PARKING« 1.1. bis 31.12.
☎ 0034 656 970409 6 m
info@protecor.es

➔ A 480 Jerez dela Frontera-Sanlúcar de Barrameda, kurz vor Sanlúcar de Barrameda abfahren Richtung Cipiona (A 480, A 471). Am AB-Ende beim großen Kreisverkehr die 2. Abf. Richtung Camino de la Reyerta. Stellplatz befindet sich am Ende der Straße. ✉ Camino de la Reyerta s/n (GPS: 36°45'43"N / 6°23'46" W).

W W 50 m 400 m

Stellplatz in locker besiedeltem Gebiet südwestlich vom Ort. In Strandnähe gelegen (50 m). Ebenes, überwiegend schattenloses Wiesengelände mit großzügigen Stellflächen (100 qm). Durch Hecken gegliedert und mit einzelnen Palmen aufgelockert. Ort 5 km entfernt. 50 Touristenplätze.

41540 La Puebla de Cazalla, Andalu. ST-E 3820

»ÁREA AUTOCARAVANAS« 1.1. bis 31.12.
☎ 0034 955 291 013
turismo@pueblacazalla.com, www.pueblacazalla.org

➔ A-92 Sevilla - Malaga, Abf. (65) und weiter Richtung La Puebla de Cazalla. An der Kreuzung mit der SE-8205 links abbiegen in Richtung Villanueva de S. Juan und der Beschilderung "Parque del Corbones" folgen. ✉ SE-8205 (GPS: 37°10'30"N / 5°18'17" W).

W 20 m 200 m

Städtischer Wohnmobil-Stellplatz am nordöstlichen Ortsrand neben einem Park (Parque del Corbones). Umzäunt und beleuchtet. Ebene, schattenlose und markierte Stellflächen auf Beton. Stellplatz-Länge bis 7 m (eine Stellfläche mit 8 m). Das Aufstellen von Stühle, Tischen etc. (Campingbetrieb) ist nicht gestattet. Maximal 3 Nächte (72 Std.) Aufenthalt möglich! 11 Touristenplätze.

21400 Ayamonte, Andalusien ST-E 3830

»ÁREA AUTOCARAVANAS PUERTO DE AYAMONTE«
☎ 0034 959 034 498 1.1. bis 31.12.
info@puertosdeandalucia.es, www.puertosdeandalucia.es

➔ A-49 Ayamonte - Huelva, Abf. (131) Ayamonte Norte und weiter Richtung Stadtzentrum. Hier der Beschilderung "Puerto deportivo" folgen. Zufahrt über zwei Schranken. ✉ Calle Extremadura, 17 / Dársena Deportiva. (GPS: 37°12'36"N / 7°24'24" W).

Bewachter, umzäunter und beschrankter Stellplatz direkt am Yachthafen mit Blick auf die Boote. Ebene, markierte und schattenlose Stellflächen auf Asphalt. Im benachbarten Gebäude des Hafenmeisters kann man zu den Öffnungszeiten WC und Dusche benutzen. Müllentsorgung möglich. Bezahlung am Automaten. 27 Touristenplätze.

21595 Sanlúcar de Guadiana, Andal. ST-E 3833

»SANLÚCAR DE GUADIANA« 1.1. bis 31.12.

www.sanlucardeguadiana.es

➔ A-49 Huelva - portug. Grenze, Abf. (125) und weiter auf der A-499 nach S. Silvestre de Guzmán. Dort auf der HU-4401 nach Sanlúcar. Der Stellplatz befindet sich direkt am Kreisverkehr am Ortseingang. ✉ Carretera HU-4401 (GPS: 37°28'12"N / 7°27'50" W).

400 m

Beleuchteter offizieller Stellplatz am Ortsrand. Leicht unebene und teils abfallende, markierte Stellflächen auf Schotter. Abfallentsorgung möglich. Maximal 2 Nächte (48 Std.) Aufenthalt möglich! 15 Touristenplätze.

21600 Valverde del Camino, Andalu. ST-E 3840

»ÁREA SOSTA CAMPER VALVERDE DEL CAMINO«
☎ 0034 959 55 39 88 1.1. bis 31.12.
ayto@valverdedelcamino.es, www.valverdedelcamino.es

➔ N-435 Huelva - Badajoz, nördlich von Valverde del Camino die Ausfahrt in die Stadt nehmen (Ctra. Zalamea). Der Stellplatz liegt auf der linken Seite am Ortseingang. ✉ Ctra. Zalamea, 22 (GPS: 37°34'52"N / 6°45'6" W).
∴ Ethnografisches Museum (Casa Dirección).

20 m

Offizieller Stellplatz am nördlichen Stadtrand neben der Hauptstraße. Direkt beim ethnografischen Museum (Casa Dirección) gelegen. Ebene, schattenlose und markierte Stellflächen auf Asphalt. Infotafel. Stadtzentrum 700 m entfernt. 10 Touristenplätze.

41700 Dos Hermanas, Andalusien ST-E 3860

»LA JABEGA« 1.1. bis 31.12.
☎ 0034 697 284941
info@multiparkinglajabega.com, www.actiweb.es/lajabega

➔ E-5 Madird-Savilla, in Sevilla weiter Richtung Jarez de la Frontera, bei Dos Hermanas abzweigen. ✉ Ctra. SE-9024, km 6,5 (GPS: 37°12'46"N / 5°57'50" W).

W W

Stellplatz in der Umgebung von Sevilla. Stellfläche auf Asphalt von Feldern umgeben. WiFi-Zone auf dem Parkplatz.

41230 Castilblanco de los Arroyos, And. ST-E 3862

»ZONA DE AUTOCARAVANAS« 1.1. bis 31.12.

www.castilblancodelosarroyos.es

➔ A-66 Sevilla - Mérida, Abf. (798) Guillena, weiter auf der A-460 nach Guillena und Burguillos, hier abbiegen auf die A-8013 nach Castilblanco de los Arroyos. Hier hinter der Repsol-Tankstelle zur Herberge rechts abbiegen. ✉ Calle Antonio Machado (GPS: 37°40'12"N / 5°59'15" W).

Öffentlicher Stellplatz auf dem Parkplatz einer Pilger-Herberge. Schöner Ausblick auf den Ort. Leicht abfallende Stellflächen auf Beton. 2 Touristenplätze.

41011 Sevilla, Andalusien ST-E 3865

»AREA AUTOCARAVANAS SEVILLA« 1.1. bis 31.12.

info@areasautocaravanas.com, www.areasautocaravanas.com

➔ Stadtautobahn E 803, Abf. (12) Sevilla/Puerto Oeste in Richtung Innenstadt. Ca. 500 m nach dem zweiten Kreisverkehr rechts in die Av. Garcia Morata und die nächste wieder rechts zum Betriebsgelände. ✉ Avenida García Morato S/N (GPS: 37°21'46"N / 5°59'40" W).

W

Parkplatz in Sevilla in einem Industriegebiet direkt am Fluss. Ebene, parzellierte und kleine Stellflächen auf Asphalt. Guter Ausgangspunkt für Besuch nach Sevilla. Max. Aufenthalt 7 Tage. Duschmöglichkeit von 20 - 9 Uhr. Tor wird ab 22 Uhr geschlossen. Außerhalb dieser Zeit gewährt Ihnen der Sicherheitsdienst Zugang (0034-607248860). 24 Stunden Überwachung. Es wird auch Englisch und Französisch gesprochen. 40 Touristenplätze.

14940 Cabra, Andalusien ST-E 3883/1

»AREA DE CARBRA I« 1.1. bis 31.12.

ayuntamiento@cabra.es, www.turismodecabra.es

➔ A 45 Malaga-Lucena, Abf. (56) weiter nach Cabra. ✉ Juanita la Larga s/n (GPS: 37°27'58"N / 4°25'28" W).

W 100 m 500 m

Stellplatz außerhalb der Stadt bei einem Amphitheater. Ebene und parzellierte Stellflächen auf Asphalt. Wanderwege. Maximal 2 Nächte Aufenthalt! Ort 500 m entfernt. 10 Touristenplätze.

14004 Córdoba, Andalusien ST-E 3890

»PARKING DEL CENTRO HISTORICO« 1.1. bis 31.12.
☎ 0034 957 29 96 19
ajones@isoluxcorsan.com, www.isoluxparcamientos.com/es/donde-aparcar/

➔ E 5 Sevilla-Madrid, Abf. (403) weiter in die Innenstadt zum Polizeirevier. ✉ Avda. de los Custodios 2 (GPS: 37°52'32"N / 4°47'31" W).

W 100 m 500 m

Stellplatz in der Innenstadt. Befestigte Stellflächen, teilweise durch mit Baumreihen leicht beschattet. Ortszentrum 200 m entfernt. 300 Touristenplätze.

14200 Peñarroya-Pueblonuevo, And. ST-E 3900

»AREA DE AUTOCARAVANS EL PANTANO« 1.1. bis 31.12.
☎ 0034 607 801679
casaruralelpantano@hotmail.com, areaautocaravanaselpantano.blogspot.de/

➔ A 432 Badajoz-Cordoba, bei Peñarroya-Pueblonuevo abfahren. ✉ Urb. Sebastián Morillo (GPS: 38°16'37"N / 5°16'37" W).

W W

Privater Stellplatz beim Embalse de Sierra Bayera. Ebene bis leicht wellige Stellflächen auf Wiese/Rasen - teilweise befestigt. 40 Touristenplätze.

23400 Úbeda, Andalusien ST-E 3930

»ÁREA AUTOCARAVANAS« 1.1. bis 31.12.
☎ 0034 953 750440
turismodeubeda.com

Abfahrt ➔ A-32 Linares - Albacete, Abf. Úbeda und der Beschilderung "Piscinas Municipales de Úbeda" folgen. ✉ Travesía Comendador Messias 5 (GPS:

38°0'23"N / 3°22'46" W).

Beleuchteter Stellplatz zwischen dem öffentlichen Freibad, einem Verkehrsübungsplatz und der Academia Guardia Civi. Ebene markierte Stellflächen auf Pflaster. Das Aufstellen von Stühle, Tischen etc. (Campingbetrieb) ist nicht gestattet. Infotafel. Maximal 2 Nächte (48 Std.) Aufenthalt möglich! 10 Touristenplätze.

23291 Pontones, Andalusien ST-E 3980

»CUMBRE DE PONTONES« 1.1. bis 31.12.
☎ 0034 699 941 873 1500 m
buenjamon@cumbredepontones.com, www.cumbredepontones.com

➔ A-32 Úbeda - Albacete, Abf. 207 und weiter auf der A-6301 nach Cortijos Nuevos. Hier weiter auf der A-317 nach Hornos und dann auf der A-6305 bis zur Firma Cumbre de Pontones (Km 48). ✉ A-6305, Km 21 / 48 (GPS: 38°10'26"N / 2°40'13" W).

Privater Stellplatz im Naturpark Sierras de Cazorla bei einem Familienunternehmen zur Herstellung und Verkauf von Schinken (Jamón iberíco). Schöner Ausblick. Ebene Stellflächen auf Asphalt. Hofladen. Picknickplatz. 10 Touristenplätze.

06340 Fregenal de la Sierra, Extrem. ST-E 4002

»ÁREA DE SERVICIOS PARA AUTOCRAVANS« 1.1. bis 31.12.
☎ 0034 924 700000
turismo@fregenaldelasierra.es, turismo.fregenaldelasierra.es

➔ E 803 Sevilla - Merida, Abf. 704, weiter nach Fregenal de la Sierra. ✉ Avienida de la Paz (GPS: 38°10'12"N / 6°38'59" W).

Städtischer Wohnmobil-Stellplatz beim Busbahnhof. Ebene schattenlose Stellflächen auf Asphalt. Auch für größere Wohnmobile geeignet. Das Aufstellen von Stühle, Tischen etc. (Campingbetrieb) ist nicht gestattet. Der Wasserverbrauch ist in der Cafeteria des Busbahnhofs zu bezahlen. Maximal 2 Nächte Aufenthalt möglich. Ortszentrum 500 m entfernt. 5 Touristenplätze.

06950 Villagarcía de la Torre, Extr. ST-E 4020

»ÁREA AUTOCARAVANAS« 1.1. bis 31.12.
☎ 0034 924 875 777
villagarcia@dip-badajoz.es, www.villagarciadelatorre.es

➔ N-432 Córdoba - Badajoz, kurz nach dem Ortsschild "Villagarcía de la Torre" rechts und gleich wieder links abbiegen. Der Wohnmobil-Stellplatz liegt in der rechts neben der Plaza Nueva. ✉ Calle Meléndez Valdés, 1D (GPS: 38°17'26"N / 6°4'54" W).

Offizieller Wohnmobil-Stellplatz am Ortsrand nahe der Bundesstraße. Ebene, markierte Stellflächen auf Asphalt. Stellplatz-Länge bis 9 m. Durch Eukalyptusbäume aufgelockert. Imbiss/Bar direkt neben dem Platz. 10 Touristenplätze.

06007 Badajoz, Extremadura ST-E 4070

»ÁREA AUTOCARAVANAS DE BADAJOZ« 1.1. bis 31.12.
☎ 0034 924 224981
info@turismobadajoz.es, www.turismobadajoz.es

➔ E 90 Merida - Badajoz, im Ort zum Fluss abbiegen. Beschildert. ✉ Camino Viejo de San Vicente (GPS: 38°53'5"N / 6°58'42" W).

100 m 300 m 500 m

Beleuchteter Stellplatz nahe dem Fluss am Ortsrand. Ebene und markierte Stellflächen auf Asphalt. Es darf kein Campingverhalten (Herausstellen von Stühlen, Tischen etc.) aufgenommen werden. Maximal 3 Nächte Aufenthalt möglich. Ortszentrum 900 m entfernt. 8 Touristenplätze.

06800 Mérida, Extremadura ST-E 4110

»AUTOCARABANAS AREA MÉRIDA« 1.1. bis 31.12.
☎ 0034 619 261 325

➔ A-5 Madrid - Badajoz, Abf. (338) und weiter auf die N-630 Richtung Stadtzentrum. Beim Kreisverkehr "Mérida Patrimonio de la Humanidad" abbiegen in die Calle Octavio Augusto und am nächsten Kreisverkehr rechts in die Calle Cabo Verde, noch 200 m. ✉ Calle Cabo Verde, 2 (GPS: 38°55'9"N / 6°20'9" W).
∴ Museo Abierto de Mérida. Teatro Romano de Mérida.

20 m 350 m

Beschrankter und beleuchteter Wohnmobil-Stellplatz inmitten der Stadt neben einem Museum mit Ausgrabungsstätte und in der Nähe des "Teatro Romano de Mérida". Ebene bis leicht abfallende, markierte und schattenlose Stellflächen auf Asphalt. Auch für große Wohnmobile geeignet. Cafeteria . 35 Touristenplätze.

10120 Logrosán, Extremadura ST-E 4268

»AREA DE APARCAMIENTO« 1.1. bis 31.12.

➔ E 90 Merida-Madrid, Abf. (287) weiter über Zorita nach Logrosán ins Gewerbegebiet. ✉ Carretera a Villanueva de la Serena (GPS: 39°19'55"N / 5°28'50" W).

Stellplatz am Gewerbegebiet bei einer Grünanlage. Stellflächen auf Schotter. Maximal 2 Nächte Aufenthalt möglich! Ortszentrum 1 km entfernt. 10 Touristenplätze.

10004 Cáceres, Extremadura ST-E 4320

»ÁREA AUTOCARAVANAS DEL VALHONDO CÁCERES«
☎ 0034 927 255 765 1.1. bis 31.12.
turismo@ayto-caceres.es, turismo.caceres.es

➔ N-521 Madrid - Cáceres, am östlichen Stadtrand beim Kreisverkehr der "Guardia Civil" in die "Avenida de la Universidad" abbiegen und der Beschilderung "Edificio Valhondo"/"Parque Valhondo" folgen. ✉ Av. de la Universidad, 2 (GPS: 39°28'49"N / 6°22'7" W).

Umzäunter offizieller Wohnmobil-Stellplatz in der Stadt neben dem "Parque Valhondo". Ebene, markierte Stellflächen auf Asphalt, teils durch Bäume leicht beschattet. Ver- und Entsorgungsmöglichkeit vorhanden. Das Aufstellen von Stühle, Tischen etc. (Campingbetrieb) ist nicht gestattet. Das Gelände schließt nachts (22 bis 8 Uhr) den Zugang. Maximal 1 Nacht (24 Std.) Aufenthalt möglich! Das historische Zentrum ist ca. 800 m entfernt. 10 Touristenplätze.

10693 Riolobos, Extremadura ST-E 4390

»CAMPING LAS CATALINAS« 1.1. bis 31.12.
☎ 0034 927 451150
info@campinglascatalinas.es, campinglascatalinas.es

➔ E-803 Salamanca-Caceres, Abf. (489), weiter nach Westen nach Riolobos. ✉ Crtra. Riolobos (GPS: 39°55'7"N / 6°17'52" W).

Stellplatz vor dem kleinen Campingplatz "Las Catalinas" am Ortsrand. Stellfläche auf Schotterwiese. Maximal 2 Nächte Aufenthalt möglich! 5 Touristenplätze.

10600 Plasencia, Extremadura ST-E 4400

»CAMPING LA CHOPERA« 1.1. bis 31.12.
☎ 0034 927 416660
lachopera@campinglachopera.com, campinglachopera.com

➔ N-110 Richtung Plasencia, zwischen dem Stausee und dem Ort auf den Campingplatz abbiegen. ✉ Valle del Jerte Carretera N-110 Km 3 (GPS: 40°2'44"N / 6°3'30" W).

Stellplatz vor dem Campingplatz La Chopera außerhalb des Ortes. Stellfläche auf Schotter. 20 Touristenplätze.

10864 Torre de Don Miguel, Extrem. ST-E 4440

»SIERRA DE GATA« 1.1. bis 31.12.

administracion@torrededonmiguel.es

➔ EX-109 von Moraleja nach Norden fahren, nach Torre de Don Miguel abzweigen. ✉ Ronda Este (GPS: 40°13'14"N / 6°34'16" W).

Stellplatz am östlichen Ortsrand. Stellfläche auf Schotter. Maximal 2 Nächte Aufenthalt möglich. 10 Touristenplätze.

E

05005 Ávila, Kastilien-León ST-E 4530

»APARKAREA PARKING DE AUTOCARAVANAS« 1.1. bis 31.12.
☎ 0034 920 242 372, Mobil 0034 630 207 026
hola@aparkarea.com, www.aparkarea.com

➔ AV-20/N-110 Segovia - Plasencia, beim Autobahnkreuz die Abf. (7) Ávila, und beim Kreisverkehr Richtung Stadtzentrum abbiegen. An der Stadtmauer links in die "Av. de Madrid" abbiegen und der Beschilderung "Jefatura de Policía Local Ávila" folgen. ✉ Paseo Sta. María de la Cabeza, 15 (GPS: 40°39'43"N / 4°42'16" W).

Umzäunter und beschrankter Wohnmobil-Stellplatz am nordöstlichen Stadtrand hinter dem Kongresszentrum (Centro de Exposiciones y Congresos Lienzo Norte). Teil eines Großparkplatzes, beleuchtet und videoüberwacht. Ebene, markierte und schattenlose Stellflächen auf Asphalt. Autowäsche möglich. Lebensmittel- und Getränkeautomaten. Ein- und Abfahrtsmöglichkeit 24 Stunden - Zugriff mit Code. Bezahlung am Automaten. 44 Touristenplätze.

05370 Narros del Castillo, Kast.-L. ST-E 4545

Abfahrt

»ÁREA DE NARROS DEL CASTILLO« 1.1. bis 31.12.
☎ 0034 619 384889

➔ A 50, Salamanca - Ávila, Abf. (46), auf die AV-P-627 nach Narros del Castillo, dort am Ortseingang gelegen, beschildert. ✉ AV-P-627 (GPS: 40°51'34"N / 5°3'25" W).

Kommunaler Stellplatz am Rand eines kleinen Dorfes, mit Blick auf Felder und Wiesen. Ebene, bis leicht abfallende Stellflächen auf Sand und Schotter. Aufenthalt max. 72 Stunden. Ortszentrum 300 m entfernt. 10 Touristenplätze.

37470 Sancti-Spíritus, Kastil.-León ST-E 4563

Abfahrt

»HOSTEL LA PONDEROSA« 1.1. bis 31.12.
☎ 0034 923 163100
kelly_claeys@hotmail.com, hostel-la-ponderosa.business.site

➔ N-620, Salamanca - Guarda, zwischen La Fuente de San Esteban und Sancti-Spíritus an der N-620 beschilderter Abzweig. ✉ Carretera Nacional 620 km 303 (GPS: 40°44'9"N / 6°21'44" W).

Stellplatz bei einem Hotel und Restaurant, gleich neben der Autobahn. Stellflächen auf Sand, ohne Längenbeschränkung. Aufenthalt max. 24 Stunden. Ort 5 km entfernt. 10 Touristenplätze.

37882 Terradillos, Kastilien-León ST-E 4590

»EL ENCINAR« 1.1. bis 31.12.
☎ 0034 923 373086
info@ayto-terradillos.com, www.ayto-terradillos.com

➔ CL-510 Salamanca-Alba de Tormes, bei Terradillos abfahren. ✉ Paseo de Poniente s/n (GPS: 40°52'48"N / 5°34'51" W).

Ch 200 m

Stellplatz auf einem Parkplatz am Ortsrand von El Encinar-Teradillos. Stellfläche auf Asphalt. Haltestelle fußläufig erreichbar. Salamanca ca.13 km entfernt. Ortszentrum 200 m entfernt. 10 Touristenplätze.

47009 Valladolid, Kastilien-León ST-E 4660

»AREA DE SERVICIOS PARA AUTOCARAVANS« 1.1. bis 31.12.
☎ 0034 983426100
informacion@valladolidturismo.com, www.valladolid.es

➔ In Valladolid zum Messegelände fahren. ✉ Av. Ramón Pradera, 6 (GPS: 41°39'22"N / 4°44'15" W).

Ch

Stellplatz in Zentrumsnähe neben dem Fluss. Stellfläche auf Asphalt. Maximal 2 Nächte Aufenthalt möglich! Max. Fahrzeuglänge 10 m. Ortszentrum 500 m entfernt. 15 Touristenplätze.

49211 Carbellino, Kastilien-León ST-E 4680

»PARKING CARBELLINO« 1.1. bis 31.12.
☎ 0034 923 242504
terraduero@terraduero.info, raianorte.terraduero.info

➔ A 62, Valladolid - Salamanca, Abf. (240), Salamanca, auf die SA-300 über Villamayor bis Ledesma. Weiter auf der SA-311 bis Almeida de Sayago, hier links nach Carbellino abbiegen, ✉ Camino de las Aceñas de Morcillo (GPS: 41°13'42"N / 6°9'15" W).

Ch

Stellplatz für Reisemobile am Ortsrand in der Nähe des Stausees Embalse de Almendra. An der Wohnmobil-Route "Raia Norte" gelegen. Stellflächen auf Sand und Schotter, bis 8 m Länge. 24-Stunden-Überwachung. Picknickplätze. Aufenthalt max. 72 Stunden. Ortszentrum 500 m entfernt. 10 Touristenplätze.

49026 Zamora, Kastilien-León ST-E 4690

»ÁREA AUTOCARAVANAS PISONES« 1.1. bis 31.12.
☎ 0034 980 533 694
oficinaturismo@zamora.es, turismo-zamora.com

➔ A-66 Salamanca - Leon, Abf. (285) Zamora, weiter auf der N-630 Richtung Zamora und anschließend der Beschilderung "Castillo de Zamora" folgen. Hier am Kreisverkehr weiter in Richtung Braganças (N-122) und nach 200 m rechts in die Calle Pisones abbiegen. ✉ Calle Pisones, 1 (GPS: 41°30'13"N / 5°45'20" W).

WC Ch

Öffentlicher Wohnmobil-Stellplatz in der Stadt neben dem Parque de la Frontera. Ebene parzellierte Stellflächen auf Schotter. Durch lockere Baumreihen leicht beschattet. Nur für Fahrzeuge unter 5 t geeignet. Das Aufstellen von Stühle, Tischen etc. (Campingbetrieb) ist nicht gestattet. Direkt neben dem Stellplatz gibt es einen Park mit Spielplatz und Picknickplätzen. Maximal 2 Nächte (48 Std.) Aufenthalt möglich! Stadtzentrum 500 m entfernt. 39 Touristenplätze.

49698 Bretocino, Kastilien-León ST-E 4703

10 **»BRETOCINO«** 20.3. bis 20.10.
☎ 0034 615477225
pablojosedo@hotmail.es, www.areabretocino.es

➔ A-66 Salamanca-Benavente, Abf. 232 nach Santovenia del Esla - Mozar, am Kreisverkehr Abf. Mozar auf die ZA-100. Nach 4 km Bretocino. ✉ Cuesta de los Nongales, s/n (GPS: 41°53'11"N / 5°45'18" W).

WC W Ch

Beleuchteter Stellplatz an nördlichen Ortsrand von Bretocino in der Provinz Zamora. Stellflächen geschottert und teilweise überdacht. Pool im Sommer. Picknickplatz. Boulebahn. Ver- und Entsorgungsmöglichkeit. 30 Touristenplätze.
2022: St/N inkl. 2 P/N 8.–, Strom/N 3.– (10 A), Ver- und Entsorgung 3.–.

49359 Trefacio, Kastilien-León ST-E 4721

»ÁREA AUTOCARAVANAS PLAYA DE CORNEIRA«
☎ 0034 980 628343 1.1. bis 31.12.
aytotrefacio@yahoo.es, www.diputaciondezamora.es

➔ A-52 / N-525 Benavente - portug. Grenze, Abf. (79), am Kreisverkehr weiter Richtung "Lago de Sanabria" (ZA-104) und dem Straßenverlauf bis El Puente folgen. Hier in der Ortsmitte der Calle Plaza nach Norden folgen und weiter Richtung Trefacio. ✉ El Puente - Trefacio, KM 2.5 (GPS: 42°6'9"N / 6°38'39" W).

Ch

Offizieller Wohnmobil-Stellplatz direkt am Fluss (Río Tera) bei einer kleinen Badestelle mit Bar. Ebene, bis leicht wellige Stellplätze auf Schotter und Wiese. Picknickplätze vorhanden. Das Aufstellen von Stühle, Tischen etc. (Campingbetrieb) ist nicht gestattet. Maximal 3 Nächte (72 Std.) Aufenthalt möglich! Ort 2.5 km entfernt. 4 Touristenplätze.

24391 Ribaseca, Kastilien-León ST-E 4731

»AREA DE LEON« 1.1. bis 31.12.
☎ 0034 629878585
areadeleon@gmail.com, www.parkingautocaravansleon.com

➔ A-66 Salamanca-Leon, Abf. (149) weiter nach Ribaseca. ✉ Ctra. León - La Bañeza Km 1.5 (GPS: 42°32'39"N / 5°35'17" W).

WC Ch H

Stellplatz auf einem Parkplatz im Süden von Leon im Industriegebiet. Stellfläche asphaltiert bei der Parking Area de Leon. 50 Touristenplätze.

24413 Molinaseca, Kastilien-León ST-E 4735

»ÁREA AUTOCARAVANAS MOLINASECA« 1.1. bis 31.12.
☎ 0034 630 259596
turismodemolinaseca@gmail.com, molinaseca.es

➔ A-6 Lugo - Ponferrada, Abf. (383) Ponferrada/Este, auf die N-VI und südlich von Ponferrada auf die LE-142 nach Molinaseca. ✉ Calle Salgueras (GPS: 42°32'22"N / 6°31'14" W).

Ch 300 m

Offizieller Stellplatz auf einem gemischten Parkplatz in Ortsrandlage. Für Reisemobile reservierte und markierte Stellflächen auf Asphalt, bis 8 m Länge. Durch lockere Baumreihen leicht beschattet. Aufenthalt max. 72 Stunden. Ortszentrum 200 m entfernt. 6 Touristenplätze.

24143 Huergas de Babia, Kast.-L. ST-E 4738

»PARKING AUTOCARAVANAS EL MORISCAL« 1.1. bis 31.12.
☎ 0034 678 970838
pepemoriscal@gmail.com

➔ AP 66 Leon - Gijon, Abf. 93, weiter nach Huergas de Babia. ✉ Camino Riolago (GPS: 42°57'23"N / 6°5'34" W).

Ch H 20 m

Stellplatz im Ort nahe der "Cafeteria Moriscal". Von einer kleinen Mauer umrahmt. Stellflächen auf Schotter/Sand. Maximal 2 Nächte Aufenthalt möglich. 11 Touristenplätze.

24200 Valencia de Don Juan, Kast.-L. ST-E 4741

»ÁREA DE COYANZA« 1.1. bis 31.12.
☎ 0034 987 751001
infoturismo@valenciadedonjuan.es
www.valenciadedonjuan.es/areas/turismo/oficina-de-turismo/

➔ N-630 León – Salamanca, bei Km 32 ostwärts nach Valencia de Don Juan abbiegen. Dort am Ortsausgang an der Straße Richtung Valderas. ✉ Calle Tres de Abril (GPS: 42°17'15"N / 5°30'48" W).
∴ Castillo de Valencia de Don Juan, Museo de la Indumentaria Tradiciona.

Ch 400 m

Kommunaler Stellplatz am südlichen Ortsrand bei einer Schule und den Sportanlagen. Weiter Blick auf Felder und Wiesen. Markierte, ebene Stellflächen auf Asphalt. Stellplatz-Länge bis 8 m. Das Aufstellen von Stühle, Tischen etc. (Campingbetrieb) ist nicht gestattet. Aufenthalt max. 72 Stunden. Ortszentrum 500 m entfernt. 12 Touristenplätze.

24915 Posada de Valdeón, Kast.-L. ST-E 4746

»AREA DE POSADA DE VALEON« 1.1. bis 31.12.
☎ 0034 987 740504
valdeon@valdeon.org

➔ E 70 Hijon - Bilbao, Abf. LLN-11, weiter nach Posada de Valdeón. ✉ Calle Rabanal 4 (GPS: 43°9'9"N / 4°55'3" W).

Ch H 500 m

Stellplatz hinter einer Sporthalle mit Blick auf die umliegenden Berggipfel. Ebene, parzellierte und schattenlose Stellflächen auf Rasen mit betonierten Spurflächen für das Wohnmobil. Infotafel. Picknickplätze. Maximal 4 Nächte Aufenthalt möglich. Ortszentrum 500 m entfernt. 20 Touristenplätze.

34886 Velilla del Río Carrión, Kast.-L. ST-E 4756

»ÁREA DE AUTOCARAVANAS DE LA ARBOLEDA«
☎ 0034 979 861160 1.1. bis 31.12.
ayuntamiento@velilladelriocarrion.es

➔ N-621, Unquera - León, zwischen Cistierna und Sorriba auf die CL-626 bis Guardo, hier links nach Velilla del Río Carrión abbiegen. Am Ortseingang von Velilla del Río Carrión links zum Fluss abbiegen. ✉ Paseo la Arboleda (GPS: 42°49'31"N / 4°50'53" W).

Ch 300 m

Offizieller Stellplatz am Río Carrión. Markierte Stellflächen auf Asphalt, bis 8 m Länge. Am gepflegten Flussufer (Rasen und Picknickplätze) gelegen. Ortszentrum 300 m entfernt. 6 Touristenplätze.

34120 Carrión de los Condes, Kast.-L. ST-E 4790

»AREA DE SAN ZOILO« 1.1. bis 31.12.
☎ 0034 979880259, Fax 0034 979880461
ayuntamiento@carriondeloscondes.es, www.carriondeloscondes.es/

➔ A 231 Bulos-Leon, Abf. (85) weiter nach Carrión de los Condes zum Ufer des Rio Carrition. ✉ Callejón Huertas San Zoilo, 1 (GPS: 42°20'17"N / 4°36'28" W).

WC W 400 m

Stellplatz am Ortseingang neben der Sportanlage beim Fluss Carrion. Stellfläche auf Sand und Schotter. Max. 48 Std. Aufenthaltsdauer. Ortszentrum 400 m entfernt. 6 Touristenplätze.

09560 Espinosa de los Monteros, Kast.-L. ST-E 4810

»AREA DE LAS COCINAS« 1.1. bis 31.12. 755 m

ayuntamiento@espinosadelosmonteros.es, www.espinosadelosmonteros.es

➔ N 232a Ona-Lardeo, bei Bercedo abfahren nach Espinosa de los Monteros. ✉ Calle del Sol (GPS: 43°5'9"N / 3°33'28" W).

Unparzellierter Stellplatz am Ortsrand. Ebene befestigte Stellflächen auf Sand und Schotter. 10 Touristenplätze.

09211 Frias, Kastilien-León ST-E 4815

»ÁREA AUTOCARAVANAS FRIAS« 1.1. bis 31.12. 536 m

tourismo@ciudaddefrieas.com, ciudaddefrieas.com

➔ E-5 Bilbao-Madrid, Abf. (4) weiter über Busto de Bureba nach Frias. ✉ Calle del Crucero (GPS: 42°45'37"N / 3°17'46" W).

Stellplatz am südwestlichen Ortsrand von Frias. Blick auf das am Berghang gelegene Dorf. Schattenlose, unparzellierte Stellflächen auf Schotter. Maximal 3 Nächte Aufenthalt möglich! 45 Touristenplätze.

09660 Hontoria del Pinar, Kast.-L. ST-E 4830

»CONON DEL RIO LOBOS« 1.1. bis 31.12.
☎ 0034 947 386141
hontoriadelpinar@diputaciondeburgos.net, www.hontoriadelpina.es

➔ N-234 Burgos-Soria, bei Hontoria del Pinar Richtung Nationalpark fahren. ✉ Hontoria del Pinar (GPS: 41°50'38"N / 3°9'51" W).

Stellplatz beim Naturpark im Süden von Hontoria del Pinar. Stellfläche auf Asphalt im Industriegebiet.Maximal 2 Nächte Aufenthalt möglich! 70 Touristenplätze.

40005 Segovia, Kastilien-León ST-E 4850

»PARKING DE AUTOCARAVANAS PLAZA DE TOROS«
☎ 0034 921 466720 1.1. bis 31.12.
www.turismodesegovia.com

➔ In Segovia zum Zentrum Fahren zum Plaza de Tores. ✉ Calle Campo Azalvaro, 1 (GPS: 40°56'30"N / 4°6'23" W).

Beleuchteter Stellplatz bei der Stierkampfarena in Segovia. Markierte Stellflächen auf Asphalt. Entsorgungsmöglichkeit vorhanden. Es darf kein Campingbetrieb aufgenommen werden (Stühle aufestellen etc.). Maximal 3 Nächte Aufenthalt möglich. 50 Touristenplätze.

40200 Cuellar, Kastilien-León ST-E 4861

»EL CASTILLO« 1.1. bis 31.12.

turismo@aytocuellar.es, cuellar.es

➔ A 601 Vallavolid - Madrid, Abf. (50) weiter Richtung Zentrum und dann zur St. Martin Kirche. ✉ Camino del Alomilo 40 (GPS: 41°24'3"N / 4°19'13" W).

Stellplatz im Ort unterhalb des Castillo de Cuéllar. Ebene, schattenlose Stellflächen auf Kies. Müllentsorgung sowie Ver- und Entsorgung möglich. Maximal 2 Nächte (48 Std.) Aufenthalt möglich! 10 Touristenplätze.

42240 Medinaceli, Kastilien-León ST-E 4990

»ÁREA AUTOCARAVANAS DE MEDINACELI« 1.1. bis 31.12. 1180 m

➔ A2/N-II Calatayud - Guadalajara, Abf. (1) nach Medinaceli. Im Ort der Beschilderung zum "Arco romano de Medinaceli" folgen. ✉ Calle Campo de San Nicolás 16 (GPS: 41°10'17"N / 2°25'54" W).
∴ Historische Altstadt.

50 m 100 m

Öffentlicher Stellplatz am Ortsrand hinter einem römischen alten Torbogen und neben einem Bolzplatz. Schöner Ausblick. Unebene, markierte Stellflächen auf wenig befestigter Wiese. Das Parken im historischen Zentrum ist für Wohnmobile verboten. Maximal 2 Nächte Aufenthalt möglich!

36780 A Guarda, Galicien ST-E 5010

»QUICK STOP CAMPING SANTA TECLA« 1.1. bis 31.12.
☎ 0034 986613011
recepcion@campingsantatecla.es, www.campingsantatecla.es

➔ A-55, Vigo - Tui, Abf. (30) auf die PO-552 nach A Guarda, kurz vor der Kirche San Roque de Salcidos links abbiegen, beschildert. ✉ Rua Baixada O Rio Miño 90 (GPS: 41°53'55"N / 8°50'49" W).

Quick Stop von 19.30 - 10 Uhr vor einem Campingplatz an der Mündung des Minho. Stellflächen auf Wiese, ohne Längenbeschränkung. Bar. Imbiss. Pizzeria. Brötchenservice. Frühstücksservice. Trampolin. Spielautomaten. Rad- und Wanderwege in der Umgebung. Eingeschränkter Service im Winter. Ort 3 km entfernt. 30 Touristenplätze.

36450 Salvaterra de Miño, Galicien ST-E 5030

»SALVATIERRA« 1.1. bis 31.12.

informatica@concellodesalvaterra.org, www.concellodesalvaterra.org

➔ A-52 Ourense-O Porrino, Abf. (194) weiter nach Portugal, kurz vor der Grenze. ✉ Paseo Fluvial (GPS: 42°4'43"N / 8°30'33" W).

Stellplatz kurz vor der portugiesischen Grenze an einem Fluss neben einer Parkanlage. Stellfläche auf Schotter. 10 Touristenplätze.

36948 Cangas de Morrazo, Galicien ST-E 5070

»CAMPING CAR AREA PLAYA ARNELES« 1.4. bis 30.9.
☎ 0034 622 512000
campingcararea@gmail.com, www.campingcarareaplayaarneles.com

➔ Südwestlich von Pontevedra über Cangas de Morrazo nach O Hio. ✉ Ctra. Viso Vilanova (GPS: 42°16'36"N / 8°50'2" W).

100 m

Umzäunter Stellplatz am Ortsrand an einem Berghang. Terrassierte, ebene bis leicht abschüssige Stellflächen auf Rasen. Überwiegend schattenlos. Ortszentrum 500 m entfernt. 31 Touristenplätze.

36003 Pontevedra, Galicien ST-E 5095

»PONTEVEDRA« 1.1. bis 31.12.

info@visit-pontevedra.com, www.visit-pontevedra.com

➔ AP-9 Pontevedra-Vigo, Abf. (32) weiter nach Westen an der Küste entlang. ✉ Rúa José Malvar Figueroa, 46D (GPS: 42°26'0"N / 8°38'9" W).

Stellplatz direkt am Fluss am Ortsrand. Stellfäche auf Schotter. Max. Aufenthaltsdauer 72 Stunden. 20 Touristenplätze.

15895 Milladoiro, Galicien ST-E 5163

»O MILLADOIRO« 1.1. bis 31.12.
☎ 0034 981720001
turismo@concellodeames.org, www.concellodeames.org

➔ AP-9 Santiago de Compostela-Pontevedra, Abf. (75) weiter nach Milladoiro, weiter zu den Tennisplätzen. ✉ Travesía del Porto (GPS: 42°50'43"N / 8°34'51" W).

Stellplatz am Ortsrand beim Sportgelände neben dem Freibad. Stellfläche auf Asphalt. Maximal 2 Nächte Aufenthalt möglich. 25 Touristenplätze.

27300 Guitiriz, Galicien ST-E 5190

»ÁREA AUTOCARAVANAS DE GUITIRIZ« 1.1. bis 31.12.

info@concellodeguitiriz.com, concellodeguitiriz.com

➔ N-VI Lugos-Betanzos, außerhalb von Guitiriz zum Golfclub abbiegen. ✉ Avenida do Balneario, 11 (GPS: 43°10'38"N / 7°52'45" W).

Öffentlicher Stellplatz am Ortsrand neben einem kleinen Freiluft-Fitnessparcour. Ebene bis leicht abfallende und schattenlose Stellflächen auf Schotter. Infotafel. 5 Touristenplätze.

15155 Fisterra, Galicien ST-E 5202

»AREA DE SERVICIOS AUTOCARAVANAS EL CAMPO«
☎ 0034 636 826201 1.1. bis 31.12.
parkingautocaravanasfisterra@gmail.com, www. facebook.com/el-campo

➔ Westlich von Ferrol nach Fisterra. ✉ Avenida A Coruna (GPS: 42°54'40"N / 9°15'49" W).

100 m

Stellplatz am Ortsrand auf einem Parkplatz mit schönem Blick über die Bucht. Ebene bis leicht abfallende Stellflächen auf Schotter. Ortszentrum 500 m entfernt. 25 Touristenplätze.

15123 Camariñas, Galicien ST-E 5260

»PUERTO DEPORTIVO« 1.1. bis 31.12.
☎ 0034 981737004
info@camarinas.net, www.camarinas.net

➔ In Camariñas weiter zum Hafen fahren. ✉ Puerto Club Nautico (GPS: 43°7'37"N / 9°11'0" W).

250 m

Stellplatz direkt am Hafen beim Club Nautico. Stellfläche auf Asphalt. 5 Touristenplätze.

15001 A Coruña, Galicien ST-E 5270

»PARKING CARAVANAS MARINA CORUÑA« 1.1. bis 31.12.
☎ 0034 881 920482
marinacoruna@marinacoruna.es, www.parkingcaravanascoruna.com/en

➔ AP-9, Santiago de Compostela - A Coruña, im Stadtgebiet der Ausschilderung zum Yachthafen und zur Burg von San Antón folgen. Von dort weiter entlang des Paseo de las Ánimas zum Yachthafen. ✉ Muelle de las Ánimas (GPS: 43°22'12"N / 8°23'16" W).
∴ Historische Altstadt. Torre de Hércules.

600 m

Beleuchteter und beschrankter Stellplatz innerhalb des Hafens. Ebene, markierte und schattenlose Stellflächen auf Asphalt, ohne Längenbeschränkung. 24-Stunden-Überwachung. Tourist-Info. Guter Ausgangspunkt für Besuche in A Coruña. Ortszentrum 600 m entfernt. 15 Touristenplätze.

E

15540 Narón, Galicien ST-E 5290

»POZO DO RIO« 1.1. bis 31.12.

naron@naron.es, naronconcello.org/

➔ AG-64 Vilalba-Ferrol, Abf. (3) an der Hauptstraße im Industriegebiet. ✉ Av. Bernardo Romeo (GPS: 43°31'59"N / 8°11'44" W).

Ch

Stellplatz im Industriegebiet außerhalb des Ortes. Stellfläche auf Asphalt. 10 Touristenplätze.

27880 Burela, Galicien ST-E 5310

»ÁREAS DE AUTOCARAVANAS DE BURELA« 1.1. bis 31.12.

burela@burela.org, www.burela.org

➔ N 642 San Cibrao-Ribadeo, in Burela abfahren. ✉ Uxío Novoneira 4 (GPS: 43°39'12"N / 7°21'29" W).

200 m

Stellplatz auf einem Parkstreifen gegenüber einer Parkfläche. Stellfläche auf Asphalt. Maximal 2 Nächte Aufenthalt möglich! Ortszentrum 200 m entfernt. 4 Touristenplätze.

27780 Foz, Galicien ST-E 5312

15 **»ATALAIA CAMPER PARK«** 1.1. bis 31.12.
☎ 0034 982 188494
info@atalaiacamperpark.com, www.atalaiacamperpark.com

➔ N-642, Foz - Viveiro, am Kreisverkehr zwischen Foz und Fazouro rechts nach Foz abbiegen, dann nach ca. 1 km auf der linken Seite, beschildert. ✉ Ctra. General Forxán s/n (GPS: 43°34'46"N / 7°16'26" W).

WC W WC Ch W HS

Umzäunter und gepflegter Stellplatz etwas außerhalb von Foz. Parzellierte, ebene und gekieste Stellflächen. Überwiegend schattenlos. Snackbar. Kleine Liegewiese. Kleiner umzäunter Hundespielplatz. Ortszentrum und Hafen 2 km entfernt. 60 Touristenplätze.
2022: St/N 12.–, Strom/N 3.– (6 A). Ver- und Entsorgung und Wasser inklusive.

27740 Mondoñedo, Galicien ST-E 5320

»ÁREAS DE AUTOCARAVANAS DE MONDONEDO« 1.1. bis 31.12.

webmaster@mondonedo.net, mondonedo.net

➔ N-634 Ribadeo-Vilalba bei Mondoñedo abfahren, im Westen von Mondoñedo auf den Campo dos Paxariños fahren. ✉ Paxariños, Es. Calvo Sotelo s / n (GPS: 43°25'39"N / 7°22'11" W).

Stellplatz am Ortsrand auf dem Campo dos Paxariños. Ebene markierte Stellflächen auf Asphalt. Grauwasser-Entsorgung. Maximal 2 Nächte Aufenthalt möglich! 10 Touristenplätze.

27240 Meira, Galicien ST-E 5329

»ÁREA AUTOCARAQVANAS DE MEIRA« 1.1. bis 31.12.
☎ 0034 618 679632
consultas@concellodemeira.com, www.concellodemeira.com

➔ N-640, Ribadeo - Lugo, in Meira am westlichen Ortsrand in einem Neubau-Gebiet. ✉ Rúa Fray Vidal (GPS: 43°13'0"N / 7°17'49" W).

Ch 500 m

Beleuchteter, kommunaler Stellplatz am Ortsrand bei einem Neubau-Gebiet. Ebene, markierte Stellflächen auf Beton, von Rasenflächen umgeben. Picknickplätze. Abfallentsorgung möglich. Das Aufstellen von Stühle, Tischen etc. (Campingbetrieb) ist nicht gestattet. Aufenthalt max. 48 Stunden. Ortszentrum 500 m entfernt. 10 Touristenplätze.

27004 Lugo, Galicien ST-E 5340

»AREA DE LUGO« 1.1. bis 31.12.

010@lugo.gal, www.lugo.es

➔ A 6 A Coruna-Ponferrada, Abf. (493) nach Lugo, Beschilderung zum Sportzentrum folgen. ✉ Ronda República Argentina (GPS: 43°0'16"N / 7°33'43" W).

500 m

Stellplatz beim Sportzentrum am Ortsrand. Stellfläche auf Asphalt. Während des Stadtfestes wird der Stellplatz verlegt. Ortszentrum 1 km entfernt. 20 Touristenplätze.

27677 As Nogais, Galicien ST-E 5360

Abfahrt

»ÁREA AUTOCARAVANAS DE AS NOGAIS« 1.1. bis 31.12.
☎ 0034 982 364092
concelloasnogais@concelloasnogais.es, www.concelloasnogais.es

➔ A-6, Lugo - Ponferrada, Abf. (444) As Nogais, ca. 650 m nach dem Kreisverkehr links die Straße hoch. Beschildert. ✉ Calle Rosalía de Castro (GPS: 42°48'38"N / 7°6'26" W).

Ch

Kommunaler Stellplatz beim Schwimmbad außerhalb der Ortschaft. Für Reisemobile reservierte Stellflächen auf Asphalt, bis 7 m Länge. Das Aufstellen von Stühle, Tischen etc. (Campingbetrieb) ist nicht gestattet. Abfallentsorgung möglich. Ortszentrum 700 m entfernt. 4 Touristenplätze.

27400 Monforte de Lemos, Galicien ST-E 5390

»ÁREA DE AUTOCARAVANAS MONFORTE DE LEMOS«
☎ 0034 982402501 1.1. bis 31.12.
turismo@concellodemonforte.com

➔ N-120 Ponferrada-Ourense, in Monforte de Lemos nach Norden Richtung Freibad fahren, westlich des Rio Cabe halten. ✉ Ronda Emilia Casa Baamonde (GPS: 42°31'39"N / 7°30'43" W).

Ch H

Stellplatz am Ortsrand nahe des Freibades. Stellfläche auf Asphalt. Max. 2 Übernachtungen. 20 Touristenplätze.

32824 Cartelle, Galicien ST-E 5420

»ÁREA AUTOCARAVANAS O MUNDIL« 1.1. bis 31.12.
☎ 0034 988 491111
areaomundil@gmail.com, www.omundil.com

➔ AG-31 Ourense Richtung Süden, Abf. (5) weiter nach Westen Richtung Nogueiró. ✉ Lugar de Nogueiró, 96 (GPS: 42°12'53"N / 8°1'58" W).

WC W Ch 900 m

Stellplatz beim O Mundil Stadion außerhalb des Ortes. Terrassierte und ebene Stellflächen auf Schotter. Größtenteils parzelliert. Picknickbereich unter Bäumen. Maximal 3 Nächte Aufenthalt möglich. 22 Touristenplätze.

32846 Porto-Quintela, Galicien ST-E 5440

»ÁREA DE SERVICO DE AUTOCARAVANAS« 1.1. bis 31.12.

pim@cm-lagos.pt, www.cm-lagos.pt

➔ A 52 Oimbra - Ourense, Abf. (188) und weiter nach Xinzo de Limia. Hier im Ortszentrum abbiegen auf die OU-301 nach Bande. In Bande auf die OU-540 abbiegen und weiter nach Os Baños (San Xoán), der Straße noch weiter folgen und nach ca. 1.5 km bei dem Hinweis "Aquis Querquennis" links abbiegen. ✉ (GPS: 41°58'16"N / 7°59'8" W).
Aquis Querquennis (Ausgrabungsstätte einer römischen Siedlung).

Ch

Offizieller Stellplatz vor dem Besucherzentrum der "Aquis Querquennis" direkt am Stausee "das Conchas". In ruhiger Lage mit schönem Blick auf den See und von Wiesen und Waldflächen umgeben. Der Platz ist beleuchtet und umzäunt. Picknickplätze. Ebene bis leicht abfallende und markierte Stellflächen auf Asphalt. 26 Touristenplätze.

32350 A Rúa, Galicien ST-E 5480

»ÁREA DE A RUA« 1.1. bis 31.12.

012@xunta.gal, www.turismo.gal/recurso?cod_rec=280382475&ctre=1000260

➔ N-120 Ourese-Ponferra, bei A Rúa abfahren, weiter Richtung Sportgelände. ✉ Parque Recreativo de O Aguillon (GPS: 42°23'16"N / 7°6'53" W).

Stellplatz außerhalb des Ortes direkt an einem kleinen Stausee (Se Encoro de San Martina) nahe des Fußballplatzes. Unparzelierte ebene befestigte Stellflächen. Grauwasser-Entleerung. Maximal 2 Nächte Aufenthalt möglich! 10 Touristenplätze.

33740 Tapia de Casariego, Asturien ST-E 5510

»TAPIA DE CASARIEGO« 1.1. bis 31.12.
☎ 0034985 628080
turismotapia@hotmail.com, www.topiadecasariego.es

➔ E-70 A Coruna-Gijón, Abf. (493) Richtung Lota, weiter an die Nordküste. ✉ Av. San Esteban esquina Av. de la Playa. 17 (GPS: 43°34'0"N / 6°56'47" W).

Ch

Stellplatz an der Nordküste Spaniens. Auf dem Weg von A Corona nach Gijon. Stellfläche Südlich de Ortes auf einem Parkplatz. Maximal 2 Nächte Aufenthalt möglich! 16 Touristenplätze.

33716 Coaña-Ortiguera, Asturien ST-E 5531

»PARKING FARO DE ORTIGUERA« 1.1. bis 31.12.
☎ 0034 679 810007
www.ayuntamientodecoana.com

➔ A-8, Gijón - Ribadeo, Abf. (483) auf die N-634 Richtung Navia, dann links auf die CN-4 nach Ortiguera. ✉ Barrio de la Capilla (GPS: 43°33'39"N / 6°44'2" W).

Ch 200 m 1 km

Offizieller Stellplatz oberhalb des Playa de Arnielles mit schönem Blick über die Bucht. Ausgewiesene Stellflächen entlang der Straße. Das Aufstellen von Stühle, Tischen etc. (Campingbetrieb) ist nicht gestattet. Infotafel. Zugang zum Strand. Aufenthalt max. 48 Stunden. Ort 1 km entfernt. 6 Touristenplätze.

33716 Coaña-Jarrio, Asturien ST-E 5532

»ÁREA DE AUTOCARAVANAS DE JARRIO« 1.1. bis 31.12.
☎ 0034 679 810007
www.ayuntamientodecoana.com

➔ A-8, Gijón - Ribadeo, Abf. (483) auf die N-634 Richtung Navia, dann links auf die CÑ-4 nach Jarrio, nach dem Krankenhaus links und dann gleich auf der rechten Seite. ✉ Lugar de Mohías (GPS: 43°32'44"N /

6°44'48" W).

Städtischer Stellplatz auf einem Parkplatz mit einem für Wohnmobile reservierten Bereich. Ebene, markierte und schattenlose Stellflächen auf Asphalt. Das Aufstellen von Stühle, Tischen etc. (Campingbetrieb) ist nicht gestattet. Aufenthalt max. 48 Stunden. 10 Touristenplätze.

33457 Santa Maria del Mar, Asturien ST-E 5590

»CAMPING LAS GAVIOTAS« 1.1. bis 31.12.
☎ 0034985 519070
info@campinglasgaviotas.es, campinglasgaviotas.es

➔ A-8 A Coruna-Gijon, Abf. (413) der Beschilderung zum Camping Las Gaviotas folgen. ✉ P.Martitimo, 3 (GPS: 43°34'27"N / 5°59'56" W).

Stellplatz beim Campinglpatz LAS Gaviotas. Stellfläche auf Schotter vor dem Campingplatz am Meer. Maximal 2 Nächte Aufenthalt möglich! 20 Touristenplätze.

33314 Quintueles, Asturien ST-E 5650

»LLAGAR CASTANON« 1.1. bis 31.12.
☎ 0034985 894576
info@sidracostanon.es, sidracostanon.com

➔ A-8 Gijón-Bilbao, Abf. (378) direkt an der Ausfahrt. ✉ Barrio los Pisones 90 (GPS: 43°30'51"N / 5°34'10" W).

Stellplatz an der Autobahnaufahrt bei einem Restaurant Sidra Castanon. Stellfläche geschottert.

33560 Ribadesella, Asturien ST-E 5720

»ÁREA DE AUTOCARAVANAS DE RIBADESELLA«
☎ 0034 985 860038 1.1. bis 31.12.
www.ribadesella.es

➔ A-8, Santander - Gijón, Abf. (319), auf die N-632 nach Ribadesella, am Ortsrand von Ribadesella rechts auf die AS-263 Richtung Llanes und nach ca. 800 m auf linken Seite, beschildert. ✉ Carretera Estación (GPS: 43°27'37"N / 5°3'14" W).

600 m

Städtischer Stellplatz auf einem asphaltierten Platz gegenüber vom Bahnhof. Für Reisemobile reservierte Stellflächen auf Asphalt, ohne Längenbeschränkung. Aufenthalt max. 48 Stunden. Ortszentrum 600 m entfernt. 5 Touristenplätze.

33117 Bárzana, Asturien ST-E 5840

»BÁRZANA« 1.1. bis 31.12.
☎ 0034985 168160
info@quiros.es

➔ AP-66 Leon-Mieres, Abf. (59) weiter nach Bárzana. ✉ El Felgueru s/n (GPS: 43°9'21"N / 5°58'22" W).

Stellplatz auf Asphalt zwischen Leon und Oviedo. Stellfläche Südlich des Ortes beim Telecentro. Max. 2 Tage Aufenthalt. 15 Touristenplätze.

33111 Entrago, Asturien ST-E 5841

»ÁREA DE AUTOCARAVANAS DE ENTRAGO« 1.1. bis 31.12.
☎ 0034 985 764202
info@tevergaturismo.com, www.tevergaturismo.es

➔ A 66 Gijon - Leon, Abf. 59, weiter nach Entrago. ✉ (GPS: 43°10'12"N / 6°5'51" W).

Stellplatz am Ortsrand. Schöner Blick auf die umliegenden Berge. Ebene markierte Stellflächen auf Asphalt. Rasenfläche mit Picknickplätzen. Infotafel. Müllentsorgung möglich. Maximal 2 Nächte Aufenthalt möglich. Ortszentrum 500 m entfernt. 20 Touristenplätze.

33693 Pajares, Asturien ST-E 5855

»ÁREA DE VALGRANDE-PAJARES« 1.1. bis 31.12.
☎ 0034 985 497608 1450 m
turismo@aytolena.es, www.aytolena.es

➔ N-630, León - Campumanes, bei Arbas del Puerto nach El Brañillín und zum Skigebiet Valgrande abbiegen, beschildert. ✉ Brañillín (GPS: 42°58'44"N / 5°46'19" W).

Stellplatz auf einem Parkplatz im Skigebiet Valgrande-Pajares. Stellflächen in einem ausgewiesenen Bereich auf Asphalt. Sanitärgebäude für frostsichere Ver- und Entsorgung in der Wintersaison geöffnet. 12 Touristenplätze.

33550 Cangas de Onís, Asturien ST-E 5910

»EL LLERAU« 1.1. bis 31.12.
☎ 0034985 848005
turismo@cangasdeonis.com, cangasdeonis.com

➔ A-8 Bilbao-Westen, Abf. (319) weiter nach Cangas de Onís. ✉ c. Picos de Europa (GPS: 43°21'8"N / 5°7'29" W).

Stellplatz am nordwestlichen Ortsrand von Cangas de Onís. Stellfläche auf Asphalt nahe dem Fluss Güena. Maximal 4 Nächte Aufenthalt möglich! 4 Touristenplätze.

33570 Panes, Asturien ST-E 5995

»ÁREA DE AUTOCARAVANAS DE PANES« 1.1. bis 31.12.

➔ N-621, Unquera - Riaño, ca. 1 km südlich von Panes an der N-621. ✉ N-621 (GPS: 43°19'11"N / 4°35'41" W).

Offizieller Stellplatz außerhalb von Panes, auf einem Parkplatz an der Hauptstraße im Tal des Río Deva. Schöne Aussicht auf die umliegenden Hügelketten. Beleuchtet. Markierte, ebene und schattenlose Stellflächen auf Asphalt. Abfallentsorgung möglich. Ort 1 km entfernt. 20 Touristenplätze.

39310 Gornazo, Kantabrien ST-E 6290

»GORNAZO« 1.1. bis 31.12.
☎ 0034942 557190
comercial@hotelmiradordegornazo.com, www.areasdeserviciogornazo.com/

➔ A-67 Torrelavega-Satander, Anf. (191) bei der Autobahnabfahrt. ✉ AutoviaA-67 salida 191 (GPS: 43°24'26"N / 3°59'12" W).

Stellplatz an der Autobahnausfahrt. Stellfläche auf Asphalt. Maximal 2 Nächte Aufenthalt möglich! 20 Touristenplätze.

39294 Campoo de Yuso, Kantabr. ST-E 6380/2

»CAMPER STOP LA POBLACIÓN« 1.1. bis 31.12.
☎ 0034 942 778310
www.campoodeyuso.es

➔ A-67, Santander - Palencia, Abf. (136) Reinosa, auf die CA-171 Richtung Corconte, am Ortseingang von La Población (gleich nach der Brücke) links abbiegen, noch ca. 700 m. ✉ Barrio La Población (GPS: 43°2'1"N / 3°57'11" W).

Offizieller Stellplatz in ländlicher Umgebung am Ebro-Stausee. Schöner Ausblick auf den See. Markierte, schattenlose Stellflächen auf einem asphaltierten Platz, bis max. 8 m Länge. Ort 700 m entfernt. 10 Touristenplätze.

48009 Bilbao, Baskenland ST-E 6530

»AREA CAMPER BILBAO« 1.1. bis 31.12.
☎ 0034 688 809399
kobetamendi@suspertu.net, bilbaohostel.net/area-autocaravanas-bilbao

➔ A-8 Bayonne - Bilbao, Abf. (119) Balmaseda und weiter in Richtung Altamira/Alto de Kastrexana. Dann die Abf. (5) Zorrozgoiti/Altamira nehmen und in Richtung Altamira abbiegen und an der Kreuzung Mendilitxueta - Monte Carmelo, beschildert. ✉ Calle de Monte Cobetas 31 (GPS: 43°15'35"N / 2°57'48" W).

50 m 200 m

Offizieller Stellplatz am westlichen Stadtrand (Stadteil Altamira) mit Blick über die Stadt. Beleuchtet, umzäunt und beschrankt. Auf zwei Terrassen angelegte, markierte Stellflächen auf Rasengittersteinen. 24-Std.-Überwachung. Ortszentrum 10 km entfernt. 85 Touristenplätze.

48130 Bakio, Baskenland ST-E 6545

»ÁREA DE BAKIO (APARKALKUA)« 1.1. bis 31.12.
☎ 0034 946 193395
www.bakio.eus/es-ES/Turismo/Paginas/default.aspx

➔ N-637 (Corredor del Txorierri), Abf. (18) auf die BI-631 nach Munguía und von dort über die BI-2101 nach Bakio. ✉ Bentalde Auzoa 50 (GPS: 43°25'41"N / 2°48'15" W).

30 m 300 m

Kommunaler Stellplatz auf einem für Reisemobile ausgewiesenen Teil eines Parkplatzes. In Strandnähe gelegen und teils von Rasenflächen umgeben. Markiert, leicht abfallende Stellflächen auf Asphalt. Das Aufstellen von Stühle, Tischen etc. (Campingbetrieb) ist nicht gestattet. Ort 300 m entfernt. 30 Touristenplätze.

20230 Legazpi, Baskenland ST-E 6690

»LEGAZPI« 1.1. bis 31.12.
☎ 0034 943 730428
mirandaola@lenbur.com, lenbur.com

➔ G-632 Bergara-Antzizar, Abf. (12) nach Legazpi weiter ins Zentrum. ✉ Al lado de la ferreteria de Mirandaola (GPS: 43°2'59"N / 2°19'58" W).

Stellplatz hinter der Stadthalle. Stellfläche auf Schotter. Maximal 2 Nächte Aufenthalt möglich. 8 Touristenplätze.

20750 Zumaia, Baskenland ST-E 6710

»AREA DE ZUMAIA« 15.1. bis 15.12.
☎ 0034 943860475
turismoa@zumaia.eus, www.campingzumaia.com

➔ AP 8 Bilbo-Donostia, Abf. (12) weiter mach Zumaia an der Hauptstraße. ✉ Calle de la Estación s/n (GPS: 43°17'47"N / 2°14'58" W).

W 500 m

Stellplatz neben einem Campingplatz im Ortszentrum. Stellfläche auf Asphalt. Maximal 2 Nächte Aufenthalt möglich! Ortszentrum 500 m entfernt. 30 Touristenplätze.

E

20003 San Sebastian, Baskenland ST-E 6740

»AREA DONOSTIA-SAN SEBASTIAN« 1.1. bis 31.12.
0034 943 481166
sansebastianturismo@donostia.eus, www.sansebastianturismo.com

➔ Schnellstraße GI-20, Abf. (8), weiter zum Kreisverkehr und hier Richtung stadteinwärts. Beim Kreisverkehr Europa Plaza der Wohnmobil-Beschilderung folgen. ✉ Paseao de Berio 2 (GPS: 43°18'28"N / 2°0'51" W).

Ch H | 100 m 150 m

Stellplatz neben einem LKW-Parkplatz. Von Büschen und Bäumen eingerahmt. Ebene Stellflächen auf Rasengittersteinen. Stellplatz-Länge max. 7.5 m. Im Winter steht nur die Hälfte der Plätze zur Verfügung. Barzahlung am Automaten. Kein Campingbetrieb erlaubt. Maximal 2 Nächte Aufenthalt möglich! Ortszentrum 200 m entfernt. 44 Touristenplätze.

01059 Vitoria-Gasteiz, Baskenland ST-E 6910

»AREA CAMPER LAKUA« 1.1. bis 31.12.
0034 945 161598
turismo@vitoria-gasteiz.org, www.vitoria-gasteiz.org/turismo

➔ A-1, Abf. (352) Vitoria-Lakua, und weiter auf der N-622 in Richtung Zentrum, dann in die linke Spur zur Ertzantza-Kaserne wechseln und weiter der Beschilderung "Parking Lakua" folgen. ✉ Portal de Foronda 48 (GPS: 42°52'0"N / 2°41'10" W).

Ch H | 400 m

Beleuchteter Stellplatz im nördlichen Außenbereich der Stadt auf einem Großparkplatz. Separater, beschilderter Bereich für Wohnmobil. Ebene, markierte und schattenlose Stellflächen auf Asphalt. Das Aufstellen von Stühle, Tischen etc. (Campingbetrieb) ist nicht gestattet. Maximal 3 Nächte Aufenthalt möglich. Ortszentrum 2 km entfernt. 40 Touristenplätze.

01340 Elciego, Baskenland ST-E 6995

0 **»ÁREA DE AUTOCARAVANAS DE ELCIEGO«** 1.1. bis 31.12.
0034 945 606632
info@elciego.es, www.elciego.es/es/area-elciego

➔ AP-68, Logroño - Miranda de Ebro, Abf. (10) Cenicero, auf die A-3210 in Richtung Elciego und Laguardia. ✉ Barrihuelo Kalea 3 (GPS: 42°30'54"N / 2°36'56" W).
Historischer Ortskern.

Ch | 200 m

Kommunaler, beleuchteter Stellplatz am Ortsrand direkt im Rioja-Weinanbaugebiet. Teils von Büschen und Bäumen umgeben. Markierte Stellflächen auf Pflaster, bis 8 m Länge. Jetons (span.: Fichas) für den Strom sind bei der Touristinfo und den Restaurants in der Umgebung erhältlich. Das Aufstellen von Stühle, Tischen etc. (Campingbetrieb) ist nicht gestattet. Infotafel. Aufenthalt max. 72 Stunden. Ortszentrum 300 m entfernt. 14 Touristenplätze.
2022: Stellplatz ist kostenlos. Strom/12 Std. 2.– (Bezahlung per Jeton).

31713 Arizkun, Navarra ST-E 7032

»AREA DE ORDOKI« 1.1. bis 31.12.
0034 948 581517
www.baztan.eus

➔ N-121A, Pamplona - Irun, nördlich von Zozaia rechts auf die N-121B in Richtung Frankreich. In Arizkun rechts auf die NA-2600 in Richtung Erratzu, dann nach ca. 300 m wieder rechts. ✉ Barrio Ordoki (GPS: 43°10'43"N / 1°29'17" W).

Ch | 150 m

Offizieller Stellplatz am Ortsrand neben einem Gewerbegebiet. Stellflächen auf Apshalt. Aufenthalt max. 48 Stunden. Ortszentrum 1 km entfernt. 8 Touristenplätze.

31013 Berriozar, Navarra ST-E 7150

»BERRIOZAR« 1.1. bis 31.12.
0034 948300005
berriozar@berriozar.es, www.berriozar.es

➔ AP-15 Donostia-Pamplona, Abf. (97) weiter nach Berriozar. ✉ Avda. de Berriozar (GPS: 42°50'30"N / 1°40'1" W).

Ch

Stellplatz am Ortsrand bei der Schule. Stellfläche auf Asphalt. 25 Touristenplätze.

31014 Pamplona, Navarra ST-E 7155

Abfahrt

»ÁREA DE TRINITARIOS« 1.1. bis 31.12.
0034 948 420100
www.pamplona.es/turismo

➔ AP-15 Donostia - Pamplona, Abf. (97) am Kreisverkehr in Richtung Berriozar auf die Av. De Guipuzkoa geradeaus, hinter der Brücke über den Fluss Arga rechts, dann beim Kreisverkehr neben der Feuerwache. ✉ Calle Biurdana (GPS: 42°49'16"N / 1°39'24" W).
Kathedrale von Pamplona. Altstadt. Museo de Navarra.

Ch | 100 m 600 m

Städtischer Stellplatz speziell für Reisemobile in der Nähe der Altstadt. Beleuchtet und beschrankt. Überwiegend schattenlos. Markierte Stellflächen auf Asphalt. Bezahlung am Automaten. Abfallentsorgung möglich. Das Aufstellen von Stühle, Tischen etc. (Campingbetrieb) ist nicht gestattet. Picknickplätze. Infotafel. Aufenthalt max. 48 Stunden. Stadtzentrum 700 m entfernt. 35 Touristenplätze.

31417 Isaba, Navarra ST-E 7300/1

»ASOLAZE CAMPING« 1.1. bis 31.12.
0034 948893234
info@asolazecamping.com, www.asolazecamping.com

➔ NA 173 Sigües-französische Grenze, kurz vor der Grenze im Ort Isaba abfahren. ✉ carretera francia km 39 (GPS: 42°54'5"N / 0°53'3" W).

WC W W Ch

Stellplatz beim Camping Asolaze. Stellfläche auf Wiese und Pflaster. Ort 6 km entfernt. 25 Touristenplätze.

31390 Olite, Navarra ST-E 7420

»ÁREA AUTOCARAVANAS DE OLITE« 1.1. bis 31.12.
0034 948 741703
oficinaunica@olite.es, www.olite.es/turismo/area-autocaravanas

➔ A 15 Tudela - Pamplona, Abf. 21, bei Olite abfahren. Im Stadtzentrum den Schildern in Richtung San Martín de Unx folgen. Der Platz befindet sich neben der Kirche von San Pedro. ✉ Paseo Dona Leonor (GPS: 42°28'49"N / 1°38'50" W).

Ch | 200 m 500 m

Offizieller Stellplatz am Ortsrand. Ebene, markierte Stellflächen auf befestigter staubiger Erde/Schotter. Das Aufstellen von Stühle, Tischen etc. (Campingbetrieb) ist nicht gestattet. Infotafel. Maximal 3 Nächte Aufenthalt möglich. Historisches Ortszentrum 400 m entfernt. 10 Touristenplätze.

31310 Carcastillo, Navarra ST-E 7425

»ÁREA DE AUTOCARAVANAS DE CARCASTILLO«
0034 948 725111 1.1. bis 31.12.
info@carcastillo.es, www.carcastillo.es

➔ AP-15, Tudela - Pamplona, Abf. (29) auf die NA-128 nach Carcastillo, dort am Ortsausgang an der NA-534 nach Cáseda gelegen. ✉ Carretera de Cáseda (NA-534) (GPS: 42°22'40"N / 1°26'19" W).

Ch HS HS | 500 m

Offizieller Stellplatz am Ortsrand neben dem Schwimmbad. Stellflächen auf Schotter, bis 9 m Länge. Das Aufstellen von Stühlen, Tischen etc. (Campingbetrieb) ist nicht gestattet. Ortszentrum 500 m entfernt. 10 Touristenplätze.

31500 Tudela, Navarra ST-E 7470

Abfahrt

»ÁREA DE TUDELA« 1.1. bis 31.12.
0034 948 848058
oit.tudela@navarra.es, www.tudela.es/turismo

➔ AP-68 Logroño - Saragossa, Abf. (94) nach Tudela, im Ort am zweiten Kreisverkehr rechts in die Av. de las Merindades abbiegen, dann am Kreisverkehr beim Fußballplatz links und die erste Straße rechts (Calle de las Alhemas), diese bis zum Ende durchfahren. ✉ Av. de la Argentina 20 (GPS: 42°3'31"N / 1°36'44" W).

Ch

Städtischer Stellplatz auf einem Teil eines Parkplatzes in der Nähe des Zentrums. Schmale, leicht abfallende Stellflächen auf Asphalt, bis 8 m Länge. Maximal 3 Nächte (72 Std.) Aufenthalt möglich! Ortszentrum 500 m entfernt. 11 Touristenplätze.

26223 Hormilla, La Rioja ST-E 7550

Abfahrt

»ÁREA DE SERVICIO DE HORMILLA« 1.1. bis 31.12.
0034 941 417765
energetikaplus@gmail.com

➔ E 804 Saragossa - Bilbao, Abf. 10, weiter nach Hormilla. ✉ (GPS: 42°25'53"N / 2°45'44" W).

WC W Ch

Stellplatz an einem Autobahnrasthof mit Tankstelle. Ebene, markierte Stellflächen auf Asphalt. Ort 1.3 km entfernt. 5 Touristenplätze.

26329 Canales de la Sierra, La Rioja ST-E 7595

»AREA CANALES DE LA SIERRA« 1.1. bis 31.12.
0034 941 376051 998 m 1 300 qm

➔ A-12 Logroño - Burgos, Abf. (110) Nájera auf die LR-113 über Nájera in südliche Richtung bis Canales de la Sierra. Südlich der Ortschaft an der LR-113 gelegen. ✉ LR-113 (GPS: 42°8'19"N / 3°1'19" W).

Ch | 300 m

Offizieller Stellplatz am südlichen Ortsrand eines kleinen Bergdorfes. Beleuchtet. Ebene bis leicht abfallende und schattenlose Stellflächen auf Rasengittersteinen. Jetons in der 'Taberna La Villa' erhältlich. Müllentsorgung möglich. Ortszentrum 200 m entfernt. 9 Touristenplätze.

26589 Arnedillo, La Rioja ST-E 7800

»AREA DE ARNEDILLO« 1.1. bis 31.12.
0034 941 394226
oficina@valcidacos.es, www.valcidacos.es

➔ E 804 Zaragoza-Bilbo, Abf. (15) weiter nach Arnedillo. Steile Anfahrt. ✉ Ecke calle Miguel Pozo und calle Concordia (GPS: 42°12'43"N / 2°14'23" W).

WC W W Ch |
200 m 400 m

Stellplatz auf einem Aussichtspunkt. Stellfläche auf Asphalt. Stellplatz wird überwacht. Ortszentrum 300 m entfernt. 45 Touristenplätze.

26520 Cervera Del Rio Alhama, La R. ST-E 7950

»ÁREA DE AUTOCARAVANAS DE CERVERA« 1.1. bis 31.12.
☎ 0034 941 198 000
adr@lariojasuroriental.com, lariojasuroriental.com

➔ AP-68 / E-804 Logroño - Zaragoza, Abf. (16) und weiter in Richtung Cervera del Río Alhama. In der Stadt nach dem Überqueren des Flusses rechts abbiegen. Weiter auf der LR-284 in Richtung Aguilar und der Beschilderung zum Wohnmobilstellplatz und dem Friedhof folgen. ✉ Camino las Eras (GPS: 42°0'17"N / 1°57'26" W).

Ch | 300 m 400 m

Offizieller Wohnmobil-Stellplatz am westlichen Ortsrand. Beleuchtet. Ebene, markierte Stellflächen auf Asphalt. Das Aufstellen von Stühle, Tischen etc. (Campingbetrieb) ist nicht gestattet. Maximal 3 Nächte (72 Std.) Aufenthalt möglich! Ortszentrum 400 m entfernt. 9 Touristenplätze.

28180 Torrelaguna, Madrid ST-E 8055

»ÁREA DE SERVICIO DE AUTOCARAVANAS« 1.1. bis 31.12.
☎ 0034 918 431 403
info@torrelaguna.net, www.torrelagunaweb.es/turismo

➔ A-1 / E-5 Madrid - Burgos, Abf. (50) und weiter auf der N-320 (ca. 8 km) bis nach Torrelaguna. In der Stadt den Schildern zum Schwimmbad und Sportzentrum (Polideportivo Municipal Antonio Martín) folgen. ✉ Camino del Molino de Aceite, 8 (GPS: 40°49'36"N / 3°32'0" W).

Ch

Offizieller Wohnmobil-Stellplatz im Ort beim Parkplatz des Sportzentrums. Leicht abfallende, schattenlose und markierte Stellflächen auf Asphalt. Ortszentrum 400 m entfernt. 10 Touristenplätze.

28413 El Boalo, Madrid ST-E 8090

»ÁREA DE AUTOCARAVANAS EL BOALO« 1.1. bis 31.12.
☎ 0034 918 420 120 988 m
elboalo@madrid.org, www.elboalo-cerceda-mataelpino.org

➔ A 6 Madrid - Collado Villalba, Abf. (39) und weiter auf der M-601/M-617 bis nach El Boalo. Hier beschildert. ✉ Carretera M-617 (GPS: 40°43'16"N / 3°55'22" W).
∴ Nationalpark Sierra de Guadarrama.

Ch | H 10 m

Offizieller Wohnmobil-Bereich auf einem Parkplatz im nordwestlichen Teil des Ortes, direkt neben der Hauptstraße. Beleuchtet. Ebene bis leicht abfallende, markierte und schattenlose Stellflächen auf Asphalt. Das Aufstellen von Stühle, Tischen etc. (Campingbetrieb) ist nicht gestattet. Bezahlt werden kann bei der Touristinformation, bei der Stadtverwaltung oder per Banküberweisung (alle Daten sind auf einem Schild angegeben). Maximal 3 Nächte (72 Std.) Aufenthalt möglich! 10 Touristenplätze.

28320 Pinto, Madrid ST-E 8300

»PINTO ASAP« 1.1. bis 31.12.

sac@aserpinto.com

➔ E-5 Madrid-Sevilla, Abf. (17) weiter nach Pinto. ✉ Jose Hierra (GPS: 40°15'15"N / 3°41'49" W).

Ch H

Stellplatz auf dem Autocaravanparkplatz im Ort. Stellfläche befestigt. 45 Touristenplätze.

28596 Brea de Tajo, Madrid ST-E 8350

»MIRADOR DEL SUR« 1.1. bis 31.12.
☎ 0034 918 721013
info@breadetajo.es, www.breadetajo.es

➔ A3 (Autovía del Este) Madrid - Valencia, Abf. (50/51) Villarejo de Salvanés und weiter auf der M-222 nach Brea de Tajo und der Ausschilderung 'Plaza de Toros' folgen. ✉ Plaza de Toros (GPS: 40°13'42"N / 3°6'32" W).

Ch

Offizieller Stellplatz am Ortsrand neben der Stierkampf-Arena. Stellflächen auf Schotter und Sand, teilweise durch Betonelemente in Parzellen eingeteilt. Ohne Längenbeschränkung. Wenn der Zugang geschlossen ist, kann man die Schlüssel an der 'Bar Plaza' (250 m entfernt) im Ortszentrum erhalten. Ortszentrum 250 m entfernt. 15 Touristenplätze.

45001 Toledo, Kastilien-La Mancha ST-E 8500

»TOLEDO« 1.1. bis 31.12.

info@toledo-turismo.com

➔ A-42 Madrid-Toledo, bei Toledo abfahren. ✉ Plaza del Consistorio 1 (GPS: 39°51'52"N / 4°1'10" W).

H

Stellplatz auf einem Parkplatz im Norden von Toledo. Stellfläche auf Asphalt neben dem Fluss Tajo. 40 Touristenplätze.

45600 Talavera de la Reina, K.-La Man. ST-E 8520

»ÁREA DE AUTOCARAVANAS DE TALAVERA« 1.1. bis 31.12.
☎ 0034 925 826 322

➔ A 5 Madrid - Toledo, Abf. (123), und weiter nach Talavera. Hier zum Messegelände abbiegen entlang des Paseo Fernando de los Ríos und der Beschilderung zu den Sportanlagen (Campo de Fútbol Municipal Pablo Mela) folgen. ✉ Calle de los Alfareros (GPS: 39°57'26"N / 4°48'50" W).

Ch

Offizieller Stellplatz am Ortsrand beim Velodrom, in der Nähe des Río Tajo. Ebene Stellflächen entlang der Straße auf Asphalt. Das Aufstellen von Stühle, Tischen etc. (Campingbetrieb) ist nicht gestattet. Maximal 3 Nächte (72 Std.) Aufenthalt möglich! Stadtzentrum 800 m entfernt.

45574 La Estrella, Kastil.-La Mancha ST-E 8530

»ÁREA DE AUTOCARAVANAS LA ESTRELLA« 1.1. bis 31.12.
☎ 0034 626 040 307, Mobil 0034 626 040 570
www.laestrella.org.es

➔ CM-4100 Aldeanueva de San Bartolomé - El Puente del Arzobispo, von der Hauptstraße CM-4100 in die Calle Cañadilla einbiegen und in La Estrella der Beschilderung folgen. ✉ Camino del Perdiguero (GPS: 39°41'9"N / 5°6'8" W).
∴ Archäologische Stätte "Ciudad de Vascos".

Ch

Offizieller Stellplatz kurz außerhalb des Ortes bei einem Spielplatz mit Fitness-Geräten. Von Wiesen und Feldern umgeben. Ebene, schattenlose Stellflächen auf Beton. Picknickplätze. Ortszentrum 600 m entfernt. 6 Touristenplätze.

13108 Luciana, Kastilien-La Mancha ST-E 8630

»AREA DE LUCIANA« 1.1. bis 31.12.
☎ 0034 926 769001

➔ N-430 Ciudad Real - Pueble de Don Rodrigó, in Luciana beschildert. ✉ Calle Brazuelo (GPS: 38°58'58"N / 4°17'32" W).

Ch

Offizieller Stellplatz in der Nähe einer kleinen Grünanlage mit Picknicktischen. Stellflächen auf Asphalt. Das Parken und Übernachten ist im gesamten Ort erlaubt. Das Aufstellen von Stühlen, Tischen etc. (Campingbetrieb) ist nicht gestattet. Ortszentrum 300 m entfernt. 5 Touristenplätze.

13770 Viso del Marqués, K.-La Man. ST-E 8650

»ÁREA DE AUTOCARAVANAS« 1.1. bis 31.12.
☎ 0034 926 336 815
viso-marques@local.jccm.es, www.visodelmarques.es

➔ A-4 / E-5 Madrid - Andújar, Abf. (231/232) nach Almuradiel und weiter auf der CM-4111 nach Viso del Marqués. Vor dem Ort rechts der Umgehungsstraße Richtung Ciudad Real folgen und am Ende des Ortes beim Kreisverkehr in die Calle Almagro abbiegen, dann gleich wieder rechts. Beschildert. ✉ Calle Feria, 2 (GPS: 38°31'38"N / 3°33'48" W).

Ch

Stellplatz am nördlichen Ortsrand beim Festplatz (Recinto Ferial). Beleuchtet. Ebene, schattenlose Stellflächen auf Asphalt. Während der jährlichen "Feria de Santiago" vom 20.-30. Juli steht der Stellplatz nicht zur Verfügung. Maximal 2 Nächte (48 Std.) Aufenthalt möglich! Ortszentrum 400 m entfernt. 30 Touristenplätze.

13160 Torralba de Calatrava, K.-La Man. ST-E 8660

»ÁREA DE AUTOCARAVANAS« 1.1. bis 31.12.
☎ 0034 926 810 181
www.torralbadecalatrava.es

➔ A-43 / E-903 Ciudad Real - Daimiel, Abf. (15) und weiter auf der CRP-5112. Bei der erste Straße rechts abbiegen, beschildert. ✉ Calle la Cuerda, 21 (GPS: 39°0'40"N / 3°44'55" W).

Ch | 30 m 500 m

Offizieller Wohnmobil-Stellplatz am Ortsrand in der Nähe vom Fußballplatz und Schwimmbad. Ebene, schattenlose Stellflächen auf Beton. Ortszentrum 600 m entfernt. 12 Touristenplätze.

13650 Puerto Lápice, Kast.-La Man. ST-E 8665

Abfahrt

»ÁREA DE SERVICIO DE AUTOCARAVANAS« 1.1. bis 31.12.
☎ 0034 926 576041
aytpuertolapice@hotmail.com, www.puertolapice.es/turismo/

➔ E 5 Madrid - Granada, Abf. (136), weiter nach Puerto Lápice. Am Ortseingang bei der Plaza de la Constitución rechts abbiegen und der Beschilderung folgen. ✉ Calle Sierrecilla (GPS: 39°19'36"N / 3°29'0" W).

Ch | 1 km

Stellplatz am westlichen Ortsrand mit Blick über die Felder zu den alten Windmühlen auf den umliegenden Hügeln. Von einer niedrigen Mauer umgeben und durch ein paar einzelstehende Bäume aufgelockert. Ebene, markierte und überwiegend schattenlose Stellflächen auf Beton. Infotafel. Ortszentrum 450 m entfernt. 12 Touristenplätze.

13600 Alcázar de San Juan, K.-La Man. ST-E 8670

»AREA DE ALCAZAR DE SAN JUAN« 1.1. bis 31.12.

ofituralcazar@hotmail.com, www.turismoalcazar.es

➔ CM 42 Toledo-Tomelloso, Abf. (92) weiter nach Alcázar de San Juan zum Sportzentrum. ✉ Avda. de la Constitución s/n (GPS: 39°23'21"N / 3°13'9" W).

WC W | H 100 m 500 m

Stellplatz am Ortseingang bei den Sportplätzen. Stellfläche auf Asphalt. 15 Touristenplätze.

02611 Ossa de Montiel, K.-La Man. ST-E 8720

»CAMPING MONTESINOS« 1.1. bis 31.12.
☎ 0034926 699067

➔ N-430 Manzanares-Albazete, bei Ossa de Montiel und zum Camping Montesinos fahren. ✉ Paraje San Pedro Laguas de Ruidera (GPS: 38°56'11"N / 2°49'14" W).

WC Ch

Stellplatz beim Camping Montesinos. Stellfläche auf Schotter vor dem Campingplatz.

E

02450 Riópar, Kastilien-La Mancha ST-E 8730

»ÁREA DE AUTOCARAVANAS DE RIÓPAR« 1.1. bis 31.12.
0034 967 435 230
turismoriopar@hotmail.com, www.riopar.com

➔ A-32/N-322 Albacete - Úbeda, bei Reolid abfahren auf die CM-412 nach Riópar. Hier im Ort den Schildern zum Fußballplatz (Campo de Fútbol) folgen. (GPS: 38°29'43"N / 2°25'16" W).

Ch

Stellplatz am Ortsrand neben dem Sportplatz. In ländlicher Umgebung mit schönem Blick auf die umliegende Hügellandschaft gelegen. Überwiegend ebene und schattenlose Stellflächen auf Kies. Abfallentsorgung möglich. Infotafel. Maximal 3 Nächte (72 Std.) Aufenthalt möglich! 5 Touristenplätze.

02430 Elche de la Sierra, K.-La Man. ST-E 8740

»APARCAMIENTO CARAVANAS« 1.1. bis 31.12.
0034 967 111 283
elche@dipualba.es, www.elchedelasierra.es

➔ A-30 Albacete - Murcia, Abf. (56) und weiter nach Hellín, hier beim zweiten Kreisverkehr auf die CM-412 abbiegen nach Elche de la Sierra. Am Ortseingang den Schildern zum Fußballplatz (Área de futbol) folgen. Calle Miguel Hernández (GPS: 38°27'11"N / 2°2'46" W).

Ch 100 m

Offizieller Wohnmobil-Stellplatz am Ortsrand hinter dem Fußballplatz. Beleuchtet. Ebene, durch Holzbalken parzellierte, schattenlose Stellflächen auf Kies. Abfallentsorgung möglich. Das Aufstellen von Stühle, Tischen etc. (Campingbetrieb) ist nicht gestattet. Picknickplätze. Maximal 2 Nächte (48 Std.) Aufenthalt möglich! 12 Touristenplätze.

16452 Uclés, Kastilien-La Mancha ST-E 8750

»AREA DE UCLES« 1.1. bis 31.12.

alcalde@ucles.es, www.ucles.es

➔ E 91 Madrid-Albacete, Abf. (91) weiter nach Uclés. Camino de Paredes s/n (GPS: 39°58'54"N / 2°51'44" W).

WC W 300 m

Stellplatz außerhalb des Ortes bei einer Werkshalle. Stellfläche auf Sand und Asphalt. Maximal 3 Nächte Aufenthalt möglich! Ortszentrum 300 m entfernt. 30 Touristenplätze.

02006 Albacete, Kastil.-La Mancha ST-E 8760

»ÁREA PARA AUTOCARAVANAS« 1.1. bis 31.12.
0043 900 500543
info@oficinaturismoalbacete.es, www.albacete.es/es/turismo

➔ A 30 Murcia - Madrid, Abf.(4) Richtung Stadtzentrum (N-301) und am Kreisverkehr am Stadtrand an der 3 Abf. Richtung "Universidad" oder "Campo de Fútbol José Copete" abbiegen. Beschildert. Av. de la Mancha, 4 (GPS: 38°58'37"N / 1°51'8" W).
∴ Catedral de Albacete.

Ch H 200 m

Öffentlicher, beleuchteter Wohnmobil-Stellplatz bei einem Parkplatz am südlichen Stadtrand. Neben dem Fußballstadion und gegenüber der Universität gelegen. Ebene, markierte und asphaltierte Stellflächen. Überwiegend schattenlos. Maximal 2 Nächte (48 Std.) Aufenthalt möglich! 8 Touristenplätze.

02636 Villalgordo del Júcar, K.-La Man. ST-E 8780

»ÁREA DE AUTOCARAVANAS« 1.1. bis 31.12.
0034 967 455 001
villalgordo@dipualba.es, www.villalgordodeljucar.es

➔ A-31 Albacete - La Roda, Abf. (37) und weiter auf der CM-3114 bis Villalgordo del Júcar. In der Stadt angekommen. In der Stadt der Beschilderung zum Schwimmbad (Piscina Municipal) folgen. Paseo de la Familia Gosálvez (GPS: 39°17'46"N / 2°3'58" W).

Ch

Offizieller Wohnmobil-Stellplatz am westlichen Ortsrand neben der Bibliothek. Direkt am Río Júcar gelegen. Ebene, markierte Stellflächen auf Asphalt. Durch eine Baumreihe teilweise beschattet. Das Aufstellen von Stühle, Tischen etc. (Campingbetrieb) ist nicht gestattet. Maximal 3 Nächte (72 Std.) Aufenthalt möglich! 7 Touristenplätze.

16150 Vega del Codorno, K.-La Man. ST-E 8841

»ÁREA AUTOCARAVANAS« 1.1. bis 31.12.

➔ N-320 Cuenca - Guadalajara, in Cuenca auf die "Av. de los Alfares" CM-2105/CM-2106 Richtung Villalba de la Sierra - Huélamo - Tragacete und danach in einer Spitzkehre links nach Vega abbiegen. Der Stellplatz liegt ca. 400 m vor Vega auf der linken Seite. (GPS: 40°25'46"N / 1°55'33" W).
∴ Naturpark Alto Tajo und Serranía de Cuenca.

500 m

Öffentlicher Wohnmobil-Stellplatz bei einem Gebäude mit einer sehr große offenen Scheune in der Nähe der Quelle des Río Cuervo. Ebene, markierte Stellflächen auf Split. Ver- und Entsorgung möglich - Bezahlung mit Jetons 3 € (erhältlich in den zwei Bars im 400 m entfernten Ort). Das Aufstellen von Stühle, Tischen (Campingbetrieb) ist nicht gestattet. Maximal 2 Nächte (48 Std.) Aufenthalt möglich! Ort 400 m entfernt. 6 Touristenplätze.

44002 Teruel, Aragonien ST-E 9040

»PARKING CUARTEL GUARDIA CIVIL« 1.1. bis 31.12.
0034 978 624 105
www.teruelversionoriginal.es

➔ A 23 Valencia - Zaragossa, Abf. (115), weiter auf der N-420a, dann die Ronda de Barrios (Ringstraße) nehmen, weiter in Richtung Dinópolis bis zur Av. Sagunto, am Kreisverkehr rechts und der Beschilderung "Guardia Civil" folgen. Calle Tarazona de Aragon (GPS: 40°19'55"N / 1°5'33" W).

30 m

Stellplatz im südöstlichen Teil der Stadt. Befestigte ebene Stellflächen auf einem öffentlichen Parkplatz direkt vor der Kaserne der Guardia Civil. Durch Baumreihen leicht beschattet. Stadtzentrum 2 km entfernt. 20 Touristenplätze.

44140 Cantavieja, Aragonien ST-E 9050

»CANTAVIEJA« 1.1. bis 31.12.
0034 964 185001
turismocantavieja@gmail.com
cantaviejaturismo.blogspot.com/p/area-autocaravanas.html

➔ A-23 Valentia-Zaragoza, Abf. (76) weiter nach Cantavieja. c. Las Eras (GPS: 40°31'33"N / 0°24'27" W).

Ch

Stellplatz im Hinterland der Ostküste Spaniens. Stellfläche im Westen von Cantavieja nahe dem Zentrum. 12 Touristenplätze.

44770 Escucha, Aragonien ST-E 9110

»ÁREA AUTOCARAVANAS ESCUCHA« 1.1. bis 31.12.

➔ N-211 Caminreal - Montalbán. Kurz vor Montalbán am Kreisverkehr auf die N-420 Richtung Utrillas/Teruel abbiegen und der Straße ca. 6.5 km folgen. Dann auf die N-420a nach Escucha wechseln. Kurz vor dem Ortszentrum links abbiegen, beschildert. Calle San Bartolomé, 19 (GPS: 40°47'45"N / 0°48'49" W).

Offizieller Wohnmobil-Stellplatz am Ortsrand hinter einem stillgelegten Kohlekraftwerk. Ebene unmarkierte Stellflächen auf Beton. 4 Touristenplätze.

44600 Alcañiz, Aragonien ST-E 9280/2

»ÁREA DE ALCAÑIZ« 1.1. bis 31.12.
0034 978 831213
www.alcaniz.es

➔ AP-2 Saragossa - Lleida, Abf. (1B) auf die N-232a nach Alcañizm, weiter auf der Av. Zaragoza und kurz vor der Plaza Santo Domingo bei der Citroën-Vertretung rechts einbiegen, dann zweimal links zum Stellplatz. Beschildert. Avenida Zaragoza (GPS: 41°3'6"N / 0°8'21" W).
∴ Mittelalterliche Altstadt von Alcañiz (500 m).

Ch 300 m

Städtischer Stellplatz im Randbereich des Ortes. Ebene, schattenlose Stellflächen auf Sand und Kies. Aufenthalt max. 48 Stunden. Campingverhalten nicht erlaubt. Ortszentrum 500 m entfernt. 20 Touristenplätze.

50300 Calatayud, Aragonien ST-E 9320

»ÁREA MOTORHOMES CALATAYUD« 1.1. bis 31.12.
0034 976 886 322
www.calatayud.es/turismo/

➔ A2 Zaragoza - Guadalajara, Abf. (233) und weiter Richtung Stadtzentrum. Kurz nach der Überquerung des Río Jálon liegt der Stellplatz auf der linken Seite. Paseo Ramón y Cajal, 5 (GPS: 41°21'2"N / 1°38'46" W).

Ch

Wohnmobil-Stellplatz direkt in der Stadt neben dem Recinto Ferial (Messe). Auf einem öffentlichen Parkplatz, mit separat ausgezeichneten und markierten Stellflächen gelegen. Durch Bäume teilweise beschattet. Stellplatz-Länge bis 8 m. Das Aufstellen von Stühle, Tischen ist nicht gestattet. Touristinfo 200 m entfernt. 6 Touristenplätze.

50700 Caspe, Aragonien ST-E 9350

»ÁREA AUTOCARAVANAS DE CASPE« 1.1. bis 31.12.

➔ N-211 Alcañiz - Fraga, bei Caspe zum Stadtzentrum abfahren und hier Richtung "Torre de Salamanca" abbiegen, beschildert. Av. Maella, 26 (GPS: 41°13'43"N / 0°2'11" W).

Ch

Öffentlicher, beleuchteter und eingezäunter Wohnmobil-Stellplatz am Ortsrand. Ebene markierte Stellflächen auf Asphalt. Picknickplatz unter Pinien. Stellplatz-Länge bis 8 m. Stadtzentrum 800 m entfernt. 10 Touristenplätze.

50580 Vera de Moncayo, Aragonien ST-E 9400

»CAMPING VERUELA MONCAYO« 1.1. bis 31.12.
0034976 649034
campingveruelamoncayo@gmail.com, www.campingveruelamoncayo.com

➔ E-804 Zaragoza-Bilbao, Abf. (19) weiter nach Vera de Moncayo. Ctra. Vera a Veruela (GPS: 41°49'11"N / 1°41'31" W).

WC Ch

Stellplatz auf dem Weg nach Bilbao. Stellfläche außerhalb des Ortes bei der L Bar-Cafeteria.

50011 Zaragoza, Aragonien ST-E 9450

»APARCAMIENTO EL CHIESNE I« 1.1. bis 31.12.
0034976 403403
atencionalcliente@zoilorios.com, zoilorios.com

➔ A 2 Zaragoza - Madrid, Abf. (306) direkt an der Autobahn. ✉ Autovia Madrid km 309 (GPS: 41°37'29"N / 1°0'35" W).

WC W Ch

Stellplatz direkt an der Autobahn beim Hotel El Cisne kurz vor Zaragoza. Die Einfahrt ist nur in Fahrtrichtung Madrid möglich. 24-Stunden geöffnet. Ebene, markierte Stellflächen auf Asphalt. Bereich mit Umzäunung und 24-Stunden-Überwachung durch Überwachungskameras. Bezahlung von Strom und Ver-/Entsorgungsstation mit Jetons (an der Tankstelle erhältlich). Picknickzone. 4 Touristenplätze.

50193 Peñaflor de Gállego, Aragon. ST-E 9460

»CARAVANAS SURRECREO« 1.1. bis 31.12.
0034 976 154035
www.surrecreo.es

➔ Ronda Norte A2, Abf. (327) Montañana/Santa Isabel und weiter Richtung Peñaflor (Ctra. A-123). Bei km 8.5 rechts in den Camino de Perdiguera abbiegen und nach ca. 1.5 km rechts zum Platz abbiegen, beschildert. ✉ Camino de perdiguera (GPS: 41°43'42"N / 0°47'35" W).
Ort 4.5 km entfernt.

WC W Ch

Stellplatz in ländlicher Umgebung bei einem großen Unterstellplatz (Abstellplatz) für Camper. Parzellierte Stellflächen auf Schotter. Durch Baumreihen beschattet. 24-Stunden-Überwachung. Picknickplatz. Ortszentrum 100 m entfernt. 100 Touristenplätze.

50680 Sos del Rey Católico, Arag. ST-E 9470

»ÁREA AUTOCARAVANAS« 1.1. bis 31.12.
0034 948 888 065
www.sosdelreycatolico.com

➔ A-127 Sádaba - Sangüesa, in Sos del Rey Católico am Plaza Aragon rechts abbiegen, beschildert (Hotel Triskel). ✉ Calle Letra A (GPS: 42°29'28"N / 1°12'49" W).
Mittelalterlicher Stadtkern.

Ch

Öffentlicher Stellplatz beim Freibad und Sportzentrum (Pabellón Polideportivo). Ebene, markierte Stellflächen. Es darf kein Campingbetrieb (Aufstellen von Stühlen, Tisch etc.) aufgenommen werden. Am Morgen kommt jemand zum Kassieren der Stellplatzgebühr. Maximal 2 Nächte (48 Std.) Aufenthalt möglich! Altstadt 600 m entfernt. 11 Touristenplätze.

22001 Huesca, Aragonien ST-E 9510

»AREA AUTOCARAVANAS DE HUESCA« 1.1. bis 31.12.

➔ E-07 Zaragoza - Huesca, Abf. (357) Huesca. ✉ Calle Ing. Pano (GPS: 42°8'12"N / 0°25'9" W).

Ch 50 m 200 m

Öffentlicher Wohnmobil-Stellplatz westlich vom Zentrum gegenüber den Sportanlagen Palacio Municipal de los Deportes. Gegenüber dem Freibad direkt an einem Kreisverkehr gelegen. Ebene, markierte Stellflächen. Durch Baumreihen beschattet. Infotafel. Ver- und Entsorgung möglich. 30 Touristenplätze.

22700 Jaca, Aragonien ST-E 9550

»ÁREA AUTOCARAVANAS DE JACA« 1.1. bis 31.12.
0034 974 360098
oficinaturismo@aytojaca.es

➔ E 7 Huesca - Jaca, bei Jaca die Abf. (424) nehmen und auf die N-330a in Richtung Jaca wechseln. Am Kreisverkehr in die Calle San Indalecio, abbiegen, noch 100 m. ✉ Calle de los Romeros (GPS: 42°34'3"N / 0°32'44" W).

Ch

Öffentlicher und beleuchteter Wohnmobil-Stellplatz am östlichen Ortsrand. Auf dem Gelände des Busbahnhofs gelegen und von Baumreihen umrahmt. Ebene, markierte Stellflächen auf Asphalt. Stellplatz-Länge bis 9 m. Ver- und Entsorgungsmöglichkeit. Ortszentrum 500 m entfernt. 23 Touristenplätze.

22330 Ainsa, Aragonien ST-E 9701

»APARCAMIENTO AUTOCARAVANAS« 1.1. bis 31.12.
0034 974 500767
turismo@ainsa-sobrarbe.es, villadeainsa.com

➔ N-260 Campo - Biescas, in Ainsa der Beschilderung zum "Castillo y Casco Histórico de Ainsa" folgen. ✉ Calle de Abajo (GPS: 42°25'7"N / 0°8'6" E).
Castillo de Ainsa. Ecomuseo de la Fauna. Historische Altstadt.

350 m 450 m

Öffentlicher Wohnmobil-Stellplatz auf einem Teil des großen Besucher-Parkplatzes direkt hinter der Burg von Aínsa. Auf einem Hochplateau gelegen. Ebene, markierte Stellflächen auf Asphalt oder Schotterrasen. Durch lockere Baumreihen teilweise beschattet. Das Aufstellen von Stühle, Tischen ist nicht gestattet. Bezahlung am Ticketautomaten. Ver- und Entsorgung möglich. Das Parken ist von 11-21 Uhr kostenpflichtig. Maximal 24-Stunden Aufenthalt möglich! 35 Touristenplätze.

22467 Sesué, Aragonien ST-E 9800

»CAMPING LA BORDA D'ARNALDET« 1.1. bis 31.12.
0034974 553004
camping@arnaldet.net, arnaldet.net

➔ Auf dem Weg von Toulouse-Zaragoza kurz vor der Grenze in Spanien . ✉ Camino de Banaque (GPS: 42°33'34"N / 0°28'1" E).

WC Ch

Stellplatz an der Nordgrenze zu Frankreich in den Bergen. Stellfläche auf Schotter vor dem Campingplatz. 10 Touristenplätze.

22512 San Esteban de Litera, Arag. ST-E 9938

»ÁREA AUTOCARAVANAS« 1.1. bis 31.12.
0034 974 430002 433 m
sanesteban@lalitera.org, sanestebandelitera.es

➔ A-22 Lleida - Huesca, Abf. (22) Binéfar, weiter auf A-133 nach San Esteban de Litera und der Beschilderung "Parque el Prado" folgen. ✉ Ctra. San Esteban a Purroy (GPS: 41°54'21"N / 0°19'56" E).

Ch 20 m

Öffentlicher, terrassierter Stellplatz am nordöstlichen Ortsrand. Gegenüber einer Park- und Picknickzone sowie einem öffentlichen Schwimmbad gelegen. Beleuchtet. Überwiegend schattenlose Stellflächen auf Schotter. Picknicktische. Maximal 2 Nächte Aufenthalt möglich! 20 Touristenplätze.

22550 Tamarite de Litera, Aragonien ST-E 9940

»ÁREA AUTOCARAVANAS DE TAMARITE DE LITERA«
1.1. bis 31.12.

➔ A22 Huesca - Lleida, Abf. (34) und weiter auf der A-140 Richtung Binéfar und im Ort weiter nach Tamarite de Litera. Hier der Beschilderung "Campo de futbol" und "Piscinas" folgen. ✉ Camino La Colomina (GPS: 41°51'48"N / 0°25'38" W).

Ch 50 m 600 m 700 m

Öffentlicher Wohnmobil-Stellplatz am Ortsrand, auf dem Parkplatz hinter einer Mehrzweckhalle. Beim Fußballplatz und dem städtischen Freibad (Piscinas Municipales) auf einer leichten Anhöhe gelegen. Schöner Ausblick. Ebene, markierte und überwiegend schattenlose Stellflächen auf Asphalt. Das Aufstellen von Stühle, Tischen ist nicht gestattet. Ortszentrum 700 m entfernt.

ESTLAND

Besondere Vorschriften und Regelungen

Personaldokumente: Deutsche Staatsbürger benötigen für die Dauer des Aufenthalts einen gültigen Reisepass oder Personalausweis. Kinder unter 12 Jahren benötigen einen Kinderreisepass. Diese werden mit einer Gültigkeitsdauer von sechs Jahren ausgestellt, und zwar längstens bis zur Vollendung des zwölften Lebensjahres. Ab dem zwölften Lebensjahr kann ein Reisepass oder Personalausweis beantragt werden. Detaillierte Informationen erhalten Sie vom Auswärtigen Amt, www.auswaertiges-amt.de.

Krankenversicherung: Alle Reisenden müssen eine Auslandsreise-Krankenversicherung nachweisen können. Die Unterlagen sind im Original mitzuführen. Für EU-Staatsangehörige genügt als Nachweis die Europäische Krankenversicherungskarte. Zusätzlich empfehlen wir vor Reiseantritt eine private Auslandsreisekrankenversicherung für die Dauer des Aufenthalts abzuschließen, die weitere Leistungen wie zum Beispiel einen Ambulanz-Rettungsflug abdeckt.

Impfbescheinigungen: Werden nicht verlangt. Empfohlene Impfung: saisonal FSME.

Dokumente für Haustiere: Für Hunde und Katzen ist der »EU-Heimtierausweis« mitzuführen, der von behördlich ermächtigten Tierärzten ausgestellt wird. Der Ausweis muss Angaben zum Besitzer enthalten und dem Tier eindeutig zugeordnet werden können, d.h., das Tier muss durch Mikrochip identifizierbar und die Kennzeichnungs-Nr. im Ausweis eingetragen sein. Ein gültiger Tollwutschutz muss ebenfalls im Heimtierausweis nachgewiesen werden. Die Erstimpfung muss mindestens 21 Tage zurückliegen. Wiederholungsimpfungen müssen in den Zeiträumen, die der Hersteller des Impfstoffes vorsieht, durchgeführt worden sein.

Weitere Informationen erteilt das Bundesministerium für Ernährung und Landwirtschaft **www.bmel.de**. Auskünfte über die Einfuhr anderer Tiere können bei der estnischen Botschaft eingeholt werden: Hildebrandstraße 5,10785 Berlin, Tel. 030/25 46 06 02, Fax 030/25 46 06 01 **www.estemb.de**.

Kfz: Für Reisende aus EU-Ländern ist für einen vorübergehenden Aufenthalt der nationale Führerschein und die nationale Zulassung ausreichend. Ist der Fahrzeugführer nicht der Besitzer des Kfz, muss eine Benutzungsvollmacht des Eigentümers vorliegen. Das Länderkennzeichen »D« muss am Fahrzeug angebracht oder im EU-Nummernschild enthalten sein. Es besteht Haftpflichtversicherungszwang. Für Kfz aller Art ist das Kennzeichen eines Mitgliedstaates der EU ausreichend als Nachweis des EU-weiten Versicherungsschutzes. Die Mitnahme der »Internationalen Grünen Versicherungskarte« wird empfohlen, da sie im Schadensfall die Abwicklung erleichtert. Auf ihr muss Estland (EST) aufgeführt sein. Da mit niedrigen Deckungssummen zu rechnen ist, wird dringend geraten, im Heimatland eine Kurzkasko- und Insassen-Unfallversicherung abzuschließen.

Verkehrsvorschriften: Fahrzeuge im Kreisverkehr sind wartepflichtig. Straßenbahnen und Omnibusse haben immer Vorfahrt. Überholen ist im Bereich von Kreuzungen und Eisenbahnübergängen verboten. Alle Kfz und Motorräder müssen auch tagsüber mit Abblendlicht fahren. Die Benutzung von Mobiltelefonen ist nur mit Freisprechanlage erlaubt. Es dürfen 10 Liter Kraftstoff pro Kfz im Reservekanister mitgeführt werden. Ein Feuerlöscher im Auto ist Vorschrift. Bei Unfällen muss immer die Polizei verständigt werden. Es besteht Anschnallpflicht und absolutes Alkoholverbot!

Ampeln: Andere Ampelschaltung als in Deutschland: Grün - blinkendes Grün - Gelb - Rot. Das blinkende Grün entspricht Gelb in Deutschland. Wenn die Ampel auf Gelb steht darf nicht mehr gefahren werden! Sollten Pfeile innerhalb der Ampellichter vorhanden sein ist besondere Aufmerksamkeit geboten. Sie dürfen nur fahren, wenn die Ampel für ihre Abbiege-Richtung auf grün steht, auch wenn für ihre Fahrtrichtung keine rote Ampel vorhanden ist und für die anderen Fahrtrichtungen grün angezeigt wird.

Telefon: Deutschland-Estland: 00372. Estland-Deutschland: 80049.

Unfallnotruf und Pannenhilfe: Polizei: 110, Unfallrettung: 112, Feuerwehr: 112. Pannenhilfe leistet der Straßenhilfsdienst des Eesti Autoclubi rund-um-die-Uhr unter Tel. 69791 88, Mobil 1888.

Ärztliche Hilfe: Tallinn: Teet Lainevee (spricht Englisch), Kuldnoka Str. 14-19, 06/559387, priv. 559680.

Devisen: Unbeschränkte Einfuhr und Ausfuhr von Landeswährung und Fremdwährung. Schriftliche Deklaration ab einem Betrag von 10000 Euro.

Camping: Campingplätze mit westeuropäischem Standard gibt es zunehmend. Zeltplätze mit bescheidenem Komfort sind in allen 3 baltischen Staaten zu finden. Manche Campingplätze sind mit kleinen Miet-Holzhütten ausgestattet, jedoch gibt es zunehmend solche mit einer in Deutschland üblichen Ausstattung. Neue Campingplätze kommen ständig dazu. In den Nationalparks darf man nur auf den ausgewiesenen Plätzen campieren. Außerhalb von Campingplätzen, auf Straßen, Rastplätzen, Bauernhöfen oder im freien Gelände (Besitzer um Erlaubnis fragen) ist Campen mit Einschränkungen meist geduldet. Das Stromnetz ist auf 220 V Wechselstrom (50 Hz) ausgelegt. Es empfiehlt sich die Mitnahme eines Adapters.

Wassersport: Bei der Mitnahme von Booten sollte man Kontakt zu der Botschaft von Estland aufnehmen.

Allgemeine Informationen:

D-20457 Hamburg, Estonian Tourist Board
Kleine Reichenstraße 6
Tel. 040/30 38 78 99, Fax 040/30 38 79 81
www.visitestonia.com/de, hamburg@eas.ee

Vertretung der Bundesrepublik Deutschland:

EST-15048 Tallin, Deutsche Botschaft
Toom-Kuninga 11
Tel. 00372 6/27 53 00, Fax 00372 6/27 53 04
www.tallin.diplo.de, info@tallin.diplo.de

Campingplätze:

Gebühren-Angaben in EURO.
Bei Gebühren-Angaben mit der Vorjahreszahl muss eventuell mit einer Anhebung der Gebühren für das laufende Jahr gerechnet werden. Außerdem können sich die angegebenen Öffnungszeiten verändert haben und es ist möglich, dass angegebene Ermäßigungen nicht mehr gewährt werden.

92261 Villamaa, Hiiu — ST-EST 1010

»VILLAMAA PUHKEKÜLA« — 1.1. bis 31.12.
☎ 00372 53 448060
perenaine@dageida.ee, www.dageida.ee

➔ Anfahrt zur Insel Hiiumaa, Fähre Rohuküla-Heltermaa. Straße 80, Emmaste-Luidja, südlich der Ortschaft Villamaa, ausgeschildert. ✉ Villamaa küla (GPS: 58°54'56"N / 22°23'25" E).

Stellplatz bei einem Feriendorf auf der Insel Hiiumaa. Von Wald umgeben. Stellflächen auf Wiese, ohne Längenbeschränkung. Ort 1 km entfernt. 5 Touristenplätze.

92220 Mangu, Hiiu — ST-EST 1200

»RANDAMÄE PUHKETALU« — Mai bis Okt.
☎ 00372 56833511
info@puhketalu.ee, www.puhketalu.ee

➔ Str. 80 auf der Insel Hiiumaa, von Kärdlä kommend Richtung Est nach ca. 8 km rechts abbiegen auf die 113 Richtung Malvaste, weiter nach Mangu, ausgeschildert. ✉ Kiviloo (GPS: 59°1'51"N / 22°34'48" E).
∴ Hiiumaamuseum in Kärdla (10 km).

200 m

Stellplatz auf dem Gelände eines Ferienhausdorfes. Stellplätze teils auf Wiese, teils von Wald umgeben. Keine Größenbeschränkung. Ort 10 km entfernt. 50 Touristenplätze.

93613 Ninase, Saare — ST-EST 1510

»KUULI BAUERNHOF« — 1.5. bis 30.9.
☎ 00372 566 06090
kuulitalu@gmail.com, www.visitestonia.com/de/das-kuuli-bauernhof

➔ Straße 101, Tõlli-Mustjala-Tagaranna, etwas nördlich der Ausfahrt zur Ortschaft Ninase auf der rechten Seite gelegen, ausgeschildert. ✉ Ninase küla (GPS: 58°31'25"N / 22°13'54" E).

200 m

Stellplatz bei einer kleinen Ferienanlage, von Wald umgeben und in der Nähe der Ostsee. Stellflächen auf Schotterrasen, ohne Längenbeschränkung. Ort (Mustjala) 8 km entfernt. 2 Touristenplätze.

93642 Selgase, Saare — ST-EST 1520

»VÄRAVA TOURISMFARM« — 1.1. bis 31.12.
☎ 00372 564 83664
varava@varava.fie.ee, www.varava.fie.ee/

➔ Straße 10, auf der Insel Saarenmaa, in Kuressaare (dt. Arensburg) auf die 78 Richtung Kihelkonna, dort auf die 102 Richtung Mustjala, dann Richtung Selgase abbiegen, nach ca. 200 m auf der rechten Seite, ausgeschildert. ✉ Selgase küla (GPS: 58°25'42"N / 22°10'49" E).

Stellplatz bei einem Ferienbauernhof, in ruhiger Einzellage am Waldrand. Ebene Stellflächen auf Wiese, bis 8 m Länge. Frühstücksservice möglich. Voranmeldung außerhalb der HS erwünscht. Sportplatz. Ort 1 km entfernt. 2 Touristenplätze.

93330 Lümanda, Saare — ST-EST 1650

»MUHA PUHKETALU« — 1.1. bis 31.12.
☎ 00372 5092035, Mobil 00372 53328538
muhatalu@gmail.com, www.muhatalu.ee

➔ Str. 10 Kuivastu-Kuressaare, von dort auf die 77 nach Tehumardi, dort rechts auf die 102 abbiegen, nördlich von Riksu zum Meer abbiegen, beschildert. ✉ Riksu küla (GPS: 58°11'50"N / 22°3'14" E).

250 m

Stellplatz bei einem Ferienhaus an der Küste, im Natura 2000 Schutzgebiet. Stellflächen auf Wiese, teilweise von Büschen und Bäumen umgeben. Brötchenservice möglich. Ort 11 km entfernt. 10 Touristenplätze.

93271 Järve, Saare — ST-EST 1700

»JÄRVE TURISMITALU« — 1.6. bis 31.8.
☎ 00372 457 1479, Mobil 00372 50 16853
info@jarvetalu.ee, www.jarvetalu.ee

➔ Straße 10, auf der Insel Saarenmaa, in Kuressaare (dt. Arensburg) auf die 77 Richtung Sääre, süd-westlich der Ortschaft Järve rechts einbiegen, ausgeschildert. ✉ Salme vald (GPS: 58°11'28"N / 22°15'44" E).

800 m

Stellplatz bei einem Ferienhof in Einzellage in der Nähe der Ostsee. Inmitten von Kiefernwäldern gelegen. Stellflächen auf Wiese und Schotter. Frühstücksservice möglich. Sportplatz. Ort 1 km entfernt. 2 Touristenplätze.

93815 Kuressaare, Saare — ST-EST 1750

»PIIBELEHE GUESTHOUSE & CAMPING« — 1.5. bis 30.9.
☎ 00372 4536206, Mobil 00372 5184310
info@piibelehe.ee, piibelehe.ee

➔ Auf der Insel Saaremaa auf der Str. 10 bis Kuressaare, am Kreisverkehr auf die 76 Richtung Flughafen, nach ca. 1.6 km links abbiegen, ausgeschildert. ✉ Karkiakra Põik 3 (GPS: 58°15'2"N / 22°30'38" E).
∴ Historische Innenstadt, Bischofsburg und Museum (2 km).

500 m

Stellplatz am Stadtrand im Garten einer Pension. Ebene Stellflächen auf Wiese, bis 8 m Länge und 5 t. Frühstücksservice möglich. Lagerfeuerplatz. Ortszentrum 2 km entfernt. 10 Touristenplätze.

94601 Orissaare, Saare — ST-EST 1850

»KALDA KOHVIK« — 15.5. bis 30.9.
☎ 00372 5296639

➔ Auf der Str. 10 von Kuivastu (Insel Muhu) Richtung Kuressaare. Nach Überquerung der Brücke zur Insel Saaremaa rechts auf die 75 Richtung Orissaare, dort rechts Richtung Hafen abbiegen und bis zum Ende durchfahren. ✉ Sadama tänav 8 (GPS: 58°33'44"N / 23°5'25" E).

800 m

Stellplatz bei einem Restaurant in einem kleinen Sportboothafen. Stellflächen auf Schotter, Sand und Wiese, bis 10 m Länge. Ort 800 m entfernt. 10 Touristenplätze.

94653 Orisaare, Saare — ST-EST 1880

»LAHE PUHKEKÜLA« 1.6. bis 30.9.
☎ 00372 53090303
lahepuhkus@gmail.com, www.visitestonia.com/de/feriendorf-lahe

➔ Auf der Str. 10 von Kuivastu (Insel Muhu) Richtung Kuressaare. Nach Überquerung der Brücke zur Insel Saaremaa rechts auf die 75 Richtung Orissaare, von dort auf die 129 Richtung Maasi, nach ca. 12 km auf der linkene Seite, ausgeschildert. ✉ Jaani küla (GPS: 58°36'52"N / 22°54'51" E).

W W 100 m

Stellplatz bei einem Feriendorf am Meer. Stellflächen auf Wiese, nur für Fahrzeuge bis max. 5 t geeignet. Ort 12 km entfernt 7 Touristenplätze.

94701 Liiva, Saare — ST-EST 1900

»AKI CAMPING« 1.5. bis 30.9.
☎ 00372 514 8211
aki@muhusaar.ee, www.muhusaar.ee

➔ Straße 10, auf der Insel Muhu, Kuivastu-Kuressaare, in der Ortschaft Liiva, ausgeschildert ✉ Liiva küla (GPS: 58°36'13"N / 23°13'28" E).
∴ Pfarrkirche Muhu.

W Ch

Stellplatz bei einem kleinen Campinggelände mit Hüttenvermietung am Ortsrand. Stellflächen auf Wiese in einem alten Apfelgarten. Frühstücksservice möglich. Billard. Sportplatz. Barzahlung. Ort 1 km entfernt. 10 Touristenplätze.

94741 Hellamaa, Saare — ST-EST 1905

»TIHUSE HORSEFARM B&B« 1.5. bis 30.10.
☎ 00372 514 8667
tihusetalu@gmail.com, www.tihuse.ee

➔ Straße 10, Kuivastu - Kuressaare, auf der Insel Muhu vom Hafen Kuivastu ca. 6 km Richtung Kuressaare, dann rechts und nach 700 m wieder rechts abbiegen, ausgeschildert. ✉ Hellamaa küla (GPS: 58°36'45"N / 23°18'39" E).

W W S

Stellplatz bei einem Reiterhof, am Waldrand. Stellflächen auf Wiese. Bar/Café. Frühstücksservice möglich. Ort 1 km entfernt. 5 Touristenplätze.

94719 Simisti, Saare — ST-EST 1950

»MARINA LOUNARANNA SADAM« 1.6. bis 25.8.
Mobil 00372 5036640
olaf@lounaranna.ee, www.lounaranna.ee

➔ Str. 10, Risti-Virtsu, mit der Fähre von Virtsu nach Kuivastu, dort links Richtung Simisti abbiegen und in Simisti Richtung Yachthafen. ✉ (GPS: 58°32'33"N / 23°18'56" E).
∴ Gutshaus Pädaste (4 km).

W W Ch

Stellplatz bei einer kleinen Marina. Stellflächen auf Schotter und Wiese, bis 10 m Länge. Motorboot kann gemietet werden. Ort 4 km entfernt. 4 Touristenplätze.

EST

91310 Rälby, Lääne — ST-EST 2010

»ARNOLDI SUVERESIDENTS« 1.5. bis 31.8.
☎ 00372 553 7039
info@suveresidents.ee, www.suveresidents.ee

➔ Anfahrt per Fähre Rohuküla-Sviby zur Insel Vormsi. Straße 131, Rälby-Norrby, im Zentrum von Rälby links halten Richtung Norden, ausgeschildert. ✉ Rälby küla (GPS: 59°1'24"N / 23°16'42" E).

W TV 50 m

Stellplatz bei einer kleinen Ferienanlage mit Zimmervermietung. Von Wald umgeben und nur 50 m vom Meer entfernt. Stellflächen auf Schotterrasen, ohne Längenbeschränkung. Separate Zeltwiese. Hotpot. Sportplatz. Ort 1 km entfernt. 5 Touristenplätze.

76702 Laulasmaa, Harju — ST-EST 2540

»LAULASMAA SIDE PUHKEKESKUS« 1.5. bis 1.9.
☎ 00372 5620 7115
info@puhkekeskus.ee, www.puhkekeskus.ee

➔ Straße 8/E 265, Paldiski-Tallinn, bei der Ortschaft Käbimetsa auf die 390 Richtung Laulasmaa abbiegen, dort südlich der Ortschaft ausgeschildert. ✉ Side tee 7 (GPS: 59°21'54"N / 24°15'26" E).

W W 700 m

Stellplatz bei einer kleinen Ferienanlage. Von Wald umgeben, Ostsee 700 m entfernt. Stellflächen auf Wiese, ohne Längenbeschränkung. Streetbasketball. Volleyball. Ort 2 km entfernt. 6 Touristenplätze.

> Die Möglichkeit der Schmutzwasserentsorgung sollte vor der Weiterfahrt unbedingt genutzt werden.

75518 Kurtna, Harju — ST-EST 2600

»VEMBU-TEMBUMAA« — 27.5. bis 20.10.
☎ 00372 671 9155
info@vembu-tembumaa.ee, www.vembu-tembumaa.ee

➔ E 265, Tallinn Ring, Richtung Rapla auf die 15 abfahren, südlich der Ortschaft Kirdalu auf die 152 Richtung Kurtna abbiegen, dort ausgeschildert. ✉ Keskuse tee 2 (GPS: 59°13'50"N / 24°42'41" E).
∴ Motorradmuseum.

Stellplatz bei einem Vergnügungspark. Stellflächen auf Wiese, ohne Längen- und Gewichtsbeschränkung. Anmeldung am Tembu-Kiosk von 11 bis 19 Uhr. Check-In von 14 bis 19 Uhr, Check-Out ist um 11 Uhr. Buchung (Werktage 27.5.-31.5. u. 1.9. - 20.10. 10 bis 16 Uhr, 1.6.-31.8. 11 bis 19 Uhr) Tel: 00372 530 38 037 oder per Mail unter campingtembu@gmail.com. Ortszentrum 800 m entfernt. 6 Touristenplätze.

11911 Tallinn-Pirita, Harju — ST-EST 2700

»PIRITA SADAMA AUTOKARAVANI PARKLA« — Im Sommer
☎ 00372 6398980, Mobil 00372 6398801 — 5 m — 7 000 qm
top@piritatop.ee, sadam@piritatop.ee, www.piritatop.ee/en/caravan-camping

➔ Straße 1 Tallinn-Zentrum ca. 5 km in nordöstlicher Richtung zum Ortsteil Pirita. Hier zum Hafen, beschildert. ✉ Regati pst. 1 (Pirita Harbour) (GPS: 59°28'2"N / 24°49'27" E).

100 m — 500 m

Stellplatz auf dem Bootshafengelände mit asphaltierten Flächen und Wiesenteilen für Zelte. Zentrum 5 km entfernt. 60 Touristenplätze.

75301 Aaviku, Harju — ST-EST 2720

»KIVI TALU« — 1.1. bis 31.12.
☎ 00372 603 4386, Fax 00372 603 4387
info@kivitalupuhkus.ee, www.kivitalupuhkus.ee

➔ E 265/Straße 11, Umgehungsstraße Tallinn, beim Kreisverkehr in Pildiküla erste Ausfahrt Richtung Jüri nehmen, dort ausgeschildert. ✉ Aaviku küla (GPS: 59°21'9"N / 24°54'54" E).

Stellplatz auf einem ehemaligen Bauernhof mit Zimmer- und Hüttenvermietung. Von Wald umgeben. Stellflächen auf Wiese, bis 9 m Länge. Frühstücksservice möglich. Billard. Bar/Café. Ortszentrum 800 m entfernt. 25 Touristenplätze.

74630 Valkla, Harju — ST-EST 2760

»PUHKKESKUS VALKLA RAND« — 1.5. bis 1.10.
☎ 00372 5624 4544
info@valklarand.ee, www.valklarand.ee/en/

➔ E 20, Tallinn-Narwa, in Kiiu auf die 105 und 260 Richtung Valkla, in der Ortschaft Valkla ausgeschildert. ✉ Kuusalu vald (GPS: 59°29'35"N / 25°21'3" E).

Stellplatz an einer Ferienanlage am schönsten Strand des Meerbusens Kolga. Stellflächen auf Schotter und Wiese sowie im lichten Kiefernwald. Frühstücksservice möglich. Billard. Kinderspielzimmer. Ort 2 km entfernt. 5 Touristenplätze.

74621 Kahala, Harju — ST-EST 2850

»HIIE TALU« — 1.5. bis 30.9.
☎ 00372 566 07078
peepkonton@hot.ee

➔ E 20, Tallinn-Narva, ca. 4.5 km östlich der Ortschaft Kuusalu, auf die 107 Richtung Kahala, dort auf die 206 Richtung Kemba, nach ca. 2 km auf der linken Seite, ausgeschildert. ✉ Kahala küla (GPS: 59°28'31"N / 25°32'34" E).

Stellplatz bei einem Ferienhof an der Grenze zum Nationalpark Lahemaa. Mit kleinen Teichen am Ufer des Sees Kahala parkähnlich angelegt. Stellflächen auf Wiese, ohne Längenbeschränkung. Frühstücksservice möglich. Transferservice. Sportplatz. Ort 3 km entfernt. 6 Touristenplätze.

45405 Palmse, Lääne-Viru — ST-EST 3010

Abfahrt

»RESTAURANT LAHEMAA KOHVIKANN« — 15.4. bis 1.10.
☎ 00372 323 4148, Mobil 00372 53877729
kohvikann@gmx.net, www.kohvikann.ee

➔ A 1/E 20 Tallinn - Narva, auf die N 176 Richtung Palmse abbiegen, nach ca. 6 km auf der linken Seite, ausgeschildert. ✉ Vihula Vald (GPS: 59°30'22"N / 25°57'48" E).
∴ Ehemals deutschbaltische Gutsanlagen von Palmse.

100 m — 500 m

Stellplatz bei einem Restaurant am Lahemaa Nationalpark. Ebene Stellflächen auf Schotter und Wiese, bis 10 m Länge. Montag Ruhetag, unter deutscher Leitung. Reservierung erwünscht. Brötchenservice. Ortszentrum 1 km entfernt. 12 Touristenplätze.

45411 Eisma, Lääne-Viru — ST-EST 3055

»EISMA GUESTHOUSE« — 1.1. bis 31.12.
☎ 00372 322 2821, Mobil 00372 502 7366
puhkekodu@eisma.ee, www.eisma.ee/eng

➔ E 20, Tallinn-Narwa, bei Haljala auf die 177 abbiegen, ca. 3 km nördlich von Haljala rechts auf die 170 Richtung Vainupea abbiegen, von dort weiter nach Eisma, dort ausgeschildert. ✉ Vihula vald (GPS: 59°34'11"N / 26°17'49" E).

Stellplatz bei einem kleinen Feriendorf direkt an der Ostsee im Nationalpark Lahemaa. Von lichtem Kiefernwald umgeben. Stellflächen auf Wiese und Schotter. Frühstücksservice möglich. Anmeldung außerhalb der HS erwünscht. Sportplatz. Ort 1 km entfernt. 10 Touristenplätze.

44014 Linnuse, Lääne-Viru — ST-EST 3150

»LAMMASMÄE PUHKEKESKUS« — 1.1. bis 31.12.
☎ 00372 501 3397
info@lammasmae.ee, www.lammasmae.ee

➔ E 20, Tallinn-Narwa, bei der Ortschaft Sämi auf die 157 Richtung Uhtna abbiegen und noch ca. 12 km weiter auf der 157, auf der rechten Seite, ausgeschildert. ✉ Linnuse küla (GPS: 59°27'47"N / 26°32'40" E).

Stellplatz bei einem Feriendorf mit Hüttenvermietung, in Einzellage an einem kleinen Bach. Stellflächen auf Schotterrasen, ohne Längenbeschränkung. Frühstücksservice möglich. Ort 12 km entfernt. 10 Touristenplätze.

46221 Nadalama, Lääne-Viru — ST-EST 3300

»KÄBALA KARAVANIPLATS« — 1.5. bis 1.10.
☎ 00372 584 39816
info@kebala.ee, www.kebala.ee/

➔ Straße 5, Pärnu-Rakvere, in Rakvere auf die 22 Richtung Väike-Maarja, südlich von Väike-Maarja rechts auf die 109 abbiegen, ausgeschildert. ✉ Nadalama küla (GPS: 59°3'59"N / 26°18'58" E).

Stellplatz in ruhiger Einzellage auf dem Höhenzug Pandivere, in der Nähe des Sees Äntu und eines Stausees. Bar/Café. Frühstücksservice möglich. Volleyball. Boule. Badminton. Ort 2 km entfernt. 15 Touristenplätze.

46305 Emumäe, Lääne-Viru — ST-EST 3350

»BAUERNHOF TOOMIHKLI« — 1.1. bis 31.12.
☎ 00372 533 41356
info@toomihkli.ee, www.toomihkli.ee

➔ Straße 5, Pärnu-Rakvere, in Rakvere auf die 22 Richtung Vägeva, bei der Ortschaft Olju auf die 111 Richtung Salla abbiegen, in Emumäe ausgeschildert. ✉ Emumäe küla (GPS: 58°55'47"N / 26°22'1" E).

Stellplatz bei einem Bauernhof in Einzellage mit kleinem Hofladen, sowie Zimmervermietung. Blick auf Wiesen und Felder. Stellflächen auf Schotterrasen, ohne Längenbeschränkung. Frühstücksservice möglich. Ort 2 km entfernt. 3 Touristenplätze.

30103 Kohtla, Ida-Viru — ST-EST 3520

»SAKA CLIFF HOTEL & SPA« — 1.1. bis 31.12.
☎ 00372 33 64900, Fax 00372 33 64901
saka@saka.ee, www.saka.ee

➔ E 20, Tallinn - Narva, ca. 2.5 km östlich der Ortschaft Varja links auf die Voorepera-Saka abbieben, ausgeschildert. ✉ Voorepera-Saka (GPS: 59°26'16"N / 27°10'43" E).
∴ Deutschbaltische Gutshäuser von Ontika, Kukruse, Järve und Kohtla.

Stellplatz bei einem Hotel & Spa, direkt am Rand der nordestnischen Steilküste. Stellflächen auf Wiese, bis 10 m Länge. Nutzung der Wellnessangebote im Hotel und Frühstücksservice möglich. Anreise 24 Std. möglich. Ort (Kohtla) 9 km entfernt. 15 Touristenplätze.

40110 Laagna, Ida-Viru — ST-EST 3650

»HOTEL LAAGNA SPA & RESORT« — 1.4. bis 30.10.
☎ 00372 39 25900, Fax 00372 39 25918
info@laagna.ee, www.laagna.ee

➔ E 20, Tallinn - Narva, ca. 9 km westlich von Narva Richtung Laagna abbiegen, ausgeschildert. ✉ Laagna (GPS: 59°23'46"N / 27°58'10" E).
∴ Besuch der Stadt Narwa mit historischen Bauwerken (9 km).

1 km

Stellplatz bei einem Hotel & Spa. Stellflächen auf Wiese an einem See, von Wald umgeben, auch für große Reisemobile möglich. Nutzung der Wellnessangebote im Hotel. Anreise 24 Std. möglich. Das Hotel organisiert u.a. Busreisen nach St. Petersburg. Es werden div. Freizeitaktivitäten angeboten. Ort (Narva) 9 km entfernt. 60 Touristenplätze.

72230 Türi, Järva — ST-EST 4600

»GUTSHOF TORI MÕIS« — 1.1. bis 31.12.
☎ 00372 536 33125
torimanor@gmail.com, www.torimanor.com

➔ Straße 5 Pärnu-Tapa, in Türi auf die 107 Richtung Gutshof Tori mõis abbiegen, sie führt direkt zum Gutshof. ✉ Tori küla (GPS: 58°48'16"N / 25°28'31" E).
∴ Gutshof Tori mõis, Heilige Martin Kirche, Rudfunkmuseum von Estland und Park von Lokuta in Türi.

WC W W Ch HS

Stellplatz bei einem historischen Gutshof und Park. Stellflächen auf Schotter, bis 8 m Länge. Reservierung empfohlen. Führung durch den Gutshof möglich. Ort 3 km entfernt. 2 Touristenplätze.

79008 Lau, Rapla — ST-EST 5250

»LAUKATAGUSE PUHKEKÜLA« — 1.1. bis 31.12.
☎ 00372 565 67918
info@laukataguse.ee, www.laukataguse.ee

➔ Straße 15, Tallinn-Rapla-Türi, südlich der Ortschaft Rapla auf die 117 Richtung Hõreda, dort auf die 120 Richtung Kaeva, ca. 6 km Schotterstraße auf der linken Seite, ausgeschildert. ✉ Lau küla (GPS: 58°58'36"N / 24°58'33" E).

Stellplatz bei einem Ferienhof mit einem kleinen Angelteich. In ruhiger Einzellage in der Nähe der Burg von Keava und des Landschaftsschutzgebietes von Kõnnumaa gelegen. Stellflächen auf Wiese, bis 8 m Länge. Anmeldung erwünscht. Ort (Keava) 1 km entfernt. 3 Touristenplätze.

90118 Voose, Pärnu — ST-EST 5505

»VOOSEMETSA TURISMITALU« — 1.5. bis 30.9.
☎ 00372 5052679
voosemetsa@hot.ee, www.voosemetsa.ee

➔ Straße 10, Virtsu-Lihula, bei Ridase auf die 190 Richtung Voose abbiegen. Platz befindet sich nach ca. 2.5 km auf der rechten Seite, ausgeschildert. ✉ Voose küla (GPS: 58°38'46"N / 23°39'46" E).
∴ St.-Margareta-Kirche von Karuse (6 km).

WC W W Ch

Stellplatz in der Natur, umgeben von Wald. Ebene Stellflächen auf Wiese und Schotter, auch für größere Reisemobile bis 7.5 t geeignet. Frühstück möglich. Ort 6 km entfernt. 20 Touristenplätze.

88204 Paatsalu, Pärnu — ST-EST 5520

»PAATSALU PUHKEKESKUS« — 1.5. bis 30.9.
☎ 00372 513 8000
info@paatsalupuhkekeskus.ee, www.paatsalupuhkekeskus.ee

➔ E 67, Pärnu-Tallinn, bei Pärnu auf die 60 Richtung Lihula, nach ca. 35 km auf die 180 Richtung Karuse abbiegen, dann nach ca. 16 km links auf die 101 Richtung Varbla abbiegen, in Paatsalu der Ausschilderung 'Illuste mõis' folgen und die Straße bis zum Ende durchfahren. ✉ Paatsalu küla (GPS: 58°31'29"N / 23°40'43" E).

WC W Ch W TV

Stellplatz bei einem Ferienzentrum direkt am Meer. Von Kiefernwäldern umgeben. Stellflächen auf Wiese, bis 8 m Länge. Frühstücksservice möglich. Bar/Café. Sportplatz. Ort 2 km entfernt. 10 Touristenplätze.

88113 Männikuste, Pärnu — ST-EST 5570

»TÕHELA JÄRVE PUHKEKÜLA« — Mai bis Okt.
☎ 00372 5145000
william@hot.ee, www.tohelajarvepuhkekyla.ee

➔ Str. 10 Ristu-Virtsu, in Lihula auf die 60 Richtung Pärnu abbiegen, nach ca. 23 km vor Kalli rechts Richtung Tõstamaa auf die 131 abbiegen, am Ortsende von Männikuste auf der rechten Seite. ✉ Männikuste küla (GPS: 58°25'8"N / 24°0'30" E).

WC | 300 m

Stellplatz in einem Feriendorf am See Tõhela, umgeben von Bäumen. Stellflächen auf Wiese und Schotter. Ort 3 km entfernt. 10 Touristenplätze.

88203 Saare küla, Pärnu — ST-EST 5600

»SAARE TALU« — Mai bis Sept.
☎ 00372 4458143, Mobil 00372 53453662
liivi@saaretalu.ee, www.saaretalu.ee

➔ Str. 101 Audru-Nurmsi, ca. 10 km nach Ortsdurchfahrt von Tõstamaa auf der rechten Seite, ausgeschildert. ✉ Loviise (GPS: 58°21'47"N / 23°50'5" E).

RES WC W W |
50 m 700 m

Stellplatz bei einer Ferienhausanlage auf einem Bauernhof. Stellflächen auf Wiese und Schotter. Ort 10 km entfernt. 10 Touristenplätze.

88302 Lindi sjk, Pärnu — ST-EST 5650

»SARNAKÕRTSI TALU« — Mai bis Sept.
☎ 00372 4467787, Mobil 00372 5144764
sarnakortsi@hot.ee, www.sarnakortsi.ee

➔ Str. 60 Pärnu-Lihula, in Audru abbiegen auf die 101 Richtung Tõstamaa, nach 12 km in Lindi links abbiegen (Ausschilderung Audrurand und Sarnakõrtsi talu 2 km), an der nächsten Kreuzung links abbiegen, ausgeschildert. ✉ Audru vald (GPS: 58°19'50"N / 24°17'21" E).

RES WC W | 100 m 500 m

Stellplatz bei einem Gästehaus direkt am Meer. Stellflächen auf Wiese. Kleiner Yachthafen in unmittelbarer Nähe. Ort 2.5 km entfernt. 7 Touristenplätze.

80044 Nurme, Pärnu — ST-EST 5685

»UUEDA TURISMITALU« — Mai bis Sept.
☎ 00372 56471349
info@uueda.ee, www.uueda.ee

➔ Str. 4/E 67 Pärnu-Tallinn, ca. 4 km von Pärnu entfernt nach Überquerung des Flusses Auga, nach der Bushaltestelle, rechts abbiegen in Richtung Uueda Ferienzentrum, ausgeschildert. ✉ (GPS: 58°27'35"N / 24°31'59" E).
∴ Stadt Pärnu (4 km).

RES WC W W

Stellplatz bei einem Feriendorf. Stellplätze auf Schotter und Wiese. Keine Größenbeschränkung. Ort 4 km entfernt. 8 Touristenplätze.

80010 Pärnu, Pärnu — ST-EST 5700

»STELLPLATZ AM ALTEN HAFEN« — 1.1. bis 31.12.
☎ 00372 4473000
info@visitparnu.com, www.visitparnu.com

➔ Str. 4/E 67 Tallinn-Pärnu, am Ortsrand von Pärnu geradeaus weiter fahren Richtung Zentrum. Nach Überquerung des Flusses im Zentrum liegt der Platz gleich links unterhalb der Brücke. ✉ Kalda 2 (GPS: 58°23'16"N / 24°29'43" E).
∴ Altstadt mit Elisabeth- und Katharinenkirche, Roter Turm, Villa Ammende und Tallinner (Revaler) Tor.

RES WC | 100 m 300 m 500 m

Stellplatz der Stadt auf einem Parkplatz direkt am Fluss unterhalb der Brücke am Hafen. Stellflächen asphaltiert, bis 8 m Länge. Ortszentrum 300 m entfernt. 10 Touristenplätze.

86502 Uulu, Pärnu — ST-EST 5750

»UULU PUHKEMAJA WHITE HOUSE« — 1.5. bis 1.10.
☎ 00372 58050480
whouse@hot.ee, www.whitehouse.ee

➔ E 67 Pärnu-Ikla, im Ort Uulu den Ausschilderung folgen. ✉ Laadi tee 6 (GPS: 58°16'47"N / 24°34'56" E).
∴ Alte Eichenallee an teilweise acht Meter hohen Dünen bis nach Häädemeeste.

WC W W Ch
| 200 m 300 m

Stellplatz im Ortszentrum, bei einem Gästehaus. Stellflächen auf Wiese und Asphalt, von Bäumen und Büschen umgeben, bis max. 5 t. Frühstück möglich. 10 Touristenplätze.

86014 Penu, Pärnu — ST-EST 5800

»RANNAKODU« — 15.5. bis 30.9.
☎ 00372 56492074
rannakodu@gmail.com, www.rannakodu.com

➔ E 67/Str. 4 Pärnu-Ikla, ca. 7 km südlich von Häädemeeste rechts auf die 336 Richtung Penu abbiegen, am Ende der 336 rechts auf die 331 abbiegen und gleich wieder links, Ausschilderung Rannakodu. ✉ Penu küla (GPS: 58°1'22"N / 24°27'10" E).

RES W W HS

Stellplatz bei einem kleinen Cafe am Strand. Stellflächen auf Wiese und Schotter, teils im lichten Kiefernwald. Wander- und Lehrpfade in der Nähe. Ort 7 km entfernt. 8 Touristenplätze.

86005 Ikla, Pärnu — ST-EST 5830

»IKLA HOSTEL« — 1.6. bis 31.8.
☎ 00372 53092249
info@iklahostel.ee, www.iklahostel.ee

➔ E 67 Pärnu-Ikla, ca. 450 m vor dem Grenzübergang zu Lettland, ausgeschildert. ✉ Ikla küla (GPS: 57°52'41"N / 24°22'59" E).

WC W W Ch |
300 m

Stellplatz bei einem Hostel, am Grenzübergang zu Lettland, an der Via Baltica. Ebene, asphaltierte Stellflächen auf dem Parkplatz vom Hostel - auch für größere Reisemobile bis 7.5 t geeignet. Das Gelände ist umzäunt und von Bäumen umgeben. Der Platz liegt unweit der Sandstrände der Ostsee. Ort 1.2 km entfernt. 10 Touristenplätze.

69105 Ainja, Viljandi — ST-EST 6020

»URLAUBSDORF KIINI TALU« — 1.1. bis 31.12.
☎ 00372 518 4393
kiinitalu@hot.ee

➔ Straße Nr. 6, Valga-Uulu, ca.3 km süd-östlich der Ortschaft Karksi-Nuia rechts zum See abbiegen, ausgeschildert. ✉ Ainja küla (GPS: 58°4'54"N / 25°36'10" E).

WC W Ch W

Stellplatz auf einem Wiesengelände direkt am See Ainja järv. Ebene Stellflächen auf Schotterrasen, ohne Längenbeschränkung. Ort 1 km entfernt. 50 Touristenplätze.

EST

71202 Laane, Viljandi — ST-EST 6200

»JUNSI PUHKEKESKUS« — 1.4. bis 30.9.
☎ 00372 529 5270
junsi@junsi.ee, junsi.ee

➔ Straße 92, Kilingi Nõmme-Tartu, nördlich der Ortschaft Kõpu auf die 151 abfahren, erste Möglichkeit rechts einbiegen, ca.1 km Schotterstraße, ausgeschildert. ✉ Laane küla (GPS: 58°20'50"N / 25°16'4" E).

Stellplatz auf dem Gelände eines Ferienzentrums in ruhiger Einzellage am Rande eines kleinen Wäldchens. Stellflächen auf Wiese, ohne Längenbeschränkung. Frühstücksservice möglich. Paintball. Bogenschießen. Sportplatz. Ort 2 km entfernt. 12 Touristenplätze.

70511 Venevere, Viljandi — ST-EST 6300

»VENEVERE PUHKEKÜLA« — 1.5. bis 1.10.
Mobil 00372 5669 3393
info@venevere.ee, www.venevere.ee

➔ Straße 92, Kilingi Nõmme-Tartu, in der Ortschaft Felin auf die 49 Richtung Imavere abbiegen, nach ca. 20 km Richtung Tääksi abbiegen, dort links weiter auf der 110 Richtung Venevere, nördlich der Ortschaft ausgeschildert. ✉ Venevere küla (GPS: 58°36'1"N / 25°43'51" E).

Stellplatz bei einem Feriendorf an einem kleinen See im Grünen. Stellflächen auf Wiese, ohne Längenbeschränkung. Frühstücksservice möglich. Ort 1 km entfernt. 5 Touristenplätze.

74314 Vaibla, Viljandi — ST-EST 6400

30 **»VAIBLA PUHKEKESKUS«** — Mai bis Sept.
☎ 00372 58665414
info@vaiblapuhkekeskus.ee, www.vaiblapuhkekeskus.ee

➔ Str. 92 Tartu-Viljandi, in Vaibla links zum See abbiegen, ausgeschildert. ✉ Vaibla küla (GPS: 58°24'30"N / 26°3'4" E).

Stellplatz bei einem Feriendorf, direkt am See Võrtsjärve. Stellflächen auf Wiese. Diverse Freizeitaktivitäten möglich, u.a. Rundfahrten auf dem See. Ort 20 km entfernt. 20 Touristenplätze.
2023: St/N 20.–, P/N 4.–, K/N 2 bis 15 J. 2.–. H/N, WD, Müll, Wasser und Strom inklusive.

67408 Nüpli, Valga — ST-EST 6600

»FERIENANLAGE ANSOMÄE« — 1.1. bis 31.12.
☎ 00372 56276276
talvestsuveni@gmail.com, www.anso.ee

➔ E 264, Tartu-Valga, in Rõngu auf die 71 Richtung Otepää, dort weiter auf der 46 Richtung Sangaste, in der Ortschaft Nüpli der Ausschilderung 'Ansomägi' folgen. ✉ Nüpli küla (GPS: 58°2'39"N / 26°30'40" E).

Stellplatz bei einer Ferienanlage an einem Stausee. Stellflächen auf Wiese. Volleyball. Hot tub. Ort (Otepää) 2.5 km entfernt. 15 Touristenplätze.

68308 Valgamaa OT Iigaste, Valg. — ST-EST 6800

30 **»KALDA TALU PUHKEKESKUS«** — 1.4. bis 30.9.
☎ 00372 7670512, Mobil 00372 55594476
puhkekeskus@msn.com, www.kaldatalu.ee

➔ E 264 Valga-Tartu, ca. 10 km nördlich Valga rechts auf die 72 Richtung Sangaste abbiegen, bei Laatre auf die 114 in südlicher Richtung abbiegen, dort nach ca. 5 km links abbiegen, ausgeschildert. ✉ Iigaste küla, Valga vald (GPS: 57°49'49"N / 26°16'44" E).

Stellplatz bei einem Bauernhof. An einem kleinen Fluss gelegen und von Bäumen umgeben. Stellflächen auf Wiese. Für Reisemobile bis 8 m Länge und bis 7 t geeignet. Frühstücksservice möglich, Betreiber spricht deutsch und hilft gerne bei der Programmgestaltung. Ort 5 km entfernt. 20 Touristenplätze.
2023: St/N inkl. 2 P/N 26.–, weitere P/N 6.50, K/N 2 bis 6 J. 4.–, J/N 7 bis 12 J. 5.–, extra C/N 13.–, H/N 5.–, WD 2.–, Waschmaschine 5.–, Trockner 4.–. KT, Entsorgung, Müll, Wasser, Sanitärbenutzung und Strom inklusive. Bargeld bevorzugt, Kartenzahlung möglich.

49407 Pala, Tartu — ST-EST 7050

»HANSU TURISMITALU« — 1.1. bis 31.12.
☎ 00372 745 2518, Mobil 00372 55599850
hansu@hansu.ee, www.hansu.ee

➔ Straße 3/E 264 Tartu-Ahtmem, in Aovere auf die 43 Richtung Kallaste und weiter Richtung Kodavere, dort nach Pala abzweigen, der Beschilderung mit den Wohnmobilsymbolen folgen. ✉ Kodavere küla (GPS: 58°41'44"N / 27°8'22" E).
∴ St. Michaelis Kirche von Kodavere, Peipussee.

Ⓗ 400 m, 800 m

Stellplatz bei einem Ferienbauernhof. Stellflächen auf Wiese, bis 10 m Länge. Kutterfahrten auf dem Peipussee möglich. Ort 5 km entfernt. 10 Touristenplätze.

60201 Alatskivi vald, Tartu — ST-EST 7075

»WILLIPU KÜLALISTEMAJA« — 15.5. bis 15.9.
☎ 00372 56352117
willipu.willipu@gmail.com, www.willipu.ee

➔ E 264 Jõhvi-Tartu, in Kasepää auf die 43 Richtung Kallaste abbiegen, kurz hinter Kallaste links Richtung Pusi abbiegen, ausgeschildert. ✉ Pusi küla (GPS: 58°38'42"N / 27°9'56" E).
∴ Herrenhaus Alatskivi, Schloss von Alatskivi (5 km).

Ⓗ 600 m

Stellplatz bei einem Gästehaus am Ufer des Peipsisees. Stellflächen auf Schotter und Wiese. Möglichkeit zu diversen Aktivitäten (Volleyballl, Basketball, Petanque, Badminton, Fahrrad-, Kanu- und Wandertouren). Ort 5 km entfernt. 20 Touristenplätze.

60226 Savimetsa, Tartu — ST-EST 7100

»KOLKJA PUHKEKÜLA« — 15.5. bis 30.9.
☎ 00372 569 41921
info@kolkja.ee, www.kolkja.ee

➔ E 264, Jõhvi–Tartu, bei der Ortschaft Aovere auf die 43 Richtung Kalaste und in Alatskivi auf die 242 abbiegen, in der Ortschaft Kolkja ausgeschildert. ✉ Kolkja alevik (GPS: 58°33'18"N / 27°12'34" E).

Stellplatz bei einem kleinen Feriendorf in ruhiger Einzellage und in der Nähe des Peipussees. Ebene Stellflächen auf Wiese. Enge Zufahrtsstraße. Ortszentrum 500 m entfernt. 3 Touristenplätze.

61408 Rahinge, Tartu maakond, Tar. — ST-EST 7200

»KURE TURISMITALU« — 1.1. bis 31.12.
☎ 00372 7494705, Mobil 00372 5047412
kuretalu@kuretalu.ee, www.kuretalu.ee

➔ Str. 2 Tartu-Tallinn, ca. 7 km westlich von Tartu auf der linken Seite, ausgeschildert. ✉ Kure Tee 4 (GPS: 58°24'25"N / 26°36'43" E).
∴ Altstadt Tartus mit Rathaus, Johanniskirche und Botanischem Garten (7 km).

Ⓗ 400 m

Stellplatz bei einem Gästehaus. Stellflächen auf Asphalt, bis 8 m Länge. Frühstück möglich. Ort 7 km entfernt. 4 Touristenplätze.

51013 Tartu, Tartu — ST-EST 7250

»KARAVANIPARK KARLOVA SADAM« — 1.4. bis 30.9.
☎ 00372 5247153
helen@setoline.ee, www.karlovasadam.ee

➔ Str. 2/E 263, Tallinn-Võru, in Tartu auf die Str. 3 Richtung Zentrum abbiegen, dort kurz vor der Überquerung des Flusses, rechts auf die Straße Turu abbiegen, nach Unterführung links abbiegen, ausgeschildert. ✉ Rebase 18 (GPS: 58°22'6"N / 26°44'44" E).
∴ Altstadt Tartus mit Rathaus und Johanniskirche.

Ⓗ 400 m, 500 m

Stellplatz bei einem Yachthafen in der Stadt. Stellflächen auf Schotter, bis 12 m Länge, beleuchtet. Einrichtungen geöffnet von 9 bis 21 Uhr. Ortszentrum 1.5 km entfernt. 10 Touristenplätze.

63604 Kiidjarve, Põlva — ST-EST 7700

25 **»KASSIORU PUHKEMAJA«** — 1.4. bis 30.10.
☎ 00372 5031495
info@kassioru.ee, www.kassioru.ee

➔ Str. 61 Põlva - Reola, in Koorvere rechts auf die 138 Richtung Kiidjärve/Akste, ca. 2 km nach Kiidjärve links abbiegen, ausgeschildert. ✉ Kiidjärve küla (GPS: 58°8'27"N / 27°0'40" E).

Stellplatz in einem kleinen Feriendorf im Wald und an einem kleinen Fluss. Stellflächen auf Wiese und Schotter, bis 9 m Länge. Diverse Freizeitaktivitäten möglich. Ort 5 km entfernt. 10 Touristenplätze.
2022: St/N inkl. 2 P/N 25.–, weitere P/N 8.–, H/N 3.–, Waschmaschine 4.–. WD, Entsorgung, Wasser und Strom inklusive.

65545 Kääpa, Võru — ST-EST 8025

»VÕHANDU PUHKEKESKUS« — 1.5. bis 1.10.
☎ 00372 5330 5452
kirsi@estpak.ee, www.vohandukamping.ee

➔ E 263, Tartu-Võru, in Võru auf die 65 Richtung Räpina, nord-östlich der Ortschaft Kääpa nach Überquerung des Flusses Võhandu rechts abbiegen, ausgeschildert. ✉ Kääpa küla (GPS: 57°52'8"N / 27°7'38" E).
∴ Võrumaa Muuseum (8 km).

Stellplatz bei einem Ferienzentrum beim Fluss Võhandu, mit Blick auf Felder und Wiesen. Stellflächen auf Wiese, ohne Schatten. Frühstücksservice möglich. Bar/Café. Bootswanderungen auf dem Fluss Võhandu. Ort 1.5 km entfernt. 5 Touristenplätze.

FRANKREICH

Besondere Vorschriften und Regelungen

Personaldokumente: Gültiger Reisepass oder Personalausweis bis zu einem Aufenthalt von 3 Monaten. Kinder unter 12 Jahren benötigen einen Kinderreisepass. Diese werden mit einer Gültigkeitsdauer von sechs Jahren ausgestellt, und zwar längstens bis zur Vollendung des zwölften Lebensjahres. Ab dem zwölften Lebensjahr kann ein Reisepass oder Personalausweis beantragt werden. Detaillierte Informationen erhalten Sie vom Auswärtigen Amt, www.auswaertiges-amt.de..

Impfbescheinigungen: Werden nicht verlangt.

Dokumente für Haustiere: Für Hunde und Katzen ist der »EU-Heimtierausweis« mitzuführen, der von behördlich ermächtigten Tierärzten ausgestellt wird. Der Ausweis muss Angaben zum Besitzer enthalten und dem Tier eindeutig zugeordnet werden können, d.h., das Tier muss durch Mikrochip identifizierbar und die Kennzeichnungs-Nr. im Ausweis eingetragen sein.
Ein gültiger Tollwutschutz muss ebenfalls im Heimtierausweis nachgewiesen werden. Die Erstimpfung muss mindestens 21 Tage zurückliegen. Wiederholungsimpfungen müssen in den Zeiträumen, die der Hersteller des Impfstoffes vorsieht, durchgeführt worden sein.
Da hinsichtlich der Einfuhrbestimmungen für sog. »Kampfhunde« teils widersprüchliche Angaben existieren, sollte vor Reiseantritt bei der Botschaft nachgefragt werden. Papageien und Wellensittiche dürfen nur in begrenzter Anzahl eingeführt werden; eine amtstierärztliche Gesundheitsbescheinigung, die nicht länger als 5 Tage vor der Abreise ausgestellt wurde, ist erforderlich. Außerdem ist schriftlich zu bestätigen, dass der Reisende der Eigentümer der Tiere ist und sie nicht verkaufen wird. Andere Vögel bedürfen einer Einfuhrerlaubnis.

Spezielle Informationen sind über die Konsularabteilung der Französischen Botschaft erhältlich: Pariser Platz 5, 10117 Berlin, Tel. 030/590 03 90 00, Fax 030/590 03 90 67(auch in deutsch).

Kfz: Nationaler Führerschein und nationale Zulassung sind ausreichend. Das Länderkennzeichen »D« muss an allen Fahrzeugen, auch an den Anhängern, angebracht sein. Oder es ist im EU-Nummerschild enthalten. Wird das Fahrzeug nicht vom Eigentümer selbst benutzt, muss der Fahrer im Besitz einer Benutzungsvollmacht des Eigentümers sein. Es besteht Haftpflichtversicherungszwang. Das amtl. deutsche Kennzeichen (keine Zollnummer) genügt als Nachweis einer bestehenden Kfz-Haftpflichtversicherung. Die Mitnahme der »Internationalen Grünen Versicherungskarte« wird jedoch dringend empfohlen, da sie im Schadensfall die Abwicklung erleichtert.

Verkehrsvorschriften: Straßenbahnen und Fahrzeuge im Kreisverkehr haben immer Vorfahrt. An gelb gestreiften Fahrbahnrändern besteht generelles Parkverbot. Beim Parken in den Städten ist zu beachten, dass entsprechend den Monatszeiten nur auf der linken oder auf der rechten Seite geparkt werden darf (Hinweisschilder). Parken in der »Zone Bleue« ist nur mit Parkscheibe gestattet. Abblendlicht ist bei Regen und Schnee und bei Tunnelfahrten vorgeschrieben. Auf dreispurigen Straßen dürfen Fahrzeuge oder Gespanne über 3.5 t nicht auf der äußeren linken Fahrspur überholen. Für Motorradfahrer besteht Helmpflicht. Es besteht Anschnallpflicht. Seit dem 01.07.08 ist auch in Frankreich das Anlegen einer Warnweste gesetzlich vorgeschrieben für Personen, die außerhalb geschlossener Ortschaften das Fahrzeug verlassen und sich auf der Fahrbahn oder dem Randstreifen aufhalten. In entsprechenden Situationen (Panne, Unfall) ist sie vor dem Aussteigen anzulegen. Sie ist erhältlich bei den Automobilclubs und im Fachhandel.
Seit dem 01.07.2012 müssen Auto- und Motorradfahrer zwei Blasröhrchen für einen Alkoholtest dabei haben, andernfalls droht ein Bußgeld. Diese werden zumeist als Sets an Flughäfen, Tankstellen und Apotheken verkauft und kosten zwischen 2 und 4 Euro. Promillegrenze: 0,5.

Umweltzonen: In Frankreich sind derzeit in 33 Städten, Regionen und Departements teilweise sehr großflächige Umweltzonen eingerichtet, in denen ständige und zeitlich begrenzte Fahrverbote bestehen. Die rund 100 Departements in Frankreich sind seit 2018 gesetzlich ebenfalls auch als Umweltzone ausgewiesen, wobei diese in aller Regel nur dann als Umweltzone aktiviert werden, sofern bestimmte Luftwerte von NOx, Feinstaub und Ozon überschritten worden sind. Da in über 70 Departements bisher noch nie eine sogenannte Luftschadstoffspitze aufgetreten ist, hat Green-Zones diese Zonen bisher nicht in seinen Auflistungen berücksichtigt.

Die derzeit zum Stand Juli 2020 aktiven und wiederholt durch Luftschadstoffspitzen aufgefallen Zonen unterteilen sich in feste, ständige Zonen (ZCR und ZFE) und wetterabhängige (temporär bestehende) Schadstoffzonen (ZPA und ZPAd Zonen). ZCR/ZFE Zonen sind in aller Regel am Beginn und Ende ausgeschildert. Die temporären ZPA/ZPAd Zonen sind nicht erkennbar und treten mit einer Vorwarnzeit von 24h in Kraft. Die in ZPA/ZPAd Zonen plötzlich ausgerufenen Fahrverbote werden in aller Regel nur in lokalen Medien und ausschließlich in französischer Sprache bekannt gegeben. Autobahnen in Umweltzonen sind in der Regel ebenso vom Fahrverbot betroffen. Genauso häufig gibt es aber auch Ausnahmen davon, je nach Ausmaß der Schadstoffbelastung. In den meisten Fällen nutzen daher die Touristen aus dem Ausland die Übersichts- und Alarmfunktionen der Green-Zones-App.

Jede Stadt, Kommune und Region in Frankreich kann unterschiedliche Regeln für Fahrverbote durch Anwendung des sogenannten 6-er-Systems der Crit-Air Vignette auf seinem Gebiet festlegen. Dies bedeutet, dass in manchen Zonen keine Vignette erforderlich ist, in manchen die Vignette Nr. 5 oder sogar nur die Nr. 4 gültig ist. In den ganz großen Städten, wie z. B. Paris werden in zyklischen Abständen von 12 oder 24 Monaten jeweils eine weitere Crit-Air Klasse verboten. Im Großraum Paris sind derzeit nur noch die Vignetten bis zur Klasse 3 erlaubt und bis zum Jahr 2024 nur noch die Vignette Nr. 1 sowie die für Elektrofahrzeuge (Vignette E).

Die Regeln, Verbote und Ausnahmen in Frankreich beziehen sich auf alle Arten von Fahrzeugtypen, daher auch die Typenklasse der Leichtfahrzeuge, wie z. B. Mofa, Motorrad, Dreirad, Quad etc. Die jeweiligen Städte und Kommunen haben zudem sehr unterschiedliche Regelungen zum Einfahrverbot bezogen auf Wochentage und Uhrzeiten sowie davon abhängige Ausnahmen. Auch für Oldtimer, Wohnmobile und Camper gibt es in einigen Zonen Ausnahmen.

Die Umweltzonen in Frankreich werden durch Polizei und kommunale Angestellte überwacht. Diese scannen den Data-Code einer vorhandenen Vignette und können so einen möglichen Verstoß feststellen bzw. stellen ein Bußgeld bei fehlender Vignette in Höhe von 68-375 Euro plus Verwaltungskosten aus. Ab dem Jahre 2021 soll eine zusätzliche Kameraüberwachung in Frankreich installiert werden, beginnend im Großraum Paris.

Da in Frankreich in den Sommermonaten eine ständig steigende Ozon-Belastung beobachtet wird, nehmen die Fahrverbote in den Umweltzonen ständig zu. Von daher sollten nicht nur Touristen und Privatreisende im PKW und Camper eine Vignette haben die in die großen Städte einfahren wollen sondern auch die, die ihren Urlaub eher außerhalb der Städte oder am Atlantik planen.

Eine Crit-Air Vignette muss – im Gegensatz zu einer Mautvignette – nur einmal angeschafft werden. Sie ist so lange gültig, wie das Kennzeichen des Fahrzeuges nicht wechselt.

Zoombare Karten aller Umweltzonen mit ihren Grenzen sowie detailliertere Informationen zu den einzelnen Fahrzeugtypen, EURO-Klassen, Wochentagen, Uhrzeiten, Sonderregelungen und Ausnahmen sind verfügbar unter **www.lez-france.fr** oder **www.Green-Zones-App.eu.**

Autofähren: Im www findet man bis zu 30 Fährpassagen pro Tag die in regelmäßigen Abständen von 11 Häfen aus nach 5 Zielhäfen Korsikas fahren. Bitte beachten Sie bei Ihrer Fährbuchung die korrekten Maße (inkl. Dachbox, Fahrradträger etc.) für Ihr Auto anzugeben. Für Fahrzeuge die nicht dem Standardmodell entsprechen, muss ein Aufpreis bezahlt werden. Die Schifffahrtszeit ändert sich je nach Tages- oder Nachtzeit, der Strecke und der Fähre, von 50 Minuten bis 9 1/2 Stunden. Eine Buchung im Voraus wird empfohlen. Während der Überfahrt haben Sie i.d.R. keinen Zugang zu Ihrem Fahrzeug. Weitere Informationen über Fährverbindungen erhalten Sie auch bei der AvD-Reisedienst GmbH, Lyoner Str. 16, 60528 Frankfurt/Main Tel. 069/6606710, Fax 6606777, www.avd.de, reisen@avd.de.

Telefon: Deutschland-Frankreich: 0033, dann die regionale Kennziffer, gefolgt von der 8-stelligen Rufnummer. Frankreich-Deutschland: 0049.

Unfallnotruf: Polizei/Unfallrettung (police secours): 17. Allgemeiner Notruf europaweit: 112, Notarzt: 15, Feuerwehr: 18. Pannenhilfe auf Autobahnen kann man über die Notrufsäulen erreichen. Auf Landstraßen, in Ortschaften und Städten (außer Autobahnen) rund-um-die-Uhr Tel. 04/72171222.

Devisen: Für die Ein- und Ausfuhr von Fremdwährung bestehen keine Beschränkungen. Werden Beträge über € 7600 - ein- und ausgeführt, ist eine Deklaration erforderlich.

Camping: In Frankreich gibt es mehr als 9000 Campingplätze. Es ist damit das Land mit den meisten Campingplätzen in Europa. 1100 davon befinden sich in den touristisch interessanten Gebieten und an den Wegen dorthin. Diese haben wir auf den nachfolgenden Seiten beschrieben. Viele Gemeinden haben kommunale Campingplätze eingerichtet die zwar überwiegend einfach ausgestattet, aber preiswert sind und sich als Etappenplätze anbieten. Die Campingplätze in Küstennähe sind in der Hochsaison stark frequentiert. Aus diesem Grund raten wir zu einer rechtzeitigen Buchung. Wir weisen daraufhin, dass bei vorzeitiger Abreise oftmals die voraus gezahlten Reservierungs- und Platzgebühren nicht erstattet werden. Wir empfehlen die Camping Card International (CCI) mitzunehmen, da diese auf vielen Campingplätzen verlangt wird. Generell gilt sie als Legitimation und kann anstelle der Personalpapiere während der Aufenthaltsdauer bei der Platzverwaltung hinterlegt werden. Für den Platzhalter ist sie wichtig, weil mit ihr eine Camping-Haftpflichtversicherung nachgewiesen wird. Freies Campen ist in Frankreich und Korsika nicht erlaubt. Ausnahme: Einmaliges Übernachten auf Park- und Rastplätzen. Campen außerhalb der offiziellen Campingplätze ist nur mit dem Einverständnis des betreffenden Grundstückseigentümers gestattet. Es sollten jedoch nach Möglichkeit Campingplätze, besonders im südlichen Landesteil und Korsika angefahren werden, um ein mögliches Sicherheitsrisiko auszuschließen.
Das Stromnetz ist auf einer Spannung von 220 Volt Wechselstrom (50 Hz) ausgelegt. Auf vielen Campingplätzen sind die Euro-CEE-Stecker noch nicht eingeführt, deshalb sollte ein Adapter mitgenommen werden.

Wassersport: Boote dürfen innerhalb eines Zeitraums von 12 Monaten für sechs Monate zollfrei eingeführt werden.
Grenzdokumente sind erforderlich für Boote ab 5.50 m Länge ohne Motor und für Boote mit Motoren über 92 ccm. Es besteht Führerscheinpflicht nach deutschen Bestimmungen.

Allgemeine Informationen:

D-60001	**Frankfurt/Main,** Franz. Zentrale für Tourismus Postfach 100 128 Fax 069/74 55 56 *www.rendezvousenfrance.com,* *info.de@rendezvousenfrance.com*

Vertretung der Bundesrepublik Deutschland:

F-75008	**Paris,** Deutsche Botschaft 13/15, Avenue Franklin D. Roosevelt Tel. 0033 1/53 83 45 00, Fax 0033 1/53 83 45 02 *www.paris.diplo.de, info@paris.diplo.de*
F-75116	**Paris,** Deutsche Botschaft, Konsularabteilung 28, rue Marbeau Tel. 0033 1/53 64 76 70, Fax 0033 1/53 64 76 88

Campingplätze:

Gebühren-Angaben in EURO.
Bei Gebühren-Angaben mit der Vorjahreszahl muss eventuell mit einer Anhebung der Gebühren für das laufende Jahr gerechnet werden. Außerdem können sich die angegebenen Öffnungszeiten verändert haben und es ist möglich, dass angegebene Ermäßigungen nicht mehr gewährt werden.

GROSSBRITANNIEN
London
Bristol
Southend-On-Sea
Exeter
Plymouth
Southampton
Bourne-mouth
Ports-mouth
Brighton
Hastings
Dover
NIEDERLANDE
Rotterdam
Oostende
Antwerpen
Gent
Bruxelles
BELGIEN
Charleroi
LUXEMBOURG
Luxembourg
Trier
DEUTSCHLAND
Saarbrücken
Frei-burg
Basel
Detailkarte KORSIKA
Pino
Bastia
Casamozza
Calvi
Corte
Aleria
Ajaccio
Porto-Vecchio
Bonifacio
Calais
Boulogne-sur-Mer
Dunkerque
St. Omer
Lille
Roubaix
Douai
Arras
Cambrai
Maubeuge
Abbeville
Amiens
Dieppe
Fécamp
Le Havre
Rouen
Seine
Poix
Beauvais
St. Quentin
Roye
Noyon
Soissons
Senlis
Pontoise
Paris
Meaux
Versailles
Reims
Charleville-Mézières
Sedan
Verdun
Metz
Nancy
Strasbourg
Châlons-en-Champagne
Bar-le-Duc
St. Dizier
Sézanne
Etampes
Fontainebleau
Troyes
Sens
Montargis
Auxerre
Chaumont
Neuf-château
Contrexé-ville
Luneville
St. Dié
Sélestat
Colmar
Epinal
Remiremont
Mulhouse
Belfort
Vesoul
Langres
Châtillon
Dijon
Gray
Cherbourg
Bayeux
Caen
St. Lo
Granville
Avranches
Lisieux
Flers
Evreux
l'Aigle
Alençon
Fougères
Chartres
Châteaudun
Orléans
Le Mans
Laval
Craon
Rennes
St. Malo
Dinan
St. Brieuc
Morlaix
Brest
Quimper
Pontivy
Lorient
Ploermel
Vannes
Redon
St. Nazaire
Nantes
Loire
Angers
la Fléche
Vendôme
Blois
Tours
Saumur
Cholet
la Roche s' Yon
Parthenay
Châtellerault
Selles
Aubigny
Bourges
la Charité
les Sables d'Olonne

les Sables d'Olonne
2570
9121
9065
9044
8912
Poitiers
Niort
9074
la Rochelle
3150
Châteauroux
3140
la Châtre
5211
St. Amand-Montrond
3243
Nevers
5261
5300
Autun
Beaune
5030
Dôle
4800
Besançon
le Creusot
Chalon
Moulins
3236
Montluçon
Digoin
5377
Lons-le-Saunier
5343
Pontarlier
Bern
les-Maisons Blanches
8907
9157
9140
Rochefort
9185
8892
8720
Guéret
8643
5473
5480
5384
5362
6356
Lausanne
Montreux
SCHWEIZ
Saintes
Cognac
St. Junien
9164
Royan
8854
8816
Angoulême
Limoges
8725
8647
Aubusson
5524
Vichy
Roanne
Villefranche
6008
Mâcon
Bourg
9195
9206
Mirambeau
8769
8751
8826
8583
Thiers
Clermont-Ferrand
5586
Feurs
6322
Genève
Annecy
6410
Chamonix
9208
9216
Lacanau
9311
Périgueux
Uzerche
Brive-la Gaillarde
Tulle
5551
Issoire
Lyon
6513
Aosta
Albertville
Chambéry
Vienne
Bordeaux
9221
9228
Libourne
8520
Mauriac
5605
St. Étienne
Bergerac
8468
8488
Aurillac
St. Flour
6242
6544
Arcachon
9531
Langon
5750
Rhône
9533
9290
Marmande
9390
9439
5644
Le Puy
5678
6115
Grenoble
Torino
Mimizan
9546
Villeneuvet
Cahors
Figeac
Pradelles
St. Péray
Valence
8190
Houeillès
Agen
8356
5745
Die
6206
6606
Briançon
9561
9506
Castets
9580
Mende
Aubenas
6135
6625
Montélimar
Rodez
ITALIEN
Mont-de-Marsan
8030
9472
7315
Dax
8106
Montauban
8286
8346
7064
6160
Gap
6645
Bilbao
Biarritz
9600
Bayonne
Aire-s.-l'Adour
8005
8275
Albi
7388
7296
Aspres
6630
Millau
8280
7229
7047
Orthez
8042
8321
Alès
Orange
Genova
Donostia-San Sebastián
9605
9632
Auch
Sisteron
6795
9673
7056
Pau
8220
Lacaune
7210
Avignon
Digne
6722
6822
9638
Toulouse
Castres s.-l'Agout
7404
Nîmes
9650
St. Jean-Pied-de-Port
Oloron
8240
7219
Annôt
6771
Tende
Tarbes
Montpellier
Arles
Pamplona
Lourdes
St. Martory
7864
7814
7208
7137
7437
Aix-en Provence
6973
6890
MONACO
San Remo
7938
Montréjeau
7880
Carcassonne
Béziers
7430
Martigues
Pamiers
7508
Sète
7542
6907
Nice
7124
6874
Cannes
7921
St. Girons
7457
7132
Marseille
7568
Narbonne
Fréjus
SPANIEN
7783
7122
7590
Quillan
7558
MITTEL-
Toulon
Hyères
St. Tropez
Andorra
ANDORRA
6941
Huesca
7668
Perpignan
Puigcerdá
7693
7640/41
MEER
Gerona

Allgemeine Informationen:

D-60001 **Frankfurt/Main,** Franz. Zentrale für Tourismus
Postfach 100 128
Fax 069/74 55 56
www.rendezvousenfrance.com,
info.de@rendezvousenfrance.com

Vertretung der Bundesrepublik Deutschland:

F-75008 **Paris,** Deutsche Botschaft
13/15, Avenue Franklin D. Roosevelt
Tel. 0033 1/53 83 45 00, Fax 0033 1/53 83 45 02
www.paris.diplo.de, info@paris.diplo.de

F-75116 **Paris,** Deutsche Botschaft, Konsularabteilung
28, rue Marbeau
Tel. 0033 1/53 64 76 70, Fax 0033 1/53 64 76 88

Campingplätze:

Gebühren-Angaben in EURO.
Bei Gebühren-Angaben mit der Vorjahreszahl muss eventuell mit einer Anhebung der Gebühren für das laufende Jahr gerechnet werden. Außerdem können sich die angegebenen Öffnungszeiten verändert haben und es ist möglich, dass angegebene Ermäßigungen nicht mehr gewährt werden.

59143 Watten, Nord-Pas-de-Calais ST-F 1045

»AIRE DE CAMPING-CAR WATTEN« 1.1. bis 31.12.
☏ 0033 321 882778
tourisme@watten.fr

➔ A 26, E 15, Calais-Saint-Omer, dort am Kreisel westlich der Ortschaft auf die D943 Richtung Salperwick, nach ca. 3 km am Kreisel weiter auf der D300 nach Watten, dort am westlichen Ortsrand, auf einem Gelände zwischen den Flüssen Aa und La Bombe. ✉ Rue Paul Mortier (GPS: 50°49'53"N / 2°12'32" E).
Windmühle in Watten, Ruinen der Abtei Notre-Dame du Mont, Kirche Saint-Gilles.

Ch | 500 m

Stellplatz speziell für Reisemobile direkt am Fluss Aa. Stellflächen auf Schotter, von Grünflächen umgeben. Bodeneinlass auf betonierter Fläche. Ortszentrum 500 m entfernt. 10 Touristenplätze.

59940 Estaires, Nord-Pas-de-Calais ST-F 1050

»AIRE DE CAMPING-CAR ESTAIRES« 1.1. bis 31.12.
☏ 0033 3 28429560
contact@ville-estaires.fr
www.ville-estaires.fr/decouvrir-la-ville/tourisme/aire-de-camping-cars

➔ A 25, Dunkerque-Lille, Abf. (9), auf die D945 Richtung Estaires, im Ortszentrum von Estraires den P-Symbolen folgen. ✉ Rue Aimé-Coupet (GPS: 50°38'34"N / 2°43'12" E).
Hôtel de Ville (1928/30, mit Belfried), Collège Sacré-Cœur (gegründet 1622).

| 500 m

Stellplatz speziell für Reisemobile in der Nähe der Leie. Durch Hecken parzellierte Stellflächen auf Schotter. Rasenfläche mit Picknickbänken. Ortszentrum 500 m entfernt. 3 Touristenplätze.

59168 Boussois, Nord-Pas-de-Cal. ST-F 1080

»AIRE DE CAMPING-CAR BOUSSOIS« 1.1. bis 31.12.
☏ 0033 32 7689348
mairie@boussois.fr, www.boussois.fr

➔ D 649, Maubeuge-Jeumont (Franz./Belg.Grenze), Abf. (Boussois), am Kreisverkehr westlich von Boussois die 3. Ausfahrt auf die D959 nehmen, nach ca. 1.2 km rechts zum Stellplatz einbiegen, ausgeschildert. ✉ Rue du Rivage (GPS: 50°17'18"N / 4°2'43" E).
Kirche Saint-Martin, Fort Boussois (1934 errichtet, Grenzstellung).

Ch | 200 m 400 m

Stellplatz speziell für Reisemobile im Ortszentrum am Fluss Sambre. Parzellierte Stellflächen auf Schotter, bis 7 m Länge. 5 Touristenplätze.

59550 Landrecies, Nord-Pas-de-Cal. ST-F 1090

»AIRE DE CAMPING-CAR SUR LA SAMBRE« 1.1. bis 31.12.
☏ 0033 327 775252
secretariat@landrecies.fr, www.landrecies.fr

➔ A 2, Valenciennes-Cambrai, Abf. (14) Richtung Cambrai, dort am südöstlichen Ortsrand auf die D643 Richtung Le Cateau-Cambrésis, dort auf die D959 Richtung Lanrecies, dort am Kreisverkehr auf die D934 Richtung Centrum, nach Überquerung der Sambre links einbiegen, ausgeschildert. ✉ Rue de Nerviens (GPS: 50°7'40"N / 3°41'27" E).

| 200 m 500 m

Stellplatz speziell für Reisemobile direkt am Fluss Sambre. Parzellierte Stellflächen auf Asphalt mit kleinen Rasenanteilen, bis 8 m Länge. Ortszentrum 500 m entfernt. 6 Touristenplätze.

62000 Arras, Nord-Pas-de-Calais ST-F 1123

»AIRE DE CAMPING-CAR ARRAS« 1.1. bis 31.12.
☏ 0033 321505050
nousecrire@ville-arras.fr
www.arraspaysdartois.com/hebergements/aire-de-service-campings-cars/

➔ A 1, Lille-Paris, Abf. (15), auf die D939 Richtung Arras, nach ca. 4.7 km am Kreisel rechts auf die D260 Richtung St.Nicolas und nach ca. 1.7 km am Kreisverkehr die 3. Ausfahrt nehmen, ausgeschildert. ✉ Rue des Rosati (GPS: 50°17'41"N / 2°47'17" E).
Gotisches Rathaus (mit Belfried), Place des Héros.

Ch | 800 m 900 m

Stellplatz speziell für Reisemobile am nordöstlichen Stadtrand. Beleuchtete Stellflächen auf Asphalt, bis 9 m Länge. Aufenthalt max. 48 Stunden. Ortszentrum 1 km entfernt. 7 Touristenplätze.

62270 Nuncq-Hautecôte, N.-P.-C. ST-F 1130

»AIRE DE CAMPING-CAR LA POMMERAIE« 1.1. bis 31.12.
☏ 0033 3 21036985

➔ Route Nationale D 916, Saint-Pol-sur-Ternoise-Frévent, in der Ortschaft Nuncq Hautecôte am nordöstlichen Ortsrand an der D916 gelgen, ausgeschildert. ✉ D 916 (GPS: 50°18'20"N / 2°17'35" E).

WC Ch

Stellplatz speziell für Reisemobile bei einer B&B Pension am Ortsrand eines kleinen Dorfes. Parzellierte und videoüberwachte Stellflächen auf Schotter. Nutzung des Pools im B&B gegen Gebühr möglich. Ortszentrum 300 m entfernt. 5 Touristenplätze.

62100 Calais, Nord-Pas-de-Calais ST-F 1168

»CAMPING LE GRAND GRAVELOT CALAIS« 1.4. bis 31.10.
☏ 0033 321 466200
camping@mairie-calais.fr, www.camping.calais.fr

Abfahrt ➔ A 16, Dunkerque-Calais, Abf. (43) auf die D940, nach ca. 2.4 km am Kreisel die 1. Ausfahrt nehmen und am nächsten Kreisel wieder die 1. Ausfahrt zum Stellplatz nehmen. ✉ 275 rue d'Asfeld (GPS: 50°57'34"N / 1°49'58" E).
Historische Altstadt, Tour du Guet, Leuchtturm von 1848, Musée de la Seconde Guerre Mondiale, Musée des Beaux-Arts et de la Dentelle.

WC W W Ch W | 500 m 600 m

Separater Wohnmobil-Stellplatz bei einem kleinen Campingplatz. Asphaltierte Stellflächen auf einem großen, beleuchteten und beschrankten Platz. Zugangscode für jeweils 24 Stunden. Die Zahlung erfolgt am „Flots Bleus"-Eingangsterminal und zwar ausschließlich per Bankkarte mit Chip! Boulebahn. Atlstadt 2 km entfernt. Strand 600 m entfernt. 106 Touristenplätze.

62224 Équihen-Plage, Nord-P.-d.-C. ST-F 1181

10 **»AIRE DE CAMPING-CAR ÉQUIHEN-PLAGE«** 1.1. bis 31.12.
☏ 0033 321 990543

➔ A 16, Calais - Amiens, Abf. (28) Isques, dann der Beschilderung nach Équihen-Plage folgen, nach der Ortsdurchfahrt links zum Strand, ausgeschildert. ✉ Rue du Beurre Fondu (GPS: 50°40'48"N / 1°34'6" E).
Schiffshäuser (quilles en l'air) ehemalige Schiffe, die umgedreht zu Häusern umgebaut wurden.

Ch | 300 m

Beschrankter und beleuchteter Reisemobil-Stellplatz neben einer Kläranlage am Plage de la Crevasse. Weiter Meerblick. Teilweise parzellierte Stellflächen auf Schotter und Wiese, bis 9 m Länge. Bezahlung am Automaten ausschließlich mit Kreditkarte. 72 Stunden maximaler Aufenthalt! Ortszentrum 300 m entfernt. 20 Touristenplätze.
2022: St/N 9.–. Ver-/Entsorgung 3.–, Strom/4 Std. 2.–. Bezahlung am Ticketautomaten mit Kreditkarte.

80120 Fort-Mahon-Plage, Picardie ST-F 1201

»AIRE DE CAMPING-CAR FORT-MAHON-PLAGE«
☏ 0033 32 2233600 1.1. bis 31.12.
tourisme@fort-mahon-plage.com, www.fort-mahon-plage.com

➔ A 16, Boulogne-sur-Mer–Amiens, Abf. (24) Forest-Montiers. D32 nach Fort-Mahon-Plage, dort Im Ort Richtung Strand fahren und bei dem Großparkplatz links einbiegen. ✉ Rue de la Bistouille (GPS: 50°20'19"N / 1°33'18" E).

Ch | 200 m 500 m

Großer Stellplatz speziell für Reisemobile hinter einem Pkw-Parkplatz. Zur Straße durch eine Hecke abgegrenzt. Unparzellierte Stellflächen auf Sand und Schotter. Überwiegend schattenlos. Aufenthalt max. 24 Stunden. Strand 500 m entfernt. 40 Touristenplätze.

80230 St. Valery-sur-Somme, Picar. ST-F 1214

»AIRE DE CAMPING-CAR ST.VALERY SUR SOMME«
☏ 0033 32 2609350 1.1. bis 31.12.
officetourismestvalery.80@wanadoo.fr
www.visit-somme.com/aire-de-camping-cars-de-saint-valery/

➔ A 28, Abbeville-Neufchâtel-en-Bray, Abf. (1) Baie de Somme, auf die D40 Richtung Noyelles-sur-Mer, dann auf der D 940 weiter nach St.-Valery-sur-Somme, nach der Kanalbrücke, an beiden Kreiseln geradeaus weiter und dann rechts in die Rue de Rossigny einbiegen, nach ca. 1 km rechts in die Rue de la Croix l'Abbe abbiegen. ✉ Rue de la Croix l'Abbe (GPS: 50°10'56"N / 1°37'44" E).

Ch | 1 km 8 km

Beschrankter Stellplatz speziell für Reisemobile in grüner, ruhiger Umgebung. Durch Grünstreifen, Baumreihen und Büsche aufgeteiltes Areal. Ebene Stellflächen auf Schotter. Kassenautomat. Ortszentrum 1 km entfernt. 100 Touristenplätze.

80080 Amiens, Picardie ST-F 1240

»QUICK-STOP CAMPING LE PARC DES CYGNES« 1.4. bis 9.7.
☏ 0033 32 2432928 25.8. bis 18.10.
contact@amiens-campingdescygnes.com, www.parcdescygnes.com

➔ A 16, Abbeville-Amiens, Abf. (20) Amiens Nord, auf die N1 Abf.(40) Amiens Longpré, dann am Kreisverkehr den Campingplatz-Symbolen folgen. ✉ 111 Avenue des Cygnes (GPS: 49°55'16"N / 2°15'36" E).
Kathedrale von Amiens, Archäologischer Garten von Saint-Acheul, Les Hortillonnages (ein von Kanälen durchzogenes Obst- und Gemüseanbaugebiet).

WC W W Ch |

100 m 200 m

Quick-Stop vor einem Campingplatz beim Parc du Petit Marais. Videoüberwachte, beleuchtete Stellflächen auf Asphalt, bis 8 m Länge. Aufenthalt max. 24 Stunden. Ortszentrum 5 km entfernt. 5 Touristenplätze.

80160 Conty, Picardie ST-F 1257

»AIRE DE CAMPING-CARS CONTY« 1.1. bis 31.12.
0033 32 2416655
accueil@ville-conty.fr
https://www.somme-tourisme.com/aire-de-camping-cars-de-conty/

➔ A 16, Amiens-Beauvais, Abf. (17), auf die D920 Richtung Conty, dort am östlichen Ortsrand am Kreisverkehr rechts abbiegen, ausgeschildert. Rue du Marais (GPS: 49°44'38"N / 2°9'23" E).

Ch 300 m

Stellplatz speziell für Reisemobile im Ortszentrum gegenüber der Tourist-Into. Schattenlose, naturbelassene und leicht wellige Stellflächen auf Wiese. 60 Touristenplätze.

80700 Roye, Picardie ST-F 1293

Abfahrt

»PARKING PLACE DE LA RÉPUBLIQUE« 1.1. bis 31.12.
0033 32 2870052
mairie@roye80.fr, www.roye80.fr

➔ A 1, Arras-Paris, Abf. (12) auf die D934 Richtung Roye, nach ca. 1.9 km rechts auf die D4221 abbiegen, dann im Ortszentrum den P-Hinweisschildern folgen. 8, boulevard de l'Est (GPS: 49°41'52"N / 2°47'33" E).

WC WC Ch 100 m 200 m

Stellplatz auf einem großen, gemischten Parkplatz im Ortszentrum. Keine markierten Stellflächen für Reisemobile. Stellflächen auf Asphalt. Aufenthalt max. 3 Nächte. Ver- und Entsorgungsmöglichkeit vorhanden. 20 Touristenplätze.

02800 Beautor, Picardie ST-F 1304

»AIRE MUNICIPALE BEAUTOR« 1.1. bis 31.12.
0033 32 3566480
mairiedebeautor@mairie-beautor.fr

➔ A 26, Saint-Quentin-Reims, Abf. (12) Richtung La Fère, dort auf die D938 Richtung Beautor, am Kreisverkehr beim Kanal die 3. Ausfahrt nehmen und dann links einbiegen. 1, Rue du Port (GPS: 49°39'39"N / 3°20'58" E).

WC Ch 500 m

Stellplatz speziell für Reisemobile in der Nähe des Kanals. Markierte Stellflächen auf Asphalt, bis 8 m Länge. Aufenthalt max. 2 Nächte. Ortszentrum 500 m entfernt. 3 Touristenplätze.

02420 Bellicourt, Picardie ST-F 1313

»AIRE DE RIQUEVAL« 1.1. bis 31.12.
0033 32 3095179
bellicourt.mairie@wanadoo.fr

➔ A 26, Arras-Saint Quentin, Abf. (9) auf die D917 Richtung Cambrai, in Bonavis rechts auf die D644 Richtung St. Quentin abbiegen, südlich von Bellicourt ausgeschildert. Hameau de Riqueval 5 (GPS: 49°57'6"N / 3°14'7" E).

Ch

Stellplatz auf einem gemischten Parkplatz am Riqueval-Schiffstunnel des Canal de Saint-Quentin. Markierte Stellflächen auf Asphalt, bis 7 m Länge. Aufenthalt max. 48 Stunden. Ortszentrum 1 km entfernt. 4 Touristenplätze.

02360 Rozoy-sur-Serre, Picardie ST-F 1339

»AIRE DE CAMPING-CAR THIÉRACHE« 1.1. bis 31.12.
0033 3 23980454
contact@portes-de-thierache.fr
www.tourisme-thierache.fr/fiche/detail/3/www.portes-de-thierache.fr

➔ A 26, Saint Quentin-Reims, Abf. (13) auf die N2 Richtung Laon, dort auf die D977 Richtung Liesse und weiter auf der D977 bis Rozoy-sur-Serre, dort den P-Symbolen folgen. Rue de la Praille (GPS: 49°42'49"N / 4°7'16" E).

WC Ch 500 m

Stellplatz speziell für Reisemobile am Ortsrand im Grünen. Parzellierte Stellflächen auf Schotter, bis 8 m Länge. Rasenfläche mit Picknicktischen. Ortszentrum 500 m entfernt. 5 Touristenplätze.

02200 Soissons, Picardie ST-F 1370

»AIRE MUNICIPALE SOISSONS« 1.3. bis 1.11.
0033 323 531737
officedetourisme@agglo-soissonnais.com, www.tourisme-soissons.fr

➔ N2, Laon-Soissons, Abf. Soissons Centre, auf die N31, am Kreisel die 1. Ausfahrt nehmen auf den Boulevard Gambetta, vor der Brücke über die Aisne links einbiegen, nach ca. 500 m direkt am Fluss gelegen. Rue Ernest Ringuier (GPS: 49°23'0"N / 3°19'48" E).
∴ Historische Altstadt, Kathedrale von Soissons, Kriegerdenkmal 1870/71, Abtei St. Jean, Ruine der Abtei Notre Dame.

Ch 300 m

Stellplatz auf einem gemischten Parkplatz neben dem Park des Rathauses und direkt am Fluss Aisne. Markierte Stellflächen auf Pflaster, bis 7 m Länge. Ortszentrum 300 m entfernt. 2 Touristenplätze.

02600 Villers-Cotterêts, Picardie ST-F 1374

»PARKING VILLERS-COTTERÊTS« 1.1. bis 31.12.
0033 32 3965510
ot@ccvcfr.fr, www.tourisme-villers-cotterets.fr/

➔ N 2, Soissons-Paris, Abf. Villers-Cotterêts, auf die D973 Richtung Villers-Cotterêts, dort am nördlichen Ortsrand an der D973 gelegen. Rue Alfred Juneaux (GPS: 49°15'38"N / 3°5'13" E).
∴ Schloss Villers-Cotterêts, Alexandre Dumas Museum, Schlosspark, Schloss Noüe.

Ch HS 1 km

Stellplatz speziell für Reisemobile lbeim Freibad in ruhiger Lage am Ortsrand. Markierte Stellflächen auf Asphalt, bis 8 m Länge. Durch Bäume leicht beschattet. Mit einer Rasenfläche und 2 Picknicktischen. Aufenthalt max. 3 Nächte. Ortszentrum 1 km entfernt. 6 Touristenplätze.

60350 Berneuil-sur-Aisne, Picardie ST-F 1411

»FERME NICOLAS SABATIER« 1.1. bis 31.12.
Mobil 0033 6 07757475
sabatier.nicolas60@orange.fr

➔ N31, Compiègne-Soissons, in der Ortschaft La Motte links auf die D335 in Richtung Berneuil sur Aisne, dort am südlichen Ortsrand rechts in die Rue de la Groseillère einbiegen, ausgeschildert. Rue de la Groseillère 4 (GPS: 49°24'47"N / 3°0'34" E).

Ch 300 m

Stellplatz bei einem Bauernhof am Ortsrand. Stellflächen auf Schotter mit Grünstreifen. Ortszentrum 500 m entfernt. 7 Touristenplätze.

60000 Beauvais, Picardie ST-F 1473

Abfahrt

»PARKING CAMPING-CARS BEAUVAIS« 1.1. bis 31.12.
0033 34 4153030
contact@visitbeauvais.fr, www.beauvaistourisme.fr

➔ A 16 Amiens-Paris, Abf. (14) auf die D1001 und D139 Richtung Zentrum, nach ca. 2 km links in die Rue Binet und dann rechts in die Rue Aldebert Bellier einbiegen, ausgeschildert. Rue Aldebert Bellier (GPS: 49°25'27"N / 2°4'49" E).
∴ Historische Altstadt, Cathédrale Saint-Pierre, Église Saint-Étienne.

1 km

Eingezäunter Stellplatz speziell für Reisemobile im Grünen. Stellflächen auf Wiese mit geschotterter Fahrspur. Ver- und Entsorgung vorhanden. Aufenthalt max. 48 Stunden. Ortszentrum 1 km entfernt. 20 Touristenplätze.

60590 Sérifontaine, Picardie ST-F 1486

15 **»AIRE CAMPING-CAR BOIS MARIE«** 1.1. bis 31.12.
0033 34 4848002, Mobil 0033 679 409285
lalande.laurent@yahoo.fr, www.airecampingcar-boismarie.com

➔ N31, Rouen-Beauvais, in der Ortschaft Gournay-en-Bray auf die D915 Richtung Gisors, in der Ortschaft Sérifontaine im Ortszentrum links in Richtung Champignolle abbiegen, ausgeschildert. Rue de Cocagne (direction Champignolles) (GPS: 49°21'20"N / 1°46'51" E).
∴ Kirche Saint-Denis, Menhir la Borne du Bois Madame, altes Schloss.

WC W Ch

Stellplatz für Reisemobile am Waldrand. Teilweise parzellierte Stellflächen auf naturbelassenem Wald- und Wiesengelände. Brötchenservice. Anmeldung unter Mobiltel: 0033(0)679/409285. Ort 1 km entfernt. 13 Touristenplätze.
2023: St/N inkl. 2 P/N 13.–. KT, H/N, WD, Entsorgung, Müll, Wasser und Strom inklusive.

F

76470 Le Tréport, Hte.-Normandie ST-F 1516/1

»AIRE DE CAMPING-CAR PARC STE-CROIX« 1.1. bis 31.12.
0033 23 5505520
www.ville-le-treport.fr

➔ A 28, Abbeville-Rouen, Abf. (5) Vallée de la Bresle, auf die D1015A / D1015 Richtung Le Tréport, dort den Hinweisen zur Aire de Camping-car in einem Industriegebiet folgen. Avenue Pierre Mendès-France (GPS: 50°3'34"N / 1°23'21" E).

Ch 1 km

Stellplatz speziell für Reisemobile auf einem separaten Gelände in einem Gewerbegebiet am Ortsrand. Großzügig angelegtes, durch Grünflächen aufgeteiltes Gelände mit markierten Stellflächen auf Asphalt. Picknickbänke. Im Sommer Bäckerwagen-Service. Leichte Lärm- und Geruchsbelästigung vom Gewerbegebiet möglich. Ortszentrum 1 km entfernt. 61 Touristenplätze.

76470 Le Tréport, Hte.-Normandie ST-F 1516/2

»AIRE DE CAMPING-CAR DU FUNICULAIRE« 1.1. bis 31.12.
0033 23 5860569
www.ville-le-treport.fr

➔ A 28, Abbeville-Rouen, Abf. (5) Vallée de la Bresle, auf die D1015A / D1015 Richtung Le Tréport, dort den Hinweisen zum P-Funiculaire folgen. D126E Route Touristique (GPS: 50°3'29"N / 1°21'46" E).

1 km

Zweigeteilter Stellplatz speziell für Reisemobile am Ortsrand am Meer oberhalb der Klippen bei der Standseilbahn. Ein Teil (ca. 40 Plätze) mit leicht wellige Stellflächen auf Wiese mit geschotterter Fahrspur, bis 9 m Länge. Überwiegend schattenlos. Der andere Teil (ca. 12 Plätze) mit ebenem, festen Untergrund und von Rasen umgeben. Stellflächen markiert. Aufenthalt max. 48 Stunden. Ortszentrum 1 km entfernt. 52 Touristenplätze.

76204 Dieppe, Haute-Normandie ST-F 1523

15 »AIRE CAMPING CAR N°1« 1.1. bis 31.12.
☎ 0033 2 35 06 20 43 14 m
www.seine-maritime-tourisme.com/diffusio/en/i-choose/an-accommodation/

➔ A 28 Abbeville - Rouen, Abf.(6) Londinières, über die D 920 nach Londinières, von dort auf der D 1314 nach Dieppe. Im Ort der Beschilderung "Neuville-lès-Dieppe" und "Car-Ferries" folgen. ✉ Quai de la Marne (GPS: 49°55'48"N / 1°5'12" E).
Burganlage von Dieppe.

Ch | 30 m 400 m

Beschrankter und umzäunter Stellplatz am Kai direkt in der Nähe der Fähre Dieppe - Newhaven. Unterhalb der Kreidefelsen mit Blick auf Hafen und Stadt gelegen. Markierte Stellflächen auf Asphalt mit jungem Baumbestand. Brötchenservice. Die Stromzufuhr ist zeitlich beschränkt. Bezahlung mit Bargeld oder Kreditkarte am Automaten. Ideale Übernachtungsmöglichkeit vor der Überfahrt nach Newhaven. Maximal 2 Nächte Aufenthalt möglich! Ortszentrum 800 m entfernt. 51 Touristenplätze.
2022: St/N 13.40. Entsorgung und Wasser inklusive.

76940 La Mailleraye-sur-Seine, Hte.-N. ST-F 1546

»AIRE DE LA MAILLERAYE« 1.1. bis 31.12.
☎ 0033 23 5371204
mairie-sg.lamailllerayesurseine@wanadoo.fr, www.mailleraye.fr

➔ A 13, Le Havre-Rouen, Abf. (25) Bourg-Achard, auf die D313 Richtung Fécamp, in La Mailleraye-sur-Sein zum Seineufer fahren, ausgeschildert. ✉ Quai Paul Girardeau (GPS: 49°29'4"N / 0°46'24" E).
Kirche Notre-Dame-et-Saint-Mathurin (16Jh), Priorei Le Torps (12 Jh), Pfarrhaus (17 Jh).

Ch | 300 m 500 m

Beschrankter Stellplatz speziell für Reisemobile direkt am Ufer der Seine. Markierte Stellflächen auf einer Wiese mit geschotterter Fahrspur. Bezahlung über Parkautomat mit Ticket und Code. Jetons im Rathaus und den Geschäften im Ort erhältlich. Ortszentrum 500 m entfernt. 34 Touristenplätze.

76490 Saint-Wandrille-Rançon, Hte.-N. ST-F 1547

10 »FERME DE LA MARE« 1.1. bis 31.12.
Mobil 0033 609 853103
angelique.dubourg@nordnet.fr, site.compoz.fr/fermedelamarestwandrille/

➔ A 150, Yvetot-Rouen, Abf. (4), auf die D6015 Richtung Rouen, bei La Forgé rechts auf die D20 Richtung Fréville, dort auf die D22 Richtung Saint-Wandrille-Rançon, dann auf die D205 Richtung Rançon abbiegen, westlich der Ortschaft Beau Soleil links in die Route D'Etaintot einbiegen, nach ca. 1.2 km rechts in eine Sackgasse einbiegen. ✉ Impasse Ferme de la Mare 20 (GPS: 49°32'26"N / 0°46'1" E).

Ch

Stellplatz für Reisemobile bei einem Bauernhof in ruhiger Einzellage. Von Wiesen unde Feldern umgeben und mit einer Hecke umrahmt. Leicht abfallende, parzellierte und schattenlose Stellflächen auf Sand und Schotter mit Rasenanteilen. Picknickplatz. Ort 3 km entfernt. 4 Touristenplätze.
2022: St/N inkl. 2 P/N 6.–, extra A/N 5.–, extra C/N 5.–, extra MC/N 5.–, WD/N 2.–, Sanitärbenutzung/N 1.–, Strom/N 2.–. KT, H/N, Entsorgung, Müll und Wasser inklusive. Barzahlung.

76740 Angiens, Haute-Normandie ST-F 1554

»CHATEAU D'ICLON« Mai bis Sept.
☎ 0033 23 5971290

➔ D925, Dieppe-Saint-Valery-en-Caux, am östlichen Ortsrand von Veules-les-Roses auf die D142 Richtung La Gaillarde abbiegen, nach ca. 3.2 km bei der Ortschaft Iclon rechts einbiegen, ausgeschildert. ✉ Imp. des Roseaux 242 (GPS: 49°50'40"N / 0°49'11" E).

Ch

Stellplatz bei einem Bauernhof in einem kleinen Dorf. Parzellierte Stellflächen auf Schotter. Aufenthalt max. 3 Nächte. Verkauf von lokalen Produkten. Ort 4 km entfernt. 7 Touristenplätze.

76400 Fécamp, Haute-Normandie ST-F 1566

»PORT DE PLAISANCE« 1.1. bis 31.12.
☎ 0033 23 5285101
info@fecamptourisme.com, www.fecamptourisme.com

➔ A 29, Amiens-Le Havre, Abf. (8) auf die D926 Richtung Fécamp, dort der Ausschilderung zum 'Office de Tourisme' zum Hafen folgen, der Stellplatz ist neben der Tourist-Info. ✉ Quai Sadi Carnot (GPS: 49°45'38"N / 0°22'20" E).
Palais Bénédictine, Abteikirche Sainte-Trinité, Musée des Terre-Neuvas, Kap Fagnet (95 m über der Stadt).

Ch | 300 m 500 m 800 m

Stellplatz am Jachthafen bei der Tourist-Information. Stellflächen auf Asphalt und Schotter bis 8 m Länge. Ortszentrum 300 m entfernt. 25 Touristenplätze.

76280 Saint-Jouin-Bruneval, Hte.-N. ST-F 1583/1

»CAMPER PARKING ST. JOUIN BRUNEVAL« 1.1. bis 31.12.
☎ 0033 23 5131010
mairie@st-jouin-bruneval.fr, www.st-jouin-bruneval.fr

➔ D940, Étretat-Le Havre, am Kreisverkehr bei der Ortschaft Saint-Jouin-Bruneval 1. Ausfahrt nehmen Richtung Saint-Jouin-Bruneval, dort weiter auf der D111, den Ort durchqueren und dann der Ausschilderung 'Belvédère' folgen. ✉ Plage de Bruneval (GPS: 49°39'0"N / 0°9'11" E).

| 200 m

Stellplatz auf einem gemischten Parkplatz am Meer zwischen den Klippen und dem Industriehafen. Unparzellierte, ebene bis leicht abfallende Stellflächen auf Schotter. Öffentliche Freiluftduschen und Stehtoiletten am Strand verfügbar. Ort 1.5 km entfernt. 60 Touristenplätze.

76280 Saint-Jouin-Bruneval, Hte.-N. ST-F 1583/2

»AIRE MUNICIPALE SAINT-JOUIN-BRUNEVAL« Apr. bis Okt.
☎ 0033 23 5131010 100 m
mairie@st-jouin-bruneval.fr, www.st-jouin-bruneval.fr

➔ D940, Étretat-Le Havre, am Kreisverkehr bei der Ortschaft Saint-Jouin-Bruneval 1. Ausfahrt nehmen und der Ausschilderung 'Aires de Service Camping-Car' folgen. ✉ Rue Lord Louis Mountbatten (GPS: 49°39'3"N / 0°9'47" E).
Château de La Marguerite.

Ch | 800 m

Stellplatz speziell für Reisemobile auf einem Areal an der Straße zum Strand. Ebene, schattenlose Stellflächen auf Schotter. Ort 1 km entfernt. 20 Touristenplätze.

76610 Le Havre, Haute-Normandie ST-F 1592

»AIRE DE CAMPING-CAR LE HAVRE« 1.1. bis 31.12.
☎ 0033 2 35222525
contact@lehavre-etretat-tourisme.com, lehavre.fr

➔ A 29, Amiens-Le Havre, Autobahnkreuz Le Havre auf die A131 Richtung Le Havre, nach ca. 3 km rechts auf die D982 abbiegen, nach Überquerung der Bahnlinie rechts abbiegen, nach ca. 750 m links in die Rue Andreï Sakharov einbiegen dann nach ca. 400 m auf der linken Seite. ✉ Rue Andreï Sakharov 74 (GPS: 49°30'17"N / 0°10'19" E).
Musée des Beaux-Arts André Malraux:, Rathaus, Pont de Normandie, Les Docks Vauban, Les Jardins Suspendus.

Ch | 300 m 400 m

Eingezäuntes Gelände speziell für Reisemobile an einer Hauptstraße.Im Osten der Stadt auf einer Anhöhe gelegen. Markierte Stellflächen auf Asphalt. Stellplatz-Länge bis ca. 7 m. Bezahlung am Ticketautomat (Münzen). Aufenthalt max. 3 Nächte. Ortszentrum 6 km entfernt. 13 Touristenplätze.

27340 Pont de l'Arche, Hte.-Norm. ST-F 1641

Abfahrt

»AIRE MUNICIPALE PONT DE L'ARCHE« 1.1. bis 31.12.
☎ 0033 23 5230671
campeure@pontdelarche.fr, www.pontdelarche.fr/camping-car.php

➔ A 13, Rouen-Paris, Abf. (20) auf die D321 Richtung Pont-de-l'Arche, dort am Kreisverkehr am südlichen Ortsrand auf die D6015 Richtung Rouen, vor der Brücke über die Seine rechts einbiegen, ausgeschildert - neben dem Camp Eure. ✉ Quai de Verdun (GPS: 49°18'20"N / 1°9'27" E).
Kirche Notre-Dame-des-Arts (16. Jh), Kloster Bonport, Reste der Stadtbefestigung.

Ch | 200 m 500 m

Stellplatz auf einem gemischten Parkplatz direkt am Fluss Eure. Ausgewiesene und markierte Stellflächen auf Asphalt, bis 8 m Länge. Ortszentrum 200 m entfernt. 10 Touristenplätze.

27620 Giverny, Haute-Normandie ST-F 1648

»LES JARDINS DE CLAUDE MONET« 1.4. bis 31.10.
☎ 0033 23 2519132
accueil@giverny.org, www.giverny.org

➔ A 13, Rouen-Paris, Abf. (16), auf die D181 nach Vernon, dort die Seine überqueren und dann rechts auf die D5 nach Giverny, der Ausschilderung 'Les Jardins de Claude Monet' folgen. ✉ D5 (GPS: 49°4'23"N / 1°31'46" E).
Haus und Garten von Claude Monet, Musée des impressionismes Giverny.

| 300 m

Separates und markiertes Areal für Reisemobile hinter dem Busparkplatz bei den Gärten von Monet. Stellflächen auf Schotterrasen. Aufenthalt max. 3 Nächte. Ortszentrum 500 m entfernt. 15 Touristenplätze.

27320 Nonancourt, Hte.-Normandie ST-F 1669

0 »AIRE MUNICIPALE NONANCOURT« 1.1. bis 31.12.
☎ 0033 23 2582874
communenonancourt@wanadoo.fr

➔ N12, Alençon - Paris, westlich von Nonancourt auf die D53 (Rue Hyppolite Lozier) Richtung Nonancourt abbiegen, nach ca. 1.9 km rechts zum Stellplatz abbiegen. ✉ Rue de l'Arsenal (GPS: 48°46'21"N / 1°11'33" E).
Kirche Saint-Martin (12.-16. Jh.), Reste der Stadtmauern aus dem 13. Jh., Fachwerkhäuser.

Ch | 300 m

Stellplatz speziell für Reisemobile im Ortszentrum gegenüber der Feuerwehr. Markierte Stellflächen auf Asphalt, bis 9 m Länge. Picknicktische. Aufenthalt max. 48 Stunden. Ortszentrum 300 m entfernt. 6 Touristenplätze.
2022: Stellplatz ist kostenlos.

27270 Broglie, Haute-Normandie ST-F 1696

»AIRE DE CAMPING-CAR BROGLIE« 1.1. bis 31.12.
☎ 0033 23 2446058, Mobil 0033 7 55501313
mairie-broglie@wanadoo.fr, www.cc-cantondebroglie.fr

➔ A 28 Rouen–Le Mans, Abf. (15) Orbec, auf die D49 nach Broglie. der D49 durch den Ort in Richtung La Barre-en-Ouch folgen und am Ortsende rechts zum Stellplatz einbiegen. ✉ Place Bérurier/Route de La Barre (GPS: 49°0'25"N / 0°31'51" E).
Jardin aquatique de Broglie. Tal der Charentonne und der Guiel (Naturdenkmal), Kirche Saint-Martin.

Ch | 300 m

Eingezäunter und bewachter Stellplatz speziell für Reisemobile am Ortsrand. Weitläufig angelegtes Areal mit geschotterten Stellflächen auf einer Wiese. Ortszentrum 300 m entfernt. 10 Touristenplätze.

14590 Moyaux, Basse-Normandie ST-F 1842

»FERME DES BRUYÈRES« 1.1. bis 31.12.
0033 231628198 135 m
cidre.charbonneau@wanadoo.fr, www.les-bruyeres-carre.fr

➔ A 13 Rouen–Caen Abf. (28) Richtung Beuzeville. Nach 1.3 km links und nach weiteren 600 m wieder links auf die D 27 nach Cormeilles. Dort auf die D 22 südwärts und nach 4 km rechts Richtung Moyaux, ausgeschildert. Les Bruyères Carré (GPS: 49°12'19"N / 0°23'1" E).

Stellplatz bei einem Obsthof. Stellflächen auf Schotter. Hofladen. Besuch des Weinkellers mit Weinprobe möglich. Organisation von Entdeckertouren der Umgebung (Herrenhäuser, Gestüte, Käsereien und Restaurants). Maximal 1 Nacht Aufenthalt möglich. Ort 2 km entfernt. 20 Touristenplätze.

14600 Honfleur, Basse-Normandie ST-F 1845

»AIRE DE CAMPING CAR HONFLEUR« 1.1. bis 31.12.
0033 231892330 3 m
contact@ot-honfleur.fr, www.ot-honfleur.fr

Abfahrt ➔ A 29 Le Havre-Honfleur, Abf. (3) auf die D 580 Richtung Honfleur. Dort am Kreisverkehr vor dem Hafenbecken ausgeschildert. Bassin Carnot (GPS: 49°25'9"N / 0°14'30" E).
Alter Hafen.

WC Ch 500 m 800 m

Stellplatz speziell für Reisemobile am Ortsrand direkt am Hafen. Stellflächen teils auf Schotter, teils auf Asphalt. Keine Größenbeschränkung. Stromanschluss nicht für alle Plätze. Ortszentrum 900 m entfernt. 240 Touristenplätze.

14640 Villers sur Mer, B.-Normand. ST-F 1848

15 **»AIRE DE CAMPING CAR PALEOSPACE«** 1.1. bis 31.12.
0033 231817760
info@paleospace-villers.fr, www.paleospace-villers.fr

➔ A 13 Paris - Caen, in Pont-l'Évêque auf die A 132 nach Deauville abbiegen. Dort auf die D 513 Richtung Villers sur Mer. Am Ortseingang Richtung Paleospace L'Odyssee abbiegen, ausgeschildert. Avenue Jean Moulin (GPS: 49°19'44"N / 0°0'47" E).
Paleospace L'Odyssee (Urzeitmuseum)

Ch 300 m

Stellplatz speziell für Reisemobile am Ortsrand bei einem Museum (Paleospace L'Odyssee). Ebene und parzellierte Stellflächen auf Sand und Schotter, von Büschen und Bäumen umsäumt. Maximal 2 Nächte Aufenthalt möglich! Ortszentrum 2 km entfernt. 14 Touristenplätze.
2023: St/N 13.–, Entsorgung und Wasser 2.–. KT u. Strom inklusive.

14160 Dives-sur-Mer, B.-Norm. ST-F 1852/1

»AIRE DE CAMPING CAR DIVES SUR MER« 1.1. bis 31.12.
0033 231283997
officedetourisme@dives-sur-mer.fr
www.normandiecabourgpaysdauge.fr/sports-culture-loisirs

➔ A 13 Caen-Pont-l'Évêque, Abf. (30) Dozulé, Richtung Dives-sur-Mer. Dort im Zentrum links Richtung SNCF und Port Guillaume abbiegen. Hinter dem Bahnhof links und gleich wieder links auf die Rue de l'Avenir. Noch ca. 300 m zum Stellplatz, ausgeschildert. Rue de l'Avenir (GPS: 49°17'25"N / 0°6'12" W).
Historischer Ortskern.

Ch 400 m 800 m 900 m

Stellplatz speziell für Reisemobile am Ortsrand. Ebene, markierte und beleuchtete Stellflächen auf Asphalt. Maximal 2 Nächte Aufenthalt möglich. Ortszentrum 1 km entfernt. 12 Touristenplätze.

14160 Dives-sur-Mer, B.-Norm. ST-F 1852/2

»PARKING PORT GUILLAUME« 1.1. bis 31.12.
0033 231283997
officedetourisme@dives-sur-mer.fr

➔ A 13 Caen-Pont-l'Évêque, Abf. (30) Dozulé, Richtung Dives sur Mer. Im Ort bis zum Ortsende durchfahren und links über die Bahngleise. Platz liegt auf der linken Seite, parallel zu den Gleisen. Port Guillaume (GPS: 49°17'41"N / 0°5'26" W).
Historischer Ortskern.

300 m 700 m 1 km

Stellplatz am Fischereihafen. Markierte Stellflächen auf Asphalt. Stellplatz-Länge bis 7 m. Maximal 5 Nächte Aufenthalt möglich. Jeden Morgen Fischverkauf. Ortszentrum 1 km entfernt. 18 Touristenplätze.

14400 Saint Vigor le Grand, B.-Nor. ST-F 1878

»AIRE ST. VIGOR LE GRAND« 1.1. bis 31.12.
0033 687040377
laigneau.pierre@orange.fr

➔ N 13/E 46 Caen-Cherbourg, Abf. (36) Bayeux, weiter rechts auf die D 33, am nächsten Kreisverkehr rechts auf die D 153, nach ca. 6.5 km rechts in die Rue de Magny abbiegen, nach ca. 300 m auf der rechten Seite. Rue de Magny (GPS: 49°17'57"N / 0°40'30" W).

Stellplatz bei einem Bauernhof mit Bäckerei. Parzellierte Stellflächen auf Schotter, durch Rasen und Hecken unterteilt. Anreise bis 18 Uhr. Frisches Brot zum Morgen. Reservierung erbeten. Ortszentrum 3 km entfernt. 10 Touristenplätze.

14450 Grandcamp-Maisy, B.-Norm. ST-F 1898

»AIRE COMMUNALE GRANDCAMP MAISY« 1.1. bis 31.12.
0033 231226434 5 m
contact@grandcamp-maisy.fr, www.grandcamp-maisy.fr

➔ N 13 Caen - Cherbourg, Abf. zur D 113, Richtung La Cambe und Grandcamp-Maisy. Im Ortszentrum La Cambe links abbiegen und dem Verlauf der D 113 folgen. Nach ca. 4 km rechts Richtung Grandcamp-Maisy abbiegen und dort im Zentrum rechts auf die D 514. Nach 300 m rechts abbiegen, Platz liegt hinter der Feuerwache, ausgeschildert. Rue du Moulin Odo (GPS: 49°23'11"N / 1°2'16" W).

Ch 500 m

Beschrankter Stellplatz speziell für Reisemobile hinter einer Feuerwache. Durch schmale Grünstreifen parzellierte Stellflächen auf Schotter. Mit einer großen Wiesenfläche um die Stellplätze. Maximal 2 Nächte Aufenthalt möglich. Ortszentrum 400 m entfernt. 30 Touristenplätze.

50000 Saint-Lô, Basse-Normandie ST-F 1909

»AIRE COMMUNALE ST. LÔ« 1.1. bis 31.12.
0033 233776035
tourisme@saint-lo-agglo.fr, www.ot-saintloagglo.fr/aire-campings-cars

➔ A 84 Caen-Avranches, Abf. (40), weiter auf der N 174/E 3 Richtung Saint-Lô. Dort Abf. (5) nehmen, rechts abbiegen auf die D 999 Richtung Zentrum. Nach ca. 1.8 km links abbiegen, ausgeschildert. Place de la Vaucelle (GPS: 49°6'49"N / 1°6'10" W).
Nationalgestüt Haras national de Saint-Lô.

Ch 200 m 400 m

Stellplatz an einem Fluss am Ortsrand. Ausgewiesene und ebene Stellflächen auf Asphalt, unter Baumreihen. Maximal 7 Nächte Aufenthalt möglich! Ortszentrum 1.3 km entfernt. 12 Touristenplätze.

50500 Carentan, Basse-Normandie ST-F 1917

»CAMPING-CAR PARK CARENTAN - LE PORT« 1.1. bis 31.12.
0033 1 83646923
contact@campingcarpark.com, www.campingcarpark.com

➔ N 13 Bayeux-Cherbourg, Abf. Carentan und weiter auf der D 974 nach Carentan. Hier beim Kreisverkehr die erste Abfahrt rechts und den Beschilderungen "Centre Ville", "Port", "Hippodrome", "Camping" folgen. 30, Chemin du grand Bas (GPS: 49°18'32"N / 1°14'21" W).

WC Ch 150 m
250 m 500 m

Beschrankter Stellplatz am Ortsrand neben dem Campingplatz Flower le Haut-Dick, direkt im Naturpark Marais du Cotentin et du Bessin. Hippodrome und Marina in der Nähe. Ebene Stellflächen auf Asphalt und Schotter. Von Bäumen umrahmt. Kiosk/Snackbar von April bis Sept. Ortszentrum 500 m entfernt. 12 Touristenplätze.

50760 Barfleur, Basse-Normandie ST-F 1933

»PARKING BARFLEUR« 1.1. bis 31.12.
0033 2 33540248
office.tourisme.barfleur@wanadoo.fr
www.barfleur.fr/le-stationnement-a-barfleur/

➔ N 13 Carentan-Cherbourg, in Valognes auf die D 902 RIchtung Quettehou/Barfleur, in Barfleur durch den Ort, am nördlichen Ende des Dorfes direkt am Meer. Chemin de la Masse (GPS: 49°40'25"N / 1°15'51" W).
Kirche St-Nicolas, Leuchtturm Phare de Gatteville (3 km).

400 m 500 m

Stellplatz auf einem öffentlichen Parkplatz, durch Flutschutzmauer vom Meer getrennt. Stellflächen auf Schotter. Auch für größere Einheiten möglich. Maximal 7 Nächte Aufenthalt möglich. Ortszentrum 500 m entfernt. 20 Touristenplätze.

F

50100 Cherbourg, Basse-Normandie ST-F 1938

»AIRE MUNICIPALE CHERBOURG« 1.1. bis 31.12.
2 m
contact@cherbourgtourisme.com
www.aire-service-camping-car-panoramique.fr

➔ N 13 Richtung Cherbourg, bis zum Ende in Cherbourg durchfahren, am Kreisverkehr die dritte Abfahrt rechts abbiegen Richtung Cité de la Mer, Stellplatz befindet sich gleich rechts, ausgeschildert. Allee du Président Menut (GPS: 49°38'33"N / 1°37'4" W).
Museum Cité de la Mer (mit U-Boot und 12 m hohem Aquarium).

WC Ch HS 500 m HS 600 m

Stellplatz auf einem großen Parkplatz am Rande der Altstadt neben dem Fährterminal und den Docks für die Fischerboote. Ebene, schattenlose und markierte Stellflächen auf Asphalt. Fährhafen direkt gegenüber. Ver- und Entsorgung möglich. Stadtzentrum 1 km entfernt. 24 Touristenplätze.

50700 Valognes, Bas.-Normandie ST-F 1939/2

»AIRE COMMUNALE VALOGNES« 1.1. bis 31.12.
0033 610845933 25 m
camping@mairie-valognes.fr, www.manchetourisme.com/

➔ N 13 Carentan-Cherbourg, Nordwestlich Valognes auf die D 62 abbiegen. Nach ca. 1 km am Kreisverkehr rechts Richtung Zentrum. Am nächsten Kreisverkehr rechts abbiegen, Platz liegt gleich direkt dort auf einem öffentlichen Parkplatz. Place Félix Buhot (GPS: 49°30'39"N / 1°28'39" W).
Maison du Grand Quartier (Cidre-/Apfelweinmuseum), Musée de l'eau de vie et des vieux métiers (Calvados- und Heimat-Museum).

160 m 300 m 1 km

Stellplatz speziell für Reisemobile auf einem öffentlichen Parkplatz im Zentrum. Ebene Stellflächen auf Asphalt. 4 Touristenplätze.

50440 Digulleville, B.-Normand. ST-F 1945/1

»PARKING DIGULLEVILLE« 1.1. bis 31.12.
☎ 0033 23 3526825
mairiedigulleville@west-telecom.com

➔ D 901 Cherbourg-Auderville, ca. 1.5 km nördlich von Beaumont-Hague rechts abbiegen auf die D 203 Richtung Digulleville, hinter Degulleville links auf die D 245 abbiegen, nach ca. 250 m rechts abbiegen und geradeaus bis zum Meer durchfahren. ✉ D 245 (GPS: 49°42'38"N / 1°52'6" W).

Stellplatz auf einem gemischten Parkplatz, mit schöner Aussicht, direkt am Meer. Schattenlose Stellflächen auf Asphalt/Schotter, auch für größere Einheiten geeignet. Keine Ver- und Entsorgungsmöglichkeiten vorhanden. Picknickplätze. Ort 1.5 km entfernt. 7 Touristenplätze.

50340 Siouville Hague, B.-Normand. ST-F 1946

»AIRE CAMPING CAR SIOUVILLE HAGUE« 1.1. bis 31.12.
☎ 0033 2 33876000, Fax 0033 2 33876004
mairiesiouvillehague@wanadoo.fr, www.ville-siouville-hague.fr

➔ D 650 Cherbourg-Les Pieux, ca. 13 km südlich Cherbourg auf die D 4 Richtung Helleville/Siouville Hague abbiegen, in Sioville Hague Richtung Strand/Meer, ausgeschildert. ✉ Avenue des Peupliers (GPS: 49°33'48"N / 1°50'41" W).
Kirche Saint-Pierre, Gutshaus Valciot.

Ch 100 m 150 m 200 m

Stellplatz in Strandnähe, extra ausgewiesen für Reisemobile. Stellflächen auf Wiese und Sand/Schotter. Keine Größenbeschränkung. Bei Regen matschig. Maximal 2 Nächte Aufenthalt möglich! Ca. 100 m vom feinen Sandstrand entfernt. Ortszentrum 500 m entfernt. 20 Touristenplätze.

50270 Surtainville, Bas.-Normandie ST-F 1949

»AIRE CAMPING CARS LES MIELLES« 1.1. bis 31.12.
☎ 0033 233101240, Fax 0033 233101241 5 m
mairie.surtainville@orange.fr, www.surtainville.com

➔ D-650 Cherbourg-Barneville-Carteret. Nach ca. 26 km Richtung Surtainville abfahren und rechts auf die D 66 abbiegen. Nach Ortsdurchfahrt Surtainville auf der D 66 bleiben und bis zum Strand durchfahren, vor den Dünen rechts abbiegen, nach ca. 160 m rechts abbiegen und nach weiteren 160 m liegt der Platz auf der linken Seite, ausgeschildert. ✉ 80, Route des Laguettes (GPS: 49°27'50"N / 1°49'41" W).

300 m 500 m

Stellplatz der Gemeinde speziell für Reisemobile vor dem Campingplatz "Les Mielles". Von Hecken umrahmt. Stellflächen auf Asphalt. Maximal 1 Nacht Aufenthalt möglich. Ortszentrum 1.4 km entfernt. 8 Touristenplätze.

50560 Gouville-sur-Mer, B.-Norm. ST-F 1966

»AIRE DE CAMPING CAR PLAGE DE GOUVILLE« 1.1. bis 31.12.
☎ 0033 233478259 5 m
mairie-de-gouville@wanadoo.fr

➔ D 2/D 900 Valognes-Coutances. In Lessay rechts auf die D 652 Richtung Creances/Pirou, am Ende links auf die D 650. Nach 13 km rechts Richtung Gouvillle sur Mer. Kurz vor dem Strand rechts, Stellplatz liegt an der linken Seite. ✉ Rue du Beau Rivage (GPS: 49°6'2"N / 1°36'31" W).

Ch 150 m

Stellplatz direkt hinter den Dünen. Stellflächen auf Schotter und Sand, teilweise mit Meerblick. Keine Längenbeschränkung. In HS überfüllt. Maximal 3 Nächte Aufenthalt möglich! Ort 2.5 km entfernt. 40 Touristenplätze.

50400 Granville, Basse-Normandie ST-F 1980/1

10 **»AIRE DE CAMPING CAR DE GRANVILLE«** 1.1. bis 31.12.
☎ 0033 2 33913003
www.granville-tourisme.fr

➔ A 84 Caen - Villedieu-les-Poêlles, Abf. (37) Granville, weiter auf der D 924 nach Granville. Im Zentrum den Hinweisschildern "La Haute Ville" folgen. Der Stellplatz befindet sich in der "Caserne du Roc" gegenüber des "Collège André Malraux". ✉ Rue du Roc (GPS: 48°50'6"N / 1°36'35" W).
Museum der Altstadt von Granville (0.5 km), Museum für moderne Kunst Richard Anacréon (0.8 km).

450 m 600 m 1 km

Stellplatz auf einer Halbinsel zwischen Leuchtturm und Hafen gegenüber einer Schulsportanlage. Asphaltierte, leicht wellige Stellflächen. Wasser- und Stromgebühr am Automaten auch mit Bankkarte zahlbar. Maximal 1 Nacht Aufenthalt möglich! Ortszentrum 1 km entfernt. 20 Touristenplätze.
2022: St/N 10.–, Wasser, Strom 4.50, Entsorgung inklusive.

50170 Beauvoir, Basse-Normandie ST-F 1988

»AIRE DE BEAUVOIR« 1.1. bis 31.12.
☎ 0033 2 33602210, Fax 0033 2 33602002 6 m
airecampingcars@le-mont-saint-michel.com
www.camping-montsaintmichel.com/fr/aire-mont-saint-michel

➔ A 84 Rennes-Caen, Abf. (32) Saint-James, auf der D 30 über La Croix und Pontorson nach Mont Saint-Michel/Beauvoir. Beschildert. ✉ Route du Mont Saint-Michel (GPS: 48°35'39"N / 1°30'44" W).
Mont Saint-Michel (4 km).

Ch 200 m

Stellplatz am Ortseingang an der Straße zum Mont Saint-Michel. Stellflächen auf Asphalt, begrenzt durch Grünstreifen mit jungem Baumbestand. Ortszentrum 1 km entfernt. 40 Touristenplätze.

50140 Mortain-Bocage, B.-Norm. ST-F 1995

»AIRE COMMUNALE MORTAIN-BOCAGE« 1.1. bis 31.12.
☎ 0033 233793030
mairie.de.mortain@wanadoo.fr

➔ Stellplatz auf einem großen Parkplatz am Ortsrand. Stellflächen auf Asphalt, extra ausgewiesen. Maximal 2 Nächte Aufenthalt möglich! ✉ Place du Château (GPS: 48°38'54"N / 0°56'41" W).

Ch 200 m 300 m

Stellplatz auf einem großen Parkplatz am Ortsrand. Stellflächen auf Asphalt, extra ausgewiesen. Ver- und Entsorgungsmöglichkeit. Maximal 2 Nächte Aufenthalt möglich! Ortszentrum 500 m entfernt. 10 Touristenplätze.

50300 Avranches, Basse-Normandie ST-F 1998

»AIRE COMMMUNALE AVRANCHES« 1.1. bis 31.12.
☎ 0033 233580022 65 m
communication@avranches.fr, www.avranches.fr

➔ A 84/E 3 Caen-Avranches, Abf. Avranches Centre, weiter Richtung "Centre". Nach Überquerung der Autobahn nach 360 m rechts abbiegen, ausgeschildert. ✉ Boulevard Léon Jozeau Marigné (GPS: 48°41'10"N / 1°22'1" W).
Kirche Notre-Dame-des-Champs, Park Jardin des Plantes.

Ch 200 m 400 m

Stellplatz am Hang am Ortsrand. Stellflächen teils uneben und abfallend, auf Schotter. Ortszentrum 600 m entfernt. 15 Touristenplätze.

35300 Fougères, Bretagne ST-F 2003/1

»AIRE DU JARDIN DES FETES« 1.1. bis 31.12.
☎ 0033 2 99941220
tourisme@ot-fougeres.fr, www.ot-fougeres.fr/accueil/organiser

➔ A 84, Caen-Rennes, Abf. (30) auf die D 155 nach Fougères, dort der Ausschilderung 'Château' folgen, am 3. Kreisverkehr die 3. Ausfahrt in die Allee des Fetes nehmen. ✉ Allée des Angevines (GPS: 48°21'23"N / 1°12'10" W).
Château de Fougères.

Ch 500 m

Stellplatz auf einem gemischten Parkplatz bei den "Jardin des Fêtes". Stellflächen auf Asphalt, ohne Längenbeschränkung. Ortszentrum 500 m entfernt. 15 Touristenplätze.

35300 Fougères, Bretagne ST-F 2003/2

»AIRE DE LA CARRIÈRE« 1.1. bis 31.12.
☎ 0033 2 99941220
tourisme@ot-fougeres.fr, www.ot-fougeres.fr/accueil/organiser

➔ A 84, Caen-Rennes, Abf. (29) auf die N 12 nach Fougères, dann der Ausschilderung 'Château de Fougères' folgen. ✉ Boulevard Jacques Faucheu (GPS: 48°21'20"N / 1°12'41" W).
Château de Fougères.

300 m

Stellplatz auf einem gemischten Parkplatz gegenüber dem Schloss. Teils markierte Stellflächen auf Schotter und Rasen, ohne Längenbeschränkung. Ortszentrum 300 m entfernt. 15 Touristenplätze.

35240 Retiers, Bretagne ST-F 2017

»AIRE MUNICIPALE RETIERS« 1.1. bis 31.12.
☎ 0033 2 99435141
m.buret-dst@retiers.fr

➔ D 41, Rennes-Martigné-Ferchaud, nach Retiers abfahren, dort bei der Kirche links in die Rue Maréchal Foch einbiegen, beschildert. ✉ Rue Maréchal Foch (GPS: 47°54'54"N / 1°22'54" W).

Ch 300 m

Stellplatz auf einem gemischten Parkplatz bei der Musikschule. Stellflächen auf Asphalt, bis 8 m Länge. Aufenthalt max. 72 Stunden. Ortszentrum 300 m entfernt. 8 Touristenplätze.

35510 Cesson-Sévigné, Bretagne ST-F 2031

»AIRE COMMUNALE COSSON SÉVIGNÉ« 1.1. bis 31.12.
☎ 0033 2 99835200
mairie@ville-cesson-sevigne.fr

➔ N 136, Rennes-Nantes, Abf. (1) Port de la Rigourdière, nach Überquerung der Bahnlinie am Kreisverkehr rechts abbiegen, beschildert. ✉ Route de la Valette (GPS: 48°7'6"N / 1°35'28" W).
Altstadt.

Ch 800 m 1 km

Von Bäumen umgebener Stellplatz speziell für Reisemobile direkt am Kanal Vilaine gegenüber dem Fußballplatz. Ausgewiesene Stellflächen auf Schotter, ohne Längenbeschränkung. Aufenthalt max. 48 Stunden. Ortszentrum 1.5 km entfernt. 7 Touristenplätze.

35600 Redon, Bretagne ST-F 2039/1

»PARKING QUAI SURCOUF« 1.1. bis 31.12.
☎ 0033 2 99710527
accueil@tourisme-pays-redon.com

➔ D 177, Rennes-Redon, am südlichen Ortsrand von Redon beim Freizeithafen gelegen, beschildert. ✉ Quai Surcouf (GPS: 47°38'42"N / 2°5'23" W).

Ch 1 km

Stellplatz auf einem gemischten Parkplatz am Freizeithafen. Ebene, markierte Stellflächen auf Asphalt, bis 8 m Länge. Ortszentrum 1 km entfernt. 5 Touristenplätze.

35400 Saint-Malo, Bretagne — ST-F 2094

»AIRE D'ACCUEIL CAMPING CARS DES ILOTS« 1.1. bis 31.12.
☏ 0033 2 99569872 11 m
www.ville-saint-malo.fr

➔ N 136 Umfahrung von Rennes, Abf. (13b) Porte de Saint-Malo, weiter auf der D 137 nach Saint-Malo. Am Ortseingang auf die D 301 Richtung Saint-Malo-Centre wechseln und der Beschilderung nach Rothéneuf folgen. ✉ Avenue de la Guimorais (GPS: 48°40'50"N / 1°57'46" W).
Skulpturen von Rothéneuf, Altstadt und Festungsanlage in Saint-Malo.

Ch | 50 m 100 m 400 m

Stellplatz im Ortsteil Rothéneuf in unmittelbarer Nähe zum Meer. Ebene Stellflächen auf Wiese. Durch Hecken und Bäume gegliedert. Kiosk. Bezahlung von Entsorgung und Frischwasser mit Jetons. Stellplatz-Länge bis 9 m. Ortszentrum 4 km entfernt. 120 Touristenplätze.

22100 Dinan, Bretagne — ST-F 2130

»PARKING RUE DU PORT« 1.1. bis 31.12.
☏ 0033 2 96392243
mairie@dinan.fr

➔ N 176, Pontorson-Dinan, in Dinan auf die D 795 Richtung Rennes und der Ausschilderung zum Parkplatz 'P Port' folgen. ✉ Rue du Port (GPS: 48°27'16"N / 2°2'19" W).
Altstadt, Museums-Schloss von Dinan mit Stadtmauern, Glockenturm, Basilika Saint-Sauveur. Basilika Saint-Sauveur

| 500 m

Stellplatz auf einem gemischten Parkplatz unterhalb des Viakukts über den Fluss Rance. Ausgewiesene und markierte Stellflächen auf Asphalt, bis 8 m Länge. Keine Ver- und Entsorgungsmöglichkeit. Die Parkgebühr hängt davon ab, wann Sie ankommen und wann Sie abreisen (max. 23.- €). Ortszentrum 500 m entfernt. 15 Touristenplätze.

22240 Plévenon, Bretagne — ST-F 2139

»AIRE DE CAMPING-CAR PLÉVENON« 1.1. bis 31.12.
☏ 0033 8 25950122
otplevenon@gmail.com

➔ D 786, Dinard-Saint-Brieuc, in Fréhel auf die D 117 nach Plévenon abfahren, dort am Ortsrand an der D 34 Richtung Cap Fréhel gelegen, beschildert. ✉ Route du Cap (GPS: 48°39'21"N / 2°19'42" W).
Fort la Latte.

Ch | 300 m

Stellplatz speziell für Reisemobile in Ortsrandlage. Stellflächen auf Schotter, bis 10 m Länge. Überwiegend schattenlos. Jetons für Frischwasser bei der Tourist-Information, Rathaus oder den Geschäften im Ort. Aufenthalt max. 24 Stunden. Ortszentrum 300 m entfernt. 25 Touristenplätze.

22520 Binic, Bretagne — ST-F 2153

»AIRE DE CAMPING-CAR BINIC« 1.1. bis 31.12.
☏ 0033 2 96736012
info@binic-tourisme.com

➔ N 12, Saint Brieuc-Brest, Abf. Les Rampes, auf die D 786 Richtung Paimpol, in Binic an der Ampelkreuzung beim Freizeithafen links, dann gleich rechts in die Rue de l'Ic einbiegen, beschildert. ✉ Rue de l'Ic (GPS: 48°36'2"N / 2°50'7" W).

Ch | 400 m

Stellplatz von Büschen und Hecken umgeben, speziell für Reisemobile. Stellflächen auf Schotter, ohne Längenbeschränkung. Ortszentrum 400 m entfernt. 40 Touristenplätze.

22500 Paimpol, Bretagne — ST-F 2161

»AIRE DE CAMPING-CAR PIERRE LOTI« 1.1. bis 31.12.
☏ 0033 29 6208316
tourisme@paimpol-goelo.com, www.paimpol-goelo.com

➔ E 50/N 12, Brest-Saint-Brieuc, bei Le Sépulcre auf die D 6 nach Paimpol. In Paimpol am nördlichen Ortsrand der Ausschilderung 'P-Pierre Loti' folgen. ✉ Rue Pierre Loti (GPS: 48°46'59"N / 3°2'51" W).
Schifffahrtsmuseum, Turm der alten Kirche von Paimpol, Ruinen der Abbaye de Beauport.

WC | 500 m

Stellplatz speziell für Reisemobile im Grünen. Stellflächen auf Schotter. Aufenthalt max. 48 Stunden. Ortszentrum 500 m entfernt. 20 Touristenplätze.

22730 Trégastel, Bretagne — ST-F 2171

»AIRE DE CAMPING-CAR TRÉGASTEL« 1.1. bis 31.12.
☏ 0033 2 96153800
mairie@tregastel.fr,, aire-service-camping-car-panoramique.fr

➔ D 788, Lannion-Trébeurden, ca. 1 km östlich von Trégastel an der D 788 gelegen, beschildert. ✉ Rue de Poul-Palud (GPS: 48°49'28"N / 3°29'55" W).

Ch | 1 km

Beschrankter Stellplatz speziell für Reisemobile in Meernähe bei mehreren Tennisplätzen. Stellflächen auf Asphalt. Aufenthalt max. 5 Nächte. Überwiegend schattenlos. Ortszentrum 1 km entfernt. 50 Touristenplätze.

22110 Rostrenen, Bretagne — ST-F 2187

»AIRE CAMPING-CAR ROSTRENEN« 1.1. bis 31.12.
☏ 0033 2 96574200
direction@ville-rostrenen.bzh

➔ N 164, Loudéac - Carhaix-Plouguer, am südlichen Ortsrand von Rostrenen an der D 790 nach Plouray gelegen, beschildert. ✉ Place du 19 Mars 1962 (GPS: 48°14'1"N / 3°19'11" W).

Ch | 400 m

Stellplatz speziell für Reisemobile in Ortsrandlage. Durch niedrige Buschreihen abgegrenzte Stellflächen auf Schotter. Jetons für Frischwasser gibt es bei der Tourist-Information. Aufenthalt max. 7 Tage. Ortszentrum 400 m entfenrt. 10 Touristenplätze.

29600 Morlaix, Bretagne — ST-F 2210

»AIRE COMMUNALE MORLAIX« 1.1. bis 31.12.
☏ 0033 2 98631010
communication@villedemorlaix.org, www.baiedemorlaix.bzh/fr/hebergement

➔ N 12, Morlaix-Brest, Abf. Le Launay, auf die D 19 Richtung St.Martn / Centre. Am Ende der D 19 scharf rechts in die Rue de Brest einbiegen, beschildert. ✉ 65, rue de Brest (GPS: 48°34'27"N / 3°49'54" W).
Altstadt, Musée des Jacobins, Fort Taureau.

Ch | 300 m

Stellplatz auf einem gemischten Parkplatz. Ausgewiesene und markierte Stellflächen auf Asphalt. Ortszentrum 300 m entfernt. 10 Touristenplätze.

29680 Roscoff, Bretagne — ST-F 2222

»AIRE DE CAMPING-CAR DU LABER« 1.1. bis 31.12.
☏ 0033 2 98611213
info-roscoff@roscoff-tourisme.com

➔ N 12, Morlaix-Brest, Abf. Le Launay, auf die D 19/D 58 Richtung Roscoff, südlich von Roscoff in Richtung Centre de Perharidy abbiegen, an der Straße von Laber nach Roscoff gelegen, beschildert. ✉ Route du Laber (GPS: 48°42'44"N / 3°59'57" W).

Ch | 3 km

Stellplatz auf einem gemischten Parkplatz am Meer. Stellflächen auf Asphalt, ohne Längenbeschränkung. Ort 3 km entfernt. 20 Touristenplätze.

29890 Kerlouan, Bretagne — ST-F 2228

»AIRE DE CAMPING-CAR DE MENEHAM« 1.1. bis 31.12.
Mobil 0033 6 58486232
info@airecampingcarmeneham.com, www.airecampingcarmeneham.com/

➔ D 788, Brest-Roscoff, in Lesneven auf die D 770 in Richtung Brignogan-Plage, südlich von Brignogan-Plage links nach Meneham abbiegen, beschildert. ✉ Lieu-dit Lestonquet (GPS: 48°40'1"N / 4°21'54" W).

Ch

Durch Hecken gegliederter Stellplatz speziell für Reisemobile am Meer. Stellflächen auf Wiese, bis 10 m Länge. Bezahlung am Ticketautomaten per Bankkarte. Ort 1 km entfernt. 50 Touristenplätze.

29860 Bourg-Blanc, Bretagne — ST-F 2230

»AIRE CENTRE NAUTIQUE« 1.1. bis 31.12.
☏ 0033 29 8845813
mairie@bourg-blanc.fr, www.mairie-bourgblanc.fr

➔ E 50, Brest-Morlaix, nördlich von Brest auf die D 788 nach Gouesnou, dort weiter auf der D 13 nach Bourg-Blanc, am südlichen Ortseingangsschild auf der linken Seite, ausgeschildert. ✉ Rue de Brest (GPS: 48°29'32"N / 4°30'6" W).

WC Ch | 200 m

Stellplatz speziell für Reisemobile beim Centre Nautique. Stellflächen auf Schotterrasen. Ver- und Entsorgungsmöglichkeit vorhanden. Ortszentrum 1 km entfernt. 10 Touristenplätze.

F

29200 Brest, Bretagne — ST-F 2239

»PORT DU MOULIN BLANC« 1.1. bis 31.12.
☏ 0033 2 98442496
contact@brest-metropole-tourisme.fr

➔ N 12, E 50, Morlaix-Brest, bei Brest auf die N 265 Richtung Quimper, Abf. Brest Oust/Centre auf die D 165, dann 1. Abfahrt in die Rue de la Gare und am Kreisverkehr die 3. Ausfahrt nehmen, nach der Unterführung Bahn/Schnellstraße links zum Freizeithafen. ✉ Rue Eugène Berest (GPS: 48°23'41"N / 4°26'2" W).
Château de Brest, Océanopolis, Pont de Recouvrance.

Ch

Stellplatz auf einem gemischten Parkplatz beim Yachthafen. Stellflächen auf Asphalt, ohne Längenbeschränkung. Aufenthalt max. 24 Stunden. Ortszentrum 6 km entfernt. 2 Touristenplätze.

29550 Plonévez-Porzay, Bretagne — ST-F 2251

»AIRE CAMPING-CAR PLONÉVEZ PORZAY« 1.1. bis 31.12.
☏ 0033 2 98925023
mairie-plonevez-porzay@wanadoo.fr

➔ D 107, Châteaulin-Douarnenez, in Plonévez Porzay bei der Kirche rechts und nach ca. 400 m links in die Rue des Eglantines einbiegen, beschildert. ✉ Rue des Eglantines (GPS: 48°7'30"N / 4°13'28" W).

Ch | 500 m

Stellplatz speziell für Reisemobile, durch Hecken und Buschreihen umgeben, bei den Sportanlagen. Stellflächen auf Rasen. Ortszentrum 500 m entfernt. 15 Touristenplätze.

29770 Audierne, Bretagne — ST-F 2255

»AIRE MUNICIPALE AUDIERNE« 1.1. bis 31.12.
0033 2 98700847
mairie-audierne@wanadoo.fr

➔ D 765, Quimper-Audierne, am nördlichen Ortsrand von Audierne, bei der 'L'Aquashow' gelegen, beschildert. ✉ Place du Général de Gaulle (GPS: 48°1'39"N / 4°32'13" W).

Ch 1 km

Stellplatz auf einem gemischten Parkplatz direkt am Fluss Goyen. Von lockeren Baumreihen umrahmt. Überwiegend schattenlose Stellflächen auf Sand und Schotter, ohne Längenbeschränkung. Aufenthalt max. 48 Stunden. Ortszentrum 1 km entfernt. 20 Touristenplätze.

29760 Penmarch, Bretagne — ST-F 2263/1

»AIRE DE KERITY« 1.1. bis 31.12.
0033 2 98588144 2 m
pbs@destination-paysbigouden.com, www.penmarch.fr/Office-de-Tourisme

➔ N 165 Vannes-Quimper, Abf. Richtung Troyafac'h/Quimper-Centre, weiter Richtung Quimper-Centre, dann auf der D 785 über Pont-l'Abbé nach Penmarch. Im Ort der Beschilderung nach Kérity folgen. Der Stellplatz befindet sich östlich des Hafens von Kérity am Ortsausgang. ✉ Rue Victor Hugo (GPS: 47°47'58"N / 4°20'54" W).
Leuchtturm Phare d'Eckmühl (2 km).

100 m 400 m 500 m

Stellplatz in der Nähe des Hafens von Kérity mit Zugang zum Strand. Unparzellierte, schattenlose Stellplätze auf Schotterrasen. Die Platzgebühr wird abends bei dem Kassierer bezahlt. Ortszentrum 1.5 km entfernt. 10 Touristenplätze.

29750 Loctudy, Bretagne — ST-F 2266

»AIRE CAMPING-CAR PARK LOCTUDY« 1.1. bis 31.12.
0033 1 83646921
contact@campingcarpark.com, www.campingcarpark.com

➔ D 785, Quimper-Pont-l'Abbé, von Pont l'Abbé weiter auf der D 2 nach Loctudy. Dort in der Nähe des Plage de Langoz gelegen, beschildert. ✉ Rue des Mésanges 27 (GPS: 47°49'43"N / 4°9'55" W).

Ch 200 m 1 km 2 km

Beschrankter Stellplatz für Reisemobile in der Nähe des Plage de Langoz. Durch Hecken und Zäune eingefasst. Ebene, Markierte Stellflächen auf Schotter, bis 10 m Länge. In der Nähe der Pétanque/Boulebahnen und des "Cercle Nautique de Loctudy". Ortszentrum 1 km entfernt. 23 Touristenplätze.

29930 Pont-Aven, Bretagne — ST-F 2283

»AIRE CAMPING-CAR PARK PONT AVEN« 1.1. bis 31.12.
0033 1 83646921
contact@campingcarpark.com, www.campingcarpark.com

➔ N 165 / E 60, Quimper - Lorient, auf die D 24 nach Pont-Aven abbiegen, dort auf die D 783 Richtung Quimperlé und der Ausschilderung 'P Stade' folgen. ✉ Rue Louis Lomenech (GPS: 47°51'13"N / 3°44'36" W).

Ch 500 m

Beschrankter Stellplatz für Reisemobile gegenüber dem "Stade Henri Sinquin". Von Hecken umgeben. Eben, schattenlose und markierte Stellflächen auf Asphalt, ohne Längenbeschränkung. Ticketautomat. Hafen 400 m, Ortszentrum 500 m entfernt. 38 Touristenplätze.

29370 Elliant, Bretagne — ST-F 2295

»AIRE MUNICIPALE ELLIANT« 1.1. bis 31.12.
0033 2 98109111
contact@elliant.fr

➔ D 15, Gourin - Quimper, in der Ortschaft Croas Ménez Bris auf die D 150 nach Elliant abbiegen, in Elliant der Ausschilderung 'P-Centre-Bourg' folgen. ✉ Rue Saint Gilles (GPS: 47°59'47"N / 3°53'26" W).

Ch 400 m

Stellplatz hinter einem gemischten Parkplatz neben einem kleinen Park. Stellflächen auf Sand und Schotter, ohne Längenbeschränkung. Für Wasser und Strom sind Jetons im Rathaus oder in den Geschäfte im Zentrum erhältlich. Ortszentrum 400 m entfernt. 10 Touristenplätze.

56110 Gourin, Bretagne — ST-F 2300

»AIRE MUNICIPALE GOURIN« 1.1. bis 31.12.
0033 2 97234037 85 m
mairie@villedegourin.fr
www.tourismepaysroimorvan.com/preparer-votre-venue/dormir/

➔ N 164, Pleyben-Loudéac, bei Kerdiwal auf die D 769 nach Gourin abfahren. Auf die D 1E nach Gourin abbiegen, dann am östlichen Ortseingang ausgeschildert. ✉ Place du Général de Gaulle (GPS: 48°8'29"N / 3°36'34" W).
Schloss Tronjoly aus dem Jahr 1768, Denkmal der Gefallenen des Ersten Weltkriegs, Mühlen von Kerbiguet aus dem 18. Jh.

Ch 100 m 200 m

Stellplatz auf einem gemischten Parkplatz am Ortsrand. Stellflächen auf Asphalt. Ortszentrum 300 m entfernt. 10 Touristenplätze.

56300 Pontivy, Bretagne — ST-F 2307/1

»AIRE CAMPING-CAR RUE DE LA CASCADE« 1.1. bis 31.12.
0033 2 97250410
tourisme@pontivycommunaute.com

➔ D 768, Loudéac-Baud, in Pontivy auf die D 764 Richtung Gourin, am Ortsrand von Pontivy rechts der Ausschilderung 'Piscine La Plage' folgen. ✉ Rue de la Cascade (GPS: 48°4'28"N / 2°58'41" W).
Altstadt.

Ch W 1 km

Stellplatz auf einem gemischten Parkplatz direkt am Kanal Blavet, neben dem kommunalen Freibad. Ebene, schattenlose Stellflächen auf Schotter, ohne Längenbeschränkung. Ortszentrum 1 km entfernt. 10 Touristenplätze.

56300 Pontivy, Bretagne — ST-F 2307/2

»AIRE DE CAMPING-CAR PONTIVY« 1.1. bis 31.12.
0033 2 97250410
tourisme@pontivycommunaute.com

➔ D 768, Loudéac-Baud, in Pontivy auf die D 764 Richtung Gourin und nach der Brücke über den Fluss Blavet links in die Rue de la Fontaine einbiegen, beschildert. ✉ Rue de la Fontaine (GPS: 48°4'5"N / 2°58'10" W).
Altstadt.

400 m

Stellplatz auf einem gemischten Parkplatz entlang des Flusses Blavet. Stellflächen auf Asphalt, bis 7 m Länge. Ortszentrum 400 m entfernt. 10 Touristenplätze.

56670 Riantec, Bretagne — ST-F 2323

»AIRE CAMPING-CAR PARK RIANTEC« 1.1. bis 31.12.
0033 1 83646921
contact@campingcarpark.com
www.campingcarpark.com/shop/bretagne/56-morbihan/riantec-kerdurand/

➔ N 165 / E 60, Quimper - Vannes, Abf. (40) auf die D 781 nach Pont-Louis / Riantec, vor Riantec auf die D 111 Richtung Hennebont, dann links zum Château de Kerdurand. ✉ Rue du Stade (GPS: 47°42'55"N / 3°19'17" W).
Château de Kerdurand

Ch

Beschrankter Stellplatz für Reisemobile im Park des Château de Kerdurand. Teilweise durch Hecken parzellierte Stellplätze auf Rasen unter Bäumen, ohne Längenbeschränkung. Ortszentrum 1.5 km entfernt. 49 Touristenplätze.

56000 Vannes, Bretagne — ST-F 2349

»AIRE CAMPING-CAR PARK VANNES« 1.1. bis 31.12.
0033 1 83646921
contact@campingcarpark.com
www.campingcarpark.com/shop/bretagne/56-morbihan/aire-vannes-conleau/

➔ E 60 / N 165, Brest-Nantes, Abf. (28) Vannes Ouest, dann weiter Richtung Vannes Sud und der Ausschilderung 'Camping Le Conleau' folgen. ✉ 188, Avenue du Maréchal Juin (GPS: 47°37'59"N / 2°46'49" W).
Altstadt, Stadtmauer, Kathedrale von Vannes, Place Maurice-Marchais.

Ch 50 m 600 m

Beschrankter und umzäunter Stellplatz speziell für Reisemobile am Ortsrand von Vannes. An der Straße zur Insel 'île de Conleau. Von hohen Hecken und Bäumen umgeben. Markierte, ebene und schattenlose Stellflächen auf Asphalt, ohne Längenbeschränkung. Ortszentrum 4 km entfernt. 33 Touristenplätze.

56640 Arzon, Bretagne — ST-F 2353

»AIRE COMMUNALE DE KERMOR« 1.6. bis 30.9.
0033 29 7534460
tourisme@golfedumorbihan.bzh
www.rhuys.com/arzon/aire-communale-de-camping-car-de-kermor

➔ E 60, Vannes-Nantes, östlich von Vannes auf die D 780 nach Sarzeau abfahren. Von Sarzeau weiter auf der D 780 in nach Arzon. Am Kreisverkehr am östlichen Ortsrand von Arzon ausgeschildert. ✉ Avenue de Kerlun (GPS: 47°32'21"N / 2°52'52" W).
Reste einer mittelalterlichen Befestigungsanlage, Leuchtturm.

Ch 300 m 1 km

Stellplatz speziell für Reisemobile am Ortsrand. Markierte und ausgewiesene Stellflächen auf Asphalt. Überwiegend schattenlos. Aufenthalt max. 3 Tage. Ortszentrum 1 km entfernt. 49 Touristenplätze.

56760 Pénestin, Bretagne — ST-F 2368/2

»AIRE CAMPING-CAR PARK LA SOURCE« 1.1. bis 31.12.
0033 1 83646921
contact@campingcarpark.com
www.campingcarpark.com/shop/bretagne/56-morbihan/penestin-la-source/

➔ E 60 / N 165, Brest-Nantes, Abf. (15) auf die D 765 und D 34 nach Pénestin, dort der Ausschilderung 'Plage de la Source' folgen. ✉ Le Boronce (GPS: 47°28'54"N / 2°29'23" W).

200 m 2 km

Beschrankter Stellplatz speziell für Reisemobile in Meernähe. Von niedrigen Büschen und auf einer Seite von Bäumen eingefasst. Stellflächen auf Sand und Wiese, ohne Längenbeschränkung. Aufenthalt max. 48 Stunden. Ort 2 km entfernt. 14 Touristenplätze.

56760 Pénestin, Bretagne ST-F 2368/3

»AIRE CAMPING-CAR PARK PÉNESTIN« 1.1. bis 31.12.
☎ 0033 1 83646921
contact@campingcarpark.com
www.campingcarpark.com/shop/bretagne/56-morbihan/

➔ E 60 / N 165, Brest-Nantes, Abf. (15) auf die D 765 und D 34 nach Pénestin, dort auf die D 201 Richtung Assérac, am Kreisverkehr südlich von Pénestin rechts in die Allée des Sports abbiegen, beschildert. ✉ Allée des Sports (GPS: 47°28'44"N / 2°28'48" W).

Ch 1 km

Eingezäunter und beschrankter Stellplatz für Reisemobile in Ortsrandlage. Ebene, schattenlose und markierte Stellflächen auf Asphalt, bis 8 m Länge. Ticketautomat. Ortszentrum 1 km entfernt. 38 Touristenplätze.

56760 Pénestin, Bretagne ST-F 2368/4

15 **»PÉNESTIN - AIRE DE CAMPING-CARS DE LA MINE D'OR«**
☎ 0033 2 99910603 1.1. bis 31.12.
contact@aireparkreservation.com
www.aireparkreservation.com/aires-camping-cars/bretagne/morbihan/

➔ E 60 / N 165, Brest - Nantes, Abf. (15) auf die D 765 und D 34 nach Pénestin, dort auf die D 201 Richtung Assérac, am Kreisverkehr südlichvon Pénestin rechts nach La Mine d'Or abbiegen, nach ca. 450 m links in die Allée des Coquelicots, beschildert. ✉ 34, Allée des Coquelicots (GPS: 47°28'14"N / 2°29'7" W).

WC Ch 350 m 1.5 km

Beschrankter Stellplatz nur für Reisemobile neben einer Minigolf-Anlage. Von Bäumen und Büschen umrahmt. Ebene, schattenlose Stellflächen auf Schotter. Bezahlung am Automaten. Ort 1.5 km entfernt. 24 Touristenplätze.
2022: St/N 13.–. KT, Entsorgung, Wasser und Strom (6 A) inklusive.

56800 Ploërmel, Bretagne ST-F 2389

»AIRE DE CAMPING-CAR PLOËRMEL« 1.1. bis 31.12.
☎ 0033 2 97223643
contact@broceliande-vacances.com, **www.camping-car.com**

➔ N 24, Rennes-Ploërmel, Abf. Ploërmel-Est, auf die D 766E, am 2. Kreisverkehr in Richtung Ploërmel-Centre abbiegen, beschildert. ✉ Boulevard Laennec (GPS: 47°56'0"N / 2°23'44" W).
∴ Altstadt, astronomische Uhr, Naturkundemuseum, Museum Jean-Marie de La Mennais.

Ch 400 m

Stellplatz auf einem gemischten Parkplatz in der Nähe des Zentrums. Ausgewiesene Stellplätze auf Asphalt. Ortszentrum 400 m entfernt. 4 Touristenplätze.

44300 Nantes, Pays-de-la-Loire ST-F 2415

»CAMPING-CAR PARK PETIT-PORT« 1.1. bis 31.12.
☎ 0033 183 646921
contact@campingcarpark.com
www.campingcarpark.com/shop/pays-de-la-loire

➔ A 11, Nantes-Angers, Abf. (38) Périphérique, auf die N 844 Abf. (39) dann am Kresiverkehr in Richtung Petit Port abbiegen, ausgeschildert. ✉ 21, Boulevard du Petit Port (GPS: 47°14'33"N / 1°33'24" W).
∴ Schloss der Herzöge der Bretagne, Kathedrale Saint-Pierre, Maillé-Brézé Naval Museum.

Ch H300 m 3 km

Beschrankter Stellplatz speziell für Reisemobile unter Bäumen. Parzellierte Stellflächen auf Schotterrasen, ohne Längenbeschränkung. Ticketautomat. Ortszentrum 3 km entfernt. 15 Touristenplätze.

44770 Préfailles, Pays-de-la-Loire ST-F 2459/1

»PARKING DES PINETTES« 1.1. bis 31.12.
☎ 0033 1 83646921
contact@campingcarpark.com, **www.campingcarpark.com**

➔ A 11, Le Mans-Nantes, nördlich von Nantes auf die E 60 Richtung Brest und dann auf die N 171 nach Saint-Nazaire. Dort weiter auf die D 213 Richtung La Roche-sur-Yon. Dann auf die D 96 nach Préfailles. Am nordwestlichen Ortsrand von Préfailles an der D 313 ausgeschildert. ✉ Chemin des Pinettes (GPS: 47°8'14"N / 2°14'19" W).

Ch 300 m

Stellplatz speziell für Reisemobile am Meer. Stellflächen auf Schotter. Aufenthalt max. 2 Nächte. Ortszentrum 3 km entfernt. 30 Touristenplätze.

85550 La Barre de Monts, P.-d.-l.-L. ST-F 2508

»AIRE CAMPING-CAR PARK LA BARRE DE MONTS«
☎ 00331 83646921 1.1. bis 31.12.
contact@campingcarpark.com
www.campingcarpark.com/shop/pays-de-la-loire/85-vendee/

➔ D 38, Saint-Jean-de-Monts - Île de Noirmoutier, Abf. Fromentine, dann links in die Route de la Grande Côte einbiegen, beschildert. ✉ Route de la Grande Côte (GPS: 46°53'8"N / 2°9'6" W).

Ch 150 m

Beschrankter Stellplatz für Reisemobile kurz vor der Brücke zur Île de Noirmoutier. Stellflächen auf verdichteter Erde/Sand, teils unter Bäumen, ohne Längenbeschränkung. Ticketautomat. Ort 3 km, Strand 150 m entfernt. 49 Touristenplätze.

85000 La Roche-sur-Yon, P.-d.-L. ST-F 2540/1

»AIRE MUNICIPALE LA ROCHE SUR YON« 1.1. bis 31.12.
☎ 0033 2 51360085
mairie@ville-larochesuryon.fr
www.ot-roche-sur-yon.fr/sejourner/hebergement/aires-de-camping-car/

➔ A 87, Cholet-La Roche sur Yon, Abf. (30) Richtung La Roche s/Yon-Centre, weiter auf der D 760A Richtung La Rochelle, beschildert. ✉ Chemin des Amoureux (GPS: 46°40'5"N / 1°25'7" W).
∴ Place Napoléon, die Präfektur, Kirche Saint-Louis.

Ch

Stellplatz auf einem gemischten Parkplatz neben einer kleinen Grünfläche am Ufer des Yon. Ebene, schattenlose Stellflächen auf Asphalt. Aufenthalt max. 72 Stunden. Ortszentrum 500 m entfernt. 20 Touristenplätze.

85000 La Roche-sur-Yon, P.-d.-L. ST-F 2540/2

»LES CRINS AU BORD DU LAC« 1.1. bis 31.12.
☎ 0033 2 51249351, Mobil 0033 609 829272
grossetkaren@orange.fr
www.ot-roche-sur-yon.fr/sejourner/hebergement/aires-de-camping-car/

➔ A 87, Cholet-La Roche sur Yon, Abf. (30) Ortsumgehung La Roche s/Yon-Centre, am Round-Point Bernard Palissy auf die D 763 und D 37 Richtung Dompierre s/Yon, nach ca. 1.7 km auf der D 37 rechts zum Stellplatz abbiegen, beschildert. ✉ La Brunetière (GPS: 46°42'42"N / 1°24'28" W).

H200 m

Stellplatz bei einem Bauernhof am Ufer des Yon. Stellflächen auf Wiese oder Kies, ohne Längenbeschränkung. Brötchenservice. Verkauf von Hofprodukten. Ort 2 km entfernt.

85800 Le Fenouiller, Pays-d.-l.-Loire ST-F 2542

»AIRE CAMPING CAR PARK DU FENOUILLER« 1.1. bis 31.12.
☎ 0033 1 83646921
contact@campingcarpark.com
www.campingcarpark.com/shop/sejour/pays-de-la-loire/85-vendee/

➔ D 753, Challans - Saint-Jean-de-Monts, nördlich von Saint-Jean-de-Monts an der D 38 Richtung Les Sables-d'Olonne. Bei St. Gilles-Croix-de-Vie auf die D 754 nach Le Fenouiller, südlich von Le Fenouiller an der D 754 gelegen, beschildert. ✉ 7, rue du Centre (GPS: 46°42'54"N / 1°54'28" W).

Ch HS100 m

Beschrankter Stellplatz speziell für Reisemobile, neben einem Campingplatz. Schattenlose Stellflächen auf Sand und Schotter. Ticketautomat. Baguette-Automat. Pizzaservice. Nutzung der Campingplatzeinrichtungen von April bis Okt. möglich, wie z.B. Schwimmbad, Whirlpool, Sanitäreinrichtungen, Bar usw. Ortszentrum 600 m entfernt. 41 Touristenplätze.

85402 Luçon, Pays-de-la-Loire ST-F 2570

»DOMAINE DES GUIFETTES« 1.1. bis 31.12.
☎ 0033 2 51561716
lesguifettes@domainedesguifettes.com, **www.domainedesguifettes.com**

➔ A 83, La Roche-sur-Yon-Niort, Abf. (7) nach Luçon, südlich von Luçon an der D 746 ausgeschildert. ✉ Les Guifettes (GPS: 46°25'52"N / 1°11'6" W).

WC W W Ch

Stellplatz bei einem Freizeitpark an einem Badesee. Parzellierte Stellflächen auf Schotter, bis 10 m Länge. Ort 4 km entfernt. 20 Touristenplätze.

85140 Chauché, Pays-de-la-Loire ST-F 2595

Abfahrt

10 **»QUICK STOP DOMAINE DE L'OISELIÈRE«** 1.4. bis 18.9.
☎ 0033 251413874
contact@loiseliere.com, **www.loiseliere.com**

➔ A 83 Nantes - Les Essarts, Abf. (5) und weiter auf der D 160 nach Les Essarts, dort auf die D 7 nach Chauché, ca. 2 km nördlich von Chauché an der D 7 ausgeschildert. ✉ L'Oiselière (GPS: 46°50'32"N / 1°18'2" W).
∴ Menhire, Portal von Boutarlière

WC Ch HS HS

Quick-Stop über Nacht bei einem Campingplatz. In ländlicher, ruhiger Einzellage gelegen. Ebene und befestigte Stellflächen auf Schotter, bis 8 m Länge. Imbiss. Kiosk. Brötchenservice. Gegen einen Aufpreis kann man die Einrichtungen des Campingplatzes mitbenutzen. Ort 2.5 km entfernt. 15 Touristenplätze.
2022: St/N inkl. 2 P/N 8.50, KT P/N ab 18 J. –.65. Entsorgung, Müll, Wasser und Strom inklusive.

49360 Maulévrier, Pays-de-la-Loire ST-F 2621

»AIRE CAMPING-CAR MAULÉVRIER« 1.1. bis 31.12.
☎ 0033 241550029
mairie@maulevrier.fr
www.maulevrier.fr/fr/information/83766/accueil-camping-cars

➔ E 62 / N 249, Cholet-Bressuire, Abf. (13), auf die D 41 nach Maulévrier, dort am Kreisel am südlichen Ortsrand auf die D 157 Richtung Nueil-les-Aubiers. Ca. 300 m nach dem Kreisverkehr rechts einbiegen. ✉ Route de Nueil-les-Aubiers (GPS: 47°0'23"N / 0°44'25" W).
∴ Château des Colbert de Maulévrier, Parc Oriental de Maulévrier, Château de La Guichardière.

Ch 500 m

Stellplatz speziell für Reisemobile beim "Parc Oriental de Maulévrie" am Ortsrand. Unparzellierte ebene Stellflächen auf Sand, ohne Längenbeschränkung. Ortszentrum 500 m entfernt. 20 Touristenplätze.

F

49400 Saumur, Pays-de-la-Loire ST-F 2650/1

»CAMPING-CAR PARK DE SAUMUR« 1.1. bis 31.12.
☏ 0033 1 83646921
contact@campingcarpark.com, campingcarpark.com

➔ A 85, Angers-Tours, Abf. (3) auf die D 347 nach Saumur. Dort vor der Brücke über die Loire auf die D 952 Richtung Tours. Am nächsten Kreisverkehr auf die Insel Île Offard abbiegen, ausgeschildert. ✉ Rue de Verden (GPS: 47°15'36"N / 0°3'54" W).
Schloss Saumur, historischer Stadtkern, Panzermuseum, Pferdemuseum, Champignonmuseum.

20 m

Beschrankter Stellplatz speziell für Reisemobile auf der Insel Île Offard in der Loire. Gegenüber dem Leichtathletik-Stadion und dem öffentlichen Freibad. Durch Holzbalken parzellierte Stellflächen auf Sand und Schotter unter Bäumen. Ortszentrum 1.5 km entfernt. 100 Touristenplätze.

49000 Angers, Pays-de-la-Loire ST-F 2680/1

Abfahrt

»AIRE CAMPING-CAR D'ANGERS« 1.1. bis 31.12.
☏ 0033 241235000 25 m
accueil@angersloiretourisme.com, www.angersloiretourisme.com

➔ A 11, Nantes-Angers, Abf. (17) Angers-Oust, auf die D 323 und D 523 nach Angers. Nach der Brücke über die Maine rechts (Bahnhof/Gare) abfahren, dann weiter der Ausschilderung 'La Gare' folgen, am 3. Kreisverkehr die 2. Ausfahrt in den Boulevard Marc Leclerc nehmen, noch ca. 400 m geradeaus, ausgeschildert. ✉ Boulevard Olivier Couffon 2 (GPS: 47°27'59"N / 0°33'56" W).
Historische Altstadt, Château du Roi René, Musée Jean Lurçat, Musée des Beaux-arts.

1 km

Eingezäunter Stellplatz speziell für Reisemobile in der Nähe des Flusses Maine. Markierte Stellflächen auf Asphalt. Aufenthalt max. 72 Stunden. Videoüberwachung. Ortszentrum 1 km entfernt. 20 Touristenplätze.

53270 Sainte-Suzanne, P.-d.-l.-Loir. ST-F 2787

»CAMPING-CAR PARK STE SUZANNE« 1.1. bis 31.12.
☏ 0033 1 83646921
contact@campingcarpark.com, www.campingcarpark.com

➔ A 81, Laval - Le Mans, Abf. (2) auf die D 24 nach Vaiges, dort auf die D 125 nach Ste Suzanne, dort am nordöstlichen Ortsrand an der D 9 nach Vouté gelegen, ausgeschildert. ✉ 15, rue du Camp des Anglais (GPS: 48°5'56"N / 0°21'4" W).
Dolmen des Erves, Camp de Beugy, die „Glasgebrannte Mauer", Renaissance-Schloss von Fouquet de la Varenne, Gerichtssaalsmuseum.

WC 300 m

Beschrankter Stellplatz speziell für Reisemobile in Ortsrandlage. Von Büschen größtenteils umrahmt. Ebene, schattenlose und markierte Stellflächen auf Asphalt. Ticketautomat. Öffentliche Toiletten in der Nähe. Ortszentrum 300 m, Schloss Sainte-Suzanne 450 m entfernt. 21 Touristenplätze.

53370 Saint-Pierre-des-Nids, P.-d.-L. ST-F 2817

»AIRE CAMPING-CAR ETANG DU TOUR« 1.1. bis 31.12.
☏ 0033 24303 5013
commune-st-pierre-des-nids@wanadoo.fr

➔ N 12, Mayenne-Alençon, in Pré-en-Pail auf die D 144 nach Saint-Pierre-des-Nids, dort links auf die D 121 Richtung Alençon. Am Kreisverkehr am nordwestlichen Ortsrand an der D 121 gelegen, ausgeschildert. ✉ Etang du Tour (GPS: 48°24'8"N / 0°5'20" W).

900 m

Stellplatz speziell für Reisemobile bei einem kleinen See in Ortsrandlage. Von einer Hecke umrahmt. Überwiegend durch Bäume beschattete Stellflächen auf Schotter. Aufenthalt max. 24 Stunden möglich. Ortszentrum 900 m entfernt. 10 Touristenplätze.

72200 La Flèche, Pays-de-la-Loire ST-F 2855/2

»AIRE CAMPING-CAR PARK DE LA FLÈCHE« 1.1. bis 31.12.
☏ 0033 1 83646921
contact@campingcarpark.com, campingcarpark.com

➔ Vom Stadtzentrum La Flèche die D 323 in Richtung Clermont-Créans und beim Kreisverkehr die erste Abf. Richtung "Sports Complex Monnerie" nehmen. Hier beschildert. ✉ Allée des Fromentaux (GPS: 47°41'56"N / 0°3'16" W).

50 m

Beschrankter Stellplatz am Stadtrand beim Lac de la Monnerie. Schöner Blick auf den See. Durch Holzbalken parzelliert. Ebene, befestigte und schattenlose Stellflächen auf Sandboden/Wiese. 32 Touristenplätze.

72100 Le Mans, Pays-de-la-Loire ST-F 2870

Abfahrt

»PARKING LE MANS« 1.1. bis 31.12.
☏ 0033 24 3474701
mairie@ville-lemans.fr, www.lemans.fr

➔ A 11, Chartres-Angers, Abf. (7) auf die D 338 Richtung Le Mans-Centre, dann gleich nach Überquerung der Brücke über den Fluss Sarthe links abbiegen und am ersten Kreisverkehr rechts zum Parkplatz abbiegen. ✉ Rue Denfert Rochereau (GPS: 48°0'43"N / 0°11'55" E).
Historische Altstadt, Kathedrale Saint-Julien.

800 m

Stellplatz auf einem gemischten Parkplatz am Fluss Sarthe. Stellflächen auf Asphalt, bis 8 m Länge. Aufenthalt max. 7 Tage. Ortszentrum 500 m entfernt. 40 Touristenplätze.

72320 Vibraye, Pays-de-la-Loire ST-F 2897

»AIRE DE CAMPING-CAR VIBRAYE« 1.1. bis 31.12.
☏ 0033 24393 7862
camping@vibraye.fr, www.vibraye.fr/tourisme/le-camping-municipal/

➔ A 11, Le Mans-Chartres, Abf. (5), auf die D 1 nach Vibraye, dort den Camping-Symbolen folgen. ✉ Rue de Wagenfeld (GPS: 48°4'4"N / 0°44'9" E).
Ruinen der Abtei Gué-de-Launay.

20 m 200 m

Stellplatz speziell für Reisemobile vor dem kommunalen Campingplatz. Parzellierte Stellflächen auf Schotter mit kleinen Rasenflächen, bis 8 m Länge. Bezahlung von Strom und Frischwasser mit Jetons - erhältlich am Campingplatz oder der Tourist-Information. Ortszentrum 2 km entfernt. 4 Touristenplätze.

41110 Saint-Aignan-sur-Cher, Cen. ST-F 2991/2

»AIRE CAMPING-CAR PARK DE SAINT-AIGNAN« 1.1. bis 31.12.
☏ 0033 1 83646921
contact@campingcarpark.com, campingcarpark.com

➔ A 85/E 604 Vierzon - Tours, Abf. (12) Saint-Aignan-sur-Cher und weiter auf der D 976 in Richtung Stadtmitte. Hier den Fluss überqueren und weiter auf der D 675, dann der Beschilderung (Wohnmobilzeichen) folgen. ✉ 15, boulevard Valmy (GPS: 47°15'57"N / 1°22'39" E).
Beauval Zoo-Parc.

Beschrankter Stellplatz in ruhiger Lage im Ort. Ebenes bis leicht abfallendes Gelände. Schattenlose, unparzellierte und asphaltierte Stellflächen. Ortszentrum 500 m, Zoo 4 km entfernt. 29 Touristenplätze.

37400 Amboise, Centre ST-F 3007/1

»AIRE DE CAMPING-CAR AMOISE« 1.1. bis 31.12.
☏ 0033 247570928 55 m
contact@amboise-valdeloire.com, www.ville-amboise.com

➔ A 10, Orléans–Tours, Abf. (18) auf die D 31, vor der Loire-Brücke rechts auf die N 952. Dann der Ausschilderung L'Île d'Or folgen. ✉ Allee de la Chapelle St Jean (GPS: 47°25'7"N / 0°59'20" E).
Altstadt, Musée de l'Hôtel de Ville.

1 km

Stellplatz speziell für Reisemobile auf der Île d'Or. Stellflächen auf Wiese, bis 8 m Länge. Aufenthalt max. 48 Stunden. Videoüberwachung. Ortszentrum 500 m entfernt. 25 Touristenplätze.

37510 Villandry, Centre ST-F 3046

»CAMPING-CAR PARK VILLANDRY« 1.1. bis 31.12.
☏ 0033 183646921
contact@campingcarpark.com, www.campingcarpark.com

➔ A 85, Tours-Angers, Abf. (8) auf die D 7 nach Villandry. Dort am westlichen Ortsrand, ausgeschildert. ✉ 14, Rue Principale (GPS: 47°20'22"N / 0°30'27" E).
Schloss Villandry (400 m)

300 m

Beschrankter und umzäunter Stellplatz speziell für Reisemobile am Ortsrand. Durch niedrige Buschreihen gegliedert. Ebene, schattenlose und parzellierte Stellflächen auf Schotter. Beleuchtet. Ticketautomat. Ortszentrum 300 m entfernt. 35 Touristenplätze.

37600 Loches, Centre ST-F 3077/2

»PARKING LA GARE« 1.1. bis 31.12.
☏ 0033 2 47915009
st-loches@wanadoo.fr

➔ D 943 Tours - Châteauroux, am Kreisverkehr am nördlichen Ortsrand von Loches geradeaus auf die D 764. Dann nach ca. 1 km links über die Indre, der Ausschilderung zum Bahnhof 'Gare' folgen. ✉ Avenue de la Gare / Rue Saint-Jacques (GPS: 47°7'59"N / 1°0'1" E).
Tour Saint-Antoine, Donjon von Loches, Logis Royal, Kanzlei Chancellerie (städtisches Museum).

350 m 1 km

Stellplatz speziell für Reisemobile neben der Bahnlinie. Bei einer kleinen Parkfläche mit Picknickplätzen gelegen. Ausgewiesene Stellflächen auf Schotter, bis 7 m Länge. Infotafel. Maximal 1 Nacht (24 Std.) Aufenthalt möglich! Ortszentrum 1 km entfernt. 5 Touristenplätze.

36200 Argenton-sur-Creuse, Centre ST-F 3140

Abfahrt

»AIRE COMMUNALE ARGENTON« 1.1. bis 31.12.
☏ 0033 254 241250
contact@mairie-argenton-sur-creuse.fr

➔ A 20 Châteauroux - Limoges, Abf. (18) auf die D 920 nach Argenton-sur-Creuse. Nach Überquerung der Brücke über die Creuse rechts auf die D 48 und nach ca. 400 m rechts in die Rue du Champ de Foire abbiegen, ausgeschildert. ✉ Place du Champ de Foire (GPS: 46°35'14"N / 1°31'31" E).

400 m

Stellplatz neben einem gemischten Parkplatz. Unparzellierte ebene Stellflächen auf befestigtem Sand/Split. Ortszentrum 400 m entfernt. 5 Touristenplätze.

36000 Châteauroux, Centre ST-F 3150/1

Abfahrt

»PARKING CAMPING BELLE ILE ROCHAT« 1.1. bis 31.12.
☏ 0033 254083300
campinglerochat@gmail.com

➔ A 20, Vierzon-Châteauroux, Abf. (12), am Kreisverkehr nach Châteauroux abbiegen, nach Überquerung des Flusses Indre rechts in die Rue du

Rochat abbiegen, ausgeschildert. ✉ Rue du Rochat (GPS: 46°49'25"N / 1°41'42" E).
∴ Château-Raoul, Aérocentre (Technikpark), Museum Bertrand, Kunstmuseum, Viertel Saint-Christophe.

Ch | 200 m

Stellplatz speziell für Reisemobile. Ebene, ausgewiesene und markierte Stellflächen auf Asphalt, bis 8 m Länge. Ortszentrum 2 km entfernt. 6 Touristenplätze.

18000 Bourges, Centre — ST-F 3210/1

Abfahrt

»AIRE COMMUNALE BOURGES« 1.1. bis 31.12.
☎ 0033 2 48578000

➔ A 71, Vierzon - Bourges, Abf. (7) auf die N 151 nach Bourges, nach der Überquerung des Kanals links in die Rue du Pré Doulet einbiegen, ausgeschildert. ✉ Rue du Pré Doulet (GPS: 47°5'1"N / 2°22'54" E).
∴ Altstadt, Schöffenpalais, Fachwerkhäuser 15.,16. Jh, gallorömische Stadtmauer, Musée du Berry, Musée des Arts décoratifs, Schulmuseum.

Ch | 200 m

Stellplatz am Rand eines Parkplatzes bei einem Einkaufszentrum. Stellflächen auf Schotter. Ver- und Entsorgung möglich. Ortszentrum 2 km entfernt. 20 Touristenplätze.

18340 Levet, Centre — ST-F 3223/1

»PARKING LEVET« 1.1. bis 31.12.
☎ 0033 248253025 170 m
mairie.levet@wanadoo.fr

➔ A 71, Bourges-Clermont-Ferrand, Abf. (7) auf die N 142 Richtung Bourges-Sud, dann weiter auf der D 2144 nach Levet. Dort bei der Kirche rechts einbiegen, ausgeschildert. ✉ Chemin Du Crot A Thibaul (GPS: 46°55'24"N / 2°24'24" E).
∴ Kirche aus dem 19. Jh, Schloss Soulangy.

| 500 m

Stellplatz speziell für Reisemobile am Ortsrand. Beleuchtete Stellflächen auf Schotter, bis 8 m Länge. Aufenthalt max. 24 Stunden. Ortszentrum 500 m entfernt. 3 Touristenplätze.

18270 Culan, Centre — ST-F 3236

»AIRE COMMUNALE CULAN« 1.1. bis 31.12.
☎ 0033 2 48566441
mairie.de.culan@wanadoo.fr

➔ D 943 Châteauroux - Montluçon, in Culan im Ortszentrum an der D 943 bei der Post gelegen, ausgeschildert. ✉ Place du champ de Foire (GPS: 46°32'50"N / 2°20'48" E).
∴ Burg Culan (500 m).

WC Ch

Stellplatz auf einem gemischten Parkplatz im Ortszentrum. Ebene, markierte Stellflächen auf Asphalt. Maximal 2 Nächte (48 Std.) Aufenthalt möglich! 20 Touristenplätze.

18200 Saint Amand Montrond, Cen. — ST-F 3243/1

Abfahrt

»AIRE CAMPING-CAR LAC DE VIRLAY« 1.1. bis 31.12.
☎ 0033 2 48961686
contact@tourisme-coeurdefrance.com

➔ A 71 Bourges - Clermont Ferrand, Abf. (8) auf die D 300 nach Saint-Amand-Montrond. Dort am westlichen Ortsrand auf die D 2144 Richtung Bourges, nach ca. 750 m am Kreisverkehr die 3. Ausfahrt nehmen, ausgeschildert. ✉ Chemin de Virlay (GPS: 46°44'3"N / 2°29'18" E).
∴ Burgruine von Montrond, Schloss La Férolle, Abtei von Noirlac, Canal de Berry, La Cité de l'or.

Ch | 100 m

Stellplatz speziell für Reisemobile am Lac de Virlay. Stellflächen auf Asphalt und Wiese, bis 10 m Länge und max. 3.5 t Gewicht. Teils durch Hecken gegliedert. Keine Ver- und Entsorgung im Winter. Ortszentrum 1.5 km entfernt. 21 Touristenplätze.

18700 Aubigny-sur-Nère, Centre — ST-F 3295/2

»AIRE CAMPING-CAR AUBIGNY SUR NÈRE« 1.1. bis 31.12.
☎ 0033 248815000 190 m
culture.mairie@aubigny-sur-nere.fr, www.aubigny.net

➔ D 940, Gien-Bourges, in Aubigny-sur-Nère am Kreisverkehr im Ortszentrum Richtung Oizon abbiegen, dann weiter auf der D 7 Richtung La Chapelotte, ausgeschildert. ✉ Route de la Chapelotte (GPS: 47°28'56"N / 2°27'0" E).
∴ Schloss Aubigny 16.Jh,, Maison Bailli; Stadthaus 16 jh., Saint-Martin; Kirche 13. Jh.

Ch | 1 km

Stellplatz speziell für Reisemobile am Waldrand in Ortsrandlage. Markierte Stellflächen auf Asphalt, bis 7 m Länge. Ver- und Entsorgungsmöglichkeit vorhanden. Otszentrum 1 km entfernt 10 Touristenplätze.

45380 La Chapelle-Saint-Mesmin, Cen. — ST-F 3329

»AIRE CAMPING-CAR LA CHAPELLE ST.MESMIN«
☎ 0033 23 8223079 95 m 1.4. bis 30.11.
mairie@ville-lachapellesaintmesmin.fr, www.ville-lachapellesaintmesmin.fr

➔ A 71, Orléans-Bourges, Abf. (1) auf die D 2152 Richtung La Chapelle-Saint-Mesmin. Nach ca. 1.4 km links einbiegen, ausgeschildert. ✉ Chemin de Fourneaux 1 (GPS: 47°53'7"N / 1°50'28" E).
∴ Kirche Saint-Mesmin, Drachengrotte bei der Kirche, Château des Hauts.

Ch

Stellplatz speziell für Reisemobile am Fluss Loire im Grünen. Parzellierte Stellflächen auf Schotter. Aufenthalt max. 3 Nächte. Ausgewiesene Rad- und Wanderwege. Ortszentrum 500 m entfernt. 23 Touristenplätze.

45420 Bonny-sur-Loire, Centre — ST-F 3349

0 **»AIRE COMMUNALE BONNY-SUR-LOIRE«** 1.1. bis 31.12.
☎ 0033 238295900

➔ A 77, Montargis - Nevers, Abf. (21) auf die D 965 nach Bonny sur Loire. Dort am westlichen Ortsrand gelegen, ✉ Chemin de la Cheuille (GPS: 47°33'35"N / 2°50'21" E).

WC Ch | 100 m 300 m

Stellplatz auf einem gemischten Parkplatz in Ortsrandlage im Grünen. Ebene, schattenlose Stellflächen auf Schotterrasen, bis 8 m Länge. Öffentliches WC in der Nähe. Ortszentrum 100 m entfernt. 3 Touristenplätze.
2022: Stellplatz ist kostenlos.

45210 Louzouer, Centre — ST-F 3366

»CIDRE CHIVET« 1.1. bis 31.12.
☎ 0033 238920576
gillet-hoffmann@hotmail.com, cidregilletfrederic.com

➔ N 7, Dordives-Montargis, in Montargis auf die D 2060 Richtung Courtenay. Ca. 2.7 km östlich von La Chapelle-Saint-Sépulcre links einbiegen. Nach ca. 1.5 km auf der rechten Seite. ✉ 323, Les Mussereaux (GPS: 48°1'41"N / 2°52'15" E).

WC Ch

Stellplatz bei einem Cidre-Bauernhof in ruhiger Einzellage. Durch Wiesenstreifen parzellierte Stellflächen auf Schotter. Verkauf von Apfelprodukten. Aufenthalt max. 24 Stunden. Ort 1.5 km entfernt. 5 Touristenplätze.

45530 Vitry-aux-Loges, Centre — ST-F 3385

»PARKING VITRY AUX LOGES« 1.1. bis 31.12.
☎ 0033 238594726
mairie@vitry-aux-loges.fr, www.vitry-aux-loges.fr

➔ D 2060, Orléans-Montargis, in Höhe der Ortschaft Châteauneuf sur Loire auf die D 10 nach Vitry aux Loges abfahren. Dort nach Überquerung des Canal d'Orléans rechts in den Quai Aristide Briand einbiegen, ausgeschildert. ✉ Quai Aristide Briand (GPS: 47°56'20"N / 2°16'14" E).

Ch | 300 m 500 m

Stellplatz auf einem gemischten Parkplatz am Canal d'Orléans. Stellflächen auf Schotter, ohne Längenbeschränkung. Ver- und Entsorgungsmöglichkeit ca. 150 m entfernt in der Rue des Érables. Ortszentrum 500 m entfernt. 10 Touristenplätze.

28800 Bonneval, Centre — ST-F 3437

»AIRE MUNICIPALE BONNEVAL« 1.1. bis 31.12.
☎ 0033 237472193 150 m
mairie@ville-bonneval.eu, www.ville-bonneval.eu

➔ N 10, Chartres-Châteaudun, Abf. Bonneval auf die D 17 Richtung Bonneval. Dort der Ausschilderung 'P-La Grève' folgen. ✉ Place de la Grève (GPS: 48°10'46"N / 1°23'15" E).
∴ Ehemalige Abtei Saint-Florentin de Bonneval (gegründet 857), Altstadt mit umgebendem Wassergraben.

Ch | 200 m

Stellplatz auf einem gemischten Parkplatz in der Nähe des Ortszentrums. Stellflächen auf Schotter und Asphalt. Ver- und Entsorgungsmöglichkeit vorhanden. Ortszentrum 200 m entfernt. 10 Touristenplätze.

F

28100 Dreux, Centre — ST-F 3491

»CAMPING-CAR PARK DREUX« 1.1. bis 31.12.
☎ 0033 1 89646921 75 m
contact@campingcarpark.com, www.campingcarpark.com

➔ N 12, Alençon-Dreux, westlich von Dreux auf die D 311 Richtung Vernouillet / Les Corvées abbiegen, dann nach ca. 300 m rechts einbiegen und nach ca. 200 m auf der linken Seite gelegen, ausgeschildert. ✉ 10, rue Jean Louis Chanoine (GPS: 48°44'25"N / 1°19'56" E).
∴ Chapelle royale de Dreux, Ruinen der alten Festung, Kirche Saint-Pierre.

Ch

Beschrankter und eingezäunter Stellplatz speziell für Reisemobile am Ortsrand. In einem Industriegebiet an der Bahnlinie gelegen. Beleuchtet und videoüberwacht. Ebene, schattenlose und markierte Stellflächen auf Asphalt, bis 9 m Länge. Bezahlung am Parkautomaten. Ortszentrum 2 km entfernt. 9 Touristenplätze.

91490 Milly-la-Forêt, Ile-de-France — ST-F 3511

»AIRE DE CAMPING-CAR« 1.1. bis 31.12.
☎ 0033 1 64988007 63 m
info@millylaforet-tourisme.com, www.millylaforet-tourisme.com

➔ A 6 Auxerre-Paris, Abf. (14) Malesherbes, auf die D 152 Richtung Fontainebleau und an der nächsten Kreuzung links auf die D 63 Richtung Noisy-sur-École. Der Beschilderung nach Milly-la-Forêt folgen. Der Stellplatz befindet sich am Ortseingang neben dem Kreisverkehr an der Route de Nemours. ✉ Chemin des Petits Saules (GPS: 48°23'54"N / 2°28'49" E).
∴ Kapelle Saint-Blaise-des-Simples, Haus von Jean Cocteau.

Ch | 1 km

Beleuchteter Stellplatz am Ortseingang gegenüber einer Sportanlage. Markierte Stellflächen auf Asphalt. Zufahrt durch eine Schranke. Idealer Zwischenstopp auf dem Weg nach Paris. Ortszentrum 1 km entfernt. 6 Touristenplätze.

75013 Paris, Ile-de-France ST-F 3603

Abfahrt

»PARKING WURTZ« 1.1. bis 31.12.
0033 1 41315863
contact@parkingsdeparis.com, www.parkingsdeparis.com

➔ E 15, Bd Périphérique Paris, am südlichen Stadtrand auf die D920 Richtung Pte de Gentilly, beim Stade Charléty schräg links in die Rue de l'Amiral Mouchez, nach ca. 800 m rechts in die Rue de Tolbiac abbiegen und nach ca. 250 m links in die Rue Vergniaud am Ende der Straße scharf links in die Parallelstraße Rue Wurtz einbiegen. ✉ Rue Wurtz 10 (GPS: 48°49'38"N / 2°20'42" E).
Altstadt, Notre-Dame de Paris, Eiffelturm, Louvre, Moulin Rouge, Triumphbogen, Palais du Luxembourg, Montmartre.

100 m 500 m

Überwachter und beleuchteter Stellplatz auf einem Parkplatz für Pkw, Transporter und Reisemobile im Süden der Stadt zwischen Hochhäusern. Stellflächen auf Asphalt. Gute Metroverbindungen in die Innenstadt. Reservierung erforderlich. Stadtzentrum 7 km entfernt. Metrostation 500 m entfernt. 10 Touristenplätze.

77160 Provins, Ile-de-France ST-F 3676

»AIRE MUNICIPALE PROVINS« 1.1. bis 31.12.
0033 1 64603838
www.mairie-provins.fr

➔ N4, Paris-Saint-Dizier, östlich der Ortschaft Vaudoy-en-Brie rechts auf die D231 nach Provins abbiegen, dort am Kreisverkehr am Ortsrand die 4. Ausfahrt nehmen und den P-Symbolen folgen. ✉ Chemin de Villecran (GPS: 48°33'43"N / 3°16'48" E).
Atlstadt, Tour César (12. Jh), mittelalterliche Gänge unter der Atlstadt, Grange aux dîmes (Zehntscheune).

WC Ch 1 km

Stellplatz speziell für Reisemobile auf einem gesonderten Areal am Ortsrand bei der Tourist-Information und hinter einer Busstation. Parzellierte und markierte Stellflächen auf Schotter. Ortszentrum 1 km entfernt. 30 Touristenplätze.

10160 Aix-en-Othe, Champ.-Ardenn. ST-F 3711

10 **»AIRE DE MOULIN À TAN«** 1.4. bis 15.10.
0033 6 89941259
lemoulinatan10@gmail.com, airedumoulinatan.jimdofree.com

➔ A5, Paris - Troyes, Abf. (19) auf die D660 Richtung Troyes, am nordwestlichen Ortsrand von Aix-en-Othe von der D374 rechts in die Rue du Moulin à Tan abbiegen. ✉ Rue du Moulin à Tan 7 (GPS: 48°13'44"N / 3°43'23" E).
Kirche Notre-Dame-de-l'Assomption, Kapelle Saint-Avit, Markthalle des Typs Baltard.

Ch W 1 km

Stellplatz am Ortsrand im Grünen, an einem kleinen Fluss gelegen. Größtenteils ebene Stellflächen auf Wiese oder Beton, bis 8 m Länge. Ortszentrum 1 km entfernt. 6 Touristenplätze.
2022: St/N inkl. 2 P/N 8.50, weitere P/N 2.–, K/N ab 10 J. 1.50, Strom/N 3.–.

10220 Piney, Champagne-Ardennes ST-F 3775

»PLACE DES ANCIENS COMBATTANTS« 1.1. bis 31.12.
0033 3 25463037 100 m
mairie.piney@wanadoo.fr, www.ville-piney.fr

➔ A26, E17, Reims-Troyes, Abf. (22) Richtung Troyes, in Troyes auf die Ortsumgehung D610 (Richtung Nancy), Abf. (4) auf die D960, in Piney auf die D 79 Richtung Géraudot abbiegen und bis zum Ortsrand fahren, dort rechts auf der Rue des Platanes zum Place des Anciens Combattants fahren. ✉ Rue du Général de Gaulle/Rue des Platanes (GPS: 48°21'31"N / 4°20'7" E).
Markthalle (16. Jh), Kirche Saint-Martin, Friedhofskapelle Notre-Dame-des-Ormes.

Ch 300 m

Stellpaltz auf dem Festplatz am Ortsrand. Beleuchtete Stellflächen auf Schotter. Ortszentrum 300 m entfernt. 4 Touristenplätze.

52000 Chaumont, Champ.-Ardenn. ST-F 3800

»PORT FLUVIAL DE LA MALADIÈRE« 1.4. bis 1.11.
0033 3 25316109, Mobil 0033 3 25306027 300 m
sports@ville-chaumont.fr
www.tourisme-chaumont-champagne.com/hotellerie-de-plein-air

➔ A5, Troyes-Langres, Abf. (24), auf die D67 Richtung St.Dizier, Abf. Chaumont Nord, dort auf die D674 Richtung Neufchâteau, nach Überquerung des Kanals links zum Stellplatz abbiegen. ✉ Port Fluvial de La Maladière (GPS: 48°7'5"N / 5°9'16" E).
Burg der Grafen von Champagne, Basilika Saint-Jean-Baptiste, Eisenbahnviadukt.

WC W W Ch

Stellplatz speziell für Reisemobile am Marne Kanal. Stellflächen auf Schotter, ohne Längenbeschränkung. Anschluss an den Radweg entlang des Marne Kanals. Ortszentrum 3 km entfernt. 12 Touristenplätze.

51290 Sainte-Marie-du-Lac-Nuisement, Ch.-Ard. ST-F 3901

»PORT DE NUISEMENT« Apr. bis Okt.
0033 3 26726280
info@lacduder.com, www.lacduder.com

➔ A26, E17, Châlons-en-Champagne-Troyes, Abf. (20) Sommesous, auf die N4 Richtung Nancy, Abf. Thiéblemont-Farémont auf die D60, D59 und D13 in Richtung Lac du Der-Chantecoq, in Arrigny links auf die D13A nach St.Marie-du-Lac abbiegen, dort der Ausschilderung zum Freizeithafen folgen. ✉ Rue du Port de Nuisement (GPS: 48°36'10"N / 4°44'57" E).

Ch 200 m

Stellplatz speziell für Reisemobile auf einem separaten Areal am Jachthafen. Markierte, leicht abfallende und schattenlose Stellflächen auf Asphalt. Ort 2.5 km entfernt. 6 Touristenplätze.

51210 Bergères-sous-Montmirail, Ch.-Ard. ST-F 3943

»CHAMPAGNE CHAMPION« 1.3. bis 1.11.
0033 3 26812293
champagne-champion@wanadoo.f, www.champagne-champion.com

➔ A26, E17, Châlons-en-Champagne-Troyes, Abf. (20) Sommesous, auf die N4 nach Sézanne, westlich von Sézanne auf die D373 Richtung Montmirail, südlich von Montmirail rechts auf die D43 nach Bergères-sous-Montmirail, dort östlich der Ortschaft links nach Boutavent in die Straße Chemin de la Chapelle abbiegen. ✉ Chemin de la Chapelle (GPS: 48°51'8"N / 3°35'52" E).

Stellplatz auf dem Gelände einer Champagner-Kellerei. Stellflächen auf Schotter. Verkostung und Verkauf. Schöner Blick auf die umliegenden Weinberge. Ort 2 km entfernt. 4 Touristenplätze.

51100 Reims, Champag.-Ardenn. ST-F 3970/2

Abfahrt

»PARKING CHAUSSEE BOCQUAINE« 1.1. bis 31.12.
0033 32 6777879
info@reims-tourisme.com, www.ville-reims.fr

➔ A 34, Charleville-Mézières-Reims, in Reims weiter auf der A344, Abf. (25) Reims-Cathédrale, Richtung Complexe Sportif, dann gleich rechts in die Chaussee Bocquaine einbiegen. ✉ Chaussee Bocquaine (GPS: 49°14'53"N / 4°1'20" E).
Historische Altstadt, Kathedrale Notre-Dame de Reims, Porte de Mars, Museum der schönen Künste, Museum der Übergabeerklärung (Musée de la Reddition).

Ch 50 m 400 m

Beschrankter Stellplatz speziell für Reisemobile am Sportstadion. Ausgewiesene Stellflächen auf Asphalt, bis 8 m Länge. Der Zugangscode muss telefonisch bei der Tourist-Info erfragt werden. Aufenthalt max. 48 Stunden. Ortszentrum 1 km entfernt. 13 Touristenplätze.

51800 Chaudefontaine, Ch.-Ard. ST-F 3998

»AIRE MUNICIPALE CHAUDEFONTAINE« 1.1. bis 31.12.
0033 3 26608318 141 m
mairie.chaudefontaine@wanadoo.fr

➔ A 4, Metz-Reims, Abf. (29) Sainte-Menehould, in Sainte-Menehould auf die D982 nach Chaudefontaine, dort am nördlichen Ortsrand ausgeschildert. ✉ Rue de la Mairie (GPS: 49°6'0"N / 4°52'5" E).

Ch

Stellplatz auf einem gemischten Parkplatz am Ortsrand. Ausgewiesene und markierte Stellflächen auf Asphalt, bis 7 m Länge. Ortszentrum 200 m entfernt. 4 Touristenplätze.

08600 Givet, Champagne-Ardennes ST-F 4056

»AIRE MUNICIPALE GIVET« 1.1. bis 31.12.
0033 32 4420684 150 m
ct7@mairiegivet.fr

➔ E44, Metz – Arras, ca. 2 km hinter Charleville–Méziéres rechts auf die D988 Richtung Revin abbiegen und weiter nach Givet, dort weiter zur belgischen Grenze fahren, dann rechts in die Rue Ampère, am Ende der Straße links zum Stellplatz. ✉ Rue Berthelot 1 (GPS: 50°8'38"N / 4°49'36" E).
Festung Charlemont von 1555, jährliches Zwiebel-Fest (Foire aux Oignons - 11. Nov.).

Ch 500 m

Stellplatz vor dem kommunalen Campingplatz. Beleuchtete Stellflächen auf Asphalt, ohne Längenbeschränkung. Ortszentrum 500 m entfernt. 25 Touristenplätze.

08200 Sedan, Champagne-Ardennes ST-F 4068

»CAMPING-CAR PARK SEDAN« 1.1. bis 31.12.
0033 1 83646921
contact@campingcarpark.com, campingcarpark.com

➔ N 43 Metz–Charleville–Mézieres. In Sedan zur Maas abbiegen. ✉ Boulevard Fabert (GPS: 49°41'55"N / 4°56'17" E).
Château Fort de Sedan.

300 m 800 m

Beschrankter und umzäunter Stellplatz am Maasufer bei einem kleinen See. Ebene Stellflächen auf durch Plastikgitter befestigtem Rasen. Durch Baumreihen teilweise beschattet. Ticketautomat. Ortszentrum 400 m entfernt. 20 Touristenplätze.

55140 Vaucouleurs, Lothringen ST-F 4148

»AIRE MUNICIPALE VAUCOLEURS« 1.1. bis 31.12.
0033 3 29895182 250 m
email-non-lu@villevaucouleurs.com, www.tourisme-vaucouleurs.fr

➔ N 4, Saint-Dizier-Nancy, auf die D 964 nach Vaucouleurs abfahren, dort am 2. Kreisverkehr rechts zum Zentrum abbiegen, nach ca. 150 m links zum Stellplatz einbiegen. ✉ Place du Moulin (GPS: 48°36'7"N /

5°40'1" E).
Musée Jehanne d'Arc, Burgkapelle und das Porte de France.

200 m
Stellplatz auf einem gemischten Parkplatz im Ortszentrum. Ausgewiesene und markierte Stellflächen auf Asphalt, bis 8 m Länge und 3.5 t Gewicht. Maximal 2 Nächte Aufenthalt möglich. 3 Touristenplätze.

55100 Verdun, Lothringen — ST-F 4170

»GARE MULITMODALE« 1.1. bis 31.12.
☎ 0033 3 29861418 200 m
www.tourisme-verdun.fr

➔ A 4, Reims-Metz, Abf. (31) Verdun, auf die D 964 nach Verdun, am Kreisverkehr nördlich des Parcs Japiot links über die Maasbrücke, dann am nächsten Kreisel rechts in die Chemin du Dépot einbiegen, der Ausschilderung 'Gare Multimodale' folgen. ✉ Chemin du Dépot 1 (GPS: 49°10'5"N / 5°22'51" E).
Siegesdenkmal der Schlacht um Verdun.

100 m
Stellplatz speziell für Reisemobile hinter dem Busbahnhof von Verdun. Ausgewiesene und markierte Stellflächen auf Asphalt, bis 8 m Länge. Aufenthalt max. 24 Stunden. Ortszentrum 500 m entfernt. 4 Touristenplätze.

54400 Longwy, Lothringen — ST-F 4204

Abfahrt
0 **»STADE MUNICIPAL«** 1.1. bis 31.12.
☎ 0033 3 82249454
contact@longwy-tourisme.com
www.longwy-tourisme.com/index.php/ou-dormir/aires-de-camping-cars

➔ N 52/E 411, Mont-Saint-Martin - Metz, Abf. Cosnes et Romain und weiter auf der D 43 Richtung Longwy, der Ausschilderung Longwy-Haut folgen. Der Stellplatz ist am Fußballstadion gelegen. ✉ Rue du 8 mai 1945 (GPS: 49°31'35"N / 5°45'57" E).

300 m 450 m
Stellplatz auf einem gemischten Parkplatz am Fußballstadion. Ausgewiesene, markierte und schattenlose Stellflächen auf Asphalt, bis 8 m Länge. Bezahlung mittels Jetons, welche im Tourismusbüro Pays de Longwy erhältlich sind. Ortszentrum 500 m entfernt. 7 Touristenplätze.
2023: Stellplatz ist kostenlos. Strom/4 Std. 2.50. (1 Jetons = € 2.50)

54470 Thiaucourt-Regniéville, Lothr. — ST-F 4226

»AIRE DE CAMPING-CAR THIAUCOURT« 1.1. bis 31.12.
☎ 0033 3 83819010 200 m
mairie.thiaucourt@wanadoo.fr

➔ A 4, Reims - Metz, Abf. (32) Fresnes-en-Woëvre, auf die D 908 Richtung Fresnes-en-Woëvre, dort auf die D 904 Richtung Toul, in der Ortschaft Beney-en-Woëvre auf die D 67 nach Thiaucourt, am südlichen Ortsrand bei den Sportanlagen gelegen. ✉ Chemin du Stade (GPS: 48°57'8"N / 5°51'39" E).
Kirche Saint-Remy, Amerikanischer Militärfriedhof des Ersten Weltkriegs, Deutscher Militärfriedhof von 1870 und 1914–1918.

700 m
Stellplatz speziell für Reisemobile am Ortsrand. Ebene bis leicht wellige Stellflächen auf Kies und Rasen, teils durch Bäume beschattet. Ver- und Entsorgungsmöglichkeit vorhanden. Ortszentrum 700 m entfernt. 20 Touristenplätze.

54000 Nancy, Lothringen — ST-F 4240

»PORT SAINT-GEORGES« 1.1. bis 31.12.
☎ 0033 3 83376370 180 m
portdeplaisance@nancy.fr
www.nancy.fr/etonnante/decouvrir/port-de-plaisance-568.html

➔ A 31, Metz - Nancy, Abf. (22) auf die D 657 Richtung Zentrum, der Ausschilderung zum 'Hôpital Saint-Julien' folgen, östlich vom Krankenhaus in den Boulevard Lobau einbiegen, dann Richtung Quatier Stainlas, nach ca. 500 m schräg rechts zum Jachthafen einbiegen. ✉ Boulevard du 21 Régiment d'Avation (GPS: 48°41'32"N / 6°11'35" E).
Historische Altstadt, Musée Historique Lorrain, Palais des Ducs de Lorraine, Musée de l'École de Nancy, NASIUM (eine alte Römerstadt).

WC W
500 m 800 m
Stellplatz speziell für Reisemobile am Jachthafen. Markierte Stellflächen auf Asphalt, bis 10 m Länge. Aufenthalt max. 2 Nächte. Anmeldung beim Hafenmeister. Ortszentrum 500 m entfernt. 15 Touristenplätze.

88000 Épinal, Lothringen — ST-F 4320

Abfahrt
»CAMPING-CAR PARK D'EPINAL« 1.1. bis 31.12.
☎ 0033 1 83646921 315 m
contact@campingcarpark.com, www.campingcarpark.com

➔ E 23/N 57, Nancy-Épinal, Abf. Épinal-Centre, auf die D 420 und nach ca. 1.6 km am Kreisverkehr auf die D 11, der Camping-Ausschilderung folgen. ✉ 37B Chemin du Petit Chaperon Rouge (GPS: 48°10'46"N / 6°28'7" E).
Historische Altstadt, Musée de l'Image, Museum für Alte und Zeitgenössische Kunst, Basilika Saint-Maurice, Planetarium, Rosengarten.

500 m
Stellplatz speziell für Reisemobile neben dem Fußballstadion. Stellflächen auf Wiese und Schotter. Ortszentrum 600 m entfernt. 50 Touristenplätze.

88140 Bulgnéville, Lothringen — ST-F 4340

Abfahrt
»AIRE DE CAMPING-CAR BULGNÉVILLE« 1.1. bis 31.12.
☎ 0033 3 29091073 350 m
mairie.bulgneville@libertysurf.fr, www.mairie-bulgneville.fr

➔ A 31, Nancy - Dijon, Abf. (9) auf die D 164 nach Bulgnéville, dort am östlichen Ortsrand gelegen, der Ausschilderung 'Aire du Févry' folgen. ✉ Rue des Récollets (GPS: 48°12'27"N / 5°50'17" E).
Kirche St. Peter und Paul.

400 m
Beleuchteter Stellplatz speziell für Reisemobile am Ortsrand, direkt beim Dorfteich. Ebene, schattenlose und markierte Stellflächen auf Asphalt. In einem Stellkreis angelegt. Im Winter keine Ver- und Entsorgung möglich. Bäckerei 200 m, Ortszentrum 400 m entfernt. 10 Touristenplätze.

57000 Metz, Lothringen — ST-F 4430

»AIRE MUNICIPALE METZ« 1.1. bis 31.12.
☎ 0033 3 87555376 170 m
tourisme@ot.mairie-metz.fr, www.tourisme.mairie-metz.fr

➔ A 4, Reims-Metz, am Autobahnkreuz Metz auf die A 31 Richtung Metz, Abf. (33) Richtung Zentrum, nach Überquerung der 2. Brücke der Ausschilderung 'Camping' folgen. ✉ 1, Allée de Metz Plage (GPS: 49°7'26"N / 6°10'8" E).
Historische Altstadt, Kunsthistorisches Museum (Musée d'Art et d'Histoire), Städtisches Museum (Cour d'Or).

200 m 500 m
Stellplatz auf einem gemischten Parkplatz an der Mosel in der Nähe des kommunalen Campingplatzes. Ausgewiesene und markierte Stellflächen auf Asphalt, bis 8 m Länge. Aufenthalt max. 2 Tage. Ver- und Entsorgung möglich. Ortszentrum 500 m entfernt. 7 Touristenplätze.

57470 Hombourg-Haut, Lothringen — ST-F 4478

»AIRE DE CAMPING-CAR HOMBOURG-HAUT« 1.1. bis 31.12.
☎ 0033 3 87005353 215 m
otsi.hombourg-haut@wanadoo.fr, www.tourismepaysdefreyming-merlebach.fr

➔ A 4, Metz - Hombourg, Abf. (40), auf die D 603 nach Hombourg-Haut, dort am Kreisverkehr der Ausschilderung 'Salle des Fêtes' folgen. ✉ Rue de Metz (GPS: 49°7'29"N / 6°46'46" E).
Stiftskirche Saint-Étienne, Reste der Burg und der Stadtmauern, Schlossruine Hellering, Chapelle Sainte-Catherine (Katharinenkapelle).

300 m 600 m
Stellplatz speziell für Reisemobile am Rand eines gemischten Parkplatzes. Markierte Stellflächen auf Asphalt. Bezahlung der Ver- und Entsorgung mit Bankkarte. Aufenthalt max. 2 Tage. Ortszentrum 700 m entfernt. 10 Touristenplätze.

67620 Soufflenheim, Elsass — ST-F 4527

»AIRE CAMPING-CAR PARK DE SOUFFLENHEIM«
☎ 0033 3 88867490 120 m 1.1. bis 31.12.
contact@campingcarpark.com, campingcarpark.com

➔ A 35, Lauterbourg-Strasbourg, Abf. (55) Rountzenheim, auf die D 1063 Richtung Soufflenheim, am 3. Kreisverkehr auf die D 37 abbiegen, nach ca. 1 km bei der Feuerwehr links einbiegen, ✉ Rue de Koenigsbruck/Rue du Sablé (GPS: 48°49'57"N / 7°57'43" E).
Töpfereien entlang der Grand' Rue, Pfarrkirche St. Michel.

500 m
Beschrankter und umzäunter Stellplatz speziell für Reisemobile am Ortsrand. Ebene, schattenlose und markierte Stellflächen auf Asphalt. Beleuchtet. Ver- und Entsorgungsmöglichkeit vorhanden. Ticketautomat (Bankkarte). Ortszentrum 800 m entfernt. 13 Touristenplätze.

67000 Strasbourg, Elsass — ST-F 4540

»AIRE DE SERVICES PARC DU RHIN« 1.1. bis 31.12.
☎ 0033 3 88522828, Fax 0033 3 88522829 140 m
info@otstrasbourg.fr, www.otstrasbourg.fr

➔ A 35, Lauterbourg-Strasbourg, in Strasbourg auf die E 52 Richtung Kehl, ca. 1 km nach der Überquerung des Rhein-Rhône-Kanals schräg rechts abbiegen, ausgeschildert. ✉ 2, Rue des Cavaliers (Parc du Rhin) (GPS: 48°33'59"N / 7°48'0" E).
Historische Altstadt, Gerberviertel (Quartier des Tanneurs).

Stellplatz speziell für Reisemobile im Parc du Rhin bei einem Freizeitzentrum. Stellflächen auf Asphalt, bis 8 m Länge. Ortszentrum 4 km entfernt. 40 Touristenplätze.

67730 Châtenois, Elsass — ST-F 4579

»AIRE MUNICIPALE CHATENOIS« 1.1. bis 31.12.
☎ 0033 3 88820274, Fax 0033 3 88823951 180 m
mairie@chatenois.fr

➔ A 35/E 25, Strasbourg-Colmar, Abf. (17) auf die N 59 Richtung Saint-Dié-des-Vosges, am Kreisel in Châtenois auf die D 35 Richtung Zentrum abbiegen und nach ca. 190 m rechts in die Allée des Bains einbiegen. ✉ Allée des Bains (GPS: 48°16'30"N / 7°23'53" E).

WC 1 km
Stellplatz speziell für Reisemobile in der Nähe der Sportanlagen. Ausgewiesene Stellflächen auf Asphalt, bis 8 m Länge. Aufenthalt max. 24 Stunden. Ortszentrum 1 km entfernt. 7 Touristenplätze.

F

68600 Vogelgrun, Elsass ST-F 4605

»AIRE CAMPING-CAR PARK DE VOGELGRUN« 1.1. bis 31.12.
0033 1 83646921
contact@campingcarpark.com, campingcarpark.com

➔ B 31/D 415 Grenzübergang Deutschland (Breisach) - Frankreich, direkt nach der Überquerung des Rheins im ersten Kreisverkehr die 3. Abf. zur Ile du Rhin Sud abfahren, dann beschildert. ✉ Ile du Rhin (GPS: 48°1'12"N / 7°34'51" E).

Ch

Beschrankter Stellplatz, gleich nach der deutsch-französischen Grenze, auf einer langgestreckten Insel (auf der einen Seite der Rhein und auf der anderen der Canal Grande d'Alsace). Ebene Stellflächen auf Schotter. Ticketautomat (Bankkarte). Guter Etappenplatz. Ortszentrum 2.5 km entfernt. 24 Touristenplätze.

68140 Munster, Elsass ST-F 4630

»AIRE DE CAMPING-CAR MUNSTER« 1.1. bis 31.12.
0033 3 89773298, Fax 0033 3 89770455 380 m
mairie@ville-munster68.fr, www.munster.alsace/aire-de-camping-cars.aspx

➔ Route nationale 417, Remiremont-Colmar, im Ortszentrum von Munster ausgeschildert. ✉ Rue du Docteur Heid 8 (GPS: 48°2'15"N / 7°7'58" E).

WC W W Ch | 500 m 600 m

Beschrankter Stellplatz speziell für Reisemobile neben der Bahnlinie auf einem großzügigen Areal am Ortsrand. Ausgewiesene Stellflächen auf Schotter, ohne Längenbeschränkung. Bezahlung Strom, Ver- und Entsorgung mittels Jetons. Picknicktische. Boulebahn. Ticketautomat. Aufenthalt max. 3 Nächte. Ortszentrum 500 m entfernt. 54 Touristenplätze.

68480 Ferrette, Elsass ST-F 4697

»AIRE DE CAMPING-CAR FERRETTE« 1.1. bis 31.12.
0033 3 89082388, Fax 0033 3 89403384 560 m
info@sundgau-sudalsace.fr, www.sundgau-sud-alsace.fr

➔ A 35/E 25, Mulhouse-Saint-Louis, Abf. St. Louis, auf die D 473 Richtung Ferrette, dort auf die D 432, ca 1 km südwestlich von Ferrette an der D 432 gelegen, ausgeschildert. ✉ 12 rue de Lucelle (GPS: 47°29'20"N / 7°18'38" E).
∴ Historische Altstadt, Fachwerkhäuser aus dem 16. und 17. Jh, Kirche Saint-Bernard de Menthon, Burgruine Hohenpfirt.

Ch | 1 km

Beleuchteter Stellplatz speziell für Reisemobile, außerhalb der Ortschaft, im Grünen. Durch Büsche und Grünstreifen parzellierte und markiertev-Stellflächen auf Asphalt. Picknickbänke. Ver- und Entsorgungsmöglichkeit vorhanden. Ortszentrum 1.5 km entfernt. 5 Touristenplätze.

90000 Belfort, Franche-Comté ST-F 4710

»AIRE DE CAMPING-CAR L'EPIDE« 1.1. bis 31.12.
0033 3 84559090 350 m
accueil@belfort-tourisme.com

➔ A 36, Mulhouse-Besançon, Abf. (13) auf die D 583 Richtung Zentrum, nach ca. 1.5 km rechts in die Avenue de la Miotte einbiegen, der Ausschilderung 'P L'Epide' folgen. ✉ Avenue de la Miotte (GPS: 47°38'31"N / 6°51'57" E).
∴ Atlstadt, Zitadelle (La Citadelle), Rathaus, Place de la République, Markthalle, Kunstmuseum.

Ch | 1 km

Stellplatz auf einem gemischten Parkplatz. Ausgewiesene und markierte Stellflächen auf Asphalt, bis 8 m Länge. Aufenthalt max. 48 Stunden. Ortszentrum 1.5 km entfernt. 8 Touristenplätze.

70300 Luxeuil-les-Bains, Fr.-Comté ST-F 4740

»AIRE CAMPING-CAR PARK DE LUXEUIL-LES-BAINS«
0033 1 83646921 295 m 1.1. bis 31.12.
contact@campingcarpark.com, campingcarpark.com

➔ E 23/N 57, Remiremont-Lure, Abf. (38) auf die D 6 Richtung Zentrum, nach ca. 400 m rechts einbiegen, danach links, ausgeschildert. ✉ 17 bis rue Gambetta (GPS: 47°49'2"N / 6°23'9" E).
∴ Basilika Saints Pierre et Paul, ältestes Thermalbad Frankreichs, Musée de la Tour des Echevins.

Ch | 500 m

Wohnmobil-Stellplatz am See Étang de la Poche. Ebene, überwiegend schattenlose Stellflächen auf Schotter, ohne Längenbeschränkung. Durch Holzbalken am Boden parzelliert. Picknickplätze. Aufenthalt max. 3 Nächte. Ortszentrum 500 m,Thermalbädern 800 m entfernt. 45 Touristenplätze.

70000 Vaivre-et-Montoille, Fr.-C. ST-F 4761/1

Abfahrt

»PARKING AU LAC DE VAIVRE« 1.1. bis 31.12.
0033 3 84786400 212 m
www.vesoul.fr

➔ N 57/E 23, Épinal-Besançon, nördlich von Vesoul auf die N 19 abfahren, dann die erste Abfahrt auf die D 118 Richtung Vaive nehmen. Dort bis zum See durchfahren und dann beim Segelklub, ausgeschildert. ✉ Avenue du Lac (GPS: 47°38'14"N / 6°6'28" E).
∴ Historischer Ortskern.

WC | 200 m 500 m

Stellplatz speziell für Reisemobile am Ufer des Lac de Vesoul mit direktem Blick auf den See. Markierte, ebene und schattenlose Stellflächen auf Asphalt, bis 7.5 m Länge. Ortszentrum 800 m entfernt. 5 Touristenplätze.

70000 Vaivre-et-Montoille, Fr.-C. ST-F 4761/2

Abfahrt

»AIRE MUNICIPALE DE CAMPING-CAR« 1.1. bis 31.12.
0033 3 84762286 220 m
mairie@vaivre-et-montoille.fr

➔ E 23, Épinal-Vesoul, am Kreisverkehr nach Vaivre-et-Montoille abfahren, nach ca. 800 m rechts zum Stellplatz einbiegen, ausgeschildert. ✉ 20 Avenue des Rives du Lac (GPS: 47°37'46"N / 6°7'36" E).
∴ Historischer Ortskern.

Ch | 100 m 1 km

Stellplatz auf einem gemischten Parkplatz beim Lac de Vaivre. Ausgewiesene und markierte Stellflächen auf Asphalt. Ortszentrum 1 km entfernt. 20 Touristenplätze.

70100 Gray, Franche-Comté ST-F 4790

»AIRE DE CAMPING-CAR GRAY« April bis Okt.
0033 3 84651815 220 m
tourisme@cc-valdegray.fr, www.tourisme-valdegray.com

➔ A 31, Nancy - Dijon, Abf. (4) auf die D 70 nach Gray. Dort auf die D 67 Richtung Zentrum und nach der Brücke über die Saône, links einbiegen, ausgeschildert. ✉ Rue de la Plage (GPS: 47°27'9"N / 5°36'8" E).
∴ Basilika Notre-Dame, Rathaus, Brücke über die Saône.

Ch | 20 m 100 m 500 m

Stellplatz speziell für Reisemobile am Ufer der Saône, vor dem kommunalen Campingplatz. Ausgewiesene und durch Büsche und Hecken parzellierte, ebene Stellfächen auf Schotter. Ortszentrum 1 km entfernt. 25 Touristenplätze.

25000 Besançon, Franche-Comté ST-F 4800

Abfahrt

»AIRE COMMUNALE QUAI VEIL-PICARD« 1.1. bis 31.12.
0033 3 81809255 235 m
info@besancon-tourisme.com, www.besancon-tourisme.com

➔ E 23, Besançon-Pontarlier, Abf. (61) auf die D 673 (Rue de Dole), nach ca. 3 km rechts in die Rue d'Arènes einbiegen, ausgeschildert. ✉ 71, Quai Veil-Picard (GPS: 47°14'14"N / 6°0'58" E).
∴ Historische Altstadt, Porte Noire, Kathedrale, Zitadelle von Besançon, Tour des Cordeliers, Tour de la Pelote.

Ch | 500 m

Stellplatz speziell für Reisemobile am Fluss Doubs in der Nähe des Zentrums (Zufahrt über die Rue d'Arènes). Ausgewiesene und markierte Stellflächen auf Asphalt, bis 8 m Länge. Aufenthalt max. 3 Nächte. Ortszentrum 500 m entfernt. 12 Touristenplätze.

25110 Baume-les-Dames, Fr.-Comté ST-F 4829

»AIRE DE CAMPING-CAR BAUME LES DAMES« 1.1. bis 31.12.
0033 3 81847812 260 m
camping-baume-les-dames@orange.fr
www.ot-paysbaumois.fr/halte-camping-cars-baume-les-dames.html

➔ A 36, Belfort - Besançon, Abf. (5) auf die D 50 nach Baume-les-Dames. Dort am südlichen Ortsrand nach der Brücke über den Fluss Doubs rechts in den Quai du Canal einbiegen, ausgeschildert. ✉ Quai du Canal (GPS: 47°20'24"N / 6°21'30" E).
∴ Historische Altstadt, Kirche Saint-Martin.

WC W W Ch | 800 m

Stellplatz speziell für Reisemobile am Rhein-Rhône-Kanal. Ausgewiesene und durch Hecken und Büsche parzellierte Stellflächen auf Wiese und Schotter. Von Rasenflächen umgeben. Ortszentrum 1.5 km entfernt. 40 Touristenplätze.

25130 Villers-le-Lac, Fran.-Comté ST-F 4869

»VEDETTES PANORAMIQUES« 1.4. bis 30.10.
0033 3 81680534 650 m
vedettespanoramiques@orange.fr
www.vedettes-panoramiques.com/aire-transport.php

➔ E 23, Besançon-Pontarlier, in Doubs auf die D 437 Richtung Morteau abbiegen, dort weiter auf der D 461 nach Villers-le-Lac. In Villers-le-Lac im Ortszentrum bei der Brücke über den Fluss Doubs. ✉ 2, place Maxime Cupillard (GPS: 47°3'35"N / 6°40'16" E).
∴ Musée de la Montre (Geschichte der Uhrenindustrie), Musée de la Radio.

Ch | 100 m

Stellplatz bei einem Anbieter für Schiffsrundfahrten im Ortszentrum direkt am Fluss Doubs. Leicht abfallende Stellflächen auf Asphalt, bis 7 m Länge. Maximal 1 Nacht (24 Std.) Aufenthalt möglich und im Sommer nur vor 9.30 Uhr und nach 16.30 Uhr! 25 Touristenplätze.

25160 Saint-Point-Lac, Fran.-Comté ST-F 4892

»AIRE COMMUNALE ST. POINT LAC« 15.3. bis 15.11.
0033 3 81696208 850 m
www.airecampingcar-saintpointlac.fr

➔ E 23/N 57, Besançon - Pontarlier, südlich von Pontarlier auf die D 437 bis Oye-et-Pallet, dort weiter auf der D 129 nach St. Point Lac. Im Ort direkt am Hafen gelegen. ✉ 7 rue du Lac (GPS: 46°48'43"N / 6°18'12" E).
∴ Dorfkirche von Saint-Point-Lac.

WC W W Ch

100 m

Stellplatz speziell für Reisemobile am Lac de Saint-Point. Ausgewiesene Stellflächen auf Schotter, ohne Längenbeschränkung. Der Stellplatz kann auch im Winter angefahren werden - solange kein Schnee liegt! Ortszentrum 200 m entfernt. 30 Touristenplätze.

25370 Métabief, Franche-Comté ST-F 4896

15 »AIRE CAMPING-CAR DE MÉTABIEF« 1.1. bis 31.12.
0033 63 2707750 930 m
metabief@destination-hautdoubs.com
www.tourisme-metabief.com/fiche/aire-de-services-les-crets.html

➔ E 23/N 57, Besançon - Jougne (F/CH-Grenze), bei Touillon-et-Loutelet auf die D 45/D 9 nach Métabief abfahren. In Métabief am südlichen Ortsrand gelegen, der Ausschilderung 'Métabief Aventures' folgen. ✉ Avenue des crêts (GPS: 46°45'51"N / 6°20'42" E).

Ch 1 km

Beschrankter und umzäunter Stellplatz speziell für Reisemobile am Ortsrand. Beleuchtet. Durch Holzbalken parzellierte Stellflächen auf Schotter, ohne Längenbeschränkung. Ver- und Entsorgung nur im Sommer möglich. Zahlung am Automaten per Kreditkarte. Ortszentrum 1.5 km entfernt. 38 Touristenplätze.
2022: St/N 12.95, Wasser/100 l 2.–, Strom/4 Std. 2.–. Müllgeb. und Entsorgung inklusive.

39130 Clairvaux-les-Lacs, Fr.-Com. ST-F 4906

»AIRE COMMUNALE CLAIRVAUX LES LACS« 1.4. bis 31.10.
0033 3 84258242 450 m
mairie@clairvaux-les-lacs.com, **www.clairvaux-les-lacs.com**

➔ A 39, Dijon-Lyon, Abf. (8) auf die D 678 über Lons-le-Saunier nach Clairvaux les Lacs. Dort am nordwestlichen Ortsrand an der D 678 gelegen, ausgeschildert. ✉ Route de Lons (GPS: 46°34'53"N / 5°44'50" E).
Altstadt, Pfarrkirche Saint-Nithier.

Ch 100 m 800 m

Stellplatz auf einem für Wohnmobile ausgewiesenen Parkplatz gegenüber der Gendarmerie Nationale. Ebene Stellflächen auf Schotter, bis 10 m Länge. Aufenthalt max. 3 Nächte. Ortszentrum 1 km entfernt. 6 Touristenplätze.

39110 Salins-les-Bains, Fr.-Comté ST-F 4955

»AIRE MUNICIPALE SALINS LES BAINS« 1.1. bis 31.12.
0033 3 84731012 285 m
salins@cdj-tourisme.com, **www.salins-les-bains.com**

➔ N 83, Besançon - Poligny, in Mouchard auf die D 472 nach Salins-les-Bains abfahren. Dort südlich des Ortszentrums an der D 472 gelegen, ausgeschildert. ✉ Place Aubarède (GPS: 46°55'57"N / 5°52'45" E).
Kirche Saint-Anatoile, Kirche Saint-Maurice, Kapelle Notre-Dame Libératrice, Saline, Fort Belin, Fort Saint-Andrén.

Ch 400 m

Stellplatz auf einem gemischten Parkplatz. Ausgewiesene und markierte Stellflächen auf Asphalt. Ver- und Entsorgungsmöglichkeit vorhanden. Ortszentrum 600 m entfernt. 6 Touristenplätze.

21200 Beaune, Burgund ST-F 5030

»PARKING CHARLES DE GAULLE« 1.1. bis 31.12.
0033 38 0262130 210 m
contacts@beaune-tourisme.fr, **www.ot-beaune.fr**

Abfahrt

➔ A 6/A 31, Dijon-Lyon, Abf. (24.1) Richtung Beaune-Centre. Nach ca. 2.5 km auf der linken Seite. ✉ Avenue Charles de Gaulle (GPS: 47°1'3"N / 4°50'10" E).
Altstadt, Stadtmauer, Weinmuseum, Häuser aus dem 16. Jh. in der Rue de Lorraine.

Ch 500 m

Stellplatz auf einem gemischten Parkplatz. Markierte Stellflächen auf Asphalt, bis 8 m Länge. Ortszentrum 1 km entfernt. 6 Touristenplätze.

21000 Dijon, Burgund ST-F 5040

»AIRE DE CAMPING-CAR DU LAC KIR« Apr. bis Okt.
0033 380305401 240 m
contact@camping-du-lac-dijon.com, **www.camping-du-lac-dijon.com**

Abfahrt

➔ A 31, Nancy-Dijon, bei Dijon auf die A 38, dann westlich von Dijon auf die D 905 Richtung Dijon-Centre, ausgeschildert. Durchfahrtshöhe kurz vor dem Platz 3 m. Fahrzeuge über 3 m müssen der Ausschilderung Centre Hospitalier und dem CP-Schild folgen. ✉ Boulevard Chanoine Kir 3 (GPS: 47°19'16"N / 5°0'39" E).
Historisches Stadtzentrum, Kunstmuseum, Archäologisches Museum, Musée de la Vie Bourguignonne Perrin de Puycousin.

WC W W Ch 500 m

Stellplatz vor einem Campingplatz. Ausgewiesene Stellflächen auf Asphalt. Ortszentrum 1.5 km entfernt. 20 Touristenplätze.

21330 Laignes, Burgund ST-F 5097

»AIRE COMMUNALE LAIGNES« 1.1. bis 31.12.
0033 3 80814303 200 m
mairielaignes@orange.fr, **www.laignes.fr**

➔ A 6, Auxerre-Beaune, Abf. (20) auf die D 965 nach Tonnerre und weiter auf der D 965 Richtung Chaumont. In Laignes auf die D 953, am nördlichen Ortsrand links in die Chemin du Moulin Neuf einbiegen, ausgeschildert. ✉ Le Moulin Neuf (GPS: 47°50'55"N / 4°21'39" E).
Kirche Saint-Didier, Kapelle Sainte-Marguerite, Café Les Chiens Blancs.

Ch 800 m

Stellplatz speziell für Reisemobile an einem kleinen Bach am Ortsrand. Ebene bis leicht wellige Stellflächen auf Wiese, bis 7 m Länge. Frischwasser und Entsorgung von Grauwasser möglich. Ortszentrum 800 m entfernt. 7 Touristenplätze.

89630 Quarré-les-Tombes, Burg. ST-F 5153/1

»AIRE MUNICIPALE QUARRÉ LES TOMBES« 1.4. bis 31.10.
0033 3 86322338 300 m
mairie-quarre@wanadoo.fr

➔ A 6, Auxerre-Beaune, Abf. (22), auf die D 646, dann weiter auf der D 606 Richtung Saulieu. In Cussy-les-Forges rechts auf die D 60A nach Quarré-les-Tombes. Dort bei der Kirche links in die Rue des Écoles einbiegen. ✉ Rue des Écoles (GPS: 47°22'5"N / 3°59'59" E).
Kirche Saint-Georges aus dem 14. Jh.

Ch 300 m

Stellplatz auf einem gemischten Parkplatz im Grünen am Ortsrand eines kleinen Dorfes. Von Rasenflächen, Büschen und Bäumen umgeben. Ebene, unparzellierte und schattenlose Stellflächen auf Schotter. Ver- und Entsorgungsmöglichkeit vorhanden. Ortszentrum 300 m entfernt. 10 Touristenplätze.

89630 Quarré-les-Tombes, Burg. ST-F 5153/2

»AUBERGE DE L'ATRE« 1.1. bis 31.12.
0033 3 86322079, Fax 0033 3 86322825
francis.salamolard@free.fr, **www.auberge-de-latre.com**

➔ A 6, Auxerre-Beaune, Abf. (22), auf die D 646, dann weiter auf der D 606 Richtung Saulieu. In Cussy-les-Forges rechts auf die D 60A nach Quarré-les-Tombes. Dort bei der Kirche links in die Rue des Écoles (D 10) abbiegen, ca. 5 km südlich an der D 10 gelegen, ausgeschildert. ✉ Les Lavaults (GPS: 47°19'55"N / 4°1'51" E).
Kirche Saint-Georges aus dem 14. Jh. (5 km).

WC

Stellplatz bei einem Restaurant in ruhiger Einzellage. Stellflächen auf Schotter. Restaurant von Mittwoch bis Sonntag geöffnet. Aufenthalt max. 24 Stunden. Ort 5 km entfernt. 5 Touristenplätze.

58320 Pougues-les-Eaux, Burgund ST-F 5211

»AIRE MUNICIPALE POUGUES LES EAUX« 1.1. bis 31.12.
0033 3 86909600 170 m
accueil@ot-pouguesleseaux.fr, **www.ville-pouguesleseaux.fr**

Abfahrt

➔ A 77, La Charité-sur-Loire - Nevers, Abf. (31), auf die D 907 nach Pougues les Eaux. Dort am Kreisverkehr am nördlichen Ortsrand die 4. Ausfahrt nehmen, ausgeschildert. ✉ RN 7 (GPS: 47°5'0"N / 3°5'36" E).
Kirche Saint-Léger, Casino.

Ch 100 m

Stellplatz auf einem gemischten Parkplatz am Ortsrand zwischen Casino, Fußballplatz und Schwimmbad. Ebene, markierte und schattenlose Stellflächen auf Asphalt. Aufenthalt max. 48 Stunden. Ortszentrum 1 km entfernt. 6 Touristenplätze.

58160 Imphy, Burgund ST-F 5261

»AIRE MUNICIPALE IMPHY« 1.1. bis 31.12.
0033 38690 9500
mairie@ville-imphy.fr, **www.ville-imphy.fr**

➔ A 77, Montargis - Nevers, Abf. (36), auf die D 981 nach Imphy. In Imphy Richtung Zentrum abbiegen, ausgeschildert. ✉ Espace de Loisirs Amphilia (GPS: 46°55'19"N / 3°15'35" E).

Ch 300 m

Stellplatz speziell für Reisemobile in der Nähe des Flusses Loire und der Bahnlinie. Von Rasenflächen und lockerem Baumbestand umgeben. Ausgewiesene, markierte und beleuchtete Stellflächen auf Asphalt, bis 10 m Länge. Picknicktische. Aufenthalt max. 48 Stunden. Ortszentrum 1 km entfernt. 12 Touristenplätze.

F

71400 Autun, Burgund ST-F 5300

»PLAN D'EAU DU VALLON« 1.1. bis 31.12.
0033 3 85868038
welcome@autun-tourisme.com, **www.autun-tourisme.com**

➔ A 6, Beaune - Mâcon, Abf. 25 Chalon Nord, auf die D 906 Richtung Chalon Centre. Nach ca. 650 m auf die D 978 Richtung Autun abbiegen. In Autun am östlichen Ortsrand am See Plan d'eau du Vallon gelegen, ausgeschildert. ✉ Parking plan d'eau du Vallon (GPS: 46°57'19"N / 4°19'0" E).
Stadtmauer, antike Stadttore Porte d'Arroux und Porte Saint-André, römisches Amphitheater, Musée Rolin, Muséum d'histoire naturelle d'Autun.

WC Ch 200 m 1 km

Stellplatz speziell für Reisemobile am Ortsrand an einem kleinen See. Markierte, ebene und schattenlose Stellflächen auf Asphalt. Neben einer Skaterbahn. Ortszentrum 2 km entfernt. 20 Touristenplätze.

71500 Louhans, Burgund ST-F 5343

»STELLPLATZ AM HAFEN« 1.4. bis 30.10.
0033 38 5767510 180 m
campingcar@louhans-chateaurenaud.fr, **www.louhans-chateaurenaud.fr**

➔ A 6, Chalon-sur-Saône-Lyon, in Tournus auf die D 971 nach Louhans, am westlichen Ortsrand von Louhans an der D 971 ausgeschildert. ✉ Rue du Port (GPS: 46°37'47"N / 5°12'49" E).
Historischer Ortskern mit 157 Arkaden auf der Grande Rue, Häuser aus dem 15. Jh, Markt von Louhans.

WC W W WC Ch 700 m

Stellplatz speziell für Reisemobile am Fluss. Stellflächen auf Schotter, bis 9 m Länge. Ortszentrum 500 m entfernt. 25 Touristenplätze.

05560 Vars, Pr.-Alpes-Côte d'Azur ST-F 6630

»AIRE DE CAMPING CAR VARS« 1.1. bis 31.12.
0033 4 92465009 1890 m
info@otvars.com, **www.otvars.com**

➔ N94, Gap-Briançon, auf die D902A nach Guillestre abbiegen, weiter auf der D902 nach Vars. ✉ Allée Trub Charles (GPS: 44°34'31"N / 6°40'40" E).

Ch | 500 m

Stellplatz auf dem Parkplatz des Skizentrums von Vars. Ebene bis leicht abfallende Stellflächen auf Kies. Jetons für Strom sind im Tourismusbüro erhältlich. Ortszentrum 500 m entfernt. 20 Touristenplätze.

05160 Savines-le-Lac, Pr.-Alp.-C. ST-F 6645

»CAMPINGCAR PARK DE SAVINES LE LAC« 1.1. bis 31.12.
0033 4 92442003
www.serreponcon-tourisme.com

➔ N94 Gab - Embrun, nach der Brücke in Savines le Lac rechts auf die D954 Richtung Barcelonnette abbiegen. Nach ca. 100 m auf der linken Seite. ✉ Avenue du Faubourg (GPS: 44°31'31"N / 6°24'2" E).

Ch | 100 m 150 m 250 m

Beleuchteter Stellplatz am Ortsrand in Seenähe. Teils Blick auf die umliegenden Berge. Ebene bis leicht geneigte, markierte Stellflächen auf Asphalt. Bezahlung am Automaten. Es wird eine PASS'ESAPES-Karte benötigt (die Karte kostet 4 € und ist lebenslang gültig). Max. 3 Nächte Aufenthalt möglich! 20 Touristenplätze.

04000 Digne-les-Bains, Pr.-Alp.-C. ST-F 6722

»AIRE DE CAMPING-CAR« Feb. bis Nov.
0033 4 92323292
thermes@thermesdignelesbains.com

➔ A51, Gap - Manosque, Abf. (21) Château Arnoux, auf die N85 nach Digne-les-Bains und der Ausschilderung 'Les Thermes' folgen. ✉ 29, avenue des Thermes (GPS: 44°4'47"N / 6°15'41" E).

Ch | 100 m

Offizieller Stellplatz auf einem Parkplatz außerhalb von Digne-les-Bains, beim Thermalbad. In einem kleinen engen Tal mit Blick auf die bewaldeten Hügeln gelegen. Überwiegend schattenlose Stellflächen auf Asphalt/Splitt, ohne Längenbeschränkung. Die Jetons für Frischwasser sind beim Thermalbad erhältlich. Wanderwege in der Nähe. Ort 2 km entfernt. 30 Touristenplätze.

04320 Entrevaux, Pr.-Alp.-C. d'Azur ST-F 6771

»PARKING A LA GARE« 1.1. bis 31.12.
0033 493054673 420 m
tourisme@mairie-entrevaux.fr

➔ A 8, westlich Nizza auf die D 6202 Richtung Digne. Der Platz liegt im Ort hinter dem Bahnhof. ✉ La Gare (GPS: 43°56'55"N / 6°48'50" E).
Zitadelle, ehemalige Bischofskirche.

RES WC | 500 m

Stellplatz auf einem gemischten Parkplatz bei dem Bahnhof. Stellflächen auf Asphalt, beleuchtet. Stellplatz-Länge bis 8 m. Ortszentrum 500 m entfernt. 10 Touristenplätze.

04400 Uvernet-Fours, Pr.-Alp.-C. ST-F 6795

»AIRE MUNICIPALE UVERNET-FOURS« 1.1. bis 31.12.
0033 4 92841004 1600 m
info@praloup.com

➔ D900 Gap - Barcelonnette, in Les Thuiles auf die D109 nach Uvernet-Fours abbiegen. Weiter zum Skigebiet Pra Loup. ✉ Lieu-dit Les Choupettes (GPS: 44°22'2"N / 6°36'22" E).

Ch | 3 km

Stellplatz auf einem Parkplatz an der Talstation eines Skigebietes. Stellflächen auf Asphalt. Aufenthalt max. 1 Nacht. Ort 3 km entfernt. 20 Touristenplätze.

06450 Saint-Martin-Vésubie, P.-A.-C. ST-F 6822

»PARKING DU TOURON« 1.1. bis 31.12.
0033 4 93036000
mairie.smv@free.fr

➔ N 202/D 6202, Saint-André-les-Alpes - Nizza, in Villars-sur-Var auf die D 26 und über Massoins, Tournefort, Marie nach Saint-Martin-Vésubie, dort südlich der Ortschaft an der Straße nach Belvédère gelegen ✉ Route de Nice (GPS: 44°3'38"N / 7°15'35" E).
Altstadt (1.5 km). Musée des Traditions Vésubiennes (1.5 km).

Ch H

Kommunaler Stellplatz außerhalb von Saint-Martin-Vésubie auf einem Parkplatz, an der Route des Grandes Alpes. Für Reisemobile reservierte Stellflächen auf Asphalt, bis 8 m Länge. Ort 1.5 km entfernt. 6 Touristenplätze.

06700 Saint-Laurent-du-Var, P.-A.-C. ST-F 6874

0 **»PARKING F. TEISSEIRE«** 1.1. bis 31.12.
0033 4 93313121
www.saintlaurentduvar.fr

Abfahrt

➔ A 8, Nizza - Cannes, Abf. (49) St. Laurent du Var, weiter in Richtung Centre Ville, dann vor der Autobahnunterführung rechts in die Av. Emile Dechame einbiegen, beschildert. ✉ Av. Emile Dechame (GPS: 43°39'59"N / 7°11'45" E).

Stellplatz für Reisemobile auf einem Parkstreifen entlang der Straße. Reservierte und markierte Stellflächen auf Asphalt, bis 7 m Länge. Ortszentrum 2 km entfernt. 5 Touristenplätze.
2022: Stellplatz ist kostenlos.

06130 Grasse, Pr.-Alpes-Côte d'Azur ST-F 6890

»CAMPING LA PAOUTE« 30.9. bis 1.4.
0033 4 93091142, Mobil 0033 7 86153352 123 m
Fax 0033 4 93400640, **camppaoute@hotmail.com**
www.campinglapaoute.com

➔ D 5185 Cannes–Grasse, Abf. nach Moans-Sartoux. Den Ort durchfahren und weiter nach Grasse. Am Ortseingang beim Kreisverkehr die 3. Abf. abbiegen und nach 200 m rechts. ✉ 160 route de Cannes (GPS: 43°38'9"N / 6°56'58" E).
Parfümfabriken.

W W Ch

Stellplatz beim Campingplatz CAMPING LA PAOUTE, wenn der Campingplatz geschlossen hat. Um die Sanitärräume (Duschen) zu benutzen bitte vorher anrufen. Ortszentrum 3 km entfernt.

83440 Fayence, Pr.-Alp.-C. d'Azur ST-F 6907/1

»QUICK STOP CAMPING LOU CANTAIRE« 30.3. bis 1.10.
0033 494762377, Fax 0033 494847811
lou-cantaire@koawa.com, **www.camping-lou-cantaire.fr**

➔ A 8, Nizza - Marseille, Abf. (39) auf die D 37 Richtung Montauroux, dann links auf die D 562 Richtung Draguignan, südlich von Fayence an der D 562 gelegen, ausgeschildert. ✉ Fayence / RD 562 (GPS: 43°35'13"N / 6°40'8" E).

Ch

Quick Stop über Nacht von 17 bis 10 Uhr vor einem Campingplatz. Stellflächen auf Schotter, ohne Längenbeschränkung. Ort 5 km entfernt. 10 Touristenplätze.

83980 Le Lavandou, Pr.-Alp.-C. ST-F 6941

»PARKING CAVALIÈRE« 1.1. bis 31.12.
Mobil 0033 680 252684
victor.marescutti@orange.fr

➔ D98, Hyères - Saint-Tropez, auf die D559 nach Le Lavandou abbiegen, ca. 7 km hinter Le Lavandou an der Küstenstraße D559 gelegen, beschildert. ✉ Avenue du Cap Nègre (GPS: 43°9'7"N / 6°25'51" E).

Ch | 50 m 200 m

Privater Parkplatz an der Küstenstraße. Stellflächen auf Sand und Schotter. Durch lockere Baumreihen gegliedert. Über die Straße zum Strand. Ort 7 km entfernt. 50 Touristenplätze.

83560 Saint-Julien-le-Montagnier, P.-A.-C. ST-F 6973

»CAMPING DE MON VILLAGE LES PORTES DU VERDON«
0033 1 83646921 1.1. bis 31.12.
contact@campingcarpark.com, **www.campingcarpark.com**

➔ A 51 Gap - Aix-en-Provence, Abf. (18) auf die D 4 bis Vinon-sur-Verdon und weiter auf der D 69 nach St.Julien. Am Ortseingang von St. Julien auf der linken Seite, beschildert. ✉ Traverse du Camping Municipal (GPS: 43°41'46"N / 5°54'46" E).

WC W Ch | 50 m HS HS 150 m 300 m

Beschrankter Stellplatz am Ortsrand beim kommunalen Campingplatz. Stellflächen auf Wiese und Kies, durch Bäume und Büsche gegliedert. Ohne Längenbeschränkung. Vom 1.6. bis 30.9. normaler Campingbetrieb mit geöffneten Sanitäranlagen. Kassenautomat. Zugang mit PASS'ÉTAPES. Ortszentrum 300 m entfernt. 35 Touristenplätze.

84340 Malaucène, Pr.-Alp.-C. d'Azur ST-F 7047

»AIRE CAMPING-CAR PARK MALAUCÈNE« 1.1. bis 31.12.
0033 1 83646921
contact@campingcarpark.com, **www.campingcarpark.com**

➔ D938, Nyons - Carpentras, in Malaucène am Ortsaeingang links zu den Sportanlagen abbiegen, beschildert. ✉ Place des Palivettes (GPS: 44°10'39"N / 5°7'48" E).
Kapelle Notre Dame du Groseau.

Ch | 400 m

Stellplatz der Firma Camping-Car Park am Ortsrand neben der Polizeiwache. Markierte und überwiegend schattenlose Stellflächen auf Sand und Schotter. Zugang mit PASS'ÉTAPES. Ortszentrum 300 m entfernt. 35 Touristenplätze.

84260 Sarrians, Pr.-Alp.-Côte d'Azur ST-F 7056

»AIRE MUNICIPALE SARRIANS« 1.1. bis 31.12.
0033 4 90122121
anne.viciano@ville-sarrians.fr, **www.ville-sarrians.fr**

➔ A7 Orange - Marseille, Abf. (22) auf die D907 nach Sarrians, am Kreisverkehr bei Sarrians auf die D221 Richtung Bédarrides dann die zweite Straße rechts. ✉ Avenue de Camargue (GPS: 44°4'47"N / 4°58'41" E).

Ch | 300 m

Stellplatz auf einem Parkplatz bei den Sportanlagen (Tennisplätze) am südöstlichen Ortsrand. Ebene, überwiegend schattenlose Stellflächen auf Schotter, ohne Längenbeschränkung. BMX-Strecke. Ortszentrum 1 km entfernt. 6 Touristenplätze.

84820 Visan, Pr.-Alpes-Côte d'Azur ST-F 7064

»DOMAINE DES LAURIBERT« 1.1. bis 31.12.
0033 4 90352682, Fax 0033 4 90374098
contact@lauribert.com, **www.lauribert.com**

➔ A 7 Montélimar–Avignon, Abf. Bollène. Weiter auf der D 994 Richtung Nyons bis zum Abzweig in Tulette nach Visan. Nach der Ortsdurchfahrt noch 5 km Richtung Valréas weiterfahren, dann rechts der Beschilderung „Roussillac" und „Camping-cars" folgen. Nach 1 km an der Ferme La Haut

Roussillac rechts abbiegen und noch 1 km dem Weg bis zum Weingut folgen. ✉ EARL du Haut Roussillac (GPS: 44°20'57"N / 4°58'15" E).

Ch

Ebener Stellplatz auf Schotter im Weingut mit schönem Blick auf die Weinberge. Maximale 3 Nächte Aufenthalt. Weinverkostung. Ort 4 km entfernt. 20 Touristenplätze.

13009 Marseille, Pr.-Alp.-C. d'Azur ST-F 7122

Abfahrt

»MARLY-PARC« 1.1. bis 31.12.
☎ 0033 6 09 146606
marlyparcmarseille@gmail.com, www.marlyparc.com

➔ A50 Aubagne - Marseille, Abf. (2/2a) La Capelette, auf die D559 Richtung Cassis. Am Rond-Point de Mazargues die erste Ausfahrt in den Boulevard de la Concorde nehmen, an der T-Kreuzung links, dann nach ca. 950 m auf der rechten Seite, beschildert. ✉ 120, Chemin de Morgiou (GPS: 43°14'27"N / 5°24'25" E).
∴ Vieux Port. La Canebière. Div. Museen.

Ch 1 km

Privater Stellplatz für Reisemobile in Baumettes, einem Ortsteil von Marseille. Beschrankt und durch eine Mauer eingerahmt. Parzellierte Stellflächen auf Sand und Schotter, durch Bäume und Büsche gegliedert. Gute ÖPNV-Verbindung nach Marseille. Bezahlung beim Platzwart. Ortszentrum 8 km entfernt. 30 Touristenplätze.

13850 Gréasque, Pr.-Alp.-C. d'Azur ST-F 7124

»PARKING MUSÉE DE LA MINE« 1.1. bis 31.12.
☎ 0033 4 42698606
mairie-greasque@ville-greasque.fr, www.ville-greasque.fr

➔ D96 Aix-en-Provence - Aubagne, auf die D46 nach Grásque abbiegen und der Ausschilderung zum 'Musée de la Mine' folgen. ✉ Puits Hely d'Oissel (GPS: 43°25'59"N / 5°32'4" E).

Ch 800 m

Kommunaler Stellplatz auf dem Parkplatz beim Minenmuseum am Ortsrand. Ebene, schattenlose Stellflächen auf Sand und Schotter, ohne Längenbeschränkung. Ortszentrum 1 km entfernt. 30 Touristenplätze.

13500 Martigues, Pr.-Alp.-C. ST-F 7132/1

»AIRE DE CAMPING-CAR CARRO« 1.1. bis 31.12.
☎ 0033 442423110 3 m
info@martigues-tourisme.com, www.martigues-tourisme.com

➔ A 55 Marseille-Martigues, Abf. Carry-le-Rouet auf die D 9, auf dieser Straße bis zum Ende bleiben, sie führt direkt in den Hafen von Carro und zum Stellplatz. ✉ Quai Jean Vérandy (GPS: 43°19'44"N / 5°2'27" E).
∴ Côte Bleu.

RES Ch 200 m 300 m

Stellplatz am Ortsrand von Carro, direkt am Meer. Stellflächen auf Asphalt, teilweise markiert und unterteilt. Gebühr zahlbar per Kreditkarte. Maximal 3 Nächte Aufenthalt möglich. Ortszentrum 600 m entfernt. 80 Touristenplätze.

13800 Istres, Pr.-Alpes-Côte d'Azur ST-F 7137

»AIRE DE CAMPING-CAR CASTELLAN« 1.1. bis 31.12.
☎ 0033 442817600 10 m
ot.istres@visitprovence.com, www.istres-tourisme.com

➔ A 54 Arles-Marseille, Abf. (13) auf die N 569 Richtung Istres, dort am Kreisverkehr Richtung Zentrum auf die Chemin des Bellons, am Ende rechts auf die Avenue Saint-Exupery, nach. ca. 1.6 km links Richtung Großparkplatz Saintre Catherine und Rathaus in die Chemin du Castellan abbiegen, ausgeschildert. ✉ Chemin du Castellan (GPS: 43°30'56"N / 4°59'34" E).
∴ Historische Altstadt.

RES Ch 500 m

Stellplatz im Ortszentrum am See Étang de l'Olivier. Ebene, parzellierte Stellflächen auf Asphalt, beleuchtet. Stellplatz-Länge bis 8 m. Maximal 2 Nächte Aufenthalt möglich. 12 Touristenplätze.

30900 Nimes, Languedoc-Roussillon ST-F 7210

10 **»DOMAINE DE FONTBESPIERRE«** 1.1. bis 31.12.
☎ 0033 4 66642775, Mobil 0033 614 950390
francis.pfeiffer@nordnet.fr, www.audomainedefontbespierre.com

➔ N106, Nîmes - Alès, kurz hinter Nîmes links auf die D907 Richtung Lédignan abbiegen, nach ca. 3.5 km rechts zum Weingut, beschildert. ✉ 3358, Route d'Anduze (GPS: 43°52'33"N / 4°16'40" E).

Ch

Stellplatz bei einem Weingut in ruhiger Einzellage. Unparzellierte und schattenlose Stellflächen auf einer großen Wiese. Ort 10 km entfernt. 20 Touristenplätze.
2022: St/N 10.–, Strom/N 4.–. Entsorgung und Wasser inklusive.

30300 Beaucaire, Lang.-Rouss. ST-F 7219

»PORT DE BEAUCAIRE« 1.1. bis 31.12.
☎ 0033 4 66590217 150 m
port@beaucaire.fr
www.provence-camargue-tourisme.com/aires-de-camping-car#!

➔ A 9, Nîmes-Orange, Abf. (23) Remoulins, in Remoulins auf die D 6086 nach Beaucaire. Dort der Ausschilderung zum 'Port de Plaisance' folgen. ✉ Quai de la Paix (GPS: 43°48'22"N / 4°38'15" E).
∴ Burg Beaucaire (11. Jh), Rathaus (um 1680).

Ch 100 m 200 m

Stellplatz auf einem gemischten Parkplatz am Freizeithafen. Stellflächen auf Asphalt, bis 7 m Länge. Ver- und Entsorgungsmöglichkeit vorhanden. Ortszentrum 300 m entfernt. 6 Touristenplätze.

30200 Bagnols-sur-Cèze, L.-Rouss. ST-F 7229

»AIRE MUNICIPALE BAGNOLS-SUR-CÈZE« 1.1. bis 31.12.
☎ 0033 4 66505050
mairie@bagnolssurceze.fr, www.bagnolssurceze.fr

➔ A7, Montélimar - Orange, Abf. (19) Bollène, auf die N86 nach Bagnols-sur-Cèze, am Ortseingang am Kreisverkehr Rond-point Jean Monnet gelegen. ✉ Avenue de l'Europe (GPS: 44°10'6"N / 4°37'11" E).

Ch

Städtischer Stellplatz auf einem Parkplatz am nördlichen Ortsrand mit einem für Wohnmobile reservierten Bereich. Unparzellierte schattenlose Stellflächen auf Kies. Aufenthalt max. 24 Stunden. Ortszentrum 700 m entfernt. 20 Touristenplätze.

30110 Branoux-les-Taillades, L.-R. ST-F 7296

15 **»AIRE CAMPING-CAR PARC DE BRANOUX-LES-TAILLADES«**
☎ 0033 4 66340682 1.1. bis 31.12.
contact@campingcarpark.com, www.campingcarpark.com

➔ N106, Alès - Balsièges, in les Taillades an der N106 gelegen, beschildert. ✉ La Placette (GPS: 44°13'34"N / 4°0'37" E).

Ch

Beschrankter und eingezäunter Wohnmobil-Stellplatz am Ortsrand bei der Hauptstraße. An der Gardon d'Alès gelegen. Markierte, ebene bis leicht abfallende Stellflächen auf Asphalt. Infotafel. Boulebahn. Picknickplätze in der Nähe. Müllentsorgung. Ortszentrum 300 m entfernt. 10 Touristenplätze.
2022: St/24 Std. 10.70, KT P/N –.66.

48000 Mende, Languedoc-Roussill. ST-F 7315

»CAMPING-CAR PARK MENDE« 1.1. bis 31.12.
☎ 0033 1 83646921 1000 m
contact@campingcarpark.com
www.campingcarpark.com/en/shop/parking-areas/mende/

➔ A 75, Clermont-Ferrand-Béziers, Abf. (39.1) auf die N 88 nach Mende und dort der Ausschilderung 'Aérodrome' folgen. ✉ Lieu dit Aérodrome Mende Brenou (GPS: 44°30'24"N / 3°31'43" E).
∴ Mittelalterlicher Stadtkern.

Ch

Stellplatz speziell für Reisemobile bei einem kleinen Flugplatz. Markierte Stellflächen auf Asphalt. Brötchenservice im Restaurant. Schöner Blick auf die umliegenden Berge. Ort 4 km entfernt. 34 Touristenplätze.

48400 Florac Trois Rivières, L.-R. ST-F 7388

»AIRE MUNICIPALE DE FLORAC« 1.1. bis 31.12.
☎ 0033 4 66450053
mairieflorac@wanadoo.fr

➔ N 106, Mende - Alès, in Florac dem Parkleitsystem folgen. ✉ Route de Causse (GPS: 44°19'33"N / 3°35'25" E).

Ch 600 m

Städtischer Stellplatz auf einem Parkplatz am Ortsrand, mit einem für Wohnmobile reservierten Bereich. Schöner Blick auf die umliegenden bewaldeten Berge. Stellflächen auf Asphalt, bis 8 m Länge. Aufenthalt max. 24 Stunden. Ortszentrum 200 m entfernt. 15 Touristenplätze.

F

34150 Aniane, Languedoc-Rouss. ST-F 7404/1

»PONT DU DIABLE« 1.1. bis 31.12.
☎ 0033 4 67564197
oti@saintguilhem-valleeherault.fr
www.saintguilhem-valleeherault.fr/accueil-camping-cars

➔ A750, Clermont-l'Hérault - Montpellier, Abf. (59), auf die D32 über Gignac nach Aniane. Der Ausschilderung 'Pont du Diable' folgen. ✉ Route d'Aniane (GPS: 43°42'8"N / 3°33'38" E).
∴ Le Pont du Diable aus dem 11. Jh.

Ch

Offizieller, beschrankter Stellplatz auf einem großen Parkplatz am Fluss Hérault, mit einem für Wohnmobile reservierten Bereich. Ebene Stellflächen auf Kies. Durch Hecken und Büsche gegliedert. Aufenthalt max. 48 Stunden. Ort 2 km entfernt. 10 Touristenplätze.

34250 Palavas-les-Flots, L.-Rouss. ST-F 7430

»BASE FLUVIAL PAUL RIQUET« 1.1. bis 31.12.
☎ 0033 4 67077334
tourisme@palavaslesflots.com, www.palavaslesflots.com

➔ A 9, Montpellier-Nîmes, bei Montpellier auf die A 709 abfahren, dann Abf. (31) Montpellier-Oust, auf die D 132 nach Lattes, dort auf die D 986 nach Palavas les Flots. Dort beim Freizeithafen, ausgeschildert. ✉ Le Bassin de Plaisance (GPS: 43°31'51"N / 3°55'25" E).
∴ Aussichtsturm Phare de la Méditerranée.

WC W Ch 800 m 1 km

Stellplatz speziell für Reisemobile am Freizeithafen. Markierte Stellflächen auf Asphalt. Ortszentrum 500 m entfernt. 140 Touristenplätze.

34110 Frontignan, Lang.-Rouss. ST-F 7437

»AIRE CAMPING-CAR FRONTIGNAN« 2.5. bis 31.12.
0033 6 79732305
tourisme@ville-frontignan.fr
www.tourisme-occitanie.com/aire-de-stationnement-de-camping-cars

➔ A 9, Montpellier-Béziers, Abf. (33) Sète, auf die D 600 Richtung Sète. Am Kreisverkehr am Ortsrand von Sète auf die D 612 nach Frontignan-Plage. Nach Überquerung der Brücke rechts abbiegen und nach ca. 700 m auf der rechten Seite gelegen, ausgeschildert. ✉ Parking Avenue des vacances (GPS: 43°25'53"N / 3°45'31" E).

Ch | 200 m 300 m

Stellplatz speziell für Reisemobile zwischen einem Kanal und einer Lagune. Markierte Stellflächen auf Beton, bis 8 m Länge. Aufenthalt max. 72 Stunden. Ort 3 km entfernt. 49 Touristenplätze.

34300 Agde, Languedoc-Roussill. ST-F 7457/2

»AIRE DE CAMPING-CAR LA CLAPE« 1.1. bis 31.12.
0033 4 67264132
contact@camping-laclape.com
www.campings-sodeal.fr/fr/aire-de-camping-car/

➔ A 9, Montpellier – Narbonne, Abf. Agde in Richtung Cape d'Agde. ✉ 2, Rue du Gouverneur (GPS: 43°17'10"N / 3°31'3" E).

Ch | 500 m

Beschrankter Stellplatz auf einem für Reisemobile angelegten und ausgewiesenen Areal, in Meernähe. Ebene, markierte Stellflächen auf Asphalt. Durch lockere Baumreihen leicht beschattet. Ortszentrum 800 m entfernt. 43 Touristenplätze.

11150 Villasavary, Lang.-Rouss. ST-F 7508

»AIRE CAMPING-CAR PARK VILLASAVARY« 1.1. bis 31.12.
0033 1 83646921
contact@campingcarpark.com, www.campingcarpark.com

➔ A 61 Narbonne - Toulouse, Abf. (21) Castelnaudary, auf die D 623 nach Villasavary. Im Ort ausgeschildert. ✉ Zone du Pradel (GPS: 43°13'7"N / 2°1'58" E).

Ch

Beschrankter halbkreisförmiger Stellplatz außerhalb von Villasavary. Von Hecken und Bäumen eingefasst. Markierte Stellflächen auf Asphalt. Bezahlung am Automaten. Zugang mit PASS'ÉTAPES. Ort 800 m entfernt. 11 Touristenplätze.

11110 Vinassan, Languedoc-Rouss. ST-F 7542

»AIRE MUNICIPALE VINASSAN« 1.1. bis 31.12.
0033 4 68452900
accueil@vinassan.fr, www.vinassan.fr

➔ A9, Béziers - Narbonne, Abf. (37) Narbonne-Est, auf die D168 Richtung Narbonne Plage, dann auf die D31 nach Vinassan. ✉ Rue de la Fond (GPS: 43°12'17"N / 3°4'26" E).

Ch | 200 m

Kommunaler Stellplatz für Reisemobile im Ortszentrum. Umzäunt und beschrankt. Stellflächen auf Sand und Kies unter zahlreichen Bäumen. Parkautomat. Picknickplätze. 16 Touristenplätze.

11370 Leucate-Plage, Lang.-Rouss. ST-F 7558

»AIRE CAMPING CAR LEUCATE PLAGE« 1.1. bis 31.12.
0033 6 76114143 3 m
info@leucate.net, www.tourisme-leucate.fr

➔ A 9 Narbonne-Perpignan, Abf. (40) Leucate, weiter auf der D 627 nach Leucate-Plage. Dann den Campingplatz-Schildern folgen. ✉ Chemin du Mouret (GPS: 42°54'1"N / 3°3'9" E).

Ch | 400 m

Stellplatz auf dem Kap am Strand von Leucate-Plage. Schattenlose Stellflächen auf Sand und Splitt, durch Holzbalken parzelliert. Ort 2 km entfernt. 236 Touristenplätze.

11220 Lagrasse, Languedoc-Rouss. ST-F 7568

»AIRE DE CAMPING-CAR LAGRASSE« 1.1. bis 31.12.
0033 4 68431156
si.lagrasse@wanadoo.fr, www.lagrasse.fr/?page_id=113

➔ A61, Carcassonne-Narbonne, Abf. (25) Lézignan, auf die D611 nach Lagrasse. Im Ort der Ausschilderung zum Parkplatz 'P2' folgen. ✉ Rue Paul Vergnes (GPS: 43°5'35"N / 2°37'14" E).

Ch | 300 m

Städtischer Stellplatz auf einem Parkplatz am Ortsrand. Unparzellierte Stellflächen auf fester Erde und Wiese. Durch Baum- und Buschreihen gegliedert und leicht beschattet. Aufenthalt max. 48 Stunden. Ortszentrum 300 m entfernt. 15 Touristenplätze.

11500 Quillan, Languedoc-Roussill. ST-F 7590

»AIRE CAMPING-CAR PARK COEUR DU PAYS CATHARE«
0033 1 83646921 1.1. bis 31.12.
contact@campingcarpark.com, www.campingcarpark.com

➔ D 117 Perpignan - Foix, in Quillan am südlichen Ortsausgang rechts in die Rue Baptiste Marcet einbiegen. ✉ Rue Baptiste Marcet 20 (GPS: 42°52'17"N / 2°10'54" E).

Ch | 300 m

Beschrankter Stellplatz am Ortsrand, mit schönem Blick auf die umliegenden Berge. Große, markierte und schattenlose Stellflächen auf einem langen Kiesstreifen. Zugang mit PASS'ÉTAPES. Bezahlung am Automaten. Ortszentrum 300 m entfernt. 29 Touristenplätze.

66190 Collioure, Languedoc-Rouss. ST-F 7640

»AIRE MUNICIPALE DU CAP DOURATS« 1.1. bis 31.12.
0033 4 68820566 81 m
contact@collioure.com, www.collioure.com

➔ A 9 Perpignan-Le Boulou, Abf. (43) Le Boulou, weiter über die D 618 nach Argelès-sur-Mer und dort auf die D 914 nach Collioure-Centre. Beschildert. ✉ Route de Madeloc (GPS: 42°31'32"N / 3°4'7" E).
Wehrkirche Notre-Dame-des-Anges und Festung Château Royal von Collioure (2 km).

WC Ch

Am Hang terrassierter Parkplatz gegenüber einer Tennisanlage oberhalb des Ortes. Leicht abschüssige, markierte Stellflächen auf Asphalt, wenig Schatten. Maximal 2 Nächte Aufenthalt möglich! Ortszentrum 2 km entfernt. 15 Touristenplätze.

66690 Saint-André, Lang.-Rouss. ST-F 7641

»PARKING DE TAXO« 1.1. bis 31.12.
0033 4 68890485
contact@saint-andre66.fr, www.saint-andre66.fr

➔ A9 Perpignan - Le Boulou, Abf. (43) nach Argelès-sur-Mer, Abf. Saint-André, im Ortszentrum den P-Symbolen folgen. ✉ Rue de Taxo (GPS: 42°33'9"N / 2°58'25" E).

Ch | 250 m

Kommunaler Stellplatz auf einem Parkplatz im Ortszentrum. Für Reisemobile reservierte Stellflächen auf Asphalt, bis 8 m Länge. Maximal 3 Nächte (72 Std.) Aufenthalt möglich! 6 Touristenplätze.

66320 Vinça, Languedoc-Roussillon ST-F 7668

»AIRE CAMPING-CAR PARK VINÇA LE LAC« 1.1. bis 31.12.
0033 1 83646921
contact@campingcarpark.com, www.campingcarpark.com

➔ N116, Perpignan – Andorra, Abf. Vinça auf die D13G, am ersten Kreisverkehr links abbiegen, beschildert. ✉ Base nautique-Lac des Escoumes (GPS: 42°38'58"N / 2°31'55" E).

Ch | 100 m 400 m

Privater Stellplatz außerhalb der Ortschaft am Lac des Escoumes. Beschrankt und umzäunt. Ebene Stellflächen auf Asphalt, ohne Längenbeschränkung. Überwiegend schattenlos. Geringe Lärmbelastung durch die nahe Hauptstraße. Zugang mit PASS'ÉTAPES. Ortszentrum 300 m entfernt. 35 Touristenplätze.

66800 Saillagouse, Lang.-Rouss. ST-F 7693

»AIRE MUNICIPALE SAILLAGOUSE« 1.1. bis 31.12.
0033 4 68047289
tourisme@pyrenees-cerdagne.com, www.saillagouse.com

➔ N 116, Perpignan – Andorra, in Saillagouse schräg gegenüber des Rathauses und der Post in die Rue des Sports einbiegen, beschildert. ✉ Rue des Sports (GPS: 42°27'27"N / 2°2'15" E).

Ch | 100 m

Offizieller Stellplatz auf einem Parkplatz im Ortszentrum. Für Reisemobile reservierte Stellflächen auf Asphalt. Jetons für die Ver- und Entsorgung sind beim Rathaus und der Tourist-Information erhältlich. 7 Touristenplätze.

09140 Oust, Midi-Pyrénées ST-F 7783

»QUICK-STOP CAMPING LES 4 SAISONS« 1.1. bis 31.12.
Mobil 0033 672 446268 500 m
camping.ariege@gmail.com, www.campingartigat.com

➔ A 64, Toulouse-Pau, Abf. (20) auf die D 117 bis Saint-Girons. Dort auf die D 618 nach Seix-Oust. Südlich von Oust an der D 32 nach Aulus gelegen, ausgeschildert. ✉ Route d'Aulus (GPS: 42°52'17"N / 1°13'12" E).
Überreste von Schloss Château de Mirabat, Herrenhaus Manoir de Roquemaurel, Steinbrücke über den Garbet.

WC W Ch W W HS HS

Quick-Stop über Nacht auf einem gesonderten Platzteil bei einem Campingplatz. Stellflächen auf Schotter, ohne Längenbeschränkung. Bar. Imbiss. Ortszentrum 500 m entfernt. 10 Touristenplätze.

31250 Revel, Midi-Pyrénées ST-F 7814

»AIRE CAMPING-CAR PARK MOULIN DU ROY« 1.1. bis 31.12.
0033 1 83646921
contact@campingcarpark.com
www.campingcarpark.com/en/shop/parking-areas/revel/

➔ D 2 und D 622, Toulouse - Castres, in Revel auf die D 1 Richtung Durfort abbiegen und der Ausschilderung zum Camping Municipal olgen. ✉ Avenue Julien Nouguier (GPS: 43°27'14"N / 2°0'50" E).
Zentrale Markthalle mit Glockenturm.

Ch

Privater Stellplatz auf einem für Reisemobile angelegten Gelände. Am Ortsrand hinter dem Fußballstadion gelegen. Locker parzellierte Stellflächen auf Kies und Rasen. Durch vereinzelte unterschiedliche Bäume aufgelockert. Picknickplätze. Gesundheitspfad "Les Jardins de la Rigole". Keine Aufenthalts- und Längenbeschränkung. Zugang mit PASS'ÉTAPES. Ortszentrum 1.5 km entfernt. 28 Touristenplätze.

31310 Rieux-Volvestre, M.-Pyrénées ST-F 7864

»AIRE CAMPING-CAR PARK L'ETAP DU PLAN D'EAU«
0033 1 83646921 1.1. bis 31.12.
contact@campingcarpark.com, www.campingcarpark.com/en

➔ A64, Toulouse - Tarbes, Abf. (25) St Élix le Château, auf die D25 nach Rieux-Volvestre, im Ort der Ausschilderung zum Schwimmbad und zum

Campingplatz folgen. ✉ Le Plan d'eau (GPS: 43°16'9"N / 1°10'42" E).

Ch HS HS100 m

Privater Stellplatz auf einem für Reisemobile angelegtem Gelände, direkt am Fluss Garonne, außerhalb der Ortschaft. Parzellierte Stellflächen auf Kies, durch Grasstreifen und Bäume gegliedert. Durch lockeren Baumbestand leicht beschattet. Keine Längen- und Aufenthaltsbeschränkung. Zugang mit PASS'ÉTAPES. Ort 1.5 km entfernt. 12 Touristenplätze.

31800 Saint-Gaudens, M.-Pyrénées ST-F 7880

Abfahrt

10 **»LE BELVÉDÈRE AIRE DE SERVICES«** 1.1. bis 31.12.
☎ 0033 5 61947800
mairie@stgo.fr, www.tourisme-stgaudens.com

➔ A64, Toulouse - Tarbes, Abf. (18) Saint Gaudens, im Ort der Ausschilderung zum Krankenhaus folgen, am Kreisverkehr "Place de l'amiral Castex" ausgeschildert. ✉ 1, Rue des Chanteurs du Comminges (GPS: 43°6'36"N / 0°42'30" E).

Ch

Stellplatz am Ortsrand auf dem ehemaligen kommunalen Campingplatz. Durch Hecken parzellierte, ebene Stellflächen auf Wiese. Durch Baumreihen teils beschattet. Ohne Längenbeschränkung. Ortszentrum 1.5 km entfernt. 60 Touristenplätze.
2022: St/N inkl. 2 P/N 8.–. Entsorgung, Wasser und Strom inklusive. Parkautomat.

65170 Saint-Lary-Soulan, M.-Pyrén. ST-F 7921

»PARKING DU STADE« 1.1. bis 31.12.
☎ 0033 5 62408787
mairie@mairie-saint-lary.fr

➔ A 64, Tarbes-Toulouse, Abf. (16) auf die D 929 nach Arreau und weiter auf der D 929 bis St.-Lary Soulan. Dort am nördlichen Ortsrand ausgeschildert. ✉ Route de Vieille Aure (GPS: 42°49'21"N / 0°19'24" E).

WC Ch 400 m 600 m

Stellplatz auf einem gemischten Parkplatz am Ortsrand. Ausgewiesene und markierte Stellflächen auf Asphalt, bis 9 m Länge. Schöner Blick auf die umliegenden Berge. Ortszentrum 500 m entfernt. 40 Touristenplätze.

65400 Agos-Vidalos, Midi-Pyrénées ST-F 7938

»AIRE CAMPING-CAR PARK LE PIBESTE« 1.1. bis 31.12.
☎ 0033 1 83646921
contact@campingcarpark.com
www.campingcarpark.com/en/shop/parking-areas/agos-vidalos-le-pibeste/

➔ N 21 Tarbes - Lourdes, bei Lourdes auf die D 821 Richtung Argelès-Gazost, Abf. Agos-Vidalos, ausgeschildert. ✉ 16, Avenue du Lavedan (GPS: 43°2'8"N / 0°4'15" W).

Ch

Privater, beschrankter Stellplatz auf einem für Reisemobile angelegten Gelände mit schönem Blick auf die Berge. Überwiegend schattenlose Stellflächen auf Kies oder Rasen, durch Hecken und Büsche gegliedert. Keine Längen- und Aufenthaltsbeschränkung. Zugang mit PASS'ÉTAPES. Wanderwege in der Umgebung. Ortszentrum 300 m entfernt. 24 Touristenplätze.

32460 Le Houga, Midi-Pyrénées ST-F 8005

»LA FERME AUX CERFS« März bis Dez.
☎ 0033 5 62089697
contact@lafermeauxcerfs.com, www.lafermeauxcerfs.com

➔ A65, Langon - Pau, Abf. (6) Aire-sur-l'Adour auf die D824 Richtung Villeneuve-de-Marsan, nach ca. 12 km auf die D30 nach Le Houga, ca. 1.5 km vor Le Houga an der Hauptstraße gelegen, beschildert. ✉ Route de Mont de Marsan (GPS: 43°46'57"N / 0°12'16" W).

WC Ch

Privater Stellplatz bei einem Bauernhof mit Hirschzucht. Stellflächen auf Wiese, ohne Längenbeschränkung. Aufenthalt max. 48 Stunden. Voranmeldung erwünscht. Restaurant und Verkauf von Hofprodukten. Ort 1.5 km entfernt. 15 Touristenplätze.

32100 Condom, Midi-Pyrénées ST-F 8030

»AIRE COMMUNALE CONDOM« 1.1. bis 31.12.
☎ 0033 5 62281732
mairie.condom@condom.org, www.tourisme-condom.com

➔ D931, Agen - Aire-sur-l'Adour, am südlichen Ortsausgang von Condom bei den Sportanlagen links zum Fluss abbiegen, beschildert. ✉ Chemin de l'Argenté (GPS: 43°56'56"N / 0°21'50" E).

Ch 800 m

Offizieller Stellplatz am Ortsrand hinter dem kommunalen Campingplatz. Beleuchtet und umzäunt. Große, ebene Wiesenfläche mit vereinzelten Büschen und asphaltierten Stellflächen. Infotafel. Picknickplätze. Aufenthalt max. 3 Nächte. Ortszentrum 1.5 km entfernt. 12 Touristenplätze.

32160 Beaumarchés, Midi-Pyrénées ST-F 8042

0 **»AIRE DE SERVICES ET STATIONNEMENT CAMPING-CAR BEAUMARCHÉS«**
☎ 0033 5 62693517 1.1. bis 31.12.

➔ A65 Langon - Pau, Abf. (6) Aire sur l'Adour auf die D935 in Richtung Marciac, in Beaumarchés beschildert. ✉ Lotissement de Trempat (GPS: 43°35'13"N / 0°5'29" E).

Ch 500 m

Kommunaler, ausgeschilderter Stellplatz auf einer Fläche am Ortsrand. Unebene Stellflächen auf leicht abfallendem Schotterrasen. Aufenthalt max. 3 Nächte. Ortszentrum 500 m entfernt. 5 Touristenplätze.
2022: Stellplatz ist kostenlos.

82100 Castelsarrasin, M.-Pyrénées ST-F 8106

Abfahrt

»AIRE MUNICIPALE CASTELARRASIN« 1.1. bis 31.12.
☎ 0033 5 63320139 73 m
office.tourisme@ville-castelsarrasin.fr
www.canal-et-voie-verte.com/Aire-de-Castelsarrasin?lang=fr

➔ A 62, Bordeaux-Toulouse, Abf. (9), auf die D 813 nach Castelsarrasin. Dort am westlichen Ortsrand gelegen, ausgeschildert. ✉ Allee de la Source (GPS: 44°2'19"N / 1°6'8" E).
∴ Historische Altstadt, Kirche Saint-Sauveur, Kirche Saint-Jean, Kapelle Notre-Dame d'Alem, Hafen Jacques Cousteau am Garonne-Seitenkanal.

Ch 600 m

Stellplatz speziell für Reisemobile im Grünen am Ortsrand. Stellflächen auf Schotter. Ortszentrum 500 m entfernt. 60 Touristenplätze.

82150 Roquecor, Midi-Pyrénées ST-F 8190

»AIRE MUNICIPALE ROQUECOR« 1.1. bis 31.12.
☎ 0033 5 63952139
mairie-roquecor@info82.com

➔ D 656, Tournon-d'Agenais - Agen, auf die D 82 nach Roquecor abbiegen, den Ort auf der D 82 durchfahren und am Ortsausgang links zum Stellplatz abbiegen, ausgeschildert. ✉ (GPS: 44°19'24"N / 0°56'38" E).

Ch 300 m

Städtischer Stellplatz auf einem Parkplatz am Ortsrand, mit einem für Wohnmobile reservierten Bereich. Markierte, leicht abfallende Stellflächen auf Asphalt. Aufenthalt max. 48 Stunden. Ortszentrum 300 m entfernt. 6 Touristenplätze.

81500 Lavaur, Midi-Pyrénées ST-F 8220

»AIRE COMMUNALE LAVAUR« 1.1. bis 31.12.
☎ 0033 5 63831220
mairie@ville-lavaur.fr, www.ville-lavaur.fr

➔ D 112, Toulouse - Castres, südlich von Lavaur an der D 87 nach Caraman gelegen, beschildert. ✉ Chemin d'en Trabouillou (GPS: 43°41'10"N / 1°49'3" E).

Ch 200 m

Offizieller Stellplatz auf einem Parkplatz am Ortsrand. Ebene markierte Stellflächen auf Asphalt. Abfallentsorgung möglich. Ortszentrum 2 km entfernt. 7 Touristenplätze.

81210 Roquecourbe, Midi-Pyrénées ST-F 8240

»CAMPING DE MON VILLAGE DE ROQUECOURBE«
☎ 0033 1 83646921 1.1. bis 31.12.
contact@campingcarpark.com, www.campingcarpark.com

➔ D612, Albi - Castres, ca. 10 km nördlich von Castres auf die D30 nach Roquecourbe abbiegen, südlich von Roquecourbe nach der Brücke über den Agout rechts abbiegen, beschildert. ✉ Allée de Siloë (GPS: 43°39'39"N / 2°17'17" E).

Ch 800 m

Beschrankter Stellplatz auf dem Gelände des ehemaligen kommunalen Campingplatzes. Am südlichen Ortsrand direkt am Ufer der Agout gelegen. Ebene bis leicht abfallende Stellflächen auf Rasen, durch Hecken und hohe Laubbäume gegliedert. Keine Längen- und Aufenthaltsbeschränkung. Zugang mit PASS'ÉTAPES. Kassenautomat. Ort 800 m entfernt. 30 Touristenplätze.

81600 Gaillac, Midi-Pyrénées ST-F 8275

»PARKING DES RIVES-THOMAS« 1.1. bis 31.12.
☎ 0033 5 63812020
c.vidal@ville-gaillac.fr, www.ville-gaillac.fr

➔ A 68, Albi - Toulouse, Abf. (9) nach Gaillac. In Richtung Zentrum und der Ausschilderung 'P-Parking des Rives-Thomas' folgen. ✉ Rue des Silos (GPS: 43°53'59"N / 1°53'41" E).
∴ Abtei St. Michel 300 m). Château de Foucaud mit Barockgarten (750 m).

Ch

Kommunaler Stellplatz auf einem Parkplatz hinter dem Naturkundemuseum, mit einem für Wohnmobile reservierten Bereich. Stellflächen auf Asphalt. Aufenthalt max. 24 Stunden. Ortszentrum 1 km entfernt. 5 Touristenplätze.

81000 Albi, Midi-Pyrénées ST-F 8280/2

»PARKING DE LA CATHEDRALE« 1.1. bis 31.12.
☎ 0033 5 63363600, Fax 0033 5 63494898 173 m
accueil@albitourisme.com
www.albi-tourisme.fr/us/stationnement-camping-cars.html

➔ A 68/N 88 Toulouse-Albi, Abf. (14) Albi-Université, weiter auf der D 988 Richtung Albi-Université. Der Beschilderung "Cathédrale" folgen. Zufahrt zum Stellplatz über den Boulevard Général Sibille an der Kreuzung zum Boulevard Roger Salengro. ✉ Boulevard Général Sibille (GPS: 43°55'36"N / 2°8'32" E).
∴ Bischofsviertel (Cité épiscopale d'Albi), Museum Toulouse-Lautrec.

300 m 800 m

Terrassierter Parkplatz unterhalb der Kathedrale. Leicht abschüssige Stellflächen unter Bäumen. Stellplatz-Länge bis 7 m. Maximal 2 Nächte Aufenthalt möglich! 9 Touristenplätze.

81190 Tanus, Midi-Pyrénées ST-F 8286

»PARKING PLACE DU FOIRAIL« 1.1. bis 31.12.
0033 5 63763679
mairie.tanus@wanadoo.fr

➔ N 88, Rodez - Albi, Abf. Tanus, im Zentrum von Tanus bei der Kirche, beschildert. ✉ Place du Foirail (GPS: 44°6'8"N / 2°19'5" E).

Ch

Kommunaler Stellplatz auf einem Parkplatz im Ortszentrum. Stellflächen auf Asphalt. Aufenthalt max. 48 Stunden. 10 Touristenplätze.

12400 Vabres l'Abbaye, M.-Pyrénées ST-F 8321

»AIRE MUNICIPALE VABRES L'ABBAYE« 1.1. bis 31.12.
0033 5 65990857 300 m
mairie-de-vabres-labbaye@wanadoo.fr
www.tourisme-aveyron.com/fr/diffusio/activites

➔ A 75, Saint-Flour-Béziers, Abf. (47) auf die D 999 Richtung Albi. Am westlichen Ortsrand von Vabres-l'Abbaye, ausgeschildert. ✉ Rue de la Vigne (GPS: 43°56'45"N / 2°50'24" E).

Ch | 300 m

Stellplatz auf einem gemischten Parkplatz am Ortsrand. Stellflächen auf Schotter. Aufenthalt max. 24 Stunden. Ver- und Entsorgungsmöglichkeit vorhanden. Ortszentrum 300 m entfernt. 25 Touristenplätze.

12290 Pont-de-Salars, M.-Pyrénées ST-F 8346

0 **»AIRE DE CAMPING-CAR PONT DE SALARS«**
0033 5 65468427 1.4. bis 15.11.
mairie.pontdesalars@wanadoo.fr
www.tourisme-aveyron.com/fr/diffusio/activites/

➔ A 75, Clermont Ferrand - Millau, Abf. (44.1) auf die D 911 nach Pont-de-Salars, am südlichen Ortsrand von Pont-de-Salars neben den Sportanlagen gelegen. ✉ Place de la Rivière (GPS: 44°16'42"N / 2°43'42" E).

Ch

Offizieller Stellplatz auf einem Parkplatz am Ortsrand neben den Sportanlagen. Für Reisemobile reservierte und durch Buschreihen gegliederte Stellflächen auf Asphalt. Aufenthalt max. 72 Stunden. Ortszentrum 300 m entfernt. 5 Touristenplätze.
2022: Stellplatz ist kostenlos. Wasser/4 min. 5.–.

12500 Espalion, Midi-Pyrénées ST-F 8356

»AIRE CAMPING CAR PARK D'ESPALION« 1.1. bis 31.12.
0033 1 83646921
contact@campingcarpark.com, www.campingcarpark.com

➔ A 75, Clermont Ferrand - Millau, Abf. (40) auf die D 988 nach Bozouls. Dort auf die D 920 nach Espalion, im Ort ausgeschildert. ✉ Avenue Pierre Monteil (GPS: 44°31'18"N / 2°46'9" E).
∴ Burg Calmont d'Olt, alte Brücke, Perse-Kirche, Heimatmuseum und das Musée du Scaphandre in der ehemaligen Kirche Saint-Jean.

WC Ch | 10 m 30 m 700 m

Wohnmobil-Stellplatz auf schmalen und langgezogenem Gelände am Ortsrand. Beschrankt. Leicht abfallende, markierte Stellflächen auf Asphalt. Zugang mit PASS'ÉTAPES. Ortszentrum 750 m entfernt. 25 Touristenplätze.

46200 Souillac, Midi-Pyrénées ST-F 8468

Abfahrt

»AIRE MUNICIPALE DE BAILLOT« 1.1. bis 31.12.
0033 5 65327100 80 m
accueil@souillac.fr

➔ A 20, Brive-la-Gaillarde-Toulouse, Abf. (55) nach Souillac. Dort den 'P-Symbolen' und den Wohnmobil-Symbolen folgen. ✉ Chemin de Baillot (GPS: 44°53'30"N / 1°28'35" E).
∴ Altstadt, Abteikirche von Souillac, Markthalle, Musée de l'Automate.

WC Ch | 300 m

Stellplatz speziell für Reisemobile im Grünen am Ortsrand. Stellflächen auf Asphalt, bis 8 m Länge. Ver- und Entsorgungsmöglichkeit vorhanden. Ortszentrum 300 m entfernt. 30 Touristenplätze.

46130 Girac, Midi-Pyrénées ST-F 8488

»AIRE CAMPING-CAR PARK GIRAC SUR DORDOGNE«
0033 1 83646921 1.1. bis 31.12.
contact@campingcarpark.com
ww.campingcarpark.com/en/shop/parking-areas/girac-sur-dordogne/

➔ A 20, Brive-la-Gaillarde - Toulouse, Abf. (54) auf die D 840 nach Martel. In Martel auf die D 803 in Richtung Puybrun. Zwischen Puybrun und Girac vor der Brücke über die Dordogne links einbiegen, beschildert. ✉ Pont de Puybrun (GPS: 44°55'9"N / 1°48'10" E).

Ch

Stellplatz am Ufer der Dordogne außerhalb von Girac. Stellflächen auf Sand und Kies im lichten Waldgelände. Zugang mit PASS'ÉTAPES. Wanderwege in der Umgebung. Nutzung der Waschmaschine/Trockner sowie Brötchenservice des benachbarten Campingplatzes möglich. Ort 2 km entfernt. 27 Touristenplätze.

19100 Brive-La-Gaillarde, Limousin ST-F 8520

Abfahrt

»AIRE MUNICIPALE BRIVE-LA-GAILLARDE« 1.1. bis 31.12.
0033 5 55240880 110 m
service.accueil@brive-tourisme.com, www.brive-tourisme.com

➔ A 20, Brive-la-Gaillarde-Toulouse, Abf. (50) auf die D 1089 nach Brive-la-Gaillarde. Nach ca. 4.9 km am Kreisverkehr rechts Richtung Centrum abbiegen, dann erste Straße links zum Stellplatz einbiegen, ausgeschildert. ✉ Rue des 3 Provinces (GPS: 45°9'54"N / 1°32'31" E).

Ch | 200 m 400 m

Stellplatz speziell für Reisemobile am Fluss Corrèze. Markierte Stellflächen auf Asphalt. Aufenthalt max. 48 Stunden. Ortszentrum 500 m entfernt. 12 Touristenplätze.

19250 Meymac, Limousin ST-F 8583

»AIRE DE SÈCHEMAILLES« 1.4. bis 31.10.
0033 5 55951843 650 m
syndicat.sechemailles@meymac.fr, www.meymac.fr

➔ A 89, Clermont-Ferrand-Brive-la-Gaillarde, Abf. (23) nach Saint-Angel, dort auf die D 979 nach Meymac. Südlich von Meymac der Ausschilderung zum Lac de Sèchemaille und den Wohnmobil-Schildern folgen. ✉ Le Montbazet (GPS: 45°31'28"N / 2°7'42" E).
∴ Museum Marius Vazeilles, Markthalle aus dem 16. Jh, Château du Jassonneix, Moor von Longéroux.

Ch | 100 m

Stellplatz speziell für Reisemobile am Lac de Sèchemaille im Grünen. Leicht unebene Stellflächen auf Schotterrasen. Ver- und Entsorgungsmöglichkeit vorhanden. Ortszentrum 2.5 km entfernt. 20 Touristenplätze.

23000 Saint-Laurent, Limousin ST-F 8643

»AIRE MUNICIPALE ST.-LAURENT« 1.1. bis 31.12.
0033 5 55522619 310 m

➔ E 62, La Souterraine-Montluçon, Abf. (47) auf die D 4 nach St.-Laurent abbiegen. Dort im Ortszentrum bei der Kirche. ✉ Place de l'Eglise (GPS: 46°10'1"N / 1°57'40" E).

Ch

Stellplatz speziell für Reisemobile im Ortszentrum. Markierte Stellflächen auf Asphalt, bis 8 m Länge. 4 Touristenplätze.

23200 Aubusson, Limousin ST-F 8647

»AIRE MUNICIPALE AUBUSSON« 1.1. bis 31.12.
0033 5 55830800
contact@aubusson.fr

➔ D 941 Bourganeuf - Aubusson, in Aubusson auf die D 942A Richtung Centre-Ville abbiegen, ab hier ausgeschildert. ✉ Rue des Fusillés (GPS: 45°57'25"N / 2°10'31" E).

Ch | 250 m 500 m

Beleuchteter Stellplatz am nordöstlichen Ortsrand auf einem gemischten Parkplatz. Auf einer Seite von hohen Bäumen begrenzt. Stellflächen auf Schotter, ohne Längenbeschränkung. Müllentsorgung möglich. Maximal 1 Nacht (24 Std.) Aufenthalt möglich! Ortszentrum 500 m entfernt. 10 Touristenplätze.

87250 Bessines-sur-Gartempe, Lim. ST-F 8720

»AIRE MUNICIPALE BESSINES-SUR-GARTEMPE«
0033 5 55760509 320 m 1.1. bis 31.12.
www.bessines-sur-gartempe-87.fr/tourisme

➔ A 20/E 9, Châteauroux-Limoges, Abf. (24) nach Bessines-sur-Gartempe. Dort im Ortszentrum beim Rathaus und der Kirche gelegen, ausgeschildert. ✉ Place du Champ de Foire (GPS: 46°6'35"N / 1°22'12" E).

Ch | 100 m 200 m

Stellplatz auf einem gemischten Parkplatz im Ortszentrum. Ausgewiesene Stellflächen auf Asphalt, bis 8 m Länge. Aufenthalt max. 7 Tage. Ver- und Entsorgungsmöglichkeit vorhanden. 10 Touristenplätze.

87480 Saint-Priest-Taurion, Limous. ST-F 8725

»AIRE MUNICIPALE ST. PRIEST TAURION« 1.1. bis 31.12.
0033 5 55397038
st-priest-taurion@wanadoo.fr

➔ A 20 Châteauroux - Limoges, Abf. (34) auf die D 941 Richtung Bourganeuf, nach ca. 8 km auf die D 44 über St. Just-le-Martel nach Saint-Priest-Taurion, dort vor der Brücke über den Fluss auf der linken Seite, beschildert. ✉ Rue Jean Gagnant (GPS: 45°53'11"N / 1°23'43" E).

Ch | 300 m

Stellplatz für Reisemobile bei den Sportanlagen direkt am Fluss Taurion. Ebene, unparzellierte Stellflächen auf Sand/Spilt, bis 10 m Länge. Überwiegend schattenlos und durch drei lange Hecken gegliedert. Ortszentrum 300 m entfernt. 10 Touristenplätze.

87380 Meuzac, Limousin ST-F 8751

»LAC DE LA ROCHE« 1.1. bis 31.12.
0033 5 55099712
mairie.meuzac@wanadoo.fr

➔ A 20 Limoges - Brive la Gaillarde, Abf. (42) und weiter auf der D 78 nach Meuzac. Der Stellplatz ist südlich von Meuzac an der Straße nach Benayes gelegen, beschildert. ✉ Lac de la Roche (GPS: 45°32'52"N / 1°26'23" E).

WC Ch | 20 m

Stellplatz auf einem Parkplatz am Südufer des Lac de la Roche. Ebene, unparzellierte Stellflächen auf Sand und Schotter. Infotafel. Ortszentrum 500 m entfernt. 10 Touristenplätze.

87230 Châlus, Limousin ST-F 8769/2

»AIRE DES ENERGIES« 1.1. bis 31.12.
Mobil 0033 899 029930
secretariat@mairiechalus87.fr

➔ N 21 Limoges - Périgueux, am nördlichen Ortseingang von Châlus im Industriegebiet auf der linken Seite, beschildert. ✉ Avenue Jean Jaurès

(GPS: 45°39'39"N / 0°59'12" E).
∴ Burgruine Châlus-Chabrol, Burgruine Châlus-Maulmont.

Stellplatz speziell für Reisemobile hinter einer Tankstelle. Stellflächen auf Asphalt, ohne Längenbeschränkung. Ortszentrum 2 km entfernt. 10 Touristenplätze.

16600 Touvre, Poitou-Charentes ST-F 8816

»AIRE DE CAMPING-CAR PONTIL« 1.1. bis 31.12.
☎ 0033 5 45655046
mairie@touvre.fr

➔ D 939 Angoulême - Brantôme, östlich von Angoulême auf die D 23 nach Touvre, vor dem Bahnübergang auf der linken Seite gelegen, ausgeschildert. ✉ Route de Pontil (GPS: 45°39'39"N / 0°15'30" E).

Offizieller Wohnmobil-Stellplatz neben einer Bahnlinie. Durch Büsche und kleine Rasenflächen parzellierte Stellflächen auf Schotterasphalt, bis 7 m Länge. Aufenthalt bis max. 24 Stunden. Ortszentrum 250 m entfernt. 6 Touristenplätze.

16190 Montmoreau, Poitou-Charent. ST-F 8826

»AIRE MUNICIPALE MONTMOREAU« 1.1. bis 31.12.
☎ 0033 5 45603319
mairie@montmoreau.fr

➔ D 674 Angoulême - La Roche Chalais, am Kreisverkehr im Zentrum von Montmoreau links in die Rue de la Trude einbiegen, ausgeschildert. ✉ Place de la Trude (GPS: 45°23'57"N / 0°7'58" E).

300 m 400 m

Stellplatz auf einem großen Parkplatz an einem Bach. In Ortsrandlage gelegen. Stellflächen auf Schotter, ohne Längenbeschränkung. Picknickplätze. Aufenthalt max. 48 Stunden. Ortszentrum 300 m entfernt. 6 Touristenplätze.

16200 Gondeville, Poitou-Charentes ST-F 8854

»MAISON FRANCOIS PEYROT« 1.7. bis 15.9.
☎ 0033 5 45811670, Fax 0033 5 45817082
infos@cognac-peyrot.com, www.cognac-peyrot.com

➔ N 141, Angoulême - Cognac, Abf. Segonzac/Jarnac-Ouest, auf die D 736 Richtung Saint-Même-les-Carrières, dann die Erste links nach Marancheville, ausgeschildert. ✉ Rue du Paradis 1 (GPS: 45°39'49"N / 0°10'4" W).

Stellplatz am nordöstlichen Ortsrand von Marancheville bei einem Weingut. Teils von Weinstöcken umgeben. Ebene bis leicht abfallende und überwiegend schattenlose Stellflächen auf Schotter, bis 9 m Länge. Aufenthalt max. 48 Stunden. Verkostung und Verkauf. Ort 5 km entfernt. 5 Touristenplätze.

16510 Verteuil-sur-Charente, P.-Ch. ST-F 8892

»CAMPERSTOP DES 3 VALLÉES« 1.1. bis 31.12.
☎ 0033 5 45310714
mairie.verteuilsurcharente@wanadoo.fr

➔ N 10 Ruffec - Angoulême, Abf. Barro, auf die D 192 und D 26 nach Verteuil-sur-Charente, dort der Ausschilderung 'Aire de Loisirs' folgen. ✉ Rue de la Fontaine (GPS: 45°58'47"N / 0°14'7" E).

500 m

Offizieller Wohnmobil-Stellplatz auf einem Parkplatz am östlichen Ortsrand. Teils von einer Mauer, teils von Bäumen umgeben. Angrenzend an eine Parkfläche mit Picknickplätzen. Ebene Stellflächen auf Schotter. Maximal 2 Nächte (48 Std.) Aufenthalt möglich! Ortszentrum 500 m entfernt. 8 Touristenplätze.

86500 Moulismes, Poitou-Charentes ST-F 8907

»CAMPING-CAR PARK MOULISMES« 1.1. bis 31.12.
☎ 0033 1 83646921
contact@campingcarpark.com
www.campingcarpark.com/shop/sejour/nouvelle-aquitaine/86-vienne/

➔ N 147, Poitiers-Limoges, vor Moulismes auf der linken Seite, beschildert. ✉ Route Nationale 147 (GPS: 46°19'58"N / 0°48'34" E).

500 m

Beschrankter Stellplatz für Reisemobile an einem kleinen See. An zwei Seiten von hohen Bäumen eingefasst. Markierte und überwiegend schattenlose Stellflächen auf Asphalt. Wiesenflächen und Picknickplätze. Boulebahn. Imbiss. Bezahlung am Parkautomaten. Ortszentrum 500 m entfernt. 53 Touristenplätze.

86360 Chasseneuil-du-Poitou, P.-Ch. ST-F 8912

»AIRE CAMPING-CARS FUTUROSCOPE« Anf. Feb. bis Anf. Jan.
☎ 0033 5 49491112
accueilanimaux@futuroscope.fr, www.futuroscope.com

➔ A 10 Châtellerault - Poitiers, Abf. (28) in Richtung Chasseneuil-du-Poitou, beschildert. ✉ Avenue du Futuroscope (GPS: 46°39'50"N / 0°22'5" E).
∴ Themenpark Futuroscope.

Stellplatz auf einer für Reisemobile reservierten Fläche auf dem Parkplatz eines Themenparks. Ebene, markierte Stellflächen auf Asphalt und Schotter, ohne Längenbeschränkung. Durchfahrtshöhe 3.50 m. Brötchenservice. Boulebahn. Ort 2 km entfernt. 200 Touristenplätze.

86130 Saint-Cyr, Poitou-Charentes ST-F 8927

»CAMPING-CAR PARK SAINT CYR LE LAC« 1.1. bis 31.12.
☎ 0033 805694869
contact@campingcarpark.com
www.campingcarpark.com/shop/86-vienne/st-cyr-aire-lac-de-st-cyr

➔ A 10, Tours-Poitiers, Abf. (28) auf die D 910 Richtung Châtellerault. In der Ortschaft La Tricherie rechts nach Saint-Cyr abbiegen, nach ca. 1.5 km links in die Rue de la Bourdillière einbiegen. ✉ Rue de la Bourdillière 9 (GPS: 46°43'19"N / 0°27'22" W).

300 m

Von Hecken eingefasster Stellplatz speziell für Reisemobile am Lac de St Cyr. Stellflächen auf Wiese. Ortszentrum 1 km entfernt. 37 Touristenplätze.

79600 Saint-Loup-Lamairé, P.-Char. ST-F 9033

»AIRE DE CAMPING-CAR ST. LOUP« 1.1. bis 31.12.
☎ 0033 5 49646021
mairie-stlouplamaire@cc-avt.fr

➔ D 938 Thouars - Parthenay, auf die D 46 Richtung St Loup s/Thouet abbiegen, hinter der Eisenbahnbrücke links auf die D 121 Richtung Crémille, dann gleich auf der linken Seite. ✉ D 121 (GPS: 46°47'7"N / 0°9'52" W).

Stellplatz am Ortsrand speziell für Reisemobile in der Nähe des Flusses Thouet. Ebene und überwiegend schattenlose Stellflächen auf Rasen und Schotter, ohne Längenbeschränkung. Ort 1.5 km entfernt. 20 Touristenplätze.

79340 Vasles, Poitou-Charentes ST-F 9044

»AIRE MUNICIPALE VASLES« 1.1. bis 31.12.
☎ 0033 5 49699134
mairie-vasles@cc-parthenay.fr

➔ D 59 Parthenay - Vasles, in Vasles auf die D 121 Richtung Les Forges, bei der Mehrzweckhalle links einbiegen, dann nach ca. 150 m auf der linken Seite. ✉ Espace Mouton Village (GPS: 46°34'22"N / 0°1'24" W).

Stellplatz auf einem gemischten Parkplatz. Ebene Stellflächen auf Schotter und Sand. Aufenthalt max. 24 Stunden. Golfplatz in der Nähe. Ortszentrum 500 m entfernt. 6 Touristenplätze.

79000 Niort, Poitou-Charentes ST-F 9065

»AIRE DE CAMPING-CAR NIORT« 1.1. bis 31.12.
☎ 0033 5 49787712 3 000 qm
www.vivre-a-niort.com/fr/services-publics/les-equipements/

➔ A 83, Nantes - Niort, Abf. (10) auf weiter auf der D 743 nach Niort, am nördlichen Ortsrand von Niort auf die D 648 Richtung Nantes, dann weiter auf der D 744 Richtung Centre-Ville, der Ausschilderung zum Parkplatz Bessac folgen. ✉ Rue Bessac (GPS: 46°19'46"N / 0°27'52" W).
∴ Burg von Niort, Le Pilori, Markthalle, div. Museen.

200 m

Wohnmobil-Stellplatz auf einem separaten Bereich eines großen Parkplatzes. Von alten Gärten umgeben, die durch Trümmermauern begrenzt sind. Durch Hecken parzellierte Stellflächen auf Asphalt, bis 6 m Länge. Aufenthalt max. 7 Tage. Ortszentrum 2 km entfernt. 16 Touristenplätze.

F

79800 Bougon, Poitou-Charentes ST-F 9074/2

»MUSEE DES TUMULUS« 1.4. bis 31.10.
☎ 0033 5 49051213
musee-bougon@deux-sevres.fr

➔ A 10, Poitiers - Niort, Abf. (31) auf die D 611 in Richtung Lusignan, dann rechts auf die D 329 nach Pamproux, an der D 5 zwischen Pamproux und La Mothe-Saint-Héray beschilderter Abzweig. ✉ La Chapelle de Bougon (GPS: 46°22'41"N / 0°4'9" W).
∴ Nuseum Tumulus de Bougon.

Stellplatz auf dem Parkplatz beim Museum. Stellflächen auf Schotter und Sand. Grauwasserentwässerung verboten. Aufenthalt max. 24 Stunden. Ort 2 km entfernt. 6 Touristenplätze.

17590 Saint-Clément-des-Baleines, P.-Ch. ST-F 9121

»AIRE MUNICIPAL ST.CLÉMENT DES BALEINES« 1.1. bis 31.12.
☎ 0033 54 6292419

➔ N 11, Niort - La Rochelle, von La Rochelle auf die Île de Ré. Der D 735 bis zum westlichen Ende der Insel folgen dann in der Ortschaft Saint-Clément-des-Baleines ausgeschildert. ✉ Rue de la Forêt 26 (GPS: 46°13'39"N / 1°32'47" W).
∴ Arche-Noah-Park (Miniaturzoo), Meeresmuseum, zwei Leuchttürme (Phare des Baleines von 1854 und Phare des Baleineaux).

300 m 500 m

Beschrankter Stellplatz speziell für Reisemobile hinter den Dünen. Stellflächen auf Wiese und Schotter, bis 9 m Länge. Bezahlung am Automaten. Aufenthalt max. 3 Tage. Ortszentrum 500 m entfernt. 40 Touristenplätze.

17300 Rochefort, Poitou-Charent. ST-F 9140/5

»PARKALLEE JACQUES DEMY« 1.1. bis 31.12.
0033 5 46826500
mairie@ville-rochefort.fr

➔ D 911 Rochefort - St. Agnant, am südlichen Ortsrand von Rochefort am Kreisverkehr Rond Point Sud die 2. Ausfahrt in die Avenue du 11 Novembre 1918 nehmen, dann die Nächste rechts bis zum Fluss Charente. ✉ Chemin de Charente (GPS: 45°55'4"N / 0°57'50" W).
Schwebefähre von Rochefort.

Stellplatz entlang einer Straße im Grünen, in der Nähe der Schwebefähre von Rochefort. Stellflächen auf Wiese unter Bäumen. Aufenthalt max. 6 Tage. Ortszentrum 5 km entfernt. 10 Touristenplätze.

17370 Le Grand-Village-Plage, P.-Ch. ST-F 9157/3

»PARKING DE L'EPINETTE« 1.1. bis 31.12.
0033 5 46475018
mairie@legrandvillageplage.fr
www.la-bree-les-bains-tourisme.fr/dormir/en-camping-car/

➔ D 728, Saintes - Île d'Oléron, auf der Île d'Oléron gleich links nach Le Grand Village Plage, an der Straße D 126 Richtung La Cotinière gelegen, der Ausschilderung 'P L'Epinette' folgen. ✉ Allée des Pins (GPS: 45°51'44"N / 1°14'25" W).

200 m 1.5 km

Stellplatz auf einem gemischten Parkplatz, vor einem Campingplatz. Reservierte Stellflächen auf Asphalt und Schotter. Aufenthalt max. 24 Stunden. Ortszentrum 1 km entfernt. 30 Touristenplätze.

17420 Saint-Palais-sur-Mer, P.-Ch. ST-F 9164/1

35 **»QUICK STOP CAMPING PUITS DE L'AUTURE«**
0033 5 46232031 10 m 23.4. bis 2.10.
contact@camping-puitsdelauture.com, www.camping-puitsdelauture.com

➔ D25 Royan–Pointe de la Coubre. Ca. 2 km hinter St. Palais. Beschildert. ✉ 151, avenue de la Grande Cote (GPS: 45°38'58"N / 1°7'4" W).

W W W W TV 250 m 1.5 km S2 km S S3 km

Wohnmobil-Quick-Stop beim Campingplatz CAMPING PUITS DE L'AUTURE von 18 bis 10 Uhr. Unparzellierte Stellflächen, neben dem Grillplatz, auf Asphalt. Ort 2 km entfernt. 6 Touristenplätze.
2022: St/N inkl. 2 P/N 19.– bis 32.–, weitere P/N 6.50, K/N 3 bis 10 J. 4.70, H/N 4.40, KT P/N ab 18 J. –.66, Waschmaschine 4.50, Trockner 5.–, Strom/N 6.60 (10 A). WD, Entsorgung, Müll und Wasser inklusive.

17160 Matha, Poitou-Charentes ST-F 9185/1

»BAMBOUSERAIE JOAN BRISSON« 1.4. bis 30.9.
0033 5 46582507, Fax 0033 9 81407179
www.bambouseraie-brisson.com

➔ A 10, Poitiers - Saintes, Abf. (34) auf die D 939 Richtung Angoulême, südlich von Matha im Ortsteil Saint-Hérie gelegen, beschildert. ✉ 16, Rue du Moulin (GPS: 45°51'31"N / 0°19'19" W).

Stellplatz bei einem Congnac-Hersteller mit einem Botanischen Park und Bambusplantage. Stellflächen auf Sand und Schotter, bis 7 m Länge. Führungen durch die Bambouseraie möglich. Ortszentrum 1.5 km entfernt. 5 Touristenplätze.

17150 Mirambeau, Poitou-Char. ST-F 9195/1

Abfahrt
»AIRE CAMPING-CAR MIRAMBEAU« 1.1. bis 31.12.
0033 54 6496285 100 m
contact@mirambeau-tourisme.fr |
www.mirambeau17.fr/fr/information/59990/aire-camping-cars

➔ A 10, Saintes-Bordeaux, Abf. (37) in Richtung Mirambeau. Dort am nördlichen Ortsrand hinter dem Rathaus, ausgeschildert. ✉ Rue du Parc de Losirs (GPS: 45°22'43"N / 0°34'7" W).
Kirche Notre-Dame de l'Assomption, Kirche Saint-Martin, Chateau de Mirambeau.

300 m

Stellplatz speziell für Reisemobile auf dem Gelände des ehemaligen städtischen Campingplatzes. Teilweise durch Bäume und Büsche parzellierte Stellflächen auf Wiese, bis 9 m Länge. Ortszentrum 500 m entfernt. 20 Touristenplätze.

33930 Montalivet, Aquitanien ST-F 9206

»CAMPING-CAR PARK DE MONTALIVET« 1.1. bis 31.12.
0033 1 83646921
contact@campingcarpark.com
www.campingcarpark.com/en/shop/parking-areas/vendays-montalivet-ocean/

➔ A 630 bei Bordeaux, Abf. (8) auf die N 215/D 1215 Richtung Le Verdon, südlich von Vensac auf die D 102 nach Montalivet, dort am Plage-Sud. ✉ Boulevard De Lattre de Tassigny (GPS: 45°22'35"N / 1°9'25" W).

200 m

Beschrankter Stellplatz für Reisemobile am Meer hinter den Dünen. Durch Grasstreifen parzellierte Stellflächen auf Sand und Schotter, ohne Längenbeschränkung. Überwiegend schattenlos. Bezahlung am Parkautomaten. Ortszentrum 400 m entfernt. 90 Touristenplätze.

33112 Saint-Laurent-Médoc, Aquita. ST-F 9208

»PLACE DU 8 MAI 45« 1.1. bis 31.12.
0033 5 56733270
officetourisme.slm@orange.fr

➔ N 1215 Bordeaux – Le Verdon-sur-Mer, bei St.Laurent Médoc auf die D1EB Richtung Centre Ville, ausgeschildert. ✉ Rue des Fontaines (GPS: 45°8'57"N / 0°49'18" W).

Stellplatz am Ende eines gemischten Parkplatzes im Ortszentrum. Für Reisemobile reservierte Stellflächen auf Asphalt, bis 8 m Länge. Jetons bei den Geschäften im Zentrum erhältlich. Maximal 2 Nächte (48 Std.) Aufenthalt möglich! 5 Touristenplätze.

33680 Lacanau, Aquitanien ST-F 9216

»AIRE CAMPING CAR DE LACANAU« 1.1. bis 31.12.
0033 5 56038303
info@mairie-lacanau.fr

➔ N 215/D 6 Bordeaux – Lacanau, bei Lacanau weiter auf der D 6 Richtung Lacanau-Océan, kurz vor Lacanau-Océan rechts der Ausschilderung Z.A. du Huga folgen. ✉ Allée des Sauviels (GPS: 45°0'21"N / 1°9'56" W).

500 m 700 m 2 km

Beschrankter Wohnmobil-Stellplatz bei einem Helikopterflughafen. Durch eine Straße zweigeteiltes Wiesengelände mit teilweise dichtem Baumbestand. Stellflächen auf Wald- und Wiesenboden, durch Hecken und Bäume gegliedert. Bezahlung am Automaten nur per Bank-/Kreditkarte möglich. Müllentsorgung möglich. Maximal 1 Nacht (24 Std.) Aufenthalt möglich! Ort 3 km, Strand 2 km entfernt. 140 Touristenplätze.

33950 Lège-Cap-Ferret, Aquitanien ST-F 9221

»AIRE CAMPING CAR DE LA VIGNE« 1.1. bis 31.12.
0033 5 56039449
info@lege-capferret.com

➔ A 630 bei Bordeaux, Abf. (12) auf die D 106 nach Lège-Cap-Ferret, weiter auf der D 106 in Richtung Cap Ferret, ausgeschildert. ✉ Avenue de Bordeaux (GPS: 44°40'25"N / 1°14'59" W).
Austernzucht im Bassin d'Arcachon, Leuchtturm von Cap Ferret, Straßenbahn Cap-Ferret.

400 m

Stellplatz speziell für Reisemobile auf einer Landzunge in einem lichten Waldgelände. Stellflächen auf Sand und Wiese, ohne Längenbeschränkung. Picknickplätze. Aufenthalt max. 48 Stunden. Ort 15 km entfernt. 10 Touristenplätze.

33138 Lanton, Aquitanien ST-F 9228

»AIRE CAMPING CAR TAUSSAT« 1.1. bis 31.12.
0033 5 56038600
www.mairie-lanton.fr/mairie/taussat.html

➔ D 3 Arès – Biganos, zwischen Andernos-les-Bains und Lanton, am Ortsende der Ortschaft Taussat meerwärts in den Boulevard de la Plage abbiegen, dann nach ca. 500 m links. ✉ Allée des Ecluses (GPS: 44°43'2"N / 1°4'12" W).

WC 100 m 300 m

Offizieller Stellplatz auf einem Parkplatz in der Nähe des Freizeithafens. Ebene, markierte und überwiegend schattenlose Stellflächen auf Asphalt, bis 8 m Länge. Müllentsorgung möglich. Ortszentrum 300 m entfernt. 6 Touristenplätze.

33210 Langon, Aquitanien ST-F 9290

Abfahrt
»CHÂTEAU LE MAINE PERIN« 1.1. bis 31.12.
0033 5 56622932, Fax 0033 5 56630493
www.chateaulemaineperin.isasite.net

➔ A 62, Bordeaux-Toulouse, Abf. (3) Langon, der Ausschilderung nach Casteljaloux folgen, dann nach Überquerung der Autobahn noch ca. 700 m auf der rechten Seite. ✉ Au Maine (GPS: 44°31'35"N / 0°12'58" W).

Stellplatz bei einem Weingut. Stellflächen auf Wiese. Verkostung und Verkauf von Wein. Ort 4 km entfernt. 20 Touristenplätze.

24410 Parcoul-Chenaud, Aquitanien ST-F 9311

»QUICK-STOP LE PARADOU« 15.1. bis 15.12.
0033 5 53914278, Mobil 0033 670 740171
contact@camping-paradou.com, www.camping-paradou.com

➔ D 674, Angoulême - Libourne, südlich von Parcoul an der D 674 gelegen, beschildert. ✉ Vaure (GPS: 45°11'25"N / 0°1'34" E).

WC W W W TV HS HS W W

Quick-Stop von 18 bis 10 Uhr bei einem Campingplatz LE PARADOU. Stellflächen auf Rasen, ohne Längenbeschränkung. Bar. Imbiss. Kiosk. Kinderspielraum. Wasserrutsche. Bogenschießen. Unterhaltungsprogramm. Ort 1.5 km entfernt. 10 Touristenplätze.

24000 Périgueux, Aquitanien ST-F 9330

»AIRE COMMUNALE DE PERIGUEUX« 1.1. bis 31.12.
☎ 0033 5 53028200, Fax 0033 5 53090250 90 m
contact@tourisme-grandperigueux.fr, www.tourisme-perigueux.fr

➔ A 89 Clermont-Ferrand-Bordeaux, Abf. (16) Angoulème, weiter nach Périgueux. Am Ortseingang rechts abbiegen auf den Boulevard du Petit Change, nach 1.2 km rechts in die Rue Charnay Frachet. Am Flussufer links auf die Rue des Près. ✉ 37 Rue des Près (GPS: 45°11'16"N / 0°43'51" E).
Kathedrale von Périgueux, Gallo-römisches Museum.

Ch 300 m

Stellplatz am Ufer des Flusses Isle in einem Wohngebiet. Parzellierte Stellflächen auf Schotter. Maximal 2 Nächte Aufenthalt möglich! Ortszentrum 800 m entfernt. 41 Touristenplätze.

24540 Monpazier, Aquitanien ST-F 9390

»AIRE DE CAMPING-CAR LA DOUELE« 1.1. bis 31.12.
☎ 0033 5 53226038
monpazier.mairie@wanadoo.fr

➔ D 660 Bergerac – Monpazier, gleich beim Ortseingang links, beschildert. ✉ La Douele-Nord (GPS: 44°41'6"N / 0°53'38" E).

Ch 300 m

Kommunaler Stellplatz auf einem für Reisemobile reservierten Gelände am Ortsrand, neben der Festhalle. Stellflächen auf Sand und Kies. Müllentsorgung möglich. Ortszentrum 300 m entfernt. 11 Touristenplätze.

47500 Fumel, Aquitanien ST-F 9439

»AIRE MUNICIPALE PLACE SAULOU« 1.1. bis 31.12.
☎ 0033 5 53495969
www.mairiedefumel.fr

➔ N 21, Bergerac - Agen, in Höhe Villeneuve-sur-Lot auf die D 911 nach Fumel. In Fumel am Ortsrand an der Straße nach Soturac, beschildert. ✉ Place du Saulou (GPS: 44°29'56"N / 0°58'19" E).

Ch

Offizieller Stellplatz auf einem Parkplatz am Ortsrand. Leicht abfallende Stellflächen auf Asphalt, bis 7 m Länge. Aufenthalt max. 48 Stunden. Ortszentrum 300 m entfernt. 10 Touristenplätze.

47390 Layrac, Aquitanien ST-F 9472

Abfahrt

10 **»AIRE DU MOULIN - LAYRAC ENERGIE«** 1.1. bis 31.12.
☎ 0033 5 53665153
contact@airedumoulin.fr, www.airedumoulin.fr/airephotos.html

➔ A 62, Bordeaux - Toulouse, Abf. (7) Richtung Agen, dann weiter auf der N 21 nach Layrac. Dort weiter auf der D 17 Richtung Boé. Nach ca. 650 m rechts abbiegen, ausgeschildert. ✉ D 129, Route de Caudecoste (GPS: 44°8'11"N / 0°39'52" E).

Ch 600 m

Stellplatz speziell für Reisemobile bei einem Wasserwerk. Stellflächen auf Schotter. Videoüberwachung. Besichtigung des Wasserwerkes möglich. Ortszentrum 600 m entfernt. 4 Touristenplätze.
2022: St/24 Std. 11.–, Strom/N (6 A) 3.–. Müllgeb., Entsorgung und Wasser inklusive.

40120 Roquefort, Aquitanien ST-F 9506

Abfahrt

»AIRE DE CAMPING-CAR NAUTON« 1.1. bis 31.12.
☎ 0033 5 58455046
mairie.roquefort@wanadoo.fr

➔ A 65 Bazas - Pau, Abf. (3) Roquefort, auf die D 626 nach Roquefort abbiegen. Der Stellplatz ist nördlich von Roquefort neben dem 'Camping Municipale Nauton' gelegen, beschildert. ✉ Allées de Nauton (GPS: 44°2'51"N / 0°19'21" W).

Ch

Offizieller Stellplatz außerhalb von Roquefort neben dem kommunalen Campingplatz. Ebene und schattenlose Stellflächen auf Sand und Wiese, bis 8 m Länge. Müllentsorgung vor dem Platz möglich. Maximal 48 Stunden Aufenthalt möglich. Ort 1 km entfernt. 6 Touristenplätze.

40600 Biscarrosse, Aquitanien ST-F 9531

»AIRE DE CAMPING-CAR VIVIER« 1.1. bis 31.12.
☎ 0033 5 58046452
commercial@leopark.fr, www.ville-biscarrosse.fr

➔ D 652, Sanguinet - Biscarosse, von Biscarosse weiter auf der D 146 nach Biscarrosse Plage, ausgeschildert. ✉ Rue du Tit 681 (GPS: 44°27'30"N / 1°14'41" W).

WC Ch 500 m

Stellplatz für Reisemobile im lichten Pinienwald-Gelände. Stellflächen auf Sand, bis 9 m Länge. Ort 2.5 km entfernt. 180 Touristenplätze.

40160 Parentis-en-Born, Aquitanien ST-F 9533

»AIRE DE CAMPING-CAR PARENTIS-EN-BORNE«
☎ 0033 5 58784360 1.1. bis 31.12.

➔ A 63 Bordeaux - Bayonne, Abf. (17) auf die D 43 nach Parentis-en-Born, von Parentis-en-Born weiter zum Lac de Biscarrosse et de Parentis, ausgeschildert. ✉ Route des Campings (GPS: 44°20'39"N / 1°5'54" W).

WC Ch 170 m 200 m

Beschrankter offizieller Wohnmobil-Stellplatz in Seenähe. Ebene und überwiegend schattenlose Stellflächen auf Schotter, ohne Längenbeschränkung. Müllentsorgung möglich. Parkautomat. Aufenthalt max. 1 Woche. Ort 2.5 km entfernt. 20 Touristenplätze.

40170 Saint-Julien-en-Born, Aquita. ST-F 9546

»AIRE DE CAMPING-CAR DU PHARE« 1.1. bis 31.12.
☎ 0033 5 58428008
mairie@saint-julien-en-born.fr
www.saint-julien-en-born.fr/Decouvrir-Saint-Julien

➔ A 63, Bordeaux-Bayonne, Abf. (14) auf die D 38 nach Saint-Julien-en-Born, dort weiter auf der D 41 Richtung Contis-Plage. Dann am westlichen Ortsrand von Contis les Bains, ausgeschildert. ✉ Avenue du Phare (GPS: 44°5'36"N / 1°19'8" W).

WC Ch 300 m 400 m

Stellplatz speziell für Reisemobile am Waldrand. Teilweise markierte Stellflächen auf Schotter, bis 9 m Länge. Aufenthalt max. 48 Stunden. Ortszentrum (Contis les Bains) 400 m entfernt. 70 Touristenplätze.

40660 Moliets-et-Maa, Aquitanien ST-F 9561

»AIRE DE MOLIETS-ET-MAA« 16.3. bis 14.11.
☎ 0033 5 58485013
contact@mairiedemoliets.fr, www.mairie-de-moliets.fr

➔ D 652, Mimizan – Boucau, in Moliets-et-Maa meerwärts, ausgeschildert. ✉ Avenue de l'Océan (GPS: 43°51'4"N / 1°22'57" W).

WC Ch 400 m
500 m

Beschrankter Stellplatz für Reisemobile im lichten sandigem Wald- und Wiesengelände. Ohne Längenbeschränkung. Kassenautomat. Aufenthalt max. 1 Woche. Ort 2.5 km entfernt. 120 Touristenplätze.

40260 Castets, Aquitanien ST-F 9580

Abfahrt

»AIRE DE CAMPING-CAR DE CASTETS« 1.1. bis 31.12.
☎ 0033 5 58894009
communication@castets.fr

➔ A 63 Bordeaux - Bayonne, Abf. (12) Castens, dann am Kreisverkehr rechts. ✉ 253, Impasse du Chalet (GPS: 43°52'30"N / 1°8'10" W).

Ch 800 m

Offizieller Stellplatz am südöstlichen Ortsrand. Beschrankt. Markierte Stellflächen auf sandiger Wiese in einem lichten Pinienwald. Parkautomat (Bezahlung nur mit Bankkarte/Kreditkarte möglich). Ort 1 km entfernt. 22 Touristenplätze.

64200 Biarritz, Aquitanien ST-F 9600/2

»PARKING DE LA MILADY« 1.1. bis 31.12.
☎ 0033 5 59415941
biarritz.tourisme@biarritz.fr, www.tourisme.biarritz.fr

➔ A 63 Bayonne – span. Grenze, Abf. (4) Biarritz auf die D 810 Richtung Spanien, dann rechts auf die D 911 Richtung Biarritz, nach ca. 2.5 km rechts einbiegen, beschildert. ✉ Rue de Madrid (GPS: 43°27'57"N / 1°34'18" W).

Ch 300 m

Offizieller Stellplatz auf einem Parkplatz außerhalb von Biarritz, in Meernähe. Beschrankt, umzäunt und beleuchtet. Markierte und überwiegend schattenlose Stellflächen auf Asphalt. Bezahlung am Parkautomat. Maximal 48 Stunden Aufenthalt möglich. Ortszentrum 2 km entfernt. 50 Touristenplätze.

F

64700 Hendaye, Aquitanien ST-F 9605

»GARE DE LES DEUX-JUMEAUX« 1.1. bis 31.12.
☎ 0033 5 59482323 35 m
tourisme@hendaye.com, www.hendaye-tourisme.fr

➔ A 63, Bayonne-Donostia-San Sebastián (E), Abf. (1) nach Hendaye. Dort am nördlichen Ortsrand gelegen, der Ausschilderung 'Gare de Les Deux-Jumeaux' folgen. ✉ Rue Ansoenia (GPS: 43°22'14"N / 1°45'52" W).
Schloss Abbadie.

Ch 600 m

Stellplatz speziell für Reisemobile am Gare de Les Deux-Jumeaux. Ausgewiesene und markierte Stellflächen auf Asphalt, bis 8 m Länge. Aufenthalt max. 3 Nächte. Ortszentrum 1.5 km entfernt. Strand 600 m entfernt. 25 Touristenplätze.

64640 Saint Martin d'Arberoue, Aq. ST-F 9632

»FERME AGERRIA« 1.1. bis 31.12.
☎ 0033 5 59294539
contact@agerria.fr, www.agerria.fr

➔ A 64, Pau - Bayonne, Abf. (3) und weiter auf der D 21 über Hasparren nach Bonloc. In Bonloc auf die D 14 nach St Esteben abbiegen. Zwischen Saint Esteben und Méharin an der D 14 gelegen, beschildert. ✉ D 14 (GPS: 43°20'11"N / 1°11'44" W).

Ch 100 m

Privater Stellplatz auf einem Bauernhof. Von Wiesen und Feldern umgeben und mit Blick auf die umliegende Hügellandschaft. Stellflächen auf Wiese oder Beton, ohne Längenbeschränkung. Verkauf von Hofprodukten. Picknickplätze. Ort 2 km entfernt. 10 Touristenplätze.

64220 St. Jean-Pied-de-Port, Aq. ST-F 9638/1

»PARKING DU JAI ALAI« 1.1. bis 31.12.
☏ 0033 5 59370092
contact@saintjeanpieddeport.fr, www.saintjeanpieddeport.fr

➔ A 63 Bayonne – Hendaye Abf. (5) Bayonne-Süd auf die D 932 über Camboles-Baines in Richtung St. Jean-Pied-de-Port. Am Ortsausgang von St. Jean-Pied-de-Port an der Straße nach St. Jean-le-Vieux gelegen, beschildert. ✉ Avenue du Jai Alai (GPS: 43°9'54"N / 1°13'55" W).
Altstadt mit Stadtmauer. Porte Saint-Jacques.

Ch 100 m 1 km

Offizieller Stellplatz auf einem Parkplatz bei der Sporthalle. Beschrankt und beleuchtet. Ebene bis leicht abfallende Stellflächen auf Rollsplitt. Durch Baumreihen leicht beschattet. Maximal 48 Stunden Aufenthalt möglich. Ortszentrum 1 km entfernt. 20 Touristenplätze.

64220 St. Jean-Pied-de-Port, Aq. ST-F 9638/2

»AIRE DE CAMPING-CAR DU FRONTON« Mitte Jan. bis Dez.
☏ 0033 5 59370092
contact@saintjeanpieddeport.fr
www.en-pays-basque.fr/sit/aire-de-camping-car-du-fronton/

➔ A 63 Bayonne – Hendaye Abf. (5) Bayonne-Süd, auf die D 932 über Camboles-Baines in Richtung St. Jean-Pied-de-Port. Am südlichen Ortsrand von St. Jean-Pied-de-Port an der Straße nach Saint Michel gelegen, beschildert. ✉ Chemin d'Eyheraberry (GPS: 43°9'32"N / 1°14'15" W).
Altstadt mit Stadtmauer. Porte Saint-Jacques.

Ch

Offizieller Stellplatz für Reisemobile am südlichen Ortsrand. Beton-Stellflächen auf Rasen, durch Baumreihen beschattet. Ortszentrum 500 m entfernt. 40 Touristenplätze.

64400 Oloron-Sainte-Marie, Aquita. ST-F 9650

»PARKING TIVOLI« 1.1. bis 31.12.
☏ 0033 5 59399999
dgs@oloron-ste-marie.fr

➔ N 134, Pau - span. Grenze, in Oloron-Sainte-Marie an der N 134 gelegen, beschildert. ✉ 35 Rue Adoue (GPS: 43°11'2"N / 0°36'31" W).

Ch

Städtischer Stellplatz auf einem Parkplatz am Fluss Gave d'Oloron. Von hohen Bäumen umgeben. Markiert, ebene Stellflächen auf Asphalt. Jetons für Ver- und Entsorgung sind bei der Tourist-Information erhältlich. Maximal 48 Stunden Aufenthalt möglich. Ortszentrum 500 m entfernt. 7 Touristenplätze.

64230 Sauvagnon, Aquitanien ST-F 9673

»AIRE MUNICIPALE CHAMP DE FOIRE« 1.1. bis 31.12.
☏ 0033 5 59331191 180 m
mairie@sauvagnon.fr
www.sauvagnon.fr/decouvrir-sauvagnon/aire-pour-camping-cars/

➔ A 64, Bayonne-Pau, Abf. (9.1) auf die D 817 Richtung Toulouse, dann weiter auf der D 834 Richtung Mont-de-Marsan. Nach ca. 7 km am Kreisverkehr in Richtung Sauvagnon abbiegen. Dort im Ortszentrum beim Centre Festif, ausgeschildert. ✉ Place du Champ de Foire (GPS: 43°24'13"N / 0°23'12" W).

WC Ch

Stellplatz auf einem gemischten Parkplatz im Ortszentrum. Markierte Stellflächen auf Asphalt, bis 7 m Länge. Aufenthalt max. 48 Stunden. 7 Touristenplätze.

20224 Albertacce, Korsika ST-F 9865

»AIRE DE CAMPING-CAR VERGIO« 1.1. bis 31.12.
☏ 0033 495480001 1400 m
casteldevergio@orange.fr

➔ D 18 von Corte Richtung Norden, nördlich von Castirla rechts auf die D 84 abbiegen, Stellplatz liegt am Hôtel Castel de Vergio. ✉ D 84 (GPS: 42°17'13"N / 8°53'36" E).

RES WC W Ch HS 100 m

Stellplatz bei einem Hotel und Wanderheim in den Bergen. Stellflächen auf Schotter. Keine Größenbeschränkung. Toiletten und Duschen im Wanderheim. Kiosk und frisches Baguette. Ort 20 km entfernt. 20 Touristenplätze.

20270 Aléria, Korsika ST-F 9876

»LE BANANA'S« 1.1. bis 31.12.
☏ 0033 638969184
magali.agosti@gmail.com

➔ T 50 Aleria-Corte, nach ca. 11 km auf der linken Seite, ausgeschildert. ✉ Casaperta (GPS: 42°10'26"N / 9°25'15" E).

Ch HS 800 m

Stellplatz bei einem Hotel und Restaurant. Stellflächen auf Wiese und Schotter. Ort 11 km entfernt. 16 Touristenplätze.

20137 Porto Vecchio, Korsika ST-F 9906

»PARKING DE LA PLAGE« 1.5. bis 30.9.
☏ 0033 495101748 8 m

➔ T 10 Bonifacio-Puerto Vecchio, am ersten Kreisverkehr südlich von Puerto Vecchio der Ausschilderung "Palombaggia Par Piccovaggia" folgen. ✉ Plage de Palombaggia (GPS: 41°33'48"N / 9°20'10" E).

RES W 100 m S

200 m HS 300 m

Stellplatz in einem Pinienwald am Meer. Stellflächen teilweise uneben, auf Wiese und Sand. Imbiss. Brötchenservice. Ort 2 km entfernt. 50 Touristenplätze.

20147 Serriera, Korsika ST-F 9997

»PARKING PLAGE DE BUSSAGLIA« 1.1. bis 31.12.
☏ 0033 495261444 7 m
mairiedeserriera@gmail.com

➔ T 20 Ajaccio-Bastia, in Ponte Bonellu links auf die D 1 Richtung Norden, in Vico links auf die D 23 und nach ca. 1 km rechts auf die D 70 Richtung Norden. Nördlich der Ortschaft Cristinacce links auf die D 84 und in Porto auf die D 81 Richtung Serriera, kurz nach passieren vom Hotel Eden Park links Richtung Strand, bis zum Ende fahren. ✉ D 724 (GPS: 42°16'53"N / 8°41'20" E).

RES HS 100 m

Stellplatz auf einem gemischten Parkplatz am Meer. Stellflächen auf Schotter und Sand. Enge Zufahrtsstraße. Bäckerservice im Sommer. Ort 3 km entfernt. 10 Touristenplätze.

FINNLAND

Besondere Vorschriften und Regelungen

Personaldokumente: Gültiger Reisepass oder Personalausweis bis zu einem Aufenthalt von 3 Monaten. Kinder unter 12 Jahren benötigen einen Kinderreisepass. Diese werden mit einer Gültigkeitsdauer von sechs Jahren ausgestellt, und zwar längstens bis zur Vollendung des zwölften Lebensjahres. Ab dem zwölften Lebensjahr kann ein Reisepass oder Personalausweis beantragt werden. Detaillierte Informationen erhalten Sie vom Auswärtigen Amt, www.auswaertiges-amt.de.

Impfbescheinigungen: Werden nicht verlangt. Empfohlene Impfung: saisonal FSME.

Dokumente für Haustiere: Für Hunde und Katzen ist der »EU-Heimtierausweis« mitzuführen, der von behördlich ermächtigten Tierärzten ausgestellt wird. Der Ausweis muss Angaben zum Besitzer enthalten und dem Tier eindeutig zugeordnet werden können, d.h., das Tier muss durch Mikrochip identifizierbar und die Kennzeichnungs-Nr. im Ausweis eingetragen sein. Ein gültiger Tollwutschutz muss ebenfalls im Heimtierausweis nachgewiesen werden. Die Erstimpfung muss mindestens 21 Tage zurückliegen. Wiederholungsimpfungen müssen in den Zeiträumen, die der Hersteller des Impfstoffes vorsieht, durchgeführt worden sein. Für die direkte Einreise wird zusätzlich ein tierärztliches Attest über eine Behandlung gegen den Bandwurm »Echinococcus mulitilocurlaris« benötigt, die mindestens 24 Stunden und max. 5 Tage vor der Einreise durchgeführt worden sein muss. Ausgenommen sind Tiere, die direkt aus Norwegen, Großbritannien, Irland oder Malta eingeführt werden und Tiere, die jünger als drei Monate sind. Vögel dürfen nur mit Genehmigung des finnischen Amtes für Lebensmittelsicherheit eingeführt werden.

Weiterführende Informationen sind erhältlich über die finnische Botschaft, Rauchstraße 1, 10787 Berlin, Tel. 030/50 50 30, Fax 030/50 50 33 33, oder über das Amt für Lebensmittelsicherheit Evira, Helsinki, Tel. 00358-20 77 20 03, Fax 00358-207 72 43 50, **www.evira.fi** E-Mail **info@evira.fi**.

Kfz: Deutscher Führerschein und deutsche Zulassung sind ausreichend. Länder-Kennzeichen »D« muss am Fahrzeug- auch an Anhänger- angebracht, oder im EU-Nummernschild enthalten sein. Ist der Fahrer nicht Eigentümer des Fahrzeuges, muss eine Benutzungsvollmacht des Fahrzeughalters vorliegen. Es besteht Haftpflichtversicherungszwang. Die »Internationale grüne Versicherungskarte« ist bei Kfz aller Art mit amtl. deutschen Kennzeichen zwar nicht Pflicht, jedoch wird die Mitnahme trotzdem dringend empfohlen.

Verkehrsvorschriften: In Finnland gilt grundsätzlich rechts vor links. Straßenbahnen und Busse haben immer Vorfahrt. Tagsüber muss inner- und außerorts mit Abblendlicht gefahren werden. Anschnallpflicht gilt für alle Insassen. Beim Verlassen des Fahrzeuges bei einer Panne ist es Pflicht, eine reflektierende Warnweste zu tragen. Promillegrenze 0,5.

Umweltzonen: In Finnland besteht derzeit nur eine Umweltzonen in der Hauptstadt Helsinki.

Derzeit zum Stand Juli gilt das Fahrverbot für diese Zone nur für Busse der EURO-Klassen 0-2 und für spezielle Schwerfahrzeuge wie z. B. Müllwagen. Ab 2021 könnten die Fahrverbote auf weitere Fahrzeugtypen ausgeweitet werden,

Murmansk
NORWEGEN
RUSSISCHE
FÖDERATION
Karigasniemi
6970
Inari
Kilpisjärvi
6890
6905
Vuotso
6680
6660
6750
6740
Muonio
Kittilä
Sodankylä
Kemijärvi
6298
Rovaniemi
SCHWEDEN
Kuusamo
6115
5795
Ranua
Tornio
Kemi
Pudas-
järvi
Suomussalmi
Bottenviken
Perämeri
Oulu
5148
Vartius
5595
Raahe
Vaala
5410
Kajaani
5560
5138
5135
4890
Kalajoki
Nurmes
4870
5050
5010
Iisalmi
3011
Kokkola
4910
4810
4620
Umeå
3250
Kuopio
Joensuu
3325
3338
Kyyjärvi
Vaasa
3342
3351
4220
4505
Seinäjoki
3380
3365
Savonlinna
Jyväskylä
2800
Kaskinen Kaskö
3390
Mikkeli
2700
3480
Parkano
2620
Imatra
3600
2600
3440
Lappeenranta
Bottenhavet
Merikarvia
Tampere
3180
Heinola
3648
3642
Pori
2130
Vyborg
Selkämeri
Lahti
Kouvola
Huittinen
Hämeenlinna
3190
2435
Hamina
Rauma
Eura
2445
3681
Kotka
Forssa
Porvoo Borga
Turku
2003
Espoo
Helsinki
1000
Hangö Hanko

Die Umweltzone in Finnland wird durch die Polizei überwacht. Bei einem Verstoß ist ein Bußgeld von 100 Euro fällig.

Zoombare Karten aller Umweltzonen mit ihren Grenzen sowie detailliertere Informationen zu den einzelnen Fahrzeugtypen, EURO-Klassen, Wochentagen, Uhrzeiten, Sonderregelungen und Ausnahmen sind verfügbar unter **www.green-zones.eu/de/umweltzonen** oder **www.Green-Zones-App.eu.**

Telefon: Deutschland – Finnland: 00358. Finnland – Deutschland 0049.

Unfallnotruf: Feuerwehr und Ambulanz: 112. Auskünfte über Abschleppdienst- und Pannendienst Tag und Nacht über Telefon 09/77 47 64 00. Der Pannenhilfsdienst des »Autolitto« ist an Feiertagen und von Fr 18 Uhr bis So 22 Uhr unter 02 00 80 80 erreichbar.

Devisen: Für die Ein- und Ausfuhr von Landes- und Fremdwährungen bestehen keine Beschränkungen.

Camping: Finnland hat etwa 350 bewachte Campingplätze. Die Campingsaison beginnt im Mai und endet im September. Falls angefahrene Plätze schon geschlossen sind, kann man oftmals über die Stadtverwaltung Informationen über Campingmöglichkeiten erhalten. Das Übernachten ist außerhalb eines Campinggeländes (für eine Nacht) zwar nicht verboten, jedoch muss Rücksicht genommen werden auf Wiesen, Anpflanzungen und landwirtschaftliche Nutzflächen, die dadurch Schaden nehmen könnten. Auf privatem Boden ist die Einwilligung des Grundstückseigentümers einzuholen. Die finnischen Campingplätze sind überwiegend naturbelassen. Aus diesem Grund haben wir in diesem Land auf das Naturplatzzeichen verzichtet.
Das Stromnetz ist auf 220 Volt (50 Hz) Wechselstrom ausgelegt. Es stehen allerdings nicht auf allen Campingplätzen für Caravans und Zelte Stromanschüsse zur Verfügung. Die meisten Plätze haben separate Areale mit Stromversorgung an den Stellplätzen eingerichtet. Ausländische Gasflaschen werden bei finnischen Tankstellen nicht ausgetauscht. Es empfiehlt sich daher, das für den Aufenthalt benötigte Gas mitzubringen. Butangas ist in Finnland nicht erhältlich.

Wassersport: Finnland mit seinen 187.888 Seen ist ein Paradies für Wassersportler. Boote über 5,5 m Länge sind bei der Einreise zu deklarieren (für teuere Boote muss meistens eine Kaution hinterlegt werden).
Für Rennfahrzeuge ist ein »Carnet de Passage« erforderlich, das bei den deutschen Automobilclubs erhältlich ist. Campingplätze und Feriendörfer vermieten Kanus und Ruderboote.

Allgemeine Informationen:

D-10623 Berlin, Finnische Zentrale für Tourismus
Grolmanstraße 27-28
Tel. 0176/38 57 20 793
www.visitfindland.de, jyrki.oksanen@visitfinland.com

Vertretung der Bundesrepublik Deutschland:

FIN-00340 Helsinki, Deutsche Botschaft
Krogiuksentie 4

FIN-00331 Helsinki, Post: PL 5
Tel. 00358 9/45 85 80, Fax 00358 9/45 85 82 58
www.helsinki.diplo.de, info@helsinki.diplo.de

Campingplätze:

Gebühren-Angaben in EURO.
Bei Gebühren-Angaben mit der Vorjahreszahl muss eventuell mit einer Anhebung der Gebühren für das laufende Jahr gerechnet werden. Außerdem können sich die angegebenen Öffnungszeiten verändert haben und es ist möglich, dass angegebene Ermäßigungen nicht mehr gewährt werden.

22270 Eckerö Åland, Åland — ST-FIN 1000

»SÖDERHAGEN CAMPING OCH GÄSTHEM« 26.4. bis 30.9.
00358 18 38596, Mobil 00358 457 0723697 19 m
s.eklund@aland.net, www.soderhagen.ax

➔ Mit der Fähre von Grisslehamn (S) nach Eckerö. Im Zentrum nach dem Kreisverkehr die 3. Straße rechts (Torpvägen) nach Torp. Am Ortsende rechts (Degersandsvägen). Noch ca. 1.7 km. Degersandsvägen 127 (GPS: 60°10'17"N / 19°35'25" E).

W Ch HS TV

Stellplatz im Westen der Åland-Inseln auf einer flachen Hügelkuppe direkt am Wasser mit Blick über die Fjordlandschaft der Torp-Bucht. Teilweise leicht abfallende Stellflächen auf Wiese. LCHF ausgezeichnete Küche mit Bio- und regionalen Produkten. Frühstücksservice. Zimmer. Kleine Mooring-Anlage. Ort (Eckerö) 7 km entfernt. 51 Touristenplätze.

00520 Helsinki, Südfinnland — ST-FIN 2003

»PARKPLATZ AM VELODROM/PYÖRÄILYSTADION«
00358 9 31013300 10 m 1.1. bis 31.12.
tourist.info@hel.fi, www.visithelsinki.fi

➔ Im Nord-Osten Helsinkis auf der Mäkelänkatu nach Norden und links auf den Parkplatz des Velodroms abbiegen. Mäkelänkatu 70 (GPS: 60°12'7"N / 24°56'41" E).

Parkplatz beim Velodrom im Nord-Osten von Helsinki mit markierten Stellflächen auf Asphalt. Von einzelnen Bäumen umgeben. Max. 24 Stunden Aufenthalt möglich! Ortszentrum 6 km entfernt. 10 Touristenplätze.

17450 Iso-Äiniö, Südfinnland — ST-FIN 2130

»NIEMIMÄEN JUHLA JA MAJOITUSTILA« 1.1. bis 31.12.
Mobil 00358 400 716609
niemimaki@luukku.com, www.niemimaki.fi

➔ Straße Nr. 24, Lahti-Jämsä, in Iso-Äiniö in die Straße Härkämäentie und dann rechts in die Kukkuramäentie einbiegen. Kukkuramäentie 14 (GPS: 61°13'33"N / 25°20'28" E).

WC W W WC HS

Stellplatz an einer Pension mit Ferienhütten. Stellflächen auf Schotter. Verkauf von Obst und Gemüse. Sommercafé. Ort 600 m entfernt. 5 Touristenplätze.

46750 Liikkala, Südfinnland — ST-FIN 2435

»PENSION ONNELAN TILA« 1.1. bis 31.12.
Mobil 00358 40 5509711
arjahelena.lekander@onnelafarm.com, www.onnelafarm.com

➔ Straße Nr. 15, Kotka-Kouvola, in Inkeroinen auf die 3721 Richtung Liikkala abbiegen, dort in die Pien-Liikkalantie und weiter rechts in die Hakalantie abbiegen. Hakalantie 37 (GPS: 60°42'36"N / 27°1'1" E).

HS

Stellplatz an einer Pension und Farm in ruhiger Einzellage. Stellflächen auf Schotter. Sommercafé. Ort 2 km entfernt. 2 Touristenplätze.

49400 Hamina, Südfinnland — ST-FIN 2445

»AALLOKKO CARAVAN« 1.4. bis 31.10.
00358 50 5582880, Fax 00358 05 3444828
www.rampsi.fi

➔ E 18 Kotka-Vaalimaa, in Hamina Richtung Zentrum abbiegen und weiter auf die Halbinsel Tervasaari, dort der Ausschilderung zum Freizeithafen Rampsi folgen. Veneasema Rampsi (GPS: 60°33'38"N / 27°10'56" E).
Marienkirche, orthodoxe Kirche Peter und Paul, Hamina Bastion.

WC W Ch W W 800 m

Stellplatz bei einem Freizeithafen. Stellflächen auf Wiese und Schotter, ohne Längenbeschränkung. Stadtzentrum 1.5 km entfernt. 20 Touristenplätze.

55120 Imatra, Südfinnland — ST-FIN 2600/2

»VUOKSI FISHING PARK« 28.6. bis 21.8.
00358 5 4323123, Mobil 00358 400 655848
vuoksi.kalastuspuisto@co.inet.fi, www.vuoksenkalastuspuisto.com/en/

➔ Straße Nr. 6, Lappeenranta-Joenssu, in Imatra auf die 3952 Richtung Zentrum und Stadtteil Mansikkala abbiegen, der Angelplark liegt auf der linken Seite am Fluss Vuoksi, ausgeschildert. Kotipolku 1 (GPS: 61°11'1"N / 28°46'54" E).
Vuoksi-Staudamm.

WC W WC Ch HS 900 m

Stellplatz auf dem Gelände eines Angelparks mit Hüttenvermietung. Stellflächen auf Schotter. Aktivitäten: Angeln, Paintball, Wasserski, Kanuverleih. Räucherofen vorhanden. Stadtzentrum 900 m entfernt. 10 Touristenplätze.

55800 Imatra, Südfinnland — ST-FIN 2620

»ANGELPARK KUOKKALAMMEN LOHI« 1.1. bis 31.12.
Mobil 00358 500 414078
kalastuspuisto@kuokkalammen-lohi.fi, www.kuokkalammen-lohi.fi

➔ Straße Nr. 6, Lappeenranta-Joensuu, ca. 10 km nördlich von Imatra rechts Richtung Kuokkalampi abbiegen, die Angelfarm liegt nach ca. 4 km auf der rechten Seite, ausgeschildert. Kuokkalammintie 28 (GPS: 61°15'32"N / 29°0'59" E).
Vuoksi-Staudamm, Kirche von Vuoksenniska nach Plänen von Alvar Aalto.

WC Ch HS

Stellplatz bei einer Fischfarm. Stellflächen auf Schotter. Verkauf von frischem und geräuchertem Fisch. Stellplatz im Winter nach Vereinbarung. Ort (Imatra) 15 km entfernt. 10 Touristenplätze.

56800 Simpele, Südfinnland — ST-FIN 2700

»TEBOIL SIMPELE« 1.1. bis 31.12.
00358 5 4371533, Fax 00358 5 4772229
simpele@huoltoasemat.teboil.fi, www.teboilsimpele.fi

➔ Straße Nr. 6, Lappeenranta-Joensuu, in Änkilä direkt an der Hauptstraße gelegen. Mäkiänkiläntie 2 (GPS: 61°25'0"N / 29°20'2" E).

WC W WC Ch

Stellplatz an einem Teboil-Rastplatz. Stellflächen auf Asphalt, ohne Gewichts- und Längenbeschränkung. Aufenthalt max. 24 Stunden. Ort (Simpele) 2 km entfernt. 20 Touristenplätze.

59310 Särkisalmi, Südfinnland — ST-FIN 2800

»ABC SÄRKISALMI PARIKKALA« 1.1. bis 31.12.
00358 10 7620360
abc.särkisalmi@sok.fi, www.abcasemat.fi

➔ Straße Nr. 6, Lappeenranta-Joensuu, in Särkisalmi an der Kreuzung der Straßen Nr. 6 und Nr. 14 gelegen. Rinnekatu 1 (GPS: 61°36'18"N /

29°28'55" E).

Stellplatz an einem ABC-Rastplatz. Stellflächen auf Asphalt, ohne Längen- und Gewichtsbeschränkung. Aufenthalt. max. 24 Stunden. Ortszentrum 300 m entfernt. 5 Touristenplätze.

68300 Kälviä, Westfinnland — ST-FIN 3011

»TOIVOSEN ELÄINPUISTO« — 15.5. bis 30.8.
☎ 00358 6 8351190, Mobil 00358 500 666535
mattivt@gmail.com, www.elainpuisto.fi

➔ E 8 Kokkola-Oulu, ca. 7 km nördlich von Kokkola an der Abzweigung Richtung Kälviä gelegen. ✉ Eläinpuistontie 2 (GPS: 63°51'25"N / 23°18'55" E).

Stellplatz an einem Heimatmuseum mit kleinem Tierpark. Stellflächen auf Schotter. Stadtzentrum(Kokkola) 9 km entfernt. 8 Touristenplätze.

36270 Kangasala, Westfinnland — ST-FIN 3180

»MOBILIA AUTO- JA TIEMUSEO« — 1.1. bis 31.12.
☎ 00358 3 31404000
asiakaspalvelu@mobilia.fi, www.mobilia.fi

➔ Straße Nr. 12, Tampere-Lahti, östlich von Kangasala im Ortsteil Kisaranta am See Heposelkä gelegen. ✉ Kustaa Kolmannen tie 75 (GPS: 61°26'28"N / 24°7'49" E).

Stellplatz an einem Museum. Ausgewiesene Stellflächen auf Asphalt, bis 9 m Länge. Museumsshop und ein Verkehrsübungsplatz für Kinder. Sanitäreinrichtungen während der Öffnungszeiten zugänglich. Ort (Kangasala) 5 km entfernt. 8 Touristenplätze.

32700 Huittinen, Westfinnland — ST-FIN 3190

»ABC HUITTINEN« — 1.1. bis 31.12.
☎ 00358 29 0042940
lm.huittinen@sok.fi, www.abcasemat.fi

➔ Straße Nr. 2, Espoo-Pori, in Huittinen an der Straßenkreuzung Nr. 71 und 12 gelegen. ✉ Loimijoentie 89 (GPS: 61°10'4"N / 22°40'48" E).

Stellplatz an einem ABC-Rastplatz. Ausgewiesene und videoüberwachte Stellflächen auf Asphalt, ohne Längenbeschränkung. Aufenthalt max. 24 Stunden. Ort (Huittinen) 1.5 km entfernt. 7 Touristenplätze.

44500 Viitasaari, Westfinnland — ST-FIN 3250

»ABC VIITASAARI« — 1.1. bis 31.12.
☎ 00358 10 7675900, Fax 00358 10 76755919
abc.viitasaari@sok.fi, www.abcasemat.net

➔ E 4/E 75, Oulu-Jyväskylä, in Viitasaari direkt an der Europastraße gelgen. ✉ Kokkosalmentie 7 (GPS: 63°4'31"N / 25°51'58" E).

Stellplatz an einem Rastplatz direkt am See gelegen. Ausgewiesene, videoüberwachte und beleuchtete Stellflächen auf Asphalt, ohne Längenbeschränkung. Aufenthalt max. 48 Stunden. Idealer Übernachtungs-/Durchgangsplatz. Ortszentrum 500 m entfernt. 6 Touristenplätze.

43800 Kivijärvi, Westfinnland — ST-FIN 3325

»STELLPLATZ KIVIJÄRVI« — 1.5. bis 31.10.
Mobil 00358 44 4597811
kunta@kivijarvi.fi, www.kivijarvi.fi

➔ E 4 / E 75 Jyväskylä-Oulu in Viitasaari auf die 77, nach ca. 38 km rechts auf die 58 Richtung Kivijärvi, dort am westlichen Ortseingang am See Hoikansalmi gelegen. ✉ Peltokankaantie 69 (GPS: 63°7'49"N / 25°2'46" E).

300 m

Stellplatz auf einem Parkplatz. Stellflächen auf Schotterrasen. Bezahlung über Mobiltelefon. Ort 2 km entfernt. 4 Touristenplätze.

66800 Oravainen, Westfinnland — ST-FIN 3338

»ABC ORAVAINEN« — 1.1. bis 31.12.
☎ 00358 20 7808400
lm.oravainen@sok.fi, www.abcasemat.fi/fi/asemat/abc-oravainen

➔ E 8 Vaasa-Kokkola, in Oravainen direkt an der Europastraße gelegen. ✉ Kokkolantie 75 (GPS: 63°18'28"N / 22°23'9" E).

Stellplatz auf einem ABC-Rastplatz. Videoüberwachte Stellflächen auf Asphalt, bis 11 m Länge. Aufenthalt max. 24 Stunden. Ort 1 km entfernt. 20 Touristenplätze.

61460 Hanhikoski, Westfinnland — ST-FIN 3342

»MAATILAMATKAILU KOIVUSALO« — 1.1. bis 31.12.
☎ 00358 6 4377732, Mobil 00358 400 191370
matk.koivusalo@netikka.fi, www.maatilamatkailu-koivusalo.fi/

➔ Straße Nr. 16, Ylistaro-Lapua, in Kylänpää in die Straße Vatajantie Richtung Hanhikoski abbiegen, von dort noch ca. 3.5 km weiter auf der Straße Vanhatie, der Hof liegt auf der linken Seite. ✉ Vanhatie 386 (GPS: 62°57'42"N / 22°46'26" E).

Stellplatz auf einem Ferienbauernhof in ruhiger Einzellage. Stellflächen auf Schotter und Wiese. Ort (Ylistaro) 10 km entfernt. 2 Touristenplätze.

65380 Vaasa, Westfinnland — ST-FIN 3351

»ABC KIITOKAARI VAASA« — 1.1. bis 31.12.
☎ 00358 20 7808380
abc.vaasakiitokaari@sok.fi, www.abcasemat.fi/fi/asemat/abc-kiitokaari-vaasa

➔ E 8 Port-Kokkola, in Vaasa an der Europastraße (Abfahrt Richtung Flughafen) gelegen. ✉ Kiitokaari 2 (GPS: 63°3'8"N / 21°43'14" E).

Stellplatz auf einem ABC-Rastplatz. Videoüberwachte Stellflächen auf Asphalt, bis 11 m Länge. Aufenthalt max. 24 Stunden. Stadtzentrum Vaasa 8 km entfernt. 20 Touristenplätze.

60200 Seinäjoki, Westfinnland — ST-FIN 3365

»QUICK-STOP SEINÄJOKI CAMPING« — 1.6. bis 31.8.
☎ 00358 6 4120784
leirinta@sjk-juniorit.fi, www.seinajoenleirintaalue.fi

➔ E 12 Tampere-Vaasa, in Jalajärvi auf die Straße 19 Richtung Seinäjoki abbiegen, dort im Ortsteil Törnävä geradeaus auf der Straße 694 weiterfahren, der Ausschilderung zum Seinäjoen Leirintäalue (Seinäjoki Camping) folgen. ✉ Törnäväntie 29 (GPS: 62°42'24"N / 22°50'42" E).
⁂ Alvar-Aalto-Zentrum in Seinäjoki.

300 m

Quick-Stop bei einem Campingplatz. Beleuchtete Stellflächen auf Wiese und Schotter, bis 11 m Länge. Quick-Stop über Nacht von 22-8 Uhr. Benutzung der Serviceeinrichtungen gegen Gebühr möglich. Stadtzenturm 3 km entfernt. 4 Touristenplätze.

61360 Mieto, Westfinnland — ST-FIN 3380

»HAKUNIN KOTIELÄINTILA« — 1.1. bis 31.12.
Mobil 00358 40 8442852
hakunin.kotielaintila@gmail.com, www.hakuninkotielaintila.info

➔ E 12 Tampere-Vaasa, in Kurikka links auf die 689 und weiter auf der 6900 Richtung Lohiluoma, dort in die Straße Hakunintie einbiegen, der Hof liegt nach 1.8 km auf der rechten Seite. ✉ Hakunintie 193 (GPS: 62°34'18"N / 22°15'48" E).

Stellplatz bei einer Pferde- und Haustierfarm. Stellflächen auf Wiese. Ort (Kurikka) 15 km entfernt. 8 Touristenplätze.

64300 Lappfjärd, Westfinnland — ST-FIN 3390/1

»SKIGEBIET PYHÄVUORI« — 1.1. bis 31.12.
☎ 00358 6 2222141
skilanken@gmail.com, www.lankenski.sporttisaitti.com

➔ E 8, Pori-Vaasa, in Lålby auf die Straße 663 Richtung Karijoki abbiegen, nach ca. 7.5 km rechts Richtung Skigebiet (hiitokeskus) Pyhävuori abbiegen, ausgeschildert. ✉ Pyhävuori (GPS: 62°16'55"N / 21°37'46" E).

200 m

Stellplatz auf einem gemischten Parkplatz an einem Skigebiet. Stellflächen auf Schotter. Benutzung der Sanitäranlagen nur während der Öffnungszeiten möglich. Ort (Lappfjärd) 7 km entfernt. 10 Touristenplätze.

39310 Viljakkala, Westfinnland — ST-FIN 3440

»RESTAURANT KULTA CASINO« — 1.1. bis 31.12.
☎ 00358 33 712293
info@kultacasino.fi, www.kultacasino.fi/

➔ E 12, Tampere-Vaasa, in Hämeenkyrö auf die 276 Richtung Viljakkala abbiegen, dort ca 700 m nördlich der Ortschaft in Haveri links Richtung See einbiegen, ausgeschildert. ✉ Haverintie 16 (GPS: 61°42'34"N / 23°13'57" E).

200 m

Stellplatz an einem Restaurant mit Ferienhüttenvermietung direkt am See Kyrösjärvi. Bewachte Stellflächen auf Schotter. Ort (Viljakkala) 2 km entfernt. 5 Touristenplätze.

34640 Ruovesi, Westfinnland — ST-FIN 3480

»RESTAURANT HELVETIN PORTTI« — Juni bis Aug.
☎ 00358 3 4766104, Mobil 00358 400 492547
ravintola@helvetinportti.fi, www.helvetinportti.fi/

➔ E 63, Tampere-Jyväskylä, in Orivesi auf die 66 abbiegen, ca. 7.5 km nördlich von Ruovesi links Richtung Mäkelä abbiegen, das Restaurant liegt nach ca. 7 km auf der linken Seite. ✉ Helvetinkoluntie 775 (GPS: 62°3'11"N / 23°52'11" E).
⁂ Ruovesi wird als schönstes Kirchdorf Finnlands angesehen, Kirche von 1778, Herrenhaus Rietonniemi.

Stellplatz auf dem Parkplatz eines Restaurants. Stellflächen auf Schotter und Asphalt. Von Sept. bis Mai nur an den Wochenenden geöffnet. Aufenthalt max. 7 Tage. Ort (Ruovesi) 14 km entfernt. 20 Touristenplätze.

64490 Siipyy (Sideby), Westfinnld. ST-FIN 3600

»KIILIN KOTISEUTUMUSEO« 1.5. bis 30.9.
00358 6 2225611, Mobil 00358 40 6845080 3 m
info@kilen.fi, www.kilen.fi

➔ E 8/Staatsstr. 8 Pori-Va(a)sa, ca. 10 km nach Kuvaskangas links abbiegen Richtung Sideby, noch ca. 15 km. ✉ Kilvägen 90 (GPS: 62°2'10"N / 21°18'39" E).
Freilichtmuseum Kilen/Kiili.

Stellplatz bei einem Freilichtmuseum, direkt am Wasser, mit Stellflächen auf Sand und Gras. Eine Caravan-Stellfläche auch gleich neben der Rezeption, unter einigen hohen Kiefern, an der Zufahrtsstrasse zum Museum. Öffnungszeiten: 9-17 Uhr. Ort (Siipyy/Sideby) 2 km. 8 Touristenplätze.

38360 Kiikoinen, Westfinnland ST-FIN 3642

»ABC KIIKOINEN« 1.1. bis 31.12.
00358 15 2062440
abc.kuortti@sok.fi, www.abcasemat.fi/fi/asemat/abc-kiikoinen/

➔ Straße Nr. 11, Pori-Tampere, in Kiikoinen an der Straßenkreuzung 11 und 44 gelegen. ✉ Taitajantie 3 (GPS: 61°28'27"N / 22°33'22" E).

Stellplatz an einem ABC-Rastplatz. Ausgewiesene und beleuchtete Stellflächen auf Asphalt, ohne Längenbeschränkung. Aufenthalt max. 24 Stunden. Ort 3 km entfernt. 2 Touristenplätze.

28100 Pori, Westfinnland ST-FIN 3648

»ABC TIKKULA PORI« 1.1. bis 31.12.
00358 29 0042931
lm.tikkula@sok.fi, www.abcasemat.fi

➔ E 8 Turku-Vaasa, in Pori zum Gewerbegebiet Tikkula abbiegen, direkt an der Europastraße gelegen. ✉ Tikkulantie 2 (GPS: 61°29'18"N / 21°45'7" E).
Internationales Jazzfestival Pori, Architektur von Carl Ludwig Engel.

Stellplatz auf einem ABC Rastplatz . Ausgewiesene und videoüberwachte Stellflächen auf Asphalt, ohne Längenbeschränkung. Aufenthalt max. 24 Stunden. Stadtzentrum 1 km entfernt. 15 Touristenplätze.

26840 Kortela, Westfinnland ST-FIN 3681

»ABC KORTELA RAUMA« 1.1. bis 31.12.
00358 44 7330516
Lm.Kortela@sok.fi, www.abcasemat.fi/fi/asemat/abc-kortela

➔ E 8 Turku-Pori, südlich vom Rauma im Ortsteil Kortela an der Europastraße gelegen. ✉ Unajantie 2 (GPS: 61°5'56"N / 21°30'13" E).
Altstadt von Rauma, Naturschutzpark Schärenmeer.

Stellplatz auf einem ABC Rastplatz. Beleuchtete Stellflächen auf Asphalt bis 11 m Länge. Aufenthalt max. 24 Stunden. Stadtzentrum Rauma 2.5 km entfernt. 20 Touristenplätze.

82580 Juurikka (Kitee), Ostfinnld. ST-FIN 4220

»RIIHIJÄRVEN MATKAPARKKI« 1.1. bis 31.12.
Mobil 00358 40 5245090
riihijarvenmatkaparkki@gmail.com, riihijarvenmatkaparkki.com

➔ Straße Nr. 6, Lappeenranta-Joensuu, in Tolosenmäki Richtung Kitee abbiegen, von dort weiter auf der 4882 Richtung Juurikka, kurz vor der Ortschaft links in die Straße Rokkalantie Richtung Rokkala einbiegen, der Straße folgen bis Sopeke, der Stellplatz liegt direkt am See Ryökky. ✉ Riihijärventie 45 (GPS: 61°56'30"N / 30°11'44" E).

Stellplatz extra für Reisemobile direkt an einem See. Stellflächen auf Schotter. Bitte vor Anreise anrufen. In der Stellplatzgebühr ist die Benutzung des Bootes enthalten. Ort (Kitee) 23 km entfernt. 15 Touristenplätze.

76150 Pieksämäki, Ostfinnland ST-FIN 4505

»ABC PIEKSÄMÄKI« 1.1. bis 31.12.
00358 15 2062490
abc.pieksamaki@sok.fi, www.abcasemat.fi

➔ Straße Nr. 72 Mikkeli-Suonenjoki, in Piesämäki am westlichen Ortsrand direkt an der Straße Nr. 72 gelegen. ✉ Vehkanotko 2 (GPS: 62°17'24"N / 27°6'15" E).
Hölzerne Pfarrkirche von 1753.

Stellplatz auf einem ABC-Rastplatz. Stellflächen auf Asphalt, ohne Gewichts- und Längenbeschränkung. Aufenthalt max. 24 Stunden. Ortszentrum 3 km entfernt. 5 Touristenplätze.

83700 Polvijärvi, Ostfinnland ST-FIN 4620

»PÄIVÄNIEMEN LOMAMÖKIT« 1.5. bis 30.10.
Mobil 00358 400 319317
heikki.puhakka@wippies.fi, www.paivaniemi.fi

➔ Straße Nr. 9, Kuopio-Joensuu, bei Outokumpu auf die 504 abbiegen, kurz hinter Polvijärvi rechts Richtung Kinahmo abbiegen, von dort weiter Richtung Päivaranta, der Stellplatz liegt am Ende der Päivärannantie. ✉ Päivärannantie 25 (GPS: 62°50'35"N / 29°34'53" E).

Stellplatz bei einer Ferienhüttenanlage an einem See. Stellflächen auf Schotter und Wiese. Die Nutzung von Sauna sowie Kanu und Ruderboot ist in der Gebühr enthalten. Ort (Kinahmo) 4 km entfernt. 10 Touristenplätze.

81260 Ahveninen, Ostfinnland ST-FIN 4810

0 **»STELLPLATZ AHVENINEN«** 1.1. bis 31.12.
00358 33335347, Mobil 00358 500 575594 95 m

➔ ✉ Ahvenisentie (GPS: 62°57'0"N / 30°5'42" E).

Stellplatz auf der linken Seite des öffentlichen Parkplatz zwischen der Straße 518 und einem ausgewiesenen Badeplatz an einem großen See, auf 2 Seiten von lichten, hohen Kiefern umgeben. Geschotterte Standflächen. Stellplatz-Länge bis 7 m. Maximale Aufenthaltsdauer 24 Stunden. 6 Touristenplätze.
2022: Stellplatz kostenlos

81970 Jongunjoki, Ostfinnland ST-FIN 4870

30 **»ERÄKESKUS WILDERNESS LODGE«** 1.5. bis 31.10.
Mobil 00358 40 8654668
kontakt@eraekeskus.com, www.eräkeskus.com

➔ Straße Nr. 73 Lieska - Nurmes, nördlich von Lieska auf die Straße 524 Richtung Nurmijärvi abbiegen, dort rechts auf die Straße 5241 abbiegen, erste rechts in die Straße Alakylä, ausgeschildert. ✉ Alakylä 15 (GPS: 63°31'30"N / 30°2'23" E).

Stellplatz an einer Huskyfarm in ruhiger Lage am See. Beleuchtete Stellflächen auf Sand und Wiese, bis 7 m Länge. Rundgang durch die Hundezwinger und Welpenbesichtigung möglich. Keine Chemie Toiletten Entsorgung. Frühstücksmöglichkeit (€ 10.-) und 3-Gang Abendessen (€ 25.-) mit Voranmeldung bis 14 Uhr. Ort Nurmijärvi 3.5 km entfernt. 3 Touristenplätze.
2023: St/N 12.–, P/N 7.–, K/N 5 bis 15 J. 6.–, Waschmaschine 15.–, Trockner 15.–, Strom/N 10.–. KT, H/N, WD, Entsorgung, Müll, Wasser und Sanitärbenutzung inklusive.

75700 Valtimo, Ostfinnland ST-FIN 4890

»GASTHAUS PUUKARIN PYSÄKKI« 1.1. bis 31.12.
00358 13 454002
majatalo@puukarinpysakki.fi, www.puukarinpysakki.fi

➔ Straße Nr. 6, Joensuu-Kajaani, zwischen den Ortschaften Valtimo und Puukari, auf der linken Seite, ausgeschildert. ✉ Kajaanintie 844 (GPS: 63°44'3"N / 28°42'13" E).

300 m

Stellplatz bei einer Pension in ruhiger Einzellage. Stellflächen auf Wiese. Ort (Valtimo) 6.5 km entfernt. 6 Touristenplätze.

73320 Nilsiä, Ostfinnland ST-FIN 4910

»TAHKON LEIRIKESKUS« 1.1. bis 31.12.
Mobil 00358 50 3614949
varaukset@tahkonleirikeskus.com, www.tahkonleirikeskus.com

➔ E 63, Kuopio-Iisalmi, in Siilinjärvi auf die 75 Richtung Nurmes abbiegen, nach ca. 25 km links Richtung Nilsiä abbiegen, dort auf die 577 Richtung Reittiö, dort auf der linken Seite gelegen, ausgeschildert. ✉ Varpaisjärventie 1490 B (GPS: 63°17'43"N / 27°55'40" E).

Stellplatz an einer Ferienanlage mit Zimmervermietung. Stellflächen auf Schotter. Der Berg Tahkovuori mit dem Skisportzentrum Tahko ist nur 10 km entfernt. Aktivitäten: Motorschlitten, Langlaufski und Mountainbike. Ort (Nilsiä) 12 km entfernt. 8 Touristenplätze.

86800 Pyhäjärvi, Oulu ST-FIN 5010

»RASTPLATZ VASKIKELLO« 1.4. bis 1.11.
00358 8 780780
info@vaskikello.fi, www.vaskikello.fi/

➔ E 4/E 75 Jyväskylä-Oulu, Rasthof liegt an der Kreuzung E 75 und Straße 27 Richtung Pyhäjärvi. ✉ Vaskikellontie 420 (GPS: 63°42'51"N / 25°55'11" E).

Stellplatz an einem Rastplatz mit einem großen Messingglockenturm. Stellflächen auf Asphalt, bis 10 m Länge. Aufenthalt max. 24 Stunden. Idealer Übernachtungs-Durchgangsplatz. Ort Pyhäjärvi 5.5 km entfernt. 4 Touristenplätze.

84100 Ylivieska, Oulu ST-FIN 5050

»HOTELLI KÄENPESÄ« 1.1. bis 31.12.
00358 8 423611, Fax 00358 8 423662
kaenpesa@hotellikaenpesa.fi, www.hotellikaenpesa.fi

➔ Straße Nr. 27, Kalajoki-Iisalmi, in Ylivieska im Zentrum am Kreisverkehr in die Straße Salmiperäntie abbiegen, das Hotel liegt auf der rechten Seite. ✉ Lintutie 1 (GPS: 64°4'4"N / 24°31'34" E).

100 m 800 m

Stellplatz auf dem Parkplatz eines Hotels im Ortszentrum. Stellflächen auf Asphalt. Anmeldung an der Rezeption. Zugang zu den Sanitäreinrichtung während der Öffnungszeiten. 2 Touristenplätze.

92700 Kestilä, Oulu — ST-FIN 5135

»LANDGUT PIHKALA« 1.1. bis 31.12.
00358 8 8125802, Fax 00358 8 8125800
info@maalaiskartanopihkala.fi, www.maalaiskartanopihkala.fi

➔ E 4 /E 75, Jyväskylä-Oulu, ca. 10 km nördlich von Siikalatva rechts auf die 821 Richtung Kestilä, nach ca. 15 km liegt der Gasthof auf der rechten Seite. ✉ Kestiläntie 1426 (GPS: 64°18'18"N / 26°7'31" E).

Stellplatz an einem Landgut mit Reitschule direkt am Fluss Lamujoki. Stellflächen auf Wiese und Schotter. Auf Anfrage Aktivitäten wie Seilrutsche, Kletterwand, Bogenschießen, Flussfahrten, Reiten. Rauchsauna vorhanden. Frühstück möglich. Ort (Kestilä) 9 km entfernt. 4 Touristenplätze.

92430 Paavola, Oulu — ST-FIN 5138

»RUOKOLAHDEN LAVA« 21.5. bis 4.9.
Mobil 00358 500 169312
aimo.hilakivi@kotinet.com, www.kotinet.com/paavolan.nuorisoseura

➔ E 8, Kokkola-Oulu, bei Liminka auf die 86 Richtung Vihanti, in der Ortschaft Paavola direkt am südlichen Ufer des Flusses Siikajoki. ✉ Limingantie 197 (GPS: 64°36'44"N / 25°14'22" E).

Stellplatz auf einem extra Gelände für Reisemobile, direkt am Fluss Siikajoki. Stellflächen auf Schotter. Jeden Samstag Tanz und Karaoke. Ort (Paavola 2 km entfernt. 8 Touristenplätze.

90480 Hailuoto, Oulu — ST-FIN 5148

»HAILUODON MAJAKKAPIHA« 1.1. bis 31.12.
Mobil 00358 401877730
myynti@majakkapiha.fi, www.majakkapiha.fi/

➔ E 8 oder E 4 in Oulu die auf die Straße 816 auf die Straße 816 nach Oulunsalo, dort auf die kostenlose Fähre (im Winterr Eisstraße) auf die Insel Hailuoto, weiter nach Marjaniemi auf der Straße 816. ✉ Marjaniementie 815 (GPS: 65°2'25"N / 24°33'34" E).

100 m 1 km

Stellplatz bei einem Freizeithafen. Stellflächen auf Schotter. Im Sommer bewacht von 9-22 Uhr. Im Winter keine Benutzung der Serviceeinrichtungen möglich. Hochsaison vom 1.5.- 31.8. Restliche Zeiten bitte um Voranmeldung. Ort 8 km entfernt. 15 Touristenplätze.

88470 Kontiomäki, Oulu — ST-FIN 5410

30 »BESTPARK KONTIOMÄKI« 1.1. bis 31.12.
00358 300 472299
info@bestpark.com, www.bestpark.com/de/park/kontiomaeki

➔ E 63 Kajaani - Suomussalmi, zwischen Jormua und Kontiomäki an der Europastraße gelegen, beschildert. ✉ Viitostie 2 (GPS: 64°19'13"N / 28°2'39" E).

Videoüberwachter Stellplatz hinter einer Raststätte am Waldrand. Stellflächen auf Asphalt. Online Buchung unter bestpark.com. Terrasse und Grillplatz. Wanderwege in der Umgebung. Ort 3 km entfernt. 24 Touristenplätze.
2022: St/N 29.90. P/N, H/N, Entsorgung, Wasser, Sanitär-Nutzung und Strom inklusive.

88900 Kuhmo, Oulu — ST-FIN 5560/1

»STELLPLATZ KALEVALA« 5.6. bis 1.10.
00358 8 6155521
kuhmon.kaupunki@kuhmo.fi, www.kuhmo.fi

➔ Straße Nr. 6, Nurmes-Kajaani, bei Sotkamo auf die 76 Richtung Kuhmo abbiegen, dort auf die 912 und vom Zentrum Kuhmo Richtung Suomussalmi, in Kalevala vor dem Besucherzentrum auf der rechten Seite. ✉ Väinämöinen 10 (GPS: 64°7'9"N / 29°35'1" E).

200 m

Stellplatz in der Nähe des Sees Lammasjärvi. Ausgewiesene Stellflächen auf Asphalt. Gebühr ist beim Rehazentrum Hyvinvointi Sampo, Väinämöinen 2, zu bezahlen . Ortszentrum (Kuhmo) 3.5 km entfernt. 8 Touristenplätze.

88930 Lentira (Vartius), Oulu — ST-FIN 5595

»WILD BROWN BEAR LTD.« Apr. bis Okt.
Mobil 00358 40 5469008
ari.saaski@wbb.fi, www.wbb.fi

➔ E 63 Kajaani-Kuusamo, nördlich von Kontiomäki links auf die 89 abbiegen, bei Ala-Rimpi rechts abbiegen, ausgeschildert. ✉ Kostamustie 5644 (GPS: 64°30'25"N / 29°58'25" E).

Stellplatz bei einem Anbieter für Bären-Safaris. Stellflächen auf Schotter. Geführte Safaris (Bär, Wolf, Vielfraß). Frühstücksservice auf Anfrage möglich. 3 km von der russischen Grenze entfernt. 10 Touristenplätze.

93999 Kuusamo, Oulu — ST-FIN 5795

»KUUSAMON PORTTI« 1.1. bis 31.12.
00358 44 5667685
info@kuusamonportti.fi, www.kuusamonportti.fi/en

➔ E 63 Kajaani-Kuusamo, ca. 10 km südlich von Kuusamo am See Riekinselkä gelegen, beschildert. ✉ Kajaanintie 151 (GPS: 65°49'57"N / 29°15'22" E).

Stellplatz bei einem Hotel und Restaurant. Stellflächen auf Asphalt, bis 10 m Länge. Stadt (Kuusamo) 10 km entfernt. 20 Touristenplätze.

97980 Anetjärvi, Lappland — ST-FIN 6115

»ANEEN LOMA« 1.1. bis 31.12.
00358 400 196638, Mobil 00358 40 8320633
simo.anetjarvi@pp.inet.fi, www.aneenloma.fi

➔ Straße Nr. 81 Rovaniemi-Posio, in Posio auf die 863 Richtung Kujoharo, dort rechts Richtung Anetjärvi abbiegen, der Stellplatz befindet sich an einer alten Schule. ✉ Anetjärventie 72A (GPS: 65°55'8"N / 27°59'18" E).

Stellplatz an einer Ferienanlage bei einer alten Schule in ruhiger Lage am See. Stellflächen auf Schotterrasen. 10 Touristenplätze.

96930 Rovaniemi, Lappland — ST-FIN 6298/1

»SHELL ROVANIEMI NAPAPIIRI« 1.1. bis 31.12.
00358 20 7644913
napapiiri.helmisimpukka@restel.fi
www.st1.fi/huoltoasemat?sub=rovaniemi_napapiiri

➔ E 4/E 75, Rovaniemi-Ivalo, ca. 8 km nördlich von Rovaniemi am Polarkreis gelegen. ✉ Sodankyläntie 715, Napapiiri (GPS: 66°32'39"N / 25°50'39" E).
Arktikum, Pilke, Korundi, Jätkänkynttiläbrücke, Weihnachtsmanndorf.

Stellplatz an einem Shell-Rastplatz am Polarkreis. Beleuchtete Stellflächen auf Asphalt, ohne Längenbeschränkung. Aufenthalt max. 2 Tage. Stadt (Rovaniemi) 8 km entfernt. 10 Touristenplätze.

99640 Tanhua, Lappland — ST-FIN 6660

»TANHUAN ERÄMAJAT« 1.1. bis 31.12.
Mobil 00358 400 394733
jari.piirainen@tanhuaneramajat.fi, www.tanhuaneramajat.fi

➔ E 4 / E 75, Rovaniem-Ivalo, in Sodankylä auf die 967, in Tanhua in der Ortsmitte gelegen. ✉ Pessijoentie 2 (GPS: 67°31'43"N / 27°32'22" E).

300 m

Stellplatz an einer Ferienanlage mit Hüttenvermietung. Unbewachte Stellflächen auf Wiese. Aktivitäten Wandern, Motorschlitten und Angeln. Ortszentrum 300 m entfernt. 10 Touristenplätze.

99690 Vuotso, Lappland — ST-FIN 6680

»B&B VUOTSON MAJA« 1.1. bis 31.12.
Mobil 00358 40 5339880
vuotsonmaja@gmail.com, www.vuotsonmaja.fi

➔ E 4, E 75, Rovaniemi-Ivalo, in Vuotso im Ortszentrum gelegen, ausgeschildert. ✉ Ivalontie 8775 (GPS: 68°6'21"N / 27°7'38" E).
Tankavaara (Goldgräbermuseum) 8 km.

200 m 400 m

Stellplatz an einem B&B im Ortszentrum. Stellflächen auf Schotter und Asphalt. Aktivitäten: Motorschlitten, Rentierfarm, Angeln, Wandern. 10 Touristenplätze.

FIN

99130 Sirkka, Lappland — ST-FIN 6740/2

»GONDOLIRAVINTOLAT« 2.6. bis 8.9.
00358 207 960280
levi.restaurants@levi.fi, www.levirestaurants.fi

➔ Straße Nr. 79, Kittilä-Muonio, in Sirkka der Ausschilderung zum Skigebiet (hiihtokeskus) folgen. ✉ Gondolitie 1 (GPS: 67°47'13"N / 24°49'8" E).

Stellplatz auf einem gemischten Parkplatz am Skizentrum Levi. Ebene und beleuchtete Stellflächen auf Asphalt, ohne Längenbeschränkung. Aufenthalt max. 2 Tage. Ort 2 km entfernt. 50 Touristenplätze.

99300 Muonio, Lappland — ST-FIN 6750

»TORASSIEPPI REINDEER FARM & COTTAGES« 1.1. bis 31.12.
Mobil 00358 40 1701925
sales@harriniva.fi, harriniva.fi/kohteet/torassieppi

➔ E 8, Haparanda - Kilpisjärvi, in Muonio auf die 78 Richtung Kittilä und in Särkijärvi auf die 957 abbiegen, nach ca. 3 km links in die Straße Torassiepintie einbiegen und am See Toras-Sieppi ca. 2 km entlang. ✉ Torassiepintie 212 (GPS: 67°57'8"N / 23°55'30" E).

Stellplatz an einer Ferienanlage mit Hüttenvermietung und Rentierfarm. Unbewachte Stellflächen auf Schotter. Ort (Muonio) 16 km entfernt. 10 Touristenplätze.

99490 Kilpisjärvi, Lappland ST-FIN 6890

»MAJATALO HALITNMAA« 1.1. bis 31.12.
Mobil 00358 40 7631369 473 m
info@haltinmaa.fi, www.kilpisjarvi.com/cabins/caravan/

➔ E 8 Muonio-Kilpisjärvi, in Kilpisjärvi im Ortszentrum an der Europastraße gelegen. ✉ Naalikuja 1 (GPS: 69°2'52"N / 20°47'55" E).
Der 1.029 m hohe Fjell Saana.

WC W WC Ch 200 m 450 m

Stellplatz an einem Caravanpark am Fuß des Berges Saana. Stellflächen auf Schotter, ohne Längenbeschränkung. Wanderungen zum Saanafjell und zum 1.328 m hohen Haltitunturi. 16 Touristenplätze.

99830 Saariselkä, Lappland ST-FIN 6905/1

»RESTAURANT KAUNISPÄÄN HUIPPU« 1.1. bis 31.12.
☎ 00358 16 668803 437 m
info@kaunispaanhuippu.fi, www.kaunispaanhuippu.fi

➔ E 4/E 75 Sodankylä-Ivalo, am nördlichen Ortsausgang von Saariselkä Richtung Kaunispää abbiegen. ✉ Kaunispääntie (GPS: 68°26'1"N / 27°26'31" E).

WC W HS

Stellplatz auf einem gemischten Parkplatz bei einem Restaurant auf einem Berg mit schöner Aussicht. Stellflächen auf Asphalt, ohne Längenbeschränkung. WC im Restaurant 10-17 Uhr. Aufenthalt max. 24 Stunden. Ort Saariselkä 2 km entfernt. 5 Touristenplätze.

99910 Kaamanen, Lappland ST-FIN 6970/2

»GASTHAUS GIELLAJOHKA« 1.1. bis 30.4. / 1.6. bis 31.10.
☎ 00358 16 676921, Mobil 00358 40 7386825
info@giellajohka.fi, www.giellajohka.fi/de

➔ Straße Nr. 92 Kaarmanen-Karigasniemi, ca. 25 km westlich von Kaarmanen liegt der Stellplatz, ausgeschildert. ✉ Karigasniementie 2920 (GPS: 69°17'31"N / 26°43'18" E).

WC W W HS HS

Stellplatz bei einem Gasthaus mit Souveniershop. Stellflächen auf Schotter. Wandermöglichkeiten. Idealer Übernachtungsplatz auf dem Weg zum Nordkapp (ca. 250 km entfernt). Kargasniemi 37 km entfernt. 5 Touristenplätze.

GROSSBRITANNIEN

Besondere Vorschriften und Regelungen

Personaldokumente: Für die Dauer des Aufenthaltes gültiger Reisepass oder Personalausweis. Kinder unter 12 Jahren benötigen einen Kinderreisepass. Diese werden mit einer Gültigkeitsdauer von sechs Jahren ausgestellt, und zwar längstens bis zur Vollendung des zwölften Lebensjahres. Ab dem zwölften Lebensjahr kann ein Reisepass oder Personalausweis beantragt werden. Bei Reisedokumenten ohne Foto kann es zu Problemen bei der Einreise kommen Detaillierte Informationen erhalten Sie vom Auswärtigen Amt, www.auswaertiges-amt.de.

Impfbescheinigungen: Werden nicht verlangt.

Dokumente für Haustiere: Die Einfuhr einiger Hunderassen (»Kampfhunde«) ist verboten. Im Rahmen des »Pet Travel Scheme« (PETS) können Hunde und Katzen aus EU-Ländern eingeführt werden, ohne in Quarantäne gegeben werden zu müssen. Hierzu ist der »EU-Heimtierausweis« mitzuführen, der von behördlich ermächtigten Tierärzten ausgestellt wird. Der Ausweis muss Angaben zum Besitzer enthalten und dem Tier eindeutig zugeordnet werden können, d.h., das Tier muss durch Mikrochip identifizierbar und die Kennzeichnungs-Nr. im Ausweis eingetragen sein. Ein gültiger Tollwutschutz muss ebenfalls im Heimtierausweis nachgewiesen werden. Die Erstimpfung muss mindestens 21 Tage zurückliegen. Wiederholungsimpfungen müssen in den Zeiträumen, die der Hersteller des Impfstoffes vorsieht, durchgeführt worden sein.

Da noch weitere Bedingungen erfüllt werden müssen, sind für die Vorbereitungszeit ca. 7 Monate nötig. Detaillierte Angaben sind in den Einreisebestimmungen für Großbritannien (GB) aufgeführt, die bei der DCC-Touristikabteilung erhältlich sind. Spezielle Auskünfte zum »Pet Travel Scheme« sowie zur Einfuhr anderer Tierarten und den Quarantänevorschriften erteilt die britische Botschaft: Wilhelmstraße 70, 10117 Berlin, Tel. 030/20 45 70, Email **ukingermany@fco.gov.uk**.

Kfz: Nationaler Führerschein und nationale Zulassung sind ausreichend. Das Länder-Kennzeichen »D« muss am Fahrzeug und am Anhänger angebracht bzw. im EU-Nummernschild enthalten sein. Ist der Fahrer nicht Eigentümer des Fahrzeuges, muss eine Benutzungsvollmacht des Fahrzeughalters vorliegen. Es besteht Haftpflichtversicherungszwang. Die Mitnahme der »Internationalen Grünen Versicherungskarte« wird empfohlen.

Verkehrsvorschriften: Linksverkehr! Rechts überholen. Überholverbot an Kreuzungen und Zebrastreifen. Kreisverkehr hat Vorfahrt. Unterbrochene weisse Doppellinie an Straßeneinmündungen bedeutet: Vorfahrt gewähren. Weisse, durchzogene Linie bedeutet: Stopp. Parkverbot vor Klinik- und Arzteingängen, an Feuerwehrstationen und Feuerwehrhydranten. Sicherheitsgurte müssen angelegt werden. Promillegrenze 0,8.
ACHTUNG! Wegen örtlicher Gegebenheiten im Land bestehen bei Caravans und Motorcaravans Maßbeschränkungen: Die Breite für beide von 2,55 und die Länge Caravan (ohne Deichsel) von 7m bzw. Länge Motorcaravan von 12 m darf nicht überschritten werden.

Umweltzonen: In Großbritannien sind derzeit 11 Umweltzonen in den großen Städten des Landes eingerichtet. Vor allem im Großraum London sind drei verschiedene Zonen zu beachten, die alle einer vorherigen Registrierung vor Einfahrt bedürfen.

Derzeit zum Stand Juli 2020 gelten die Fahrverbote in den Zonen außerhalb Londons vor allem für Busse. PKW und LKW sind davon meist nicht betroffen. Im Großraum London allerdings sind je nach Zone (LEZ, ZEZ, ULEZ) meist alle Arten von Fahrzeugtypen, darunter auch Leichtfahrzeuge (London ZEZ) und Campingfahrzeuge verboten bzw. können sich in Ausnahmefällen vor Einfahrt registrieren

Die verschiedenen Arten von Registrierungen sind zwar prinzipiell im Internet möglich, jedoch extrem aufwendig und kompliziert. Ab Herbst 2020 wird eine Registrierung als Dienstleistung durch Green-Zones angeboten. Die sich daraus ergebende Bestätigung und Erlaubnis der Einfahrt wird dem Fahrzeug des Kunden durch Green-Zones übersichtlich vor Einfahrt zur Verfügung gestellt.

Die Umweltzonen in Großbritannien und speziell die in London werden durch Polizei und durch Kameras überwacht. Bei einem Verstoß ist ein Bußgeld von umgerechnet 150 bis über 1.000 Euro fällig. Die für die Registrierung notwendigen Gebühren sind übrigens nicht zu verwechseln mit Parkgebühren oder Mautgebühren, die im Großraum London meist außerdem noch anfallen.

Zoombare Karten aller Umweltzonen mit ihren Grenzen sowie detaillierte Informationen zu den einzelnen Fahrzeugtypen, EURO-Klassen, Wochentagen, Uhrzeiten, Sonderregelungen und Ausnahmen sind verfügbar unter **www.LEZ-London.uk** oder **www.Green-Zones-App.eu.**

Kanaltunnel: Caravanverladung zu jeder Tageszeit ohne Voranmeldung für den »Le Shuttle« ab beschilderten Terminal westlich von Calais. Rückfahrt M 20 Abf. 11a bei Folkestone. Nähere Informationen im Reisebüro.

Telefon: Deutschland – Grossbritannien: 0044, dann die Ortsnetzkennzahl ohne die erste Null. Großbritannien – Deutschland 0049, dann Durchwahl ohne die erste Null der Ortskennzahl.

Unfallnotruf: Polizei und Unfallrettung: 999 oder 112. Pannenhilfe leisten die Automobilclubs AA und RAC rund-um-die-Uhr. Tel. 0800/028 90 18 (AA-gebührenfrei) , mit Mobiltelefon 01622/76 23 42 oder 0800/82 82 82 (RAC).

Devisen: Für die Ein- und Ausfuhr von Landes- und Fremdwährungen bestehen keine Beschränkungen.

Camping: In allen Teilen Großbritanniens findet man zahlreiche, gut ausgestattete Campingplätze, die jedoch zum überwiegenden Teil von Dauercampern belegt sind. Die mit »Camping site« bezeichneten Plätze nehmen nur Zelte auf, während »Caravan site« auf reine Wohnwagenplätze hinweist. Bei der Bezeichnung »Camping and Caravan site« handelt es sich um Plätze, die sowohl Zelte als auch Wohnwagen aufnehmen.
Auf den vielen guten Campingplätzen des »Camping Club & Caravaning of Great Britain and Ireland Ltd.« werden nur Camper aufgenommen, die im Besitz eines Internationalen Campingausweises (CCI) sind. Ersatzweise kann auf dem zuerst besuchten Campingplatz eine befristete Mitgliedschaft beim Britischen Campingclub eingegangen werden. Auch »The Caravan Club« verfügt über 180 eigene Plätze, die sehr gut ausgestattet sind. Hier und auf einer großen Anzahl von Bauernhöfen (max. 5 Stellplätze) ist für ausländische Besucher das CCI erforderlich. Wir empfehlen Ihnen bei einem längeren Aufenthalt eine befristete Mitgliedschaft bei einem dieser Clubs, da Sie auf clubeigenen Plätzen eine Ermäßigung zwischen 20 und 30 Prozent erhalten, sowie andere clubeigene Vorteile nutzen können. Freies Campen außerhalb der offiziellen Plätze ist nur mit Genehmigung des Grundstückeigentümers gestattet.
In Schottland ist freies Campen in Zelten erlaubt. Lokale Einschränkungen sind möglich.
Das Stromnetz ist auf 240 Volt Wechselstrom (50 Hz) ausgelegt. Da in Großbritannien dreipolige flache Stecker üblich sind, muss ein Adapter mitgeführt werden.

Gasflaschen müssen während der Fahrt zugedreht sein. Es sei denn, es ist ein Crash-Sensor vorhanden, der bei Unfällen verhindert, dass unkontrolliert Gas ausströmt.

SHETLAND ISLANDS
ORKNEY ISLANDS
Kirkwall
ÄUSSERE HEBRIDEN
INNERE HEBRIDEN
NORDSEE
IRISCHE SEE
ATLANTISCHER OZEAN
IRLAND
FRANKREICH
ISLAY
ISLE OF MAN
ANGLESEY
Port of Ness
Tarbert
Uig
Castlebay
Durness
Wick
Ullapool
6869
Achnasheen
6815
Inverness
Elgin
Fraserburgh
Kingussie
Aberdeen
Fort William
Blair
Montrose
Dundee
Perth
Kirkcaldy
Greenock
Glasgow
Edinburgh
Ayr
Berwick
Hawick
Warkworth
Stranraer
Dumfries
7050
7063
London-derry
Ballymena
Omagh
7210
Belfast
Enniskillen
Sligo
Lisburn
Dundalk
Dublin
Portlaoise
Wicklow
Enniscorthy
Water-ford
Wexford
Carlisle
5810
South Shields
Newcastle
Sunderland
5690
Workington
Penrith
5650
Hartlepool
Middlesbrough
Darlington
Barrow-in-Furness
Scarborough
Lancaster
York
Blackpool
Leeds
Preston
Brad-ford
Bolton
Kingston Upon Hull
Holy-head
Liverpool
Manchester
Scunthorpe
Grimsby
4460
4458
Chester
4450
Sheffield
Crewe
Stoke-on-Trent
4365
Derby
Nottingham
Skegness
Telford
Aberystwyth
Wolverhampton
Walsall
Leicester
3260
2980
King´s Lynn
Birmingham
Coventry
Norwich
Great Yarmouth
Kettering
Fishguard
Northampton
Cheltenham
Cambridge
Swansea
4040
Newport
Oxford
Luton
Ipswich
Cardiff
1468
Swindon
2505
Colchester
Bristol
1390
Bath
1455
London
Barnstaple
1330
Bridge-water
1362
Reading
Southend-On-Sea
1090
1354/55
Salisbury
Guildford
1920
Canterbury
1080
Exeter
Southampton
1890
Dover
Oostende
Poole
Brighton
Calais
1030
1025
Penzance
Plymouth
Torquay
Bourne-mouth
Ports-mouth
Worthing
Eastbourne
Hastings
Boulogne-sur-Mer
1015
1022
Lille

Allgemeine Informationen:

D-10178 **Berlin,** Visit Britain
Alexanderplatz 1
Tel. 030/315 71 90, Fax 030/31 57 19 10
www.visitbritain.de

Die Nordirische Fremdenverkehrszentrale ist mit der Zentrale der Republik Irland zu einer gesamtirischen Auskunftsstelle zusammengeschlossen:

D-60329 **Frankfurt/Main,** Tourism Ireland
Gutleustraße 32
Tel. 069/923 18 50, Fax 069/92 31 85 88
www.ireland.com,
corporate.germany@tourismireland.com

Vertretung der Bundesrepublik Deutschland:

GB-SW1X8PZ **London,** Deutsche Botschaft
23 Belgrave Square
Tel. 0044 20/78 24 13 00, Fax 0044 20/78 24 14 35
www.london.diplo.de, info@london.diplo.de

Campingplätze:

Gebühren-Angaben in Landeswährung, sofern nicht anders angegeben.

Währungseinheit:	1 Pfund Sterling (GBP) = 100 Pence	
Devisenkurs:	1 GBP = ca. 1.11 Euro	
	1 Euro = ca. 0.89 GBP	(Stand: Okt. 2022)

Bei Gebühren-Angaben mit der Vorjahreszahl muss eventuell mit einer Anhebung der Gebühren für das aktuelle Jahr gerechnet werde. Außerdem können sich die angegebenen Öffnungszeiten verändert haben und es besteht die Möglichkeit, dass angegebene Ermäßigungen nicht mehr gewährt werden.

TR13 9NN Helston, SW-England ST-GB 1015

»POLDOWN CARAVAN PARK« 5.5. bis 30.9.
0044 1326 574560
info@poldown.co.uk, www.poldown.co.uk

➔ An den südwestlichen Punkt der Insel fahren bei Helston abzweigen, Poldown (GPS: 50°7'17"N / 5°19'1" W).

WC W W Ch | 900 m

Stellplätze auf einem weitläufigen Campinggelände mit Mobilheimen, in waldreicher Umgebung. Stellfläche auf harten Untergrund oder Wiese. Reservierung wird empfohlen. Bei Online-Buchung Zahlung mit Kreditkarte möglich, sonst nur Bargeld. Ankunft bis 20 Uhr möglich. Ortszentrum 3 km entfernt. 5 Touristenplätze.

TR11 5PH Mawnan Smith-Falmouth, SW-Engl. ST-GB 1022

»CAMPSITE PENWARNE« 1.1. bis 31.12.
0044 7966 747938
mail@penwarnefarm.co.uk, www.penwarnefarm.co.uk

➔ An den südöstlichen Punkt der Insel nach Falmouth fahren. Penwarne Road (GPS: 50°7'43"N / 5°7'0" W).

WC W W Ch | 500 m

Stellplatz an der Küste mit Blick auf Falmouth Bay. Stellfläche auf Wiese. Reservierung wird empfohlen. Hunde müssen an der Leine geführt werden. Ortszentrum 2 km entfernt. 35 Touristenplätze.

TR16 6LP Four Lanes/Redruth, SW-Engl. ST-GB 1025

»LANYON HOLIDAY PARK« 1.4. bis 31.10.

info@lanyonholidaypark.co.uk, www.lanyonholidaypark.co.uk

➔ An den südwestlichsten Punkt Englands nach Falmouth fahren. Loscombe Lane (GPS: 50°12'9"N / 5°14'48" W).

WC W W Ch | 1 km

Stellplatz mit wunderschönem Landschaftsblick. Stellfläche auf Wiese. Reservierung wird empfohlen. Ortszentrum 5 km entfernt. 30 Touristenplätze.

TR5 0NU Saint Agnes, SW-Engl. ST-GB 1030

»BEACON COTTAGE FARM« 1.1. bis 31.12.
0044 1872 552347
jane@beaconcottagefarmholidays.co.uk
www.beaconcottagefarmholidays.co.uk

➔ A 30 Plymouth-Wesküse, bei Saint Agnes abfahren. Beacon Drive (GPS: 50°18'22"N / 5°13'34" W).

WC W W Ch

Stellplatz bei einer Rinderfarm an der Nordküste Südwestenglands. Stellfläche auf Wiese. Bei Ankunft nach 19 Uhr telefonisch anmelden. Ortszentrum 2 km entfernt. 70 Touristenplätze.

Schränke und Kühlschrank müssen während der Fahrt fest verriegelt sein.

PL27 7JQ Wadebridge-Whitecross, SW-Engl. ST-GB 1080/3

»THE LAURELS HOLIDAY PARK« 1.1. bis 31.12.
0044 1208 813341
lanyonadmin@btconnect.com, www.thelaurelsholidaypark.co.uk

➔ B 5 Bristol-Plymouth, weiter auf A 39 nach Wadebridge und Padstow. Padstow Road (GPS: 50°30'32"N / 4°52'56" W).

WC W W Ch | 1 km

Stellplatz auf dem Campinggelände beim Fluss Camel. Stellfläche auf Wiese. Ankunft bis 21 Uhr möglich. Reservierung wird empfohlen. Preise können in der Hauptsaison abweichen. Ortszentrum 3 km entfernt. 30 Touristenplätze.

EX23 9HJ Bude, SW-England ST-GB 1090/3

»QUICKSTOP AT WOODA FARM HOLIDAY PARK«
0044 1288 352069 1.1. bis 31.12.
enquiries@wooda.co.uk, www.wooda.co.uk

➔ Von Exeter westlich halten, nördlich vom Pentire Point. Poughill (GPS: 50°50'37"N / 4°31'5" W).

WC W Ch | 200 m

Stellplatz an der Westküste Englands bei einem Campingplatz. Befestigte Stellplätze vor der Schranke. Ortszentrum 3 km entfernt. 4 Touristenplätze.

TA24 7NJ Exford bei Minehead, SW-Engl. ST-GB 1330/1

»WESTERMILL FARM« 1.1. bis 31.12.
0044 1643 831238
holidays@westermill-exmoor.co.uk, www.westermill.com

➔ M 5 Bristol-Exeter, Abf. (25) Taunton, weiter zum Exmoor Nationalpark. (GPS: 51°8'43"N / 3°40'49" W).

WC W W Ch

Stellplatz im Exmoor National Park bei einem Bauernhof. Stellfläche auf Schotter. Reservierung nicht erforderlich. Ortszentrum 4 km entfernt. 60 Touristenplätze.

TA3 7BS Taunton, SW-England ST-GB 1354

»CORNISH FARM TOURING PARK« 1.1. bis 31.12.
0044 01823 327746
info@cornishfarm.com, www.cornishfarm.com

➔ M 5 Bristol-Exeter, Abf. (25) Taunton, weiter Richtung Süden zum Park. Cornish Farm Shoreditch (GPS: 50°59'32"N / 3°5'36" W).

WC W W Ch

Stellplatz im Grünen südlich von Taunton. Stellfläche auf Wiese und Schotter. Reservierung nicht erforderlich. Abfahrt bis 11:30 Uhr. Ankunft bis 12 Uhr. Ortszentrum 3 km entfernt. 49 Touristenplätze.

TA3 5NW Taunton, SW-England ST-GB 1355/2

»ASHE FARM TOURING PARK« 1.1. bis 31.12.
0044 1823 442567
info@ashefarm.co.uk, ashefarm.co.uk

➔ M 5 Bristorl-Exeter, Abf. (25 Taunton, weiter ins Taunton-Tal. Thornfalcon (GPS: 50°59'50"N / 3°1'33" W).

WC W Ch | 500 m

Stellplatz bei einem Bauernhof im Taunton-Tal. Stellfläche auf Schotterrasen. Ankunft bis 22 Uhr möglich. Ort 4 km entfernt. 30 Touristenplätze.

TA7 9AU Stawell, Südwestengland ST-GB 1362

»THE HIDEOUT - CARAVAN & CAMPINGPARK« 1.1. bis 31.12.
Mobil 0044 797 4442190
thehideout01@gmail.com, www.thehideoutsomerset.co.uk

➔ M5, Bridgwater - Bristol, Abf. (23) auf die A 39 in Richtung Glastonbury. Nach ca. 6 km nach Stawell abbiegen, dann bei der Kirche links, noch ca. 800 m. Stawell Road (GPS: 51°8'22"N / 2°53'35" W).

WC W Ch

Stellplatz in schöner ländlicher Umgebung. Von Wiesen und Feldern umgeben. Schattenlose Stellflächen auf einem länglichen Wiesenstreifen, ohne Längenbeschränkung. Ortszentrum 800 m entfernt. 15 Touristenplätze.

BS23 4XR Weston-super-Mare, SW-Engl. ST-GB 1390

»UPHILL WHARF« 1.1. bis 31.12.
0044 1934 418617
info@uphillwharf.co.uk, www.uphillwharf.co.uk

➔ M5, Bridgwater - Bristol, Abf. (22) auf die A370 nach Weston-super-Mare, dort am Ortseingang in die Uphill Road South einbiegen, am Kreisverkehr geradeaus dann gleich links in den Uphill Way, nach ca. 700 m links, beschildert. Uphill Wharf (GPS: 51°19'15"N / 2°59'5" W).

WC W Ch | 500 m

Stellplatz am Ortsrand von Weston-super-Mare, an einem kleinen See. Direkt am örtlichen Naturschutzgebiet. Parzellierte, ebene und gekieste Stellflächen mit jeweils kleinen Rasenstücken. Ohne Längenbeschränkung. Der Mendip Trail beginnt hier mit dem Zugang zur Brean Down-Halbinsel und zum Fort. Ortszentrum 4 km entfernt. 24 Touristenplätze.

SN10 1SS Devizes, SW-England ST-GB 1455

»LOWER FOXHANGERS FARM« 1.1. bis 31.12.
0044 1380 828254
sales@foxhangers.co.uk, www.foxhangers.com

→ M 4 London-Bristol, Abf. (17) weiter auf A 350 nach Devices. ✉ Rowde (GPS: 51°21'1"N / 2°2'50" W).

Stellplatz auf einem Camping-Bauernhof bei einem Kanal. Stellfläche auf leicht geneigter Wiese. Ankunft bis 20 Uhr möglich. Ort 2 km entfernt. 5 Touristenplätze.

SN16 0EH Malmesbury, SW-Engl. ST-GB 1468

»BURTON HILL CARAVAN PARK« 1.1. bis 31.12.
0044 1666 826880
ali@burtonhill.co.uk, www.burtonhill.co.uk

→ M 4 London-Bristol, Abf. (17) Malmesbury weiter zum Ferienpark. ✉ A 429 Arches Lane (GPS: 51°34'44"N / 2°5'52" W).

Ⓗ 100 m 1 km

Stellplatz an einem Ferienpark am Fluss Avon. Stellfläche auf Wiese. Reservierung wird empfohlen. Abreise bis 11 Uhr. Ortszentrum 200 m entfernt. 30 Touristenplätze.

TN22 5GJ Uckfield, SO-England ST-GB 1890

»HONEYS GREEN CARAVAN PARK« 1.1. bis 31.12.
0044 1732 860205
honeysgreenpark@tiscali.co.uk

→ A 26 Brighton-Uckfield, weiter nach Südwesten zum Bauernhof. ✉ Framfield (GPS: 50°56'1"N / 0°8'19" E).

Ⓗ 1 km

Stellplatz auf einem bewirtschafteten Bauernhof mit Fischteich, von Wäldern umgeben. Stellfläche auf Wiese und Schotter. Ortszentrum 2 km entfernt. 22 Touristenplätze.

TN3 9TB Tunbridge Wells-Ashurst, SO-Engl. ST-GB 1920

»MANOR COUNT FARM« 1.3. bis 31.10.
0044 1892 740279
julia@stonecross.org, www.manorcourtfarm.co.uk

→ Südlich von London in den HIGH Wald AONB Nationalpark fahren. ✉ Ashurst Road (GPS: 51°7'49"N / 0°10'16" E).

Ⓗ 500 m

Stellplatz bei einem Ferienbauernhof mit Schafzucht und Hoftieren. Stellfläche auf Wiese und Asphalt. Reservierung wird empfohlen. Ortszentrum 2 km entfernt. 15 Touristenplätze.

IG104AL Loughton, Ostengland ST-GB 2505

»WILLOW FARM RUSTIC CAMPING« 1.1. bis 31.12.

wsjc@aol.com, www.wix.com/bmhatre/wsjc

→ M 11 London-Cambridge, Abf. (5), weiter Richtung Waltham Abbey. ✉ Lippitts Hill High Beach (GPS: 51°39'10"N / 0°1'17" E).

Stellplatz auf dem Gelände eines Bauernhof im Großraum London. Stellfläche auf Wiese. Reservierung erforderlich. Vor Ankunft anrufen. Ortszentrum 3 km entfernt. 10 Touristenplätze.

PE34 4PP Terington St. Clement, Ostengl. ST-GB 2980

»HYTTEN« 1.1. bis 31.12.
0044 1553 828554
UKSitesBookingService@camc.com, www.caravanclub.co.uk

→ Von Cambride nach Norden Richtung King's Lynn fahren. ✉ 21 Bullock Road (GPS: 52°44'20"N / 0°17'34" E).

Stellplatz bei einem Bauernhof im Osten Englands. Stellfläche auf Wiese. Betreiberin spricht deutsch. Entleerung von Kassentoiletten möglich. Ortszentrum 10 km entfernt. 5 Touristenplätze.

LE15 8HB Edith Weston, Öst. Mid. ST-GB 3260/2

»RUTLAND WATER CAMPSITE« 1.3. bis 30.10.
0044 7875 479533
nem@clara.co.uk

→ A 1(M) Cambridge-Nottingham, bei Peterborough nach Oakham fahren. ✉ Gibbet lane (GPS: 52°38'23"N / 0°38'27" W).

700 m

Stellplatz am See Rutland Water Reservoir. Stellfläche auf leicht geneigtem Wiesengelände. Bodeneinlass für mobile Tanks vorhanden. Ortszentrum 3 km entfernt. 50 Touristenplätze.

NP11 7FA Cwmcarn/Cross Keys, Wal. ST-GB 4040

»CWMCARN FOREST DRIVE CARAVAN« 1.1. bis 31.12.
0044 1495 272001
cwmcarn-vc@caerphilly.gov.uk, www.caerphilly.gov.uk/visiting

→ M 4 Cardiff-Bristol, Abf. (27), weiter nach Cwmcarn. ✉ Nantcarn Road (GPS: 51°38'15"N / 3°7'5" W).

Stellplatz am Fuß des Waldgebietes. Stellfläche auf Schotter. Im Sommer wird Reservierung empfohlen. Weihnachten und Silvester geschlossen. Ortszentrum 4 km entfernt. 6 Touristenplätze.

SY10 0HW Penybontfawr, Wales ST-GB 4365

»WERN DDU FARM« 1.1. bis 31.12.
0044 1691 860724
enquiries@wernddufarm.wales, www.wernddufarm.wales

→ A 494, Dolgellau-Corwen, nördlich von Bala rechts nach Llangynog weiter auf dieser Straße bis Penybontfawr, ca. 1 km südwestlich von Penybontfawr an der Straße nach Hirnant gelegen, beschildert. ✉ (GPS: 52°48'19"N / 3°22'23" W).

Stellplatz bei einem B&B in ruhiger Einzellage. Parzellierte Stellflächen auf Schotter, dazwischen Rasenstreifen, bis 7 m Länge. Reservierung wird empfohlen. Rad- und Wanderwege in der Umgebung. Ort 1 km entfernt. 5 Touristenplätze.

LL55 4AQ Caernarfon-Waunfawr, Wal. ST-GB 4450

»SNOWDONIA PARK BREW-PUB & CAMPSITE« 1.1. bis 31.12.
0044 1286 650409
info@snowdonia-park.co.uk, www.snowdonia-park.co.uk

→ A 55 Liverpool-Bongor, weiter nach Waunfawr. ✉ Waunfawr (GPS: 53°6'20"N / 4°12'7" W).

Ⓗ 1 km

Stellplatz am Ufer des Flusses Gwyrfa beim Pub. Stellfläche auf Wiese. Anmeldung zur Öffnungszeit von 11 bis 23 Uhr. Reservierung wird empfohlen. Ortszentrum 6 km entfernt. 30 Touristenplätze.

LL21 9UL Llanfihangel Glyn Myfyr, Wal. ST-GB 4458

»THE CROWN INN« 1.1. bis 31.12.
0044 1490 420209
info@thecrowninn.wales, www.thecrowninn.wales

→ A 5, Oswestry-Betws-y-Coed, in der Ortschaft Cerrigydrudion auf die B 5105 nach Llanfihangel Glyn Myfyr abbiegen, dort an der Brücke über den Fluss Awon gelegen. ✉ Bridge St. (GPS: 53°1'54"N / 3°30'18" W).

Stellplatz bei einem Pub. Naturbelassenes Wiesengelände entlang des Flusses Awon. Von Büschen und Bäumen umgeben. Zugang über eine Furt durch den Fluss, nur für Fahrzeuge mit einer Länge von max. 7 m möglich! Zeltwiese. Lagerfeuerplatz. Frühstücksservice möglich. Ort 1 km entfernt. 10 Touristenplätze.

LL24 0DS Betws-y-Coed, Wales ST-GB 4460

»DOLGAM CAMPSITE« 1.1. bis 31.12.
0044 1690 720228
dolgam1927@gmail.com, www.dolgam-snowdonia.co.uk

→ A 5, Bangor - Betws-y-Coed, ca. 5 km westlich von Betws y Coed an der A 5 gelegen, beschildert. ✉ Dolgam, Capel Curig (GPS: 53°5'55"N / 3°52'39" W).
Betws-y-Coed (5 km): Railway Station, Conwy Valley Railway Museum, Miners' Bridge.

Leicht abfallendes Wiesengelände mit einigen geschotterten Stellplätzen, bei einem B&B. Blick auf den Berg Moel Siabod. Nur 6 Stromplätze vorhanden. Zeltwiese. Reservierung wird empfohlen. Familiäre Atmosphäre. Ort 5 km entfernt. 30 Touristenplätze.

GB

DL13 3PD Hamsterley bei Bishop Auckland, NO-Eng. ST-GB 5650

30 **»HIGH SHIPLEY FARM«** 1.1. bis 31.12.
0044 1388 764620
info@highshipleyfarm.co.uk, www.highshipleyfarm.co.uk

→ A 1 Leeds-Newcastle, Abf. (58) Bishop Auckland weiter nach Hamsterley. ✉ Howlea Lane (GPS: 54°41'37"N / 1°49'39" W).

Stellplatz auf der Wiese einer Schaffarm. Stellfläche auf Wiese und Asphalt. Reservierung wird empfohlen. Maximal 28 Tage Aufenthalt möglich. Ankunft bis 11 Uhr möglich. Ortszentrum 6 km entfernt. 5 Touristenplätze.
2023: St/N 25.–. Strom, Entsorgung, Sanitär-Nutzung und Wasser inklusive.

DH6 4QA Old Cassop, NO-Engl. ST-GB 5690

»STRAWBERRY HILL FARM« 1.1. bis 31.12.
0044 191 3723457
info@strawberryhf.co.uk, www.strawberry-hill-farm.co.uk

→ A 1 Leeds-Newcastle, Abf. (61) Coxhoe, weiter nach Durham. ✉ Running Waters (GPS: 54°45'8"N / 1°28'13" W).

Ⓗ 100 m

Stellplatz auf offenem Gelände eines Ferienparks. Stellfläche auf Wiese und Schotter. Ankunft bis 20 Uhr möglich. Reservierung wird empfohlen. Ortszentrum 5 km entfernt. 40 Touristenplätze.

NE43 7UY Newton, Stocksfield, NO-Eng. ST-GB 5810

»WELLHOUSE FARM CAMP. & CARAV. PARK« 1.1. bis 31.12.
0044 1661 842193
info@wellhousefarm.co.uk, www.wellhousefarm.co.uk

➔ A 69 Newcastle-Carlisle, bei Northumberland zum Ferienbauernhof abfahren. ✉ Newton (GPS: 54°59'45"N / 1°55'52" W).

Stellplatz auf einem Bauernhof nahe des Hadrianswalls. Großzügige Stellfläche auf ebenem Rasen. Anmeldung von 9 bis 21 Uhr. Ortszentrum 3 km entfernt. 45 Touristenplätze.

IV7 8GY Culbokie, Schottland ST-GB 6815

»BLACK ISLE STUD« 1.1. bis 31.12.
0044 1349 877882, Mobil 0044 7732 181264
becky@blackislestud.co.uk

➔ A9 Inverness - Wick, bei Duncanston rechts auf die B9169 nach Culbokie abbiegen. Am Ortsausgang von Culbokie rechts nach Munlochy abbiegen und der Straße 2.7 km folgen. ✉ Mounteagle (GPS: 57°35'38"N / 4°17'19" W).

Privater Wohnmobil-Stellplatz bei einer Pferdefarm in ländlicher Umgebung. Schattenlose Stellflächen auf Schotter. Ort 2.7 km entfernt. 3 Touristenplätze.

IV23 2QP Badrallach, Dundonnell, Schott. ST-GB 6869

»BADRALLACH BOTHY &CAMPING SITE« 1.1. bis 31.12.
0044 1854 633281
mail@badrallach.com, www.badrallach.com

➔ A 9 Edinburgh-Dingwall, weiter auf A 835 nach Ullapool. ✉ Croft 9 (GPS: 57°52'24"N / 5°15'43" W).

Stellplatz beim Ufer des Little Loch Broom. Stellfläche auf Wiese. Tag und Nacht zugänglich. Ortszentrum 25 km entfernt. 15 Touristenplätze.

6MQ2+JX Ballintoy, Nordirland ST-GB 7050

»CARRICK-A-REDE ROPE BRIDGE VISITOR PARKING«
1.1. bis 31.12.
carrickarede@nationaltrust.org.uk, www.nationaltrust.org.uk/carrick-a-rede

➔ A 26 Belfast-Coleraine, bei Ballymoney abfahren, weiter zur Hängebrücke. ✉ 119a Whitepark Road (GPS: 55°14'21"N / 6°20'52" W).

Stellplatz auf dem Besucherparkplatz der Hängebrücke Carrick-a-Ride. Stellfläche auf Schotter. Tagsüber gut besucht, nachts ruhig. Ortszentrum 10 km entfernt. 5 Touristenplätze.

BT54 6RN Ballycastle, Nordirland ST-GB 7063

30 **»WATERTOP FARM«** 15.4. bis 31.11.
0044 7749 615713
watertopcamp@outlook.com, m.facebook.com/WatertopFarm

➔ A 44 Belfast - Ballycastle, im Ort weiter nach Süden zur Schaffarm. ✉ 188 Cushendall Road (GPS: 55°10'33"N / 6°7'42" W).

Stellplatz auf einer Schaffarm bei einem Waldgebiet. Von Feldern und Wiesen in hügeliger Landschaft umgeben. Ebene und parzellierte Stellflächen auf Rasengittersteinen mit separatem Rasenanteil. Quad Barrell Ride. Reservierung erforderlich. Ortszentrum 9 km entfernt. 16 Touristenplätze. **2022:** C MC-St/N inkl. 4 P/N 28.–, weitere P/N 5.–, extra C/N 28.–, extra MC/N 28.–, H/N 2.–, Waschmaschine 2.–, Trockner 2.–. KT, WD, Entsorgung, Müll, Wasser und Strom inklusive.

BT40 3RD Larne-Islandmagee, N. Irl. ST-GB 7210

»FORD FARM CARAVAN PARK HOSTEL« 1.1. bis 31.12.
0044 2893 353264
info@ford-farm.co.uk, www.ford-farm.co.uk

➔ A 2 Belfast-Cerrickfergus, weiter zum Ufer der Halbinsel. ✉ 8 Low Road (GPS: 54°46'49"N / 5°42'50" W).

200 m 500 m

Stellplatz auf einem bewirtschafteten Bauernhof mit Blick über den Larne See. Stellfläche auf Wiese und Schotter. Maximal 4 Wochen Aufenthalt möglich. Ortszentrum 4 km entfernt. 5 Touristenplätze.

GRIECHENLAND

Besondere Vorschriften und Regelungen

Personaldokumente: Bis zu einem Aufenthalt von 3 Monaten gültiger Reisepass oder Personalausweis. Kinder unter 12 Jahren benötigen einen Kinderreisepass. Diese werden mit einer Gültigkeitsdauer von sechs Jahren ausgestellt, und zwar längstens bis zur Vollendung des zwölften Lebensjahres. Ab dem zwölften Lebensjahr kann ein Reisepass oder Personalausweis beantragt werden. Detaillierte Informationen erhalten Sie vom Auswärtigen Amt, www.auswaertiges-amt.de.

Impfbescheinigungen: Werden nicht verlangt.

Dokumente für Haustiere: Für Hunde und Katzen ist der »EU-Heimtierausweis« mitzuführen, der von behördlich ermächtigten Tierärzten ausgestellt wird. Der Ausweis muss Angaben zum Besitzer enthalten und dem Tier eindeutig zugeordnet werden können, d.h., das Tier muss durch Mikrochip identifizierbar und die Kennzeichnungs-Nr. im Ausweis eingetragen sein. Ein gültiger Tollwutschutz muss ebenfalls im Heimtierausweis nachgewiesen werden. Die Erstimpfung muss mindestens 21 Tage zurückliegen. Wiederholungsimpfungen müssen in den Zeiträumen, die der Hersteller des Impfstoffes vorsieht, durchgeführt worden sein. Für Frettchen gelten die gleichen Regelungen wie für Hunde und Katzen.

Weitere Informationen erteilt das Bundesministerium für Ernährung und Landwirtschaft **www.bmel.de**. Auskünfte über die Einfuhr anderer Tiere können bei der griechischen Botschaft, Jägerstraße 54/55, 10117 Berlin, Tel. 030/20 62 60, Fax 030/20 62 64 44, Email **info@griechische-botschaft.de** oder den Konsulaten eingeholt werden.

Kfz: Nationaler Führerschein und nationale Zulassung sind ausreichend. Das Länderkennzeichen »D« muss am Fahrzeug und an Anhängern angebracht bzw. im EU-Nummernschild enthalten sein. (Bei Transit durch Nicht-EU-Länder ist nur das separate »D« Zeichen gültig). Ist der Fahrer nicht Eigentümer des Fahrzeugs, muss er im Besitz einer Benutzungsvollmacht des Eigentümers sein. Es besteht Haftpflichtversicherungszwang. Für Kfz aller Art ist das Kennzeichen eines Mitgliedstaates der EU ausreichend als Nachweis des EU-weiten Versicherungsschutzes. Die Mitnahme der -Internationalen Grünen Versicherungskarte« wird empfohlen, sie erleichtert im Schadenfall die Abwicklung. Zum Abschluss einer Kurzkaskoversicherung und Insassenunfallversicherung im Heimatland wird dringend geraten (sehr niedrige griech. Deckungssummen). Bei Fährschiffanreise ist zu prüfen, ob die Versicherungspolice auch Seefahrtsrisiko und Gepäckversicherung einschließt.

Höchstmaße für Gespanne: Länge 12m, Breite 2.50m, Höhe 3.80m, Achslast 9 t.

Verkehrsvorschriften: Verkehrswidriges Parken wird mit empfindlichen Geldstrafen belegt. Die Polizei montiert an falsch geparkten Fahrzeugen die Nummernschilder ab, die nur durch die Zahlung der Geldstrafe wieder ausgehändigt werden. Gelbe Linien an den Straßenrändern und das Schild »Vorfahrtstraße« bedeuten Parkverbot. Halteverbotsschilder mit einer senkrechten Linie gelten an ungeraden Tagen. Mit zwei senkrechten Linien an geraden Tagen. Das Abblendlicht darf bei Pkw tagsüber nicht eingeschaltet sein. Ausnahmen sind schlechtes Wetter und Fahrzeuge mit automatischem Tagfahrlicht. Im Kreisverkehr haben die, einfahrenden Fahrzeuge Vorfahrt. Akustische Warnsignale sind bei Dunkelheit untersagt. Die Benutzung von Mobiltelefonen im fahrenden Auto, ohne Freisprecheinrichtung, ist nicht erlaubt. Es besteht Anschnallpflicht. Für Motorradfahrer besteht Schutzhelmpflicht. Promillegrenze 0,5. Für Personen die den Führerschein noch keine 2 Jahre besitzen 0,2.

Umweltzonen: In Griechenland bestehen zwei Umweltzonen in der Hauptstadt Athen.

Derzeit zum Stand Juli 2020 gilt das Fahrverbot innerhalb dieser Zonen abwechselnd für Fahrzeuge mit geraden und ungeraden Kennzeichen. In der inneren Zone für Fahrzeuge bis 2,2t und in der äußeren Zone für Fahrzeuge über 2,2t. Davon ausgenommen sind Fahrzeuge mit einem Elektromotor sowie gasbetriebene Fahrzeuge der EURO-Klasse 5 und Euro 4, wenn diese weniger als 140 g CO2/km ausstoßen. Die Umweltzonen können bei schlechter Wetterlage, d. h. bei hohen NOx-und Feinstaub-Werten durch die Behörden in der Fläche erweitert werden. In den Jahren ab 2021 sollen die Zugangsregeln für die Einfahrt in die Umweltzonen weiter verschärft werden. Bis zum Jahre 2025 sollen Diesel-Fahrzeuge in Athen nicht mehr erlaubt sein.

Die Regeln für die Umweltzonen gelten derzeit nur für in Griechenland registrierte Fahrzeuge. Ausländische Fahrzeuge sind noch nicht betroffen. Im Falle von Mietwagen aber nur dann, wenn diese nicht mehr als 40 Tage angemietet worden sind.

Die Umweltzonen in Athen werden durch die Polizei überwacht. Bei einem Verstoß ist ein Bußgeld von 100 Euro fällig.

Zoombare Karten aller Umweltzonen mit ihren Grenzen sowie detailliertere Informationen zu den einzelnen Fahrzeugtypen, EURO-Klassen, Wochentagen, Uhrzeiten, Sonderregelungen und Ausnahmen sind verfügbar unter **www.green-zones.eu/de/umweltzonen** oder **www.Green-Zones-App.eu**.

Notruf: Europaweite Notrufnummer 112. Polizei: 100, Touristenpolizei: 171. Unfallrettung 166. Feuerwehr 199.

Pannenhilfe: leistet der Autoclub ELPA, Tel. 10400 und der deutschsprachige Notrufdienst des ADAC Tel. 210 9601266.

Telefon: Deutschland-Griechenland: 0030. Auch bei Ortsgesprächen muss die jeweilige Vorwahl mitgewählt werden. Griechenland-Deutschland: 0049, dann die deutsche Ortsnetzkennzahl ohne die erste Null.

Devisen: Für die Ein- und Ausfuhr von Landes- und Fremdwährung besteht keine Beschränkung. Schriftliche Deklaration bei Ein- und Ausreise ab einem Wert der 10000.- Euro entspricht.

Camping: Der Standard der griechischen Campingplätze ist sehr unterschiedlich. Gerade in den letzten Jahren sind neben den älteren Anlagen mit einfachsten Ausstattungen mustergültige Campingplätze entstanden. Dementsprechend sind auch die Preisunterschiede. Die Mitnahme des Internationalen Camping-Carnets (CCI) wird empfohlen, da viele Campingplätze auf CCI Ermäßigung gewähren und dies auch als Legitimation anstelle des Personalausweises gilt. Es gibt Campingplätze, auf denen die Mehrwertsteuer gesondert berechnet wird. Es kann auch vorkommen, dass eine Gemeindesteuer berechnet wird. Freies Campen ist nicht gestattet. Das Übernachten am Strand ist nicht erlaubt. Das Stromnetz ist auf 220 V (50 Hz) ausgelegt. In einigen ländlichen Gebieten und auf einigen Inseln gibt es noch 110 V Gleichstrom. Die Mitnahme eines Adapters wird empfohlen.

Wassersport: Sportboote aller Art und Surfboards dürfen für einen Zeitraum von sechs Monaten ohne besondere Grenzdokumente eingeführt werden. Sie werden beim Grenzübertritt in die Reisedokumente eingetragen. Es ist darauf zu achten, dass die Eintragungen bei der Ausreise wieder gelöscht werden.

Allgemeine Informationen:

D-60313 **Frankfurt/Main,** Griech. Zentrale für Fremdenverkehr
Holzgraben 31
Tel. 069/257 82 70, Fax 069/25 78 27 29
www.visitgreece.gr, info@visitgreece.com.de

Vertretung der Bundesrepublik Deutschland:

GR-10675 **Athen-Kolonaki,** Deutsche Botschaft
Karoli & Dimitriou 3

GR-10110 **Athen,** Post: P.O. Box 1175
Tel. 0030 210/728 51 11, Fax 0030 210/728 53 35
www.athen.diplo.de, info@athen.diplo.de

Campingplätze:

Gebühren-Angaben in EURO.
Bei Gebühren-Angaben mit der Vorjahreszahl muss eventuell mit einer Anhebung der Gebühren für das laufende Jahr gerechnet werden. Außerdem können sich die angegebenen Öffnungszeiten verändert haben und es ist möglich, dass angegebene Ermäßigungen nicht mehr gewährt werden.

66200 Prosotsani, Ostmak./Thrak. **ST-GR 1050**

»PARKING PROSOTSANI« 1.1. bis 31.12.
☎ 0030 2522350103
info@prosotsani.gr

➔ A 2/E 90, Thessaloniki-Kavala, Abf. (31) auf die Str. 12 nach Drama, von dort weiter auf der Str. 57 nach Prosotsani. Sofort hinter der Abfahrt nach Prosotsani links einbiegen, diese Straße ca. 3.5 km folgen, dann rechts abbiegen und noch ca. 1 km weiter. ✉ - (GPS: 41°9'45"N / 23°56'48" E).
Höhle von Aggitis.

WC

Stellplatz auf einem gemischten Parkplatz unter Bäumen an einem Fluss. Stellflächen auf Sand und Schotter. Schöner Blick auf die umliegenden Felder und Wiesen. Ort 3 km entfernt. 20 Touristenplätze.

Die Möglichkeit der Schmutzwasserentsorgung sollte vor der Weiterfahrt unbedingt genutzt werden.

64008 Moustheni, Ostmak./Thrak. ST-GR 1150

Abfahrt

»SHELL-AUTOHOF CHRYSANTHIDIS« 1.1. bis 31.12.
0030 2592021555 100 m

→ A 2/E 90, Thessaloniki-Kavala, Abf. Moustheni, Shell Rasthof direkt an der Autobahnausfahrt, ausgeschildert. ✉ A 2 (GPS: 40°50'19"N / 24°6'59" E).

Ch

Stellplatz bei einem Autobahnrasthof. Stellflächen auf Asphalt, ohne Längen- und Gewichtsbeschränkung. Ort 2 km entfernt. 10 Touristenplätze.

68100 Alexandroupolis, Ostm./Thr. ST-GR 1350

»PARKING ALEXANDROUPOLIS« 1.1. bis 31.12.
0030 2551026251
ola@otenet.gr, www.ola-sa.gr/en-us/home.aspx

→ A 2/E 90 Kavala–Alexandroupolis, Abf. Alexandroupolis, dann der Ausschilderung zum Fährhafen folgen. ✉ Megalou Alexandrou 20 (GPS: 40°50'37"N / 25°52'37" E).

100 m 200 m

Stellplatz auf einem gemischten Parkplatz beim Fährhafen. Beleuchtete und videoüberwachte Stellflächen auf Asphalt, bis 7 m Länge. Aufenthalt max. 24 Stunden. Keine Ver- und Entsorgung möglich. Ortszentrum 200 m entfernt. 10 Touristenplätze.

57019 Thessaloniki-Perea, Zentr. ST-GR 1530

»STELLPLATZ ZAMPETAS« 1.1. bis 31.12.

info@zampetas.gr, www.zampetas.gr

→ B 25 Tessaloniki-Nea Moudania, bei Neo Risio abfahren, weiter nach Perea. ✉ 18 Klm Thessaloniki-Perea (GPS: 40°30'9"N / 22°58'14" E).

100 m 500 m

Stellplatz eines Reisemobilhändlers am Flughafen Tessaloniki. Stellfläche auf San/Splitter und Asphalt. Ankunft zwischen 9 und 21 Uhr möglich. Ortszentrum 20 km entfernt. 25 Touristenplätze.

54249 Thessaloniki, Zentralmaked. ST-GR 1550

Abfahrt

»WOHNMOBILPARK THESSALONIKI« 1.1. bis 31.12.
0030 2313317777
info@thessaloniki.gr

→ A 25 Thessaloniki, Abf. (12) südlich von Thessaloniki auf die Str. 24 nach Thessaloniki. Dann nach ca. 2 km rechts in die Straße Voulgari abbiegen und nach ca. 400 m erneut rechts zum Stellplatz einbiegen. ✉ Voulgari 74 (GPS: 40°35'50"N / 22°58'11" E).

Weißer Turm, Altstadt, Archäologisches Museum, Museum der byzantinischen Kultur, Kinomuseum, Eisenbahnmuseum, Noesis (Wissenschaftszentrum).

400 m 600 m

Stellplatz auf einem gemischtem Parkplatz. Stellflächen auf Asphalt. Ortszentrum 5 km entfernt. 10 Touristenplätze.

59031 Vergina, Zentralmakedonien ST-GR 1620

»PARKING VERGINA« 1.1. bis 31.12.
0030 23310 92864
tom_theoh@hotmail.com

→ A 2 Tessaloniki-Veria, bei Kouloura abfahren, weiter über Meliki nach Vergina. ✉ Aristotelos 25 (GPS: 40°29'6"N / 22°19'10" E).

Ch 300 m 500 m

Stellplatz auf einem eingezäunten Parkplatz in Ortslage. Stellfläche auf Asphalt. Bei später Ankunft klingeln. Ortszentrum 50 m entfernt. 25 Touristenplätze.

60200 Variko Litochórou, Zentr. ST-GR 1720

»CAMPING NIREA« 1.1. bis 31.12.
0030 23 52082759
campingnireas@gmail.com

→ E 75 Thessaloniki-Larisa, Abf. NEA EFESSOS. Weiter zum Camping Nireas. ✉ Litochoro (GPS: 40°10'40"N / 22°33'15" E).

WC W W

Stellplatz beim Camping Nireas. Stellfläche auf Schotter. Campingplatz an der Küste. Ortszentrum 10 km entfernt. 40 Touristenplätze.

60065 Platamon, Zentralmaked. ST-GR 1760

»CASTLE CAMPING« Mai bis Sept.
0030 23520 41252
info@castlecamping.gr, www.castlecamping.gr

→ E 75 Nationalstraße Saloniki–Athen, in Höhe der Burg von Platamon Richtung Meer abbiegen, beschildert. ✉ (GPS: 40°0'38"N / 22°35'37" E).

WC W W Ch

Ebenes Gelände unter Bäumen am Meer neben einer vielbefahrenen Eisenbahnlinie. Stellfläche auf Schotter. Ortszentrum 2 km entfern. 25 Touristenplätze.

58400 Loutra Loutrakiou, Westm. ST-GR 2050

»PARKING LOUTRA LOUTRAKIOU« 1.1. bis 31.12.
0030 2744062186
info@loutrakispa.gr

→ E 86, Florina-Giannitsa, in Edessa nach Aridea abfahren. Dort auf die Straße Epar.Od. Aridaias-Loutron und über Piperies und Loutraki nach Loutra Loutrakiou, ca. 1.5 km westlich von Loutra Loutrakiou oberhalb der Thermalbecken. ✉ Epar. Odos Aridias-Loutroon (GPS: 40°58'13"N / 21°54'57" E).

Thermalbäder.

WC 100 m

Stellplatz auf einem gemischten Parkplatz von Bäumen eingefasst. Stellflächen auf Schotterrasen. Ort 2 km entfernt. 30 Touristenplätze.

42200 Kalambáka, Thessalien ST-GR 2500

»TAVERNA ARSEIS« 1.1. bis 31.12.
0030 24320 23500
info@arsenis-meteora.gr, www.arsenis-meteora.gr

→ E 92 Tricca-Ioannina, bei Kalambaka abfahren. ✉ East road of Meteora (GPS: 39°42'51"N / 21°38'57" E).

WC W W

Stellplatz beim Hotel-Restaurant mit schöner Aussicht. Stellfläche auf Schotter und Asphalt. Gäste bekommen ein Gratis-Abendessen oder Getränk im Restaurant. Ortszentrum 3 km entfernt. 30 Touristenplätze.

40007 Platia Ammos, Thessalien ST-GR 2620

»PLATIA AMMOS« 1.1. bis 31.12.
0030 6932573198
evripidis@platiaammos.gr,, www.platiaammos.gr

→ E 75, Larisa-Thessaloniki, bei Pyrgetos abfahren, dann via Stomio auf die Küstenstraße Epar.Od. Karitsas bis zur Ortschaft Platia Ammos. ✉ (GPS: 39°50'26"N / 22°47'2" E).

WC

Stellplatz auf einem gemischten Parkplatz bei einer Taverne. Stellflächen auf Schotter, bis 8 m Länge. Ortszentrum 500 m entfernt. 10 Touristenplätze.

44100 Konitsa, Epirus ST-GR 3050

»BOURAZANI WILDLIFE RESORT« 1.1. bis 31.12.
0030 6949617333, Mobil 0030 6944666316
info@bourazani.gr, www.mpourazani.eu/en

→ E 853, Kerasovo-Eleousa, Ioannina, bei der Ortschaft Kalpaki auf die Str. 20 und nördlich von Konitsa nach Mazi abbiegen, auf dieser Straße noch ca. 6 km weiter und dann der Ausschilderung 'Bourazani' folgen. ✉ Bourazani (GPS: 40°3'13"N / 20°37'36" E).

WC 200 m

Stellplatz auf einem gemischten Parkplatz bei einem Wildpark und Outdoor-Aktivitätenzenters. Stellflächen auf Schotterrasen. Schöner Blick auf die umliegenden bewaldeten Berge. Kayak-Rafting. Mountainbiken. Klettertouren. Ort 12 km entfernt. 10 Touristenplätze.

44019 Pades, Epirus ST-GR 3060

»PARKING PADES« 1.1. bis 31.12.
0030 2655024687, Mobil 0030 6974359513
info@konpades.gr

→ E 853, Kerasovo-Eleousa, Ioannina, bei der Ortschaft Kalpaki auf die Str. 20 nach Konitsa. Dort der Straße Epar.Od. Konitsas-Distratou bis Pades folgen. In Pades in der Nähe des Gästehauses Munti Smolikas. ✉ Pades (GPS: 40°2'24"N / 20°54'39" E).

Ch

Stellplatz auf einem gemischten Parkplatz im Ortszentrum in der Nähe des Gästehauses Munti Smolikas. Stellflächen auf Schotterrasen. Bitte bei Herrn Kyriakis Anastosios anmelden. 5 Touristenplätze.

44018 Kipi, Epirus ST-GR 3070

»PARKING KIPI« 1.1. bis 31.12.
0030 2653360300
d.zagoriou@1376.syzefxis.gov.gr
www.zagori.gov.gr/?page_id=16312&lang=en

→ E 853, Kerasovo-Eleousa, Ioannina, bei der Ortschaft Kalpaki auf die Str. 20 in Richtung Konitsa. In Karies auf die Straße Epar.Od. Asfaka - Vrisochoriou bis Kipi. Dort weiter auf der Straße Epar.Od.Metsovou-Kipon. Nach ca. 3 km links zum Parkplatz abbiegen. ✉ Epar.Od.Metsovou-Kipon (GPS: 39°50'48"N / 20°48'41" E).

Stellplatz speziell für Reisemobile auf einem ehemaligen Sportplatz, von Wald umgeben. Stellflächen auf Schotterrasen. Ort 4 km entfernt. 10 Touristenplätze.

Plätze ohne Preisangaben:
Diese Plätze haben seit mindestens 2 Jahren keine Gebührenmeldung mehr abgegeben. Daher kann für die Öffnungszeiten nicht garantiert werden.
Auch können sich die angegebenen Telefon- und Faxnummern sowie Emailadressen geändert haben.

46030 Perdika-Arilas, Epirus ST-GR 3160

10 **»AREA SOSTA CAMPER - RESTAURANT SOUKAS«**
☎ 0030 26650 91095 — 1.1. bis 31.12.

➔ B 18 Kanalia - Igourmetisa, bei Perdika abfahren, weiter zum Restaurant Soukas. ✉ (GPS: 39°21'10"N / 20°17'19" E).

200 m

Stellplatz im Olivenhain am Restaurant in einer kleinen Bucht. Stellflächen auf Wiese. Betreiber sprechen Deutsch. Ortszentrum 3 km entfernt. 10 Touristenplätze.
2022: Bei Einkehr und Verzehr kostenlos, ansonsten St/N 8.–

48100 Kastrosikia, Epirus ST-GR 3210

»NISSOS CLUB« — 1.1. bis 31.12.
☎ 0030 26820 54520
info@nissos.club, nissos.club/nea

➔ Str. 18, Ammoudia-Preveza, bei Kastrosikia in Richtung Pidima Kiras zum Strand abfahren. Dort westlich von Pidima Kiras gelegen. ✉ Kastrosikia Beach (GPS: 39°5'41"N / 20°38'15" E).

Stellplatz auf einem gemischten Parkplatz bei einem Restaurant am Meer. Stellflächen auf Schotter, bis 7 m Länge. Ort 2 km entfernt. 20 Touristenplätze.

28200 Lixouri, Ionische Inseln ST-GR 3600/1

»TAVERNA KSOURAS« — 1.1. bis 31.12.
☎ 0030 2671 097458
efthntina@gmail.com, www.facebook.com/Ksouras/

➔ Auf der Insel Kefalonia. In Lixouri auf die Straße Epar.Od. Lixouriou - Monopolatas und nördlich der Ortschaft Vovikes links zum Petani Beach (Agia Theki) abbiegen. ✉ Petani Beach / Agia Theki (GPS: 38°15'40"N / 20°22'38" E).

Stellplatz bei einem Restaurant am Meer. Stellflächen auf Schotter, bis 7 m Länge. Anmeldung beim Restaurant. Ort 15 km entfernt. 5 Touristenplätze.

28200 Lixouri, Ionische Inseln ST-GR 3600/2

»REMETZO VILLAGE« — 1.1. bis 31.12.
☎ 0030 26710 92537, Mobil 0030 6937247955
info@kefalonia-remetzo.com, www.kefalonia-remetzo.com

➔ Auf der Insel Kefalonia. In Lixouri auf die Straße Epar.Od. Liksouriou - Chavdataund, ca. 1.5 km südwestlich von Mantzavinata in Richtung Vrachinari Beach (Akrotiri Beach) abbiegen. ✉ Vrahinari Beach (GPS: 38°9'46"N / 20°22'44" E).

Stellplatz bei einer Ferienanlage am Meer. Stellflächen auf Wiese. Ort 10 km entfernt. 5 Touristenplätze.

27054 Ag. Nikolaos, Westgriech. ST-GR 4000

»PARKING ZACHARO« — 1.1. bis 31.12.
☎ 0030 6977 660008
info@peloponnes-urlaub.de

➔ E 55 Amaliada-Tholo, bei Zacharo an die Mittelmeerküste abzweigen. ✉ Pros Paralia Zacharos (GPS: 37°28'50"N / 21°37'18" E).

Stellplatz an der Mittelmeerküste an einem Sandstrand. Stellfläche auf Sand und Splitter. Entleerung mobiler Tanks möglich. Ortszentrum 2 km entfernt. 60 Touristenplätze.

27052 Kalogria, Peloponnes ST-GR 4520

»KALOGRIA CAMPER STOP« — 1.1. bis 31.12.

info@camperclub.gr, www.facebook.com/camperstop

➔ E 55 Pirgos-Patras, bei Lapas nach Kalogria abfahren. ✉ (GPS: 38°9'35"N / 21°22'17" E).

100 m

Stellplatz beim Nationalpark Strofilia Forest. Stellfläche auf Wiese und Schotter. Reservierung nur bei Gruppen nötig. Ortszentrum 6 km entfernt. 60 Touristenplätze.

22007 Dimitsana, Peloponnes ST-GR 4610

»TAVERNA KOUSTENIS« — 1.1. bis 31.12.
☎ 0030 27950 31445 — 963 m
koustenisvillage@yahoo.gr

➔ Str. 74, Pyrgos-Levidi, in der Ortschaft Karkalou auf die Str. Epar. Od. Kato Davias-Dimitsanas abbiegen, dann südlich der Ortschaft Dimitsana rechts halten, noch ca. 1.5 km. ✉ Epar. Od. Kato Davias-Dimitsanas (GPS: 37°35'12"N / 22°2'40" E).
∴ Lousios-Schlucht.

Stellplatz auf einem gemischten Parkplatz bei einem Gasthaus. Stellflächen auf Schotter, bis 7 m Länge. Aufenthalt max. 24 Stunden. Einkehr obligatorisch. Schöner Ausblick auf die Lousios-Schlucht. Ort 1.5. km entfernt. 6 Touristenplätze.

20007 Archea Korinthos, Pelop. ST-GR 4730

»CAMPER STOP AFRODITES WATERS« — 1.1. bis 31.12.
☎ 0030 27410 27333
CamperStop.AfroditesWaters@hotmail.com, www.camperstop.gr

➔ E 65 Athen-Kalamata, Abf. (2) Solomos, weiter zum Antiken Tempel. ✉ Spiros Pantazis (GPS: 37°54'41"N / 22°52'41" E).

400 m, 500 m

Stellplatz auf einem privaten Parkplatz nahe des Zentrums. Stellfläche auf Schotter und Asphalt. Reservierung nicht erforderlich. Nachts beleuchtet. Kostenlose Führungen zu nahe gelegenen archäologischen Stätten. Ortszentrum 400 m entfernt. 20 Touristenplätze.

24100 Kalamata, Peloponnes ST-GR 4820

»KALAMATA MARINA« — 1.1. bis 31.12.
☎ 0030 27210 21037, Mobil 0030 27210 21054
Fax 0030 27210 26079, **k.g@medmarinas.com**
www.medmarinas.com/MarinaDisplay.asp?ITMID=211

➔ E 55, Str. 7, Tripoli-Kalamata, in Kalamata auf die Str. 82 und der Ausschilderung zum Freizeithafen folgen. ✉ Posidonos (GPS: 37°1'29"N / 22°6'17" E).

200 m, 600 m

Stellplatz bei einem Freizeithafen. Beleuchtete und videoüberwachte Stellflächen auf Asphalt, bis 8 m Länge. Ortszentrum 500 m entfernt. 10 Touristenplätze.

18531 Piraeus, Attika ST-GR 5020

»PARKOPOLIS PORT PARKING PIRAEUS« — 1.1. bis 31.12.

customer.service@parkvia.com
www.parkvia.com/en-GB/port-parking/piraeus-port/

➔ E 75, Lamia-Athen, die E 75 bis Piräus weiterfahren. Dann am Ende derAutobahn rechts halten auf die Str. Mikras Asias wird dann zur Str. Alipedou. Ca. 2.5 km nach der Autobahnabfahrt rechts in die Str. Fokionos einbiegen. ✉ Fokionos 1-7 (GPS: 37°56'52"N / 23°38'46" E).
∴ Haupthafen, Passalimani (Zea), Mikrolimano, Archäologisches Museum, Schiffsmuseum Trokadero mit Panzerkreuzer Georgios Averoff.

500 m

Stellplatz auf einem gemischten Parkplatz. Beleuchtete und videoüberwachte Stellflächen auf Asphalt, bis 7 m Länge. Ortszentrum 1 km entfernt. 20 Touristenplätze.

UNGARN

Besondere Vorschriften und Regelungen

Personaldokumente: Bis zu einem Aufenthalt von 3 Monaten gültiger Reisepass oder Personalausweis. Kinder unter 12 Jahren benötigen einen Kinderreisepass. Diese werden mit einer Gültigkeitsdauer von sechs Jahren ausgestellt, und zwar längstens bis zur Vollendung des zwölften Lebensjahres. Ab dem zwölften Lebensjahr kann ein Reisepass oder Personalausweis beantragt werden. Detaillierte Informationen erhalten Sie vom Auswärtigen Amt, www.auswaertiges-amt.de.

Impfbescheinigungen: Werden nicht verlangt. Empfohlene Impfung: saisonal FSME.

Dokumente für Haustiere: Für Hunde und Katzen ist der »EU-Heimtierausweis« mitzuführen, der von behördlich ermächtigten Tierärzten ausgestellt wird. Der Ausweis muss Angaben zum Besitzer enthalten und dem Tier eindeutig zugeordnet werden können, d.h., das Tier muss durch Mikrochip identifizierbar und die Kennzeichnungs-Nr. im Ausweis eingetragen sein. Ein gültiger Tollwutschutz muss ebenfalls im Heimtierausweis nachgewiesen werden. Die Erstimpfung muss mindestens 21 Tage zurückliegen. Wiederholungsimpfungen müssen in den Zeiträumen, die der Hersteller des Impfstoffes vorsieht, durchgeführt worden sein. Auf öffentlich zugänglichen Plätzen besteht Leinenzwang, in öffentlichen Verkehrsmitteln auch Maulkorbpflicht. Sog. »Kampfhunde«, z.B. Pitbull-Terrier, dürfen nicht eingeführt werden.

Weitere Informationen erteilen das Bundesministerium für Ernährung und Landwirtschaft **www.bmel.de** und die Tierärzte.

Kfz: Nationaler Führerschein und nationale Zulassung sind ausreichend, jedoch wird empfohlen, zusätzlich den Intern. Führerschein mitzunehmen. Das Länderkennzeichen »D« muss am Fahrzeug angebracht, oder in der EU-Plakette enthalten sein. Es besteht Haftpflichtversicherungszwang. Die Mitnahme der »Internationalen Grünen Versicherungskarte« wird empfohlen. Zum Abschluss einer Kurzkaskoversicherung und Insassenunfallversicherung im Heimatland wird dringend geraten. Ist der Fahrer nicht Eigentümer des Fahrzeugs, muss er im Besitz einer Benutzungsvollmacht des Eigentümers sein. Die Mitnahme von Warndreieck, Verbandskasten und Ersatzglühlampen-Set sind Vorschrift.

Verkehrsvorschriften: Außerhalb geschlossener Ortschaften ist auch tagsüber mit Abblendlicht zu fahren. Diese Regelung ist unabhängig von der Tageszeit oder den Wetterverhältnissen. Überholverbot in Kurven, auf Kreuzungen und an Eisenbahnübergängen. Gelbe Fahrbahnmarkierung am Fahrbahnrand bedeutet Halteverbot! Mobiltelefone dürfen im fahrenden Fahrzeug nur mit Freisprecheinrichtung verwendet werden. Es besteht Warnwestenpflicht gilt außerhalb der Ortschaften bei Dunkelheit oder schlechter Sicht für Fahrer von Kraftfahrzeugen und alle Insassen, wenn sie das Fahrzeug verlassen sowie auch für Radfahrer und Fußgänger. Bei einem Unfall sollten Sie, auch wenn nur Sachschaden entstanden ist, die Polizei rufen. Ohne polizeiliche Feststellung des Verschuldens wird vom ungarischen Versicherungsträger keine Leistung gewährt und es können bei der Ausreise Schwierigkeiten auftreten. Kinder unter 12 Jahren dürfen nicht auf den Vordersitzen befördert werden. Es besteht Anschnallpflicht und absolutes Alkoholverbot.

Umweltzonen: In Ungarn liegt der Fokus aller Umweltzonen auf der Hauptstadt Budapest. Mit insgesamt 17 unterschiedlichen Zonen und unterschiedlichen Regeln, ist es schwer den Überblick zu behalten. Neben temporären Zonen, welche nur bei Luftverschmutzungsspitzen aktiv sind und für alle Fahrzeuge gelten, gibt es noch spezielle Winterzonen, die nur zwischen November und März gelten und 15 weitere Zonen aufgeteilt auf die verschiedenen Bezirke der Stadt. In diesen Zonen gelten permanente Fahrverbote für hauptsächlich Diesel LKW mal ab 3,5 t, mal ab 6 t Gesamtgewicht. Wohnmobile sind betroffen, sofern sie als LKW zugelassen worden sind. Die Strafen belaufen sich auf umgerechnet 97 Euro.

Zoombare Karten aller Umweltzonen mit ihren Grenzen sowie detailliertere Informationen zu den einzelnen Fahrzeugtypen, EURO-Klassen, Wochentagen, Uhrzeiten, Sonderregelungen und Ausnahmen sind verfügbar unter **www.green-zones.eu/de/umweltzonen** oder **www.Green-Zones-App.eu.**

Straßengebühren: Für die Benutzung von Autobahnen ist die E-Vignette (e-Matrica) erforderlich, die an den Grenzübergängen, an den Tankstellen entlang der Autobahnen, beim ungarischen Automobilclub MAK und bei den ungarischen Postämtern erhältlich ist.

Telefon: Vorwahl Deutschland – Ungarn: 0036. Die Budapester Telefonnummern sind sieben-, Provinzanschlüsse achtstellig. Bei Inlandsgesprächen muss die 06 vorgewählt werden, Freizeichen abwarten. Ungarn – Deutschland: 0049, dann Ortsvorwahl ohne die Null.

Unfallnotruf: Polizei: 107, Unfallrettung: 104, Feuerwehr 112, Touristennotruf 438 80 80.
Pannenhilfe leistet landesweit der Automobilclub MAK: 188, Handy 061/13451744.
ADAC/MAK-Notruf ganzjährig über Budapest: 061/345 1717. An Autobahnen stehen vereinzelt Notrufsäulen.

Devisen: Für die Ein- und Ausfuhr von Landes- und Fremdwährung besteht keine Beschränkung.

Camping: Ein gut ausgebautes Netz von Campingplätzen erwartet die Touristen am Balaton, in Budapest, am Donauknie, in Transdanubien, in der großen Tiefebene und im nordungarischen Bergland. In der Nähe von mehreren Campingplätzen befinden sich Thermal-Heilbäder für zahlreiche gesundheitliche Beschwerden. Wegen der starken Nachfrage wird in der Hauptsaison eine vorherige Platzreservierung bis Mitte April empfohlen. Freies Campen ist verboten. Kurtaxe wird auf den Campingplätzen üblicherweise erst ab der 2. Nacht erhoben. Die Stromversorgung ist auf 220 Volt Wechselstrom (50 Hz) ausgerichtet. Die Gasversorgung ist unproblematisch und mit Deutschland vergleichbar.

Wassersport: Grenzdokumente sind für alle Wasserfahrzeuge erforderlich. Davon ausgenommen sind Kanus ohne Motor und Kajaks bis zu 5,5 m Länge und Surfbretter ohne Segel. Motorboote sind am Platten- und Velencesee verboten.

Allgemeine Informationen:

H-1027	**Budapest,** Ungarisches Tourismusamt Kacsa u. 15-23 Tel. 0036 1 4888 700 visithungary.com/de

Vertretung der Bundesrepublik Deutschland:

H-1014	**Budapest,** Deutsche Botschaft Úri utca 64-66
H-1250	**Budapest,** Post: Postfach 43 Tel. 0036 1/488 35 00, Fax 00 36 1/467 35 05 Visastelle: Tel. 0036 1/488 35 73, 0036 1/ 488 35 63 *www.budapest.diplo.de, info@budapest.diplo.de*

Campingplätze:

Gebühren in Landeswährung, sofern nicht anders angegeben.

Währungseinheit:	1 Ungarischer Forint (HUF) = 100 Filler
Devisenkurs:	100 HUF = ca. 0.25 Euro
	1 Euro = ca. 405.45 HUF (Stand: Okt. 2022)

Bei Gebühren in Euro können sich unter Umständen Schwankungen im Umrechnungskurs ergeben.

Bei Gebühren mit der Vorjahreszahl muss eventuell mit einer Anhebung für das laufende Jahr gerechnet werden. Außerdem können sich die angegebenen Öffnungszeiten verändert haben und es ist möglich, dass angegebene Ermäßigungen nicht mehr gewährt werden.

9200 Mosonmagyaróvár, W.Trans. ST-H 1000/1

»KIS DUNA CAMPING« 1.1. bis 31.12.
0036 96 216433
kisdunamotel@gmail.com

→ E 75 Budapest-Mosonmagyaróvár, im Ort der Beschilderung folgen. Gabona Rakpaer út 6 (GPS: 47°50'40"N / 17°16'58" E).

500 m

Stellplatz beim Campingplatz Kis-Duna. Stellfläche auf Kies und Gras am Flussufer. Entsorgung der Kassetten im Sanitär-Gebäude. Ortszentrum 2 km entfernt. 30 Touristenplätze.

9200 Mosonmagyaróvár, W.Trans. ST-H 1000/2

»AQUA HOTEL TERMÁL CAMPING« 1.1. bis 31.12.
0036 96 579168
aquahotel@t-online.hu

→ E 60 Budapest-Wien, Abf. (160) Mosonmagyaróvár, weiter zum Thermalbad. Kígyó u. 1 (GPS: 47°52'36"N / 17°16'44" E).

200 m 1 km

Stellplatz nahe des Zentrums hinter dem Thermalbad. Stellfläche auf Wiese. Reservierung nur bei Gruppen erforderlich. Eintritt ins Thermalbad und Sauna inklusive. Ortszentrum 400 m entfernt. 40 Touristenplätze.

9228 Halászi, Westtransdanubien ST-H 1010

»PARTY CZÁRDA UND FREIZEITPARK« 1.1. bis 31.12.
0036 96 210088
szomti@freemail.hu, www.partyszabadido.hu

→ E 60 Budapest-Wien, Abf. (160) weiter nach Halászi. Dunasétány (GPS: 47°53'9"N / 17°19'17" E).

200 m S1 km

Stellplatz beim Restaurant an der Donau am Dreiländereck Österreich, Slowakei und Ungarn. Stellfläche auf Wiese. Reservierung wird empfohlen. Ortszentrum 4 km entfernt. 5 Touristenplätze.

9011 Györ-Kertváros, Westtransda. ST-H 1035

»CAMPING GASTHAUS PIHENHÖ« 1.1. bis 31.12.
0036 96 523007
piheno@piheno.hu, www.piheno.hu

→ E 60 Budapest-Györ, Abf. (107) weiter Richtung Györ. Hauptstraße 1 (GPS: 47°43'31"N / 17°42'51" E).

Stellplatz auf einem Campinggelände nördlich von Györ im Donautal. Stellfläche auf Wiese. Ortszentrum 5 km entfernt. 40 Touristenplätze.

9437 Hegykö, Westtransdanubien ST-H 1150

»STELLPLATZ BEIM SÁ-RÁ TERMÁL KFT« 1.1. bis 31.12.
0036 99 540 220, Fax 0036 99 540 229
info@saratermal.hu, www.saratermal.hu

→ Straße 85 Györ–Sopron, nach Hegykö abbiegen, nach 5 km beschildert. Fürdö sor 5 (GPS: 47°37'12"N / 16°47'5" E).
Schloss Esterhazy. Schloss Szecheri.

50 m 100 m 150 m

Stellplatz beim Campingplatz SÁ-RÁ TERMÁL KFT Ort 500 m entfernt.

9727 Bozsok, Westtransdanubien ST-H 1300/1

»NAGY VENDÉGHÁZ« 1.1. bis 31.12.
0036 30 2221576

→ E 66 Budapest-Szombathely, im Ort weiter an den Ortsrand bei der österreichischen Grenze. Rákóczi út 105 (GPS: 47°19'14"N / 16°29'9" E).

300 m 800 m

Stellplatz auf einem großen Wiesengelände mit Bäumen. Stellfläche auf Wiese und Schotter. Reservierung nicht erforderlich. Ortszentrum 1 km entfernt. 10 Touristenplätze.

9727 Bozsok, Westtransdanubien ST-H 1300/2

»STELLPLATZ DER FAMILIE BISTEY« 1.1. bis 31.12.
0036 94 361066
bistey@koszeghegyalja.hu

→ E 66 Budapest-Szombathely, im Ort weiter zur österreichischen Grenze. Rakoczi Ferenc ut 104 (GPS: 47°15'58"N / 16°29'35" E).

500 m 1 km

Stellplatz auf der Obstwiese an der österreichischen Grenze. Stellfläche auf Wiese. Ankunft zwischen 10 und 23 Uhr möglich. Wein und Ziegenkäsetaler im Preis inbegriffen. Ortszentrum 500 m entfernt. 10 Touristenplätze.

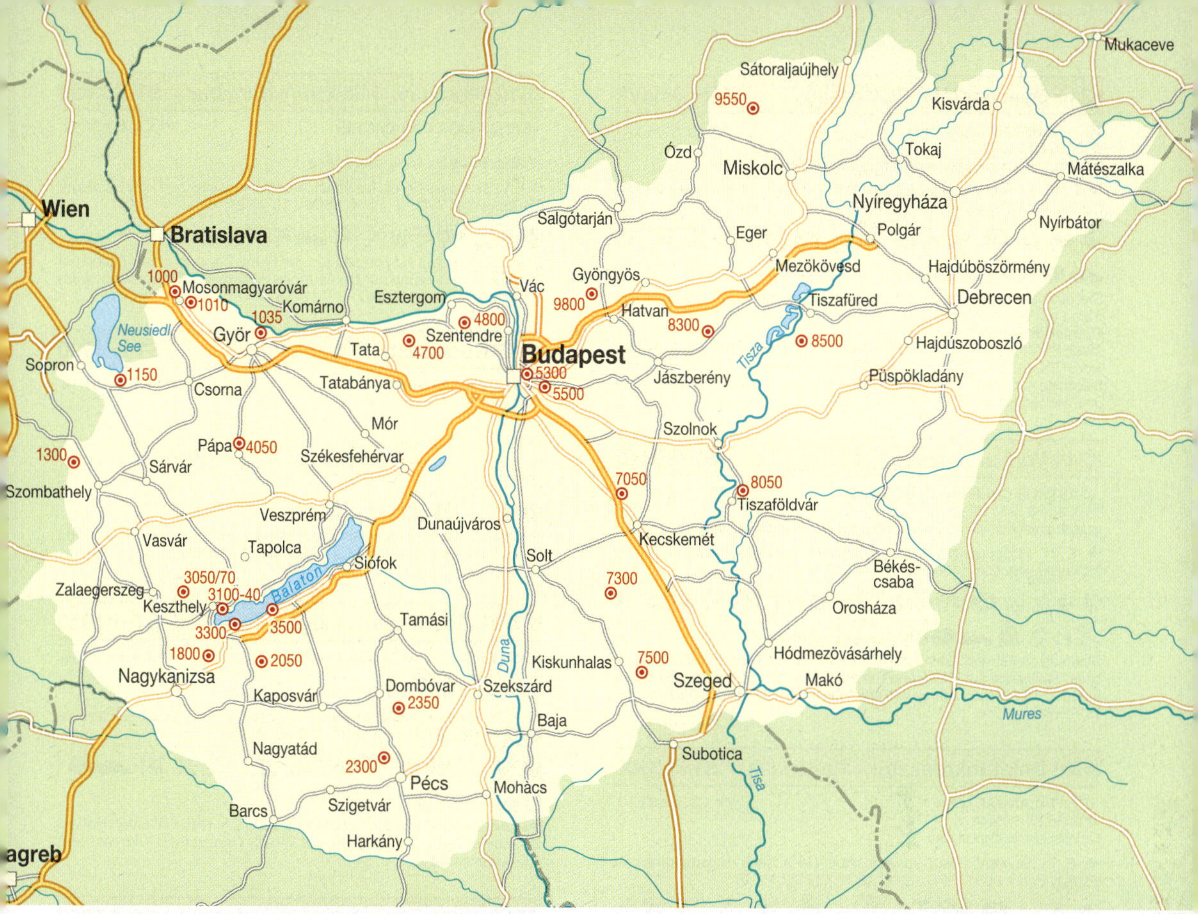

8749 Zalakaros, Südtransdanubien ST-H 1800

»BALATONTOURIST CAMPING TERMÁL« 1.1. bis 31.12.

termal@balatontourist.hu, www.balatontourist.hu

➔ E 71 Budapest-Nagykanisza, Abf. (191) nach Zalakaros zum Heilbad. ✉ Gyógyfürdő tér 6 (GPS: 46°33'9"N / 17°7'32" E).

Ch | 100 m 150 m

Stellplatz im Zentrum des Ferienortes beim Heilbad. Stellfläche auf Wiese. Ortszentrum 100 m entfernt. 10 Touristenplätze.

8698 Somogyvar, Südtransdanubien ST-H 2050

15 **»KIMIS-CAMP«** 30.4. bis 13.10.

kimis-camp-info@gmx.net, www.kimis-camp-info.com.eu.info

➔ E 71 Budapest-Nagykanizsa, Abf. (150) weiter nach Somogyvar. ✉ Bartok Bela utca 58 (GPS: 46°34'57"N / 17°37'35" E).

WC W W Ch | 500 m

Stellplatz in ruhiger Lage in freundlicher Atmosphäre. Stellfläche auf Wiese und Rasengitter. Ortszentrum 1.5 km entfernt. 24 Touristenplätze.
2023: St/N inkl. 2 P/N 4500.–, Waschmaschine 1500.–. P/N, KT, H/N, WD, Entsorgung, Müll, Wasser und Strom inklusive.

7677 Orfü, Südtransdanubien ST-H 2300

»PANORAMA CAMPING« 1.1. bis 31.12.
☎ 0036 72 378501
info@panoramacamping.hu, www.panoramacamping.hu

➔ E 73 Budapest-Pécs, Abf. (26) weiter nach Orfü. ✉ Dollár utca 1 (GPS: 46°8'47"N / 18°8'15" E).

WC W W Ch 1 km

Stellplatz am südlichen Seeufer des Pécser Sees. Stellfläche auf Wiese und Asphalt. Reservierung für Juli und August notwendig. Ortszentrum 1 km entfernt. 200 Touristenplätze.

7332 Magyaregregy, Südtransdan. ST-H 2350

20 **»NATURE CAMPING MÁRÉ-VÁRA«** 15.4. bis 15.9.
☎ 0036 72 420126
camping@mare-vara.com, www.mare-vara.com/de/

➔ E 73 Pécs - Budapest, Abf. (26) weiter nach Norden bis Magyaregregy. ✉ Várvölgyi utca 2 (GPS: 46°14'1"N / 18°18'30" E).

WC W W Ch | 1 km

Stellplatz auf einem offenen Campinggelände inmitten des Berglands. Stellflächen auf Wiese. Kostenlose Nutzung des Swimmingpools auf dem Campingplatz. Glamping-Zelte. Ortszentrum 1 km entfernt. 35 Touristenplätze.
2022: St/N 2000.– bis 2200.–, P/N 2000.–, K/N 4 bis 9 J. 1060.–, J/N 10 bis 15 J. 1450.–, H/N 400.–, KT P/N ab 18 J. 200.–, Waschmaschine 1400.–, Strom/N 1000.–. WD, Entsorgung, Müll und Wasser inklusive.

8372 Cserszegtomaj, Plattensee ST-H 3050

»PANORAMA CAMPING« 1.1. bis 31.12.
☎ 0036 83 314412
info@panoramacamping.com, www.panoramacamping.com

➔ E 71 Budapest-Nagykanizsa, Abf. (170) weiter nach Cserszegtomaj. ✉ Panorama köz 1 (GPS: 46°48'25"N / 17°12'41" E).

WC W Ch | 700 m

Stellplatz auf der oberen Ebene eines Weinberges. Stellfläche auf Schotterrasen. Reservierung nicht erforderlich. Ortszentrum 3 km entfernt. 15 Touristenplätze.

8372 Heviz-Cserszegtomaj, Platten. ST-H 3070

»CAMPING IM ROSENGARTEN« 1.1. bis 31.12.
☎ 0036 83 330159
info@campingrosengarten.hu, www.campingrosengarten.hu

➔ E 71 Budapest-Nagykanizsa, Abf. (170) weiter nach Keszthely. ✉ Bikedi sor. 5 (GPS: 46°47'54"N / 17°12'28" E).

WC W W Ch | 300 m

Stellplatz an einem Ferien Appartmenthaus mit schöner Aussicht. Stellfläche auf Schotterrasen. Rezeption von 7 bis 21 Uhr geöffnet. Ortszentrum 2 km entfernt. 20 Touristenplätze.

8360 Keszthely, Plattensee ST-H 3100

20 **»CAMPING GÄRTNERHOF«** 15.4. bis 15.10.
☎ 0036 83 319900
molcamp90@gmail.com, www.campinggartnerhof.eu

➔ E 71 Budapest-Nagykanizsa, Abf. (170) Keszthey, weiter zum Plattensee. ✉ Móra Ferenc utca 36 (GPS: 46°45'58"N / 17°15'21" E).

WC W W Ch | 500 m 1 km

Stellplatz auf dem Campinggelände 200 m vom Seeufer entfernt. Stellfläche auf Wiese und Schotter. Ortszentrum 50 m entfernt. 15 Touristenplätze.
2022: St/N inkl. 2 P/N 7600.–, H/N 800.–. P/N, KT, WD, Waschmaschine, Trockner, Entsorgung, Müll, Wasser und Strom inklusive.

8315 Gyenesdiás, Plattensee ST-H 3120/1

»WELLNESS PARK PANZIO« 1.1. bis 31.12.
☎ 0036 83 316483
info@wellness-park.hu, www.wellness-park.hu

➔ B 71 Budapest-Nagykanizsa, Abf. (170) weiter nach Gyenesdiás. ✉ Napfény Straße 6 (GPS: 46°45'51"N / 17°18'8" E).

Ch | 100 m 200 m 1 km

Stellplatz in ruhiger Lage am nordwestlichen Balatonufer bei Keszthely. Stellfläche auf Wiese. Deutschsprachige Betreiber. Reservierung bei Gruppen erforderlich. Ortszentrum 2 km entfernt. 80 Touristenplätze.

8315 Gyenesdiás, Plattensee ST-H 3120/2

20 »CARAVAN CAMPING« 20.3. bis 6.1.
0036 83 316020
info@caravancamping.hu, www.caravancamping.hu

➔ E 71 Budapest-Nagykanizsa, Abf. (170), weiter nach Keszthely. ✉ Madách u. 43 (GPS: 46°45'40"N / 17°17'28" E).

W W Ch 100 m 300 m

Stellplatz auf einem ebenen Wiesengelände vor dem Campingplatz. Stellfläche auf Wiese. Küchennutzung möglich. Ortszentrum 1.5 km entfernt. 70 Touristenplätze.

2022: St/N inkl. 2 P/N 17.– bis 20.–, weitere P/N 6.–, K/N 2 bis 14 J. 3.50, extra C/N 5.–, extra MC/N 5.–, extra M/N 5.–, KT P/N ab 18 J. 1.50, Waschmaschine 4.–, Trockner 4.–, Strom/N 3.– (16 A). H/N, WD, Entsorgung, Müll und Wasser inklusive.

8314 Vonyarcvashegy, Plattensee ST-H 3140

»GASTHOF CAMPING ELDORADO« 1.5. bis 30.9.
0036 83 348773
gensolcomkft@gmail.com, vonyarcvashegy.hu/eldorado-kemping

➔ E 71 Budapest-Nagyzanizsa, Abf. (170) weiter nach Keszthely. ✉ Fürdo u. 2 (GPS: 46°45'14"N / 17°19'0" E).

W W Ch 200 m 400 m

Stellplatz hinter dem Gasthof in Ortsrandlage am Nordufer des Plattensees. Stellfläche auf Wiese und Schotter. Ankunft und Abfahrt zwischen 8 und 22 Uhr. Reservierung wird empfohlen. Ortszentrum 300 m entfernt. 18 Touristenplätze.

8648 Balatonkeresztúr, Plattensee ST-H 3300

»BERTALANGARTEN« 1.3. bis 31.10.
0036 85 376443
bertalan.andras@gmail.com

➔ E 71 Budapest-Nagykanizsa, Abf. (180) nach Balatonkeresztúr. ✉ Ady Endre ut 51 (GPS: 46°42'12"N / 17°22'15" E).

W W Ch 300 m 1 km

Stellplatz auf einem privaten Grundstück am Südufer des Plattensees. Stellfläche auf Wiese. Besitzer spricht Deutsch. Aufenthalt unbegrenzt möglich. Sanitäranlagen nur von 1.3 bis 15.6. und von 1.9. bis 31.10. nutzbar. Ortszentrum 100 m entfernt. 8 Touristenplätze.

8636 Balatonszemes, Plattensee ST-H 3500

20 »MOBILCAMPING BALATON SÜD« 1.4. bis 15.10.
0036 84 702008
Kontakt@h-r-camping-balaton.de, www.h-r-camping-balaton.de

➔ E 71 Budapest-Nagykanizsa, Abf. (135) Balatonszemes. ✉ Radi ut 6 (GPS: 46°48'5"N / 17°45'1" E).

W W Ch 1 km

Stellplatz beim Badestrand nahe des Sees. Stellfläche auf Wiese. Reservierung nur bei Gruppen erforderlich. Ortszentrum 1.5 km entfernt. 50 Touristenplätze.

2022: St/N inkl. 2 P/N 5800.–, weitere P/N 1100.–, K/N bis 4 J. frei, J/N 4 bis 18 J. 1400.–, extra B/N 1800.–, KT P/N ab 18 J. 490.–, Waschmaschine 1100.–, Strom/N 1100.– (10 A). H/N, WD, Entsorgung, Müll und Wasser inklusive. Nur Barzahlung.

8500 Pápa, Mitteltransdanubien ST-H 4050

»THERMAL CAMPING PÁPA« 1.1. bis 31.12.
0036 89 320735
info@thermalkemping.hu, www.thermalcamping.de

➔ E 60 Budapest-Györ, weiter auf A 83 nach Pápa zur Therme. ✉ Várkert ut. 7 (GPS: 47°20'16"N / 17°28'25" E).

W Ch 100 m 500 m

Stellplatz auf dem neuerrichtetem Campingplatz vor dem Thermalbad. Stellfläche auf Sand und Split. Maximal 4 Nächte Aufenthalt möglich. Ortszentrum 1 km entfernt. 6 Touristenplätze.

2524 Nagysáp, Mitteltransdanubien ST-H 4700

»GRANÁRIUM KÖZPONT« 5.1. bis 23.12.
0036 33 460142
info@granarium.eu, www.granarium.eu/de/zentrum/stellplatz.htm

➔ Nördlich von Budapest in Nagysáp der Beschilderung folgen. ✉ Granádium domb 3 (GPS: 47°41'7"N / 18°36'33" E).

W W Ch TV 500 m

Stellplatz am Ortsrand bei einem Restaurant. Stellfläche auf Schotter. Überfahrbarer Gulli für Festtankentleerung. Bowling. Billard. Tischfußball / Kicker, Soft Darts. PlayStation - Spielekonsole. Trampolin, Jacuzzi (saisonmäßige Benutzung). Ortszentrum 500 m entfernt. 5 Touristenplätze.

2519 Piliscsév, Mitteltransdanubien ST-H 4800

»STELLPLATZ CARAMORE« 1.1. bis 31.12.

info@caramore.hu, www.caramore.eu

➔ B 10 Budapest-Dorog, bei Piliscsév abfahren, weiter zur Firma CaraMore. ✉ Topol utca 4 (GPS: 47°40'28"N / 18°47'21" E).

W 200 m

Stellplatz auf dem Firmengelände der Firma CaraMore. Stellfläche auf Pflaster. Reservierung nur bei Gruppen erforderlich. Ortszentrum 4 km entfernt. 10 Touristenplätze.

1188 Budapest, Budapest ST-H 5500

»MALEV SPORTANLAGE« 1.1. bis 31.12.
0036 20 9117546

➔ Östlich von Budapest Richtung Flughafen. Bei den Bahngleisen in die Lugos Straße fahren. ✉ Nagybecskerek utca. (GPS: 47°26'18"N / 19°13'12" E).

Ch 300 m

Stellplatz auf einem Parkplatz durch Baumreihen begrenzt am Ortsrand beim Flughafen. Stellfläche auf Asphalt. Ortszentrum 16 km entfernt. 15 Touristenplätze.

6050 Lajosmizse, Süd. Gr. Tief. ST-H 7050

»REITERCAMPING TANYACSARDA« 1.4. bis 30.10.
0036 76 356166
tanyacsarda@tanyacsarda.hu, www.tanyacsarda.hu

➔ E 75 Szeged-Budapest, Abf. (74) weiter auf B 5 Bach Lajosmizse. ✉ Bene 625 (GPS: 47°3'19"N / 19°30'15" E).

W W Ch 500 m 1 km

Stellplatz in der Ungarischen Tiefebene auf einem Reiterhof unter deutschsprachiger Leitung. Stellfläche auf Wiese. Ortszentrum 1 km entfernt. 160 Touristenplätze.

6114 Bugac, Südliche Gr. Tiefebene ST-H 7300

»BUGACI KARJKÁS CSÁRDA« 1.5. bis 30.9.
0036 76 575112
info@bugacpuszta.hu, www.bugacpuszta.hu

➔ W 75 Szeged-Budapest, Abf. (114) weiter nach Bugac. ✉ Nagybugac 135 (GPS: 46°40'6"N / 19°38'2" E).

W W

Stellplatz auf dem Campinggelände im Nationalpark Kiskunsag. Stellfläche auf Wiese. Ortszentrum 6 km entfernt. 80 Touristenplätze.

6411 Zsana, Südliche Gr. Tiefebene ST-H 7500

»OAZIS TANYA« 15.4. bis 30.9.
0036 204543707 132 m
mail@oazistanya.com, www.oazistana.com/de/

➔ M5 Budapest-Szeged, Abf. (91) nach Soldvatkert (Str. 54). Hier im Zentrum abbiegen und weiter nach Kiskunhalas (Str. 53). Am Ortsende von Kiskunhalas im Kreisverkehr (TESCO) die 3. Abf. (Atlos út) nehmen - über die Bahngleise - und am Ende der Straße rechts Richtung Szeged abbiegen. Nach 7.5 km links abbiegen, beschildert. ✉ I. Korzet 15 (GPS: 46°24'52"N / 19°36'40" E).

W W Ch W TV W W 3 km

Stellplatz beim Campingplatz OAZIS TANYA Ort 9 km entfernt.

5435 Martfű, Nörd. Gr. Tiefebene ST-H 8050

»GYÓGYKEMPING« 1.1. bis 31.12.
0036 56 580531
info@toma-bau.hu

➔ E 60 Budapest-Szolnok, im Ort weiter nach Martfű abzweigen. Beschildert. ✉ Tüzép u. 1 (GPS: 47°1'12"N / 20°16'6" E).

W 300 m 500 m 800 m 1 km

Stellplatz auf einem befestigten Platz neben einem See. Stellfläche auf Schotter. Abwasseranschluss möglich. Ortszentrum 1 km entfernt. 60 Touristenplätze.

5136 Jászszentandrás, N. Gr. T. ST-H 8300

»NAPSUGUÁR CAMPING« 1.1. bis 31.12.
0036 57 446730
napsugarpuszta@gmail.com

➔ N 17 Mezökövesd-Jászberény, bei Jászszentandrás abfahren. ✉ Napsugár utca (GPS: 47°34'47"N / 20°10'4" E).

100 m 500 m

Stellplatz auf einem Wiesenplatz mit Angelsee am Ortsrand. Stellfläche auf Wiese. Reservierung erforderlich. Ortszentrum 100 m entfernt. 50 Touristenplätze.

5241 Abádszalók, Nörd. Gr. Tief. ST-H 8500

»ABADI MAJOR« 1.1. bis 31.12.
☎ 0036 30 8550326
abadi-major@freemail.hu, www.abadi-major.fw.hu

➔ B 34 Fegyvernek-Tiszafüred, bei Abadszalok zum Bauernhof abzweigen. ✉ Major (GPS: 47°29'25"N / 20°37'35" E).

Ch 800 m 1 km

Stellplatz bei einem Bauernhof inmitten von Feldern. Stellfläche auf Wiese und Schotterrasen. Reservierung wird empfohlen. Ortszentrum 800 m entfernt. 3 Touristenplätze.

3343 Bekölce, Nord-Ungarn ST-H 9550

»WESTERNLOVASTANYA« 1.1. bis 31.12.
☎ 0036 70 2860216
info@westernhorsestable.nl, www.westernhorsestable.com

➔ N 25 Eger-Ózd, bei Bekölce abfahren. ✉ Béke ut 252 (GPS: 48°5'1"N / 20°15'0" E).

WC W W S 200 m 500 m

Stellplatz auf dem Gelände der Pferderanch. Stellfläche auf Wiese. Mitbenutzung der Küche und Sanitäranlagen im Gästehaus. Ortszentrum 500 m entfernt. 10 Touristenplätze.

2177 Erdőtarcsa, Nord-Ungarn ST-H 9800

»HELLOHALLOPARK« 1.1. bis 31.12.

info@hellohallopark.eu, www.hellohallopark.eu

➔ E 71 Budapest-Misloc, Abf. (55) weiter auf B 21 nach Erdőtarcsa. ✉ Falujárók útja 8 (GPS: 47°45'34"N / 19°32'44" E).

WC W W Ch S 500 m

Stellplatz bei einem Bauernhof mit Ferienwohnungen. Stellfläche auf Wiese und Schotterrasen. Ankunft nach 14 Uhr, Abreise bis 11 Uhr. Reservierung nur im Winter erforderlich. Ortszentrum 500 m entfernt. 18 Touristenplätze.

KROATIEN

Besondere Vorschriften und Regelungen

Personaldokumente: Bei der Einreise noch mindestens 3 Monate gültiger Reisepass oder Personalausweis. Kinder unter 12 Jahren benötigen einen Kinderreisepass. Diese werden mit einer Gültigkeitsdauer von sechs Jahren ausgestellt, und zwar längstens bis zur Vollendung des zwölften Lebensjahres. Ab dem zwölften Lebensjahr kann ein Reisepass oder Personalausweis beantragt werden. Detaillierte Informationen erhalten Sie vom Auswärtigen Amt, www.auswaertiges-amt.de.

Impfbescheinigungen: Werden nicht verlangt. Empfohlene Impfung: Hepatitis A.

Dokumente für Haustiere: Für Hunde und Katzen ist der »EU-Heimtierausweis« mitzuführen, der von behördlich ermächtigten Tierärzten ausgestellt wird. Der Ausweis muss Angaben zum Besitzer enthalten und dem Tier eindeutig zugeordnet werden können, d.h., das Tier muss durch Mikrochip identifizierbar und die Kennzeichnungs-Nr. im Ausweis eingetragen sein. Ein gültiger Tollwutschutz muss ebenfalls im Heimtierausweis nachgewiesen werden. Die Erstimpfung muss mindestens 21 Tage zurückliegen. Wiederholungsimpfungen müssen in den Zeiträumen, die der Hersteller des Impfstoffes vorsieht, durchgeführt worden sein.

Weitere Informationen erteilen das Bundesministerium für Ernährung und Landwirtschaft **www.bmel.de** oder die Botschaft der Republik Kroatien: Ahornstraße 4, 10787 Berlin, Tel. 030/23 62 89 55, Fax 030/23 62 89 67.

Kfz: Nationaler Führerschein und nationale Zulassung sind ausreichend. Das Länderkennzeichen »D« muss am Fahrzeug angebracht sein, auch wenn es bereits im EU-Nummerschild enthalten ist. Ist der Fahrer nicht Eigentümer des Fahrzeugs, muss er im Besitz einer Benutzungsvollmacht des Eigentümers sein. Bei einem Unfall ist die Polizei zu rufen und von ihnen eine polizeiliche Unfallbestätigung (Potvrda) ausstellen zu lassen. Blechschäden am Fahrzeug, die in Deutschland verursacht

Kfz: Nationaler Führerschein und nationale Zulassung sind ausreichend. Das Länderkennzeichen »D« muss am Fahrzeug angebracht sein, auch wenn es bereits im EU-Nummerschild enthalten ist. Ist der Fahrer nicht Eigentümer des Fahrzeugs, muss er im Besitz einer Benutzungsvollmacht des Eigentümers sein. Bei einem Unfall ist die Polizei zu rufen und von ihnen eine polizeiliche Unfallbestätigung (Potvrda) ausstellen zu lassen. Blechschäden am Fahrzeug, die in Deutschland verursacht wurden, sind an der Grenze zu melden. Es wird dann eine Schadensbestätigung ausgestellt, ohne die das Land nicht verlassen werden kann. Es besteht Haftpflichtversicherungszwang. Die Mitnahme der '-Internationalen Grünen Versicherungskarte« wird empfohlen. Zum Abschluss einer Kurzkaskoversicherung und Insassenunfallversicherung im Heimatland wird dringend geraten. Die Mitnahme von Ersatzbirnen und Warndreieck ist vorgeschrieben.

Verkehrsvorschriften: Schienenfahrzeuge und Linienbusse haben stets Vorrang. Kolonnenspringen ist nicht erlaubt. Während des kompletten Überholvorgangs muss geblinkt werden. Beim Verlassen des Pannenfahrzeugs müssen von allen Insassen Warnwesten angelegt werden. Motorradfahrer müssen einen Schutzhelm tragen. Kfz- und Motorradfahrer müssen auch tagsüber mit Abblendlicht fahren. Es besteht Anschnallpflicht und absolutes Alkoholverbot (auch für Radfahrer)!

Straßengebühren/Tankstellen: Eine Mautgebühr wird für die Benützung der Autobahnen erhoben. Sie wird beim Verlassen der Autobahn fällig und kann auch in Euro oder mit Kreditkarte bezahlt werden. Die Tankstellen sind von 7-20 Uhr geöffnet.

Autofähren: Mit **www.faehren.de** findet man Fähren nach Kroatien mit allen Reedereien. Auch die Fährstrecke, Häufigkeit und Überfahrtsdauer ist hier beschrieben. Fahrtzeiten und die Fahrtstrecken können allerdings von den Reedereien während des Jahres geändert werden. Eine rechtzeitige Buchung wird sehr empfohlen. Selbst in der Nebensaison kann es schnell zu Engpässen kommen. Am besten schon bei der Buchung daran denken, die Angaben zu Länge, Breite und Höhe des Fahrzeuges bereitzuhalten. Auf fast allen Fähren werden Elektroanschlüsse nach CEE-Norm angeboten. Ein blauer Adapterstecker wird benötigt. Da die Reedereien nur mit sehr niedrigen Summen haften und die Vollkaskoversicherungen für Kraftfahrzeuge nicht alle Seetransportschäden abdecken, raten wir zu einer zusätzlichen Seetransportversicherung. Außerdem bitten wir zu beachten, dass die Schifffahrtsgesellschaften keine Haftung für Gepäck und Wertgegenstände, die sich im Auto befinden, übernehmen. Beachten Sie bitte, dass die Mitnahme von Kraftstoff in Reservekanistern verboten ist. Mitgeführte Gasflaschen müssen zugedreht werden.

Notruf: Allgemeiner Notruf: 112, Polizei: 92, Feuerwehr: 93, Notarzt: 94.

Pannenhilfe: leistet der Kroatische Automobilclub (HAK): Tel. 987, Mobil 01987. ADAC-Notrufstation 01/3440666.

Telefon: Deutschland-Kroatien: 00385. dann Durchwahl ohne die erste Null der Ortsnetzkennzahl. Kroatien-Deutschland Vorwahl 0049 ohne die erste Null der Ortsnetzkennzahl.

Ärztliche Hilfe: Zagreb: Dr. Toni Vuinac (spricht Deutsch), Klenovnicka 23, Zagreb Tel 325917.

Krankenversicherung: wir empfehlen vor dem Reiseantritt eine private Auslandsreise-Krankenversicherung für die Dauer des Aufenthalts abzuschließen, die weitere Leistungen, wie zum Beispiel einen Ambulanz-Rettungsflug, abdeckt.

Devisen: Für die Ein- und Ausfuhr von Fremdwährungen bestehen keine Beschränkungen. Ab einem Gegenwert von 40000 Kuna ist die Deklaration erforderlich. Die Landeswährung ist die Kuna. (HKR). Nach der Genehmigung durch die kroatische Zentralbank dürfen bei der Ein- und Ausreise bis zu 15000 Kuna mitgeführt werden. Geldautomaten sind üblich. Mit der EC-Karte (Maestro) und Kreditkarten kann Bargeld abgehoben werden.

Sperrnotruf: Deutsche können ihre EC-Karte, Kreditkarte und auch Handys rund um die Uhr über die Sperr-Notruf-Nummer 0049/116116 sperren lassen.

Camping: Kroatien verfügt über ca. 530 gut ausgestattete Campingplätze, davon befinden sich ca. 50 auf der Halbinsel Istrien. Campen ist nur auf Campingplätzen gestattet. Freies Übernachten auf Straßen, Rastplätzen oder im freien Gelände ist verboten. Die Stromversorgung ist auf 220 V Wechselstrom (50 Hz) ausgelegt.

Wassersport: Boote unter 3 m Länge und mit einem Motor bis 4 KW benötigen keine Fahrgenehmigung. Der Führerschein gilt nach den in Deutschland geltenden Bestimmungen.

Allgemeine Informationen:

D-60313 **Frankfurt/Main,** Kroatische Zentrale für Tourismus
Stephanstraße 13
Tel. 069/238 53 50, Fax 069/23 85 35 20
www.visitkroatien.de, info@visitkroatien.de

D-80469 **München,** Kroatische Zentrale für Tourismus
Rumfordstraße 7
Tel. 089/22 33 44, Fax 089/22 33 77
www.visitkroatien.de, kroatien-tourismus@t-online.de

Vertretung der Bundesrepublik Deutschland:

HR-10000 **Zagreb,** Deutsche Botschaft
Ulica grada Vukovara 64

HR-10000 **Zagreb,** Post: p.p. 207
Tel. 00385 1/630 01 00, Fax 00385 1/615 55 36
Pass-/Visastelle: Tel. 00385 1/615 81 03
www.zagreb.diplo.de, info@zagreb.diplo.de

Campingplätze:

Gebühren-Angaben in Euro.

Bei Gebühren mit der Vorjahreszahl muss eventuell mit einer Anhebung der Gebühren für das aktuelle Jahr gerechnet werden. Außerdem können sich die angegebenen Öffnungszeiten verändert haben und es besteht die Möglichkeit, dass angegebene Ermäßigungen nicht mehr gewährt werden.

52424 Motovun, Istrien — ST-HR 1100

»MOTOVUN CAMPING« 1.1. bis 31.12.
00385 52 681607
info@motovun-camping.com, www.motovun-camping.com

➔ E:751 Rijeka-Umag, Abf. Pazin, weiter nach Motovun. ✉ Kanal bb (GPS: 45°20'3"N / 13°49'30" E).

200 m 500 m

Stellplatz in ruhiger Lage über dem Mirna-Tal. Stellfläche auf Schotter. Ankunft bis 22 Uhr möglich. Rabatt auf Wellnesszentrum und Restaurant. Ortszentrum 500 m entfernt. 12 Touristenplätze.

52447 Vizinada, Istrien — ST-HR 1150

»ARGO TURISMO JADRUHI« 1.1. bis 31.12.
00385 52 446184
info@jadruhi.com, www.jadruhi.com

➔ E 751 Koper-Pula, bei Visanjan nach Vizinade fahren. ✉ Jadruhi 11 (GPS: 45°18'4"N / 13°45'4" E).

Stellplatz beim Restaurant beim Bauernhof. Stellfläche auf Schotterrasen. Telefonische Anmeldung empfohlen. Ort 4 km entfernt. 7 Touristenplätze.

52210 Rovinj, Istrien — ST-HR 1290

»AUTOCAMP PORTON BIONDI« 1.1. bis 31.12.
00385 52 813557
info@portonbiondirovinj.com, www.portonbiondirovinj.com/

➔ E 751 Rijeka-Pazin, Abf. Medskai, weiter nach Rovinj. ✉ Porton Biondi 1 (GPS: 45°5'42"N / 13°38'29" E).

200 m 1 km

Stellplatz in Altstadtnähe in einem Pinienwald. Stellfläche auf Schotterrasen. Täglich 1 Stunde kostenfreies WLAN. Zeltplätze vorhanden. Ortszentrum 700 m entfernt. 25 Touristenplätze.

51511 Malinska, Kvarner Bucht — ST-HR 2100

»MINI CAMP DRAGA« 1.1. bis 31.12.
00385 51 859905
campdraga@net.hr

➔ Von Rijeka auf die Halbinsek Krk, weiter in den Ort Malinska. ✉ Palih boraca 4 (GPS: 45°7'13"N / 14°31'28" E).

300 m

Stellplatz an einem Appartmenthaus an der Nordwestküse der Insel Krk. Stellfläche auf Wiese und Schotter. Ankunft zwischen 11 und 22 Uhr möglich. Ortszentrum 100 m entfernt.

51500 Krk, Kvarner Bucht — ST-HR 2130

40 »CAMPER STOP FELIX« 1.1. bis 31.12.
00385 987218218
camper.felix@gmail.com

➔ Von Rijeka auf die Halbinsel Krk im Ort Krk. Beschildert - Zufahrt über Ivana Gorana Kovačića Straße. ✉ Narodnog preporoda 51 (GPS: 45°1'45"N / 14°34'53" E).

100 m 200 m 500 m

Stellplatz auf einem Privaten Parkplatz im Halbschatten. Stellfläche auf Schotter. Ortszentrum 500 m entfernt. 10 Touristenplätze.
2022: (HRK) C MC-St/N 150.– bis 220.–, P/N 37.–, Waschmaschine 37.–. KT, H/N, WD, Entsorgung, Müll, Wasser, Sanitärbenutzung und Strom inklusive. Kühles Wasser aus dem Wasserspender ist inklusiv.

53291 Novalja, Lika-Karlovac — ST-HR 3050

30 »AUTOCAMP SKOVRDARA« 1.5. bis 31.10.
00385 51 296970
pende@ri.t-com.hr, www.campskovrdara.com

➔ Von Zadar nach Norden auf die Halbinsel Pag. ✉ Škovrdara 0 (GPS: 44°37'40"N / 14°47'35" E).

Stellplatz auf einem Campinggelände an der Westküste. Zum Meer abfallende geschotterte Stellflächen. Ort 3 km entfernt. 30 Touristenplätze.
2023: St/N 14.–, P/N 5.70, K/N 5 bis 11 J. 4.–, J/N 12 bis 17 J. 5.30, extra A/N 7.–, extra M/N 4.–, H/N 3.–, KT P/N ab 18 J. 1.40, KT K/N 12 bis 17 J. –.70.

53000 Rizvanuša, Lika-Karlovac — ST-HR 3150

»ECO CAMP RIZVAN CITY« 1.4. bis 31.10.

info@adria-velebitica.hr

➔ E 71 Zagreb-Zadar, weiter auf B 25 nach Rizvanuša. ✉ Rizvanuša 1 (GPS: 44°29'46"N / 15°17'30" E).

Stellplatz auf einem kleinen Wiesengelände. Quadfahren, Hochseilgarten, Bogenschießen und Paintball vorhanden. Ortszentrum 600 m entfernt. 7 Touristenplätze.

53230 Korenica, Lika-Karlovac — ST-HR 3250/1

»BISTRO MARINA« 1.1. bis 31.12.
00385 53 776061

➔ E 751 Zagreb-Zadar, weiter auf B 25 nach Korenica. ✉ Zagrebacka 6 (GPS: 44°44'50"N / 15°42'15" E).

Stellplatz auf dem Parkplatz am Restaurant. Stellfläche auf Asphalt. Entsorgung nach Vereinbarung. Ortszentrum 200 m entfernt. 10 Touristenplätze.

53230 Korenica, Lika-Karlovac — ST-HR 3250/2

»AUTOCAMP LIČKA KAPA« 1.1. bis 31.12.
00385 53 753004
petar.stanic.licka.kapa@gmail.com, www.pansion-licka-kapa.hr

➔ E 751 Zagreb-Zadar, weiter auf B 25 nach Korenica. ✉ Bjelopolje bb (GPS: 44°42'41"N / 15°44'40" E).

Stellplatz am Restaurant Licka Kapa. Stellfläche auf Wiese. Anfahrt zwischen 7 und 23 Uhr möglich. Ort 4 km entfernt. 130 Touristenplätze.

47245 Rakovica, Lika-Karlovac — ST-HR 3300

»AUTOCAMP KORITA« 1.1. bis 31.12.

autocampkorita@gmail.com, www.plitvickavrela.com

➔ E 71 Zagreb-Zadar, Abf. Prozor, weiter zum Plitvicka jezera Nationalpark. ✉ Grabovac 319 (GPS: 44°57'51"N / 15°38'39" E).

300 m 500 m

Stellplatz im Nationalpark Plitvicer Seen. Stellfläche auf Schotterrasen und Wiese, Reservierung nur bei Gruppen erforderlich. Ankunft bis 23 Uhr möglich. Ort 1 km entfernt. 44 Touristenplätze.

47300 Ogulin, Lika-Karlovac — ST-HR 3350

»CAMPSITE SABLJACI« 1.1. bis 31.12.

kamp.sabljaci@gmail.com, kamp-odmoriste-sabljaci.hr

➔ E 71 Zagreb-Zadar, Abf. Oguin, weiter zum See. ✉ Sabljak Selo 65 (GPS: 45°13'47"N / 15°14'1" E).

600 m

Stellplatz in Autobahnnähe beim See Sabljaci. Stellfläche auf Schotterrasen. Anfahrt jederzeit möglich. Ort 4 km entfernt. 26 Touristenplätze.

47241 Tusilovic, Lika-Karlovac — ST-HR 3450

20 »AUTOCAMP RADONJA« 1.5. bis 15.10.
00385 47 718056
autocamp.radonja@gmail.com, www.autocampradonja.hr

➔ E 65 Zagreb-Pula, Abf. Karlovak, weiter auf B 1 nach Tusilovic. ✉ Tusilovic 45 (GPS: 45°23'15"N / 15°36'51" E).

200 m 500 m

Stellplatz auf einem großen Gelände mit Zugang zum Fluss Radonja. Stellfläche auf Wiese. Dauercamping erlaubt. Ankunft bis 22 Uhr Abreise bis 12 Uhr. Ort 10 km entfernt. 25 Touristenplätze.
2023: (HRK) P/N 40.–, K/N 5 bis 12 J. 25.–, A/N 35.–, C MC/N 75.–, M/N 30.–, B/N 40.–, Waschmaschine 30.–, Strom/N 20.–. H/N, WD, Entsorgung, Müll und Wasser inklusive.

10437 Rakitje, Lika-Karlovac — ST-HR 3550

40 »CAMP ZAGREB« 28.1. bis 31.12.

info@campzagreb.com

➔ Von Zagreb nach Nord-Westen in den Ort Rakitje. ✉ Jezerska 6 (GPS: 45°48'9"N / 15°49'34" E).

200 m

Stellplatz im Umland von Zagreb. Stellfläche auf Asphalt. Entsorgungsstation vorhanden. Ort(Zagreb) 5 km entfernt. 2 Touristenplätze.
2022: C-St/N 25.–, MC-St/N 20.–, P/N 8.–, K/N 12 bis 8 J. 5.–, H/N 5.–, KT P/N ab 18 J. 1.10, KT K/N 12 bis 18 J. –.60, Waschmaschine 5.–, Trockner 5.–.

48000 Kaprivnica, Mittelkroatien — ST-HR 4300

»CAMP CERINE« 1.1. bis 31.12.

recepcija.cerine@komunalac-kc.hr

➔ E 65 Zagreb-Nagykanizsa, bei Donji Martijanec nach Koprivnica fahren. ✉ Ulica Miroslava Kreze 81 (GPS: 46°9'13"N / 16°50'31" E).

1 km

Stellplatz beim Erlebnisbad. Stellfläche auf Asphalt. Ankunft zwischen 8 und 22 Uhr möglich. Ortszentrum 1.5 km entfernt. 11 Touristenplätze.

23245 Tribanj / Kruščica, Dalmat. ST-HR 7002

»CAMPSITE & CAMPERSTOP VRATA VELEBITA« 1.1. bis 31.12.
☎ 00385 95 9149629, Mobil 00385 98 862722 270 m
vratavelebita@gmail.com, www.vratavelebita.com

➔ E 65 Karlobag - Zadar, in Tribanj links nach Ljubotić abbiegen und der Straße 3 km lang folgen. ✉ Put Ljubotića 50 (GPS: 44°22'2"N / 15°19'31" E).

Stellplatz in den Bergen. In mehreren Stufen angelegtes Wiesengelande. Ebene Stellflächen, teils leicht beschattet. Organisierte Gruppenverkostungen. Präsentationen zur Bienenzucht und ein Programm "Schule in der Natur" für Kinder. Ethno Haus "Podgorka" (kleines Heimatmuseum). Picknick-Plätze. Guter Ausgangspunkt für Wanderungen. Ort und Meer sind 3 km entfernt. 20 Touristenplätze.

23244 Starigrad-Paklenica, Dal. ST-HR 7030/1

»CAMPING MICHAEL« 1.4. bis 5.11.

info@michael.hr

➔ E 71 Zagreb-Zadar, bei Jesenice nach Starigrad-Paklenica. ✉ Put plantaze 6 (GPS: 44°17'56"N / 15°25'52" E).

W Ch 500 m

Stellplatz beim Camping Michael. Stellfläche auf Naturboden in einem Kiefernwald. Entleerungsmöglichkeit für Tanks möglich. Ortszentrum 600 m entfernt. 15 Touristenplätze.

23244 Starigrad-Paklenica, Dal. ST-HR 7030/2

20 **»CAMPING IGOR«** 1.4. bis 1.11.
☎ 00385 23 369322
igor.jurlina@zd.t-com.hr

➔ E 71 Zagreb-Zadar, Abf. Maslenica weiter nach Seline. ✉ Franje Tudmana 165 (GPS: 44°17'2"N / 15°27'49" E).

W W Ch

1 km

Stellplatz am Meer bei einem Kiefernwald. Stellfläche auf Wiese und Schotter. Ort 2 km entfernt. 15 Touristenplätze.
2022: P/N 5.50, K/N bis 12 J. 2.80, A/N 3.80, C/N 6.10, M/N 2.80, B/N 2.80, H/N 2.–, KT P/N ab 12 J. 6.20, KT K/N 3.40, Waschmaschine 3.–, Strom/N 4.70. WD, Entsorgung, Müll und Wasser inklusive.

23244 Starigrad-Paklenica, Dal. ST-HR 7030/3

»AUTO CAMP JAZ« 1.1. bis 31.12.

autocamp.jaz@gmail.com

➔ E 71 Zagreb-Zadar, Abf. Masienica weiter nach Starigrad. ✉ Put Selina 21 (GPS: 44°17'1"N / 15°27'35" E).

W W

500 m 800 m

Stellplatz auf einem kleinen Gelände am Meer mit Bootsanleger. Stellfläche auf Schotterrasen. Jederzeit geöffnet. Reservierung nur bei Gruppen erforderlich. Ortszentrum 500 m entfernt. 10 Touristenplätze.

23440 Gračac, Dalmatien ST-HR 7060

»CAMPING LIKA« 12.6. bis 31.12.
☎ 00385 98 339600 564 m
info@campinglika.com, campinglika.com

➔ E 71 Josipdol - Zadar, Abf. (14) Svetl Rok und weiter auf der Str. 50 Richtung Gračac. Hier auf der D 27 weiter Richtung Zagreb und am Kreisverkehr geradeaus auf die D 1. Nach 600 m rechts zum Stellplatz abbiegen. ✉ Zagrebačka ulica 32 (GPS: 44°18'18"N / 15°51'45" E).

W W Ch

Ruhig gelegener Stellplatz in Ortsnähe mit Blick auf die umliegenden Hügelketten. Von Wiesen und Feldern umgeben. Ebene, überwiegend schattenlose Stellflächen auf Wiese. Picknick-Platz. Brötchen-Service und Verkauf von selbstgemachten Produkten. Kleiner Pool (12m x 7m) mit Liegebereich. 30 Touristenplätze.

HR

23233 Privlaka, Dalmatien ST-HR 7105

»AUTOCAMP MEDANIC« 1.1. bis 31.12.
00385 23 367375
vladimir.medanic2@zd.t-com.hr, www.medanic-privlaka.net

➔ Von Zadar an der Küste nach Norden nach Privlaka. Batalaza 29 (GPS: 44°14'57"N / 15°8'7" E).

1 km

Stellplatz auf einem Privat Campinggelände auf der Halbinsel Nin. Stellfläche auf Wiese. Reservierung nicht erforderlich. Ortszentrum 100 m entfernt. 15 Touristenplätze.

23207 Sv. Petar na Moru, Dalmat. ST-HR 7300

»AUTO CAMP MARTIN« 1.5. bis 30.9.
00385 23 391104
neven.colic@gmail.com

➔ Küstenstraße von Zadar nach Süden, bei Sv. Petar na Moru zum Meer abfahren. Sv. Petar na Moru 128 (GPS: 44°0'6"N / 15°22'13" E).

200 m 500 m

Stellplatz am Meer unter Bäumen. Stellfläche auf Schotterrasen. Bezahlung nur Bar möglich. Reservierung erforderlich. Ort 4 km entfernt. 20 Touristenplätze.

23211 Pakoštane, Dalmatien ST-HR 7410/1

»KAMP LU-KA« 1.1. bis 31.12.
00385 023 381560
anetaa267@gmail.com, campluka.com

➔ Küstenstraße von Zagreb nach Süden. Ulica Kardinala Alojzija Stepinca 66a (GPS: 43°54'21"N / 15°30'57" E).

100 m 300 m

Stellplatz am südlichen Rand von Pakostane am Adriastrand. Stellfläche auf Schotterrasen. Reservierung erforderlich. Ortszentrum 500 m entfernt. 10 Touristenplätze.

23211 Pakoštane, Dalmatien ST-HR 7410/2

»STELLPLATZ LU-KA 2« 1.1. bis 31.12.

anetaa267@gmail.com, www.campluka.com

➔ Küstenstraße Zadar-Sibernik, bei Pakostane nach Vrana abfahren. Hauptstraße Vrana-Pakoštane (GPS: 43°54'25"N / 15°30'31" E).

1 km

Stellplatz zwischen Vrana und Pakoštane. Stellfläche auf Schotter. Reservierung nicht erforderlich. Ort 1 km entfernt. 20 Touristenplätze.

23211 Pakoštane, Dalmatien ST-HR 7410/3

»AUTOCAMP MARIN« 1.1. bis 31.12.

autocamp.marin.pakostane@gmail.com, ww.autocamp-marin.com

➔ Küstenstraße Kadar nach Sibelnik, bei Pakostane zum Meer abfahren. Ulica Kardinale A. Stepinca 94 (GPS: 43°54'13"N / 15°31'10" E).

1 km

Stellplatz direkt am Meer an einem Olivenhain. Stellfläche auf Sand und Wiese. Rabatt bei mehreren Wochen Aufenthalt. Reservierung empfohlen. Ort 1 km entfernt. 35 Touristenplätze.

23211 Pakoštane, Dalmatien ST-HR 7410/4

»AUTOCAMP ZORA« 29.6. bis 31.12.

marko.lacman@zd.t-com.hr

➔ Von Zadar nach Süden an der Küstenstraße fahren, weiter nach Pakostane. Ulica Kardinala Alojzija Stempinca bb (GPS: 43°54'19"N / 15°31'1" E).

500 m 1 km

Stellplatz auf ebener parzellierter Stellfläche vor dem Campingplatz. Stellfläche auf Schotter. Abwasserentleerung möglich. Ort 1 km entfernt. 30 Touristenplätze.

22211 Vodice, Dalmatien ST-HR 7755

»DOM APPARTMENTS CAMP« 1.1. bis 31.12.
00385 22 440345
mariobradvica63@gmail.com, www.autocamp-dom.com

➔ E 65 Zagreb-Split, Abf. Sibenik, weiter nach Srima, beschildert. Srima III/53 (GPS: 43°44'50"N / 15°47'45" E).

300 m 1 km

Stellplatz beim Camp umgeben von Oliven- und Feigenbäumen. Stellfläche auf Schotterrasen. Ort 2 km entfernt. 10 Touristenplätze.

22222 Skradin, Dalmatien ST-HR 7770

»AUTOCAMP SKRADIN« 1.1. bis 31.12.

pero_skoric@yahoo.com

➔ E 65 Zadar-Split, bei Krka nach Skradin abfahren. Skorici 15 (GPS: 43°49'30"N / 15°54'40" E).

500 m

Stellplatz bei einem ehemaligen Bauernhof. Stellfläche auf Schotter. Entleerung mobiler Tanks möglich. Ort 1 km entfernt. 10 Touristenplätze.

22221 Lozovac, Dalmatien ST-HR 7780

30 **»CAMP MARINA«** 1.1. bis 31.12.
00385 91 3683323
predrag.skocic@gmail.com, www.camp-marina.hr

➔ E 65 Zagreb-Split, Abf. Sibenik, weiter Richtung Skradin. Skocici 6 (GPS: 43°47'59"N / 15°56'36" E).

100 m

Stellplatz auf einem Gelände an der Straße unter Laubbäumen. Stellfläche auf Wiese und Schotter. Schwimmbadrestaurant. Ausflugsprogramm zu den Krka-Wasserfällen. Ort 6 km entfernt. 40 Touristenplätze.
2023: St/N inkl. 2 P/N 19.– bis 28.–, KT P/N 1.–, KT K/N 1.50, Waschmaschine 5.50, Strom/N 3.– (16 A). H/N, WD, Entsorgung, Müll und Wasser inklusive.

22221 Konjevoda, Dalmatien ST-HR 7790

»CIKADA« 1.1. bis 31.12.
00385 22 778007
www.cikada.eu

➔ E 65 Zagreb-Split, Abf. Sibenik weiter Richtung Gradina. Konjevodci 63 (GPS: 43°46'6"N / 15°56'53" E).

Stellplatz auf einem kleinen familiären Wonhmobilstellplatz. Stellfläche auf Schotterrasen und Wiese. Ankunft bis 23 Uhr möglich. Reservierung nicht erforderlich. Ortszentrum 100 m entfernt. 10 Touristenplätze.

21420 Bol, Dalmatien ST-HR 8760

»CAMPING MARIO« 1.1. bis 31.12.

fanika.eterovic@st.htnet.hr

➔ Von Split auf die Insel Brac. Gospojica 2 (GPS: 43°15'53"N / 16°39'3" E).

Stellplatz am Ortsrand von Bol. Stellfläche auf Schotterrasen. Entleerung mobiler Tanks möglich. Ortszentrum 300 m entfernt. 50 Touristenplätze.

20250 Postup, Dalmatien ST-HR 9035

»CAMPING PARADISO« 1.5. bis 31.10.

amir.saic@du.t-con.hr

➔ E 65 in den Südlichsten Teil Kroatiens, weiter auf die Halbinsel Orebic. (GPS: 42°58'3"N / 17°14'34" E).

Stellplatz am Ortsrand beim Camping Paradiso. Stellfläche auf Schotterrasen bei kleiner Badebucht. Entleerung mobiler Tanks möglich. Ort 6 km entfernt. 15 Touristenplätze.

20246 Brijesta, Dalmatien ST-HR 9700

»CAMPING BRIJESTA DUBROVNIK« 1.1. bis 31.12.

peric@brijesta.com, www.brijesta-dubrovnik.camp

➔ E 65 Split-Dubrovnik, bei Brijesta zum Campinggelände. Na Vrelu 1B (GPS: 42°54'13"N / 17°31'58" E).

200 m

Stellplatz auf einem kleinen Campinggelände am Meer. Stellfläche auf Wiese. Hunde an der Leine führen. Ortszentrum 200 m entfernt. 70 Touristenplätze.

20232 Slano, Dalmatien ST-HR 9850

»AUTO KAMP BAMBO« 1.1. bis 31.12.

kamp.bambo@gmail.com, www.kamp-bambo.weebly.comail.com

➔ B 8 Split-Dubrovnik, bei Slano-Banja abfahren, weiter zum Meer, beschildert. Put od Banje 64 (GPS: 42°46'33"N / 17°53'6" E).

Stellplatz direkt am Meer. Stellfläche auf Sand und Schotter. Reservierung wird empfohlen. Reservierung nicht erforderlich. Barzahlung nur in Kn. Ort 1.5 km entfernt. 10 Touristenplätze.

20207 Mlini, Dalmatien ST-HR 9920

»CAMPING KATE« 1.4. bis 31.10.

info@campingkate.com, www.campingkate.com

➔ B 8 Neum-Dubrovnik, bei Mlini zum Ortszentrum abfahren. ✉ Tupina 1 (GPS: 42°37'29"N / 18°12'31" E).

WC W W Ch

200 m 500 m

Stellplatz im Zentrum von Mlini, 200 m von der Adria entfernt. Stellfläche auf Wiese. Teilweise beschattet. Ortszentrum 200 m entfernt. 30 Touristenplätze.

20219 Molunat, Dalmatien ST-HR 9980

»AUTO KAMP MONIKA« 1.1. bis 31.12.
☎ 00385 20 794557
info@camp-monika.hr, www.camp-monika.hr

➔ B 8 Split-Montenegro, bei Molunat zum Meer abzweigen. ✉ Molunat 28 (GPS: 42°27'11"N / 18°25'38" E).

WC W W Ch

100 m 800 m

Stellplatz auf einem Campingplatz in schöner Lage direkt am Meer. Stellfläche auf Schotterrasen. Kühlschränke vorhanden. Ort 13 km entfernt. 15 Touristenplätze.

ITALIEN

Besondere Vorschriften und Regelungen

Personaldokumente: Bei einem Aufenthalt bis zu 90 Tagen benötigen Sie einen gültigen Personalausweis oder Reisepass. Kinder unter 12 Jahren benötigen einen Kinderreisepass. Diese werden mit einer Gültigkeitsdauer von sechs Jahren ausgestellt, und zwar längstens bis zur Vollendung des zwölften Lebensjahres. Ab dem zwölften Lebensjahr kann ein Reisepass oder Personalausweis beantragt werden. Detaillierte Informationen erhalten Sie vom Auswärtigen Amt, www.auswaertiges-amt.de.

Impfbescheinigungen: Werden nicht verlangt.

Dokumente für Haustiere: Für Hunde und Katzen ist der »EU-Heimtierausweis« mitzuführen, der von behördlich ermächtigten Tierärzten ausgestellt wird. Der Ausweis muss Angaben zum Besitzer enthalten und dem Tier eindeutig zugeordnet werden können, d.h., das Tier muss durch Mikrochip identifizierbar und die Kennzeichnungs-Nr. im Ausweis eingetragen sein. Ein gültiger Tollwutschutz muss ebenfalls im Heimtierausweis nachgewiesen werden. Die Erstimpfung muss mindestens 21 Tage zurückliegen. Wiederholungsimpfungen müssen in den Zeiträumen, die der Hersteller des Impfstoffes vorsieht, durchgeführt worden sein. Für Hunde sind Maulkorb und Leine mitzuführen. Vögel benötigen keine Einfuhrgenehmigung. Papageien werden an der Grenze auf ihre Gesundheit hin untersucht.

Weitere Informationen erteilen das Bundesministerium für Ernährung und Landwirtschaft **www.bmel.de** und die italienische Botschaft: Hiroshimastraße 1, 10785 Berlin, Tel. 030/25 44 00, Fax 030/25 44 01 69.

Kfz: Nationaler Führerschein und Nationale Zulassung sind ausreichend. Das Länderkennzeichen »D« im EU-Kennzeichen ist ausreichend. Wird das Fahrzeug vom Eigentümer nicht selbst benutzt, muss der Fahrer im Besitz einer Benutzungsvollmacht des Eigentümers sein. Die Mitnahme der »Internationalen Grünen Versicherungskarte« wird dringend empfohlen. Bei evtl. Schadensfällen oder Polizeikontrollen wird sie oft verlangt. Für die Zeit des Aufenthaltes sollte unbedingt eine Kurzkaskoversicherung abgeschlossen werden.

Verkehrsvorschriften: Straßenbahnen und Linienbusse haben grundsätzlch Vorfahrt. Beim Überholen außerhalb geschlossener Ortschaften muss geblinkt werden. Wir empfehlen, das Abblendlicht immer eingeschaltet zu lassen. Privates Abschleppen auf der Autobahn ist verboten. Es sind nur akustische Warnsignale erlaubt, Lichtsignale sind verboten. Dachlasten und Ladungen, die nach hinten über das Fahrzeug hinausragen, müssen mit einer 50x50 großen rot-weiss-gestreiften Warntafel gekennzeichnet sein. Es besteht Anschnallpflicht. Bleibt ein Auto wegen einer Panne/Unfall liegen, ist es in Italien gesetzlich vorgeschrieben, dass jede Person, die den Wagen verlässt, eine Warnweste tragen muss. Promillegrenze 0,5.

Umweltzonen: In Italien befinden sich die meisten Umweltzonen in Europa. Green-Zones hat bisher über 300 ZTL Umweltzonen identifiziert. Eine ZTL Zone in Italien (Zona a Traffico Limitato) ist genau genommen nur eine Zone, in der Verkehrsbeschränkungen gelten. Da aber auch in italienischen Städten und Kommunen teilweise hohe Feinstaub- und NOx Belastungen zu verzeichnen sind, nutzen inzwischen auch sehr kleine Städtchen und Gemeinden in Italien das ihnen von der EU gegebene Mittel, eine Umweltzone einzurichten.

Die ZTL Umweltzonen in Italien können als feste und ausgeschilderte Zonen eingerichtet oder aber auch eine Zone ohne erkennbare Schilder sein, die bei bestimmten Luftschadstoffwerten durch die lokalen Behörden aktiviert wird. Beide Zonenarten können jeweils mit einer notwendigen vorherigen Registrierung vor Einfahrt verbunden sein, wie aber auch mit einem Mautsystem. Ebenfalls ist es möglich, dass Umweltzonen mit Maut und einem Park-System verbunden werden, wie z. B. in einem hochkomplexen System von Zonen in Rom (Innenstadt, Vatikan, Colosseum etc.). Aber auch in anderen großen Städten wie Florenz, Bologna, Neapel, Palermo und Mailand können dies sehr schwierig zu erkennende Kombi-Regeln sein, die dem Touristen und Camper den Urlaub erschweren.

Von den ZTL Zonen können – je nach Stadt/Gemeinde - alle Fahrzeugtypen und alle EURO-Normen betroffen sein. Die Ein- und Durchfahrverbote gelten entweder für alle Verkehrsteilnehmer oder nur für Anwohner/Lieferanten oder auch nur für nicht ortsansässige Inländer oder ausländische Fahrzeuge.

Die Regeln, Verbote und Ausnahmen in Italien können sich dabei auf alle Arten von Fahrzeugtypen beziehen. Die jeweiligen Städte und Kommunen haben zudem sehr unterschiedliche Regelungen zum Einfahrverbot bezogen auf Wochentage und Uhrzeiten sowie davon abhängige Ausnahmen. Auch für Oldtimer, Wohnmobile und Camper gibt es in einigen Zonen Ausnahmen.

Die Umweltzonen in Italien werden durch Polizei und Kameras überwacht. Die Kameras scannen vollautomatisch das Kennzeichen des einfahrenden Fahrzeuges und können so einen möglichen Verstoß – auch in Zonen ohne Registrierungspflicht – feststellen. Durch die Zusammenarbeit sehr vieler italienischer Kommunen mit international operierenden Inkassofirmen werden die entsprechenden Zahlungsbefehle innerhalb kürzester Zeit dem Touristen an seinem Wohnort zugestellt. Die Höhe der Bußgelder schwankt stark von 75 bis 500 Euro. Im Einzelfall auch bis 1.000 Euro.

Zoombare Karten vieler (aber nicht aller) italienischen Umweltzonen mit ihren Grenzen sowie detailliertere Informationen zu den einzelnen Fahrzeugtypen, EURO-Klassen, Wochentagen, Uhrzeiten, Sonderregelungen und Ausnahmen sind voraussichtlich ab Dezember 2019 verfügbar unter **www.green-zones.eu/de/umweltzonen** oder **www.Green-Zones-App.eu**.

Straßengebühren: Bei Benutzung von Autobahnen wird eine Gebühr erhoben, die mit allen gängigen Kreditkarten entrichtet werden kann.

Telefon: Deutschland-Italien: 0039, dann Durchwahl mit der ersten Null der Ortsnetzkennzahl. Italien - Deutschland: 0049 ohne die erste Null der Ortskennzahl.

Unfallnotruf: Polizei: 112, Rettungsdienst: 118. Pannenhilfe landesweit: (vom Fest- und Mobilnetz) 800116800. ADAC-Notrufstation: (deutschsprachig) Tel. 02/661591.

Devisen: Für die Ein- und Ausfuhr von Landes- und Fremdwährungen bestehen keine Beschränkungen. Deklaration von Fremd- und Landeswährung ist beim ital. Grenzzollamt erforderlich, wenn der Gegenwert von € 10.000.- überschritten wird.

Camping: Italien verfügt über ca. 2000 Campingplätze. Während der Hauptreisezeit sind die Campingplätze in den touristisch interessanten Gebieten sehr stark frequentiert und oftmals überbelegt. Rechtzeitige Reservierung ist ratsam. Lebensmittelgeschäfte und Restaurants auf den Campingplätzen sind meist nur in der Saison bewirtschaftet. Die bei den nachstehend beschriebenen Campingplätzen genannten Öffnungszeiten basieren auf den Angaben der Campingplatzhalter. Die Erfahrung zeigt jedoch, dass man sich nicht immer darauf verlassen kann. Wenn Sie außerhalb der Saison unterwegs sind, empfiehlt es sich vor dem Besuch eines Campingplatzes dort anzurufen. Bereits bezahlte Platzgebühren werden bei Nichtbenutzung einbehalten. Das Gleiche gilt für reservierte und nicht benützte Stellplätze.
Die Mitnahme des Internationalen Campingausweises (Camping Card International) ist empfehlenswert, da dieser auf sehr vielen Plätzen verlangt wird und auch als Legitimation anstelle des Personalausweises anerkannt wird. Für den Campingplatzhalter ist der Ausweis wichtig, weil er der Nachweis einer Camping-Haftpflichtversicherung ist. Camoer, die ihren Hund mitnehmen wollen, sollten beachten, dass auf sehr vielen Campingplätzen in Italien Hundeverbot besteht. An allen öffentlich genutzten Badestränden besteht ein generelles Hundeverbot. Freies Campen ist nicht gestattet. Aus Sicherheitsgründen wird dringend empfohlen, grundsätzlich offizielle und bewachte Campingplätze aufzusuchen. Einmaliges Übernachten auf ausgewiesenen Park- oder Rastplätzen ist erlaubt. Die Stromspannung ist in der Regel auf 110 bis 220 Volt (Rom 125 oder 220 V, Mailand 220 V) ausgelegt. Die in Deutschland üblichen Schukostecker können nicht verwendet werden, daher ist die Mitnahme eines Adapters zu empfehlen. Camping-Gas ist fast überall in der blauen Flasche erhältlich.

Wassersport: Für die vorübergehende Einfuhr von Wasserfahrzeugen (ohne Motor bis 5.50 m) bestehen keine Beschränkungen. Grenzdokumente sind nicht erforderlich. Für deutsche Bootsführer besteht Führerscheinpflicht nach den deutschen Bestimmungen.

Allgemeine Informationen:
D-60325 **Frankfurt/Main,** Italienische Zentrale für Tourismus ENIT
Barckhausstraße 10
Tel. 069/23 74 34, Fax 069/23 28 94
www.enit.de, frankfurt@enit.it

Vertretung der Bundesrepublik Deutschland:
I-00185 **Rom,** Deutsche Botschaft
Via San Martino della Battaglia 4
Tel. 0039 06/49 21 31 Fax 0039 06/445 26 72
www.rom.diplo.de, info@rom.diplo.de

FRANKREICH
SCHWEIZ
ÖSTERREICH
SLOWENIEN
KROATIEN
LIGURISCHES MEER
ADRIA
KORSIKA
ELBA
MONACO
SAN MARINO
OBERE ADRIA
Detailkarte OBERE ADRIA
Grenoble
Sisteron
Nice
San Remo
Impéria 3025
Albenga
Savona
3160
Génova
Rapallo
La Spézia
3418
Susa
Pinerolo
1263
Torino
Cúneo
1306
Asti
1405
1172
Alessándria
Biella
1104
Aosta
1002
1005
1003
1101
1102
Lago Maggiore
Varese
Vercelli
Novara
Como
Lago di Como
1625
Bérgamo
Milano
Pávia
1715
Bréscia
Lago di Garda
2002
1930
1934/35
Cremona
Oglio
Piacenza
Mantova
1970
3559
Parma
Réggio
3590
Módena
Po
3607
Carrara
Lucca
Pisa
4110
4048
Pistóia
4051
Livorno
Firenze
Arno
4220
4402
4405
Siena
4435
Piombino
4320
Bastia
4550
Grosseto
4520
Orvieto
4680
5005
Viterbo
Civitavévcchi
5090
Terni
4751
4740
Foligno
Perúgia
4612
Arezzo
Bologna
3685
3960
Ravenna
Forlì
Cesena
Rimini
Pésaro
Ancona
Civitanova
Áscoli
San Benedetto
Ferrara
Rovigo
2550
Padova
2543/44
Venézia
2542
2745
Cáorle
Vicenza
Verona
Etsch
2512
Treviso
Belluno
Trento
2330
Bozen
2211
2213
2265
2165
Meran
Brixen
Toblach
2233
Piave
2803
2290
1980
2005
Innsbruck
Salzburg
Graz
Klagenfurt
Udine
2804
Ljubljana
Trieste
Umag
Rijeka
Pula
CRES
KRK
RAB
PAG
Losinj
DUGI OTOK
Zadar
Split
Comacchio
Alfonsine
3773
Cervia
Cesenàtico
Riccione
Cattòlica
4801
Urbino
Fano
Fossombrone
4871
Cagli
4835
Senigàllia
Pèrgola
Gubbio
Jesi
4882
Gualdo
Tolentino
Macerata

BOSNIEN-HERZEGOWINA
MONTE-NEGRO
ALBANIEN
ADRIA
TYRRHENISCHES MEER
MITTELMEER
BRAC
VIS
HVAR
KORCULA
LASTOVO
Split
Dubrovnik
KERKIRA
Igoumenitsa
5090
Roma
Tivoli
L'Áquila
5500
Avezzano
Pescara
Chieti
Ortona
Sulmona
5680
Vasto
5815
Latina
Terracina
5210
5300
Isérnia
5905
Fórmia
7010
San Severo
Vieste
7620
Manfredónia
Fóggia
ÍSCHIA
7130
Caserta
Benevento
Nápoli
Avelino
Cerignola
Barletta
7210
Canosa
Ándria
Molfetta
Sorrento
CAPRI
Salerno
Battipaglia
7305
Bari
7350
Potenza
8050
Altamura
8080
Matera
7745
Táranto
Bríndisi
8207
Castrovillari
8218
Corigliano Calabro
8235
Lecce
7858
Otranto
Gallípoli
Páola
Cosenza
ÍSOLA DI STROMBOLI
ÍSOLA EÓLIE O LÍPARI
8805
Catanzaro
Crotone
Vibo Valéntia
Messina
Réggio
Locri
Taormina
SARDINIEN
La Maddalena
Porto Tórres
6160
Olbia
Tempio
6140
Sássari
Alghero
Ozieri
Siniscóla
6137
Bosa
Núoro
Orosei
6015
6130
Oristano
Lanusei
Arbatax
6315
Gúspini
Sanluri
Muravera
6117
Iglésias
Carbónia
Cágliari
Sant'Antioco
SIZILIEN
ÍSOLA EÓLIE O LÍPARI
Cinsi
Palermo
9625
Messina
Réggio
9520
ÍSOLE EGADI
Trápani
Alcamo
Cefalú
Taormina
9005/06
Nicosia
Adrano
Lercara
Marsala
Mazara del Vallo
9455
Acireale
Catania
Sciacca
Caltanissetta
Enna
Agrigento
9050
Augusta
Siracusa
9130
Licata
9290
Gela
9145
Rágusa
Ispica
Pachino
PANTELLERIA

Campingplätze:

Gebühren-Angaben in EURO.
Bei Gebühren-Angaben mit der Vorjahreszahl muss eventuell mit einer Anhebung der Gebühren für das laufende Jahr gerechnet werden. Außerdem können sich die angegebenen Öffnungszeiten verändert haben und es ist möglich, dass angegebene Ermäßigungen nicht mehr gewährt werden.

11100 Aosta, Aostatal — ST-I 1002

»AREA DI SOSTA AOSTA« 1.1. bis 31.12.
0039 0165 33352 583 m
www.comune.aosta.it

➔ A 5 A5 Mont-Blanc-Tunnel - Saint Vincent, Abf: Aosta-Est, auf die Staatsstraße 26 Richtung Zentrum, nach der Überquerung des Flusses Richtung Bahnhof abbiegen, der Stellplatz liegt vor dem Bahnhofsgelände. ✉ Via Caduti del Lavoro 11 (GPS: 45°44'9"N / 7°19'49" E).
Römische Mauern, Porta Praetoria, Augustusbogen, römisches Theater, Kathedrale, Krypta von St. Orso, Collegiata dei Santi Pietro e Orso.

RES Ch | 100 m 300 m 500 m

Stellplatz auf einem reservierten Teilbereich eines Parkplatzes neben der Straße und Bahnlinie. Stellflächen auf Asphalt, bis 12 m Länge. Öffnungszeiten 8-20 Uhr. Stadtzentrum 500 m entfernt. 33 Touristenplätze.

11020 Torgnon, Aostatal — ST-I 1003/1

»AREA DI SOSTA PLAN PRORION« 1.1. bis 31.12.
0039 0166 540433, Mobil 0039 0166 540212 1760 m
Fax 0039 0166 540991, **info@torgnon.net**, **www.torgnon.net**

➔ A 5 / E 25 Aosta-St. Vincent, Abf. St.Vincent- Châtillon, auf die SR 46 Richtung Breuil Cervinia, in Antey-Saint-Andrè auf die SR 9 Richtung Torgnon abfahren. Dort im Ortszentrum weiter Richtung Plan Prorion. ✉ Plan Prorion (GPS: 45°48'14"N / 7°33'19" E).

Ch | 200 m 300 m

Stellplatz auf einem Berg gelegen. Stellflächen auf Rasengittersteinen, bis 12 m Länge. Aktivitäten: Mountainbike fahren, Wandern und Ski fahren. Während der Spitzenzeiten ist ein Shuttle-On-Call-Service aktiv. Ort 3 km entfernt. 70 Touristenplätze.

11014 Etroubles, Aostatal — ST-I 1005

20 **»AREA DI SOSTA CAMPING TUNNEL INTERNATIONAL«**
0039 016578292 1.4. bis 1.5. / 27.5. bis 8.10.
info@campingtunnel.it, **www.campingtunnel.it**

➔ A 5 Turin nach Norden, Abf. Villair-Amerique, weiter nach Etroubles. ✉ Strada Chevrieres 4 (GPS: 45°49'7"N / 7°13'44" E).

Ch | 200 m 300 m

Quickstop neben einem Campingplatz am Fuß des Berges St. Bernhard. Stellflächen auf Wiese. Ideal für die Durchreise. Kein Aufbau von Campingtischen etc. möglich. Ankunft zwischen 8 und 21 Uhr möglich. Maximal 2 Nächte Aufenthalt möglich. Ortszentrum 100 m entfernt. 7 Touristenplätze. **2022:** St/N inkl. 6 P/N 18.–, KT P/N ab 13 J. –.20. H/N, Entsorgung, Müll, Wasser und Strom inklusive.

28863 Riale (Formazza), Piemont — ST-I 1101

»AREA VAL FORMAZZA« 1.5. bis 1.10.
0039 0324 63017 1760 m
prolocoformazza@libero.it, **www.distrettolaghi.it/it**

➔ Staatsstraße 659, Premia - Riale, der Stellplatz liegt an der Straße 659, westlich der Ortschaft Riale am See Morasco gelegen ✉ Fraz Riale (GPS: 46°25'30"N / 8°24'29" E).

Ch | 700 m

Stellplatz speziell für Reisemobile am See Morasco. Stellflächen auf Schotterrasen, ohne Längenbeschränkung. Unbegrenzte Aufenthaltsdauer. Idealer Ausgangspunkt für Bergwanderungen. Ort 700 m entfernt. 100 Touristenplätze.

28824 Oggebbio, Piemont — ST-I 1102/1

»AREA SOSTA OGGEBBIO« 1.1. bis 31.12.
0039 0323 787148, Mobil 0039 348 2791685 1075 m
areacamper.oggebbio@libero.it, **www.areacamperoggebbio.com**

➔ Staatsstraße 34, Gravellona Toce-Locarno, in der Ortschaft Oggebbio an der Straße 34 gelegen, ausgeschildert. ✉ Via Martiri Oggebiesi 24 (GPS: 45°59'49"N / 8°39'14" E).
Pfarrkirche Parrocchiale dei Santi Pietro e Paolo, romanische Kirche Chiesa di Sant'Agata (12. Jahrhundert), das Herrenhaus Villa Dhranet.

WC W W Ch W
| 200 m 300 m 400 m 500 m

Stellplatz speziell für Reisemobile am Lago Maggiore. Das Gelände ist ein natürlicher Terrassenbau. Videoüberwachte und beleuchtete Stellflächen auf Pflaster und Schotter, mit jeweils eigener Terrasse, bis 8 m Länge. Ortszentrum 300 m entfernt. 22 Touristenplätze.

10015 Ivrea, Piemont — ST-I 1104

»AREA SOSTA PER CAMPER« 1.1. bis 31.12.
0039 0125 410313, Mobil 0039 333 4857924 253 m
Fax 0039 0125 410330, **gruppoeporediesecampeggiatori@yahoo.it**
www.campeggiatori-gec-ivrea.it

➔ E 25 Aosta-Vercelli, Abf. Ivrea, auf die Staatsstraße 565 Richtung Ivrea, am Kreisverkehr rechts auf die Via Guglielmo Jervis, am Ende links auf die Corso Costantino Nigra, erst Möglichkeit wieder rechts in die Via Dora Baltea. ✉ Via Dora Baltea 3 (GPS: 45°27'47"N / 7°52'33" E).
Historischer Stadtkern, sehenswert ist der historische Karneval.

Ch | 50 m 400 m 500 m

Stellplatz speziell für Reisemobile direkt im Ort. Von Bäumen umgeben in der Nähe des Flusses Fiume Dora Bàltea. Stellflächen auf Asphalt, bis 10 m Länge. Stadtzentrum 500 m entfernt. 10 Touristenplätze.

15011 Acqui Terme, Piemont — ST-I 1172

»AREA DI SOSTA ACQUI TERME« 1.1. bis 31.12.
0039 0144322142, Mobil 0039 3356377960
iat@acquiterme.it, **turismoacquiterme.it/private/**

➔ SP 30 von Alessandria nach Süden in den Ort Acqui Terme. ✉ Viale Luigi Einaudi (GPS: 44°39'54"N / 8°28'13" E).

WC W Ch |
30 m 400 m

Wohnmobil-Stellplatz schräg gegenüber dem Schwimmbad (Piscine di Acqui Terme) direkt am Fluss. Von hohen Bäumen umgeben. Stellflächen auf Rasengittersteinen. Bezahlung am Parkautomaten. Ortszentrum 1 km entfernt. 100 Touristenplätze.

10061 Cavour, Piemont — ST-I 1263

»AREA SOSTA CAMPER« 1.1. bis 31.12.
0039 012 16114
procavour@cavour.info, **www.comune.cavour.to.it**

➔ A 55 Turin-Pinerolo, weiter nach Cavour. ✉ Via Vigone 2 (GPS: 44°47'15"N / 7°22'32" E).

WC W Ch | 100 m 500 m

Umzäunter Stellplatz mitten Ort hinter einem Gebäude. Parzellierte Stellfläche auf Kies. Ortszentrum 500 m entfernt. 18 Touristenplätze.

12011 Borgo San Dalmazzo, Piem. — ST-I 1306

»AREA DI SOSTA BORGO SAN DALMAZZO« 1.1. bis 31.12.
0039 017 1266080
iatborgo@cuneoholiday.com, **www.comune.borgosandalmazzo.cn.it**

➔ A 33 Turin-Cuneo, weiter nach Borgo San Dalmazzo zum Sportgelände. ✉ Via Vittorio Veneto (GPS: 44°19'45"N / 7°29'28" E).

| 200 m 300 m

Stellplatz neben einer Bahnlinie beim Sportplatz. Ebene markierte Stellflächen auf Asphalt. Ortszentrum 300 m entfernt. 15 Touristenplätze.

12051 Alba, Piemont — ST-I 1405

»IL CAMPING DELLA CITTA DI ALBA« 1.1. bis 31.12.
0039 017 3280972
info@albavillagehotel.it, **www.albavillagehotel.it**

➔ A 33 Asti-Alba, weiter zur Sportanlage im Ort. ✉ Corso Piave 219 (GPS: 44°41'7"N / 8°0'37" E).

WC W W Ch
| 100 m 200 m 500 m

Stellplatz bei einem kleinen Campingplatz (mit Hotel) nahe dem Fußballstadion und Hallenbad. Ebene Stellflächen auf Schotterrasen. Ortszentrum 500 m entfernt. 75 Touristenplätze.

27040 Borgo Priolo, Lombardei — ST-I 1622

»AZIENDA AGRITURISTICA TORRAZZETTA« 1.1. bis 31.12.
0039 038 3871041
info@torrazzetta.it, **www.torrazzetta.it**

➔ A 7 Milan-Piva, Abf. CAse Gescal, weiter nach Borgo Priolo. ✉ Frazione Torrazzetta 1 (GPS: 44°58'43"N / 9°6'34" E).

WC W W

Stellplatz bei einem Landgut mit Zimmervermietung. Von Wiesen und Feldern umgeben. Stellflächen auf Wiese und Schotter. Weinkellerei. Bei Verzehr im Restaurant (min. 25.- € Person) oder Einkäufen (über 50.- €) wird der Übernachtungspreis erlassen. Reservierung erforderlich. Maximal 1 Nacht (24 Std.) Aufenthalt möglich - längerer Aufenthalt nur in Absprache möglich! Ortszentrum 4 km entfernt. 8 Touristenplätze.

23823 Colico, Lombardei — ST-I 1625/1

»AREA CAMPER COLICO« Apr. bis Okt.
0039 341 934711 214 m
segreteria@comune.colico.lc.it, **www.comune.colico.lc.it**

➔ Staatsstraße 36/38 Lecco-Sondrio in Colico abfahren, dort im Ort zum Ufer hin beschildert. ✉ Via Montecchio Nord 52 (GPS: 46°8'30"N / 9°22'27" E).
Zisterzienser-Kloster „Abbazia di Piona", die Festung Fuentes, diverse Kirchen, Schloss Mirabello.

WC W W Ch
| 500 m

Stellplatz speziell für Reisemobile am Seeufer des Lago di Como neben dem Segelclub. Stellflächen auf Asphalt, teilweise schattige Plätze vorhanden, bis 9 m Länge. Reservierung im Sommer empfohlen. Ortszentrum 1 km entfernt. 25 Touristenplätze.

24023 Clusone, Lombardei ST-I 1715

»LA BUSGARINA« 1.1. bis 31.12.
☎ 0039 3476772849
busgarina@yahoo.it, www.busgarina.it

➔ SS 42 Bergamo nach Norden in den Ort Clusone. ✉ Via Vago 6 Loc. Fiorine (GPS: 45°52'22"N / 9°54'58" E).

H 700 m, 1 km

Stellplatz auf einem Ferienhof mit Fischersee. Stellfläche auf Schotterrasen. Durchgängig anfahrbar. Frühstück ab 8 Uhr erhältlich. Ortszentrum 2.5 km entfernt. 120 Touristenplätze.

25019 Sirmione, Lombardei ST-I 1930/1

»AREA SOSTA CAMPER LUGANA MARINA« Apr. bis Okt.
☎ 0039 030 9904192, Mobil 0039 333 5335325 68 m
Fax 0039 030 9904192, **sawasde@hotmail.it**
www.camperparksirmione.com

➔ A 22, Innsbruck(A)-Verona, Abf. Affi/Lago di Garda-Sud, auf der SR 450 Richtung Peschiera del Garda, dort auf die SS 11 Richtugn Sirmione, dort ausgeschildert. ✉ Via Cantarane 18 (GPS: 45°27'37"N / 10°37'58" E).
∴ Altstadt, Scaligerburg (Castello Scaligero), Santa Maria Maggiore, San Pietro in Mavino, Grotten des Catull (Grotte di Catullo),

H 100 m, 500 m

Stellplatz für Reisemobile reserviertes Privatgelände mit Baumbestand am südlichen Ufer des Gardasees. Beleuchtete Stellflächen auf Schotterrasen und Wiese, bis 10 m Länge. Reservierung (per Vorkasse) wird empfohlen. Altstadt von Sirmione 5 km entfernt. 140 Touristenplätze.

46040 Solferino, Lombardei ST-I 1934/1

30 **»AGRITURISMO TENUTA LE SORGIVE E CASCINA LE VOLPI«**
☎ 0039 0376854028 April bis Okt.
le-volpi@libero.it, www.lesorgive.it

➔ A 4 Brescia - Verona, bei Desenzano nach Solferino abfahren. ✉ Via Piridello 6 (GPS: 45°22'5"N / 10°32'45" E).

Stellplatz in hügeliger Landschaft bei einem Ferienbauernhof mit Reitzentrum und einem kleinen Campingbereich. Stellflächen im Obstgarten auf Wiese oder auf Asphalt. Reservierung erforderlich. Ortszentrum 1.5 km entfernt. 8 Touristenplätze.
2023: C MC-St/N 17.–, P/N 6.–, extra B/N 17.–, KT P/N 1.–, Waschmaschine 4.–, Strom/N 3.–. H/N, WD, Müll und Wasser inklusive.

46040 Monzambano, Lombardei ST-I 1935

»A.A. CAMPER COLLI MORENICI DEL GARDA« 1.1. bis 31.12.
☎ 0039 3341580937
info@camperistidimonzambano.it, www.camperistidimonzambano.it/de/

➔ A 4 Brescia - Verona, bei Peschiera nach Monzambano. ✉ Via degli Alpini 9A (GPS: 45°23'21"N / 10°41'34" E).

200 m, H 300 m

Beschrankter Stellplatz am Ortsrand, in der Nähe des Fußballplatzes, bei einem kleinen Teich. Der beleuchtete Platz wird von einem örtlichen Campingclub mit Platzwart gepflegt. Parzellierte, ebene Stellflächen auf Schotterrasen und Kies. Satelliten-TV-Antenne. Videoüberwachungssystem am Ein- und Ausgang. Ortszentrum 200 m entfernt. 130 Touristenplätze.

46100 Mantova, Lombardei ST-I 1970

»AREA DI SOSTA SPARAFUCILE« 1.1. bis 31.12.
☎ 0039 376 432432 19 m 12 000 qm
camper@aster.mn.it, www.aster.mn.it/index.php/visito

➔ A 22, Modena-Verona, Abf. Mantua-Nord, auf die SP 10 Richtung Mantua, auf dieser Straße bleiben, der Stellplatz liegt bei der Brücke über den Lago Inferiore. ✉ Via Legnago (GPS: 45°9'49"N / 10°48'44" E).
∴ Altstadt von Mantua, Palazzo Ducale, Basilika Sant'Andrea, San Sebastiano, RenaiRotonda di San Lorenzo, Palazzo del Te.

100 m, 800 m

Stellplatz auf einem reservierten Gelände mit Baumbestand am Lago Inferiore mit Blick über Mantova. Videoüberwachte und beleuchtete Stellflächen auf Wiese, bis 12 m Länge. Shuttlebus zur Altstadt. Altstadt 1.5 km entfernt. 56 Touristenplätze.

23030 Livigno, Lombardei ST-I 1980/1

»CAMPING AL BOSCKET« 1.1. bis 31.12.
☎ 0039 034 2979327, Mobil 0039 320 1971918
info@alboscket.it, www.alboscket.it

➔ Milan Richtung Liechtenstein in den Bergen nach Livigno. ✉ Via Campaciol 746 (GPS: 46°29'7"N / 10°6'18" E).

H 100 m

Stellplatz direkt an einem kleinen Bach in der Natur. Stellfläche auf Sand und Schotter. Reservierung erforderlich. Picknickbereich. Ortszentrum 5 km entfernt. 25 Touristenplätze.

38066 Riva del Garda, Trent.-Südtirol ST-I 2002

»AREA DI SOSTA RIVA DEL GARDA« 1.1. bis 31.12.
☎ 0039 0464 554444 70 m
info@gardatrentino.it, www.gardatrentino.it

➔ A 22, Trento-Verona, Abf. Rovereto Süd, auf die SS 240 Richtung Riva del Garda, in Torbole nach dem Tunnel rechts in die Via Brione abbiegen. ✉ Via Brione (GPS: 45°52'46"N / 10°51'32" E).

100 m, H 400 m, 500 m

Stellplatz in der Nähe des Yachthafen San Nicolo direkt hinter der Polizeiwache. Ausgewiesene Stellflächen auf Rasengittersteinen, bis 8 m Länge. Maximal 2 Tage Aufenthalt möglich. Stadtzentrum 1 km entfernt. 40 Touristenplätze.

39020 Schnals, Trentino-Südtirol ST-I 2005

»CARAVANPARK SCHNALS« 15.12. bis 25.10.
☎ 0039 334 8882589 1290 m
info@caravanpark-schnals.com, www.caravanpark-schnals.com

➔ A 22, Brenner-Trento, Abf. Bozen, auf die SS 38 Richtung Meran und dann rechts ins Schnalstal abbiegen, der Straße bis zum Talende in Kurzras/Corteraso folgen. ✉ Loc. Maso Corto (GPS: 46°45'21"N / 10°46'59" E).
∴ ArcheoParc Schnals (Ötzi-Dokumentation), Schnalstaler Gletscherbahn, Kartäuserkloster „Allerengelberg", Wallfahrtskirche Unser Frau.

H 200 m

Stellplatz speziell für Reisemobile in der Berglandschaft des hinteren Schnalstals. Parzellierte Stellflächen auf Schotter, bis 10 m Länge. Akitiäten: Wintersport, Klettern, Nordic Walking, Wandern, Mountainbike fahren u.v.m. Ortszentrum (Kurzras) 200 m entfernt. 90 Touristenplätze.

39043 Klausen, Trentino-Südtirol ST-I 2165

25 **»WOHNMOBIL-STELLPLATZ CAMPING GAMP KLAUSEN«**
☎ 0039 0472847425 1.4. bis 31.10. / 26.11. bis 8.1.23
info@camping-gamp.com, www.camping-gamp.com

➔ A 12 Bozen - Brixen, bei Klausen abfahren unter der Bahnbrücke. ✉ Via Gries/Griesbruck 10 (GPS: 46°38'34"N / 11°34'27" E).

H 50 m, 100 m

Separater beleuchteter und beschrankter Wohnmobil-Stellplatz in der Nähe der Bahnlinie und des CAMPING GAMP KLAUSEN. Stellflächen auf Schotter. SAT-TV-Anschluss. Bei Ankunft bitte zuerst anmelden. Ortszentrum 500 m entfernt. 20 Touristenplätze.
2022: MC-St/N inkl. 2 P/N 20.– bis 25.–, H/N 2.–, KT P/N ab 14 J. 1.75. Entsorgung, Müll, Wasser und Strom inklusive.

39053 Gummer, Trentino-Südtirol ST-I 2211

30 **»GASTHAUS UNTEREGGER«** 1.1. bis 31.12.
☎ 0039 0471 376 471, Mobil 0039 348 72 44 519 1325 m
info@untereggerhof.it, www.untereggerhof.it

➔ A22 Brixen - Bozen, Abf. Bozen-Nord und weiter auf der SS12 Richtung Kardaun/Bozen, nach 1 km rechts zum beim Kreisverkehr hochfahren und Richtung Eggental auf die SS241 abbiegen (Tunnel). Nach ca. 10 km bei einem Kreisverkehr nach Gummer und zur Sternwarte abbiegen, beschildert. Teils steile und kurvige Anfahrt! ✉ Learn 13 (GPS: 46°27'17"N / 11°27'41" E).
∴ Planetarium. Museum Steinegg.

100 m, H 2 km, 8 km

Wohnmobilstellplatz oberhalb eines Gasthofes (Mi. Ruhetag) und der Sternwarte. Ebene, geschotterte und unparzellierte Stellflächen mit schönem Ausblick auf die umliegenden Berge. Müllentsorgung. Brötchenservice. Planetenwanderung. Tiere am Hof - Streichelzoo. 30 Touristenplätze.
2022: St/N inkl. 2 P/N 30.–, weitere P/N ab 14 J. 5.–.

39048 Wolkenstein in Gröden, Tr.-Süd. ST-I 2213/1

»TALSTATION PIZ SELLA« 1.1. bis 31.12.
☎ 0039 0471 777900 1563 m
info@valgardena.it, www.valgardena.it

➔ A 22 Brennerpass-Bozen, Abf. Klausen, auf die SP 242 ins Grödner Tal Richtung Wolkenstein, dort am Ortsende auf die Strada Plan de Gralba abbiegen. ✉ Strada Plan de Gralba (GPS: 46°31'57"N / 11°46'18" E).
∴ Burgruine Wolkenstein, Pfarrkirche „Maria Hilf", Sylvester-Kapelle.

100 m, 500 m

Stellplatz auf einem gemischten Parkplatz an der Gondelbahn. Ausgewiesene Stellflächen auf Wiese und Schotter, bis 8 m Länge. Aktivtitäten: Wintersport, Klettern, Nordic Walking, Wandern, Mountainbike fahren u.v.m. Ortszentrum 500 m entfernt. 15 Touristenplätze.

39038 Innichen, Trentino-Südtirol ST-I 2233

»AREA DI SOSTA PER CAMPER« 1.1. bis 31.12.
☎ 0039 0474 910039, Mobil 0039 0474 852841
infoareasosta@alice.it

➔ E 66 Brixen-Sexten, weiter nach Innichen an der SS 49. ✉ Via Prato alla Drava 1/A (GPS: 46°44'21"N / 12°21'57" E).

500 m

Stellplatz entlang der Pustertaler Staatsstraße am Grenzübergang Winnebach. Ebene Stellflächen auf Schotter. Reservierung wird empfohlen. Ortszentrum 6 km entfernt. 80 Touristenplätze.

I

38036 Pozza di Fassa, Trent.-Südtirol ST-I 2265

»WOHNMOBILSTELLPLATZ BEIM CAMPING VIDOR«
☎ 0039 0462 760022 — 1.1. bis 3.11. / 6.12. bis 2.11.
info@campingvidor.it, www.campingvidor.it

➔ SS 48 Bozen - Cortina de Ampezzo in Pozza di Fassa beschildert. ✉ Strada Ruf de Ruacia 19 (GPS: 46°25'14"N / 11°42'28" E).

Beschrankter Stellplatz in den Dolomiten bei einem Campingplatz. Schöner Ausblick auf die umliegenden Berge. Terrassierte, schattenlose Stellflächen auf Schotter. Benützung der gemeinsamen Toiletten des Campingplatzes und Teilnahme an den verschiedenen Freizeit- und Sportaktivitäten des Campingplatzes möglich. Maximal 2 Nächte Aufenthalt möglich. Ortszentrum 1 km entfernt. 40 Touristenplätze.

38020 Pejo, Trentino-Südtirol ST-I 2290

»AGRICAMPEGGIO AI GAGGI« — 1.1. bis 31.12.
☎ 0039 046 3751885, Mobil 0039 331 3483978
info@aigaggi.it, www.aigaggi.it

➔ A 22 Bozen - Verona, Abf. San Michele all Adige, weiter nach Pellizzano. ✉ Loc. Claiano 3 (GPS: 46°18'52"N / 10°46'31" E).

Stellplatz auf einem Bauernhof in einem Naturschutzgebiet. Ebene Stellflächen auf Rasengittersteinen. Von Hecken umrahmt. Reservierung wird empfohlen. Rezeption zwischen 9 bis 12 Uhr und 16 bis 20 Uhr möglich. Ortszentrum 1 km entfernt. 10 Touristenplätze.

38056 Levico Terme, Trent.-Südtirol ST-I 2330/3

»CAMPER-STOP AREA« — 1.1. bis 31.12.
☎ 0039 046 1706491
info@campinglevico.com, www.campinglevico.com/de/camper-stop-area.php

➔ A 22 Bozen-Verona, Abf. Trient-Nord, weiter auf SS 47 nach Levico Terme. ✉ Via Pleina 1 (GPS: 46°0'25"N / 11°17'13" E).

Stellplatz beim Lago di Levico. Ebene schattenlose Stellflächen auf Wiese. Verbindung durch den Minizug "Puffetto" mit dem Zentrum. Zahlung mittels Geldautomaten (nur Bargeld). Maximal 3 Nächte Aufenthalt möglich. Ortszentrum 1 km entfernt. 66 Touristenplätze.

36061 Bassano del Grappa, Veneto ST-I 2512/2

»AGRICAMPEGGIO CONCA DORO« — 1.1. bis 31.12.
☎ 0039 042 4512607
info@concadoro.org, www.concadoro.org

➔ Nordwestlich von Venedig nach Bassano del Grappa zum Bauernhof, beschildert. ✉ Via San Bortolo 19 (GPS: 45°47'11"N / 11°43'46" E).

Stellplatz auf einem Bauernhof. Von Feldern umgeben. Durch Bäume parzellierte Stellflächen auf einem Rasenstreifen entland der Zufahrt. Reservierung wird empfohlen. Maximal 2 Nächte Aufenthalt möglich. rtszentrum 2.5 km entfernt. 10 Touristenplätze.

30174 Venezia, Veneto ST-I 2542

»SAN GIULIANO VENICE CARAVAN PARK« — 1.1. bis 31.12.
☎ 0039 0415 322106
info@sangiulianovenice.com, www.sangiulianovenice.com

➔ In Venedig der Beschilderung "Parco San Giuliano" folgen. ✉ Via San Giuliano 19 (GPS: 45°28'3"N / 12°16'45" E).

Großer Caravanpark am südlichen Rand des Altstadtbereichs. Beim "Parco San Giuliano" ganz in der Nähe der Lagune gelegen. Ebene Stellflächen auf Schotterrasen. Durch lockere Baumreihen leicht beschattet. Videoüberwacht. Ortszentrum 3 km entfernt. 100 Touristenplätze.

30034 Oriago, Veneto ST-I 2543

Abfahrt

»AREA CAMPER VENEZIA PORTA OVEST« — 1.1. bis 31.12.
☎ 0039 328 9360269
veneziaportaovest@gmail.com, www.veneziaportaovest.com

➔ A 57 Padua - Venedig, Abf. Mira/Oriago und am Kreisverkehr weiter auf der SP81 Richtung "Zona industriale" und beim nächsten Kreisverkehr die 3. Abfahrt. Beschildert. ✉ Via Ghebba 109 (GPS: 45°27'57"N / 12°10'32" E).

Beschrankter und beleuchteter Stellplatz neben der Autobahn. Umzäunt und durch eine Lärmschutzmauer zur Autobahn abgeschirmt. Ebene Stellflächen auf Schotter, umgeben von Bäumen. Ortszentrum 1.5 km entfernt. 50 Touristenplätze.

30034 Malcontenta, Veneto ST-I 2544

30 **»AGRITURISMO CA' MARCELLO«** — 1.5. bis 30.9.
☎ 0039 3494 300950
info@camarcello.com, www.camarcello.com/en/

➔ A 57 Padua - Venedig, Abf. Mira/Oriago und am Kreisverkehr weiter nach Oriago und hier Richtung Malcontenta, beschildert. ✉ Rivera Bosco Piccolo 110 (GPS: 45°26'36"N / 12°11'32" E).

Kleiner Stellplatz bei einem Bauern- und Ferienhof. Ebene Stellflächen auf der Wiese im Garten. Durch verschiedene Bäume umrahmt. Nur für Fahrzeuge bis 7 m Länge geeignet. Voranmeldung ist immer erforderlich. 2 Nächte Mindestaufenthalt. Ankunft nur von 14-19 Uhr! Ortszentrum 500 m entfernt. 4 Touristenplätze.
2022: St/N inkl. 2 P/N 26.–, weitere P/N 13.–, J/N 6 bis 10 J. 11.–, Waschmaschine 5.–, Trockner 5.–. KT, WD, Müll, Wasser und Strom inklusive.

45020 Castelguglielmo, Veneto ST-I 2550

»CAMPER PARK CASTELGUGLIELMO« — 1.1. bis 31.12. — 9 m
☎ 0039 0425 707075
info@comune.castelguglielmo.ro.it, www.comune.castelguglielmo.ro.it

➔ A 13, Bologna-Padova, Abf. Villamarzana-Rovigo Sud, auf die SS 434 Richtung Verona, Richtung Castelguglielmo abbiegen, der Stellplatz liegt am südlichen Ortsausgang und ist ausgeschildert. ✉ Via Aldo Moro (GPS: 45°1'20"N / 11°32'6" E).

Stellplatz speziell für Reisemobile am Ortsrand. Ausgewiesene, beleuchtete und videoüberwachte Stellflächen auf Pflaster, bis 10 m Länge. 2 Stromanschlüsse vorhanden. Ortszentrum 500 m entfernt. 10 Touristenplätze.

30016 Jesolo, Veneto ST-I 2745/1

»QUICK STOP CAMPING PARCO CAPRARO« — 29.4. bis 1.8. / 22.8. bis 20.9.
☎ 0039 0421 961073, Fax 0039 0421 362994
info@parcocapraro.it, www.parcocapraro.it

➔ A 4, Palmanova - Venedig, Abf. Jesolo, westlich von Jesolo gelegen, in Jesolo gut ausgeschildert. ✉ Via Corer II ramo, 4 (GPS: 45°31'37"N / 12°41'48" E).
∴ Archäologisches Gebiet (Mauerresten Römerzeit),Torre Caligo, Naturkundemuseum, Aquarium und Reptilarium, Militärmuseum „Vidotto".

Quick-Stop über Nacht von 18-9 Uhr bei einem Campingplatz. Stellflächen auf Wiese. Bar. Pizzeria. Kiosk. Brötchenservice. Frühstücksservice. Fitnessraum. Mehrzwecksportfeld. Boulebahn. Spielautomaten. Ort 1 km entfernt. 34 Touristenplätze.

30016 Jesolo, Veneto ST-I 2745/2

30 **»AREA CAMPER DON BOSCO«** — 1.1. bis 31.12. — 2 m
☎ 0039 0421 363679, Mobil 0039 338 2231462
jesolocamper@libero.it, www.jesolocamper.it

➔ A 4, Venedig-Triest, Abf. San Dona di Piave/Noventa, Richtung San Dona di Piave dann weiter Richtung Eraclea, dort rechts abbiegen und über Jesolo Richtung Strand fahren, am Kreisverkehr die 4. Ausfahrt nehmen, ab hier ausgeschildert. ✉ Via Don Giovanni Bosco 28 (GPS: 45°31'23"N / 12°41'35" E).
∴ Leuchtturm von Jesolo, Mauerresten aus der Römerzeit, Torre Caligo, Kirche Santa Maria Assunta.

Stellplatz auf einem weitläufigem naturbelassenem Wiesengelände mit Baumbestand. Stellfächen auf Schotterrasen und Wiese, bis 10 m Länge. Auch zu Karneval und zu Ostern geöffnet. Schiffsausflüge nach Venedig. Ortszentrum 300 m entfernt. 200 Touristenplätze.
2022: St/N inkl. 5 P/N 10.– bis 27.–, weitere P/N –.60, KT P/N ab 10 J. –.60, WD –.50, Waschmaschine 5.–, Strom/N 3.–. H/N, Entsorgung, Müll und Wasser inklusive.

33080 Barcis, Friaul-Julisch-Venet. ST-I 2803/1

»AREA SOSTA PER CAMPER SUL LAGO« — 1.1. bis 31.12. — 409 m
☎ 0039 0427 76014
info@campingbarcis.it, www.barcis.fvg.it

➔ Staatsstraße 51 Cortina d'Ampezzo–Belluno, Abf. Longarone, auf die SS 251 Richtung Barcis, dort am Ortsende rechts zum Stellplatz am Seeufer abbiegen. ✉ Località Ribe, 5 (GPS: 46°11'28"N / 12°33'52" E).

Stellplatz speziell für Reisemobile am Ufer des Lago di Bàrcis mit Picknick- und Grillplatz. Ausgewiesene Stellflächen auf Rasengittersteinen, bis 8 m Länge. Ortszentrum 500 m entfernt. 20 Touristenplätze.

34170 Gorizia, Friaul-Julisch-Venet. ST-I 2804

»AREA ATTREZZATA CAMPER« — 1.1. bis 31.12.
☎ 0039 0481 383111
urp@comune.gorizia, www.comune.gorizia.it

➔ A 23, Villach(A)–Udine, Abf. Udine-Süd, auf die SS 56 Richtung Gorizia Zentrum, am Kreisverkehr hinter der Brücke die 4. Ausfahrt auf die Lungo Isonzo Argentina, an der Gabelung rechts auf die Via dei Leoni, nach ca.1,2 km auf die Viale Antonio Oriani einbiegen. ✉ Viale Virgilio/Viale Antonio Oriani (GPS: 45°56'44"N / 13°36'56" E).
∴ Borgo Castello, Altstadt von Gorizia.

Stellplatz auf einem gemischten Parkplatz im Stadtzentrum. Ausgewiesene, ebene und beleuchtete Stellflächen auf Asphalt, bis 8 m Länge. Maximal 3 Tage Aufenthalt möglich. Ver- und Entsorgung möglich. 7 Touristenplätze.

18013 Diano Marina, Ligurien ST-I 3025/2

»OASI PARK« — 1.1. bis 31.12. — 0 m
☎ 0039 0183 497062
oasi-park@libero.it, www.oasipark.it/de

➔ A 10, Genua-Ventimiglia, Abf. San Bartolomeo al Mare, auf die SP 34 Richtung San Bartolomeo al Mare, dort auf die SS 1 Richtung Diano Marina, dort der Beschilderung folgen. ✉ Via Sori 5 (GPS: 43°54'25"N /

8°4'16" E).

Umzäunter Stellplatz auf einem Gelände mit 250 alten Olivenbäumen in einem Landschaftsschutzgebiet. Stellflächen auf Schotterrasen und Wiese, bis 10 m Länge. Ortszentrum 400 m entfernt. 400 Touristenplätze.

17047 Vado Ligure, Ligurien — ST-I 3160

»AREA SOSTA CAMPER "LE TRAVERSINE"« 1.1. bis 31.12.
☎ 0039 019 886664
areacamper@satservizi.org
www.satservizi.org/content/area-camper-le-traversine

➔ E 80 Savona-Imperia, Abf. Savona„ auf die SS 1 Richtung Vado Ligure, der Stellplatz liegt zwischen Zinola und Vado Ligure direkt an der SS 1. ✉ Via Aurelia km 579 (GPS: 44°16'42"N / 8°26'28" E).

Stellplatz speziell für Reisemobile am Meer auf mehreren Terrassen angelegt, der hintere Bereich mit hohen Bäumen grenzt an eine Bahnlinie. Ausgewiesene Stellflächen auf Pflaster, bis 9 m Länge. Der Platz ist nur zwischen 8 und 23 Uhr geöffnet! Möglichkeit am nahe liegenden Strand Sanitär und Duschen zu benutzen (Münzeinwurf). Ortszentrum 400 m entfernt. 70 Touristenplätze.

19120 La Spezia, Ligurien — ST-I 3418

»AREA CAMPER LA SPEZIA« 1.1. bis 31.12.
☎ 0039 0331 7233910, Mobil 0039 339 805 2587 — 0 m
areacamper.sp@libero.it, www.comune.sp.it

➔ A 12, Genua–Livorno, am Autobahnkreuz La Spezia auf die A 15 nach La Spezia, bis zum Autobahnende Lerici-Porto, dann weiter Richtung Yachthafen Porto Lotti, nach dem Kreisverkehr links zum Stellplatz einbiegen. ✉ Viale San Bartolomeo (GPS: 44°6'15"N / 9°51'33" E).
∴ Castello San Giorgio, Altstadt von La Spezia mit vielen Kirchen, Museo civico archeologico, Museo Tecnico Navale, u.v.m.

Stellplatz speziell für Reisemobile am Fährhafen, das Gelände ist von Bäumen und Büschen umgeben. Ebene Stellflächen auf Schotter, bis 12 m Länge. Maximal 2 Tage Aufenthalt möglich. Zufahrt nur von 8 bis 20 Uhr möglich. Gute Busverbindung ins Stadtzentrum. Stadtzentrum 3 km entfernt. Mittagsruhe 12.30 bis 14.00 Uhr. 100 Touristenplätze.

43012 Fontanellato, Emilia-Romagna — ST-I 3559

»AREA CAMPER FONTANELLATO« 1.1. bis 31.12.
☎ 0039 0345 8879979 — 45 m
monicazambrelli@yahoo.it, www.comune.fontanellato.pr.it

➔ A 1 (Autostrada del Sole) Mailand-Bologna, Abf. Parma West Richtung Fontanellato, dort in die Via 24. Maggio abbiegen. ✉ Via XXIV Maggio (GPS: 44°52'41"N / 10°10'11" E).
∴ Labirinto della Masone (Kunstmuseum), Bibliothek mit Gesamtwerk des italienischen Buchdruckers Giambattista Bodoni (1740–1813).

Stellplatz auf einem Großparkplatz in der Nähe der Autobahn. Ausgewiesene Stellflächen teilweise unter Sonnenkollektoren auf Asphalt, bis 10 m Länge. Stadtzentrum 500 m entfernt. 100 Touristenplätze.

41012 Carpi, Emilia-Romagna — ST-I 3590

»PIAZZALE DELLE PISCINE« 1.1. bis 31.12.
☎ 0039 059 649255 — 26 m
iat@carpidiem.it, www.carpidiem.it/turismo

➔ A 22, Modena–Verona, Abf. Carpi, auf die SP 468R Richtung Capri, dort ab Ortseingang der Ausschilderung zum Schwimmbad folgen. ✉ Tangenziale Bruno Losi (GPS: 44°47'4"N / 10°52'5" E).
∴ Dom Santa Maria Assunta, Palazzo dei Pio.

Stellplatz auf einem gemischten Parkplatz bei einem Schwimmbad. Ausgewiesene und beleuchtete Stellflächen auf Asphalt, bis 12 m Länge. Maximal 3 Nächte Aufenthalt möglich. Stadtzentrum 300 m entfernt. 30 Touristenplätze.

41026 Pavullo nel Frignano, Emil.-R. — ST-I 3607

»AREA SOSTA ATTREZZATA NELLA PINETA« 1.1. bis 31.12.
☎ 0039 053 629964
uit@comune.pavullo-nel-frignano.mo.it
www.comune.pavullo-nel-frignano.mo.it

➔ E 35 Florenz-Bologna, Abf. Sasso Marconi, weiter nach Westen nach Pavullo nel Frignano. ✉ Via Marchiani (GPS: 44°20'34"N / 10°49'58" E).

Stellplatz an einem kleinen Park gegenüber dem öffentlichem Schwimmbad und den Tennisplätzen. Stellflächen auf Asphalt/Schotter, größtenteils durch Laubbäume beschattet. Ortszentrum 300 m entfernt. 10 Touristenplätze.

48018 Faenza, Emilia-Romagna — ST-I 3685/2

»AGRITURISMO LA SABBIONA« 1.3. bis 5.1.
☎ 0039 0546642142
info@lasabbiona.it, www.lasabbiona.it

➔ A 14 Bologna - San Marino, Abf. Mezzeno, weiter nach Faenza. ✉ Via di Oriolo 10 (GPS: 44°14'1"N / 11°55'5" E).

Stellplatz auf dem Hof (Winzer) von Familie Altini mit eigenem Restaurant (hausgemachte Spezialitäten aus der Romagna) und Weinkeller. In hügeliger Landschaft gelegen und von Weinreben und Obstplantagen umgeben. Stellflächen (3 x 5 m) auf Wiese und Schotter. Hofladen. Besichtigung des Weinkellers möglich. Reservierung erforderlich. Zimmervermietung. FW. Ort 6 km entfernt. 3 Touristenplätze.

48100 Ravenna, Emilia-Romagna — ST-I 3773/4

»PIAZZA DELLA RESISTENZA« 1.1. bis 31.12.
☎ 0039 0544 35755
turismo@comune.ravenna.it, www.turismo.ra.it

➔ A 14 Bologna-Ravenna, weiter zur Altstadt beim Parkplatz. ✉ Piazza della Resistenza (GPS: 44°24'51"N / 12°11'18" E).

Stellplatz in zentraler Lage zur Altstadt. Stellfläche auf Asphalt. Ortszentrum 100 m entfernt. 15 Touristenplätze.

47019 Tredozio-Pian di Stantino, E.-R. — ST-I 3960

»AGRITURISMO PIAN DI STANTINO« 1.1. bis 31.12.
☎ 0039 054 6943539
info@agriturismopiandistantino.it, www.agriturismopiandistantino.it

➔ SS 67 Forli-Florenz, bei Pian di Stantino zum Bauernhof beim Waldrand fahren. ✉ Podere Pian di Stantino 54 (GPS: 44°4'45"N / 11°44'36" E).

Stellplatz auf dem Bauernhof entlang des Waldrandes. Stellfläche auf Naturboden. Reservierung wird empfohlen. Ortszentrum 4 km entfernt. 5 Touristenplätze.

50059 Vinci, Toskana — ST-I 4048/1

»AREA DI SOSTA CAMPER« 1.1. bis 31.12.
☎ 0039 0571 9331 — 97 m
vinci@comune.vinci.fi.it, www.comune.vinci.fi.it

➔ A 11 Lucca–Florenz, Abf. Postoia, auf die SP 9 (Panoramastraße) Richtung Vinci, dort am Ortseingang links halten, Stellplatz ausgeschildert. ✉ Via Girolamo Calvi (GPS: 43°46'52"N / 10°55'42" E).
∴ Geburtshaus Leonardo da Vincis, Castello dei Conti Guidi, Chiesa di Santa Croce, Altstadt von Vinci.

Stellplatz auf einem gemischten Parkplatz, ruhig im Grünen gelegen und mit Picknicktischen ausgestattet. Ausgewiesene Stellflächen auf Pflaster, bis 8 m Länge. Ver- und Entsorgungsmöglichkeit vorhanden. Ortszentrum 500 m entfernt. 15 Touristenplätze.

50019 Florenz-Sesto Fiorentino, Tosk. — ST-I 4051

20 **»ANTICA ETRURIA«** 1.1. bis 31.12.
Mobil 0039 366 3450565 — 7 000 qm
info@anticaetruria.it, www.anticaetruria.it

➔ E 35 Bologna - Firenze, Abf. Calenzano / Sesto / Fiorentino, ab hier beschildert. ✉ Via Ferrucio Parri (GPS: 43°50'28"N / 11°10'35" E).

Bewachter, beleuchteter und eingezäunter Stellplatz an der Bahnstrecke (Lärmschutzwand vorhanden). Stellflächen auf befestigtem Schotter/Rasen. Durch Hecken gegliedert. Reservierung nur bei Gruppen. Touristinformation. Ortszentrum 2 km entfernt. 50 Touristenplätze.
2022: St/N 18.–, WD –.50, Kurtaxe, Entsorgung, Sanitär-Nutzung, Strom, Wasser und WLAN inklusive.

56127 Pisa, Toskana — ST-I 4110/2

»PISAMO PARCHEGGIO CAMPER« 1.1. bis 31.12.
☎ 0039 050555678, Mobil 0039 3394953847
camperistipisani@yahoo.it, www.pisamo.it

➔ Nordöstlich von Pisa an der Via di Pratale beim "Campo Sportivo la Fontina", beschildert. ✉ Via di Pratale 78 (GPS: 43°43'17"N / 10°25'9" E).

Offizieller Stellplatz neben dem Campo Sportivo la Fontina und einer Tankstelle. Beschrankt und beleuchtet. Ebene, markierte und schattenlose Stellflächen auf Pflaster. Ortszentrum 2 km entfernt. 80 Touristenplätze.

57016 Vada, Toskana — ST-I 4220/2

»AREA DI SOSTA IL FORTULLINO« 1.1. bis 31.12.
Mobil 0039 338 9631531
fortullinocamperroulotte@outlook.com, www.ilfortullino.it

➔ E 80 Grosseto-Pisa, Abf. Rosignano, weiter nach Castiglioncello-Fortullino. ✉ Località Fortullino (GPS: 43°25'48"N / 10°23'46" E).

Stellplatz unter Pinien, teilweise mit Meerblick. Bahnlinie in der Nähe. Terrassiertes natürliches Campinggelände. Stellflächen auf Wiese und Schotter. Ortszentrum 3 km entfernt. 150 Touristenplätze.

57031 Lacona, Toskana ST-I 4320

»CAMPEGGIO AGRITURISTICO ORTI DI MARE« 1.1. bis 31.12.
0039 331 5867805
booking@ortidimare.it, www.ortidimare.it

➔ Auf der Insel Portoferraio nach Lacona-Capoliveri. Via dei Vigneti 522 (GPS: 42°45'51"N / 10°18'29" E).

Ch | 500 m

Stellplatz an der Südküste bei einem kleinen Campingplatz. Von Olivenhainen und Weinreben umgeben. Schattenlose Stellflächen auf Schotterrasen. Reservierung wir empfohlen. Ortszentrum 500 m entfernt. 30 Touristenplätze.

53011 Castellina in Chianti, Toskana ST-I 4402

»AREA CAMPER CASTELLINA« 1.1. bis 31.12.
0039 0577 742311
vigili@comune.castellina.si.it, www.comune.castellina.si.it

➔ Autostrada Firenze - Siena, Abf. S.Dorado, auf die SP 101 über San Dorado nach Castellina in Chianti, dort am nördlichen Ortsrand an der SS 222 nach Casanuova di Pietrafitta gelegen. Via Chiantigiana (GPS: 43°28'23"N / 11°17'14" E).
Altstadt.

WC Ch | 500 m

Stellplatz auf einem gemischten Parkplatz in Ortsrandlage. Ebene, markierte und überwiegend schattenlose Stellflächen auf Asphalt, ohne Längenbeschränkung. Bezahlung am Parkautomaten. Maximal 2 Nächte (48 Std.) Aufenthalt möglich! Ortszentrum 500 m entfernt. 14 Touristenplätze.

53035 Monteriggioni, Toskana ST-I 4405/1

»PARCHEGGIO ABBADIA D'ISOLA« 1.1. bis 31.12.
0039 0577 304834 200 m
info@monteriggioniturismo.it, www.monteriggioniturismo.it

➔ SS 2 Florenz–Siena, Abf. Monteriggioni, auf die SP 5 Richtung Colli di Val d'Elsa fahren, nach ca. 1.5 km links abbiegen nach Abbadia Isola. Strada di Strove (GPS: 43°23'14"N / 11°11'35" E).
Abbazia dei Santi Salvatore, Cirino,Kloster San Michele a Quarto, Pieve di Santa Maria a Castello, div. Kirchen.

| 50 m 100 m

Stellplatz auf einem gemischten Parkplatz am Ortsrand. Stellflächen auf Schotter, bis 9 m Länge. Ortszentrum 100 m entfernt. 20 Touristenplätze.

53024 Montalcino, Toskana ST-I 4435/1

»LA CROCIONA AGRITURISMO« 1.1. bis 31.12.
0039 0577 847133 567 m
info@lacrociona.com, www.lacrociona.it

➔ SR 2 Siena - Viterbo, südlich von Torrenieri Richtung Montalcino abbiegen, dort im Kreisverkehr neben der Burg Richtung Sant'Antimo Abbey/Monte Amiata ausfahren, noch ca. 3 km zum Ortsteil La Croce weiterfahren. Hier die 2. Ortseinfahrt nehmen, diese führt direkt auf den Parkplatz am Agriturismo. La Croce 15 (GPS: 43°2'18"N / 11°30'13" E).
Abtei Sant'Antimo, Duomo di Montalcino, viele Kirchen und Museen.

WC W W | 100 m

Stellplatz bei einem Weingut im Anbaugebiet des weltberühmten Brunello. Von Feldern und Weinreben umgeben. Leicht abschüssige Stellflächen auf Schotter, bis 8 m Länge. Anmeldung und Einkauf erwünscht. Warme Küche ab 8 Personen auf Voranmeldung. Weinbergführungen, Weinverkostung, Kochkurse. Maximal 2 Tage Aufenthalt möglich. Historisches Ortszentrum 3 km entfernt. 10 Touristenplätze.

58020 Scarlino, Toskana ST-I 4520

»L'ALVEARE DEL PINZI« 1.1. bis 31.12.
0039 056 4601335, Mobil 0039 333 9344260
alvearedelpinzi@gmail.com, www.alvearedelpinzi.com

➔ SR 74 Albinia-Orvieto, weiter nach Saturnia zur Therme. Strada della Peschiera Saturnia (GPS: 42°39'20"N / 11°30'12" E).

WC W W WC Ch | 200 m

Stellplatz bei der Therme Saturnia. Durch Büsche parzellierte, ebene Stellflächen auf Schotterrasen. Picknick-Bereich. Shuttlebus zur Therme vorhanden. Ortszentrum 2 km entfernt. 120 Touristenplätze.

58100 Grosseto, Toskana ST-I 4550/3

»AREA DI SOSTA L'OASI DI BREZZI SANDRA« April bis Sept.
0039 056 436195, Mobil 0039 339 1171105
mail@areasostaoasi.it, www.areasostaoasi.it

➔ E 80 Rom-Pisa, Abf. grosseto Süd, weiter zum Hafen. Strada provinciale del Pollino (GPS: 42°44'4"N / 10°58'28" E).

WC W Ch | 300 m

Bewachter und umzäunter Stellplatz in Meeresnähe. Stellfläche auf Schotterrasen, durch Pinienreihen beschattet. Boulebahn. Ortszentrum 3 km entfernt. 50 Touristenplätze.

05018 Orvieto, Umbrien ST-I 4680

»AREA SOSTA CAMPER ORVIETO« 1.1. bis 31.12.
0039 0763 300161, Mobil 0039 338 6843153 325 m
renzo_battistelli@hotmail.com, www.comune.orvieto.tr.it

➔ A 1, Arezzo–Rom, Abf. Orvieto/Lago di Bolseo, auf der SS 205 Richtung Zentrum, nach 1.3 km am großen Kreisverkehr rechts Richtung Autobahn abbiegen dann gleich links auf der Strada della Direttissima den Bahngleisen entlang zum Stellplatz fahren, ausgeschildert 'Parcheggio F. S.' und 'Area Sosta Camper'. Strada della Direttissima (GPS: 42°43'32"N / 12°7'38" E).
Pozzo di San Patrizio (Brunnen), Dom von Orvieto sowie diverse Kirchen.

WC W W Ch | 100 m 300 m 400 m

Beleuchteter Stellplatz speziell für Reisemobile zwischen der Hochgeschwindigkeitsbahntrasse und den alten Bahngleisen. Große parzellierte Stellflächen auf Asphalt, bis 11 m Länge. Brötchenservice auf Bestellung. Talstation der Seilbahn zur Altstadt 200 m entfernt. 40 Touristenplätze.

06039 Trevi, Umbrien ST-I 4740

»AREA CAMPER SERVICE« 1.1. bis 31.12.
0039 0742 3321 412 m
info@comune.trevi.pg.it, www.treviturismo.it

➔ Staatsstraße 75 Perugia-Foligno, dort weiter auf der SS 3 Richtung Spoleto, Abf. Sant'Eraclio, weiter der SS Faminia nach Trevi fahren, dort ausgeschildert. Via Coste San Paolo (GPS: 42°52'45"N / 12°45'7" E).
Historischer Stadtkern.

Ch HS | 50 m 100 m 200 m

Stellplatz auf einem gemischten großen Parkplatz unter Bäumen an einem Sportgelände und Schwimmbad. Ausgwiesene und beleuchtete Stellflächen auf Asphalt bis, 8 m Länge. Ver- und Entsorgungsmöglichkeit vorhanden. Historisches Stadtzentrum 500 m entfernt. 30 Touristenplätze.

06049 Spoleto, Umbrien ST-I 4751/2

0 **»AREA SOSTA CAMPER - SPOLETO COMUNITA MONTANA«**
0039 0743 218620 1.1. bis 31.12.
info@iat.spoleto.pg.it

➔ SS 685 Perugia - Terni, bei Spoleto zum Parkplatz fahren. Via dei Filosofi (GPS: 42°44'47"N / 12°43'56" E).

| 300 m 400 m

Öffentlicher Stellplatz auf einem großen Parkplatz am westlichen Ortsrand. Ebene, unparzellierte Stellflächen auf Asphalt und Schotter. Müllentsorgung möglich. Ortszentrum 300 m entfernt. 50 Touristenplätze.
2022: Stellplatz ist kostenlos. P/N und KT inklusive.

61012 Gradara, Marken ST-I 4801

»PARCHEGGIO ATTREZZATO P1« 1.1. bis 31.12.
0039 0541 964128 142 m
info@gradara.org, www.gradara.org

➔ A 14 Rimini–Ancona, Abf. Cattolica, Richtung Gradara, dort der Ausschilderung zum Parkplatz P 1 am Castello folgen. Via Mercato, 17 (GPS: 43°56'28"N / 12°46'16" E).
Burganlage von Gradara.

RES WC W | 200 m 500 m

Stellplatz unterhalb der Burganlage Castello di Gradara im Ortszentrum. Beleuchtete und leicht abschüssige Stellflächen auf Asphalt, bis 9 m Länge. Sanitärbenutzung bei der Tourist-Information tagsüber möglich. 40 Touristenplätze.

61041 Acqualagna, Marken ST-I 4835

»CAMPER PARCO LE QUERCE« Apr. bis Okt.
0039 0721 700224 204 m
info@parcolequerce.it, www.parcolequerce.it

➔ A 14 Modena–Ancona, Abf. Fano, auf die SS 73 Richtung Urbino, Abf. Roma auf die SP 3 Richtung Furlo-Ovest, dort nach dem Tunnel der Ausschilderung „Area archeologica" folgen. Pianacce, 50 (GPS: 43°38'14"N / 12°41'59" E).
Gola del Furlo (Schlucht mit 2000 Jahre altem, römischen Tunnel).

WC W W Ch | 100 m

Stellplatz speziell für Reisemobile in einer gepflegten Grünanlage mit hohen Bäumen in Flussnähe. Stellflächen auf Schotter, bis 9 m Länge. Ortszentrum 2 km entfernt. 25 Touristenplätze.

61037 Mondolfo, Marken ST-I 4871/1

»AREA SOSTA CAMPER MAROTTA« Mai bis Sept.
0039 338 2944690
info@campingclubpesaro.it, www.campingclubpesaro.it

➔ A 14 Rimini–Ancona, Abf. Fano, Richtung Marotta. dort nach dem Bahnhof an der Ampel links abbiegen, der Ausschilderung folgen. Achtung: bitte der Beschilderung folgen, da sonst eine Bahnunterführung mit einer Höhe von nur 2.65 m folgt. Viale Cristoforo Colombo 157 (GPS: 43°45'40"N / 13°9'13" E).
Fonte Grande, Memoria della Fisarmonica, Kloster S.Sebastiano, Santuario della Madonna Delle Grotte, Bastion Sant'Anna und Giardino Martiniano

Ch | 200 m

Stellplatz speziell für Reisemobile zwischen Strand und Bahnlinie. Stellflächen auf teils unebenen lehmigen Untergrund, bis 9 m Länge. Überwiegend schattenlos. Ortszentrum 1.5 km entfernt. 80 Touristenplätze.

60123 Ancona, Marken ST-I 4882/2

»AREA DI SOSTA POSATORA« 1.1. bis 31.12.
0039 071 34371
cca@campeggioclubadriatico.it, www.campeggioclubadriatico.it

➔ A 14 San Marino-Bari, Abf. Ancona weiter zum Ortsrand von Posatora. Via Sanzio Blasi (GPS: 43°35'59"N / 13°29'8" E).

WC Ch | 100 m 500 m

Stellplatz am Ortsrand von Posatora. Stellfläche auf Asphalt. Durch Bäume und Sträucher umrahmt. Maximal 3 Nächte Aufenthalt möglich. Ortszentrum 4.5 km entfernt. 20 Touristenplätze.

01010 Capodimonte, Latium ST-I 5005/3

»AGRICAMPEGGIO S. ANTONIO LAGOVILLAGE« April bis Okt.
☎ 0039 340 226 8646 316 m
moschini.fra@gmail.com

➔ SR2 Viberto zum Lago di Bolsena, weiter nach Capodimonte. ✉ Viale Sant'Antonio, 221 (GPS: 42°33'4"N / 11°53'45" E).

50 m 80 m

Stellplatz am Ortsrand bei einem kleinen Bauernhof. Parzellierte Stellflächen auf leicht geneigter Wiese. 15 Touristenplätze.

00052 Cerveteri, Latium ST-I 5090/1

»AREA CAMPER CENTRO VACANZE SASSO« 1.1. bis 31.12.
☎ 0039 06 99079126 81 m
asdfenicotterorosa@gmail.com

➔ A 12 Civitavecchia–Rom, Abf. Sta. Severa, auf die SS 1 Richtung Rom bis zum OT Stazione di Furbara, dort links auf die Via Furbara Sasso abbiegen, noch ca. 4 km bis zum Centro Vacanze. ✉ Via Furbara Sasso (GPS: 42°1'49"N / 12°2'11" E).
∴ Cerveteri war eine der bedeutendsten Etruskerstädte, bedeutende Grabanlagen.

W W Ch

Stellplatz in einem Ferienzentrum mit Fischteich, Restaurant, Bauernhof und kleinem Tierpark. Stellflächen auf Schotter, bis 12 m Länge. Kostenloser Shuttle zum Strand und zum Bahnhof nach Rom. Ort 7 km entfernt. 100 Touristenplätze.

04017 San Felice Circeo, Latium ST-I 5210/1

»CICEROCAMPER DA PAOLO« 1.1. bis 31.12.
Mobil 0039 3385951858
info@circeocamper.it, www.circeocamper.it

➔ E 45 Rom-Neapel, Abf. Frosinone, weiter nach San Felice Circeo. ✉ Viale Europa 1 (GPS: 41°14'28"N / 13°6'15" E).

W W Ch

50 m 100 m 300 m 500 m

Stellplatz auf einem parkähnlichem Gelände in unmittelbarer Nähe zum Meer. Parzellierte ebene und gepflasterte Stellflächen auf Rasen, größtenteils durch Laubbäume beschattet. Reservierung empfohlen. Ortszentrum 300 m entfernt. 50 Touristenplätze.

03043 Cassino, Latium ST-I 5300

»PARKING EUROPA« 1.1. bis 31.12.
☎ 0039 0776 22059
info@parking-europa.it, www.parking-europa.it

➔ E 45 Rom-Neapel, Abf. Cassino, weiter nach Cassino. ✉ Via Agnone 5 (GPS: 41°28'58"N / 13°50'14" E).

W Ch

1 km

Eingezäunter und bewachter Stellplatz neben der Bahnlinie. Stellfläche auf Schotterrasen. Anfahrt zwischen 7 und 22 Uhr möglich. Überdachte Picknickbereiche. Ortszentrum 1 km entfernt. 20 Touristenplätze.

67028 San Demetrio ne' Vestini, Abr. ST-I 5500

»GROTTE DI STIFFE« 1.1. bis 31.12.
☎ 0039 0862 86142, Mobil 0039 327 9728914 662 m
Fax 0039 0862 860783, **www.grottestiffe.it**

➔ A 24, Rom-Teramo, Abf. L´Aquila Est, den Beschilderungen 'Grotte di Stiffe folgen, auf die SS 17 Richtung Popoli und in San Gregorio auf die SS 261 nach rechts abbiegen und in Richtung San Demetro ne'Vestini fahren, dort ausgeschildert. ✉ Via del Mulino 2 (GPS: 42°15'22"N / 13°32'49" E).
∴ Grotte di Stiffe

Ch

100 m

Stellplatz auf einem gemischten Parkplatz für Reisemobile und Busse. Stellflächen auf Schotter, bis 12 m Länge. Ort 5 km entfernt. 15 Touristenplätze.

66022 Fossacesia, Abruzzen ST-I 5680

»AREA CAMPER COMMUNALE« 1.1. bis 31.12.
☎ 0039 0872 608451, Mobil 0039 333 4748499 142 m
Fax 0039 0872 608451, **buccgio@libero.it**
www.fossacesia.gov.it/area-camper/

➔ A 14, Pescara–Foggia, Abf. Val di Sangro, auf die SS 652 nach Fossacesia Marina, am Ende der Straße rechts Richtung Borgata Marina, nach ca. 1 km links zum Stellplatz. ✉ Via Lungomare Sud 168 (GPS: 42°14'26"N / 14°31'47" E).
∴ San Giovanni in Venere.

W Ch

600 m

Stellplatz speziell für Reisemobile in direkter Strandlage. Parzellierte, beleuchtete und bewachte Stellflächen auf befestigtem Schotter/Sand, bis 8 m Länge. Ortszentrum 2 km entfernt. 30 Touristenplätze.

86038 Petacciato, Molise ST-I 5815/2

»AREA SOSTA CAMPER "VILLAGGIO LA TORRE"« 1.6. bis 1.9.
Mobil 0039 335 7802628 225 m
maryjane1@live.it

➔ A 14, Vasto–Foggia, Abf. San Salvo, auf die SS 650 zur Küstenstraße SS 16, dort rechts Richtung Termoli abbiegen, nach ca. 11 km (bei km 535) liegt der Stellplatz an der SS 16 am Meer. ✉ Strada Statale 16/SS 16 (GPS: 42°1'27"N / 14°53'14" E).

W W Ch

100 m

Stellplatz speziell für Reisemobile zwischen der Staatsstraße 16 und dem Meer. Stellflächen auf Schotterrasen und Wiese, bis 10 m Länge. Brötchenservice. Reservierung bei Gruppen erbeten. Busshuttle zur Stadtmitte. Stadtzentrum 10 km entfernt. 60 Touristenplätze.

86043 Casacalenda, Molise ST-I 5905

0 **»AREA SOSTA COMUNALE 'CAMPER+TRENO'«**
☎ 0039 0874 841237 643 m 1.1. bis 31.12.
www.comune.casacalenda.cb.it

➔ A 14 Pescara - Foggia, Abf. Termoli auf die SS 87 Richtung Campobasso, im Zentrum von Casacalenda links in die Via di Blasio Scipione abbiegen, Stellplatz ist beim Bahnhof. ✉ Via di Blasio Scipione (GPS: 41°44'18"N / 14°50'57" E).

RES Ch 50 m 400 m

Stellplatz speziell für Reisemobile auf einem durch Mauer abgetrenntes Areal beim Bahnhof. Beleuchtete Stellflächen auf Asphalt, bis 8 m Länge. Ver- und Entsorgungsmöglichkeit vorhanden. Ortszentrum 400 m entfernt. 10 Touristenplätze.
2022: Stellplatz ist kostenlos.

08020 Cala Gonone, Sardinien ST-I 6015/1

»CAMPING CAR PALMASERA« Apr. bis Okt.
☎ 0039 0784 93105, Mobil 0039 360 713478
info@campingcarpalmasera.com, www.campingcarpalmasera.com

➔ SS 125 Urzulai-Dorgali, dann die Serpentinenstraße SP 26 hinunter nach Cala Gonone, im Kreisverkehr am Ortseingang 1.Abfahrt rechts, nach ca. 800 m links in die Viale Bue Marino, ausgeschildert. ✉ Viale Bue Marino (GPS: 40°16'46"N / 9°37'47" E).
∴ Grotte del Bue Marino (2.5 km).

W W Ch

50 m 200 m 400 m

Stellplatz in zentraler Lage im Ort. Von hohen Bäumen beschattetes Naturgelände mit Blick auf das Meer. Bewachte und teilweise parzellierte Stellflächen auf Schotter, bis 12 m Länge. 130 Touristenplätze.

09010 Buggerru, Sardinien ST-I 6117/1

»AREA DI SOSTA CAMPER« Mai bis Okt.
☎ 0039 0781 54522 51 m
info@buggerru.com, www.buggerru.com

➔ E 25 Cagliari-Oristano, Abf. Sanluri, auf die SS 197 Richtung Guspini, dort weiter auf der SS 126 Richtung Iglesias, auf die SP 83 nach Buggerru abbiegen, dort Richtung Hafen. ✉ Via Roma (GPS: 39°24'12"N / 8°24'9" E).

W W

100 m 200 m 500 m

Stellplatz in der Nähe des Hafens direkt am Strand. Schöner Blick auf das Meer. Schattenlose Stellflächen auf Schotter, bis 12 m Länge. Ortszentrum 500 m entfernt. 35 Touristenplätze.

09070 Putzu Idu - San Vero Milis, Sar. ST-I 6131

NEU

35 **»NATUR RESORT BY GINEPRO&CO«** 1.1. bis 31.12.
☎ 0039 347 170 1982
info@ginepro.co
nature-resort.ginepro.co/de/stay-options/agricamping-of-your-dreams/

➔ Auf Sardinien von Norden kommend Abf. Tramatza und auf die SP 13 und SP 10 in Richtung Putzdu Idu nach Westen fahren. Von Süden kommend Abf. Zeddiani und auf die SP 12 über Riola Sardo nach Putzdu Idu. ✉ Lungomare Sa Punt'e S'Incudine, 1 (GPS: 40°1'22"N / 8°24'54" E).

W Ch

200 m 1 km

Stellplatz auf dem Ferienbauernhof auf der Halbinsel. Stellflächen auf Wiese. Am Nachmittag zwischen 14 und 17 Uhr keine Anfahrt möglich. Spülmaschine. Mini-Appartements und Zimmer. Glamping-Zelte. Geführte Touren und Fachvorträge. Sternbeobachtungsnächte. Ortszentrum 100 m enfernt. 8 Touristenplätze.
2023: St/N 10.– bis 20.–, P/N 8.–, K/N 2 bis 12 J. 5.–, extra C/N 10.–, H/N 4.–, KT 1.–, Entsorgung 12.–, Strom/1 kWh 1.50 (2 bis 6 A). Ab 2 Nächte Abwasser/Ladewasser inkl.

Plätze ohne Preisangaben:
Diese Plätze haben seit mindestens 2 Jahren keine Gebührenmeldung mehr abgegeben. Daher kann für die Öffnungszeiten nicht garantiert werden.
Auch können sich die angegebenen Telefon- und Faxnummern sowie Emailadressen geändert haben.

I

08013 Bosa, Sardinien ST-I 6137

NATUR PLATZ

30 »AREA SOSTA CAMPER S'ABBA DRUCHE« 1.4. bis 30.10.
0039 3383481549
info@abbadruche.it, abbadruche.it

➔ Im Nordwesten von Sardinien an der Küstenstraße Bosa - Alghero (SP 49) bei KM 3.5 abbiegen. ✉ SP 49 km 38,8 (GPS: 40°18'52"N / 8°27'55" E).

W W Ch | 30 m 100 m

Stellplatz an einem Hügel mit Blick auf das Meer (30 m entfernt). Leicht abfallende Stellflächen auf Sand und Schotter mitten in der Natur. Durch Oleanderbüsche teils parzelliert. Zugang zu 3 kleinen Stränden. Ortszentrum 3.5 km entfernt. 100 Touristenplätze.
2022: C-St/N inkl. 2 P/N 30.–, MC-St/N 20.– bis 25.–, weitere J/N 12 bis 18 J. 5.–, KT P/N ab 12 J. –.50, WD 1.–, Waschmaschine 5.–. H/N, Entsorgung, Müll und Wasser inklusive.

07041 Alghero, Sardinien ST-I 6140/3

»PARADISE PARKING« 1.1. bis 31.12.
0039 079 936033
info@paradisepark.it, www.paradisepark.it

➔ Auf Sardinien nach Westen in den Ort Alghero zum Strand fahren. ✉ località Le Bombarde (GPS: 40°35'27"N / 8°15'20" E).

W W Ch | H 100 m

Beschrankter Stellplatz in Nähe des berühmten Strandes von Alghero "Le Bombarde". Durch Hecken parzellierte Stellflächen auf Rasenschotter. Teils durch Olivenbäume beschattet. Outdoor-Fitnessgeräte. 10% Ermäßigung bei Einkehr im Restaurant. Kostenloser Shuttlebus zu den örtlichen Stränden. Ortszentrum 7.5 km entfernt. 145 Touristenplätze.

07039 Valledoria, Sardinien ST-I 6160

»AGRITURISMO CRABILEDDU« 1.1. bis 31.12.
0039 079 584003
crabileddu@hotmail.com, www.agriturismocrabileddu.it

➔ Im Nordteil von Sardinien nach Valledoria zum Bauernhof. ✉ Via Nuoro 3 (GPS: 40°54'47"N / 8°48'3" E).

| H 200 m

Stellplatz an der Nordküste Sardiniens. Stellfläche auf Wiese. Restaurantbesuch obligatorisch. Dauerhaft anfahrbar. Reservierung erforderlich. Ortszentrum 2 km entfernt. 10 Touristenplätze.

09029 Tuili, Sardinien ST-I 6315

»PARCO DELLA GIARA« 1.1. bis 31.12.
0039 070 9364277, Mobil 0039 348 2924983 208 m
info@parcodellagiara.it, www.parcodellagiara.it

➔ E 25, Oristano–Cagliari, in Sanluri auf die SS 197 Richtung Barumini und in Las Plassas links nach Tuili abbiegen. Der Stellplatz liegt am Ortseingang beim Infozentrum. ✉ Via Roma 32 (GPS: 39°42'41"N / 8°57'42" E).

Ch | H 50 m 200 m

Stellplatz beim Informationszentrum des Naturpark Giara di Gesturi. Stellflächen auf Schotter und Bäumen, bis 10 m Länge. Geführte Exkursionen durch den Park. Ortszentrum 200 m entfernt. 10 Touristenplätze.

80078 Pozzuoli, Kampanien ST-I 7130

Abfahrt

»CASTAGNARO PARKING 2« 1.1. bis 31.12.
0039 081 5267545, Mobil 0039 3470312747 66 m
Fax 0039 081 5267545, **info@castagnaroparking.it**
www.castagnaroparking.it

➔ SS 7 Küstenstraße Terracina-Pozzuoli, Abf. Quarto, anschließend links abbiegen auf die SS 686 Richtung Quarto. Am Ende der Straße rechts abbiegen in die "Via Campana" und nach 1 km rechts in die Via Vicinale Castagnaro. Beschildert. ✉ Via Vicinale Castagnaro, 1 (GPS: 40°52'10"N / 14°7'18" E).

W Ch |
H 300 m 400 m 500 m

Stellplatz am Ortsrand in der Nähe des Bahnhofs. An einer Seite durch einen bewaldeten Hügel begrenzt. Teils enge, ebene Stellflächen auf kiesig hartem Untergrund. Stellplatzlänge bis 13 m. Umzäunt. Ort (Pozzuoli) 5 km entfernt. 80 Touristenplätze.

83057 Torella dei Lombardi, Kamp. ST-I 7210

»AREA CAMPER 'ALTO OFANTO'« 1.1. bis 31.12.
0039 0827 44060 666 m
info@comune.torelladeilobardi.av.it, www.comune.torelladeilombardi.av.it

➔ E 842, Avellino-Canosa di Puglia, Abf. Grottaminarda, auf die SP 36 Richtung Schivito, dann auf die SS 303 Richtung Guardia Lombardi in Fontana Madonna rechts auf die SS 428 Richtung Torella dei Lombardi, dort der Ausschilderung zum 'centro sportivo' bzw 'area camper' folgen. ✉ Via dell'Unicef (GPS: 40°56'14"N / 15°6'52" E).

Ch | H 100 m 300 m 500 m

Stellplatz auf einem Parkplatz bei einem Sportzentrum. Stellflächen auf Asphalt, bis 7.50 m Länge. Ver- und Entsorgungsmöglichkeit vorhanden. Ortszentrum 500 m entfernt. 40 Touristenplätze.

84024 Contursi Terme, Kampanien ST-I 7305

»CLUB ARCOBALENO DA FORMICA« 1.1. bis 31.12.
0039 0828791382, Mobil 0039 333 8258669
giuseppefor@email.it

➔ E 45 Neapel-Tarent, Abf. Contursi Terme, weiter in den Ort. ✉ S.S. 91 Località Cannamarina (GPS: 40°39'55"N / 15°14'37" E).

W W Ch

Stellplatz am Ortsrand. Stellfläche auf Schotterrasen. Reservierung nur bei Gruppen. Geöffnet von 7 bis 23 Uhr. Ortszentrum 2.3 km entfernt. 10 Touristenplätze.

84063 Paestum, Kampanien ST-I 7350/3

10 »CAMPER PARK PAESTRUM« 1.1. bis 31.12.
0039 0828 811519, Mobil 0039 3481 423766

➔ Südlich von Neapel nach Paestum zur Ausgrabungsstätte. ✉ Via Porta Giustizia (GPS: 40°25'6"N / 15°0'27" E).

Stellplatz bei den Ausgrabungsstätten. Ebene bis leicht abfallende und überwiegend schattenlose Stellflächen auf Kies. Durch Bäume umrahmt. Ortszentrum 100 m entfernt. 50 Touristenplätze.
2022: St/N 10.–, Strom/kWh 3.–, Entsorgung 3.–, Wasser inklusive.

71013 San Giovanni Rotondo, Apul. ST-I 7620

»AREA DI SOSTA COPPA CICUTA« 1.1. bis 31.12.
0039 0882413340, Mobil 0039 3337298229
info@coppacicuta.it, www.coppacicuta.it

➔ A 14 San Marino-Foggia, Abf. San Severo, weiter nach San Giovanni Rotondo. ✉ Contrada Pozzo Cavo P.P. Strada 5 (GPS: 41°41'45"N / 15°42'15" E).

W W Ch |
500 m 1 km

Stellplatz bei einer Trattoria auf einer Anhöhe am Stadtrand. Teilweise parzellierte Stellfläche auf Schotter. Von Laubbäumen leicht beschattet. Ortszentrum 1 km entfernt. 30 Touristenplätze.

70043 Capitolo, Apulien ST-I 7745

»SOSTA CAMPER MILLENNIUM« 1.6. bis 15.9.
Mobil 0039 3476400934
info@lidomillennium.com

➔ SS 16, Bari-Lecce, Abf. Capitolo auf die SP 212 Richtung Capitolo, dort rechts auf die SP 163 abbiegen, der Stellplatz liegt dann auf der linken Seite. ✉ Contrada Capitolo 40C (GPS: 40°54'14"N / 17°21'10" E).

W W Ch | 100 m
500 m 1 km

Stellplatz nur für Reisemobile in Strandnähe auf einem durch eine Mauer abgeschlossenem Areal. Parzellierte und überwachte Stellfächen auf Pflaster und Schotter, ohne Längenbeschränkung. Ortszentrum 1 km entfernt. 90 Touristenplätze.

73028 Otranto, Apulien ST-I 7858/1

»AREA CAMPER SOLARA« 1.1. bis 31.12.
0039 0836 803230, Fax 0039 0836 806628 15 m
info@areacampersolara.com, www.areacampersolara.com

➔ SS 16, Bar - Lecce - Martano, in Martano auf die SP 147 Richtung Borgagne und Sant Andrea, dort am Kreisverkehr rechts auf die SP 366 Richtung Villaggio Conca Specchiulla, dort ausgeschildert. ✉ SP 366/Villaggio Conca Specchiulla (GPS: 40°14'40"N / 18°26'33" E).
∴ Festung Castello Aragonese, byzantinische Kirche San Pietro, Kathedrale Santa Annunziata.

W W Ch HS
HS | 500 m

Stellplatz speziell für Reisemobile bei einem Ferienpark. Ausgewiesene und beleuchtete Stellflächen auf Schotter unter hohen Bäumen, ohne Längenbeschränkung. Kein Badestrand - Steilküste. Shuttleservice Conca Specchiulla – San Giorgio. Ortszentrum 500 m entfernt. 70 Touristenplätze.

73028 Otranto, Apulien ST-I 7858/3

25 »OASY PARK« 1.1. bis 31.12.
0039 0836802226, Mobil 0039 3398619299
vincze99@hotmail.com, www.oasypark.com

➔ Von Bari nach Lecce, weiter nach Otranto. ✉ Via Renis (GPS: 40°8'17"N / 18°29'21" E).

W W Ch
| 300 m H 1 km

Stellplatz an einer Service-Station für Boote. Ebene, parzellierte Stellflächen auf Wiese und Schotter. Teilweise von Bäumen beschattet. Ortszentrum 500 m entfernt. 60 Touristenplätze.
2022: St/N inkl. 2 P/N 22.–. WD, Sanitär-Nutzung, Strom und WLAN inklusive.

85100 Potenza, Basilikata ST-I 8050

»PARKING PIAZZA ZARA« 1.1. bis 31.12.
0039 0971 415003 819 m
ufficioturismo@comune.potenza.it;, www.comune.potenza.it

➔ A 3, Neapel-Reggio Calabria, Abf. Sicignano auf die E 847 Richtung Pisticci, Abf. Potenza Est auf die SS 7, am Kreisverkehr am Parco Comunale Villa Santa Maria links in die Via Giuseppe Mazzini und die nächste

Möglichkeit rechts in die Via Roma einbiegen, der Parkplatz liegt nach ca. 250 m auf der rechten Seite. ✉ Via Zara, 114 (GPS: 40°38'34"N / 15°48'8" E).
∴ Kirche San Michele, Archäologische Museum der Provinz (Museo Archeologico Provinciale).

Ch | 100 m 200 m
Stellplatz auf einem gemischten Parkplatz am Parco Zara. Stellflächen auf Asphalt, bis 8 m Länge. Überwiegend schattenlos. Ver- und Entsorgung möglich. Stadtzentrum 500 m entfernt. 20 Touristenplätze.

75100 Matera, Basilikata — ST-I 8080/1

»MASSERIA DEL PANTALEONE« 1.1. bis 31.12.
☎ 0039 0835 335239 401 m
info@agriturismopantaleonematera.it, www.agriturismopantaleonematera.it

➔ E 843, Bari-Tarent, in Massafra auf die SS 7 Richtung Matera, Abf. Matera Sud auf die Contrada Chiancalata (SP 10) nach ca. 2 km liegt der Stellplatz auf der linken Seite. ✉ Contrada Chiancalata 27 (GPS: 40°39'9"N / 16°36'26" E).
∴ Höhlensiedlungen Sassi di Matera, Castello Tramontano.

WC W W Ch
Stellplatz bei einem Restaurant und Reiterhof. Durch Büsche und Bäume parzellierte und beleuchtete Stellflächen auf Schotter, bis 9 m Länge. Ort 2 km entfernt. 20 Touristenplätze.

87026 Mormanno, Kalabrien — ST-I 8207

»AGRITURISMO DONNA BIANCA« 1.1. bis 31.12.
☎ 0039 3283 864769
info@agriturismodonnabianca.com, www.agriturismodonnabianca.it

➔ E 45 Salerno - Cosanza, Abf. Mormanno, weiter nach Mormanno und nach dem Ort der SP3 Richtung Scalea folgen. ✉ SS 504 (GPS: 39°54'5"N / 15°59'4" E).

WC W W Ch
Beleuchteter Stellplatz bei einem Bauern- und Ferienhof. Am Hang terrassiertes Wiesengelände, mit teils ebenen teils abfallenden Stellflächen auf Schotterrasen. Durch einzelne Olivenbäume aufgelockert. Ortszentrum 3 km entfernt. 12 Touristenplätze.

87023 Cirella, Kalabrien — ST-I 8218/1

»AREA ATTREZZATA SOSTA CAMPER LIDO ALEXANDER«
☎ 0039 0985 86159, Mobil 0039 340 7325250 1.1. bis 31.12.
info@lidoalexander.it, www.lidoalexander.it

➔ SS 241 Neapel-Cosenza, bei Cirella zum Naturgelände am Meer. ✉ S.S.18 Km 27 Via iviera zzurra (GPS: 39°43'16"N / 15°48'41" E).

WC W W Ch |
200 m 500 m
Stellplatz am Meer unter Eukalyptusbäumen. Ebene bis leicht abfallende Stellflächen auf Wiese und Schotter. Teilweise durch verschiedenartige Bäume beschattet. Reservierung erforderlich. Ortszentrum 500 m entfernt. 40 Touristenplätze.

87043 Bisignano, Kalabrien — ST-I 8235

»CAMPER WORLD« 1.1. bis 31.12.
☎ 0039 0984 506209, Mobil 0039 347 2944066
salvatore.cianni@gmail.com

➔ A 3, Neapel-Reggio Calabria, Abf. Torano, sofert nach der Abfahrt auf der rechten Seite ausgeschildert, Stellplatz ist ca. 1km entfernt. ✉ Via stazione Torano Scalo (GPS: 39°29'53"N / 16°12'35" E).

Ch | 100 m 500 m
Stellplatz verkehrsgünstig gelegen in der Nähe der Autobahn. Stellflächen auf Wiese, bis 10 m Länge. Reservierung wird empfohlen. Ortszentrum 200 m entfernt. 30 Touristenplätze.

88040 Gizzeria, Kalabrien — ST-I 8505/1

»LIDO MEDITERRANEO« 1.1. bis 31.12.
☎ 0039 096 8403288, Mobil 0039 347 6209972
lidomediterraneo96@hotmail.com, www.lidomediterraneo.it

➔ A 3, Neapel-Reggio Calabria, Abf. Falerna, auf die SS 18 ca. 4 km in Richtung Reggio Calabria (Flughafen) oder Abf. Lamezia Terme,auf die SS 18, ca. 8 km Ri. Salerno ✉ Strada Statale 18 (GPS: 38°57'33"N / 16°9'13" E).

WC W W Ch
| 50 m 400 m
Stellplatz speziell für Reisemobile direkt am Meer. Durch Bäume parzellierte Stellflächen auf Schotter/Sand und Schotterrasen, bis 8 m Länge. Reservierung wird empfohlen. Ortszentrum 400 m entfernt. 30 Touristenplätze.

98039 Taormina, Sizilien — ST-I 9005

15 **»SOSTA CAMPER PIERGIOVANNI«** 1.1. bis 31.12.
Mobil 0039 329 2060259 204 m
yek1954@gmail.com, www.facebook.com/SostaCamperPiergiovanni

➔ A 18 Messina–Catania, Abf. Giardini-Naxos, hinter der Mautstelle rechts halten zum Ort Chianchitta, dann an der 1. Möglichkeit links abbiegen in die Via Arancio, nach 400 m nochmals links, nach 250 m rechts und an einer Gabelung rechts halten auf die Via Spagnulo. ✉ Via Spagnulo (GPS: 37°49'19"N / 15°14'42" E).
∴ Antikes Theater, Odeon, Corso Umberto, diverse Kirchen und Paläste.

WC W |
500 m 1 km
Stellplatz auf einem eingezäunten, privaten Areal mit Ferienwohnungen. Ausgewiesene Stellflächen auf Schotterrasen mit jungen Bäumen begrenzt, bis 12 m Länge. Shuttlebus zum 2 km entfernten Strand auf Anfrage. Ortszentrum 500 m entfernt. 20 Touristenplätze.
2022: St/N 15.–. WD, Müllgeb., Entsorgung, Wasser, Sanitärbenutzung und Strom (10 A) inklusive. Ab 7 Übernachtungen Ermäßigung.

98035 Giardini Naxos, Sizilien — ST-I 9006/1

»EDEN PARKING« 1.1. bis 31.12.
☎ 0039 348 2513767 18 m
info@edenparking.it, www.edenparking.it

➔ A 18/E 45 Messina - Catania, Abf. Giardini Naxos, weiter Richtung Giardini und dann auf der SS114 Richtung Giradini Naxos (Zentrum). Nach 70 m rechts in die Via Zara und am Ende rechts in die Via Naxos/Via Stacina. Beim Restaurant Morgans rechts einbiegen. ✉ Viale Stacina 20 (GPS: 37°49'20"N / 15°16'0" E).

WC W | 100 m
Umzäuntes und langgezogenes Wiesengelände im Ort. Ebene Stellflächen auf Rasenschotter und durch zwei jungen Baumreihen leicht beschattet. 30 Touristenplätze.

98035 Giardini Naxos, Sizilien — ST-I 9006/2

»NAXOS PARKING RISTORO« 1.1. bis 31.12.
☎ 0039 368 675540
naxosparkingristoro@tiscali.it

➔ E 45 Messina - Catania, Abf. Giardini-Naxos, weiter zum Stadtzentrum. ✉ Via Tevere 1 (GPS: 37°49'39"N / 15°15'39" E).

Ch
Umzäunter Stellplatz direkt in der Stadt auf einem kleinen Grundstück. Ebene Stellflächen auf Schotterrasen. Ortszentrum 100 m entfernt. 10 Touristenplätze.

94015 Piazza Armerina, Sizilien — ST-I 9050/1

»AGRITURISMO AGRICASALE« 1.1. bis 31.12.
☎ 0039 0935 686034
agricasale@gmail.com, www.agricasale.com

➔ E 45 Rom-Catania, weiter nach Piazza Armerina zum Ferienbauernhof, beschildert. ✉ Contrada Ciavarini (GPS: 37°20'23"N / 14°23'15" E).

WC W W
Stellplatz auf dem Ferienbauernhof in den Bergen. Stellflächen auf Wiese und Asphalt. Zimmer. Schwimm- und Kochkurse. Ortszentrum 4 km entfernt. 20 Touristenplätze.

96100 Siracusa, Sizilien — ST-I 9130/2

»SIRACUSA PARKING PARADIESE« 1.1. bis 31.12.
☎ 0039 3299 666312 7 000 qm
info@parkingparadise.it, www.parkingparadise.it

➔ E 45 Messana - Catania, Abf. Siracusa, im Ort beschildert - "Anfiteatro Romano". ✉ Viale Giuseppe Angello 1 (GPS: 37°4'24"N / 15°16'35" E).
∴ Archäologische Park von Neapolis.

Ch | 60 m 200 m
Stellplatz auf einem Parkplatz bei einem Amphitheater "Anfiteatro Romano". Beleuchtet und videoüberwacht. Relativ ebene Stellflächen auf Gras. Am Rand durch Bäume leicht beschattet. Picknickplatz Ortszentrum 300 m entfernt. 50 Touristenplätze.

96017 Noto, Sizilien — ST-I 9145/1

25 **»NOTOPARKING«** 1.1. bis 31.12.
Mobil 0039 328 8065260 152 m
notoparking@virgilio.it

➔ A 18, Modica-Syracus, Abf. Noto, auf die SP 59, am 2. Kreisverkehr rechts auf die SP 19, bei der Tankstelle weiter geradeaus fahren und nicht nach links der SP 19 folgen. ✉ Contrada Faldino (GPS: 36°53'1"N / 15°5'9" E).
∴ Noto zählt zu den sizilianischen Barockstädten und ist UNESCO Weltkulturerbe, Div. Kirchen.

W Ch W W
| 300 m 900 m
Stellplatz auf einem eingezäuntem Areal am südöstlichen Stadtrand von Noto. Ausgewiesene und beleuchtete Stellflächen auf Schotter unter Zitronenbäumen, bis 12 m Länge. Reservierung wird empfohlen. Shuttlebus ins Zentrum. Organisierte Ausflüge. Ortszentrum 1 km entfernt. 40 Touristenplätze.
2023: St/N inkl. 2 P/N 17.– bis 22.–, weitere P/N 3.–, WD 1.–, Strom/N 5.– (6 A). H/N, Entsorgung, Müll und Wasser inklusive.

92027 Licata, Sizilien — ST-I 9290/2

»SOSTA CAMPER A LICTA GIUMMARELLA« 1.1. bis 31.12.
☎ 0039 03249831688
sostacamperlicata@gmail.com

➔ E 45 Catanzaro-Catania, weiter nach Licata zum Hafen. ✉ Via Salvo D'Acquisto (GPS: 37°5'58"N / 13°56'31" E).

W Ch |
100 m 600 m
Stellplatz in Hafennähe beim Badestrand hinter einem Restaurant. Stellfläche auf Schotter. Teilweise durch Bäume umrahmt. Reservierung erforderlich. Durchgängig anfahrbar. Ortszentrum 500 m entfernt. 30 Touristenplätze.

I

91025 Marsala, Sizilien — ST-I 9445/2

»BEACH SIBILIANA VILLAGE« 1.1. bis 31.12.
Mobil 0039 347 334 6387
sibilianavillage@libero.it, **www.beachsibilianavillage.com**

➔ Westlich auf der Insel südlich von Marsala. ✉ Contrada Fossarunza (GPS: 37°44'7"N / 12°28'28" E).

WC W W Ch

50 m

Stellplatz am Meer. Ebene Stellflächen auf Wiese. Durch kleine Bäume parzelliert. Ortszentrum 2 km entfernt. 100 Touristenplätze.

91014 Scopello TP, Sizilien — ST-I 9520

Abfahrt

»AGRICAMPEGGIO SCOPELLO« Apr. bis Okt.
☎ 0039 3284428721, Mobil 0039 339 5088166 26 m
info@agricampeggioscopello.it, **www.agricampeggioscopello.it**

➔ A 29, Palermo–Castelvetrano, Abf. Castellammare del Golf, auf die SS 187, am Ort vorbei, danach auf der Küstenstraße Richtung Scopello fahren, an der Straßengabelung vor der Ortschaft links fahren. ✉ Condrada Scopello (GPS: 38°4'3"N / 12°49'3" E).
Kastell aus dem 14. Jahrhundert (mit Museen), Pfarrkirche Maria Santissima del Soccorso.

WC W W Ch

200 m 1 km

Stellplatz bei einem Bauernhof in hügeliger Landschaft. Stellflächen in terrassiertem Gelände auf Schotter, mit Bäumen abgegrenzt. Reservierung wird empfohlen. Ortszentrum 200 m entfernt. 20 Touristenplätze.

98070 Torrenova, Sizilien — ST-I 9625

Abfahrt

»AGRICAMPEGGIO ALESSANDRA« 1.1. bis 31.12.
☎ 0039 0941 958781, Mobil 0039 339 8780412 10 000 qm
infoagricampeggioalessandra@gmail.com, **www.agricampeggioalessandra.it**

➔ A20 Messina - Palermo, Abf. Rocca di Capri Leone, weiter auf der SS113 nach Rocca di Capri Leone und hier der Beschilderung zum Strand folgen. ✉ Via del Mare, C/da Zappulla (GPS: 38°7'3"N / 14°41'59" E).

WC W W W W

700 m

Kleiner Wohnmobilstellplatz mit 4 Bungalows direkt am Meer. Ebene, schattenlose und parzellierte Stellflächen auf Schotter (90 qm). Beleuchtet und Videoüberwacht. Kleiner Fitnessraum. Ort 1.5 km entfernt. 23 Touristenplätze.

IRLAND

Besondere Vorschriften und Regelungen

Personaldokumente: Bei der Einreise für die Dauer des Aufenthalts gültigem Reisepassoder Personalausweis. Kinder unter 12 Jahren benötigen einen Kinderreisepass. Diese werden mit einer Gültigkeitsdauer von sechs Jahren ausgestellt, und zwar längstens bis zur Vollendung des zwölften Lebensjahres. Ab dem zwölften Lebensjahr kann ein Reisepass oder Personalausweis beantragt werden. Detaillierte Informationen erhalten Sie vom Auswärtigen Amt, www.auswaertiges-amt.de.

Impfbescheinigungen: Werden nicht verlangt.

Dokumente für Haustiere: Hunde und Katzen aus EU-Ländern können für einen vorübergehenden Urlaubsaufenthalt im Rahmen des »Pet Travel Scheme« (PETS) mitgenommen werden, ohne in Quarantäne gegeben werden zu müssen. Für das Tier ist der »EU-Heimtierausweis« mitzuführen, der von behördlich ermächtigten Tierärzten ausgestellt wird. Der Ausweis muss Angaben zum Besitzer enthalten und dem Tier eindeutig zugeordnet werden können, d.h., das Tier muss durch Mikrochip identifizierbar und die Kennzeichnungs-Nr. im Ausweis eingetragen sein. Ein gültiger Tollwutschutz muss ebenfalls im Heimtierausweis nachgewiesen werden. Die Erstimpfung muss mindestens 21 Tage zurückliegen. Wiederholungsimpfungen müssen in den Zeiträumen, die der Hersteller des Impfstoffes vorsieht, durchgeführt worden sein.

Da noch weitere Bedingungen erfüllt werden müssen, sind für die Vorbereitungszeit ca. 7 Monate nötig. Detaillierte Angaben sind in den Einreisebestimmungen für Irland aufgeführt, die bei der DCC-Touristikabteilung erhältlich sind. Spezielle Auskünfte zum »Pet Travel Scheme« sowie zur Einfuhr anderer Tierarten und den Quarantänevorschriften erteilt die irische Botschaft: Jägerstraße 51, 10117 Berlin, Tel. 030/22 07 20, Fax 030/22 07 22 99, **www.embassyofireland.de**.

Kfz: Nationaler Führerschein und nationale Zulassung sind ausreichend. Das Länderkennzeichen »D« muss am Fahrzeug und am Anhänger angebracht bzw. im Nummernschild enthalten sein. Wird das Fahrzeug nicht vom Eigentümer selbst benutzt, muss der Fahrer im Besitz einer Benutzungsvollmacht des Eigentümers sein. Die Mitnahme der »Internationalen Grünen Versicherungskarte« wird empfohlen. Zum Abschluss einer Kurzkasko- und Insassenunfallversicherung im Heimatland, für die Dauer des Aufenthalts, wird dringend geraten. Die Caravanbreite von 2.50 m und die Caravanlänge von 12 m darf nicht überschritten werden. Außerdem darf die Gesamtlänge des Gespanns (Auto und Anhänger) 16.50 m nicht überschreiten.

Verkehrsvorschriften: Linksverkehr. Rechts überholen. In Irland gibt es kein allgemeines Vorfahrtsrecht, da die Vorfahrt an jeder Kreuzung angezeigt ist. Im Kreisverkehr hat derjenige Vorfahrt, der von rechts kommt, es sei denn, aus der Strassenmarkierung geht etwas anderes hervor. Parkbeschränkungen werden durch gelbe Streifen am Straßenrand angezeigt. Ansonsten gelten in etwa die gleichen Verkehrsregeln wie in Deutschland. Kinder unter 12 Jahren dürfen nur auf dem Rücksitz eines Pkw befördert werden. Es besteht Anschnallpflicht. Promillegrenze 0,8.

Notrufnummern: Polizei, Unfallrettung und Feuerwehr 999 und 112.

Pannenhilfe: Automobile Association (AA) landesweit Tag und Nacht: 1800/667788 (gebührenfrei Anruf).

Telefon: Deutschland – Irland: 00353. Irland – Deutschland: 0049, dann die deutsche Ortskennzahl ohne die erste Null.

Devisen: Die Einfuhr und Ausfuhr von Landes- oder Fremdwährung ist unbeschränkt gestattet.

Camping: Irland verfügt über eine große Anzahl an Campingplätzen, die von der Irischen Fremdenverkehrszentrale offiziell anerkannt sind. Sie besitzen die notwendigen hygienischen Einrichtungen. Die Gebühren werden vielfach nur für den Stellplatz berechnet, die Personengebühren sind darin enthalten. Freies Campen ist außerhalb der offiziellen Plätze verboten. Die Stromversorgung ist auf 220 Volt (50 Hz) ausgelegt. Es sind unterschiedliche Steckdosensysteme zu beachten. Man sollte daher unbedingt einen Adapter mitnehmen.

Wassersport: Für die vorübergehende Einfuhr von Booten und die dazugehörigen Anhänger sind Grenzdokumente bis zu einem Aufenthalt von einem Jahr nicht erforderlich. Ein Bootsführerschein ist nicht vorgeschrieben.

Allgemeine Informationen:

D-60329 Frankfurt/Main, Tourism Ireland
Gutleustraße 32
Tel. 069/923 18 50, Fax 069/92 31 85 88
www.ireland.com, corporate.germany@tourismireland.com

Vertretung der Bundesrepublik Deutschland:

IRL Dublin, Deutsche Botschaft
31, Trimleston Avenue, Booterstown Co.
Tel. 00353 1/269 30 11, Fax 00353 1/269 38 00
www.dublin.diplo.de, info@dublin.diplo.de

Campingplätze:

Gebühren-Angaben in EURO.
Bei Gebühren-Angaben mit der Vorjahreszahl muss eventuell mit einer Anhebung der Gebühren für das laufende Jahr gerechnet werden. Außerdem können sich die angegebenen Öffnungszeiten verändert haben und es ist möglich, dass angegebene Ermäßigungen nicht mehr gewährt werden.

Rossnowlagh, Nordwesten — ST-IRL 1442

25 **»BOORTREE CAMPING«** 1.5. bis 30.9.
☎ 00353 851655917
info@rossnowlaghcamping.com

➔ Im Norden Irlands nach Rossnowlagh. ✉ (GPS: 54°33'53"N / 8°12'47" W).

WC W Ch

Stellplatz im Norden von Rossnowlagh. Stellfläche auf Wiese am Meer. Entleerung mobiler Tanks möglich. Ortszentrum 1 km entfernt. 21 Touristenplätze.
2023: St/N inkl. 2 P/N 22.– bis 24.–, weitere P/N 5.–, J/N 10 bis 15 J. 3.–, WD/8 min. 2.–, Strom/N 6.– (16 A). KT, H/N, Entsorgung, Müll und Wasser inklusive.

Riverstown, Nordwesten — ST-IRL 1905

»LOUGH ARROW CAMPING PARK« 1.4. bis 31.11.
☎ 003530719666845, Mobil 00353 0862194005
lougharrowtp@gmail.com, **www.lougharrowcaravanpark.com**

➔ M 4 Dublin-Galway, Abf. Athlone weiter auf N 61 nach Riverstown. ✉ Ballynary (GPS: 54°3'43"N / 8°18'1" W).

WC W W Ch

Stellplatz an einem See. Stellfläche auf Sand und Schotter. Reservierung nur bei Gruppen erforderlich. Frühstück möglich. Ort 6 km entfernt. 30 Touristenplätze.

Die Möglichkeit der Schmutzwasserentsorgung sollte vor der Weiterfahrt unbedingt genutzt werden.

Belcarra, Westen ST-IRL 2315

»CARRA CARAVAN UND CAMPING PARK« 1.1. bis 31.12.
☎ 00353 94 9032024
post@mayoholidays.com, www.carracaravanpark.com

➔ Von Galway nach Norden Richtung Castlebar, südlich nach Belcarra fahren. ✉ Belcarra (GPS: 53°47'58"N / 9°12'59" W).

W

Stellplatz auf einer kleinen Campingwiese. Stellfläche auf Wiese und Schotter. Kleine Seen in der Umgebung. Ortszentrum 100 m entfernt. 20 Touristenplätze.

Westport, Westen ST-IRL 2320

»WESTPORT HOUSE CARAVANING« 13.4. bis 30.9.

camping@westporthouse.ie, www.westporthouse.ie

➔ Von Galway nach Norden Richtung Castlebar, weiter nach Westport. ✉ (GPS: 53°48'21"N / 9°32'7" W).

WC W Ch | 1 km

Stellplatz im Freizeitpark und Kulturmuseum Westport. Stellfläche auf Wiese. Reservierung nur bei Gruppen nötig. Ort 2 km entfernt. 28 Touristenplätze.

Tullybeg, Westen ST-IRL 2415

15 **»RENVYLE BEACH CARAVAN PARK«** 1.5. bis 30.9.
☎ 00353 95 43462
renvylebeachcaravanpark@gmail.com, www.renvylebeachcaravanpark.com

➔ N 59 von Galway nach Latterfrack, weiter nach Renvyle abzweigen. ✉ Tullybeg (GPS: 53°36'12"N / 9°59'4" W).

WC W W Ch | 1 km

Stellplatz beim Campinggelände mit weitem Sandstrand. Stellflächen auf Wiese. Im Juli und August keine Hunde erlaubt. Ankunft bis 19 Uhr möglich. Reservierung per E-Mail möglich. Ortszentrum 1 km entfernt. 28 Touristenplätze.
2023: St/N inkl. P/N 12.–, weitere P/N 5.–, nach 2 Pers. 6.–, K/N 4 bis 11 J. 4.–, J/N 12 bis 16 J. 5.–, WD 1.50, Waschmaschine 6.–, Trockner 6.–, Strom/N 5.– (10 A). KT, H/N, Entsorgung, Müll und Wasser inklusive.

Slane, Ost-Midlands ST-IRL 3480

20 **»SLANE FARM«** 1.4. bis 31.10.
☎ 00353 41 9884985
info@slanefarmhostel.ie, www.slanefarmhostel.ie

➔ M 2 Dublin-Slane, weiter zum Ferienbauernhof. ✉ Harlinstown House (GPS: 53°42'56"N / 6°34'23" W).

| H 1 km

Stellplatz auf einem bewirtschafteten Bauernhof in Einzellage. Stellfläche auf Wiese. Reservierung nicht erforderlich. Ankunft bis 18 Uhr oder mit Anmeldung möglich. Ort 2 km entfernt. 4 Touristenplätze.
2022: MC-St/N inkl. 2 P/N 20.–, weitere P/N 12.–, K/N 5 bis 12 J. 5.–, Waschmaschine 5.–, Trockner 5.–, Strom/N 5.–. H/N, WD, Entsorgung, Müll und Wasser inklusive.

Rathdrum, Ost-Midlands ST-IRL 3980

»HIDDEN VALLEY HOLIDAY PARK« 1.1. bis 31.12.

info@irelandholidaypark.com, www.irelandholidaypark.com

➔ M 11 Dublin-Wexford, Abf. Rathdrum weiter zum Ort. ✉ Lower Main Street (GPS: 52°56'19"N / 6°13'41" W).

W | H 300 m

Stellplatz inmitten von Natur. Stellfläche auf Wiese. Reservierung nicht erforderlich. Rezeption von 9 bis 21 Uhr möglich. Nachtruhe ab 23 Uhr. Ort 10 km entfernt. 50 Touristenplätze.

Rush, Dublin ST-IRL 4505

10 **»NORTH BEACH TOURIST CARAVAN & MOTOR HOME PARK«**
☎ 00353 1 8437131 1.5. bis 31.9.
info@northbeach.ie, www.northbeach.ie 20 000 qm

➔ M1, Dublin - Drogheda, Abf. (4) Rush, auf die N1 Richtung Rush, im Ort ausgeschildert. ✉ North Beach (GPS: 53°31'31"N / 6°5'9" W).

RES WC W W Ch W W GAS | 1 km

Stellplatz am Ortsrand direkt am Meer. Ebenes, leicht abfallendes und unparzelliertes Wiesengelände. Durch einen Zaun mit Büschen vom Strand getrennt. Squash. Kletterwand. Geoching. Golfplatz in der Nähe. Zweiachsige Caravans und Zeltcamper sind nicht erlaubt! Ortszentrum 1 km entfernt. 70 Touristenplätze.
2022: P/N 10.–, K/N 2 bis 14 J. 5.–, WD 2.–, Strom/N 5.– (6 A). KT, Entsorgung, Müll und Wasser inklusive.

Ballaghkeen, Südosten ST-IRL 5065

»THE TRADING POST« 1.1. bis 31.12.
☎ 00353 53 9127368
info@wexfordcamping.com, www.wexfordcamping.com

➔ M 11 Dublin-Wexford, weiter nach Ballaghkeen im Norden von Wexford fahren. ✉ (GPS: 52°27'14"N / 6°24'6" W).

WC W W Ch

Stellplatz bei der Tank und Raststation. Stellfläche auf Schotter. Ankunft bis 21 Uhr. Ortszentrum 4 km entfernt. 21 Touristenplätze.

Lady's Island, Südosten ST-IRL 5122

»ST. MARGARET'S BEACH CARAVAN PARK« 1.1. bis 31.12.
☎ 00353 53 9131169
info@campingstmargaret.ie, www.campingstmargarets.ie

➔ M 11 Dublin-Wexford, weiter auf N 25 nach Lady's Island. ✉ Lady's Island (GPS: 52°12'23"N / 6°21'20" W).

WC W W Ch | 500 m 1 km

Stellplatz an der Südostspitze Irlands, nahe am Meer. Stellfläche auf Wiese, Schotte rund Asphalt. Reservierung nicht erforderlich. Ortszentrum 2 km entfernt. 38 Touristenplätze.

Bennettsbridge, Südosten ST-IRL 5570

30 **»NORE VALLEY PARK«** 1.3. bis 31.10.
☎ 00353 56 7727229
camping@norevalleypark.com, www.norevalleypark.com

➔ M 9 Dublin-Waterford, Abf. (9) weiter zum Erlebnis-Bauernhof. ✉ (GPS: 52°33'46"N / 7°11'52" W).

WC W W Ch

Stellplatz beim Erlebnis-Bauernhof. Stellfläche auf Schotter. Ankunft bis 22 Uhr möglich. Hunde nur angeleint erlaubt. Ortszentrum 11 km entfernt. 35 Touristenplätze.
2022: C-St/N 16.–, MC/N 15.–, T-St/N 10.– bis 18.–, P/N 5.–, K/N 4.–, Strom/N 5.–, WD, Entsorgung, Sanitär-Nutzung, Wasser und WLAN inklusive.

Kilkenny, Südosten ST-IRL 5610

»TREEGROVE CAMPING« 1.1. bis 31.12.
☎ 00353 56 7770302
info@kilkennycamping.com, kilkennycamping.com

➔ M 9 Dublin-Waterford, Abf. (8) Kilkenny, weiter zum Danville House. ✉ Danville House (GPS: 52°38'24"N / 7°13'44" W).

WC W W Ch | 500 m 1 km

Stellplatz auf dem Campinggelände des Gästehaus Danville House. Stellfläche auf Wiese und Schotter. Ankunft nach 22 Uhr telefonisch anmelden. Reservierung in Hauptsaison empfohlen. Ortszentrum 1.5 km entfernt. 30 Touristenplätze.

Cahir, Südosten ST-IRL 5810

10 **»THE APPLE FARM«** 2.6. bis 30.9.
☎ 00353 52 7441459
con@theapplefarm.com, www.theapplefarm.com

➔ M 8 Dublin-Cork, Abf. (10) Cohir, weiter zum Campingplatz. ✉ Moorstown (GPS: 52°22'36"N / 7°50'33" W).

WC W W Ch

Stellplatz auf einem Obst Bauernhof. Stellfläche auf Wiese und Schotter. Ankunft bis 22:30 Uhr. Ortszentrum 6 km entfernt. 16 Touristenplätze.
2022: P/N inkl. St/N 9.–, K/N bis 12 J. 6.–, Waschmaschine 2.50, Trockner 2.50, Strom/N 2.50 (15 A). KT, H/N, WD, Entsorgung, Müll, Wasser und Sanitärbenutzung inklusive.

Roscrea, Südosten — ST-IRL 5910

»STREAMSTOWN CARAVAN PARK« 1.1. bis 31.12.
00353 505 21519
info@tipperarycaravanpark.com, www.tipperarycaravanpark.com/

➔ M 7 Dublin-Limerick, Abf. (22) Roscrea, weiter zur Milchfarm. ✉ Roscrea Road (GPS: 52°57'26"N / 7°50'21" W).

Stellplatz bei der Milchfarm in ruhiger Lage. Stellfläche auf Schotter und Wiese. WLAN nur in Teilen der Anlage vorhanden. Reservierung nicht erforderlich. Ortszentrum 1 km entfernt. 30 Touristenplätze.

Doolin, Shannon — ST-IRL 6280

»O'CONNORS RIVERSIDE CARAVAN & CAMPING« 1.1. bis 31.12.
info@campingdoolin.com, www.campingdoolin.com

➔ N 67 von Galway nach Doolin, weiter zum Bauernhof mit Blick über den Fluss. ✉ (GPS: 53°0'59"N / 9°22'48" W).

200 m 500 m

Stellplatz beim Bauernhof mit Blick über den Fluss. Stellfläche auf Wiese und Schotter. Reservierung nur bei Gruppen. Ortszentrum 200 m entfernt. 50 Touristenplätze.

Limeri Adare, Shannon — ST-IRL 6760

»ADARE CAMPING« 1.1. bis 31.12.
00353 61 395376
adarecc@gmail.com, www.adarecamping.com

➔ N 21 Limberick-Tralee, bei Adare abfahren. ✉ Adare (GPS: 52°32'18"N / 8°47'34" W).

Stellplatz beim Reisemobil- und Caravan-Park nahe Adare. Stellfläche auf Wiese und Schotter. Anmeldung von Oktober bis März möglich. Keine Kartenzahlung. Ort 3 km entfernt. 28 Touristenplätze.

Inch, Cork/Kerry — ST-IRL 7280

»SAMMY'S RESTAURANT« 1.1. bis 31.12.
info@inchbeach.com, www.sammysinchbeach.com

➔ N 86 Tralee-Dingle, bei Inch Beach zu Sammy's Restaurant abbiegen. ✉ Inch Beach (GPS: 52°8'35"N / 9°58'49" W).

Stellplatz direkt an der Straße nach Dingle bei Sammy's Restaurant. Stellfläche auf Wiese und Schotter. Anmeldung neben dem Restaurant. Ort 10 km entfernt. 10 Touristenplätze.

Cahirciveen, Cork/Kerry — ST-IRL 7330

»MANNIX POINT« 1.1. bis 31.12.
00353 66 9472806
mortimer@campinginkerry.com, www.campinginkerry.com

➔ N 70 Tralee-Valentia Island, bei Cahirciveen abfahren. ✉ Ring of Kerry Coast (GPS: 51°56'36"N / 10°14'40" W).

500 m 1 km

Stellplatz an der Küstenstraße. Stellfläche auf Schotter. Reservierung in der Hauptsaison empfohlen. Ortszentrum 1:km entfernt. 42 Touristenplätze.

Sneem, Cork/Kerry — ST-IRL 7370

»GOOSEY ISLAND MOTORHOME PARK« 1.1. bis 31.12.
gooseyisland@gmail.com

➔ N 70 Cork nach Sneen, im Ort der Beschilderung folgen. ✉ (GPS: 51°50'14"N / 9°54'0" W).

200 m

Stellplatz auf einem kleinen Platz bei einer Kirche. Stellfläche auf Schotter. Anmeldung bei Dan Murphy's Pub. Ortszentrum 200 m entfernt. 30 Touristenplätze.

Killarney, Cork/Kerry — ST-IRL 7445/2

»DONOGHUES WHITE VILLA FARM« 1.1. bis 31.12.
00353 64 6620671
whitevillafarm@gmail.com, www.killarneycaravanpark.com

➔ N 22 nach Killarney, weiter zum Ferienhof mit Museum. ✉ Killarney-Cork Road N22 (GPS: 52°2'51"N / 9°27'13" W).

Stellplatz auf einem Ferienhof mit Museum. Stellfläche auf Sand und Schotter. Ankunft bis 19 Uhr möglich. Reservierung wird empfohlen. Ortszentrum 3 km entfernt. 24 Touristenplätze.

Lauragh, Cork/Kerry — ST-IRL 7490

NATUR PLATZ

»CREVEEN LODGE CARAVAN PARK« 1.4. bis 30.9.
00353 64 6683131
info@creveenlodge.com, www.creveenlodge.com

➔ Von Cork weiter Richtung Südwesten fahren Richtung Castletown. ✉ Healy Pass Road (GPS: 51°45'19"N / 9°45'43" W).

Stellplatz auf einem bewirtschaftetem Landgut mit schönem Ausblick auf die umliegende hügelige Landschaft. An einem Hang verstreute ebene Stellflächen auf Wiese und Schotter. Ortszentrum 2 km entfernt. 5 Touristenplätze.

Skibbereen, Cork/Kerry — ST-IRL 7580

»THE HIDEAWAY CAMPING« 1.5. bis 17.9.
00353 28 22254
skibbereencamping@eircom.net
www.skibbereen.ie/business-directory/hideaway-caravan-park/

➔ N 71 Von Cork nach Südwesten, bei Skibbereen abfahren zum Campingplatz. ✉ Castletownshead Road (GPS: 51°32'29"N / 9°15'37" W).

1 km

Stellplatz bei Castletownshead. Ebene Stellflächen auf Schotter und Kies, von Rasen umgeben. Abreise bis 12 Uhr möglich. Ortszentrum 1 km entfernt. 60 Touristenplätze.

Clonakilty, Cork/Kerry — ST-IRL 7610

»DESERT HOUSE CARAVAN PARK« 1.1. bis 31.12.
00353 23 8833331
deserthouse@eircom.net
www.camping-ireland.ie/parks/cork/desert-house-caravan-camping-park

➔ N 71 von Cork nach Clonakilty, weiter zur Küstenstraße. ✉ Coast Road (GPS: 51°37'21"N / 8°52'29" W).

600 m 1 km

Stellplatz auf einer Milchfarm am Stadtrand. Stellfläche auf Wiese und Asphalt. Reservierung wird empfohlen. Ankunft bis 22 Uhr möglich. Ortszentrum 500 m entfernt. 36 Touristenplätze.

Crosshaven, Cork/Kerry — ST-IRL 7680

15 **»SALVE MARINE«** 1.1. bis 31.12.
00353 21 4831145
salvemarineltd@gmail.com, www.salvemarine.com

➔ M 8 Dublin-Cork, im Ort weiter zum Hafen. ✉ Lower road (GPS: 51°48'16"N / 8°18'2" W).

100 m 500 m

Stellplatz auf dem Parkplatz vor dem Salve Marine. Stellfläche auf Rasengitter. Reservierung wird empfohlen. Ortszentrum 6 km entfernt. 10 Touristenplätze.
2022: St/N 15.–, Strom/kWh –.20, WD, Entsorgung, Sanitär-Nutzung, Wasser und WLAN inklusive.

Cobh, Cork/Kerry — ST-IRL 7930

»CAMPER STOP COBH« 1.1. bis 31.12.
info@cobhharbourchamber.ie, www.visitcobh.com

➔ Von Cork nach Südosten zum Hafen. ✉ Whitepoint Moorings (GPS: 51°50'49"N / 8°18'29" W).

Stellplatz an der Bahnlinie am Hafen mit Blick auf den Meeresarm. Stellfläche auf Asphalt. Maximal 2 Nächte Aufenthalt möglich. Ort 2 km entfernt. 15 Touristenplätze.

LUXEMBURG

Besondere Vorschriften und Regelungen

Personaldokumente: Deutsche Staatsbürger benötigen bis zu einem Aufenthalt von drei Monaten einen gültigen Personalausweis oder Reisepass. Kinder unter 12 Jahren benötigen einen Kinderreisepass. Diese werden mit einer Gültigkeitsdauer von sechs Jahren ausgestellt, und zwar längstens bis zur Vollendung des zwölften Lebensjahres. Ab dem zwölften Lebensjahr kann ein Reisepass oder Personalausweis beantragt werden. Detaillierte Informationen erhalten Sie vom Auswärtigen Amt, www.auswaertiges-amt.de.

Impfbescheinigungen: Werden nicht verlangt.

Dokumente für Haustiere: Für Hunde und Katzen ist der »EU-Heimtierausweis« mitzuführen, der von behördlich ermächtigten Tierärzten ausgestellt wird. Der Ausweis muss Angaben zum Besitzer enthalten und dem Tier eindeutig zugeordnet werden können, d.h., das Tier muss durch Mikrochip identifizierbar und die Kennzeichnungs-Nr. im Ausweis eingetragen sein. Ein gültiger Tollwutschutz muss ebenfalls im Heimtierausweis nachgewiesen werden. Die Erstimpfung muss mindestens 21 Tage zurückliegen. Wiederholungsimpfungen müssen in den Zeiträumen, die der Hersteller des Impfstoffes vorsieht, durchgeführt worden sein. Bei geplanter Mitnahme von Papageienvögeln sollte man sich rechtzeitig mit einem Konsulat in Verbindung setzen. Für zahlreiche andere Tiere besteht Einfuhrverbot.

Weitere Informationen über die Botschaft des Großherzogtums Luxemburg, Klingelhöfer Straße 7, 10785 Berlin, Tel. 030/263 95 70, Fax 030/26 39 57 27.

Kfz: Nationaler Führer- und Zulassungsschein sind ausreichend. Das Länder-Kennzeichen »D« muss an Pkw und Anhängern, bzw. im EU-Nummernschild enthalten sein. Ist der Fahrer nicht Eigentümer des Fahrzeugs, muss er im Besitz einer Benutzungsvollmacht des Halters sein. Es besteht Haftpflichtversicherungszwang. Für Fahrzeuge aller Art ist das Kennzeichen eines Mitgliedstaates der EU ausreichend als Nachweis des Eu-weiten Versicherungsschutzes. Die Mitnahme der »Internationalen Grünen Versicherungskarte« wird jedoch empfohlen. Ein Warndreieck ist Vorschrift.

Verkehrsvorschriften: Im Allgemeinen kann man sich an die Vorschriften halten, die auch in Deutschland gelten. Innerhalb von Ortschaften ist der Gebrauch akustischer Warnzeichen zu jeder Tages- und Nachtzeit verboten, außer bei drohenden Gefahren. In »Blauen Zonen« ist das Parken nur mit Scheibe gestattet. Parkverbot an Randsteinen mit gelber Linie. An Kreuzungen ohne Verkehrsregelung darf nicht überholt werden. Kinder unter 10 Jahren müssen auf dem Rücksitz befördert werden. Es besteht Anschnallpflicht auf allen Sitzen. Promillegrenze 0.8.

Telefon: Deutschland – Luxemburg: 00352, die Rufnummer ist unmittelbar danach zu wählen. Luxemburg –Deutschland: 0049.

Unfallnotruf: Polizei: 113, Unfallrettung: 112. Pannenhilfe leistet rund-um-die-Uhr der Luxemburgische Automobilclub: Tel. 450 04 51.

Devisen: Bei der Ein- und Ausfuhr von Landes- und Fremdwährung bestehen keine Beschränkungen.

Camping: Das Land verfügt über genügend Campingplätze, die staatlich überwacht werden und offiziell klassifiziert sind. Die Gebühren sind entsprechend gestaffelt und müssen am Eingang des Platzes ausgehängt sein. Freies Campen ist nicht gestattet. Das Stromnetz ist auf eine Spannung von 220 Volt Wechselstrom (50 Hz), in Luxemburg-Stadt auch auf 110 Volt Wechselstrom (50 Hz) ausgelegt.

Wassersport: Für die vorübergehende Einfuhr von Booten und Bootsanhängern bis zu 6 Monaten sind keine Grenzdokumente erforderlich.

Allgemeine Informationen:
D-10785 Berlin, Luxemburgisches Verkehrsamt
Klingelhöfer Straße 7
Tel. 030/257 57 73, Fax 030/25 75 77 5
www.visitluxembourg.lu, info@visitluxembourg.de5

Vertretung der Bundesrepublik Deutschland:

L-2420 Luxembourg, Deutsche Botschaft
20-22, Ave. Emile Reuter

L-2010 Luxembourg, Post: B.P. 95
Tel. 00352/453 44 51, Fax 00352/45 56 04
www.luxemburg.diplo.de, info@luxe.diplo.de

Campingplätze:

Gebühren-Angaben in EURO.
Bei Gebühren-Angaben mit der Vorjahreszahl muss eventuell mit einer Anhebung der Gebühren für das laufende Jahr gerechnet werden. Außerdem können sich die angegebenen Öffnungszeiten verändert haben und es ist möglich, dass angegebene Ermäßigungen nicht mehr gewährt werden.

9554 Wiltz, Diekirch — ST-L 1340

»QUICK STOP CAMPING-PARK KAUL« — 1.1. bis 31.12.
☎ 00352 9503591, Fax 00352 957770
info@kaul.lu, www.kaul.lu/de

➔ Str. 12, Ulfingen-Wiltz, an der Kirche in Wiltz rechts abbiegen, ab hier ausgeschildert. ✉ 60, Campingstrooss (GPS: 49°58'22"N / 5°56'2" E).
Schloss Wiltz, Parkanlage Jardin de Wiltz, Stadtwald Kaul, Panzerdenkmal Wiltz.

Quick-Stop vor dem Camping-Park Kaul. Stellflächen auf Schotter, durch niedrige Büsche parzelliert. Aufenthalt max. 24 Stunden. Ortszentrum 2 km entfernt. 3 Touristenplätze.

8508 Redange-sur-Attert, Diekirch — ST-L 1900

»STELLPLATZ RUE DE LA PISCINE« — 1.1. bis 31.12.
☎ 00352 2362241
secretariat@redange.lu, www.redange.lu

➔ Straße 22 Reichlange-Oberpallen, nach dem Kreisverkehr die 1. Abf. rechts (Rue de la Piscine). Nach ca. 400 m rechts, 2. Abschnitt links. Beschildert. ✉ 24, rue de la Piscine (GPS: 49°46'8"N / 5°53'41" E).

100 m 200 m 300 m

Stellplatz am nord-östlichen Ortsrand gegenüber des Centre Commerciale. Ausgewiesener Bereich auf dem Parkplatz neben dem Fußballfeld mit leicht abfallenden Stellflächen. Stellplatz-Länge 12 bis 15 m. Wasser in der frostfreien Zeit. Imbiss (100 m). Maximal 2 Nächte Aufenthalt möglich! Ortszentrum 600 m entfernt. 6 Touristenplätze.

3481 Dudelange, Luxemburg — ST-L 2670

»PARKPLATZ GARE-USINES« — 1.1. bis 31.12.
☎ 00352 516121 1 — 299 m
ville@dudelange.lu, www.dudelange.lu

➔ A 3/E 25 Lëtzebuerg-Thionville, Abf. (3) nach Diddeleng/Ortszentrum. Beschildert. ✉ Rue Gare-Usines (GPS: 49°28'18"N / 6°4'42" E).
Kulturzentrum "opderschmelz". Stadtmuseum. Dokumentationszentrum (Migration in Luxemburg).

500 m 3 km

Ausgewiesener Stellplatz auf einem kleinen Hügel direkt oberhalb der Bahngleise am süd-westlichen Ortsrand mit ebenen Stellflächen auf Rasengittersteinen. Angrenzend großer Parkplatz (Fußballfeld). Maximal 2 Nächte Aufenthalt möglich! Ortszentrum 1 km entfernt. 6 Touristenplätze.

Das Piktogramm „Haltestelle“ steht für den gesamten öffentlichen Nahverkehr.

5628 Mondorf-les-Bains, Greven. ST-L 3060

»PARKPLATZ MONDORF LES BAINS« 1.1. bis 31.12.
☎ 00352 2360551
mireille.apel@mondorf-les-bains.lu, www.mondorf-les-bains.lu

➔ A 13 Esch an der Alzette-Schengen, Abf. (12) Mondorf nach Mondorf-les-Bains zum Stadtparkplatz. ✉ Avenue Frères Wiesenbach (GPS: 49°30'20"N / 6°16'43" E).

Ⓗ300 m

Stellplatz in der Stadt. Stellfläche auf Schotterrasen. Ortszentrum 500 m entfernt. 5 Touristenplätze.

LITAUEN

Besondere Vorschriften und Regelungen

Personaldokumente: Mindestens für die Dauer des Aufenthalts gültiger Reisepass oder Personalausweis. Kinder unter 12 Jahren benötigen einen Kinderreisepass. Diese werden mit einer Gültigkeitsdauer von sechs Jahren ausgestellt, und zwar längstens bis zur Vollendung des zwölften Lebensjahres. Ab dem zwölften Lebensjahr kann ein Reisepass oder Personalausweis beantragt werden. Detaillierte Informationen erhalten Sie vom Auswärtigen Amt, www.auswaertiges-amt.de.

Krankenversicherung: Es ist notwendig eine Auslandsreise-Krankenversicherung abzuschließen. Es genügt als Nachweis des EU-weiten Versicherungsschutzes die Europäische Krankenversicherungskarte (EHIC). Zusätzlich empfehlen wir vor Reiseantritt eine private Auslandsreisekranken- versicherung für die Dauer des Aufenthalts abzuschließen, die weitere Leistungen, wie zum Beispiel einen Ambulanz-Rettungsflug, abdeckt.

Impfbescheinigungen: Werden nicht verlangt. Empfohlene Impfung: saisonal FSME.

Ärztliche Hilfe: Vilnius: Dr. Indre Kukareniene, Baltic-American Medical and Surgical Clinic (spricht Englisch). 124 Antakalnio Street, Vilnius Tel. 68621713.

Dokumente für Haustiere: Für Hunde und Katzen ist der »EU-Heimtierausweis« mitzuführen, der von behördlich ermächtigten Tierärzten ausgestellt wird. Der Ausweis muss Angaben zum Besitzer enthalten und dem Tier eindeutig zugeordnet werden können, d.h., das Tier muss durch Mikrochip identifizierbar und die Kennzeichnungs-Nr. im Ausweis eingetragen sein. Ein gültiger Tollwutschutz muss ebenfalls im Heimtierausweis nachgewiesen werden. Die Erstimpfung muss mindestens 21 Tage zurückliegen. Wiederholungsimpfungen müssen in den Zeiträumen, die der Hersteller des Impfstoffes vorsieht, durchgeführt worden sein. Für Hunde sind Maulkorb und Leine mitzuführen. Vögel benötigen keine Einfuhrgenehmigung. Papageien werden an der Grenze auf ihre Gesundheit hin untersucht.

Weitere Informationen erteilen das Bundesministerium für Ernährung und Landwirtschaft **www.bmel.de** und die Botschaft der Republik Litauen: Charitéstraße 9, 10117 Berlin, Tel. 030/890 68 10, Fax 030/89 06 81 15, Email **info-botschaft@mfa.lt**

Kfz: Für Reisende aus EU-Ländern ist für einen vorübergehenden Aufenthalt der nationale Führerschein und die nationale Zulassung ausreichend. Ist der Fahrzeugführer nicht der Besitzer des Kfz, muss eine Vollmacht des Eigentümers vorliegen. Das Länderkennzeichen »D« muss am Fahrzeug angebracht oder im EU-Nummernschild enthalten sein.
Es besteht Haftpflichtversicherungszwang. Für Kfz aller Art ist das Kennzeichen eines Mitgliedstaates der EU ausreichend als Nachweis des EU-weiten Versicherungsschutzes. Die Mitnahme der »Internationalen grünen Versicherungskarte« wird jedoch empfohlen, da sie im Schadensfall die Abwicklung erleichtert. Auf ihr muss Litauen (LT) aufgeführt sein. Da mit niedrigen Deckungssummen zu rechnen ist, wird dringend geraten, im Heimatland eine Kurzkasko- und Insassen-Unfallversicherung abzuschließen. Ein Feuerlöscher im Auto ist Vorschrift.

Verkehrsvorschriften: Fahrzeuge im Kreisverkehr sind wartepflichtig, Straßenbahnen haben immer Vorfahrt, Busse nur wenn sie die Haltestelle verlassen. Überholen ist im Bereich von Kreuzungen und Eisenbahnübergängen verboten. Abblendlicht tagsüber ganzjährig. Bei einem Unfall muss immer die Polizei benachrichtigt werden. Nachtfahrten sollten vermieden werden. Es besteht Anschnallpflicht und absolutes Alkoholverbot.

Telefon: Deutschland – Litauen: 00370. Litauen – Deutschland: 0049.

Unfallnotruf: Polizei: 110. Ambulanz/Unfallrettung: 112. Pannenhilfsdienst (deutschsprachig) und Notruf-Hotline beim Automobilclub von Litauen (LAC) Mo bis Fr von 9-17 Uhr: Tel. 05/272 12 73, 05/272 71 86 oder 880 00 00 00. Mobil: 1888.

Devisen: Die Ein- und Ausfuhr von Fremdwährung und Landeswährung ist unbeschränkt gestattet. Deklaration nur bei Ein- und Ausreise (Litauen) von oder in ein Nicht-EU-Land.

Camping: Campingplätze mit westeuropäischem Standard gibt es zunehmend in Litauen. Zeltplätze mit bescheidenem Komfort sind in allen 3 baltischen Staaten zu finden. Manche Campingplätze bieten kleine Miet-Holzhütten an. Neue Campingplätze kommen ständig dazu. In den Nationalparks darf man nur auf den dafür ausgewiesenen Plätzen campen. Außerhalb von Campingplätzen, auf Straßen, Rastplätzen, Bauernhöfen oder im freien Gelände (Besitzer um Erlaubnis fragen) ist das Campen mit Einschränkungen meistens geduldet.
Das Stromnetz ist auf 220 V Wechselstrom (50 Hz) ausgelegt. Üblich sind europäische zweipolige Stecker. In ländichen Gebieten können Adapter (Osteuropa) notwendig sein.

Wassersport: Bei der Mitnahme von größeren Booten ist die vorherige Anfrage bei der Botschaft der Republik Irland erforderlich.

Allgemeine Informationen:
D-80331 **München,** Lit. Fremdenverkehrsamt c/o AVIAREPS Tourism
Josephspitalstraße 15
Tel. 089/552 53 38 11, Fax 089/552 53 34 89
www.lithuania.travel, litauen.de@aviareps.com

Vertretung der Bundesrepublik Deutschland:
LT-03105 **Vilnius,** Deutsche Botschaft
Z. Sierakausko g. 24
Tel. 00370 5/210 64 00, Fax 00370 5/210 64 46
Visastelle: Tel. 00370 5/210 64 32, Fax 00370 5/210 64 44
www.wilna.diplo.de, info@wilna.diplo.de

Campingplätze:

Gebühren-Angaben in EURO.
Bei Gebühren-Angaben mit der Vorjahreszahl muss eventuell mit einer Anhebung der Gebühren für das laufende Jahr gerechnet werden. Außerdem können sich die angegebenen Öffnungszeiten verändert haben und es ist möglich, dass angegebene Ermäßigungen nicht mehr gewährt werden.

96241 Svencelė, Klaipeda ST-LT 1100

»SURFHOUSE CAMP« Mai bis Sept.
☎ 00370 865524355
camp@surfhouse.lt, www.surfhouse.lt/camp

➔ Straße 141, Šilutė-Klaipėda, bei der Ortschaft Priekulė abbiegen und in Richtung Dreverna und Svencelė fahren. ✉ Svencelės g. 39 (GPS: 55°29'55"N / 21°14'39" E).

Stellplatz bei einem Surfcamp direkt am Kurisches Haff. Stellflächen auf ebener Wiese, bis 8 m Länge und 3.5 t Gewicht. Kitesurfen. Kiosk. Cafeteria. Ortszentrum 1 km entfernt. 8 Touristenplätze.

00220 Palanga, Klaipeda ST-LT 1350

»KEMPINGAS PALANGOJE« Anf. April bis Ende Sept.
☎ 00370 460 45422, Mobil 00370 680 84332
info@osupis.lt, www.osupis.lt/en/camping-caravan-site/

➔ A 13, Klaipėda-Palanga, am Autobahnkreuz Palanga auf die A 11 Richtung Palanga, bei der Ampel am Ortsrand rechts in die Klaipėdos pl., nach ca. 3.5 km links in die Kontininkų g. und 3. Möglichkeit rechts in die Užkanavės g einbiegen, nach 500 m rechts in die Knygnešių g. abbiegen. ✉ Knygnešių g. 14 (GPS: 55°57'10"N / 21°4'28" E).
Bernsteinmuseum, Botanischer Garten.

Ⓗ400 m 500 m 1 km

Stellplatz in einem Gebiet mit Ferienhäusern am Ortsrand. Stellfläche auf Wiese, ohne Längenbeschränkung. Strand 500 m entfernt. Entleerung von mobilen Tanks in eine Toilette. Ortszentrum 4 km entfernt. 15 Touristenplätze.

74465 Šilinė, Taurage ST-LT 2350

»MEDAUS SLĖNIS« 1.1. bis 31.12.
☎ 00370 640 32128
ovismedus@gmail.com, www.medaus-slenis.lt

➔ A 1, Klaipėda-Kaunas, bei Raseiniai auf die 146 Richtung Šilinė abbiegen, dort kurz vor der Memel links abbiegen, ausgeschildert. ✉ Raseinių g. 19 Jurbarko raj. (GPS: 55°5'30"N / 22°54'48" E).
Schloss Panemune (1 km).

Stellplatz im Grünen an einem kleinen Weiher in der Nähe der Memel. Von einem Wäldchen umgeben. Ebene Stellflächen auf Wiese, bis 10 m Länge. Reservierung nur bei Gruppen erforderlich. Der Betreiber ist Imker, Bienenvölkern vor Ort. Ort 2 km entfernt. 40 Touristenplätze.

76104 Sutkūnai, Šiauliai ST-LT 2640

»CAMPING GRAZINA« 1.1. bis 31.12.
☎ 00370 41 399970, Mobil 00370 699 38735, Fax 00370 41 399970

➔ A 12/E 77, Šiauliai-Joniškis, von der nördlichen Ortsumgehung auf die 154 Richtung Sutkūnai, dort ausgeschildert. ✉ Masiuliskiu 1 (GPS:

55°58'20"N / 23°19'41" E).

W Ch

Stellplatz auf dem Gelände eines Ferienbauernhofes in einem Vorort der Stadt Šiauliai. Stellflächen auf Wiese und Pflaster, bis 10 m Länge. Frühstücksservice möglich. Verkauf von Hofprodukten. Ortszentrum 200 m entfernt. 15 Touristenplätze.

81439 Šiauliai, Šiauliai — ST-LT 2645

»MOTEL GIRELE« — 1.1. bis 31.12.
☎ 00370 41 211043, Mobil 00370 614 39518, Fax 00370 41 211044
sodybagirele@yahoo.com, www.sodybagirele.lt

➔ A 12/E 77, Šiauliai-Joniškis, ca.5 km nördlich von Šiauliai an der A 12, ausgeschildert. ✉ Meskuiciu sen (GPS: 55°59'55"N / 23°23'6" E).
Fotografiemuseum, Berg der Kreuze (Kryžių kalnas) ein nationales Wahrzeichen Litauens.

W

Stellplatz bei einem Hotel in ländlicher Umgebung. Beleuchtete Stellflächen auf Asphalt, bis 8 m Länge. Ort 5 km entfernt. 12 Touristenplätze.

81414 Dargaičiai, Šiauliai — ST-LT 2675

»CAMPING PELEDYNE« — 1.5. bis 30.9.
☎ 00370 615 12087
birute.p@splius.lt

➔ A 12/E 77 Siauliai-Joniškis, in Siauliai auf die 154 Richtung Dargaičiai, nördlich der Ortschaft Gruzdžiai ausgeschildert, ca. 1 km Schotterweg. ✉ Dargaičiai galve (GPS: 56°7'58"N / 23°15'11" E).

W W 50 m

Stellplatz in ländlicher ruhiger Umgebung auf dem Gelände eines Bauernhofes. Parzellierte Stellflächen auf Schotter, bis 8 m Länge. Ort 3 km entfernt. 10 Touristenplätze.

39449 Pajiešmeniai, Panevežys — ST-LT 3200

»CAMPER PLACE PAJIEŠMENIAI« — 1.1. bis 31.12.
☎ 00370 603 29485
gerai.labai@gmail.com, camperplace-ltu

➔ E 67, Panevėžys-Saločiai, ca. 5.5 km nördlich der Ortschaft Pasvalys rechts Richtung Pajiešmeniai abbiegen, ausgeschildert. ✉ Sodu gatve 3 (GPS: 56°6'31"N / 24°29'4" E).

D Ch 300 m

Stellplatz bei einem ehemaligen Bauernhof. Stellflächen auf Wiese, ohne Längenbeschränkung. Bade- und Angelsee. Ortszentrum 500 m entfernt. 20 Touristenplätze.

32316 Antazavės, Utena — ST-LT 3590

»VELIKUŠKĖS« — Juni bis Sept.
Mobil 00370 69907175
vasaregd@gmail.com, www.velikuskes.lt

➔ A 6, E 262, Utena-Zarasai, in Degučiai auf die 179 in Richtung Dusetos, ca. 8 km nördlich von Dusetos bei der Ortschaft Velikuškės links zum See einbiegen, ausgeschildert. ✉ Velikuškės (GPS: 55°49'42"N / 25°50'39" E).

W

Stellplatz bei einem Ferienbauernhof in ruhiger Einzellage am See Sartai. Stellflächen auf Wiese, ohne Längenbeschränkung. Badesee mit Badesteg. Basketball. Ort 3 km entfernt. 5 Touristenplätze.

32210 Bikėnai, Utena — ST-LT 3650/2

Abfahrt

NATUR PLATZ

»POILSIS ZARASUOSE« — Mai bis Sept.
Mobil 00370 8624 23838
info@poilsiszarasuose.lt, www.poilsiszarasuose.lt

➔ A 6, E 262, Utena-Zarasai, in Degučiai auf die 179 in Richtung Salakas abbiegen, nach ca. 3.5 km auf der rechten Seite am Fluss Šventoji gelegen, ✉ (GPS: 55°37'46"N / 26°4'32" E).

Stellplatz bei einer kleinen Freizeitanlage mit Hüttenvermietung am Fluss Šventoji. Stellflächen auf Wiese und im lichten Fichtenwald, bis 8 m Länge. Ort 3 km entfernt. 8 Touristenplätze.

32007 Salakas, Utena — ST-LT 3700

»UAB 'DEGESA'« — 1.1. bis 31.12.
Mobil 00370 685 44450, Fax 00370 385 52222
www.degesa.lt

➔ A 6, E 262, Utena-Zarasai, in Degučiai auf die 179 Richtung Salakas abbiegen, ca. 1 km südlich der Ortschaft an einem See gelegen, ausgeschildert. ✉ Salako., Zarasu r (GPS: 55°34'18"N / 26°9'15" E).

W HS

Stellplatz bei einem Freizeitzentrum am See Luodis. Stellflächen auf naturbelassener Wiese, ohne Längenbeschränkung. Vermietung von Skiern und Schlittschuhen. Wasserfahrräder. Ortszentrum 1 km entfernt. 12 Touristenplätze.

30202 Palūšė, Utena — ST-LT 3800/1

»CAMPING PALUŠE« — Mai bis Sept.
☎ 00370 38652891, Mobil 00370 68552376 — 161 m — 10 000 qm
info@ignaturas.lt

➔ A14/101 Vilnius-Utena Abf. Moletai auf die Straße 114 in Richtung Ignalina. Im Ort beschildert. ✉ (GPS: 55°19'40"N / 26°6'18" E).

W W TV 250 m 300 m

Ebenes Wiesengelände in einer Waldlichtung mit parzellierten und teilweise gekiesten Stellflächen. Zeltwiese. In Ortsrandlage und ca. 200 m vom See Lušiai entfernt. 14 Touristenplätze.

30202 Palūšė, Utena — ST-LT 3800/2

»STELLPLATZ LUSIAI« — 1.1. bis 31.12.
☎ 00370 386 47430
info@paluse.lt

➔ A 14, Utena-Vilnius, nördlich der Ortschaft Molėtai auf die 114 Richtung Ignalina abbiegen, nördlich der Ortschaft Palūšė direkt am See Lusiai. ✉ Palūšė (GPS: 55°19'53"N / 26°6'21" E).

Stellplatz auf einem gemischten Parkplatz am See Lusiai beim Nationalpark Aukstaitija. Stellflächen auf Sand und Schotter, bis 8 m Länge. Badestrand mit Liegewiese. Ortszentrum 800 m entfernt. 5 Touristenplätze.

33211 Molėtai, Utena — ST-LT 3910

NATUR PLATZ

»CAMPING PAPARTIS« 1.5. bis 30.9.
00370 655 55090, Mobil 00370 698 20016
bema@mail.lt, www.campingpapartis.lt/apie_mus.asp

➔ A 14, Utena-Vilnius, südlich von Molėtai auf die 173 Richtung Kirneilė abbiegen, dort rechts auf die 2810 abbiegen, ausgeschildert. ✉ Pabebrusės k (GPS: 55°11'29"N / 25°28'42" E).

Stellplatz bei einer Ferienanlage an einem See. Ebene und beleuchtete Stellflächen auf einer von Bäumen umgebenen Wiese, ohne Längenbeschränkung. Entleerung mobiler Tanks in eine Toilette. Basket- und Volleyballfeld. Ort 6 km entfernt. 15 Touristenplätze.

01100 Vilnius, Vilnius — ST-LT 4305

»PARKING KOSCIUŠKOS G.1A« 1.1. bis 31.12.
00370 85 2313138
info@parking.lt, www.parking.lt/lt/1/21

➔ A 1/E 85, Kaunas-Vilnius, süd-westlich von Vilnius auf die E 272 Richtung Zentrum, vor Überquerung der Neris auf die A. Goštauto g. entlang der Neris fahren Richtung Park Kalnų. ✉ Kosciuškos g. 1A (GPS: 54°41'18"N / 25°17'37" E).
Altstadt, Schloss am Fuß der Burg, Ruine der Burg von Gediminas.

1 km

Stellplatz auf einem gemischten Parkplatz bei einem Park und in der Nähe des Flusses Neris. Stellflächen auf Asphalt, ohne Längenbeschränkung. Keine Ver- und Entsorgungsmöglichkeiten vorhanden. Stadtzentrum 1 km entfernt. 8 Touristenplätze.

11341 Vilnius, Vilnius — ST-LT 4307

»DOWNTOWN FOREST HOSTEL & CAMPING« 1.1. bis 31.12.
Mobil 00370 686 84523, Fax 00370 5264 3112
info@downtownforest.lt, downtownforest.lt

➔ A 1, Kaunas-Vilnius, süd-westlich von Vilnius auf die E 85/A 3, nach ca. 4 km links auf die 101 Richtung Zentrum abbiegen, auf die Hochstraße und sofort rechts von der Hochstraße abfahren und rechts auf die Subačiaus g abbiegen, erste Möglichkeit rechts auf die Subačiaus g und dann rechts in die Aukštaičių g. abbiegen und rechts halten. ✉ Paupio st 31A (GPS: 54°40'42"N / 25°18'8" E).
Altstadt, Schloss am Fuß der Burg, Ruine der Burg von Gediminas.

500 m 800 m

Stellplatz bei einem Hostel in einem Wohngebiet in der Nähe eines Parks. Beleuchtete Stellflächen auf Asphalt, bis 6 m Länge. Separate Zeltwiese. Frühstücksservice möglich. Rathaus und Dom gut zu Fuß erreichbar. Stadtzentrum 1 km entfernt. 5 Touristenplätze.

02121 Vilnius, Vilnius — ST-LT 4310

Abfahrt

»VILNIUS CAMPING« Mai bis Okt.
00370 5 2032282 210 m 2 977 qm
book@vilniuscamping.com, vilniuscamping.lt

➔ A 4 Druskininkai–Vilnius, weiter auf die A 1 (Savanoriu pr.). Diese weiter bis zum 1. Kreisverkehr (ca. 5 km). Hier rechts halten – nicht in die Unterführung fahren. Weiter auf die A 3 Richtung Flughafen. Der Platz befindet sich nach ca. 5.5 km an der A 3 auf der linken Seite. ✉ Minsko Pl. 14 (GPS: 54°39'0"N / 25°19'2" E).

1 km

Ebene, unparzellierte und größtenteils schattenlose Parkfläche auf Rasengittersteinen am Stadtrand. Zwischen Autobahn und einem Waldstück gelegen. Separate Zeltwiese. Kostenloser Shuttlebus. Kabel-TV. Ort 5 km entfernt. 11 Touristenplätze.

21256 Aukštadvaris, Vilnius — ST-LT 4450

NATUR PLATZ

»TAMARA'S LAKESIDE RESORT« 1.5. bis 30.10.
00370 681 63034
romturas@romturas.com, www.romturas.com

➔ A 16/E 28, Aukštadvaris-Trakai, ca. 2 km östlich der Ortschaft Aukštadvaris rechts abbiegen, ausgeschildert. ✉ Vilūnų k. (GPS: 54°34'40"N / 24°33'49" E).

800 m

Stellplatz bei einer kleinen Ferienanlage an einem See. Ebene und durch Büsche parzellierte Stellflächen auf Wiese, ohne Längenbeschränkung. Kiosk. Ort 2 km entfernt. 26 Touristenplätze.

56337 Rumšiškės, Kaunas — ST-LT 4570

»STELLPLATZ AM FREILICHTMUSEUM« 1.1. bis 31.12.
00370 346 47233
direktorius@llbm.lt, www.llbm.lt

➔ A 1, Kaunas-Vilnius, in Rumšiškės abfahren und am Kreisverkehr geradeaus auf die L. Lekavičiaus g. bis zum Museum. ✉ L. Lekavičiaus g. 2 (GPS: 54°51'59"N / 24°12'6" E).

Stellplatz am Freilichtmuseum. Stellflächen auf Asphalt, ohne Längenbeschränkung. Ohne Ver- und Entsorgungsmöglichkeit. Ortszentrum 1 km entfernt. 20 Touristenplätze.

60150 Raseiniai, Kaunas — ST-LT 4780

»KARPYNE HOTEL« 1.1. bis 31.12.
00370 428 70123, Mobil 00370 650 77437
info@karpyne.lt, www.karpyne.lt

➔ A 1, Klaipėda-Kaunas, bei Raseiniai auf die 146 Richtung Raseiniai, erste Möglichkeit links zum Hotel abbiegen, ausgeschildert. ✉ Karpynės 2 (GPS: 55°20'20"N / 23°5'57" E).

Stellplatz bei einem Hotel mit Bungalows, Swimmingpool und Angelseen. Beleuchtete Stellflächen auf Wiese, ohne Längenbeschränkung. Nutzung der Spa-Angebote des Hotels möglich. Bowlingbahn. Ort 4 km entfernt. 10 Touristenplätze.

60424 Raseiniai, Kaunas — ST-LT 4790

»PAKALNĖ« Mai bis Sept.
00370 687 74147
uzsakymai@pakalne.lt, www.pakalne.lt

➔ A 1, Klaipėda-Kaunas, in Richtung Raseiniai abfahren und nördlich von Raseiniai auf die 148 Richtung Šiluva, südlich der Ortschaft Kušeliškės auf der rechten Seite ausgeschildert. ✉ Kušeliškės (GPS: 55°28'26"N / 23°9'24" E).

Stellplatz bei einer Ferienanlage an einem kleinen Bach mit Blick auf Felder und Wiesen. Stellflächen auf Wiese, ohne Längenbeschränkung. Ort 10 km entfernt. 15 Touristenplätze.

70345 Vištytis, Marijampole — ST-LT 5405

NATUR PLATZ

»KEMPINGAS PUŠELĖ« 1.5. bis 30.9.
Mobil 00370 615 88750
info@pusele.lt, www.pusele.lt

➔ E 67, Marijampolė-Kalvarija, in Kalvarija auf die Straße 200 Richtung Vištytis, dort am östlichen Ortseingang rechts auf die 5144 Richtung Žirgėnai, nach ca 3 km auf der rechten Seite, ausgeschildert. ✉ Žirgėnų k. (GPS: 54°25'40"N / 22°45'4" E).

Stellplatz bei einer Ferienanlage auf einer leicht geneigten Wiese an einem See. Beleuchtete Stellflächen auf Wiese, ohne Längenbeschränkung. Kiosk. Hundeleinenzwang. Metallskulpturen-Park. Wasserfahrrad zu mieten. Ort 3 km entfernt. 25 Touristenplätze.

66441 Druskininkai, Alytus — ST-LT 5910

»GRŪTAS PARK« 1.1. bis 31.12.
00370 313 55511, Mobil 00370 682 42320
info@grutoparkas.lt, www.grutoparkas.lt

➔ A 4, Druskininkai-Varėna, ca. 5 km nord-östlich von Druskininkai an der A 4, ausgeschildert. ✉ Grūtas (GPS: 54°1'29"N / 24°4'43" E).

Stellplatz auf einem gemischten Parkplatz bei einem Park mit Skulpturen, einem Museum und kleinem Zoo an einem See. Ort 5 km entfernt. 5 Touristenplätze.

LETTLAND

Besondere Vorschriften und Regelungen

Personaldokumente: Bei der Einreise noch mindestens für die Dauer des Aufenthalts gültiger Reisepass oder Personalausweis. Kinder unter 12 Jahren benötigen einen Kinderreisepass. Diese werden mit einer Gültigkeitsdauer von sechs Jahren ausgestellt, und zwar längstens bis zur Vollendung des zwölften Lebensjahres. Ab dem zwölften Lebensjahr kann ein Reisepass oder Personalausweis beantragt werden. Detaillierte Informationen erhalten Sie vom Auswärtigen Amt, www.auswaertiges-amt.de.

Krankenversicherung: Alle Reisenden müssen für die Dauer des Aufenthalts eine Auslandsreise-Krankenversicherung abschließen. Für Deutsche genügt als Nachweis die Europäische Krankenversicherungskarte. Zusätzlich empfehlen wir beim Heimatversicherer eine private Auslandsreise-Krankenversicherung abzuschließen, die Leistungen wie Kostenübernahme bei Überführung im Krankheits- oder Todesfall in das Land des ständigen Wohnsitzes gewährleistet. Eine Kopie der Versicherungspolice ist mitzuführen.

Impfbescheinigungen: Werden nicht verlangt. Empfohlene Impfung: Hepatitis A.

Dokumente für Haustiere: Für Hunde und Katzen ist der »EU-Heimtierausweis« mitzuführen, der von behördlich ermächtigten Tierärzten ausgestellt wird. Der Ausweis muss Angaben zum Besitzer enthalten und dem Tier eindeutig zugeordnet werden können, d.h., das Tier muss durch Mikrochip identifizierbar und die Kennzeichnungs-Nr. im Ausweis eingetragen sein. Ein gültiger Tollwutschutz muss ebenfalls im Heimtierausweis nachgewiesen werden. Die Erstimpfung muss mindestens 21 Tage zurückliegen. Wiederholungsimpfungen müssen in den Zeiträumen, die der Hersteller des Impfstoffes vorsieht, durchgeführt worden sein.

Weitere Informationen erteilen das Bundesministerium für Ernährung und Landwirtschaft **www.bmel.de** und die Botschaft der Republik Lettland: Reinerzstraße 40/41, 14193 Berlin, Tel. 030/826 00 20, Fax 030/826 00 233, Email **embassy.germany@mfa.gov.lv**

Kfz: Für Reisende aus EU-Ländern ist für einen vorübergehenden Aufenthalt der nationale Führerschein und die nationale Zulassung ausreichend. Ist der Fahrzeugführer nicht der Besitzer des Kfz, muss eine Vollmacht des Eigentümers vorliegen. Das Länderkennzeichen »D« muss am Fahrzeug angebracht oder im EU-Nummernschild enthalten sein.
Es besteht Haftpflichtversicherungszwang. Für Kfz aller Art ist das Kennzeichen eines Mitgliedstaates der EU ausreichend als Nachweis des EU-weiten Versicherungsschutzes. Die Mitnahme der »Internationalen grünen Versicherungskarte« wird jedoch empfohlen, da sie im Schadensfall die Abwicklung erleichtert. Auf ihr muss Lettland (LV) aufgeführt sein. Da mit niedrigen Deckungssummen zu rechnen ist, wird dringend angeraten, im Heimatland eine Kurzkasko- und Insassen-Unfallversicherung abzuschließen.

Verkehrsvorschriften: Fahrzeuge im Kreisverkehr sind wartepflichtig, Omnibusse und Straßenbahnen haben immer Vorfahrt. Auch tagsüber muss bei allen Fahrzeugen das Abblendlicht eingeschaltet sein. Bei Ampelschaltung Gelb darf die Kreuzung nicht mehr überquert werden. Bei Unfällen muss immer die Polizei benachrichtigt werden. Winterreifen von 1.Dez bis 1. März. Es besteht Anschnallpflicht. Promillegrenze: 0.5.

Telefon: Deutschland – Lettland: 00371, Lettland – Deutschland: 0049. Zu wählen ist nach der Landesvorwahl die 6 und danach die Rufnummer.

Unfallnotruf: Europaweite Notrufnummer 112 oder Polizei 02, Unfallrettung 03, Feuerwehr 01. Pannenhilfe leistet der Lettische Automobilclub (LAMB) unter der Notrufnummer 1888. www.lamb.lv.

Devisen: Die Ein- u. Ausfuhr von Landes- und Fremdwährungen ist unbegrenzt erlaubt. Eine Deklaration bei hohen Summen ist ratsam.

Camping: Campingplätze mit westeuropäischen Standard gibt es immer mehr. Zeltplätze mit bescheidenem Komfort sind in allen 3 baltischen Staaten zu finden. Manche Campingplätze sind mit kleinen Miet-Holzhütten ausgestattet. Neue Campingplätze kommen ständig dazu. In den Nationalparks darf man nur auf den ausgewiesenen Plätzen campieren. Außerhalb von Campingplätzen, auf Straßen, Rastplätzen, Bauernhöfen oder im freien Gelände (Besitzer um Erlaubnis fragen) ist Campen mit Einschränkungen meist geduldet.
Das Stromnetz ist auf 220 V Wechselstrom (50 Hz) ausgelegt. Für Schuko-Stecker empfiehlt sich die Mitnahme eines Adapters.

Wassersport: Bei der Mitnahme von Booten ist die vorherige Anfrage bei der Botschaft der Republik Lettland erforderlich.

Allgemeine Informationen:

LV-1519	**Riga,** Latvian Tourism Development Agency Brivibas iela 55 Tel. 00371 67/22 99 45, Fax 00371 67/35 81 28 Tel.-Hotline für Touristen: 11 88 *www.lettland.travel, hotline@latviatourism.lv*

Vertretung der Bundesrepublik Deutschland:

LV-1050	**Riga,** Deutsche Botschaft Raina Bulvaris 13
LV-1050	**Riga,** Post: P.O. Box 186 Tel. 00371 67/08 51 00, Fax 00371 67/08 51 49 Pass-/Visastelle: Tel. 00371 67/08 51 11 *www.riga.diplo.de, info@riga.diplo.de*

Campingplätze:

Gebühren-Angaben in EURO.
Bei Gebühren-Angaben mit der Vorjahreszahl muss eventuell mit einer Anhebung der Gebühren für das laufende Jahr gerechnet werden. Außerdem können sich die angegebenen Öffnungszeiten verändert haben und es ist möglich, dass angegebene Ermäßigungen nicht mehr gewährt werden.

3477 Rucava, Kurzeme — ST-LV 1010

»PŪKARAGS« — 1.5. bis 1.9.
☎ 00371 28378625
pukarags@inbox.lv, www.pukarags.lv

➔ A 11, Rucava-Liepāja, bei Rucava links in Richtung Pape einbiegen, dort ausgeschildert. ✉ Pape (GPS: 56°9'51"N / 21°1'22" E).

WC W W Ch W 250 m

Stellplatz an einer Ferienanlage mit Zimmer- und Hüttenvermietung im Naturschutzgebiet Pape. Stellflächen auf naturbelassener Wiese, ohne Längenbeschränkung. Ortszentrum 500 m entfernt. Ostsee/Strand 250 m entfernt. 10 Touristenplätze.

3463 Ziemupe, Kurzeme — ST-LV 1125/1

20 **»ZIEMUPES STĀVLAUKUMS«** — 1.1. bis 31.12.
☎ 00371 29400470
ziemupiite@inbox.lv, **www.pavilosta.lv**

➔ P111, Liepāja-Windau, Richtung Ziermupe abbiegen (ca. 8 km Schotterstraße), dort südlich der Ortschaft links halten Richtung Meer. ✉ Vērgales pagasts (GPS: 56°44'41"N / 21°3'37" E).

100 m

Stellplatz von Wald umgeben in der Nähe der Ostsee. Stellflächen auf Sand/Splitt, bis 12 m Länge. Außerhalb der Saison ist der Parkplatz zugänglich, jedoch ohne Strom- und Wasserversorgung. Imbiss in HS. Es gibt Camping- und Picknickplätze, einen Volleyballplatz, eine Toilette und eine Dusche an der Strandpromenade. Ort 1.5 km entfernt. 40 Touristenplätze.
2022: C MC-St/N inkl. 2 P/N 20.–, weitere P/N 5.–, extra A/N 7.–, extra M/N 5.–, extra B/N 10.–, WD 2.–, Strom/N 3.–.

3463 Ziemupe, Kurzeme — ST-LV 1125/2

25 **»KALĒJI«** — April bis Okt.
☎ 00371 29141389
k.marita@inbox.lv

➔ P111, Liepāja-Windau, Richtung Ziermupe abbiegen, nach ca. 6 km links einbiegen, dann noch 2.5 km auf der rechten Seite, ausgeschildert. ✉ Vērgales pagasts (GPS: 56°42'41"N / 21°3'45" E).

Stellplatz bei einer Pension mit Hüttenvermietung direkt an der Ostsee. Stellflächen auf Wiese, bis 9 m Länge. Natursportplatz. Ort 4 km entfernt. 5 Touristenplätze.
2022: St/N inkl. 2 P/N 15.– bis 25.–, H/N 2.–, WD 2.–, Waschmaschine 4.–, Strom/N 5.–. Müll inklusive.

3466 Pāvilosta, Kurzeme — ST-LV 1140/1

»PĀVILOSTA MARINA« — 1.1. bis 31.12.
☎ 00371 63498581
pavilosta@pavilostamarina.lv, **www.pavilostamarina.lv**

➔ P111, Liepāja-Ventspils (dt.Windau), Richtung Pāvilosta abfahren, dort der Ausschilderung zum Freizeithafen folgen. ✉ Ostmalas Iela 4 (GPS: 56°53'17"N / 21°10'13" E).

300 m

Stellplatz auf einer Wiese bei einem Freizeithafen, ohne Längenbeschränkung. Ferienhäuser. Picknickplatz. Zeltwiese. Ortszentrum 1.5 km entfernt. 10 Touristenplätze.

3464 Pāvilosta, Kurzeme — ST-LV 1140/2

»IEVLEJAS« — 1.5. bis 30.9.
☎ 00371 29124128
ievlejasagita@inbox.lv

➔ P 111, Liepāja-Windau, ca .2 km südlich der Ortschaft Saka rechts einbiegen, an der P 111 ausgeschildert. ✉ Saka (GPS: 56°50'55"N / 21°12'27" E).

Stellplatz bei einer kleinen, familiären Pension mit Hüttenvermietung an einem Fluss. Stellflächen auf Wiese, ohne Längenbeschränkung. Ort 7 km entfernt. 5 Touristenplätze.

3466 Pāvilosta, Kurzeme — ST-LV 1140/3

»CAMPING ZVEJNIEKSĒTA« — 1.5. bis 30.9.
☎ 00371 63498400, Mobil 00371 26321587
juris-5707@inbox.lv, **www.zvejnieksseta.lv**

➔ P111, Liepāja-Ventspils (dt.Windau), Richtung Pāvilosta abfahren, dort der Ausschilderung zum Freizeithafen folgen und dann links in die Straße Jūras iela einbiegen, ausgeschildert. ✉ Jūras iela 4 (GPS: 56°53'11"N / 21°10'13" E).

400 m 800 m

Stellplatz bei einer Freizeitanlage mit Hüttenvermietung am Waldrand und in der Nähe der Ostsee. Ebene Stellflächen auf Wiese, ohne Längenbeschränkung. Zeltwiese. Ortszentrum 1 km entfernt. Ostsee/Strand 400 m entfernt. 8 Touristenplätze.

3440 Durbe, Kurzeme — ST-LV 1240/1

NATUR PLATZ

»CAMP VINROZES« — 1.5. bis 30.9. 10 000 qm
☎ 00371 292 55854
kempings@vinrozes.lv, **www.vinrozes.lv**

➔ A 9, Liepāja- Riga, ca. 25 km östlich von Liepāja bei KM 172 Richtung Liguti abbiegen, noch 3.5 km am See Durbes entlangfahren, ausgeschildert. ✉ Vinrozes 2 (GPS: 56°37'9"N / 21°22'44" E).

Stellplatz bei einer kleinen Ferienanlage mit Hütten direkt am See Durbes. Von Feldern und Wiesen umgeben. Stellflächen auf Wiese, bis 9 m Länge. Zeltwiese. Picknick-Plätze. Wasserräder und Katamarane zu mieten. Ort 5 km entfernt. 10 Touristenplätze.

3440 Durbe, Kurzeme — ST-LV 1240/2

»DURBES ATVARI« — Mai bis Sept.
☎ 00371 29707927, Mobil 00371 29277582
skm@skm.lv, **www.en.durbesatvari.lv**

➔ A 9, Liepāja- Riga, bei der Ortschaft Durbe bei KM 172 Richtung Liguti abbiegen, noch ca 4 km am See Durbes entlangfahren, ausgeschildert. ✉ (GPS: 56°37'20"N / 21°23'2" E).

Stellplatz bei einer kleinen Ferienanlage am See Durbes. Stellflächen auf Wiese, ohne Längenbeschränkung. Karpfenteich. Ort (Durbe) 5 km entfernt. 5 Touristenplätze.

3875 Šķēde, Kurzeme — ST-LV 1490

»JUKU DZIRNAVAS« — Mai bis Sept.
☎ 00371 286 66600
juku_dzirnavas@inbox.lv, **www.jukudzirnavas.lv**

➔ P 108, Kuldīga-Saldus, ca. 3 km nördlich der Ortschaft Namiķi in Richtung Šķēde abbiegen, am nördlichen Ortsrand von Šķēde rechts Richtung Zutēni einbiegen, am Ende der Straße wieder rechts abbiegen und nach ca. 900 m links einbiegen, ausgeschildert. ✉ Zutēni (GPS: 56°51'50"N / 22°29'46" E).

Stellplatz bei einer Ferienanlage in ruhiger Einzellage am See Juku dīķis. Stellflächen auf Wiese, bis 8 m Länge. Basketball. Volleyball. Ort 7 km entfernt. 8 Touristenplätze.

3626 Jūrkalne, Kurzeme — ST-LV 1500

25 **»KEMPINGS SĪĻI«** — 1.5. bis 1.10.
☎ 00371 26 586582
imantasnams@gmail.com, **www.imantas.lv/kempinga-vietas**

➔ Küstenstraße P 111, Liepāja-Ventspils (dt.Windau), bei der Ortschaft Labrags links in Richtung Ostsee abbiegen, ausgeschildert. ✉ Labrags (GPS: 56°58'24"N / 21°20'30" E).

200 m 500 m

Stellplatz bei einer Pension mit Hüttenvermietung von Wald umgeben in der Nähe der Ostsee. Leicht wellige Stellflächen auf Wiese, bis 7 m Länge. Picknickplätze. Ort 5 km entfernt. Ostsee/Strand 500 m entfernt. 8 Touristenplätze.
2022: St/N 25.–. Müllgeb., Wasser und Strom inklusive.

3619 Usma, Kurzeme — ST-LV 1620/1

»KEMPINGS MEŽMALAS« — 1.1. bis 31.12.
☎ 00371 291 59944
mezmalas@inbox.lv

➔ E 22, Windau-Riga, in Desuciems Richtung Usma abbiegen, am nördlichen Ortseingang von Usma am Usma-See gelegen, ✉ Z/S Bērziņi (GPS: 57°13'41"N / 22°10'7" E).

Stellplatz auf einem Wiesengelände von hohen Bäumen gesäumt am Usma-See. Ebene Stellflächen auf Wiese, ohne Längenbeschränkung. Entsorgung in eine Güllegrube. Mehrzwecksportfeld. Ort 1.5 km entfernt. 15 Touristenplätze.

3619 Usma, Kurzeme — ST-LV 1620/2

»ATPŪTAS KOMPLEKSS LAKŠI« — Mai bis Sept.
☎ 00371 26120958
lakshi@inbox.lv

➔ A 10, E 22, Ventspils (dt.Windau)-Riga, ca. 1 km westlich der Ortschaft Desuciems rechts abbiegen, ausgeschildert. ✉ (GPS: 57°14'41"N / 22°7'53" E).

Stellplatz bei einer Ferienanlage, an einem See und von Wald umgeben. Stellflächen auf Wiese, ohne Längenbeschränkung. Jacuzzi. Basketball. Volleyball. Billard. Ort 8 km entfernt. 8 Touristenplätze.

3619 Usma, Kurzeme — ST-LV 1620/3

»KEMPINGS BREKŠI« — Mai bis Sept.
☎ 00371 261 14112
kempings-breksi(@)inbox.lv, **www.kempings-breksi.lv**

➔ A 10, E 22, Ventspils (dt.Windau)-Riga, ca. 3 km südöstlich der Ortschaft Desuciems rechts abbiegen, ausgeschildert. ✉ Dzītari (GPS: 57°14'27"N / 22°12'3" E).

Stellplatz bei einer kleinen Ferienanlage mit Hüttenvermietung zwischen der Straße und einem See. Stellflächen auf Wiese, ohne Längenbeschränkung. Ort 8 km entfernt. 4 Touristenplätze.

3623 Vārve, Kurzeme — ST-LV 1645

»RAGANAS SLOTA« — 1.1. bis 31.12.
☎ 00371 29255061
raganasslota@inbox.lv, **www.raganasslota.lv**

➔ P 109, Kuldīga-Ventspils (dt. Windau), ca. 2 km nördlich von Vārve rechts zum Fluss Venta abbiegen, ausgeschildert. ✉ Doniņi (GPS: 57°19'28"N

/ 21°34'2" E).

Ⓗ300 m

Stellplatz bei einem Gästehaus mit Hüttenvermietung direkt am Fluss Venta. Stellflächen auf Wiese, ohne Längenbeschränkung. Zeltwiese. Volleyball. Basketball. Lagerfeuerplatz. Ort 2 km entfernt. 5 Touristenplätze.

3601 Mikeltornis, Kurzeme ST-LV 1680

»PIZĀ GUESTHOUSE&CAMPSITE« Mai bis Sept.
☎ 00371 283 96323
info@piza.lv, www.piza.lv

➔ Küstenstraße P 124, Ventspils (dt.Windau)-Kolka, in Richtung Miķeļtornis abbiegen, am Ende der Straße links und nach 400 m auf der rechten Seite gelegen, ausgeschildert. ✉ Viļum (GPS: 57°35'57"N / 21°58'13" E).

150 m

Stellplatz bei einer Pension (WiFi-Zugang) mit Hüttenvermietung. Von Wald umgeben in der Nähe der Ostsee. Stellflächen auf Wiese, bis 8 m Länge. Yoga-Retreats. Ort 2 km entfernt. Ostsee/Strand 150 m entfernt. 4 Touristenplätze.

3275 Kolka, Kurzeme ST-LV 1760/1

»HOLIDAY HOUSE ŪŠI« 1.1. bis 31.12.
☎ 00371 294 75692
info@kolka.info, www.kolka.info

➔ P 131, Jūrmala-Kap Kolka, nördlich der Ortschaft Kolka, ausgeschildert. ✉ Dundagas novads (GPS: 57°44'54"N / 22°35'43" E).

100 m

Stellplatz bei einem Gästehaus in ruhiger Einzellage direkt am Meer. Stellflächen auf Wiese, bis 8 m Länge. Frühstücksservice möglich. Ort 800 m entfernt. 3 Touristenplätze.

3275 Kolka, Kurzeme ST-LV 1760/2

»PIE ANDRA PITRAGA« Apr. bis Okt.
☎ 00371 264 93087
andrisantmanis@inbox.lv, www.pieandrapitraga.lv

➔ Küstenstraße P 124, Ventspils(dt. Windau)-Kolka, ca. 4.8 km nordöstlich der Ortschaft Mazirbe links nach Pitrags abbiegen, nach 1 km auf der linken Seite. ✉ Pitrags (GPS: 57°42'6"N / 22°23'11" E).

800 m

Stellplatz bei einer Pension am Waldrand in ruhiger Einzellage. Stellflächen auf Wiese, ohne Längenbeschränkung. Verkauf von frischem und geräuchertem Fisch. Ort 18 km entfernt.Ostsee/Strand 800 m entfernt. 3 Touristenplätze.

3275 Kolka, Kurzeme ST-LV 1760/3

»CAMPING PĪTAGI« Mai bis Sept.
☎ 00371 293 72728
pitagi@pitagi.lv, www.pitagide.wordpress.com

➔ Küstenstraße P 124, Ventspils(dt. Windau)-Kolka, ca. 3 km nordöstlich der Ortschaft Mazirbe links nach Košrags abbiegen, nach 1 km auf der rechten Seite. ✉ Košrags (GPS: 57°41'44"N / 22°21'44" E).

600 m

Stellplatz bei einer Pension mit Hüttenvermietung. In ruhiger Einzellage von Wald umgeben. Stellflächen auf Wiese, bis 8 m Länge. Zeltwiese. Ort 15 km entfernt. Ostsee/Strand 600 m entfernt. 6 Touristenplätze.

3264 Žocene, Kurzeme ST-LV 1820

»ATPŪTAS KOMPLEKSS DZINTARKRASTS« Mai bis Sept.
☎ 00371 28600600
info@dzintarkrasts.lv, www.dzintarkrasts.lv/en

➔ Straße P 131, Engura-Kolka, ca. 6 km nördlich der Ortschaft Roja, ausgeschildert. ✉ Žocene (GPS: 57°32'31"N / 22°42'37" E).

150 m

Stellplatz bei einem Freizeit- und Sportzentrum mit Hüttenvermietung. Von Wald umgeben an der Rigaer Bucht. Stellflächen auf Rasengittersteinen, ohne Längenbeschränkung. Fußball. Volleyball. Ort 6 km entfernt. Strand 150 m entfernt. 8 Touristenplätze.

3284 Mērsraga, Kurzeme ST-LV 1890

»SAULES KEMPINGS« 1.5. bis 31.8.
☎ 00371 27797555
sauleskempings@inbox.lv, www.sauleskempings.lv/en/

➔ Straße P 131, Kolka-Engura, nördlich der Ortschaft Mērsraga rechts einbiegen, der Ausschilderung Mērsraga Bāka folgen, nach 1.5 km auf der rechten Seite. ✉ Bākas iela 28 (GPS: 57°21'29"N / 23°7'48" E).

80 m 500 m

Stellplatz bei einer kleinen Ferienanlage mit Hüttenvermietung in der Nähe der Rigaer Bucht. Stellflächen auf Wiese, ohne Längenbeschränkung. Basketball. Ort 2 km entfernt. 10 Touristenplätze.

3201 Ģibuļu, Kurzeme ST-LV 1970

»BUKDANGAS CAMPING« 1.1. bis 31.12.
☎ 00371 29 256487
raksti info@bukdangas.lv, www.bukdangas.lv

➔ E 22, Windau-Riga, zwischen den Ortschaften Desuciems und Spāre rechts einbiegen, ausgeschildert. Die letzten 4 km über eine Schotterstraße. ✉ Bukdangas (GPS: 57°11'22"N / 22°12'46" E).

Stellplatz bei einer Ferienanlage mit Hütten-Vermietung. Von Wald umgeben und direkt am Usma-See gelegen. Ebene Stellflächen auf einer Zeltwiese, ohne Längenbeschränkung. Entleerungsmöglichkeit für mobile Tanks. Volleyball-und Basketballplatz. Ort (Spāre) 6 km entfernt. 30 Touristenplätze.

3294 Sabile, Kurzeme ST-LV 1990

»WEINHOF DRUBAZAS« Mai bis Okt.
☎ 00371 263 42050
drubazas@inbox.lv

➔ A 10/E 22 Ventspils(dt.Windau) - Riga, weiter auf der P130 Richtung Kandava und Sabile abbiegen, ca. 2 km südöstlich von Sabile direkt an der P130 gelegen, ausgeschildert. ✉ P 130 (GPS: 57°1'49"N / 22°35'42" E).

Stellplatz bei einem Winzer zwischen Straße und dem Fluss Abava. Stellflächen auf Wiese, ohne Längenbeschränkung. Mehrzwecksportfeld. Naturlehrpfad. Verkostung und Verkauf von hausgemachten Weinen. Ort 2 km entfernt. 3 Touristenplätze.

2161 Zvejniekciems, Pieriga ST-LV 2030/2

25 **»CAMPING JŪRAS PRIEDE«** 1.1. bis 31.12.
☎ 00371 27 008353, Mobil 00371 679 54780 7 m
info@juraspriede.lv, www.juraspriede.lv

➔ A 1/E 67, Riga - Ainaži, Richtung Mežvīns und weiter Richtung Zvejniekciems fahren, dort ausgeschildert. ✉ Upes iel 56 (GPS: 57°19'10"N / 24°24'26" E).

100 m

Stellplatz an der Mündung des Flusses Aģe in Meernähe. Von Wald umgeben. Stellflächen auf Asphalt, ohne Längen- und Gewichtsbeschränkung. Entleerung mobile Tanks in eine Toilette. Ort 1 km entfernt. 6 Touristenplätze.
2022: MC-St/N 25.–.

3120 Kandava, Kurzeme ST-LV 2030/3

»CAFE NĀRIŅA« Mai bis Sept.
☎ 00371 29105411
saltums@inbox.lv, saltums.lv

➔ A 10/E 22, Ventspils (dt.Windau)-Riga, südlich der Ortschaft Bebrupe auf die P130 Richtung Kandava, dort am östlichen Ortsrand rechts Richtung Saldus abbiegen, dann am Kreisverkehr die 2. Abf. nehmen und nach ca. 650 m links in einen kleinen Weg zum See/Cafe einbiegen. ✉ Daigones iela 14a (GPS: 57°1'59"N / 22°48'7" E).

Stellplatz auf dem Parkplatz bei einem Cafe. Am See Teteriņu gelegen und von Wald umgeben. Stellflächen auf Schotterrasen, bis 8 m Länge. Öffnungszeiten 10 bis 23 Uhr. Ortszentrum 2 km entfernt. 3 Touristenplätze.

3139 Tume, Kurzeme ST-LV 2150

20 **»SVEIKUĻI«** 1.4. bis 30.9.
☎ 00371 29 232026
sveikuli@sveikuli.lv, www.sveikuli.lv

➔ A 10/E 22, Windau - Riga, in Līdums auf die P121 Richtung Tukum, dort am Kreisverkehr weiter auf der P131 Richtung Kolka, von der P131 ausgeschildert. ✉ Sveikuļi, n. Tumes p: (GPS: 56°59'40"N / 23°8'12" E).

400 m

Stellplatz auf einem Wiesengelände von Wald umgeben. Ebene und beleuchtete Stellflächen auf Schotterrasen, bis 8 m Länge und bis 7.5 t Gewicht. Volleyballfeld. Entleerung mobiler Tanks in eine Toilette. Ort 4 km entfernt. 10 Touristenplätze.
2023: P/N 5.–, J/N 7 bis 18 J. 4.–, A/N 10.–, C/N 10.–, MC/N 10.–, M/N 5.–, B/N 10.–, WD/N 5.–, Strom/N 10.– (15 A). KT und H/N inklusive. Nur Barzahlung.

3113 Engure, Pieriga ST-LV 2250

»RONĪŠI« 1.1. bis 31.12.
☎ 00371 631 61442, Mobil 00371 26 305551
ronisi@rtu.lv un, www.ronisi.rtu.lv

➔ E 22, Windau-Riga, bei der Ortschaft Tukum auf die P131 Richtung Engures abbiegen, dann nach 16 km am Kreisverkehr Richtung Jūrmala, in der Ortschaft Klapkalnciems, ausgeschildert. ✉ Klapkalnciems (GPS: 57°2'32"N / 23°22'1" E).

300 m

Stellplatz bei einer Ferienanlage mit Hüttenvermietung. Stellflächen im lichten Kiefernwald, ohne Längenbeschränkung. Zeltwiese. Basketball. Volleyball. Ort 17 km entfernt. Ostsee/Strand 300 m entfernt. 10 Touristenplätze.

LV

2012 Jūrmala, Pieriga — ST-LV 2306

25 »NEPTŪNS« 1.5. bis 30.9.
☏ 00371 677 31289, Mobil 00371 299 99319
dace@restoransneptuns.lv, www.restoransneptuns.lv

➔ A 10, E 22, Ventspils - Riga, westlich von Jūrmala links in Richtung Ķemeri abbiegen, dieser Straße weiter bis Jaunķemeri folgen, dort am Kreisverkehr die erste Ausfahrt nehmen und dann sofort links in die Jaunķemeru ceļš einbiegen, ausgeschildert. ✉ Jaunķemeru ceļš 1 (GPS: 56°58'31"N / 23°33'26" E).
Kemeri Nationalpark.

150 m, 200 m

Stellplatz bei einem Restaurant am Rigaischen Meerbusen. Unparzelliertes Wiesengelände mit lockerem Baumbewuchs, teilweise mit Schatten. Von Wald umgeben und in Strandnähe. Mobilheim für max. 8 Pers. mietbar. Gesichertes Gelände mit Bewachung und Zutrittskontrolle. Kiosk. Frühstücksservice. Busverbindung nach Jurmala und Riga. Ort 6 km entfernt. Strand 200 m entfernt. 8 Touristenplätze.
2022: (€) C MC-St/N 13.– bis 16.–, P/N 3.–, J/N 7 bis 12 J. 1.50, Waschmaschine 4.50, Strom/N 3.– (16 A). KT, H/N, WD, Entsorgung, Müll und Wasser inklusive. Bar und Kreditkartenzahlung möglich, keine EC Karten.

2015 Jūrmala, Pieriga — ST-LV 2307/1

»KEMPINGS DUBULTU 54« Mai bis Sept.
☏ 00371 299 47047

➔ A 10, Jūrmala-Riga, Richtung Jūrmala auf die Straße Rīgas iela, diese wird dann zur Straße Dubultu prospekts, nach ca. 6 km auf der linken Seite gelegen, ausgeschildert. Die Stadt Jūrmala erhebt eine Citymaut. ✉ Dubultu prospekts 54 (GPS: 56°57'59"N / 23°45'23" E).

400 m, 500 m

Stellplatz bei einer kleinen Ferienhausanlage von hohen Laubbäumen umgeben. Stellflächen auf Wiese, bis 8 m Länge. Ortszentrum 2 km entfernt. Strand 500 m entfernt. 4 Touristenplätze.

2015 Jūrmala, Pieriga — ST-LV 2307/2

»GUESTHOUSE VALENSIJA« 1.1. bis 31.12.
☏ 00371 67 512692, Mobil 00371 29 104174, Fax 00371 67 512692
hotelvalensija@gmail.com, www.valensijam.lv/eng

➔ A 10, Jūrmala-Riga, Richtung Jūrmala auf die Straße Rīgas iela, diese wird dann zur Lienes iela, nach ca. 4 km auf der linken Seite gelegen, ✉ Lienes iela 38 (GPS: 56°58'21"N / 23°48'46" E).

200 m, 800 m

Stellplatz auf dem Gelände einer Pension in einem Wohngebiet am Ortsrand. Stellflächen auf Wiese, bis 8 m Länge. Frühstücksservice möglich. Ortszentrum 11 km entfernt. 3 Touristenplätze.

1048 Riga, Riga — ST-LV 2400

»RIVERSIDE CAMPING« 15.5. bis 15.9.
☏ 00371 26 658899, Mobil 00371 67 613447
riverside@one4event.lv, www.riversidecamping.lv

➔ A 10 Jūrmala-Riga, in Riga Richtung Zentrum auf die Lielirbes iela abfahren, vor Überquerung des Flusses Düna auf die Insel Ķīpsala abbiegen, ausgeschildert. ✉ Matrožu iela 12 (GPS: 56°57'57"N / 24°4'49" E).
Altstadt (Vecrīga) mit Marktplatz, Wöhrmannscher Garten.

800 m

Bewachter Stellplatz speziell für Reisemobile auf einer Insel in der Stadt, direkt am Fluss Daugava (dt.Düna). Beleuchtete Stellflächen auf Asphalt, ohne Längen- und Gewichtsbeschränkung. Bootsausflüge. Stadtmitte 1.5 km entfernt. 40 Touristenplätze.

2140 Inčukalnā, Pieriga — ST-LV 2450

20 »ZVĪGUĻI« 1.1. bis 31.12.
☏ 00371 261 38354
juris.zvigulis@gmail.com, www.viesunamiem.lv/zviguli

➔ A 2, E 77, Riga - Sigulda, in Höhe der Ortschaft Gauja besteht die Möglichkeit ein U-Turn zu machen, dann nach ca. 1.4 km Sigulda-Riga rechts einbiegen. ✉ Krasta iela 60 (GPS: 57°7'30"N / 24°41'8" E).

Stellplatz bei einem B&B beim Gauja-Nationalpark. Stellflächen auf Wiese und Sand/Kies, ohne Längenbeschränkung. Autobahn in Hörweite. Volleyball. Basketball. Ortszentrum 1 km entfernt. 5 Touristenplätze.
2022: St/N 7.– bis 12.–, P/N 3.–, K/N 4 bis 15 J. 1.50, H/N 2.–.

2123 Ķekava, Pieriga — ST-LV 2520/1

»KEMPINGS ZANZIBARA« 1.4. bis 30.10.
☏ 00371 220 01295 9 m
info@zanzibara.lv, www.zanzibara.lv

➔ A 5/E 77, Piņķi-Ķekava, Richtung Ķekava abbiegen, nach ca. 400 m Schotterstraße auf der rechten Seite. ✉ Birzmali (GPS: 56°48'46"N / 24°12'16" E).

Stellplatz bei einer Ferienanlage auf einem Wiesengelände in ruhiger, ländlicher Umgebung. Mit einem Badeteich und an einem kleinen Fluss gelegen. Ebene Stellflächen auf Wiese, bis 9 m Länge, max. 7.5 t Gewicht. Separate Zeltwiese. Brötchenservice. Squash-Court. Großer Abenteuer-Spielplatz. Lagerfeuerplatz. Familiäre Atmosphäre. Ort 2 km entfernt. 12 Touristenplätze.

2123 Ķekava, Pieriga — ST-LV 2520/2

»B&B METRINI« 1.1. bis 31.12.
☏ 00371 679 35852, Mobil 00371 292 29515, Fax 00371 679 35852
pirtsmetrini@gmail.com, www.pirtsmetrini.lv

➔ A 7, Riga-Ķekava, ca. 10 km südlich von Riga, zur Ortschaft Vimbukrogs abbiegen, am nord-östlichen Ortsrand von Vimbukrogs 200 m vom Fluss Daugava entfernt. ✉ Daugavas 11 (GPS: 56°50'30"N / 24°13'22" E).

Stellplatz auf dem weitläufigen Gelände eines B&B, in der Nähe des Flusses Daugava. Stellflächen auf Wiese, bis 6 m Länge. Frühstücksservice möglich. Anmeldung empfohlen. Ort 2 km entfernt. 10 Touristenplätze.

5020 Tome, Pieriga — ST-LV 2805

NATUR PLATZ

»KEMPINGS SNIEDZES« 1.1. bis 31.12.
☏ 00371 294 25800
sniedzes@apollo.lv

➔ A 5, Riga-Ogre, bei der Ortschaft Ķekava am Kreisverkehr geradeaus auf die P85 Richtung Tome fahren, bei der Ortschaft Bekuciems zum Fluss Düna abbiegen, ausgeschildert. ✉ Ķegums (GPS: 56°48'40"N / 24°33'46" E).

200 m

Stellplatz bei einem B&B mit Holzhütten. Auf einem Wiesengelände am Fluss Daugava (dt. Düna) und von Wald umgeben. Ebene Stellflächen auf Wiese, ohne Längenbeschränkung, bis 7.5 t Gewicht. Ort 9 km entfernt. 20 Touristenplätze.

2163 Lilaste, Pieriga — ST-LV 3450

»STELLPLATZ LILASTE« 1.1. bis 31.12.
☏ 00371 2009 6060
info@lilaste.eu, www.lilaste.eu

➔ A 1/E 67, Riga-Salacgrīva, südlich der Ortschaft Lilaste, direkt an der A 1 gelegen, Auschilderung 'Medzabaki'. ✉ Medzābaki 2 (GPS: 57°11'3"N / 24°20'45" E).

100 m

Stellplatz auf einem Wiesengelände an einem See. Stellflächen auf Wiese, bis 10 m Länge. Kiosk. Ort 1 km entfernt. 10 Touristenplätze.

2141 Inčukalna, Pieriga — ST-LV 3630

Abfahrt

»ZUŠI« 1.1. bis 31.12.
☏ 00371 283 27110
iveta.tillere@gmail.com, www.zusi.lv

➔ A 2, E 77, Riga-Sigulda, am Autobahnkreuz A 2 und A 3 in Richtung Valmiera abfahren, gleich nach der Autobahnabfahrt geradeaus weiterfahren, am Kreisverkehr Richtung Inčukalna abbiegen, der Ausschilderung Atpūtas "Zuši" folgen. ✉ (GPS: 57°7'47"N / 24°37'47" E).

Stellplatz bei einem Pferdehof in Einzellage in der Nähe des Flusses Gauja. Stellflächen auf Wiese, ohne Längenbeschränkung. Ort 6 km entfernt. 3 Touristenplätze.

2144 Krimulda, Pieriga — ST-LV 3650

»KEMPINGS JAUNZĀGERI« April bis Okt.
☏ 00371 22 002033
info@jaunzageri.lv, www.jaunzageri.lv

➔ A 3, E 77, Riga-Valmiera (dt.Wolmar), auf die P8 Richtung Sigluda abbiegen, erste Möglichkeit links in die Straße Gaujas iela einbiegen, dann nach ca. 900 m rechts abbiegen und der Schotterstraße 3.5 km folgen. ✉ (GPS: 57°13'48"N / 24°54'17" E).

Stellplatz an einer kleinen Ferienanlage mit Hüttenvermietung am Fluss Gauja. Stellflächen im lichten Kiefernwald, bis 7 m Länge. Schmaler Zufahrtsweg. Frühstücksservice möglich. Ort 7 km entfernt. 3 Touristenplätze.

4020 Limbaži, Pieriga — ST-LV 3760/1

»KEMPINGS JUMPRAVMUIŽA« Mai bis Sept.
☏ 00371 64000825, Mobil 00371 26302213
jumpravmuiza@inbox.lv

➔ A 1/E 67, Riga-Salacgrīva, auf Höhe von Tūja, auf die P11 Richtung Limbaži, nach ca. 11 km rechts einbiegen, ausgeschildert. ✉ Jumpravmuiža (GPS: 57°28'49"N / 24°35'48" E).

Stellplatz bei einer kleinen Ferienanlage mit Hüttenvermietung am See Mazezers. Stellflächen auf Wiese, bis 9 m Länge und 7.5 t Gewicht. Ort 14 km entfernt. 5 Touristenplätze.

4020 Limbaži, Pieriga — ST-LV 3760/2

»MEŽA SALAS« April bis Okt.
☏ 00371 29 122133 80 m
info@mezasalas.lv, www.mezasalas.lv

➔ A 1/E 67, Riga-Salacgrīva, auf Höhe von Tūja, auf die P11 Richtung Limbaži, nach ca. 11 km rechts einbiegen, ausgeschildert. ✉ (GPS:

57°28'54"N / 24°33'50" E).

Stellplatz bei einer Ferienanlage mit kleinen Seen, Sport- und Freizeiteinrichtungen. Von Wald umgeben. Stellflächen auf Wiese und Schotter, bis 9 m Länge und max. 7.5 t Gewicht. Brötchen- oder Frühstückservice möglich. Wellnessangebote. Ort 14 km entfernt. 10 Touristenplätze.

4022 Tūja, Pieriga — ST-LV 3820

»KEMPINGS JŪRASDZEŅI« 1.4. bis 15.10.
☎ 00371 26 550574
info@jurasdzeni.lv, www.jurasdzeni.lv

➔ A 1/E 67, Riga-Ainaži, Richtung Tūja abbiegen, dort ausgeschildert. ✉ Jūras iela 10 (GPS: 57°29'25"N / 24°22'55" E).

Stellplatz auf einem Wiesengelände direkt am Meer. Stellflächen auf Wiese, ohne Längenbeschränkung. Ort 1 km entfernt. 16 Touristenplätze.

4033 Salacgrīvas pagasts, Pieriga — ST-LV 3840

»KLINTIS« 1.1. bis 31.12.
☎ 00371 278 52476
info@klintis.lv, www.klintis.lv/index.php

➔ A 1/E 67, Riga-Salacgrīva, ca. 20 km südlich der Ortschaft Salacgrīva, links zum Meer abbiegen, ausgeschildert. ✉ Veczemju klintis (GPS: 57°35'3"N / 24°22'8" E).

Stellplatz bei einer Ferienhausanlage direkt an der Ostsee. Stellflächen auf Wiese, ohne Längenbeschränkung. Ort 25 km entfernt. 15 Touristenplätze.

4033 Svetciems, Pieriga — ST-LV 3855/1

»KAPTEIŅU OSTA« 1.1. bis 31.12.
☎ 00371 640 24930, Fax 00371 640 24931
info@kapteinuosta.lv, www.kapteinuosta.lv/en

➔ A 1/E 67, Riga-Salacgrīva, ca. 3 km nördlich der Ortschaft Salacgrīva direkt am Meer gelegen, ausgeschildert. ✉ Pērnavas 49a (GPS: 57°47'16"N / 24°21'0" E).

Stellpaltz bei einer Ferienanlage mit Hotel und Yachthafen. Überwiegend schattenlose Stellflächen auf naturbelassener Wiese, ohne Längenbeschränkung. Spa-Angebote. Ort 4 km entfernt. 30 Touristenplätze.

4033 Svetciems, Pieriga — ST-LV 3855/2

»RAKARI RESORT« 1.4. bis 30.9.
☎ 00371 2666 4447
info@rakariresort.lv, www.rakariresort.lv/en

➔ A 1/E 67, Riga-Salacgrīva, ca. 1 km südlich der Ortschaft Svētciems links einbiegen, ausgeschildert. ✉ Svētciems (GPS: 57°41'13"N / 24°21'59" E).

600 m

Stellplatz bei einem Freizeitresort in ruhiger Einzellage in der Nähe der Ostsee. Stellflächen auf Wiese, ohne Längenbeschränkung. Diverse Freizeit- und Wellnessangebote. Basketball. Volleyball. Ort 8 km entfernt. Ostsee/Strand 600 m entfernt. 24 Touristenplätze.

4033 Svetciems, Pieriga — ST-LV 3855/3

»MILLERI KEMPINGS« 25.5. bis 1.9.
☎ 00371 29120001
milleri8@hotmail.com, www.milleri.lv

➔ Str. A 1 Grenze zu Estland-Salacgrīva, ca. 2 km nördlich von Salacgrīva Richtung Meer abbiegen, ausgeschildert. ✉ Pērnavas iela 35C (GPS: 57°46'44"N / 24°21'16" E).

TV 200 m 1 km

Stellplatz bei einem Ferien-/Hüttendorf. Am Waldrand und ca. 200 m vom Meer entfernt. Stellflächen auf Wiese, ohne Längenbeschränkung. Zeltwiese. Cafeteria. Ort 2 km entfernt. 2 Touristenplätze.

4206 Burtnieki, Vidzeme — ST-LV 4120

»EZERPRIEDES KEMPINGS« 1.5. bis 30.10.
47 m
☎ 00371 294 61455
info@ezerpriedes.lv, www.ezerpriedes.lv

➔ A 3/E 264, Murjāņi-Wolmar, nördlich der Ortschaft Wolmar auf die P17 abbiegen, dann links Richtung Burtnieki abbiegen, in Andruves Richtung Dūre abbiegen, noch ca. 4 km Schotterstraße. ✉ Jāņa Vintēna iela (GPS: 57°41'32"N / 25°15'45" E).

Stellplatz von Wald umgeben direkt am Seeufer. Stellflächen auf Wiese, bis 7 m Länge. Entleerungsmöglichkeit für mobile Tanks. Basketball. Volleyball. Lagerfeuer- und Picknick-Platz. Ort 10 km entfernt. 10 Touristenplätze.

4108 Zemturi, Vidzeme — ST-LV 4240

»LĪGATNES ZEMTURI« 1.1. bis 31.12.
Mobil 00371 294 82791
uldisarvids@inbox.lv, www.ligatneszemturi.lv/en

➔ A 2/E 77, Riga-Grenze Estland, am östlichen Ortsausgang von Augšlīgatne rechts einbiegen, nach ca. 9 km Schotterstraße liegt der Stellplatz auf der linken Seite, ausgeschildert. ✉ Briņķi (GPS: 57°9'19"N / 25°10'17" E).

Stellplatz in ruhiger Einzellage mit Angel- und Badeseen. Stellflächen auf Wiese, ohne Längenbeschränkung. Voranmeldung erwünscht. Seperate Zeltwiese. Volley- und Basketball. Ort 9 km entfernt. 10 Touristenplätze.

LV

4101 Cēsis, Vidzeme — ST-LV 4330/1

»ŽAGARKALNA KEMPINGS« 15.5. bis 15.9.
119 m
☎ 00371 262 66266
info@zagarkalns.lv, www.zagarkalns.lv

➔ A 3/E 264, Murjāņi-Valmiera (dt.Wolmar), in Stalbe auf die P14 Richtung Cēsis abbiegen, nach Überquerung des Flusses Gauja rechts einbiegen, ausgeschildert. ✉ Mūrlejas 12 (GPS: 57°18'32"N / 25°13'24" E).
Ruine der Ordensburg, Geschichtsmuseum von Cēsis im neuen Schloss.

Stellplatz auf einem Wiesengelände in der Nähe des Flusses Gauja. Von Wald umgeben. Leicht wellige Stellflächen auf Wiese, ohne Längenbeschränkung. Kiosk. Bademöglichkeit mit breitem Sandstrand. Hunde müssen immer an der Leine geführt werden. Ort 3 km entfernt. 40 Touristenplätze.

4101 Cēsis, Vidzeme — ST-LV 4330/2

15 **»OZOLKALNS KEMPINGS«** 1.1. bis 31.12.
☎ 00371 264 00200
info@ozolkalns.lv, www.ozolkalns.lv

➔ A 3/E 264, Murjāņi-Valmiera (dt.Wolmar), in Stalbe auf die P14 Richtung Cēsis abbiegen, dort am westlich Ortsrand rechts in die Straße Cīrulīšu iela (ausgeschildet Cīrulīšu) einbiegen, dort am Ende der Straße links abbiegen, ausgeschildert. ✉ Drabešu (GPS: 57°17'40"N / 25°13'19" E).

Stellplatz bei einer kleinen Ferienanlage mit Erlebnispark in der Nähe eines Skigebietes am Fluss Gauja. Stellflächen auf Wiese im lichten Kiefernwald, bis 8 m Länge. Hochseilpark. Ortszentrum 4 km entfernt. 3 Touristenplätze. **2022:** C MC-St/N inkl. 2 P/N 15.–, weitere P/N 7.–, extra C/N 20.–, extra MC/N 20.–, extra B/N 20.–, H/N 5.–, Waschmaschine 2.50. KT, WD, Entsorgung, Müll, Wasser und Strom inklusive. Feuerholz/Sack 5.–.

4733 Vijciems, Vidzeme — ST-LV 4470

»GUESTHOUSE DRAVNIEKI« 1.5. bis 30.9.
Mobil 00371 294 79771
dravnieki.celotajs.lv/lv

➔ P 24, Smiltene-Valka (dt. Walk), ca. 2.4 km nördlich der Ortschaft Vijciems rechts in einen Schotterweg einbiegen, ausgeschildert. ✉ Vijciems (GPS: 57°36'58"N / 25°59'46" E).

Stellplatz bei einem Bauernhof, von Wald umgeben und mit einem kleinen See. Stellflächen auf Wiese, ohne Längenbeschränkung bis 7 t Gewicht. Verkauf von Hofprodukten. Badesee mit Badesteg. Ort 15 km entfernt. 5 Touristenplätze.

4300 Aluksne, Vidzeme — ST-LV 4650

»JAUNSĒTAS TOURISM CENTRE« 1.5. bis 1.10.
☎ 00371 28650600
jaunsetas@inbox.lv, www.jaunsetas.lv/en

➔ A /E 77, Riga-Grenze Estland, in Höhe der Ortschaft Ape auf die P39 Richtung Marienburg abbiegen, dort am nördlichen Ortsrand ausgeschildert. ✉ (GPS: 57°26'29"N / 27°3'14" E).

Stellplatz auf einem Wiesengelände bei einer Ferienanlage direkt am Alūksne-See. Ebene Stellflächen auf einer Wiese. Ortszentrum 2 km entfernt. 8 Touristenplätze.

4341 Anna, Vidzeme — ST-LV 4670

»LANDHAUS MŪRNIEKI« 1.5. bis 15.10.
Mobil 00371 264 38647
murnieki1@inbox.lv, www.murnieki.celotajs.lv/en

➔ A 2/E 77, Riga-Grenze Estland, in Höhe der Ortschaft Ape auf die P39 Richtung Marienburg abbiegen, dort weiter auf der P43, ca. 1 km südlich von Marienburg an der Straßengabelung rechts halten, ausgeschildert. ✉ Mūrnieki (GPS: 57°19'44"N / 26°56'27" E).

Stellplatz auf dem Geländes eines Landhauses in ruhiger Einzellage an einem kleinen See. Stellflächen auf Wiese, ohne Längenbeschränkung. Trampolin. Badminton. Schmalspurbahn Alūksne-Gulbene in der Nähe. Ort 14 km entfernt. 3 Touristenplätze.

4122 Vecpiebalga, Vidzeme — ST-LV 4850

»FREIZEITZENTRUM 'CHILL UP'« — 1.5. bis 15.9
00371 203 77207
info@chillup.lv, www.chillup.lv

➔ A 2, E 77, Riga-Sigulda-Ape, in Bērzkrogs auf die P30 Richtung Madona, in der Ortschaft Vecpiebalga links nach Drusti abbiegen und der Ausschilderung 'Alauksta ezers' folgen. ✉ Raskumi (GPS: 57°5'5"N / 25°48'34" E).

Stellplatz bei einem Freizeitzentrum am südöstlichen Ufer des Alauksta Sees. Stellflächen auf Wiese, ohne Längenbeschränkung. Cafeteria. Kitesurfen. Badestrand mit Liegewiese. Ortszentrum 3.5 km entfernt. 5 Touristenplätze.

4847 Arona, Vidzeme — ST-LV 4930

»OZOLKALNS AM SEE LIELAIS LĪDĒRIS« — Mai bis Sept.
Mobil 00371 26 307940
pasts@madona.lv, www.madona.lv/lat

➔ A 2, E 77, Riga-Ape (LV/EST-Grenze), in Bērzkrogs auf die P30 Richtung Madona abbiegen, nördlich der Ortschaft Līdēre rechts zum See Lielais Līdēris abbiegen, ausgeschildert. ✉ Līdēre (GPS: 56°57'10"N / 26°2'18" E).

100 m

Stellplatz bei einer kleinen Ferienanlage mit Hüttenvermietung in ruhiger Einzellage am See Lielais Līdēris. Stellflächen auf Wiese, ohne Längenbeschränkung. Ort (Madona) 13 km entfernt. 5 Touristenplätze.

4826 Indrānu, Vidzeme — ST-LV 4960

»EZERNIEKI« — 1.1. bis 31.12.
00371 266 71421
d.stradina@lvm.lv

➔ A 12/E 22, Jēkabpils-Rēzekne, zwischen den Ortschaften Stirniene und Varakļāni auf die P84 Richtung Madona, nach ca. 25 km rechts auf die P82 Richtung Lubāna abbiegen, nach ca. 5 km auf der rechten Seite an einem See gelegen. ✉ Visagals (GPS: 56°48'38"N / 26°34'2" E).

Stellplatz an einem Erholungs- und Tourismuszentrum in ruhiger Lage direkt am See Sala und am Waldrand. Stellflächen auf Wiese, ohne Längenbeschränkung. Volleyball. Streetball. Ort 10 km entfernt. 10 Touristenplätze.

4860 Kalsnava, Vidzeme — ST-LV 4970

»UPMALAS« — Mai bis Sept.
00371 283 72673
marijaruliete@inbox.lv

➔ A 6, E 22, Riga-Jēkabpils, bei der Ortschaft Pļaviņas auf die P37 Richtung Madona abbiegen, südlich der Ortschaft Jaunkalsnava rechts und nach 100 m erneut rechts abbiegen, ausgeschildert. ✉ Aronieši (GPS: 56°40'26"N / 26°0'40" E).

Stellplatz bei einer kleinen Ferienanlage mit Hüttenvermietung in ruhiger Einzellage am Fluss Aiviekste. Stellflächen auf Wiese, ohne Längenbeschränkung. Zeltwiese. Volleyball. Ort 2 km entfernt. 5 Touristenplätze.

4570 Rugāji, Vidzeme — ST-LV 5050

»CARAVANPARK RUKISI« — April bis Okt.
00371 29197821
zs.rukisi@inbox.lv, http://www.rugaji.lv

➔ A 13/E 262, Rēzekne-Kārsava, nördlich von Rēzekne auf die P36 Richtung Gulbene, in Kapūne auf die P47 abbiegen, südlich der Ortschaft Rugāji rechts einbiegen, ausgeschildert. ✉ Eglusala, Rugaju pagasts (GPS: 56°59'50"N / 27°7'35" E).

Camping- und Ferienhausanlage an einem See. Stellflächen auf Schotter, bis 12 m Länge. Zeltwiese. Ort 1 km entfernt. 10 Touristenplätze.

4618 Gaigalavas pag., Latgale — ST-LV 5330

»BĀKA WATER TOURISM CENTRE« — 1.1. bis 31.12.
00371 266 63358
baka@rezeknesnovads.lv, www.baka.rezeknesnovads.lv

➔ A 13, Rēzekne-Kārsava, nördlich der Ortschaft Rēzekne auf die P36 Richtung Kapūne, bei der Ortschaft Krēsle links abbiegen, ausgeschildert. ✉ Gaigalavas pagasts (GPS: 56°47'25"N / 26°56'39" E).

Stellplatz bei einem Tourismus- und Informationszentrum am Lubān-See. Stellflächen auf Schotter, bis 8 m Länge. Ort 6 km entfernt. 8 Touristenplätze.

5735 Dzerkali, Latgale — ST-LV 5405

»DZERKALI« — 1.1. bis 31.12.
Mobil 00371 261 82240
dzerkali@inbox.lv, www.dzerkali.lv

➔ A 12/E 22, Rēzekne-Ludza, ca. 8 km westlich der Ortschaft Ludza zum See Cirma abbiegen ca. 1 km Schotterstraße, ausgeschildert ✉ (GPS: 56°32'50"N / 27°35'20" E).

Stellplatz auf dem Gelände einer Ferienhausanlage direkt am See Cirma. Stellflächen auf Wiese, ohne Längenbeschränkung. Basketball. Ort 10 km entfernt. 5 Touristenplätze.

5736 Nirza, Latgale — ST-LV 5440

»GUESTHOUSE ZIRGA SMAIDS« — Mai bis Sept.
00371 294 92552
info@zirgasmaids.com, www.zirgasmaids.lv

➔ A 12, E 22, Ludza-Terehova/Rus-Grenze, Abf. Nirza und am Nirza See entlang weiter nach Raipole, ca. 3.5 km südlich der Ortschaft Nirza rechts einbiegen, ausgeschildert. ✉ Raipole (GPS: 56°22'35"N / 27°53'49" E).

Stellplatz bei einer Pension mit Hüttenvermietung am Nirza See. Stellflächen auf Wiese unter Obstbäumen, bis 8 m Länge. Badesee mit Badesteg. Mehrzwecksportfeld. Ortszentrum 4 km entfernt. 5 Touristenplätze.

5601 Ūdrīšu pag., Latgale — ST-LV 5660

»UPES DIŽVIETAS« — 1.4. bis 31.10.
00371 29 146034
info@latvia-outdoor.de, www.latvia-outdoor.eu

➔ A 6, Daugavpils-Krāslava, ca. 2 km westlich der Ortschaft Krāslava rechts einbiegen, ausgeschildert. ✉ (GPS: 55°53'44"N / 27°3'56" E).
∴ Schloss in Krāslava.

Stellplatz bei einer Ferienanlage. Ebenes Wiesengelände direkt am Fluss Daugava im Natur-Park "Daugavas Loki". Von Wald umgeben. Stellflächen auf Wiese, ohne Längenbeschränkung. Badeteich. Lagerfeuerplatz. Radwanderweg "Daugavas Loki" führt am Platz vorbei. Unter deutscher Leitung. Ort 6 km entfernt. 5 Touristenplätze.

5304 Aglona, Latgale — ST-LV 5680

»AGLONAS ALPI« — Apr. bis Nov.
00371 291 94362, Mobil 00371 292 75701
aglonasalpi@gmail.com, www.aglonasalpi.lv

➔ A 13, E 262, Daugavpils-Rēzekne, bei Algona auf die P62 Richtung Aglona dort rechts halten, auf die Straße Jaudzemu iela nach Leitāni, nach ca. 2 km Schotterstraße auf der linken Seite, ausgeschildert. ✉ Leitāni (GPS: 56°6'26"N / 27°1'28" E).
∴ Wallfahrtsbasilika Aglona (5 km).

Stellplatz bei einer Ferienanlage mit Hüttenvermietung am See Ciriša ūdenskrātuve. In hügeliger Landschaft in ruhiger Einzellage am Waldrand gelegen. Stellflächen auf Wiese, ohne Längenbeschränkung. Frühstücksservice möglich. Quadvermietung. Mehrzwecksportfeld. Ortszentrum 2 km entfernt. 20 Touristenplätze.

5239 Zasa, Latgale — ST-LV 6050

»MILL OF ZASA« — 1.5 bis 30.9.
00371 294 30060, Mobil 0049 176 42139203
hkmillofzasa@aol.com, www.mill-of-zasa.com

➔ A 6, Jēkabpils-Daugavpils, in Jēkabpils auf die P75 bis Birzi, dort auf die P72 Richtung Leimaņi und weiter bis Zasa, dort im Ort ausgeschildert. ✉ Zaļā iela (GPS: 56°17'44"N / 25°58'46" E).

200 m

Stellplatz bei einer historischen Wassermühle an einem See. Stellflächen auf Wiese, ohne Längenbeschränkung. Reservierung erwünscht. Übernachtung im Zelt ebenfalls möglich. Kanu- und Standup-Paddling-Verleih. Deutsches Mobiltelfon (0049 176 42139203). Ortszentrum 200 m entfernt. 3 Touristenplätze.

3901 Mežotnes pag., Zemgale — ST-LV 6660/2

Abfahrt

»ARĀJI KEMPINGS« — Mai bis Okt.
00371 294 75007
arajikempings@inbox.lv, tourism.bauska.lv

➔ A 7, Riga-Bauska, in Bauska am nördlichen Ortseingang (vor der Überquerung des Flusses) rechts in die Straße Draudzības iela und nach ca. 4 km wieder rechts einbiegen, ausgeschildert. Zufahrt über eine schmale ungeteerte Straße/Feldweg. ✉ Mežotnes (GPS: 56°24'59"N / 24°7'19" E).

Stellplatz bei einer kleinen Pension mit Hüttenvermietung in Einzellage. Von Wiesen und Feldern umgeben. Stellflächen auf Wiese, ohne Längenbeschränkung. Feuerstelle. Ort 6 km entfernt. 3 Touristenplätze.

3908 Ceraukstes pag., Zemgale — ST-LV 6665

Abfahrt

»GUESTHOUSE VECOZOLNIEKI« — 1.1. bis 31.12.
00371 294 75829, Mobil 00371 63 900819
vecozolnieki@hello.lv

➔ A 7, E 67, Riga-Bauska, ca. 6 km südlich von Bauska direkt an der A 7 gelegen. ausgeschildert. ✉ (GPS: 56°22'7"N / 24°16'42" E).

Stellplatz auf dem Gelände einer Pension. Ebene Stellflächen auf Wiese, ohne Längenbeschränkung. Straße in Hörweite. Ort 6 km entfernt. 5 Touristenplätze.

3701 Dobele, Zemgale ST-LV 6840/2

»FREIZEITZENTRUM GAURATS« Mai bis Sept.
☏ 00371 266 57217, Mobil 00371 297 19724
info@gaurats.lv, www.gaurats.lv

➔ A 9, Saldus-Riga, auf die P 97 Richtung Dobele abfahren und dort im Zentrum nach Überquerung des Flusses links halten und am östlichen Ortsrand auf die P102 Richtung Jaunbērze abbiegen, nach ca. 2 km links in eine Schotterstraße einbiegen, die nächste Möglichkeit rechts abbiegen und nach 1.8 km auf der linken Seite an einem See gelegen. ✉ Lejasstrazdi (GPS: 56°39'53"N / 23°17'42" E).

WC

Stellplatz bei einer kleinen Ferienanlage an einem See in ruhiger Einzellage. Stellflächen bis 8 m Länge auf Wiese. Grillhütte. Badesteg. Keine Trinkwasserversorgung möglich. Ort 6 km entfernt. 5 Touristenplätze.

3730 Tērvete, Zemgale ST-LV 6910

»TĒRVETE DABAS PARKS« 1.1. bis 31.12.
☏ 00371 28309394 49 m
tervete@lvm.lv, www.mammadaba.lv

➔ Str. 8/E 77 Jelgava Richtung Grenze Litauen, ca. 25 km südlich von Jelgava Richtung Dobele abiegen, in Tērvete der Ausschilderung zum Tervete nature park (Tērvetes dabas parks) folgen. ✉ Tērvetes sils (GPS: 56°29'14"N / 23°22'19" E).
Naturpark.

WC HS 1 km

Stellplatz bei einem Naturparkcenter. Stellflächen auf Asphalt und von Wald umgeben. Mitten in einem Naturpark mit vielen Wandermöglichkeiten gelegen. Ort 2 km entfernt. 10 Touristenplätze.

MAROKKO

Besondere Vorschriften und Regelungen

Ceuta und Melilla: für die beiden spanischen Enklaven gelten die Einreisebestimmungen von Spanien

Personaldokumente: Bei einem Aufenthalt bis zu 3 Monaten ist ein, bei der Ankunft noch mindestens 6 Monate gültiger, Reisepass vorgeschrieben. Kinder unter 12 Jahren benötigen einen Kinderreisepass. Diese werden mit einer Gültigkeitsdauer von sechs Jahren ausgestellt, und zwar längstens bis zur Vollendung des zwölften Lebensjahres. Ab dem zwölften Lebensjahr kann ein Reisepass oder Personalausweis beantragt werden. Detaillierte Informationen erhalten Sie vom Auswärtigen Amt, www.auswaertiges-amt.de. Alle Reisende müssen im Besitz ausreichender Geldmittel für den Aufenthalt sein.

Visum: Bis zu drei Monaten Aufenthalt ist kein Visum erforderlich.

Krankenversicherung: Allen Reisenden wird dringend empfohlen vor Reiseantritt eine Auslandsreise-Krankenversicherung für die Dauer des Aufenthalts abzuschließen. Sie soll weitere Leistungen, wie zum Beispiel einen Ambulanz-Rettungsflug, abdecken.

Impfbescheinigungen: Werden nicht verlangt. Empfohlene Impfungen: Typhus und Hepatitis A.

Dokumente für Haustiere: Für Hunde und Katzen ist eine Kennzeichnung (durch Mikrochip oder Tätowierung) und der Nachweis einer Tollwutimpfung notwendig, die mindestens 30 Tage und maximal 6 Monate vor Grenzübertritt stattgefunden hat. Außerdem benötigt man ein amtstierärztliches Gesundheitszeugnis, das nicht älter als 10 Tage sein darf. Beide Dokumente sollten in französischer Sprache ausgestellt sein. Außerdem sind die Einfuhrbestimmungen des Heimatlandes zu berücksichtigen. Detaillierte Informationen sind rechtzeitig vorab beim Tierarzt einzuholen. Vögel können ohne Papiere mitgeführt werden.

Spezielle Auskünfte erteilt die Botschaft des Königreichs Marokko: Niederwallstraße 39, 10117 Berlin, Tel. 030/206 12 40, Fax 030/20 61 24 20, Email **kontakt@botschaft-marokko.de**

Kfz: Der Internationale Führerschein und die Internationale Zulassung sind erforderlich. Das Länderkennzeichen »D« muss am Fahrzeug und am Anhänger angebracht sein. Es besteht Haftpflichtversicherungszwang. Die »Internationale Grüne Versicherungskarte« mit dem Vermerk »Gültig für Marokko« ist Vorschrift. Bei Unfällen ist ein Schadensprotokoll der Polizei notwendig, da sonst die marokkanische Versicherung nicht bezahlt. Wir empfehlen dringend eine Kurzkasko- und Insassen-Unfallversicherung abzuschließen. Ist der Fahrer nicht Eigentümer des Fahrzeugs muss eine amtlich beglaubigte und in französischer Sprache abgefasste Benutzungsvollmacht des Eigentümers vorliegen. Ist man mit Fahrzeugen unterwegs, die militärisch aussehen (olivgrüner Anstrich) kann die Einreise verweigert werden.
Grundsätzlich wird jedes Fahrzeug bei Ankunft im Reisepass eingetragen, bzw. per Computer erfasst. Ausländische Reisende dürfen ihr Kfz bis zu 6 Monaten vorübergehend einführen. Von den marokkanischen Grenzbeamten wird bei der Einreise gegen Gebühr ein grünes Formular für das Fahrzeug ausgestellt, welches bei der Ausreise wieder abzugeben ist. Man erhält zudem eine Plakette mit dem Einreisedatum zur Befestigung an der Windschutzscheibe. Ein nach Marokko eingeführtes Fahrzeug muss unter allen Umständen wieder ausgeführt oder verzollt werden. Für alle Campingfahrzeuge ist ein doppeltes Inventarverzeichnis (möglichst in französischer Sprache) mitzuführen.

Verkehrsvorschriften: Rechtsverkehr. Im Kreisverkehr hat das von rechts kommende Fahrzeug Vorfahrt. Nachtfahrten sollten unbedingt vermieden werden (Tiere, unbeleuchtete Verkehrsteilnehmer). Parkverbot bei rot-weißen Streifen am Fahrbahnrand. Es besteht Anschnallpflicht und absolutes Alkoholverbot.

Straßengebühren: Für die Benutzung von Autobahnen werden Gebühren erhoben.

Telefon: Deutschland – Marokko: Vorwahl 00212, Marokko – Deutschland: 0049.

Unfallnotruf: Polizei (innerhalb der Städte): 19, Gendarmerie: (unterwegs) 177, Notarzt, Unfallrettung und Feuerwehr 15. Straßenhilfsdienste gibt es nur auf den Autobahnen. Bei Pannen stehen Reparaturwerkstätten zur Verfügung.

Devisen: Die Ein- und Ausfuhr von Landeswährung ist bis zu einem Betrag von 1000 Dirham zulässig. Bei der Einfuhr von Fremdwährungen bestehen keine Beschränkungen. Eine Deklaration ist erforderlich, wenn die Mitnahme von Fremdwährung die Summe von 100000 Dirham übersteigt. Die Ausfuhr von Fremdwährung ist bis zur Höhe der deklarierten Einfuhr gestattet.

Camping: Das Land verfügt über zahlreiche, zum Teil gut ausgestattete Campingplätze, die sich überwiegend an den Küsten befinden.
Im Landesinnern und im südlichen Teil des Landes gibt es weniger Campingplätze. Hier wendet man sich an den örtlichen »Caid«, der einen Stellplatz zuweist und auch für dessen Sicherheit zuständig ist. Über das ganze Land verteilt gibt es ca. 300 Campingplätze und ebenso viele Stellplätze. Freies Campen ist nicht gestattet. Das Stromnetz ist auf 110/220 Volt Wechselstrom (50 Hz) ausgelegt. Die Mitnahme eines Adapters wird empfohlen. Butangas ist überall erhältlich - die Flaschen sind jedoch normalerweise nicht gekennzeichnet. Deutsche Gasflaschen können an Tankstellen befüllt werden, es ist jedoch ab der zweiten Füllung günstiger eine marrokanische Flasche zu kaufen und dann zu tauschen.

Wassersport: Boote mit Motor benötigen ein Carnet de Passages. Dieses erhält man bei den Automobilclubs.

Allgemeine Informationen:

D-40210	**Düsseldorf,** Marokkanisches Fremdenverkehrsamt Graf-Adolf-Straße 59 Tel. 0211/37 05 51, Fax 0211/37 40 48 *www.visitmorocco.com, marokkofva@aol.com*

Vertretung der Bundesrepublik Deutschland:

MA-10000	**Rabat,** Deutsche Botschaft 7, Zankat Madnine
MA-10000	**Rabat,** Post: B.P. 235 Tel. 00212 537/218 600, Fax 00212 537/706 851 Visastelle: Tel. 00212 537/63 54 00, Fax 00212 537/65 36 49 *www.rabat.diplo.de, info@rabat.diplo.de*

Campingplätze:

Gebühren-Angaben in Landeswährung, sofern nicht anders angegeben.

Währungseinheit:	1 Marokkanischer Dirham (MAD) = 100 Centimes
Devisenkurs:	100 MAD = ca. 9.47 Euro 1 Euro = ca. 10.50 MAD (Stand: Okt. 2022)

Bei Gebühren mit der Vorjahreszahl muss eventuell mit einer Anhebung der Gebühren für das laufende Jahr gerechnet werden. Außerdem können sich die angegebenen Öffnungszeiten verändert haben und es ist möglich, dass angegebene Ermäßigungen nicht mehr gewährt werden.

Asilah, Tang.-Tét.-Al Hoceï. ST-MA 1202

15 **»HÔTEL BRIECH«** 1.1. bis 31.12.
☏ 00212 539 416358
info@hotelbriech.com

➔ N 1, Tanger - Asilah, nördlich von Asilah in der Ortschaft Briechan der N 1 gelegen, beschildert. ✉ N 1 (GPS: 35°31'44"N / 5°59'57" W).

WC W Ch 1 km

Ummauerter Stellplatz bei einem Hotel an der Nationalstraße N1 in Meernähe (1 km). Ebene Stellflächen auf Beton oder Rasen. Ort (Asilah) 8 km entfernt. 10 Touristenplätze.
2022: (€) St/N inkl. 2 P/N 12.–. Entsorgung und Wasser inklusive.

Plätze ohne Preisangaben:
Diese Plätze haben seit mindestens 2 Jahren keine Gebührenmeldung mehr abgegeben.
Daher kann auch für die Öffnungszeiten nicht mehr garantiert werden.

Ouezzane, Tang.-Tét.-Al Hoceï. ST-MA 1500

NEU

10 **»MOTEL RIF«** 1.1. bis 31.12.
☎ 00212 537 907172, Mobil 00212 661 408090
motelrif@gmail.com, www.motel-rif.ma

➔ N 13, Moulay Idris - Meknes, ca. 4 km südlich von Ouezzane an der N 13 gelegen. ✉ N 13 (GPS: 34°46'22"N / 5°32'43" W).

Stellplatz an den Ausläufern des Rif-Gebirges, bei einer Ferienanlage mit Bungalows. Ebenes, asphaltiertes Gelände, von einer niedrigen Mauer eingefasst. Brötchenservice. Frühstücksangebot. Ort (Ouezzane) 4 km entfenrt. 20 Touristenplätze.
2022: St/N inkl. 2 P/N 50.–, weitere P/N 15.–. WD und Strom inklusive.

Cabo Negro, Tang.-Tét.-Al Hoceï. ST-MA 1510

10 **»LA FERMA HOTEL«** 1.1. bis 31.12.
☎ 00212 5399 78075
la.ferma@hotmail.com

➔ N16 Fnideq - Martil, in Cabo Negro nach dem großen Kreisverkehr rechts zum Hotel abbiegen, beschildert. ✉ (GPS: 35°39'56"N / 5°18'25" W).

Stellplatz bei einem großen renovierten Hotel mit Reitmöglichkeit am Ortsrand. Parzellierte schattenlose Stellflächen auf einem Rasenstreifen. Maximal 2 Nächte (48 Std.) Aufenthalt möglich! 28 Touristenplätze.
2022: St/N 60.–.

Brikcha, Tang.-Tét.-Al Hoceï. ST-MA 1570

NEU

10 **»BELLOTA ECOTOURISME«** 1.1. bis 31.12.
Mobil 00212 670 826124
ecocentre.bellota@gmail.com

➔ N 13, Chefchaouen - Ouezzane, an der N 13 ca. 9 km vor Jabryène in der Gemeinde Brikcha gelegen. ✉ Douar Bellota, Km 19 (GPS: 34°57'8"N / 5°31'41" W).

Umzäunter Stellplatz bei einem Restaurant in einem Flusstal. An einem bewaldeten Hang gelegen, mit Blick auf das Tal von Oued Zendoula und weiter zu den gegenüberliegenden Berge. Ebene und parzellierte Stellflächen auf Sand/Wiese/Schotter, bis 10 m Länge. Warme Dusche auf Anfrage. Verkauf von Produkten der örtlichen Kooperative (Olivenöl, Gewürze, Honig, Seifen etc.). Wanderwege in der Umgebung. Ort (Jabryène) 9 km entfernt. 12 Touristenplätze.
2022: St/N 50.–, WD 10.–, Strom/N 20.–.

Al Oued, Tang.-Tét.-Al Hoceï. ST-MA 1620

15 **»CAIAT LOUNGE REFUGE«** 1.1. bis 31.12.
Mobil 00212 666 288715
info@caiat.com, www.caiat.com

➔ N 2, Tanger - Chefchaouen, ca. 4 km vor Caotina auf die P4105 nach Al Oued abbiegen, nicht nach Al Oued abbiegen, sondern auf der P4105 bleiben, noch ca. 400 m. ✉ Route P 4105, Km 12.8 (GPS: 35°16'1"N / 5°14'0" W).
Talassemtane-Naturpark.

Stellplatz bei einem Gasthof und Herberge in den Bergen. Stellflächen auf Sand und Kies, bis 8 m Länge. Organisierte Wanderungen mit Maultieren möglich. Ort 500 m entfernt. 3 Touristenplätze.
2022: (€) St/N inkl. 2 P/N ~12.–. Entsorgung und Wasser inklusive.

Torres-de-Alcala, T.-Tét.-Al Hoc. ST-MA 1755

0 **»PLAGE DE TORRÈS«** 1.1. bis 31.12.

➔ N16 El Jebah - Al Hoceïma, bei Talzeda links zum Meer nach Torres-de-Alcala abbiegen (P5205) und der Straße bis zum Strand folgen. ✉ Plage de Torrès (GPS: 35°9'27"N / 4°19'36" W).
Festung Torres de Alcalá.

Übernachtungsplatz auf einem Parkplatz bei einem Strandcafé am Meer. Ebene, schattenlose Stellflächen auf Beton. Ein Militärposten liegt in der Nähe, bei dem man sich anmelden sollte. Das Aufstellen von Stühle, Tischen etc. (Campingbetrieb) ist nicht gestattet. 8 Touristenplätze.
2022: Der Stellplatz ist kostenlos.

Ras el Ma, Oriental ST-MA 2100

35 **»RAS EL MA«** 1.1. bis 31.12.

➔ N16 Nador - algerische Grenze. In Ral es Ma beim ersten Kreisverkehr der Hauptstraße zum Hafen folgen. ✉ (GPS: 35°8'50"N / 2°25'25" W).

20 m 100 m

Beleuchteter Übernachtungsplatz auf einem Parkplatz am Hafen von Ras el Ma. Ebene schattenlose Stellflächen auf Pflaster. Das Aufstellen von Stühle, Tischen etc. (Campingbetrieb) ist nicht gestattet. 10 Touristenplätze.
2022: Stellplatz ist kostenlos.

Bni Mathar, Oriental ST-MA 2235

0 **»RAS EL-AIN«** 1.1. bis 31.12.
900 m

➔ N17 Oujda - Ain Bni Mathar, ca. 5.5 km vor dem Ort rechts bei einer kleinen Moschee für Reisende. ✉ N17 (GPS: 34°4'25"N / 2°2'57" W).

Übernachtungsmöglichkeit an der N17. Stellflächen auf unebenem Gelände. Teils Schatten durch vereinzelte Bäume. Wasserstelle. Das Aufstellen von Stühle, Tischen etc. (Campingbetrieb) ist nicht gestattet. Ort 5.5 km entfernt. 8 Touristenplätze.
2022: Der Stellplatz ist kostenlos.

Rass el Ma, Fès-Meknès ST-MA 3150

0 **»SITE RÉCRÉATIF VALLÉE DES OISEAUX«** 1.1. bis 31.12.
1250 m

➔ von Taza die R507 Richtung Süden, ca. 4.6 km nach Rass el Ma am Picknickplatz des Nationalparks. ✉ R507 (GPS: 34°7'46"N / 4°1'54" W).

Übernachtungsmöglichkeit direkt am Nationalpark auf dem Parkplatz eines Picknickplatzes. Ebene bis leicht abfallende Stellflächen auf Schotter. Zum Teil von Korkeichen beschattet. Das Aufstellen von Stühle, Tischen etc. (Campingbetrieb) ist nicht gestattet. Ort 4.6 km entfernt. 5 Touristenplätze.
2022: Der Stellplatz ist kostenlos.

53100 Azrou, Fès-Meknès ST-MA 3400

10 **»AUBERGE GITE CEDRE GOURAUD«** 1.1. bis 31.12.
☎ 00212 6638 89467 1500 m

➔ N8/P24 Azrou - Ifrane, ca. 4.5 km nach Azrou rechts abbiegen Richtung Cèdre Gouraud. Nach weiteren 1.6 km links zur Auberge abbiegen und noch 100 m auf einem Feldweg fahren. ✉ (GPS: 33°26'26"N / 5°10'0" W).

Stellplatz bei einer kleinen Herberge. Unebene und schattenlose Stellflächen auf Erde/Rasen. Ort 6.2 km entfernt. 4 Touristenplätze.
2022: St/N 50.–, Strom/N 30.–.

50000 Meknés, Fès-Meknès ST-MA 3600

10 **»BAB MANSOUR«** 1.1. bis 31.12.

➔ Im Norden der Stadt den Wegweisern "Mausolée de Moulay Ismail" folgen. ✉ Ave. Bab Marrah (GPS: 33°53'27"N / 5°33'51" W).

20 m 200 m

Bewachter Stellplatz/Parkplatz in der Altstadt beim Stadttor "Moulay Ismael" und in der Nähe des Souk Hebdomadaire. Ebene und markierte Stellflächen auf Asphalt. Überwiegend schattenlos. Keine Versorgungsmöglichkeit und kein Campingbetrieb erlaubt. 20 Touristenplätze.
2022: St/N 50.–.

Moulay Bousselham, Rab.-S.-K. ST-MA 4050

»ATLANTIS GATE« 1.1. bis 31.12.
☎ 00212 537 432477 40 000 qm

➔ A 5, Tanger - Rabat, auf die R406 nach Moulay Bousselham und fast bis zum Ende fahren, dann auf der linken Seite zur Lagune abbiegen. ✉ (GPS: 34°52'34"N / 6°17'19" W).

500 m 900 m

Stell-/Campingplatz am Ufer der Lagune Merja Zerga. Von Mauern und Zäunen umgebenes Wiesengelände, durch Bäume und Büsche teils beschattet. Ortszentrum 2 km entfernt. 100 Touristenplätze.

55222 Ouzoud, Béni Mell.-Kh. ST-MA 5710

10 **»CAFE RESTAURANT CAMPING AMALOU«** 1.1. bis 31.12.
☎ 00212 6430 82352 780 m

➔ R304 Demante - Béni Mellal, kurz nach der "Taguella Station Service" links abbiegen auf die P3105 und weiter zum Ort fahren. Der Stellplatz liegt nahe der Ortsmitte und ist beschildert. ✉ (GPS: 32°0'49"N / 6°43'3" W).

50 m

Wohnmobilstellplatz/Übernachtungsplatz auf dem Parkplatz des Cafés. Ebene kiesig-sandige Stellflächen. Von Bäumen umrahmt. 10 Touristenplätze.
2022: St/N 50.–.

42500 Mohammedia, Casabl.-S. ST-MA 6080

»CAMPING MOTEL MAROC« 1.1. bis 31.12.
☎ 00212 676 358822 5 m 60 000 qm

➔ A3 Rabat - Casablanca, Abf. Mohammedia-Est Ben Slimaue geradeaus - über die Flussbrücke - und beim zweiten Kreisverkehr rechts in die Route des Facultés. Beim nächsten Kreisverkehr die 3. Abf. in die Boulevard Hassan II und die nächste kleine Straße rechts abbiegen, beschildert. ✉ Plage Manismann (GPS: 33°42'30"N / 7°22'6" W).

Parzelliertes Gelände in einem Eukalyptuswald. Sandstrand 300 m entfernt. 60 Touristenplätze.

24074 Boulaouane, Casabl.-Settat ST-MA 6620

NEU

0 »KASBAH BOULAOUNE« 1.1. bis 31.12.
190 m

➔ In Boulaouane auf der R202 Richtung Süden fahren und nach 4.5 km links auf die R314 sowie nach 3 km wieder links zur Festungsanlage Kasbah Boulaoune abbiegen, noch 6 km, beschildert. ✉ Route de la Kasbah, Douar Loghrifa (GPS: 32°51'23"N / 8°1'13" W).
Festungsanlage (18. Jhdt.).

Übernachtungsplatz auf dem bewachten Parkplatz vor der Festung Kasbah Boulaoune. Auf einem Hügel am schmalsten Punkt einer Flussschleife gelegen. Schöne Panoramasicht über das gesamte Umland. Leicht abfallende, unparzellierte und schattenlose Stellflächen auf hartem Kiesboden. Keine Aufnahme von Campingverhalten gestattet. 2 Nächte max. Aufenthaltsdauer. Ort 15 km entfernt. 5 Touristenplätze.
2022: Stellplatz kostenlos

Oualidia, Casablanca-Settat ST-MA 6800

NEU

10 »CAMPING CAR DE OUALIDIA« 1.1. bis 31.12.

➔ Küstenstraße R 301, El Jadida-Safi, südlichwestlich von Oualidia bei einem Park gelegen, beschildert. ✉ Bd Tarik Ibn Ziad (GPS: 32°43'56"N / 9°2'39" W).

WC Ch 100 m 250 m

Großer Parkplatz für Wohnmobile neben einem kleinen Park in Meernähe. Ebene, markierte und schattenlose Stellflächen auf Pflaster. Ein Parkwächter kassiert die Campinggebühr persönlich. Brötchenservice. Auch für "Dickschiffe" geeignet. Das Aufstellen von Stühle, Tischen etc. (Campingbetrieb) ist nicht gestattet. 100 Touristenplätze.
2022: St/N 30.–, Frischwasser 20.–.

44005 Essaouira, Marr.-Safi ST-MA 7250/1

NEU

30 »CAMPING & HOTEL LE CALME« 1.1. bis 31.12.
Mobil 00212 600 603043
campinglecalme@yahoo.fr

➔ N 1, El Jadida - Agadir, nicht nach Essaouria abfahren, sondern weiter auf der N 1 bis zur Abfahrt auf die P 2212 nach Agerd / Idaougourd Bouzama, dann noch ca. 4.3 km auf der P 2212, beschildert. ✉ Idaougourd bouzama (GPS: 31°25'57"N / 9°39'29" W).

WC W Ch

Kleiner Stellplatz bei einem Hotel in ländlicher Umgebung. Ebenes und teils unparzelliertes Gelände, durch zahlreiche Bäume gegliedert. Ort (Essaouira) 18 km entfernt. 35 Touristenplätze.
2022: St/N inkl. 4 P/N 300.–.

44000 Essaouira, Marr.-Safi ST-MA 7250/2

NEU

10 »DAR EL BERNICHA« 1.1. bis 31.12.

darelbernicha@gmail.com

➔ N1 El Jadida - Essaouira, weiter auf der R207 Richtung Essaouira und kurz vor der Stadt rechts auf die R301 Richtung Afrate Haïssoun/Abd el Harbili abbiegen, beschildert. ✉ Afrate Haïssoun (GPS: 31°31'51"N / 9°41'21" W).

D WC Ch

Kleiner ummauerter Stellplatz im Hinterhof auf einem Privatgelände. Ebene schattenlose Stellflächen auf festem Kies. Stadt 10 km entfernt. 7 Touristenplätze.
2022: St/N inkl. 2 P/N 100.–.

40000 Marrakesch, Marr.-Safi ST-MA 7500

NEU

10 »REISEMOBIL-STELLPLATZ SCHATZ« 15.11. bis 15.5.
☎ 00212 101 73 909 380 m 14 000 qm
marokko-reisen@web.de, www.marokko-reisen.de/stellplatz

➔ A3 Casablanca - Marrakesch - Agadir, Abf. Douar Eddraâ und weiter auf der P2006 Richtung Marrakesch. Nach 13.4 km links Richtung Norden und nach weiteren 2.8 km rechts abbiegen, beschildert. ✉ (GPS: 31°41'38"N / 8°7'51" W).

D WC W Ch

Ummauerter Stellplatz bei einem Hotel (Kasbah). Ebene und parzellierte Stellflächen in einem Garten/Park. Überwiegend schattenlos. Von Palmen, Oliven und Citrusbäumen umgeben. Biotop mit zwei kleinen Teichen. Gratis Brötchenservice. Unter deutscher Leitung (Te. 0049 160/8032060) - Sanitär nach deutschem Standard. Es werden Touren durch Marokko angeboten (auch Tagestouren). Marrakesch ist ca. 7 km entfernt. 25 Touristenplätze.
2022: St/N inkl. 2 P/N 10.–.

45122 Aït Benhaddou, Drâa-Taf. ST-MA 8010

10 »MAISON D'HOTES NOUFLLA« 1.1. bis 31.12.
☎ 00212 618 750 102, Mobil 00212 618 397 602
infos@maisondhotes-nouflla.com, maisondhotes-nouflla.com

➔ N9 Aguim - Ouarzazate, bei Tabourahte links auf die P1506 Richtung Aït-Ben-Haddou abbiegen. Das Maison d'Hôtes Nouflla befindet sich direkt am Ortseingang auf der rechten Seite. ✉ (GPS: 31°2'27"N / 7°7'39" W).

WC W

Teils ummauerter, teils leicht umzäunter Stellplatz bei einem Hotel (Kasbah) am Ortsrand. Ebene, schattenlose Stellflächen auf Schotter in Terrassenlage oberhalb des Hotels. Sehr schöner Ausblick. Bar-Restaurant mit Panoramaterrasse. 12 Touristenplätze.
2022: St/N 40.–, P/N 10.–, WD 10.–, Strom/N 20.–.

Tarmigte, Drâa-Tafilalet ST-MA 8023

★★ **»BIVOUAC LA PALMERAIE«** 1.1. bis 31.12.
Mobil 00212 676 666064 2 000 qm
nfobivouac@gmail.com

➔ N 9, Ouarzazate - Zagora, südlich von Ouarzazate am Ortseingang von Tarmigte an der N 9 gelegen. ✉ Commune Rurale de Tarmigte (GPS: 30°54'15"N / 6°53'52" W).

Kleiner Caravanplatz am Ortsrand. Von einer hohen Mauer umgebenes gekiestes Gelände, durch zahlreiche Palmen beschattet. Ortszentrum 800 m entfernt. 12 Touristenplätze.
2022: St/N inkl. 2 P/N 70.–.

Imilchil, Drâa-Tafilalet ST-MA 8075

»AUBERGE TISLITE« 1.1. bis 31.12.
2260 m
contact@auberge-tislite.com, www.auberge-tislite.com

➔ R703/R317 Tinghir - Beni Mellal, ca. 4 km nach Imilchil auf der rechten Seite, beschildert. Die Zufahrt ist nicht für große Wohnmobile geeignet! ✉ (GPS: 32°11'48"N / 5°38'32" W).
Parc Nacional de l'Alt Atles Oriental.

Stellplatz in den Bergen bei einer Auberge direkt am See. Stellflächen auf Erde/Schotter, schattenlos und unparzelliert. Ort 4 km entfernt. 6 Touristenplätze.
2022: St/N 80.–.

Meski, Drâa-Tafilalet ST-MA 8205

»AU VIEUX KSAR - CHEZ ZAID« 1.1. bis 31.12.
☎ 00212 655 212675
zaidmeski@hotmail.fr

➔ N 13, von Errachidia in südlicher Richtung Erfoud, nach ca.15 km nach Meski. ✉ (GPS: 31°51'27"N / 4°16'58" W).

Stellplatz hinter einem kleinen Restaurant bei einer Dattelpalmoase am Fluss Ziz. Von einer Mauer eingefasstes, ebenes Gelände. Überwiegend schattenlos. Nur für kleinere Fahrzeuge. 5 Touristenplätze.
2022: St/N 70.–, Strom/N 20.–.

Rissani, Drâa-Tafilalet ST-MA 8225

»KASBAH ENNASRA« 1.1. bis 31.12.
☎ 00212 535 774403
hassanlbidwin@yahoo.fr

➔ N 13, Erfoud - Merzouga, nördlich von Rissani an der Abzweigung zur N 12 auf der rechten Seite gelegen. ✉ N 13 (GPS: 31°17'22"N / 4°17'30" W).

Campingplatz hinter einem Hotel, in Ortsrandlage. Leicht unebene Stellfächen auf Sand und Schotter und ein wenig Schatten durch vereinzelte Palmen. Ort 4 km entfernt. 30 Touristenplätze.
2022: St/N inkl. 2 P/N 60.–. Entsorgung und Wasser inklusive.

52202 Merzouga, Drâa-Tafilalet ST-MA 8240/1

»HOTEL LES PORTES DU DÉSERT« 1.1. bis 31.12.
☎ 00212 535 577303 700 m 5 000 qm
lesportesdudesert@free.fr, www.lesportesdudesert.com

➔ N 13, Erfoud - Taouz, in Merzouga an der N 13 gelegen, beschildert. ✉ (GPS: 31°4'45"N / 4°0'36" W).

Kleiner Caravanplatz bei einem Hotel mit Blick auf die Sanddünen des Erg Chebbi. Von einer Mauer eingefasstes, ebenes Gelände, durch Buschreihen und Palmen gegliedert. Organisation von Ausflügen. Unter spanisch-französisch / marokkanischer Leitung. Frühstücksservice möglich. Ortszentrum 600 m entfernt. 25 Touristenplätze.
2022: C MC-St/N inkl. 2 P/N 68.–, T-St/N inkl. 2 P/N 58.–, Strom/N 30.–.

52202 Merzouga, Drâa-Tafilalet ST-MA 8240/2

»AUBERGE SAHARA« 1.1. bis 31.12.
☎ 00212 535 577039, Mobil 00212 666 766355
aubergesahara@gmail.com, www.aubergesahara.com

➔ N 13, Erfoud-Taouz, ca. 8 km nördlich von Merzouga auf die R 702 nach Hassilabied abbiegen. ✉ Ksar Hassi Labiad (GPS: 31°8'10"N / 4°1'12" W).

Kleiner Camping-/Stellplatz bei einem Hotel in der Oase von Hassi Labiad, in der Nähe der Dünen von Erg Chebbi. Von einer Mauer umgebenes, ebenes Gelände mit vereinzelten Büschen und Palmen. Organisation von Ausflügen. Ort (Merzouga) 8 km entfernt. 30 Touristenplätze.
2022: St/N inkl. 2 P/N 70.–.

52202 Merzouga, Drâa-Tafilalet ST-MA 8240/3

NEU

»KSAR SANIA« 1.1. bis 31.12.
☎ 00212 535 577414, Mobil 00212 661 359910
francoise.crocq@gmail.com, auberge-ksarsania-merzouga.com

➔ N 13 Erfoud - Taouz, in Merzouga am Ortsausgang gelegen. ✉ N 13 (GPS: 31°5'6"N / 4°0'31" W).

Kleiner Caravanplatz bei einer Herberge am Ortsrand, bei den Sanddünen des Erg Chebbi. Von einer Mauer umgebenes Gelände mit vereinzelten Bäumen und Büschen. Auch für Zelt möglich. Unter französischer Leitung. Ortszentrum 1 km entfernt. 10 Touristenplätze.
2022: St/N inkl. 2 P/N 60.–, weitere P/N 30.–, Strom/N 25.–.

52202 Merzouga, Drâa-Tafilalet ST-MA 8240/4

»KASBAH MOHAYUT« 1.1. bis 31.12.
☎ 00212 6660 39185, Mobil 00212 6611 44620 700 m
hotelmohayut@gmail.com, www.hotelmohayut.com

➔ N 13 Erfoud - Taouz, ca. 5 km nördlich von Merzouga auf die R 702 nach Hassilabied abbiegen. ✉ Hassilabied (GPS: 31°7'52"N / 4°1'2" W).

Ummauerte Stellmöglichkeit bei einem Hotel. Ebene Stellflächen auf Erde/Schotter/Sand mit vereinzelten Palmen und Olivenbäumen. Kamel-Touren in die Wüste buchbar. Ortszentrum 6 km entfernt. 8 Touristenplätze.
2022: St/N inkl. 2 P/N 60.–, Strom/N 20.–.

M'ssici, Drâa-Tafilalet ST-MA 8280

»CAMPING AZURITE« 1.1. bis 31.12.
Mobil 00212 661 872164
info@auberge-azurite.com

➔ N 12, Erfoud - Alnif, am Ortseingang von M'ssici rechts einbiegen, dann gleich wieder rechts. ✉ N 12 (GPS: 31°13'16"N / 4°49'19" W).

Stellplatz bei einer Herberge am Ortsrand. Stellflächen auf Sand und Kies. Überwiegend schattenlos. Sanitäranlagen in schlechtem Zustand. Ortszentrum 1 km entfernt. 20 Touristenplätze.
2022: St/N inkl. 2 P/N 60.–.

Ouzina, Drâa-Tafilalet ST-MA 8305

»AUBERGE OUZINA RIMAL« 1.1. bis 31.12.
Mobil 00212 667 252110
ouzinarimalmorocco@gmail.com, www.ouzinarimal.com

➔ N 13, Erfoud - Taouz, in Taouz weiter auf der Ouzina-Piste, in Richtung Ramlia. ✉ (GPS: 30°44'46"N / 4°12'46" W).

Stellplatz bei einer Herberge in der Wüste. Ebenes schattenloses Sand/Kiesgelände. Organisation von Ausflügen in die Wüste. 20 Touristenplätze.
2022: St/N inkl. 2 P/N ~40.–.

Ramlia, Drâa-Tafilalet ST-MA 8310

»AUBERGE RAMILIA« 1.1. bis 31.12.
☎ 00212 671 774084 1 000 qm
aghbalouramlia@yahoo.com

➔ N 13, Erfoud - Taouz, in Taouz weiter auf der Pistestraße nach Ramlia. ✉ (GPS: 30°42'26"N / 4°22'57" W).

Stellplatz bei einer Herberge am Rand der Sahara. Von einer Mauer umgebenes Gelände ohne Schatten. 20 Touristenplätze.
2022: St/N inkl. 2 P/N ~80.–.

Sidi Ali, Drâa-Tafilalet ST-MA 8320/1

»AUBERGE LAC MAIDER« 1.1. bis 31.12.
☎ 00212 535 884656
lacmaider@yahoo.com

➔ N 13, Erfoud - Taouz, in Taouz weiter auf der Pistestraße nach Ramlia und Sidi Ali ✉ Tafraoute Montagnes Road (GPS: 30°40'8"N / 4°41'10" W).

Camping-/Stellplatz bei einer Herberge am Rand der Wüste in der Nähe von der Ortschaft Sidi Ali. Von einer Mauer umgebenes Gelände, ohne Schatten. Ort (Sidi Ali) 2.5 km entfernt. 20 Touristenplätze.
2022: St/N inkl. 2 P/N 70.–.

Sidi Ali, Drâa-Tafilalet ST-MA 8320/2

»AUBERGE TAFRAOUTE« 1.1. bis 31.12.
Mobil 00212 667 214559
info@merzougatozagora.com

➔ N 13, Erfoud - Taouz, in Taouz weiter auf der Pistenstraße nach Ramlia und Sidi Ali. ✉ Tafraoute Montagnes Road (GPS: 30°40'8"N / 4°40'45" W).

Stellplatz bei einer Herberge am Rand der Sahara. Schattenlose Stellflächen auf Sand und Kies. Ort (Sidi Ali) 3 km entfernt. 5 Touristenplätze.

47900 Zagora, Drâa-Tafilalet ST-MA 8450/1

»AUBERGE CHEZ HASSAN« 1.1. bis 31.12.
Mobil 00212 670 111837
gouchi2002@yahoo.fr

➔ N 9, Ouarzazate - Zagora, in der Ortschaft Ternata, ca. 5 km vor Zagora auf der linken Seite gelegen. ✉ (GPS: 30°23'8"N / 5°51'3" W).

Stellplatz bei einer Herberge. Von einer hohen Mauer umgebenes Gelände mit Stellflächen auf Sand und Rasen, durch Palmen beschattet. Nur für kleinere Fahrzeuge bis 7 m Länge geeignet. Ort (Zagora) 5 km entfenrt. 10 Touristenplätze.
2022: St/N inkl. 2 P/N ~50.–.

47900 Zagora, Drâa-Tafilalet ST-MA 8450/2

»AUBERGE PRENDS TON TEMPS« 1.1. bis 31.12.
Mobil 00212 671 728018
f_laalili@yahoo.fr, www.prendstontemps.com

→ N 9, Ouarzazate - Zagora, in Zagora am östlichen Ortsrand. ✉ Hay el Mansour Eddahbi (GPS: 30°20'16"N / 5°49'56" W).

500 m
Stellplatz bei einer Herberge mit Blick auf Sanddünen. Stellflächen auf Sand in einem von einer Mauer umgebenen Hof. Stellplatz-Länge bis max. 7 m. Frühstücksangebot. Organisation von Kamel- oder Geländewagentouren. Ortszentrum 500 m entfernt. 5 Touristenplätze.
2022: St/N inkl. 2 P/N 100.–.

Tamegroute, Drâa-Tafilalet ST-MA 8455/1

»HERBERGE JNANE-DAR DIAFA« 1.1. bis 31.12.
Mobil 00212 661 348149 3 000 qm
contact@jnanedar.ch, www.jnanedar.ch

→ N 9, Zagora - Mhamid, am Kreisverkehr im Zentrum von Tamegroute links abbiegen, nach ca. 250 m auf der linken Seite, beschildert. ✉ (GPS: 30°15'42"N / 5°40'55" W).

Kleines gekiestes Campinggelände bei einer Herberge am Rand eines Wohngebietes. Von einer Mauer umgebenes ebenes Gelände mit vereinzelten Palmen und Sträuchern. Organisation von Ausflügen. Ortszentrum 500 m entfernt. 15 Touristenplätze.
2022: St/N inkl. 2 P/N 60.–.

Tamegroute, Drâa-Tafilalet ST-MA 8455/2

NEU
»KASBAH HOTEL SAHARA SKY« 1.1. bis 31.12.
Mobil 00212 667 351943
resa@saharasky.com, www.saharasky.net/hotel/deutsch/

→ N9, Zagora - Mhamid, südlich von Tamegroute an der N9 gelegen, beschildert. ✉ N9 (GPS: 30°14'13"N / 5°36'32" W).

Stellplatz bei einer Herberge in der Wüste südöstlich von Tamegroute. Stellflächen auf Sand und Kies, ohne Längenbeschränkung. Terrasse mit großen Teleskopen. Ort 9 km entfernt. 20 Touristenplätze.
2022: Bei Verzehr kostenlos.

Mhamid, Drâa-Tafilalet ST-MA 8480/1

NEU
»CAMPING LA BOUSSOLE« 1.1. bis 31.12.
Mobil 00212 660 483398
boussoleledesahara@yahoo.fr, www.camping-boussole-sahara.com

→ N 9, Zagora - Mhamid, in Mhamid am einzigen Kreisverkehr rechts in bis zum Ende der Asphaltstraße, dann noch ca. 200 m. ✉ (GPS: 29°49'45"N / 5°43'56" W).

500 m
Kleiner Platz am Ende des Dorfes auf einer felsigen Landzunge am Rande der Wüste. Ebenes und unparzelliertes Gelände mit sandig/hartem Untergrund. Überwiegend schattenlos. Kleines Sanitär - aber kein europäischer Standard. Abfallentsorgung möglich. Barzahlung. Organisation von Ausflügen in die Wüste. Ort 500 m entfernt. 12 Touristenplätze.
2022: St/N inkl. 2 P/N und Frischwasser 80.–.

Mhamid, Drâa-Tafilalet ST-MA 8480/2

»CAMP BIVOUAC HASSI SAMARA« 1.1. bis 31.12.
Mobil 00212 623 898901
chezsaidsahara@gmail.com

→ N 9, Zagora - Mhamid, in Mhamid am einzigen Kreisverkehr rechts, bis zum Ende der Asphaltstraße, dann noch ca. 2.6 km auf unbefestigter Straße. ✉ Route Chegaga (GPS: 29°50'5"N / 5°45'18" W).

Stellplatz bei einem Bivouac ca. 3 km westlich von Mhamid bei den Dünen von M'hamid. Stellflächen auf Sand und Kies. Frühstücksangebot. Kamelausflüge in die Wüste. Ort 2.5 km entfernt. 4 Touristenplätze.
2022: St/N 30.–.

Foum Zguid, Souss-Massa ST-MA 8510/1

NEU
»AUBERGE CAMPING SABLE D'OR« 1.1. bis 31.12.
Mobil 00212 666 136822
tsaid2009@hotmail.fr

→ N12, Zagora - Tata, am südlichen Ortsausgang von Foum Zguid auf der linken Seite gelegen. ✉ N12 (GPS: 30°4'0"N / 6°51'59" W).

Stellplatz bei einer Herberge außerhalb der Ortschaft. Ebene schattenlose Stellflächen auf Sand in einem ummauerten Hof. Ort 1 km entfernt. 15 Touristenplätze.
2022: (€) St/N inkl. 2 P/N ~4.–. Entsorgung und Wasser inklusive.

Foum Zguid, Souss-Massa ST-MA 8510/2

NEU
»HOTEL BAB RIMAL« 1.1. bis 31.12.
☎ 00212 528 216278, Mobil 00212 661 617436
contact@babrimal.com

→ N12, Zagora - Tata, ca. 5 km nördlich von Foum Zguid bei der Ponte Oued Amezrou an der N12 gelegen. ✉ N12 (GPS: 30°7'43"N / 6°52'4" W).

Ummauerter Stellplatz bei einem Wüstenhotel in Ortsrandlage. Ebene schattenlose Stellflächen auf Sand und Kies. Die Hotelanlagen können genutzt werden. Frühstücksangebot. Ort (Foum Zguid) 5 km entfernt. 35 Touristenplätze.
2022: St/N inkl. 2 P/N 85.–. Entsorgung und Wasser inklusive.

85000 Tiznit, Souss-Massa ST-MA 8780

NEU
»RYAD CAMPING« 1.1. bis 31.12.
☎ 00212 528 600385 10 000 qm
assllaf@gmail.com

→ N 1, Agadir - Tiznit, in Tiznit am Kreisverkehr R104 in Richtung Bouargane. Am östlichen Ortsausgang von Tiznit an der R104 gelegen. ✉ R104 (GPS: 29°41'46"N / 9°42'37" W).

Großer Stellplatz neben einem Wohngebiet am Ortsrand. Ebenes schattenloses Gelände, von einer Mauer umgeben. Ortszentrum 2.5 km entfernt. 70 Touristenplätze.
2022: (€) St/N inkl. 2 P/N ~8.50, Strom/N ~2.–. WD inklusive.

MA

Tafraoute, Souss-Massa ST-MA 8850

NEU
»LES TROIS PALMIERS« 1.1. bis 31.12.
☎ 00212 528 800038 1000 m 5 000 qm
camping3palmiers@tafraout.info

→ R104, Tiznit - Tafraoute, am Kreisverkehr in Tafraoute die 4. Ausfahrt nehmen. ✉ Route 104 Tiznit/Tafraout (GPS: 29°43'18"N / 8°58'45" W).

500 m
Zweigeteilter Camping-/Stellplatz am Ortsrand mit schönem Blick auf die umliegenden Berge. Ein Teil innerhalb der Ummauerung und ein Teil außerhalb. Durch einzelstehende Palmen aufgelockert und teils leicht beschattet. Stellflächen überwiegend schattenlos. Ortszentrum 500 m entfernt. 50 Touristenplätze.
2022: St/N 75.–.

Ammelne, Souss-Massa ST-MA 8851

NEU
»HOTEL L'ARGANIER« 1.1. bis 31.12.
☎ 00212 528 800020
argohotel@yahoo.fr

→ R104, Tiznit - Tafraoute, in Tafraoute auf die R105 in nördliche Richtung bis Ammelne, beschildert. ✉ (GPS: 29°45'21"N / 8°57'43" W).

Stellplatz bei einem Hotel am Ortsrand. Von einer Mauer umgeben. Eben überwiegend schattenlose Stellflächen auf Sand und Kies. 15 Touristenplätze.
2022: St/N inkl. 2 P/N 60.–. Wasser und Strom inklusive.

Tata, Souss-Massa ST-MA 8890

NEU
»CAMPING PALMIER« 1.1. bis 31.12.
☎ 00212 528 802810 650 m 10 000 qm
palmier.tata@gmail.com

→ N 12, Assa - Zagora, im Ortszentrum von Tata auf die P1805 (Av.Mohammed V) in Richtung Igherm abbiegen, dann nach ca. 1 km auf der linken Seite. ✉ (GPS: 29°45'11"N / 7°58'28" W).

Campingplatz am Ortsrand. Ebenes Sand- und Kiesgelände, durch Palmenreihen gegliedert und leicht beschattet. Ortszentrum 1 km entfernt. 40 Touristenplätze.
2022: St/N inkl. 2 P/N 80.–.

85352 Mirleft, Guel.-Oued Noun ST-MA 9010

»CAMPING LE NOMADE« 1.1. bis 31.12.
☎ 00212 528 719014
marocnomades@yahoo.fr

→ Küstenstraße R 104, Gourizim-Sidi Ifni, im Zentrum von Mirleft meerwärts in die Straße Bd Legzira einbiegen, dann am Kreisverkehr bei der Moschee links in die Rue Las palma, noch ca. 800 m. ✉ Rue Las palmas (GPS: 29°34'48"N / 10°2'37" W).

Stellplatz in einem Wohngebiet. Von einer Mauer umgebenes, ebenes Gelände. Teilweise beschattet. Außenküche. Ortszentrum 1 km entfernt. 5 Touristenplätze.
2022: (€) St/N 8.–. Entsorgung und Wasser inklusive.

82000 Sidi Ifni, Gu.-O. No. ST-MA 9030/1

NEU
»CAMPING SIDI IFNI« 1.1. bis 31.12.
☎ 00212 528 780707 3 000 qm
camping.elbarco@gmail.com

→ Küstenstraße R 104, Gourizim-Sidi Ifni, am Kreisverkehr am Ortseingang von Sidi Ifni rechts meerwärts abbiegen, dann auf der rechten Seite. ✉ Rues des Plage (GPS: 29°23'6"N / 10°10'24" W).

Kleiner Campingplatz am Meer. Von einer Mauer eingefasstes ebenes Gelände am Meer. Ortszentrum 1 km entfernt. 50 Touristenplätze.
2022: St/N 75.–.

82000 Sidi Ifni, Gu.-O. No. ST-MA 9030/2

NEU

10 »CAMPING EL BARCO« 1.1. bis 31.12.
00212 528 780707 10 000 qm
camping.elbarco@gmail.com, www.complexe-elbarco.com

➔ Küstenstraße R 104, Gourizim - Sidi Ifni, am Kreisverkehr am Ortseingang von Sidi Ifni rechts meerwärts abbiegen, dann auf der linken Seite. ✉ Rues des Plages (GPS: 29°23'2"N / 10°10'28" W).

WC Ch 500 m

Campingplatz an der Strandpromenade von Sidi Ifni unterhalb der Steilküste, mit Blick auf das Meer. Langgezogenes parzelliertes Gelände, überwiegend schattenlos. Sanitäranlagen im Hotel. Ortszentrum 1 km entfernt. 60 Touristenplätze.
2022: St/N inkl. 2 P/N 75.–, weitere P/N 20.–, Strom/N 20.– (10 A). WD, Wasser und Entsorgung inklusive.

81000 Guelmim, Guel.-Oued Noun ST-MA 9200

NEU

10 »COMPLEXE TOURISTIQUE BOU JERIF« 1.1. bis 31.12.
Mobil 00212 672 130017
info@boujerif.com, www.boujerif.com

➔ N12, Tiznit - Guelmim, von Guelmim auf die N12 Richtung Sidi Ifni, am Ortsausgang links in Richtung Brij zum Complexe Touristique Bou Jerif, beschildert. ✉ (GPS: 29°4'56"N / 10°19'52" W).

WC Ch

Stellplatz bei einem Touristik-Komplex in den Dünen. Überwiegend schattenlos. Stellflächen auf Sand und Kies. Duschen mit Solarwarmwasser. Frühstück, Halb- und Vollpension möglich. Ort (Guelmim) 43 km entfernt. 20 Touristenplätze.
2022: St/N inkl. 2 P/N 90.–, weiter P/N 45.–. Entsorgung und Wasser inklusive.

REPUBLIK NORD-MAZEDONIEN

Besondere Vorschriften und Regelungen

Personaldokumente: Gültiger Reisepass oder Personalausweis (mit Personalausweis sind jedoch Verzögerungen bei der Einreise möglich) bis zu einem Aufenthalt von 3 Monaten. Kinder unter 12 Jahren benötigen einen Kinderreisepass. Die Reisedokumente müssen mindestens 3 Monate über den Aufenthalt hinaus gültig sein. Detaillierte Informationen erhalten Sie vom Auswärtigen Amt, www.auswaertiges-amt.de.

Impfbescheinigungen: Werden nicht verlangt.

Dokumente für Haustiere: Für Hunde und Katzen ist ein Amtstierärztliches Gesundheitszeugnis mitzuführen, sowie ein Tollwutimpfzeugnis (Impfung mindestens 15 Tage, aber nicht länger als 6 Monate zurückliegend).

Kfz: Der Nationaler Führerschein und die nationale Zulassung sind ausreichend. Nationalitätskennzeichen "D" muss an der Rückseite des Fahrzeugs angebracht sein. Falls die Einreise nicht mit dem eigenen Fahrzeug erfolgt, muss eine Vollmacht mitgeführt werden. Es besteht Haftpflichtversicherungszwang. Die Internationale Grüne Versicherungskarte ist Pflicht. Sie ist gültig, wenn Mazedonien (Republik Nordmazedonien - MK) darauf vermerkt ist. Andernfalls ist bei Grenzübertritt eine Versicherung abzuschließen. Wegen unzureichender Leistungen wird dringend der Abschluss einer Kurzkasko- und Insassen-Unfallversicherung im Heimatland angeraten.

Verkehrsvorschriften: Es besteht Rechtsverkehr. Beim Abschleppen muss an der Frontseite des Schleppfahrzeugs und am Heck des geschleppten Kfz ein Warndreieck angebracht sein. Unfälle mit verletzten Personen oder erheblichen Sachschäden sind der Polizei zu melden (bei auffälligen Karosserieschäden unbedingt von der Polizei eine Schadensbestätigung ausstellen lassen). Das Anschalten des Abblendlichts ist für Kfz und Motorräder/Mopeds auch am Tag vorgeschrieben. Schneeketten sind in der Zeit zwischen 15. November und 15. März Pflicht. Motorradfahrer müssen einen Schutzhelm tragen. Es wird empfohlen, einen Satz Glühlampen als Reserve mitzuführen. Telefonieren mit dem Handy ohne Freisprecheinrichtung während der Fahrt ist verboten. Promillegrenze 0.5 bzw. 0.1 für Fahranfänger die Ihren Führerschein seit weniger als 2 Jahre besitzen.

Straßennetz: Das Straßennetz ist gut ausgebaut und umfasst ca. 13.000 km. Allerdings kann es auf den Nebenstraßen oder bei Ortsdurchfahrten manchmal ein wenig eng werden und der Straßenbelag kann abschnittsweise von sehr gut bis zur Schlaglochpiste wechseln.

Straßengebühren: Circa 216 km Autobahnabschnitte sind mautpflichtig. Bezahlen kann man direkt auf der Autobahn bei den Zahlstationen in Euro oder Denar, aber auch mit Kreditkarte. Informationen dazu gibt es auf den Webseiten von Fund for National and Regional Roads of Republic of Macedonia: *www.roads.org.mk*.

Telefon: Deutschland-Republik Nordmazedonien: 00389. Republik Nordmazedonien-Deutschland: 0049.

Unfallnotruf: Polizei 192, Feuerwehr 193, Unfallrettung 194, Pannendienst: 196.

Pannenhilfe: Diese leistet der Automobilclub AMCM, Skopje, Tel. (02) 318 11 81, *info@amsm.com.mk*, *www.amsm.mk.* Deutschsprachiger ADAC-NOTRUF ganzjährig erreichbar unter Tel. (00381 11) 13 33 11 11.

Devisen: Ab 10.000 Euro besteht bei der Einfuhr von Fremd-/Landeswährung eine Deklarationspflicht. Bei der Ausfuhr darf Fremd-/Landeswährung in Höhe der deklarierten Einfuhr abzüglich der umgetauschten Beträge ausgeführt werden. Ausländische Währungen können problemlos in Banken und offiziellen Wechselstuben umgetauscht werden, Quittungen sollten Sie bis zur Ausreise aufbewahren. Es ist jedoch immer häufiger die Barzahlung mit Euro möglich. Für den Umtausch von Denar in Euro werden von den mazedonischen Banken Gebühren erhoben. Internationale Kreditkarten werden meist nur in den größeren Hotels, Restaurants und Geschäften akzeptiert (vor der Reise mit dem Hotel abklären). An Geldautomaten in Skopje und größeren Städten kann mit den gängigen Bank- und Kreditkarten Geld abheben.

Camping: In Nord-Mazedonien gibt es noch nicht viele Campingplätze. Die meisten befinden sich in der Umgebung des Ohridsees oder in Stadtrandgebieten. Viele sind für einen entspannten und naturverbunden Urlaub geeignet, da sie oft an Gewässern liegen oder in der Umgebung von Wandergebieten. Wildcampen ist offiziell zwar nicht verboten, es wird jedoch aus Sicherheitsgründen, besonders im Bereich von Städten, die Übernachtung auf Campingplätzen empfohlen.

Allgemeine Informationen:
D-14193 **Berlin,** Botschaft der Republik Nordmazedonien
Königsallee 2-4
Tel.: (030) 89 06 95 22, Fax: (030) 89 54 11 94
www.mfa.gov.mk, berlin@mfa.gov.mk (Konsularabteilung)

Vertretung der Bundesrepublik Deutschland:
Skopje Embassy of the Federal Republic of Germany
Ul. Lerinska 591000 Skopje /Mazedonien
Tel: (00389) 2 309 39 00
www.skopje.diplo.de, visa@skop.diplo.de

Campingplätze:

Gebühren in Landeswährung und Euro.

Währungseinheit:	1 Denar (Den) = 100 Deni
Devisenkurs:	100 Den = ca. 1.62 Euro
	1 Euro = ca. 60.24 Den (Stand: Okt. 2022)

Bei Gebühren mit der Vorjahreszahl muss eventuell mit einer Anhebung der Gebühren für das aktuelle Jahr gerechnet werden. Außerdem können sich die angegebenen Öffnungszeiten verändert haben und es besteht die Möglichkeit, dass angegebene Ermäßigungen nicht mehr gewährt werden.

1200 Popova Šapka, Polog ST-MK 1600

»HOTEL SCARDUS« 1.1. bis 31.12.
00389 76 259 806
info@hotelscardus.com, hotelscardus.com

➔ E 65, Skopje-Tetovo, in Tetovo auf die R1209 nach Popova Šapka, dort oberhalb der Ortschaft am Hotel Scardus. ✉ R1209, Popova Shapka (GPS: 42°0'59"N / 20°52'52" E).

WC

Stellplatz auf dem Parkplatz eines Hotels in einem Skigebiet. Restaurantbesuch obligatorisch. Wellness- und Spaangebote im Hotel. Ortszentrum 500 m entfernt. 5 Touristenplätze.

1000 Skopje, Skopje ST-MK 2500

»DENI AUTOHOF 001« 1.1. bis 31.12.
00389 2 2581752
info@deniint.com.mk
www.deniint.com.mk/unsere-services/autohof-001/?lang=de

➔ A 2, Skopje-Miladinovtsi, östlich von Skopje an der A 2 gelegen, beschildert. ✉ Street 34 (GPS: 41°59'40"N / 21°32'33" E).

WC W

Stellplatz auf einem LKW-Parkplatz an einem Rasthof. Stellflächen auf Asphalt, ohne Längenbeschränkung. Ort 8 km entfernt. 20 Touristenplätze.

1300 Vojnik, Nordosten ST-MK 3300

»ETNO SELO TIMCEVSKI« 1.1. bis 31.12.
00389 75 497749

➔ A 2, Kumanovo - Kriva Palanka, ca. 4 km östlich von Mlado Nagorichane rechts abbiegen, beschildert. ✉ (GPS: 42°9'28"N / 21°51'44" E).

WC

Stellplatz bei einem Hotel. Stellflächen auf Schotter und Wiese, ohne Längenbeschränkung. Restaurantbesuch obligatorisch. Ort 8 km entfernt. 10 Touristenplätze.

2000 Štip, Osten — ST-MK 4500

»GBC STOP« — 1.1. bis 31.12.
☏ 00389 32613777
gbcrentakar@gbccom.com.mk

➔ A 3, Veles-Opština Kočani, auf die R1204 nach Štip abfahren, dort im Ortszentrum beim Multimedia-Center der nationalen Rundfunkgesellschaft. ✉ 5ta Partiska Konferencija (GPS: 41°44'49"N / 22°12'7" E).

Stellplatz speziell für Reisemobile beim Restaurant am Multimedia-Center, im Ortszentrum. Ausgewiesene und markierte Stellflächen auf Pflaster, bis 6 m Länge. 2 Touristenplätze.

1442 Demir Kapija, Vardar — ST-MK 6405

»POPOVA KULA WINERY« — Apr. bis Okt.
☏ 00389 43 367400, Mobil 00389 75 432600
reservation@popovakula.com.mk, www.popovakula.com.mk

➔ A 1/E 75, Veles-Gevgelija, nördlich von Demir Kapija auf die R1102 abbiegen, dann am nördlichen Ortsrand von Demir Kapija rechts einbiegen, noch ca. 1.5 km. ✉ Bulevar na vinoto br.1 (GPS: 41°24'40"N / 22°13'34" E).

Stellplatz bei einem Weingut in ruhiger Einzellage. Stellflächen auf Schotter, bis 8 m Länge. Hotel und Restaurant. Weinverkostung. Guter Ausgangspunkt für Mountainbiking und Wandern. Ort 1.5 km entfernt. 10 Touristenplätze.

7500 Prilep, Pelagonien — ST-MK 7280

»HOTEL KRISTAL« — 1.1. bis 31.12.
☏ 00389 48 418000
info@kp.mk, www.kristalpalas.com.mk

➔ A 3, Prilep-Bitola, Abf. Prilep, in Prilep gegenüber dem Hauptbahnhof rechts in die Lenin Street einbiegen, nach ca. 150 m auf der linken Seite. ✉ Lenin street 184 (GPS: 41°20'42"N / 21°32'30" E).

W 300 m

Eingezäunter Stellplatz auf dem Parkpaltz eines Hotels. Stellflächen auf Asphalt, bis 8 m Länge. Ortszentrum 500 m entfernt. 3 Touristenplätze.

6000 Trpejca, Südwesten — ST-MK 8110

»GREBNOS« — 1.1. bis 31.12.
☏ 00389 71 387241, Mobil 00389 70 331706
spopstefanija@yahoo.com, www.grebnos.com

➔ A2 Gostivar-Ohrid, bei Podmolje links weiter Richtung Bitola/Ohrid (A3). Kurz vor Ohrid rechts auf die P501 / P1301 Richtung Sv. Naun abfahren. Der Straße rund um den See bis ans südliche Ende in Richtung Ljubanishta folgen, dann am südlichen Ortsrand von Trpejca rechts einbiegen, beschildert. ✉ Trpejca (GPS: 40°57'29"N / 20°46'53" E).

Ch 200 m

Stellplatz in der Nähe des Ohridsees, am Galicica National Park. Stellflächen auf Wiese, ohne Längenbeschränkung. Ortszentrum 500 m entfernt. 10 Touristenplätze.

6000 Ohrid, Südwesten — ST-MK 8115

»CAMPER STOP K'J DIVONO« — 15.4. bis 15.10.
☏ 00389 78 472482
camperstopdivono@gmail.com, www.aquatica.mk

➔ A 2, Skopje-Ohrid, bei Podmolje links weiter Richtung Bitola/Ohrid (A 3). Kurz vor Ohrid rechts auf die P1301 Richtung Sv. Naun abfahren. Ca. 3 km südlich von Ohrid rechts zum See abbiegen, beschildert. ✉ Naum Ohridski no. 10 (GPS: 41°5'27"N / 20°48'1" E).

Ch S 3 km

Stellplatz bei einem Segelclub. Stellflächen auf Rasen unter Bäumen. Schöner Blick auf den Ohridsee. Ort 3 km entfernt. 10 Touristenplätze.

6330 Kalishta, Südwesten — ST-MK 8210

»CAMP LAKESIDE« — 1.1. bis 31.12.
☏ 00389 78 271491
campinglakeside@gmail.com

➔ R 1208, Struga-Kališta, an der R 1208 ca. 4 km südwestlich von Struga am Ohridsee gelegen. ✉ Struga Kalishta (GPS: 41°9'5"N / 20°39'4" E). ∴ Moschee im Dorfzentrum 17. Jh., Alte Moschee am See 15. Jh., Kloster Kališta.

Ch

Stellplatz bei einem Restaurant direkt am Ohridsee. Stellflächen auf Wiese, bis 8 m Länge. Ortszentrum 500 m entfernt. 6 Touristenplätze.

MONTENEGRO

Besondere Vorschriften und Regelungen.

Personaldokumente: Gültiger Reisepass oder bei einem touristischen Aufenthalt von maximal 30 Tagen der Personalausweis. Kinder unter 12 Jahren benötigen einen Kinderreisepass. Diese werden mit einer Gültigkeitsdauer von sechs Jahren ausgestellt, und zwar längstens bis zur Vollendung des zwölften Lebensjahres. Lichtbild bei Kindern unter 5 Jahren erforderlich. Ab dem zwölften Lebensjahr kann ein Reisepass oder Personalausweis beantragt werden. Detaillierte Informationen erhalten Sie vom Auswärtigen Amt, www.auswaertiges-amt.de.

Impfbescheinigungen: Werden nicht verlangt. Empfohlene Impfung: saisonal FSME.

Dokumente für Haustiere: Für die Mitnahme von Hunden und Katzen sind der »EU-Heimtierausweis« mit Kennzeichnung des Tieres (durch Mikrochip oder Tätowierung), Tollwutimpfung (mindestens 15 Tage, höchstens 6 Monate vor Einreise) und klinische Untersuchung (amtstierärztliches Gesundheitszeugnis) erforderlich. Außerdem sind die Einfuhrbestimmungen des Heimatlandes zu berücksichtigen. Detaillierte Informationen sind rechtzeitig vorab beim Tierarzt einzuholen.

Kfz: Nationaler Führerschein und Zulassungsschein. Das Länderkennzeichen »D« muss an Fahrzeugen, auch an Anhängern, angebracht sein. Die Mitnahme der »Internationalen Grünen Versicherungskarte« mit dem Eintrag "MNE" wird empfohlen und sollte auch für den Anhänger (WW) dabei sein, sonst muss eine Kurzzeitversicherung gelöst werden. Ist der Fahrer nicht der Eigentümer des Fahrzeuges, muss eine Benutzungsvollmacht des Fahrzeughalters mitgeführt werden. Wegen unzureichender Leistungen montenegrinischer Versicherungen ist der Abschluss einer Kurzkasko- und Insassenunfallversicherung im Heimatland dringend erforderlich. Unfälle müssen am Schadensort der Polizei gemeldet werden, bestätigt mit einem Schadensprotokoll (Potvrda). Fahrzeuge mit auffälligem Karosserieschaden dürfen nur mit polizeilicher Schadensbestätigung das Land wieder verlassen.

Verkehrsvorschriften: Geschwindigkeitsübertretung, Überholen in Tunnels, Fußgängergefährdung am Zebrastreifen und der Verstoß gegen die Promillegrenze können mit Führerscheinentzug bestraft werden. Schienenfahrzeuge und Linienbusse haben beim Einfädeln stets Vorrang. Gekennzeichnete Schul- oder Kinderbusse dürfen nicht passiert werden, wenn zum Ein- oder Ausstieg angehalten wird. Während des gesamten Überholvorgangs anderer Fahrzeuge muss geblinkt werden. Kinder unter 12 Jahren müssen auf den Rücksitzen mitfahren. Es besteht Gurtpflicht. Fahrzeuge müssen auch tagsüber mit Abblendlicht fahren. Beim Abschleppen muss an der Frontseite des Schleppfahrzeugs und am Heck des geschleppten Kfz ein Warndreieck angebracht sein. In jedem Fahrzeug muss eine fluoreszierende Warnweste - griffbereit über der Rückenlehne des Fahrersitzes gehängt - mitgeführt werden. Auch Motorradfahrer müssen eine Warnweste vorweisen. Telefonieren mit dem Handy ohne Freisprecheinrichtung während der Fahrt ist verboten. Motorradfahrer müssen einen Schutzhelm tragen. Promillegrenze: 0,5.

Straßengebühren: Die Autobahnen in Montenegro sind gebührenfrei.

Der Tunnel Sozina auf der Strecke Podgorica – Bar ist mautpflichtig. Für die einmalige Benutzung fallen für Pkw 2.50 € (mit Anhänger 4.– €) und für Kombis sowie Wohnmobile 5.-/10.- € an.

Telefon: Deutschland – Montenegro: 00382, danach folgt die Ortsvorwahl ohne die Null und dann die Teilnehmernummer. Die Vorwahl von Montenegro nach Deutschland ist die 0049.

Unfallnotruf: Polizei 122, Unfallrettung 124.

Pannenhilfe: Autoclub - Nationaler Automobilverband: Auto Moto Savez Crne Gore (AMS CG), Business center "Krusevac" Cetinjski put bb, Podgorica, Tel./Fax (00382 20) 23 49 99; Pannenhilfe rund um die Uhr unter der Telefonnummer (00382 20) 98 07.
DEUTSCHSPRACHIGER ADAC-NOTRUF ganzjährig erreichbar unter Tel. (003851) 344 06 55 (in Kroatien; ebenso zuständig für Montenegro).

Devisen: Für die Ein- und Ausfuhr von Landes- und Fremdwährung bestehen keine Beschränkungen.

Camping: Montenegro verfügt über über ein gutes Dutzend angestammter Campingplätze, vor allem im Bereich der Kotorbucht und an der Küstenlinie südlich von Budva. Aber auch im Landesinneren entstehen immer mehr kleine private Campingplätze. Die Plätze an der Küste sind in den Ferien oft überfüllt und die sanitären Anlagen entsprechen leider nicht ganz dem westeurpäischem Standard. Lebensmittelläden und Restaurants sind eher selten am Platz, befinden sich aber oft in der näheren Umgebung. Auch sind spezielle Freizeitaktivitäten, Animationen und Kinderspielplätze meistens noch unbekannt. Es wird jedoch viel in den Tourismus investiert, so dass sich die Ausstattung der Campingplätze stetig verbessert. Das Campen ausserhalb von Campingplätzen ist verboten.

Wassersport: Bestimmungen für eine Einreise mit Booten über Land nach Montenegro beim Grenzübertritt sind nicht bekannt.

Allgemeine Informationen:
D-60313 **Frankfurt/Main**, Nat. Tourismusorg. v. Montenegro
Große Eschenheimer Straße 39/39a
Tel. 069/24 24 62 12, Fax 069/24 24 62 25
www.montenegro.travel

Vertretung der Bundesrepublik Deutschland:
ME-81000 **Podgorica**, Deutsche Botschaft
Hercegovacka 10
Tel. 00382 20/44 10 00, Fax 00382 20/44 10 18
www.podgorica.diplo.de, info@podgorica.diplo.de

Campingplätze:

Gebühren-Angaben in EURO.
Bei Gebühren-Angaben mit der Vorjahreszahl muss eventuell mit einer Anhebung der Gebühren für das laufende Jahr gerechnet werden. Außerdem können sich die angegebenen Öffnungszeiten verändert haben und es ist möglich, dass angegebene Ermäßigungen nicht mehr gewährt werden.

Außerdem besteht die Möglichkeit, dass manche Campingplätze nur die Sommer-Hauptsaisonpreise angeben. Die Winter-Hauptsaisonpreise sind erfahrungsgemäß höher.

85338 Kostanjica, Bucht v. Kot. ST-MNE 1060

»AUTOCAMP LARA« 1.7. bis 1.9.

lukat068@gmail.com

➔ E 65, Herceg Novi-Petrovac Abf. Koatanjica und weiter zur Bucht von Kotor. ✉ E 65 Kostanjica bb (GPS: 42°29'14"N / 18°39'38" E).

Stellplatz direkt an der Bucht von Kotor mit schmalem Strand. Beleuchtete und videoüberwachte Stellflächen auf Schotter und Sand. Telefon: 00381 62633096 Ort 1.5 km entfernt. 15 Touristenplätze.

85338 Morinj, Bucht von Kotor ST-MNE 1065

»AUTOCAMP NALUKA« 1.5. bis 6.10.
☎ 00382 69346346
info@montenegro.com, dusan.milinovic@gmail.com

➔ E 65, Bijela-Morinj, am östlichen Ortsrand von Morinj, ausgeschildert. ✉ Morinj (GPS: 42°29'12"N / 18°39'7" E).

Stellplatz durch Stufen terrassiert, unter Bäumen am Ortsrand. Stellflächen auf Sand und Schotter, bis 8 m Länge. Ortszentrum 300 m entfernt. 45 Touristenplätze.

85310 Petrovac, Adria u. Skutari. ST-MNE 2020

»AUTOCAMP BULJARICA« 1.1. bis 31.12.

autocamp.buljarica@gmail.com

➔ An der Mittelmerküste Richtung Bar. ✉ Buljarica bb (GPS: 42°11'42"N / 18°57'49" E).

Stellplatz am Meer. Stellflcähe auf Wiesen und Sandgelände. Enleerungsmöglichkeit für mobile Tanks. Ort 2 km entfernt. 50 Touristenplätze.

81305 Virpazar, Adria u. Skut. ST-MNE 2410/1

»CAMP VIRPAZAR« 1.1. bis 31.12.
☎ 00382 68055252, Mobil 00382 30373840
info@campvirpazar.com, www.campvirpazar.com/

➔ E 80, Zgrade-Virpazar, in Richtung Virpazar abfahren. Nach Überquerung der Brücke rechts in Richtung Boljevići abbiegen und nach ca. 1.5 km auf der linken Seite, ausgeschildert. ✉ Boljevici B.B (GPS: 42°14'7"N / 19°5'32" E).

Stellplatz speziell für Reisemobile am Ortsrand. Stellflächen auf Wiese. Ortszentrum 1.5 km entfernt. 6 Touristenplätze.

85355 Sutomore, Adria u. Skut. ST-MNE 2460

»AUTOCAMP SUTOMORE« Juni bis Okt.
☎ 00382 68501923
hrvatinzoran@gmail.com

➔ E 80/E 851, Budva-Bar, am südwestlichen Ortsrand von Sutomore in Richtung Küste abfahren. ✉ ulica Kapetana (GPS: 42°8'20"N / 19°2'51" E).

Eingezäunter Stellplatz speziell für Reisemobile im Ortszentrum. Stellflächen auf Wiese. 25 Touristenplätze.

85000 Utjeha, Adria u. Skutari. ST-MNE 2700

»CAMPING UTEJA« 1.4. bis 30.11.

fikozudjelovic@t-com.me, www.campingutjeha.com

➔ E 851 Bar-Ulcinj, Abf. Utjeha (ca. 12 km hinter Bar). Ab Utjeha beschildert. Neben dem Platz "Camping Oliva". ✉ Uvala maslina bb (GPS: 42°0'37"N / 19°9'5" E).

Stellplatz südlich von Bar, unter Olivenbäumen. Stellfläche auf Schotterrasen. Entleerungsmöglichkeiten für Kassentoiletten. Ortszentrum 500 m entfernt. 25 Touristenplätze.

84326 Gusinje, Nordosten ST-MNE 5850/2

»RESTAURANT KROJET« 1.1. bis 31.12.
925 m
krojet@hotmail.de

→ P 9, Bojovic-Martinovice, bei Vrela in Richtung Gusinje abbiegen. Südlich der Ortschaft Gusinje an der Straße Alipašina gelegen. ✉ GU 04, Gusinje (GPS: 42°33'2"N / 19°49'30" E).

Stellplatz bei einem Restaurant mit schönem Blick auf die umliegenden Berge. Stellflächen auf Schotter und Wiese. Ort 2 km entfernt. 15 Touristenplätze.

85360 Ulcinj, Adria u. Skutarisee ST-MNE 2900

»AUTOCAMP TROPICANA BEACH« 1.4. bis 31.10.
☏ 00382 69511560
sulejmanbajramovic@gmail.com

→ E 851 nach Ulcinj, weiter zum Starancamp. ✉ Velika plaza bb (GPS: 41°54'10"N / 19°16'14" E).

Stellplatz an der Küste auf dem Weg nach Albanien. Stellfläche auf Schotter. Ort 5.5 km entfernt. 10 Touristenplätze.

84220 Zabljak, Nordwesten ST-MNE 4600/2

»CAMP KOD BOCE« 15.4. bis 30.10.

novak.vojinovic@t-com.me, www.kampkodboce.me

→ Von Zabljak nach Süden Richtung Niksic,beschildert. ✉ Razvrsje bb (GPS: 43°8'38"N / 19°6'57" E).

Stellplatz in ländlicher Umgebung mit Bergblick. Stellfläche auf Gras, leicht geneigt. Ort 1.8 km entfernt. 30 Touristenplätze.

84223 Durdjevica Tara, NW. ST-MNE 4800

»CAMP KLJAJEVICA LUKA« 1.1. bis 31.12.
☏ 00382 69605559, Mobil 00382 67809188 750 m 50 000 qm
kljajevicaluka-rafting@t-com.me, tara-rafting.info

→ 40 km nördlich von Mojkovac zur Durdevica Tara Brücke, beschildert. ✉ Durdevica Tara bb (GPS: 43°8'56"N / 19°17'58" E).

Stellplatz direkt oberhalb des Flusses Tara, von Bergen umgeben. Stellfläche auf Schotterrasen. Entleerung mobiler Tanks möglich. Rafting möglich. Ort 21 km entfernt. 40 Touristenplätze.

84205 Dobrilovina, Nordosten ST-MNE 5010

»EKO OAZA SUZA EVROPE« 1.4. bis 30.10.
☏ 00382 69444590
ekooazatara@gmail.com

→ Nördlich von Mojkovac Richtung Zabljak, beschildert. ✉ Dobrilovina bb (GPS: 43°1'2"N / 19°24'35" E).

Stellplatz an einem Bauernhof beim Fluss Tara im Nationalpark Durmitor. Stellfläche auf Wiese. Guter Standort für Rafting. Entleerung mobiler Tanks möglich. Ort 23 km entfernt. 40 Touristenplätze.

81210 Kolsin, Nordosten ST-MNE 5100

»KRAYEVO KOLO« 1.1. bis 31.12.
☏ 00382 20 601015
np.biogradskagora@t-com.me, nparkovi.me/en/

→ Südlich von Mojkovac bei der Einfahrt zum Nationalpark abzweigen. ✉ Krayevo kolo bb (GPS: 42°54'51"N / 19°34'32" E).

1 km

Stellplatz im Wald. Ebene, parzellierte Stellfläche auf Schotter. Abfluss vorhanden. Ort 7 km entfernt. 11 Touristenplätze.

NORWEGEN

N

Besondere Vorschriften und Regelungen

Personaldokumente: Bei einem Aufenthalt bis zu drei Monaten gültiger Reisepass oder Personalausweis. Kinder unter 12 Jahren benötigen einen Kinderreisepass. Diese werden mit einer Gültigkeitsdauer von sechs Jahren ausgestellt, und zwar längstens bis zur Vollendung des zwölften Lebensjahres. Ab dem zwölften Lebensjahr kann ein Reisepass oder Personalausweis beantragt werden. Detaillierte Informationen erhalten Sie vom Auswärtigen Amt, www.auswaertiges-amt.de.

Impfbescheinigungen: Werden nicht verlangt.

Dokumente für Haustiere: Es ist empfehlenswert, sich rechtzeitig über die notwendigen Bedingungen zur Einreise mit Tieren zu informieren. Für die Einreise mit Hunden und Katzen kann der »EU-Heimtierausweis« verwendet werden, der von behördlich ermächtigten Tierärzten ausgestellt wird. Das Tier muss durch Mikrochip identifizierbar sein. Nachweise einer aktuellen Tollwutimpfung, einer Blutuntersuchung auf Tollwut-Antikörper und einer Behandlung gegen Bandwurm (nur für Hunde), sowie eine Erklärung des Besitzers, dass sich das Tier innerhalb der letzten 6 Monate in EU- bzw. EFTA-Ländern befunden hat, sind erforderlich. Es empfehlen sich außerdem Impfungen gegen Staupe und Leptospirose. Die Hunderassen Pitbull-Terrier, Tosa, Staffordshire-Terrier und Dogo Argentino, sowie Kreuzungen aus diesen Rassen dürfen nicht eingeführt werden. Alle Hunde sind beim Spazierenführen anzuleinen; Besitzer sind verpflichtet, Hundekot zu beseitigen.

Genaue Informationen zum zeitlichen Rahmen der vorgeschriebenen Impfungen und Sonderregelungen erteilt das norwegische Lebensmittelamt **www.mattilsynet.no** und die Königl. Norwegische Botschaft: Rauchstraße 1, 10787 Berlin, Tel. 030/50 50 58 600, Fax 030/50 50 58 601, **www.norwegen.org**

Kfz: Nationaler Führerschein und nationale Zulassung sind ausreichend. Das Länder-Kennzeichen »D« im EU-Kennzeichen ist ausreichend. Ist der Fahrer nicht Eigentümer des Fahrzeuges, muss eine Benutzungsvollmacht des Eigentümers vorliegen. Der Fahrer darf keinen ständigen Wohnsitz in Norwegen haben. Haftpflichtversicherungszwang. Kfz aller Arten mit amtlichem deutschen Kennzeichen (keine Zollnummer) brauchen keine »Internationale Grüne Versicherungskarte«. Die Mitnahme dieser wird jedoch dringend empfohlen.

Caravan-Höchstmaße: Wohnwagen sind bis zu einer Breite von 2,55 m zugelassen. Die max. zulässige Gesamtlänge für Gespanne beträgt 18,75 m. Auf verschiedenen Straßen kann die Gespannlänge auf 12,40 m oder 15 m beschränkt sein.

Verkehrsvorschriften: Straßenbahnen haben immer Vorfahrt. Vorfahrtsberechtigte Hauptstraßen sind mit schwarz/gelben Schildern gekennzeichnet. An unübersichtlichen Stellen können Warnsignale gegeben werden. In Ortschaften ist das Rauchen am Steuer verboten. Bei Tagesfahrten muss das Abblendlicht eingeschaltet sein. Es besteht Anschnallpflicht. Promillegrenze: 0,2.

Umweltzonen: In Norwegen ist in der Hauptstadt Oslo eine Umweltzone in Zusammenhang mit einem Mautsystem eingerichtet worden. Die Maut, die beim Einfahren in die Zone bezahlt werden muss, hängt von verschiedenen Faktoren wie Fahrzeugtyp und EURO-Klasse ab. Das Umweltzonen- und Mautsystem betrifft alle Fahrzeugtypen.

Die Regeln der Zone gelten für in Norwegen registrierte Fahrzeuge wie auch für die außerhalb registrierten. Die Kategorie der Leichtfahrzeuge wie Mofa, Motorrad, Quad etc. ist jedoch nicht betroffen.

Grundsätzlich dürfen alle Fahrzeugtypen in die Umweltzone einfahren, allerdings nur gegen entsprechende Gebühr. Diese wird gemäß der Antriebsart berechnet, wie z. B. Diesel, Benzin, Elektro, Gas oder Wasserstoff. Weiterhin ist der Zeitpunkt der Einfahrt entscheidend sowie die Schadstoffklasse des Fahrzeuges.

Zusätzlich zu der fest eingerichteten Umweltzone können bei einer entsprechenden Luftverschmutzung weitere Verschärfungen der Zugangsregeln in Kraft treten. Diese Verschärfungen betreffen dann aber nur Dieselfahrzeuge.

Für Fahrzeuge über 3,5 t muss zudem ein Mautchip erworben werden. Wohnmobile sind von dieser Regelung ausgenommen! Die Umweltzone in Oslo wird durch Kameras des Systems Autopass überwacht. Bei einem Verstoß ist ein Bußgeld fällig, sofern nicht nachträglich rechtzeitig der geschuldete Betrag bezahlt wird.

Zoombare Karten aller Umweltzonen mit ihren Grenzen sowie detailliertere Informationen zu den einzelnen Fahrzeugtypen, EURO-Klassen, Wochentagen, Uhrzeiten, Sonderregelungen und Ausnahmen sind voraussichtlich ab Herbst 2019 verfügbar unter **www.green-zones.eu/de/umweltzonen** oder **www.Green-Zones-App.eu.**

Telefon: Deutschland – Norwegen: 0047. Norwegen – Deutschland: 0049.

Unfallnotruf: Polizei: 112, Unfallrettung: 113, Feuerwehr: 110. Alarmzentrale des NAF (Norges Automobil Forbund) Oslo: Tel. 22 34 16 00;

Pannenhilfe und sonstige Fragen: Tel. 22 34 14 00, Fax 22 34 14 20.

Devisen: Bei Ein- und Ausfuhr von Landes- und Fremdwährungen bestehen keine Beschränkungen. Übersteigt der Betrag 25 000 Nkr, ist eine Deklaration auf vorgeschriebenem Formular notwendig. Für Reiseschecks gelten keine Begrenzungen.

Camping: Es gibt ca. 1400 Campingplätze im ganzen Land, die je nach ihrer Beschaffenheit und Ausstattung mit 1 bis 5 Sternen klassifiziert sind. Auf fast allen Campingplätzen stehen Campinghütten zur Verfügung. Auf vielen Campingplätzen wird überwiegend Englisch verstanden. Freies Campen ist in Norwegen nicht gestattet. Das Übernachten in Wohnwagen und Mocas auf Parkplätzen entlang der Straßen ist nicht erlaubt. Das Stromnetz ist auf 220 Volt Wechselstrom ausgelegt. Bei den Firmen Statoil, Esso und AGA AS kann Propan- und Butangas gekauft werden.

Wassersport: Bei Mitnahme von Wasserfahrzeugen sollte man sich vorab bei der Königl. Norwegischen Botschaft erkundigen.

Allgemeine Informationen:
D-20355 **Hamburg,** Innovation Norway
Postfach 11 33 17
Tel. 040/229 41 50, Fax 040/22 94 15 88
www.visitnorway.de, germany@innovationnorway.no

Vertretung der Bundesrepublik Deutschland:
N-0244 **Oslo,** Deutsche Botschaft
Oscarsgate 45
Tel. 0047/23 27 54 00, Fax 0047/22 44 76 72
www.oslo.diplo.de, info@oslo.diplo.de

Campingplätze:

Gebühren-Angaben in Landeswährung.

Währungseinheit:	1 Norwegische Krone (NOK) = 100 Øre
Derzeitiger Devisenkurs:	10 NOK = ca. 0.97 Euro
	1 Euro = ca. 10.10 NOK (Stand: Okt. 2022)

Bei Gebühren-Angaben mit der Vorjahreszahl muss eventuell mit einer Anhebung der Gebühren für das aktuelle Jahr gerechnet werden. Außerdem können sich die angegebenen Öffnungszeiten verändert haben und es besteht die Möglichkeit, dass angegebene Ermäßigungen nicht mehr gewährt werden.

4521 Lindesnes, Südnorwegen — ST-N 1310

»BOBIL-PARKERING LINDESNES FYR« 1.1. bis 31.12.
☏ 0047 3825 5420
post@lindesnesfyr.no, www.lindesnesfyr.no/

➔ E 39, Kristiansand-Stavanger, in Vigeland auf die Straße Nr. 460 Richtung Lindesnes abbiegen, dort der Ausschilderung zum Leuchtturm folgen. ✉ Spangereidveien / Rv460 (GPS: 57°59'4"N / 7°2'53" E).
Museum Lindesnes Fyr.

WC

Stellplatz auf einem gemischten Parkplatz. Stellflächen auf Schotter und Asphalt, ohne Längenbeschränkung. Aufenthalt max. 24 Stunden. Bezahlung per Umschlag in den Briefkasten. Ort 10 km entfernt. 25 Touristenplätze.

4563 Borhaug, Südnorwegen — ST-N 1362

»BORSHAVN GJESTEHAVN« 1.1. bis 31.12.
☏ 0047 9520 7650
info@visitfarsund.no, bobilplassen.no/farsund-borshavn-vest-agder

➔ E 39, Kristiansand-Stavanger, in Lyngdal auf die Straße Nr. 43 Richtung Farsund abbiegen, auf der 43 bleiben Richtung Borhaug, dort am Ortseingang links in den Havneveien zum Freizeithafen einbiegen. ✉ Strandveien 12, Vestbygd (GPS: 58°6'2"N / 6°35'0" E).

WC W Ch 700 m

Stellplatz an einem Freizeithafen. Stellflächen auf Schotter und Asphalt, ohne Längenbeschränkung. Ortszentrum 100 m entfernt. 4 Touristenplätze.

4438 Sira, Südnorwegen — ST-N 1386

»SIRA RASTEPLASS« 1.1. bis 31.12.
☏ 0047 383 28000
post@flekkefjord.kommune.no

➔ E 39, Kristiansand-Stavanger, bei Sirnes (ca. 12 km nördlich von Flekkefjord) rechts auf die Straße Nr. 467 Richtung Sira abbiegen, der Stellplatz liegt an der Bakke Bro. ✉ Sirnesvegen (GPS: 58°24'46"N / 6°39'28" E).
Bakke Bro.

WC 500 m

Stellplatz auf einem gemischten Parkplatz. Stellflächen auf Schotter, bis 10 m Länge. Aufenthalt max. 3 Tage. Ortszentrum 500 m entfernt. 4 Touristenplätze.

4865 Åmli, Südnorwegen — ST-N 1475

20 **»PAN GARDEN«** 1.5. bis 1.10.
☏ 0047 370 82090
post@pangarden.no, www.pangarden.no

➔ E 18, Kristiansand-Oslo, in Arendal auf die 42 Richtung Hynnekleiv, dort auf die 41 Richtung Dølemo und weiter nach Åmli, dort rechts auf die 415 abbiegen, der Stellplatz liegt nach ca. 2.3 km auf der rechten Seite, ausgeschildert. ✉ Tveit 38 (GPS: 58°44'49"N / 8°30'39" E).

WC W Ch

Stellplatz an einem Hotel und Wanderheim. Stellflächen auf Wiese und Schotter, bis 8 m Länge. Aufenthalt max. 2 Tage. Ort 4.5 km entfernt. 10 Touristenplätze.
2022: St/N inkl. 2 P/N 200.–, H/N 50.–, Strom/N 50.–. Wasser inklusive.

4440 Tonstad, Südnorwegen — ST-N 1610

»RÅDHUSET TONSTAD« 1.1. bis 31.12.
☏ 0047 383 70214
post@sirdal.kommune.no

➔ E 39, Kristiansand-Stavanger, in Helleland rechts auf die Straße Nr. 42 Richtung Tonstad, dort am Rathaus an der Straße 42 gelegen. ✉ Tonstadveien 28 (GPS: 58°39'54"N / 6°42'56" E).

WC 100 m 150 m

Stellplatz auf einem gemischten Parkplatz im Ortszentrum. Stellflächen auf Asphalt, bis 8 m Länge. Aufenthalt max. 3 Tage. 6 Touristenplätze.

3126 Tønsberg, Ostnorwegen — ST-N 2066/1

Abfahrt

»BOBIL-PARKERING IN STORGATEN« 1.1. bis 31.12.
☏ 0047 33 348000 4 m
postmottak@tonsberg.kommune.no, www.tbgparkering.no

➔ E 18 Drammen-Sandefjord, Abf. 37 (Aulerødkrysset) und auf den Straßen 300 und 308 nach Tønsberg. Auf Höhe des Sportboothafens an der Shell-Tankstelle links, dann rechts in die Storgaten. Am Straßenende links. ✉ Storgaten 1 (GPS: 59°15'48"N / 10°24'56" E).
Altstadt mit Hafen, Vikinger Museum, 2 Aussichtstürme für Vogelbeobachtung (Ramsargebiet), Slottsfjellet Burgruine mit Turm.

Ch 50 m 200 m 500 m

Stellplatz hinter einem Supermarkt, an der Südspitze des Gunnarsbøparks und in Nähe des Sportboothafens, mit markierten Stellflächen auf Asphalt. Stellplatzlänge bis 12 m. In der Nähe einer Hauptverkehrskreuzung. Entsorgung an der Shell-Tankstelle an der Str. 308 (Kjelleveien 28, GPS 59°16'44"N, 10°24'02"O) am Ortseingang möglich. Maximal 2 Nächte Aufenthalt möglich! Ortszentrum 700 m entfernt. 8 Touristenplätze.

3125 Tønsberg, Ostnorwegen — ST-N 2066/2

»BOBIL-PARKERING IN FJORDGATEN« 1.4. bis 30.9.
☏ 0047 33 348000 5 m
postmottak@tonsberg.kommune.no, www.tbgparkering.no

➔ E 18 Drammen-Sandefjord, Abf. 37 (Aulerødkrysset) und auf den Straßen 300 und 308 nach Tønsberg. Am Kreisverkehr nach der Shell-Tankstelle rechts in die Fjordgaten, nach ca. 500 m rechts. Einfahrt zum Platz beschildert. ✉ Fjordgaten 17 (GPS: 59°16'31"N / 10°23'56" E).
Altstadt mit Hafen, Vikinger Museum, 2 Aussichtstürme für Vogelbeobachtung (Ramsargebiet), Slottsfjellet Burgruine mit Turm.

Ch 300 m 1 km

Schattenloser Stellplatz in Wassernähe im Nord-Westen des Ortes, am Rand eines kleinen Industriegebietes. Stellflächen auf einer Schotterfläche, begrenzt von einzelnen großen Steinen. Stellplatz-Länge bis 12 m. 7 Gehminuten ins Zentrum. Entsorgung an der Shell-Tankstelle an der Str. 308 (Kjelleveien 28, GPS 59°16'44"N, 10°24'02"O) am Ortseingang. Maximal 2 Nächte Aufenthalt möglich. Ortszentrum 1 km entfernt. 23 Touristenplätze.

3770 Kragerø, Ostnorwegen — ST-N 2087/1

»BOBILPLASSEN KRAGERØ« 1.1. bis 31.12.
☏ 0047 359 82388
post@visitkragero.no, bobilplassen.no/kragero-bobilparkering-i-telemark/

➔ E 18, Oslo-Kristiansand, Abf.(54) auf die Straße Nr. 38 Richtung Kragerø, dort vor dem ersten Tunnel im Ortszentrum rechts auf die Straße Gamle Kragerøvei abbiegen (Ausschilderung Krankenhaus), Parkplatz/Stellplatz liegt in der Nähe eines Werftgeländes. ✉ Allemansveien (GPS: 58°52'29"N / 9°25'7" E).
Stadtmuseum Kragerø, Gea Norvegica Geopark.

200 m 500 m

Stellplatz auf einem gemischten Parkplatz am Meer. Stellflächen auf Schotter, bis max. 8 m Länge. Aufenthalt max. 3 Tage. Bezahlung am Parkautomaten. Ortszentrum 500 m entfernt. 20 Touristenplätze.

EUROPÄISCHES NORDMEER
NORDSEE
SKAGERRAK
FINNLAND
SCHWEDEN
SCHWEDEN
LOFOTEN VESTERÅLEN
RINGVASSØY
SØRØYA
MAGERØYA
HITRA
Nordkapp
Honningsvåg
Berlevåg
Vardø
Hammerfest
Børselv
Tana
Kirkenes
Lakselv
Alta
Karasjok
Tromsø
Skibotn
Kautokeino
Moen
Harstad
Narvik
Bognes
Svolvær
Fauske
Bodø
Storjord
Mo i Rana
Mosjøen
Horn
Storuman
Eidet
Steinkjer
Trondheim
Meråker
Östersund
Kristiansund
Åfarnes
Ålesund
Brekken
Oppdal
Dombås
Sandane
Lom
Otta
Oppedal
Borlaug
Fagernes
Lillehammer
Hamar
Elverum
Mora
Voss
Bergen
Geilo
Kinsarvik
Odda
Oslo
Drammen
Haukeligrend
Kongsberg
Haugesund
Sand
Moss
Karlstad
Örebro
Brunkeberg
Halden
Vänern
Stavanger
Porsgrunn
Kragerø
Tonstad
Evje
Egersund
Arendal
Udevalla
Flekkefjord
Mandal
Kristiansand
Göteborg
5936
5950
5802
5980
5735
5728
5695
5670
5676
5923
5592
5408
5598
5358
5336
5350
5347
5480
5535
5450
5430
4880
4720
4520
5408
3790
3820
4230
3770
3688
3738
3681
2800
3590
3380
3311
2370
2270
3300
2310
3165
2148
3180
3130
2066
3112
2087
1610
1475
1386
1362
1310

3841 Flatdal, Ostnorwegen — ST-N 2148

»KVÅLE - DIN GARD« 1.1. bis 31.12.
0047 350 52325, Mobil 0047 906 17925
dingard@kvaale.net, **www.kvaale.net/**

➔ E 134. Haugesund-Drammen, am südlichen Ortsrand von Flatdal links über die Brücke in den Kvålevegen einbiegen und bis zum Ende durchfahren. ✉ Kvålevegen 13 (GPS: 59°33'37"N / 8°33'49" E).

Stellplatz auf einem Bauernhof mit Zimmervermietung. Stellflächen auf Wiese, bis 10 m Länge. Streichelzoo. Ortszentrum 1.5 km entfernt. 5 Touristenplätze.

2212 Kongsvinger, Ostnorwegen — ST-N 2270

»PARKPLATZ MARKENSVEGEN« 1.1. bis 31.12.
0047 220 57500, Mobil 0047 900 66486
post@reiserogopplevelser.no

➔ E 16, Jessheim-Riksåsen (Grenze N/S), in Kongsvinger am zweiten Kreisel über den Fluss Glomma auf die Straße Nr. 210, nach ca. 1.2 km rechts in den Tvervegen abbiegen, der Stellplatz liegt direkt am Fluss Glomma. ✉ Markensvegen (GPS: 60°11'27"N / 12°0'45" E).
Das norwegische Frauenmuseum.

300 m 1 km

Stellplatz auf einem gemischten Parkplatz am Fluss Glomma. Stellflächen auf Asphalt, bis 10 m Länge. Aufenthalt max. 3 Tage. Ortszentrum 1 km entfernt. 6 Touristenplätze.

3660 Rjukan, Ostnorwegen — ST-N 2310/1

»KROSSOBANEN« 1.1. bis 31.12.
0047 350 90027
post@krossobanen.no, **www.krossobanen.no/**

➔ E 134, Drammen-Haugesund, in Åmot auf die Straße Nr. 37 abbiegen, am westlichen Ortsende von Rjukan der Ausschilderung zur Seilbahn Krossobanen folgen. ✉ Kraftledningsveien 1 (GPS: 59°52'46"N / 8°33'16" E).
Seilbahn Krossobanen mit Blick auf die Hardangervidda.

Stellplatz auf einem gemischten Parkplatz. Beleuchtete Stellflächen auf Schotter, ohne Längenbeschränkung. Aufenthalt max. 3 Tage. Sanitärbenutzung nur während der Öffnungszeiten möglich. Fahrt mit der Seilbahn und Blick über die Hardangervidda. Ort 4 km entfernt. 20 Touristenplätze.

3540 Nesbyen, Ostnorwegen — ST-N 2370/1

»E&P HYDRAULICS NORGE« 1.1. bis 31.12.
0047 480 78378
info@ep-hydraulics.no, **www.ep-hydraulics.nl**

➔ Straße Nr. 7, Hønefoss-Gol, am südlichen Ortsanfang von Nesbyen in den Alfarvegen abbiegen dann ins Gewerbegebiet einbiegen, die Firma liegt am westlichen Rand des Gewerbegebietes. ✉ Nesmoen 48 (GPS: 60°33'37"N / 9°6'46" E).

1 km

Stellplatz auf dem Gelände eines Herstellers für Hydraulikanlagen für Reisemobile. Stellflächen auf Schotter, ohne Längenbeschränkung. Aufenthalt max. 24 Stunden. Kleine Reperaturen möglich. Ortszentrum 1.5 km entfernt. 3 Touristenplätze.

2560 Alvdal, Ostnorwegen — ST-N 2800

»RESTAURANT JAFS ALVDAL« 1.1. bis 31.12.
0047 62 487133
post@taverna.alvdal.no, **www.jafs.no**

➔ Straße Nr. 3, Elverum-Ulsberg, am nördlichen Ortsausgang von Alvdal direkt an der Hauptstraße gelegen. ✉ Taverna Alvdal (GPS: 62°6'54"N / 10°36'59" E).

50 m 1 km

Stellplatz auf einem gemischten Parkplatz an einem Restaurant. Beleuchtete Stellflächen auf Asphalt, ohne Längenbeschränkung. Aufenthalt max. 3 Tage. Ortszentrum 1 km entfernt. 10 Touristenplätze.

4120 Tau, Westnorwegen — ST-N 3112/2

»BOBIL-PARKERING TAU« 1.1. bis 31.12.
0047 5175 9510
info@ryfylke.com

➔ E 39 Kristiansand-Stavanger, in Håbet auf die Straße Nr. 13 Richtung Hana, Høle, Jørpeland und Tau abbiegen, der Parkplatz liegt etwas südlich vom Fähranleger nach Stavanger (oder Anfahrt per Fähre von Stavanger). ✉ Kvednanesvegen 75 (GPS: 59°3'49"N / 5°54'27" E).

800 m 900 m

Stellplatz auf einem gemischten Parkplatz in der Nähe der Fähre nach Stavanger. Stellflächen auf Schotter, bis 6 m Länge. Ortszentrum 900 m entfernt. 10 Touristenplätze.

4280 Sandve, Westnorwegen — ST-N 3130

»BOBIL-PARKERING SANDVESANDEN« 1.1. bis 31.12.
0047 5285 7500
postmottak.sentral@karmoy.kommune.no

➔ E 134 bei Haugesund, südlich von Haugesund bei der Abzweigung zum Flughafen auf die Straße Nr. 47 Richtung Skudeneshavn abbiegen, am südlichen Ortsausgang von Sandve rechts in den Mjølhusvegen einbiegen und die nächste Möglichkeit wieder rechts abbiegen Richtung Strand. ✉ Mjølhusvegen (GPS: 59°10'16"N / 5°11'54" E).

500 m

Stellplatz auf einem gemischten Parkplatz bei einem schönen Sandstrand. Stellflächen auf Schotter, bis 7 m Länge. Maximal 3 Nächte Aufenthalt möglich. Ortszentrum 1.3 km entfernt. 5 Touristenplätze.

5582 Ølensvåg, Westnorwegen — ST-N 3165

»ASK BOBILPARKERING OPSTVEDT« 1.1. bis 31.12.
Mobil 0047 90515863 21 m
bobil@opstvedt.no, **www.stellplatz.no**

➔ E 139 von Etne nach Ølensvåg, ca. 3 km hinter Ølen links, den Wohnmobil-Symbolen den Hügel hinauf folgen. Nach 300 m auf der Bergkuppe. ✉ Gjerdevik (GPS: 59°35'50"N / 5°45'31" E).

300 m

Stellplatz auf einem Hügel mit Blick über den Ølensfjord und die Berge am Fluss Gjerdevik. Leicht abfallende, gekieste Stellflächen. Grillhütten. Ortszentrum 1 km entfernt. 25 Touristenplätze.

4230 Sand, Westnorwegen — ST-N 3180/3

»SAND BOBILPLASS« 1.1. bis 31.12.
0047 527 90560
post@suldal-turistkontor.no, **bobilplassen.no/sand-suldal-i-rogaland/**

➔ E 134 Haugesund-Oslo, ca. 6 km östlich von Skjold bei der Shell-Tankstelle rechts auf die Straße Nr. 46 abbiegen, nach Überquerung der Sandsfjordbrua der Ausschilderung zum Ryfylkemuseet folgen. ✉ Nordenden 14 (GPS: 59°29'6"N / 6°14'50" E).
Ryfylkemuseet.

300 m

Stellplatz in der Nähe des Heimatmuseums mit Blick auf die Sandsfjordbrua. Ausgewiesene und beleuchtete Stellflächen auf Asphalt, ohne Längenbeschränkung. Ortszentrum 200 m entfernt. 6 Touristenplätze.

5414 Stord, Westnorwegen — ST-N 3300/2

»LANGENUEN MOTEL & CAMPING« 1.5. bis 30.9.
0047 53495815
info@langenuen.com, **www.langenuen.com**

➔ Südlich von Bergen nach Stord zu einem Motel am Ostufer. ✉ Børtveit (GPS: 59°54'3"N / 5°30'30" E).

Stellplatz am Ostufer der Insel bei einer kleinen Ferienanlage. 10 Stellplätze für Wohnmobile und Wohnwagen mit Strom auf Schotter und 20 Plätze auf Schotterrasen. Reservierung nur bei Gruppen. Trockenraum. Ortszentrum 12 km entfernt. 35 Touristenplätze.

5785 Øvre Eidfjord, Westnorwegen — ST-N 3311

»DYRANUT TURISTHYTTA« 1.7. bis 26.9.
0047 536 65715
post@dyranut.no

➔ Straße Nr. 7, Eidfjord-Gol, ca. 22 km östlich von Øvre Eidfjord am See Vetle Skiftessjøen gelegen, ausgeschildert. ✉ Rv7, Vøringsfoss (GPS: 60°22'4"N / 7°30'11" E).

Stellplatz an einer Berghütte. Stellflächen auf Schotter, ohne Längenbeschränkung. Ort (Øvre Eidfjord) 22 km entfernt. 10 Touristenplätze.

5943 Austrheim, Westnorwegen — ST-N 3380/1

»PARKPLATZ TORVNESET« 1.1. bis 31.12.
0047 561 62000
post@austrheim.kommune.no

➔ E 39, Bergen-Molde, in Knarvik auf die 57 Richtung Kaland abbiegen, dort auf die 565 nach 2.5 km rechts abbiegen und der Straße bis zum Ende folgen. ✉ Nebenstraße Rv565 (GPS: 60°48'12"N / 4°57'4" E).

Stellplatz auf einem gemischten Parkplatz am Meer. Stellflächen auf Schotter, bis 9 m Länge. Aufenthalt max. 3 Tage. Ort (Kaland) 5 km entfernt. 3 Touristenplätze.

6900 Florø, Westnorwegen — ST-N 3590

»BOBILPARKERING FLORØ« 1.1. bis 31.12.
0047 577 43000
mail@fjordkysten.no
www.fjordkysten.no/overnatting/bobilparkering-floro-p1443513

➔ E 39, Bergen-Molde, in Førde auf die Straße Nr. 5 Richtung Naustdal, Storebru, Eikefjord und Florø, dort am Handelshafen in der Nähe des Stadtzentrums. ✉ Strandavegen 19 (GPS: 61°36'4"N / 5°1'29" E).

500 m

Stellplatz in der Nähe des Handelshafens. Ausgewiesene Stellflächen auf Asphalt, ohne Längenbeschränkung. Ortszentrum 500 m entfernt. 10 Touristenplätze.

6700 Måløy, Westnorwegen — ST-N 3681

»MÅLØY BOBILHAVN« 1.1. bis 31.12.
0047 907 87328
post@vagsoy.kommune.no, **vagsoy.kommune.no**

➔ E 39, Bergen-Molde, in Nordfjordeid auf die Straße Nr. 15 Richtung Måløy, dort an der Måløybrua am Freizeithafen. ✉ Sjogata (GPS: 61°55'59"N / 5°6'44" E).
Fischereimuseum am Hafen, Kannestein, ein markanter Felsen ca 10 km

nordwestlich von Måløy.

Stellplatz am Freizeithafen in der Nähe des Ortszentrums. Ausgewiesene Stellflächen auf Asphalt, bis max. 10 m Länge. Ortszentrum 500 m entfernt. 10 Touristenplätze.

6070 Tjørvåg, Westnorwegen — ST-N 3688

»LANTERNEN AS« — 1.1. bis 31.12.
0047 70 085250, Fax 0047 70 085280
post@lanternen.no, www.lanterna.no

➔ E 39, Bergen-Molde, bei Hovdebygda am Kreisel auf die 653 abbiegen, bei Haddal weiter auf der 61 Richtung Gurskøy, dort auf die 654 abbiegen, auf der Insel Jensholmen beim Yachthafen gelegen. ✉ Fv654 (GPS: 62°18'50"N / 5°42'31" E).

Stellplatz an einem Yachthafen. Stellflächen auf Wiese und Schotter, bis 12 m Länge. Ort (Tjørvåg) 5 km entfernt. 15 Touristenplätze.

6391 Tresfjord, Westnorwegen — ST-N 3738

»TRESFJORD SMÅLBÅDHAVN« — 1.4. bis 1.10.
0047 711 84000
postmottak@vestnes.kommune.no

➔ E 136, Ålesund-Dombås in der Ortschaft Tresfjord am Freizeithafen gelegen. ✉ E 136 (GPS: 62°31'33"N / 7°7'44" E).

Stellplatz an einem Freizeithafen. Stellflächen auf Schotter, bis 9 m Länge. Aufenthalt max. 48 Stunden. Schmale Zufahrt hinter einer Tankstelle. Ortszentrum 500 m entfernt. 4 Touristenplätze.

6600 Sunndalsøra, Westnorwegen — ST-N 3770

»SUNNDAL JEGER OG FISKERFORENING« — 1.1. bis 31.12.
0047 716 99165
svhaugen@online.no, www.sjff.net

➔ E 6, Liilehammer-Trondheim, in Oppdal auf die Straße Nr. 70 abbiegen, in Sunndalsøra links auf die Straße Nr. 60 abbiegen und beim Fluss Driva beim Gemeinschaftshaus des Jagd- und Angelzentrums gelegen. ✉ Romsdalsvegen (GPS: 62°40'23"N / 8°33'4" E).

Stellplatz auf dem Parkplatz eines Jagd-und Angelvereins. Beleuchtete Stellflächen auf Asphalt, ohne Längenbeschränkung. Ortszentrum 800 m entfernt. 15 Touristenplätze.

6494 Vevang, Westnorwegen — ST-N 3790/1

»STRØMSHOLMEN SEASPORTCENTER« — 1.1. bis 31.12.
0047 712 98174, Mobil 0047 90835650, Fax 0047 71298318
post@stromsholmen.no
www.stromsholmen.no/services/stromsholmen/prices/camping

➔ (Atlantik)Str. 64 Molde-Kristiansund, in Vevang gleich nach der Brücke auf der linken Seite. ✉ Atlanterhavsveien (GPS: 63°0'38"N / 7°18'41" E).
∴ 8.7 km lange Atlantik-Brücken-Straße (Atlanterhavsveien) über Inseln und Küsten.

Stellplatz zwischen dem Meer und der Atlantikstrasse in der Nähe eines internationalen Taucherzentrum mit Stellflächen auf Schotter. Ortszentrum 1.5 km entfernt. 30 Touristenplätze.

6680 Halsanaustan, Westnorwegen — ST-N 3820

»PARKPLATZ HALSANAUSTAN« — 1.5. bis 1.10.
0047 715 59600
post@halsa.kommune.no

➔ E 39, Molde-Trondheim, in Halsanaustan beim Fähranleger in die Straße Nr 351 einbiegen, der Parkplatz liegt gleich auf der rechten Seite. ✉ Fv 351 / E 39 (GPS: 63°4'4"N / 8°13'57" E).

Stellplatz auf einem gemischten Parkplatz direkt am Fjord. Stellflächen auf Schotter, bis 12 m Länge. Aufenthalt max. 3 Tage. Fähranleger Halsa-Kanestraum 150 m entfernt. 10 Touristenplätze.

7596 Flaknan, Mittelnorwegen — ST-N 4230

»VERTSHUSET CAROLINE« — 1.1. bis 31.12.
0047 90 802645
olagresli@hotmail.com, www.vertshusetcaroline.no

➔ E 6 Trondheim-Mo i Rana, kurz hinter Trondheim in Hell rechts auf die Fv 705 Richtung Elvarli, Innbygda, Mebonden und Flaknan abbiegen, in Flora direkt am Fluss Nea an der Fv 705 gelegen. ✉ Fylkesveg 705, Flora (GPS: 63°6'35"N / 11°17'55" E).

Stellplatz auf dem Parkplatz eines Gasthauses am Fluss Nea. Beleuchtete Stellflächen auf Wiese. Angeln im Fluss Nea. Ort (Flaknan) 2 km entfernt. 10 Touristenplätze.

7120 Leksvik, Mittelnorwegen — ST-N 4520/1

»BOBILPLASSEN LEKSVIK HAFEN« — 1.1. bis 31.12.
0047 748 55100
post@leksvik.kommune.no, www.bobilplassen.no/bobilparkering-leksvik

➔ E 6 Trondhiem-Mo i Rana, in Røra auf die 755 Richtung Straumen, Mosvik und Leksvik abbiegen, dort Richtung Zentrum und Hafen. ✉ Hammerbergvegen 5 (GPS: 63°40'3"N / 10°36'58" E).

Stellplatz speziell für Reisemobile am Trondheimsfjord. Ausgewiesene Stellflächen auf Schotter, ohne Längenbeschränkung. Ortszentrum 500 m entfernt. 11 Touristenplätze.

7701 Steinkjer, Mittelnorwegen — ST-N 4720/1

»BOBIL-PARKERING BØLAREINEN« — Mai bis Nov.
0047 924 35011
odd.bratberg@gmail.com, www.bolarein.no

➔ E 6 Trondheim-Mo i Rana, in Steinkjer auf die 763 abbiegen, nach ca. 17 km liegt der Stellplatz in Bøla. ✉ Rv763 Steinkjer (GPS: 64°8'46"N / 11°56'45" E).
∴ Egge Museum, ein Volksmuseum, das Kultur- und Naturerlebnisse kombiniert.

Stellplatz bei einem kleinen Restaurant. Stellflächen auf Schotter, ohne Längenbeschränkung. Aufenthalt max. 24 Stunden. Stellplatzgebühr per Umschlag in den Briefkasten. Ort (Steinkjer) 14 km entfernt. 4 Touristenplätze.

7882 Nordli, Mittelnorwegen — ST-N 4880

»BLÅFJELLA-SKJÆKERFJELLA NASJONALPARK«
0047 743 43400 — 1.1. bis 31.12.
postmottak@lierne.kommune.no

➔ E 6 Trondheim-Mo i Rana, ca. 10 km nördlich des Sees Snåsavatnet auf die 74 Richtung Nordli abbiegen, der Blåfjella–Skjækerfjella National Park ist ausgeschildert. ✉ Rv74 (GPS: 64°28'47"N / 13°12'43" E).
∴ Wanderungen im Blåfjella–Skjækerfjella National Park.

Stellplatz auf einem gemischten Parkplatz. Stellflächen auf Schotter, ohne Längenbeschränkung. Aufenthalt max. 3 Tage. Ort (Sandvika) 19 km entfernt. 10 Touristenplätze.

8690 Hattfjelldal, Nordnorwegen — ST-N 5336

»BOBILPLASSEN HATTFJELLDAL« — 1.1. bis 31.12.
0047 751 84005
www.bobilplassen.no/hattfjelldal-sentrum-nordland/

➔ E 6, Trondheim-Mo i Rana, in Trofors auf die 73 Richtung Hattfjelldal, dort am Kreisel rechts zum Stellplatz abbiegen. ✉ O. T. Olsens vei (GPS: 65°35'44"N / 13°59'27" E).

Stellplatz speziell für Reisemobile im Zentrum von Hattfjelldal. Stellflächen auf Asphalt, bis 12 m Länge. Aufenthalt max. 3 Tage. 65 Touristenplätze.

8960 Velfjord, Nordnorwegen — ST-N 5347

»VELFJORD CAMPING & HYTTER« — 15.5. bis 15.9.
0047 91787021, Mobil 0047 90174350
info@velfjorden.no, www.velfjorden.no

➔ Von Oslo auf die E18 nach Nordstrand, E6 zur 76 in Richtung Brønnøysund/Hommelstø, die 48 nach Hongset/Velfjord 7 km, beschildert. ✉ Hongsetveien 90 (GPS: 65°21'4"N / 12°30'52" E).
∴ Nationalpark Lomsdal-Visten, Nationalpark Børgefjell

Stellplatz auf einem ebenen teils geschotterten Wiesengelände in einer ländlichen Umgebung. Mit Baumbeständen aufgelockert und einem schönen Blick auf den See und den Bergen des Nationalpark Lomsdal-Visten. Kleiner Hofladen mit eigenen Produkten. Geführte Touren. Elch- oder Bibersafari. Mehrere Ferienhäuser. Ort 8 km entfernt. 10 Touristenplätze.

8900 Brønnøysund, Nordnorw. — ST-N 5350/2

»SMÅLBÅTHAVN BRØNNØYSUND« — 1.1. bis 31.12.
0047 750 18000
post@visithelgeland.com

➔ E 6, Trondheim-Mo i Rana, beim See Svijjege (südlich von Trofors) auf die 76 Richtung Salhus und Brønnøysund abbiegen, dort der Ausschilderung zum Freizeithafen folgen. ✉ Strandveien 34 (GPS: 65°28'15"N / 12°12'11" E).
∴ Torghatten (Berg mit einem 35 Meter hohen und rund 160 Meter langen Loch).

Stellplatz an einer Marina im Ortszentrum. Stellflächen auf Schotter, ohne Längenbeschränkung. Aufenthalt max. 3 Tage. 30 Touristenplätze.

8976 Vevelstad, Nordnorwegen — ST-N 5358/2

»HANDELSSTEDET FORVIK« — 1.1. bis 31.12.
0047 984 84000
post@handelsstedetforvik.no

➔ E 6, Trondheim-Mo i Rana, beim See Svijjege (südlich von Trofors) auf die 76 zur Fähre Horn-Andalsvågen und weiter auf der Küstenstraße Nr. 17 bis Forvik, der Stellplatz liegt in der Nähe des Fähranlegers. ✉ Rv 17 / Kystrikveien, Forvik (GPS: 65°42'51"N / 12°27'40" E).

Stellplatz bei einem Kaffeegeschäft. Stellflächen auf Wiese, bis 12 m Länge. Ort (Vevelstadt) 1.5 km entfernt. 6 Touristenplätze.

N

8602 Mo i Rana, Nordnorwegen ST-N 5408

»POLARSIRKELEN REISELIV« 1.1. bis 31.12.
0047 751 39200
post@visithelgeland.com, www.arctic-circle.no

➔ E 6, Trondheim-Mo i Rana, am zweiten Kreisel Richtung Ortszentrum und dann am nächsten Kreisel zum Polarsirkelen Reiseliv. ✉ Ole Tobias Olsens gate 3 (GPS: 66°18'26"N / 14°8'4" E).
Stadtmuseum, Freilichtmuseum Stenneset.

50 m 700 m

Stellplatz auf einem gemischten Parkplatz. Beleuchtete Stellflächen auf Asphalt, ohne Längebeschränkung. Aufenthalt max. 24 Stunden. Parkschein erhältlich bei der Touristinformation. Stadtzentrum 1.5 km entfernt. 10 Touristenplätze.

8145 Storvik, Nordnorwegen ST-N 5430

»COOP MARKET STORVIK« 1.1. bis 31.12.
0047 757 56169

➔ E 6, Mo i Rana-Narvik, in Fauske auf die 80 Richtung Bodø abbiegen, in Løding auf die Fv 17 Richtung Saltstraumen und Storvik abbiegen, dort an der Abzweigung zur Ortschaft Storvik gelegen. ✉ Fv 17 (GPS: 66°57'36"N / 13°48'14" E).

Stellplatz auf einem gemischten Parkplatz bei einem Coop Supermarkt und Rastplatz direkt am Meer. Stellflächen auf Asphalt, ohne Längenbeschränkung. Aufenthalt max. 3 Tage. Ortszentrum 500 m entfernt. 6 Touristenplätze.

8056 Saltstraumen, Nordnorwegen ST-N 5450

»BOBIL-PARKERING SALTSTRAUMEN« 1.1. bis 31.12.
0047 755 55000

➔ E 6, Mo i Rana-Narvik, in Fauske auf die 80 Richtung Bodø abbiegen, in Løding auf die Fv 17 Richtung Saltstraumen abbiegen, dort vor der Überquerung der Brücke gelegen. ✉ Rv 17 / Kystrikveien (GPS: 67°13'56"N / 14°37'6" E).

WC WC 200 m 800 m

Stellplatz auf einem gemischten Parkplatz. Beleuchtete Stellflächen auf Asphalt, bis 10 m Länge. Aufenthalt max. 3 Tage. Stellplatzgebühr wird abends von der Kommune Bodø eingesammelt. Ortszentrum 800 m entfernt 25 Touristenplätze.

8260 Innhavet, Nordnorwegen ST-N 5480

»BOBIL-PARKERING INNHAVET« 1.1. bis 31.12.
0047 950 59800
bobilplassen.no

➔ E 6, Mo i Rana-Narvik, in Innhavet beim Freizeithafen gelegen. ✉ E 6 (GPS: 67°57'49"N / 15°55'33" E).

100 m

Stellplatz bei einem Freizeithafen im Ortszentrum. Stellflächen auf Asphalt und Schotter, ohne Längenbeschränkung. 20 Touristenplätze.

8392 Å i Lofoten, Nordnorwegen ST-N 5535

»PARKERING Å I LOFOTEN« 1.1. bis 31.12.
0047 76053100, Fax 0047 76053101 15 m
postmottak@moskenes.kommune.no, www.moskenes.kommune.no

➔ E 10 Leknes-Å, in Å geradeaus bis zum großen Parkplatz. ✉ (GPS: 67°52'50"N / 12°58'43" E).

Stellplatz auf einem großen Parkplatz am Ende der E 10 im Süden der Lofoten, am westlichen Ortsrand von Å, mit markierten Stellflächen auf Asphalt. Ortszentrum 300 m entfernt. 50 Touristenplätze.

8430 Myre (Vesterålen), Nordnorw. ST-N 5592

»MYRE HAVN« 1.1. bis 31.12.
0047 76134035
postmottak@oksnes.kommune.no, www.myre-havn.no/

➔ E 10, Å i Lofoten-Bjerkvik, in Gullesfjordbotn auf die 85/82 Richtung Sortland, dort nach Überquerung der Brücke rechts auf die 820 abbiegen, bei Frøskeland auf die 821 Richtung Myre abbiegen, dort am Freizeithafen auf der Insel Sommarøy. ✉ Innfartsveien (GPS: 68°54'31"N / 15°4'17" E).

1 km

Stellplatz bei einer Marina. Beleuchtete Stellflächen auf Asphalt, bis 8 m Länge. Aufenthalt max. 3 Tage. Ortszentrum 1 km entfernt. 8 Touristenplätze.

8410 Lødingen, Nordnorwegen ST-N 5598

»LØDINGEN BÅTFORENING« 1.1. bis 31.12.
Mobil 0047 95 803415
kaarjak@online.no, www.lodingen.net

➔ E 10, Å i Lofoten-Bjerkvik, ca. 12 km südlich von Fiskefjorden auf die 85 Richtung Lødingen abbiegen, Stellplatz befindet sich auf der Insel Hjertholmen am Freizeithafen. ✉ Molovegen (GPS: 68°24'43"N / 16°0'30" E).

600 m

Stellplatz an einem Freizeithafen auf der Insel Hjertholmen. Beleuchtete Stellflächen auf Schotter, bis 10 m Länge. Zahlung per Kreditkarte im Servicegebäude. Ortszentrum 600 m entferntn. 18 Touristenplätze.

9385 Skaland (Senja), Nordnorw. ST-N 5670

»SENJATROLLET« 1.1. bis 31.12.
0047 7785 8864, Mobil 0047 975 66643
lrubach@online.no, senjatrollet.no/kontakt-oss/

➔ E 6, Narvik-Alta, in Bardufoss auf die 86 Richtung Finnsnes, dort auf die Insel Senja, der Stellplatz liegt an der 86 bei Finnsæter, ausgeschildert. ✉ Rv 86, Finnsæter (GPS: 69°24'39"N / 17°15'49" E).

Stellplatz liegt bei einem Freizeitpark. Stellflächen auf Rasengittersteinen, ohne Längen- und Gewichtsbeschränkung. Entsorgungsstation vorhanden. Aufenthalt max. 24 Stunden. Ort (Finnsnes) 45 km entfernt. 30 Touristenplätze.

9310 Sørreisa, Nordnorwegen ST-N 5676

»KROGSTADTUNET« 1.1. bis 31.12.
0047 4146 1015
post@krogstadtunet.no, www.krogstadtunet.no

➔ E 6, Narvik-Alta, in Bardufoss auf die 86 Richtung Sørreisa, ca. 3.5 km vor der Ortschaft liegt der Bauernhof auf der linken Seite, ausgeschildert. ✉ Rv86, Finnset (GPS: 69°7'12"N / 18°13'5" E).
Krogstadtunet Museum.

Stellplatz auf einem Bauernhof in ruhiger Lage. Stellflächen auf Wiese, ohne Längenbeschränkung. Besuch des Museums auf dem Platz. Ort 4 km entfernt. 12 Touristenplätze.

9046 Storfjord, Nordnorwegen ST-N 5695

»HATTENG RASTEPLASS« 1.1. bis 31.12.
0047 772 10850

➔ E 6, Narvik-Atla, bei Storfjord direkt an der E 6 an der Touristinfo gelegen. ✉ E 6, Taterneset (GPS: 69°16'20"N / 19°56'12" E).

1 km

Stellplatz auf einem gemischten Parkplatz an der Touristinfo. Stellflächen auf Schotterrasen, ohne Längenbeschränkung. Aufenthalt max. 3 Tage. Ent- und Versorgungsmöglichkeiten vorhanden. Ortszentrum 1 km entfernt. 20 Touristenplätze.

9146 Olderdalen, Nordnorwegen ST-N 5728

»PARKING HAVN OLDERDALEN« 1.1. bis 31.12.
0047 7771 9000
postmottak@kafjord.kommune.no

➔ E 6, Narvik-Alta, in Olderdalen im Hafen in der Nähe des Fähranlegers gelegen. ✉ Anton Antonsens veg (GPS: 69°36'12"N / 20°31'52" E).

500 m

Stellplatz auf einem Parkplatz am Hafen. Beleuchtete Stellflächen auf Schotter und Asphalt, bis 10 m Länge. Aufenthalt max. 3 Tage. Ortszentrum 500 m entfernt. 10 Touristenplätze.

9162 Sørstraumen, Nordnorwegen ST-N 5735

»SØRSTRAUMEN HANDEL AS« 1.1. bis 31.12.
0047 7776 9910
butikk@sorstraumen.no, www.sorstraumen.no

➔ E 6, Narvik-Alta, in Sørstraumen an einem Supermarkt direkt an der Europastraße gelegen ✉ E 6 (GPS: 69°50'31"N / 21°51'25" E).

Stellplatz auf dem Parkplatz bei einem Supermarkt am Fjord. Stellflächen auf Schotter und Wiese, ohne Längenbeschränkung. Ortszentrum 500 m entfernt. 20 Touristenplätze.

9615 Hammerfest, Nordnorwegen ST-N 5802

»BOBIL-PARKERING HAMMERFEST HAVN« 1.1. bis 31.12.
0047 7841 8860
post@hammerfest-turist.no, www.hammerfest-turist.no

➔ E 6, Alta-Olderfjord, in Skaidi auf die 94 Richtung Hammerfest abbiegen, dort im Ortsteil Prestvika, bei der Kirche zweimal links abbiegen, der Stellplatz liegt beim Hafen. ✉ Jernbanetrasken (GPS: 70°39'48"N / 23°40'35" E).
Eisbärenclub, Meridianstein, Aussichtspunkt Salen (80 Meter über der Stadt), Wiederaufbaumuseum.

200 m 300 m

Stellplatz auf einem gemischten Parkplatz direkt am Meer in der Nähe des Hurtigruten Anlegers. Beleuchtete Stellflächen auf Asphalt, bis 10 m Länge. Aufenthalt max. 3 Tage. Ticket am Parkautomaten. Ortszentrum 300 m entfernt. 4 Touristenplätze.

9520 Kautokeino, Nordnorwegen ST-N 5923

»BOBIL-PARKERING SEE ÀIDEJÀRVI« 1.1. bis 31.12.
0047 7848 7000
kautokeino@thonhotels.no

➔ Straße Nr. 93 Hetta(FIN)- Kautokeino(N), der Stellplatz liegt ca. 8 km nördlich der finnisch-norwegischen Grenze am See Àidejávri. ✉ Rv93 (GPS: 68°44'23"N / 23°18'8" E).

Stellplatz auf einem gemischten Parkpatz direkt an einem See. Stellflächen auf Asphalt und Schotter, ohne Längenbeschränkung. Aufenthalt max. 3 Tage. Ort (Kautokeino) 35 km entfernt. 10 Touristenplätze.

9776 Gamvik, Nordnorwegen ST-N 5936/2

»BOBIL-PARKERING GAMVIK STRANDVEIEN« 1.1. bis 31.12.
☎ 0047 7849 6118
touristinfogamvik@visitnordkyn.com

➔ Straße Nr. 98 Lakslev-Tana, in Ifjord Richtung Mehamn, von dort weiter Richtung Gamvik, der Stellplatz liegt in Gamvik beim Museum. ✉ Strandveien 94 (GPS: 71°3'31"N / 28°14'55" E).

200 m

Stellplatz auf einem gemischten Parkplatz. Stellflächen auf Schotter, ohne Längenbeschränkung. Aufenthalt max. 3 Tage. Ortszentrum 200 m entfernt. 4 Touristenplätze.

9990 Båtsfjord, Nordnorwegen ST-N 5950

»BOBIL-PARKERING BÅTSFJORD HAVN« 1.6. bis 1.9.
☎ 0047 9589 2791
havnesjef@batsfjord.havn.no, **www.batsfjord.kommune.no**

➔ Straße Nr. 98, Ifjord-Tana, in Tana auf die 980 und 981 Richtung Båtsfjord, dort der Ausschilderung zum Hafen folgen. ✉ Fomavegen 5 (GPS: 70°37'58"N / 29°43'0" E).
Skarvskiten, ein Vogelberg 1 km von Båtsfjord entfernt.

Ch 100 m

Stellplatz am Freizeithafen. Stellflächen auf Asphalt, bis 8 m Länge. Aufenthalt max. 2 Tage. Stellplatzgebühr per Umschlag in den Briefkasten. Ortszentrum 200 m entfernt. 6 Touristenplätze.

9900 Kirkenes, Nordnorwegen ST-N 5980

»KIRKENESHAVNE« 1.1. bis 31.12.
☎ 0047 789 77400, Mobil 0047 90 631492
info.kirkenes@gmail.com, **www.kirkenesinfo.net**

➔ E 6 Tana-Kirkenes, in Kirkenes der Ausschilderung zum Hafen folgen. ✉ Havneveien (GPS: 69°43'39"N / 30°4'20" E).
Andersgrotta (Museum in einem alten Luftschutzraum), Grenzlandmuseum, Savio-Museum (Werke des Künstlers Savio).

Ch 400 m 1 km

Stellplatz im Hafen. Beleuchtete Stellflächen auf Asphalt, ohne Längenbeschränkung. Aufenthalt max. 48 Stunden. Ortszentrum 1 km entfernt. 10 Touristenplätze.

NIEDERLANDE

Besondere Vorschriften und Regelungen

Personaldokumente: Für einen Aufenthalt bis zu 3 Monaten ist ein gültiger Reisepass oder Personalausweis erforderlich. Kinder unter 12 Jahren benötigen einen Kinderreisepass. Diese werden mit einer Gültigkeitsdauer von sechs Jahren ausgestellt, und zwar längstens bis zur Vollendung des zwölften Lebensjahres. Ab dem zwölften Lebensjahr kann ein Reisepass oder Personalausweis beantragt werden. Detaillierte Informationen erhalten Sie vom Auswärtigen Amt, www.auswaertiges-amt.de..

Impfbescheinigungen: Werden nicht verlangt.

Dokumente für Haustiere: Für Hunde und Katzen ist der »EU-Heimtierausweis« mitzuführen, der von behördlich ermächtigten Tierärzten ausgestellt wird. Der Ausweis muss Angaben zum Besitzer enthalten und dem Tier eindeutig zugeordnet werden können, d.h., das Tier muss durch Mikrochip identifizierbar und die Kennzeichnungs-Nr. im Ausweis eingetragen sein. Ein gültiger Tollwutschutz muss ebenfalls im Heimtierausweis nachgewiesen werden. Die Erstimpfung muss mindestens 21 Tage zurückliegen. Wiederholungsimpfungen müssen in den Zeiträumen, die der Hersteller des Impfstoffes vorsieht, durchgeführt worden sein. Auffällig gewordene Hunde können einem Verhaltenstest unterzogen werden. Es dürfen nicht mehr als 2 Vögel mitgenommen werden. Papageien und Wellensittiche können mit tierärztlicher Bescheinigung, aus der hervorgeht, dass die Tiere gesund sind, eingeführt werden.

Weitere Informationen erteilen das Bundesministerium für Ernährung und Landwirtschaft **www.bmel.de** und die Königl. Niederländische Botschaft: Klosterstraße 50, 10179 Berlin, Tel. 030/20 95 60, Fax 030/20 95 64 41.

Kfz: Nationale Zulassung und nationaler Führerschein sind ausreichend. Das Länder-Kennzeichen »D« muss am Fahrzeug angebracht oder im EU-Nummernschild enthalten sein. Es besteht Haftpflichtversicherungszwang. Die Mitnahme der »Internationalen Grünen Versicherungskarte« wird dringend empfohlen. Wird das Kfz nicht vom Eigentümer selbst benutzt, sollte der Fahrer in Besitz einer Benutzungsvollmacht des Eigentümers sein.

Verkehrsvorschriften: Straßenbahnen haben grundsätzlich Vorfahrt. Ebenso Polizei, Feuerwehr- u. Erste Hilfe-Fahrzeuge im Einsatz. An Kreuzungen ohne Beschilderung gilt rechts vor links. An gelben Bordsteinkanten darf nicht geparkt werden. Kinder unter 12 Jahren dürfen nicht auf dem Vordersitz mitgenommen werden. Anschnallpflicht. Promillegrenze 0,5.

Umweltzonen: In den Niederlanden sind derzeit 16 Umweltzonen in den großen Städten des Landes eingerichtet. Vor allem in und um die großen Regionen Amsterdam und Rotterdam sind verschiedene Zonen zu beachten, die teilweise einer vorherigen Registrierung vor Einfahrt bedürfen.

Derzeit zum Stand Juli 2020 gelten in den niederländischen Umweltzonen sehr unterschiedliche Fahrverbote. In den meisten Fällen gelten diese vor allem für PKW, LKW und Bussen. In einigen Fällen können Campingfahrzeuge ausgenommen sein. Auch werden die Regeln weiter verschärft, so dass in einigen Fällen auch nur noch Hybrid- und Elektrofahrzeuge erlaubt sind. Ausgenommen sind in manchen Fällen jedoch Leichtfahrzeuge (Mofas, Motorrad, Quad etc.), die in bestimmten Zonen zu bestimmten Zeiten fahren dürfen.

Eine Pflicht zu Registrierung besteht in Rotterdam, da hier das gesamte Gebiet im und um das Hafengebiet für LKWs verschiedener Typen und EURO-Klassen gesperrt ist, sofern nicht eine Registrierung oder Ausnahmeregelung vorhanden ist. Dies betrifft insbesondere Campingfahrzeuge, die eine Zulassung als LKW haben.

Ab Herbst 2020 wird eine Registrierung als Dienstleistung durch Green-Zones angeboten. Die sich daraus ergebende Bestätigung und Erlaubnis der Einfahrt wird dem Fahrzeug des Kunden durch Green-Zones übersichtlich vor Einfahrt zur Verfügung gestellt.

Die Umweltzonen in den Niederlanden werden durch Polizei und teilweise Kameras überwacht. Bei einem Verstoß ist ein Bußgeld von rund 100 bis 240 Euro fällig; in Rotterdam bis über 2.000 Euro.

Zoombare Karten aller Umweltzonen mit ihren Grenzen sowie detailliertere Informationen zu den einzelnen Fahrzeugtypen, EURO-Klassen, Wochentagen, Uhrzeiten, Sonderregelungen und Ausnahmen sind verfügbar unter **www.LEZ-Netherland.nl** oder **www.Green-Zones-App.eu**.

Telefon: Deutschland – Niederlande: 0031, dann Durchwahl ohne die erste Null der Ortskennzahl. Niederlande – Deutschland: 0049, dann die deutsche Ortsnetzkennzahl ohne die erste Null.

Unfallnotruf: Polizei und Unfallrettung: 112 (Mobil 112) Pannenhilfe leisten die niederländischen Automobilclubs ANWB und KNAC. An den Autobahnen sind in regelmäßigen Abständen Notrufsäulen installiert.

Devisen: Für die Ein- und Ausfuhr von Landes- und Fremdwährungen bestehen keine Beschränkungen.

Camping: Das Land verfügt über ca. 2500 gut ausgebaute Campingplätze mit großem Freizeitangebot. Wegen der großen Nachfrage deutscher Camper wird rechtzeitige Reservierung empfohlen. Hier besonders auf die Bedingungen achten. Bei Stornierung oder vorzeitiger Abreise werden Vorauszahlungen teilweise nicht erstattet. Die Mitnahme des Intern. Campingausweises (CCI) ist ratsam, da dieser auf sehr vielen Plätzen verlangt wird. Freies Campen ist verboten. Die Stromversorgung ist auf eine Netzspannung von 220 Volt Wechselstrom (50 Hz) ausgelegt.

Wassersport: Boote dürfen zollfrei eingeführt werden. Grenzdokumente sind nicht erforderlich. Für Motorboote, die schneller als 20 km/h sind, besteht Anmeldepflicht, wenn das Boot in Deutschland noch nicht angemeldet ist. Führerscheinpflicht besteht für Bootsführer von Motorbooten, die eine Geschwindigkeit von mehr als 20 km/h erreichen und die länger als 15 Meter sind.

Allgemeine Informationen:
D-50511 **Köln,** Niederländes Büro für Tourismus u. Convention
Postfach 27 05 80
Fax: 0221/92 57 17 37
www.holland.com

Vertretungen der Bundesrepublik Deutschland:
NL-2517 EG **Den Haag,** Deutsche Botschaft
Groot Hertoginnelaan 18-20
Tel. 0031 70/342 06 00, Fax 0031 70/365 19 57
www.den-haag.diplo.de, info@den-haag.diplo.de

Campingplätze:

Gebühren-Angaben in EURO.
Bei Gebühren-Angaben mit der Vorjahreszahl muss eventuell mit einer Anhebung der Gebühren für das laufende Jahr gerechnet werden. Außerdem können sich die angegebenen Öffnungszeiten verändert haben und es ist möglich, dass angegebene Ermäßigungen nicht mehr gewährt werden.

4524 CD Sluis, Seeland ST-NL 1015

»PARKING GROOTE MARKT« 1.1. bis 31.12.
☎ 0031 117 461700

➔ A 58, Middelburg-Bergen op Zoom, Abf. (36), auf die N36 Richtung Terneuzen, dort auf die N61 Richtung Schoondijke, dort auf die N253 Richtung Oostburg und Sluis, dort am Kreisel rechts zum Zentrum abfahren, dem Parkleitsystem folgen. ✉ Groote Markt 1 (GPS: 51°18'33"N / 3°23'11" E).

100 m 200 m

Stellplatz auf einem gemischten Parkplatz im Ortszentrum. Ausgewiesene und beleuchtete Stellflächen auf Asphalt, bis 8 m Länge. Maximal 24 Stunden Aufenthalt möglich. 4 Touristenplätze.

4561 Hulst, Seeland — ST-NL 1050

»PARKING HAVENFORT« 1.1. bis 31.12.
0031 114 319441
bezoekersmanagement@hulstnet.nl, www.hulstvestingstad.nl

➔ A 58, Middelburg-Bergen op Zoom, Abf. (36), auf die N36 Richtung Terneuzen, bei Zwartenhoek auf die N258 Richtung Hulst, dort am Kreisverkehr geradeaus auf den Abdalseweg und der Ausschilderung zum P Havenfort folgen. ✉ Havenfort (GPS: 51°16'40"N / 4°2'57" E).
St. Willibrordus Basilika, Heimatmuseum (De 4 Ambachten), historische Stadtmauern.

Ⓗ100 m

Stellplatz auf einem gemischten Parkplatz im Ortszentrum am Wasser. Ausgewiesene und beleuchtete Stellflächen auf Asphalt, bis 7 m Länge. Maxmial 3 Nächte Aufenthalt möglich. Der Parkplatz ist bei Veranstaltungen/Messe geschlossen. 15 Touristenplätze.

4356 RK Oostkapelle, Seeland — ST-NL 1300/1

»MINI CAMPING OBA'S HOFJE« 15.3. bis 31.10.
0031 118 583726
info@obashofje.nl, www.obashofje.nl

➔ A 58 Bergen op Zoom-Middelburg, weiter auf N 57 nach Oostkapelle zum Bauernhof. ✉ Kalfhoekseweg 2 (GPS: 51°33'37"N / 3°31'59" E).

WC W W Ⓗ600 m

Stellplatz auf einem kleinen Campingplatz bei einem Bauernhof nahe der Nordsee. Stellfläche auf Wiese. Ortszentrum 1.4 km entfernt. 15 Touristenplätze.

4356 RK Oostkapelle, Seeland — ST-NL 1300/2

»MINI CAMPING POMONA« 15.3. bis 31.10.
0031 118 582665
info@minicampingpomona.nl, www.minicampingpomona.nl

➔ A 58 Bergen op Zoom-Middelburg, weiter auf N 57 nach Oostkapelle zum Bauernhof. ✉ Kalfhoekseweg 2A (GPS: 51°33'53"N / 3°32'6" E).

WC W W Ch Ⓗ500 m

Stellplatz auf einem kleinen Campinggelände bei einem Bauernhof. Stellfläche auf Wiese. Unbegrenzter Aufenthalt möglich. Ortszentrum 2 km entfernt. 15 Touristenplätze.

4485 PK Kats, Seeland — ST-NL 1400

25 **»MINI CAMPING WEIZICHT«** 1.1. bis 31.12.
0031 113 695680
info@weizicht.com, www.weizicht.com

➔ A 58 bergen op Zoom-Middelburg, weiter auf A 256 nach Kats, weiter zum Bauernhof. ✉ Noordlangeweg 19 (GPS: 51°34'52"N / 3°51'37" E).

WC W W Ch Ⓗ1 km

Stellplatz auf einem kinderfreundlichen Camping-Bauernhof. Stellfläche auf Asphalt und Rasengitter. Toilettengebäude mit Fußbodenheizung. Rollstuhlgerecht. Trampolin und Spielmöglichkeiten für Kinder. Reservierung wird empfohlen. Ortszentrum 3 km entfernt. 25 Touristenplätze.
2022: C-St/N inkl. 2 P/N 22.70 bis 24.70, MC-St/N inkl. 2 P/N 17.30, WD/7 min. –.50, Waschmaschine 3.–, Trockner 3.–. KT, H/N, Entsorgung, Müll, Wasser und Strom inklusive.

4493 MN Kamperland, Seeland — ST-NL 1680

»CAMPERPARK ZEELAND« 1.1. bis 31.12.
0031 6 11242622
info@camperparkzeeland.nl, www.camperparkzeeland.nl

➔ A 58 Berg op Zoom-Middelburg, weiter auf N 57 nach Kamperland. ✉ Campensweg 5 (GPS: 51°34'30"N / 3°39'8" E).

WC W W Ch Ⓗ 50 m

Stellplatz am Ufer des Wassersportparadieses Veese Meer im Naturschutzgebiet. Durch Büsche und Baumreihen gegliederte und parzellierte Stellflächen (60-80 qm) auf Schotterrasen und Asphalt. Auf vielen Stellflächen Satelliten-TV-Empfang. 35 Wiesenplätze. Camper-Clean-Station. Info-Punkt. Check-in/-out vollautomatisch (6-24 Uhr). Bezahlung nur mit Kreditkarte oder EC Karte möglich. Ortszentrum 3 km entfernt. 102 Touristenplätze.

3251 AG Stellendam, Südholland — ST-NL 2100

»CAMPING DE VLUGTHEUVEL« 15.3. bis 1.10.
0031 187 491281
info@vlugtheuvel.nl, www.vlugtheuvel.nl

➔ A 15 Rotterdam-Spijkenisse, Abf. (12) Brielle, weiter auf N 57 nach Stellendam. ✉ Eendrachtsdijk 10 (GPS: 51°48'2"N / 4°1'57" E).

WC W W

Ⓗ700 m 1 km

Stellplatz hinter dem Bauernhof neben dem Campingplatz. Stellfläche auf Gras und Asphalt. Ankunft bis 23 Uhr möglich. Ortszentrum 500 m entfernt. 15 Touristenplätze.

2496 ZA Den Haag, Südholland — ST-NL 2500

»CAMPERPARK DEN HAAG« 1.1. bis 31.12.

erik@camperparkdenhaag.nl, www.camperparkdenhaag.nl

➔ A 4 Amsterdam-Den Haag, Abf. (9) Rijswijk-Centrum, weiter zu den Seen. ✉ Ypenburgseboslaan (GPS: 52°3'15"N / 4°22'44" E).

WC W W Ch

Ⓗ1 km

Stellplatz auf einem ruhigen Parkplatz am Stadtrand. Stellfläche auf Wiese. Brötchenservice verfügbar. Ankunft zwischen 08.30 - 21.00 Uhr. Rufen Sie die Rezeption an, um das Tor zu öffnen. Die Telefonnummer steht am Tor. Ortszentrum 2 km entfernt. 50 Touristenplätze.

2801 AK Gouda, Südholland — ST-NL 2600

»CAMPER PARKING KLEIN AMERIKA« 1.1. bis 31.12.
0031 182 589168

➔ A 12 Utrecht-Den Haag, Abf. (11) Gouda, weiter Richtung Zentrum.Beschildert. ✉ Fluwelensingel/Klein Amerika (GPS: 52°0'44"N / 4°42'57" E).

Ch Ⓗ100 m 1 km

Stellplatz in Zentrumsnähe. Stellfläche auf Pflaster. Maximal 3 Nächte Aufenthalt möglich. Im Winter kein Wasser verfügbar. Ortszentrum 300 m entfernt. 30 Touristenplätze.

1774 NH Slootdorp, Nordholland — ST-NL 3013

»CAMPERPLAATS DE KWERKERIJ SIEM MÜNSTER«
0031 227 604655, Mobil 0031 6 54325008 1.1. bis 31.12.
info@tulpenexcursie.nl, www.tulpenexcursie.nl

➔ A 7 Amsterdam - Heerenveen, Abf. (13) Wieringenwerf, weiter zum Bauernhof Tulpen Garten ✉ Wierweg 7 (GPS: 52°51'22"N / 5°0'38" E).

WC W W Ch

Beleuchteter Stellplatz (Camperplaats de Tulpentuin) auf dem Gelände der Tulpengärtnerei zwischen Wiesen und Tulpenfeldern. Ebene Stellflächen auf Rasengittersteinen. Führung durch die Tulpengärtnerei möglich. Müllentsorgung möglich. Kleine Verkaufsstelle für regionale Spezialitäten und frische Eier. Ortszentrum 2 km entfernt. 8 Touristenplätze.

1441 Purmerend, Nordholland — ST-NL 3240

10 **»CAMPERPLAATS BOLWERK«** 1.1. bis 8.5. / 25.5. bis 31.10.
0031 610150857
info@purmerend.nl

➔ A 7 Heerenveen - Amsterdam, Abf. (5) Purmerend und weiter auf der N325. Im Ortszentrum links in die Nieuwstraat einbiegen, Stellplatz liegt am Ende dieser Straße an einem Kanal an der Ecke Nieuwstraat / Plantsoengracht. ✉ Nieuwstraat 109 (GPS: 52°30'25"N / 4°57'1" E).

Ⓗ200 m

Stellplatz speziell für Reisemobile im Stadtzentrum. An einem Kanal gelegen. Beleuchtete und ausgewiesene Stellflächen auf Pflaster, bis 8 m Länge. Im Winter vom 1.11.-1.4. kein Frischwasser. Sanitär am Yachthafen, Wreeplantsoen 14a. Maximal 3 Nächte Aufenthalt möglich. 5 Touristenplätze.
2022: MC/N 7.50, Wasser/100 l 1.–, Strom/2 kWh 1.–. H/N inklusive. Bezahlung über Parkscheinautomat. Gebührenpflichtiges Parken Montag-Samstag von 9 - 21 Uhr, kostenloses Parken Montag-Samstag von 21 - 9 Uhr und Sonntags.

1621 NH Hoorn, Nordholland — ST-NL 3500

»STICHTING YACHTHAVEN HOORN« 15.4. bis 1.10.
0031 229 215208
info@grashavenhoorn.nl, www.grashavenhoorn.nl

➔ E 22 Amsterdam-Harlingen, Abf. (8) Hoorn, weiter zum Yachthafen hoorn. ✉ Visserseiland 221 (GPS: 52°38'6"N / 5°3'25" E).

WC W W Ch

Ⓗ800 m

Stellplatz direkt am Yachthafen Hoorn. Stellfläche auf Asphalt. Ortszentrum 200 m entfernt. 27 Touristenplätze.

1787 PN Julianadorp aan Zee, Nordholl. — ST-NL 3870

20 **»MINI CAMPING MARIAHOEVE«** 15.3. bis 3.11.
0031 223 637412
tinywessels@live.nl, www.campingmariahoeve.nl

➔ A 7 Amsterdam-Heerenveen, Abf. (14) Den Oeven, weiter nach Westen nach Julianadorp aan Zee. ✉ Middenvliet 2 B (GPS: 52°54'51"N / 4°43'53" E).

WC W W Ch

Ⓗ1 km

Stellplatz neben einem Campingplatz auf einem Blumenbauernhof. Stellfläche auf Wiese. Neue Sanitäranlagen verfügbar. Ortszentrum 3 km entfernt. 25 Touristenplätze.
2022: St/N inkl. 2 P/N 19.– bis 20.–, weitere P/N 3.50, H/N 1.–, KT P/N 1.40, KT K/N 1.40, WD –.50, Waschmaschine 5.–, Trockner 5.–. Entsorgung, Müll, Wasser und Strom inklusive.

8573 WP Mirns, Friesland — ST-NL 4030

»DE BRAAMBERG« 1.1. bis 31.12.
0031 619 495931
debraamberg@hotmail.com

➔ A 7 Heerenveen-Amsterdam, Abf. (17) Bolsward, auf die N359 Richtung Warkum und Lemmer, ca. 3 km südlich von Koudum rechts Richtung

Mirns abfahren. der Stellplatz liegt direkt am Ijsselmeer- ✉ Murnserdyk 48 (GPS: 52°51'10"N / 5°28'57" E).

W W Ch 50 m

Stellplatz speziell für Reisemobile vor einem Bauernhof mit Minicamping direkt am Ijsselmeer. Stellflächen auf Schotter, bis 8 m Länge. Maximal 2 Tage Aufenthalt möglich. Kitesurfen möglich. Ort 1 km entfernt. 10 Touristenplätze.

8554 RD Ypecolsga, Friesland ST-NL 4057

»WATERLOO AM BAUERNHOF« 1.3. bis 1.11.
☎ 0031 514 591266
albert.aukes@kpnplanet.nl, www.camperplaatswaterloo.nl

➔ A 6 Almere - Heerenveen, Abf. (18) Oosterzee, weiter auf N 354 nach Ypecolsga. ✉ Nummer 19 (GPS: 52°55'39"N / 5°35'43" E).

1 km

Stellplatz an einem Bauernhof in weitläufiger Wiesen- und Feldlandschaft. Stellflächen auf Wiese und Rasengitter mit Blick auf die Weiden. Bauernhof-Frühstück möglich. Ortszentrum 3 km entfernt. 13 Touristenplätze.

8722 HE Molkwerum, Friesland — ST-NL 4059

»WOHNMOBILSTELLPLATZ SELEANTSJE« 1.1. bis 31.12.
☎ 0031 514 681395
info@camping-seleantsje.nl, www.camping-seleantsje.de

➔ A 6 Almere-Heerenveen, Abf. (17) Lemmer, weiter über N 359 nach Molkwerum. ✉ 't Séleantsje 2 (GPS: 52°54'14"N / 5°23'40" E).

Wohnmobilstellplatz am Campingplatz SELEANTSJE am Ijsselmeer. Stellflächen auf Pflaster. Anreise ab 12 Uhr, Abreise bis 12 Uhr, Ankunft bis 23 Uhr. Reservierung erforderlich. Ortszentrum 200 m entfernt. 17 Touristenplätze.

8451 KE Oudeschoot, Friesland — ST-NL 4080

»MINICAMPING T WOUTERSBERGJE« 1.1. bis 31.12.
☎ 0031 513 681192
info@twoutersbergje.nl, www.twoutersbergje.nl/

➔ A 32 Leeuwarden-Meppel, Abf. (10) Heereveen-Zuid, direkt an der Ausfahrt. ✉ van Bienemalaan 15-17 (GPS: 52°56'5"N / 5°57'38" E).

Stellplatz vor dem Campingplatz an der Autobahn Ausfahrt. Stellfläche auf Asphalt. Ortszentrum 3.5 km entfernt. 5 Touristenplätze.

8605 CP Sneek, Friesland — ST-NL 4120

»YACHTHAFEN CAMPING DE DOMP« 1.1. bis 31.12.
☎ 0031 515 412559
info@dedomp.nl, www.dedomp.nl

➔ A 7 Zurich-Heerenveen, Abf. (22) Sneek, weiter zum Hafen von Sneek. ✉ Domp 4 (GPS: 53°2'7"N / 5°40'35" E).

Stellplatz vor dem Campingplatz am Hafen von Sneek. Stellfläche auf Wiese und Rasengitter. Ankunft bis 18 Uhr. Ortszentrum 500 m entfernt. 14 Touristenplätze.

8862 Harlingen, Friesland — ST-NL 4180

»STELLPLATZ HARLINGEN« 1.1. bis 31.12.

gemeentebestuur@harlingen.nl, www.harlingen.nl

➔ N 31 Harlingen-Leeuwarden, bei Harlingen abfahren, weiter zum Hafen. ✉ Nieuwe Vissershaven 17 (GPS: 53°10'46"N / 5°25'1" E).

Stellplatz auf dem Parkplatz an der Hafeneinfahrt. Stellfläche auf Schotter. Maximal 3 Nächte Aufenthalt möglich. Ortszentrum 600 m entfernt. 14 Touristenplätze.

9153 AX Brantgum, Friesland — ST-NL 4245

20 **»CAMPERPLAATS VELDZICHT«** 1.3. bis 1.11.

w.wiersma02@knid.nl

➔ Von Leeuwarden über N 355 und N 361 nach Brantgum. ✉ Fjildbuorsterwej 9 (GPS: 53°21'20"N / 5°56'10" E).

Stellplatz in ruhiger ländlicher Umgebung nahe des Wattenmeers. Von Büschen und Bäumen umrahmt. Befestigte Stellflächen auf Rasengittersteinen. Maximal 3 Nächte Aufenthalt möglich. Ortszentrum 3 km entfernt. 20 Touristenplätze.
2023: St/N 18.–, P/N, KT, H/N, WD, Entsorgung, Müll, Wasser und Strom inklusive.

9101 XA Dokkum, Friesland — ST-NL 4250

»CAMPING HARDDRAVERSPARK« 1.4. bis 31.10.
☎ 0031 519 294445
info@campingdokkum.nl, www.campingdokkum.nl

➔ Von Leeuwarden über N 355 und N 361 nach Dokkum zum Campingplatz. ✉ Harddraversdijk 1a (GPS: 53°19'33"N / 6°0'13" E).

Stellplatz beim Campingplatz in ruhiger Lage. Stellfläche auf Schotterrasen und Wiese. Ortszentrum 400 m entfernt. 25 Touristenplätze.

9133 DW Anjum, Friesland — ST-NL 4272

»STELLPLATZ IT TUN-HUS« 1.4. bis 31.11.
☎ 0031 657033987
info@tun-hus.nl, www.tun-hus.nl

➔ Von Leeuwarden über N 355 und N 361 nach Anjun, weiter zum Lauwersmeer. ✉ Bantswei 1 (GPS: 53°22'39"N / 6°7'47" E).

Stellplatz am Rande des Dorfes nahe dem Wattenmeer. Von Hecken umrahmt und teils von Feldern umgeben. Ebene, schattenlose Stellfläche auf Pflaster oder Rasen. Buchung (telefonisch) nur am Vorabend bzw. am selben Tag möglich. Picknickplätze. Müllcontainer. Ortszentrum 500 m entfernt. 20 Touristenplätze.

9251 GA Burgum, Friesland — ST-NL 4293

»CAMPERTERRIN PRINSES« 1.1. bis 31.12.
☎ 0031 511 464888
info@djurrema.nl, www.djurrema.nl

➔ A 31 Leeuwarden - Drachten, Abf. Garyp weiter über N 913 nach Sumar. ✉ Oppedijk v. Veenweg 22 M+N (GPS: 53°11'14"N / 6°0'5" E).

Stellplatz direkt an einem Kanal am Ortsrand im Industriegebiet. Von einer hohen Hecke umrahmt. Ebene Stellflächen auf Rasen und Schotter. Platz ist nachts beleuchtet. Picknickplätze am Kanal. Ortszentrum 600 m entfernt. 25 Touristenplätze.

9204 WX Drachten, Friesland — ST-NL 4300

»JACHTHAVEN DE DRAIT« 1.1. bis 31.12.
☎ 0031 512 513276
info@dedrait.com, www.jachthavendedrait.nl/de/camperplaatsen/

➔ A 7/E 22, Groningen-Heerenveen, Abf. (29) Drachten-Zentrum, Richtung Zentrum, beim Slingepark links in die Straße Lauwers abbiegen, dann am Kreisel rechts in den Postlaan und beim Hafen wieder rechts in die Straße Buitenstvallaat abbiegen, ausgeschildert. ✉ Buitenstvallaat 2 (GPS: 53°6'8"N / 6°2'43" E).

Stellplatz bei einem Yachthafen. Überwachte und beleuchtete Stellflächen auf Pflaster, ohne Längenbeschränkung. Aktivitäten: Fahrradtouren durch den National Park ‚de Alde Feanen'. WLAN nur am Hafengebäude. Stadtzentrum 3.5 km entfernt. 15 Touristenplätze.

8426 AW Appelscha, Friesland — ST-NL 4350/2

»BED & BREAKFAST DE CAMPAGNONSHOEVE« 1.1. bis 31.12.
☎ 0031 516 433314
info@decompagnonshoeve.nl, www.decompagnonshoeve.nl

➔ E 232 Gronlingen-Ommen, Abf. (31) Westerbork, N 381 weiter nach Appelscha. ✉ Vaart Noordzijde 104 (GPS: 52°57'7"N / 6°21'46" E).

Stellplatz hinter dem Restaurant direkt am Kanal, idyllisch gelegen. Stellfläche auf Schotter. Ortszentrum 300 m entfernt. 10 Touristenplätze.

9003 MC Warten, Friesland — ST-NL 4351

15 **»JACHTHAFEN WARTENA«** 1.1. bis 19.12.
☎ 0031 058 2551870
info@jachthavenwartena.nl
www.jachthavenwartena.nl/faciliteiten/camperplaatsen

➔ N 31 Leeuwarden - Drachten, bei Warten abfahren, weiter zum Yachthafen. ✉ Butenstreek 3 (GPS: 53°9'1"N / 5°54'14" E).

Stellplatz direkt am Yachthafen. Ebene Stellflächen auf Wiese mit Blick auf die Boote. Ver- und Entsorgung möglich. Das moderne Sanitärgebäude des Jachthafens kann mitbenutzt werden. Ortszentrum 500 m entfernt. 7 Touristenplätze.
2022: St/N inkl. 2 P/N 14.50, KT P/N ab 5 J. 1.65, WD 1.–, Waschmaschine 3.75, Trockner 2.75, Wasser/30 min. –.50. H/N, Entsorgung, Müll, Sanitärbenutzung und Strom inklusive.

9264 TC Earnewâld, Friesland — ST-NL 4352

»CAMPERPLAATS ERNEWALD« 1.4. bis 1.11.

havenearnewald@t-diel.nl, www.t-diel.nl

➔ A 31 Drachten - Leeuwarden, Abf. Garyp, weiter nach Earnewald. ✉ Eilansgrien 64A (GPS: 53°7'45"N / 5°56'9" E).

Stellplatz am Ortsrand am Rande des Nationalparks De Alde Feanen. Ebene, schattenlose Stellflächen auf befestigtem Rasen. Ortszentrum 100 m entfernt. 5 Touristenplätze.

8939 CA Leeuwarden, Friesland — ST-NL 4380

10 **»CAMPERPLAATS LEEUWARDEN«** 1.1. bis 31.12.
☎ 0031 58 2990065
info@camperplaatsleeuwarden.nl, www.camperplaatsleeuwarden.nl/de/

➔ A 7, Groningen - Heerenveen, Abf. (30a) Drachten auf die N 31 nach Leeuwarden Abf. Wergea, dann gleich rechts und am 1. Kreisverkehr rechts dann weiter geradeaus. Am 3. Kreisverkehr rechts und die erste Str. links, beschildert. ✉ De Zwemmer 3 (GPS: 53°11'5"N / 5°50'15" E).
∴ Altstadt, Fries Museum, Princessehof (Keramikmuseum).

Reisemobil-Stellplatz in ruhiger Lage am Freizeithafen, mitten im Wohngebiet "Zuiderburen. Self Service Check-in. Ebene Stellflächen auf Asphalt, ohne Längenbeschränkung. Platzwart. Anreise von 8 bis 22 Uhr, außerhalb dieser Zeiten kann man das Gelände mit einem Zugangscode verlassen. Verleih von Elektrorollern oder Booten. Mit dem „Camperplaats-Leeuwarden-Schlüssel" Ermäßigungen in mehr als 40 Restaurants, Geschäften, Museen und für Aktivitäten in Leeuwarden. Ortszentrum 4.5 km entfernt. 18 Touristenplätze.
2022: MC-St/N inkl. 2 P/N 9.–, weitere P/N 1.50, K/N 1.50, KT P/N 1.65, KT K/N 1.65, Strom/N 4.–. H/N, Entsorgung, Müll und Wasser inklusive. Jeden Tag vier Gratis-Brötchen bei Supermarkt Jumbo und mehr!.

9948 PP Termunterzijl, Groningen ST-NL 4510

20 »CAMPERLOCATIE ZEESTRAND« 14.4. bis 1.11.
☎ 0031 596 601443, Mobil 0031 619 922470, Fax 0031 596 601209
info@campingzeestrand.nl, www.campingzeestrand.nl

➔ A 7 deutsch/niederl. Grenze - Groningen, Abf. Scheemda und weiter auf der N 362 Richtung Delfzijl, dann Abf. in nordöstl. Richtung über Nieuwolda, Woldendorp und Termunten nach Termunterzijl. ✉ Schepperbuurt 4 a (GPS: 53°18'4"N / 7°1'45" E).

WC W W Ch | 100 m 200 m

Stellplatz am Ortsrand beim CAMPING ZEESTRAND EEMS-DOLLARD. Ebene asphaltierte Stellflächen hinter dem Deich. Stellplatz-Länge bis 9 m. Brötchenservice. Bei Frost (1.11. - 31.3.) keine Waschmachinen- oder Trocknernutzung. Gäste bitte auf der Zugangsbrücke an der Gegensprechanlage vom Camping Zeestrand Eems-Dollard melden (gelbe Schilder) oder anrufen (0031/619/92247-0 oder -1). Ort 500 m entfernt. 15 Touristenplätze.
2022: C MC-St/N 9.– bis 9.50, P/N 4.75, K/N 2 bis 15 J. 3.50, extra A/N 2.70, extra M/N 2.70, extra B/N 2.70, H/N 2.50, KT P/N ab 2 J. 1.60, WD/6 min. 1.–, Müllgeb. P/N 1.50, Waschmaschine 4.–, Trockner 2.–. Entsorgung, Wasser und Sanitärbenutzung inklusive.

9964 AN Wehe-den Hoorn, Gron. ST-NL 4555

25 »LANDGOED WILGENHEERD« 23.4. bis 20.9.
☎ 0031 624 519354
info@wilgenheerd.nl, www.wilgenheerd.nl

➔ N 341 Groningen - Lauwersoog, bei Wehe abfahren. ✉ Havenstraat 3 (GPS: 53°21'47"N / 6°25'6" E).

Stellplatz auf einem Landgut inmitten der Natur direkt am Kanal. Stellflächen auf Wiese. Plätze für Zelt und Caravan bis 4,5 m und für Wohnmobile bis 5 m. Reservierung nur bei Gruppen. Ortszentrum 500 m entfernt. 13 Touristenplätze.
2022: St/N 7.50, P/N 7.50, H/N 2.50, KT P/N 1.–, Strom/N 2.50.

9735 AA Groningen, Groningen ST-NL 4700

»PARKING KARDINGE« 1.1. bis 31.12.
☎ 0031 50 3676767
info@kardinge.groningen.nl, www.groningen.nl

➔ A 7 Drachten-Groningen, weiter auf N 46 nach Groningen-Nord. ✉ Kardingerplein 1 (GPS: 53°14'19"N / 6°35'41" E).

| 200 m 300 m

Stellplatz auf dem Parkplatz an der Sport und Freizeitanlage. Stellfläche auf Wiese. Orstentrum 4 km entfernt. 16 Touristenplätze.

9672 TC Winschoten, Groningen ST-NL 4850

»HOTEL RESTAURANT IN DEN STALLEN« 1.1. bis 31.12.
☎ 0031 597 414073
info@indenstallen.nl, www.indenstallen.nl

➔ A 7 Groningen-Leer, Abf. (47) Winschoten, direkt an der Autobahn. ✉ Oostereinde 10 (GPS: 53°9'12"N / 7°3'56" E).

WC W

Stellplatz am Hotel direkt an der Autobahn. Stellfläche auf Asphalt. Reservierung nicht erforderlich. Ortszentrum 2.7 km entfernt. 10 Touristenplätze.

9685 AW Blauwestad, Groningen ST-NL 4853

»CAMPERLOCATIE BLAUWESTAD« 1.4. bis 31.10.
☎ 0031 597 851001
info@havenkwartierblauwestad.nl
www.havenkwartierblauwestad.nl/camperplaatsen/

➔ A 7 Bunde(D) - Groningen, Abf. (47) Winschoten und weiter auf der N967 Richtung Blauwestad, ausgeschildert. ✉ Elfenbank (GPS: 53°9'50"N / 7°2'19" E).

WC W W Ch | 100 m

Stellplatz bei einem Strandabschnitt (Strand Zuid) direkt am See. Markierte Stellflächen auf Asphalt, bis 9 m Länge. Über einen Holzsteg erreicht man den Yachthafen Havenkwartier Blauwestad. Hier befindet sich im Hafenbüro die Anmeldung (geöffnet Sa., So. und in den Sommerferien von 9 -17 Uhr). Wenn das Hafenbüro geschlossen ist, kommt ein Angestellter zum Wohnmobil. Die Toiletten, Duschen und Abfallbehälter befinden sich neben dem Hafenbüro unter dem blauen Wachturm. Zum Öffnen der Tür benötigt man einen Zugangspass "SEP-Karte" (20.- Euro Pfand). Hunde sind auf dem Rasen neben dem Wohnmobil und am Strand nicht erlaubt, aber im Süden des Wohnmobilbereichs befindet sich ein Hundewanderbereich. Ortszentrum 100 m entfernt. 10 Touristenplätze.

9681 AL Midwolda, Groningen ST-NL 4855/2

»JACHTHAVEN MIDWOLDA« 1.4. bis 31.10.
☎ 0031 6523 07528
info@watersporthuningas.nl, www.jachthavenmidwolda.nl

➔ A 7 Groningen, Abf. N 985 nach Midwolda und hier der Beschilderung zum Strand folgen. ✉ Strandweg 1 (GPS: 53°11'46"N / 7°1'51" E).

RES WC W W Ch

Geräumiger Wohnmobilstellplatz innerhalb der Tore des Yachthafens Midwolda. Ebene, parzellierte und schattenlose Stellflächen auf Rasen. Snackbar. Die Tore werden Nachts geschlossen. Anmeldung zwischen 9 und 17 Uhr beim Hafenmeister in der grauen Büroeinheit neben dem Sanitärgebäude. Ort 1.3 km entfernt. 5 Touristenplätze.

9463 Eext, Drente ST-NL 5060

20 »DE BALDWIN HOEVE« 1.1. bis 31.12.
☎ 0031 592 271629
info@baldwinhoeve.nl, www.baldwinhoeve.nl

➔ A 28 Hoogeveen - Groningen, Abf. (32) Assen-Zuid, auf die N33 Richtung Eext, dort auf die N34 Richtung Annen, dort Richtung Annen abfahren und beim Kreisel geradeaus und die nächste rechts in den Eexterweg einbiegen, nach ca. 2.5 km links und sofort wieder rechts abbiegen. ✉ Annerweg 9 (GPS: 53°1'50"N / 6°44'20" E).

WC W W Ch

Stellplatz bei einem B&B in Waldnähe. Stellflächen auf Wiese, bis 10 m Länge. Schöne Fahrradrouten. Frühstück möglich. Ort 1 km entfernt. 15 Touristenplätze.
2022: St/N 18.50. WD, Müllgeb., Entsorgung, Wasser, Strom und WLAN inklusive.

7811 Emmen, Drente ST-NL 5250

»CAMPERPLAATS EMMEN« 1.1. bis 31.12.
☎ 0031 591 649712
info@touristemmen.nl, www.energiekemmen.nl/

➔ A 37 Hoogeveen-Emmen, Knooppunt Holsloot, auf die N34, dann auf die N381 Richtung Emmen Zentrum in den Hondsrugweg abbiegen, nach ca. 1 km links in den Van Schaikweg einbiegen, vor dem Kreisel links zum Parkplatz abbiegen. ✉ Kerkhoflaan / Parkeerplaats Oost (GPS: 52°46'53"N / 6°54'12" E).
Wildlands Adventure Zoo, Emmen (1 km).

| 200 m 500 m

Stellplatz speziell für Reisemobile in zentraler Lage. Beleuchtete Stellflächen auf Wiese, bis 8 m Länge. Maximal 3 Nächte Aufenthalt möglich. Stadtzentrum 500 m entfernt. 10 Touristenplätze.

7975 Uffelte, Drente ST-NL 5350/1

»KAMPEERTERREIN DE BLAUWE HAAN« 1.4. bis 1.11.
☎ 0031 521 351269
info@blauwehaan.nl, www.blauwehaan.nl

➔ A 32, Meppel-Heerenveen, Abf. (4) Havelte, auf die N371 Richtung Diever, am nördlichen Ortsausgang von Uffelte links in den Weg achter de Es einbiegen, ausgeschildert. ✉ Weg achter de Es 11 (GPS: 52°48'8"N / 6°16'22" E).

WC W W Ch W HS | 1 km

Stellplatz speziell für Reisemobile bei einem Campingplatz. Überwachte und beleuchtete Stellflächen auf Wiese, ohne Längenbeschränkung. Maximal 2 Tage Aufenthalt möglich. Wanderungen in den nahegelegenen Wäldern. Ort 2 km entfernt. 3 Touristenplätze.

NL

7478 RH Diepenheim, Overijssel ST-NL 5730

20 »CAMPERPARK DIEPENHEIM« 15.3. bis 1.10.

info@ravenhorstrecreatie.nl, www.camperparkdiepenheim.nl

➔ A 1 Apeldoorn - Eschede, Abf. (2) Rjissen, weiter auf N 347 nach Diepenheim. ✉ Esweg 6 (GPS: 52°10'59"N / 6°34'43" E).

WC W W Ch

Wohnmobil-Stellplatz in ruhiger Lage auf einem ehemaligen Campingplatz direkt am Kanal. Stellflächen auf Naturboden und Gras. Maximal 2 Hunde pro Wohnmobil erlaubt. Reservierung nur bei Gruppen erforderlich. Maximal 7 Nächte Aufenthalt möglich. Ortszentrum 2.5 km entfernt. 32 Touristenplätze.
2023: St/N inkl. 2 P/N 18.–, weitere P/N 4.50, Müllgeb./N –.50. KT, H/N, WD, Entsorgung, Wasser und Strom inklusive. Bei 3 Nächten Aufenthalt 50.–.

7461 PB Rijssen, Overijssel ST-NL 5740

NEU

20 »CAMPERPARK MIDAS« 1.1. bis 31.12.
☎ 0031 548522162, Mobil 0031 653911034 35 000 qm
info@camperpark-midas.nl, www.camperpark-midas.nl

➔ A1 Apeldoorn - Oldenzaal Abf. Rijssen. Hier Richtung Rijssen und Markelo. Beschildert. ✉ Markeloseweg 94 (GPS: 52°17'14"N / 6°31'59" E).
Altstadt

Abfahrt

W W Ch TV | 100 m 500 m 2 km

Kreisförmiges, ebenes bis leicht abfallendes Gelände mit lockerem Baumbestand von Wald umgeben. Platz ist beleuchtet und umzäunt. Videoüberwachung am Eingang. Stellflächen asphaltiert und je mit einer Kunstrasen-Matte versehen. Stellplatzlänge bis 13 m. Keine Aufenthaltsbegrenzung. Stellplatzwechsel findet um 13 Uhr statt. Entsorgung von Grauwasser. Müllentsorgung. Sanitärgebäude mit Fussbodenheizung. Reservierung möglich. Aufenthaltsraum. Brötchenservice. Ort 2,5 km entfernt. 60 Touristenplätze.
2023: St/N inkl. 2 P/N 16.95, KT P/N 1.–, WD inkl., Müllgeb./N –.50, Strom/kWh –.65 (16 A).

8111 MG Heeten, Overijssel ST-NL 5750/2

»STELLPLATZ BERENPAS« 1.1. bis 31.12.
☎ 0031 572 358854

➔ A 30 Apeldoorn-Hengelo, Abf. (26) Lochern, weiter auf N 332 nach Heeten. ✉ Speelsmansweg 8 (GPS: 52°21'38"N / 6°18'42" E).

Ch

Stellplatz in ruhiger Lage auf einem ehemaligen Bauernhof. Stellfläche auf Asphalt. Reservierung nur bei Gruppen erforderlich. Ankunft jederzeit möglich. Ortszentrum 4 km entfernt. 25 Touristenplätze.

7642 LZ Wierden, Overijssel ST-NL 5770/1

»WIJNGAARD BAAN - WOHNMOBILSTELLPLATZ«
☎ 0031 6 54201948 — 1.1. bis 31.12.
info@wijngaardbaan.nl, www.wijngaardbaan.nl

➔ A 35 Henglo - Wierden, am AB-Ende in Wierden auf die N 350 Richtung Rijssen. Beim 2. Kreisverkehr in den Kloosterhoeksweg abbiegen. Das Weingut befindet sich am Ende der Straße. ✉ Kloosterhoeksweg 15 (GPS: 52°19'19"N / 6°34'1" E).

50 m

Stellplatz bei einem Winzer. Von Feldern und Weinanpflanzungen umgeben. Stellflächen auf großer ebener Wiese neben dem Hof. Teils auch mit Rasengittersteinen befestigt. Kleines Restaurant mit Terrasse. Brötchenservice. Mitarbeit bei der Ernte möglich. Für die behindertengerechte Dusche/WC ist ein Schlüssel abrufbar (Pfand 20.-). Nur für Wohnmobile. Ort 5 km entfernt. 25 Touristenplätze.

7731 PA Ommen, Overijssel ST-NL 5795

15 **»STELLPLATZ LANDGOED DE STEKKENKAMP«**
☎ 0031 529 451193 — 1.1. bis 31.12.
info@stekkenkamp.nl, stekkenkamp.nl

➔ N 38 Almelo - Mappl, bei Ommen abfahren, weiter zum ehemaligen Bauernhof. ✉ Beerzerweg 3 (GPS: 52°30'40"N / 6°26'19" E).

Stellplatz in ländlicher Umgebung auf einem ehemaligen Bauernhof. Überwiegend schattenlose Stellflächen auf Rasen oder Rasengittersteinen. Bitte Name, Wohnort und Kennzeichen ausfüllen und Geld in einem Briefumschlag in den Briefkasten stecken. Maximal 3 Nächte Aufenthalt möglich. Ortszentrum 1.3 km entfernt. 16 Touristenplätze.
2023: MC-St/N inkl. 4 P/N 12.50, KT P/N 1.10, Wasser/3 min. –.50. H/N, Entsorgung, Müll und Strom inklusive.

7626 LV Hertme, Overijssel ST-NL 5840

»RABO SCHEELE« — 1.1. bis 31.12.
info@raboscheele.nl, www.raboscheele.nl

➔ A:35 Almelo-Enschede, Abf. (28) Borne-West, weiter nach Hertme. ✉ Hertmerweg 37 (GPS: 52°19'34"N / 6°44'51" E).

Stellplatz auf einer neben dem Landgut gelegenen Obstwiese. Stellfläche auf Wiese und Sand. Ortszentrum 3 km entfernt. 25 Touristenplätze.

8031 ER Zwolle, Overijssel ST-NL 5850

»JACHTHAVEN DE HANZE« — 1.1. bis 31.12.
info@jachthavendehanze.nl, www.jachthavendehanze.nl

➔ A 232 Amersfoort-Meppel, Abf. (20) Zwollie-Noord, weiter nach Zwolle. ✉ Holtenbroekerdijk 42-44 (GPS: 52°31'52"N / 6°4'24" E).

500 m

Stellplatz direkt am Yachthafen am Strandbad von Zwolle. Stellfläche auf Wiese. Ankunft von 8 bis 22 Uhr möglich. Ortszentrum 3 km entfernt. 10 Touristenplätze.

8061 EZ Hasselt, Overijssel ST-NL 5865

15 **»YACHTHAVEN DE MOLENWAARD«** — 1.1. bis 31.12.
☎ 0031 38 4771651
info@molenwaard.nl, www.molenwaard.nl

➔ E 232 Zwolle - Meppel, Abf. (22) Nieuwleusen, weiter auf N 377 nach Hasselt, weiter zum Yachthafen. ✉ Van Nahuysweg 151 (GPS: 52°35'37"N / 6°5'15" E).

500 m 1 km

Stellplatz am Yachthafen in ruhiger Lage am westlichen Ortsrand. Ebene, markierte Stellflächen auf Pflaster. Durch eine lockere Baumreihe und einen Wiesenstreifen zum Wasser abgegrenzt. Von 8 bis 18 Uhr geöffnet. Ortszentrum 600 m entfernt. 10 Touristenplätze.
2022: C MC-St/N inkl. 4 P/N 12.50, KT P/N 1.–, WD/6 min. –.50, Waschmaschine 4.–, Trockner 4.–, Strom/N 3.–. P/N, H/N, Entsorgung, Müll, Wasser und Sanitärbenutzung inklusive.

1361 AC Almere, Flevoland ST-NL 6001

»MARINA MUIDERZAND STELLPLATZ« — 1.5. bis 30.9.
☎ 0031 36 5369151
info@marinamuiderzand.nl, marinamuiderzand.nl/faciliteiten/camperplaatsen

➔ A 1 Almere - Amsterdam, Abf. (3) Almere Stadt-West, weiter Richtung Strand/Regatta Center Muiderzand. ✉ Marinaweg 26 (GPS: 52°20'20"N / 5°8'1" E).

Stellplatz beim Yachthafen - beschrankte Zufahrt. Ebene Stellflächen auf einer asphaltierten Fläche vor einem kleinen Spielplatz gegenüber dem Duinbad. Auch für größere Wohnmobile geeignet. Picknickplätze. Reservierungen können über das Hafenbüro (036 536 91 51) vorgenommen werden. Ortszentrum 8 km entfernt. 20 Touristenplätze.

8322 XL Lelystad, Flevoland ST-NL 6250

»CAMPERPLAATS LEYSTAD« — 1.1. bis 31.12.
☎ 0031 320 278911
info@vvvlelystad.nl, www.vvvlelystad.nl

➔ A 6 Almere-Emmerloord, Abf. (11) Lelystad Noord, weiter auf N 302 nach Lelystad zum Deich. ✉ Houtribslag/Ijsselmeerdijk (GPS: 52°32'53"N / 5°27'26" E).

Stellplatz am Großparkplatz neben dem Deich. Stellfläche auf Pflaster. Maximal 2 NÄchte Aufenthalt möglich. Ortszentrum 2 km entfernt. 4 Touristenplätze.

8321 EH Urk, Flevoland ST-NL 6400

»HAVEN URK« — 1.1. bis 31.12.
☎ 0031 527 689970
havendienst@urk.nl, www.havendiensturk.nl

➔ A 6 Almere-Emmerloord, Abf. (13) Urk, weiter in den Ort zum Hafen. ✉ Burgemeester Schipperkade (GPS: 52°39'35"N / 5°35'54" E).

200 m 400 m

Stellplatz am Anfang des allgemeinen Parkplatzes am Haven von Urk. Stellfläche auf Asphalt. Ortszentrum 500 m entfernt. 22 Touristenplätze.

8308 PE Nagele, Flevoland ST-NL 6421

»CAMPERLOCATIE AFSLAG NAGELE« — 1.1. bis 31.12.
☎ 0031 527 652457
info@afslagnagele.nl, www.afslagnagele.nl

➔ A 6 Heerenveen-Amsterdam, Abf. (13) Urk, auf die N352 Richtung Nagele, erste Möglichkeit links abbiegen in den Han Stijkelweg (über den Kanal). ✉ Han Stijkelweg 11 (GPS: 52°39'1"N / 5°41'10" E).

Stellplatz speziell für Reisemobile auf einem ehemaligen Bauernhof. Beleuchtete Stellflächen auf Wiese, ohne Längenbeschränkung. Maximal 5 Tage Aufenthalt möglich. Ort 2 km entfernt. 20 Touristenplätze.

7054 BB Westendorp, Gelderland ST-NL 6656

15 **»RECREATIEOORD HIPPIQUE WESTENDORP«** — 1.1. bis 31.12.
info@recreatieoordhippique.nl, www.recreatieoordhippique.nl

➔ A 18 Arnheim - Doetinchem, am Ende der Autobahn nach Westendorp abzweigen. ✉ Doetinchemseweg 141 (GPS: 51°56'58"N / 6°25'14" E).

1 km

Stellplatz am Ortsrand bei einem Reiterhof. Ebene, schattenlose Stellflächen auf Rasengittersteinen. Reservierung wird empfohlen. Die Sanitäreinrichtung des Freizeithofs kann gegen eine Gebühr mitbenutzt werden. Ankunft zwischen 9 und 20 Uhr - Tor öffnet sich automatisch. Es können eigene Pferde mitgebracht werden. FW. Ortszentrum 2.5 km entfernt. 4 Touristenplätze.
2022: MC-St/N inkl. 2 P/N 15.–, weitere K/N 1.–, Waschmaschine 5.–, Sanitärbenutzung/N 5.–. KT, H/N, WD, Trockner, Entsorgung, Müll, Wasser und Strom inklusive. Bezahlung beim Verwalter oder bei Ankunft in den dafür vorgesehenen Briefkasten - im Umschlag - werfen.

7081 CW Gendringen, Gelderland ST-NL 6750

»CAMPERPLAATS CR TE PAS« — 1.1. bis 31.12.
☎ 0031 315632544
info@vvvoude-ijsselstreek.nl, www.vvvoudeijsselstreek.nl

➔ A 12 Arnheim-Duisburg, Abf. (3) Emmerich, weiter nach Gendringen. ✉ Willem Alexanderplein (GPS: 51°52'13"N / 6°22'44" E).

Stellplatz vor dem Campingplatz. Stellfläche auf Pflaster. Maximal 3 Nächte Aufenthalt möglich. Ortszentrum 100 m entfernt. 4 Touristenplätze.

6827 AB Arnhem, Gelderland ST-NL 6850

10 **»CAMPERPLAATS LAGE NIEUWE KADE«** — 1.1. bis 31.12.
☎ 0031 26 3774681
www.visitarnhem.com

➔ A 235 Nijmegen - Arnhem, in Arnhem Richtung Centrum auf dem Nijmeegseweg und nach der Überquerung des Rheins am Kreisel rechts und gleich wieder rechts in die Rietgrachtstraat einbiegen, diese bis zum Ende durchfahren und dann am Rhein links in die Nieuwe Kade abbiegen. ✉ Nieuwe Kade 25 (GPS: 51°58'23"N / 5°54'58" E).
∴ Niederländisches Freilichtmuseum Arnhem, Basilika Sint Walburga, Watermuseum, Park und Burg Zijpendaal.

600 m 800 m

Stellplatz speziell für Reisemobile direkt am Rhein. Ausgewiesene und beleuchtete Stellflächen auf Pflaster, bis 8 m Länge. Serviceeinrichtungen (Grauwasserableitung, Entleerung von Chemietoiletten, Wasserentnahme) werden in 1,5 km Entfernung an der Shell-Tankstelle Vébé van Steijn (Westervoortsedijk 71 a, 6827 AL Arnhem) angeboten. Zahlung am Automaten per Lastschrift oder Mastercard/Visa. Maximal 2 Tage Aufenthalt möglich. Stadtzentrum 1 km entfernt. 4 Touristenplätze.
2022: St/N 9.–. Strom/kWh –.50.

3927 CB Renswoude, Utrecht ST-NL 7140/1

Abfahrt

»QUICK-STOP RECREATIEPARK DE LUCHT« — 1.4. bis 30.9.
☎ 0031 342 412877
info@delucht.com, www.delucht.com

➔ A 1, Amersfoort-Apeldoorn, Abf. (15) Barneveld auf die A 30 bis Abf. (4) Scherpenzeel, in Richtung Renswoude, hinter Walderveen am Kreisverkehr rechts abbiegen, beschildert. ✉ Barneveldsestraat 49 (GPS: 52°6'13"N / 5°32'29" E).

Quick-Stop vor einem Campingplatz. Stellflächen auf Wiese, ohne Längenbeschränkung. Aufenthalt max. 2 Nächte. Ort 4 km entfernt. 9 Touristenplätze.

Abfahrt

3927 CJ Renswoude, Utrecht ST-NL 7140/2

»STELLPLATZ DE GREBBELINIE« 1.4. bis 12.10.
☎ 0031 318 591073, Mobil 0031 6 54960937
info@campingdegrebbelinie.nl, www.campingdegrebbelinie.nl

➔ A 1, Amersfoort-Apeldoorn, Abf. (15) Barneveld auf die A 30 bis Abf. (4) Scherpenzeel, Richtung Renswoude, zwischen Walderveen und Renswoude links, beschildert. ✉ Ubbeschoterweg 12 (GPS: 52°5'4"N / 5°33'3" E).

Stellplatz speziell für Reisemobile bei einem Campingplatz, mit einem kleinen Badesee. Stellflächen auf Rasengittersteinen, ohne Längenbeschränkgung. Zimmervermietung. Sanitäranlage beheizbar. Brötchenservice. Streichelzoo. Boule. Rad- und Wanderwege inder Umgebung. Ort 2 km entfernt. 6 Touristenplätze.

3585 LE Utrecht, Utrecht ST-NL 7200

»KLEIN ARMELISWEERD« 1.1. bis 31.12.
☎ 0031 614 153157
zorgvoorelkaarhuis@kleinarmelisweerd.nl
www.kleinarmelisweerd.nl/gastenverblijven

➔ A 12 Den Haag-Arnheim, Abf. (18) Knooppunt Lunetten, auf den Waterlinieweg Richtung Lunetten-Noord, beim Stadion Galgenwaard rechts auf die Herculeslaan abbiegen, dieser Straße folgen und dann links in den Koningsweg einbiegen. ✉ Koningsweg 358 (GPS: 52°4'17"N / 5°8'57" E).
∴ Rundfahrten über die Grachten durch die Altstadt, diverse Museen (Spieluhren und Drehorgeln, Eisenbahnmuseum u.v.m.)

Stellplatz speziell für Reisemobile bei einem Mini-Camping mit Hüttenvermietung. Beleuchtete Stellflächen auf Pflaster, bis 8 m Länge. Maximal 3 Nächte Aufenthalt möglich. Stadtzentrum 3 km entfernt. 3 Touristenplätze.

3628 GC Kockengen, Utrecht ST-NL 7305

25 **»STELLPLATZ BOERDERIJ HAZENVELD«** 28.4. bis 30.9.
☎ 0031 30 6663372, Mobil 0031 6 23077115
info@boerpiet.nl, www.boerderijhazenveld.nl

➔ A 2 Utrecht - Amsterdam, Abf. (5) Breukelen, weiter auf der N401 Richtung Kockengen, dort am westlichen Ortsausgang in den Wagendijk und nach ca. 3 km links in den Laag Nieuwkoop einbiegen. ✉ Laag Nieuwkoop 36 (GPS: 52°7'43"N / 4°58'8" E).

Stellplatz bei einem Bauernhof mit Zimmervermietung. Beleuchtete Stellflächen auf Wiese. Stellplatz-Länge bis max. 8 m. Mindestaufenthalt im Campingbereich 7 Nächte, Mindestaufenthalt im Wohnmobilbereich auf dem Hof 2 Nächte. Ort 3 km entfernt. 4 Touristenplätze.
2023: C-St/N inkl. 2 P/N 24.50, MC-St/N inkl. 2 P/N 20.– bis 24.50, weitere P/N 5.–, K/N bis 12 J. 4.–, H/N 3.–, KT P/N ab 13 J. 1.23, KT K/N 0 bis 12 J. –.40, Waschmaschine 7.–, Trockner 4.–. WD, Entsorgung, Müll, Wasser, Sanitärbenutzung und Strom inklusive.

5439 NG Linden, Nordbrabant ST-NL 7516

»JACHTHAVEN T'LOO« 1.1. bis 31.12.
☎ 0031 485 312003
info@campinghetloo.nl, www.campinghetloo.n

➔ A 73, Venlo-Nijmegen, Abf. (4) Cuijk, auf die N321 Richtung Beers, dort rechts Richtung Linden abbiegen und dort der Ausschilderung zum Yachthafen t'Loo folgen. Hundeleinenzwang. ✉ Hardweg 15 (GPS: 51°45'4"N / 5°49'39" E).

Stellplatz speziell für Reisemobile bei einem Freizeithafen. Stellflächen auf Wiese, ohne Längenbeschränkung. Ortszentrum 500 m entfernt. 12 Touristenplätze.

4871 NC Etten-Leur, Nordbrabant ST-NL 7700

»JACHTHAVEN TURFVAART« 1.1. bis 31.12.
☎ 0031 76 5037067, Fax 0031 76 5269578
info@turfvaart.nl, http://www.turfvaart.nl/camperplaatsen/

➔ A 58 Bergen op Zoom-Breda, Abf. (18) Etten-Leur, Richtung Etten-Leur an der ersten Kreuzung links in den Bredaseweg abbiegen, am Kreisel rechts in die Straße Schoonhout abbiegen, nach ca. 3.5 km liegt der Yachthafen auf der linken Seite. ✉ Westpolderpad 6 (GPS: 51°35'44"N / 4°39'16" E).

Stellplatz bei einem Yachthafen. Beleuchtete Stellflächen auf Wiese, bis 10 m Länge. Maximal 4 Tage Aufenthalt möglich. Stadtzentrum 4 km entfernt. 10 Touristenplätze.

5531 NB Bladel, Nordbrabant ST-NL 7723

20 **»MINI CAMPING DE HOOIBERG«** 15.3. bis 31.10.
☎ 0031 654 341822
info@minicampingdehooiberg.nl, www.minicampingdehooiberg.nl

➔ E 34 Eindhoven-Antwerpen, Abf. (29) Hapert, weiter nach Bladel. ✉ Bredasebaan 20 (GPS: 51°21'11"N / 5°13'26" E).

Stellplatz bei einem Bauernhof mit Käserei und Hofladen. Stellflächen auf Pflaster und Wiese. Ankunft von 8 bis 22 Uhr möglich. Stellplatz nur für Erwachsene! Ortszentrum 1.5 km entfernt. 7 Touristenplätze.
2023: St/N inkl. 2 P/N 18.20, Waschmaschine 3.–, Trockner 3.–. KT, H/N, WD, Entsorgung, Müll, Wasser, Sanitärbenutzung und Strom inklusive. Nur Barzahlung.

5688 GR Oirschot, Nordbrabant ST-NL 7771

20 **»CAMPERPLAATS OIRSCHOT«** 1.1. bis 31.12.

info@camperplaatsoirschot.nl, www.camperplaatsoirschot.nl

➔ A 58 Breda-Eindhoven, Abf. (8) Oirschot, weiter zum Haven des Kanals. ✉ De Rijt (GPS: 51°30'2"N / 5°19'24" E).

Stellplatz am südlichen Ufer des Kanals. Ebene parzellierte Stellflächen (6x10 m) auf Rasengittersteinen mit einem Rasenstreifen. Aufenthaltsraum mit Info-Punkt. Angelmöglichkeit mit NL Angelkarte. Partyzelt für Gruppen. Maximal 14 Nächte Aufenthalt möglich. Ortszentrum 1 km entfernt. 60 Touristenplätze.
2022: St/N inkl. 2 P/N 16.–, WD/6 min. 1.–, Strom/N 3.– (6 A). KT, H/N, Entsorgung, Müll und Wasser inklusive.

5657 AS Eindhoven, Nordbrabant ST-NL 7900

»P+R MEERHOVEN« 1.1. bis 31.12.
☎ 0031 40 2448977
gemeente@eindhoven.nl
www.eindhoven.nl/stad/verkeer-vervoer/parkeren/pr-meerhoven.htm

➔ A 2, Weert-'s-Hertogenbosch, Abf. (30A) Richtung Sliffert, der P+R Parkplatz liegt bei der Autobahnabfahrt, ausgeschildert. ✉ Sliffertsestraat 304 (GPS: 51°26'7"N / 5°25'30" E).
∴ Van Abbemuseum für moderne Kunst, DAF-Museum, Evoluon, De Admirant, Genneper Park, Muziekcentrum Frits Philips, Vesteda-Turm.

Stellplatz auf einem gemischten Parkplatz. Ausgewiesene und beleuchtete Stellflächen auf Asphalt, bis 10 m Länge. Entsorgungsmöglichkeit vorhanden. Gute P+R Möglichkeiten in die Innenstadt. Stadtzentrum 2 km entfernt. 10 Touristenplätze.

5855 EK Well, Limburg ST-NL 8002

»CAMPERPLAATS-DAGSTRAND SEURENHEIDE« 1.1. bis 31.12.
☎ 0031 478501529
info@dagstrandseurenheide.nl, www.dagstrandseurenheide.nl

➔ A 73 Njimengen - Venlo, Abf. (9) Venray, weiter nach Well. ✉ 't Leuken 3B (GPS: 51°34'1"N / 6°4'42" E).

Beleuchteter Stellplatz beim Naturschutzgebiet Maasduinen in der Nähe eines Badesees. Teils von Bäumen umrahmt. Ebene, schattenlose Stellfläche auf verdichtetem Rasen. Ortszentrum 2 km entfernt. 50 Touristenplätze.

5916 RD Venlo, Limburg ST-NL 8150

15 **»CAMPERPLAATS DE BOSWESELS«** 15.3. bis 2.11.
☎ 0031 6 55 80 3279
hvancruchten@home.nl, www.camperkampeerplaatsvenlo.nl

➔ A 73 Nijmegen-Venlo, Abf. (12) Knooppunt Zaarderheiken, weiter auf A 67 Richtung Duisburg, Abf. (41) Venlo, direkt an der Abfahrt. ✉ Kikvorsstraat/Weselseweg (GPS: 51°23'33"N / 6°11'59" E).

Stellplatz nahe der Deutschen Grenze auf einem umzäunten Gelände. Direkt am Waldrand des "zwarte water" gelegen. Stellflächen auf Wiese. Reservierung nur bei Gruppen erforderlich. Verschiedenen Wander-und Radwege. Ortszentrum 3.5 km entfernt. 16 Touristenplätze.
2023: MC-St/N inkl. 2 P/N 12.–, KT, H/N, Entsorgung, Müll, Wasser und Strom inklusive. (Falls niemand anwesend ist, bitte im Kuvert € 12.– im Briefkasten hinterlegen)

6002 RX Weert, Limburg ST-NL 8280

20 **»CAMPERPLAATS WEERT«** 1.1. bis 31.12.
☎ 0031 495 531079
famfonteyn@home.nl

➔ A 2 Eindhoven-Maastricht, Abf. (38) Weert-Noord, weiter Richtung Kanal. ✉ Suffolkweg Zuid 30 (GPS: 51°15'15"N / 5°41'32" E).

Stellplatz am Stadtrand mit Aufenthaltshütte. Stellfläche auf Wiese und Schotter. Reservierung wird empfohlen. Ortszentrum 2 km entfernt. 22 Touristenplätze.
2023: MC-St/N inkl. 2 P/N 16.–, weitere K/N 2.–, WD/5 min. 1.–, Strom/kWh –.50. Entsorgung, Müllgebühr und Wasser inklusive.

6041 LX Roermond, Limburg ST-NL 8500

»YACHTHAVEN HELENAWERF« 1.1. bis 1.12.

info@helenawerf.nl, www.helenawerf.nl

➔ E 25 Maastricht - Venlo, Abf. (20) Roermond-Oost, weiter zum Yachthafen. ✉ Maasboulevard 101 (GPS: 51°11'36"N / 5°58'51" E).

Stellplatz beim Wassersportladen am Yachthafen. Stellflächen auf Schotterrasen. Reservierung ausschließlich per Email. Anmeldung im Geschäft. Ortszentrum 300 m entfernt. 22 Touristenplätze.

NL

6219 ND Maastricht, Limburg ST-NL 8900

»CAMPERPLAATS MAASTRICHT« 1.1. bis 31.12.

info@camperplaatsnederland.nl, **www.camperplaatsnederland.nl**

➔ E 25 Venlo-Maastricht, weiter auf N 278 in den Nordteil von Maastricht ans Ufer der Maas. ✉ Bosscherweg 35 (GPS: 50°52'22"N / 5°40'54" E).

1 km

Großer Wohnmobil-Stellplatz am Ufer der Maas mit Blick auf das Schloss Borgharen. Ebene geschotterte Stellflächen (50 qm) mit zusätzlichen Rasenstreifen. Self-Service (Kassenautomat) Check-In/-Out (24/7). Der Aufenthalt ist am Folgetag bis 13 Uhr gültig. Hunde müssen an der Leine geführt werden. Ortszentrum 3 km entfernt. 100 Touristenplätze.

PORTUGAL

Besondere Vorschriften und Regelungen

Personaldokumente: Ein gültiger Reisepass oder Personalausweis wird bei Aufenthalt bis zu 90 Tagen benötigt. Auch der seit einem Jahr abgelaufene Reisepass wird anerkannt. Kinder unter 12 Jahren benötigen einen Kinderreisepass. Diese werden mit einer Gültigkeitsdauer von sechs Jahren ausgestellt, und zwar längstens bis zur Vollendung des zwölften Lebensjahres. Ab dem zwölften Lebensjahr kann ein Reisepass oder Personalausweis beantragt werden. Detaillierte Informationen erhalten Sie vom Auswärtigen Amt, www.auswaertiges-amt.de.

Impfbescheinigungen: Werden bei Einreise direkt aus Europa nicht verlangt. Empfohlene Impfung: Hepatitis A.

Dokumente für Haustiere: Für Hunde und Katzen ist der »EU-Heimtierausweis« mitzuführen, der von behördlich ermächtigten Tierärzten ausgestellt wird. Der Ausweis muss Angaben zum Besitzer enthalten und dem Tier eindeutig zugeordnet werden können, d.h., das Tier muss durch Mikrochip identifizierbar und die Kennzeichnungs-Nr. im Ausweis eingetragen sein. Ein gültiger Tollwutschutz muss ebenfalls im Heimtierausweis nachgewiesen werden. Die Erstimpfung muss mindestens 21 Tage zurückliegen. Wiederholungsimpfungen müssen in den Zeiträumen, die der Hersteller des Impfstoffes vorsieht, durchgeführt worden sein. Für Hunde besteht Leinen- und Maulkorbpflicht, außerdem dürfen Sie nicht im öffentlichen Nahverkehr, in Restaurants und an Strände mitgenommen werden. Papageien dürfen in der Regel nicht eingeführt werden.

Weitere Informationen erteilen das Bundesministerium für Ernährung und Landwirtschaft **www.bmel.de** und die portugiesische Botschaft: Zimmerstraße 56, 10117 Berlin, Tel. 030/590 06 35 00, Fax 030/590 06 36 00 Email **mail@botschaftportugal.de**

Kfz: Nationaler Führerschein und nationale Zulassung sind ausreichend. Das Länder-Kennzeichen »D« muss am Fahrzeug angebracht oder im EU-Nummernschild enthalten sein. Die Mitnahme der »Internationalen Grünen Versicherungskarte« wird unbedingt empfohlen, da sie im Falle eines Unfalles benötigt und auch oft bei Verkehrskontrollen verlangt wird. Der Abschluss einer Kurzkaskoversicherung im Heimatland für die Dauer des Aufenthaltes wird dringend angeraten. Wird das Fahrzeug nicht vom Eigentümer benutzt, muss der Fahrer im Besitz einer Benutzungsvollmacht des Eigentümers sein.

Verkehrsvorschriften: Motorfahrzeuge haben Vorrang vor Radfahrern und Fuhrwerken. Das von rechts kommende Fahrzeug hat immer Vorfahrt, wenn nicht durch Verkehrszeichen anders geregelt. In Ortschaften besteht in der Nacht Hupverbot. Das Hupen ist nur außerhalb geschlossener Ortschaften vor Kurven erlaubt, ansonsten ist in der Nacht die Lichthupe als Warnsignal zu benützen. Es besteht Anschnallpflicht. Kinder unter 12 Jahren dürfen nicht auf dem Vordersitz befördert werden. Bleibt ein Auto wegen einer Panne/Unfall liegen, muss der Fahrer beim Verlassen des Fahrzeuges eine reflektierende Warnweste tragen. Promillegrenze 0,5.

Umweltzonen: In Portugal sind in der Hauptstadt Lissabon zwei Umweltzonen eingerichtet worden. Die ZER (Zona de Emissoes Reduzidas) befinden sich in der Innenstadt (Zone 1) und im übrigen Stadtgebiet (Zone 2) von Lissabon. Die Umweltzonen sind relevant für alle Fahrzeugtypen. Die Zufahrtsregeln beziehen sich auf die EURO-Normen und die Erstzulassungsdaten der Fahrzeuge. In der Zone 1 haben alle Fahrzeuge mit einem Erstzulassungsdatum vor 2000 ein Fahrverbot, in der Zone 2 gilt eine Erstzulassung vor 1996. Ältere Fahrzeuge, die aufgrund des Zulassungsdatums nicht einfahren dürften, jedoch eine ausreichende EURO-Norm erfüllen, benötigen einen entsprechenden Nachweis des Fahrzeugherstellers und der lokalen Behörde. Die Fahrverbote und Ausnahmeregelungen gelten jedoch nicht ständig, sondern nur zu bestimmten Wochentagen und Uhrzeiten.

Die Regeln der Zone gelten für in Portugal registrierte wie auch für alle ausländischen Fahrzeuge.

Die Umweltzonen in Lissabon werden durch die Polizei überwacht. Bei einem Verstoß sind Bußgelder in verschiedener Höhe fällig.

Zoombare Karten aller Umweltzonen mit ihren Grenzen sowie detailliertere Informationen zu den einzelnen Fahrzeugtypen, EURO-Klassen, Wochentagen, Uhrzeiten, Sonderregelungen und Ausnahmen sind verfügbar unter **www.green-zones.eu/de/umweltzonen** oder **www.Green-Zones-App.eu**.

Straßengebühren: Bei Benutzung von Autobahnen und teilweise auch Schnellstraßen und Brücken werden Gebühren erhoben. Informationen dazu erhalten Sie unter: **www.portugalismo.de/autobahn-maut-portugal/**

Telefon: Deutschland – Portugal: 00351. Portugal – Deutschland: 0049, dann die deutsche Ortsnetzkennzahl ohne die erste Null.

Unfallnotruf: Polizei und Unfallrettung: 112. Unfall- und Pannenhilfe leistet der Autoclub (ACP) Lissabon: 21/942 91 03; bei Pannen in der Gegend von Pombal Tel. Porto 22/834 00 01. Notrufsäulen befinden sich an den Mautstellen der Autobahnen.

Devisen: Die Ein- und Ausfuhr von Landes- und Fremdwährungen ist unbeschränkt. Eine Deklaration für Landes- und Fremdwährung über einen Gegenwert von € 12.000 hinaus ist bei Einreise erforderlich.

Camping: Portugal verfügt über gut ausgebaute Campingplätze. Eine große Anzahl befindet sich in der Küstenregion nördlich und südlich von Lissabon und an der Algarve. Das Camping Card International (CCI) ist auf vielen Plätzen der Portugiesischen Campingvereinigung Voraussetzung für die Aufnahme. Freies Campen ist nur mit Einwilligung des Grundstückeigentümers oder der Gemeinde erlaubt. Die Stromspannung ist auf 220V Wechselstrom (50 Hz) ausgelegt. Mit vereinzelten Stromschwankungen muss gerechnet werden. Die Steckdosen entsprechen in der Regel dem europäischen Standard. Da es jedoch immer wieder zu Abweichungen kommen kann, ist die Mitnahme eines Adapters empfehlenswert.

Allgemeine Informationen:
D-10117 **Berlin,** Turismo de Portugal
Zimmerstraße 56
Tel. 030/254 10 60, Fax 030/25 41 06 99
www.visitportugal.com, info@visitportugal.com

Vertretung der Bundesrepublik Deutschland:
P-1169-043 **Lissabon,** Deutsche Botschaft
Campo dos Mártires da Pátria, 38
Tel. 00351 218/81 02 10, Fax 00351 218/85 38 46
www.lissabon.diplo.de, info@lissabon.diplo.de

Campingplätze:

Gebühren-Angaben in EURO.
Bei Gebühren-Angaben mit der Vorjahreszahl muss eventuell mit einer Anhebung der Gebühren für das laufende Jahr gerechnet werden. Außerdem können sich die angegebenen Öffnungszeiten verändert haben und es ist möglich, dass angegebene Ermäßigungen nicht mehr gewährt werden.

4935-443 Viana do Castelo, Nordp. ST-P 1040

»INTERMARCHE MAZAREFES« 1.1. bis 31.12.
☎ 00351 258 809300
cmviana@cm-viana-castelo.pt, **www.cm-viana-castelo.pt**

➔ A 28, Viana do Castelo-Porto, Abf. (22) Richtung Mazarefes, auf die N 203, am Kreisverkehr zu Einkaufszentrum abbiegen. ✉ Rua do Passal (GPS: 41°40'49"N / 8°46'0" W).
Praça da República, Museu Municipal.

Stellplatz bei einem Einkaufszentrum in Autobahnnähe. Ausgewiesene Stellflächen auf Asphalt, bis 8 m Länge. Ver- und Entsorgungsmöglichkeit vorhanden. Stadtzentrum 6 km entfernt. 10 Touristenplätze.

4845-024 Rio Caldo, Nordportugal ST-P 1070

»GERÊS CAMPING-CAR PARQUE« 1.1. bis 31.12.
Mobil 00351 913 727349
gerescamping-carparque@hotmail.com

➔ A 11, Braga-Guimarães, Abf. (5) Braga, weiter auf der N101 Richtung Vila de Padro, in São Vicente auf die N205 abbiegen und in Amares am Kreisverkehr auf die N308 Richtung Gerês abbiegen, in Rio Caldo am südlichen Ortseingang, ausgeschildert. ✉ Lugar de Paredes, Rua 2, Nr. 24 (GPS: 41°40'30"N / 8°11'4" W).

400 m

Stellplatz mit Blick auf den Rio Cavado am Ortsrand auf einem eingezäunten privalten Gelände. Stellflächen auf Schotter, bis 8 m Länge. Ortszentrum 300 m entfernt. 10 Touristenplätze.

4430-681 Avintes, Nordportugal ST-P 1510

Abfahrt

»PARQUE BIOLOGICO DE GAIA« 1.1. bis 31.12.
☎ 00351 227 878120
atendimento@parquebiologico.pt, **www.parquebiologico.pt**

➔ A 20/IP 1, Porto–Coimbra, Abf. Avintes, auf die N 222 Richtung Avintes, dort der Ausschilderung zum Parque Biológico de Gaia folgen. ✉ Rua da

Cunha (GPS: 41°5'49"N / 8°33'21" W).
∴ Parque Biologico de Gaia.

Ch 200 m 800 m

Stellplatz speziell für Reisemobile am Botanischen Garten. Großzügig angelegte Stellflächen auf Rasengittersteinen, durch Pflanzenbeete parzelliert, bis 10 m Länge. Reservierung erforderlich. Hundeleineneinzwang. Porto 7 km entfernt. 11 Touristenplätze.

4880-236 Mondim de Basto, Nordp. ST-P 1560

»RECINTO DA FEIRA« 1.1. bis 31.12.
☎ 00351 255 389370
turismo@cm-mondimdebasto.pt, www.municipio.mondimdebasto.pt

➔ A 7 Vila Pouca–Guimarães, Abf. (12) Vila Nune, auf die N210+N304 Richtung Mondim de Basto, dort den Ort durchqueren bis zum Festplatz.
✉ M1189 (GPS: 41°24'43"N / 7°57'4" W).
∴ Historisches Ortszentrum.

Ch 100 m 200 m

Stellplatz in der Nähe des historischen Ortszentrums auf einem Fest- bzw. Parkplatz. Ausgewiesene große Stellflächen, ohne Längenbeschränkung. Ver- und Entsorgungsmöglichkeit vorhanden. 10 Touristenplätze.

5054-003 Peso da Régua, Nordport. ST-P 1630

»AUTOCARAVAN PESO DA RÉGUA« 1.1. bis 31.12.
☎ 00351 254 320230
cmregua@cmpr.p, www.cm-pesoregua.pt

Abfahrt ➔ A 24, Vila Real-Viseu,Abf. (11) Peso da Régua, auf die N 2 Richtung Zentrum und Bahnhof, der Stellplatz liegt am Rio Douro, ausgeschildert.
✉ N2 (GPS: 41°9'20"N / 7°46'47" W).
∴ Museu do Douro, historischer Ortskern, Dampfzugfahrten durch das Dourotal, von Regua nach Tua.

Ch 200 m 500 m 800 m

Stellplatz speziell für Reisemobile auf einem eingezäunten Areal am Fluss Rio Douro. Ausgewiesene Stellflächen auf Asphalt, bis 8 m Länge. Kein Schatten. Schlüssel an der Bar beim Bad. Stadtzentrum 1.5 km entfernt. 15 Touristenplätze.

5130-321 São João da Pesqueira, Nordp. ST-P 1720

»AREA AUTOCARAVANAS SÃO JOÃO DA PESQUEIRA«
☎ 00351 254 489985 1.1. bis 31.12.
turismo@sjpesqueira.pt, www.sjpesqueira.pt

➔ N222, Peso da Régua-Vila Nova de Foz Côa, der Stellplatz liegt ca. 800 m westlich der Ortschaft São João da Pesqueira direkt an der N222.
✉ N 222 (GPS: 41°9'4"N / 7°25'26" W).
∴ Igreja (e Hospital) da Misericórdia de São João da Pesqueira, archäologischen Ausgrabungen und urgeschichtlichen Funde und Felsmalereien.

Ch 800 m

Stellplatz speziell für Reisemobile an der Nationalstraße 222 etwas außerhalb der Ortschaft. Stellflächen auf Schotter, ohne Längenbeschränkung. Maximal 48 Stunden Aufenthalt möglich. Ver- und Entsorgungsmöglichkeit vorhanden. Ort 800 m entfernt. 10 Touristenplätze.

5150-642 Freixo de Numão, Nordp. ST-P 1780

»ÁREA DE AUTOCARAVANAS« 1.1. bis 31.12.

➔ IP 2, Macedo–Celorico da Beira, Abf. (12) auf die N 222 Richtung Freixo de Numão abfahren, dort im Ort links auf die N 324, dann links zum Stellplatz, ausgeschildet. ✉ Av. Dr. Francisco Sá Carneiro (GPS: 41°3'37"N / 7°13'14" W).
∴ Historisches Stadtzentrum.

WC W W Ch 1 km

Stellplatz auf einem großem schattenlosen Areal am südlichen Ortsrand des Ortes. Beleuchtete Stellflächen auf Schotter, bis 10 m Länge. Maximal 2 Tage Aufenthalt möglich. Restaurant an der Einfahrt zum Platz. Ortszentrum 1 km entfernt. 20 Touristenplätze.

5160-303 Torre de Moncorvo, Nordp. ST-P 1860

»AREA CAMPER TORRE DE MONCORVO« 1.1. bis 31.12.
☎ 00351 279 200220
geral@torredemoncorvo.pt
www.cm-moncorvo.pt/onde-ficar/parque-autocaravanas

➔ IP 2, Macedo de Cavaleiros-Celorico da Beira, bei Torre de Moncorvo auf die N220 abbiegen, dort am östlichen Ortsende Richtung Sportanlage abbiegen. ✉ (GPS: 41°10'51"N / 7°2'31" W).
∴ Igreja Paroquial de Torre de Moncorvo sowie Herrenhäuser, Brunnenanlagen und diverse historische öffentliche Gebäude.

Ch

Stellplatz auf einem gemischten Parkplatz am Ortsrand gegenüber einer Sportanlage. Ausgewiesene Stellflächen auf Asphalt, bis 10 m Länge. Ver- und Entsorgungsmöglichkeit vorhanden. Ortszentrum 1.5 km entfernt. 10 Touristenplätze.

5340-410 Santa Combinha, Nordp. ST-P 2010

»AREA AUTOCARAVANAS ALBUFEIRA DO AZIBO«
☎ 00351 278 420420, Fax 00351 278 426243 1.1. bis 31.12.
geral@cm-macedodecavaleiros.pt
www.cm-macedodecavaleiros.pt/pages/230

Abfahrt ➔ A 4, Vila Real-Bragança, Abf. (37) Azibo, und der Ausschilderung 'Azibo' folgen. ✉ Albufeira do Azibo/Santa Combinha (GPS: 41°35'1"N / 6°53'56" W).
∴ Talsperre Azibo.

200 m

Stellplatz auf einem gemischten Parkplatz am Stausee Albufeira da Barragem do Azibo. Ausgewiesene Stellflächen auf Pflaster, bis 9 m Länge. Stadt Macedo de Cavaleiros 12 km entfernt. 10 Touristenplätze.

5300-111 Bragança, Nordportugal ST-P 2200

»AREA SERVICO AUTO-CARAVANS« 1.1. bis 31.12.
☎ 00351 273 381273
turismo@cm-braganca.pt, www.cm-braganca.pt

➔ A 4, Bragança-Porto, Abf. Bragança-Este, auf die M 521 Richtung Zentrum, der Ausschilderung zum Stellplatz / Castelo de Bragança folgen.
✉ Rua Miguel Torga (GPS: 41°48'14"N / 6°44'46" W).
∴ Historische Oberstadt, Festung mit Wehrmauer, Torre de Menagem, Kathedrale.

Ch 500 m

Stellplatz in der Nähe des des Castelo de Bragança. Ausgewiesen und beleuchtete Stellflächen auf Naturpflaster, bis 10 m Länge. Maximal 24 Stunden Aufenthalt möglich. Ver- und Entsorgungsmöglichkeit vorhangen. Stadtzentrum 1.5 km entfernt. 15 Touristenplätze.

Plätze ohne Preisangaben:

Diese Plätze haben seit mindestens 2 Jahren keine Gebührenmeldung mehr abgegeben. Daher kann für die Öffnungszeiten nicht garantiert werden.

Auch können sich die angegebenen Telefon- und Faxnummern sowie Emailadressen geändert haben.

3880-350 Ovar, Zentralportugal ST-P 3040

»AREA CAMPER FURADOURO« 1.1. bis 31.12.
☎ 00351 256 581300
geral@uniaofreguesias-ovar.pt, **www.uniaofreguesias-ovar.pt**

➔ A 1, Porto-Coimbra, Abf. (18) Ovar, auf die N223 und die N109 und N327 Richtung Ovar, dann nach ca. 3.5 km auf der N327 am Kreisverkehr der Ausschilderung 'Furadouro' folgen. ✉ R. das Camarinhas (GPS: 40°52'35"N / 8°40'25" W).
∴ Historischer Ortskern von Ovar, Naturschutzgebiet der Ria de Aveiro.

WC | 100 m 200 m 400 m

Stellplatz auf einem gemischten Parkplatz am Strand. Ausgewiesene Stellflächen auf Asphalt, bis 10 m Länge. Frischwasserversorung und Abwasserentsorgung möglich Ort (Ovar) 5 km entfernt. 20 Touristenplätze.

3840-254 Praia da Vagueira, Zent.port. ST-P 3050

»VAGA SPLASH« 1.1. bis 31.12.
☎ 00351 234 797732
reservas@vagasplash.pt

➔ A 25, Viseu-Aveiro, bei Aveiro der A 25 bis zum Ende folgen, dann auf die Küstenstraße M 592 Richtung Praia da Vagueira, der Stellplatz liegt südlich der Ortschaft an der Küstenstraße. ✉ Rua do Labrego (GPS: 40°32'57"N / 8°46'16" W).

WC W W Ch HS S | 800 m

Stellplatz an einem Badepark mit Bungalowvermietung am Meer. Ausgewiesene, leicht unebene Stellflächen auf Schotter, bis 8 m Länge. Ort 1 km entfernt. 30 Touristenplätze.

3440-471 São João de Areias, Zent.port. ST-P 3122

Abfahrt

»TERRA DE IGUANAS« 1.1. bis 31.12.
☎ 00351 910 413345
info@terra-de-iguanas.com, **www.terra-de-iguanas.com**

➔ A 1 Porto - Coimbra, Abf. 13, weiter auf der IP3 Richtung Viseu, bei Souto auf die A 35 und die Abf. (1) S. J. Areias, auf die Estr. Principal Richtung São João de Areias. Der Stellplatz liegt westlich der Ortschaft an der Estrada principal 76 und ist ausgeschildert. ✉ Estrada principal 76, Vila Dianteira (GPS: 40°23'27"N / 8°5'9" W).

WC W Ch

Stellplatz speziell für Reisemobile auf Privatgelände unter holländischer Leitung. Stellflächen auf Schotter und Schotterrasen, bis 12 m Länge. Maximal 3 Nächte Aufenthalt möglich. Brötchenservice. Ortszentrum 1.5 km entfernt. 4 Touristenplätze.

3360-341 Penacova, Zentralportugal ST-P 3140

»AREA CAMPER PENACOVA« 1.1. bis 31.12.
☎ 00351 239 470300, Fax 00351 239 478098
geral@cm-penacova.pt, **www.cm-penacova.pt/**

➔ A 1, Porto-Coimbra, Abf. 13, auf die IP3 Richtung Viseu, IP3 Abf. 11 auf die N235 Richtung Penacova, dort vor der Brücke über den Mondego weiter auf der N110, nach ca. 900 m rechts in die Av. Bombeiros Voluntários einbiegen, am Kreisverkehr 3. Abfahrt nehmen, ausgeschildert. ✉ Estr. Carrazedos 1 (GPS: 40°16'4"N / 8°16'59" W).
∴ Zahlreiche Sakralbauten und einige Windmühlen, Herrenhäuser und historische öffentliche Gebäude, Kloster Mosteiro de Lorvão.

WC Ch | 100 m

Stellplatz speziell für Reisemobile auf einem ausgewiesenen Areal auf einem gemischten Parkplatz. Stellflächen auf Schotter, bis 8 m Länge. Ver- und Entsorgungsmöglichkeit vorhanden. Ortszentrum 500 m entfernt. 10 Touristenplätze.

3090-458 Costa de Lavos, Zent.port. ST-P 3160

0 **»AREA SOSTA CAMPER - PRAIA DE LAVOS«** 1.1. bis 31.12.
☎ 00351 233 946300
www.jf-lavos.pt

➔ A 17, Marinha Grande - Figueira da Foz, Abf. (7) Paião, auf die N109 Richtung Paião und Lavos, dort links auf die M625 Richtung Costa de Lavos, dort am Ortseingang links auf die Rua Monte Cardoso abbiegen. ✉ Rua Monte Cardoso (GPS: 40°5'15"N / 8°52'23" W).

Ch | 100 m

Stellplatz auf einem gemischten Parkplatz am Strand. Parzellierte, enge Parkbuchten auf Schotter, bis 8 m Länge. Ver- und Entsorgungsmöglichkeit vorhanden. Ortszentrum 200 m entfernt. 50 Touristenplätze.
2022: Stellplatz ist kostenlos. Frischwasser/100 l 2.50.

3280-909 Castanheira de Pêra, Zent.port. ST-P 3200

»STELLPLATZ BEIM PRAIA DAS ROCAS« 1.1. bis 31.12.
☎ 00351 236 438931
praiadasrocas@praiadasrocas.com, **www.cm-castanheiradepera.pt**

➔ A 13, Coimbra-Tomar, Abf. (24), auf die IC8 Richtung Pedrógão Grande, nach ca. 7.5 km links auf die N236 Richtung Castanheira de Pêra abbiegen, dort in der Nähe des Naturschwimmbades 'Praia das Rocas' gelegen. ✉ Variante a Nacional 236 (GPS: 40°0'30"N / 8°12'16" W).
∴ Die Wasserfälle Véras, Kapelle Santo António da Neve.

| 200 m 900 m

Stellplatz auf einem gemischten Parkplatz in der Nähe eines Naturschwimmbades. Stellflächen auf Schotter, bis 8 m Länge. Ohne Ver- und Entsorgungsmöglichkeit. Ortszentrum 1 km entfernt. 25 Touristenplätze.

6100-460 Nesperal (Sertã), Zent.port. ST-P 3250

»ALBERGUE DO BONJARDIM« 1.4. bis 1.11.
☎ 00351 274 809647
info@bonjardim.eu, **www.bonjardim.eu**

➔ A 13, Coimbra - Torres Novas, Abf. Castelo Branco auf die IC8, Richtung Sertã, beim Kreisverkehr am Ortseingang Sertã auf die M533 Richtung Cernache do Bonjardim, nach ca. 5 km rechts zum Weingut abbiegen, ausgeschildert. ✉ M533, Nesperal (GPS: 39°48'47"N / 8°9'46" W).

Ch HS | 500 m

Stellplatz bei einem Weingut mit Zimmervermietung in ruhiger Lage unter holländischer Leitung. Stellflächen auf Wiese, bis 10 m Länge. Brötchenservice. Weinkellerausflug und eine Weinprobe direkt über "info@bonjardim.eu" buchbar. Ort (Nesperal) 400 m entfernt. 2 Touristenplätze.

2495-446 Fátima, Zentralportugal ST-P 3300

»PARKING SANTUARIO« 1.1. bis 31.12.
☎ 00351 249 539600 349 m
info@fatima.pt, **www.fatima.pt**

➔ IC 9, Leira-Tomar, Abf. Fátima auf die N 357 Richtung Fátima, dort am Kreisverkehr Rotunda Norte die 6:Abfahrt auf die Av. Beato Nuno nehmen, nach ca. 1.4 km rechts abbiegen, den Hinweisschilderung zum P Santuario folgen. ✉ Rua de São Vicente de Paulo 50 (GPS: 39°38'3"N / 8°40'17" W).
∴ Basilica Antiga, Santuário de Fátima.

| 100 m 300 m

Stellplatz speziell für Reisemobile auf einem gemischten Parkplatz bei einer Wallfahrtskirche. Ausgewiesene, parzellierte und beleuchtete Stellflächen auf Asphalt, bis 9 m Länge. Picknicktische- und bänke vorhanden. Stadtzentrum 1 km entfernt. 10 Touristenplätze.

2500-487 Foz do Arelho, Zent.port. ST-P 3410

»PARQUE AUTOCARAVANAS« 1.1. bis 31.12.
☎ 00351 262 979570
secretariado@jf-fozdoarelho.pt, **www.jf-fozdoarelho.pt**

➔ A 8, Leira-Caldas da Rainha, Abf. (18) auf die N 360 Richtung Foz do Arelho, auf dieser Straße bleiben und durch den Ort fahren, der Stellplatz liegt direkt an der Lagune, ausgeschildert. ✉ Rua Francisco Almeida Grandela (GPS: 39°25'43"N / 9°13'18" W).

WC W Ch | 100 m

Stellplatz an der L Lagune von Óbidos. Beleuchtete Stellflächen auf Schotter, bis 10 m Länge. Kein Schatten. Entfernung zum Atlantik-Strand 1 km. Ortszentrum 1.5 km entfernt. 50 Touristenplätze.

2510-086 Óbidos, Zentralportugal ST-P 3440

Abfahrt

»PARQUE AUTOCARAVAN ÓBIDOS« 1.1. bis 31.12.
☎ 00351 262 495500
posto.turismo@cm-obidos.pt, **www.obidos.pt**

➔ A 8, Caldas–Lissabon, Abf. (15) Óbidos, im Kreisverkehr 2. Abfahrt auf die N 8, dann links zum Stellplatz. ✉ R. dos Arcos (GPS: 39°21'23"N / 9°9'24" W).
∴ Aquädukt von Óbidos, Kirche Santa Maria, historische Altstadt mit Stadtmauer.

Ch | 500 m

Stellplatz speziell für Reisemobile auf einem ausgewiesenen Areal am Aquädukt. Beleuchtete Stellflächen auf Sand, keine Schatten, bis 8 m Länge. Historischer Stadtkern 500 m entfernt. 20 Touristenplätze.

2520-322 Peniche, Zentralportugal ST-P 3470

10 **»MOTORHOME PARK PENICHE«** 1.1. bis 31.12.
☎ 00351 262 798 177, Mobil 00351 961 601375
Fax 00351 262 798411, **asa@asapeniche.pt**, **www.asapeniche.pt/en/**

➔ A 8, Caldas da Rainha-Lissabon, Abf. 14 auf die IP6 Richtung Peniche, dort Richtung Centrum und am Parque do Baluarte in die Rua da Liberdade abbiegen. ✉ Rua da Liberdade 12 (GPS: 39°21'58"N / 9°22'45" W).
∴ Festung mit Museu Regional, Igreja de Nossa Senhora da Ajuda, Steilküste von Peniche, Leuchturm am Cabo Carvoeiro.

WC W W Ch S

| 100 m 200 m

Stellplatz im Ort gelegen. Parzellierte Stellflächen auf Asphalt, bis 10 m Länge. Picknick- und Grillplatz vorhanden. Frühstücks- und Brötchenservice möglich. Sandstrand 200 m entfernt. Ab 19:30 Uhr Zufahrt durch die Schrankenanlage nur mit bestätigter Reservierung. Ortszentrum 500 m entfernt. 60 Touristenplätze.
2022: St/N 7.–, WD/6 min. 1.–, Waschmaschine 4.50, Trockner 2.50, Sanitärbenutzung –.50, Strom/N 3.–/5.–/9.– (4/6/10 A). P/N, H/N, Entsorgung, Müll und Wasser inklusive.

2250-028 Constância, Zentralport. ST-P 3520

Abfahrt

»PARQUE DE AUTOCARAVANAS CONSTÂNCIA« 1.1. bis 31.12.
☎ 00351 249 730052, Fax 00351 249 730289
turismo@cm-constancia.pt
www.cm-constancia.pt/index.php/en/visitar/posto-de-turismo

➔ A 23, Torres Novas-Abrantes, Abf. Constância-Oeste, auf die N358-1 Richtung Constância, vor der Überquerung des Flusses Zêzere, der Stellplatz liegt an der Brücke über den Zêzere. ✉ N3, Praia do Ribatejo (GPS: 39°28'38"N / 8°20'38" W).

Ch | 600 m

Stellplatz speziell für Reisemobile am Fluss Zêzere gegenüber der Stadt Constância. Ausgewiesene Stellflächen auf Pflaster, ohne Längen- und Gewichtsbeschränkung. Ver- und Entsorgungsmöglichkeit vorhanden. Stadtzentrum 600 m entfernt. 20 Touristenplätze.

2200-104 Abrantes, Zentralportugal ST-P 3580

Abfahrt

»AREA AUTOCARAVANAS ABRANTES« 1.1. bis 31.12.
☎ 00351 241 330100
turismo@cm-abrantes.pt, www.cm-abrantes.pt

➔ A 23, Torres Novas-Castelo Branco, Abf. (10) Abrantes, auf die N2 Richtung Abrantes, dort am Kreisverkehr im Zentrum 2. Abfahrt in die Av. do Aquapolis zum Fluss abbiegen. ✉ Esplanada das Docas (GPS: 39°27'12"N / 8°11'26" W).
∴ Burg (Castelo) in Abrantes, historische Altstadt.

Ch 200 m 400 m

Stellplatz auf einem gemischten Parkplatz mit schöner Aussicht auf den Rio Tajo. Ausgewiesene und beleuchtete Stellflächen auf Pflaster, bis 9 m Länge. Ver- und Entsorgungsmöglichkeit vorhanden. Stadtzentrum 2 km entfernt. 10 Touristenplätze.

6030-198 Vila Velha de Ródão, Zent.port. ST-P 3630

Abfahrt

»AREA CAMPER VILA VELHA DE RÓDÃO« 1.1. bis 31.12.
☎ 00351 272 540312
turismo@cm-vvrodao.pt, www.cm-vvrodao.pt/

➔ A 23, Abrantes-Castelo Branco, Abf. (19) Vila Velha de Ródão, auf die N241 Richtung Vila Velha de Ródão, dort am Kreisverkehr auf die N18 Richtung Zentrum, dann der Ausschilderung zu den Cais De Rodão, bzw dem Wohnmobil-Schildern folgen. ✉ Rua do Porto Tejo (GPS: 39°39'5"N / 7°40'20" W).
∴ Paläolithische Ausgrabungsstätte Estação Arqueológica da Foz do Enxarrique.

Ch 100 m 500 m

Stellplatz auf einem gemischten Parkplatz unter Bäumen am Ufer des Rio Tajo. Ausgewiesene und beleuchtete Stellflächen auf Pflaster, bis 9 m Länge. Ver- und Entsorgungsmöglichkeit vorhanden. Maximal 48 Stunden Aufenthalt möglich. Ortszentrum 500 m entfernt. 12 Touristenplätze.

6005-150 Escalos de Baixo, Zent.port. ST-P 3720

»PROPIEDAD HANMAR« 1.1. bis 31.12.
☎ 00351 967 493710
hanmar92@hotmail.com

➔ A 23 Guarda–Castel Branco, Abf. (23) Castel Branco-Norte, auf die N233/N240 Richtung Escalos de Baixo, von dort weiter auf der N352 Richtung Escalos de Cima, ca. 1 km nördlich von Escalos de Baixo liegt der Stellplatz auf der linken Seite. ✉ Estrada Nacional N352 (GPS: 39°53'57"N / 7°24'1" W).

Ch

Stellplatz auf einem privaten Gelände in ruhiger Einzellage. Naturbelassene Stellflächen unter Bäumen oder auf Schotter, bis 10 m Länge. Ort 1 km entfernt. 20 Touristenplätze.

6324-007 Sabugal, Zentralportugal ST-P 3810

»AREA DE SERVICO SABUGAL« 1.1. bis 31.12.
☎ 00351 271 751040, Fax 00351 271 753408
geral@cm-sabugal.pt, www.cm-sabugal.pt/camara-municipal/contactos/

➔ IP2, Guarda-Castelo Branco, Abf. 35 Sabugal, auf die N233 Richtung Sabugal, dort am Kreisverkehr geradeaus und die nächste Möglichkeit links über den Fluss Côa, dann rechts halten, ausgeschildert. ✉ Rua do Cemiterio (GPS: 40°20'53"N / 7°5'12" W).

Ch 200 m 500 m

Stellplatz am Ortsrand am Park Jardim do Sabugal. Unebene Stellflächen auf Schotter, bis 8 m Länge. Ver- und Entsorgungsmöglichkeit vorhanden. Ortszentrum 350 m entfernt. 5 Touristenplätze.

6355-265 Vilar Formoso, Zent.port. ST-P 3940

Abfahrt

»ÁREA ARMAZÉNS ZÁZÁ« 1.1. bis 31.12.
☎ 00351 271 220200
mail@jf-vilarformoso.pt, www.jf-vilarformoso.pt

➔ A 25/ A 62, Arrifana-Salamanca (E), von Salamanca (E) auf der A 62 bis zur portugiesischen Grenze, dann 2. Abf. (31) auf die N 332 Richtung Vila Formoso, der Stellplatz liegt am Ortseingang, ausgeschildert mit 'Área de Serviçio'. ✉ Av. das Túlias 113 (GPS: 40°36'56"N / 6°50'19" W).
∴ Bahnhof von Vilar Formoso.

Ch 200 m

Stellplatz auf einem gemischten, von einer niedrigen Mauer eingefasstem Parkplatz am Ortsrand. Ausgewiesene Stellflächen auf Sand und Asphalt, bis 8 m Länge. Ortszentrum 400 m entfernt. 15 Touristenplätze.

2705-737 São João das Lampas, Lis. ST-P 5080

»ÁREA CAMPER SANTA SUSANA« 1.1. bis 31.12.
☎ 00351 219 608860
geral@uflampasterrugem.pt, www.uflampasterrugem.pt

➔ N247, Ericeira-Sintra, der Stellplatz liegt direkt an der N247 zwischen den Ortsteilen Santa Susana und Pobral. ✉ Estrada Á-dos-Serrados (GPS: 38°55'6"N / 9°23'0" W).

Ch 900 m

Stellplatz direkt an der Nationalstraße speziell für Reisemobile. Stellflächen auf Schotter, ohne Gewichts- und Längenbeschränkung. Maximal 48 Stunden Aufenthalt möglich. Ver- und Entsorgungsmöglichkeit vorhanden. Ort (Pobral) 1 km entfernt. 25 Touristenplätze.

2900-276 Setúbal, Lissabon ST-P 5100

»PARQUE DO OUTÃO« 1.1. bis 31.12.
☎ 00351 265541500
geral@mun-setubal.pt

➔ A 2, Lissabon-Setúbal, Abf. (2) Azeitão auf die N10 Richtung Azeitão und weiter auf der N10 Richtung Setúbal, nach ca. 4 km rechts auf die N10-4 Richtung Rasca abbiegen, der Ausschilderung 'Praia da Rasca' folgen. ✉ N 10-4 (GPS: 38°30'12"N / 8°55'43" W).
∴ Museu de Setúbal, Klosterkirche des Convento de Jesús, Museu do Trabalho (dt.: Museum der Arbeit), Aquädukt, archäologische Ausgrabungen.

WC W Ch

Stellplatz speziell für Reisemobile direkt am Meer. Videoüberwachte Stellflächen auf Pflaster, ohne Längenbeschränkung. Stadt (Setúbal) 6 km entfernt. 40 Touristenplätze.

2965-552 Águas de Moura, Lissab. ST-P 5180

Abfahrt

»AREA CAMPER MARATECA« 1.1. bis 31.12.
☎ 00351 212 332122
turismo@cm-palmela.pt, www.turismo.cm-palmela.pt

➔ A 2, Setúbal-Grandola, Abf. 6, auf die IC1 Richtung Marateca, dort weiter auf der N10 Richtung Águas de Moura, der Stellplatz ist vom Ortseingang an ausgeschildert. ✉ Largo da Fonte 411 (GPS: 38°34'59"N / 8°41'28" W).

Ch 200 m

Stellplatz speziell für Reisemobile auf einem von einer Mauer umgebenen Areal am Ortsrand. Einfahrt zum Stellplatz sehr schmal. Stellflächen auf Schotter, bis 10 m Länge. Ver- und Entsorgungsmöglichkeit vorhanden. Ortszentrum 200 m entfernt. 20 Touristenplätze.

7320-421 Castelo de Vide, Alentejo ST-P 6050

»BARRAGEM DE POVOA« 1.1. bis 31.12.
☎ 00351 245 908227
turismo@cm-castelo-vide.pt, www.castelodevide.pt/turismo

➔ A 23, Abrantes-Castelo Branco, Abf. 19, auf die N18 Richtung Vila Velha de Rodão und Nisa, dort am südlichen Ortsausgang auf die N359 Richtung Montalvão, nach ca. 3 km rechts auf die M525-1 und nach ca. 7.5 km rechts auf die M1007 abbiegen, der Stellplatz liegt auf der linken Seite nach ca. 1.5 km. ✉ M1007 (GPS: 39°29'2"N / 7°32'51" W).

WC Ch

Stellplatz speziell für Reisemobile am Stausee der Talsperre Póvoa. Stellflächen auf Pflaster, bis 10 m Länge. Ver- und Entsorgungsmöglichkeit vorhanden. Ort 3 km entfernt. 10 Touristenplätze.

7580-648 Comporta, Alentejo ST-P 6250

Abfahrt

»ÁREA CAMPER COMPORTA« 1.1. bis 31.12.
☎ 00351 265 247013
info@herdadedacomporta.pt, www.herdadedacomporta.pt/pt/turismo

➔ A 1, Lissabon-Faro, Abf. 8, auf die IC1 Richtung Alcácer do Sal, dort auf die N253 Richtung Comporta, dort rechts auf die N253-1 und nach ca.500 m scharf rechts zum Stellplatz einbiegen. ✉ Rua da Barca (GPS: 38°22'42"N / 8°47'8" W).

Ch 200 m 300 m

Stellplatz im Ortszentrum jedoch ruhig. Unbefestigte, ebene Stellflächen auf Sand und Schotter, ohne Längenbeschränkung. Strand 2 km entfernt. Kein Schatten. Ver- und Entsorgungsmöglichkeit vorhanden. 50 Touristenplätze.

P

7520-437 Porto Covo, Alentejo ST-P 6320

»ESTAÇÃO SERVIÇO AUTOCARAVANAS« 1.1. bis 31.12.
☎ 00351 269 959124
turismo.portocovo@gmail.com

➔ A 26, Sines-Grândola, bei Sines auf die A 26-1, Abf. Port Covo auf die M 109, dort im Ortszentrum auf die M554 einbiegen, ausgeschildert. ✉ Rua da Teimosa (GPS: 37°51'8"N / 8°47'21" W).

Ch 200 m 300 m 400 m

Stellplatz im Ortszentrum in der Nähe eines Neubaugebietes. Ebene Stellflächen auf Naturboden ohne Schatten, bis 10 m Länge. Ver- und Entsorgungsmöglichkeit vorhanden. 25 Touristenplätze.

7600-346 Messejana, Alentejo ST-P 6410

»AREA CAMPER MESSEJANA« 1.1. bis 31.12.
☎ 00351 284 601010
turismo@mun-aljustrel.pt, www.mun-aljustrel.pt/default.aspx

➔ A 2, Grandola-Aljustrel, Abf. 11 Aljustrel, auf die N261 Richtung Aljustrel, dort am westlichen Ortsrand weiter auf der N263 Richtung Messejana, am südlichen Ortsrand rechts in die R. da Conceicao einbiegen und bis zum Ende durchfahren. ✉ (GPS: 37°49'54"N / 8°14'49" W).

WC W Ch 500 m

Stellplatz auf einem gemischten Parkplatz auf einem eingezäunten Areal neben einer Wohnanlage. Stellflächen auf Schotter, bis 10 m Länge. Ortszentrum 500 m entfernt. 30 Touristenplätze.

7750-139 Mina de São Domingos, Al. ST-P 6520

»AREA CAMPER MINA DE SÃO DOMINGOS« 1.1. bis 31.12.
☎ 00351 286 610100
turismo@cm-mertola.pt, www.cm-mertola.pt

➔ IP2, Portelo-Faro, in Beja auf die N260, bei Serpa auf die N265 Richtung Mértola, in Mina de São Domingos am südlichen Ortsende der Ausschilderung zum Praia Fluvial folgen. ✉ R. da Liberdade (GPS: 37°40'20"N / 7°30'15" W).

WC W Ch 300 m

Stellplatz speziell für Reisemobile mit jungem Baumbestand am Ufer eines Sees. Ausgewiesene und parzellierte Stellflächen auf Schotter, ohne Längenbeschränkung. Ver- und Entsorgungsmöglichkeit vorhanden. Ortszentrum 300 m entfernt. 20 Touristenplätze.

7240-100 Aldeia da Luz, Alentejo — ST-P 6750

»AREA CAMPER ALDEIA DA LUZ« 1.1. bis 31.12.
00351 266 560010
gap@cm-mourao.pt

➔ A 6, Montemor-o-Novo-Estremoz, Abf. 6, auf die IP2 Richtung Évora, auf der IP2 bis Mourão fahren, dort auf die M517, nach ca. 2 km rechts nach Luz abbiegen, an der ersten Kreuzung am Ortseingang links abbiegen, ausgeschildert. ✉ Terreiro do Rossio 1 (GPS: 38°20'34"N / 7°22'27" W).
Museu da Luz.

Ch | 100 m

Stellplatz auf einem gemischten Parkplatz am Ortsrand in der Nähe des Alqueva-Stausees. . Stellflächen auf Schotter, bis 9 m Länge. Ver- und Entsorgungsmöglichkeit vorhanden. Ortszentrum 300 m entfernt. 5 Touristenplätze.

7170-011 Redondo, Alentejo — ST-P 6920

»AREA CAMPER REDONDO« 1.1. bis 31.12.
00351 266 989130
geral@freg-redondo.pt, www.freg-redondo.pt

➔ A 6, Évora-Elvas, Abf. 8, auf die N255 Richtung Vila Viçosa, dort auf die N254 Richtung Redondo, der Stellplatz liegt am südlichen Ortsrand bei einem Buisiness-Park. ✉ Av. de Gien 13 (GPS: 38°38'43"N / 7°32'35" W).
Die Burg (Castelo) von Redondo.

WC Ch | 400 m

Stellplatz speziell für Reisemobile am Ortsrand. Stellflächen auf Schotter und Sand, ohne Längenbeschränkung. Ver- und Entsorgungsmöglichkeit vorhanden. Ortszentrum 500 m entfernt. 40 Touristenplätze.

8300-038 Silves, Algarve — ST-P 8050/1

»ALGARVE MOTORHOME PARK SILVES« 1.1. bis 31.12.

info@algarvemotorhomepark.com, www.algarvemotorhomepark.com

➔ A 22, Bensafrim-Vila Real de Santo António, Abf. (6) auf die N 124 Richtung Silves, dort ab Ortseingang beschildert. ✉ Estrada Nacional 124 (GPS: 37°11'13"N / 8°27'5" W).
Castelo dos Mouros, Kapelle „Nossa Senhora dos Mártires", Museú Municipal de Arqueologia (Archäologische Museum).

RES WC W W Ch | 1 km

Stellplatz speziell für Reisemobile auf einem eingezäunten und videoüberwachtem Areal im Tal des Rio Arada. Parzellierte Stellflächen auf Schotter durch wenige Bäume aufgelockert, bis 8 m Länge. Ortszentrum 1 km entfernt. 50 Touristenplätze.

8375-204 Sapeira, Algarve — ST-P 8070

»WOHNMOBILSTELLPLATZ SAPEIRA« 1.1. bis 31.12.
00351 911 559878
gabriele.mann1@gmx.de

➔ A 2, Aljustrel-Albufeira, Abf. 14, auf die N124 Richtung São Bartolomeu de Messines, dann weiter auf der IC1 Richtung São Marcos da Serra, dort südlich der Ortschaft links in die N267 einbiegen, weiter auf der M502 Richtung Sapeira, nach Überquerung des Sees links abbiegen, nach ca. 1.3 km rechts zum Stellplatz abbiegen. ✉ Carvalhal (GPS: 37°19'55"N / 8°22'30" W).

WC W W Ch

Stellplatz auf großem privaten Anwesen in ruhiger Einzellage auf einem Hügel, südlich des Odelouca Stausees. Naturbelassene Stellflächen, bis 10 m Länge. Naturschwimmteich am Platz. Anmeldung per Telefon oder E-Mail erforderlich. Ort (Sapeira) 1.3km entfernt. 4 Touristenplätze.

8550-213 Caldas de Monchique, Alg. — ST-P 8090

»VALE DA CARRASQUEIR« 1.1. bis 31.12.
00351 282 911502
valedacarrasqueira@sapo.pt

➔ A 22, Bensafrim-Vila Real de Santo António, Abf. (5) Arge, auf die N 124 und N 266 Richtung Monchique, ca. 2 km vor Caldas de Monchique, in Pocilgais, rechts abbiegen, der Ausschilderung folgen. ✉ Barracao 190 (GPS: 37°16'36"N / 8°32'35" W).

WC W W Ch HS

Stellplatz speziell für Reisemobile auf Privatgelände in ruhiger Einzellage in einem Naturschutzgebiet. Stellflächen auf Pflaster und Schotter, bis 10 m Länge. Swimmingpool vorhanden. Ort 2 km entfernt. 14 Touristenplätze.

8650-161 Figueira, Algarve — ST-P 8130

»FIGUEIRA CARAVAN PARK« 1.1. bis 31.12.
00351 914 404824
info@figueiracaravanpark.com, www.figueiracaravanpark.com

➔ N 125, Vila do Bpo.-Lagos, in Figueira in den Ort abbiegen, der Ausschilderung zum Figuera Caravan Park folgen. ✉ Rua da Fonte 8 (GPS: 37°4'22"N / 8°50'44" W).

Ch | 100 m

Stellplatz am Rande eines Dorfes im Naturpark Sudoeste Alentejano e Costa Vincentina. Stellflächen auf Schotter, bis 8 m Länge. Achtung Zufahrt zum Stellplatz ist eng. Entfernung zum Strand ca. 1.8 km. Ortszentrum 100 m entfernt. 45 Touristenplätze.

8600-302 Lagos, Algarve — ST-P 8150

Abfahrt

»ÁREA CAMPER LAGOS« 1.1. bis 31.12.
00351 282 763031
pim@cm-lagos.pt, www.cm-lagos.pt

➔ A 22, Bensafrim-Vila Real de Santo António, Abf. (2) Lagos Ost, weiter Richtung Lagos, im Kreisverkehr am Ortseingang rechts zum Stadion und Stellplatz abbiegen. ✉ Estr. EN 125 Estádio Municipal (GPS: 37°6'57"N / 8°40'43" W).

Ch | H 100 m 200 m

Stellplatz am Sportstadion am Stadtrand. Durch Holzbohlen parzellierte und beleuchtete Stellflächen auf Schotter, bis 8 m Länge. Kein Schatten. Sanitäreinrichtungen in Stadion. Anmeldung und Bezahlung an der Rezeption des Stadions. Strand 2 km entfernt. Stadtzentrum 1 km entfernt. 10 Touristenplätze.

8375-036 São Bartolomeu de Messines, Alg. — ST-P 8230/1

10 **»CAMPERSTOP MESSINES«** 1.1. bis 30.6. / 1.9. bis 31.12.
00351 961 507461
camperstopmessines@gmail.com
www.camperstopmessines.wixsite.com/camperstopmessines

➔ A 2, Aljustrel-Albufeira, Abf. 14, auf die N124 Richtung São Bartolomeu de Messines, am Kreisverkehr die 3. Ausfahrt nehmen, nach ca. 600 m scharf rechts abbiegen, der Straße bis zur Ortschaft Bica folgen ab dort ausgeschildert. ✉ Rua de Paúl (GPS: 37°16'46"N / 8°14'30" W).

WC W Ch

Stellplatz 4 km östlich der Stadt São Bartolomeu de Messines in ländlicher und ruhiger Umgebung am Fluss Ribeira de Gavião. Leicht unebene Stellfächen auf Schotter, bis 10 m Länge. Aktivitäten: Wandern und Radtouren. Stadt 4 km entfernt. 40 Touristenplätze.
2022: MC-St/N inkl. 4 P/N 6.30 bis 7.25, WD/5 min. 1.–. H/N, Entsorgung, Müll und Wasser inklusive. Barzahlung.

8200-049 Caliços (Albufeira), Algarv. — ST-P 8320

Abfahrt

»PARQUE DA PALMEIRA« 1.1. bis 31.12.
00351 289 502205
geral@parquedapalmeira.com, www.parquedapalmeira.com

➔ A 22, Portimão-Loulé, Abf. 9, auf die N125 Richtung Albufeira, in Vale de Paraíso auf die N395 Richtung Albufeira abbiegen, am 2. Kreisverkehr in Caliços links in die R. Paul Harris einbiegen, am 2.Kreisverkehr liegt der Stellplatz auf der linken Seite, ausgeschildert. ✉ Rua José Carlos Ary dos Santos (GPS: 37°5'53"N / 8°14'36" W).
Ruinen der arabischen Festung, Cerro da Vila (das Altstadtviertel).

WC W Ch |
200 m 500 m

Stellplatz speziell für Reisemobile bei den Sportanlagen. Beleuchtete Stellflächen auf Schotter, ohne Längenbeschränkung. Stadtzentrum 1.5 km entfernt. 100 Touristenplätze.

8200-000 Centieira, Algarve — ST-P 8340

Abfahrt

»MOTORHOME FRIENDS« 16.9. bis 31.5.
00351 917 788337
Mireille & Pedro, Telefon 0motorhomefriendsalgarve@gmail.com
www.motorhomefriends.com

➔ Autobahndreieck A2/A22 (dort aber keine Ausfahrt), A 22, Portimão-Loulé, Abf. 9 auf die IC1 und N125 Richtung Ferreiras, dort auf die N395 Richtung Paderne, nach ca. 4 km rechts Richtung Centieira abbiegen, nach der Unterquerung der Autobahn liegt der Stellplatz nach ca. 600 m auf der linken Seite, ausgeschildert. ✉ Paderne (GPS: 37°9'23"N / 8°12'35" W).

WC W Ch

Stellplatz auf Privatgelände in der Nähe des Autobahndreiecks A2/A22. Durch Rasen parzellierte Stellflächen auf Schotter, bis 10 m Länge. Ort (Paderne) 2 km entfernt. 21 Touristenplätze.

8125 Quarteira, Algarve — ST-P 8360

Abfahrt

»PARQUE FONTE SANTA« 1.1. bis 31.12.
00351 289 315235
geral@jf-quarteira.pt, www.jf-quarteira.pt

➔ A 22, Portimão-Faro, Abf. (12) Loulé, auf die N396 Richtung Quarteira, dort am Kreisverkehr am Ortseingang links auf die M527-2 Richtung Almancil, nach ca. 2 km auf der linken Seite. ✉ Estrada Fonte Santa (GPS: 37°4'24"N / 8°4'37" W).

Ch | 50 m 200 m

Stellplatz auf einem großen, eingezäunten Wochenmarktplatz am Ortsausgang. Bewachte und beleuchtete Stellflächen auf Schotter, ohne Längen- und Gewichtsbeschränkung. Kein Schatten. Achtung von Dienstag auf Mittwoch bis 13 Uhr ist der Platz wegen des Marktes nicht nutzbar, Ausweichplatz ohne Strom nebenan. Stadtzentrum 3 km entfernt. 50 Touristenplätze.

8005-145 Faro, Algarve — ST-P 8380

Abfahrt

»PARQUE RIBEIRINHO DE FARO« 1.1. bis 31.12.
00351 289 870870
geral@cm-faro.pt, www.cm-faro.pt/

➔ A 22, Portimão-Faro, Abf. 13, auf die IC4 Richtung Faro, auf dieser Straße bleiben und am westlichen Ortsrand von Faro der Ausschilderung zum 'Parque Ribeirinho de Faro' folgen. ✉ Parque Ribeirinho de Faro (GPS: 37°1'32"N / 7°56'48" W).
Die„goldene" Barockkarmeliterkirche Nossa Senhora do Carmo, ehem.

Kloster Nossa Senhora da Assunção, Museu Marítimo.

200 m

Stellplatz speziell für Reisemobile am westlichen Stadtrand von Faro, beim Forum Algarve. Ausgewiesene Stellflächen auf Pflaster, bis 10 m Länge. Ohne Ver- und Entsorgungsmöglichkeit. Stadtzentrum 1.5 km entfernt. 10 Touristenplätze.

8800-223 Tavira, Algarve — ST-P 8410/1

Abfahrt

»PARQUE DE CAMPISMO DA PSP TAVIRA« 1.1. bis 31.12.
☎ 00351 281 320690
psparque@gmail.com, **www.portugalvia.com**

➔ A 22, Faro-Vila Real de Santo António, Abf. 16 Tavira, auf die N270 Richtung Tavira, dort am Kreisverkehr am Ortseingang die 3. Abfahrt auf die M508, nach ca.200 m rechts einbiegen, ausgeschildert. ✉ Estrada da Fonte Salgada (GPS: 37°8'11"N / 7°38'23" W).
Historische Altstadt mit Rathaus, Camera Obscura (ehem.Wasserturm/Rundblick auf die Stadt), Palácio da Galeria.

WC W Ch 100 m 400 m 500 m

Stellplatz auf einem ehemaligen Campingplatz. Teils terrassiertes, teils ebenes Gelände mit Baumbestand. Beleuchtete Stellflächen auf Schotter und Wiese, ohne Längenbeschränkung. Haustiere sind nur in der Nebensaison erlaubt. Stadtzentrum 5 km entfernt. 80 Touristenplätze.

8900-316 Vila Real de Santo António, Alg. ST-P 8460/2

10 **»PARQUE DE AUTOCARAVANS MURALHA«** 1.1. bis 31.12.
☎ 00351 281 510020
geral@cm-vrsa.pt, **www.vrsa-sgu.pt**

➔ A 22, Bensafrim - Vila Real de Santo António, Abf. 18 Castro Marim, auf die N122 Richtung Vila Real de Santo António, dort am Stadtrand erste Straße links und beim Fischerhafen rechts. ✉ Avenida de República (GPS: 37°11'57"N / 7°24'55" W).

Ch 100 m 500 m

Stellplatz am direkt am Fluss neben dem Hafen mit schöner Aussicht. Stellflächen auf Schotterrassen und Sand/Splitt, bis 12 m Länge. Stadtzentrum 500 m entfernt. 100 Touristenplätze.
2022: St/N 5.–, P/N –.50, K/N 11 bis 13 J. –.25, Strom/N 5.–. Müllgeb., Entsorgung, Wasser und WLAN inklusive.

8950-232 Castro Marim, Algarve — ST-P 8550/2

»ALMADA D'OURO CLUB« 1.1. bis 31.12.
☎ 00351 966 340223
almadadeouro@gmail.com
www.almadadeouro.wix.com/almadadeourocaravan

➔ A 22, Bensafrim-Vila Real de Santo António, Abf. 18, auf die IC27 und N122 Richtung Azinhal, ca. 4 km nördlich der Ortschaft rechts auf die M1063, der Stellplatz liegt zwischen Fonte do Penedo und Alcarias, ausgeschildert. ✉ Vale da Arcaria (GPS: 37°19'54"N / 7°28'5" W).

WC W Ch

Stellplatz speziell für Reisemobile auf einer Hochebene in ruhiger Einzellage. Ausgewiesene Stellflächen auf Schotter und Asphalt, ohne Längen- und Gewichtsbeschränkung. Ort 15 km entfernt. 10 Touristenplätze.

8970-022 Alcoutim, Algarve — ST-P 8610

»CAMPERPARC ALCOUTIM« 1.1. bis 31.12.
☎ 00351 281 540500
geral@cm-alcoutim.pt, **www.cm-alcoutim.pt/**

➔ A 22, Bensafrim-Vila Real de Santo António, Abf. 18 auf die IC 27 Richtung Balurcos, dort weiter auf der N 124/N 122-1 Richtung Alcoutim, im Ort auf die M507 Richtung Norden, der Stellplatz befindet sich am nördlichen Ortsausgang auf der rechten Seite. ✉ Estrada da Pousada da Juventude (GPS: 37°28'30"N / 7°28'29" W).
Castelo de Alcoutim, Igreja Matriz, Capela de Santo António, Museu do Rio (Ethnografie- und Natur-Museum).

Ch 500 m

Stellplatz am Ortsrand in der Nähe des Grenzflusses Guadiana. Stellflächen auf Sand und Splitt, bis 9 m Länge. Ver- und Entsorgungsmöglichkeit vorhanden. Ortszentrum 500 m entfernt. 7 Touristenplätze.

8970-066 Pereiro (Alcoutim), Algarv. ST-P 8612

»AUTOCARAVAN PEREIRO« 1.1. bis 31.12.
☎ 00351 281 540500
geral@cm-alcoutim.pt, **www.cm-alcoutim.pt/**

➔ A 22, Bensafrim-Vila Real de Santo António, Abf. 18 auf die IC 27 Richtung Balurcos, dort weiter auf der N 124 Richtung Pereiro, dort vor dem Ortseingang auf der linken Seite. ✉ Rua da Escola (GPS: 37°26'45"N / 7°35'21" W).

Ch 500 m

Stellplatz auf einem Parkpaltz an einem Stausee ausserhalb der Ortschaft. Stellflächen auf Asphalt, bis 10 m Länge. Kein Schatten. Ver- und Entsorgungsmöglichkeit vorhanden. Ort 500 m entfernt. 20 Touristenplätze.

POLEN

Besondere Vorschriften und Regelungen

Personaldokumente: Reisepass oder Personalausweis. Kinder unter 12 Jahren benötigen einen Kinderreisepass. Diese werden mit einer Gültigkeitsdauer von sechs Jahren ausgestellt, und zwar längstens bis zur Vollendung des zwölften Lebensjahres. Ab dem zwölften Lebensjahr kann ein Reisepass oder Personalausweis beantragt werden. Detaillierte Informationen erhalten Sie vom Auswärtigen Amt, www.auswaertiges-amt.de.

Krankenversicherung: Reisende sollten die Europäische Krankenversicherungskarte (EHIC) mitnehmen. Sie ist der Anspruchsnachweis für die medizinische Versorgung nach den Regeln des jeweiligen Landes. Zusätzlich empfehlen wir für die Dauer des Aufenthalts beim Heimatversicherer eine private Auslandsreise-Krankenversicherung abzuschließen. Diese übernimmt weitere Leistungen wie zum Beispiel einen Ambulanz-Rettungsflug. Eine Kopie der Versicherungspolice ist mitzuführen.

Impfbescheinigungen: Werden nicht verlangt. Empfohlene Impfung: saisonal FSME.

Dokumente für Haustiere: Für Hunde und Katzen ist der »EU-Heimtierausweis« mitzuführen, der von behördlich ermächtigten Tierärzten ausgestellt wird. Der Ausweis muss Angaben zum Besitzer enthalten und dem Tier eindeutig zugeordnet werden können, d.h., das Tier muss durch Mikrochip identifizierbar und die Kennzeichnungs-Nr. im Ausweis eingetragen sein. Ein gültiger Tollwutschutz muss ebenfalls im Heimtierausweis nachgewiesen werden. Die Erstimpfung muss mindestens 21 Tage zurückliegen. Wiederholungsimpfungen müssen in den Zeiträumen, die der Hersteller des Impfstoffes vorsieht, durchgeführt worden sein.

Spezielle Informationen erteilen das Bundesministerium für Ernährung und Landwirtschaft **www.bmel.de** und die Botschaft der Republik Polen: Richard-Strauss-Straße 11, 14193 Berlin, Tel. 030/22 31 30, Fax 030/22 31 31 55.

Kfz: Nationaler Führerschein und nationale Zulassung sind ausreichend. Das Länderkennzeichen »D« muss am Fahrzeug und Anhänger angebracht oder im EU-Nummernschild enthalten sein. Wird ein Kraftfahrzeug nicht vom Eigentümer selbst benutzt, muss der Fahrer im Besitz einer Benutzungsvollmacht des Eigentümers sein. Es ist verboten das Fahrzeug von einer in Polen wohnenden Person benutzen zu lassen. Es besteht Haftpflichtversicherungszwang. Das Kennzeichen ist ausreichend als Nachweis des EU-weiten Versicherungsschutzes. Die »Internationale Grüne Versicherungskarte« sollte trotzdem mitgenommen werden, da sie im Schadenfall die Abwicklung erleichtert. Wegen niederer Deckungssummen wird zum Abschluss einer Kurzkasko- und Insassenunfallversicherung im Heimatland, für die Dauer des Aufenthalts, dringend geraten. Zusätzlich raten wir dringend zum Abschluss eines Auslandschutzbriefes für Kfz. Die Mitnahme von Warndreick und Verbandskasten ist vorgeschrieben.

Verkehrsvorschriften: Fahrzeuge im Kreisverkehr haben Vorfahrtsrecht, sonst das von rechts kommende Fahrzeug. Parken bei Dunkelheit ist nur mit Standlicht gestattet. Besondere Vorsicht bei Nachtfahrten da diverse Verkehrsteilnehmer (Traktoren, Pferdefuhrwerke, Fahrradfahrer) ohne Beleuchtung unterwegs sind. Halteverbot besteht 10 m vor und hinter Bahnübergängen. Es muss ganzjährig mit Abblendlicht gefahren werden. Überholen im Bereich von Kreuzungen ist verboten. Bei Unfallen ist grundsätzlich die Polizei zu holen. Für die spätere Schadenregulierung ist unbedingt ein Exemplar des Polizeiprotokolls zu verlangen. Verkehrsvergehen werden mit hohen Geldstrafen belegt. Bei schweren Unfällen oder Verursachung verkehrsgefährdender Situationen wird der Führerschein einbehalten. Es besteht Anschnallpflicht. Promillegrenze 0,2.

Straßengebühren: Auf Autobahnen und teilweise auch auf Schnellstraßen wird Maut erhoben. Entsprechend des Eintrags in den Fahrzeugdokumenten wird unterschieden nach Fahrzeugen , die das zulässige Gesamtgewicht (zGG) bis 3.5t erreichen und welchen, die darüber liegen. Für Fahrzeuge bis 3.5t gilt das Vignettensystem. Für Fahrzeuge, die darüber liegen gilt die streckenabhängige Maut. Bei Gespannen wird der Anhänger dazugerechnet. D.h. **entscheidend ist das Gesamtgewicht des Gespanns!** Die Vertriebsstellen befinden sich an den Grenzen, den entsprechenden Autobahnen, sowie an einigen Tankstellen. Informationen erhalten Sie unter: **www.polish-online.com/polen/reisetipps/maut.php**

Telefon: Deutschland – Polen: 0048. Polen – Deutschland: 0049, nach der Wahl der ersten Null den Summton abwarten, dann erst weiterwählen.

Unfallnotruf: Polizei: 997 und 112. Unfallrettung: 999. Feuerwehr 998. Pannenhilfe leistet landesweit der Polnische Motorverband (PZM) Tel. 9637 oder 022/8259734. Weitere Informationen: ul, Kazimierzowska 66, PL 02-518 Warszawa, Tel. 022/849 93 61, Fax 022/848 19 51. www.pzm.pl. ADAC-Notrufstation: Tel. 061/831 98 88 oder 0103361/831 98 88. Vom 1. Juni bis 31. August stellt die Polnische Tourismusorganisation (POT) eine deutschsprachige Touristen-Hotline für Notfälle zur Verfügung. 0800/200300 (vom polnischen Festnetz aus) oder vom Handy 0048 22/6 01 55 55.

Devisen: Die Ein- und Ausfuhr von Fremd- und Landeswährung ist unbeschränkt gestattet. Deklaration bei Ein- und Ausreise aus oder in ein Nicht-EU-Land ab einem Wert von 10000 Euro.

Camping: In Polen erwartet den Besucher ein gut ausgebautes Campingnetz. Bei den »Camping« bezeichneten Plätzen handelt es sich meistens um Campinghütten-Siedlungen mit Stellflächen für Camper.
Die als »Zeltplatz« bezeichneten Plätze entsprechen eher unseren Vorstellungen von Campingplätzen. Alle Campingplätze sind mit Nummern bezeichnet, die sowohl mit den Angaben auf der polnischen Campingkarte, als auch mit der Straßenbezeichnung übereinstimmen. Freies Campen ist in Polen verboten. Auf Privatgrundstücken ist Campen nur mit Einwilligung des Eigentümers erlaubt. Meldepflicht bei der jeweiligen Behörde. Das wird meist von der Campingplatzverwaltung erledigt. Das Stromnetz ist auf eine Spannung von 220 V Wechselstrom (50 Hz) ausgelegt. Eurostecker passen meist problemlos, für andere Stecker ist ein Adapter erforderlich. Die Gasversorgung ist kein Problem. Deutsche Flaschen kann man in

Polen auffüllen lassen oder tauschen. Es ist möglich, dass Zollbeamte für Caravans und Motorcaravans ein doppeltes Inventarverzeichnis verlangen.

Wassersport: Bei einem Aufenthalt bis zu einem Jahr sind keine Grenzdokumente erforderlich. Das Boot, sowie einzelne Aussenbordmotore werden bei der Einreise von der Zollbehörde im Reisepass vermerkt.

Allgemeine Informationen:
D-14199 **Berlin,** Polnisches Fremdenverkehrsamt
Hohenzollerndamm 151
Tel. 030/210 09 20, Fax 030/21 00 92 14
www.poland.travel

Vertretung der Bundesrepublik Deutschland
PL-00-467 **Warszawa,** Deutsche Botschaft
ul. Jazdów 12
Tel. 0048 22/584 17 00, Fax 0048 22/584 19 79
www.warschau.diplo.de, info@warschau.diplo.de

Campingplätze:

Gebühren in Landeswährung und in Euro.

Währungseinheit:	1 Polnischer Zloty (PLN) = 100 Groszy
Devisenkurs:	1 PLN = ca. 0.21 Euro
	1 Euro = ca. 4.75PLN (Stand: Okt. 2022)

Bei Gebühren mit der Vorjahreszahl muss eventuell mit einer Anhebung der Gebühren für das aktuelle Jahr gerechnet werden. Außerdem können sich die angegebenen Öffnungszeiten verändert haben und es besteht die Möglichkeit, dass angegebene Ermäßigungen nicht mehr gewährt werden.

74-520 Cedynia, Westpommern ST-PL 1010

10 **»STELLPLATZ AN DER ODER«** 1.1. bis 31.12.
64 m
info@hohenwutzen.de, www.polenmarkt.de

➔ Bundesstraße 158, Bad Freienwalde (Oder)-Cedynia, nach Grenzüberquerung über die Oder, in der Ortschaft Osinów Dolny direkt an der Oder gelegen. ✉ Osinów Dolny 50 (GPS: 52°50'52"N / 14°7'45" E).

Der Stellplatz befindet sich auf einer erhöhten Wiese direkt am Fluss Oder. Das Grundstück ist durchgängig bewacht und beleuchtet. Der Stellplatz ist Teil des Polenmarkt Hohenwutzen mit Einkaufsmöglichkeiten (24/7), Restaurants, Tankstellen, Shuttle-Bus nach Berlin uvm. Es gibt eine Bootsanlegestelle, Grillplatz und Minigolfanlage. Es stehen Stromsäulen mit insgesamt 12 Steckdosen bereit. Die Kosten betragen 0,50 €/kWh. Die Bezahlung erfolgt direkt an der Säule per Münzeinwurf (EUR). Deutsche Servicenummer 0049 800 5533232. Ort 2 km entfernt. 50 Touristenplätze.
2022: St/N 5.–, Strom/2 kWh 1.– (10 A). P/N, KT, WD, Müll und Sanitärbenutzung inklusive.

78-650 Mirosławiec, Westpommer. ST-PL 1150

»MOTEL PARK« 1.1. bis 31.12.
☎ 0048 67 2595495, Mobil 0048 608 845976 120 m
info@hotel-park.pl

➔ Straße 10, Szczecin-Bydgoszcz, westlich der Ortschaft Łowicz Wałecki direkt an der Straße 10 gelegen, ausgeschildert. ✉ Lowicz Walecki 60 (GPS: 53°19'49"N / 16°1'32" E).

Umzäunter Stellplatz auf einem Wiesengelände hinter dem Hotel an einem Teich. Ebene Stellflächen auf Wiese, ohne Längenbeschränkung. Ort 3 km entfernt. 30 Touristenplätze.

72-510 Wolin, Westpommern ST-PL 1195

»STELLPLATZ LAFRENTZ« 1.5. bis 30.9.
☎ 0048 510 100402
lafwin@neostrada.pl

➔ E 65, Goleniów-Swinemünde, östlich der Ortschaft Wolin auf die Straße 111 in südliche Richtung abbiegen, nach ca. 1 km rechts Richtung Gogolice einbiegen, nach ca. 250 m auf der rechten Seite, ausgeschildert. ✉ Gogolice 20 (GPS: 53°49'59"N / 14°37'24" E).
∴ Freilichtmuseum der Slawen- und Wikingersiedlung Wolin, Heimatmuseum, Hügelgräberfeld am „Galgenberg" (Wzgórze Wisielcow).

Stellplatz auf einem Privatgelände direkt am Wasser. Ebene Stellflächen auf Schotter, bis 8 m Länge. Aufenthalt max. 3 Nächte. Ort 1.5 km entfernt. 8 Touristenplätze.

72-600 Swinoujscie, Westpommer. ST-PL 1200

»PORT JACHTOWY« 1.1. bis 31.12.
☎ 0048 32 19177
krowinska@um.swinoujscie.pl, www.sail-swinoujscie.pl

➔ E 65, Szczecin-Świnoujście, in Świnoujście (dt.Swinemünde) weiter auf der Straße 93 Richtung Zentrum, dann der Ausschilderung zum Hafen / Marina folgen. ✉ Jachtowa 95 (GPS: 53°54'45"N / 14°16'6" E).
∴ Kurviertel, Stadtzentrum, Wolliner Seite (mit Leuchtturm und Ostmole) und Ostfort (Fort Gerhard) am Leuchtturm (Festung Swinemünde),

300 m 1 km
Stellplatz bei einer Marina am Park Zdrojowy, mit Blick auf die Fähren nach Schweden. Stellflächen auf Wiese, ohne Längenbeschränkung. Aufenthalt max. 7 Tage. Ortszentrum 2 km entfernt. 10 Touristenplätze.

72-415 Międzywodzie, Westpomm. ST-PL 1215

»PENSION NARCYZ« 1.5. bis 1.10.
☎ 0048 91 3814891, Mobil 0048 601 560371
herezo@poczta.onet.pl, www.narcyz-miedzywodzie.pl

➔ Straße 102, in Świnoujście (dt. Swinemünde) auf die Küstenstraße 102 Richtung Kołobrzeg (Kolberg), in der Ortschaft Międzywodzie am westlichen Ortseingang auf der rechten Seite, ausgeschildert. ✉ ul. Armii Krajowej 35 (GPS: 54°0'14"N / 14°41'36" E).

400 m 500 m 750 m
Stellplatz auf einem von hohen Bäumen umgebenen Wiesengelände hinter einer Pension. Ebene Stellflächen auf Wiese, ohne Längenbeschränkung. Frühstücksservice möglich. Ortszentrum 500 m entfernt. Strand/Ostsee 750 m entfernt. 10 Touristenplätze.

72-344 Rewal, Westpommern ST-PL 1270/2

»POKOJE I DOMKI PARK« Mai bis Sept.
☎ 0048 91 3862887, Mobil 0048 601 834 163
park.nocowanie.pl

➔ E 65, Świnoujście (dt.Swinemünde)-Szczecin, in Swinemünde auf der Küstenstraße 102 Richtung Kolobrzeg (dt.Kolberg) in der Ortschaft Rewal am westlich Ortseingang links in die Straße Dworcowa einbiegen, Stellplatz an der Pension 'Posejdon'. ✉ Dworcowa 3 (GPS: 54°4'49"N / 15°0'49" E).
∴ Museums-Dampfzug in Niechorze (4 km).

100 m 600 m
Stellplatz neben einer Pension unter altem Baumbestand. Stellflächen auf Wiese und Rasengittersteinen, bis 9 m Länge. Ortszentrum 200 m entfernt. Strand/Ostsee 600 m entfernt. 12 Touristenplätze.

76-034 Sarbinowo, Westpommern ST-PL 1335

»'AQUARIUS'-PARK« 1.7. bis 20.8.
Mobil 0048 601 312227
wierusk@wp.pl, www.aquarius-morze.pl

➔ E 28, Stettin-Gdynia, in Koszalin auf die Straße 11 Richtung Kołobrzeg, bei der Ortschaft Borkowice rechts in Richtung Gąski abbiegen, dort weiter der Ausschilderung zum Leuchtturm ('Aquarius') folgen. ✉ ul. Nadbrzeżna 26A / Gąski (GPS: 54°14'38"N / 15°53'38" E).
∴ Leuchtturm Gaski (500 m), Schloss Gaski (1 km).

100 m 200 m
Stellplatz auf einem gesonderten Areal bei einer Hotelanlage mit Campingmöglichkeit direkt am Meer. Stellflächen auf Wiese und Schotterrasen, bis 8 m Länge. Ortszentrum 500 m entfernt. 25 Touristenplätze.

76-150 Darłowo, Westpommern ST-PL 1410/3

»PRZYSTAŃ BIONIKA« 1.1. bis 31.12.
☎ 0048 943 142345, Mobil 0048 602 442250
bionika@bionika.pl, www.przystan.bionika.pl

➔ E 28, Szczecin-Gdynia, westlich der Ortschaft Karwice auf die Straße 37 Richtung Darłowo, dort auf die Straße 203 und Überquerung des Flusses Wieprza, am Kreisverkehr auf die Straße Morska abbiegen, ausgeschildert. ✉ ul. Morska 61 (GPS: 54°25'22"N / 16°24'7" E).

300 m 400 m
Zentral gelegener Stellplatz direkt am Fluss Wieprza. Durch Bäume und Büsche aufgelockert. Ebene Stellflächen auf Wiese, bis 9 m Länge. Reservierung wird empfohlen. Hundeleinenzwang. Ortszentrum 300 m entfernt. 10 Touristenplätze.

76-214 Smołdzino, Pommern ST-PL 2005

»SŁOWIŃSKI NATIONAL PARK« 1.1. bis 31.12.
☎ 0048 598 117204
sekretariat@slowinskipn.pl, www.slowinskipn.pl/en

➔ E 28, Szczecin-Gdynia, in Slupsk auf die Straße 213 abbiegen, ca. 2 km östlich der Ortschaft Żelkowo links Richtung Witkowo, Smołdzino und Smołdziński Las abbiegen, dort der Ausschilderung zum Leuchtturm Czołpino folgen. ✉ Szlak czerwony (GPS: 54°42'34"N / 17°14'29" E).

Stellplatz auf einem gemischten Parkplatz beim Słowiński National Park. Stellflächen auf Schotterrasen, ohne Längenbeschränkung. Aufenthalt max. 24 Stunden. Guter Ausgangspunkt für Wanderungen im Nationalpark. Ort 6 km entfernt. Strand/Meer 2 km entfernt. 5 Touristenplätze.

80-218 Gdańsk, Pommern ST-PL 2100/1

»CAMPER PARK PG« 1.1. bis 31.12.
Mobil 0048 604563477 180 m
camperpark@pg.gda.pl, www.camperpark.pg.edu.pl

➔ E 28, S7, Gdynia-Gdańsk, Abf. Gdańsk-Lipce, auf die 91 Richtung Zentrum, nach ca. 6.5 km auf die Straße 468 (aleja Zwycięstwa) abfahren und nach ca. 2 km im Ortsteil Aniołki beim Park Steffensa rechts einbiegen, Stellplatz liegt beim Politechniki Gdańskiej. ✉ ul. Towarowa 40 (GPS: 54°22'14"N / 18°37'50" E).
∴ Krantor, Grünes Tor, Nationalmuseum (Muzeum Narodowe w Gdańsku), Meeresmuseum (Narodowe Muzeum Morskie w Gdańsku) mit dem Museumsschiff Sołdek.

S | 300 m

Stellplatz auf einem eingezäunten und überwachtem Wiesengelände beim Politechniki Gdańskiej. Stellflächen unter Bäumen auf Wiese, ohne Längenbeschränkung. 24-Stunden-Rezeption. Multisportfeld. Sanitäranlagen im Gebäude der Sport-Akademie 150 m. Gute Verbindung zur Innenstadt mit öffentlichen Verkehrsmitteln. Ortszentrum 5 km entfernt. 30 Touristenplätze.

77-124 Parchowo, Pommern ST-PL 2220/1

»LANDGUT KALEX« 1.4. bis 31.10.
0048 59 8214637
landgut-kalex@web.de, www.kalex.com.pl/de/

➔ Straße 20, Miastko-Danzig, in Bütow auf die 228 Richtung Kartuzy, nördlich der Ortschaft Parchowo ausgeschildert. ✉ Jamnowski młyn (GPS: 54°13'36"N / 17°38'21" E).

Stellplatz bei einem bewirtschafteten Landgut in Einzellage am Waldrand mit einem Fischteich. Leicht abfallende Stellflächen auf Wiese, bis 8 m Länge. Enge Zufahrtsstraße. Ort 2 km entfernt. 12 Touristenplätze.

83-330 Pępowo, Pommern ST-PL 2225

»GALERIA PEPOWO« 1.4. bis 30.9.
0048 58 6818205, Mobil 0048 604 704050, Fax 0048 58 6817998
info@vwmuzeum.pl, www.vwmuseum.pl/

➔ Straße 20, Bütow-Gdynia, in Żukowo rechts auf die Straße Armii Krajowej Richtung Pępowo abbiegen, ausgeschildert. ✉ ul. Armii Krajowej 50 (GPS: 54°21'40"N / 18°23'20" E).
∴ VW-Museum.

1 km

Stellplatz auf dem Parkplatz bei einer Pension mit VW Museum. Ebene Stellflächen auf Wiese, bis 8 m Länge. Ortszentrum 500 m entfernt. 20 Touristenplätze.

83-400 Kościerzyna, Pommern ST-PL 2240

»CAMP & HOTEL SZARLOTA« 1.1. bis 31.12.
0048 586867755, Mobil 0048 601676009 150 m
mediatorx3@gmail.com, www.szarlota.com

➔ Straße 20, Bütow-Danzig, am westlichen Ortseingang von Kościerzyna am Kreisverkehr die erste Ausfahrt Richtung Szarlota nehmen, ausgeschildert. ✉ Szarlota 11 (GPS: 54°6'8"N / 17°56'39" E).

Stellplatz an einer weitläufigen Hotel- und Ferienanlage mit Wellnessbereich, direkt am See Jezioro Osuszyno. Ebene Stellflächen auf Wiese, ohne Längenbeschränkung. Frühstücksservice, sowie die Nutzung der Wellnessangebote im Hotel möglich. Ortszentrum 3.5. km entfernt. 20 Touristenplätze.

86-320 Łasin, Kujawien-Pommern ST-PL 2570

»HOLIDAY CASUS« 1.1. bis 31.12.
0048 56 4664185, Mobil 0048 515 276722
recepcja@holiday-casus.pl, www.holiday-casus.pl

➔ Straße 16, Grudziądz-Olsztyn, in Łasin am südwestlichen Ortsrand an der Straße 16 ausgeschildert. ✉ ul. Sportowa (GPS: 53°30'40"N / 19°4'43" E).
∴ Katherinenkirche, Wasserturm von 1893, Magistratsgebäude von 1900.

Stellplatz bei einem Freizeitzentrum am Schlosssee. Stellflächen auf Rasengittersteinen und durch Rasenflächen parzelliert, ohne Längenbeschränkung. Snackbar/Imbiss. Hundeleinenzwang. Badestrand mit Liegewiese. Ortszentrum 1 km entfernt. 25 Touristenplätze.

14-140 Miłomłyn, Ermland-Masur. ST-PL 3015

»DOM MAZUR« 1.1. bis 31.12.
0048 6086 16526
bmazur.milomlyn@wp.pl

➔ E 77, Danzig-Warschau, in Miłomłyn Richtung Ortszentrum abbiegen, nach ca. 300 m auf der linken Seite. ✉ ul. Twarda 28 (GPS: 53°45'58"N / 19°50'44" E).

200 m 500 m

Stellplatz auf einem Wiesengelände bei einem Wohnhaus am Ortsrand. Von Hecken begrenzt. Stellflächen auf Wiese, bis 6.5 m Länge und max. 3.5 t Gewicht. Ortszentrum 500 m entfernt. 5 Touristenplätze.

Die Möglichkeit der Schmutzwasserentsorgung sollte vor der Weiterfahrt unbedingt genutzt werden.

12-200 Pisz, Ermland-Masuren ST-PL 3078

»AGROTURYSTYCZNE 'MARZANNA'« Mai bis Okt.
0048 87 4250603, Mobil 0048 504 591552
kontakt@zdory.eu, **www.zdory.eu/**

➔ Straße 63, Olsztyn-Pisz, in der Ortschaft Kociołek Szlachecki Richtung Zdory abbiegen, dort am südlichen Ortsrand am Seksty See gelegen, ausgeschildert. ✉ Zdory 40a (GPS: 53°42'40"N / 21°46'42" E).

Stellplatz bei einem Ferienbauernhof am Ufer des Seksty Sees. Stellflächen auf Wiese, ohne Längenbeschränkung. Verkauf von Bioprodukten im eigenen Hofladen. Anmeldung erwünscht. Ortszentrum 500 m entfernt. 2 Touristenplätze.

11-010 Barczewo, Ermland-Masur. ST-PL 3085

»HOF WAGNER-RYBINSKA« 1.1. bis 31.12.
0048 660 411516
anna-wagner@wp.pl

➔ Straße 16, Olsztyn-Mrągowo, die westliche Abfahrt nach Barczewo abfahren, nach ca. 500 m rechts einbiegen Richtung "Silice", nach ca. 5 km im Zentrum der Ortschaft Mokiny auf einer kleinen Anhöhe gelegen, der Ausschilderung 'Zielone Wzgórze' folgen. ✉ Mokiny 15 (GPS: 53°47'9"N / 20°42'20" E).

Stellplatz bei einem Bauernhof mit großem, altem Obstgarten und einem kleinen See. Stellflächen auf Wiese und Schotter. Brötchenservice. Frühstück und Halbpension möglich. Verkauf von Obst und Gemüse. Ort 5 km entfernt. 8 Touristenplätze.

11-731 Sorkwity, Ermland-Masuren ST-PL 3095

»STELLPLATZ HAUS AM SEE« 1.1. bis 31.12.
0048 89 7428246, Mobil 0048 601 959279
masurenlorenz@gmail.com, **www.masurenhaus.de**

➔ Straße 16, Olsztyn-Mrągowo, ca. 5 km östlich von Mrągowo Richtung Janowo abbiegen, ca. 400 m einspurige Schotterstrecke, ausgeschildert. ✉ Janowo 1 (GPS: 53°50'8"N / 21°12'10" E).

Stellplatz auf einem leicht geneigten Wiesengelände bei einem Landgut mit Ferienwohnungen direkt an einem kleinen See. Stellflächen auf Wiese. Brötchenservice. Frühstück und Abendessen möglich. Enge Zufahrt. Ort 5 km entfernt. 8 Touristenplätze.

14-105 Pelnik, Ermland-Masuren ST-PL 3105

»STELLPLATZ PELNIK« 1.1. bis 31.12.
0048 6040 50422
leszekost@gmail.com

➔ Straße 16, Ostróda-Olsztyn, in der Ortschaft Podlejki auf die 531 Richtung Łukta, dort auf die 527 nach Pelnik, dort am westlichen Ortseingang rechts einbiegen, nach ca. 200 m auf der rechten Seite. ✉ Pelnik 57 (GPS: 53°47'19"N / 20°8'32" E).

300 m 4 km

Stellplatz auf einem privaten Grundstück am Ufer des Isag-Sees. Ebene Stellplätze auf Wiese, ohne Längenbeschränkung. Frühstücksservice möglich. Ortszentrum 500 m entfernt. 12 Touristenplätze.

19-411 Świętajno, Ermland-Masur. ST-PL 3173

»MAJĄTEK GIŻE MARCZAK« 1.1. bis 31.12.
0048 87 5230405
marczak@ekoturystyka.com.pl

➔ Straße 65, Olecko-Ełk, westlich von Olecko in Richtung Rosochackie, ca. 2 km westlich von Rosochackie links einbiegen, nach ca. 500 m links zum Stellplatz. ✉ Giże 41 (GPS: 54°0'31"N / 22°25'5" E).

Stellplatz bei einem Ferienbauernhof mit kleinem See in ruhiger Einzellage. Stellflächen auf Wiese, bis 9 m Länge. Frühstücksservice möglich. Ort 7 km entfernt. 8 Touristenplätze.

11-500 Giżycko, Ermland-Masuren ST-PL 3226

»BAUERNHOF LANGE« 1.1. bis 31.12.
0048 87 4282386, Mobil 0048 501 286605
agentur@masuren-privat.de
http://www.masuren-privat.de/Gruenen%20Hof.html

➔ Straße 63, Węgorzewo (dt.Angerburg)-Giżycko (dt.Lötzen), ca. 4 km nordöstlich von Giżycko in Spytkowo rechts in Richtung Pieczonki abbiegen, dort der Ausschilderung zum Pferdehof Lange folgen (ca. 1 km Schotterweg) ✉ Pieczonki (GPS: 54°3'29"N / 21°53'2" E).

Stellplatz im Garten eines Ferienbauernhofes mit kleinem Teich in ruhiger Einzellage. Leicht unebene Stellflächen auf Wiese, unter Bäumen, ohne Längenbeschränkung. Organisation von Kutschfahrten und im Winter Schlittenfahrten. Frühstücksservice möglich. FW. Ort 1 km entfernt. 5 Touristenplätze.

11-400 Kętrzyn, Ermland-Masur. ST-PL 3240/1

»PARK MINIATUR« 15.4. bis 1.10.
0048 693 616 083
mazurolandia@mazurolandia.pl, **www.mazurolandia.pl**

➔ Straße 59, Mrągowo - Giżycko (dt. Lötzen), in Giżycko auf die 592 Richtung Kętrzyn (dt. Rastenburg), am östlichen Ortseingang rechts Richtung Gierłoż abbiegen, ausgeschildert. ✉ Gierłoż (GPS: 54°4'52"N / 21°30'42" E).
∴ Burg Rastenburg, Wolfsschanze.

Stellplatz auf einem gemischten Parkplatz am Miniatur-Park. Stellflächen auf Schotter, bis 8 m Länge. Ort 2 km entfernt. 15 Touristenplätze.

11-610 Pozezdrze, Ermland-Masur. ST-PL 3251

»ZUM TEICH NATURTOURISTIK« 1.1. bis 31.12.
0048 87 4282589, Fax 0048 87 4282589
masuren.zumteich@gmail.com, **www.zumteich.com**

➔ Straße 63, Węgorzewo (dt.Angerburg)-Giżycko (dt.Lötzen) in Pozezdrze in Richtung Pieczarki abbiegen, nach ca. 4 km rechts einbiegen, dann nach ca. 700 m auf der rechten Seite gelegen. ✉ Harsz 64a (GPS: 54°7'6"N / 21°47'45" E).

Stellplatz bei einer kleinen Ferienanlage. Von Wald umgeben und direkt am See Warniak gelegen. Parzellierte Stellflächen auf Wiese, ohne Längenbeschränkung. Organisation von Kanutouren. Brötchenservice. Fleisch- und Fischräucherei. Ort 5 km entfernt. 12 Touristenplätze.

16-400 Suwałki, Podlachien ST-PL 3660/2

»EUROCAMPING NR.133« 1.5. bis 15.9.
0048 87 5673307
dnwigry@osir.suwalki.pl, **www.osir.suwalki.pl/eurocamping/**

➔ E 67, Straße 8, Augustów-Suwałki, in Suwałki am Kreisverkehr am südlichen Ortsrand die 2. Abf. auf die Straße Wojska Polskiego nehmen, nach ca. 3 km links einbiegen, nach 800 m auf der rechten Seite, ausgeschildert. ✉ ul. Zarzecze 26 (GPS: 54°5'36"N / 22°54'57" E).

200 m 300 m 700 m

Stellplatz in der Nähe des Sportzentrum. Ebene und durch Hecken parzellierte Stellflächen auf Wiese, ohne Längenbeschränkung. Ortszentrum 2 km entfernt. 40 Touristenplätze.

16-407 Wiżajny, Podlachien ST-PL 3663

»AGROTURYSTYCZNE 'SZARACZEK'« 1.1. bis 31.12.
0048 87 5688269, Mobil 0048 512 108562
szaraczeklugiele@wp.pl, **www.agroszaraczek.za.pl/kontakt.html**

➔ E 67, Straße 8, Augustów-Suwałki, nördlich von Suwałki auf die Straße 655 bis Sidory/Gulbieniszki, dort Richtung Smolniki, dort am Ortsende ca. 1 km geradeaus weiter fahren, auf der rechten Seite gelegen, ausgeschildert "Agroturystyka" . ✉ Ługiele 17 (GPS: 54°17'59"N / 22°52'52" E).

500 m

Stellplatz auf dem weitläufigen Gelände eines Ferienbauernhofes in ruhiger Einzellage. Stellflächen auf Wiese, ohne Längenbeschränkung. Verpflegung nach Absprache. Ortszentrum 500 m entfernt. 30 Touristenplätze.

07-411 Przytuły Starren, Masowien ST-PL 4085

»AGROITURYSTYCZNE U GADOMSKICH« 1.1. bis 31.12.
0048 503 618180
sylgad@poczta.wp.pl, **agroturystyka-i-camping-u-gadomskich.business.site/**

➔ Straße 61, Warszawa-Łomża, am östlichen Ortsende von Laskowiec rechts Richtung Przytuły einbiegen, ausgeschildert. ✉ Kupniki 105 (GPS: 53°7'13"N / 21°42'11" E).

Stellplatz bei einem Bauernhof. Von Wald umgeben und in ruhiger Einzellage gelegen. Stellflächen auf Wiese, bis 10 m Länge. Ort 10 km entfernt. 10 Touristenplätze.

05-152 Kaliszki, Masowien ST-PL 4110

»CAMPING 'TANNE'« 1.1. bis 31.12.
0048 227 941754, Mobil 0048 600 969840
juliettee@onet.eu, **www.campingwarschau.de**

➔ E 77, S7, Płońsk-Warszawa, in Höhe der Ortschaft Czosnów rechts nach Kaliszki abbiegen, am Kreisverkehr westlich von Kaliszki die 3. Abf. nehmen und nach ca. 750 m rechts einbiegen, dann noch ca. 600 m, ausgeschildert. ✉ uL.Akacjowa 92 (GPS: 52°22'25"N / 20°44'38" E).

Stellplatz auf einem eingezäunten Wiesengelände bei einer kleinen Pension beim Naturschutzgebiet (Kampinoska). Stellflächen auf Wiese, bis 8 m Länge. Kleine Gerichte werden angeboten. Ort (Warschau) 15 km entfernt. 10 Touristenplätze.

05-600 Grójec, Masowien ST-PL 4120

»STELLPLATZ FAMILIE JERUZAL« 1.1. bis 31.12.
Mobil 0048 601 063236
m.maxtreme@gmail.com

➔ E 77, S7, Warsawa-Grójec, Abf. Głuchów in Richtung Lesznowola, dort am westlichen Ortsrand gelegen. ✉ ul. Słoneczna 43 (GPS: 51°54'41"N

/ 20°53'18" E).

Stellplatz auf dem weitläufigen Gelände der Familie Jeruzal. Stellflächen auf Wiese, ohne Längenbeschränkung. Anmeldung erforderlich. Ortszentrum 500 m entfernt. 2 Touristenplätze.

21-107 Serniki, Lublin — ST-PL 4260

»RANCZO ARKA« — 1.1. bis 31.12.
☎ 0048 81 8555050
ranczo@wp.pl, www.ranczoarka.pl

➔ Straße 19, Radzyń Podlaski-Lublin, südlich der Ortschaft Lubartów links in Richtung Serniki, dort am südlichen Ortsrand, ausgeschildert. ✉ Serniki Kolonia 51e (GPS: 51°25'57"N / 22°39'38" E).

W Ch | 800 m

Stellplatz auf dem Gelände eines Freizeit-Bauernhofes mit kleinem Teich und mit vielen Tieren. Stellflächen auf Wiese unter Bäumen, ohne Längenbeschränkung. Lagerfeuerplatz. Ortszentrum 1 km entfernt. 5 Touristenplätze.

06-114 Pokrzywnica, Masowien — ST-PL 4530

»AGROTURYSTYKA ŻABI RAJ« — 1.1. bis 31.12.
☎ 0048 600 325 333
zabiraj@zabiraj.pl, www.zabiraj.pl

➔ Straße 61, Warszawa-Ostrołęka, in der Ortschaft Dzierżenin links einbiegen, nach ca. 1.5 km auf der rechten Seite gelegen, ausgeschildert. ✉ Trzepowo 62 (GPS: 52°34'43"N / 21°4'3" E).

W W Ch

Stellplatz auf einem naturbelassenen Wiesengelände mit mehreren Teichen. Überwiegend schattenlos. Stellplatz auf Sand und Wiese, ohne Längenbeschränkung. Ort 2 km entfernt. 20 Touristenplätze.

32-045 Sułoszowa, Kleinpolen — ST-PL 4660

»AGROTURYSTYKA NA PODZAMCZU« — 1.5. bis 15.11.
☎ 0048 12 3896212
agro.glanowski@wp.pl, www.agroglanowski.tur.pl

➔ A 4, Katowice-Kraków, nördlich von Kraków auf die 94 Richtung Olkusz, in Sieniczno auf die 773, in Pieskowa Skała Richtung Podzamcze abbiegen, ausgeschildert. ✉ Pieskowa Skała, ul. Podzamcze 100 (GPS: 50°15'3"N / 19°47'14" E).

W W Ch

Stellplatz bei einer Gaststätte am Waldrand. Stellflächen auf Asphalt, bis 6 m Länge. Ort 3 km entfernt. 8 Touristenplätze.

30-376 Kraków, Kleinpolen — ST-PL 4680/2

»ELCAMP« — 1.1. bis 31.12.
☎ 0048 12 2769006
info@elcamp.pl, www.elcamp.pl

➔ A 4, Katowice-Kraków, Abf. Tyniecki, Richtung Zentrum auf die Straße Tyniecka, nach ca. 3.5 km auf der linken Seite, ausgeschildert. ✉ ul. Tyniecka 118 (GPS: 50°2'3"N / 19°52'36" E).
∴ Nationalmuseum (Muzeum Narodowe w Krakowie), Königsweg (Rundgang durch die Altstadt).

WC Ch | 50 m

200 m 900 m

Stellplatz bei einem Reisemobilhändler. Beleuchtete Stellflächen unter Bäumen auf Schotter, ohne Längen- und Gewichtsbeschränkung. Ortszentrum 5 km entfernt. 10 Touristenplätze.

32-602 Oświęcim, Kleinpolen — ST-PL 4720

»CENTRUM DIALOGU I MODITIWY« — 1.1. bis 31.12.
☎ 0048 33 8431000
reception@cdim.pl, cdim.pl/camping,2571

➔ A 4 Katowice-Kraków, südöstlich von Katowice auf die 51 Richtung Tychy, dort weiter auf der 44 Richtung Oświęcim, dort am Kreisverkehr vor Überquerung des Flusses Sola rechts auf die 933 abbiegen, der Aussschilderung zum Museum folgen. ✉ Kolbego 1 (GPS: 50°1'22"N / 19°11'58" E).
∴ Staatliches Museum Auschwitz-Birkenau. Jüdisches Zentrum (Centrum Żydowskie w Oświęcimiu).

W W Ch

Umzäunter Stellplatz auf dem Gelände des Zentrums für Dialog und Gebet in Oświęcim. Videoüberwachte und beleuchtete Stellflächen in einem großen Garten auf Wiese, bis 8 m Länge. Ortszentrum 1.5 km entfernt. 15 Touristenplätze.

96-127 Lipce Reymontowskie, Lód. — ST-PL 5040

»PENSJONAT BUMERANG« — 1.4. bis 1.10.
☎ 0048 46 8316279, Mobil 0048 503 111985
reservierung@chlebow3.pl, www.chlebow3.pl/chlebow-de.html#home

➔ E 30, Poznań-Warszawa, Abf. Łowicz, nach Łyszkowice, dort auf die 704 nach Süden, südlich der Ortschaft Uchań Górny links Richtung Chlebów abbiegen, nach ca. 4 km am westlichen Ortsrand, ausgeschildert. ✉ Chlebów 3 (GPS: 51°55'41"N / 19°55'43" E).

W W Ch

Stellplatz im Garten einer Pension. Durch Bäume gegliedert. Leicht wellige und teils parzellierte Stellflächen auf Wiese, ohne Längebenschränkung, bis max. 5 t Gewicht. Frühstück und Abendessen möglich. Brötchenservice. Boule. Ortszentrum 500 m entfernt. 10 Touristenplätze.

46-050 Nakło, Opole — ST-PL 6395

»STELLPLATZ URBAN« — 1.1. bis 31.12.
☎ 0048 77 4644247
r.urban@poczta.fm

➔ Straße 94, Opole-Katowice, am süd-östlichen Ortsausgang von Nakło (dt. Nakel) auf der linken Seite (gegenüber einer Baustoffhandlung). ✉ ul. Strzelecka 91 (GPS: 50°34'40"N / 18°7'38" E).
∴ St. Peter-und-Paul-Kirche, Friedhofskapelle.

WC Ch | 500 m

Stellplatz auf einem privaten Areal, auf einer Wiese hinter dem Wohnhaus. Stellflächen auf Wiese, ohne Längenbeschränkung. Ortszentrum 500 m entfernt. 10 Touristenplätze.

52-020 Wroclaw, Niederschlesien — ST-PL 7000

»CAMP NR. 126« — 1.4. bis 30.10.
☎ 0048 509 846500
biuro@camping-wroclaw.pl, www.camping-wroclaw.pl/de/

➔ Straße 94, Wrocław-Katowic, im südlichen Stadtteil von Wrocław in Księże Małe, hier in die Straße Świątnicka abbiegen und nach ca. 100 m rechts in die Straße Starodworska abbiegen. Nach 100 m auf der rechten Seite gelegen. ✉ ul. Starodworska 11a (GPS: 51°4'33"N / 17°5'21" E).
∴ Puppentheater, Stadtmuseum im Breslauer Stadtschloss, Botanischer Garten.

WC W Ch |

500 m

Stellplatz auf einem umzäunten Wiesengelände hinter einem Wohnhaus. Stellflächen auf Wiese, ohne Längenbeschränkung. FW. Ortszentrum 5 km entfernt. 10 Touristenplätze.

59-600 Lwówek Śląski, Niederschl. — ST-PL 7080

»ELIM CHRISTIAN CENTER« — 1.1. bis 31.12.
☎ 0048 75 7824339 — 200 m
elimcenter@jg.home.pl, www.elimcenter.pl/contact/

➔ Straße 94, Brunzlau-Legnica, südlich von Brunzlau auf die 297 Richtung Lwówek Śląski (dt. Löwenberg in Schlesien) abbiegen, dort auf die 364 Richtung Złotoryja (dt. Goldberg), östlich von Lwówek Śląski im Ortsteil Płakowice, rechts in die Straße Palacowa zum Elim Center einbiegen. ✉ Ul. Palacowa 4 (GPS: 51°6'57"N / 15°36'52" E).
∴ Löwenberger Rathaus, Stadtmauer mit Laubaner Turm und Bunzlauer Turm, Sandstein-Felsen in der "Löwenberger Schweiz".

WC W W Ch

Stellplatz auf dem Gelände des Christlichen Centrums Elim. Stellflächen auf Wiese, bis 7 m Länge. Ortszentrum 2 km entfernt. 4 Touristenplätze.

58-420 Lubawka, Niederschlesien — ST-PL 7230

NATUR PLATZ

»STANICA POD ZADZIERNĄ« — 1.1. bis 31.12.
☎ 0048 75 7465035
paprotki@paprotki.pl, www.paprotki.pl

➔ Straße 5, Kamienna Góra-Lubawka (dt. Liebau), in Lubawka auf die 369 abfahren, in der Ortschaft Miszkowice Richtung Raszów abbiegen, in Paprotki am südlichen Ortsende am Ende eines Schotterweges. ✉ Paprotki 4 (GPS: 50°43'30"N / 15°57'4" E).
∴ Häuser auf dem Ring (Rynek)aus dem 17.+18. Jh, Rathaus, Pfarrkirche Mariä Himmelfahrt.

WC W W Ch

Stellplatz bei einem Bauernhof in der Nähe des Sees Bukówka, mit Blick auf Felder, Wiesen und bewaldete Bergrücken. Stellflächen auf Wiese, ohne Längenbeschränkung. Imbiss. Ort 10 km entfernt. 6 Touristenplätze.

62-007 Biskupice, Großpolen — ST-PL 7340

»AGROTURYSTYKA WIGWAM« — 1.1. bis 31.12.
☎ 0048 61 8155287, Mobil 0048 500 897581
jacek@wigwam.agro.pl, www.wigwam.agro.pl

➔ Straße 92, Poznań-Konin, im Zentrum der Ortschaft Paczkowo links Richtung Biskupice abbiegen, ca. 600 m nördlich von Jankowo rechts einbiegen, ausgeschildert. ✉ Jankowo 23 (GPS: 52°26'59"N / 17°9'52" E).

W W Ch |

1.5 km 2.5 km

Stellplatz bei einer kleinen Ferienanlage mit Hüttenvermietung in ruhiger Einzellage. In der Mitte des Geländes steht ein hölzener Tipi mit Feuerstelle. Leicht geneigte Stellflächen auf Wiese, ohne Längenbeschränkung. Ort 3 km entfernt. 20 Touristenplätze.

64-761 Krzyż Wielkopolski, Großp. — ST-PL 7395

»MOTEL DRAWA« — 1.5. bis 31.10.
☎ 0048 67 2531000
moteldrawa@op.pl, www.przesieki.pl

➔ Straße 22, Gorzów Wielkopolski-Wałcz, westlich der Ortschaft Przesieki direkt an der Straße 22, ausgeschildert. ✉ Przesieki 23 (GPS: 53°0'56"N / 15°59'4" E).

W W Ch

Stellplatz bei einem Motel. Von Wald umgeben. Ebenes Stellflächen auf Wiese und Pflaster, ohne Längenbeschränkung. Pool. Brötchenservice. Ortszentrum 500 m entfernt. 14 Touristenplätze.

PL

66-300 Międzyrzecz, Lebus — ST-PL 8035

»STELLPLATZ PENSION PROCKL« — 1.1. bis 31.12.
0048 957413753, Mobil 0048 509 710349
halina.prockl@wp.pl, **www.nocleginadjeziorem.rikos.pl**

➔ E 30, D-PL Grenze-Poznań, Abf. Jordanowo, Richtung Jordanowo und Kaława, dort links nach Wysoka abbiegen, dort am Ende der Halbinsel. ✉ Wysoka 35 (GPS: 52°22'22"N / 15°27'11" E).
Schloss (13. Jhdt., heute ein Museum), Rathaus (16. Jhdt.), Feuerwehrmuseum „Oberst Leon Kiszmanowicz" (in Kęszyca Leśna).

WC W W Ch

Stellplatz bei einer Pension mit Bungalowvermietung auf einer Halbinsel im See Paklicko Mł. Stellflächen auf Wiese, bis 8 m Länge. Lagerfeuerplatz. Ortszentrum 500 m entfernt. 5 Touristenplätze.

66-437 Ownice, Lebus — ST-PL 8130

»FISH CAMP OWNICE« — April bis Okt.
0048 501 315564
rysiekst@wp.pl, **www.ownice.agrowakacje.pl/**

➔ E 65, S3, Gorzów Wielkopolski-Zielona Góra, bei der Ortschaft Skwierzyna auf die 24 (wird dann zur Straße 22) in Richtung Kostrzyn nad Odrą, zwischen den Ortschaften Lemierzyce und Słońsk links nach Ownice abbiegen, dort am östlichen Ortsrand, ausgeschildert. ✉ Wolności 40 (GPS: 52°32'6"N / 14°53'30" E).

WC W W Ch | 400 m

Stellplatz auf dem weitläufigen Gelände eines Fisch-Camps mit zwei Angelteichen. Ebene Stellflächen auf Wiese, ohne Längenbeschränkung. Ortszentrum 400 m entfernt. 30 Touristenplätze.

RUMÄNIEN

Besondere Vorschriften und Regelungen

Personaldokumente: Deutsche Staatsbürger benötigen einen mindestens noch 6 Monate gültigen Reisepass oder Personalausweis. Kinder unter 12 Jahren benötigen einen Kinderreisepass. Diese werden mit einer Gültigkeitsdauer von sechs Jahren ausgestellt, und zwar längstens bis zur Vollendung des zwölften Lebensjahres. Ab dem zwölften Lebensjahr kann ein Reisepass oder Personalausweis beantragt werden. Detaillierte Informationen erhalten Sie vom Auswärtigen Amt, www.auswaertiges-amt.de.

Impfbescheinigungen: Werden nicht verlangt. Empfohlene Impfungen: Hepatitis A und Typhus.

Dokumente für Haustiere: Für Hunde und Katzen ist der »EU-Heimtierausweis« mitzuführen, der von behördlich ermächtigten Tierärzten ausgestellt wird. Der Ausweis muss Angaben zum Besitzer enthalten und dem Tier eindeutig zugeordnet werden können, d.h., das Tier muss durch Mikrochip identifizierbar und die Kennzeichnungs-Nr. im Ausweis eingetragen sein. Ein gültiger Tollwutschutz muss ebenfalls im Heimtierausweis nachgewiesen werden. Die Erstimpfung muss mindestens 21 Tage zurückliegen. Wiederholungsimpfungen müssen in den Zeiträumen, die der Hersteller des Impfstoffes vorsieht, durchgeführt worden sein. Exotische Vögel benötigen ein amtstierärztliches Gesundheitszeugnis, in dem bestätigt wird, dass die Herkunftszone frei von ansteckenden Krankheiten ist und müssen gegen die Newcastle-Krankheit geimpft sein. Jeglicher Kontakt zu streunenden Hunden, Katzen und anderen zutraulichen Tieren sollte vermieden werden.

Spezielle Informationen erteilen das Bundesministerium für Ernährung und Landwirtschaft **www.bmel.de** und die Botschaft von Rumänien: Dorotheenstraße 62-66, 10117 Berlin, Tel. 030/21 23 92 02, Fax 030/21 23 93 99, **www.berlin.mae.ro/de**.

Kfz: Nationaler Führerschein und nationale Zulassung sind ausreichend. Wir empfehlen die Mitnahme des Internationalen Führerscheins. Das Länder-Kennzeichen «D» im EU-Kennzeichen ist ausreichend. Es besteht Haftpflichtversicherungszwang. Die »Internationale Grüne Versicherungskarte« ist Vorschrift. Ohne diese muss an der Grenze eine Kurzhaftpflichtversicherung abgeschlossen werden. Wird das Fahrzeug nicht vom Eigentümer selbst benutzt, ist eine amtlich beglaubigte Benutzungsvollmacht mitzuführen.

Verkehrsvorschriften: An nicht gekennzeichneten Kreuzungen Vorfahrt rechts vor links. Kreisverkehr und Straßenbahnen haben immer Vorfahrt. Überholverbot auf Brücken. Bei einem Unfall muss immer die Polzei verständigt werden und es darf am Unfallort nichts verändert werden. Falls Kfz-Schäden bei der Einreise vorhanden sind, ist eine Bestätigung am Grenzübergang erforderlich. Es besteht Anschnallpflicht und absolutes Alkoholverbot.

Straßengebühren: Es wird eine Straßenbenutzungebühr erhoben, deren Höhe abhängig ist von der Umweltfreundlichkeit des Motors (Euro-Norm), der Art des verwendeten Treibstoffs und der Dauer des Aufenthaltes. Informationen und Online-Einkauf unter **www.roviniete.ro/de/vignette**.

Telefon: Deutschland – Rumänien: 0040. Rumänien – Deutschland: 0049.

Unfallnotruf: Polizei: 955, Unfallrettung: 961, Feuerwehr 981, Notruf 112. Pannenhilfe leistet der Rumänische Autoclub (Automobil Clubul Român) von 8-20 Uhr unter Tel. 021/222 22 22, 222 15 53, www.acr.ro.

Pannenhilfe in Bukarest: 021/317 82 53, 224 39 46, Fax 224 39 46.

Devisen: Die Ein- und Ausfuhr von Landeswährung ist bis zu einem Betrag von 500000 Lei gestattet. Die Ein- und Ausfuhr von Fremdwährungen bis zum Betrag von $ 10 000.–. Ab dieser Summe ist eine Deklaration vorgeschrieben. Umtauschbescheinigungen aufbewahren.

Camping: Die Campingsaison in Rumänien beginnt am 1. Mai und endet am 30. September. Das Campingwesen ist im Aufbau begriffen. Auf vielen Campingplätzen kann man Leihzelte mieten. Freies Campen ist verboten. Die Stromspannung ist auf 220 V Wechselstrom (50 Hz) ausgelegt (Zweifach-Stecker). Wir empfehlen einen Adapter mitzunehmen.

Allgemeine Informationen:
D-10117 **Berlin,** Rumänisches Touristenamt
Reinhardtstraße 47
Tel. 030/40 05 59 04, Fax 030/40 05 59 06
www.rumaenien-tourismus.de,
info@rumaenien-tourismus.de

Vertretung der Bundesrepublik Deutschland:
RO-011849 **Bukarest,** Deutsche Botschaft
Strada Av. Cpt. Gheorghe Demetriade 6-8
Tel. 0040 21/202 98 30, Fax 0040 21/202 97 31
Visastelle: Tel. 0040 21/202 98 69
www.bukarest.diplo.de, info@bukarest.diplo.de

Campingplätze:

Gebühren-Angaben in Landeswährung oder in Euro.

Währungseinheit:	1 Rumänischer Neuer Leu (RON) = 100 Bani
Devisenkurs:	1 Leu = ca. 0.20 Euro
	1 Euro = ca. 4.93 Lei (Stand: Okt. 2022)

Bei Gebühren-Angaben mit der Vorjahreszahl muss eventuell mit einer Anhebung der Gebühren für das laufende Jahr gerechnet werden. Außerdem können sich die angegebenen Öffnungszeiten verändert haben und es ist möglich, dass angegebene Ermäßigungen nicht mehr gewährt werden.

435700 Viseu de Sus, Maramures — ST-RO 1050

»STELLPLATZ BEI DER WASSERTALBAHN« — 1.1. bis 31.12.
0040 262 353381, Mobil 0040 744 686716
info@cffviseu.com, **www.cffviseu.com**

➔ An der Nordgrenze Rumäniens in Viseu de Sus der Beschilderung Mocanita folgen. ✉ Strada Cerbului Nr. 5 (GPS: 47°42'52"N / 24°26'34" E).

WC W W Ch

Stellplatz auf dem Parkplatz der Historischen Eisenbahn. Stellfläche auf Schotter und Asphalt. Cafebar. Hotelzug, in dessen Speisewagen man bei Voranmeldung ein Abendessen oder Frühstück geniessen kann. Ortszentrum 1 km entfernt. 20 Touristenplätze.

437206 Breb, Maramures — ST-RO 1100

»BABOU MARAMURES« — 15.4. bis 31.10.
0040 362 402558, Mobil 0040 768 397339 — 6 000 qm
info@baboumaramures.com, **baboumaramures.com**

➔ B 18 Baia Mare Richtung Ukraine, beim Restaurant in Breb abzweigen. Die letzten 900 m über einen Schotterweg -> für Wohnwagen über 5.50 m Länge und Wohnmobile über 6 m nicht geeignet! ✉ Breb 149 (GPS: 47°44'46"N / 23°53'38" E).

WC W | 1 km

Stellplatz beim Restaurant Babou Maramures. Stellfläche auf Wiese. Für große Campingfahrzeuge nicht geeignet! Ortszentrum 1 km entfernt. 10 Touristenplätze.

437305 Săpânța, Maramures — ST-RO 1200/1

»CAMPING POIENI« — 10.1. bis 31.12.
0040 2623 72228, Mobil 0040 740 593380
campingpoieni@gmail.com
http://www.sapantamaramures.ro/camping-poieni-casa-ana/

➔ A 19 nach Norden Richtung Ukraine. ✉ Str. Pastravarei 638 (GPS: 47°56'52"N / 23°41'55" E).

WC W Ch

Stellplatz auf einem kleinen Campingplatz am Fluss Sapantja. Überwiegend schattenlose Stellflächen auf Wiese. Max. Wohnmobillänge 8 m. Zimmervermietung. Ort 20 km entfernt. 20 Touristenplätze.

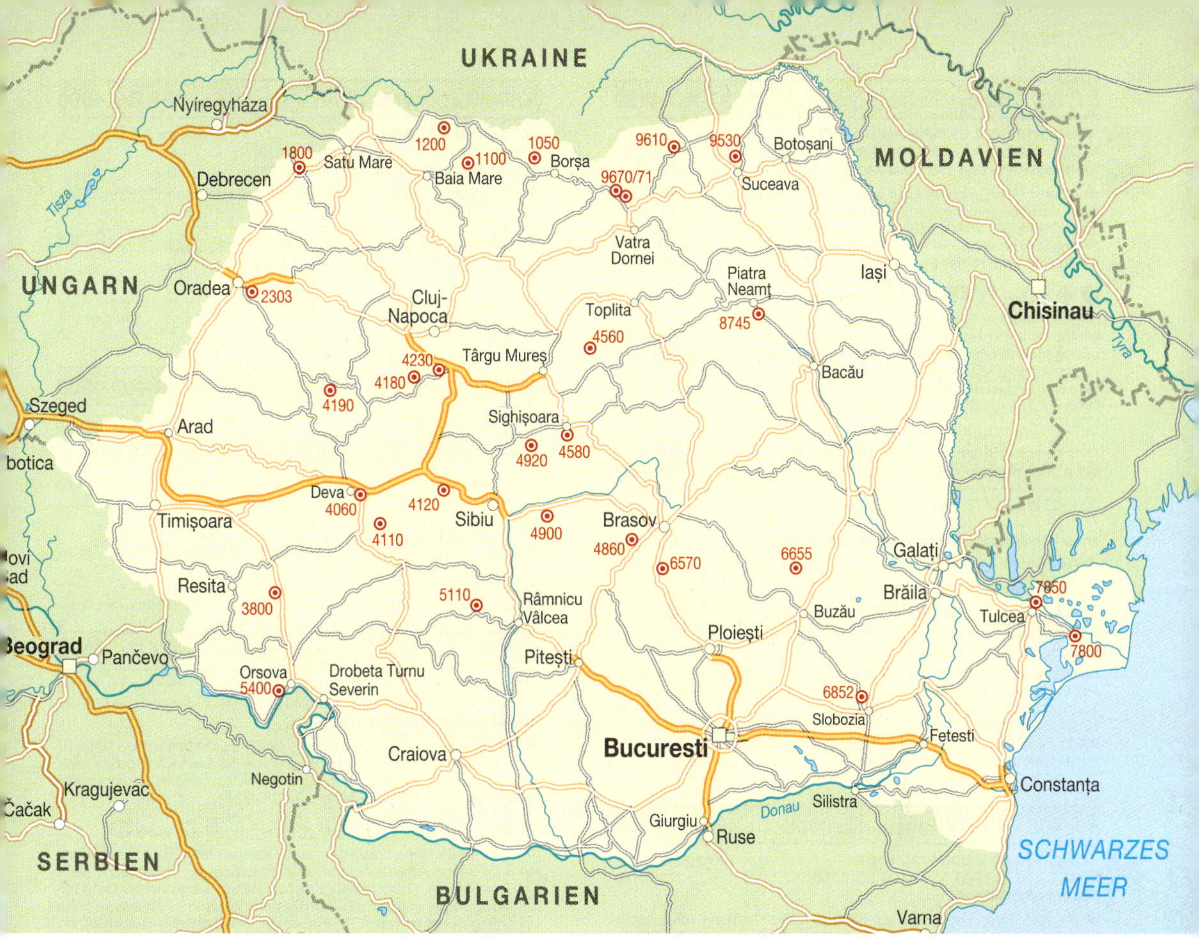

437305 Săpânța, Maramures — ST-RO 1200/2

»ILEANA CAMPSITE« 1.1. bis 31.12.
☎ 0040 262 372 137, Mobil 0040 740 370 227 — 260 m
sapantaileana@yahoo.com

➔ A 19 nach Norden Richtung Ukraine. Im Dorf zum Friedhof abbiegen. ✉ Săpânța no. 776 (GPS: 47°58'15"N / 23°41'44" E).

Stellplatz bei einer kleinen Pension (traditionelles Haus mit Innenhof) direkt im Ort - nur 20 m vom Friedhof entfernt. Ebene Stellflächen auf Rasen. Frühstück. Angebot von Wandertouren und Webkursen. 10 Touristenplätze.

445100 Carei, Maramures — ST-RO 1800

»THERMALBAD CAREI« 1.1. bis 31.12.

roli_hagen@yahoo.com

➔ E 671 Richtung Satu Mare, bei Großkarol abfahren. ✉ Strada Viilor 55 (GPS: 47°40'18"N / 22°27'15" E).

800 m

Stellplatz in ruhiger Lage beim Thermalbad. Stellfläche auf Wiese. Betreiber spricht deutsch. Ort 2 km entfernt. 50 Touristenplätze.

317211 Sânmartin, Kreischgebiet — ST-RO 2303

»CAMPING UNU MAI« 1.1. bis 31.12.
☎ 0040 744 194683 — 155 m
www.facebook.com/Camping-Unu-Mai

➔ E 79 Oradea - Deva, in Sânmartin zum "Strand Venus" 1 Mai abbiegen. ✉ 1 Mai, 95 (GPS: 47°0'2"N / 21°59'24" E).

W W W W30 m

Umzäunter Stellplatz direkt im Ort bei einem großen Freibad. Ebene Stellflächen auf Rasen. Aquapark (Strand Venus) nur 30 m entfernt. 20 Touristenplätze.

327363 Sadova Veche, Banat — ST-RO 3800

»MOTEL SILVIA - CAMPING« 1.4. bis 30.11.
☎ 0040 255 516404
motel.silvia@yahoo.ro, www.facebook.com/pg/motel.silvia

➔ E 79 Lugosch Richtung Süden, im Ort zum Hostel. ✉ Str. Principala 157 (GPS: 45°15'19"N / 22°17'43" E).

Kleiner umzäunter Stellplatz beim Motel Silvia an der E70 nahe am Fluss Timis. Durch Büsche und kleine Bäume umrahmt. Stellfläche auf Wiese. Ortszentrum 500 m entfernt. 12 Touristenplätze.

335900 Simeria, Siebenbürgen — ST-RO 4060

Abfahrt

»PENSIUNEA DORR CAMPING« 1.5. bis 30.10.
☎ 0040 723 741 108 — 190 m — 3 600 qm
rdevmission@yahoo.ro, pensiuneadorr.ro

➔ A1 Deva - Sebeș, auf die E 79 Richtung Simeria abbiegen. Nach dem Fußballplatz/-stadion rechts ins Ortszentrum abbiegen und der Hauptstraße (Strada 1 Decembrie) bis zum Ende folgen, dann rechts. ✉ Strada Biscaria 90 (GPS: 45°51'22"N / 23°1'10" E).

Umzäunter Stellplatz am Ortsrand bei einer Pension. Ebene, schattenlose Stellflächen auf Rasen/Wiese. Picknickplätze. Frühstück. 10 Touristenplätze.

337325 Orăștioara de Sus, Sieb. — ST-RO 4110

»CAMPING COSTESTI« 1.1. bis 31.12.
☎ 0040 722 564107 — 400 m — 3 000 qm
cabanasargetia@yahoo.com, sargetia-costesti.ro

➔ E 68 Deva - Sibiu, in Orăștie rechts nach Căstău abbiegen und hier weiter auf der D 705A Richtung Costești. Von hier in Richtung Nationalpark der D 705A zum Platz folgen. Beschildert als "Loc Pentru Picnic Si Campare". ✉ (GPS: 45°40'28"N / 23°10'2" E).
Dakischen Festung Costești-Cetăuie. Nationalpark "Grădiștea Muncelului - Cioclovina".

Umzäunter Stellplatz in einem engen bewaldeten Tal direkt an der Straße und neben einem Bach. Unparzellierte, ebene bis leicht abfallende Stellflächen auf Rasen/Wiese. Picknicktische mit Bänken. Ort 400 m entfernt. 15 Touristenplätze.

517305 Garbova, Siebenbürgen — ST-RO 4120

»PENSIUNEA & CAMPING POARTA OILOR« 1.1. bis 31.12.
☎ 0040 258 748001, Mobil 0040 748 532978 — 347 m
poartaoilor@gmail.com, www.guest-house-urwegen.com

➔ E 81 bei Miercurea Sibiului, nach Garbova abfahren. ✉ Str. M. Eminescu 573 (GPS: 45°52'0"N / 23°43'42" E).

Stellplatz in sanft hügeliger Landschaft am Ortseingang bei einem Gasthaus. Stellflächen auf Wiese. Kleines Schwimmbecken und Liegewiese. Trampolin. Das Gelände ist nachts bewacht. Ortszentrum 2 km entfernt. 15 Touristenplätze.

PL
RO

517527 Runc, Siebenbürgen ST-RO 4180

NATUR PLATZ

»TARA NOMADA CAMPING & HOSTEL« 1.1. bis 31.12.
0040 732 858 045, Mobil 0040 358 824 124 500 m 1 000 qm
info@taranomada.com, taranomada.com

➔ A3, Abf. Turda und weiter auf der E 81/DN 1 Richtung Turda, dann nach Câmpeni abbiegen und der DN 75 folgen. Ca. 3.5 km nach Vidolm rechts nach Ocoliș (Str. 750G) abbiegen und weiter bis nach Runc fahren. Der Stellplatz liegt rechts am Ende des Ortes. ✉ Strada Principala 31 (GPS: 46°30'7"N / 23°26'59" E).

Nicht für größere Fahrzeug (6 Meter und länger) geeignet! Stellplatz in einem Tal am Ortsrand, bei einem Hostel, mit schönem Blick auf die umliegenden Berge. Ebene bis leicht abfallende Stellflächen auf Rasen. Campinggäste können WC und Badezimmer mit Dusche des Hostels benutzen. Yoga- und Meditationstunden (Niederländisch oder Englisch). Unter niederländischer Leitung. FW. 8 Touristenplätze.

517040 Arieseni, Siebenbürgen ST-RO 4190/2

30 **»STELLPLATZ WESTKARPATEN«** 1.4. bis 1.10.

erwin@westkarpaten.ro, westkarpaten.ro/willkommen

➔ DN 75 in Arieseni Richtung Süden, beschildert. ✉ DN75, Nr: 1c (GPS: 46°28'21"N / 22°45'40" E).

Ⓗ 900 m

Stellplatz auf einem ebenen Wiesengelände am Waldrand und direkt am Fluss. Von Bäumen umrahmt. Anmeldung oder Reservierung erwünscht. Deutsches TV vom Astra-Satelliten. Ortszentrum 900 m entfernt. 10 Touristenplätze.
2022: St/N inkl. 2 P/N 125.–. H/N, WD, Entsorgung, Müll, Wasser, Sanitärbenutzung und Strom inklusive.

407405 Mihai Viteazu, Siebenbürg. ST-RO 4230

Abfahrt

»CAMPING DE OUDE WALNOOT« 1.5. bis 30.9.
0040 746 240 600, Mobil 0040 747 758 747 325 m 3 000 qm
nicu.csiky@gmail.com

➔ A3, Abf. Turda und weiter auf der E 81/DN 1 Richtung Turda, dann nach Câmpeni abbiegen. Die nächste Möglichkeit rechts in die Strada Delniței und wieder die nächste Möglichkeit rechts (Schotterweg) zum Platz abbiegen. ✉ Strada Delniței 15 N (GPS: 46°32'33"N / 23°45'57" E).
∴ Salzbergwerk.

Umzäunter schöner Stell-/Campingplatz am Ortsrand im Garten bei einem Wohnhaus. Unparzellierte ebene Stellflächen auf Rasen. Durch Walnussbäume leicht beschattet. Kleiner Aufstellpool. Familiäre Atmosphäre. 10 Touristenplätze.

547212 Câmpu Cetății, Siebenb. ST-RO 4560

»CAMPING MUSTANG« 15.4. bis 30.9.
0040 265 347044, Mobil 0040 744 684121 588 m
mustangcamping@yahoo.com, mustangcamping.ro

➔ B 153 von Eremitu nach Osten nach Campu Cetatii abzweigen, beschildert. ✉ Str. Principala 16a (GPS: 46°40'4"N / 25°0'23" E).

700 m

Stellplatz bei einem Campingplatz nahe eines Flusses. Stellfläche auf Wiese. Entleerung mobiler Tanks möglich. Ortszentrum 800 m entfernt. 40 Touristenplätze.

545400 Sighișoara, Siebenbürgen ST-RO 4580

»AQUARIS CAMPING« 1.1. bis 31.12.
0040 265 772110
office@aquariscamp.net, www.aquariscamp.net

➔ E 60 Cluj-Napoca-Bukarest, bei Sighișoara (Schäßburg) abfahren. ✉ Str. N. Titulescu nr. 2-4 (GPS: 46°13'23"N / 24°47'46" E).

Stellplatz bei einem Hotel/Pension im Zentrum von Sighișoara (Schäßburg). Stellflächen teils auf dem Hotelparkplatz mit Schotterrasen (nicht für große Wohnmobile geeignet), oder auf dem dazugehörigen Fußballplatz. Freibadnutzung (HS) im Preis inbegriffen. Ortszentrum 100 m entfernt. 10 Touristenplätze.

527112 Mereni, Siebenbürgen ST-RO 4730

»VENDEL GUESTHOUSE« 1.3. bis 1.12.
0040 726 109528
leventekelemen4@gmail.com, www.travelminit.ro

➔ E 574, DN11, Onești - Târgu Secuiesc, zwischen Brețcu und Lunga auf die Str. 114 über Lemnia nach Mereni abbiegen, in Mereni gegenüber der Kirche. ✉ Straße No. 351 (GPS: 46°4'42"N / 26°14'5" E).

Stellplatz bei einem B&B mit freundlichen Betreibern. Im Ortszentrum liegend. Stellflächen auf Rasen, bis 8 m Länge. 6 Touristenplätze.

505800 Zărnești, Siebenbürgen ST-RO 4860

»PENSIUNEA ALPIN RANCH« 1.1. bis 31.12.
0040 746 073155, Mobil 0040 745 493757
alpinranch574@gmail.com, www.alpin-ranch.com

➔ E 574 Brasov-Craiova, bei Zarnesti weiter zur Pension. ✉ Strada Pinului Nr. 13 (GPS: 45°34'41"N / 25°20'38" E).

Ⓗ 500 m

Stellplatz in hügeliger und bergiger Landschaft bei einer Pension am Ortsrand. Stellfläche auf Schotterrasen. Ponyreiten. Ort 1 km entfernt. 20 Touristenplätze.

557075 Cârțișoara, Siebenbürgen ST-RO 4900

20 **»CASA DUSE«** 1.5. bis 30.10.
0040 744 960574, Mobil 0040 269 521725
contact_casa_duse@yahoo.ro, pensiunea-casa-duse.blogspot.com/

➔ E 68 von Herrmannstadt nach Brasov, bei Oberkerz abzweigen. ✉ Judetui Sibiu 232 (GPS: 45°43'54"N / 24°35'3" E).

Stellplatz bei der Pension Casa Duse. Stellfläche auf Schotter und Rasen. Ort 1 km entfernt. 20 Touristenplätze.
2022: C MC-St/N inkl. 2 P/N 100.–, weitere P/N 30.–, extra A/N 40.–, extra M/N 20.–, H/N 10.–. KT, WD, Entsorgung, Müll, Wasser und Strom inklusive.

557047 Richiș, Siebenbürgen ST-RO 4920

»CAMPING LA CURTEA RICHVINI« 15.4. bis 15.10.
0040 269 258 475, Mobil 0040 269 258 584 430 m 1 000 qm
info@lacurtearichis.ro, lacurtearichis.ro

➔ DN 14 Sibiu - Sighișoara, bei Șaroș pe Târnave rechts auf die DJ 141B Richtung Biertan fahren und nach Biertan der Straße noch 5 km bis nach Richiș folgen. Der Stellplatz befindet sich bei einem Guesthouse gegenüber der Kirche. ✉ (GPS: 46°5'51"N / 24°28'48" E).

Nicht für große Wohnmobile geeignet - Tordurchfahrt! Stellplatz in Ortsmitte im ummauerten Innenhof eines restaurierten Pfarrhauses (jetzt ein Guesthouse). Ebene Stellflächen auf Rasen. Überdachter Outdoor-Aufenthaltsraum. Frühstück. Auf Bestellung werden landestypische Gerichte gekocht und auch Tagesausflüge, Wanderungen, Kutschfahrten oder Fahrräder organisiert. 15 Touristenplätze.

245800 Horezu, Kleine Wallachei ST-RO 5110

»POPAS TREI STEJARI CAMPING« 1.1. bis 31.12.
0040 767 976 486 500 m 11 000 qm
casa.horezeana@yahoo.com, www.facebook.com/RestaurantCasaHorezeana/

➔ DN 67 Târgu Jiu - Râmnicu Vâlcea, kurz nach dem Ortseingang zu Horezu liegt der Platz auf der rechten Seite bei dem Restaurant "Popasul Trei Stejari". ✉ Strada Tudor Vladimirescu, Nr. 135 (GPS: 45°8'27"N / 23°58'47" E).

Stell-/Campingplatz mit Bungalows an der Straße neben einem Restaurant. Ebene Stellflächen auf Rasen/Wiese. 50 Touristenplätze.

227195 Eșelnița, Kleine Wallachei ST-RO 5400

»PENSIUNEA DANUBIA« 1.4. bis 1.11.
Mobil 0040 723 198661
contact@pensiuneadanubia.ro, www.pensiuneadanubia.ro

➔ DN57, Eșelnița-Dubova, südlich von Eșelnița an der Donau gelegen, beschildert. ✉ Strada Dunării 980 B (GPS: 44°40'44"N / 22°19'53" E).

Stellplätze an der Donau auf dem Gelände der Pension. Stellflächen auf Sand. Ort 5 km entfernt. 15 Touristenplätze.

105500 Bușteni, Große Wallachei ST-RO 6570

»CAMPING AVIATOR« 1.1. bis 31.12.
0040 745102596 850 m
campingaviator@gmail.com, www.ecamping.ro

➔ E 60, Nationalstr. 1, Brașov-Bukarest, ca. 2 km südlich von Bușteni an der Nationalstr. 1 auf der linken Straßenseite bei einer Autowerkstatt gelegen. ✉ Blvd. Independentei 64 (GPS: 45°23'32"N / 25°32'23" E).

Bewachter Stellplatz direkt im Ort. Unebenes Wiesengelände hinter einer Autowerkstatt, zwischen der Hauptstraße und der Eisenbahnlinie. Stellfläche auf Wiese, bis 8 m Länge. 6 Touristenplätze.

127150 Cernătești, Gr. Wallachei ST-RO 6655

»MUDDY LAND CAMPSITE« 1.1. bis 31.12.
0040 744 554 553 260 m 3 000 qm
boboc_aurel@yahoo.com, facebook.com/pg/vulcaniinoroiosibymuddyland

➔ DN 10 Buzau - Brașov, bei Sătuc rechts auf die DJ 102F Richtung Berca und weiter Richtung "Vulcanii Noroioși", in Policiori auf die DJ 220A wechseln, noch 4 km - beschildert. ✉ (GPS: 45°20'51"N / 26°42'33" E).
∴ "Vulcanii Noroioși" (Vulkangebiet mit Schlammvulkanen).

Stellplatz bei einem kleinen Restaurant (La Șopron) inmitten des Vulkangebietes. Unbeschattete, ebene bis leicht wellige Stellflächen auf Rasen/Wiese/Schotter. Überdachte Picknickplätze. 50 Touristenplätze.

927020 Amara, Große Wallachei ST-RO 6852

NATUR PLATZ

»CAMPING PERLA« 1.1. bis 31.12.
0040 732 898 105 25 m 10 000 qm
rezervari@popasperla.ro, www.facebook.com/ComplexPerlaAmara/

➔ DN 2C Buzău - Slobozia, am Ortsausgang von Amara auf der linken Seite. ✉ Strada Libertății 2 (GPS: 44°36'27"N / 27°19'4" E).

Stell-/Campingplatz zwischen der Straße und einem See. Ebenes Wiesengelände mit lockerem Baumbewuchs. Unparzellierte Stellflächen. Picknickplätze. 50 Touristenplätze.

827150 Murighiol, Dobrudscha ST-RO 7800/2

»CAMPING ANDRA« 1.1. bis 31.12.

➔ DN 22/E 87 Constanta–Tulcea. Ab Tulcea auf der DN 222 nach Murighiol. ✉ Strada Mahmudiei (GPS: 45°2'25"N / 29°9'25" E).

Stellplatz/Minicamping an der Straße. Stellflächen auf Asphalt und Wiese. Ortszentrum 400 m entfernt. 10 Touristenplätze.

820012 Tulcea, Dobrudscha ST-RO 7850

25 **»DELTA CAMP«** 1.4. bis 1.11.
Mobil 0040 752 636714
deltacamp2@gmail.com, www.delta-camp.com/ro

➔ E 87, Galați - Tulcea, am Kreisverkehr bei Tulcea weiter geradeaus auf die Str. 22 und am Kreisverkehr beim Hotel Delta rechts entlang der Donau ca. 1.3 km bis zum Monumentul Eroilor. ✉ Strada Grădinarilor 9 (GPS: 45°11'17"N / 28°48'55" E).

1 km

Privater Stellplatz am nördlichen Ortsrand von Tulcea. Stellflächen auf Wiese mit einigen Bäumen. Kiosk. Brötchenservice. Ortszentrum 1 km entfernt. 12 Touristenplätze.
2022: St/N inkl. 2 P/N 120.–, weitere P/N 35.–, extra A/N 25.–, extra B/N 25.–. H/N, WD, Waschmaschine, Trockner, Entsorgung, Müll, Wasser und Strom inklusive.

617185 Piatra Neamț, Moldau ST-RO 8745

»OCTOGON CAMPSITE« 1.5. bis 1.10.
0040 745 532 262, Mobil 0040 744 789 687 300 m 1 200 qm
rezervari@pensiuneaoctogon.ro, pensiuneaoctogon.ro

➔ DN 15 Piatra Neamț - Bacău. Der Stellplatz liegt ca. 1 km südlich vom Ortsausgang Piatra Neamț entfernt - direkt an der Hauptstraße. ✉ Strada Dumbravei 78 (GPS: 46°53'18"N / 26°25'48" E).

Stellplatz bei einer Pension. Ebene Stellflächen auf Rasen. Kleiner Pool mit Liegeterrasse. 10 Touristenplätze.

727365 Dragomirna, Buchenland ST-RO 9530

»CAMPING DRAGOMIRNA« 1.4. bis 1.10.
0040 740 999 900, Mobil 0040 230 533 838 4 000 qm
the_burac_company@yahoo.com

➔ E 85 bis Suceava bis zum Kloster Dragomirna, beschildert. ✉ Com Mitocu Dragomirnei (GPS: 47°45'25"N / 26°13'37" E).

500 m

Stell-/Campingplatz gegenüber dem Kloster bei einem Teich. Stellflächen auf festem gekiesten Untergrund oder Rasen. Reservierung empfohlen. Den Schlüssel für Dusche und Toilette bekommt man bei der Anmeldung. Ort 2 km entfernt. 40 Touristenplätze.

727510 Sucevita, Buchenland ST-RO 9610

»HOTEL POPAS TURISIC BUCOVINA« 1.1. bis 31.12.

office@popas.ro, www.popas.ro

➔ DN 17A südlich von Radauti, ca 20 km. ✉ Calea Movilestilor 305 (GPS: 47°45'37"N / 25°40'29" E).

Stellplatz beim Restaurant mit Hotelanlage. Stellflächen auf Asphalt und Schotter. Entleerung mobiler Tanks möglich. Ort 5 km entfernt. 5 Touristenplätze.

727120 Ciocănești, Buchenland ST-RO 9670

»CAMPING VLADIMIR« 1.4. bis 30.10.
0040 742 078632
vladimir_tomoiaga@yahoo.fr

➔ E 58 Vatra Dornei - Câmpulung Moldovenesc. Bei Iacobeni auf die DN 18 Richtung Borsa, nach ca. 8.5 km auf der linken Seite. ✉ Oita 223 (GPS: 47°29'45"N / 25°15'35" E).

Stellplatz in einem kleinen Dorf in hügeliger Landschaft. Von Wiesen umgeben. Stellflächen auf leicht abfallendem Wiesengelände bei einer Pension. Überwiegend schattenlos. Ort 2.5 km entfernt. 10 Touristenplätze.

727121 Botos, Buchenland ST-RO 9671

»CAMPING ZUR DEUTSCHEN EICHE« 1.1. bis 31.12.
0040 745 245 271, Mobil 0040 755 263 661 880 m 2 300 qm
fuhrmannvatradorna@gmail.com
www.facebook.com/pg/bikerstation.zur.deutschen.eiche/

➔ DN 18/17 Borșa - Vatra Dornei, der Stellplatz befindet sich direkt in Botos an der Hauptstraße. ✉ Strada Principale 22 (GPS: 47°30'49"N / 25°13'37" E).

Stellplatz bei einer Pension mit Campingbereich und Bungalows (Bikerstation). Ebene Stellflächen - teils befestigt, teils auf Rasen. Überdachter Outdoor-Aufenthaltsraum. 10 Touristenplätze.

SCHWEDEN

Besondere Vorschriften und Regelungen

Personaldokumente: Deutsche Staatsbürger benötigen einen gültigen Reisepass oder Personalausweis bei einem Aufenthalt bis zu 3 Monaten. Kinder unter 12 Jahren benötigen einen Kinderreisepass. Diese werden mit einer Gültigkeitsdauer von sechs Jahren ausgestellt, und zwar längstens bis zur Vollendung des zwölften Lebensjahres. Ab dem zwölften Lebensjahr kann ein Reisepass oder Personalausweis beantragt werden. Detaillierte Informationen erhalten Sie vom Auswärtigen Amt, www.auswaertiges-amt.de.

Impfbescheinigungen: Werden nicht verlangt. Empfohlene Impfung: saisonal FSME.

Dokumente für Haustiere: Für die Einreise mit Hunden und Katzen kann der »EU-Heimtierausweis« verwendet werden, der von behördlich ermächtigten Tierärzten ausgestellt wird. Das Tier muss durch Mikrochip identifizierbar sein. Nachweise einer aktuellen Tollwutimpfung und einer Entwurmung gegen Zwergenbandwurm innerhalb von 10 Tagen vor der Einfuhr sind erforderlich. Es empfehlen sich außerdem Impfungen gegen Staupe und Leptospirose. Jungtiere unter 3 Monaten dürfen nicht eingeführt werden. Hunde sind in der Regel anzuleinen und in Restaurants nicht erlaubt. Besitzer sind verpflichtet, Hundekot zu beseitigen. Es dürfen maximal 3 Käfigvögel eingeführt werden, die in Gefangenschaft gezüchtet worden sind und sich von Geburt an oder seit mindestens 6 Monaten im Besitz des Eigentümers befinden.

Weitere Informationen erteilt die Königl. Schwedische Botschaft, Rauchstraße 1, 10787 Berlin, Tel. 030/50 50 60, Fax 030/50 50 67 89 oder das Schwedische Zentralamt für Landwirtschaft Unterabt. für ansteckende Tierkrankheiten: Tel. 0046-36/15 55 33, Fax 0046-36/15 08 18, Email **jordbruksverket@sjv.se**

Kfz: Nationaler Führerschein und nationale Zulassung sind ausreichend. Das Länder-Kennzeichen D-oder EU-Schild muss am Fahrzeug und an Anhängern angebracht sein. Ist der Fahrer nicht Eigentümer des Fahrzeuges, muss eine Benutzungsvollmacht des Fahrzeughalters vorliegen. Es ist nicht gestattet, sein Fahrzeug einer in Schweden ansässigen Person zu überlassen. In Schweden besteht Haftpflichtversicherungszwang. Das amtliche deutsche Kennzeichen genügt zwar als Nachweis einer bestehenden Kfz-Haftpflichtversicherung, für evtl. Schäden oder Polizeikontrollen wird jedoch die Mitnahme der Internationalen »Grünen Versicherungskarte« unbedingt empfohlen.

Verkehrsvorschriften: Rechtsverkehr. Auch tagsüber muss mit Abblendlicht gefahren werden. Nebelschlussleuchten dürfen nicht eingeschaltet werden. Straßenbahnen haben immer Vorfahrt. Es besteht Halteverbot bei durchgehender gelber Linie, bei gestrichelter gelber Linie oder bei gelber Zickzack-Linie am Fahrbahnrand. Das deutsche Schild »Eingeschränktes Halteverbot« bedeutet Parkverbot. In großen Städten gelten oft Sonderregelungen; bei Unklarheiten nachfragen. Der rechte Fahrbahnrand kann bei entsprechender Markierung zum Ausweichen vor schnelleren Fahrzeugen genutzt werden. Es besteht Anschnallpflicht auf allen Sitzen. Promillegrenze 0,2.

Umweltzonen: In Schweden sind derzeit 8 Umweltzonen in allen großen Städten des Landes eingerichtet. Derzeit zum Stand Juli 2020 gilt in den schwedischen Umweltzonen ein Fahrverbot für alle Busse und LKW der EURO-Klassen 0-4 ab 3,5t. Dies gilt auch für Campingfahrzeuge, die als LKW zugelassen sind. Ab 2021 werden auch Fahrzeuge der EURO-Klassen 5 sowie Fahrzeuge, die älter als 8 Jahre sind vom Verkehr ausgeschlossen. Ab dem Jahre 2022 werden vor allem weitere Diesel EURO-Klassen von Fahrverboten betroffen sein. Eine Ausnahme gilt jedoch in jedem Falle für die Antriebsarten Wasserstoff, Gas und Elektro. Leichtfahrzeuge (Mofas, Motorrad, Quad etc.) sind in keinem Falle betroffen.

Zu beachten ist in Schweden, dass in den Gemeinden ab Januar 2020 ein neues System von Umweltzonen eingeführt wird, welches in drei Klassen wirksam werden soll.

Die Umweltzonen in Schweden werden durch die Polizei überwacht. Bei einem Verstoß ist ein Bußgeld von 1.000 SEK, umgerechnet rund 100 Euro fällig.

Zoombare Karten aller Umweltzonen mit ihren Grenzen sowie detailliertere Informationen zu den einzelnen Fahrzeugtypen, EURO-Klassen, Wochentagen, Uhrzeiten, Sonderregelungen und Ausnahmen sind verfügbar unter **www.green-zones.eu/de/umweltzonen** oder **www.Green-Zones-App.eu.**

Telefon: Deutschland – Schweden: 0046, dann Durchwahl ohne die erste Null der Ortskennzahl. Schweden – Deutschland: 0049.

Unfallnotruf: Polizei, Feuerwehr, Unfallrettung: 112. Pannenhilfe erhält man landesweit unter der Notruf-Sammelnummer 020/912 912.

Devisen: Bei Ein- und Ausfuhr von Landes- und Fremdwährungen bestehen keine Beschränkungen.

Camping: Schweden verfügt über ca. 700 offiziele Campingplätze. Diese sind im Süden noch sehr zahlreich vorhanden, werden aber in Richtung Norden immer weniger und kleiner. Viele der Campingplätze befinden sich in der Nähe vom Meer, Flüssen oder Seen. Das einmalige Übernachten außerhalb von Campingplätzen ist gestattet, solange nicht auf landwirtschaftlichen Nutzflächen oder in der Nähe eines Wohnhauses gecampt wird.

Für Caravans und Mocas ist ein geschlossenes Abwassersystem vorgeschrieben (nicht im Winter). Ein solches System kann auf den Campingplätzen geliehen oder gekauft werden, meist auch bei Tankstellen. Das Stromnetz ist auf eine Spannung von 220 V (50 Hz) ausgelegt. Da gelegentlich die Buchsen kleiner sind, empfiehlt es sich, einen Adapter mitzunehmen. Ausreichende Stromanschlüsse sind nicht allen Campingplätzen vorhanden.

Wassersport: Für die vorübergehende Einfuhr von Booten bis 5.5 m Länge sind keine Grenzdokumente erforderlich. Für größere Wasserfahrzeuge wird vom Zoll ein Zollfreiheitsschein ausgestellt. Ein Bootsführerschein ist für Boote, die länger als 12 m sind, vorgeschrieben.

Allgemeine Informationen:

D-20459 **Hamburg,** Visit Sweden
Michaelisstraße 22
Tel. 040/32 55 13 10, Fax 040/32 55 13 33
Service-Hotline: 069/22 22 34 96 (Normaltarif)
www.visitsweden.com, germany@visitsweden.com

Vertretung der Bundesrepublik Deutschland:

S-11527 **Stockholm,** Deutsche Botschaft
Skarpögatan 9

S-11593 **Stockholm,** Post: Box 27832
Tel. 0046 8/670 15 00, Fax 0046 8/670 15 72
www.stockholm.diplo.de, info@stockholm.diplo.de

Campingplätze:

Gebühren-Angaben in Landeswährung, sofern nicht anders angegeben.

Währungseinheit:	1 Schwedische Krone (SEK) = 100 Öre
Devisenkurs:	100 SEK = ca. 9.82 Euro
	1 Euro = ca. 10.17 SEK (Stand Okt. 2021)

Bei Gebühren-Angaben mit der Vorjahreszahl muss eventuell mit einer Anhebung der Gebühren für das aktuelle Jahr gerechnet werden. Außerdem können sich die angegebenen Öffnungszeiten verändert haben und es besteht die Möglichkeit, dass angegebene Ermäßigungen nicht mehr gewährt werden.

26135 Landskrona, Südwestschw. ST-S 1003

»HUSBILSSTÄLLPLATSEN I LUNDÅKRAHAMNEN«
☎ 0046 418 26350 2 m 1.1. bis 31.12.
hamnkontoret@lundakrahamnen.se, www.lundakrahamnen.se/husbilar

➔ E 6 Malmö - Helsingborg, Abf. (25) Landskrona und weiter Richtung Stadtzentrum. Hier am Kreisverkehr der Beschilderung zum Gewerbegebiet/Yachthafen folgen. ✉ Stuverigatan 43 (GPS: 55°51'38"N / 12°51'14" E).

WC Ch 20 m

Bewachter und eingezäunter Stellplatz am südlichen Stadtrand von Landskrona direkt am Yachthafen von Lundåkrahamn. Stellplätze entlang der östlichen Hafenseite - dahinter von Bäumen begrenzt. Ebene und schattenlose Stellflächen (ca. 5x10/12 m) auf befestigtem Rasen. Die Gebühr wird an einem Automaten im Hafenbüro gezahlt. Imbiss. Surf- und Kitesurfplatz am südlichen Strandende. Stadtzentrum 2 km entfernt. 48 Touristenplätze.

26261 Ängelholm, Südwestschw. ST-S 1280/1

Abfahrt

»STELLPLATZ ÄNGELHOLMS FÖRENINGSHAMN«
☎ 0046 43121325 1.4. bis 30.10.
info@afh.nu, www.afh.nu

➔ E 6/E 20 Helsingborg-Göteborg, Abf. (35) Trafikplats Rebbelberga, Richtung Ängelholm. Am ersten Kreisverkehr rechts auf den Kungsgårdsleden, nach ca. 2.8 km links Richtung Hafen abbiegen und der Ausschilderung folgen. ✉ Segelvägen 9 (GPS: 56°16'9"N / 12°50'33" E).
∴ Ängelholm mit Eisenbahnmuseum und Flugzeugmuseum.

RES WC W W Ch H 300 m

Stellplatz an der Marina im Yachthafen. Stellflächen auf Rasengittersteinen, ohne Längenbeschränkung. Bezahlung und weitere Informationen beim Hafenmeister. 24 Plätze von 15.5. bis 15.9. und 8 Plätze von 16.9. bis 14.5. zur Verfügung. Stadtzentrum 4 km entfernt. 24 Touristenplätze.

26254 Ängelholm, Südwestschw. ST-S 1280/4

Abfahrt

»NATURRESERVATET ÄNGELHOLMS STRANDSKOG«
☎ 0046 43182130 1.1. bis 31.12.
turist@engelholm.com, www.engelholm.com

➔ E 6 Malmö-Göteborg, Abf. (35) Trafikplats Rebbelberga, Richtung Ängelholm. Nach ca. 1.5 km links auf den Kristian II:s väg abbiegen und bis zum Ende durchfahren. Dort am Kreisverkehr rechts abbiegen und am nächsten Kreisverkehr (nach ca. 1.7 km) wieder rechts abbiegen. Dieser Straße bis zum Ende folgen. ✉ Sibirienvägen (GPS: 56°14'8"N / 12°49'4" E).
∴ UFO-Monument, Naturreservat.

RES WC

Stellplatz auf einem öffentlichen Parkplatz in einem Naturreservat, in Strandnähe. Stellflächen auf Sand und Schotter, bis 8 m Länge. Nur eine Übernachtung erlaubt. Ortszentrum 5 km entfernt. 6 Touristenplätze.

26996 Båstad, Südwestschweden ST-S 1290/1

Abfahrt

»QUICK-STOP BÅSTAD CAMPING« 29.3. bis 29.9.
☎ 0046 43175511, Mobil 0046 705682026
info@bastadcamping.se, www.bastadcamping.se

➔ E 6 Helsingborg-Göteborg, Abf. (39) Trafikplats Ö Karup, auf die 115 Richtung Båstad. Der Ausschilderung Båstad-Camping folgen. ✉ Norra Vägen 128 (GPS: 56°26'19"N / 12°55'4" E).

WC W W Ch W

Beleuchteter Wohnmobil-Stellplatz bei einem Campingplatz. Ein Teil befindet sich vor der Schranke (ganzjährig geöffnet) in der Nähe der Rezeption, ein anderer Teil befindet sich im hinteren Teil des Campingplatzes in ruhiger Lage bei den Ferienhäusern. Stellflächen (70 qm) auf befestigter Wiese, bis zu einer Länge von 9 m. Platz ist beleuchtet. Stellplatzgäste können die Einrichtungen des Campingplatzes mitbenutzen. Quick-Stop von 16-9 Uhr. Ort 5 km entfernt. 48 Touristenplätze.

31132 Falkenberg, Südwestschw. ST-S 1386

Abfahrt

20 **»LÖVSTAVIKENS BÅTFÖRENING«** 1.1. bis 31.12.
☎ 0046 346711707
info@lovstaviken.se, www.lovstaviken.se

➔ E 6, Helsingborg - Göteborg, Abf. (51) auf die 154 Richtung Falkenberg. In Falkenberg der Ausschilderung zum Hafen / Yachthafen folgen. ✉ Sanddynevägen 58 (GPS: 56°53'36"N / 12°28'6" E).
∴ Altstadt, Falkenbergs Museum, Törngrens krukmakeri (älteste Töpferei Europas, Werkstatt und Museum).

RES WC W W WC Ch H 500 m H 900 m

Wohnmobil-Stellplatz bei einer Marina. Von 21-5 Uhr bewacht. Stellflächen auf Schotter, bis 12 m Länge. Die Stellflächen sind markiert. WLAN an der Rezeption. Ortszentrum 2 km entfernt. 30 Touristenplätze.
2022: MC/N 200.–, Waschmaschine 20.–, Trockner 20.–. H/N, WD, Müll und Wasser inklusive.

43276 Tvååker, Südwestschweden ST-S 1400

Abfahrt

»QUICK-STOP RÖDLIX VANDRAHEM« 1.4. bis 1.10.
☎ 0046 34041840, Mobil 0046 706740182, Fax 0046 34041865
info@rodlixvandrarhem.se, www.rodlixvandrarhem.se

➔ E 6 Malmö - Göteborg, Abf. (53), Richtung Träslövsläge. Nach ca. 3.5 km links Richtung Galtabäck abbiegen. Nach ca. 1.5 km liegt der Platz auf der linken Seite. ✉ Galtabäck 17 (GPS: 57°2'23"N / 12°19'28" E).
∴ Bootsmuseum in Galtabäck (2 km).

RES WC W W Ch

Quick-Stop an einer Jugendherberge und kleinem Campingplatz. Stellflächen auf Wiese, bis 12 m Länge. Maximal 2 Nächte Aufenthalt möglich! Ort 4 km entfernt. 38 Touristenplätze.

31185 Ullared, Südwestschweden ST-S 1456

»STELLPLATZ GEKÅS ULLARED« 1.1. bis 31.12.
☎ 0046 34637500
kundservice@gekas.se, www.gekas.se

➔ E 6 Helsingborg-Göteborg, Abf. 54 auf die 153 Richtung Värnamo. Stellplatz liegt am östlichen Ortsausgang beim Zentrallager von Gekas. ✉ Ulla Smides väg (GPS: 57°7'57"N / 12°44'5" E).
∴ Einkaufszentrum Ullared.

RES WC Ch

Stellplatz auf einem großen, beleuchteten Parkplatz neben dem Zentrallager der Gekas Supermarktkette. Stellflächen auf Schotter, keine Längenbegrenzung. Im Sommer freier Shuttle-Bus zum Einkaufscenter. Ortszentrum 1 km entfernt. 25 Touristenplätze.

43954 Åsa, Südwestschweden ST-S 1475

Abfahrt

35 **»QUICK-STOP ÅSA CAMPING & HAVSBAD«** 22.4. bis 18.9.
☎ 0046 340219590
info@asacamping.se, www.asacamping.se

➔ E 6 Malmö - Göteborg, Abf. (57) Richtung Åsa. Der Platz liegt im Ortszentrum, der Ausschilderung folgen. ✉ Stora Badviksvägen 10 (GPS: 57°20'57"N / 12°7'19" E).
∴ Botanischer Garten, Markthalle „Stora Saluhallen" und Fischmarkt

„Festekörkan".

200 m 300 m 400 m

Quick-Stop beim ÅSA CAMPING & HAVSBAD im Ortszentrum am Meer. Stellflächen auf Wiese und Schotter, bis 10 m Länge, bewacht. Quick-Stop von 20-10 Uhr. Göteborg 30 Min. u. Ullared 40 Min. entfernt. 10 Touristenplätze.
2022: St/N 160.– bis 375.–, WD 5.–, Waschmaschine 30.–, Trockner 30.–, Strom/N 40.– (10 A). P/N, KT, H/N, Entsorgung, Müll und Wasser inklusive.

43974 Fjärås, Südwestschweden ST-S 1494

Abfahrt

»STELLPLATZ TJOLÖHOLMS SLOTT« 1.1. bis 31.12.
0046 300404600
info@tjoloholm.se, www.tjoloholm.se

→ E 6 Göteborg-Malmö, Abf. (58) Richtung Tjolöholms Slott, der Ausschilderung folgen. ✉ Tjolöholms byväg 53 (GPS: 57°24'7"N / 12°6'8" E).
Schloss Tjolöholm.

WC WC 600 m 700 m

Stellplatz auf einem großen Besucherparkplatz an einem Schloss. Stellflächen auf Sand und Schotter, ohne Größenbeschränkung. Aufenthalt max. 2 Tage und nur auf den dafür ausgewiesenen Flächen. Badeplatz im Meer gleich am Schloss. Ort 7 km entfernt. 30 Touristenplätze.

41655 Göteborg, Südwestschweden ST-S 1610

Abfahrt

»LISEBERGS STÄLLPLATS SKATÅS« 1.5. bis 5.11.
0046 31840200
karralund@liseberg.se, www.liseberg.se

→ E 6 Malmö-Göteborg, Abf. (71) Örgrytemotet, der Beschilderung zum Campingplatz Lisebergsbyn folgen. Von dort noch ca. 600 m den Berg hochfahren. ✉ Skatåsvägen 25 (GPS: 57°42'10"N / 12°2'7" E).
Vergnügungspark Liseberg, Altstadt, Viermastbark Viking, Göteborgsoperan, maritima centrum.

200 m 500 m 800 m

Stellplatz am Waldrand beim Sportzentrum Skatås. Stellflächen parzelliert, auf Asphalt und bis 10 m Länge. Der Platz ist während der Nacht bewacht. Frühstück im nahegelegenen Lisebergsbyn möglich. Duschen und Sauna im Sportzentrum Skatås gegen Gebühr möglich. Stadtzentrum 3.5 km entfernt. 37 Touristenplätze.

41252 Göteborg, Südwestschweden ST-S 1611

Abfahrt

»STELLPLATZ HEDEN ENGELBREKTSGATAN« 1.1. bis 31.12.
0046 313684200
turistinfo@goteborg.com, www.goteborg.com

→ E 6 Malmö-Göteborg, Abf. (71) Örgrytemotet, Richtung Zentrum abfahren. Nach ca. 500 m die zweite Möglichkeit nach rechts auf den Södra Vägen abbiegen und auf diesem ca. 500 m bleiben, dann rechts abbiegen, der Stellplatz befindet sich gliehc auf der linken Seite. ✉ Engelbrektsgatan (GPS: 57°42'4"N / 11°58'47" E).
Altstadt, Viermastbark Viking, Göteborgsoperan, maritima centrum, Vergnügungspark Liseberg.

100 m 400 m

Stellplatz auf einem öffentlichen Parkplatz im Stadtzentrum. Stellflächen auf Schotter und Asphalt, bis 7 m Länge, beleuchtet. 10 Touristenplätze.

54873 Lyrestad, Südwestschw. ST-S 1833/2

Abfahrt

»LYRESTAD GÄSTHAMN GÖTA KANAL« 4.5. bis 11.9.
0046 704689019
rolf.andersson@murtorpet.se, www.ifweimer.se

→ E 20 Mariestad-Örebro, westlich der Brücke über den Göta-Kanal Richtung Lyrestad abbiegen, dort der Ausschilderung zum Gästhamn/Marina folgen. ✉ Gästhamnen (GPS: 58°48'12"N / 14°3'27" E).
Göta-Kanal.

WC W W Ch W W 200 m

Stellplatz an einem Yachthafen, direkt am Göta-Kanal im Ortszentrum. Stellflächen auf Wiese. 25 Touristenplätze.

46235 Vänersborg, Südwestschw. ST-S 1890

»STELLPLATZ VÄNERSBORG MARINA VÄNERPARKEN«
0046 52165709, Fax 0046 52117701 1.4. bis 15.10.
dick.netterlid@vanersborgsmarina.se, www.vanersborgsmarina.se

→ E 45 Göteborg-Karlstad, nördlich von Trollhättan am Trafikplats Skogsbo die E 45 mit Richtung Vänersborg-Zentrum verlassen. Kurz vor der Bahnüberführung links zum Vänerparken abbiegen. ✉ Vänerparken 1 (GPS: 58°22'37"N / 12°19'5" E).
Stadtzentrum mit Museen.

WC W W WC Ch 100 m HS200 m

Stellplatz im Freizeithafen Vänerpark. Stellflächen auf Asphalt, bis 10 m Länge. Check-in von 9 bis 18 Uhr. Ortszentrum 400 m entfernt. 15 Touristenplätze.

66231 Åmål, Südwestschweden ST-S 1980

»ÅMÅLS HUSBILS CAMPING« 29.3. bis 31.10.
0046 532 17098
turism@amal.se
www.vastsverige.com/amal/b/198326/Stallplats-vid-Makebergsplan-Amal

➔ E 45 Göteborg - Karlstad, in Åmål am Kreisverkehr Richtung Zentrum auf den Drottninggaten abfahren, der Straße bis zum Ende folgen, dann rechts und sofort links abbiegen, der Ausschilderung zum Freizeithafen folgen. ✉ Måkebergsvägen 4 (GPS: 59°3'17"N / 12°42'28" E).

W W WC 300 m 400 m

Stellplatz speziell für Reisemobile am Freizeithafen im Stadtzentrum am Vänernsee. Stellflächen auf Schotter und Schotterrasen, ohne Längenbeschränkung. Maximal 2 Nächte Aufenthalt möglich. 70 Touristenplätze.

35263 Växjö, Südostschweden ST-S 2172

»QUICK-STOP EVEDALS CAMPING« 1.1. bis 31.12.
0046 47063034
evedals.camping@telia.com, www.evedalscamping.com

➔ E 4 Helsingborg-Stockholm, Abf. (80) Trafikplats Ljungby Norra, auf die 25 Richtung Växjö. In Växjö auf die 37 abbiegen und sofort nach Unterführung der 25 am Kreisel links abbiegen in den Evedalsvägen. Der Ausschilderung zum 'Swepark Växjö Evedal' folgen. ✉ Evedalsvägen / L J Brandts väg (GPS: 56°55'18"N / 14°49'9" E).
∴ Innenstadt von Växjö mit dem Dom, Linné-Park, Glas- und Auswanderermuseum, Schloss Teleborg.

W W Ch HS

Quick-Stop bei einem Campingplatz. Stellflächen auf Asphalt. Maximale Aufenthaltsdauer 24 Std. Ortszentrum 5 km entfernt. 10 Touristenplätze.

57016 Kvillsfors, Südostschweden ST-S 2333

»STORKENS STÄLLPLATS« 1.5. bis 31.8.
0046 70 9611667, Mobil 0046 70 4928691
marina.borstam@gmail.com, www.kvillsfors-loppis.se/310133685

➔ E 22, Kalmar - Oskarshamn, in Oskarshamn links auf die 47 Richtung Jönköping abbiegen, in Kvillsfors rechts Richtung Pauliström abbiegen, dann nach ca. 500 m links in den Ågatan abbiegen, der Stellplatz liegt am Ende dieser Straße. ✉ Ågatan 5 (GPS: 57°24'15"N / 15°29'36" E).

W W Ch W

Stellplatz speziell für Reisemobile am Ortsrand an einem kleinen See. Stellflächen auf Schotter und Schotterrasen, bis 8 m Länge. Für größere/schwere Mobile gibt es Extraplätze auf dem Gelände. 16 Stromanschlüsse vorhanden. Ortszentrum 750 m entfernt. 30 Touristenplätze.

57592 Hult, Südostschweden ST-S 2335

»LYCKARPS STÄLLPLATS« 1.5. bis 1.11.
Mobil 0046 70 5855807
ingvar.mornefalt@gmail.com

➔ E 4 Jönköping - Linköping, Abf. (98a) Trafikplats Ekhagen, auf die Straße Nr 40 Richtung Nässjö und Eksjö, ca 8 km östlich von Eksjö direkt an der 40 auf der rechten Seite gelegen, ausgeschildert. ✉ Ekeberg 1 (GPS: 57°38'9"N / 15°5'59" E).

Ch

Stellplatz speziell für Reisemobile auf einer kleinen Anhöhe im Wald. Beleuchtet. Ebene, geschotterte und überwiegend schattenlose Stellflächen auf Rasen, ohne Längenbeschränkung. Ort (Eksjö) 8 km entfernt. 18 Touristenplätze.

56635 Habo, Südostschweden ST-S 2410

»HUSBILSPLATS HABO CAMPING« 1.1. bis 31.12.
0046 737140575
info@habocamping.se, www.habocamping.com

➔ Straße 47, Jönköping - Falköping, nach ca. 8 km auf die Str. 195 Richtung Hjo, ca. 3 km südlich von Habo ausgeschildert. ✉ Domsandsliden 2 (GPS: 57°52'42"N / 14°6'38" E).

W Ch 350 m

Stellplatz vor einem Campingplatz. Stellflächen auf Schotter, bis 10 m Länge. Sanitäranlage beheizbar. Imbiss. Kiosk. Brötchenservice. Frühstücksservice.Ski-/Trockenraum. Organisation von Ausflügen. Geführte Wanderungen.Rad- und Wanderwege in der Umgebung. Eingeschränkter Service imWinter. Ort 3 km entfernt. 6 Touristenplätze.

56393 Gränna, Südostschweden ST-S 2434

»BAUERGÅRDEN« 1.1. bis 31.12.
0046 36 54006
info@bauergarden.se, bauergarden.se/stallplatsen/

➔ E 4 Jönköping-Linköping, Abf. (102) Trafikplats Vättersmålen, Richtung Ölmstad und Bunn, dort am Ortseingang auf der rechten Seite, ausgeschildert. ✉ Bunnvägen, Bunn (GPS: 57°56'11"N / 14°29'33" E).

W W Ch 50 m

Stellplatz speziell für Reisemobile bei einem Hotel- und Konferenzzentrum an einem See. Ein Bereich mit parzellierten, ebenen, schattenlosen und geschotterten Stellflächen mit Rasenstreifen, ein anderer Bereich auf unparzelliertem Wiesengelände. Keine Längen- und Gewichtsbeschränkung. Maximal 7 Nächte Aufenthalt möglich. Ort (Gränna) 12 km entfernt. 90 Touristenplätze.

56331 Gränna, Südostschweden ST-S 2435

25 **»GRÄNNA HAMN«** 1.1. bis 31.12.
0046 36 103860
service@grannahamn.se, www.grannahamn.se/#stallplats

➔ E 4 Jönköping - Linköping, Abf. (104) Trafikplats Gränna, Richtung Gränna dort im Ortszentrum links zur Fähre nach Visingsö abbiegen, der Stellplatz liegt in der Nähe des Fähranlegers. ✉ Amiralsvägen 49 (GPS: 58°1'41"N / 14°27'38" E).
∴ Holzvillen im Zentrum, Museum (das die gescheiterte Polarexpedition von 1897 des Ballonfahrers Salomon August Andrée dokumentiert).

RES WC Ch 200 m 800 m

Beschrankter Stellplatz speziell für Reisemobile am Vätternsee. Ebene Stellflächen auf Asphalt, ohne Längenbeschränkung. Ortszentrum 1 km entfernt. 30 Touristenplätze.
2022: St/N 250.–. Müllgeb., Entsorgung, Wasser und Strom (10 A) inklusive. Bezahlung am Parkautomaten mit Kreditkarte.

38065 Degerhamn, SO-Schweden ST-S 2480/2

25 **»STELLPLATZ VENTLINGE«** 1.1. bis 31.12.
0046 485661124
louise.uddenbjork@telia.com

➔ E 22 Malmö - Norrköping, in Kalmar auf die 137 Richtung Insel Öland, dort auf die 136 Richtung Degerhamn. Der Stellplatz liegt ca. 8 km hinter Degerhamn in der Ortschaft Ventlinge auf der rechten Seite. ✉ Ventlinge 118 (GPS: 56°17'2"N / 16°24'23" E).

WC 100 m

Stellplatz auf einem Privatgelände im Ortszentrum, in ruhiger Umgebung, mit Blick auf den Kalmarsund. Stellflächen auf Wiese und Schotter, bis 8 m Länge. Der Stellplatz öffnet im Frühling, sobald das Wetter es erlaubt, und ist im Herbst so lange wie möglich geöffnet. 12 Touristenplätze.
2022: C MC-St/N inkl. 8 P/N 160.–, extra C/N 160.–, extra MC/N 160.–, Waschmaschine 40.–, Strom/N 40.– (10 A). P/N, KT, H/N, WD, Entsorgung, Müll und Wasser inklusive.

38696 Färjestaden, SO-Schweden ST-S 2483/2

»STELLPLATZ BLÄSINGE STRAND« 1.1. bis 31.12.
0046 48547000
annika@sornas.se, www.blasinge.com

➔ E 22 Malmö-Norrköping, Abf. Trafikplats Ölandsleden in Kalmar, auf die 137 Richtung Öland. Auf Öland auf die 136 Richtung Süden. Nach ca. 2 km links Richtung Norra Möckleby abbiegen. Dort ca. 2 km Richtung Süden und nach ca. 2 km links Richtung Bläsinge abbiegen. In Bläsinge der Ausschilderung zum Hafen folgen, dort kurz vor dem Hafen rechts Richtung Strand abbiegen. ✉ Bläsinge Hamn (GPS: 56°37'8"N / 16°41'46" E).
∴ Hafenmuseum Bläsinge.

RES WC Ch

Stellplatz auf einer großen Wiese direkt am Strand. Stellflächen auf Wiese, leicht uneben, ohne Längenbeschränkung. Ort 2 km entfernt. 25 Touristenplätze.

38074 Löttorp, Südostschweden ST-S 2498

»STELLPLATZ BÖDA HAMN« 1.1. bis 31.12.
0046 48588300
borgholm.energi@borgholm.se, www.borgholmenergi.se

➔ E 22 Malmö-Norrköping, Abf. Trafikplats Ölandsleden in Kalmar, auf die 137 Richtung Öland. Auf Öland auf die 136 Richtung Norden. Am Ortsausgang von Melböda rechts Richtung Böda Hamn abbiegen. Der Stellplatz liegt direkt am Yachthafen. ✉ Bödahamnsvägen (GPS: 57°14'26"N / 17°4'29" E).

WC W W 250 m 500 m

Stellplatz an einem Yacht- und Fischereihafen, direkt an der Ostsee. Stellflächen auf Wiese und Asphalt, bis 10 m Länge. Ort 2 km entfernt. 25 Touristenplätze.

62333 Burgsvik(Gotland), SO-Schw. ST-S 2760

»STELLPLATZ SANDKVIE« 1.1. bis 31.12.
0046 498 497342
allan@sandkvie.com, www.sandkvie.com/1003

➔ Fähre von Oskarshamn oder Nynäshamn nach Visby, dort auf die 142 Richtung Burgsvik, am südlichen Ortsende von Burgsvik links in die Straße Mårtenskvior einbiegen und am Ende der Straße rechts Richtung Hamra. Nach ca. 1.3 km liegt der Stellplatz auf der linken Seite. ✉ Öja Sandkvie 173 (GPS: 57°0'52"N / 18°18'49" E).

WC W W

Stellplatz speziell für Reisemobile bei einem Ferienhof. Stellflächen auf Wiese, ohne Längenbeschränkung. Hundeleinenzwang. Ort (Burgsvik) 3.5 km entfernt. 45 Touristenplätze.

62466 Fårö (Gotland), SO-Schw. ST-S 2900

»LAUTERHORNS FISKEHAMN« 1.1. bis 31.12.
0046 705 386048
bjona@telia.com, www.gotland.net/plats/lauterhorn

➔ Fähre von Oskarshamn oder Nynäshamn nach Visby, dort auf die 148 Richtung Fårö (kostenlose Fährverbindung), auf der Insel Fårö weiter nach Lauters zum Freizeithafen. ✉ Lauters (GPS: 57°57'9"N / 19°4'52" E).

WC W W Ch

Stellplatz bei einem Freizeithafen. Stellflächen auf Schotter, bis 8 m Länge. Maximal 24 Stunden Aufenthalt möglich. Ort (Lauters) 3 km entfernt. 8 Touristenplätze.

11733 Stockholm, Stockholm — ST-S 3500

»LÅNGHOLMENS HUSBILSCAMPING« 13.5. bis 19.9.
0046 86691890
info@husbilstockholm.se, www.husbilstockholm.se

➔ E 20 Helsingborg - Stockholm, Abf. (154) Trafikplats Västberga, auf den Södertäljevägen Richtung Årstadal, ca. 400 m nach Überquerung der Brücke rechts abbiegen und der Ausschilderung folgen. ✉ Skutskepparvägen 1 (GPS: 59°19'13"N / 18°1'54" E).
Stockholm mit dem königlichen Schloss, Vasa-Museum, Altstadt und Djurgården.

WC W W Ch

200 m HS HS 500 m

Stellplatz an einem Bootsanleger auf der Insel Långholmen, direkt unter einer Brücke. Ebene Stellflächen auf Schotter und Asphalt, bis 12 m Länge. Reservierung wird empfohlen. Stadtzentrum 2.5 km entfernt. 80 Touristenplätze.

11867 Stockholm, Stockholm — ST-S 3501

Abfahrt

»TANTOLUNDENS HUSBILSCAMPING« 1.1. bis 31.12.
0046 8 6691890
info@husbilstockholm.se, www.husbilstockholm.se

➔ E 20 Helsingborg-Stockholm, Abf. (154) Trafikplats Västberga, auf den Södertäljevägen Richtung Årstadal, sofort nach Überquerung der Brücke rechts in den Hornsgatan abbiegen und nach weiteren ca. 700 m rechts in den Ringvägen abbiegen, der Ausschilderung folgen. ✉ Ringvägen 24 (GPS: 59°18'45"N / 18°3'10" E).
Stockholm mit dem königlichen Schloss, Vasa-Museum, Altstadt und Djurgården.

WC W W Ch

50 m 300 m

Stellplatz mitten in Stockholm, zwischen einem Park und einer Eisenbahnstrecke. Stellflächen auf Schotter, bis 8.50 m Länge. Reservierung per Telefon oder E-Mail erbeten. Stadtzentrum 2 km entfernt. 14 Touristenplätze.

19591 Märsta, Stockholm — ST-S 3600

»NATURRESERVAT STENINGEDALEN« 1.1. bis 31.12.
0046 102 231000
sigtuna.kommun@sigtuna.se, www.sigtuna.se/sv/Miljo--Natur/Park-och-natur

➔ E 4 Stockholm-Uppsala, Abf. (180) Trafikplats Märsta, auf die 263 Richtung Märsta, dort am am südlichen Ortsrand am Kreisverkehr links abbiegen, dann gleich wieder links in die Steninge allé, nach ca. 3 km liegt der Parkplatz auf der rechten Seite. ✉ Steninge allé (GPS: 59°36'15"N / 17°48'54" E).

Stellplatz auf einem gemischten Parkplatz am Mälarensee. Stellflächen auf Schotter, ohne Längenbeschränkung. Maximal 24 Stunden Aufenthalt möglich. Aktivitäten: Wanderungen im nahegelegenen Naturreservat, Angeln und Radfahren. Ortszentrum 3.5 km entfernt. 10 Touristenplätze.

76045 Grisslehamn, Stockholm — ST-S 3977

»STELLPLATZ GRISSLEHAMN« 1.1. bis 31.12.
0046 703 312410
ritva.tillberg@hotmail.com, www.grisslehamn.se/skargardshantverk/

➔ E 18 Stockholm-Kappellskär, in Norrtälje auf die 76 Richtung Östhammar, bei Söderby-Karl geradeaus auf die 263 Richtung Grisslehamn, dort der Ausschilderung zum Fährterminal folgen. ✉ Skatuddsvägen (GPS: 60°5'59"N / 18°48'38" E).

WC W W 100 m 300 m

Stellplatz bei einem Freizeithafen. Stellflächen auf Asphalt, bis 10 m Länge. Übernachtungsplatz für die Fähre auf die Ålandinseln. Ortszentrum 350 m entfernt. 6 Touristenplätze.

66191 Säffle, Mittelschweden — ST-S 4650

»EKENÄS GÄSTHAMN & CAMPING« 1.5. bis 1.9.
0046 70 3178533, Mobil 0046 76 2296232
ekenasgastcamping@gmail.com, www.ekenascamping.com

➔ E 45 Göteborg-Karlstad, in Säffle rechts Richtung Ekenäs abbiegen, dort am Freizeithafen gelegen. ✉ Ekenäs, Värmlandsnäs (GPS: 58°53'47"N / 13°14'2" E).

WC W W Ch

Stellplatz an einem Freizeithafen am Vänernsee. Stellflächen auf Schotter, ohne Längenbeschränkung. Ort (Säffle) 35 km entfernt. 20 Touristenplätze.

68693 Sunne, Mittelschweden — ST-S 4670

»STAMFRÄNDEMONUMENTET« 1.1. bis 31.12.
0046 565 14100
info@sunnegk.se, www.sunne.se

➔ E 45 Karlstadt-Mora, ca. 500 m nördlich des Rotternos Parks direkt an der E 45 auf der rechten Seite gelegen. ✉ Tremansbacken 55 (GPS: 59°48'24"N / 13°7'29" E).
Herrenhaus Mårbacka, Kirche von Sunne.

WC WC 100 m

Stellplatz auf einem gemischten Parkplatz. Beleuchtete Stellflächen auf Asphalt, ohne Längenbeschränkung. Maximal Aufenthalt 24 Stunden möglich. Ort 4 km entfernt. 20 Touristenplätze.

78291 Malung, Mittelschweden — ST-S 4763

»RESTAURANG DUTCH MOUNTAIN« 1.1. bis 31.12.
0046 280 51039
info@dutchmountain.se, www.dutchmountain.se/

➔ E 45 Karlstad-Malung, ca. km südlich von Malung direkt an der Europastraße gelegen. ✉ Lisskogsbrändan 7 (GPS: 60°30'53"N / 13°29'19" E).

WC W

Stellplatz an einem Restaurant. Stellflächen auf Asphalt, bis 8 m Länge. Maximal 24 Stunden Aufenthalt möglich. Ort (Malung) 21 km entfernt 3 Touristenplätze.

78560 Djurås, Mittelschweden — ST-S 4783

»RATT OCH RODER« 1.1. bis 31.12.
0046 76 9488066
info@rattoroder.se, www.rattoroder.se

➔ E 16 Malung-Borlänge, in Mon ca. 5 km westlich von Djurås Richtung Linden abbiegen, von der Straße LIndgattu dann in den Lundin Oskars Väg einbiegen, ausgeschildert. ✉ Lundin Oskars Väg 15 (GPS: 60°32'4"N / 15°3'45" E).

WC W W

Stellplatz speziell für Reisemobile am Fluss Västerdalälven. Stellflächen auf Wiese, ohne Längenbeschränkung. Viele Outdoor Aktivitäten möglcih wie z.B. Kanu, Fahrrad, Hot Pott, Golf, Kajak. Ort (Djurås) 6 km entfernt. 12 Touristenplätze.

81794 Axmarbruk, Nordschweden — ST-S 5011

»AXMARBRYGGA HAVSKROG« 8.4. bis 5.11.
0046 297 32000
kontakt@axmarbrygga.se, www.axmarbrygga.se

➔ E 4 Gävle-Sundsvall, nördlich von Bergby rechts Richtung Axmar abfahren, der Straße weiter folgen und in Axmarbruk rechts abbiegen, ausgeschildert. ✉ Boskär (GPS: 61°2'56"N / 17°9'32" E).

WC W W Ch

Stellplatz bei einem Restaurant direkt am Meer. Stellflächen auf Schotter, ohne Längenbeschränkung. Brötchenservice möglich. Ort (Axmar) 5 km entfernt. 30 Touristenplätze.

79026 Enviken, Nordschweden — ST-S 5030

»STELLPLATZ SVABENSVERK« 1.1. bis 31.12.
0046 246 80031
janssoniks@hotmail.com

➔ E 16 Borlänge-Gävle, in Falun auf die Straße Nr. 50 abbiegen Richtung Bollnäs abbiegen, in der Ortschaft Svabensverk an der Straße 50 direkt am See Hämmen gelegen. ✉ Rv 50 / Svabensverk (GPS: 61°2'39"N / 15°47'41" E).

WC

Stellplatz auf einem gemischten Parkplatz am See Hämmen. Stellflächen auf Schotter, ohne Längenbeschränkung. Aktivitäten: Wandern, Angeln und Langlauf. Ort (Enviken) 26 km entfernt. 5 Touristenplätze.

82292 Alfta, Nordschweden — ST-S 5040

»GALVENS BYGDEGÅRD« Mai bis Sept.
0046 278 48112, Mobil 0046 70 6637471
elisabeth.bnordin@helsingenet.com
www.bygdegardarna.se/galven/start/boka/

➔ E 4 Gävle-Sundsvall, in Söderhamn auf die Straße Nr. 50 abfahren, in Alfta Richtung Zentrum auf die Afltainfarten, beim Industriegebiet rechts in den Gundbogatan Richtung Långhed abbiegen, die erste Straße rechts einbiegen dann wieder links Richtung Morabo, Galvsbo und Galven abbiegen, der Bauernhof liegt nach dem Ortsschild auf der linken Seite. ✉ Galven (GPS: 61°27'46"N / 16°10'33" E).

WC W W Ch

Stellplatz bei einem Bauernhof mit B&B in ruhiger Lage. Stellflächen auf Wiese, ohne Längenbeschränkung. Ort (Alfta) 20 km entfernt. 5 Touristenplätze.

S

82630 Söderhamn, Nordschweden — ST-S 5084

15 **»SÖDERHAMNS CITYCAMPING«** 1.1. bis 31.12.
0046 72 2161392
skargardsenheten@soderhamn.se, www.visitsoderhamn.se

➔ E 4, Gävle - Sundsvall, Abf. Söderhamn Norra, in Richtung Centrum, beim Park rechts Richtung Stugsund abbiegen, vor der Brücke links in die Norra Hamngatan einbiegen, noch ca. 250 m. ✉ Norra Hamngatan 14 (GPS: 61°18'23"N / 17°4'7" E).

WC W Ch

500 m

Stellplatz bei einem Freizeithafen in der Nähe des Stadtzentrums. Stellflächen auf Schotter und Asphalt. Wenn die Rezeption geschlossen ist, dann bitte bei der GULF-Tankstelle nebenan einchecken. Ortszentrum 500 m entfernt. 8 Touristenplätze.
2022: St/N 140.–, Strom/N 60.–. P/N, KT, H/N, WD, Waschmaschine, Trockner, Entsorgung, Müll und Wasser inklusive. Bezahlung erfolgt in der App GoMarina.

82660 Söderhamn, Nordschweden ST-S 5085

15 »STUGSUNDKAJEN« 1.1. bis 31.12.
☎ 0046 722 161392
skargardsenheten@soderhamn.se
www.visitsoderhamn.se/sv/stallplats-stugsundskajen

➔ E4 Gävle - Sundsvall, Abf. Söderhamn und der Beschilderung nach Stugsund folgen. Der Stellplatz befindet sich direkt am Jachthafen. ✉ Sjömansvägen 2 (GPS: 61°18'18"N / 17°6'42" E).

WC W W Ch 200 m 4 km

Stellplatz direkt am Meer bei einem Bootshafen. Check-in in der nahe gelegenen Pizzeria Napoli. Ebene schattenlose Stellflächen auf Kies. Ein behindertengerechtes Servicegebäude mit Küchenzeile, Toiletten und Duschen. Picknickplatz. Müllentsorgung möglich. Ort 3 km entfernt. 24 Touristenplätze.
2022: St/N 120.–, Strom/N 60.–. P/N, KT, H/N, WD, Entsorgung, Müll und Wasser inklusive.

82595 Enånger, Nordschweden ST-S 5090

»BORKA BRYGGA« Mai bis Okt.
☎ 0046 650 550041
borkabrygga@telia.com, **www.borkabrygga.com**

➔ E 4 Gävle-Sundsvall, Abf. (271) Enånger, Richtung Enånger fahren durch den Ort und weiter bis Borka, dort rechts in den Borkavägen zum Freizeithafen einbiegen. ✉ Borkavägen 97 (GPS: 61°32'58"N / 17°3'21" E).

WC W W WC Ch

Stellplatz bei einem Freizeithafen auf einem abgetrennten Gebiet am Meer. Stellflächen auf Schotter und Schotterrasen bis 12 m Länge. Ort 3 km entfernt. 17 Touristenplätze.

82443 Hudiksvall, Nordschweden ST-S 5160

»STELLPLATZ MAGASINSGATEN« 1.1. bis 31.12.
☎ 0046 650 19100
turistbyran.hudiksvall@hudiksvall.se

➔ E 4 Gävle-Sundsvall, Abf. (214) Hudiksvall, auf die Straße Nr. 84 Richtung der Ausschilderung zum Hauptbahnhof folgen, der Stellplatz liegt direkt zwischen Bahnhof und dem Meer. ✉ Magasinsgatan 100 (GPS: 61°43'32"N / 17°6'43" E).
∴ Hälsinglands Museum.

WC Ch 50 m 300 m 800 m

Stellplatz auf einem gemischten Parkplatz zwischen dem Bahnhof und dem Meer. Beleuchtete Stellflächen auf Schotter und Asphalt, ohne Längenbeschränkung. Ent- und Versorgungmöglichkeiten vorhanden (Frischwasser kostenpflichtig). Stadtzentrum 300 m entfernt. 20 Touristenplätze.

82077 Gnarp, Nordschweden ST-S 5170

20 »NORRFJÄRDENS HAMN« Mai bis Okt.
☎ 0046 705 696951
www.norrfjardenshamnforening.se

➔ E 4 Gävle - Sundsvall, in Gnarp Richtung Norrfjärden abfahren, dort der Straße folgen bis zum Freizeithafen und dem Café Skäret. ✉ Norrfjärdens Hamn (GPS: 62°3'41"N / 17°25'53" E).

WC W W 100 m

Stellplatz bei einem Freizeithafen auf einem extra Gelände. Beleuchtete Stellflächen auf Schotterrasen, bis 7 m Länge. 12 Touristenplätze.
2022: St/N 200.–, WD 20.–, Toilette 5.–. Müllgeb., Abwasserentsorgung und Wasser inklusive.

86531 Alnön, Nordschweden ST-S 5221

»MARINA SÅGVERKSVÄGEN« 1.1. bis 31.12.
☎ 0046 606 585800
sundsvalls.kommun@sundsvall.se

➔ E 4 Sundsvall-Umeå, nach der Überquerung der Sundsvallbrücke in nördlicher Richtung die Abfahrt Richtung Alnön abbiegen, auf der Insel Alnön beim Kreisel rechts und beim nächsten Kreisel wieder rechts abbiegen, dann weiter geradeaus bis zum Yachthafen. ✉ Sågverksvägen 4 (GPS: 62°25'46"N / 17°24'21" E).
∴ 3 Naturreservate auf der Insel.

500 m

Stellplatz bei einem Yachthafen. Stellflächen auf Schotter, bis 8 m Länge. Maximal 24 Stunden Aufenthalt möglich. Ortszentrum 500 m entfernt. 5 Touristenplätze.

87032 Ullånger, Nordschweden ST-S 5291

»STELLPLATZ PRÄSTJÄRN« 1.1. bis 31.12.
☎ 0046 612 80000
komin@kramfors.se

➔ E 4 Sundsval-Umeå, Parkplatz liegt ca. 1 km südlich von Ullånger direkt an der E 4. ✉ E 4 (GPS: 62°59'52"N / 18°10'6" E).

WC

Stellplatz auf einem gemischten Parkplatz. Stellflächen auf Schotter, ohne Längenbeschränkung. Maximal 24 Stunden Aufenthalt möglich. Keine Chemietoilettenentleerung möglich. Freiwillige Stellplatzgebühr. Ort 2 km entfernt. 20 Touristenplätze.

82050 Loos, Nordschweden ST-S 5402

»FÅGELSJÖ GAMMELGÅRD« 1.6. bis 31.8.
☎ 0046 657 30030
info@fagelsjo.nu, **www.fagelsjo.nu**

➔ E 45 Mora-Östersund, ca. 10 km nördlich der Ortschaft Tandsjöborg rechts Richtung Fågelsjö abbiegen, dort der Ausschilderung zum Freilichtmuseum Fågelsjö Gammelgård forgen. ✉ Fågelsjö Gryssjövägen 5 (GPS: 61°47'49"N / 14°38'5" E).
∴ Freilichtmuseum Fågelsjö Gammelgård.

WC W W WC

Stellplatz speziell für Reisemobile bei einem Freilichtmuseum beim See Fågelsjön. Stellflächen auf Schotterrasen, bis 8 m Länge. Verkauf von Handwerksartikeln. Aktivitäten: Wandern, Angeln, Museumsbesuch. Ortszentrum 700 m entfernt. 4 Touristenplätze.

84090 Ytterhogdal, Nordschweden ST-S 5415

»YTTERHOGDALS FOLKETS HUS« Mai bis Sept.
☎ 0046 680 60057
info@hogdalsbygden.se, **www.hogdalsbygden.se**

➔ E 45 Mora-Östersund, in Ytterhogdal bei der Brücke auf der westlichen Seite über den See Kläppsjön gelegen, direkt an der E 45 und dem See Kläppsjön. ✉ Hogdalsvägen 3 (GPS: 62°10'26"N / 14°56'32" E).
∴ Inlandsbahn für durch den Ort.

WC W

Stellplatz auf dem Gelände des Volkshauses am See Kläppsjön. Beleuchtete Stellflächen auf Schotter und Wiese, ohne Längenbeschränkung. Maximal 24 Stunden Aufenthalt möglich. Ortszentrum 200 m entfernt. 10 Touristenplätze.

84040 Svenstavik, Nordschweden ST-S 5460/2

»HOVERBERGSGROTTAN« 1.6. bis 31.8.
☎ 0046 687 12097, Mobil 0046 70 6028495
hoverbergsgrottan.se

➔ E 45 Mora-Östersund, am südlichen Ortsanfang von Svenstavik rechts auf die Straße Nr. 321 Richtung Vigge abbiegen, nach ca. 6 km rechts Richtung Beg abbiegen und der Ausschilderung zur Hoverbergsgrottan folgen. ✉ Balviken 555 (GPS: 62°49'50"N / 14°24'58" E).
∴ Hoverbergsgrottan.

WC W W Ch HS 300 m

Stellplatz auf dem Parkplatz der Hoverbergsgrotte. Stellflächen auf Schotter, ohne Längenbeschränkung. Kiosk. Gute Wandermöglichkeiten. Ort (Svenstavik) 6 km entfernt. 17 Touristenplätze.

84040 Svenstavik, Nordschweden ST-S 5460/3

»STELLPLATZ SVENSTAVIK« 1.1. bis 31.12.
☎ 0046 72 5010833
info@storsjobygdensturist.se, **www.storsjobygdensturist.se**

➔ E 45 Mora-Östersund, in Svenstavik der Ausschilderung zum Bahnhof folgen, der Stellplatz liegt 100 m hinter dem Bahnhof gegenüber vom ICA-Supermarkt. ✉ Centrumvägen (GPS: 62°46'2"N / 14°26'7" E).
∴ Inlandsbahn durch den Ort.

WC Ch 50 m 300 m

Stellplatz speziell für Reisemobile im Ortszentrum. Ausgewiesene Stellflächen auf Asphalt, ohne Längenbeschränkung. 4 Touristenplätze.

83791 Mattmar, Nordschweden ST-S 5470/1

»STÄLLPLATS ARVESUND« April bis Okt.
☎ 0046 640 44168
info@angarenostersund.com, **www.angarenostersund.com**

➔ E 14 Sundsvall-Trondheim, zwischen Åse und Mattmar auf die Straße Nr. 321 abbiegen nach ca. 6.5 km links Richtung Arvesund abbiegen, dort der Ausschilderung zum Dampfschiff 'Östersund/Freizeithafen folgen ✉ Södra Arvesund 516 (GPS: 63°14'9"N / 14°4'6" E).
∴ Schiffsfahrt mit dem Dampfschiff 'Östersund' auf dem See Storsjön.

Stellplatz bei einem Museumsdampfschiff / Freizeithafen am See Storsjön. Ausgewiesene Stellflächen auf Schotter, ohne Längenbeschränkung. Ortszentrum 500 m entfernt. 5 Touristenplätze.

83015 Duved, Nordschweden ST-S 5490

»CAMP ÅNN« Juli bis Sept.
Mobil 0046 70 2090231
info@campann.se, **www.campann.se**

➔ E 14 Sundsvall-Trondheim, in Ånn am westlichen Ortsrand direkt an der E 14 gelegen (30 km vor der norwegischen Grenze), ausgeschildert. ✉ Harávägen 2, Ånn (GPS: 63°19'2"N / 12°30'48" E).

WC W W 300 m

Stellplatz speziell für Reisemobile an einem Hotel und Wanderheim. Stellflächen auf Schotter und Wiese, ohne Längen- und Gewichtsbeschränkung. Aktivitäten: Wandern, Angeln und Wintersport. Ort (Ånn) 1 km entfernt. 20 Touristenplätze.

83395 Alanäs, Nordschweden ST-S 5575

»STELLPLATZ ALANÄS« 1.1. bis 31.12.
☎ 0046 670 16400
stromsunds.kommun@stromsund.se, **www.wildernessroad.eu/**

➔ E 45 Östersund-Storuman, in Strömsund auf die Wildnisstraße 342 abbiegen, der Stellplatz liegt direkt am See Flåsjön kurz nach der Abzweigung nach Lövberga. ✉ Vildmarksvägen / Väg 342 (GPS: 64°8'47"N /

15°41'0" E).

Stellplatz auf einem gemischten Parkplatz direkt am See Flåsjön und an der Wildnisstraße 342. Stellflächen auf Schotterrasen, bis 12 m Länge. Aktivitäten: Schwimmen, Angeln und Wandern. Ort (Strömsund) 37 km entfernt. 5 Touristenplätze.

83396 Gubbhögen, Nordschweden ST-S 5580

»NATURCAMP GUBBHÖGEN« 1.6. bis 31.8.
0046 670 80001
www.gubbhogen.com/pagesgerman/infocampger.html

→ E 45 Östersund-Storuman, in Strömsund auf die Wildnisstraße 342 abbiegen, am Ortseingang von Gubbhögen rechts in Richtung See abbiegen. Der Stellplatz liegt direkt am See Flåsjön, ausgeschildert. ✉ Gubbhögen 215 / Väg 342 (GPS: 64°13'0"N / 15°35'9" E).

Stellplatz speziell für Reisemobile direkt am See Flåsjön. Stellflächen auf Schotter, ohne Gewichts- und Längenbeschränkung. Keine Möglichkeit zur Entleerung der Chemie-Toilette vorhanden (nächste Möglichkeit in Strömsund oder Gäddede). Stellplatzgebühr nach eigenem Ermessen. Hundeleinenzwang. Aktivitäten: Schwimmen, Angeln und Wandern. Ort 1.5 km entfernt. 20 Touristenplätze.

83093 Stora Blåsjön, Nordschweden ST-S 5590

»ANKAREDE LAPPKAPELL« 1.1. bis 31.12.
0046 705 590295
gaddede.turistbyra@stromsund.se, www.frostviksleden.se

→ E 45 Östersund-Storuman, in Strömsund auf die Wildnisstraße 342 Richtung Gäddede abbiegen, dort rechts nach Norden in die Straße Jormvägen Richtung Jormvattnet und Stora Blåsjön abbiegen, Nördlich der Ortschaft rechts am See Richtung Storviken und dann der Straße weiter folgen, der Stellplatz liegt am Ende dieser Straße an einer kleinen Kapelle. ✉ Ankarede (GPS: 64°49'4"N / 14°14'19" E).

W

Stellplatz auf einem gemischten Parkplatz. Stellflächen auf Schotter, ohne Gewichts-und Längenbeschränkung. Aktivitäten: Angeln und Wandern. Bezahlung der Stellplatzgebühr im Umschlag in den Briefkasten. Ort 5 km entfernt. 5 Touristenplätze.

90580 Umeå, Nordschweden ST-S 5621

»FRITIDS METROPOLEN AB« 7.1. bis 23.12.
0046 90 109950
info@fritidsmetropolen.se, www.autoexperten.se

→ E 4 Sundsvall-Umeå, dort auf die E 12 Richtung Umeå Airport und weiter nach Degernäs, im Ort Degernäs am nördlichen Ortsrand, ausgeschildert. ✉ Degernäs 265 (GPS: 63°46'15"N / 20°15'30" E).

W W

Stellplatz auf dem Gelände eines Caravanhändlers. Stellflächen auf Schotter, bis 8 m Länge. Anmeldung nur während der Geschäftsöffnungszeiten möglich. Degernäs 500 m, Umeå 10 km entfernt. 20 Touristenplätze.

90320 Umeå, Nordschweden ST-S 5622

»STELLPLATZ LUNDÅKERN« 1.1. bis 31.12.
0046 901 61616
info@visitumea.se

→ E 4 Sundsvall-Skellefteå, in Umeå auf die E 12 Richtung Zentrum nach der Überquerung des Flusses Umeaälven, auf die Storgatan in Richtung Stadtteil Grubbe abbiegen, 2. Möglichkeit links in den Kvarnvägen einbiegen, dann links zur Standpromenaden. ✉ Strandpromenaden (GPS: 63°49'40"N / 20°13'21" E).
∴ Skulpturenpark Umedalen, Freilichtmuseum Gammlia, Stadtkirche von 1894.

Stellplatz direkt am Fluss Uemaälven im Grünen. Stellplatz speziell für Reisemobile auf Asphalt, bis 9 m Länge. Maximal 24 Stunden Aufenthalt möglich. Aktivitäten: Umea verfügt über gut ausgebaute Fahrradwege im Stadtgebiet, Wanderwege durch die Naturreservate, sowie Wintersportmöglichkeiten. Stadtzentrum 2 km entfernt. 6 Touristenplätze.

91597 Bygdeå, Nordschweden ST-S 5625

»RATAN GÄSTHAMN« 1.1. bis 31.12.
0046 702 918273
olaholmgren@ratan.se, www.ratan.se/guesthamn.htm

→ E 4 Umeå-Skellefteå, bei Dalkarlså Richtung Ratan abbiegen, dort der Ausschilderung zur Marina folgen. ✉ Rv 61 (GPS: 63°59'26"N / 20°53'21" E).

W W Ch 200 m

Stellplatz bei einer kleinen Marina. Stellflächen auf Schotter, bis 8 m Länge. Maximal 24 Stunden Aufenthalt möglich. Ortszentrum 300 m entfernt. 4 Touristenplätze.

92072 Lomselenäs, Nordschweden ST-S 5770

»STELLPLATZ JUKTÅDALEN« 1.1. bis 31.12.
0046 952 14090
turist@sorsele.se

→ E 45 Östersund-Gällivare, Rastplatz liegt südlich der Ortschaft Lomselenäs direkt am See Holmselet an der E 45. ✉ E 45 (GPS: 65°12'24"N / 17°38'2" E).

Stellplatz auf einem gemischten Parkplatz direkt am See Holmselet. Stellflächen auf Schotter, bis 9 m Länge. Maximal 24 Stunden Aufenthalt möglich. 10 Touristenplätze.

94494 Jävrebyn, Nordschweden ST-S 5808

»JÄVRE SÖDRA« 1.1. bis 31.12.
0046 9113 8440
javre.turistbyra@pitea.se

→ E 4 Skelefteå-Luleå, in Jävre am südlichen Ortseingang rechts in den Jävrefyrens väg abbiegen (kurz nach der Brücke), dieser Straße bis zum Ende folgen. ✉ Jävrefyrens väg (GPS: 65°8'39"N / 21°30'25" E).

200 m

Stellplatz auf einem gemischten Parkplatz am Meer. Stellflächen auf Schotter und Wiese, ohne Längenbeschränkung. Maximal 1 Nacht Aufenthalt möglich. Bezahlung der Stellplatzgebühr beim Touristbüro auf der anderen Seite der E 4 gegenüber vom ICA-Supermarkt. Ortszentrum 1.5 km entfernt. 20 Touristenplätze.

93086 Moskosel, Nordschweden ST-S 5825/1

»STELLPLATZ STORFORSEN« 1.1. bis 31.12.
0046 960 17500
arvidsjaurlappland@arvidsjaur.se

→ E 45 Östersund-Jokkmokk, der Rastplatz ca. 10 km nördlich der Ortschaft Moskosel beim Fluss Nuortajaure. ✉ E 45 (GPS: 65°57'6"N / 19°31'15" E).

WC Ch

Stellplatz auf einem gemischten Parkplatz. Stellflächen auf Schotter und Asphalt, ohne Längenbeschränkung. Maximal 24 Stunden Aufenthalt möglich. Ort (Moskosel) 10 km entfernt. 12 Touristenplätze.

95395 Nikkala, Nordschweden ST-S 5855

»HAPARANDA HAMN« 15.5. bis 15.9.
0046 9222 1322
bertil.hannerfors@gmail.com, www.bkbothnia.se/avgifter/

→ E 4 Luleå-Haparanda, südlich von Haparanda Richtung Nikkala abbiegen und der Ausschilderung zum Yachthafen folgen. ✉ Hamnvägen 500 (GPS: 65°46'16"N / 23°54'10" E).

W W WC Ch 200 m

Stellplatz gegenüber von einem Yachthafen. Stellflächen auf Wiese und Schotter, ohne Längenbeschränkung. Bezahlung der Stellplatzgebühr in einer Kassette im Klubhaus. Gebühr für Benutzung der Sauna und Waschmaschine nach eigenem Ermessen. Ort (Nikkala) 4 km entfernt. 15 Touristenplätze.

95331 Haparanda, Nordschweden ST-S 5859/1

»IKEA HAPARANDA« 1.1. bis 31.12.
0046 775 700500
handla.ovrigt@ikea.com

→ E 4 Luleå-Haparanda, Stellplatz liegt direkt an der Europastraße auf dem Parkplatz von Ikea. ✉ Krannigatan 5 (GPS: 65°50'35"N / 24°8'8" E).

WC Ch

Stellplatz auf dem Kundenparkplatz von Ikea. Ausgewiesene und beleuchtete Stellflächen auf Asphalt, ohne Längen- und Gewichtsbeschränkung. Sanitäreinrichtungen nur während der Geschäftzeiten geöffnet. W-LAN nur im Geschäftsbereich verfügbar. Ortszentrum 800 m und Grenze S/FIN 500 m entfernt. 100 Touristenplätze.

S

95792 Övertorneå, Nordschweden ST-S 5871

»RASTPLATS KATTILAKOSKI« 1.1. bis 31.12.
0046 927 51013
tornedalspannan@gmail.com

→ E 10 Luleå - Gällivare, in Överkalix auf die 98 Richtung Övertorneå, dort links auf die 99 nach Norden abbiegen, der Rastplatz liegt in Niskanpää direkt am Fluss Torne älv bei einem Cafe. ✉ Niskanpää 62 / Rv99 (GPS: 66°31'58"N / 23°46'52" E).

WC Ch HS

Stellplatz auf einem gemischten Parkplatz am Fluss Torne älv. Beleuchtete Stellflächen auf Asphalt, bis 8 m Länge. Maximal 24 Stunden Aufenthalt möglich. 4 Touristenplätze.

95692 Överkalix, Nordschweden ST-S 5890

»JOCKFALLS TURIST & KONFERENS« 1.5. bis 15.10.
0046 926 60033
info@jockfall.com, www.jockfall.com/en/1808-2/caravan-tent-sites/

→ E 10 Luleå-Kiruna, in Överkalix auf die 98 und in Nybyn auf die 392 Richtung Norden, nach ca. 28 km links Richtung Jockfall abbiegen, ausgeschildert. ✉ Jockfall Tjärvägen (GPS: 66°39'10"N / 22°42'38" E).

W WC Ch W HS

Stellplatz speziell für Reisemobile am Fluss Kalixälven. Stellflächen auf Wiese, ohne Längenbeschränkung. Aktivitäten: Angeln, Jagd und Wandern. 40 Touristenplätze.

SLOWAKISCHE REPUBLIK

Besondere Vorschriften und Regelungen

Personaldokumente: Es wird ein bis zum letzten Aufenthaltstag gültiger Reisepass oder Personalausweis benötigt. Kinder unter 12 Jahren benötigen einen Kinderreisepass. Diese werden mit einer Gültigkeitsdauer von sechs Jahren ausgestellt, und zwar längstens bis zur Vollendung des zwölften Lebensjahres. Ab dem zwölften Lebensjahr kann ein Reisepass oder Personalausweis beantragt werden. Detaillierte Informationen erhalten Sie vom Auswärtigen Amt, www.auswaertiges-amt.de.

Krankenversicherung: Alle Reisenden müssen für die Dauer des Aufenthalts eine Auslandsreise-Krankenversicherung abschließen. Für Deutsche genügt als Nachweis die Europäische Krankenversicherungskarte. Zusätzlich empfehlen wir für die Dauer des Aufenthalts beim Heimatversicherer eine private Auslandsreise-Krankenversicherung abzuschließen. Sie muss Leistungen, wie zum Beispiel die Kostenübernahme bei der Überführung im Krankheitsfall in das Heimatland, gewährleisten.

Impfbescheinungen: Werden nicht verlangt. Empfohlene Impfung: saisonal FSME.

Dokumente für Haustiere: Für Hunde und Katzen ist der »EU-Heimtierausweis« mitzuführen, der von behördlich ermächtigten Tierärzten ausgestellt wird. Der Ausweis muss Angaben zum Besitzer enthalten und dem Tier eindeutig zugeordnet werden können, d.h., das Tier muss durch Mikrochip identifizierbar und die Kennzeichnungs-Nr. im Ausweis eingetragen sein. Ein gültiger Tollwutschutz muss ebenfalls im Heimtierausweis nachgewiesen werden. Die Erstimpfung muss mindestens 21 Tage zurückliegen. Wiederholungsimpfungen müssen in den Zeiträumen, die der Hersteller des Impfstoffes vorsieht, durchgeführt worden sein. Maulkorb und Leine sind mitzuführen.

Weitere Informationen erteilen das Bundesministerium für Ernährung und Landwirtschaft **www.bmel.de**, Hinweise zur Mitnahme von anderen Tieren bei der Botschaft der Slowakischen Republik: Hildebrandstraße 25, 10785 Berlin, Tel. 030/88 92 62 01, Fax 030/88 92 62 22.

Kfz: Nationaler Führerschein und nationale Zulassung sind ausreichend. Besitzern älterer Führerscheine (grau) wird empfohlen einen neuen nationalen Führerschein ausstellen zu lassen um Probleme zu vermeiden. Das Länderkennzeichen »D« muss am Fahrzeug und am Anhänger angebracht oder im EU-Nummernschild enthalten sein. Ist der Fahrer nicht Eigentümer des Fahrzeuges, muss er im Besitz einer Benutzungsvollmacht des Eigentümers sein. Es besteht Haftpflichtversicherungszwang. Die Mitnahme der »Internationalen Grünen Versicherungskarte« wird empfohlen, da sie als Versicherungsnachweis dient und im Schadensfall die Abwicklung erleichtert. Wegen niederer Deckungssummen in der Slowakischen Republik raten wir dringend, für die Dauer des Aufenthalts, zum Abschluss einer Kurzkasko- und Insassenunfallversicherung im Heimatland. Achtung: Fahrzeuge mit sichtbaren Karosserieschäden dürfen nur mit polizeilicher Schadensbestätigung das Land verlassen. Deshalb bei der Einreise an der Grenze/Slowakische Unfallstelle diese sich von der Grenzpolizei/Polizei ausstellen lassen. Bei Unfall immer die Polizei rufen.

Verkehrsvorschriften: Abbiegende Straßenbahnen haben immer Vorfahrt. Parkverbot besteht bei durchgehenden oder unterbrochenen Linien am Fahrbahnrand. Halte- und Parkverbot besteht auf Brücken, 15m vor und hinter Bahnübergängen, in Tunnels und Unterführungen. Beim Parken muss ein mindestens 3m breiter Fahrstreifen für jede Fahrtrichtung frei bleiben. Zwischen dem parkenden Kfz und der Straßenbahn muss ein Abstand von 3.50 m eingehalten werden. Das Abblendlicht muss ganzjährig, auch tagsüber, eingeschaltet sein. Die in Deutschland erlaubten Zusatzbremsleuchten müssen abgedeckt, oder außer Betrieb gesetzt werden. Auto- und Motorradfahrer müssen eine reflektierende Warnweste mitführen und anlegen, wenn sie außerhalb geschlossener Ortschaften das Fahrzeug verlassen. Telefonieren ohne Freisprechanlage ist während der Fahrt verboten. Fußgänger dürfen auf der Straße kein Handy/iPod benutzen. Es besteht Anschnallpflicht und absolutes Alkoholverbot.

Straßengebühren: Die Benutzung von Autobahnen und Straßen mit vier Fahrspuren ist gebührenpflichtig. Straßengebühren werden in Form einer Vignette erhoben, die an Grenzübergängen, in Postämtern und in Tankstellen nahe der gebührenpflichtigen Straßen erhältlich ist. Für Wohnwagen wird eine eigene Vignette verlangt! Informationen unter **www.bratislava.de/Slowakei_Maut_Vignette/slowakei_maut_vignette.html**

Unfallnotruf: Europaweite Notrufnummer 112. Polizei: 158, Unfallrettung: 155, Feuerwehr: 150.

Pannenhilfe: leistet der ASA, ein Pannenhilfsunternehmen des SATC. Tel. 18 124 oder 02/68 24 92 11. Die ADAC-Notrufstation befindet sich in der Tschechischen Repuplik und ist auch für die Slowakische Republik zuständig: Tel. 0042 02/61 10 43 51/52.

Telefon: Deutschland – Slowakische Repubik: 00421. Slowakische Republik – Deutschland 0049.

Devisen: Bei der Ein- und Ausfuhr von Fremd- und Landeswährung bestehen keine Beschränkungen. Deklaration bei Ein- und Ausreise aus oder in ein Nicht-EU-Land ab einem Wert von 10000 Euro.
Camping: In der Slowakischen Republik gibt es ca. 100 Campingplätze. Fast alle befinden sich in privatem Besitz. Die sanitären Anlagen sind meist einfach, aber mit allem Erforderlichen ausgerüstet. Das Übernachten außerhalb von Campingplätzen ist verboten. Ebenfalls ist es strengstens untersagt in Waldnähe ein offenes Feuer zu entzünden. Das Stromnetz ist auf eine Netzspannung von 220 Volt (50 Hz) ausgelegt Es wird empfohlen, einen Adapter mitzuführen. Flache Euro-Stecker passen meistens problemlos.

Wassersport: Für die vorübergehende Einfuhr von Booten und deren Anhängern sind keine besonderen Grenzdokumente erforderlich. Boote werden am Grenzübergang in den Pass eingetragen.

Allgemeine Informationen:
D-10785 **Berlin,** Slowakische Zentrale für Tourismus
Hildebrandstr. 25
Tel. 030/25 94 26 40, Fax 030/25 94 26 41
www.slovakia.travel/de, office.de@slovakia.travel

Vertretung der Bundesrepublik Deutschland:
SK-81303 **Bratislava,** Deutsche Botschaft
Hviezdoslavovo Nam. 10
Tel. 0042 12/59 20 44 00, Fax 0042 12/54 41 96 34
Pass-/Visastelle: Tel. 0042 12/54 43 14 80
www.pressburg.diplo.de, info@pressburg.diplo.de

Campingplätze:

Gebühren-Angaben in EURO.
Bei Gebühren-Angaben mit der Vorjahreszahl muss eventuell mit einer Anhebung der Gebühren für das laufende Jahr gerechnet werden. Außerdem können sich die angegebenen Öffnungszeiten verändert haben und es ist möglich, dass angegebene Ermäßigungen nicht mehr gewährt werden.

90880 Sekule, Westliche Slowakei ST-SK 2015

»STELLPLATZ SEKULE« 1.1. bis 31.12.

→ D2/E65 Bratislava - Brno, Abf. Kúty Richtung Moravský Svätý Ján, nach ca. 2.1 km rechts auf eine kleine Straße abbiegen, noch 200 m. Vorsicht Schlaglöcher! ✉ (GPS: 48°37'31"N / 16°59'16" E).

Stellplatz an einem kleinen See in ruhiger Lage. Ebene Stellflächen auf sandigem festen Boden. Maximal eine Übernachtung möglich! Ort 4 km entfernt. 5 Touristenplätze.

93101 Šamorín, Westl. Slowakei ST-SK 2120

»STELLPLATZ ČILISTOVV« 1.4. bis 31.10.
☎ 00421 903 045198 125 m
info@cilistov.sk, **www.cilistov.sk**

→ E 575, Bratislava-Dunajská Streda, in Šamorín der Ausschilderung nach Čilistovv folgen. Nördlich von Čilistovv vor der Brücke über den Kanal links einbiegen. ✉ Čilistovska Cesta (GPS: 48°0'49"N / 17°18'32" E).

WC Ch 500 m

Eingezäunter Stellplatz im Grünen. Ebene Stellflächen auf Schotter und Wiese. Videoüberwachung. Ort 1 km entfernt. 20 Touristenplätze.

92521 Sládkovičovo, Westl. Slow. ST-SK 2210

»CHATOVÁ OSADA VINCOV IES« 1.1. bis 31.12.
☎ 00421 905 605329
vacko@nextra.sk, **www.vincovles.sk**

→ E 58 Bratislava-Zvolen, Abf. Sered, weiter nach Sládkovičovo. ✉ Termálne kúpalisko Vincov les (GPS: 48°12'28"N / 17°40'16" E).

WC W W Ch W W200 m

Stellplatz bei einer Ferienhaussiedlung an einem kleinen See. Stellflächen auf Schotter und Wiese. Überdachte Picknickplätze. Thermalbad 200 m, Ortszentrum 1 km entfernt. 10 Touristenplätze.

01705 Považská Bystrica, NW-Sl. ST-SK 4830

»AUTOKEMPING MANIN« 1.1. bis 31.12.
☎ 00421 42 4381111, Mobil 00421 90 2194773
pobyton@stonline.sk, **www.trencinregion.sk/de/18451/camp-manin**

→ E 50 Zilina-Trencin, Abf. (165) Považská Bystrica, weiter Richtung Zilina. Beschildert. ✉ Manínska Tiesnava (GPS: 49°8'39"N / 18°29'50" E).

WC W W Ch

Stellplatz bei einem Waldcampingplatz mit Blockhütten. Stellfläche auf Wiese und Asphalt. Entleerung mobiler Tanks in einer Toilette. Ortszentrum 2 km entfernt. 8 Touristenplätze.

01352 Súľov-Hradná, Nördl. Sl. ST-SK 5035/1

»AUTOCAMP SÚĽOV« 1.4. bis 31.10.
☎ 00421 948 922339, Mobil 00421 905 264653 400 m
recepcia@penzionstefanik.sk, **www.penzionstefanik.sk**

→ E 50, Považská Bystrica-Žilina, Abf.Bytča auf die 61 Richtung Považská Bystrica. Dann links abbiegen und über Jablonové nach Súľov-Hradná. Dort vor der Kirche rechts abbiegen, nach ca. 300 m auf der rechten Seite. ✉ Súľov - Hradná 393 (GPS: 49°9'44"N / 18°35'11" E).

WC W W Ch 300 m

Stellplatz bei einer Pension. Stellflächen auf Wiese, bis 7 m Länge. Schöner Blick auf die umliegenden bewaldeten Hügel. Ortszentrum 500 m entfernt. 40 Touristenplätze.

03821 Mošovce, Nördl. Slowakei ST-SK 5620

»AUTOKEMP DRIENOK MOSOVCE« 1.1. bis 31.12.
Mobil 00421 905442831
info@drienok.sk, www.drienok.sk

➔ Str. 65, Martin-Horná Štubňa, am süd-östlichen Ortsrand von Mošovce. Na Drienok 460 (GPS: 48°54'11"N / 18°53'31" E).
Englischer Park, Rokoko-klassisches Herrenhaus.

WC W Ch

Stellplatz bei einem Freizeitzentrum am Ortsrand. Stellflächen auf Wiese. Ortszentrum 800 m entfernt. 10 Touristenplätze.

03215 Malatiny, Nördl. Slowakei ST-SK 5680

»SOJKA RESORT« Mai bis Okt.
00421 44 5475656
hotel@sojka.eu, www.sojka.eu

➔ E 50, Liptovský Michal-Liptovský Mikuláš, auf die 2345 nach Malatíny abfahren. Ca. 1 km südlich von Malatíny an der 2324 gelegen. Malatiny 104 (GPS: 49°3'33"N / 19°27'21" E).

WC W Ch

Stellplatz bei einer Ferienanlage. Stellflächen auf Schotter. Unter holländisch-slowakischer Leitung. Innen- und Außenpool. Wellnessangebote. Ort 1 km entfernt. 5 Touristenplätze.

03101 Demänovská Dolina, Nördl. Sl. ST-SK 5695

»PARKING LÚČKY« 1.1. bis 31.12.
00421 907 886644 820 m
info@jasna.sk

➔ E 50, Liptovský Mikuláš-Poprad, bei Liptovský Mikuláš auf die 584 Richtung Demänovská Dolina abfahren. Dort südlich der Ortschaft bei der Talstation. Demänovská Dolina (GPS: 48°58'51"N / 19°35'33" E).

WC

Stellplatz auf einem gemischten Parkplatz an einer Seilbahn-Station. Stellflächen auf Asphalt. Ort 2 km entfernt. 10 Touristenplätze.

03203 Liptovský Ján, Nördl. Sl. ST-SK 5705

»PENZION HOREC« 1.1. bis 31.12.
00421 44 5280800 655 m
horec@horecliptov.sk, horecliptov.sk

➔ E 50, Liptovský Mikuláš-Poprad, Abf. (Liptovský Ján) nach Liptovský Ján, Südlich von Liptovský Ján kurz vor der Ortschaft Liptovský Ján-kúpele gelegen, ausgeschildert. Jánska dolina 432 (GPS: 49°2'13"N / 19°40'29" E).

Stellplatz gegenüber einer Pension auf einem gemischten Parkplatz. Stellflächen auf Asphalt. Gut beschilderte Wanderwege zu den Berggipfeln der Niederen Tatra wie der Ďumbier oder der Chopok. Ortszentrum 1 km entfernt. 20 Touristenplätze.

03244 Liptovská Kokava, Nördl. Sl. ST-SK 5830

»MINICAMPING JANA« 15.4. bis 15.10.
00421 44 5297495, Mobil 00421 915 809 865
jana.jurcova@centrum.sk, www.beijana.szm.com

➔ E 50 Porad-Ružomberok, Abf. Liptovský Hradok und weiter auf der Straße 537 Richtung Podbanské. Nach ca. 7 km rechts Richtung Liptovská Kokava abbiegen. Hier dann der Beschilderung zum Stellplatz folgen - der Straße, die nach rechts abbiegt folgen, an der Feuerwache vorbei zum Haus 226. Liptovská Kokava 226 (GPS: 49°5'29"N / 19°49'8" E).

WC W W Ch

100 m 200 m

Stellplatz NA ROLNICKOM DVORE KEMP am Ortsrand bei einem ehemaligen Bauernhof mit Blick auf bewaldete Berge (Tatra Gebirge). Unparzellierte ebene Stellflächen auf Wiese. Entleerung mobiler Tanks möglich. Lagerfeuerplatz. Zimmer. Verkauf von Marmelade und Honig. Ortszentrum 100 m entfernt. 12 Touristenplätze.

96252 Cerovo, Mittlere Slowakei ST-SK 6450

»FARM & CAMPING LAZY« 1.5 bis 30.9.

info@minicamping.eu, www.minicamping.eu

➔ Von Lucenec auf B 75 Richtung Dudince, in Cerovo zum kleinen Bauernhof abzweigen. Lazy 163 (GPS: 48°15'6"N / 19°12'59" E).

WC W Ch

Stellplatz auf einem kleinen Bauernhof mit Ziegen und Schafhaltung sowie Käserei. Stellfläche auf Rasengittersteinen. Reservierung wird empfohlen. Ortszentrum 8 km entfernt. 15 Touristenplätze.

04425 Vyšný Medzev, Südöstl. Sl. ST-SK 7310

»PENZION SOKOL« 1.4. bis 1.10.
00421 910 982332
info@sokol.nl, sokol.nl

➔ E 58 Kosice-Zvolten, bei Moldava nad Bodvou nach Vyšný Medzev abzweigen. Hrdinov SPN 64 (GPS: 48°42'53"N / 20°54'8" E).

WC W W Ch

100 m 200 m

Stellplatz bei einer Pension. Ebene bis leicht abfallende Stellflächen auf einer Wiese in einem Obstgarten. Picknickplätze. Lagerfeuerplatz. Wanderwege. Appartements. Frühstücksangebot. Entleerung mobiler Tanks möglich. Ortszentrum 200 m entfernt. 25 Touristenplätze.

05941 Tatranská Štrba, NO-Sl. ST-SK 8010

»AUTOCAMPING TATRASKÁ ŠTRBA« 1.1. bis 31.12.
00421 902 445241, Mobil 00421 905 676094
autocamping40@gmail.com, autocamping-strba.sk

➔ E 50 Presov-Ruzomberok, Abf. (495) Mengusovce, weiter auf B 18 nach Tatranská Štrba. Horská 40 (GPS: 49°5'12"N / 20°4'22" E).

WC W W Ch

100 m 200 m 1 km

Terrassierter Stellplatz an einem Berghang neben einem Restaurant. Stellfläche auf Schotter. Entleerung mobiler Tanks möglich. Ortszentrum 500 m entfernt. 30 Touristenplätze.

05960 Stará Lesná, Nordöstl. Sl. ST-SK 8080

»RIJO CAMPING STARA LESNA« 1.5. bis 15.9.
00421 91 1616530, Mobil 00421 52 4467493
rijocamping@rijocamping.eu, www.rijocamping.eu

➔ E 50 Presov-Ruzomberok, Abf. (509) Poprad-Východ, weiter nach Stará Lesná. (GPS: 49°8'57"N / 20°16'52" E).

WC W W Ch

1 km

Stellplatz auf einem ebenem bis leicht geneigten Platz auf einer Bergwiese mit Blick auf die hohe Tatra. Stellflächen auf Rasen. Entleerung mobiler Tanks möglich. Ankunft zwischen 6 und 22 Uhr möglich. Ortszentrum 2 km entfernt. 30 Touristenplätze.

05960 Vysoké Tatry, Nordöstl. Sl. ST-SK 8085

»STELLPLATZ VYSOKÉ TATRY« 1.1. bis 31.12.

info@slnecnydom.sk, **www.slnecnydom.sk**

➔ E 50 Bratislava-Presov, Abf. (509) Poprad-Vychod, weiter nach Norden zum Restaurant. ✉ Tatranská Lomnica 287 (GPS: 49°9'59"N / 20°16'54" E).

Ch 200 m 400 m

Stellplatz bei einem Restaurant/Pension bei einem sehr schönen Park. Stellfläche auf Schotter. Reservierung nicht erforderlich. Ski- und Snowboard-Verleih. Wander- und Skigebiet Hohe Tatra. Ortszentrum 100 m entfernt. 4 Touristenplätze.

08233 Chminianska Nová Ves, NO-Sl. ST-SK 8330

»AUTOCEMPING A MOTOREST KEMP« 1.1. bis 31.12.
☏ 00421 51 7795190, Mobil 00421 905 191056
info@kemppo.sk, **www.kemppo.sk**

➔ E 50 Presov-Ruzomberok, Abf. Chminianska Nová Ves, der Beschilderung folgen. ✉ (GPS: 49°0'11"N / 21°5'58" E).

WC W W Ch

Stellplatz bei einem Restaurant mit kleinen Holzbungalows. Stellflächen auf Wiese und Schotter. Entleerung mobiler Tanks durch Bodeneinlass möglich. Ortszentrum 1 km entfernt. 12 Touristenplätze.

SLOWENIEN

Besondere Vorschriften und Regelungen

Personaldokumente: Bei einem Aufenthalt bis zu 90 Tagen genügt der gültige Personalausweis oder Reisepass. Kinder unter 12 Jahren benötigen einen Kinderreisepass. Diese werden mit einer Gültigkeitsdauer von sechs Jahren ausgestellt, und zwar längstens bis zur Vollendung des zwölften Lebensjahres. Ab dem zwölften Lebensjahr kann ein Reisepass oder Personalausweis beantragt werden. Detaillierte Informationen erhalten Sie vom Auswärtigen Amt, www.auswaertiges-amt.de.

Impfbescheinungen: Werden nicht verlangt.

Dokumente für Haustiere: Für Hunde und Katzen ist der »EU-Heimtierausweis« mitzuführen, der von behördlich ermächtigten Tierärzten ausgestellt wird. Der Ausweis muss Angaben zum Besitzer enthalten und dem Tier eindeutig zugeordnet werden können, d.h., das Tier muss durch Mikrochip identifizierbar und die Kennzeichnungs-Nr. im Ausweis eingetragen sein. Ein gültiger Tollwutschutz muss ebenfalls im Heimtierausweis nachgewiesen werden. Die Erstimpfung muss mindestens 21 Tage zurückliegen. Wiederholungsimpfungen müssen in den Zeiträumen, die der Hersteller des Impfstoffes vorsieht, durchgeführt worden sein. Für Hunde besteht Leinenpflicht auf öffentlichen Plätzen und Maulkorbpflicht in öffentlichen Verkehrsmitteln. In Restaurants, Geschäften und öffentlichen Gebäuden sind Hunde nicht gestattet.

Spezielle Auskünfte erteilt die slowenische Botschaft: Hausvogteiplatz 3-4, 10117 Berlin, Tel. 030/206 14 50, Fax 030/20 61 45 70.

Kfz: Nationaler Führerschein und nationale Zulassung sind ausreichend. Das Länder-Kennzeichen »D« oder EU-Schild muss an allen Fahrzeugen angebracht sein. Wird das Kfz nicht vom Eigentümer benutzt, muss eine amtlich beglaubigte Benutzungsvollmacht vorliegen. Eine Haftpflichtversicherung ist Vorschrift. Die Mitnahme der »Internationalen Grünen Versicherungskarte« wird dringend empfohlen. Wegen der geringen Mindestdeckungssumme in Slowenien empfehlen wir den Abschluss einer Kasko- und Insassen-Unfallversicherung im Heimatland. Jeder Unfall ist der Polizei zu melden. Blechschäden am Fahrzeug, auch wenn sie bereits in Deutschland verursacht wurden, sind an der Grenze zu melden. Es wird dann eine Schadensbestätigung ausgestellt, ohne die das Land nicht verlassen werden kann. Es ist nicht zulässig das Kfz einer in Slowenien ansässigen Person zur Benutzung zu überlassen.

Verkehrsvorschriften: Schienenfahrzeuge und Linienbusse haben beim Einfädeln stets Vorrang. Gekennzeichnete Schul- oder Kinderbusse dürfen nicht passiert werden, wenn zum Ein- oder Ausstieg angehalten wird. Beim Überholen während des gesamten Vorgangs den Blinker betätigen. Das Abblendlicht muss auch tagsüber eingeschaltet sein. Die Mitnahme von Ersatzbirnen und Warndreieck ist Vorschrift. Kindersitze für Babys und Kleinkinder sind vorgeschrieben. Es besteht Anschnallpflicht. Promillegrenze 0,5.

Straßengebühren: Die Benutzung von Autobahnen ist gebührenpflichtig. Weiter Informationen finden Sie unter **www.slovenia.info** oder **www.dars.si**

Telefon: Deutschland–Slowenien: 00386, dann Durchwahl ohne die erste Null der Ortsnetzkennzahl. Slowenien–Deutschland: 0049, dann Durchwahl ohne die erste Null der Ortsnetzkennzahl.

Unfallnotruf: Polizei: 113, Unfallrettung: 112 (auch in den Mobilnetzen). Die Pannenhilfe des Slowenischen Automobilclubs (AMZS) ist rund-um-die-Uhr unter Tel. 1987 über die Notrufsäulen an den Autobahnen erreichbar. Der ADAC-Notruf Zagreb betreut derzeit auch Reisende in Slowenien: Tel. 00385 1/344 06 50 vor Ort.

Devisen: Die Ein- und Ausfuhr von Landes- und Fremdwährung ist unbeschränkt gestattet. Eine Deklaration ist jedoch erforderlich, wenn bei Ein- und Ausfuhr von Fremd- und Landeswährung der Betrag von E 10.000.– überschritten wird.

Camping: In Slowenien findet man eine Vielzahl Campingplätze. Die Mehrzahl ist relativ klein. Die Ausstattung ist meistens einfach, jedoch ist alles Notwendige vorhanden. An der adriatischen Küste können einige Campingplätze durchaus mit europäischen Standard verglichen werden. In der Hochsaison ist eine vorherige Reservierung ratsam. Da viele Campingplätze in waldreichen Gegenden liegen, ist besonders auf Brandschutz zu achten. Freies Campen ist in Slowenien verboten. Die Stromspannung ist auf 220 V Wechselstrom (50 Hz) ausgelegt.

Wassersport: Für die vorübergehende Einfuhr von Wasserfahrzeugen genügt die mündliche Deklaration an der Grenze. Boote unter 3 m Länge und mit einem Motor bis 4 KW benötigen keine Fahrgenehmigung. Führerschein nach den in Deutschland geltenden Bestimmungen.

Allgemeine Informationen:
D-80333 **München**, Slowenisches Fremdenverkehrsamt
Maximiliansplatz 12 a
Tel. 089/29 16 12 02, Fax 089/29 16 12 73
www.slovenia.info, info@slovenia.info

Vertretung der Bundesrepublik Deutschland:
SLO-1000 **Ljubljana,** Deutsche Botschaft
Presernova 27
SLO-1001 **Ljubljana,** Post: P P. 1521
Tel. 00386 1/479 03 00, Fax 00386 1/425 08 99
www.ljubljana.diplo.de, info@laibach.diplo.de

Campingplätze:

Gebühren-Angaben in EURO.
Bei Gebühren-Angaben mit der Vorjahreszahl muss eventuell mit einer Anhebung der Gebühren für das laufende Jahr gerechnet werden. Außerdem können sich die angegebenen Öffnungszeiten verändert haben und es ist möglich, dass angegebene Ermäßigungen nicht mehr gewährt werden.

9240 Ljutomer, Murgebiet ST-SLO 1400

»GOSTILNA TRNEK« 1.1. bis 31.12.
☏ 00386 25 848650
barbara.rene@siol.net, **www.jeruzalem.si**

➔ A 5 Maribor-Murska Sobota, Abf. (8) Lipovci, weiter nach Ljutomer zum Fischteich. ✉ Mota 76 (GPS: 46°33'19"N / 16°13'9" E).

1 km

Stellplatz in ländlicher Umgebung bei einem Restaurant mit Fischteichen. Stellfläche auf Wiese. Reservierung bei Gruppen erforderlich. Ortszentrum 4 km entfernt. 25 Touristenplätze.

2259 Ivanjkovci, Murgebiet ST-SLO 1450

»TIC JERUZALEM« 1.1. bis 31.12.
☏ 00386 2 7194545
ticjeruzalem@jeruzalem.si, **www.jeruzalem.si**

➔ Von Putj nach Osten Fahren bei Ormoz nach Ivanjkovci abfahren. ✉ Jeruzalem 8 (GPS: 46°28'33"N / 16°11'15" E).

Stellplatz an der Kirche mit schöner Aussicht auf Weinberge. Stellfläche auf Asphalt. WLAN in der Tourist Info neben dem Platz. Ortszentrum 5 km entfernt. 5 Touristenplätze.

9243 Mala Nedelja, Murgebiet ST-SLO 1460

Abfahrt 10 **»PZA BIOTERME«** 1.1. bis 31.12.
☏ 00386 2565 2002, Mobil 00386 41759808 230 m
hotel@bioterme.si, **www.bioterme.si**

➔ A5 Mocna - Murska Sobota Abfahrt Sveti Jurij ob Ščavnici. Danach rechts abbiegen Richtung Bodislavci. Beschilderung folgen. ✉ Moravci v Slovenskih goricah 34 b (GPS: 46°30'53"N / 16°3'7" E).
Johan Puch Museum, Ölmühle (Kürbiskernölmühle)

Ch 100 m 1.5 km

Ebener geschotterter Stellplatz neben der Biotherme Mala Nedelja. In unmittelbarer Nähe befindet sich das Hotel. Maximale Aufenthaltsdauer 1 Nacht. Müllentsorgung möglich. Satellitenempfang. Ort 1,5 km entfernt. 40 Touristenplätze.
2022: St/N inkl. P/N 8.–. Strom/kWh –.50, (Stromsäulen), Wasser/8 l –.10, KT P/N 1.88. Nach vorheriger Absprache an der Rezeption des Hotels Ermäßigung für den Thermalpark.

2270 Ormoz, Draugebiet ST-SLO 1530/2

»STELLPLATZ ORMOZ« 1.1. bis 31.12.
☎ 00386 274 15356
tic@jeruzalem-slovenija.si, www.ormoz.si

➔ B 2 Ptuj nach Ormoz fahren, weiter zum Fischteich. ✉ Ob ribniku 1 (GPS: 46°24'21"N / 16°9'32" E).

200 m 500 m

Stellplatz bei einem Fischteich in Ormoz. Stellflächen auf Asphalt. Keine Reservierung erforderlich. Ortszentrum 500 m entfernt. 3 Touristenplätze.

2251 Ptuj, Draugebiet ST-SLO 1600

»TERME PTUJ« 31.3. bis 28.9.
☎ 00386 2 7494100
info@terme-ptuj.si, www.terme-ptuj.si

➔ E 59 Maribor-Ptuj, weiter zur Therme fahren. ✉ Pot v Toplice 9 (GPS: 46°25'14"N / 15°51'29" E).

W W Ch

100 m 800 m

Stellplatz auf einem Campingplatz neben der Therme. Stellfläche auf Schotter. Maxi-Camper und Mehrachsanhänger möglich. Maximal 1 Nacht Aufenthalt möglich. Eintritt zur Therme inklusive. Ortszentrum 3 km entfernt. 20 Touristenplätze.

2351 Kamnica, Draugebiet ST-SLO 1706

»GASTHAUS KOBLARJEV ZALIV« 1.1. bis 31.12.
☎ 00386 2 2299550
info@koblarjev-zaliv.si, www.koblarjev-zaliv.si/de

➔ E 59 nach Maribor, Abf. (2) Maribor-sever, weiter nach Kamnica. ✉ Na otok 20 (GPS: 46°33'56"N / 15°37'10" E).

Stellplatz nahe der Stadt Maribor am Rande eines Waldes und an der Bucht der Drau, in unmittelbarer Nähe des medizinischen Thermalzentrums Fontana. Ebene bis leicht abfallende gekieste Stellflächen. Maximal 3 Nächte Aufenthalt möglich. Ortszentrum 2 km entfernt. 10 Touristenplätze.

2316 Trije Kralji, Draugebiet ST-SLO 1850

»PENZION JAKEC« 1.1. bis 31.12.
☎ 00386 2 8034506
hotel@jakec.si, www.jakec.si

➔ E 57 Ljubljana-Maribor, bei Slovenska Bistrica abfahren, weiter nach Trije Kralji. ✉ Planina pod sumikom 5 (GPS: 46°26'16"N / 15°27'37" E).

Stellplatz bei der Pension Zakec. Stellflächen auf Schotter. Ortszentrum 2 km entfernt. 10 Touristenplätze.

2360 Radlje ob Dravi, Unterkärnt. ST-SLO 2200

»WASSERPARK RADLJE OB DRAVI« 1.1. bis 31.12.
☎ 00386 41771178
info@greenresort.si, www.greenresort.si/de/

➔ B 1 Maribor-Dravograd, bei Radlje ob Dravi zum Naturschwimmbad fahren. ✉ Zgornja Viinga (GPS: 46°36'28"N / 15°12'4" E).

W 1 km

Stellplatz am Naturschwimmbad am Stadtrand. Stellfläche auf Naturboden. Ortszentrum 3 km entfernt. 10 Touristenplätze.

3214 Gorenje pri Zrecah/Zrece, Sann-G. ST-SLO 2550/1

»STELLPLATZ AN DER THERME ZRECE« 1.1. bis 31.12.
☎ 00386 3 7576000
terme@unitur.eu, www.unitur.eu/de/

➔ E 57 Ljubljana-Maribor, bei Slovenska Konjice, weiter nach Zrece. ✉ Cesta na Roglo 15 (GPS: 46°22'14"N / 15°23'15" E).

W Ch 100 m

200 m 300 m

Stellplatz bei der Terme. Stellfläche auf Asphalt. Ortszentrum 300 m entfernt. 4 Touristenplätze.

3270 Laško, Sann-Gebiet ST-SLO 2645

30 **»TERMANA PARK LASKO«** 1.1. bis 31.12.
☎ 00386 3 4232073
info@thermana.si, www.thermana.si/de

➔ B 5 Celje - Rimske Toplice, bei Lasko abfahren. ✉ Zdraviliska cesta 6 (GPS: 46°9'47"N / 15°13'56" E).

Ch 300 m

500 m

Stellplatz beim Hotel "Thermana Park Laško" neben dem Kurpark. Markierte Stellflächen auf Pflaster und Asphalt. Ortszentrum 800 m entfernt. 16 Touristenplätze.
2022: St/N inkl. 5 P/N 25.– bis 30.–, KT P/N ab 18 J. 2.50, KT K/N 7 bis 18 J. 1.25, Strom/N 4.– (16 A). Entsorgung, Müll und Wasser inklusive. 20% Nachlass auf die 3 - Std.-Eintrittskarten und Tageseintrittskarten in die Thermalbecken und Saunas der Thermana Laško.

3000 Celje, Sann-Gebiet ST-SLO 2660/3

»CELJE CENTER« 1.1. bis 31.12.
☎ 00386 349 08220
tic@celje.si, www.celje.si

➔ E 57 Ljubljana-Celje, Abf. (14) Celje-Center, weiter zur Polizeiwache. ✉ Ljubljanska Cesta 20 (GPS: 46°13'59"N / 15°15'30" E).

Ch

Stellplatz auf dem Parkplatz zwischen der Polizeiwache und dem Supermarkt. Stellfläche auf Asphalt. Schrankenanlage mit Kassenautomat. Schlüssel beim Pförtner abholbar. Ortszentrum 100 m entfernt. 2 Touristenplätze.

3230 Sentjur GT Javorje, Sann-G. ST-SLO 2730/1

»RAMNA SILVNISKO JEZERO« 1.1. bis 31.12.
☎ 00386 31 625567
info@ramna.si, http://ramna.si/

➔ E 107 Celje-Sentjur, im Ort nach Rakitovec abzweigen. ✉ Rakitovec 1b (GPS: 46°11'13"N / 15°26'36" E).

500 m 1 km

Stellplatz am See. Stellfläche auf Wiese und Asphalt. Entsorgungsstation in Gorica pri Slivnici. Ortszentrum 500 m entfernt. 5 Touristenplätze.

SK
SLO

3314 Braslovče, Sann-Gebiet ST-SLO 2810

15 »NAJEM & KAMPING d.o.o.« 1.1. bis 31.12.
☎ 00386 41 414869, Mobil 00386 37031571
email.camping@gmail.com, www.najem-camping.si

➔ W 57 Ljubljana - Celje, bei Sentrupert weiter auf B 225 Richtung Mozirje. ✉ Preserje 16b (GPS: 46°17'21"N / 15°3'19" E).

Ch 400 m Ⓗ 800 m 1 km

Stellplatz am Ortsrand in ländlicher Umgebung neben dem Fluss Savinja. Ebene, befestigte und gekieste Stellflächen sowie Stellflächen auf Gras. Gully für Mobile Tanks neben dem Haus. Überdachter Picknick-Platz. Ortszentrum 2 km entfernt. 15 Touristenplätze.
2023: St/N 15.–, Waschmaschine 5.–, Strom/N 3.–. P/N, KT, H/N, Entsorgung, Müll und Wasser inklusive.

3335 Logarska Dolina, Sann-G. ST-SLO 2980

»STELLPLATZ AM TALEINGANG« 1.1. bis 31.12.

info@logarska.si, www.logarska-dolina.si

➔ In Slovenien an der Grenze zu Österreich beim Berg Grintovec. ✉ Podberg (GPS: 46°25'11"N / 14°38'44" E).
Naturpark Logarska Dolina.

Ch

Stellplatz am Taleingang. Stellfläche auf Schotter. Blick auf die Sanntaler Alpen. Ortszentrum 4 km entfernt. 12 Touristenplätze.

1410 Obcina Zagorje Ob Savi, Ob. Sa.-G. ST-SLO 3250/1

»ZAGORJE MESTO« 1.1. bis 31.12.

obcina.zagorje@zagorje.si

➔ B 108 Ljubljana-Zidani Most, bei Zagorje abfahren. ✉ Grajska ulica 2 (GPS: 46°8'18"N / 14°59'27" E).

Stellplatz im Ort in zentraler Lage. Stellfläche auf Asphalt. Reservierung nicht erforderlich. Ortszentrum 300 m entfernt. 2 Touristenplätze.

8290 Sevnica, Unt. Save-Geg. ST-SLO 3580/2

»SEVNICA CASTLE« 1.1. bis 31.12.

grad.sevnica@kstm.si, www.grad-sevnica.com

➔ B 679 Celje-Krsko, bei Sevnica abfahren, weiter zum Schloss. ✉ Cesta na Grad 17 (GPS: 46°0'28"N / 15°18'50" E).

500 m

Stellplatz in Altstadtnähe im nördlichen Schlosspark unter Bäumen. Stellfläche auf Sand und Schotter. Reservierung nur bei Gruppen erforderlich. Ortszentrum 500 m entfernt. 8 Touristenplätze.

8350 Dolenjske Toplice, Südost-Sl. ST-SLO 4110/2

20 »STELLPLATZ CAMPING POLJE« 1.1. bis 31.12.
☎ 00386 40 466589
info@kamp-polje.si, www.kamp-polje.si

➔ A 2 Ljubljana-Novo mesto, Abf. (25) Novo mesto, weiter nach Dolenjske Toplice. ✉ Meniška vas 61 (GPS: 45°46'2"N / 15°3'5" E).

WC W W Ch W Ⓗ 500 m

Gepflegter Stellplatz am Fluss Krka außerhalb des Ortes. Ebene, parzellierte Stellflächen auf Schotter. Separate Zelwiese. Reservierung nur bei Gruppen erforderlich. Ankunft jederzeit möglich. Ortszentrum 1 km entfernt. 20 Touristenplätze.
2022: St/N inkl. 2 P/N 19.–, H/N 3.–, KT P/N 1.–, Waschmaschine 5.–, Trockner 5.–, Strom/N 4.–. WD, Entsorgung, Müll und Wasser inklusive.

8360 Uemberk, Südost-Slowen. ST-SLO 4200

»OBCINA UEMBERK« 1.1. bis 31.12.

obcina.zuzemberk@zuzemberk.si, www.zuzemberk.si

➔ A 2 Ljubljana-Novo mesto, Abf. (24) Trebnje-vzhod, weiter nach Uemberk. ✉ Breg (GPS: 45°49'43"N / 14°55'52" E).

300 m Ⓗ 500 m

Stellplatz beim Fluss Krka beim Uemberk Schloss. Stellflächen auf Gras. Reservierung nicht erforderlich. Ortszentrum 500 m entfernt. 3 Touristenplätze.

1330 Kočevje, Südost-Slowenien ST-SLO 4290

»CAMP JEZERO KOCEVSKO« Apr. bis Okt.
☎ 00386 316 99600 460 m
camp.jezero@kocevsko.com, www.kocevsko.com/de/poi/camp-jezero/

➔ Str. 106 Ljubljana - Ribnica, weiter auf der 106 in südliche Richtung bis Kočevje. Hier an der Ampelkreuzung links der Ausschilderung 'Rudniško jezero' folgen. ✉ Trdnjava 3 (GPS: 45°38'40"N / 14°52'15" E).

D HS WC W W Ch

In Ortsrandlage am See (Rudniško jezero) gelegenes Gelände für Reisemobile. Stellflächen auf Schotter, ohne Längenbeschränkung. Ortszentrum 1 km entfernt. 10 Touristenplätze.

1219 Snovik, Zentralslowenien ST-SLO 4511

20 »TERME SNOVIK« 1.1. bis 31.12.
730 m
info@terme-snovik.si, www.terme-snovik.si/en/accommodation

➔ E 57 Ljubljana - Celje, bei Ceplje nach Kamnik weiterfahren. ✉ Snovik 7 (GPS: 46°13'36"N / 14°42'17" E).

Ch 100 m

Stellplatz bei der Terme Snovik. Stellfläche auf Asphalt und Wiese am Waldrand in ländlicher Umgebung. Ortszentrum 10 km entfernt. 24 Touristenplätze.
2023: St/N 17.–, KT P/N ab 18 J. 2.50, KT K/N 7 bis 18 J. 1.25.

1311 Turjak, Zentralslowenien ST-SLO 4560

0 »CAMPER STOP TURJAK« 1.1. bis 31.12.
☎ 00386 1 7810370
obcina@velike-lasce.si, www.camperstop.si/en/properties/velike-lasce/

➔ Str. 106 Ljubljana - Velike Lašče, bei Turjak neben der Hauptstraße gelegen. ✉ Turjak 17 (GPS: 45°52'35"N / 14°36'47" E).

Ch

Stellplatz auf einem gemischten Parkplatz neben einer Tankstelle und Minimarkt. Ausgewiesene Stellflächen auf Asphalt, ohne Längenbeschränkung. Ortszentrum 1 km entfernt. 5 Touristenplätze.
2022: Stellplatz ist kostenlos.

1000 Ljubljana, Zentralslowenien ST-SLO 4752

25 »CAMPER STOP LJUBLJANA« 1.1. bis 31.12.
☎ 00386 40 330 610
info@camperstopljubljana.com, camperstopljubljana.com

➔ A 1 nach Ljubljana, Abf. (33) Ljubljana, der Beschilderung folgen. ✉ Peruzzijeva ulica 105 (GPS: 46°1'17"N / 14°31'22" E).

WC W W Ch Ⓗ 700 m

Umzäunter Stellplatz hinter dem Hotel am Stadtrand von Ljubljana. Ebene, markierte Stellflächen auf Asphalt. Bodeneinlass für Tankentleerung. Frühstücksmöglichkeit. Ortszentrum 4 km entfernt. 65 Touristenplätze.
2022: St/N 25.–. WD und Strom inklusive.

1261 Ljubljana OT Dobrunje, Zentr.sl. ST-SLO 4758

»STELLPLATZ AM RESTURANT PRI KOVACU« 1.1. bis 31.12.

anton.svetek@gmail.com

➔ In Ljubljana nach Osten fahren ins Umland, weiter zum Restaurant Pri Kovacu. ✉ Cesta II grupe odredov 82 (GPS: 46°1'53"N / 14°36'15" E).

WC W W Ch Ⓗ 1 km

Stellplatz hinter dem Restaurant. Stellfläche auf Schotter. Gebühren werden beim Verzehr verrechnet. Ankunft zwischen 8 und 22 Uhr möglich. Reservierung wird empfohlen. Ort(Ljubljana) 10 km entfernt. 10 Touristenplätze.

1225 Lukovica, Zentralslowenien ST-SLO 4810

»STELLPLATZ GOSTILNA IN PIZZERIA FURMAN«
1.1. bis 31.12.

info@gostilnafurman.si, www.gostilnafurman.si

➔ E 57 Ljubljana-Celje, Abf. Domzaleh, direkt an der Ausfahrt. ✉ Stari Trg 19 (GPS: 46°10'12"N / 14°41'30" E).

WC W Ⓗ 200 m

Stellplatz auf einem Gelände hinter der Pizzeria im Ortszentrum. Stellfläche auf Sand und Split. Keine Reservierung erforderlich. Ortszentrum 100 m entfernt. 10 Touristenplätze.

1216 Smlednik, Zentralslowenien ST-SLO 4875

20 »CAMPERSTOP KANU« 1.1. bis 31.12.
☎ 00386 1 3627011
hotel.kanu@siol.net, www.hotel-kanu.si

➔ E 61 von Ljubljana nach Norden, Abf. (11) Vodice, weiter nach Smlednik. ✉ Sv. Valburga 7 (GPS: 46°10'9"N / 14°25'19" E).

WC W Ch Ⓗ 400 m 500 m 1 km

Stellplatz beim Hotel Kanu am Fluss Sava. Ebene, teils durch Laubbäume parzellierte Stellflächen auf Rasengittersteinen. Reservierung nur bei Gruppen erforderlich. Ortszentrum 1.5 km entfernt. 18 Touristenplätze.
2023: St/N 20.–, Waschmaschine 7.–, Trockner 7.–. H/N, WD, Entsorgung, Müll, Wasser und Strom inklusive.

4207 Grad, Oberkrain ST-SLO 5205

»SKIZENTRUM KRVAVEC« 1.1. bis 31.12.

info@rtc-krvavec.si

➔ E 61 Villach-Ljubljana, Abf. (9) Kranj-vzhod, weiter nach Grad. ✉ Grad 76 (GPS: 46°17'6"N / 14°29'48" E).

WC W

Stellplatz bei Grad vor einer Seilbahn. Leicht abfallende Stellflächen auf Schotter. Ortszentrum 5 km entfernt. 10 Touristenplätze.

4208 Šenčur, Oberkrain ST-SLO 5210

20 **»CAMPER STOP CUBIS«** 1.1. bis 31.12.
00386 427 91866 400 m
camperstop.cubis@gmail.com, www.camperstopcubis.si/de

➔ A 2, Ljubljana - Kranj(Karawankentunnel), Abf. (9) Kranj-Ost, in Richtung Flughafen. Beschildert. Poslovna cona A 2 (GPS: 46°14'19"N / 14°24'28" E).

150 m 300 m

Beleuchteter Stellplatz für Reisemobile mit Blick auf die Steiner Alpen. Zwischen einem Gewerbegebiet und dem Wald gelegen. Ebene Stellflächen auf Kiesschotter (3m x 12m). Videoüberwachung. Camping- und Reisemobilausrüster im Gewerbegebiet. Ort 2 km entfernt. 14 Touristenplätze.
2022: St/N 16.–. Entsorgung und Wasser inklusive.

4273 Blejska Dobrava, Oberkrain ST-SLO 5420

»CAMPING PERUN LIPCE« 1.4. bis 15.10.
00386 40 583231, Mobil 00386 41 666187
info@camping-perun.si, www.camping-perun.si/de/

➔ E 61 Ljubljana-Villach, Abf. (2) Jesenice-vzhod, weiter zum Camping Perun Lipce. Blejsska Dobrava 160 (GPS: 46°24'54"N / 14°6'21" E).

Stellplatz beim Campingplatz Perun Lipce. Stellfläche auf Schotterrasen. Wöchentliche Grillabende am See. Bodeneinlass für Fäkaltanks. Ortszentrum 4 km entfernt. 50 Touristenplätze.

5294 Dornberk, Gorica ST-SLO 5760

»WEINGUT SAKSIDA« 1.1. bis 31.12.
00386 5 3017853
info@vinasaksida.com, www.vinasaksida.com

➔ B 444 Razdrto-Görz, bei Selo abfahren weiter nach Dornberk. Enge Zufahrtsstraße! Zalosce 12a (GPS: 45°53'25"N / 13°44'50" E).

1 km

Stellplatz bei einem Winzer in Grenznähe zu Italien. Parzellierte Stellflächen auf Schotter, teils in einem Halbkreis angelegt. Kleine Stellplätze - für Dickschiffe nicht geeignet! Durch Laubbäume leicht beschattet. Separate Zeltwiese. Picknickplatz. In der Hochsaison Reservierung empfohlen. Ortszentrum 500 m entfernt. 7 Touristenplätze.

6230 Postojna, Innerkrain-Karst ST-SLO 6220

»WOHNMOBILPARK POSTOJNSKA JAMA« April bis Okt.

info@postojnska-jama.eu, www.postojnska-jama.eu

➔ E 61 Ljubljana-Koper, Abf. Adelsberg weiter zu den Höhlen. Jamska cesta 30 (GPS: 45°46'49"N / 14°12'12" E).

100 m 500 m

Stellplatz bei den Höhlen von Postojna. Stellfläche auf Asphalt. Reservierung nicht erforderlich. Ortszentrum 500 m entfernt. 20 Touristenplätze.

6250 Ilirska Bistrica, Inner.-Karst ST-SLO 6250

»CAMPER STOP DANILO« 1.1. bis 31.12.
00386 5 7141517
hisaprimc@gmail.com

➔ A 1/E 61 Ljubljana - Koper, Abf. Postonja, auf die Str. 6 nach Ilirska Bistrica. Am südlichen Ortsrand von Ilirska Bistrica an der Str. 6 gelegen, beschildert. Bazoviška cesta 46 (GPS: 45°33'30"N / 14°14'34" E).

400 m

Stellplatz speziell für Reisemobile hinter einem Restaurant am Ortsrand von Ilirska Bistrica. In ländlicher Umgebung gelegen. Markierte Stellflächen auf Asphalt, bis 8 m Länge. Ortszentrum 1 km entfernt. 6 Touristenplätze.

6225 Hrusevje OT Razdrto, Inn.-K. ST-SLO 6450

25 **»WELLNESS CENTER MIRJAM«** 15.4. bis 15.10.
00386 5 7577200, Mobil 00386 41 750716
mirjam.pavlin@mirjam.si, www.mirjam.si

➔ E 61 Ljubljana-Koper, bei Razdrto abfahren, weiter zum Wellness-Center. Razdrto 19 (GPS: 45°45'25"N / 14°3'45" E).

100 m

Stellplatz am Wellness-Center unterhalb des Bergs Nanos. Ebene bis leicht abfallende Stellflächen auf Rasen. Durch Walnussbäume leicht beschattet. Picknickplatz. Feuerstelle. Fitnessraum. Ortszentrum 100 m entfernt. 10 Touristenplätze.
2022: St/N 14.–, P/N 4.–, K/N 3 bis 7 J. 2.–, KT P/N 1.25, KT K/N 7 bis 18 J. –.63, Waschmaschine 6.–, Trockner 6.–. H/N, WD, Entsorgung, Müll, Wasser und Strom inklusive.

Schränke und Kühlschrank müssen während der Fahrt fest verriegelt sein.

6000 Koper, Küsten-/Karstgebiet ST-SLO 6800

»AUTOHOF CAPODISTRIA« 1.1. bis 31.12.

info@marjeticakoper.si, www.marjeticakoper.si

➔ H 6 Richtung Koper, beim Kreuz Koper abfahren weiter zum Busbahnhof. Kolodvorska cesta 11 (GPS: 45°32'16"N / 13°44'16" E).

300 m

Stellplatz am Busbahnhof in Autobahnnähe und neben einer Kartbahn. Stellfläche auf Asphalt. Picknicktische. Zwei Freifahrten mit dem öffentlichen Bus inklusive. Ortszentrum 1.5 km entfernt. 38 Touristenplätze.

6330 Portorož, Küsten-/Karstgeb. ST-SLO 6870

»OTOK MARINA PORTOROZ« 1.1. bis 31.12.
00386 5 6285768
marina.portoroz@marinap.si

➔ E 751 Koper Richtung Küste, weiter auf B 111 nach Portoroz. Cesta solinarjev 8 (GPS: 45°30'18"N / 13°35'53" E).

300 m 600 m

Stellplatz in der Marina von Portoroz. Ebene geschotterte und schattenlose Stellflächen. Überfahrbarer Gully vorhanden. Ortszentrum 500 m entfernt. 59 Touristenplätze.

6272 Gračišče, Küsten-/Karst. ST-SLO 6910

»DOMACIJA RAZMAN« 1.1. bis 31.12.
00386 5 6572003
info@razman.si, www.razman.si

➔ B 208 von Koper nach Kroatien, in Gračišče abfahren. Gračišče 1 (GPS: 45°30'9"N / 13°52'25" E).

100 m

Stellplatz bei einem Winzer. Stellfläche auf Pflaster und Asphalt. Reservierung wird empfohlen. Ort (Koper) 15 km entfernt. 4 Touristenplätze.

SERBIEN

Besondere Vorschriften und Regelungen

Personaldokumente: Visumfrei für einen Aufenthalt bis zu maximal 90 Tagen. Benötigt wird für die Dauer des Aufenthalts ein gültiger Reisepass (auch vorläufiger Reisepass), Personalausweis oder maschinenlesbarer Kinderreisepass. Alleinreisende Minderjährige unter 18 Jahren benötigen eine schriftliche Reiseerlaubnis der Eltern. Es wird empfohlen, sich von allen Reisedokumenten Kopien anzufertigen und diese separat mitzuführen.

Notwendig ist auch der Nachweis einer **Auslandsreisekrankenversicherung**.

Impfbescheinigungen: Werden nicht verlangt. Empfohlene Impfung: Hepatitis A. Grundsätzlich sollte auch der Impfschutz gegen Tetanus, Diphtherie und Polio überprüft und ggf. aufgefrischt werden. Bei Kindern sollte Impfschutz gemäß Impfkalender vorliegen.

Dokumente für Haustiere: Für Hunde und Katzen im Reiseverkehr sind erforderlich: EU-Heimtierausweis mit Kennzeichnung des Tieres z.B. durch Mikrochip. Tollwutimpfung (mindestens 15 Tage, höchstens 6 Monate vor Einreise) und ein amtstierärztliches Gesundheitszeugnis. Informationen hierzu und für andere Tiere können vom Tierarzt eingeholt werden.

Kfz: Nationaler Führerschein und nationale Zulassung sind ausreichend. Das Länder-Kennzeichen »D« oder EU-Kennzeichen muss an Fahrzeugen und an Anhängern angebracht bzw. im Nummernschild enthalten sein. Die »Internationale Grüne Versicherungskarte« ist zwar nicht vorgeschrieben, jedoch wird die Mitnahme empfohlen. Die Mitnahme eines Europäischen Unfallberichts ist vorgeschrieben.

Verkehrsvorschriften: Es wird empfohlen, sämtliche Verkehrsregeln streng zu beachten und sehr umsichtig zu fahren. Ist der Fahrer nicht Eigentümer des Fahrzeuges, muss eine Benutzungsvollmacht des Fahrzeughalters vorliegen. Reisedokumente und Wertsachen sollte man nicht im geparkten Fahrzeug zurücklassen, auch nicht im Kofferraum.

Durch den oft mangelhaften Straßenzustand und schlechter Beleuchtung ergibt sich ein Risiko bei Nachtfahrten. Abblendlicht ist ganzjährig für alle Kraftfahrzeuge vorgeschrieben. Eine Mitführpflicht für Verbandspaket, Warndreieck, Ersatzlampenset, Ersatzreifen sowie Warnweste ist erforderlich. Das Telefonieren ist nur mit Freisprechanlage erlaubt. Die Promillegrenze ist bei 0,3. Bei Fahranfänger, Fahrerlaubnis weniger als ein Jahr her, gelten 0,0 Promille. Wegen der Gefahr von Diebstählen sollten Fahrzeuge am besten nur in verschlossenen Garagen oder auf bewachten Parkplätzen abgestellt werden.

Höchstgeschwindigkeiten: In geschlossenen Ortschaften 50 km/h; außerhalb - Pkw (Pkw mit Anhänger): auf Autobahnen 120 (80) km/h, auf anderen Straßen80 km/h; Gespanne und Wohnmobile über 3,5 t dürfen außerhalb von Orten grundsätzlich ebenfalls nur 80 km/h fahren.

Touristen mit Wohnanhängern oder Wohnmobilen wird geraten, eine Liste über das wichtigste, sich im Caravan befindliche Inventar mitzuführen und diese bei der Einreise vom Zoll bescheinigen zu lassen, um eine reibungslose Wiederausreise zu sichern. Es wird empfohlen, keine unbekannten Anhalter mitzunehmen. Im Hinblick auf die Flüchtlingssituation auf dem westlichen Balkan könnte dies bei Grenzübertritt nach serbischem Recht als Schleusung ausgelegt werden.

Straßengebühren: Von einem Ausweichen auf Landstraßen zur Umgehung der Mautgebühr wird wegen des schlechten Straßenzustandes abgeraten. Fahrzeuge, die an der Vorderachse gemessen höher als 1,30 Meter sind, werden in dieselbe Kategorie eingestuft wie Wohnmobile. Das betrifft z.B. viele Minivans oder Minibusse, die im Fahrzeugschein bzw. der Zulassungsbescheinigung I als "Pkw" eingetragen sind. Die Maut für diese ist rund drei Mal so hoch wie für normale Pkw. Genaue INformationen finden Sie unter **www.dalnicni-znamky.com/de/serbien**

Telefon: Deutschland – Serbien: 00381.

Unfallnotruf: Polizei 92, Unfallrettung 94, Feuerwehr 93. Pannenhilfe leistet der Automobilclub AMSS, erreichbar rund um die Uhr unter (011) 1987 oder (011) 333 11 00. Jeder Unfall **muss** der Polizei gemeldet und ein Schadensprotokoll angefertigt werden. Girocards, Kreditkarten, Handys und einige andere elektronische Berechtigungen können über die Sperr-Notruf-Nummer 0049 116 116 (aus dem Ausland 0049 30 4050 4050) rund um die Uhr gesperrt werden lassen.

Devisenbestimmungen: Die Ein- und Ausfuhr der Landeswährung ist bis zu 120.000 RSD, jedoch nur in Banknoten zu höchstens 1.000 RSD erlaubt. Bei der Einfuhr von Fremdwährung nach Serbien müssen Beträge zwischen 10.000 und 15.000 Euro schriftlich deklariert werden. Ausfuhr Fremdwährung: Aus Serbien können ohne Nachweis über die Herkunft des Geldes bis zu 2.000 Euro ausgeführt werden. Darüber hinaus ist die Ausfuhr von Fremdwährung in Höhe der deklarierten Einfuhr möglich.

Allgemeine Hinweise: Die Situation in Serbien ist entspannt. Reisende sollten sich jedoch im Vorfeld einer Reise über die Medien informieren. In einzelnen Regionen besteht erhöhtes Sicherheitsrisiko. Ausländische Reisende müssen sich innerhalb von 24 Stunden nach der Ankunft bei der zuständigen Polizeibehörde am Aufenthaltsort registrieren lassen. Man erhält eine Bescheinigung, die oftmals bei der Ausreise als auch bei sonstigen Kontrollen im Land vorgezeigt werden muss. Da Serbien die Unabhängigkeit Kosovos nicht anerkennt, kommt es bei der Durchreise durch bzw. Ausreise aus Serbien bei Aufenthalten von mehr als 24 Stunden im Kosovo immer wieder zu Problemen, wenn dadurch keine Bescheinigung über die erfolgte Anmeldung vorgelegt werden kann.

Die Mitnahme von Bargeld in Euro und der Umtausch an der Grenze oder vor Ort ist empfehlenswert. In den großen Städten Serbiens werden Kreditkarten akzeptiert. Auch EC-Geldautomaten sind vorhanden. (Nur Maestro-Karten). In Serbien gilt die europäische Sommerzeit.

Allgemeine Informationen:

D-14193 **Berlin,** Botschaft von Serbien
Taubertstraße 18
Tel. (0 30) 895 77 00, 895 77 02 22, Fax (0 30) 825 22 06
www.berlin.mfa.gov.rs, info@botschaft-serbien.de

Vertretung der Bundesrepublik Deutschland:

BG-11000 **Belgrad,** National Tourism Organisation of Serbia (NTOS)
Cika-Ljubina 8
Tel. (00381 11) 655 71 00, Fax (00381 11) 262 67 67
www.serbien.travel, office@serbia.travel

Campingplätze:

Gebühren-Angaben in Landeswährung oder in Euro.

Währungseinheit:	Serbischer Dinar (RSD)
Devisenkurs:	1 Euro = ca. 117.18 RSD
	100 RSD = ca. 0.85 Euro (Stand: Okt. 2022)

Bei Gebühren-Angaben mit der Vorjahreszahl muss eventuell mit einer Anhebung der Gebühren für das aktuelle Jahr gerechnet werden. Außerdem können sich die angegebenen Öffnungszeiten verändert haben und es besteht die Möglichkeit, dass angegebene Ermäßigungen nicht mehr gewährt werden.

21223 Čenej, Vojvodina ST-SRB 2200

»FARMA 47 SALAS MIRIS DUNJA« 1.1. bis 31.12.
Mobil 00381 63 8087745
kampnovisad@gmail.com, www.agrotourism-novisad.com

➔ A 1/E 75, Subotica-Novi Sad, Abf. Sirig, auf die Straße 112 Richtung Sirig, dort rechts auf die Straße 100 Richtung Novi Sad, nach ca. 5 km rechts zum Stellplatz einbiegen. ✉ Medjunarodni Put bb (GPS: 45°23'28"N / 19°49'19" E).

Stellplatz speziell für Reisemobile bei einem Bauernhof mit Zimmervermietung. Stellflächen auf Schotter und Beton. Ort (Novi Sad) 15 km entfernt. 25 Touristenplätze.

12220 Veliko Gradište, Zentralser. ST-SRB 4050

»CAMP KALINOVAC« 1.5. bis 30.9.
☏ 00381 69 3237145
camp.kalinovac@gmail.com, www.facebook.com/CampKalinovac/

➔ Str. 34/373 von Veliko nach Ram. Beschildert. ✉ (GPS: 44°45'58"N / 21°23'45" E).

Stellplatz in der Nähe der Donau. Ebene bis leicht abfallende Stellflächen auf Rasen. 12 Touristenplätze.

11000 Beograd, Zentralserbien ST-SRB 4615/1

Abfahrt

»CAMPING CENTER BELGRADE« 1.1. bis 31.12.
☏ 00381 11 4142440, Mobil 00381 63 266032
Fax 00381 11 3290571, **ccb381@gmail.com**
www.campingcenterbelgrade.com

➔ A 1/E 75, Novi Sad-Belgrad, in Belgrad nach Überquerung des Flusses Save links auf die E 70 Richtung Pančevo, dann nach ca. 4.3 km weiter geradeaus (nicht auf die Donaubrücke) in die Straße Višnjička, nach ca. 1 km auf der linken Seite gelegen. ✉ Višnjička 25 (GPS: 44°49'4"N / 20°30'13" E).
∴ Altstadt, im Stadtteil Stari Grad mit der Festung von Belgrad.

Ⓗ 300 m, 400 m, 600 m

Stellplatz bei einem Wohnwagenhändler. Ausgewiesene Stellflächen auf Pflaster. Aufenthalt max. 24 Stunden. Eingezäuntes, beleuchtetes und videoüberwachtes Gelände. Gute Ausgangsbasis für Belgrad-Besuche. Ortszentrum 3.5 km entfernt. 4 Touristenplätze.

11232 Ripanje, Zentralserbien ST-SRB 4660

»CAMPING BELGRADE AVALA« 1.1. bis 31.12.
☏ 00381 695551227 15 000 qm
info@campingbelgradeavala.com, campingbelgradeavala.com

➔ Str. 149 von Belgrad nach Sopot. ✉ Kragujevački put 110 A (GPS: 44°37'7"N / 20°33'20" E).

Stellplatz südöstlich von Belgrad in ländlicher Hügellandschaft. Stellflächen auf ebener Schotterwiese. Weinkeller (Weinproben möglich). Skulpturen-Ausstellung. Picknickplätze. 32 Touristenplätze.

11272 Dobanovci, Zentralserbien ST-SRB 4680

Abfahrt

»CAMPERSTOP BELGRADE« 1.1. bis 31.12.
☏ 00381 63 229797
info@camperstop.org, www.camperstop.org

➔ E70 Belgrad - Ruma, Abf. Dobanovci und weiter auf der Str. 267. Im Ort beschildert. ✉ Lovacka 46 (GPS: 44°49'0"N / 20°13'25" E).

Stellplatz im Westen von Belgrad. Umzäuntes Wiesengelände mit einzelstehenden Obstbäumen. Ebene geschotterte Stellflächen. Reisemobile bis max. 10 m Länge möglich. Zentrum von Belgrad 23 km entfernt. 15 Touristenplätze.

11271 Beograd - Surčin, Zentral. ST-SRB 4690

Abfahrt

»WEST CAMP BG« 1.1. bis 31.12.
☏ 00381 64 2217892 80 m 2 480 qm
office@beovipgroup.camp, www.beovipgroup.camp

➔ E 70/ A 3 Sremska Mitrovica - Beograd (Belgrad), kurz vor Beograd die erste Abfahrt nach der Abf. "Airport" nehmen, dabei rechts abbiegen in die Svetog Save (beschildert "Autokomerc") und am Ende der Straße links abbiegen. ✉ Svetog Save 8 (GPS: 44°49'54"N / 20°19'28" E).

Ⓗ 100 m, 500 m

Stellplatz am Stadtrand von Beograd. Teils von kleinen Grundstücken, Wiesen und Feldern umgeben. Ebene, parzellierte Stellflächen auf befestigtem Untergrund. Teils von Bäumen umsäumt und durch Hecken unterteilt. Manche Stellplätze durch Schattiernetze beschattet. TV-Anschluss. 2 kleine Sanitärcontainer vorhanden. 24-Std-Videoüberwachung. 24 Touristenplätze.

15316 Banja Koviljača, Zentral. ST-SRB 5020

»SUNCANA REKA« 1.1. bis 31.12.
☏ 00381 15 822250, Mobil 00381 69 2822250
Fax 00381 15 822239, **sales@suncanareka.rs, www.suncanareka.rs**

➔ Straße 26, Šabac-Loznica, ca. 9 km südwestlich von Loznica an der Straße 26 gelegen, ausgeschildert. ✉ Gornja Koviljača (GPS: 44°29'43"N / 19°8'8" E).

Stellplatz auf dem Gelände eines Freizeitzentrums am Fluss Drina. Stellflächen auf Wiese. Ort 6 km entfernt. 25 Touristenplätze.

31102 Užice, Zentralserbien ST-SRB 7060

»CAMPING TATINAC« Mai bis Okt.
☏ 00381 64 1219802 15 000 qm
camping.tatinac@justgo2.com, www.facebook.com/odmor.tatinac

➔ E 763 ,Požega-Užice, Abf. Užice, weiter auf der Str. 174 Richtung Kosjerić, nach ca. 3.5 km links nach Tatinac abbiegen, noch ca. 2 km. ✉ Selo Tatinac br. 88 (GPS: 43°52'19"N / 19°52'54" E).

Stellplatz auf einer Wiese bei einem Bauernhof. Verkauf von Hofprodukten. Ort 5 km entfernt. 30 Touristenplätze.

18300 Belo Polje, Zentralserbien ST-SRB 9020

»TRICOKOVIC EXPRESS« 1.1. bis 31.12.
☏ 00381 10 76760
eas.ucd@gmail.com

➔ E 80, Okrug Pirot-Dimitrovgrad, in der Ortschaft Belo Polje an der E 80 gelegen. ✉ E 80 (GPS: 43°4'11"N / 22°40'25" E).

Stellplatz auf einem ausgewiesenen Gelände hinter einem Restaurant und Truck-Stop. Stellflächen auf Wiese, ohne Längenbeschränkung. Gelände eingezäunt und bewacht. Ortszentrum 500 m entfernt. 10 Touristenplätze.

16222 Predejane, Zentralserbien ST-SRB 9320

Abfahrt

»MOTEL PREDEJANE« 1.1. bis 31.12.
☏ 00381 16 3406120, Mobil 00381 64 8500525
motelpredejane@hotmail.com, **www.motel-predejane.com**

➔ A 1/E 75, Niš-Vranje, am nördlichen Ortsrand von Predejane an der A 1 gelegen. ✉ Omladinska bb (GPS: 42°50'0"N / 22°7'56" E).

WC W Ch 500 m

Stellplatz auf einem Großparkplatz für Reisebusse und LKW gegenüber des Hotels an der A 1. Stellflächen auf Asphalt, ohne Längenbeschränkung. Ortszentrum 500 m entfernt. 15 Touristenplätze.

17530 Vlasina, Zentralserbien ST-SRB 9860

»AUTO KAMP VLASINA« 1.7. bis 31.8.
☏ 00381 17 409911, Fax 00381 17 812825 1213 m 50 000 qm
hotelvlasina@hotmail.com, **www.camping.rs/de/c/campingplatz-vlasina/**

➔ A 1, Niš - Vranje, Abf. Vladičin Han, auf die Str. 40 Richtung Vlasina Okruglica, kurz vor Vlasina Okruglica links auf die Str. 211 Richtung Vlasina Rid und nach ca. 8.5 km rechts zum See abbiegen. ✉ Vlasina Rid – Vlasinsko jezero (GPS: 42°44'1"N / 22°20'8" E).

Stellplatz am See Vlasinsko Jezero, umgeben von den Bergen Čemernik und Varednik. Naturbelassene Stellflächen im lichten Waldgelände. Ort (Vlasina Rid) 4 km entfernt. 10 Touristenplätze.

SRB

TÜRKEI

Besondere Vorschriften und Regelungen

Personaldokumente: Für einen Aufenthalt bis zu drei Monaten ist der gültige Reisepass oder Personalausweis erforderlich. Bei der Anreise mit dem Kfz ist grundsätzlich der Reisepass vorgeschrieben, da die Daten des Kfz von den türkischen Grenzbehörden in den Reisepass eingetragen werden. Bei der Ausreise werden diese Eintragungen wieder gelöscht. Kinder unter 12 Jahren benötigen einen Kinderreisepass. Diese werden mit einer Gültigkeitsdauer von sechs Jahren ausgestellt, und zwar längstens bis zur Vollendung des zwölften Lebensjahres. Ab dem zwölften Lebensjahr kann ein Reisepass oder Personalausweis beantragt werden. Detaillierte Informationen erhalten Sie vom Auswärtigen Amt, www.auswaertiges-amt.de.

Visum: Bei einem Aufenthalt bis 3 Monaten ist kein Visum erforderlich.

Impfbescheinigungen: Werden nicht verlangt. Empfohlene Impfungen: Hepatitis A und Typhus.

Dokumente für Haustiere: Für Hunde und Katzen ist ein amtstierärztliches Gesundheitszeugnis im internationalen Impfpass erforderlich, das mind. 15 Tage und höchstens 12 Monate alt sein darf. Hunde, die älter als 3 Monate sind, müssen gegen Tollwut, Parvovirose, Staupe, Hepatitis und Leptospirose geimpft sein, der Zeitpunkt der Impfung muss mind. 15 Tage und darf höchstens 12 Monate her sein. Katzen müssen nur gegen Tollwut geimpft werden (Impfung mind. 15 Tage, höchstens 12 Monate). Es ist sinnvoll, Dokumente ins Türkische übersetzen zu lassen. Die Einfuhrbestimmungen des Heimatlandes sind zu berücksichtigen, deshalb empfiehlt es sich, detaillierte Informationen rechtzeitig vorab beim Tierarzt einzuholen.

Spezielle Auskünfte, sowie Informationen zur Einfuhr anderer Tiere erteilen die türkischen Konsulate oder die türkische Botschaft: Tiergartenstr. 19-21, 10785 Berlin, Tel. 030/275 85 0, Fax 030/275 90 915, Email **botschaft.berlin@mfa.gov.tr**

Kfz: Nationaler Führerschein und nationale Zulassung sind ausreichend. Das Länderkennzeichen »D« muss an der Rückseite des Fahrzeuges und am Anhänger angebracht sein, auch dann, wenn das Nummernschild die EU-Plakette enthält. Wird das Kraftfahrzeug nicht vom Eigentümer benutzt, muss eine Benutzungsvollmacht des Eigentümers vorliegen, die bei einer türkischen Auslandsvertretung im Heimatland ausgestellt und beglaubigt sein sollte. Es besteht Haftpflichtversicherungszwang. Die »Internationale Grüne Versicherungskarte« muss mitgeführt werden. Da sie nur im europäischen Teil der Türkei gültig ist, ist es dringend erforderlich eine schriftliche Bestätigung bei der eigenen Kfz-Versicherung anzufordern, aus der hervorgeht, dass die Deckungssumme des Versicherungsvertrags auch für den asiatischen Teil der Türkei gilt. Dringend geraten wird, im Heimatland eine Kurzkasko-und Insassen-Unfallversicherung für die gesamte Türkei abzuschliessen. Zwei Warndreiecke müssen mitgeführt werden. Im Winter sind Ketten und Bremskeil Pflicht. Caravans werden von den Zollbehörden in den Pass eingetragen. Die Mitnahme einer Inventarliste wird empfohlen.

Verkehrsvorschriften: Die Verkehrsvorschriften gleichen denen der anderen europäischen Länder, jedoch werden sie häufig großzügig ausgelegt oder gar nicht beachtet! Man sollte daher besonders in ländlichen Gegenden sehr vorsichtig sein und nicht nach Einbruch der Dunkelheit fahren. Beim Überholen und vor Kurven ist grundsätzlich zu hupen. Bei Unfällen ist immer die Polizei zu rufen. Es herrscht Rechtsverkehr und die von rechts kommenden Fahrzeuge haben Vorfahrt, auch im Kreisverkehr. Die Benützung der türkischen Autobahnen ist gebührenpflichtig. Es besteht Anschnallpflicht. Für Lenker von Pkw (ohne Anhänger) Promillegrenze: 0,5. Für Lenker aller anderen Fahrzeuge -auch Motorräder- besteht absolutes Alkoholverbot.

Telefon: Deutschland-Türkei: 0090, Türkei-Deutschland: 0049 ohne die erste Null der Ortsvorwahl.

Unfallnotruf: Polizei: 155, Unfallrettung: 112, Feuerwehr 110. Pannenhilfe leistet die Straßenwacht des »Turing Servisi« für die Strecken Edirne-Istanbul-Ankara und Izmir-Ankara. Telefonische Anforderung kann über die deutschsprachige ADAC-Notrufstation in Istanbul Tel.-Nr. 0212/28871 90 erfolgen (bei Anrufen aus dem europäischen Teil von Istanbul ohne Vorwahl). Die Pannenhilfe ist kostenpflichtig.

Devisen: Bei der Ein- und Ausfuhr von Fremd- und Landeswährung bestehen keine Beschränkungen. Ab einem Gegenwert von US-$ 5000 - ist eine Deklaration erforderlich.

Camping: Das Campingnetz befindet sich im Aufbau und wird laufend erweitert. Die Ferienzentren sind von April/Mai bis Oktober geöffnet. Manche Campingplätze verfügen über Gästehäuser. Registrierte Campingplätze liegen auf dem selben Preisniveau wie in anderen Ländern, sind hervorragend ausgestattet und stehen im Standard westeuropäischen in nichts nach. Andere Campingplätze sind in der Regel rustikal gehalten, daher sehr preisgünstig. Freies Campen ist nicht grundsätzlich verboten, aus Sicherheitsgründen jedoch nicht empfehlenswert. Falls unvermeidbar, sollte man bei der Gendarmerie (türkisch »jandarma«) nach Campingmöglichkeiten fragen. In den Nationalparks ist Campen nur auf den ausgeschilderten Plätzen erlaubt. Bei vielen Tankstellen besteht die Möglichkeit, für eine Nacht zu bleiben. Das Stromnetz ist auf eine Spannung von 220 Volt Wechselstrom (50 Hz) ausgelegt. Zwischenstecker sind nicht erforderlich.

Allgemeine Informationen:
D-10789 **Berlin,** Türk. Botschaft, Abt. Tourismus u. Information
Tauentzienstraße 9-12, Europacenter
Tel. 030/214 37 52, Fax 030/214 39 52
www.reiseland-tuerkei-info.de, info@tuerkei-kultur-info.de

Vertretung der Bundesrepublik Deutschland:
TR-06540 **Ankara-Kavaklidere,** Deutsche Botschaft
114, Atatürk Bulvari
TR-06552 **Cankaya-Ankara,** Post: Posta Kutusu 54
Tel. 0090 312/455 51 00, Fax 0090 312/455 53 37
Visastelle: Tel. 0090 312/455 53 30, Fax 0090 312/455 53 36
www.ankara.diplo.de, info@ankara.diplo.de

Campingplätze:

Gebühren in Landeswährung und in Euro.

Währungseinheit:	1 Türkische Lira (TRY) = 100 Kurus
Devisenkurs:	100 TRY = ca. 5.60 Euro
	1 Euro = ca. 17.83 TRY (Stand: Okt. 2022)

Bei Gebühren mit der Vorjahreszahl muss eventuell mit einer Anhebung der Gebühren für das aktuelle Jahr gerechnet werden. Ausserdem können sich die angegebenen Öffnungszeiten verändert haben und es besteht die Möglichkeit, dass angegebene Ermäßigungen nicht mehr gewährt werden.

17100 Tevfikiye, Marmararegion ST-TR 1960

»TROIA PENSION & CAMPING« 1.1. bis 31.12.
0090 286 2830571
info@troiapension.com, **www.troiapension.com**

➔ E-87 Izmir-Canakkle, Abf. Troia, Beschilderung Pension Troia folgen. ✉ Truva Mola Noktasi (GPS: 39°57'22"N / 26°15'1" E).

Stellplatz vor der Stadt. Stellfläche auf Schotterrasen. Nahe der Ausgrabungsstätte von Troia. Ort 1 km entfernt. 20 Touristenplätze.

20027 Karahayit, Ägäisregion ST-TR 2352

»KURHAUS ARSLAN CAMPING« 1.1. bis 31.12.
0090 258 2714510
h_arslan@hotmail.de

➔ in Karahait der Beschilderung Arslan Camping folgen. ✉ Fathi Mahallesi, Karakaya Sok. 117 No.7 (GPS: 37°57'27"N / 29°57'27" E).

300 m

Stellplatz beim Camping Aslan. Stellfläche auf Wiese. Ortszentrum 500 m entfernt. 25 Touristenplätze.

07600 Manavgat, Mittelmeerreg. ST-TR 3260/3

»STELLPLATZ ADVENTURE PARK« 1.1. bis 31.12.
0090 24277 22222

➔ Von Antalya nach Osten an der Küste entlang, bei Oymapinar abfahren. ✉ Sokak 1001 (GPS: 36°51'25"N / 31°31'0" E).

400 m

Stellplatz auf dem Parkplatz des Adventure-Kletterparks. Stellflächen auf Schotter. Reservierung nur bei Gruppen nötig. Ort 12 km entfernt. 25 Touristenplätze.

33750 Ayas, Mittelmeerregion ST-TR 3650

»DAVUT CAMPING« 1.1. bis 31.12.

davutotel33@hotmail.com

➔ An der D 400 beschildert. ✉ Mersin Silifke Yolu (GPS: 36°29'21"N / 34°10'49" E).

100 m

Stellplatz beim Hotel mit Privatstrand. Stellfläche auf Wiese. Entleerungsmöglichkeit für Tanks. Ort 20 km entfernt. 30 Touristenplätze.

31200 Konacik, Mittelmeerregion ST-TR 3900

»ORIENT CAMPING« 1.1. bis 31.12.

fergini@hotmail.com, **www.orientcamping.com**

➔ Von Adana an der Küste Richtung Syrien, bei Konacik abfahren. ✉ Konacik 64 (GPS: 36°21'30"N / 35°49'54" E).

100 m 500 m

Stellplatz bei Meer und Bergen. Stellfläche auf Wiese. Ortszentrum 500 m entfernt. 30 Touristenplätze.

Taschen- oder Stirnlampe sind gute Begleiter im Campingurlaub.

18260 Çankırı, Zentralanatolien ST-TR 4750

»ALPSARI GÖLETI« 1.1. bis 31.12.
880 m 200 000 qm
☎ 0090 376 3431751, Mobil 0090 532 2534819, **alpsarigoleti.com**
iletisim@alpsarigoleti.com

➔ E 80 Bolu-Ilgaz, bei Ilgaz rechts Richtung Çankırı abbiegen (D 765). Ca. 4.7 km nach Korgun nach Alpsarı Göleti abbiegen. Beschildert. ✉ Korgun (GPS: 40°40'40"N / 33°30'18" E).

Stellplatz in hügeliger Landschaft in einem Erholungs- und Freizeitgebiet direkt am Alpsarı See. Ebene, asphaltierte und markierte Stellflächen an einer wenig befahrenen Straße. Picknick-Holzpavillons. Tretboot-Verleih. Ort (Alpsarı) 4 km entfern. Mittagsruhe 12.30-13.30 Uhr. 45 Touristenplätze.

81650 Akçakoca-Düzce, Schwarz. ST-TR 5051

»HAMBURG CAMPING« 1.1. bis 31.12.
☎ 0090 380 6116577
hamburgcamping@yahoo.com, **www.akcakoca-hamburgcamping.net**

➔ D 010 am westlichen Ortsrand zum Meer abzweigen. ✉ Degirmenagzi mevkii 1 (GPS: 41°5'8"N / 31°6'8" E).

500 m

Stellplatz am Meer. Stellfläche auf Schotter. Ort 2 km entfernt. 8 Touristenplätze.

57000 Sinop, Schwarzmeerregion ST-TR 5303

»MARTI CAMPING & CARAVANING« 1.1. bis 31.12.
☎ 0090 850 304 77 57
bilgi@martikamping.com, **http://www.martikamping.com**

➔ An der Küste zum Schwarzen Meer nach Sinop fahren. ✉ Sinop-Akliman Yolu (GPS: 42°1'55"N / 35°3'26" E).

Stellplatz beim Marti Camping. Stellfläche auf Schotter. Ort 8 km entfernt. 100 Touristenplätze.

19310 Bogazkale, Schwarzmeer. ST-TR 5402

»BASKENT HOTEL« 1.1. bis 31.12.
☎ 0090 364 4522037
baskenthotel@hotmail.com, **www.baskentdemiralanotel.com**

➔ E 88 Ankara nach Osten bei Bogazkale zum Hotel abbiegen. ✉ Yazilikaya du üseri 45 (GPS: 40°1'42"N / 34°37'8" E).

1 km

Stellplatz beim Hotel-Restaurant. Stellfläche auf Schotter. Ortszentrum 800 m entfernt. 50 Touristenplätze.

TR

BEITRITTSERKLÄRUNG

Bitte einsenden an:

Bitte vollständig in Druckbuchstaben ausfüllen!

Deutscher Camping-Club e.V.
Mandlstraße 28, 80802 München
Tel. 0 89/38 01 42-0 · Fax 0 89/38 01 42-50

☐ Ich erkläre hiermit meinen **Beitritt zum Deutschen Camping-Club e.V.** und zu dem für meinen jeweiligen Wohnsitz zuständigen Landesverband unter Anerkennung der Satzung und wünsche die Aufnahme in folgende Beitragsgruppe. Das Mitgliedsjahr entspricht dem Kalenderjahr.

Beitragsgruppe ankreuzen	Jahresbeitrag inkl. Haftpflichtversicherung
☐ Familien-/ Einzelmitgliedschaft	€ 54,00
☐ Junioren von 18 bis 21 Jahren (Zeitungsbezug entfällt)	€ 10,00

(Wird vom DCC ausgefüllt) Mitgl.-Nr.: LV: BG:

Ich verreise mit ☐ Caravan ☐ Reisemobil ☐ Zelt

E-Mail: Telefon:

Name, Vorname: Geburtstag:

Straße: Hausnr.:

PLZ: Ort:

Name, Vorname Partner: Geburtstag:

Vorname Kind bis 18J.: Geburtstag:

Vorname Kind bis 18J.: Geburtstag:

Vorname Kind bis 18J.: Geburtstag:

Ihre Daten werden für die Erstellung der Ausweise elektronisch verarbeitet und gespeichert.

Camping Card International

Ich bitte um Ausstellung der CCI ☐ für mich € 7,00 ☐ Partner(in) € 7,00 ☐ Kinder (10–18 J.) € 4,20

Name, Vorname:

Geburtsort: Nationalität:

Passnr.: Datum u. Ort der Ausstellung:

Für die Ausstellung weiterer CCI-Karten, bitte ein 2. Formular verwenden! (nur bei gleichem Haushalt wie Antragssteller)

Name, Vorname:

Geburtsort: Nationalität:

Passnr.: Datum u. Ort der Ausstellung:

Name, Vorname:

Geburtsort: Nationalität:

Passnr.: Datum u. Ort der Ausstellung:

Einzugsermächtigung

Ich bin damit einverstanden, dass meine jährlichen Beitragszahlungen mittels Lastschriftverfahren von meinem Konto abgebucht werden (Hauptmitglied und Kontoinhaber müssen übereinstimmen). Bei Nichterteilung bekommen Sie Ihre Mitgliedsunterlagen erst, wenn Sie die vorab verschickte Rechnung bezahlt haben.

Kontoinh.:

IBAN:

Unterschrift Kontoinh.:

Datenschutzerklärung

☐ Ich willige ein, dass meine allgemeinen personenbezogenen Daten unter Beachtung der Grundsätze der Datensparsamkeit und der Datenvermeidung innerhalb des DCC e.V. sowie der DCC Unternehmensgruppe gespeichert, verarbeitet und verwendet werden. Da der DCC einige Leistungen aus wirtschaftlichen oder organisatorischen Gründen nicht selbst erbringen kann, arbeitet er teilweise mit externen Dienstleistern zusammen (z.B. im Bereich der Verwaltungs-Software). Auch hier werden allgemeine personenbezogene Daten gespeichert, verarbeitet und verwendet, worin ich ebenfalls einwillige.

Unterschrift

Ort, Datum

Unterschrift

Mitgliederwerbung

Für jedes gewonnene Mitglied gibt es eine Werbeprämie im Wert von € 8,- für jedes Vollmitglied bzw. € 1,50 für Junioren-Mitglieder. Die Prämie wird automatisch gutgeschrieben. Barauszahlung und **Eigenwerbung ist nicht möglich!**

private Werbung Name:

Mitgliedsnr.:

Clubwerbung:

DCC-Europapreisträger - Stellplatz

Dieser Preis wird vom Deutschen Camping-Club e.V. in Zusammenarbeit mit der Messe Essen anlässlich der Freizeitmesse „Reise + Camping" verliehen.

Deutschland

2023 Wohnmobilstellplatz Forellenhof Reuss
Herrn Reuß, CF-Nr. ST-D 8149
Am Erlich 30, 97762 Hammelburg

2022 Wohnmobilstellplatz Kesten
CF-Nr. ST-D 5291
Urmetzgasse, 54518 Kesten

2021 Wohnmobilpark Ökodorf Rheurdt
CF-Nr. ST-D 3289
St. Nikolausweg 15, 47509 Rheurdt

2020 Reisemobilpark Urbachtal
CF-Nr. ST-D 6180
Urbachweg 1, 34626 Neukirchen

Unser Ziel ist es, das Augenmerk auch auf die hervorragende Arbeit der Stellplatzbetreiber zu legen. Deswegen hatten wir im Jahr 2020 den DCC-Europapreis für Stellplätze ins Leben gerufen.

Bild: riya26, pixabay.com

Packliste für deinen Campingurlaub

Ihr fragt euch auch jedes mal auf der Fahrt in den Urlaub, ob Ihr auch wirklich alles eingepackt habt? Und nach dem Urlaub nehmt Ihr Euch für den nächsten vor, endlich mal eine ordentliche Packliste zu erstellen? Das kommt uns bekannt vor! Deshalb haben wir hier einen kleinen Reminder für Euch zusammen gestellt, der Euch dabei helfen soll, nichts zu vergessen und unbeschwerte Urlaubstage genießen zu können.

Papiere & Finanzen

- ❍ Führerschein, Reisepass, Personalausweis
- ❍ Krankenversichertenkarte
- ❍ Fahrzeugschein
- ❍ Campingführer, Stellplatzführer, Reiseführer
- ❍ DCC- und CCI-Mitgliedskarte
- ❍ Buchungsunterlagen
- ❍ Tauchschein / Segelschein / etc.
- ❍ Landkarte, Navigationsgerät
- ❍ EC-Karte / Kreditkarte
- ❍ Bargeld (evtl. Auslandswährung)
- ❍ Notfall-Telefonnummern

Fahrzeugcheck

- ❍ Warnweste, Verbandskasten, Warndreieck
- ❍ Bremsleuchten, Scheinwerfer, Ersatzbirnen
- ❍ Blinker, Warnblinkanlage
- ❍ Ölstand
- ❍ Reifendruck, Reifenprofil, Ersatzreifen
- ❍ Kühlflüssigkeit, Scheibenwischwasser
- ❍ Batterie, Starthilfekabel
- ❍ Feuerlöscher

Kleidung

- ❍ Wanderschuhe, Gummistiefel
- ❍ Socken und Unterwäsche
- ❍ Badesachen, Flip-Flops
- ❍ Bademantel, Handtücher
- ❍ Hosen (kurz, lang)
- ❍ Oberteile (kurz, lang)
- ❍ Schlafanzug
- ❍ Kopfbedeckung, Sonnenbrille
- ❍ Fleece- und Regenjacke
- ❍ Gürteltasche für Wertsachen
- ❍ Schmutzwäschebeutel

Pflege & Hygiene

- ❍ Shampoo, Duschgel, Spülung
- ❍ Deo, Parfüm
- ❍ Zahnbürste, Zahnpasta
- ❍ Taschentücher, Toilettenpapier
- ❍ Feuchttücher, feuchte Reinigungstücher
- ❍ Haarkamm, -bürste
- ❍ Rasierer, Rasierschaum, -gel
- ❍ Kulturbeutel zum Aufhängen
- ❍ Damenhygieneartikel
- ❍ Sonnencreme, After Sun
- ❍ Wattestäbchen, Kosmetika, Cremes
- ❍ Haargummis, -klammern
- ❍ Haartrockner
- ❍ Nagelset Etui
- ❍ Reisewaschmittel und Fleckenentferner
- ❍ Schminkutensilien/ Abschminktücher

Kochen, Grillen

- ❍ Campingbesteck, Geschirr,
- ❍ Campingtöpfe, -pfannen
- ❍ Kochlöffel / Pfannenwender / Kelle
- ❍ Küchen-, Taschenmesser, Schere, Schäler
- ❍ Camping- und Wasserkocher, Wasserkanister
- ❍ Schneidebrett, Nudelsieb, Salatschüssel
- ❍ Thermoskanne und -flasche
- ❍ Topflappen, Gewürzbox
- ❍ Kaffeemaschine, -pulver, Tee
- ❍ Müllsäcke, Alufolie, Frischhaltefolie
- ❍ Spülmittel, Schwamm, Lappen, Trockentuch
- ❍ Spülschüssel
- ❍ Dosen-, Flaschenöffner, Korkenzieher
- ❍ Gasflasche, Feuerzeug
- ❍ Camping-Grill, -kohle, -anzünder, -zange
- ❍ Servietten Küchenrolle

riya26, pixabay.com

Medizinische Versorgung
- ❍ Erste-Hilfe Set
- ❍ Persönliche Medikamente
- ❍ Pflaster, Blasenpflaster, Kinderpflaster
- ❍ Schmerzmittel
- ❍ Insektenschutzmittel, Insektenstichheiler
- ❍ Fieberthermometer, Fiebermittel
- ❍ Reisetabletten
- ❍ Wundsalbe
- ❍ Leukoplast-Tape
- ❍ Desinfektionsmittel
- ❍ Zeckenzange

Freizeit, Hobbys
- ❍ Angel mit Zubehör
- ❍ Fahrrad, Fahrradschloss, Helm
- ❍ Kamera und Zubehör
- ❍ Bücher, Zeitschriften oder E-Book
- ❍ Karten und Gesellschaftsspiele
- ❍ Spielzeug für Kinder oder Hunde
- ❍ Fußball, Volleyball
- ❍ Federballset mit Netz
- ❍ Luftmatratze fürs Wasser
- ❍ Taucher- und Schwimmbrille mit Schnorchel
- ❍ Schnorchelflossen

Technik
- ❍ Handy, Powerbank und Ladekabel
- ❍ Kopfhörer
- ❍ Fernglas
- ❍ CD's, tragbarer Bluetooth-Lautsprecher
- ❍ Solarladegerät
- ❍ Adapter
- ❍ Verlängerungskabel
- ❍ Ventilator

Für Kinder
- ❍ Schwimmflügel, Schwimmhilfen
- ❍ Kindersonnenmilch
- ❍ Babypflege (Windeln, Kosmetik, usw.)
- ❍ Sandkastenspielzeug
- ❍ Kinderbücher
- ❍ Fahrradsitz und Helm

Nützliches
- ❍ Taschenlampe, Stirnlampe, Fernglas
- ❍ Wasserdichte Handyhülle
- ❍ Faltkanister für Wasser
- ❍ Feuchte Reinigungstücher
- ❍ Kabelbinder, Isolier- u. Klebeband, Panzertape
- ❍ Reise-Nähzeug
- ❍ Kuscheldecke für kalte Abende
- ❍ Einkaufstasche, Rucksack, Badetasche
- ❍ Werkzeug
- ❍ Regenschirm
- ❍ Wäscheleine mit Klammern
- ❍ Vorhängeschloss fürs Zelt
- ❍ Kühlbox, -tasche
- ❍ Kerzen / Teelichter
- ❍ Picknickdecke
- ❍ Reise-Nackenkissen
- ❍ Lesebrille, Kontaktlinsen
- ❍ Ohropax/ Ohrstöpsel

Zelt-, Campingausrüstung
- ❍ Isomatte, Schlafsack, Bettwäsche
- ❍ Campingstühle und Tisch, Sonnenschirm
- ❍ Imprägnierspray
- ❍ Zeltunterlage, Plane, Zeltheringe, -schnur
- ❍ Gummihammer, Sturmhaken
- ❍ Stromkabel, Kabeltrommel, CEE-Stecker
- ❍ Licht / Lampe
- ❍ Schaufel und Besen (klein + groß)
- ❍ Luftpumpe
- ❍ Selbstklebende Flicken, Nahtdichter

Hundezubehör
- ❍ Hundekotbeutel
- ❍ Hundefutter, Leckerli
- ❍ Trink, -Futternapf
- ❍ Flohkamm,
- ❍ Evtl. Maulkorb
- ❍ Pfotenschutz
- ❍ Internationaler Impfausweis
- ❍ Hundehandtuch
- ❍ Hundeleine
- ❍ Hundespielzeug

Schulferien in Deutschland 2023

Land	Winter	Ostern	Pfingsten	Sommer	Herbst	Weihnachten
Baden-W.	-	6.4. + 11.4. - 15.4.	30.5. - 9.6	27.7. - 9.9.	30.10. + 3.11.	23.12. - 5.1.
Bayern	20.2. - 24.2.	3.4. - 15.4.	30.5. - 9.6.	31.7. - 11.9.	30.10. - 3.11. + 22.11.	23.12. - 5.1.
Berlin	30.1. - 4.2.	3.4. - 14.4.	19.5. + 30.5.	13.7. - 25.8.	2.10. - 23.10. + 4.11.	23.12. - 5.1.
Brandenburg	30.1. - 3.2.	3.4. - 14.4.	-	13.7. -26.8.	23.10. - 4.11.	23.12. - 5.1.
Bremen	30.1. - 31.1.	27.3. - 11.4.	19.5. + 30.5.	6.7. - 16.8.	2.10. + 16.10. - 30.10.	23.12. - 5.1.
Hamburg	27.1.	6.3. - 17.3.	15.5. - 19.5.	13.7. - 23.8.	2.10. + 16.10. - 27.10.	22.12. - 5.1.
Hessen	-	3.4. - 22.4.	-	24.7. - 1.9.	23.10. - 28.10.	27.12. - 13.1.
Mecklenburg-V.	6.2. - 18.2.	3.4. - 12.4.	19.5. + 26.5. - 30.5.	17.7. - 26.8.	9.10. - 14.10.+30.10.+1.11	21.12. - 3.1.
Niedersachsen	30.1. - 31.1.	27.3. - 11.4.	19.5. + 30.5.	6.7. - 16.8.	02.10. + 16.10. - 30.10.	27.12. - 5.1.
NRW	-	3.4. - 15.4.	30.5.	22.6. - 4.8.	2.10. + 14.10.	21.12. - 5.1.
Rheinland-Pfalz	-	3.4. - 6.4.	30.5. - 7.6.	24.7. - 1.9.	16.10. - 27.10.	27.12. - 5.1.
Saarland	20.2. - 24.2.	3.4. - 12.4.	30.5. - 2.6.	24.7. - 1.9.	23.10. - 3.11.	21.12. - 2.1.
Sachsen	13.2. - 24.2.	7.4. - 15.4.	19.5.	10.7. - 18.8.	2.10. - 14.10. + 30.10.	23.12. - 2.1.
Sachsen-Anhalt	6.2. - 11.2.	3.4. - 8.4.	15.5. - 19.5.	6.7. - 16.8.	2.10. + 16.10. - 30.10.	21.12. - 3.1.
Schleswig-H.	-	6.4. - 22.4.	19.5. - 20.5.	17.7. - 26.8.	16.10. - 27.10.	27.12. - 6.1.
Thüringen	13.2. - 17.2.	3.4. - 15.4.	19.5.	10.7. - 19.8.	2.10. - 14.10.	22.12. - 5.1.

*angegeben sind jeweils der **erste** und **letzte** Ferientag*

Angaben ohne Gewähr

Ortsregister Stellplätze in Deutschland

DCC
-Vorteilsplätze
in Fettdruck

A

Campingplätze **ab Seite 46**
Reiseinformationen **Seite 46**
Übersichtskarte in der Kartentasche

B

C

D

E

X

Z

A - ÖSTERREICH

AL - ALBANIEN

AND - ANDORRA

CZ - TSCHECHISCHE REPUBLIK

DK - DÄNEMARK

E - SPANIEN

Campingplätze	**ab Seite 222**
Reiseinformationen	**Seite 219–222**
Übersichtskarte	**Seite 220–221**

EST - ESTLAND

F - FRANKREICH

FIN - FINNLAND

GB - GROSSBRITANNIEN

GR - GRIECHENLAND

H - UNGARN

HR - KROATIEN

I - ITALIEN

IRL - IRLAND

L - LUXEMBURG

LT - LITAUEN

LV - LETTLAND

MA - MAROKKO

MK - REPUBLIK NORD-MAZEDONIEN

MNE - MONTENEGRO

N - NORWEGEN

NL - NIEDERLANDE

P - PORTUGAL

PL - POLEN

RO - RUMÄNIEN

S - SCHWEDEN

SK - SLOWAKISCHE REPUBLIK

SLO - SLOWENIEN

SRB - SERBIEN

TR - TÜRKEI

Notizen

Notizen